主编简介

朱福惠，男，1961年生，湖南双峰人，法学博士。曾任厦门大学法学院副院长，现任厦门大学法学院教授、博士生导师，兼任中国宪法学研究会副会长、福建省法学会常务理事，厦门大学法学院公法研究所所长、海峡两岸检察制度研究中心主任。在《中国法学》《现代法学》《法学评论》等刊物发表论文四十余篇。主要代表作为《宪法与制度创新》（法律出版社2000年版）、《宪法至上——法治之本》（法律出版社2000年版）、《宪法学原理》（主编，厦门大学出版社2011年版）。

胡婧，女，1987年生，重庆江津人，厦门大学法学院宪法学与行政法学博士研究生。主要关注基本权利、环境管制等问题，在《四川师范大学（哲社版）》《暨南学报（哲社版）》等刊物发表论文多篇。

副主编简介

王建学，男，1978年生，河北平泉人，现任厦门大学法学院副教授。自1998年起在厦门大学法学院连续求学十年，依次完成法学本科、硕士和博士阶段学习，2008年获得法学博士学位，其间曾于2007年通过"中法博士生学院"项目留学于法国艾克斯马赛大学宪法司法研究所（Institut Louis Favoreu, Groupe d'Etudes et de Recherches sur la Justice Constitutionnelle）。2008年9月至2010年7月在中国人民大学法学院从事博士后研究。近年主要关注地方自治法、基本权利法、公法人的基本理论、宪法裁判与解释和法国宪法改革等问题，主要代表作为《作为基本权利的地方自治》博士学位论文，厦门大学出版社2010年版），编有《近代中国地方自治法重述》（中国宪政史文献汇编系列丛书，法律出版社2011年版）、《1789年人权和公民权宣言的思想渊源之争》（法律出版社2013年版）。

陈鹏，男，1984年生，山东济南人，现任厦门大学法学院助理教授。先后在厦门大学、清华大学求学，于2013年获法学博士学位。主要关注宪法解释、基本权利及行政法等基础课题，曾在《法学研究》《法学家》《环球法律评论》等刊物发表论文多篇。

世界各国宪法文本翻译与研究系列丛书

朱福惠 总主编

世界各国宪法文本汇编

【美洲 大洋洲卷】

Constitutions of the World
(America and Oceania)

朱福惠 胡婧 主 编
王建学 陈鹏 副主编

"中央高校基本科研业务费专项资金资助"（supported by the Fundamental Research Funds for the Central Universities），项目编号：2011221031。

厦门大学出版社 国家一级出版社
XIAMEN UNIVERSITY PRESS 全国百佳图书出版单位

美洲卷译校者名录

（以姓氏汉语拼音首字母为序）

陈 鹏　杜婉珍　方浩长　龚进之　郭 斌　胡 婧　花小敏　李光晨　李帅斌
林婉莹　林 煜　刘文戈　倪子龙　覃红霞　阙成平　邵自红　苏桔海　王安琪
王建学　魏小美　伍 晋　薛冠蓝　赵 璇　周 雨

大洋洲卷译校者名录

（以姓氏汉语拼音首字母为序）

杜婉珍　龚进之　郭 斌　胡 婧　花小敏　李光晨　李帅斌　林婉莹　林 煜
邵自红　王安琪　张思怡

丛书总序

宪法文本是宪法现象的集中体现,是宪法学研究最重要素材,其他部门法学的研究也经常需要涉及宪法文本。同时,宪法文本也反映了一个国家的基本政治、法律、经济和社会状况,是了解一个国家的宪政制度最有效的途径之一。基于这一考虑,我们规划了这一套丛书,即"世界各国宪法文本研究系列丛书",组织对世界各国宪法文本进行翻译,并在翻译的基础上进行综合和比较研究。

本套丛书就地区而言可分为亚洲、欧洲、非洲、美洲和大洋州部分;就内容而言,又分为各国宪法文本翻译和各国宪法文本研究两个部分。翻译的目的主要是为宪法研究者和宪法学习者提供基本的素材,以客观、准确为标准;研究则汇集了译者们对所译宪法文本的研究心得,带有主观性,供读者参考。

宪法文本的重要性毋庸赘言,近几年以来我国宪法学界在研究方法呈现多样化的同时,也愈加认识到文本的重要性,尤其是韩大元教授所倡导的宪法解释学在研究文本和强调文本重要性方面作了非常多的努力,形成了各种学术成果。本套丛书希望能够沿着这一思路进一步突出文本研究的学术风格。

参与本套丛书的主要是从事宪法学研究工作的厦门大学中青年教师和博士研究生,同时也吸收了本专业的部分优秀硕士研究生。他们的参与表明了一种学术责任和学术使命,因为翻译的过程异常辛苦,而研究则需要对资料的全面把握以及强烈的问题意识,翻译与研究的过程对于参与者自身而言同时也是学习和提高的过程,需要就其质量接受读者的批评和指正。为了保证丛书的质量,并使翻译和研究工作顺利进行,除了参与者的责任心以外,良好的工作制度也是不可缺少的保障。为此,每卷所涉及的国家大体上分为若干组,每组组长管理若干成员,形成由主编和执行主编总体负责、组长和译者分工负责的机制,全体参与者每两周召开一次例会,及时讨论和解决翻译与研究中存在的问题。

对世界各国宪法文本进行翻译和研究是一项浩瀚的工程,尽管参与者尽了最大的努力,还是无法避免各种错误和疏漏,因此,请读者和学界同仁批评指正。

特别感谢厦门大学为本丛书的出版提供中央高校基本科研业务费资助!

特别感谢厦门建昌律师事务所陈泽荣博士为本丛书的出版提供科研经费资助!

特别感谢厦门大学法学院和厦门大学出版社为本书出版提供的帮助!

是为序。

朱福惠

本卷序言

"世界各国宪法文本翻译与研究系列丛书"的第三本——《世界各国宪法文本汇编（美洲、大洋洲卷）》，经过研究团队一年多的奋勉终于付梓，在此对参与本丛书翻译工作的全体同人表达敬意，并对全体译者的不懈努力表示由衷的感谢。

美洲、大洋洲诸国在近代均为殖民地国家，现代宪法的制定及实施是其取得独立的重要标志之一。宪法文本规定国家的基本政治制度、确认人和公民的基本权利与自由，构成国家宪法政治的重要组成部分。虽然，宪法文本只是研究一国宪政状况的素材之一，不能全面反映国家的宪法实践，但仍能彰显人类政治文明的成果，体现国家基本的法治思想和政治特征。

本书翻译和校对的参与者通过经常交流翻译知识而不断提升翻译水平，每一位参与者在忠实于原宪法文本的基础上对译文进行了多次校对。即便如此，仍然难免挂一漏万，与国内同行翻译的文本相较仍有差距。因此，我们诚恳地希望读者不吝批判指正。

美洲、大洋洲共有49个国家，其中，大洋洲14个国家，美洲35个国家。因加拿大、新西兰2个国家为复合宪法国家，缺乏统一的宪法典，另，在翻译过程中，巴哈马正处于修宪阶段，故本卷书未将之列入。因此，本卷书实际收录的大洋洲、美洲宪法为46部。在翻译过程中尊重这些国家宪法文本的原有样式，但出于编辑之需要，对个别文本的排列顺序作了适当调整。同时，鉴于译文统一需要，对个别国家宪法文本中的附录予以删节。

本卷书的翻译之所以能完成，要归因于诸多热心人士的无私帮助，特别是美国波士顿大学赵丹妮女士提供的部分宪法文本英文版，在此向他们表示诚挚的感谢！

朱福惠　胡婧
2015年3月

目 录

（以音序排列）

阿根廷国宪法 …………………………… 1	圣克里斯托弗和尼维斯宪法 …………… 694
安提瓜和巴布达宪法法令 ……………… 13	圣卢西亚宪法法令 ……………………… 721
巴拉圭共和国宪法 ……………………… 42	圣文森特和格林纳丁斯宪法 …………… 755
巴拿马共和国宪法 ……………………… 67	苏里南共和国宪法 ……………………… 780
巴西联邦共和国宪法 …………………… 95	特立尼达和多巴哥共和国宪法 ………… 795
秘鲁共和国政治宪法 …………………… 151	危地马拉共和国政治宪法 ……………… 823
玻利维亚共和国新宪法 ………………… 172	委内瑞拉玻利瓦尔共和国宪法 ………… 851
伯利兹宪法 ……………………………… 216	乌拉圭东岸共和国宪法 ………………… 884
多米尼加共和国宪法 …………………… 250	牙买加宪法 ……………………………… 913
多米尼克国宪法 ………………………… 278	智利共和国宪法 ………………………… 944
厄瓜多尔共和国宪法 …………………… 306	澳大利亚联邦宪法 ……………………… 968
哥伦比亚共和国政治宪法 ……………… 358	巴巴多斯共和国宪法 …………………… 980
哥斯达黎加共和国宪法 ………………… 405	巴布亚新几内亚独立国宪法 …………… 1005
格林纳达宪法 …………………………… 424	斐济共和国宪法 ………………………… 1070
古巴共和国宪法 ………………………… 451	马绍尔群岛共和国宪法 ………………… 1107
圭亚那合作共和国宪法 ………………… 465	密克罗尼西亚联邦宪法 ………………… 1126
海地共和国宪法 ………………………… 514	瑙鲁共和国宪法 ………………………… 1131
洪都拉斯共和国宪法 …………………… 540	帕劳共和国宪法 ………………………… 1151
基里巴斯国宪法 ………………………… 569	萨摩亚独立国宪法 ……………………… 1158
美利坚合众国宪法 ……………………… 591	所罗门群岛宪法 ………………………… 1173
墨西哥合众国政治宪法 ………………… 598	汤加王国宪法 …………………………… 1198
尼加拉瓜共和国宪法 …………………… 645	图瓦卢宪法 ……………………………… 1206
萨尔瓦多宪法 …………………………… 660	瓦努阿图共和国宪法 …………………… 1236

序言

阿根廷国宪法*

（1853年5月1日制定大会制定，更新至1994年8月22日修正）

我们，阿根廷国人民的代表们，来自于根据既存协议组成阿根廷国的各省，根据各省的意愿并由各省选举，齐集于制宪大会，为确立民族团结，确保公平正义，巩固国内和平，处理共同防务，促进全民福祉并确保我们自己、我们的后代以及世界上一切希望在阿根廷国土上生活的人们享受自由的成果，在一切理智与正义的源泉——上帝的庇佑之下，为阿根廷国制定并颁布本宪法。

第一编

第一章 宣言、权利与保障

第一条

阿根廷国采用本宪法建立的联邦、共和、代议制政体。

第二条

联邦政府信奉罗马天主教。

第三条

联邦政府的各机构应设于由国会以特别法所宣告为共和国首都的城市内，首都一经设定其土地即由一省或若干省的立法机关让与联邦。

第四条

联邦政府以国库资金承担国家开支，国库资金由进口税和出口税、出售与出租国家所有之土地的收入、邮政收入、国会基于人口数公平和按比例征收的其他税收，以及国会在紧急状态下或为国家利益而命令征收的任何借贷和债务收入。

第五条

每省均应按照国家宪法的原则、宣告和保障，在共和制和代议制体制下制定自身的宪法，确保其司法管理、市政体制及初等教育。在此类条件下，联邦政府应保证每省之机制的完全充分运行。

第六条

联邦政府得为保证各省之共和政体或抵御外敌入侵之目的而介入各省之地域范围；且若一省受到他省骚扰或入侵时，联邦政府在省之宪制机构的请求下得介入以支持或重建该省。

第七条

一省的公共档案或司法文书应受到他省之充分尊重与信任；且国会得以一般法律规定此类档案或文书应具有效力之方式。

第八条

各省之公民在他省应享有公民固有之一切权利、特权与豁免。引渡犯罪在各省之间乃是互惠之义务。

第九条

全国范围以内仅得设有国家海关，国会所制订之关税应有效力。

第十条

全国范围以内的一切产品与货物之流通，应在共和国范围内免于一切关税，在国家海关缴清关税的一切货品与商品亦同。

第十一条

国内和国外的货品与商品以及各类牲畜，得在省与省之间转移，并应免缴所谓移转税，汽车、船舶及其所载牲畜亦同；亦不得因其移转而征收任何名称的其他税收。

第十二条

在省与省之间转移的任何船舶均不得被要求进入、停靠或支付移转税；在任何条件下均不得以贸易法律或条例给予任何港口以优先权。

第十三条

新省得被允许加入国家；但非经相关省的立法机关及国会之同意，不得在任何省之内建立新省或以若干省合为一新省。

第十四条

国家的所有居民均依照法律享有下列权利：劳动与合法营业；航运与贸易；向当局请愿；进入、停留、穿行与离开于阿根廷领土；通过非经事前检查的新闻而表达思想；利用及处置其财产；为有利目标而联合；自由信教；教学与学习。

---

* 译者：王建学。

第十四条

各种形式的劳动均受法律保护,法律确保劳动者的下列权利:有尊严和公正的劳动条件;有限劳动时间;带薪休假与休闲;公正报酬;最低生活工资;同工同酬;参与企业利润,并控制生产与合作管理;免受专断解雇;公职人员的稳定性;注册登记而受承认的自由与民主的工会组织。

工会享有下列权利:进行集体劳资双方谈判;诉诸调解和仲裁;罢工。工会代表应享有为履行其工会职务所必要的保障,以及任职稳定性的保障。

国家应承担本质性必不可少且不得丢弃的社会保障职能。法律尤其应建议:强制社会保险、充分的家庭保护、宅地保护以及家庭住房,其中强制社会保障由具有财政和经济自主权的国家级和省级实体负责,在国家参与下由各相关实体进行管理,不得出现份额重叠。

第十五条

阿根廷国禁止奴隶制:既存的少量奴隶应在本宪法公布之日恢复自由;此废奴宣告所造成之补偿应由特别法予以规定。购买和出售人身的任何契约均为犯罪行为,一切此类契约当事人、公证人及批准官员均应承担责任。且通过任何方式进入阿根廷的奴隶仅基于其进入阿根廷的事实即获得自由。

第十六条

阿根廷国不承认血统特权和出生特权:既不得有人身特权也不得有贵族头衔。阿根廷国一切居民在法律面前一律平等,得平等担任任何职务,除能力外不得附加任何要求。公平是税收和公务负担的基础。

第十七条

财产不受侵犯,除非通过基于法律作出的判决,阿根廷国的任何居民均不得被剥夺财产。以公共利益为理由的征收必须由法律批准并予以事先补偿。只有国会得课征第四条所规定的税收。非通过法律或基于法律的判决,不得课施人身劳役。作者和发明者依照法律赋予的条件是其作品、发明或发现的排他性主人。兹将没收财产从阿根廷刑法典中永久废除。任何武装部队均不得征收财产或要求任何形式的协助。

第十八条

国家的任何居民均不得未经以法律为基础的事前审判而受到惩处,且该法律必须制定于受控行为发生之前,审判不得由特别委员会进行,亦不得将法律指定的法官排除审判。不得强迫任何人自证其罪,非经有权机关签发的书面令状不得逮捕任何人。审判中的人身保护和权利不受侵犯。住宅不受侵犯,书面信件和私人文件亦同;法律应确定允许搜查和扣压书面信件和私人文件的情形和原因。政治原因的死刑,任何种类的刑讯和鞭挞,永远废除。国家的任何监狱均应健康和清洁,是旨在监禁犯人而不是处罚犯人的场所;以安全为借口而采取的超过安全需要的折磨犯人的措施,均应导致批准此种措施的法官承担责任。

第十九条

任何人的私人行为若未侵犯公共秩序和道德,未损害第三人,只应保留给上帝处罚,并应免于法官之权限。国家的任何居民均不得被强制从事法律所未要求之事,或被禁止从事法律所未禁止之事。

第二十条

外国人在国家领土范围内享有公民的一切个人性权利;他们得营业、贸易和执业;占有不动产、购买和出售不动产;在河流和海岸航行;自由信教;根据法律订立遗嘱与婚姻。他们不得被强迫接受国籍,亦不得被强迫支付额外税赋。他们在阿根廷不间断地居住两年后得获得归化文书;但对于提出请求之人,当局经宣告和证明其对共和国之贡献,得缩短此期限。

第二十一条

任何阿根廷公民均有义务按照国会颁布的法律和政府的相应命令拿起武器保护祖国和宪法。归化公民自其获得归化文书之日起十年内得自由决定是否承担此项义务。

第二十二条

人民非通过其代表和本宪法所设立的机关,既不得审议亦不得统治。任何武装力量或民众团体行使人民的权利或以人民之名义请愿,均构成叛乱罪。

第二十三条

若国内骚乱或外国入侵危及本宪法之完全实施及本宪法所设立之当局,省或骚乱之地域应被宣告为戒严并中止宪法之保障。但中止保障期间,共和国总统不得自行宣告决定或适用刑罚。在此类情形下,就相关之人员而言,若其不愿离开共和国领土,则共和国总统之权力仅限于将其逮捕或从国内一个地点转移至另一地点。

第二十四条

国会应促进其各部门之现行立法的改革,以及陪审制之建立。

第二十五条

联邦政府应抚育欧洲移民,且不得以任何种类的税收限制或妨碍外国人以开垦土地、发展工业和引进与传播艺术与科学之目的而进入阿根廷领土。

第二十六条

悬挂任何旗帜的船只均可在国家的内河自由航行,仅须遵守国家机关颁布的条例。

第二十七条

联邦政府必须通过符合本宪法规定的公法原则的条约,加强与外国的和平与贸易。

第二十八条

前文承认的原则、保障与权利不得通过调整其实施的法律予以修改。

第二十九条

国会不得授予国家行政机构特别权力或完全公共权威，省立法机关亦不得授予省行政机构特别权力或完全公共权威；国会不得批准任何许可行为或至高行为，从而使阿根廷人民的生命、荣誉或财富听凭政府或任何个人的处置。具有此种性质之行为完全无效，且应追究其制定者、批准者或签署者叛国罪之责任。

第三十条

宪法可被完全或部分修改。改革的必要性仅得由国会经其议员至少三分之二多数同意时方得予以宣告；但改革非由专为此目的而召集的大会不得进行。

第三十一条

本宪法和国会依本宪法所制定的国家法律，与外国签订之条约，是国家的最高法；每省之机构均受此拘束，而无论其与省之法律和宪法是否冲突，但布宜诺斯艾利斯省就1859年11月11日公约后签订的条约除外。

第三十二条

联邦国会不得制定法律限制新闻自由或建立关于新闻的联邦管辖权。

第三十三条

本宪法所列举的宣言、权利与保障不得解释为否定未列举但却源于人民主权原则和共和制原则的其他权利与保障。

第三十四条

联邦法院之法官不得同时在省法院担任职务。联邦职务无论文武，在某省任职时，不得以其职务获得在该省的居留权，但该职员习惯在该省居住者除外，本规定应解释为关于在其临时居住的省份选择职业的权利。

第三十五条

自1810年至今成功使用的名称，即"普拉塔河联合省"(United Provinces of the River Plate)、"阿根廷共和国"(Argentine Republic)和"阿根廷邦联"(Argentine Confederation)，应在今后作为各省之政府与领土的官方名称，"阿根廷国"(Argentine Nation)应用于制定和批准法律的过程中。

第二章 新权利与保障

第三十六条

本宪法即使遭到针对统治秩序和民主制度的实力行为中断时，亦应有效。此类行为应自始无效。

此类行为者应受到第二十九条规定的刑罚之处罚，并永久丧失担任公职之资格，且不得赦免或减刑。

因此类行为而谋取保留给本宪法所设置之机构或各省之机构的权力者，亦应受到处罚，并应对其行为承担民事和刑事责任。此类行为不受时效约束。

一切公民均应有权反对和抵抗本条所规定之实力行为。

任何人若因对国家的严重欺诈罪行而获得个人财富者，亦应视为对民主制图谋不轨，并应在法律确定的期限内丧失担任公职的资格。

国会应制定法律确定关于公职履行的公共伦理。

第三十七条

本宪法保障政治权利的充分行使，其行为应依照人民主权原则和由此原则产生的法律。投票应为普遍、公平、秘密和强制性的。男女之间就选举和政党职位的机会平等，应在规定政党和选举制度的过程中通过积极行为的方式得到保障。

第三十八条

政党是民主制的基本制度。本宪法保障政党之自由建立与活动，以及政党的民主结构与过程，少数团体的代表性，选举性公职的候选人之竞争，公共信息的获得以及公共思想的交流。

国家努力促进政党活动的经济支持以及政党领袖的培养。

政党应公开其资金和资产的来源与使用。

第三十九条

公民应有权向众议院提出法案。国会应在十二个月期限内予以考虑。

国会应以其各院全体议员的绝对多数制定规制性法律，该法律不得要求超过百分之三的全国选民签名，并应与充分的地域分配相适应以便使提案获得有效支持。

关于宪法改革、国际条约、税收、预算和刑事法律的法案，不得通过选民提案的方式产生。

第四十条

国会基于众议院的提议得将法案提交全民征求意见。要求前述征求意见的法律不得遭到否决。经过全国选民的肯定性投票后，法案即成为法律并应自动颁布。

国会或共和国总统按照其各自权力，应召集非强制性全民征求意见。在此情况下，不得实行强制性投票。国会应以其各院全体议员的绝对多数制定法律，调整全民征求意见的主题、程序和时间。

第四十一条

一切居民均享有适合人类发展的健康与平衡的环境权，以便使生产行为在满足当前需要的同时不危及后代人的生存；一切居民均有义务维持环境。最为首要的，环境损害应负有依据法律修复环境的义务。

当局应为此种权利提供保护，对自然资源进行合理使用，维持自然与历史遗产以及生物的多样性，并应提供环境信息与教育。

国家应制定最低保护标准,以及各省实施此类标准的必要手段但不得改变省的管辖权。

禁止当前以及潜在具有危险的废物以及辐射物品进入阿根廷领土。

第四十二条

就消费而言,消费者和产品与服务的使用者享有其健康、安全和经济利益受到保护的权利;获知充分和真实的信息的权利;选择的自由和受到公平与负责对待的权利。

当局应为上述权利提供保护,消费教育,保护竞争免受任何形式的市场地位滥用,按照事实和法律垄断,按照公共事业的质量与效率,建立消费者与使用者协会。

法律应确立预防和解决纠纷的有效程序,以及国家公共事业的规制。此类法律应考虑消费者和使用者协会以及相关省的必要参与。

第四十三条

若本宪法、条约或法律所认许的权利和保障受到公权机构或个人的当前或急迫的损害、限制、修改或威胁且具有公然的专断性与非法性,而无其他法律救济,则任何人均应提交关于宪法保障的迅捷且即刻的诉讼。在此种情形下,法官得宣告此行为或不作为基于违宪的规则。

关于任何形式的歧视,关于保护环境、竞争、消费者与使用者的权利以及关于普通公共利益的保护的即刻程序,应由受损的当事人、监察专员以及为促进此种利益而依法注册的协会提出。

任何人得提出此种诉讼,以便获得注册于公共档案和公共数据库中的或以提供信息为目的的私人档案或数据库中的关于其自身数据的信息。当存在错误信息或歧视时,此种诉讼得请求撤销、更正、保密或更新前述信息。新闻信息之来源的秘密性不得受到损害。

当受损害、限制、修改或威胁的权利影响身体自由,或当羁押程序或条件不正当恶化,或个人被强制失踪,得由相关当事人或任何其他人以受害人之名提请人身保护令,且法官应立即紧急开庭作出决定。

第二编　国家机构

第一分编　联邦政府

第一部分　立法权

第四十四条

国家的立法权授予给国会,国会由两院,即代表国家的众议院和代表各省和布宜诺斯艾利斯市的参议院组成。

第一章　众议院

第四十五条

众议院应由各省、布宜诺斯艾利斯市和首都市(若首都市发生变化)之人民以简单多数制直接选举产生的代表组成,首都市应视为一个单独选区。代表的人数应为每三万三千居民一名代表,或不少于一万六千五百居民组成的地区一名代表。在每次人口普查后,国会应确定代表名额,国会可增加但不得减少每名众议员所代表的居民基数。

第四十六条

每一届立法任期的众议员应按下列比例任命:布宜诺斯艾利斯省,十二人;科尔多瓦省,六人;卡塔马卡省,三人;科连特斯省,四人;恩特雷里奥斯省,二人;胡胡伊省,二人;门多萨省,三人;拉里奥哈省,二人;萨尔塔省,三人;圣地亚哥省,四人;圣胡安省,二人;圣菲省,二人;圣路易斯省,二人;图库曼省,三人。

第四十七条

应为第二届立法任期进行人口普查,并根据普查结果规定各地众议员人数。人口普查仅以每十年一次。

第四十八条

担任众议员的资格是:年满二十五周岁;作为完全适格公民满四年;出生于当选之省或在该省定居满两年。

第四十九条

本次选举由各省议会制定直接选举国会众议员的办法。之后由国会制定一部普通选举法。

第五十条

众议员应任职四年,得连选连任;但众议院每两年换届半数;为此目标,第一届众议院应通过抽签决定首次换届半数的议席。

第五十一条

在议席空缺的情况下,各省和布宜诺斯艾利斯市之政府应召集新议员之选举。

第五十二条

一切增加税收或招募军队的法案必须在众议院提出。

第五十三条

只有众议院享有向参议院弹劾总统、副总统、内阁主席、部长和最高法院大法官的权力,弹劾应发生在上述官员任职过程中行为不检或实施犯罪行为;弹劾须弄清事实查明原因,并经三分之二多数之众议员通过。

第二章 参议院

第五十四条

参议院应由每省三名参议员,布宜诺斯艾利斯市三名参议员组成,应通过联合且直接选举产生,其中两个议席属于得票数最多的政党,另一个议席属于得票数次多的政党。每一参议员享有一个投票权。

第五十五条

为当选参议员,下列条件乃属必要:年满三十周岁;成为国家之公民满六年,且年最低收入为两千比索或同一收入;出生于当选之省或在该省定居满两年。

第五十六条

参议员应任职六年,得无限期再选;但参议员每两年换届同一选区的三分之一。

第五十七条

国家副总统应为参议院议长;但其非在赞否同数时不得享有投票权。

第五十八条

参议院应任命一名临时议长以便在议长缺席或履行总统职务时主持会议。

第五十九条

参议院应排他性享有在公开庭审中审判参议院提出之弹劾的权力,其议员必须在为此目标而开会时宣誓。若国家总统受到弹劾,则参议院应由最高法院首席大法官主持。非经出席议员三分之二多数同意,不得将任何人定罪。

第六十条

判决仅限于将受控之人解除职务,剥夺其担任国家的荣誉职、享有国家之信任或利益的资格。但定罪之个人无论如何均应由普通法院依照法律进行指控、审判和处罚。

第六十一条

在外国侵入时,参议院亦得到授权批准国家总统针对共和国某个或若干个地点的紧急状态宣告。

第六十二条

若任何参议院因议员死亡、辞职或其他原因而出现空缺,则出缺议席之政府应立即召集新议员之选举。

第三章 适用于两院的规定

第六十三条

参众两院每年应在3月1日到11月30日各自举行常会。国家总统得召集特别会议或延长国会常会。

第六十四条

每院应为其议员选举、权利和资格以及有效性的裁判者,任何一院非以其议员的绝对多数参加不得开会,但少于绝对多数参加的议员得按照议院各自规定的条件和罚则强制缺席议员参会。

第六十五条

两院同时开始和结束其会期。任何一院在开会期间不得未经另一院之同意而延长会期超过三日。

第六十六条

每院应制定其自身的程序规则,并经三分之二多数同意而矫正其议员在履行职责过程中的不当行为,或以身体或道德不适为由交其议员解职,或者将其议员驱逐;但出席议会之过半数即足以决定议员的自愿辞职。

第六十七条

参议员和众议员在就职时应宣誓充分履行职务并按照本宪法之规定而从事一切活动。

第六十八条

国会之议员在履职过程中所发表之观点与所为之投票不受任何指控、法律追究或扰乱。

第六十九条

参议员或众议员自其当选之日至其任期结束不受逮捕,但因实施应受死刑处罚或其他不名誉之处罚或严重处罚之罪而被当场抓获者除外,但此时应将其事实报告即刻送交相应之议院。

第七十条

当针对参议员或众议院之书面指控递交普通法院时,一旦公开审理其是否具有充分之证据时,每院均得以三分之二多数之同意而中止受控当事人之职务并将其置于有权法院之管辖下而受到审判。

第七十一条

每院应传召部长以获得其认为必要之解释或报告。

第七十二条

任何国会议员未经所属议院之事前同意不得被任命担任任何行政权的文职或委员,但属于短期之雇佣除外。

第七十三条

专职教会人员以及各省之省长不得担任国会议员职务。

第七十四条

参议员与众议员因提供服务而收到法律确定的薪金,薪金由国库支付。

第四章 国会的权力

第七十五条

国会有权:

1. 就国家海关进行立法。规定应实行全国统一标准的进出口税，以及评估进出口税的价值。

2. 作为与省相同的权力征收间接税。在特定期限内并在全国范围内以平等比例征收直接税，但以国防、共同安全和国家的普通福利所要求者为限。本款所规定之税，除全部或部分具有特定用途外均应遵守共同参与。

以国家和省之同意为基础的协议性法律应建立共同参与此类税收的制度，以确保基金的自动支付。

国家、省和布宜诺斯艾利斯市之间的分配，应按照与他们任何之一的管辖、服务和职能存在直接联系的方式来实施，并应考虑客观共享标准；此种分配应以公平和团体为基础，并优先实现全国范围内的类似的发展程度、生活标准和公平机会。

协议性法律应由参议院提出并应基于各院所有成员的绝对多数而制定。此种法律不得单方面修改或控制，并应由各省批准。

非经国会法律批准，或在适当时由相关省或布宜诺斯艾利斯市之批准，不得在未转移资金的条件下转移管辖、服务或职能。

联邦财政机构应依照法律负责本项内容之控制和监督，法律应确保各省和布宜诺斯艾利斯市在其相关范围内得到代表。

3. 以各院全体议员绝对多数同意制定特别法，在特定期限内设置和修改得遵守共同参与的特定津贴。

4. 以国家之信用贷款。

5. 决定国家土地的使用和出售。

6. 建立和调整具有发行货币职能的联邦银行和其他国家银行。

7. 偿还国家内外债务。

8. 基于政府的总规划及公共投资计划，依照本条第二项第三句确定的标准逐年确定国家行政支出的总预算，以及批准或否决投资项目。

9. 决定对预算收入不敷支出的省份给予国库拨款补贴。

10. 调整内河自由航行，批准修建其认为必要的港口，设立或取消海关。

11. 铸造货币，调整货币与外币的比价，规定全国统一的度量衡标准。

12. 制定民法、商法、刑法、采矿法、劳动和社会保险法，但上述法典不得改变地方司法机构的权限，且应根据人或物的管辖权来确定联邦与省法院的各自管辖权；应根据本国公民权的原则制定全国统一的国籍法和公民身份法；以及制定破产法、制定惩办伪造货币和伪造国家文件罪行法，以及制定建立陪审团的法律。

13. 规定同外国的贸易以及各省间的贸易。

14. 调和并建立全国性邮政。

15. 最终商定国界，确定省界，建立新省，通过特别法确定位于各省范围之外的国家辖区的组织管理和政府。

16. 处理边疆安全事宜。

17. 承认阿根廷的土著人民之种族与文化先存性。

保障对双语和跨文化的教育之权利和身份之尊重；承认对土著人民之公社的法律资格、公社对其传统占有土地的占有和所有；调整为土著人民发展所足够和充分的其他土地之赋予；其不得被出售、转移或受到任何留置和扣押。保证他们对与其自然资源相关或对其他影响其自身利益的事务的参与。省得联合行使此类权力。

18. 规定国家繁荣、各省进步和福利、教育进步，颁布普通教育和大学教育计划，通过制定保护性法律提供临时特许和鼓励性补偿来促进工业、移民、铁路和航运的发展，开垦国家土地，引进和建立新兴工业，引进外国资本和进行内河勘探。

19. 规定与人力发展、经济进步和社会正义、国民经济增长、促进就业、工人职业培训、货币价值维护、科学技术研究与发展、科技传播与有益利用相关的一切事项。

规定国家与其领土整治的协调发展，促进多样性政策以便平衡省与地区之间的相对不平等发展。此类提案应由参议院提出。

制定有关下列事项的法律：加强国家团结和尊重省与地方特性之组织与教育基础；确保不得转让的国家责任，家庭和社会参与，强化民主价值和平等机制以及无歧视的可能性；确保国家公共教育之免费与平等原则以及国立大学自治与自足原则。

制定保证文化认同与多样性的法律，艺术作品自由创作与传播的法律，用于文化和视听活动的艺术遗产与遗迹的法律。

20. 建立最高法院的下级法院；设立和撤销职位，并规定其权限，颁发退休金，授予荣誉称号和批准大赦。

21. 批准或拒绝共和国总统和副总统的辞职，在必要时宣布新选举的必要性。

22. 批准或废除同其他国家和国际组织缔结的条约，同罗马教廷签订的协定。条约与协定具有优于法律的效力。

《美洲人的权利和义务宣言》、《世界人权宣言》、《美洲人权公约》、《经济、社会和文化权利国际公约》、《公民权利和政治权利国际公约》及其议定书、《防止及惩处种族灭绝罪公约》、《消除一切形式种族歧视国际公约》、《消除对妇女一切形式的歧视国际公约》、《禁止酷刑和其他残忍、不人道或有辱人格的待遇或处罚公约》和《儿童权利国际公约》，在其规定的完全效力内，它们具有宪法位阶的效力，不得取消本宪法第一部分的任何内容，并应被理解为补充本宪法所承认的权利和保障。它们只有在经每院全体议员三分之二多数批准的情况下，才得由国家行政权予以废止。

为取得宪法位阶的效力，有关人权的其他条约和公约应在国会批准时取得各院全体议员的三分之二多数票。

23. 制定法律并鼓励积极促进保障本宪法和有效的国际人权公约所确认的直接机会平等与公平对待、权利的完全实现和行使，尤其是与儿童、妇女、老年人和残疾人相关的公约。

建立保护儿童免受遗弃的特别和必要的社会保障制度，自受孕至初等教育完成，并保护处于妊娠和哺乳期间的妇女。

24. 基于互惠与平等的条约，批准条约将权力和管辖授予超国家组织，但应尊重国内秩序与人权。由此产生的规则具有优于法律的效力。

拉丁美洲国家缔结的此类条约的批准应取得各院全体议员的绝对多数票。与其他国家缔结的此类条约，应取得各院出席议员的绝对多数票，国会应在其适当性宣告后的120日后宣告仅应以各院全体议员绝对多数批准的条约的批准的适当性。

本项所涉条约的废止应要求各院全体议员绝对多数的事先批准。

25. 批准行政权宣布战争或和平。

26. 批准逮捕特许令和缴获令，制定处理缴获劫获物的规则。

27. 在和平和战争期间确定军队的编制，制定军队管理条例和制度。

28. 批准外国军队进入国家领土和本国军队开赴国外。

29. 在遭遇内乱时宣布一个或若干个地区进入戒严状态，批准或取消休会期间由行政权宣布的戒严令。

30. 对国家的首都市的地域行使排他性立法权，对在共和国领土内实现国家利益所要求的特定目的之实现制定必要的法律。省和市镇机构应有权力征税，享有必要的警察权，只有其不影响上述目的的实现。

31. 命令对省或布宜诺斯艾利斯市的联邦干预。在休会期间批准和撤回行政权下令的干预。

32. 为行使上述职权和本宪法授予阿根廷国家政府的其他一切权力，制定其认为适当的法律和规则。

第七十六条

立法权不得授予行政权，但关于行政与公共紧急的事务，在特定期限内且其行使已由国会确定委托条件者，不在此限。

前款规定的期限届满不应意味着作为由国会授予结果的规则的修改。

第五章　法律的制定与颁布

第七十七条

法案应在国会任何一院由其议员或由行政权提出，但本宪法另有规定者除外。

修改选举制度和政党制度的法案应以各院全体议员绝对多数批准。

第七十八条

法案在其提出之案获得通过后，应递交至另一院审议。一旦获得两院批准，则应送交国家之行政权进行审查；若亦获得批准，则成为法律。

第七十九条

在法案获得概括批准后，每院有权以其议员绝对多数同意委任其委员会进行详细批准。若投票相等，则议院得撤回委托的权力并回归普通程序。委员会批准应要求其全体成员的绝对多数同意。若法案获得委员会批准，则应继而进行普通程序。

第八十条

若法案在十个工作日内未由行政权返回，则视为已由行政权予以批准。若法案被部分否决，则遗留部分不得被批准。但未否决部分只有其具有规范自足性且其批准不改变国会批准的法案的主旨和统一性时，方得以颁布。在此情况下，后述的必要与紧急命令程序应予适用。

第八十一条

由任何议院整体否决的法案不得纳入同一年的立法会期。但如果一议院对另一议院的法案仅作补充或修改，则法案可再送回提案议院复议，经绝对多数通过后呈交行政权批准。如果补充或修改意见被原提案议院否决，则法案应再送回审查议院审查。如果修改意见再次以三分之二多数通过，则法案应再送交原提案议院。提案议院议员中对上述补充和修改意见无三分之二票反对，即视为获得通过。

第八十二条

每院的意见应明确陈述，在任何情况下均不允许默示或虚拟的批准。

第八十三条

若法案部分或全部遭到行政权否决，则法案应连同反对意见送回原提案议院；后者应复议，若以其议员三分之二多数确认,则应再次送交修正议院。若两院以此多数批准,则该法案成为法律且送交行政权予以颁布。在上述所有情况下,两院的表决均应以唱名赞否的方式表决;投票者的名字与立场以及行政权的反对意见应立即于报纸公布。若两院对反对意见发生分歧,则法案在该年度内不得再次提出。

第八十四条

法律制定程序应使用下列格式:阿根廷国的参议院与众议院,以召开的国会的形式,发布法令或颁布法律。

第六章 国家审计办公室

第八十五条

立法权是对国家文职服务及其资产、经济、财政及运作方面进行内部监督的排他性机关。

立法权对国家文职服务之表现与总状态的修改与意见应基于国家审计办公室的批准。

此办公室乃是国会的技术性咨询机关,具有功能的自主性,应由关于其创立与运作的法律确定其成立条件,该法律应由每院议员的绝对多数批准而制定。办公室主任应基于国会中最大反对派的提议而任命。

办公室负责监督文职服务的中央与地方分权机关的活动的法律方面、管理与审计,而无论其组织形式为何,并行使法律授予的权力。该办公室必然参加公共资金的收入与投资的批准与否决。

第七章 监察专员

第八十六条

监察专员是在国会内部设立的独立机关,具有完全的自主权,不听从任何机关的权威。监察专员的任命是捍卫和保护人权和其他权利,本宪法和法律提供的保障和利益,防止其受到行政契据、作为或不作为的损害;同时监督公共行政职能。

监察专员具有参加诉讼的资格。他由国会以各院议会三分之二多数同意加以任免。他享有立法者的豁免与特权。他应任职五年,并仅得连任一次。

监察专员之组织和运作应由特别法加以规定。

第二部分 行政权

第一章 行政权的性质与任期

第八十七条

国家的行政权授予给一名称作"阿根廷国家总统"的公民。

第八十八条

在总统疾病、离开首都市、死亡、辞职或解职的情况下,行政权应授予国家的副总统。在国家的总统和副总统解职、死亡、辞职或丧失行为能力的情况下,国会应决定行使总统职权的公共官员,直至无法行使职权的情形消失或新总统选出。

第八十九条

当选为总统和副总统的条件是:出生于阿根廷领土或在出生于外国的情况下由原始出生的公民所生;其他条件为当选为参议员的条件。

第九十条

总统和副总统应任职四年;得交替任职仅限一个连续任期。若总统和副总统再次当选或交替任职,则除非相隔一个任期,他们不得再次当选两个职位之中的任何一个。

第九十一条

国家总统应在其四年任期届满的同一日停止行使职权,不得以任期内发生的任何偶然事件为由延长任期。

第九十二条

总统和副总统接受由国库支付的薪金,此薪金在其任期之内不得改变。在任期内不得担任国家或任何省的其他职务或接受任何其他报酬。

第九十三条

总统和副总统在就职时应向参议院议长和集会之国会以其宗教信仰作如下宣誓:"忠实和爱国地履行总统(或副总统)之职务,恪遵阿根廷国宪法,并保证宪法之实施。"

第二章 总统和副总统的选举程序与时间

第九十四条

国家之总统与副总统应由人民根据宪法以两轮投票直接选出。为此目的,国家领土应为一个单一选区。

第九十五条

选举应在现任总统任期届满前两个月内选举。

第九十六条

在必要情况下举行的第二轮投票应在第一轮投票之后三十日内在得票最多的两组候选人名单之间进行。

第九十七条

若在第一轮投票中得票最多的候选人名单获得超过有效赞成票的百分之四十五,则名单中的成员应被宣告为总统与副总统。

第九十八条

若在第一轮投票中得票最多的候选人名单获得

至少有效赞成票的百分之四十,且超过得票第二多的候选人名单百分之十,则名单中的成员应被宣告为总统与副总统。

第三章 行政机构的权力

第九十九条

国家总统享有下列权力:

1. 总统是国家的最高元首,政府首脑,他在政治上负责统管国家行政事务。

2. 总统得制定为实施法律所必要的指令与规则,但不得违反法律的精神。

3. 总统参与以宪法为根据的法律制定,颁布和公布法律。

行政权在任何情况下不得颁布具有法律性质的规定,否则应属绝对和自始无效。

只有本宪法所规定的制定法律的正常程序因非常情形无法得到遵守,并且当所涉规定与刑事、税收、选举或政党制度无关,总统才得以必要和紧急为理由而发布命令,且此时应以部长普遍同意的方式作出决定,同意的部长应与内阁主席共同副署该命令。

在十日期限内,内阁主席应亲将决定呈交国会联合委员会审议,该委员会应依照国会各院政党比例构成。在十日期限内,该委员会应将其报告提交各院的全院委员会进行特别审议并应由各院立即讨论。应由以各院全体议员绝对多数通过的特别法来规定国会参与的程序和范围。

4. 总统经参议院出席议员三分之二多数之同意任命最高法院大法官,参议院应为此专门召集会议。

总统根据司法委员会提交的提名名单任命联邦下级法院的其他法官,提名名单应列明三员候选人,总统之任命应取得参议院以公开会议之形式所作之同意,该会议应考虑候选人的资格。

上述法官一旦年满七十五周岁,即应以获得相同形式的同意进行新的任命,以便法官可以继续任职。年满和超过前述年龄之法官应被任命五年,并得以同一程序不确定地再次任命。

5. 总统得基于有关法院的报告,对属于联邦管辖的案件宣布赦免和减刑,但众议院弹劾案除外。

6. 总统得根据国家法律,批准退休金、退役金和救济金等事项。

7. 总统得经参议院同意任免大使、全权公使和代办。总统可自行任免内阁主席和部长、秘书处的官员、领事人员以及本宪法未作特别规定的其他行政官员。

8. 总统逐年主持有参众两院议员出席的国会会议开幕式,在会上向国会作国情报告和就宪法范围内的各项改革情况,提出需要和适合采取的措施交国会审议。

9. 总统在国会会议日程紧张或进展需要时,得宣布延长国会例会或召开国会特别会议。

10. 总统根据法律或国家预算支出的需要,监督内阁主席在决定国家税收和投资事项方面的表现。

11. 总统缔结和签订为维持与国际组织和外国之友好关系所必要的条约、协定和其他协议,并接受外国使节和领事。

12. 总统是国家一切武装部队的总司令。

13. 总统决定国家的军职;经参议院同意任命军队的高级军官和授予军衔;战时可不经参议院同意而自行任命。

14. 总统指挥武装部队,根据国家需要,负责军事力量的组织部署。

15. 总统经国会批准或同意,宣布战争和颁发捕获许可令和缴获令。

16. 在国家遭到外敌侵略时,总统经参议院同意宣布国家一个或若干区域在有限期间内处于戒严状态。在发生内乱时,若值议会休会,总统行使原属于国会的戒严令发布权。总统根据本宪法第二十三条规定行使这一职权。

17. 总统得向内阁主席和一切行政部门的首长要求提供其认为适用的信息,或通过他们向其他行政雇员要求提供信息。他们必须提供此类信息。

18. 总统经国会同意得离开国家领土,在国会休会期间,总统只有以公共利益的正当理由而未经批准离开国家领土。

19. 若须经参议院同意方可任命的职位在参议院休会期间出现空缺,则总统有权任命代理人员填补缺额,但有效期截至下届国会闭会为止。

20. 总统得在国会休会期间下令对各省或布宜若斯艾利斯市进行联邦干预,但他必须同时召集国会审议此类干预。

第四章 内阁主席与其他部长

第一百条

内阁主席和其他部长之数量与职权应由特别法确定,内阁主席与部长负责国家事务并应以其签名来副署总统之行为并使之合法化,总统之行为未经副署系属无效。

内阁主席对国会负政治责任,其职权是:

1. 执行国家之总行政。

2. 采取和颁布为行使本条所授权力及总统所委托权力所必要的措施和规则,该措施和规则应提交相关部长签署。

3. 任命行政雇员,但属总统任命的除外。

4. 经内阁同意行使总统授予的职能和权力,在其管辖权范围内决定行政功能要求其决定的事务以及其认为依其重要性必须由其决定的事务。

5. 协调、准备和召集部长内阁会议,并在总统缺席时主持会议。

6. 经内阁事前同意和总统之批准,向国会提交各部门和国家之预算法案。

7. 确保国家税收得到征缴并执行国家预算案。

8. 副署法律之条例性命令,以及总统延长国会之会期或召集国会特别会议之命令,副署总统支持立法倡议之咨文。

9. 参加国会会方并加入辩论,但不得投票。

10. 一旦国会之常会开始,与其他部长提交关于各部门之事务的国情状况的详细报告。

11. 应要求向国会任命一院提交口头或书面报告和解释。

12. 副署关于国会授权的命令,并应处于国会联合常设委员会的监督之下。

13. 与其他部长共同副署必要与紧急命令,关于部分颁布法律的命令。在其批准后十日内,应亲自将此类命令提交国会联合常设委员会审议。

部长内阁的主席不得同意担任部长职务。

第一百〇一条

部长内阁的主席每月应出席国会至少一次,交替参加两院会议,报告政府工作之进展,而无论第七十一条之规定。经任何一院之全体议员绝对多数同意,主席得以不信任案的目的受到质询,经两院议员绝对多数同意,得将主席解职。

第一百〇二条

各部长就对其行为承担责任;部长对其同意其同僚之事项负联合责任。

第一百〇三条

部长在任何情况下均不得独自通过决议,但与其本部之经济与行政事项相关的事务除外。

第一百〇四条

在立法会期开始后,内阁之部长应向国会提交其各自部门之事项相关的国家状况详细报告。

第一百〇五条

部长未辞去其职务之前不得担任参议员或众议员。

第一百〇六条

部长得参加国会议,并加入辩论,但不得投票。

第一百〇七条

部长应就其服务收到法律确定的薪金,该薪金不得增长或减少以增进或损害其利益。

第三部分 司法权

第一章 司法权的性质与任期

第一百〇八条

国家的司法权授予给最高法院和国会得在国家领土范围内设立的下级法院。

第一百〇九条

国家总统在任何情况下均不得行使司法功能,对未决案件进行管辖,或对既决案件进行重审。

第一百一十条

最高法院的大法官和国家下级法院的法官若品行良好则终身任职,并应就其服务收到法律所确定的薪金,即在其任职期间不得以任何方式缩减。

第一百一十一条

最高法院大法官的任职资格是:为国家之律师,执业满八年,其他条件同于参议员。

第一百一十二条

获得任命的个人在首次就职于最高法院时,应向国家总统宣誓,其将以恰当且认真的方式,并依宪法规定履行职责、实施正义,并且符合宪法之规定。其后,他们应向最高法院之首席大法官宣誓。

第一百一十三条

最高法院制定其内部条例并任命其附属雇员。

第一百一十四条

司法委员会应负责法官之选任及司法权之组织,司法委员会遵守国会以各院全体议员绝对多数制定之特别法。

司法委员会应定期更换以在民主选举中产生的政治团体之间实现各级法官及联合注册律师之间的代表比例的平衡。委员会应同样由其他学者及研究者参加,其数量及形式以法律确定。

司法委员会的职权是:

1. 通过公开竞争选择下级法院的候选人。

2. 签发三名候选人的约束性名单建议,以便任命下级法院之法官。

3. 掌管法律分配给司法组织的资源并管理其预算。

4. 对法官进行纪律惩戒。

5. 决定启动将法官解职之程序,并在适当时下令中止其职务,并作出赔偿指控。

6. 制定关于司法组织的规则以及一切为确保法官独立及司法有效管理的必要规则。

第一百一十五条

国家下级法院之法官应以第五十三条规定之理由予以解职,解职由立法者、法官及联邦注册律师组成的特别陪审团作出决定。

该决定不得上诉,并且仅具有解职的效力。但受指控的当事人无论如何仍然应受到普通法院的依法指控、审判及处罚。

若在解职程序开始后一百八十日内未作出任何决定,则该程序即终止并存档。在此情况下,中止职务的法官应恢复职务。

该陪审团的构成及程序应由第一百一十四条规定的特别法加以规定。

第二章 司法机构的权力

第一百一十六条

最高法院和国家之下级法院有权审理和决定:一切源于本宪法和国家法律的案件,但第七十五条第十二项以及与外国签订的条约所规定的例外情形除外;一切关于大使、公使和外国领事的案件;与海事及海商管辖相关的案件;国家作为一方当事人的案件;两省多省之间产生的争议,以及一省与他省居民之间的争议,不同省公民之间的案件,一省或其居民针对外国国家或公民的诉讼。

第一百一十七条

最高法院应对前述案件享有上诉管辖权,但国会得制定规则与例外;但一切与外国大使、公使和领事相关的事务,以及一省为当事人的案件,法院应享有初始及排他管辖权。

第一百一十八条

一切普通刑事案件之审判,若非源于众议院之弹劾权,一旦国家设立了陪审团,则应由陪审团加以决定。审判应在犯罪行为发生之省进行;但当犯罪行为违反国际法实施于国家领土以外时,审判应在国会得以特别法确定的地点举行。

第一百一十九条

叛国罪仅在以武力叛国、加入外敌、向外敌提供帮助与协助时才得定罪。国会应以特别法确定此罪行之处罚;但刑罚仅限于针对定罪之人,且其不名誉不得转移至任何级别的亲属。

第四部分 公共检察

第一百二十条

公共检察是具有自主职能及财政自治性的独立机关,其职能是与共和国的其他机关合作,为社会普遍利益的法律性之捍卫促进公正参与。

公共检察由国家之总检察长及国家之总保护人以及法律确定的其他成员组成。

其成员享有职能豁免及独立之薪金。

第二分编 省政府

第一百二十一条

各省保留其未通过本宪法授予给联邦政府的一切权力,以及在其组成联邦时通过特别公约明示保留给自己的权力。

第一百二十二条

各省确定自身的本地方制度并通过这些制度进行自治。各省选举自己的省长、立法机关以及其他省官,而排除联邦政府之干预。

第一百二十三条

各省制定第五条所规定的自身之宪法,确保市镇自治并规定关于制度、政治、行政、经济和财政各方面的范围与内容。

第一百二十四条

各省有权为经济和社会之发展而组建地区,并为实现其目的而建立团体,且他们有权经告知国会而加入国际协定,只有这些协定与国家的外交政策相符且不影响授予联邦政府的权力或国家之公共信誉。布宜诺斯艾利斯市应具有为此目的而特别建立的制度。

各省对其境内的自然资源具有原始治权。

第一百二十五条

各省得为组织司法、经济利益和共同利益事项而经告知国会而加入部分条约;且得促进其工业、移民、铁路与运河之建设,省有十地之开垦;引入和建立新兴工业、引进外国资本和开发其河流,通过法律手段而保留这些目的和各省自身的资源。

各省和布宜诺斯艾利斯市得继续其自身的公务员及职业的社会保障团体;且得促进经济发展、人力资源发展、增加就业、教育、科学、知识和文化。

第一百二十六条

各省不得行使授予国家的权力。各省在任何情况下均不得加入具有政治性的部分条约;建立省海关;铸币;建立具有经联邦国会批准发行通货之权力的银行;在国会制定相关法律后制定民法、商法、刑法和采矿法;制定关系国籍及归化、破产、伪造货币或国家文化的法律;征收船舶吨位税;在通知联邦政府后建立战舰或维持军队,但在外敌入侵或此类即刻危险时除外;任命或接受外国机构。

第一百二十七条

任何省不得对他省宣战或作战。省的主张必须提交最高法院加以解决。其事实上的敌对是内战行为,被认定为叛乱或叛变,联邦政府负有依法镇压和处罚之职责。

第一百二十八条

省之省长是联邦政府实施宪法和国家法律的当然机构。

第一百二十九条

布宜诺斯艾利斯市具有自治政府体制,享有立法及司法权,其政府首脑应由市民直接选举产生。

当布宜诺斯艾利斯市为国家之首都时,法律应确保国家之利益。

根据本条前述之规定,国会应召集布宜诺斯艾利斯市之居民以便选出代表制定其制度的组织法规。

临时条款(略)

安提瓜和巴布达 1981 年宪法法令

(1981 年 7 月 31 日制定，1981 年 10 月 31 日起生效)

鉴于安提瓜和巴布达人民：

a. 相信安提瓜和巴布达以上帝的至高无上、人类尊严为建立原则，赋予了全体人民个人基本权利与自由，赋予了家庭在由自由人民和自由制度组成的社会中的地位；

b. 尊重社会公正的原则，认为经济体制的运行会使得各国的物质资源依照促进公共利益的角度进行分配，若对于所有民众来说生活资料是充足的，则劳动人民不应受经济所迫而从事非人道主义的行为，但是就其优点、能力以及诚实应获得晋升的机会；

c. 坚持认为他们的幸福和成功在民主社会中才能得到最好实现，所有人都应发挥自己的能力，积极融入国家生活；

d. 认识到法律代表公共意识，任何公民都不得被私人的正义观所限制，国家也服从于法律；

e. 希望建立一个由最高法律领导的法律框架，保障其不可剥夺的基本权利和自由，包括自由权、财产权、防卫权和法律救济权，同时，言论自由、新闻与结社自由仅受公共利益的限制。

因此，下列规定应视作安提瓜和巴布达宪法而生效。

第一章 国家和宪法

第一条 ［国家和领土］

1. 安提瓜和巴布达是一个统一和享有主权的民主国家。

2. 安提瓜和巴布达的领土由安提瓜岛、巴布达岛、雷东达岛以及国会于 1981 年 10 月 31 日宣布的构成安提瓜和巴布达领土的所有其他地区组成。

第二条 ［宪法是最高法律］

宪法是安提瓜和巴布达的最高法律，应服从宪法规范，其他任何法律与宪法相抵触时优先适用宪法，且抵触部分无效。

第二章 基本权利和个人自由的保护

第三条 ［基本权利和个人自由］

安提瓜和巴布达公民人人享有基本权利和个人自由，不论民族、出生地、政见或组织、肤色、宗教或性别，但需尊重其他公民的权利和自由以及公共利益并遵从下列规定，即：

1. 个人享有生命、自由、安全权以及拥有财产和受法律保护的权利；

2. 公民享有思想自由、表达自由（包括出版自由）以及和平集会和结社之自由；

3. 公民的家庭生活、个人隐私、家庭隐私和其他财产受到保护，无合理补偿不得剥夺公民私有财产。

本章之条文旨在为上述权利和自由提供保护，条文中同时包含了对其保护的限制，以保证个人在享有权利和自由时不会对他人权利和自由以及公共利益造成损害。

第四条 ［生命权的保护］

1. 任何人的生命都不得被蓄意剥夺，因触犯叛国罪或谋杀罪已被定罪，为执行法院判决的除外。

2. 在法律允许的范围和情形下，使用暴力致人死亡不视为违反本节规定剥夺他人生命权的情形，其具有相当的正当性：

a. 阻止对人身的暴力侵害和财产侵害；

b. 为依法追捕或防止被合法关押者逃跑；

c. 为镇压暴乱、暴动或叛乱；

d. 为合法预防犯罪组织，

或者死于战争的合法行动中。

第五条 ［个人自由的保护］

1. 任何人的个人自由不被剥夺，法律规定的下列情形除外：

a. 因为对刑事指控的不适当答辩；

b. 由于已被定罪的刑事犯罪而被执行法院的判决或命令，该判决和命令可以是安提瓜和巴布达本国法院做出的或其他国家法院做出的；

---

* 译者：杜婉珍，赵璇。

c. 因藐视法庭而被执行高级法院、上诉法院或议会指定的其他法院所做出的命令；

d. 法院执行为确保个人履行法律所施加的义务而做出的命令；

e. 执行法院命令将个人带至法庭；

f. 对个人已经犯罪或依法可能构成犯罪存在合理怀疑；

g. 根据法院命令、未成年人父母或监护人的同意，为教育或福利对其自由进行限制，但限制终止期限不得晚于其年满十八周岁之日；

h. 为预防感染性或传染性疾病的传播；

i. 公民个人心智不健全、吸毒、酗酒或为流浪者，或者有合理理由怀疑公民个人可能存在以上情况的，出于对其进行照顾和治疗或保护社区的考虑限制其个人自由；

j. 为防止非法进入安提瓜和巴布达国境的行为，或为实现驱逐、引渡和其他将个人合法转移出安提瓜和巴布达国境，或将已决犯从一个国家引渡或转移至另一国家的过程中在经过安提瓜和巴布达时对其自由加以限制；

k. 在必要限度内实行要求公民停留或禁止公民离开安提瓜和巴布达特定区域的合法命令，或在相当合理的限度内于做出类似命令的过程中与命令做出之后对公民提出诉讼，或在相当合理的范围内限制公民在安提瓜和巴布达的参观行为，若违反此命令，其在场行为则是非法的。

2. 任何人被逮捕或拘留时都应用其能理解的语言，以口头或书面等合理可行的方式告知其被逮捕或拘留的理由。

3. 任何被逮捕或被拘留者有权在任何阶段以自费的方式自主选择聘请律师，并有权主张与律师私下交流，未成年人有权与其父母或监护人通信。

4. 当个人被拘捕时，若其保释被允许则不需要超额保释金。

5. 任何被逮捕者或被拘留者：

a. 执行法院命令将其带至法庭；

b. 对其已经犯罪或依法可能构成犯罪存在合理怀疑；

个人在被逮捕后的四十八小时内未被释放依法应在一定期限内带至法庭，周日和公共节假日不计算在内。

6. 若某人因本条第五款第 b 项之情形被逮捕或拘留且未在合理时间内受审，则之后的任何阶段都应被无条件释放或在合理情况下被释放，包括为确保其出席庭审或为庭审做准备之必要而延长羁押期限的特殊情况，同时遵守本条第四款之规定，以上所说的情况包括保释。

7. 任何人被他人非法逮捕或拘留时，依法可以向实施非法逮捕或拘留行为的个人或代表机构或同时向二者请求赔偿；

大法官、治安法官、法院公职人员或警察个人不承担因其切实执行公事而造成的任何赔偿，且不承担因其执行上级任务而造成的任何赔偿。

8. 根据本条第一款第 b 项之规定，在出庭前被指控为刑事犯罪的个人，对其因作为或不作为而被判有罪的特殊裁决已经撤回，但是其在从事该行为或不作为的情况下是精神失常的，那么其应当被认定为犯有刑事罪名，且由于此类裁决而被拘留的个人应在执行法院命令时予以拘留。

第六条 ［免受奴役和强制劳动］

1. 任何人不得被奴役或劳役。

2. 任何人不得被强制劳动。

3. 本条所指的"强制劳动"不包括：

a. 因为法院判决或命令而被要求劳动；

b. 被非法居留者虽然不因法院判决或命令被要求劳动，但为公共卫生或为维护其被拘留场所之必要被要求劳动；

c. 纪律部队的成员为履行义务而被要求劳动，或者拒绝在海军、陆军、空军服兵役者依法被要求劳动以代替服兵役；

d. 在公共紧急情况或发生其他威胁到社区群众生命或生活的重大灾难的情况下，为处理该情况而被要求劳动。

第七条 ［免受非人道待遇］

1. 任何人不受虐待，不受非人道或有辱人格的处罚和其他类似待遇。

2. 不包含在法律授权的范围之内或者不依法律授权范围而行为的视为与本条不一致或违反本条的规定，本范围是指 1981 年 10 月 31 日安提瓜制定法律时对刑罚施加的任何合法解释。

第八条 ［迁徙自由的保护］

1. 任何人的迁徙自由不被剥夺，即在安提瓜和巴布达境内自由迁徙的权利，在安提瓜和巴布达境内任何地区定居的权利，进入安提瓜和巴布达的权利，离开安提瓜和巴布达的权利以及被驱逐出安提瓜和巴布达的豁免权。

2. 基于合法居留对个人迁徙自由的限制不视为与本条不一致或违反本条。

3. 未包含在法律授权范围内或未依照法律的授权所行为的视为与本条不一致或违反本条，具体为法律规定的以下条款：

a. 因国防、公共安全或公共秩序的合理需要限制个人在安提瓜和巴布达境内的迁徙权和定居权以及离开安提瓜和巴布达的权利。

b. 因国防、公共安全、公共秩序、公共道德或公共健康限制普通人或其他任何群体在安提瓜和巴布达境内的迁徙权和定居权以及离开安提瓜和巴布达的权利。离开安提瓜和巴布达的权利还可以因为向众议院提交的关于安提瓜和巴布达国际义务的详细说明而被限制,但其条文或规定的情形、经授权的行为在民主社会中明显不当的除外。

c. 根据法院的命令对个人在安提瓜和巴布达境内的迁徙权和定居权以及离开安提瓜和巴布达的权利进行限制,原因包括犯罪被依法定罪、确保犯罪者出庭受审、引渡或合法转移出安提瓜和巴布达国境的程序要求。

d. 对不具有公民身份的个人的迁徙自由施加限制。

e. 对占有或使用安提瓜和巴布达土地或其他财产的任何个人施加限制。

f. 因适当履行公务的合理需要对公职人员在安提瓜和巴布达境内迁徙和定居的权利以及离开安提瓜和巴布达的权利施加限制。

g. 违反他国法律构成犯罪在他国被审判或处罚,或者因为执行法院因犯罪而依法作出的判决已被对监禁的个人被转移出安提瓜和巴布达国境。

h. 为确保个人履行法律施以其义务的合理需要而对个人离开安提瓜和巴布达的权利加以限制,但相关条文、规定的情形以及依授权作出的行为在民主社会中明显不当的除外。

4. 若个人迁徙自由因为第三款第 a 项中提及的价值而被限制的,其有权提出申请,该案件的审判不早于施加限制后的两个月,或者在个人最后一次提出申诉的两个月内进行。该案件将受到独立且公正的审查,主审法官由首席大法官和其他两名总督依职权任命的法官任命,其法律执业经验不得少于七年。

5. 个人迁徙自由受到限制而根据第四款提出申诉的审查中,法院可以就该限制持续的必要性或权宜性向作出限制决定的当局提出建议,除法律规定的情形外,当局都应当按照法院的建议运作。

第九条 [财产权不受剥夺]

1. 任何财产不应被强制征收,任何权益、权利或财产都不应被强制征用。法律规定因公用而适用征收或征用以及在合理时间内给予公平补偿的除外。

2. 个人权益、权利或财产被强制征收或征用的可以就以下事项向高等法院提出申诉:

a. 个人权益或权利的确定,征收或征用财产的合法性,应当被给予的权益、权利或相关补偿;

b. 为获取补偿金:

如果议会提供了关于该款中第 a 项涉及的情况,申诉权(个人享有权益或权利或财产权力的可实施性)可以通过普通法院或决定当局行使,而不仅仅只有高等法院对明确该事项具有管辖权。

3. 首席法官对高等法院或其他普通法院或决定当局关于本条第二款中涉及的高等法院管辖权问题制定规则,或者为普通法院和决定当局受理申诉的可实施性制定规则(包括向高等法院或其他一般法院、决定当局提出申请或上诉的时间)。

4. 未包含在法律授权范围内或未依照法律的授权所行为的视为与本条第一款不一致或违反本条第一款的规定:

a. 法律规定适用征收或征用财产、权益或权利的情形:

ⅰ. 为满足税收、收费与负债的要求;

ⅱ. 违反法律而受罚的方式或因违反法律而依法没收;

ⅲ. 作为租赁、保有、抵押、负债、卖契、质押或合同的一个附属条件的;

ⅳ. 法院执行关于明确公民权利与公民义务的判决或命令;

ⅴ. 因财产处于危险状态或有可能危害人类健康、动物或植物时,适用征收或征用具有合理的必要性;

ⅵ. 法律对行为有所限制的情况;

ⅶ. 审查、调查、审判或询问需要,或者开展保护土壤或其他自然资源的活动,或者开展有关农业发展或改良的活动(基于以上发展或改良的需要,土地所有人或占有人必须无任何理由的执行,不得拒绝或逃避)。

但其条文或规定的情形、经授权的行为在民主社会中明显不当的除外。

b. 法律规定可以使用征收或征用的财产如下列所示(包括权益、权利或财产性权利),即:

ⅰ. 敌方财产;

ⅱ. 死者的财产、精神不健全者的财产或未满十八周岁者的财产,为其利益管理其从中能取得的利益;

ⅲ. 确认破产或正在清算的公司的财产,为破产债权人或公司债权人的利益以及其他能从中获益的人的利益对其进行管理;

ⅳ. 被信托的财产,根据信托契约应给予受托人财产或通过法庭或法庭命令使信托生效。

5. 任何未包含在议会制定法中的或者未依照议会制定法所授权范围所做的行为应视为与法律规定的适用强制征收财产或强制征用权益、权利或财产性权利之情形不符。包括因公共目的依法由议会或安提瓜前殖民地或联合州的立法机关投资设立的企业的财产、权益和权利。

6. 本条中所说的"公共用途"是指对公众产生好处或利益的,其从普遍上来看包括对公众身体、经济、社会或审美的影响。

第十条 ［保护人身和财产不受任意搜查和干涉］

1. 除非本人同意,任何人的人身和财产不受搜查,不得进入他人房屋。

2. 未包含在法律授权范围内或未依照法律的授权所行为的视为与本条不一致或违反本条的规定:

a. 因国防、公共安全、公共秩序、公共道德、公共健康、国家财政收入、国家规划或发展以及为促进公共利益而利用财产之合理需要;

b. 授权中央政府机关或部门、地方政府当局或为公共目的依法设立的实体公司为税收、收费或负债的目的进入他人住宅执行任务,检查合法存在于房屋中的财产以及属于中央政府或地方政府或实体公司的财产;

c. 为避免或侦查犯罪的合理需要;

d. 为保护他人权利与自由的合理需要;

e. 在任一环节为执行法院的判决或命令,授权其可以对个人人身和财产进行搜查或进入个人房屋。

法律条文或规定的情形、经授权的行为在民主社会中明显不当的除外。

第十一条 ［信仰自由的保护］

1. 未经本人同意,任何人的信仰自由不受阻碍。本条中所述的自由包括思想和宗教自由,改变宗教信仰的自由,单独或与他人共同在公共场所或私人场所中表达和传播其在宗教崇拜、宗教教义、宗教活动和教义遵守上的宗教信仰与信念。

2. 未经本人同意(若本人未满十八周岁,则经其父母或监护人的同意),任何人不得被要求参加本人信仰之外的宗教教育或宗教仪式。

3. 任何人不得被强迫要求发表与其宗教信仰内容相矛盾的誓言或者以与其宗教信仰相矛盾的形式发表誓言。

4. 未包含在以下法律授权的合理需要范围内或未依照法律的授权所行为的视为与本条不一致或违反本条的规定:

a. 基于国防、公共安全、公共秩序、公共道德或公共健康的需要;

b. 基于保护他人权利和自由的需要,包括在不主动干预其他宗教成员的前提下遵守和实施宗教信仰。

法律条文或规定的情形、经授权的行为在民主社会中明显不当的除外。

5. 本条中对宗教信仰的介绍应当包括对宗教信仰类别的介绍,同类表达应作相应解释。

第十二条 ［言论自由包括新闻自由的保护］

1. 非经本人同意,任何人的表达自由不受妨碍。

2. 本条中所述自由包括不受干涉表达观点的自由,不受干涉接收信息和思想的自由,不受干涉传播信息和思想的自由(无论是向一般群体传达或是向特定群体传达)以及信件和其他通信方式不受干涉的自由。

3. 本条中所述的表达可以是口头的、书面的,也可以是编码、标号、信号或标志,包括录音、广播(无论收音机或电视机),印刷出版物,照片(无论静态或动态),绘画、雕刻和雕塑品或其他艺术表达方式。

4. 未包含在以下法律授权的合理需要范围内或未依照法律的授权所行为的视为与本条不一致或违反本条的规定:

a. 以下情形具有合理需要:

ⅰ. 因国防、公共安全、公共秩序、公共道德或公共健康;

ⅱ. 为保护他人名誉、权利和自由或个人私生活根据法定程序和法定法庭程序,防止经保密途径获取的信息之泄露,维持议会和法院的权威和独立,规制电话、邮政、广播或其他通信方式,规制公共娱乐活动和公共节目。

b. 因合理履行职责之合理需要对公职人员的表达自由加以限制。

法律条文或规定的情形、经授权的行为在民主社会中明显不当的除外。

第十三条 ［集会和结社自由的保护］

1. 未经本人同意,任何人和平集会与结社的自由不受妨碍,即自由和平集会的权利和与他人结社的权利,以及为增加和保护自身利益特意创设或加入工会或其他组织。

2. 未包含在以下法律授权的合理需要范围内或未依照法律的授权所行为的视为与本条不一致或违反本条的规定:

a. 以下情形具有合理需要:

ⅰ. 因国防、公共秩序、公共道德或公共健康;

ⅱ. 为保护他人的权利或自由。

b. 因合理履行职责之合理需要对公职人员的表达自由加以限制。

法律条文或规定的情形、经授权的行为在民主社会中明显不当的除外。

第十四条 ［种族、性别等不受歧视的保护］

1. 根据本条第四款、第五款和第七款的规定,任何法律不得制定本身具有歧视性或产生歧视效果的条文。

2. 根据本条第六款、第七款和第八款的规定,不得根据法律以歧视性的方式对待他人,公职人员在履行公职时也不得以歧视性的方式对待他人。

3. 本条中,"歧视"意味着完全或主要根据种族、出生地、政治观点或党派、肤色、信仰或性别对不同的人给予不同对待。此种解释倾向于残疾人,对其他人是一种限制,一部分人未服从或被给予了特权或利益,另一部分人并未被给予特权或利益。

4. 本条第一款并不适用于对下述事项做出规定的法律:

a. 挪用公共财政收入或其他公共资金;

b. 不具有公民资格;

c. 本条第三款中提到的个人,在考虑到其本质和特殊情况之后,可能服从于某种残缺或限制,或被赋予特权或利益,这在民主社会中具有合理正当性。

5. 未包含在法律授权范围内的视为违反本条第一款的规定,法律就公职人员、纪律部队成员、地方政府公职人员以及为公共目的依法设立的实体公司之资格进行了规定(不特别以种族、出生地、政治观点或党派、肤色、信仰或性别为任职资格)。

6. 本条第二款不适用于依据本条第四款或第五款授权直接作出的或在必要情况下间接作出的行为。

7. 未包含在法律授权的范围内或未依照法律规定所作出的行为视为违反本条之规定,本条第三款中所提到的个人在本宪法第八条、第十条、第十一条、第十二条和第十三条中所确定的权利和自由可能受到限制,此种限制由第八条第三款第 a 项和第 b 项、第十条第二款、第十一条第四款、第十二条第四款或第十三条第二款所授予,视具体情况而定。

8. 根据宪法和法律的规定,本条第二款中的内容不影响民事或刑事诉讼的开始、实行和终结。

第十五条 [获得法律保护条款]

1. 个人因犯罪被指控时,除非指控被撤销,否则应当在合理时间内通过依法设立的独立且公正的法院举行公开听证。

2. 个人因犯罪被指控时:

a. 在被证明有罪之前推定其无罪;

b. 以口头或书面等尽合理可行的方式,用其能理解的语言告知其被指控的理由;

c. 应当被给予充足的时间和设施以准备答辩;

d. 应当允许其在法庭上自我辩护或自己选择律师为其辩护;

e. 应当被给予设施以帮助其个人或者法定代理人审查公诉方证人,同时有权申请人出庭或通过审查人以证明其行为,申请程序与公诉方申请证人程序一致;

f. 如果其无法理解审判所用语言,应当为其免费提供翻译。除非经其本人同意,审判不得在其缺席时进行:

i. 以下情况除外:法律条文明确授权的情况下,对审判的控诉事项、日期、时间和地点或延期举行进行了充分通知,并且提供了在法庭上合理出席的机会;

若前述条件均满足,法院认为情形超出个人控制而导致无法出庭的,在其缺席时审判不得进行或继续。

ii. 非经被告人同意,对他的刑事指控不得进行缺席判决,但如果被告的行为使审判无法继续进行,法庭勒令其退庭以继续审讯者不在此限。

3. 任何刑事被告人,如果本人或其委托代理人提出要求并愿意支付法定合理费用,有权在判决后的合理时间内获得法庭所作的或代表法庭所作的诉讼记录之副本供其使用。

4. 任何人的作为或不作为,根据行为或不行为作出时有效之法律的规定并不构成犯罪的,不得认为此人有犯罪行为;对任何犯罪行为所处的刑罚不得在程序或种类上比该行为发生时有效之法律规定的更加严厉之处罚。

5. 任何人因犯罪行为已被有权限的法院审判之后或定罪或释放,不得因已经被审理过的违法行为或犯罪行为再次被审判,上一级法院就定罪或释放问题进行的上诉和再审程序除外。

6. 若已被赦免,任何人不得因刑事犯罪而受到审判。

7. 刑事被告人不得被强迫证明自己有罪。

8. 任何法律规定的明确公民权利或义务的内容或范围的法院和其他有权机关应当依法设立且应具有独立性和公正性;在个人向法院或其他有权机关提出请求时,应当在合理期限内举行公开听证。

9. 除了各方当事人约定的情形外,法院或其他有权机关明确公民权利或义务的过程,包括最后的决定都应当向公众公开。

10. 本条第九款的规定不能避免法院或其他有权机关将当事人以外的其他诉讼参加人排除在外,律师可以在以下范围内代表法院或其他有权机关:

a. 法律授权的情况下或慎重考虑到公开可能损害公正利益的情形或临时程序的情形,以及基于对公共道德、未满十八周岁公民的福利或保护个人私生活的考量;

b. 法律授权或因国防、公共安全、公共秩序或因公共道德之需要。

11. 任何经法律授权的行为不被视为与本条不一致或相抵触:

a. 本条第二款第 a 项,赋予被告就具体事实举证的义务;

b. 本条第二款第 e 项，在合理情形下为被起诉者作证的证人之费用由公共财政承担；

c. 本条第五款，授权能够当任何法庭对依军法进行审判并被判有罪或无罪的军人再次进行审判的情形，但该法院在量刑时应当依军法之规定对之科处的刑罚考虑在内。

12. 任何人被合法拘留时，本条第一款第 d 项、第 e 项和本条第二款、第三款就其依军法进行的刑事审判中不能适用。

13. 授权法官在被告人缺席时就简易程序起诉之罪行进行审判的法律，不得视为与本条之规定不一致或相抵触。

14. 本条中的"犯罪行为"是指法律规定的犯罪行为。

第十六条 ［紧急情况下基本权利和自由的减损］

议会规定的紧急状态下的授权，为应对安提瓜和巴布达紧急状态之目的而采取的正当合理的宪法措施，不得被视为与本宪法第五条和第十四条之规定不一致或相抵触。

第十七条 ［紧急状态法下的个人拘禁］

1. 个人因本宪法第十六条之规定被拘禁时，有权依照下列条款申诉：

a. 在其被拘禁后立即或在七天之内以其能够理解的语言被告知拘留的理由，同时有权要求提供以英文书写的详细的书面理由说明；

b. 在其被拘禁后的十四天之内将将其被拘留的事实公布在官方公报上，并说明拘留所依据的法律规范；

c. 在其被拘禁后的一个月内或者在拘留期间每隔六个月提出请求的，该案件应由依法组建的独立和公正的法庭复审，主审法官是由首席法官任命的具有七年以上法律执业经验的法官担任。

d. 提供条件方便其自行聘请律师代表其在法庭上发言，为其辩护；

e. 在审理其案件时，有权自行辩护或自行聘请律师为其辩护。

2. 依前款之规定组成的法庭对任何被拘禁者进行复审时，可以向发布拘禁令的机关提出其认为必须或便利的建议，除非法律作出相反规定，发布拘禁令的机关不承担遵守此类建议的义务。

3. 与本条第一款第 a 项或第一款第 e 项不得被解释为授予被拘禁者有获得公费聘请法律代理人辩护的权利。

第十八条 ［保护条款的实施］

1. 任何声称本宪法第三条至第十七条（含第十七条在内）之规定所保障的权利已经、正在或可能受到侵害者（或声称因此侵害而受到拘禁者），他本人或者本人指定的其他人员，在不妨害对同一案件依法另行起诉的前提下，有权请求高等法院对之予以纠正。

2. 高等法院对以下案件具有一审管辖权：

a. 依本条第一款之规定提出的诉讼有权审查并作出裁决；

b. 依本条第三款之规定提出的诉讼有权作出裁决。

有权作出、发布它认为适当的命令、令状或指示，以确保当事人受本宪法第三条至第十七条（含第十七条在内）保障的权利得到实现。

如果高等法院认为根据其他法律之规定已足以对当事人宣称受到的侵害提供救济，则可拒绝行使本款规定的权力。

3. 在任何法院（除上诉法院、高等法院或军事法院之外）审理的诉讼过程中，如果产生了是否存在违反本宪法第三条至第十七条（含第十七条在内）之任何规定的问题，除非审理案件的法院认为该问题纯属无异议或无根据外，应当将该问题提交高等法院决定。

4. 高等法院需要对依本条第三款之规定提交的问题作出裁决，审理原诉讼的法院应当依照高等法院的裁决作出判决。若上诉法院或英国枢密院对该问题作出了裁决，则依照其裁决。

5. 议会立法可授予高等法院除本条授予的权力之外的其他必要和适当的权力，以确保其能有效行使本条赋予的管辖权。

6. 高等法院受理本条所指案件的诉讼程序和规则，应当由首席法官制定（包括向高等法院申诉的时限条款）。

第十九条 ［一般情况下不得减损基本权利和自由］

除本宪法明文规定的情形外，任何法律在其被认可和公布之前都不得剥夺、减少或损害公民的基本权利和自由，同时也不得承认剥夺、减少或损害公民基本权利和自由的行为。

第二十条 ［公共紧急状态的宣布］

1. 总督在官方公报上宣布国家进入本章中所述的紧急状态。

2. 宣告在以下情形中失效：

a. 议会作出的宣告自作出之日起的七日届满之时失效；

b. 其他情况下，自宣告作出之日起的二十一日届满之时失效，除非其同时被众议院和参议院的决议所认可。

3. 公共紧急状态的宣告可随时被总督撤销，并公布在官方公报上。

4. 众议院根据本条第二款之规定作出的认可紧急状态宣告的决议服从于本条第三款之规定,只要众议院的决议有效则紧急状态的宣告继续有效。

5. 众议院通过的决议在三个月内或更短的期间内继续有效,具体情况为:

如果该决议的有效期限被后一个决议延长,那么每次延长自作出决议起都不得超过三个月,同时该决议可以随时被众议院的另一个决议所撤销。

6. 本条中所述的紧急状态的宣告在特殊情况下可能失效或停止效力,但前述规定不妨碍在上述期间届满之时或之后再次通过紧急状态的宣告。

7. 众议院为实现本条第二款所作出的决议以及延长宣告有效时限的决议必须经由众议院大多数议员的同意才可通过。

8. 总督可以召集众议院讨论决定本条第二款所规定之事项,任职即将届满的参议院议员和众议院议员在此情况下继续行使职权,但需要满足本宪法第二十三条和第四十二条之规定(关于主席、副主席、议长和副议长之选举)。当因本条之原因召集议会时,议员不得就本条第二款以外的事项制定决议并进行讨论和投票。

第二十一条 [解释和例外]

1. 本章中,除依上下文需要作另外解释外,下列表述的含义分别为:

"抵触",与任何要求相关联时未能遵守该要求,同类词语需作相同的解释。

"法院",指除由军事法之规定设置的法院之外的任何安提瓜和巴布达法院,包括英国枢密院,在本宪法的第四条中还包括依据军事法设立的法院。

"军事法"指规定对受训部队进行惩戒的法律。

"受训部队"是指:

a. 海军、陆军和空军部队;

b. 警察部队;

c. 在监狱服务的人。

"成员"是指与受训部队相关联的,包括所有受部队纪律约束并接受此等惩戒之人。

"法定代理人"是指有资格在安提瓜和巴布达担任律师的人,但无权出庭发表意见的律师除外。

2. 现行法律提到的受训部队成员,未被军事法包含或授权进行的行为,将被认为不符合本章除第四条、第七条外的所有规定。

3. 除了前述法律规定的情况外,受训部队成员未在军事法规定或授权下进行的行为,被视为不符合或违反本章规定。

4. 本章的"紧急状态"是指以下时期:

a. 女王陛下处于战争状态期间;

b. 依照本宪法第二十条发布的紧急状态公告的有效期间,或者经众议院以全体议员不少于三分之二多数支持通过的决议宣布安提瓜和巴布达的民主制度面临被颠覆的危机状态期间。

5. 总督根据本宪法第二十条作出的宣告在满足以下条件时生效:

a. 公共紧急状态的提出是出于君主国与他国发生战争的紧迫,或由于地震、飓风、洪水、火灾、瘟疫爆发、流行病爆发或其他类似的灾难发生;

b. 因为自然或其他原因可能对个人人身、公共安全、集体利益、集体财产或人类基本生活供应或服务产生威胁所采取的紧急措施。

第三章 总督

第二十二条 [事务厅的设立]

在安提瓜和巴布达,应由女王陛下任命总督,该总督为安提瓜和巴布达公民且应为女王陛下效劳担任公职,并且作为女王陛下在安提瓜和巴布达的代表。

第二十三条 [代理总督]

1. 在总督不在安提瓜和巴布达导致无人担任公职的期间或因为其他原因总督无法履行其职能的期间,那么应由女王陛下任命人员在此期间履行其职能。

2. 如果总督事务厅的执政者或其他有优先权掌管事务厅的个人告知其将要接管或恢复其职能,那么如上所述的个人不得继续掌管总督事务厅的事务。

3. 就本节而言,总督事务厅的掌管者不应视作不在安提瓜和巴布达境内或没有能力担任公职:

a. 因为其正从圣卢西亚的某个地区前往另一个地区;或

b. 根据本宪法第二十二条,存在副职任命期间。

第二十四条 [宣誓]

任命担任总督职位的个人在执行职务之前,应进行效忠宣誓和就职宣誓。

第二十五条 [副总督]

1. 每当总督:

a. 不在安提瓜和巴布达之外的政府所在地;

b. 其认为可能离开安提瓜和巴布达一段时间,依职权挑选人员在短时期内任职,可以根据首相的建议,任命安提瓜和巴布达的个人在其缺席或生病期间担任副职且有能力代其执行总督的职务,该职务内容在其任命的文件中应作出详细说明。

2. 根据本条之规定,总督的权利和权威不得被削弱、修改或受副总督任命的影响,且依照本宪法的规定,副总督应符合并遵守总督在任职期间作出的所有指示,总督可以自行考虑随时要求其汇报。

如果对于副总督是否遵守或依照任何指示存在问题,任何法院不得对其进行探究。

3. 根据本节,任命其为副总督的个人应在法律规定的期限内接受任命,且根据首相的建议,总督可以随时撤销其任职。

第二十六条 ［政府公章］

总督应当保存好政府公章,任何公文加盖政府公章之后方可生效。

第四章 议会

第一节 议会的设立和组成

第二十七条 ［议会的设立］

在安提瓜和巴布达应设立议会,该议会由女王陛下、参议院和众议院组成。

第二十八条 ［参议院的组成］

1. 根据本宪法第三十二条之规定,参议院应由十七个参议员组成并且其他此类参议员可以接受短期任职。

2. 十名参议员应由总督根据首相的提名任命。

3. 四名参议员应由总督根据反对党领袖的提名任命。

4. 根据本条第七款之规定,一名参议员应当由总督根据其职权从代表其利益的优秀人选中选出作为其代表。

5. 一名参议员应当由总督根据巴布达委员会的提名任命。

6. 一名参议员必须为巴布达居民,由总督根据首相的提名任命。

7. 在根据本条第四款之规定任命参议员时,总督应当依职权对候选人进行询问以明确其是否代表其利益且可以作为顾问。

第二十九条 ［参议员的任职资格］

根据本宪法第三十条中的规定,当个人被提名时,如果满足下列条件:

a. 年满二十一周岁及以上的公民;

b. 在其任命之前一直常驻安提瓜和巴布达长达十二个月的;以及

c. 除非因失明或其他生理原因丧失工作能力,应当具备熟练的英文水平以确保其在参议院诉讼中的积极参与。

应当有资格被任命为参议员。

第三十条 ［无资格作为参议员］

1. 以下情况中个人无资格被任命为参议员:

a. 因其自身承认对外国势力或国家的效忠,服从或遵守的行为。

b. 众议院成员。

c. 是未偿清债务的破产者,依法已经被判定宣告破产。

d. 证实其为精神病者或根据法律被判定为精神失常者;

e. 其正处于法院强制判处死刑或入狱监禁（无论如何称呼）超过此类法院强加于他的十二个月的期限或由主管当局强加于他的其他宣判所代替,或其被赦免的。

f. 由于在选举中的违法行为而依法不得参与众议院的选举。

g. 在任何政府机关担任公职或在最高法院担任公职或行政监察专员,或者是选区边界委员会成员、司法委员会成员、公共服务委员会成员或公共政策委员会成员。

h. 被提名担任参议员之前的十年内因盗窃、诈骗或其他不诚信的犯罪而被提起公诉由法院审理的,同时:

ⅰ. 并未对此判决上诉;

ⅱ. 对此判决提起上诉,但并未准许;

ⅲ. 关于该违法行为并未被赦免;或者

ⅳ. 是宗教组织的领导者。

2. 除本条第一款第 g 项规定的情形之外,议会可以决定以下人员不得被任命为参议员:

a. 正在担任涉及任何或正在负责与任何选举相关的职务或职责,或为选举正在整理或修订选举人名册。

b. 依照议会规定的此类例外情况以及限制,如有:

ⅰ. 其掌权或在事务厅或任命其执行职务,无论是个别指定还是由事务厅或任命推举;

ⅱ. 其隶属安提瓜和巴布达的武装部队或任何此类部队中的任何阶层的个人;或

ⅲ. 其隶属警察力量或任何此类部队中的任何阶层的个人。

3. 对于本条第一款第 e 项而言:

a. 如果其需要接受连续地两次或更多次的监禁宣判且都未超过十二个月,那么应视作是独立的宣判,但是如果宣判超出了该期限,那么应视为一次宣判;以及

b. 罚款支付不足时不应考虑被判监禁。

第三十一条 ［参议员的任职期间］

1. 出现以下情况,参议员应撤销其在参议院的职位:

a. 在其被任命后,在下届议会解散之前;

b. 经本人同意被提名为众议院候选人的;

c. 如果其不再是联邦公民;

d. 如果其在参议院的议事规则规定的期限或场合内未出席参议院会议；

e. 依照本条第二款中的规定，如果其不是参议员，如果出现的其他情况使得其丧失了根据本宪法第三十条第一款或依照本条第二款颁布的任何法律被任命为参议员的资格；

f. 如果总督依照首相的建议来执行职务，或根据反对党领袖的提名任命参议员，或根据巴布达委员会的提名任命参议员或根据其自身职权任命参议员的，声明参议员的职位将空缺；

g. 根据本宪法第二十八条第六款任命的参议员失去巴布达居民身份。

2. a. 如果因为参议员被判处死刑或监禁，判定其精神失常，宣告破产或被定罪或因选举而被判定有犯罪行为，从而出现了本条第一款第 e 项中涉及的情况以及如果对裁决的上诉是对参议员公开的（无论是法庭或其他机关的同意或未经同意），其应立即停止执行其作为参议院成员的职责但是，依照本节的规定，其在三十天期满之前不得撤销其职位；如果参议员有要求，那么总统可以不时地将期限延长三十天，以确保参议员继续对这一裁决提出上诉，然而，如果总共延长的期限超过了一百五十天，那么决议中未经批准不得通过。

b. 在对上诉作出裁决时，如果此类情况继续存在且后续上诉不再对参议员公开，或如果由于应诉或拒绝上诉许可的通知期限已满或对于任何其他个人，上诉不对参议员公开时，其应立即撤销其职位。

c. 如果在参议员取消其职位之前的任何期间不再出现上述情况，那么根据本款第 a 项之规定，其职位在期满之时不应撤销且其可复职，重新执行作为参议院一员的职务。

第三十二条 ［临时参议员的任命］

1. 当参议员因为离开安提瓜和巴布达或者因本宪法第三十一条第二款之规定职权中止或因为生病而不能履行参议员职能时，总督可以指定有能力的人在其缺席、职权中止或生病期间担任临时参议员。

2. 本宪法第三十一条适用于根据本条或宪法第二十八条之规定任命的参议员，依照本条对参议员的任命可能因其任命条件的失效而被总督撤销。

3. 根据本条之授权，总督可以：

a. 就参议员事项听从首相的建议，该参议员是根据本宪法第二十八条第二款或第二十八条第六款来任命的；

b. 就参议员事项听从反对党领袖的建议，该参议员是根据本宪法第二十八条第三款来任命的；

c. 根据本宪法第二十八条第四款之规定，在自己的职权范围内任命参议员；

d. 就参议员事项听从巴布达委员会的建议，该参议员是根据本宪法第二十八条第五款来任命的。

第三十三条 ［主席或副主席］

1. 大选之后参议院第一次召开会议时，在着手处理其他事项之前，参议院应当选举主席一名，在随后的参议院解散前的任何时期，如果主席职位空缺，则参议院应当尽快选举其他人担任主席。

2. 大选之后参议院第一次召开会议时，在着手处理除选举参议院主席之外的其他事项之前，应当选举副主席一名，在随后的参议院解散前的任何时期，如果副主席职位空缺，则参议院应当在方便的时候尽快选举其他人担任副主席职务。

3. 参议院不得选举政府各部部长或参议院秘书为主席或副主席。

4. 主席空缺时，参议院不得处理任何事项（选举主席除外）。

5. 主席或副主席在以下情况下空缺：

a. 不再是参议院议员。但主席如果是因为议会被解散而不再是参议院议员的情况除外，即在参议院解散之后新一届议会召开第一次会议之前，主席职位不空缺；或者

b. 被任命为部长或议会秘书；或者

c. 副主席当选为主席，副主席职位空缺。

6. a. 如果参议院主席或副主席依本宪法第三十一条第二款之规定被要求停止议员职责，则应当同时停止履行参议院主席或副主席的职责，在空缺的主席或副主席的职位得到填补，或主席或副主席恢复履行职责之前，主席或副主席的职责由下列人员履行：

i. 如果主席职位空缺，则由副主席履行主席职责；如果副主席职位空缺，或副主席依照本宪法第三十一条第二款之规定被终止履行参议员职责的，由参议院从不担任部长或议会秘书的参议院议员中选举人员履行；

ii. 如果副主席职位空缺，则由参议院从不担任部长或议会秘书的参议院议员中选举人员履行。

b. 如果主席或副主席依本宪法第三十一条第二款之规定恢复履行议员职责，则相应地恢复履行主席或副主席职责。

第三十四条 ［总检察长出席参议院会议］

主席、副主席或其他主持参议院会议的成员，如果认为其讨论的事项需要总检察长出席的可以要求总检察长出席会议。总检察长仅就讨论事项进行解释并不参与投票。

第三十五条 ［作为众议员的部长出席参议院会议］

1. 主席、副主席或其他主持参议院会议的成员，如果认为其讨论的事项与相关部门部长的职权有关

需要其出席的,可以要求作为众议员的政府部门部长出席会议。

2. 部长仅就涉及其职责的事项进行解释,不参与投票。

第三十六条 [众议院代表 众议员的组成]

1. 众议院人员的组成应与选区人员的组成相一致,目前的选区是依照本章第四节的规定设立的,选举人员应依照本宪法规定由议会来决定。

2. 如果非众议院成员当选为议长,那么其通过掌权或执行此职务成为众议院的成员。

3. 当总检察长的职位为公职之时,总检察长通过掌权或执行此职务可以成为众议院的成员。

第三十七条 [作为参议员的部长出席众议院会议]

1. 议长、副议长或其他主持参议院会议的成员,如果认为其讨论的事项与相关部门部长的职权有关需要其出席的,可以要求作为众议员的政府部门部长出席会议。

2. 部长仅就涉及其职责的事项进行解释,不参与投票。

第三十八条 [众议员的任职资格]

根据本宪法第三十九条中的规定,当个人被提名时,如果满足下列条件:

a. 年满二十一周岁及以上的公民;

b. 在其任命之前一直常驻安提瓜和巴布达长达十二个月的;以及

c. 除非因失明或其他生理原因丧失工作能力,应当具备熟练的英文水平以确保其在参议院诉讼中的积极参与。

应当有资格被任命为众议员。

第三十九条 [无资格作为众议员]

1. 以下情况中个人无资格被任命为众议员:

a. 因其自身承认对外国势力或国家的效忠,服从或遵守的行为。

b. 参议院成员或临时参议员。

c. 是未偿清债务的破产者,依法已经被判定宣告破产。

d. 证实其为精神病者或根据法律被判定为精神失常者。

e. 其正处于法院强制判处死刑或入狱监禁(无论如何称呼)超过此类法院强加于他的十二个月的期限或由主管当局强加于他的其他宣判所代替,或其被赦免的。

f. 由于在选举中的违法行为而依法不得参与众议院的选举。

g. 在任何政府机关担任公职或在最高法院担任公职或行政监察专员,或者是选区边界委员会成员、司法委员会成员、公共服务委员会成员或公共政策委员会成员。

h. 被提名担任参议员之前的十年内因盗窃、诈骗或其他不诚信的犯罪而被提起公诉由法院审理的,同时:

ⅰ. 并未对此判决上诉;或者

ⅱ. 对此判决提起上诉,但并未准许;

ⅲ. 关于该违法行为并未被赦免;或者

ⅳ. 是宗教组织的领导者。

2. 除本条第一款第 g 项规定的情形之外,议会可以决定以下人员不得被任命为参议员:

a. 正在担任涉及任何或正在负责与任何选举相关的职务或职责,或为选举正在整理或修订选举人名册;

b. 依照议会规定的此类例外情况以及限制,如有:

ⅰ. 其掌权或在事务厅或任命其执行职务,无论是个别指定还是由事务厅或任命推举;

ⅱ. 其隶属安提瓜和巴布达的武装部队或任何此类部队中的任何阶层的个人;或

ⅲ. 其隶属警察力量或任何此类部队中的任何阶层的个人。

3. 对于本条第一款第 e 项而言:

a. 如果其需要接受连续地两次或更多次的监禁宣判且都未超过十二个月,那么应视作是独立的宣判,但是如果宣判超出了该期限,那么应视为一次宣判;以及

b. 罚款支付不足时不应考虑被判监禁。

第四十条 [众议员的选举]

1. 每个依照本宪法第六十八条的规定设立的选区应分派一位成员进入众议院,该成员应由直接选举产生或依照本宪法的规定或根据法律规定选举产生。

2. 根据法律的规定,每个符合规定年龄拥有议会规定的安提瓜和巴布达居住权的联邦公民应有资格注册成为选民,除非为了当选众议院的成员而被议会取消注册成为选民的资格,且其他个人不可以注册登记。

3. 根据本条第二款之规定,在任何选区注册登记的个人根据法律的授权都应享有投票的资格,法律规定其没有资格在某选区内投票的情形除外。

4. 众议员的选举投票应当是自由的,且应当以议会规定的秘密投票方式进行。

第四十一条 [众议员的任职期]

1. 出现以下情况,必须撤销众议员在众议院的职位:

a. 众议员当选之后下一次议会解散之时;

b. 众议员不再具有公民身份;

c. 众议员在众议院的议事规则规定的期限或场合内未出席众议院会议；

d. 依照本条第二款规定不再是众议员，使得其不具有本法第三十九条第一款所规定的被选举人资格；或者

e. 凭借政治党派成员的身份当选为众议员，其辞去党鞭职务或者不再效忠该党派。

只要未出现必须撤销其职位的情况，其始终是众议院的成员。

2. a. 如果众议员因为犯罪被判处死刑或监禁，被判定为精神失常，宣告破产或被认为选举违规而丧失参选议员资格，从而出现了本条第一款第 d 项中涉及的情况以及如果议员有途径对有关裁决进行上诉(无论是否经法庭或其他机关的同意)，应立即暂停其众议员职务但是，依照本条的规定，在三十日期满之前不得撤销其职位；

议长可以基于议员的要求逐次延长三十日期限，以确保议员继续对裁决进行上诉，然而，如果总共延长的期限超过了一百五十日，那么继续延长期限需经众议院决议批准。

b. 如果得出上诉结果之后此类情况依然存在并且没有其他上诉途径，或者由于上诉期届满或拒绝上诉许可的通知期限已满或其他情况使得上诉终止，应立即撤销其职位。

c. 如果在撤销议员职位之前的任何期间不再出现上述情况，那么根据本款第 a 项，其职位在期满之时不应撤销且可以复职，重新行使作为众议院成员的职权。

3. 根据本条第一款第 b 项至第 e 项以及本条第二款之规定，除了议会解散，当发生其他撤销众议员职位的情况时，应当举行众议院议席的补选。除非议会即将解散，补选需在议席空缺之后一百二十日内举行。

第四十二条　［议长与副议长］

1. 在议员选举结束之后处理事务之前，众议院首次会议之时，应当选举议长；在下一次议会解散之前如果议长职位出现空缺，应当尽快以可行方式另行选举议长。

2. 议长的人选可以从众议院议员中产生也可以从具有被选举资格的非众议院议员中产生。

3. 在议员选举结束之后处理除选举议长外的其他事务之前，众议院首次会议之时，应当从众议员中选举一名副议长；在下一次议会解散之前如果副议长职位出现空缺，应当尽快以可行方式另行选举副议长。

4. 众议院不能选举部长或者政务次官作为议长或者副议长。

5. 在议长职位空缺时，众议院内不得开展任何事务(除了选举议长)。

6. 议长出现以下情况，应当撤销其职位：

a. 议长不是从众议员中产生的；

ⅰ. 众议院首次会议之后，议会解散的。或者

ⅱ. 不再是联邦公民；

ⅲ. 根据本宪法第三十九条之规定，发生了使其丧失被选举为众议员资格的；或者

b. 议长是从众议员中产生的：

ⅰ. 不再是众议院议员，但是如果仅因其在议会解散之时，不再是众议院成员，那么议长不应取消其职位，直到解散后下届众议院的首次会议；或

ⅱ. 被任命为部长或者政务次官。

7. 副议长出现以下情况，应当撤销其职位：

a. 不再是众议院议员；

b. 被任命为部长或者政务次官；

c. 被选举为议长。

8. a. 根据本宪法第四十一条第二款规定暂停议长或者副议长作为众议员的职务时，应当同时暂停其作为议长或者副议长的职务。在撤销或者恢复其职务之前，按如下方式进行：

ⅰ. 如果是议长暂停职务，由副议长代其履行职务，如果副议长的职位空缺或副议长也根据本宪法第四十一条第二款规定暂停职务，那么众议院为此可以选举非部长及政务次官的众议院议员来代其履行职务；或者

ⅱ. 如果是副议长暂停职务，那么众议院为此可以选举非部长及政务次官的众议院议员来代其履行职务。

9. 根据本宪法第四十一条第二款的规定，议长或者副议长恢复其作为众议院议员的职务，那么其也应恢复作为议长或者副议长的职务。

第四十三条　［议会专员及其雇员］

1. 参议院及众议院都应设有专员，两院的专员由同一人担任。

2. 根据议会颁布的法律规定，议会专员及其雇员应为公职。

第四十四条　［成员资格问题的决定］

1. 高等法院应拥有管辖权，听取并对以下问题做出裁决：

a. 任何人是否正当地当选为众议院议员；

b. 任何人是否正当地任命为参议员或者临时参议员；

c. 任何被选举为众议院议长的人是否有资格当选及是否撤销其议长职务；以及

d. 根据本宪法第四十一条第二款的规定，是否撤销众议员职务或是否需要暂停其众议员的职务。

2. 根据本条第一款第 a 项,应由有资格参加投票选举的个人或选举候选人或司法部长就问题裁决向高等法院提交申请。

3. 根据本条第一款第 b 项至第 c 项,应由任意众议员或司法部长就问题裁决向高等法院提交申请。

4. 根据本条第一款第 d 项,应由以下人员向高等法院提交申请:

a. 任意众议员或司法部长;或者

b. 如果涉及众议院席位,任何想要参选众议员的注册选民。

5. 根据本节,如果不是由司法部长就问题裁决向高等法院提交申请,那么司法部长可以进行介入并可以出席或派代表出席相关诉讼。

6. 对高等法院就本条第一款中的问题所做出的裁决可以向上诉法院上诉。

7. 在何种条件、情况下可以就本条中的问题向高等法院提出申请,以及高等法院、上诉法院审理此类申请的权力、程序应根据议会的规定来实施。

8. 对于上诉法院依据本条第六款规定所做出的裁决不得上诉,对于高等法院的裁决,除了就本条第一款中的问题所做出的裁决外,也不得上诉。

9. 司法部长在根据本条履行其职责时,不应受任何其他个人或当局的指示或受其控制。

第四十五条 〔无资格者参加会议或者投票〕

1. 任何知道或者应当知道其无资格参加两院会议或者投票的人,如果参加了两院会议或者投票,都构成犯罪,并对其处以五百美元以下罚款,或者根据议会的规定,依照其参加会议或者投票的天数给予一定数额罚款。

2. 对本条规定的犯罪应向高等法院提起控诉,并且只能由检察官员提起控诉。

第二节 议会权力和议会程序

第四十六条 〔立法权〕

根据本宪法的规定,议会可以对安提瓜和巴布达的和平,社会秩序以及良好的政府关系制定相应的法律。

第四十七条 〔修改宪法及最高法院命令权〕

1. 议会可以依照本条的以下规定中的方式对本宪法的条款或最高法院命令做出修改。

2. 修改宪法及最高法院命令的议案,除非经众议院最终审阅,并由全体众议员以三分之二多数表决认同方可通过,否则不予通过。

3. 就本宪法第五十五条而言,本条第二款涉及的由参议院制定的议案修正案除非经全体众议员中的三分之二多数表决认同,才可视作众议院达成一致意见,否则不予采纳。

4. 众议院依据本宪法第五十五条第四款之规定向参议院提出建议修改宪法及最高法院命令的修正案,非经全体众议员三分之二多数表决认同,不得向参议院提出此类建议。

5. 对本宪法附件一中的本条或该附件中第一部分中规定的条款或该附件中第二部分规定的最高法院命令的规定的修改议案,不得提交总督批准,除非:

a. 在众议院提出该议案与在众议院二审该议案的间隔不少于九十天;

b. 该议案经过两院一致通过,或者适用于本宪法第五十五条的议案被参议院两次否决;同时

c. 该议案已由全民投票通过,根据议会代其制定的此类规定,需由全民投票中有效票的三分之二多数票通过。

6. 根据议会对全民投票程序所做的规定,在全民投票选举时有资格投票选举众议院议员的个人应享有本条中所规定的全民投票权,并且其他个人不享有此投票权。

7. 依据本条第五款规定进行的全民投票应当受到选举监督员的正常监督并且应当符合议会制定的相关规则。

8. a. 对于修改本宪法及最高法院命令议案不得提交总督批准,除非提交该议案时附上由议长(如果议长因某种原因不能履职,由副议长)签发的符合本条第二款、第三款、第四款的规定的证明文件,视具体情况而定,或附上经选举监督员签发的写明全民公投结果的证明文件;

b. 议长或者副议长签发的证明内容应视本条第二款、第三款、第四款具体情况而定,且不受任何法庭质询。

第四十八条 〔议员宣誓〕

1. 议会的所有成员如未在该院宣誓效忠,不得参与该院的任何活动(本条中规定的必要活动除外):

如果参议院主席、副主席或者众议员议长、副议长在当选之时并非参议院或众议员成员,那么视具体情况而定,其应进行宣誓。

2. 本条中所指的议会成员包括所有处于议长职位以及处于司法部长职位的人。

第四十九条 〔主持议会〕

1. 参议院由主席主持,主席缺席的情况下由副主席主持,主席与副主席同时缺席的情况下由参议院选举一名参议员(非部长及政务次官)主持:

如果一项涉及主席或副主席离职的提案呈递于参议院,则主席或副主席视情况而定应当暂停主持。

2. 众议院由议长主持,议长缺席的情况下由副议长主持,议长与副议长同时缺席的情况下由众议院选举一名众议员(非部长及政务次官)主持:

如果一项涉及议长或副议长离职的提案呈递于众议院,则议长或副议长视情况而定应当暂停主持。

第五十条 ［法定人数］

1. 在参议院和众议院的会议中,任何在场的议会成员都可以提请议会主持人注意参加会议的法定人数,按照相关规定的计算,如果议会主持人确定参加会议的人数没有达到法定人数,则议会应当休会。

2. 基于本条的要求,参议院至少要有六名成员出席方能达到会议的法定人数,众议院至少要有六名成员或者众议院规定的其他人数出席方能达到会议的法定人数。在两院中,无论是否达到法定人数都不能将议会主持人算进法定人数中。

第五十一条 ［投票］

1. 除本宪法有另行规定外,参议院或众议院的任何决议应由出席的议员过半表决通过。

2. 参议院主席及其他主持参议院的人、众议院议长以及其他主持众议院的人,没有投票权,除非出现投票参半的情况下,其应该投出具有决定性的一票;

在对本宪法第四十七条第二款中所涉及的问题进行最终决议时,众议院议长或其他主持众议院会议的议员应行使最初投票权但其投票不具有决定性。

3. 议长如果不是从被选举出来的议员中产生的话,议长既不能行使最初投票权也不能行使决定投票权。在这种情况下投票参半的提案将作废。

第五十二条 ［立法权的行使方式］

1. 议会应依照参议院和众议院(或本宪法第五十四条、第五十五条中提到的众议院的情况)通过的议案来行使其立法权且需经总督代表女王予以同意。

2. 根据本宪法的规定,当向总督提交议案征得其同意时,总督应明确表示同意。

3. 根据本宪法的规定,当总督通过了所提交的议案时,该议案确立为法律且议会专员应当随即将该议案内容以法律形式发表在官方公报上。

4. 议会制定的任何法律都必须经过官方公报的发表始得生效,议会可以延迟法律的生效日期。

第五十三条 ［对于特定财政措施的限制］

1. 参议院或众议院都可以制定除了财政法案以外的其他法案,参议院不应制定财政法案。

2. 除了经内阁授权的部长提出建议,参议院和众议院不应:

a. 根据议会主持人的意见,继续讨论涉及以下内容的法案(包括法案的修改):

ⅰ. 除实施减税以外进行税务征收变更;

ⅱ. 对安提瓜和巴布达的统一基金或任何公共基金进行强制收费或除了减少收费以外的收费变更的措施;

ⅲ. 就付款来看,安提瓜和巴布达的统一基金或任何公共基金的发放或撤回不再收费或,发放或撤回的款项的增加;或

ⅳ. 王国政府的债务组成或债务豁免。或

b. 根据议会主持人的意见,继续讨论涉及上述内容的动议(包括动议的修改)。

第五十四条 ［对于参议院财政法案权的限制］

1. 如果一项财政法案经众议院通过,并且于会期结束前至少一个月提交参议院,在一个月内参议院不予修改就是否决该法案,除非众议院另作决定,否则尽管参议院已否决了该法案,但是仍然可以将该法案呈递给总督获其批准。

2. 向参议院提交的财政法案应经议长签署以证明该法案为财政法案;并且根据本条第一款规定向总督递交的获其批准的任何财政法案应经议长签署以证明该法案为财政法案。

第五十五条 ［对于参议院除财政法案权外其他法案权的限制］

1. 本条适用于经众议院在连续两个会期中批准通过,并且在每次会期结束之前的一个月内已递交给参议院的任何除财政法案以外的法案(无论议会在这些会议召开期间是否解散),以致果在每次的会期中被参议院所否决。

2. 除非众议院另作决定,本条所适用的法案在以下情况中尽管遭到参议院的二次否决,仍然可以将该法案呈递给总督获其批准:

a. 自法案在第一次会期中经众议院通过之日起到在第二次会期中经众议院通过之日已至少有三个月的时间间隔,那么本条的前述规定方可生效。

b. 如果是本宪法第四十七条第五款中所涉及的法案,只有在符合其特殊规定的情况下才可提交给总督获其批准,本条中赋予众议院对法案做出决定的权力不应用于此种情况。

3. 为实现本条规定,如果当向参议院递交法案时,该法案与之前提交的法案相同或只是对由于自先前法案提交之日起或代表先前会期中参议院对先前法案做出修改之日起时间的推进,议长证明有必要修改的内容进行了修改,那么众议院在后续会议中向参议院递交的法案应与先前会期中递交的法案视作相同法案。

4. 如果众议院认为合适,其可以在众议院通过一项法案之时,该法案与在先前会期中向参议院提交的先前的法案为相同议案,建议不在法案中写入修改内容的情况下对法案进行修改,并且参议院应对此类修正案加以考虑,且如果参议员同意通过,那么应视为由参议院制定的修正案,且如果参议员以及众议院同意通过,那么应视为由参议院制定的修正案;但是

如果该法案遭到参议院的否决,那么众议院权力的行使将无法生效。

5. 依照本条,提交给总督或其批准的法案中附上修正案,该修正案经议长证实已由参议院在第二次会期中制定且经众议院批准通过。

6. 向总督递交或其批准的任何法案应经过议长签署证明该法案已经依照本条规定通过。

第五十六条 [与第五十三条、第五十四条、第五十五条相关的规定]

1. 在本宪法第五十三条、第五十四条、第五十五条中,依照议长的意见,"财政法案"指的是仅包括处理以下所有或一项事务的规定的公共法案,即税收的征收、撤销、变更或调整;对于债务的支付或出于其他金融目的,对公共资金的收费,或收费的变更或撤销;拨款给王国政府或任何机关或个人,或此类拨款的变更或撤销;公共资金的拨款、收取、托管、投资、发放或账目的审计;筹资或贷款或钱款的担保,或提供的与此类贷款相关的偿债基金的设立、变更、管理或撤销;或上述事项附带的次要事项;且在本节中,"税收"、"债务"、"公共资金"以及"贷款"的表达并不包括任何当局或实体为当地强制征收的税收,所发生的债务或提供的钱款或筹集的贷款。

2. 对于本宪法第五十二条,如果出现以下情况,那么该法案将视作被参议院否决:

a. 未经修改之前参议院不予通过;或

b. 修改之后参议院予以通过,众议院未对该修正案达成一致。

3. 当议长席位空缺或者议长不能履行本宪法第五十四条、第五十五条以及本条第一款所规定的职责时,由副议长代为履行。

4. 对于议长及副议长依据本宪法第五十四条、第五十五条规定所签署的证明应当合目的并且不受任何法庭的质询。

第五十七条 [议会的程序规则]

1. 根据本宪法的规定,参议院和众议院可以设置各自的程序规则并且可以对有序地执行各自的进程做出详细的规定。

2. 在议席有空缺的情况下议会仍得正常运转(包括普选之后召开的第一次会议时,议席仍存在空缺),无资格出席或参加议会进程的人出席或参加了议会进程不影响议会进程的有效性。

第五十八条 [议会进程中的言论自由]

1. 在对议会就参议院或众议院以及有关委员会的权力,特权以及豁免权或,参议院或众议院的成员和议员以及参议院事务所涉及的其他个人或有关委员会的特权以及豁免权所做出的规定不造成影响的情况下,不得在向参议院或众议院或有关委员会提交的报告中,就参议院或众议院的成员相关的言辞或因为其提交的诉状、决议案、行动法案中的任何事项或其他事项对其成员提起民事或刑事诉讼。

2. 本条所指的议会成员包括所有处于议长职位以及处于司法部长职位的人。

3. 当司法部长及部长按照本宪法第三十四条、第三十五条的要求参加参议院进程,为参议院提供咨询时,本条第一款的相关规定也适用于司法部长及部长,此时他们的身份相当于参议院的成员。

4. 当部长按照本宪法第三十七条的要求参加众议院进程,为众议院提供咨询时,本条第一款的相关规定也适用于部长,此时部长相当于众议院的成员。

第三节 议会的召集、休会、解散

第五十九条 [议会的会期]

1. 议会的每一个会期都要按照总督公告的时间(不迟于上个会期休会之后六个月或者不迟于上个会期中议会解散之后四个月)在安提瓜和巴布达境内举行。

2. 依据本条第一款规定,每一个会期的会议时间不得超过三个月,在这个范围内,议会可以依据其规定自行决定会议期限及地点。

第六十条 [议会的休会及解散]

1. 依照本条第五款规定,总督可以根据首相的建议,随时休会或者解散议会。

2. 依照本条第三款规定,议会除非遭到立即解散,否则将从上一届议会解散之后本届议会第一次会议开始之日起持续五年,五年期满议会解散。

3. 任何时候,如果女王处于战争中,议会将可以在本条第二款规定的五年期限外每次延续十二个月,但是依据本款延续的总期限不得超过五年。

4. 在议会解散与下一届议会选举的间歇期,如果出现了紧急状况首相认为需要在下一届议会选举之前召集两院会议的,总督可以根据首相的建议召集已经解散的议会。但是在这期间不得停止下一届议会的选举进程,临时召集的议会如果没有被解散,将在下一届议会选举结束之后自动解散。

5. 如果众议院中的多数决议通过了对政府及首相的不信任案,并且在该不信任案通过后七日内首相既不宣布辞职也不建议解散议会,则总督可以审慎地行使解散议会权。

第六十一条 [选举众议员及任命参议员]

1. 众议员的选举必须安排在总督依据首相的建议将议会解散之后的三个月内。

2. 一旦完成了众议员选举之后总督必须即刻根据本宪法第二十八条之规定任命参议员。

第四节 划分选区

第六十二条 〔选区〕

1. 为了选举众议员,安提瓜和巴布达应当划分出一定数量的选区,并且选区中至少有一个位于巴布达,选区的边界将由总督根据本宪法第六十五条之相关规定确定。

2. 每个选区选举出一名众议员。

第六十三条 〔选区委员会〕

1. 安提瓜和巴布达应当设置选区委员会,其应当随时根据本节规定向议长汇报选区的人数及边界情况,选区委员会的组成如下:

a. 委员长一名,由总督根据首相的建议任命,首相在建议前需咨询反对党领袖的意见;

b. 委员两名,由总督根据首相的建议任命;以及

c. 委员一名,由总督根据反对党领袖的建议任命。

2. 不得任命参议员、众议员以及政府官员为选区委员会成员。

3. 根据本条规定,如果选区委员会成员不具备被任命为选区委员会成员的资格,则必须解除其职位。

4. 以下情况下,所有选区委员会成员都将解除其职位,并且委员会将解散:

a. 在委员会依照本宪法第六十四条规定向议长提交报告的十二个月之后;

b. 在委员会提交报告之后,总督依照本宪法第六十五条规定发布相关命令时;或者

c. 在委员会任命之后下一次议会解散之时。

5. 已被任命的选区委员会成员可以被免职但仅出于无能力执行其职务的原因(无论是精神或身体疾病或任何其他原因)或行为不端,且只有依照本条的规定才能解除其职务。

6. 要免职选区委员会成员,应当由总督根据特别法庭的建议进行,特别法庭需依照本条第七款所规定的无履职能力或者行为不端的情形提出建议。

7. 如果首相或反对党领袖向总督提出选区委员会成员因为无履职能力或者行为不端而免职的问题需要调查,那么:

a. 总督应指定一个特别法庭,该法庭应由一个庭长以及两名以上由首席大法官从担任法院法官职务并在英联邦的部分地区拥有无限制的民事和刑事管辖权的人员或对任何法院的诉讼拥有管辖权的法院法官中选举中的其他成员组成;以及

b. 该特别法庭应调查此事件并向总督汇报事实情况,且就是否因委员会成员无能力或行为不检点而解除其职务的问题给予建议。

8. 选区委员会可以制定自身的程序。

9. 选区委员会在得到首相许可的情况下,为了完成其职责,可以向任何政府官员或者政府机构授予权力及设定义务。

10. 根据选区委员会的程序规则,委员会席位的空缺、无资格出席或参加委员会进程的人出席或参加委员会进程,都不影响其进程的有效性;

委员会做出的任何决定应由多数成员表决通过。

11. 根据本宪法,在执行履行职责时,选区委员会不应遵循任何其他个人或机关的指示或受其控制。

第六十四条 〔委员会的报告〕

1. 选区委员会在任命之后,应当立即着手调查安提瓜和巴布达境内各选区的人数以及选区边界的划分,并向议长提交有关是否需要依据人数变更选区边界的报告。

2. 选区委员会应当在上一次此种报告提交给议长之后的二年至五年内提交相应的报告。

3. 在调查选区的人数及边界情况并制作报告的过程中,选区委员会应当遵守议会制定的一般原则。

第六十五条 〔报告提交后的程序〕

1. 一旦选区委员会依据本宪法第六十四条之规定提交了报告,首相应当依据总督的援权向众议院递交关于是否通过及是否修改该报告的草案,首相可以在该草案的条款中附加其他条款。

2. 根据本条规定,如果递交给众议院的草案中涉及了修改报告的内容,则首相应当出席众议院来解释修改报告的原因。

3. 根据本条规定,如果草案遭到了众议院的否决或者退回,首相可以修改草案并将修改的草案递交给众议院。

4. 根据本条规定,如果草案得到众议院通过,首相应当将草案递交给总督批准成为正式法令,该法令将在下一次议会解散之时生效。

5. 本条中涉及的总督法令的有效性问题以及众议院通过相关决议的问题都不应在任何法庭中接受质询。

第五节 巡视官

第六十六条 〔巡视官的设立、任命、职权等〕

1. 议会应当设立巡视官职务,巡视官不得从其他任何公共服务职位中获得报酬也不能从事除了其职责外的任何其他职业活动。

2. 巡视官的任命应当根据议会两院各自的规定规定进行决议。

3. 巡视官在于议长前宣誓效忠于其职务之前不得任职。

4. 议会可以制定巡视官职权、权力、义务的

规定。

5. 已被任命的巡视官可以被免职但仅出于无能力执行其职务的原因（无论是精神或身体疾病或任何其他原因）或行为不端，且只有依照本条的规定才能解除其职务。

6. 要免职巡视官，应当由两院一致决议根据特别法庭的建议进行，特别法庭需依照本条第七款所规定的无履职能力或者行为不端的情形提出建议。

7. 如果两院一致决定巡视官因为无履职能力或者行为不端而免职的问题需要调查，那么：

a. 议长应指定一个特别法庭，该法庭应由一名庭长，以及两名以上由首席大法官指定的在英联邦的部分地区拥有无限制的民事和刑事管辖权的法院之法官或者对上述法院案件拥有上诉管辖权的法院之法官组成；以及

b. 该特别法庭应调查此事件并向议长汇报事实情况，且就是否因巡视官无能力或行为不端而解除其职务的问题给予建议。

8. 根据本条规定，免职巡视官的问题被置于特别法庭审查下，则两院可以通过决议暂停该巡视官的职务并可以随时撤销该决议。并且该决议在特别法庭作出不予免职的建议的情况下自动失效。

9. 在巡视官不能履行其职责时，两院可以通过决议任命一人代为履行巡视官职责，此人依照本条第七款、第八款之规定可以履职到巡视官复职之时，或者履职到两院通过决议撤销其职责时。

10. 根据本宪法，在执行履行职责时，巡视官不应遵循任何其他个人或机关的指示或受其控制。

第六节 选举监督员

第六十七条 ［选举监督员的任命、职权及免职］

1. 总督应当在政府公报上公布对选举监督员的任命，选举监督员的人选应通过议会两院的决议来确定。

2. 选举监督员应当依据法律行使其职权、权力、义务。

3. 选举监督员职位是公职。

4. 依照本条第六款的规定，选举监督员应当在到达议会规定的特定年龄以及任期届满时离职。

5. 已被任命的选举监督员可以被免职但仅出于无能力执行其职务的原因（无论是精神或身体疾病或任何其他原因）或行为不端，且只有依照本条的规定才能解除其职务。

6. 要免职巡视官，应当由总督根据特别法庭的建议进行，特别法庭需依照本条第七款所规定的无履职能力或者行为不端的情形提出建议。

7. 如果两院一致决定巡视官因为无履职能力或者行为不端而免职的问题需要调查，那么：

a. 总督应指定一个特别法庭，该法庭应由一个庭长以及两名以上从担任法院法官职务并在英联邦的部分地区拥有无限制的民事和刑事管辖权的人员或对任何法院的诉讼拥有管辖权的法院法官中选择出的其他成员组成；以及

b. 该特别法庭应调查此事件并向总督汇报事实情况，且就是否因选举监督员无能力或行为不检点而解除其职务的问题给予建议。

8. 根据本条规定，免职选举监督员的问题被置于特别法庭审查下，则总督依据公共服务委员会的建议可以决定暂停该选举监督员的职务并依据前述建议可以随时撤销该决定。并且该决定在特别法庭作出不予免职的建议的情况下自动失效。

9. 在选举监督员不能履行其职责时，总督可以依据议会两院的决议于政府公报上宣布任命一人代为履行选举监督员职责，此人依照本条第七款、第八款之规定可以履职到选举监督员复职之时，或者履职到总督根据议会两院决议将其免职时。

第五章 行政权

第一节 一般规定

第六十八条 ［行政权力］

1. 安提瓜和巴布达的行政权力属于女王陛下。

2. 根据本宪法的规定，总督可以代女王陛下直接行使安提瓜和巴布达的行政权力或通过其下属官员行使行政权力。

3. 本条规定不得理解为禁止议会将特定职能授予除总督之外的其他个人或机构。

第六十九条 ［政府部长］

1. 在安提瓜和巴布达应由总督任命一位首相。

2. 当总督任命首相之时，应当任命以下有意愿接受首相职务的人：

a. 身为众议院多数党领袖从而可以获得多数众议员支持的人选；

b. 如果多数党在众议院并不处于无争议的领导地位或者众议院不存在多数党，那么总督可以任命其认为最有可能获得众议院多数议员支持的人选。

3. 依据本宪法第八十二条以及本条第四款之规定，除了首相之外，政府还应设置其他部长（包括国务卿）。部长的设立要依据议会或者由议会制定的法律由总督依照首相建议来执行此事项。

4. 除了首相的职位，总督应依照首相的建议，从参议员和众议院的成员中任命部长职位。

5. 在议会解散期间需要任命首相或者部长的，可

以任命议会解散之前的众议院议员为首相并且可以任命议会解散之前的参议员为首相之外的其他部长。

6. 本条中的任命必须经由公印的法律文件。

第七十条 ［内阁］

1. 安提瓜和巴布达政府设有内阁，内阁应当按照其政策掌控政府并且集体向议会负责。

2. 内阁由首相以及其他根据本宪法第六十九条任命的并为首相认可的部长(应当包括司法部长)组成。

第七十一条 ［职能分配］

1. 依照首相建议行事的总督通过书面指示，可以分配首相或其他部长负责的政府事务，包括对任何政府分支部门的管理。

2. 当部长因为离境或者患病不能行使其职权时，总督可以根据首相的建议任命一名参议员或者众议员在该部长离境或者患病期间内行使其职权。

第七十二条 ［召集内阁］

内阁只能由首相召集，首相缺席的情况下，由指定的部长以首相名义召集。

第七十三条 ［部长的任职期］

1. 如果众议院中的多数决议通过了对首相的不信任案，并且在该不信任案通过后七日内首相既不宣布辞职也不建议解散议会，则总督可以撤销首相的职务。

2. 以下情况发生时，首相也应当解除职务：

a. 当议会解散之时，其为总督所重新任命或者首相任命其他人为首相；或者

b. 除了议会解散之外的其他使得首相不具备众议院成员资格的情况。

3. 首相之外的其他部长在以下情况时应解除职务：

a. 任何人被任命为首相或者重新任命首相时；

b. 除了议会解散之外的其他使得部长不具备其所在的议院成员资格的情况；或者

c. 总督依照首相的建议将其职务撤销之时。

4. 依照本宪法第四十一条第二款之规定，当首相暂停行使其众议员职务之时，其也应当同时在此期间内暂停行使首相职务。

5. 依照本宪法第三十一条第二款、第四十一条之规定，当除了首相之外的部长暂停其所在议院成员之职务时，其也应当同时在此期间内暂停行使部长职务。

第七十四条 ［首相离境、患病、暂停职务期间的职权行使］

1. 每当首相离开安提瓜和巴布达或因生病的原因不能行使本宪法授予其的职权，那么总督可以授权其他部长行使首相职权(本条第二款涉及的职权除外)直至总督撤销授权为止。

2. 本条中总督权力的行使应当依照首相的建议进行，如果在首相离境或者患病或者处于本宪法第七十三条第四款规定的情况下，从而总督认为无法从首相处获得建议，那么总督可以审慎地行使该权力。

第七十五条 ［政务次官］

1. 总督依照首相的建议，可以在议会成员中任命政务次官以辅佐部长履行其职责。

2. 如果在议会解散期间需要任命政务次官，可以在议会解散之前的议会成员中任命。

3. 政务次官在以下情况时应解除职务：

a. 除了议会解散之外的其他使得政务次官不具备其所在的议院成员资格的情况；

b. 任何人被任命为首相或者重新任命首相时；或者

c. 当总督依据首相的建议解除其职务时。

第七十六条 ［部长和政务次官的宣誓］

首相、部长、政务次官在履职前必须宣誓效忠于其职务并进行保密宣誓。

第七十七条 ［内阁秘书长官］

1. 内阁秘书长官为公职。

2. 掌管内阁办公室的内阁秘书长官应依照首相的指示负责安排事务，以及做好内阁的会议记录且将内阁的决定传达给合适人员或机关，且应拥有首相授权的相应职权。

3. 内阁秘书长官在履职前应当进行保密宣誓。

第七十八条 ［常任秘书］

1. 当部长受命负责政府的某个部门，其将领导并管理该部门；在这种领导与管理之下，该部门应当受到常任秘书的监督，常任秘书为公职。

2. 为达成本条之目的：

a. 两个或者更多的政府部门可以处于一名常任秘书的监督之下；

b. 可以由两名以上常任秘书监督一名部长治下的政府部门。

第七十九条 ［反对党领袖］

1. 应由总督任命一位反对党领袖(除非众议院成员全部支持政府)。

2. 当任命反对党领袖之时，总督应当任命可以获得众议院中多数反对党成员认可的人选；如果没有这样的人选，总督可以任命获得众议院内最大的单一反对群体支持的人选；

a. 如果存在两派以上反对党且它们相互不予支持，那么总督可以审慎地任命其任何一派所支持的人选；

b. 在总督审慎地行使这一权力时，应当受备选者在众议院的资历以及备选者当选时的选票之指导。

3. 在议会解散之日至随后举行的众议院成员的

选举期间,如果有必要任命一位反对党领袖,那么对其任命应视作议会未解散。

4. 反对党领袖在以下情况时应解除职务:

a. 除了议会解散之外的其他使得反对党领袖不具备众议员资格的情况;

b. 在议会解散之后,新一届众议院会议开始时其不再是众议员的;

c. 依照本宪法第四十一条第二款之规定,其暂停众议员职务的;

d. 总督依据本条第五款之规定撤销其职务的。

5. 当反对党领袖不再能得到众议院反对派的多数支持或者众议院中最大的单独反对派的支持,那么总督应撤销其职务。

6. 总督应当审慎地行使本条赋予之权力。

7. 当反对党领袖职位空缺时,无论是因为众议院没有适合人选或反对党领袖辞职或任何其他原因,本宪法中规定需要征求或咨询反对党领袖意见的条款都不受影响。

第八十条 〔总督职权的行使〕

1. 总督行使职权应当遵照内阁或者内阁授权之下的部长的建议,除非本宪法或者其他法律中另有规定,在这种另有规定的情况下为了保障总督正确行使职权,其应当采取以下措施:

a. 审慎地行使职权;

b. 咨询内阁以外的其他人或者机构之后再行使职权;

c. 依据首相或其他人或内阁以外的其他权威部门的建议行使职权。

2. 本条第一款授予总督的职权不能适用于本宪法之以下条款,第六十三条第六款、第六十七条第六款、第七十三条第一款、第八十七条第八款、第九十九条第五款(皆为需要总督在某种情况下撤销某种职务的条款)。

3. 当总督行使职权需要遵照内阁或者内阁授权之下的部长的建议的时候,如果这种建议对于总督来说不可能获得,那么总督可以审慎地行使相关职权。

4. 当总督行使职权需要遵照或者咨询反对党领袖建议的时候,如果反对党领袖职位空缺或者总督认为不可能获得反对党领袖的建议,那么总督可以审慎地行使相关职权。

5. 当总督行使职权需要向某些人或者机构咨询时,其没有义务必须遵照咨询意见行使职权。

6. 本宪法中所涉及的任何总督的职权,都只能解释为基于宪法及其他法律授予总督的安提瓜和巴布达的行政上的权力及义务。

第八十一条 〔总督的政务知情权〕

首相应使总督对政府总体上的行动具有充分的了解,并且当总督基于审慎地考虑,认为其需要了解特定政务信息时,首相应当尽快予以提供。

第八十二条 〔司法部长〕

1. 安提瓜和巴布达的司法部长是政府的首席法律顾问并且应当由总督任命。

2. 出任司法部长的人,必须是在安提瓜和巴布达具有出庭律师资格的公民。

3. 如果司法部长在任命时是众议院成员或者在任命后成为众议院成员,那么他将由于司法部长的职务自动成为部长,本宪法第六十九条第三款至第六款的规定同样适用于司法部长。

4. 如果基于司法部长的职务成了众议院的成员,那么总督应当任命其为部长。

5. 如果司法部长基于上述款项而被任命为部长,那么当解除司法部长职务时也应当解除其部长职务。

6. 如果司法部长不是部长,那么当其丧失公民身份或者任命被总督撤销时应解除职务。

7. 当司法部长空缺或者不能正常行使职权时,总督可以任命具有相应资格的人选行使司法部长职权,但是本条第三款、第四款之规定不适用于该人选。

8. 总督可以撤销本条上述任命的效力。

第八十三条 〔总督特定权力的行使〕

上述条款中总督的权力应当按照首相的建议行使。

第八十四条 〔赦免权〕

1. 总督以女王陛下之名义:

a. 给予被定罪之人的任何罪行以赦免,从而将其释放或者置于法定限制下;

b. 给予将要被执行刑罚的人以缓刑,可以是不定期限的也可以是特定期限的缓刑;

c. 用较轻的刑罚来代替判决的较重刑罚;或者

d. 免除因犯罪而强加于人的全部或部分惩罚或罚款或没收财产等。

2. 本条第一款中总督的权力应当按照由首相建议并由总督认可的部长之建议来行使。

第八十五条 〔特赦事务咨询委员会〕

特赦事务咨询委员会的组成如下:

a. 主席,由本宪法第八十四条第二款所规定之部长担任;

b. 司法部长(如果其不是主席的话);

c. 政府首席医务官;

d. 最多不超过四名其他成员,由总督征求过首相及反对党领袖意见之后任命。

第八十六条 〔特赦事务咨询委员会的职权〕

1. 当罪犯在任何法庭基于任何法律被判处死刑,部长会收到来自审判法官(或者首席法官,在审判法官无法出具报告的情况下）的报告以及部长认为与此案相关的其他材料，对这些报告及材料特赦事务咨询委员会要开会讨论。

2. 不受本条第一款限制，部长可以与特赦事务咨询委员会商讨任何案件，并基于本宪法第八十四条第二款之规定向总督提出建议。

3. 部长没有义务必须按照特赦事务咨询委员会的意见提出建议。

4. 特赦事务咨询委员会可以制定自身的规则程序。

5. 本条中的"部长"特指本宪法第八十四条第二款规定所提到的部长。

第二节　总检察长

第八十七条　[总检察长的任命与免职]

1. 总检察长为公职。

2. 总检察长由总督根据司法与法律事务委员会的推荐任命。

3. 如果总检察长职位空缺或者总检察长无法行使其职权，则总督可以根据司法与法律事务委员会的推荐任命一人代其行使职权。

4. 出任总检察长或者代行总检察长职权的人选必须满足以下条件：

a. 在英联邦某些地区内拥有无限制的民事和刑事管辖权的法庭中具有出庭律师资格；并且

b. 在此类法庭中获得出庭律师资格不少于七年。

5. 代行总检察长职权的人根据本条第六款、第八款、第九款、第十款之规定停止代行职权：

a. 当其被任命为总检察长从而实际上拥有此职权或者总检察长能够重新行使职权；或者

b. 在其任命之前发生上述情况。

6. 根据本条第八款之规定，当总检察长到达规定的年龄限制时应当免职。

7. 已被任命的总检察长可以被免职但仅出于无能力行使其职权的原因（无论是精神或身体疾病或任何其他原因）或行为不端，且只有依照本条的规定才能解除其职务。

8. 要免职总检察长，应当由总督根据特别法庭的建议进行，特别法庭需依照本条第九款所规定的无履职能力或者行为不端的情形提出建议。

9. 如果司法与法律事务委员会主席向总督提出总检察长因为无履职能力或者行为不端而免职的问题需要调查，那么：

a. 总督应指定一个特别法庭，该法庭应由一名庭长，以及两名以上在英联邦的部分地区拥有无限制的民事和刑事管辖权的法院的法官或者对上述法院案件拥有上诉管辖权的法院的法官组成；以及

b. 该特别法庭应调查此事件并向总督汇报事实情况，且就是否因总检察长无能力或行为不端而解除其职务的问题给予建议。

10. 根据本条规定，免职总检察长的问题被置于特别法庭审查下，则总督依据司法与法律事务委员会的建议可以决定暂停总检察长的职务并依据司法与法律事务委员会的建议随时撤销该决定。并且该决定在特别法庭作出不予免职的建议的情况下自动失效。

11. 本条第六款所规定的年龄限制为五十五周岁或者由议会规定的其他年龄。

第八十八条　[总检察长的职权]

1. 根据本宪法第八十九条之规定，总检察长对其认为适当的任何案件具有如下权力：

a. 对任何违反法律被指控犯下罪行的人在任何法庭（军事法庭除外）提起和进行刑事诉讼；

b. 经手和继续任何个人或机关已经提起的此类刑事诉讼；

c. 在做出判决之前的任何阶段，停止自身或其他个人或机关已经提起的此类刑事诉讼。

2. 根据本宪法第八十九条之规定，本条第一款第 b 项至第 c 项授予总检察长的权力不得由其他任何人或机关行使：

如果其他任何人或机关提起了刑事诉讼，本款的规定不得视为可以阻止该人或机关撤回刑事诉讼及阻止法院撤销刑事诉讼。

3. 本条中之刑事诉讼活动包含了对任何法院的刑事判决提出上诉、案件陈述以及对法律问题的保留等相关的活动。

4. 本条第一款中规定的总检察长之职权，可以由总检察长本人行使也可以由其他人在总检察长的一般或特别指示下行使。

5. 除依照本宪法第八十九条外，总检察长在行使本条第一款及本宪法第四十五条所授予的职权时，不应受到任何其他个人或机关的指示与控制。

第八十九条　[对总检察长的指示]

1. 司法总长可以就本条允许的某些犯罪指示总检察长行使本宪法第八十八条授予的职权，总检察长应当遵守该指示。

2. 本条允许的某些犯罪是指：

a. 法律规定的以下类型犯罪：

ⅰ. 涉及政府机密的；

ⅱ. 涉及叛乱及煽动叛乱的；或者

b. 涉及安提瓜和巴布达的权利与义务的国家法罪行。

第六章 财政

第九十条 ［统一基金］

所有的收入或者安提瓜和巴布达所筹集或收到的其他款项（不是支付于为特定目的设立的其他基金的收入或者其他款项，目前在安提瓜和巴布达具有法律效力）应进行支付且形成一个统一基金。

第九十一条 ［统一基金或其他公共基金的撤资］

1. 不得从统一基金中撤资，除了：

   a. 根据本宪法或者议会颁布的任何法律为了满足基金所要求的开支；或

   b. 这些款项的发放是经过拨款法或者本宪法第八十三条制定的法律授权。

2. 根据本宪法或者议会颁布的任何法律征收的统一基金或者其他公共基金，应当由政府从基金中支付给个人或者授权应当支付的机构。

3. 除了公共基金，不得从其他公共基金撤回任何款项，除非这些款项的发放经由或者依照议会颁布的法律的授权。

4. 议会应当制定此类规定，规定可以从统一基金或其他任何公共基金中撤资的方式。

5. 资金投资组成统一基金的一部分，应当经由或者依照议会制定的法律所规定的此类方式。

6. 即使本条第一款已有规定，经由或者依照议会所制定的规定可以授权从统一基金的撤款，经由或者依照议会颁布的法律可以规定这样的情况和程度，为了偿还垫付的目的。

第九十二条 ［通过拨款法从统一基金支出的授权］

1. 目前负责财政的部长应在每一财政年度开始后的不迟于九十天内，编制并向众议院提交该财政年度的安提瓜和巴布达的收入与支出的预算。

2. 当众议院已经批准了支出预算（除了根据本宪法或者议会颁布的法律的统一基金所要求的支出），众议院应当提出被称为拨款法的议案，规定来自统一基金满足支出的必要款项的发放和这些款项的拨款，根据不同服务所需要的单独表决，为了指定的目的。

3. 针对任何的财政年度，如果发现：

   a. 根据拨款法因特定目的所付的款项数额不足或者为了某一目的的必要支出已经增加至根据该法律没有更多的拨款；或

   b. 为达到某种目的所花费的钱款超出了根据拨款法所划拨的款项或者出于根据该法律未划拨的某项目的，

应向众议院提交附加预算，说明所需款项或者所花费的款项，并且当众议院批准通过该附加预算时，众议院应提出附加拨款法案，规定来自统一基金的此类款项的问题和随后特定目的的拨款。

第九十三条 ［拨款之前支出的授权］

如果任何财政年度的拨款法在财政年度开始之时仍未生效，那么议会应颁布此类规定，目前负责财政的部长可以出于满足支出的目的，授权从统一基金中拨款，基于满足执行政府服务所必需的支出，直到财政年度开始起算的四个月期满或者法律开始生效，以较早者为准。

第九十四条 ［应急基金］

1. 如果确信已经出现一项紧迫而不可预见的支出需要，而该支出没有存在任何其他规定，议会应当就应急基金的建立以及授权负责财政的部长制定相应的规定，以从该基金中预付以满足该需要。

2. 当从应急基金预付时，应尽快向众议院提交附加预算，并且当众议院批准附加预算，基于填补预付款项的目的，众议院应当尽快提出附加的拨款法案。

第九十五条 ［特定公务员的报酬］

1. 应当向公职人员支付本条涉及的此类薪金以及经由或者依照颁布的法律中规定的津贴。

2. 根据本条关于本条涉及的公职人员所规定的薪金和津贴，应通过统一基金发放。

3. 根据本条关于本条涉及的公职人员所规定的薪金，以及其他服务条款（计算中不做考虑的津贴除外，根据此方面的法律，任何在其职位上提供服务的个人都应获得薪金）在其任命之后不应作出对其不利的改变。

4. 当薪金或其他服务条款取决于其自身的选择，那么根据本条第三款，其选择的薪金或条款被视为相比于其可能选择的其他事项更为有利。

5. 本条适用于总督职位，公共服务委员会成员，警察服务委员会成员，上诉公共服务委员会成员、总检察长、总审计长、选举的监察员和监事。

6. 本条中的任何规定不得被解释为对本宪法第九十条的规定造成损害（其保护关于作为公务员服务的津贴权利）。

第九十六条 ［公债］

1. 安提瓜和巴布达所承担的所有债务费用应是统一基金的费用。

2. 就本条而言，债务费用包括利息，还款或者债务摊销所需的偿债基金，以及符合基于统一基金安全性的贷款融资、服务以及所发生的债务赎回的所有支出。

第九十七条 ［公共账目等的审计］

1. 应任命一位总审计长，其职务为公职。

2. 总审计长应当:

a. 确保议会所划拨的所有款项和开支已经运用于符合所划拨的目的,以及开支符合给予的授权;以及

b. 对安提瓜和巴布达的公共账目,所有政府官员以及机关的账目,安提瓜和巴布达所有法院的账目(包括安提瓜和巴布达最高法院的账目),根据本宪法设立的每个委员会的账目,参议员和众议院秘书处的账目每年至少进行一次审查和报告。

3. 总审计长有权审查安提瓜和巴布达拥有、控制或者代表的所有企业的账目、平衡表和其他财务报表。

4. 总审计长以及其授权的官员有权访问其认为与本条第二款和第三款提及的任何账目有关的账簿、记录、报表、记录和其他文件。

5. 总审计长应当向财政部长提交其依照本条所做的每一份报告,在收到此类报告后,财政部长应当在不迟于众议院下次集会的七天之内向众议院提交报告。

6. 根据本条第五款的规定,如果部长未将报告提交至众议院,则总审计长应将报告的副本提交给议长,议长应尽快将其呈递众议院。

7. 总审计长应当行使与政府账目、由法律基于公共目的建立的其他机关或者机构的账目或者经由或依照议会颁布的法律所规定的安提瓜和巴布达拥有、控制或代表的企业的账目有关的职权。

8. 根据本条第二款、第三款、第四款、第五款和第六款行使其职权,总审计长不受其他个人或机关的指示或控制。

第九十八条 [公共账目委员会]

众议院应当在每次会议的开始,从其成员中任命公共账目委员会,其中之一应当是众议院中的巴布达成员,其职责应当是审议本条第九十七条第二款提及的账目并且与总审计长的报告协调,特别向众议院报告:

a. 在此类开支目的的公共基金的任何超出或者未授权的支出的情况;

b. 其认为为确保公共基金的正确支出所必需的任何措施,

并且与公共账目有关的众议院可以随时指导此类职责。

第七章 公共服务

第一节 公共服务委员会

第九十九条 [委员会的设立和组成]

1. 安提瓜和巴布达应设立公共服务委员会(本条以下简称委员会),其应当由一个主席和依据总理的建议并经总督任命的不少于两名、不多于六名的其他成员组成:

总理基于本款目的向总督提出建议之前应当咨询反对党领袖。

2. 如果出现以下情况,其不享有被任命为委员会成员的资格:

a. 其是一名公职人员;

b. 其是议会任何一院的成员;

c. 其年龄低于二十五周岁;或者

d. 其不是居住于安提瓜和巴布达。

3. a. 委员会成员应当任命为两年任期。

b. 在符合本条规定的情况下,委员会成员的职位应当在其任期届满之时空缺,或者如果其不是委员会成员,出现本条第二款规定的不符合任命资格的任何情况。

4. 委员会的成员仅可因其为无能力行使职权(无论是身体或精神疾病或其他原因)或者行为不检点并且仅能依照本条的规定才可解除其职务。

5. 如果其解除职务的问题已经上诉至依照本条第六款任命的法庭,并且法庭已建议总督因前述的能力缺乏或者行为不检点而应被解除职务,那么总督可以解除委员会成员的职务。

6. 如果总理向总督表示依照本条免除委员会成员的问题应当进行调查,则.

a. 总督应任命一个法庭,其应由一个主席以及首席大法官从担任或者作为在英联邦部分的民事和刑事事宜拥有无限管辖权的法院法官,或者拥有此类法院上诉管辖权的法院的法官之间选任不少于两名成员。

b. 法庭应对此事件进行调查并向总督汇报事实情况,并且对是否罢免该成员提出建议。

7. 如果免除委员会成员的问题依照本条提交至法庭,总督可以在总理的建议之下,暂停该成员的职权,总督依照前述建议可以随时撤销此类暂停,如果法庭建议总督该成员不应当被免职,该暂停在任何情况下不应当具有效力。

8. 如果委员会主席的职位出现空缺或者如果担任该职位的人员因某种原因不能履行其职务,那么直到任命新成员担任其职务或该成员复职,视具体情况而定,其应当由总督根据总理的建议任命该委员会的其他成员暂时代表行使。

9. 如果在任何时候,委员会的任何成员因任何原因不能履行其职权,总督可以依照总理的建议任命一位有资格被任命为委员会成员的人员担任职务,被任命的个人应依照本条第六款和第七款的规定,继续担任职务直到其代理的职位任期届满,或者视具体情

况而定,直到任职者复职或者总督依照总理的建议撤销其任命:

总理基于本款和本条第八款的目的向总督提出建议之前应当咨询反对党领袖。

10. 委员会的成员在进行效忠宣誓和就职宣誓之后才能履行其职责。

11. 根据本宪法行使职权时,委员会不应受任何其他个人或者机关的指示或控制。

12. 委员会可以通过规则或者其他方式规范其自身的程序。

13. 委员会可以在总理的同意下,基于行使职权的目的,赋予任何公职人员或者政府机关权力或者增加其义务。

14. 根据议事规则,尽管成员职位有空缺或者成员缺席,委员会仍可行事,且由出席或者参与的任何人作出的程序不应当是无效的,出席或者参与此类程序是无权的:

委员会的决议应获得大多数成员的赞同。

15. 委员会应当向总督提交其活动的年度报告,其应当向议会两院提交报告的副本。

第一百条 〔公职人员的委任等〕

1. 依照宪法的规定,任命公共服务的任职或者从事人员的权力(包括提升、转任和确认任命的权力),行使担任或者从事此类职务的人员的纪律管理的权力,以及免职的权力属于公共服务委员会。

2. 公共服务委员会可以在总理的同意下,通过书面指令并且符合其认为合适的条件,将本条第一款的权力授权委员会的任何一个或多个成员或者其他任何公职人员。

3. 本条的规定不适用于以下职位,即:
 a. 宪法第一百〇一条适用的任何职位;
 b. 总检察长;
 c. 总审计长;
 d. 司法部长;
 e. 选举监督员;
 f. 宪法第一百〇三条适用的职位;
 g. 警察部队的任何职位。

4. 任何人不应根据本条被任命为总督个人事务的任何职位,除非总督行使自由裁量权同意。

5. 公共服务委员会在行使授予其的司法职能时不因其作为或者不作为受到免职或者公职人员的任何处罚,除非是司法和法律服务委员会同意的。

6. 如果公共服务委员会的职能应当以政府一般政策相符的方式履行,应当通过总理书面告知委员会。

第一百〇一条 〔常任秘书长和其他特定职位的任命等〕

1. 本条适用于内阁秘书长、常任秘书、政府部门首长、政府部门副首长的职位、政府部门首席专业顾问和由委员会指定的任何职位,在与总理协商一致之后,适用于为职能的正当履行要求居住于安提瓜和巴布达之外的职位或者与其职能与对外事务有关的安提瓜和巴布达国内的职位。

2. 任命本条适用的职位的任职或者从事人员(包括确认任命的权力),在符合本宪法第一百〇七条规定的情况下,行使此类职位的任职或者从事人员的纪律管理和免职权力,应当属于总督,其须根据公共服务委员会的建议:

规定:

a. 任命一个人从其他拥有相同薪金的职位转任常任秘书职位的任职或者从事人员的权力,应当属于总督,须根据总理的建议;

b. 公共服务委员会就任命个人担任本条适用的职位(除了从其他拥有相同薪酬的职位转任常务秘书职位的任命)向总督提出建议之前,其应向总理咨询且如果总理对该职位人员的任命表示反对,那么委员会不应当建议总督任命该人;

c. 关于大使、高级专员或安提瓜和巴布达在其他国家或被委派到国际组织的其他主要代表的职位的任命,总督应依照总理的建议行事,总理就任命个人担任公职事项向总督提出建议之前应向其他一些个人或机关进行咨询。

3. 本条中所提及的政府部门不包括总督、总检察长部门、司法部门、总审计长部门、选举监督员、参议院和众议院秘书或者警队等职位。

第一百〇二条 〔总审计长〕

1. 总审计长应由总督依照公共服务委员会的建议来任命,委员会已经征询总理,并且获得总理同意任命该人员。

2. 如果总审计长职位空缺或如果任职者因任何原因不能执行其职责,总督依照公共服务委员会的建议可以任命总审计长,委员会已经征询总理,并且获得总理同意任命该人员。

3. 本宪法第八十七条第五款至第十一款的规定(其中涉及总检察长的任命和罢免)应当如同适用于总检察长一样适用于总审计长,然而,第九款和第十款提及的司法和法律委员会应当解读为公共服务委员会。

第一百〇三条 〔法官、书记员和司法人员的任命等〕

1. 本条适用于高等法院法官、书记员以及高等法院助理书记员的职位,司法部门(司法部长的公职除外)和总检察长部门(总检察长职位除外)的任何公职的任命,该类职位要求任职者符合作为安提瓜和巴布达的大律师或者律师,以及议会规定的与高等法院有关的此类职位的资格。

2. 任命本条适用的职位的任职或者从事人员（包括确认任命的权力），在符合本宪法规定的情况下，行使此类职位的任职或者从事人员的纪律管理和免职权力，应当属于总督，其须根据司法和法律服务委员会的建议。

第二节 警察服务委员会

第一百○四条 ［委员会的设立和组成］

1. 安提瓜和巴布达应设立警察服务委员会，其应当由一名主席和依据总理建议并经总督任命的不少于两名、不多于六名的其他成员组成：

总理基于本款目的向总督提出建议之前应当咨询反对党领袖。

2. 本宪法第九十九条第二款至第五款的规定应当如同适用于公共服务委员会一样适用于警察服务委员会。

第一百○五条 ［警察部队人员的任命等］

1. 在符合本条规定的情况下，任命警察部队职位的任职或者从事人员（包括晋升和转任的任命，以及确认任命）、免职和行使此类职位的任职或者从事人员的纪律管理的权力应当属于警察服务委员会：

委员会在总理的同意之下并且符合其认为的适当条件，可以将本条的权力授权给其任何的一位或者多位成员，或者警察委员会。

2. 在警察服务委员会，或者根据本条授权的任何个人或者机关，在任命本宪法规定属于公共服务委员会任命的职位的任职或者从事人员之前，警察服务委员会或者个人或机关应当咨询公共服务委员会。

3. 在警察服务委员会任命处长或者副处长或者此类职位之前，其任命应当与总理协商，如果总理向警察服务委员会表示其反对该人任职，则不能任命。

4. 在警察服务委员会任命警长或者类似职位之前应当与总理协商。

5. 任命警队警官职衔以下的职位的任职或者从事人员的权力（包括任命确认的权力），在符合本宪法第一百○七条规定的情况下，行使此类职位的任职或者从事人员的纪律管理的权力和免职的权力应当属于警察处长。

6. 警务处长可以通过其认为合适的方式作出指示和符合其认为合适的条件，将本条第五款的权力授予警队中的其他成员，除了任免或者降职的权力。

7. 警察在行使赋予其的任何司法职权时不被免职或者受到其他任何处罚，除非司法和法律委员会同意。

8. 如果警队中的警衔出现了变化（无论是对现有的部队的整顿或替换或建立新的部门），被解释为警察服务委员会通过官方公报公布规定此类警衔，与更改之前就已存在的警衔相对应。

第三节 公共服务上诉委员会

第一百○六条 ［委员会的组成等］

1. 在安提瓜和巴布达应设立公共服务上诉委员会(本节简称委员会)该委员会由以下成员组成：

a. 总督根据其自由裁量权任命一名主席；

b. 总督依照总理建议任命的两名成员，向总督提出建议之前应当咨询反对党领袖；

c. 总督在与代表警队的适当机构协商之后任命一名成员。

2. 本宪法第九十九条包括的第二款至第八款的规定应当如同适用于公共服务委员会一样适用于该委员会，除了本条第八款的适用，其规定总督依照总理的建议行事应当被解读为总督依照其自由裁量行事。

3. 在委员会任何成员因任何原因不能行使职权时，总督依照该人的建议，或者视情况而定，在与任命之前咨询的机构协商之后，可以任命符合资格的人作为委员会成员，被任命的人应当继续履行直到任期届满，或者视情况而定，直到任职者恢复其职能或者直到其职位由总督建议免职，或者视情况而定，经过本条上述的咨询：

总理根据本条关于本条第一款第 b 项的委员会成员的任命向总督提出建议之前应当咨询反对党领袖。

4. 委员会依照本宪法行使职权时，不受任何个人或者机关的指挥或者管理。

5. 在本条：

"代表公共服务的适当机构"指安提瓜和巴布达公务员协会或者总督可以指定的代表公务员利益的其他此类机构；

"代表警察服务的适当机构"指警察福利协会或者总督可以指定的代表警察利益的其他此类机构。

第一百○七条 ［纪律案件的上诉］

1. 本条适用于：

a. 总督依照公共服务委员会建议作出的任何决定，或公共服务委员会的任何决定，决定解除公职人员职务或对公职人员进行纪律管理（包括依照本宪法第一百条第二款授权的任何人的上诉或者决定的确认）；

b. 依照本宪法第一百条第二款授权作出的解除公职人员职务或对公职人员进行纪律管理的任何决定（不包括适用于公共服务委员会上诉或者确认的决定）；

c. 公共服务委员会依照本宪法第一百一十一条第一款和第二款作出的同意涉及公务员职务服务的养老金福利的拒绝、截留、金额的削减或者暂停的任何决定；

d. 警察服务委员会依照本宪法第一〇五条第一款解除警队成员或者行使此类成员的纪律管理的决定；

e. 如果是议会如此规定，警务处长依照本宪法第一百〇五条第五款，或者依照本条第六款授权的人，解除警队成员或者行使此类成员的纪律管理的决定；

f. 依照议会规定的与安提瓜和巴布达陆军、海军和空军纪律有关的此类决定。

2. 根据本条的规定，提交至委员会任何决定的上诉应当是涉及本条适用的公务员、警员或者陆军、海军或空军成员的决定：

在本条第一款第 e 项提及的任何此类决定的情况，如果议会如此规定，上诉应当首先提交至警察服务委员会，在这种情况下该委员会拥有本宪法第一百〇八条第一款规定的授予上诉委员会相同的权力。

第一百〇八条 ［委员会的权力和程序］

1. 一旦按照本宪法第一百〇七条或者依据本条颁布的任何法律提出上诉，委员会应当确认或者撤销被上诉的决定或者上诉所针对的机关或个人作出的任何其他决定。

2. 委员会的决定应当需要有权参与委员会作出该决定之目的的程序的委员会成员的大多数同意。

3. 在符合本条第二款规定的情况下，委员会可以通过条例规定：

a. 委员会的程序；

b. 依照本章的上诉程序；

c. 除了本宪法第一百〇七条第一款的规定外，关于公职人员的薪酬不能超过条例或者刑事纪律管理的此类决定规定的最高额，不包括免职的决定。

4. 依照本条制定的条例，在总理的同意下，可以基于行使委员会职权的目的对于任何公职人员或任何机关赋予权力或者课予义务。

5. 在符合本条规定和程序规则的情况下，委员会可以在成员空缺或者缺席的时候行事。

第四节 津贴

第一百〇九条 ［津贴法律和津贴权利的保护］

1. 关于授予 1981 年 11 月 1 日之前的任何人津贴福利的法律从授予福利之日起生效，或者在此后生效的法律不能减少该人的福利。

2. 适用于任何津贴福利（不包括本条第一款所适用的福利）的法律应当：

a. 迄今为止，作为最高法院法官或官员或者公务员在 1981 年 11 月 1 日之前开始的服务期限的福利，在当日生效为法律；并且

b. 迄今为止，最高法院法官或官员或者公务员在 1981 年 10 月 31 日之后开始的服务期限的福利，在开始服务的期间生效为法律，或者之后生效为未降低津贴的法律。

3. 在两部或者更多的法律应当适用于该情况时，个人有权作出选择，其选择的法律应当基于本条的目的，视为相较于其他法律对其是更有利的。

4. 所有的津贴福利（除非是法律规定由其他基金适当支付的范围）应当由统一基金支付。

5. 在本条中，"津贴福利"指的是作为最高法院法官或官员或者公务员，或为此类服务人员的遗孀、孩子、家属或个人提供的任何养老金、补偿、酬金或其他类似津贴。

6. 本条提及的关于津贴福利的法律包括（不损害其通说）规范此类津贴可以授予或者拒绝授予的法律，规范已被授予的津贴可以扣留、降低总额或者暂停的法律，规范此类津贴总额的法律。

7. 本条提及的作为法官的服务涉及最高法院法官的服务和涉及作为公务员服务包括依据高等法院命令第十二条设立的职位的服务。

第一百一十条 ［扣留津贴等的权力］

1. 根据法律，个人或者机关享有自由裁量权：

a. 决定任何津贴福利是否授予；或者

b. 扣留、降低数额或者暂停已经授予的此类福利，这些福利应当授予并且除非公共服务委员会同意否则不能扣留、降低总额或者暂停，视情况而定，决定扣留、降低总额或者暂停它们。

2. 除非公共服务委员会同意授予更小数额的福利，法律未对授予个人的福利数额作出规定的，授予个人的福利数额应是其有资格享有的最高数额。

3. 除非个人因行为不检点被解除了职务，公共服务委员会不得同意对担任最高法院法官、总检察长、总审计长或选举监督员职务的个人因犯有行为不检点而同意本条第一款或者第二款。

4. 公共服务委员会在同意依照本条第一款或者第二款基于任职者（其行为时担任本宪法第一百〇三条所适用的职位）因为犯有行为不检点而采取任何行动时，公共服务委员会应向司法和法律服务委员会咨询。

5. 在本条中，"津贴福利"指的是作为最高法院法官或官员或者公务员，或为此类服务人员的遗孀、孩子、家属或个人提供的任何养老金、补偿、酬金或其他类似津贴。

6. 本条提及的作为公职人员的服务包括依据高

等法院命令第十二条设立的职位的服务。

第八章 公民身份

第一百一十一条 ［居民地位］

1981年11月1日及其之后，基于法律的目的，当且仅当其是公民时应被视为属于安提瓜和巴布达。

第一百一十二条 ［在本宪法生效之时自动成为公民的人］

下列人员在1981年11月1日应当成为公民：

a. 在1981年10月31日已经出生在安提瓜和巴布达的英国及其殖民地公民。

b. 出生于安提瓜境外的人，如果其父母一方或者祖父母一方出生在安提瓜境内，或者定居安提瓜时注册或者入籍。

c. 在1981年10月31日已经出生的英国及其殖民地公民：

ⅰ. 在1948年英国国籍法生效之前作为英国人居住于安提瓜境内，依据国籍法通过入籍成为公民；或者

ⅱ. 在居住于安提瓜境内时依照国籍法通过入籍或者注册成为公民。

d. 1981年10月31日出生于安提瓜境外的英联邦及其殖民地公民，如果其父母成为公民，除非其死亡或者放弃已经成为英联邦及其殖民地的公民身份，其可以通过本条第a款、第b款或者第c款。

e. 已经嫁给成为或者可以通过第a款、第b款、第c款或者第d款成为公民的人，除非其死亡或者放弃已经成为英联邦及其殖民地的公民身份，在1981年10月31日是英联邦及其殖民地的公民；

f. 在1981年10月31日未满十八周岁的人，本条前述款项所述人员的子女、继子女或者通过法律承认的方式收养的孩子。

第一百一十三条 ［在本宪法生效之后自动成为公民的人］

下列人员在1981年11月1日或者之后应当成为公民：

a. 出生在安提瓜和巴布达的个人：

如果在其出生时未通过此项成为公民：

ⅰ. 父母一方公民或者父母一方拥有授予外国主权派驻安提瓜和巴布达特使的诉讼和法律程序豁免权；或者

ⅱ. 其父母一方是与英国处于战争的国家的公民，并且其出生于被占领的地方。

b. 出生于安提瓜和巴布达国外的人，如果在其出生时父母死亡或者本可以成为但是父母死亡，可以通过本宪法第一百一十二条或者本条第a项。

c. 出生于安提瓜和巴布达国外的人，如果在其出生时父母死亡或者本可以成为但是父母死亡，受雇于政府服务或者政府机构基于适当履行职能的目的要求其居住于安提瓜和巴布达国外。

第一百一十四条 ［在本宪法生效之后个人有权通过登记获得公民身份］

1. 在符合本宪法第一百一十二条第e项和第一百一十七条规定的情况下，下列人员通过申请，有权在1981年11月1日或者之后进行登记：

a. 任何人在1981年10月31日：

ⅰ. 嫁给通过本宪法第一百一十二条成为公民的人；

ⅱ. 嫁给通过本条成为公民的人，其在1981年11月1日之前死亡，或者本可以成为公民但是已经死亡：

这些人在配偶死亡时没有根据主管法院的法令或者分居协议与配偶分居。

b. 任何人：

ⅰ. 嫁给公民或者成为公民的人；

ⅱ. 嫁给将成为公民，或者本可以成为但是已经死亡的人：

婚姻持续三年以上并且在配偶死亡时没有根据主管法院的法令或者分居协议与配偶分居，这些人不需要申请。

c. ⅰ. 在1981年10月31日居住于安提瓜的英联邦公民，并且在这之前已经通常居住于境内不少于七年的时期；

ⅱ. 居住于安提瓜不少于七年时期的英联邦公民，即时提出其合法通常居住于安提瓜和巴布达（无论期间是否从1981年11月1日之前开始）。

d. 任何人在1981年11月1日将成为公民，除了为了符合获得或者保留另外一个国家公民身份的目的声明放弃英联邦及其殖民地的公民身份。

e. 任何人成为一名公民，必须声明放弃其为了符合获得或者保留另外一个国家公民身份的身份。

f. 公民的未满十八周岁的子女、继子女或者通过法律承认的方式收养的孩子，或者原本是公民但却已经死亡的人的子女、继子女或者收养的孩子有权依照本款登记为公民。

2. 依照本条的申请应当按照议会制定的法律的规定进行，在本条第一款第f项适用情况下的人员，其应当由其家长或者监护人进行申请：

如果本条第一款第f项适用的人已经结婚，申请可以由其进行。

第一百一十五条 ［双重国籍］

1. 在1981年11月1日是公民或者有权登记为公民的人，也是其他国家的公民或者有权登记为其他

国家的公民,不能仅仅基于其是或者成为其他国家的公民而:

a. 剥夺其公民身份;

b. 拒绝其登记为公民;

c. 经由或者依照法律要求其放弃其他国家的公民身份。

2. 本条第一款提及的人员不应当:

a. 拒绝安提瓜和巴布达的护照或者仅仅因其拥有其他国家的护照而撤回、取消或者扣留其护照;或者

b. 在签发安提瓜和巴布达护照之前或者作为保留护照的条件,要求放弃或者禁止获得其他国家签发的护照。

第一百一十六条 ［议会权力］

1. 在不违反和符合本宪法第十一条、第一百一十二条、第一百一十三条、第一百一十四条和第一百一十五条的情况下,议会可以依据本条的规定规范通过登记获得公民身份。

2. 依据本条的登记申请可以被负责此事宜的部长拒绝,在其认为存在基于国防、公共安全、公共道德或者公共秩序的利益拒绝申请的情况。

3. 议会应当规定:

a. 依照本章条款的规定没有资格或者不再有资格成为公民的人员的公民身份的获得;

b. 任何人的公民身份的放弃;

c. 为取得国籍,且希望获得认证者给予认证;

d. 如果登记成为公民是公共虚假陈述、欺诈或者重要事实的故意隐瞒或者如果其在安提瓜和巴布达犯有叛国或者煽动罪,通过登记成为公民身份的剥夺;

基于本条第 d 项的制定的法律应当包括规定所涉人员有权上诉至具有管辖权的法院或者其他独立机构,并且应当被允许自己选择法律代表。

第一百一十七条 ［效忠宣誓］

依照本宪法第一百一十四条进行登记申请的未向女王宣誓的任何人,在登记之前应当进行效忠宣誓。

第一百一十八条 ［解释］

1. 本章提及的人在出生时父亲的国民身份,涉及在其父亲死亡之后出生的,被解释为其父亲死亡时的国民身份;当死亡发生在 1981 年 11 月 1 日之前,如果其在当日已经死亡,父亲的国民身份应当视为死亡时的国民身份。

在孩子是母亲未婚生的情况当应被视为父亲的未婚生子女。

2. 本章中,出现下列语词的应作相应解释:

"孩子"包括未婚生子女和非法的;

"父亲",与非婚生和非法出生的孩子相关,包括承认、能够证明是孩子的父亲或者由具有管辖权的法院判决为孩子的父亲;

"父母"包括非婚生孩子的母亲。

3. 为实现本章之目的,在国外出生于任何国家政府的注册船舶或者航空器,视情况而定,应当视为船舶或者航空器所注册的国家。

第九章 司法规定

第一百一十九条 ［初审管辖权,高等法院宪法问题］

1. 根据本宪法第二十五条第二款、第四十七条第八款第 b 项、第五十六条第四款、第一百二十四条第七款第 b 项和第一百二十四条,任何人认为本宪法的规定(除了第二章的规定)已经或者正在被违反,如果其有相关利益,依照本条向高等法院申请判决或者救济。

2. 高等法院对于依照本条提起的申请其是否已经或即将违反本宪的规定,并作出相应的判决。

3. 当高等法院依照本条判决宪法规定已经或者正在被违反,提出裁判申请的人如果也申请救济,高等法院可以授予其认为适当的救济,通过高等法院程序依照法律作出一般适当的补救。

4. 首席大法官可以制定规定,或者授权制定规则,关于本条授予法院的管辖权和权力的高等法院的实务和程序,包括关于依照本条提出的任何申请的时间。

5. 只有其主张本宪法的违法影响了其利益,才可以视为依照本条提出的申请具有相关利益。

6. 本条授予个人主张违反宪法申请裁判和救济的权利,应当延伸至依照其他法律或者法规的相同事宜对于个人的行为。

7. 本条并未授予高等法院审理和裁决本宪法第四十四条涉及的问题的司法管辖权。

第一百二十条 ［宪法问题提交至高等法院］

1. 安提瓜和巴布达设立的法院(除了上诉法院、高等法院或者军事法院)关于宪法解释引起的任何问题以及法院认为涉及法律的实质问题,如果诉讼中的任何一方当事人如此要求,法院可以将问题转交至高等法院。

2. 依照本条提交至高等法院的任何问题,高等法院应当就问题作出决定,提出问题的法院应当依照该决定裁判案件,或者如果决定是上诉至上诉法院或者英国枢密院,视情况依照上诉法院或者英国枢密院的决定。

第一百二十一条 ［上诉至上诉法院］

在符合本宪法第四十四条规定的情况下,在下列

案件中有权将高等法院的判决上诉至上诉法院：

a. 涉及宪法解释问题的任何民事或者刑事诉讼的最终判决；

b. 由本宪法第十八条（关于基本权利和自由的实施）授予高等法院司法管辖权的行使作出的最终裁判；以及

c. 由议会规定的其他此类案件。

第一百二十二条 ［上诉至英国枢密院］

1. 在下列案件中有权将上诉法院的判决上诉至英国枢密院：

a. 上诉至英国枢密院的争议事宜是关于所规定价值或以上的民事诉讼的最终判决，或者上诉直接或间接主张或者质疑所规定的价值或以上的财产或权利；

b. 婚姻解除或者无效的诉讼的最终判决；

c. 涉及宪法解释问题的任何民事或者刑事诉讼的最终判决；

d. 由议会规定的其他此类案件。

2. 在符合本宪法第四十四条第八款规定的情况下，在下列案件中有权在上诉法院的同意下将上诉法院的判决上诉至英国枢密院：

a. 上诉法院认为民事诉讼中上诉涉及的问题具有重大一般性或者公共性或者其他特性，应当提交至英国枢密院；

b. 由议会规定的其他此类案件。

3. 针对上诉法院对于任何民事或者刑事事宜判决，在女王陛下特别许可的情况下上诉至枢密院。

4. 本条提及的上诉法院的判决应当理解为上诉法院行使本宪法或者目前有效的任何其他法律授予法院的司法管辖权而作出的判决。

5. 在本条的所规定价值指一千五百元的价值或者议会可能规定的其他价值。

第十章　其他

第一百二十三条 ［地方政府］

1. 巴布达委员会应当是该岛地方政府的主要机构。

2. 委员会应当拥有按照议会规定的成员和职权。

3. 议会可以依照本条下列条款规定的方式修改1976年巴布达地方政府法令的任何条文，在本宪法附录二中规定（本条简称为"上述条文"），并且没有其他修改方式。

4. 上述条文的修改法案不应当视为由众议院通过，除非在众议院最后一读中获得通过，由众议院秘书提交至巴布达委员会，委员会通过决议给予同意，

其必须迅速地由委员会通知众议院秘书。

5. 由参议院对本条第四款提及的已有众议院通过和巴布达委员会同意的议案的修正案不应当视为获得众议院基于本宪法第五十五条目之同意，除非巴布达委员会向众议院秘书表示巴布达委员会通过决议同意该修正案。

6. 为实现本宪法第五十五条第四款之规定，除非巴布达委员会经决议同意通知众议院秘书，否则，不得由众议院将修改前述规定的修正案提交至参议院。

7. a. 上述条文的修改议案不应当提交至总督已获得其同意，除非有议长（或者如果议长因任何原因不能行使职权时，副议长）证明文书的同意，视情况而定，符合本条第四款、第五款和第六款的规定。

b. 议长，或者视情况可能是副议长，依照本款的证明文件应当视情况确定本条第四款、第五款或者第六款已经得到遵守，并且不应当在法院被审查。

第一百二十四条 ［法院不能审查的特定问题］

依照本宪法，总督依照内阁、总理、部长、反对党领袖、其他个人、机构或者机关的建议而行使职权，或者与任何个人、机构或者机构协商之后，总督是否收到或者依照这些建议行事，或者这些协商是否进行的问题不应当在法院中审查。

第一百二十五条 ［辞职］

1. 被任命或者选举为本宪法设立的任何职位的人员，可以通过向被任命或者选举的个人或机构提交书面辞呈辞职。

规定：

a. 众议院主席或副主席和参议院议长或者议长职位的任职人员的辞职应当根据情况，向参议院或者众议院提交辞呈；以及

b. 参议院或者众议院成员的辞职应当根据情况，向主席或者议长提交辞呈。

2. 上述职位的人员的辞职在其提交的个人或者机关或者该人员或机关授权的人员收到书面辞呈之时生效。

第一百二十六条 ［连任和同时任命］

1. 从本宪法设立的职位或者依照本宪法设立的部长职位离任的任何人，如果符合资格，可以依照本宪法的规定再次选任或者当选。

2. 尽管其他人依然在职，但是当其他人因为请假而其职位出缺时，本宪法赋予任命权的个人或者机关可以进行任职；由于本款的原因使得同一职位有两名以上任职者，基于赋予任职者职能的目的，后面任职的人员应当视为职位的唯一任职者。

第一百二十七条 ［解释］

1. 在本宪法中，除非文义另有所指：

"公民"是指安提瓜和巴布达的公民，并且"公民

39

身份"应当据此解释；

"英联邦公民"拥有依照议会可能通过法律规定的意思；

"元"是指安提瓜和巴布达货币中的元；

"财政年度"指从每年的1月1日或者议会可能规定的其他日期起算的十二个月的每一期间；

"政府"指安提瓜和巴布达的政府；

"议院"是指众议院；

"法律"是指在安提瓜和巴布达国内或者部分地区有效的任何法律，包括具有法律效力的文书以及任何不成文的规定，"合法的"和"合法地"应当据此解释；

"部长"指政府的部长；

"宣誓"包括确认；

"效忠宣誓"指本宪法附表三所规定的效忠宣誓；

"就职宣誓"指，与任何职位有关的，宣誓本宪法附表三规定的职位的正当实施；

"保密宣誓"指本宪法附表三规定的保密宣誓；

"议会"指安提瓜和巴布达议会；

"警察部队"指由警察法建立的警察部队，并且包括由或者依据议会为了承继或者维持警察部队功能所颁布的法律而建立的任何其他警察部队；

"主席"和"副主席"指担任参议院主席和副主席职位的相应人员；

"公职"指公共服务中的受薪职位，并且包括警察部队中的受薪职位；

"公职人员"指担任或者从事任何公职的人员，并且包括警察部队的职员或者成员；

"公共服务"指，在符合本条的规定下，涉及安提瓜和巴布达民事行为的官方服务；

"会期"指当参议院或者众议院在任何休会或者议会解散之后的第一次集会的时候开始，当议会被休会或者没有休会被解散的时候终止的期间；

"会议"指议会两院无休会的持续期间，包括委员会的持续期间；

"议长"和"副议长"指众议院议长和副议长职位的任职人员。

2. 本宪法提及的公共服务的职位不得解释为包括：

a. 涉及主席或者副主席，议长或者副议长，总理或者任何其他部长，政务次官，议会两院中的成员和监察员的职位；

b. 涉及本宪法设立的任何委员会成员或者赦免问题咨询委员会成员或者公共服务上诉委员会成员的职位；

c. 高等法院法官或者官员的职位；

d. 除非议会有规定的以外，经由或者依照法律设立的理事会、事务会、小组、委员会或者其他类似机构(无论是否成立)的成员职位。

3. 在本宪法中：

a. 本宪法提及的最高法院命令，1948年英联邦国籍法或者1976年巴布达地方政府法或者任何规定，视情况而定，包括改变本宪法或者命令、法令或规定的任何法律；

b. 提及的最高法院、上诉法院、高等法院和司法与法律委员会是指依照最高法院命令建立的最高法院、上诉法院、高等法院和司法与法律委员会；

c. 提及的首席大法官拥有与最高法院命令中相同的意思；

d. 提及的最高法院的法官是指高等法院或者上诉法院的法官，除非文义另有规定，包括向风群岛和背风群岛的前最高法院的法官；

e. 提及的最高法院官员指的是依照最高法院命令所任命的首席书记员和其他高级人员。

4. 基于本宪法的目的，仅仅由于其领取之前任期的津贴或者类似薪酬的事实，不应当视为担任某一职位。

5. 在本宪法中，除非文义另有规定，指定职位的任职者应被视为包括，在其权力范围内，目前被授权行使该职位职权的人。

6. 除非宪法规定职位的任职者或者从事者可以由特定的个人或者机关任命，任何人在没有其同意的情况下，不能提名参选此类职位或者任命或从事或被选任。

7. 本宪法提及的免职权力应当包括由法律授权的要求或者允许任职者从公共服务退休的权力。

规定：

a. 本款不应当视为授予任何个人或者机关要求总检察长、总审计长或者选举监督员退休的权力；以及

b. 在除由宪法设立的委员会之外的个人或者机关免职的任何职位，允许其退休的权力应当授予公共服务委员会。

8. 本宪法条款授权个人或者机关免职的权力不应当损害个人或者机关拥有的撤销职位的权力，或者损害规定一般公职人员强制退休或者法律特别规定特定级别公职人员退休年龄的规定。

9. 本宪法授予个人或者机关任命从事或者行使职位职权的权力，如果任职者自身不能行使职权，基于任职者不能行使职权的理由的问题不能称为任命。

10. 本宪法未规定个人或者机关不受依照宪法行使职权的其他个人或者机关的指挥和管理，应当被解释为排除法院行使个人或机构是否依照宪法或者其他法律行使职权问题的司法管辖权。

11. 在不违反 1978 年解释法第十四条（本条的第十六款）规定的情况下，本宪法授予制定任何命令、法规或者规则，或者给予指导或作出指示的权力，该权力应当被视为包括权力、适当的方式和限制条件，修改或者撤销此类命令、法规、规则、指导或者指示。

12. 除非文义另有规定，在符合本条第三款第 a 项规定的情况下，本宪法提及的 1981 年 11 月 1 日之前制定的法律解释为在 1981 年 10 月 31 日已经生效。

13. 本宪法提及的宪法、其他法律或者其他规定的修改，包括：

a. 带有或者不带有重新制定的撤销或者制定不同的替代条款；

b. 无论是条文删除或者修正的修改，或者插入增加的条款；

c. 暂停一定时期的实施或者终止此类暂停。

14. 本宪法中，提及的战争时期应当解释为安提瓜和巴布达与其他国家处于敌对状态。

15. 本宪法提及的与 1981 年 11 月 1 日之前的安提瓜或者安提瓜和巴布达有关的所有事宜应当包括（依照文本需要的情况）下列时期：

a. 与安提瓜有关的时期从 1967 年 2 月 27 日至 1981 年 10 月 31 日；

b. 与安提瓜殖民地有关的时期从 1956 年 7 月 1 日至 1967 年 2 月 26 日；

c. 安提瓜属于背风群岛殖民地一部分的时期从 1872 年 3 月 5 日至 1956 年 6 月 30 日。

16. 1978 年解释法经过必要的修改，应当基于解释本宪法的目的适用，如同其基于解释英联邦议会法令的目的适用。

巴拉圭共和国宪法

[由一号宪法修正案修正，经 2011 年 10 月 9 日全民公投通过，并由最高司法选举法院以 2011 年的第 23 号决议批准]

序 言

巴拉圭人民，通过其全国代表大会的法定代表，向神祷告，为保障自由、平等和正义而承认人的尊严；重申共和国的、代表的、可参与的和多元的民主原则。认可国家主权和独立，整合国际社会，批准和公布本宪法。

亚松森，1992 年 6 月 20 日

第一部分　权利、义务和保障的基本宣告

第一编　基本宣告

第一条　[国家和政府形式]

巴拉圭共和国永远自由和独立，依本宪法和法律规定的形式，组成一个合法的、单独的、不可分割的和地方分权的社会国家。

巴拉圭共和国为其政府代表采取建立在认可人的尊严上的可参与的和多元的民主。

第二条　[主权]

巴拉圭共和国主权属于人民，由其依据本宪法条文行使。

第三条　[公权力]

人们通过选举行使公权力，政府在一个分离、平衡、合作和相互制约的制度内，通过立法的、行政的和司法的权力行使公权力。这些权力都不得被剥夺或者授权给他人，或任何个人或团体，特殊权力或总的公权力。

独裁权在法律保护之外。

第二编　权利、义务和保障

第一章　生命和环境

第一节　生命

第四条　[生命权]

生命权是人与生俱来的权利。一般而言，从其概念出发保障对其的保护。据此废除死刑。国家保障所有个人在其身体和精神上的完整，以及保全其名誉和荣誉。法律将规定仅出于科学或医学的目的处分其身体的自由。

第五条　[虐待和其他罪行]

任何人都不受折磨或残忍的、非人道的或有辱人格的刑罚或者对待。

种族灭绝和折磨，以及强制个人消失，为政治目的的绑架和杀人，对其的追诉不因时效而消灭。

第六条　[生活质量]

由国家通过确认条件因素的政策和计划，如特别贫穷和残疾或年龄障碍，提高生活质量。

国家也应当促进对人口因素及其与社会经济发展、环境保护和居民生活质量的关系的研究。

第二节　环境

第七条　[健康环境权]

人人享有居住在一个健康和生态平衡的环境的权利。

保护、保存、再造和发展环境，以及其与人类的全面发展和制定社会利益的优先目标的协调。这些目标应适应立法和相关的政府政策。

第八条　[环境保护]

法律将规定易受生产环境变动影响的活动。与此同时，限制或禁止危险的活动。

---

*　译者：花小敏。

禁止制造、收集、进口、交易、占有或使用核能的、化学的和生物的武器，以及向国家输入有毒的工业废物。法律可以将该禁止扩大到其他的要素，同时法律也可以规定遗传资源及其技术的交易，以此作为一种国家利益的预防措施。

法律对生态犯罪进行规定和惩罚。任何对环境造成危险的主体，都将承担恢复和赔偿的义务。

第二章 自由

第九条 〔个人自由及安全〕

所有人都有权获得对其自由和安全的保护。

任何人都不得被强迫实施法律未要求的事项，也不得被阻止实施法律未禁止的事项。

第十条 〔禁止奴隶制及其他形式的奴役〕

禁止奴隶制、奴役以及人口交易。法律可以规定在拥护国家方面的社会责任。

第十一条 〔剥夺自由〕

任何人都不得被剥夺其身体自由或被送交法院审判，出于调解的原因且在本宪法和法律规定的条件内进行的除外。

第十二条 〔拘留和逮捕〕

在无有权机关签发的书面命令下，任何人不受逮捕和拘留，当场实施应受惩罚的犯罪被抓捕的情况除外，所有被拘留的人都享有下述权利：

1）被告知行为的时间、实施拘留的原因、保持沉默的权利和获得其信任的辩护人帮助的权利。对于逮捕行为，有权机关有义务出示进行此逮捕行为的书面命令。

2）应当将拘留决定告知其家人或被拘留者指定的人。

3）维持其自由的交流，但是在例外情况下，由主管司法机关授权规定其与外界相隔离。与外界相隔离的情况不适用于其辩护人，且该情况不得超过法律规定的时间。

4）在必要情况下，为其提供翻译人员；以及

5）为使该拘留符合法律规定，在主管司法法官介入之前，拘留不得超过二十四小时。

第十三条 〔不得剥夺债务自由〕

不得剥夺债务自由，除非通过有权司法机关发布的因不履行食品供应的义务的命令或者作为罚款或保释的替代措施。

第十四条 〔法律不溯及既往〕

法律不具有追溯的效力，在对被告或被定罪者有利的情况下除外。

第十五条 〔禁止自造正义〕

任何人都不得掌控法律或者通过暴力主张自己的权利，但是保障正当防卫。

第十六条 〔审判期间的辩护〕

不得侵犯审判期间的个人辩护及其权利，任何人都有权由有法定资格的、独立的、公正的法庭和法官对其进行审判。

第十七条 〔程序性权利〕

在刑事程序或其他任何实施惩罚或制裁的程序中，任何人都享有下述权利：

1）被推定无罪；

2）进行公开的审判，在法官出于保护其他权利的情况下除外；

3）未经正当法律程序，未或事先审理不得被宣判，同时不得由特殊法庭对其进行审理；

4）不得对同一行为进行重复审理，不得再审已结案的案件，程序法规定的有利刑事判决的特殊情况除外；

5）为自己辩护或者获得其指定的辩护人帮助；

6）在无经济条件指定辩护人的情况下，获得国家提供的公设辩护人；

7）事先被告知和详述定罪，以及为自由辩护的准备所必不可少的副本、方式和时间的批准；

8）提供、实施、掌握和反击证据；

9）不得反对其获取的证据和指控其取得违反法律规定；

10）通过自己或其辩护人进入绝不对其保密的诉讼程序，对事实或刑事卷宗陈述的准备，不得被延长并超出法律规定的期间；以及

11）在因司法错误被定罪的情况下，获得国家赔偿。

第十八条 〔起诉状的限制〕

任何人都不得被强制提出证据以控诉自己、其配偶或与其有事实联系的人，也不得控诉其四代亲等内的亲属或包含在二亲等内有血缘关系之人。

违法行为或犯罪的指控不影响其亲属或近亲。

第十九条 〔预防性监禁〕

预防性监禁仅在其作为审判程序绝对必要时实施。预防性监禁不得被延长超过同一犯罪规定的最低刑期，依据诉讼的分类，受相应法庭指令的影响。

第二十条 〔刑罚目的〕

剥夺自由刑罚的目的在于改造被处罚者和保护社会。

禁止没收财产和流放的处罚。

第二十一条 〔人事监禁〕

被剥夺自由者将被监禁在适当的场所，避免男女两性的混合。

对拘留者的监禁应当安置在不同于指定给服刑人员的场所。

第二十二条 ［相关程序的公布］

未经事先审判，不得公布未决的司法程序。

未经定罪，不得认定被告人犯罪。

第二十三条 ［真理证据］

在因具有一些影响个人荣誉、名誉或尊严的传播而推动的和涉及私人犯罪行为或本宪法和法律宣告的免于公权力的私人行为而推动的程序中，不得采纳众所周知的和真理的证据。

当由对国家官员的公职行为的责难的传播和法律规定的其他特别情况所推动的程序时，将认可证据。

第二十四条 ［宗教和思想自由］

除本宪法和法律规定外，宗教、崇拜和思想自由不受任何约束。宗教信仰不具有官方性质。

国家和日主教会的关系建立在独立、合作和自治之上。

除本宪法和法律规定的限制外，不得再进行限制，保障教会和宗教信仰的自治和独立。

任何人不得因其信仰或思想而被妨碍、讯问或强制作证。

第二十五条 ［人格的表达］

任何人都有权自由的表达人格，创造和伪造自己的身份和肖像。

保障思想多元化。

第二十六条 ［表达和出版自由］

保障表达自由和出版自由，以及思想和观点的传播。不得进行任何审查，除本宪法规定外不得有任何其他的限制。总之，不得有法律规定使其不能实现或对其进行限制。除一般的犯罪通过出版实施外，没有出版罪。

任何人都有权制造、处理和传播信息，以及为此目的平等地使用合法的和合适的工具。

第二十七条 ［社会大众传播媒体的使用］

社会大众传播媒体的使用属于公共利益，其职能不得被停止或中止。

禁止缺乏履行能力指导的出版。

禁止在出版物供应领域的任何歧视性做法，以及干扰无线电频率和以任何方式妨碍期刊、书籍、杂志或其他任何有义务指导或著作的出版物的自由发行、分配和销售。

保障信息多元化。

法律将规定对儿童、青少年、文盲、消费者和妇女的权利最优保护效果的宣传。

第二十八条 ［知情权］

认可个人获得真实的、可靠的和公平的信息的权利。

公共信息资源免费对每个人开放，为使该项权利有效，法律将规定对其相应的形式、期间和处罚。

任何被传播的虚假、歪曲或不明确信息影响的个人，有权要求以在对其所暴露的相同条件下以相同的方式对其进行修正和澄清，同时不得影响其他的补偿权利。

第二十九条 ［新闻实践的自由］

所有形式的新闻实践都是自由的，无须事先授权。社会大众传播媒体的记者在履行其职能中，没有义务去实施违背其良心的行为或者透露其信息资源。

专栏作家有权在其工作的媒体毫无保留地出版其署名的见解。该媒体的负责人可以免除其表达的不同意见的任何责任。

认可记者依法享有与其技术无关的成为其工作领域的知识、艺术或摄影的作品的作者的权利。

第三十条 ［电磁通信信号］

电磁通信信号的发射和传播属于国家行使主权的公共领域，将依据公共财产权利和签署的相关的国际条约促进充分的使用该信号。

法律将会确保免费获得更好的使用电磁波谱的平等机会，以及该电子仪器所积累和处理的公共信息，对其限制不得高于国际法规和技术标准的规定。权威机关确保该元素不用于侵犯私人的或家庭的隐私或者本宪法规定的其他权利。

第三十一条 ［国家社会大众传播媒体］

法律将规定在其组织和职能上依赖国家的大众媒体，以保障民主和多元的进入相同的社会和政治领域的平等机会。

第三十二条 ［集会和示威自由］

人们有权和平地集会和示威，不得携带武器并合法地结束，无须许可证，以及不受强制参与此行为的权利。法律规定仅在公共交通场所、在确定的时间实施该行为，保护法律规定的第三方的权利和公共秩序。

第三十三条 ［隐私权］

个人和家庭的隐私，以及尊重私人生活是神圣不可侵犯的。未影响法律规定的公共秩序和第三方权利的私人行为，免受公共权利的干扰。

保障对隐私、尊严和私人的肖像保护的权利。

第三十四条 ［个人房产的不可侵犯］

不得侵犯任何个人的房产，仅可依法由司法命令对其进行转让和关闭。例外情况下，其也可以被转让和关闭，在现行犯或者为组织将要实施的犯罪，或者为避免对个人或财产的伤害的情况下除外。

第三十五条 ［身份证明文件］

权力机关不得夺取或保留个人的身份证明文件、执照或证书。权力机关不得剥夺上述文件，法律规定的特殊情况除外。

第三十六条 ［文献遗产和私人通信免受侵犯的权利］

不得侵犯人类的文献遗产。无论何种技术存在的记录、印刷物、通信、著作、电话、电报、电缆或其他任何种类的通信方式，收藏、复制品、证词、证明对象及其各自的副本，均不得被检查、复制、拦截或扣押，在通过为法律详细规定的特殊情况的司法命令，以及为清理相关机关职权事件不可避免时除外。法律将规定对商业账目和强制性法律记录的特殊审查方式。

获得的文件证据违反上述规定的，在庭审中不具有效力。

在任何情况下，不涉及个人调查的绝对保留必须被遵守。

第三十七条 ［拒服兵役权］

因民族或宗教的原因而拒服兵役的权利属于本宪法和法律承认的情况。

第三十八条 ［保护共同利益的权利］

任何个人或集体都有权要求公共权力机关采取措施保护环境、栖息地的完整、公共健康、国家文化遗产、消费者的利益或其他因其法律特征与公众相关的以及与生活质量和公共遗产相关的。

第三十九条 ［公正和充足赔偿的权利］

任何人都享有因遭受国家伤害或损害而获得公正的和充足赔偿的权利。法律将规定该权利。

第四十条 ［请愿权］

任何个人或集体在无特殊要求下，有权在法律规定的期限内，以法定的书面形式请愿。任何在法定期限内未获得回复的请愿视为对该请愿的否定。

第四十一条 ［定居和迁徙的权利］

所有的巴拉圭人都有权在其祖国定居。定居者可以在国家所有的领土内自由地迁徙，改变其住所和居所，离开或进入共和国，依法将其财产移入国内或移出国外，法律在重视这些权利下，规定移居。

法律在考虑有关该问题的国际协定下，规定在本国内没有住所的外国人的入境制度。

在本国内有住所的外国人不得被强制抛弃其住所，通过司法判决除外。

第四十二条 ［结社自由］

所有人都可以自由结社或基于合法的目的成立工会，同时任何人不得被强迫加入一个特殊的协会。法律将规定专业大学的形式。

禁止秘密结社和具有辅助正规军性质的结社。

第四十三条 ［庇护权］

巴拉圭认可对所有遭受政治目的的犯罪，或者与其关联的一般犯罪，以及因其观点或信仰遭受迫害的人的领土或外交庇护的权利。当局必须直接保障私人文件及相关的安全行为。

任何寻求政治避难者都不得被强制性地移交给权力机关对其进行迫害的国家。

第四十四条 ［税收］

任何人都不得被强制缴纳法律未规定的税收或提供法律未规定的个人服务。不得被要求过度的保释金，也不得被征收高额的罚款。

第四十五条 ［未说明的权利和保障］

本宪法所规定并表明的权利和保障，并不意味着否定其他依人的特性所固有但未在本宪法表明的权利。缺乏法律法规并不意味着否定或剥夺任何权利或保障。

第三章　平等

第四十六条 ［人人平等］

所有共和国的居民在尊严和权利上一律平等，禁止歧视。国家将消除阻碍并预防维持或谋求歧视的因素。

有关公正的不平等保护，不得被视为歧视因素，而是一种平等因素。

第四十七条 ［平等的保障］

国家将保障所有的共和国居民享有：

1) 平等的获取正义，该正义将消除对正义进行阻碍的障碍物；

2) 法律面前人人平等；

3) 平等地获取非选举性的公共职能，除适合该职位外不得有任何要求；以及

4) 在参与自然、物质财产和文化利益分配上的平等机会。

第四十八条 ［男女平等的权利］

男女享有平等的、市民的、政治的、社会的、经济的和文化的权利。国家将通过消除妨碍和阻止有关女性参与所有国家生活领域的障碍，改善条件和创造合适的机制，以实现真正和有效的平等。

第四章　家庭的权利

第四十九条 ［家庭的保护］

家庭是社会的基础。家庭完整应获促进和保障。家庭包括男女稳定的结合、儿童，以及由其所有祖先和后代组成的家族团体。

第五十条 ［建立家庭的权利］

所有人都有权建立家庭，对家庭的形成和发展，男女享有相同的权利和义务。

第五十一条 ［婚姻和事实结合的影响］

法律将规定男女结婚的庆祝程序、订立婚约的要

求、分居和离婚的理由及其财产，以及资产管理制度和其他的配偶间的权利和义务。

不具有缔结婚姻的法律障碍，且符合稳定性和单一性条件的男女间的事实结合，在法定的条件下产生与婚姻相同的效力。

第五十二条　[婚姻的结合]

男女婚姻的结合是形成家庭的其中一个基本构成条件。

第五十三条　[儿童]

父母有帮助、抚养、教育和保护其未成年子女的权利和义务。

法律惩罚未履行提供食物的职责的父母。

成年子女有义务在必要的情况下向其父母提供帮助。

法律将规定应当向大家族以及领导家族的女性提供帮助。

所有的儿童在法律面前一律平等，可以进行父亲身份的调查。

禁止一切在私人文件中规定涉及子女关系的限制条件。

第五十四条　[儿童保护]

家庭、社会和国家有义务保障儿童和谐和全面的发展，以及充分行使其权利，保护其免受抛弃、营养不良、暴力、虐待、买卖和剥削。

任何人都可以要求主管机关履行上述保障和惩罚罪犯。

在冲突的情况下，优先保护儿童的权利。

第五十五条　[孕妇和亲权]

国家保护孕妇和亲权，并将促进用于该目的之必要机构的创设。

第五十六条　[青少年]

促进为青少年积极参与国家政治、社会、经济和文化发展的条件。

第五十七条　[老人]

所有的老人都有权获得完整的保护。

家庭、社会和公共权力通过用于满足老人食物、健康、住房、文化和休闲需求的社会服务增进老人幸福。

第五十八条　[特殊群体的权利]

为社会的完全融合，保障对特殊群体的健康、教育、休闲以及专业培训的保护。

国家将制定为身体、心理和感官残疾者的预防、治疗、恢复和整合的政策，向其提供所需要的特殊保护。

为弥补特殊群体的缺陷，认可其机会均等的享有本宪法保障的所有共和国居民的权利。

第五十九条　[家庭资产]

认可家庭资产作为一种由法律规定其制度的社会利益的机构。家庭资产由家庭住房或不动产以及非可扣押的家具和工作内容组成。

第六十条　[反暴力保护]

国家应当促进以避免家庭环境的暴力和破坏家庭团结为目的的政策。

第六十一条　[计划生育和妇幼保健]

国家认可个人自由和负责任的决定其孩子出生的数量和频率的权利，以及依据相关的机构、教育、科学定位以及有关该问题的适当的服务和进行收养的权利。

制定为人类稀缺资源的生殖健康和妇幼保健的特殊计划。

第五章　原住民

第六十二条　[原住民和种族组织]

本宪法认可存在的原住民作为先于巴拉圭政府的形成和组织的文化团体。

第六十三条　[种族认同]

认可和保障原住民在其各自的栖息地保护和发展其种族认同的权利。他们也有权自由地实施其政治的、社会的、经济的、文化的和宗教组织的制度，以及自愿地接受为内部共存的管理的习惯规范的约束，只要其不违反本宪法规定的基本权利。有关土著的习惯权利的司法冲突将纳入本宪法的考虑。

第六十四条　[公共财产]

原住民享有土地的公共所有权，为保护和发展其特殊形式的生活方式的范围和质量，国家将提供其无偿使用这些土地，且不得扣押、分割、转让该土地。该土地不因时效而消灭，不得用于合同标的，也不得出租；同时对其免征税收。

禁止在未取得原住民同意下，将原住民从其栖息地迁移或移动。

第六十五条　[参与权]

依照原住民的习惯、宪法和国家法律，保障原住民参与国家经济、社会、政治和文化生活的权利。

第六十六条　[教育援助]

国家将尊重原住民的文化特殊性，特别是有关正式的教育。此外，处理其为反抗人口归化、居留地的掠夺、环境污染、经济剥削和文化异化进行的防卫。

第六十七条　[免责]

免除原住民提供社会、公民和军事服务的责任，以及免除法律规定的公众责任。

第六章　健康

第六十八条　[健康权]

国家将保护和提升健康作为一项基本的人类权

利和公共利益。

任何人都不得被剥夺享有的用于防止和治疗疾病、有害物质，或瘟疫的公共援助的权利，或者在灾难或事故情况下获得帮助的权利。

在对人类尊严的尊重下，所有人都有义务使自己服从法律规定的健康措施。

第六十九条 ［国家卫生体系］

推动以从公共或私人领域里使合作、调整和补足项目和资源成为可能的政策，以实施完整的公共卫生行为的国家卫生体系。

第七十条 ［社会福利制度］

法律将通过基于健康教育和社会参与的策略规定社会福利计划。

第七十一条 ［毒品交易、药物成瘾和改造］

国家将打击麻醉药物和其他危险药物的生产和非法交易，以及使来源于上述活动的金钱合法化的行为。同时，国家也将反对这些药物的非法消费。法律将规定上述药物的生产和医疗用途。

在民间组织的参与下，制定有关预防教育的项目以及对瘾君子的改造。

第七十二条 ［质量控制］

国家将通过生产、进口和商业活动，进行食品、化学、药物和生物产品的质量控制。

同时，国家将促进资源稀缺地区对基本药物的使用。

第七章 教育和文化

第七十三条 ［受教育权及其目的］

所有人都享有获得完整的和永久的教育的权利，受教育权在社会文化背景下，作为一种制度和程序被实现。受教育权的目的在于人的个性的全面发展和增进自由、和平、社会正义、团结，以及人民的融合；尊重人权和民主原则；对祖国、文化认同的承诺的肯定以及智力的、道德的和公民资格的培养，同时消除教育内容的差异性。

第七十四条 ［学习的权利和教学自由］

保障学习的权利和在没有任何歧视下获取人文文化、科学和技术利益的平等机会。

教学自由，除适当且合乎道德的正直外不得对教学有任何要求，同时保障宗教教育和思想多元的权利。

第七十五条 ［教育责任］

教育是社会的责任和特别是家庭、自治市和州承担的责任。国家将促进营养补给项目，同时提供学习用品给资源稀缺的学生。

第七十六条 ［国家义务］

初等学校教育是国家的义务，公立学校具有免费的特性。国家将推动中等的、技术的、农业的、工业的、较高的或者大学教育，以及科学和技术研究。

在不同团体的参与下组织教育系统，是国家的基本责任。该系统包括公共和私人领域，以及学校和校外地区。

第七十七条 ［国家语言教学］

最初阶段的学校教学将实现学生对国家官方语言的学习，也将教导学生了解和使用共和国两种官方语言。

在民族语言不是瓜拉尼语的少数民族的情况下，可以在两种官方语言中任择其一。

第七十八条 ［技术教育］

国家将通过技术教育推动为形成国家发展的人力资源的准备工作。

第七十九条 ［大学和高级研究所］

大学和高级研究所的首要目的是进行较高的专业培训、科学和技术研究以及大学推广。

大学自治。大学制定其规章和制度形式，入学将依照国家的教育政策和国家发展计划详细规划其学习计划。

保障教学自由和教授职位。无论是公立大学还是私立大学都由决定从事职业所需的大学学位的法律进行创建。

第八十条 ［奖学金和助学金］

为促进智力的、技术的、科学的和艺术的人才培养，法律将规定奖学金和其他助学金的制度，人才资源稀缺的专业优先。

第八十一条 ［文化遗产］

对为保护、拯救和重建历史的、考古学的、古生物学的、艺术的和科学的价值的目标、文件和空间的必要措施，以及作为国家文化遗产部分的其各自的物理环境进行仲裁。

国家将对国内发现的文化遗产进行确定和登记，在国外发现的情况下，国家将对其进行管理。有权机关有义务对口头文化和民族集体回忆的各种表现进行保护和拯救，并在上述目标下同个人进行合作。禁止对该资源不合理的使用和非自然地活动，破坏、不正当的改变，从其来源地迁移，以及为出口的目的进行销售。

第八十二条 ［确认日主教会］

确认日主教会在国家的历史和文化形成中的优越地位。

第八十三条 ［文化传播及其免除税收］

项目、刊物以及对文化传播和教育有重大价值的活动不得被征收地方或国家的税收。法律将规定该豁免，及建立为进行艺术、科学和技术研究及其在国家内外传播的引导和融入国家必要元素的刺激机制。

第八十四条 [体育运动的推动]

国家将推动体育运动,特别是非专业的体育运动,鼓励体育教育,提供经济支持和依法免除税收。同时将鼓励在国际竞争中的国家参与。

第八十五条 [最低预算]

在国家总预算中用于教育的预算资源不得低于分配给行政中央总预算的百分之二十,贷款和捐赠包括在内。

第八章 劳动

第一节 劳动权利

第八十六条 [工作权]

所有的共和国居民都有权获得法定的工作,有权自由选择工作以及在实现其尊严和法定的条件下工作。

法律保护一切工作形式和法律授权给工人的不得放弃的权利。

第八十七条 [全职工作]

国家将促进涉及全职工作和有关人力资源专业培训的政策,并给予本国的工作人员以优先考虑。

第八十八条 [非歧视]

禁止工人间因种族、性别、年龄、宗教、社会地位和政治或劳动的优先权的歧视。

对有限制因素或者身体或精神有缺陷的人的工作进行特别保护。

第八十九条 [妇女的工作]

不同性别的工人享有相同的权利和义务,但是产妇将受到特别保护,包括援助服务和相关的小于十二周的离职。不得解雇怀孕和产假期间的妇女。

法律将规定陪产许可制度。

第九十条 [未成年人的工作]

给予未成年人工作的权利以优先保护,以保障其正常的身体、智力和道德的发展。

第九十一条 [工作日和休息日]

日常工作的最长持续期间每日不得超过八小时,每周不得超过四十二小时,法律规定的特殊情况除外。法律将为不卫生的、危险的、有伤害的、从事夜间任务或以连续轮班的方式开展的工作规定更加合理的工作时间。

对每年的离职和休假将依法给予报酬。

第九十二条 [工作报酬]

劳动者有权获得保障自己与家人自由和有体面生活的工作报酬。法律将规定可支配的最低生活工资,每年的年终奖金、家庭奖金,为基本几个小时从事不卫生和危险工作者确定较高的工资,特别是晚上和周末时间的工作者。基本上,同工同酬。

第九十三条 [劳动者的额外收益]

国家将为企业鼓励有额外收益的劳动者制定激励机制。该额外收入将独立于各自的报酬和其他的合法利益。

第九十四条 [稳定和赔偿]

在法律限定的范围内保障劳动者的稳定权,同时在受到不公正解雇的情况下,有权获得赔偿。

第九十五条 [社会福利]

法律将为处于从属地位的劳动者及其家人制定必要的和完整的社会福利制度。其范围将扩展到所有领域的人口。

社会福利制度的服务可以是公共的、私人的或混合的,同时一切情况均由国家机关进行监督。

社会福利的财政资源不得脱离其具体目标,同时可在该目标下对该财政资源进行利用,对增加其财产的获利投资不得有偏见。

第九十六条 [工会自由]

所有的劳动者有权在没有事先授权的情况下,公开地或秘密地组织工会,武装部队和警察部队的成员不享有该项权利。

雇主享有平等的组织自由。任何人都不得被强迫加入工会。

法律确认的工会组织,应当在有权行政机关进行登记。

必须遵守法律规定的有关权力机关的选举、工会的职能和民主实践,同时法律将会保障工会领袖的稳定。

第九十七条 [集体协议]

工会有权采取集体行动和赞同有关工作条件的协议。

国家将支持劳动冲突的解决方案和社会合作,可选择仲裁。

第九十八条 [罢工和停工权]

所有公共或私人领域的劳动者有权在利益冲突下进行罢工。雇主在相同的条件下享有停工的权利。

国家武装部队的成员和警察不享有罢工和停工权。

为其不影响社会必需的公共服务,法律对该权利的行使进行规定。

第九十九条 [符合劳动标准]

在工作中符合劳动标准和有关工作安全卫生标准将受到法定的权力机关的财政控制,法律同时规定对劳动者违反规定的惩罚。

第一百条 [住宅权]

所有共和国的居民有权获得体面的住宅。

国家将创造使该项权利有效的条件,同时将通过恰当的财政制度推动社会利益的住宅计划,特别是那些预订给资源稀缺家庭的住宅。

第二节 公共职能

第一百〇一条 [官员和公务员]

官员和公务员为国家服务,所有的巴拉圭人都有权从事公职。

法律将规定由官员和公职人员提供服务的各种工作,这些工作包括司法的、教育的、外交的和领事的、进行科学和技术研究的、文职部门的、军队和警察的工作。

第一百〇二条 [官员和公职人员的劳动权利]

官员和公职人员在法律的限定范围内,在为各种工作的统一管理制度中,享有本宪法规定的本节相关的劳动权利,并维护其既得权利。

第一百〇三条 [退休制度]

鉴于在保障贡献者和退休者在国家控制下管理该实体的目标,创设经济独立的机关,法律将规定在国家社会保障制度内官员和公务员的退休制度。在任何所有制下向国家提供服务的所有人将参与该制度。

法律将保障在平等的对待现职公务员人员上的退休资产的更新。

第一百〇四条 [资产和收入的公示义务]

包括公众选举人员、跨国人员、经济独立实体、地方分权实体以及一般从国家收到固定报酬的人员在内的官员和公务员,有义务在开始办公及同一岗位离任前相同的十五日内申报资产和收入。

第一百〇五条 [禁止双倍报酬]

任何人都不得作为官员或公务员获得超过一份薪金或同时报酬,从事教学的人员除外。

第一百〇六条 [官员和公务员的责任]

不得免除官员或公务员的责任。在官员或公务员履行职责的过程中违法、品行不端或犯错误的情况下,由官员或公务员负责,不影响国家的次要责任,国家依此观念有主张基于信任的赔偿的权利。

第九章 经济权利和土地改革

第一节 经济权利

第一百〇七条 [竞争自由]

所有人都有权在机会均等的体制下,从事其喜欢的法定的经济活动。

保障市场竞争。禁止制造垄断,以及人为地增加或减少价值以限制竞争。

刑法对高利贷和未授权的有害物质的交易实施惩罚。

第一百〇八条 [产品的自由流通]

国家生产或制造的商品,以及合法来源于国外的产品在共和国的领土范围内自由流通。

第一百〇九条 [个人财产]

由法律对个人财产的范围和限制进行规定,为使个人财产对所有人易获得,保障其经济和社会职能。

个人财产神圣不可侵犯。

在未经司法判决的情况下,不得剥夺任何人的财产,然而允许依法律规定各种情况下公用事业或社会利益引起的征收。保障事先依惯例或司法判决根据法律规定的征收程序进行的公正补偿,为土地改革的非生产性大地产除外。

第一百一十条 [版权和知识产权]

所有作者、发明家、生产者和商人依法享有属于其工作的专有财产、发明、商标或商号。

第一百一十一条 [公共企业的转让]

无论何时国家决定转让公共企业或允许私人股份参与,其企业内部直属的部门和劳动者享有优先购买权。法律将规定该优先购买权行使的形式。

第一百一十二条 [国家领土]

在烃、固体、液体以及在共和国领土内自然中发现的气态矿物上的主权属于国家,岩石、土地和石灰质的物质除外。

为勘探、开发、研究、开采或限定的时间内的矿床开采,国家可以授予个人、公有或私人企业、混合制、本国人或外国人特许权。

法律将规定维护国家利益的经济体制、特许经营者以及可能受到影响的所有者。

第一百一十三条 [促进合作]

国家将基于团结和社会盈利能力,促进合作企业以及其他的服务和生产的相关形式,并保障其自由组织和自治。

对作为推动国家经济发展的合作主义原则应当通过教育制度进行推广。

第二节 土地改革

第一百一十四条 [土地改革的目标]

土地改革是实现农村福祉的一个基本因素。土地改革有效地将农村人口结合到国家经济和社会发展中。应当采取公平的分配制度、土地所有和租赁制度;应当组织信贷和技术、教育和公共卫生援助;推动农业合作社和其他类似团体的创设;推动为全面发展农业的生产、工业化和市场的合理化。

第一百一十五条 [土地改革和农村发展的基础]

土地改革和农村发展受到下述基础的影响:

1)依照各地区的特殊情况,实施税收制度以及其

他刺激生产措施,阻碍大领地形成和保障小型及中型农村产权的发展;

2)土地使用的合理化和规范化和阻止其退化的农业实践,以及促进集约化和多元化的农业生产;

3)推动小型和中型农业企业的发展;

4)农村住区规划,对作为土地改革受益人的成片土地的宣告,为其定居和永久居住详细制定基础设施,特别是道路、教育和健康;

5)建立确保初级生产者价格公平的制度和组织;

6)低价和无任何中间程序的发放农业信贷;

7)保护和保存环境;

8)建立农业保险;

9)支持农村妇女,特别是作为一家之主的妇女;

10)在土地改革的计划中,农村妇女享有同男子平等的参与机会;

11)在各自进程中土地改革各项的参与,同时推动农民组织保卫其经济、社会和文化利益;

12)优先支持国民的土地改革计划;

13)为赋予其作为国家发展积极代理人的能力,对农民及其家人进行教育;

14)为土壤的学习和农业土壤的分类创设区域中心,在适当的地区确立农业名称;

15)通过在农村地区创建专业的培训中心以采取刺激人口在农业工作中利益的政策;

16)出于人口统计的、经济的和社会的原因而促进内部迁移。

第一百一十六条 [非生产性大地产]

在逐步消除非生产性大地产的目标下,法律将关注陆地的自然属性,地区人口有关农业的需求和为平衡农业、耕作、森林和工业活动发展的恰当的规格,以及自然资源的可持续利用和生态平衡的保护。

由法律对土地改革中有关非生产性大地产的没收的各种情况进行规定,同时该没收在改革和法律规定的期限内完全被信任。

第十章 政治权利和义务

第一百一十七条 [政治权利]

公民享有没有性别差异的直接或通过其代表以本宪法和法律规定的形式,参与公共事务的权利。

推动女性参与公职。

第一百一十八条 [选举权]

选举权是选民的一项权利、义务和职责。其组成了民主和代表制度的基础。其建立在普遍的、自由的、直接的、平等的和秘密的投票之上;公开监督投票,实行比例代表制度。

第一百一十九条 [有关中间组织的选举]

对于中间的、政治的、工会的和社会的组织的选举,适用相同的选举原则和规范。

第一百二十条 [选民]

对于年满十八岁的巴拉圭公民不加区分的属于选民。

定居国外的巴拉圭人是选民。公民作为选举人和被选举人,不得有超过本宪法和法律规定的其他限制。

有明确住所的外国人在市政选举中享有同等权利。

第一百二十一条 [公民复决]

法律规定的立法公投可以或不具有约束力。该制度由法律规定。

第一百二十二条 [不得进行公民复决的事项]

下述事项不得成为公民复决的对象:

1)国际关系、条约、国际公约或协定;

2)征收;

3)国防;

4)对不动产的限制;

5)涉及税收的事项、货币和银行制度、合同贷款、国家总预算;和

6)国家、部门和地区的选举;

第一百二十三条 [大众立法创议权]

认可选民向国会提出法律草案的大众立法创议权。建议的形式以及必须在草案署名的选民的数量由法律进行规定。

第一百二十四条 [政党的职能和属性]

政党是公法法人。其必须表现多元主义并参与以适应国家、部门或地方政策的选任机关的培训和公民的公民培训。

第一百二十五条 [政党及其运动的组织自由]

所有的公民都有权自由地加入政党或参与运动,通过民主的方式,依据本宪法和法律的规定选举权力机关,以及适应国家政策。为确保相同的民主,法律将规定政党及其运动的组织和职能。

可以通过司法判决取消政党及其运动的法人资格。

第一百二十六条 [政党及其运动的禁止]

政党及其运动,在其运作中不得:

1)从外国组织或国家接受经济援助、指导或指示;

2)建立直接或间接的暗含将暴力作为政治活动方式的运用或需求;和

3)在以暴力替代民主和自由制度或危害共和国存在的目的下组建政党及其运动。

第十一章 义务

第一百二十七条 ［遵守法律］

所有人都有义务遵守法律。允许自由批评法律，但是不允许违反法律。

第一百二十八条 ［首要的一般利益和合作义务］

个人利益绝不得超过一般利益。所有的居民必须为国家利益进行合作，提供服务以及履行本宪法和法律规定的作为公共责任的职能。

第一百二十九条 ［兵役］

所有的巴拉圭人都有义务准备和参与保卫祖国的武装力量。

为此规定兵役的义务。由法律对该义务生效的条件进行规定。

必须遵守兵役的义务，享有完全的尊严并尊重个人。在和平的环境下，其不得超过十二个月。

在全副武装的国际冲突期间，在必要的情况下，女性仅作为辅助者提供军事服务。

宣称其违背道德的人将通过法律指定的援助机构并在公民管辖权下，提供惠及民众的服务。该权利的规定和行使不应当具有惩罚的性质，也不得强加高于兵役规定的负担。

法律不决定个人兵役，或者禁止为个人的利益或特殊利润或者私人团体。

法律将管理外国人对国防的贡献。

第一百三十条 ［祖国光荣的儿子］

查科战争的退伍军人和其他在国际武装冲突中进行保卫祖国的人员，将享受荣耀和特权；允许其生活高雅的抚恤金；为其健康提供的优先的、免费的和完整的帮助；以及依照法律规定的其他利益。

祖国光荣儿子的配偶、未成年的小孩或残疾儿童，包括那些先于本宪法公布而牺牲的老兵将享受经济利益。

授予给祖国的光荣儿子的利益不得受到限制，除其永不失效的证明外将毫无要求地直接发生效力。

对曾签署和平条约的玻利维亚籍战争释囚，视为作出了整合自己到本国的选择，在涉及经济利益和援助优势上与查科战争的老兵等同。

第十二章 宪法保障

第一百三十一条 ［保障］

本章所包含的保障是被确定用于使本宪法规定的权利的生效，并有法律对其进行规定。

第一百三十二条 ［违宪］

最高司法法院有能力以本宪法和法律规定的方式和其范围内，宣告法律规范和司法决议违宪。

第一百三十三条 ［人生保护令］

该保障可以由受影响的人自己或介入的其他人提出，无须通过任何合法手段的权力需要，且在各自的司法界限内的一审审理前提出。

人生保护令可能是：

1）预防：依在被非法剥夺人身自由的危急时刻的所有人的力量，可以获得其认为威胁其自由的状况的合法审查，以及为停止该状况的一项命令。

2）赔偿：依发现其被非法剥夺自由的所有人的力量，在提出请求的二十四小时内可以获得该情况下的事件的改正。法官将要求被拘留者出席，以及来自公共或私人拘留机构的报告。如果该被要求的机构未作出上述行为，法官将在当事人被控制的地方组织法庭，并在该地作出一项有实质依据的判决，同时为其提供直接的自由，如果被拘留者已经出席和报告已经提出，将采取上述相同的方式。如果授权剥夺其自由的合法动机不存在，其将直接提供该动机；如果司法机关有书面的要求，其将提供事先的拘留机关为进行拘留提供的记录。

3）属性：因不考虑前述两种情况下的限制自由或威胁个人安全，可要求改变状况。同时在对被合法剥夺自由的人的身体的、心理的和道德的暴力的情况下，该保障可以介入。

法律将规定人生保护令的各种形式，甚至是在国家除外的情况下也可以进行。程序简短、简易和免费，同时依职权展开该程序。

第一百三十四条 ［安朴尔］

因权力机关或特殊主体明显不合法的作为或不作为，考虑到其严重地受到影响或者本宪法和法律规定的权利和保障处于直接危险中，同时因该紧急情况不能通过一般的方式得到纠正的情况下，所有人可以在有权的法官之前提出安朴尔。

程序简短、简易、免费，并属于法律规定的特殊的大众诉讼的情况。

法官有能力保护权利和保障，或者直接地恢复侵权法律状况。

如果涉及选举问题，或该问题涉及政治组织，该选举的法官必须具有法定资格。

在司法因素或司法机关反对行为的程序里或者制定、批准和公布法律的程序中，不得提出安朴尔。

法律将规定各自的程序。在提出安朴尔下，作出的判决不得导致程序终结。

第一百三十五条 ［人身保护令的数据］

所有人都有权在具公开性的官方或私人的登记处获取关于其自身或其资产的信息或数据，了解该信息或数据的使用和消灭。如果该信息和数据错误或非法地影响其权利,所有人可以在有权机关对信息和数据进行更新、更改和销毁之前提出异议。

第一百三十六条 ［法官的资格和责任］

任何司法法官都不得拒绝裁决前条规定的行为或求助;如果其不具有正当理由的拒绝裁定,其将遭到起诉,同时如果依上述规定,将展开相关程序。

司法法官对其作出的决定,也必须宣告其受权力机关依法定程序委托的责任,同时如果处于调解的情况,其将初步了解实施犯罪的证据,进而决定对责任人的拘留或监视,以及为其更好实现责任效力而进行的预防措施。同时,如果在司法法官有资格的情况下,其将准备相关的事实陈述和允许公共事务部的介入;如果司法法官不具有资格,将移送先前的记录给有资格的法官进行起诉。

第二部分 共和国的政治秩序

第一编 民族和国家

第一章 一般规定

第一百三十七条 ［宪法至上］

宪法是共和国最高法。宪法、认可和批准的条约、公约和国际协定、立法机关制定的法律以及其他下级机关的最终批准的法律规定,依照出现的优先顺序组成了积极的国家法律整体。

任何人在本宪法规定的程序之外试图改变该规则将引起由法律进行分类和惩罚的罪行。

本宪法不得因武力行为失去其效力和不被遵守,也不得以不同于其规定的其他方式废除本宪法。

与本宪法相抵触的权力机关的行为和规定无效。

第一百三十八条 ［司法秩序的有效性］

授权公民通过其可以实施的方式反对篡夺者。假设个人或组织运用公权力提出任何与本宪法相抵触的规则或主张,其行为应当被宣告无效和无依据,不具有约束力,因前述规定,人们行使其权利以反抗压迫应当依其规定得到赦免。

国家出于任何情况使自己与上述篡夺者有关联的其他情况下,不得提出任何协议、条约或由篡夺者组织的政府签署的任何协定或授权,并随后主张其为巴拉圭共和国的义务或委托。

第一百三十九条 ［象征］

巴拉圭共和国的象征是:

1)国旗;

2)国徽;

3)国歌。

法律将规定未在一八四二年十一月二十五号的特殊会议的决议中指定的共和国象征的特征,并决定其使用。

第一百四十条 ［语言］

巴拉圭是一个多元文化和双语的国家。

卡斯提语和瓜拉尼语是官方语言。法律将规定使用一种及另外一种语言的形式。土著语及其他少数民族的语言是国家文化遗产的一部分。

第二章 国际关系

第一百四十一条 ［国际条约］

通过国会的一项法律批准有效的国际条约,其批准方式的变更或保存是第一百三十七条规定的层次结构中国内法律秩序的一部分。

第一百四十二条 ［条约的废除］

涉及国际人权的国际条约仅由决定本宪法修订的程序废除。

第一百四十三条 ［国际关系］

巴拉圭共和国在国际关系里,承认国际法律并调整其适应下述原则:

1)民族独立;

2)人民的自决;

3)国际团结与合作;

4)人权的国际保护;

5)国际河流的自由航行;

6)不干涉;

7)谴责一切形式的独裁、殖民主义和帝国主义。

第一百四十四条 ［放弃战争］

巴拉圭共和国声明放弃战争,但保留正当防卫的原则。该宣告符合其作为联合国组织和美洲国家组织,或作为一体化条约一部分的根据其性质的巴拉圭的权利和义务。

第一百四十五条 ［超国家的司法秩序］

巴拉圭共和国在同其他国家平等的条件下,承认保障在经济、政治、社会和文化领域实施人权、和平、司法、合作和发展的超国家司法秩序。

上述决定仅由国会各院的绝对多数通过。

第三章 国籍和公民资格

第一百四十六条 ［原始国籍］

下述人员具有巴拉圭原始国籍:

1)出生在共和国领土内的人;

2)其父亲或母亲是巴拉圭人或父母为共和国服务的出生在国外的孩子;

3)出生在国外且其父亲或母亲是巴拉圭人,当其

永久地定居在共和国时;

4)被发现在共和国领土内,不知道其父母的孩子。

授权给第三项情况下的人的权利形式,当其年长于十八岁时将受到相关的简单声明的影响。如果其未满十八周岁,对其法定代表的宣告将有效,直到其年满十八周岁,剩余情况下取得原始国籍的人受到相关人员批准的约束。

第一百四十七条 [不得剥夺原始国籍]

任何原始的巴拉圭人都不得被剥夺其国籍,但可以自愿放弃其国籍。

第一百四十八条 [国籍归化]

符合下述要求的外国人可以通过归化取得巴拉圭国籍:

1)成年;
2)在国家领土范围内至少居住三年;
3)正当地从事国家任何职业、工作、科学、艺术或工业;
4)法律规定的品行端正。

第一百四十九条 [多重国籍]

通过国际协议或通过原始出生和收养情况间互惠的宪法规定可以认可多重国籍。

第一百五十条 [国籍的丧失]

归化的巴拉圭国民通过不合理的离开共和国超过三年、司法宣告或自愿地获得另一国国籍而丧失巴拉圭国籍。

第一百五十一条 [名誉国籍]

为共和国提供服务的外国人,通过国会的法律享有荣誉国籍。

第一百五十二条 [公民资格]

下述人是公民:

1)年满十八周岁取得巴拉圭原始国籍的所有人;
2)通过归化取得巴拉圭国籍的所有人,在其取得国籍的两年后。

第一百五十三条 [暂停公民资格的行使]

行使公民资格的暂停:

1)除国际互惠外,因加入另一国籍;
2)因审判中被宣告为无能力,从而阻止其自由的行为和识别;
3)当其在监狱服刑,并被处以剥夺自由的惩罚时。

当决定公民资格暂停的原因依法消灭时,公民资格的暂停终止。

第一百五十四条 [司法权的专属权限]

法律将规定有关国籍的取得、恢复、选择权,以及有关公民资格的暂停。

在这些情况中,司法权享有进行裁决的专属权限。

第四章 共和国的领土秩序

第一节 总则

第一百五十五条 [领土、主权和不得让渡性]

国家领土不得被以任何方式生产、转移、出租或转让给任何外国势力,即使是暂时的。同共和国保持外交关系的国家,以及其作为一部分的国际组织可以依照法律的规定因其代表的席位获得必要的不动产。在这些情况下,领土之上的国家主权总是安全的。

第一百五十六条 [政治和行政结构]

为国家政治和行政构造的目的,国家领土分为省、自治市和地区,并在宪法和法律的限定内为管理国家利益和有关国家资源的开采和投资享有政治的、管理的和规范的自治。

第一百五十七条 [首都]

亚松森是共和国的首都和国家的权力中心。建立亚松森特别区,同时独立于所有的省。由法律对其的限制进行规定。

第一百五十八条 [国家服务]

法律授权在自治市或省的管辖区域内创设和履行国家服务。

通过各省和自治市之间的协议,可以平等地确立省服务。

第一百五十九条 [省和自治市]

创设、划分或改变省及其省会,自治市及其区域,在该情况下由法律进行规定,并考虑其社会经济的、人口统计的、生态的、文化的和历史的条件。

第一百六十条 [地区]

为各自社会的更好发展,省可以由地区组成。由法律对其制度和职能进行规定。

第二节 省

第一百六十一条 [省政府]

各省的政府由省长和省委员会进行管理。其由定居在各个省的公民直接投票选举,选举与大选相一致,同时其任期为五年。

省长在执行国家政策上代表国家权力,省长不得被改选。

由法律决定省委员会的组织和职能。

第一百六十二条 [必要条件]

成为省长的必要条件:

1)是土生土长的巴拉圭人;
2)年满三十周岁;
3)该省的本地人且定居在该省至少满一年,在候选者不是本地人的情况下,其必须定居在该省至少满五年。上述两项期限都在选举之前进行直接计算。

4)成为省长候选者的限制条件与为共和国总统和副总统候选者相同。

成为省委员会成员需满足与省长职位相同的必要条件;年龄除外,省委员会成员必须年满二十五周岁。

第一百六十三条 [职能]

省政府具有下述职能:

1)协调其同省不同自治市的活动;组织一般的省服务,例如公共建设工程、电源和饮用水的供应以及其他将连带的影响两个以上的自治市的,同时促进它们之间社会的合作。

2)筹备政府发展计划,该计划必须配合国家发展计划,同时在考虑国家总预算下筹备每年的预算编制。

3)使省的行动同中央政府的活动相协调,特别是涉及省的国家性质的职位,主要在卫生健康领域和教育领域。

4)促进省发展会议的整合。

5)本宪法和法律规定的其他职能。

第一百六十四条 [资源]

省有如下管理资源:

1)由本宪法和法律规定和列举的相应部分的税收、费用和捐赠;

2)国家政府分配的津贴或补贴;

3)法律规定的财产收入,以及捐赠和遗赠;

4)法律规定的其他资源。

第一百六十五条 [干预]

在下述情况中,行政权在众议院事先同意下可以干预省和自治市:

1)在省或自治市委员会通过绝对多数决定的要求下;

2)因省和自治市委员会决裂使其无法行使职能下;

3)因在执行预算和管理其财产上的严重违规,在主审计长正式决定后。

该干预不得被延长超过九十日,如果存在第三项规定的情况下,众议院通过绝对多数可以免除省长或市长,或省或自治市委员会的职务;高级选举法庭必须依据众议院的决议,在九十日内召集新的选举以组成权力机关,以代替已经被终止职务的机关。

第三节 自治市

第一百六十六条 [自治]

自治市是享有法人资格的当地政府机关,在其职能范围内享有政治、管理和规范的自治,以及裁决其资源的开发和投资。

第一百六十七条 [自治市政府]

由具有法定资格的公民通过直接投票选举产生的市长和自治市委员会负责自治市政府。

第一百六十八条 [职权]

自治市政府在其领土范围内,依据法律规定享有下述职权:

1)自由地管理其权限范围内的事项,特别是有关都市生活、环境、食物供应、教育、文化、运动、旅游、卫生和社会援助、信用机构、检查和警察机关;

2)管理和处置其资产;

3)制定支出和收入的预算;

4)参与国家收入;

5)规定提供有效服务收入的总数,但不得超过其成本;

6)法令、规章和决议的发布;

7)使用国家的或国际的私人信贷或政府信贷;

8)交通、公共运输和其他涉及车辆流动事项的规定和财政控制;

9)本宪法和法律规定的其他职权。

第一百六十九条 [不动产税]

直接来源于不动产的税收收入的总数应当与自治市和省相符合。由自治市进行征收。各自治市所征收数量的百分之七十作为自治市的财产保留,百分之十五由省保留,和剩余的百分之十五将依法在资源较少的自治市内进行分配。

第一百七十条 [资源保护]

任何集权的或分权的国家机构、自治实体都不得占用来源于自治市的收入和税收。

第一百七十一条 [种类和政权制度]

法律将规定自治市的不同种类和政权制度,涉及人口、经济发展、地理的条件,生态、文化和历史状况,以及其发展的其他决定因素。

自治市可以彼此联合以共同面对其目标的实现,以及通过法律同其他国家的自治团体联合。

第五章 公共力量

第一百七十二条 [构成]

公共力量由军队和警察组成。

第一百七十三条 [武装部队]

武装部队组成国家机构,该机构具有固定性、专业性、非议事性、服从性、服从于国家权力和受本宪法和法律规定的约束。其使命在于依本宪法和法律的,规定保卫领土完整和保护合法组成的机构。法律将规定其组织和成员。

现役军人必须使其行为遵守法律和规章,同时其不得加入任何政治团体或运动,或者实现任何形式的政治活动。

第一百七十四条 ［军事法庭］

军事法庭有裁判军事性质的犯罪和过错,以及现役军人的犯罪的法定资格。其判决在普通司法介入之前可以被上诉。

当其涉及依一般刑法和军事刑法两者均可预见的和应受处罚的事实,其不得被作为军事犯罪,除非其为现役军人在履行军事职能中所实施的犯罪。在该犯罪为一般犯罪还是军事犯罪存有疑问的情况下,其为一般犯罪。仅在国际武装冲突和法定的形式下,军事法庭对一般民众和退役军人享有司法管辖权。

第一百七十五条 ［国家警察］

国家警察是专业的、非议事的、服从的机关,具有固定性,且各级警察依附于行政机关,被授权管理国家内部安全。

在宪法和法律的体系内,国家警察具有保护法定的公共秩序以及个人和团体的权利和安全及其资产,进行预防犯罪,执行有权机关的命令和在司法指示下调查犯罪的使命。法律将规定其组织和职权。

国家警察的命令由其固定干部中的高级官员执行。现役警察不得加入任何政治团体或运动,或者实现任何形式的政治活动。

法律可以规定独立警察机构的创设,并规定其在自治市范围内和国家其他范围内的职权和各自的权限。

第六章 国家的经济政策

第一节 国家的经济发展

第一百七十六条 ［经济政策和促进发展］

经济政策将促进经济、社会和文化的发展作为其基本目标。

国家将通过合理的使用可利用资源,在刺激经济持续和有序增长、创造新的就业机会和财富资源、增加国家遗产和保障人民幸福的目的下促进经济发展。在协调和适应国家经济活动的全球方案下促进发展。

第一百七十七条 ［发展计划的特征］

国家发展计划对私人部门具有象征性,对公共部门是义务的履行。

第二节 金融机构

第一百七十八条 ［国家资源］

为实现其目的,国家确立税收、费用和捐税;通过其自身或通过其私人资产领域的特许经销商在其所规定的专利使用费、赔偿金或其他权利之上,在满足国家利益的正当条件下进行开发,组织公共服务的开发和提供法律规定的权利;订立国内的或国际的贷款合同用于国家发展计划;规定国家的金融体系,组织、建立并组成货币体系。

第一百七十九条 ［创造税收］

无论什么名称和性质的税收在符合正当的经济和社会准则,以及有利于国家发展的政策下,通过法律进行规定。

有关税收事项的确定、责任主体和税收制度的特征由法律进行规定。

第一百八十条 ［双重征收］

产生税收义务的同一行为不得受到双重征收。在国际关系中,国家可以在互惠的基础上签订避免双重征收的协议。

第一百八十一条 ［税收平等］

平等是税收的基础。任何税收都不具有充公性,其创设和实施将考虑公民的出资能力和国家经济的一般条件。

第二编 国家的结构和组织

第一章 立法权

第一节 总则

第一百八十二条 ［构成］

由参众两院构成的国会行使立法权。

两院的名义和替补成员由人民依法直接选举产生。

替补成员在名义成员死亡、辞职或能力欠缺的情况下接替其职位,直到剩下的合宪的任职期届满或如果期限较短,直到其不能持续时。在所有其他情况下,依两院的规定进行解决。

第一百八十三条 ［国会会议］

仅在两院均出席国会会议的情况下,享有下述责任和职权:

1)当共和国总统、副总统和最高司法法院成员承担公务时,接受其宣誓和允诺;

2)在本宪法规定的特殊情况下,同意或否决共和国总统的相关授权;

3)许可外国武装力量进入共和国领域和本国武装力量离开本国进入其他国家领域,出于礼节的情况除外;

4)接待其他国家的元首或政府首脑;

5)本宪法和法律规定的其他责任和职权。

参议院议长和众议院议长将各自作为主席和副

主席主持国会会议。

第一百八十四条　［会议］

国会两院将在每年的常会期间进行集会，从每年七月的第一日持续到下一年的六月三十日，十二月二十一日到下一年的三月一日为休会期间，在该期间其将向共和国总统提交报告。两院在各自四分之一成员的决定下，或者通过国会常设委员会三分之二的成员决定下，或者通过行政法令，可以召集特别会议或延长其会议。国会主席或常设委员会必须在四十八小时的强制时间内召集。

会议的延长将受到同样的方式的影响。

召集特别会议讨论一项确定的议程，且一旦该议程结束将关闭特别会议。

第一百八十五条　［联合会议］

两院将在规定必要形式的本宪法或国会内部章程规定下进行联合。

各院总人数的一半加一形成法定人数。除本宪法规定的有资格的多数的情况下，由出席成员简单多数投票作出决定。

对于国会两院的投票，出席成员的半数加一可以理解为简单多数；对于三分之二多数，为出席议员的三分之二部分；对于绝对多数，为法定人数和三分之二绝对多数，同时对于三分之二绝对多数为各院议员总数的三分之二部分。

本条的规定也适用于国会召开的两院的联合会议。

法定人数和多数的同一制度也适用于本宪法规定的任何选举的合议机关。

第一百八十六条　［委员会］

两院将在全体会议中和一院制或两院制的委员会内活动。

所有委员会都将依照两院所代表的团体合理的、成比例的方式进行整合。

每年立法会议之初，各院将任命咨询性的常设委员会。为作出决议或促进国会其他职能的行使，该常设委员可要求个人以及公共或私人团体提供报告或意见。

第一百八十七条　［选举和期间］

参众两院名义议员和替代者的选举与总统选举同时进行。

立法者任期五年，从七月一日起进行改选。

由为同一部门选举的替补者接替众议院限定和临时的职位空缺。参议院的职位空缺由选举法官公布的替补者名单接替。

第一百八十八条　［宣誓或诺言］

在议员加入两院时，参议院和众议院议员将进行宣誓或允诺在其办公领域适当的履行其职能和依照本宪法的规定行动。

在没有绝对多数议员出席的情况下，两院不得制定、审议或通过决定。较少的议员可以在各院规定的期限下迫使缺席的议员出席会议。

第一百八十九条　［参议员生活］

通过民主选举的共和国前总统，将成为参与国家生活的参议员，遭受政治审判或被发现犯罪的除外。前总统不是法定人数的组成部分。前总统可以发言但不得投票。

第一百九十条　［规章］

各院将制定其规章。因其议员在行使其职能中的不当行为，在三分之二多数下可以警告或告诫其任何议员，并在不进行补偿下暂停其职务六十日。在绝对多数下，可以免除因身体或精神丧失工作能力的议员的职务，并由最高司法法院公布。辞职的情况由简单多数投票决定。

第一百九十一条　［豁免］

任何国会议员都不得因其在履行职能过程中表达的观点而遭受司法指控。从其当选之日起直到其职能停止，任何参议院和众议院议员都不得被扣押，其当场实施应当遭受处罚的犯罪被抓获的情况除外。在该情况下，介入的权力机关将逮捕的议员安置于其住所，直接告知各议院和主管法官有关犯罪事实，该法官将尽可能早的赦免议员先前的记录。

当在普通法庭介入之前反对众议院或参议院议员的理由成立时，法官将在先前记录的副本下同各议院交流该理由，并将审查事实陈述的价值，同时通过三分之二多数决定是否应减少其特权或消除特权，以便将其提交相关程序。在肯定的情况下将暂停其特权。

第一百九十二条　［报告的要求］

两院可以向其他国家权力机关，自治的、独裁的和地方分权的实体，和公职人员要求其所认为必要的涉及公共利益事项的报告，管辖权活动除外。

受影响方有义务在指定的期限内满足两院提出报告的要求，该期限不得少于十五日。

第一百九十三条　［召集和质询］

各院通过绝对多数可以单独的召集和质询部长或其他公共行政的主要官员，以及自治、独裁和地方分权实体的主管和行政人员，这些管理国家资金的实体和这些国家主要参与的企业，当其讨论一项法律或学习涉及各自活动的事件时。问题必须至少提前五日传达给被召集者。除正当理由外，被召集者有义务出席会议，回答相关问题并提供召集者所要求的信息。

法律将决定在该设想问题上参与的多数和少数。共和国总统、副总统和司法机关的人员，在管辖权的事项上不得被召集和质询。

第一百九十四条 ［责难的投票］

如果被召集的人员未出席各议院或者如果其对相关人员的说明不满意,两院通过三分之二绝对多数可以作出针对被召集人员的责难的投票并建议被召集人员向共和国总统或其上司辞职。

如果责难的提议未被批准,在该会议期间不得提出涉及同一被召集部长或官员的相同的提议。

第一百九十五条 ［调查委员会］

国会两院可以成立调查涉及公共利益及其成员行为相关事项的联合委员会。自治的、独裁的和地方分权的实体的主管和行政人员,这些管理国家资金的实体,这些国家为主要参与者的企业,公务人员和个人有义务在两院之前出席并提供给其所要求的信息和文件。法律将对未履行该义务的行为实施相关的惩罚。

不得在管辖权事项上对共和国总统、副总统、行政部长和法官进行调查。

调查委员会的活动不得影响司法职权的剥夺,也不得侵犯本宪法规定的权利和保障;其决定在法庭上不具有约束力,也不得破坏将要递交给普通法院的司法决议,对调查结果没有影响下,该决定将被递交给普通司法机关。

法官将为调查的目的并依据法律、程序和所要求的证据发布命令。

第一百九十六条 ［不得兼任］

公职顾问、公务员或者从国家或者自治市获取薪金的其他雇员,无论其代表的派别是什么和无论其薪酬的名称是什么,只要指定的该职位存在,均可以被选举,但是不得履行立法职能。

部分从事教学和科学研究人员被排除在本条所规定的不得兼任之外。

任何参议院和众议院的议员都不得成为公司开发公共服务的组成部分的人员或从国家获得特许权,也不得实施司法援助,或者个人或通过中间人成为其代表。

第一百九十七条 ［无能力］

下述情形的人员,不得成为参议院或众议院的候选者:

1) 这些被生效的判决判处剥夺自由的刑罚的人,只要该判决持续;

2) 这些被判处不能行使公共职能的刑罚的人,只要该情况持续;

3) 因有关选举犯罪被处刑的人,因该判决持续;

4) 司法法官、公共事务部的代表、国家的检察长、公设辩护人、共和国总审计长、替补审计长和选举法官的组成人员;

5) 部长或持任何信仰的牧师;

6) 国家的代表或受托者或者作为为国家服务、为国家工作或为国家提供商品的特许经销商的外国企业、法人或实体;

7) 现役军人或警察;

8) 共和国总统或副总统的候选人;

9) 通信媒体的合伙人或所有者;

被第四、五、六、七项规定的无能力影响的公民成为候选者,必须在该九十日里停止其无能力的情况,至少在最高法庭的选举法官登记其名单的日期前必须停止。

第一百九十八条 ［限制能力］

行政部长、国家的候补秘书、议会主席或者地方分权的、自治的、独裁的、两族的或多民族的实体一般的行政官员,国家作为主要参与者的企业,省长和市长,如果其没有从各自的职位辞职和其辞职未在至少选举日期前的九十日被接受,不得被选举为参议院或众议院议员。

第一百九十九条 ［许可］

参议院和众议院议员仅可接受部长或外交官的职责。为履行该职责,议员必须从各自的议院获得许可,在结束这些职能后可被复职。

第二百条 ［权力机关的选举］

各议院将组织其权力机关并任命其职员。

第二百〇一条 ［授职的丧失］

除已经规定的情况外,参议院和众议院议员因下述原因丧失其授职:

1) 违反本宪法规定的无能力和限制能力的制度;

2) 事实证明不合理使用其权威;

参议院和众议院议员不受强制性命令的约束。

第二百〇二条 ［责任和职权］

国会享有下述责任和职权:

1) 遵守本宪法和法律;

2) 规定法典和其他法律;

3) 规定共和国领土的政治划分,以及地方的、省的和自治市的组织;

4) 税收事项的立法;

5) 批准国家每年有关总预算的法律;

6) 规定选举法;

7) 规定销售的法律制度并获得国库的、省的和自治市的资产;

8) 签发内部协议和决定,以及依其能力制定声明;

9) 赞成或否决条约以及行政机关签署的其他国际协定;

10) 赞成或否决贷款合同;

11) 授权在特定的时间内允许国家或跨国公司开

发公共服务或国家财产,以及固态、液态或气态矿物的提取和转换;

12) 为共和国政府的组织、地方分权实体的创设和公共信用的规则制定法律;

13) 在灾祸或公共灾难下颁布紧急状态的法律;

14) 依照本宪法的规定接受共和国总统、副总统或其他公务人员合宪的宣誓或允诺;

15) 接受来自于共和国总统的依照本宪法规定的形式的,有关国家一般情况、其行政和政府计划的报告;

16) 接受或拒绝共和国总统或副总统的辞呈;

17) 提供协定和实现本宪法规定的任命,以及委派国会代表到其他国家机关;

18) 允许特赦;

19) 通过各议院议员的三分之二绝对多数,决定将共和国的首都迁移到国家领土范围内的另一个地点;

20) 在共和国总审计长的事先报告下,部分或全部的赞成或否决有关预算执行的共和国财政的收入和支出的详述及证明;

21) 管理河流、海运、空运和太空航行;

22) 本宪法规定的其他责任和职权。

第二节 法律的形成和批准

第二百〇三条 [产生和公民立法创议权]

国会各院可通过其议员的建议、行政机关的建议、大众的立法创议权或最高司法法院,并依据本宪法和法律规定的条件和情况提出法律。

由本宪法单独明确地对涉及由参议院或另众议院或行政机关赞成产生法律的例外情况进行规定。

任何法律议案的提出必须有提出动机的说明。

第二百〇四条 [议案的批准和公布]

由提出议院所赞成的法律议案,将直接提交给另一个议会进行审查。如果该议会在其立场也支持该议案,则该议案将得到认可,同时如果行政机关也支持该议案,由行政机关将该议案作为法律进行公布,并在五日内对该议案进行发表。

第二百〇五条 [自动颁布]

在六个工作日期限内未被反对或者被退回给提出机关的任何法律议案,如果该议案最多包括十条规定,或者十二个工作日,如果该议案包括十二条到二十条规定,和二十个工作日,如果该议案包括二十条以上,视为得到了行政机关的批准。在上述情况下,该议案将被自动公布并进行发表。

第二百〇六条 [全体拒绝的程序]

当一项由一个议院赞成的法案被另一个议院完全拒绝时,将退回原议院进行重新考虑。当提出议院通过绝对多数批准该法案时,将再一次递交议院复审,该议院仅可以通过三分之二绝对多数再次拒绝该法案,同时如果没有获得三分之二绝对多数,该议案将被视为批准。

第二百〇七条 [部分修改程序]

由提出议院赞成,并被另一议院部分修改的法律议案,将被递交给提出议院,在该议院对复审议院所修改的各部分进行讨论。

在该情况下有如下规定:

1) 如果所有的修改被接受,该法案将被批准。

2) 如果所有的修改通过绝对多数被拒绝接受,其将再一次递交给复审议院;如果通过绝对多数批准了该议院先前的修改,该法案得到批准。如果复审议院没有批准,则由提出议院所赞成的法案将得到批准;

3) 如果一些修改被接受而另一些修改被拒绝,该法案将被再次递交给复审议院对被拒绝部分进行全面的讨论;如果其通过绝对多数被接受或被拒绝,该法案都将由复审议院以果断的形式被批准。

具有本条所规定的任何抉择的被批准的法案,都将递交给行政机关进行公布。

第二百〇八条 [部分反对]

被行政机关部分反对的法案将被退回给提出议院,由其对该反对进行研究和发表意见。如果该议院通过绝对多数拒绝该反对,该法案将被递交给复审议院进行相同的程序。如果该复审议院也通过相同的绝对多数拒绝该异议,提出议院的批准将被确认,行政机关将公布和发表该法案。如果两院停止该异议,不得在该年的会议中重复提出该法案。

国会两院可以完全地或部分地拒绝或接受该反对。如果该反对被完全的或部分的接受,两院均可以通过绝对多数决定对法案无异议部分的批准,在该情况下,必须由行政机关对无异议部分进行公布和发表。

由提出议院在收到法案异议部分的六十日内对该反对进行协商,和在同一情况下由复审议院进行。

第二百〇九条 [全部反对]

如果一项法案被行政机关完全拒绝,将退回提出议院,并对法案进行再次讨论,如果该议院通过绝对多数确认最初的批准,法案将递交给复审议院;如果该复审议院通过相同的绝对多数赞成该结果,行政机关将批准和公布该法案。如果两院停止该全部反对,在本年的会议中不得重复提出该法案。

第二百一十条 [紧急处置]

行政机关可以要求对其递交给国会的法案进行紧急处置。在该情况下,将由提出议院在其收到法案的三十日内进行协商,并由复审议院在紧接的三十日内进行协商。如果在规定的期限内,该法案未被否决,则视为批准。

行政机关可以在草案的移交后或其他任何阶段要求紧急处置。在这些情况下,期限将从收到要求之日开始计算。

各议院在任何时候可以通过三分之二多数撤销该紧急程序,在该情况下将从撤销时起适用普通程序。

行政机关在普通立法期间内仅可以要求国会对三项法律草案进行紧急处置,提出议院通过三分之二多数同意给予其他法案该待遇的除外。

第二百一十一条 [自动批准]

在参议院或众议院提出和由提出议会在普通会议期间赞成的法案,将递交给复审议会,复审议院必须在不得延长的三个月的期限内处理该法案。在结束后并且在提出议会主席和再审议会主席书面沟通后,将意味着该议会对该法案投票成票,并将该法案递交行政机关进行公布和发表。在指定的期限内发生中断,即从十二月二十一日到三月一日。复审议会可以在接下来的普通会议期间处理该法案,只要该法案在复审期间内不得延长的三个月期限已经届满。

第二百一十二条 [撤回或放弃]

行政机关可以从国会撤回其已经递交的法案或者放弃该法案,该法案被提出议会批准的除外。

第二百一十三条 [发表]

法律仅依靠其公布和发表获得强制力。如果行政机关没有按本宪法规定的期限和条件履行发表该法律的义务,国会主席在默认的情况下,由众议院长进行发表。

第二百一十四条 [规则]

有关批准法律的规则包括:"巴拉圭的国会批准法律效力。"法律公布的规则是:"作为共和国的法律发表和刊登在斯特鲁公报上。"

第二百一十五条 [委派委员会]

各院在绝对多数投票的情况下可委托委员会商议法案、决定和说明。通过简单多数,各院可以由委员会在事先任何赞成、拒绝或批准状态下撤回该法案。

国家总预算、法典、国际条约、税收或军事特性的法案,涉及国家权力组织和源自于国家公民立法创议权的这些法案不得成为委托的对象。

第二百一十六条 [国家总预算]

行政机关每年递交国家总预算的法案,递交日期不得迟于九月一日,国会对其的审议享有绝对优先权。

两院制委员会将被整合为一体,一旦接受法案,将对法案进行研究并向各议院在连续不超过六十日

的期限内递交一项决定。一旦收到该决定,众议院将在全体会议中研究该法案,同时众议院必须在连续不超过十五日的期限内处理该法案。参议院将在相同期限内研究该法案,以及众议院的修改,如果参议院支持该法案,该法案将被批准。在相反的情况下,在反对下该法案将被退回众议院,众议院将在连续的十日内依照第二百〇八条第一款、第二款、第三款的规定,单独地决定同参议院的异议之处,且必须保持在连续的十日期限内进行。

本条所规定的所有期限均为强制性规定,同时怠于处理任何议案都将被视为赞成该议案。两院通过各自三分之二绝对多数可以完全否决由行政机关递交两院研究的议案。

第二百一十七条 [预算的执行]

如果行政机关出于任何原因在规定的期限内没有向立法机关递交国家总预算的草案,或者如果该草案依照上一条的规定被否决,当前实施的财政预算继续执行。

第三节 国会常设委员会

第二百一十八条 [结构]

进入休会前的十五日,各院将通过绝对多数指定参议院议员六名和众议院议员十二名作为名义成员,和三名参议员和六名众议员作为替补者组成国会常设委员会,国会常设委员会将从国会休会期间开始履行职能,直到恢复召开普通会议。

常设委员会会议的名义成员将指定一名主席和其他权力机构,同时将书面通知其他国家权力机关。

第二百一十九条 [责任和职权]

国会常设委员会享有下述责任和职权:

1)遵守本宪法和法律;
2)决定其制定的法规;
3)为每年在恰当的时间召开国会的目的,召集两院的筹备会议;
4)依照本宪法的规定召集和组织两院的特别会议;
5)在国会休会期间,在本宪法规定的情况下,允许共和国总统短暂的离开国家领土;
6)本宪法规定的其他责任和职权。

第二百二十条 [最终报告]

常设委员会在其活动结束后,将向各院提供相同的最终报告,并将对其可能已经采取或授权的法案向两院负责。

第四节 众议院

第二百二十一条 [组成]

众议院是省代表议院。其由至少八十名名义成

员和相同数量的替补者组成,由各省选区的民众直接选举产生。亚松森市组成一个选区,在议院中有代表。省至少由一名名义议员和替代者代表;高级司法选举法院在选举之前依照各省选民人数,将规定与各省相对应的选举席位。法律可以根据选民数量的增加扩大众议院议员的数量。

当选众议院议员和替补者要求具有巴拉圭国籍且年满二十五周岁。

第二百二十二条 ［众议院的专有职权］

众议院享有下述专有职权:

1) 启动有关省和自治市立法的法案的审议;

2) 依照本宪法和法律的规定,指定或建议法官及其工作人员;

3) 为干预省和自治市提供一项决议;

4) 本宪法规定的其他排他职能。

第五节 参议院

第二百二十三条 ［组成］

参议院由至少四十五位名义议员和三十位替补者组成,通过一个单独的国家区域的民众直接选举产生。法律可以依照选民的增加而增加参议员的数量。

当选参议院议员或替补者必须具有巴拉圭国籍且年满三十五周岁。

第二百二十四条 ［参议院的专有职权］

参议院享有下述专属职权:

1) 对有关国际条约与协定的批准进行审议;

2) 依据军队上校的排名或与其等值的其他军队和服务以及国家警察长,批准军队和国家警察人员的晋升;

3) 批准对驻外大使、全权代表和公使的指派;

4) 依照本宪法的规定指派和推荐裁判官及其工作人员;

5) 授权派遣固定的巴拉圭武装军队到国外,以及外国武装部队进入本国;

6) 批准对国家中央银行主席及其董事的指派;

7) 批准对巴拉圭两民族团体的董事的指定;

8) 本宪法规定的其他专有职权。

第六节 政治审判

第二百二十五条 ［程序］

共和国总统、副总统、行政部长、最高司法法院部长、国家总检察长、人民的公设辩护人、共和国总审计长、副主计长和高级选举法院的成员,可因渎职、行使其职务过程中的犯罪或共同犯罪被提交政治审判。

由众议院通过三分之二多数提出指控。将由参议院通过三分之二绝对多数作为审判者对这些由众议院提出指控的人进行公开的审判,在上述情况下,为撤销其职务的唯一目的宣判其有罪。在假定职务犯罪的情况下,先前记录将递交普通司法机关。

第二章 行政权

第一节 共和国总统和副总统

第二百二十六条 ［行使行政权］

由共和国总统行使行政权。

第二百二十七条 ［副总统］

设置共和国的副总统,在阻碍或总统短暂缺席或该职位永久空缺的情况下,将直接替补总统席位,行使其所有权力。

第二百二十八条 ［条件］

成为共和国总统和副总统的条件:

1) 具有巴拉圭国籍;

2) 年满三十周岁;

3) 充分行使其公民的和政治的权利。

第二百二十九条 ［授权的期限］

共和国总统和副总统任职五年,从选举后的八月十五日开始计算。在任何情况下都不得连任。如果总统在大选前的六个月内停止了职务,在接下来的期间内副总统当选为总统。任何已行使总统职务超过十二个月的公民不得当选为共和国的副总统。

第二百三十条 ［总统选举］

民众在举行大选的九十到一百二十日之间,即有效的宪法期限届满前,通过简单多数投票,直接和共同的选举共和国的总统和副总统。

第二百三十一条 ［担任公职］

在共和国总统和副总统担任公职的日期,其未被以本宪法规定的形式公布或该选举无效的情况下,卸任总统将递交指示给最高司法法院院长,由其执行该指示直到该过渡时期发生改变,其司法职能暂时停止行使。

第二百三十二条 ［入职］

共和国总统在向国会宣誓或允诺忠诚和爱国的履行其宪法职能后入职。如果规定的日期,国会没有达到召开会议的法定人数,该仪式将向最高司法法院进行。

第二百三十三条 ［离开国境］

共和国总统或接替其职位的任何人,在未向国会或最高司法法院事先发出通知的情况下不得离开国境。如果其离境超过五日,必须得到众议院的授权。在议会休会期间,国会常设委员会进行对总统的授权。

共和国总统和副总统不得同时离境。

第二百三十四条 ［无领导］

在阻碍或共和国总统缺席的情况下，副总统接替其职位；在副总统缺席的情况下，以连续的形式由参议院议长、众议院议长和最高司法法院院长接替。

如果在总统公布之前或公布之后该职位空缺，当选的副总统接替共和国的总统职位，并行使其职务直到任期的结束。

如果在前三年的任期内副总统职位长期空缺，将进行选举。如果相同的情况发生在任期的后两年，国会通过其议员的绝对多数指定履行剩余任期的人员。

第二百三十五条 ［无能力］

下述情况下不得成为共和国总统或副总统的候选人：

1）行政人员、副部长或副秘书，以及相同等级的职位、公职的主管和地方议会的主席，分散的、独裁的、自治的、两国或多国组织和国家主要参与的这些企业的董事、经理或主要管理员；

2）司法裁判官或公共事务部的成员；

3）民众的公设辩护人、共和国总审计长和副审计长、共和国总检察长、地方行政官理事会的成员和高级司法选举法院的成员；

4）作为国家服务、执行工程或向国家供应商品的国家或外国企业、公司或组织的代表或委托人；

5）任何宗教或礼拜的牧师；

6）自治市的市长和省长；

7）国家武装部队的现役军人和国家警察，在大选日期前退休至少一年的除外；

8）通信媒体的所有者或共同所有者；

9）在选举时行使总统职位的，或者在选举仪式前一年已经履行总统职权一段时间的任何人的配偶或四亲等内血亲和两亲等内姻亲的亲属。

在第一项、第二项、第三项和第六项的情况下，受影响的个人在选举前必须辞职和停止行使其各自的职能至少六个月，副总统职位长期空缺的情况除外。

第二百三十六条 ［因违反宪法的无能力］

政变、武装革命或类似的违反本宪法规定的运动的军事首长或平民领袖，以及具有享有作为共和国总统、副总统、行政部长、军事指挥适当的一般人员的权力后果的人员，在合宪期限内连续两次不适当的履行其公职的，在该情况下不影响各自的民事和刑事责任。

第二百三十七条 ［不得兼任］

共和国总统或副总统不得从事公共或私人的职务，在其职务范围内给予报酬或没有报酬。也不得从事任何商业的、工业的或任何专业活动，必须全身心地投入到其专有的职能中。

第二百三十八条 ［共和国总统的责任和职能］

行使共和国总统职务的任何人享有下述职权和责任：

1）代表国家，并指导国家的一般行政。

2）履行并已实施本宪法和法律。

3）依照本宪法参与法律的形成，公布并发表法律，管理和规范法律的履行。

4）在国会完全的或部分的批准法律中进行投票，提出其认为合理的意见和异议。

5）颁布为其有效而要求支部长官副署的法令。

6）亲自任命和撤销行政部长、共和国总检察长以及公共行政官员，其指定和认知的固定与本宪法或法律的规定一致。

7）处理共和国的外交关系。在外患且国会事先授权的情况下，宣布国家防卫或同意和平，谈判和签署国际协定；在参议院同意下，接待来自外的外交使团的团长，承认其领事并选派大使。

8）在每年会议之初向国会递交账目，有关行政机关进行的管理，以及报告有关共和国的一般情况和未来发展计划。

9）作为国家武装部队的总司令是其不得转移的一项义务。依法决定军事规范，配备武装部队，对其进行组织和部署。亲自任命和撤销公共部队的指挥官。采取国家防卫的必要措施。亲自提供所有武装力量的军阶，最高位中校或与其等，以及在参议院的同意下的更高等级的军阶。

10）依据最高司法法院的报告和法律规定，赦免或减轻由共和国法院及其法官判处的处罚。

11）召集国会召开特别会议，各院单独或两院同时召开，两院必须仅限于处理提交各自审议的那些问题。

12）向国会提交法案，该法案可以在本宪法规定的期限内要求紧急审议。

13）依据国家总预算和法律的规定，提交用于积累和投资的共和国的收入，每年向国会汇报有关预算的执行。

14）筹备和出席两院每年的国家总预算议案的审议。

15）遵守本宪法有关授权的规定。

16）本宪法规定的其他责任和职权。

第二百三十九条 ［共和国副总统的责任和职权］

行使共和国副总统职务的任何人享有下述责任和职权：

1）在本宪法规定的情况下直接替代共和国总统；

2）在国际和国内代表共和国总统，通过相同的指

定,享有与其相符合的所有特权;

3)参与部长理事会会议以及行政和立法机关之间的合作关系。

第二节 部长和部长理事会

第二百四十条 [职能]

委托行政部长进行公共事业的指导和管理,行政部长的数量和职能由法律进行规定。在其中一员暂时缺席的情况下,由该分支机构的副部长代替。

第二百四十一条 [必要条件、不得兼任和豁免]

成为部长必须具备与作为公务代表相同的条件。与对共和国总统所规定的相同,部长不得兼任,进行教学活动除外。除为国会议员规定的情况下外,不得剥夺部长的自由。

第二百四十二条 [部长的责任和职权]

部长为各自所在部门的行政首长,在部门内在共和国总统的指导下,促进和执行涉及其权限事项的政策。

有责任参与其同意的政府行动。

每年向共和国总统递交有关其行政的报告,该报告将被递交国会进行审议。

第二百四十三条 [部长理事会的责任和职权]

由共和国总统召集,部长在理事会召开会议以协调任务的执行、推动政府政策和采纳集体决定。

理事会有资格:

1)审议一切由共和国总统提交其审议的涉及公共利益的事项,作为咨询机关进行活动,以及考虑立法方面的举措。

2)定期公布其决议。

第三节 共和国总检察长办公室

第二百四十四条 [组成]

共和国总检察长办公室由一名总检察长和法律规定的其他官员负责。

第二百四十五条 [必要条件和任命]

共和国总检察长必须满足与成为国家总检察长相同的条件。由共和国总统任命和撤销共和国总检察长。由法律对不得兼任进行规定。

第二百四十六条 [责任和职权]

共和国总检察长享有下述责任和职权:

1)在法庭上或法庭外,代表和保卫共和国的财产利益;

2)决定案件并产生法定的影响;

3)以司法的方式建议法定形式的公共行政;

4)法律规定的其他责任和职权。

第三章 司法权

第一节 一般规定

第二百四十七条 [职能和组成]

司法权是宪法的守护者。由其解释宪法、遵守宪法和使宪法得到遵守。

司法行政是司法权的责任,由最高司法法院、法院及其法庭以本宪法和法律规定的形式行使司法权。

第二百四十八条 [司法权独立]

保障司法权独立。仅该权力可以对有争议的事实进行认定和决定。

行使其他权力的人员或其他官员不得僭取本宪法没有赋予其的司法属性,或者恢复已经终结的程序,或者使现有的程序瘫痪,或者以任何形式介入审判。上述性质行为的结果绝对无效。所有的这些行为在私法领域内都不影响裁判决定,具有保障辩护权和公正解决的法律形式。

对司法权及其法官独立造成侵害的人员,除法律规定的刑罚外,连续五年内不得行使任何公职。

第二百四十九条 [预算自决]

司法权享有预算自治。在国家总预算内以不低于中央管理的预算的百分之三的数额分配给司法权。

由国会批准司法权的预算,同时共和国总审计长将核实其所有的费用和投资。

第二百五十条 [宣誓和允诺]

最高司法法院院长在其入职时将向国会宣誓和允诺。其他法院及其法庭的成员向最高司法法院宣誓和允诺。

第二百五十一条 [任命]

所有共和国法院及其法庭的成员由最高司法法院从裁判官理事会建议的三份名单中进行任命。

第二百五十二条 [法官的不可撤换]

法官在被任命期间的办公、职位或者级别不可撤换。未经法官事先明确同意,其不得被调任或晋升。

法官任期五年,从被任命时开始计算。

在法官当选后,法官任职为两届,在其履行公职上不被撤换,直到因达到最高司法法院成员规定的年龄限制。

第二百五十三条 [法官的审判和撤销]

司法法官仅可以因犯罪或违反法定的职能,通过裁判官起诉陪审团的一项决定而被审判和撤销。起诉陪审团由最高司法法院两名官员、裁判委员会的两名成员、两名众议员和两名参议员组成;这些人当中至少四名人员必须是律师。由法律规定裁判官起诉陪审团的职能。

第二百五十四条 ［不得兼任］

法官在其任职期间不得从事其他公共的或私人的职务，无论给予报酬与否，兼职教学或科研除外。法官不得从事商业、工业或专业活动，或任何政策，也不得在官方的或私人的机构、政党、政治团体或运动中执行公务。

第二百五十五条 ［豁免］

任何司法法官都不得因在行使职能中提出意见而遭受司法上的起诉和讯问。除因受处罚的现行犯罪外，其不得被拘留或逮捕。如果该情况发生，相关机关必须将司法法官置于住所进行监管，将该事实直接上报给最高司法法院并汇报先前记录给主管法官。

第二百五十六条 ［审判形式］

在法定的形式和方式内，审判可以是口头的和公开的。

所有的司法判决都必须基于本宪法和法律。允许对判决进行批评。

工作程序以口述的方式展开，同时基于直接、经济和集中的原则。

第二百五十七条 ［与司法合作的义务］

国家机关受法律命令的约束，在这些机关履行职能的人员有义务向司法行政提供一切为司法行政指令的履行所要求的合作。

第二节 最高司法法院

第二百五十八条 ［组成和要求］

最高司法法院由九名成员组成。其将组织最高司法法院的分庭，其中之一为宪法分庭。每年将在内部选举主席，宪法分庭成员享有院长头衔。

组成最高司法法院成员的要求有：具有巴拉圭国籍，年满三十五周岁、获得大学的法学博士学位和享有受人敬重的名誉。除此之外，有效的从事相关行业、司法法官或有关司法专业的大学教员共同的、分别的或连续的至少十年期限。

第二百五十九条 ［责任和职权］

最高司法法院享有下述责任和职权：

1) 监督所有的司法机关和在司法管辖权和权限冲突的情况中进行依法裁决；

2) 提出其内部规定，每年向立法和行政权递交一项有关进行的管理、状态和国家司法权对立法和行政权的要求；

3) 审理和决定法律规定的普通追索权；

4) 在不影响其他法庭和法官权限下，初审和决定有关人生保护权的案件；

5) 审理和决定有关违宪案件；

6) 以法律规定的方式审理和决定撤销判决的追索权；

7) 在行使职权的过程中，司法官员在起诉中，由陪审团的官员通过其成员的绝对多数投票提出的要求或司法官员主动进行预防性暂停，直到提出案件的最终解决方案；

8) 监督拘留和监禁机构；

9) 裁决行政权与省政府以及省政府或行政权与自治市政府有关权限的争端，和

10) 本宪法和法律规定的其他责任和权限。

第二百六十条 ［宪法法庭的责任和权限］

宪法法庭享有下述责任和权限：

1) 审理和裁决违宪法律和其他规范性文书，在各具体案件中和决定中宣告违反本宪法规定不适用，该宣告仅在相关的案件中有效，和

2) 裁决确定的或临时的判决违宪，宣告该判决因违反本宪法而无效。

通过向最高司法法院的宪法法庭提起诉讼，以及将任何先前记录以除诉状以外的方式提交给法庭，启动该程序。

第二百六十一条 ［司法最高法院院长的撤销和停止］

最高司法法院的院长仅可通过政治审判被撤销。最高司法法院的院长在年满七十五周岁时停止履行职务。

第三节 裁判官委员会

第二百六十二条 ［组成］

裁判官委员会由下述人员组成：

1) 由最高司法法院指定的一名内部成员；

2) 行政权力的一名代表；

3) 由两院各自任命的一名参议员和众议员；

4) 通过行业人员在直接选举中任命的两名登记在册的律师；

5) 由其同事推举的国立大学法律系的一名教授，和

6) 由其同事推举的在私立大学法律系任教不少于二十年的教授。

法律将规定选举的相关制度。

第二百六十三条 ［要求和期限］

裁判官委员会的成员必须满足下述要求：

具有巴拉圭国籍，年满三十五周岁，获得大学律师学位和单独的、共同的或两者择一的有效从事律师行业或者履行司法裁判职能或从事有关司法事务的大学教员至少十年。

其任期三年，裁判委员会的成员将平等地享有作为来自于最高司法法院院长的豁免权。不得兼任法律规定的特定职务。

第二百六十四条 ［责任和职权］

裁判官委员会具有下述责任和职权：

1）提出有关组成最高司法法院的三份候选者名单，在考虑其优点和资质下提出合适的候选者，并将候选者送交参议院，由参议院在行政机关的同意下进行指定；

2）以相同的选择和评估标准，向最高司法法院提出有关下级法院工作人员、法官和检察官的候选者名单；

3）制定内部规范，和

4）本宪法和法律规定的其他责任和职权。

第二百六十五条 ［审计法庭以及其他法官和辅助机关］

建立审计法庭。由法律规定审计法庭的组成和权限。

由法律规定其他司法法官和辅助机关，以及司法学校的结构和职能。

第四节 公共事务部

第二百六十六条 ［组成和职能］

公共事务部在国家司法机关前代表社会，在履行其责任和职权上享有职能和行政自主权。其由国家总检察长和检察官以法定的形式行使。

第二百六十七条 ［要求］

成为国家总检察长要求具有巴拉圭国籍、年满三十五周岁，具有大学律师学位，共同的、单独的或两者择一的在司法裁判领域有效从事职业或履行职能或有关司法事务的大学教员至少五年。其享有同为司法裁判官规定的相同的不得兼任和豁免权。

第二百六十八条 ［责任和职权］

公共事务部具有下述责任和职权：

1）尊重宪法性权利和保障；

2）提出公共刑事诉讼以保护公共社会财产、环境和其他各种利益，以及原住民的权利；

3）在为进行诉讼或继续诉讼的情况下，当事人提出的要求是必要时，实施刑事处罚，当法律有上述规定时，不得影响法官或法庭依职权展开的程序；

4）为更好地履行其职能向公务人员收集信息，和

5）法律规定的其他职能和责任。

第二百六十九条 ［选举和期限］

国家总检察长不被免职。其任期五年，且可连任。由行政机关在参议院的同意下，从法官理事会建议的名单中任命。

第二百七十条 ［检察官］

检察官以与本宪法规定的法官的任命相同的形式指定。以相同的程序任职和撤销。检察官享有为司法机关人员规定的相同的豁免权和不得兼任。

第二百七十一条 ［入职］

国家总检察长向参议院宣誓或允诺，检察官向最高司法法院宣誓或允诺。

第二百七十二条 ［司法警察］

为同公共事务部合作，法律可以创设依附于司法机关的司法警察。

第五节 选举法庭

第二百七十三条 ［权限］

召集、审判、组织、指导、监督和监视产生于中央、省和自治市选举的行为和问题，以及当选者的权利和头衔，排他的属于选举法庭的职权。

产生于任何大众会议的问题，以及涉及选举及政党运作和政治运动事项，同样属于选举法庭权限范围。

第二百七十四条 ［集合］

选举法庭由高级选举法庭、法庭、法院、总检察长办公室和法律规定的其他决定其组织和职能的机关集合而成。

第二百七十五条 ［高级法院的选举法庭］

高级法院的选举法庭由三名成员组成，该成员适用规定的最高司法法院院长的选举和撤销形式。

高级法院选举法庭的成员必须符合下述要求：具有巴拉圭国籍、年满三十五周岁，获得大学律师文凭，和共同的、单独的或两者择一的在司法裁判领域有效从事专业或履行职能或者从事有关司法事务的大学教员至少十年。

法律将规定高级法院选举法庭的决议在最高司法法院遭受诉讼的情况，以及适用简易程序的情况。

第四章 国家其他机关

第一节 人民卫士办事处

第二百七十六条 ［人民卫士］

人民卫士为议会专员，人民卫士的职能是保护人权、改善大众投诉和保护社会利益。人民卫士不得享有司法职能和行政权限。

第二百七十七条 ［自治、任命和撤销］

公设辩护人享有自治和不受免职，通过众议院议员三分之二多数从参议院建议的三份名单中任命，同时任期五年，与国会的任期相一致，可连任。因人民卫士的渎职行为可依本宪法规定的政治审判的程序撤销其职务。

第二百七十八条 ［条件、不得兼任和豁免权］

人民卫士必须满足与众议院议员相同的要求，同时具有同司法法官相同的不得兼任和豁免权。在其

任职期间不得成为国家任何权力机关的一部分或参与任何政党政治活动。

第二百七十九条 ［责任和职权］

人民卫士享有下述责任和职权：

1）接受并调查有关的告发、举报和主张，反对侵犯人权，以及本宪法和法律规定的其他行为。

2）从当局的各级机关，包括警察机关和一般安全机关，为更好地行使职能获取相关信息，不受任何保留的反对。可进入一般人员不得进入的地方。享有依职权采取行动的权限。

3）对违反人权的行为或行动进行公开的谴责。

4）每年向国会议院进行涉及其管理的报告。

5）依其观点准备和发布有关人权状况的报告，以提请公众注意。

6）法律规定的其他责任和职权。

第二百八十条 ［其职能规章］

人民卫士的职能由法律进行规定。为保障效率，可任命省或自治市的卫士。

第二节 共和国总计长办公室

第二百八十一条 ［本质、组成和期间］

共和国总计长办公室是以本宪法和法律规定的形式，管理国家、省和自治市经济和金融活动的机关。享有职能和行政自治。

共和国总计长办公室由总审计长和副审计长组成，总审计长和副审计长必须具有巴拉圭国籍、年满三十周岁，毕业于法律或经济科学、行政或会计。由众议院通过绝对多数从参议院通过相同多数建议的三份候选者名单中任命。

任期五年，且不得与总统的任期重合。以相同的程序，可多次任职。任职期间其享有不得兼任，除因实施犯罪或不恰当的履行职能外，不得被撤职。

第二百八十二条 ［报告和决议］

共和国总统在其领导国家行政职能内，在下一年度预算的四个月内向共和国总计长办公室递交上一年度预算的清算。在下一年度预算的四个月内主计长办公室必须向国会递交报告和决议，由各院进行审议。

第二百八十三条 ［责任和职权］

共和国总审计长享有下述责任和职权：

1）控制、监视和监管公共资产和国家遗产，地区或省实体、自治市、中央银行、国家其他银行或混合制银行，自治、独裁或分权实体，以及国家所有或混合制的企业；

2）管理国家总预算的执行和清算；

3）管理第一项中规定的实体所分配的预算的执行和清算，以及审查其账目、资金和投资；

4）监督跨国企业或实体的账目，在有关条约的条款内，国家以间接或直接的方式参与其资本；

5）向所有管理资金、公共服务或国家资产的个人或公有的、混合制的或私人的实体，地区或省实体以及自治市要求有关财政和遗产管理的报告，上述各单位为其更好地履行职务必须有效地向其提供其所要求的文件和数据。

6）接受公职人员的资产宣誓声明，以及其资产的形式登记，和在上述宣誓间由其各自所担任的公职提供的相应的生产决议，以及公职人员在停止其职能时提及的一些构想；

7）对普通司法和行政机关其已经认识到出于其职务原因有团结的义务，在机关受其控制下因疏忽或违反，在疏忽或缺失下实施行为时产生的犯罪进行告发；

8）本宪法和法律规定的其他责任和职能。

第二百八十四条 ［豁免权、不得兼任和撤销］

总审计长和副审计长享有同对司法裁判官所规定的，相同的不得兼任和豁免权。对其撤销适用政治审判的程序。

第二节 国家中央银行

第二百八十五条 ［本质、责任和职权］

建立具有技术机构特性的国家中央银行。国家中央银行享有专有的发行货币的权利和依据国家政府的经济计划的目标，在货币制定、信贷和外汇政策领域参与其他国家技术机关，对其的发展和实施，以及保持货币的稳定性负有义务。

第二百八十六条 ［禁止］

禁止国家中央银行的下述行为：

1）直接或间接地允许信贷，有关预算空白划拨公用经费，除：

Ⅰ对每年编入预算的资源税的短期垫款；

Ⅱ在国家紧急状态的情况下，具有行政机关的实体决议和参议院的协议下。

2）直接或间接地采取一些规定的协议、不同的或有差异的规范或要求，以及相应地使性质相同的操作有效的个人、机构或实体；

3）同个人或组织开展没有考虑货币或金融制度的合作，国际组织除外。

第二百八十七条 ［组织和职能］

法律在本宪法规定的限制内规定国家中央银行的组织和职能。

国家中央银行向行政机关和国会为实施其职能的政策提供账户。

第三编 国家的例外

第二百八十八条 [宣告、原因、执行和期间]

在国际武装冲突的情况下,正式或非正式的宣告,或者将本宪法的规则或其所规定的机关的正常运作置于危险境地的严重的内部骚乱的情况下,国会或行政机关可以宣告在部分或所有国家领土最多在六十日内处于特别状态。在该宣告由行政机关实施的情况下,国会必须在四十八小时内对该措施进行批准或否决。

该六十日期限可被连续的延长达三十日,但要求两院绝对多数通过。

在休会期间,行政机关可以决定一个单独的不超过三十日的国家的处于特别状态的期间,但其必须在八日内递交国会批准或否决。召集国会的明确的特别会议权利,仅产生该效果。

宣告国家的处于特别状态的法律和法令应当包括为其实施所要求的原因和事实,执行的时间和受影响的领土,以及受其限制的权利。

在国家的处于特别状态的执行期间,行政机关可以通过命令和各情况要求下述措施:拘留因参与其中一些活动而被起诉的人员,从共和国的一个地点转移到另一个地点,以及禁止或限制公共集会和示威。

在一切情况中,遭受起诉的人员可以选择离开本国。

行政机关直接告知最高司法法院依国家的处于特别状态而被拘留的情况,和拘留和转移的地点,以方便司法检查。

因国家的处于特别状况而被拘留者,保持其处于健康和清洁为前提,不得被分派到普通囚犯关押地区,或者在其住所处监禁。转移地区应当是适合居住和健康的地区。

国家的特别状况不得中断国家权力的职能、本宪法的执行或者特别是人生保护权。

国会通过绝对多数投票在任何时间可以取消国家的特别状态,如果其认为宣告国家的例外原因已经结束。

一旦国家的特别状态已经停止,行政机关将在不超过五日的期限内告知国会,有关强制执行期间已经实施的行为。

第四编 宪法的改革和修正

第二百八十九条 [改革]

本宪法的改革仅可在公布的十年后进行。

国会各院百分之二十五的立法者、共和国总统或三万选民,通过签署的请愿书可要求改革。

通过国会各院议员的三分之二绝对多数批准改革必要性的宣告。

一旦决定改革,高级选举法庭将在一百八十日的期限内举行选举,选举一般不得同其他活动同时发生。

国家制宪议会的成员不得超过国会议员的总数。其资格条件以及有关其不得兼任的决定由法律进行规定。

制宪议会的成员享有同国会成员所规定的相同的豁免权。

由国家制宪会议批准的宪法将享有被公布的明确权利。

第二百九十条 [修订]

在本宪法被公布的三年后,在国会各院四分之一的立法者、共和国总统或者三万选民通过签署请愿书提议下,可以进行修订。

修正案全文必须通过提出议会的绝对多数批准。一旦其被批准,交由审查议会进行相同的批准。如果其中一个议会不符合批准的多数的要求,视为对该修正案的否决,该修正案不得在一年内被再次提出。

一旦该修正案被国会两院批准,该文本将在一百八十日的期限内被递交高级选举法庭进行全民公投。如果公投的结果是肯定的,该修正案将被批准和公布,将其纳入宪法文本。

如果公投否定该修正案,在前三年不得提出相同主题的修正案。

不得使用指定的用于修订的程序,但是不涉及用于改革、用于影响选举方式、组成、修订期间或对于任何国家权力机关职权的规定,或者第一部分第二编中第一章、第二章、第三章、第四章的规定。

第二百九十一条 [国家制宪议会的权力]

国家制宪议会独立于形成的权力。在审议的持续期间内约束其进行劳动改革,排除任何其他任务。制宪议会不得冒称其享有国家机关的职权,不得替换行使其职权的人员,或减少或扩大相关人员任期。

第五编 最终和过渡条款(略)

巴拿马共和国宪法*

（1972年宪法，更新至2004年）

序　言

为了民族强大，保障自由，确保民主和制度稳定，为了提升人的尊严，促进社会正义，以及一般的愿景和区域结合，期待上帝的庇护，制定本宪法。

第一章　巴拿马国家

第一条

巴拿马是主权和独立的国家，它的名称是巴拿马共和国。它的政府是中央集权的、共和的、民主的和代议制的。

第二条

国家权力只能来自民众，国家依据本宪法的规定通过立法、执行和司法机构行使这一权力，这些机构的活动是受到限制的和独立的，然而又是协调配合的。

第三条

依照巴拿马与哥伦比亚和哥斯达黎加签订的边界条约，巴拿马共和国的领土包括在该两国之间的地面、领海、海底大陆架、地下和空间。

国家领土决不能临时或部分地租让、转让和割让给其他国家。

第四条

巴拿马共和国遵守国际法准则。

第五条

巴拿马国家领土的政治区划分为省、县、区。

法律可设立其他的政治区划，或者是为了使其实行特殊制度，或者是出于行政和公用事业的需要。

第六条

国家的象征是1949年第三十四号法令所选定的国歌、国旗和国徽。

第七条

西班牙语是共和国的官方语言。

第二章　国籍与侨民

第八条

巴拿马国籍可以因出生、入籍获得，亦可按宪法规定获得。

第九条

因出生而成为巴拿马人的有：

（一）出生于本国领土者。

（二）因出生而成为巴拿马人的父亲或母亲在共和国领土以外所生子女，若定居于国内者。

（三）因入籍而成为巴拿马人的父亲或母亲在本国领土外所生子女，若定居巴拿马共和国内并至迟在他们成年以后的一年内表示愿意接受巴拿马国籍者。

第十条

可以因入籍而申请巴拿马国籍的有：

（一）外国人在共和国境内连续居住五年，如果在达到成年后，表示愿意入籍，明确表示放弃其出生国籍或现有国籍并确实掌握了西班牙语以及有关巴拿马地理、历史和政治组织的基本知识者。

（二）外国人连续在共和国境内居住三年，如果发表声明并提供出生于共和国的、其父亲或母亲为巴拿马人的子女或其配偶具有巴拿马国籍的证明者。

（三）因出生而具有西班牙或拉丁美洲国家国籍的国民，如果具备其出生国对于巴拿马人入籍所规定的同等条件者。

第十一条

出生于国外、在满七周岁前即被巴拿马国民收养的人，如果在巴拿马共和国定居，并至迟在成年后一年内表示愿意选择巴拿马国籍者，无须入籍证，即可成为巴拿马人。

第十二条

入籍事宜由法律规定。国家可因道德、安全、健康、身体和精神上的欠缺等理由拒绝入籍者的申请。

第十三条

因出生而原来就有或获得的巴拿马国籍不会丧

---

* 译者：林煜。

失,但明确说明地或事实上地予以放弃将导致公民身份的中止。

基于同样原因将丧失因入籍而产生的或获得的巴拿马国籍。

当本人以书面形式向执行机构表示放弃其国籍的意愿时,即为明确放弃国籍;在获得其他国籍或服务于敌对国家时,即为事实上放弃国籍。

第十四条

移民的移入将由法律根据国家的社会、经济和人口的利益予以调节。

第十五条

国民和共和国境内的外国人均应遵守宪法和法律。

第十六条

加入国籍的巴拿马人不得被强制用武器反对其出生国家。

第三章 个人和社会的权利和义务

第一节 基本保障

第十七条

共和国政府的设立是为了保护无论处于何地的国民以及处于其管辖之下的外国人的生命、荣誉和财产;确保个人和社会的权利和义务的有效实施;遵守和被要求遵守宪法和法律。

宪法所授予的权利和保障,需视为最小的,并不能排除与其有关的基本权利和人的尊严。

第十八条

个人只有在违反宪法和法律的情况下才对政府承担责任。公职人员除上述同样原因外,还可因滥用职权或玩忽职守而对政府承担责任。

第十九条

不得有个人利益或特权,也不得因种族、出身、残疾、阶级、性别、宗教或政治观点而加以歧视。

第二十条

巴拿马人和外国人在法律面前平等。但由于劳动、健康、道德、社会治安和国民经济的原因,法律可规定使一般外国人受特殊条件的限制,或禁止其从事某些活动。同样,法律和政府根据情况在发生战争的情况下或依据国际条约的规定还可以采取专门涉及某国国民的措施。

第二十一条

除非按照合法程序并符合法律事先规定的理由签发的有关当局的书面命令,不得剥夺任何人的自由。如果当事人要求,上述命令的执行人有义务向当事人提交命令的副本。

对于在作案现场被发现的罪犯,任何人都可予以捉拿,但应立即将其送交当局。

不得将任何人拘留二十四小时以上而不交有关当局处置。违反此项规定的公职人员可受到解雇处分,并接受法律为此而规定的刑罚。

不得因债务或单纯民事责任而予以监禁、拘留或逮捕。

第二十二条

对所有被拘留的人应将拘留的理由及其应享的宪法和法律权利立即以其能理解的方式予以告知。

被指控犯有罪行的人,在尚未通过使其得到一切辩护保障的公开审理证实其有罪之前,有权被认为是无罪的。被拘留之人自被拘留之时起有权让律师参与公安与司法的审理。

法律将对该方面作出规定。

第二十三条

所有不符合宪法和法律所规定的情况和方式下被拘留的人,均应在他本人或他人的要求下予以释放,提出要求需通过关于人身保护权的诉讼,上诉可在拘留之后立即提出而无须考虑可能给予的刑罚。

诉讼的办理应优先于其他未结案件,不得由于非办公时间或日期予以拖延程序。

人身保护令会使遇到实际存在的人身自由威胁,或当拘留所或拘留人所在地的情况,导致拘留人的人身、心理或道德诚信处于危机或妨碍其防御权利。

第二十四条

国家不得引渡自己的国民,也不得因政治犯罪引渡外国人。

第二十五条

凡涉及刑事、矫正或治安事宜的,不得强迫任何人自证其罪或证明其配偶以及其第四级血亲或第二级姻亲以内的亲属有罪。

第二十六条

住所与住宅不受侵犯。除非根据有关当局的书面命令,为了特定的目的,或者为了抢救遇害者或遇难者,不经住所和住宅主人的许可,任何人不得擅自入内。

正在执行任务的以及社会治安和公共卫生方面的公职人员,在事先出示证件的情况下,可以到与工作有关的地方实行住宅搜查或检查,以监督对社会和公共卫生的履行情况。

第二十七条

任何人可在国境内自由旅行以及更换住所或住宅,除有关旅行、财政、卫生和移民的法律或条例加以限制外,不受其他限制。

第二十八条

教养制度建立在安全、恢复身心健康和维护社会安定原则之上。禁止采取会损害被拘留者人身、精神或道德健全的措施。

要对被拘留者进行职业培训,使他们能重返社会成为有用的人。

未成年的被拘留者,要遵守接受看管、保护和教育的特别制度。

第二十九条

通信和其他私人文件不受侵犯。除非根据有关当局的命令,为了特定的目的并通过合法程序,不得加以扣留或检查。在任何情况下,必须对与扣留或检查目的无关的事务予以保密。

同样,私人电话联系不受侵犯,不得加以窃听。对文字材料进行检查必须有当事人或其某一家属在场,或者在他们都不在场的情况下,可请当地两名诚信的邻居在场。

所有私人通信不得侵犯,或者阻碍或记录,除非有司法部门的法令。

不遵守规定应该阻止对明显结果的使用,不可对招致的犯罪责任加以歧视。

第三十条

不设死刑和驱逐出国的刑罚,也不设没收财产的刑罚。

第三十一条

仅对那些由法律明令宣布须加法办的犯罪行为加以惩处,而且必须是在犯罪前即已存在,又确切地适用于该罪行的法律。

第三十二条

除有关当局并按照合法程序外,不得对任何人加以审判,也不得因同一刑事、治安或违纪案件而给予一次以上的裁判。

第三十三条

在下列情况下和规定的确切范围内,可不经预先审判而给予惩处:

行使领导权和管辖权的公职人员,当其正在履行所担负的职责或为了履行其职责而采取行动时,可对任何对其加以侮辱或不予尊重的人给予罚款或加以拘押。

船长或飞机机长在离开港口时,有权制止抗命或哗变行为,或维护船上和机上的秩序,并有权对任何现行或可能的罪犯予以临时拘留。

第三十四条

因明显违反宪法或法律规定致使某人受到伤害时,上级命令不得免除有关执行人员的责任。正在执行任务的国家武装部队成员除外,在这种情况下,责任完全由发布命令的上级承担。

第三十五条

只要尊重基督教道德和遵守公共秩序,可以自由信奉各类宗教、参加各种宗教礼仪。承认天主教是大多数巴拿马人信奉的宗教。

第三十六条

宗教团体具有法人资格,可同其他法人一样在法律规定的范围内支配和管理其财产。

第三十七条

所有人都可以通过口头、书面或其他任何媒介表达其思想,而无须接受事先检查。但是当以上述某种方式损害他人的荣誉或尊严、危及社会治安或公共秩序时,则需对此承担法律责任。

第三十八条

共和国居民有出于合法目的不持武器和平举行集会的权利。户外游行与集会无须得到批准,仅需提前二十四小时预先通知地方行政当局即可举行。

当采用的方式引起或可能引起交通混乱、公共秩序被扰乱或他人权利被侵犯时,当局有权采取治安措施防止或限制行使上述权利。

第三十九条

允许成立不与道德或法律秩序相抵触的公司、协会和基金会组织。它们可被承认具有法人资格。

对倡导以某一种族或某一种群的所谓优越性为基础的思想或理论的组织,以及主张或提倡种族歧视的组织,均不予承认。

公司和其他法人的职能、资格认可和体制均由巴拿马法律规定。

第四十条

任何人可自由从事任何职业或行业,但须遵守法律在有关资格、道德、社会福利和安全、行业协会、公共卫生、工会和义务教育等方面规定的条例。

对从事自由职业、工匠行业和艺术行业的人不征收捐税。

第四十一条

任何人为了社会或个人的利益有权向国家公职人员有礼貌地提出他的要求和不满,并有权得到迅速答复。

国家公职人员对向其提出的要求、质疑或不满必须在三十天内予以答复。

违反此规定应受的惩处由法律规定。

第四十二条

任何人都有权按照法律的规定对个人信息包括数据或公或私的登记,要求其修改和保密,以及删除。

信息只有基于特殊目的而收集,通过表面同意或主管当局基于法律规定的处分。

第四十三条

每个人都有权请求获得公共许可的信息或在登记处保留的集体利益的信息,这是公共机构以及私人的责任,只要该请求并未按照法律以书面方式予以限制,将应该得到可期待的对待与修正。

第四十四条

为了保障个人取证由官方或为官方提供服务或致力于提供信息的公司的数据库或登记处储存的个人信息表,人人有权提起人身数据诉讼。

按照本宪法的规定,行为可以同样的方式被代替,以自由获得个人信息。

虽然收集数据的行为,升级、修改、删除或维持是数据信息的机密性是具有请求私人的特征。

法律应宣判有权审理人身数据诉讼的法庭应规定以简易诉讼的方式,在无需律师的情况下审查该法庭。

第四十五条

教会牧师除履行其传教使命固有的职责外,只能从事与社会救济、教育或科学研究有关的社会工作。

第四十六条

法律无追溯作用,但当有关公共秩序或社会利益的法律这样规定时除外。在刑事方面,对犯人有利的法律总是优先援用,并具有追溯作用,即使已有业经执行的判决。

第四十七条

保障法人和自然人依法获得的私有财产。

第四十八条

鉴于私有财产的所有者应尽的社会职责,私有财产对其所有者来说同时包含着义务。

为了法律规定的公用事业或社会利益,可以通过特别判决和赔偿征用私有财产。

第四十九条

国家承认并保障每个人获得利益和服务的资格,获得可信任、清晰的和充分的信息与个人相关或给予其要求的利益和服务的同意,给予其选择自由以及获得公平对待的权利。

法律应规定必要的措施以保障这些权利,应为消费者和使用者提供教育和防卫程序为损害提供赔偿,并给予侵权者相应的惩罚。

第五十条

当执行一项为了公用事业和社会利益而颁布的法律使个人权利同该法律所认可的必要性发生抵触时,个人利益应当服从公共利益或社会利益。

第五十一条

在发生战争、公共秩序受到严重扰乱或者为了社会的急迫利益,需要采取果断措施的情况下,执行机构可对私人财产宣布征用或占用。

在被占用的对象可以归还的情况下,占用时间仅限于促成占用的形势所持续的时间。

对执行机构在上述情况下实施的一切征用,以及对由于占用而造成的损坏和损失,国家均应承担责任,应在造成征用或占用的理由不复存在时,照价予以偿付。

第五十二条

任何人没有义务对不以法律规定的方式收缴或合法规定的税费承担支付义务。

第五十三条

所有作者、艺术家或发明者在法律规定的时间内,按法律规定的方式,对其作品或发明享有全部所有权。

第五十四条

对于任何公职人员发布或贯彻的、违背本宪法所承认的权利和保障的、要求做什么或不许做什么的命令,所有接受该命令的人都有权通过自己或任何人的要求使上述命令得到撤销。

要求维护本条所述宪法保障的诉讼,应按简易程序予以受理,并属于法院的职权范围。

第五十五条

在发生对外战争和内部骚乱危及和平与公共秩序的情况下,可宣布共和国全部或局部进入紧急状态,并可部分或全部地暂时中断本宪法第二十一条、第二十二条、第二十三条、第二十六条、第二十七条、第二十九条、第三十七条、第三十八条和第四十七条的实施。

进入紧急状态和中断上述宪法条款的实施应由执行机构通过内阁会议商定的法令予以宣布。立法机构根据本身的权力或应共和国总统的要求对于要持续十天以上的紧急状态的宣布应予以过问,并对内阁会议就紧急状态所作的决定予以部分或全部地批准或撤销。

当造成宣布紧急状态的原因消失时,立法机构在举行会议时应由立法机构、立法机构未举行会议时就由内阁撤销紧急状态。

第二节 家庭

第五十六条

国家保护婚姻、母亲和家庭的制度。关于婚姻状况的问题由法律规定。

国家保护未成年人的身体、精神和道德的健康并保障他们有获得食品、保持健康、享受教育和享有社会安全与预防的权利,老人和无人照料的患病者同样享有受此等保护的权利。

第五十七条

婚姻是家庭的合法基础,它建立在夫妻权利平等之上,并可依照法律予以解除。

第五十八条

具备法定结婚资格的双方连续五年在专一和稳

定的状况下所保持的事实上的结合可产生非宗教仪式婚姻的全部效果。为此目的,有关双方只须共同向户籍管理所申请将事实上的婚姻予以登记,户籍管理所应通过区长予以办理。如果并未提出上述申请,可由配偶的一方或其他有关者经过法律规定的手续对婚姻加以证实,以便可以要求取得婚姻产生的权利。但检察机构以维护道德及法律为理由,或第三者以证词与事实不符其权利将因这一登记而受到损害为理由,可反对给予登记或在登记后加以谴责。

第五十九条

家长权包括父母对子女的义务和权利。

父母有义务抚养、教育和保护其子女,使他们得到良好的教养并在身体上和精神上得到适当的发展,而子女有义务尊重和照料父母。

法律将根据社会利益和子女的利益对家长权的行使作出规定。

第六十条

父母对非婚生子女负有与婚生子女同样的义务。所有子女在法律面前都是平等的,对于无遗嘱遗产所有子女享有同等继承权。法律承认年幼或病残子女以及无人抚养的父母对有遗嘱遗产的继承权。

第六十一条

法律将对调查父子关系作出规定。废除对父子关系的性质所作的一切鉴定。不得在父母的登记文书上,也不得在任何证明主件、洗礼证,或父子关系证书上写入可表明其父母的出生状况及婚姻状况差别的任何证明。

在本宪法生效以前所生子女的父亲,通过纠正载有该子女某种类别的任何一项文书或证明文件,可获得依据本条规定对该子女的保护权。对此,无须得到母亲的同意。如果子女已届成年,须经子女本人同意。

对于谎称父子关系的行为,因这种行为而在法律上受到损害的人可对此办法提出异议。

这一程序将由法律规定。

第六十二条

国家应关心家庭的社会和经济状况的改善,并依据家产是不可侵犯与不能查封的原则来规定家产的构成,确定构成家产的财产的性质与数量。

第六十三条

国家应成立一个旨在保护家庭的机构,其目的为:

1. 通过家庭教育增进父母的责任心。

2. 使专门为满足父母或监护人托儿要求的托幼机构的幼儿教育制度化。

3. 保护年幼和年迈者,并对那些道德上处于危险状态,举止失当的被遗弃和无人关心的人予以照管并使其重新适应社会。

专门管理未成年人的部门的职能行使由法律加以组织和规定,其职能包括负责处理对父子关系的调查、离家出走和年轻人行为问题。

第三节 劳动

第六十四条

劳动是个人的权利和义务。因此,制定旨在促进充分就业和保障全体劳动者具备能体面生存的必要条件的经济政策,是国家的义务。

第六十五条

对所有为政府、为国有或私人企业,或为个人服务的劳动者,都应保障他们的最低薪金或工资。在法律所指定的企业中劳动的劳动者,依据国家的经济状况可分享企业的利润。

第六十六条

法律将根据各地区、各经济活动部门的特定条件规定周期性调整劳动者最低薪金或工资的方式,以满足其家庭的正常需要,改善其生活水平;还可对职业和行业规定最低薪金或工资的方法作出规定。

住宿包伙务或计件劳动中必须确保按工作日计算的最低工资。

不得扣除最低薪金或工资,但按照法律规定的方式扣除的抚养义务费用除外,劳动者的劳动工具同样属于不得扣押之列。

第六十七条

对同样条件下的相同劳动,不管付出这一劳动的是谁,不分性别、国籍、年龄、种族、社会地位、政治或宗教思想,均应付相同的薪金或工资。

第六十八条

承认职员、雇员和各种专业人员有为从事经济和社会活动组织工会的权利。

执行机构有三十天的期限用于批准或驳回工会的登记,不得延长。

有关执行机构承认工会事宜由法律规定,工会的法人资格将因登记而得到确认。

除非工会长期地背离了它的宗旨,并经主管法庭通过既定判决予以宣布外,执行机构不得解散工会。

这些组织的领导机构应一律由巴拿马人组成。

第六十九条

承认罢工的权利。法律将制定有关行使罢工权利的条例,并可要求在法律规定的公用事业中受特殊限制。

第七十条

昼间劳动的最长工作日为八小时,工作周不超过四十八小时;夜间最长工作日不得超过六小时,延长的工时另加报酬。

对十四岁以上、十八岁以下的人最长工作日可缩减至每天六小时。禁止不足十四岁者参加劳动，禁止不足十六岁者在夜间劳动，法律规定的例外情况除外。同样，禁止雇用不足十四岁的未成年人为家庭佣人，禁止未成年人和妇女从事有害健康的工作。

除享受每周休息外，所有劳动者都有权享受有报酬的假期。

法律可根据国家经济和社会条件以及劳动者的福利情况规定每周有报酬的休息日。

第七十一条

凡放弃、缩小、伪造或中止某项使劳动者受益的、得到承认的权利的条款，即使被写进一项劳动协定或任何其他契约中，均属无效；因此，对当事人无约束力。所有涉及劳动合同的事宜均由法律规定。

第七十二条

女工的母亲地位得到保护。妊娠期劳动妇女不得因妊娠而被解除公职或私人雇用。至少在产前六周和产后的八周期间享受同出工一样必须给予报酬的休息，并保留其工作和按合同应享的所有权利。除非在法律规定的特殊情况下，成为母亲的女工重新上工后，在一年期限内不得被辞退。法律还将对妊娠期妇女的特殊劳动条件作出规定。

第七十三条

禁止雇用会使本国劳动者的工作条件和生活标准降低的外国劳工。雇用外国经理、经营和管理领导人员、技术人员和专业人员在公共和私人部门供职应由法律规定。必须确保巴拿马人的权利并符合国家利益。

第七十四条

无正当理由不按法律规定的要求不得辞退任何劳动者。辞退的正当理由、其特殊例外情况以及相应的赔偿由法律规定。

第七十五条

国家或私人企业均应对劳动者进行免费职业教育。法律将对提供这种服务的方式制定规章制度。

第七十六条

建立工会培训。这种培训只能由国家和巴拿马工会组织进行。

第七十七条

劳资关系引起的一切争端均应提交劳工审判机构处理。劳工审判机构应按法律规定行事。

第七十八条

法律对劳资关系作出规定。使其以社会正义为基础并确立国家对劳动者利益的特殊保护制度。

第七十九条

本节所规定的权利和保障应视为给予劳动者的最低限度的权利和保障。

第四节 民族文化

第八十条

国家承认一切人享有参与文化的权利。因此，应鼓励共和国全体居民参与民族文化。

第八十一条

民族文化由巴拿马人在不同时期创造的艺术、哲学和科学成果组成。国家提倡、发展和保护这些文化遗产。

第八十二条

国家关心对西班牙语的捍卫、传播和纯化工作。

第八十三条

国家制定旨在促进科学和技术发展的国家科学政策。

第八十四条

国家承认艺术作品的个性且其普遍价值，赞助和鼓励民族艺术家通过文化交流系统传播其作品，并且通过学术、普及和娱乐机构在全国范围内推动各种艺术发展。

第八十五条

凡可证明巴拿马的历史的建筑场所、建筑物、文献、历史纪念物以及其他动产或不动产均为国家的历史遗产。对那些尚存于私人手中的历史文物，国家可宣布征用。法律将根据文物的历史价值制定有关对其加以保护的条例，并采取必要措施使之与实施商业、旅游、工业和技术方面的计划相协调。

第八十六条

国家通过运动、教育和娱乐机构促进体育工作的开展，这些机构的条例由法律规定。

第八十七条

国家承认民俗传统是民族文化的精髓部分。因此提倡对其加以研究、保持和传播，使其对那些歪曲它的表现或倾向保持优势地位。

第八十八条

对土著人的语言应进行专门研究并加以保留和传播。国家应在土著人区域中推广两种语言。

第八十九条

社会传播媒介是信息、教育、娱乐以及文化和科学传播的工具。当其用于广告和宣传时，不得损害健康、道德、教育、社会的文化形式以及民族意识。其职能的行使由法律规定。

第九十条

国家承认并尊重土著民族区域的民族地位，推行旨在发扬每个区域文化本身的物质价值、社会价值和精神价值的计划，并建立研究、保持和传播他们的文化和语言以及促进这些人类群体全面发展的机构。

第五节 教育

第九十一条

人人都有受教育的权利和义务。国家组织并领导公立国民教育部门,并保障家长有权参与对其子女的教育过程。

教育应立足于科学,运用科学方法,促进科学的提高与普及,并利用它的成果来保证人员和家庭的成长。同样,也保证巴拿马作为一个文化和政治集团得以巩固和加强。

教育是民主的,它所依据的原则是人与人之间的团结和社会正义。

第九十二条

教育应使受教育者在和谐的社会环境中,在身体、智力、道德、美学和公民诸方面获得协调、全面的发展,并力求使其具备有益于个人和集体的劳动能力。

第九十三条

承认巴拿马教育的宗旨是发展学生以熟悉祖国历史和问题为基础的民族意识。

第九十四条

保障教育自由,承认依法创办私立学校的权利。国家可干预私立教育机构使其在文化上实现国家和社会的意旨,并使受教育者在智力、道德、公民和身体方面得到提升。

公办教育是官方机构兴办的,私立教育是私人团体兴办的。

教育机构无论是公办的还是私立的均应向一切学生开放,不得对其父母或保护人的种族、社会地位、政治思想、宗教以及结合的性质加以区分。

公立教育和私立教育的规章制度均由法律制定。

第九十五条

公办教育在大学前的一切阶段都是免费的。初级教育或普通基础教育是义务教育。

免费意味着国家在受教育者完成其普通基础教育期间向其提供学习所需的一切物品。

教育免费并不妨碍在非义务教育阶段有招收收费生的权利。

第九十六条

负责制定和批准学习计划、教学大纲、教育程度的国家分支机构和关于组建全国性教育领导系统的事宜由法律规定,所有这一切都要与国家需要相符。

第九十七条

建立以基础教育和专业培训为教学大纲的职业教育,作为教育制度的一种非正规模式。

第九十八条

凡经营活动会大大改变某一地区的学龄人口的私人企业,应按照官方规定为满足教育的需要进行捐助。城建企业对其所开发的地区应承担同样的责任。

第九十九条

只承认由国家授予或由国家依法批准的学位和职称。共和国官办大学应对得到官方批准的私立大学进行监督以确保由后者授予的学位和职称的质量,并在法律规定的情况下确认外国大学授予的学位和职称。

第一百条

教育应以官方语言进行传授。但是出于公共利益的考虑,法律可允许在某些学校使用外语传授。

巴拿马公民教育中的历史教学部分须由巴拿马人进行教学。

第一百○一条

法律可对公办教育和私立教育以及对本国教材的出版规定经济刺激措施。

第一百○二条

国家应制定拨付相应经费以便对应该得到或需要得到的学生发放奖学金、补助金或其他经济资助的制度。

在同等条件下,应优先给予经济上最需要的人。

第一百○三条

共和国官办大学是自治的。承认其法人资格、自身财产以及管理这些财产的权利。它有权安排学生以及按照法律规定的程序任免其人员。其工作中应包括研究国家的问题和传播民族文化。对在各地区中心兴办的大学教育和在首都兴办的大学教育给了同等重视。

第一百○四条

为了实现大学有效地经济自治,国家向其提供为开办、运转和未来发展所必需的一切,并提供上条中提及的产业以及使其具备为增加上述产业所必需的手段。

第一百○五条

承认讲学自由,除大学章程出于公共秩序考虑而规定的限制外,不得有其他限制。

第一百○六条

对于学生在一切方面表现出的优异性要通过专门教育予以关切,此种专门教育应以科学研究和教育方针为基础。

第一百○七条

在公办学校中设天主教义课。但当学生的家长或监护人提出要求时,对学生而言,学习天主教义课和参加宗教仪式并不是必需的。

第一百○八条

国家应改进对具有本身文化模式的土著居民群落进行教育和改善的计划,以达到使他们积极参加公民活动。

第六节 健康、社会保险和社会救济

第一百〇九条

关心共和国居民的健康是国家的关键职能，个人作为集体的一部分，有权使其健康得到改善、保护、保持、康复和复原，并有义务保持健康。健康应看作身体上、精神上和在社会方面完全舒适。

第一百一十条

在健康方面，国家应首先把预防、治疗和恢复健康结合起来开展下述工作：

（一）推行一项通过改善适宜食品的供应、消费和生物利用以确保全体居民具有最佳营养状况的有关食品和营养的国家政策。

（二）通过对个人和社会团体的培训使其胜任对关于个人和集体在人体健康和环境卫生方面的义务和权利的知识进行普及。

（三）保护母亲、儿童和少年的健康，保障在妊娠阶段和哺乳阶段以及在儿童和少年的生长和发育阶段予以全面的照顾。

（四）通过改善环境卫生、改进饮用水的供给，以及对全体居民以集体或个人方式提供的免疫预防和治疗措施与传染病作斗争。

（五）根据各地区的需要，设立向全体居民提供综合保健服务和药品的机构。向经济困难的人们免费提供这些保健服务和药品。

（六）制定有关医药以及工业和劳动卫生的国家政策，规定和监督劳动场所应具备的保健和安全条件的兑现。

第一百一十一条

国家应推行一项可以改善国家全体居民所用药品的生产、供应、获得及其质量和检验工作的国家医药政策。

第一百一十二条

制定一项符合国家、社会和经济发展需求的人口政策是国家的职责。

第一百一十三条

人人都有权在丧失劳动能力或失业的情况下得到生活费用保险。社会保险服务由自治单位提供或管理。下列情况属于它的服务范围：疾病、孕产期、残疾、家庭补助、年迈、丧偶者、孤儿、被迫停工、劳动事故、职业疾病以及其他可作为社会预防和社会保险对象的意外事件。法律将根据需要作出设立此类服务项目的决定。

国家将建立社会救济和社会预防机构。它的基本任务是帮助那些依赖或缺少资金的阶层恢复其经济和社会地位。并对精神失常者、久病不愈者、贫困残疾者以及未参加社会保险体系的人们予以照顾。

第一百一十四条

国家可用公共和私人企业职工的赞助和加入股份设立补充基金以便在退休金方面改善社会保险服务。法律将制定这方面的条例。

第一百一十五条

政府的保健部门包括它的自治和半自治机构，在组织上和职能上都是一个整体。法律将对此作出规定。

第一百一十六条

公众有参与制定、执行和评价各种保健计划的义务和权利。

第一百一十七条

国家将制定一项全国性的住房政策，旨在使全体居民，尤其是那些低收入阶层能享受这一社会权利。

第七节 生态制度

第一百一十八条

保障居民生活在一个卫生的、无污染的环境中，它的空气、水和食物能满足人类生活适当发展的要求，是政府的基本任务。

第一百一十九条

国家和国境内的全体居民有义务在防止环境污染、保持生态平衡并使生态系统免遭破坏的情况下促进社会和经济发展。

第一百二十条

国家应及时地制定、监督和实施为保障陆地、河流和海洋动物以及森林、土地和水源得到合理开发和利用从而避免掠夺性开发使之得到保护、更新和长久存在所必需的措施。

第二百二十一条

法律将对非再生自然资源的利用作出规定，以防对造成社会、经济和环境的损害。

第八节 农业制度

第一百二十二条

国家应对农牧业部门的全面发展给予特别关注，鼓励对土地的充分利用，关注对土地的合理分配、适当使用和养护，以便使土地保持肥沃并保障所有农民过体面生活的权利。

第一百二十三条

国家不允许存在荒地、无收益的或闲置的土地，并调整农村的劳动关系以激发最大限度的生产率并促进对其收益的公正分配。

第一百二十四条

国家对农民区域和土著人区域给予特别关注，以推动他们在经济、社会和政治方面参与国家生活。

第一百二十五条

农业土地的正确使用,是所有者对区域应承担的义务,法律将根据其生态类别予以规定。以免对其生产潜力利用不足和造成生产潜力下降。

第一百二十六条

为了实现农业政策的目的,政府将进行下述工作:

(一)向农民提供必要的耕作用地,调整水的使用。对有要求的农民区域,法律可制定其集体财产的专门制度。

(二)组织信贷援助以满足农牧业活动的资金需要。尤其是那些缺少资金和缺乏组织的团体的需要;对中、小生产者要给予特别关照。

(三)采取措施确保产品具有稳定的市场和公道的价格并推动建立从事生产、工业加工、分配和消费的团体、公司和合作社。

(四)建立将农民和土著人区域与仓储、经销和消费等中心联接起来的通信和运输手段。

(五)开垦新的耕地并对这些新开垦土地以及由于新建公路而加入经济活动的土地,制定其占有和使用的条例。

(六)通过技术援助和加强组织培训、保护措施、技术改进以及法律规定的其他方式,鼓励农业部门的发展。

(七)开展对土地的研究以建立巴拿马土地的农业土壤学分类。

本条规定的发展政策,根据改进耕作的科学方法亦适用于土著人区域。

第一百二十七条

国家保障土著人区域为了获得经济和社会福利可保留必要的土地并拥有对这些土地的集体所有权。法律将规定为实现上述目的所应遵循的程序以及禁止私人占有土地的相应界限。

第一百二十八条

建立农业司法权,其法庭的组织和职能由法律规定。

第九节 公民防御部门

第一百二十九条

公民防御部门对宪法基本权利和保障措施予以保护,以及对国际协议中有关人权法规规定的保护,即使这些事实、行为和公职人员对有关公共服务以及相关的省略没有司法约束。

公民防御部门在公民辩护者的指导和负责下行动,该辩护者是由立法机构予以任命,任期五年,在该期间不被终止或撤职,除非根据上述法令规定,经国民议会全体成员三分之二多数票决定除外。

第一百三十条

公民辩护者的选举资格要求:

1. 出生在巴拿马;
2. 具有完全公民和政治权利;
3. 至少三十五岁;
4. 没有被判处五年或以上剥夺自由的严重罪行。
5. 具有高尚道德和公认的荣誉。
6. 与共和国总统、内阁议会成员、最高法院法官或共和国代理人具有四代以内血亲或二代以内姻亲。

第四章 政治权利

第一节 公民资格

第一百三十一条

所有巴拿马人,不分性别,凡是年满十八岁的都是共和国公民。

第一百三十二条

巴拿马公民拥有政治权利和出任具有领导权和管辖权公职的资格。

第一百三十三条

下列原因可导致公民权利行使的中止:

(一)本宪法第十三条所述的原因。

(二)依法被判刑。

第一百三十四条

公民资格的中止与恢复由法律规定。

第二节 选举

第一百三十五条

选举是所有公民的权利和义务。投票是自由的、平等的、普遍的、秘密的和直接的。

第一百三十六条

政府有义务保障选举的自由与公正。禁止:

(一)对民选职位的候选人提供直接的或间接的官方支持,即使为此所采用的手段是隐蔽的。

(二)在政府机构中开展政党的宣传活动和吸收党员。

(三)向政府雇员收缴用于政治目的的党费或捐赠,即使以自愿为借辞。

(四)阻碍或刁难公民获得、保存或由本人出示身份证的任何行为。

同样,禁止自因政治目的而雇佣的人员组成的私人部门的劳动者中索取配额、费用、捐税或折扣,即使这些劳动者自愿,也应予禁止。

法律将规定选举罪行的标准并规定相应的惩处。

第一百三十七条

政府官员被推选为民选职位候选人的条件,由法

第一百三十八条

政党显示政治的多元体制,促进民意的形成与表达,并且是参与政治的基本手段,但不妨碍按法律规定的方式自由提名。

关于对政党的承认和政党的存在,将由法律规定条例,在任何情况下,都不得规定政党在竞选总统、立法议员或区代表的选举中所得的赞成票数超过有效票数的百分之五为该党存在所必需的票数。

第一百三十九条

组建以性别、种族和宗教为基础的政党或组建旨在破坏政府的民主形式的政党是不合法的。

第一百四十条

政党有权在平等的条件下使用中央政府掌管的社会传播手段,并有权从所有政府部门索取和得到与其权限有关的任何方面的,但不涉及保密外交关系的信息。

第一百四十一条

国家对自然人和政党在竞选过程中所用经费可予以监督和赞助。对上述监督和赞助应由法律作出规定和制定条例,以确保对所有政党的或候选人的捐赠均等。

第三节 选举法庭

第一百四十二条

为保证民众选举的自由、诚实和有效,特成立一个自治法庭,承认其法人资格、本身的产业和管理这一产业的权利。它专门负责解释和执行选举法,对出生、死亡、加入国籍关系人们民事状况的其他法律事实和行为的注册工作进行领导、监督和检察;发放身份证和宣布选举过程的各阶段。

该法庭的管辖范围为整个共和国,由三名法官组成,其应具备的条件与对最高法院法官的要求相同,任期十年,分别由如下机构从不属于具有任命权的当局的那些人士中任命:一名由立法机构任命,一名由执行机构任命,另一名由最高法院任命。以同样方式每名正式法官任命两名候补法官,他们不得是选举法庭的官员。

选举法庭的法官对其在履行职责期间所犯过失或罪行要对最高法院负责,同样禁止本宪法规定最高法院法官并对其适用。

第一百四十三条

除法律授予的职权外,选举法庭具有下列职权,其中除第五款和第七款以及第十款规定外,由选举法庭专门行使:

1. 对出生、婚姻、死亡、归化入籍以及涉及人们民事状况的其他法律事实和行为进行注册,并对相应的注册作出应作的记录。

2. 发放人员身份证。

3. 制定、解释和执行选举法,并对执行过程中产生的争执予以处理。

4. 依据法律对有损选举自由与纯洁性的过失和罪行予以惩处。

5. 编制选民登记册。

6. 组织、领导和检察选民登记工作,并处理在这方面产生的争执、不满和控告事宜。

7. 办理申请移民与加入国籍的文件。

8. 任命选举机构的成员。在这些机构中应保证具有合法地位政党有代表参加。法律对此将作出规定。

9. 制定预算,并及时呈现给行政机关以便形成国家总预算。选举法院应在各种阶段支持草案。最终通过的预算将予以保障,为实现该目的需准备必要的资金。上述的预算就不与选举法庭履行职能的开支结合,也不和选举检察院的结合。资金和开支对指导选举程序是必要的,以及其他普遍商议。同样,对政党的资助和普选职位的独立候选人,在普选前夕,以及直到选举期间的末期,选举法庭将仅受到共和国审计长的事后监督。

10. 在其权限内对有关事项行使立法创议权。

11. 对选举犯罪法庭以及选举检察院的决定带来的案源和活动进行审理式受理。

对选举法庭所作决定的上诉只能向它本身提出,法律程序一旦履行完备,便是最终决定,是不可撤销的和必须执行的。但对有关违宪的上诉不在此限。

第一百四十四条

选举检察院是独立的和协助选举法庭的审理机构。

选举检察长由行政机构任命,须经立法机构批准,任期十年,应具备与出任最高法院法官相同的条件并受同样的限制,其职能是:

1. 维护公民的政治权利。

2. 监督政府官员的公务行为及其在选举方面的政治义务。

3. 对选举工作中的犯罪和违法事宜进行追究。

4. 履行法律规定的其他职能。

第一百四十五条

各级政府有义务服从并执行由选举管辖机构官员颁发的命令和决定,并向其提供为行使职权所要求的服从、合作和帮助。对在履行这一义务中发生的失职与疏忽均应按法律规定予以惩处。

第五章 立法机构

第一节 国民议会

第一百四十六条

立法机构由称为国民议会的机构组成,根据本宪法有关规定其成员自各党派提名和民众直接投票选举产生。

自由候选的形成是依据法律规定的资格和程序,将对尽可能适用的政党登记处的资格要求的人同等和同比例的提名。

第一百四十七条

国民议会将按照法律以及各选区按下列办法选出的七十一名立法议员组成:

1. 将实现单名一选区多代表选举选区,除了巴拿马区域是须超过三名代表以上。其他每个区域超过一名代表议员,其将由单一选举选区选举。

2. 选区应同登记选民的人数成比例。

3. 圣布拉斯特区乃达里宁省的地区应同本行准有效时选出的议员人数成比例。

4. 对选区的设立,将考虑国家政治行政分区,邻近地区,人口集中,邻近联系,交通和历史文化因素,作为选区议员代表数量考量的基本准则。

对每个议员代表将有相应一名替补者,其在正式议员当日同时选举,在其缺席时代替之。

对法律承认的政党首次商议后,选举法庭,在商议制度性框架内,准备并呈现给国民议会有关设立选区的法律案,其是作为按照宪法性标准所提供的,代表选举的基础。

第一百四十八条

议员代表在举行共和国总统、副总统例行选举的同一天选举,任期五年。

第一百四十九条

国民议会无须事先通知,本身有权在共和国首都每年举行八个月的会议,分为两次例行立法会议会期,各为四个月。上述两次例行立法会议会期分别从7月1日到10月31日和从1月2日到4月30日。

国民议会可以在国内其他任何地方举行,只要由其全体议员多数决定即可。

国民议会还可应行政机构的召唤,在它指定的期间举行特别立法会议,专门处理行政机构提交给它审议的事宜。

第一百五十条

国民议员应按国家利益行事,在国民议会中代表各自的政党及所属选区的选民。

第一百五十一条

政党可撤销它们所提名的正式议员代表和候补议员代表的资格,为此,应具备如下条件和手续:

1. 撤销理由与实施程序应为党的章程中所规定。

2. 其理由应涉及对党的章程以及对党的思想、政治或计划纲领的严重违反,且此种理由在提名之前业经选举法庭发布的决议所认可者。

3. 议员代表或者其替补者因恶意犯罪由法庭作出的发生效力的判罚五年以上自由刑,也可作为撤销的理由。

4. 当事人有权在其党内两级审理过程中进行申诉和辩护。

5. 党的关于撤销资格的决定须经诉讼决定,诉讼专门由选举法庭审理,党的这一决定具有停职的效力。

6. 对于撤销资格的申请,政党可以设立,优于设计过程,普遍的与相应选区当选人进行形式上商议。

政党还可撤销已经通过书面明确表示退党的正式议员代表和候补议员代表的资格。

选区的当选人可以要求选举庭撤销已被选举为正式议员代表和候补议员代表,通过规定满足该些条件和手续。

第一百五十二条

行使国民议会司法职权的会议,不论会议在何时举行,和该国民议会以何种方式召开,均称为司法会议。举行此种会议并不改变立法议会会期的连续性与持续时间,只有在议会对须审理的案件作出判决时会议才可结束。为行使其司法职能,国民议会无须预先通知,本身有权举行会议。

第一百五十三条

当选立法议员须具备如下条件:

1. 是因出生而成为巴拿马人的人,或者是因加入国籍而成为巴拿马人的人,但在获得巴拿马国籍后,须在国内定居满十五年者。

2. 是具有公民权的公民。

3. 选举时至少年满二十一岁。

4. 未曾因反政府罪被司法机构判处剥夺自由,亦未因破坏选举的自由与纯洁性而被选举法庭判罪。

5. 至少在提名之前的一年期间是本选区的居民者。

第一百五十四条

国民议会成员对其在供职期间所发表的意见和投票均不负法律责任。

第一百五十五条

国民议会议员可能会受到最高法院以刑事或治安理由的调查和指控。但不经国民议会批准则无效。

预防性监禁或其他预防措施将由最高法院予以决定。

议员代表可以受到民事控告,但是经最高法院事先批准不得对其财产宣布查封和采取其他预防措施,但是除家庭和劳工法确保义务的履行而采取的措施除外。

第一百五十六条

正式议员代表和在供职期间的候补议员代表不得接受任何有报酬的公职。如果接受,则将根据情况,产生议员代表或候补议员代表职位的绝对空缺。但部长、副部长、自治或半自治单位的总负责人或经理以及外交代表的任命除外,接受上述任命只在任职期间产生临时空缺。在公办学校和私立学校担当教师或教授工作可以与议员代表资格兼容。

第一百五十七条

议员代表领取法律规定的报酬,此项报酬将纳入国库账目,但增加报酬只能在通过决定的国民议会任期结束后兑现。

第一百五十八条

议员代表不得由本人或通过中间人与国家部门或与从属于国家的机构或企业签订任何合同,也不得接受任何人的授权与上述部门、机构或企业进行谈判。

下列情况除外:

1. 当议员代表对公用事业部门作个人使用或进行职业方面的使用时,或者与从属于国家的机构或企业进行此种性质的日常业务时。

2. 当涉及不属于股份公司性质,但某一议员代表是其合伙人的公司以投标方式与本条提及的任何一个部门或单位签订的合同时,该议员代表加入此种公司的日期应在当选议员代表职务之前。

3. 当股份公司经过投标或未经投标与上述部门或单位签订合同时,且一名或若立法议员在股份公司中所占的社会资本股份总共不超过百分之二十者。

4. 当立法议员在会期以外,或虽在会期内但经过允许从事律师职业时。

第一百五十九条

立法职能通过国民议会行使,这一职能在于颁发必要的法律,以实现本宪法宣布的国家宗旨和行使本宪法宣布的国家职能,特别是:

1. 签发、修改、修订或废除国家法律。
2. 签发执行机构呈报的工资总法。
3. 对执行机构签订的国际条约和协议,在批准前表示通过或否决。
4. 依据本宪法第九章规定,参与国家预算的通过。
5. 宣布战争,授权执行机构设置。
6. 宣布对政治罪实行大赦。

7. 划定和调整国家领土的行政区划。
8. 确定国家货币的成色、重量、币值、形态、类别和名称。
9. 对国家财产用于公共用途作出安排。
10. 规定捐税、租金和国家专营以满足公用事业的需要。
11. 在如下方面颁布执行机构、自治和半自治单位、国营企业和合营企业应予遵守的通用或专门条例(对合营企业而言,是在国家对其管理、财政或股份有控制权时);货款的谈判与签约;安排公共信贷;对国家债务的承认及其还本付息的结算;确定或修改关税、税费以及与海关制度有关的其他规定。
12. 根据执行机构的建议,通过设立部、自治单位、半自治单位、国营企业和其他公共机构确立国家行政机构,就政府的职能和事务在它们之间进行分工,以确保行政职能的效率。
13. 组织本宪法规定的公共服务机构;签发或授权签发社会契约、合营经济团体的章程和国家工、商企业的组织法,颁布与第十一章中规定的各专业相应的条例。
14. 对以国家或其某些单位或企业为一方的或涉及它们的契约,颁发与签订此种契约有关的条例。
15. 如果以国家或其某些单位或企业为一方的或涉及它们的契约的签订未经根据第十四款的精神事先作出规定,或契约的某些条款与有关批准法不符时,对上述契约批准或不予批准。
16. 当执行机构提出请求,且必须是有此必要时,可授予执行机构在国民议会休会期间通过法令法律行使的、明确规定的特别权力。授予上述权力的法律应专门说明上述法令法律所涉及的内容与目标,不得包括本条第三款、第四款和第十款中规定的内容,也不得包括对基本保障、选举、政党制度以及罪与刑的量定等的执行。授予特别权力的法律当下届例行立法议会会期开始时即到期失效。

执行机构为行使所授权力而签发的一切法令法律,都应报请立法机构,以便在颁布该项法令法律后第一次例行国民议会期间准予立法。立法机构可在任何时候自行废除、修改或不受内容限制地补充此类法令法律。

17. 颁发有关其内部制度的组织章程。

第一百六十条

国民议会的司法职能是处理对共和国总统和最高法院法官的起诉或告发事宜,如果确有其事,将根据其为行使职权作出的有损国家权力自由运行和违反宪法或法律的行为,对他们加以审判。

第一百六十一条

国民议会的行政职能如下:

1. 对其本身成员的委任证书进行审查,并确定其是否按法律规定的方式颁发的。

2. 接受或拒绝共和国总统和副总统的辞职请求。

3. 当共和国总统请假时给予准假,按本宪法规定批准他离开国境。

4. 对最高法院法官、国家总检察长、行政检察长的任命以及根据本宪法和法律规定须经立法议会批准的行政机构进行的其他任命给以批准或不予批准。

5. 任命共和国总审计长和共和国副总审计长。任命选举法庭法官以及根据本宪法为其规定的候补者。

6. 根据本宪法和内部章程的规定任命国民议会各常设委员会和对有关国家利益的任何事务进行调查的委员会,向全体会议提出报告以使其采取它认为适宜的措施。

7. 当国民议会认为国务部长对侵权行为或非法行为负有责任或对使国家利益受到损害的严重错误负有责任时,可对他们投不信任票。为了进行不信任投票,要求不少于半数的议员代表于辩论前六天用书面形式提出,获得议会的三分之二赞成票方能通过。

8. 在共和国总审计长的协助下,对执行机构向其呈送的财政总账予以审查、通过或明确责任。

9. 约请或要求由立法机构任命或批准的官员、国务部长,所有自治、半自治单位下属机构,国营工、商企业的总负责人或经理以及第一百五十九条第十一款中所述合营企业的领导人。令其就立法议会为更好地行使其职能或了解政府的活动所需要的、他们自己职权范围内的除第一百六十二条第七款中规定的情况提出口头或书面报告。当报告采取口头形式时,应至少提前四十八小时提出约请,并开列专门的书面问题提纲。汇报情况的官员应出席约定的会议并在会上发言。这不妨碍根据国民议会的决定可在以后的会议中继续进行辩论,但这种辩论不得涉及与专门的问题提纲无关的事情。

10. 恢复某些人失去的公民固有权利。

11. 根据本宪法规定,批准、修改或废除紧急状态法令和中止宪法保障的法令。

第一百六十二条

国民议会的所有委员会都由立法议会按保障少数派按比例分得代表的制度选出。

第一百六十三条

禁止国民议会:

1. 签发与本宪法的文字和精神相违背的法律。

2. 以决议方式介入由国家其他机构专门分管的事务。

3. 承认事先未经主管当局宣布的赔款由国库承担。对未按业已存在的一般法律明令规定的助学金、抚恤金、退休金、津贴或捐赠的支付款项进行表决。

4. 发布对人或团体进行流放或通缉的法令。

5. 煽动或强制政府官员采取指定的措施。

6. 进行按本宪法和法律不应归其办理的任命。

7. 要求执行机构通报向外交代表下达的指令或就秘密谈判提出报告。

8. 安排或批准未列入国家总预算的其他项目或方案,由执行机构明确宣布的紧急情况除外。

9. 将属于立法议会的职能中的任何一项转授他人。第一百五十九条第十六款的规定除外。

10. 对共和国总统的工作进行赞同或不信任的表决。

第二节 法律的制定

第一百六十四条

法律产生国民议会并分为:

1. 组织法,系为履行第一百五十九条第一款、第二款、第三款、第四款、第七款、第八款、第九款、第十款、第十一款、第十二款、第十三款、第十四款、第十五款和第十六款所颁布的法律。

2. 一般法,系就该条其余各款颁发的法律。

第一百六十五条

法律应由下列机构提出:

1. 组织法:

a. 由国民议会常设委员会提出。

b. 由国务部长根据内阁会议的授权提出。

c. 凡涉及颁发或修改国家法律事宜,由最高法院、国家总检察长和行政检察长提出。

d. 在选举法庭权限范围内。

2. 一般法:

a. 由国民议会的任何成员提出。

b. 根据内阁会议的授权由国务部长提出。

c. 根据省代表委员会的授权由省代表委员会主席提出。

所有上述官员都有在国民议会会议上发言的权利。对省代表委员会主席而言,当涉及由他们提出的法律草案时有发言权。

组织法需在第二次和第三次辩论中获得立法议会议员绝对多数的赞成票方可颁发。一般法只需得到与会议员的多数赞同票即可通过。

第一百六十六条

任何法案未按本宪法规定的程序经国民议会在不同日期的三次辩论中通过并经执行长官予以批准,均不得成为共和国法律。

上条所说的委员会进行的辩论是对一切法律草案的第一次辩论。

当立法议会的多数应某一成员的请求否决了委员会的意见并通过该法律草案时,该法律草案即可进入第二次辩论。

第一百六十七条

凡未被某委员会提出的一切法律草案,可由立法议会主席转交一个特别委员会,以便在一个大概的期限内予以研究和讨论。

第一百六十八条

被通过的法律草案应送交执行长官,若执行长官予以批准,则命令其作为法律予以公布。反之,即将其驳回国民议会。

第一百六十九条

行政长官可在最长不超过三十个工作日的期限内将任何草案驳回。

如果行政长官超过指定期限仍未将草案驳回,即不得不予以批准和颁布。

第二百七十条

被行政长官从整体上驳回的法律草案应退还立法议会进行第三次辩论。如仅是部分地被驳回,则可继续第二次辩论,其目的仅限于对提出的异议予以考虑。

如果立法议会在对异议加以考虑后,草案仍被组成立法议会的三分之二立法议员所通过,行政长官应予以批准并颁布,不得提出新的异议。如果未能得到上述议员人数的通过,草案即被否决。

第一百七十一条

当行政长官对某一草案提出不可行的异议,而国民议会又据大多数议员的表态执意要求其接受此项草案时,行政长官可将该草案转交最高法院,由其决定草案是否不合宪法,法院宣布草案符合宪法的裁决可强制行政长官批准该草案并予以颁布。

第一百七十二条

如果行政长官没有按照批准将法律予以颁布,根据规定的条件和期限,其将由国民议会主席批准并颁布。

第一百七十三条

所有法律应在其被批准后六个有效日内予以颁布,并自颁布之日起开始生效。法律本身规定自以后的日期生效者除外。一项法律的颁布时间不当,不能认为该法律违宪。

第一百七十四条

法律可以载明制定理由,并在法律正文之前采用下述格式:

"如下":

第六章 行政机构

第一节 共和国总统和副总统

第一百七十五条

根据本宪法规定,行政机构由共和国总统和国务部长组成。

第一百七十六条

共和国总统可独自行使其职能,亦可在有关部门的部长或内阁会议的全体部长的参与下行使其职能,或按本宪法规定的任何一种方式行使其职能。

第一百七十七条

共和国总统由民众直接选举产生,以得票多者当选,任期五年。还将与共和国总统一起以同样方式选出任期相同的一名第一副总统和一名第二副总统。他们将根据本宪法规定,在总统缺位时,接替总统。

第一百七十八条

当选为共和国总统或副总统的公民在随后的两个总统任期内不得再次当选同一职务。

第一百七十九条

当选共和国总统或副总统必须具备以下条件:

1. 因出生而成为巴拿马人的人。
2. 年满三十五岁。

第一百八十条

任何人曾被指控恶意犯罪由法庭判处剥夺五年以上自由刑的人不得当选为共和国总统或副总统。

第一百八十一条

共和国总统和副总统要在当选后的7月1日,当着国民议会,各自就职,并宣誓如下:"我向上帝和祖国宣誓,我将忠诚地执行共和国宪法和法律。"

不信奉宗教的公民在其誓词中可略去向上帝的祈求。

第一百八十二条

如因某种理由,共和国总统或副总统不能当着国民议会就职,可当着最高法院就职;如果没有可能,可当着公证人就职;如果没有公证人,可当着两名有资格的证人就职。

第一百八十三条

由共和国总统独自行使的职权有:

1. 自主任免国务部长。
2. 协调政府工作和国家机构。
3. 关注公共秩序的保持。
4. 采取必要措施使国民议会按宪法或法令规定的日期开会,法令系指召开国民议会特别会议的法令。
5. 每届会期之初,在例行会议的第一天提出政府工作咨文。

6. 由于认为法律草案不当或不可行而予以驳回。

7. 根据第一百八十六条宣布国务部长颁发的命令或规定无效。

8. 根据宪法或法律属于他的其他职权。

第一百八十四条

共和国总统在有关部长参加下行使的职权有:

1. 批准和颁布法律,遵守法律并关注其正确实施。

2. 按军队编制任命国家武装力量的长官和军官并决定对武装力量的使用。

3. 自主任免省长。

4. 向立法机构报告应由立法机构填补的职务空缺情况。

5. 监督国家税收的征收和管理。

6. 依据第十一章的规定任命有关人员,(这些人员应)担任不归其他官员或机构任命的任何国家职务或工作。

7. 向立法机构递交下一个财政年度的国家总预算草案,共和国总统就职日期与该机构会议开始日期相冲突时除外。在这种情况下,共和国总统应在国民议会会议最初的四十天之内递交。

8. 根据本宪法和法律规定签署提供公共服务和实施公共工程的行政契约。

9. 领导对外关系;签署官方条约和公约应交立法机构审议,派驻和接受外交代表和领事代表。

10. 对本宪法规定的服务部门进行领导,制定规章和进行检查。

11. 根据有关法律的规定任命自治和半自治公共单位以及国营企业的领导、经理和负责人。

12. 决定赦免政治罪,减免刑罚,给予普通罪犯假释。

13. 根据有关法律规定授予军衔。

14. 制订为更好地执行法律所需的法规,在任何情况下不得在文字上或精神上背离这些法律。

15. 在法律认为必要的情况下,允准国民接受外国政府职务的请求。

16. 行使宪法和法律赋予他的其他职权。

第一百八十五条

共和国副总统行使的职权有:

1. 当共和国总统临时缺位或绝对缺位时,依次接替他的职位。

2. 出席内阁会议,享有发言权,但无表决权。

3. 按总统确定的问题向其提供参考意见。

4. 陪同和代表共和国总统出席公共仪式、国内或国际会议,执行总统委派的特殊使命。

第一百八十六条

共和国总统的法令,除可由其独自施行者外,如未经对该法令负有责任的有关国务部长的副署,不得生效。

国务部长根据共和国总统指示签发的命令和规定具有强制性,只有总统因其违背宪法和法律才能使其无效,但不妨碍对其提出的诉讼。

第一百八十七条

共和国总统和副总统经过准假可以离职,不超过九十天时可由内阁会议准假,离职超过九十天时则需国民议会准假。

在共和国总统获准离职期间,他将由第一副总统接替,第一副总统缺位时,则由第二副总统接替。接替总统的人冠以共和国总统职务代理人的头衔。

当因某种理由总统空缺不能由副总统接替时可由各国务部长通过多数票选出一名具备担任共和国总统必备条件的部长行使总统职务,冠以代理共和国总统职务的部长的头衔。

本条及下条所规定的期限包括不办公的天数。

第一百八十八条

在下述每种情况下,共和国总统可不经请假离职而离开国境:

1. 为期至多不超过十天,无须经任何部门的允许。

2. 为期超过十天,但不超过三十天,并经内阁会议允许。

3. 期限超过三十天,并经国民议会允许。

如果总统离开时间超过十天,第一副总统将代行总统职务,第一副总统缺位时,则由第二副总统代行。代行总统职务的人将冠以共和国总统职务代理人的头衔。如果第二副总统不能代理则根据第一百八十二条规定由一名国务部长代理。

第一百八十九条

如果共和国总统绝对缺位,将由第一副总统在余下的总统任期内就任总统职务。

当副总统代替总统,则由一名国务部长代替行使副总统职务,其将通过多数票选举产生,且必须具备担任共和国副总统的条件。

当因某种原因总统的绝对缺位不能自副总统接替时,则可由各国务部长通过多数票选出一名具备担任共和国总统必备条件的部长行使总统职务,并冠以代理共和国总统职务的部长的头衔。

当至少在总统任期届满前两年产生总统和副总统绝对缺位时,代理总统职务的部长应在不迟于四个月的时间内组织总统和副总统的选举,以便当选公民在选举后的六个月就任,在任期所余时间内任职。有关命令至迟在上述代理的都在就职后八天内应予颁发。

第一百九十条

共和国总统和副总统的法定薪金可以更改,但这种变更只能在下属总统任期内实现。

第一百九十一条

共和国总统和副总统仅对下列情况负有责任:

1. 僭越宪法权限。

2. 发生于选举过程中的暴力或强制行为;阻止国民议会集会;妨碍国民议会或宪法规定的其他国家机构或政府行使职能。

3. 犯有危害国家的国际地位或危害政府的罪行。

涉及前两种情况,将受罢免或在法律规定的期限内不得担任公职的处分。涉及第三种情况,即援用普通法。

第一百九十二条

下列人员不得当选为共和国总统:

(一)因总统缺位应召就任总统职务并在临近选举涉及的任期前三年的任何时间内曾行使过总统职务的公民。

(二)曾在临近的前一届任期行使过职权的共和国总统或本条第一款提及的公民的四亲等以内的血亲或二亲等以内的姻亲。

第一百九十三条

下列人员不得当选为共和国副总统:

1. 无论何时曾经履职的共和国总统在举行其下属的副总统选举时。

2. 共和国总统的四亲等以内的血亲和二亲等以内的婚亲。在该共和国总统任期的下一任期内不得当选共和国副总统。

3. 在选举涉及的任期前三年的任何时间内曾以共和国副总统的身份稳定地行使过共和国总统职责的公民。

4. 上款提及公民的四亲等以内的血亲和二亲等以内的姻亲,不得在紧接该公民曾行使过共和国总统职务的任期的下一届任期内当选共和国副总统。

5. 共和国总统的四亲等以内的血亲和二亲等以内的姻亲。

第二节　国务部长

第一百九十四条

国务部长是各自部门的长官并根据本宪法和法律规定与共和国总统共同参与其职权的行使。

第一百九十五条

国务部长的事务依法根据其相关性进行分工。

第一百九十六条

国务部长应是因出生而成为巴拿马人的人,须年满二十五岁并不曾被法庭指控恶意犯罪判处剥夺五年以上自由刑的判罚。

第一百九十七条

共和国总统的四亲等血亲和二亲等姻亲以内的亲属不得被任命为国务部长,具有上述亲等的亲属关系的人不得成为同一内阁的成员。

第一百九十八条

国务部长应向国民议会亲自递交关于其所辖部的工作状况及其认为应予开展的改革的年度报告或备忘录。

第三节　内阁会议

第一百九十九条

内阁会议是由主持会议的共和国总统或总统职务代理人与共和国副总统以及国务部长的会议。

第二百条

内阁会议的职能如下:

1. 在共和国总统送交其审议的事务中以及在按宪法或法律的授权应当听取其意见的事务中起咨询机构的作用。

2. 与共和国总统商定需报请立法议会通过的、对最高法院法官、国家总检察长、行政检察长和他们的候补人员的任命事宜。

3. 依据法律规定,商定条约的签署、贷款的谈判和国家动产或不动产的转让事宜。

4. 与共和国总统商定总统在以国家为一方的有争议事务中可以作出让步或提交仲裁,为此需要国家总检察长的支持意见。

5. 依据本宪法第五十五条的规定,在其全体成员集体负责的情况下宣布紧急状态或中止宪法有关条款的实施。

6. 要求政府官员、国家机构和合营企业向其提供它认为必要和适宜的报告以便处理应归其审议的事务,约请政府官员以及后者的代表令其提供口头报告。

7. 根据第一百五十九条第一款所涉及的法律中规定的条例,进行贷款的谈判与签约;安排公共信贷,对国家债务的承认及其还本付息的结算;确定或修改关税、税费以及与海关制度有关的其他规定。当立法机构尚未颁发包含通用条例的一项法律或数项法律时,执行机构可行使此种职权并将其为行使这一权力所颁发的一切法令的副本呈递给立法机构。

8. 颁发内部制度的条例,并行使宪法或法律赋予它的其他职能。

第七章 司法行政机关

第一节 司法机构

第二百〇一条

司法行政是无偿的、通畅的和不间断的。任何诉讼的办理与进行均以一纸文件记录且不征收任何税项。

法官、审判官和法庭职员的空缺并不能中断各自法庭职能的连续行使。

第二百〇二条

司法机构包括法律规定的最高法院和各级法庭和法院。司法行政也可按照法律规定由仲裁机构行使。仲裁机构在其权限范围内受理并作出判决。

第二百〇三条

最高法院由法律规定名额的法官组成，根据内阁会议的决定任命，并应报请立法机构批准，任期十年。一名法官绝对缺位时，应通过对其任期剩余时间的新的任命予以填补。

每名法官有一名与正式法官相同方式任命的、任期相同的候补法官，他将依照法律在正式法官缺位时接替其职务。

每两年任命两名法官。由于组成法院的法官名额关系须任命两名以上或两名以下的法官的情况除外。当法院法官名额增加，将进行为此所必需的任命，有关法律将作出适当规定以维护分阶段任命的原则。

以下的不得被任命为最高法院法官：

1. 现在宪法期限内，担任行使共和国代表或替补代表职务职责。

2. 现在宪法期限内，担任行使行政机构管理和司法职位。

法律将法院划分为若干法庭，每一法庭由三位常设法官组成。

第二百〇四条

成为最高法院法官必须是：

1. 因出生而成为巴拿马人的人。
2. 年满三十五岁。
3. 享有完全民事和政治权利。
4. 有法学学位，大学学位证书已在法律指定的办事机构注册。
5. 无论从事律师职业或在司法部门或选举法庭担任过要求具有大学法学学位证书的任何职务，且年满十年者，或曾在大学中担任过法学教授者。

承认根据先前的宪法规定授予的担任最高法院法官的资格证书有效。

第二百〇五条

因恶意犯罪经法院宣布的即定判决判刑的人，不得在司法部门担当任何职务。

第二百〇六条

最高法院的宪法和法律职权中有下列各项：

1. 维护宪法的完整性。为此，对任何人根据实质或根据形式向它提出的关于法律、法令、决定、决议和其他法令违反宪法的谴责，法院全庭应进行了解并在国家总检察长或行政检察长出庭的情况下作出裁决。

当在审理过程中，负责审判的政府官员或诉讼的某一方发现用于该案的法律或条例规定不符合宪法时，应将该问题提请整个法院了解。但若上述规定为法院一方所宣布者除外，并继续进行这一工作，直至对此作出裁决。

作为诉讼手续，各方只能有一次机会提出上述问题。

2. 就国家、省、市镇公职人员和公共机构以及自治或半自治公法团体在履职时适用决议命令，其作为或不作为享有管辖权。为此，最高法院在有行政检察长出庭的情况下，可废除被指控为违法的决定，恢复被践踏的个人权利，制定新的规定以替代受到抨击的规定，并对某一行政决定的意义和范围以及它的法律价值在审理前预先表明意见。

由于上述决定、决议、命令或规定而受到损害的人，以及进行公共诉讼的定居于国内的任何自然人或法人，均可求助于行政诉讼司法权。

3. 为调查和确定代表，以达到调查的效果，最高法院应授权某机构负责调查。

法院在行使本条规定的职权时作出的裁决是最终的、决定性的、强制性的，并应在官方公报上予以公布。

第二百〇七条

对最高法院或其各庭的判决不得提出违宪和要求保护宪法权利的上诉。

第二百〇八条

正式法官和审判官不得担任任何其他公职，在大学教育机构教授法学的教师除外。

第二百〇九条

在法律规定的法庭和法院中，法官由最高法院任命，审判官由其上级任命。从属人员由法院或有关审判官任命。所有上述任命都要根据第十一章规定。

第二百一十条

法官和审判官在行使其职能方面是自主的，只服从宪法和法律，但下级必须服从并执行其上级根据合法上诉所作的撤销或修改他们原来所作决议的决定。

第二百一十一条

除非在法律规定的情况下并按照法律规定的手

续,法官和审判官在履行职务时不得予以解职、停职或调离。

第二百一十二条

凡在司法部门任职者,除参加投票选举外,不得以任何方式参与政治,除第二百〇八条的规定外,不得从事律师或商业工作,也不得兼任任何有报酬的职务。

第二百一十三条

最高法院法官的薪金和津贴不得低于国务部长,司法部门的任何解职均须在有关期限终了时方能实行。

第二百一十四条

最高法院和国家总检察长应提出各自的司法机构预算和检察机构预算并及时提交执行机构以便列入公共部门总预算草案。法院院长和检察长在上述各个阶段,均可维护各自的预算草案。

司法机构和检察机构的预算总共不得低于中央政府正常收入的百分之二。

然而,当这一数目超出为满足司法机构和检察机构的基本需要所要求的数目时,执行机构可将多余的部分加到中央政府预算草案的其他开支或投资项目中去,由国民议会作出适当决定。

第二百一十五条

被通过的诉讼法还应体现下述原则:

(一)手续简便,诉讼经济和避免形式主义。

(二)诉讼的目的在于承认基本法律所确定的权利。

第二百一十六条

除非按照主管司法当局为了审判他们而签发的书面命令,不得拘留和逮捕法官和审判官。

第二百一十七条

对于那些因经济情况自己无力得到法律咨询和辩护所需资金的人,法律设法通过为此而设立的官方机构或通过国家承认的律师职业协会予以提供。

第二百一十八条

建立陪审员制。应由这一制度作出判决的案件由法律确定。

第二节 检察机构

第二百一十九条

检察机构职能由国家总检察长、行政检察长、检察长、检察官以及法律规定的其他官员行使。检察机构的官员,可根据法律规定,经过授权行使国家总检察长的职能。

第二百二十条

检察机构的职权为:

1. 维护国家或市的利益。

2. 促进法律、司法判决和行政条例的遵守或执行。

3. 监督政府官员的公务活动并负责使全体官员圆满地履行他们的职责。

4. 对犯罪行为和违反宪法或法律规定的行为予以起诉。

5. 充当政府官员的法律顾问。

6. 行使法律规定的其他职权。

第二百二十一条

担任国家总检察长和行政检察长须具备与担任最高法院法官相同的条件,两者任期皆为十年。

第二百二十二条

国家总检察长的专门职能为:

1. 对应由最高法院审理的政府官员,向最高法院提出起诉。

2. 监督检察机构的其他官员忠实地履行其职责,并要求他们对所犯的错误或罪行承担责任。

第二百二十三条

第二百〇五条、第二百〇八条、第二百一十条、第二百一十一条、第二百一十二条以及第二百一十六条中对司法官员所作的规定,同样适用于检察机构的官员。

第二百二十四条

国家总检察长和行政检察长及其候补者的任命条件和禁项与最高法院法官的相同。

任何检察官暂时的空缺将由具有检察官资格的内阁大臣履行其职能,其将遵守职位的要求并由各自检察长予以暂时任命。

检察长和检察官由其上级任命。下属人员由各自的检察长或检察官任命。所有上述任命都要按司法专业衔级制度实施。

第八章 市和省的体制

第一节 区代表

第二百二十五条

每个区通过民众直接选举选出一名代表和一名候补代表,任期五年。区代表可无限期地连选连任。

第二百二十六条

成为区代表须具备下列条件:

1. 因出生而成为巴拿马人的人或在选举日前十年已最终获得巴拿马国籍者;

2. 年满十八岁;

3. 未曾因恶意犯罪被司法部门判处五年以上自由刑者;

4. 至少在邻近选举前一年已成为其代表的区的居民者。

第二百二十七条

代表资格将可因下述原因而丧失：

1. 自愿将居所迁往其他区。

2. 因犯罪而被依法判处。

3. 依据法律规定撤销代表资格。

第二百二十八条

在区正式代表席位出现暂时空缺或绝对空缺的情况下，由候补代表填补，当发生正式代表和候补代表的绝对空缺时，应在以后的六个月内举行选举，选出新的代表和相应的候补代表。

第二百二十九条

区代表不得被有关市任命担当有报酬的任职。违反此项规定将使任命无效。

得到在司法机构、检察机构或选举法庭任职的任命将使区代表席位出现绝对空缺；任命为国务部长、自治单位或半自治单位的长官、外交使团的团长和省长导致暂时空缺。

第二百三十条

区代表对他在行使其省代表委员会成员的职责时所发表的意见不负法律责任。

第二百三十一条

根据法律规定，区代表可获得由国库或市财政支付的报酬。

第二节 市的体制

第二百三十二条

市是在一个具内建立的社区的自治政治组织。市的组织是民主的，其行政性与地方政府基本上是一致的。

第二百三十三条

市，作为国家政治行政基本分区实体，有其自己的政府，民主自治，与公共服务规定相符，且成为法定公职，为了其境内的发展，促进公民参与，同样为了居民文化和社交的提高，还有履行宪法和法律规定的其他职能。

行政机构保障这些目的的实现，在公共权限和职能的推进范围内，巴拿马国将促进并实施自治的辅助性、衡平、同等、支持和效率的基本原则，还有考虑其地域，人口和市基础必要设施。

法律应该规定公共行政如何分配和转移其权限以及按照该标准转移资源。

第二百三十四条

市政府有责任执行和督促执行共和国的宪法和法律、执行长官的法令和命令以及普通法院和行政法院的决定。

第二百三十五条

市的任何公职人员都不得被国家行政当局停职或撤职。

第二百三十六条

当发生流行病、公共秩序严重混乱或因其他有关总体利益的原因，市的管理工作不足以应付时，国家应按法律规定的方式予以支援。

第二百三十七条

每个区域有一个称为市代表委员会的机构，由在该区域范围内选出的全体区代表组成。如果某区域设置的区不足五个，应依照法律规定的程序和代表比例制，通过民众直接投票选出必要的市政委员，使市代表委员会成员达到五名。

代表委员会在其内部任命一名主席和一名副主席。主席缺席时由副主席接替。

第二百三十八条

在民众的倡议下并通过市代表委员会的表决，两个或两个以上的市可申请合并为一个或为了共同的利益进行联合，有关程序由法律确定。

通过同样程序，一个省的市可以把它们的政权统一起来，建立共同的金库和共同的财政机构。在这种情况下，可成立一个市际代表委员会，其构成由法律规定。

第二百三十九条

公民对于委托给市代表委员会承办的事务有动议权和表决权。

第二百四十条

根据市的经济能力和人力资源，法律可规定哪些市将遵循专门财务制度，以便提供法律规定的服务。

第二百四十一条

每个区域有一名市长，是市政府的长官，还有一名副市长，均由民众直接投票选出，任期五年。

第二百四十二条

在不妨碍法律专门规定其他职能，下列可以被制定、修改、变更和废除市的协议或决议，市代表委员会的职权涉及：

1. 市长制作的市税收和开支预算案的通过或否决。

2. 市长提出的市行政组织的决定。

3. 市行政的管理。

4. 公共服务规定的其他形式和举行有关转让合同，与市公共职务组织相关。

5. 按照法律，对税、捐税、费和征收的消除或通过。

6. 市公共服务规定的消除或创立。

7. 对市代表委员会行使市职能的劳工的任命、停职和撤职。

8. 市长任命的市司库的批准。

9. 按照法律，属于地方自治权限内的事项。

在各自地方自治体内有效的市协议。

第二百四十三条

市长拥有下列职权：

1. 提出决定草案，尤其是税收和支出预算草案。

2. 遵照预算和会计制度安排地方政府的支出。

3. 遵照第十一章的规定，任命和撤换区长以及不归其他当局任命的市的其他官员。

4. 促进市社区的进步，并督促其公职人员履行职责。

5. 行使法律规定的其他归属任务。

第二百四十四条

市长依据其服务领取报酬，根据法律规定，该报酬将由国库或市司库支付。

第二百四十五条

与该区域以外无关的税收为市的税收，但是法律可规定例外情况使与县外有关的某些税收作为市的税收。据此，法律可规定国家的税收和支出以及市的税收和支出，将其适当分开。

第二百四十六条

除法律依据前条规定的来源外，下列各项也属于市收入的来源：

1. 其领域或公有地的收益以及其本身财产的收益。

2. 对使用其财产和服务所征收的费用。

3. 公开演出税。

4. 酒精饮料零售税。

5. 法律规定的砂土、石料、凝灰岩、黏土、珊瑚、碎石和石灰石采掘税。

6. 市政府施加的罚款。

7. 国家补贴和捐赠。

8. 木材加工税，森林开发和砍伐税。

9. 向牲畜出产市缴纳的牛、猪牲畜屠宰税。

第二百四十七条

市可创建开发其财富和服务的市属或合营企业。

第二百四十八条

国家不得对市的各种税费予以豁免，只有通过市的协议，市才能办理此事。

第二百四十九条

在行政机构事先授权的情况下，市可签订货款合同。其程序由法律规定。

第二百五十条

每个区设立一个社区委员会以促进集体的发展并负责其问题的解决。

社区委员会可行使自愿调解的职能以及法律赋予它的其他职能。

第二百五十一条

社区委员会的组成包括主持该委员会的区代表、区长以及按法律规定方式挑选出的居住于该区的四名公民。

第三节 省的体制

第二百五十二条

每个省有一名由行政机构自主任命和撤换的省长，他是行政机构在该省区的代表。各省长有一名候补者，也由行政机构任命。

省长的职能和责任由法律确定。

第二百五十三条

省管辖由法律规定数目的区域。

第二百五十四条

各省设省代表委员会，由本省的全体区代表和由制定其组织和工作章程的法律规定的其他成员组成。后者只有发言权。各省代表委员会从各自的区代表中选出它的主席和领导委员会并颁发内部章程。省长和各县的市长可出席省代表委员会的会议，有发言权。

第二百五十五条

在不妨害法律规定的其他职能的情况下，省代表委员会有如下职能：

1. 作为省长，省政府部门和一般地作为全国政府部门的咨询机构进行工作。

2. 要求国家和省市官员向其提供有关本省事务的报告。为此，当省代表委员会有所要求时，省市官员有义务亲自出席向它们提出口头报告。

国家官员可提出书面报告。

3. 每年要制订本省的公共工程、投资和服务计划供执行机构审议并监督其实施。

4. 对在本省提供的公共服务的状况进行监督。

5. 就它认为适当的省行政区域的变更事宜向立法议会提出建议。

6. 要求全国和省政府部门对有关本省利益的问题进行研究并制订有关方案。

第二百五十六条

省代表委员会每月在省会或在省代表委员会确定的省内地点召开一次例行会议；在主席召集时，或在不少于三分之一的成员要求时，可举行特别会议。

第九章 国家财政

第一节 国家的财产和权益

第二百五十七条

下列各项归属国家：

1. 国境内曾归属哥伦比亚共和国的财产。

2. 哥伦比亚共和国在由于对巴拿马地峡的领土行使主权而在国内外曾以主人身份拥有的权利和

股份。

3. 属于前巴拿马省的财产、租金、庄园、证券、税费和股票。

4. 荒芜和闲置的土地。

5. 可由国营企业或合营企业开采的地下财富，或根据法律规定其开采可作为租让对象或签订开采合同的地下财富。

已授予的采矿权利，如未按法律确定的期限和条件予以行使时，将归还国家。

6. 盐田、矿场、地下热水、碳氢化合物矿床、采石场，以及各种矿藏，不得为私人所有，但可由国家通过国营企业或合营企业直接开采，或可作为租让对象或签订其他合同由私有企业开采者。一切有关本款规定的不同开采方式由法律制定章程。

7. 可作为我国民族昔日见证的历史遗迹、文献和其他财富。如果上述财富，以某种名义为个人占有，其归还国家的手续由法律规定。

8. 建筑场所和建筑物，其利用、研究与收回均由法律确定。

第二百五十八条

下列各项归属国家并由公众使用，因此，不得为私人所有：

1. 领海、湖泊与河流及其分支和可航行河流的滩岸、港口和河口，在遵守法律规定条文的前提下，上述一切财富均可供共同利用。

2. 用于公共服务和各类交通通信的土地及水域。

3. 用于或由国家指定用于灌溉、水力发电、排水和导水管道等公共服务的土地和水域。

4. 空间、海底大陆架、邻湾的海底和地下。

5. 法律规定可以公用的其他财产。

在任何情况下，私有财产依照法令改作公用财产时，其主人应得到赔偿。

第二百五十九条

对开发土地、地下和森林以及对使用水域、交通通信或运输工具和兴办其他公用事业都要以谋求社会福利和公众利益为宗旨。

第二百六十条

国家的艺术和历史财富组成民族文化遗产并受国家保护，国家禁止对其破坏、出口或转让。

第二百六十一条

发行货币的权力属于国家，国家可按照法律规定的方式将此权力授予官方发行银行。

第二百六十二条

共和国境内不得有强制流通的纸币。

第二百六十三条

法律可设立作为国家监督的自治单位的官方或半官方银行，制定其章程并确定国家对此类机构所欠债务给予补助的责任。银行体制条例由法律规定。

第二百六十四条

在筹措公共资金和保护国民生产的需要范围内，法律尽可能地努力使纳税人负担的全部捐税与其经济能力成正比。

第二百六十五条

通过法律可建立对进口商品或国内不生产的商品的官方专卖作为财政措施。

在建立一项专卖，若由于此项专卖而使某个人不能从事某项工业或合法商业时，对其业务按本条所述条件而被征用的个人或企业，国家应预先予以赔偿。

第二百六十六条

本国工程的实施或修复、用国家及其自治或半自治单位或市的资金进行的采购以及出售或出租属于上述单位的财产，除法律规定的例外情况，均应通过公开招标进行。

法律将规定确保在一切招标中国家受益最大和中标完全公正的措施。

第二节　国民总预算

第二百六十七条

国家总预算方案的编制由行政机构负责，其审查、修改、否决或通过由立法机构负责。

第二百六十八条

预算是年度性的并应列入包括自治、半自治单位和国营企业在内的公共部门的全部投资、收入和支出。

第二百六十九条

行政机构要向国家的各个不同附属机构和单位进行预算协商。

立法议会预算委员会参加此类协商。

第二百七十条

行政机构编制的预算中，支出要与收入持平。

第二百七十一条

国民议会可取消和缩减已列入预算草案中的支出项目，用于公共债务还本付息、用于履行国家其他契约义务和用于法律事先批准的公共投资所需资金的项目除外。

不经内阁会议的同意，国民议会不得增加列入预算草案中的任何开支项目或列入新的开支项目，不经共和国总审计长的同意不得扩大收入估算。如果按照本规定，收入估算提高或某个支出项目取消或缩减，只要得到内阁会议的同意，国民议会即可将上述可动用的款项用于其他支出或投资。

第二百七十二条

如果国家总预算草案直至相应财政年度的第一

天尚未被表决，行政机构应以内阁会议决定将由其提出的草案予以通过并开始生效。

第二百七十三条

如果国民议会否决了国家总预算草案，上一财政年度的预算即被视为自动延期，直至通过新预算为止，被否决的预算草案中规定的有关公共债务还本付息、履行国家其他契约义务和为法律事先批准的公共投资拨款的项目也被视为自动通过。

第二百七十四条

对现行预算的任何追加借贷或特别借贷均应由行政机构提出并由国民议会依照法律规定方式予以通过。

第二百七十五条

财政年度中行政机构基本考虑了所有可使用的收入是弱于国家总预算所批准的全部开支总额，将采取调整开支计划，按照法律规定通过。

对立法机构和司法机构、公共部门、选举法庭、公民防御部门，共和国审计总局的预算等调整不得百分之百优于对国家总预算的调整，且会影响到所决定的开支。

第二百七十六条

国民议会不可制定法律，该法律撤销或改变包括预算在内的收入规定，在没有同时规定性的替代收入或增加收入的情况下，应向有关效率的共和国审计总局事先报告。

第二百七十七条

不得进行未能根据宪法或法律得到许可的任何公共支出，也不得把任何贷款拨给未列入有关预算中的项目。

第二百七十八条

所有公共资金的支出与收入均应纳入相应的预算并经批准。不得接受法律未规定的捐税收入，也不得支出来未列入预算的项目。

第三节 共和国审计总局

第二百七十九条

设立一个称为共和国审计总局的独立的国家机构，由一名称为总审计长的政府官员组任领导，由一名副总审计长协助，他们的任期与共和国总统任期相同，在任期内，非经最高法院根据法律确定的理由不得予以停职或撤职。两者的任命均应使其自每届例行总统任期开始后的1月1日起即开始履行职责。

担任共和国总审计长和副总审计长须是因出生而成为巴拿马公民的人，具有大学文凭，年满三十五岁以上并且未曾因反政府罪被司法机构判处监禁者。

第二百八十条

除法律规定者外，共和国审计总局的职能如下：

1. 掌管国家账目，包括内债和外债账目。

2. 对掌管公共资金和其他财产的所有行为予以监督、管理和检查，以便它们能按照法律的规定正确地进行。

审计局将确定在何种情况下对上述掌管行为既实行事先检查又实行事后检查，在何种情况下只实行事后检查。

3. 对管理、掌管或守护公共资金或其他公共财产的官员、单位或人员的账目进行审查、查账和结账。与刑事责任有关事宜由普通法庭负责。

4. 实行旨在确定涉及公共财产的业务是否正当的检查和调查，如发现问题，应作出相应的检举。

5. 要求有关政府官员就国家、省市、自治的或半自治的公共下属机构的以及国营企业的财政管理提出报告。

6. 规定和促进采取必要措施以便落实给予公共单位的信贷。

7. 根据情况，对影响到公共财产的违反宪法和法律的其他法令和行为，要求宣布其违宪和非法。

8. 规定本条第五款所述公共下属机构的簿记方式。

9. 向国民议会和行政机构汇报政府的财政状况，并对发放追加信贷或特别信贷的可行性和适宜性发表意见。

10. 领导并编制国家统计。

11. 根据本宪法和法律任命其所属部门的工作人员。

12. 向执行机构和立法议会提交有关其工作的年度报告。

13. 当依据认为不正常的现象对官员和经办工作人员的账目产生异议时，通过审计法庭，对他们的账目作出裁判。

第四节 审计法庭

第二百八十一条

审计司法的设立，在国境权限和管辖内，当事项的目的被指控不当时，对有关单位和雇员事项的审计作出裁判。

审计法庭将包括三个法官，一个由立法机构任命，另一个由行政机构任命，第三个由最高法院任命，任期十年。

审计法庭的设立与职能由法律规定。

第十章 国民经济

第二百八十二条

经济活动的开展主要由私人进行，但是，国家应根据社会需要并在本章规定的范围内加以引导、组织,使它们有章可循,并更新和开辟经济活动领域,以便增加国民财富并使国内尽可能多的居民的利益得到保障。

国家通过专门的机构或部门,对经济和社会发展进行规划,这些机构或部门的体制和职能由法律规定。

第二百八十三条

为了实现前条所述目的,法律将规定采取如下措施:

1. 成立自技术人员或专家组成的委员会,研究各种经济活动的条件和可能性并提出开展这些经济活动的建议。

2. 提倡创办按照本条第1项规定的建议进行经营的私人企业、建立国营企业并促进建立有国家参加的合营企业,可创办国营企业此以满足社会需要、公众安全和公众利益。

3. 建立信贷机构和开发机构或规定其他适当的手段为从事小规模经济活动的人提供便利。

4. 成立从事商业、农业、畜牧业和旅游业教学的、工匠行业和艺术行业并包括手工艺行业教学的以及从事专门工业工人和领导人培训的理论一实践机构。

第二百八十四条

国家可在法律制定的规章范围内对各类企业进行干预,以实现本宪法提倡的社会正义,尤其是为了下述目的:

1. 通过专门机构调节收费、服务工作以及各种商品,特别是生活必需品的价格。

2. 要求上段所述的服务工作具有应有的成效,商品具有适当的质量。

3. 协调服务工作与商品的生产。必需品由法律确定。

第二百八十五条

在国内经营的私营公益企业的大部分资本应当是巴拿马的,法律规定的例外情况除外,法律还应明确这些例外情况。

第二百八十六条

国家可通过自治或半自治单位或通过其他适当途径创办公益企业。同样,当对集体福利有必要时,如果每次都经法律批准,国家可通过征用和赔偿取得对私营企业的所有权。

第二百八十七条

在社会和经济发展程度有要求的领域或地区,国家可设立可推动部门或地区的全面发展,并能在市或跨市的代表委员会的合作下协调国家和市的计划的国家的、地区的或市的自治或半自治机构。对上述发展单位的组织、权限、经费和监督工作由法律规定。

第二百八十八条

对合作社加以扶助和监督是国家的责任,为此目的应设立必要的机构。对它们的组织、职能、承认和免费注册,法律将制定专门的制度。

第二百八十九条

国家将根据土地的潜在用途和国家发展计划对土地的适当利用进行管理,以保证它得到最佳的利用。

第二百九十条

任何外国政府、任何外国的官方或半官方单位或机构,对国家领土的任何部分均不能取得所有权,但当涉及符合法律规定的使馆所在地时除外。

第二百九十一条

外国的自然人或法人,或虽为本国人但其资本全部或部分系外国资本者,均不能获得距边界不足十公里处的国有或私有土地的所有权。

只有为了国家发展特定目的并在下述条件下才能转让岛屿领土:

1. 当其未被视为战略区域或保留给政府计划的区域时。

2. 当其被宣布为特别发展区域并且业已颁布了有关它的利用的立法时,但必须保障国家安全。

岛屿领土的转让不影响国家对公用财产的所有权。在上述情况下,应尊重本宪法开始生效前依法获得的权利;但对有关财产可以通过支付适量的赔偿费而在任何时候予以征用。

第二百九十二条

除第六十二条和第一百二十七条的规定外,不存在不能自由转让的财产和不能赎回的借据。然而,对转让权的临时限制以及中止或推迟赎回借据的条件或方式,可在最长达二十年的期限内有效。

第二百九十三条

下列人员才能经营零售商业:

1. 因出生而成为巴拿马人的人。

2. 在本宪法开始生效时,已经加入国籍并与男性或女性巴拿马国民结婚或者同男性或女性巴拿马国民生有子女的个人。

3. 加入国籍的巴拿马人虽不具备上述情况,但获得最终入籍证书已经过三年者。

4. 在本宪法生效前即依法从事零售商业的本国或外国法人或外国自然人。

5. 由根据本条有权以个人身份从事零售业的巴拿马人或外国人组成的法人,以及虽不符合上述要求但在本宪法生效时,正在经营零售商业的法人。然而,未获准从事零售商业的外国人不得加入出售自制产品的公司。

经营零售商业是指从事对消费者的销售工作、从事生产企业或商业企业的代表或代理工作或从事法律定为属于零售商业的任何其他活动者。

农民或手工业生产者出售自己产品的情况不在此列。法律将规定一套监督和惩处制度，以防止根据本条不得经营零售商业的人通过中间人或其他任何欺骗方式经营零售商业。

第二百九十四条

未包括在前条规定内的商业均为批发商业，所有自然人或法人均可从事此项工作。

然而，当有必要对巴拿马人经营的批发商业予以保护时，法律可限制外国人对此类商业的经营。但这种限制在任何情况下都不得对在有关规定开始生效生时正在合法经营批发商业的外国人造成损失。

第二百九十五条

在商业和工业中，禁止旨在限制或阻止自由贸易和竞争的，以及具有损害公众的垄断效果的一切联合、契约或任何行为。

仅由一个自然人或法人利用零售商店系统或网点使小工商业者的竞争破产或旨在消灭这种竞争的行为，属于此种性质。

对以建立垄断活动为目的的任何联合、契约或行为的实施，民众将向法庭提出控告。法律将对这方面作出规定。

第二百九十六条

法律将对狩猎、渔业和森林利用制定条例，以求确保其更新及其长期效益。

第二百九十七条

赌博和激发下赌注的活动只能由国家经办。

法律将对赌博以及可激发下任何种类赌注的一切活动制定条例。

第二百九十八条

国家应保障经济竞争的自由和参与市场的自由。

法律应规定模式和条件以保障该原则。

第十一章 公职人员

第一节 基本规定

第二百九十九条

暂时或长期被任命担任行政机构、立法机构、司法机构、市、自治和半自治单位的职务的人员，以及一般来说，接受国家报酬的人员，均为公职人员。

第三百条

公职人员必须具备巴拿马国籍，不分种族、性别、宗教或信仰以及政党。除本宪法在此方面的规定外，任何官方部门无权对他们的任免任意独断专行。

公职人员要遵守考绩制度；其任职能否长久，取决于他们在供职期间的才能、忠诚和品德。

第三百〇一条

根据本宪法规定的义务性民政服务，大学生和教育机构的毕业生在他们自由从事其职业或行业之前，要向社会提供暂时的服务。这方面的条例由法律规定。

第二节 人员管理的基本原则

第三百〇二条

公职人员的义务和权利及其任命、晋升、停职、调动、撤职、离职和退休的原则均由法律规定。

对专业系列人员的任命应根据考绩制度进行。

公职人员应亲自履行其职责并竭尽全力，他们应因此得到公正的报酬。

第三百〇三条

除法律规定的特殊情况外，公职人员不得领取由国家支付的两份或两份以上的薪金，不得在工作时间内兼职。

公职人员的退休金应以统计研究与合理的预算比例为其基础。

第三百〇四条

共和国总统和副总统、最高法院、普通和特别法庭的法官、国家总检察长和行政检察长、法官、国务部长、共和国总审计长、国民议会主席、选举法庭法官、审计法庭法官、选举检察长、公民防御部门、领导、自治单位的总负责人、国家和省级警察部队领导、受托雇员或职员，根据财政法应在开始和结束行使职责时宣誓说明其财产状况，必须以书面公开形式，在从业十日内和离开十日内作出说明。

公证人将无偿办理此事。

此项规定立即生效，不妨碍通过法律途径对此制定章程。

第三节 人员管理体制

第三百〇五条

依据考绩制度的原则建立如下公职人员衔级制度：

1. 行政专业衔级制度。
2. 司法专业衔级制度。
3. 教育专业衔级制度。
4. 外交与领事专业衔级制度。
5. 卫生保健专业衔级制度。
6. 军事专业衔级制度。
7. 家畜农业科学衔级制度。

8. 立法衔级制度。

9. 法律规定的其他专业的衔级制度。

法律将根据政府的需要规定这些专业系列的结构和组织。

第三百〇六条

官方下属机构将依据程序手册和职务类别手册进行工作。

第三百〇七条

下列人员不在公职人员的专业系列之内：

1. 由本宪法掌握其任命的公职人员。

2. 自治或半自治单位的正、副总负责人，被任命在法律规定的一定时间或固定任期内任职的公职人员或担任名誉职务的公职人员。

3. 直接为不属任何专业系列的公职人员担任秘书和服务工作的人员。

4. 具有领导权和管辖权的不属某一专业系列的公职人员。

5. 在各部或在自治或半自治单位从事季节性、代理性或临时性服务工作的专业人员、技术人员或体力劳动者。

6. 公职人员职务由劳工法规定。

7. 外交团长由法律规定。

第四节 一般规定

第三百〇八条

第二百〇五条、第二百〇八条、第二百一十条、第二百一十一条、第二百一十二条和第二百一十六条中包含的规定，应遵照本章中规定的原则执行。

第三百〇九条

公职人员不得由本人或通过中间人与他们工作所在的单位或机构签署为了赢利并且与其提供的服务无关的协议。

第十二章 国防与公安

第三百一十条

巴拿马共和国没有军队。

所有巴拿马人都有义务捍卫民族独立和国家领土的完整。

公共法令的维护，生命、荣誉和财产的保护，为防止犯罪行为的侵扰，在国家司法管辖范围内，法律应组织必要的警力，将管理与促进相分离。

面对内部动乱，为了保护边境和共和国司法管辖空间，可通过法律，暂时组织特殊警力。共和国总统是本章规定所有公务的领导；作为权力机构，须服务于人民权力，因此，他们应服从国家、省或市权力机构为行使其法定职责而发布的命令。

第三百一十一条

警察部队不是特意的，而且其成员不用作政治陈述或作个人或集体说明。他们也不得参与政党活动，除非获得投票。轻蔑该原则将受到立即撤职，同样该处罚由法律规定。

第三百一十二条

只有政府可拥有武器和作战物资。对于它们的生产、进口和出口，必须事先得到执行长官的批准。法律将规定哪些武器不应视为作战武器，并对它的进口、生产和使用作出规定。

第十三章 宪法的修改

第三百一十三条

提出修改宪法的动议权属于国民议会、内阁会议或最高法院，修改方案应按下列程序当中的一种予以通过：

1. 由国民议会成员的绝对多数经三次辩论通过一项立法法令。该法令应在官方公报上公布。并由行政机构在立法机构更新选举后的例行会议的前五天内将其递交国民议会，以便在这次新会期内重新加以辩论，且只经一次辩论由其成员的绝对多数在不经修改的情况下通过。

2. 在国民议会的一次会期内由国民议会成员的绝对多数经三次辩论通过一项立法法令，在紧接着的下次会期内同样经三次辩论由立法议会成员的绝对多数通过。在后一次会期内可修改上次会期内通过的法令文本，以这种方式通过的立法法令应在官方公报上公布并应通过公民投票接受民众的直接评议。公民投票应在立法议会指定的日期举行，应安排在自立法法令被第二届国民议会会期通过之日起的、不得少于三个月和不得超过六个月的期限之内。

根据上述程序的任何一种通过的立法法令。从在官方公报上正式公布之日起开始生效。这次公布应由执行机构根据情况分别在立法法令得到立法议会批准后的十个工作日内或在其经公民投票通过后的三十个工作日内办理。因违宪而推迟到上述期限之后方予公布不在此限。

第三百一十四条

新的宪法会被采取，通过类似修宪大会，可以行政机构作出召集决定，通过立法机构绝对多数的正式批准，或通过立法机构，由其全体成员三分之二赞成票或通过公民创议，要求决议前一年12月31日即登记的选民至少百分之二十签字，按照决定的钱一年的12月31日。在这一情况下，请愿者将需要遵守六个月选举法庭发布的规定的条件。

按照选举法庭接受提出的创议，从形成到决定作出召集选举修宪大会,在一段时期不少于三个月不多于六个月。选举的实行,类似修宪大会的正式形成将创造其特有的权利,只要选举法庭传递候选单给其成员。

类似修宪大会由六十各选民组成,将按照选举人口有比例地代表巴拿马各省市;另外党提名人,独立的候选人将被允许。为了这些效果,选举法庭将设立召集选举制度以适用修宪选举。

类似修宪大会将改革目前宪法的全部或部分形式,但是绝不作出决定采取溯及既往,也不变更其选举任期或任命职责,将在新宪法实施时履行其职能。类似修宪大会将在一个时期不少于六个月不多于九个月,完成其工作并上交选举法庭,以通过其新宪法文本,立即在选举法庭宣告栏发布。

新宪法法令的通过是按照该方法,提交给选举法庭在不少于三个月不多于六个月的时期内召集的公民投票,从其在选举法庭宣告栏发布开始算起。

宪法性法令的通过按照任何本条和第三百一十三条特别规定的程序,由行政机构在官方公报上发表,即完成生效。其在国民议会正式批准的十个工作日内或在公民投票通过的三十日内,视情况,在没有以上时期发布将导致无效。

第十四章　巴拿马运河

第三百一十五条

巴拿马运河的存在是巴拿马国家不可转让的祖传财产。其将永久公开且和平,对所有国家在运道上是可以不受阻碍的通行,且其适用将受制于本宪法、法律和其行政管理的规定要求和条件。

第三百一十六条

一个公法上的自治法人的设立由巴拿马运河机构提名,按照生效的宪法和法律原则的规定,恰当地依据巴拿马运河的行政、职责,维持和保持并使巴拿马运河机构及其相关的活动现代化。为了保障其职责处于安全、持续、有效和有利的状态,其将用其自身财产和权力去管理。

为了巴拿马运河机构按照其职责、维持和适用、保持以及巴拿马水资源责任,将包括湖里的水还有流通水流,由法律规定与国家机构相协调。建构性计划、取水、利用、扩大、发展其港口和任何其他工作或建构在岸边的巴拿马运河,将需要由巴拿马运河机构事先批准。

巴拿马运河机构将受制于税、费、费率、费用、捐税或准则的支付约束,或其国家性或是市级。第三百二十一条规定的社会保障资金、教育保障、专业危险和公共服务的速度除外。

第三百一十七条

巴拿马运河机构和所有制度和共和国有关海洋方面的机构,应执行国家海洋战略。

行政机构应向立法机构提出法案,协调所有这些制度,以促进国家社会—经济的发展。

第三百一十八条

巴拿马运河机构的管理将由一个包括十一个董事组成的指导委员会管理,其任命如下:

1. 一个董事由共和国总统任命,其将主持指导委员会且拥有运河事务的国务部长。

2. 一个董事由立法机构任命,将由其自由任命和撤职。

3. 九个董事由共和国总统任命,该任命经过内阁会议的同意且由立法机构通过绝对多数成员正式批准。

法律将对董事任职的要求作出规定保障本条第三项的董事的更替,每次三个,每三年一次。首先更替的所有董事任期是九年。

第三百一十九条

指导委员会将具有下列设施和职责,在不妨碍其他宪法和法律规定的情况下:

1. 任命或撤除运河行政管理者和下属管理员,并按照法律规定决定他们的职责。

2. 设置与运河服务使用有关通行费、费率和费用,但受制于内阁会议的最终决定。

3. 在法律规定的范围内,通过内阁会议的事先批准,进行合同贷款。

4. 授予巴拿马运河机构服务规定的权利和船只通行。

5. 向国会和内阁会议提议通过有关运河水产业限制的提案。

6. 私密的批准规定,有关一般原则的发展,由立法机构制定,行政机构提议。在国家海洋战略内,对有关合同的审查,交易和其他为了更好履行职责、维持、保留和使运河跟上时代等作出规定。

7. 实施所有本宪法和法律的规定。

第三百二十条

巴拿马运河将采取三年经济计划制度和管理,按照应由事实决断以批准的年度预算案,该案不在国家总预算的一部分。

巴拿马运河机构将呈现该内阁会议的预算案,按顺序交由国民议会审查斟酌,批准或是否决,按照本宪法第九章第二节的规定进行。

在该预算中,用于社会安全的捐税和公共服务的费率支付将被规定,同样转交由国家金库的剩余经济,其中运行的费用、投资、运作、维持、现代化和应对突发事件时采取的必要措施,均按照法律和规则的规定。

预算的执行将由运河和行政处管理,且由指导委员会监督,由其设计,且通过下一步的共和国审计总局进行管理。

第三百二十一条

巴拿马运河机构将按年度支付给国家金库,以巴拿马运河的每吨位上交费用,或者同样,基于船只受制于巴拿马运河通行费的支付。这些费用将由巴拿马运河机构作出规定,且不少于巴拿马共和国1999年12月31日所相应收缴的。

因为船只在巴拿马运河的通行,载客或载物,其船主、造船者以及相关功能的人,同样还有巴拿马运河机构将不会受制于任何国家和市的阻碍。

第三百二十二条

巴拿马运河机构将受制于基于绩效制度和采取维持最小的雇佣总计划的专门的劳工审查。待遇和劳工的权利与1999年12月31日存在的待遇和权利类似。对于工人和那些必须由专门基金在相应年度支付的,以及按照可适用的原则必要的决定的职位,按照最新的合议将保障其同等利益和待遇。

巴拿马运河机构将以更好的方式与巴拿马公民签订契约。组织法将规定外国工人的合同,以便于巴拿马雇佣待遇或生活标准不受侵犯。考虑到运河所提供重要的国际公共服务,它的职能将不受任何原因的阻止。劳工介于巴拿马运河工人和其行政机构的争议将由工人或工会与行政机构解决,按照法律规定的裁决模式。仲裁将是最后的行政请求。

第三百二十三条

本章所包含的体制将只由法律作出一般原则规定。巴拿马运河机构可以对这些体制作出规定,并在行使该职责时,在不超过十五个工作日内提供所有规定的副本,上交给立法机构。

第十五章 最后及临时规定

第一节 最后条款

第三百二十四条

本宪法自1972年10月11日起开始生效。

第三百二十五条

行政机构就水闸式运河、其毗连地区和运河的保护以及就建设一条海平面运河或建设另一条水闸式运河所签署的国际条约或协议须经立法机构批准并在批准后由全国公民投票决定。此类公民投票在立法机构批准后的三个月内不得举行。

涉及上述条约或协议的任何修改、保留或谅解,如不符合上段所述的要求都将无效。

此项规定同样适用于巴拿马运河机构建设一条海平面运河或建设另一条水闸式运河,无论是通过行政机构或通过与私人的或另外一个或数个国家的某个或数个企业所签署的任何协定。在上述情况,该些建议都将由行政机构事先同意并提交立法机构通过公民投票以待批准或否决。任何有关新运河的建设项目都将交由公民投票表决。

第三百二十六条

所有与本宪法相抵触的法律和其他法律规定均予废除。有关父权和抚养金的除外,其与本宪法相抵触的部分,自本宪法生效之日起,在不超过十二个月的期限内继续有效。

第二节 暂时安排

第三百二十七条

以下的暂时规定将被采纳,2004年立法令阐述的有关修改。

1. 作为一般规则,宪法规定的改革会立即实施,从其发布时,以下情况除外:

当暂时性规则规定一个具体的实施生效日期。

当1972年宪法的具体的章节被代替或修改,仍然暂时有效。

2. 创议有关的改变和普通立法的届满,将在2009年7月1日生效。

3. 选举法庭的法官在当前法官任期届满时被选举,将会在接下来任期被任命,由司法机构任命的,任期为六年;由行政机构任命的,任期为八年;由立法机构任命的,任期为十年,在这个制度设立的目的即是对选举法庭法官的任命。

4. 只要法律对审计法庭的规定还没作出和实施生效,所有存在的有关审计司法的原则和程序将继续有效。

当审计法庭履行其职责时,所有在审计总局的财政权限的程序是未定的,将转换为上述法庭的权限。

为了确保上述任命,审计法庭中的首任法官将由下列机关任命:由司法机构任命的,任期六年;由行政机构任命,任期为八年;由立法机构任命,任期为十年。

5. 民众选举2004—2009任期的职责包括2009年6月30日的任期。

6. 立法机构将任命形式委员会以命名并修改宪法条文以及各条文相应的序号。

7. 2004年《立法法》自民议会修改后十个工作日内在行政机构撰写的政府公报上公布之日生效。

8. 民众选举的职务的撤除将由宪法具体规定并在2009年选举中生效。

9. 公共职责,即那些由宪法预定的任命和在其改革时实施生效的职责,将被行使直到其任命期限届满。

第三百二十八条

本宪法没有反对的,巴拿马运河机构结合其存在1999年12月31日的巴拿马运河委员会的行政运营组织,包括其部门、职位、职务,原则的生效、规定和集体协议的生效,直到法律规定修改为止。

"源于1972年10月11日在巴拿马市,被各自修改为1978年10月5日和25日的1号和2号法令通过1983年4月24日的宪法法令;通过1993年1号立法法令和1994年2号立法法令以及2004年1号立法法令。"

巴西联邦共和国宪法[*]

（1988年经国民制宪会议通过，更新至2012年）

序 言

我们，巴西人民的代表，召集国民制宪会议，组建民主国家以确保社会和个人权利的行使。在国内和国际秩序中，确保自由、安全、福利、发展、平等和公正作为建基在和谐、包容的博爱、多元和不偏私社会的最高价值，确保和平解决争端，根据上帝的保护，将巴西联邦共和国宪法公布如下：

第一编　基本原则

第一条

经由不可分割的州、县、联邦地区联合的巴西联邦共和国是一个建基在下列事项上的民主国家：

1. 主权；
2. 国籍；
3. 人的尊严；
4. 劳动和自由贸易的社会价值；
5. 政治多元。

单独条款

一切权力源于人民，人民依照本宪法之规定直接或通过其选出的代表行使权力。

第二条

联邦机构由立法、行政和司法组成，其相互之间独立且和谐。

第三条

巴西联邦共和国的基本目标是：

1. 建立自由、公正且统一的社会；
2. 保障国家发展；
3. 根除贫困和不达标的生活条件，减少社会和区域不平等；
4. 促进一切人的福利，而无论其出身、种族、性别、肤色、年龄和其他歧视形式。

第四条

巴西联邦共和国的国际关系应依照下列原则管制：

1. 国家独立；
2. 普世性人权；
3. 人民自治；
4. 不干预；
5. 国家之间的平等；
6. 保卫和平；
7. 和平解决争端；
8. 拒绝恐怖主义和种族主义；
9. 为人类的进步要求人民之间的合作；
10. 认可政治避难。

单独条款

巴西联邦共和国为形成拉丁美洲国家社区，应寻求拉丁美洲人民的经济、政治、社会和文化统一。

第二编　基本权利和保障

第一章　个人和集体权利和义务

第五条

法律面前人人平等，保障巴西人以及居住在本国的外国人按照下列条件，平等享有生命权、自由、平等、安全和财产：

1. 男女根据本宪法之规定共同平等享有权利，履行义务。
2. 不得强迫或限制任何人做任何事，但经法律作出例外规定的除外。
3. 任何人不受酷刑、非人或有辱人格的对待。
4. 思想表达自由，但禁止匿名表达。
5. 确保回复的权利，赔偿金钱、精神损失或名誉损失。
6. 良心和信仰自由不受侵犯，确保宗教信仰自由，保护膜拜场所及其仪式。
7. 依照法律规定，在民用和军事场所提供宗教援助。

---

[*] 译者：陈鹏，胡婧。

8. 不得因宗教信仰或哲学、政治信仰而剥夺任何权利,但为履行法律规定的替代服务而强加义务的除外。

9. 智力、艺术、科学以及通信自由、独立。

10. 个人隐私、私生活、荣誉和名誉不受侵犯,保障因侵犯前述事项造成的金钱或精神损失获得赔偿的权利。

11. 住宅是个人不受侵犯的场所,未经居住者同意,不得进入住宅,但因现行犯、疾病、提供帮助或经法院命令的除外。

12. 通信和通讯、数据和电报秘密不受侵犯,但就后者,经法院命令,根据法律规定的情形和方式为刑事调查或事实认证的除外。

13. 依照法律规定的职业资质,劳动、贸易、职业自由。

14. 确保人人获得资讯,必要时,保护资源秘密。

15. 和平时期,国内迁徙自由,人人得依照法律规定进入、离开其居住地或在其居住地停留。

16. 人人有权在向公众公开的场地和平集会,若集会未干预其他事先同一场所的集会,则集会无须事先授权。

17. 为和平目的结社自由,但禁止准军事结社。

18. 依照法律规定,无须授权,设立社团和合作社,且禁止国家干预其运作。

19. 仅得因司法终审判决方可强制解散社团或中止其活动。

20. 不得强迫任何人加入或离开社团。

21. 明确授权时,在司法和司法管辖外,协会得代表其成员。

22. 保障财产权。

23. 财产负有社会义务。

24. 法律应为公众之需、公用或社会利益规定征收程序,以及适当且事先补偿,但本宪法作出例外规定的除外。

25. 出现即刻的公共危险时,主管机构有权使用私有财产,但得确保所有者事后就损失获得补偿。

26. 不得因生产活动产生的债务处置法律规定的小规模农村财产(即使该财产由家庭使用),且法律应规定资助其发展的措施。

27. 作者排他享有使用、公开、复制其作品的权利,法律规定的期间内,该权利得由其继承者继承。

28. 经法律规定,确保。

a)个人参与集体劳动、复制人类声像,包括体育活动。

b)创作者、行为者及其财团和协会监督其创作或参与之作品的经济使用权。

29. 根据社会利益和国家的技术、经济发展,法律确保工业发明创造者暂时使用特权,保护工业创造、商标所有权、公司名称以及其他明确的标志。

30. 保障继承权。

31. 为保障巴西配偶、儿童的利益,外国人在本国资产的继承应由巴西法律规制。

32. 国家应依照法律规定保护消费者。

33. 为私人利益或集体、一般利益,人人有权取得公共机构持有的资讯;该资讯应于法律规定的期间内获提供,但相关资讯的秘密性同社会安全和国家安全密切关联的除外。

34. 保障人人享有下列权利而无须支付任何费用。

a)请求公共机构捍卫权利、控诉非法使用或滥用权力的权利;

b)为捍卫权利、明确个人利益,自政府获得证明。

35. 法律不得因司法审查而排除损害或威胁权利。

36. 法律不得损害权利、无瑕疵的法律行为和已决事项。

37. 不得设立特别法院或法庭。

38. 依照法律规定,认可陪审团制度,确保:

a)充分辩护;

b)秘密表决;

c)裁决主权;

d)判决针对生命的故意犯罪。

39. 未经法律事先规定不为罪,未经法律事先规定不处罚。

40. 刑法不得溯及既往,但为了被告人之利益的除外。

41. 法律应处罚歧视对待基本权利和自由的行为。

42. 依照法律规定,种族主义为不许保释的犯罪,且未设例外情形,并应处以监禁刑。

43. 法律规定酷刑、非法走私麻醉药品和类似药品、恐怖主义以及被认定为凶残的犯罪不适用保释、特赦或大赦;教唆犯、执行犯以及能避免但未避免犯罪之人就犯罪负责。

44. 民兵或武装力量团体针对宪法秩序和民主国家的行为是不得保释的犯罪,不得适用限制规定。

45. 惩罚应同犯罪行为相适应,但依照法律规定,损害责任以及丧失资产的法令得适用于其继承者,且应同其继承的资产的价值成比例。

46. 法律规定惩罚的个人化,尤其规定下列事项:

a)剥夺或限制自由;

b)丧失财产;

c)处罚;

d)替代社会服务；
e)中止或剥夺权利。
47. 不得处以下列处罚：
a)死刑,但第八十四条第十九项规定的战时除外；
b)永久性质的处罚；
c)强制劳动；
d)驱逐；
e)酷刑。
48. 依照犯罪性质、罪犯年龄和性别分别确立刑罚。
49. 确保尊重被监禁者的身体和精神完整。
50. 确保女性监禁者在哺乳期养育子女的条件。
51. 不得驱逐巴西人,但依照法律规定,经归化取得巴西国籍者因归化前的普通犯罪行为,或证明其因非法走私麻醉药品和类似药品的除外。
52. 不得因政治或意识犯罪而驱逐外国人。
53. 不得由主管机构之外的机构审判任何人。
54. 未经正当法律程序,不得剥夺任何人的自由或财产。
55. 确保司法或行政程序中的当事人以及被告人享有辩护和充分辩护权。
56. 在诉讼中,不得适用通过非法方式获得的证据。
57. 未经终审判决,不得判决任何人犯罪。
58. 民事责任人不承担刑事责任,但法律作出例外规定的除外。
59. 若在法律规定的期间内,公诉机构未提起公诉,则私人就犯罪可提起控诉。
60. 法律仅得为捍卫私人或社会利益而限制程序行为的公开。
61. 非因现行犯、管辖司法机构的书面命令不得逮捕任何人,但依照法律规定,因军事犯罪的除外。
62. 应将被逮捕者以及监禁之地立即告知适当的法官、被逮捕者的家人或其委托之人。
63. 应告知被逮捕者享有的权利,包括保持沉默的权利,确保其享有家人和律师的援助。
64. 被逮捕者有权质询逮捕其或质询其之人。
65. 司法机构应立即直接释放遭非法逮捕之人。
66. 若法律允许临时的自由,无论是否支付保释金,则不得监禁任何人。
67. 不得因负债而民事监禁任何人,但因履行义务或因不适当的保管人而民事监禁的除外。
68. 若个人迁徙自由时,因非法或滥用权力,遭受或即将遭受暴力或压制,则应授予人身保护令。
69. 若因非法或滥用权力之当事人是公共机构或履行政府义务的法人团体,则应发布安全令,以保护人身保护令未提供保护之特定权利。
70. 集体安全令得由下列主体提供：
a)代表国民议会的政党；
b)合法组织和运作至少一年的团体、专业组织或协会,以捍卫其成员或协会利益；
71. 若因缺乏规则使得不能行使国籍、主权、公民身份固有的宪法权利和自由、特权,则应发布强制令。
72. 授予人身保护数据：
a)确保取得政府机构或公共性质的团体持有的记录或数据银行记录的请愿者的个人资讯；
b)通过秘密的司法或行政程序,纠正请愿者未纠正的数据。
73. 公民有权提起公益诉讼；若证明被告有不好信誉,则将免除原告的诉讼费、律师费。
74. 国家为确没有资金之人提供充足和免费的法律援助。
75. 国家赔偿因司法错误、违法超过判决监禁期间而造成损失之人。
76. 依照法律规定,就下列事项,为贫穷之人免除费用：
a)出生证明；
b)死亡证明。
77. 人身保护令和人身保护数据程序以及法律规定的履行公民身份的必要行为应免费。
78. 保障人人在合理的时间内通过一定方式终止司法和行政程序。
§1. 应立即适用规定基本权利和保障的规则。
§2. 本宪法规定的权利和保障不得排除享有源自本宪法规定的原则、国际条约规定的其他权利。
§3. 经国民议会两院议员五分之三投票通过的国际人权条约和公约的效力等同于宪法修正案。
§4. 巴西受国际刑事法院管辖。

第二章 社会权利

第六条

受教育、健康、护理、劳动、住宅、娱乐、安全、社会安全、保护母亲和儿童、援助贫困之人是本宪法规定的社会权利。

第七条

为提高其他社会条件,农村和城镇劳动者享有下列权利：
1. 依照规定离职金的补充性法律之规定,保护不受没有理由的任意解雇。
2. 就非自愿性解雇,享有失业保险。
3. 为长期服务提供保证金。

4. 提供法律规定的国家统一最低工资,以满足劳动者及其家人的基本生存、住宅、护理、教育、健康、娱乐、衣着、卫生、交通以及社会安全,保障定期调整最低工资以维持其购买力。

5. 根据劳动的强度和复杂性支付工资。

6. 不得减少工资,但因集体协议同意的除外。

7. 获取的可变动的补偿,保证不得低于最低工资。

8. 根据全额支付或抚恤金之数额支付 13 个月的工资。

9. 夜间工作获取的报酬高于白天工作的。

10. 依照法律规定,保护罪犯的工资。

11. 依照法律规定,参与报酬之外的利润的分配,参与公司管理。

12. 依照法律规定,给予低收入劳动者所扶养者以家庭津贴。

13. 正常劳动时间每日不超过 8 小时,每周不超过 44 小时。在工作日,允许通过协议或集体协议换班。

14. 轮班时,每日工作 6 小时,但经集体协议作出例外规定的除外。

15. 每周带薪休息,休息日主要是星期日。

16. 加班时,支付高于平时正常劳动报酬至少百分之五十的报酬。

17. 每年带薪休假,支付的报酬高于平时至少三分之一。

18. 带薪产假 120 日。

19. 依照法律规定,亲子假期。

20. 依照法律规定,通过特定鼓励,保护女性就业。

21. 依照法律规定,根据服务时间提前通知遭解雇。

22. 通过健康、卫生和安全规则,减少劳动中固有的风险。

23. 依照法律规定,为艰苦的、不健康的或危险的劳动提供额外的报酬。

24. 退休金。

25. 为未满 5 周岁之儿童提供免费学前帮助。

26. 认可集体协议。

27. 依照法律规定,提供自动保护。

28. 由雇主支付职业意外保险,包括由雇主因故意或疏忽承担的赔偿责任。

29. 因雇佣关系支付报酬的诉讼,诉讼时效 5 年,但终止劳动合同后,诉讼时效为 2 年。

30. 禁止因性别、年龄、肤色、婚姻状况,就相同的劳动支付不同的报酬。

31. 禁止在报酬和雇佣标准上歧视残疾劳动者。

32. 禁止区别手工、技术、脑力劳动者,禁止在相同领域内区别不同劳动者。

33. 禁止年满 16 周岁但未满 18 周岁者从事夜间作业、危险或不健康的工作,禁止雇佣未满 16 周岁之人,但年满 14 周岁者可担任学徒。

34. 长期雇工和自由职业者享有平等权利。

单独条款

保障国内服务人员享有本条第四项、第六项、第八项、第十五项、第十七项、第十八项、第十九项、第二十一项、第二十四项规定的权利,并整合社会安全体制。

第八条

依照下列规定,人人有权自由组成专业或联合协会:

1. 法律未要求国家授权组建财团,规定适当机构登记的例外情形,禁止政府干预联合协会。

2. 在同一地区,禁止设立一个以上代表专业或经济类别的联合协会。

3. 协会负责捍卫集体或个人权利、利益,包括参与司法和行政争议。

4. 一般集会应固定会费。

5. 不得要求任何人参与或继续参与协会。

6. 协会应参与集体协议的协商。

7. 退休人员有权在协会组织中表决以及被表决。

8. 作为协会成员的雇主不得因作为协会首脑或代表登记时遭开除;若其当选,即使其为候选者,雇主仍不得遭开除,直至其中止任职后经过一年,但法律规定存在严重过失者除外。

单独条款

依照法律规定,本条规定适用于农业协会以及渔业组织。

第九条

保障罢工权;劳动者决定是否罢工。

§1. 法律规定核心服务和职业,规定满足社区不得延迟的需求。

§2. 滥用授权的当事人应负刑事责任。

第十条

保障劳动者和雇员参与政府机构的合议团体,其中,其职业或社会安全利益获讨论和审议。

第十一条

若公司雇员超过 200 名,则应为促进同雇主之间的直接协商,确保雇员代表的选举。

第三章 国籍

第十二条

依照下列条件,成为巴西公民:

1. 出现下列情形,经出生取得:

a)出生在巴西联邦共和国,即使其父母为外国人,但其父母未在其国籍国提供服务;

b)出生在国外,其父母一方为巴西公民,且在巴西联邦共和国提供服务;

c)出生在国外,其父母一方为巴西公民,且其在适当的巴西政府机构登记,或在巴西联邦共和国居住,并在本人成年后选择巴西国籍。

2. 出现下列情形,经归化取得:

a)依照法律规定,取得巴西国籍;其出生国为葡萄牙语国家,在巴西境内连续居住满1年,且具有良好道德情操;

b)连续居住在巴西联邦共和国至少15年,且未有犯罪记录的外国人提出要求。

§1. 若给予巴西公民以互惠,则永久居住在本国的葡萄牙语国家之公民享有巴西公民固有的权利,但本宪法作出例外规定的除外。

§2. 法律不得区别因出生取得巴西国籍和因归化取得巴西国籍之人,但本宪法作出例外规定的除外。

§3. 下列职位仅得由经出生取得巴西国民者担任:

1. 共和国总统和副总统;
2. 众议院议长;
3. 联邦参议院议长;
4. 联邦最高法院院长;
5. 外交人员;
6. 武装力量官员;
7. 国防部长。

§4. 若出现下列情形之一,经宣告,丧失巴西国籍:

1. 因有害于国家利益的活动,经司法机构取消国籍;

2. 取得其他国家国籍,但出现下列情形的除外:

a)经外国法认可原始国籍;

b)外国法归化居住在国外的巴西公民使之在他国逗留或享有民权。

第十三条

葡萄牙语是巴西联邦共和国的官方语言。

§1. 巴西联邦共和国的象征是国旗、国歌、盾徽和国玺。

§2. 各州、联邦地区和县得保有其自身的象征。

第四章 政治权利

第十四条

依照法律规定,主权通过普遍、直接、效力相等的秘密表决,其形式包括:

1. 普选;
2. 公决;
3. 公民动议。

§1. 选民登记以及表决应遵守下列规则:

1. 必须年满18周岁;

2. 下列事项为非强制性条件:

a)文盲;

b)年满70周岁;

c)年满16周岁,但未满18周岁。

§2. 外国人不得登记表决,亦不得服兵役。

§3. 依照法律规定,满足下列条件:

1. 巴西公民;
2. 享有完全的政治权利;
3. 选民登记;
4. 在居住地区选举;
5. 隶属某政党;
6. 最低年龄;

a)参选共和国总统、副总统和参议员者,年满35周岁;

b)参选各州和联邦地区长官者,年满30周岁;

c)参选联邦、各州或地区代表、县长、副县长以及治安法官者,年满21周岁;

d)参选地区参议员者,年满18周岁。

§4. 未登记且为文盲者不符合选民资格。

§5. 共和国总统、各州和联邦地区首脑、县长以及其继任者得连任一次。

§6. 共和国总统、各州和联邦地区首脑以及县长参选其他职务前6个月应辞职。

§7. 共和国总统;各州、地方、联邦地区首脑;县长,以及选举前6个月内其继任者的配偶、直系血亲、两代以内姻亲或收养者不得在其职务管辖范围内参选,但其已担任选举职务的,有资格连选连任。

§8. 选民登记的武装力量成员符合下列条件者,有资格参选:

1. 服役不超过10年,未参与军事活动;

2. 服役超过10年,其上级解除其军事义务,若当选,则自动退休。

§9. 补充性法律规定不符合资格的其他情形和期限,以保护行政廉洁、职业道德以及选举的合法性。

§10. 选举法院在确认选举后15日内有权因滥用经济权力、腐败、欺诈质疑选举职务。

§11. 质疑选举职务的诉讼应秘密进行。若诉讼存在造假或不良信用情况,则依法由原告承担责任。

第十五条

禁止剥夺政治权利;仅得在出现下列情况时,方得丧失或中止政治权利：

1. 通过终审判决取消归化；

2. 无民事行为；

3. 有效的刑事终审判决；

4. 拒绝遵守第五条第八项规定的人人应该履行的义务或替代服务；

5. 依照第三十七条§4款规定的行政不正当行为。

第十六条

变更选举程序的法律自公布之日起生效，但不得适用于生效后1年内举行的选举。

第五章 政党

第十七条

在尊重国家主权、民主政体、政党多元和基本人权，并依照下列规定，得自由创设、合并、解散政党：

1. 国家性质；

2. 禁止接受外国团体、政府以及其下属机构的财政援助；

3. 向选举法院提交账目；

4. 依照法律规定行使立法职能。

§1. 依照政党的内部结构、组织、运作以及选出该政党的选举制度规定的标准，确保政党自治。政党法规定政党纪律和忠诚。

§2. 依照民法规定，政党获得合法地位后，政党应在高等选举法院登记其细则。

§3. 依照法律规定，政党有权自政党基金获得资源，享有自由的广播、电视时间。

§4. 禁止政党利用准军事组织。

第三编 国家的组织

第一章 政治—行政组织

第十八条

巴西联邦共和国的政治和行政组织包括联邦、州、联邦地区以及县，依照本宪法之规定，所有组织均为自治。

§1. 联邦首都是巴西利亚。

§2. 联邦地方是联邦的一部分，其创设、转为州，或重新整合入其原初所在的州应当由补充性法律加以规定。

§3. 州可以并入其他州，可以再划分，可以分裂以便并入其他州，亦可以形成新的州或联邦地方，前提是经由所有直接受其影响的公民全体投票通过，并经由国民议会依照补充性法律通过。

§4. 县的创设、合并、并入和拆解应当由州法在补充性联邦法律规定的时间内决定，并应在依照法律以公布或公开的方式披露县的可行性研究之后，经过前期磋商，由所有直接受其影响的公民全体投票通过。

第十九条

联邦、州、联邦地区和县禁止从事以下活动：

1. 创设宗教或教会，资助宗教或教会，阻碍宗教或教会的运作，或与宗教或教会或其成员保持依附关系或联盟关系，但依照法律为协助实现公共利益的情况除外；

2. 拒绝披露公共文件；

3. 在巴西人之间创设区别性或偏好性待遇。

第二章 联邦

第二十条

联邦的财产包含以下情形：

1. 当前属于联邦的财产，以及可能授予联邦的财产；

2. 依照法律规定，对于保卫国境而言乃属必要的占领地、军事设施与建筑、联邦通信线路与环保管线；

3. 联邦所有的湖泊、河流以及所有陆地上的水路，州际水域，作为与其他国家之边境线的水域，延伸至其他国家领土或从其他国家领土延伸而来的水域，以及毗邻的陆地及河滩；

4. 与其他国家边境区上的河流和湖泊中的岛屿、海滩、海洋中的岛屿和近海岛屿，但如果后者是县政府所在地，则只要该区域不受公共设施或联邦环保单位影响，便不属于联邦财产，第二十六条第二款所指涉的后者区域亦不属于联邦财产；

5. 大陆架和专属经济区内的自然资源；

6. 领海；

7. 潮汐土地和冲击形成的土地；

8. 潜在的水利能源选址地；

9. 矿产资源，包括下层土中的矿产资源；

10. 自然形成的地下空腔，考古及史前遗址；

11. 传统上由印第安人占有的土地。

§1. 州、联邦地区、县，以及联邦直接管理的机构依照法律的规定被确保能够在各自所属的领土、大陆架、领海或专属经济区内参与石油、天然气、水利能源以及其他矿产资源的开采结果，或者获得开采方面的财政补偿。

§2. 领土边界内宽度在一百五十公里以内的土地是边境地区，此一地区为防御国境所需，其占有及使用应由法律规定。

第二十一条

联邦有下列权力：

1. 维持与其他国家的关系，参与国际组织。
2. 宣告战争，和解。
3. 确保国防安全。
4. 根据补充性法律的规定，允许外国军队穿越国土，或允许其临时驻守。
5. 宣告戒严状态防御状态，以及发布联邦干预令。
6. 授权生产军事物资、授权交易军事物资，并对此实施监督。
7. 发行货币。
8. 管理国家的外汇储备，监督财政事务、保险和私人退休金计划，尤其是监督信贷、货币兑换以及资本化。
9. 筹备并执行整饬国家和地区领土，整顿经济和社会发展的计划。
10. 维持邮政服务和国家航空邮件服务。
11. 直接或通过授权、特许、许可提供电信服务，若法律对电信服务的组织、规制机构的创设和其他制度加以规定，则应遵守。
12. 直接或通过授权、特许或许可提供以下服务：

    a) 有声广播服务和影音服务；

    b) 电力能源的服务和设置，与潜在的水利能源选址地所在州合作利用水利能源；

    c) 航天航空，机场基础设施；

    d) 巴西港口间和国境间的铁路和水路交通服务，以及跨越州境或跨越地方（territories）边境的铁路和水路交通服务；

    e) 州际和国际高速公路交通的旅客服务；

    f) 海洋、河流和湖泊港口。

13. 组织并维持司法机关、联邦地区和地方公共部门、地方公设辩护处。
14. 组织并维持市民警察、军事警察、军事消防队，以自身的资金为联邦地区公共机构的运行提供财政支持。
15. 组织并维持国家的官方统计机构、地理机构、地质机构和测绘机构。
16. 为了便于观众选择，为公共娱乐及广播电视节目进行分级。
17. 决定特赦。
18. 为永久抵御公共灾害，尤其为抵御旱灾和水灾制定计划，并提升抵御水平。
19. 建立水资源管理的国家系统，明确授予使用权的标准。
20. 制定城市发展指令，包括住房、环境卫生和城市交通。
21. 为国家交通系统制定原则和指令。
22. 设置海事警察、机场警察及边境警察。
23. 负责任何性质的核能服务和设施的设置，对核能矿石及其副产品的研究、开采、加工、再生产、工业化及贸易实施政府垄断，但须遵从以下原则和条件：

    a) 国家领土内的所有和能活动必须被用于和平目的，且应获得国民议会的同意；

    b) 供研究、医疗、农业及工业使用的放射性同位素的交易与利用应采取许可制；

    c) 半衰期等于或小于两小时的放射性同位素的生产、交易和利用应当采取许可制；

    d) 核能损害的民事责任不以存在过错为前提。

24. 组织、维持并实施对工作条件的检查。
25. 以协会的形式设置挥矿和平矿的区域和条件。

第二十二条

联邦对以下事务享有专属立法权：

1. 民法、商法、刑法、诉讼法、选举法、土地法、海洋法、航空法、空间法及劳工法；
2. 征收；
3. 在面临急迫的危险及在战争期间实施民事和军事征用；
4. 水域、能源、情报、电信及广播；
5. 邮政服务；
6. 货币体系，度量衡、金属的检定和保护；
7. 信贷、外汇、保险和证券交易政策；
8. 外贸和州际贸易；
9. 国家交通政策的指令；
10. 港口及湖泊、河流、海洋、航空、航天制度；
11. 运输和交通；
12. 矿层、矿山、矿产资源和冶金；
13. 国籍、公民资格与归化；
14. 土著人口；
15. 出境移民、外来移民、入境、引渡和驱逐出境；
16. 国家就业体系的组织以及专业实习条件；
17. 司法机关、公共部门、联邦地区和地方公设辩护处及其管理体制的组织；
18. 统计、测绘及地质的国家系统；
19. 储蓄系统，获得公众存款及保护公众存款进行；
20. 康索西奥斯保险（consórcios）制度及彩票制度；
21. 军事警察及军事消防队的组织、人事、战争物品、保护、征募和动员的一般规则；

22. 联邦警察、联邦高速公路及铁路警察的管辖权；

23. 社会保险；

24. 国家教育方面的指令和出发点；

25. 登记公示；

26. 任何性质的核能活动；

27. 直接从事公共管理的机构、奥塔奇（autarchies），及联邦、州、联邦地区和县的基金会机构依照第三十七条第二十一款实施的所有类型的招投标以及合同的一般规则，以及公有公司及合资公司依照第一百七十三条第§1款之第3项实施的所有类型的招投标以及合同的一般规则；

28. 领土防御、空间防御、海洋防御、民防及国家动员；

29. 商业广告。

单独条款

可以由补充性法律授权州就本条所涉及的事务当中的特定问题立法。

第二十三条

联邦、州、联邦地区和县就下列事项拥有同等权力：

1. 确保遵守宪法、法律和民主制度，确保公共遗产得以保存；

2. 维护公共卫生，维持政府援助，保护残疾人；

3. 保护具有历史价值、艺术价值、文化价值的文献、作品和其他物品，保护历史遗迹以及卓越的自然风光和考古遗迹；

4. 防止艺术作品或其他有历史价值、艺术价值或文化价值的物品遗失、毁损，或特性改变；

5. 提供接近文化、教育、科学的措施；

6. 保护环境，消除任何形式的污染；

7. 保护森林、动物群及植物群；

8. 促进农业和畜牧产品的提升，组织食品供应；

9. 提升住房供给建设，提高生活条件和基本卫生水平；

10. 消除致贫以及边缘化的诱因，促进弱势群体与社会融合；

11. 就本区域内勘探、开发水资源和矿产资源的活动实施登记、监控和监督；

12. 设置并实施交通安全教育政策。

单独条款

应当借助补充性法律设立联邦、州、联邦地区和县的合作规则，以利于实现全国均衡发展和福祉。

第二十四条

联邦、州以及联邦地区就下列事务拥有同等立法权：

1. 税法、财政法、监狱法、经济法和城市规划法；

2. 预算；

3. 商事登记；

4. 司法鉴定费用；

5. 生产与消费；

6. 森林、狩猎、渔猎、动物群、自然保护、土地和自然资源保护、环境保护以及污染控制；

7. 历史遗产、文化遗产、艺术遗产、旅游遗产及风光遗产的保护；

8. 造成环境损害、消费者损害、财产损失以及造成具有艺术价值、美学价值、历史价值、旅游价值及风光价值的权利损害的责任。

9. 教育、文化、教学和体育；

10. 小额法院的设置、运作和程序；

11. 法庭程序；

12. 社会保险，卫生健康的保护和防御；

13. 法律援助与公设辩护；

14. 残疾人的保护和社会融入；

15. 儿童和青少年保护；

16. 市民警察的组织、保护、权力与义务。

§1. 在同等立法事务范围内，联邦的权力被限定于设立一般性规则。

§2. 联邦就一般性规则立法的权力并不排除州加以补充的权力。

§3. 如果不存在涉及一般性规则的联邦法律，则州应当就其自身的特殊性行使完整的立法权。

§4. 如果州法与联邦法律相抵触，则涉及一般性规则的联邦法律优先于州法。

第三章　联邦各州

第二十五条　各州由其所通过宪法的法律加以组织、控制，并遵守本宪法的原则。

§1. 未被本宪法禁止行使的权力由各州保留。

§2. 各州依照法律规定直接或通过特许提供管道煤气区域服务。禁止发布关于该服务之规制的临时措施。

§3. 各州可以通过补充性法律创设由相邻市政单位组成的大都市区、城市群和小型区域，以便整合其组织、规划以及关涉共同利益的公共职能的运作。

第二十六条

各州的财产包括：

1. 地表水和地下水，无论其出于流动状态、显现状态抑或储存状态，依照法律之规定，由联邦的工程造成的后一种情况除外；

2. 各州所属的海洋中岛屿和海岸岛屿区域，但联邦、县和第三方所属的除外；

3. 不属于联邦所有的河流和湖泊中的岛屿；

4. 不属于联邦所有的空置的政府土地。

第二十七条

州立法大会当中的代表数量应当3倍于州在国民议会当中的代表数量,一旦州立法大会中的代表数量达到36人,则应当按照该州在联邦国民议会当中超过12人的代表数量增加州立法大会的代表数量。

§1. 州代表任期四年,本宪法中关于选举制度、议员不可侵犯、议员免责、酬劳、职务丧失、请假、履职障碍和入伍的规定适用于州代表。

§2. 州代表的固定补贴应根据立法大会的倡导以法律的形式加以规定,最高不得超过联邦代表的百分之七十五,并遵守第三十九条§4款、第五十七条§7款、第一百五十条第二款、第一百五十三条第三款以及第一百五十三条§2款第一项的规定。

§3. 立法大会有权决定其内部规则、警察权以及秘书处的行政服务,并有权确定各机构用人。

§4. 法律应当规定州立法程序中的全民创制程序。

第二十八条

州长与副州长的第一轮选举应当于前任任职届满前一年的十月的第一个周日举行,如果需要进行第二轮选举,则应于十月的最后一个周日举行第二轮选举,州长与副州长于选举后下一年的1月1日起任职,任期四年,并应遵守第七十七条的规定。

§1. 若州长接受了其他直接或间接行使公共行政职能的职位或职务,则应失去州长职位,但经过公开竞争考试获得的职务除外,并应遵守第三十八条第一款、第四款、第五款的规定。

§2. 州长、副州长及秘书长的固定补贴应根据立法大会的倡导以法律的形式加以规定,并遵守第三十七条第十一款、第三十九条§4款、第一百五十条第二款、第一百五十三条第三款以及第一百五十三条§2款第一项的规定。

第四章 县

第二十九条

县应受组织法控制,该组织法应经过两轮间隔不少于10日的投票,由县立法会成员的三分之二通过,由县立法会公布,并遵守本宪法及相关州宪法所确立的原则,同时亦须遵守以下原则:

1. 县长、副县长及县议员任期四年,通过直接且同时举行的全县范围内的选举产生。

2. 县长与副县长的选举应当于前任任职届满前一年的十月的第一个周日举行,第七十七条的规定适用于县,选举人不超过20万人。

3. 县长和副县长于选举后一年的1月1日就职。

4. 县立法会的县议员数量应符合以下下限:

a) 居民人数在15000人以下的县有9名县议员;

b) 居民人数在15000人以上、30000人以下的县有11名县议员;

c) 居民人数在30000人以上、50000人以下的县有13名县议员;

d) 居民人数在50000人以上、80000人以下的县有15名县议员;

e) 居民人数在80000人以上、120000人以下的县有17名县议员;

f) 居民人数在120000人以上、160000人以下的县有19名县议员;

g) 居民人数在160000人以上、300000人以下的县有21名县议员;

h) 居民人数在300000人以上、450000人以下的县有23名县议员;

i) 居民人数在450000人以上、600000人以下的县有25名县议员;

j) 居民人数在600000人以上、750000人以下的县有27名县议员;

k) 居民人数在750000人以上、900000人以下的县有29名县议员;

l) 居民人数在900000人以上、1050000人以下的县有31名县议员;

m) 居民人数在1050000人以上、1200000人以下的县有33名县议员;

n) 居民人数在1200000人以上、1350000人以下的县有35名县议员;

o) 居民人数在1350000人以上、1500000人以下的县有37名县议员;

p) 居民人数在1500000人以上、1800000人以下的县有39名县议员;

q) 居民人数在1800000人以上、2400000人以下的县有41名县议员;

r) 居民人数在2400000人以上、3000000人以下的县有43名县议员;

s) 居民人数在3000000人以上、4000000人以下的县有45名县议员;

t) 居民人数在4000000人以上、5000000人以下的县有47名县议员;

u) 居民人数在5000000人以上、6000000人以下的县有49名县议员;

v) 居民人数在6000000人以上、7000000人以下的县有51名县议员;

w) 居民人数在7000000人以上、8000000人以下的县有 53 名县议员；

x) 居民人数在 8000000 人以上的县有 55 名县议员。

5. 县长、副县长和县秘书长的固定补贴应根据县立法会的倡导以法律的形式加以规定，最高不得超过联邦代表的百分之七十五，并遵守第三十七条第十一款、第三十九条§4款、第一百五十条第二款、第一百五十三条第三款以及第一百五十三条§2款第一项的规定。

6. 县议员的固定补贴应由各县议会在每一立法期为下一届县议员作出决定，并遵守本宪法和各组织法所确立的标准，同时亦须遵循以下上限：

a) 居民人数在 1 万人以下的县，县议员固定补贴的上限应为州代表固定补贴的 20%；

b) 居民人数在 10001 人以上、50000 人以下的县，县议员固定补贴的上限应为州代表固定补贴的 30%；

c) 居民人数在 50001 人以上、100000 人以下的县，县议员固定补贴的上限应为州代表固定补贴的 40%；

d) 居民人数在 100001 人以上、300000 人以下的县，县议员固定补贴的上限应为州代表固定补贴的 50%；

e) 居民人数在 300001 人以上、500000 人以下的县，县议员固定补贴的上限应为州代表固定补贴的 60%；

f) 居民人数多于 500000 人的县，县议员固定补贴的上限应为州代表固定补贴的 75%。

7. 县议员酬劳的总支出不得超过县收入的 5%。

8. 县议员在本县境内行使职权时的意见、言论和投票免责。

9. 本宪法关于国民议会议员禁止从事的行为和不得兼职的规定，以及各州关于立法大会议员禁止从事的行为和不得兼职的规定同等适用于县议员。

10. 在司法法院审判县长。

11. 组织县立法会的立法和监督职能。

12. 根据 5% 以上选民的声请，启动针对县、市或区特定利益的全民创制法案程序。

13. 根据第二十八条的单独条款，县长丧失任职资格。

第二十九 A 条

县立法会的所有支出，包含县议员的固定补贴，但不包括机动人员的支出，不得超过根据第一百五十三条§5款、第一百五十八条和第一百五十九条的规定在上一财政年度有效实现的税捐收入和税捐转移的以下比例：

1. 居民人数在 100000 人以下的县为 7%；

2. 居民人数在 100000 人以上、300000 人以下的县为 6%；

3. 居民人数在 300001 人以上、500000 人以下的县为 5%；

4. 居民人数在 500001 人以上、3000000 人以下的县为 4.5%；

5. 居民人数在 3000001 人以上、8000000 人以下的县为 4%；

6. 居民人数在 8000001 人以上的县为 3.5%。

§1. 县立法会的工资支出不得超过其收入的 70%，其中包括县议员的固定补贴；

§2. 县长的下列行为构成可被弹劾的犯罪：

1. 批准超过本条所设之限制的资金支出；

2. 至每月第二十日仍拒不发放或批准资金支出；

3. 发放资金数目小于预算法所规定的比例。

§3. 县立法会主席若无视本条§1款之规定，则构成可被弹劾的犯罪。

第三十条

县拥有以下权力：

1. 就关涉区域利益的事项立法；

2. 对可适用的联邦或州法加以补充；

3. 在管辖区域内设定并征收税捐，在法律设定的期间内将无偏颇地将其收入用于满足所提交的账目及临时资产负债表；

4. 依照州法创设、组织并撤销区划；

5. 出于区域利益的需要，直接或通过特许的方式组织并从事必要的公共服务，包括公共交通；

6. 维持学前教育和基础教育；

7. 同联邦和州开展技术和财政合作，从而为公众提供卫生服务；

8. 通过针对土地使用、分区和占有制定计划并加以控制，尽可能促进地域系统的提升；

9. 在服从联邦和州的立法与监督的前提下，促进对区域历史和文化遗产的保护。

第三十一条

根据法律的规定，由县立法会通过外部监督和县行政系统的内部监督体系实施对县的监督。

§1. 县立法会的外部监督应在州账目法院、州委员或县账目法院的协助下进行。

§2. 由适当的机构就县长提交的年度账目所发表的前期意见应当被通过，除非三分之二的县立法会议员反对。

§3. 每一年度的县账目应当对纳税人开放 60 日，以便纳税人查验并评估，所有纳税人均可依照法律质疑其正当性。

§4. 禁止创设县账目法院、账目法庭或账目机构。

第五章　联邦地区与地方

第一节　联邦地区

第三十二条

联邦地区不得被划分为若干县，联邦地区应受组织法控制，该组织法应根据两轮间隔不少于10日的投票，以立法院三分之二的多数通过，由立法院公布，并应遵循本宪法所确立的原则。

§1. 联邦地区拥有保留予州和县的立法权。

§2. 区长和副区长的选举应遵照第七十七条之规定，区长、副区长和地区代表的选举应与州长和州代表一致，任期亦相同。

§3. 第二十七条之规定适用于地区代表和立法院。

§4. 联邦法律应规定联邦地区政府使用市民警察、军事警察和军事消防队的情形。

第二节　地方

第三十三条

法律应当规定地方的行政与司法组织。

§1. 地方在可能的情况下可以被划分为若干县，并遵循本部分第四章的规定。

§2. 地方政府的账目应当提交国民议会，并附带联邦账目法院的前期意见。

§3. 居民人数多于10万的联邦地方除拥有本局本宪法任命的地方长官之外，亦应拥有初审法院、上诉法院、公共机构人员及联邦公设辩护律师；法律应当规定地方立法机关的选举及其决策权。

第六章　干涉

第三十四条

联邦不得干涉州或联邦地区事务，但下列情形除外：

1. 维护国家完整。
2. 抗击外国侵略，或抗击联邦的一个实体侵略另一实体。
3. 结束对公共秩序的严重威胁。
4. 确保联邦实体之政府的任一部门顺畅运作。
5. 当出现以下情形时，重新组织联邦实体的财政：

a) 连续两年中止偿还由政府设施或政府证券担保的债务，但因不可抗力造成的除外；

b) 未能在法律规定的时间内向县交付本宪法所确立的收入。

6. 规定联邦法律的实施、法院命令或判决的执行；

7. 确保以下宪法原则的遵守：

a) 共和制、代议制和民主政体；

b) 个人权利；

c) 县的自治；

d) 由公共行政部门直接或间接提交账目；

e) 在通过包括税收转移在内的州税收收入中，适用维持、发展教育以及公共卫生活动和服务的最小所需。

第三十五条

州不得干涉其所辖之县，联邦也不得干涉坐落于联邦地方的县，但以下情形除外：

1. 连续两年中止偿还由政府设施或政府证券担保的债务，但因不可抗力造成的除外；

2. 未以法律规定的方式提交所需的账目；

3. 未适用县收入当中用以维持、发展教育以及公共卫生活动和服务的最小所需；

4. 司法法院为确保遵守州宪法的原则，或为执行法律、法院命令或司法判决而受理代表诉讼。

第三十六条

发布干涉令应符合以下情形：

1. 当出现第三十四条第四款所规定的情形时，由立法机关或行政机关发出强制性或禁止性要求，或当强制性要求被施加于联邦最高法院时，由联邦最高法院发出命令；

2. 当出现不服从法院的命令或判决的情形时，由联邦最高法院、高等司法法院或高等选举法院发出命令；

3. 当出现第三十四条第七款规定的情形，以及拒绝执行联邦法律的情形时，由联邦最高法院受理共和国检察总长提出的代表诉讼。

4. 已废止。

§1. 干涉令应当明确其范围、期限和执行的条件，应当指定可能的实施干涉者，应当在24小时内提交国民议会或州立法大会加以考量。

§2. 如果国民议会或州立法大会并不处于会期中，则应在上述24小时内召集特别会议。

§3. 如果出现第三十四条第六款、第七款或第三十五条第四款规定的情形，则由于国民议会或州立法大会拒绝予以考虑，该干涉令应当被限定于暂停被挑战的法律或命令的执行，前提是该措施足以确保恢复常态。

§4. 如果干涉的原因消失，则除非存在法律障碍，否则从其职位上剥离的职权应当归位。

第七章 公共行政

第一节 一般条款

第三十七条

联邦、州、联邦地区和县的所有部门当中的直接或间接从事的公共行政皆应遵循合法、无偏私、守德、公开和有效率的原则,并应遵循以下规定:

1. 公共岗位、公共职业和公共职位对所有符合法律要求的巴西人开放,同时亦根据法律的规定向外国人开放。

2. 公共机构的就职和雇佣依据前期公开竞争考试确定,也可根据机构或职业的性质及复杂性,依照法律采取职业证书测试及比照的方式,但法律所宣告的允许自由任命和解职的委员会岗位除外。

3. 公开竞争考试的有效期最长为两年,可延长同等期限。

4. 在公开考试通知当中所宣告的不可延长期内,已通过公开竞争考试或通过职业证书测试及比照的申请者,在获得事务类岗位方面应当优先于新近通过的申请者。

5. 只由获得有效岗位的公务员担任的机密岗位,以及由符合法律规定的情形、条件和最小比例的事务类公务员担任的委员会岗位,只预留给从事管理、监督和评估工作者。

6. 公务员自由加入联邦协会的权利应被保障。

7. 罢工权应当以特别法律所规定的方式行使,并且应遵守特别法律所规定的限制。

8. 法律应当规定为残疾人预留一定比例的公共岗位和职位,并应确定雇佣标准。

9. 法律应当设定为满足特殊公共利益的临时需求而雇佣在固定期间内供职的人员的条件。

10. 第三十九条§4款所规定的公务员的酬劳和固定补贴只能由特别法律设定和修改,并应在个案中参考个人的主动性,确保一年一度进行总修订,修订日期应当永久保持统一,且不得在指标方面区别对待。

11. 公共岗位、公共职位的承担者,直接实施行政职能的部门、奥塔奇和公共基金会的雇员,联邦、州、联邦地区和县的所有部门的成员的酬劳和固定补贴;经由选举产生的岗位的承担者以及其他政治机构人员的酬劳和固定补贴;福利、养老金以及其他形式的酬劳,包括给予个人的利益或其他任何性质的利益,无论是否以多重方式获得,不应超过联邦最高法院院长的月固定补贴;在县一级,不得超过县长的月固定补贴;在州和联邦地区的行政部门,不得超过州长和区长的月固定补贴;在州和联邦地区的立法部门,不得超过州和地区立法部门议员的固定补贴;在司法部门,不得超过司法法院法官的固定补贴,司法法院法官的固定补贴被限定为最高法院院长的百分之九十点二五,该限制同样适用于公共部门、检察官和公设辩护人。

12. 立法和司法部门职位的补贴不得高于行政部门所发放的补贴。

13. 出于补贴公职人员的目的而将任何种类的酬劳予以关联或均等化均被禁止。

14. 政府雇员所获得的金钱收益的增长不得出于后续增长收益之目的而被计算或多重获益。

15. 除非基于本条第十一款和第十四款、第三十九条§4款、第一百五十条第二款、第一百五十三条第三款以及第一百五十三条§2款第一项之规定,否则公共职位的承担者和公共行业的从事者的固定补贴和收入不得减少。

16. 公共岗位的承担者不得获得多重收入,但若工作时间允许,则在遵守第十一款规定的前提下,存在以下例外:

a) 拥有两个教学岗位;

b) 拥有一个教学岗位和另一个科学技术研究岗位;

c) 作为管制性行业的卫生行业人士拥有两个排他的岗位和职业。

17. 禁止多重收入亦沿用于政府直接或间接控制其附属机构和公司的奥塔奇、基金会、公共公司、合资公司当中的职业和岗位。

18. 国库及其巡视员在其职权和管辖权范围内,依照法律规定享有相对于其他行政部门的优先权。

19. 唯有法律能够创设奥塔奇,授权组织公共公司、合资公司或基金会。在最后一种情形下,应由补充性法律确定其活动领域。

20. 无论何时,组织前款所列之单位的附属机构,或前款所列之单位加入私人公司,皆需要法律授权。

21. 除法律另有规定的情形外,公共工程、公共服务、公共物品购买及公共废弃物处置应当依法律规定经过公开招标签订合同,招标应确保所有投标人均享有平等条件,合同当中应约定付款义务,应维持招标的有效条件,法律应当仅允许在招标中设定对于稳妥履行义务而言乃属必要的技术或经济资格。

22. 联邦、州、联邦地区和县的税收行政是由拥有特定行业经历的雇员实施的对于国家的运作而言乃属必要的活动,在来源方面应当优先于实施其他活动,且应当作为整体实施行动,包括依照法律或协议分享纳税清册以及财政信息。

§1. 政府机构的行为、项目、工程、服务和竞选的公开应当具有教育的、信息的或社会的指向性，且不得包含代表政府官员或公务员个人提升的姓名、标志或图像。

§2. 违反第二款和第三款将依照法律导致行为无效以及对有责机构的责罚。

§3. 法律应当规定直接或间接公共行政的利用者的参与，尤其应作以下规定：

1. 对所提供的公共服务的总体投诉，以确保维持对参与利用者的服务以及对服务质量的定期内部和外部评估；

2. 利用者可以接近关于政府行为的行政登记和信息，并遵循第五条第十款和第三十三款；

3. 对公共行政岗位、职业和职位承担者玩忽职守或滥用职权的代表性监管。

§4. 行政人员的不忠诚行为将依照法律规定的形式和程度导致暂时停止行使政治权利、丧失公共岗位、冻结资产以及向国库返还财产，且不影响任何可适用的刑事诉讼。

§5. 若公职人员犯罪，无论其是否公务员，法律皆应当确定一定的追诉时效，但不影响提起返还诉讼。

§6. 提供公共服务的公法人和私法人应当对其人员在该法人职能范围内造成的对第三人的损害负责，该法人就故意实施不当行为的人员或有过错的人员保留代位求偿权。

§7. 法律应当规定在直接或间接行政部门当中拥有岗位或从事工作者接近机密资料的条件和限制。

§8. 直接或间接行政部门之机构和单位在管理、预算和财政方面的自治权可通过其负责人和政府签订协议的方式予以扩大，其目的应当是校正该机构或单位的行为目标，且应服从作出下列规定的法律：

1. 合同的存续期间；

2. 对其主管人员行为、权利、义务和责任的控制和评估标准；

3. 人员酬劳。

§9. 第十一款之规定适用于公共公司、合资公司及其从联邦、州、联邦地区或县获得资金支持以支付人员费用及一般支出的附属机构。

§10. 禁止在根据第四十条、第四十二条及第一百四十二条获得退休收入的同时，获得本宪法规定的承担公共岗位、职务或职位的酬劳，但法律规定的允许自由任命和解聘的选举委员会岗位除外。

§11. 本条第十一款所规定的酬劳限制不包含法律规定的具有补偿行政的给付。

§12. 出于本条第十一款规定之目的，州和联邦地区有权通过修改其宪法和组织法，在其职权范围内，作为单独的限制，确定其司法法院法官的固定补贴，该固定补贴被限定为联邦最高法院法官的百分之九十点二五。本款之规定不适用于州和联邦地区代表以及县议员的固定补贴。

第三十八条

下列规定适用于在直接行政部门、奥塔奇、基金会中担任经由选举产生的职务的公务员：

1. 在联邦、州或地区担任经由选举产生的职务者应当暂停在其职位、雇佣关系和岗位当中任职。

2. 被授予县长职位者应当暂停在其职位、雇佣关系和岗位当中任职，并可以选择获取酬劳。

3. 被授予县议员职位者，如果工作时间允许，则可以在其职位、雇佣关系或岗位当中获取利益，且不影响其就选举产生的职位获得酬劳；如果工作时间不允许，则应适用前款之规定。

4. 对于任何因履行经由选举产生的职位之职责而停岗的情况，除出于绩效评估之目的外，还应出于所有法律目的计算公共服务期间。

5. 对于因履行经由选举产生的职位之职责而停岗的情况，社会保险金额的计算应当等同于该人员在岗时的状况。

第二节 公务员

第三十九条

联邦、州、联邦地区和县应当组织关涉行政和人员酬劳的政策委员会，该委员会由各部门指派的公务员组成。

§1. 设定薪金和其他酬劳标准时，应当参考以下因素：

1. 构成每一职业的各职位的性质、担责程度以及复杂性；

2. 授职条件；

3. 职位的特质。

§2. 联邦、州和联邦地区应当为公务员的塑造和提升配备公立培训学校，公务员参加课程培训成为晋升的条件之一。应当允许联邦实体出于该目的签订协议或合同。

§3. 第七条第四项、第七项、第八项、第九项、第十二项、第十三项、第十五项、第十六项、第十七项、第十八项、第十九项、第二十项、第二十二项、第三十项款之规定适用于任职于公共职位的公务员和。若职位的性质需要，法律可以规定不同的许可条件。

§4. 政府部门的人员，经由选举产生的职位的承担者，联邦部长以及州和县的秘书长应当以固定补贴总额的方式单独获取酬劳。任何奖金、额外收入、奖励、嘉奖、津贴或其他形式的酬劳皆为禁止，在任何情形下都应遵守第三十七条第十款、第十一款之规定。

§5. 联邦、州、联邦地区和县的法律应当规定公职人员的最高和最低酬劳之关系,在任何情形下都应遵守第三十七条第十一款之规定。

§6. 行政、立法和司法部门应当公开公共职位和职务承担者的年度固定补贴和酬劳的数额。

§7. 联邦、州、地区和县的法律应当规定预算内资金的使用,以阻止各机构、奥塔奇、基金会在提升公共服务机构的质量和供应能力、公共机构的培训和发展、现代化、再整备和理性化方面节省经常性支出,其支出形式包括额外费用和提升供应能力的额外开支。

§8. 事务类公务员的酬劳应根据§4 款加以规定。

第四十条

在联邦、州、联邦地区和县及其奥塔奇和基金会中担任有效岗位的公务员应被确保参与共享保险和合伙社会保险机制,资金来源由各公共单位、在岗和非在岗公职人员及退休人员分摊份额,并应遵循维持财政和保险精算均衡的标准以及本条之规定。

§1. 本条所指涉之社会保险机制所覆盖的公务员之退休及相应收入之计算应当按照§3 款和§17 款规定的价值加以决定:

1. 对于永久残疾人士,其退休金应当与缴纳保险的期间成比例,但依照法律规定因严重疾病、传染性疾病或不可治愈疾病退休者除外。

2. 年满 70 岁应强制退休,其退休金应当与缴纳保险的期间成比例。

3. 若在有效公职岗位供职满 10 年这一最短期限,且在退休前岗位已供职满 5 年,则可自愿退休,但须符合以下条件:

a) 男性满 60 岁,且缴纳保险满 35 年,女性满 55 岁,且缴纳保险满 30 年;

b) 男性满 65 岁,女性满 60 岁,其退休金与缴纳保险期间成比例。

§2. 在批准退休之时,退休人员的退休收入及退休金不得超过其退休之时曾任职的岗位上相应公务员的酬劳,特别退休金的发放亦不得超过作为其参考的相应公务员酬劳。

§3. 在批准退休之时,依照法律规定,退休收入应当以本条及第二百〇一条规定的作为雇员缴纳社会保险之基础的酬劳为依据。

§4. 在为本条所指涉的保险机制的参与人发放特别退休金时,禁止在要求和标准方面施加区别对待,但根据补充性法律的规定,以下公务员除外:

1. 残疾人;

2. 参与高危活动者;

3. 在影响健康和机体完整的特殊环境中从事工作者。

§5. 对于能够表明其在学前教育、基础教育与中等教育的教学工作方面花费全部时间的教师,在符合§1 款第三项规定的前提下,其年龄和缴纳保险的要求可降低 5 年。

§6. 禁止在本条规定的社会保险体系当中获得多于一份的退休收入,但本宪法规定的可以从事多重岗位的情形除外。

§7. 法律应当规定特别死亡救济金的发放,其数额应符合以下要求:

1. 若在死亡之日已退休,则已故公务员救济金的总额可在第二百〇一条指涉的一般社会保险体系上限的基础上上浮百分之七十;或者

2. 若在死亡之日仍在岗,则于死亡之日在有效岗位供职的公务员的酬劳总额可在第二百〇一条指涉的一般社会保险体系上限的基础上上浮百分之七十。

§8. 为永久保持收入的真实价值,应当根据法律确定的标准对收入进行再调整。

§9. 应当出于退休目的而计算联邦、州或县的缴纳期间,并出于可用人之目的计算供职期间。

§10. 法律不得设定任何虚构的计算缴纳期间的方式。

§11. 第三十七条第十一款设定的限制适用于非在岗的全部收入,包括多重公共岗位或公共雇佣关系的非在岗收入以及其他应当纳入一般社会保险体系的活动的非在岗收入,亦适用于本宪法规定的多重岗位的非在岗酬劳的额外收入,以及法律所规定允许自由任免的委员会岗位以及选举产生的岗位。

§12. 除本条之规定外,在有效岗位供职的公务员的社保体系应当尽可能遵守一般社会保险体系的要求和标准。

§13. 一般社会保险体系应当适用于仅在法律规定的允许自由任免的委员会岗位供职的公务员,亦适用于其他临时的公共岗位或公共雇佣关系。

§14. 若联邦、州、联邦地区和县为非在有效岗位供职的雇员建立了补充性的社会保险体系,则联邦、州、联邦地区和县可以修正本条所指涉之体系所认可的退休收入和退休金的数额,其上限为第二百〇一条所指涉的一般社会保险体系对受益人设定的最高限额。

§15. §14 款所指涉的补充性社会保险体系应当在行政机关的倡导下由法律通过具有公共性质的封闭的补充性社会保险单位设立,该体系仅提供给特定缴纳收益计划的参加人,并在可能的情况下遵守第

二百〇二条及其款项的规定。

§16. 唯有先前明确行使过选择权,才能将§14和§15款的规定适用于在设立相应补充性社会保险体系的法案公布前开始从事公职的公务员。

§17. §3款所规定的所有被计入的酬劳之价值应当依照法律适时更新。

§18. 若本条所指涉的社会保险体系所赋予的退休收入和退休金超过了第二百〇一条指涉的一般社会保险体系所设定的上限,则应对其进行纳税评估,其百分比与供职于有效职位的公务员相同。

§19. 本条所指涉之公务员若达到§1款第三项a目所设定的自愿退休条件,且选择保持在岗,则应获得留职奖金,其数额与其社会保险缴纳数目相当,直至其达到§1款第二项所规定的强制退休条件。

§20. 禁止在有效岗位供职的公务员适用多于一套的社会保险体系;亦禁止在一州内拥有多于一个处理社会保险体系的单位,但第一百四十二条§3款第十项的规定除外。

§21. 若受益人患有法律规定的失去行动能力的疾病,则§18款规定的对退休收入和退休金的纳税评估仅及于超过本宪法第二百〇一条所指涉的一般社会保险体系所设定的上限的两倍的部分。

第四十一条

通过公开竞争考试被任命在有效岗位供职的公务员在实际供职三年后获得终身职位。

§1. 终身公务员只有在下列情形中方失去其岗位:

1. 因终审且不可上诉的司法判决;
2. 经由其获得辩护权被完全保障的行政诉讼;
3. 经由以补充性法律规定的方式进行的,其获得辩护权被完全保障的、定期的行为评估程序。

§2. 若对终身公务员的免职被司法判决宣告无效,则雇员资格应恢复,任何后续占有这一终身职位者应当回复至其原始岗位,且无权请求赔偿,或被安置于其他岗位,或被给予与其供职时间成比例的带薪休假。

§3. 如果终身公务员的岗位被撤销或被宣告为无必要,则其应当被给予与其供职时间成比例的带薪休假,直至被安置于适当的其他岗位。

§4. 通过特别行为评估是获得终身职位的条件之一,应出于此目的组织一个委员会负责该评估。

第三节 州、联邦地区和地方的军事人员

第四十二条

军事警察和消防队是建立在等级和纪律基础上的机构,其人员是州、联邦地区和地方的军人。

§1. 第十四条§8款、第四十条§9款,以及第一百四十二条§2、§3款适用于州、联邦地区和地方的军人,法律的规定亦适用于军人。应由特别法律处理涉及第一百四十二条§3款第十项规定的事项,由州长授予军衔。

§2. 各州级实体特别法律的规定应适用于州、联邦地区和地方的退休军人。

第四节 区域

第四十三条

出于行政目的,联邦可以协调同一社会和地缘经济复合体内的行动,以便寻求发展,减少区域间的不平等。

§1. 补充性法律应当规定:

1. 整合发展中区域的条件;
2. 依照法律执行包含在国家经济社会发展计划当中的、被同时批准的区域计划的区域组织之构成。

§2. 依法律之规定,区域激励措施尤其应当包括以下事项:

1. 关税、运费率、保险和其他政府负责的成本和收费事项的平等;
2. 财政优先活动的优惠税率;
3. 个人或法人联邦税的豁免、减轻或暂时缓缴;
4. 定期干旱的低收入区域的河流、水库和可控制水源的经济和社会性使用的优先性。

§3. 在§2款第四项指涉的区域内,联邦应当激励复原干旱贫瘠土地,并与中小农地所有人合作,在其土地上设立水源和小型灌溉设施。

第四编 机构组成

第一章 立法机构

第一节 国民议会

第四十四条

立法机构即国民议会,其由众议院和参议院组成。

单独条款

每一立法机构任期四年。

第四十五条

众议院由每个州、地方和联邦地区按比例选出的议员组成。

§1. 众议员以及每一州、联邦地区代表之人数应按照人口比例由《补充性法律》规定。选举前,人数应作必要的调整,因此,联邦各部分的众议员人数不

少于8名,亦不多于70名。①

§2. 每一地方应选出4名众议员。

第四十六条

联邦参议院由州和联邦地区按照多数决的方式选出的代表组成。

§1. 每一州和联邦地区应选出3名参议员,任期8年。

§2. 每一州和联邦地区的代表每四年轮换,分别重新替换选出三分之一代表和三分之二代表。

§3. 每一参议员当选时应同时选出其他两名替代者。

第四十七条

除非宪法作出例外规定,每一议院及其委员会的决定应由其议员绝对多数出席并经出席者多数投票作出。

第二节 国民议会的权力

第四十八条

经共和国总统同意,且不属于第四十九条、第五十一条和第五十二条规定的范围,国民议会有权就下列事项制定规则:

1. 税收体系,赋税征收以及收入分配;
2. 长期规划、预算指示、年度预算、信贷业务、公债以及货币发行;
3. 决定并变更武装力量部队数量;
4. 国家、区域以及地方发展规划和项目;
5. 国家领土边界、领空和海洋空间,以及联邦所有的资产;
6. 经议会两院审议后,决定领土或州的合并、分离或取缔;
7. 临时调动联邦议席;
8. 赦免;
9. 联邦和各地方的公共部门和公诉机构的行政和司法组织,以及公共部门和联邦地区的司法组织;②
10. 创设、变更并废止公职、雇佣职务和职位,遵守第八十四条第六项第b目之规定;
11. 创设并废止公共行政各部和机构;③
12. 电讯和广播;
13. 财政事项、外汇、资金事项、财政机构以及其他运作;

14. 金钱、限制货币发行以及联邦债务数量;
15. 依照第三十九条§4款、第一百五十条第二项、第一百五十三条第三项、第一百五十三条§2款之规定,决定固定补偿联邦最高法院各部门。④

第四十九条

国民议会享有下列排他权力:

1. 最终决定承担义务的国际条约、协议和法案;
2. 授权共和国总统宣布战争、和平、允许外国武装通过本国境内或在本国境内暂时停留,但《补充性法律》作例外规定的除外;
3. 授权共和国总统和副总统离境十五日以上;
4. 通过防御状态或联邦干预状态,授权戒严或中止前述状态;
5. 中止行政机构越权行为,中止立法代表的限制;
6. 临时调动其议席;
7. 依照第三十七条第十一项、第三十九条§4款、第一百五十条第二项、第一百五十三条§2款第一项之规定,为联邦众议员和参议院设定相同的固定补偿;
8. 依照第三十七条第十一项、第三十九条§4款、第一百五十条第二项、第一百五十三条第三项以及第一百五十三条§2款第一项之规定,为共和国总统和副总统设定固定的补偿;⑤
9. 审查共和国总统每年提供的账目,审议政府规划执行报告;
10. 直接或通过任一议院监控行政机构(包括间接行政)的法规;
11. 面对其他机构的立法权时,维护自身的立法权威;
12. 审查授予并延长广播、电视特许;
13. 选出联邦财政法院三分之二成员;
14. 根据核活动,通过行政动议;
15. 授权公决,召集公决;
16. 授权开发并使用水资源,在原始土地上勘探、开采矿藏资源;
17. 预先同意转让或认可面积超过两千五百公顷的公地。

第五十条

众议院和联邦参议院及其委员会有权召集联邦部长、直接隶属于共和国总统的首席官员就预决事项

---

① 经1993年12月30日《补充性法律》第七十八条修改。
② 经2012年3月29日第69号修正案修改。
③ 经2001年9月11日第32号修正案修改。
④ 经2003年12月19日第41号修正案修改。
⑤ 经1998年6月4日第19号修正案修改。

亲自作出说明。若相关人员没有充分理由未出现,则构成弹劾其的理由。

§1. 联邦部长有权根据其动议且经相关执行委员会同意,出席联邦参议院、众议院及其委员会报告同其部门相关的事项。

§2. 众议院和联邦参议院的执行委员会有权书面要求联邦部长或本条规定的其他部门之人提供资讯。若相关人员在30日内拒绝或不遵守相关要求,或者提供错误资讯,则构成弹劾事由。

第三节 众议院

第五十一条

众议院享有下列排他权力:

1. 经众议员三分之二同意,授权启动针对共和国总统、副总统以及联邦各部长的法律责难;

2. 若立法会期开始后六十日内,共和国总统未向国民议会提交账目,则着手获取总统账目;

3. 起草内部规则;

4. 依照预算指示法律规定的参数,规定其组织、运作、政策,职务、职位的创设、变更或废止,规定制定各自报酬法律动议。

5. 依照第八十九条第七项规定的方式,选出共和国委员会成员。

第四节 联邦参议院

第五十二条

联邦参议院享有下列排他权力:

1. 因相同性质的犯罪,弹劾共和国总统、副总统、联邦部长以及海军、陆军、空军指挥官。

2. 弹劾联邦最高法院院长、国家司法委员会以及国际公共部门委员会成员、共和国检察总长以及联邦诉讼总长。

3. 公开审议后,经秘密投票预先同意选出下列人员:

a) 根据本宪法之规定设置的法官;
b) 经共和国总统提名的联邦账目法院院长;
c) 地方长官;
d) 中央银行行长及主管;
e) 共和国检察总长;
f) 经法律决定的职位之持有者。

4. 秘密审议后,经秘密投票,预先同意选出固定的外交使团的首脑。

5. 授权外国财政收益转移至联邦、各州、联邦地区、地方以及县。

6. 经共和国总统提议,为联邦、各州、联邦地区以及县的公债设立总的数额限制。

7. 为联邦、各州、联邦地区、县以及其他经联邦管制的实体在国外和国内信贷交易设定总的限制和条件。

8. 就国内外信贷交易的联邦担保特许设定限制和条件。

9. 就各州、联邦地区、县的债务数额设定总的限制和条件。

10. 中止经联邦最高法院最终决定宣布违宪的法律之全部或部分之执行。

11. 经秘密表决的绝对多数通过,同意免去任期未届满之共和国检察长的职务。

12. 起草内部规则。

13. 依照预算指示法律规定的参数,规定其组织、运作、政策,职务、职位的创设、变更或废止,规定制定各自报酬的法律的动议。

14. 依照第八十九条第七项之规定,选出共和国委员会成员。

15. 定期评估国家税收体系的结构和组成,评估联邦、各州、联邦地区以及县税收管理的运作。

单独条款

若出现第五十二条第一项和第二项规定之情形,应由联邦最高法院院长主持,且仅得由参议院三分之二表决通过,方得移送联邦最高法院。若弹劾成功,则相关人员丧失职位后八年内不得担任公职,且不得损害可以适用的其他司法制裁。

第五节 众议员和参议员

第五十三条

众议员和参议员就其发布的意见、言辞和投票行为享有民事和刑事豁免权。

§1. 自就职之日起,众议员和参议员受联邦最高法院监督。

§2. 自就职之日起,国民议会成员不受逮捕,但因不许保释之现行犯罪逮捕的除外。此时,警察记录应在二十四小时内移送相关议院,之后,经相关议院议员多数表决通过监禁决定。

§3. 就职后,若参议员或众议员因犯罪被控诉,联邦最高法院应通知相关议院,经参议员或众议员所属政党动议,且经相关议院议员多数表决同意,相关议院有权在作出最终判决前中止相关案件审理。

§4. 执行委员会收到相关政党动议后,45日(不得延长)期间内,相关议院应要求中止审理。

§5. 中止诉讼期间,相关议员继续履职。

§6. 众议员和参议员没有义务证明其因职务获得或提供的资讯,亦不得披露提供或给予资讯之人的信息。

§7. 即使众议员和参议员服兵役且处于战时,召集众议员和参议员在武装力量中履行义务应获得其隶属议院的事先授权。

§8. 众议员和参议员的豁免应在戒严期间继续有效,且仅得因其在国民议会之外作出同执行议会义务不相容之行为时,经在隶属议院议员三分之二通过后中止豁免。

第五十四条

众议员和参议员不得:

1. 在选举之日:

a) 同公法人、国有公司、合资企业或公用机构签署或继续合同,但案合同符合标准条款的除外;

b) 在本款 a) 目中规定的团体中接受或继续带薪职务、职位或工作。

2. 就职后:

a) 成为因同公法人缔结合同或带薪职务享有特权的公司所有者、控制者、主管;

b) 在第一项第 a) 目规定的团体中任职;

c) 在第一项第 a) 目规定的团体中作为倡议者享有利益;

d) 担任一个以上公职。

第五十五条

若出现下列情形之一,众议员和参议院即丧失职位:

1. 违反第五十四条规定的禁止条款;
2. 宣布其行为同议会礼仪不相容;
3. 立法任期内,未出席在其所属议院常会之三分之一,但经授权获准不出席的除外;
4. 丧失或中止政治权利;
5. 选举法院根据本宪法之规定,发出命令;
6. 经终审判决证明犯罪。

§1. 另外,经内部规则规定的情形,滥用授予国民议会议员的特权,获准收受不当得利不符合议会道德。

§2. 出现本条第一项、第二项、第六项之情形,应由众议院或联邦参议院根据相关执行委员会或所属政党动议,经秘密投票,确保获得充分辩护后,分别由其议员绝对多数同意决定众议员或参议员丧失职位。

§3. 出现本条第三项至第五项之情形,应由相关议院执行委员会根据各自议员或其所属政党动议,确保获得充分辩护后宣布众议员或参议员丧失职位。

§4. 依照丧失职位的程序经立法者提议的辞职应在根据§2和§3款作出最终审议后生效。

第五十六条

若出现下列情形之一,众议员和参议员未丧失其职位:

1. 担任联邦部长、地方长官、国务秘书、联邦地区秘书、地方秘书、县长、外交使团首脑;
2. 因病或因无偿从事私人事务未出席相关议院会议,但在无偿从事私人事务时,每一立法会期间,未出席会议的期间不得超过120日。

§1. 若众议员和参议员职位出缺、从事本条规定的职务或未出席会议超过120日,则应召集其候补者。

§2. 若出现职位出缺,未有候补者,且距离任期届满超过15个月,则应举行补缺选举。

§3. 出现本条第一项规定的情形,则众议员和参议员有权选择带薪职务。

第六节 会期

第五十七条

国民议会每年应于2月2日至7月17日期间,以及8月1日至12月22日期间,在联邦首都开会。

§1. 若规定的会议安排日程恰逢周六、周日或节假日,则应顺延至下一个工作日。

§2. 立法会期未经预算指示草案同意不得中止。

§3. 若出现本宪法规定的其他情形,则众议院和联邦参议院应召开联席会议以决定下列事项:

1. 开始立法会期;
2. 起草普通法,规制两院服务的创设;
3. 接受共和国总统和副总统宣誓;
4. 认可否决并审议之。

§4. 任一议院应在第一个立法会期开始之年的2月1日召开预备会议,以召集议员,举行任期两年的执行委员会选举,禁止在下一届举行时就同一职位重复选举。

§5. 参议院议长应主持国民议会执行委员会,其他职位应由众议院和联邦参议院相应职位的担任者轮流任职。

§6. 出现下列情形之一,应分别由下列人员召集国民议会特别会议:

1. 若宣布进入防御状态或联邦干预状态,要求授权进入戒严状态且应由共和国总统和副总统作出宣誓,则由参议院议长召集;
2. 若出现紧急状态或关联公共利益,分别经国民议会两院绝对多数同意,则由共和国总统、众议院议长和联邦参议院议长或两院议员多数要求而召集。

§7. 召集特别会议时,国民议会仅得审议召集时宣布的事项,但出现本条§8款规定的情形时除外。禁止就召集特别会议支付补偿。

§8. 若临时措施在国民议会特别会议召开之日生效,则相关措施自动包括召集事项。

第七节 委员会

第五十八条

国民议会及其议院应设立常设和临时委员会,委员会根据议事规则规定组成并享有相应权力。

§1. 组成执行委员会时,要求政党或议会党团的比例代表。

§2. 组成享有下列权力的委员会:

1. 依照相关法律,讨论并表决法案;
2. 同市民社会团体一起举行公开听证;
3. 召集联邦政府部长以提供相应的资讯;
4. 接受任何人针对政府权力机构或公共团体之作为或不作为的请愿、诉求、诉愿;
5. 要求免去权力或市民身份;
6. 审查建设项目以及国家、区域和地方发展规划,发表意见。

§3. 议会调查委员会,其享有同司法机构享有相同的调查权、议事规则规定的其他权力,其由众议院和参议院议员三分之一要求经联合或分别组建,在规定时间内调查特定事实。若适当,其结论将被提交公共部门以决定是否追究相关人员的民事或刑事责任。

§4. 休会期间,国民议会应在立法会期最后一个常会上,由两院共同选出的委员会代为处理事务,其享有议事规则规定的权力,其组成应反映政党比例代表原则。

第八节 立法程序

第一目 一般规则

第五十九条

立法程序包括准备下列事项:

1. 宪法修正案;
2. 补充性法律;
3. 普通法;
4. 授权法;
5. 临时措施;
6. 立法法令;
7. 决议。

单独条款

补充性法律应规定法律的准备、减少、变更和合并。

第二目 宪法修正案

第六十条

宪法修正案应由下列人员提议:

1. 众议院或联邦参议院议员至少三分之一;
2. 共和国总统;
3. 联邦立法大会半数以上,每一大会经成员多数决通过。

§1. 联邦干预、防御状态或戒严期间,不得修改宪法。

§2. 经提议的修正案应获得讨论,并由国民议会两院分别进行两轮表决。若在两轮投票中,两院议员投票五分之三表决同意,则应审议通过修正案。

§3. 经众议院和联邦参议院执行委员会公布宪法修正案。

§4. 若宪法修正案旨在废止下列事项,则不得审议相关宪法修正案:

1. 联邦政府的联邦形式;
2. 直接、秘密、普遍、定期选举;
3. 分权;
4. 个人权利和保障。

§5. 不得在同一立法会期间再次提出提议未通过的宪法修正案。

第三目 法律

第六十一条

众议院、参议院或国民议会的议员、委员会,共和国总统,联邦最高法院,高等法院,共和国检察总长以及公民应有权依照本宪法规定的方式和条件动议补充性法律和普通法。

§1. 共和国总统就下列法律享有排他动议权:

1. 设定或修改武装力量军队数量。
2. 规定下列事项的法律:

a)在直接行政中创设公职或增加其报酬;

b)行政和司法机构、赋税和预算事项、公共服务以及地方行政人员;

c)联邦、地方和其他法定团体的公务员、人事任命、任期和退休;

d)联邦公共部门和公诉部门的组织以及政治规则;

e)依照第八十四条第六项之规定,创设并废止公共行政部门和机构;

f)武装力量及其人事任命、晋升、任期、补偿、改革调动。

§2. 公众动议经全民公决中至少百分之一签署的法律草案报告移送众议院,全民公决时,分配给至少五个州,且应获得被分配的各州中每百分之一选民中至少十分之三的同意。

第六十二条

在相关紧急情况中,共和国总统有权以法律通过临时措施;相关措施应立即提交国民议会。

§1. 就下列事项不得发布临时措施:

1. 同下事项相关:

a)国籍、公民身份、政治权利、政党和选举法;

b)刑法、刑事程序和民事程序;

c)司法和公共部门的组织,以及其成员的职业生涯和保障;

d) 长期规划、预算指令、预算和补充信贷,但第一百六十七条§3款规定的除外。

2. 处理财产、公众储蓄、其他资产的扣留或没收。

3. 保留补充性法律。

4. 经国民议会通过,但经共和国总统否决或等待共和国总统同意的法案中规定的事项。

§2. 在本财政年度最后一日写入法律的、涉及创设或增加赋税的临时措施仅得在下一财政年度生效,但第一百五十三条第一项、第二项、第四项、第五项以及第一百五十四条第二项规定的除外。

§3. 除非本条§11款和§12款作出规定,若临时措施在60日(可依照本条§7款之规定延长一次)内未写入法律,则临时措施应自其发布之日失效。国民议会负责经法令规制因临时措施引起的法律关系。

§4. 本条§3款规定的期间自临时措施公布之日起算。国民议会休会期间应中止该期间。

§5. 国民议会两院就临时措施的审议应依赖符合宪法要求的先行判决。

§6. 若自临时措施公布之日起算,45日内未审议临时措施,则临时措施应进入紧急事项。之后,应中止国民议会两院以及议院的其他一切立法审议直至临时措施获得最终表决。

§7. 若临时措施在其公布之日起算60日期间内未被提交国民议会两院最终表决,则临时措施的效力得延长60日,且仅得延长一次。

§8. 临时措施应在众议院获第一次表决。

§9. 临时措施分别经众议院和参议院全体议员审议前,众议员和参议员的联合委员会有义务审查临时措施,有义务就临时措施发表意见。

§10. 同一立法会期期间,禁止再次提交经否决或失效的临时措施。

§11. 若临时措施经否决或失效后,60日内未发布本条§3款规定的立法法令,则根据临时措施或行为构成的法律关系继续有效,且受临时措施规制。

§12. 若变更或修改临时措施的原文的法案经通过,则临时措施继续有效直至通过获否决变更或修改法案。

第六十三条

提议支出的增加不得允许出现下列情形之一:

1. 共和国总统排他动议的法案,但第一百六十六条§3款和§4款规定的除外;

2. 就众议院、联邦参议院、联邦法院和公共部门的行政服务组织相关的法案。

第六十四条

就共和国总统、联邦最高法院以及高等法院动议的法案的讨论与表决应始于众议院。

§1. 共和国总统有权要求紧急处理其动议的法案。

§2. 出现本条§1款出现的情形,若众议院和联邦参议院未在要求后45日内作出任何行为,则应在相应议院中止其他立法审议直至需紧急处理的法案获得最终表决,但其他立法审议经宪法规定期间的除外。

§3. 依照前款规定,联邦参议院提出的修正案应由众议院在提出后10日内审议。

§4. 国民议会休会仍不得中止本条§2款规定的期间,§2款规定的期间不得适用于法典草案。

第六十五条

获任一议院通过的法案应由另一议院经一轮讨论和表决审议;若审议议院通过该法案,则应制定并公布该法案,或者,若审议议院否决法案,则应将该法案存档。

单独条款

若修正某法案,则应将该法案退回动议之的议院。

第六十六条

终结表决的议院应将法案移送共和国总统以获同意。

§1. 若共和国总统认为法案违宪或违反公共利益,则其应于15个工作日内否决法案之全部或部分,且期间自总统收到法案之日起算,共和国总统有权在45小时之内告知建议参议院议长否决法案的理由。

§2. 部分否决仅适用于某一条、款、项、目之完整规定。

§3. 经过15日,若共和国总统未否决法案之任一部分,则视为其通过法案。

§4. 两院收到共和国总统否决之法案后30日内应在联席会议上审议之,且仅得经众议员和参议员绝对多数通过秘密投票同意方得否决之。

§5. 若法案之否决未获支持,则应将该法案移送共和国总统以获公布。

§6. 若经过本条§4款规定之期间未获表决,则应在之后召开的会议上优先表决遭否决之法案。

§7. 若出现本条§3款和§5款规定之情形,共和国总统未于48小时内公布法律,则参议院议长应公布之,若参议院议长亦未在相同期限内公布法律,则应由参议院副议长公布之。

第六十七条

经否决之法案在同一立法会期内仅得获得国民议会两院议员绝对多数提议方可成为新的法案。

第六十八条

授权法由共和国总统起草,共和国总统有权要求国民议会授权。

§1. 规定国民议会排他权力、众议院和联邦参议院排他权力、补充性法律保留事项以及规定下列事项的法律不得将权力授予其他机构：

1. 司法和公共部门的组织，以及其成员的职业和特权；
2. 国籍、公民身份、个人和政治权利；
3. 长期规划、预算指示和预算。

§2. 就共和国总统的授权应由载明履职条件的国会决议授予。

§3. 若决议规定由国民议会审议法案，则国民议会经简单多数表决，且不得附修正案。

第六十九条

补充性法律经绝对多数通过。

第九节 账目、财政和预算之监督

第七十条

联邦与直接、间接行政团体有关岁入之账目、财政、预算、遗产的下调和取消的合法性、合理性、经济性之监督应由国民议会通过外部检控和各部门的内部检控体系行为。

单独条款

账目应由使用、收取、保管公共资金、财产、证券以及联邦负责或保障的金钱性质的义务之个人或法人（或者具有公共性质，或者具有私人性质）提供。

第七十一条

由国民议会负责的外部检控应联合联邦账目法院一同行为，其享有下列权力：

1. 经事先意见，审查共和国总统每年提供的账目，此行为应在其收到账目后60日内作出；
2. 评估行政人员和其他负责公共资金、资产、证券之人的账目，评估造成公有财产损失之人的账目；
3. 为登记之目的，审查担任直接、间接行政（包括政府组织和维系机构）职位之雇佣人员行为的合法性，但任命担任委员会职务之行为，授予退休和抚恤金行为除外；
4. 经亲自或众议院、联邦参议院、技术委员会、调查委员会之动议，调查并审计立法、行政、司法机构以及其他团体之行政单位的账目、财政、预算和运作；
5. 依照宪法性法律规定的条件，监督联邦持有直接或间接利益的跨国公司的国内账目；
6. 监督联邦根据惯例、协议、安排或其他类似文件向各州、联邦地区、县转让资源之适用；
7. 移送国民议会、任一议院及其委员会就监督账目、财政、预算、遗产以及为审计和调查之目的所需之资讯；
8. 出现违法支出或不正当账目之情形，则适用法律按照公共财产损失比例规定的惩罚；
9. 若违法行为经证实，则应为相关机构或团体确立一个期限，采取必要措施以严格执行法律；
10. 若未将存在争议的法案移送众议院和联邦参议院，则应继续执行存在争议的法案；
11. 建议适当机构决定账目不正当或有滥用权力之行为。

§1. 若出现违法行为，则应由国民议会直接中止相关行为，且国民议会应立即要求行政机构采取适当措施。

§2. 若国民议会或行政机构于90日内未采取本条§1款规定之行为，则法院应就相关事项作出判决。

§3. 处以债务或罚金的法院的判决具有可执行性。

§4. 法院每一季度与每一年均应向国民议会报告其活动。

第七十二条

若在未计划的投资或未通过的补贴中出现未经授权的支出，则第一百六十六条§1款规定的联合委员会有权要求责任政府机构于5日内作出必要的解释。

§1. 若委员会未作出解释或解释不充分，则该委员会应在30日内要求法院判决相关事项。

§2. 若法院认为支出不正当，且联合委员会决定不正当的支出可能就经济引发无法挽回的损失或造成严重损害，则联合委员会应向国民议会提议中止该支出。

第七十三条

由九名法官组成的联邦账目法院坐落于联邦地区，其拥有自己的工作人员，管辖整个巴西，适当时，应行使第九十六条规定的权力。

§1. 符合下列条件者，经提名成为联邦账目法院的法官：

1. 年满35周岁，但未超过65周岁；
2. 有良好道德情操和清白声誉；
3. 了解法律、账目、经济、财政和公共管理；
4. 满足前述条件时，从事专业活动不少于十年。

§2. 联邦账目法院法官通过下列方式选出：

1. 三分之一由共和国总统经参议院同意后选出，其中，根据资历和美德标准，两名分别轮流选自审计成员和公共部门成员；
2. 三分之二由国民议会选出。

§3. 联邦账目法院法官享有同高等司法法院院长一样的保障、特权、补贴、义务、权利。第四十条之规定适用于其退休金和抚恤金之获得。

§4. 替代院长时，审计人员作为该职位的担任者就原法官享有相同的保障，履行相同的义务。履行其他司法职责时，其作为联邦地区法院法官。

第七十四条

为实现下列目的，立法、行政和司法机构应维持内部监管的统一体制：

1. 评估长期规划、政府项目以及联邦预算设定的目标之实现；

2. 评估联邦行政机构和团体预算、财政、资产管理的合法性和效率；

3. 监督信贷交易、票据保证、担保以及联邦权利和财产；

4. 支持其机构的外部监管。

§1. 若存在不正当或违法现象，则负责内部监管者应通知联邦账目法院以使之承担连带责任。

§2. 公民、政党、协会或财团应依照法律规定，向联邦账目法院告发不正当或违法现象。

第七十五条

适当时，本条规定的规则适用于州和联邦地区账目法院以及县账目法院和委员会的组织、构成和监督。

单独条款

州宪法规定各自的账目法院，其由7名地方议会议员组成。

第二章 行政机构

第一节 共和国总统和副总统

第七十六条

行政权由联邦部长辅助的共和国总统行使。

第七十七条

共和国总统和副总统应当在十月第一个周日举行的第一轮选举中同时产生，如果有第二轮选举，则应当在现任总统任期结束那年的十月最后一个周日之前完成选举。

§1. 共和国总统的选举同与之竞选搭档的副总统选举同时进行。

§2. 获得绝对多数选票（不包括空白和无效选票）的候选人一旦被政党认证，则视为当选总统。

§3. 若在第一轮投票中没有候选人获得绝对多数选票，则在两个获得选票数最多的候选人之间举行第二轮另选举，且第二轮选举应当在第一轮选举公告后20日内举行，其中，获得多数有效选票者当选。

§4. 决胜选举举行之前，若一位候选人被撤销或者不合法，则剩余候选人中得票最多的候选人递补之。

§5. 前款中，若排在第二、获得相同票数者多于1名，则年长者取得资格。

第七十八条

共和国总统和副总统在国会会期内就职，宣誓维护、捍卫和遵守宪法，遵守法律，促进巴西人民福祉，维持巴西的统一、完整和独立。

独立条款

若总统或副总统自规定的就职日期经过10日仍未就职，则宣布职位空缺，但发生不可抗力的除外。

第七十九条

若发生阻碍，则副总统替代总统履职，且应在总统职位出缺时继任总统之职。

独立条款

除补充性法律赋予其他权力，共和国副总统应总统之要求，应在特殊任务中协助总统。

第八十条

若总统或者副总统发生阻碍或者职位出缺时，则由众议院议长、参议院议长、最高联邦法院院长先后担任总统。

第八十一条

若共和国总统和副总统职位出缺，则新的选举应在最后一个出缺发生后90日内举行。

§1. 若出缺发生在总统任期的最后两年，法律规定两个职位的选举要在最后一个出缺发生后30日内由国会举行。

§2. 在这些情况下，当选者要完成他们前任的任期。

第八十二条

共和国总统任期四年，任期始于他当选下一年的1月1日。

第八十三条

未经国会批准，共和国总统和副总统出国不得超过50日，否则，将接受丧失职位之处罚。

第二节 共和国总统的权力

第八十四条

共和国总统享有下列排他性权力：

1. 任命和解雇联邦部长。

2. 在联邦部长的协助下行使联邦政府的上层管理。

3. 以本宪法规定的方式和情形提议立法。

4. 批准、颁布和命令公布法律，并颁布法令和法规以保证法律的执行。

5. 否决法案之部分或者全部。

6. 就下列事项颁行法令：

a)联邦政府的组织和运作，但不包括费用增加和建立或废止公共机构；

b) 当不需要公职时,取消此公职。

7. 保持外交关系并授权外国的外交代表。

8. 在国会的批准下,终止国际条约、公约和行为。

9. 宣布进入防御或戒严状态。

10. 宣布和执行联邦干预。

11. 立法会期开始时,向国会提交政府咨文和规划,其中,咨文和规划应描述国家的情况以及他认为必要的行为。

12. 审理后,若必要,由法律规定的机构颁布特赦和批准减刑。

13. 行使武装力量最高指挥权,任命海军、陆军、空军指挥官,提升其军衔,任命其担任专门的职位。

14. 联邦参议院批准且经法律规定后,任命联邦最高法院和高等法院的法官、地方长官、共和国检察总长、中央银行行长和主管以及其他公务员。

15. 根据第七十三条之规定,任命联邦账目法院法官。

16. 在本宪法规定的情况下,任命联邦法官和辩护总长。

17. 依照第八十九条第七项之规定,任命共和国委员会成员。

18. 召集和主持共和国委员会和国防委员会。

19. 在外国侵略时,经国民议会授权,或者,侵略发生在立法会期内,经国民议会批准,得宣战。在相同条件下,得宣布全国或部分动员。

20. 经国民议会授权或批准而媾和。

21. 授予奖章和荣誉。

22. 在补充性法律规定的情形下,允许外国力量经过或短暂停留在巴西境内。

23. 向国民议会提交长期规划、预算指令法律草案和本宪法规定的预算议案。

24. 立法会期开始后 60 日内向国民议会提交上一财政年度的年度报表。

25. 依照法律设立并废止联邦机构。

26. 根据第六十二条之规定,采取具有法律效力的临时措施。

27. 行使本宪法规定的其他权力。

独立条款

共和国总统可以将上述第六项、第七项、第二十五项规定的权力委托给联邦部长、共和国检察总长、联邦辩护总长,其应遵守委托中申明的限制。

第三节 弹劾共和国总统

第八十五条

共和国总统企图违反联邦宪法之行为构成弹劾理由,尤其当其侵犯下列事项:

1. 联邦的存在;

2. 立法权、司法权、公共部门权力、联邦单位的宪法性权力的自由行使;

3. 政治、个人和社会权利的行使;

4. 国家的内部安全;

5. 诚实行政;

6. 预算法;

7. 遵守法律和法院判决。

单独条款

上述犯罪由特别法规定,该法律应规定程序和审判规则。

第八十六条

若众议院三分之二成员接受就共和国总统的控诉,则应由联邦最高法院审理普通刑事犯罪或由联邦参议院审理弹劾案件。

§1. 出现下列情形之一,总统应中止其任职:

1. 就普通刑事犯罪,联邦最高法院受理控诉;

2. 就弹劾案件,由联邦参议院启动程序后。

§2. 经过 180 日后,相关审判仍未终结,则总统应恢复履职,但不得妨碍上述程序的正常进行。

§3. 未经有罪判决,不得就普通犯罪逮捕共和国总统。

§4. 任职期间,共和国总统不得就同其履职无关的行为负责。

第四节 联邦部长

第八十七条

联邦部长自年满 21 周岁、享有完全政治权利的巴西公民中选任。

单独条款

除本宪法和法律规定的其他权力外,联邦部长还享有下列权力:

1. 指导、协调并监督其管辖范围内的联邦行政机关和团体,副署共和国总统签署的法律和法令;

2. 就法律、法令和法规的执行发布指令;

3. 就其所属部门的行政向共和国总统提交年度报告;

4. 履行共和国总统授权或委托之行为。

第八十八条

法律规定公共行政部门和机构的设立与废止。

第五节 共和国委员会和国防委员会

第一目 共和国委员会

第八十九条

共和国委员会是共和国总统的高级咨询机构,下列人员应参与共和国委员会:

1. 共和国副总统；
2. 众议院议长；
3. 联邦参议院议长；
4. 众议院多数派和少数派领袖；
5. 联邦参议院多数派和少数派领袖；
6. 法官；
7. 因出生取得国籍且年满35周岁的巴西公民6名，经共和国总统任命之人2名，经联邦参议院选出之人2名，经众议院选出之人2名，任期3年，且不得连任。

第九十条

共和国委员会就下列事项有权提供意见：
1. 联邦干预、防御状态和戒严状态；
2. 有关民主机构稳定性问题。

§1. 若共和国委员会会议涉及相关部门的事项，则共和国总统有权召集联邦部长参与共和国委员会会议。

§2. 共和国委员会的组织和运作由法律规定。

第二目　国防委员会

第九十一条

国防委员会是共和国总统就国家主权和民主国家国防问题的咨询机构，下列人员是参与国防委员会的原始成员：
1. 共和国副总统；
2. 众议院议长；
3. 联邦参议院议长；
4. 法官；
5. 国防部长；
6. 外交部长；
7. 规划部长；
8. 海军、陆军和空军指挥官。

§1. 国防委员会享有下列权力：
1. 依照本宪法之规定，就宣战与媾和发表意见；
2. 就宣告防御状态、戒严状态和联邦干预发表意见；
3. 为对国境内的安全所不可或缺之区域的使用提供标准和条件，为前述区域的有效使用，尤其是边境以及类似自然资源的维护和开发提供意见；
4. 考察、建议并监督保障国家独立和民主国家国防所需事项的发展。

§2. 国防委员会的组织和运作由法律规定。

第三章　司法

第一节　一般规则

第九十二条

司法由下列部分组成：
1. 联邦最高法院；
1A. 国家司法委员会；①
2. 高等司法法院；
3. 联邦区法院和联邦法官；
4. 劳动法院和劳动法官；
5. 选举法院和选举法官；
6. 军事法院和军事法官；
7. 各州、联邦地区和地方法院和法官。

§1. 联邦最高法院、国家司法委员会、高等法院坐落于联邦首都。

§2. 联邦最高法院以及高等法院就全国享有管辖权。

第九十三条

在遵守下列原则时，由联邦最高法院提议制定的补充性法律应规定司法法：
1. 职业准入，并选出候补法官，应通过巴西律师协会参与的公开竞争考试和职业资格比照，要求具有基础法学学位以及至少三年的法律实务经验，并且服从职务任命的命令。
2. 若基于资历与才能而按层级提拔的法官，则应当遵循下列规则：
a) 对于该法官来说，提拔与晋升是强制性的，且是连续性的三次晋升或非连续性的五次晋升；
b) 才能型提拔需要在各审级法院两年的工作经验，且该法官应当位列资历清单排行的前五位，但无人能够满足前述条件而致职位空缺的，不在此限；
c) 考察其成就时，应根据在司法事务中的成果与效率确定；
d) 在决定候选人时，最高法院可能不予录用仅仅只是依靠在依据特别程序而获得三分之二投票的最年长的法官，而为了保证充分的自我辩护，表决将会在选择作出后再进行一次；
e) 若法官在任职期间未能公正地在案件中行使其权利，且其未能将这些案件以适当的命令或裁决回溯书记官办公室，则不能获得提拔。

---

① 经2004年12月8日第45号修正案增补。

3. 受理直接上诉的法院应根据资历与成绩决定最低标准或者准入门槛。

4. 若法官因官方途径或国内学校举荐而获得法官提拔与晋升,则其应为终身制法官。

5. 上诉法院官员的固定薪酬应相当于联邦最高法院每月固定薪酬的 95%,而在联邦与州层面的其他法官的薪酬应由法律根据国家司法结构分级确定。每一级的薪酬不得超过下一级薪酬的 10%,并不得少于下一级薪酬的 5%,且不得超过联邦最高法院官员薪酬的 95%。在任何情况下都必须遵守第三十七条第十一项和第三十九条 §4 款之规定。

6. 法官的退休待遇与补贴应当遵循第四十条之规定。

7. 终身制法官应居住在他们各自的司法辖区内,但有法院授权者,不在此限。

8. 为了公共利益,法官们离职与退休的支付行为,应由各级法院或者国家司法部通过多数票通过获得同意,但应保证法官们的申诉权。

9. 所有司法机构的裁决都应公开,且所有被判定为无效的决定都应被充分证实。唯有在利害关系人为隐私权而非损害公众知情利益的情形下,法律方得限制给定情形只对一方发生效力。

10. 法庭的行政命令应具有充分理由,且在公开会议中,行政命令的作出以其成员绝对多数决同意作出约束性决定。

11. 为实现代表合议庭管辖权的行政与司法权力之目的,一个不超过 25 人,但不少于 11 人的合议庭应由超过 25 人的法院来组织;该团体的半数人员应在资历的基础上确定,而另一半人员则由合议庭挑选。

12. 不得干预法庭活动,禁止在一审和二审期间集体休假;若普通法院不在工作时间段内,则法官也应持续性负责。

13. 各个司法区域内法官的数量应根据各自有效的司法需求与人口的多少决定。

14. 若系法官非裁判性质的行政行为,则应当被视为公共雇员。

15. 案件应立即在所有层级的管辖权基础上进行分配。

第九十四条

就联邦区法院和各州法院、联邦地区法院以及地方法院而言,其五分之一的职位应由公共部门工作超过 10 年之人,或者由其具备良好法律知识和声誉,具有 10 年以上从业经历之律师,经代表团体 6 人名单提名而任职。

单独条款

收到提名后,法院应当把名单上的人选减少为 3 名,并将名单送交行政机构,其在接下来的 20 日内自名单上的选择 1 人担任法官职务。

第九十五条

法官享有下列保障:

1. 终身制。对于初审法官而言,其在从业两年之后获得终身制;其间,由其隶属法院判定,或者,在其他情形中由终审法院判定其丧失职位。

2. 不得被免职。但根据第九十三条第八项之规定,因公共利益免职的除外。

3. 固定薪酬不减少。但根据第三十七条第十项和第十二项、第三十九条 §4 款、第一百五十条第二项、第一百五十三条第三项以及第一百五十三条 §2 款第一项而减少的,不在此限。

单独条款

禁止法官从事下列事项:

1. 从事其他带薪工作,但担任老师除外;

2. 以任何理由或者借口领受法庭献金或者出庭;

3. 参与政治活动或者政党活动;

4. 以任何理由或者借口,接受来自个人或者公共团体、私人团体的援助或者捐献,但法律例外规定的除外;

5. 在 3 年内于其已离开的法院或者法庭从事法律工作,其中,3 年时间自其退休或辞职之日起算。

第九十六条

下列机构享有排他权力:

1. 法院:

a) 遵守程序规则和程序保障的情况下,选出其指导性团体,起草其内部规则,以规制司法和行政团体的管辖和运作;

b) 为开展其监督活动,组织其秘书处和辅助服务,组织隶属于该法院的下属法院;

c) 根据本宪法之规定,在其管辖范围内选出职业法官;

d) 提议设立新的初审法院;

e) 通过公开竞争考试或职业资格考试和比照,遵守第一百六十九条及其单独条款之规定,设立必要的司法行政职位,但法律规定需保密的职位除外;

f) 为其成员、直接隶属其的法官、雇员提供休假、假期和其他不履职之情形;

2. 依照第一百六十九条之规定,联邦最高法院、高等法院和司法法院提议其各自的立法主体:

a) 变更下级法院成员人数;

b) 设立或取消其辅助服务以及下属法官之职位和报酬,决定其成员和法官,包括其下级法院的成员和法官的固定补偿;

c) 设立或取消下级法院;

d) 变更司法组织和分支。

3. 司法法院审判各州、联邦地区以及地方法官、公共部门成员的普通犯罪和弹劾案件,但由选举法院管辖的除外。

第九十七条

法院仅得通过其成员或其特定机构成员绝对多数表决通过,方得宣告公法或规范性文件违宪。

第九十八条

联邦应当在联邦地区、地方与各州应当在其领域内设立:

1. 特殊法院,其由职业法官、专业与业余法官组成,有权调解、裁判,并执行较简易的民事案件与轻微的刑事案件。其程序应当是口头的并且非常简要,并在法律另有规定的情况下允许由初审法院法官组成裁判庭进行上诉程序。

2. 带薪治安法院,由通过直接、普遍、秘密选举的公民组成,任期四年,依照法律规定,其对婚姻事项享有管辖权,明确依职权的程序或者嗣后抗议的资格,实施非管辖性质的调解,履行法律规定的其他权力。

§1. 联邦法律应规定在联邦司法领域设立特别法院。

§2. 收取的费用仅得用于支持特别司法活动。

第九十九条

确保司法机构享有行政与财政自治权。

§1. 法院应当在预算指令法案中与其他机构在规定的权限内共同准备其预算建议。

§2. 在其他利益相关法院审理后,根据下列情形提交议案:

1. 在联邦层面,由联邦最高法院与高等法院法官根据其法院同意后提交;

2. 在州、联邦地区与地方层面,由治安法院院长根据各自法院同意后提交。

§3. 若本条§2款中规定的机构并未在预算指令法案规定的期限内提交预算议案,则为了年度预算建议的统一,行政机构应按照本条§1款之规定审议现行预算法中允许的额度。

§4. 若未根据本条§1款中之规定提交本条规定的预算议,则行政机构应为实现统一年度预算议案而作出必要调整。

§5. 执行财政年度预算期间,超过预算指令法案规定限额的支出不应当通过开设补充性的或特殊账户实现,但事先已有授权的除外。

第一百条

由联邦、州、地区和县国库负担的支出应按照提交的时间顺序并根据各自的信贷账目经法院专门判决作出。禁止委托预算拨款和为此开放其他信贷。

§1. 借方包括获得工资、抚恤金、其他补偿以及社会保障利益之人,亦包括根据民事责任通过终审判决获得死亡或伤残赔偿之人。借方获取的利益优先于其他债务,但本条§2款作出规定的除外。

§2. 为实现本条§3款之规定,在支付时间顺序公布之日年满60周岁,或正遭受法律规定的严重疾病的借方享有优于其他借方获得支付的权利。为实现前述目的,可依照支付时间顺序进行部分支付。

§3. 本条第一款就支付时间顺序之规定不得适用于法律规定的强制性支付,强制性支付应根据终审判决由相关国库支出。

§4. 为实现§3款之规定,公法人承担不同的数额得依照其不同的经济能力由各自法律规定,其中,最低数额社会保障最高利益相同。

§5. 公法人的预算应包括依照支付时间顺序作出的终审判决中应支付给借方所必需的资金。支付应在下一财政年度届满时作出,此时,其价值应以最新的金钱价值为准。

§6. 预算拨款以及开设的信贷应直接委托司法机构。法院院长有义务决定允许执行内部支付,并在贷方要求时,授权支付满足借方之必需的附加数额,但此时仅得因未尊重先例中其享有的权利或未就必要支出作出预算分配。

§7. 经作为或不作为延迟或试图破坏支付顺序的主管法院院长构成弹劾,应向国家司法委员会负责。

§8. 禁止发布支付补充数额的补充支付顺序,禁止部分、分别或减少执行支付数额的价值。

§9. 不同于一般规定,在公布支付时间顺序时得通过相应的流水账户和特定借方缩短支付时间,无论活期借贷中是否作出规定,但通过行政或司法争议中止执行支付的除外。

§10. 公布支付时间顺序之前,为实现本条§9款之规定,就承担丧失缩短时间的权利而需负担的责任,法院应要求作为贷方的国库于30日内作出回复。

§11. 依照法律规定,贷方得变更支付顺序中的信贷以购买联邦团体的公有不动产。

§12. 本宪法之修正案公布后,应依照储蓄账户中基本报酬的官方指数要求更新应支出的数额。为补偿延迟情况,应在储蓄利息的百分比中包含单利。但应排除补偿利益的发生率。

§13. 无须借方同意,贷方得授权第三方按照支付时间顺序全部或部分支付信贷。但此时,不适用于本条§2款和§3款规定的情形。

§14. 按时间顺序的支付仅得经正式请愿形式告知初审管辖法院以及借方后方得生效。

§15. 在不影响本条规定的情况下,补充本宪法的法律应就各州、联邦地区、县按时间顺序的支付规定特别制度,规定货币净收入同流动形式和期间之间的联系。

§16. 根据法律规定的专门标准和形式,联邦得通过再次直接提供资金而承担源自各州、联邦地区、县的债务。

第二节 联邦最高法院

第一百〇一条

联邦最高法院由11名法官组成,应从年满35周岁但未超过65周岁,具备良好法律知识和声誉之人中选任。

单独条款

联邦最高法院法官由共和国总统根据联邦参议院绝对多数同意任命。

第一百〇二条

联邦最高法院主要负责捍卫宪法,就此享有下列权力:

1. 就下列事项享有初审管辖权:

a)宣告联邦、各州的规范或宣布联邦法律、规范合宪行为违宪;

b)审判控诉共和国总统、副总统、国民议会议员、法院法官、共和国检察总长的普通刑事犯罪;

c)审判控诉联邦部长、海陆空军指挥官、高等法院成员、联邦账目法院成员、外交使团首脑的普通刑事犯罪和弹劾案件,但第五十二条第一项规定的除外;

d)若一方当事人是前目规定之人,则涉及的人身保护令;针对共和国总统、众议院和联邦参议院执行委员会、联邦账目法院、共和国检察总长、联邦最高法院本身的安全令和人身保护数据;

e)外国或国际组织同联邦、各州、联邦地区或地方之间的诉讼;

f)联邦与各州之间、联邦与联邦地区之间、间接行政团体之间的案件和冲突;

g)外国要求引渡;

h)被废止;

i)若一方当事人是高等法院,或享有权力、职权,其行为直接由联邦最高法院管辖之主体,或联邦最高法院就犯罪享有初审管辖权之主体时,涉及人身保护令;

j)就其自身判决进行刑事修正和废止;

k)已废止;

l)主张维护其管辖,保障其判决的权威性;

m)执行其享有初审管辖权的判决,执行程序法规定可将该权力委托他人执行;

n)司法成员享有直接或间接利益的诉讼,过半数初审法院成员丧失资格或享有直接或间接利益的案件;

o)高等司法法院同其他法院之间、高等法院之间,高等法院同其他法院之间的管辖冲突;

p)就不合宪之行为要求临时救济;

q)若由共和国总统、国民议会、众议院、联邦参议院、立法议院的执行委员会、联邦账目法院、高等法院、联邦最高法院本身起草规则,则涉及强制令;

r)针对国家司法委员会和国家公共部门委员会的诉讼。

2. 若被上诉案件涉及下列事项,则享有判决权:

a)否决高等法院决定的人身保护令、安全令、人身保护数据、强制令;

b)政治犯罪。

3. 若被上诉的判决出现下列情形之一,则应作出特别上诉:

a)被上诉的判决违反本宪法之规定;

b)被上诉的判决宣告条约或联邦法律违宪;

c)被上诉的判决支持违反本宪法之规定的法律或政府行为;

d)被上诉的判决支持违反联邦法律的地方法律。

§1. 依照法律规定,联邦最高法院审理违反本宪法之指控。

§2. 联邦最高法院就直接违宪的行为以及其他机构宣告合宪的行为的终审判决具有普遍拘束力,应直接或间接约束其他司法机构以及联邦、各州、县公共行政机构。

§3. 为使法院审查由其成员三分之二否决的特别上诉之可接受性,上诉人应依照法律之规定,在案件中说明合宪争议的一般后果。

第一百〇三条

直接违宪之行为以及宣告合宪的行为应由下列主体提起:

1. 共和国总统;
2. 联邦参议院执行委员会;
3. 众议院执行委员会;
4. 联邦地区立法议院执行委员会;
5. 各州或联邦地区长官;
6. 共和国检察总长;
7. 巴西律师协会联邦委员会;
8. 国民议会中的政党;
9. 财团或国家级团体。

§1. 共和国检察总长应事先审查直接违宪行为以及联邦最高法院管辖范围内所有案件。

§2. 若因缺乏制定有效的宪法规则之措施而宣告违宪,则应在30日内通知主管机构以及行政机关采取必要措施。

§3. 若联邦最高法院认为法律规则、抽象性规范违宪,则联邦最高法院应召集联邦辩护总长捍卫遭责难的规范或文本。

§4. 被废止。

第一百〇三A条①

作出合宪事项的再审判决后,联邦最高法院依职权或根据要求,经其成员三分之二决定,可以通过先例,该先例经政府公报公布,且就司法机构以及联邦、各州、县公共行政机构具有直接或间接拘束力。联邦最高法院亦有权依照法律规定之方法修改或取消先例。

§1. 先例具有有效性,得解释司法机构以及公共行政机构之前作出的不同决定。

§2. 在不违反法律规定的情况下,得由个人要求通过、修改或取消先例。

§3. 得因违反可适用先例或不得适用先例的行政行为或司法判决而提请联邦最高法院矫正。若联邦最高法院判决矫正相关行为或判决,则联邦最高法院应判决相关行政行为无效,或终止具有争议的司法判决,并在适当时,判决适用其他先例。

第一百〇三B条②

国家司法委员会由包含下列人员的15名成员组成,任期2年,得连任一届:

1. 联邦最高法院院长;
2. 经高等司法法院选出的本院法官1名;
3. 经高等劳动法院选出的本院法官1名;
4. 经联邦最高法院选出的司法法院治安法官1名;
5. 经联邦最高法院选出的州法官1名;
6. 经高等司法法院选出的联邦区法院法官1名;
7. 经高等司法法院选出的联邦法官1名;
8. 经高等劳动法院选出的区劳动法院法官1名;
9. 经高等劳动法院选出的劳动法官1名;
10. 经共和国检察总长选出的联邦公共部门成员1名;
11. 经共和国检察总长自各州主管机构提名中选出州公共部门的成员1名;
12. 经巴西律师协会联邦委员会选出的律师2名;
13. 经联邦众议院和联邦参议院分别任命的具备良好法律知识和声誉之公民,共2名。

§1. 联邦最高法院院长(其缺席时,由联邦最高法院副院长)主持国家司法委员会。

§2. 该委员会的其他成员由共和国总统根据联邦参议院绝对多数通过而任命。

§3. 若在法律规定的期间内未执行本条规定的任命,则应由联邦最高法院作出任命选择。

§4. 国家司法委员会负责监管司法机构的行政和财政职能,监管法官职责的履行。根据司法法之授权,该委员会享有下列职权:

1. 在其管辖范围内,维持司法自治,遵守司法法,发布规范性文件或提供建议性措施。
2. 促进遵守第三十七条之规定;依职权或根据要求,认可司法成员或机构执行的行政行为的合法性;在遵守联邦账目法院管辖权的情况下,为执行法律采取适当措施设定期间。
3. 在遵守法院纪律和矫正管辖的情况下,受理并审理针对司法成员或机构,包括针对其辅助服务、提供登记服务的雇员和机构的诉愿。该委员会有权管辖正在进行的纪律诉讼,有权根据服务时间决定支付补偿或利益的去职、退休并适用其他行政处罚。
4. 在针对公共行政或滥用权力的犯罪案件中,代表公共部门。
5. 依职权或根据要求,修改1年内作出的针对法官和法院成员的纪律诉讼。
6. 准备每期由联邦单位、不同司法机构受理并作出判决的案件的数据报告。
7. 认为必要时,就本国司法状况和该委员会的活动应采取的措施准备年度报告。该报告应作为联邦最高法院的咨文在国民议会立法会开会期间移送国民议会。

§5. 高等司法法院的法院应履行监督法官的职责,但不得管辖法院案件的分配。根据司法法之授权,其履行下列职权:

1. 受理诉愿,谴责同法官和司法服务相关之利害关系人;
2. 执行国家司法委员会一般调查的执行职责;
3. 授权法官,征用法官或法院雇员,包括各州、联邦地区和地方的法官或法院。

§6. 共和国检察总长和巴西律师协会联邦委员会主席应在该委员会任职。

§7. 联邦,包括联邦地区和地方应设立司法投诉中心,其有权受理诉愿,并谴责针对司法成员或机构及其辅助服务案件中的利害关系人,该中心应直接向国家司法委员会报告。

---

① 经2004年12月8日第45号修正案增补,2006年12月19日生效。
② 经2004年12月8日第45号修正案增补,并经2009年11月11日第61号修正案修改。

第三节 高等司法法院

第一百〇四条

高等司法法院至少由33名法官组成。

单独条款

高等司法法院法官由共和国总统根据联邦参议院绝对多数同意,自年满35周岁但未超过65周岁的巴西公民中任命,其中,被任命者具备良好法律知识,有良好声誉,具体的:

1. 三分之一来自联邦地区法院的法官,三分之一来自司法法院治安法官,其由各自法院提名;

2. 三分之一来自联邦、各州、联邦地区、地方公共部门的律师和成员,并依照第九十四条之规定选出候选人。

第一百〇五条

高等司法法院享有下列职权:

1. 就下列事项享有初审管辖权:

a) 审判各州和联邦地区长官的普通犯罪;审判各州和联邦地区司法法院法官、各州和联邦地区账目法院成员、联邦地区法院以及地区选举和劳动法院、各县账目委员会或法院、联邦充当法院职能的公共部门的成员的普通犯罪和弹劾案件;

b) 针对联邦部长、海陆空军指挥官、法院本身的安全令和人身保护数据;

c) 若一方当事人是 a 目规定之人,或一方当事人是不受选举法院管辖的法院、联邦部长、海陆空军指挥官,则涉及人身保护令;

d) 审判法院之间、法院同不隶属于其的法官之间、隶属不同法院的法官之间的管辖冲突,但第一百〇二条第一项 o 目规定的除外;

e) 就自己判决进行刑事修正和废止;

f) 请求维护其管辖,保障其判决的权威;

g) 审判联邦行政和司法机构之间、某州司法机构同其他州或联邦地区行政机构之间的职权冲突;

h) 若由联邦机构、直接或间接行政团体准备规则(联邦最高法院、军事法院、选举法院、劳动法院、联邦法院管辖的除外),则审判其强制令;

i) 认可外国判决。

2. 判决下列上诉:

a) 否决由联邦地区法院或各州、地方法院单独或最终决定的人身保护令;

b) 否决由联邦地区法院或各州、地方法院决定的安全令;

c) 一方当事人是外国、国际组织,另一方当事人是巴西的一个县或居住在本国之人的案件。

3. 若被上诉判决涉及下列事项,则判决联邦地区法院或各州、地方法院单独或最终决定的特殊上诉案件:

a) 被上诉判决违反条约、联邦法律,或否决条约、联邦法律的效力;

b) 被上诉判决是违反联邦法律的地方政府行为;

c) 有别于其他法院解释联邦法律。

单独条款

下列机构应同高等司法法院一同运作:

1. 组织和提升法官的国家学校,但该学校同时负责规制其他公职的职责;

2. 依照法律规定,负责在行政和预算上监督联邦法官的联邦司法委员会。

第四节 联邦地区法院和联邦法官

第一百〇六条

联邦法院构成如下:

1. 联邦地区法院;

2. 联邦法官。

第一百〇七条

联邦地区法院至少包括7名法官,在可能的情况下,从他们的代表区招录,并由联合国总统从30周岁至65周岁的巴西人中任命,要求如下:

1. 五分之一,来源于拥有10年以上的专业从业经验的律师和10年以上从事职业服务的联邦公共部门;

2. 剩余名额则从拥有5年以上职业年限的法官中,按其资历和功绩提拔。

§1. 联邦地区法院法官的除名或转职及其职权应由法律予以规定。

§2. 联邦地区法院应当设立巡回法庭,在其各自的辖区内,听讼及履行其他司法职责,裨益公共和社区福祉。

§3. 联邦地区法院可以分权化形式履行职责,组建地区议院,以保证进程各个阶段的正义。①

第一百〇八条

联邦地区法院拥有如下权力:

1. 裁定基本的管辖事宜:

a) 对于一般犯罪和可控侵犯,联邦法官依其权限予以负责,包括军事和劳动法庭,同样包括联盟的公共部门成员,除选举法庭的管辖之外;

b) 刑法的修订和废止由该地区联邦法官作出决定;

c) 违反法院本身或者一位联邦法官的安全和人

---

① 经2004年12月8日第45号修正案第一条增补。

身保护令状；

d) 当人身保护令的约束当局是一位联邦法官时；

e) 从属于联邦法院的联邦法官之间的管辖权冲突。

2. 对由联邦法官和州法官在其治下行使联邦司法权决议的二审案件，进行裁定。

第一百○九条

联邦法官有权审理和决定如下事宜：

1. 发生在联邦境内的一个专制或者联邦公共公司作为原告、被告、利害关系人或介入者等有利害关系的案件，除了破产，与工作相关的事情，这些归属选举和劳动法院；

2. 发生在一个域外国家或者国际组织与巴西的一个县或定居巴西的人或巴西公民之间的案件；

3. 因联邦条约或者合同与一个域外国家或者国际组织因产生的案件；

4. 政治犯罪和危及联邦或其专制或公共公司的财产、服务或者利益的刑事侵犯行为，轻罪除外，和军事和选举法院辖内的案件；

5. 涉及国际条约或公约的犯罪，该国际条约或公约在国内已获批准且已生效或者在国外生效；

6. 与本条中§5款指称的人权有关的案件；①

7. 违反劳动组织，及在法定情形下，冲击金融系统和经济与社会秩序的犯罪；

8. 人身保护令状，在刑事案件中归其管辖或者当约束源于一当局的法令不能直接指向另一管辖时；

9. 违反联邦当局的安全保护和人身信息的令状，联邦法院治下的案件除外；

10. 在船舶或飞机上实施的犯罪，属军事法院治下的除外；

11. 因外国人非法入境或拘留产生的案件，凭许可证的信件查询执行，获认可的外国法院判决的执行，与国籍有关的案件，包括各自选择和归化；

12. 基本权利纠纷。

§1. 联邦作为原告，须至另一方居所地所属司法区域参讼。

§2. 针对联盟的案件可能须至原告所在地，即行为或纠纷原因事实所在地，或者引发纠纷所涉事件地或联邦所在区。

§3. 案件的当事人是一个社会保险机构及其受益人，但该区无联邦法官，此种情形下，须由被保险人或受益人居所地的州法院讨论会审理决定；本法可允许其他案件由州法院审理。

§4. 在前项中所涉案件中，上诉可提至初审法官所在管辖区的联邦地区法院。

§5. 为与巴西是其一方成员的国际人权条约的义务保持一致，严重侵犯人权的案件，将由共和国的检察总长在调查、诉讼、管辖权转移的任一阶段，向最高法院提起。②

第一百一十条

各州，包括联邦特区在内，须于州府所在地设立司法区，同时依法设立初审法院。

单独条款

联邦领域内，授予联邦法官的管辖权和权力应依法分配至当地法官。

第五节　劳动法院和劳动法官

第一百一十一条

劳动法院系统构成如下：

1. 最高劳动法院；
2. 地区劳动法院；
3. 劳动法官。③

§1. 已废止；④

1 已废止；⑤

2 已废止。⑥

§2. 已废止。

§3. 已废止。

第一百一十一A条⑦

最高劳动法院由27位法官组成，其须是从35岁至65岁的巴西人中选出，由经联邦参议院绝对多数批准后的共和国总统任命，其中：

1. 依照第九十四条的规定，五分之一来源于拥有十年以上的专业有效从业经验的律师和十年以上从事有效职业服务的公共劳动部；

2. 剩下的来自地区劳动法院职业法官，由最高法院指定。

§1. 法律须规定最高劳动法院的管辖权。

§2. 以下机构须与最高劳动法院协同工作：

---

① 经由2004年12月8日第45号修正案第一条增补。
② 经由2004年12月8日第45号修正案第一条增补。
③ 经由1999年12月9日第24号修正案第一条修改。
④ 标题(heading)至§1经由2004年12月8日第45号修正案第一条和第九条废止。
⑤ 第一项和第二项经1999年12月9日第24号修正案第一条废止。
⑥ §2和§3由2004年12月8日第45号修正案第一条和第九条废止。
⑦ 经由2004年12月8日第45号修正案第二条增补。

1. 为劳动法院的构建和提高所设的国立学校，在其他职责中，须对负责规范该职业的进入和晋级官方渠道；

2. 劳动正义最高委员会，最为该系统的核心机构，须依法负责劳动正义一审和二审的行政、预算、金融和传统监管事宜。该委员会的决议有法定约束力。

第一百一十二条

法律须设定劳动法庭。在其辖区不包括的区域，法律须授予该区州法官有权上诉至相应的地区劳动法院。①

第一百一十三条

法律须对劳动法院的机构为行使权力所需的构成、授权仪式、权限、保证和条件做出规定。②

第一百一十四条

劳动法院系统有权审理：

1. 因劳动关系产生的诉讼，包括外国公法团体和联邦、州、联邦特区和县的直接和间接的公共行政；

2. 与行使罢工权有关的诉讼；

3. 关涉工会代表，工会与工会之间、工会与工人之间，工会与雇主之间的诉讼；

4. 保护令状、人身保护令状和人身保护信息，当受到挑战的法案涉及其管辖时；

5. 劳动管辖权机构之间的管辖权冲突，除第一百〇二条第一款规定外；

6. 因劳工关系产生的精神或财产损害赔偿诉讼。

7. 因劳工关系监督机构对雇主进行行政处罚产生的诉讼；

8. 根据第一百九十五条第一款 a 项和第二款，依据职权进行的社会评价，以及因法院判决介入产生的任何法律增量；

9. 依法律规定因劳动关系产生的其他争议。

§1. 如果劳资双方代表的谈判未果，双方可指定仲裁方。

§2. 如果一方拒绝劳资谈判或者仲裁，经双方同意，可提起经济劳资劳动纠纷诉讼。该纠纷将由劳动法庭，根据最低劳动保护的法律条款及之前双方合议，予以裁决。

§3. 在罢工危及公共利益时，公共劳动部须向有权裁决该争议的劳动法庭，提起集体劳动争议。③

第一百一十五条

地区劳动法院至少从30周岁至65周岁的巴西人中招录7位法官，经由共和国总统任命，符合条件如下：

1. 依照第九十四条的规定，五分之一来源于有10年以上的有效专业从业活动经历的律师和10年以上从事有效职业服务的公共劳动部；

2. 剩余名额则按资历和功绩从劳动法官中轮流提拔。④

§1. 地区劳动法院须设立巡回法官，在其相应辖区内，运用社会和社区设施听讼、履行其他司法职责。

§2. 地区劳动法院可以分权化形式履行职责，组建地区议院，以保证进程各个阶段的正义。⑤

第一百一十六条

劳动法庭的司法权须仅由单一法官行使。

单独条款

已废止。⑥

第一百一十七条

已废止。⑦

第六节 选举法院和法官

第一百一十八条

选举法院系统包括：

1. 高等选举法院；

2. 地区选举法院；

3. 选举法官；

4. 选举委员会。

第一百一十九条

选举法院至少应包括7名法官，选举范围为：

1. 通过秘密投票的方式选出，其中：

a)三位从联邦最高法院的法官中选出；

b)两位从高等司法法院的法官中选出。

2. 共和国的总统从由联邦最高法院指定的6位法律知识渊博、品行高尚的律师中任命两位法官。

单独条款

高等选举法院应从联邦最高法院的法官中选出院长和副院长，同时从高等司法法院的部长法官中选

---

① 经由 2004 年 12 月 8 日 45 号修正案第二条修改。
② "保证劳工两方平等的代表权"用语由 1999 年 12 月 9 日 24 号修正案第一条对第一百一十二条删掉。
③ §2 和 §3 经由 2004 年 12 月 8 日第 45 号修正案第一条修改。
④ 经由 2004 年 12 月 8 日第 45 号修正案第四条修改。
⑤ §1 和 §2 经由 2004 年 12 月 8 日第 45 号修正案第一条增加。
⑥ 1999 年 12 月 16 日第 20 号修正案第一条修改了第一百一十六条的标题，并废止了其单独条款。
⑦ 1999 年 12 月 16 日第 20 号修正案第一条废止了第一百一十七条。

出一位选举监察总长。

第一百二十条

在各州及联邦特区首府均需设一地区选举法院。

§1. 地区选举法院组成如下：

1. 通过秘密投票选举：

a) 两位法官须选自司法法院法官；

b) 两位法官须选自地区法院，由司法法院选择。

2. 各州或联邦特区的首府的联邦地区法院一位法官缺席情况下，由相应联邦地区法院选出一位联邦法官。

3. 共和国总统从由司法法院指定的6名法律知识渊博、品行高尚的律师中任命两位法官。

§2. 地方选举法院应从[司法法院的]法官中选出院长和副院长。

第一百二十一条

选举法院、州法庭法官和选举委员会的组织和职权，将由补充性法律予以规范。

§1. 选举法院、州法庭法官和选举委员会的成员在履行职责时，享有充分的保障，不可剥夺。

§2. 除有正当理由，选举法院的法官任期为两年，连任不可超过两个任期，其候选人须按照相同的时间、程序以及各种类的相同数量选出。

§3. 最高选举法院的裁决，除违反宪法和否认人身保护令或安全令状外，是不可上诉的。

§4. 地方选举法院的裁决，只有在如下情况下方可上诉：

1. 违反了本宪法或法律中的关于表达的条款；

2. 在两个或多个选举法庭对统一法律的解释存在分歧时；

3. 在联邦或州选举中，处理无被选资格或发行选举证书时；

4. 其宣告选举证书无效或者颁布褫夺有关联邦或州公选官职时；

5. 其拒绝给予人身保护令、安全令状、人身保护数据或强制令时。

第七节　军事法院和军事法官

第一百二十二条

军事司法体系由下列部分组成：

1. 高等军事法院；

2. 法律设置的军事法院和军事法官。

第一百二十三条

高等军事法院由15名共和国总统经联邦参议院同意后任命的法官组成，其中，3名来自海军司令、4名来自陆军将军、3名来自空军将军、5名来自平民，法官任职终身。

单独条款

平民法官由共和国总统自年满35周岁的巴西公民中按照下列情况选任：

1. 3名自具备良好法律知识、行为良好、从业至少10年的律师中选出；

2. 2名自军事法官和军事公共部门中经平等方式选出。

第一百二十四条

军事司法体制管辖法律规定的军事犯罪。

单独条款

法律规定军事司法体制的组织、运作和管辖。

第三节　州法院和法官

第一百二十五条

各州应组织其自身的司法系统，并在遵循本宪法所确立的基本原则。

§1. 州宪法应规定法院的管辖权，关于司法组织的法律应当由司法法院提案。

§2. 各州有权就州或县法律违反宪法提起诉讼，有权就规范性文件违反州宪法或违反所禁止的仅将立法权授予一个部门提起诉讼。

§3. 根据司法法院的提议，州法律可以创设州的军事司法系统，其中应包含首先应州法院法官和司法委员会的请求，其次应司法法院自身的请求或应有效军事力量超过两万人的州的军事法院请求的规定。

§4. 州军事法院有权起诉并审判犯有法律规定的军事犯罪的州军事力量成员，有权实施涉及违反军事纪律条例的司法活动，若受害人是平民，则应维持陪审团的管辖权。应由适格的法院就失去岗位、军衔及军人等级作出决定。

§5. 军事法院中的州法院法官自身有权就针对平民的军事犯罪和违反军事纪律条例的司法行为进行起诉和审判。司法委员会在州法院法官的领导下负责起诉并审判其他军事犯罪。

§6. 司法法院应当以去中心化的方式运作，组建地区议会，以确保在诉讼的各阶段都能完全诉诸正义。

§7. 司法法院应当设立一个巡回法庭，利用公共设施和社区设施在其相应管辖权的区域范围内行使听证及其他管辖职能。

第一百二十六条

为了裁决乡村土地纠纷，司法法院应当提议创设特别法院，该特别法院在耕地问题上拥有排他的管辖权。

第四章 司法所必需之岗位

第一节 公共部

第一百二十七条

公共部是一个常设机构,其对于州发挥司法职能而言是必不可少的,其职责在于守护法秩序、民主政体以及不可或缺的社会和个人利益。

§1. 公共部的设立原则是同一、不可分割以及职能独立。

§2. 应确保公共部在职能和管理上的独立性。依照第一百六十九条的规定,公共部可以提议立法机关创设及废除其岗位和附属职位;提议通过竞争性的公开考试或对持有专业证书者进行的考选和比较填补上述空岗;提议薪酬政策和职业计划。法律应规定其组织和运作。

§3. 公共部应当在预算指令法规定的限度内草拟其预算案。

§4. 如果公共部未在预算指令法确定的期限内提交其相应预算案,则行政部门应当在年度预算案之整体性目的的指引下,考虑当前预算法所认可的预算数额,并根据以§3款规定形式设定的限制予以调整。

§5. 若本条所指涉的预算案之提出未遵循§3款规定的限制,则行政部门予以推进时,应当进行必要的调整,以保持年度预算案之整体性。

§6. 在当前财政年度中执行预算期间,非经事前许可,不得通过启动补充性贷款或特别贷款,实施超出预算指令法所规定的限制的支出,或承担超出该限制的义务。

第一百二十八条

公共部包含以下机构:

1. 由以下部门组成的联邦公共部:

a)联邦共和国公共部;

b)劳工公共部;

c)军事公共部;

d)联邦地区和地方公共部。

2. 州公共部

§1. 联邦公共部部长是共和国的检察总长,经联邦参议院绝对多数同意,由共和国总统从超过35岁的常任成员中任命,任期两年。可以重复任命。

§2. 由共和国总统提议,经联邦参议院绝对多数事先授权,可以免除共和国总检察长的职务。

§3. 州、联邦地区和地方的公共部应当依照相关法律规定的形式,在常任成员当中罗列一个总检察长候选人的三人名单,总检察长由行政部门首长任命,任期两年,可重复任命一次。

§4. 根据相关补充性法律,经立法机关绝对多数同意,可以免除州、联邦地区和地方的总检察长的职务。

§5. 根据由相关检察总长的提议,联邦和州的补充性法律应当规定每一公共部的组织、权力和规章,并规定关涉其成员的以下事项:

1. 下列保障:

a)任职两年后获得终身任职资格,唯有经过终局且不可上诉的法院判决方可丧失职位;

b)非因公共利益且经公共部的适当议事机构绝对多数的决定,不得调任,在议事中应确保成员的完整抗辩权。

c)非因第三十七条第十款、第十一款、第一百五十条第二款、第一百五十三条第三款、第一百五十三条§2款第一项规定之原因,不得缩减固定津贴。

2. 下列禁止:

a)在任何情况下以任何理由接受酬金、抽成或诉讼费用;

b)从事律师执业;

c)依照法律规定,参与商业公司活动;

d)承担除任教外的其他公共职能,假期亦不例外;

e)参与政党活动;

f)以任何名义或理由接受来自个人、公共或私人实体的资助和出资,但法律另有规定的除外。

§6. 第九十五条单独条款第5项适用于公共部成员。

第一百二十九条

公共部的机构职能包括:

1. 根据法律规定,排他性地行使公共刑事检查权。

2. 确保政府和公共机构有效尊重本宪法所保护的权利,采取必要的行动以保障这些权利;

3. 为保护公共和社会遗产、环境及其他分散性或集体性的利益,启动民事调查和公共民事诉讼;

4. 出于联邦和州干预之目的,依照本宪法规定的情形,启动直接的违宪诉讼或代表诉讼;

5. 为土著居民的权利和利益进行司法辩护;

6. 根据相关补充性法律的规定,在其管辖范围内,在行政程序中发布通知,以索取指导行政程序的信息和文件;

7. 根据前款提及的补充性法律的规定,对警察活动实施外部监督;

8. 要求实施调查,要求设立警察调查机构,并指明其程序性法令的法律基础;

9. 根据授权行使其他符合公共部之目的的职

能,禁止为公共实体担任司法代理或为其提供法律建议。

§1. 根据本宪法和法律的规定,本条所规定的公共部门启动民事诉讼的资格不应排除同案第三人的诉讼资格。

§2. 只有常任人员可以行使公共部的职能,常任人员应在其相应工作的司法区域内居住,但获得机构首长授权的除外。

§3. 常任人员应通过公开竞争性考试以及职业资格证书比较进入公共部,应确保巴西律师协会参与此种竞争,且应要求获得法律学位以及拥有至少三年法律工作经历,并遵循关于任命的分类方面的命令。

§4. 在适当时,第九十三条适用于公共部。

§5. 公共部的案件分配应立即进行。

第一百三十条

本节关于权利、禁止以及授职形式的规定适用于附属于账目法院的公共部成员。

第一百三十 A 条

公共部全国委员会应由 14 名委员组成,经联邦参议院以绝对多数通过后,由共和国总统任命,任期两年,可连任一次。其构成人员如下:

1. 共和国总检察长,担任主席;
2. 联邦公共部的 4 名成员,且确保每一常任成员皆有代表;
3. 州公共部的 3 名成员;
4. 两名法官,一名由联邦最高法院选出,另一名由高等司法法院选出;
5. 两名律师,由巴西律师协会联邦委员会选出;
6. 两名拥有深厚法律知识和名誉良好的公民,一名由国民议会选出,另一名由联邦参议院选出。

§1. 根据法律规定,出自公共部的委员会委员应当由相应公共部任命。

§2. 公共部全国委员会应负责控制公共部的行政和财政职能,并负责其成员职能义务的履行。公共部全国委员会负责:

1. 维护公共部的职能和行政自治,在其管辖区域内可以发布规制性法令,或建议采取措施。
2. 遵循第三十七条的规定,并依职权或依申请认定联邦和州公共部的成员或组织发布的行政法令的合法性。全国委员会可以撤销或变更这些法令,或确定一个必要期间,在该期间内应当采取措施以准确实施法律,且不得损害账目法院的管辖权。
3. 受理并审理针对联邦和各州公共部成员或组织的投诉,包括针对联邦和各州公共部附属机构的投诉,但不得有损于各机构在纪律处分和矫正方面的管辖权。全国委员会可以在纪律处分程序持续期

间,获得就免职、离职、按照服务年限比例带薪或带福利退休以及其他行政处分作出决定的管辖权,且应确保成员的完整抗辩权。

4. 依职权或依申请就一年以内对联邦或各州公共部成员作出的纪律处分进行复议。

5. 准备年度报告,并在报告中提出其认为对于国家范围内公共部的境况和委员会的活动而言乃属必要的措施,该报告应属于第八十四条第十一款规定的咨文中的一部分。

§3. 委员会通过秘密投票,从其作为一个组成部分的公共部之成员中选出一名国家监督者。禁止重复选举。除法律授予的权力外,国家监督者承担以下职责:

1. 受理任何利益受影响者提出的针对公共部及其辅助机构成员的投诉和检举;
2. 就一般管理监督行使委员会的行政职能;
3. 征调和指派公共部成员并为其授权,征用公共部内部组织的雇员。

§4. 巴西律师协会联邦委员会主席在委员会中任职。

§5. 州和联邦法律应当为公共部设立申诉中心,申诉中心有权审理任何利益受影响者提出的针对包括公共部辅助机构在内的公共部成员或内部组织的投诉和检举,直接将投诉和检举提交至公共部全国委员会。

第二节 公益维护部

第一百三十一条

联邦总公益维护部直接或通过附属机构在司法活动中和司法活动外代表联邦。根据规定其组织和运作的补充性法律的规定,总公益维护部承担法律磋商以及向行政部门提出建议的职责。

§1. 联邦总公益维护部长是联邦的总公益维护者,由总统从年满 35 周岁、拥有深厚法律知识、名誉良好的公民中自由任命。

§2. 初始进入本条指涉的机构就职,应采取公开竞争性考试和职业证书比较的方式。

§3. 根据法律规定,国库总代理人负责在应付但未付税款的执行方面代表联邦。

第一百三十二条

通过竞争性考试,凭借职业证书获得常任岗位的各州和联邦地区的代理人应当提供司法代理,并为相应联邦单位提供建议,巴西律师协会应全程参与其各阶段活动。

单独条款

本条所指涉的代理人在真实任职三年后,通过其所在机构的表现评估,在监督法官提供证明报告后,

获得终身职位。

第三节 律师执业与公设辩护律师处

第一百三十三条

律师是司法行政所必不可少的,在法律规定的范围内,对其职业活动当中的行为和表现享有豁免权。

第一百三十四条

公设辩护律师是各州履行司法职能所必不可少的机构,根据第五条第七十四款的规定,其负责对贫困人群提供法律建议,在各阶段为其提供辩护。

§1. 补充性法律应当组织联邦、联邦地区和地方公设辩护律师处,并规定州公设辩护律师处的一般组织规则,应规定其常任岗位,规定通过公开竞争性考试和职业证书比较进入常任岗位,并确保其成员不被调任,禁止其在机构义务之外从事律师执业活动。

§2. 确保州公设辩护律师的职能和管理独立,确保其有权在预算指令法规定的范围内提出其自身预算案,并遵循第九十九条§2款之规定。

第一百三十五条

对于被整合入本章第二节、第三节规定的常任岗位的公务员,应当按照第三十九条规定的方式予以补偿。

第五编 捍卫国家和民主制度

第一章 防御状态和戒严状态

第一节 防御状态

第一百三十六条

在共和国委员会和国防委员会举行听证后,共和国总统可以命令特定区域进入防御状态,以维持或迅速重整被重大且击破的制度混乱所威胁或被大规模自然灾害所影响的公共秩序或社会安宁。

§1. 在命令进入防御状态时,应根据法律所规定的期限和限制,确定防御状态的持续时间,明确受防御状态影响和命令所指明的地区,下列强制性措施将生效:

1. 限制以下权利:
   a)集会,即便是社团内集会;
   b)通信秘密;
   c)电报和电话通信秘密。
2. 在面临公共灾难时占有和临时使用公共财产和服务,联邦应对此种占有和使用造成的损失和耗费的成本负责。

§2. 防御状态不得超过30日,若有正当理由,则可延长30日。

§3. 当防御状态生效时:

1. 因危害国家犯罪而被监禁者,决定实施该监禁措施的一方应即刻通知适当的法官,若监禁非法,则法官应释放被监禁者;被监禁者可以要求警察机关对犯罪事实进行调查。

2. 通知法官时应附带陈述未判决的被羁押者在被逮捕时的身体和精神状态。

3. 非经司法程序,任何人不得被羁押超过10日。

4. 禁止单独监禁。

§4. 若总统命令进入防御状态或延长防御状态,则在24小时内应将该命令及相关理由提交予国民议会,国民议会应以绝对多数就该命令作出决定。

§5. 若国民议会处于休会期,则其应当于5日内实施特别召集。

§6. 国民议会应当在10日内审查其所接收的命令,并应在防御状态生效期间继续行使职权。

§7. 若命令被驳回,则防御状态应即刻解除。

第二节 戒严状态

第一百三十七条

若出现以下情形,则在共和国委员会和国防委员会举行听证后,共和国总统可以要求国民议会授权发布戒严令:

1. 对国家的运转产生的严重干扰或发生的情况使得防御状态期间采取的措施不能发挥作用;

2. 宣告战争状态或对外来武装侵略的回应。

单独条款

对于要求授权发布戒严命令或延长戒严状态,共和国总统应当提交相关理由,国民议会应当以绝对多数加以决定。

第一百三十八条

戒严命令应指明持续时间、实施该命令所需之规则以及暂时停止的宪法保障。在命令发布后,共和国总统应当实施特定措施的人员以及所影响的区域。

§1. 当出现第一百三十七条第一款规定之情形时,戒严状态不得超过30日,延长亦不得超过30日;当出现第二款规定之情形时,可在全部战争或外国侵略期间维持戒严状态。

§2. 若在立法机关休会期要求授权发布戒严令,则联邦参议院议长应当立即召集国民议会,在5日的特别会期内进行讨论。

§3. 国民议会应在强制措施结束前维持会期状态。

第一百三十九条

当根据第一百三十七条第一款发布的戒严令处于有效状态时,只可针对个人采取以下措施:

1. 保持处于特定地点的义务;
2. 扣留于建筑物内,但该建筑物不得被用作羁押因普通犯罪而被逮捕或指控者;
3. 依照法律限制通信的不可侵犯性、通讯秘密、信息的提供以及出版、广播和电视放送自由;
4. 暂时停止集会自由;
5. 搜查及占领住宅;
6. 干预公用事业公司;
7. 征用财产。

单独条款

立法者根据相关执行委员会的授权在立法议院内发布广播公告不处于第三款的限制之内。

第三节 一般条款

第一百四十条

在听取政党领袖意见后,国民议会执行委员会应当指定一个由5位其成员组成的委员会,监控和监督关涉防御状态和戒严状态的措施的执行。

第一百四十一条

当防御状态或戒严状态结束时,其效果应一并停止,且不影响对其实施者或执行者非法行为的追责。

单独条款

当防御状态或戒严状态结束时,共和国总统应立即向国民议会通报在有效期间内适用的措施,指明采取的措施并说明理由,罗列受影响者的姓名,指明所适用的限制。

第二章 武装力量

第一百四十二条

由海军、陆军及空军组成的武装力量是永久和常设的国家机构,其组织建立在等级和纪律的基础上,服从共和国总统的最高权威,旨在保卫国家、保卫宪法下的各部门和政府以及根据各部门的倡导所制定的法律和命令。

§1. 补充性法律应当设定关于武装力量的组织、训练和使用的一般规则。

§2. 军事纪律惩戒不适用人身保护令。

§3. 武装力量的成员被称作军人,除法律之规定外,亦对其适用以下规定:

1. 涵括特权、权利和义务的军衔,由共和国总统授予,在军衔、军事岗位,以及与其他成员一起使用部队制服方面有排他性权利的在岗军官、预备役军官及退役军官皆被确保完全拥有军衔。

2. 服役中的部队成员若接受永久性的公务员职位或雇佣关系,则应依照法律规定转为预备役人员。

3. 服役中的部队成员若依照法律规定接受临时性的非经选举产生的公共职位、雇佣关系或岗位,包括间接行政的情形,皆应部分保留其相应岗位。若其保持此一状态,则其只能通过资格制度获得晋升,其服役时间只能用以计算此种晋升和转为预备役。若其两年不在岗,则无论不在岗状态持续与否,皆应依照法律规定转为预备役。

4. 禁止军事服役人员结成工会及罢工。

5. 军事服役人员在岗期间不得加入政党。

6. 只有被和平时期的常设军事法庭或被战争时期的特别法庭裁定为其行为与军官职务不相称或不相容,军官方失去其岗位。

7. 在普通法院或军事法院被指控,并经终审且不可上诉的判决判处多于两年的监禁的军官,应适用前款规定的惩戒。

8. 第七条第三款、第十二款、第十七款、第十八款、第十九款和第二十五项以及第三十七条第十一款、第十三款、第十四款、第十五项之规定适用于军事服役人员;

9. 已废止。

10. 法律应当在考量不同活动的特性的基础上,包括在考量囚国际协定和战争而从事的活动的特性的基础上,规定参军条件,转为非在岗服役人员的年龄限制、任期以及其他条件,军人的权利、责任、赔偿、特权及其他特别情形。

第一百四十三条

依照法律之规定,实行强制军事服役。

§1. 武装力量有权依照法律之规定,在和平时期对征募后宣称因良心原因而拒服兵役者指派替代性服役任务,因良心而拒服兵役应被理解为因宗教信仰、哲学或政治信念而要求免于从事本质上带有军事特性的活动。

§2. 女性及神职人员在和平时期免于参与军事服役,但可根据法律为其指派其他任务。

第三章 公共安全

第一百四十四条

维护公共安全是国家的义务,也是所有人的权利和责任,其目的在于维持公共秩序和人身及财产安全,公共安全的维护应借助以下机构:

1. 联邦警察;
2. 联邦高速公路警察;
3. 联邦铁路警察;

4. 民警；

5. 军事警察和军事消防队。

§1. 联邦警察是由法律创设的永久性机构，由联邦组织及维持，并形成一种职业，其任务包括：

1. 就针对政治及社会秩序的犯罪，或有害于联邦、联邦奥塔奇及联邦企业之财产、服务和利益的犯罪，以及其他引发州际或国际反响且依照法律需要统一遏制的犯罪实施侦察；

2. 组织和遏制麻醉品及类似药品的非法运输、偷运及走私，且不影响国库及其他政府机构在其管辖权领域内采取行动；

3. 行使海事警察、机场警察及边境警察职权。

§2. 联邦高速公路警察是永久性机构，由联邦组织并维持，联邦高速公路警察构成一种职业，依照法律规定在联邦高速公路公开巡逻。

§3. 联邦铁路警察是永久性机构，由联邦组织并维持，联邦铁路警察构成一种职业，依照法律规定在联邦铁路公开巡逻。

§4. 除由联邦管辖的事务之外，由事务性警长领导的民事警察有义务履行司法警察职责并调查刑事犯罪，但军事犯罪除外。

§5. 军事警察负责户外治安以及维护公共秩序；军事消防员除应履行法律规定的义务外，亦负责民防活动。

§6. 军事警察和军事消防队是辅助性武装力量和预备部队，其与民警共同处于州长、联邦地区区长和地方长官的领导之下。

§7. 法律应当以确保行动之有效性的方式，规定负责公共安全的机构的组织和运行。

§8. 县可以根据法律组织县护卫队，以保护县的财产、服务和设施。

§9. 被整合入本条所指涉的机构的警察类公务员的酬劳应按照第三十九条§4款的规定予以确定。

第六编 税收和预算

第一章 国家收入（Tributary）体系

第一节 一般条款

第一百四十五条

联邦、州、联邦地区可以通过以下方式获得收入：

1. 税收；

2. 出于提供给纳税人或使纳税人可以使用的特定且可分割的公共服务的实际使用或潜在的利用可能性之原因，通过行使警察权收取的费用；

3. 公共工程的估价。

§1. 如若可能，税收应针对个人，且应随纳税人经济能力的变化而变化。为实现这些目标，税收行政部门可以依照法律规定，在尊重个人权利基础上坚定纳税人获得的遗产、收入和经济活动。

§2. 费用的计算不得与税收重复。

第一百四十六条

补充性法律应当：

1. 处理联邦、州、联邦地区和县的征税权冲突；

2. 规定征税权的宪法界限。

3. 设定税收立法的一般规则，尤其是下列规则：

a) 界定收入来源及其种类，并依照本宪法对税收规定，界定税种、税基以及纳税人；

b) 税收责任、评估、抵免、限定期间及其延长；

c) 针对合作企业的合作行为的充足课征方式；

d) 微型公司和小型公司的区别性和优惠性课征的界定，包括第一百五十五条第二款规定的关于税收的特别制度或简化制度；第一百九十五条第一款和§12、§13款规定的评估；以及第二百三十九条指涉的评估。

单独条款

第三款 d 项指涉的补充性法律亦应设立联邦、州、联邦地区和县的统一税收征收和评估制度，并遵循以下规定：

1. 纳税人可自由选择是否采取该制度；

2. 州可以设定区别性课征的条件；

3. 税收征收应当统一且集中化，应即可将属于联邦各实体的份额和资金予以分配，禁止保留或附加条件；

4. 税收征收和监督可以由各联邦实体完成，但应使用统一的纳税人名册。

第一百四十六 A 条

为防止竞争性失衡，补充性法律可以规定特别征税标准，但不影响联邦为实现该目标通过法律设定标准。

第一百四十七条

在联邦地方，联邦有权征收州税，如果地方没有被划分为若干县，则联邦亦可征收县税。联邦地区有权课征县税。

第一百四十八条

联邦可以通过补充性法律，在以下情形中实施强制性贷款：

1. 为抗击公共灾难、同外国的战争或者急迫的危难而需要支付特别支出；

2. 应对带有紧迫性的涉及国家利益的事务，并遵守第一百五十条第三款 b 项之规定。

单独条款

强制性贷款资金的使用应当与作为实施贷款之

基础的支出相关联。

第一百四十九条

联邦在设定社会缴费方面拥有排他性权力，社会缴费是对经济领域之干预的评估，以及符合职业或经济类别之利益的评估，是联邦各领域活动的手段，应遵守第一百四十六条第三款、第一百五十条第一款、第三款关于评估的规定，且不影响第一百九十五条§6款之规定。

§1. 州、联邦地区和县可以设定来源与其雇员的缴费，用以构成第四十条所指涉的社会保险体系的资金，其费率不得超过在联邦拥有有效岗位的公务员所缴纳的费用。

§2. 本条开端处所指涉之社会评估以及对经济领域的干预之评估：

1. 不得针对出口收入加以征收。
2. 同时应当对外国产品和服务加以征收。
3. 税率可以为：
   a) 以发票、毛收入、交易价格，以及进口的海关完税价格为基础的从价；
   b) 以采取的计量单位为基础的特定税率。

§3. 个人从事进口应当依照法律规定视同法人从事进口。

§4. 法律应当界定只实施一次评估的情形。

第一百四十九 A 条

县和联邦地区可以通过其法律设定评估，以资助公共照明服务，并遵循第一百五十条第一款、第三款之规定。

单独条款

本条开端处所指涉之评估可以以耗电清单为依据。

第二节 征税权之限制

第一百五十条

联邦、州、联邦地区和县禁止实施以下措施，但不影响对纳税人的其他保障：

1. 在无法律根据的情况下征税或增加税收。
2. 对情况相似的纳税人施加不平等待遇，禁止因职业实施区别对待，无论其收入、保险和权利在法律上处于何种状况。
3. 征收以下税款：
   a) 因设定或增加税收的法律生效之前发生之事而征税；
   b) 因在同一财政年度内设定或增加税收的法律被公布而征税；
   c) 自设定或增加税收的法律公布之日起 90 日届满前征税，并遵循 b 项之规定。
4. 出于充公之目的的征税。

5. 通过州际或县际税的方式限制人员或物品流动，但政府维持的高速公路的通行费除外。
6. 征收以下税款：
   a) 对他人获得的遗产、收入和服务征税；
   b) 对任何宗教的庙宇征税；
   c) 对政党的遗产、收入和服务征税，包括政党的基金会、工会和非营利性教育或社会扶助机构，并遵循法律的规定；
   d) 对书籍、报纸、定期出版物和用以印刷上述物品的纸张征税。

§1. 第三款 b 项之禁止不适用于第一百四十八条第一款、第一百五十三条第一项、第二项、第四项、第五项和第一百五十四条第二款规定的税收；第 3 款 c 项之禁止不适用于第一百四十八条第一款、第一百五十三条第一项、第二项、第三项、第五项款和第一百五十四条第二款规定之税收，亦不适用于调整第一百一十五条第三款、第一百五十六条第一款所规定的税收的税基计算。

§2. 第六款 a 项之禁止沿用于政府设立并维持的奥塔奇和基金会获得的与其本质目的相关的遗产、收入和服务。

§3. 与适用于私人投资以及用户提供对等物或缴纳价款或关税的投资相关的规则所管控的经济活动相关的遗产、收入和服务，不适用第六款 a 项及其前款之禁止，该禁止亦不免除同意从纳税义务当中购买物品者的纳税义务。

§4. 第六条 b、c 项规定之禁止仅包含其与所指涉的实体的本质目的相关的遗产、收入和服务。

§5. 法律应当规定涉及对物品或服务征税的消费者说明措施。

§6. 任何补贴或豁免、税基降低、预设信贷的特许、与税收相关的赦免或免除、费用或评估只能通过排他性地规定此类事项以及相应税收或评估特别的联邦、州或县法律加以许可，且不影响第一百五十五条§2款第七项 g 目的规定。

§7. 法律可以规定在可征缴事项可能嗣后发生时纳税人缴纳税款或评估的责任，确保如果预设的可征缴事项未发生，则立即且优先返还已缴纳税款。

第一百五十一条

禁止联邦实施以下措施：

1. 征收全国领土范围内未统一的税收，或根据不同州、联邦地区或县实施区别性或优惠性税收待遇，以损害其他区域的利益；但可以在国家的不同区域内实施财政激励，以促进社会经济发展的平衡。
2. 从州、联邦地区和县的公债义务当中征收所得税，从各公共机构人员的酬劳和收益当中征收高于其自身义务的所得税；

3. 在州、联邦地区和县的管辖范围内实施税收豁免。

第一百五十二条

州、联邦地区和县禁止根据物品和服务的来源地和流向地设置税收差别。

第三节 联邦税

第一百五十三条

联邦有权就下列事项征税：

1. 外国产品的进口；
2. 向他国国有产品或国有化产品出口；
3. 任何性质的收入和所得；
4. 工业化产品；
5. 信贷交易、外汇兑换、与可流通票据或保险相关的保险或交易；
6. 农村不动产；
7. 补充性法律规定的大宗财物。

§1. 在适当考虑法律规定的条件和限制的基础上，行政机关可以变更第一项、第二项、第四项、第五项所规定之税的税率。

§2. 第三款规定的税应当遵循以下规定：

1. 应当根据法律规定建立在一般性、普遍性、渐进性之标准的基础上；
2. 已废止。

§3. 第四款规定的税应当遵循以下规定：

1. 应当依据物品的本质有选择地征收；
2. 不得累计，先前交易缴纳的税款应当予以抵免；
3. 不得对用以出口的工业产品征税；
4. 应当根据法律规定，降低对纳税人获得资本货物的影响。

§4. 本条开端处第六款规定的税收应符合以下规定：

1. 应当采取渐进式，其税率应当以抑制囤积非生产性财产的方式加以确定；
2. 不应对法律所界定的、不拥有其他不动产的所有人构筑的小型农村不动产征税；
3. 应当由选择监督并征收的县从事监督和征收工作，前提是不对税收造成减损，也不构成任何其他形式的财政减免。

§5. 被法律界定为金融资产或外汇媒介的黄金应当单独被归入本条开端处第五款所指涉的作为原始交易所生之税的税收；最低税率应为百分之一，并确保以下列标准对所征收之税款实施转移支付：

1. 根据来源的不同，向州、联邦地区和地方支付百分之三十；
2. 向作为来源的县支付百分之七十。

第一百五十四条

联邦可以实施以下税收征收：

1. 通过补充性法律，征收前条所未列举的税收，前提是此类税收是非累计性的，且具备特别的可课征事项或税基，而非本宪法所规定的事项或税基；
2. 若面临同外国的战争或面临急迫的威胁，无论联邦是否拥有相应征税权，皆可征收特别税，但在征收事由消灭后应当逐渐废止。

第四节 州税和联邦地区税

第一百五十五条

州和联邦地区有权实施以下税收征收：

1. 遗赠之转移，以及任何财产和权利的捐赠；
2. 与物品和州际、县际交通及通讯服务相关的交易，包括始于国外的交易；
3. 机动车的所有权。

§1. 第一款规定的税收应遵守以下规定：

1. 对于不动产及其相关权利，可由其所在的州或联邦地区实施征收。
2. 对于动产、保险和信贷，可由财产清册或目录认证地或捐赠人居住地的州或联邦地区实施征收。
3. 对于下列情形，应当由补充性法律规定管辖权：

a) 捐赠人的居住地或定居地在国外；

b) 若死者在国外定居或居住，其在国外所拥有财产或在国外认证的财产清册。

4. 其最高税率应由联邦参议院规定。

§2. 第二款规定的税收应符合以下规定：

1. 不得累计，向同一州、其他州或联邦地区针对先前物品流通或服务交易缴纳的税款应当予以抵免。
2. 除非立法有相反规定，否则税收豁免或免除负担应当符合以下规定：

a) 不得以暗含信贷的方式抵免后续交易或服务；

b) 应当取消先前交易当中的信贷。

3. 可以是选择性的，其依据是交易或服务的本质。

4. 根据共和国总统或三分之一参议员的提案，联邦参议院应当以其成员的绝对多数决定州际或出口贸易和服务的税率。

5. 联邦参议院可以采取以下措施：

a) 根据三分之一参议员的提案，以其成员的绝对多数为内部贸易设定最低税率；

b) 根据其成员绝对多数的提案，以其成员三分之二的多数为涉及多个州利益的同一贸易引发的特定冲突设定最高税率。

6. 除非州和联邦地区有相反决定，否则针对第十二款 g 项之规定，关于物品流通和服务的州内税率不得低于州际贸易。

7. 对于最终消费者位于其他州的物品和服务贸易,应当遵循以下规定:

a)当接收者是纳税人时,采取州际税率;

b)当接收者非纳税人时,采取州内税率。

8. 在前款 a 项所规定的情形下,采取州内与州际税率之差额应当归属于接收者所在州。

9. 下列措施亦应实施:

a)对于个人或法人从外国进口的物品或商品以及服务,无论该个人或法人是否日常纳税人,亦无论其进口目的为何,税收应归属于商品、物品或服务接收者居住地或机构所在地的州;

b)若商品伴随着服务,且该服务不处于州的征税权范围内,则应就贸易总价实施征收。

10. 下列措施不得实施:

a)针对向外国出售商品的贸易以及向外国提供的服务征税,确保在先前贸易及服务当中所征收之税款的维持和利用;

b)针对向其他州出售的石油征税,包括润滑油、石油衍生液体、气态燃料及电能;

c)针对第一百五十三条§5款界定的黄金征税;

d)针对免费和无偿提供的广播和影音通讯服务征税。

11. 如果纳税人之间的贸易涉及工业化或商业化产品且构成此两种税收的征收事由,则不得将其纳入工业化产品之税基。

12. 补充性法律应当符合以下规定:

a)界定纳税人;

b)处理利改税;

c)规定税收抵免制度;

d)出于征税和界定有责机构之目的,设定物品流通和服务贸易的所在地;

e)除第十款 a 项之规定外,将出口服务和物品从纳税负担当中排除出去;

f)规定向其他州供应或出口的服务和商品信贷之维持;

g)规定州和联邦地区许可和撤销财政豁免、激励及收益的方式;

h)界定只征税一次的燃料和润滑油,无论其最终用途如何,且此种情形下不适用第十款 b 项之规定;

i)确定税基,以便税收可针对总额,同时针对进口物品、商品和服务。

§3. 除本条开端处第二款及第一百五十三条第1、2款指涉之税收外,不得针对国家的电力、电信服务、石油产品、燃料和矿物征税。

§4. 针对第十二款 h 项之情形,应当遵循以下规定:

1. 涉及润滑油和石油衍生燃料的交易税应当归属于消费发生地所在州。

2. 纳税人关于天然气及其副产品、润滑油以及未包含于本款第一项的燃料的跨州运作,其税收应当在来源州和目的地州之间分配,其比例与其他商品交易相同。

3. 天然气及其副产品、润滑油以及未包含于本款第一项的燃料的州际贸易,若其贸易指向是非纳税人,则税收应当归属于来源州。

4. 税率应当根据§2款第十二项 g 目由州和联邦地区决定,并遵循以下规定:

a)税率在国内领土范围内应统一,但可根据产品不同而有所区别;

b)税率可根据采取的计量单位加以确定,也可以根据从价确定,就交易价值实施征收,或就产品价格或类似产品在自由竞争市场的价格实施征收;

c)税率可以降低,亦可以重设,不适用第一百五十条第三款 b 项之规定。

§5. 有必要使用§4款之规定的规则,包括与税收的查证和去向相关的规则,应由州和联邦地区根据§2款第十二项 g 目加以设定。

§6. 第三款所规定的税收应符合以下规定:

1. 应由联邦参议院确定最低税率;

2. 应根据类型和利用方式的不同采取差别税率。

第五节 县税

第一百五十六条

县有权就下列事项征税:

1. 城市建筑物和土地;

2. 任何途径的不动产有偿生前转让,无论其因自然原因抑或物理原因获得添附,除担保外的不动产的对物权,以及不动产取得的权利转让;

3. 补充性法律界定的第一百五十五条第二款所未涵括的任何性质的服务;

4. 已废止。

§1. 第一款规定的税收应符合下列条件,且不影响第一百八十二条§4款第二项所指涉的及时更新:

1. 根据不动产的价值更新;以及

2. 根据不动产的坐落及用途确定不同税率。

§2. 第二款所规定的税收应当符合以下规定:

1. 不得就作为并入法人所获得的用以付清其资产的遗产的财产和权利的转移征税,也不得针对法人的合并、并购、分拆和解散征税,除非接收方的主要活动是购买或出售此类财产或权利,或者是租赁不动或商业租赁。

2. 应当归于财产所在地的县。

§3. 对于本条开端处第二款所规定的税收,补充性法律应作如下规定:

1. 设定最高和最低税率;

2. 将出口服务排除出适用范围;

3. 规定方式和条件,以及应当授予和撤销的财政豁免、激励和收益;

4. 已废止。

第六节 税收收入分配

第一百五十七条

下列情形中的税收收入应当归于州和联邦地区:

1. 从联邦征收的任何性质的收入税和所得税,但应保留从联邦、联邦奥塔奇和联邦所设立和维持的基金会的收入当中以任何方式征收的税款。

2. 依照联邦在行使一百五十四条第一款授予其的权力时设立的税收征收的税款的百分之二十。

第一百五十八条

下列情形中的税收收入应当归于县:

1. 从联邦征收的任何性质的收入税和所得税,但应保留从联邦、联邦奥塔奇和联邦所设立和维持的基金会的收入当中以任何方式征收的税款;

2. 针对坐落于其中的农村不动产征收的联邦税的百分之五十,或者在县根据第一百五十三条§4款第三项所选择的措施之下征收的全部税款;

3. 针对其区域内机动车所有权征收的州税的百分之五十;

4. 针对物品流通交易以及州际或县级交通和通信服务征收的州税的百分之二十五。

单独条款

第四款所指涉的归属于县的收入部分应当根据以下标准抵扣:

1. 在其区域内发生的商品流通和服务交易价值的四分之三;

2. 根据州法的规定,上限为四分之一,若发生在地方,则由联邦法律规定。

第一百五十九条

联邦应当按照以下标准实施周转:

1. 任何性质的收入税和所得税以及工业化产品征税的百分之四十八,且应采取以下方式:

a)向州和联邦地区收入共享基金周转百分之二十一点五;

b)向县收入共享基金周转百分之二十二点五;

c)根据法律规定,依照区域发展计划,百分之三用以通过区域财政机构资助北部、东北部和中西部区域的生产类项目,确保东北部半干旱地区能够获得一半资金;

d)向县收入共享基金周转百分之一,并应在每年十二月的前10日发放。

2. 向州和联邦地区周转工业化产品税收的百分之十,以工业化产品的出口价值计算比例。

3. 依照法律规定的分配方式,向州和联邦地区周转第一百七十七条§4款规定的对干预经济领域的评估所生的税款的百分之二十九,并遵循第一百七十七条§4款第二项c目所指涉的用途。

§1. 在计算第一款所指涉的周转的额度时,应当将根据第一百五十七条第一款和第一百五十八条第一款属于州、联邦地区和县的任何性质的收入税和所得税部分予以排除。

§2. 联邦的任何单位皆不可获得超过第二款所指涉的税款的百分之二十的共享税款,超出部分应当分配予其他参与者,维持该款所设定的分配标准。

§3. 州应当向县周转其根据第二款获得的资金的百分之二十五,并遵循第一百五十八条单独条款和第一款、第二款设定的标准。

§4. 根据第三款所指涉的法律的规定,该款所指涉的归属于各州的资金的百分之二十五应当用于县。

第一百六十条

禁止扣留或限制根据本节分配予州、联邦地区和县的资金的汇送和使用,包括禁止附加或增加税收。

单独条款

该禁止并不阻止联邦和州为资金的交付设定以下条件:

1. 偿还贷款,包括其奥塔奇的贷款;

2. 遵守第一百九十八条§2款第二项、第三项的规定。

第一百六十一条

补充性法律应当作出以下规定:

1. 出于第一百五十八条单独条款第一项之目的,界定增值;

2. 设定第一百五十九条所指涉的资金的汇送规则,尤其是其第一款所规定的资金的分配标准,以便维持州和县之间的社会经济平衡;

3. 规定由配额计算的受益人实施的监督以及第一百五十七条、第一百五十八条、第一百五十九条规定的共享资金的让与。

单独条款

联邦审计法院应当计算涉及第二款所指涉的参与者资金的配额。

第一百六十二条

联邦、州、联邦地区和县应当在征收后一个月的最后一日公布每一项税收的额度、所获得的资金、汇送和收取到的汇送的税收之价值,并用数值的方式出具分配标准。

单独条款

联邦公布的数据应当由州和县加以分解,州公布的数据应当由县加以分解。

第二章 公共财政

第一节 一般规则

第一百六十三条

补充性法律应当作出以下规定:

1. 公共财政;

2. 国外和国内公共债务,包括奥塔奇、基金会和其他政府控制的实体的债务;

3. 政府实体所作的担保;

4. 政府债券的发放和偿还;

5. 直接和间接公共行政的财政监督;

6. 联邦、州、联邦地区和县的机构和实体从事的外汇交易;

7. 联邦官方信贷机构之运作的相容性,维护其用于区域发展的全部特性和运作条件。

第一百六十四条

联邦发行货币的权力应当由中央银行排他地行使。

§1. 禁止中央银行直接或间接向国库以及任何非财政机构或实体发放贷款。

§2. 出于规定货币供应或利率之目的,中央银行可以购买和出卖由国库发行的保险。

§3. 联邦的现金结存应当存于中央银行;州、联邦地区、县、政府机构或实体以及政府控制的公司的现金结存应当存于官方财政机构,法律另有规定的除外。

第二节 预算

第一百六十五条

下列事项应由根据行政机关的提案制定的法律予以规定:

1. 长期规划;

2. 预算指令;

3. 年度预算。

§1. 制定长期规划的法律应当以区域为基础,设定联邦公共行政资本支出及其他源自联邦公共行政的支出的指令、目的和目标,并设定涉及连续性项目的支出的指令、目的和目标。

§2. 有关预算指令的法律应当包含联邦公共行政的目标和优先性,其中包括下一财政年度的资本支出,应当为年度预算法之筹备提供指南,应当在税收立法中规定修正,并应当设定官方发展性融资机构设定投资政策。

§3. 行政机关应当在每两个月结束的 30 日内公布总结预算实施状况的报告。

§4. 本宪法规定的国家计划和项目、区域计划和项目以及分类计划和项目应当根据长期规划加以筹备,并应由国民议会实施检查。

§5. 年度预算法应当规定:

1. 联邦各部门、其基金、机构及直接或间接行政实体的财政预算,包括政府设立并维持的基金会;

2. 联邦直接或间接拥有多数投票资本的公司的投资预算;

3. 社会保险预算,包括所有与社会保险相关的直接或间接行政实体和机构,以及政府设立并维持的基金和基金会。

§6. 预算案应当附带源于财政、税收和信贷性质的豁免、赦免、免除、补贴和收益的收入和支出的区域性效果证明。

§7. 与长期规划相容的本条第§5款第一项、第二项设立的预算应当将根据人口标准降低区域间不平等纳入其功能。

§8. 年度预算法不得包含任何不表明收入预测和支出设定的无关条款,但此一禁止不包括根据法律授权创设追加拨款和借款,即便追加拨款和借款是按照预期收入实施的。

§9. 补充性法律应当:

1. 规定财政年度的有效性和期限,长期规划的筹备和组织,预算指令法律和年度预算法律;

2. 设立直接和间接行政对于财政和财产管理的规则,以及基金的设立和运作条件。

第一百六十六条

涉及长期规划、预算指令、年度预算和追加信贷的法案应当由国民议会两院根据普通内部规则加以审议。

§1. 参议员和众议员的常设联合委员会负责下列事项:

1. 就本条所指涉之法案以及共和国总统提交的年度决算加以审议,并发布其意见;

2. 就本宪法规定的国家计划和项目、区域计划和项目和分类计划和项目加以审议,并发布其意见,监控和监督预算,但不影响根据第五十八条创设的国民议会及其两院的其他委员会的活动。

§2. 应当向联合委员会提交修正案,并应发布关于修正案的意见,国民议会两院全体大会应当根据其内部规则对修正案予以审议。

§3. 对年度预算法案或修改年度预算的法案的

修正案只有符合下列情形方可通过：

1. 与长期规划和预算指令法相容。
2. 仅在支出消耗完毕后方可规定必要的资金，但不得针对以下事项：
   a）针对人事及其间接支出拨款；
   b）清偿债务；
   c）向州、县和联邦地区转移宪法规定的税收。
3. 与下列事项相关：
   a）纠正错误或遗漏；或者
   b）法案文本总的条款。

§4. 预算指令法案之修正案若不能与长期规划相容，则不得通过。

§5. 共和国总统可以向国民议会发送关于提议修正本条所指涉的法案的信息，前提是联合委员会尚未就提议改正的部分进行投票。

§6. 涉及长期规划、预算指令和年度预算的法案应当由共和国总统根据第一百六十五条§9款指涉的补充性法律向国民议会提交。

§7. 在不与本节之规定相抵触的前提下，立法程序的其他规则适用于本条所指涉的法案。

§8. 若因年度预算法案被否决、修正或驳回而导致资金无法支出，则该资金可根据具体情形，通过立法机关的特别授权，通过特别或补充性拨款予以使用。

第一百六十七条

禁止实施以下行为：

1. 启动未列入年度预算法的项目或计划；
2. 支出或承担直接义务超出预算拨款或追加拨款；
3. 借款超过资本支出总额，但出于特定目的由补充性拨款或特别拨款授权的除外，此种授权应由立法机关以绝对多数通过；
4. 将接收的税收收入与机构、基金或支出相关联，但第一百五十八条和第一百五十九条所指涉的税收的收入的部分除外，为维持和发展教育以及为实施税收行政活动，分别根据第一百九十八条§2款、第二百一十二条和第三十七条第二十二款而向公共卫生活动和公共卫生服务分配资金除外，根据第一百六十五条§8款以预期收入担保贷款除外，本条§4款之规定亦除外；
5. 在没有先前立法授权、没有相应资金之指示的情况下实施补充性或特别拨款；
6. 在没有先前立法授权的情况下，从一个项目类别向另一个项目类别、从一个机构向另一个机构重新划分、重新分配或转移资金；
7. 交付或使用无限制的拨款；
8. 在没有先前立法授权的情况下，使用财政或社会保险预算当中的资金，以满足公司、基金会和基金的需要，或弥补其赤字，包括第一百六十五条§5款指涉的公司、基金会和基金。
9. 在没有先前立法授权的情况下，设立任何性质的基金；
10. 凭借联邦和州政府及其财政机构，包括其预期收入，自愿转移来源和容许贷款，用以支付州、联邦地区和县的在岗、非在岗及退休人员的支出。
11. 使用源自第一百九十五条第一款a项和第二款指涉的评估的资金，用以支付第二百○一条指涉的一般社会保险体系除收益外的支出。

§1. 在没有列入先前长期规划当中或没有法律授权列入计划的情况下，不得启动其执行超过一个财政年度的投资，违反这一规定将构成可弹劾的犯罪。

§2. 特别拨款和临时拨款在其被授权的财政年度内有效，除非授权法令在该财政年度的最后四个月内公布，在此种情况下，应重新启动拨款平衡，该拨款应当被纳入下一财政年度之预算。

§3. 只有在需要不可预计且急迫的开支的情况下方可启动临时拨款，如战争、内部骚乱或公共灾难，并遵循第六十二条之规定。

§4. 作为对联邦及对欠联邦之债务的偿还的担保和反担保，可以将第一百五十五条和第一百五十六条指涉的税收形成的所得与第一百五十七条、第一百五十八条以及第一百五十九条第一款a、b项和第二款指涉的来源方面的所得相关联。

第一百六十八条

根据第一百六十五条§9款所指涉的补充性法律的规定，包括补充性拨款和特别拨款在内的预算拨款资金的十二分之一用于立法机关、司法机关、公共部门和公社辩护部门之机构，且应在每月的第二十日之前完成交付。

第一百六十九条

联邦、州、联邦地区和县的在岗和非在岗人员的支出不得超过补充性法律设定的界限。

§1. 只有具备以下条件，直接或间接行政机构和实体，包括政府创设和维持的基金会方可予以利益或增加酬劳，创设职位、职务和岗位，或改变职制，以及实施任何头衔的人事录用或合同之签订：

1. 先前的预算拨款足以支付预计的人事支出以及相应支出增长；
2. 预算指令法当中存在特定授权，但公共公司和合资公司除外。

§2. 若本条所指涉的补充性法律设定的采取相应系数的期限届满，所有未遵守该限制的联邦或州向州、联邦地区和县汇送的行为均应立即停止。

§3. 为遵守作为本条之基础的限制，在开端处

指涉的补充性法律规定的期限内,联邦、州、联邦地区和县应当采取以下措施:

1. 委员会岗位和机密岗位缩减至少百分之二十支出;

2. 解聘非终身制公务员。

§4. 若根据前款采取的措施不足以确保达成本条所指涉的法律之目标,则可解聘终身制公务员,前提是各部门的激励性规范法令规定了职能活动或规定了作为缩减人员之对象的行政机关或单位。

§5. 根据前款失去职位的公务员应有权获得正当赔偿,每服务一年便获得一个月的酬劳。

§6. 根据上列条款撤销的职位应被视作废除。四年内禁止创设拥有同等或类似权力的职位、职务和岗位。

§7. 联邦法律应当规定执行§4款所应遵守的一般规则。

第七部分　经济和财政秩序

第一章　经济活动的一般原则

第一百七十条

经济秩序建立在意识到人力和自由企业之价值的基础上,旨在确保每个人有尊严地存立,以社会正义为指引,遵循以下原则:

1. 国家主权;
2. 私人财产权;
3. 财产的社会功能;
4. 自由竞争;
5. 消费者保护;
6. 环境保护,包括根据产品和服务的环境影响以及产品和服务的生产和提供程序实施的区别对待;
7. 降低区域和社会的不平等;
8. 寻求充分就业;
9. 对根据巴西法律组织起来的其总部和管理部门位于国内的小型企业实施倾斜性待遇。

单独条款

除法律规定的情形外,确保所有人无须法律授权,可自由从事任何经济活动。

第一百七十一条

已废止。

第一百七十二条

法律应当基于国家利益就外国资本加以规定,激励其再投资,规定其利润的缴纳。

第一百七十三条

除本宪法规定的情形外,只有对于国家安全或相关集体利益而言必不可少时,州方可根据法律直接开展经济活动。

§1. 法律应当规定公共公司、合资公司及其附属机构参与物品和服务的生产经营活动的法律制度,并处理以下事项:

1. 其社会功能以及国家和社会予以监督的形式;

2. 与私营企业采取同类法律制度的事项,包括其民事、商事、劳工和税收方面的权利和义务;

3. 遵守公共行政之原则的前提下,关于工程、服务、购买和转让的竞争性投标和合同;

4. 小股东参与前提下的董事会和监事会的组织和运作;

5. 管理人的职位、业绩评价和责任。

§2. 公共公司和合资公司不得享有不沿用于私营类公司的财政特权。

§3. 法律应当规定公共公司与国家和社会的关系。

§4. 法律应当遏制滥用经济实力以寻求支配市场、消除竞争以及任意增加利润。

§5. 法律应当设定法人的责任,设定与其有违经济和市场秩序、有损国民经济之行为相容的罚则,且不影响法人之高级职员的个人责任。

第一百七十四条

作为经济活动的规范和规制者,国家应当履行监督、激励和计划职能,其中计划对于公共经济活动有约束作用,对于私人经济活动有建议作用。

§1. 法律应当设定平衡国家发展之计划的指令和出发点,其中应当包含国家和区域发展计划,并使之相协调。

§2. 法律应当支持并激励合作活动以及其他形式的联合行动。

§3. 国家应当鼓励合作进行探矿和采矿活动的组织,并重视环境保护以及探矿和采矿者对经济社会的促进作用。

§4. 根据法律的规定,前款所涉及的合作者,在其所运营的区域内以及在第二十一条第二十五款规定的区域内,应在获得探矿和采矿授权和特许方面拥有优先权。

第一百七十五条

政府负责直接提供或通过特许和许可制度提供公用事业服务,并根据法律规定始终采取公开招标的方式。

单独条款

法律应当规定:

1. 公司获得提供公用事业服务的特许和许可制度,其合同的特殊性、合同的延期、失效的条件、特许和许可的监督和终止;

2. 用户的权利；
3. 税率政策；
4. 维持充分服务的义务。

第一百七十六条

开发中和未开发的矿床以及其他矿产资源和水利能源选址构成与土地不同的供开采或使用的财产，此类财产属于联邦，确保特许权受让人拥有矿藏输出的所有权。

§1. 本条开端处所指涉的矿产资源的勘探和开采以及水利选址的使用，须依照法律规定，经联邦基于国家利益授权或特许，且只能由巴西人或根据巴西法律设立的总部及管理部门在国内的公司实施，若此类活动在边境地区或土著地区实施，则应设定特别条件。

§2. 土地所有权人有权分享开采矿藏的成果，其形式与所获之收益价值由法律规定。

§3. 勘探授权应附有期限，在没有授权机关法律许可的情况下，本条所规定的授权和特许不得全部或部分指派或转让。

§4. 小容量可再生资源的使用不需要获得授权或许可。

第一百七十七条

联邦垄断下列事务：

1. 石油、天然气和其他液体碳氢化合物矿藏的勘探和开采；
2. 本国和外国石油的精炼；
3. 前列条款之活动产生的产品和基础性副产品的进口和出口；
4. 本国出品的原油和本国生产的基础性石油副产品的海上运输，以及任何国家出品的原油、原油副产品和天然气的管道运输；
5. 矿石和核矿物的勘探、开采、富化、再加工、工业化和商业活动，但根据本联邦宪法第二十一条开端处第二十三款 b、c 项，在许可制下授权生产、贸易和使用的放射性同位素除外。

§1. 联邦可以与州或私营公司签订合同，以实施本条第一项至第四项规定的活动，并遵循法律设定的条件。

§2. §1 款所指涉的法律应当规定下列事项：

1. 确保在全部国家领土范围内供应石油副产品；
2. 签订合同的条件；
3. 规制联邦垄断之机构的组织和权力。

§3. 法律应当规定国家领土范围内放射性材料的运输和使用。

§4. 就干预涉及石油及其副产品、天然气及其副产品以及燃料酒精的进口与贸易活动之经济领域设定评估的法律应当遵守以下规定：

1. 评估税率可以：
   a) 根据产品和用途有所区别；
   b) 通过行政机关的法令予以降低和重设，无须适用第一百五十条第三款 b 项的规定；
2. 征收收入的用途应为：
   a) 为酒精燃料、天然气及其副产品以及石油及其副产品的价格和运输提供补贴；
   b) 资助与石油和天然气工业相关的环境项目；
   c) 资助运输之基础设施项目。

第一百七十八条

法律应当规制空中、水上及陆地运输，并应依照互惠原则遵守联邦签订的涉及国际运输之组织的协定。

单独条款

在规制水上运输方面，法律应当设定外国舰船在沿海贸易和国内航行当中运输商品的条件。

第一百七十九条

联邦、州、联邦地区和县应当向法律界定的微型企业和其他小型公司提供差别性法律待遇，借助法律寻求通过行政、税收、社会保险和信贷义务之简化、消除和降低激励此类企业和公司。

第一百八十条

联邦、州、联邦地区和县应当鼓励、激励作为社会经济发展之要素的旅游业。

第一百八十一条

应外国行政或司法机关对居住地或注册地在国内的个人或法人的要求提供商业性质的文件或信息，需要特定政府机关的授权。

第二章 城市政策

第一百八十二条

县政府根据法律设定的一般指导方针实施的城市发展政策意在整序城市的社会功能的全面发展，以及确保其居民的幸福。

§1. 县立法机关通过的对于居民人数超过两万人的城市具有强制力的整体规划是城市发展和扩展的基础性政策。

§2. 若城市不动产与总体规划中表明的城市之整序的基础性要求相契合，则城市不动产应发挥其社会功能。

§3. 城市不动产的征收应事先经过公正的现金补偿。

§4. 县政府可以借助关涉总体规划内区域的特别法律要求未建设、未用尽或未使用的城市土地的所有权人充分利用其土地，并按照下列顺序辅之以罚则：
1. 强制分割或建设；
2. 随时间增加建筑税率及城市不动产税率；
3. 以公债支付对价的形式实施征收，前提是联邦参议院事先发行了公债，该公债可在10年内以平等和连续的方式按年度分期偿还，确保补偿和法定利率的真实价值。

第一百八十三条

持有二百五十平方米以下城市区域的个人，若将该区域作为其本人或其家庭的住所，且保持五年无中断和无异议，则应获得该不动产上的权利，前提是其不对其他城市或农村不动产拥有所有权。

§1. 权利证书和使用权之特许应当授予男性或女性，或同时授予两者，无论其婚姻状况如何。

§2. 不应对同一持有人承认此一权利多于一次。

§3. 公共土地不适用时效取得。

第三章 农业土地政策和农业改革

第一百八十四条

联邦有权为了社会利益出于农业改革之目的征收未发挥社会功能的农村不动产，但须事先通过农业债券实施公正补偿，债权当中应当包含维持真实价值的条款，且应在20年内偿还，起算时间为发放债券的第二年，其使用应当通过法律予以规定。

§1. 可用且必要的改良应当以现金加以补偿。

§2. 对有助于社会利益与农业改革之目的的不动产加以宣告的命令授权联邦提起征收诉讼。

§3. 补充性法律应当设定征收诉讼的特别简易对抗式程序。

§4. 在预算中应当确定每年农业债券的总量，以及在财政年度内向农业改革项目分配的资金总额。

§5. 出于农业改革之目的而征收的不动产的转让享受联邦、州和市政税之豁免。

第一百八十五条

下列不动产不得出于农业改革之目的加以征收：
1. 法律界定的中小型农业不动产，前提是其所有人不对其他不动产拥有所有权；
2. 生产性不动产。

单独条款
法律应当确保生产性不动产享有特殊待遇，并设定使其满足社会功能之要求的规则。

第一百八十六条

若农村不动产按照法律规定的条件和标准同时满足下列要求，则其便属发挥社会功能：
1. 理性且充分使用；
2. 充分使用可用的自然资源，以及维护环境；
3. 遵守关于劳工关系的规定；
4. 其开发有利于所有权人和雇工的幸福。

第一百八十七条

农业政策应当根据法律加以规划和执行，确保包括生产者和农村雇工在内的生产性工作者以及贸易、仓储和运输工作者的有效参与，下列事项应被特别考虑：
1. 信贷和财政手段；
2. 与生产成本及确保销售力相匹配的价格；
3. 激励研发和技术；
4. 技术辅助和农村扩展；
5. 农业保险；
6. 合作活动；
7. 农村电力和灌溉系统；
8. 农村雇工的居住。

§1. 农业计划包含农用工业、畜牧业、渔业和林业活动。

§2. 农业政策行动应当与农业改革行动相匹配。

第一百八十八条

公共土地和空置土地的使用应当与农业政策和国家农业改革计划相匹配。

§1. 向个人或法人转让或特许二千五百公顷以上的公共土地，无论采取何种方式，皆应事先取得国民议会同意。

§2. 出于农业改革之目的的就公共土地进行转让或特许不适用前款之规定。

第一百八十九条

根据农业改革而进行的农村土地的分配的受益人应当取得权利证书或者特许使用证书，10年内不得转让。

单独条款
权利证书和特许使用证书应当依照法律规定的期限和条件授予男性或女性，或同时授予两者，无论其婚姻状况如何。

第一百九十条

法律应当规定并限制外国人或外国法人取得或租赁农村土地，且应规定在何种情况下需要国民议会的授权。

第一百九十一条

任何人若非农村或城市不动产的所有权人，但自身在5年内不受干扰、未受异议地在农村区域持有不超过五十公顷的不动产，其雇工或其家庭使该土地具有生产性或居住于该不动产中，则取得该土地的所有权。

单独条款
公共不动产不适用时效取得。

第四章 国家财政系统

第一百九十二条

包括信贷合作社在内的国家财政系统的所有组成部分的建立目的是促进国家的均衡发展、服务于集体利益,国家财政系统应当受补充性法律规制,补充性法律应当就外国资本参与构成国家财政系统的机构加以规定。

第八部分 社会秩序

第一章 一般规定

第一百九十三条

社会秩序应当建立在劳工优先的基础上,并以社会幸福和正义为目标。

第二章 社会保险

第一节 一般规定

第一百九十四条

社会保险由政府和社会启动的一系列整合性的行动构成,以确保与卫生、社会保险及社会辅助相关的权利。

单独条款

根据法律的规定,组织社会保险是政府的义务,并应符合下列目标:

1. 覆盖和关照的普遍性;
2. 城市和农村人口之受益与服务的统一和均等;
3. 受益与服务的选择性和分配性;
4. 受益之价值不可缩减;
5. 提供资金方面的平等参与;
6. 建立在筹资基础上的多样性;
7. 行政管理的民主性和去中心性,即分为四部分,由雇员、雇主、退休人员和政府通过其团体机构的参与加以管理。

第一百九十五条

社会保险应根据法律由全社会直接或间接资助,通过联邦、州、联邦地区和县以及下列评估所产生的资金加以运作:

1. 根据法律,来源于雇主、公司和同等实体的涉及以下事项产生的评估:

a)向为雇主、公司和同等实体提供服务的个人之工作支付或记账的薪水和其他收入之清单,无论支付形式如何,亦无论是否存在雇佣关系;

b)收据或发票;

c)红利。

2. 来源于投保于社会保险,但并不按照第二百〇一条指涉的一般社会保险体系就退休收益和退休金之给付缴纳份额的工作者和其他人员;

3. 来源于彩票收入;

4. 来源于外国物品和服务的进口者,或来源于法律认为等同于实施此类进口者。

§1. 州、联邦地区和县的收入若进入社会保险,则应被纳入其预算,且不应成为联邦预算的一部分。

§2. 社会保险预算提案应当由负责卫生、社会保险和社会辅助的机构共同提出,并考虑预算指令法所设定的目标和优先性,确保每一区域对于其资金的管理。

§3. 根据法律的规定,对社会保险系统欠款的法律实体不得与政府签订合同,亦不得从政府处获得收益以及财政或信贷方面的激励。

§4. 法律可以设定其他来源,以确保社会保险的维持与扩张,但应遵循第一百五十四条第一款的规定。

§5. 若无相应的充分供应资金,不得创设、增加或延伸社会保险收益。

§6. 本条所指涉的社会评估只能自设定或修改该评估的法律公布之日起 90 日后予以征收,且不适用第一百五十条第三款 b 项之规定。

§7. 符合法律要求的社会辅助之慈善实体免于社会保险评估。

§8. 农村生产者、合资公司、佃农……(原文即有省略号)、自我雇佣的渔民及其配偶若以家庭企业的形式从事活动,且无永久雇员,则在缴纳社会保险时,应按照法律之规定,适用其产品贸易之税率,并应有权获益。

§9. 本条第一款规定的评估可以按照经济活动、人力的集约利用、公司规模或劳动力市场的结构条件之不同,实施差别性税率和税基计算。

§10. 法律应当界定联邦的统一卫生系统和社会辅助活动向州、联邦地区和县周转资金的标准,以及州向县周转的标准,并维持该资金的相应对等物。

§11. 禁止以本条第一款 a 项及第二款所指涉的评估的免除或赦免之特许抵充超过补充性法律所设定的总额的债务。

§12. 对于依照开端处第一款 b 项和第四款征收的评估,法律应当界定不得加以累计的经济活动之类别。

§13. §12 款之规定适用于渐进地、全部或部分地将收据或开具发票替换为以第一款 a 项之形式征收的评估。

第二节 卫生健康

第一百九十六条

健康是所有人的权利,亦是国家政府的义务,应借助旨在降低疾病和其他弊病之风险的社会和经济政策,以及借助普遍且平等地利用所有旨在促进、保护和回复健康的活动和服务予以保障。

第一百九十七条

卫生健康活动和服务具有公共重要性,政府有责任根据法律规定关于卫生健康的规制、监督和管控。此类活动和服务应当直接实施或借助第三方实施,私法上的个人和法人亦应实施。

第一百九十八条

公共卫生活动和服务是区域网络和分层次网络的一部分,其构成一个统一的系统,且根据下列指令予以组织:

1. 去中心化,但每一政府领域仅有一个管理系统;
2. 全方位服务,预防性活动优先,且不影响其他服务;
3. 社区参与。

§1. 统一的卫生系统应根据第一百九十五条由联邦、州、联邦地区和县的社会保险预算筹集的资金以及其他来源的资金予以资助。

§2. 联邦、州、联邦地区和县应当每年从确定资金当中用于公共卫生活动和服务的最低标准,该标准源自适用以下百分比之计算:

1. 对于联邦,以根据§3款规定的补充性法律所界定的方式予以适用;
2. 对于州和联邦地区,适用第一百五十五条指涉的税收收入数额以及第一百五十七条和第一百五十九条第一款a项和第二款指涉的资金数额,但应扣除向县转移的数额;
3. 对于县和联邦地区,适用第一百五十六条指涉的税收收入数额以及第一百五十八条和第一百五十九条第一款b项和§3款指涉的资金数额。

§3. 应由至少每五年重新评定一次的补充性法律规定下列事项:

1. §2款所指涉的百分比;
2. 出于逐渐消除区域差异之目的,与卫生相关的联邦资金向州、联邦地区和县分配,以及州资金向其县分配;
3. 对联邦、州、地区和县的卫生支出进行监督、评价和管控之规则;
4. 由联邦加以适用的总额之计算规则。

§4. 统一卫生系统的区域负责人应当承认社区卫生代理以及对抗地区性疾病的代理,但应通过公开的遴选程序,并以其职权的本质和复杂性以及其运作的特殊要求为依据。

§5. 联邦法律应当规定关于社区卫生代理以及控制地区性疾病的代理的法律制度、国家层面的行业最低薪金、职业生涯规划指令以及对其活动的规制,联邦根据法律为州、联邦地区和县提供补充性财政辅助,以便实施上述最低薪金。

§6. 除本宪法第四十一条第一款以及第一百六十九条§4款规定的情形外,发挥与社区卫生代理以及对抗地区性疾病的代理同等功能的雇员若不符合法律规定的发挥此种功能的特别要求,则应丧失其岗位。

第一百九十九条

卫生医疗向私营企业开放。

§1. 私人机构参与统一卫生系统可以作为补充,但应根据其指令,以公法合同或协定的方式参与,并向慈善和非营利实体倾斜。

§2. 禁止为资助或补贴营利性私人机构而向其分配公共资金。

§3. 禁止外国公司或资本直接或间接参与国家的卫生辅助,但法律另有规定的情形除外。

§4. 法律应当规定出于移植、研究和治疗目的而辅助移除人体器官、组织和物质的条件和要求,以及收集、处理和输入血液及其制品的条件和要求,禁止一切形式的商业化。

第二百条

根据法律规定,统一卫生系统除其他义务外,还应履行下列义务:

1. 管控和监督影响健康卫生的程序、产品和物质,参与药品、设备、生物免疫产品、血液制品和其他输入品的生产;
2. 开展卫生监督和流行病学监督活动,并监督与雇员健康相关的事务;
3. 组织卫生领域的人力资源培训;
4. 参与基础卫生政策的制定,实施与该政策相关的活动;
5. 在其行动领域内提升科学和技术的发展;
6. 监督和检查食品以及人用饮料和水,包括管控食品的营养成分;
7. 参与管控和检查作用于精神的物品和产品、有毒物品和产品以及放射性物品和产品的生产、运输、储存和使用。

第三节 社会保险

第二百〇一条

社会保险应当以一般体系的形式加以组织,该一般体系以缴纳制和强制加入制为特征,遵循维持财政

和精算平衡的标准,且应根据法律的界定规定以下事项:

1. 所覆盖的疾病、残疾、死亡和高龄事项;
2. 对母亲尤其是孕妇的保护;
3. 对非自愿失业的保护;
4. 对受低收入参保人赡养者的家庭补贴和分娩资助;
5. 参保人死亡后向其配偶、伴侣及被赡养人发放的抚恤金,且应遵循§2款之规定。

§1. 禁止在按照一般社会保险体系向受益人授予退休收益特许时采取差别化要求或标准,但根据补充性法律的界定,依照倾斜性地维护健康或机体完整性的特殊条件而实施的活动除外,残疾人参保的情形亦除外。

§2. 用以代替参保人从中缴纳保险的薪金或收入的月入收益不得低于最低薪金。

§3. 包含在收益计算当中的、从中缴纳保险的薪金应当依照法律适时更新。

§4. 应根据法律所界定的标准,确保通过调整收益永久性地维持其真实价值。

§5. 参与其自身社会保险体系者禁止参与一般社会保险体系,但应确保参保人拥有选择权。

§6. 退休人员和受领退休金人员的圣诞奖金应当以每年十二月份的收入价值为基础。

§7. 按照法律规定,应确保在一般社会保险体系当中退休,并遵循下列条件:

1. 男性缴纳保险达35年,女性缴纳保险达30年;
2. 男性满65岁,女性满60岁,对于男性或女性农村劳动者,以及在家庭中从事经济活动者,包括农村生产者、采矿者和自我雇佣的渔民,此一年龄限制降低5岁。

§8. 对于仅仅在学前教育、基础教育和中等教育当中履职的教师,前款第一项所指涉的要求应降低五岁。

§9. 若出于退休之目的,则应当确保在互惠的基础上计算农村和城市人员在公共行政或私人活动当中缴纳保险的期间,在此一情形下,不同社会保险系统应当根据法律设定的标准在财政上自我补偿。

§10. 法律应当规定所覆盖的劳工事故风险,应同时由一般社会保险体系和私人保险体系共同承担。

§11. 雇员的日常收入,无论其性质如何,皆应按照法律规定的情形和方式被涵括入从中缴纳社会保险并在日后获得收益的薪金当中。

§12. 法律应当规定将低收入工作者及仅仅在国内的家庭中从事工作而没有自身收入的工作者涵括在内的特别体系,前提是这些工作者是低收入家庭成员,以确保其能获得与最低薪金相等的收益。

§13. 本条§12款所指涉的特别社会保险体系,其税率与罚金应当低于一般社会保险体系的参保者。

第二百〇二条

作为补充的私人社会保险体系之组织与一般社会保险体系相对自治,应具可选择性,应建立在确保合同收益的储备金章程的基础上,且应由补充性法律加以规制。

§1. 本条所指涉的补充性法律应当确保私人社会保险实体当中的参与者能够完全获得与其计划之管理相关的信息。

§2. 私人社会保险实体的企业章程、规定和收益计划所规定的雇员保险之缴纳、收益及合同条件不得被写入参与者的劳工合同,也不得计入参与者的酬劳,但法律所容许的收益除外。

§3. 禁止联邦、州、联邦地区和县及其奥塔奇、基金会、公共公司、合资公司及其他公共实体资助私人社会保险实体,但在其职能范围内作为主办者的情形除外。在此种情形下,其常规缴纳数额不得超过参保人缴纳的数额。

§4. 补充性法律应当规定联邦、州、联邦地区和县之间的关系,包括其奥塔奇、基金会、合资公司和直接或间接控制的公司之间的关系,前提此类实体是自足的私人社会保险实体和其各自的自足社会保险实体的主办者。

§5. 处理前款规定之事项的补充性法律在适当时应当适用于拥有提供公共服务之许可或特许的私营公司,前提是此类实体是自足社会保险实体的主办者。

§6. 本条§4款指涉的补充性法律应当设定自足的私人社会保险实体之岗位的任命条件,并应就参与人加入同事小组以及同事小组作出决定的情形加以规定,前提是作出决定的情形关涉着作为讨论探讨之对象的参与人的利益。

第四节 社会辅助

第二百〇三条

应当向有需要者提供社会辅助,无论是否缴纳社会保险,且社会辅助应具备以下目标:

1. 保护家庭、母亲、儿童、青少年和老年人;
2. 支持贫困的儿童和青少年;
3. 促进融入劳动力;
4. 残疾人训练及康复,以及促进残疾人的社会融入;
5. 根据法律的规定,确保残疾人以及能够证明无法自我供养或由家庭供养的老年人获得与最低薪金相等的月收入。

第二百〇四条

社会辅助领域的政府行为应当由社会保险预算根据第一百九十五条资助,并辅之以其他资助,且应在下列指令基础上予以组织:

1. 政治和行政的去中心化,联邦负责予以协调并制定一般规制,州和县负责协调并执行各项目,慈善和社会辅助实体亦有责任;

2. 公众通过代表性组织参与政策的形成和对各级别行动的管控。

单独条款

州和联邦地区可以将结算税额的百分之一的五成用于支持社会融入和社会提升,但这一资金不得被用于支付以下款项:

1. 人事支出和附加工资;

2. 债务还本付息;

3. 其他与所支持的投资或资本无直接关联的日常费用。

第三章 教育、文化和体育

第一节 教育

第二百〇五条

教育是所有人的权利,也是国家政府和家庭的义务,应当借助社会协作予以提升和鼓励,寻求个人的全面发展,为行使公民权做准备,获得从事工作的资质。

第二百〇六条

教学应遵循以下原则:

1. 入学和保持就学之条件的平等;

2. 学习、教学、研究,以及表达思想、艺术和知识的自由;

3. 思想和教学观念的多元主义,公立和私立教育机构并存;

4. 公立机构的公共教育免费;

5. 维护教学工作者,根据法律确保其职业计划,唯有经过公开竞争性考试、取得职业证书,方可进入公立学校任教;

6. 根据法律规定,公共教学实行民主管理;

7. 确保质量标准;

8. 根据联邦法律规定,向公立学校教学工作者发放国家专业基础薪金。

单独条款

法律应当规定被认为是基础教育人事的工作者的类别,规定联邦、州、联邦地区和县设立并遵循其职业计划的期间的确定。

第二百〇七条

大学在教学、科研、行政事务、财政及基金管理方面拥有自治权,应当遵循教学、科研及附属事务不可分割的原则。

§1. 允许大学根据法律规定聘用外籍教授、技术人员和科学家。

§2. 本条之规定应适用于科学技术研究机构。

第二百〇八条

国家政府在教育方面的义务应当通过下列保障予以实现:

1. 4岁至17岁儿童和青少年接受免费的强制基础教育,确保对未入学的适龄就学者提供无偿基础教育;

2. 渐进地普及无偿中等教育;

3. 在常规教育体系内,倾斜性地为残疾人提供特殊教育辅助;

4. 5岁以下儿童在幼儿园和学前班接受早期教育;

5. 根据个人能力接受或从事更高级别的教育、研究和艺术创作;

6. 提供适合学生条件的常规夜间课程;

7. 通过教科书、教学材料、交通运输、营养品和医疗卫生等补充性项目为基础教育各阶段提供教育辅助。

§1. 接受强制和免费的教育是一项主观公权利。

§2. 若政府未能提供强制教育,或不能提供常规的强制教育,则应由职能部门承担责任。

§3. 政府有义务实施基础教育学习的学生普查,以便点查考勤,并与家长或监护人一起确保学生就学。

第二百〇九条

教育向私营企业开放,但应遵循以下条件:

1. 符合国家教育的一般规制;

2. 由政府授权并予以评定。

第二百一十条

应当建立基础教育的最低课程标准,以确保提供普通的基础教育,以及确保对国家和区域的文化和艺术价值的尊重。

§1. 公立基础教育学校常规上课时间当中的宗教教育应为选修课。

§2. 常规基础教育应以葡萄牙语授课,并确保土著社区能够使用其本土语言及其自身的学习程序。

第二百一十一条

联邦、州、联邦地区和县应当在组织其教育系统时通力合作。

§1. 联邦应当组织联邦教育系统及地方教育系统,应当资助联邦公立教育机构,应当在教育事务中发挥再分配和补充作用,以便在州、联邦地区和县技术和财政辅助下确保教育机会的均等化,确保最低限度的教育质量标准。

§2. 县应当优先实施基础教育和学前教育。

§3. 州和联邦地区应当优先实施基础教育和中等教育。

§4. 在组织其教育系统时,联邦、州、联邦地区和县应当界定合作的形式,以确保强制教育的普遍性。

§5. 基础公共教育应当优先考虑常规教学。

第二百一十二条

在维持教育发展方面,联邦应当每年使用不少于百分之十八的税收收入,州、联邦地区和县至少应当使用其税收收入的百分之二十五,其税收收入包含来源于转移的收入。

§1. 在计算本条所规定的支出时,联邦向州、联邦地区和县转移的税收收入之共享以及州向其县转移的税收收入之共享不得被视为政府所转移的收入。

§2. 在遵守本条开端处之规定方面,联邦、州和县的教育系统以及根据第二百一十三条使用的资金应当被纳入考虑。

§3. 对于公共资金的分配,应当按照国家教育计划,确保有限满足强制教育在普遍性、确保一定质量标准以及均等方面的需要。

§4. 第二百〇八条第七款所规定的补充性视频及卫生辅助项目应当由社会捐助和其他预算资金加以资助。

§5. 根据法律规定,基础公共教育应当从公司收取教育薪金评估,以作为额外的财政来源。

§6. 州和市政所分享的收取的教育薪金评估应当按照各自公共教育系统当中基础教育注册入学的学生数量之比例予以分配。

第二百一十三条

公共资金应当配置予公立学校,亦可根据法律的界定流向符合下列条件的社区学校、宗教学校和慈善学校:

1. 证明其为非营利性质,并将盈余资金用于教育;

2. 确保在停止活动后,其遗产将转移至其他社区学校、慈善学校或宗教学校,或转移至政府。

§1. 本条所指涉的资金可以按照法律规定用作表示其资金不足的基础教育学校和中等教育学校的奖学金,前提是其在学生所在地的公立学校系统当中不具有场地或常规课程,此时政府有义务优先投入资金以扩展当地的公立学校系统。

§2. 大学的研究及其附属活动可以从政府处获得财政资助。

第二百一十四条

法律应当设定为期十年的国家教育计划,在合作体制之下形成国家教育系统,并界定实施的方向、目标、目的和策略,以便借助不同联邦领域的公权力的整体行动,确保维持并发展不同层级、不同阶段、不同形式的教学,以实施以下事项:

1. 消除文盲;

2. 普遍就学;

3. 提升教学质量;

4. 职业培训;

5. 提升国家的人文、科学和技术水准;

6. 以占国内生产总值之百分比的形式,设定将公共资源用于教育的目标。

第二节 文化

第二百一十五条

国家政府应确保所有人皆可行使文化方面的权利,并接近国家文化资源,且应支持并允许激励文化表达的鉴赏和传播。

§1. 国家政府应当保护公众、土著、非洲—巴西,以及其他参与国家文明进程的群体的文化表达。

§2. 法律应当规定为国内的各少数民族设定具有高度重要性的纪念日。

§3. 法律应当设定多年期的国家文化计划,寻求国家文化的发展以及整合公共活动,以达成以下目标:

1. 维护巴西文化遗产,维持其价值;

2. 生产、提升和传播文化物品;

3. 造就有能力胜任多元文化管理的人员;

4. 接近文化物品的民主化;

5. 维护种族和区域的多样性。

第二百一十六条

巴西的文化遗产包括个人和全体持有的物质和非物质遗产,代表构成巴西社会的各群体的身份、行为和记忆,包括:

1. 表达形式;

2. 创作、制作和生活模式;

3. 科学、艺术和技术创作;

4. 作为文化—艺术表现的工程、实物、文件、建筑和其他空间;

5. 有历史、景观、艺术、考古、古生物、生态和科学价值的城市综合体和城市基地。

§1. 政府应与社会通力合作,借助编列清单、登记、监督、古迹保护法令、征收和其他预防和保护措施,提升并保护巴西的文化遗产。

§2. 根据法律的规定,公共行政有义务维护政府公文,并采取措施使有需要者可获得公文以便进行磋商。

§3. 法律应当设定激励文化财产和文化价值方

面的生产和学识的措施。

§4. 对于破坏和威胁文化遗产的行为,应根据法律规定予以惩罚。

§5. 所有与逃亡奴隶的隐匿处有关的带有历史怀旧意味的文件和场所皆被宣告为历史古迹。

§6. 州和联邦地区可以将来源于国家文化发展资金的结算税额的百分之一的五成用于支持文化项目和工程,但这一资金不得被用于支付以下款项:

1. 人事支出和附加工资;
2. 债务还本付息;
3. 其他与所支持的投资或资本无直接关联的日常费用。

第三节　体育

第二百一十七条

国家有义务发展正式和非正式体育运动,此亦为个人之权利,且应遵守以下规定:

1. 管控体育的实体和协会在组织和运作方面自治;
2. 公共资金的配置优先用于发展教育体育,在特定情况下用于发展高回报体育;
3. 对职业和非职业体育实施差别对待;
4. 保护和激励民族创设的体育运动。

§1. 根据法律规定,唯有穷尽体育裁判机构的救济,司法机关方可受理与体育规则和体育竞赛相关的法律诉讼。

§2. 体育裁判机构应当自提起诉讼之日起60日内作出终局裁定。

§3. 政府应当鼓励以休闲作为社会提升的手段。

第四章　科学与技术

第二百一十八条

国家应当提升并促进科学发展、研究和技术培训。

§1. 出于公益和科学进步之考虑,基础科学研究应当受到国家的优先对待。

§2. 技术研究应当主要以解决巴西问题以及以国家和区域生产系统的发展为导向。

§3. 国家应当支持科学、研究和技术方面的人力资源培训,且应当为参与此类活动者提供特殊工作手段和条件。

§4. 法律应当支持并促进投资于研究、投资于适于本国的技术创作、投资于人力资源的培训,应当支持并促进采用补偿系统以确保其雇员无论薪金如何皆可从其劳动的创造性当中获得经济收益的公司。

§5. 州和联邦地区可以将其预算收入的一部分配置予公共实体,以提升教育以及科学技术研究。

第二百一十九条

国内市场包含国家遗产,应当根据联邦法律,鼓励国内市场促进实际可行的文化和社会经济发展、促进人民幸福以及促进巴西的技术自主。

第五章　社会交流

第二百二十条

无论通过何种方式、程序和工具表达的思想、创作、言论和信息皆不得受到任何限制,但此类表达应遵守本宪法之规定。

§1. 法律当中不得包含任何构成对出版自由之完全行使构成阻碍的规定,无论出版自由的形式借助何种社会交流媒介,但应遵守第五条第四项、第五项、第十项、第十三项、第十四项之规定。

§2. 禁止实施任何带有政治、意识形态和艺术性质的审查。

§3. 下列事项由联邦法律予以规定:

1. 规定公共娱乐和演出,政府有义务就其性质、不推荐观看的人群之年龄以及不适合上演的场所和时间给出建议。
2. 创设使个人和家庭有机会抵制违反第二百二十一条之规定广播和电视节目或节目计划、抵制可能有损健康及环境的产品、业务及服务的商业广告的法律措施。

§4. 涉及烟草、酒精、饮料、杀虫剂、药品和医疗的商业广告应当服从法律限制,并遵守前款第二项之规定,且此类广告在必要时应包含关于使用此类物品之致损状况的警告。

§5. 社会交流媒介不得直接或间接被垄断或独占。

§6. 发表或印刷形式的交流媒介不得采取许可制。

第二百二十一条

广播和电视台的作品和节目应当遵循以下原则:

1. 倾向于达到教育、艺术、文化和信息之目的;
2. 提升国家和区域文化,培育旨在传播此类文化的所有独立作品;
3. 根据法律规定的百分比,使文化、艺术和新闻作品地区化;
4. 尊重个人和家庭的伦理和社会价值观。

第二百二十二条

新闻公司和播放影音的公司只能由本土出生的巴西人、归化超过10年的巴西人或根据巴西法律组织起来的且其总部在国内的法人所有。

§1. 无论属于何种情况,新闻公司和播放影音的公司至少百分之七十的资本或投票资本应直接或间接由本土出生的巴西人或归化超过10年的巴西人所有,且其必须管理公司的活动、决定节目的内容。

§2. 对于任何一种社会交流媒介,编辑责任、遴选和编导节目的活动只能由本土出生的巴西人或归化超过10年的巴西人承担。

§3. 无论采取何种技术提供服务,社会交流的电子手段应当遵循第二百二十一条所阐明的原则,并采取特别法律所规定的形式,该特别法律应确保巴西从业者在实施国民生产方面的优先性。

§4. 外国资本加入§1款所指涉的公司应当服从法律的规定。

§5. 变更§1款所指涉的公司的控权股东应当通知国民议会。

第二百二十三条

行政机关有权发放和延续涉及播放影音服务的特许、许可和授权,但应遵循其在私人、公共和国家系统中发挥补充作用之原则。

§1. 国民议会应当自收到信息之日起,在第六十四条§2款和§4款规定的期限内审议此类行动。

§2. 不延续特许或许可的决定至少获得国民议会五分之二成员投票通过。

§3. 只有在根据前款之规定由国民议会审议后,发放或延续特许或许可的决定方产生法律效力。

§4. 在特许或许可期限届满前予以撤销须由法院决定。

§5. 广播电台之特许或许可的有效期为10年,电视台之特许或许可的有效期为15年。

第二百二十四条

为实施本章之规定,国会应当根据法律设立作为辅助机构的社会交流委员会。

第六章 环境

第二百二十五条

任何人皆有权利享受生态平衡的环境,此为人民所使用的公共物品,且为健康生活之必需。政府和社区有义务予以维持,并为现在及未来后代维护环境。

§1. 为确保此一权利的实效性,政府应担负以下职责:

1. 维护并重建必要的生态过程,为物种和生态系统提供生态管理;

2. 维护国家基因遗产的多样性和完整性,监督致力于基因材料之研究和处理的实体;

3. 界定所有联邦单位中应当予以特别保护的区域空间及其组成部分,此一界定唯有通过法律方可予以变更或取消,并禁止任何有损证成其保护的特征之完整性的使用方式;

4. 根据法律规定,对于可能造成严重环境损害的工程或活动,要求事先进行环境影响研究,此一研究应当予以公开;

5. 对于对生命、生活质量及环境构成风险的技术、方法和物质,管控其生产、商业化和使用;

6. 促进各层次教学当中的环境教育,提升公众关于维护环境之需要的意识;

7. 保护动植物群,根据法律的规定,禁止危及其生态功能、导致物种灭绝或使动物被残酷对待的所有业务。

§2. 矿产资源的开发者有义务根据法律的规定,按照适当的政府机构所要求的技术手段重建被破坏的环境。

§3. 从事被认为有害于环境的行为和活动的个人或法人违法者应当接受刑事和行政处罚,且不影响其所承担的修复损害的义务。

§4. 巴西的亚马孙雨林、大西洋雨林、马尔山脉、马托格罗索州的潘塔纳尔湿地以及海岸区域是国家遗产的一部分,应当根据法律的规定,在确保环境保护的前提下予以使用,包括使用其自然资源。

§5. 空闲的或经由差别性活动返还予州的、对于保护自然生态系统而言乃必要的土地不可剥夺。

§6. 安装有核反应堆的发电厂应当坐落于联邦法律所规定的地点,否则不得设立。

第七章 家庭、儿童、少年、青年和老年人

第二百二十六条

家庭是社会的基础,应当享有国家提供的特殊保护。

§1. 婚姻是民事活动,结婚仪式免费。

§2. 根据法律的规定,宗教婚姻有民事效果。

§3. 一名男性和一名女性组成的稳定的联合体是国家所保护的家庭单位,法律应当协助使这种联合体转换为婚姻。

§4. 由父母或父母一方及后裔组成的团体亦被视作家庭单位。

§5. 婚姻团体中的权利和义务由男性和女性平等享有或履行。

§6. 民事婚姻可以通过离婚的方式接触。

§7. 在人的尊严和父母有责的基础上,夫妻自由决定其家庭计划;国家有义务为夫妻行使该权利提供教育和科学资源,禁止官方和私人机构实施任何强制。

§8. 国家应当确保对家庭每一成员个人的辅助,应当创设遏制家庭内暴力的机制。

第二百二十七条

确保儿童、少年、青年在生命、健康、食物、教育、休闲、职业培训、文化、尊严、尊重、自由以及家庭和社区和谐方面的绝对优先的权利是家庭、社会及政府的义务,且应确保其避免任何形式的无视、歧视、压榨、暴力、残暴及压迫。

§1. 政府应当促进针对儿童、少年、青年的健康辅助项目的全面实施,允许非政府实体参与实施该项目,并遵循以下前提:

1. 分配一定百分比的公共健康资金以辅助母亲和婴儿;

2. 为身体、认知或精神残障的青少年创设预防性和特别的保护项目,通过职业培训和社区生活为残障青少年创设社会融合项目,通过消除歧视和建筑设施方面的障碍,为残障青少年提供接近公共设施和服务的机会。

§2. 法律应当规定公共场所和建筑的建设标准,规定保障残障人士能够加以利用的公共交通工具的生产标准。

§3. 获得特别保护的权利应包含以下事项:

1. 允许工作的最低年龄为14岁,并遵循第七条第三十三款之规定;

2. 保障社会保险和劳工权利;

3. 保障青少年劳动者的就学;

4. 根据特别保护性立法的规定,保障能够接受完整且正式的违法指控,在程序方面应平等,应由具备从业资格者在技术上予以辩护;

5. 在适用任何剥夺自由的措施时,遵循便宜、有例外,以及考虑作为发展中的个人的特殊情况的原则;

6. 对于孤儿或遭遗弃的少年和儿童,政府通过法定辅助的方式鼓励提供监护,根据法律规定的方式为监护提供财政激励和补贴;

7. 为致幻剂及相关毒品成瘾的儿童、少年和青年提供预防和特别措施项目。

§4. 法律应当严厉惩罚针对儿童和少年的暴力和性剥削。

§5. 政府应当根据法律的规定辅助收养,法律应当设定外国人收养的情形和条件。

§6. 婚生、非婚生抑或收养的儿童皆应享用同样的权利和资格,禁止一切血缘歧视。

§7. 在实现儿童和少年的权利方面,应当考虑第二百〇四条之规定。

§8. 法律应当就以下事项作出规定:

1. 旨在规定青年权利的青年立法;

2. 十年期的国家青年计划,为公共政策之执行寻求政府权力之各方面的努力。

第二百二十八条

根据特别立法的规定,18岁以下的未成年人不承担刑事责任。

第二百二十九条

父母有义务辅助、抚养并教育其未成年子女,成年子女有义务在父母年老、有需要或患病时给予帮助与赡养。

第二百三十条

家庭、社会和国家有义务辅助老年人,确保其社区参与,维护其尊严与幸福,保障其生命权。

§1. 老年人赡养项目应当倾斜性地在其家庭内部实施。

§2. 确保65岁以上老年人免费使用城市公共交通工具。

第八章 印第安人

第二百三十一条

承认印第安人的组织、风俗、语言、教义及传统,亦承认其对于传统上占有的土地的原始权利。联邦有义务划定此类土地,保护并确保尊重其全部财产。

§1. 以用途、风俗及传统为依据,印第安人传统上所占有的土地包括其永久生活于其中的土地、其从事生产活动的土地、对于维作为其幸福之必需品的环境资源而言必不可少的土地,以及对于其自然繁衍和文化繁衍而言必不可少的土地。

§2. 印第安人传统上所占有的土地为其永久所有,印第安人排他性地对附着于其上的土壤、河流和湖泊中的物产享有用益权。

§3. 土著土地上水资源的使用,包括其能源潜力的开发,以及矿产资源的勘探与开采,必须经国民议会在与相关社区举行听证后通过授权予以实施,相关社区应根据法律被确保分享开采的成果。

§4. 本条所指涉的土地不得被让与、转让,限制性立法不得与土地方面的权利相抵触。

§5. 不得将土著群体迁出其土地,除非存在威胁到人口的灾难或传染病疫情,在此种情况下,应当由国民议会加以审议,并由国民议会组织公投,且在任何情形下皆应确保在威胁消除后立即迁回。

§6. 旨在占有、支配、拥有本条所指涉的土地的行为,或者旨在就附着于此类土地之上的土壤、河流及湖泊中的自然财富加以开采的行为皆归于无效,不产生法律效果,但根据补充性法律的规定,出于联邦重要的公共利益的情形除外;此种无效和行为的消除不产生任何补偿或对联邦提起诉讼的权利,但根据法律规定,由善意占有而产生的增值除外。

§7. 第一百七十四条§3、§4款之规定不适用于土著土地。

第二百三十二条

印第安人、印第安人社区及其组织有权为维护其权利和利益提起诉讼,公共部门可在诉讼的任一阶段实施干预。

第九章 一般宪法条款

第二百三十三条

已废止。

第二百三十四条

禁止联邦直接或间接承担作为创设州之结果的、与非在岗人员支出相关的费用,禁止联邦直接或间接承担作为创设州之结果的、包括间接行政机构在内的公共行政机构的国内和国外债务之费用和分期偿还债务。

第二百三十五条

在州创设的前十年,应当遵循以下基本规定。

1. 若州居民少于60万,则立法大会代表数不得超过70人,若州居民人数等同于此数,或多于此数,但不超过150万,则参议员人数不得超过24人。

2. 政府部门不得多于10个。

3. 账目法院应有3名成员,由选举产生的州长在被证明为声誉良好且有显著知识的巴西人当中任命。

4. 司法法院应有7名法官。

5. 首任法官应由选举产生的州长任命,且以下列方式遴选:

a) 在35岁以上、在新产生的州或派生出新的州的州居住5年以上者当中遴选5名;

b) 在具备同一条件的公诉检察官,以及被证明为声誉良好、拥有法律知识,且执业达10年以上的律师当中遴选两名,并遵循本宪法规定的程序。

6. 若州由联邦地方派生,前5名法官可在国家的任一部分的职业法官当中遴选。

7. 每一司法地区的首任州法院法官、公诉检察官及公共辩护人应由选举产生的州长任命,但应经竞争考试和专业资格比较。

8. 在州宪法颁布前,州检察总长、诉讼主张总长、辩护总长应由35岁以下拥有显著知识的律师担任,由选举产生的州长任命,并可根据州长的意愿予以免职。

9. 若新的州由联邦地方转变产生,则从联邦转移而来、用于为遴选出的隶属于联邦行政的公务员支付收入的财政费用应当采取以下形式:

a) 在其创设的第六年,州应当承担为公务员支付的收入的百分之二十,余额由联邦承担;

b) 在第七年,州应当承担另外的百分之三十,在第八年,承担剩余的百分之五十;

10. 对于本条所指涉之职位,第一次任命后的后续任命应当由州宪法予以规定。

11. 人事预算支出不得超过州收入的百分之五十。

第二百三十六条

公证和登记服务由私人根据政府的委任予以实施。

§1. 法律应当规定公证员、登记员及其代理人的活动、民事规则及刑事责任,且应规定司法部门对其活动的监督。

§2. 联邦法律应当设定公证和登记服务之固定收费的一般规则。

§3. 成为公证人或登记员应当经过公开的竞争考试以及职业资格之比较,任何职位不得在没有进行公开考试予以填补的情况下空闲六个月以上,无论以新入人员抑或调动人员的方式予以填补。

第二百三十七条

若对外贸易是维护国家财政利益之必须,财政部应当予以监督和管控。

第二百三十八条

法律应当对石油燃料、燃料酒精和来自可再生原料的燃料的销售和转售予以组织,但应遵循本宪法之原则。

第二百三十九条

向1970年9月7日补充性法律7创设的社会整合项目进行缴纳而获得的收入,向1970年12月3日补充性法律8创设的公务员遗产形成项目进行的缴纳而获得的收入,应当自本宪法颁布之日起用以支持失业保险项目以及本条§3款指涉的奖金。

§1. 本条所指涉的资金的至少百分之四十应当用于通过国家经济与社会发展银行(BNDES)支持经济发展项目,且应有维持其价值的补贴之标准。

§2. 社会整合计划以及公务员遗产形成计划所累积的资产。

§3. 从向社会整合项目或公务员遗产形成项目缴纳份额的雇主处获得双倍于最低工资之下的月补贴的雇员被确保获得一个年度的最低工资,前提是雇主在本宪法颁布前已加入上述项目。

§4. 对失业保险项目的资助将按照法律规定从劳动力流动率高于平均流动率的公司获得额外的缴纳份额。

第二百四十条

当前用于从事社会服务的私人实体及与工团主

义系统相关联的职业培训的雇主就其工资单实施的强制评估制度不适用第一百九十五条之规定。

第二百四十一条

联邦、州、联邦地区和县应当通过法律对联邦单位的公共协作和合作协定，从而授权对公共服务进行协作管理，且应规定对于转移的服务而言乃属必要的义务、服务、人事和物品的全部或部分转移。

第二百四十二条

第二百〇六条第 4 款规定的原则不适用于本宪法颁布之日已存在的、通过州或县法律创设的、全部或主要由公共资金支持的官方教育机构。

§1. 巴西历史的教学应当考虑各种不同文化及族群对于组成巴西人民的贡献。

§2. 位于里约热内卢的佩德罗二世（Pedro Ⅱ）学校应当在联邦层面加以维持。

第二百四十三条

巴西任何区域的土地若被发现非法种植精神类作物，则应立即没收该宗土地，并以使佃农定居、培植食品和医疗作物的方式加以特别利用，且不对土地所有者加以补偿，亦不影响法律规定的其他罚则的适用。

单独条款

因麻醉品和类似毒品的非法交易而罚没的任何有经济价值的物品应当充公，且应还原为专门从事成瘾者治疗与康复的机构和人员、专门支持和资助对此类物品的非法交易进行监督、管控、预防和压制犯罪之活动的机构和人员的收益。

第二百四十四条

依照第二百二十七条§2款之要求，法律应当规定对公共设施和建筑、既存的公共交通工具的改造，以便确保残障人士能够充分加以利用。

第二百四十五条

法律应当规定政府对有需要的故意犯罪的受害人的子嗣和受赡养者的辅助之情形和条件，且不影响实施违法行为的犯罪人的民事责任。

第二百四十六条

若宪法条文的文字被 1995 年 1 月和本修正案颁布之日（2001 年 9 月 11 日）之间通过的修正案所改变，则不得采取临时性措施对此类条文加以规定。

第二百四十七条

对于因其所处的真实职位的职权之原因排他性地行使国家之活动的终身公务员，第四十一条§1款第三项、第一百六十七条§7款所规定的法律应当设定其失去岗位的特别标准及保障。

单独条款

若因不充分履职而面临失去岗位，则此种岗位的失去只能通过行政诉讼加以完成，且在该诉讼中公务员应被确保处于抗辩制当中，且能够充分实施抗辩。

第二百四十八条

负责一般社会保险制度的机构所给付的利益，若未达到该制度所允许的设定的收益之价值之上限，则无论出于何种原因予以给付，即便以国库支出为代价，皆应遵循第三十七条第十一款规定的限制。

第二百四十九条

为了确保为相关公务员及其受赡养人支付退休金及退休收益的资金来源，在各自的国库来源之外，联邦、州、联邦地区和县可以筹集资金，资金的来源包括缴纳的资金以及任何性质的财产、权力和资产，但应依据规定此类资金之性质和管理的法律。

第二百五十条

为了确保一般社会保险制度所允许的收益之给付，在税收之外，联邦可以筹集资金，资金的来源包括任何性质的财产、权力和资产，但应依据规定此类资金之性质和管理的法律。

巴西利亚，1988 年 10 月 5 日

秘鲁共和国政治宪法[1]

（秘鲁共和国国会1993年12月29日颁布，更新至2009年）

序　言

民主制宪大会向万能的上帝祈求保护，顺从人民的旨意，并时刻铭记我们先辈为国家所做的牺牲，因此制定下述宪法章程。

第一编　人与社会

第一章　人的基本权利

第一条

保护人民并尊重其人格尊严是国家与社会的最高目标。

第二条

任何人都享有下述权利：

1. 享有生命、身份、道德、精神和身体完整，自由全面的发展，以及获得福祉的权利。未出生的孩子在任何对其有利的情况下为权利主体。

2. 享有法律上的平等。任何人都不得因出生、种族、性别、语言、宗教、观点、经济地位或任何其他原因而受到歧视。

3. 享有以个人或集体的方式奉行某种道德观念和信仰某种宗教的自由。任何人都不得因其信仰或观念而遭受迫害。不存在观念犯罪。只要不损害道德或破坏公共秩序，可自由地公开从事各种信仰活动。

4. 享有以口头、书面或通过图像或任何其他的社会交流方式交流信息、观点以及传播和表达思想的自由，无须事先批准、审查或其他法律规定的妨碍方式。

通过书籍、新闻或任何其他社交媒体实施的犯罪由刑法进行规定，并经由法庭进行审判。

任何暂停或终止任何形式的表达或妨碍其自由进行的行为构成犯罪。交流信息和观点的权利包括规定的这些交流方式。

5. 在支付相应成本下，享有自由的获取信息，并在法定的期限内获取该信息的权利。获取该信息将影响他人隐私以及法律明确禁止获取该信息或出于国家安全考虑的情况除外。

可以在法官、检察总长或议会特别委员会依照法律规定提出要求下，并且该信息涉及正在调查的案件的前提下，解除银行保密制度和税务储备。

6. 获得信息服务的保障，无论是电子的还是其他的，无论是私人的还是公共的，禁止提供的信息影响个人或家庭隐私。

7. 名誉或荣誉权，个人或家庭隐私权，以及声音或肖像权。

任何遭受诋毁或任何社交媒体伤害的人，有权要求得到免费、及时以及正确的改正，以及其他的法律责任。

8. 进行智力、艺术、技术和科学创造的自由，并有权获得该创造的所有权和来源于该创造的任何利益。国家提倡享受文化，并鼓励文化的发展和传播。

9. 住宅不受侵犯。除发生现行犯罪行为或有发生现行犯罪行为的紧急危险情况外，任何人未经居住人同意或法律允许，不得进入住宅，更不得进行侦查或搜查，由于健康或危险原因而需要的例外情况由法律进行规定。

10. 私人文件和通信不受侵犯并对其保密的权利。

通信、电话或任何私人文件仅可以由法官授权并在通过法律提供一切保障下进行公开、扣押、拦截或没收。任何与审查无关的事实都应当保密。违反本规定获取的私人文件不具有法律效力。

由有关机关依法对书籍、收据以及会计和行政文件进行检查或审计。有关机关在这一方面所采取的任何行动都不得包括销毁或没收，除非获得授权。

11. 除因健康原因限制或授权，或者移民法的适用外，享有自由选择居住地点，在国家领土自由迁徙及自由出入境的权利。

---

[1] 译者：花小敏。

12. 不携带武器和平集会的权利。在私人或公共开放地点举行集会无须事先通知。在广场和公共道路上举行集会需事先通知当局,当局仅可以因安全或公共健康的因素而予以禁止。

13. 在无事先授权下依法组织和建立基金会和其他形式的非营利性法律组织的权利。这些组织不得因任何行政决定而解散。

14. 在合法目的下订立合同的权利,只要其不违反治安法律。

15. 依照法律享有工作自由的权利。

16. 财产权和继承权。

17. 单独的或与他人共同的参加国家政治、经济、社会和文化生活的权利。公民依法有权选举、罢免公职人员或撤销公共机构,行使公民立法倡议权和进行公投。

18. 保持个人政治、哲学、宗教或任何其他形式的信仰,以及保守职业秘密的权利。

19. 民族和文化认同。国家承认和保护国家民族和文化的多样性。

每一位秘鲁人民都可以通过翻译的形式向任何权力机关使用自己的语言。外国人在被权力机关传唤时享有相同的权利。

20. 个人或团体有权以书面形式向主管机关递交请愿书,主管机关有义务在法定的职权和期限内以书面形式回复利害关系人。

国家武装部队和国家警察的成员仅可以通过个人上访的方式行使其权利。

21. 国籍。不得剥夺任何公民的国籍。也不得剥夺任何人在共和国领土内外获得或更换护照的权利。

22. 和平、安宁的享受闲暇时光和休息的权利,以及获得为其生命发展的平衡的和适合的环境的权利。

23. 自卫权。

24. 人身自由和安全权,因此:

a. 不得强迫任何人做法律未规定的事情,也不得阻碍任何人做法律未禁止的事情。

b. 除法律规定的情况外,不得以任何方式限制人身自由,废除奴隶制、农奴制以及任何形式的人口交易。

c. 不得因欠债监禁人身,对不履行赡养义务的司法命令不受此项原则的限制。

d. 任何人的行为或失职,在发生之时法律未予以事先明确无误地规定为该受惩罚的违法行为者,不得对其起诉和定罪,也不得以法律未予以规定的刑罚对其进行惩罚。

e. 任何人在被证明有罪之前都有权被假定无罪。

f. 非经法官发出书面命令或在实施犯罪时由警察当局执行,任何人不受逮捕。应当在二十四小时内或更长的时间限制范围内将被逮捕者安排在合适的处置法院。

在恐怖主义案件、间谍案件以及非法贩运毒品的案件中,不适用上述期限。

在上述案件中,警察可以事先逮捕那些涉嫌参与犯罪的人员,但不得超过十五天。他们应当通知总检察长办公室和法官,法官应当在此之前行使司法管辖权。

g. 除非为澄清罪行并按照法律规定的方式和时间,任何人不受隔离。当局有义务立即说明被逮捕人所在的地点,否则应承担责任。

h. 任何人都不得成为道德、心理或身体暴力的受害者,也不得遭受酷刑或非人道的和有辱人格的对待。任何个人都可以直接要求对受伤人员或其他不能依靠自己向当局呼吁的人员的医疗检查。以暴力手段获取的陈述不具有法律效力。无论他们供职于何处,都将追究其法律责任。

第三条

本章所列举的权利不包括宪法保障的其他权利,也不包括其他类似性质的或基于人类尊严、人民主权原则、民主法治和共和政体形式的政府的权利。

第二章 社会和经济权利

第四条

社会和国家对任何被遗弃的孩子、青少年、母亲或老人进行特殊保护。它们也保护家庭并增进婚姻,这被视为自然和基本的社会制度。

缔结婚姻的方式和夫妻分居、解除婚姻的原因由法律进行规定。

第五条

没有婚姻障碍的男女间稳定的结合,组成事实上的家庭,则这种稳定的结合导致的财产关系在适用情况下受夫妻共同财产结合制度的约束。

第六条

国家人口政策的目的在于传播和推广有责任的母爱和父爱。其认可家人和个人的决定权。在这一精神下,国家保障合适的教育和知识项目以及获得知识和教育的方式,只要这些方式不伤害生命和健康。

父母享有抚养、教育和保护其子女的权利和义务。子女有义务尊重和帮助其父母。

所有的孩子享有相同的权利和义务。禁止在民事登记或任何一种身份证件中提及父母的婚姻状况和与子女的关系类型。

第七条

任何人都有权保护其健康、家庭环境和社区,同时也有义务对它们的发展和防卫做出贡献。

任何因身体或精神残疾而无法照顾自己的个人,有权获得尊严上的尊重并获得合法的保护、关怀、康复以及保障制度。

第八条

国家制裁并惩罚非法的毒品交易。同时,本宪法规定了药物的社会用途。

第九条

国家决定国家的卫生政策。行政部门制定监督其实施的标准。为了方便大家平等地获得医疗卫生服务,国家有责任以多元和分散的方式起草并指导国家的卫生政策。

第十条

为提升个人的生活质量和在法定的突发事件中使个人得到保护,国家认可个人在社会安全中所享有的普遍的和进步性的权利。

第十一条①

国家保障公民通过公有的、私营的或公私合营的机构免费获得医疗津贴和补助。国家同时对津贴和补助的有效发放进行监督。

本法规定由国家政府主管部门管理国家负责的养老金制度。

第十二条

社保基金和储备是国家的无形资产。社保储备以法定的方式使用并规定相关的法律责任。

第十三条

教育的目的在于促进人的全面发展。国家承认并保障教学自由。父母有义务教育其子女,并有权为其子女选择接受教育的学校和有权参与其子女的教育过程。

第十四条

教育增长了知识,以及促进了对人性、科学、技术、艺术、体育和运动的学习和实践。教育为生活和工作奠定了基础,也促进了国家的进一步团结。

国家有义务促进国家科学技术的发展。

对民族和公民进行有关宪法和人权的培训和教育,是每一个公民或民族教育进程中所必不可少的一部分。在保持信仰自由中应当推行宗教教育。

在符合宪法原则和相关教育机构目标的情况下提供各个阶段的教育。

新闻传播媒介必须在教育和道德文化的形成过程中同国家进行合作。

第十五条

公立学校的教师职业是一种公共服务事业。法律对担任一所学校的校长或教师的条件进行规定,同时也对校长或教师所享有的权利义务进行规定。国家和社会保障他们考核、培训、专业化和晋升。

学生有权接受尊重其身份和提供合适的生理和心理培训的教育。

任何个人和团体都有权推广和开办教育性机构,以及依法转让这些教育机构的所有权。

第十六条

无论是教育制度还是对其的管理法规都具有地方性。

国家制定教育政策。国家也规定学校课程的一般性目录,以及针对学校组织的最低要求。国家对上述规范的实施以及教育的质量进行监督。

国家有义务保障任何人不因其经济地位或生理和心理上的缺陷而被阻止接受适当的教育。

在分配国家财政资源的共和国预算方案中,教育享有优先地位。

第十七条

幼儿教育、中小学教育是义务性教育。公立学校的教育免费。在公立大学里,国家保障那些符合接受大学教育的条件但缺乏经济资源以支付教育费用的学生获得免费教育的权利。

为保障教育的最大化选择和帮助这些不能支付自己教育费用的学生,法律规定了私有教育以及包括公有或合作在内的其他任何形式教育的资助方式。

国家推动教育资源贫乏地区学校的建立。

国家有义务扫除文盲。国家也鼓励根据各地区的特点进行双语或跨文化教育。国家保护国家各地区文化和语言表达的多样性。国家促进民族的融合。

第十八条

大学教育的目的在于职业培训、文化传播、知识和艺术的创造,以及科学技术的研究。国家保障学术自由,同时反对偏执。

由公有或私营团体开办大学。法律对授权其运营的条件进行规定。

大学是由教职人员、学生和校友组成的共同体。大学理事也依法参与大学的活动。

每一所大学都可以自由的进行管理、开展学术活动以及制定规则和行政经济制度。在宪法和法律的范围内实行大学自治。

第十九条

对依法建立的大学、学院以及任何其他教育机构为其教育和文化目的所享有的资产、进行的活动和服

---

① 经 2004 年 11 月 17 日第 28389 号法律修正。

务，免征直接或间接产生的税收。在进口关税的目标下，应当建立针对特定资产的分配税收的特殊安排。

对以教育为目的的奖学金和助学金制度免征说收，同时在法定的范围内以法定的方式享有税收优惠。

法律规定的税收制度将约束上述机构，满足规定的条件和要求的文化中心，作为特例，可以享受上述相同的税收利益。

对于私立教育机构所产生的作为利润的合法收入，需缴纳所得税。

第二十条
公法规定专业协会是自治团体。法律决定协会强制性会员资格的情况。

第二十一条
考古遗址和遗迹、建筑、纪念碑、名胜古迹、书目文件和档案、艺术品、具有历史价值的标记、明确宣告的文化资产以及暂时被推定的文化资产是国家的文化遗产，无论这些遗产是私人所有还是公共所有。由国家对这些遗产进行保护。

法律保障这些文化遗产的所有权。依据法律的规定，推动私人参与这些遗产的保护、复原、展览和传播，以及在这些文化遗产被非法带到国外的情况下返还本国的参与。

第二十二条
工作既是权利又是义务。其是获取社会福利和实现自我的手段。

第二十三条
国家首要关注工作形式的多样性问题，国家为工作的母亲、未成年人以及残疾人提供特殊保护。

国家为社会和经济的进步创造条件，特别是通过致力于鼓励多样化就业和教育的政策支持工作。

任何工作都不得限制宪法权利的行使，也不得否定或不尊重劳动者的尊严。

任何人都没有义务免费地为他人工作或未经其同意下工作。

第二十四条
劳动者有权获得足够的和公平的报酬，以保障其自身和家人精神和物质上的福祉。

支付劳动者工资和福利是用人单位首要的义务，高于任何其他义务。

最低工资报酬由国家在用人单位以及劳动者代表的参与下制定。

第二十五条
每天工作八小时，或者每周最长工作四十八个小时。在累积或非典型工作日的情况下，在同等期限内的平均工作时间不得超过最长工作时间。

劳动者享有每周和每年带薪休假的权利。该薪金和报酬通过法律或协议进行规定。

第二十六条
劳动关系必须遵守下述原则：
1. 没有歧视的平等就业机会；
2. 不得剥夺宪法和法律规定的权利；
3. 在管理规定存在疑义的情况下做出有利于劳动者的解释。

第二十七条
法律允许劳动者进行适当的保护以反对不正当的解雇。

第二十八条
国家承认工人享有加入工会、进行集体谈判和罢工的权利。国家保证工人民主的行使：
1. 保障其自由成立工会。
2. 鼓励集体谈判，促进和平解决劳资纠纷。集体协议在其工作期限内相关事项上具有约束力。
3. 规定罢工权，使罢工权的行使与社会利益相一致。并对罢工权行使例外和限制进行规定。

第二十九条
国家承认劳动者参与企业利润分配的权利，并促进其他参与形式。

第三章 政治权利和义务

第三十条
所有年满十八周岁的秘鲁人是国家的公民。为行使公民权，他们必须登记投票。

第三十一条①
公民有权通过公投、立法创议以及免除公职或撤销权力机关和对其问责的方式参与部分公共事务。公民也有权根据法案规定的条件和程序自由的选举其代表或被选举为代表。

在市政府的管辖范围内参与其管辖既是居民的权利又是其义务。法律规定并促进这种直接或间接的参与机制。每一位公民都有权在其作为公民的能力范围内投票。为行使上述权利，需要进行合理的登记。

投票是个人的、平等的、自由的、秘密的，且对于七十岁以下年龄的人是强制性的义务，对于七十岁以上年龄的人是选择性的义务。法律建立机制以保障国家在选举和公民参与进程中的中立性。

---

① 经 2005 年 3 月 30 日第 28480 号法案进行修正。

任何禁止或削减公民行使权力的法案都是无效的和应予以取缔的。

第三十二条

在下述情况下可举行全民公投：

1. 部分或完全修改宪法；
2. 批准具有约束力的惯例；
3. 批准市政条例；
4. 批准权力下放进程中的事项。

对基本人权的废除和删减不得提交全民公投；税收和预算法规以及现行国际条约都不得提交全民公投。

第三十三条

下述情况可以暂停公民权的行使：

1. 司法禁令；
2. 执行判决；
3. 剥夺政治权利的判决。

第三十四条①

武装部队和国家警察人员享有投票权和法定的公众参与权。当他们为现役人员时，不得当选；也不得参与政治活动或集会，不得实施改变信仰的行为。

第三十五条

公民可以一个人的名义或通过政治组织的方式行使权利，如法定的政党、政治运动或联盟。上述组织致力于提出和表达人民的意志。公民通过相关登记获得进入上述组织的法定资格。

法律的规定旨在保障政党适当的民主运作以及其财政来源的透明度。

国家设法使所有的政党按照接近上一届议会选举产生的比例，免费使用国有的社会传播媒介。

第三十六条

国家认可政治避难。通过国家给予庇护接受避难者的身份。在遭受驱逐的情况下，本国不得将该避难者遣返回对其进行迫害的母国。

第三十七条

在最高法院发表意见后，行政部门是唯一有权批准引渡的机关，行政部门依据法律和条约，并在符合对等原则的要求下批准引渡。

当引渡者基于宗教、国籍、意见或种族遭受迫害或惩罚而提出庇护时，不得准予其母国的引渡请求。

政治犯罪或与其相关的犯罪行为不予引渡。无论是种族灭绝罪，还是暗杀政治人物的犯罪、恐怖主义犯罪均属于引渡的范围。

第三十八条

所有的秘鲁人都有义务使国家感到荣耀并保护国家利益，以及尊重、遵守和保护宪法以及国家的法律法典。

第四章　公共服务

第三十九条

一切政府机关和公务人员都为国民服务。共和国总统是国民服务系统最高官员，在此之后按照法律的规定依次是国会议员、内阁成员、宪法法院和法官理事会的人员、最高法院的法官、国家检查总长和行政监察专员处于相同的排名，在它们之后是地方分权机关的代表及市长。

第四十条

由法律规定公共服务制度的准入资格，以及公务人员的权利、义务和职责。这些官员担任的政治职位和信托职位不属于公务员。官员和公务员不得担任一个以上获得报酬的职位，担任一个或一个以上教育职位的除外。

国有企业或混合制企业的劳动者不属于公务员。

法定的高级官员和其他公务人员凭借其职位所获得的任何形式的收入都必须在国家官方报纸上定期予以公布。

第四十一条

法定的官员和公务员或者管理或控制在财政上由国家支持的公共基金或机构的人员，在离职时应当对其任职期间所获得的财产和收入作出说明。并在法定的条件和期间内，在官方报纸上公布相关说明。

当存在非法获取财务的嫌疑时，国家总检察长依据任何人的控告或依职权向法院提起公诉。

法律规定官员和公务人员的职责，以及公民无当选公务员资格的确定的年龄段。

对侵害国有资产的犯罪规定双倍的诉讼时效期间。

第四十二条

法律认可公务员组织工会和罢工的权利。此处的公务员不包括享有政策制定权的国家官员、信托职位或管理职位人员，以及武装部队和国家警察人员。

第二编　国家和民族

第一章　国家、民族和领土

第四十三条

秘鲁共和国是一个民主的、群居的、独立的主权

---

① 经 2005 年 3 月 30 日第 28480 号法案进行修正。

国家。

国家是一个统一的不可分割的整体。

国家为统一的、代议制的和地方分权的政体,同时根据三权分立的原则组织政府。

第四十四条

国家的首要义务在于维护国家主权、保障充分行使人权,保护国民安全,免受恐吓,促进建立在公正和国家全面而均衡发展基础之上的普遍富裕。

国家也有义务建立和实施边防政策,并特别促进同拉丁国家的融合,以及依据外交政策发展和团结边境地区。

第四十五条

一切权力来源于人民。必须在宪法和法律规定的职责和限定范围内行使权力。

任何个人、组织、武装部队、国家警察或民众组织都不得独揽上述权力。如果独揽上述权力则构成叛乱或煽动罪。

第四十六条

任何人都不得服从篡夺者的政府或者任何违反宪法和法律的履行公职的人员。

国民有权发动起义保卫宪法秩序。

篡夺上台当局的行动一律无效和不具有约束力。

第四十七条

依法保护国家利益是国家检察官的职责。国家无须支付司法成本和费用。

第四十八条

国家的官方语言为西班牙语,一些地区依法通用克丘亚语、艾马拉族语以及其他母语。

第四十九条

秘鲁共和国的首都为利马。国家历史上的首都是库斯科。

法律规定的红、白两色竖条旗,国徽和国歌是国家的象征。

第五十条

在独立和自治的制度内,国家承认天主教为形成秘鲁历史、文化和精神的一种重要元素并同其进行合作。

国家尊重其他教派,并同其进行合作。

第五十一条

宪法优先于其他任何法律规范,法律优先于其他较低等级的法律规范,各种法规依法律级别类推。

国家任何法律规范的实施必须予以公布。

第五十二条

凡在秘鲁共和国领土上出生的人就是天生的秘鲁人,同时秘鲁父母在国外所生的子女,只要在未成年时期在有关户籍上登记的人也是天生的秘鲁人。

通过归化或选择而取得国籍的人也是秘鲁人,只要其保持在秘鲁定居。

第五十三条

取得或恢复国籍的方式由法律进行规定。除向政府主管机关明确表示放弃国籍外,不会丧失秘鲁国籍。

第五十四条

共和国领土不受侵犯和剥夺。其包括陆地、底土、领海和领空。

国家的领海主权包括与其海岸相邻的海洋,以及海床和底土,直到法定的基线算起两百海里的距离。

国家依据其法律和签署的条约,在不影响国际通信自由的前提下,在其领海范围内行使主权和管辖权。

国家根据其法律和签署的条约,对领土上面的空间和两百海里界限以内的毗邻海洋行使主权和管辖权。

第二章 条约

第五十五条

国家缔结并实施的条约是国家法律的一部分。

第五十六条

涉及下述事项的条约在由总统签署之前必须经国会批准:

1. 人权;
2. 国家主权、统治或完整;
3. 国防;
4. 国家财政义务。

创设、变更或削减税收的条约,需废除或修改法律规定的条约,以及其适应需采取立法措施的条约必须由国会批准。

第五十七条

共和国总统可以缔结或签署或加入涉及上一条规定以外事项的条约,无须事先经国会批准。但是在所有情况中,总统都必须通知国会。

总统在签署一项影响宪法规定的条约之前,必须由国会按照法定的修宪程序批准该条约。

共和国总统享有废止条约的权力,但有责任统治国会。在条约的签署须经国会批准的情况下,该条约的废止也要求国会事先批准。

第三编 经济权利

第一章 一般规定

第五十八条

私人经营活动自由。私人经营活动在社会市场经济范围内进行。在这一体制下,国家指导引导国家经济的发展并积极促进就业,大力发展健康、教育、安全、公共服务和基础设施。

第五十九条

国家增进财富的创造并保障工作自由,以及企业、贸易和工业自由。这些自由不得损害公共道德、健康或安全。国家保障这些领域免受发展机会上的不平等待遇。在这一意义上,国家大力发展各种类型的小企业。

第六十条

国家承认经济的多元化。保持存在多种形式的所有制和企业的国家经济。

仅仅通过法律的明确授权,出于较高的公共利益或为国家方便的考虑,国家可以直接或间接从事商业活动以作为辅助性业务。

公共或私人的商业活动享有相同的合法待遇。

第六十一条

国家促进并监督自由竞争。在这一意义下,国家反对各种限制自由竞争和滥用统治或垄断地位的实践活动。任何法律或协议都不得授权或规定垄断。

新闻、广播、电视和其他表达和社会交流方式自由,一般情况下,与言论自由和通信自由相关的企业、商品和服务不得由国家或私人团体直接或间接地单独所有、垄断或囤积。

第六十二条

合同自由保障了当事人可以依据合同生效期间的规定进行有效的协商。法律或任何其他规定不得对合同条款进行修改。契约关系产生的冲突仅可以在符合合同或法律规定的保护机制下,通过仲裁或司法途径解决。

国家可以通过合同法的方式提供保证和安全保障。这些合同法在不损害前款提供的保护制度下,不得通过立法的方式进行修改。

第六十三条

国内和国外的投资者受相同条件的约束。商品、服务产品以及外汇自由。如果另一个国家或其他国家采取对本国有害的保护主义或歧视性措施,国家可以采取相同的措施以自卫。

在国家和公共机关同外侨的所有合同应受我国法律和法院管辖权的约束,同时放弃其外交主张。金融合同可以免受国家司法管辖权。

国家和其他的公共机关可以将其从契约关系中产生的争议提交依据生效的条约而专门成立的法院。它们也可以以法定的方式将该争议提交国家或国际仲裁。

第六十四条

国家保障外汇所有和处置的自由。

第六十五条

国家保护消费者和使用者的利益。在这一目的下,国家保障获取与其相关的市场商品和服务信息的权利。同时,国家特别关注人口健康与安全。

第二章 环境和国家资源

第六十六条

可再生和非可再生自然资源均为国家财产。国家有权对其进行利用。

由法律决定使用自然资源的条件,并授权个人进行使用。该许可保障了个人享有受这些法律规定的真正的权利。

第六十七条

国家制定环境政策,促进自然资源的可持续使用。

第六十八条

国家有义务加强对生物多样化的保护和自然区的保护。

第六十九条

国家通过合适的法律手段促进对亚马孙河的可持续开发。

第三章 财产权

第七十条

财产权神圣不可侵犯。国家保障财产权。在与公共利益相符合的情况下在法律的限定范围内行使财产权。不得剥夺任何人的财产,但是,因法律规定的国家安全公共需要在取得财产时给予金钱补偿的除外。就征收中,国家确定的财产价值,利害关系人可以向司法机构提起诉讼。

第七十一条

在财产权方面,无论外国的自然人还是法人均与秘鲁自然人和法人处于同等地位,在任何情况下不得就此求助于特殊情况或外交保护。

但是,外国人在边界五十公里以内的地区不得直接或间接根据财产权以个人或合伙的形式取得和拥有矿山、土地、森林、水源、燃料和能源,否则取得的权利应收归国有,但专门法律宣布的国家需要的情况不在此列。

第七十二条

出于国家利益的原因,法律可根据某些财产的性质、类别或位置,对其取得、拥有、使用和转让规定特别的限制和禁令。

第七十三条

政府所有的财产是不因时效而取得的和不可转让的。供公众使用的财产为私人经济的发展可以依法转让给私人团体。

第四章　特殊的税收待遇和预算制度

第七十四条①

通过立法法令或法律在授权的情况下,排他地授权创设、修改或废除税收和免除税收,由行政法令所规定的关税及价格除外。

各地区和地方政府可以创设、修改和废除税费或在其管辖范围内或法律限定的范围内免除相同的税收。在行使税收权利时,国家应当尊重法律保留原则以及与平等和尊重基本人权相关的原则。税收不具有没收的性质。

预算法案和紧急法令不得含有税收的规定。每年与税收相关的法律在紧挨其制定的该年的1月1日生效。

与本条有关税收的规定不相符合的税收规定一律无效。

第七十五条

国家仅在由合宪性政府依据宪法和法律签订合同时才保证支付相关公共债务。

依法批准国家国内外债务业务。

各自治市可以以其自身所有的资产和资源从事信用交易,无须法律事先授权。

第七十六条

公共工程和公共资金和资源的获取必须建立在合同和公开招标之上,公共资产的获取或出售也必须建立在合同和公开招标之上。

由预算法案确定其重要性和数量的服务合同和工程项目必须通过公开招投标的方式进行。有法律规定相关程序、例外情况以及各方责任。

第七十七条②

由国会每年通过的财政法案授权国家管理经济、财务。公共行政部门的预算体系包括两个部分:中央政府和地方分权机关。

预算以公平的方式分配公共资源。预算的制定和履行依赖于与基本社会需求和分配相关的效率标准。依据法律的规定,各地区均应当充分分享国家对各地区自然资源的利用所收取的开采权使用费所获得的总收入。

第七十八条

共和国总统在每年的8月30日这一最后期限到期之前向国会递交预算法案。

在这一天,总统还应当向国会递交债务和财政稳定法案。以有效的平衡预算法案。

来自于秘鲁中央储备银行或国家银行的贷款不得被视为财政收入。

贷款不包括经常性支出。

不得通过未向公共债务服务拨款的预算。

第七十九条

国会议员不得主动提议创造或增加公共开支,与其相关的预算事项除外。

国会不得因预先确定的目的而通过税收法案,在行政部门的要求下除外。在任何其他情况下,与获利或豁免有关的税收法律需经济与财政部长的事先报告。

只有通过法律明确规定的国会议员的三分之二才能通过法案,国家特殊地区的特殊税收待遇可以有选择性的暂时性的予以扩大。

第八十条③

经济和财政部长向共和国议会全体会议报告国家的收入。各部长报告本部门的花费情况,他们先报告前一年预算执行的结果和实现的目标,以及相应的会计年度预算执行上的进步。

最高法院院长、国家总检察长以及全国选举委员会主席报告相关各部门的情况。

如果已经签署的与预算有关的法律并未在11月30日递交行政机关,该法案将视为由立法法令予以颁布的法案而生效。

增补的欠款、拨款和项目的转让由国会将其视为预算法案进行处理。在议会休会期间,由国会常设委员会进行处理。为批准这些法案,需法定的国会议员人数五分之三投票。

第八十一条④

共和国总预算,连同共和国总审计长办公室作出的审计报告,由共和国总统在该年的8月15日期满之前递交给共和国国会,以执行该预算。

共和国总预算由修正委员会在10月15日进行审查和报告。共和国国会在10月30日到期之前作出决定。如果国会未在规定的期间内作出决定,为颁布一项包含共和国总预算的法令,则由行政机关审议修正委员会的意见。

第八十二条

总审计长办公室是公法规定的分权机关,依据法令的规定享有自治权。其是国家管理系统的最高机

---

① 经2004年11月17日第28390号法律予以修改。
② 经1995年6月13日第26472号法律予以修正。
③ 经2009年9月7日第29401号法律予以修正。
④ 经2009年9月7日第29401号法律予以修正。

关。有义务监督国家预算执行的合法性，公共债务业务的合法性以及受其管理机关活动的合法性。

国会依据行政部门的意见任命总审计长，任期七年。国会可因其严重的不法行为而撤销总审计长的任命。

第五章 货币和银行

第八十三条

由法律规定共和国的货币制度。发行票据和货币属于国家行政权。该权力由秘鲁中央储备银行行使。

第八十四条

中央银行是公法人组织。在与其相关的法律范围内享有自治权。

中央银行的目标在于保持货币的稳定。其职能在于调节金融体制内的货币和信用，在其职责范围内管理国际储备，以及与其相关的法令所规定的其他职能。

该中央银行应定期、准确地向全国报告其董事会负责的国家金融状况。

禁止中央银行向公共财政融资，在与其相关的法令限定范围内购买财政部在二级市场发行的证券的情况除外。

第八十五条

为了填补国际储备中暂时的不平衡，中央银行可以开展信贷业务和协议。

当这一业务和协议的数量超出了预算所规定的公共部门的限额时，需要得到法律的授权，并向国会报告。

第八十六条

由七名成员组成的董事会管理中央银行。由行政机关任命包括主席在内的其中的四名成员，主席必须经国会批准。

同样的，国会通过法定数量议员的绝对多数投票选举其他三名成员。

中央银行的所有董事任期与共和国总统的任期相同。他们不得代表任何特殊团体或利益。国会可以因其严重的不法行为而撤销其任职。在撤销任职的情况下，新的董事在剩余的任期内任职。

第八十七条①

国家发展并保障储蓄。法律规定了企业的义务和不得吸收公众存款限制，以及这一保障的模式和程度。

有关银行、保险业以及私人养老基金管理公司的监管局，主要依法负责对银行、保险、私人养老基金管理公司以及其他吸收公众存款的方式，以及任何其他从事相关或相类似业务的机构进行管理。

由法律对银行、保险业以及私人养老基金管理公司监管局在组织和职能上的自主权进行规定。

由行政机关对银行、保险业以及私人养老基金管理公司监管局的人员进行任命。由国会批准该任命。

第六章 农业制度、农村土著社区

第八十八条

国家优先支持农业发展并保障私人、团体或任何其他形式的合作关系的土地的所有权。法律可以基于各地区的特点划定边界和领土区域。依据法律的规定，无主土地为国家所有，由国家进行出售。

第八十九条

农村土著社区合法存在，并享有法人资格。

他们在其组织、社区工作以及使用和自由处置其土地上享有自主权，以及在经济和行政方面在法定的框架范围内也享有自主权。其土地的所有权不受侵犯，本条之前所规定的放弃所有权的情况除外。国家尊重农村土著社区的文化认同。

第四编 国家结构

第一章 立法部门

第九十条②

立法权由国会行使，国会由单一的议院组成。

国会议员的数目为八十人。

共和国国会通过法定的选举程序每五年举行一次选举。共和国总统的候选人不得成为国会议员的候选人。副总统候选人可以同时成为国会代表的候选人。

当选国会议员，要求出生在秘鲁，年满二十五岁，同时享有选举权。

第九十一条③

下述人员如果在大选前六个月内辞职，则不得当选为国会议员：

1. 部长、副部长以及总审计长；

---

① 经 2005 年 4 月 5 日第 28484 号法律予以修正。
② 经 2009 年 9 月 5 日第 29402 号法律予以修正。
③ 经 2005 年 10 月 4 日第 28607 号法律予以修正。

2. 宪法法院成员、法官委员会成员、检察机关成员、国家选举委员会成员及检查员；

3. 中央储备银行行长，银行、保险业以及私人养老基金管理公司监管局人员，以及国家税收监督管理局人员；

4. 武装部队和国家警察现役人员；

5. 宪法规定的其他情况。

第九十二条①

国会议员为全职。所以，禁止议员在国会任职期间拥有任何其他官职或开展任何专业性或职业性的活动。

议会议员职务同其他任何公职不得同时兼任，部长在国会事先批准下担任国际事务特别委员会职务的除外。

此外，国会议员也不得兼任与国家签有营建或供货合同或管理公共收入和劳务的企业的经理、代理、代表、受托人、律师、多数股东或公司董事会成员。议会代表在任职期间也不得兼任得到国家特许权的企业中的类似职务，或者由银行、保险业以及私人养老基金管理公司监管局监管的金融信贷制度内的类似职务。

第九十三条

国会议员代表国家。不受任何强制性命令和传讯的约束。

他们不向任何主管机关或当局就其行使职权过程中发表的意见或投票负责。

国会议员当选至停职一个月后，在未经国会或常设委员会事先授权的情况下，议员不受逮捕和起诉，当场抓获的除外，在这种情况下应于二十四小时内交国会或常设委员会处理，由其就是否允许剥夺自由和进行审判作出决定。

第九十四条

国会起草并通过自身具有法律效力的内部规则；选举常设大会和委员会人员；规定议会团体的组织和职能；管理自身的经济，批准其预算，任命和免除其管理人员和员工的职位，并依法保障其利益。

第九十五条

必须遵守立法指令。

国会可以对其成员施加纪律处罚，同时暂停其成员的职务不得超过一百二十条的会议期限。

第九十六条②

任何国会成员在认为有必要时都可以按照法律的规定要求部长，全国选举委员会，总审计长，中央储备银行，银行、保险和私人公共基金管理公司监督局、地方政府和机关提出报告。

该项要求必须是书面形式，并符合国会内部规则的规定。对该要求不予回应将承担相应的法律责任。

第九十七条

国会可以启动对任何与公共利益有关的事项的调查。在这一要求下，必须像遵守司法程序那样即刻出席上述委员会的传问。

为实现其目标，该调查委员会有权获得可能需要解除银行保密和储税任何信息，涉及个人隐私的信息除外。他们的结论并不约束司法机关。

第九十八条

在国会主席要求下，共和国总统有义务将武装部队和国家警察的人员交于国会处置。

非经国会主席的许可，武装部队和国家警察不得进入国会场所。

第九十九条

常设大会有责任向国会控告共和国总统、议会议员、部长、宪法法院成员、国家法官委员会成员、最高法院法官和高级检察官、共和国总审计长和监察员在其履行职务期间或离职后五年内实施的任何违反宪法的行为或犯罪。

第一百条

在无常设大会的情况下，国会有义务决定是否中止被控人员的职务或宣告其十年内不得担任公职，或者在不影响任何其他责任的情况下罢免其职务。

在这些程序中，被控官员有权自卫或通过议会获得帮助以反抗作为统一整体的常设议会和国会。

在刑事犯罪案件中，总检察长在五天之内向最高法院提起刑事犯罪的公诉。最高法院的法官被指控刑事犯罪时，则启动刑事指令。

由最高法院宣告无罪的被控官员，恢复其政治权利。

检察官指控期限以及启动该程序的指令不得超过或减少国会所指控的期限。

第一百○一条

由国会选举常设委员会成员。成员数目由各议会政党按比例选举的代表组成，同时成员数目不得超出国会总议员数量的百分之二十五。

常设委员会承担下述职责：

1. 在共和国总统的推荐下任命总审计长；

2. 批准总统对中央储备银行以及银行、保险和私人养老基金管理公司监管局的任命；

3. 在议会休会期间批准追加的赊账、预算的变动以及追加的配额；

---

① 经 2005 年 4 月 5 日第 28484 号法律予以修正。
② 经 2005 年 4 月 5 日第 28484 号法律修正。

4. 行使国会授予代表团的立法权,涉及宪法改革、批准国际条约、法令(国家机构的基本法律)、预算及国家总决算的法案事项不得委托常设委员会处理;

5. 宪法及国会内部规则规定的其他职责。

第一百〇二条

国会承担下述职责:

1. 通过法律和立法决议,以及解释、修正和废除其他法律;

2. 监督对宪法和法律的遵守情况,并作出适当规定以迫切追究违法者的责任;

3. 依据宪法的规定批准国际条约;

4. 批准预算和总决算;

5. 依据宪法规定批准借贷;

6. 行使大赦权;

7. 批准行政权力提议的领土划分;

8. 在任何情况下均不影响国家主权时,允许外国军队入境;

9. 批准共和国总统离境;

10. 行使宪法规定的其他职权和立法职能特有的职权。

第二章 立法职能

第一百〇三条①

因事物的本质要求可以通过特殊法律,但不得因为个人之见的差异制定特殊法律。

在强制力的介入下,法律适用于现有的法律关系和情况,除在两种刑事案件中溯及既往有利于被告外,不具有溯及既往的效力。仅可以通过另一项法律废除一项法律。违宪的法律无效。

宪法不保护滥用权利的学说。

第一百〇四条

国会可以授权给行政机关,就授权法规定的内容和期限通过立法法令立法。

国会不得将非授权事项授权给常设委员会。

立法法令在颁布、公布、生效和效力方面应遵循的准则与法律应遵循的准则相同。

共和国总统就每一项立法法令向国会和常设委员会报告。

第一百〇五条

在无相关主管委员会事先批准下,不得通过该法案,国会内部规则规定的情况除外。由行政部门在紧急事项下所递交的法案在国会具有优先地位。

第一百〇六条

宪法规定的国家机关的结构和运作由法令进行规定,以及宪法所规定的通过法令规定的其他事项。

上述法案的草案适用其他法律的处理程序。为通过和修正这些法案,需国会议员法定人数的过半数投票通过。

第二章 法律的制定和实施

第一百〇七条

共和国总统以及国会议员有权提出立法动议。

其他国家部门、自主的公共机构、地方政府及专业协会在其职权范围内的事项享有相同的权利。公民在行使法定的公民立法创议权时享有相同的权利。

第一百〇八条

法律草案按宪法规定的方式通过后,即送交共和国总统由其在十五天内颁布,否则由国会主席或常设委员会主席颁布。

如果共和国总统对国会通过的法律草案在整体或部分上持有意见,需在十五天期限内向议会提出。

法律草案经过国会的重新审议后,只要得到国会议员法定人数的过半数投票通过,总统应当颁布该法案。

第一百〇九条

除法律本身另有规定,部分或全部的推迟生效外,该法律在官方报纸公布后的第一天起生效。

第三章 行政部门

第一百一十条

共和国总统是国家元首,代表国家。

必须是出生于秘鲁,享有选举权,提名时年满三十五周岁以上的秘鲁人,才可以当选为共和国总统。

第一百一十一条

通过直接选举的方式选举共和国总统。获得超过半数选票的候选人当选。无效或空白选票不计入票数。

如果没有候选人获得绝对多数的选票,需在公布选举结果后的三十六天内,在两位得票相对较高的候选者之间举行一轮决胜选举。

在选举出共和国总统的同时,以同样的方式在同一期限内选出两名副总统。

第一百一十二条②

总统任期为五年,不得直接连任。

前总统在间隔一届总统任期后方可再次当选。

---

① 经 2004 年 11 月 17 日第 28389 号法律予以修正。
② 经 2000 年 11 月 5 日第 27365 号法律予以修正。

第一百一十三条

共和国总统可因下述原因出现空缺：

1. 共和国总统死亡；
2. 国会宣布共和国总统道德或身体上不能胜任；
3. 国会接受其辞职；
4. 未经国会允许的情况下离开国境，或在规定的时间内未返回本国；
5. 因犯有本宪法第一百一十七条中涉及的某项罪行而被罢免。

第一百一十四条

总统职务因下述原因暂停行使：

1. 国会宣布其暂时不能胜任；
2. 依据本宪法第一百一十七条的规定接受司法审判。

第一百一十五条

在暂时或永久无法胜任共和国总统职位的情况下，由第一副总统履行其职务，或者在第一副总统缺位的情况下，由第二副总统履行总统职务，或者在第一、第二副总统均缺位的情况下，由国会主席履行总统职务；无论何时，国会主席均可以召集举行直接选举。

当总统离开国境时，第一副总统代行总统职务，在第一副总统缺位时，由第二副总统代行总统职务。

第一百一十六条

共和国总统在其任期内，仅可因下述罪行被控告：叛国罪，阻挠总统、国会、地区或地方选举，除本宪法第一百三十四条规定的情形外解散国会，阻挠国会、国家选举委员会或选举系统的其他机关召开会议或运作。

第一百一十七条

共和国总统任职期间仅以因叛国罪；妨碍总统、国会、区域、市镇选举；解散国会，但第一百三十四条规定的除外；妨碍国会开会或运作的行为亦被控诉。

第一百一十八条

共和国总统承担下述职责：

1. 遵守并执行宪法和条约，法律以及其他法律规定。
2. 在共和国内外代表国家。
3. 指导政府的总政策。
4. 维护共和国国内秩序和国外安全。
5. 组织共和国总统、国会议员以及市长和市议员及法律规定的其他官员的选举。
6. 召集国会举行特别会议，在此情况下签署会议法令。
7. 在每年第一次例行会议开始后，随时向国会发布国情咨文，以个人名义或以书面形式均可。年度国情咨文包括对共和国形势的详细说明以及总统认为必须或应当提交国会审议的改进和革新措施。除第一项事项外，总统的国情咨文需经内阁批准。
8. 在不违反或曲解法律下，行使为法律制定规章的权力，并在此范围内发布法令和决议。
9. 遵守并执行司法机关的裁判和命令。
10. 遵守并执行国家选举委员会的决议。
11. 管理外交政策和国际事务，缔结并批准国家条约。
12. 经内阁批准后任命大使和全权公使，并向国会报告。
13. 接见外国外交代表，授权领事行使其职责。
14. 领导国家防务体系，组织、分配和安排武装部队和警察部队的使用。
15. 在发生侵略时采取为保卫共和国、领土完整和主权所必需的措施。
16. 在国会的授权下，宣战和签署和平协定。
17. 管理国家财政。
18. 洽谈贷款。
19. 为国家利益，通过具有法律效力的紧急状态法令，颁布经济和金融领域的非常措施，并负责向国会报告。
20. 规定海关税率。
21. 赦免和减刑。在有罪控诉期间已经超过法定期间两倍以上的情况下，对被指控者进行行政赦免。
22. 在内阁的同意下，代表国家授予奖章。
23. 授权秘鲁人为外国军队服务。
24. 履行宪法和法律规定的其他统治和管理。

第五章 内阁

第一百一十九条

授权内阁和各部长在其公职事项范围内领导和管理公共事务。

第一百二十条

共和国总统的法令未经部长副署者无效。

第一百二十一条

部长会议是组成内阁的组织。有法律规定其组织和职责。

内阁有其自己的主席。当共和国总统召集内阁时，或当共和国总统出席内阁会议时，由其主持内阁。

第一百二十二条

由共和国总统任命和罢免内阁主席。

而且，由共和国总统根据内阁主席的提议和同意任免其他部长。

第一百二十三条

内阁主席履行下述职责：

1. 在共和国总统之后,被授权为政府的发言人;
2. 协调其他部长的职务;
3. 副署立法和紧急法令,以及宪法和法律规定的任何其他法令和决议。

第一百二十四条

必须是出生于秘鲁,享有公民权以及年满二十五周岁的人,才可以成为部长。武装部队和国际警察人员可以成为部长。

第一百二十五条

内阁履行下述职责:
1. 批准通过共和国总统递交国会的法案;
2. 批准共和国总统颁布的立法法令和紧急法令,以及法律规定的法案、法令和决议;
3. 审议与公共利益有关的事项;
4. 宪法和法律规定的其他职责。

第一百二十六条

内阁的任何决议均需经内阁成员多数投票通过,并载入记录。

部长不得担任任何其他公职,立法职能除外。

部长不得成为自身利益或第三方利益的管理者,也不得从事任何赢利性活动,也不得直接干预私人企业和私人团体的领导或管理工作。

第一百二十七条

不设代理部长。当某部部长缺位时,共和国总统可以委托另一部部长在保留原职的同时担任该部部长职位,但此项委托不得超过三十天,也不得转委其他部长。

第一百二十八条

部长应对自己的行为以及其副署的总统的行为负责。

所有的部长对共和国总统所实施的违反宪法和法律的犯罪行为或经内阁同意的犯罪行为共同承担连带责任,即使其并未投票赞成,但只要没有立即辞职均应共同负责。

第一百二十九条

内阁全体或各部长个人均可以出席国会会议并参加会议辩论,并享有与国会议员相同的特权,如果其不是国会议员则不享有投票权。

当他们需向国会作报告时也应出席国会会议。

内阁主席或至少一个部长应当定期出席国会全体会议,接受会议提问。

第七章 同立法部门的关系

第一百三十条

在上任后的三十天内,内阁主席及其部长出席国会会议并讨论政府总政策和为该政策实施的主要措施,以获得国会信任。

如果国会闭会,共和国总统需召集特殊会议。

第一百三十一条

内阁或任何一位部长在国会召其质询时必须出席。

质询用书面形式提出,质询书应至少由国会议员法定人数的百分之十五的人提交,对于该质询的说明,至少需有效代表人数三分之一进行。应当在下次国会会议中进行表决投票。

国会决定部长回答该质询的时间和日期。答询不得在接受质询的第三条以前或第十天以后进行。

第一百三十二条

国会通过不信任投票或指责投票追究内阁或部长个人的政治责任。不信任投票只有在部长主动提出时方可举行。

对内阁或任何一位部长的指责性动议,应由不少于国会议员法定人数百分之二十五的议员提出。在动议提交后的第四天到第十天间进行辩论和投票表决。动议需得到国会议员法定人数一半以上票数方可通过。

被指责的内阁或部长必须辞职。

共和国总统在随后的七十二小时内接受辞职。

部长的某项提议被否决并不要求部长辞职,除非提议是否通过已构成信任问题。

第一百三十三条

内阁主席可以代表内阁主动向国会提出信任问题。如果信任问题被否决或内阁主席被谴责或者如果内阁主席辞职或被共和国总统罢免,发生绝对的内阁危机。

第一百三十四条

如果国会已指责和拒绝信任两届内阁,共和国总统有权解散国会。

解散法令应当包括呼吁选举新的国会。在现行选举制度没有任何改变下,应当在解散国会后的四个月内举行选举。

不得在总统任期的最后一年内解散国会。一旦国会被解散,由未被解散的常设委员会继续行使国会的职权。

不存在其他取消议会任期的形式。

在戒严状态下,不得解散国会。

第一百三十五条

一旦召集新国会,新国会可以在内阁主席在议会空缺期间对行政部门的行为进行解释后,谴责内阁或否定信任投票。

在议会缺位期间,行政部门通过紧急法令立法,该紧急法令由行政部门提交常设委员会审议,并在新国会形成后递交给国会。

第一百三十六条

如果不能在规定的期限内召开选举,被解散的国会依法恢复宪法权力,同时内阁即行停职,而且其任何成员在该届总统的剩余任期内均不得重新接受提名担任任何部长职务。

新选举的国会代替被解散的国会和常设委员会,并完成被解散国会的宪法任期。

第八章　特殊状态

第一百三十七条

共和国总统可以在内阁的同意下,在一定期限内,在整个或部分领土上宣布本条规定的下列特殊状态,并向国会或常设委员会报告:

1. 紧急状态:在发生和平或国内安全受到破坏,灾难或危害国家生活的严重事态的情况下宣布。在这种情况下,可暂时停止或中止规定在第二条第九款、第十款、第十二款以及该条第二十四款第f项的有关人身自由和人身安全、住宅不受侵犯、集会和在领土上迁徙自由的宪法保障。任何情况下任何人都不得被流放。

国家紧急状态的期间不得超过六十天。延长紧急状态需新的法令。在国家紧急状态下,在共和国总统发布命令时,武装部队可以负责控制国内秩序。

2. 戒严状态:在发生入侵、对外战争或者内战或有发生上述情况的危险,不得限制或暂停本宪法所规定的基本权利的行使。戒严状态的期限不得超过四十五天。当宣布戒严状态时,依法可以召开国会。戒严状态的延长需经国会批准。

第八章　司法部门

第一百三十八条

掌管司法的权力来自于人民,司法机关通过按等级组成的各级司法机关,根据宪法和法律规定的程序行使司法权。

在任何法律程序中,当宪法和法律之间存在相冲突的规定时,由法官决定适用宪法规定。同时,他们选择适用法律规定,当法律规定同较低级别的其他规则相冲突时。

第一百三十九条

司法权遵守下述原则:

1. 司法的统一性和排他性。除仲裁和军事方面的司法权外,没有也不得建立其他任何独立的司法权。禁止委员会或代表进行审判。

2. 行使司法权的独立性。任何当局都不得将提交给司法机关的未决案件调阅自理,不得干扰司法机关行使其职能。也不得对经过审判已具有权威性的决议宣布无效,不得打断办案程序,不得修改判决或耽搁判决的执行。这些规定不影响赦免或通过国会对当局的调查,进行这些活动不得介入司法程序或产生司法效力。

3. 遵循正当程序和司法保护。任何人都应在法律规定的范围内接受司法管辖,任何人都不应当受诉讼程序的约束,除非由司法机关事先规定或实施的诉讼程序,或特别委员会在这一目的下创设的程序,无论该诉讼程序是什么。

4. 诉讼程序公开进行,除非法律另有规定。包括政府官员责任和新闻罪行以及涉宪法保障的基本权利的审判,一律公开进行。

5. 在各级审理中书面说明作出的决议,但仅明确表达法律适用及其所依据的事实上的理由的程序性法令除外。

6. 各级司法管辖的多样性。

7. 依据法定的方式对影响其责任承担的不公正的审判和肆意逮捕进行赔偿。

8. 不因法律存在空白和缺陷而不实现正义。在这种情况下,适用法律的一般原则和习惯法。

9. 不得适用与刑法相类似的限制权利的法律。

10. 任何人不得未经审判而被定罪。

11. 在适用法律存有疑问或法律冲突的情况下,适用对被告最有利的法律。

12. 不得进行缺席判决。

13. 禁止重启已经结案的案件。大赦、赦免、执行中止和时效产生既判力的效果。

14. 任何人都不得被剥夺在诉讼的任何阶段辩护的权利。任何人都应当被直接以书面形式通知拘留的理由或原因。此外,在被任何权力机关传唤或逮捕时,公民有权与其法定代理律师进行沟通并听取其意见。

15. 必须直接以书面形式告知公民被逮捕的原因或理由。

16. 司法自由裁量原则以及为法律所规定情况下的经济能力有限的人提供免费辩护的原则。

17. 民众依法参与法官任免的原则。

18. 行政机关在必要的情况下在案件审判中与司法机关合作。

19. 禁止未以宪法和法律规定的方式任命的人员行使司法职能。司法机关不得使这样的人就职,否则法庭人员应承担责任。

20. 任何人都有权在法律限定的范围内,对法庭指令和判决进行分析和批判。

21. 犯罪者的权利以及被定罪者获得合适的住所的权利。

22. 刑事司法制度的目的在于对罪犯进行再教育、再改造、促进罪犯早日回归社会。

第一百四十条

依据秘鲁签署的国际条约与法律，死刑仅适用于对外战争中的叛国罪行和恐怖主义罪行。

第一百四十一条

依据法律的规定，最高法院应当对高等法院提交的或自身提审的诉讼作出最终判决。最高法院在第一百七十三条规定的限定范围内，还应当审理要求废止军事法院判决的上诉。

第一百四十二条

国家选举委员会有关选举事项的决定不受法院审判，国家法官委员会有关法官的评估和确认决定也不受法院审判。

第一百四十三条

司法由代表国家管理司法的司法机关以及具体行使管理和控制职能的机关组成。

包括下述司法机关：最高法院，以及依据其法令所设立的其他法院和法庭。

第一百四十四条

最高法院首席大法官领导司法机关。最高法院全体会议是最高的司法审议机关。

第一百四十五条

司法机关向行政部门递交其预算草案，并就该预算草案向国会负责。

第一百四十六条

司法职务不得与任何其他公私职务兼任，但大学教职除外。

法官的报酬仅来源于预算的分配和教职收入或法律明确规定的其他职务。

国家保障法官：

1. 独立。仅受宪法和法律的约束。

2. 非经本人愿意不得迁徙和调动。

3. 只要法官的表现和素质与其职务相符，可以继续任职。

4. 法官得到能够确保享受与其使命和级别相称的生活水平的报酬。

第一百四十七条

成为最高法院的法官需满足下述要求：

1. 出生在秘鲁；

2. 有公民权；

3. 年满四十五周岁以上；

4. 在高等法院任职或成为高级检察官满十年，或者从事律师执业或在大学教授法律学科不少于十五年。

第一百四十八条

可以依据行政法规定通过诉讼挑战具有终局效力的行政命令。

第一百四十九条

农村地区和土著社区中与农村巡查相关的机关应当依据习惯法在本地区内行使司法职能，但是其不得侵犯个人的基本权利。由法律对该机关同正义与和平法庭及其他实际的司法机关的合作方式进行规定。

第九章　国家法官委员会

第一百五十条

国家法官委员会负责选任法官和检察官，通过大众选举法官和检察官的情况除外。

国家法官委员会独立行使职权，同时受其法令的约束。

第一百五十一条

法官学院是司法的一部分，在选任目的下，法官学院负责对各个层级的法官和检察官进行教育和培训。

为改善学院必须批准法官学院提出的特殊研究项目。

第一百五十二条

通过大众选举的方式选择治安法官。

由法律对选举、要求、司法职能、培训以及继续履职进行规定。

法律可以对裁判法官的选举进行规定，并决定相关机制。

第一百五十三条

法官和检察官不得参与政治、企业联合组织或罢工活动。

第一百五十四条

国家选举委员会履行下述职责：

1. 在事先进行的招聘和选拔程序以及个人评估的基础上，任命各个层级的法官和检察官。该项任命要求国家选举委员会成员法定人数的三分之二投票通过。

2. 每七年批准各个层级的法官和检察官的留任。这些未被批准的法官和检察官不得在司法机关或检察机关留任。该批准程序是独立的纪律措施。

3. 在最高法院或高级检察官委员会各自所有的法官和检察官要求下，对最高法院法官和高级检察官实施免职的制裁。不得对经当事人参与的听证之后做出的最终详细的决定提起诉讼。

4. 奖励法官与检察官与其身份相符的官方头衔。

第一百五十五条

依据相关法律的规定，国家法官委员会由下述人员组成：

1. 由最高法院在全体会议中以秘密投票的方式选举一名成员；
2. 由高级检察官委员会通过秘密投票的方式选举一名成员；
3. 由全国律师协会成员以秘密投票的方式选举一名成员；
4. 国家其他专业协会的成员依据法律的规定以秘密投票的方式选举两名成员；
5. 由国立大学的校长选举一名成员；
6. 由私立大学的校长以秘密投票的方式选举一名成员。

国家法官委员会可以通过内部决议将其成员扩展至九名，两名额外的成员由该委员会在代表劳工和企业的组织所推荐名单中通过秘密投票的方式选举。

国家法官委员会的正式成员及其候选人的任期为五年。

第一百五十六条

成为国家法官委员会的成员必须满足与成为最高法院法官相同的要求，第一百四十七条第四款规定除外。国家法官委员会成员同最高法院法官享有相同的权利和利益，接受相同的义务和任职限制。

第一百五十七条

国会可以因国家法官委员会的成员严重的不法行为，在国会议员三分之二投票赞成下，免除其职务。

第十章 检察机关

第一百五十八条

检察机关享有自治权。由高级检察官委员会选举的国家总检察长领导检察机关。检察机关的公职人员任期为三年，可以通过连任延长两年期限。检察机关的成员享有同其对应的司法机关相同的权利和特权，受相同的义务和任职限制的约束。同时，在其各自类别内的任命受与司法部门成员的任命相同的要求和程序的限制。

第一百五十九条

检察机关履行下述职责：

1. 根据职权自行或应一方的要求提起司法诉讼，以维护法治，维护受法律保护的公民权利和公共利益；
2. 监督司法机构的独立性和公正执法；
3. 在诉讼中代表社会；
4. 在侦查阶段进行犯罪的调查，在这一目的下，国家警察有义务执行国家检察机关在其职权范围内发布的命令；

5. 依职权或依私人的要求提起刑事诉讼；
6. 在法律规定的情况下，在最高法院作出任何决议前提出意见；
7. 在制定法律上行使立法创议权并将法律的漏洞和错误告知国会或共和国总统。

第一百六十条

检察机关作出的预算草案必须经高级检察官委员会的批准，并将该草案递交行政部门。同时就该草案向国会和行政部门负责。

第十一章 行政监察机关

第一百六十一条

行政监察机关享有自治权。无论何时只要行政监察机关需要其帮助，国家机关都应当配合行政监察机关。由法律设立国家一级行政监察机关的结构。

行政监察专员由国会在其法定议员三分之二多数投票决定下进行任免，同时享有同国会议员相同的特权和豁免。

当选行政监察专员者必须年满三十五周岁，职业为律师。该职位的任期为五年，行政监察专员不得接受强制性的任务。该职位具有与最高法院法官相同的任职限制。

第一百六十二条

行政监察机关有义务保护个人及团体的宪法性基本权利，保障向公民履行国家管理职责并提供公共服务。行政监察专员每年或只要国会提出要求均需向国会递交报告。其可以提出立法和提出推动职务性能提高的建议性措施。

行政监察专员向行政部门递交本部门的预算草案，就该草案向行政部门和国会负责。

第十二章 国防安全

第一百六十三条

国家通过国防系统保障国家安全。建立全面和永久的国防系统。在国家内外发展国防。每个人，无论是自然人还是法人，依据法律规定有义务参与国家防务。

第一百六十四条

国家防务的领导、配置和实施通过一整套体系进行，该体系的组织和职能由法律规定。共和国总统领导国防体系。

为发挥国防效力，由法律规定国家防务的范围和发动程序。

第一百六十五条

国家武装部队由陆军、海军和空军组成。国家武装部队的基本目的在于保障共和国的独立、主权和领土完整。在本宪法第一百三十七条的规定中,国家武装部队可以控制国内秩序。

第一百六十六条

国家武装部队的主要义务在于保障、维持和恢复国内秩序;保护、帮助个人及团体;保障法律的实施,并保护公共和私人财产;调查、制止和打击犯罪;保护和管理国家边界。

第一百六十七条

共和国总统为武装部队和国家警察的最高统帅。

第一百六十八条

由相关的法令和法规对武装部队和国家警察的组织、职能、训练、使用和纪律制度进行规定。

武装部队依据法律的规定和国家防卫的需要依法组织并支配其预备役人员。

第一百六十九条

武装部队和国家警察不得提出商议,它们服从宪法权力机关。

第一百七十条

武装部队和国家警察各自所需用于保障其储备的资金以法律规定拨给。此项资金只能用于上述各部队应达到的目的。

第一百七十一条

武装部队和国家警察参与国家的经济和社会发展,并依法参加民间防卫。

第一百七十二条

行政部门每年确定武装部队和国家警察的人数,所需资金列入预算法案。

依据法律的规定保障武装部队和国家警察人员的晋升。共和国总统批准武装部队将官和海军将官及警察部队将官和相应级别军官的晋升。

第一百七十三条

武装部队和国家警察成员犯渎职罪的情况下,受各自法律和军事法典的审判。该法典的规定不适用于公民,法律规定的叛国罪和恐怖主义犯罪除外。第一百四十一条规定的撤销上诉的情况仅适用于作出死刑判决时。

违反义务兵役制者受军事法典的审判。

第一百七十四条

武装部队和国家警察军官等级制固有的军衔、荣誉、报酬和退休金实行对等原则。对于没有军衔或等级的职业军人和警察人员如何实行对等原则由法律进行规定。在上述情况下,非经法律判决均不得取消拥有上述权利者的权利。

第一百七十五条

只有武装部队和国家警察才可以持有和使用军用武器。国内现有的、制造的和运进的一切武器均应收归国有,不予赔偿也无须审理。

民营工业在法定的情况下制造军用武器免受该禁令的限制。由法律规定个人制造、买卖、持有和使用武器的办法由法律规定。

第十三章 选举制度

第一百七十六条

选举制度的目的在于保障选举表达自由、真实和自愿民众意志,同时统计的票数正确和及时地反映选民通过直接选举表达的意思。选举制度的基本职能在于规划、组织和举行选举、公决或其他大众协商形式;同时也指导和保存识别选民身份的统一的登记,和选民公民身份变更的记录。

第一百七十七条

选举制度由全国选举委员会、国家选举机关以及国家公职确认和公民身份登记处组成。上述机关享有自治权,并在各自的职权范围内同其他机关进行合作。

第一百七十八条

国家选举委员会履行下述职责:

1. 监督投票的合法性、当选、公决以及其他民众选举程序,并为这些选举准备选举名册;

2. 维护和保持政党登记名册的安全;

3. 确保与政党有关的法律或其他与选举有关的规定得到执行;

4. 保证选举事项的公正;

5. 公布当选者并向其派发证明书,以及宣布公投或其他民众协商程序的结果;

6. 法律规定的其他职责。

在选举事项中,全国选举委员会有权提出立法动议,并向行政部门递交预算草案,该草案对选举制度下的每一个部门列有单独的条目,就该草案向行政机关和国会负责。

第一百七十九条

全国选举委员会的最高机关为其全体会议,由五名成员组成。按照下述方式选举委员会成员:

1. 由最高法院通过秘密投票从其退休或现任大法官中选举一名成员。在后一种情况下,允许当选者辞职。最高法院的代表主持全国选举委员会。

2. 由高级检察官委员会通过秘密投票从退休或现任高级检察官中选举一名成员。在后一种情况下,允许当选的检察官辞职。

3. 由利马律师协会通过秘密投票从其成员中选举一名成员。

4. 由国立大学法律院院长通过秘密投票从前任院长中选举一名成员。

5. 由私立大学法学院院长通过秘密投票从前任院长中选举一名成员。

第一百八十条

国家选举委员会全体会议的成员不得低于四十五周岁或高于七十周岁。他们的任期为四年,可以连任。法律规定每两年举行一次选举以更新成员。

该职位为享有报酬的全职工作,不得兼任任何其他公职,兼职教师除外。

民选职务的候选人,正在政党担任领导职务的公民,或在选举日以前四年内担任过上述组织的领导性质职务的公民,均不得担任全国选举委员会成员一职。

第一百八十一条

国家选举委员会全体会议的成员审查法官自由裁量的事实并解决基于法律与法律一般原则而产生的争议。在选举、公投或其他民众协商形式的问题上,委员会的决定为终局并具有决定意义的决定,不得被推翻。不存在针对其决定的上诉制度。

第一百八十二条

由国家法官委员会任命全国选举委员会的主席,连续任职四年,同时在存在严重不法行为下,可由国家法官委员会免除其主席职务。该主席受与全国选举委员会全体会议成员相同的兼职限制的约束。其主要职能在于组织选举、公投或其他民众协商形式,还包括制定本部门的预算和设计选举和投票,还承担分配选举所需的形式和物资以及宣布选举结果的职责。从投票站计票开始后,持续性地提供计票信息。履行法律规定的其他职责。

第一百八十三条

国家公职确认和公民身份登记处的主管人员由国家法官委员会任命,连续任职四年,可因严重的不法行为而遭到国家法官委员会的罢免。其受与全国选举委员会成员相同的兼职限制的约束。

国家公职确认与公民身份登记处主要掌管出生、婚姻、离婚、死亡和其他变更婚姻关系的登记。其颁发相应的证明书和准备并保持选民登记册的不断更新。同时,向国家选举委员会和国家选举机关提供其履行职责所需的信息。保持公民的身份记录和印发身份证明文件。履行法律规定的其他职能。

第一百八十四条

当所投选票数量单独或合计有超过三分之二空白或无效投票时,国家选举委员会宣告选举程序、公投或任何其他民众协商程序的无效。

法律可以为各自治地方规定不同的投票比率。

第一百八十五条

任何一种选举、公投或任何其他形式的民众协商,都应当在投票站进行公开的和不间断的计票。仅在发生实质性差错或怀疑的情况下才审查投票的结果,并依法解决一切问题。

第一百八十六条

国家选举机关制定选举期间为维持秩序和保障个人自由所需的说明和规定。上述规定由武装部队和国家警察实施。

第一百八十七条

在多元选举的情况下,依据法律规定的制度,实行比例代表制。

法律规定特殊制度以方便居住在国外的秘鲁人参与投票。

第十四章 地方分权

第一百八十八条①

地方分权是一种民主组织的形式,和国家强制持续实施的政策,其主要目的在于全面发展国家。地方分权程序分阶段进行,依据标准以渐进有序的方式允许管辖权和资源从中央政府转移,并在各地区和地方政府间进行合理的分配。

依法对政府部门和国家自治机关,以及共和国的国家预算进行分权。

第一百八十九条

国家领土分为地区、省、州和县,并在宪法和法律规定的条件下,在国家、地区和地方各级组织和建立一个统一的政府,以维护国家和民族的完整和统一。

地区各级政府包括地区和省。地方各级政府包括州、县和村庄。

第一百九十条

地区在从历史、经济、行政和文化上结为一体的一些邻近区域的基础上建立,地区是地理—经济单位。

区域化进程将通过在现今的省和宪法上的卡亚俄州间选举地区政府展开。这些均为地方政府。两个或者更多的省可以通过依法进行公投组成一个地区。同时,两个或者更多的州和县可以通过相同的程序改变地方选区。

由法律对这些新形成的地区的附加权力和资格,以及特殊的奖励进行规定。

在一体化进程进行中,两个或更多的地区政府可以在它们之间建立合作机制。由相关的法律对这些

---

① 经 2002 年 3 月 7 日第 27680 号法律予以修正。

合作机制进行规定。

第一百九十一条

地区政府在其职权范围内的相关事项上享有政治、经济和管理上的自治权。在不干涉自治地区权限和职能下与其进行合作。这些政府的基本组织结构构成了地方会议，作为监督和监察机构；总统为执行机关；由各地的市长以及社会的代表所组成的区域协调委员会，作为咨询机关在自治地区法定的权限和职权范围内进行合作。

地方会议有七到二十五名成员，各州至少有一名成员，同时剩余人员依据法定的选举人口选举。

通过直接选举的方式选举主席和副主席，任期四年，可以连任。地方会议的成员以相同的方式选举产生，任期四年。这些任命可以被撤销但是不能放弃，宪法另有规定的情况除外。

为竞选共和国总统、副总统、国民议会的成员或市长，地区政府的总统必须在选举前的六个月内辞去其职务。法律规定最小代表比例，以促进妇女、农村土著社区和土著居民在地方会议中的代表性。相同的规定适用于自治地区的会议。

第一百九十二条

地方政府应当在其职责范围内促进地区和经济的长远发展，促进投资、公共服务和活动，并同国家和地方的经济发展计划相协调。地方政府承担下述责任：

1. 决定内部组织和制度；
2. 在相关的自治地区和公民社会同意下，制定并通过地区发展计划；
3. 管理其财产和收入；
4. 管理和颁发许可证、执照和授权其职权范围内的相关服务活动；
5. 鼓励区域经济社会发展，和执行相应的计划和方案；
6. 发布与区域管理相关的规则；
7. 依法促进并规范与农业、渔业、工业、加工业、贸易、旅游、能源、矿业、道路、交通、教育、卫生和环境相关的活动和服务；
8. 为在各地区发展基础设施项目和工作，鼓励竞争、投资和资金筹措；
9. 在其管辖范围内提出相关事项和问题的立法动议；
10. 行使依法规定属于其固有的其他职权。

第一百九十三条

地方政府享有下述财政收入：

1. 自身的动产和不动产；
2. 年度预算方案提供的具体的资金转账；
3. 法律设定的对其有利的税收；
4. 从私有化、特许和依法提供的服务中获得的利益；
5. 从具有再分配特征的区域补偿基金依法获取的财政资源；
6. 从开采权使用费获得的利益；
7. 从其财务运作中所依法获得的利益，包括国家保障的这些行为；
8. 法律规定的其他财政收入。

第一百九十四条

州、县的市政当局是地方政府机关。他们对其管辖范围内的事项享有政治、经济和管理上的自治。依法设立村的市政当局。

地方政府的结构组成了市政会议，作为监管和监督机构，市长作为行政机关，享有法定的权力和职能。

市长和市议会的成员通过直接选举的方式选举产生，任期四年，可以连任。依据法律规定，这些任命可以被撤销但是不能放弃，除非本宪法另有规定。

为竞选共和国总统、副总统、国民议会议员或地区政府的总统，市长必须在代表选举开始前的六个月内辞职。

第一百九十五条

地方政府促进地方发展和经济，同时提供其职责范围内的公共服务，与国家的地区发展计划和政策相符合。

承担下述职责：

1. 批准内部组织和预算；
2. 在市民社会同意下，批准地区发展计划；
3. 管理其财产和收入；
4. 依法制定、修改和废除地方税收、利率、费用、执照和税款；
5. 组织、规定和管理其职权范围内的地方服务；
6. 规划农村和城市的区域发展，包括分区制和城市和地点规划；
7. 为发展地方基础设施项目和工作，鼓励竞争、投资和资金筹集；
8. 依法发展和管理涉及教育、健康、住房、卫生、环境、自然资源的可持续利用、公共运输、流动和交通、旅游、考古和历史遗迹的保存、文化、娱乐和运动的活动和服务；
9. 提出与其管辖范围事项和问题有关的立法动议；
10. 行使依法规定属于其固有的其他职权。

第一百九十六条

市政当局的财政收入包括：

1. 其自身所有的动产和不动产；
2. 法律规定的对其有利的税收；
3. 地方税收、利率、费用、执照以及依法通过市政条例创设的税收；

4. 来源于其私有化、特许和其依法提供的服务的经济利益；

5. 从具有再分配性质的地方赔偿基金依法获得的财政资源；

6. 国家年度财政预算提供的具体的财政预算；

7. 从开采权使用费获得的财政资源；

8. 从其财务运作中所依法获得的利益，包括国家保障的这些行为；

9. 法律规定的其他财政资源。

第一百九十七条

市政当局促进、支持和管理公民参与当地的经济发展。此外，依法同秘鲁国家警察合作，向公民提供安保服务。

第一百九十八条

共和国的首都不属于任何地区。国家首都在地方分权法律和地方法中享受特殊待遇。利马都市政当局在利马省范围内行使管辖权。

同时位于边境地区的市政当局在地方法中享受特殊待遇。

第一百九十九条

地方和地区政府受本地区监察机关或者宪法或任何其他法规所规定的机关的约束。受国家总审计长办公室的监督和管理，这样就形成了一个地方分权和连续的监督体制。上述政府在市民的参与下制定预算，并依法负责这些预算的实施。

第五编 宪法保障

第二百条

宪法性保障包括：

1. 人身保护令，在任何机关、公职人员或公民作为或不作为侵害或威胁人身自由或相关宪法权利的情况下，可以提出人身保护令；

2. 宪法保护令，在任何机关、公职人员或公民的作为或不作为侵害或威胁宪法规定的其他权利的情况下，可以提出宪法保护令。但其不能对抗正当司法程序中的法律规定或法庭指令。

3. 个人数据保护令，在任何机关、公职人员或公民的作为或不作为侵害或威胁宪法规定的其他权利的情况下，可以提出个人数据保护令状。但其不能对抗正当司法程序中的法律规定或法庭指令。

4. 违宪令，该令状在于反对法律所具有的法律地位：法律、立法法令、紧急法令、国际条约、国会内部规则、地区一般规则以及市政条例，在内容或形式上违反宪法的规定。

5. 大众诉讼，该令状在下述情况实施：在发生违反宪法或法律，违反行政条例或规定，违反行政权力机构、地区或地方政府和其他公法法人发布的普遍性决议或法令时。

6. 训令，该令状在不影响任何法律责任的情况下，用于对抗任何拒绝遵守法律规定或行政法令的机关或公职人员。

本宪法规定这些宪法保障方式的行使，以及宣告一项规则或章程违宪或违法的效力。

在实行本宪法第一百三十七条规定的特殊状态期间，不中止人身保护令和宪法保护令的行使。当涉及宪法权利的请愿权被限制或暂停行使时，相应的司法机关应当审查限制行为的合理性和限制的比例。法官无权推翻国家紧急状态或戒严状态的宣告。

第二百○一条

宪法法院监督宪法的实施。宪法法院是独立和自治的机构。由七名成员组成，任期为五年。

具备最高法院成员的条件的人，方可成为宪法法院的成员。宪法法院的成员享有同国会议员相同的豁免和特权。适用相同的兼职限制，同时他们不能直接连任。

宪法法院的成员由国会通过其法定议员人数的三分之二投票选举。在选举前一年内未辞职的法官和检察官不得当选为宪法法院的法官。

第二百○二条

宪法法院履行下述职责：

1. 在原审中，听取违宪令状的审理；

2. 作为终审法院，审理拒绝人身保护令、安朴尔（amparo）、个人数据保护令以及执行职务令的请求的命令；

3. 审理司法管辖权争议或依法审理宪法有关权力分配的争议。

第二百○三条

下述人员有权干预违宪行为：

1. 总统；

2. 总检察长；

3. 行政监察专员；

4. 国会议员法定人数百分之二十五的议员；

5. 五千名具有经全国选举委员会确认的署名的公民，如果遭受违宪质疑的法规为市政条例，可以由各领土划分区域的百分之一的公民提出，本款规定的百分之一的公民人数不得超过前面规定的五千署名的公民人数；

6. 地区总统在区域协调委员会或地方市长的建议和同意下，在其地方会议的许可下针对其管辖范围内的事项采取行动；

7. 专业协会在其领域范围内的事项上。

第二百〇四条

宪法法院宣告立法违宪的裁决在官方报纸予以公布。自公布之日起该法律失效。

法院宣告成文法部分或全部违宪的裁决不具有溯及既往的效力。

第二百〇五条

在国内裁判当局无效的情况下，如有人认为宪法承认的权利受到损害时，可向根据秘鲁参加的条约组成的国际法庭或国际机构起诉。

第六编　宪法修改

第二百〇六条

任何修改宪法的动议均需由国会通过其法定人数议员的绝对多数投票予以采纳，同时修改宪法的动议必须经公决予以批准。在下述情况下国会可以取消公投，即在国会连续两次常务会议中均超过国会议员法定人数的三分之二议员投票赞成取消公投。总统不得反对修改宪法的法律。

修改宪法的动议可由下述人员提出：总统与内阁、议会议员、经相关选举机关证实的相当于选民人数的百分之零点三的署名的公民。

玻利维亚共和国新宪法[*]

(2008年10月经国会制定更新至2013年)

序　言

在古老的岁月里群山环绕着这片土地,河流从一个地方不停地流向另一个地方,形成无数的湖泊。无数的植被和鲜花覆盖着我们的亚马孙古陆、沼泽地、高地以及平原和溪谷。不同的面孔居住在我们这片神圣的母亲大地上,从那时起我们认识到了存在于一切事物中和多样性中的多元,正如我们的人民和文化。就这样形成了我们的民族,由于我们遭受了那段屈辱的殖民主义时期,使我们对种族主义有了深刻的了解。

那些过去深刻而难忘的奋斗历程,为了争取独立而掀起的本土的反殖民主义斗争,为了获得自由而由社会劳苦大众进行的抗争,以及那些为了保卫这片领土建立一个新的国家而牺牲的永存在我们记忆中的烈士们,无一不深深地鼓舞着我们玻利维亚人民。

一个国家是建立在尊重且平等对待所有国民,主权原则,尊严,互相依赖,团结一致,和睦相处,公正对社会财富进行初次分配和再分配,以寻求一个好的生活支配的基础之上的;是建立在尊重生活在这片土地上的居民在经济的、社会的、司法的、政治的和文化上的多元主义的基础之上的;是建立在所有玻利维亚人民共同的享有获得水资源、工作、教育、健康以及住房的基础之上的。过去我们已经建立了共和主义和新自由主义的殖民国家。我们承担起共同的制定一个统一地包含和表达着朝着建立一个民主的、富饶的、爱好和平的以及安宁的玻利维亚的进步的目标的社会多民族主义国家社群法,致力于国家的全面发展和民族的自由。

我们的民众通过制宪议会并赋予其权力,来表示我们人民团结一致和忠诚于我们国家的承诺。

由无数英勇牺牲的烈士所组成的荣誉和光辉,以及为争取自由而进行的努力,为我们创造新的玻利维亚共和国历史提供了可能。

第一部分
国家的基础、权利、义务和保障

第一编　国家的基础

第一章　国家形式

第一条

玻利维亚是一个在多民族的社群法律之下的单一的社会国家,包括自由原则、独立原则、主权原则、民主原则、跨文化原则、地方分权原则和自主原则。在国家融合的历程里,玻利维亚是建立在多元主义之上的,包括政治、经济、司法、文化和语言的多元性。

第二条

考虑到民族受到殖民的历史、乡村土著居民及其祖先对其土地的控制,包括自主权、自治权、文化权。其制度受到承认的权利、其领土单位获得巩固的权利在内的民族的自决权,应在国家统一性的框架内依照本宪法和法律受到保障。

第三条

所有的玻利维亚人民组成了玻利维亚民族,原始的土著部落和居民以及跨文化的非裔玻利维亚团体共同组成了玻利维亚人民。

第四条

国家尊重和保障个人依据世界观而形成的宗教和精神信仰的自由。玻利维亚独立于宗教。

第五条

Ⅰ. 国家的官方语言为西班牙语以及所有乡村原始的土著和民族的语言,它们包括:阿依马拉、阿劳纳、贝斯诺、卡尼察那、卡维内诺、卡於巴巴、查科博、奇曼、艾斯厄哈、瓜纳尼、瓜纳稣维、瓜纳赊、伊托纳马、雷克、马查於亚—卡拉瓦亚、马奇内尼、马妻帕、马赫尼奥德里尼塔尼奥、马赫尼奥—伊格纳斯阿诺、莫勒、莫斯腾、莫维玛、帕卡瓦拉、普奇纳、克丘亚、斯里

---

[*] 译者:花小敏。

奥诺、塔卡纳、塔皮特、托诺玛纳、乌努一奇帕亚、维纳伊克、亚米纳瓦、於克、亚纳卡勒和答穆科等少数民族语言和土著语。

Ⅱ. 多民族的政府及省政府必须使用至少两种官方语言。其中一种必须是西班牙语,另一种语言的选择必须考虑使用情况、便利与否、语言环境、必要性以及所涉地区或整体民众的偏好因素。其他自治政府必须根据本地区的特色来选择使用语言,但是其中一种语言必须是西班牙语。

第六条

Ⅰ. 玻利维亚的首都是苏克雷。

Ⅱ. 玻利维亚共和国的标志是红、黄、绿三色国旗,国歌,军队盾牌与花环组成的国徽,以及国花魔力花和垂花火鸟蕉。

第二章 国家原则、国家价值及国家目标

第七条

主权属于玻利维亚人民,由人民直接行使或由代表间接行使。公权力组织的职能和性质来源于主权,主权是不可剥夺的和不受限制的。

第八条

Ⅰ. 国家接受并积极促进下述内容作为多元社会的伦理道德准则,即勤劳、诚实、正直、生活适当、生活和谐、善的生活、无恶之地、生命高尚。

Ⅱ. 国家是建立在下述基础之上的,即统一、平等、包容、尊严、自由、团结、互惠、尊重、相互依存、和谐、透明、平衡、机会均等、不同社会地位和不同性别的平等参与、公共福利、责任、社会正义以及为社会福祉而进行的社会财富和资产的分配和再分配。

第九条

除宪法和法律规定外,国家还具有下述基本作用和职能:

1. 在非殖民化上,建立一个公正和谐的社会,没有歧视和剥削,实现社会正义,以增强多民族国家的同一性。

2. 保障个人、民族、人民和团体的福利、发展、安保,以及尊严的平等,促进相互尊重以及文化内、跨文化和多元语言之间的交流。

3. 强调并巩固国家的统一,保护作为历史和人类的遗产的多民族国家的多样性。

4. 确保宪法规定的规则、价值、权利、义务的履行和实现。

5. 确保所有人民获得教育、健康和工作的权利。

6. 促进并确保负有责任和有计划地使用自然资源,通过基于其不同的特征和水平发展和强化生产促进工业化,同时进行环境的保护以维护当代和后代的福祉。

第十条

Ⅰ. 玻利维亚是一个爱好和平的国家,积极促进文化和平以及得到和平的权利,为了实现增进相互理解、平等发展以及提升一种跨文化交流品性的目标,积极同世界范围内的各民族合作,并尊重它们的国家主权。

Ⅱ. 玻利维亚反对将一切侵略战争作为消除国家间差异和冲突的手段,玻利维亚将会实施正当防卫的权利,当侵略威胁到国家独立和领土完整时。

Ⅲ. 禁止在玻利维亚的领土上建立外国军事基地。

第三章 政体

第十一条

Ⅰ. 玻利维亚共和国建立了一个广泛参与的、民主的、代议制的和公共的政府形式,男性和女性享有平等的政治地位。

Ⅱ. 法律规定了下述的民主形式:

1. 直接民主与参与,通过公民投票权、公民立法主动权,以及行政、集会、会议期限的撤销和事先协商的规定实现。议会和委员会应当依法具有协商的特性。

2. 代表制度,通过全体公民依法广泛、直接和秘密投票的方式选举产生代表。

3. 公有制度,依据农村本地土著民族规范和程序,依照法律规定,通过选举、指派、提名机构和代表的方式。

第十二条

Ⅰ. 国家通过立法、行政、司法和选举机关组织和行使公权力。国家机关是建立在各个职能部门之间相互独立、分离、协调以及合作的基础之上。

Ⅱ. 国家具有社会调控和防卫以及保卫国家的职能。

Ⅲ. 禁止将公共团体的职能集中到和授权给单一的组织行使。

第二编 基本权利及其保障

第一章 一般规定

第十三条

Ⅰ. 宪法所规定的权利具有不可侵犯性、普遍适用性、互助性、不可分割性以及进步性。国家有义务促进、保护和尊重这些权利。

Ⅱ. 宪法尊重并承认那些没有被写入宪法的

权利。

Ⅲ.宪法中的权利分类并不产生等级制度,也不意味着某些权利优越于另外的一些权利。

Ⅳ.多民族国家的立法会议批准的,认可人权并禁止国家在紧急状况下限制人权内容的国际条约与协议的效力优先于国内法。对宪法所规定的神圣的权利和义务必须依据玻利维亚批准的有关国际人权的条约进行解释。

第十四条

Ⅰ.每个人毫无差别地享有法律下的合法地位和资格,行使宪法所规定的权利。

Ⅱ.国家禁止和惩罚因性别、肤色、性取向、性别认同、出生、文化、国籍、公民身份、语言、宗教信仰、意识形态、政治倾向、职业、教育水平、残疾、怀孕方面的差异而给予的各种歧视,以及其他企图或者导致消灭或者侵害到对平等的确认和为一切人享有和行使的权利的歧视。

Ⅲ.国家保证每个人和一切团体一律平等、自由和有效地行使宪法、法律和国际人权条约所赋予的权利。

Ⅳ.公民行使权利,对宪法或法律没有授权的事项不负有任何义务,对宪法和法律未禁止的事项也不受剥夺。

Ⅴ.玻利维亚法律适用于玻利维亚境内的任何自然人和法人、玻利维亚人和外国人。

Ⅵ.除宪法所规定的限制外,在玻利维亚境内的外国人享有宪法规定的权利,必须履行宪法规定的义务。

第二章 基本权利

第十五条

Ⅰ.每个人都享有生命权,以及身体、心理和性别完整不受侵犯的权利。禁止酷刑以及使他人遭受残忍的、非人道的、有辱人格的、使其蒙羞的对待。禁止死刑。

Ⅱ.每个人,特别是妇女享有在家庭和社会生活中不受身体、心理和性别上的暴力的权利。

Ⅲ.国家应当采取必要的措施阻止、消除和惩罚性暴力和代际之间的暴力犯罪以及无论在公共场合还是私人领域的一些企图乘人之危或造成他人死亡、痛苦或身体、性别或心理伤害的作为或不作为。

Ⅳ.每个人都享有不受基于任何原因和任何状况下的迫使其失踪的权利。

Ⅴ.每个人都享有不受奴隶和奴役状态的权利。禁止非法交易和买卖人口。

第十六条

Ⅰ.每个人都享有获得食物和水资源的权利。

Ⅱ.国家有确保食物安全的义务,采取措施为全体人口提供健康、适当和充足的食物。

第十七条

每个人都享有接受一切水平的教育的权利,受教育权是普遍适用的、内容丰富的、不受限制的、广泛的和跨文化的,没有任何歧视。

第十八条

Ⅰ.每个人都享有健康权。

Ⅱ.国家应当保证所有国民都获得和拥有健康,不得排除和歧视。

Ⅲ.政府应当建立一个独立的医疗系统,该系统必须是普遍适用的、免费的、公平的、文化内的、跨文化的以及广泛参与的,具有好的设备,服务友善并由社会调控。该医疗系统基于团结、效率和共同责任的原则,并通过政府现有水平的公共政策进行发展。

第十九条

Ⅰ.任何公民都享有获得具有体面的家庭和社团生活的合适的住所和家庭的权利。

Ⅱ.国家在政府现有水平下,为了社会利益有责任在团结和平等原则的基础之上,运用充分的财政资源促进住房的发展。这些促进住房发展的计划应当直接优先适用于物资稀缺的家庭、劣势团体和农村地区。

第二十条

Ⅰ.每个人都享有普遍和公正地获得包括饮用水、排水系统、电、气在内的家庭基础设施服务,邮政服务和通信服务的权利。

Ⅱ.国家有责任,在政府现有条件下通过公有的、混合的、合作的或者社会团体的方式为国民提供基础服务。在有关电、气和通信服务的情况中,国家可以通过与私有制公司签订合同的方式向国民提供此类服务。在社会的广泛参与和控制下,相关服务的条文应该规定普遍适用的标准、有责性的标准、易取得的标准、连续性的标准、资格标准、效率标准以及合理费用和必要的服务范围标准。

Ⅲ.根据法律的规定,获得饮用水和排水的权利属于人权,并非是为了设定特许权或者私有化,而是受有关生活规则的许可或登记的规定的约束。

第三章 公民和政治权利

第一节 公民权利

第二十一条

玻利维亚人民享有以下权利:

1.文化的自我认同;

2.隐私、亲密关系、荣誉、肖像和尊严;

3. 信仰自由、精神自由、宗教自由和崇拜自由，以及基于合法的目的在公共或私人场合单独或集体的表达观点；

4. 基于合法的意图在公共或者私人场合自由集会和结社；

5. 通过口头的、书面的或者当面交流的方式自由的、单独的或集体的表达和传播观点和见解；

6. 获取信息并自由的、单独的或集体的解释、分析和交流；

7. 居所自由，永久居住和在玻利维亚领土范围内迁徙的自由，此外还包括自由离开或者进入本国。

第二十二条

公民个人尊严和自由的权利是神圣不可侵犯的，国家负有对其尊重和保护的首要义务。

第二十三条

Ⅰ. 每个人都享有自由和人身安全权。个人自由不受限制，为确保发现案件事实而在司法程序中采取的依法限制个人自由的行为除外。

Ⅱ. 禁止采取强制措施剥夺未成年人的自由。司法机关、行政机关和警察机关对丧失自由的未成年人应当予以优先对待，并确保时刻尊重未成年人的尊严及保护其身份。对未成年人的拘留必须在符合上述各点的情况下进行，基于未成年人的年龄因素采取不同于成年人的拘留措施。

Ⅲ. 除特定情况和依法定形式外，禁止采取拘留、逮捕或者其他剥夺公民自由的行为。相关执行令状必须由有权机关通过文书的方式签发。

Ⅳ. 任何人在发现公然犯罪的情况下，可以对罪犯进行无证逮捕。无证逮捕的目的仅限于在有权司法机关介入之前向其送交相关罪犯，该目的决定其必须限于二十四小时内为合法。

Ⅴ. 在拘留期间，应当告知犯罪嫌疑人拘留的原因，以及对其的指控事由或者刑事控告书。

Ⅵ. 拘留机关负有对被剥夺自由的人进行登记的义务。对不具有与登记相一致的拘留令状而逮捕的犯罪嫌疑人不予接受，不能履行此项义务的，依法将会引起相关的制裁和程序。

第二十四条

每个人都享有单独和集体的，以口头或者书面的方式进行申诉并获得正式和及时回复的权利。为了此项权利的行使，要求申请人实名制。

第二十五条

Ⅰ. 每个人都享有住宅不受侵犯和通信秘密的权利，除非法院的授权。

Ⅱ. 除依照法律的规定为追查刑事犯罪的需要，且基于有权司法机关签发的书面命令以外，公民各种形式的信件、私人文件以及私人报表都是神圣不可侵犯和不被占有的。

Ⅲ. 禁止任何公权力机关、个人或团体通过安装监听设备窃听私人的谈话和交流。

Ⅳ. 通过侵害他人通信和交往获取的信息和证据，无论采用什么形式，都不具有法律效力。

第二节 政治权利

第二十六条

Ⅰ. 一切公民都有权以个人或集体的直接或者通过其代表间接的、自由的参与形成、实施和控制政治的权利。政治参与权具有公正性，并为男性和女性提供平等的条件。

Ⅱ. 参与权包括：

1. 根据宪法和法律的规定，为政治参与而组织；

2. 选举权，通过平等的、普遍的、直接的、个人的、秘密的、自由的和带有义务性的投票方式行使，且公开进行统计。

3. 实行社群主义民主，各地方有权根据自己的规范和程序进行选举，选举机关只有在当地的选举违反平等的、普遍的、直接的、秘密的、自由的和带义务性的投票时才有权进行管理。

4. 各地方根据其规范和程序，直接选举、任命和提名本民族和农村本地土著居民的代表。

5. 监督政府的职能。

第二十七条

Ⅰ. 定居国外的玻利维亚公民有权参加总统、副总统以及法律所规定的其他选举。投票权的行使由选举机构以登记和记录的方式进行。

Ⅱ. 根据法律有关适用国际互惠原则的规定，居住在玻利维亚境内的外国人有权在地方选举中进行投票。

第二十八条

在下述情况中，刑事判决已经生效而刑罚尚未执行完毕期间，政治权利暂时停止行使：

1. 正在服役和正在参加反对敌人侵略的战争期间；

2. 侵占公共财产的犯罪；

3. 叛国罪。

第二十九条

Ⅰ. 根据法律和国际条约的规定，外国人有权请求并得到庇护、政治避难或者思想迫害避难的权利。

Ⅱ. 禁止驱逐和遣送任何被准予在玻利维亚境内进行庇护和避难的外国人到危害其生命、身体完整、安全和自由的国家。国家有义务根据被给予庇护或避难的父母或孩子的请求提供一些积极的、有效的和人道主义的帮助，以促成其家庭的团聚。

第四章 民族和农村本地土著居民的权利

第三十条

Ⅰ. 民族和农村本地土著居民由具有先于西班牙殖民入侵的同源文化、共同语言、历史传统、风俗习惯和世界观的人群组成。

Ⅱ. 根据本国宪法的规定,在统一国家的体系内,民族和农村本地土著居民享有以下权利:

1. 自由;
2. 享有自己的文化认同、宗教信仰、精神、惯例和习俗以及世界观;
3. 每位公民享有文化身份,如果公民提出要求,应当在他所持的身份证、护照或者其他有法律效力的身份证明文件上同玻利维亚国籍一起进行相应的标记。
4. 自主决定和领土自由;
5. 各地方的社会公共机构是国家结构的一部分;
6. 领土和土地由集体共同所有;
7. 保护各地方的宗教制度;
8. 创造和管理各地方自己的制度、交流方式和手段;
9. 重视、尊重并传承各地方传统的教义和知识、传统医学、语言、宗教仪式、标识和服饰文化;
10. 居住在健康的环境,合理的管理和开发利用生态系统;
11. 各地方在知识、科学和研究领域所获得的知识产品由集体所有,同时由集体负责评估、使用、提升和发展;
12. 整个教育系统里实行跨文化、文化内和多语言教育;
13. 在尊重各地方的世界观和传统实践下,建立广泛和免费的保健制度;
14. 根据各地方的世界观推行其政治、司法和经济体制;
15. 建立恰当的协商程序,特别是通过他们的设立,可以预见到每次立法和行政措施对当地的影响,在该体系下,应该重视和确保建立在好的诚信和协议之上的,国家对在其居住的地区开发不可再生的自然资源的义务性的事先协商权的尊重;
16. 共享在本地区开发自然资源获得的收益;
17. 独立地进行本地区的领土管理,在不损害第三方的合法权利下,排他性地使用和开发在其领土上存在的可再生资源;
18. 参与国家机关和事业单位。

Ⅲ. 国家保障、尊重和保护宪法和法律赋予公民的,有关民族和农村本地土著居民的权利。

第三十一条

Ⅰ. 保护和尊重那些自愿隔离不与外界接触,且面临灭绝危险的民族和农村本地土著居民各自形成的集体或个人的生活方式。

Ⅱ. 居住在孤立和与外界隔离地区的民族和农村本地土著居民对其占领和居住的地方,享有保持他们的生存条件、法律地位和领土巩固的权利。

第三十二条

非裔玻利维亚人民享有宪法所赋予的民族和农村本地土著居民在经济、社会、政治和文化方面享有的一切权利。

第五章 社会和经济权利

第一节 环境权

第三十三条

每个人都有权享有一个健康的、受保护的以及和谐的环境。国家应该制定一项正当和永久的措施,确保当代人和子孙后代个人的或集体的,以及其他生物行使该权利。

第三十四条

每个人为了自己的权益或者公共利益,在不影响公共团体履行义务的情况下面对环境侵权行为,法律授权其采取合法的行为保护自己的环境权利。

第二节 获得医疗卫生服务和社会安全保障的权利

第三十五条

Ⅰ. 国家在现有条件下,应当保护公民的健康权和促进用于提升生活质量、公共福利,使人民有机会获得免费的医疗卫生服务的公共政策的制定。

Ⅱ. 建立包括民族和农村本地土著居民传统医学在内的统一的医疗卫生系统。

第三十六条

Ⅰ. 国家应当确保公民获得多种方式的医疗卫生保健服务;

Ⅱ. 国家有应当调控有关个人和公共的医疗卫生保健服务的实施,并依法进行管理。

第三十七条

国家有不得取消的义务以保证和确认公民获得保健服务的权利,该义务是国家的至上职责和首要的财务责任。促进健康和消除疾病具有优先性。

第三十八条

Ⅰ. 公共医疗卫生产品和服务属于国家财产,禁止私有化或许可除国家以外的他人所有。

Ⅱ．国家应当以不间断的形式提供医疗卫生服务。

第三十九条

Ⅰ．国家应当保障公共医疗卫生服务，和认可私人医疗卫生服务；依据法律的规定，国家应当通过持续的依法进行医疗审核评估员工的工作、基础设施，以及设备，管理和监督医疗卫生服务的品质。

Ⅱ．法律惩罚医疗过失行为和行医过程中的疏忽。

第四十条

国家有应当确保组织公民参与整个公共医疗卫生系统的决策制定和管理活动。

第四十一条

Ⅰ．国家应当确保公民有获取药品的机会。

Ⅱ．国家有义务通过促进国内生产，将提供仿制药放在优先的地位，如果有必要，还应当从国外进口。

Ⅲ．禁止以知识产权和任何商业权利限制公民获得药品的权利，该项权利关注质量水平和新一代药品。

第四十二条

Ⅰ．国家有义务促进和保障尊重、使用、研究和适用传统医学，以挽救凝聚了民族和农村本地土著居民智慧和价值的祖传秘方和实践。

Ⅱ．传统医学的提升应当包括自然医学及其医疗药品的登记制度，以及将传统医学知识作为智慧和历史的文化财产和民族及农村本地土著居民的祖传财产进行保护。

Ⅲ．法律应当规范传统医学的实践并确保服务的质量。

第四十三条

Ⅰ．法律基于人道主义原则、团结原则、机会均等原则、免费提供和高效的原则，对细胞、组织和器官的捐赠和移植进行规范。

第四十四条

Ⅱ．除生命处于危急状况外，任何人在未经其同意或者合法授权第三方的情况下，不受手术上的干涉、医疗检查或者医药测试。

Ⅲ．任何人未经同意不得对其进行科学实验。

第四十五条

Ⅰ．每一位玻利维亚人民都有获得社会保障的权利。

Ⅱ．国家提供社会保障必须符合普遍性原则、全面性原则、平等原则、团结一致原则、统一管理原则、经济原则、机会均等原则以及跨文化的特征和管辖效力的原则。

Ⅲ．社会保障体系主要适用于下述原因：疾病、流行病和具有灾难性的疾病，生育，职业和工作中的风险，农业劳作中的风险，伤残和特殊需求，失业，孤儿、残疾人和寡妇在年老和死亡，住房、家庭补贴或者其他的社会原因。

Ⅳ．国家保障公民退休的权利，该项权利是普遍适用的、获得支持的和公正的。

Ⅴ．在跨文化的习俗和视野下，妇女享有安全生育的权利；国家应当在妇女怀孕和婴儿出生以前和出生后的一段时间内为其提供特殊的援助和保护。

Ⅵ．禁止公共社会保障服务的私有化或者许可除国家以外的他人所有。

第三节 工作和就业的权利

第四十六条

Ⅰ．任何公民都享有下述权利：

1．使有尊严的工作，包括生产安全和职业健康，禁止歧视，获得公正的、平等的和令人满意的报酬或薪金，以保证劳动者及其家人有尊严的生活。

2．在公平的和令人满意的条件下，为劳动者提供稳定的工作岗位。

Ⅱ．国家有义务为所有的工作形式提供保护。

Ⅲ．禁止一切形式的强迫劳动或者与其相类似的行为，即在未取得劳动者的同意或未支付公正的劳动报酬的情况下强迫其劳动。

第四十七条

Ⅰ．在未损害集体利益的条件下，任何公民都享有从事商业、工业及其他受法律保护的经济活动的权利。

Ⅱ．城镇或农村地区的劳动者，或者个体经营者和一般的行业成员有权获得国家通过制定公正的商业交换和针对其产品的公平的价格政策获得特殊的保护，以及为提升其产业而获得的优先的财政资源补贴。

Ⅲ．国家有义务保护、促进和增强产业交流的形式。

第四十八条

Ⅰ．强制遵守各项劳动和社会规则。

Ⅱ．劳动规范应当根据下述规则进行解释和适用：保护作为社会主要生产力的劳动者和首要的劳动关系，工作持续和稳定，不得歧视劳动者和以投资的方式帮助劳动者。

Ⅲ．劳动者所享有的法定的权利和利益不得抛弃，雇佣协议违反或者忽视劳动者法定权利和利益的无效。

Ⅳ．未支付的薪金、劳动报酬、劳工的认股权、社会福利和社会保障优先于其他任何债务受偿，无消减时效且不得取消。

Ⅴ．国家有义务安排妇女进入劳动领域，从事相关的劳动,并确保男女劳动者在公共或私人劳动领域的同工同酬。

Ⅵ. 禁止歧视妇女或者基于其妇女身份、怀孕、年龄或生理特征及所抚养的孩子数量的原因而解雇。国家保障怀孕的妇女和抚养未满一周岁孩子的父母不受解雇。

Ⅶ. 根据青少年所具有的才能和本领,国家适当安排其进入劳动领域,从事相关的劳动。

第四十九条

Ⅰ. 劳动者依法享有集体谈判的权利。

Ⅱ. 下述内容由法律进行规定:劳动合同关系和集体协议,一般劳动部门的最低工资标准和加薪制度,带薪休假制度和节假日规定;工龄计算、工作日、额外工作时间、晚上超时加班、休息日工作,圣诞节奖金、凭单、红利以及其他参与企业利润分配的制度、工伤赔偿制度和遣散费制度、产假制度、员工技能培训制度和其他的社会权利。

Ⅲ. 国家有义务确保就业稳定,禁止各种形式的非正常解雇和工作骚扰,法律应当规定相应的制裁。

第五十条

国家通过法院和专门的行政机关解决发生于劳动者和用人单位之间的各种形式的劳动纠纷,其中包括涉及工业安全和社会保障的纠纷。

第五十一条

Ⅰ. 根据法律的规定,劳动者享有组织工会的权利。

Ⅱ. 国家有义务尊重工会的相关原则,包括:统一、民主、政治多元、财政自理、团结和国际性的原则。

Ⅲ. 工会组织作为一种有关劳动者的防卫、代表、支持、教育和文化形式存在于城市和乡村。

Ⅳ. 国家有义务尊重工会的思想和组织独立。工会基于劳动者组建的事实而具有法人资格,用人单位应当认可工会的法人资格。

Ⅴ. 工会组织的有形资产和无形资产神圣不可侵犯,不得撤销或委托。

Ⅵ. 工会组织者享有工会赋予的特权:在任期结束后一年内可以不被解雇和社会权利可以不被削弱;在履行工会职务的过程中不受迫害或者剥夺其自由。

Ⅶ. 个体工商业者有权建立捍卫自己权利和利益的组织。

第五十二条

Ⅰ. 认可和保障自由建立商业协会的权利。

Ⅱ. 国家应当保障认可商业协会的法人资格,以及依据其章程确立的商业组织的民主形式。

Ⅲ. 国家承认商业协会的培训机构。

Ⅳ. 商业组织的有形资产和无形资产神圣不可侵犯,不得附加任何不利条件。

第五十三条

根据法律的规定,劳动者享有罢工权,劳动者有权暂停工作以行使该法定的权利保卫自己的合法权益。

第五十四条

Ⅰ. 国家有义务制定就业政策,减少失业和就业资源的不足,同时创造、维持并制造就业条件,确保劳动者体面地工作并获得公正的劳动报酬。

Ⅱ. 国家和社会有义务保护工业设备,提供国家服务。

Ⅲ. 劳动者有依法捍卫自己的工作和保护自己社会权益的权利,可以通过法律方式对被清算、关闭或无故放弃的企业进行恢复和重组。国家应支持劳工的上述合法行为。

第五十五条

合作体系是建立在团结、平等、互惠主义、分配正义、符合社会目的和其成员的非营利性动机的原则之上的,国家应当通过法律手段增进和管理组织间的合作。

第四节 财产权

第五十六条

Ⅰ. 任何人都享有私人的、个人的或集体的财产权利,此外该权利是一种社会功能。

Ⅱ. 保护私人财产,此外私人财产的使用不得损害社会公共利益。

Ⅲ. 保护继承权。

第五十七条

征用权的行使出于必要的、公用的事业,且行使严格限制在法律的范围内,并要进行事先公平补偿。对城市不动产的征收不以取得土地归复权为条件。

第五节 儿童、青少年及青年人的权利

第五十八条

法律上的未成年包括儿童和青少年。儿童和青少年依法享有宪法赋予的权利并接受宪法的限制,同时他们享有固有的成长的特别权利;种族的、社会文化的、性别和后代的身份;满足其需求、兴趣和愿望。

第五十九条

Ⅰ. 每一位儿童和青少年都依法享有身体发育的权利。

Ⅱ. 每一位儿童和青少年都享有在原有家庭或领养家庭的怀抱中生活和成长的权利。如果出现不能实现前述权利或者有损儿童和青少年的最佳利益的情况下,儿童或青少年有权依据法律的规定变更监护关系。

Ⅲ．每一位儿童和青少年，无论出身一律享有平等的权利和履行尊重父母的义务，法律禁止父母歧视自己的后代。

Ⅳ．每一位儿童和青少年有获得子女身份和作为子女孝顺并尊重父母的权利。没有父母的儿童和青少年，依照惯例选择对其负有照顾义务的人的姓氏作为其姓氏。

Ⅴ．根据法律的规定，国家和社会保证保护、促进和积极鼓励青少年参与生产、政治、社会、经济和文化的发展，禁止任何形式的歧视。

第六十条

国家、社会和家庭有义务保障儿童和青少年最佳利益，维护其未成年人特权，在任何情况下获得优先救助的权利、获得私人或公共服务的优先权以及获得合法合理司法待遇的权利，并由专门人员提供司法保护。

第六十一条

Ⅰ．禁止在社会和家庭中对儿童和青少年实施任何形式的暴力惩罚。

Ⅱ．禁止强制儿童和青少年劳动和雇佣童工。应当引导儿童和青少年在家庭和社会中作为公民的活动全面发展，这些行为应该具有影响发展的作用。儿童的和青少年的权利，保障和对其进行保护的机制体制由国家进行专项管理。

第六节 家庭的权利

第六十二条

国家认可并保护家庭作为社会的基本核心的地位，并保障对于家庭全面发展所必需的经济和社会条件。每一位家庭成员都享有平等的权利、义务和机会。

第六十三条

Ⅰ．通过男女合法的结合建立婚姻关系，婚姻关系的建立以配偶权利和义务平等为基础。

Ⅱ．符合稳定和一夫一妻条件，和在男女间继续维持夫妻关系，并且不具有违法情形的自由结合的事实婚姻与民事婚姻，在有关夫妻人生和财产关系和对尊重夫妻领养孩子或生孩子的自由方面具有相同的法律效力。

第六十四条

Ⅰ．配偶和同居者有义务在同等条件下，共同努力去照顾维持家庭和对家庭尽责，当孩子未成年或无行为能力时，有教育和培养的义务。

Ⅱ．国家保护和帮助对家庭负责并履行他们对家庭的义务的行为。

第六十五条

因为儿童和青少年的最佳利益和他们的身份权利，通过父亲或者母亲的表示，推定的父母关系应该是有效的。在没有相反证据证明的情况下，推定有效，由否定父母身份的一方承担证明责任。在存在证据否定推定的情况下，引起的后果由表明父母身份的人承担。

第六十六条

保障男女行使性的权利和生育的权利。

第七节 老年人的权利

第六十七条

Ⅰ．除本宪法所规定的权利外，每一位成年人都有权获得一种有尊严的老年生活，即有品质和人性温暖的生活。

Ⅱ．根据法律的规定，国家应该在社会保障的整体体系之内提供老年退休金。

第六十八条

Ⅰ．国家应该根据老年人的能力和可能性采取公共政策，用于保护、关心老年人以及老年人的娱乐、休息和社会工作方面。

Ⅱ．禁止并惩罚各种形式针对老年人的虐待、遗弃、暴力和歧视。

第六十九条

战争老兵应当受到公共和私人团体以及一般民众的尊重和感谢，他们应当被视为玻利维亚的英雄和保卫者，应当从国家那里享受到一种法定的生活补贴。

第八节 残疾人的权利

第七十条

每一位残疾人都享有下述权利：

1. 获得家庭和国家的保护；
2. 获得免费的教育和身体健康；
3. 获得一种替代性的交流语言；
4. 在与其能力和可能性相一致的工作条件下工作，获得公正的报酬以保障有尊严的生活；
5. 发展其个人潜能。

第七十一条

Ⅰ．禁止并惩罚任何形式的针对残疾人的歧视、虐待、暴力和利用。

Ⅱ．国家应该采取纠正歧视行为的措施，促进残疾人进入生产、经济、政治、文化领域的有效结合，没有任何歧视。

Ⅲ．国家应该创造条件允许发展残疾人的个人潜能。

第七十二条

国家应该保障残疾人的综合预防和恢复服务，以及其他由法律规定的利益。

第八节 被剥夺自由的人的权利

第七十三条

Ⅰ. 每一位遭受各种剥夺自由形式的人,都应当基于人的尊严而受到尊重。

Ⅱ. 每一位被剥夺自由的人都有权自由地与其辩护律师、翻译人员、家人和亲近的朋友交流。禁止剥夺其交流的权利。任何限制交流权利的情形只能发生在授权调查犯罪的背景下,并且最长不得超过二十四小时。

第七十四条

Ⅰ. 国家有义务促进被剥夺自由的人回归社会,确保尊重此权利并根据犯罪的类型、性质和危害性及被拘留者的性别和年龄将其在合适的环境中进行监管。

Ⅱ. 被剥夺自由的人享有在监狱中心获得工作和学习的机会。

第九节 用户和消费者的权利

第七十五条

用户和消费者享有下述权利:

1. 获得在一般无害和品质优良的条件下提供的食物、药品和商品,有充分和足够的数量,及高效的服务和及时的供应。

2. 获得他们消费的商品和享受的服务的特征和内容的可靠信息。

第七十六条

Ⅰ. 国家保障使用有多种形式的健全的公共运输系统的机会,法律应该确定该系统是高效和有效的,同时使使用者和提供者都获利。

Ⅱ. 在玻利维亚的领土范围内,除已经依法设立的海关、路障和检查站外,禁止再设立其他海关、路障和检查站。

第六章 教育、文化多样性及文化的权利

第一节 教育

第七十七条

Ⅰ. 教育作为国家最重要的职能之一和国家基本的财政责任,国家有绝对的义务进行支撑、保障和调节。

Ⅱ. 国家和社会所管理的教育系统组成了规范教育、替代性和特殊的教育,以及为进行专业培养的更高层次的教育。教育系统基于和谐与协调的标准制定其程序。

Ⅲ. 教育系统由公立教育机构、私立教育机构和以合同方式存在的教育机构组成。

第七十八条

Ⅰ. 教育具有统一的、公共的、普遍的、民主的、广泛参与的、社群的、非殖民化的特性。

Ⅱ. 教育是文化内的、跨文化的和多语言的,这些特质贯穿整个教育系统。

Ⅲ. 教育系统基于一种开放的、人文主义的、科学的、专门性的和技术的,富有成效的、区域性的、理论的和实践的,自由的和革新的,批判的和支持的教育。

Ⅳ. 国家保障其人民的涉及生活、工作和生产发展的职业教育和人文技术的学习。

第七十九条

教育应当增进公民意识、文化对话及合乎道德的价值观。这种价值观包括性别平等、无差异、非暴力和人权的全面实施。

第八十条

Ⅰ. 教育的目的在于个人的全面发展和增强社会的良知,该目的对教育和生活十分重要。教育应当致力于下述内容:个人和集体的发展,能力、态度以及能将理论同生产实践相联系的物理和智力的技巧的发展,保护环境、生物多样性和土地用以保障人类福祉。由法律对教育规范和实施进行规定。

Ⅱ. 教育应当有利于增进作为多民族国家一部分的人民的团结和认同感,也有利于增进各民族和土著居民成员的一体化和文化发展,及文化之间的包容和丰富。

第八十一条

Ⅰ. 在初中毕业之前,必须履行教育的义务。

Ⅱ. 包括高等教育在内的各个层级的公共教育都是免费的。

Ⅲ. 完成处于中等水平以上学业,将直接和无偿地授予学士学位。

第八十二条

Ⅰ. 国家应当保障所有公民在完全平等的条件下有机会获得教育和继续性教育。

Ⅱ. 根据法律的规定,国家应当通过为边远地区提供经济资源、供餐项目、衣物、交通工具、学校教材和学生宿舍的方式,给予经济困难的学生优先的支持,使其可以完成不同阶段的教育。

Ⅲ. 在教育系统的所有阶段,学生的卓越成就都应当得到奖励。每一位有着天生突出才能的儿童和青少年有权获得教育上的关怀,在教学方法和知识的指导下使其天赋和才干获得尽可能好的发展。

第八十三条

通过在国家、民族和农村本地土著居民设置各种级别的代表机构的方式对教育系统里的社会参与、公

众参与和父母亲的参与予以认可和保障。它们的构成和属性应该由法律进行规定。

第八十四条

国家有义务通过计划与人口的文化和语言现实的兼容,从而消除失学。

第八十五条

国家应该促进和保障儿童和残疾青少年,或在有着相同的结构、规则和价值的教育系统之下的,那些在学习上有着特殊天赋的儿童和青少年的继续性教育,应当为他们建立一种特殊的组织和培养课程。

第八十六条

Ⅰ. 信仰和思想自由、宗教教育以及民族和农村本地土著居民的精神,应该在教育中心里得到认可和保障。应当促进不同宗教的人们之间在没有任何教条的压迫下,彼此尊重和共存。无种族歧视,在学校不得歧视宗教信仰不同的学生。

第八十七条

Ⅱ. 经营合同式教育单位的目的在于社会服务,即提供免费的教育机会和非营利性,这种教育单位应当得到认可和尊重。他们应当在公权力机关的监督下发挥作用,在上述教育单位之上尊重来教团体的管理权利,不得对建立在民族性情之上持有偏见,并且其应当受教育系统下相同的标准、政策和项目的支配。

第八十八条

Ⅰ. 确认和尊重私人教育单位,他们应当受教育系统的当局、项目、计划和政策的支配。国家保障他们根据事先核实的条件和在符合法律规定下的经营。

Ⅱ. 尊重父母选择他们喜欢的并为其儿女的教育权利。

第八十九条

应当委托一个技术性的、专业的、独立于政府部门分支的公共机构,对整个教育系统的教育质量进行跟踪、测量、评价和鉴定。由法律规定其结构和经营。

第九十条

Ⅰ. 国家应当认可在中等或更高水平之上的有关人文的、科技的、工艺的培训研究所的正当性,在这之上优先满足法律所规定的条件和要求。

Ⅱ. 国家应当通过技术学院促进技术性的、科技的、生产的、艺术的和语言的培养。

Ⅲ. 国家应当通过教育系统促进创造和规划,针对那些无法上学的孩子的边远地区教育计划和广受欢迎的教育计划,目的在于改善文化水平和发展人民的多民族文化意识。

第二节　高等教育

第九十一条

Ⅰ. 高等教育发展了为后代和旨在社会全面发展的知识的散播的专业培训程序,就此而言,民族和农村本地土著居民的完整的和共同的知识应当纳入考虑。

Ⅱ. 高等教育是文化内的、跨文化的和多语种的,它的使命在于为下述目的广泛的形成更高资格的和专业能力强的人力资源:发展为解决生产问题的科学研究和社会条件,促进政策的扩张和社会的相互影响以增强科学的、文化的和语言的多样性,人民一起参与旨在建立一个更加公平和正义的社会的解放进程。

Ⅲ. 高等教育由公立的和私立的大学所组成,大学在于教师的培养以及工艺的、技术的和艺术的研究。

第九十二条

Ⅰ. 公立学校在等级体制中是自治和平等的,自治权包括自主管理其资源,任命办公人员、教师和行政人员,详细说明和支持他们的雕像,教学计划和每一年的财政预算,接受遗赠和捐赠,以及签订合同以实现他们的目的和支持和改善他们的研究所和科系,上述得到立法的优先支持。

Ⅱ. 玻利维亚的大学应当通过一个中央机构的方式,根据一个大学的发展计划改进和调节他们的目的和职能。在行使自治权的过程中,公立大学将形成玻利维亚的大学。

Ⅲ. 公立学校有权授予文凭和职称,并在全国范围内有效。

第九十三条

Ⅰ. 国家有义务充分地资助公立大学,独立于省、自治市和其自己现有的或将要创造的财政资源。

Ⅱ. 公立大学在其制度框架之内,应当建立具有协商、协调和建议特性的社会参与机制。

Ⅲ. 公立大学应当建立报告机制,同时通过向多民族国家的国民立法议会、主审计长和行政机关提出财政报表的方式,提供使用其财政资源的透明度。

Ⅳ. 公立大学在其制度框架内,应当依据国家、民族和农村本地土著居民的需要建立分散式的学院和跨文化的项目。

Ⅴ. 国家在协调公立学校方面,应当促进建设和管理边远地区的大学和多文化的社群主义的研究院,确保社会的参与。开放和管理这些大学,应当基于地区的潜力解决这些地区的生产发展需要。

第九十四条

Ⅰ. 私立大学应当受教育系统的权力机关、规划、计划和政策的支配。在事先确认符合法定条件和要求下,由最高法令授权建立。

Ⅱ. 私立大学有权颁发学历文凭。在全国范围内有效的职称应当经由国家的同意。

Ⅲ．针对私立学校授予的各种形式的学历文凭，应当依法建立由公立大学任命的教授所组成的审查裁判所。国家对私立大学不予资助。

第九十五条

Ⅰ．大学必须创建和维持用于对技术和文化进行教育和培训的，对工作免费开放并符合教育制度的目的和规定的跨文化中心。

Ⅱ．大学必须实施方案，用于恢复、保存、发展、学习和宣传民族和农村本地土著居民的不同语言。

Ⅲ．大学应当促进中心在协调团体、公共和私人的生产举措上富有成效的创造。

第九十六条

Ⅰ．国家有责任通过较高水平的培训学校为公立学校提供和培训教师。教师培训应当是高级的、公开的、免费的、文化内的、跨文化的、多语种的、科学的和富有成效的，同时教师培训应当基于社会的委托和一种进行服务的职业。

Ⅱ．学校教师必须参加不断更新的和教学方法的培训程序。

Ⅲ．教师职业是依法受到保障的，依法规定，不得开除教学人员。教师应当获得体面的报酬。

第九十七条

所有水平的研究生培养都应当致力于下述基本使命，即不同领域的专业人士通过科学研究和将产生的知识与现实相联系的过程，为社会的全面发展做贡献。依法由教育制度下的大学建立一个机构，对研究生的培养进行调节。

第三节 文化

第九十八条

Ⅰ．文化的多样性构成了多民族社群主义国家的基础。跨文化的特性是内聚和在所有的民族和人民之间达致和谐与平衡的方式。不同文化间的特性应当在尊重差异和条件平等下共存。

Ⅱ．国家从作为土著居民知识、智慧、价值、精神和世界观结晶的土著文化中汲取力量。

Ⅲ．保护、发展、保存和传播现有文化是国家的基本义务。

第九十九条

Ⅰ．玻利维亚人民的祖传文化财产是不可剥夺的，同时可以不受附加和限制。它们产生的经济资源依法给予优先的保护、保存和促进。

Ⅱ．国家应当根据法律的规定确保对其祖传文化的登记、保护、修复、复兴、改进、提升和传播。

Ⅲ．根据法律的规定，自然的、建筑学的、古生物学的、历史的和文献的财富，以及那些来源于宗教崇拜和民间传说的文化都是玻利维亚人民祖传的文化。

第一百条

Ⅰ．世界观、神话、口述的历史、舞蹈、文化习俗、知识和传统技术是民族和农村本地土著居民的祖传财产。这些祖传财产形成了国家的表现和同一性部分。

Ⅱ．国家应当保护这些智慧和知识，通过知识产权的登记制度保护民族和农村边远土著居民的以及跨文化的非裔玻利维亚团体的无形的权利。

第一百〇一条

艺术现象和热门行业的无形财产方面应当受到国家的特别保护。同样的，申报人类文化遗产的建筑和区域有形的或无形的财产也应当受到保护。

第一百〇二条

国家应当登记并保护个人的和公共团体的知识产权，即作者、艺术家、作曲家、发明者和科学家在法定条件下在工作中的发现。

第四节 科学、技术和研究

第一百〇三条

Ⅰ．国家应保障科学研究，以及有利于公共利益的科学技术和工艺研究的发展。提供必要的资源，和创建国家的科学和技术系统。

Ⅱ．国家应采纳可贯彻实施的战略政策，以纳入前沿的信息和通信技术的知识和应用。

Ⅲ．为了增强生产力的基础和促进社会的全面发展，政府、高校、公共和私人的生产和服务企业，以及国家和农村本地的土著民族，都应依法发展和协调研究、创新、推广、传播程序，以及科学技术的应用和转化。

第五节 运动和娱乐

第一百〇四条

每个人都有进行体育运动和娱乐的权利。国家保障运动不因性别、语言、宗教、政治倾向、地域、社会文化资格或任何其他特征而有所差别。

第一百〇五条

国家应通过教育、娱乐和公共卫生政策促进体育的发展和在预防医疗、娱乐、训练和竞技水平有关运动方面的实践，给予残疾人特别关照。并且国家应保障一定的方式和必要经济资源使其有效。

第七章 社会交流

第一百〇六条

Ⅰ．国家保障交流的权利和获取信息的权利。

Ⅱ．国家保障玻利维亚人自由地表达、评论和获取信息，以及修正和答复的权利，以及不受事先审查地,以任何方式自由传播发表观点的权利。

Ⅲ.国家保障新闻工作者的表达自由和交流与获取信息的权利。

Ⅳ.认可信息工作者的良心条款。

第一百〇七条

Ⅰ.公共沟通方式必须有助于提升伦理、道德和国家的不同的公共文化价值观,这些沟通方式包括多语种的教育节目的制作和传播,和发展残疾人的替代性语言。

Ⅱ.通过公共沟通方式发出的信息和意见必须尊重真理和责任的原则。这些原则应通过伦理道德和新闻工作者组织内部规范,以及沟通方式的规范及其法律而付诸实践。

Ⅲ.公共沟通方式不应该形成直接或间接的垄断或求过于供的市场情况。

Ⅳ.国家应当支持创造社会成员平等条件和机会的沟通方式。

第三编 义务

第一百〇八条

玻利维亚人负有下述义务:

1. 了解、遵守和确保宪法和法律的实施。
2. 了解、尊重和行使宪法赋予的权利。
3. 推动和展开宪法所规定的价值和准则的实践。
4. 保护、促进和实现权利的和谐,和促进文化的和谐。
5. 依据个人在生理上和智力上的才能,在法定的和有利社会的活动中工作。
6. 在教育制度中接受教育,并获得学士学位。
7. 根据法律的规定缴纳与自己的经济实力相同比例的税收。
8. 揭发并同腐败行为斗争。
9. 关心、抚育并教育自己的孩子。
10. 关心、保护并帮助自己的长辈。
11. 在自然灾害或者其他意外事件中提供一切需要的帮助。
12. 所有的男孩都有服兵役的义务。
13. 保卫玻利维亚的统一、主权和领土完整,并尊重国家的象征和价值。
14. 保护玻利维亚自然的、经济的和文化的遗产。
15. 保护自然资源,促进资源的可持续利用以保护子孙后代的权利。
16. 保护环境,使其适合于人类的发展。

第四编 司法保障和防御诉讼

第一章 司法保障

第一百〇九条

Ⅰ.宪法认可的所有权利都可以直接地行使和享有平等的对其保护的保障。

Ⅱ.只能由法律对权利和保障进行调整。

第一百一十条

Ⅰ.侵害宪法权利者应遭受司法审判和玻利维亚当局的管辖。

Ⅱ.侵害宪法权利的智力上的和物质上的犯罪者都将承担责任。

Ⅲ.对他人人身安全直接攻击的犯罪者将负法律责任,同时在上级命令下犯罪的,不免除法律惩罚。

第一百一十一条

种族灭绝罪、反人类罪行、叛国罪和战争罪无追诉时效。

第一百一十二条

公务员实施的侵害国家财产并引起经济损害的犯罪无追诉时效,同时不适用豁免。

第一百一十三条

Ⅰ.权利受到侵犯的受害人享有对其损害获得及时赔偿和补偿的权利。

Ⅱ.在判决要求国家赔偿损害的结果下,同时应对相关政府机构和公职人员因其行为或疏忽而造成此损害提出诉讼。

第一百一十四条

Ⅰ.禁止各种形式的虐待、失踪、监禁、胁迫、勒索和任何其他形式的身体和精神上的暴力。公务员或者行政人员实施、教唆或同意上述行为的应当予以开除和更换,不得破坏法律所规定的制裁措施。

Ⅱ.通过拷问、胁迫或者其他任何暴力手段获得口供或实施的作为或不作为,在法律的范围内都是无效的。

第一百一十五条

Ⅰ.法院和法官应当通过及时有效的行为保护每个人的权利行使和合法利益。

Ⅱ.国家保障正当程序和正当防卫权利,以及获得多数的、及时的、公开的和透明的没有延迟的正义的权利。

第一百一十六条

Ⅰ.保障无罪推定原则。在程序进行中,案件里有关适用标准的疑问,应当以最有利于被告的一个适用标准作为准则。

Ⅱ.每一项惩罚必须基于,存在法律上事先委托应当实施惩罚的行为。

第一百一十七条

Ⅰ. 任何人未经事先的审讯及依据正当的法律程序不得被宣告有罪。任何人在未被有能力的司法机关裁判并作为最终判决下不受刑事制裁。

Ⅱ. 任何人不得因相同的行为被审讯或宣判超过一次。自刑事判决履行完毕之日起，那些被限制的权利应当立即恢复。

Ⅲ. 禁止对债务或财产义务处以剥夺人身自由，但法律规定的情形除外。

第一百一十八条

Ⅰ. 禁止拒兑或拒付票据、民事死亡及监禁。

Ⅱ. 剥夺自由的最高额的刑事判决是三十年，且不得享有赦免的权利。

Ⅲ. 剥夺自由的刑事判决的履行和强加的安全措施旨在对宣告有罪的人进行教育、再改造及再接纳其进入社会，并且尊重他们的权利。

第一百一十九条

Ⅰ. 在合法程序进行中，无论是在普通程序中还是在农村本地土著的程序中，冲突的当事人享有平等的机会行使一切可以帮助自己的权利。

Ⅱ. 每个人都享有不受侵犯的防卫的权利。国家应当为缺乏必需的经济来源的案件中的被告，提供免费的辩护律师为其进行辩护。

第一百二十条

Ⅰ. 每个人都享有被有能力的、公正的和独立的司法机关审讯的权利，同时不得由特殊的委员会审理或者移交给其他的而非案件事实出现之前确定的司法机关。

Ⅱ. 每一位移交法定程序的人，都享有使用其本民族语言进行审理的权利；在例外情况下，必须为其提供翻译人员。

第一百二十一条

Ⅰ. 在犯罪的情况下，任何人都不被强迫作出对自己不利的陈述，或者不利其四代以内直系血亲或两代以内的旁系血亲的陈述。保持沉默的权利不应当被认为是一种做有罪的表示。

Ⅱ. 刑事程序中的受害人，可以依据法律进行调解，并有权在宣判前进行最后的陈诉，当其没有足够的经济能力时，国家应当为其提供免费的律师援助。

第一百二十二条

人们篡夺并非其职责的职能行为和不依据法律规定行使裁判权和公权力的行为是无效的。

第一百二十三条

法律规定只有涉及未来的行为，和一般不具有溯及既往的效力，下述情况除外：在劳动争议里当涉及特意作出有利于劳动者的决定时；在刑事案件里有利于被告时；在腐败案件里，为了调查、诉讼和惩罚公职人员所实施的侵害国家利益的犯罪；以及由宪法所规定的其他的案件。

第一百二十四条

Ⅰ. 实施下述行为的玻利维亚人，成立叛国罪：

1. 使用武器反对其国家，亲自为加入其他国家服务，或者在国际性的反对玻利维亚的战争中加入敌国的共谋活动。

2. 违反宪法有关自然资源的规定。

Ⅱ. 叛国罪应受最严厉的犯罪制裁。

第二章 防御诉讼

第一节 自由诉讼

第一百二十五条

确信自己生命处于危险中的任何人，即正遭受非法迫害、不公正的对待或使其丧失个人自由，应当提起一个为了自由并与其有关的诉讼，以口头或者书面形式，作为自己的代表或由任何人以自己的名义提出，无须经过任何程序，向有管辖权的法官或法院提出保护其自由的刑事诉讼，同时要求其生命安全得到保护，即无理迫害得到制止，合法的秩序得到重建，或其自由权利得以恢复。

第一百二十六条

Ⅰ. 司法机关应当直接规定公众听证的日期和时间，该日期和时间应当发生在提交主张的二十四小时内，同时应当规定请求权人必须出席，或者公众听证应当在拘留的场所进行。根据上诉要求，应当个人或通过服务程序完成传票交付，针对被控的权力机构或个人，上诉要求应当被毫无理由的遵守，被控的权力机构或个人两者都应当由看守所或拘留场所进行控制，不允许出现其有不遵守规定的可能。

Ⅱ. 听证决不能被中止。在被告人未出席或弃权下，诉讼程序继续进行。

Ⅲ. 在了解背景资料并经过审理的情况下，司法机关有义务和责任在同一审判中口述判决。判决应当要求保护请求权人的生命、恢复其自由权利、纠正法律缺陷和停止不法侵害，或者案子发回由一名主管法官重新审理。在每个案件中，都应当提请当事人注意判决的宣读。

Ⅳ. 司法判决应当立即执行。对请求权人的自由保护没有影响的，判决应当被上诉，主动地在判决公布后二十四小时的期限内上诉到多民族国家的宪法法院。

第一百二十七条

Ⅰ. 拒绝服从案件判决结果的公务员或个人，将被审理该案件的机关强制交由公安部,进而对其违反宪法保护的行为进行刑事宣判。

Ⅱ.司法机关没有根据本条的规定进行的,应当依法使其受到惩罚。

第二节　宪法保护诉讼

第一百二十八条

宪法保护的诉讼应当发生在反抗违法的或不当的行为,或者公务员的或个人的或集体的不作为,即限制、排除或威胁要限制或排除宪法和法律所规定的权利的行为。

第一百二十九条

Ⅰ.宪法保护的诉讼由确信其受到影响的人,由另一个有足够能力以其名义,或者由依据宪法规定的相应的机构,向法官或管辖法院提出。此外,不存在其他的手段或合法的资源用于直接保护权利和保障没有限制、压制和威胁。

Ⅱ.应当在最长六个月的期限内提出宪法保护的诉讼,从委托主张侵害或者最后的行政告知或者司法判决之日开始计算。

Ⅲ.被告机关和个人应通过自由诉讼所规定的形式被传唤,出席并提供资讯,在适当条件下,对被告人提起诉讼的最大期限为案件发生后的四十八小时内。

Ⅳ.在从被告获得信息后,及在被告缺席下基于原告提供的证据而获取信息后,应当在公众听证上直接宣告最终的判决。司法机关应当审查公职人员或被告人的作证资格,同时,案件中的刑事控告书必须确定和准确,并且符合控罪豁免的要求。在多民族国家的宪法法院在判决作出后的二十四小时的期限内和进行司法审查之前,应当主动地执行宣告的判决。

Ⅴ.应当毫无异议地立即执行确保行为获得宪法保护的最终判决。在阻力的情况下,案件应当依照自由诉讼法之规定继续进行。司法机关没有依照本条的规定进行的,应当依法律的规定受到制裁。

第三节　保护隐私诉讼

第一百三十条

Ⅰ.任何个人或团体,确信其被不公正或不合法的阻却其知晓、获得对文件或银行中的通过物理、电子、电磁或资讯化方法储存的公共或私人记录资讯,或无法对其清除和修正,或基本的个人或家庭隐私权利受到影响,或个人形象、荣誉和声誉受到影响,可提起隐私诉讼。

Ⅱ.保护隐私的诉讼应当禁止揭露新闻界的机密材料。

第一百三十一条

Ⅰ.应当依据规定的宪法保护诉讼的程序实施保护隐私的诉讼。

Ⅱ.如果管辖法院或法官承认保护隐私的诉讼,则该诉讼必须揭示、消除或纠正数据,改变登记。

Ⅲ.一审判决发布后二十四小时内,在不中止执行的情况下,可将一审判决上诉至多民族国家宪法法院。

Ⅳ.应当毫无异议地立即执行准予保护隐私的诉讼的最终判决。在出现阻碍的情况下,诉讼应依照自由诉讼法之规定进行。没有依照本条规定开展诉讼的司法机构应获得制裁。

第四节　违宪诉讼

第一百三十二条

受违宪的法律规范影响的每个人或团体,有权依照法律规定的程序提出违宪诉讼。

第一百三十三条

宣布一项法律、政令或其他任何种类的非司法决议违宪的决定,将使受质疑的规范不再适用,并且对每个人都具有完全的效力。

第五节　服从诉讼

第一百三十四条

Ⅰ.服从诉讼适用于不遵守宪法或法律有关公务员部分的法律条款的情形,同时将保障规范的执行作为其目的。

Ⅱ.服从诉讼由受影响的个人或团体,或者由能够以受影响的当事人的名义的任何人提出,由主管法官或管辖法院处理,同时应当以与宪法保护诉讼相同的方式进行。

Ⅲ.在从被告获得信息后,及在被告缺席下基于原告提供的证据而获取信息后,应当在公众听证上直接宣告最终的判决。司法机关应当审查相关背景资料,如果证实诉状是正确和确定的,应当认可诉讼主张并要求直接履行其疏忽的职责。

Ⅳ.一审判决发布后二十四小时内,在不中止执行的情况下,可将一审判决上诉至多民族国家宪法法院。

Ⅴ.应当毫无异议地立即执行准予保护隐私的诉讼的最终判决。在出现阻碍的情况下,诉讼应依照自由诉讼法之规定进行。没有依照本条规定开展诉讼的司法机构应获得制裁。

第六节　公民诉讼

第一百三十五条

公民诉讼应当进行用以反对权力机关、个人或团体的各种形式的侵害或威胁将要侵害权利和涉及公共利益的公共遗产、空间、安全和健康、环境和其他宪法认可的权利的作为或不作为的行为。

第一百三十六条

Ⅰ．在侵害或威胁权利和公共利益持续的期间内提起公民诉讼。无须用尽可能存在的司法或行政的程序提起诉讼。

Ⅱ．任何人以个人的名义或者代表一个团体可以提起该诉讼，同时公共事务部和公设辩护人在行使职权的过程中知晓这些行为时，必须提起该诉讼。适用宪法保护的诉讼程序。

第三章 紧急状态

第一百三十七条

在危及国家安全、外部威胁、内部骚乱或国家灾难的情况下，国家总统有权宣布全境或部分地区进入紧急状态。在任何情况下，紧急状态的宣布都不应当中止权利的保障，也不应当中止基本权利、正当程序权利、信息权和被剥夺自由个人的权利。

第一百三十八条

Ⅰ．有效紧急状态的宣布都应当得到多民族国家立法会随后的批准，此批准应当发生在一旦情况许可和在所有情况下宣布的国家紧急状态后的七十二小时之内。宣布的批准应当表明所赋予的权力，同时也应当保持与情况所必需的国家所宣布的紧急情况严格的关联和比例。一般而言，宪法赋予的权利不因国家紧急状态的宣布而中止。

Ⅱ．一旦国家紧急状态结束，在此后的一年之内，除在事先得到立法授权下，不得宣告其他国家紧急状态。

第一百三十九条

Ⅰ．行政机关应当向多民族国家立法大会报告有关国家紧急状态宣告的原因，及宪法和法律所赋予的权力的使用情况。

Ⅱ．侵害宪法规定的权利的人应当遭受有关侵权的刑事程序。

Ⅲ．由法律对国家的紧急状态进行规定。

第一百四十条

Ⅰ．多民族国家的立法大会，任何其他机关或社会公共机构，或者社团或任何的有名的组织，不得授予一个机关或个人任何不同于宪法所规定的特殊权力。

Ⅱ．不得保留公权力，也不得授予任何人超越宪法认可的权利和保障的至高权力。

Ⅲ．不得在国家处于紧急状态时修订宪法。

第五编 国籍和公民身份

第一章 国籍

第一百四十一条

玻利维亚国籍基于出生或归化取得。除在使馆的外籍人员子女外，出生在玻利维亚领土范围内的人是基于出生的玻利维亚人民；出生在国外，但父亲或母亲一方是玻利维亚国籍的人是基于出生的玻利维亚人。

第一百四十二条

Ⅰ．如果外国人处于国家的监管下，在玻利维亚境内合法的连续居住超过三年，可以取得玻利维亚国籍，同时他们必须是清楚明白的渴望获得玻利维亚国籍，并符合法律的要求。

Ⅱ．外国人处于下述情况之一，居住的时间应当减少到两年：

1. 有一位玻利维亚籍的配偶，玻利维亚籍孩子或玻利维亚籍养父母。通过与玻利维亚人的婚姻取得国籍的外国公民，在丧偶或离婚的情况下不会丧失玻利维亚国籍。

2. 在规定的年龄范围内为玻利维亚军队服务，并遵守法律。

3. 因为国家服务而由多民族国家立法大会授予，而取得玻利维亚国籍。

Ⅲ．在国家间存在相互约定时，可以修改取得玻利维亚国籍的时间，拉丁美洲的国家优先。

第一百四十三条

Ⅰ．同外国公民结婚的玻利维亚人不丧失其原始国籍，也不会因取得外国国籍而失去玻利维亚国籍。

Ⅱ．禁止要求取得玻利维亚国籍的外国人放弃其原始国籍。

第二章 公民资格

第一百四十四条

Ⅰ．所有的玻利维亚人，无论其教育水平、职业或收入多少都是公民，年满十八周岁行使其公民权利。

Ⅱ．公民权利包括：

1. 作为选民选举或成为当选者，并在公权力机关履行职责；

2. 除法律规定外，履行公共职责的权利不受任何限制。

Ⅲ．公民权利因出现本宪法第二十八条规定的原因和行为而中止。

第二部分　国家的功能结构和组织

第一编　立法机关

第一章　多民族国家立法大会的构成和属性

第一百四十五条

多民族国家立法大会由参议院和众议院两部分组成，仅立法会有权批准和认可适用于玻利维亚全境的法律。

第一百四十六条

Ⅰ．众议院有一百三十个成员。

Ⅱ．半数众议院议员由选区在部门里直接投票选出，另一部分的议员由选区按比例从总统、副总统和共和国参议院的候选名单中投票选出。

Ⅲ．众议院议员通过普遍、直接和秘密的投票选出。在单选区，仅由多数的选民选出，在多选区，由法律规定的代表制度选出。

Ⅳ．众议院代表名额必须反映包含公民团体或土著居民每个部分的比例投票。

Ⅴ．由选举机关依法基于居民总数，在其中的每一位都依照最新的国家人口普查决定席位的分配。出于公平的考虑，法律应当赋予人口最少和经济最不发达的地区分配最低限度的议员席位。

Ⅵ．单选区应当具有地理连续性，密切联系和领土的连续性；其扩展不得超出地区边界，同时必须建立在人口和领土延伸标准上。选举机关应当对单选区进行界定。

Ⅶ．特殊的边远土著居民选区受每个地区人口密度原理的影响。其不得超越地区界限。多民族选区仅建立在由这些民族和民族的土著居民组成主要人口的一个边远地区。选举机关应当对特别选区进行界定，这些选区构成了议员总数的一部分。

第一百四十七条

Ⅰ．保证男女在立法大会议员选举中的平等参与。

Ⅱ．保证民族和农村本地土著民族在立法大会议员选举中的比例参与。

Ⅲ．法律应当对农村本地土著民族进行界定，在此处不得将人口密度和地理上的连续性作为考虑的条件准则。

第一百四十八条

Ⅰ．参议院由三十一名议员组成。

Ⅱ．在每个省，四名参议院议员在该省的选区，通过普遍、直接和秘密的投票选举产生。

Ⅲ．依照法律规定的比例代表制在各省分配参议院议员席位。

第一百四十九条

成为多民族国家立法大会的候选议员，必须满足为公众服务的一般要求，参选时年满十八周岁，同时在选举之前在相应选区连续居住满两年。

第一百五十条

Ⅰ．多民族国家立法大会应当有候补议员，除事实上作为继任者提供服务外，候补议员不享有酬劳。法律应当规定继任者的行为。

Ⅱ．立法大会议员不得从事任何其他的公共职务，否则将失去其委任，但大学授课除外。

Ⅲ．辞去立法大会议员职务具有终局性，不具有可能许可或保障短暂的企图以从事其他公职的替换。

第一百五十一条

Ⅰ．立法大会议员在任职期间享有个人特权，在履行职务的过程中明确地表达或进行的观点、评论、描述、请求、询问、告发、建议或任何立法行为或者申报或控制行为不受任何刑事追究。

Ⅱ．立法大会议员的住所、居所或住处不受任何侵犯，同时在任何情况下都不得进行搜查。该条文也适用于其个人或办公使用的交通工具和其立法办公场所。

第一百五十二条

立法大会议员不享有豁免。在其履行职务期间不得对其适用预防性监禁，罪行严重的犯罪除外。

第一百五十三条

Ⅰ．由副总统主持多民族国家的立法大会。

Ⅱ．多民族国家立法大会的普通会议在每年的8月6日开始举行。

Ⅲ．多民族国家的立法大会应当持续进行，每年有两次休会，每次十五天。

Ⅳ．通过全会决定和总统的召集，多民族国家立法大会可以在国家境内不同于经常举行地的其他地方举行会议。

第一百五十四条

在休会期间，立法院委员会依照参议院规则规定的形式和特性继续工作。在特殊情况下，为应对紧急情况，由议长或国家总统召集立法会举行会议。仅限于规定的召集事项。

第一百五十五条

多民族国家立法大会应当每年的8月6日在玻利维亚的首都举行会议，除非其议长有特殊要求。

第一百五十六条

立法大会议员的任职期限为五年，可以连任。

第一百五十七条

立法大会议员在下述情况下结束任期：死亡或议

员辞职;撤销议员资格;在刑事案件中宣告其有罪;或根据规定,不合理的放弃履行其职能连续超过六个工作日或一年内非连续的超过十一个工作日。

第一百五十八条

Ⅰ.多民族国家立法大会的特性,除本宪法和法律的规定外,还包括下述:

1. 自主批准和实施其预算,聘用和解雇其行政人员,处理涉及其内部统治和经济的事务。

2. 为工作人员发放报酬,但最高不得超过国家副总统的报酬,禁止任何获利活动中的额外收入。

3. 口述、解释、废除、撤销和修改法律。

4. 通过出席会议的三分之二议员选举六名议员进入多民族国家选举机关。

5. 预选组成多民族国家宪法法院、最高司法法院、农业环境法庭和裁判委员会的候选人员。

6. 依法批准新领土单元及其地界的创建。

7. 批准行政机关递交的经济和社会发展计划。

8. 批准涉及预算、债务、控制和监督国家财政资源的法律,涉及政府信贷和保证就业及社会需求的法律。

9. 在涉及公众利益需要的情况下,决定国家必不可少的经济举措。

10. 批准作为国家一般收入的贷款合同,授权大学签署贷款合同。

11. 批准国家行政机关递交的国家总预算。自法律草案收到之日起的六日内,多民族国家立法大会必须作出决定。如果在期限内没有作出决定,该法律草案应当被视为已获同意。

12. 批准由行政机关签署的涉及自然资源和战略领域的公众的重大合同。

13. 批准出售国家公共管理的资产。

14. 认可行政机关依据宪法规定的行为签署的国际条约。

15. 建立货币体系。

16. 建立措施体系。

17. 监督和管理国家机关和公共团体。

18. 在任何立法大会议员的、国务大臣个人或集体的倡议下提出质疑,和通过立法大会议员的三分之二投票进行谴责。质疑由参众两院之一提出,谴责意味着部长的更换。

19. 在不妨碍主管机关进行调查的情况下,通过委员会或为调查目的组建委员会的方式下,在其监管范围内进行调查。

20. 监督和管理公有制企业,其混合资本和一切实体都有国家的参与。

21. 授权武装部队、军备和战争物资的离境,同时决定离境的原因和时间。

22. 授权在特殊情况下,外国武装力量的进入和临时中转,确定进入的意图和停留的长短。

23. 在行政机关的倡议下,制定或修改中央税收权能。但是在多民族国家立法大会议员提出异议时,行政部门可以要求对相关材料作陈述。如果行政机关在二十天的期限内没有进行陈述且未说明其理由,则提出异议的代表或者其他人可以提交他个人的意见和建议。

Ⅱ.由众议院规则对多民族国家立法大会的组织和职能进行规定。

第一百五十九条

众议院的特性除本宪法和法律规定以外,还包括:

1. 起草并批准其规则。

2. 阐述多民族国家选举机关准予的授权书。

3. 选举其管理委员会,同时决定其内部组织和职能。

4. 根据准则,通过出席议员的三分之二多数决定对议员实施制裁。

5. 批准和实施其预算,任命和解雇其行政人员,同时处理涉及其内部经济和控制的一切事务。

6. 启动批准国家总预算。

7. 启动行政机关递交的经济和社会发展计划。

8. 启动批准或修改税法、有关公共信贷或补贴的法律。

9. 启动批准将作为国家一般收入的贷款合同,授权大学进行合同贷款。

10. 和平期间保持立法机关对武装力量的支持。

11. 向参议院指控宪法法院法官、最高法院法官和行政司法控制委员会成员在行使其职能过程中的犯罪。

12. 通过依宪法的绝对多数,向国家总统建议有关指定经济和社会实体和其他国家实体候选者的名单。

13. 为行政司法控制委员会预选候选人,将候选人名单提交多民族国家选举机关,以便其能够单独和排他的组织选举程序。

第一百六十条

参议院的职能,除本宪法和法律所规定外,还包括:

1. 起草并批准其准则。

2. 使多民族国家选举机关准予的授权书合格。

3. 选举其管理委员会,同时决定其内部组织和职能。

4. 根据准则,通过出席议员的三分之二多数决定对议员实施制裁。

5. 批准和实施其预算,任命和解聘其行政人员,同时处理涉及其内部经济和控制的一切事务。

6. 是唯一有权对多民族国家宪法法院、最高法院、农业环境法庭和中央司法部的成员在履行职务过程中的犯罪行为进行审问的机关，其判决依法应当出席议员的三分之二以上批准。

7. 表彰为国家做出卓越贡献的公众。

8. 批准由行政机关提议的对一般军队、空军、师、旅的将军的晋升，对海军上将、中将、海军少将以及一般玻利维亚警察的晋升。

9. 批准或者否决国家总统提出的大使和全权代表的任命。

第一百六十一条

参众两院应当履行多民族国家立法会的下述这些规定在宪法中的职能：

1. 开会和闭会。
2. 接受国家总理和副总理的宣誓。
3. 接受或拒绝国家总统和副总统的辞职。
4. 审查行政机关通过的法律。
5. 审查制定议会批准而审查议会否决的议案。
6. 批准国家紧急状态。
7. 授权审判国家总统和副总统。
8. 选派国家总检察长和公设辩护人。

第二章　立法程序

第一百六十二条

Ⅰ. 下述人员有权提出立法，多民族国家立法大会有义务处理：

1. 公民。
2. 立法大会参众两院的议员。
3. 行政机关。
4. 最高法院，关于涉及行政司法方面的提议。
5. 领土单位的自治政府。

Ⅱ. 各议院制定的法律和准则应当发展对于行使立法倡议授权的程序和需要。

第一百六十三条

立法程序应当按照下述方式进行：

1. 由立法大会的其中一个议院议员提出的一项议案应当开启其议院的立法程序，该议院应当将其交由相关的委员会，对其进行审查和初步批准。

2. 由其他提议者提交的议案应当递交给众议院，众议院应当由将其交给一个或多个委员会。

3. 涉及非集权化、自治及土地登记和规章方面的立法提议都交由参议院。

4. 该议案已经由相关的单个或多个委员会作出报告时，将其交由议院全体会议审查，审查应当对其进行详细和全面的讨论和表决。每次表决需要求绝对多数的议员出席。

5. 初审议院批准的议案应当交由再审议院对初审议院的决定进行审查。如果再审议院批准该议案，应当将议案交由执行机关进行颁布。

6. 如果再审议院对议案进行了修改和补充，通过绝对多数议员出席的投票，如果初审议院接受了该修订和补充，则再审议院的修改和补充视为批准该议案。在初审议院没有接受改变的情况下，两院应当在初审议院的要求下在接下来的二十四日内召开会议并讨论议案。应当由多民族国家立法大会在绝对多数议员出席下作出决定。

7. 在再审议会未在三十天内通过对该议案宣告的情况下，该议案由多民族国家立法大会的全体会议进行审查。

8. 批准的议案一旦得到认可，应当交由执行机关作为法律颁布。

9. 否决的议案应当在下次立法中重新提出。

10. 已经由多民族国家立法大会批准并递交执行机关的法律，可以自收到之日起的十个工作日内由总统进行评议。执行机关的评议应当交由立法大会。如果之后处于休会期间，总统应当将其评论提交给立法大会的委员会。

11. 如果多民族国家立法大会认为总统的评议有充分的理由，应当修改相应的法律，同时将法律送达执行机关进行公布。在认为评议不具有充分理由的情况下，由立法大会的议长公布法律。由立法会在绝对多数成员出席的情况下投票作出决定。

12. 在相应的期限内没有评议的法律，应当由国家总统进行公布。在上述章节规定的期限内，执行机关没有公布法律，则由立法大会的议长公布该法律。

第一百六十四条

公布的法律应当直接出版在官方公报上。

第二编　执行机关

第一章　执行机关的组成和职能

第一节　总则

第一百六十五条

Ⅰ. 由国家总统、副总统和国家的部长组成执行机关。

Ⅱ. 部长委员会全体对其通过的决议负责。

第二节　国家总统和副总统

第一百六十六条

Ⅰ. 通过普遍的、义务性的、直接的、自由的投票选举国家总统和副总统。收到百分之五十以上有效票数的候选者，或者至少获得百分之四十有效票数的候选者，与第二候选者存在至少百分之十的票数差距，则当选总统或副总统。

Ⅱ. 在没有候选者符合上述条件的情况下，从现有表决开始计数时的六十日期限内，在得票最多的两位候选人中开展第二轮投票。两位候选者中得票较多的人，当选国家总统或副总统。

第一百六十七条

国家总统或副总统候选者必须满足成为公务员的一般条件，选举时年满三十周岁，同时在选举之前在本国连续居住五年以上。

第一百六十八条

总统或副总统的任期为五年，可连任一届。

第一百六十九条

Ⅰ. 在存在阻碍或总统明确缺席的情况下，由副总统替代总统，同时在没有副总统的情况下，由参议院议长替代总统，同时在参议院议长缺席的情况下，由众议院议长替代。在最后一种情况下，应当在最长九十日期限内举行新的选举。

Ⅱ. 在临时缺席的情况下，副总统继任总统，但不得超过九十日的期限。

第一百七十条

在下述情况下国家总统的任期终止：死亡，向多民族国家立法大会提出辞职，遇到阻碍或明确缺席，在刑事案件的最终判决中被宣告有罪，或者撤销其任期。

第一百七十一条

在任期撤销的情况下，国家总统立即停止行使职权；副总统继任总统，并在最长九十日的期限内举行国家总统选举。

第一百七十二条

国家总统的特性除本宪法和法律规定外，还包括下述内容：

1. 遵守和实施宪法和法律。
2. 维持和保护玻利维亚国家统一。
3. 提出和指导国家政府政策。
4. 指导公共管理和协调国家部长的行为。
5. 指导对外政策，签署国际条约，根据法律规定提名公共外交官和领事，准许一般外国官员进入国内。
6. 要求多民族国家立法大会举行特别会议。
7. 公布获多民族国家立法大会批准的法律。
8. 签署最高法令和决议。
9. 管理国家财政收入，和依法并严格遵守国家总预算下裁定部门分支的投资。
10. 向多民族国家立法大会递交经济和社会发展计划。
11. 出席多民族国家立法大会每年前三十次会议中，为下一个财政年度提出国家总财政的法律建议，并提出自己认为在任期内必须完善的策略。每年根据预算作出有关公共开支的报告。
12. 总统每年在第一次会议上向多民族立法大会提交年度管理中政府公共机构进展和状态的书面报告以及各部委的报告。
13. 遵守法院判决。
14. 在多民族国家立法大会的批准下，决定大赦或赦免。
15. 从多民族国家立法大会推荐的候选者中提名下列人员：国家总审计师、玻利维亚银行行长、银行和金融机构最高权威的监管机关，及有社会和经济职能的其他国家参与单位的主席。
16. 维护国家安全和保卫国家。
17. 指定和选派武装力量的总司令和军队及海军的总指挥。
18. 选派和指定玻利维亚警察总长。
19. 根据有关其服务和表现的报告，向多民族国家立法大会建议陆军、空军及司和旅长官，和海军上将、中将、少将，及警察总长的晋升。
20. 创建港口。
21. 指定选举机关的代表。
22. 指定多民族的国家部长，尊重国家的多民族特征和在竞选内阁部长中的性别平等。
23. 指定国家总检察长。
24. 优先处理由多民族国家立法大会出于经济迫切性考虑递交的法律建议。
25. 出任国家武装力量的总指挥官，同时为国家的领土完整、独立和防卫队军队进行部署。
26. 宣布国家进入紧急状态。
27. 在玻利维亚土地改革服务方面行使最高权力，同时在领土的分配和再分配上转让可执行的利益。

第一百七十三条

国家总统在没有多民族国家立法大会的授权下，最长可因公务离开玻利维亚国境十日。

第一百七十四条

国家副总统的特性除本宪法和法律规定外，还具有如下内容：

1. 根据宪法规定的情况继任国家总统。
2. 协调行政机关、多民族国家立法大会和自治政府的关系。
3. 参加部长理事会。
4. 帮助国家总统指导政府的一般政策。
5. 会同国家总统制定外交政策和处理外交使团。

第二节 国家部长

第一百七十五条

Ⅰ. 国家的男性部长或女性部长都属于公务员,除宪法和法律规定外,国家部长还具有下述职能:

1. 建议和协助制定政府政策。
2. 提出和指导其部门内的政府政策。
3. 在政府相应部门内进行管理。
4. 制定涉及其部门内部的行政规范。
5. 提出最高法令的议案,并由国家总统签署。
6. 在相应部门彻底解决所有问题。
7. 根据报告要求,出席多民族国家立法大会。
8. 协调同其他部门的计划和政府政策的执行。

Ⅱ. 国家部长在各自职能范围内对其行政管理行为负责。

第一百七十六条

出任部长必须符合下述要求:满足国家公职的一般要求,任命时年满二十五周岁,非多民族国家立法大会的议员,非与国家存在合同关系或利益冲突的金融机构或企业的董事、股东或所有者;非国家总统或者副总统的配偶或生父母,或者与其有其他亲属关系。

第一百七十七条

任何人无论是直接的或是作为法人的法定代表,同国家存在尚未履行的合同或对国家负有债务,都不可以选派为部长。

第三编 司法机关和多民族国家宪法法院

第一章 一般规定

第一百七十八条

Ⅰ. 实现正义的权力来源于玻利维亚人民,同时基于独立、公正、法律保障、宣传、正直、快速、免费、法律多元、平等、服务社会、公民参与、社会和谐和尊重权利的原则。

Ⅱ. 保障司法独立包括:

1. 法官依据其司法职业履行职务;
2. 司法机关的预算自主权。

第一百七十九条

Ⅰ. 司法职能独立。由司法最高法院、司法地方法院、司法宣判法院和法官行使普通管辖权,由农业环境法院和法官行使农业环境司法管辖权;农村本地土著司法管辖权由其当地的权力机关行使。应当由法律对特殊的司法管辖权进行规定。

Ⅱ. 普通司法管辖权和农村本地土著司法管辖权享有平等的法律地位。

Ⅲ. 多民族国家宪法法院赋予宪法司法化。

Ⅳ. 法官委员会是司法机关的组成部分。

第二章 普通管辖权

第一百八十条

Ⅰ. 依照下列程序性原则行使普通管辖:申请免费、公开、透明、审判权、及时、诚恳、合法、效率、可知、正当程序、双方当事人平等。

Ⅱ. 保障控诉司法机构没有遵守上述原则的权利。

Ⅲ. 普通管辖不得承认特权。军事法院依法审理军事犯罪。

第一百八十一条

司法最高法院是普通司法管辖权的最高法院。由地方法官组成。在其内部有组织的组成专门法庭。由法律对其构成和组织进行规定。

第一百八十二条

Ⅰ. 司法最高法院的地方法官通过普遍的选举产生。

Ⅱ. 通过三分之二的议员出席,多民族国家立法大会应当决定各地方的预选候选者,同时将候选者的提名发送给选举机关,以便其可以组织单独和排他的选举程序。

Ⅲ. 禁止候选者或任何其他人在遭受处罚的情况下,在其他候选者的支持下召开竞选活动。仅选举机关有权对候选者的功绩进行宣传。

Ⅳ. 地方法官不属于政治组织。

Ⅴ. 获得多数投票的候选者当选。国家总统应当听取当选者的就职宣誓。

Ⅵ. 成为司法最高法院的法官必须符合下述要求:满足公务员的一般要求,年满三十周岁,取得法律学位,诚实且道德的履行司法职能,成为律师或大学教授满八年,未被裁判委员会开除。作为一名本地司法系统下的权威人士所取得的功绩应当纳入考虑。

Ⅶ. 对司法最高法院的法官适用与公务员相同的禁止和不称职的规定。

第一百八十三条

Ⅰ. 裁判官不得连任。其任期为六年。

Ⅱ. 司法最高法院的裁判官,自其任期结束后、收到有罪的审判、辞职、死亡和法律规定的因素起停止其职能。

第一百八十四条

除宪法和法律规定外,司法最高法院具有下述特性:

1. 作为法院在法律明确规定的情况下撤销原判和审理上诉。

2. 解决司法地方法院之间的权力冲突。

3. 作为唯一听取、解决和提出引渡程序的单位。

4. 作为合议庭和唯一单位,充分的审理国家总统和副总统在任期内的犯罪行为。在多民族国家立法大会至少三分之二以上议员出席投票授权之前,审判应当进行,同时检察官或国家总检察长如果其相信调查提供了审判基础的情况下应当提出指控。审判程序应当口头的、公开的、持续不间断地进行。由法律规定审判程序。

5. 从裁判委员会递交的名单中,指定司法地方法院当选的法官。

6. 起草建议性的司法法律,同时将递交给多民族国家立法大会。

7. 听取和作出案件复议的决定。

第一百八十五条

司法最高法院的司法职能以特殊的方式行使。

第三章 农业环境司法管辖权

第一百八十六条

农业环境法庭是农业环境司法管辖领域最高的专门法院。受社会利益、全面、直接、可持续发展和跨文化的特殊原则约束。

第一百八十七条

出任农业环境法院的法官除满足下述要求外,必须符合与司法最高法院法官相同的要求:作为一名农业法官必须具有相关的专业知识,和出色、有道德和诚实的履行职务;已经从事法律工作或成为一名相关专业的大学教授满八年。有关预选候选者,在考虑多民族国家标准时必须保证多元构成。

第一百八十八条

Ⅰ. 根据司法最高法院法官产生的程序、途径和仪式,通过普选制选举农业环境法院法官。

Ⅱ. 对农业环境法院的法官适用与公务员相同的禁止性和非兼容制度。

Ⅲ. 农业环境法院法官适用司法最高法院法官有关任职期限、继续和停止的规定。

第一百八十九条

农业环境法院法官除法律规定外,还具有下述职能:

1. 撤销原判判决和涉及土地权益、森林、环境、水使用权利和享有可再生自然资源、液态和森林资源及生物多样性方面的无效行为;处理涉及危害生态系统和物种或动物保护的投诉。

2. 作为唯一机关,审理和解决无效及取消权利的控告。

3. 作为唯一机关,审理和解决提出的反对国家通过合同、协商、授权、特许、分配和再分配中产生的开发可再生自然资源的权利及其他行为和行政决议。

4. 组织农业环境法庭。

第四章 农村本地土著的司法管辖权

第一百九十条

Ⅰ. 民族和农村本地土著居民应当通过其授权获得行使司法管辖权的资格,同时适用当地自己的原则、文化价值、规范和程序。

Ⅱ. 农村本地土著的司法管辖权尊重生命权、防卫权和其他权利,保障宪法规定。

第一百九十一条

Ⅰ. 农村本地土著的司法管辖权基于各民族成员间或农村本地土著居民间的特殊关系。

Ⅱ. 农村本地土著的司法管辖权运用在下述个人、物质和领土方面,发生法律效力:

1. 本民族成员或农村本地土著居民,无论作为原告或被告、请求权人或被请求权人,无论其被告发或指控,或者是上诉人或被上诉人,一律适用该司法管辖权。

2. 该司法管辖权依据管辖划界的法律的规定处理农村本地土著案件。

3. 该司法管辖权适用于产生的关系和司法行为,或者是对农村司法管辖范围内的居民造成影响的。

第一百九十二条

Ⅰ. 各公共机构和个人都应当遵守农村本地土著的司法管辖权的规定。

Ⅱ. 为担保符合农村本地土著的司法管辖权的决议,应当要求国家主管机关支持其权力。

Ⅲ. 国家应当提升和增强农村本地土著的公平。划分司法管辖的法律应当确立协调机制和协调农村本地土著的司法管辖权、普通司法管辖权、农村环境司法管辖权及所有宪法规定的司法管辖权。

第五章 司法部长委员会

第一百九十三条

Ⅰ. 司法部长委员会为下述事项负责:有关普通、农业环境和农村本地土著的司法管辖权的纪律处分制度,监督其行政和财务管理活动,及程序性政策的制定。司法部长委员会受公民参与原则的约束。

Ⅱ. 由法律对其构成、结构和职能进行规定。

第一百九十四条

Ⅰ. 通过对多民族国家立法大会推荐的候选者广泛的投票选举产生司法部长委员会成员。多民族国家选举机关应当负责选举程序的组织和实施。

Ⅱ．除一般从事公职的必要条件外，司法部长委员会成员还必须年满三十周岁，掌握在上述司法管辖权下的知识材料，同时道德和忠诚地履行其职责。

Ⅲ．司法部长理事会成员任期六年，同时不得连任。

第一百九十五条

除宪法和法律规定外，司法部长委员会还包括下述权力：

1. 司法最高法院和农业环境法院法官在履行法律规定的职责过程中犯严重错误时，启动撤销对其的授权的程序。

2. 法官表决时进行纪律控制，同时辅助司法机关的行政人员。行使这一权利应当包括法律明确规定的因严重的违纪违法行为而免去职权的可能。

3. 监督和监管司法机关的经济财务管理和资产。

4. 评估履行政府职能的司法行政人员和相关辅助人员的工作。

5. 起草司法审计和财务管理的审计。

6. 进行技术和统计研究。

7. 对将要被司法最高法院选派成为法院司法部门的候选者进行预选。

8. 通过一种功绩评估和资格测验的程序，指定审判法官和指导法官。

9. 指定行政人员。

第六章 多民族国家宪法法院

第一百九十六条

Ⅰ．多民族国家宪法法院保障至高无上的宪法，进行宪法的管理，同时保障尊重和实施宪法权利。

Ⅱ．关于解释标准，多民族宪法法院应根据其文件、会议记录、决议以及文本措辞等方面表现原意。

第一百九十七条

Ⅰ．多民族国家的宪法法院由基于多民族国家特性选举的法官组成，包括普通系统的代表和农村本地土著系统的代表。

Ⅱ．多民族国家宪法法院的候补法官不享有报酬，仅在正式法官缺席或法律规定的其他因素的情况下行使职能。

Ⅲ．多民族宪法法院的职能、组织和构成由法律规定。

第一百九十八条

依据最高法院法官的选举程序、途径和仪式通过普选制，选举产生多民族国家宪法法院的法官。

第一百九十九条

Ⅰ．成为多民族国家宪法法院的法官，除具备成为国家公务员的一般要求外，还必须年满三十五周岁和有专业或可信赖的有关宪法、行政法和人权法方面训练的至少八年的经验。出于确定功绩的目的，对作为当地司法系统下的权威应当纳入考虑。

Ⅱ．由公民社会组织和民族及农村本地土著的居民推荐多民族国家宪法法院的候选者。

第二百条

对司法最高法院法官的任职期限、继续和停止的规定适用于多民族国家宪法法院的人员。

第二百〇一条

多民族国家宪法法院的法官适用与公务员相同的禁止性和非兼容制度。

第二百〇二条

除法律规定的权力外，多民族国家宪法法院还有权审理和解决下述事务：

1. 作为涉及违宪的法律、自治条例、宪法宪章、法令和各种类型条例和非司法决议的纯粹法律问题的司法管辖权法院。案件较为抽象，只能由共和国总统、参众议院议长、立法者和区域自治机关的最高当权者递交到法院。

2. 司法管辖冲突和大众权力机关之间的权力配置。

3. 多民族国家政府和分权自治的领土机关之间及分权自治的领土机关之间的冲突。

4. 对有关费、税、率、许可、权利或捐款方面的制定、修改或抑制违反宪法规定的上诉。

5. 当立法机关的决议可能影响他人权力时，对该决议的上诉。

6. 审查有关自由的诉讼、宪法保护、隐私保护、大众诉讼和出于保障服从的诉讼。该审查不终止决议及时和有法律约束力的运用。

7. 共和国总统、多民族国家立法大会、公正的最高法院或农业环境法院有关提出法案合宪性的合法咨询。必须遵守宪法法院作出的答复。

8. 农村本地土著的权力机关有关运用其法律规范到具体案件的合法的咨询。必须遵守宪法法院作出的答复。

9. 在批准国际条约之前，对其合宪性进行审查。

10. 宪法局部修改程序的合宪性。

11. 农村本地土著的司法管辖权、普通和农业环境司法管辖权之间的权力冲突。

12. 无效的上诉。

第二百〇三条

多民族国家宪法法院的判决和决定具有约束性，必须遵守，禁止随后的普通上诉。

第二百〇四条

在多民族国家宪法法院之前，法律应当确定对其所带来的程序进行约束的程序。

第四编　选举机关

第一章　多民族国家选举机关

第二百〇五条

Ⅰ.多民族国家的选举机关由下述组成：

1. 最高选举法院。
2. 地方选举法院。
3. 选举法官。
4. 投票站的评判委员会。
5. 选举公证人。

Ⅱ.选举机关的司法管辖权、资格和权力及其不同的等级都由宪法和法律进行限定。

第二百〇六条

Ⅰ.最高选举法院是最高等级的选举机关，享有全国的管辖权。

Ⅱ.最高选举法院有七位成员，任职六年，不得连任，同时至少有两名成员是农村本地土著出生。

Ⅲ.多民族国家立法大会通过出席议员的三分之二投票表决，选出最高选举委员会的六名成员。国家总统选派一名成员。

Ⅳ.选举多民族国家选举机关成员必须事先公告，通过公开的选择程序决定其能力和实质依据。

Ⅴ.地方立法议会或地方委员会通过出席议员的三分之二投票表决，选出地方选举法院有表决权的成员的候选者名单。众议院通过出席议员的三分之二投票表决，从候选者名单中选出地方选举法院的成员，保证至少一名成员属于该地方民族和农村本地土著居民。

第二百〇七条

当选最高选举法院和地方选举法院有表决权的成员，必须满足成为公务员的一般要求，在当选时必须年满三十周岁并接受了学校教育。

第二百〇八条

Ⅰ.最高选举法院有义务组织、管理和开展选举程序并宣布选举结果。

Ⅱ.根据本宪法第二十六条的规定，选举法院应当保障选举有效地进行。

Ⅲ.最高选举法院具有组织公民登记和管理选民名册的职能。

第二章　政治代表

第二百〇九条

除司法机关和多民族国家宪法法院的职位选举外，当选公职的候选者必须经由民族和农村本地土著居民组织、公民团体和政党依据宪法规定在同等条件下进行推荐。

第二百一十条

Ⅰ.民族和农村本地土著居民组织、公民团体和政党的组织及职能必须是民主的。

Ⅱ.由多民族国家选举机关规定和监督公民团体和政党内部领导者和候选者的选举，保证男女平等参与。

Ⅲ.民族和农村本地土著居民可以依据其民主的社群主义规范选举其候选者。

第二百一十一条

Ⅰ.民族和农村本地土著居民可以在需要时，依据其本地的选举形式选举他们的政治代表。

Ⅱ.选举机关有义务保证这些民族和土著居民的规范得到严格的遵守，在选举民族和土著居民的官员、代表和候选者时适用他们自己的规范和程序。

第二百一十二条

候选者不得由一个以上选区同时推荐，也不得被推举为一个以上职位的候选者。

第五编　审计、社会防御和国家防御

第一章　审计

第一节　总审计长

第二百一十三条

Ⅰ.国家总审计长是对公共机构以及国家参与或拥有的经济利益机关进行管理和控制的技术机关。总审计长被授权确定管理、行政、民事和刑事违法犯罪的证据，拥有运作、管理、财政和组织的自治。

Ⅱ.其组织、职能、属性必须基于合法性、透明度、功效、有效、经济、平等、机会和客观的原则，并由法律进行规定。

第二百一十四条

审计长或国家总审计长，必须通过多民族国家立法大会出席议员的三分之二投票表决进行指定。该选举必须先公告，同时通过公开的程序决定参选者的能力和实质依据。

第二百一十五条

指定为审计长或国家总审计长必须符合公职人员的一般要求；指定时必须年满三十周岁；获得了与职位相关的专业学位，并作为专业人士工作了至少八年；公众考察认为具备个人和合乎道德的正直。

第二百一十六条

审计长或国家总审计长任期六年，不得连任。

第二百一十七条

Ⅰ．国家总审计长办公室负责对公共机构和国家参与或拥有经济利益的机构进行监督和随后的外部控制。上述监督和控制涉及从集体利益出发的采购、运作、财产的处置和战略服务内容。

Ⅱ．国家总审计长办公室每年必须向多民族国家立法大会递交有关行政部门审计的工作报告。

第二章 社会防御

第一节 公设辩护人

第二百一十八条

Ⅰ．公设辩护人必须监督法律的实施、发展和传播，并符合宪法、法律和国际条约规定的集体或个人的人权。公设辩护人的职能应当延伸到整个公共部门的行政管理活动和提供公共服务的私人团体的活动。

Ⅱ．公设辩护人也必须促进民族和农村本地土著居民、城市和跨文化团体及在国外的玻利维亚人的权利的保护。

Ⅲ．根据法律的规定，公设辩护人是一个在运转上、经济上和管理上独立的社会公共机构。其职能必须受到服务免费、可访问性、高效和团结一致的原则的约束。其行使职能时不受国家机关的命令。

第二百一十九条

Ⅰ．由公设辩护人领导公设辩护人办公室，公设辩护人的任期为六年，不得连续任职。

Ⅱ．公设辩护人在行使其职权时实施的行为，不受刑事诉讼、拘留、指控或审判。

第二百二十条

通过多民族国家立法大会至少三分之二的议员出席而指定公设辩护人。指定必须事先公告，并通过在被确认从事保卫人权的事业的民众中公开的竞争，从而确定其专业能力和功绩。

第二百二十一条

指定的公设辩护人必须满足成为公务员的一般条件，在指定时年满三十周岁，和通过公众考察证明其具有个人和合乎道德的正直。

第二百二十二条

除宪法和法律规定外，公设辩护人办公室还具有下述权力：

1．提起有关违宪、自由的、宪法保护的、隐私保护的诉讼，公众诉讼，为服从的诉讼和无效的直接上诉，不要求其有授权书。

2．提出议案和修改涉及其资格的法律、法令和非司法决议。

3．依职权或当事人的请求，调查侵犯宪法、法律和国际条约中规定的集体或个人权利的作为或不作为行为，同时要求公共部门作出相关的合法行为。

4．向权力机关和公务员处获取有关公设辩护人正在进行的调查事项的信息，相关人员不得提出异议。

5．向所有机关和团体提出建议、法定职责的提醒和立即采取纠正措施的建议，同时对违反上述构想的行为进行公开的谴责。

6．自由出入拘留和监狱场所，任何人不得反对。

7．没有任何中断的行使其职能，即使是在宣布国家紧急状态的情况下。

8．即时的招待请求其提供服务的公民，不得歧视。

9．起草行使其职权所需要的规章。

第二百二十三条

权力机关和公务员有义务向公设辩护人提供当事人要求的关于其职能行使的信息。在其请求没有被按时处理的情况下，公设辩护人办公室应当采取相应的对抗权力机关的行为，如果证明当局违规，其将被起诉和解雇。

第二百二十四条

公设辩护人每年必须向多民族国家立法大会和社会调控办事处报告有关国家的人权状况和其行政管理活动。多民族国家立法大会和社会控制办事处在任何时候都可以要求公设辩护人提供有关行使其职权的报告。

第二节 公共事务部

第二百二十五条

Ⅰ．公共事务部应当保护法律和社会的一般利益，同时应当提起公共犯罪诉讼。公共事务部享有操作上的、管理上的和财政上的自治。

Ⅱ．公共事务部依据合法性、及时性、客观性、有责性、统一性和层级性原则行使其职能。

第二百二十六条

Ⅰ．检察官或国家总检察长在公共事务部的职权级别最高，并代表着该社会公共机构。

Ⅱ．公共事务部应当有地方公诉人、特别事项公诉人和法律规定的其他公诉人。

第二百二十七条

Ⅰ．检察官和国家总检察长由多民族国家立法大会出席议员的三分之二投票指定。该指定要求事先公告和通过公开和竞争的程序确定专业能力和成绩的限制条件。

Ⅱ．检察官或国家总检察长应当满足公务员的一般要求，及司法最高法院法官委员会规定的特殊要求。

第二百二十八条

检察官和国家总检察官任期为六年,不得连任。

第三章 国家防御

第一节 国家总检察院

第二百二十九条

国家总检察院是公众司法代表的社会公共机构,有权增进、保护和保卫国家利益。由法律规定其组织和结构。

第二百三十条

Ⅰ. 国家总检察院由领导其的男性或女性总检察长和法律规定的其他公务员组成。

Ⅱ. 任命男性或女性总检察长应当与女性或男性国家总统相类似。出任者必须符合当选最高法院法官的要求。

Ⅲ. 在从任命之日起不超过六十日的期限内,多民族国家立法大会在至少三分之二议员出席下可以提出反对任命的决定。反对决定将会停止出任者的职权。

第二百三十一条

除本宪法和法律规定外,国家总检察院还享有如下权力:

1. 保护司法和法外的国家利益,在宪法和法律范围内,担任国家法定代表和作为在一切司法和行政诉讼中享有一切权利的政府的代表进行干涉。

2. 出席普通的上诉和诉讼,保卫国家利益。

3. 评估和监督公共管理法人单位在法律或行政行为中的积极作为。如果这些单位消极对待,应当督促其行动。

4. 出于行使职权的目的,可以向公务员和个人获取其认为必要的信息。任何人不得以任何借口拒绝提供信息,法律应当规定相应的制裁。

5. 对国家最高行政机关的公务员给国家财产造成破坏的过失行为或腐败行为提起公诉。

6. 处理公民或构成社会调控的团体,在国家利益遭受损害的情况下进行的控告和投诉。

7. 要求国家总检察长对已经知晓的、反对公共财产的犯罪行为提起公诉。

8. 提出涉及其权限的法案。

第四章 公务员

第二百三十二条

公共行政受正当性、合法性、公共性、社会保证和利益、合伦理性、透明性、平等性、资格、有效性、有质性、友爱、诚实、有责和结果原则的约束。

第二百三十三条

公务员行使公共职能。除选区人员、被指定人员和被任命履行职责的人员外,公务员组成了部分行政人员。

第二百三十四条

履行公职的人员必须满足下述条件:

1. 具有玻利维亚国籍。

2. 已成年。

3. 服完兵役。

4. 无犯罪指控,不存在尚未完成的有关犯罪的宣判。

5. 不属于宪法规定的禁令和不兼容状态。

6. 在选举名单中进行了登记。

7. 至少会讲两种国家官方语言。

第二百三十五条

公务员有下述义务:

1. 遵守宪法和法律。

2. 依照公共行政准则履行其职能。

3. 进行有关公布其任职前、任职期间和离职后的财产和收入的宣誓。

4. 提出有关在公共行政中实施的经济、政治、技术和行政责任的报告。

5. 尊重并保护国家财产,同时不得出于选举目的或其他与履行公职无关的目的进行使用。

第二百三十六条

禁止履行如下的公共职能:

Ⅰ. 同时履行一份以上全职薪金的工作。

Ⅱ. 当其利益与其所服务的机关的利益相冲突时行为,和订立合同或同行政机关直接的、间接地或代表第三方同公共行政机关进行商业交易。

Ⅲ. 向公共行政机关提名与自己有四亲等内血缘关系和两等姻亲关系的人员。

第二百三十七条

Ⅰ. 进行公共管理的义务:

1. 财产清单和管理办公场所属于公共管理的文件,禁止将其带出或销毁。法律应当对档案的管理活动和公共文件可能被销毁的条件进行规定。

2. 保持分级信息的机密性,甚至是离职后也不得泄露。由法律对分级信息的公开程序进行规定。

Ⅱ. 法律应当对违反这些义务的制裁进行规定。

第二百三十八条

符合下述无资格条件的人员,不得参与公职的选举:

1. 同国家存在合同或协议,或同国家存在合同或协议的公司或企业单位的董事且没有在选举日期前至少三个月辞职的人员。

2. 同国家存在合同或协议的外国跨国公司的董事且没有在选举日前至少三年辞职的人员。

3. 除总统和副总统外,通过选举任职或通过指定或任命任职,且没有在选举日前至少三个月从该职位辞职的人员。

4. 武装力量和玻利维亚警察的现役人员,且没有在选举日期前至少三个月辞职。

5. 没有在选举日期前三个月辞职的任何宗教人员。

第二百三十九条

下述行为不符合公职的履行:

1. 代表公务员或第三人获得或出租公共财产。

2. 签署行政合同或从国家获得的各种个人利益。

3. 作为同国家存在合同关系的公司或企业或团体的经理、顾问、代表、雇员而进行专业服务。

第二百四十条

Ⅰ. 对除司法人员外的当选人员的职权依法进行撤销。

Ⅱ. 当一半以上任期完成时,可以要求撤销职权。在办公期限的最后一年不得撤销职权。

Ⅲ. 在当选公务员所在选区的选民登记册上的至少百分之十五的选民要求下,可以由公民倡议开启撤销的复决。

Ⅳ. 应当依法进行公务员职权的撤销。

Ⅴ. 撤销职权应当直接导致公职履行的终止,依法由其替换者履行。

Ⅵ. 当选者在宪法授权期间撤销公职仅可发生一次。

第六编 参与和社会控制

第二百四十一条

Ⅰ. 拥有主权的人民应当通过安排有序的公民社会参与公共政策的制定。

Ⅱ. 安排有序的公民社会应当对国家各级公共管理,和混合的或私人的公共企业和机构进行公众监督,从而管理公共资源。

Ⅲ. 应当对公共服务的质量进行公众监督。

Ⅳ. 法律应当对行使公众监督的一般体系进行规定。

Ⅴ. 公民社会应当组织其限定有关结构和公众参与和监督的组成。

Ⅵ. 国家应当创设参与的空间和公众监督的社会部分。

第二百四十二条

除宪法和法律规定外,社会参与和控制包括:

1. 参与国家政策的制定。

2. 支持立法机关共同解释法律。

3. 发展各级政府和自治的、独裁的、分散的和进步的领土单位的社会控制。

4. 形成在一切公共管理领域里信息和资源使用的透明化。社会控制下要求提供的信息不得拒绝提供,并且应当完整的、正确的、恰当的和及时的交付信息。

5. 依据宪法和法律规定的程序,提出证明撤销职权必要性的报告。

6. 对涉及国家职能的报告和行政机关管理活动的报告进行决议和认定。

7. 协调规划,同时调控机关和国家职能。

8. 在其认为适当的情况下,在相关机关进行调查和诉讼前提出控诉。

9. 在对指定的公职人员进行公众考察的程序中与相关人员进行合作。

10. 支持选举机关有关公职候选者符合选举透明的规定。

第七编 武装部队和玻利维亚警察

第一章 武装部队

第二百四十三条

国家武装部队由首席指挥官、玻利维亚的陆军、空军和海军组成,武力量应当由多民族国家立法大会在行政机关的提议下进行规定。

第二百四十四条

武装部队有如下基本使命:保卫和保护国家的稳定、安全和独立以及国家的荣誉和主权,保障至高无上的宪法,保障合理组建的政权的稳定,以及参与国家建设。

第二百四十五条

武装部队组织以其等级制度和训练为基础。武装部队组织是基本的服从而非协商的机关,同时受法律和军事法规的约束。作为体制上的机关,不得进行任何政治活动;个人而言,其成员在法律规定的条件下享有和行使公民权利。

第二百四十六条

Ⅰ. 武装部队受国家总统的领导,同时通过国防部长作为中间人接收总统的行政命令和接收首席指挥官关于技术方面的命令。

Ⅱ. 在战争状态下,武装部队的首席指挥官应当直接行动。

第二百四十七条

Ⅰ. 在事先未取得总指挥官授权的情况下,外国人不得发布命令,也不得被雇佣或在武装力量中担任行政职位。

Ⅱ．担任武装部队首席指挥官、参谋长，及陆军、空军和玻利维亚海军的参谋长和大部队参谋长，必须出生在玻利维亚并符合法律规定的要求。国防部副部长也必须符合上述要求。

第二百四十八条

多民族国家国防最高委员会，结构、组织和法定的职能都应当由武装部队总指挥官主持。

第二百四十九条

依据法律的规定，每一位玻利维亚公民都有服兵役的义务。

第二百五十条

应当准予依法发展武装力量。

第二章 玻利维亚警察

第二百五十一条

Ⅰ．作为国家暴力的玻利维亚警察，有保卫社会和维护公共秩序确保在整个玻利维亚领土范围内符合法律规定的特殊使命。其应当以一种广泛紧密的行为，和在单一命令下依据玻利维亚警察组织法和国家的其他法律行使警察职权。

Ⅱ．作为社会公共机构，玻利维亚警察不应当商议和参与政治活动，但个人而言，其成员享有和行使法律规定的作为公民的权利。

第二百五十二条

玻利维亚警察力量通过作为中间人的政府部长从属于国家总统。

第二百五十三条

指定的玻利维亚警察总长，必须出生在玻利维亚，是该机构一般人员和符合法律规定的要求。

第二百五十四条

在国际战争的状态下，玻利维亚警察在冲突持续期间应当服从武装部队首席指挥官。

第八编 国际关系、边界、一体化和海事恢复

第一章 国际关系

第二百五十五条

Ⅰ．国际关系和协商、签署和认可国际条约符合最高国家主权的职能与人民的利益。

Ⅱ．协商、签订和认可国际条约应当受下述原则的约束：

1. 国家间的独立和平等，不干涉国内事务和和平解决冲突。

2. 拒绝和谴责一切形式的独裁、殖民主义和新殖民主义和帝国主义。

3. 保护和提升人权和经济的、社会的、文化的和环境的权利，抛弃一切形式的种族歧视和差别待遇。

4. 尊重农村本地土著居民的权利。

5. 合作和团结国家和人民。

6. 保护自然遗产、管理能力和国家内部规章。

7. 与自然和谐、保护生物多样性和禁止各种形式的私人占用、专有使用和开发植物、动物、微生物和所有珍稀生物。

8. 国家总人口的食物安全和主权，禁止进口、生产和交易转基因生物和危害健康和环境的有毒物质。

9. 全体国民有机会获得为其幸福和发展的基本服务。

10. 保护国民获得所有药物和主要的非专利药物的权利。

11. 保护和优先选择玻利维亚产品，同时促进出口的附加值。

第二百五十六条

Ⅰ．已经签署的和/或批准的涉及人权的国际条约与文书，或那些国家已经加入的宣告其权利更优于那些宪法规定的权利的涉及人权的国际条约与文书，应当优先于宪法的规定适用。

Ⅱ．当国际人权条约与协议提供了更有利的规范时，应当在国际人权条约协议中对宪法规定的权利进行解释。

第二百五十七条

Ⅰ．批准的国际条约是有法律位阶的国内法律秩序的一部分。

Ⅱ．包含任何下列事项的国际条约，通过公民投票应当得到优先批准：

1. 边界问题。

2. 货币一体化。

3. 经济结构一体化。

4. 在一体化进程中，职权向国际的或超国家的组织的转移。

第二百五十八条

由法律规定批准国际条约的程序。

第二百五十九条

Ⅰ．经登记在选民名单上的百分之五的公民或多民族国家立法大会百分之三十五的代表要求时，任何国际条约都必须通过全民公投进行批准。该倡议也可以适用于要求行政机关签署条约。

Ⅱ．根据法律规定的时间，进行批准国际条约的程序，直到结果确定，在此之前召开公民复决的宣布应当暂停。

第二百六十条

Ⅰ．拒绝履行国际条约应当依据与其相同的国

际条约规定的程序、国际法律的一般规范和宪法和法律有关国际条约批准的规定进行。

Ⅱ．国家总统在行使拒绝批准国际条约的职能时，必须得到多民族国家立法大会的批准。

Ⅲ．获得全民复决批准的国际条约在其否决之前，必须由国家总统提交新的全民复决。

第二章 国家边界

第二百六十一条

领土完整、保护和发展边境地区是国家的职责。

第二百六十二条

Ⅰ．从边境的五十公里开始构成边界安全区。任何外国人、个人或公司都不得直接地或间接地主张对该区域的所有权，也不得享有任何对水、土壤或底土的所有权，除在国家必要的情况下由多民族国家立法大会三分之二议员通过法律宣布。在不符合该禁止的规定下，相关的所有权和占有权都应当将利益移交给国家，且没有任何补偿。

Ⅱ．边境安全区域受特殊法律和经济、行政和安全法规的规范，促进和优先其发展，以及保证国家统一。

第二百六十三条

保卫、保障和控制边境区域安全是武装部队的基本职能。武装部队应当参与有关广泛和可持续的发展这些区域的政策，并且应当保证武装部队在这些区域的驻扎。

第二百六十四条

Ⅰ．为改善其人口的居住条件，特别是改善居住在边境的民族和农村本地土著居民的生活条件，国家应当制定一项和谐的、广泛的、稳定的和前沿战略发展的政策。

Ⅱ．国家有责任实施保护政策和管理边境区域的自然资源。

Ⅲ．由法律规定边境管理系统。

第三章 一体化

第二百六十五条

Ⅰ．国家应当基于不同意识形态的公正、平等关系原则，促进社会、政治、文化和经济的关系同其他国家、民族和世界人民的一体化，特别是同拉丁美洲人民的一体化。

Ⅱ．国家应当增强其民族和农村本地土著居民同世界土著居民的一体化。

第二百六十六条

在一体化进程中出现的超国家议会机关中的玻利维亚的代表,通过普遍的选举产生。

第四章 海事权益

第二百六十七条

Ⅰ．玻利维亚国家宣布其领土上的不得抛弃和不因时效而消灭的权利，使其有权使用太平洋及其海域空间。

Ⅱ．通过和平的方式有效地解决海上争端，同时完全行使领土上的主权，实现持久的和不可抛弃的玻利维亚国家的目的。

第二百六十八条

海上利益、江河和湖泊的发展，和海事商人是国家的优先考虑范围，同时由玻利维亚海军依法对其管理和保护。

第三部分 区域性组织和国家结构

第一编 国家地域组织

第二百六十九条

Ⅰ．玻利维亚由部门、省、自治市和农村本地土著领土的领土状态组成。

Ⅱ．应当依据宪法和法律规定的条件，通过其居民的民主意愿创造、修改和限定领土单位。

Ⅲ．在法定的期限和条件下，区域应当构成领土组织的部分。

第二百七十条

约束领土组织及分散和自治的领土单位的规则有：统一、自愿、团结、平等、公益、政府自治、均等、互补、互惠、性别平等、互助、渐进、合作和制度上的忠诚、透明、公共参与和控制、提供经济资源和民族及农村边远土著居民的先在性、在法定的期限内。

第二百七十一条

Ⅰ．自治和分权政府的法律体系应当规定下述程序：起草自治法令和组织法，转移和授予权力，财政经济制度，和在中央和分散自治的领土单位之间的合作。

Ⅱ．自治和分权政府的法律体系应当由多民族国家立法大会出席议员的三分之二投票批准。

第二百七十二条

自治政府包含由公民直接选举权力机关，由自治政府在其司法管辖权、资格和职能领域管理其经济资源和行使立法、监管、财政和行政权力。

第二百七十三条

法律应当规定在自治地方、地区和农村本地土著领土之间社区的形成，以实现其目的。

第二百七十四条

在分权的省,通过普选制进行省长和省委员会的选举。这些省通过公民复决而成为自治省。

第二百七十五条

每一个领土单位的审查机关都应当以参与的方式起草,所推荐的制定法和组织法必须经由其总成员的三分之二批准。自事先的宪法审查起,在其管辖区域内通过公民复决的方式批准,其应当作为基本的宪法规范具有法律效力。

第二百七十六条

自治的领土单位之间互相不隶属,具有平等的宪法地位。

第二章 省的自主权

第二百七十七条

自治的省政府由在其能力范围内享有地方立法、审议和财政职权的地方议会和行政机关组成。

第二百七十八条

Ⅰ. 通过普遍的、直接的、自由的、秘密的和义务性的投票选举的议员组成省议会;通过民族和农村本地土著居民以其自己的规范和程序选举议员组成民族和农村本地土著地方的议会。

Ⅱ. 法律应当规定议员选举的一般标准,考虑人口、领土、文化认同和语言表征,当存在少数农村本地土著以及性别的平等和差异时。自治章程应当依据其管辖区域的特殊现实和条件确定其适用。

第二百七十九条

省的行政机关受省长的指导,并作为省最高行政当局。

第三章 区域自治

第二百八十条

Ⅰ. 区域由多样的自治市或有地理关联性的省组成,区域跨越了地区分界线,每个地区都拥有相同的文化、语言、历史、经济和生态系统。地区应当组建一个规划和管理部门。在特殊情况下,地区可以由具备地区特性的单一者组成。超过五十万居民的市郊可以形成城市圈。

Ⅱ. 自治和分权政府的法律体系,应当为有序和按规划形成区域规定期限和程序。在区域形成的地方不能选举省的权力机关。

Ⅲ. 属于该区域的自治市的公民倡议下,通过在其管辖区域内公民复决的方式,地区应当确立区域自治。其权力应当通过地方审议机关总投票成员的三分之二赋予。

第二百八十一条

各自治地方的政府应当由一个在其能力领域内有审查、规范行政和监管职权的区域性议会,和行政机关组成。

第二百八十二条

Ⅰ. 在各自治市内依据人口和领土的标准,进行区域性议会议员和自治市委员会候选者的选举。

Ⅱ. 根据有关自治区程序的规定,区域应当以特殊的方式起草其法令。

第四章 自治市

第二百八十三条

自治市政府应当由一个在其能力领域内有审查、规范行政和监管职权的区域性议会和市长主持的行政机关组成。

第二百八十四条

Ⅰ. 自治市委员会由通过普选制选举的委员会成员组成。

Ⅱ. 在自治市内没有建立一个农村本地土著自治政府的民族和农村本地土著居民,可以依据其自己的规范和程序和在符合自治市组织法下,直接的选举其在自治市委员会的代表。

Ⅲ. 法律应当规定一般的选举标准和规定自治市委员会成员的数量。组织法应当依据其管辖范围内的特殊现实和条件确定其适用。

Ⅳ. 自治市委员会可以起草所建议的组织法,应当根据宪法的规定对其进行批准。

第五章 自治政府的行政机关

第二百八十五条

Ⅰ. 成为自治政府选举岗位的候选人必须满足成为公务员的一般条件,以及:

1. 在选举之前,已经持久的定居在相关的地区、省或自治市至少两年。

2. 在选举市长和区域性当权者的情况下,参选者必须年满二十五周岁。

3. 在选举省长或地方长官的情况下,参选者必须年满二十五周岁。

Ⅱ. 自治政府的最高地方行政当局的任职期限为五年,可以连任一次。

第二百八十六条

Ⅰ. 依据自治规约或组织法规定的可能的情况下,短暂的替换自治政府的最高行政当局应当与理事会或议会相对应。

Ⅱ. 在自治政府的最高行政当局辞职或死亡、永久残疾或撤销授权的情况下,应当举行新的选举,此外必须没有超过一半的任期。如果已经超过了一半任期,替代者应当是已经当选的人作为当局,根据自治规约或组织法中可能的情况进行限制。

第六章 自治政府的立法、审议和监督机关

第二百八十七条

Ⅰ. 自治政府的委员会和议会的候选者必须符合成为公务员的一般条件和:

1. 选举之前在相关的管辖区域持久居住至少两年。

2. 在选举之日年满十八周岁。

Ⅱ. 以与行政官员选举不同的名单进行自治地方政府议会和委员会的选举。

第二百八十八条

自治政府的委员会和议会成员的任期应当为五年,可以连任一次。

第七章 农村本地土著的自治区

第二百八十九条

农村本地土著的自治区由作为民族和农村本地土著居民的行使自由决定的自治政府,共享领土、文化、历史、语言的人口,以及他们自己的司法、政治、社会和经济组织或团体组成。

第二百九十条

Ⅰ. 基于其祖先的领土、现今的居所,通过该居民和民族以及其人口依法通过协商表达的意愿,形成农村本地土著自治区。

Ⅱ. 依据其规范、制度、权力和程序,按照其职权和能力,以及遵守宪法和法律下,进行农村本地土著自治政府的自治区。

第二百九十一条

Ⅰ. 农村本地土著自治区依法包括农村本地土著领土及自治市和具有该特征的地区。

Ⅱ. 两个或更多的农村本地土著居民可以形成单独的农村本地土著自治区。

第二百九十二条

各农村本地土著自治区应当在符合宪法和法律的条件下,依据自己的规范和程序起草法令。

第二百九十三条

Ⅰ. 基于已合并的以及即将合并的土著领土形成的土著自治应当通过其人口在协商中依据其规范和程序表达的意愿,并作为单独要求提出的意愿组成。

Ⅱ. 如果农村本地土著自治区的组成影响了自治地区的边界线,则农村本地土著居民或民族和自治市政府必须达成新的地区划定。如果影响了自治市边界线,在多民族国家立法大会之前必须进行批准的程序,优先满足法定的特别要求和条件。

Ⅲ. 法律应当规定最低人口要求和为农村本地土著自治区组成的其他差异。

Ⅳ. 由领土在一个或更多自治市组成的农村本地土著自治区,法律应当规定为其政府行使职权的衔接、协商和合作机制。

第二百九十四条

Ⅰ. 依据其协商规范和程序,根据法定的要求和条件,提出组成一个农村本体土著自治区的决议。

Ⅱ. 根据法定的要求和条件,由公民复决提出将一个自治市转变为一个农村本地土著自治区的决议。

Ⅲ. 有存在自己组织结构的农村社区的自治市可以形成一个新的自治市,该市使其聚集并具有地理关联性,在多民族国家立法大会前,并在优先符合法定的要求和条件下,进行批准该自治市形成的程序。

第二百九十五条

Ⅰ. 形成了影响自治市分界线的农村本地土著区域,必须事先紧接着开展在多民族国家立法大会之前的程序,满足法定的特殊要求和条件。

Ⅱ. 通过公民复决和/或根据其有关可能情况协商的规范和程序,以及法定的要求和条件下决定自治市、市辖区和/或农村本地土著自治区的组合,形成一个农村本地土著区域。

第二百九十六条

通过其本地的规范和组织形式运行农村本地土著自治的政府,并具有与该城镇、民族或团体相对应的名称,正如其法令和宪法和法律的规定。

第八章 权力的分配

第二百九十七条

Ⅰ. 宪法中职权的规定:

1. 特有的,立法、规章和执行令中的职能都不可以转让或委托他人,属于国家中央政府保留。

2. 专有的,政府一级享有的这些涉及特别事项的,立法、监督和行政权限方面的,最后两个权限可以转让和委托。

3. 同时的,在立法职权为中央一级或其他级别的政府拥有时,同时行使监管和实施职权。

4. 共享的,由多民族国家立法大会基本立法规定,立法发展权属于该自治区领土实体,且符合其基本特点和性质,并在该自治区内进行监管和执行。

Ⅱ. 宪法中没有规定的一切职权属于国家中央一级,其可以通过法律转让和授权。

第二百九十八条

Ⅰ. 国家中央一级享有下述特权权限：

1. 财政系统。
2. 货币政策、中央银行、货币系统和外汇政策。
3. 重量和测量体系，确定官方时间。
4. 关税制度。
5. 对外贸易。
6. 国家安全、国防、武装部队和玻利维亚警察。
7. 枪支和炸药。
8. 外交。
9. 国籍、公民资格、侨民身份、庇护和避难权。
10. 涉及国家安全的边境控制。
11. 移民法规和政策。
12. 国家中央一级企业单位公共战略的制定、监督和管理。
13. 管理多民族国家遗产和中央一级的公共遗产。
14. 在国土范围内管理空间和空中交通，建设、维护和管理国际机场和跨自治区交通。
15. 民事登记。
16. 官方人口普查。
17. 土地、领土及其所有权的一般政策。
18. 石油。
19. 创造国家税收、费和国家中央一级的特殊捐税。
20. 生物多样性和环境的一般政策。
21. 有关公民、家庭、犯罪、税收、劳动、商业、采矿和选举事项直接和逐步的法典化。
22. 国家经济和规划。

Ⅱ. 国家中央一级享有下述专属权力：

1. 有关国家和地方政府以及国家协商会议的选举制度。
2. 通信和电信的一般制度。
3. 邮政业务。
4. 包括矿物、电磁光谱、基因、生物遗传资源和水资源的战略性自然资源。
5. 水力资源和服务的一般制度。
6. 生物多样性和环境一般制度。
7. 林业政策和土壤、森林和树木的一般制度。
8. 供能政策，互联系统中能源的生产、控制、传输和分配。
9. 规划、设计、建设、保护和管理基本公路网络。
10. 建设、维护和管理铁路线路和基本铁路网络。
11. 国家中央一级政府的公共基础设施工程。
12. 制定和批准官方测绘地图、大地测量学。
13. 详细说明和批准官方的统计。
14. 授予在超过一个地区活动的社会组织的合法地位。
15. 对非政府组织、基金会和在超过一个地区活动的非营利公民团体的合法地位进行授予和登记。
16. 社会安全系统。
17. 教育和健康系统的政策。
18. 地方技术登记部门登记下的不动产体系。
19. 国家中央一级责任下的保护区。
20. 尊重自然资源下的财政储备。
21. 牲畜业的健康与安全。
22. 农业管理的和农村土地的登记。
23. 税收政策。
24. 司法制度。
25. 文化的提升和保护国家中央一级的重要的、文化的、历史的、艺术的、不朽的、建筑的、考古的、古生物的、科学的、有形的和无形的财产。
26. 依据法定的程序，出于公用事业和公共需要的因素，征用土地。
27. 资讯和文献中心、档案藏书、博物馆、期刊库和其他国家利益产物。
28. 国家中央一级的公共企业单位。
29. 农村居民点。
30. 基础服务政策。
31. 劳动政策和制度。
32. 跨地区的陆上运输、空运、河运以及其他运输事项。
33. 领土规划和土地登记政策和规章。
34. 内部和外部的公共债务。
35. 生产发展的一般政策。
36. 住房的一般政策。
37. 旅游的一般政策。
38. 土地制度。法律应当对转移或委托权力于自治机关进行规定。

第二百九十九条

下述职权由国家机构和自治区共同行使：

1. 省、市的选举制度。
2. 固定电话和移动电话及通信服务。
3. 城市电气化。
4. 彩票和赌博。
5. 在国家对外政策体系内的国际关系。
6. 为解决邻居之间在市政事宜上的冲突而建立公民调节的平台。
7. 有关创建和/或修改自治政府专有领域的税收的规章。

Ⅱ. 下述权力由国家中央一级政府和自治领土单位同时行使：

1. 保持、保护环境和野生动物，对保护环境和野生动物作出贡献,维持生态平衡并控制环境污染。

2. 管理医疗和教育系统。

3. 科学、技术和研究。

4. 保护土壤、森林资源和树木。

5. 气象服务。

6. 在其管辖区域和国家政策体系的框架内的电磁频率。

7. 发展和管理水和能源项目。

8. 工业废物和有毒物质。

9. 可饮用水资源项目和治理固体废物。

10. 灌溉项目。

11. 流域保护。

12. 管理内河港口。

13. 公共安全。

14. 政府控制系统。

15. 住房和公共住房。

16. 农业、牲畜业、狩猎和渔业。

第三百条

Ⅰ. 自治的省级政府在其管辖范围内享有下述排他的职权:

1. 依据宪法和法律规定的程序详细制定其法令。

2. 在其管辖领域内规划和促进人类发展。

3. 在其能力范围内,启动和召集省议会和公民投票。

4. 在国家政策体系内促进就业和改善就业条件。

5. 制定和实施土地管理计划和用地计划,与中央、城市和农村本地土著居民计划相协调。

6. 项目的产生和在独立系统中能源的运输。

7. 依据国家政策进行地区公路网络的规划、设计、建设和管理,包括那些依据其规范规定的没有中央参与的基础网络。

8. 依据国家政策,并根据地区规范建设和维护铁路路线和地区内的铁路。

9. 跨地区的陆运、河运、铁路运输和其他的运输方式。

10. 建设、维护和管理地区的公共机场。

11. 地区统计。

12. 对在地区内开展活动的公共组织授予法人资格。

13. 对在本地区进行活动的非政府组织、基金会和非营利公民团体以法人资格。

14. 农业健康和安全的服务。

15. 农村电气化项目。

16. 在地区范围内的能源的可再生和替换项目,保障能源安全。

17. 在其管辖范围内的体育项目。

18. 发展和保护地区自然遗产。

19. 发展和保护文明的、文化的、历史的、艺术的、不朽的、建筑的、考古的、科学的、有形的和无形的地区的遗产。

20. 地区旅游政策。

21. 支持生产的地区基础设施项目。

22. 在可征税情况与国家和地区税收不同时,创设和管理地区特色的税收。

23. 费和地区特点的捐税的创设和管理。

24. 商业、工业和服务业的发展及地区间的竞争。

25. 为公用事业和公共需要而征收其管辖范围内的不动产。

26. 制定、批准和实施其预算和运营计划。

27. 管理其许可范围内的信托基金、投资基金,设立必要的和固有资源的转移办法。

28. 资讯和文献中心,档案馆、图书馆、博物馆、期刊库和其他。

29. 地区公共企业单位。

30. 有关孩子和青少年、妇女、老人和残疾人的提升和发展的项目和政策。

31. 为生产和农业发展的服务的促进和管理。

32. 地区经济和社会发展计划的制定和实施。

33. 参与企业单位的工业化,在地区领土内的协会同国家的部门实体间有关石油的分配和商业化。

34. 在国家经济政策的体系内发展私人投资。

35. 依据国家计划制定地区的发展计划。

36. 在国家的一般预算体系内,管理其所收取的额外收入,并将其自主地转化为地方财政。

Ⅱ. 自治地区的法令可以规定一些排他的职权,与同其他地区的领土单位并存的职权相同。

Ⅲ. 可以转移或委托的权力也应当由地区行使。

第三百〇一条

区域一旦形成了自治区域,应当享有可以转移和委托的权力。

第三百〇二条

Ⅰ. 自治的自治市政府在其管辖范围内享有下述排他的权力:

1. 依据法定的程序起草自治市组织法。

2. 在其管辖范围内规划和促进人类的发展。

3. 在其职权范围内提议和召集自治市议会和全民复决。

4. 在国家政策体系内促进就业和改善工作条件。

5. 保护环境、自然资源、野生动物和家畜。

6. 制定与中央计划、自治区和农村本地土著计划相协调的土地规划。

7. 计划、设计、建设、保持和管理市政道路,使之与农村本地土著村落相协调。

8. 建设、维护和管理当地公共机场。

9. 自治市统计。

10. 根据市政府发布的指令和技术参数在其管辖范围内进行城市土地登记。

11. 根据自治市政府规定的范围和条件,划定自治市的保护区。

12. 可代替和可再生能源的工程和保护自治市内的能源安全。

13. 监督并保证用于人和动物消费的食品在生产、运输和销售过程中的品质和衍生。

14. 在其管辖范围内的体育。

15. 地方自然遗产的发展和保护。

16. 文化和地方的、文化的、历史的、艺术的、不朽的、建筑的、考古的、科学的、有形的和无形的遗产的提升和保护。

17. 当地的旅游政策。

18. 城市运输、汽车所有权的登记、道路规范和教育、管理和控制城市交通。

19. 地方税收的创设和管理,其征收不同于国家或省的税收。

20. 创设和管理物价、经济活动的执照和地方特色的捐税。

21. 生产性基础设施项目。

22. 为公用事业和公共必要依据法定的程序,征用其管辖范围内的不动产,同时因技术的、法律秩序和公众的重要性而确定行政限度和通过权。

23. 制定、通过和实施其运作计划和预算。

24. 管理在其许可权范围内的信托基金、投资基金和设立必要和固定资产转移的途径。

25. 管理资讯和文献中心、档案馆、图书馆、博物馆、期刊库和其他。

26. 自治市公共的企业单位。

27. 城市公共卫生,在国家政策体系内管理和治理固体污染。

28. 在其管辖范围内,设计、建设、装备和维护基础设施和公众重要的和地方管辖的资产的工作。

29. 城市发展和城市居住地。

30. 在其管辖范围内的公共照明服务。

31. 在其管辖范围内的文化和艺术活动的提升。

32. 公共展览和娱乐游戏。

33. 城市宣传和广告。

34. 促进和签署与其他城市的合作协定和城市协会。

35. 依照职权与契约的目的,与自然人或集体签订公共或私人的协议或契约。

36. 建设和管理有利于履行、运用和实施其职权的地方的防卫,同时应依照地区规范和提出的正式决议的规定。

37. 在自治市范围内的保障消费者权益。

38. 与农村本地土著村庄相协调的灌溉系统。

39. 提升和发展有关孩子和青少年、妇女、老人和残疾人的政策和项目。

40. 在其管辖范围内的基本服务和相关费用的批准。

41. 设立与农村本地土著村落特点相适应的居民点和灌溉。

42. 依据省和国家的计划制定自治市的计划。

43. 参与企业单位的工业化,协调同国家部门实体在自治市领土内石油的分配和商业化。

Ⅱ. 自治市也可以行使可以转移或授权的职权。

第三百〇三条

Ⅰ. 农村本地土著村庄除其权力外,应当依据机构发展和有其文化特征的,与宪法及自治和分权的法律体系相符合的程序,承担自治市的职权。

Ⅱ. 农村本地土著区域应当承担可以转移和委托的职权。

第三百〇四条

Ⅰ. 农村本地土著自治区应当行使下述排他的权力:

1. 依据宪法和法律规定为行使其自治的法令。

2. 依据其身份和农村本地土著村落的愿景,指导和管理其形式的、经济的、社会的、政治的、组织的、文化的发展。

3. 依法管理和控制可再生自然资源。

4. 依据国家、省和自治市水平上的计划,制定土地控制和土地使用的计划。

5. 在其管辖范围内,独立地区的电气化。

6. 维护和管理当地公共的道路。

7. 在国家政策体系内对其管辖范围内的保护区的管理和维护。

8. 为正义的实现和冲突的解决,依法通过其自己的规范和程序,行使农村本地土著司法管辖权。

9. 运动、休闲活动和娱乐。

10. 有形的和无形的文化遗产。其文化、艺术、个性、考古中心、宗教和文化场所、博物馆的保护、促进和提升。

11. 旅游政策。

12. 依法创设和管理物价、执照和在其管辖范围内的特殊捐税。

13. 在其管辖范围内的职权领域管理税收。

14. 运行项目和预算的制定、批准和实施。

15. 领土使用的计划和管理。
16. 在其管辖范围内按照文化习俗规划住房、城市发展和人口的再分配。
17. 发起和签署同其他城镇和公共或私人团体的协议。
18. 维持和管理其灌溉系统。
19. 刺激和发展生产活动。
20. 为其管辖范围内的发展、建设、维护和管理必要的基础设施。
21. 参与、发展和实施预协商机制，在实施对其生产影响的立法措施、行政措施和管理措施时不受束缚并且应被告知。
22. 依据其准则、规范及文化的、技术的、专门的和历史的实践保护栖息地和风景。
23. 依据其自己的规范和程序发展和实施民主制度。

Ⅱ．农村本地土著村庄可以行使下述共有的职权：
1. 在国家外交政策体系内进行国际交流。
2. 参与和控制对抗干旱的灌溉系统。
3. 涉及遗传资源、传统医药和微生物的集体知识产权的依法保护和登记。
4. 在其管辖范围内活动的外国团体和组织的规范和控制，发展其体制、文化和自然遗产。

Ⅲ．农村本地土著自治可以行使下述并存的权力：
1. 在其管辖范围内，组织、计划和实施医疗卫生政策。
2. 在国家立法体系内，组织、计划和实施关于教育、科学、技术和研究的计划、规划和项目。
3. 保护森林资源、生物多样性和环境。
4. 在国家政策的体系下，保护和管理在其领土内的灌溉系统、水力资源和能源。
5. 灌溉系统的建设。
6. 本地公共道路的建设。
7. 生产性基础设施建设的促进。
8. 农业和牧畜业的促进和刺激。
9. 对在其管辖范围内进行的采矿活动和石油活动的控制和社会监督。
10. 财政控制系统和资产和服务的管理。

Ⅳ．多民族国家依法自动的转移其履行职责的必要资源。

第三百〇五条
权力的每次转移和让与，必须同时确定为其履行所必需的财政资源和经济资源。

第四部分　国家的经济结构和组织

第一编　国家的经济组织

第一章　一般产权处置

第三百〇六条
Ⅰ．玻利维亚经济模式是多元的，旨在提升所有玻利维亚人的生活质量和幸福。
Ⅱ．由团体、国家、私人和公共的经济合作组织构成了多元的经济。
Ⅲ．多元的经济基于互补、互惠、团结、再分配、平等、法律保障。可持续发展、公正和透明度的原则，将不同的经济组织有机结合。
Ⅳ．宪法规定的经济组织的形式可以形成合资公司。
Ⅴ．国家将最高利益放在人类之上，同时通过经济盈余在卫生、教育、文化和在生产经济发展里的再投资的社会政策的公平分配，确保发展。

第三百〇七条
国家应当认可、尊重、保护和提升团体经济组织。团体经济组织的形式包括，建立在民族和农村本地土著居民和民族的自治体制，公共生活的生产和再生产体制。

第三百〇八条
Ⅰ．国家认可、尊重和保护有助于经济和社会发展和增强国家经济独立的个人的倡议。
Ⅱ．保障自由企业和法律规定的一切形式的商业活动。

第三百〇九条
国家经济组织的形式，包括企业和作为国有财产的应当满足下述目的的经济单位：
1. 代表玻利维亚民众行使在自然资源上的财产权利，同时实施生产链的战略控制和这些资源的工业化。
2. 直接的或通过公共的、团体的、合作的或混合制企业，管理饮用水的基础服务和污水处理系统。
3. 直接的生产商品和提供服务。
4. 促进经济民主和实现人口的粮食主权。
5. 在其组织和管理上，保障公众参与和控制及工人在决策和利润分配中的参与。

第三百一十条
国家认可和保护以团结和合作为形式的非营利的合作社，并将主要推动生产活动中的合作社组织的发展。

第三百一十一条

Ⅰ. 宪法规定的一切形式的经济组织,都应当享有法律面前的平等。

Ⅱ. 多元经济包括下述方面:

1. 国家应当进行经济发展和计划过程的整体指导。

2. 自然资源是玻利维亚人民的财产,应当由国家进行管理。尊重和保障领域内的个人和集体财产权利。农业、畜牧业以及不涉及受保护动物的狩猎和渔业,但涉及国家经济结构和组织活动的受本宪法第四部分规定的约束。

3. 自然资源的工业化,在与自然和谐的可是持续发展体系下,用于克服依赖原料的出口和实现有生产基地的经济。

4. 国家可以干预行业战略中生产链的每一个部分,致力于寻求保障其有能力保护一切玻利维亚人的生活质量。

5. 尊重企业活动和法律保障。

6. 国家应当刺激和提升团体地区的经济以连接农村和城市地区。

第三百一十二条

Ⅰ. 每一个经济活动必须有助于增强国家的经济主权。禁止私人积累的经济力量达到可能威胁国家经济主权的程度。

Ⅱ. 一切形式的经济组织提供有尊严的工作和有助于减少不平等现象和消除贫困的现象。

Ⅲ. 一切形式的经济组织都有义务保护环境。

第三百一十三条

为消除贫困以及社会和经济上的排斥,同时实现多层面的幸福,玻利维亚经济组织有下述目标:

1. 在尊重个人权利和人民和国家权利的体系下,生产社会产品。

2. 社会财富和经济盈余的公平生产,分配和再分配。

3. 减少不平等的获取生产资源的现象。

4. 减少区域的不平等。

5. 自然资源的工业产品开发。

6. 公共经济和集体经济积极参与生产设备的开发。

第三百一十四条

禁止私人垄断和寡头垄断,以及任何其他形式的自然人或法人、玻利维亚人或外国人对商品和服务的控制,以及独占性的合作和协议。

第三百一十五条

Ⅰ. 国家认可法人的土地所有权,只要该土地被用于实现创建经济实体、制造就业机会、生产或销售商品或服务。

Ⅱ. 在本宪法实施以后,设立前一款的法人时,应当具有的公司规模按照不少于总面积除以5000公顷的面积计算,该公司的人数按照四舍五入后向上整取。

第二章 国家的经济职能

第三百一十六条

国家的经济职能由下述组成:

1. 指导经济和社会计划的进程,并参与和与公民协商。法律应当规定一个包含所有领土单位的国家全面的计划体系。

2. 依法定的原则指导经济和规定生产程序、再分配和商品服务的商业化。

3. 对经济的战略部门进行指导和控制。

4. 通过鼓励的方式直接参与经济及经济和社会商品和服务的生产,促进社会和经济的平等,同时刺激发展、预防寡头垄断控制经济。

5. 在实现经济和社会发展的目标下,促进不同经济形式的产品的结合。

6. 在尊重和保护环境的体系下,为保障就业和人口的经济和社会消费,推动主要的可再生资源和非可再生资源的工业化。

7. 为防止不平等、社会和经济的排他及在多个层面消除贫穷的目标下,推行国家经济资源和财富的再分配的平等政策。

8. 出于公共需要,必须考虑在生产和商业活动中建立国家垄断。

9. 在公众参与和协商下,定期制定总的发展计划,各种形式的经济组织的义务的实施。

10. 管理进行研究的经济资源、技术指导和技术的转换,用于促进生产活动和工业化。

11. 规范国家领空的航空活动。

第三百一十七条

国家应当保障参与计划实体的创设、组织和运行,该实体包括公共机构和民间社会组织的代表。

第三章 经济政策

第三百一十八条

Ⅰ. 国家应当制定进行工业和商业生产的政策,以保障商品和服务充足的供应足够覆盖基本的国内需求和增强出口的能力。

Ⅱ. 国家认可和应当优先支持在城市和农村的微型、小型和中型的生产企业的关联结构的组织。

Ⅲ. 国家应当增强制造单位有关生产的、制造和工业的基础设施和基本服务。

Ⅳ. 国家应当把优先促进农村生产的发展作为国家发展政策的基础。

Ⅴ. 国家应当促进和支持增值商品的出口和服务的出口。

第三百一十九条

Ⅰ. 在尊重和保护环境和农村本地土著民族和人民的权利及领土下,自然资源的工业化在经济政策中具有优先性。自然资源的开采和国有生产设备的生产是国家经济政策的重点。

Ⅱ. 在自然资源的战略能源中,国家应该考虑确定其销售的价格、税收、特许权以及应支付给公共财政的份额。

第三百二十条

Ⅰ. 玻利维亚人的投资应当优先于外国的投资。

Ⅱ. 每一项国外投资都应当受玻利维亚政府和法律的管辖,和任何人都不得适用例外情况,也不得提出获得更优惠待遇的外交主张。

Ⅲ. 同国外的国家或公司应当在独立、相互尊重和平等的条件下建立经济关系。不得授予国外的国家或公司比对玻利维亚人规定的更多的优惠条件。

Ⅳ. 国家独立地制定有关国内经济的一切政策,并且不得接受地方、银行或玻利维亚人或外国的经济团体、多边单位或跨国企业强加的条件或要求。

Ⅴ. 公共政策应当促进国内产品在国内的销售。

第一节 财政政策

第三百二十一条

Ⅰ. 国家和所有公共单位的经济财政管理都受到国家预算的约束。

Ⅱ. 消费和公共投资的决定应当通过包括公民、技术规划和国家行政官员在内的参与的途径下做出。应当特别重视对教育、卫生、营养、住房和生产发展的划拨款项。

Ⅲ. 行政机关应当在每个财政年度结束至少两个月前向多民族国家立法大会递交一般预算法草案,用于下一年度的运转,该草案包含所有公共实体。

Ⅳ. 每一项包括国家消费和投资的议案必须规定资金储备资源,替代方式和投资的方式。如果议案未被行政机关主动提出,则应当对其进行事先协商。

Ⅴ. 行政机关通过相关部门的部长直接获取涉及属于预算并且花费在各公共部门的开支的信息。该获取的信息应当包括由玻利维亚武装部队和警察花费的预算开支。

第三百二十二条

Ⅰ. 在有能力产生覆盖资本和利息的收入时,以及在利率、支付方案、总额和其他经济状况有充分的条件时,多民族国家立法大会应当授权订立国债的合同。

Ⅱ. 国债不包括多民族国家立法大会未授权的义务和未保证的花费。

第三百二十三条

Ⅰ. 财政政策基于经济能力、平等、先进性、比例、透明、普遍性、控制、行政简便和可收取的原则。

Ⅱ. 属于国税的税收应当由多民族国家立法大会批准,属于省或自治市排他所有的税收应当由其委员会或议会在行政机关的要求下进行批准、修改或削减,属于分散地区或区域排他所有的税收应当由地区各自的税、费和特殊捐税组成。

Ⅲ. 多民族国家立法大会通过法律定义和分类属于国家税收的领域,省或自治市税收的各个税种。

Ⅳ. 在自治政府享有税收职权的管理下,创设、修改或撤销税收应当受下述限制的影响:

1. 在征收的税收与相关现存的独立于其所属的税收范围的,国家的税收或其他省或自治市的税收相类似时不予创设。

2. 除由国外的公民或企业制造的收入外,禁止创造阻碍商品、经济活动或超出其领土管辖范围的遗产的税收。该禁止规定适用于费、执照和特殊捐税。

3. 禁止创设妨碍费用的流通和在领土管辖范围内的个人、资产、活动或服务的规定的税收。该禁止规定适用于费、执照和特殊捐税。

4. 禁止创设以歧视的方式为居民赋予特权的税收。该禁止规定适用于费、执照和特殊捐税。

第三百二十四条

对国家造成损害的经济债务无追诉期限。

第三百二十五条

法律打击非法的经济活动、投机交易、囤积、货币兑换、高利贷、走私、逃税和其他相关的经济犯罪。

第二节 货币政策

第二百二十六条

Ⅰ. 国家应当通过行政机关依据玻利维亚中央银行制定货币和汇率政策。

Ⅱ. 应当以本国货币进行公共交易。

第三百二十七条

中央银行是公共权力机关,有其法人资格和自治权。在国家经济政策的体系下,为有助于经济和社会的发展,玻利维亚中央银行有维持国内货币购买力稳定的职能。

第三百二十八条

除法律规定的权力外,玻利维亚中央银行依据行政机关制定的经济政策,享有下述权力:

1. 决定和实施货币政策。

2. 实施汇率政策。
3. 规定支付制度。
4. 授权发行货币。
5. 管理国际储备。

第三百二十九条

Ⅰ. 玻利维亚中央银行主管委员会应当由主席和五位由国家总统从多民族国家立法大会递交的有关每个职位候选者的名单中指定的董事组成。

Ⅱ. 玻利维亚中央银行主管委员会的成员任期五年，不得连任。其依法属于公务员范畴，对该职位的特殊要求由法律进行规定。

Ⅲ. 玻利维亚中央银行主席的职能是在多民族国家立法大会的要求下，提交报告和机构组织工作情况，玻利维亚的中央银行应当每年向立法大会递交报告，和受国家财政控制系统和政府的约束。

第三节　金融政策

第三百三十条

Ⅰ. 国家应当基于机会平等、团结、公平分配和再分配的标准确定财政制度。

Ⅱ. 国家通过其财政政策，应当优先考虑微型和较小企业、技工、商业活动、服务、团体组织和生产合作社的要求。

Ⅲ. 在社会生产投资的目的下，国家应当鼓励非银行经济单位的创设。

Ⅳ. 玻利维亚的中央银行和公共实体机构不干涉私人银行或金融机构的债务，目的在于推动和强化重建基金，并可用于银行破产案件中。

Ⅴ. 国家不同层级的公共管理的财政运行，都应当由一个公共银行单位进行。法律法规应当对其进行规定。

第三百三十一条

金融中介活动、金融服务的提供和其他涉及储蓄金管理、使用和投资的活动属于公共利益事项并且仅在依法优先授权下行使。

第三百三十二条

Ⅰ. 银行和金融机构的监管机关负责对玻利维亚所有金融机构的监督和监管。管理办法对金融实体进行规范和监管。

Ⅱ. 进行银行和金融机关规范的最高的权威机构，由国家总统从多民族国家立法大会提出的候选者名单中依照法定的程序进行指定。

第三百三十三条

由自然人或法人进行的金融活动，无论其是玻利维亚人还是外国人，除在司法程序中具有金融犯罪嫌疑，进行资产调查和法定的其他原因外，个人和法人的金融交易应当予以保密。审判中有必要依法了解金融操作过程的，无须得到司法授权。

第四节　部门政策

第三百三十四条

在部门政策的体系下，国家应当保护和鼓励下述事项：

1. 团结和互惠农村经济组织和较小的农村生产者和技工的组织或协会。经济政策应当使获得技术培训和高科技、信贷、市场开放和生产程序的进步更加方便。

2. 在生产、服务和销售领域的行会、自营职业和零售商业应当通过获得信贷和技术帮助的方式得到增强。

3. 有文化特性的生产工艺。

4. 微型和小型的企业，和农村经济组织以及较少生产者的组织或协会，在国家采购中享有优惠。

第三百三十五条

公共服务合作社是为公共利益的非营利组织和受政府控制，并且应当对其进行民主的管理。其行政和监管机关的选举应当依据其自己法定的规范，在多民族国家选举机关的监管下进行。由法律规定其组织和运行。

第三百三十六条

国家将支援社区经济组织获得信贷和融资。

第三百三十七条

Ⅰ. 旅游业是一项战略经济活动，必须在考虑尊重文化和环境的财富下，以一种可持续发展的方式发展旅游业。

Ⅱ. 社区旅游有利于城市、农村社区和农村本地土著民族和居民的发展，国家应当促进和保证。

第三百三十八条

国家认可作为一种财富资源的家庭工作的经济价值，同时应当在公共账目中将其量化。

第四章　国家财产和国有资源及其分配

第三百三十九条

Ⅰ. 共和国的总统在没有预算法律授权的情况下，在以下情况的开支无须宪法预先授权：应对自然灾害、平息内乱、维持公共服务所需资源、弥补特大灾害所受的损失，以上花费最终不得超过总预算授权的百分之一。

Ⅱ. 国家遗产和公共财产属于玻利维亚人民，同时不得对这些财产进行侵犯、附加、限制或没收，这些财产也不得被用于个人利益。由法律对其说明、清理、管理、处分、强制性登记和索赔进行规定。

Ⅲ. 国家收入一般应符合国家基本经济发展计

划、国家总预算以及法律。

第三百四十条

Ⅰ．国家收入分为国家收入、省收入、自治市和农村本地土著居民的收入，同时由他们各自的财政部依据其预算进行独立的使用。

Ⅱ．法律应当对国家的、省的和自治市的收入和农村本地土著居民的收入进行分类。

Ⅲ．部门和自治市的财政资源，和农村本地土著自治区资源和大学依赖资源按国家规定分级，并不得集中在国库。

Ⅳ．国家行政机关应当制定，用于完善整个公共部门的预算草案，包括自治区在内。

第三百四十一条

部门享有下述财政资源：

1. 法律规定的部门特许权。
2. 根据法定的比例，参与来源于石油的税收收入的分配。
3. 税、费、特别评估和部门有关自然资源的执照。
4. 从国家的总财政中转移的用于个人保健、教育和社会救助的费用。
5. 在本宪法第三百三十九条第一款规定的情况下，国家总财政的特殊转移。
6. 依据国家总财政系统的公共债务和公共信贷的规定，国内和国外贷款和借款合同。
7. 来源于商品买卖、服务和资产的买卖收入。
8. 遗产、捐赠和其他类似的收入。

第二编　环境、自然资源、土地和领土

第一章　环境

第三百四十二条

国家和人民有义务以可持续发展的方式保护、保存和使用自然资源和生物多样性，同时保存环境平衡。

第三百四十三条

人民有权参与环境的管理，和在可能影响环境质量的决定作出之前有权协商和被告知。

第三百四十四条

Ⅰ．禁止在玻利维亚境内制造和使用化学、生物和核武器，同时禁止扣押、运输和储备核能的和有毒的废物。

Ⅱ．国家应当控制扣押、生产、销售和影响健康和环境的物质、供应、方法和技术的使用。

第三百四十五条

环境管理政策建立在下述之上：

1. 在公共控制下，参与计划和管理。
2. 环境影响评价系统的应用和环境质量的控制，在没有例外的情况下和以涉及一切商品生产的活动和使用、转换或影响自然资源和环境的服务的方式进行。
3. 对指挥造成环境破坏的任何活动负责；对不符合保护环境的规范的行为的民事的、刑事的和行政的赔偿。

第三百四十六条

自然资源是公共重要的财产和为国家可持续发展的战略资源。对其保护和为人民利益的使用是国家的义务和排他性的权力，同时不得放弃建立在自然资源上的主权。法律应当规定对其管理的规则和处置。

第三百四十七条

Ⅰ．国家和社会应当促进对环境有害影响和影响国家的环境污染和破坏的减轻。破坏历史环境应当承担赔偿责任，同时环境犯罪的刑事责任不得消灭。

Ⅱ．在对环境产生影响的所有阶段，应避免、减少、减轻、补救、修复和辅助对环境和人民健康造成的损害，并需要制定措施消除可能产生的环境污染和损害的影响。

第二章　自然资源

第三百四十八条

Ⅰ．国家的一切矿物、石油、水、空气、土壤和底土、森林、生物、电磁波谱和一切元素和可以使用的物理的组织都属于自然资源。

Ⅱ．自然资源是国家发展的战略资源和公共重要的财产。

第三百四十九条

Ⅰ．自然资源是玻利维亚人民的财产和直接的领土，不可分的和不受限制的，同时由国家代表公共利益进行管理。

Ⅱ．国家应当认可、尊重个人和集体的土地及其他自然资源的利用权、开采权和财产权。

Ⅲ．不包含保护的动物和植物的农业、畜牧业以及狩猎和渔业活动，是受本宪法第四部分规定的涉及国家经济组织和结构内容的约束的活动。

第三百五十条

任何在财政储备上授予的所有权应当是无效的，表达的授权是依法出于国家需要和公用事业的除外。

第三百五十一条

Ⅰ．国家应通过可以同私人企业合作以组成混合企业的公有、合作或公共团体监管并指导对战略性自然资源的开发、开采、工业化、运输和出售。

Ⅱ.国家为自然资源的使用,应当签订同法人、玻利维亚人或外国人合作的合同。该合同应当保障经济利益在国家的再投资。

Ⅲ.应当在保障社会参与和对签署行业政策的控制下进行自然资源的经营和管理。为进行经营和管理,在有国家和社会代表下,可以建立混合制企业,同时应当保护公共利益。

Ⅳ.当私人企业参与自然资源的开发时都应当支付税收和使用费,无论其是玻利维亚人还是外国人,同时可能产生的开销不得报销。使用自然资源的使用费是一项权利,是对其开采的补偿,同时应当由法律和宪法对其进行规定。

第三百五十二条

在确定的领土内开采自然资源,应当受到国家要求的,同可能受影响的人口协商的程序的限制,该程序应当是开放的,并事先进行公告。在环境管理的程序中应当保障公民的参与,同时应当依法促进生态系统的保护。在民族和农村本地土著居民地区,在尊重其规范和程序下进行协商。

第三百五十三条

玻利维亚人民可以从所有天然资源中获得利益。国家给该资源地、该领土居民和民族和农村本地土著居民的优先参与分配和使用这些地区地方资源的权利。

第三百五十四条

国家应当发展和促进涉及管理、保护和自然资源使用和生物多样性的研究。

第三百五十五条

Ⅰ.工业化和自然资源的买卖应当是国家优先考虑的事项。

Ⅱ.从自然资源的开发和产业化中获得的收益应当予以分配和再投资,以促进不同地区,各级政府的经济多样化。利益分配比例应受到法律约束。

Ⅳ.应当进行工业化的进程,同时给予原始生产地优先权,应当创造支持国内或国际竞争的条件。

第三百五十六条

非可再生自然资源的探测、开采提炼、工业化、运输和买卖的活动应当由国家和公共事业负责实施。

第三百五十七条

作为玻利维亚人民,任何人或社会所有制形式的外国公司均不可将玻利维亚的自然资源的所有权进行注册或证券化或者进行金融交易。对自然资源的注解和储备登记属于国家的专属权力。

第三百五十八条

使用或开发自然资源的权利应当受法定的约束。应当定期审查这些权利是否符合技术的、经济的和环境的规章。违反法律应当导致权利的归复或使用和开发权利的废除。

第三章 石油

第三百五十九条

Ⅰ.在无论国家的什么地方发现或形成的石油,都是玻利维亚人民不可分割和不受限制的财产。国家和玻利维亚人民拥有所有该国石油的所有权以及唯一的销售权。通过销售石油所获得的一切收入属于国家财产。

Ⅱ.任何合同、协议或惯例,无论直接或间接,默示或明示,都不得部分或全部的违反本条的规定。在违反的情况下,合同在法律上无效,同时进行协议、签署、批准或实施的相关人员构成叛国罪。

第三百六十条

国家应当规定石油政策,应当促进其广泛的、可持续的和平等的发展,同时应当保障能源主权。

第三百六十一条

Ⅰ.玻利维亚财政油田公司(YPFB)是一个国家石油政策框架下的,拥有监管、技术和经济自主权的公司。财政石油公司在工信部的指导下,作为国家的业务部门,是唯一有权进行石油的生产和销售的公司。

Ⅱ.财政油田公司不得以任何形式或模式,默许或明示、直接或间接地转让其权利或义务。

第三百六十二条

Ⅰ.财政油田公司经授权得同提供服务的由玻利维亚人或外国人所有的公有混合或私有企业签订合同。上述企业以他们自己或代表的名义,在生产环节中从事规定的活动,作为交换进行赔偿或对其服务支付报酬。任何情况下签订这些合同都不得意味着财政油田公司或国家的损失。

Ⅱ.涉及石油开发和探测活动的合同必须有多民族国家立法大会事先的授权和明示的批准。在没有授权的情况下,合同应当无效和不具有法律效力,无须司法的或法外的宣告。

第三百六十三条

Ⅰ.玻利维亚油气产业公司(EBIH)是一个在国家石油框架下,拥有经营、行政技术和经济自主权,由工信部和财政油田公司指导的国有公司。油气产业公司代表国家,并在其领土范围内推动石油产业化。

Ⅱ.财政油田公司可以形成组织或混合制企业,实施石油的探测、开发、提炼、工业化、运输和买卖活动。在这些组织和公司里,财政石油公司必须有公司总资本的不少于百分之五十一的股份。

第三百六十四条

财政油田公司作为玻利维亚国家的代表,应当在其他国家领土范围内运用和行使财产权利。

第三百六十五条

一个自足的公共的法律组织,其行政和经济管理的自治,在各部门的合法保护下,有义务在国家石油政策体系内依法进行整个生产环节的规范、控制、监督和财政管理活动,以实现工业化。

第三百六十六条

以其名义或国家代表的名义在石油生产环节进行活动的各外国企业,应当服从主权国家和国家的法律和权威。对外国法院案件或外国司法管辖权不予认可,同时他们不得援引国际仲裁的特殊规定,也不得提出外交赔偿。

第三百六十七条

石油及其相关产品的开发、消费和买卖必须受保障国内消费的发展政策的约束。剩余产品的出口将纳入增值范畴。

第三百六十八条

生产石油的地区应当收取其审计的地区石油生产的百分之十一的使用费。同时,非石油生产地区和国家的总财政部门应当获得一个参与份额,并由特别的法律对其进行规定。

第四章 采矿和冶金

第三百六十九条

Ⅰ. 国家应当对在土壤和底土及其来源的无论什么地方的矿物财富负责,同时由法律对其运用进行规定,应当认可私人采矿业和合作公司作为国家采矿业的生产者。

Ⅱ. 存在于盐渍、盐水、脱水、硫和其他物质中的非金属自然资源属于国家的战略资源。

Ⅲ. 制定采矿和冶金政策并进行直接领导,以及推广、开采和控制采矿业是国家的义务。

Ⅳ. 国家应当对整个采矿的生产链和由所有者的采矿权利、采矿合同或在先权利引起的活动进行控制和审查。

第三百七十条

Ⅰ. 国家应当保障整个生产链中的采矿,同时应当在遵守法律规定的准则下同个人或集体签署采矿合同。

Ⅱ. 国家应当促进和增强采矿合作,以便促进国家社会经济发展。

Ⅲ. 整个生产链里的采矿权以及采矿合同,通过其所有者的直接行使,实现社会经济的职能。

Ⅳ. 包含投资和矿物和金属的勘探、开发、研究、浓缩、工业化或销售的采矿权,由所有者行使。法律应当规定该权利的范围。

Ⅴ. 采矿合同应当指定受益人进行采矿活动的义务,以满足社会经济利益。未履行该义务将直接导致合同的终止。

Ⅵ. 国家应当通过自足单位促进和发展不可再生自然遗产资源的管理、勘探、研究、开发、工业化、商业化、技术资讯、地质化和科学化。

第三百七十一条

Ⅰ. 通过合同授予的矿山开采区域是不可转让的、不可扣押的和不适用法定继承的。

Ⅱ. 采矿企业的合法住所应当设立在最为集中的采矿点。

第三百七十二条

Ⅰ. 国有化的矿业集团,其工业厂房和厂矿属于人民的财产,不得转移和依据任何产权作为私人企业财产进行判决。

Ⅱ. 应当委托法定的自足单位行使采矿业的最高级别经营和管理。

Ⅲ. 国家应当参与法律规定的矿物的、金属的和非金属的资源的工业化和买卖。

Ⅳ. 由国家创设的新的国有企业应当在采矿地区波多西和奥鲁罗建立法定住所。

第五章 水资源

第三百七十三条

Ⅰ. 在人民主权体系下,水形成了一项基本的生命权利,国家应当在团结、互惠、互补、平等、多样和可持续发展的基本原则上促进水的使用和获得。

Ⅱ. 国家所有的水资源包括地表水和地下水资源,水资源是有限的、应获得保护的战略资源,承担着社会、文化和环境功能。这些资源不得作为私人所有,私人不得获得所有权证明。

第三百七十四条

Ⅰ. 国家应当保护和保障优先提供生活用水。国家有义务在社会参与下,管理、控制、保护和计划适当的和可持续水资源的使用,保障所有的居民获得水资源。法律应当规定使用的条件和限制。

Ⅱ. 国家应当认可、尊重和保护公民的用水习惯,以及农村本地土著居民的用水权及其对可持续水资源的管理及使用。

Ⅲ. 化石、冰川、湿地、地底、矿物和其他水是国家优先考虑的事项,必须保证对其的保护、保存、储藏、可持续的使用和完整的管理;以上任务是不可分离的、不可附加的和不能被限制的。

第三百七十五条

Ⅰ. 国家有责任发展用于流域的使用、保护、管理和可持续开发的计划。

Ⅱ. 国家应当依法对水资源的可持续利用、河水灌溉、粮食安全及基本服务进行管理。同时尊重公民的使用习俗。

Ⅲ. 对化石水进行鉴别、研究以及随后的保护、管理和可持续利用是国家的义务。

第三百七十六条

江河、湖泊和泻湖是水资源的组成部分，因其潜能，它们所包含的自然资源的多样性，以及因其作为生态系统的一个基本部分，属于玻利维亚发展的战略资源。国家应当避免可能引起生态系统破坏的或降低流动量的在资源和江河的中介区域行动，应当保护自然区以及应当关注人民的发展和福利。

第三百七十七条

Ⅰ. 国家签署的有关水资源的每一项国际条约，应当保障国家的主权并应当优先考虑国家的利益。

Ⅱ. 国家应当为保护水资源丰富而保护持久的边界和跨边界水域，从而有助于人民融合。

第六章　能源

第三百七十八条

Ⅰ. 不同形式的能源和其资源组成了战略能源，获取能源和资源是一切国家的发展和社会发展所必不可少的和基本的权利，其应当受效率、持续、适应性和环境保护原则的限制。

Ⅱ. 国家享有在公众参与和控制下，通过公有制的、混合制的企业，非营利性组织，合作社，私人企业和团体，社会企业，在生产、运输和分配方面发展能源生产链的排他性的权力。能源生产链不得被许可为私人利润进行排他性的控制。由法律对私人参与进行规定。

第三百七十九条

Ⅰ. 国家应当发展和促进研究及新形式的可替换能源的生产，与环境保护相和谐。

Ⅱ. 国家应当保障用于国内消费的能源的生产；大量能源的出口必须预先估计国家必要的储量。

第七章　生物多样、古柯、保护区和森林资源

第一节　生物多样

第三百八十条

Ⅰ. 应当以可持续发展的方式利用可再生自然资源，尊重各生态系统的特性和自然价值。

Ⅱ. 为保证生态平衡，必须在符合其在陆地的使用和占用的组织的程序体系下的最大承载量下进行陆地的使用，同时考虑其生物物理特性、社会经济、文化特征和组织政策。

第三百八十一条

Ⅰ. 本国的动物和蔬菜品种是自然财产。国家应当制定为其保护、开发和发展的必要措施。

Ⅱ. 国家应当保护在领土范围内的、生态系统发现的、遗传的和微量有机的资源，以及同其使用和开发相关的知识。为对其进行保护，应当建立保护其存在的登记系统，以及以国家或对其主张权利的、当地的、个人的名义登记的知识产权。国家应当对在法律下的、所有未登记的一切资源建立保护程序。

第三百八十二条

国家有权力和职责对从自然资源中衍生和起源于领土范围内的其他资源和祖传遗产中的生物材料的保护、获取、保存和遣返。

第三百八十三条

国家应当制定措施用于部分的或整体的、暂时的或长久的限制从其他资源中提取的生物的使用。措施应当在于对濒临灭绝危险的生物的保护、保存、恢复和重建。

第二节　古柯

第三百八十四条

国家保护本地的和祖传的古柯，将其作为文化遗产，作为玻利维亚的生物的可再生资源和社会共同体的因素。在自然领土中的古柯不是麻醉剂。古柯的估计、生产、买卖和工业化受法律的约束。

第三节　保护区

第三百八十五条

Ⅰ. 保护区构成了共同利益，同时形成了国家自然和文化遗产的部分。为可持续发展履行环境的、文化的、社会的和经济的职能。

Ⅱ. 无论什么地方的农村本地土著保护区和领土都应当对其进行恢复性的、共同的管理，受农村本地土著民族和居民的程序和规范的约束，同时尊重其创设保护区的目的。

第四节　森林资源

第三百八十六条

森林资源和林地是为玻利维亚人民发展的战略资源。国家应当认可为团体利益和个人交易而开发森林资源的权利。除此之外，国家应当促进保护和可持续开发、额外生产价值的产生和退化区域的改造和再改造。

第三百八十七条

Ⅰ. 国家应当保障本国森林领域里的自然森林的保护、可持续开发以及植物群、动物区系和退化区域的保护和恢复。

Ⅱ. 法律应当规定具有社会经济、社会和生态价

值的树木种类的保护和开发。

第三百八十八条

居住在森林里的农村本地土著团体应当有依法进行开发和管理该森林的排他性权利。

第三百八十九条

Ⅰ．依据规划政策和法律规定，将林地转换为农业或其他使用，应当仅限于依法分配进行该使用的地区。

Ⅱ．法律应当决定为确保水区和土地的长久保护而进行的、内部的、使用的区域和生态权利的方式。

Ⅲ．区域内土地的每项保护不能为该目的而进行分类，应当规定违规处罚和应当导致对造成的损失进行修复的义务。

第八章 亚马孙流域

第三百九十条

Ⅰ 因其较高的环境敏感性、现有生物的多样性、水资源和生态区，玻利维亚亚马孙流域构成了一个用于国家广泛发展的特殊保护的战略区域。

Ⅱ 玻利维亚亚马孙流域包括整个潘多部分、各塞瓦斯蒂安省的拉巴斯部分和巴卡迭斯省和玻利维亚贝尼省。玻利维亚亚马孙流域的整个发展，作为本国领土的热带雨林区域，依据提取和获得的资源的特殊特征，应当由涉及国家和区域利益的特殊法律进行约束。

第三百九十一条

Ⅰ．国家应当将玻利维亚亚马孙流域的整个可持续的发展作为优先事项，共同的和平等的管理亚马孙丛林。在环境的保护和可持续发展的体系内，应当指导管理用于提高其居民的收入和促进就业。

Ⅱ．国家应当鼓励筹资用于旅游业、生态旅游和区域企业的其他举措。

Ⅲ．国家在与农村本地土著职权和亚马孙流域的居民协调下，应当创设一个特殊的分支机构，总部在亚马孙流域，从而促进本区域内的活动。

第三百九十二条

Ⅰ．国家应当实施特殊的政策，使地区的农村本地土著民族和居民获益，从而为传统提取物的再生、鼓励、工业化、商业化、保护和保存提供必要的条件。

Ⅱ．应当认可作为玻利维亚象征的森瑞加和卡斯塔诺的历史文化和经济价值，并处罚否定该价值的行为，法律规定的公共利益的情况除外。

第九章 土地和领土

第三百九十三条

国家认可、保护和保障个人的和团体的或公共的土地财产，只要其符合社会目的或社会经济目的，视具体情况而定。

第三百九十四条

Ⅰ．个人的土地财产依据表面积、生产和发展标准，分类为小型的、中等的和商业的。其最大面积和最小面积、特点和占有形式由法律进行规定。保障在农村本地土著领域内拥有土地的个人合法取得的权利。

Ⅱ．小型的财产不可分割，其组成了不得被附加的家庭财产，同时其不缴纳土地财产税，不可分性且不受法定条件下的法定继承的影响。

Ⅲ．国家认可、保护和保障包括农村本地土著领土、国家的、跨文化团体和农村团体的团体或集体的财产。集体财产不可分离，不受时效和扣押的约束，不可剥夺和不得撤销，同时不受土地财产税的约束。集体可以成为所有者，认可集体和个人权利的补充性特征，尊重共同领土的统一。

第三百九十五条

Ⅰ．接管的土地应当依据涉及生态和地理关联性的政策和人口、社会、文化和经济的必要性，给予没有占有土地或土地不足的农村本地土著居民、跨文化土著团体、非裔玻利维亚和农村团体。依据农村的可持续发展的政策和妇女获得、分配和再分配土地的权利进行捐赠，不得有基于公民身份和社会关系的歧视。

Ⅱ．禁止重复捐赠、购买和出售以及交换和赠与来源于捐赠的土地。

Ⅲ．因违反集体利益，禁止通过投机地使用土地获得收入。

第三百九十六条

Ⅰ．国家应当规范土地市场，禁止积聚的土地面积超过法律规定，以及划分的土地面积不足规定的最低财产。

Ⅱ．外国人不能在任何权利之上获得国家土地。

第三百九十七条

Ⅰ．劳动是获得和保护土地财产的基础性资源。该财产依据其性质必须符合社会功能或为保卫其权力的经济社会功能。

Ⅱ．社会功能应当解释为在农村本地土著居民和团体部分的土地的可持续发展，以及在较少财产中履行，和组成生计和福祉资源，以及以社会发展的名义。在履行社会职能中，认可团体自己的规范。

Ⅲ．社会经济功能解释为依据土地的最大使用承载量，为社会、集体和所有者自己的利益进行的其在生产发展活动里的可持续性使用。

第三百九十八条

因其违反公共利益和国家的发展而禁止大庄园

和重复权利。大庄园解释为：土地的非生产性保有，不履行经济社会功能的土地，在劳动关系中使用地役、半奴隶或奴隶制度开发土地，土地财产超过法律规定的最大表面积空间。最大表面积绝不可超过五千公顷。

第三百九十九条

Ⅰ．区域土地财产的新限制应当适用于本宪法生效之后获得的土地。因法律不溯及既往的规定，依法认可和尊重占有权和土地财产的权利。

Ⅱ．应当没收超过履行社会经济功能的表面面积。在前国家土地改革委员会之前，进行前面条款规定的涉及重复捐赠的重复权利的处理。禁止重复捐赠不适用于第三方合法要求的权利。

第四百条

因其影响可持续开发和违反集体利益，禁止土地划分的面积小于法律规定的较小财产的最大面积。法律规定的较小财产的最大面积应当考虑地理区域的特征。

第四百〇一条

Ⅰ．不能履行社会经济功能或拥有大庄园的，应当导致土地的归复和应当归于玻利维亚人民的财产领域。

Ⅱ．为紧急避险和公用事业的因素，在优先支付公平的赔偿金下，进行土地的征用。

第四百〇二条

国家有义务进行：

1．在国家的领土组织和环境保护的体系下，鼓励为人类居住的计划，实现合理的人口结构分配、更好的开发陆地和自然资源，准予新的定居点获得教育、健康、食品安全和生产的设施。

2．发展旨在消除一切形式的反对妇女获得土地所有权和遗产的歧视。

第四百〇三条

Ⅰ．确认农村本地土著领土的完整，包括领土的权利，在法定条件下使用和排他的开发可再生资源的权利，告知协商和优先的权利，参与在其领土内发现的可再生资源的开发的利益分配的权利，通过其代表机关给予的适用其自己的规范的权力以及依据其自己文化的准则和同自然和谐共存的原则限定其发展。农村本地土著领土可以由群落组成。

Ⅱ．农村本地土著领土包括生产区域、自然资源的开发和保护区域和用于社会、精神和文化再造的区域。法律应当规定这些权利的确认程序。

第四百〇四条

玻利维亚土地改革服务，国家总统享有最高授权，有义务计划、执行和加强土地改革进程，同时在整个国家领土享有司法管辖权。

第三编 农村全面可持续的发展

第四百〇五条

广泛的、可持续的农村发展是国家经济政策的一部分，该政策应当优先鼓励一切社群主义的经济事业和农民组织，通过下述方式强调食品安全和主权：

1．持久的和可持续的增加农业、畜牧业、制造业、农工业和旅游业的生产力及其商业能力。

2．农业、畜牧业和工农业生产结构的衔接和内部互补形式。

3．为农村生产部门在涉及玻利维亚经济盈余上的经济交流实现更好的条件。

4．对在其生活的所有区域的农村本地土著团体的尊重。

5．增强小型农业和畜牧业生产经济及家庭和社群经济。

第四百〇六条

Ⅰ．国家应当通过政策、计划、项目和鼓励农业、技工、和林业生产和旅游的综合项目的方式，在实现可再生自然资源的更好的开发、转型和工业化和商业化目的下，保障农村可持续全面发展。

Ⅱ．国家应当促进和增强农村经济生产组织，依据其文化和生产特性，包括技工、合作社、农业生产和制造协会，以及微型、小型和中型有助于社会经济发展的农业社群企业。

第四百〇七条

在自治和分权领土单位，为农村全面发展的国家政策的目标，包括如下：

1．保障食品安全和主权，在玻利维亚领土范围内的农业食品的优先生产和消费。

2．规定玻利维亚农业生产的保护方式。

3．促进农业生态产品的生产和销售。

4．保护农业和农工业生产免受自然灾害、恶劣气候和地质灾害。法律应当规定农业保险。

5．采取一切办法在各个层级实施和发展技术、生产和生态教育。

6．提出政策和可持续项目，实现土壤的保护和休养。

7．发展为保障农业和畜牧业生产的灌溉系统。

8．在整个农业生产环节，提供技术帮助和提出创新方法及转变技术。

9．进行种子银行和基因研究中心的创造。

10．鼓励和支持有自然结构弱点的农业生产地区。

11．控制生物和基因资源在国家的输入和输出。

12．实施政策和项目，保障农业卫生和食品安全。

13. 为农业提供生产的、制造的和工业的基础设施和服务。

第四百〇八条

国家在弥补存在于农业和畜牧业生产和经济盈余间不平等交换的劣势目标下,应当决定对小型的和中型的生产者的利润的刺激。

第四百〇九条

法律对转基因产品的生产、进口和商业化进行规定。

第五部分 等级规范和宪法的修订

单独编 宪法的权威和修订

第四百一十条

Ⅰ.每一位自然人或法人,以及公共机关、公职机关和社会公共机构均受本宪法的约束。

Ⅱ.宪法是玻利维亚法律的最高准则,具有至高无上的权威,优先于其他任何规范性处置。宪法性法律的组成部分包括经批准的涉及人权的国际条约和协定和宪法性法律的规范。法律规范的适用受下述等级制度的约束,依据领土单位的权力:

1. 国家宪法。
2. 国际条约。
3. 国家法律、自治法规、组织法和其他省、自治市和土著的立法。
4. 法令、规章,和其他相关的行政机关提出的决议。

第四百一十一条

Ⅰ.整个宪法的修订或影响其基本前提、影响权利、义务和保障,或影响宪法权威和修订,应当通过第一次全权代表组成的议会进行,大众通过公民复决提出动议。通过至少全体选民的百分之二十署名的公民提议下,召开全民复决;通过多民族国家立法大会的议员的绝对多数投票;或者通过国家总统。修宪议会应当起草适用于所有人的规章,通过出席议员的三分之二批准宪法文本,有效的修订要求通过宪法的公投批准。

Ⅱ.通过大众提议开启宪法的部分修订,且至少全体选民的百分之二十署名,或者由多民族国家立法大会通过多民族国家立法大会的全体出席议员的三分之二批准宪法修订的法律。任何部分修订要求通过宪法公投批准。

临时规定(略)

伯利兹宪法*

(1981年9月21日生效)

鉴于伯利兹人民——

(a)确认伯利兹国应建立于承认下列原则的基础之上：上帝的无上权力、对人权和基本自由的信仰、家庭在自由民和自由组织构成的社会中的地位、人类的尊严以及造物主赋予人类大家庭所有成员的平等且不可剥夺的权利。

(b)尊重社会正义原则，并由此确信经济体制之运作必将使得共同体的物质资源以促进公益之方式进行分配；确信应当为所有人提供充足的生活资料；确信因经济需要而剥削劳工或强迫劳工在不人道的条件下劳动实不应当，而应在承认价值、能力和完整性的基础上提供发展之机会；确信应平等保护所有儿童而不论其社会地位，并确信应确保一个公正的体制以在平等的基础之上提供教育和健康。

(c)确信国民的意志应成为在民主社会组建政府的基石，且在民主社会，政府系由成年人普遍、自由选举产生，所有国民在其能力的限度内参与国民生活建设，且进而发展并保持对合法建立之政权的应有尊重。

(d)承认仅当自由系以对道德和精神价值之尊重以及法律规则为基础时，个人和组织方得保有自由。

(e)需要保障和保卫伯利兹的统一、自由、主权和领土完整的国家政策；需要消除伯利兹公民间存在的经济和社会特权和差异的国家政策，不论特权和差异系因民族、种族、肤色、宗教、残疾或性别产生；需要确保性别平等的国家政策；需要保障个人生命权、自由权、基本受教育权、基本健康权、选举权、劳动和追求幸福的权利的国家政策；需要保障伯利兹人，包括伯利兹土著居民的个性、尊严以及社会和文化价值的国家政策；需要保护个人对个人财产的所有权和经营私人企业的权利的国家政策；需要禁止个人或国家剥削个人的国家政策；需要确保公正的社会保障和福利体系的国家政策；需要保护环境的国家政策；需要在国家间的交往中遵守国际法和条约义务，促进国际和平、安全以及国家间的合作，并推动公正、公平的国际经济和社会秩序的建立的国家政策。

(f)渴望他们的社会得反映并享有上述原则、信念和需求，渴望宪法能够铭记这些原则、信念和需求，并制定条文以确保伯利兹能够实现之。

现在，据此，特颁布伯利兹宪法如下：

第一章　国家和宪法

第一条

(1)伯利兹系中美洲的一个主权民主国家，位于加勒比地区。

(2)伯利兹由宪法第一附件中规定的陆地和海域组成，这些陆地和海域于独立日前构成伯利兹殖民地。

第二条

宪法为伯利兹的最高法，如果任何其他法律与宪法相抵触，则在其抵触的范围内，均属无效。

第二章　保障基本权利和自由

第三条

在伯利兹，人人均享有下列各项基本权利和自由，不论种族、出生地、政见、肤色、信仰或性别，但受他人的权利和自由以及公共利益之限，即——

(a)个人的生命、自由和安全，以及法律保障；

(b)良心、表达、集会和结社的自由；

(c)保障家庭生活、个人隐私、住宅和其他财产隐私以及个人尊严受到承认；以及

(d)保护财产不受任意剥夺。

本章之规定具有保障上述权利和自由之效力，但保障应受条文自身规定之限制，这些限制系为确保任何人对上述权利和自由之行使不损害他人对权利和自由之行使或公共利益而制定。

第四条

(1)不得故意剥夺任何人的生命，除非为了执行法院依据任何法律就他被判定的罪行而判处之刑罚。

---

* 译者：林婉莹。

(2)在下列情形中,因在法律许可的限度内和条件下使用合理正当的武力以致他人死亡,或因合法的战争行为以致他人死亡,不得视为违反本条规定剥夺他人生命——

(a)为保护任何人免受暴力或为保护财产;

(b)为执行合法逮捕或阻止被合法拘禁之人脱逃;

(c)为压制暴乱、暴动或叛变;或

(d)为阻止该人实施犯罪行为。

第五条

(1)不得剥夺任何人的人身自由,除非经法律授权并存在下列情形,即:

(a)因为他对于刑事指控无能力答辩或为了执行法院就他被判定的罪行而判处之刑罚或发布之命令,不论法院系为伯利兹而设或为其他某些国家而设;

(b)为了执行最高法院或上诉法院为惩罚他藐视最高法院或上诉法院或其他法院或裁判庭而发布之命令;

(c)为了执行法院为确保他履行法律规定的任何义务而发布的命令;

(d)为了将他移送法院以执行法庭命令;

(e)根据对他已实施或将实施任何法律规定的罪行之合理怀疑;

(f)依据法院之命令或经其父母或监护人同意,在其未年满18周岁时,为其教育或福利作出的限制;

(g)为了防止传染性疾病的传播;

(h)如果某人为或受到合理怀疑为精神障碍者、沉溺于毒品或酒精者或流浪者,则为了他的健康或治疗或保护社区之目的;

(i)为了防止他非法进入伯利兹,或为了执行驱逐、引渡或其他离开伯利兹的合法方式,或为了在他作为已决犯从一个国家驱逐或移送至另一国家期间通过伯利兹进行转移时,对他实施监禁;或

(j)为执行要求他不得离开或禁止进入伯利兹境内特定区域之合法命令,而对其采取的必要限制,或为使作出前述命令之诉讼,或与前述命令有关之诉讼得以进行,而对其采取的合理正当的限制,或经前述命令批准,允许其合法进入伯利兹境内特定区域后,而对其采取的合理正当的限制。

(2)任何受逮捕或拘留之人应当有权——

(a)迅速且在任何情况下都不迟于逮捕或拘留后二十四小时被告知逮捕或拘留的理由,并应当以其能够明白的语言告知;

(b)毫不迟延地与本人选择的律师,若其为未成年人,则与父母或监护人,进行秘密交流,并享有足够的机会向其本人选择的律师说明案情;

(c)于受逮捕之时即刻被告知其依本款(b)项之规定享有的权利;以及

(d)通过人身保护令之方式裁定拘留之正当性以获得救济。

(3)因为下列原因而受到逮捕或拘留且未获释放的任何人,均应当移送至法院,移送不得受到不当延误,且在任何情况下不得迟于逮捕或拘留后四十八小时——

(a)为将其移送法院以执行法庭命令;或

(b)根据对于他已实施或将实施任何法律规定的罪行之合理怀疑。

(4)如果为了执行法院在任何诉讼程序发布的命令或根据对于他已实施或将实施罪行之合理怀疑而将任何人移送至法院,则此后不得因该诉讼程序或罪行而继续监禁之,但依据法庭命令除外。

(5)依本条第(3)款(b)项之规定逮捕或拘禁的任何人,如果未在合理时间内受到审判,则在不损害任何其他可能对其提起的诉讼程序的情况下,应当有权在合理的条件下得到保释,除非他获得释放。

(6)任何人,如果受到任何其他人的非法逮捕或拘留,应当有权向其或其所代表的任何其他人或机构提出赔偿。

但是,如果任何人就履行某一司法职责无须承担本款规定之外的法律责任,则其不因履行时的任何行为承担法律责任。

(7)为本条第(1)款(a)项之宗旨,如果就在法庭上受刑事指控的任何人,已特别裁决其犯有指控的作为或不作为之罪,但在其作为或不作为之时系属精神错乱,则应当视他为被判有罪之人,且依据裁定实施的拘留应当视为执行法庭命令。

第六条

(1)所有人在法律面前一律平等,并有权不受歧视地享有法律的平等保护。

(2)如果任何人受到刑事指控,则,除非指控被撤销,案件应当由依法设立的独立且中立的法院于合理时间内公正审理之。

(3)任何受刑事指控者——

(a)未经被证明有罪或认罪,应当推定为无罪;

(b)应当在合理可行的时间内以其能够明白的语言被告知指定罪行的性质和详情;

(c)应当获得充分的时间和条件以准备答辩;

(d)应当能够在法庭上亲自答辩或,自己支付费用,由其选择的律师进行答辩;

(e)应当能够在法庭上亲自或由其诉讼代理人询问控方证人,以及在同等条件下请求己方证人出庭询问之;

(f)应当能够在其不明白庭审使用的语言时,无

须付费而得到翻译之协助,且未经其本人同意,不得缺席审判,除非其行为致使诉讼程序在其在场时无法进行,法庭命令将其驱逐且庭审在其缺席的情况下继续进行。

此外,如果依据某一法律,他有权获得就所受指控以及庭审的日期、时期和地点的充分通知以及出庭的合理机会,则在该法律规定的情形下,可以进行缺席审判。

(4)不得因任何发生时没有规定为犯罪的作为或不作为而判决任何人有罪,也不得就任何犯罪行为判处在程度或性质上较犯罪发生时可能判处的最高刑更重的刑罚。

(5)如果任何人就某一犯罪行为已经有管辖权的法院审判,则无论判决有罪或无罪,均不得因同一罪行或本可以在审理该罪行时判定的任何其他罪行再次遭受审判,但依据高级法院在该有罪或无罪判决相关的上诉或复审程序期间发布的命令除外。

(6)不得强迫任何遭受刑事审判的人在庭审中提供证据。

(7)任何法院或法律规定裁决任何民事权利或义务之存在或限度的其他机构均应当依法设立,并应当独立且中立;如果任何人在此类法院或其他机构提起裁决程序,则应当在合理时间内公正审理之。

(8)除经所有当事人同意,所有法院的所有诉讼程序以及在任何其他机构提起的所有裁决任何民事权利或义务之存在或限度的程序,包括宣告法院或其他机构的判决,均应当公开进行。

(9)本条第(8)款之规定不得禁止法院或其他裁判机构拒绝除当事人及其代理律师以外的人员参与诉讼程序,但拒绝应当在下列限度内——

(a)法院或其他机构经法律授权,并认为在公众关注将损害司法利益或处于中间程序或为了公共道德、未成年人的利益或保障诉讼相关人员的私生活的情况下如此行为之确为必要或有利的;或

(b)法律授权或要求法院或其他机构为了国防、公共安全或公共秩序如此行为。

(10)法律的任何授权或依据授权采取的任何行为,不得视为不符合或违反——

(a)本条第(3)款(a)项之规定,如果所论及的法律对任何受到刑事指控的人课以证明特定事实的义务;或

(b)本条第(3)款(e)项之规定,如果所论及的法律要求如由公共基金支付费用传唤对被告人有利的证人必须满足合理的条件;或

(c)本条第(5)款之规定,如果所论及的法律授权某一法院就某一罪行审判纪律部队的成员,即使存在依据该部队的纪律性法律对成员进行的任何审判及有罪或无罪判决,但是,任何审判此类成员并判

其有罪的法院在判处刑罚时应当考虑依据前述纪律性法律课以之惩处。

(11)任何人,如果系受到合法拘留,则依据规定此类人员的纪律之法律,对其进行的刑事审判不适用本条第(2)款及第(3)款(d)项之(e)项之规定。

(12)在本条中,"犯罪行为"系指法律规定的犯罪行为。

第七条

任何人不得被施以酷刑或不人道或侮辱性的刑罚或其他对待。

第八条

(1)任何人不得使为奴隶或奴役。

(2)任何人不得被强迫劳动。

(3)为本条之宗旨,"强迫劳动"一词不包括——

(a)刑罚或法庭命令要求的任何劳动;

(b)向任何正受合法拘留的人要求的,非刑罚或法庭命令之要求,但对于卫生或维持其所在拘留场所系为必要的劳动;

(c)纪律部队的成员履行其义务所要求的任何劳动或,若某人因宗教等原因拒绝作为海军、陆军或空军的成员服役,则法律规定用以替代履行此类兵役的任何劳动;或

(d)于公共紧急状态时期或发生威胁共同体之生存或福祉的意外事件或自然灾害时所要求的任何劳动,且此要求系出于解决该时期或因意外事故或自然灾害而产生或存在的任何状况之目的,且在合理公平之限度内。

第九条

(1)未经其本人同意,他人不得搜查任何人的人身或财产或进入其房屋。

(2)如果任何法律系基于下列情形作出合理规定,则该法律所包含的任何内容或依据该法律采取的任何行为,不得视为不符合或违反本条之规定——

(a)为了国防、公共安全、公共秩序、公共道德、公共健康、城镇和乡村规划、发展及利用矿产资源或为有利于共同体而发展及使用任何财产之要求;

(b)为了保障他人的权利或自由;

(c)为了实现税收、收费或应收款项之目的检查房屋或房屋里的任何事物,或为了执行任何有关依法位于房屋里并属于政府或该机构或该法人的财产的工作,视情况而定,授权政府职员或机构、地方政府机构或法人进入任何人的房屋;或

(d)为执行法院在民事诉讼程序中作出的判决或发布的命令,授权依据法庭命令搜查任何人的人身或财产或进入其房屋。

第十条

(1)不得剥夺任何人的迁徙自由,即,在伯利兹境

内自由迁徙的权利、在伯利兹任何区域居住的权利、进入伯利兹的权利、离开伯利兹的权利以及免受驱逐出境的权利。

（2）对任何人的合法拘留而涉及的迁徙自由限制，不得视为与不符合或违反本条之规定。

（3）如果任何法律系基于下列情形作出合理规定，则该法律所包含的任何内容或依据该法律采取的任何行为，不得视为不符合或违反本条之规定——

（a）为了国防、公共安全或公共秩序，就任何人在伯利兹境内迁徙或居住或就其离开伯利兹的权利设定限制；

（b）为了国防、公共安全、公共秩序、公共道德或公共卫生或，就离开伯利兹的权利而言，确保符合政府的国际义务，就所有人或某一类人在伯利兹境内迁徙或居住或就其离开伯利兹的权利设定限制；

（c）因发现某人犯法律规定的刑事罪或为了确保其之后能够出席对该犯罪行为的审判或为了审判的预备程序或为了践行将其引渡或合法移送出伯利兹的程序，通过法庭命令，就其在伯利兹境内迁徙或居住或就其离开伯利兹的权利设定限制；

（d）对任何非伯利兹公民者的迁徙自由设定限制；

（e）对任何人取得或使用伯利兹境内的土地或其他财产设定限制；

（f）基于适当履行其职责之要求，就任何担任公职者在伯利兹境内迁徙或居住或对其离开伯利兹的权利设定限制；

（g）为了将某人从伯利兹移送至另一国家以能够按照该国家之法律对犯罪行为进行审判或惩罚或，能够在该国家实施监禁以执行法院依据其被定罪之法律就其罪行判处的刑罚；

（h）为确保任何人履行法律规定之义务，对其离开伯利兹的权利设定限制。

（4）如果任何人的迁徙自由依据本条第（3）款（a）项所提及的条款之限制，且他在限制期内的任何时候有此请求，则应当于发布命令之日起二十一日后或他最后一次提出请求之日三个月后，由独立且中立的裁判庭审查其案件，裁判庭由首席大法官指定的律师主持。

（5）裁判庭依本条第（4）款之规定审查任何限制迁徙自由的案件时，如果裁判庭认为继续限制为必要或有利的，它可以向作出限制的机关提出建议，且除非法律另有规定，该机关有义务依据此类建议采取措施。

第十一条

（1）未经其本人同意，不得妨碍任何人享有良心自由，包括思想自由和宗教信仰自由，改变宗教或信仰的自由以及，独立或集体地，公开或秘密地以崇拜、教导、实践和仪式之方式表明和传播其宗教或信仰的自由。

（2）未经其本人同意（或，如果他未满十八周岁，经其父母或监护人同意），不得要求在任何场所接受教育的人，在任何监狱或矫正机构拘留的人，或在海军、陆军或空军服役的人接受与其宗教无关的宗教教育，或参加或出席任何与其宗教无关的宗教仪式。

（3）所有得到承认的宗教团体均有权自行支付费用，建立并维持教育场所以及管理其维持的任何教育场所；且不得妨碍任何此类机构在其提供任何教育期间为本团体的人员提供宗教教育，无论其是否接受政府补贴或其他财政援助以全部或部分支付此类教育课程的费用。

（4）不得强迫任何人进行任何违反其宗教或信仰的宣誓，也不得强迫任何人以违反其宗教或信仰之方式进行宣誓。

（5）如果任何法律系基于下列情形作出合理规定，则该法律所包含的任何内容或依据该法律采取的任何行为，不得视为不符合或违反本条之规定——

（a）为了国防、公共安全、公共秩序、公共道德或公共健康；

（b）为了保障他人的权利和自由，包括奉行或实践任何宗教而不受其他宗教成员恶意干涉的权利；

（c）为了在教育机构接受或可能接受宗教教育的人员而对教育机构进行规制。

（6）本条条文中提及宗教，应当视为包括提及宗教教派，且同类表述应当依此进行解释。

第十二条

（1）未经其本人同意，不得妨碍任何人享有表达自由，包括持有主张而不受干涉的自由，接受思想和信息而不受干涉的自由，传播思想和信息而不受干涉的自由（不论传播系对一般公众或任何人或任何群体）以及通信不受干涉的权利。

（2）如果任何法律系基于下列情形作出合理规定，则该法律所包含的任何内容或依据该法律采取的任何行为，不得视为不符合或违反本条之规定——

（a）为了国防、公共安全、公共秩序、公共道德或公共健康；

（b）为了保障他人的名誉、权利和自由或诉讼相关人员的私生活，阻止秘密信息的泄露，维持法院的权威和独立或规制对电话、电报、邮件、无线广播、电视或其他通信、展览或公共娱乐方式的管理或技术操作；或

（c）基于适当履行其职责之要求，对担任公职者设定限制。

第十三条

（1）未经其本人同意，不得妨碍任何人享有集会

和结社自由,即,自由集会以及与他人结社的权利,尤其是为保障其利益而组建或加入工会或其他团体的权利或组建或加入政党或其他政治团体的权利。

(2)如果任何法律系基于下列情形作出合理规定,则该法律所包含的任何内容或依据该法律采取的任何行为,不得视为不符合或违反本条之规定——

(a)为了国防、公共安全、公共秩序、公共道德或公共健康;

(b)为了保障他人的权利或自由;

(c)基于适当履行其职责之要求,对担任公职者设定限制;或

(d)为了禁止任何基于种族和肤色而限定其成员资格的社团。

第十四条

(1)任何人的隐私、家庭、住宅或通信不受任意或非法干涉,其荣誉或名誉不受非法攻击。任何人的私生活和家庭生活、住宅以及私人通信应当受到尊重。

(2)如果任何法律系作出本宪法第九条第(2)款列明之类型的规定,该法律所包含的任何内容或依据该法律采取的任何行为,不得视为不符合或违反本条之规定。

第十五条

(1)不得否定任何人通过其自由选择或接受的工作谋生的机会,不论是通过从事某一职业或行业或致力于贸易或商业,或其他之方式。

(2)要求支付专业费用、贸易或商业许可费或类似费用,或要求具备相应的许可或资格,以作为开始或继续从事某项工作之条件,不得视为不符合或违反本条之规定。

(3)如果任何法律系基于下列情形作出合理规定,则该法律所包含的任何内容或依据该法律采取的任何行为,不得视为不符合或违反本条之规定——

(a)为了国防、公共安全、公共秩序、公共道德或公共健康;

(b)为了保障他人的权利或自由;

(c)就任何非伯利兹公民者的工作权设定限制。

第十六条

(1)除本条第(4)款、第(5)款和第(7)款之规定外,任何法律均不得设定含有歧视性内容或产生歧视性影响的条款。

(2)除本条第(6)款、第(7)款和第(8)款之规定外,任何人均不得被任何个人或机构施以歧视性对待。

(3)在本条中,"歧视性"一词系指仅依据或主要依据性别、种族、出生地、政治主张、肤色或宗教的差异而对不同的人施以不同对待,由此,剥夺或限制某一类人的资格或能力而另一类人不受此限,或赋予某一类人以特权或优势地位而不赋予另一类人。

(4)本条第(1)款不适用于规定下列内容的法律——

(a)国家财政收入或其他公共基金的拨款;

(b)涉及非伯利兹公民者;

(c)有关对本条第(3)款提及的任何类型的人(或与之相关的人)有效的,涉及收养、婚姻、离婚、葬礼、遗产分配或其他类似事项的法律之适用;

(d)经考虑差别待遇之本质或本条第(3)款提及的任何类型的人之特殊情况,对其课以剥夺或限制资格或能力或赋予其特权或优势地位为合理正当。

(5)如果法律系就任何人被任命为或代理任何职位或岗位规定标准或资格(非与性别、种族、出生地、政治主张、肤色或宗教特别相关的标准或资格),则该法律所包含的任何内容或依据该法律采取的任何行为,不得视为不符合或违反本条之规定。

(6)依据本条第(4)款或第(5)款提及的法律条文之明文规定或必要暗示而采取的任何行为,不适用本条第(2)款之规定。

(7)如果任何法律就本宪法第九条、第十条、第十一条、第十二条或第十三条保障的权利和自由,对本条第(3)款提及的任何类型的人课以任何限制,且限制系依据第九条第(2)款,第十条第(3)款(a)项、(b)项或(h)项,第十一条第(5)款,第十二条第(2)款或第十三条第(2)款作出,视情况而定,则该法律所包含的任何内容或依据该法律采取的任何行为,不得视为不符合或违反本条之规定。

(8)本条第(2)款的任何规定均不得影响依据宪法或任何其他法律就任何人在任何法院提起、进行或终止民事或刑事诉讼所作的相关指示。

第十七条

(1)不得强制占有任何类型的财产,也不得强制取得任何类型的财产上的权益或权利,除非依据下列法律——

(a)规定在合理时间内裁定并给予合理补偿的原则和方式;以及

(b)确保主张财产上的权益或权利的任何人享有获得法院审判的权利以——

(i)确认其权益或权利(如果有的话);

(ii)裁定占有或取得是否系依据授权占有或取得之法律,出于公正目的而正当实施;

(iii)裁定其应得之补偿数额;以及

(iv)执行其获得此类补偿之权利。

(2)本条之规定不得仅因任何法律为下列目的规定占有任何财产或取得任何财产上的权益和权利而使之无效——

(a)为征收任何税费；

(b)作为违反法律而判处的罚金或没收财产；

(c)为任何法律的目的而提取样本；

(d)因所有在伯利兹出版的书籍、杂志或其他出版物均应在政府贮存合理数量的副本而出现的附随状态；

(e)如果该财产包括侵入他人领地或走失的动物；

(f)作为租赁、保有、抵押、担保、卖据或基于契约产生的任何其他权利或义务之附属条件；

(g)为控制在伯利兹的信贷或投资之目的而要求在伯利兹从事商业的人在政府或政府代理机构存储相应的款项；

(h)通过转让和管理信托财产、敌方财产、死者遗产、精神障碍者的财产、被判决或以其他方式宣告破产者的财产或公司或其他组织（无论是否法人组织）在清算期间的财产；

(i)为执行法院的判决或命令；

(j)基于任何涉及诉讼时效的法律；

(k)因财产或权益或权利正处于危险状态或对人类、动物或植物的健康有害；

(l)为有权处分财产之外的其他人之公共利益而出售该财产；

(m)只要系出于询问、调查、审理或质询或，当涉及土地时，在土地上执行下列事项之必要——

(i)水土保持或保护其他自然资源；或

(ii)土地所有者或占有人应当进行的且无合理且合法的理由拒绝或不能进行的农业发展或提高。

(3)本条第(1)款之规定不适用于石油、矿物及伴随物，不论其处于何种物理状态，位于伯利兹领土地表之上或之下（不论土地为公有、私有或团体所有）或伯利兹专属经济区内，石油、矿物及伴随物的全部所有权和管理权专属于且推定为始终专属于伯利兹政府。

但是，本条的任何规定不得损害私有土地的所有权人依据《伯利兹宪法修正案（第六次修正）》生效时有效的《石油法》及相关细则，就位于该土地下的石油储量向政府收取使用费之权利。

(4)为第(3)款之宗旨，"石油"和"矿物"的含义由法律规定。

第十八条

(1)在本章中，"公共紧急状态时期"系指下列时期——

(a)伯利兹正在参与战争；或

(b)总督宣布进入公共紧急状态；或

(c)议会通过决议宣告伯利兹的民主体制面临颠覆之危险。

(2)为本章之宗旨，总督可以通过刊载于政府公报上的声明，宣布进入公共紧急状态。

(3)总督依本条第(2)款之规定作出的声明，如果未包含宣告总督确信下列事项，不得生效——

(a)伯利兹与他国即将交战或因发生地震、飓风、水灾、火灾、瘟疫、传染病或其他类似灾难而产生公共紧急状态；

(b)任何个人或群体已采取或威胁采取在性质和规模上可能危及公共安全或夺取关系共同体或共同体任何实质部分之存续的重要供给或服务的行动。

(4)依本条第(2)款之规定作出的声明可以仅适用于声明中载明的伯利兹区域（本款称之为"紧急区域"），在此种情况下，依本条第(9)款制定的规章，除规章明确另有规定外，应当仅在紧急区域内有效。

(5)总督为实现本条之宗旨，并依本条之规定作出的声明——

(a)除非提前撤销，应当在不超过一个月的期限内有效；

(b)可以由议会通过决议随时延长期限，但单次延期不得超过十二个月；以及

(c)可以由议会通过决议随时予以撤销。

(6)议会为本条第(1)款(c)项之宗旨而通过的决议应当在两个月或决议载明的较短期限内有效。

此外，此类决议可以随时通过决议予以延期，单次延期不得超过延期决议生效之日起两个月；且此类决议可以随时通过决议予以撤销。

(7)议会为本条第(1)款(c)项之宗旨而作出的决议，以及议会为延长或撤销任何此类决议而作出的决议，未经众议院在场并参与表决的众议员三分之二多数同意，不得通过。

(8)本条中有关声明或决议应当于任何特定时间失效或效力终止之规定不影响在该时间之前或之后另行作出此类声明或决议。

(9)公共紧急状态期间，应当适用下列条款——

(a)总督可以制定必要且有利的规章以保障公共安全，捍卫伯利兹，维持公共秩序及镇压叛变、叛乱和暴乱，以及维持关系共同体存续的重要供给和服务；

(b)此类规章可以授权规章中载明的机构或个人制定命令或规则以实现本款授权制定规章之目的，并可以包含对实现规章的立法目的为必要且有利的附随条款和补充规定；

(c)此类规章或依规章制定的任何命令或规则可以变更或中止任何法律之实施，即使与任何法律所包含的内容相抵触，仍然有效；

(d)在本款中，"法律"不包括宪法或任何宪法条款，或任何修正宪法的法律或其中的任何条款。

(10)如果任何法律[包括依本条第(9)款之规定

制定的规章]系就公共紧急状态期作出规定或在公共紧急状态期内授权采取行动,且该规定或行动对于处理在该时期内产生或存在的状况为合理正当,则该法律所包含的任何内容或依据该法律采取的任何行为,均不得视为不符合或违反宪法第五条、第六条、第八条、第九条、第十条、第十二条、第十三条、第十四条、第十五条、第十六条或第十七条。

第十九条

(1)如果任何人依据授权在公共紧急状态期内为处理伯利兹在该时期内产生或存在的状况采取合理正当措施的法律而受到拘留,则应当适用下列条款,即——

(a)应当在合理的时间内迅速且在任何情形下不得超过受到拘留后七日以其能够明白的语言告知其拘留的理由,并提供具体说明理由详情的书面英文陈述;

(b)应当在不超过其受到拘留后十四日内在政府公报上发布通知,说明其受到拘留及拘留所依据的具体法律条文;

(c)在其受到拘留后不超过一个月且此后在拘留期内每隔不超过三个月,依法设立并由首席大法官从律师中指定的人员主持的独立且公正的裁判庭应当审查该案件;

(d)其应当获得合理的便利以能够和本人选择的律师进行秘密交流和协商,且该律师应当能够向审查该案件的裁判庭作出陈述;以及

(e)在审查该案件的裁判庭举行听审时,其应当能够亲自到庭或由本人选择的律师代理。

(2)裁判庭依本条之规定审查受拘禁者的案件时,可以就继续拘禁的必要性和合理性向作出拘禁命令的机构提出建议,但,除法律另有规定外,该机构不负有依此类建议行事之义务。

(3)本条第(1)款(d)项或(e)项之规定,不得解释为赋予任何人获得公费委任的代表律师之权利。

第二十条

(1)如果任何人主张其曾遭受、正在遭受或可能遭受违反包括第三条至第十九条在内的任何宪法条款之对待(或,在某人受到拘留的情形下,如果其他任何人主张受拘留者遭受此类违宪之对待),则,在不影响就相同事项采取任何其他合法可行措施的情况下,其(或该其他任何人)可以向最高法院请求救济。

(2)最高法院应当享有下列初审管辖权,并可以为使包括第三条至第十九条在内的任何宪法条款得到遵守作出和签发其认为适合的宣告、命令、令状和指示——

(a)审理并裁决任何人依本条第(1)款之规定提出的申请;以及

(b)裁决任何人依本条第(3)款之规定提交至最高法院的任何争议。

(3)如果在任何法院(上诉法院或最高法院或军事法院除外)进行的任何诉讼中,产生有关违反包括第三条至第十九条在内的任何宪法条款的争议,主审人员可以,且如果任一方诉讼当事人有此要求,主审人员应当将该争议提交最高法院审理,除非其认为该争议的提出明显无意义或缺少根据。

(4)因最高法院依本条规定作出的判决而受到不利影响的任何人可以向上诉法院提起上诉。

(5)如果任何争议依本条第(3)款之规定提交至最高法院,最高法院应当就该争议作出判决,且产生该争议的法院应当依据最高法院的判决处理该案件,或如果最高法院的判决被上诉至上诉法院或加勒比法院,则应当依据上诉法院或加勒比法院的判决处理该案件,视情况而定。

(6)尽管依宪法第九条第(2)款、第十条第(3)款、第十一条第(5)款、第十二条第(2)款、第十三条第(2)款或第十六条第(4)款(d)项之规定,某一法律具有效力,如果该法律授权采取的行动在实际情形中非合理必要,则该行动不合法。

(7)最高法院除享有本条赋予的职权外,还应当享有议会为使最高法院更加有效地行使本条规定的管辖权而赋予的职权。

(8)首席大法官可以就最高法院行使本条或依本条规定赋予的管辖权和职权的程序制定规则(包括有关向最高法院提出或提交请求的时限的规则)。

第二十一条

独立日前有效的法律所包含的任何内容或依据该法律采取的任何行为,于独立日后五年内,均不得视为不符合或违反本章的任何条款。

第二十二条

(1)在本章中,除非语境另有要求——

"违反",当涉及任何要求时,包括不符合要求,且同类表述应当依此进行解释。

"法院"系指除依纪律性法律建立的法院之外的在伯利兹享有司法管辖权的法院,并包括女王陛下会同枢密院且在本宪法第四条和第八条中,包括依纪律性法律建立的法院。

"纪律性法律"系指规制纪律部队之纪律的法律。

"纪律部队"系指——

(a)海军、陆军或空军;

(b)伯利兹警察局;

(c)监狱;或

(d)议会规定的其他机关或服务。

"律师"系指依伯利兹法律被承认并登记为出庭

律师的人。

"成员",当涉及纪律部队时,包括任何依据规制该部队的纪律性法律,受该纪律约束的人。

(2)就伯利兹纪律部队的任何成员而言,该部队的纪律性法律所包含的任何内容和依据该纪律性法律采取的任何行为,不得视为不符合或违反本章中除第四条、第七条及第八条之外的任何条款。

(3)就合法出现于伯利兹的他国纪律部队的任何成员而言,该部队的纪律性法律所包含的任何内容和依据该纪律性法律采取的任何行为,不得视为不符合或违反本章的任何条款。

第三章 公民资格

第二十三条

(1)于独立日前在伯利兹出生的任何人,应当于独立日成为伯利兹公民。

(2)于独立日前因下列原因为英国及殖民地公民者,应当于独立日成为伯利兹公民——

(a)由于其在《1948年英国国籍法案》生效前作为英国臣民归化伯利兹,从而依据该法案成为英国及殖民地公民;

(b)由于其在伯利兹居住期间,依据前述法案入籍或登记而成为英国及殖民地公民。

(3)于独立日前不在伯利兹出生的任何人,如果其父亲或母亲依据本条第(1)款或第(2)款之规定成为或若非死亡或放弃公民资格本可以成为伯利兹公民,则应当于独立日成为伯利兹公民。

(4)于独立日前不在伯利兹出生的任何人,如果其祖父母或外祖父母的一方依据本条第(1)款或第(2)款之规定成为或若非死亡或放弃公民资格本可以成为伯利兹公民,则应当于独立日成为伯利兹公民。

(5)任何妇女,如果于独立日前与依据本条第(1)款、第(2)款、第(3)款或第(4)款之规定成为或若非死亡或放弃公民资格本可以成为伯利兹公民的人结婚,则应当于独立日成为伯利兹公民。

(6)在本条中,《1948年英国国籍法案》包括英国议会对该法案所制定的任何修正案。

第二十四条

于独立日之后在伯利兹出生的任何人,应当自其出生之日起成为伯利兹公民。

但是,在出生之时存在下列情形者,不得依本条之规定成为伯利兹公民——

(a)其父母双方均不为伯利兹公民,且其父亲或母亲享有赋予委派至伯利兹的外国使节的诉讼及法律程序豁免权;或

(b)其父亲或母亲为伯利兹的交战国公民,且本人在当时被该国家占领的地区出生。

第二十五条

于独立日之后不在伯利兹出生的任何人,如果其父亲或母亲在其出生之日为伯利兹公民,则应当自出生之日起成为伯利兹公民。

第二十六条

(1)下列人员可以于独立日后随时提交申请,经登记成为伯利兹公民——

(a)与伯利兹公民结婚者;

(b)于申请之日前,已在伯利兹连续居住满五年者。

(2)议会应当以法律规定提出和裁决本条规定之登记申请的程序,以及申请登记者应当符合的条件。

(3)依本条之规定登记为伯利兹公民者应当自登记之日起成为伯利兹公民。

第二十七条

如果因出生或血统成为伯利兹公民者获得任何其他国家的公民资格,则如果该国家的法律允许且经本人选择,他可以保留其伯利兹公民资格。

第二十八条

(1)议会可以就公民资格作出不与本章规定相抵触之规定,包括规定——

(a)依本章之规定不具备或不再具备成为伯利兹公民之资格的人对伯利兹公民资格的获得;

(b)撤销依本宪法第二十六条第(1)款之规定授予任何人的公民资格;

(c)任何人对伯利兹公民资格的放弃。

(2)本条第(1)款(a)项之规定不得解释为允许议会规定对伯利兹的经济或福祉作出重大贡献的任何人或为伯利兹提供杰出服务的任何人可以获得伯利兹公民资格。

第二十九条

(1)为本章之宗旨,除第二十四条和第二十五条另有规定外,一个人如果出生于在伯利兹注册的船舶或航空器上或未经注册的伯利兹政府船舶或航空器上,不得视为在伯利兹出生。

(2)在本章中,如果提及一个人出生时其父亲的国籍状态,则对于出生于父亲死亡之后的人而言,视为提及父亲死亡时的国籍状态;且如果父亲死亡于独立日之前,而其出生于独立日之后,则应当将父亲倘若于独立日死亡时的国籍状态视为死亡时的国籍状态。

(3)如果任何人表明其效忠于某个不承认伯利兹的独立、主权或领土完整的国家或为该国家公民,则不得依本章之规定成为伯利兹公民或被授予伯利兹公民资格。

但是,对于某些依本宪法第二十三条和第二十五条之规定本有权获得伯利兹公民资格,但因本款之规定而未能获得的人,部长可以依自己的意愿授予伯利兹公民资格。

(4)如果在伯利兹境外出生之人依照本章规定有权成为伯利兹公民,则不得视成为伯利兹公民的权利为成为取得伯利兹国籍的附加条件,但伯利兹国籍应由有权之人亲自或其代理人申请,并经部长以确认其国籍的适当证明授予相关个人而取得。

(5)如果一个主张其基于出生、血统或登记而享有公民资格的人申请或请求授予其公民资格,则在且仅在处理该申请所必要的期限内,不得依据任何法律认定其在伯利兹逗留为非法。处理尚未作出期间,其本人或妻子或未满十八周岁的被抚养人的居留权不受影响。

第四章 总督

第三十条

应当设立伯利兹总督,由女王任命伯利兹公民担任。总督秉承女王的意旨担任职务,为女王在伯利兹的代表。

第三十一条

(1)当总督职位空缺或者总督离开伯利兹或因任何其他原因不能履行职责时,其职责应当由女王任命的人履行。

(2)若担任总督的人或其他有权优先履行总督职责的人已通知前述代履行的人其将履行或恢复履行总督职责,则前述人员不得继续履行总督职责。

(3)为本条之宗旨,在下列情形中,担任总督的人不得被视为离开伯利兹或不能履行职责——

(a)正从伯利兹某区域前往另一区域的途中;或

(b)已依本宪法第三十三条之规定任命代理人。

第三十二条

担任总督的人未经进行并签署效忠宣誓和就职宣誓,不得就职。

第三十三条

(1)当存在下列情形时,总督可以根据总理的建议,任命在伯利兹的任何人在其离开或疾病期间担任其代理人,并以其名义履行任命文件中明确载明的总督职责——

(a)其离开政府所在地但未离开伯利兹;

(b)其在一段时期内离开伯利兹,且其基于自己的审慎判断认为是短时期离开;或

(c)正患疾病,且其基于自己的审慎判断认为是短时期患病。

(2)总督的职权和权力不因依本条规定任命代理人而受到削减、改变或任何形式的影响,且除宪法另有规定外,代理人须遵守并服从总督基于自己的审慎判断随时向其提出的指示。

但是代理人是否遵守并服从指示之争议不受任何法院调查。

(3)依本条之规定任命的代理人应当在任命文件中载明的期限内任职,且总督可随时根据总理的建议撤销该任命。

第三十四条

(1)总督应当根据内阁或部长依据内阁的一般授权提出的建议履行其职责,除非宪法或任何其他法律规定总督应当根据除内阁外的任何人或机构的建议或经与其协商后,或基于自己的审慎判断履行职责。

(2)本宪法所提及的总督职责,应当视为提及总督行使伯利兹行政权时的职权和职务,以及宪法或任何其他法律授予总督或为总督设定的任何其他职权和职务。

(3)如果依本宪法之规定,总督应当经与任何人或机构协商后履行其职责,不得视为总督必须根据该人或该机构的建议履行职责。

(4)如果依本宪法之规定,总督应当根据任何公民或机构的建议,或经与其协商后履行职责,则总督是否依此履行职责之争议不受任何法院调查。

第三十五条

总理应充分告知总督有关伯利兹政府一般运作,并于总督询问有关伯利兹政府的任何特定事项时,向其提供相关信息。

第五章 行政机关

第三十六条

(1)伯利兹的行政权归属于女王。

(2)除宪法另有规定外,伯利兹的行政权由总督以女王的名义直接行使或者通过其下级官员行使。

(3)本条规定不得禁止议会将职权授予总督以外的公民或机构。

第三十七条

(1)应当设立伯利兹总理,由总督任命之。

(2)总督应当任命一名担任获得众议院多数议员支持的政党之领袖的众议员为总理;若无获得绝对多数支持的政党,总督应任命其认为可能获得多数众议员支持的众议员。

但是,任何曾经连续或者合计在三个议会任期内担任总理的人不得再次被任命为总理;为实现此目的,"议会任期"系指自大选后议会第一次会议召开之日起至下一次议会解散之日。

(3)如果需要在议会解散时任命总理,则尽管存

在本条第(2)款之规定,可以任命议会解散前担任众议员的人为总理。

(4)若众议院通过对政府的不信任案,且总理未在七日内辞职或向总督提议解散议会时,总督应当罢免总理。

(5)在下列情形中,总理职位变成空缺——

(a)担任总理的人因议会解散以外的原因不再是众议员;

(b)基于宪法第五十九条第(3)款之规定,总理被要求终止作为众议员履行职责;或

(c)总督业已告知总理,其将依本条第(2)款或第(3)款之规定重新任命其为总理或任命其他人为总理。

(6)总督应当基于自己的审慎判断行使本条授予的职权。

第三十八条

总督应依总理的提议,任命一名部长为副总理,总理得随时将其明确指定的职责委任给副总理。

第三十九条

(1)如果总理基于离开伯利兹或疾病原因不能履行本宪法授予的职责,其职责(本条授予的职责除外)将由下列人员履行——

(a)副总理;或

(b)若副总理同样因为离开或其他原因不能履行上述职责时,由总督基于该目的而授权的其他部长履行。

(2)当总督通知副总理,总理将恢复履行职责时,副总理应终止履行总理职责。

(3)当总督通知依本条第(1)款(b)项之授权履行总理职责的部长,总理或副总理将恢复履行上述职责时,该部长应终止履行上述职责。

(4)总督依照总理的建议行使本条规定的职权。

但是,如果总督经自己的审慎判断后,认为由于总理离开或者疾病而不能获得总理的建议时,总督可以依下列规定行使职权——

(a)依据副总理的建议;或者

(b)若他认为获得副总理的建议同样不可行时,依据自己的审慎判断。

第四十条

(1)应当设立除总理外的其他部长职位,其他部长职位由议会设立,或除议会颁布的法律另有规定外,由总督根据总理的建议设立。

(2)总督根据总理的建议从众议员或参议员中任命部长。

但是,不得任命众议院议长或参议院主席的人为部长。

此外,内阁应当依下列规定组成——

(a)不超过经大选后获得众议院多数席位政党的当选议员的三分之二;以及

(b)不超过四名参议员。

此外,除宪法第四十二条第(3)款另有规定外,可以任命伯利兹公民为检察总长,不论其是否担任议员。

(3)如果需要在国会解散时任命部长,则,尽管存在本条第(2)款之规定,仍可以任命国会解散前担任众议员或参议员之人为部长。

(4)有下列情形之一的,部长职位变成空缺——

(a)担任部长的人基于议会解散以外的原因不再是众议员或参议员;

(b)基于本宪法第五十九条第(3)款或者第六十四条第(3)款之规定,部长被要求终止作为参议员或参议员履行职责;

(c)总督根据总理的建议作出命令;

(d)总理在众议院通过政府的不信任案后七日内辞职,或者依据宪法第三十七条第(4)款之规定被罢免;或

(e)任何人受任命担任总理。

(4A)如果检察总长从非议员中任命,本条第(4)款(a)项和(b)项之规定不得对其适用。

(5)在本条中,"部长"系指除总理外的部长。

第四十一条

(1)总督可以根据总理的建议,通过书面命令,委任总理或任何其他部长主管包括管理政府部门在内的任何政府事务。

但是,应当委任担任众议员的部长主管财政。

(2)如果部长受委任主管任何政府部门,其应当对该部门行使一般性指导和控制。

第四十二条

(1)检察总长为政府的首席法律咨询师。

(2)检察总长应当为部长职位,负责伯利兹法律事务之管理。

(3)任何人,如果未具备在共同体部分区域或爱尔兰共和国内的就民事或刑事诉讼争议有无限制管辖权的法院或对前述法院的判决有上诉管辖权的法院享有律师执业资格五年以上,不得担任检察总长。

(4)如果检察总长因任何原因不能履行法律赋予的职责,则该职责可以由总督根据总理的命令任命的具备上述条件(无论其是否为议员)的其他人员履行。

(5)国家作为一方当事人的民事诉讼应当以检察总长的名义进行,刑事诉讼应当以君王的名义进行。

第四十三条

(1)如果除总理以外的部长离开伯利兹或虽在国内但经总督许可不履行职责或者因疾病不能履行职责,总督可以授权其他部长履行该职责或者任命一名

众议员或参议员为临时部长以履行该职责;且被授权的部长或临时部长应当履行职责至总督撤销其授权或任命,视情况而定,或其依宪法第四十条第(4)款之规定空缺部长职位。

(2)总督应当根据总理的建议行使本条赋予之职权。

但是,若总督基于自己的审慎判断认为,其因总理离开或疾病不能获得总理建议时,总督可以根据副总理的建议行使上述职权。

第四十四条

(1)应设立伯利兹部长内阁,由总理和其他部长组成。

此外,依第四十五条任命的国家部长不得成为内阁成员,但可以应总理之邀请参加内阁会议。

(2)内阁为对政府进行一般性指导和控制的最高行政决策机构,且应当根据内阁一般授权向总督作出的任何建议和依据部长授权所为的任何职务行为向议会负集体责任。

(3)本条第(2)款之规定不得适用于下列情形——

(a)部长及国家部长的任命和罢免,依宪法第四十一条之规定向任何部长委任职责,或者在总理离开或疾病期间授权其他部长履行总理职责;或

(b)议会解散。

(4)总理应当在可行的情况下出席并主持所有内阁会议;如果总理缺席某次内阁会议,则该会议应当让总理为此目的指定的其他部长主持。

第四十五条

(1)总督根据总理的建议,可以任命从众议员或参议员中任命国家部长以协助部长履行职责。

(2)有下列情形之一的,国家部长职位变为空缺——

(a)担任国家部长的人基于议会解散以外的原因不再是众议员或参议员;

(b)依宪法第五十九条第(3)款或第六十四条第(3)款之规定,其被要求终止作为众议员或参议员履行职责;

(c)总督依据总理的建议作出命令;

(d)总理在众议院通过对政府的不信任案后七日内辞职,或依据宪法第三十七条第(4)款之规定被罢免;或

(e)任何人受任为总理。

第四十六条

部长或国家部长未经进行并签署效忠宣誓和就职宣誓,不得就职。

第四十七条

(1)应设立反对党领袖(没有反对派众议员时除外),由总督任命之。

(2)如果需要任命反对党领袖,总督应当任命其认为最有可能获得多数反对派众议员支持的众议员为反对派领袖;或,若总督认为没有众议员获得上述支持,应当任命其认为获得反对派中最大派系支持但反对政府的众议员为反对党领袖。

(3)若在议会解散后下一届众议员选举之日前任命反对党领袖,可以视议会未解散进行任命。

(4)有下列情形之一的,反对党领袖的职位变为空缺——

(a)担任反对党领袖的人基于议会解散以外的原因不再是众议员;

(b)依本宪法第五十九条第(3)款之规定,其被要求终止作为众议员履行职责;或

(c)总督依本条第(5)款之规定将其罢免。

(5)若总督认为反对党领袖不再获得多数反对派众议员或(若其认为不存在获得上述支持的众议员)反对派中最大派系的支持,其应罢免反对党领袖。

(6)除宪法第六十一条第(3)款(b)项另有规定外,在反对派领袖职位空缺期间,宪法中要求应当根据反对党领袖的建议或经与其协商后或经其同意后采取行为的条款应当如同无此要求般具有效力。

(7)总督应当根据自己的审慎判断行使本条赋予之职权。

第四十八条

除受到部长依宪法第四十二条第(2)款之规定进行的命令和控制外,各政府部门应当受到本法称之为行政首长的公职人员之监督。

此外,一名首席执行官可以监督两个以上的政府部门。

第四十九条

(1)应当设立内阁秘书,其职位为公职。

(2)内阁秘书领导内阁办公室,并依据总理的指示,负责安排内阁事务和记录内阁会议,传达内阁决议至适当的个人或机构,以及履行总理命令的其他职责。

第五十条

(1)应当设立检察长,其职位为公职。

(2)检察长基于合理且充分的理由有权实施下列行为——

(a)向任何法院(军事法院除外)对任何人就其被指控实施的任何犯罪行为提起并进行刑事诉讼;

(b)接管并继续由任何其他个人或机构提起或进行的刑事诉讼;以及

(c)在判决作出前的任何阶段撤回由其本人或其他个人或机构提起或进行的刑事诉讼。

(3)本条第(2)款授予的职权可以由检察长亲自

行使或由其他个人依据检察长的一般或特别指示行使。

(4)本条第(2)款(b)项和(c)项授予之职权仅得由检察官亲自行使,不得转授给任何其他个人或机构。

但是,如果任何其他人或机构已提起刑事诉讼,本款之规定不得禁止该个人或机构提出请求并经法庭许可而撤诉。

(5)为本条之宗旨目的,检察长有权进行的诉讼应当包括就刑事判决向任何法院提起的上诉,或为进行此类诉讼而向任何其他法院(包括女王陛下会同枢密院)提交的判案陈述或保留法律问题。

但是,本条第(2)款(c)项授予检察长的职权不得适用于在刑事诉讼中被判有罪的人提起的上诉或经其请求提交的判案陈述或保留法律问题。

(6)除受检察总长依宪法第四十二条第(2)款享有的职权之限制外,检察长行使本条第(2)款授予之职权,不受任何其他个人或机构命令或控制。

第五十一条

除宪法或任何其他法律另有规定外,总督可以为伯利兹设立职位,任命任何此类职位以及终止任命。

第五十二条

(1)总督可以——

(a)赦免任何犯罪人员,无论系特赦或依据法定条件;

(b)暂缓执行课以任何违法者的刑罚,无论此类延期有无特定期限;

(c)以更轻的刑罚方式替代课以任何违法者的刑罚;或

(d)全部或部分免除课以任何违法者的刑罚或就任何违法行为应付予君王的任何罚金或没收财产;

(2)总督应当根据伯利兹咨询理事会的建议行使本条第(1)款授予之职权。

第五十三条

如果任何人因犯罪被判处死刑(军事法院作出的判决除外),检察总长应当使伯利兹咨询理事会会议得以审议庭审法官提交的有关书面案件的汇报(或如果庭审法官的报告无法获得,则由首席大法官提交),以及其所要求的从案件汇报或他处推导出的其他信息,以便理事会就是否行使宪法第五十二条第(1)款赋予之职权向总督提出建议。

第五十四条

(1)应当设立伯利兹咨询理事会(以下简称"理事会"),由第(2)款载明的成员组成。

(2)理事会应当包括——

(a)两名高级成员,由总督根据总理的建议任命的正直且具有较高声望的人员担任;以及

(b)两名高级成员,由总督根据反对党领袖的建议任命的正直且具有较高声望的人员担任;

(c)三名其他成员,由总督根据总理经与反对党领袖协商后提出的建议任命的正直且具有较高声望的人员担任。

(3)除本款但书另有规定外,理事会高级成员应当任职至年满七十五周岁,但其提前通过亲笔签署辞呈递交总督以辞去职位,或众议院经众议员三分之二同意通过决议宣告该成员因屡次缺席或身体或精神疾病而不能履行职责或宣告该成员违反宪法第一百二十一条之规定时除外。

此外:

(a)已年满七十五周岁的高级成员可以受任命继续任职至其任命文书中载明的较后的年龄;

(b)本条生效时已年满七十五周岁的正直且具有较高声望的任何人,可以受任命担任高级成员,并可以继续任职至其任命文书中载明的较后的年龄。

(4)本条第(2)款(c)项提及的理事会成员应当任职至自任命之日起三年任期届满,但其提前通过亲笔签署辞呈递交总督以辞去职位,或众议院经众议员三分之二同意通过决议宣告该成员因屡次缺席或身体或精神疾病而不能履行职责或宣告该成员违反宪法第一百二十一条之规定时除外。

(5)任何非伯利兹公民者,不得受任命为理事会成员或高级成员,但其为共同体国家公民,且现任或曾经担任登记在册的高等法院法官时除外。

(6)总督应于每年任命不同的理事会高级成员担任理事会主席,且在进行此项任命时,总督应当确保任何高级成员未曾在四年内两次担任主席。

(7)理事会成员,包括高级成员,未经进行并签署宪法第三附件中载明的效忠和就职宣誓或确认,不得就职。

(8)理事会行使下列职责:

(a)就总督行使宪法第五十二条授予之职权提出建议;

(b)行使宪法或任何其他法律授予或设定的其他任务或职务。

(9)理事会履行其职责,不受任何其他个人或机构的命令或控制。

(10)主席或其缺席时,总督为此目的任命的高级成员,应当召集理事会会议以审议依宪法或任何其他法律应当召集理事会进行审议的事项。

(11)主席或其缺席时,总督为此目的依第(10)款之规定任命的高级成员,应当主持理事会会议。

(12)尽管存在第(10)款和第(11)款之规定,当依据宪法第八十八条、第九十八条、第一百○二条、第一

百〇五条、第一百〇八条或第一百〇九条之规定召集理事会时或为审理适用宪法第一百〇六条、第一百〇七条、第一百一十D条或第一百一十F条的人员提起的上诉而召集理事会时,该会议必须由主席主持。

(13)如果为罢免主席而召集理事会,总督应当根据总理经与反对党领袖协商后提出的建议任命现任或曾经担任登记在册的高等法院法官的其他人员为此目的代理主席。

(14)理事会的任何会议——

(a)法定人数为五名成员;

(b)所作决议应当经在场并参与表决的理事会成员过半数同意;以及

(c)如果出现票数相等之情形,主席或主持会议的高级成员应当享有除初始表决权外的再次表决权。

(15)理事会应当制定规章以规制并促进其依宪法或任何其他法律履行职责。

(16)除本条另有规定外,理事会可以规定其自身的程序。

(17)除本条或其程序规则另有规定外,理事会可以在任何成员职位空缺或缺席的情况下采取行动。

(18)理事会是否正当履行宪法或任何其他法律授予之职责的争议,不得受到任何法院之调查。

(19)每一年度结束后四个月内,理事会应当就其上一年度的事务和活动准备一份报告并提交总理,总理应当于收到报告后三个月内,提交报告副本以供议会审议。

(20)2002年1月15日前设立的理事会——

(a)应当于2001年12月31日解散;

(b)尽管存在本款(a)项之规定,仅基于使理事会得以就未决事项或2002年1月15日前向其提起的诉讼履行其职责之目的,总督可以根据总理的建议允许理事会于2001年12月31日后继续办公。

第六章 立法机关

第五十五条

伯利兹应当设立一个由议会构成的立法机关,议会包括两院,即众议院和参议院。

众议院

第五十六条

(1)除本条另有规定外,众议院应当由三十一名众议员组成,众议员依法律规定之方式选举产生。

(2)如果一个人非众议员却当选为众议院议长,他应当借由担任议长职位,成为前款所述三十一名之外的众议员。

(3)依宪法第九十条之规定,议会可以通过法律增加众议员的人数。

第五十七条

除宪法第五十八条另有规定外,符合下列条件的候选人具备当选众议员之资格,且除非其符合下列条件,否则不得当选——

(a)为十八周岁以上的伯利兹公民;且

(b)于提名候选之日前,已在伯利兹居住一年以上。

第五十八条

(1)有下列情形之一者,不得当选为众议员——

(a)以自己的行为承认效忠、服从或拥护外国主权。

(b)为未清偿债务的破产人,已依据共同体的任何生效法律被裁定或以其他方式宣告破产。

(c)依据任何法律被确认为精神错乱或以其他方式被裁定为精神障碍。

(d)被共同体的任何法院判处死刑或正在服法院判处的或有权机构用以替代法院判处的其他刑罚的超过十二个月的监禁刑(不论罪名为何)或正处于监禁刑缓期执行期间。

(e)因其担任或代理涉及下列职责的任何职位,依法取消其众议员资格——

(i)负责任何选举的进行或相关职责;或

(ii)负责任何选民登记名册的编纂或修订。

(f)因其犯任何与选举相关的罪而依法取消其众议员资格。

(g)因下列原因而依法取消其众议员资格——

(i)其担任或代理任何法律明确载明的职位或任命(无论是个别职位或任命或一类职位或任命);或

(ii)其属于伯利兹的任何武装部队或任何组成该武装部队的团体;或

(iii)其属于任何警察机关或任何组成该警察机关的团体。

(h)为政府因公共服务而签订的任何契约的合同当事人,或当合同当事人为合伙或公司时,担任该合伙的合伙人或该公司的领导或经理,且于选举日前的一个月内未在其作为候选人的选区内发行的报纸上公开发表公告,说明合同的性质及其利益,或所在合伙或公司的利益。

但是,如果总督基于自己的审慎判断认为这样做合适,他可以通过命令指示为本条之宗旨,上述任何取消资格的情形不予考虑,但如果某人基于本项之规定被取消资格,关于裁决其成为众议员的权利之争议的法律程序已经开始,则总督不得作出前述命令。

(2)为本条第(1)款(d)项之宗旨——

(a)如果某人必须连续服两个以上监禁刑,且每

个刑期都不超过十二个月,则视这些监禁刑为各自独立的刑罚,但其中任何一个刑期超过十二个月,则合并视为一个刑罚;以及

(b)作为罚金的替代刑或因未缴付罚金而课以的监禁刑不予考虑。

(3)如果依据规定当选的众议员之罢免的法律罢免某众议员造成议席空缺,为填补该空缺而举行补缺选举时,被罢免的或因罢免申请而辞职的议员,不得作为此次补缺选举所要填补之议席的候选人。

第五十九条

(1)所有众议员的议席在其当选后的下一次议会解散时变成空缺。

(2)众议员有下列情形之一的,其议席空缺——

(a)在众议院议事规则预先规定的时期及情形下缺席众议院会议;

(b)终止伯利兹公民身份;

(c)除本条第(3)款另有规定外,出现若其非众议员,将导致其依宪法第五十八条第(1)款之规定不具备候选资格的情形;

(d)如果其将成为政府因公共服务而签订的任何契约的当事人,或具担任合伙人的合伙或其担任领导或经理的公司将成为此类契约的当事人,或其将担任作为此类契约当事人的合伙或公司的合伙人或公司领导或经理。

但是,如果众议员在如前所述成为此类契约当事人之前或更早之前或在以其他方式对此类契约有利害关系(无论系作为合伙的合伙人或公司的领导或经理)后迅速后向众议院披露契约的性质及其利益或所在合伙或公司的利益,且众议院认为这样做正当,众议院可以通过决议豁免该众议员依本项之规定空缺其议席。

(e)为某个政党的候选人并作为该政党候选人当选众议员后,从该政党辞职或转为支持其他政党;或

(f)在正常任期届满前,根据规定当选代表之罢免的法律而受到罢免。

(3)(a)如果众议员因被判处死刑或监禁刑,或被裁定为精神错乱或其他精神障碍,或被宣告破产且未清偿债务,或被判有选举相关的犯罪而出现本条第(2)款(c)项提及之情形,且众议员可以就前述判决提起上诉(无论是否经法院或其他机构许可),其应当立即终止履行众议员职责,但除本款另有规定外,此后三十日的期限届满前,不得空缺其议席。

此外,议长可以随时延长三十日的期限以使众议员得以对判决进行上诉,但是,未经众议院通过决议表示同意,不得延长期限累计超过一百五十日。

(b)如果上诉判决作出后,本条第(2)款(c)项提及的情形仍然存在且该众议员不得继续上诉,或如

果因上诉期限届满,或已作出公示,或拒绝许可提起上诉或任何其他原因,众议员不能提起上诉,其应当毫不迟延地空缺其议席。

(c)如果在众议员空缺其议席前的任何时候,本条第(2)款(c)项提及的情形终止,则在本款(a)项提及的期限届满时,众议员不空缺其议席,并可以恢复履行参议员职责。

第五十九A条

(1)如果任何人在第五十九条第(2)款(e)项提及的情形下从政党中辞职,其应当自辞职后七日内告知其作为该政党候选人当选众议员的政党在众议院中的领袖,该政党领袖应当将此书面通知议长。

(2)如果任何人在第五十九条第(2)款(e)项提及的情形下转为支持其他政党,其作为该政党候选人当选众议员的政党在众议院中的领袖应当在其支持其他政党后七日内,书面通知议长其已转为支持其他政党。

(3)议长自收到第(1)款和第(3)款规定的书面通知后,如果确信存在第五十九条第(2)款(e)项提及的情形,应当于收到通知后的下一次众议院会议上宣告,该议员因从政党辞职或转为支持其他政党,视情况而定,而终止众议员身份。

(4)如果依第五十九条第(2)款(e)项之规定应当丧失资格的人为议长,议长作为该政党候选人当选众议员的政党在众议院中的领袖应当,依第(1)款或第(2)款之规定通知众议院为此目的而选举的人,其应当依据第(3)款之规定上宣告,议长因从政党辞职或转为支持其他政党,视情况而定,而终止众议员身份。

(5)依第(3)款之规定宣告某人因从政党辞职或转为支持其他政党而终止众议员身份后,其——

(a)可以作出宣告后二十一日内就该宣告上诉至最高法院,最高法院就该争议作出的判决为终局判决;

(b)应当终止作为众议员履行职责,但除第(6)款另有规定外,在最高法院就其上诉作出判决前不得空缺其议席。

(6)如果最高人民法院对于依第(5)款(a)项提起的上诉判决某人从政党中辞职或转为支持其他政党,视情况而定,或如果在其提起上诉前第(5)款(a)项规定的上诉期限届满,其应当立即空缺其议席。

(7)第五十九条第(2)款(e)项和本条应当适用于2001年2月23日后的所有众议员。

第六十条

(1)众议院于任何大选后的第一次会议,应当在开始处理任何其他事务前,选举产生一名众议院议长;且在下一次议会解散前的任何时候,如果议长职位变成空缺,众议院应当在合理的时间内尽快另选一

名议长。

(2)众议院议长应当超过三十周岁,从未担任部长的众议员中或从未担任参议员的人员中选举产生。

但是,如果非议员存在下列情形,则不得当选为议长——

(a)非伯利兹公民;或

(b)其依据宪法第五十八条第(1)款之规定被取消众议员的候选资格。

(3)众议院于任何大选后的第一次会议,应当在开始处理除议长选举外的任何其他事务前,从未担任部长的众议员中选举产生一名众议院副议长;且在下一次议会解散前的任何时候,如果副议长职位变成空缺,众议院应当在合理的时间内尽快另选一名副议长。

(4)在下列情形中,议长或副议长应当空缺其职位——

(a)如果从众议员中选举产生的议长或副议长——

(i)终止众议员身份;或

(ii)被任命为部长。

(b)如果议长从未担任众议员或参议员的人中选举产生——

(i)议会解散;

(ii)终止伯利兹公民身份;或

(iii)出现导致其依宪法第五十八条第(1)款之规定被取消众议员候选资格的情形。

(c)如果副议长当选为议长。

(5)(a)如果依据宪法第五十九条第(3)款之规定,议长或副议长应当终止履行众议员之职责,则其应当同时终止履行议长或副议长之职责,视情况而定,且这些职责应当由下列人员履行,直至其解除众议院议席或恢复履行其职责——

(i)如果是议长,由副议长履行或副议长职位空缺时,由众议院为此目的选举的众议员(未担任部长)履行;

(ii)如果是副议长,由众议院为此目的选举的众议员(未担任部长)履行。

(b)如果议长或副议长恢复履行众议员之职责,根据宪法第五十九条第(3)款之规定,其应当同时恢复履行议长或副议长之职责,视情况而定。

参议院

第六十一条

(1)除第(2)款另有规定外,参议院由十三名议员(本宪法称之为"参议员")组成,参议员由总督依据本条之规定任命。

(2)参议员应当依据第六十六条之规定从非参议员的人中选举产生一名参议院议长。

(3)参议院议长不享有决定性表决权。

此外,参议院在决定本宪法第六十一A条第(2)款(d)项提及的事项时,如果参议院议长——

(a)是参议员,其享有初始但非决定性表决权;以及

(b)不是参议员,其不得表决。

(4)十三名参议员中——

(a)六名应当由总督根据总理的建议任命;以及

(b)三名应当由总督根据反对党领袖的建议任命;以及

(c)一名应当由总督根据伯利兹基督教协会和基督教播道会联会的建议任命;以及

(d)一名应当由总督根据伯利兹工商会和伯利兹商业局(Business Bureau)的建议任命;以及

(e)一名应当由总督根据全国工会大会和公民社会指导委员会(Civil Society Steering Committee);以及

(f)一名应当由总督根据非政府组织的建议任命。

(5)如果本条第(4)款(c)项至(e)项所提及的组织在收到总督要求其提出参议员候选人的书面建议的邀请书之日起十四日内,未能向总督提出建议,则总督应当根据伯利兹咨询委员会的建议任命该参议员。

(6)尽管存在宪法第六十四条和第八十四条之规定,于2002年1月15日前成立的参议院,应当自2002年1月15日起解散。

(7)参议院于2002年1月15日后召开的第一次会议,应当在开始处理任何事务之前,选举一人为参议院议长,并选举一名未担任部长的参议员为副议长。

(8)如果在议长选举的会议上出现票数相等的情况,则参议院中的政府事务首长应当享有第二次投票权。

(9)总督应当为本条第(4)款(c)项至(e)项规定的组织提名参议员候选人制定规则。

第六十一A条

(1)在不损害宪法或任何其他法律授予参议院的任何其他职权的情况下,参议院享有本条第(2)款列举的权力和职责。

(2)本条第(1)款规定的参议院职权和职责包括下列事项——

(a)授权伯利兹政府批准(包括参加或加入)任何条约,包括旨在解决伯利兹与瓜地马拉共和国的领土争端的条约;

(b)批准在伯利兹建立外国军队的军事行动

基地；

(c)批准任命公共建设监督专员、行政监察专员、选举和边界委员会委员及廉政委员会委员；

(d)就任何涉及公共利益的事项或重大事项发起并进行质询和调查，包括对中央政府或其他公共法定机构的人员的管理不善或腐败进行调查；

(e)接收、审查和披露审计长、公共建设监督专员以及行政监察专员的年度报告和其他报告，并就相关事项发起并进行质询、调查及审理；

(f)在审计长、公共建设监督专员或行政监察专员就其职务及职责之履行受到指控时，要求其到场；

(g)当涉及政府部门的行政首长根据其职权应当知悉的事项，或与其职权或职务的正当履行相关的事项时，要求其到场；以及

(h)参议院的委员会质询、调查或审理任何事项时，要求政府部门的部长到场。

(3)如果任何法律，包括宪法在内，就本条第(2)款(c)项提及的任命规定任何程序，且此类任命程序与本条规定的参议院职权相抵触，则只有依本条之规定获得参议院的预先批准此类任命方得生效。

(4)参议院应当以经其成员过半数赞成的决议之方式履行本条授予的职权和职责。

第六十二条

除宪法第六十三条另有规定外，符合下列条件的人，具备受任命为参议员之资格，且除非其符合下列条件，否则不得受此任命——

(a)为十八周岁以上的伯利兹公民；以及

(b)于被任命为参议员之前，已在伯利兹居住一年以上。

第六十三条

(1)有下列情形之一者，不得被任命为参议员——

(a)以自己的行为承认效忠、服从或拥护外国主权。

(b)为众议员。

(c)为未清偿债务的破产人，已依据共同体的任何生效法律被裁定或以其他方式宣告破产。

(d)依据任何法律被确认为精神错乱或以其他方式被裁定为精神障碍。

(e)被共同体的任何法院判处死刑或正在服法院判处的或有权机构用以替代法院判处的其他刑罚的超过十二个月的监禁刑(不论罪名为何)或正处于监禁刑缓期执行期间。

(f)因其担任或代理涉及下列职责的任何职位，依法取消其参议员资格——

(i)负责任何选举的进行或相关职责；或

(ii)负责任何选民登记名册的编纂或修订。

(g)因其犯任何与选举相关的罪而依法取消其参议员资格。

(h)因下列原因而依法取消其参议员资格——

(i)其担任或代理任何法律明确载明的职位或任命(无论是个别职位或任命或一类职位或任命)；或

(ii)其属于伯利兹的任何武装部队或任何组成该武装部队的团体；或

(iii)其属于任何警察机关或任何组成该警察机关的团体；或

(i)为政府因公共服务而签订的任何契约的当事人，或当当事人为合伙或公司时，担任该合伙的合伙人或该公司的领导或经理，且未向总督披露契约的性质及其利益，或所在合伙或公司的利益。

但是，如果总督基于自己的审慎判断认为这样做合适，他可以通过命令指示为本条之宗旨，上述任何取消资格的情形不予考虑。

(2)为本条第(1)款(e)项之宗旨——

(a)如果某人必须连续服两个以上监禁刑，且每个刑期都不超过十二个月，则视该监禁刑为多个独立的刑罚，但若其中任何一个刑期超过十二个月，则合并视为一个刑罚；以及

(b)作为罚金的替代刑或因未缴付罚金而课以的监禁刑不予考虑。

第六十四条

(1)所有参议员应当于受任命后的下一次议会解散时空缺其议席。

(2)有下列情形之一的，参议员应当空缺其议席——

(a)在参议院议事规则预先规定的时期及情形下缺席参议院会议；

(b)经其同意，被提名为众议院选举的候选人；

(c)终止伯利兹公民身份；

(d)除本条第(3)款另有规定外，出现若其非参议员，将导致其依宪法第六十三条第(1)款之规定不具备受任命之资格的情形；

(e)总督根据总理、反对党领袖或宪法第六十一条第(4)款(c)项、(d)项、(e)项和(f)项提及的组织建议，宣告依据相应的建议任命的参议员议席空缺；

(f)如果其将成为政府因公共服务而签订的任何契约的当事人，或其担任合伙人的合伙或其担任领导或经理的公司将成为此类契约的当事人，或其将担任作为此类契约当事人的合伙或公司的合伙人或公司领导或经理。

但是，如果前述参议员在如前所述成为此类契约当事人之前或更早之前或在以其他方式对此类契约有利害关系(无论系作为合伙的合伙人或公司的领导或经理)后迅速后向总督披露契约的性质及其利益或

所在合伙或公司的利益,且总督认为这样做正当,总督可以根据自己的审慎判断,豁免该参议员依本项之规定空缺其议席。

(3)(a)如果参议员因被判处死刑或监禁刑,被裁定为精神错乱或其他精神障碍,或被宣告破产且未清偿债务,或被判有选举相关的犯罪而出现本条第(2)款(d)项提及之情形,且参议员可以就前述判决提起上诉(无论是否经法院或其他机构许可),其应当立即终止履行参议员职责,但除本款另有规定外,此后三十日的期限届满前,不得空缺其议席。

此外,参议院主席可以随时延长三十日的期限以使参议员得以对判决进行上诉,但是,未经参议院通过决议表示同意,不得延长期限累计超过一百五十日。

(b)如果,上诉判决作出后,本条第(2)款(d)项提及的情形仍然存在且该参议员不得继续上诉,或如果因上诉期限届满,或已作出公示,或拒绝许可提起上诉或任何其他原因,参议员不能提起上诉,其应当毫不迟延地空缺其议席。

(c)如果在参议员空缺其议席前的任何时候,本条第(2)款(d)项提及的情形终止,则在本款(a)项提及的期限届满时,参议员不空缺其议席,并可以恢复履行参议员职责。

第六十五条

(1)总督可以宣告参议员因疾病暂时不能履行参议员之职责,则此后,该参议员不得履行前述职责直至总督再次宣告该参议员能够履行职责。

(2)如果参议员因离开伯利兹或依据宪法第六十四条或因依前款规定作出宣告而不能履行参议员之职责,总督可以另行任命一名具备受任命为参议员资格的人员暂任参议员。

(3)宪法第六十四条第(1)款和第(2)款应当同适用于依第六十一条之规定任命的参议员一样适用于依本条之规定任命的参议员〔但是,适用第六十四条第(2)款(d)项时,应当视该项未载明第六十四条第(3)款的例外规定〕,且依本条之规定作出的任命应当于总督告知受任命者产生此任命的情形已经终止时失效。

(4)总督行使本条授予之职责时应当——

(a)根据总理的建议任命临时参议员以暂代依宪法第六十一条第(2)款(a)项任命的参议员;

(b)根据反对党领袖的建议任命临时参议员以暂代依宪法第六十一条第(2)款(b)项任命的参议员;

(c)在任何其他情况下,经与伯利兹咨询理事会协商后行使。

第六十六条

(1)参议院于任何大选后举行的第一次会议,应当在开始处理任何其他事务前,选举一名非议员担任参议院主席;且在议会解散前的任何时候,如果主席职位变成空缺,参议院应当在合理的时间内尽快以相同之方式从非议员中另选一名主席。

(2)参议院于任何大选后举行的第一次会议,应当在开始处理除主席选举外的任何其他事务前,从未担任部长的参议员中选举产生一名参议院副主席;且在下一次议会解散前的任何时候,如果副主席职位变成空缺,参议院应当在合理的时间内尽快另选一名参议员担任副主席。

(3)主席和副主席均应当年满二十四周岁,且主席应当从非议员中选举产生。

此外,有下列情形之一的,不得当选主席——

(i)非伯利兹公民;或

(ii)其依据宪法第五十八条第(1)款之规定被取消众议员的候选资格。

(4)在下列情形中,主席或副主席应当空缺其职位——

(a)若为主席——

(i)议会解散;

(ii)终止伯利兹公民身份;或

(iii)出现将导致其依宪法第五十八条第(1)款之规定被取消议员候选资格的情形。

(b)若为副主席——

(i)终止参议员身份;或

(ii)受任命为部长。

(5)(a)如果依据宪法第六十四条第(3)款之规定,主席或副主席应当终止履行参议员之职责,则其应当同时终止履行主席或副主席之职责,视情况而定,且这些职责应当由下列人员履行,直至其解除参议院议席或恢复履行其职责——

(i)如果是主席,由副主席履行或副主席职位空缺时,由参议院为此目的选举的参议员(未担任部长)履行;

(ii)如果是副主席,由参议院为此目的选举的参议员(未担任部长)履行。

(b)如果主席或副主席恢复履行参议员之职责,根据宪法第六十四条第(3)款之规定,其应当同时恢复履行主席或副主席之职责,视情况而定。

第六十七条

(1)应当设立议会书记官(为两院共同的书记官)、副书记官以及其他必要的辅助人员。

(2)议会可以通过法律规定第(1)款提及的人员的招募和职务条件。

职权和程序

第六十八条

除宪法另有规定外,议会可就伯利兹的和平、秩序及善治制定法律。

第六十九条

(1)议会可以以本条下述条款规定之方式变更宪法的任何条款。

(2)变更宪法任何条款的议案不得视为已经议会通过，直至独立日后经过第一次大选且除非该议案在每个议院第一次宣读时获得该议院全体议员的一致同意。

(3)变更本条、宪法第二附件或该附件中载明的任何宪法条款的议案，除非最后一次在众议院宣读时经不少于全体众议员的四分之二同意，不得视为已经众议院通过。

(4)变更除本条第(3)款提及的条款宪法外的任何宪法条款的议案，除非最后一次在众议院宣读时经不少于全体众议员的三分之二同意，不得视为已经众议院通过。

(5)变更除本条第(3)款提及的任何宪法条款的议案，除非自该议案在众议院提起讨论到在众议院的第二次宣读程序开始间隔不少于九十日，不得提交总督批准。

(5A)除宪法第十八条和第七十九条另有规定外，变更宪法第二章的任何条款的议案，未经参议院简单多数同意，不得视为已经议会通过。

(6)(a)变更宪法任何条款的议案，除非附有议长签署的确认本条第(2)款、第(3)款或第(4)款之规定已得到遵循的证明，视情况而定，不得提交总督批准。

(b)本款规定的议长证明为确认本条第(2)款、第(3)款或第(4)款之规定，视情况而定，已得到遵循的决定性证明，且不受任何法院调查。

(c)在本款中，如果担任议长职位的人因任何原因不能履行其职责，且无其他履行议长职责的人，则本款所提及的议长应当包括副议长。

(7)在本条和宪法第二附件中所提及的任何宪法条款，包括变更该条款的任何法律。

(8)本条所提及的变更宪法或任何宪法条款包括——

(a)废除之，无论有无重新制定或制定不同的条款替代之；

(b)修改之，无论以删除或修正任何条款或插入其他条款或任何其他方式；以及

(c)在一段期间内中止其效力或终止任何此类效力中止。

第七十条

(1)除本宪法另有规定外，任一议院均可制定、修改或废除议事规则以规制和有效管理其程序和事务处理，以及通过、提出和排列议案以及将议案提交总统批准。

(2)如果部长非某一议院的议员，其可以在该议院发言，但不得享有该议院的表决权。

第七十一条

(1)除非为了使本条规定得到遵循，任一议院的议员未经在该议院进行并签署效忠宣誓和就职宣誓，不得在该议院开会或表决，或就其职位受领任何薪酬或薪资。

但是，众议院议长和副议长选举以及参议院主席和副主席选举，可以在众议员或参议员进行并签署宣誓前举行，视情况而定。

(2)如果在某个人成为众议员和此后的众议院第一次会议召开之间，众议院某一委员会召开会议且此人为该委员会委员，则为使其能参加会议并参与委员会的程序，此人可以在议长或，若议长离开伯利兹或议长职位空缺时，在副议长前进行并签署宣誓；且以此种方式进行并签署的宣誓应当满足本条的所有宗旨。

(3)本条第(2)款之规定应同时适用于成为参议员之人，但其中提及的议长和副议长应当相应变更为主席和副主席。

第七十二条

(1)议长，或其缺席时副议长，或议长和副议长均缺席时，众议院为当次会议选举产生的众议员(非部长)应当主持众议院会议。

(2)主席，或其缺席时副主席，或主席和副主席均缺席时，参议院为当次会议选举产生的参议员(非部长)应当主持参议院会议。

(3)本条所提及的议长、副议长、主席或副主席缺席的情形包括议长、副议长、主席或副主席职位空缺的情形。

第七十三条

(1)除宪法另有规定外，在任一议院提请决定的任何事项应当经该议院在场并参与表决的议员过半数表决通过。

(2)从众议员中选举产生的议长或从参议员中选举产生的主席或在任一议院主持的该议院议员应当享有初始表决权，但不享有决定性表决权。

(3)从非众议员中选举产生的议长或从非参议员中选举产生的主席不享有表决权。

(4)如果提交到任一议院讨论的任何事项所得票数相等，该动议未通过。

第七十四条

在不损害议会就参议院或众议院或议院各委员会的职权、特权和豁免，或议院的议员和职员以及与议院或议院委员会的事务相关的人员的特权和豁免所作的任何规定的情况下，不得就任何议员在议院或议院委员会的发言或提交的书面报告，或因其以申

请、法案、决定、动议或其他方式提请审议的任何事项或事物而提起民事或刑事诉讼。

第七十五条

议院不得因任何议员空缺（包括议院第一次组建或在任何时候重新组建时尚未填补的任何空缺）而丧失处理事务的资格，且尽管存在某个人无此资格却在议院参与会议并表决或以其他方式参加相关程序之情形，议院的任何程序应当有效。

第七十六条

（1）如果在任一议院的任何会议中，该议院的任何议员提请主持会议的人注意不足法定人数，且经过议院议事规则规定的时间间隔后，主持会议的人确定在场的人数不足该议院的法定人数，则议院应当休会。

（2）为本条之宗旨——

（a）众议院的法定人数应当包括七名众议员；

（b）参议院的法定人数应当包括三名参议员；

（c）在计算是否在场人数达到议院法定人数时，主持会议的人不计算在内。

第七十七条

（1）除财税法案以外的法案可以在任一议院提出。财税法案不得在参议院提出。

（2）除非经内阁建议或同意，并由部长表明，任一议院不得——

（a）审议任何主持会议的人认为系为下列目的而作出规定的法案（包括法案的修正案）——

（i）为课征或增加或减少或废除任何税收；

（ii）为伯利兹的收入或其他基金设定或增加任何支付义务，或变更任何此类支付义务，但变更系减少支付义务时除外；或

（iii）为就伯利兹的债权达成和解或作出免除。

（b）审议任何主持会议的人认为其实施将导致就前述的任何目的作出规定的动议（包括动议的修正案）；或

（c）接收任何主持会议的人认为系请求就前述的任何目的作出规定的申请。

第七十八条

（1）如果一项财税法案已经众议院通过并在会期结束前至少一个月送至参议院，但参议院未通过该法案且在其送至参议院后的一个月内未作任何修改，则除非众议院另有决定，该法案应当提交至总督批准，即使参议院未通过该法案。

（2）每一项财税法案送往参议院时应当在由议长在该法案签署背书，确认其为财税法案；且依本条第（1）款之规定提交总督批准的任何财税法案，均应当由议长签署背书，确认其为财税法案且本条第（1）款之规定已得到遵循。

第七十九条

（1）如果除财税法案外的任何法案，在两个连续会期内（无论议会是否在两个会期间解散）经众议院，且均在每个会期结束前至少一个月送至参议院，但参议院在每个会期均予以驳回，则除非众议院另有决定，该法案应当于第二次被参议院驳回时提交至总督批准，即使参议院未通过该法案。

但是，除非自众议院在第一个会期通过该法案之日起至众议院在第二个会期通过该法案之日间至少间隔六个月，不得适用本款前述规定。

（2）为本条之宗旨，如果一项法案在任一会期从众议院送至参议院时，与在前一个会期送至参议院的前法案相较，二者相同或仅包经议长确认的因自前法案之日起经过的时间而作的必要修正或为体现参议院在前一个会期对前法案的修正而作的修正，则应当视该法案与前法案为同一法案。

（3）众议院如果认为适合，它可以在通过一项与在前一个会期送至参议院的前法案视为同一法案的法案时，在不对该法案插入修正条款的情况下建议对该法案作任何修正，如果参议院同意，则前述修正视为由参议院作出并经众议院同意；但众议院行使此项职权不得影响该法案被参议院驳回时本条规定之运行。

（4）如果任何法案依本条之规定提交至总督批准，应当在该法案中插入经议长确认的参议院在第二个会期中作出并经众议院同意的任何修正条款。

（5）任何依本条之规定提交至总督批准的法案，均应当由议长在该法案签署背书，确认本条之规定已得到遵循。

第八十条

（1）在宪法第七十七条、第七十八条和第七十九条中，"财税法案"系指议长认为仅包含涉及下列全部或部分事项的规定的公法案，即，课征、废除、免除、变更或管理税收；为偿还债务或其他财政目的而为公款设定支付义务，或变更或废除任何此类义务；向君王或任何机构或个人拨款，或变更或撤销任何此类拨款；公款账户的拨款、收入、监管、投资、提取或审计；募集或担保或偿还任何贷款，或设立、变更、管理或废止任何与此类贷款相关的偿债基金；或前述任何事项的附属事项；且在本款中，"税收"、"债务"、"公款"和"贷款"不包括任何地方当局为地方之目的而课征的税收、产生的债务、提供的款项或募集的贷款。

（2）为宪法第七十九条之宗旨，有下列情形之一的，视为参议院驳回一项法案——

（a）参议院未对该法案进行修正而未予通过；或

（b）参议院对该法案作出任何众议院未同意的修正后予以通过。

(3)如果议长职位空缺或议长因任何原因不能履行宪法第七十八条或第七十九条或本条第(1)款赋予的职责,该职责可以由副议长履行。

(4)议长或副议长依宪法第七十八条或第七十九条进行的确认无论如何均应当具有决定性,且不受任何法院质询。

(5)议长或副议长,视情况而定,在依宪法第七十八条或第七十九条作出确认前,应当咨询总检察长或,总检察长离开政府所在地时,咨询总检察长为此目的而指定的工作人员。

第八十一条

(1)议会制定法律的权力应当通过参议院和众议院共同通过法案(在宪法第七十八条和第七十九条规定的情况下,由众议院通过)并经总督批准的方式行使。

(2)如果法案依宪法之规定提交至总督批准,总督应当表明批准或拒绝批准。

(3)如果总督对依宪法之规定提交的法案予以批准,该法案成为法律,且总督应当立即使之作为法律刊载于公报上。

(4)议会制定的法律未经总督批准,不得生效,但议会可以使法律推迟生效或具有溯及效力。

(5)议会制定的所有法律均应当称之为"法"。

第八十二条

(1)在所有提交至总督批准的法案中,依宪法第七十八条和第七十九条提交的除外,制定词表述如下:

"伯利兹众议院和参议院依据议会两院之权限,根据议会两院之建议,并经议会两院同意,特制定法律如下……"

(2)在所有任何依宪法第七十八条和第七十九条提交至总督批准的法案中,制定词表述如下:

"伯利兹众议院依宪法第七十八条(或第七十九条,视情况而定)之规定,根据众议院的权限,按照众议院的建议,并经众议院同意,特制定法律如下:……"

(3)对依前款之规定而作的法案制定词作任何变更,均不得视为对该法案的修正。

第八十三条

(1)应当每年至少举行一个议会会期,且每个会期均应当于总督通过在公报上发布公告而指定的伯利兹境内场所举行和指定的时间开始(如果议会曾经休会,则不得迟于上一个会期结束后六个月;如果议会已经解散,则不得迟于上一个会期结束后四个月)。

(2)除本条第(1)款另有规定外,各个议院的开会期应当于该议院通过议事规则或其他方式确定的时间和场所举行。

但是,议会在任何时候休会或解散后的第一个开会期,各个议院应当同时开始举行。

第八十四条

(1)总督可以在任何时候使议会休会或解散。

(2)除本条第(3)款另有规定外,议会,除非提前解散,应当自解散后众议院的第一次会议召开之日起持续五年,并于届满之时解散。

(3)在任何时候如果伯利兹处于战争状态,议会可以通过法律延长本条第(2)款规定的期限,每次延期不得超过十二个月。

但是,议会的存续期间不得依本款之规定延长超过两年。

(4)总督应当根据总理的建议行使解散议会的职权。

但是——

(a)如果总理建议解散议会,总督根据自己的审慎判断认为伯利兹政府可以在不解散议会的情况下继续运作且解散不符合审慎判断,可以拒绝解散议会;

(b)如果众议院通过对政府的不信任案,且总理未在七日内辞职或建议解散议会,总督可以根据自己的审慎判断解散议会;以及

(c)如果总督根据自己的审慎判断认为无法在合理的时间内任命总理,总督应当解散议会。

(5)如果在议会解散和下一届众议员大选之间,出现总理认为必须在举行大选前召集议会两院或其中之一的紧急状态,总督可以,通过在公报上发布公告,召集上一届议会两院,该议会应当随即推定为(为宪法第八十五条之目的除外)尚未解散,但应当推定为(同前述例外)在下一届大选的投票之日解散。

(6)在议会解散后和大选后任命总理前的期间内,伯利兹政府应当继续由现任政府总理及其他部长和副部长管理。

第八十五条

(1)众议员大选应当于总督根据总理的建议指定的议会解散后三个月内的某个时间举行。

(2)总督应当于大选后的合理时间内,依宪法第六十一条之规定任命参议员。

(3)如果众议员或参议员的议席因议会解散以外的其他原因变成空缺,应当在空缺发生后的三个月依下列规定填补空缺,除非议会先行解散——

(a)如果是众议员的议席空缺,应当举行补缺选举;或

(b)如果是参议员的议席空缺,应当进行任命。

第八十六条

(1)下列争议应当由最高法院依据任何法律之规定进行裁决——

(a)任何人是否合法当选为众议院或是否合法受任命为参议员；

(b)任何众议员或参议员是否空缺其职位，或是否应当依宪法第五十九条第(3)款或第六十四条第(3)款之规定终止作为众议员或参议员履行职责；或

(c)任何人是否从非众议员或非参议员中合法当选为众议院议长或参议院主席，或，已合法当选的议长或主席是否空缺其职位。

(2)未经最高法院法官许可，不得就前款提及的任何争议提起裁决之诉。

(3)不得就最高法院法官依前款之规定许可或拒绝许可提起诉讼的决定提起上诉。

第八十七条

(1)在任一议院参加会议或表决的任何人如果知道或有充分理由应当知道其无权这样做，则应当根据其在该议院参加会议和表决的天数，受到每天不超过五百美元或此后由议长或主席规定的其他数额的罚款。

(2)第(1)款规定的罚款可以通过总检察长在最高法院提起诉讼获得救济。

第八十八条

(1)应当设立选举和边界委员会，该委员会由一名主席和四名正直且具有较高声望的其他委员担任。

(2)委员长和两名其他委员应当由总督根据总理经与反对党领袖协商后提出的建议任命，其余两名委员应当由总督根据总理经反对党领袖同意后提出的建议任命。

但是，总理在与反对党领袖就委员长的任命进行协商的过程中，应当尽最大的努力获得反对党领袖之同意。

(3)担任议员或担任或代理任何公职的人，不得受任命为委员。

(4)如果委员死亡或辞职，总督应当按照任命该委员的方式另行任命一人替代之。

(5)除本条另有规定外，有下列情形之一的，委员的职位变成空缺——

(a)自任命之日起五年的任期届满；或

(b)出现如果其非委员，将导致其丧失受任命之资格的情形。

(6)委员仅得因不能履行其职责(无论系因精神或身体疾病或任何其他原因导致)或行为不端而被罢免，且非依本条之规定，不得罢免之。

(7)如果关于罢免委员职位的事项已依第(8)款的规定提交至伯利兹咨询理事会，且理事会业已向总督建议该委员因前述不能履行职责或行为不端应当受到罢免，则总督应当罢免该委员。

(8)如果总理向总督提出应当就依本条之规定罢免委员职位的事项进行调查，则——

(a)总督应当将此事项提交至伯利兹咨询理事会，由理事会作为裁判庭依据宪法第五十四条规定的方式进行审理；

(b)伯利兹咨询理事会应当对相关事项进行调查，将实际情况报告总督，并就是否依据本条规定罢免委员向总督提出建议。

(9)如果关于罢免委员的事项已经依前款规定提交至伯利兹咨询理事会，总督可以暂停该委员之职务，此类暂停职务可以随时由总督撤销且在任何情况下，如果伯利兹咨询理事会向总督建议不应当罢免该委员，其效力应当终止。

(10)如果委员的职位空缺或委员因任何原因不能履行其职责，总督可以按照任命该委员之方式另行任命一人担任代理委员，且受此任命的人应当持续任职至总督告知其产生此任命的情形已经终止，本条第(6)款、第(7)款、第(8款)和第(9)款另有规定除外。

(11)委员未经进行并签署效忠宣誓和就职宣誓，不得就职。

(12)委员会可以规定其自身的程序，且为履行委员会职责之目的，经总督根据总理的建议表示同意后，委员可以向政府的任何公职人员或机构授予职权或设定义务。

(13)委员会应当负责指导并监督选民登记以及选举、公民投票和所有相关事项之实施。

(14)委员会履行其职责，不受其他任何个人或机构的命令或控制，且除宪法另有规定外，应当以《人民代表法》或与选举相关的任何其他法律、规则或规章为依据。

第八十九条

(1)为选举众议员之目的，伯利兹应当划分为三十一个选区，选区的名称和边界载于《人民代表法》第一附件。

(2)众议院的每一名当选议员代表一个选区。

第九十条

(1)选举和边界委员会应当经考量伯利兹境内的人口分布后，随时以下列方式就伯利兹的选区划分作出提案——

(a)各个选区的选民人数应当相当；

(b)选区的总数不得少于二十八个。

(2)在确定选区边界时，选举和边界委员会应当考量选区的交通和其他设施，以及选区的地理特征。

(3)委员会依本条规定作出的提案应当由委员长提交至议会审议，提案中列明的选区应当符合当前有效的有关选众议员选举的任何法律，且未经议会通过法律予以颁布，不得成为伯利兹选区。

(4)如果选举和边界委员会认为应当增加第(1)

款规定的选区数量,委员会应当向议会提出提案,议会经对提案进行其认为适当的补充和修改后,可以通过颁布法律使提案得以生效。

第九十一条

就众议员之选举,依宪法第九十条之规定对现行选区进行的任何重新划分应当于重新划分后的下一届大选举行时生效,不得提前生效。

第九十二条

任何一届大选中——

(a)所有伯利兹公民或年满十八周岁且符合《人民代表法》规定之要求的共同体国家公民均享有投票权;

(b)任何人不享有超过一个的投票权;以及

(c)应当采取无记名投票。

第九十三条

除包括第八十八条至第九十二条在内的宪法另有规定外,《人民代表法》应当适用于选举权、选民登记、选举制度的管理、与选举制度相关的违法行为、选举的举行,以及所有相关事项。

第七章 司法机关

第九十三A条

(1)所有伯利兹司法区均应当设立"简易裁判法院"和"地区法院",分别行使刑事管辖权和民事管辖权。

(2)简易裁判法院和地区法院的职权和管辖权应当由议会通过为此制定的法律随时加以规定。

(3)治安法官由司法和法律事务委员会任命,且除非任何由议会通过的法律另有规定,应当由具备出庭律师资格的人担任。

(4)具有出庭律师资格的治安法官享有任期保障,且除公职人员的强制退休年龄另有规定外,仅得因不能履行其职责(无论系因精神或身体疾病或任何其他原因造成)或行为不端而罢免之。

第九十四条

应当设立伯利兹最高法院和上诉法院。

第九十五条

(1)最高法院享有依据任何法律审理和裁决任何民事和刑事诉讼的无限制初审管辖权,以及宪法或任何其他法律授予的管辖权和职权。

但是,最高法院无权审理和裁决依据任何法律被判处死刑的人于宣告判决之日起满一年后提出的任何申请。

(2)最高法院的法官应当由首席大法官和议会随时规定数量的其他法官组成。

但是,如果某一法官职位存在实质任职者,则不得废除该职位。

(3)最高法院应当是登记在册的高级法院,且除法律另有规定外,应当享有高级法院的所有职权。

(4)最高法院应当于首席大法官指定的地点审理案件。

第九十六条

(1)除宪法第三十三条第(2)款、第三十四条第(4)款、第五十四条第(18)款、第六十九条第(6)款、第八十条第(4)款以及第一百二十三条第(3)款另有规定外,如果在任何伯利兹法院(最高法院和上诉法院除外)产生任何关于宪法的解释或条约的解释或适用之争议,且法院认为该争议牵涉到重大法律问题,法院应将该争议提交到最高法院。

(2)如果任何争议依本条之规定提交到最高法院,除下述第(3)款另有规定外,最高法院应当就该争议作出裁决,且产生该争议的法院应当依据该裁决处理案件或,如果该裁决被上诉至上诉法院或加勒比法院,则应当依据上诉法院或加勒比法院的裁决处理案件,视情况而定。

(3)如果最高法院或上诉法院受理一项争议,该争议之解决牵涉到条约的解释或适用问题,如果最高法院或上诉法院,视情况而定,认为就该问题的裁决有宣告判决之必要,其应当在判决宣告前将此问题提交到加勒比法院裁决。

第九十七条

(1)首席大法官应当由总督根据总理经与反对党领袖协商后作出的建议任命。

(2)除首席大法官外的最高法院法官应当由总督根据司法和法律事务委员会的建议,并经总理与反对党领袖协商表示赞同后进行任命。

(3)不符合下列条件者,不得被任命为最高法院法官——

(a)具有在伯利兹法院作为出庭律师执业的资格,或在共同体任何其他区域内的就民事或刑事诉讼或争议享有无限制管辖权的法院作为律师执业的资格;以及

(b)具备在上述法院的执业资格不少于五年。

(4)如果首席大法官职位空缺或其因离开伯利兹等原因不能履行职责,则,在一人受到任命并就职或首席大法官恢复履行职责之前,视情况而定,其职责应当由除首席大法官外的其他法官履行,或如果存在两个以上其他法官,则由总督依据本条第(1)款规定之方式为此目的而暂时指定的法官履行。

(5)如果除首席大法官外的其他法官职位空缺或受任命代理首席大法官或因任何原因无法履行其职责或,如果首席大法官向总督说明最高法院的业务情况有此要求,总督依据本条第(2)款规定之方式,可以

任命具备受任命为最高法院法官资格的人代理最高法院法官。

此外,已年满六十五周岁的人可以代理最高法院法官。

(6)依本条第(5)款之规定受任命代理最高法院法官的人应当在任命期限内任职或,如果无明确载明期限,应当任职至总督撤销该任命,本宪法第九十八条第(4)款和第(6)款另有规定除外。

但是,即使任命期限届满或任命被撤销,他可以在足够其就已经开始由其审理的诉讼作出判决或任何其他处理的必要的期限内继续代理法官职位。

第九十八条

(1)除本条下列条款另有规定外,最高法院法官应当任职至年满六十五周岁。

但是——

(a)他可以随时辞职;

(b)总督在下列情形中可以任命超过六十五周岁的人担任首席大法官或许可年满六十五周岁的法官继续任职直至其年满某个在后的年龄,但在任何一种情况下,均不得超过七十五周岁——

(i)如果是首席大法官,总督根据总理经与反对党领袖协商后作出的建议;以及

(ii)如果是除首席大法官外的最高法院法官,总督根据司法和法律事务委员会的建议并经总理与反对党领袖协商后表示同意。

(2)即使担任最高法院法官的人已达到规定的年龄或依本条之规定辞去职位,他可以在达到年龄后继续任职,任职的期限为足够其就在其达到年龄前已经开始审理的诉讼作出判决或任何其他处理的必要的期限。

(3)最高法院法官仅得因不能履行其职责(无论系因身体或精神疾病或任何其他原因)或行为不端而被罢免,且除非依据本条之规定,不得罢免之。

(4)如果关于最高法院法官不能履行其职责或行为不端而将其罢免的事项已经书面提交到司法和法律事务委员会,且司法和法律事务委员会经考虑后书面建议伯利兹咨询理事会对罢免事项进行调查,则可以罢免该最高法院法官。

(5)为了调查依据第(4)款之规定提交至伯利兹咨询理事会的有关罢免最高法院法官的事项,理事会应当——

(a)作为裁判庭依据宪法第五十四条规定的方式进行审理;

(b)对相关事项进行调查,将实际情况报告总督,并就是否依据本条规定罢免最高法院法官向总督提出建议。

(6)如果关于罢免最高法院法官的事项已经依前述规定提交至伯利兹咨询理事会,总督可以暂停该法官之职务,此类暂停职务可以随时由总督撤销且在任何情况下,如果伯利兹咨询理事向总督建议不应当罢免该法官,其效力应当终止。

(7)如果伯利兹咨询理事会向总督提出最高法院法官应当或不应当被罢免的建议,总督得将此书面通知该法官。

(8)因最高法院法官不能履行其职责或行为不端而将其罢免的职权由总督依本条之规定行使。

第九十九条

最高法院法官未经进行并签署效忠宣誓和就职宣誓,不得任职。

第一百条

(1)上诉法院享有宪法或任何其他法院授予的审理和裁决民事或刑事争议的上诉案件的管辖权和职权。

(2)上诉法院法官(以下称为"上诉法官")应当由院长和议会随时规定数量的其他法官组成。

但是,如果某一上诉法官职位存在实质任职者,则不得废除该职位。

(3)上诉法院应当是登记在册的高级法院,且除法律另有规定外,应当享有高级法院的所有职权。

(4)上诉法院应当在院长指定的地点审理案件。

第一百〇一条

(1)上诉法官应当由总督根据总理经与反对党领袖协商后提出的建议进行任命,并在任命文件中载明的期限内任职。

此外,如果任命文件中未载明期限,则此任命应当视为持续至——

(a)如果任命文件于《2008年伯利兹宪法修正案(第六次修正)》生效之日业已存在,则至该宪法修正案生效后满一年;

(b)如果任命文件于《2008年伯利兹宪法修正案(第六次修正)》生效后签发,则至签发之日起满一年。

(2)任何人,除非符合下列条件之一,否则不得受任命为上诉法官——

(a)担任或曾经担任共同体某些区域内的就民事或刑事诉讼或争议享有无限制管辖权的法院的法官,或就前述法院的判决享有上诉管辖权的法院的法官;或

(b)具备在伯利兹法院作为出庭律师执业的资格,或在共同体任何其他区域内的就民事或刑事诉讼或争议享有无限制管辖权的法院作为律师执业的资格,且具备前述资格不少于十五年。

(3)由一位上诉法官单独行使的任何职权,在伯利兹无上诉法官或无能够行使其职责的上诉法官时,可以由最高法院法官行使,如同其为上诉法官一般。

(4)如果院长职位空缺或其因任何原因不能履行其职责,则在另一人受任命担任或代理院长职位并就职之前,或院长恢复履行职责之前,视情况而定,院长之职责应当由总督为此目的任命的其他上诉法官履行,且总督应当根据总理经与反对党领袖协商后提出的建议进行任命。

(5)如果除院长外的其他上诉法官职位空缺,或受任命代理院长职位,或因任何原因不能履行其职责,总督根据总理经与反对党领袖协商后提出的建议,可以任命具备其经与院长协商后认为适当的法定资格和经验的人担任临时上诉法官。

(6)依本条第(5)款之规定受任命担任临时上诉法官的人应当任职至总督撤销该任命。

第一百○二条

(1)除本条下列条款另有规定外,上诉法官的职位自其任命期限届满或其辞职之日起变成空缺。

此外,如果任命文件中未载明任命期限,则上诉法官的职位自第一百○一条第(1)款的但书规定的期限届满之日起变成空缺。

(2)上诉法官仅得因不能履行其职责(无论系因身体或精神疾病或任何其他原因)或行为不端而被罢免,且非依本条之规定,不得罢免之。

(3)如果关于上诉法官不能履行其职责或行为不端而将其罢免的事项已经书面提交到司法和法律事务委员会,且司法和法律事务委员会经考虑后书面建议伯利兹咨询理事会对罢免事项进行调查,则可以罢免该上诉法官。

(4)为了调查依据第(3)款之规定提交至伯利兹咨询理事会的有关罢免上诉法官的事项,理事会应当——

(a)作为裁判庭依据宪法第五十四条规定的方式进行审理;

(b)对相关事项进行调查,将实际情况报告总督,并就是否依据本条规定罢免上诉法官向总督提出建议。

(5)如果关于罢免上诉法官的事项已经依前款规定提交至伯利兹咨询理事会,总督可以暂停该法官之职务,此类暂停职务可以随时由总督撤销且在任何情况下,如果伯利兹咨询理事会向总督提出不应当罢免该法官,其效力应当终止。

(6)如果伯利兹咨询理事会向总督提出上诉法官应当或不应当被罢免的建议,总督应当据此书面通知该法官。

(7)因上诉法官不能履行其职责或行为不端而将其罢免的职权由总督依本条之规定行使。

第一百○三条

上诉法官未经进行并签署效忠宣誓和就职宣誓,不得任职。

第一百○四条

(1)在下列情形中,就上诉法院的终局裁决向加勒比法院提起上诉的权利当然存在——

(a)上诉至加勒比法院的争议标的额不少于18250美元(或议会规定的其他数额)的民事诉讼或直接或间接与18250美元的标的额相关的民事诉讼;

(b)离婚之诉或婚姻无效之诉;

(c)涉及宪法解释之争议的任何民事或刑事诉讼;

(d)宪法明确规定就上诉法院的裁决提起上诉的事项;

(e)涉及最高法院就违反宪法保障基本权利条款的救济行使管辖权的任何诉讼;以及

(f)法律规定的其他事项。

(2)在下列情形中,经上诉法院许可,方得就上诉法院的裁决向加勒比法院提起上诉——

(a)就任何民事诉讼的终局判决提起上诉,且上诉法院认为该上诉所涉及的争议因其普遍性或重要性或其他原因,应当提交至加勒比法院审理;

(b)议会通过法律预先规定的其他情形。

(3)除第(1)款和第(2)款另有规定外,经加勒比法院的特别许可,方得就上诉法院对任何民事或刑事争议所作的裁决向加勒比法院提起上诉。

(4)本条任何规定不得适用于《2009年伯利兹宪法修正案(第七次修正)》生效时,经任何法律宣告上诉法院就某些争议所作的裁决为终局裁决的争议。

(5)加勒比法院就向其提起的任何上诉,享有上诉法院就该案件享有的所有管辖权和职权。

(6)就上诉管辖权之行使,加勒比法院为伯利兹登记在册的高等法院,享有条约或宪法或任何其他法律授予的管辖权和职权。

(7)本条之规定不得影响任何于《2009年伯利兹宪法修正案(第七次修正)》生效前向枢密院司法委员会提起的任何未决诉讼。

(8)为本条之宗旨,经许可向枢密院司法委员会提起的上诉案件应视为未决诉讼。

(9)枢密院司法委员会于《2009年伯利兹宪法修正案(第七次修正)》生效之日已经作出,但尚未执行的任何判决,应当于前述生效之日后视为加勒比法院的判决得以执行。

(10)除本条前述条款另有规定外,女王陛下会同枢密院审理从伯利兹提起的上诉、申请及申诉的管辖权自此废除,且宪法或任何其他法律中如出现"女王陛下会同枢密院"或"枢密院"或"枢密院司法委员会"之表述,应当视为提及加勒比法院。

(11)如果于2010年6月1日后的任何时候,加勒比法院终止或不再具有上诉管辖权,本条之规定自动终止适用,且议会可以通过法律设立伯利兹终审上诉法院,或宣布任何其他区域性上诉裁判庭为伯利兹终审上诉法院。

第八章

第一节 公职委员会

第一百○五条

(1)应当设立伯利兹公职委员会,由委员长和五名其他委员组成。

(2)公职委员会委员长和其他委员应当由总督根据总理经与反对党领袖协商后提出的意见进行任命。

(3)除非其已担任委员或除依职权担任委员的外,担任国民议会议员者不具备受任命为委员的资格。

(4)任何人在担任或代理委员职位时,或其最后担任或代理委员之日起两年内,不得再次受任命担任任何公职。

(5)除本条另有规定外,委员的职位在下列情形中变为空缺——

(a)自其受任命之日起三年的任期届满,或任命文件中载明的较短的,但不少于两年的任期届满;或

(b)出现如果其非委员,将导致其丧失受任命之资格的情形。

(6)委员仅得因不能履行其职责(无论系因精神或身体疾病或任何其他原因导致)或行为不端而被罢免,且非依本条之规定,不得罢免之。

(7)如果关于罢免委员职位的事项已依第(8)款的规定提交至伯利兹咨询理事会,且理事会业已向总督建议该委员因前述不能履行职责或行为不端应当受到罢免,则总督应当罢免该委员。

(8)如果总理向总督提出应当就依本条之规定罢免委员职位的事项进行调查,则——

(a)总督应当将此事项提交至伯利兹咨询理事会,由理事会作为裁判庭依据宪法第五十四条规定的方式进行审理;

(b)伯利兹咨询理事会应当对相关事项进行调查,将实际情况报告总督,并就是否依据本条规定罢免委员向总督提出建议。

(9)如果关于罢免委员的事项已经依前款规定提交至伯利兹咨询理事会,总督可以暂停该委员之职务,此类暂停职务可以随时由总督撤销且在任何情况下,如果伯利兹咨询理事会向总督建议不应罢免该委员,其效力应当终止。

(10)如果委员的职位空缺或委员因任何原因不能履行其职责,总督可以任命具备受任命为委员资格的人担任代理委员,且受此任命的人应当持续任职至总督告知其产生此任命的情形已经终止,本条第(6)款、第(7)款、第(8)款和第(9)款另有规定除外。

(11)委员未经进行并签署效忠宣誓和就职宣誓,不得就职。

(12)委员会依宪法履行职责时,不受任何其他个人或机构命令或控制。

(13)委员会可以通过规章管制和促进其依宪法履行职责。

(14)除本条另有规定外,委员会可以规定其自身的程序。

(15)委员会的任何决定应当经全体委员过半数同意,且除其程序规则另有规定外,委员会可以在除委员长外的任何委员缺席的情形下采取行动。

此外,如果提交到委员会讨论的任何事项所得票数相等,委员长除初始表决权外,享有决定性表决权。

第一百○六条

(1)任命担任或代理除司法和法律事务及安全事务以外的公职的职权,包括调动或确认任命的职权,以及,除宪法第一百一十一条另有规定外,对任职者进行纪律管制的职权和罢免的职权,应当由依宪法第一百○五条第(1)款之规定设立的公职委员会行使。

(2)已废止。

(3)除宪法另有规定外,总督根据主管公职系统的部长经与适当的受到承认的公职系统内的雇员或其他人员或团体的代表协商后提出的建议,可以就下列事项制定规则——

(a)公职系统招募人员的方案的制定;

(b)裁决公职人员的行为准则;

(c)决定薪酬和特权;

(d)管理公职人员的晋升和调动的准则;

(e)确保对公职人员惩戒的措施,以及管理公职人员的免职和退休的措施,包括应当遵循的程序;

(f)公职人员转授职权或向公职人员转授职权的程序;以及

(g)对公职系统的一般性管理和管制。

(4)公职委员会依本条之规定行使职权时,应当以依本条第(2)款制定的规则为指导。

(5)公职委员会可以通过书面命令并在其认为适合的情形下,将本条第(1)款规定的任何职权转授任何委员或,经总理同意,转授任何公职人员。

(6)本条第(1)款之规定不适用于下列职位,即——

(a)宪法第一百○七条规定的任何职位;

(b)最高法院法官或上诉法官;

(c)审计长；

(d)检察长；或

(e)宪法第一百一十B条规定的任何职位。

(7)除非经总督基于自己的审慎判断表示同意，不得依本条之规定任命任何人担任或代理任何总督随身人员之职位。

第一百〇七条

(1)本条适用于副检察长、内阁秘书、财政秘书、行政首长、警务处处长、伯利兹国防军司令官、伯利兹海岸警备队司令官、监狱长、大使、高级专员或伯利兹派驻任何其他国家或委派至任何国际组织的首席代表，以及，除宪法另有规定外，由总督根据总理经与公职委员会协商后提出的建议指定的任何其他职位。

(2)任命担任或代理本条规定的职位的职权（包括调动或确认任命的职权）以及，除宪法第一百一十一条另有规定外，对任职者进行纪律管制的职权和罢免的职权，应当由总督根据总理的建议行使。

第一百〇八条

(1)检察长应当由总督根据司法和法律事务委员会的建议，并经总理与反对党领袖协商表示赞同后进行任命。

(2)任何不具备受任命为最高法院法官之资格的人，不得受任命担任或代理检察长。

(3)如果检察长的职位空缺或检察长因任何原因不能履行其职责，总督根据司法和法律事务委员会的建议，并经总理与反对党领袖协商表示赞同后，可以任命一人代理检察长。

(4)在下列情形中，受任命代理检察长的人应当终止代理，本条第(5)款、第(7)款、第(8)款和第(9)款另有规定除外——

(a)一人受任命担任检察长并已就职或，其所代理之职位的任职者恢复履行职责，视情况而定；或

(b)在任命文件预先规定的较早的时间。

(5)除本条第(6)款另有规定外，检察长应当于年满六十周岁或议会预先规定的较早的年龄时空缺其职位。

此外，如果议会颁布的任何法律，于某人受任命担任或代理检察长后变更预先规定的退休年龄，则在此限度内，除非此人同意该法律对其有效，否则该法律对此人不产生效力。

(6)检察长仅得因不能履行其职责（无论系因身体或精神疾病或任何其他原因导致）或行为不端而被罢免，且除非依据本条之规定，不得罢免之。

(7)如果关于罢免检察长职位的事项已依第(8)款之规定提交至伯利兹咨询理事会，且理事会业已向总督建议该检察长因前述不能履行职责或行为不端应当受到罢免，则总督应当罢免该检察长。

(8)如果总理向总督提出应当就依本条之规定罢免检察长职位的事项进行调查，则——

(a)总督应当将此事项提交至伯利兹咨询理事会，由理事会作为裁判庭依据宪法第五十四条规定的方式进行审理；

(b)伯利兹咨询理事会应当对相关事项进行调查，将实际情况报告总督，并就是否依据本条规定罢免检察长向总督提出建议。

(9)如果关于罢免检察长的事项已经依前款规定提交至伯利兹咨询理事会，总督可以暂停该检察长之职务，此类暂停职务可以随时由总督撤销，且在任何情况下，如果伯利兹咨询理事会向总督建议不应当罢免该检察长，其效力应当终止。

第一百〇九条

(1)自2002年1月15日起，审计长应当由总督根据议会两院为此日的通过的决议中所提出的建议任命。

(2)如果于2002年1月15日后，审计长的职位空缺或审计长因任何原因不能履行其职责，总督可以根据议会两院为此目的通过的决议中所提出的建议任命一人代理审计长。

(3)在下列情形中，受任命代理审计长的人应当终止代理，本条第(4)款、第(6)款、第(7)款和第(8)款另有规定除外——

(a)一人受任命担任审计长并已就职或，其所代理之职位的任职者恢复履行职责，视情况而定；或

(b)在任命文件预先规定的较早的时间。

(4)除本条第(5)款另有规定外，审计长应当于年满六十周岁或议会预先规定的较早的年龄时空缺其职位。

此外，如果议会颁布的任何法律，于某人受任命担任或代理审计长后变更预先规定的退休年龄，则在此限度内，除非此人同意该法律对其有效，否则该法律对此人不产生效力。

(5)审计长仅得因不能履行或未履行其职责（无论原因为何）或行为不端而依本条之规定被罢免，且为本条之宗旨，如果审计长未依第一百二十条之规定提交报告或不当迟延提交报告，应当视为未履行其职责。

(6)如果关于罢免审计长职位的事项已依第(7)款之规定提交至伯利兹咨询理事会，且理事会业已向总督建议该审计长因前述不能履行职责或行为不端应当受到罢免，则总督应当罢免该审计长。

(7)如果总理向总督提出应当就依本条之规定罢免审计长职位的事项进行调查，则——

(a)总督应当将此事项提交至伯利兹咨询理事

会,由理事会作为裁判庭依据宪法第五十四条规定的方式进行审理;

(b)伯利兹咨询理事会应当对相关事项进行调查,将实际情况报告总督,并就是否依据本条规定罢免审计长向总督提出建议。

(8)如果关于罢免审计长的事项已经依前款规定提交至伯利兹咨询理事会,总督可以暂停该审计长之职务,此类暂停职务可以随时由总督撤销,且在任何情况下,如果伯利兹咨询理事会向总督建议不应当罢免该审计长,其效力应当终止。

第一百一十条 已废止

第一百一十A条 已废止

第一百一十B条

(1)任命担任或代理监狱系统主管人员以下的任何职位的职权(包括确认任命的职权)、对任职者进行调动或纪律管制的职权以及罢免的职权应当由监狱长行使。

(2)监狱长可以在其认为任何的情形下,通过书面命令将其依本条规定享有的任何职权转授监狱系统的任何高级官员。

第二节 安全事务委员会

第一百一十C条

(1)应当设立伯利兹安全事务委员会。

(2)安全事务委员会委员应当由总督根据总理经与反对党领袖协商后作出的建议任命,并包括下列人员——

(a)公职委员会委员长,其应当担任安全事务委员会委员和委员长;

(b)一名前伯利兹警察局高级官员;

(c)一名前伯利兹国防军高级官员;

(d)一名由反对党领袖提名的人员;

(e)一名私营部门的人员。

第一百一十D条

(1)除本条另有规定外,任命担任或代理安全事务系统中职位的职权,包括确认任命和处理与此职位的职务条件相关的争议的职权以及,除宪法第一百一十一条另有规定外,对任职者进行纪律管制的职权和罢免的职权,应当由依宪法第一百一十C条规定设立的安全事务委员会行使。

(2)在本条中,"安全事务"系指在伯利兹警察局、伯利兹海岸警备队以及本条第(3)款定义的军队的事务。

但是,本节之规定不得适用于警务处处长、伯利兹国防军司令官或伯利兹海岸警备队司令官。

(3)为本条之宗旨,"军队事务"系指在伯利兹国防军的事务或在为伯利兹设立的任何陆军、海军或空军的事务。

(4)除本条另有规定外,于本条生效之前担任或代理安全事务系统的职位的任何人应当继续担任或代理该职位,并应当继续受本条生效前规定的任期或职务条件之限制。

(5)安全事务委员会可以通过书面命令,并在其认为适合的情形下,将本条第(1)款规定的任何职权转授任何委员或,经总理同意,转授警务处处长、伯利兹国防军司令官或伯利兹海岸警备队司令官。

(6)安全事务委员会可以依第(5)款之规定,许可警务处处长就涉及影响伯利兹警察局助理稽查员级别以下人员的争议,将依该款规定转授处长的职权再次转授伯利兹警察局中稽查员级别以上的人员。

(7)安全事务委员会可以依第(5)款之规定,许可——

(i)伯利兹国防军司令官就涉及影响伯利兹国防军中尉级别以下人员的争议,将依该款规定转授司令官的职权再次转授伯利兹国防军中上尉级别以上的人员;

(ii)伯利兹海岸警备队司令官就涉及影响伯利兹海岸警备队上士级别以下人员的争议,将依该款规定转授司令官的职权再次转授伯利兹海岸警务队中尉级别以上的人员。

(8)宪法第一百一十E条第(3)款至第(15)款之规定,经必要的细节变更后,应当适用于安全事务委员会委员。

第三节 司法和法律事务委员会

第一百一十E条

(1)应当设立伯利兹司法和法律事务委员会。

(2)司法和法律事务委员会委员应当由总督任命,并由下列人员组成——

(a)首席大法官,其应当担任委员长和委员;

(b)公职委员会委员长;

(c)副总检察长;以及

(d)伯利兹律师协会主席。

(3)除第(2)款另有规定外,任何议员或担任或代理任何公职的人不得受任命为司法和法律事务委员会委员。

(4)除第(2)款另有规定外,担任或代理司法和法律事务委员会委员的人在任职期间或任期结束后两年内,不得受任命担任任何公职。

(5)除本条另有规定外,在下列情形中,司法和法律事务委员会委员职位变成空缺——

(a)自其受任命之日起三年的任期届满,或任命文件中载明的较短的,但不少于两年的任期届满;或

(b)出现如果其非委员,将导致其丧失受任命之

资格的情形。

(6)司法和法律事务委员会委员仅得因不能履行其职责(无论系因精神或身体疾病或任何其他原因导致)或行为不端而被罢免,且非依本条之规定,不得罢免之。

(7)如果关于罢免委员职位的事项已依第(8)款的规定提交至伯利兹咨询理事会,且理事会业已向总督建议该委员因前述不能履行职责或行为不端应当受到罢免,则总督应当罢免该委员。

(8)如果总理向总督提出应当就依本条之规定罢免委员职位的事项进行调查,则——

(a)总督应当将此事项提交至伯利兹咨询理事会,由理事会作为裁判庭依据宪法第五十四条规定的方式进行审理;

(b)伯利兹咨询理事会应当对相关事项进行调查,将实际情况报告总督,并就是否依据本条规定罢免委员向总督提出建议。

(9)如果关于罢免委员的事项已经依前款规定提交至伯利兹咨询理事会,总督可以暂停该委员之职务,此类暂停职务可以随时由总督撤销且在任何情况下,如果伯利兹咨询理事会向总督建议不应当罢免该委员,其效力应当终止。

(10)如果委员的职位空缺或委员因任何原因不能履行其职责,总督可以任命具备受任命为委员资格的人担任代理委员,且受此任命的人应当持续任职至总督告知其产生此任命的情形已经终止,本条第(6)款、第(7)款、第(8款)和第(9)款另有规定除外。

(11)委员未经进行并签署效忠宣誓和就职宣誓,不得就职。

(12)司法和法律事务委员会依宪法履行职责,不受任何其他个人或机构的命令或控制。

(13)司法和法律事务委员会可以通过规章管制和促进其依宪法履行职责。

(14)除宪法另有规定外,司法和法律事务委员会可以规定其自身的程序。

(15)司法和法律事务委员会的任何决定应当经全体委员过半数同意,且除其程序规则另有规定外,委员会可以在除委员长外的任何委员缺席的情形下采取行动。

此外,如果提交到委员会讨论的任何事项所得票数相等,委员长除初始表决权外,享有决定性表决权。

第一百一十F条

(1)除本条另有规定外,审查申请人的司法适格性,以及任命担任或代理司法和法律事务职位的职权,包括对任职者进行任命、晋升、调动等的职权,确认任命和处理与此类司法和法律事务任职者的职务条件相关的争议的职权以及,除宪法第一百一十一条另有规定外,对任职者进行纪律管制职权和罢免的职权,应当由依宪法第一百一十E条规定设立的司法和法律事务委员会行使。

(2)在本条中,"司法和法律事务"系指最高法院的登记总长、副登记总长、登记官、副登记官和助理登记官,上诉法院的登记官和副登记官,总裁判司,治安法官,法官草拟专员,法律修订律师,国会法律顾问,高级检察官,检察官,知识产权登记官和副登记官,公司和法人事务登记处助理登记官,以及总督根据总理的建议,随时通过刊载于政府公报的命令规定的要求法定资格的其他职位的事务。

(3)于本条生效之前担任或代理司法和法律事务系统的职位的任何人应当继续担任或代理该职位,并应当继续受本条生效前规定的任期或职务条件之限制。

(4)司法和法律事务委员会可以通过书面命令,并在其认为适合的情形下,将本条第(1)款规定的任何职权转授任何委员或,经总理同意,转授任何担任司法和法律事务官员的公职人员。

第四节 惩戒案件的上诉

第一百一十一条

(1)本条规定适用于——

(a)总督根据总理或公职委员会或司法和法律事务委员会或安全事务委员会的建议,视情况而定,就公职、司法和法律事务或安全事务所作的任何决定,或公职委员会或司法和法律事务委员会或安全事务委员会所作的罢免公职人员或对公职人员进行纪律管制的决定[包括裁决就依据宪法第一百一十F条第(4)款或第一百〇六条第(5)款或第一百一十D条第(5)款获得授权的人所作的决定提起的上诉或裁决确认其决定];

(b)依据宪法第一百一十F条第(4)款或第一百〇六条第(5)款或第一百一十D条第(5)款获得授权的人所作的罢免公职人员或对公职人员进行纪律管制的决定(应当向司法和法律事务委员会或公职委员会或安全事务委员会提起上诉或由其进行确认的决定除外)。

(2)除本条另有规定外,经适用本条规定的决定的相对人申请,应当将就该决定提起的上诉提交至伯利咨询理事会。

(3)就依本条之规定提起的上诉,伯利兹咨询理事会可确认或撤销该决定,或作出被上诉的机构或个人可作出的任何其他决定。

(4)除宪法第五十四条另有规定外,伯利兹咨询理事会可就下列事项制定规则——

(a)依本条之规定提起上诉的程序;或

(b)将就薪水不超过规则规定之数额的公职人员所作的决定,或预先规定的除罢免外的纪律管制决定排除适用本条第(2)款之规定。

(5)为履行伯利兹咨询理事会职责之目的,经总理同意,依本条制定的规章可以向任何公职人员或任何政府机构授予职权或设定义务。

(6)在本条中,"公职人员"包括担任或代理宪法第一百一十D条第(3)款定义的军队事务的职位的人员。

第五节 退休金法律和公职人员的退休金权利

第一百一十二条

(1)独立日前授予退休金所适用的法律应当在授予退休金之日有效,或在较后的日期生效但不得不利于获得退休金之人。

(2)授予退休金[不包括适用第(1)之规定的退休金]所适用的法律应当在下列情形中被视为法律——

(a)对于全部就独立日前担任公职人员的公务所授予的退休金,应当为在独立日前有效的法律;以及

(b)对于全部或部分就独立日前担任公职人员的公务所授予的退休金,应当为任期开始之日有效或在较后的日期生效但不得不利于获得退休金之人的法律。

(3)如果任何人有权就可适用的两项以上的法律行使选择权,为本条之宗旨,应当推定其选择适用的法律较其他法律而言,对其更为有利。

(4)所有退休金均应当由伯利兹总收入支付(如果依据《遗孀和孤儿退休金法》或任何修正或替代该法的法律,某些退休金应当由依据前述法律设立的基金支付且已由该基金依法支付给应得的人员或机构,则在此限度内,不由伯利兹总收入支付)。

(5)在本条中,"退休金"系指任何人或其遗孀、子女、被抚养人或遗产代理人就其作为公职人员从事的公务或其所享有的退休金、补偿、酬金或其他类似津贴。

(6)本条所提及的退休金所适用的法律应当包括(在不违背其共性的前提下)提及规定授予或拒绝授予退休金之条件的法律,规定扣留、减发或延期发放已授予的退休金之条件的法律,以及规定退休金数额的法律。

第一百一十三条

(1)依据伯利兹任何现行有效的退休金法律授予任何奖励(依据该法当然有权获得的奖励除外)的职权以及,依据任何此类法律所包含的任何相关条款拒绝、减少或中止支付任何依该法应当支付的奖励的职权,应当由总督行使。

(2)总督应当依下列规定行使前款授予之职权——

(a)就适用宪法第一百〇七条的人员,根据总理的建议行使;

(b)就司法和法律事务系统中的适用宪法第一百一十F条第(1)款的公职人员,根据司法和法律事务委员会的建议行使;

(c)就安全事务系统中的适用宪法第一百一十D条的公职人员,根据安全事务委员会的建议行使;

(d)就所有其他人员,根据公职委员会的建议行使。

(3)在本条中,"退休金法律"系指有关就任何人担任公职时的公务授予其本人或其遗孀、子女、被扶养人或遗产代理人奖励的任何法律,并包括依据任何此类法律所作的任何文书。

第六节 财政

第一百一十四条

(1)伯利兹募集或收取的所有税收或其他款项(不包括依据宪法或任何其他法律应当存入为特定目的而设立的其他公共基金的税收或其他款项)应当存入并组成一个统一收入基金。

(2)除为了支付宪法或任何其他议会通过的法律规定应由统一收入基金支付的费用,或经拨款法律或依宪法第一百一十六条制订的法律授权外,不得从统一收入基金中提取任何款项。

(3)未经议会通过的法律授权,不得从任何除统一收入基金外的其他公共基金提取任何款项。

(4)非依法律规定之方式,不得从统一收入基金或任何其他公共基金提取任何款项。

第一百一十五条

(1)财政部长应当于每一财政年度准备并向众议院提交下一财政年度的伯利兹收支预算。

(2)预算中包含的支出项目(宪法或任何其他法律规定应由综合收入基金支付的费用除外)应当规定于《拨款法案》,《拨款法案》规定从统一收入基金中提取满足支出的必要资金,并为《拨款法案》载明的特定目的划拨资金。

(3)如果就任何财政年度出现下列情况,应当向众议院提交说明所需要或已花费资金的补充预算,且任何此类支出的项目,应当规定于《补充拨款法案》——

(a)拨款法律为任何目的划拨的款项不足或产生为该法律未划拨款项的目的支出费用之需要;或

(b)已为任何目的的超出拨款法律为该目的的划拨

的款项数额支出费用或为该法律未划拨款项的目的支出费用。

第一百一十六条

议会通过的任何法律可以规定,如果任一财政年度的拨款法律于该财政年度开始时未生效,财政部长可以授权从统一收入基金中提取款项以支付政府服务继续运行所需的必要支出,直到该财政年度自开始之日起已满四个月或拨款法律生效,二者以在先者为准。

第一百一十七条

(1)议会通过的任何法律可以规定设立意外开支基金,并授权财政部长在确信产生紧迫且不可预见的支出需要且无其他相关规定时,从该基金中预支款项以满足支出。

(2)如果已依本条第(1)款规定预支款项,应当尽快提交补充预算并提出《补充拨款法案》以恢复预支的金额。

第一百一十八条

(1)应当向适用本条规定的任职者支付议会通过的法律规定的薪酬和津贴。

(2)依据本条规定的任职者的薪酬和津贴应当由统一收入基金支付。

(3)依据本条规定的任职者薪酬及其他服务条件(根据任何相关法律,不计入其服务的应付薪酬的津贴除外)不得在任职者受到任命后作不利变更。

(4)如果任何人有权选择其薪酬或其他服务条件,为本条之宗旨,应当推定其选择的薪酬或条件较其他可选择的薪酬或条件而言,对其更为有利。

(5)本条规定适用于总督,首席大法官,上诉法院法官,最高法院法官,伯利兹咨询委员会委员,司法和法律服务委员会、安全事务委员会或公职委员会委员,选举和边界委员会委员,检察长,廉政委员会委员,行政监察专员,公共建设监督专员和审计长。

(6)统一收入基金应当绝对优先给付审计长、行政监察专员、公共建设监督专员、选举和边界委员会、廉政委员会、检察长、最高法院和上诉法院提出的预算。

(7)本条的任何规定不得解释为损害宪法第一百一十二条之规定。

第一百一十九条

(1)伯利兹的所有债务应当由统一收入基金支付。

(2)为本条之宗旨,债务包括债务的利息、偿债基金费用、偿还款或分期偿还款,以及与经统一收入基金担保的借贷及其消偿相关的所有费用。

第一百二十条

(1)应当设立审计长,其职位为公职。

(2)审计长应当——

(a)确信议会划拨的和支出的所有款项均用于划拨该款项之目的,且支出符合相关的管理规则;以及

(b)至少每年一次对伯利兹公共账户、所有政府机构和人员的账户、伯利兹所有法院的账户、伯利兹咨询理事会和依宪法设立的所有委员会的账户以及议会书记官的账户进行审计并汇报。

(3)审计长及其授权的任何人员应当有权获得其认为与本条第(2)款提及的任何账户相关的所有账簿、档案、回呈、汇报或其他文件。

(4)审计长应当将依本条第(2)款作出的所有汇报提交至财政部长,财政部长收到汇报后,应当不迟于众议院第一次召开会议之日起七日内,将汇报提交众议院。审计长应当毫不迟延地将其向财政部长提交汇报的日期告知议会书记官。

(5)如果财政部长未依本条第(4)款之规定向议院提交汇报,议会书记官应当毫不迟延地通知审计长,审计长应当迅速将汇报副本直接送交书记官,书记官应当在合理的时间内将汇报列入众议院和参议院的议程。

(6)审计长应当行使议会通过的法律规定的与政府账户或法律基于公共目的设立的其他机构或组织的账户相关的其他职责。

(7)审计长依本条第(2)款、第(3)款、第(4)款和第(5)款之规定履行职责时,不受任何其他个人或机构命令或控制。

(8)如果审计长未依本条第(5)款之规定向议会提交汇报,可以要求审计长至参议院就未遵守本条之规定进行答复。

(9)参议院如经考虑案件的所有情况后认为适当,可以延长审计长提交汇报的期限。

(10)如果审计长未在规定期限内或延长的期限内提交汇报,视情况而定——

(i)可视审计长未能正当履行其职责,依第一百〇九条第(5)款之规定罢免其职位;

(ii)参议院应当就此案件向总理送交报告,提出参议院认为适合的建议。

第九章 其他事项

第一百二十一条

(1)适用本条规定的人员应以不致产生下列情况之方式行事——

(a)使自身处于具有或可能具有利益冲突之职位;

(b)不利于其公共或法定职责或职务之公正履行;

(c)利用职位谋取个人利益；

(d)贬抑其职位；

(e)廉洁性受到质疑；或

(f)危及或减损对政府廉洁性的尊重或信任。

(2)本条规定适用于总督、议员，伯利兹咨询理事会成员，司法和法律事务委员会、安全事务委员会或公职委员会委员，选举和边界委员会委员，特定法人和政府代理机构的公职人员，以及议会通过的法律预先规定的其他人员。

第一百二十二条

伯利兹的国家象征应当由议会规定。

第一百二十三条

(1)宪法中提及的任命任何公职的职权，应当视为包括晋升或调动至该职位的职权以及在该职位空缺或任职者不能履行其职责时任命一人代理该职位。

(2)除非语境另有要求，宪法中以选派职位之术语提及该职位任职者，应当视为包括当前合法代理该职位或履行该职位职责的任何人。

(3)如果依据宪法命令任何人，或授权任何个人或机构任命一人，在某职位的任职者不能履行其职责时代理该职位或履行该职位职责，则不得以任职者不能履行其职责为由，就接受命令的人或行使前述职权而任命的人履行职责的正当性向任何法院提出质疑。

(4)如果依据宪法，总督应当任命一人代理某个依宪法设立的职位或公职，或履行该职位职责，无论总督系基于自己的审慎判断或依据任何人的建议，则于议会依宪法第八十四条解散后众议院议员大选前，不得行使此类职权。

第一百二十四条

(1)如果任何人辞去依宪法设立的任何职位，同若其具备任职资格，他可以再次依宪法之规定受到任命或当选该职位。

(2)如果依宪法设立任何职位或依其他规定设立的任何公职的任职者因请假出缺而离职——

(a)应当任命另一人担任该职位；以及

(b)为该职位的任何职责，受任命之人应当视为该职位的唯一任职者。

第一百二十五条

(1)宪法中提及的罢免公职的职权，应当视为包括任何法律授予的要求或许可该公职人员从公职系统中退休的任何职权以及终止雇佣某人为公职人员的合同和决定是否应当续展此类合同的职权或权利。

但是，本款的任何规定不得解释为授予任何个人或机构要求任何最高法院法官或上诉法官、检察长或审计长从公职系统中退休。

(2)宪法中授权任何个人或机构罢免任何公职人员的任何规定，不得侵害任何个人或机构废除任何职位的职权或任何法律规定公职人员的一般退休年龄或某一类公职人员的特别退休年龄的权力。

第一百二十六条

(1)参议员或众议员可以通过亲笔签署辞呈送交相应的主席或议长以辞去议席，当辞呈视情况由下列人员接收时，辞职生效且议席相应地变成空缺——

(a)主席或议长；

(b)如果主席或议长职位空缺或因任何原因不能履行其职责且无其他履行该职责的人员，则由副主席或副议长接收；或

(c)如果副主席或副议长职位空缺或因任何原因不能履行其职责且无其他履行该职责的人员，则由议会书记官接收。

(2)主席或副主席或议长或副议长可以通过亲笔签署辞呈送交参议院或众议院以辞去职位，视情况而定，当辞呈由议会书记官接收时，辞呈生效且相应的职位变成空缺。

(3)任何受任命担任某个宪法设立的职位［适用本条第(1)款或第(2)款之规定的职位除外］或任何依宪法设立的部长职位的人可以通过亲笔签署辞呈送交作出任命的个人或机构以辞去职位，在下列两种情形中，辞呈生效且相应的职位变成空缺，二者以后者为准——

(a)于辞呈列明的时间或日期；或

(b)辞呈由该辞呈送交的个人或机构或其授权接收辞呈的其他个人接收。

此外，经该辞呈送交的个人或机构同意，可以在辞呈生效前撤回该辞呈。

第一百二十七条

宪法中有关任何个人或机构依宪法行使任何职责时不受任何其他个人或机构的命令或控制的规定，不得解释为禁止法院就有关该个人或机构是否已依宪法或任何其他法律履行职责或不得行使该职责的争议行使管辖权。

第一百二十八条

如果宪法授权制定任何宣告、规章、命令或规则，或授权作出任何指令或指示，该职权应当包括以相同的方式行使修正或撤销任何此类宣告、规章、命令、规定、指令或指示的职权。

第一百二十九条

(1)如果宪法要求任何个人或机构经与任何其他个人或机构协商后行使职责，该个人或机构不负有根据与之协商的其他个人或机构的建议行使该职责之义务。

(2)如果宪法或任何其他法律要求任何个人或机构在作出决定或行动前咨询任何其他个人或机构，则

他人或机构在相应的决定或行动作出前,应当获得切实的机会表达其意见。

第一百三十条

应当设置国家公章,公章上的标识由议会通过决议批准。

第一百三十一条

(1)在宪法中,除非语境另有要求——

"协定"系指2001年2月14日于巴巴多斯岛的布列治敦签订的建立加勒比法院协定;

"伯利兹"系指宪法第一附件中规定的陆地和海域;

"加勒比法院"系指依条约设立的法院;

"共同体公民"之含义由议会规定;

"上诉法院"系指依宪法设立的上诉法院;

"君王"系指代表伯利兹的君王;

"财政年度"系指于每年3月31日或议会通过的任何法律随时规定的其他日期结束的十二个月;

"公报"系指伯利兹政府公报及其副刊;

"政府"系指伯利兹政府;

"议院"系指众议院或参议院,视语境而定;

"众议院"系指依宪法设立的众议院;

"独立日"系指1981年9月21日;

"法律"系指在伯利兹或其任何区域内生效的任何法律,包括任何具有法律效力的文件和任何不成文法律规则,且"合法的"和"合法地"应当据此作相应的解释;

"部长"系指政府部长;

"议会"系指依宪法设立的议会;

"宣誓"包括确认;

"效忠宣誓和就职宣誓"系指宪法第三附件中规定宣誓;

"警察局"系指伯利兹警察局;

"主席"或"副主席"系指分别担任参议院主席或副主席职位的人;

"公职"系指在公职系统中的任何受薪职位;

"公职人员"系指担任或代理任何公职的人;

"公务",依照本条规定,系指同政府职能相关的提供王室的服务;

"参议院"系指依宪法设立的参议院;

"会期"系指就议会议院自议会在任何时候闭会或解散后的第一次会议开始,至议会休会或未经闭会解散时止的期间;

"开会期"系指议会议院未经休会地连续开会的期间,并包括该议院以委员会的形式召开会议的任何期间;

"议长"和"副议长"系指分别担任众议院议长和副议长职位的人;

"最高法院"系指依宪法设立的最高司法机构;

"条约"系指设立加勒比共同体的《查瓜拉马斯条约(修订)》,包括2001年7月5日于巴哈马群岛签订的《加勒比共同体单一市场和经济条约》。

(2)除宪法第六十三条第(1)款和第七十一条另有规定外,宪法中提及的众议员或参议员不包括依第五十六条第(2)款因担任议长职位而成为众议员或依第六十一条第(2)款因担任主席职位而成为参议员的人。

(3)在宪法中,除非语境另有要求,提及在公职系统中的职位应当视为包括最高法院法官和上诉法官职位,警察局成员职位以及总督的随身人员职位。

(4)在宪法中,除非语境另有要求,提及在公职系统中的职位不得视为包括总理或其他部长,国务大臣,议长或副议长或众议员,主席或副主席或参议员,伯利兹咨询理事会成员,或依宪法设立的任何委员会委员或议会的书记官、副书记官或工作人员。

(4a)在宪法或任何其他法律、条令、规则、规章、命令或具有伯利兹法律之效力的其他文件中,如果提及——

(a)"警察部队"或"警队"应当分别替代为"警察局"或"警局";

(b)"常任秘书"应当替代为"行政首长";

(c)"公职委员会司法和法律事务处"应当替代为"司法和法律事务委员会"。

(5)为本条之宗旨,不得仅因任何人就依君王命令提供的劳务受领补偿或其他类似津贴而视其为担任公职的人。

(6)除宪法另有规定外,于独立日前有效的《1980年解释法》应当经必要修正后,适用于解释宪法之目的。

第十章 过渡条款

第一百三十二条

在本章中——

"宪法条令"系指1963年英属洪都拉斯宪法条令;

"特许证"系指1964年至1979年的伯利兹特许证。

第一百三十三条

总督(为特许证之目的而定义)根据总理(同上)的建议,可以于本条生效后随时行使宪法第一百三十四条赋予总督的任何职权,且该职权之行使应当在为使宪法得以在独立日后施行而必要且权宜的限度内。

第一百三十四条

(1)除本章另有规定外,尽管许可证和宪法条令已废止,现行法律应当于独立日之后继续有效并应当具有依据本宪法制定的效力,但为使之符合本宪法,应当进行必要的修正、变更、限制和除外解释。

(2)如果议会或任何其他机构或个人未依本宪法进行规定的任何事项已由某一现行法或依据某一现行法(包括对依本条规定制定的任何此类法律的修正案)作出规定,则该规定应当如同由议会或视情况由其他个人或机构依本宪法制定一般,自独立日起具有法律效力(经对其进行必要的修正、变更、限制和除外解释以使之符合本宪法)。

(3)总督可以于独立日后的十二个月内,通过刊载于政府公报上的命令,对任何现行法律(本宪法除外)作必要或有利的修正,以使之符合本宪法或使之具有法律效力。

(4)依本条之规定作出的命令,可以由议会或有权对该命令涉及的现行法进行修正、废止或撤销的任何其他机构加以修正或撤销。

(5)本条之规定不得损害宪法或任何其他法律授予任何个人或机构就任何事项作出规定的职权,其中包,括修正或废止任何现行法。

(6)在本条中,"现行法"系指英国议会法律、枢密院命令、条令、规则、规章、命令或于独立日前具有法律效力的其他文件(包括独立日前制定但于独立日之后生效的任何此类法律)。

第一百三十五条

(1)女王可以于独立日前,从依宪法第二十三条之规定具备于独立日成为伯利兹公民之资格的人中任命一人担任第一任总督。

(2)任何此类任命应当自独立日生效,且受此任命的人应当依宪法第三十条之规定任职。

第一百三十六条

(1)于独立日前依据许可证担任首相的人应当于独立日后担任总理,如同依宪法第三十七条之规定受到任命一般。

(2)于独立日前依据许可证担任部长(首相除外)的人应当于独立日后担任相同职位,如同依宪法第四十条之规定受到任命一般。

(3)任何依本条第(1)款和第(2)款之规定担任总理或其他部长职位的人,如果于独立日前依据许可证主管或受委任主管政府的任何事务或部门,应当于独立日后,视为依宪法第四十一条之规定受委任主管该政府事务或部门。

(4)任何依本条第(1)款和第(2)款之规定担任总理或其他部长职位的人,应当推定为符合宪法第四十六条规定之要求。

第一百三十七条

(1)于独立日前担任前众议员的人应当于独立日之后,视为已依据宪法第五十六条第(1)款从隶属于前众议员的选区相对应的选区中当选,并依宪法之规定占有众议院议席。

(2)于独立日前依宪法条令第九条第(2)款(a)项、(b)项和(c)项之规定受任命为前参议院议员的人应当于独立日后,推定为已依宪法第六十一条之规定受任命为参议员,并应当依宪法之规定占有参议院议席。

(3)依本条第(1)款和第(2)款之规定视为当选众议员或受任命为参议员的人应当推定为符合宪法第七十一条规定之要求。

(4)于独立日前担任前众议院议长和副议长及前参议院主席或副主席的人,应当于独立日后推定为依宪法之规定分别当选众议院议长和副议长及参议院主席或副主席,并应当依宪法之规定任职。

(5)于独立日前担任前众议院反对党领袖的人,应当于独立日后推定为依宪法第四十七条之规定为受任命担任反对党领袖,并应当依宪法之规定任职。

(6)于独立日前有效的前众议院议事规则和前参议院议事规则应当分别为众议院议事规则和参议院议事规则直至依宪法第七十条另有规定,但应当对其进行必要的修正、变更、限制和除外解释以使之符合本宪法。

(7)尽管存在宪法第八十二第(2)款之规定[但该条第(3)款另有规定除外],议会应当于1984年11月30日解散(即,自前议会两院于最近一次前议会依宪法条令解散后的第一次会议之日起五年),除非议会提前解散。

(8)在本条中,"前议会"、"前众议院"和"前参议院"分别系指依宪法条令设立的议会、众议院和参议院。

第一百三十八条

除宪法另有规定外,于独立日前依据许可证或宪法条令担任或代理任何公职的人应当于独立日后继续担任或代理该职位或依宪法设立相应职位,如同依宪法之规定受到任命并已进行宪法或任何其他法律要求之宣誓一般。

此外,如果依据许可证、宪法条令或于独立日前有效的任何其他法律,任何人应当于任何期限届满时空缺其职位,此类要求应当得以遵循,除非依据本宪法提前将其罢免。

第一百三十九条

(1)除宪法另有规定外,最高法院应当于独立日之后享有前最高法院于独立日前享有的所有职权。

(2)于独立日前向前最高法院提起的所有未决诉讼,可以于独立日之后由最高法院继续审理并结案。

(3)前最高法院于独立日前作出的任何判决,为使判决得以执行或得以就判决提起上诉之目的,应当于独立日之后如同最高法院作出的判决一般具有效力。

(4)于独立日前向前上诉法院提起的对伯利兹的所有未决上诉,可以于独立日之后由上诉法院继续审理并结案。

(5)前上诉法院于独立日前作出的任何判决,为使判决得以执行或得以就判决提起上诉之目的,应当于独立日之后如同上诉法院作出的判决一般具有效力。

(6)在本条中——

"前最高法院"系指依宪法条令设立的最高法院;

"前上诉法院"系指依《1967年上诉法院条令》设立的上诉法院。

第一百四十条

(1)议会可以依宪法第六十九条第(4)款规定之方式变更本章的任何条款,本条第(2)款提及的条款除外。

(2)议会可以依宪法第六十九条第(3)款和第(5)款规定之方式修改本条,第一百三十七条第(1)款、第(4)款和第(7)款,第一百三十八条及第一百三十九条。

(3)宪法第六十九条第(7)款和第(8)款应当适用于解释本条提及的本章的任何条款以及变更任何此类条款,如同适用于解释宪法第六十九条和宪法第二附件中提及的宪法的任何条款以及变更任何此类条款。

第十一章 废止和生效之日

第一百四十一条

本宪法应当自独立日起生效。

但宪法第一百三十三条和第一百三十五条应当在合理的时间内生效。

第一百四十二条

附件四中载明的条令自独立日起效力终止。

附表(略)

多米尼加共和国宪法

（国民大会于 2010 年 1 月 26 日通过并颁布）

序　言

我们，多米尼加人民的代表，经自由与民主选举，齐集于国民修宪大会；祷告上帝之名；以建立自由、独立、主权和民主共和国的胡安·帕布鲁·杜阿尔特（Juan Pablo Duarte）、马蒂亚斯·拉蒙·梅亚（Matias Ramon Mella）和弗朗西斯科·德尔·罗萨里奥·桑切斯（Francisco del Rosario Sanchez）及复兴英雄们这些国父们的思想为指导；受到不朽英雄和巾帼英雄们的斗争和牺牲的启迪；得到我们人民的无私精神的鼓舞；以人类尊严、自由、平等、法治、正义、团结、博爱共存、社会福祉、生态平衡、进步和平、社会团结的最高价值和基本原则为指引；宣告促进多米尼加民族统一的决心，并通过行使自决权通过和颁布下列宪法。

第一编　民族、国家、政府和基本原则

第一章　民族、主权和政府

第一条　［国家的组织］

多米尼加人民是构成自由与独立国家的民族，国家名称为多米尼加共和国。

第二条　［人民主权］

主权专属于人民，一切权力来自于人民，依据宪法和法律确定的条件通过人民代表或者由人民直接行使。

第三条　［主权不受侵犯与不受干涉原则］

多米尼加是一个自由与独立的国家，国家的主权不受侵犯。本宪法规定的任何公权力，均不得实现或允许直接或间接干预多米尼加共和国内政和外交事务的行为，侵犯国家自主性、完整性以及本宪法承认和确认的属性的干涉行为。不干涉原则是多米尼加国际政策的不变准则。

第四条　［国家政府和权力分立］

国家政府本质上是公民的、共和的、民主的和代议的。国家政府分为立法权、行政权和司法权。这三种权力在行使职能的过程中各自独立。这些权力的行使者对人民负责，不得转让只由宪法和法律确定的职能。

第五条　［宪法基础］

本宪法的基础是人格尊严的尊重、民族的团结统一、多米尼加人的共同祖国。

第六条　［宪法至上］

所有行使公权力的人员和机关都服从宪法，宪法是最高规范，是国家法律秩序的基础。任何违反宪法的法律、命令、决议、规章或法案都是当然无效的。

第二章　社会法治国和民主法治国

第七条　［社会法治国和民主法治国］

多米尼加共和国是一个社会的和民主的法治国家，采取单一共和国的形式，建立的基础是以人格尊严的尊重、基本权利、劳动、人民主权以及公权力分立与独立。

第八条　［国家的基本职能］

国家的基本职能是：有效保护人的权利、尊重人的尊严，以及获得使人民在个人自由、社会正义以及与公共秩序、公共福祉和一切人的权利相兼容的框架内平等、公平和渐进地改善生活的手段。

第三章　国家领土

第一节　国家领土结构

第九条　［国家领土］

多米尼加共和国的领土是不可剥夺的。它的领土包括：

1) 圣多明各岛的东部、其邻近的岛屿以及所有海洋地貌的自然元素。其永久不可改变的陆地边界是由

---

* 译者：魏小美、王建学。

1929年边界条约和1936年边界条约修订协议书规定的。国家当局按照边界条约和国际法准则的规定来管理、保护和维护确定边境分界线路径的标记。

2)领海、相应的海洋土壤和底土。领海的延伸部分:基线、毗连区、专属经济区和大陆架应该按照海洋法所允许的最有利条件由组织法或者海上边界协议设定和规定。

3)国家领土之上的空域,电磁区域以及它的作用的区域。法律应当依据国际法准则规定这些空间的利用。

国家权力应当依据国际协定促使超出陆地空间外的民族权利和利益受到保护,以保证和提高人民的通信水平以及人民在该空间上发展商品和服务的机会。

第二节 边疆安全与发展制度

第十条 [边疆制度]

边疆区域的安全、经济、社会和旅游业的发展,边疆区域的道路、交通和生产的整合,以及多米尼加人民对爱国主义和文化价值的传播都是国家最高的和永恒的利益。因此:

1)国家权力应当对社会工作和基础工作中的公共投资政策和项目进行设定、执行和划分优先顺序,以确保这些目标的实现;

2)规定在边疆区域取得或者转让不动产的制度,需要符合多米尼加公民财产和国家利益的特殊待遇的具体法律规定。

第十一条 [边界条约]

持续利用、保护边境河流,使用国际公路以及保护采用地理测点的边界标志,仍受对1929年边界条约进行修订的1936年修订协议书以及1929年与海地共和国签订的和平、友谊和仲裁条约的原则的管辖。

第三节 政治行政区划

第十二条 [政治行政区划]

出于国家统治和管理之目的,多米尼加共和国的领土在政治上划分为国家区和法律规定的地区、省和城市。地区由法律所规定的省和城市组成。

第十三条 [国家区]

圣多明各德古斯曼市是国家区,是多米尼加共和国的首都和中央政府所在地。

第四章 自然资源

第十四条 [自然资源]

在领土和国家管辖的海洋空间发现的不可再生自然资源、遗留资源、多种生物资源以及无线电调频是国家财产。

第十五条 [水资源]

水资源是公共使用的战略性国家财产,它对于日常生活是不可剥夺、不可消灭、不可剥离而且必不可少的。人类对水的利用优先于任何其他资源,国家应当促进保护水资源的有效政策的制定和实施。

河流的上游盆地以及河流流经的地区、原生的和迁徙的多种生物,都应该受到公共权力的特殊保护,以确保它们作为国家的基础财产受到管理和保护。河流、湖泊、礁湖、沙滩、国家海岸都属于公共区域而且可以免费使用,同时应当经常注意对私有财产权的尊重。法律应当规定个人占有和管理这些区域的条件、形式以及地役权。

第十六条 [保护区]

野生动物和保护单位构成国家保护区域系统,生态系统和物种也包含在内,这个系统由不可分割、不可剥离和不可消灭的国家世代相传的财产组成。保护区的边界只有依法经国民议会三分之二的成员投票同意才能削减。

第十七条 [利用自然资源]

一般情况下,个人只有在可持续性环境标准下,凭借特许经营、执照、合同、许可证或配额,依据法律的规定,开发和利用矿物和碳氢化合物矿床等不可再生资源。个人可以在法律规定的以下条件、义务和限制内对可再生资源进行合理利用。因此:

1)在国家管辖范围内对陆地和海洋的碳氢化合物进行开发和利用是重大公共利益;

2)国家造林、保护森林和恢复森林资源是国家的特权和社会利益;

3)保护和合理利用国家海域的生物和非生物资源,特别是保护和合理利用海洋发展的国家政策范围内的所有河岸和浮游物,是国家的优先权;

4)国家因开发利用自然资源获得的利益,应当按照法律规定的比例和条件致力于国家和自然资源所在省份的发展。

第五章 人口

第一节 国籍

第十八条 [国籍]

多米尼加共和国的公民是:

1)父亲或者母亲是多米尼加公民的子女。

2)在宪法生效前就具有多米尼加国籍的。

3)出生在国家领土内,但外籍外交代表团和领事代表团成员的子女,过境外国人或者非法居住在多米尼加国境内的外国人除外。多米尼加国的法律将具有这种情况的外国人视为过境人员。

4)出生在国外,父母具有多米尼加国籍的,尽管已经获取不同于其父母出生地的国籍,只要年满 18 周岁就可以在主管机关前表达其享有双国籍或放弃一国国籍的意愿。

5)与多米尼加的男性或女性结婚的人,只要其选择其配偶的国籍,并且符合法律规定的要求就具有本国国籍。

6)侨居国外的多米尼加人的直系后代。

7)依据法律规定的条件和程序加入本国国籍的人。

国家权力应当采取特殊的政策以维护和加强多米尼加国内外人民的联系,其最终目标是实现更大的团结。

第十九条 [入籍]

外国人可以依据法律的规定加入本国国籍,他们既不享有选举总统和副总统的权利,也不承担对其母国进行作战的义务。法律应当对加入本国国籍的人规定其他的限制。

第二十条 [双重国籍]

取得外国国籍的人员仍然是多米尼加国的公民,取得其他国家的国籍不意味着丧失多米尼加国籍。

通过自愿行动或者通过出生地原则加入其他国籍的多米尼加人民,如果其在选举时声明放弃 10 年前的其他国籍,并且过去 10 年一直以公职身份居住在该国,则可以任选共和国总统和副总统。然而,他们在没有声明放弃所获其他国籍的条件下,仍然可以担任其他选举官员、部长、外国国家和国际组织的外交代表。

第二节 公民

第二十一条 [公民资格的获得]

所有已满 18 周岁的多米尼加人以及虽然未满 18 周岁,但是已经结婚或者曾经结过婚的多米尼加人均具有公民资格。

第二十二条 [公民的权利]

公民的权利如下:

1)选举和被选举为本宪法规定的官员;

2)决定通过全民公决提议的相关事项;

3)按照本宪法和法律规定的条件,行使民主权利、立法创制权和城市的创制权;

4)通过向公权力提出请愿以要求符合公共利益的措施,同时在相关法律规定的时间内获得当局答复;

5)批评政府人员在其行政过程中所犯的错误。

第二十三条 [丧失公民权]

公民因叛国、间谍活动、阴谋以及作战、为攻击共和国或故意损害共和国利益的行为提供援助或参与其中,而受到不可撤销的有罪判决的,将丧失公民权利。

第二十四条 [中止公民权]

有以下情况的中止公民权利:

1)被判处不可撤销的刑罚,直到刑罚结束;

2)合法宣告的司法禁令,直到其结束;

3)在多米尼加的领土接受外国政府或者国家的公务人员或者职能而事先未经行政权力批准;

4)违反授予归化国籍的条件。

第三节 关于外国人的制度

第二十五条 [关于外国人的制度]

外国人在多米尼加国内享有同国民相同的权利和义务,但本宪法和法律规定的特例和限制除外。因此:

1)外国人在多米尼加国内不得参加政治活动,但行使其母国的选举权除外;

2)根据法律规定,他们有义务在外国人员名册上进行登记;

3)他们在用尽国家法院的救济和诉讼程序后可以诉诸外交保护,但是国际惯例规定的除外。

第六章 国际关系和国际法

第一节 国际组织

第二十六条 [国际关系和国际法]

多米尼加是国际共同体的成员,开放合作和服从国际法准则,因此:

1)以本国公权力所纳的方式承认和适用国际法、一般法和美洲法的规范。

2)经国际协定批准生效的规范,一旦曾以官方形式出版将在国内范围适用。

3)多米尼加共和国的国际关系是通过肯定和推广国家价值观和利益,尊重人权和国际法之上而建立和管理的。

4)在与其他国家平等的条件下,多米尼加共和国接受国际法律秩序以确保尊重基本权利、和平、正义以及国家政治、经济、文化的发展。它承诺在国际、区域和国家层面采取行动,以一种与国家利益,人民和平共处和所有国家团结的责任兼容的方式。

5)多米尼加共和国将促进和支持美洲国家的整合,为了加强保卫地方利益的国家共同体。国家可能会签署国际条约以促进各国的共同发展,确保人民福祉和居民的集体安全,以及贡献超国家组织在整合过程中所需的力量。

6)有利于美洲各国之间的经济融合以及支持他们捍卫基本产品、原材料和生物多样性的所有行为。

第二节 国际议会的代表普选

第二十七条 [代表]

多米尼加共和国按照其签署的协议拥有国际组织的议会的代表,该协议应承认多米尼加的参与和代表性。

第二十八条 [要求]

多米尼加在国际组织的议会的代表,必须为具有完全权力能力和公民与政治义务且年满25周岁的多米尼加人。

第七章 官方语言和国家象征

第二十九条 [官方语言]

多米尼加共和国的官方语言是西班牙语。

第三十条 [国家象征]

国家象征是国旗、国徽和国歌。

第三十一条 [国旗]

国旗由深蓝和朱红两种颜色呈对角交替组成,通过这样的方式排列以使蓝色朝向旗杆的顶部,国旗被一个白色"十"字隔成宽度是高度一半的四块,正中间是国徽。商业旗帜和国旗一样,只是没有国徽。

第三十二条 [国徽]

国徽和国旗颜色相同,排列方式也相同。国徽上有一本翻开的《圣经》,它翻开在第八章、第三十二节的《圣约翰福音》,其上佩有一个十字架,来源于由两个长矛和四个无盾国旗组成的奖杯,排列在两侧;它的左边佩有月桂、右边佩有棕榈;它的顶部有一条深蓝色缎带,上面写着格言"上帝、祖国和自由"。底部是另一条红色缎带,它的末端直接向上写着"多米尼加共和国"。国徽是一个椭圆,上角凸起,下角呈球形,其底部中心止于一点。它以这样的方式排列:画一条横线连接从下角开始的两个垂直的椭圆,形成一个完美的正方形。

第三十三条 [国歌]

国歌是由何塞·雷耶斯(José Reyes)作曲、埃米立欧·蒲洛德洪恩(Emilio Prud'Homme)作词,而且是独一无二和永恒不变的。

第三十四条 [国家格言]

国家格言是"上帝、祖国、自由"。

第三十五条 [国家节假日]

2月27日是共和国独立纪念日,8月16日是共和国光复纪念日,二者都被宣称为国家节假日。

第三十六条 [国家象征的规范]

法律应当规定国家象征的使用以及国旗、国徽的尺寸。

第二编 基本权利、保障、义务

第一章 基本权利

第一节 公民权利和政治权利

第三十七条 [生命权]

生命权从受孕到死亡是不受侵犯的,在任何情况下不得设立、宣告或适用死刑处罚。

第三十八条 [人格尊严]

国家的基础是尊重人格尊严并且组织对固有的基本权利真实有效的保护。人格尊严是神圣的、与生俱来的、不可侵犯的,它的尊重和保护成为公权力的必要责任。

第三十九条 [平等权]

人在法律面前生而自由、平等,他们从机构、政府和其他人那里接受同等的保护和对待,同时享有同等的权利、自由和机会,不因性别、肤色、年龄、残疾、国籍、家庭关系、语言、信仰、政治和哲学观点、社会和个人条件等而受任何歧视。因此:

1)共和国处罚所有暗地破坏多米尼加人平等权的特权和情形,他们之间原本应该与这些拥有天赋和美德的人没有差异;

2)共和国的任何团体不得授予贵族头衔或者世袭等级;

3)国家必须促进司法和行政条件以使平等真实和有效并且采取这些措施去阻止和打击歧视、边缘化、脆弱和排外;

4)在法律面前男女平等,禁止任何旨在或导致削弱或废除男女平等识别、享有或行使基本权利的法案,应当推行确保根除不平等和性别歧视的必要措施;

5)国家应该促进和确保男女在普选公职人员候选人资格上的平衡参与,例如,在公共区域、司法管理部门和国家控制机关。

第四十条 [自由权利和人身安全]

每个人都享有自由权利和人身安全。因此:

1)未经有法定资格的法官所证实的书面命令,任何人都不得被投入监狱或约束自由,但现行犯除外;

2)任何权威部门在实行剥夺自由的措施时都必须确认其身份;

3)任何人在被拘留时,都要告知他们的权利;

4)任何被拘留的人都有权立刻和他的家人、律师或者他信任的人进行交流,他们有权知道拘留的地点和拘留的目的;

5)任何被剥夺自由的人应该在他们逮捕后的48小时内交送主管司法当局或者释放,主管司法当局应该在同一时期内,将宣布的判决通知利害当事人;

6)任何在没有原因或未经合法手续或违反法律规定的情况下被剥夺自由的人,一经本人或任何人提出要求,就应当立即释放;

7)任何人一旦符合量刑要求或者有主管司法当局宣判的释放命令都必须释放;

8)任何人不能遭受强制措施,除非通过自己的行为;

9)限制个人自由的强制措施,有一个例外的特征并且其申请需与其受防卫的危险成比例;

10)不得因为并非违反刑法所引起的债务而制定人身拘留;

11)任何拘留被拘留者的人,在主管司法当局需要时有义务立即将他们交出;

12)在未获得主管司法当局的书面或证实的命令情况下,严禁将任何被拘留者从监狱转移至其他地方;

13)任何人不得因其不构成犯罪或者行政违法的行为或过失,而被定罪或处罚;

14)任何人不得为他人的行为承担犯罪责任;

15)任何人不得被迫做法律没有规定的事情或者禁止做法律没有禁止的事情,法律对所有人都是平等的:它只能发布对社会公正、有用的命令,并且不能发布对社会有害的禁令;

16)剥夺自由的刑罚以及安全措施都以对罪犯的社会修复和再整合为导向并且不得涉及强迫劳动;

17)在行使法律规定的核准权时,公共行政部门不能施加以直接或附带的形式剥夺自由的核准。

第四十一条　[禁止奴隶制度]

禁止任何形式的奴隶制度、奴役、交易和贩卖人口。

第四十二条　[人身完整权]

所有人都享有尊重身体、心理、道德完整和无暴力生活的权利。在遇到威胁、危险和冒犯时享有国家保护的权利,因此:

1)任何人不得遭受损害或削减其健康、身体和心理完整的处罚、拷问或者有辱人格的程序;

2)任何形式的家族暴力和性暴力都应该受到谴责,国家应该确保通过法律采取必要的措施来防止、制裁和根除对女性的暴力。

3)在没有先前许可的情况下,任何人不得遭受违背国际公认的科学和生物伦理道德规范的实验和程序,也不能遭受这样的医学测试或程序,除非当生命受到威胁时。

第四十三条　[自由发展个性的权利]

每个人都有自由发展个性的权利,与司法命令施加的权利和其他权利相比不受其他限制。

第四十四条　[隐私权和个人荣誉权]

每个人都有隐私权,确保尊重和不干涉私人、家庭、家庭生活和私人信件,认可荣誉权、好的名称权以及名誉权,任何违背这些权利的个人或权威机关都必须依据法律做出补偿和修正,因此:

1)个人的家庭、住宅以及任何私人房产都是不可侵犯的,主管司法当局依据法律发布命令以及现行犯罪除外。

2)任何个人在法律规定的限度内有权获取与他们有关的信息和数据,有权在政府和私人记录中获取资产,以及有权知道它们的目的和用途。对个人数据、信息、资产的处理必须遵循质量、合法、忠诚、安全、目的原则。个人可以在主管司法当局更新、反对处置、纠正、破坏这些非法影响他们权利的信息之前进行请求。

3)个人物质的、数据的、电子的以及其他任何形式的信件、文件或者私人信息,都是不可侵犯的。它们只有经过主管司法当局的命令,经过解决实证问题的合法程序,经过正义和保存私人秘密的方式,并且与相关程序无关,才能被拥有、拦截或记录。电报的、电话的、电缆的、电子的、远程的或者由其他媒介确立的秘密是不可侵犯的,法官或者主管当局依据法律进行授权的除外。

4)处理、利用、处置由主管预防、控告和惩罚犯罪的权威部门收集的官方数据和信息,依据法律规定,只有进行公开审讯以后才能被公共记录处理和传达。

第四十五条　[良心和信仰自由的权利]

国家确保良心自由和信仰的自由,服从公共秩序和尊重良好的风俗习惯。

第四十六条　[通行自由]

任何人在国家的领土内都有通行、居住和离开的自由权利,根据以下法律规定:

1)不能剥夺任何多米尼加人进入国家境内的权利,也不能从其国家境内开除或放逐他们,主管司法当局法律和生效的国际条约宣布引渡的除外。

2)任何人有权因政治迫害在国家境内寻求庇护。这些寻求庇护的人依据多米尼加共和国签订和批准的协议、规范、国际文书,享有确保充分行使权利的保护。恐怖主义,反人类罪犯、行政腐败、跨国罪犯不被认定为政治犯罪。

第四十七条　[结社自由]

任何人都有依据法律规定以合法目的而结社的权利。

第四十八条　[集会自由]

未经事先许可,任何人都有依据法律规定以合法、和平目的而进行集会的权利。

第四十九条 ［言论自由和通信自由］

未经事先审查，任何人都有通过任何媒介自由表达自己的思想、观点和意见的权利。

1）任何人都有通信权，这一权利包括根据宪法和法律的规定，通过任何媒介、渠道或路径自由搜索、调查、接收和传递各种具有公共性质的信息；

2）任何信息媒体都可以依据法律规定自由使用关于公共利益的官方的、私人的新闻来源；

3）职业秘密和记者的良知条款受宪法和法律保护；

4）任何人认为遭受传播的信息损害时，都有权回复和修正，这项权利应当根据法律行使。

5）法律保障所有社会和政治部门获得平等、多元的渠道，以成为国家通信媒体财产。

在享受这些自由的同时，应该根据法律和社会秩序，尊重荣誉权、隐私权，以及尊重个人尊严和道德，特别是保护青少年和儿童。

第二节 经济权利和社会权利

第五十条 ［营业自由］

国家认可和确保经营企业、商业和工业的自由。任何人有权自由从事其喜欢的经济活动，而不受任何限制，但宪法规定的具体限制和法律规定的限制除外。

1）不允许垄断，除非有利于国家。这些垄断企业的创建和组织应当依法进行。国家鼓励和确保自由、公平竞争，并将采取必要措施以防止垄断产生有害的、限制的影响，防止滥用支配地位。法律规定的国家安全情况除外。

2）国家可以制定措施来调节经济、促进国家的竞争力计划以及鼓励国家的整体发展。

3）国家可以依照法律的具体规定授予时间和形式的特许，当关系到自然资源的开发和公共服务的提供时，应当始终确保存在符合公共利益和环境平衡的注意事项和补偿。

第五十一条 ［财产权］

国家承认并保障财产权，财产又意味着义务的社会功能。每一个人都有为获得财产感到快乐、乐趣以及处置他们财产的权利。

1）不得剥夺任何人的财产，但是公共福利或社会利益的正当理由除外，依据法律规定，通过当事人之间的协议或者主管法院的判决确定事先支付的相当价款。在遇到宣布国家处于紧急状况或者宣布国家防卫的情况下，则无须预先支付补偿。

2）国家应当根据法律的规定促进获取财富的渠道，特别是有名不动产。

3）出于有益目的的土地分配以及逐渐取消大地产（大庄园），具有社会意义。通过激励和合作的方式更新农业生产方法和技术培训方法，促进土地改革和国家发展过程中的有效农业人口整合，被宣布为国家社会政策的原则性目标。

4）不得以政治目的征用自然人或法人的财产。

5）自然人或法人、本国和外国的资产，如果其来源于旨在损害公共遗产的违法行为，以及那些使用或者源自非法贩卖麻醉药和精神药物的、那些与跨国有组织犯罪有关的，以及任何触犯刑法的违法行为，只能通过最终的判决方式征用或者没收。

6）法律建立管理制度、建立在刑事诉讼、没收审判领域、司法命令规定中对没收物和废弃资产的处置制度。

第五十二条 ［知识产权］

科技、文学、艺术作品、发明、创造、商品名称、商标、独特的标识以及人类智力按时间的其他产品的排他所有权，在法律规定的形式和限制内受到认可和保护。

第五十三条 ［消费者权利］

任何人在法律规定的条款和准则内，都有权享受优质的商品和服务，获得产品和服务的使用或消耗内容和特征的客观、准确、及时的信息。消费者因为低质量的商品、服务受到伤害或者损害的，有权依法获取补偿或者赔偿。

第五十四条 ［食品安全］

国家应促进食品生产和农业来源原材料的技术研究和转让，以提高生产力和保障食品安全。

第五十五条 ［家庭的权利］

家庭是社会的基础，是人全面发展的基本空间。家庭由自然或法律关系组成，男人和女人通过自由决定缔结婚姻或者通过责任心而遵从它。

1）任何人都有组成家庭的权利，在家庭的形成和发展中女人和男人享有同等的权利和义务，彼此之间需要相互理解和相互尊重。

2）国家确保家庭受到保护，家庭财产依据法律的规定是不可剥夺和不可剥离的。

3）国家应促进和保护以男女建立婚姻为基础的家庭组织。法律应该规定缔结婚姻的要求、缔结的程序、婚姻的个人的与世袭的影响、分居或者解散婚姻的理由、财产制度以及夫妻双方的权利和义务。

4）宗教婚姻在法律规定的限度内产生世俗效果，不得损害国际条约的规定。

5）没有法定婚姻障碍的男女之间单一且稳定的结合，构成实际的家庭，这种结合根据法律的规定在其双方的个人关系和家庭关系中引起的权利和义务。

6）任何社会环境和民事地位的女人，享有公权力保护的生育权以及在必要情况下获得政府帮助的权利。

7)任何人都有其人格受到承认的权利、拥有自己名字、选择随父姓和随母姓以及获知自己身份的权利。

8)根据法律的规定,所有人从出生到被无偿题写在公民注册或者外国人的书上的权利,以及获得证明他们身份的公共文件。

9)所有儿童在法律面前一律平等,他们享有相同的权利和义务并且在社会、精神和身体发展上享有相同的机会。禁止任何提及关于在公民注册和任何身份文件中的联系属性。

10)国家促进父亲和母亲的责任。父母即使离婚或分居,也有共同的和不可放弃的义务去喂养、抚养、约束、教育、维护其子女,以及为他们提供安全保障和帮助。法律应该规定必要和充足的措施来确保这些义务的有效性。

11)国家认可家务劳动是一种创造附加价值、产生财富和社会福祉的经济活动,因此应在制定和执行公共和社会政策中将其纳入。

12)国家应该通过法律保障安全、有效的领养政策。

13)应该承认年轻人在国家的发展过程中作为国家战略人才的价值。国家保障和促进年轻人权利的有效行使,通过永恒模式的政策和程序保障他们参与国家生活的各个领域,特别是,他们的培训和获得第一份工作。

第五十六条 [保护未成年人]

家庭、社会、国家都应优先考虑儿童和青少年的优越利益。有义务根据宪法和法律的规定协助和保护他们,确保他们协调和全面发展以及充分行使他们的基本权利。因此:

1)根除童工劳动和各种形式的虐待未成年人或对其实施暴力,被宣布为国家的最高利益。国家保护所有儿童和未成年人不受一切形式的忽视、绑架、虐待或者身体、心理、道德和性暴力、不受商业的、劳动或者经济开发和保护其不从事危险工作。

2)促进所有儿童和青少年在家庭、社区和社会生活中积极参与和进步。

3)青少年是发展过程中的积极参与者。国家、家庭和社会的公共参与,将为激发他们有效过渡到成年时期创造机会。

第五十七条 [保护老年人]

家庭、社会和国家应当为保护和帮助老年人共同合作,并应当促使他们融入工作和社会生活。国家保障整体社会安全服务以及贫困情况下食物补助服务。

第五十八条 [残疾人保护]

国家应该推进、保护和确保残疾人能平等地享有所有人权和基本自由,以及充分和独立发挥他们的能力。国家应该采取对促进他们的家庭、社区、社会、劳动、经济、文化和政治一体化不可少的积极措施。

第五十九条 [住宅权]

每个人都有权通过必要的基础服务获取体面的住房的权利。国家必须建立必要的条件促使这项权利生效,并为住房和人类居所的社会利益推行计划。通过法律途径命名不动产是公共政策促进住宅权的一项基本优先权。

第六十条 [社会保障权]

每个人都享有社会保障权。国家应该推动社会保障的逐步发展,以确保在生病、残疾、失业和年迈的时候能够普遍获得足够的保护。

第六十一条 [健康权]

所有人都享有整体健康权,因此:

1)国家必须确保保护所有人的健康,获得饮用水,改善营养、医疗服务、卫生条件、健康环境,以及获得预防和治疗所有疾病的手段,以确保获得优质药品以及为那些有需要的人提供无偿医疗援助和医院援助。

2)国家应该通过立法和公共政策保障低收入者行使经济和社会权利,因此,应该为弱势群体和部门提供保护;国家应该通过采取恰当的措施以及国际公约和国际组织的帮助打击社会恶习。

第六十二条 [工作权]

工作是在国家的保护和协助下运行的一种权利、义务和社会功能。它是国家促进体面的、有报酬的工作的必要目标。公权力应该促进工人、雇主和国家之间的对话和共同参与。因此:

1)国家保障男女行使劳动权的平等和公平。

2)任何人不能阻止别人工作也不能强迫他们做违背自己意愿的事情。

3)在其他权利中,所有工人的基本权利包括:工会自由、社会保障、集体谈判、专业培训、尊重他们的身体和智力能力、尊重他们的隐私和人格尊严。

4)工会组织是自由和民主的,必须遵守他们的章程同时与本宪法和法律规定的原则保持一致。

5)禁止在获取工作或提供服务中出现任何类别的歧视,法律规定的以保护工人为目的的情况除外。

6)为解决劳动和和平冲突,工人享有罢工权利以及私人公司雇主享有停工权利是公认的,只要依法行使权利,并且应当采取措施来保障公共服务和公共设施的维护。

7)法律应当根据一般利益规定工作时间、休息日、假期、最低工资和工资支付形式、国民参与所有工作、所有工人参与公司利益,以及一般情况下,被认为对工人有利的所有最小措施,包括对非正式工作、在家工作以及任何其他方式的人类劳动的特殊规定。国家应该改善工人的工作手段,使他们能够在工作中获取必不可少的工具和器具。

8)每一个雇主有义务确保工作环境的安全、公共卫生、环境卫生和适宜的工作环境。国家应该采取措施促使工人和雇主为实现这些目标创造实例

9)每个工人都有获得公正和足够的工资的权利,这份工资允许他们有尊严地生活并且能够支付他们自身和家庭的基本物资、社会需求和智力需求。应确保同等价值的工作获得同等工资,在能力、效率和资历相同的情况下不得有性别歧视或者其他歧视。

10)适用劳动力国有化的劳动规范存在重要利益。法律应该规定一个公司中外国人作为公司员工提供服务的比例。

第六十三条 [受教育权]

每个人在平等条件和机会下都享有接受完整的、优质的、永久的教育的权利,不得因为他们的天赋、职业、思想而受到任何其他的限制。因此:

1)教育以贯穿人一生的整体形式为目的,以发展创造潜能和道德价值观为导向。它寻求获取知识、科学、技术、其他利益、文化价值。

2)家庭是负责其成员的教育,并且有权选择其未成年子女接受教育的类型。

3)国家保障无偿的公共教育并宣布其初始的、基础的、中等水平的教育义务。法律应该对提供教育的最初水平进行规定。在公共系统中的高等教育由国家出资,根据宪法和法律的规定保障地区教育供给的资源分配比例。

4)国家应该确保普通教育的报酬和质量,实现目标,以及学习者德、智、体的形成。国家有提供一定授课时间的义务,以确保实现教育目标。

5)国家将教育职业的运行视为全面发展教育、多米尼加国的基础,因此,国家有义务努力培养专业的、稳定的、有尊严的教师。

6)国家有义务根除文盲、教育有特殊需要的人以及特殊能力的人。

7)国家必须根据法律规定确保高等教育的质量并且对公立中学和大学进行资助。确保大学自治和学术自由。

8)大学可以根据法律规定选择自己的政策并通过自己的章程进行管理。

9)国家应该制定政策以促进和鼓励能够支持可持续发展、人类福祉、竞争力、加强体制和环境保护的研究、科技、技术和创新。应该支持私人公司和机构进行以此为目的的投资。

10)国家应该增加和保持对教育、科学、技术的投资,并与国家宏观经济运行水平保持一致。法律应该规定此类投资的最小数量和相应比例。任何情况下不得转让作为发展这些领域经费的资金。

11)社会所有、公有以及私营通讯方式必须有助于市民社会的形成,为了允许普遍获取信息,国家确保收音机、电视、网络、图书馆和信息学的公众服务,教育中心应该根据法律规定的需求将知识和新技术的应用和创新进行合并。

12)国家保障教育自由,认可私人按照法律规定在创建机构、提供教育服务和促进科学技术发展方面的行为。

13)为了使公民意识到他们的权利和义务,所有公立和私立教育机构有义务提供养成市民社会的指导提供宪法教育……宪法教育,基本的权利和基本保障教育、爱国价值、和平共处原则教育。

第三节 文化和体育权

第六十四条 [文化权]

在国家文化生活中,每个人都有参与自由和行动自由并且在国家的文化生活中不受审查的权利,充分获取和享受文化资产和服务的权利,科技进步以及艺术产品和文学产品的权利。国家应保护相关作者和发明者作品的道德利益和物质利益,因此:

1)在国家和国际层面,制定政策来推动和促进多样的科技、艺术,以及多米尼加文化流行的表现与表达形式,鼓励和支持个人、机构和社区为发展或资助文化计划和活动而进行的努力。

2)应该保障表达自由和艺术创作自由,保障获取文化的同等机会,促进文化的多样性、国家间的合作和交流。

3)应该认可文化身份、个人和集体的价值,通过支持和传播科学研究和文化产品,对于整体和可持续发展、经济增长、创造发明和人类进步具有重要意义。应该保护文化工作者的尊严和诚信。

4)国家保护有形或无形的文化遗产,保障他们的保护、丰富、保存、修复和价值判断。民族文化遗产,无论是国有的还是国家获得的,都是不可剥夺、难以获取的,而且这种所有权是不可消灭的。私人遗产或者未出土的遗产应该得到平等的保护,禁止非法出口和掠夺。法律应该对它们的获取进行规定。

第六十五条 [体育权]

每个人都享有体育教育、运动和娱乐的权利。相应地,国家应该与教育中心和体育组织合作,以促进、鼓励和支持这些活动的实践和传播。因此:

1)国家将这些体育和娱乐活动视为关于教育和健康的公共政策,并按照法律规定保障体育教育和学校体育在教育体制中的所有级别;

2)法律应该提供资源,为促进所有运动给予刺

激、奖励,以及全面照顾运动员,支持高竞争力的运动和国内外的体育运动。

第四节 集体权和环境

第六十六条 ［集体权和分散权］

国家认可在法律规定的条件和限度内行使的集体的和分散的权利和利益。总之它保护:

1) 对生态平衡、动物和植物的保护;
2) 对环境的保护;
3) 对文化、历史、城市、艺术、建筑和考古遗产的保护。

第六十七条 ［环境保护］

防止污染,保护和维持当代和后代的环境利益构成了国家的责任。因此:

1) 无论个人还是集体都享有持续利用和享受自然资源的权利;为发展和保护多种形式的生活、景观和自然,有权生活在一个健康的、生态平衡和适宜的环境;

2) 禁止引进、开发、生产、拥有、商业化、运输、储存和使用国家禁止的化学、生物、核、农业化学武器,以及核残留物和有毒有害废物。

3) 国家应该促进在公共部门和私人部门使用替代的和清洁技术和能源。

4) 在国家签订的合同中或者在其授予的许可中,涉及使用和开发自然资源、保护生态平衡的义务、获得技术和转让技术,以及重建自然状态环境,如果转化成结果,将被考虑在内。

5) 公权力应该防止和控制环境恶化的因素,处以法律制裁,和加强造成环境和自然资源遭到破坏的客观责任,并且需要对它们进行赔偿。同样,他们应该与其他国家在保护海洋边界和陆地边界生态系统上进行合作。

第二章 保障和基本权利

第六十八条 ［基本权利的保障］

宪法通过监护和保护机制保障基本权利的有效性,这些机制在基本权利受到限制、约束和妨害时为人们获得其权利满意度提供可能性。基本权利约束所有公权力,公权力必须按照本宪法和法律规定的条件保证基本权利的有效性。

第六十九条 ［有效的司法保护和正当程序］

每个人在行使他们的合法权利和利益时,有权获得有效的司法保护,尊重能够通过最低保障得到遵守的正当程序,具体规定如下:

1) 享有可达到的、及时的和无偿的正义的权利;

2) 享有听取意见的权利,按照法律事先规定,在合理时间内以及通过有资格的、独立的和公正的司法管辖。

3) 享有被推定无罪的权利,以及当他们未经不可撤销的判决宣布有罪时也应推定无罪;

4) 在公共、口头和对抗式审判中,享有完全平等权和尊重辩护的权利;

5) 任何人不得因同一原因而受到两次审判;

6) 任何人不得被强迫自证其罪;

7) 在主管法官和主管法院前,以及遵守适用于每次审判的所有程序前,任何人不得受审,除了依据行为前的法律认为其有罪;

8) 任何违法获取的证据无效;

9) 任何判决都可以依法上诉,高等法院不能只因为被定罪人的上诉而加重其刑罚;

10) 正当程序规范应当适用于所有类型的司法和行政行为。

第七十条 ［人身信息］

每个人都有权采取法律行动,以了解人身信息是否存在并获取与他们相关的信息,这些信息发现于注册资料或公共的或私人的资料库中,如果存在谎言或歧视,依据法律的规定中止、矫正、更新和保密人身信息。新闻工作信息来源的秘密不能受到影响。

第七十一条 ［人身保护令诉讼］

任何人在被以非法、专断和无理方式剥夺自由或威胁剥夺自由时,有权向主管法官或法庭提起人身保护令诉讼,由自己或由任何人采取行动以他们的名义,按照法律,以简单、有效、快速和简略的形式审理和决定剥夺或威胁剥夺其自由的行为的合法性。

第七十二条 ［宪法权利救济诉讼］

任何人在其未受人身保护令所保护的那些基本权利受到公权力或个人之行为或过失的侵害或威胁时,都有权通过本人或其代理人向法庭提起宪法权利救济诉讼,要求此类基本权利获得立即保护,以便使法律和行政法令得到有效遵守,并保障集体的和分散的权利和利益。依据法律规定,该程序是优先的、概括的、口头的、公共的、无偿的以及不受形式限制的。

在国家非常状态期间所采用的侵犯受保护权利或不合理地影响已中止的权利的行动,适用于宪法权利救济程序。

第七十三条 ［颠覆宪法秩序的行为无效］

通过篡夺有权机关的行为,公权力、机构和个人改变或颠覆宪法秩序的行动或决定,以及征用武力达成任何决定,是当然无效的。

第三章 应用、解释基本权利和保障的原则

第七十四条 ［规制原则和解释原则］

本宪法所承认的基本权利的解释、规制以及保

障,应当适用于以下原则:

1)它们没有限制特征,并不排除其他权利和同等性质的保障;

2)只有通过法律,在本宪法允许的情况下,可以行使规定的基本权利和保障,尊重它们的必要内容和合理原则;

3)多米尼加国签订和批准的有关人权的条约、协定和公约,具有宪法等级并且能够通过法院和其他机关直接、立即适用;

4)公权力在最有利于权利人的意义上解释和适用关于基本权利和保障的规范,在基本权利之间存在冲突的情况下,公权力应当力求协调本宪法所保护的资产和利益。

第四章 基本义务

第七十五条 〔基本义务〕

本宪法所承认的基本权利,是以存在约束社会上男人或女人的行为的法律责任和道义责任为前提的。因此,下列各项应宣告为公民的基本义务:

1)遵守并服从宪法和法律,尊重并服从由宪法和法律所确定的权威;

2)有投票的义务,只要其具有投票的法定资格;

3)按照法律的规定,提供国家进行防御和保卫所必需的文职工作和兵役;

4)年龄符合16周岁到21周岁的多米尼加公民有为国家发展提供服务的义务,这些服务可以由超过21周岁的公民自愿提供,法律应该规定这些服务;

5)不得实施任何有损国家稳定、独立或多米尼加共和国主权的行为;

6)公民按法律规定和按照其纳税能力的比例,为公共支出和投资纳税,国家的根本义务是确保公共开支的合理性以及公共管理效率的提高;

7)公民有义务从事自己选择的得体工作,为了维持本人生活和赡养他们家庭,为了完善本人人格,以及为社会福祉和进步作出贡献。

8)公民有义务依据本宪法的规定,就学于国家教育机构接受义务教育;

9)公民根据他们的可能性,有义务在社会援助与社会保障方面立即与国家合作;

10)要依据社会团结原则行事,在危及人们生命和安全的公共灾害的情况下,积极响应人道主义行动;

11)发展和传播多米尼加文化,保护国家的自然资源,保证保持清洁、健康的环境;

12)确保加强民主质量,尊重公共遗产以及透明行使公共职能。

第三编 立法权

第一章 立法权的组成

第七十六条 〔国会的组成〕

立法权力由共和国国会以人民的名义行使。国会由参议院和众议院组成。

第七十七条 〔选举立法者〕

参议员和众议员按照法律规定通过直接和普遍选举产生。

1)如果参议员或众议员因任何原因缺位,则相应的议院应从曾占有该议席的政党的最高机关提出的三名候选人员中选出一名。

2)3名候选人应提交给出现空缺的议院,如果国会正在开会期间,则在此后的30日之内提交。如果国会处于休会,则在国会开会期间的最初30日内提交。在具体期限届满之后,政党最高机关没有提交3名候选人,相应的议院应该进行选举。

3)参议员和众议员不得兼任其他公共职务或职位,但教职除外。法律应当规定不得兼职的其他体制。

4)参议员和众议员不受强制性委托,他们总是代表选民超然地行使神圣的职责,他们必须提交报告记录给其选民。

第一节 参议院

第七十八条 〔参议院组成〕

参议院由选举产生的议员组成,每省选举一名议员,国家区选举一名议员,任期四年。

第七十九条 〔参议员的任职要求〕

当选为参议员的资格必须是年满25周岁,充分享有公民权和政治权利的多米尼加人,必须出生于选举他们的领土地区,或者在该地区已经至少连续居住5年。因此:

1)通过一个选区选举产生的参议员在选举他们的期间必须居住在那里;

2)归化人员只有在取得多米尼加国籍10年之后,只有在选举前已经在选举他们的管辖区居住5年的,方能当选为参议员。

第八十条 〔参议院的职能〕

参议院享有以下专有职权:

1)审理众议院依据第八十三条第一款对政府官员提出的控告。宣布将有罪人员从其部门中开除,并且他们在10年之内,不得担任其他任何公职,不管该公职是否由普选产生。在此情况下,被开除的人员必须服从通过普通法院依据法律的规定进行的控告和审判。此决定获得全体人员的三分之二投票通过后成立。

2)批准或者不批准国外公认的常驻代表团大使和元首的任命,由共和国总统提交给参议院。

3)从众议院提交的3名候选人中选举审计院的成员,经出席的参议员三分之二投票通过。

4)选举中央选举委员会的成员及其候补者,经出席人员三分之二投票通过。

5)从众议院提交的三名候选人中选举护民官,及其候补者和附属人员,经出席人员三分之二投票通过。

6)在没有达成允许协议的情况下,经共和国总统的事先请求,授权外国军队在军事演习中出现在共和国境内,并确定他们停留的时间和条件。

7)批准或不批准因国际机构授权的和平使命派兵出国,确立该使命的条件和持续时间。

第二节 众议院

第八十一条 ［众议员的组成］

众议院的组成方式如下:

1)178名众议员由代表国家区和省的领土区域按人口密度比例选举产生,但每省拥有不少于两名代表。

2)在国家层面通过累积选票选出的5名众议员,最好来自于没有获得席位并且发出的选票已经有不低于1‰生效的政党、联盟或同盟。法律应该规定众议员的分布。

3)代表多米尼加国的国外团体选举产生7名众议员。法律应该规定他们的选举和分配形式。

第八十二条 ［众议员的任职要求］

成为一名众议员的条件与成为一名参议员所需的条件相同。

第八十三条 ［众议院的职能］

众议院享有如下专有职能:

1)向参议院控告由普选产生的公职人员,以及那些由参议院和国家司法委员会选举产生的公职人员,由于这些人员在行使职能时犯有严重错误,控告只有获得全体人员三分之二的赞成票才能成立。当涉及控告共和国的总统和副总统时,必须获得全体人员四分之三的赞成票。在众议会宣布控告成立时,被控告人的职位将被中止。

2)为选举审计院成员向参议院提交三名候选人,需要获得出席人员三分之二赞成票。

3)为选举护民官向参议院提交3名候选人,其代理人不能超过2个,并且附属人员不能超过5个,需要获得出席人员三分之二的赞成票。

第二章 两院的共同规定

第八十四条 ［会议的法定人数］

各议院必须有一半以上人员出席,决议才能有效。作出决议需获得绝对多数投票通过,以前宣布的紧急情况除外,这些紧急情况在第二次决定时,需经出席人员的三分之二决定。

第八十五条 ［意见豁免权］

两个议院的成员都享有在会议上发表意见的豁免权。

第八十六条 ［保护立法职能］

任何参议员和众议员在立法会议期间,未经其所属议院的批准,不得被剥夺自由,但现行犯罪被捕的情况除外。如果一个立法委员被逮捕、监禁或以任何其他方式被剥夺自由,他们所属的议院,无论是否在会议期间,只要包含其中的一个成员,需要在立法会议开会期间将他们予以释放。为此,参议院或众议院的议长、参议员或众议员,根据情况可以向共和国总检察长提出要求,如果必要,可直接下释放令。为此,可能需要、必须提供所有公共力量的支援。

第八十七条 ［豁免权的限制和范围］

前述条款所规定的议会豁免权不构成立法者的个人特权,但是享有他们所属议院的特权,并且不阻止在国会停止授权之后依法采取的初步行动。当议院收到主管司法当局的要求时,以保护其被开除的成员之一为目标,议院应该依据其内部章程的规定,从提出豁免要求开始最长两个月内就此做出决定。

第八十八条 ［丧失职位］

所有立法者必须参加立法会议,并且以本宪法和有关立法议会内部章程规定的形式和条件使自己服从于丧失资格制度和禁止兼职制度。那些不遵守上述规定的人,在依据本宪法和规章规定的规范进行先前政治审判之后,他们会丧失职位,并且在他们丧失职位的10年内不能获得国民议会职位。

第八十九条 ［立法会议的持续时间］

两院于每年2月27日和8月16日举行例会,每次立法会议可持续150日。行政权得召集特别会议。

第九十条 ［议院的主席团］

每年8月16日参议院和众议院选举它们各自的主席团,包括一名议长、一名副议长和两名秘书。

1)参议院和众议院议长在开会期间都享有惩戒权力,两名议长在所有法定活动中代表其各自的议院;

2)每个议院依据法律规定和国民会议规定的行政职业指定其成员、行政人员和辅助人员;

3)每个议院应该对涉及其内部服务以及执行其特有事项进行规定,并且运用它的惩戒体制,规定相应的制裁。

第九十一条 ［议长提交报告］

两院议长都必须在每年8月的第一周召集各自的全体会议,提交一个关于前段时期进行的立法、行政和财政活动的报告。

第九十二条 ［立法者提交报告］

立法者每年必须在他们所代表的选民前,提交一个关于其立法活动的报告。

第三章 国会的职能

第九十三条 ［国会的职能］

国会代表人民进行立法和监督,因此:

1)在立法方面的一般职能:

a)规定一般税收、贡品和捐款,并确定收集和支出的模式。

b)审理行政权在法律方面提出的意见。

c)规定有关保护纪念物和保护历史、文化、艺术遗产的全部事项。

d)设立、修改或废除地区、省、市、市辖区、部门和地点,并决定一切有关它们的限制和组织的事项,依据本宪法规定的程序和先前研究规定的程序,这些研究确定修改区划证明政治、社会和经济利益的合理性。

e)授权共和国总统宣布本宪法规定的非常状态。

f)在国家主权面临严重和紧迫的危机的情况下,国会可以宣布全国处于防卫状态,中止行使个人权利,但本宪法第二百六十三条的规定除外。如果国会处于休会时,共和国总统可以采取同样措施,应立即召集国会,并将这些事件和已采取的措施通知国会。

g)建立与移民事宜和外国人政权有关的规范。

h)经过事先咨询最高司法法院,增加或减少上诉法院的数量,建立或废止法庭,并规定一切与其组织和能力有关的事宜。

i)每年对国家总预算法进行投票,以及批准或拒绝行政权请求信贷的特殊开支。

j)依照宪法和法律的规定,创建有关公共债务以及批准或不批准行政权签订的信贷和贷款的法律。

k)批准或不批准共和国总统根据宪法第一百二十八条第二款第d项所提交的合同,以及依据随后的修正案或修改合同,它们改变了原来在其立法制裁时刻规定在此类合同中的条件。

l)批准或不批准行政权力缔结的国际条约和公约。

m)依法宣布宪法改革的必要条件。

n)授予为国家或人类提供公认服务的杰出公民荣誉称号。

o)承认授予共和国总统旅行国外的权力,当其离开时间在15日以上的。

p)由于不可抗力或者其他正当理由,决定转移立法议院的位置。

q)批准政治原因的大赦。

r)创立一切与不在国家其他权力的职权范围内的事宜或者违宪事宜有关的法律。

s)通过决议宣布有关组成共和国利益的国家或国际秩序的问题和条件。

2)在监督和控制方面的属性:

a)批准或拒绝必须由行政权在每年的第一次普通立法会议期间提交的收入收集和支出说明,以作为审计院的基本报告;

b)确保有利于社会的国家财产的保护和增加,批准或拒绝国家私人土地财产的转让,但本宪法第一百二十八条第二款第d项的规定除外;

c)召集部长、副部长、国家自主机关和分权机关的主管或者行政官员,在召集国会常设委员会之前,在预算执行和管理行为方面对他们进行教导;

d)每年审查行政权的所有行为并批准这些行为,如果它们受到宪法和法律的调整;

e)任命常任委员会和专门委员会,依据其成员的要求调查导致公共利益的任何问题,并提交相应的报告;

f)监督由政府和其自治机构和分权机构实行的公共政策,不论它们的性质和范围。

第九十四条 ［议院邀请］

立法议会以及它们构成的常任委员会和专门委员会,可以邀请部长、副部长、主管及公共行政的其他工作人员,以及邀请任何自然人或法人,以提供关于他们被授权事宜的相关信息。

被传唤人拒绝出庭或者拒绝作出必要的陈述,将受到共和国刑事法院的制裁,蔑视公共当局的情形,只要相应的议院有需求就会适用现行立法条款规定的刑罚。

第九十五条 ［质询］

有权质询部长、副部长、中央银行行长、国家自主机关和分权机关的主管或管理人员,以及那些在其权限内管理相关事项公共资金的工作人员,当经过半数以上出席人员同意,并至少有三个立法者提出要求时。有权从其他主管此事的工作人员处收集信息,并且依赖于上述规定。

如果被任命的公职人员无正当理由缺席或者他们的陈述被认为是不满意的,该议院经出席人员的三分之二投票通过，能够向他们发出谴责并建议从公职中开除他们，这时共和国总统或相应的上级官员应该承担违约责任。

第四章 法律的制定和效力

第九十六条 ［法律的制定］
下列人员享有创议法律的权利：
1) 参议员和众议员；
2) 共和国总统；
3) 最高司法法院在司法事宜方面；
4) 中央选举委员会在选举事宜方面。
行使创议法律权利的立法者，可以在另一议院支持其意向；享有此权利的其他人也能够在两院通过一名代表以同样的方式这样做。

第九十七条 ［民众立法创议］
民众立法创议是通过不少于2‰的题写在选民登记簿上的公民制定的，他们可以在国民大会前提交法律草案。特殊法律的制定应该规定行使该立法权的程序和限制。

第九十八条 ［立法讨论］
两院中任何一院承认的所有法律草案应提交给两次不同的讨论，两次讨论之间至少间隔一日。如果事先已被宣布为紧急提案的，应该在两次连续会议上进行讨论。

第九十九条 ［议院之间的程序］
如果法案被两院中的任何一院所批准，应移送给另一议院及时讨论，遵循同一宪法程序。如果该议院作出修正，则应将修正法案送回原来提出法案的议院，以便通过独特的讨论再次审理该法案。如果这些修正建议被接受，则应将法案送交行政权力部门；如果修正建议被否决，则应将法案送回另一议院，如果另一议院予以批准，则应将法案送交行政权力部门；如果修正建议被否决，该法案应认为被否决。

第一百条 ［特别集会的影响］
行政权力部门对立法委员会实施的特别集会，不会对未决法案请愿的目的造成影响。

第一百〇一条 ［颁布和发布］
两院批准的任何法案均须送交行政权力部门，让其颁布或发表意见。如果行政权力部门无异议，应在收到法案后的10日内颁布，如果不是宣布为紧急事宜，在这种情况下，应该在收到法案的5日内颁布，并在颁布之后的10日内予以公布。一旦颁布、公布由国民大会核准的法律的宪法最后期限已经届满，这些法律将被视为已经颁布并且议院的议长已经将其移送给有权发布这些法律的行政权力部门。

第一百〇二条 ［法律异议］
如果行政权力部门对移送的法案提出异议，应在收到该法案的10日内将其送回原来的议院。如果遇到被宣布的紧急事项，行政权力部门将在收到法案的5日内提出异议。行政权力部门应该提交它的意见，指出存在异议的条款，并陈述使其提出异议的理由。收到异议的议院，应将这些异议列在其下届会议的议程上，并在会议上再次讨论该法案。经过讨论后，如果法案经该议院出席人员的三分之二再次批准，则应将法案送交另一议院。如果该法案获得另一议院同样多数批准，该法案最终应被认为是法律，并要求共和国总统依据第一百〇一条的规定颁布并公布该法律。

第一百〇三条 ［审查行政权力部门异议的时间］
所有由行政权力部门对国民大会提出异议的法律享有两个普通立法会议决定的时间，否则该异议将被视为接受。

第一百〇四条 ［法案的效力］
在普通立法会议结束时，两议院的任何一议院仍然未决的法案，不违背本宪法第一百条的规定，在随后的立法会议中遵循宪法程序，直至成为法律或最终遭到否决。如果没有按照这种方式，该法案应被认为未曾提出。

第一百〇五条 ［列入议程］
一个议院收到的所有法案，在经另一议院批准之后，应列入第一举办会议的议程。

第一百〇六条 ［立法］
每当一个法案送交共和国总统颁布，而且在立法会议结束之前剩余时间少于本宪法第一百〇二条规定的提出异议的时间，立法会议仍应继续开会以审查这些异议，在不违背第一百〇三条的规定下，应该继续下届立法会议的程序。

第一百〇七条 ［否决法案］
被一个议院否决的法案，在下届立法会议前不得在两院中的任何一院提出。

第一百〇八条 ［法律的开头］
一切法律和两院制决议的开头应以这样方式："国民议会，以共和国名义。"

第一百〇九条 ［法律的约束力］
法律颁布之后应按法律规定的方式公布并且给予尽可能广泛的传播。在法律规定的时期届满即具有约束力，因为这些法律在全国领土上已广为人知。

第一百一十条 ［法律不溯及既往］
法律仅规定未来并适用于未来。法律不具有追溯既往的效力，但当法律有利于正在遭受审判或正在服刑的人的除外。任何法律或公共权力不得影响或改变因按照过去的法律而形成的司法安定。

第一百一十一条 ［公共秩序的法律］

有关公共秩序、警察、安全的法律,对领土上的一切居民具有约束力,不得以个人协议予以损害。

第一百一十二条 ［组织法］

组织法是那些由其性质决定规定基本权利,公共权力的结构和组织,公共职能,选举体制,经济和金融体制,公共预算,规划和投资,领土组织,宪法程序,安全和国防,以及由宪法和其他性质的法律明确提及的事项的法律。对于它们的批准或修改必须同时经两议院出席人员三分之二以上投票通过。

第一百一十三条 ［普通法律］

一般法律是那些由其性质决定的,其批准需要经过每个议院出席人员的绝大多数投票通过。

第五章 向国会提交的报告

第一百一十四条 ［共和国总统提交报告］

共和国总统的职责是：依据本宪法第一百二十八条第二款第 f 项的规定,每年在国民议会之前提交上一年度的预算、财务和管理、行政报告,同时对宏观经济和财政计划,预期的经济、金融、社会效果,以及政府提议依据本年度批准的《国家总预算法》实施主要优先事项进行预测。

第一百一十五条 ［控制和监督程序规章］

法律应该规定立法委员会所需的程序,以审查审计院的报告,审查行政权力部门的行为,邀请、质询、政治审判以及本宪法规定的其他控制机制。

第一百一十六条 ［护民官提交报告］

护民官每年应该向国民会议提交他的管理报告,不得迟于第一次普通立法会议结束前的 30 日。

第六章 国民大会和两院联合会议

第一百一十七条 ［国民大会的组成］

参议院和众议院分别以各自的形式召开会议,召开国民大会时除外。

第一百一十八条 ［召开国民大会的法定人数］

两院在本宪法规定的情况下召开国民大会,如果每个议院一半以上的成员出席,经绝大多数人员投票通过才能做出决定,召集改革宪法的情况除外。

第一百一十九条 ［国民大会的会议主席］

两院召开国民大会或两院联合会议时,将受到它的组织的规章和职能的制约。在这两种情况下,会议主席都由参议院议长担任；会议副主席由众议院议长担任,会议秘书由每个议院的秘书担任。

一旦参议院议长临时或最终缺席,同时该立法委员会还没有选出参议院新议长,国民大会或两院联合会议由众议院议长主持。

一旦两院议长以及参议院副议长临时或最终缺席,国民大会或两院联合会议由众议院副议长主持。

第一百二十条 ［国民大会的职能］

国民大会的职能如下：

1) 审查并决定有关宪法改革的事宜,以与修正国民大会相同的方式采取行动；

2) 检查当选证书；

3) 宣布共和国总统和副总统当选,接受他们的宣誓,接受或拒绝他们的辞职；

4) 行使本宪法和其他组织的规章授予的各种权力。

第一百二十一条 ［两院联合会议］

在以下情况两院将召开联合会议：

1) 接收共和国总统的信息和其提交的报告以及政府部长的报告；

2) 举行纪念仪式或具有协议性质的行为。

第四编 行政权

第一章 共和国总统

第一节 总则

第一百二十二条 ［共和国总统］

行政权由共和国总统在国家和政府首脑按照宪法和法律规定的条件下,以人民的名义行使。

第一百二十三条 ［当选共和国总统的条件］

当选共和国总统必须具备以下条件：

1) 出生在多米尼加的人或原籍在多米尼加的人；

2) 年满 30 周岁；

3) 充分享有公民权和政治权利；

4) 在总统选举前至少 3 年未曾服兵役或当警察。

第一百二十四条 ［总统选举］

行政权力由共和国总统行使,总统每四年由直接投票选举产生,不得连任。

第一百二十五条 ［共和国副总统］

共和国设副总统,副总统的选举方式和任期与总统相同,并和总统一起当选。当选为副总统与当选为总统的条件相同。

第一百二十六条 ［共和国总统和副总统宣誓就职］

在大选中当选的共和国总统和副总统,在其当选后的 8 月 16 日进行宣誓就职,该日期是离任者任期结束之日。因此：

1) 共和国总统因在国外或因病或任何不可抗力的原因而不能宣誓就职时,则由副总统宣誓就职,并临时履行总统职能,副总统缺席时,则由最高司法法院院长履行总统职能。一旦曾阻碍总统或副总统选举就职的原因已经停止,他们应该宣誓就职并且立即行使他们的职能。

2)如果当选的共和国总统最后缺位且未参加就职宣誓时,并且该缺位获得国民会议的认可,则由共和国当选副总统取代总统,如果副总统缺位时,则应该按照上述规定的程序办理。

第一百二十七条 ［誓言］

当选的共和国总统和副总统就职前,应向国民大会作如下宣誓:

"我为了国家和我的荣誉在上帝和人民面前发誓,实施并维护共和国宪法和法律,维护并保卫共和国的独立,尊重公民的权利和自由,忠实履行我的职责。"

第二节 职能

第一百二十八条 ［共和国总统的职能］

共和国总统领导国内和外交政策,人民和军事管理,是武装部队、警察部队以及国家其他防卫主体的最高司令。

1)作为国家元首的职责如下:

a)主持国家的一切官方仪式。

b)颁布并公布国会通过的法律和决议,并保证其得到忠实执行。必要时,发布条例、法令和指令。

c)任命或者免除军队和警察司法部门的成员。

d)主持谈判并签署条约或国际公约,并提交国会批准,未经国会批准它们就不会发生效力并且对共和国不具有约束力。

e)依据法律规定向总统亲自指挥或相应的部委指挥的武装部队和国家警察提供所需要的物品,总统始终是最高司令。建立它们的队伍,并为了公共服务目的对其进行部署。

f)一旦国家确实遭到或即将遭到外国国家或外国权力的武装攻击时,采取必要措施以提供和确保合法保卫国家,将采取的措施通知国会,如果该攻击持续进行的话求是否宣布为防卫状态。

g)如果国会不在开会期间,依据本宪法第二百六十二条至第二百六十六条的规定宣布非常状态。

h)如果违反本宪法第六十二条第六款的规定,即破坏或威胁公共秩序、国家安全、公共服务或公用事业的正常活动,或阻碍经济活动的进展以及本宪法第二百六十二条至第二百六十六条的规定的行为,则共和国总统应采取必要的临时治安和安全措施。

i)依照法律规定,基于部委及其行政附属部门进行的先前研究,采取一切有关国家安全的空域、海域、河流、土地和军事区的措施。

j)每年的2月27日、8月16日、12月23日,依据法律和国际公约授予大赦。

k)依据法律规定对其行为有损或可能有损公共秩序或国家安全的外国人进行逮捕或驱逐出境。

l)如果总统因公共利益认为有必要,则可以禁止外国人进入本国领土境内。

2)作为政府元首的职责如下:

a)委任各部部长和副部长和其他公职人员,这些人员从事自由任命的公职或者他们的任命不归因于宪法或法律认可的任何其他机关,并有权接受相关人员的辞职或免除其职务。

b)委任自治的政府人员和国家的地方分散机构,以及有权依照法律接受这些人员的辞职或免除其职务。

c)总统认为有必要时,可以改变办公用地。

d)签订合同,当合同条款内容涉及国家税收负担、国家资产出售、贷款终止时或者当涉及免税的一般规定时,应当依据宪法的规定将合同提交国民会议批准。这些合同和豁免的最高限额可以由共和国总统签订,不需要经过国民会议的批准,该限额为检察机关的200比索最低工资。

e)保证国家财政收入的良好征收和正确投资。

f)在国民会议召开之前,每年2月27日举行的第一次例会的开幕式上,提交政府各部部长的报告以及提交总统上一年的行政报告。

g)在每年10月1日之前,向国会提交下一年的国家总预算法草案。

3)作为国家元首和政府元首的职能:

a)经共和国参议院批准,依据对外服务法的规定,委任驻外大使以及国际机构的常驻代表团领袖,任命外交使团的其他成员,以及接受他们的辞职和免除他们的职务;

b)指挥外交谈判和接见外国首脑及其代表;

c)授权或不予授权多米尼加公民在多米尼加领土范围内担任政府或国际组织的职务或行使公职,并授权或不予授权他们接受和使用外国政府授予的勋章和头衔;

d)授权或不予授权镇理事会转移财产,批准或不予批准涉及构成担保、市政财产或收入的合同;

e)宪法和法律规定的其他职责。

第三节 总统继任

第一百二十九条 ［总统继任］

总统继任应当遵从以下规范:

1)一旦共和国总统暂时缺位,则缺位期间的行政权由共和国副总统行使。

2)一旦共和国总统最终缺位,则由共和国副总统担任总统职位,任期从余下时间到任期结束。

3）一旦共和国总统和副总理都最终缺位，则由最高司法法院院长暂时行使行政权。最高司法法院院长在任职后的 15 日内应当召集国民大会开会，在接下来的 15 日内在一次会议上选举共和国新的总统和副总统，该会议不得结束或宣布休会直至选举完成。

4）一旦在任何情况下不能召开此会议时，国民大会应该当然、立即召集会议，按上述规定方式完成选举。

5）经出席会议全体人员过半数投票通过，选举成立。

6）共和国总统和副总统的候补成员应该从政党的上级机关按照其章程，在该条第三款规定的时间内，提交给国民会议的 3 名候选人中选择。如果规定的时间届满后，该政党没有提交该名单，则国民会议应该举行选举。

第一百三十条 ［副总统继任］

一旦共和国副总统在宣誓就职前后最终缺席，则共和国总统在 30 日内，应将选举副总统的 3 名候选人名单提交给国民会议。如果规定的时间届满后，总统没有提交该名单，则国民会议应该举行选举。

第四节 特别规定

第一百三十一条 ［授权出国］

共和国总统未经国会授权，不能出国 15 日以上。

第一百三十二条 ［辞职］

共和国总统和副总统只有向国民议会提出才能辞职。

第一百三十三条 ［被剥夺自由的豁免权］

但不违反本宪法第八十条第一款规定的前提下，共和国总统和副总统在选举期间或在其任职期间，其自由不得被剥夺。

第二章 政府部门

第一百三十四条 ［国家部委］

依法设置政府部门处理行政事务。每一个部委负责一个部门，必要时可以由副部长处理它们的事务。

第一百三十五条 ［担任部长或副部长要求］

担任多米尼加政府部门部长或副部长必须是充分享有公民权和政治权利的多米尼加人，且必须年满 25 周岁。归化人员只有在取得多米尼加国籍 10 年之后才能担任政府各部部长或副部长。部长和副部长不得参加任何可能产生利益冲突的职业或商业活动。

第一百三十六条 ［职能］

法律应当规定部长和副部长的职能。

第一百三十七条 ［部长理事会］

部长理事会是协调政府整体事务的机关，它的主要目标是组织和促进公共管理在国家整体利益以及服务公民这方面的行为。部长理事会由主持该会议的共和国总统、共和国副总统和各部部长组成。

第三章 公共行政

第一百三十八条 ［公共行政原则］

公共行政在其行动方面应服从效率、等级、客观、平等、透明、经济、公开和协调的原则，并完全服从国家的司法秩序。法律应该规定：

1）公职人员的章程，依据候选人的成绩和能力进入公共职能的途径，专业指导和培训，工作人员的不兼容制度，该制度确保其行使法律赋予的职能的不兼容性。

2）决定和行政行为必须进行的程序，保障利害关系人的听证会，除非法律规定的例外情况。

第一百三十九条 ［公共行政的合法性控制］

法庭应该控制公共行政行为的合法性，市民可以通过法律规定的程序要求进行该控制。

第一百四十条 ［增加报酬的规定］

任何处理公共资金的公共机构或自治实体不得创建增加其管理人员或执行人员的报酬或利益的规范或条款，除了在他们被选举或被任命的随后期间，违反该条款规定的应该依据法律进行制裁。

第一节 国家的自治机构和分权机构

第一百四十一条 ［自治机构和分权机构］

法律应该创建国家自治机构和分权机构，规定法律人格、行政、财务和技术的自治。这些机构附属于与其活动兼容的行政部门，并受到该部门部长的监督。法律和行政权应该规定公共管理服务的分散政策。

第二节 公共职能法规

第一百四十二条 ［公共职能］

公共职能法规是一种基于有效管理和实现国家基本职能的功绩和专门技术的公法制度。该法规应该规定公务员职能的进入形式、晋级、绩效评估、持久性和解雇。

第一百四十三条 ［法定制度］

法律应该规定公共行政不同机构职业化要求的法定制度。

第一百四十四条 ［补偿制度］

任何国家公职人员或员工不得同时获得一个以上部门的补偿，教学除外。法律应该依据功绩标准和提供服务的特征规定国家公职人员或员工的补偿形式。

第一百四十五条　[公共职能的保护]

行政事业单位违反公共职能制度解雇公务员，被认为是一种违反宪法和法律的行为。

第一百四十六条　[禁止贪污]

国家机构内任何形式的贪污都应该受到处罚，因此：

1)任何偷盗公共资金或利用他们在国家机关及其下属机构或自治机构的职务，为自己或第三人牟取经济利益，应该依据法律的规定受到刑罚处罚；

2)以同样的方式，为他们的同事、家人、亲戚、朋友或相关人员牟取利益，应当受到处罚；

3)公职人员在他们已经完成职能前后或者在主管机关提出要求时，向证明其资产来源相应机构对其资产进行宣誓，依据法律的规定是一种义务；

4)犯贪污罪并没有违反法律规定的其他处罚的人应当受到降级处分，并且必须退还他们的违法所得；

5)法律可以规定公务员贪污犯罪的处罚时期比普通人贪污犯罪的处罚期更长，以及规定限制性程序福利制度。

第三节　公共服务

第一百四十七条　[公共服务的目的]

公共服务的目的是满足集体利益的需要。它们应该受到法律声明。因此：

1)国家按照本宪法和法律的规定保证获得高质量公共服务，直接或者通过代表团，通过特许、授权、联合参与，通过转让可操作财产或其他合同形式；

2)由国家或个人提供的公共服务，以法律或合同形式，必须遵循普遍、方便、高效、透明、责任、连续、质量、合理和价格公平的原则；

3)监管公共服务是国家的专门职责，法律可以为这些服务和由出于此目的设立的机构承担责任的其他经济活动创建规章。

第四节　公共实体、工作人员或代理人的民事责任

第一百四十八条　[民事责任]

对于由反法权的行政作为或不作为造成自然人或法人损害或者损失的，公法法人及其工作人员或代理人应依照法律规定连带地或各自地承担责任。

第五编　司法权

第一百四十九条　[司法权]

司法是司法权力部门以共和国的名义无偿实施的。这种权力是由最高司法法院和本宪法和法律规定的其他法庭行使。

司法职能包括司法管理，以决定有关自然人之间或法人之间在私法或公法领域，在任何类型的程序当中的冲突、判决以及执行判决。司法权由法律规定的法院和法庭行使。司法权享有职能、行政和预算方面的自主权。

法庭不得行使超出宪法和法律规定的职能。

法庭做出的任何决定都可上诉至上级法院，但应服从法律规定的条件和例外。

第一百五十条　[司法职业]

法律应该按照绩效、能力和专业素养原则规定司法职业，法官就任、形成、发展、晋级、解雇、退休的司法法规，以及法官的退休制度和养老金制度，工作人员和员工的司法秩序。

法律也应该规定国家司法学院，该学院的职能包括对意欲成为法官者提供初级培训，确保他们的技术培训。

每一个有意被任命为法官的人必须通过入学系统向国家司法学院提交德行公共竞赛，其效果由法律规定，并成功完成该学校的教学计划。只有最高司法法院的成员经过自由选举产生并免除这些要求。

第一百五十一条　[司法权的独立性]

法官是司法权的成员，他们是独立的、公正的、负责任的、不可解雇的，并受到宪法和法律的约束。他们不能被开除、调离、中止职务、调任或退休，但是法律规定的任何原因和保障除外。

1)法律应该建立司法权力机构的法官和工作人员的责任制度和养老金账户。服务于司法权力机构与其他任何公共或私人的职能不兼容，但教职除外。其成员既不能选择任何需选举的公职，也不能参加党派政治活动。

2)最高司法法院法官的强制退休年龄是 75 周岁。对于司法权力机构的其他法官、工作人员和员工的强制退休年龄应该依据管辖该事项的法律进行规定。

第一章　最高司法法院

第一百五十二条　[组成]

最高司法法院是所有司法机关的上级机关。它由不少于 16 名法官组成，最高司法法院依据其组织法确定的法定人数可以有效地进行开庭、审议和判决。它将依法分成若干审判庭。

第一百五十三条　[要求]

担任最高司法法院法官，必须符合以下要求：

1)出生在多米尼加的人或原籍是多米尼加的人，年满 35 周岁。

2）充分行使公民权利和政治权利。
3）获得法学硕士或博士学位。
4）从事职业律师、大学法律教学至少12年，或者已经在司法权范围内或代表检察机关从事了同样时期的法官职务。这些时期可以累计。

第一百五十四条 ［职能］

最高司法法院享有以下专有职能，但不妨碍法律授予它的其他职能：

1）审理仅限于以下人员引起的刑事案件：共和国总统和副总统、参议员、众议员、最高司法法院法官、宪法法庭法官、政府各部部长、副部长、共和国总检察长、上诉法院或相当于上诉法院的法官和总检察长、高级土地法庭法官、高级行政法庭法官、最高选举法庭法官、护民官、外交使团成员、驻派外国代表团元首、中央选举委员会成员、审计院成员和货币委员会成员；

2）依法审理上诉法院的诉讼；

3）在终审时审理属于上诉法院以及相当于上诉法院的初审案件；

4）依照司法职业法任命上诉法院或相当于上诉法院的法官、初审法院或相当于初审法院的法官、教导法官、治安法官及其补候人员，以及宪法和法律规定的任何其他司法权法庭的法官。

第二章 司法权理事会

第一百五十五条 ［组成］

司法权理事会的组成方式如下：

1）最高司法法院的院长，由他主持该会议；

2）由全体会议选举产生的最高司法法院法官；

3）由其同辈选举产生的上诉法院法官或相当于上诉法院的法官；

4）由其同辈选举产生的初审法院法官或相当于初审法院的法官；

5）由其同辈选举产生的治安法院法官或相当于治安法院的法官。

该理事会的成员，最高司法法院院长除外，当他们成为该理事会的成员时应该停止行使其司法职能，但将继续保留这些理事会职能5年，并且不可以在理事会的新时期当选。

法律应该确定该理事会的职能和组织。

第一百五十六条 ［职能］

司法权理事会是司法权管理和纪律的常设机构。它具有以下职能：

1）向最高司法法院提交充足的候选人，为了依法任命，决定司法权不同法庭法官的等级和晋级；

2）司法权的财务和预算管理；

3）纪律控制法官、司法权工作人员和员工，最高司法法院的成员除外；

4）应用并执行对组成司法权的法官和行政人员的表现进行评估的手段；

5）司法权的法官的调任；

6）创建司法权的行政办公室；

7）任命所有隶属于司法机构的工作人员和员工的；

8）法律赋予的其他职能。

第三章 司法机构

第一节 上诉法院

第一百五十七条 ［上诉法院］

兹设立上诉法院和法律确定的同等法院，法律还应该确定它们的法官数量以及它们的地域管辖范围。

第一百五十八条 ［要求］

担任上诉法院的法官，要求如下：

1）是多米尼加人；

2）充分行使公民权利和政治权利；

3）获得法学硕士或博士学位；

4）从事司法职业，并在法律规定的时间内已经担任初审法官。

第一百五十九条 ［职能］

上诉法院的职能如下：

1）依据法律规定，审理上诉；

2）对初审法官及其同等法官、公诉律师、国家自治机关和地方分权机关的适格成员、省长、国家的地区的市长以及自治市的市长提起诉讼的刑事案件进行审理；

3）审理法律规定的其他事项。

第二节 初审法院

第一百六十条 ［初审法院］

兹设立初审法院或者其同等法院，它们的法官人数和地域管辖范围由法律规定。

第一百六十一条 ［要求］

担任初审法官的要求如下：

1）是多米尼加人；

2）充分行使公民权利和政治权利；

3）获得法学硕士或博士学位；

4）从事司法职业，并在法律规定的时间内已经担任治安法官。

第三节 治安法院

第一百六十二条 ［治安法院］

法律应该规定治安法院的及其同等法院的数量，

它们的职能、地域管辖范围以及组织形式。

第一百六十三条 ［要求］

担任治安法官的要求如下：

1）是多米尼加人；

2）充分行使公民权利和政治权利；

3）获得法学硕士或博士学位。

第四章 专门司法机关

第一节 行政争议司法机关

第一百六十四条 ［组成］

行政争议司法机关由高级行政法庭以及初审行政争议法庭组成。他们的职能、组成、定位、地域管辖范围和程序由法律规定。高级法庭可以分成若干审判庭并且它们的决定可以被上诉。

担任高级行政法庭的法官必须满足担任上诉法院法官相同的必要要求。

担任行政争议法庭的法官必须满足担任初审法院法官相同的必要要求。

第一百六十五条 ［职能］

以下是高级行政法庭的职能，但不妨碍法律规定的其他职能：

1）审理对任何行政争议初审法庭在行政、税收、财务和市政事务方面作出的判决不服的诉讼，或本质上具有该特性的诉讼；

2）审理对行政当局违反法律规定的行为、行动以及规定不服的诉讼，由于国家行政和个人之间的关系，如果这些诉讼没有经过行政争议初审法庭听审；

3）依法审理和解决初审法院和上诉法院的来源于公共行政部门与其工作人员和员工引起的冲突行政争议行为；

4）法律赋予的其他职能。

第一百六十六条 ［总行政检察长］

公共行政在行政争议司法机关前应该永远由总行政检察长代表，如果行政诉讼进行，由总行政检察长任命的律师代表。总行政检察长应该由行政权任命。法律应该规定国家其他机构的代表。

第一百六十七条 ［要求］

担任总行政检察长必须符合担任上诉法院总检察长的相同条件。

第二节 专门司法机关

第一百六十八条 ［专门司法机关］

在因公共利益或处理其他事项的服务效率所要求时，法律应该建立专门司法机关。

第五章 检察机关

第一百六十九条 ［定义和职能］

检察机关是司法系统的一个机构，它负责规划和实施国家打击犯罪的政策，它领导犯罪调查并行使代表社会的公共行动。

检察机关在行使其职能时应该保证有助于公民的基本权利，促进可供选择的纠纷解决途径，建立被害人和证人的保护制度以及捍卫法律保护的公共利益。

法律应该规定在检察机关或构成该效果的其他机构指导下的监狱系统的运作。

第一百七十条 ［自主权和行动原则］

检察机关享有职能、行政和预算自主权。它按照合法、客观、行动统一、位阶、不可分割和责任原则行使职权。

第一节 组成

第一百七十一条 ［任命和要求］

共和国总统应该任命共和国总检察长及其一半的辅助检察官。担任共和国总检察长或辅助检察官的要求与担任最高司法法院法官的要求相同。法律应该规定任命检察机关其他成员的形式。

第一百七十二条 ［组成和禁止兼职］

检察机关由共和国总检察长和法律规定的其他代表组成，由总检察长主持公共部门。

检察机关在最高司法法院前由共和国总检察长和辅助检察员依法代表。它在其他司法法院前的代表应该由法律进行规定。

检察机关的代表与任何其他公共职能或私人职能不兼容，但教职除外，并且在保留其职能行使期间，他们不能被选为任何其他公共选举官员或参加任何政治党派活动的代表。

第二节 检察官职业

第一百七十三条 ［职业制度］

检察机关是依据法律组建的，法律规定了其不得解雇制度、纪律制度和其他管理其行动的规则，以及其学校形式和政府机构，并保证其职业人员的持久性直到他们年满75周岁。

第三节 检察高级理事会

第一百七十四条 ［组成］

检察机关的内部管理机构是检察高级理事会，它的组成方式如下：

1）共和国总检察长，他将主持该会议；

2) 由其同辈选举的共和国兼任总检察长；
3) 由其同辈选举的上诉法院总检察长；
4) 由其同辈选举检察官或相当于检察官的人员；
5) 由其同辈选举产生检察员。

法律应该规定该理事会的职能和组织。

第一百七十五条 ［职能］

检察高级理事会的职能如下：

1) 领导和管理检察机关的职业体系；
2) 检察机关的财务和预算管理；
3) 对检察机关的代表、工作人员和员工实施纪律控制，共和国的总检察长除外；
4) 制定和应用对检察机关的代表以及组成检察机关管理人员进行评估的手段；
5) 当对服务必要和有用时，依据法律规定的条件和保障，将检察机关的代表暂时地或确定地从一个司法管辖区调任到另一个司法管辖区，共和国总检察长的辅助检察员除外；
6) 创建必要的行政办公室，通过该行政办公室检察机关可以实现本宪法和法律赋予的职能；
7) 法律赋予的其他职能。

第六章　公共辩护与无偿法律援助

第一百七十六条 ［公共辩护］

公共辩护服务是提供行政自主权与职能自主权的司法系统的一个机构，其目标是保证基本权利的有效保护以在其主管的具体领域内进行辩护。整个国家境内都应该为因任何原因没有得到律师援助的被告，提供达到无偿、容易获取、公平、效率和优质标准的公共辩护服务。公共辩护法应该规范该机构的运作。

第一百七十七条 ［无偿法律援助］

国家应对组织无偿法律援助的计划和服务负责，无偿法律援助有利于缺乏经济来源的人获得他们利益的司法代理，尤其有利于保护受害人的权利，不得违反刑事程序范围内检察机关的相应属性。

第六编　国家司法委员会

第一百七十八条 ［组成］

国家司法委员会的组成方式如下：

1) 共和国总统，他将主持该会议，在共和国总统缺席的情况下由共和国副总统主持；
2) 参议院议长；
3) 由参议院选择的属于不同于参议院议长并持有第二多数代表的党或政党的参议员；
4) 众议院议长；
5) 由众议院选择的属于不同于众议院议长并持有第二多数代表的党或政党的众议员；
6) 最高司法法院院长；
7) 法官或最高司法法院选择的法官，其采取的行动与秘书一样；
8) 共和国总检察长。

第一百七十九条 ［职能］

国家司法委员会具有如下职能：

1) 任命最高司法法院的法官；
2) 任命宪法法庭的法官；
3) 任命最高选举法庭的法官及其候补人员；
4) 评估最高司法法院法官的表现。

第一百八十条 ［选择标准］

国家司法委员会，当符合最高司法法院时，必须从属于司法职业系统的法官成员中选择四分之三部分，并从法律或学术专业人员或从检察机关成员当中选择剩余的第四部分。

国家司法委员会，当任命最高司法法院的法官时，应该确定哪些人员应担任院长并任命替代院长的第一和第二候补人员以防院长缺席或遇到障碍。院长及其候补人员将行使这些职能七年，直到结束，并先于国家司法委员会对他们绩效采取的评估，他们可以在新时期被选任。

如果一个具有上述所提及品质之一的法官缺席，国家司法委员会将任命一个具有同等品质的新法官或者将此归因于最高司法法院的其他法官。

第一百八十一条 ［绩效评估］

最高司法法院的法官在从其任选开始计算的7年结束时应该受到由国家司法委员会实施的绩效评估。在国家司法委员会决定将法官从其职务中解雇的相关情况下，其决定必须基于管辖该事项的法律包含的动机。

第一百八十二条 ［选择宪法法庭的法官］

当国家司法委员会符合宪法法庭时，应该确定哪些人担任院长，并任命替代总统的第一和第二候补人，以防院长缺席或遇到障碍的情形。

第一百八十三条 ［选择最高选举法庭法官］

当国家司法委员会任命最高选举法庭的法官及其候补人员时，应该确定哪些人担任院长。

第七编　宪法监督

第一百八十四条 ［宪法法庭］

应设立宪法法庭，以保障宪法的至上性、捍卫宪法秩序并保护基本权利。宪法法庭的判决是最终和不可撤销的，它们对公共权力和所有国家机关构成约束性判例。宪法法庭享有管理和人员的自主权。

第一百八十五条 ［职能］

宪法法庭享有认定下列事项的排他性权力：

1）针对法律、命令、规章、决议或法令违宪的直接诉讼，由共和国总统、参议院或众议院议员的第三方，具有正当或法律保护利益的任何人提起；

2）国际条约在由立法机关批准前的预防性监督；

3）公权力之间的权限冲突，由其有资格的成员之一提起；

4）法律所规定的任何其他事项。

第一百八十六条 ［构成和判决］

宪法法庭应由十三名成员构成，其判决应以9名或9名以上成员的合格多数通过。投反对票的法官得在判决中阐明其理由。

第一百八十七条 ［要求和人员更替］

宪法法庭的法官应具有担任最高司法法院法官所必需的同样条件。法官在任职期间不受解职。法官之资格仅因死亡、辞职或因行使职权过程中的严重过错而遭罢免，在此情况下，应任命他人完成其任期。

本法庭之法官经任命后只任期9年。除非其曾代任法官职务但未超过5年，不得再选。法庭的构成人员每三年更换三分之一。

第一百八十八条 ［合宪性抗辩］

共和国之各法庭得在审理其案件过程中作出认可合宪性抗辩之裁决。

第一百八十九条 ［法庭之规范］

法律应规定宪法诉讼程序以及与宪法法庭之组织与运作相关的事项。

第八编　护民官

第一百九十条 ［护民官的自主性］

护民官为职能具有独立性的机构，具有行政和预算方面的自主权。其专门履行本宪法和法律的职责。

第一百九十一条 ［本质职能］

护民官的本质职能是努力捍卫个人的基本权利以及本宪法和法律所规定的集体利益，防止其受到国家的公职人员和国家机关以及公共服务提供者或个人的侵害。法律应规定与护民官之组织与运作相关的事项。

第一百九十二条 ［选举］

护民官及其帮办应由参议院基于众议院提名的3人名单（ternas）加以任命，每6年任命一次，任职至由其继任者替换。众议院必须在现任护民官职务终止以前以普通立法程序确定3人名单，并在其批准后的15日内将其提交参议院。参议院必须在接下来的30日内完成选举。

若现任护民官任期业已届满而众议院仍未选择和提交3人名单，则应由最高司法法院全体会议将3人名单提交参议院。若参议院未在规定期限内完成选举，则应由最高司法法院从众议院提交的3人名单中进行选举。

第九编　领土整治与地方行政

第一章　地方组织

第一百九十三条 ［地方组织的原则］

多米尼加共和国为单一制国家，其地方组织的目的是促进各地方和居民的整体与平衡发展，协调其需要与自然资源维持的平衡，促进国家认同和文化价值。地方组织应符合团结、认同，以及政治、行政、社会和经济合理性的原则。

第一百九十四条 ［领土整治计划］

国家通过法律优先制订和执行确保符合气候变化需求的国家自然资源有效和可持续利用的领土整治计划。

第一百九十五条 ［区域边界］

地区、省和城市的名称和界限及其划分应通过组织法加以确定。

第二章　地方行政

第一节　地区和省

第一百九十六条 ［地区］

地区是在全国范围内制定公共政策的基本单位。法律应规定与地区之权限、构成、组织和运作相关的事项，并确定地区的数量。

在不损害团结原则的前提下，国家得促进公共投资在不同地理区域之间的合理平衡，以便与各地理区域对国民经济的贡献成比例。

第一百九十七条 ［省］

省是中间型政治分界。省分为城市、城区、部分和地界。法律应确定与省之构成、组织和运作相关的事项，并确定省的数量。

第一百九十八条 ［省长］

行政权在各级任命一名省长，作为省之代表。省长应为多米尼加人，年满25周岁具有完全行使公民权利和政治权利。省长的职权和义务由法律确定。

第二节　城市机构

第一百九十九条 ［地方行政］

国家区、城市和城区构成地方政治行政制度的基础。它们具有公法人地位,对自身行为负责,并享有自身的财产和预算自主权,并在本区域内具有法律明示规定的立法和行政权,但应按照本宪法和法律确定的条件受制于国家的监督权和公民资格的社会控制。

第二百条 ［市镇税］

市镇理事会得在本区域范围内建立法律明示规定的市镇税,但不得与国家税、市镇间商业和贸易以及宪法和法律相冲突。若有冲突应由有权法庭裁决争议。

第二百〇一条 ［地方政府］

国家区和城市的政府为市镇理事会,理事会由两个全权机关构成,一个是参事会(Consejo de Regidores),另一个是市长办公室。参事会是由参事组成的排他性立法、规范和监督机关。参事应有候补人员。市长办公室是由市长领导的执行机关,市长的候补人员是副市长。

城区的政府为区委员会,由作为执行机关的经理和作为规范、调整与监督机关的成员委员会构成。经理应有一名候补者。

政党或政治性、地区性、省或城市团体依照本宪法和法律对城市选举和城区选举的职位及其候补者提出候选人。市长、参事及其候补者的数量应由法律根据居民比例确定,但在任何情况下就国家区和城市而言均不得少于5名,就城区而言不得少于3名。每4年由相关区域内的人民按照法律确定的形式进行选举。

归化公民在相关区域内居住超过5年得在法律规定的条件下履行选民职务。

第二百〇二条 ［地方代表］

国家区和城市的市长以及城区的市长是市镇理事会和市镇委员会的代表。其职权和职责应由法律确定。

第三节 地方参与的直接机制

第二百〇三条 ［公决、复决和创制］

关于地方行政的组织法应以加强民主发展和地方行政为目的确定公决、复决和创制的范围、要求和条件。

第三章 地方分权行政

第二百〇四条 ［向地方转移事权］

国家促进事权和财权依照本宪法和法律向地方政府转移。此类转移的实现伴随制度发展、人力资源培训与专业化的政策。

第二百〇五条 ［地方预算执行］

国家区、城市的市镇理事会和城区的委员会在制定和执行其预算的过程中应依照法律制订、批准或维持对补贴和服务的每一级给予的占有和分配。

第二百〇六条 ［参与式预算］

城市财政的投资通过参与性预算之渐进发展来实现,参与性预算应促进地方发展政策确定、执行和监督过程的完整性和公民共同责任。

第二百〇七条 ［地方的经济债务］

城市所承担的经济责任包括经国家背书的经济责任,依照法律所确定的界限和条件由城市自身负担。

第十编 选举制度

第一章 选举会议

第二百〇八条 ［投票权之行使］

选举政府机构和参加全民公决的投票权之行使,是公民的权利和义务。投票是个人性的、自由的、直接的和秘密的,任何人在行使其投票权的过程中均不受任何强制与强迫。

军队和国家警察的成员,或者丧失或被中止公民籍的权利之人,不享有投票权。

第二百〇九条 ［选举会议］

选举会议在依照法律建立的选举团体中发挥职能。选举团体每4年召开一次,选举共和国总统或副总统、立法代表、城市机构以及其他选任性公务员或代表。选举应以特定和独立的方式组织。总统、副总统、国际机构的立法或议会代表在5月的第三个星期日选举,城市机构的选举则在2月的第三个星期日选举。

1)在组织总统和副总统的选举过程中,任何候选人均未获得至少半数的有效选票,则应于同年6月的最后一个星期日举行第二次投票。在此次终局投票中,仅在第一轮中得票最多的两名候选人得参加,并且获得有效票数最多的候选人为获胜者。

2)选举的组织应依据法律,并且当存在两名或两名以上候选人时,应符合少数的代表制。

3)在例外召集选举或公决的情况下,选举会议应在召集的法律公布后最近70日内召开。国家机关的选举不得与公决的举行发生在同一时间。

第二百一十条 ［公决］

通过公决的方式征询人民意见应由法律规定,法律应规定与公决之举行相关的一切事项,并符合下列条件:

1)不得涉及任何选任或任命的机关的职务之批准或撤销。

2)应由各院以出席议员三分之二事先批准。

第二章 选举机关

第二百一十一条 [选举的组织]

选举应由中央选举委员会进行组织、指导和监督,且中央选举委员会领导各选举委员会,负责保障选举的自由、透明、平等和客观。

第一节 中央选举委员会

第二百一十二条 [中央选举委员会]

中央选举委员会是具有法律主体资格的自主机关,具有技术、管理、预算和财政方面的独立性,主要目的是组织和指导选举会议来主持本宪法和法律规定的选举和公民参与机制。它在其权限范围内有规制职能。

中央选举委员会由1名主席和4名成员及其候补者组成,每4年由参议院以其出席议员的三分之二多数选举。

选民登记、选民身份和选票属中央选举委员会管辖。

中央选举委员会在选举期间依照法律具有领导和命令公共武力的权力。

中央选举委员会监督确保选举过程的竞选活动的进行符合自由与平等的原则,以及竞选资金使用的透明性。相应地,中央选举委员会有权规定竞选开支的时间和界限以及各候选人平等使用媒体工具。

第二百一十三条 [选举委员会]

在国家区和各城市,应设立具有管理和争诉职能的选举委员会。在管理事项上,它们从属于中央选举委员会。在争诉事项上,它们的决定可以依法被上诉至高级选举法庭。

第二节 高级选举法庭

第二百一十四条 [高级选举法庭]

高级选举法庭是审判和决定关于选举争议的特定性质的管辖机关,并裁决在政党、团体、阵线内部或它们之间的争议。它依照法律规定调整其权限程序和其他一切与其组织和行政与财政运作相关的事项。

第二百一十五条 [构成]

法庭应由3名至5名选举法官及其候补者组成,由国家司法委员会每4年任命一次,并在其中指定法庭主席之人选。

第三章 政党

第二百一十六条 [政党]

政府、团体和阵线得自由组织,但应服从本宪法所确立的原则。它们构成和运作的基础应是依法尊重国内民主和透明性。它们的本质目标是:

1)保障公民对政治过程的参与,从而巩固民主体制;

2)以条件的平等来促进公民意愿的形成和表达,提出民选职位的候选人,尊重政治多元主义;

3)服务于国家利益、公共福祉和多米尼加社会的整体发展。

第十一编 经济和财政制度与审议院

第一章 经济制度

第一节 指导性原则

第二百一十七条 [经济制度的导向和基础]

经济制度的目标是促进人的发展。其基础是经济增长、财富再分配、社会正义、平等、社会与国家团结及环境的可持续性,其建立的框架是自由竞争、机会平等、社会责任、参与和团结。

第二百一十八条 [可持续增长]

个人创造力是自由。国家应与私有部门共同促进经济的平衡与可持续增长,物价稳定,通过可用资源的合理使用、人力资源的持续培训和科技发展来努力提供就业、增加社会福利。

第二百一十九条 [私人创造力]

国家应促进个人经济创造力,制定对促进国家发展所必需的政策。在国家团结原则的指导下,国家应通过自身努力或与私有部门合作来开展旨在确保人民获得基本生活物品和服务并促进国民经济的经营活动。

国家在转移其对公司的参与份额时,可以采取将其份额民主化的措施并向工人或工人团体提供获得此类股票财产的特定条件。此类事项由法律规定。

第二百二十条 [服从法律秩序]

在国家和公法人与依据地于本国的外国自然人或法人订立的任何契约中,必须约定此类契约适用于本国的法律和属本国管辖。但国家和其他公法人得将契约相关事项的争议提交根据有效国际条约建立的管辖机构。国家和其他公法人同样可以依照法律将此类争议提交国家或国际性仲裁机构。

第二百二十一条 [待遇的平等]

经营活动无论公私均受相同的法律对待。本国和外国投资的条件平等应予保障,其只受本宪法和法律所规定的限制。法律得为处于欠发达地区的投资、对国家利益活动的投资尤其是位于边疆省份的投资设定特别待遇。

第二百二十二条 ［促进大众经济活力］

国家承认对国家发展过程中的大众经济活力进行支持，它促进国民经济中的非正式部门的整合条件，它鼓励和保护微、小和中间商业的发展、合作的发展，以及家庭经济和其他形式的公有制工作、产生、储蓄和消费联合的发展，以便产生使它们获得资助、技术协助和及时培训的条件。

第二节 金融和财政制度

第二百二十三条 ［金融和财政体制的调整］

国家的金融和财政制度的管理权属于金融委员会，它是中央银行的最高机关。

第二百二十四条 ［金融委员会的构成］

金融委员会由不超过9名成员构成，其中包括负责主持的中央银行行长，以及不超过3名的当然成员。

第二百二十五条 ［中央银行］

共和国中央银行是具有独立法律主体资格的公法人，具有自身的财产、职能、预算和管理自主权。

第二百二十六条 ［金融机关的任命］

中央银行行长和金融委员会直接任命的成员应由行政权依照法律任命。他们在任职期间除非基于法律规定的原则不受解职。

第二百二十七条 ［金融政策的指导］

金融委员会由中央银行行长代表，委员会负责指导和充分执行国家的金融、外汇和财政政策，并协调财政制度和财政市场的各管理主体。

第二百二十八条 ［纸币和硬币的发行］

中央银行之资本为国家之财产，中央银行是全国范围内流通的纸币和硬币的唯一发行者，它监督物价之稳定。

第二百二十九条 ［国家货币单位］

国家货币单位是多米尼加比索。

第二百三十条 ［货币的法律效力］

中央银行发行之纸币和铸造之硬币是唯一的法律流通和清偿货币，受到国家的无条件保障，其流通和清偿按照法律所确定的比例和条件。

第二百三十一条 ［禁止发行金融标记］

禁止发行本宪法未批准之金融凭证或发货标记。

第二百三十二条 ［通货和银行制度的修改］

通过本宪法第一百一十二条所规定的例外，货币和银行的法律制度之修改，需经一院和另一院全体议员的三分之二多数支持，但行政权基于金融委员会之提出或基于金融委员会之赞成而提议修改时，则受组织法规定之条件的约束。

第二章 公共财政

第一节 国家总预算

第二百三十三条 ［预算的起草］

国家总预算的财政法案之起草由行政权负责，其中包括可能收入、拟议开支和必要资助，按照财政可持续的框架来进行，并确保公共负债与国家的支付能力相适应的原则。

该财政法案应以个别化的方式阐明属于不同国家机构的财政分配。

第二百三十四条 ［预算的修改］

国会得包括新的单位并修改国家总预算的财政法案或法律案中所出现的单位，其中分配行政权所提交的资金，应由各院出席议员的三分之二多数通过。

国家总预算法案一旦表决，则除非通过法律不得将一个国家机构的预算资金向其他机构转移。该法律但非由行政权提出的情况下，必须由各院出席议员的三分之二多数通过。

第二百三十五条 ［例外的多数］

国家总预算的财政法案在于第一百二十八条第2项第g点所提及的日期后提交的，国民大会得以各院注册议员的绝对多数通过进行修改。

第二百三十六条 ［拨款的有效性］

非经法律批准并由有权人员下令，任何对公共资金的分配均属无效。

第二百三十七条 ［认定资金的义务］

批准付款或导致国家财政的金钱义务的法律，除非规定和建立了其执行的必要资金，否则不得产生效力。

第二百三十八条 ［分配公共开支的标准］

国家负责实现公共开支在全国范围内的平等分配。其计划、规划、执行和评估应符合辅助性原则和透明性原则以及有效、优先和经济的标准。

第二百三十九条 ［预算法的效力］

若国会未在12月31日以前批准国家总预算的财政法案，则采用前一年度的国家总预算财政法案直到其得到批准为止，但应进行预算组织法规定的调整。

第二百四十条 ［公共账目的出版］

共和国的收入与开支的总账目应于每年4月公开出版。

第二节 计划

第二百四十一条 ［发展战略］

行政权经事先咨询经济和社会理事会和各政党，

起草发展战略并提交国民大会,其中规定国家的长期规划。计划和公共投资的过程应由相关法律进行调整。

第二百四十二条 ［多年度国家计划］

检察机关的多年度国家计划及其相关更新,应政府任期开始之年的第二个立法任期内由行政权提交国民大会,行政权应事先征询部长理事会意见,以承认将于其任期内执行的计划和项目。其执行的结果和影响应在财政可持续性框架内实现。

第三节 税

第二百四十三条 ［税收制度的原则］

税制应基于合法、公正、平等、公平之原则,以便任何公民均能遵守公共开支的维护。

第二百四十四条 ［免税和权力转让］

个人只能通过法律所批准的特许或国民大会批准的契约,并在特许或契约所规定的全部期间内和实现其所施加的义务的条件下,获得受益于减免税的权利或财政权利,以便吸收新资本的投资从而促进国民经济或其他社会利益之目的。通过契约手段所授权的转让权应由国民大会批准。

第三章 公共资金监督

第二百四十五条 ［会计制度］

多米尼加国家及其一切机构无论具有自治或分权属性与否,均应实行单一、统一、完整和协调的会计制度,其会计标准由法律建立。

第二百四十六条 ［公共资金的监督和监控］

对财产、收入、开支和公共资金使用的监督与监控应由国民大会、审计院、共和国主计总长办公室按照其相应权限框架负责,并应以法律建立的机制进行。

第一节 共和国主计总长办公室

第二百四十七条 ［内部监督］

共和国主计总长办公室是行政权的指导内部监督的机关,行使内部监督权和费用征集、管理、使用之评估权,公共财政的投资权,并批准支付令,但应事先认定其与法律和行政程序,与各机构的范围,与法律之规定相符。

第二节 审计院

第二百四十八条 ［外部监督］

审计院是公共支出、行政过程和国家财产之财政监督的外部监督机关。它具有法律主体资格和技术性,并享有管理、运作和预算自主权。它由 5 名成员构成,由共和国参议院任命,参议院任命应基于众议院提出的 3 人名单,每 4 年任命一次,在其继任者任命前保持职务。

第二百四十九条 ［要求］

审计院成员应为多具有完全公民权利和政治权利的多米尼加人,公认为具有伦理和道理清偿能力,年满 30 周岁,具有大学学位,能够进行尤其是审计、财政、经济、法律或相关领域的职业活动,并符合法律所确定的其他条件。

第二百五十条 ［职能］

审计院行使下列职能和法律赋予的其他职能:

1)检查国家的普通账目和特别账目;

2)向国民大会提交关于国家财政监督的报告;

3)审计和分析国民大会每年批准的国家总预算的执行,其中将行政权提出的收入收集和投资作为基础并依照本宪法和法律之规定,并将相关报告最迟在次年 4 月 30 日提交国民大会通过和决定;

4)对负责公共财政进行监督和审计的机关之间的跨机构协作,颁布具有强制性的规范;

5)基于立法机关之一院或两院之要求,进行特别调查。

第四章 社会合作

第二百五十一条 ［经济和社会理事会］

社会合作是确保雇员、工作和其他社会组织有组织地参与社会和谐之持续建构和巩固的本质工具。为促进社会合作,应设立经济和社会理事会,作为行政权在经济、社会和劳动事务的咨询机关,其构成和运作由法律加以规定。

第十二编 军队、国家警察、安全和防卫

第一章 军队

第二百五十二条 ［任务与性质］

国家防卫应由军队负责。

1)军队的任务是捍卫国家的独立与主权,地理空间的完整,捍卫本宪法以及共和国的各机构;

2)军队亦可基于共和国总统的命令加入予以促进国家社会经济发展的计划,处置公共灾难和不幸事件,在紧急情况下协助国家警察维持和重建公共秩序;

3)军队应当服从文官控制,党派中立,且在任何情况下均不得具有审议的职能。

军队负责保管、监督和控制武器、军火和其他军事设备,进口或本国自产的作战物资和设备,但应受

到法律规定的限制。

第二百五十三条 ［军职］

军职的加入、任命、晋升、退伍以及军队成员的军事职业制度的其他方面,应依照组织法和其他补充性法律按照无歧视的原则进行。军队成员的复职应予禁止,但经相关内阁部门的事先调查和建议,认定辞退或退休存在违反军队组织法的情形,从而依照法律给予复职的不在此限。

第二百五十四条 ［军事法院的职能及纪律惩戒］

军事法院有权认定相关法律规定的军事犯罪。军队应建立纪律制度,适用于未构成军事犯罪的违法行为。

第二章 国家警察

第二百五十五条 ［任务］

国家警察是由共和国总统领导的武装、专业、职业和警察性的团体,服从文官控制,党派中立且在任何情形下均无审议职能。国家警察的任务是:

1)捍卫公民之安全;

2)预防和监督犯罪;

3)在有权机关的法律指导下,侦查和指控刑事犯罪;

4)依照宪法和法律维持公共秩序,以便保护个人权利之自由行使和和谐共存。

第二百五十六条 ［警职］

警职的加入、任命、晋升、退伍以及国家警察成员的警察职业制度的其他方面,应依照组织法和其他补充性法律按照无歧视的原则进行。警察成员的复职应予禁止,但经相关内阁部门的事先调查和建议,认定辞退或退休存在违反国家警察组织法的情形,从而依照法律给予复职的不在此限。

第二百五十七条 ［警事法院的职能与纪律惩戒制度］

警事法院有权认定相关法律规定的警察犯罪。警察应建立纪律制度,适用于未构成警察犯罪的违法行为。

第三章 安全和防卫

第二百五十八条 ［安全与国防理事会］

安全与国防理事会为咨询机关,就与安全和国防相关之政策与战备之制订,向共和国总统提出建议,并就行政权提交其审议的任何其他事项向总统提出建议。行政权决定其构成与运作。

第二百五十九条 ［防御性］

共和国军队在完成其任务的过程中应具有必不可少的国防性质,但不得损害本宪法第二百六十条之规定。

第二百六十条 ［优先目标］

下列事项构成国家的优先目标:

1)打击危害共和国及其居民之利益的跨国犯罪活动;

2)建立和维护防止或减轻自然与生态灾难所引起的损害的有效机制。

第二百六十一条 ［公共安全和防卫机构］

国民大会基于共和国总统之请求,得在国家利益需要时通过法律设置有军队和警察参与的永久性公共安全与防卫机构,其应在各职责范围内从属于内阁部门或机构。国家的情报制度应由法律规定。

第十三编 非常状态

第二百六十二条 ［定义］

非常状态为严重影响国家、机构与个人之安全但正常机构不足应对的非常情形。共和国总统经国民大会批准,得宣告下列三种方式的紧急状态:防卫状态、内部骚乱和紧急状态。

第二百六十三条 ［防卫状态］

当国家主权和领土完整由于外部武装侵略而置于严重且即刻的危害中,行政权在不损害其自身固有职权的前提下,得向国民大会请求防卫状态宣告。但在防卫状态中,下列事项不得中止:

1)生命权,依照第三十七条之规定;

2)人身完整权,依照第四十二条之规定;

3)良心自由与信仰自由,依照第四十五条之规定;

4)家庭受保护权,依照第五十五条之规定;

5)姓名权,依照第五十五条之规定;

6)儿童权,依照第五十六条之规定;

7)国籍权,依照第十八条之规定;

8)公民权,依照第二十二条之规定;

9)禁止奴隶制和强制劳役,依照第四十一条之规定;

10)合法性与禁止追溯既往的原则,依照第四十条第十三项和第十五项之规定确立;

11)法律人格获得承认的权利,依照第四十三条和第五十五条第七项之规定;

12)为前述权利之保障所必不可少的司法、程序和制度保障,依照第六十九条、第七十一条和第七十二条之规定。

第二百六十四条 ［内部骚乱］

若公共秩序的严重骚扰以即刻的方式损害机构稳定性、国家安全或公民共存而无法通过行使国家机构的正常职权加以避免,可以在全部或部分领土范围内宣告内部骚乱。

第二百六十五条 ［紧急状态］

若第二百六十三条和第二百六十四条规定以外的事件发生,以严重且即刻的方式扰乱或威胁国家的经济、社会和环境秩序或构成公共灾难,可以宣告紧急状态。

第二百六十六条 ［规制性条款］

非常状态应服从下列规定:

1) 总统必须获得国会批准方可宣告相关的非常状态。若国会闭会,总统得宣告之,但应立即征集国会以便由国会作出决定。

2) 在非常状态存续期间,国会应自动开会且共和国总统应向其连续报告关于所适用之条款及事件之进展的情况。

3) 在非常状态有效期间内,所有具有选举性的机构应维持其职权。

4) 非常状态并不免除国家机关及其他国家公务人员的守法义务及相关责任。

5) 非常状态之宣告及期间所采取的行为应受到宪法监督。

6) 在内部骚乱和紧急状态中,只有本宪法确认的下列权利可以中止:

a) 监狱赦免,依照第四十条第一项之规定;

b) 非经法律理由或形式剥夺自由,第四十条第六项之规定;

c) 移交司法机关或释放的期间,第四十条第五项之规定;

d) 自监狱向其他场所的转移,第四十条第十二项之规定;

e) 被羁押人的出席,第四十条第十一项之规定;

f) 关于人身保护令,第七十一条之规定;

g) 住宅和私人房屋的不可侵犯性,第四十四条第一项之规定;

h) 过境自由,第四十六条之规定;

i) 表达自由,第四十九条规定之条件;

j) 结社自由和集会自由,第四十七条和第四十八条之规定;

k) 通信之不可侵犯性,第四十四条第三项之规定。

7) 在导致非常状态的原因消灭后,行政权应立即宣告终止非常状态。导致非常状态的原因消灭后,若行政权未能立即宣告终止非常状态,则国民大会应决定终止。

第十四编　宪法改革

第一章　总则

第二百六十七条 ［宪法改革］

宪法改革只能以本宪法中规定的方式进行,不得被任何权力或机关或以公共唱票来加以终止或取消。

第二百六十八条 ［政府形式］

政府之形式永为公民的、共和的、民主的和代议的,不得修改。

第二百六十九条 ［宪法改革之提出］

经一院或另一院第三部分议员之支持,或由行政权提出,得向国民大会提出宪法改革提议。

第二章　国民修宪大会

第二百七十条 ［国民修宪大会之召集］

宪法改革的需要应以召集性法律宣告。该法律不得成为行政权所观察的目标,该法律要求国民修宪大会之召开,其中包含改革之目标并指明相关宪法条款之一条或若干条。

第二百七十一条 ［国民修宪大会之法定人数］

为审议所提出的改革案,国民修宪大会应在宣告改革必要性之法律颁布后的 15 日内召开,由各院超过半数的议员出席。其决定以所投票数三分之二多数才得通过。在第二十六条所确定的非常状态有效期内,不得启动宪法改革。改革案一旦由国民修宪大会通过和颁布,即应将宪法整体连同改革案文本一同公布。

第二百七十二条 ［认可性公决］

若改革涉及权利、根本保障和义务,地方和城市制度,国籍制度,公民与外国人,通货制度,本宪法规定的改革程序,则改革案在由国民修宪大会表决通过后,由中央选举委员会为此而召集全民公决,并应由过半数具有公民权的公民批准。

中央选举委员会应其正式收到改革案后 60 日内将其提交全民公决。

通过公决方式批准宪法改革案,需要过半数投票者赞成,投票者之数量应超过构成选举注册之公民总数的 30%,投票者应通过"是"或"否"表达其意愿。

若公决之结果为肯定,改革案应由国民修宪大会将宪法整体连同改革文本一同公布。

第十五编　一般条款和过渡条款

第一章　一般条款

第二百七十三条　［词性］

本宪法文本中所使用的语法上的词性，不得意味着以任何方式限制女性与男性之权利的平等原则。①

第二百七十四条　［选举性公务人员的宪法任期］

共和国总统和副总统以及国际机关立法与议员之选举进行，应统一在每四年的8月16日完成，8月16日标志着相应宪法期间的开始，但本宪法规定的例外除外。

每四年的2月第三个星期日选举的城市机关应在同年4月24日开始就任职务。

当造作的公务人员因死亡、辞职、失权或其他原因而停止职务，则其继任者应完成剩余任期。

第二百七十五条　［宪法机关的公职人员的任期］

宪法机关之成员在其所任命之职务的任期终止后应继续担任职务，直到其继任者就职。

第二百七十六条　［宣誓］

担任公职的个人必须宣誓遵守本宪法和法律，并忠实履行职务。宣誓应在公职人员履职前进行。

第二百七十七条　［既判事项之司法判决］

所有具有不可撤销之既判力的司法判决，尤其是在进行合宪性直接监督过程中由最高司法法院作出之司法判决，其本宪法颁布之时起，不得由宪法法庭或受法律确定程序约束管理该事项的机关进行审查。

第二章　过渡条款

共第一条至第十九条（略）

最终条款

本宪法将十国民大会颁布起开始生效，并应完整和立即公布。

---

① 多米尼加的官方语言为西班牙语，其名词分阴阳性，因此前文所译成汉语的"多米尼加人"、"公民"等概念在原文中为"男多米尼加人和女多米尼加人"、"男公民和女公民"，因汉语无此语法，故译本中未作此区别，特此注明。——王建学注

多米尼克国宪法

多米尼克人民——

（a）宣布以下信仰为多米尼克国之基石：笃信上帝之至高无上，秉持对造物主赐予人类大家庭每一名成员的基本人权与自由之信仰、秉持对家庭在自由人及自由机构组成的社会中的重要地位之信仰、秉持对人类尊严之信仰、秉持对平等且不可让渡的权利之信仰；

（b）尊重社会正义原则，坚信为公共利益而分配社会物质资源应为经济体系运作之目标，坚信所有人均应享有充分的谋生方式，坚信任何人不得被剥削、不得被强制在非人道的环境中劳作，坚信任何人均应享有基于其资质、能力和正直品行而获得成就之充分机会；

（c）坚信在民主社会中，任何人均可根据其能力充分参与国家政治生活，并以此维护和促进对依法组建的国家机关之尊重；

（d）意识到当自由建立在尊重道德价值与精神价值、尊重法治之基础上时，人们方可永享自由；

（e）授权本宪法制定条款，以保障多米尼克国境内之基本人权与自由；

兹宣布，以下文字为多米尼克国宪法：

第一章　基本人权与自由之保护

第一条

所有多米尼克境内之人士，在尊重他人的基本人权与自由、尊重公共利益的前提下，无论其种族、出生地、政治见解、宗教信仰、肤色或性别，均享有以下基本人权与自由：

（a）生命、自由、安全与受到法律保护之权利；

（b）信仰自由、表达自由、集会与结社自由之权利；

（c）家庭隐私受到保护、财产未经赔偿不得剥夺之权利。

在确保上述权利与自由之行使，且受制于不损害他人权利与自由、不损害公共利益之规限下，本章条款对上述权利与自由之保护具有效力。

第二条

1. 不得蓄意剥夺任何人之生命，但对违反多米尼克国法律的罪犯依法执行死刑除外。

2. 在法律允许的条件与限度内，基于以下原因合理使用武力导致他人死亡的，或死于合法战斗行动的，不应被认定为违反前款规定：

（a）为保护财产，或为保护他人免受暴力侵害；

（b）依法执行逮捕，或防止在押人员脱逃；

（c）为平息骚乱、暴乱或叛乱；

（d）为阻止他人实施犯罪行为。

第三条

1. 不得剥夺任何人之自由，但基于以下事项而依法获得授权的情况下除外：

（a）对犯有刑事罪行者，执行多米尼克国法院或外国法判决或命令；

（b）对蔑视高等法院、上诉法院、其他法院或法庭者，执行高等法院或上诉法院命令；

（c）为确保某人履行法定义务，对其执行法院命令；

（d）为使某人参与法院诉讼，对其执行法院命令；

（e）由于某人具有已经实施或即将实施违反多米尼克国法律的行为之合理怀疑，对其自由实施限制；

（f）为使未成年人接受教育或为实现其福祉，在基于法院命令或征得其父母或监护人同意的情况下，在十八周岁之前对其自由实施限制。

（g）为阻止传染病之蔓延；

（h）为使（或有合理理由认定其是）精神不健全者、对毒品或酒精成瘾者、流浪者接受救济与治疗，或为防止其对社会造成危害，对其自由实施限制。

（i）为阻止某人非法进入多米尼克国，对某人实施驱逐与引渡，或当某人作为罪犯从一国被驱逐或引渡至另一国而途径多米尼克国时，对其自由实施限制。

（j）为执行要求某人不得离开多米尼克国境内特定区域，或禁止进入特定区域之命令，对其自由采取

---

* 译者：龚进之。

必要程度的限制;或为了确保与作出上述命令有关的诉讼之进行,对其自由采取必要程度的限制;或在上述命令作出后,其合法进入多米尼克国特定区域之行为已被视为非法,对其自由采取必要程度的限制。

2. 对于任何被逮捕或被拘留者,均应在其被逮捕或被拘留后二十四小时内,尽快以其通晓的语言告知其被逮捕或被拘留之理由。

3. 对基于以下事由被逮捕或被拘留且未被释放者:

(a)为使其接受法院审判而对其执行法院命令;

(b)其具有已经实施或即将实施违反多米尼克国法律的行为之合理怀疑;

应在其被逮捕或拘留后七十二个小时内,尽快使其接受法院审判。

4. 由于执行法院命令而被带至法院接受审判者,或由于其具有已经实施或即将实施违反多米尼克国法律的行为之合理怀疑而被带至法院接受审判者,若法院未对其作出继续拘留之命令,不得继续拘留。

5. 若本条第三款第(b)项由的被逮捕或被拘留者未能在合理时间内接受审判,则应在不妨碍对其提起诉讼的前提下,将其无条件释放或附条件释放。附条件释放之条件应为确保其日后接受审判或预审之合理必要条件。

6. 任何被非法逮捕或被非法拘留者,均有权要求实施非法逮捕或非法拘留行为的个人或机构予以赔偿。

7. 依据本条第一款第(a)项之规定,对于因涉嫌刑事犯罪而被起诉者,若法院作出认定其有罪但在犯罪时属于精神失常之特殊判决,则其应被视为犯有刑事罪行者,该判决所作出之拘留决定应被视为执行法院命令而实施之拘留。

第四条

1. 任何人不得遭受奴役或苦役。

2. 任何人不得被强制劳动。

3. 以下情形不属于"强制劳动":

(a)法院判决或命令中所要求的劳动;

(b)被合法拘禁者为了保持监所卫生而进行的合理且必要的劳动;

(c)在武装部队服役者按照其职责所从事的劳动,或某人由于其信仰而拒绝服役于海军、陆军或空军时,法律要求其从事的替代劳务;

(d)处于公共紧急状态,或处于严重威胁公众生命和财产安全的灾难事件时,为妥善处置该事件而被要求从事的、在必要限度与范围内的劳动。

第五条

任何人不得遭受酷刑或非人道待遇,不得遭受侮辱性处罚。

第六条

1. 除非征收行为符合法律规定且在合理时间内给予充分补偿,不得强制征收任何种类之财产,不得强制征收财产所具有的任何种类之收益或权利。

2. 被强制征收财产者,或被强制征收财产所具有的收益或权利者,均有权直接向高等法院寻求以下司法救济:

(a)要求确定其被征收的财产或该财产的收益或权利之性质与范围;

(b)要求确定该征收行为是否符合法律规定;

(c)要求确定其依法应获得之补偿;

(d)要求获得前项之补偿。

议会可规定,依据本款第(a)项与第(c)项之规定寻求司法救济的,可向高等法院以外其他依法具有对上述事项司法管辖权之法庭或机构提出。

3. 首席大法官可制定关于高等法院行使本条第一款所赋予之司法管辖权之规则,或在受制于议会规定之规限下,制定关于其他法庭或机构适用本条第二款规则之规则(包括向高等法院提起申请或上诉、向其他法庭或机构提出申请之时限)。

4. 不得禁止任何人将依据本条规定所获得之补偿款(包括免征各类税费的经补偿所获得之钱款,或将其他形式的补偿变卖后所得之钱款)汇往其他国家。

5. 法律对以下事项作出规定或授权时,不应被视为违反本条第四款之规定或与之相冲突:

(a)法院判决中的受益人或未决民事诉讼中的一方当事人所获得的扣押物品变卖之清偿;

(b)对汇款方式所实施的合理限制。

6. 法律对以下事项作出规定或授权时,不应被视为违反本条第一款之规定或与之相冲突:

(a)法律规定基于以下原因而征收或占有财产(包括财产上的收益或权利):

(i)为支付税金、费用或应付款项;

(ii)因违法行为被处没收财产或罚金;

(iii)关于租约、抵押、销售契约、担保、质押或合同之附带条件;

(iv)在确定公民权利或义务的诉讼中,执行法院判决或命令;

(v)因该财产处于可能对人类或动植物健康造成威胁的危险状态,对其采取合理必要之措施;

(vi)因诉讼时效所导致的法律后果;

(vii)以保护土壤或其他自然资源为目的,或以促进农业发展为目的(当土地所有者或占有者无合理理由而拒绝实施,或无力实施保护或促进措施时)所采取的检查、调查、质询或裁决过程中所采取的必要措施。

经由上述法律授权,但实施被民主社会视为非合理正当之行为的,应被视为违反本条规定或与之相冲突。

(b)法律规定征收或占有以下财产(包括财产上的收益或权利):

(i)敌方财产;

(ii)为保障受益人与利害关系人之利益,对已死亡者、精神不健全者或未满十八周岁者的财产之占有;

(iii)为保障债权人与利害关系人之利益,对被判决为破产的个人之财产或清算进程中的公司的财产之占有;

(iv)转移至信托合同中所指定的受托人之财产,或为使信托生效而依据法院命令转移至受托人之财产。

7.若某财产或该财产之收益或权利,属于以公益为目的、依法由多米尼克国立法机关注资组建之法人,则议会制定的关于强制征收该财产,或强制占有该财产之收益或权利之法律所规定或授权的事项,不应被视为违反本条之规定或与之相冲突。

8.在本条中:

"财产"是指根据合同、信托约定或法律规定,可于现在或将来被无条件或附条件所拥有或占有的,包含相关权利的物品或土地。

对财产的收益或权利之"占有",是指将该收益或权利转移至他人,或消灭或剥夺该收益或权利。

第七条

1.未经其本人许可,不得搜查他人人身、财产或侵入他人住所。

2.法律对以下事项作出规定或授权时,不应被视为违反本条规定或与之相冲突:

(a)为国防安全、公共安全、公共秩序、社会道德、公共健康、市镇规划、矿产资源开发等之公共利益,以造福社会为目的而利用财产;

(b)为保护他人的权利与自由,所实施的合理行为;

(c)为对住所实施检查,或为征收税款而检查住所内的财产,或为检查该住所内属于政府或法人的财产,授权多米尼克国政府、地方政府机关、以公益为目的依法组建之法人的官员或代表进入他人住所;

(d)为执行法院判决或执行民事诉讼过程中的法院命令,由法院授权对他人的人身、财产进行搜查或进入他人住宅。

经由上述法律授权,但实施被民主社会视为非合理正当之行为的,应被视为违反本条规定或与之相冲突。

第八条

1.任何受到刑事犯罪指控者,均应在合理时间内接受依法设立的独立公正法院之审判。但该指控被撤销的除外。

2.任何受到刑事犯罪指控者:

(a)在证实其有罪或其认罪之前,应被推定为无罪;

(b)应以其通晓的语言,尽快告知其被指控之罪名;

(c)应给予其充分时间和便利条件,使其为辩护作准备;

(d)应允许其在法庭上为自己辩护,或由其自付费用聘请律师代为辩护;

(e)应给予其便利条件,使其亲自或通过其律师询问控方证人,并以适用于控方证人的相同规则询问辩方证人;

(f)若其不通晓法庭审判所用之语言,应为其提供免费翻译。

由于受到刑事犯罪指控者的行为而导致审判无法继续进行,法院因此命令将其带出法庭的情况下,可依法进行缺席审判。

受到刑事犯罪指控者已获得关于刑事审判日期、时间及地点的详尽通知,并且具有合理机会出庭接受审判的情况下,若其拒绝出庭,可依法进行缺席审判。

3.受到刑事犯罪指控者接受刑事审判后,若其提出请求并交纳法律所规定的费用,则应在合理时间内向其或其代理人提供诉讼记录之副本。

4.在行为(作为或不作为)发生时不被认为是犯罪的,任何人不得因该行为被判决为有罪。任何人因其犯罪行为所受到之刑罚,不得超过实施该犯罪行为时所可能受到的最高刑罚。

5.任何已受到刑事审判者,无论其被法院认定为有罪或无罪,均不得因同一犯罪行为,或因在该刑事诉讼中应当被定罪的其他犯罪行为,而再次受到刑事审判。但在该判决的上诉或复审过程中依据上级法院命令实施的审判除外。

6.犯罪行为已被赦免者,不得因该犯罪行为再次受到刑事审判。

7.不得强迫受到刑事审判者在审判过程中作证。

若受到刑事审判者在审判过程中不予作证,本款之规定不妨碍公诉方或法院对此作出任何评论,也不妨碍法院据此得出任何推论。

8.依法有权对公民权利与义务的性质与范围作出确认之法院或司法机关,应保持其中立性与公正性。应当事人提请而启动确认程序的,应在合理时间内进行公正审理。

9. 法院或司法机关对公民权利与义务的性质与范围作出确认后,若当事人提出请求并交纳法律所规定的费用,则应在合理时间内向其提供诉讼记录之副本。

10. 任何法院的任何诉讼、法院或司法机关确认公民权利与义务的性质与范围之诉讼过程,以及法院或司法机关宣布所作裁决,均应公开。但各方当事人达成协议不予公开的除外。

11. 本条第十款之规定不得妨碍法院或司法机关在以下情形排除诉讼当事人及其律师以外的人士对诉讼之参与:

(a)若该诉讼公开进行,将损害司法公正或公共道德、对诉讼各方协商造成不利影响、损害未满十八周岁者之利益,或损害诉讼参与人之隐私,法院或司法机关依法有权决定不公开审理的;

(b)为维护国防利益、公共安全或公共秩序,法院或司法机关依法有权决定不公开审理或法律规定不公开审理的。

12. 法律对以下事项作出规定或授权时,不应被视为违反本条规定或与之相冲突:

(a)法律要求受到刑事指控者对特定事实承担证明责任,不应被视为违反本条第二款第(a)项之规定或与之相冲突。

(b)法律规定辩方证人因其出庭作证,而从公共基金中获得补偿所应符合的条件,不应被视为违反本条第二款第(e)项之规定或与之相冲突。

(c)依据军事法律对受到刑事犯罪指控之武装部队成员作出有罪或无罪判决后,若法律授权法院对其进行再审,法院在对其定罪量刑时,应将其依据军事法律已受到的惩处纳入考量。关于上述事项之法律不应被视为违反本条第五款之规定或与之相冲突。

13. 被合法拘禁者在被拘禁期间由于其违反监管法律而受到刑事审判,本条第一款、第二款第(d)项与第(e)项、第三款之规定不予适用。

14. 本条中"刑事犯罪"是指违反多米尼克国法律之刑事罪行。

第九条

1. 未经其本人同意,任何人之信仰自由不受干涉。信仰自由包括宗教自由、思想自由、改变信仰之自由,以及独自或共同、在公共场合或私人场合,以崇拜、教授、践行之方式或通过某种仪式宣传与证明其宗教信仰之自由。

2. 不得要求在教育机构接收教育者,被拘禁于监狱或矫正机构者,服役于陆军、海军或空军者,接受或参加不属于其自身信仰的宗教教育或宗教仪式。但在取得其本人同意(若为未满十八周岁者,则应取得其监护人同意)的情况下除外。

3. 所有宗教团体均有权自费组建并经营其教育机构。无论该教育机构是否获得政府教育资助或其他形式的教育资助,均有权在其教学过程中提供宗教教育。

4. 不得强迫任何人作出以违背其宗教信仰为内容的宣誓,亦不得强迫任何人以违背其宗教信仰的方式作出宣誓。

5. 法律对以下事项作出规定或授权时,不应被视为违反本条规定或与之相冲突:

(a)保护国防利益、公共安全、公共秩序、公共道德及公共健康;

(b)保护他人的权利与自由,包括在不对该宗教成员造成干扰的情况下,对任何宗教之观摩与实践;

(c)为了受教育者的利益而对教育机构实施管理。

经由上述法律授权,但实施被民主社会视为非合理正当之行为的,应被视为违反本条规定或与之相冲突。

6. 对本条规定之解释应包括对宗教派别之解释,其同源表述亦应予以相同解释。

第十条

1. 未经其本人同意,任何人之表达自由不受干涉。表达自由包括表达意见之自由、接受他人见解和信息之自由、与他人交流见解或信息(无论此交流发生于公众之间、特定人士之间或社会各阶层之间)之自由。

2. 法律对以下事项作出规定或授权时,不应被视为违反本条规定或与之相冲突:

(a)保护国防利益、公共安全、公共秩序、公共道德及公共健康;

(b)保护他人的权利、自由与名誉,保护诉讼中所涉及的个人隐私,防止机密信息外泄,维护法院之独立性与权威性,以及对电话、电报、邮政、无线广播或电视的技术运作之管理;

(c)为使公职人员正确履行职责,对其所施加之合理限制。

经由上述法律授权,但实施被民主社会视为非合理正当之行为的,应被视为违反本条规定或与之相冲突。

第十一条

1. 未经其本人同意,任何人之集会与结社自由不受干涉。集会与结社自由包括集会之自由,与他人组成社团之自由,组建或参加工会等保护其利益的其他组织之自由。

2. 法律对以下事项作出规定或授权时,不应被视为违反本条规定或与之相冲突:

(a)保护国防利益、公共安全、公共道

德及公共健康；

(b)为保护他人的权利与自由；

(c)为使公职人员正确履行职责，对其所施加之合理限制。

经由上述法律授权，但实施被民主社会视为非合理正当之行为的，应被视为违反本条规定或与之相冲突。

第十二条

1. 不得剥夺任何人之迁徙自由。迁徙自由包括自由通行于多米尼克国、在多米尼克国内任何地点定居、进入多米尼克国以及离开多米尼克国，以及不受多尼米克国驱逐之权利。

2. 对迁徙自由以实施合法拘禁的方式实施限制，不应被视为违反本条之规定或与之相冲突。

3. 法律对以下事项作出规定或授权时，不应被视为违反本条规定或与之相冲突：

(a)为保护国防利益、公共安全或公共秩序，对在多米尼克国内居住与迁徙，或离开多米尼克国之权利施加合理限制；

(b)为保护国防利益、公共安全、公共秩序、公共道德或公共健康，对公众或特定人士在多米尼克国内居住与迁徙，或离开多米尼克国之权利施加合理限制，或为了确保政府履行已提交至议院审议的国际条约之义务，对离开多米尼克国之权利施加合理限制；

(c)因某人违反多米尼克国刑事法律而被判决有罪，或为使其接受刑事审判或预审，或为使其接受关于驱逐出境之审判，依据法院命令对其在多米尼克国境内居住与迁徙，或离开多米尼克国之权利施加合理限制；

(d)对非多米尼克国公民的迁徙自由施加合理限制；

(e)对多米尼克国境内土地或财产之取得或使用施加合理限制；

(f)为使公职人员正确履行职责，对其在多米尼克国内居住与迁徙，或离开多米尼克国之权利施加合理限制；

(g)因某人违反其他国家法律而将其从多米尼克国遣送至该国接受刑事审判，或因某人违反多米尼克国法律并被判决为有罪而将其从多米尼克国遣送至其他国家执行监禁；

(h)为了确保某人履行法定义务，对其离开多米尼克国之权利施加合理限制。

经由上述法律授权，但实施被民主社会视为非合理正当之行为的，应被视为违反本条规定或与之相冲突。

4. 迁徙自由受到本条第三款第(a)项中法律所限制者，若其提出诉求，应由独立公正之法庭在不早于该限制命令作出后二十一日，不迟于该诉求提出后三个月内审理该诉求，并由首席大法官指定的法律执业者主持庭审。

5. 在依据本条第四款审理迁徙自由被限制者所提出的诉求时，法庭可对该限制措施是否具有继续实施之必要向作出限制命令的机构提出司法建议，该机构应受到该司法建议之约束，但法律另有规定的除外。

第十三条

1. 在受制于本条第四款、第五款、第七款之规限下，任何法律不得具有歧视性内容或歧视性效力。

2. 在受制于本条第六款、第七款、第八款之规限下，任何人不得受到个人或机构之歧视对待。

3. 本条中的"歧视"是指基于性别、种族、出生地、政治见解、肤色、宗教信仰，而对不同人士实施不同待遇，或对特定类群之人士赋予不合理特权或施加不合理限制。

4. 本条第一款规定不适用于关于以下事项之法律：

(a)从国家财政收入或公共基金中拨付款项；

(b)涉及非多米尼克国公民之事项；

(c)在涉及本条第三款中所指特定类群之人士（或其利害关系人）时，属人法中对上述人士收养、结婚、离婚、殡葬、继承财产以及其他事宜之适用；

(d)基于本条第三款所指特定类群之人士的特殊性质及其所处的特殊环境，对该特定类群之人士赋予或施加被民主社会视为合理之特权或限制。

5. 法律任职或受聘的条件或资格（不得为性别、种族、出生地、政治见解、肤色或宗教信仰之条件或资格），不应被视为违反本条第一款之规定或与之相冲突。

6. 本条第四款与第五款中的法律通过明示或默示所许可之事项，本条第二款之规定不予适用。

7. 本条第三款所指的特定类群之人士，其受到本宪法第七条、第九条、第十条、第十一条及第十二条所保障的权利与自由，可受到本宪法第七条第二款、第九条第五款、第十条第二款、第十一条第二款、第十二条第三款第(a)项、第(b)项、第(h)项之限制。法律对以上事项作出规定或授权，不应被视为违反本条之规定或与之相冲突。

8. 本条第二款之规定，不应对依据本宪法或法律所享有的、启动或终止民事诉讼或刑事诉讼的选择权之行使产生妨碍。

第十四条

议会制定的关于在公共紧急状态中采取合理应对措施之法律所规定或授权的事项，不应被视为违反本宪法第三条、第十三条之规定或与之相冲突。

第十五条

1. 依据本宪法第十四条中的法律而被拘留者，以下条款应予以适用：

(a)自其被拘留之日起七日内，应尽快以其通晓的文字，以书面方式详细告知其被拘留的原因；

(b)自其被拘留之日起十四日内，应在官方公报上刊发通知，宣布其已被拘留以及拘留所依据的法律条款；

(c)自其被拘留之日起一个月内，以及在其被拘留期间每间隔不超过三个月，应由独立公正之法庭审查该拘留案件，并由首席大法官指定的法律执业者主持庭审。

(d)应向被拘留者提供便利条件，使其可以会见由其选定的代理该拘留案件的律师；

(e)法庭审查该拘留案件时，被拘留者可亲自出庭或由其选定的代理律师出庭。

2. 在依据本条规定审查拘留案件时，法庭可对该拘留是否具有继续实施之必要向作出拘留命令的机构出具司法建议，该机构并不具有受到该司法建议约束之义务，但法律另有规定的除外。

3. 本条第一款(d)项与(e)项之规定，不得解释为可以利用公共款项聘请律师。

第十六条

1. 本宪法第二条至第十五条所规定之权利受到侵害，或即将受到侵害者（或认为被拘留者的上述权利受到侵害，或即将受到侵害者），在不妨害针对该事项采取其他合法行动的前提下，可向高等法院寻求司法救济。

2. 高等法院对以下事项具有初审管辖权：

(a)对依据本条第一款提起之诉求进行审判；

(b)对依据本条第三款提请之事项作出裁决。

高等法院有权为了确保本宪法第二条至第十五条之规定得到执行而作出判决、发布命令、签署令状或出具司法建议。

若依据其他法律，前述权利被侵犯者已经获得，或将可获得充分救济，高等法院可不予行使本款所赋予的权力。

3. 在法院的诉讼过程中（上诉法院、高等法院及军事法院除外），若发现违反本宪法第二条至第十五条规定之事项，应诉讼中任何一方当事人提起之诉求，审理该诉讼的法官应将该事项提交至高等法院。但审理该诉讼的法官认为该事项不具实质意义的情况除外。

4. 对依据本条第三款提交至高等法院之事项，高等法院应作出裁决。提交该事项的法院应依据高等法院的裁决处理该诉讼。若对高等法院的裁决向上诉法院或司法委员会提起上诉，则应依据上诉法院或司法委员会的上诉裁决处理该诉讼。

5. 为了使本条赋予高等法院之司法管辖权得以有效行使，议会可在本条所赋予高等法院的权力基础上，授予高等法院其他权力。

6. 首席大法官可制定关于高等法院行使本条所赋予的职权之规则（包括关于向高等法院提起诉求之期限）。

第十七条

1. 本章中，除非另有规定：

"违反"法律，是指未能遵循该法律之要求，其同源表述亦应予以相同解释。

"法院"是指多米尼克国境内具有司法管辖权的法院、司法委员会，以及本宪法第二条、第四条中依据军事法律建立的法院（其他依据军事法律建立的法院除外）。

"军事法律"是指规制武装部队纪律之法律。

"武装部队"是指：

(a)海军、陆军及空军；

(b)警察；

(c)监狱警卫；

(d)议会界定的其他武装力量。

"法律执业者"是指有权在多米尼克国境内执业并有权出庭的诉讼律师，以及有权在多米尼克国境内执业但无权出庭的初级律师。

武装部队之"成员"，是指依据规制该武装部队纪律之法律而受到该纪律约束者。

2. 本章中"公共紧急状态期间"，是指以下期间：

(a)多米尼克国参战期间；

(b)总统所作出的进入公共紧急状态之宣告生效期间；

(c)议院以全体议员三分之二以上多数所通过的、宣布多米尼克国民主制度面临被颠覆威胁之决议生效期间。

3. 以下情形，第二款中总统作出的宣告具有效力：

(a)发生因多米尼克国与外国即将进入战争状态而导致的公共危机，或发生因地震、飓风、洪水、火灾、暴发瘟疫或烈性传染病，或其他重大灾难而导致的公共危机；

(b)发生或将要发生其性质和规模足以严重威胁公共安全，或足以严重威胁生存所必需的供给或服务的事件。

4. 总统作出的进入公共紧急状态之宣告：

(a)未被撤销的，在二十一日内具有效力。议院以全体议员过半数同意，可通过决议延展其效力，但延展期限不得超过六个月。

(b)议院得以本款第(a)项规定的方式不断延展其效力,每次延展期限不得超过六个月。

(c)在任何时候,议院均得以全体议员过半数同意的方式,撤销该宣告。

5.议院得以全体议员过半数同意的方式,随时撤销其依据本条第二款所通过的决议。

6.规制多米尼克国武装部队成员的军事法律所规定或授权之事项,不应被认为违反本章条款(第二条、第四条与第五条除外)或与之相冲突。

7.规制合法存在于多米尼克国境内的外国武装部队成员的军事法律所规定或授权之事项,不应被认为违反本章之规定或与之相冲突。

第二章 总统

第十八条

1.总统由议院选举产生,任期五年。

2.总统职权由本宪法予以规定。议会可赋予总统其他职权。

议会赋予总统其他职权,应征得总统同意,并由总统将亲笔书写的同意书提交至议长。

第十九条

1.当总统职位出现空缺,或距总统任期届满不足九十日时,总理应与反对派领袖对联合提名总统候选人进行协商。

2.若总理与反对派领袖对联合提名总统候选人达成一致意见,并已征得该候选人同意,则应将亲笔书写的联合提名提交至议长。议长应告知议院该提名,并宣布该候选人无须选举直接当选总统。

3.若总理与反对派领袖无法对联合提名总统候选人达成一致意见,总理应告知议长,并由议长告知议院。

4.总理、反对派领袖,或三名以上议院议员,在议院得到前款通知之日起十四日内,可向议长提交亲笔书写的总统候选人提名。议长应在该十四日期限过后的首次议院会议上,在审议其他议题前,告知议院其已收到的,且已征得候选人同意的总统候选人提名。

5.在已由议长告知议院的候选人中进行总统选举,应于本条第四款所规定的议院会议上进行(若本宪法第二十二条所规定的事项正处于上诉法院的裁决程序中,则应于裁决程序结束后尽快举行议院会议进行总统选举),议长应宣布获得全体议员过半数票的总统候选人当选总统。

投票选举总统,应以不泄露议员投票内容之方式进行。

5A.若依据本条第五款之规定所产生的候选人未能获得过半数票,议长应通知议院举行新的选举,本条第四款与第五款之规定经必要的变更后在新选举中予以适用。

6.同意作为候选人参加总统选举者,应亲笔书写同意书并将其提交至议长。

7.依据本条规定当选总统者,应于现任总统任期届满后次日就职,若总统职位已出现空缺,则应于当选后次日就职。

第二十条

1.总统候选人应为多米尼克国公民,年龄不低于四十周岁,截止至被提名为总统候选人之日,应在多米尼克国居住满五年。

2.任职于多米尼克政府者,或受雇于加勒比联邦的政府间组织或机构、多米尼克国所加入的国际组织或机构者,由于履职要求而居住于多米尼克国境外的,应被视为本条第一款所规定的在多米尼克国居住。

3.对拟提名为总统候选人者,经由选举产生的全体议员三分之二以上多数通过之决议,可免除其本条第一款关于居住于多米尼克国满五年之要件限制。

第二十一条

1.以下人士不具备参选总统之资格:

(a)已经担任两届总统者;

(b)依据本宪法第三十二条第一款第(a)项、第(b)项、第(c)项、第(d)项、第(e)项、第(f)项,或依据按照第三十二条第二款、第三款、第五款所制定的法律,不具备被选举或被任命为众议员或参议员之资格者。

2.担任具有薪酬的公职或非公职,或从事其他有偿职业者,不具备担任总统之资格。

第二十二条

1.上诉法院对关于是否具有被提名为总统候选人或担任总统之资格的事项具有司法管辖权。

2.总检察长或议院议员可向上诉法院提交本条所规定事项之裁决申请。若该申请由议院议员提出,总检察长或其代表可参与该申请之裁决。

3.上诉法院对于本条所规定事项具有的裁决权及其裁决程序,以及提出裁决申请的时限及条件(以不妨害该裁决权为前提),应由议会制定规则予以规定。

4.对于上诉法院依据本条规定所作出的裁决,不得提起上诉。

5.议长亲笔书写的、依据本宪法第十九条当选总统之证明,为当选总统之确定证据,不得对此提起诉讼。

6.总检察长依据本条规定履行职责时,不受任何个人或机构控制或干涉。

第二十三条

1.在受制于本条以及本宪法第二十五条之规限

下,总统应于当选总统之日起五年后卸任。

2. 因在前任总统任期届满前总统职位出现空缺而当选总统者,其任期为前任总统任期剩余部分。

3. 为了避免在议会被解散期间,或在该期间之前或之后一个月举行总统选举,议会可延展本条第一款与第二款所规定之总统任期,但延展期限不得超过六个月。

第二十四条

以下情形,可依据本宪法第二十五条之规定解除总统职务:

(a)总统故意违反本宪法规定;

(b)总统做出导致总统职务受到敌视、讥笑或蔑视之行为;

(c)总统做出危害多米尼克国安全之行为;

(d)总统由于身体或精神原因无法继续履行职责;

(e)依据本宪法第二十一条第一款第(b)项之规定,总统作为候选人参选总统之资格已不复存在;

(f)总统担任本宪法第二十一条第二款所规定之具有薪酬的公职或非公职,或从事其他有偿职业。

第二十五条

1. 以下情形,总统职位出现空缺:

(a)议院(基于全体议员三分之一以上多数提出之动议)以全体议员三分之二以上多数通过,提出解除总统职务之控告,并于控告中列明翔实理由;

(b)由首席大法官,以及首席大法官在最具资历的最高法院法官中任命的两名法官所组成的法庭对议院提出的控告进行调查,并向议院出具调查报告;

(c)议院在对调查报告进行审议后,以全体议员三分之二以上多数通过决议,宣布解除总统职务。

2. 依据本条第一款第(b)项所组建法庭的职权以及行使职权之程序,可由议会制定规则予以规定。

3. 议院提出本条第一款第(a)项所规定的控告后,总统应暂时中止履行职务。若议院在审议本条第一款第(b)项所规定的调查报告后,未能通过本条第一款第(c)项所规定的决议,总统可继续履行职务。

第二十六条

通过选举当选总统,或被指定担任总统者,应在履职前进行就职宣誓。就职宣誓仪式由首席大法官,或首席大法官指定的最高法院法官主持。

第二十七条

1. 不得对处于任期内的总统,或代为履行总统职责者履职期间的职务行为或非职务行为,提起任何作为或不作为之刑事诉讼。不得对处于任期内的总统,或代为履行总统职责者履职期间的非职务行为提起任何作为或不作为之民事诉讼。

2. 若法律对针对某人提起诉讼的时效作出规定,则在提起本条第一款所规定的诉讼时,总统任职期间,或代为履行总统职责者履职期间,均不计入该时效。

第二十八条

1. 总统由于疾病、不在多米尼克国境内,或依据本宪法第二十五条第三款被暂时中止履行职责等原因,无法继续履行职责时:

(a)在总统与总理、反对派领袖协商后,并征得代为履行总统职责者本人同意,可由总统以亲笔文书的方式指定其代为履行总统职责;

(b)若无人被指定,或被指定者无法履行总统职责,则议会应按照与本宪法第十九条所规定的选举总统程序类似的程序选举产生代为履行总统职责者。

2. 代为履行总统职务者,应具备参选总统以及担任总统之资格。

若议长或议员代为履行总统职责,在其代为履行总统职责期间应暂时中止履行议长或议员职责。

3. 代为履行总统职责者收悉以下通知后,应终止代为履行总统职责:

(a)已有其他人士被指定或经选举代为履行总统职责;

(b)总统恢复履行职责。

第三章 议会

第一节 议会之组建

第二十九条

多米尼克国议会由总统及议院组成。

第三十条

1. 议院由以下议员组成:

(a)依据本宪法第三十三条选举产生的,与本宪法第五十七条所分划的选区数量相符的众议员;

(b)依据本宪法第三十四条选举或任命产生的九名参议员。

2. 非议院议员经选举当选为议院议长,应自动成为议院议员。

3. 总检察长职位为公职时,应自动成为议院议员。

第三十一条

1. 在受制于本宪法第三十二条之规限下,参选众议员者应具备以下资格:

(a)为多米尼克国公民,且年满二十一周岁;

(b)截止至选举提名之日,在多米尼克国居住满十二个月或已定居于多米尼克国;

(c)掌握英语的语言能力和阅读能力(视力障碍或其他身体原因除外),能够使用英语充分参与议院议事过程。

2. 在受制于本宪法第三十二条之规限下,参选参议员者应具备以下资格:

(a)为英联邦公民,且年满二十一周岁;

(b)截止至选举提名之日,应定居于多米尼克国;

(c)掌握英语的语言能力和阅读能力(视力障碍或其他身体原因除外),能够使用英语充分参与议院议事过程。

第三十二条

1. 以下人士不得担任众议员或参议员(本条中简称为议员):

(a)通过其行为而确认其效忠于、服从于,或依附于国外或境外权力者;

(b)传道士;

(c)依据多米尼克国法律被判决或宣布为破产,且未获解除者;

(d)被证实为精神不健全者,或依据多米尼克国法律被裁定为精神不健全者;

(e)被英联邦境内的法院判处死刑者,或被英联邦境内的法院判处十二个月以上监禁(无论其罪名)且正在服刑者,以及被判处上述监禁但暂时中止执行刑罚者;

(f)在受制于议会所规定的限制与例外之规限下,与政府合同具有利害关系,且在其获得议员选举提名七日内或在其被任命为议员七日前,未能在官方公报上或在多米尼克国内每周发行之报刊上刊发声明,公开该利害关系之性质者;

(g)总统或代为履行总统职责者。

2. 议会可规定,担任对参议员与众议员选举负责,或对众议员选举之选民注册等事宜负责的职务者,或担任与之相关职务者,不得被选举为或被任命为议员。

3. 议会可规定,其行为被法院判决为议会所界定的、与议员选举有关的违法行为者,或在法院审理选举申诉时被判决为违法者,判决后一段时间内(不得超过七年)不得被选举为或被任命为议员。

4. 参议员或被提名参参议员者,不得被选举为众议员。众议员或被提名参选众议员者,不得被选举为或被任命为参议员。

5. 在受制于议会规定的限制与例外之规限下,议会可规定以下人士不得被选举或被任命为议员:

(a)担任公职或代为履行公职职责者(无论具体职务或特定类别职务);

(b)隶属于多米尼克国武装部队者;

(c)隶属于警察部门者。

6. 本条第一款中:

"政府合同"是指与政府、政府部门、政府官员签订之合同;

"传道士"是指神职人员,或为宗教信仰而在宗教机构中以传教或布道为职业者。

7. 本条第一款第(e)项中:

(a)在两个以上连续执行的监禁判决中,若其中任何一个监禁均未超过十二个月,则应被视为分离的单个判决,若其中任何一个监禁超过十二个月,则应被视为同一个判决。

(b)默认情况下为金钱罚,或金钱罚与监禁相择之判决,不得被视为监禁判决。

第三十三条

1. 每个依据本宪法第五十七条所分划之选区,均应依据本宪法及有关法律规定,以直接选举的方式选出一名众议员。

2. (a)年满十八周岁,且符合议会关于定居或居住于多米尼克国等条件之英联邦公民,均为选举众议员之选民,并有权依法进行选民注册。但被议会视为不符合条件者除外。

(b)依据前款规定注册为选举者,均有权依据法律规定投票选举众议员。但被议会视为不符合条件者除外。

3. 投票选举众议员,应当以不泄露选民投票内容之方式进行。

第三十四条

1. 参议员中:

(a)五名参议员由总统按照总理之提名予以任命;

(b)四名参议员由总统按照反对派领袖之提名予以任命。

议会可规定,不按照前述方式任命参议员,而以议会规定的方式选举产生。

2. 若议会规定参议员以选举方式产生,则有权投票选举众议员者亦有权投票选举参议员。选举参议员,应当以不泄露选民投票内容之方式进行。

第三十五条

1. 众议员或参议员(本条简称为议员)之任期,终止于其被选举为或被任命为议员后下一次议会解散之日。

2. 依据本宪法第三十四条第一款第(a)项任命之参议员,其任期终止于总统按照总理的建议撤销其任命之日。依据本宪法第三十四条第一款第(b)项任命之参议员,其任期终止于总统按照反对派领袖的建议撤销其任命之日。

3. 以下情形,议员任期亦应终止:

(a)其缺席议院会议的时间或次数,已达到议院议事规则所规定的限度。

(b)作为众议员,其丧失多米尼克国公民身份;

作为参议员,其丧失英联邦公民身份。

(c)在受制于本条第四款之规限下,依据本宪法第三十二条第一款之规定,或依据第三十二条第二款、第三款、第五款所制定的法律,其被选举或被任命为议员之资格已不复存在。

(d)当选总统者。

(e)经选举决定由其代为履行总统职责者(不包括议长与副议长)。

4.(a)由于议员被处以监禁或死刑判决、被裁定为精神不健全者、被宣布破产、被判决实施了与议员选举有关的违法行为,而出现本条第三款第(c)项所规定之情形,且允许该议员对上述裁决或判决提出上诉的(无论其上诉是否获得批准),则应在受制于本条之规限下,暂时中止该议员履行议员职责,但在三十日内暂不免除其议员职务。

应该议员请求,议长可延展前述期限,每次为三十日,以使该议员能够继续提出上诉。累计延展超过一百五十日的,应获得议院以决议方式批准。

(b)若上诉裁决使该议员丧失议员资格之情形继续存在且该议员不得再进行上诉,或已超过上诉期限,或上诉被驳回,应免除该议员职务。

(c)若使该议员丧失议员资格之情形在免除议员职务终止前已消失,则在本款(a)项所规定之期限届满后,不得免除该议员职务,该议员可恢复履行议员职责。

第三十六条

1. 在众议员选举结束后议院举行首次会议时,在审议其他议题前,应选举议院议长。若在议会解散前议长职位出现空缺,则议院应立即另选议长。

2. 议长可在非内阁成员或政务次官的议院议员中选举产生,亦可在非议院议员中选举产生。

不得在以下非议院议员者中选举议长:

(a)非英联邦公民;

(b)依据本宪法第三十二条第一款之规定,或依据第三十二条第二款、第三款、第五款所制定的法律,不具备被选举为或被任命为众议员或参议员资格者。

3. 议长职位出现空缺时,议院不得审议任何事项,但选举议长除外。

4. 以下情形,应免除议长职务:

(a)若议长从议院议员中选举产生,则:

(i)其不再担任议员。

由于议会解散而导致议长不再担任议员的,在新一届议院举行首次会议前,其议长职务不予免除。

(ii)其成为内阁成员或政务次官。

(b)若议长从非议院议员中选举产生,则:

(i)议会解散后,新一届议院举行首次会议时;

(ii)其丧失英联邦公民身份;

(iii)依据本宪法第三十二条第一款之规定,或依据第三十二条第二款、第三款、第五款所制定的法律,其所具备的被选举或被任命为众议员或参议员之资格已不复存在;

(iv)其当选总统。

5. 依据本宪法第三十五条第四款之规定,议长(当其为众议员或参议员时)被要求暂时中止履行议员职责时,应同时暂时中止履行议长职责。依据该条规定恢复履行议员职责时,应同时恢复履行议长职责。

6. 依据本宪法第二十八条第二款、第三十五条第四款之规定,当议长无法继续履行职责时,在其任期终止前,或其恢复履行职责前,议长职责应由副议长代为履行。若副议长职位亦出现空缺,或依据第二十八条第二款、第三十五条第四款之规定,副议长被要求暂时中止履行其议员职责时,议院应选举一名议员(不得为内阁成员或政务次官)代为履行议长职责。

第三十七条

1. 众议员普选结束后议院举行首次会议时,在选举议院议长后,审议其他议题前,应在非内阁成员或政务次官之议员中选举议院副议长。若在议会解散前议院副议长职位出现空缺,则议院应立即另选副议长。

2. 以下情形,应免除副议长职务:

(a)其不再担任议员;

(b)其成为内阁成员或政务次官;

(c)其当选议长。

3. 依据本宪法第三十五条第四款之规定,副议长被要求暂时中止履行议员职责时,应同时暂时中止履行副议长职责。依据该条规定恢复履行议员职责时,应同时恢复履行副议长职责。

4. 依据本宪法第二十八条第二款、第三十五条第四款之规定,当副议长无法继续履行职责时,在其任期终止前或其恢复履行职责前,议院应选举一名议员(不得为内阁成员或政务次官)代为履行副议长职责。

第三十八条

1. 选举委员会负责众议员选举之选民注册事宜,负责组织众议员及参议员选举,并履行法律所规定的与选民注册和选举有关的其他职责。

2. 首席选举官协助选举委员会履行职责,首席选举官职位为公职。选举委员会可给予首席选举官必要且适当的工作指示,首席选举官应予以遵循。

3. 为履行本条第二款所赋予的职责,首席选举官对负责选举注册之官员、投票站官员、负责选举监察之官员,以及其他依法履行与选民注册和选举相关之职责者,可给予必要且适当的工作指示。上述人士对首席选举官的指示应予以遵循。

4. 选举委员会可向总统提交关于本款所规定的事项,及关于依据本宪法第五十一条提交至选举委员会的文件或法律草案的报告。若选举委员会在报告中要求将此报告提交至议院,则该报告应当被提交至议院。

5. 在不影响本条第二款效力的前提下,首席选举官依据本条规定履行职责时,不受任何个人或机构控制或干涉。

6. 对于首席选举官的行为是否遵循了选举委员会的指示而产生之争议,不得提起诉讼。

第三十九条

1. 议院应设置议院书记员。
2. 议院书记员及其下属职位均为公职。

第四十条

1. 高等法院对以下事项具有司法管辖权:
(a)众议员或参议员之当选是否合法;
(b)参议员之任命是否合法;
(c)在非议院议员中选举产生之议长是否具有当选资格,是否应免除议长职务;
(d)是否应依据本宪法第三十五条第四款之规定暂时中止议员履行职责或免除议员职务。

2. 本条第一款第(a)项所规定事项之裁决申请,可由有权选举众议员或参议员的选民、该选举中的候选人,或总检察长向高等法院提出。由他人提出裁决申请的,总检察长可亲自或由其代表参与该裁决。

3. 本条第一款第(b)项、第(c)项所规定事项之裁决申请,可由经选举产生的议院议员或总检察长向高等法院提出。由议员提出裁决申请的,总检察长可亲自或由其代表参与该裁决。

4. 本条第一款第(d)项所规定事项之裁决申请,可由以下人士向高等法院提出:
(a)经选举产生的议院议员或总检察长;
(b)裁决申请涉及免除议员职务时,可由在众议员选举中注册的选民提出,总检察长可亲自或由其代表参与该裁决。

5. 议会可制定规则,规定依据本条向高等法院提出裁决申请的具体事项和具体条件,以及高等法院对上述裁决申请所具有的裁决权与其应适用的裁决程序。

6. 对于高等法院对本条第一款所规定的事项作出之裁决,可向上诉法院提起上诉。

7. 对于上诉法院依据本条第六款所赋予的司法管辖权作出之裁决,不得提起上诉。除对本条第一款规定的事项所作出之裁决外,对高等法院依据本条规定作出的其他裁决不得提起上诉。

8. 总检察长依据本条规定履行职责时,不受任何个人或机构控制或干涉。

第二节 议会之立法与议事程序

第四十一条

在受制于本宪法之规限下,议会应为多米尼克国和平与秩序,以及政府之善治制定法律。

第四十二条

1. 议会可依据本条下列款项所规定之方式,对本宪法条款及最高法院规则条款作出修改。

2. 通过拟修改本条、附录一、附录一第一部分所列举的本宪法条款、附录一第二部分所列举的最高法院规则条款之修正案,需在议院终读时获得全体经选举产生的议员四分之三以上多数同意。通过拟修改除上述条款之外的本宪法条款或最高法院规则条款之修正案,需在议院终读时获得全体经选举产生的议员三分之二以上多数同意。

3. 以下情形,修改本宪法条款或最高法院规则条款之修正案应提交总统批准:
(a)从提出该修正案,至该修正案二读审议,两者间隔超过九十日;
(b)拟修改本条、附录一、附录一所列举的本宪法条款或最高法院规则之修正案,在议院获得通过,且依据议会制定的规则在全民公决中以过半数赞成通过。

4. 本条第三款第(b)项之规定不适用于修改以下内容之修正案:
(a)为了使多米尼克国与英国之间关于从多米尼克国具有司法管辖权的法院上诉至司法委员会之协议生效,而修改本宪法第一百○六条;
(b)为了使多米尼克国作为缔约方的、关于多米尼克国与其他缔约国共有的最高法院或其他法院(或与该法院相关的人员与机构)之国际条约生效,而修改关于最高法院规则条款。

5. 依据本条规定举行全民公决时,任何在众议员选举中享有选举权者,均有权依据议会所制定的规则进行投票。

6. 依据本条规定举行全民公决,应当以不泄露投票者投票内容之方式进行。

7. 选举委员会负责实施本条所规定的全民公决。本宪法第三十八条与第五十一条之规定,以及与众议员选举有关的法律应在依据本条规定所举行的全民公决中予以适用。

8.(a)拟修改本宪法条款或最高法院规则条款之修正案在提交总统批准前,应附有议长亲笔书写的、确保本条第二款与第三款之规定已得到遵守之证明。

(b)本款所规定的议长亲笔书写之证明,为本条第二款与第三款已得到遵守之确定结论,不得对其提起诉讼。

(c)若议长无法履行职责且无人代为履行其职责时,本款关于议长之规定应适用于副议长。

9. 本条以及本宪法附录一中所指的本宪法条款以及最高法院规则条款,包括修改上述条款之法律。

第四十三条

在不影响议会所制定的关于议院及其委员会职权条款之效力,不影响议会及其委员会、议员、其他与议会及其委员会相关的人员的特权与豁免权条款之效力的前提下,不得就议员在议院或委员会上的发言或书面意见、其提出的请愿、法律草案、决议、动议等提起刑事诉讼或民事诉讼。

第四十四条

1. 议院议员在履职前,应在议院进行效忠宣誓。在尚未进行效忠宣誓前,议员可参与议长选举。

2. 若当选议长者未依据本条第一款之规定进行效忠宣誓,其可在履行议长职责前在议院进行效忠宣誓。

第四十五条

议院会议应由以下人士主持:

(a)议长;

(b)议长缺席时,由副议长主持;

(c)议长与副议长均缺席时,可由议院在非内阁成员或政务次官之议员中选举产生的议员主持。

第四十六条

1. 对提交至议院审议的事项作出决议,应获得出席会议议员过半数以上同意。但本宪法第十七条第二款、第四款,第十九条第五款,第二十五条第一款,第四十二条第二款规定的事项除外。

对政府不信任案作出决议,应获得议院全体经选举产生的议员过半数以上通过。

2. 参与表决之议员人数在十二名以上,或高于议会所规定的人数以上,所通过之决议方为合法。

3. 本宪法第十七条第二款、第一百二十七条第四款、第二十五条第一款所规定的议院议员,不包括从非议院议员中当选之议长。

4. 仅在表决时出现双方票数均等的情况下,从议员中当选之议长,或主持会议之议员方可投出决定票。

对本宪法第四十二条第二款所规定的修正案进行终读表决时,从议员中当选之议长应投出普通票而非决定票。

5. 从非议院议员中当选之议长在表决中不享有投出决定票或普通票之权利。

6. 若在表决中双方票数相等,且无人有权投出决定票,该动议应予以废置。

第四十七条

议院可在其议员席位出现空缺(包括在众议员或参议员选举后首次会议时出现席位空缺)时议事。无议事资格之人士是否参与议院议事过程,不影响议院议事之合法性。

第四十八条

1. 明知或有充分理由应知其无资格参与议事或表决者,仍参与议事或表决的,应被认定为违法行为,并根据其参与议事或表决之日数,处每日一百美元以下或议会所规定的数额之罚款。

2. 对前款违法行为之诉讼,应由公诉专员向高等法院提起。

第四十九条

1. 议会制定法律之权力应以议院通过法律草案的方式行使,并经总统批准。

2. 依据本宪法之规定将法律草案提交至总统后,总统应当批准。

3. 依据本宪法之规定将法律草案提交至总统,并经总统批准后,该法律草案即成为法律。总统应令其刊发于官方公报。

4. 法律刊发于官方公报前不发生效力。议会可推迟法律生效之时间,亦可制定具有追溯力之法律。

第五十条

议院不得审议以下事项,但总统提出审议建议,且该建议经过部长签署的情况除外:

(a)任何基于以下目的之法律草案(包括法律修正案):

(i)征收税金或改变税率,但降低税率的除外;

(ii)征收用于统一基金或多米尼克国其他公共基金的费用,或改变该费用数额,但降低该费用数额的除外;

(iii)在统一基金或多米尼克国其他公共基金中支付、分发、提取任何未列举之款项,或增加已列举项的数额;

(iv)政府债务之和解或减免。

(b)任何基于上述目的之立法动议(包括动议修正案)。

第五十一条

任何关于众议员选举之选民注册、众议员或参议员选举之法律草案、条例草案或文件,均应提交至选举委员会以及首席选举官,并应给予选举委员会及首席选举官充分时间,使其可在上述法律草案、条例草案或文件被提交至议院或被制定前出具意见。

第五十二条

在受制于本宪法之规限下,议院自主管理其议事过程,并可制定其议事规则。

第三节　议会之召集、休会与解散

第五十三条

1. 每次议会会期的起始日期与会议地点应由总统以公告的方式指定。
2. 议会每年至少举行一次会期。每次会期与下次会期之间间隔为六个月。

第五十四条

1. 总统可于任何时间宣布议会休会或解散议会。
2. 在受制于本条第三款之规限下,每届议会任期为五年,自议院首次会议之日起算,任期届满后应予以解散。但提前解散的除外。
3. 多米尼克国处于战时,议会可延展本条第二款所规定的任期,每次延展期限不得超过十二个月。
依据本款规定延展议会任期,累计不得超过五年。
4. 总统应按照总理的建议,行使解散议会之权力:
若总理职位出现空缺,总统经过审慎考虑后认为已无法在合理时间内任命能够获得多数议员支持的总理,则总统应解散议会。
5. 若在解散议会后、众议员选举开始前,由于多米尼克国处于战争状态或紧急状态,总理认为有必要重新召集议会而向总统提出建议,总统应召集已被解散之议会。众议员选举应依法继续进行,被重新召集之议会应于众议员候选人提名之日解散,但议会已依据本条第三款之规定延展其任期的情况下除外。

第五十五条

1. 众议员选举或参议员选举(在议会已制定关于参议员选举规则的情况下)应于议会被解散后三个月内举行,总统可指定具体日期。
2. 众议员选举结束后,总统应尽快依据本宪法第三十四条之规定任命参议员,但议会已制定参议员选举规则的情况下除外。
3. 由于议会被解散之外的原因导致众议员或参议员席位出现空缺时:
(a)众议员席位空缺,应进行补选;
(b)经任命产生之参议员席位空缺,应重新任命;
(c)经选举产生之参议员席位空缺,应依据议会制定的选举规则进行补选。
议员席位空缺出现后应于三个月内予以补齐。但议会被解散的情况下除外。

第四节　选区边界委员会及选举委员会

第五十六条

1. 应设立多米尼克国之选区边界委员会及选举委员会(本条中简称为委员会)。
2. 选区边界委员会由以下人士组成:
(a)议院议长担任委员会主席;
(b)两名委员由总统按照总理提名予以任命;
(c)两名委员由总统按照反对派领袖提名予以任命。
3. 选举委员会由以下人士组成:
(a)委员会主席由总统任命;
(b)两名委员由总统按照总理提名予以任命;
(c)两名委员由总统按照反对派领袖提名予以任命。
总统提出咨议请求后,若其未能在三十日内获得总理或反对派领袖之提名,则总统应在审慎考虑的基础上,在不影响本宪法第六十三条第二款之效力的前提下,自主行使本款第(b)项与第(c)项所赋予的职权。
4. 议院议员及公职人员不得被任命为委员会委员或委员会主席。被任命为选举委员会主席者,应具有特定资质,且拥有一项或多项此类资质证书满七年。
5. 在受制于本条之规限下,以下情形,委员会委员任期终止:
(a)议会解散后,新一届议会举行首次会议时;
(b)其被任命为委员会委员之资格已不复存在。
6. 仅可依据本条之规定,基于委员无法履行职责(无论由于身体、精神或其他原因)或行为不端而免除其委员职务。
7. 若免除职务委员会委员之事项已提交至本条第八款所指定之法庭,且该法庭建议总统,该委员会委员基于前款所述原因其职务应予以免除,则总统应当免除该委员会委员职务。
8. 若总理认为依据本条第二款第(b)项任命的选区边界委员会委员、反对派领袖认为依据本条第二款第(c)项任命的在选区边界委员会委员,或总统认为选举委员会主席,或总统与总理及反对派领袖协商后认为选举委员会中的任何委员,存在基于本条第六款所述原因无法继续履行职责的情况而需要予以调查的,则:
(a)总统应指定成立法庭,该法庭由一名主审法官与不少于两名法官组成,由首席大法官在英联邦境内具有完全民事及刑事管辖权之法院的法官中,或该法院之上诉法院的法官中遴选产生。
(b)该法庭应调查此事项,并向总统提交调查报告,以及是否应当免除该委员会委员职务之建议。
9. 委员会自主管理其议事过程。为履行其职责,经总理同意,委员会可对任何公职人员或任何政府机关赋予权力或施加义务。

10. 在受制于其议事规则之规限下,委员会可在其委员席位出现空缺时议事。无议事资格之人士是否参与委员会议事过程,不影响委员会议事之合法性。

委员会作出决议,需经全体委员过半数通过。

11. 委员会依据本宪法之规定行使职权时,不受任何个人或机构控制或干涉。

第五节 选区之分划

第五十七条

1. 选区边界委员会(本条中简称为委员会)应当依据本条之规定,对多米尼克国境内所分划的选区数量与边界进行审查,并向总统提交关于以下事项之报告:

(a) 为使本宪法附录二之规定生效,多米尼克国之选区应如何分划;

(b) 为使本宪法附录二之规定生效,是否需要对多米尼克国现有选区数量与边界进行调整。

2. 委员会两次提交本条第一款规定的报告之时间间隔,应不少于两年、不多于五年。

3. 委员会依据本条第一款规定提交报告后,无论是否对该报告中的内容进行过修改,总理均应将附有总统令的草案提交至议会审议,以使其生效。总理认为涉及该草案条款中附带或相应的任何事项,该草案可制定相应条款予以规定。

4. 若该草案对报告中的内容进行了修改,总理应在将该草案提交至议会审议时,同时附上修改理由。

5. 若依据本条规定提交议院的草案被议院否决,或被撤回,总理应对该草案进行修改,并将修改后的草案再次提交议院。

6. 若依据本条规定提交议院的草案获得议院通过,总理应将其提交至总统,总统应按照该草案签发命令,此命令在议会解散前均为有效。

7. 对于总统依据本条规定所签发的命令之合法性,不得提起诉讼。

8. 对委员会依据本条第一款第(a)项与第(b)项之规定提交至总统的报告,议会可向高等法院提起审查请求。

第四章 行政

第五十八条

1. 多米尼克国之行政权赋予总统。

2. 受制于本宪法之规限,多米尼克国之行政权可由总统直接行使,亦可由隶属于总统的公职人员行使。

3. 本条之规定并不妨碍议会对其他人士或机构赋予职权。

第五十九条

1. 应设立多米尼克国总理职位,总理由总统任命。

2. 总统应在被其视为可获得经选举产生之议员过半数支持的、经选举产生之议院议员中任命总理。

3. 政府各部部长职位可由议会设立,亦可在受制于议会所制定的法律之限制下,由总统按照总理之建议设立。

4. 总统应按照总理之建议,在议院议员中任命各部部长。

在经任命产生的参议员中任命部长,不得多于三名。

5. 若需在议会被解散后任命总理或部长,应在受制于本条第四款之规限下,在议院被解散前经选举产生的议员中任命总理或部长,或在议院被解散前经任命产生的参议员中任命部长。

6. 议院通过对政府不信任案后,若总理未能在三日内辞职或建议总统解散议会,总统应免去总理职务。

7. 在介议员选举至新一届议院首次会议期间,若总统认为由于选举导致议院议员变更,从而使总理无法获得议院多数议员支持的,可免去总理职务。

8. 以下情形,总理或部长职位出现空缺:

(a) 总理或部长之议员任期终止,但由于议会解散导致的除外;

(b) 议院在议会解散后举行首次会议时,总理未能当选议员;

(c) 议院在议会解散后举行首次会议时,部长未能当选议员;

(d) 依据本宪法第三十五条第四款之规定,总理或部长被要求暂时中止履行议员职责。

9. 以下情形,部长职位出现空缺:

(a) 总统按照总理建议,免去部长职务;

(b) 议院通过对政府不信任案后,总理在三日内辞职,或依据本条第六款之规定被免去总理职务;

(c) 重新任命总理后。

10. 总统应独立审慎行使本条第二款、第五款、第七款所赋予的职权。

第六十条

1. 多米尼克国应设立由总理及部长组成之内阁。

2. 总检察长职位为公职时,总检察长应成为内阁成员。

3. 内阁为总统之咨议机构。内阁对其在权限内向总统提出的建议,以及对总理或部长在权限内作出或授权作出的事项,向议会承担集体责任。

4. 以下事项,本条第三款之规定不予适用:

(a)任命与解职部长、临时部长或政务次官,依据本宪法第六十一条之规定赋予部长职责,在总理因疾病或在境外时授权部长代为履行总理职责;

(b)议会之解散;

(c)本宪法第七十三条所规定的涉及赦免权行使之事项。

第六十一条

总统按照总理之建议,可通过书面方式,赋予总理或部长包括对政府各部门的管理职责在内的各项工作职责。

财政部长应为经选举产生之议员。

第六十二条

1. 在总理因疾病或因在境外而无法履行本宪法所规定的总理职责时,总统可授权部长代为履行总理职责(本条规定的职责除外),直至总统撤销该授权。

2. 若部长因疾病或因在境外而无法履行职责,或经总统许可后暂时中止履行职责时,总统可授权其他部长,或从议院议员中任命临时部长代为履行其职责,直至总统撤销该授权或任命。

临时部长职位出现空缺之情形与部长职位相同。

3. 总统应按照总理建议行使本条所赋予之职权。

若总理因疾病或因总理职位出现空缺而无法向总统提出建议时,总统可独立审慎行使本条所赋予之职权。

第六十三条

1. 总统应按照内阁之建议,或经内阁授权的部长之建议行使职权,但本宪法或法律规定的、要求总统按照内阁以外的人士或机构之建议,或与之进行协商后行使职权的情况除外。

本款前述规定,不适用于总统依据本宪法以下条款独立审慎行使职权之行为:

(a)第五十六条(关于选区边界委员会及选举委员会之规定);

(b)第五十九条及第六十二条(关于部长之规定);

(c)第六十六条(关于反对派领袖之规定);

(d)第八十五条(关于公职人员任命等事项之规定);

(e)第八十七条(关于首席选举官之规定);

(f)第九十三条(关于公务申诉委员会之规定)。

2. 在总统依据本宪法规定应按照反对派领袖之建议或与之协商后行使职权的情况下,若由于无人具有获得任命之资格,或无人同意接受任命而导致反对派领袖职位出现空缺的,或由于总统认为其无法在必要期限内获得反对派领袖之建议的,总统可独立审慎行使该职权。

3. 本条第一款之规定不得被视为要求总统按照内阁或部长之建议行使本宪法以下条款所赋予的职权:

(a)第五十四条第四款(关于总统在特定情形下解散议会之规定);

(b)第五十九条第六款(关于总统在特定情形下免除总理职务之规定);

(c)第六十四条(关于授权总统获取信息之规定);

(d)第五十六条第五款、第六十六条第四款、第八十四条第六款、第八十七条第七款、第八十八条第八款、第八十九条第七款、第九十三条第五款,以及第一百〇八条第七款(关于总统在特定情形下免除官员职务之规定)。

第六十四条

总理应向总统及时提供关于多米尼克国政府行为之总体信息,并及时提供总统所要求获取的、多米尼克国政府行为之具体信息。

第六十五条

部长或政务次官在履行职责前,应当进行效忠宣誓、就职宣誓及保密宣誓。

第六十六条

1. 反对派领袖由总统任命。

2. 总统应在被其视为可获得不支持政府之议员过半数支持的、经选举产生的议员中任命反对派领袖。若无人能获得不支持政府之议员过半数支持,则总统可在被其视为可获得不支持政府之最大派别支持的、经选举产生的议员中任命反对派领袖。

在当选议员时支持某一政党,且在此次选举所产生的议院议员(无论是众议员或参议员)中过半数支持该政党的,则该议员在此次选举所产生之议员任期中,不得被任命为反对派领袖。

3. 若需在自议会解散至举行众议员选举期间任命反对派领袖,应按照议会未被解散时的方式和标准进行。

4. 以下情形,反对派领袖职位出现空缺:

(a)其议员任期终止,但由于议会解散导致的除外;

(b)议院在议会解散后举行首次会议时,其未能当选议员;

(c)依据本宪法第三十五条第四款之规定,其被要求暂时中止履行议员职责;

(d)总统依据本条第五款之规定免除其职务。

5. 若总统认为反对派领袖已无法获得不支持政

府之议员过半数支持,或(在无上述人选的情况下)已无法获得不支持政府之最大派别支持,总统应免除反对派领袖职务。

6. 总统应独立审慎行使本条所赋予的职权。

第六十七条

1. 总统可按照总理之建议在议院议员中任命政务次官,以协助部长履行职责。

若需在议会解散后任命政务次官,应在议会解散前的议院议员中予以任命。

2. 以下情形,政务次官职位出现空缺:

(a)总统按照总理之建议,免去政务次官职务;

(b)议院通过对政府不信任案后,总理在三日内辞职,或依据第五十九条第六款之规定被免去总理职务;

(c)重新任命总理后;

(d)政务次官议员任期终止,但由于议会解散导致的除外;

(e)议院在议会解散后举行首次会议时,政务次官未能当选议员;

(f)依据本宪法第三十五条第四款之规定,政务次官被要求暂时中止履行议员职责。

第六十八条

部长应指导并监管其所负责的政府部门之工作。政府各部门除接受部长指导及监管外,还应受到政务次官之监督。

一名政务次官可监督两个或两个以上政府部门。

第六十九条

1. 应设立作为公职的内阁秘书职位。

2. 内阁秘书为内阁办公室之负责人。内阁秘书应当按照总理指示,安排内阁日常事务、对内阁会议进行记录、将内阁决议传达至相应人士或机构,以及履行总理所指定的其他职责。

第七十条

在受制于本宪法及法律之限下,总统可设立其他公职职位并任命或免除该职位人员。

第七十一条

1. 总检察长为政府首席法律顾问。

2. 总检察长职位或作为公职,或作为部长职务。

3. 总检察长职位作为公职时,总检察长可被兼任为公诉专员。

4. 若总检察长与公诉专员同属一人,本宪法第八十六条、第八十八条第五款、第六款、第七款、第八款、第九款、第十款、第九十六条第三款、第一百二十一条第八款第(a)项之规定同时适用于总检察长与公诉专员。本款规定不应妨碍议会之权力,也不得妨碍总统在受制于议会制定的法律之限下将总检察长职位设为部长职务。

第七十二条

1. 应设立作为公职的公诉专员职位。

2. 公诉专员具有以下职权:

(a)向法院(军事法院除外)提起对具有刑事犯罪嫌疑者的刑事诉讼;

(b)接管由其他个人或机构向法院提起的刑事诉讼;

(c)在判决前,暂时中止由公诉专员、其他个人或机构向法院提起的刑事诉讼。

3. 前款所规定的公诉专员职权可由其本人行使,也可由经公诉专员授权者按照公诉专员的一般指示或具体指示行使。

4. 本条第二款第(b)项与第(c)项所赋予之职权不得授予其他个人或机构。

在其他个人或机构已向法院提起刑事诉讼的情况下,本款之规定不得妨碍其他个人或机构经法庭许可后撤回该诉讼。

5. 向任何法院(包括向司法委员会)提起的、关于具体案件或法律问题之刑事上诉,均应被视为以上所指的上诉之组成部分。

经刑事诉讼被判决为有罪者所提起的上诉中,公诉专员不得行使本条第二款第(c)项所规定的职权。

6. 公诉专员依本条第二款之规定行使职权时,不受任何个人或机构控制或干涉。

公诉专员在行使本条第二款第(c)项所规定的职权时,若总检察长给予其一般指示或具体指示,公诉专员应予以遵循。

第七十三条

1. 总统有权:

(a)对刑事罪犯实行特赦,恢复其自由或使其受制于某些法律条件;

(b)对刑事罪犯实行无期限或特定期限的缓刑;

(c)将刑事罪犯被判处的刑罚替代为较轻的刑罚;

(d)对刑事罪犯的罚金、没收等刑罚实行全部免除或部分减除,但以政府行为实施犯罪的除外。

2. 总统应按照其所指定的部长之建议行使本条第一款所赋予的职权。该部长向总统提出建议时,应遵循总理的意见。

第七十四条

1. 应设立由以下人士组成的特赦咨议委员会(本条中简称为委员会):

(a)本宪法第七十三条第二款所指定的部长为委员会主席;

(b)总检察长;

(c)不少于四名由总统以亲笔文书任命的委员。

2. 依据前款第(c)项所任命委员之任期,应在任命文书中指明。

以下情形,该委员职位出现空缺:

(a)在接受任命时为部长的,当其部长任期终止时;

(b)总统以亲笔文书免除其职务。

3. 委员会可在其委员席位出现空缺时议事。无议事资格之人士是否参与委员会议事过程,不影响委员会议事之合法性。

4. 委员会自主管理其议事过程。

5. 总统应按照总理之建议行使本条所赋予的职权。

第七十五条

1. 若某人被判处死刑(被军事法院判处死刑者除外),本宪法第七十三条第二款所指定的部长应取得主审法官(当无法获取主审法官所出具之报告时,为首席大法官)关于该案件的报告、该案件相关信息的记录,以及该部长所要求获取的其他信息,并提交至特赦咨议委员会。在获得特赦咨议委员的意见后,该部长应独立审慎决策,以决定是否建议总统行使本宪法第七十三条第一款所赋予的职权。

2. 本宪法第七十三条第二款所指定的部长,在向总统提交不属于本条第一款规定的案件建议前,可与特赦咨议委员会进行商议,但该部长无遵循特设委员会意见之义务。

第五章 财政

第七十六条

多米尼克国之税收或所筹集之款项(不包括依据多米尼克国法律为特殊目的基金而筹集之款项)均应归入统一基金。

第七十七条

1. 除以下情形外,不得从统一基金中拨付款项:

(a)依据本宪法或议会制定的法律,从统一基金中拨付款项;

(b)经拨款法授权或经依据本宪法第七十九条所制定的法律授权,从统一基金中所拨付款项。

2. 依据本宪法或议会制定的法律从统一基金或其他公共基金中拨付款项时,应由政府向应得该款项之个人或机构支付。

3. 从其他公共基金中拨付款项,应得到法律授权。

4. 议会可规定从统一基金或其他公共基金中拨付款项之方式。

第七十八条

1. 财政部长应于每个财政年度开始前,或于开始后四十五日内,向议院提交多米尼克国该财政年度收入与支出之预算报告。

2. 议院通过预算报告后(依据本宪法或议会制定的法律从统一基金中拨付的款项除外),以从统一基金中拨付所需开支为内容的拨款法草案应被提交至议院,由议院对其中各项开支分别进行表决。

3. 若在财政年度中出现以下情形:

(a)拨款法中的预算支出不足以支付,或出现未在拨款法中列举的支出需求;

(b)已发生的实际支出超出了拨款法中的预算支出额度,或已发生的实际支出未在拨款法中列举,则应向议院提交以支出需求或已支出额度为内容的补充预算案,议会通过补充预算案后,以从统一基金中拨付所需开支为内容的补充拨款法草案应被提交至议院。

第七十九条

若某一财政年度的拨款法未能在该财政年度开始时实施,财政部长可授权从统一基金中拨付用于维持政府运作之款项,直至拨款法开始实施,但不得超过该财政年度开始后四个月。议会可制定关于上述事项之法律。

第八十条

1. 应依据法律设立应急基金,并授权财政部长在出现未能预见之紧急事项时,动用应急基金以支付所产生的支出。议会可制定关于上述事项之法律。

2. 动用应急基金后应立即向议院提交补充预算案,议院通过补充预算案后应立即向议院提交补充拨款法,以填补所动用的应急基金款项。

第八十一条

1. 应依据议会制定的法律,向公职人员支付法定薪酬与补贴。

2. 依据本条规定向公职人员支付的法定薪酬与补贴,应从统一基金中拨付。

3. 依据本条规定向公职人员支付的法定薪酬及其享受的其他待遇(不包括未列入统计的依法享有的岗位津贴),不得在该人士任职后予以扣减,但该扣减适用于所有公职人员的除外。

4. 若公职人员的薪酬或其享受的其他待遇具有可选择性,则应将该公职人员的选择较于其他选择视为对其具有最大利益。

5. 本条之规定适用于总统、公共服务委员会委员、警务委员会委员、公务申诉委员会委员、公诉专员、审计署署长、议会专员、议会副专员,以及首席选举官。

6. 对本条规定之解释不应影响本宪法第九十五条(关于保障公民人员获取养恤金之权利)之效力。

第八十二条

1. 多米尼克国所负担之债务,应从统一基金中拨付。

2. 本条所称债务,是指利息、偿债基金费用、债务之清偿与摊销、为了统一基金的安全性而进行贷款以及与清偿此贷款有关的其他支出。

第八十三条

1. 应设立作为公职的审计署署长职务。

2. 审计署署长对多米尼克国家账目、公职人员及政府机关账目、法院账目(包括多米尼克国境内之上诉法院与高等法院)、依据本宪法设立的各委员会账目、议会专员账目、议院书记员账目,每年应至少进行一次审计并形成审计报告。

3. 审计署署长与其所授权之官员,均有权查阅其认为任何与本条第二款所规定的账目有关的簿册、回执、报告以及其他文件。

4. 财政部长在收到总审计署署长向其提交的、依据本条第二款所形成之报告后,应在议院举行该部长收到报告后的首次会议七日内,向议院提交该报告。

5. 若财政部长未依据前款规定向议院提交报告,总审计署署长应将其报告副本提交至议长,议长应将其提交议院审议。

6. 对于依法设立的、以满足议会所界定的公共需要为目的之机构或组织账目,以及政府账目,总审计署署长亦应履行上述审计职责。

7. 总审计署署长依据本条第二款、第三款、第四款、第五款之规定行使职权时,不受任何个人或机构控制或干涉。

第六章　公共服务

第一节　公共服务委员会

第八十四条

1. 应设立由以下人士组成之多米尼克国公共服务委员会(本条中简称为委员会):

(a)总统按照总理之建议任命的一名主席与一名副主席;

(b)总统按照总理之建议在适格代表机构遴选出的人士中任命的两名委员;

(c)总统按照总理之建议任命的委员,但不得多于三名。

总理在依据本款第(b)项、第(c)项之规定向总统提出建议前,应与反对派领袖进行协商。

2. 被任命为委员会委员者,应具备以下资格:

(a)为议院议员,或在被任命之前五年内曾经成为议院议员;或

(b)为最高法院法官或公职人员,或在被任命为委员之前一年内曾经成为最高法院法官或公职人员。

3. 被任命为委员会委员者,在其委员任期结束后三年内,不得担任其他公职。

4. 以下情形,委员会委员任期终止:

(a)自其被任命为委员之日起三年后;

(b)其依据本条第二款之规定被任命为委员的资格已不复存在。

5. 仅可依据本条之规定,基于委员无法履行职责(无论由于身体、精神或其他原因)或行为不端而免除其委员职务。

6. 若免除委员会委员职务之事项已提交至本条第七款所指定之法庭,且该法庭建议总统,该委员会委员基于前款所述原因其职务应予以免除,则总统应当免除该委员会委员职务。

7. 若总理向总统提出建议,认为应对依据本条规定免除委员会委员职务之事项进行调查的,则:

(a)总统应指定成立法庭,该法庭由一名主审法官与不少于两名法官组成,由首席大法官在英联邦境内具有完全民事及刑事管辖权之法院的法官中,或该法院之上诉法院的法官中遴选产生。

(b)该法庭应调查此事项,并向总统提交调查报告,以及是否应当免除该委员会委员职务之建议。

8. 若免除委员会委员职务之事项已提交至本条所规定之法庭,总统按照总理之建议,可暂时中止该委员履行职务。暂时中止履行职务之决定可由总统按照总理之建议随时予以撤销。若法庭建议总统不应免除该委员职务,该暂时中止履行职务之决定随即失效。

9. 若委员会主席职位出现空缺,或委员会主席无法继续履行职责,在其恢复履行职责前或重新任命主席前,委员会主席职责应由委员会副主席代为履行。若委员会副主席职位亦出现空缺,或委员会副主席亦无法继续履行职责,则应由总统依据总理之建议,任命委员会中的委员代为履行委员会主席职责。

10. 若出现除委员会主席外、委员会仅有两名以下委员之情形,或在此情形下其中一名委员无法继续履行职责或代为履行主席职责的,总统可按照总理之建议,任命一名具备成为委员会委员之资格者代为履行委员职责,代为履行委员会委员职责者应在受制于本条第四款之规限下履行职责,直至该职位空缺被填补、原委员恢复履行职责,或总统按照总理之建议撤销其代为履行职责之任命。

11. 委员会委员在履行职责前,应进行效忠宣誓与就职宣誓。

12. 委员会依据本宪法之规定行使职权时,不受任何个人或机构控制或干涉。

13. 委员会可通过制定规则或通过其他方式自

主管理其议事过程。为履行其职责,经总理同意,委员会可对任何公职人员或任何政府机关赋予权力或施加义务。

14. 在受制于其议事规则之规限下,委员会可在其委员席位出现空缺时议事。无议事资格之人士是否参与委员会议事过程,不影响委员会议事之合法性。

委员会通过决议,需经全体委员过半数同意。

15. 本条中"适格代表机构"是指总统按照总理之建议指定的、在多米尼克国境内代表公职人员(警务人员除外)利益之主要机构。

第八十五条

1. 任命公共服务部门人员之权力(包括对任命进行确认之权力),以及在受制于本宪法第九十三条之规限下,对公共服务部门人员行使纪律惩戒与免职之权力,属于公共服务委员会。

2. 公共服务委员会可将本条第一款所规定之职权,按照其认为合理之条件,通过书面方式授权其一名或多名委员行使,或经总理同意后按上述方式授权公职人员行使。

3. 本条之规定不适用于以下职位:
(a) 本宪法第八十六条所适用之职位;
(b) 首席选举官之职位;
(c) 公诉专员之职位;
(d) 总审计署署长之职位;
(e) 本宪法第九十条所适用之职位;
(f) 警察部门之职位。

4. 不得依据本条之规定任命总统私人团队成员或代为履行其职责,但经总统本人同意的除外。

5. 若公共服务委员会、其他个人或机构行使本条所赋予的职权涉及议院书记员及其下属时,应在行使职权之前征求议长的意见。

6. 若公共服务委员会、其他个人或机构行使本条所赋予的职权涉及首席选举官及其下属时,应在行使职权之前征求首席选举官的意见。

7. 不得基于公职人员在履行司法职责的过程中的任何作为或不作为,而依据本条之规定解除其职务或对其进行惩戒。但经司法与法律服务委员会同意的除外。

第二节 特定职位之任免等事项

第八十六条

1. 本条规定适用于内阁秘书、常任秘书、政府部门负责人、政府部门副职负责人、议院书记员、公共服务委员会所指定的政府部门首席专业顾问,以及该委员会与总理协商后指定的常驻国外履行职责者或负责外交事务者。

2. 任命本条所适用人员之权力(包括对任命进行确认之权力),以及在受制于本宪法第九十三条之规限下,对上述人员行使纪律惩戒与免职之权力,属于总统。总统应按照公共服务委员会之建议行使上述职权。

(a) 从其他相同薪酬职位调任为常任秘书,或决定由其代为履行常任秘书职责之权力属于总统。总统应按照总理之建议行使该职权。

(b) 公共服务委员会在向总统提交关于本条所适用人员之任命建议前(从其他相同薪酬职位调任为常任秘书,或决定由其代为履行常任秘书职责除外),应征求总理意见,若总理对某项任命表示反对,则公共服务委员会不得向总统提交该项任命建议。

3. 本条中所指政府部门,不包括总检察署、公诉署、总审计署、议会专员署、首席选举官署,以及警察总署。

第八十七条

1. 首席选举官应由总统在与选举委员会协商后予以任命。

2. 在首席选举官出现职位空缺或无法继续履行职责时,总统在与选举委员会协商后,可任命代为履行其职责者。

3. 被任命为首席选举官者,应具备议会所规定的资格。

4. 在受制于本条第五款、第七款、第八款之规限下,以下情形,代为履行首席选举官职责者应终止履行职务:
(a) 重新任命首席选举官,或被代为履行职责者恢复履行职责后;
(b) 按照其任命中所规定的时间终止履行职务。

5. 在受制于本条第六款之规限下,首席选举官在达到法定年龄后,应自行卸职。

6. 仅可依据本条之规定,基于首席选举官无法履行职责(无论由于身体、精神或其他原因)或行为不端而免除其职务。

7. 若免除首席选举官职务之事项已提交至本条第八款所指定之法庭,且该法庭建议总统,首席选举官基于前款所述原因其职务应予以免除,则总统应当免除首席选举官职务。

8. 若总统经过审慎考虑,认为应对依据本条规定免除首席选举官职务之事项进行调查的,则:
(a) 总统应指定成立法庭,该法庭由一名主审法官与不少于两名法官组成,由首席大法官在英联邦境内具有完全民事及刑事管辖权之法院的法官中,或该法院之上诉法院的法官中遴选产生。
(b) 该法庭应对此事项进行调查,并向总统提交调查报告,以及是否应当免除首席选举官职务之建议。

9. 若免除首席选举官职务之事项已提交至本条所规定之法庭,总统经过审慎考虑,可暂时中止首席选举官履行职务。暂时中止履行职务之决定可由总统随时予以撤销。若法庭建议总统不应免除首席选举官职务,该暂时中止履行职务之决定随即失效。

10. 本条第五款所规定之法定年龄为五十五周岁,或为议会规定的其他年龄。

议会在首席选举官被任命后,对其法定卸职年龄所作出的修改,对该首席选举官不发生效力。但经其本人同意的除外。

第八十八条

1. 公诉专员由总统按照公共服务委员会之建议予以任命。

2. 在公诉专员出现职位空缺或无法继续履行职责时,总统可按照公共服务委员会之建议任命代为履行其职责者。

3. 公共服务委员会在依据本条第一款或第二款之规定向总统提交建议前,应征求总理意见。

4. 被任命为公诉专员者,应具备特定资质,且拥有一项或多项此类资质证书满七年。

5. 在受制于本条第六款、第八款、第九款、第十款之规限下,以下情形,代为履行公诉专员职责者应终止履行职责:

(a)重新任命公诉专员,或被代为履行职责者恢复履行职责后;

(b)按照其任命中所规定的时间终止履行职务。

6. 在受制于本条第七款之规限下,公诉专员在达到法定年龄后,应自行卸职。

7. 仅可依据本条之规定,基于公诉专员无法履行职责(无论由于身体、精神或其他原因)或行为不端而免除其职务。

8. 若免除公诉专员职务之事项已提交至本条第九款所规定之法庭,且该法庭建议总统,公诉专员基于前款所述原因其职务应予以免除,则总统应当免除公诉专员职务。

9. 若公共服务委员会主席向总统提交建议,认为应对依据本条规定免除公诉专员职务之事项进行调查,则:

(a)总统应指定成立法庭,该法庭由一名主审法官与不少于两名法官组成,由首席大法官在英联邦境内具有完全民事及刑事管辖权之法院的法官中,或该法院之上诉法院的法官中遴选产生。

(b)该法庭应对此事项进行调查,并向总统提交调查报告,以及是否应当免除公诉专员职务之建议。

10. 若免除公诉专员职务之事项已提交至本条所规定之法庭,总统按照公共服务委员会之建议,可暂时中止公诉专员履行职务。暂时中止履行职务之决定可由总统按照公共服务委员会之建议随时予以撤销。若法庭建议总统不应免除公诉专员职务,该暂时中止履行职务之决定随即失效。

11. 本条第六款所规定之法定年龄为五十五周岁,或为议会规定的其他年龄。

议会在公诉专员被任命后,对其法定卸职年龄所作出的修改,对该公诉专员不发生效力。但经其本人同意的除外。

第八十九条

1. 总审计署署长由总统按照公共服务委员会之建议予以任命。

2. 在总审计署署长出现职位空缺或无法继续履行职责时,总统可按照公共服务委员会之建议任命代为履行其职责者。

3. 公共服务委员会在依据本条第一款或第二款之规定向总统提交建议前,应征求总理意见。

4. 在受制于本条第五款、第七款、第八款、第九款之规限下,以下情形,代为履行总审计署署长职责者应终止履行职责:

(a)重新任命总审计署署长,或被代为履行职责者恢复履行职责后;

(b)按照其任命中所规定的时间终止履行职务。

5. 在受制于本条第七款之规限下,总审计署署长在达到法定年龄后,应自行卸职。

6. 仅可依据本条之规定,基于总审计署署长无法履行职责(无论由于身体、精神或其他原因)或行为不端而免除其职务。

7. 若免除总审计署署长职务之事项已提交至本条第八款所规定之法庭,且该法庭建议总统,总审计署署长基于前款所述原因其职务应予以免除,则总统应当免除总审计署署长职务。

8. 若总理或公共服务委员会主席向总统提交建议,认为应对依据本条规定免除总审计署署长职务之事项进行调查的,则:

(a)总统应指定成立法庭,该法庭由一名主审法官与不少于两名法官组成,由首席大法官在英联邦境内具有完全民事及刑事管辖权之法院的法官中,或该法院之上诉法院的法官中遴选产生。

(b)该法庭应对此事项进行调查,并向总统提交调查报告,以及是否应当免除总审计署署长职务之建议。

9. 若免除总审计署署长职务之事项已提交至本条所规定之法庭,总统按照公共服务委员会之建议,可暂时中止总审计署署长履行职务。暂时中止履行职务之决定可由总统按照公共服务委员会之建议随时予以撤销。若法庭建议总统不应免除总审计署署长职务,该暂时中止履行职务之决定随即失效。

10. 本条第五款所规定之法定年龄为五十五周岁,或为议会规定的其他年龄。

议会在总审计署署长被任命后,对其法定卸职年龄所作出的修改,对该总审计署署长不发生效力。但经其本人同意的除外。

第九十条

1. 本条规定适用于司法官、高等法院登记官、高等法院助理登记官、在总检察署内任公职者(包括总检察长)、在议会专员署内任公职者、具有特定资质且在首席选举官署内任公职者(不包括首席选举官)、具有特定资质且在公诉署内任公职者(不包括公诉专员)。

2. 任命本条所适用人员之权力(包括对任命进行确认之权力),属于公共服务委员会。

公共服务委员会在行使本条所赋予的职权前,应征求司法与法律服务委员会的意见。

3. 在受制于本宪法第七十一条第四款之规限下,对本条所适用人员行使纪律惩戒与免职之权力,属于司法与法律服务委员会。

司法与法律服务委员会在行使本款所赋予的职权前,应征求公共服务委员会的意见。

第三节 警务部门

第九十一条

1. 应设立由以下人士组成之警务委员会:

(a)总统按照总理之建议任命的一名主席与一名副主席;

(b)总统按照总理之建议在适格代表机构遴选出的人士中任命的两名委员;

(c)总统按照总理之建议任命的委员,但不得多于三名。

总理在依据本款第(b)项、第(c)项之规定向总统提出建议前,应与反对派领袖进行协商。

2. 本宪法第八十四条(该条第一款与第十五款除外)适用于公共服务委员会之规定,亦适用于警务委员会。

3. 本条中"适格代表机构"是指总统按照总理之建议指定的、在多米尼克国境内代表警务人员利益之主要机构。

第九十二条

1. 任命总警监与副总警监之权力,以及在受制于本宪法第九十三条之规限下、解除总警监与副总警监职务之权力属于总统。总统应按照总理与反对派领袖、警务委员会协商后所提交之建议行使上述职权。

2. 任命副总警监警衔以下警务人员之权力(包括对任命进行确认之权力),以及在受制于本宪法第九十三条之规限下,对上述人员行使纪律惩戒与免职之权力,属于警务委员会。

3. 警务委员会可将本条第二款所规定的、对巡佐警衔以下警务人员任免惩戒等职权,按照其认为合理的条件,通过书面方式授权其一名或多名委员行使,或经总理同意后按上述方式授权总警监或其他警务人员行使。

4. 不得基于警务人员在行使司法职责的过程中的任何作为或不作为,而依据本条之规定解除其职务或对其进行惩戒。但经司法与法律服务委员会同意的除外。

第四节 公务申诉委员会

第九十三条

1. 应设立由以下人士组成之公务申诉委员会(本条及第九十四条中简称为申诉委员会):

(a)总统任命的一名主席;

(b)总统按照总理之建议任命的一名委员;

(c)总统按照适格代表机构之建议任命的一名委员。

2. 议院议员不得被任命为申诉委员会委员,依据本条第一款第(c)项所任命的委员应为(或曾经为)公职人员。

3. 在受制于本条之规限下,以下情形,申诉委员会委员任期终止:

(a)自其被任命之日起三年后;

(b)依据本条第二款之规定被任命为申诉委员会委员之资格已不复存在。

4. 仅可依据本条之规定,基于申诉委员会委员无法履行职责(无论由于身体、精神或其他原因)或行为不端而免除其职务。

5. 若免除申诉委员会委员职务之事项已提交至本条第六款所规定之法庭,且该法庭建议总统,申诉委员会委员基于前款所述原因其职务应予以免除,则总统应免除申诉委员会委员职务。

6. 若总统认为应对依据本条规定免除申诉委员会委员职务之事项进行调查的,则:

(a)总统应指定成立法庭,该法庭由一名主审法官与不少于两名法官组成,由首席大法官在英联邦境内具有完全民事及刑事管辖权之法院的法官中,或该法院之上诉法院的法官中遴选产生。

(b)该法庭应对此事项进行调查,并向总统提交调查报告,以及是否应当免除申诉委员会委员职务之建议。

7. 若免除申诉委员会委员职务之事项已提交至本条所规定之法庭,总统可暂时中止该委员履行职务。暂时中止履行职务之决定可由总统随时予以撤销。若法庭建议总统不应免除该委员职务，暂时中止履行职务之决定随即失效。

8. 若申诉委员会委员无法继续履行职责，总统可任命一名具备成为申诉委员会委员之资格者代为履行委员职责，代为履行申诉委员会委员职责者应在受制于本条第四款之规限下履行职责，直至原委员恢复履行职责，或总统撤销其代为履行职责之任命。

9. 总统行使本条第六款、第七款、第八款所赋予的职权时，应经过独立审慎决策。若该申诉委员会委员为依据本条第一款（b）项所任命，则总统应按照总理之建议行使上述职权。

10. 申诉委员会依据本宪法之规定行使职权时，不受任何个人或机构控制或干涉。

11. 本条中"适格代表机构"是指本宪法第八十四条第十五款所规定的机构。

第九十四条

1. 本条规定适用于：

（a）总统按照公共服务委员会或警务委员会之建议所作出之决定，公共服务委员会或警务委员会所作出的免去公职人员职务或对其行使纪律惩戒之决定（包括对依据本宪法第八十五条第二款、第九十二条第三款获得授权者的决定提起确认或申诉之裁决）；

（b）依据本宪法第八十五条第二款、第九十二条第三款获得授权者所作出的免除公职人员职务或对其行使纪律惩戒之决定（不包括对公共服务委员会或警务委员会的决定提起确认或申诉之裁决）；

（c）多米尼克国陆军、海军或空军所作出的纪律决定。

2. 在受制于本条之规限下，对本条所适用的公职人员、陆军、海军及空军成员所作出的决定之申诉，应提交至申诉委员会。

3. 对于依据本条规定所提交之申诉，申诉委员会可裁决维持原决定或撤销原决定，亦可作出被申诉机构或个人有权作出的其他决定。

4. 申诉委员会所作出之决定，应获得全体委员半数以上通过。

5. 在受制于本条第四款之规限下，申诉委员会可对以下事项制定规则：

（a）申诉委员会之议事程序；

（b）依据本条规定提出申诉之程序；

（c）对薪酬未达到规定限额的公职人员作出的决定，以及对其行使纪律惩戒权的决定（解除职务决定除外）之申诉规则。但本条第二款所规定的决定除外。

6. 为履行申诉委员会职责，经总理同意，依据本条所制定的规则可对任何公职人员或任何政府机关赋予权力或施加义务。

7. 在受制于本条规定与其议事规则之规限下，申诉委员会可在其委员缺席时议事。

第五节　养恤金

第九十五条

1. 本宪法实施前已发放的养恤金所适用之法律，应为发放养恤金时已生效之法律，或在生效时不会对获得养恤金者的利益造成减损之法律。

2. 以下养恤金（不包括本条第一款规定所适用之养恤金）所适用之法律，应为：

（a）公职人员、最高法院法官或最高法院官员的任职时间起始于本宪法实施前的，其全部养恤金所适用的法律应为本宪法实施前已生效之法律；

（b）公职人员、最高法院法官或最高法院官员的任职时间起始于本宪法实施后的，其全部或部分养恤金所适用的法律应为其任职时已生效之法律，或为在将来生效，但不会对其利益造成损害之法律。

3. 若获得养恤金者有权在其养恤金所适用的两个或两个以上法律中作出选择，其所选择的法律应被视为对其更有利的法律。

4. 养恤金应从统一基金中拨付，但依据法律规定从其他基金中拨付的除外。

5. 本条中"养恤金"是指发放给公职人员、最高法院法官或最高法院官员，以及其遗孀、子女、受扶养人或继承人等的养老金、抚恤金、退役金，以及其他形式的补助。

6. 本条中所指的关于养恤金之法律，包括关于在何种境况下应发放或不应发放养恤金之法律，关于在何种境况下可扣付、克减或暂时中止发放养恤金之法律，以及关于计算应得养恤金总额之法律。

第九十六条

1. 任何个人或机构对以下事项依法具有自由裁量权时：

（a）是否发放养恤金；

（b）扣付、克减或暂时中止发放养恤金。

其作出不发放养恤金之决定，以及扣付、克减或暂时中止发放养恤金之决定，应征得公共服务委员会同意。

2. 若法律对应获得养恤金者之养恤金额度未作出具体规定，则其所获得之养恤金应为其有权获得的最大额度。但公共服务委员会认为应发放较小额度的除外。

3. 对于担任或曾经担任最高法院法官、公诉专员、总审计署署长、首席选举官者，基于其在任职期间行为不端而拟对其不发放养恤金,或扣付、克减或暂时中止发放养恤金,或发放较小额度养恤金的,公共服务委员会不得依据本条第一款或第二款之规定予以批准。但上述人士由于行为不端而被免职的情况下除外。

4. 对于本宪法第九十条所适用之人士,基于其在任职期间行为不端而拟对其不发放其养恤金,扣付、克减或暂时中止发放养恤金,或发放较小额度养恤金的,公共服务委员会在依据本条第一款或第二款之规定予以批准前,应征求司法与法律服务委员会的意见。

5. 本条中"养恤金"是指发放给公职人员、最高法院法官或最高法院官员,及其遗孀、子女、受扶养人或继承人等的养老金、抚恤金、退役金,或其他形式的补助。

第七章 国籍

第九十七条

1. 出生于多米尼克国境内,且在本宪法实施前成为英联邦与英国殖民地公民者,应在本宪法实施后成为多米尼克国公民。

2. 在本宪法实施前:

(a)依据1948年英国国籍法案,由于其在该法生效前已在多米尼克国归化为英联邦与英国殖民地公民,而成为英联邦与英国殖民地公民者;

(b)依据1948年英国国籍法案,其于1965年之前在多米尼克国归化或登记为英联邦与英国殖民地公民者,应在本宪法实施后成为多米尼克国公民。

3. 出生于多米尼克国境外,且在本宪法实施前成为英联邦与英国殖民地公民者,若其父亲或母亲依据本条第一款或第二款之规定成为(或若非其死亡则本应成为)多米尼克国公民的,应在本宪法实施后成为多米尼克国公民。

第九十八条

本宪法实施后,出生于多米尼克国境内者,自其出生之日起成为多米尼克国公民。

以下情形,出生时不得成为多米尼克国公民:

(a)其父亲或母亲为非多米尼克国公民,且享有外国委派至多米尼克国使节之司法豁免权;或

(b)其父亲或母亲为多米尼克国处于战争状态时之敌对国家公民,且其出生地位于敌占区。

第九十九条

在本宪法实施后出生于多米尼克国境外者,若在其出生时,其父亲或母亲依据本宪法第九十七条第一款或第二款,或第九十八条之规定已成为多米尼克国公民的,则应自其出生之日起成为多米尼克国公民。

第一百条

1. 基于其申请,以下人士有权成为多米尼克国公民(受英国保护之人士、年满十八周岁之外国人需进行效忠宣誓):

(a)连续七年常住于多米尼克国之英联邦公民;

(b)依据本宪法第九十七条第一款或第二款,或第九十八条之规定成为多米尼克国公民,但为获得或保留外国国籍而放弃多米尼克国国籍者;

(c)依据本宪法第九十七条第一款或第二款,或第九十八条之规定成为(或若非其死亡则本应成为)多米尼克国公民者之未满十八周岁的子女、继子女,或以合法方式收养的养子女。

2. 应依据议会制定的法律提出本条所规定之申请。本条第一款第(c)项所适用的未成年人在其满十八周岁之前(或在法律规定的大于十八周岁的其他年龄之前),应由其父母或监护人代为提出申请。

第一百〇一条

议会可制定关于以下事项之法律:

(a)依据本章规定不具备(或不再具备)成为多米尼克国公民资格者,对多米尼克国国籍之获取。

(b)对多米尼克国国籍之剥夺。但依据本宪法第九十七条、第九十八条、第九十九条之规定所获得之国籍除外。

(c)对多米尼克国国籍之放弃。

第一百〇二条

1. 本章中:

"外国人"是指非英联邦公民、受英国保护之人士,或爱尔兰共和国公民;

"受英国保护之人士"是指依据1948年英国国籍法案,或依据英国议会对该法案之修正案而受到英国保护的人士。

2. 依据本章之规定,出生于具有注册地的船舶或飞行器者,应被视为出生于该船舶或飞行器的注册地国家。出生于由其他国家政府所拥有的、不具有注册地的船舶或飞行器者,应被视为出生于该国。

3. 本章中关于某人出生时其已死亡的父亲之国籍,应解释为其父亲死亡时所拥有的国籍。若其父亲在本宪法实施前死亡,而其在本宪法实施后出生,则其父亲若在本宪法实施后死亡所应获得的国籍,应被视为其父亲死亡时的国籍。

第八章 司法

第一百〇三条

1. 在受制于本宪法第二十二条第五款、第三十八条第六款、第四十二条第八款、第五十七条第七款、第一百一十五条第八款、第一百一十八条第三款、第

一百二十一条第十款之规限下,认为本宪法(第一章除外)已被违反或正在被违反者,若其为该违反宪法行为之利害关系人,均有权依据本条规定向高等法院提起诉讼并寻求司法救济。

2. 高等法院具有对依据本条规定所提起诉讼之司法管辖权,有权对本宪法(第一章除外)是否已被违反或正在被违反作出判断,并作出相应裁定。

3. 若高等法院依据本条裁定本宪法已被违反或正在被违反,且提起诉讼者同时向高等法院申请司法救济,高等法院可在诉讼程序中依据多米尼克国法律给予相应救济。

4. 首席大法官可制定关于高等法院行使本条所赋予的司法管辖权之程序规则,以及依据本条规定提起前述诉讼之时限。

5. 利益受到违反宪法行为影响者,方可被视为有权依据本条规定提起诉讼之利害关系人。

6. 依据本条规定对违反宪法的行为提起诉讼并寻求司法救济之权利,应作为依据其他法律对该行为采取法律行动之补充。

7. 高等法院对本宪法第四十条规定的事项所具有的司法管辖权,不得被视为源于本条规定。

第一百〇四条

1. 多米尼克国法院(上诉法院、高等法院及军事法院除外)在审理案件过程中遇有涉及本宪法解释之事项时,若法院认为该事项涉及法律实体问题,应将该事项提交至高等法院审查。

2. 对依据前款规定提交至高等法院之事项,高等法院应作出裁决。提交该事项的法院应依据高等法院的裁决处理该诉讼。若对高等法院的裁决向上诉法院或司法委员会提起上诉,则应依据上诉法院或司法委员会的上诉裁决处理该诉讼。

第一百〇五条

1. 在受制于本宪法第四十条第七款之规限下,对高等法院之下列裁决,可向上诉法院提起上诉:

(a)对涉及本宪法解释的事项所作出之民事或刑事终审判决;

(b)高等法院行使本宪法第十六条所赋予的司法管辖权(关于基本权利与自由之行使)所作出之终审裁决。

2. 对公务申诉委员会作出的最终裁决之上诉,应向上诉法院提出。

3. 首席大法官可制定上诉法院应适用的、审理对公务申诉委员会作出最终裁决的上诉之程序规则。

第一百〇六条

1. 对上诉法院之下列裁决,可向司法委员会提起上诉:

(a)争议事项金额达到或超过规定数额之民事诉讼终审判决、直接或间接主张的财产或权利金额达到或超过规定数额之民事诉讼终审判决;

(b)解除婚姻关系或确认婚姻无效之终审判决;

(c)对涉及本宪法解释的事项所作出之民事或刑事终审判决;

(d)议会规定的其他类型案件之裁决。

2. 对上诉法院之下列裁决,在向司法委员会提起上诉前,应得到上诉法院批准:

(a)上诉法院认为该民事诉讼中的争议事项具有重大且普遍的意义,或将对公众产生重要影响,应当被上诉至司法委员会之判决;

(b)议会规定的其他类型案件之判决。

3. 对上诉法院之任何民事或刑事判决向司法委员会提出上诉的,均应得到司法委员会之特别批准。

4. 本条中"上诉法院之裁决",是指上诉法院在行使本宪法或多米尼克国法律所赋予的司法管辖权过程中所作出的裁定或判决。

但不包括上诉法院在行使本宪法第一百〇五条第二款所赋予的司法管辖权过程中所作出之裁决。

5. 本条中所指"规定数额"为一千五百美元或议会规定的其他数额。

6. 本条之规定应受制于本宪法第二十二条第四款、第四十条第七款之规限。

第一百〇七条

本章中"违反宪法"与"解释宪法",应解释为包括对最高法院规则之违反与解释。

第九章 议会专员

第一百〇八条

1. 议会专员属于议会之官员。议会专员不得担任具有薪酬之公职或非公职,也不得从事其他有偿职业。

2. 议会专员由总统任命,总统在任命议会专员前应与总理、反对派领袖进行协商。议会专员任期不得超过五年。

3. 议会专员在履行职责前,应向议长进行就职宣誓。

4. 在受制于本条第七条之规限下,在议会专员任期届满后应免除其职务。

以下情形,亦应免除议会专员职务:

(a)经其本人同意后,被提名为众议员或参议员候选人;

(b)其被任命至其他带薪职位,或从事其他有偿职业。

5. 应在议会专员职位出现空缺后九十日内任命新的议会专员。

议会可通过决议,对上述期限予以延展,但总计不得超过一百五十日。

6. 仅可依据本条之规定,基于议会专员无法履行职责(无论由于身体、精神或其他原因)或行为不端而免除其职务。

7. 若免除议会专员职务之事项已提交至本条第八款所规定之法庭,且该法庭建议总统,议会专员基于前款所述原因其职务应予以免除,则总统应当免除议会专员职务。

8. 若总统与总理及反对派领袖协商后,认为应对依据本条规定免除议会专员职务之事项进行调查,则:

（a）总统应指定成立法庭,该法庭由一名主审法官与不少于两名法官组成,由首席大法官在英联邦境内具有完全民事及刑事管辖权之法院的法官中,或该法院之上诉法院的法官中遴选产生。

（b）该法庭应对此事项进行调查,并向总统提交调查报告,以及是否应当免除议会专员职务之建议。

9. 若免除议会专员职务之事项已提交至本条所规定之法庭,总统在与总理及反对派领袖协商后,可暂时中止议会专员履行职务。暂时中止履行职务之决定可由总统在与总理及反对派领袖协商后随时予以撤销。若法庭建议总统不应免除议会专员职务,该暂时中止履行职务之决定随即失效。

第一百〇九条

1. 适用于议会专员的本宪法第一百〇八条之规定,亦适用于议会副专员。

2. 议会副专员应协助议会专员履行职责。当议会专员职位出现空缺,或议会专员无法继续履行职责时,议会副专员应代为履行议会专员职责。

第一百一十条

1. 在受制于本宪法第一百一十一条、第一百一十二条之规限下,议会专员的主要职责为:对属于本条适用对象的政府部门或机构所作出的,或由该部门或机构中履行行政职权的人员或成员所作出的决策与建议(包括向部长提出之决策与建议)及其任何作为与不作为行为进行调查。

2. 为确保议会专员有效履行职责,应为其配备工作人员。前述工作人员担任的职位属于公职。

3. 以下情形,议会专员可对该事项展开调查:

（a）议会专员收到控告者声称其由于行政机关的过错行为而遭受不公正待遇之控告;

（b）由于个人或团体已经遭受或可能遭受不公正待遇,议院议员要求议会专员对此进行调查;

（c）议会专员认为应当对个人或团体已经遭受或可能遭受不公正待遇进行调查。

4. 本条规定适用于政府各部门及以下机构:

（a）为行使地方政府职能或公共服务职能而设立的地方机构或组织;

（b）主要成员由总统或部长任命,或其全部或主要收入来自于公共基金的机构或组织;

（c）有权决定何人可与政府订立合同之机构;

（d）议会规定的本条应予以适用的其他机构。

第一百一十一条

1. 若调查事项涉及部长所作出之决策,议会专员不得调查或质疑该决策所依据的政策。

2. 就涉及公共服务部门贪腐且导致不公正结果行为之控告,议会专员有权依据本宪法第一百一十条展开调查,并有权调查诱发或导致公共服务部门贪腐的因素,但议会专员无权调查针对具体人员的贪腐指控。

3. 在调查过程中,若议会专员认为有证据表明公职人员或公职人员之关系人涉嫌贪腐,其有权向适格机构出具报告,并提出进行调查之建议。

4. 议会专员不得对以下事项展开调查:

（a）若提出控告者:

（i）已通过诉讼方式获得救济;

（ii）已向独立公正之法庭提起诉讼、上诉或审查;

（b）本宪法附录三所规定之事项。

5. 本条第四款之规定,并不妨碍议会专员在以下情形行使调查权:

（a）提出控告者已通过诉讼方式获得救济,但按照当时的情形判断,其提出该诉讼请求是不符合常理的;

（b）提出控告者依据本宪法第十六条之规定(关于基本权利与自由之行使),有权向高等法院寻求司法救济。

第一百一十二条

在受制于本宪法第一百一十条、第一百一十一条之规限下,议会专员应自行决定是否对某一事项展开调查、继续调查或中止调查。在不妨碍议会专员行使自由裁量权的前提下,其在以下情形可拒绝展开调查或决定中止调查:

（a）自控告者知晓控告事项至议会专员收到控告,已超过十二个月;

（b）所控告之事项为琐细事项;

（c）所提出之控告无充分依据或无正当理由;

（d）提出控告者与控告事项无利害关系。

第一百一十三条

1. 对于提交至议会专员的调查请求或控告,若议会专员拒绝展开调查或决定中止调查,应告知提出调查请求者或提出控告者其作出上述决定的理由。

2. 调查结束后,议会专员应将调查结果告知相关政府部门或机构。若议会专员认为由于行政机关的过错行为而导致了不公正结果,应告知相关政府部门或机构其作出上述判断的理由,并提出相应建议。

3. 议会专员可在其提出的建议中,或在提出建议后其认为适当的时机,指定不公正之结果应得到纠正的期限。

4. 在依据调查请求或控告展开调查时,议会专员应告知提出调查请求者或提出控告者其调查的进度与结果。

5. 若议会专员认为其调查的事项对公众产生重要影响,或认为相关政府部门或机构未能在议会专员依据本条第二款所指定的期限中采取有效行动以纠正不公正结果,议会专员应对该事项向议院提交专门报告。

6. 议会专员应向议院提交关于其履行职责情况的年度报告。年度报告中应当包括其所收到的控告的统计数据以及其据此展开调查所获得的结论。

第一百一十四条

1. 议会专员拥有高等法院所具有的传唤证人、要求证人宣誓并作证、获取与调查相关的文件等职权。在调查过程中证人享有与在高等法院诉讼过程中相同权利与义务。

2. 议会专员拥有进入本宪法第一百一十条所适用的政府部门或机构之办公场所、对该办公场所进行检查、获取该办公场所内调查所需的各类文件之职权。

第一百一十五条

1. 议会可制定关于以下事项之法律:

(a)向议会专员提出调查请求或控告,以及议会专员行使调查权之程序;

(b)赋予议会专员职权,对与议会专员调查相关的人士施加义务;

(c)促进议会专员有效履行职责的一般规定。

2. 议会专员无权传唤部长或政务次官,无权强迫部长或政务次官对与调查有关的问题作出回答。

3. 议会专员无权要求证人提交任何内阁文件,无权要求证人提供私密个人所得税信息。

4. 议会专员依据调查请求或控告展开调查时,不得向提出调查请求者或提出控告者收取任何费用。

5. 不得针对议会专员及其下属履行本宪法所赋予的职责之行为,提起任何民事或刑事诉讼。但有证据表明议会专员存在恶意履职的行为除外。

6. 议会专员及其下属不得被要求在法庭诉讼中,或其他具有司法性质的程序中,对其在履行职责过程中所获得之信息作证。

7. 在依据本宪法规定展开调查的过程中,提交至议会专员的任何言辞信息、书面文件或实物,均应适用与法院调查或诉讼相同的证据规则。

8. 不得基于调查形式存有缺陷或瑕疵而将议会专员的调查归于无效。对于议会专员的调查过程或结论,不得提出质疑、审查、宣布无效或向法院提起诉讼,但议会专员无权展开调查的情况下除外。

第十章 杂项条款

第一百一十六条

多米尼克国为民主共和制主权国家。

第一百一十七条

本宪法为多米尼克国之最高法律。在受制于本宪法之规限下,任何法律中与本宪法规定相冲突之内容无效。

第一百一十八条

1. 本宪法所指总统之职责,应解释为行使多米尼克国行政权之职权与义务,以及本宪法或法律所赋予总统的其他职权与义务。

2. 依据本宪法之规定,要求总统在履行职责前应与他人或机构进行协商的,不应解释为总统负有遵循该人或该机构意见而行事之义务。

3. 本宪法要求总统按照他人或机构之建议,或要求总统与他人或机构进行协商后履行职责的,不得针对总统是否据此履行职责提起诉讼。

第一百一十九条

1. 总统、众议员或参议员可通过递交亲笔辞职函的方式,向议长提出辞职。辞职函在经以下人士签收后,总统、众议员或参议员即行辞职:

(a)经议长签收;

(b)若议长职位出现空缺或议长无法履行职责,且无人代为履行其职责时,经副议长签收;

(c)若副议长职位亦出现空缺或副议长亦无法履行职责,且无人代为履行其职责时,经议院书记员签收。

2. 议长或副议长可通过递交亲笔辞职函的方式,向议院提出辞职。辞职函在经议院书记员签收后,议长或副议长即行辞职。

3. 被任命为依据本宪法所设立之职位者(本条第一款、第二款所适用之职位除外),以及被任命为依据本宪法所设立之部长者,可通过递交亲笔辞职函的方式,向对其作出任命的人士或机构提出辞职,并于以下时间即行辞职:

(a)辞职函中所指明的时间;

(b)辞职函经对其作出任命的人士或机构签收,或经授权接收此辞职函者签收后。

辞职函经由对其作出任命的人士或机构同意后,可予以撤回。

第一百二十条

1. 在受制于本宪法第二十一条第一款之规定下，从依据本宪法所设立之职位，或依据本宪法所设立之部长职位离任者，若其具备相应资格，可依据本宪法规定再次被选举为或被任命为上述职务。

2. 若被任命为某一职务者由于其无法履行职责而使重新任命该职位成为必要，则依据本宪法有权对该职位作出任命之人士或机构可重新对该职位作出任命。若依据本款规定使得同一职位同时出现两名以上被任命者，应以最后一位被任命者作为履行该职务者。

第一百二十一条

1. 在本宪法中，若无其他不同规定，则：

"英联邦公民"应依据议会制定之法律进行界定。

"多米尼克"是指多米尼克国。

"美元"是指多米尼克国之现行流通货币单位。

"财政年度"是指从每年7月1日起算的为期十二个月之期间，或法律所规定的其他期间。

"政府"是指多米尼克国政府。

"议院"是指多米尼克国议院。

"司法委员会"是指枢密院司法委员会。①

"法律"包括具有效力之成文法与不成文法，"合法的"与"合法地"亦应作出相应解释。

"部长"是指包括临时部长在内之政府部长。

"议会"是指多米尼克国议会。

"宣誓"包括正式庄严之声明。

"效忠宣誓"是指法律所规定的表明效忠决心之宣誓。

"就职宣誓"是指法律所规定的与履行职责有关之宣誓。

"保密宣誓"是指法律所规定的保守秘密之宣誓。

"警察部门"是指多米尼克国警察部门。

"公职"是指提供公共服务的具有薪酬之职位。

"公职人员"是指担任公职之人士。

"公共服务"是指在受制于本条之限制下，政府为公众利益所提供之服务。

"会期"是指从议会宣布休会或被解散后举行首次会议之日起，至议会再次宣布休会或被解散之日止，两者所形成的期间。

"会议"是指议院及议院委员会不受休会所中断之会议。

"议长"与"副议长"是指担任议院议长与副议长职务之人士。

2. 本宪法中所指提供公共服务之职务，不包括以下职务：

(a)议长与副议长、总理、部长与临时部长、政务次官、议院议员、议会专员与议会副专员；

(b)依据本宪法设立的委员会之委员、特赦咨议委员会之委员、公务申诉委员会之委员；

(c)最高法院法官及最高法院官员；

(d)议会所规定的、依法组建的其他委员会或类似机构(无论其是否为法人)之成员。

3. 本宪法中：

(a)最高法院规则包括可修改最高法院规则之法律；

(b)最高法院、上诉法院、高等法院以及司法与法律服务委员会是指依据最高法院规则所设立的上述机构；

(c)首席大法官与最高法院规则中所指的首席大法官同义；

(d)关于最高法院法官之规定适用于高等法院或上诉法院法官，若无其他不同规定，亦适用于向风群岛前最高法院法官与背风群岛前最高法院法官；②

(e)关于最高法院官员之规定适用于首席登记官，以及依据最高法院规则所任命的最高法院官员。

4. 本宪法中"特定资质"是指依据多米尼克国法律所确定的专业资质。依法获准在多米尼克国境内作为出庭律师或初级律师执业者，必须具备其中一项专业资质。

5. 任何人不得仅因其获得该职位薪酬或补贴，而被推定为在该职位任职。

6. 本宪法中关于职责之规定，应适用于被授权代为履行该职责之人士，但本宪法作出其他规定的除外。

7. 未经已在某一职位任职者同意，不得将其选举为或任命为其他职位，或要求其代为履行其他职位职责。但本宪法对此作出规定的情况除外。

8. 本宪法中免除公职人员职务之权力，应包括依法要求或批准该公职人员退休之权力。

(a)本款之规定不得解释为授予任何人士或机构要求公诉专员、总审计署署长、首席选举官退休之权力。

(b)若免除公职人员职务之权力属于本宪法设立的委员会以外的人士或机构，则批准该公职人员退休之权力属于公共服务委员会。

9. 本宪法授权个人或机构免除公职人员职务之权力，不得妨碍废除该职位权力之行使，不得影响关于公职人员一般退休年龄、特定级别公职人员特定退

---

① 多米尼克国为英联邦国家，司法终审权归属英国枢密院司法委员会。译者注。

② 向风群岛与背风群岛皆为地名。译者注。

休年龄的法律之效力。

10. 由于任职者无法继续履行职责,本宪法授权个人或机构任命他人代为履行其职责时,不得基于该任职者并非无法继续履行职责而对上述任命提出质疑。

11. 本宪法关于个人或机构履行职责时不受任何个人或机构控制或干涉之规定,不得解释为排除法院对该个人或机构(无论其是否依据本宪法履行职责)行使司法管辖权。

12. 在不影响1889年《解释法》第三十二条第三款之效力(依据本条第十四款之规定予以适用)的前提下,本宪法所赋予的颁布命令、制定规则、实施指挥、作出任命之权力,应包括以类似的条件、以类似的方式修改或撤回上述命令、规则、指挥或任命之权力。

13. 本宪法关于修改宪法或法律之规定,包括以下内容:

(a)废止宪法或法律、重新制定宪法或法律,或替换宪法条款或法律条款;

(b)以删改方式修改宪法条款或法律条款,或对其附加新的条款;

(c)暂时中止宪法或法律之效力,或恢复宪法或法律之效力。

14. 应在对1889年《解释法》进行必要的修改后,将其适用于本宪法之解释。或按照其适用于解释英国议会所制定法律之方式,解释本宪法。

附录(略)

厄瓜多尔共和国宪法

(2008年经议会通过,更新至2011年)

我们,厄瓜多尔的主权人民:

承认我们古老的根源,其由不同民族的女性和男性构成,

颂扬自然,帕查妈妈(Pacha Mama),我们是其中的一部分以及其对我们的生存是至关重要的,

以上帝的名义祈祷,承认我们宗教和神灵的多样形式,

呼吁所有文化的智慧丰富作为一个社会的我们,

继承社会解放斗争以反对所有形式的统治和殖民主义,

郑重地对现在和未来承诺,

特此决定建立:

一种公众共存的新形式、多样性并且与自然和谐相处,以实现美好生活和充实生活;

一个在所有方面尊重个人和社会团体尊严的社会;

一个民主的国家,致力于拉丁美洲一体化——西蒙·玻利瓦尔(Simón Bolívar)和埃洛伊·阿尔法罗(Eloy Alfaro)的梦想,以及地球上所有人民的和平与团结。

并且,行使我们的主权权力,在阿尔法罗城、蒙特克里斯蒂和马纳比省(Manabí),我们赐予自身的礼物:

厄瓜多尔共和国宪法

第一编 国家的组成要素

第一章 基本原则

第一条

厄瓜多尔是一个权利和正义的宪政国家,一个社会主义、民主、主权、独立、统一、跨文化和世俗的国家。

主权属于人民,人民的意志是所有权力的基础,主权由公共机构通过宪法规定的直接参与统治的形式行使。

国境内的不可再生自然资源属于国家不可转让和绝对的资产,其不受制于时效规定。

第二条

由法律所规定的国旗、国徽和国歌是国家的象征。

西班牙语是厄瓜多尔的官方语言;西班牙语、克丘亚语(Kichwa)和舒阿拉语(Shuar)是文化交流时的官方语言。其他祖先的语言由土著人民在其生活的地区依照法律规定正式使用,国家应当尊重和鼓励其他语言的保存和使用。

第三条

国家的首要责任是:

1. 毫无歧视地保障真正享有宪法和国际文件规定的权利,特别是居民的教育权、健康权、食物权、社会保障权和水权。

2. 保障和捍卫国家主权。

3. 建立多元化的民族团结。

4. 保障世俗伦理作为公共服务和法律管理制度的基础。

5. 规划国家发展,消除贫困,促进可持续发展,保障资源和财富得以公平再分配以能够获得美好生活。

6. 通过建立自治和分权的程序促进全境公平且相互支持的发展。

7. 保护国家的自然和文化资产。

8. 保障居民获得和平文化与整体安全的权利,以及居住于没有腐败的民主社会的权利。

第四条

厄瓜多尔的领土组成一个单一的地理性和历史性整体,具有自然的、社会的和文化的属性,其由我们的祖先和古老民族传递给我们。这片领土包括大陆、海洋空间、临近岛屿、领海、加拉帕戈斯群岛(archipelago of the Galápagos Islands)、陆地、海底大陆架、底土、陆地、岛屿和海洋领土的上层空间。其界限由目前生效的条约确定。

---

* 译者:杜婉珍。

厄瓜多尔的领土是不可剥夺、不可减损和不可侵犯的,任何人不得危害领土的完整性或者煽动分裂。

厄瓜多尔的首都是基多(Quito)。

厄瓜多尔国家应当就地球同步轨道、海洋空间和南极行使权利。

第五条

厄瓜多尔是一个和平的领域,禁止设立外国军队基地或者用于军事目的的外国设施,禁止转让国家军事基地给予外国军队或者武装部队。

第二章 女性和男性公民

第六条

所有的女性或者男性厄瓜多尔人是公民,并且应当享有宪法规定的权利。

厄瓜多尔国籍是个人与国家之间的政治和法律纽带,并不妨碍其属于共存于多民族厄瓜多尔的任何其他土著民族。

厄瓜多尔国籍由出生或归化取得,并且不得因结婚、离婚或者取得其他国籍而丧失。

第七条

下列人员通过出生成为厄瓜多尔人:

1. 在厄瓜多尔出生之人。

2. 在国外出生,但其父亲或母亲生于厄瓜多尔之人,及其三代以内旁系血亲。

3. 属于获得国家承认的居住于边境地区的社区、民族或者国家之人。

第八条

下列人员通过归化成为厄瓜多尔人:

1. 获得归化卡之人。

2. 由女性或者男性厄瓜多尔人收养的未成年外国人,只要他们没有明确表明不成为厄瓜多尔人,其即保持厄瓜多尔国籍。

3. 出生于国外,但其母亲或者父亲通过归化成为厄瓜多尔人的,当他们是未成年人时,只要其未明确表示不成为厄瓜多尔人,应保持其厄瓜多尔国籍。

4. 依照法律与厄瓜多尔的女性或者男性结婚或者拥有一个普通法的婚姻之人。

5. 因基于其天赋或者个人努力为国家提供重要服务而获得厄瓜多尔国籍之人。

获得厄瓜多尔国籍的人没有义务放弃其原始国籍。

通过归化获得厄瓜多尔国籍之人应通过明确宣布放弃而丧失国籍。

第九条

依照宪法,在厄瓜多尔领土内的外籍人士拥有与厄瓜多尔人相同的权利和义务。

第二编 权利

第一章 权利行使的原则

第十条

个人、社区、民族、国家和共同体是权利的持有人,应当享有宪法和国际文件所保障的权利。

权利的性质应由宪法确认。

第十一条

权利的行使应当遵守以下原则:

1. 权利可以个人地或者集体地形式向主管机构行使、促进和执行,这些机构应保障其执行。

2. 人人平等,且应享有相同的权利、履行相同的义务和责任。

任何人均不得因民族、出生、年龄、性别、性别认同、文化认同、市民身份、语言、宗教、意识形态、政治面貌、合法记录、社会—经济条件、移民身份、性取向、健康状况、艾滋病携带者、残疾、生理性差异或者其他有区别的特征而遭受歧视,无论该歧视是个人的或者集体的,暂时性的或是永久的,其可能指向或者导致权利认可、享有或者行使的减少或者丧失。一切形式的歧视受法律的惩罚。

国家应当基于处于不平等情况下的权利持有人的利益采取积极的行动措施促进真正的平等。

3. 宪法和国际人权文件提出的权利和保障应由民事、行政或者司法工作人员直接且立即执行,无论是凭借其职能或者是在当事人的要求之下。

针对权利的行使和宪法性保障,除了宪法或者法律所提出的,不得设立条件或者要求。

权利应具有完全可操作性。法律法规框架的缺失不能被主张用于证明其侵权或者不知情的合法依据,进而使驳回起诉成为其行为的结果或者否认权利的承认。

4. 任何法律法规均不得限制权利或者宪法保障的内容。

5. 在权利和宪法保障的条款中,公共、行政或司法工作人员必须以条例效力最有利的解释加以遵守。

6. 所有的原则和权利是不可剥夺、强制、不可分割、相互依存和同等重要的。

7. 宪法和国际人权文件认可的权利和保障不得排除源自个人、社区、民族和国家尊严的其他权利,这些权利可能是其充分发展所必需的。

8. 权利的内容应当通过标准、判例法和公共政策的方式逐步发展。国家应当创造和保障权利得以充分承认和行使所需要的条件。

任何没有正当理由地减少、破坏或者废除权利行使的具有退化性质的作为或不作为应被视为违宪。

9. 国家的最高职责即是尊重和执行宪法保障的权利。

国家、国家代表、特许持有人和所有行使公共权力的人,应当有责任补救因其在公共服务中的不作为或者作为不充分,或者其公共职员和雇员在履行职责时的作为或不作为对个人权利造成的侵害。

国家应当立即针对引起损害的负责人员提出还原索赔,且不损害民事、刑事和行政责任。

国家应当追究任意逮捕和拘留、司法误判、不合理的延迟或者司法不充分、侵犯获得法院有效保护的权利,以及违反正当法律程序的原则和规则等的法律责任。

当定罪的终审判决被撤销或者推翻,国家应当为因这一判决结果而遭受损害的人提供补救;当由公共、行政或者司法工作人员做出的这一行为的责任被认定,他们应当受到指控并作出赔偿。

第二章 良好生活的权利

第一节 水和食物

第十二条

水权是至关重要并且不可免除的。水组成供公众使用的国家战略资产,它是不可剥夺的,不适用时效法规,免于扣押,并且是生活必需品。

第十三条

个人和社会团体有权获得安全和永久的健康、充分和营养的食物,最好是在当地生产并且与他们的身份和文化传统相一致。

厄瓜多尔国家应促进食物主权。

第二节 健康的环境

第十四条

人类居住于健康和生态平衡的环境以保障可持续性和良好生活的权利获得承认。

环境保护、生态系统的保护、生物多样性和国家遗传资产的完整性、环境破坏的预防、退化的自然空间的恢复被视为公共利益事宜。

第十五条

国家应在公共或者私人部门,促进环保清洁技术、无污染、环境影响小的可替代能源的资源的使用。能源主权的实现不得造成食物主权的损害或者影响到水权。

禁止化学、生物和核武器,剧毒持久性的有机污染物,国际禁止的农药的开发、生产、拥有、销售、进口、运输、储存和使用,对于人类健康有害的或者危及食物主权或生态系统的生物实验技术及代理和转基因生物,以及引进核残留和有毒废弃物进入国家领土。

第三节 信息和通信

第十六条

所有人,个人地或者集体地,拥有下列权利:

1. 在社会交际的所有层面自由、跨文化、包容、多样和参与式沟通,以任何的方式或者形式,使用他们自己的语言和他们自己的符号。

2. 完整地获得信息和通信技术。

3. 在同等条件下,媒体的建立和获得公共、私人和社区的广播电台和电视台管理的无线频谱频率的使用,以及获得无线网络使用的免费频段。

4. 使包括残疾人在内的所有人获取和使用所有形式的视觉、听觉、感官和其他通信。

5. 成为宪法在通信领域所规定的参与空间的一部分。

第十七条

国家应当培养通信的多元性和多样性,为了实现这一目的,应当:

1. 通过透明的方法且在同等条件下,保障公共、私人和社区的广播电台和电视台管理的无线频谱频率的分配,以及获取无线网络使用的免费频段,当它们被使用时,应确保社区的公共福利。

2. 促进公共、私人和社区媒体的建立和加强,以及全面获取信息和通信技术,特别针对没有获取或者被限制获取的个人和社区团体。

3. 无论是直接或者间接,不允许垄断或者独占媒体的所有权和频率的使用。

第十八条

所有人,无论是个人地或者共同地,享有下列权利:

1. 查找、接收、交换、制作和传播信息,且该信息是真实、准确、及时、结合上下文、复数,无须就事实、事件和一般利益程序的事先审查,但伴有附随责任。

2. 自由获取访问处理国家基金或者履行公共职务的公共机构或者私人机构产生的信息。除了由法律明确规定的例外情况,不应就信息保密。在侵犯人权的事件中,没有公共机构可以拒绝提供信息。

第十九条

法律应当基于信息、教育和文化的目的规范媒体节目中内容的传播,并且应当为培养独立的国家产品的传播创造空间。

禁止煽动暴力、歧视、种族主义、药物成瘾、性别歧视、宗教或者政治不宽容和所有破坏权利的事宜。

第二十条

国家应当保障所有人的良心条款，确保职业秘密以及确保通过媒体、其他通信方式或从事通信活动的人告知和提出他们的观点的来源的秘密。

第四节 文化和科学

第二十一条

人人享有建立和维护其自身文化认同的权利，决定其属于一个或者几个文化社区，表明这些选择；获得审美自由的权利；学习它们文化的过去历史和获取文化遗产的权利；传播他们自身的文化表现形式和获取多样的文化表现形式。

当侵犯宪法承认的权利时文化不得作为理由。

第二十二条

人人享有发展其创新能力的权利，享有文化和艺术活动的值得称道和稳定行使的权利，有权获得来自归属于科学、文学或者艺术作品的作者的道德和继承权保护的利益。

第二十三条

人人有权获取和参与为了审议、文化交流、社会凝聚力和促进多样性平等而作为一体的公共空间。在公共空间传播其自身的文化表现形式的权利，除了法律的规定和受制于宪法原则，应当不受限制地行使。

第二十四条

人人拥有权利娱乐和休闲，参与运动和空闲时间。

第二十五条

人人有权享受科学进步和祖先智慧的福利和应用。

第五节 教育

第二十六条

教育是人终其一生的权利，是国家不可避免和强制性的义务。其为公共决策和国家投资构成一个优先领域，其是平等保障、社会包容和良好生活不可或缺的条件。个人、家庭和社会有权利和义务参加教育。

第二十七条

教育将关注人类，并应在尊重人权、可持续发展的环境和民主的框架内保障人的整体发展；教育应是参与性、义务性、跨文化、民主、包容和多样、高质量和人道的；其应当促进性别平等、正义、团结与和平；其应鼓励批评能力、艺术和体育、个人和社区创议、创造和工作的资格和能力的发展。

教育是获取知识、行使权利和建立主权国家不可缺少的，且其是国家发展的关键战略。

第二十八条

教育应为了公众的普遍福利而不得为个人或者企业利益服务。全面普及、持久性、灵活性和不受任何歧视的毕业，以及启蒙教育、初等教育、中等教育或者其他同等学力的义务性参加应获得保障。

第二十九条

国家应保障教学自由、高等教育学术自由和学习其自身语言和文化环境的个人权利。

母亲和父亲或者其代表应当自由地为其子女选择符合其原则、信念和教学选择的教育。

第六节 居住和住房

第三十条

人人有权获得安全和健康的居住地与充分和体面的住房，而不论其社会地位和经济地位。

第三十一条

人人有权基于可持续、社会正义、尊重不同的城市文化和城市与乡村直接的平衡等原则，充分享受城市及其公共空间。进入城市的权利的行使是基于城市的民主管理，尊重财产和城市的社会和环境功能，以及公民身份的完全行使。

第七节 健康

第三十二条

健康是由国家保障的权利，其实现与其他权利的行使相联系。其中，水、食物、教育、运动、工作、社会保障、健康环境和其他权利支撑良好生活。

国家应通过经济、社会、文化、教育和环境政策的方式保障这一权利；长久、及时和非排他地获得改善和提供整体医疗、性健康和生殖健康的计划、活动和服务。医疗服务的提供应以性别和生殖的方法，通过公平、普遍、团结、跨文化、质量、效率、有效、预防和生物伦理的原则管理。

第八节 劳动和社会保障

第三十三条

工作是一项权利和社会义务，也是一项经济权利，是个人价值实现的来源和经济的基础。国家应保障充分尊重工作人员的尊严、体面的生活、公平的薪酬和奖励，以及自由选择和接受健康工作的履行。

第三十四条

社会保障权是所有人的权利，其不能被免除，且应由国家承担这一权利的首要义务和责任。社会保障应由团结性、义务性、普遍性、公平性、效率性、辅助性、充分性、透明性和参与性原则管理，以满足个人和集体的需要。

国家应保障和确保社会保障权的充分和有效的行使,其包括在家庭从事无薪酬工作的人、在农村地区从事营生活动的人,所有形式的自营职业人和失业人员。

第三章 优先人士和团体的权利

第三十五条

老年人、女孩、小孩、青少年、孕妇、残疾人、监狱内的人和遭受灾难或重大复杂疾病的人在公共和私人领域应获得优先和特别照顾。同样的优先照顾应由处于危险状况的人、家庭暴力和性暴力的受害者、受虐待的儿童和自然或人为灾害的人获得。国家应向易受伤害的人提供特别保护。

第一节 老年女性和男性

第三十六条

老年人在公共或者私人领域应当获得优先和特殊的关注,特别是在社会和经济包容以及针对暴力的保护。年满六十五周岁的人可视为老年人。

第三十七条

国家应保障老年人享有下列权利:

1. 免费的专业医疗保健,以及免费获得药品。

2. 基于其技能提供有偿劳动,但应考虑到其限制。

3. 全民退休。

4. 在公共服务、私人运输服务和娱乐费用上享有折扣。

5. 税收豁免。

6. 依照法律,免除公证和登记服务的费用。

7. 获得确保体面生活的住房,尊重其意见。

第三十八条

国家应制定旨在为老年人提供照顾的公共政策和计划,但应注意城市和农村地区、性别、种族、文化之间的差异以及有关个人、社区、民族和国家的差异;国家也将尽最大可能促进在这些政策的制定和执行中的个人自主权和参与。

特别地,国家应采取以下措施:

1. 在全面保护权利的框架下,管理保障老年人营养、健康、教育和日常护理的专业中心。护理中心应当为保护不能由自己亲属照顾的人或者没有永久居留住所的人设立。

2. 特别保护反对任何形式的劳动或经济剥削。国家应落实旨在促进老年人在公共和私人机构的参与和工作,以便他们可以贡献自己的经验,同时国家应基于老年人的专业和志向,促进职业培训计划。

3. 促进旨在培养老年人个人自主的计划和政策,以降低他们的依赖性并确保全社会的一体化。

4. 保护并照顾反对一切形式的暴力、虐待、性剥削或导致前述情况的任何种类或不作为。

5. 促进旨在培养娱乐和精神活动的计划。

6. 在灾难、武装冲突和所有紧急情况之下的优先照顾。

7. 建立监禁措施执行的特殊制度。在终身监禁时,且在没有适用其他可替代性措施时,他们应在足够满足这一目的的中心执行判决,在审前拘留的情况下,他们应适用家中软禁。

8. 当老年人遭受慢性或者退化性疾病时给予保护、照顾和特别帮助。

9. 充足的经济和心理帮助以帮助老年人的身体和精神健康。

亲属或者为保护老年人建立的机构遗弃老年人应受到法律的制裁。

第二节 年轻人

第三十九条

国家应保障年轻人的权利,应通过政策和计划的手段促进其权利的有效行使,基于永久性的基础,促进确保和维护年轻人参与和融入所有领域,特别是公共部门领域的机构和资源。

国家应把年轻人视为国家发展中的战略性参与者,应保障其教育、健康、住房、娱乐、运动、修宪和表达与结社自由的权利。国家应在公平和体面的条件下将其纳入劳动力,侧重培训,保障获得初次就业和创业能力的改善。

第三节 迁徙自由

第四十条

人迁移的权利获得承认。任何人不应因其移民身份被认定或认为非法。

国家尤其应当通过相关实体部门推动下列活动以保障国外的厄瓜多尔人的权利行使,而不考虑其移民身份:

1. 无论其居住国外或者国内,国家应为他们及其家庭提供帮助。

2. 国家应提供照顾、咨询服务和完整保护以使其可以自由地行使权利。

3. 当其基于任何原因在国外被逮捕或者拘留时,国家应维护其权利。

4. 国家应促进他们同厄瓜多尔的联系,促成家庭团聚和鼓励其自愿回国。

5. 国家应维护位于厄瓜多尔国外机构的档案中的个人信息的秘密性。

6. 国家应保护跨国性家庭及其成员的权利。

第四十一条

依照法律和国际人权文件,庇护权和避难权受到承认。获得庇护或者避难的人应获得特别的保护以保障权利的充分行使。除了人道主义和法律紧急援助,国家应尊重和保障其不被遣返原则。

申请庇护或者避难的人不得因进入国家受到处罚、遭受起诉或处于不利地位。

在特殊的情况下且当环境证实时,国家应依照法律承认一个集体团体的难民身份。

第四十二条

禁止任意流离失所。流离失所的人有权获得权力机关的保护和紧急人道援助,确保其获得食物、避难处、住房、医疗和健康服务。

儿童、青少年、孕妇、带有未成年子女的母亲、老年人和残疾人应获得优先和特别的人道帮助。

所有流离失所的人员和群体有权安全和尊严地自愿返回其来源的处所。

第四节 孕妇

第四十三条

国家应保障怀孕和哺乳喂养的妇女的权利:

1. 在教育、社会和劳动领域不因孕产受到歧视。
2. 免费的孕产医疗服务。
3. 在怀孕、分娩和产后期间优先保护和照顾她们的整体健康和生活。
4. 怀孕之后和哺乳喂养期间恢复所需的设施。

第五节 儿童和青少年

第四十四条

国家、社会和家庭应优先促进儿童和青少年的整体发展,应保障其权利的充分行使;儿童的更高利益原则应受维持,其权利应优先于其他人的权利。

儿童和青少年也应享有全面发展的权利,即成长、成熟,智力和能力的开发,以情感和安全为特点的家庭、学校、社会和社区环境的潜力和志向。在国家和地方跨部门政策的支持下,环境应可能满足其社交、情绪、情感和文化需求。

第四十五条

儿童和青少年除了享有其年龄特有的权利,亦应享有所有人共同拥有的权利。国家应保障和承认生命,包括从受孕开始的照顾和保护。

儿童和青少年享有身体和心理完整的权利,获得身份、姓名和公民身份的权利,完整的健康和营养,教育、文化、运动和休闲,社会保障,拥有一个家庭和享受与家庭和社区的和平共处,社会参与,尊重其自由和尊严,在影响他们的事宜上获得咨询,优先以自己的语言和自身民族和国家的文化内容受到教育,获得关于其父母或者父母不在时亲属的信息,除非其有害于其福利。

国家应当保障他们的表达和结社自由,学生会和各类组织的自由运行。

第四十六条

国家应当采取包括下列措施以保障儿童和青少年:

1. 照顾六周岁以下的儿童,在其权利完整保护的框架之下保障他们的营养、健康、教育和日常护理。

2. 防止任何形式的劳动或者经济剥削的特别保护。禁止十五周岁以下的儿童工作,且应实施逐步消除童工的政策。青少年劳动应是例外而不是常规,不能侵害其教育权利,也不能在损害或者威胁其健康或个人发展的情况下开展。只要没有危害其教育和完整发展,工作和其他活动应受到尊重、承认和支持。

3. 优先照顾残疾人充分融入社会。国家应保障残疾人在正常的教育系统和社会的主流教育。

4. 保护和照顾以防止所有形式的暴力、虐待、性剥削或者其他任何形式的剥削,或者防止导致这些情况的不作为。

5. 防止药物或精神药物的使用,防止酒精饮料和其他有害他们健康和发展的物质消费。

6. 在灾难、武装冲突或者其他紧急情况之下的优先照顾。

7. 保护他们免受通过媒体手段传播的语言暴力、种族或者性歧视的节目或者信息的影响。通信公共政策应优先用于他们的教育,尊重他们的想象、诚实和其他与他们年龄有关的权利。限制和处罚应确立以实施这些权利。

8. 当母亲或者父亲或者两人都被逮捕和监禁时的特殊保护和帮助。

9. 当他们遭受慢性或者退化性疾病时的特别保护、照顾和帮助。

第六节 残疾人

第四十七条

国家应同社会和家庭一同保障残疾预防政策,国家应确保残疾人的平等机会和社会融合。

残疾人的下列权利获得承认:

1. 为其特殊需要提供医疗服务的公共和私人实体的特殊关注,其应包括免费提供药物,特别是针对需要终身治疗的人群。

2. 整体康复和长期援助,其包括相应的技术帮助。

3. 公共服务、私人交通服务和娱乐费用的折扣。

4. 税收豁免。

5. 在机会平等的条件之下工作,以通过允许他们进入公共和私人实体的政策手段培养他们的能力和潜力。

6. 适当的住房,住房配有一定的设备、解决残疾所需的条件和完成其日常生活的尽可能高程度的自治。在日间不能受到亲属的照顾或没有永久住所的残疾人应由残疾人保护中心接待。

7. 促进残疾人潜力和技能以使他们在平等的条件下融入和参与的教育。他们在常规教育系统的教育应受保障。常规设施应包括区别对待,特别照顾的设施应包括特殊化的教育。学校应遵守残疾人准入标准且应实行符合这一群体经济条件的奖学金制度。

8. 智障人士的特殊教育以及通过建立特殊教育中心和教学计划发展他们的能力。

9. 残疾人及其家庭的免费心理护理,特别是在智力残疾的情况下。

10. 充分获得所有的商品和服务,应当排除建筑障碍。

11. 获得替代性的沟通机制、媒体和形式,包括聋人的手语、口授法和盲文系统。

第四十八条

国家应为了残疾人的利益采取措施以确保:

1. 社会包容,通过协调国家和私人的计划与项目以促进他们的政治、社会、教育和文化参与。

2. 获得税收抵免、折扣或者豁免以使他们启动和保持生产活动,并且在所有层次的教育中获得学业奖学金。

3. 旨在促进残疾人休闲和休息的方案和政策的发展。

4. 政治参与,其应依照法律确保残疾人的正式代表。

5. 为了实现严重残疾人人格的最大程度发展,促进其自主性,降低其依赖性,应为之设立整体护理的专门方案。

6. 激励和支持有利于重度残疾人的亲属利益的生产项目。

7. 保障残疾人权利的充分行使。法律禁止遗弃残疾人,任何因其残疾导致虐待、不人道、侮辱人格的对待和歧视的行为应受法律制裁。

第四十九条

向残疾人提供护理的人群和家庭以及需要永久关注的人应由社会保障覆盖,并且获得定期的培训以改善护理质量。

第七节 重大疾病的人

第五十条

国家应保障所有遭受重大疾病或者重大复杂疾病的人获得各个层级免费的专业、及时和优先照顾的权利。

第八节 在囚人士

第五十一条

在囚人士的以下权利获得承认:

1. 不适用作为纪律措施的单独囚禁。

2. 亲属和法律职业人士的通信和探访。

3. 向司法当局声明监禁期间受到的对待。

4. 保障在监狱中整体健康所需要的人力和物力资源。

5. 关心他们的教育、劳动、产品、文化、食物和娱乐需要。

6. 在孕妇、哺乳期妇女、青少年、老年人、病人或者残疾人的情况下,获得优先和特别对待。

7. 对处于其照顾和扶养下的儿童、青少年、残疾人和老年人,享有保护性措施。

第九节 使用者和消费者

第五十二条

人人有权拥有高质量的产品和服务,选择自由,以及关于其内容和特点的没有误导性的准确信息。

法律规定质量管理体制,消费者保护程序,侵犯这些权利的处罚,产品和服务缺陷、损害或者劣质的赔偿与补偿,非由自然灾害或者不可抗力情况造成的公共服务中断的赔偿与补偿。

第五十三条

提供公共服务的企业、机构和组织必须整合系统以测定使用者和消费者的满意度,实施援助和补助制度。国家应追究因负责管理提供公共服务的疏忽大意以及付费服务的不足对个人造成民事损害的法律责任。

第五十四条

提供公共服务、产品或市场消费品的个人或实体应为其服务提供的不充分、产品质量的粗糙、或当其条件不符合广告宣传或产品说明的民事和刑事责任。个人应为其职业、工艺或者交易行使中的不当行为承担法律责任,特别是行为危及个人的完整性和生命。

第五十五条

使用者和消费者将可以设立协会以促进关于其权利的信息和教育,协会可以代表其向司法或者行政机关提起诉愿。

为了这一权利和其他权利的行使,任何人都没有义务参与协会。

第四章 社区、人民和民族的权利

第五十六条

土著社区、人民和民族,非洲裔厄瓜多尔人,内陆沿海地区和社区的蒙土比奥人是单一和不可分割的厄瓜多尔国家的一部分。

第五十七条

依照宪法和人权协议、公约、宣言和其他国际文件，土著公社、社区、人民和民族受到下列集体权利获得承认和保障：

1. 自由地坚持、发展和加强他们的身份、归宿感、祖先的传统和社会组织形式。

2. 不能成为种族主义的目标或基于他们的出身、民族或文化认同的任何形式的歧视。

3. 受到种族主义、仇外心理以及与不容忍和歧视相关的其他形式的影响的社会团体的承认、赔偿和补偿。

4. 不受时效限制的保持对其社区领土的所有权，不得剥夺所有权，所有权免于扣押和不可分割。这些土地应免交费用和税费。

5. 保持祖先土地和领土的所有权，获得这些土地的免费奖励。

6. 参与位于其土地的天然可再生资源的使用、收益、管理和养护。

7. 在合理时间内，关于位于其土地上的对其有环境或文化影响的不可再生资源的勘探、生产和销售的计划和方案的自由事先知情的协商；参与这些方案赚取的利润和获得对他们造成的社会、文化和环境损害的赔偿。协商必须由主管部门进行，其应是强制性且应在适当时候。如果没有获得被协商社区的同意，应采取宪法和法律规定的步骤。

8. 保持和促进管理生物多样性和其自然环境的行为。国家应建立和落实带有社区参与的方案以确保生物多样性的保持和可持续使用。

9. 保持和发展他们自身的和平共处和社会组织的形式，在他们法律认可的领土和祖先拥有的社区土地上建立和行使权力。

10. 建立、发展、运用和实践他们自己的法律制度或者普通法，其不能侵犯宪法性权利，特别是妇女、儿童和青少年的权利。

11. 不从他们祖先的土地被迫流离失所。

12. 维护、保护和发展集体知识；其科学、技术和祖先的智慧；包含生物多样性和农业生物多样性的遗产资源；他们的医学和传统的治疗方法，包括恢复、促进和保护宗教和圣地的权利，以及在他们领土的植物、动物、矿物和生态系统；关于动物和植物资源和性质的知识。

对于他们的知识、创新和实践的任何形式的占有是禁止的。

13. 维持、恢复、保护、开发和维护其文化和历史资源作为厄瓜多尔遗产的不可分割的一部分。国家应当为了这一目的提供资源。

14. 促进、加强和提升跨文化双语教育制度，基于质量标准，从早期激励到高等教育，依照文化多样性，身份的照顾和保护，符合其自身的教学和教育方式。

标志着尊严的教学工作也应当受到保障。这一制度的管理应当是集体性和参与性的，根据时间和地点转换，基于社区管理和责任。

15. 在多元化和文化、政治和组织多样性的背景下，建立和维护代表他们的组织。国家应当承认和促进所有形式的表达和组织。

16. 通过法律确立的官方组织代表的方式参与涉及他们的公共政策的起草，以及设计和决定他们在国家计划和项目中的优先次序的官方机构。

17. 在可能影响他们的任何集体性权利的立法措施采纳之前获得咨询。

18. 维持和促进与其他民族的联系、关系和合作，特别是被国际边界划分的人。

19. 促进识别他们的服装、标志和符号的使用。

20. 依照法律，限制其领土上的军事活动。

21. 在公共教育和媒体上反映其文化、传统、历史和志向的尊严与多样性，使用他们的语言创建他们自己的媒体和不受任何歧视的获得。

自愿与世隔绝的人民的领土是不能削减和无形的传统财产，所有形式的采掘活动在此应当禁止。国家应当采取措施保障他们的生活，尊重自决，保留隔绝的意愿和确保权利的尊重。对这些权利的侵犯应当构成种族文化灭绝犯罪，其应当根据法律进行归类。

国家应当保障这些集体权利在公平和男女平等的条件之下不受歧视地执行。

第五十八条

建立他们的身份、文化、传统和权利，非洲裔厄瓜多尔人的集体性权利获得承认，如同宪法、法律、人权协定、公约、宣言和其他国际文件所提出的。

第五十九条

沿海的蒙土比奥人的集体权利受到承认，基于就其现实的认知和尊重他们的文化、身份和自身的视角，保障他们的整体进程，可持续和持久的人类发展，其进步的政策和战略以及他们社会管理的方式。

第六十条

传统、土著、非洲裔厄瓜多尔人和沿海迁回国家（蒙土比奥人）可以建立领土性地区以保护他们的文化。法律应当规范其建立。

拥有集体土地所有权的社区（公社）被视为领土性组织的传统形式。

第五章 参与权

第六十一条

厄瓜多尔人受益于下列权利：

1. 选举和被选举。
2. 参与公共利益的实务。
3. 提交基层管理创议的计划。
4. 咨询。
5. 审计由政府进行的活动。
6. 罢免由普选选举的机构。
7. 在任人唯才和能力的基础上担任和履行公职和义务，通过透明、包容、平等、多元和民主的选择和任免制度保障他们的参与，立足于性别平等、公平、残疾人机会平等和代际平等的准则。
8. 建立政党和运动，加入或者退出它们，参与它们所采取的所有决策。

外籍人士在其适用范围内享有这些权利。

第六十二条

拥有政治权利的人享有平等、直接、秘密和公开检查普选的权利，依照下列条款：

1. 对于年满十八周岁的人投票应当是义务性的，还未被判罪处罚的被拘留的人应当行使投票权。
2. 对于十六周岁和十八周岁之间的人，年满六十五周岁的老年人，居住于国外的厄瓜多尔人，武装部队和国家警察部队的成员，以及残疾人，投票应当是可以选择的。

第六十三条

国外的厄瓜多尔人有权选举共和国总统和副总统，代表国家和国外厄瓜多尔国民的国会成员，并且可以被选任为任何职务。

居住在厄瓜多尔的外国人只要合法居住在国内至少十五年便享有投票权。

第六十四条

除了法律规定的情况之外，政治权利的行使由于以下原因应当被中止：

1. 由司法系统禁止，只要它是有效的，除了在没有被宣布欺诈的无力偿债或者破产的情况之下。
2. 最终的法院判决定罪的人并且判处该人监禁，只要它是有效的。

第六十五条

国家应当促进在公开任命或者选举的职务，在其执行和决策机构，以及政党和运动的女性和男性代表的平等。至于多人选举的候选人，他们的参与应当尊重权力交替和顺序。

国家应当采取积极的行动措施以保障受歧视部分的参与。

第六章 自由权

第六十六条

人的下列权利获得尊重和保障：

1. 生命不可侵犯的权利。禁止死刑。
2. 确保健康、食物、清洁水、住房、环境卫生、教育、工作、就业、休息、休闲、运动、服装、社会保障和其他必需的社会服务的体面生活的权利。
3. 个人福祉的权利，其中包括：

a) 身体、心理、道德和性安全。

b) 在公共和私人部门不受暴力的生活。国家应采取必需的措施以防止、避免和处罚所有形式的暴力，特别是针对妇女、儿童、青少年、老年人、残疾人的暴力和针对处于劣势或者弱势地位的所有人的暴力；应采取相同的措施反对暴力、奴隶和性剥削。

c) 禁止酷刑、强迫失踪、残忍、不人道或者有辱人格的对待和处罚。

d) 禁止遗传物质的使用和破坏人权的科学实验。

4. 形式平等、实质平等和非歧视的权利。
5. 自由地发展自己个性的权利，除了尊重其他人的权利不受任何的约束。
6. 以任一形式自由地评论某人意见，表达自己想法的权利。
7. 被媒体没有证据或依据不准确的广播信息损害之人获得在相同广播档期或者及时获得相关媒体强制性的、免费的修正、答复或者回应的权利。
8. 在尊重其他人权利所施加的限制内，公开或者私下实践、保持、改变和宣称个人宗教或者信仰的权利，以及个人或者集体传播它们的权利。

国家应保护自愿的宗教活动，以及任何无宗教信仰者的表达，应支持多元和宽容的环境。

9. 在个人的性欲、性生活和性取向上自由地做出知情的、志愿的和负责任的决定。国家应促进必要手段的获得以使这些决定在安全的条件下发生。
10. 自由、负责和知情地决定关于个人的健康和生育生活，以及决定拥有孩子的数量。
11. 个人信念保密的权利。任何人不被迫陈述这些信念。没有持有者或者他（她）合法代表的授权，在任何情况下都不可能要求或者使用关于个人宗教信仰，政治派别或者想法，或者关于个人健康或者新生活的数据的个人或者第三方的信息，除非是医疗保健的要求。
12. 良知上拒绝的权利，其应当不损害其他权利或者对个人或自然造成伤害。

人人有权拒绝暴力的使用和拒绝服兵役。

13. 自由和自愿结社、集会和表达自我的权利。

14. 在国家领土上自由迁徙的权利,自由选择个人居住地的权利或者自由进入和离开国家的权利,其行使应受到法律的规范。禁止离开国家只能由法官授权命令。

外国人不能因其民族归属、宗教、国籍、意识形态和属于规定的社会团体或政治观点而被遣回或者驱逐到他们生活的国家,不得使外国人及其家人的自由、安全和福祉处于危险状态。

外国人团体的驱逐是禁止的。迁徙过程必须单独列出。

15. 个人地或者集体地发展经济活动的权利,符合团结、社会和环境责任的原则。

16. 自由签订合同的权利。

17. 工作自由的权利。除非法律规定,任何人都没有义务进行免费或者强迫劳动。

18. 荣誉和良好信誉的权利。法律应当保护每个人的图像和声音。

19. 保护个人信息的权利,包括关于这一性质的信息和数据,以及其享有保护的参与和决策。这些数据或者信息的收集、归档、加工、分配或者存档应当要求来自持有人或者法院命令的授权。

20. 个人和家庭亲密的权利。

21. 复制和网上通信不可侵犯和秘密的权利,其不能被保存、公开或者检查,除了法律规定的情况和在法院命令之后,并且有义务保持除了引起检查的之外的事项的保密性,这一权利保护通信的任何类型或者形式。

22. 个人住宅不受侵犯的权利。在没有授权或者法院手令的情况下,不得进入个人的住宅,不得巡查或者搜查个人住宅,除了基于重罪,且以法律规定的情况和形式。

23. 向权力机构提出个人和集体投诉的权利,并且获得正式回应和答复。任何申诉不能代表人民解决。

24. 参与社会文化生活的权利。

25. 获得亲切提供的优质、高效和有效的公共产品和服务,以及获得关于其内容和特点的充分与真实的信息。

26. 所有形式的财产权,带有社会和环境的职能与责任。除了其他措施之外,获得财产的权利应当采取公共政策执行。

27. 生活在生态平衡、无污染和与自然和谐的健康环境的权利。

28. 个人和集体认同的权利,其包括拥有名字和姓氏,包括正式登记和自由选择,保护、发展和建立上述身份的有形和无形特点,例如国籍、家庭出身、精神、文化、宗教、语言、政治和社会表现。

29. 自由权还包括:

a)承认所有的人生而自由。

b)奴隶、剥削、奴役、走私和所有形式贩卖人口的禁止。国家应采取措施防止和保护贩卖人口和贩卖人口与侵犯自由的其他形式的受害者的保护和重返社会。

c)任何人不能因债务、费用、罚款、税收或者其他债务被监禁,除了赡养费的情况。

d)没有人有义务做法律所禁止的事情或者停止做法律所没有禁止的事情。

第六十七条

各种形式的家庭获得承认。国家应保护家庭作为社会的基本核心,应保障其目标完整有利实现的条件。它们应由法律或者普通法关系组成,应基于其成员权利和机会的平等。

婚姻是男人和女人的结合,应基于人自由同意达成这一结合,基于权利、义务和法定资格的平等。

第六十八条

没有其他婚姻关系、拥有普通法家庭的两个人之间的稳定和一夫一妻的结合,随着时间流逝和在法律规定的条件和环境之下,应当享有正式婚姻关系产生的家庭约束的相同权利和义务。

不同性别的夫妇的收养应当被允许。

第六十九条

为了保护家庭成员的人的权利:

1. 应当培养负责的母亲和父亲;母亲和父亲应当有义务照顾、抚养、教育、喂养其子女,确保子女完整发展,特别是当他们与子女分离时。

2. 未被扣押的家庭资产可以承认基于法律规定的条件和限制用于计算,给予遗产和继承的权利获得承认。

3. 国家应当保障婚姻关系管理决策中的权利平等和资产的共同拥有。

4. 国家应当保护母亲、父亲和其他户主义务的行使,并且应当给予破碎家庭特殊关注。

5. 国家应当促进父母双方的共同责任,应当监测母亲、父亲和孩子之间的相互义务和权利的履行。

6. 子女应当享有相同的权利,不考虑给予亲属或者收养的背景。

7. 在出生登记的时候不得要求亲属关系的说明,任何身份证明文件都不得提及这一类型的亲属。

第七十条

国家应当制定和实施政策以实现男女之间的平等,通过法律建立的特殊机制,应当将性别方针纳入计划和方案的主流,应当为公共领域的强制执行提供技术援助。

第七章 自然权

第七十一条

自然,或者帕查妈妈,是生命繁殖和发生的地方,有权完整尊重其存在和生命周期、结构、功能和进化进程的维持和再生。

所有的人、社区、人民和民族可以呼吁公共机构执行自然权。执行和解释这些权利,宪法所提出的原则应当受到适当的尊重。

国家应当给予自然人、法人和社区激励以保护环境,应当促进对构成生态系统的所有元素的尊重。

第七十二条

自然有权得到恢复。这一恢复除了国家和自然人或者法人的义务以外,应当补偿依赖于受影响的自然系统的个人和社区。

在严重性或者永久性的环境影响的情况下,包括由于不可再生自然资源的开发造成的影响,国家应当建立最有效的措施以实现恢复,应当采取充分的措施以消除或者减轻有害的环境后果。

第七十三条

国家应当对可能导致物种灭绝、生态系统破坏和自然周期永久性改变的活动运用预防和限制措施。

可能明确改变国家遗传资产的生物和有机与无机材料的引进是禁止的。

第七十四条

个人、社区、人民和民族应有权从环境中获益,自然财富使他们可以享受美好的生活方式。

环境服务不受占用,其生产、交付、使用和发展应当受国家规范。

第八章 保护权

第七十五条

每个人都有权免费获得司法和权利与利益的有效、公正和迅速的保护,符合及时和迅速的执行原则;在任何情况下都不能缺少适当的辩护。没有遵守法律裁决应当受到法律的处罚。

第七十六条

在所提出的任何形式的权利和义务的程序中,法律正当程序的权利应当受到保障,包括下列基本保障:

1. 所有的行政或者司法机关负责保障各方标准和权利的执行。

2. 所有的人都应当推定为无罪,并且应当这样处理,直到通过最终裁决或者有罪判决的方式宣告他们有罪。

3. 任何人在犯罪时的作为或者不作为没有法律规定为刑事、行政或者其他犯罪,不应当受定罪或者处罚,也不应当适用宪法或者法律没有规定的惩罚。个人只能受主管法官或者机关的审判,并且符合相应阶段的程序。

4. 违反宪法或者法律获得或者提供的证据不应当有任何效力,也没有资格作为证据。

5. 在两部法律就相同主题对同一行为有不同的惩罚之间冲突的情况下,应适用两种惩罚之中较轻的惩罚,即使它的颁布在犯罪之后。在规定惩罚的条例产生任何争议的事件中,应当遵守有利于罪犯的解释导致。

6. 法律应当确立违反法律和刑事、行政或者其他惩罚之间的相称性。

7. 人的辩护权应当包括下列保障:

a)任何人在程序的任何阶段或者级别不应当被剥夺辩护权。

b)拥有时间和适当方式为个人的辩护做准备。

c)在适当的时间和平等的条件下获得聆听。

d)除了法律规定的例外情况,程序应当公开。当事人能够获得所有资料、参与一切程序。

e)在没有私人律师或者一名法院指定的辩护律师在场的情况下,或者超出这一目的的授权前提下,任何人不受总检察长办公室、警务机关或者任何其他机关的询问,甚至是为了调查的目的也不受询问。

f)如果个人不理解或者不能使用正在进行的诉讼的语言,可获得翻译员或口译员免费的帮助。

g)在法庭程序中,获得个人选择的律师或者法院指定的辩护律师的帮助,获得或者与个人辩护律师的自由且秘密的通信不受限制。

h)口头或者书面提交有利的或者回应其他当事人论点的理由或者论据,提交证据和质疑已经提交的反对他们的证据。

i)任何人相同的情况和犯罪不能受到多于一次的审判。基于此目的,由土著人法律制度管理的案件也应当考虑在内。

j)充当证人或者专家的人应当被要求出现在法官或者机关面前,并且回答相应问题。

k)由一个独立、公正和称职的法官审理。任何人都不得由特别法院或者基于此目的创立的特别委员会审理。

l)公共机构采取的决定必须是真实的。如果在决定中,法定标准或者其立足的原则未获规定,且事实背景适用的有关情况没有解释,则决定将不具有实体性。行政文件、决议或者规范没有正式获得证实应被视为无效。负责的公务人员应当受到惩罚。

m)针对关于他们权利的决定的所有诉讼中的决

定或者裁决提起上诉。

第七十七条

在个人被逮捕或者拘留的刑事诉讼中,以下基本保障应当获得遵守:

1. 自由的剥夺将不是一般规则,它将适用于保障在诉讼程序中受到指责或者指控的人的出庭,犯罪受害者获得迅速、及时和无延误的司法的权利,以及确保判决的遵守;其应当由这些案件的主审法官的书面令状、依照时限和法律规定的正式程序进行。重罪应当是例外情况,在这一情况下个人不能被拘留超过24小时而没有被审讯。非剥夺自由的措施应当依照法律确定的情形、时间、条件和要求适用。

2. 除了重罪的情况,没有主审法官签发的书面令状任何人不得被置于拘留中心。在刑事审判中被审理或者嫌疑的人,以及被监禁的人应当拘于依法设立的临时拘留中心。

3. 在拘留的任何时候,人人有权明确并使用简单的语言知道其逮捕和拘留的理由,命令拘留的法官或者机关的身份,执行身份的人员身份,以及负责相应审问的人员身份。

4. 在拘留的期间,工作人员应当告知被捕者的沉默权,要求律师或者在他(她)不能自己指派的情况下法院指定的辩护律师的帮助的权利,与亲属或者他(她)指示的任何其他人通信的权利。

5. 如果被捕者是一名外国人,无论谁执行逮捕都应当及时告知被拘留者国家的领事代表。

6. 任何人都不能被禁止与外界接触。

7. 所有人的辩护权包括:

a) 使用自己的语言和简单的词语,被事先和详细地告知关于针对他们提起的诉求或者诉讼,关于负责提起诉求或者诉讼的机关的身份。

b) 保持沉默的权利。

c) 任何人不能被强迫陈述导致犯罪的关于可以引起其刑事责任的事宜。

8. 除了在家庭、性和性别暴力的案件中,任何人不被要求在刑事审判中陈述反对其配偶、生活伴侣或者四等血亲或二等姻亲的亲属。犯罪的受害者或者这些受害者的亲属自愿的陈述,无论其亲属等级,应当是可采纳的。这些人可以提起或者诉求相应的刑事诉讼。

9. 根据法官审理程序的责任,在罪犯可判处监禁的案件中审前逮捕和拘留不能超过六个月,在罪犯可判处长期监禁的案件中不能超过一年。如果时限被超过,审前逮捕和拘留的令状应当是无效的。

预防性逮捕的命令应当维持其有效性,如果通过任何手段,诉讼程序中的人员逃避、延误、躲避或者通过设计的行为阻碍其诉讼以导致失效,应当暂停预防性逮捕的期间计算的法律效力。如果延误发生在失效的程序或者进程,无论通过法官(女性)、法官(男性)、监控官、公设辩护人、专家或者辅助机构的工作人员的作为或者不作为,应当视为他们发生了严重错误,并且他们应当依法受到惩罚。

10. 没有任何的例外情况,一旦诉讼中止或者无罪裁决签发,被逮捕的人应当立即释放,即使还有待决的审理或者上诉。

11. 法官应当适用法律规定的可替代剥夺自由的预防性措施。可替代性惩罚应当依照法律确立的情形、时间、条件和要求适用。

12. 被宣告有罪并且被有罪的最终判决的结果判处监禁的人应当拘留于社会改造中心。因普通犯罪并定罪的人不能在国家的社会改造中心之外执行他的刑期,除了依照法律在替代性惩罚或者假释的情形下。

13. 违法的青少年应当由与确认的侵权相对应的社会教育措施管理。国家应当通过法律确定监禁和非监禁的判决。监禁的确立应当作为最后的手段,所需的最小的期间,其应当在不同于成年人的设施中执行。

14. 当对制裁有异议而做出裁决时,不得加重提出上诉之人的制裁。

任何人违反这些规范监禁他人应受到惩罚。法律规范过度使用警力造成任意拘留结果的刑事和行政处罚,包括刑罚或者其他条例的过度适用或者解释,或者出于歧视的原因。

武装部队和国家警察部队的惩戒性逮捕应当适用法律规范。

第七十八条

刑事犯罪的受害者应获得特别保护;应提供保障以防止他们受到再次伤害,特别是获得和评估证据;他们应获得保护以防止任何威胁或者其他形式的恐吓。应采取充分补偿的机制,其应包括毫不迟延地了解事实的真相和恢复原状、补偿、康复、不重复的保障和关于被侵害权利的清偿。

应当建立受害者、证人和诉讼参与人的保护和帮助制度。

第七十九条

在任何情况下厄瓜多尔人的引渡是不被授予的。上述厄瓜多尔人的审理应当适用厄瓜多尔法律。

第八十条

种族灭绝罪、反人类犯罪、战争罪、强迫失踪或者侵略国家罪的诉讼程序和刑罚不适用时效限制。上述提及的案件的任何人都不应当从特赦中受益。这些罪行之一可能是有下属触犯,不应当免除命令上述犯罪的上级或者执行这一命令的下属的刑事责任。

第八十一条

法律应当确立特别和快捷的程序以审理和惩罚家庭暴力犯罪、性犯罪、仇恨罪、针对儿童、青少年、年轻人、残疾人、老年人和因为特殊的特征需要更多保护的人犯下的罪行。

第八十二条

法律保障的权利是基于尊重宪法和主管机关明确、公开和适用的事先存在的法律规范。

第九章 责任

第八十三条

厄瓜多尔人履行以下义务和责任,不损害宪法或者法律规定的其他事宜:

1. 遵守和执行宪法、法律和主管机关采取的合法决定。
2. 不偷懒、不说谎、不盗窃。
3. 保卫厄瓜多尔的领土完整和自然资源。
4. 合作维持和平与安全。
5. 尊重人权并且为其实行奋斗。
6. 尊重自然权,保持健康的环境和合理地、可持续地与持久地使用自然资源。
7. 促进公共福利和给予公共利益高于个人利益的优先权,符合生活的良好方式。
8. 诚信管理公共资产,真正遵守法律和报告并反对腐败行为。
9. 通过权利的行使实践正义和团结,商品和服务的享受。
10. 促进多样性中的平等和跨文化交流。
11. 将公共职务视为服务社区,依照法律向社会和权力机关负责。
12. 实践个人的专业或者职业道德。
13. 保护国家的文化和自然遗产,照管和维护公共资产。
14. 尊重和承认民族、国家、社会、世代和性别差异,性取向和身份。
15. 在社会保障中与国家和社区合作,支付依法征收的税收。
16. 帮助、抚养、教育和培育自己的儿童。这一义务是母亲和父亲的共同责任,按同等比例,并且应当在儿童自己的母亲和父亲需要他们时,适用于儿童。
17. 诚实和透明地参与国家的政治、公民和社区生活。

第三编 宪法保障

第一章 法律和管理机构的保障

第八十四条

国民代表大会和所有的法律机构、管理机关应有义务正式地和实质地调整和宪法、国际条约规定的权利,以及和保障人类或者社区、人民和民族所需的事宜有关的法律和其他法律标准。在任何情况下都不得修改宪法、法律、其他法律和管理框架或者政府的行为危及宪法承认的权利。

第二章 公共政策、公共服务和公共参与

第八十五条

保障宪法所规定权利的公共政策与公共服务的起草、实施、评价和监测应当按下列规定管理:

1. 公共政策和公共产品与服务的提供应当旨在实施生活的美好方式和所有权利,应当立足于团结原则的基础拟定。

2. 在不损害公共福利优先于个人利益的情况下,当公共政策或者公共产品和服务的提供的结果破坏或者威胁破坏宪法性权利,政策或者规定必须重新制定或者应当采取替代性的措施调解冲突的权利。

3. 国家应保障用于公共政策实施和公共产品与服务的提供的预算的公平和相互支持的分配。

在公共政策和公共服务的起草、实施、评价和监管中,个人、社区、人民和民族的参与应受保障。

第三章 司法保障

第一节 一般规定

第八十六条

司法保障一般通过下列规定管理:

1. 个人、群体、社区、人民或者国家将可以提起宪法规定的诉讼。

2. 在作为或者不作为发生或者其影响的地方有管辖权的法官应当是主管机关,并且应当适用下列诉讼程序规则:

a)诉讼程序应当是简易、快捷和高效的。在所有的阶段和程序中应是口头的。

b)它们在所有的时候应是有效的。

c)它们得以口头或者书面提出,无须程序和不需要引用被侵犯的规则。律师支持提起诉讼不得是绝

对必要的。

d)通知书应通过在主审方、法定资产和该作为或者不作为负责的机构可及的范围内的最有效方式做出。

e)倾向于延迟有效程序的程序规定应当不适用。

3. 一旦诉讼被提交,法官应立即召集公开审理,在诉讼进程中的任何时间法官将可以命令证据的提交和制定人员收集这一证据。提起投诉的人所陈述的诉求应当推定是真实的,只要被要求的公共机构没有提出相反的或者没有提供信息。若已查明权利之侵害,则法官在必要时应通过判决进行裁决,必须阐明权利之侵害,判令完全的物质和精神赔偿,并针对其法律决定的标的来详细说明和具体指定积极或消极的义务,以及这些义务必须适用的条件。

第一审的裁决可以上诉至省法院。当判决或者裁决被全面实施,法律程序才完成。

4. 如果判决或者裁决不被公职人员遵守,法官应当命令开除他们的工作或者解雇,不损害可能适用的民事或者刑事法律责任。当个人未能遵守判决或者裁决,应当开始实行法律规定的法律责任。

5. 所有的最终判决应当提交宪法法院以发展为判例法。

第八十七条

为了权利的保护、避免或者停止权利的侵犯或者侵犯威胁,可以共同地或者独立地命令宪法性诉讼的预防措施。

第二节 保护程序

第八十八条

保护程序应当旨在确保宪法规定权利的直接和有效的保障。当非司法机关反对公共政策、涉及剥夺宪法权利的享有或者行使的结果违反宪法法律,可以提起诉讼;若侵犯权利造成严重损害、提供不当的公共服务、经授权或特许行为,或者,受影响的人处于从属、无保护或者歧视的状态,则侵犯来自个人。

第三节 人身保护令诉讼

第八十九条

人身保护令旨在恢复被公共机构或其他人非法、任意或不合理监禁之人的自由,以及保护在监狱内的人的人身安全。

提起诉讼之后,法官应在接下来的二十四小时之内进行审理,在审理中,应提交逮捕、符合法律程序的监禁令、经证成的事实和确认的法律。法官应当根据案情决定命令被囚禁的人、管理囚禁人员之人、法院指定的辩护律师和命令或者造成囚禁之人出庭。如果需要,应在拘留场所审理。

法官应当在审理完成后的二十四小时内裁决。在非法或者任意拘留的情况下,应当命令释放。命令释放的裁决应当立即执行。

如果任何形式的酷刑、不人道、残忍或者有辱人格的待遇被证实,必须发出释放受害者、提供完整和特殊的照顾,以及在适当时候提供代替监禁措施的命令。

当在刑事诉讼程序中已发出监禁命令,应当向省级法院提起上诉。

第九十条

如果监禁的地点不被知晓,存在一些公职人员、国家的其他工作人员或基于后者授权、支持、默许的人员干预的迹象,法官应召集国家警察部队的最高代表和主管部长参与审理。在听取其陈述后,应采取必要的措施去找到当事人和应为他(她)的监禁负责的人。

第四节 申请获取公共信息

第九十一条

当这些信息已被明确或者默示拒绝或者当信息的提供是不完整或者不可信的,申请获取公共信息应旨在确保获取这些信息。即使拒绝提供信息是基于信息秘密、保留和机密的性质或任何其他分级理由,亦可提出申请。信息的保留性质应由主管机关依法向申请人事先说明。

第五节 人身保护资料诉讼

第九十二条

所有的人,通过他们自己的权利或者其合法代表,有权知道并获取关于其自身或关于呈现在公共或者私人实体的其所有的资产的文件、基因数据、个人数据库或者文件、报告。同样地,他们有权了解这些信息的制作、最终目的、个人资料的来源和用途以及数据文件或者数据库的有效时间。

负责数据库或者文件的人可依据持有人的授权或者依法传播存储的信息。

拥有数据的人得要求负责人允许获取免费的文件,以及数据更新、更正、删除或者废止。涉及敏感信息时,相关文件应获得法律或者持有信息人授权,应要求采取所需的安全信息。若申请得到正式回复,个人可以诉诸法院。受影响的人可因造成的损害提起控告。

第六节 因不遵守产生的诉讼

第九十三条

若为了使规则或裁决更清晰、明确和可执行,不遵守的诉讼程序应当旨在保障规则和包含法律制度的规章的适用,以及遵守裁决或者国际人权组织的报告。相关诉讼申请应向宪法法院提出。

第七节 保护的特别诉讼

第九十四条

保护的特别诉讼应被接纳以反对通过作为或者不作为侵犯宪法规定的权利的裁决或者判决。特别诉讼应向宪法法院提起。当正常和特殊的上诉已经在法律框架内穷尽,则宪法诉愿应被受理,除非未能提起诉讼归责于宪法权利遭受侵犯之人的不作为。

第四编 权力的参与和组织

第一章 参与民主

第一节 参与原则

第九十五条

公民应当作为领导者个人地和集体地参与决策,参与公共事务的规划和管理,参与国家机构和社会的人民监督以及在建立公民力量的进程中作为代表。参与应当由平等、自治、公众协商、尊重差异、公共监督、团结和跨文化的原则管理。

公民参与公共利益的所有事项是一项权利,其应当通过代表机制、直接和社区民主的手段行使。

第二节 社区组织

第九十六条

社会组织的所有形式被视为人民主权的表达以发展自决进程、影响公共决策和政策制定,所有级别的政府的社会监督,以及提供公共服务的公共和私人机构。

组织可以在不同层级组建以建立公民力量和其表达形式;它们必须保障内部民主,领导者权力的交接和责任。

第九十七条

所有的组织应当在法律允许的情况下发展争议调解和解决的替代性方式;作为主管机关的代表,与该机关共同承担责任;要求由公共或者私人机构造成损害的赔偿;制定经济、政治、环境、社会和文化建议和要求;提出其他举措促进美好生活。

社会活动和发展的志愿者工作被视为社会参与的一种形式。

第九十八条

个人和社区应行使权利抵抗由公共部门、自然人或者非国有法律实体破坏或者能够破坏其宪法权利的作为或者不作为,或者要求承认新权利。

第九十九条

当权利受到侵犯或者当其受到威胁时,公民行动应向个人或者代表社区行使;其应当依法向主管机关提出。这一行为的作出不得妨碍宪法和法律保障的其他行为。

第三节 参加不同级别的政府

第一百条

在政府的所有级别,应当建立参与实体,由当选的机关、所属政体的代表和各级政府领土范围的社会代表组成,其应当由民主原则管理。参与这些实体旨在:

1. 起草政府和公民之间的国家、地方和部门规划、政策。
2. 提高公共投资的质量和起草发展议程。
3. 制定政府的参与性预算。
4. 制定具有永久性机制的、透明的、负责的和社会管理的民主。
5. 促进公民培训和培育沟通程序。

为了实现参与,应组织公开听证、监督委员会、集会、基层游说、评议会、观察员和促进公民意识的其他实体。

第一百〇一条

分权自治政府的会议应当公开,这些会议应根据要处理的主体为公民代表保留一个席位,使其参与辩论和决策。

第一百〇二条

厄瓜多尔人,包括定居国外的人,无论是个人地或者集体地,得通过宪法和法律规定的机制,向所有层级政府提交其建议和计划。

第四节 直接民主

第一百〇三条

应当行使基层法律及法规的创议权,向政府立法分支或者拥有法规管辖权的其他机构提出法律法规的创建、修改和废除建议。其必须获得在相应管辖权的登记选民不少于0.25%的支持。

提出基层创议的人应通过其代表参与相应机构的项目讨论,其应在一百八十日内审查提案;如果提案没有在这一期限内获得审查,它即产生效力。

当涉及法案,共和国总统应能修改法案,但不能彻底否决。

对于修宪提案的提交,应当要求支持的数目不能低于登记选民1%的支持。如果立法部门没有在一年的期间内审查提案,提案人得要求国家选举委员会进行公决,而无须提供登记选民8%的支持。当一项修改宪法的基层动议正在处理中,在同一时间不能提交其他动议。

第一百〇四条

相应的选举机关应当按照共和国总统的命令,分权自治政府的最高权力机构或者公民创议举行全民公决。

共和国总统应当指导国家选举委员会就其认为可取的事宜举行全民公决。

分权自治政府,基于其四分之三成员作出决定,可要求就其管辖的利益问题举行全民公决。

公民得就任何事宜要求举行全民公决。当全民公决是全国性的,请求人必须获得不少于5%的登记选民支持;当公决是地方性的,其必须获得相应的登记选民不少于10%的支持。

当公决由国外的厄瓜多尔人要求,则为了其和厄瓜多尔国家利益,其应当要求他们特殊投票选区的登记选民不少于5%的支持。

由分权自治政府或者公民要求的公决不得涉及税收相关事宜或者国家的政治和行政结构,但宪法另有规定的除外。

任何情况下,应要求由宪法法院就提出问题的合宪性做出事先裁决。

第一百〇五条

所有人,在政治权利的行使中,得罢免当选机关。

罢免的要求可以在受反对的当选机关任期的第一年之后至最后一年之前提出。一个机关的任期内,只能要求罢免其一次。

罢免要求必须由占相应登记投票人不少于10%的支持。在罢免共和国总统的情况下,由占登记选民不少于15%的支持。

第一百〇六条

国家选举委员会,一旦其被告知共和国总统或者分权自治政府采取的决定或者接受公民要求的申请,应在十五日内提出公决、表决或者罢免(提议解雇),其必须在之后的六十日内举行。

对于提起公决、表决或者罢免事项的采纳,应当要求有效票的绝对多数同意,但罢免共和国总统的公决除外,在这一情况下要求投票的绝对多数同意。

人民决定应具有强制性和立即执行性。在罢免的情况下,受质疑的机关应当被免职,并且应当由宪法规定的人员代替。

第一百〇七条

对于由分权自治政府命令召开举行选举所需的支出会议,其应计入相应级别政府的预算;由共和国总统命令或者公民要求召开选举的支出应计入国家总预算。

第五节 政治组织

第一百〇八条

政党和运动是非国有的公共组织,其构成人民政治多元性的表达,由哲学、政治、意识、包容性和非歧视的概念维持。

其组织、结构和功能应民主,应保障权力的运行、负责和管理委员会女性和男性成员之间的平等。其应通过内部选举或者初选的方式选择他们的委员会成员和候选人。

第一百〇九条

政党应当是国家性质的,应当由其原则和章程管理,应当提出政治纲领和保有其成员的记录。政治运动可以涉及任何级别的政府或者国外生活的厄瓜多尔人的地区。法律应当为民主组织、持久性和政治运动的活动,以及激励建立联盟规定要求和条件。

政党必须提交载有其思想原则的宣言、列明其建议进行的基本活动的政治纲领、章程、符号、徽标、标志、管理委员会成员的名单。政党必须拥有全国性的组织,其应当至少覆盖全国至少50%的省份,其中两个必须涉及拥有最多人口的三个省份。成员的登记不能少于在上次选举中使用的登记投票人的1.5%。

政治运动必须提交原则宣言、政治纲领、符号、缩写词、徽标、标志和成员或者追随者的登记,并且有不低于在上次选举中使用的登记投票人的1.5%。

第一百一十条

政党和运动应当受到其成员和追随者支付的会员费资助,并且只要其符合法律规定的条件,政党应当获得监管之下的国家拨款。

在两次连续的多人选举中,政治运动获得全国有效投票的至少5%,应当要求与政党相同的权利、履行相同的义务。

第一百一十一条

在国家选举委员会登记为各级政府反对派的政党和运动的权利受到承认。

第六节 政治代表

第一百一十二条

政党和运动或者其联盟可以提出活动分子、同意者或者非附属人士作为大选的候选人。政治运动应要求在相应管辖权的登记投票人不少于1.5%的支持。

当要求登记时,提出其候选人的主体应当提交其政治纲领或者建议。

第一百一十三条

下列人员不能作为普选候选人:

1. 在登记其候选人资格时,作为自然人或者作为法人的代表或者代理,与国家缔结合同,而合同的订立是为了公共工作的实施、公共服务的提供或者自然资源的生产。

2. 已被定罪且被判处长期监禁或者贿赂、非法敛财或侵占犯罪。

3. 拖欠赡养费。

4. 政府司法分支的法官、选举争议解决法院的法官、宪法法院和国家选举委员会的成员,除非他们在选举日前六个月已辞职。

5. 在国外担任职务的外交部门的成员不能作为代表国外的厄瓜多尔人的候选人,除非他们在选举日前六个月已辞职。

6. 任意任命或者罢免的公职人员,以及用固定期限合同的人员,除非他们在候选人资格日期确定之前已辞职。其他公职人员和教师可以提交其候选人资格,并且从候选人资格登记之日起至选举之日享有无薪假期,如果当选直到其任职。当选为教区委员会的成员的履职不应与其作为公职人员或者教师的义务履行相抵触。

7. 在事实上的政府行使行政权力的人员。

8. 现役武装部队和国家警察部队的成员。

第一百一十四条

由人民选举的机关,无论是否连续,在同一职位只可连任一次。由人民选举的机关提交不同职位的候选资格应当从当前的任职中辞职。

第一百一十五条

国家应当通过媒体,在公平和平等之下,保障促进大选辩论,传播所有候选人的计划纲领。政治事宜不能在媒体和广告牌上租用广告。

禁止将国家资源和基础设施,以及所有级别的政府宣传用于竞选活动。

法律应为不遵守这些条文的人规定惩罚,应确定政治游说和政治开始的限制与管理机制。

第一百一十六条

对于多人选举,法律应当依照比例、投票平等、公平、公正和女性与男性的权力运行的原则确立选举制度,应当确定国内外的投票选区。

第一百一十七条

在举行选举的前一年禁止选举法改革。

如果一项条文被宣布为违宪,且其影响到选举程序的正常进行,国家选举委员会应向政府立法部门提出议案,立法部门可在三十日内审查议案;若未处理,则议案应依法生效。

第二章 政府的立法机构

第一节 国民代表大会

第一百一十八条

立法权由国民代表大会行使,其由任期四年的当选议员组成。

国民代表大会由一院制的代表组成,应当在基多设立总部。在特殊的情况下,其可以在国家领土的任何地方集会。

国民代表大会应当包括:

1. 十五名当选议员作为整个国家地区的全国代表。

2. 每个省两名当选议员,基于最近的一次全国人口普查,每二十万名居民增加一名议员或者其余数超过十五万增加一名议员。

3. 法律应当规定代表地区、大区和代表居住国外的厄瓜多尔人地区的议员的选举。

第一百一十九条

成为一名议员,其必须拥有厄瓜多尔国籍,在登记为候选人资格时年满十八周岁,拥有政治权利。

第一百二十条

除了法律的规定,国民代表大会应当享有以下职权和义务:

1. 当国家选举委员会已经宣布赢得选举时,共和国总统和副总统宣誓就职。宣誓就职仪式应当在其当选当年的5月24日举行。

2. 宣布共和国总统因身体或者精神缺陷难以履职而中止权力,并且依照宪法规定决定终止其职务。

3. 在副总统永久缺席的情况下,从共和国总统提出的候选人名单中选举副总统。

4. 告知共和国总统必须提交的年度报告和关于它们的问题观点。

5. 参与宪法改革程序。

6. 促进、编撰、改革和废除法律并且解释法律,具有一般的强制性。

7. 在不损害授予地方分权自治政府职权的情况下,通过法律创建、修改或者废除税收。

8. 在适当情况下采纳或者拒绝国际条约。

9. 审计行政、选举、政府透明与社会管理部门和公共领域的其他实体的活动,并且要求公务人员提供其认为必要的信息。

10. 当主管机关根据实质性理由如此要求时,基于其成员的三分之二投票,授权共和国总统或者副总统的犯罪弹劾。

11. 国家监察长办公室最高机关、总审计长办公室、总检察长办公室、人权监察员办公室、人民保卫办公室、监管局、国家选举委员会、司法委员会和公众参与及社会管理委员会成员的宣誓就职。

12. 批准国家总预算，其中应当规定政府债务的限制，并且监督其实施。

13. 经三分之二的大会成员赞成投票，大赦公共犯罪和基于人道理由特赦。前述赦免不能授予针对公共行政犯下的罪行或者种族灭绝罪、酷刑、人的强迫失踪、绑架或者基于政治或道德理由杀人。

第一百二十一条

国民代表大会应当从其成员中选举一名主席和两名副主席，任期两年，其可以连选连任。

在国民代表大会主席暂时性或者永久性缺席或者辞职的情况下，副主席应当按顺序履行主席职位。需要时，国民代表大会应当填补空缺，完成职位任期的剩余时间。

国民代表大会应当从其成员之外选任一名秘书长和一名副秘书长。

第一百二十二条

立法管理的最高机关应当由主席、两名副主席和国民代表大会从属于不同立法议员团的议员之间选举的四名成员组成。

第一百二十三条

不需要发布集会召集，国民代表大会应当在选举年的5月14日在基多就职。全体会议应当定期和长期举行，每年可休会两次，每次十五日。除法律另有规定，国民代表大会的会议应当公开。

休会期间，国民代表大会主席在大多数大会成员或者共和国总统的要求下，应当召开特别会议以专门解决在集会召集中陈述的特殊事宜。

第一百二十四条

议员人数占国民代表大会成员10%的政党或者运动可以组成立法代表团。没有达到前述提及的百分比的政党或运动得基于此目的与其他联合组成立法代表团。

第一百二十五条

为了履行职能，国民代表大会应当组建永久性的专门委员会，其所有成员应参加。法律应确定每一个委员会的人数、建制和职能。

第一百二十六条

为开展工作，国民代表大会应当由相应的法律和其内部规定管理。修改或者编撰这些法律，应要求大会成员的绝对多数同意。

第一百二十七条

议员应当在国家服务中履行公共职责，他们应当为了国家的一般福利而行动，他们在其义务和职责的履行中应当为其作为或者不作为承担来自社会的政治性责任，并且他们应有义务向其选民汇报账目。

议员不得：

1. 担任其他公共或者私人职位或者与不符合其职位的专业活动，但在大学任教除外。

2. 国家总预算的提供、处理、接受或者管理，但预留给国民代表大会行政预算运作的除外。

3. 任命公职。

4. 从公共基金领取不属于作为议员职责的津贴和其他收入。

5. 接受其他国家负责支付的任命、委托、委任或者代表。

6. 成为国家持有股份的机构或者公司的相关机构的管理委员会成员。

7. 与公共部门实体签订合同。

任何不遵守这些禁令的人即丧失议员身份，但依法承担失职法律责任的除外。

第一百二十八条

议员应当在其履职期间享有免于国家法院法律诉讼的议员豁免权，他们在国民代表大会内外不应为其履职中提出的观点或者做出的决定或行为承担民事或者刑事法律责任。

针对议员提出的刑事诉讼应当要求来自国民代表大会事先授权，但与其职责不相关的除外。如果由主审法官提出的要求审判程序的授权申请未在三十日内作出答复，其应当解释为授权。休会期间，前述时间限制应暂停。议员只能在重罪或者有罪的终审判决时被逮捕和监禁。

宣誓就职前，已经提起的刑事诉讼程序应当由负责审理此案的法官继续处理。

第二节 监督政府行动

第一百二十九条

在以下情况，国民代表大会在至少三分之一议员的要求之下应对共和国总统或者副总统进行弹劾：

1. 危害国家安全犯罪。

2. 勒索、贿赂、侵占或者非法获益犯罪。

3. 种族灭绝、酷刑、人的被迫失踪、基于政治或者道德原因的绑架或者杀人犯罪。

提起弹劾程序，应当要求宪法法院受理裁定，但不得要求事先的刑事诉讼程序。

七十二小时之内，一旦法律规定的程序结束，国民代表大会应根据共和国总统提交的辩护证据作出裁决。

进行谴责和免职，应当要求国民代表大会成员的三分之二赞成票。如果谴责导致追究刑事法律责任，则应做出决定将相关事宜提交主审法官调查。

第一百三十条

在以下情况,国民代表大会应免除共和国总统的职位:

1. 在宪法法院做出有利裁决后,没有承担其职权之下的义务。
2. 严重的政治危机或者内部动乱。

七十二小时之内,在法律规定的程序结束之后,国民代表大会应根据共和国总统提交的辩护证据作出裁决。

进行免职,应当要求国民代表大会成员三分之二的赞成票。如果总统免职的动议获得采纳,副总统应当接管共和国总统的职位。

这一权力在立法期间只能行使一次,并且在任职前三年行使。

在总统免职裁决公布七日内,国家选举委员会应当提前召集同一日的立法和总统选举,完成各自剩余任期。国民代表大会的就职和当选总统的宣誓应当依照宪法规定,在国家选举委员确立的时间举行。

第一百三十一条

国民代表大会应在其四分之一成员的要求下提起弹劾,弹劾可在履职期间以及任期届满后一年内,针对国务部长、国家总监察长办公室、总审计长办公室、总检察长办公室、人权监察专员办公室、护民官办公室、监管局、国家选举委员会成员、选举争议解决法院、司法委员会、公众参与和社会管理委员会等最高机关和宪法规定的其他机关提起。

进行谴责和免职,应当要求国民代表大会成员的绝对多数赞成票,但国务部长和政府选举部门和司法委员会的成员除外,其须三分之二同意。

谴责应当导致机关立即免职。如果谴责的理由导致引起刑事法律责任,应当做出决定将有关事宜移交主管法官的调查。

第三节 立法程序

第一百三十二条

国民代表大会应当为公共福利通过作为一般规范的法律。国民代表大会的职权不要求通过协议或者决议的方式制定法律。在下列情况下应当要求制定法律:

1. 规范宪法权利的行使和保障。
2. 犯罪类型和相应的惩罚。
3. 征收、修改或者撤销税收,不侵犯宪法授予地方分权自治政府的职权。
4. 分配地方分权自治政府的职责、责任和职权。
5. 修改国家的政治和行政区划,涉及教区的除外。
6. 授予公众监督和监管机构权力以签发关于其职权的事宜的一般性质的标准,不能改变或者创新法律规定。

第一百三十三条

法律应当分为组织法和一般法。

以下应当是组织法:

1. 管理宪法所确立的机构的组织和功能。
2. 管理宪法权利的行使和保障。
3. 管理地方分权自治政府的组织、职权、权力和功能。
4. 涉及管理政党和选举制度的制度。

普遍强制性组织法的颁布、改革、废除和解释应要求国民代表大会成员的绝对多数通过。

其他的应当是一般法,其不能改变或者超越组织法。

第一百三十四条

提交法案的倡议权属于:

1. 议员,一个立法代表团或者国民代表大会至少5%成员的支持。
2. 共和国总统。
3. 国家的其他部门在其管辖的范围内。
4. 宪法法院、国家监察长办公室、总检察长办公室、人权监察员办公室和护民官办公室依照其职权在涉及他们的事项。
5. 至少获得全国登记选民至少0.25%支持的拥有政治权利的公民和社会组织。
6. 依照现行条文提及法案的人得个人地或者通过其代表参与讨论。

第一百三十五条

只有共和国总统有权提及征收、修改或者撤销税收,增加公共支出或者改变国家政治和行政区划的法案。

第一百三十六条

法案必须涉及单一主题,应当向国民代表大会提交,具有充分解释、被提议条款的列表、将由新法废除或者修改的条款的清楚陈述。如果法案不符合这些要求,则不得处理。

第一百三十七条

法案应当经两轮讨论。国民代表大会主席在法律规定的时限内,应当向议员分发法案,应当公开宣传法律摘要,并且应当分发给相应的委员会,其应当开始各自的审议和程序。

对采纳的法案有兴趣的公民或者相信其权利可能受到法案实施影响的人有权利出席委员会以阐述其观点。

一旦法案获得通过,大会应当提交共和国总统,总统可以基于实质理由批准或者拒绝法案。一旦议案获得批准或者在共和国总统接收之后的三十日内没有拒绝,应当制定法律并且应当由官方登记颁布。

第一百三十八条

如果共和国总统完全否决某一法案,国民代表大会可以再审议一次,但是仅能在否决日期的一年之后。一旦经过这一期间,大会可以在一次讨论中由议员的三分之二赞成票通过法案,并且应当立即呈送官方登记颁布。

如果否决部分法案,共和国总统应当提交可替代性的文本,其不能包括议案没有涉及的主题;当国民代表大会采纳修正案也必须遵守同样的限制。

大会应当在提交日后三十日内审查被否决部分,并且应当通过参与会议的大多数投票将其加入法案和修改法案。最初通过的项目也可以通过成员的三分之二的赞成票修改。

在这两种情况下,大会应当向官方登记官呈送法律以颁布。如果大会没有在规定的时限内审查被否决部分,其应当理解为加入法案,共和国总统应当命令法律的实施和官方登记官的颁布。

如果否决的理由是违宪,则应首先解决被否决部分。

第一百三十九条

如果共和国总统的否决是基于法案的全部或者部分违宪,则应当要求宪法法院做出裁决并且其必须在三十日内作出。

如果裁决确定法案完全违宪,其应被搁置,如果其被裁决部分违宪,国民代表大会应当做出必需的改变以使法案可以寻求共和国总统的批准。如果宪法法院裁决法案没有违宪,国民代表大会应当制定并命令其颁布。

第一百四十条

共和国总统将能够向国民代表大会提交关于经济事宜的紧急法案。大会必须在其接受的最多三十日内采纳、修改或者拒绝。

这些法案的提交、讨论和通过的程序是常规的,但事先确立时限的除外。当一项被认定紧急的法案正在讨论中,共和国总统将不能提出其他紧急法案,除非已经宣布例外状态。

当大会没有在规定的时限内采纳、修改或者拒绝关于经济事宜的紧急法案,共和国总统应当作为法令执行或者应当命令官方登记官颁布。国民代表大会基于宪法规定的通常程序在任何时间可以修改或者废除该法令。

第三章 政府的执行部门

第一节 组织和义务

第一百四十一条

共和国总统执行政府的执行部门职务,是国家和政府首脑,负责行政管理。

执行部门由共和国总统办公室和副总统办公室、国务部长和其他在其职权的框架下,履行国家公共政策的领导、规划、实施和评估以及确立实施的规划所需的其他组织和机构组成。

第一百四十二条

共和国总统应当因出生获得厄瓜多尔国籍,登记候选人资格时年满三十二周岁,拥有政治权利,并且不符合宪法规定的无资格或者禁止的情况。

第一百四十三条

共和国总统和副总统办公室候选人应当出现在相同的选举投票。总统或者副总统应当由投出的有效选票的大多数选举产生。如果在第一轮选举中,没有候选人组合获得选票的绝对多数,应当在接下来的四十五日内举行第二轮选举,在第一轮选举中已经获得最高票数的两对候选人组合应当参与第二轮选举。如果获得最高排名的候选人组合有至少40%的有效票,并且与排名第二的候选人组合获得的票数相差超过10%,则不需要第二轮选举。

第一百四十四条

共和国总统的任期应当在国民代表大会就职之后的十日开始,向国民代表大会宣誓就职。如果国民代表大会已经就职,新政府的任期应当在宣布选举结果之后的四十五日内开始。

共和国总统应任期四年,且仅能连任一次。

共和国总统,在任期内及离职后一年内,必须提前告知国民代表大会其离开国家、离开期间和离开理由。

第一百四十五条

共和国总统在下列情况下应当停止履行职务和离职:

1. 总统职务任期届满。
2. 由国民代表大会接受的自愿辞职。
3. 依照宪法规定免职。
4. 由专业医师委员会依法认定的妨碍其履行职责的永久性的生理或者精神残疾,由国民代表大会成员的三分之二投票通过并且如此宣布。
5. 由宪法法院证实并且由其成员的三分之二投票通过宣布,放弃该职位。
6. 依照宪法规定的程序弹劾和罢免。

第一百四十六条

如果共和国总统暂时性缺席,总统应当由履行副总统职权的人代替。暂时性缺席被理解为疾病或者其他妨碍其履行职务最多三个月期间的不可抗力情况,或者由国民代表大会允许的请假。

如果共和国总统确定缺席,履行副总统职责之人应代替总统,完成总统剩余任期。

如果共和国总统和副总统暂时性和确定性缺席,国民代表大会主席应当暂时承担总统职务,在四十八小时内,国民代表大会应召集这些职位的选举。当选的人应履行各自职务直到任期届满。如果剩余任期届满至多一年,则国民代表大会主席应履行共和国总统的剩余任期。

第一百四十七条

除了法律的规定,共和国总统履行下列职权和义务:

1. 在其职权范围内,遵守和执行宪法、法律、国际条约和其他法律规范。
2. 在向国民代表大会宣誓就职之时,提交其任期内将要发展的政策和行动的基本方针。
3. 确定和指导执行部门的公共政策。
4. 向国家规划委员会提交国家发展规划建议,以便其通过。
5. 以分权的方式指导公共管理,为其整合、组织、管理和监督需要颁布法令。
6. 创立、改变和撤销部门、实体和机构。
7. 每年向国民代表大会提交关于国家发展计划的报告和政府在下一年拟达到的目标。
8. 向国民代表大会送达国家总预算草案,以便其通过。
9. 任免国务部长和其他属于其任命的公职人员。
10. 制定国家的外交政策,签署和批准国际条约,免除大使和特派团团长职务。
11. 在起草法律的过程中参与立法创议。
12. 批准国民代表大会通过的法案,命令官方登记官制定。
13. 在不违反或不修改法律的情况下,颁布执行法律所需的条例,以及行政正常运行所需的条例。
14. 在宪法规定的情况和要求下举行全民公决。
15. 召集国民代表大会特殊会议,确定将要处理的特殊事宜。
16. 行使武装部队和国家警察部队的最高权力,任命武装和警察部队高级统帅部的成员。
17. 保卫国家主权、国家的独立性、国内法律、秩序和公共安全,行使国防的政治领导。
18. 依法赦免、降低和减少刑罚。

第一百四十八条

共和国总统认为大会采取了不属于宪法规定的职责,或大会多次无正当理由妨碍国家发展计划的实施或者因为严重的政治危机和国内动乱,则根据宪法法院事先裁决,得解散国民代表大会;这一权力只能在其任期的前三年行使一次。

在解散法令颁布后七日内,国家选举委员会应在同一日召开立法和总统选举以完成各自剩余任期。

直到国民代表大会就职,共和国总统根据宪法法院发布的事先赞成裁决,应签发经济事务的紧急法令,其可以被立法机构采纳或者废除。

第一百四十九条

无论何人担任共和国副总统职务,应当符合为共和国总统设置的要求,应当受相同的资格丧失和禁止限制,应当履行相同任期的职务。

共和国副总统,当其没有代替共和国总统时,应当履行总统指派的职务。

第一百五十条

若担任共和国副总统职务的人暂时性缺席,应由共和国总统办公室指定的国务部长代理。

担任共和国副总统职务的人暂时性缺席的理由应当与为共和国总统设置的相同。

如果共和国副总统确定性的缺席,国民代表大会在其成员多数票的基础上,应当从共和国总统办公室提出的候选人名单选任代替者。当选人应当履行职务完成剩余任期。

如果国民代表大会在请求被告知的三十日内没有宣布,其应当被理解为候选人名单列明的第一位人员当选。

第一百五十一条

国务部长应当在共和国总统的自由裁量权之下任命和召回,代表其负责的各部所固有的事宜。他们应当为其履职期间的行为和签订的合同承担政治的、民事的和行政的法律责任。

担任国务部长者须拥有厄瓜多尔国籍、拥有政治权利、没有发生任何宪法规定的资格丧失或者不相容的情况。部长的数量、命名和分配给他们的职权应当通过共和国总统颁布法令的方式确立。

第一百五十二条

以下人员不能成为国务部长:

1. 与担任共和国总统和副总统的人有四等血亲和二等姻亲的亲属。
2. 为了公共工程的实施、公共服务的提供或者自然资源的生产,通过特许经营、合伙或者其他形式的合同,与国家签订合约的国内或者国外的自然人、所有人、董事会成员、代表或者私营部门法律实体的代表。
3. 现役武装部队和国家警察部队成员。

第一百五十三条

已经担任国务部长和法律规定公共行政的高级公职人员，即使他们已经离职但在离职后两年内，不能成为与国家签订合同的董事会和执行管理团队的成员或者成为私营领域法律实体的法定代理人或者拥有委托权，无论是为了公共工程的实施、公共服务的提供或者自然资源的生产，通过特许经营、合伙或者其他形式的合同，他们不能成为与国家有待处理信贷的国际金融机构的职员。

第一百五十四条

除了法律规定的职权，国务部长负责：

1. 行使涉及其职责范围的公共政策的领导，签发其管理所需的协议和行政决议。
2. 向国民代表大会提交大会要求的报告和与其责任范围有关的报告，当传唤或者受到弹劾时出席大会。

第一百五十五条

在地方行政机构，共和国总统有权拥有一名代表监督执行部门政策的遵守和指导与协调其公职人员的活动。

第二节　国家平等委员会

第一百五十六条

国家平等委员会是负责确保宪法和国际人权文本规定的权利得到充分尊重和行使的机构。委员会应当依照法律行使职权起草、跨领域适用、遵守、跟进和评估涉及性别、族群、代际、跨文化、残疾人和人口流动问题的公共政策。为实现其目标，应当协调领导和执行实体，协调各级政府人权保护的专门组织。

第一百五十七条

国家平等委员会应当基于平等参与，由公民社会和国家的代表组成，并且其应当由执行部门的代表主持。其结构、职能和成员的会员形式应当由权力轮流、民主参与、包容和多元的原则管理。

第三节　武装部队和国家警察部队

第一百五十八条

武装部队和国家警察部队是旨在保护市民权利、自由和保障的机构。

武装部队的基本使命是保卫国家主权和领土完整。

保护、维护法律与秩序是国家的专属职责和国家警察部队的责任。

武装部队和国家警察部队的雇员和职员应当在民主和人权的原则之下接受训练，应当尊重人的尊严和人权不受歧视，充分尊重法律规范框架。

第一百五十九条

武装部队和国家警察部队应当服从并且不能表决；他们应严格遵守民权，并依据宪法履行使命。

武装部队和国家警察部队的权力机关应当为其做出的命令负责。遵守上级的命令不应免除执行者受到法律责任的追究。

第一百六十条

希望在武装部队或者警察部队从事职业的人不应当受到准入歧视。法律应当规定需要特殊技能、知识或者能力的情况的特殊要求。

武装部队和国家警察部队成员应当遵守管理其权利与义务的特殊法，遵守基于价值和性别平等原则的提升和晋升制度。应当保障其工作安全和专业发展。

武装部队和国家警察部队的成员只能因相关法律设置的理由被剥夺其军衔、养老金、勋章和嘉奖，不能使用其军衔的特权超越于人权。

武装部队和国家警察部队成员应当由司法部门审判；在其特殊任务框架内的犯罪，其应当由特殊的军事和警察法院审判，属于前述提及的相同的司法部门。纪律规则的违法应当由法律规定的主管组织审判。

第一百六十一条

公民服兵役是自愿的。这一服务应当在尊重多元性和权利的框架之下履行，应当受到有利于个人发展和社会福利的各种职业领域的可替代性训练的支持。参与这一服务的人不应当被置于高度军事危险的地区。

所有形式的强行征兵是禁止的。

第一百六十二条

武装部队只能依法参与涉及国防经济活动和提供其部队支持国家发展。

武装部队依照履职需要得组织预备役部队。国家应分配其装备、训练和教育所需的资源。

第一百六十三条

国家警察部队是一个平民性、武装、技术性、级别组织、纪律严明、职业和高度专业的国家机构，其使命是保卫公共安全、法律和秩序，保护权利的自由行使和国家领土内人的安全。

国家警察部队的成员应当接受基于人权的训练，专门的研究，防止、控制和犯罪预防，威慑方法的使用，以及作为替代使用武力的和解。

为了其活动的开展，国家警察部队应当与不同级别的地方分权政府协调其职责。

第四节　例外状态

第一百六十四条

共和国总统有权在侵略、国际或者国内武装冲突、严重的国内动乱、公共灾难或者自然灾害的情况下宣布全国领土或者部分领土的例外状态。例外状态的宣布不得妨碍国家职责的活动。

例外状态应当遵守需要性、比例性、合法性、临时性、属地性和合理性的原则。建立例外状态的法令应当依照宪法和国际文件指出其原因和动机,适用的地域范围、持续期间、必须适用的措施、能够暂停或者限制的权利和相应的通告。

第一百六十五条

在例外状态期间,共和国总统只能依照下列宪法规定,暂停或者限制住宅不受侵犯、通信不受侵犯、迁徙自由、结社和集会自由以及咨询自由的权利的行使:

1. 下令提前征税。
2. 使用公共基金用于其他目的,但用于健康和教育基金的除外。
3. 转移政府所在地至国家领土内的其他地方。
4. 严格遵守例外状态的理由和国家安全命令对媒体信息的事先审查。
5. 建立全部或者部分的国家领土作为一个安全区域。
6. 命令使用武装部队和国家警察部队,召集全部或者部分预备部队以及其他机构的职员服现役。
7. 命令海港、空港和边境通行的关闭或者启用。
8. 命令动员和可能需要的征用,当恢复正常状态时下令国家性的复员。

第一百六十六条

共和国总统应当在签署相关法令之后的四十八小时内通知国民代表大会,宪法法院和与例外状态相关的国际组织。如果情况属实,国民代表大会将有权在任何时候废除该法令,不损害宪法法院可能做出的关于合宪性裁决。

例外状态的法律应当在最长六十日的期限内有效。如果法令的理由持续,至多可延长三十日,其必须通告。

如果共和国总统没有更新例外状态法令或者没有通告,其应当被理解为已经过期。

当引起例外状态的理由消失,共和国总统应下令终止,并且应通过相应报告立即通告。

公职人员应当为其在例外状态有效期间已经犯下的任何滥用权力行使负责。

第四章 政府的司法机构和土著人司法机构

第一节 司法原则

第一百六十七条

行使司法的权力来自人民,由政府司法部门以及宪法规定的其他机构行使。

第一百六十八条

司法,遵守其职责和行使其职权,应当适用以下原则:

1. 司法部门应当享有内部和外部独立。任何违反这一原则的行为应当依法承担行政、民事和刑事法律责任。
2. 司法部门应当享有行政、经济和财政自主。
3. 凭借管辖权统一,任何其他行政机关不应履行普通司法职责,不损害宪法所认可的司法权。
4. 诉诸司法应当免费。法律应当设置诉讼费的构成。
5. 在其所有的阶段,审理和判决应当公开,但法律作出例外规定的除外。
6. 在诉讼各阶段应使用言语体系,且依照整体原则、交叉询问。

第一百六十九条

程序制度是实现司法的手段。程序标准应当包含精简、统一、有效、及时、迅速和程序经济原则,应当确保法律正当程序保障的有效性。不能因为程序的单独遗漏而牺牲公正。

第一百七十条

进入司法,应当遵守平等、公平、正直、竞争、价值、公开、质疑和公共参与的标准。

司法职业获得普通司法的承认和保障。职业发展应当获得持续培训和司法公职人员履职的定期评估的保障,作为司法职业提升和履职的不可缺少的条件。

第二节 土著人司法

第一百七十一条

土著人社区、土著人民和民族的权力机构应当履行司法职能,基于其古老的传统和其自身的法律制度,在其领域内,保障妇女的参与和决策。权力机构应当适用其自身的标准和解决内部纠纷的程序,只要它们没有违背宪法和国际文件规定的人权。

国家应当保障土著人司法的决定受到公共机构和权力机关的遵守。其决定应当受到合宪性管控。法律应当确定土著人司法和普通司法直接的协调与合作机制。

第三节 司法机构的原则

第一百七十二条

法官应在宪法、国际人权文本和法律的限制下执行司法权。

司法公职人员,包括法官和其他司法人员,在执行司法的过程中应适用尽职调查原则。

法官应当为延误、疏忽、司法不公和违法的结果造成对当事人的损害负责。

第一百七十三条

由国家权力机关作出的行政行为可经行政程序和与司法部门相对应的机关受到质疑。

第一百七十四条

司法公职人员不能从事律师职业,但大学教学除外,不能接受其他公共或者私人雇佣。

程序不诚信、不正当或者草率诉讼、妨碍或者程序延误应当受到法律的制裁。

法官不能担任政党和运动的任何执行职务,或者作为候选人参与公决,或者执行政党或者宗教号召的行动。

第一百七十五条

儿童和青少年应当适用特殊立法和司法,以及正式培训的司法执行人员和应当执行完整保护学说原则的人员。特殊司法在权利的保护和青少年违反法律责任中应当区分行为能力。

第一百七十六条

任命司法公职人员的要求和程序必须涉及竞争择优考试,接受质疑和社会管控;应当促进男女平等。

除了国家法院的法官,司法公职人员必须接受一般和特殊的培训课程,并且通过理论、实践和心理测试以获准进入司法服务。

第四节 组织和运行

第一百七十七条

司法分支由司法机构、行政机构、支援机构和自治机构组成。法律应当规定其结构、责任、职权和职能以及充分司法所需的一切事宜。

第一百七十八条

在不损害拥有宪法承认的平等权力的其他机构,司法机构负责司法,其中包括:

1. 国家法院。
2. 省法院。
3. 法律规定的法院和法庭。
4. 治安法官。

司法委员会是司法分支的治理、管理、监督和纪律部门。

司法分支应当作为公正服务、司法拍卖、司法保管和法律规定的其他事宜的支持机构。

护民官办公室和总检察长办公室是司法分支的自治机关。

法律应当规定司法分支的组织、职权范围、运行和司法机构,以及充分司法所需的一切事宜。

第五节 司法委员会

第一百七十九条

司法委员会由九名常任代表及其各自候选人组成。其任期6年,且不能连任。

前款提及的代表将由公民参与和社会管理委员会选举,通过审查与监督的公开程序和公民质疑的可能性。

程序、时间和过程的其他因素应当由公民参与和社会管理委员会确定。

司法委员会的成员,包括名义成员和其代理人,任期六年。

司法委员会应当向国民代表大会提交年度报告,其可以监督和鉴定其成员。

第一百八十条

其成员应当符合以下要求:

1. 是厄瓜多尔国民,并且拥有政治权利。
2. 持有法学学士学位,得国内法律承认、得法律认可的学术机构承认。
3. 已经从事律师职业或者法律或与委员会固有职责相关的科目的大学讲师至少十年,并显著正直和适当。

第一百八十一条

委员会还应拥有下列职责:

1. 确定和执行司法制度的改善和现代化政策。
2. 认定和批准除了自治机构的司法职能的预算草案。
3. 指导法官和司法职能其他人员的遴选程序,以及其评价、提升和惩罚。所有的程序将是公开的以及其决定属实。
4. 管理司法职业和专业发展,组织和管理司法培训和教育学校。
5. 确保司法职能的透明和效率。

司法委员会的决定采取简单多数决。

第六节 普通司法

第一百八十二条

国家司法法院由二十一名法官组成,任期九年,不能连任。其中的三分之一应当每三年轮换一次,他们应当依法离职。

国家司法法院应当从其成员中选举首席大法官,其应当代表司法分支,任期三年。在每一个法院,应当选举一名首席法官,任期一年。

候补法官应当是司法分支的一部分,其应当基于与常任法官相同的程序选任,应当拥有相同的责任,并且应当适用于不相容的相同制度。国家司法法院应当在国家全部领土上拥有管辖权,其所在地在基多。

第一百八十三条

成为国家司法法院的法官,除了由法律明确规定的要求,亦须符合下列资格:

1. 是厄瓜多尔国民,并且拥有政治权利。

2. 持有国家法律认可的大学法学学位。

3. 已经从事律师、法官或者大学法律讲师，显著正直，至少为期十年。

国家司法法院的法官应当由司法委员会依照竞争择优考试的程序选举产生，接受质疑和社会管控。应当促进男女之间的平等。

第一百八十四条

除了法律规定，国家司法法院享有下列职责：

1. 审理撤销原判的上诉，复查和法律规定的其他事宜。

2. 基于三审裁决发展判例法案例制度。

3. 审理控告享有豁免权的公职人员的案件。

4. 提交涉及行使司法权制度的法案。

第一百八十五条

由国家司法法院的专门法庭作出的判决经过三审基于相同事实作出相同裁决，应必须将决定提交法院全体会议以使后者无论是否同意，可以在至多六十日内讨论和决定。如果在这期间内没有做出裁决或者之前的决定获得批准，这一判决意见书应当构成判例法的强制部分。

负责起草每一个判决意见书的法官应当抽签决定，必须遵守作为先例的强制性判例法。为了改变强制性判例法规范，负责起草意见书的法官应当基于实质性的法律依据证明其改变，并且判决必须由法院一致通过。

第一百八十六条

在每一个省，应当由视为必需数目的法官组成省级司法法院，以处理来自律师事务所、法律自由职业实践者和大学教师的案件。法官应当依照国家司法法院组织专门法庭。

司法委员会应当符合人口需求，确定必需的法院和司法法庭的数目。

在每一个行政区，依照人口需求，应当至少有一位专门从事家庭、儿童和青少年的法官，一位专门从事青少年犯罪的法官。

在拥有社会改造中心的地方，至少应当由一位法官负责监狱保障。

第一百八十七条

在没有合法理由免职的情况下，司法机构公职人员应保有其职位。依照司法委员会制定的技术参数，司法委员会得定期评估各个司法机构公职人员的履职情况，另外，司法机构公职人员亦需受社会监督，若其未达最低要求，免去相关人员之职。

第一百八十八条

依照司法统一原则，武装部队和国家警察部队的成员应当受普通司法指控和审理。纪律或者行政性质不当行为应当适用他们自身的程序标准。

基于级别军衔和行政责任的原因，法律应当管理追诉豁免的案件。

第七节　治安法官

第一百八十九条

治安法官应当在平等的框架内解决问题，应当拥有排他的和强制的职能以依法审理提起其管辖的个人、社区和地区争议。在任何情况下他们都不能命令逮捕或者监禁个人，或者凌驾于土著人司法之上。

治安法官应当适用调解机制、对话、友好解决和其他来自社区的经验以采纳他们的决议，其应当保障和遵守宪法承认的权利。律师的赞助不是必需的。

治安法官必须在其行使司法管辖权的地方拥有固定住所，必须获得社区的尊重、体谅和支持。他们依法应当由社区选举，通过司法委员会负责的程序方式，其应当留任至社区自身决定免除其职务。成为治安法官，不需要法律专业。

第八节　争议解决的替代性方式

第一百九十条

仲裁、调解和争议解决的其他替代性程序获得承认。这些程序应当依法适用于依其性质可以达成妥协的地方。

在公开招标的程序中，在由总检察长办公室做出有利裁决之后应当接受法律仲裁，依照法律规定的条件。

第九节　人民辩护检察官办公室

第一百九十一条

人民辩护检察官办公室是司法部门的自治机构，旨在保障由于其无保护状况或者经济、社会或文化地位不能雇佣法律辩护服务保护其权利的人充分与平等地获得司法。

人民辩护检察官办公室应当提供技术性、及时性、高效、有效和免费的法律服务以支持和法律建议在所有事宜和机构的人的权利。

人民辩护检察官办公室是不可分割的，应当作为拥有行政、经济和金融自主的分权实体；其应当由人民辩护检察官代表，并且应当获得与总检察长办公室相等的人力和物力资源以及劳动条件。

第一百九十二条

人民辩护检察官应当符合下列要求：

1. 是厄瓜多尔国民，拥有政治权利。

2. 持有大学法律学位，获得国家法律承认并且熟知行政管理。

3. 显著正直和适当地从事律师、法官或者大学讲师职业为期不少于十年。

人民辩护检察官应当履职六年，不能连任，每年应当向国民代表大会提交一份报告。

第一百九十三条

大学的法理学、法律或者法学学院应当为限制经济资源的人和要求优先关注的群体组织提供辩护服务和法律咨询。

为使其他组织可以提供这一服务，他们必须获得人民辩护办公室的资格认定和评估。

第十节　总检察长办公室

第一百九十四条

总检察长办公室是司法分支的一个自治机构，其是单一的不可分割的机构，应当作为享有行政、经济和财政自主权的分权机构。总检察长是其最高权力机构和法定代表人，应当依照宪法原则和权利活动，保障法律正当程序。

第一百九十五条

总检察长办公室应当凭借其职权或者在一方当事人的要求下，进行审前调查和刑事诉讼；在诉讼程序中，其应当在及时性原则和最少刑事干预的要求下进行公开诉讼，特别关注公共福利和受害者权利。如果案件被发现有实质依据，总检察长应当向主管法官正式指控涉案者，并且应当在具体的刑事审判中完善起诉书。

为履行其职责，总检察长应当组织和指导调查、法医学和体格检查的全面专业的制度，其应当包括民事和警务调查人员；应当指导刑事诉讼中的受害者、证人和参与者的保护制度；应当履行法律规定的其他职务。

第一百九十六条

总检察长应当符合下列要求：

1. 是厄瓜多尔国民，拥有政治权利。

2. 持有国内法律认可的大学法律学位，熟知行政管理。

3. 显著正直和适当地从事律师、法官或者大学刑事法讲师职业为期不少于十年。

总检察长任职六年，不能连任，必须向国民代表大会提交年度报告。任命应当依照宪法和法律规定的程序作出。

第一百九十七条

公诉人的职业受到承认和保障，其管理应当由法律作出。

持续培训的职业发展、职员定期评价是保持并提升公诉人职位不可缺少的条件。

第十一节　受害人和证人的保护制度

第一百九十八条

总检察长应当指导刑事诉讼程序中的受害人、证人和其他参与人保护和帮助的全国性制度，其应当协调与该制度利益和目标有关的公共机构的强制参与，并且应当明确民间社会组织的参与。

该制度应当由参与性、责任性、互补性、及时性、有效性和效率性等原则管理。

第十二节　公正服务

第一百九十九条

公正服务是公共服务。在每个行政区或者都市区应当有司法委员会确定的一定数量的公证员。公证员的报酬，这些服务机构的支持人员，以及用户必须支付的费用应当由司法委员会确立。来自收取费用的总额应当按照法律规定存入国家的总预算。

第二百条

公证员是公信库，他们应当由司法委员会在公开竞争和择优考试之后任命，接受质疑和社会管控。成为一名公证员，必须持有国内法律认可的大学法学学位，并且显著正直地从事律师职业不少于十二年。公证员任期六年，只能连任一次。法律应规定责任标准和免职原因。

第十三节　社会改造

第二百〇一条

社会改造制度的最终目的在于确保被判刑人的整体改造，以使其重新融入社会，以及保护被监禁者和保障他们的权利。

该制度应优先发展被判刑人的能力以使其一旦获释便可行使其权利、履行其义务。

第二百〇二条

该制度应当通过管理评估其政策有效性、管理监禁中心和符合该制度目的设置标准的技术机构保障其最终目的。

监禁中心依法由地方分权政府管理。

社会改造机构的主管委员会应当由行政部门的代表和依法任命的专业人士组成。共和国总统应当指定主持这一机构的国务委员。

社会改造制度的安全、技术和行政人员应当在评估其技术、认知和心理状态之后，由社会改造机构任命。

第二百〇三条

该制度应当由以下准则管理：

1. 只有因犯罪被判处监禁的人应当作为社会改造中心的囚犯。

只有社会改造中心和临时拘留中心应当是社会改造制度的部分，应当被授权关押在囚人士。军事驻地、警察局和其他类型的营地不能授权作为平民的监禁地。

2. 在社会改造中心和临时拘留中心,教育计划、职业培训、农业生产、手工艺品和工业产品,或者其他职业形式,精神和身体健康以及文化休闲应当获得改善和实现。

3. 监狱保障法官应当依照其判决保障监禁人士的权利,应当决定其减刑。

4. 在拘留中心,应当采取平权行动措施以保护需要优先照顾群体的人员的权利。

5. 国家应当确立条件以使在监禁之后的人真正地融入社会和经济生活。

第五章 政府的透明与社会管理部门

第一节 性质和职责

第二百〇四条

人民是公共权力的委托人和首要审计员,行使其参与权。

政府透明与社会管理部门应当促进和培育公共实体和机构的管理,以及提供公共福利服务或者开展公共福利活动的自然人或者私营部门法律实体的管理,所以,他们应负责、透明和公平地活动;其应培育和鼓励公众参与,应保护权利的行使和实现,应防止和打击腐败。

透明与社会管理部门应由公众参与和社会管理委员会、人权监察员办公室、总审计长办公室和监察局组成。这些实体应当拥有法律地位和行政、财政、预算和组织自主权。

第二百〇五条

作为透明与社会管理部门一部分的实体代表应当履行其职责,任期五年,应当免于国家法院的起诉,并且应当受国民代表大会弹劾。如果发生弹劾,随后被免职,应当通过新的程序任命代表。在任何情况下立法部门不能指定相应的更替。

其最高当局必须是拥有政治权利的厄瓜多尔国民,应当通过候选人参与的竞争和择优考试的方式选定,接受公民监督和质疑。

第二百〇六条

透明与社会管理部门的实体常设代表应当建立一个协调机构,每年应当从自身中选任一位部门主席。除了法律规定的以外,下列应当是协调机构的职权和职责:

1. 制定透明、管理、负责、公众参与的促进以及反腐败斗争的公共政策。

2. 在不破坏自主权的情况下,协调部门实体的行动计划。

3. 阐明反腐败国家计划的草案。

4. 向国民代表大会提交其职能框架内的法律改革建议。

5. 每年或者在国民代表大会要求时,向国民代表大会提交关于其职责履行活动的报告。

第二节 公众参与和社会管理委员会

第二百〇七条

公众参与和社会管理委员会应当促进和鼓励涉及公众参与权利的行使,应当促进和建立公共福利事宜的权利的行使,应当依照宪法和法律任命其所属的权力机构。委员会的结构应分权,且应符合职责的履行。

委员会应由七位常任委员会人员和七位代理人员组成。常委会成员应当从中选任主席,主席是委员会的法定代表人,主席任期应当延伸至其职务任期的一半。

委员会成员的选任应当来自社会组织和公民提议的候选人。选任程序应当由国家选举委员会组织,其将开展候选人参与的竞争和择优考试,依法接受公民监督和质疑。

第二百〇八条

除法律规定外,公众参与和社会管理委员会应当拥有以下职责和职权:

1. 促进公众参与,鼓励公共协商程序以及培育公民意识培训、价值、透明度和反腐败斗争。

2. 建立公共部门机构和实体的问责机制,以及有助于公民监督和社会监督程序的机制。

3. 督促部门其他实体在委员会建议应当干预的事项强制采取行动。

4. 关于影响公众参与或者导致腐败的作为或者不作为的强制报告。

5. 发布指向法律责任证据的报告,起草必要的建议,并且推动相应的法律程序。

6. 在作为其调查结果提起的案件中作为诉讼当事人。当裁决确定,在犯罪过程中,存在资源的不当侵占,主管机关应当继续没收判刑当事人的个人资产。

7. 促进腐败行为报告人(举报人)的保护。

8. 向国家机构的任何实体或者官员要求其认为调查或者诉讼需要的信息。个人和机构应当与委员会合作,拒绝这样行为之人应受到法律制裁。

9. 在国家机构选任的公民委托活动实施中组织程序和监督透明度。

10. 在接受相应的公民质疑和监督程序后,从共和国总统提出的名单中选任国家检察官办公室和监察局的最高权力人员。

11. 在完成相应的选任程序后,任命人权监察员办公室、护民检察官办公室、总检察长办公室以及总审计长办公室的最高权力人员。

12. 在完成相应的选任程序后,任命国家选举委员会、选举争议解决法院和司法委员会的成员。

第二百〇九条

为履行为其指定的职责,公众参与和社会管理委员会应当组织公民选任委员会,其应当在属于其的事件中负责管理由提名候选人参与的公开竞争和择优考试,行使公民监督和公民质疑的权利。

公民选任委员会应当由每一个国家政府部门的一名代表以及社会组织和公民的相同数目的代表组成,通过从提名的候选人之中公开抽签的方式选任,并且符合委员会和法律规定的条件。候选人应当接受公众监督和公民质疑。委员会应当由一名公民代表领导,其应当拥有决胜票,并且其会议应当向公众开放。

第二百一十条

在通过竞争和择优考试选任权力机构的情况下,公众参与和社会管理委员会应当选择在各自的考试中获得最高成绩的人,并且应当向国民代表大会报告以进行相应的宣誓就职。

当处理管理国家实体高级管理人员委员会的选任时,委员会应当优先从在测试中获得最高分数的人员中选任常任成员和候补成员。候补成员应当依照其资格和任命的顺序在适当的时候代替常任成员。

正在任职的人不能够为旨在任命代理人的公开竞争和择优考试提出候选人。男女之间的条件公正和平等,应当保障居住于国外的厄瓜多尔人参与。

第三节 总审计长办公室

第二百一十一条

总审计长办公室是负责管理国家资源使用的技术部门和实现国家目标的机构,并且是处理政府资源的私法法律实体。

第二百一十二条

除法律规定外,总审计长办公室履行下列职责:

1. 指导行政监察制度,包括内部审计、外部审计、公共部门机构和处理政府资源的私营部门实体的内部管理。

2. 在管辖范围内,在不违背总检察长职责之下,确定不作为的行政和民事责任,收集刑事责任证据。

3. 颁发履行其职责的规则和规范。

4. 在上述建议要求时,对国家机关和实体提出请求。

第四节 监察局

第二百一十三条

监察局是经济、社会和环境活动以及由公共与私人实体提供服务的监察、审计、干预和管理技术部门,其目的在于确保这些活动和服务符合法律规定和公共福利。监察凭借其职权或者在公民的要求下进行。监察的特殊权力和其中每一个要求管理、审计和监察的范围应依法规定。

监察局应由监察员领导和代表,法律应确立期望成为这些机构领导的人员必须符合的条件。

监察员应由公众参与和社会管理委员会从共和国总统提出的名单中任命,在特殊技术和品德标准的基础上拟定,接受公众监督和公民质疑。

第五节 人权监察员办公室

第二百一十四条

人权监察员办公室是具有国家管辖权、法律地位、行政和财政自主权的公法管理机构。其结构应分权,并且在每一个省和国外拥有代表。

第二百一十五条

人权监察员办公室应当将厄瓜多尔居民权利的保护和监护以及居住于国外的厄瓜多尔国民的权利保护作为其职责。除法律规定外,其应当拥有以下职权:

1. 凭借职权或者在当事人的要求下,支持保护行动、人身保护令、获取公共信息、人身保护资料、公民行动和因公共或者私人服务的不良质量或者不适当提供的诉愿。

2. 颁布权利保护的强制性和及时遵守的措施,要求审理和惩罚主管机关的侵权行为。

3. 在其职权范围内,调查和裁决提供公共服务的自然人或者法律实体的作为或者不作为。

4. 法律正当程序监督的实施和促进,及时预防和制止所有形式的残忍、不人道和有辱人格的对待。

第二百一十六条

人权监察员必须符合为国家司法法院法官制定的相同要求,并且在保卫人权中有广泛的经验。人权监察员应免于国家司法法院的起诉,应依照法律规定条款享有豁免特权。

第六章 政府的选举部门

第二百一十七条

政府的选举部门应当保障投票,以及与公民政治组织有关的政治权利的行使。

选举部门由国家选举委员会和选举争议解决法院组成。这两个机构应当位于基多,应当拥有全国管辖权,行政、财政和组织自主权,以及自身的法律地位。其应当由自主、独立、公开、透明、公平、跨文化、性别平等、迅速和正直的原则管理。

第一节 国家选举委员会

第二百一十八条

国家选举委员会应当由五名常任委员组成,任期六年。委员会每三年应当部分更新,第一次两名成员,第二次三名成员,诸如此类。五名候补委员应按照常任委员相同的方式更新。

主席和副主席应当在常任委员中选举,任期三年。

国家选举委员会的主席是选举部门的代表。法律应当确定地方分权选举机构的组织、职能和管辖权,其应具有临时性质。

为了成为一名国家选举委员会的成员,其必须是厄瓜多尔国民,拥有政治权利。

第二百一十九条

除法律规定外,国家选举委员会应当拥有下列职责:

1. 以透明的方式,组织、指导、监督和保障选举程序,召集举行选举,进行选举的计算,宣布选举结果,以及赢得选举人员的宣誓就职。
2. 任命地方分权选举机构的成员。
3. 管理竞选广告和开支,听取和裁决由政治组织和候选人提交的账户。
4. 保障政治组织和法律规定的任何实体内部选举程序的透明性和合法性。
5. 依照选举争议解决法院建议,提出选举部门职权范围内的立法倡议的建议。
6. 规范管理在其职权之下的事宜的法律制度。
7. 确定其组织,以起草和执行预算。
8. 保持政治组织及其管理委员会的永久记录,并且检查其登记程序。
9. 确保政治组织遵守法律、法规和章程。
10. 实施、管理和控制选举竞争的国家基金和政治组织的基金。
11. 审理和解决关于选举期间地方选举机构采取的决议的行政质疑和投诉,并采取相应的制裁。
12. 依照人口统计办公室(民事登记处),组织和制定国家和国外的选民登记表。
13. 组织政治选举研究、培训和促进机构的运作。

第二节 选举争议解决法院

第二百二十条

选举争议解决法院应由常任成员组成,任期六年。选举争议解决法院应每三年部分更新,第一年两名,第二年三名,诸如此类。五名候补成员应以与常任成员相同的方法更新。

法院的首席法官和副首席法官应从其常任委员中选任,任期三年。

成为选举争议解决法院的成员,其必须是厄瓜多尔公民,拥有政治权利,持有国内法律认可的大学法学学位,显著正直地至少从事十年的律师、司法机关成员或者大学法律讲师的职业。

第二百二十一条

除法律规定外,选举争议解决法院拥有下列职权:

1. 审理和解决针对国家选举委员会和地方分权机构采取行动的选举上诉和政治机构的诉讼事宜。
2. 惩罚不遵守监管基金、政治竞选、选举开支的规则,以及选举规范的一般违反。
3. 决定其组织以及制定并且实施其预算。

其决定和决议应当构成选举判例法,应有作为最后手段的救济,并且应要求立即实施。

第三节 政治和社会管理的共同标准

第二百二十二条

国家选举委员会和选举争议解决法院的成员因为不执行其职责和履行宪法和法律规定的责任应受弹劾。立法部门不能任命免职人员的替代人。

第二百二十三条

选举机构应受社会监督,政治组织和候选人监管和监督选举机构工作的权力应受保障。

选举机构的仪式和会议应当向公众开放。

第二百二十四条

国家选举委员会和选举争议解决法院成员应由公众参与和社会管理委员会任免,依法在通过竞争和择优考试后选任,由公民提出的候选人参与,并且受公民质疑,保障公平和男女之间的平等。

第七章 公共行政

第一节 公共部门

第二百二十五条

公共部门由以下组成:

1. 政府的执行、立法、司法和透明与社会管理部门的组织和机构。
2. 构成政府地方分权自治制度的机构。
3. 由宪法或者法律建立,行使国家权力,提供公共服务和完成国家委托的经济活动的组织和机构。
4. 由地方分权自治政府为了提供公共服务颁布的管理法令所建立的法律实体。

第二百二十六条

凭借授予他们的国家权力活动的国家机构、组织、机关、公务员和人员应仅履行其职责和运用宪法、法律给予的权力。他们将协调行动以实现其目标和实现宪法承认的权利的享有和行使。

第二节 公共行政

第二百二十七条

公共行政应当建立一个旨在提供共同公共福利的服务，其应当由有效、效率、质量、层次结构、分散、分权、协调、参与、计划、透明和评价等原则管理。

第二百二十八条

依照法律规定，除通过普选选举产生的公务员或者酌情任免的人员，在行政事业类的公共服务的准入、推动和促进应当适用考试竞争择优选取。不遵守前述事宜将导致任命权力机关的免职。

第三节 公务员

第二百二十九条

公务员应当包括以任何方式或者在任何类型下在公共部门提供服务或者任职、拥有职务或头衔的所有人员。

公务员的权利不能放弃。法律应当确定负责全部公共部门人力资源和薪酬的执行部门，应当管理其雇员的准入、晋升、提升、激励和惩戒制度、工作保障、薪酬范围和职务的终止。

公共部门的雇员应当适用劳动法。

公务员的薪酬应当公正和公平，符合其各自的职责，并且应当考虑他们专业的发展、培训、职责和经验。

第二百三十条

在行使公职中，除法律规定，禁止以下事项：

1. 在同一时间拥有一个以上的公共职务，除了在个人日程允许情况下，在大学教学。

2. 任人唯亲。

3. 任何形式的歧视行为。

第二百三十一条

公务员应无例外地在任期开始和结束以及法律规定的时期出现。关于其资产净值的宣誓声明应包括其资产和负债，以及在需要时授权银行账户的保密；任何不符合此项要求的人员不能宣誓就职。武装部队和国家警察部队的成员在晋升和退休之前应提交净值的附加声明。

总审计长办公室应检查和交叉检查声明，并且应调查被指控非法获益的案件。在任期结束后不能提交此声明或者各项声明之间不一致应推定非法获益。

当有包庇或者掩盖事实的明显证据时，总审计长办公室可以要求第三方与担任或者曾经担任公职人员有关的类似声明。

第二百三十二条

公务员不得在其监管的机构享有利益。

第二百三十三条

任何公务员不得免于追究其在履行职务时的作为或者不作为的责任，并且应承担其在公共基金、资产或者资源的管理和行政中的行政、民事和刑事法律责任。

公务员及其代表或者国家机构高级管理委员会的代表应受到贪污、贿赂、敲诈和非法获利犯罪所确立的制裁。起诉他们的程序和相应的制裁不受时效限制。这些案件中，被控人员缺席时也应开始甚至继续诉讼。这些规范也适用于没有前述资格但参与犯罪的人员。

第二百三十四条

基于国家协议的职能协调国家和国际机构，国家应当通过学校、机构、院校和公共部门教育或者培训项目等方式保障公务员的继续教育和培训。

第四节 国家检察官办公室

第二百三十五条

国家检察官办公室是一个公共、技术和法律部门，拥有行政、预算和财政自主权，由国家检察官领导和代表，任期四年。

第二百三十六条

公众参与和社会管理委员会应当从共和国总统办公室提出的候选人名单中任命国家检察官。名单应当基于特殊技能和品德的标准制定，并且应当受公众监督和公民质疑；名单中列明之人须符合为成为宪法法院成员所规定的条件。

第二百三十七条

除法律规定外，国家检察官应当履行下列职责：

1. 在司法中代表国家。

2. 保卫国家及其机构。

3. 在宪法或者法律没有授予其他组织或者机构的问题上，向来自公共部门和机构在法律解释和适用中的法律问题提供咨询和做出回应。

4. 依法监管公共部门组织和机构签发的文件和合同。

第五编 国家的地方构成

第一章 一般原则

第二百三十八条

地方分权自治政府应当享有政治、行政和财政自

335

主权,并且应当由团结、辅助、跨地区平等、统一和公众参与的原则管理。自治权的行使绝不应当分裂国家领土。

地方分权自治政府包括农村教区委员会、市议会、大都市议会、省议会和地区议会。

第二百三十九条

分权自治政府制度应当由相应的法律管理,其应当规定职能、强制性和渐进性的国家制度,应当确定在发展过程中弥补地区差距的政策和机制。

第二百四十条

各区、市镇、省、大都市地方分为自治政府应在其管辖范围内享有立法权。农村教区委员会享有规章制定权。所有的地方自治政府应当在其职能和领土管辖权范围内行使行政权力。

第二百四十一条

规划应当支持地方管理,并且对于所有的地方分权自治政府应当是强制的。

第二章 领土构成

第二百四十二条

国家领土分为地区、省、市和农村教区。由于环境保护或者少数民族文化或者人口因素的原因可以确立特殊制度。

大都市自治区、加拉帕戈斯省、土著和多文化地区应当构成特殊制度。

第二百四十三条

两个或以上相邻地区、省、市或者教区可以聚集并且形成地区联合,旨在促进其职能管理和提高一体化进程。其创立、结构和管理应当由法律管理。

第二百四十四条

具有领土相邻性的两个或以上省份,区域面积超过两万平方公里,并且居民联合数目超过国家人口的5%,应当依法组成自治地区。应当寻求区域间平衡、历史和文化亲和力、生态互补性和流域综合管理。法律应当建立经济和其他激励以鼓励各省组成地区。

第二百四十五条

组成自治地区的创议应当是省政府的责任,其应当制定建议新地区领土形成的区域化法案,以及起草地区自治章程。

国民代表大会最迟应当在一百二十日内批准法案;如果在截止日期之后没有宣布其决定,法案视为通过。国民代表大会应当要求其三分之二成员的投票否决或者搁置法案。

建议的章程应当提交至宪法法院以便裁决其是否违反宪法。相应的裁决应当至多在四十五日内颁发;如果在这一期间没有颁发,裁决应视为合宪。

在来自宪法法院的合宪裁决和法案通过为组织法之后,组成可能地区的省份的居民应当在全民公决中投票,以在地区章程上表明立场。

如果公决在每一个省份由有效投票的绝对多数通过,法律及其章程应当生效,地区性选举应当确保在四十五日内举行以任命相应的机关和代表。

第二百四十六条

通过的章程应当形成地区的基本制度法规,应当建立其名称、标志和原则,以及地区政府的机构和所在地。前述章程应当规定地区政府的资产、收入和自由,以及其初期应当履行的责任。章程的修改应当依据其中确立的程序制订,并且应要求来自宪法法院的合宪性裁决。

第二百四十七条

一个城市或者包含集合城市的相邻城市群,拥有占超过7%的国家人口的居民,可以组成大都市区。

有意愿形成大都市区的城市应当遵守为形成地区规定的相同程序。市议会应当制定关于大都市区自治权的包含法案和建议章程的提案。

大都市区应当协调其与周边省和地区的行政行为。

大都市区的章程应当满足与地区章程相同的条件。

第二百四十八条

社区、乡镇、管理区、街区和城市教区获得承认。法律应当规范其存在以至于它们可以视为参与分权自治政府和国家计划制度的基础单位。

第二百四十九条

领土全部或者部分在四十公里边界带的城市应当在巩固文化和平与社会经济发展中获得优先关注,通过保卫主权、自然生物多样性和跨文化交流的综合政策。法律应当规范和保障这些权利的行使。

第二百五十条

亚马孙省的领土是地球环境平衡所需的生态系统的一部分。这一领土应当组成一个特殊的领土地区,将有包含社会、经济、环境和文化方面法律的整体计划,并带有确保其生态系统养护和保护以及美好生活方式原则的土地使用和规划。

第三章 地方分权自治政府和特殊制度

第二百五十一条

每一个自治地区应当通过投票选举其地区议会和其地区行政长官,其应当主持前述议会和投决胜票。地区议会人员应当根据城市和农村人口比例选举,任期四年,应当从前述议员中选举一位副职行政长官。

每一个地区政府应当在其章程中建立宪法规定的公共参与机制。

第二百五十二条

每一个省应当拥有一个位于各自省会城市的省议会。前述议会应当包含一个省长和一个副省长,由省内普选产生。市长或者市议员代表各市,代表依法从农村教区委员会首领之中选举产生。

省长应当是最高行政机关,并且通过决胜投票主持议会。在省长暂时性或者绝对缺席的情况下,省长应当由出任副省长职位的人员替代,副省长与省长一起通过省内普选选举产生。

第二百五十三条

每一个市应当拥有一个市议会,包括通过市内普选产生的市长和市议员组成;副市长应当从前述市议员之中选任。市长应当是市的最高行政机关,并且应当主持议会和决胜投票。在法律确定的时期内,市内的城市和人口应当在议会中获比例代表。

第二百五十四条

每一个自治大都市区应当拥有一个地区普选产生的议会。大都市区市长应当是其最高行政机关,并且通过决胜投票主持议会。

自治大都市区应当建立允许它们执行地方分权或者分权基础的制度。

第二百五十五条

每一个农村教区应当拥有由教区选举产生的成员组成的教区委员会,获得最多选票的成员应当主持委员会。教区委员会的结构、权力和责任应当在法律中规定。

第二百五十六条

担任地方首长和大都市区市长的人员应当是地方咨询内阁的成员,地方咨询内阁应由共和国总统定期召开。

第二百五十七条

在政治行政组织的框架下,可以形成土著人或者非洲裔厄瓜多尔领土地区。其应当享有超越各自分权地方政府的管辖权,应当由跨文化和多民族的原则管理,并且遵守集体权利。

由土著人、非洲裔厄瓜多尔人、蒙特比奥族或者古老社区、人口或民族构成大多数的教区、市和省可以通过至少三分之二有效票通过的公决采用各省的行政制度。由土著人或者跨文化地方政府管理的两个或更多地区可以组成和形成新的地区。法律应规定这些地区的结构、运行和职权。

第二百五十八条

加拉帕戈斯省应拥有特殊的政府制度。其计划和发展应依法基于坚持保护国家自然遗产原则的基础和良好的生活方式。

该省应由共和国总统办公室代表主持的管理委员会管理,包括加拉帕戈斯省的各市市长、教区委员会的代表和法定机构的代表。

上述管理委员会应当负责计划、管理资源和在省内开展组织活动,法律应当明确作为技术秘书处的机构。

为保护加拉帕戈斯地区,可能影响环境的内部迁移、工作或者其他活动的权利,无论是公共的或者私人的,应受限制。关于土地使用发展和规划,管理委员会颁布政策应当协调市和教区委员会。

永久居民以及受到权利限制影响的人应享有优先获取自然资源,参与环境可持续活动。

第二百五十九条

为了旨在保护亚马孙生态系统的多样性,国家中央和分权自治政府应当采取可持续发展政策,其也应当补偿其发展的不一致并巩固主权。

第四章 管辖权制度

第二百六十条

专属管辖权的行使不得包括由各级政府同时行使的确保公共服务以及合作与互补活动。

第二百六十一条

中央政府应当享有下列专属管辖权:

1. 国防、国内安全以及公共法律与秩序。
2. 国际关系。
3. 人事登记、外国人入籍和移民管理。
4. 国家规划。
5. 经济、税收、海关和关税政策,财政和货币政策,对外贸易和债务。
6. 教育、健康、社会保障和住房政策。
7. 保护自然区域和自然资源。
8. 自然灾害的管理。
9. 采取措施作为国际条约的结果。
10. 无线电波谱以及通信与电信的一般制度,港口和机场。
11. 能源资源,矿产、石油和天然气,以及水资源,生物多样性和森林资源。
12. 全国国有企业的控制和管理。

第二百六十二条

在不违反规范国家管辖权制度的法律规定的情况下,自治地区政府应享有下列专属管辖权:

1. 协调国家、省、市和教区规划,规划地区发展和制定土地使用发展与管理的相应计划。

2. 确保流域管理,并且依法促进流域委员会的创立。

3. 规划、管理和控制地区和行政区的交通运输,但由市实行的除外。

4. 规划、建设和维护地区范围内的公路网。

5. 给予地区性质的社会组织法律地位,以及管理和控制前述组织。

6. 根据地区发展所需,在国家计划框架内,为知识研究和创新、技术发展和转让制定政策。

7. 促进地区生产活动。

8. 促进地区粮食安全。

9. 确保履行其职能的国际合作。

在这些专属管辖权的范围内,以及在其权力的行使中,它们应当颁布地区规则和规章。

第二百六十三条

在不损害法律所确立的其他事宜之下,省级应当拥有下列专属管辖权:

1. 规划省级发展和制定相应的土地使用发展与管理规划,协调国家、地区、市和教区规划。

2. 规划、建设和维护省级范围内的道路网,但不包括城市地区。

3. 与地区政府协调,在流域和微型集水区执行工作。

4. 省级环境管理。

5. 规划、建设、运营和维护灌溉系统。

6. 促进农业和畜牧业活动。

7. 促进省级生产活动。

8. 确保为履行其职能的国际合作。

在其管辖权和领土范围内,以及在其权力的行使中,它们应当颁布省级条例。

第二百六十四条

在不违背法律所确立的其他事宜之下,市政府应当拥有以下专属管辖权:

1. 规划市级发展和制定相应的土地使用发展与管理规划,协调国家、地区、省和教区规划,其目的在于管理城市和农村土地的使用与占有。

2. 行使市内土地使用和占有的管理。

3. 规划、建设和维护城市道路网。

4. 提供饮用水、排水设备、污水处理、固体废物管理、环境整治的公共服务,以及法律规定的其他服务。

5. 通过法令的方式征收、修改或者取消税收和为了改善的特殊捐款。

6. 规划、管理和控制其市境内的交通和公共运输。

7. 依法规划、建设和维护健康和教育的物质基础设施和设备,以及基于社会、文化、体育追求的目标的公用空间。

8. 保存、维护和推广市内建筑、文化和自然遗产,并且建立用于这些目的的公共空间。

9. 创建和管理城市和农村土地登记(地籍册)。

10. 在不违背法律规定的限制之下,标识、管理、授权和控制海滩、河岸和河床以及池塘和湖泊的使用。

11. 保护和确保人们有效获得海滩、河岸、湖泊和池塘的使用。

12. 规范、授权和控制在河岸、湖泊、海滩和采石场发现的沙、石头和岩石的开采。

13. 管理发生火灾时的防止、保护、救援和灭火服务。

14. 确保旨在履行其职能的国际合作。

在其管辖权和领土范围内,以及在权力的行使中,其应当颁布市级条例。

第二百六十五条

不动产登记的公共制度应当由执行部门和市政同时管理。

第二百六十六条

在不违背规范国家管辖权制度的法律所确定的补充管辖权之下,大都市自治区政府应当执行在市政府管辖权之下的以及所有适用省和市政府的活动。

在其管辖和领土范围内,以及在权力的行使中,其应当颁布地区条例。

第二百六十七条

在不违背法律所确立的其他事宜之下,农村教区政府应当执行在其专属管辖权之下的下列活动:

1. 与市级和省级政府协调,规划教区发展和其相应的土地使用发展与管理。

2. 规划、建设和维护教区的物质性设施、设备和教区的公共空间,根据发展规划的规定,并且包含于年度参与性预算。

3. 与省级政府协调,规划和维护农村教区的道路网。

4. 鼓励社会生产的发展、生物多样性的维护和环境的保护。

5. 获得、协调和管理授予它们或者其他级别政府分散的公共服务。

6. 通过基层领土组织的方式,促进公社、管辖区和其他农村居民点的公民的组织。

7. 确保旨在履行其职能的国际合作。

8. 监督公共服务的项目实施和质量。

在其管辖和领土范围内,以及在其权力的行使中,其应当颁布协定和决议。

第二百六十八条

法律应当确定特殊情况下,根据管理的程序和方式,由于属于其管辖的义务的疏忽或者瑕疵履行,上述分权自治政府的管辖权的干涉可以被允许,直到解决引起干涉的原因。

第二百六十九条

管辖权的国家制度应当拥有一个由各级政府代表组成的技术机构,这一机构应履行下列义务:

1. 管理专属管辖权转让的程序和最长时限,其必须由分权自治政府基于强制和渐进的基础采取。政府可以证明它们拥有运作能力可以立即接管这些管辖权。

2. 根据法律规定,为了分权自治政府的利益,管理额外管辖权转让的程序。

3. 管理不同级别政府之间的共同管辖权,遵守辅助性原则,并且确保管辖权没有重叠。

4. 向分权自治政府分配剩余管辖权,除了那些根据其性质不能够转让的管辖权。

5. 在政府所在地,解决不同级别政府之间可能引起的管辖权争议,遵守辅助性原则和职权,不损害宪法法院诉讼的提出。

第五章 经济资源

第二百七十条

分权自治政府应当赚取自身的财政资源,并且应当基于辅助、团结和公平的原则获取国家财政收入的份额。

第二百七十一条

分权自治政府应当获取中央政府固定收入至少15%的份额和非固定收入不少于5%的份额,但属于公共债务的部分除外。

年度拨款应当可预计、直接、及时和自动,并且应通过由国库主账户转移至分权自治政府的账户而生效。

第二百七十二条

分权自治政府之间的资源分配应当由法律管理,且基于下列标准:

1. 人口规模和密度。

2. 未满足的基本需求、优先次序和依赖于居住于每一个分权自治政府领土的人口。

3. 生活水平改善的完成、财政和行政纪律,以及达到国家发展规划和分权自治政府的发展规划的目标。

第二百七十三条

分权自治政府采取的管辖权应当与各自的资源一并转让。没有转让充分的资源不能转让管辖权,除非采取管辖权的实体明确接受。

属于分权自治政府在其领土范围内行使管辖权的直接和间接成本应当由一个技术机构进行量化,该机构应根据相应组织法规定,由执行部门和分权自治政府的相同代表组成。

只有在重大灾难的情况下可以向分权自治政府无条件的分配非固定性捐赠。

第二百七十四条

其领土的不可再生自然资源被开采或者工业化的分权自治政府,应当有权依法获取国家因这一活动获得收入的份额。

第六编 发展结构

第一章 一般原则

第二百七十五条

发展结构是经济、政治、社会文化和环境制度的有组织的、可持续的和动态的组合,其巩固美好生活方式的成果。

中央政府应规划国家发展,以确保权利的行使,实现发展结构的目标和宪法规定的原则。规划应致力于社会和领土公平,促进合作,并且是参与的、分散的、下放的和透明的。

良好的生活方式应当要求个人、社区、民族和国民有效地行使他们的权利和履行义务,在多文化的框架之内,尊重多样性,并且与自然和谐相处。

第二百七十六条

发展结构应当拥有下列目的:

1. 改善生活质量和寿命预计,并且在宪法规定的原则和权利的框架内提升人口的能力和潜力。

2. 基于发展利益和生产资料的平均分配,以及体面稳定就业的创立,建立公正、民主、高效、相互支持和可持续的经济制度。

3. 在治理的所有阶段,促进参与和社会监督,承认多元化身份,以及促进其公平代表性。

4. 恢复和保护自然,维护确保个人和社区公平、长期和优质获取水、空气与土地,以及获取地面资源和自然资产利益的健康的和可持续的环境。

5. 保障国家主权,促进拉丁美洲一体化,以及加强战略纳入全球范围,其有利于和平、民主和平等的世界制度。

6. 促进均衡、公平的土地利用规划,整合和协调社会文化、行政、经济和管理活动,并且促进国家统一。

7. 保护和促进文化多样性以及尊重其复制和交流的空间,恢复、保护和增强社会记忆与文化遗产。

第二百七十七条

为了实现良好的生活方式,国家的一般义务应当是:

1. 保障人民、社区和自然的权利。
2. 指导、规划和管理发展程序。
3. 制定和实施公共政策,以及控制和惩罚任何违反行为。
4. 生产商品、创造和维护基础设施,并且提供公共服务。
5. 通过法律制度和政治体制促进经济活动的发展,在遵守宪法和法律之下推动、促进和捍卫上述活动。
6. 促进和加强科学技术、艺术、祖先智慧,以及来自社区、协会、合作社和私营部门首创精神的活动。

第二百七十八条

为实现美好生活,人民、社区和多种形式的组织有责任:

1. 参与公共管理和地方发展规划的所有阶段和空间,以及参与各级发展规划实施的执行和管理。
2. 生产、交换和消费具有社会和环境责任的产品和服务。

第二章 参与发展规划

第二百七十九条

参与式规划的分散型国家制度应组织发展规划。该制度应由国家规划委员会组成,其应集合不同级别的政府,具有公共参与,并且应有一个与之协同的技术秘书处。委员会的目标是颁布指导该制度的方针和政策,以及批准国家发展规划。委员会应由共和国总统主持。

在分权自治政府,规划委员会应由其最高代表主持,其成员应由法律规定。

市民委员会应是长期战略方针与提供国家发展方针的协议的讨论与创立机构。

第二百八十条

国家发展规划是公共政策、方案、项目和规划,是国家预算执行的法律文件,公共资源的投资和分配应遵守。其应协调中央政府和分权自治政府职权的专属地区。前述规划的遵守对于公共部门是强制性的,对于其他部门是建议性的。

第三章 粮食主权

第二百八十一条

粮食主权是一项战略目标,是国家为了确保个人、社区、土著人民和民族基于永久性基础自给自足健康的和文化相符的粮食的义务。

为此,国家应当负责:

1. 促进小型和中型生产单位、社区生产单位、社会相互支持经济的产品、农业食品和渔业转型。
2. 采取保护国家农业食品和渔业部门的财政、税收和关税政策,以防止依赖于粮食进口。
3. 加强经营多元化和引进农业与畜牧业生产的生态和有机技术。
4. 推动使小农户能够获得土地、水和其他生产资源的再分配政策。
5. 建立有利于小型和中型生产者融资的优惠机制,方便他们购置生产资料。
6. 随着种子的使用、保护和免费交换,促进农业生物多样性以及相关的祖先智慧的保护和恢复。
7. 确保为人类消费的动物是健康的并且在有益健康的设施中抚养。
8. 确保保障粮食主权的适当的科学研究和技术创新的发展。
9. 根据生物安全法规,规范生物技术的使用和发展,以及其实验、使用和销售。
10. 加强生产者、消费者以及食物营销和分销人员的组织和网络的发展,从而促进农村和城市空间的平等。
11. 为食物的销售和分销创建公平、相互支持的制度,防止垄断做法和任何形式的食物投机交易。
12. 向危及食物获得的自然和人为灾害的受害者人群提供食物。通过国家援助获得的食物不应当影响当地生产的食物的健康或者今后的生产。
13. 防止和保护人民消费被污染的食物,或者危害他们健康或影响还不能科学确定的食物。
14. 获得社会和食品项目的食品和原料,给予小生产者联合网络优先。

第二百八十二条

国家应该制定法律使得土地的使用和获得必须履行社会和环境的功能,依法建立的国家土地基金应当规范土著人公平获得土地。

禁止大庄园农场和土地集中,因为其是垄断或者因水和水源私有化的缘由。

国家应当规范食品灌溉水的使用和管理,遵守公平、效率和环境可持续的原则。

第四章 经济主权

第一节 经济体系和经济政策

第二百八十三条

经济体系是面向社会和相互支持的;其承认人类作为主题和目标;承认人类作为目标和目的;在社会、国家和市场之间趋向动态和平衡的关系,与自然和谐;其目标是确保物质和非物质条件的生产和再生产能够带来美好生活。

经济体制应当由公共、私人、混合经济、经济组织的基层团结行使和宪法确立的其他形式组成。基层团结经济应当依法管理，并且应当包括合作、联合和社区各界。

第二百八十四条

经济政策应当具有下列目标：

1. 确保国家收入和财产的适当分配。
2. 鼓励国家生产，制度性的生产和竞争，科学和技术知识的积累，战略性融入世界经济，以及地区一体化中的补充性生产活动。
3. 确保粮食和能源主权。
4. 在大自然生物物理极限内，尊重生命和文化，最高效率促进增加值的合并。
5. 实现国家领土内，地区融合，农村地区以及乡村和城市之间在经济、社会和文化方面的平衡发展。
6. 尊重劳动权利，促进充分就业和重视所有形式的工作。
7. 维持经济动力，其理解为随着时间的推移生产和就业的最大程度的可持续水平。
8. 促进产品和服务在透明和高效的市场上公平和互补地交换。
9. 鼓励社会和环境负责人的消费。

第二节 财政政策

第二百八十五条

财政政策应当拥有下列具体目标：

1. 提供服务、投资和公共产品的资金。
2. 通过适当的转移、税收和补贴进行收入的再分配。
3. 建立不同经济部门的投资以及社会需要与环境可接受的产品和服务的激励。

第二百八十六条

在所有级别的政府，公共财政应当以可持续、负责人和透明的方式作出，并且应当努力实现经济动力。永久性支出应当由永久性收入支付。

健康、教育和司法的持续性支出应优先，且可以在特殊的情况下由非永久性财政拨款。

第二百八十七条

任何创建由公共资源支付的责任应当确立相应的财政来源。只有公法机构可以由依法确立的收费和分配拨款。

第二百八十八条

公用采购应当符合效率、透明和质量的要求，符合社会和环境责任。应当给予国内产品和服务优先，特别是来源于基层团结经济和微型、小型和中型的生产单位。

第三节 公共借贷

第二百八十九条

在国家的所有级别，承担公共债务应当由相应的规划和预算的原则管理，并且应当由一个预算和融资委员会依法授权，应当确定委员会的建立和运行。国家应当促进能够使公民监督和审计公共贷款的机构。

第二百九十条

公共借款应当受制于下列规范：

1. 公共借款应只有当财政收入和来自国际合作的资源不充分时才能进行。
2. 公共借款应受监督，以确保其没有影响主权、权利、美好生活和自然保护。
3. 公共借款应用于专门资助投资于基础设施的财政计划和项目，或具有偿还债务能力的计划和项目。融资支付外国公用债务只有在新的条件更有利于厄瓜多尔时可以重新安排。
4. 重新谈判的协议不得默示或者明确包含任何形式的复利或者高利贷。
5. 被主管机构宣布非法的债务应遭反对。在宣布非法的情况下，应行使收回的权利。
6. 由公共借款的获得或者管理引起的行政责任或者民事责任的任何法律行为不适用诉讼时效。
7. 禁止国家采取任何形式的私人债务。
8. 国家债券发行应由法律管理。
9. 国家执行部门可以决定分权自治政府是否承担债务。

第二百九十一条

宪法和法律所规定的主管机关应当进行涉及公用借款的项目影响的财政、社会和环境分析，以决定它们潜在融资。在订约以及管理和重新协商中，前述机构应执行国内和国外公共借款所有阶段的管理以及财政、社会和环境审查。

第四节 国家总预算

第二百九十二条

国家总预算是建立和管理国家收入和支出，以及包括所有由公共部门做出的收入和支出的法律文书，但属于社会保障、公共银行制度、国有企业和分权自治政府范围的除外。

第二百九十三条

国家总预算的拟定和执行应当坚持国家发展规划。分权自治政府的预算和其他公用实体的预算应坚持地区、省、市和教区的规划，在国家发展规划的框架之内，不损害其权力和自主权。

与国家总预算相似，分权自治政府应当依法遵守财政和国内借款规则。

第二百九十四条

执行部门应当每年制定年度预算草案和四年预算计划。国民代表大会应确保年度预算草案和四年预算计划符合宪法、法律和国家发展规划。

第二百九十五条

执行部门应当在其任期的最初九十日内向国民代表大会提交年度预算草案和四年预算计划,在之后的几年内,应当在相应财政年度开始的前六十日内提交。国民代表大会应当在随后的三十日内采取或者否决年度预算草案和四年预算计划。如果在这一期间国民代表大会没有宣布其决定,由执行部门准备的预算草案和计划应当生效。国民代表大会的反对仅指收入和支出的部分,不能修改预算草案的总额。

如果国民代表大会反对预算草案或者计划,执行部门可以在十日内接受前述反对,并且向国民代表大会提交新的提案,或者其可以确认其原始提案。国民代表大会在随后的十日内,通过一次辩论,以其成员的三分之二票确认其反对。否则,由执行部门第二次提交的预算草案或者预算计划应当生效。

之前的预算应当保持效力直到共和国总统就职年份的预算获得通过。预算执行期间支出的任何增加应当在法律确立的限制之内,由国民代表大会通过。

预算的制定、通过和执行过程中的所有信息应当公开,并且应通过最适当的媒体在群众之中永久传播。

第二百九十六条

执行部门每六个月应向国民代表大会提交关于预算执行的报告。同样地,分权自治政府应立足于六个月向相应的审计机构提交报告。法律应当规定不履行的制裁。

第二百九十七条

在国家发展规划制定的框架内,任何由公共资源资助的项目应当有目的和目标,以及预订周期用于评估。

接收或者传送公共资产或者资源的机构和实体应当遵守管理它们的法律和规范,以及透明、问责和公共监督的原则和程序。

第二百九十八条

应当在法律规定的时期内,为分权自治政府、健康领域、教育领域和高等教育,以及研究、科学、技术和创新建立专项预算拨款。专项拨款的转移应当可预测和自动,禁止其他专项拨款的建立。

第二百九十九条

国家总预算应当通过设立在中央银行的国库总账户管理,并伴有相应的分账户。

在中央银行应设立特别账户以管理国有企业和分权自治政府,以及其他适宜账户的存款。

国家资源应依法在政府的银行系统中管理。法律应当建立信用和支付机制,建立财政资源的投资。公共领域的实体没有法律授权,禁止在海外投资其资源。

第五节 税收制度

第三百条

税收制度应当由一般性、渐进性、效率、行政简化、不可溯及、平等、透明和税收充足的原则管理。应当给予直接税和累进税优先。

税收政策应当促进再分配,并且应当刺激就业、产品生产和服务,以及环境、社会和经济负责任的行为。

第三百〇一条

税收只有在执行部门提议并且经由国民代表大会立法通过才能征收、修订、豁免或者免除。收费和捐款只有经由主管机关通过的监管规则才能征收、修改、豁免或者免除。特别的收费和捐款应当依法建立和管理。

第六节 货币、外汇、信贷和金融政策

第三百〇二条

货币、信贷、外汇和金融政策应当具有以下目标:

1. 为经济体制的高效运作提供必要的支付方式。

2. 建立保障充分财政安全极限的整体现金流动水平。

3. 引导流动性过剩资金流向国家发展所需的投资。

4. 促进借出和借入利息率之间的水平和联系,提高国民储蓄和生产活动的融资,旨在保持价格稳定和防止收支逆差平衡的货币均衡,符合宪法所确立的经济动力的目标。

第三百〇三条

货币、借贷、外汇和金融政策的拟定是执行部门的专属权力,应当通过中央银行实施。法律应当规范厄瓜多尔领土内法定货币的流通。

借贷和财政政策的执行也应当通过公共银行系统。

中央银行是由公法管理的法律实体,其组织和执行应当依法确立。

第七节 贸易政策

第三百〇四条

贸易政策应具有下列目标:

1. 基于国家发展规划阐明的战略目标发展、加强和推动国内市场。

2. 规范、促进和实施有助于推动国家战略性融入全球化经济的行动。

3. 加强国内的生产制度和生产。

4. 有助于保障食品和能源主权,以及减少内在的不平等。

5. 促进规模经济和公平贸易的发展。

6. 防止垄断和寡头经济,特别是在私营部门,以及防止可能影响市场运行的其他做法。

第三百〇五条

关税的建立和其水平的设置应专属于执行部门的职权。

第三百〇六条

国家应当促进环境责任型出口,给予创造更多就业和附加值的出口优先,特别是中小型生产者和手工业部门的出口。

国家应鼓励发展目标所需的进口,并且应防止消极影响国内生产、人口和自然的进口。

第三百〇七条

由国家与外国自然人和法律实体签订的合同应暗示限制任何外交豁免的人的豁免,但外服务合同除外。

第八节 金融制度

第三百〇八条

金融活动是公共利益的服务,可以依法由国家优先授权行使。其基本目标应当是保障存款和符合事先国家发展目标的财政需要。金融活动应当履行使储存资源促进国内生产投资和社会、环境负责型消费的有效中介作用。

国家应当促进金融服务的获得和信贷的民主化,禁止串通、复利和高利贷行为。

私营金融业的规范和管理不应当转移银行偿付能力的责任,也不涉及国家的任何保障。金融机构的经理和管理资本的人应当为上述机构的偿付能力负责。禁止冻结、任意或广泛扣留公共或者私人金融机构的基金或者存款。

第三百〇九条

国家金融系统由公共和私人部门,以及基础联合经济部门组成,其是公共资源的管理人。每一个部门应当由法律和规范管理,并且应当拥有具体的和有区别性的管理机构,其职务应当是维持部门的安全、稳定、透明和稳健。前述实体应当自治。管理机构的董事应当为其决定承担行政、民事和刑事法律责任。

第三百一十条

公共金融部门的目标应当是可持续、有效、可获得和金融服务的平等提供。授予信贷应当优先旨在增加生产部门的生产力和竞争力,能够符合国家发展规划目标和弱势群体目标,从而促进他们的行为融入经济。

第三百一十一条

基础联合金融部门应当包括贷款和储蓄合作社、联合或者相互支持的实体、社区信用社和银行以及储蓄协会。来自基础联合金融部门和微型、小型和中型生产实体的服务措施应当在其发展基层联合经济的范围内获得国家优先和差别对待。

第三百一十二条

金融实体或者团体不能在公司持有与金融业务没有关系的永久性财产,无论是全部或者部分。

金融实体或者团体,及其法定代表人、董事会成员和股东禁止在控制资本、媒体投资或者资产中持有股份。

属于国家金融制度的每一个实体应当拥有一名消费者辩护律师,其应当独立于机构,并且依法任命。

第五章 战略部门、服务和国有企业

第三百一十三条

国家保留经营、规范、监督和管理战略部门的权利,遵守环境可持续、预防、防止和效率的原则。

战略部门属于国家的决策和专属管理,根据其重要性和规模,施以决定性的经济、社会、政治或者环境影响,其必须旨在确保权利的完全行使和社会的一般福利。

下列被视为战略部门:涉及能源、电信、不可再生资源、石油和天然气运输与精炼、生物和遗产资源、无线电频谱、水和法律所确立的其他资源部门。

第三百一十四条

国家应当负责饮用水、灌溉水、公共卫生、电力、电信、道路、港口和机场设施以及法律规定的其他公共服务的提供。

国家应当确保公共服务及其提供遵守义务性、一般性、一致性、效率性、负责性、普遍性、可获得性、规律性、连续性和质量。国家应当逐步确保公共服务的价格和费用是公平的,并且应当确立其管理和规范。

第三百一十五条

国家应当建立战略部门、公共服务提供、自然资源或者公共资产的可持续使用和其他经济活动行使的公共公司。

国有企业应当依法由有关机构管理和特别监督。他们应当在公法之下作为具有法律实体的公司运行,财政、经济、行政和管理自主,高质量参数,商业、经济、社会和环境标准。

盈余所得可以分配用于公共性质的母公司或者其子公司的投资和再投资,以达到确保其发展的水平。投资或者再投资的盈余收入应转移至国家总预算。

法律应当规定国有企业在混合经济公司的股份,国家应当始终拥有大多数股权,以参与战略部门的管理和公共服务的提供。

第三百一十六条

国家可以委托参与战略部门和其拥有多数股权的混合经济公司的公共服务。前述代表应当受国家利益限制,并且应当尊重法律为每一个战略部门设置的时限和界限。

在法律规定的情况下,作为例外,国家得委托行使私营企业和基层联合经济部门的活动。

第三百一十七条

不可再生资源是国家不可侵犯的遗产。在资源管理中,国家应给予代际责任、自然保护、收取资源使用费或者其他非税捐赠法人股份以优先;并且应当最低限度降低环境、文化、社会和经济自然的负面影响。

第三百一十八条

水是公共使用的国家战略遗产的一部分,其是国家不可剥夺的财产,并且不受诉讼时效限制。其是自然和人类生存的重要因素,禁止任何形式的水私有化。

水资源的管理应当是完全公开或者以社区为基础的。环境卫生的公共服务和饮用水与灌溉水供应应当仅有国家或者社区的法律实体提供。

国家应当通过鼓励公共和社区实体联合提供服务,加强关于水资源管理和公共服务的社区活动的管理和运行。

享有唯一水权力的国家应当直接按照优先顺序,负责为人类消费、保障粮食主权的灌溉、生态财富和生产活动规划和管理水资源。

第六章 劳动生产

第一节 生产的组织形式及其管理

第三百一十九条

不同形式的生产组织在经济领域中获得承认,包括社区、合作社、公共和私人经营、联合、家庭、国内、自治和混合经济。

国家应当促进确保居民美好生活的生产形式,并且应当阻止侵犯居民权利或者自然的生产方式;其应当符合国内需求的生产和确保厄瓜多尔积极参与全球经济。

第三百二十条

在组织生产流程的各种形式中,应当促进参与、透明和有效的管理。

所有形式的生产应当由平等、持续性、系统性生产效率、工作的崇高敬意和经济与社会效率的原则与标准管理。

第二节 财产的类型

第三百二十一条

国家承认和保障所有形式的财产权利,无论是公共、私人、社区、国家、联合、合作或者混合经济,并且其必须履行社会和环境职责。

第三百二十二条

知识产权依照法律规定的条件获得承认。在科学、技术和祖先的智慧领域中,禁止占有任何形式的集体知识,亦禁止包含生物多样性和农业多样性的遗产资源的占用。

第三百二十三条

为了社会发展计划的实现、环境和公共福利的可持续发展,基于公共事业或者社会和国家利益的理由,国家机构可以宣布征收产品,但得遵守依法公平定价、补偿和支付。禁止任何形式的没收。

第三百二十四条

国家应当保障男女获得财产的平等权利和平等条件,以及在其公共婚姻不动产管理决策中的平等。

第三节 工作形式和工资

第三百二十五条

国家应当保障工作权。所有的工作模式获得承认,无论是雇佣人员或者自雇人员,包括自营工作、照顾他人工作,以及所有的劳动者、男性和妇女、社会生产者。

第三百二十六条

工作权以下列原则为基础:

1. 国家应当促进充分就业,消除不充分就业和失业。

2. 劳动权不能放弃,并且是无形的。任何与此相反的规定应无效。

3. 在劳工实务中,如果关于法律、法规或者合同条款发生任何的不确定,应当采取有效条款对于劳工利益最有利的解释。

4. 同工同酬。

5. 人人有权在适宜舒适的环境中开展工作,保障其健康、人身安全、防护、卫生和福利。

6. 从工作意外火灾疾病中康复的任何人有权依法返回工作和继续劳动关系。

7. 劳动者的组织权和自由获得保障,无须事先授权。这一权利包括成立工会、行会、协会和其他形式的组织,选择性地参与和自由地退出。组织权同样授予雇主。

8. 国家应鼓励依法建立劳工和雇主组织,应促进民主、参与及其透明运行。

9. 为了国家机构中劳动关系的所有目的,劳动者应当由单一组织代表。

10. 社会对话应当用于解决劳动纠纷和达成协议。

11. 只要其没有涉及权利放弃,并且通过行政机关或者主管法官形成,和解应当是劳工事务的有效机制。

12. 任何级别的劳动争议应当提交至调解和仲裁法院。

13. 除法律规定例外,劳动者和雇主之间的劳资谈判应受保障。

14. 工人的权利和其工会组织罢工的权利获得承认。工会代表在这些情况下应当获得必需的保障。雇主依法应当拥有罢工的权利。

15. 健康、环境卫生、教育、司法、消防、社会保障、电力、洁净水和污水处理的公共服务,石油和天然气生产,燃气的加工、运输和配送,公共客运、邮政和电信的停止是禁止的。法律应当设置限制以保障这些活动的运行。

16. 在国家机构和公共资源持有多数股权的私法实体,其执行、代表、管理、行政或者专业活动应当遵守规范公共行政的法律。没有包括在这些类别的活动应当由劳动法保护。

第三百二十七条

工人和雇主之间的劳动关系是双边的和直接的。

禁止一切工作不安全和不稳定的情况,例如,公司或者雇主核心和日常活动的劳工中介或者外包,按小时雇佣,或者其他可能影响劳动者权利的形式,无论是个人的还是集体的。在劳工事务中拖欠债务、欺诈、欺骗和侵占应当依法受到惩罚和制裁。

第三百二十八条

应当有公正的报酬,有符合劳动者及其家人最低基本需求的合理工资。前述工资应当免于扣押,除非扣押是因赡养费。

国家应当设立和每年审查法律确立的基本工资,其运用应是一般性和强制性的。

报酬应按照约定的时限支付,不能减少或者扣除,除非是劳动者明确地授权和依据法律。

雇主拖欠劳动者的任何款项,在任何账户中应当视为优先的和第一级的债务,应当享有超过担保债权的优先权。

为了支付薪金,报酬包括劳动者获得的现金、服务或者实物,包含其因专项工作、加班、委托、利润分成或者其他事项获得的正常报酬。例外的情况是利益的法定比例、偶尔的每日津贴或者补贴以及额外的报酬。

私营部门的劳动者有权依法享有公司净利润的份额。法律应当设置从事不可再生资源的公司中上述盈利分享的限制。在国家是大股东的公司中不能有利润支付。在利润声明中侵犯这一权利的任何欺诈或者谎报由法律处罚。

第三百二十九条

年轻人应当有权在生产、自给自足的工作、照顾家庭和社区活动中成为积极主体。为实现这一目的,国家提供条件和机会。

为了行使社区、民族和国家工作的权利,国家应当采取专门措施消除影响他们的任何歧视,应当承认和保护其所有形式的工作组织,应当确保在平等条件下获得就业。

由法律和其他法规许可的在公共空间从事活动的个体户和自由职业者,应当获得承认和保护。禁止没收这类劳动者的产品、工作材料或者工具。

劳动力选择、雇佣和晋升的程序应当基于资格、技能、训练、功绩和能力的要求。歧视性标准和影响人的隐私、尊严与身体安全的手段是禁止的。

国家应当鼓励职业准备和训练以提高雇佣和自营职业的获得和质量。

国家应当确保海外厄瓜多尔劳动者的劳工权利的遵守,应当促进与其他国家的公约和协定以确保这些劳动者正常的法律权利。

第三百三十条

应当保障残疾人在平等条件下进入和获得工作。国家和雇主应当实施社会服务和提供方便残疾人活动的特殊帮助。任何与残疾劳动者条件有关的情况下的减薪是禁止的。

第三百三十一条

国家应当保障妇女平等地获得就业、职业和专业培训以及晋升、平等报酬和选择自主创业。应当采取所有必需的措施以消除不平等。

在工作中影响妇女的任何形式和任何性质的歧视、骚扰或者暴力行为,无论直接或者间接,是禁止的。

第三百三十二条

国家应当保障尊重所有劳动者生育权,包括消除影响生殖健康就业和工作安全的劳动风险,不能有关于怀孕或者小孩数量的限制,不得限制产假和哺乳权利以及陪产假的权利。

禁止劳动妇女因怀孕和分娩被解雇,以及与生育有关的歧视。

第三百三十三条

在家庭中完成的自主经营的无偿工作和照顾家人,被视为生产工作。

国家应当努力实现使工作与人口照顾相协调、方便适当服务、基础设施和工作时间的劳动制度;其应当特别为小孩照顾、残疾人照顾提供服务,以及为劳动者能够执行其劳动活动所需的其他服务;其应当进一步促进男女在家务劳动和家庭义务的共同责任和相互帮助。

社会服务保障应当依照制度和法律的一般条件,逐步扩展到负责家庭中无支付保持家务劳动的人。

第四节 生产投入的民主化

第三百三十四条

国家应当促进平等获得生产投入,为了这一目的其职责是:

1. 防止生产投入和资源的集中或者囤积,促进其分配,消除获得这些投入的特权或者不平等。
2. 拟定具体政策以消除女性生产者获得产品投入的不平等和歧视。
3. 推动生产流程的知识与技术的发展与传播。
4. 制定政策以促进国内所有部门的生产,特别是保证食品和能源主权,以及创造就业和附加值。
5. 促进公共金融服务和信贷的民主化。

第五节 商业和公平贸易

第三百三十五条

国家在必要时应当规范、监督和干预商业和贸易;应当禁止剥削、高利贷、囤积、欺骗和商品与服务中间者的投机行为,禁止损害经济权利和公共与社区资源的任何形式的行为。

国家应当建立旨在保护国内生产的定价政策;其应当建立制裁机制以防止任何私人垄断或者寡头垄断行为,或者滥用市场支配地位和其他不公平竞争的行为。

第三百三十六条

国家应当鼓励和保护公平交易作为高质量产品和服务的获得,较少中间商的曲解和促进可持续的方式。

国家应当保障市场的透明和效率,应当鼓励同等条件和平等机会之下的公平竞争,其应当依法确立。

第三百三十七条

国家应当促进基础设施的发展,以使商品的集中、转换、运输和销售满足基本的国内需求,以及立足于战略性的眼光,确保厄瓜多尔经济参与地区和世界。

第六节 储蓄和投资

第三百三十八条

国家应当促进和保护国内投资作为国家生产投资的资源。其应当建立激励机制以使移民的储蓄和资产回国,以便个人和不同经济实体的储蓄直接用于优质的生产投资。

第三百三十九条

国家应当鼓励国内外投资,并且应当根据投资类型建立特别规范给予国内投资优先权。投资应当立足于生产多样性的标准、技术创新,寻求地区与部门之间的平衡。

外国直接投资应补偿国内投资;其应当严格遵守国家的法律框架和法规,以及权利的运用,并且应当符合国家发展规划以及分权自治政府不同发展规划所确立的需要和优先事项。

公共投资应旨在符合宪法规定的发展结构的目标,并且应当在国家和地方发展规划以及相应的投资计划的框架之内实施。

第七编 美好生活制度

第一章 包容和公平

第三百四十条

社会包容和公平的国家制度是确保宪法规定权利的行使、保障和可执行性以及发展规划目的实现的制度、机构、政策、标准、项目和服务的衔接与协调。

该制度应当与国家发展计划和参与性计划的国家分权制度相协调;其应当由普遍性、平等、公平、渐进、跨文化、团结和非歧视的原则指导;其运行应当立足于优质、效率、效益、透明、负责和参与性标准。

该制度由教育、健康、社会保障、风险管理、体育和运动、居住与住房、文化、信息与通信、娱乐的享受、科学与技术、人口、人类安全和运输等部门组成。

第三百四十一条

国家应当建立全面保护其居民终其一生的条件,这些条件应当确保宪法规定的权利和原则,特别是多样性平等和非歧视,应当优先为因为存在不平等、排斥、歧视或暴力或者凭借年龄、健康或残疾需要特殊考虑的群体。

完整保护应当通过与法律协调的特殊制度运行。特殊制度应当由其特殊原则和设备包容和公平的国家制度指导。

儿童和青少年权利完整保护的国家分权制度应

当负责确保儿童和青少年权利的保护。它们是公共、私人和社区机构制度的一部分。

第三百四十二条

国家应当优先和公平地为该制度的运行和管理分配充分及时和永久性资源。

第一节 教育

第三百四十三条

国家教育制度应当旨在发展人类个人和集体的能力和潜能,使能够学习、生产和使用知识、技术、智慧、艺术和文化。该制度应将学习主题作为其核心焦点,并且使用包容、高效和有效的方法灵活和动态地运行。

国家教育制度应当本着国家的地理、文化和语言多样性和尊重社区、民族和国家的权利,形成一个跨文化的视角。

第三百四十四条

国家教育制度应当由机构、项目、政策、资源和教育过程以及初等、基础和中等水平的教育行动的参与者组成,并且应当与高等教育制度衔接。

国家应当通过国家教育机构行使制度领导,其应当制定国家教育政策,也应当管理和监督涉及教育的活动,以及该制度实体的运行。

第三百四十五条

作为公共服务的教育应当通过公共、公众和宗教结合以及私人学校机构的方式提供。

在学校,社会服务和心理支持应当在包容和社会公平的框架之下免费提供。

第三百四十六条

应当有一个独立的公共机构负责旨在提升教育质量的完整的内部和外部评估。

第三百四十七条

国家履行下列职责:

1. 加强公共教育和合作教育,确保公共教育机构长期性的质量改善、覆盖面、物理设施和所需设备的扩大。

2. 保障学校成为权利行使与和平共处的民主空间。学校有机会就特殊要求进行早期检测。

3. 保障正式和非正式的教育方式。

4. 确保所有的教育机构使用基于权利的方式,提供公民、性别和环境教育。

5. 保障在整个教育过程中,尊重儿童和青少年的心理进化发展。

6. 消除教育制度内所有形式的暴力,保障学生的身体、心理和性完整。

7. 消除一般性、功能性和数字文盲,支持成年人的扫盲后进程和继续教育,克服教育滞后。

8. 在教学过程中结合信息和通信技术,促进教学、生产和社会活动的结合。

9. 保障跨文化的双语教育制度,其主要的教育语言应当是相应的民族语言和作为跨文化关系语言的西班牙语,在国家公共政策的指导之下,充分尊重社区、民族和种族的权利。

10. 确保至少一门祖先语言的教学逐渐被纳入课程中。

11. 保障学生、家庭和教师积极参与教学进程。

12. 立足于社会、领土和地区平等的原则,保障所有人可以获得公共教育。

第三百四十八条

公共教育应当免费,国家应当基于及时、定期和充分的基础提供基金。为教育预留的资源的分配应当由社会、人口、领土和平等等标准管理。

国家应当资助特殊教育,并且应能够出资支持公共和宗教结合教育、艺术和手工艺,以及社区教育,只要它们遵守教育免费的原则,强制性和确保机会平等,为教育结果和公共资源的管理负责,完全符合法律的资格。接受公共资助的教育机构应当是非营利机构。

没有依照上述条件转移资源应当受到急于履行职责的机构和公职人员解雇的处罚。

第三百四十九条

国家应当保障所有级别和形式的教学人员的工作安全、现代化、持续培训、教育和研究改善以及公平薪酬,依照其专业发展、业绩和学术价值。法律应当规范教师职业生涯、薪酬和提升范围;应当建立国家职业评价制度和所有级别的薪酬政策。应当建立教师提升、活动和流转的政策。

第三百五十条

高等教育制度旨在具有科学和人文视角的学术和专业训练,科学和技术研究,智慧和文化的创新、提升、发展和传播,关于发展制度目标的国家问题的解决方法。

第三百五十一条

高等教育制度应当与国家教育制度和国家发展计划衔接,法律应当建立协调高等教育制度和执行部门的机制。在不同形式知识的对话、广泛的思维、全球科学和技术产品的框架之下,这一制度应当由负责自主、联合管理、机会均等、优质、相关性、完整性、思想和知识自主的原则管理。

第三百五十二条

高等教育制度应当由正式认可和评估的大学、中等职业学校、高级职业、技术和教学机构以及音乐与艺术学校等构成。

上述机构,不论是公共或者私人的,均是非营利的。

第三百五十三条

高等教育制度应当由以下管理：

1. 公共内部规划，规章和该制度以及与执行部门不同参与者有关系的协调机构。

2. 公共技术机构、认证和质量保障机构、职业生涯，不包括机构代表的以管理为目标的项目。

第三百五十四条

经负责教育制度规划、管理和协调机构的有约束力的有利报告以及根据负责质量保障的机关和国家规划机构事先的有利和强制性报告，依法设立公立和私立大学以及职业学校。

通过该制度的质量保障机构和国家规划机关的事先有利报告，由负责教育制度规划、管理和协调的机构签发的决议建立高等技术、职业和教学机构以及音乐院校。

新的公立研究机关和大学职业的建立和资助应当符合国家发展要求。

负责规划、管理和协调教育制度的机构和负责认证和质量保障的机构可以依法暂停大学、中等专业学校、高等教育、技术和教学机构以及音乐院校，以及要求撤销依法建立的上述院校。

第三百五十五条

依照发展框架的目标和宪法所规定的原则，国家应当承认大学和职业学校的学术、行政、财务和组织自主权。

大学和职业学校所获得承认的自主权，作为团结和负责地行使和理解。这样自主权保障学术自由的行使和无限制追求真理的权利，保障依照权力轮替、透明的自我治理和管理以及政治权利，保障科学、技术、文化和艺术产品。

院校的校舍不受侵犯、侵入与调查，但在适用个人住宅的情况和条款时除外。内部规则与秩序的保障应当在其机构的能力和责任范围内。当规则与秩序效力保护所需时，机构的最高机关应当要求相关协助。

权力机关不能免除教育体系机构审计、社会责任、问责和参与国家规划。

执行部门不得剥夺院校的收入或预算分配，不得延迟该体系任何机构的转移，不得关闭或者全面或部分重组。

第三百五十六条

高等公共教育提供三年免费的教育（即大专本科教育）。

高等教育公共机构的进入应当通过法律规定的信用评价方式和招生制度的管理。免学费应当与学生的学术责任相关联。

无论是公立或者私人性质，关于进入、持续、通过和毕业的机会均等应当获得保障，但收费的私人教育除外。

高等私立教育的学费和注册费的收取时，应当获得诸如奖学金、贷款、录取名额和其他确保社会融合和所有方面平等的机制的优惠。

第三百五十七条

国家应保障高等教育公共机构的资金。公立大学和职业学校应当建立额外的收入来源以改善学术能力，研究投入和授予奖学金和贷款，其不能让大学三年级教育（大专本科教育）的学生承担任何费用或者收费。这些资源的分配应当基于质量和法律规定的其他标准。

法律应当规范公立、私立大学和职业院校的技术建议服务、咨询服务和其他收入来源。

第二节 健康

第三百五十八条

国家健康制度应当旨在确保健康和整体寿命的发展、保护、能力和潜能的恢复，无论是个人或者集体，应当承认社会和文化多样性。通过性别和代际方式，该制度应当由社会包容和平等的国家制度以及生物、适当和跨文化的原则管理。

第三百五十九条

国家健康制度应当由机构、项目、政策、资源、行动和健康领域的参与者组成，其应当包含健康权的所有方面，其应当保障所有级别的促进、预防、恢复和重建，其应当鼓励公众参与和社会监督。

第三百六十条

健康制度应当通过其所包含的机构保障家庭和社区健康、预防和整体护理的提升，立足于初级护理；其应当协调不同水平的医疗；其应当促进传统和可替代医疗的互补。

综合的公用医疗网络应当是国家健康制度的一部分，其应当保护国家、社会保障和其他属于国家的供应商的协调机制，立足于法律、运营和互补关系。

第三百六十一条

国家应当通过国家卫生部门行使该制度的领导作用，应当负责国家健康政策的制定，应当为管理和监督所有与健康有关的活动以及部门实体的运行制定标准。

第三百六十二条

作为公共服务的健康医疗应当通过国家、私人、自治区和社区机构提供服务，以及可替代性行为和补充性传统医疗。健康医疗服务应当是安全、高质量和人道的，应当保障知情同意、信息获得和患者信息的保密。

国家公共健康服务应当是普及的，并且在所有水平的医疗中免费,应当包括诊断、治疗、医疗和康复的必修程序。

第三百六十三条

国家应当负责:

1. 制定公共政策以保障综合健康医疗的促进、预防、治愈、康复和提供,培育家庭、工厂和社区的医疗行为。

2. 普及健康医疗,永久性改善质量,以及扩大覆盖面。

3. 建立国家医疗服务,整合人才,以及向公共健康机构提供物理基础设施和设备。

4. 保障获得认可的祖先和替代性保健方法,尊重和促进其知识、药物和设备。

5. 向宪法规定需要优先关注的团体提供特殊医疗。

6. 确保性和生殖健康行为和服务,保障整体健康医疗和妇女生命,特别是在怀孕、分娩和产后时期。

7. 保障优质、安全和有效药物的提供和获取,规范其市场,以及促进符合人口流行病学需要的一般药物的国家生产和使用。关于药物的获得,公共健康利益应当优先于经济和商业利益。

8. 促进卫生工作人员的整体发展。

第三百六十四条

成瘾是公共健康问题。国家应当负责制定使用酒精、烟草、麻醉和精神药物的有关信息、预防和管理的协调方案,以及向偶然性、习惯性和问题性使用者提供治疗和康复服务。在任何情况下针对他们的犯罪或者侵犯他们的权利是不被允许的。

国家应当规范和管理烟草广告。

第三百六十五条

公共或者私营机构或者健康医疗专业人员无论何种理由都不应当拒绝急救。这种拒绝应当受到法律制裁。

第三百六十六条

公共健康资金应当是即时、定期和充分的,必须来自国家总预算中正在运行的资源。政府资源的分配应当立足于人口标准和健康需求。

国家应当资助国家卫生机构,并且应当能够财政支持自治和私营机构,只要它们是非营利的,保障免费服务,遵守公共政策,并且确保优质、安全和尊重权利。这些机构应当受国家的监督和管理。

第三节 社会保障

第三百六十七条

社会保障体系是公共的和普遍的,其不能私有化,并且应当符合人口的应急需求。应急需求的保护应当通过强制一般性保险和其特殊制度使其有效。

该体系应当由社会包容和平等的国家制度的原则以及义务性、充分性、完整性、团结性和辅助性的原则指导。

第三百六十八条

社会保障体制应当由公共机构、规范、政策、资源、社会保障服务和规定组成,其运行应当立足于可持续性、效率性、速度和透明性的基础。国家应当为与社会保障有关的规范和管理活动制定标准。

第三百六十九条

强制一般保险应当覆盖疾病、产假、陪产假、劳动伤害、终止雇佣、失业、年老、体弱、残疾、死亡和法律所规定的情况的应急。疾病和产妇的应急卫生服务应当通过公共综合卫生网络提供。

强制一般保险应当延伸至全部的城市和农村人口,无论其劳动状态。执行无偿家务活动和照顾家人活动的人的医疗保健服务应当由来自国家的支出和分配资助。法律应当确定相应机制。

新服务的创立应当获得适当的补助。

第三百七十条

厄瓜多尔社会保障局是一个法定自治实体,应负责向其成员提供强制一般保险的应急。

国家警察部队和武装部队应当能够依法从特殊的社会保障体系中受益,它们的社会保障实体应当是全面公共卫生网络和社会保障体系的一部分。

第三百七十一条

社会保障服务应当由被雇佣的保险人和其相应的雇主承担,由独立的被保险人承担,由定居国外的厄瓜多尔人自愿承担,以及由国家划分份额并按份额承担。

为强制性一般保险预留的国家资源应当每年在国家总预算中体现,并且应当及时转移。

社会保障资金的权利不应当受到终止、扣押或者扣缴,除非是在法律规定的抚养费或者保险机构利益产生的义务,并且其应当免税。

第三百七十二条

强制性综合保险的资金和储备应当是其自身的资源,并且独立于公共财务,应当使用以充分实现保险设立和运行的目标。任何国家机构都不能干预或者处置其资金和储备,或者破坏其资产。

临时性公共资金及其投资应当通过厄瓜多尔社会保障局所属的金融机构进行;其管理应当遵守安全、偿债能力、有效和营利的原则,并且应当由相应机构管理。

第三百七十三条

农民工社会保障是厄瓜多尔社会保障局的一部分,应当包含保护农村人口和以传统渔业为生的人的强制性综合保险的特殊制度;其应当由被保险人和国家社会保障制度的雇主相互支持分担,由被保险人的家庭户主和财政拨款负责不同的分担,以保障其巩固和发展。保险应当提供针对病弱、残疾、年老和死亡等意外事故的健康福利和保护。

公共和私人保险,毫无例外地应经厄瓜多尔社会保障局资助农民工社会保障的资金。

第三百七十四条

国家应当鼓励定居国外的厄瓜多尔人自愿成为厄瓜多尔社会保障局的成员,并且应当确保意外事故的应急。这些服务的资金应当来源于自愿参加的定居于国外的人的分担。

第四节 居住和住房

第三百七十五条

国家各级政府应该保障居住权和体面的住房,为了这一目标,其应当:

1. 提供制定战略和项目所需的信息,以理解住房、服务、公共空间、交通、设备和城市土地管理之间的关系。

2. 保存国家居住与住房的地理参考性的综合地籍册。

3. 制定、实施和评估居住与普遍获得住房的政策、计划和项目,立足于普遍性、公平和跨文化的原则,使用风险管理方法。

4. 改善危房,提供庇护所、公共空间、绿色地区和推动特殊制度下的出租。

5. 通过政府银行和基层信贷机构,制定计划和项目以资助社会利益的住房,着重财力有限的人和女户主。

6. 保障向学校和公共医院不间断地提供公共饮用水服务和电力。

7. 确保所有的人都有权以公平的价格和不滥用签订住房租赁合同。

8. 保障和保护公众获得海滩、河岸、湖泊和池塘,以及垂直获得方式的存在。

国家应当在居住和住房的规划、规范、管理、资助和政策制定中行使领导权。

第三百七十六条

为加强住房、居住和环境保护的权利,市政当局将能够依法为将来发展征用、储备和管理土地。禁止从投资的土地使用行为中获利,特别是通过将农村土地改为城市土地或者公共改为私人。

第五节 文化

第三百七十七条

国家文化体系旨在建立国家认同,保护和改善文化表现形式的多样性,鼓励文化创造资源和文化产品与服务的生产、传播、销售和享受,保障社会记忆和文化遗产。文化权利的充分行使受到保障。

第三百七十八条

国家文化体系包含获得公共资金的文化部门的所有机构,自愿参与该体系的团体和个人。

获得公共资金的文化实体应受管理和负责。

国家应当通过主管机构行使该体系的领导权,尊重创作和表达自由,跨文化性和多样性;其应当负责管理和改善文化,以及制定和实施该领域的国家政策。

第三百七十九条

下列是与个人和团体记忆以及身份有关的有形和无形文化遗产,是国家保护的目标,其中包括:

1. 语言,表现形式,口头传统和多元文化表现和创作,包括礼仪、节日或者生产品。

2. 构成民族身份里程碑或者有历史、艺术、考古、人种学或古生物学价值的城市建筑、空间、部门、古迹、自然遗址、痕迹、花园或者景观。

3. 有历史、艺术、考古、人种学或古生物学价值的文档、物品、收藏品、档案馆、图书馆和博物馆。

4. 艺术、科学和技术创作。

国家文化遗产资产不受侵犯、免于扣留、不受诉讼时效限制。国家在文化遗产的收购中应当享有优先权,应当保障文化遗产。任何损害行为应当依法受到制裁。

第三百八十条

国家履行下列责任:

1. 通过永久性政策保障构成多民族、多文化、多种族的厄瓜多尔身份的有形和无形文化遗产、历史、艺术、语言、考古价值、集体记忆、价值观和表现形式的鉴定、保护、防护、保存、恢复、传播和增长。

2. 促进受掠夺、丧失或者退化的遗产资产的归还和复原,确保授权大众媒体印刷品、视听材料和电子内容的著作权登记。

3. 确保分布、公共展览和大众传播的线路不会制约或者限制创造者的独立性或者公共获国家独立文化和艺术创作。

4. 为所有年龄段的人的艺术和创作职业的发展建立政策和教学实施方式,给予儿童和青少年优先。

5. 支持艺术专业的实践。

6. 建立激励和刺激个人、机构、企业和媒体促进、支持、发展和资助文化活动。

7. 保障文化供给的多样性,促进文化资产的国家产品,以及其大众传播。

8. 保障充分和及时资助文化政策的实施。

第六节 体育和休闲

第三百八十一条

国家应当保护、促进和协调体育锻炼,包括运动、体育和娱乐，作为有助于个人健康、形成和全面发展的活动；其应当促进在教育、社区和教区广泛获得运动；其应当赞助运动员准备和参与国家和国际赛事，包括奥运会和残奥会；其应当促进残疾人的参与。

国家应当保障这些活动所需的资源和设备。该资源应当受到国家的管理和负责，必须公平分配。

第三百八十二条

体育组织的自治权和体育竞技场的管理以及旨在体育运动的其他设备依法获得承认。

第三百八十三条

个人和社区休闲的权利，个人享受的物理、社会和环境条件的扩大，以及个人休闲、休息和发展活动的改善获得保障。

第七节 媒体

第三百八十四条

媒体制度应当确保通信、信息和表达自由权利的行使，应当增进公共参与。

该制度应当由公共制度、参与者、政策和监管框架组成；自愿成为其中一部分的私人参与者、公民和社区。国家应当制定通信公共政策，对于表达自由、宪法规定的通信权利和国际人权文书的无限制的尊重。法律应当规定其组织、运行和公众参与的形式。

第八节 科学、技术、创新和祖先智慧

第三百八十五条

科学、技术、创新和祖先智慧的国家制度，在尊重环境、自然、生命、文化和主权的框架下，应当将下列作为最终目的：

1. 产生、改造和传播科学和技术知识。
2. 恢复、加强和提升祖先智慧。
3. 发展技术和创新以推动国家生产，提升效率和生产力，改善生活质量和有助于实现美好生活。

第三百八十六条

该制度应当由规划、政策、资源、行动组成，应当结合国家机构、大学和职业院校、公共和私人研究机构、公共和私人企业、非政府组织和自然人或者法人，在此范围开展研究活动、技术发展、创新和与祖先智慧有关的事宜。

国家应当通过主管机构协调该制度，并且依照国家发展计划和所组成人员的参与制定目标和政策。

第三百八十七条

国家应当负责：

1. 促进和推动纳入知识社会以实现发展制度的目标。

2. 推动知识的生成和生产，培养科学和技术研究，提升祖先智慧以有助于美好生活的实现。
3. 确保科学和技术知识的传播和获得，确保在宪法和法律所确立的框架内的发明和发现的使用权。
4. 保障在尊重伦理、自然、环境和祖先智慧恢复的框架内创作和研究的自由。
5. 依法承认研究员的地位。

第三百八十八条

国家应当根据科学研究、技术发展、创新、科学训练、祖先智慧的恢复和发展以及知识传播所需分配资源。这些资源的一定比例应当通过竞争性资金的方式专项用于资助项目。获得公共资助的组织应当接受问责和相应的国家管理。

第九节 风险管理

第三百八十九条

国家应当通过风险防范、灾害减轻、社会、经济与环境条件的恢复和改善，保护人民、社区和自然以减少自然或者人为灾害的不利影响，借以减少不利情况。

国家风险管理分权体制应当由所有地方、地区和国家的公共和私人机构组成风险管理单位。国家应当行使依法建立的技术机构的领导权。其应当具有下列主要职责，其中包括：

1. 识别现有或者潜在的影响厄瓜多尔领土的内部和外部风险。
2. 信息的产生和传播，以及民主化的获取，以充分和及时的适当风险管理。
3. 确保所有的公共和私营机构义务性地纳入风险管理，以作为其规划和管理的交叉性问题。
4. 在公民之间和公共与私人机构之间建立识别其各自行动领域所固有的风险的能力，报告并且综合旨在降低风险的行动。
5. 整合机构以使其将协调防止和降低风险的活动，以及解决风险，恢复和改善紧急情况或者灾害发生之前的条件。
6. 采取和协调减少漏洞所需的行动，防止、减轻、处理和恢复由国家领土上灾害或者紧急情况所造成的可能不利影响。
7. 保障充分和及时的资金以确保该制度的运行，协调针对风险管理的国际合作。

第三百九十条

风险管理应当立足于辅助性和分权性的原则，其各机构在其地理区域内应当承担直接责任。当其风险管理的能力不充分时，拥有最广泛领土范围和最先进技术与财政能力的机构应当在尊重其领土权威的基础上提供必要的支持，并且不减轻其责任。

第十节 人口和人口流动

第三百九十一条

国家应当在尊重人的自决和多样性的框架之下,制定和实施有助于平衡地域和代际发展以及保障环境和人口安全的人口政策。

第三百九十二条

国家应当保障个人关于人口流动的权利,应当通过主管机构行使移民政策的领导权,并且与各级政府协调。国家应当设计、采纳、实施和评估政策、计划、方案和项目,应当协调其机构与其他国家和国家与国际层面上致力于人口流动的公民社会组织的行动。

第十一节 人类安全

第三百九十三条

国家应当通过整体政策和行动保障人类安全,以确保人的和平相处,推广和平文化,防止暴力形式和歧视,防止违法犯罪行为。这些政策的计划和适用应当委托给不同级别政府的特殊机构。

第十二节 交通

第三百九十四条

国家应当保障国家领土内陆地、空中、海洋和河流交通的自由,没有任何形式的特权。大众公共交通的改善和差别化运输费率政策的采纳应当具有优先性。国家应当管理陆地、空中和水上交通以及机场和海港活动。

第二章 生物多样性和自然资源

第一节 自然环境

第三百九十五条

宪法承认下列环境原则:

1. 国家应当保障一个可持续发展的模式,环境平衡和尊重文化多样性,保持生物多样性和生态系统的自然再生能力,以及确保符合现在和将来的代际需要。

2. 环境管理政策应当适用于所有部门和层面,应当由国家各级政府和国家领土上的所有自然人或者法人强制执行。

3. 国家应当保障规划中受影响的个人、社区、民族和种族的积极与永久参与,产生环境影响的所有活动的履行和监管。

4. 若就环境法律条款的范围存在疑问,其将采取有效保护自然的最有利解释。

第三百九十六条

国家应当采取及时的政策和措施以避免确定性损害的不利环境影响。在来自作为或者不作为的环境影响存在不确定时,国家应当采取有效的、及时的保护措施。

环境损害责任是客观的。除了相应的惩罚,所有对环境的损害应当承担生态系统完整恢复的责任以及对受影响人和社区的赔偿。在生产、分配、销售和使用产品和服务过程中的每一位参与者应当直接负责防止任何的环境影响,减轻和修复造成的损害,以及维持正在进行的环境监管系统。

起诉和惩罚环境损害责任的法律程序应当不受时效限制。

第三百九十七条

如果环境损害,国家应当立即行动,并采取保障生态系统健康和恢复的辅助方法。除了相应的制裁之外,国家应当在法律规定的条件之下,立足于法定程序,针对活动的实施者提起损害之诉。负责开展环境监管的公务员也应当承担责任。为保障个人和集体有权生活于健康和生态平衡的环境,国家承诺:

1. 允许任何自然人或者法人实体、人类社会或者团体就未损坏其直接利益的事宜提起法律诉讼、诉诸司法和行政机构,并且获得环境事宜的有效监管,包括要求预付措施终止威胁或者作为诉讼对象的环境损害的可能。不存在潜在或者现实危险的举证责任应当属于活动的实施者或者被告。

2. 建立有效机制以防止和管理环境污染,恢复退化的自然空间,并且提供自然资源的可持续管理。

3. 管理对人或者环境有害有毒物质的生产、进口、分销、使用和最终处置。

4. 确保受保护自然区域的不可触犯,以保障生物多样性的保护和生态系统生态功能的维护。国家应当负责受保护自然区域的管理和监督。

5. 基于及时、效率、预防、负责和团结的原则建立国家预防、风险管理和自然灾害体系。

第三百九十八条

所有可能影响环境的国家决策或者授权应当咨询社区,其应当充分且及时告知。咨询的主体应当是国家。法律应当规范事先咨询、公众参与、时限、咨询主体以及与提交咨询活动有关的评价和异议标准。

国家应当立足于法律和国际人权文件所规定的标准考虑社区的建议。

如果上述咨询程序导致相应社区的多数反对,无论是实施或是否决项目的决定应当采纳由相应的最高行政机构依法正式作出的决策。

第三百九十九条

国家环境监护和公民保护责任的充分行使应当通过分权国家环境管理体系得到衔接,其应当负责保卫环境和自然。

第二节 生物多样性

第四百条

国家应当行使生物多样性的主权,其行政和管理应当立足于代际责任。

生物多样性的保护及其组成部分是公共利益,特别是农业和野生动物生物多样性以及国家的遗传资源。

第四百〇一条

厄瓜多尔宣布转基因作物和种子自由。但仅在由共和国总统正式确认因国家利益,并且由国会采纳,才能引进基因变异的种子和作物。国家应当使用生物严格标准管理现代生物技术及其产品的使用和发展,以其实验、使用和销售。禁止风险或者实验生物技术的运用。

第四百〇二条

禁止授予来自于国家生物多样性有关的集体知识的副产品或者合成品的权利,包括知识产权。

第四百〇三条

国家不应作出签订包含降低生物多样性、人类健康、集体权利和自然权利的保护与可持续管理条款的合作协议或者协定。

第三节 自然资产和生态系统

第四百〇四条

厄瓜多尔独特和无价的自然资产尤其包括物理、生物和地构构造,其价值来自需要保护、维持、恢复和改善的环境、科学、文化或者审美。其管理应当遵守宪法规定的原则和保障,应当依法遵守土地使用规划和生态功能规划。

第四百〇五条

保护区的国家体系应当保障生物多样性的维护和生物功能的维持。这一体系应当包括国家、分权自治政府、社区和私人子系统,其应当由国家指导和管理。应当分配所需的财政资源以保障该体系的财政可持续性,应当促进在其行政管理内的保护区拥有祖先居住地的社区、少数族群和民族的参与。

外国自然人或者法人依法将不能在国家安全区域或者受保护区获得任何的土地使用契约或者特权。

第四百〇六条

国家应当规范脆弱和受威胁生态系统的保护、管理、可持续使用、恢复和界定区域,其中包括:安第斯高原(high Andean)荒地、沼泽地、云雾森林、干燥和潮湿热带雨林、红树林、海洋生态系统和海岸生态系统。

第四百〇七条

禁止在保护区域和宣布为无形资产的区域开采不可再生资产,包括林业生产。但共和国总统充分要求以及由国民大会颁布国家利益的声明,若其认为可取,经全民公决同意,则可以开采这些资源。

第四节 自然资源

第四百〇八条

不可再生自然资源和来自地面、矿物质和石油储备的一般产品、与土壤性质不一样的物质,包括位于领海水域和海洋区的物质,是国家不可侵犯的财产,免受扣押和不受诉讼时限限制。这些资产只有严格遵守宪法所规定的环保原则才能生产。

国家应当参与开采自然资源的赚取的利润,其金额不能少于公司生产所赚取的利润。

国家应当保障生产、消费和使用自然资源的机制和能源养护以及维护自然周期,使其可能拥有标志着尊严的生存条件。

第五节 土壤

第四百〇九条

土壤保持,特别是其肥沃层,是公共利益和国家优先事宜。应当为其保护和可持续利用建立一个管理框架以防止其退化,特别是污染、荒漠化和水土流失造成的结果。

在受退化和荒漠化进程影响的区域,国家应当发展和促进避免单一作物耕作和优先使用适应当地的本土物种的造林、再造林和恢复工程。

第四百一十条

国家应当提供农民和农村社区土壤保护和恢复的支持,以及保护和促进粮食主权的农业实践。

第六节 水

第四百一十一条

国家应当保障水资源、流域和与水循环有关的生态流量的保护、恢复和整体管理。所有影响水质量和数量以及生态系统平衡的活动应当受到管理,特别是在补水来源区域。

生态系统的可持续和人类消耗在水的使用与发展中应当是优先的。

第四百一十二条

负责水管理的机构应当负责其规划、管理和控制。这一机构应当与负责环境管理的机构合作协调以立足于生态系统的方法进行水管理。

第七节 生物圈、城市生态和替代能源

第四百一十三条

国家应当促进不会危害食品主权、生态系统生态平衡或者水权的能源效率,环境清洁和健康实践与技

术,以及多样化和低影响的可再生能源资源。

第四百一十四条

国家应当为减缓气候变化,限制温室气体排放,砍伐森林和空气污染采取适当和交叉性措施;其应当为森林和植被的养护采取措施,应当保护危险人群。

第四百一十五条

国家中央政府和地方分权政府应当采取有利于城市发展和土地使用规划的整体和参与性政策,使其可以规范城市发展,管理城市群以及促进建立绿色区域。分权自治政府应当发展有利于水的合理使用,固体和液体废弃物的回收还原和适当处置。非机动的路上运输应当获得改善和推动,特别是自行车道的建立。

第八编 国际关系

第一章 管理国际关系的原则

第四百一十六条

厄瓜多尔与国际社会的关系应当回应厄瓜多尔人民的利益,负责国际关系的人员及其执行人应当负责,其结果:

1. 宣布国际上的独立和法律平等,和平共处,人民自决,以及合作、整合和团结。

2. 主张争议和国际冲突的和平解决,拒绝使用威胁和暴力解决上述冲突。

3. 谴责国家干预其他国家的内务或者任何形式的干涉,无论是武装袭击、侵略、占领或者经济或军事封锁。

4. 促进和平与普遍裁军,谴责大规模杀伤性武器的发展和使用以及征收某些国家在境外的军事基地或者设施。

5. 承认居住于国内的不同民族的权利,特别是促进其社会多样性的表达、保存和保护的机制,拒绝种族歧视、仇外心理和所有形式的歧视。

6. 倡导普遍公民原则,地球上所有居民的自由流动,逐渐消灭外侨或者外国人的状态,作为改变国家直接不平等关系的一个因素,特别是南北之间。

7. 要求尊重人权,特别是移民的权利,通过遵守签署国际人权文书所承诺的义务促进人权的充分享受。

8. 谴责所有形式的帝国主义、殖民主义和新殖民主义,承认从所有形式的压迫中抵制和解放自己的人民的权利。

9. 承认国际法作为行为准则,呼吁国际机构民主化,以及机构内部国际的平等参与。

10. 通过积极参与地区经济和政治集团促进多极化全球秩序的建立,加强横向联系以建立一个公平、民主、相互支持、多元和跨文化的世界。

11. 优先促进安第斯地区、南美洲和拉丁美洲的政治、文化和经济一体化。

12. 促进各国之间新的贸易和投资体系,其立足于公正、团结和互助,创建监管跨国公司的国际机制,建立公正、透明和平等的国际金融体系。拒绝将与外国私人公司的纠纷转换为国家之间的争端。

13. 促进地球和生物圈的生命周期的保护和再生的国际文书的创建、批准和执行。

第二章 国际条约和文件

第四百一十七条

由厄瓜多尔批准的国际文书应当遵守宪法规定。如果是人权条款和其他国际文件,作为直接适用人类利益原则和权利的不受限制规定。宪法规定的开放条款亦应适用。

第四百一十八条

总统负责签署和批准条约和其他国际文件。

厄瓜多尔总统应当立即告知国民大会其所签署的所有条约,并准确描述条约的性质和内容。条约只有在大会被通知的十日之后,才能批准其后续的解除或者备案。

第四百一十九条

国际条约的批准或者废止在下列情况要求国民大会的事先批准:

1. 涉及领土或者边界的划定事宜。

2. 建立政治或者军事联盟。

3. 涉及承诺制定、修改或者废止法律。

4. 涉及宪法所规定的权利及其保障。

5. 涉及把国家发展规划的国家经济政策结合国际金融机构或者跨国公司的条件。

6. 涉及促成国家的一体化和贸易协定。

7. 涉及将国内法律性质的权利归于一个国际或者超国家组织。

8. 危及国家的自然遗产,特别是水、生物多样性和遗传资产。

第四百二十条

条约的批准可以通过全民公决、市民创议以及共和国总统要求。

已经采纳的条约的废止属于共和国总统的职权。若条件经公决通过,则应通过公决废止。

第四百二十一条

国际贸易文件的适用不能直接或者间接地损害健康权、获得药物、进口、服务或者科学和技术突破。

第四百二十二条

在厄瓜多尔国家将国家与自然人或者法人实体

之间涉及合同或者贸易冲突的主权管辖给予国际仲裁机构的领域,条约或者国际文件不能干预。

条约和国家文件规定国家和拉丁美洲公民之间的冲突由地区仲裁机构或者由缔约国制定的管辖机构解决,不受本条第一款限制。所涉个人或国家的法官作为冲突的一部分不能干涉上述冲突。

如果纠纷涉及外国债务,厄瓜多尔国家应当在债务缘由的基础上促进仲裁解决,并遵守透明、公平和国际正义的原则。

第三章 拉丁美洲一体化

第四百二十三条

一体化,特别是与拉丁美洲和加勒比国家,应当是国家的战略目标。在所有的一体化机构和进程中,厄瓜多尔国家应当承诺:

1. 促进经济、公平、联合和团结,以及相互支持的整合,生产、财政和金融整体,一般国际金融政策的采纳,促进克服地区不均匀的补偿政策,重视高附加值产品的区域贸易。

2. 促进自然资产可持续管理的联合政策,特别是开采活动的监管;生物多样性、生态系统和水的保护;研究,科学发展和知识与技术的交换;协调粮食主权战略的实施。

3. 加强国家法律的统一,侧重劳动、迁徙、边界、环境、社会、教育、文化和公共健康权利与体系,遵守渐进和非递减性原则。

4. 保护和促进文化多样性,跨文化的行使,文化遗产和拉丁美洲和加勒比共同记忆的保护,以及通信网络和文化产业共同市场的建立。

5. 拉丁美洲和加勒比公民身份的创立,地区人口的自由流通,保障居住于边界人民和难民人权保障政策的实施,迁徙过境或者目的地过境拉丁美洲和加勒比公民的共同保护。

6. 促进巩固战略联盟的共同防御政策以加强国家和地区的主权。

7. 支持保护拉丁美洲和加勒比海国家的超国家组织的联合,以及有利于地区整合的条约和其他国际文书的签署。

第九编 宪法的至高无上

第一章 原则

第四百二十四条

宪法是国家的最高法律,并且优先于其他任何法律。公权力的标准和行为必须按照宪法的规定实施,否则,其不具有法律约束力。

宪法和由国家批准的国际人权条约所承认的更有利于宪法所规定的权利应当优先于其他任何的法律法规体系或者公权力行为。

第四百二十五条

规则适用的优先顺序应当按照如下所述:宪法,国际条约和公约,组织法,地方法规和地区条例,法令和法规,条例,协定和决议,以及由公共机关采取的其他行为和决定。

如果发生不同层级法规之间的冲突,宪法法院、法官、行政机关和公务员应当通过适用高级法优先的标准解决。

规则的优先顺序应当考虑其所涉及的内容、管辖权原则,特别是分权自治政府所享有的专属管辖权。

第四百二十六条

所有的个人、机关和机构受宪法规制。

法官 行政机关和公务员应当直接适用宪法标准,以及国际人权条约规定的标准,只要后者相较于宪法规定更为有利,即使当事人并没有明确要求。

宪法和国际人权文件规定的权利应当立即遵守和执行。没有法律规定或者缺乏关于规范的认识,不能作为侵犯宪法所规定的权利及保障其合法化主张,不能驳回答辩程序,或者拒绝承认这些权利。

第四百二十七条

宪法的规定应当通过最接近作为一个整体的宪法的字面意思进行解释。如果存在任何疑问,依照宪法解释的一般原则,采用最有利于权利完整和有效实施的解释,以及最大限度尊重选举人的意志。

第四百二十八条

当法官凭借职权或者在当事人的要求下,认为一项法律规范违反宪法或者违反相较于宪法规定更有利的国际人权文件,其应当中止案件并向宪法法院咨询,宪法法院应当在四十五日内裁决规范的合宪性。

如果宪法法院没有在规定的时限内裁决,受影响的一方有权提起相应控告。

第二章 宪法法院

第四百二十九条

宪法法院是管理、宪法解释和宪法事宜司法审判的最高机构。其行使全国管辖权,位于基多。

与宪法规定有关的决定应当由法院全体通过。

第四百三十条

宪法法院享有行政和财务自主权。法律应当确定其组织、运行以及履行职责的程序。

第四百三十一条

宪法法院的成员不受弹劾,也不受任命他们的人员的免职。然而,他们应当受到与其他公共机构相同的管理,并且应对其职责履行中的作为或不作为负责。

在不承担民事责任的情况下,如果须承担刑事责任,其应当由国家总检察长指控,并且由国家司法法院审判,为实现此目的,应当要求其三分之二成员表决。

其免职应当通过宪法法院三分之二成员决定。其程序、要求和缘由应当由法律确定。

第四百三十二条

宪法法院应当由九名成员组成,其应当依法在法院全体会议和法官办公室内履行职责。任期九年,不得连选连任,并且每三年轮换三分之一成员。

法律应当确定常任成员缺席情况下的替补机制。

第四百三十三条

具备下列资格者,有权被任命为宪法法院的成员:

1. 持有厄瓜多尔国籍,拥有政治权利。
2. 持有国家法律认可的大学法律学位。
3. 显著正直地从事至少十年的律师、法官或者大学法律讲师的职业。
4. 展现诚信和职业道德。
5. 在过去十年,不属于或者不曾属于任何政党或者运动的行政委员会。

法律应当规定确认达到这些要求的程序。

第四百三十四条

宪法法院的成员应当由下列每一个政府部门任命的两名成员组成的资格委员会选定:立法、行政和透明与社会监督委员会。法院成员应当从上述政府部门提出的候选人中选举产生,通过一个公开的考试程序,由市民监督和质疑程序选择。在法院的成员中,应当努力确保男女之间的平等。

程序、期限、选择的其他因素和资格应当由法律确定。

第四百三十五条

宪法法院应当从其成员中选任一位院长和副院长,任期三年,且不能连选连任。院长应当担任宪法法院的法定代表人。

第四百三十六条

除了通过法律授予的职责,宪法法院应当履行下列职责:

1. 通过其裁决和判决成为解释宪法和由厄瓜多尔国家批准的国际人权条约的最高机构。其决定应当具有约束力。
2. 听取和解决违宪性的公共诉讼,基于实体或者程序原因,提起反对国家机关作出的一般监管行为。违宪宣告应导致受质疑的监管行为无效。
3. 当提交其审查的案件中法院断定一项或者数项规范违反宪法,凭借职权宣布相关规范违宪。
4. 在当事人的要求下,听取和解决针对所有公共机构作出的一般行政行为的违宪性诉讼。违宪宣告应当导致受质疑的行政行为无效。
5. 在当事人的要求下,听取和解决提起一般行政法规和行为保障实施的不遵守诉求,无论其性质或者位阶,以及不能通过普通司法渠道执行的来自国际组织的保护人权的裁决或者报告的执行。
6. 作出判决以形成关于保护行为、执行、人身保护令、人身保护数据、公共信息获得和其他宪法程序,以及宪法法院选择的案件的有拘束力的判例。
7. 司法管辖权冲突和由宪法确定的政府部门或者机构之间的职权冲突的裁决。
8. 凭借职权并且及时确保紧急状态宣告的合宪性监管,当其涉及暂停宪法性权利。
9. 听取和制裁不遵守宪法裁决和决定。
10. 宣布国家机构或者公共机关部分或者全部不遵守宪法规范包含的命令,不在宪法设置的时限之内,或者通过宪法法院合理认定的时限之内引起的违宪。如果在时限过后,违反仍然存在,宪法法院应当依法暂时颁发法规或者强制遵守。

第四百三十七条

公民个人或者集体有权提起针对判决、有判决效力的最终令状和决议的保护性特殊申诉。为了规制受理申诉,法院应当检查符合下列要求:

1. 判决、令状和决议是最终的且得完全执行。
2. 在判决中申诉人提出存在违反正当法律程序或者宪法规定的其他权利,无论是作为或者不作为。

第四百三十八条

除法律规定外,宪法法院在下列案件中应当颁发优先和有拘束力的合宪性裁决:

1. 国际条约,在国民代表大会批准之前。
2. 要求全国公决或者分权自治政府公决。
3. 共和国总统在起草宪法过程中提出的违宪性异议。

第四百三十九条

宪法诉讼可以由公民个人或者集体提出。

第四百四十条

宪法法院作出的裁决和决定具有最终效力,并且不能寻求上诉。

第三章 宪法修改

第四百四十一条

未改变国家的基本机构或者性质和构成要素,未在权利和保障上设置约束，未改变修改宪法的程序，宪法一条或者部分条文的修改应该按如下进行：

1. 通过由共和国总统或者至少8%的登记选民支持要求全民公决的方式。

2. 至少占国民代表大会三分之一的成员的创议。修改的议案应当经过两轮讨论，第二次辩论应该在不迟于第一次辩论开始一年以后的三十日之内，且不得推迟。只有获得三分之二国民代表大会成员的支持，才能通过修改。

第四百四十二条

未限制宪法权利及其保障或者改变宪法修改程序的部分修改应当在共和国总统的创议或者至少1%的登记选民支持的要求之下进行或者通过国民代表大会多数成员通过的决定。

宪法修改创议应当通过国民代表大会至少两轮讨论。第二轮讨论最迟应当在第一次讨论后的九十日内举行。修正案草案应当由国民代表大会通过。一旦修改宪法的议案通过，应该在接下来的四十五日之内召集全民公决。

对于公决的批准，至少需要过半数的有效投票。一旦公决通过修改，国民代表大会应当在接下来的七日之内命令公布。

第四百四十三条

宪法法院应当规定适用于当前章节规定的情形的程序。

第四百四十四条

制宪会议的设置只能通过全民公决召集。公决可以由共和国总统、三分之二的国民代表大会成员或者12%的登记选民要求。全民公决必须包括选出必要的代表和选举程序的规则。新宪法生效须全民公决过半数通过。

哥伦比亚共和国政治宪法[*]

（1991 年通过，更新至 2013 年）

序 言

哥伦比亚共和国人民：

由全国制宪大会代表为代表，行使国家主权，承上帝保佑，为了加强国家的团结，保障国民的生命、共处、工作、正义、平等、知识和自由，为了促进司法和平与民主，构建一个公正的政治、经济和社会秩序的参与框架，为了致力于促进拉丁美洲的融合，经过制定与批准，颁布此宪法。

第一章　基本原则

第一条
哥伦比亚共和国是一个社会法治国，以统一共和、地方分权、领土自治、民主、参与和多元的形式组织，基于尊重人的尊严、致力国民团结和共同利益优先的原则而建立。

第二条
国家的基本宗旨在于服务社会，促进共同繁荣，确保宪法承认的原则、权利与义务的效力；便于每个人参与影响他们的决策，参与经济、政治和文化生活；捍卫民族独立，维护领土完整，确保和平共处以及普及公正秩序。

设立共和国的国家机构的目的是保护哥伦比亚共和国的所有人民，包括他们的生命、荣誉、财产、信仰和其他权利与自由；致力于确保国家和个人社会义务的履行。

第三条
主权专属于人民，人民是公权力的来源。人民直接行使主权或者根据宪法制定的条款，通过他们的代表行使主权。

第四条
宪法具有最高的法律权威。当宪法与其他法律或者司法规则发生冲突时，应当适用宪法条款。

我国国民和共和国境内的外国人有义务遵守国家宪法和法律，尊重和服从国家权威。

第五条
国家无差别地承认人的不可让渡的权利的优越性，保护作为社会基本组织的家庭。

第六条
个人只有在违反宪法和法律时，才需要承担责任。公职人员在此情况下也应当承担责任，同时，其在职务工作中疏忽或者滥用职权，应当承担责任。

第七条
国家承认和保护哥伦比亚共和国的民族和文化多样性。

第八条
国家和个人有义务保护民族的文化和自然资源。

第九条
国家的外交立足于国家主权，尊重民族自决权，承认哥伦比亚共和国所接受的国际法原则。

基于同样的方式，哥伦比亚共和国的外交政策将致力于促进拉丁美洲和加勒比国家的一体化。

第十条
西班牙语是哥伦比亚共和国的官方语言。少数民族语言和方言在各自的区域内也是官方语言。在拥有自己语言传统的社区内，其所提供的教育应该是双语教育。

第二章　权利、保障与义务

第一节　基本权利

第十一条
生命权不受侵犯。国家禁止死刑。
第十二条
任何人都不能被强迫失踪，不能遭受残忍、不人道或者有辱人格的迫害、对待或者惩罚。
第十三条
人人生而自由，并且法律面前平等，所有人都应该受到来自国家机构的平等保护与对待，所有人都应

[*] 译者：杜婉珍。

该享有相同的权利、自由和不因性别、种族、国籍、家庭出身、语言、宗教和政治或者哲学观点而受到任何歧视的平等。

国家应该改善环境以使正义真实有效,并应该采取措施支持受歧视或者弱势群体。

国家应该特别保护因为经济、身体或者精神处于明显弱势的人,并且应该处罚对他们进行虐待或者苛待的行为。

第十四条

每个人都享有法律人格获得承认的权利。

第十五条①

所有人都享有个人和家庭的隐私权以及名誉权,国家必须尊重这些权利并且使其受到尊重。在平等的情况下,他们有权知道、更新和更正收集在数据库以及公共或者私人实体档案中的关于他们的信息。

在数据的收集、处理和传播的过程中,应尊重宪法中承认的自由和其他保障。

通信和其他形式的私人通信不受侵犯。它们只能以案件中的司法命令并且按照法律规定的手续受到拦截或者记录。

为税收或司法执行和国家检查、监督和介入之需要,可以依照法律规定的条件要求出示会计账簿和其他私人文件。

第十六条

人人都有权利自由发展自己的个性,除了他人的权利施加的限制和司法秩序的限制,不受其他的限制。

第十七条

禁止任何形式的奴役、苦役和人口买卖。

第十八条

良心自由受到保障。任何人都不能因为自己的信念或者信仰受到干扰,或者被迫公开其信仰或采取违背良心的行为。

第十九条

宗教自由受到保障。每个人都有权利自由表明自己的宗教信仰,并且以个人或者集体的方式传播宗教。

所有的宗教信仰和教堂在法律面前同等自由。

第二十条

每个人的表达自由受到保障,可以传播自己的思想和观点,获知和获得真实与无偏见的信息,并且可以建立大众传播媒体。

自由与社会责任是共存的,平等条件下的更正权获得保障,国家禁止检查制度。

第二十一条

荣誉权受到保障,法律应当明确其保护方式。

第二十二条

和平既是一种权利,也是一种必须遵守的义务。

第二十三条

人人都有权利基于个人或者共同利益,向国家机构提出适宜的请愿,并且获得及时的解决。立法者应该规范自身对于私人组织体的行为,以保障基本权利。

第二十四条②

任何哥伦比亚人,在法律确立的限制范围内,均有权利在国家领土上自由流动,有权进出国家领土,并且有权逗留或者居留在哥伦比亚。

第二十五条

工作既是权利也是社会义务,所有形式的工作,都受到国家的特别保护。每个人都有权利在尊严和公正的条件下获得一份工作。

第二十六条

每个人都可以自由地选择一个专业或者职业,法律可以要求能力凭证,主管机关应该检查和监督专业的进行。职业、艺术和行业,除了涉及社会风险,不要求学术训练。

法律认可的专业可以组织成专业协会,其内部结构和运行必须是民主的。

法律可以分配给它们公共职能,并且建立对其的适当控制。

第二十七条

国家保障教学自由、学徒自由、研究自由和教授自由。

第二十八条③

每个人都是自由的。任何人或者其家庭不受干扰,除了因来自主管司法机关的书面命令,并且在法律程序和法律事先规定的理由内,任何人不被囚禁、逮捕、拘留或者家庭受到搜查。

任何人在受到拘留之后的 36 个小时之内,必须被移交给主管法官,由其在法律规定的期限内作出相应的判决。任何情况下均禁止因债务原因而实施拘留、囚禁或逮捕,亦禁止不受法律约束的处罚或者安全措施。

第二十九条

正当程序适用于每一类司法和行政行为。

---

① 经 2003 年 2 号立法法令修改(宣布违宪)。
② 经 2003 年 2 号立法法令修改(宣布违宪)。
③ 经 2003 年 2 号立法法令修改(宣布违宪)。

任何人都不能被审判,除非按照与被咎行为有关系的原有法律,由主管法官或者法庭审理,并且应观察每一个实例的适当形式。

在刑事案件中,宽松或者有利的法律,即使是事后法,也将优先于严格或者不利的法律适用。

每个人在司法宣判有罪之前都应该推定无罪。任何人受到指控都有权利进行辩护和获得他们选任或者在调查和审理阶段法庭指定的辩护人的帮助,有权获得无不正当延误的适当公开的审判,有权展示证据和反驳对其的指控,有权挑战非难的语句,并且同一行为不能受两次审判。

违反正当程序获得的证据是没有任何效力的。

第三十条

任何人被剥夺自由,并且有理由相信是非法剥夺,有权利在任何时间,通过自己或者第三方,向任何司法机关寻求人身保护,其在36个小时必须得到解决。

第三十一条

任何一个司法判决都可以上诉或者审核,除了法律规定的例外。

当被告是单方上诉方时,上诉法庭不加刑。

第三十二条

任何人都可以将现行犯抓获并且送交法官。如果现行犯受到机关人员的追捕,并且在其自身的住所躲避,机关人员可以因逮捕行为进入其住所。如果其在其他人的住所躲避,机关人员必须事先请求进入该住所。

第三十三条

不得强迫任何人作证以不利于自己或者其配偶、永久伴侣,或者四等血亲、二等姻亲或一等民事亲属。

第三十四条

禁止流放、终身监禁和没收的刑罚。

然而,通过司法判决,通过违法所获得的财富,损害公共财政或者严重伤害社会公德,其财产的权利被宣布消灭。

第三十五条①

依据公共条约,或者没有公共条约,依据法律,可以请求、承认和提供引渡。

此外,出生为哥伦比亚人在国外犯刑事罪,根据哥伦比亚刑法也认定为同一罪行,可以被引渡。

政治犯不引渡。

在此条规范颁布之前触犯法令的行为不被引渡。

第三十六条

庇护权在法定的条款内获得承认。

第三十七条

任何一个人民团体都可以公开和和平地聚会和示威。

只有法令可以确立表达方式,以使此权利的行使受到限制。

第三十八条

为了促进人民在社会中追求的特定活动而自由结社的权利受到保障。

第三十九条

工人和雇主组织工会或者协会,而不受国家的干预。他们的决议文件通过简单的登记将会获得司法认可。

工会和社会或者贸易组织的内部结构和功能应当符合法律秩序和民主原则。

法律人格的取消或者暂停只能通过司法方式。

其管理的履行所需要的特权和其他保障被授予工会代表。

公共武装力量的成员没有权力参与工会协会。

第四十条

任何一位公民都有权利参与到政治权利的建立、运行和管理。为了使这一权利有效,公民可以:

1. 选举和被选举。

2. 参与选举、表决、公投、民众协商和其他形式的民主参与。

3. 组建政党、政治运动和团体不受任何限制,可以自由地参与它们,并且传播它们的理念和大纲。

4. 通过宪法和法律确立的情况和方式,撤销对当选者的授权。

5. 在公共机构内提出创议。

6. 为保护宪法和法律,介入公共行为。

7. 参与公共职能和责任的执行,除了本土出生或者收养而具有双重国籍的哥伦比亚人。法律应当规范这一例外,并且应当确定何种情况下适用这一例外。

权力机构应当保障妇女在公共行政的决策中的充分而有效的参与。

第四十一条

在所有的公立或者私立的教育机构,宪法的学习和公民教育是义务性的。同样的,民主参与的原则和公民参与的价值应该改善。国家应该宣传宪法。

第二节 社会、经济和文化权利

第四十二条

家庭是社会的基础核心。它由自然或者法律关

---

① 经1997年1号立法法令修改(部分宣布违宪)。

系而组成,即通过男女双方自由决定订立婚姻或者通过婚姻责任而组成。

国家和社会确保家庭的完整保护。法律确保家庭遗产的不可剥夺和不受侵犯。

荣誉、尊严和家庭的亲密不受侵犯。

家庭关系立足于夫妇双方的平等权利和义务,立足于所有家庭成员的相互尊重。

家庭内部任何形式的暴力都被认为是对家庭和睦和家庭完整的破坏,并将会依法受到处罚。

婚生子女与非婚生子女,收养、自然受孕或者借助科学帮助受孕的子女,均享有平等的权利和义务。

法律应当规范负责任的生育。

夫妻双方有权自由决定和对自己的小孩数量负责,当小孩未成年或者残疾时,应当供养和教育他们。

婚姻的形式、年龄、缔结婚姻的能力、配偶直接的义务与权利、分居和解除关系,由民事法律规定。

宗教婚姻在法律确立的条款内具有民事效力。

所有的婚姻通过符合民事法律的离婚形式可以终止民事效力。

由受尊重的宗教权力机关发布的废除宗教婚姻的判令,在法律所确定的限制范围内,也将产生民事效力。

法律应当确立亲属的民事身份及其附随的权利与义务。

第四十三条

女子和男子享有同等的权利和机会。妇女不能受到任何一种形式的歧视。在怀孕期间和分娩之后,妇女应当享受来自国家的特别帮助和保护,当她们失业或者处于无助时,应该获得国家的粮食补助。

国家应当用特别的方式支持女性成为家庭的户主。

第四十四条

儿童的基本权利包括:生命、身体完整、健康和社会安全、一个均衡的饮食、姓名和国籍、拥有一个家庭并不从家庭中分离、关心和爱、教导和文化、娱乐和表达自己思想的自由。他们应该获得保护,远离任何形式的遗弃、生理或精神暴力、隔离、买卖、性虐待、劳动或者经济剥削和危险的工作。他们也应该享有在宪法、法律和哥伦比亚批准的国际条约中的神圣权利。

家庭、社会和国家有义务帮助和保护儿童,以保障他们获得协调和完整的发展,以及权利的充分行使。任何人都可以要求主管机关执法和制裁违反者。儿童的权利优先于其他人的权利。

第四十五条

青少年有权获得保护和获得完整的培训。

国家和社会保障青年人积极参与旨在保护、教育和青年发展的公共或私人组织体。

第四十六条

国家、社会和家庭应该致力于保护和帮助第三年纪(退休高龄)的人群,应该促进他们充分参与活动和社团生活。

国家将保证他们获得完整的社会保障的服务和食品救济,以防止贫困。

第四十七条

国家应当促进社会保险政策,促进生理、感知或者心理残疾人的康复与完整,向他们提供他们所需的特别关注。

第四十八条①

社会保障是一项国家应当提供,并给予指导、协调和管理的义务性社会服务,其应当在法律确立的条款中,遵循效率、普遍和团结的原则。

所有居民的不可放弃的社会保障权受到保障。

国家,在个人的参与下,应当渐进地扩大社会保障的覆盖范围,使其包括法律确立的形式的服务规范。

社会保障可以依照法律,由公共或者私人实体提供。

社会保障机构的资源不能分配或者用于与其自身不相符的目的。

法律应当明确用何种方法维持用于退休金的资源不变的购买力。

国家将保障权利和养老金系统的财政可持续性,应当尊重根据法律所取得的权利,应当承担依法支付养老金债务的责任。在本次立法法令完全生效后而采用的涉及养老金的法律,应当确保在法律中确立财政的可持续性。

应当毫无偏见地对依照法律所指定的养老金进行扣减、扣除或者扣押,基于任何理由均不能不支付、冻结或者减少依法认可的养老金津贴的价值。

养老金的取得权需要符合年龄,服务长度,必要资本贡献周数,以及法律规定的其他条件,不能歧视为残疾人和幸存者提供的养老金。对于残疾人或者幸存者养老金的取得权的要求和利益,应当由养老金综合制度的法律确立。

已获得的与养老金有关的所有权利受到尊重。

所有人的养老金需求和福利,包括高危活动中的高龄人的养老金,应当通过由养老金综合制度的法律来确立。可能引起偏离此宗旨的所有条款不能被采用,任何协议不能被确立。

---

① 经 2005 年 1 号立法法令修改。

养老金的支付仅仅只能考虑每个人已为社会所做的贡献的因素。任何的养老金都不能少于有效的每月最低工资。然而，法律可以确定在何种情况下，认定周期性的经济效益低于最低工资，使不符合条件的低收入群体可以要求获得养老金的权利。

当此项立法法令完全产生效力后，将禁止特殊的制度或者免责条款，其将毫无偏见地适用于公共武装力量、共和国总统和此节段落中所确立的组织。

通过此项立法法令获得养老金权利的人每年将获得不超过13个月的养老金支付。当所有的申请要求都符合时，养老金即可获得，即使检查还没有完成。

法律应当确立复查养老金的简明程序，以查明是否有权利滥用或者不符合法律、习俗或者仲裁裁决所确立的要求。

第一款 从2010年7月31日起，养老金高于法定每月最低工资的25倍，同时将不再需要公共性质的资源的责任。

第二款 当此项法令完全生效时，与养老金综合制度中的法律所确立的养老金条件不同的，不应当在任何条约、集体劳动合约、判决或司法行为中确立。

临时条款1. 针对国家、国有和地方的与官方公共教育服务有关的教师的养老金政策，在2003年812号法律生效之前的有效法律规定中为教师职业确立，并且在该法第八十一条规定。与引用法律的生效有关或者无关的教师，在2003年812号法律第八十一条的条款内，应当有权获得综合养老金制度法律确定的平均溢价。

临时条款2. 在不损害已获得的权利的情况下，适用于公共武装力量成员和共和国总统的制度，本条段落所确立的制度，已生效的特殊养老金制度，除了综合养老金制度以永久性的方式确立的制度，将在2010年7月31日终止。

暂时性条款3. 在此项立法法令完全产生效力之前的时间中，暂时性的法规管理相关事项，其包括协议、集体劳动合约、判决或者合法的协定，其应当维持条款的最初规定。在立法法令完全生效之时至2012年7月31日之间签署的协议、合约或者判决，不能规定较之现有效力的条约更有利的抚恤金条件。无论如何，在2010年7月31日，它们都将失去效力。

临时性条款4. 1993年100号法律所确立的过渡政策或者完善这一政策的其他规范，在2010年7月31日之前不再延长。除了在计划方案中的工人，他们已经至少贡献了750周或者在立法法令完全产生效力的同等时间中，对于这些人，这一政策可以维持至2014年。

人民的养老金需求和利益包括1993年100号法律第三十六章所要求的政策和其他发展这一政策的规范。

临时条款5. 根据1993年100号法律第一百四十条和2003年2090号法令，从最后一次法令产生效力起，包括国家监狱办公室和监狱的保管人员和防护人员，高风险计划制度将会适用于他们。在此时间之前参与工作的人，因为他们工作的危险性需要被考虑，保险政策应当适用于他们，为了增进效果，根据1996年第32号法律，政策必须包括他们相应的贡献。

临时条款6. 收到的养老金等于或者少于法定最低月工资3倍的，如果是在2011年7月31日之前，每年将会收到14个月的养老金，除了本条第八段落所排除的情况。

第四十九条①

对健康和环境公共卫生的关注是国家的公共服务职责。保障人人取得促进、保护、恢复健康的服务。

国家依照效率、普遍和团结的原则，组织、指导和管理居民健康服务的提供款和环境公共卫生的服务。国家也为私营实体参与健康服务设置条款建立政策，并且对其进行监督和管理。同样地，确立国家、地方性实体和个人的资格，在条款中确定其责任分担，在法律中明确其条件。

健康服务应当以分散的方式组织，达到医疗水平和社区参与。

法律应当明确在何种情况下，所有居民的基本医疗服务将会是免费的和义务的。

每个人均有义务对他们的健康和其社区的健康提供全面的关注。

除非医生处方，对麻醉药或者精神药物的占有和消费是禁止的。出于预防性或者康复的原因，对于使用这些物质的人群，法律应当确立行政措施和教育性的和预防性的治疗措施或者治疗命令。这些措施和治疗需要上瘾者的知情同意。

同样地，国家应当给予依赖性或者成瘾性的病人和他们的家人特别的关注。为了加强这一价值和原则，应当阻止影响个人健康进而影响社区健康的全面医疗行为，应当以永久的方式，发展针对毒品和麻醉物质消费的有利于那些成瘾者恢复的预防性运动。

第五十条

任何一名低于一周岁的没有获得任何形式的保

---

① 经2009年2号立法法令修改。

护或者社会保障的小孩,将有权利获得所有得到国家资助的健康机构的免费关注。法律应当规范这个事项。

第五十一条

所有的哥伦比亚人民均有权利获得合适的住房。国家应当明确使这一权利有效的必须条件,应当促进社会利益的住房计划,长期融资的适当制度和这些住房规划实施的综合方式。

第五十二条①

运动和他们的娱乐性、竞争性及原始的活动的开展,有着使人全面发展的功能,可以保持并促进人类更好的健康。

运动和娱乐,是教育和社会公共开支的组成部分。

每个人的娱乐、运动和使用业余时间的权利获得承认。

国家应当促进这些活动,应当审查、监督和管理运动和娱乐团体,这些团体的组织和财产应当是民主的。

第五十三条

国会应当制定劳动法规。相应的法律应当至少考虑以下最低的基本原则:

对工人的机会平等;最低限度的必需和可变动的报酬,工作数量和质量的均衡;工作稳定;在劳动规范中确立的最低福利不能取消;解决和调解不确定和可论证的权利的能力;在法律的正式渊源的适用或者解释存在疑惑的情况下有利于劳动者;事实优先于符合劳动关系所确立的形式;保证社会保障、能力获得、训练和必要的休息;特别保护女性、母亲和未成年工作者。

国家保障获得合适工资的权利和定期调整法定养老金。

经批准的涉及劳动的国际协定,是国内立法的组成。

关于劳动的法律、合约、协议和协定,不能减损自由、人格尊严或者劳动者的权利。

第五十四条

国家和雇主有义务为有需要的人提供专业性和技术性的训练。国家必须促进劳动适龄人口的就业,并且保障残障人士获得与健康条件相符的一份工作的权利。

第五十五条

除了法律特别规定的例外,通过劳资谈判管理劳动关系的权利受到保障。

国家有义务促进调解和其他方式,和平解决集体劳动纠纷。

第五十六条

罢工的权利受到保障,除了在由立法者确定的重要的公共服务领域。

法律应当规定这一权利。

一个由政府和雇主与劳动者的代表组成的常设委员会,应当促进良好的劳动关系,致力于集体劳动纠纷的解决,并且协调报酬和劳工政策。法律应当规定它们的组成和运作。

第五十七条

法律可以确立激励机制和手段以便于劳动者参与企业的管理。

第五十八条②

私人所有权和根据民事法律获得的其他权利受到保障,其不受事后法的忽视或者侵犯。当法律的适用由于公共事业和社会利益导致了个人权利和法律确认的必要性的冲突,私人利益必须让步于公共或者社会利益。

所有权具有一个暗含着义务的社会功能。同样地,这是所有权固有的原始功能。

国家应当保护和促进联合的和集体的财产形式。

出于立法者确立的公共事业或者社会利益的原因,可能会有通过司法判决和事先赔偿的征用。后者的确定应当咨询社区利益和受影响的当事人。在由立法者决定的情况下,这种征收应当通过行政手段进行,服从随后的有争议的行政行为,包括对价格的尊重。

第五十九条

在战争的情况下并且仅在满足它的要求,征用的需要可以在没有事先赔偿的情况下由中央政府作出命令。

在这种紧急情况下,不动产只能被暂时性的占有,使其满足战争的需要或者为其提供收益。

国家将为征用负责,因此政府应该自己或者通过其代理人负责。

第六十条

国家应当依法促进财产的获得。

当国家转让其在企业的参与,它应当采取有利的措施使其股份所有权民主化,应当提供给工人、集体组织和工会组织特别的期间去获得上述股份财产。法律应当规定这一事项。

第六十一条

国家应当及时和通过法律确立的形式保护知识

---

① 经2000年2号立法法令修改。
② 经1999年1号立法法令修改。

产权。

第六十二条

生前或者遗嘱赠予的目的，符合法律和社会公益的目的，不应当被立法者改变或者修改，除非捐赠的目的消失。在这种情况下，法律将指定各自的财产用于类似目的。

政府应当监督这些捐赠的管理和投资。

第六十三条

公用财产、自然公园、族群团体的遗产、安全地区的土地、国家的考古遗产和其他由法律确定的资产不可剥夺、不受时效限制和不受扣押。

第六十四条

国家有义务推动农业工作者逐步地以个人或者集体的形式获得土地所有权，促进农业工作者获得教育、健康、住房、社会保障、娱乐、信贷、通信、产品商业化、技术和管理资助的服务，以至于改善农民的收入和生活质量。

第六十五条

食物的生产应当享受国家的特别保护。基于此目的，农业、畜牧业、渔业、林业和农工活动的整体发展应当有优先权，基础设施的建设建筑和土地的适应性也享有优先权。

同样地，国家应当基于增加产量的目的，促进食物和养殖基地原料的生产技术的研究和转变。

第六十六条

信贷事宜制定的条文应当考虑农业信贷的特殊条件，考虑收成和价格的周期性，同时考虑农业活动本身固有的风险和环境灾害。

第六十七条

教育是人的一项权利，是含有社会功能的公共服务；获得知识、科学、技术和其他通过教育可以寻求的文化利益和价值。

教育应当培养哥伦比亚人尊重人权、和平和民主；在工作实践和休闲中促进文化、科学、技术改善和环境保护。

国家、社会和家庭负责教育，介于5岁和15岁年龄之间受教育是义务，其包括至少一年的学前教育和九年的基础教育。

在国家制度中教育将会是免费的，并且不损害可以通过支付获得学术权利的收费。

国家负责管理和执行教育的最高检查和监督，为了确保教育的质量，教育目的的实现，为了受教育者更好的道德、智力和身体培养，保证服务的充足覆盖，确保未成年人获得教育的必要条件和教育系统的持续性。

在宪法和法律具体规定的范围内，国家和地方性实体应当参与国家教育服务的组织、筹资和管理。

第六十八条

个人可以创建教育机构。法律应当确立它们创设和管理的条件。

教育性组织应当参与教育机构的管理。

教育有使人们获得道德认知和教育资格的责任。法律确保教育活动的职业性和庄严性。

一个家庭的父母有权利为他们的未成年孩子选择一种教育类型。在国家的设施中，任何人都没有义务受到宗教教育。

种族群体的成员有权利获得尊重和发展他们文化认同的教育。

根除文盲，生理或者心理受限或者特别能力残缺的人的教育，是国家的特别责任。

第六十九条

大学自治受到保障。大学通过自己的章程，根据法律可以自我指导，自我管理。

法律应当为国家的大学确立特别的规章。

国家应当加强公立或者私立大学的科学研究，应当为它们的发展提供特别的条件。

国家应当促进财政机制，以使所有合适的人都可以获得更高等的教育。

第七十条

国家有义务促进和培养所有哥伦比亚人享有平等机会获得文化，通过终身教育和科学、技术、艺术和专业性教导，贯穿于创建国家认同的进程中的所有阶段。

文化的多样性表现是民族性的基础。国家承认国内共存的文化的平等和尊严。国家应当促进国家文化价值的研究、科学化、发展和普及。

第七十一条

科学研究和艺术表达是自由的，经济计划和社会发展应当包括科学提升以及文化提升。国家应当建立激励机制使个人和组织发展和培育科学、技术和其他文化活动，应当提供特别的激励使个人和组织执行这些活动。

第七十二条

民族文化遗产受国家的保护。考古遗产和其他可以塑造国家认同的文化资产属于国家，不受侵犯，不可抵押以及不受时效限制。当它们在私人手中时，法律应当确立一个可以获得它们的机制，应当规范少数族群在区域性考古财富中所有的特殊权利。

第七十三条

新闻活动应当受保护，以保证其自由和专业独立性。

第七十四条

所有的人都有权利获得公共文件，除了法律所确立的例外情况。

专业性的秘密不受侵犯。

第七十五条

电磁波谱是不可侵犯和不受时效限制的公共资源，受于国家的管理和控制。法律在条款中确立的获得使用的平等机会受到保障。

为了保证信息的多元化和资格，国家将会通过法律命令干涉，以避免利用电磁波谱的垄断行为。

第七十六条①
第七十七条②

共和国国会应该通过法律建立关于电视事宜的政策。

第三节 集体权利和环境

第七十八条

法律应当规范商品以及向社区提供和供应的服务质量的管控，这些信息在商业化过程中也应当提供给公众。

在商品和服务的生产和商品化中，侵犯消费者和使用者的健康、安全和适当的供应的人，应当依法承担责任。国家将保障消费者和债用者的组织参与涉及他们的条款的学习。为了享有这一权利，其组织必须具有代表性和遵守内部的民主程序。

第七十九条

所有的人都有权利享受一个健康的环境。法律将保障社区参与对其有影响的决定。

国家有责任保护环境的多样性和完整性，保持具有特殊生态影响的地区，以实现这些目标为宗旨促进教育。

第八十条

国家应当计划自然资源的处理和使用，以保障自然资源的可持续发展、保养、恢复和更替。

此外，国家应当预防和控制环境恶化的因素，实施法律制裁，并要求造成任何损害的赔偿。

以同样的方式，国家应当与其他国家合作，保护位于边界地区的生态系统。

第八十一条

化学、生物或者核武器的生产、进口、占有和使用是禁止的，核废料和有毒废物进入国家领土也是禁止的。

国家应当基于国家利益管理遗传基因资源的进出口和使用。

第八十二条

国家有义务确保公共空间完整性的保护和分配其公共使用，其优先于私人利益。

公共实体参与它们的城市规划行动产生的利润，应当基于保护公共利益管理土地和城市空间的利用。

第四节 权利的保护与适用

第八十三条

个人和公共权力机关的活动必须符合诚信的假定，其所有的促进措施应当推定诚信。

第八十四条

当一项权利或者一个活动已经以一般的措施进行管理，公共机关不能为其行使设立或者要求许可、执照或者额外的必要条件。

第八十五条

在第十一条、第十二条、第十三条、第十四条、第十五条、第十六条、第十七条、第十八条、第十九条、第二十条、第二十一条、第二十三条、第二十四条、第二十六条、第二十七条、第二十八条、第二十九条、第三十条、第三十一条、第三十三条、第三十四条、第三十七条和第四十条中的神圣权利是即时适用的。

第八十六条

每个人均可以采取保护活动，于任何时间或者地点向法官提起诉讼，通过优先的或者简易程序，为了他们自己或者由其他任何人以他们的名义；无论何时，他们的基本的宪法权利受到来自任何公共权力机关的作为或者疏忽造成的损害后果或者危险，将获得及时保护。

保护将会包括一个命令，以便于当事人的保护由它请求、执行或者限制。这一必须遵守的决定可能会受到主管法官的质疑，在任何情况下，后者为了进一步的复查可以将它转交宪法法院。

这一行为仅当受影响的当事人没有采取其他的司法保护时进行，除了当前者是为了避免一个不可逆转的伤害的暂时性机制。

在任何情况下，请求保护和它的决定不能超过10日。

法律应当确立在何种情况下保护行为的开展违反个人对于公共服务的信任，或者其行为严重和直接影响集体利益，或者关于申请人发现自己处于国家的从属或者无保护状态。

第八十七条

任何人都可以向司法机关请求符合法律或者有效的行政行为。

在行为优先的情况下，判决将要求不情愿的机关遵守其忽略的义务。

第八十八条

法律应当规范为了保护集体权利，以及有关遗产、空间、公共安全、健康、行政道德、环境、自由经济

---

① 经2011年7月21日第2号立法法令废止。
② 经2011年7月21日第2号立法法令修改。

竞争和其他法律限定的相似性质的利益的公众行为。

法律也应当规范源于对多数人造成伤害的行为，并且不能损害相应的私人行为。

以同样的方式，法律应当明确对集体权利和利益造成损害的客观民事责任。

第八十九条

除了前述条文的规定，法律应当建立其他求助、行为和必需的程序以使人民通过司法秩序的完整性保护自己，并且保护他们个人、集团或者集体的权利，反对公共机关的作为或者疏忽。

第九十条

国家将会郑重回复需要负责的违反司法的损害，其是由公共机关的行为或者疏忽造成。

国家的行为被判定为对这样的损害做出物质赔偿，这一行为是它的代理人欺诈或者严重有罪的行为造成的结果，前者必须从后者获得恢复。

第九十一条

在明显违反宪法条文造成任何人损害的情况下，上级的命令不能免除执行人的责任。

服役中的士兵是此条款的例外。关于这种情况，其责任完全属于给予命令的上级。

第九十二条

每一个自然人或者法人可以要求主管机关来自公共机关的行为的刑罚的执行或者惩戒的制裁。

第九十三条①

由国会批准的国际条约和协定承认人权，并且禁止在紧急状态下的滥用，已在国内秩序中普及。此节的神圣权利和义务将会符合哥伦比亚承认的国际条约的人权的解释。

哥伦比亚国家承认由联合国全权代表外交大会在 1998 年 7 月 17 日采取的罗马规约的条款中的国际刑事法院的审判权，因此，按照本宪法确立的程序批准这一条约。

罗马规约条款中与宪法包含保障实质不一致的将在其规范事宜的范围内享有专有效力。

第九十四条

宪法和有效的国际协定所包含的权利和保障的宣言中没有明确提及的人身所固有的权利和保障，并不能理解为对其的否定。

第五节 义务和责任

第九十五条

国家集体的所有成员都有哥伦比亚人的身份。每个人都有义务发扬并且尊崇它。本宪法所承认的权利和自由的行使意味着责任。

每个人都有义务遵守宪法和法律。

人民和公民的义务是：

1. 尊重他人权利，并且不滥用自己的权利；
2. 行为符合社会团结的原则，在危及人类生命或者健康的情景下作出人道主义行为；
3. 尊重和支持合法组成的民主机关以维持国家的独立性和完整性；
4. 保卫和传播人权作为和平共处的基础；
5. 参与国家的政治、市政和社区生活；
6. 参与和平的实现和维持；
7. 致力于司法部门的良好功能的合作；
8. 保护国家的文化和自然资源，维护一个健康的环境；
9. 在公正和公平的概念下，捐赠以支持国家的支出和投资的财政经费。

第三章 居民和领土

第一节 国籍

第九十六条②

哥伦比亚国民是：

1. 通过出生：

a. 哥伦比亚本地人，符合两个条件之一：父亲或母亲是本地人或哥伦比亚国籍，或者是外籍人的孩子，在出生的时候父母任何一方已经在共和国定居。

b. 一位哥伦比亚人父亲或者母亲的孩子，出生在国外土地，之后定居在哥伦比亚领土或者在共和国领事办公室登记。

2. 通过承认：

a. 外籍人依照法律通过申请并且获得一张入籍卡，法律应当确立通过承认丧失哥伦比亚国籍的情况。

b. 出生于拉丁美洲和加勒比海的人定居在哥伦比亚，经过政府批准，根据法律和互惠原则，向他们确定的地方的市政当局要求登记为哥伦比亚人。

c. 共享边境地区的土著人民的成员，依据公共条约的互惠原则的适用。

通过出生为哥伦比亚人不会被剥夺他们的国籍。

哥伦比亚国籍的身份不会因为要求其他国籍的行为而丧失。通过承认获得的国籍将不会有义务放弃他们出生或承认的国籍。

已经放弃他们的哥伦比亚国籍的人依据法律可

---

① 经 2001 年第 2 号立法法令修改。
② 经 2002 年第 1 号立法法令修改。

以恢复国籍。

第九十七条

哥伦比亚人,甚至当他已经放弃成为一名国民的身份,其在针对哥伦比亚的外国战争中的行为反对国家利益,将会受到审判和被宣判为背叛者。

通过承认的哥伦比亚人和定居于哥伦比亚的外籍人将不会有义务去拿起武器反对他们的原籍国;在反对其新国籍国的外国也不需要哥伦比亚人的国有化。

第二节 公民身份

第九十八条

公民身份通过一个人放弃国籍的行为丧失,它的行使可能由于法律确定的情形中的司法判决而中止。

公民身份的行使已经被中止的人可以要求恢复其行使。

如果法律没有具体制定另外一个年龄,公民身份的行使将会从 18 周岁开始。

第九十九条

公民身份的完全行使的特征是行使选举权以及当选和履行与权力或者司法权相联系的公共职责的一个优先和必不可少的条件。

第三节 外籍人

第一百条

外籍人在哥伦比亚将享有与赋予哥伦比亚人的相同的公民权利。然而,由于公共秩序的原因,法律可以使外籍人服从特殊条件或者拒绝外籍人特别公民权利的行使。同样地,在共和国的领土内,外籍人将享有国民所有的保障,除了宪法或者法律所确立的限制。

政治权利保留给国民,但是法律可以特许定居于哥伦比亚的外籍人在选举中投票,参与市政或者地区的全民协商。

第四节 领土

第一百〇一条

哥伦比亚的领土界限是在国会通过、共和国总统正式批准的国际条约中确立的,以及由国家参加的仲裁裁决确立的。

由本宪法所规定的形式中确立的界限仅能凭借国会通过的、共和国总统正式批准的条约修改。

除了大陆领土,圣安德烈斯群岛、普罗维登西亚岛、圣塔利娜岛和马尔佩洛岛,除了这些岛屿,其附属的小岛、岛屿、陆岬和河岸,是哥伦比亚的一部分。

依据国际法或者在没有国际法时依据哥伦比亚法律,底土、领海、毗连区、大陆架、专属经济区、领空、地球静止轨道部分、无线电波谱及其运行空间也是哥伦比亚的一部分。

第一百〇二条

领土及其作为其一部分的公共资产,属于国家。

第四章 民主参与和政党

第一节 民主参与的形式

第一百〇三条

人民行使主权的参与机制是:选举、公民投票、全民公决、全民协商、公开的集会、立法创议权和公职的撤销。

法律应对其予以规范。

国家应组织、促进、指导专业的、市民的、工会、社区、青年、慈善或以公共事业为目的的非政府组织,避免损害以确定的公共管理的参与、协议、管控和监督等不同情况下的代表所组成的民主方式为内容的自主权。

第一百〇四条

共和国总统,在所有部长的签署和共和国参议院的事先同意的意见下,可以向人民咨询国家重要的决策。人民的决定将是义务性的,咨询不能与另一次选举同时进行。

第一百〇五条

在事先满足地域组织的一般法规所确立的条件和程序以及所规定的情况下,州长和市长可以根据情况决定主持全民咨询以决定各省或者市镇的主管事项。

第一百〇六条

在事先满足法律所确立的条件以及所规定的情况下,地方性实体的居民可以提出涉及各个公共法人职权内的事宜的议案,公共法人有义务开展有关事宜;在相应的权力机构或者法人的创议下,或者由不少于各自选民名册百分之十的登记公民,决定有关社区利益的规定;选举在各自的地方性实体中提供公共服务的公司董事会的代表。

第二节 政党和政治运动

第一百〇七条①

所有公民建立、组织和发展政党和政治运动的权

---

① 经 2003 年第 1 号立法法令和 2009 年第 1 号立法法令修改。

利受到保障,参与或者退出政党和政治运动的自由受到保障。

在任何情况下都允许公民同时属于一个以上具有法人人格的政党或者政治运动。

政党和政治运动应当民主组织,应当保持透明、客观、道德和性格平等的高级原则以及提出和传播其政治纲领的责任。

依据他们的章程和法律,作出决策或者选举他们自己的候选人或者联盟候选人,他们可以举行广泛的或者内部的或者党派间的协商,其可以与公共机构的选举重合或者不重合。

在公共协商的情况下,将适用关于用于普通选举的竞选基金、宣传和国家通讯媒体的获得的规范。任何人参与一个政党或者运动的协商或者党派协商在同一选举程序中不能登记为其他方。协商的结果将具有强制性。

政党和运动的领袖应当促进内部的民主化进程和加强政党团体的制度。

政党和运动应当为任何的违法行为或者违反服务于组织、运行和筹资的规范的行为负责,也应当为其支持的通过普选当选公职或者公共团体职务的候选人负责,其所支持的候选人在执行职务的过程中已经或者被判有罪,包括在哥伦比亚即将生效的判决或者在国外与非法武装团体联系和贩毒活动有关的犯罪,或者反对民主参与机制的犯罪或者反人类犯罪。

政党或者运动也应当为其支持的未当选为普选性的公职人员或者公共团体机构的候选人负责,如果在他们作为公职人员候选人期间已经或者被定罪,经由哥伦比亚国内即将生效的判决或者国外与非法武装团体联系和贩毒活动有关的犯罪,并且在相应的支持公布之前的犯罪。

惩罚包括罚款、通过重新投票制度筹集的公共基金的赔偿,乃至取消其法人资格。当这些定罪与当选为单一职位的人有关,支持被定罪的人的运动中的政党所可能在这一区域的接下来的选举中不能提出候选人。在不少于下一次选举之前的 18 个月,将不再提出三个候选人的名单,在这种情况下,任命人可以自由地任命代替者。

政党的领袖,在行使法人人格赋予的权利或者义务时没有表现为尽到应有的注意和谨慎,也将受到法律规定的惩罚。

社会组织表达和参与政治活动的权利也将受到保障。

任何人,作为公共法人的一名成员,决定通过不同的政党参与接下来的选举,必须提前登记第一日的至少 12 个月放弃其职位。

临时条款一在不违背第一百三十四条规定的情况下,在本立法法令生效的两个月内,仅此一次机会,授予普选的合议机构或者在此立法令制定之前已经放弃职位的人,参加支持他们的一个不同政党,不用放弃职位或者产生双重隶属关系。

临时条款二中央政府或者国会成员应当在 2009 年 8 月 1 日之前制定,一项成文法法案以完善此条文之规定。

法案将包括紧急信息、联合会议以及如果需要时可能包括维持信息的内容。它将会降低成文法法案事先的作为宪法法院一部分的合宪性审查的一半期间。

第一百〇八条①

国家选举委员会承认政党、政治运动和重要的公民团体的法人人格。他们在国家领土上的众议院或者参议院的选举中获得不少于百分之三的有效投票数可以获得席位。在同样的公共法人选举中如果没有获得这个百分比将会失去职位。在法律中为种族区域和政治少数派确立的特殊制度除外,在这一制度中特殊团体将足以获得国会中的代表席位。

如果政党和政治运动没有至少每两年召开大会以使它们的成员可以影响其组织的最重要决策的制定,这也将成为政党或政治运动法人人格丧失的理由。

获得法人人格承认的政党和运动可以登记候选人参加选举。这一登记必须获得政党或者运动的各自法定代表人或其指定人的支持。

社会运动或者重要的公民团体也可以登记候选人。

每一位登记的候选人发生无资格的事由,将由国家选举委员会基于正当程序宣告无效。

政党和运动的章程应当规范涉及其内部纪律制度的事宜。当选公共法人的相同政党或者政治运动或者重要的公民团体的成员将作为集体行动,在法律规定的期间以及依照他们通过民主采取的决定。

政党和政治运动的内部章程应当确定这一制度不适用的具体事项,可以确立作为集体成员的一部分不遵守指导可受的惩罚,惩罚的设置逐步上升至开除,并且可以包括丧失在当选的剩余任期内投票选举国会议员、代理议员或者市议员的权利。

作为少数民族特殊区域的已经获得法人人格的政党和运动,可以支持的候选人除了要求在不少于登记日期之前的一年参加其政党,没有其他的要求。

为了 2010 年举行的共和国国会选举,本条第一段提及的百分比可以是百分之二,以及不要求第八段

---

① 经 2003 年第 1 号立法法令和 2009 年第 1 号立法令修改。

规定的提前必要的登记一年的要求。

第一百〇九条①

国家将同意具有法人人格的政党和运动的符合法律的政治性和选举性的经费筹措。

促进具有法人人格的政党和运动或者重要的公民团体所支持的候选人的竞选活动，将获得国家资源的部分经费。

法律应当确定有权利获得这一经费所需要的投票率。

国家也可以依照法律限制政党、运动、重要的公民团体或者候选人在竞选活动中可能支出的费用的总数，以及私人捐款的最高额。

依照法律确立的条件和保障以及国家选举委员会的授权，在选举或者协商之前，将给予具有有效法人人格的政党和运动、支持候选人的重要公民团体一定比例的经费。

共和国总统的选举活动应当为政党、运动和重要公民团体的符合法律确定的严格要求的提名者提供国家资助的最大量的广告空间和无线与电视运行空间。

在本立法令生效之后举行的选举，违反明确确立的竞选经费的限额，应当受到失去授职或者职位的惩罚。法律应当规定违反本条款的其他影响。

政党、运动、重要的公民团体和候选人必须申报关于资金的公用账户以及其收入的来源和目的。

禁止政党、运动和重要公民团体为了竞选活动获得来自自然上或者法律上的外籍人士的经费。任何形式的私人经费筹措都不能有违反民主的目的或者有损公共秩序。

具有法人人格的政党和运动的年度筹措经费将至少上升至 2003 年提供的 2.7 倍，并不断地维持其价值。

具有法人人格的政党和运动的经费总额以 2003 年的比索值计算将至少是 1999—2002 年提供的 3 倍。这包括选举时期的交通成本和今日邮政专营资金的成本。

政党和运动协商选择通过重新投票制度获得经费的这一机制，并保持本立法法令采取时现行比索的价值。

临时条款 中央政府或者国会成员应当在 2009 年 8 月 1 日之前提出一项成文法法案以完善此条文。

法案将包括紧急信息、联合会议，如果需要可以包括坚持维持信息的内容。它会减少成文法法案作为宪法法院一部分的合宪性事先审查的一半时间。

第一百一十条

除法律确立的例外情况外，禁止履行公共职能的人为政党、运动或者候选人提供帮助，或者促使他人这样做。不遵守这些禁令将会成为被移除职责或者丧失职位的缘由。

第一百一十一条②

依照法律，具有法人人格的政党和运动随时拥有权利利用电磁频谱使用媒体。法律也确立政党、政治运动和正式登记的候选人使用这些媒体的情况和方式。

第三节 反对党的地位

第一百一十二条③

宣布反对政府的具有法人人格的政党和运动，在政府面前可以自由地行使批评功能，提出和促进替代性政策。基于此目的，他们的以下权利获得保障：在宪法和法律的限制内，获得信息和官方文件；使用国家的社会通信媒体或者依照国会选举之前获得的代表使用电子频谱；在通信媒体中回复。

具有法人人格的少数党和运动享有权利依照他们参与其中的代表，参加合议机构的管理委员会。

成文法规应当全面规定有关事宜。

第五章 国家组织

第一节 国家结构

第一百一十三条

公共权力的分支是立法、行政和司法。

除了构成它们的机关，还有为了实现国家其他功能的自治的或独立的机关。

不同的国家机关拥有各自的功能，但是为了实现它们的目标和谐合作。

第一百一十四条

共和国国会负责改革宪法，制定法律和行使对政府和行政部门的政治管理。

共和国国会将由参议院和众议院组成。

第一百一十五条

共和国总统是国家元首、政府首脑和最高行政机关。

中央政府由共和国总统、内阁部长和行政机构负责人组成。

---

① 经 2003 年第 1 号立法法令和 2009 年第 1 号立法法令修改。
② 经 2003 年第 1 号立法法令修改。
③ 经 2003 年第 1 号立法法令修改。

在任何特别的事项中,总统和相应部门的部长或者负责人,组成政府。

除非是任免部长和行政机构的负责人以及作为国家元首和最高行政机关的职权内的命令,总统的任何行为,只要没有各个分支的部长或者主管行政部门的负责人的副署和沟通,将不具有任何价值或者效力,通过副署行为相关人员对该行为负责任。

省长和市长以及监督机关、公共机构和国家工业或者商业企业是行政分支的组成部分。

第一百一十六条①

宪法法院、最高法院、国务委员会、高级司法委员会、国家总检察长办公室、法庭和法官执行司法。军事刑事司法办公室同样执行司法。

国会将行使特别的司法职能。

例外地,法律可以将特殊事项的司法职能归于特定的行政机关。然而,他们将不被允许做出简略的指导或者使法官犯罪。

在法律确定的条款内,在刑事案件中的法律专家以及由当事人启用的调解员或者仲裁员基于法律和衡平做出决定的条件下,个人可以暂时性的拥有司法管理职能。

创立的刑事保障法院在全国领土和任何刑事管辖区域内拥有权限,将行使以下职能:

1. 以一个优先的方式,作为针对公共武装力量成员提起的任何刑事调查或者程序的保障管控的法官。

2. 以一个优先的方式,管理针对公共武装力量成员的刑事指控,结束达成的关键和正式原因的保障以启动口头审讯。

3. 以一个优先的方式,解决普通管辖权和军事司法管辖权之间发生的权限冲突。

保障法院将由八名法官组成,其中四名是退休的公共武装力量的成员。其成员将由最高法院行政处、国务委员会行政处和宪法法院全体会议选举产生。保障法院的退休公共武装力量的成员将从由共和国总统送达的四份三人名单中选举产生。

成文法将确立成为法官的条件要求,能力不符和不相容制度,候选人的代替机制,法官的选择程序和刑事保障法院组织和运行的其他方面。

一旦规范保障法院的成文法生效,刑事保障法院将开始行使本条所指定的职权。

第一百一十七条

公共事务部和共和国总审计长办公室是管理机关。

第一百一十八条

公共事务部由国家总检察长、人民卫士、检察官代表、公共事务处代理人行使,面对司法机关,由法律确定的市级代表和其他工作人员行使。公共事务处负责人权的保障和促进,负责保护公共利益的和监督履行公共职能的公务行为。

第一百一十九条

共和国总审计长办公室负责财政管理的监督和行政结果的管控。

第一百二十条

选举机关由国家选举委员会、公民身份国家登记员办公室和法律确定的其他机关组成。其负责选举的组织、指导和监督,以及与个人身份有关的事宜。

第一百二十一条

任何国家机关都不能行使与宪法和法律所指定的不相同的职权。

第二节 公共职能

第一百二十二条②

不应当有法律或者规定没有明确其职能的公职,为了给予这些职务报酬的性质,其要求在各自的方案中给予考虑并且在相应的预算中提供薪酬。

[省略条文]

公务员在宣誓遵守和保卫宪法并且履行对其要求的义务之前不能行使其职责。

在履行职责之前,当退休或者主管机关要求时,公务员必须在宣誓下公开其资产和收入的数量。

这一公开只能为了公务员规范的适用的目标和目的而使用。

在不损害法律确立的其他惩罚的情况下,在任何时候,因影响国家资产的犯罪、被控与非法武装团体有隶属、提升或者资金关系的犯罪或者在哥伦比亚或国外的反人类和贩毒犯罪的人,不能登记为普选公职的候选人,或者当选或被任命为公务员,或者亲自或通过中间人与国家签署合同。

作为公务员造成故意的不法行为或者严重疏忽,即将生效的判决如此规定,国家将负责物质赔偿,除非损害的价值是由个人财产来承担责任。

第一百二十三条

公共法人的成员、国家和其分权实体、地方性实体和服务的雇佣者和工作者是公务员。

公务员服务于国家和社区,他们将根据宪法、法律和法规规定的方式履行职能。

法律应当确定适用于暂时性履行公共职能的人

---

① 经 2012 年第 2 号立法法令最后修改。
② 经 2004 年第 1 号立法法令和 2009 年第 1 号立法法令修改。

的制度以及规范他们的行使。

第一百二十四条

法律应当确定公务员的责任和使其有效的方式。

第一百二十五条①

国家机关和实体的工作是职业性的。普选、自由任免、正式工作人员和法律确定的其他人除外。

宪法或者法律没有确定任命制度的工作人员应该通过公开竞争的方式任命。

进入职业岗位和晋升应当在达到法律为申请者功绩和才能所确定的要求和条件之后进行。

发生终止职位的原因：在工作履行中获得不满意的评价，违反纪律守则，由于宪法或者法律所确定的其他事由。

任何情况下，公民的政治派别都不会决定他们的职位任命、升迁或者去职。

政治宪法或者法律为选举产生的职位所确定的期间具有制度性的性质。

被任命或者当选履行这些职位的人，以及因绝对丧失能力原则代替履行职责的人，将完成其所当选的期间的剩余期。

第一百二十六条

公务员不能任命以下人员为雇员，他们与公务员是四等血亲、二等姻亲、一等民事关系或者通过婚姻或永久联盟连接。公务员也不能通过干涉具有相同关系的主管公务员的任命而任命有关人员。

除了本条所做的规定，任命的做出适用关于任职或晋升的有效法规。

第一百二十七条②

除法定的例外情况，公职人员不能亲自或者通过第三人或者代表其他人与公共实体或者管理或处理公共资源的私人确立任何合同。

在司法部门、选举机关、管理和安全机关服务的国家雇员，在不违背选举权自由行使的情况下，禁止参与政党活动、运动和政治纷争。现役公共武装力量的成员适用宪法第二百一十九条的限制。

这一禁令为包含的雇员只能在成文法明确规定的条件下参与这些活动和纷争。

利用职务迫使公民支持一项政治事业或者活动构成行为不当的事由。

当共和国总统和副总统公开他们的候选人资格，他们只能从登记之时起参与竞选活动。在任何情况下，参与活动只能提前第一轮总统选举之日的四个月，在产生第二轮的情况下将会延伸至第二轮。

在这之前，成文法确定在何种时期和条件下，总统或者副总统可以参加政党或者运动选择候选人的民主机制。

在竞选期间，共和国总统和副总统不能使用国家资财或者公共财政资源，区别于在同等条件下提供给所有候选人的经费。在成文法规定的条款内，用于实现其职权的正当履行以及他们的个人保护的经费除外。

第一百二十八条

除法律明确确定的例外情况，任何人不能同时履行一份以上的公共职务或者从公共财政或国家持有多数股份的企业或机构获得一份以上薪金。

公共财政是指国家、地方性实体和其所属实体的财政。

第一百二十九条

没有政府的事先批准，公职人员不能接受来自外国政府或者国际组织的邮寄、荣誉或者奖金，或者与他们联系。

第一百三十条

国家公务员委员会将会负责公职人员的管理和监督，不包括具有特殊性质的公职人员。

第一百三十一条

法律负责规范公证人和登记官提供的公共服务，决定其雇员的劳动制度，以及与公证人办公的特别税有关的事宜将会归于司法管理。

财产公证人的任命应当通过竞争的方式。

政府协调公证人和登记人团体的创立、消除和合并，并确定公证人数量和登记办公人数。

第六章　立法部门

第一节　组成和职能

第一百三十二条

参议员和众议员选举产生，任期四年，从选举之后的7月20日始算。

第一百三十三条③

直接选举的合议机构的成员代表人民，其行为必须符合正义和共同利益。除法律确定的例外情况，成员的投票将是记名的和公开的。

当选的人员对社会和其选民负政治责任，遵守义务是内含于其职责的。

---

① 经2003年第1号立法法令和2008年第1号立法法令修改。（被宣布违宪）
② 经2004年第2号立法法令修改。
③ 经2009年第1号立法法令修改。

第一百三十四条①

公共机构的成员没有代替人。仅在死亡的情况下,绝对丧失履职职责的生理能力,选举被宣布无效,正当放弃并被各自机构接受,受到与解雇一致纪律处分,授职的丧失,因与非法武装团体和贩毒有隶属、促进或者资金关系的犯罪而受到刑事定罪或者刑事保证措施,违背民主参与机制的犯罪或者反人类犯罪,或者当公共机构的成员决定作为政党代表而不符合宪法第一百〇七条第一项暂时性条款的规定,其将会被取代。

在这样的情况下,有名无实的成员将会被未当选的候选人按同一选举名单中的登记顺序或者获得投票的顺序依次类推代替。

作为本条所确定的一般规则的结果,普选的公共机构成员在对他发出逮捕令时不会被取代,因与非法武装团体和贩毒有隶属、促进或资金关系的犯罪或者反人类犯罪而被正式采取刑事程序时不会被取代。有罪判决将会影响到公共机构成员所属的政党最终丧失该职位。

除了妇女因为产假的原因,暂时性的丧失能力不必从职位离开。一位普选公共机构成员的放弃,当其与在哥伦比亚或者国外的非法武装团体和贩毒有隶属、促进或者资金关系的犯罪或者反人类罪开始正式有关联,将会丧失国会议员、代表、议员或者市议员的资格,这不会对名单上的相应人员产生影响。暂时性的能力丧失不会导致代替。

当发生任何意味着公共机构当选成员将不被代替的事情的情况,为了法定人数的所有宪法性影响,成员人数将被视为除了没有被替代的席位以外的公共机构成员的总数。

如果没有导致替代的绝对丧失能力的结果是由同一选举区域当选的合议机构成员减少至一半或者更少,并且距离任期届满超过十八个月的剩余期间,政府将召集选举以弥补空缺。

本条所确立的替代制度应当适用于从本立法法令生效起启动的司法调查。

第一百三十五条②

每一个议院的职能:

1. 选举它的管理委员会。

2. 选举任期两年的秘书长,从7月20日始算,其必须具有成为各自议院成员所规定的相同资格。

3. 向政府要求其所需要的报告,除了下条第二款所规定的例外情况。

4. 决定以优先的形式举行会议使得国会议员口头质询部长及其答复。法规应当规定有关事宜。

5. 任命法律确定的职位以履行其职能。

6. 为了职能的更好履行,从政府获得公共管理机构的合作。

7. 组织其内部政策。

8. 传唤和要求行政部门部长、负责人和主管者出席会议。传唤必须至少提前5日做出,并且形成书面问卷。在行政部门部长、负责人和主管者没有出席的情况下,并且没有被各个议院接受的理由,后者可以提出不信任动议。政府部门部长、负责人和主管者必须在他们被传唤的会议上倾听,不能违背各个议院决定在随后会议中持续的辩论。辩论不会延伸至问卷之外的问题并且必须按会议日程开始。

9. 提出关于行政部门部长、负责人和主管者涉及职务正当功能或者忽视共和国国会的要求和传唤的事宜的不信任动议。如果计划作出不信任动议,必须由组成各个议院的至少十分之一的成员提出。投票将在辩论终止后的第三日至第十日之间举行,并且有各个公职人员的公众观众参与。它的通过需要提出动议的议院成员的过半数的赞成票。一旦通过,公职人员将被免职。如果拒绝,不能提出涉及相同事宜的动议,除非新的事实启动动议。提出不信任动议所涉及的各个公职人员的辞职,不会妨碍动议的通过。一旦议院就一个不信任动议作出决定,其决定禁止其他人做出涉及相同动议的决定。

一百三十六条

国会及其议院禁止:

1. 通过决议或者法律的方式干涉其他权力机构专属职权的事宜。

2. 要求政府提供关于外交事宜指令或者机密性质谈判的信息。

3. 向公务行为投赞成票。

4. 代表个人或者实体下令捐款、奖金、津贴、补偿金、养老金或者其他配给物的分配没有满足根据事先法律认可的信用或者权利。

5. 下令实施针对自然人或者法人的剥夺权利或者起诉的行为。

6. 授权使用来自国库的资金访问国外,除了为了完成特殊任务,并且至少由各个议院三分之一的成员通过。

第一百三十七条

任何常设委员会可以传唤任何自然人或者法人,以便于在一个特殊的会议中可以提供口头或者书面说明,其在宣誓之下要求与委员会进行的调查有直接

---

① 经1993年第3号立法法令和2009年第1号立法法令修改。

② 经2003年第1号立法法令(部分宣布违宪)和2007年第1号立法法令修改。

联系的事实。

如果受传唤的人为自己的不出席辩解,并且委员会坚持传唤他们,宪法法院在听取他们的意见之后将会在 10 日之内严格谨慎地决定有关事宜。

受传唤的人拒绝出席或者作出被要求的说明将受到委员会的制裁,这些制裁是有效规范针对蔑视权威的情况所规定的惩罚。

如果在调查的过程中,为了其完整性或者为了对可能的刑事罪犯的指控,要求其他权力机构的介入,其将在适当的情况下获得要求。

第二节 会议和运行

第一百三十八条

国会有权召开例行会议,每年两个时期,其将组成唯一的立法机关。第一会议会期将始于 7 月 20 日终止于 12 月 16 日,第二个会议会期将始于 3 月 16 日结束于 7 月 2 日。

如果由于任何原因不能在指定的时期内集会,将在各自的期间内尽可能快地集会。国会也可以在政府召集下在指定的时期召开特别会议。

在会议进程中,其可讨论政府提交其考虑的事宜,不能损害其随时可以行使的专属于它的政治管理职能。

第一百三十九条

国会会议的启动和结束由共和国总统公开地参与,没有这样的仪式,在第一种情况下,对于国会合法行使职权是至关重要的。

第一百四十条

国会在共和国首都将拥有其席位。议院可以同意将他们的席位转移到其他地方,在公共秩序被破坏的情况下,他们可以在参议院主席指定的地方集会。

第一百四十一条

国会在会议的召开和结束时是单独唯一的主体,接受共和国总统就职,接见其他国家的国家元首或者政府首脑,选举共和国总审计长和副总统,在必要的时候代替人民选举的人员,以及依照第一百三十五条决定不信任动议。

在这种情况下,参议院和众议院的主席将会各自成为国会的主席和副主席。

第一百四十二条

每一个议院将选举常设委员会,任期为各自的宪法性期间,其将在第一轮辩论中处理立法法令或者法律议案。

法律应当确定常设委员会的人数和其成员,以及每个委员会应当处理的事宜。当常设宪法委员会举行联合会议时,决策的法定人数将各自考虑每一个委员会要求的法定人数。

第一百四十三条

共和国参议院和众议院可以在休会期间决定任何常设委员应当举行会议,目的在于辩论在过去时期留下的待解决的问题,研究各个机构的决定,准备议院委托它们的议案。

第一百四十四条①

在依照其规则产生的限制外,议院和其常设委员会的会议将是公开的。

游说的行使受到法律的规范。

第一百四十五条

国会全会、议院和其委员会在少于其成员四分之一的情况下不能召开会议或者审议。除非宪法确定不同的法定人数,决定只能在获得各个机构成员的大多数比例下做出。

第一百四十六条

除非宪法要求一个特别大多数,在国会全体会议、议院和其常设委员会,决定将由出席议员的大多数投票做出。

第一百四十七条

从 7 月 20 日开始的立法期间内,议院的管理委员会和其常设委员会将每年更新,在同一宪法性的四年期间内,其成员不能重新当选。

第一百四十八条

关于法定人数和大多数决定的规范也将适用于其他普选的公共机构。

第一百四十九条

国会成员的任何旨在行使专属于公共权力的立法部门的职权而超出宪法性的条件召开的会议,将缺乏有效性。其所作出的行为将不具有影响力,任何参与审议的人将会依照法律受到处罚。

第三节 法律

第一百五十条

国会负责制定法律。通过它们,其行使如下职权:

1. 解释、修订和废除法律。

2. 在立法的所有部门制定规范和修订条文。

3. 批准必须采取或者进行的国家发展和公共投资计划,并决定为其执行授予资源和拨款,以及决定促进其实施的必要方式。

4. 依据本宪法的规定确定领土的一般划分,确

---

① 经 2009 年第 1 号立法令修改。

立创立、撤销、修改或者合并领土实体的基础和条件,并且确定它们的职权。

5. 赋予省会议特别的职权。

6. 在特殊情况下和为了公共权宜的重要理由重新安置高级国家机关的所在地。

7. 决定国家管理的结构和创立、撤销或者合并内阁、行政部门、监督机关、公共机构和国家级别的其他实体,明确它们的目标和组织结构;管理自治制度内的区域自治机关的创立和运行;同样地,创立或者授权创立国家和混合经济社会的工业和商业企业。

8. 制定政府在行使宪法明确的检查和监督职权所必需适用的规范。

9. 授权政府订立合同、协议贷款和转让国有资产。政府应当定期向国会报告这些授权的行使。

10. 当需要要求或者公共权宜建议时,授予共和国总统长达 6 个月签发有法律效力的规范的明确的特别职权。这些权力必须由政府明确请求并且要求两院成员的绝对多数赞成。

国会在任何时候可以主动修改政府使用特别职权签发的法令法律。

这些职权不能授权签发法典、成文法、实体法或者本条第二十款确定的事宜或者税收法令。

11. 确立国家收入和决定行政支出。

12. 确立财政赋税,例外地,由法律确立附加税的情况和条件。

13. 确立法定货币、兑换和自由交换的范围,管理度量衡制度。

14. 基于明显的国家需要的理由,同意或者拒绝共和国总统在没有事先授权下与个人、公司或者公共实体订立的合同或者协议。

15. 决定向为国家提供服务的公民授予荣誉。

16. 决定或者拒绝政府与其他国家或者国际法主体订立的条约。通过上述条约,国家基于平等、互惠和国家适当的基础,可以转让部分特殊职权给国际机构,其的目的在于促进或者加强与其他国家的经济一体化。

17. 由两院成员的三分之二多数票并且基于公共适当的重要理由,授予政治犯特赦或者一般赦免。在获得优待的人免除其对个人的民事责任的情况下,国家将有义务作出适当的补偿。

18. 制定涉及荒地的占有或者裁定和开垦的规范。

19. 制定一般规范并且在其中规定政府在下列事宜必须适用的目标和标准:

a. 组织公共信贷;

b. 依照宪法授予共和国银行管理委员会的职权,管理涉外贸易和规定国际交易制度;

c. 为了商业政策的目的,修改涉及海关系统的义务、关税和其他条文;

d. 管理金融、证券市场、保险活动和其他与来自公共资源的管理、使用和投资有关的活动;

e. 确立公共部门雇员、国会成员和公共武装力量的工资和福利制度;

f. 管理正式员工的最低社会福利制度。

当涉及社会福利时,这些职权不能委托给公共地方性团体并且它们不能干涉其中。

20. 创立议院的行政和技术服务。

21. 制定第三百三十四条所规定的经济干预的法律,其必须明确它们的目的、范围和对经济自由的限制。

22. 制定与共和国银行和其管理委员会负责行使的职权有关的法律。

23. 制定管理公共职权行使和公共服务提供的法律。

24. 规范工业产权、专利、商标和其他形式知识产权的制度。

25. 统一规范涉及共和国全境内的交通政策。

国会负责制定公共管理特别是国家管理合同的一般法规。

第一百五十一条

国会应当制定适用于立法活动运行的组织法。通过它们,应当确立国会和每个议院的规章,确立关于收入预算和拨款法案的准备、批准和执行,以及发展的一般计划和与地方性实体规范责任的分配有关的规范。实体法的通过要求两院成员的绝对多数票。

第一百五十二条①

通过成文法的方式,共和国国会应当管理下列事宜:

a. 人的基本权利和义务及其保护的程序和方式;

b. 司法管理;

c. 政党和政治运动的组织和制度,反对党和选举职能的法规;

d. 公民参与的体制和机制;

e. 例外状态;

f. 符合法律规定条件的共和国总统候选人之间的平等选举;

g. 依照本立法法令[2012 年第 2 号立法法令],宪法第一百一十六条和第二百二十一条明确规定的

---

① 经 2004 年第 2 号立法法令(部分宣布违宪)和 2012 年第 2 号立法令修改。

事宜。

中央政府或者国会成员应当在2005年3月1日之前提交一个成文法议案以完善宪法第一百五十二条,同时也规范以下事宜:保障反对党,公务员参与政策,平等获得通信媒体,总统活动的优选国家经费,当总统是一名候选人时的平等条件下的答辩权,关于共和国总统候选人的职位不相容的规范。

议案将包括紧急信息,如果需要将包括维持信息的内容。共和国国会应当在2005年7月20日之前通过成文法。由宪法法院对成文法议案的强制性的事先审查的期间缩短一半。

第一百五十三条

成文法的批准、修改或者废除要求国会成员的绝对多数,并且必须在一次独立的立法会期中完成。

上述程序将包括作为宪法法院一部分的关于议案合宪性的事先审查。任何公民可以介入保护或者反对议案。

第一百五十四条

法律可以来源于议院各个成员的提案、中央政府、第一百五十六条规定的实体或者通过宪法规定情况下的民众动议。

然而,第一百五十条第三款、第七条、第九条、第十一条、第二十二条和第十九条的a项、b项、e项提及的法律;参与国家支出或者转让的安排;由国家授权给予工业或者商业企业的税金或者捐赠;税收、税务或者国家征收的豁免命令,只能在政府的动议下提出或者修改。

议院可以对政府提出的议案进行修改。

关于税收的法律议案将在众议院启动程序,关于国际关系的将在参议院启动。

第一百五十五条

立法议案或者宪法性改革可以由各个时期的现有选民名册的五分之一或者更多人数的公民或者由百分之三十的议员或国家代表提出。依照第一百六十三条的规定就具有明显紧迫性的议案的民众动议将在国会进行。提出的公民将拥有权利指定一名发言人在所有的程序阶段获得国会的聆听。

第一百五十六条

宪法法院、高级司法委员会、最高法院、国务委员会、国家选举委员会、国家总检察长、共和国总审计长有权在涉及其职能的事宜上提出议案。

第一百五十七条

议案不符合以下要求不能成为法律:

1. 在各自的委员会处理之前,由国会正式公布。

2. 在各个议院相应的常设委员会的第一轮辩论中获得通过。国会规章应当确定第一轮辩论由两院常设委员会举行联合会议的情况。

3. 在每一议院的第二轮辩论中获得通过。

4. 获得政府的批准。

第一百五十八条

每一个立法议案必须涉及同一事宜,并且任何与此没有联系的条文或者修改将不被允许。各个委员会的主席将拒绝不符合此规则的动议,但是他的决定可以向同一委员会申诉。作为部分修订对象的法律将会在加入经批准的修改的单独文本中公布。

第一百五十九条

已经在第一轮辩论中被否决的立法议案,可以在其作者、成员之一、政府或者在民众动议情况下支持者的发言人的要求下,由各个议院重新审议。

第一百六十条①

在第一轮和第二轮辩论之间,必须经过不少于8日的期间,在其中一个议院通过议案和另一个议院启动辩论之间,至少需要经过15日。

在第二轮辩论期间,每一个议院在认为必要时可以提出议案的修改、增加或者省略。

在为了第二轮辩论提交议院全体会议的报告中,发言者必须提出由委员会审议的全部提议,以及决定拒绝的理由。

每一个立法议案或者立法法令议案必须包括负责处理它的各个委员会的提交报告,委员会必须按其职责处理议案。

任何立法议案都不能在与之前宣布的不相同的会议中提请投票。议案将会提请投票的宣布应该由每个议院或者委员会的主席在与进行投票分开的会议中做出。

第一百六十一条②

当议院内就一项议案产生争议,将由同等人数的参议员和众议员组成调解委员会,其通过联合会议,努力协调文本,在不可能调和的情况下,由多数票决定。

至少提前一日事先公布,选定的文本将提交各自议院的全体会议辩论并且通过。如果重复的第二轮辩论仍然存在争议,议案认为被否决。

第一百六十二条

立法议案在一个立法会期中没有完成其程序并且已经获得一个议院的第一轮辩论,将在其随后的立法会期中以其可能的状态继续其行程。任何议案不能在多于两个立法会期审议。

---

① 经2003年第1号立法法令修改。

② 经2003年第1号立法法令修改。

第一百六十三条

共和国总统能够请求立法议案的紧急程序。在这样的情况下,各个议院必须在 30 日的期限内作出有关决定。甚至在此期间内,紧急声明可以在议案的所有宪法性阶段重复。如果总统坚持紧急,议案在 1 日的日程中将享有优先并且排除对其他事宜的审议,直到各个议院或者委员会涉及它。

如果紧急信息所涉及的立法议案在常设委员会的研究之下,后者在政府的请求下,可以由其他议院的相应委员会共同审议,目的在于使该议案获得第一轮辩论。

第一百六十四条

国会将给予由政府提交其审议的涉及人权条约批准的立法议案程序优先。

第一百六十五条

一旦立法议案由两院通过,它将会送达政府等待批准。如果后者没有反对,议案将整理并被公布为法律;如果政府反对,议案将退回其源自的议院。

第一百六十六条

任何不多于二十条的议案,政府有 6 日的时间作出反对并退回;当议案包括二十一条至五十条时是十日;当条文总数多于五十条时是增加至 20 日。

如果在指定期间经过,政府还没有退回反对的议案,总统必须批准并且公布议案。

如果议院在上述期间进入休会,总统将有义务在这些期间内公布批准或者反对的议案。

第一百六十七条

被政府全部或者部分反对的立法议案将退回议院进行第二轮辩论。

议案一旦被重新审议,有两院成员过半数通过,总统在不能提出反对的情况下将会批准议案。

例外情况是议案因违宪受到反对。

在这种情况下,如果议院坚持,议案将会提交至宪法法院,后者在随后的 6 日内,可以决定其合宪性。宪法法院的决定责成总统批准法律。如果宪法法院宣布它是违宪的,议案将被存档。

如果宪法法院判决议案部分违宪,它将向议案源自的议院指明,一旦各部部长获得听证,并且议院根据宪法法院的指示,重新起草和综合受影响的条文术语。一旦这一程序完成,议案将送回宪法法院以作出最终裁决。

第一百六十八条

如果总统没有在宪法确立的期间和依照其条件履行批准法律的责任,国会主席将批准和公布它们。

第一百六十九条

法律的标题必须准确地对于其内容,并且下列说明将置于它们的文章之前:

"哥伦比亚国会,决定。"

第一百七十条

十分之一的选民登记册的公民可以请求选举机关举行全民公投以废除一项法律。

只要组成选民登记册的四分之一公民参与并且如果参与咨询活动的过半数投票者如此决定,该项法律将会被废止。

全民公投不适用于批准国际条约的法律或者预算法或者与财政或税收事宜有关的法律。

第四节 参议院

第一百七十一条

共和国参议院将由一个国家区域内当选的一百位成员组成。

有额外的两名参议员由土著人社区在一个特殊的国家区域内选举产生。

在国内或国外的哥伦比亚公民可以在共和国参议院的活动中投票。

由土著人社区选举参议员的特殊区域由商数选举制度管理。

希望成为共和国参议院一部分的土著人社区代表必须在各自社区的传统权威中履行职能或者已成为本地组织的领导者,其资格将由各个组织的证明文件证实,并由政府部长支持。

第一百七十二条

为了当选为一名参议员,其要求出生为哥伦比亚人,公民身份的完全行使,以及在选举之日年满 30 周岁。

第一百七十三条

参议院的职权是:

1. 接受或者不接受来自共和国总统或者副总统的辞职。

2. 同意或者不同意政府授予公共武装力量的一般军官和士官晋升至最高级别。

3. 特别许可共和国总统在非生病的情况下,暂时性的离开职位,并且决定副总统作为总统行使职权。

4. 许可外国军队过境共和国领土。

5. 授权政府向其他国家宣战。

6. 选举宪法法院法官。

7. 选举国家总监察长。

第一百七十四条

参议院负责审理由众议院提出的针对共和国总统或者任何代替总统的人,针对最高法院的法官、国务委员会和宪法法院的法官、高级司法委员会成员和国家总检察长的控告,即使他们可能已经停止行使他们的职责。在这样的情况下,参议院将审理他们在履职中间发生的作为或者不作为。

第一百七十五条

参议院做出审讯,应当遵守这些规则:

1. 无论控诉何时被公开受理,被指控者自动中止其职位。

2. 如果控告涉及职责履行中的犯罪或者因不良行为而不称职者,参议院只可以施加解除职务或者政治权利的暂时性剥夺或永久丧失的处罚。但是如果行为包括应受其他刑罚的违法行为的责任,被告将移送至最高法院进行刑事审判。

3. 如果控告涉及普通犯罪,则参议院将限制自己仅宣布是否有继续诉讼的理由,在肯定的情况下将被告移交最高法院的处置。

4. 参议院可以委托来自自身的一位代表提起诉讼,同时保留审理和终局判决,终局判决将由出席参议员的至少三分之二投票作出,并在会议上公开宣布。

第五节 众议院

第一百七十六条①

众议院将由地方性区域和特别区域选举产生。

每一个地方性区域将有两名代表,并且,每三十六万五千名居民中有一名代表,若一区域居民超过三十六万五千的大数多于十八万两千五百则该区域将多一个代表。

在众议院代表的选举中,每一个省和波哥(Bogotá)大首都区将形成地方性区域。

特别区域将确保少数民族和定居国外的哥伦比亚人参与众议院。通过这些区域将选举五名代表,按如下分配:两名来自非洲人后裔社区的区域,一名来自土著人社区的区域,两名来自国际性区域。对于后者,仅计算定居国外的公民在国家领土之外的投票。

条款 1. 从 2014 年起,增加席位的分配将以根据人口普查确定的国家人口增长相同的比例进行调整。选举组织将负责调整席位分配的数量。

条款 2. 如果本条所包含的规则适用的结果是一个地方性区域减少了一个或多个席位,那么将保留 2002 年 7 月 20 日对应的相同席位数。

共和国国会应当不迟于 2013 年 10 月 16 日为国际性区域制定规章;与此相对的,中央政府将在此时间随后的 30 日内做到:在这一规章中将包括其他主题,候选人的登记,有资格在国外投票的公民的登记,通过领事馆和大使馆促进投票的参与和实现。

机制,国家经费支持部分当选众议员访问国外。

第一百七十七条

为了被选为众议员,其要求公民身份的完全行使和在选举之日年满 25 周岁。

第一百七十八条

众议院有以下特别职权:

1. 选举人民卫士。

2. 审查和核算由共和国总审计长提交的预算和国库的总账目。

3. 基于宪法性缘由,向参议院指控共和国总统或者任何代替总统的人,宪法法院法官、最高法院的法官、高级司法委员会成员、国务委员会的法官和国家总检察长。

4. 处理由国家总检察长或者个人针对特定公职人员的告发和控告,如果他们应受控告,向参议院指控他们。

5. 要求其他权力机关提供帮助以促进其职责内的调查的发展和在其认为适当的时候授权收集证据。

第六节 国会议员

第一百七十九条②

下列人员不能成为国会议员:

1. 在任何时候被司法判决处以剥夺自由的刑罚的人,因政治被判刑的犯罪除外。

2. 在选举之日前的 12 个月内,作为政府雇员,行使政治、民事、管理或者军事管辖或者权力的人;

3. 在选举之日前的 6 个月内,参与公共实体的业务管理,或者基于自身或者第三方的利益和公共实体签订合同,或者作为管理税收或附加税分担的实体的法定代理人。

4. 作为国会议员已经丧失职位。

5. 与行使民间或者政治权力的人员通过结婚、永久联盟或者三等血亲、一等姻亲或直接民事关系而相联系的人。

6. 彼此之间通过结婚、永久联盟或者三等血亲、二等姻亲或直接民事关系而相联系的人,并且为选举目的在相同政党、运动或者团体中登记,或在同一日期就职的公共团体成员。

7. 持有双重国籍的人,出生为哥伦比亚人除外。

8. 任何人都不能当选为一个以上的团体或者公共职位,如果各自的任期有重合,即使是部分重合,也不能同时当选一个团体职位、一个公共职位。在选为公职之前的一年,宣布放弃职位,可以消除这一无资格。

---

① 经 2013 年第 1 号立法法令最后修改。

② 经 2009 年第 1 号立法法令修改。

前款所确立的无资格不适用于在为举行2010年共和国国会选举的最后登记日至少提前6个月已经宣布放弃职位的人。

本条第2、3、5和6项提及的资格丧失情况将在举行各自选举的区域内发生。法律应当就权力机关在这些条款中没有考虑到的情况,规定因血族关系丧失资格的其他情况。

就本条而言,国家性区域被认为是与每一个地方性区域一致的,除了第五项所确立的资格丧失。

第一百八十条①

国会议员不能:

1. 履行公共或者私人职务或雇佣。

2. 以他们自己或第三人的名义,处理在管理税收的公共实体或者个人范围内的事务,或者获得授权同样事务,自己或者通过第三方与他们订立任何合同。法律应当确定本条款的例外情况。

3. 成为任何级别的官方分权实体的管理委员会或议会的成员或者税收管理机构的成员。

4. 与管理、处理或者投资公共基金的私法上的自然人或法人或者国家的承包商订立合约或者约定,或者收取后者的津贴。除非商品或者服务的获取是为了在平等的条件下提供给全体公民。

条款1. 大学教授职位的履行是职位不重合制度的例外。

条款2. 公职人员如果违反本条规定任命国会议员为雇员或者职务,或者与国会议员订立合同或者以自己或者第三方的名义接受合同,产生行为不当的事由。

第一百八十一条

在各自的宪法性时期内国会议员的职位不重合将是有效的。在辞职的情况下,如果在期满之前剩下的时间更多,在辞职接受后年份中他们将维持职责。

任何被调用从事职务的人,在开始接管职务后都将适用无资格和不重合的相同制度。

第一百八十二条

国会议员必须向各自议院提供阻止他们参与提交其审议事宜的程序的道德或者经济情况的信息。法律应当确定涉及利益冲突和异议的事宜。

第一百八十三条②

国会议员将会丧失职位:

1. 违反无资格和不重合制度或者利益冲突制度。

2. 在同一会议期间内,缺席六次立法法令议案、法律议案或者不信任动议投票的全体会议。

3. 议院就职后八日内或者当他们被召集履行职责的时候没有履行其职务。

4. 公共基金的不当分配。

5. 正式证实影响交易。

本条第二项和第三项文规定将不适用于不可抗力的情况。当国会议员参与立法法令议案的辩论和投票,本条第一项中关于利益冲突制度将不适用。

第一百八十四条

职位的丧失将由国务委员会依据法律在不多于20个工作日的期间内作出,其从适当的议院的管理委员会或者任何公民提出请求之日起始算。

第一百八十五条

国会议员在行使职责中提出的观点和投票将获得豁免,并不能损害相应规章中的纪律规范。

第一百八十六条

对于国会议员的犯罪,最高法院是可以做出拘留他们的命令的唯一机关,并将采取秘密的方式审理他们。在现行犯罪的情况下,他们必须被逮捕并及时置于最高法院的处置之下。

第一百八十七条

国会成员的薪酬每年都会按与中央行政人员的薪酬调整产生的加权平均值相同的比例调整,根据共和国总审计长签发的有效证明。

第七章 执行部门

第一节 共和国总统

第一百八十八条

共和国总统象征国家团结,并宣誓遵守宪法和法律,他约束自己以保障全体哥伦比亚人的权利和自由。

第一百八十九条

作为国家元首、政府首脑和最高行政机关,共和国总统负责:

1. 自由地任免内阁部长和行政部门的负责人。

2. 领导国际关系。提名外交和领事代理,接受相应的代理人员,与其他国家或者国际法实体订立条约或者协议以提交国会批准。

3. 指挥公共武装力量,作为共和国武装部队最高指挥官运用武装力量。

4. 维护领土内的公共秩序,恢复被扰乱区域的公共秩序。

---

① 经1993年第3号立法令修改。
② 经2011年3月31日第1号立法令修改。

5. 当其认为适当的时候指挥战争的运作。

6. 为了共和国的外部安全，维护国家独立和荣誉以及领土的不可侵犯性；在参议院的许可下宣战，或者在没有这一授权下击退外国人的进攻；同意并修改和平条约，并将所有情况及时向国会做出说明。

7. 在参议院休会期间并且在国务委员会的事先同意下，允许外国人的部队过共和国领土。

8. 启动和结束在每一次议会会期的会议。

9. 批准法律。

10. 颁布法律，遵守法律和保障法律的严格执行。

11. 为了法律完全实施的需要通过签发政令、决议和命令行使管理权力。

12. 在涉及行政行为、涉及经济和社会发展的计划与方案以及涉及政府在新立法的有效期内提出的议案的每一次立法的开始，向国会提交报告。

13. 根据宪法或者法律，任命国家公共机构的主席、主管者或者管理者和必须履行国家雇佣职能的人，其产生不是通过竞争性考试或者不是由其他公职人员或机构负责。

在任何情况下，政府有权力自由的任免其代理人。

14. 在符合法律的情况下，创立、合并和撤销中央管理所要求的雇佣，明确规定他们的特殊职能和明确规定他们的福利和薪酬。在国库的责任内，政府创立的责任不能超过法律最初拨款给各个服务明确规定的总额。

15. 依照法律撤销和合并国家行政实体或机构。

16. 在符合法律确定的原则和总规则下，修改内阁部门、行政部门和其他国家行政实体或者机构的组织结构。

17. 根据其性质，在内阁、行政部门和公共机构之间分配事务。

18. 许可请求的国家公共雇员临时性地接受来自外国政府的邮寄或者福利。

19. 根据市宪法第一百七十三条之规定授予公共武装力量成员军衔并提交负责的参议院批准。

20. 依照法律保护公共收入和财产的严格征收和管理，并决定其投资。

21. 依照法律行使教育的检查和监督。

22. 行使公共服务供应的检查和监督。

23. 在符合宪法和法律的情况下，订立其负责的合约。

24. 依照法律，行使对从事金融、证券交易、保险和其他与征收自公共的资源的管理、使用或者投资活动有关的人的检查、监督和管理。同样地，其包括合作实体和商业公司。

25. 依照法律，组织公共信贷；确定国债和管理其服务；修改进口税、关税和涉及海关制度的其他规定；管理对外贸易；行使对金融、证券交易、保险以及其他与管理、使用和投资来源于第三方储蓄有关的任何活动的干预。

26. 行使对公共事业机构的检查和监督，以使其收入可以得到保存和正确使用，最为重要的是创立者的意愿将得到遵守。

27. 依照法律，许可有用发明和改进的作者暂时性的特权专利。

28. 依照法律，签发入籍卡。

第一百九十条

共和国总统将由获得过半数的选票选举产生，任期为四年，其选举是秘密和直接的方式，公民将按照法律确定的日期和形式投票。如果没有候选人获得上述大多数，三个星期后将举行新的选举，在选举中将仅由获得最多选票的两名候选人参加。获得最多选票的候选人将被宣布为总统。

在获得多数选票的两名候选人之一出现死亡或者永久性的身体无能力，他的政党或者政治运动可以登记新的候选人以进行第二轮投票。如果不这么做或者如果因为其他原因造成空缺的结果，其将由任何获得第三投票数的人代替，并且以此类推降序代替。

如果在第二轮选举之前的少于两个星期发生空缺，第二轮选举将推迟 15 日。

第一百九十一条

成为共和国总统，其要求出生为哥伦比亚人，公民身份的完全行使和年满 30 周岁。

第一百九十二条

共和国总统将在国会前就职并按如下宣誓："我向上帝发誓、向人民承诺，忠实地遵守哥伦比亚宪法和法律。"

如果基于任何的原因，总统不能够在国会前就职，他将在最高法院前就职，如果不能，则在两位见证人面前就职。

第一百九十三条

参议院负责批准共和国总统暂时性地离开其职位。

基于生病的缘由，通过告知参议院，或者在后者休会期间，告知高级法院，共和国总统可以在必要的时期停止履行其职责。

第一百九十四条

共和国总统永久性的丧失能力是其死亡、被接受的辞职、由判决决定免职、永久性的身体能力丧失和放弃职责，其中后两项由参议院宣布。

暂时性的丧失能力是依照上一条的批准和生病，以及事先因第一百七十五条第一款规定的指控的公开受理而由参议院决定的中止行使职责。

第一百九十五条

受委托代替总统的人将享有作为总统的同样的崇高地位和同样职责。

第一百九十六条

共和国总统和代替总统的任何人,在职务履行期间,没有事先通知参议院或者在后者休会期间通知最高法院,不能到外国领土。

违反本条款意味着放弃其职责。

共和国总统或者任何受委托履行总统职位的人,在停止履行职能的随后年份中,没有参议院的事先许可不能离开国家。

当共和国总统履行职责前往外国领土时,根据法律优先次序所对应的部长将以自己的职责行使总统委托给他的宪法性职能,两种职能以及其行使的政府首脑职能都属于他。受委托的部长将属于与总统相同的政党或政治运动。

第一百九十七条①

没有人可以当选履行共和国总统职位超过两个任期。

因任何理由导致本宪法第一百七十九条第 1 款、第 4 款、第 7 款所规定的资格丧失将不能当选为共和国总统或者副总统,在选举之前的一年内履行下列职责的公民也不能当选总统:

部长、行政部门负责人、最高法院法官、宪法法院法官、国务委员会法官、最高司法委员会法官或者选举委员会、国家总监察长、人民卫士、共和国总审计长、共和国总检察长、国家民事登记官、军事部队的司令官、公安局长、省长或者市长。

任何在本条立法法令生效之前正在履行或者已经履行共和国总统职责的人只能当选一次新的总统任期。

第一百九十八条

共和国总统或者任何代替总统的人将为自身违反宪法或者法律的作为或不作为负责。

第一百九十九条

共和国总统或者任何受委托行使总统职权的人,在当选期间不受犯罪指控或者审讯,除非凭借众议院的控诉并且参议院宣布有理由进行法律诉讼。

第二节 政府

第二百条

政府负责履行与国会有关的职责:

1. 依照宪法,促成法律的形成,由部长作为媒介提交议案,行使反对他们的权利,履行惩罚他们的职责。

2. 召集特别会议。

3. 依照第一百五十条的规定,提交国家发展计划和国家公共投资计划。

4. 向众议院送达收入和支出预算议案。

5. 向议院提交后者要求的没有保密要求的问题的报告。

6. 当议院要求时给予其有效的支持,如果必要,支配公共武装力量。

第二百○一条

政府履行与司法部门有关的职责:

1. 依照法律,提供司法工作人员和使其决定生效的必要帮助。

2. 依照法律,给予政治犯赦免,并告知国会有关这一权能的行使。无论如何这些赦免不能涉及受优待的人对个人可能承担的责任。

第三节 副总统

第二百○二条

共和国副总统将在同一日作为共和国总统的搭档通过普选产生。

如果有第二轮投票,副总统候选人必须是参与第一轮的相同搭档。

副总统拥有和总统相同的任期,在总统暂时或者完全丧失能力的情况下将代替总统,甚至是在这些情况发生在就职之前。

在共和国总统临时缺位的时候,副总统可以在第一时间行使职责的,其可以在必要的时候多次行使总统职权。在共和国总统永久性的能力丧失,副总统可以履行职责直至任期结束。

共和国总统可以委托副总统任务或者特别工作,可以任命副总统执行部门的任何职务。

副总统可以履行代理部长的职能。

第二百○三条

当履行总统职责的副总统缺位时,总统职位将根据法律确立的次序由部长代替。

依照本条,代替总统的人将属于总统的同一政党或者运动,其将行使总统职权直到国会利用自己的权力并在总统职位发生空缺之日起的 30 日内选举副总统,副总统将接管共和国总统职位。

第二百○四条②

当选为副总统要求与当选为共和国总统相同的资格。

---

① 经 2004 年第 2 号立法令修改。
② 经 2004 年第 2 号立法令修改。

如果与在任总统完成相同的程序,副总统在接下来的任期可以重新当选。

当在任总统没有提名自己作为候选人时,副总统在下一任期可以选举为共和国总统。

第二百〇五条

在副总统绝对丧失能力的情况下,国会将使用自己的权力或者由共和国总统召集召开会议以选举在剩余任期内代替他的人。副总统绝对丧失能力是:他的死亡、他的被接受的辞职和由国会认定的身体能力的永久性丧失。

第四节 部长和行政部门负责人

第二百〇六条

内阁部门和行政部门的数量、名称和级别次序应当由法律确定。

第二百〇七条

成为部长或者行政部门负责人要求与成为议院代表相同的资格。

第二百〇八条

部长和行政部门负责人是其各自隶属中的行政首脑。在共和国总统的领导下,其负责制定职权内的政策,领导行政行为和执行法律。

在与国会的关系中,部长是政府的发言人,向议院提交立法议案,应议院对政府的要求出席会议,直接或者通过副部长的方式参与辩论。

在每次立法议会的前15日内,部长和行政部门负责人将向国会提供一份报告,关于分配给其部委或行政部门的事务和其认为可取的改革事宜。

议院可以要求部长和常设委员会的协助,要求副部长、行政部门的负责人、共和国银行经理和国家秩序内地方实体的主席、负责人或者管理者及其公共权力执行部门的其他工作人员的协助。

第五节 行政职能

第二百〇九条

行政职能在于服务一般利益,立足于平等、道德、效率、经济、敏捷、公正和公开的原则基础并通过职能的分权、委托和权力下放而发展。

行政机关必须协调其行为以使国家目的得到适当的实现。所有级别的公共行政部门应当拥有能在法律规定的期限内行使的内部管理。

第二百一十条

按服务分散的国家秩序内的实体,只能由法律或者法律授权,基于指导行政活动的原则创立。个人在法律规定的条件下可以行使行政职能。

法律应当明确规定分散实体的法律制度和其主席、负责人或者管理人的责任。

第二百一十一条

法律应当明确规定共和国总统可以委托给部长、行政部门负责人、分散实体法定代表人、监督人、州长、市长和同一法律确定的国家代理人的职能。同样地,法律应当明确规定行政机关可以委托给下级机关或者其他权力机关的条件。

委托将免除委托人的责任,责任将由受托人单独承担,委托人修改或者取消受托人的行为或者决议将重新承担相应责任。

法律应当确立可以介入反对受托人行为的方式。

第六节 例外状态

第二百一十二条

共和国总统在所有部长的签署下,可以宣布对外战争状态。通过这样的宣布方式,政府将拥有击退侵略、捍卫国家主权、参加战争需要和恢复常态的必要权力。

只有当参议院授权宣战才能发出对外战争状态的声明,除非当总统判断其对击退侵略是必需的。

当战争状态存在,国会将在宪法和法律的完全职权内集会,政府将定期地向国会报告其签发的政令的执行情况以及事件的进展。

政府发出的中止与战争状态不相容的法律的立法政令,适用于政令自身规定的期间,一旦宣布重新建立正常状态,法令将不再有效力。在任何时候,国会每一个议院的三分之二成员的赞成票可以修改或者部分废除法令。

第二百一十三条

在公共秩序严重混乱开以紧迫的方式威胁到体质稳定、国家安全或者公民生存的情况下,并且这一情况使用警察机关的普通权力不能解决,共和国总统在所有部长的签署之下,能够宣布共和国全境或者部分地区进入内部动乱状态,期间不多于90日,可以延伸至两个类似期间,第二次延伸要求共和国参议院事先的赞成投票。

通过这样的宣布方式,政府将拥有处理混乱事由和避免其影响扩散的必要职权。

政府发出的立法政令将中止与动乱状态不相容的法律,一旦宣布公共秩序恢复将不再有效力。政府能够中止法律适用90日。

在动乱状态宣布或者延长的随后3日内,国会有权在宪定或者法定职权内集会。总统将立即向国会提交有关做出宣布原因的报告。

在任何情况下平民都不受刑事军事司法的调查或者审理。

第二百一十四条

上述条文提及的例外状态将适用以下条款:

1. 立法政令将由共和国总统和其所有部长签名，其必须只涉及与例外状态的宣布所确定的情况有直接或者特别联系的事宜。

2. 人权和基本自由不能被中止。在任何情况下，国际人道性法律的规则将受到尊重。成文法应当规范例外状态时期的政府职能和依照国际条约确立司法管理和保障以保护人权。采取的措施必须与事实的严重性相对应。

3. 公共权力部门或者国家机构的正常职能不受妨碍。

4. 一旦外国战争或者引起内部动乱状态的原因停止，政府将宣布公共秩序的恢复和解除例外状态。

5. 当总统和部长在没有发生外国战争或者内部动乱的情况下宣布例外状态，其将负责任，他们以及其他公职人员在行使上述条文所涉及的职权时滥用权力也将负相关责任。

6. 政府在行使上述条文提及的职能签发立法政令的当日将送达宪法法院，以使后者可以最终决定政令合宪性。如果政府没有遵守送达它们的义务，宪法法院将通过官方获得法令并且以最快的方式认定它们。

第二百一十五条

当与本宪法第二百一十二条和第二百一十三条规定的不一样的事件发生，以严重或者紧迫的方式破坏或者威胁破坏国家经济、社会或者生态秩序或构成一个严重的公共灾难，总统在所有部长的签署下可以宣布为期30日的紧急状态，在增加的情况下不能超过一个历年的90日。

通过这样的宣布方式，其必须被证明属实，总统在所有部长的签署下可以发出具有法律效力的政令，专门致力于抵御危机和防止其影响的扩散。

政令必须涉及与紧急状态有直接和特殊关系的事宜，可以用暂时性的方式确定新的税收或者修改现有的税收。在这些最后的情况，这些措施将在下一个会计年度结束后停止效力，除非在随后的年份中，国会给予其永久性。

在宣布紧急状态的政令中，政府将规定其行使本条所提及的非常职权的期间，如果国会在上述期间届满之后的10日内没有召开会议，政府将召集国会集会。

国会将在30日的期间，由两院同意可延长，审查由政府提交的关于决定紧急状态的原因和采取措施的解释性报告，国会将明确决定它们的适当性和及时性。

在宣布紧急状态之后的年份中，国会可以限制、修改或者增加本条提及的在政府倡议下大体消除的事宜的政令。关于在政府成员创议之下消除的事宜，国会随时可以行使上述职权。

如果政府没有召集，国会可以运用自己的权利，在本条规定的条件和目的下召开会议。

当共和国总统和部长在没有第一段规定的任何情况下宣布紧急状态，其将负相关责任，他们也将因为紧急期间滥用宪法指定给政府的职权而负责任，政府不能通过本条规定的政令侵犯工人的社会权利。

在政府基于本条提及的职权发布立法政令之日将送达宪法法院，以使宪法法院可以决定其合宪性。如果政府没有履行送达的义务，宪法法院将通过官方获得政令并且以最快的方式认定它们。

第七节 公共武装力量

第二百一十六条

公共武装力量由军队和国家警察按各自建制组成。

当公共需要要求保卫国家独立性和公共机构时，所有的哥伦比亚人都有义务携带武器当兵。

法律应当确定随时免除个人兵役的条件和服役的特权。

第二百一十七条

国家基于防卫的目的将拥有由海军、陆军和空军组成的常备军队。军队将捍卫主权、独立、国家领土的完整和宪法秩序作为主要目标。

法律应当确定军队的替换制度以及其成员的晋升、权利与义务和适合他们的特殊职业、福利和纪律制度。

第二百一十八条

法律应当组织警察部队。

国家警察是一支具有民事性质的常备武装部队，具有国家责任，其主要目的是维持公共权利和自由行使的必需条件和确保哥伦比亚居民和平共处。

法律应当确定其职业、福利和纪律制度。

第二百一十九条

公共武装力量不具有表决权；除非立法机关的命令，不得集会；除非涉及各个部队的服务和道德的事宜并且依照法律，不直接申诉。

公共武装力量成员在服役期间不行使投票职能，也不参与政党或者政治运动的活动或者辩论。

第二百二十条

除非在法律确定的情形和方式下，公共武装力量的成员不被剥夺他们的军衔、荣誉或者津贴。

第二百二十一条[①]

对于现役公共武装力量成员所犯罪行，并且与同样服役人员有关，军事法院或者军事法庭将依照军事刑事法的规定审理他们。军事法院或者法庭将由现役或者退役的公共武装力量成员组成。

在任何情况下，军队或者警察刑事司法都不能审理反人类犯罪或者种族灭绝罪、被迫失踪、司法外执行、性暴力、酷刑和被迫流离失所等犯罪。除了上述犯罪，军事法院或者军事或警察法庭将专门审理公共武装力量成员违背国际人权法的犯罪。

当公共武装力量成员与武装冲突有关的行为受到司法机关调查和审理时，国际人权法将得到适用。成文法将明确规定解释和适用规则，并且将确定协调刑法和国际人权法的方式。

如果公共武装力量在行为、活动或者程序的发展中，一些行为产生可惩罚性并且存在对军事刑事司法资格的质疑，一个由军事刑事司法代表和普通刑事司法代表协调组成的技术委员会将特别介入，其由各自的司法警察机关支持。成文法将规范技术委员会的组成和职权，其将获得普通和军事刑事司法的司法警察机关支持的方式，以及其必须完成的时间期间。

普通法律将创立警察刑事法院和法庭，并且通过一部警察刑事法。

成文法将促进军事刑事司法自治性和公正性的保障。此外，普通法将规范其结构和特殊职业制度，以及独立于机构命令。

在国防部的领导、指导和协调下，按照法律规定的形式，建立一个特别预定的基金以提供经费给公共武装力量成员的技术和专业防护制度。

公共武装力量的成员将遵守在为其建立的拘禁中心的预防性拘留，在没有这些中心的情况下，在其所属部队的设施中。他们将在为公共武装力量成员建立的监狱和监狱中心服刑。

第二百二十二条

法律应当确定公共武装力量成员的专业、文化和社交提升的制度。在他们的培训阶段，应当给予涉及民主和人权基础的教育。

第二百二十三条

只有政府可以引入和制造战争武器、弹药和炸药。任何人在没有主管机关允许之下不能持有或者运送它们。这一允许不能延伸至政治会议、选举、公用机构会议或者集会等聚集的情况，包括在其间活动或者参与它们。

由法律创立或者授权的具有永久性质的国家安全机关和其他官方武装团体的成员，可以在政府的控制之下持有武器，并且符合前者明确规定的原则和程序。

第八节 国际关系

第二百二十四条

条约的生效必须由国会批准。然而，共和国总统在国际机构的协议文本规定下可以给予经济和商业性质的条约暂时性效力。在这种情况下，一旦条约暂时性生效，其必须送达国会以获得批准。如果国会没有批准，将暂停适用条约。

第二百二十五条

由法律确定其组成的外交关系咨询委员会是共和国总统的咨询机构。

第二百二十六条

国家应当基于公平、互惠和国家共存的基础促进政治、经济、社会和生态关系的国际化。

第二百二十七条

国家应当促进与其他国家特别是拉丁美洲和加勒比国家的经济、社会和政治联系，通过立足公平、平等和互惠的基础的订立条约的形式建立超国家组织，包括组成一个拉丁美洲国家共同体。法律应当确定直接选举以组成安第斯议会和拉丁美洲议会。

第八章 司法部门

第一节 总则

第二百二十八条

司法是一项公共职能，它的决定是独立的。除法律确定的例外情况外，它的行动是公开的和永久的，实体法将适用其中。程序性条款将得到谨慎遵守，它们的不履行将受到处罚。其职能将是分散的和自主的。

第二百二十九条

任何人进入司法的权利受到保障。法律应当指出个人在没有律师为代表的情况下可以进入司法的情况。

第二百三十条

法官在工作中只服从法律规则。

衡平法、法理和法律与学说的一般原则是司法活动的辅助性标准。

第二百三十一条

最高法院和国务委员会的法官由各自机构从来自高级司法委员会的名单中任命。

[①] 经2012年第2号立法令修改。

第二百三十二条

成为宪法法院、最高法院和国务委员会的法官，其要求：

1. 出生为哥伦比亚人和公民身份完全行使的公民。
2. 成为一名律师。
3. 除了因政治被判有罪的犯罪，从未被司法判决处以剥夺自由的惩罚。
4. 在司法部门或者公共部门履职十年，或者从事相同时期的律师职业或在官方认可的机构中的法律学科的大学教授职业，并且享有良好声誉。

为了成为这些机构的法官，其不能要求继续司法职业。

第二百三十三条

宪法法院、最高法院和国务委员会的法官将当选为各自的八年期间，当他们品行端正、履职良好并且没有达到强制退休年龄时不需要改选并将继续履行职责。

第二节 普通法院

第二百三十四条

最高法院是普通司法权的最高法院，其将由法律确定的奇数位法官组成。法律将把法院划分为数个法庭，将规定每个法庭必须各自审理的事宜，并将确定必须由法院全体介入的事宜。

第二百三十五条①

最高法院的职权是：

1. 作为最高上诉法院。
2. 依照本宪法第一百七十五条第二款和第三款，审理本宪法第一百七十四条规定的归咎于共和国总统或者任何代替总统的人和高级官员的应受惩罚行为。
3. 调查和审理国会成员。
4. 审理由国家总检察长、国家副检察长或者检察长办公室代表向最高法院提出的事先指控，审理由内阁部长、总监察长、人民卫士和公共事务部代表向法院、国务委员会和法庭提出的事先指控；审理归咎于行政部门负责人、共和国总审计长、外交或领事大使和官员、省长、法院法官和公用武装力量的将军和海军军官等的应受惩罚行为。
5. 在国际法规定的情况下审理国家政府认可的外交人员的所有争议性问题。
6. 制定其自身的规则。
7. 法律规定的其他职权。

当上述规定的负责人员已经停止履行职责，权力仅将保留追究其与行使职权有关的应受惩罚行为。

第三节 争议性行政法院

第二百三十六条

国务委员会将拥有法律确定的奇数位法官。

委员会将划分为内庭和部门和以分割宪法和法律指定的司法职能。

法律应当明确规定每个内容和部门的功能，组成它们的法官数量和它们的内部组织。

第二百三十七条②

国务委员会的职权是：

1. 依照法律规定的规则行使行政争议事宜最高裁判权的职能。
2. 审理因中央政府签发的法令的违宪性而无效的行为，并且其不在宪法法院负责的职权内。
3. 在管理事宜上作为政府的最高咨询机关，政府在宪法和法律规定的所有情况下必须听取其意见。

在外国军队过境国家领土、外国军事船舶或者航空器经停或者通过国家领水或领土或领空的情况下，政府必须事先听取国务委员会意见。

4. 准备和提交改革宪法议案和法律议案。
5. 依照宪法和法律审理关于国会议员渎职的案件。
6. 制定其自身的规则和行使法律确定的其他职权。
7. 在符合法律确定的资格规则的条件下认定选举无效的补救措施。

当基于选举投票过程中不当行为而产生无效的原因要求的针对普选性质的选举行为向行政管辖权行使争议性选举程序，这一程序要求在宣布选举之前，并由领导国家选举委员会的主管行政机关审查。

第二百三十八条

在法律确定的原因和要求下，有争议的行政管辖权可以被暂时性中止，行政行为的效力容易受到司法机构的挑战。

第四节 宪法性法院

第二百三十九条

宪法法院将拥有法律确定的奇数位成员。其组成成员将适用法律对于法官任职标准的各项特殊规定。

宪法法院法官将由参议院从共和国总统、最高法院和国务委员会提出的由三名候选人组成的名单中选举产生，其各自的任期为八年。

---

① 经 2011 年第 6 号立法法令修改。
② 经 2009 年第 1 号立法法令修改。

宪法法院法官不能连任。

第二百四十条

在选举之前的年份中已经担任内阁部长或者最高法院或国务委员会的法官不能当选。

第二百四十一条

在本条严格和准确的条款中,宪法完整性和至上性的保障被委托给宪法法院。为了这一目标,其将履行下列职能:

1. 决定由公民发起的针对宪法改革法案违宪性的求助,无论法案的来源是什么,只针对其形成的程序错误。

2. 在公开宣布之前,决定涉及召开公投或者制宪大会修改宪法的合宪性,只针对其形成的程序错误。

3. 决定关于法律的全民公决、全民协商和国家级别的全民投票的合宪性。后者只针对其召集和完成的程序错误。

4. 决定由市民针对法律提出的违宪性行为,既针对法律的实质性内容也针对其形成的程序错误。

5. 决定由公民发起的针对政府基于宪法第一百五十条第十款和第三百四十一条签发的具有法律效力的政事的违宪性行为,针对其实质性内容或者针对其形成的程序错误。

6. 决定宪法第一百三十七条规定涉及的缺席。

7. 最终决定政府基于宪法第二百一十二条、第二百一十三条和第二百一十五条签发的立法政令的合宪性。

8. 最终决定政府基于违宪性而反对的立法议案和成文法议案的合宪性,既包括其实质性内容也包括其形成的程序错误。

9. 在法律确定的形式下,修订与宪法性权利保护行为有关的司法判决。

10. 最终决定国际条约和批准它们的法律的合宪性。为此,政府将在法律批准的随后6日内将其递交宪法法院。任何公民都可以介入支持或者反对它们的合宪性。如果宪法法院宣布它们是合宪的,政府可以互换文书;在相反的情况下它们将不被批准。当多边条约的一个或者多个规范被宪法法院宣布违宪,共和国总统只能宣布同意制定相应保留的条款。

11. 制定其自身的法规。

当宪法法院发现受其管理的行为发展过程中的可修正的程序错误,可以命令其返回做出该行为的机关,如果可能,该机关将修正可观察到的错误。一旦错误修正,法院将继续决定措施的合宪性。

第二百四十二条

宪法法院在本条涉及事宜的程序改进应当由法律依照以下条款规范:

1. 任何公民都可以行使上条所提供的救助权,作为提请管理的规范的批评者或者支持者介入由其他人发起的程序,以及介入没有公共行为存在的情况。

2. 国家总监察长必须介入所有的程序。

3. 从各个行为公布起算的一年期间内,行为的形式错误失去效力。

4. 通常,法院将有60日的期间决定,国家总监察长有30日的时间给予建议。

5. 在上条所提及的第七款的程序中,普通期间将被减少到三分之一,它们的不履行是不当行为的原因之一,将依照法律受到惩罚。

第二百四十三条

由宪法法院行使司法管辖权做出的判决使事项具有宪法性法院终局。

当普通规范和宪法规章之间的条文产生对抗时,任何机构都不能重新给予因根本原因被宣布违宪的司法行为具体内容。

第二百四十四条

宪法法院将视情况告知共和国总统或者国会主席针对他们签发的规范的合宪性审查的任何程序的启动。这一告知不会延误程序的期间。

第二百四十五条

政府在宪法法院法官行使职权期间或者退休之后不能向其提供雇佣者。

第五节 特殊法院

第二百四十六条

土著人民的机关可以在他们的领土范围内行使他们的司法职权,依照他们自身的规范和程序,只要其不违反共和国宪法和法律。法律应当确定这一特殊法院与国家司法制度的协调方式。

第二百四十七条

法律可以创立治安官并委托其供公平解决个人和社区的冲突。法律可以规定治安官由民众选举产生。

第二百四十八条

以明确单一的形式的司法裁决作出的判决在所有的法律秩序中拥有刑事性质和违反先例的性质。

第六节 国家总检察长办公室

第二百四十九条

国家总检察长办公室由总检察长、检察官和法律确定的其他人员组成。

国家总检察长将由最高法院从由共和国总统提出的三人名单中选举产生,任期四年并且不能重新当选。候选人必须符合成为一名最高法院法官所需要的资格。国家总检察长办公室是司法部门的一部分,并将拥有管理和预算自主权。

第二百五十条①

国家总检察长办公室有义务对具有犯罪性质行为采取起诉和进行调查,可以通过投诉、特别申诉、诉讼或者其他正式方式提请办公室注意,并且有充分的理由和事实情况显示相同犯罪行为的可能存在。因此,办公室不能中止、中断或者放弃刑事起诉,除非是法律确定的在国家刑事政策框架内管理的机会原则适用的情况,其受行使担保管控职权的法官的合法控制。由现役武装力量成员和与同样服役有关联的刑事犯罪除外。

国家总检察长办公室行使职权应当:

1. 请求行使担保管控职权的法官采取必要措施确保在刑事诉讼中被告的出庭、证据的保存和社区特别是受害者的保护。

行使担保管控职权的法官在任何情况下都不能成为其行使职权的事宜的审判长。

法律可以授权国家总检察长办公室采取特殊逮捕。同样地,法律应当确定可以进行逮捕的限制和事件。在这些情况下行使担保管控职权的法官可以在随后的 36 小时内作出行动。

2. 登记、调查、扣押和拦截通信。在这些活动中,行使担保管控职权的法官将在随后的 36 小时内采取后续的各自的管控。

3. 当对抗性程序启动时确保证据材料元素和保障监管。在需要侵犯基本人权的额外措施的情况下,必须获得行使担保管控职权的法官权力范围内的特别授权。

4. 向审判长提交一份公诉书以启动公开审判,口头与证据和对方直接接触,集中所有的担保。

5. 当根据法律规定没有起诉的必要时,向审判长请求排除调查。

6. 向审判长请求需要的措施以帮助受害者,以及向受犯罪影响的人提供权利恢复和总的赔偿。

7. 注意受害者、陪审员、证人和其他涉及刑事程序的人的保护,法律应当确定受害者可以求助于刑事诉讼程序和恢复性司法机制的条款。

8. 指导和协调司法警察的职能,以永久的形式遵守国家警察和法律规定的其他实体。

9. 履行法律规定的其他职能。

总检察长和他的代理人在整个国家领土上拥有职权。

在提交公诉书的活动中,总检察长或者其代理人应当向审判长提交所有的证据材料和他们知道的包括对被告有利的信息。

国家总监察长办公室将继续履行询问、调查、刑事诉讼的新制度和国家宪法第二百七十七条提及的职能。

根据良好司法的性质和涉及应受处罚行为的最低伤害,立法者可以将犯罪诉讼的提起指定给受害者或者从国家总检察长办公室分离的其他机关。在这种情况下国家总检察长办公室可以优先起诉。

第二百五十一条②

总检察长的特别职权是:

1. 在适当的情况下,直接并且指导国家副检察长或者检察长办公室的总检察长代表向最高法院调查和指控享有宪法性利益的高级公共人员,但宪法规定的例外情况之外。

2. 依照法律任免其隶属的公职人员。

3. 无论被发现的状态如何,直接承担调查和诉讼;同样地,自由地指派或者免除其公共人员的调查和处理。同样地,凭借管理统一性和等级原则,在不妨碍法律所确立的条款和条件下检察官的自治性,确定工作人员必须承担的准则和位置。

4. 参与国家刑事事宜政策的制定和提交有关法律的议案。

5. 在国家总检察长办公室的责任和独立职权下,授予公共实体暂时性职权以实现司法警察的职能。

6. 当出于维护公共秩序的需要,向政府提供涉及已完成调查的信息。

第二百五十二条

即使是在第二百一十二条和第二百一十三条宪法条款涉及的例外状态期间,政府也不能删除或者修改控告和审理的组织或者基本职能。

第二百五十三条

法律应当确定关于国家总检察长办公室的结构和职能,职业的准入和服务的退休,无资格和不重合,任命、资格、薪金、社会福利和其所管辖的公职人员与劳动者的纪律制度。

第七节 高级司法委员会

第二百五十四条

高级司法委员会将分为两个部门:

1. 管理部,由任期八年的六名当选法官组成并且按如下方式选举产生:两名由最高法院,一名由宪法法院以及三名由国务委员会。

2. 司法纪律法庭,由国会从政府提交的载有三名候选人名单中选举任期八年的七名法官组成。专

---

① 经 2002 年第 3 号、2003 年第 2 号(被宣布违宪)和 2011 年第 6 号立法法令修改。
② 经 2002 年第 3 号和 2011 年第 6 号立法法令修改。

门司法委员会按法律规定组成。

第二百五十五条

成为高级司法委员会的成员要求是出生为哥伦比亚人,公民身份的完全行使,大于30周岁;拥有律师头衔并且从业十年。委员会成员不能从同一法人的法官中选择。

第二百五十六条

根据情况和依照法律,下列职权归属于高级司法委员会或者专门委员会:

1. 管理司法性职业。

2. 为司法职业人员的任命准备候选人名单并且将其送达必须任命的实体。例外情况是由特殊条款规范的刑事性军事司法。

3. 在法律规定的情况下,检查司法部门工作人员的行为和过失惩罚,以及律师在执业过程中的相同情况。

4. 领导司法部门和职员履职的管理。

5. 准备必须送达政府的司法部门预算议案,并且依照国会所做的批准执行。

6. 处理不同司法管辖权之间的司法冲突。

7. 法律规定的其他职权。

第二百五十七条

在符合法律的规定下,高级司法委员会将履行以下职能:

1. 出于司法目的确定领土的划分和司法工作人员的确定和重新分配。

2. 司法管理职位的创立、撤销、合并或者转换。在行使这一权力中,在国库的负担内,高级司法委员会创建的债务不能超过法律为各个服务初始拨款确立的最大数目。

3. 制定必需的法规以使司法管理有效运行,与指定给不同办公室的组织和内部职能有关的法规,司法规定和在司法办公室之前的行政程序,在这些方面立者者没有规定。

4. 提出与司法管理、实体和程序法典有关的立法议案。

5. 法律规定的其他职能。

第九章 选举和选举组织

第二百五十八条

第一节 投票和选举①

投票是一种权利和一项公民义务。国家将承认投票以使其由公民在没有受到任何胁迫和以秘密的方式行使,在每个投票的地方设立独立的隔间,不妨碍无线电或者信息媒体的使用。在候选人的选举中,将采用编号的选举卡和印刷在具有安全性的纸质上面,其将被正式分发。选举组织将向投票者平等地提供文书,在上面具有法人人格的政治运动和政党及其候选人必须明确清晰并且在平等的条件下展示。法律可以确定授予更多保障的投票机制以使公民投票权的自由行使。

公共机构成员、省长和市长的选举或者总统选举的第一轮的投票,当有效投票的总数中空白票占了大多数,必须重新投票一次。关于个人联合选举,不能提出相同的候选人;公共机构的选举,没有达到门槛的名单不能出现在新的选举中。

将采取电子投票,以确保投票的效率和透明。

第二百五十九条

省长和市长选民通过要求当选者登记为候选人提出的计划而施加影响。法律应当规定计划性选举的行使。

第二百六十条

公民直接选举共和国总统和副总统、参议员、众议员、省长、议员、市长、市和区议员、地方管理委员会成员,在适当的时候,直接选举制宪会议和其他机关的成员以及宪法规定的公职人员。

第二百六十一条②

绝对空缺将由候选人根据登记或者投票的顺序,由相同选举名单的连续降序顺序弥补,其视为与封闭式名单列表或者选择性投票制相关。

第二百六十二条

总统和副总统的选举可以和其他选举重合。国会选举将在与省级和市级机关的选举分开的日期进行。

第二百六十三条③

在普选的所有程序中,政党和运动将提出名单列表或者单独候选人,其成员数量不超过各自选举所需席位或者公职。

为保障政党、政治运动和重要公民团体的公平代表性,公共机构职位将通过比例代表制进行分配,其在共和国参议院不低于百分之三的最低票数或者在其他机构选举中不低于百分之五十的选举商数的候选人名单进行分配,依照宪法和法律规定的事宜。

当选举人名单中没有人超过这一门槛,席位将依

---

① 经2003年第1号立法法令和2009年第1号立法法令修改。
② 经1993年第3号和2009年第1号立法法令修改。
③ 经2003年第1号和2009年第1号立法法令修改。

照比例代表制进行分配。

法律应当规范这一事项的其他影响。

为选举两名成员的机构的名单列表将由三位候选人组成。在一个成员当选的情况,职位将奖励给获得多数的名单。在两个候选人当选的情况,选举商数系统将在超过百分之三十投票率的名单列表之间适用。

为了使共和国国会选举在 2010 年举行,本条第二段所提及的百分比将是百分之二。

第二百六十三条 A①

各个机构成员的席位分配将由比例代表制决定。通过连续划分选票数量其结果是使每份名单获得一个、两个、三个或者更多席位,以减少的形式组织结果直到已获得的结果的总数相等于完整的席位。

较低的结果将被称为比例代表制。每一个名单列表将获得包括其票数总数的比例代表制的多个席位。

每个政党或者运动可以选择优先投票制。在这种情况下,选民可以在出现在选举卡上的名单列表中具体指出其偏好的候选人。列表将依照每位候选人获得的票数数量重新排序。各个列表成员之间的席位分配将从获得优先票数最多的候选人开始依次降序。

在政党和运动已经选择优先投票机制的情况下,支持政党或者运动的投票将不计算为选民特别投给候选人,而计算为支持各个名单列表以使关于门槛和比例代表制条款的适用有效,但不计算为列表的重新排序。当选举人投票同时支持政治运动或者政党和在各个列表中他所偏向的候选人时,投票将是有效的,并将计算为支持候选人。

第二节 选举机构

第二百六十四条②

国家选举委员会应当由共和国国会全体会议选举的九名成员组成,四年为一个制度性任期,采用比例代表制,由具有法人人格的政党或者运动或他们之间的联盟事先提名。其成员将作为专门的公务人员,应具备最高法院法官所应具备的资格,不得兼任特定职务,可连选连任。

争议性行政司法将在一年的最长期间内决定选举活动无效。

在特别的情况下,由法律规定,期间不能超过 6 个月。

第二百六十五条③

国家选举委员会应当管理、检查、监督和管控政党、运动、重要的公民团体、其法定代表人、主管者和候选人的所有选举活动,保障其对应的原则和责任的遵守,应当享有财政和行政自主权。其将拥有以下特殊职权:

1. 行使选举机构的最高检查、监督和管理。
2. 向国家民事登记处提供资金。
3. 审理和最终决定介入针对其代表关于一般选票的决定的补救措施,在这种情况下做出选举声明和发放相应的证明文件。
4. 此外,官方主动或者应要求复核选票和涉及选举管理程序任何阶段的选举文件,其目的在于保障结果的真实性。
5. 在涉及其能力内的事项作为政府的咨询机构,提出立法法令或者法律议案,建议起草法令。
6. 确保符合涉及政党和运动的规范以及涉及公开和政治性民意调查的条文;全面保障反对派或者少数派的权利,全面保障符合条件的选举程序的发展。
7. 分配负担以承担选举活动的财政经费和确保法律规定的公民政治参与的权利。
8. 实现所有国家选举的投票,做出选举声明和签发可能产生的证明文件。
9. 承认和撤销政党和运动的法人人格。
10. 规范政党和政治运动参与国家社会通信媒体。
11. 合作举行政党和政治运动的协商以做出决策和选择其候选人。
12. 当有足够的证据宣示其发生宪法和法律规定的丧失资格的原因,决定撤销普选公共机构或者公职人员的候选人的登记。在任何情况下这些候选人的选举应当公开。
13. 建立其自身规范。
14. 法律授予的其他职权。

第二百六十六条④

国家民事登记处将由宪法法院院长、最高法院院长和国务委员会主席基于法律根据实际协议选择。其任期应当是四年,必须符合政治宪法要求成为最高法院法官的相同资格,并且在选举之前的一年内没有在政党或者运动中行使管理的职权。

其可以当选连任一次,并将行使法律规定的职

---

① 经 2003 年第 1 号立法法令增补。
② 经 2003 年第 1 号立法法令修改。
③ 经 2009 年第 1 号立法法令修改。
④ 经 2003 年第 1 号立法法令修改。

权,包括领导和组织选举、民事登记和个人身份,以及在法律规定情况下以国家名义签订合约。

国家登记办公室将由属于特殊行政职业的公职人员组成,其仅支付应得薪酬并应当依照服务的需要实行弹性退休。在任何情况下,政治性或者选举性责任的工作人员将依照法律自由解雇。

国家选举委员会和国家民事登记处的现任成员的任期将到2006年。下次选举应当依照本条立法法令的条款。

第十章 管理组织

第一节 共和国总审计长办公室

第二百六十七条

共和国总审计长办公室将行使财政管理的公共职权,其将监督政府和管理国家基金或者资产的个人或实体的财政管理。

这一管理将依照法律确定的程序、制度和原则以附随和选择性的方式行使。然而,在特别的情况下法律可以授权由经国务委员会批准之后通过公开竞争和合约形式选择的哥伦比亚实体行使监督。

国家财政管理的监督包括基于效力、经济、平等和环境成本评估,财政管控的行使、管理和结果。在法律规定的例外情况下,审计长办公室可以行使对任何领土实体账目的附随管理。

审计长办公室是拥有行政和财政自主权的技术性实体。它不能拥有和自身组织内在不同的行政职能。

审计长由国会全体会议在其会议期间的第一个月选举产生,任期与共和国总统相同,由宪法法院、最高法院和国务委员会各提出一个名额组成三名候选人名单,其在下一个任期不能重新当选并且届满之后不能继续行使职权。除了教学,作为本职位的挂名成员不能从事国家级别中的任何公共职业,也不能获得普选职位直到已经停止职责一年之后。

只有国会可以接受审计长的辞职和补充职位的绝对空缺,暂时性空缺由国务委员会决定。

选举为共和国总审计长要求是出生哥伦比亚人、公民身份的完全行使和年龄大于35周岁;拥有大学学位或者已经成为不少于5年的大学教授;以及证实符合法律要求的其他资格。

除了教学,在紧接选举之前的年份是国会成员或者已经履职国家级别的公共职位的人不能选举为总审计长。因刑事犯罪被判处监禁的人也不能当选。

发现自己与候选人有四等血亲、二等姻亲或者一等民事关系的人,在任何情况下都不能干预审计长的设定或者选举。

第二百六十八条

共和国总审计长将拥有以下职权:

1. 制定负责国家基金或者资产管理的结算账户的方法和形式,建立财务评价标准,评价的运行和结果必须遵守。

2. 审查和关闭负责财政管理的账户和根据其工作确定效力、功效和经济程度。

3. 保持国家和领土实体的公共债务记录。

4. 向任何级别的政府雇员和管理国家资金与资产的任何个人或公共或私人实体要求财务管理报告。

5. 确立由财政管理产生的责任,施加必要情况下的金钱制裁,收集他们的总额,行使扣除总额的结余的强制管辖权。

6. 判断国家实体和机关内部财政管理的质量和效率。

7. 向共和国会提交自然资源和环境状态的年度报告。

8. 向主管机关提起针对已经造成国家垄断利益损害的人的刑事或者纪律调查,并且提供相应的证据。当调查或者相应的刑事或者纪律程序完成后,审计长办公室在其责任内,了解事实和守护程序,可以要求立即暂停公职人员。

9. 提出关于财政管理机制和总检察长办公室组织和职能的立法议案。

10. 通过公开竞争任命法律创立的其所属的工作职位。法律应当确立审计长办公室公职人员的选拔、晋升和退休等职业管理的特殊机制。禁止向参与审计员申请和选举的机构组成部分的人员提供在审计长办公室工作的个人和政治性的推荐。

11. 依照法律,向国会和共和国总统提供关于其职能履行的报告和关于国家财政状况的证明文件。

12. 规定总规范以协调国家和地区级别内的所有公共实体的财政管理制度。

13. 法律规定的其他职权。

向众议院提供预算和国库的总账目,由总会计师向国会提供国库的计算结余。

第二百六十九条

主管机关有义务基于其职权的性质,依照法律规定设计和实现公共实体的内部管理方式和程序,法律也可以规定例外情况和授权哥伦比亚私人企业承包上述服务。

第二百七十条

法律应当组织公民参与的形式和制度,其允许监督各个行政级别实现的公共管理和其结果。

第二百七十一条

由审计长办公室做出的事先初步调查的结果在国家总检察长办公室和主管法官前有证据价值。

第二百七十二条

对拥有审计员办公室的省、地区和市政当局的财政管理的监督,由这些办公室负责并且将以附随和选择的方式行使。

市级的办公人员依附于省级审计员办公室,除了法律关于市级审计员办公室的例外规定。

其对应由省议会以及区和市议会组织各自的审计员办公室,作为技术性实体并且赋有行政和预算自主权的。

同样地,其各自选举一名视情况而定的与省长或者市长任期相同的审计长,由司法地区高等法院提出的两名候选人和由相应的争议性和行政法院提出的一名候选人组成的三名候选人名单中选举产生。

任何审计员在紧接着的任期不能重复当选。

省、区和市级审计员在其管辖区域内,将行使本宪法第二百六十八条授予共和国总审计长的职权,并且基于法律的授权,可以通过与哥伦比亚私人企业订立合约使其行使财政监督。

为了当选为省、区和市级的审计员,其要求出生为哥伦比亚人,公民身份的完全行使,年满25周岁,拥有大学学历,以及法律确定的其他资格。

任何现在或者在之前的年份中是制定选举的省议会或者市议会的成员,不符合当选资格,在省、区或者市拥有除了教学职业之外的公共职位,也不符合当选资格。

在省、区或者市级审计员职位上的任何人将不能在各自的省、区或者市履行任何官方职位,也不能登记为普选职位的候选人直到停止职能一年之后。

第二百七十三条

在任何支持者的要求之下,共和国总审计长和其他财政管理的主管机关可以命令任何通过竞标的奖励行为在公共观众面前进行。

在公共观众机制适用的情况下,法律应当规定计划的评价方式和计划做出应当符合的条件。

第二百七十四条

共和国审计长办公室的财政管理的监督将由国务委员会从最高法院提出的三名名单中选举一名审计员执行,任期两年。

法律应当确定在省、区和市级行使上述监督权的形式。

第二节 公共事务部

第二百七十五条

国家总监察长是公共事务部的最高领导者。

第二百七十六条

国家总监察长由参议院从共和国总统、最高法院和国务委员会提出的三名候选人组成的名单中选举产生,任期四年。

第二百七十七条

国家总监察长自身或者通过其代表或者助理,将拥有以下职权:

1. 监督宪法、法律、司法判决和行政法令的遵守。

2. 在人民卫士的帮助下,保护人权和确保其有效。

3. 捍卫社会利益。

4. 捍卫集体利益,特别是环境利益。

5. 保证行政职能勤勉高效的行使。

6. 行使对包括普选的履行公共职能人员的官方行为的高级监督,优先行使纪律权力,依照法律进行相应的调查和施加各自的惩罚。

7. 当需要的时候,介入司法或者行政机关的程序,保卫法律秩序、公用财产或者基本权利和保障。

8. 向国会提交其管理的年度报告。

9. 向公职人员或者个人要求其认为必需的信息。

10. 法律规定的其他职权。

为了履行其职能,总监察长办公室将拥有司法警察的职权,并且在其认为必要的时候可以介入诉讼。

第二百七十八条

国家总监察长将直接行使以下职权:

1. 通过一个听证会和充分的决定解除发生任何下列行为的公职人员的职位:以明显的方式违反宪法或者法律,在职务或者职权的行使中获得明显的和不适当的物质利益,以严厉的方式妨碍总监察长办公室或者行政或司法机关采取的调查,履职中明显疏忽对其所属职员纪律行为的调查和制裁或者疏忽凭借其履职已经知道的应受处罚行为的谴责。

2. 在针对受制于特殊利益职员的事先的纪律程序中发出简要说明。

3. 提出与其职能有关的事宜的立法议案。

4. 督促国会以使国会采取法律确保人权的改善、行使和保护,并且要求主管机关履职。

5. 在合宪性管理的过程中提交简要说明。

6. 依照法律,任免其所属的公职人员和雇员。

第二百七十九条

法律应当规定与国家总监察长办公室的组织和职能有关的事宜,应当规范准入、应有的竞争和从服务上退休的有关事宜,资格丧失、不重合、命名、资格、薪酬和上述机关所有职员和雇员的纪律制度。

第二百八十条

公共事务部的成员将拥有和他们履行职能相应的高层裁判官和法官相同的资格、级别、薪金、权利和福利。

第二百八十一条

人民卫士将形成公共事务部的一部分,其将在国家总监察长的最高领导下行使职权。他将由众议院从共和国总统准备的三人名单中选举产生,任期四年。

第二百八十二条

人民卫士将确保人权的改善、行使和普及,基于这一目的其将行使下列职权:

1. 定位和指导国家领土上的居民和国外的哥伦比亚人在主管机关或者私人性质的实体的权利的行使和保护。
2. 传播人权和建议旨在教育人权的政策。
3. 在不损害利益相关者的权利的情况下,采取权利的人身保护令和介入保护活动。
4. 在法律规定的条款下组织和领导公共保护。
5. 介入与其职能有关的事宜的大众诉讼。
6. 提出与其职能有关的事宜的立法议案。
7. 向国会提交关于其职能履行的报告。
8. 法律确定其他职权。

第二百八十三条

法律应当确定与人民卫士办公室的组织和职能有关的事宜。

第二百八十四条

除宪法和法律规定的例外情况外,国家总监察长和人民卫士在行使职权中可以要求机关提供需要的信息,不能够反对他们而作出任何保留。

第十一章 地方性组织

第一节 总则

第二百八十五条

在领土的一般划分之外,应当有法律确定的人员在国家责任之下履行职能和服务。

第二百八十六条

省、区、市和土著人领地是地方性实体。

法律应当在宪法和法律条款规定的范围内给予地区和省份地方性实体的法律地位。

第二百八十七条

地方性实体在宪法和法律的限制内,享有自身利益管理的自主权。通过这一特权它们将拥有以下权利:

1. 通过自己的机构自我管理。
2. 行使授予它们的职能。
3. 管理资源和确立实现自身职能的必要税收。
4. 参与国家收入。

第二百八十八条

地方性秩序组织法应当规定国家和地方性实体之间的职权分配。

分配给不同层级地方的职权的行使应当符合协调和竞争的原则,并且符合法律确定的条款。

第二百八十九条

由法律授权,位于边境区域的省和市可以与邻国同一层级的相邻地方性实体直接推动合作和一体化进程,致力于促进社区发展、公共服务提供和环境保护。

第二百九十条

在完成法律所规定的要求和程序,以及后者确立的情况,地方性实体界限的定期复查将生效,并且将出版共和国的官方地图。

第二百九十一条

地方性实体公共机构的成员不能接受公共管理的任何职位,如果他们接受将失去职位。

当基于特殊目的受到明确邀请时,审计员和议员只能帮助各个地方性实体的管理委员会。

第二百九十二条

代表和议员以及法律规定的他们的等级亲属不能参与各个省、区或者市的下属机构的管理委员会。

代表和议员的配偶、永久性伴侣、二等血亲、一等姻亲和直系亲属不能任命为相应地方性实体的职员。

第二百九十三条

在不违背宪法规定的情况下,法律应当规定资格、无资格、不重合、任职时间、会议期间、绝对的或者暂时的资格丧失、解雇的理由以及由民众投票选举的在地方性实体履行公共职能的当选公民缺位的情况下的补充方式。法律也应当规定选举和职能履行所需要的其他规范。

第二百九十四条

法律不能承认与地方性实体的财产税有关的豁免或者优惠对待。除了第三百一十七条规定的例外情况,也不能增收地方性实体的附加税。

第二百九十五条

在符合金融市场的条件下,地方性实体可以发行证券和公用债务债券,也可以承包外国信贷,所有的这一切应当符合法律关于相关事宜的规定。

第二百九十六条

为了保护公共秩序或者为了恢复被破坏区域的秩序,共和国总统的法令和命令将立即适用,并优先于省长的法令和命令;省长的法令和命令也将以相同的方式适用,并与市长的法令和命令拥有相同的效力。

第二节 省的制度

第二百九十七条

国会可以决定新的省份的形成,只要达到地方性秩序组织法规定的要求,并且完成宪法确定的程序、研究和公民协商。

第二百九十八条

各省享有部分事宜管理的自主权,以及在宪法确立的限制内规划和促进区域内的经济和社会发展。

各省行使管理职能,协调职能,补充市政行为的职能,国家和市政的中介职能,提供宪法和法律规定的服务。

法律应当规范与宪法授予其职能行使有关的事宜。

第二百九十九条①

每一个省将有一个民众选举的政治性管理机构,命名为省议会,其将由不多于十一人或者三十一人的成员组成。这一机构享有自身的管理和预算自主权,并将在省级管理内行使行政管理权。

代表的资格丧失和不重合制度应当由法律确定。相关制度应严于相应的国会议员的规定。代表的任期是四年,并且他们将拥有公务员的身份。

为了当选为一名代表,其要求公民身份的完全行使,除了政治性犯罪或者行为不当,不能被判处剥夺自由的刑罚,紧接选举日期的年份期间已经定居在各自的选举区域。

省议会的成员在相应的会议期间有权利获得报酬,在法律规定的条款内,将受到福利制度和社会保险的保障。

第三百条②

省议会通过条例的方式,负责:

1. 规范职权的行使和省份负责的服务的提供。
2. 制定关于规划、经济和社会发展、对市政的财政和信贷支持、旅游业、交通、环境、公用工程、通信线路和边境地区发展的条款。
3. 依照法律采取经济和社会发展以及公共工程的计划和方案,以及决定其实现所需要的投资和措施,并保证其履行。
4. 依照法律,决定省级职能的完成需要的税收和负担。
5. 制定省级预算的组织规范和收入与支出的年度预算。
6. 在符合法律规定的要求下,创建或者撤销市,合并或者分离市的领土,管理各省。
7. 决定省级管理的结构,其所属的功能,对应不同类别的雇员的薪酬范围;建立公共设施和省级工业或者商业企业,批准混合经济型协会的形成。
8. 在任何不是法律规范的事宜上做出政策性规范。
9. 授权省长订立合同、协商贷款、转让资产和暂时性行使属于省议会的特别职能。
10. 在法律规定的条款内,与市政合作管理运动、教育和健康。
11. 要求省级总审计长、内阁秘书长、行政部门的首长和省级秩序内的中央所属机构领导人关于其职权行使的报告。
12. 完成宪法和法律指定的其他职能。

公共工程的发展计划和方案将与市、区和国家的计划和方案进行协调和综合。

本条第三项、第五项和第七项提及的条款,其决定收入和省级资产的投资、参股或者转让,以及创立省级负责的服务或者转让服务,只能由省长创议确立或者改革。

13. 传唤和要求省长办公室秘书长参与会议。传唤必须不少于5日的通知和形成一份书面问卷。在省长办公室秘书长没有出席的情况下,并且没有议会接受的理由,议会将提出不信任动议。秘书长必须参与传唤会议的听证,不能损害由议会决定的随后的会议中的辩论。辩论不能延伸至与书面问卷无关的事宜并且必须优先于议会日程。

14. 提出关于省长办公室秘书长涉及工作正常履行或者疏忽议会的要求和传唤的不信任动议。不信任动议必须由组成议会的三分之一成员提出。投票将在辩论终止之后的第四日至第十日之间举行,并且有各个公务人员的公共听众。它的通过要求组成议会的三分之二成员的赞成票。一旦批准,该公务人员将被革职。如果被拒绝,不能提出另一个涉及相同事宜的动议,除非有新的事实启动动议。提起不信任动议所针对的公务人员的辞职不会妨碍动议依照本条的规定获得批准。

第三百〇一条

法律应当规定省议会可以委托法律自身规定的职能给于市议会的情况。在任何时候,省议会都可以重新行使委托的职能。

第三百〇二条

法律可以为一个或者几个省份确立与宪法规定不同的几种行政和财政管理的职权和职能,注重根据省份人口、经济与社会资源和社会、文化与生态环境改善管理或者提供公共服务的需要。

为了促进上述发展,法律可以授权一个或者几个省份属于国家公共机关或者实体的职权。

---

① 经1996年第1号、2002年第2号和2007年第1号立法法令修改。
② 经1996年第1号和2007年第1号立法法令修改。

第三百〇三条①

每一个省将有一位省长作为行政部分的首脑和省的法定代表人,省长将成为共和国总统的代理人,目的在于维持公用秩序、执行一般的经济政策以及国家通过合约同意委托给省的事宜。省长将由民选产生,制度性任期四年,并且在下一个任期不具有资格。

法律应当规定省长的资格、要求、无能力和不重合,应当规范省长选举,应当确定其绝对或者相对的丧失能力和最终的弥补方式,以及其职责正常履行所需的其他条款。

当绝对丧失能力发生在任期终止前的18个月,将选举新的省长完成剩余任期。在丧失能力少于18个月的情况下,共和国总统将任命一名省长完成剩余任期,尊重已当选的省长所登记的政党、政治团体或者联盟。

第三百〇四条

在法律严格规定的情况下,共和国总统可以中止或者解除省长。

省长的能力丧失和不重合制度与共和国总统确立的制度同样严格。

第三百〇五条

省长的职权是:

1. 遵守宪法、法律、政府法令和省议会的条例,并且使其获得遵守。
2. 依照宪法和法律,领导和协调省级行政行为,以其区域的整体发展的管理者和促进者的名义活动。
3. 在共和国总统给予他的委托的条件下领导和协调国家性服务。
4. 及时地向省议会提出涉及经济与社会发展和公共工程的规划和方案的条例议案,以及收入和支持的年度预算。
5. 自由地任免公共设施和省级工业或者商业企业的管理者或者领导者。这些机构的管理委员会部分的代表和领导者或者管理者是省长的代表。
6. 依照总体计划和方案,改善企业、工业和活动以适应不属于国家或者市政部分的文化、社会和经济的发展。
7. 在符合法律和有关条例的规定下创立、撤销和合并其所属的职位,规定它们的特殊职能和确定它们的薪酬。在省级财政的负担之内,省长创造的债务不能超过最初为各个服务所批准的预算规定的最高数目。
8. 依照条例撤销或者合并省级实体。
9. 基于违宪、违法或者不合时宜的理由反对条例议案,或者批准和颁布条例。
10. 基于违宪或者违法的理由修正市议会和市长的行为,将它们送达主管法院以决定其合法性。
11. 确保省级收入、所属实体收入和由国家转让的物质的准确征收。
12. 召集省议会的特别会议,在特别会议上只有召集的主题或者事项将得到解决。
13. 依照法律,从由相应的国家领导者提出的三人名单中选任在各省运营的国家级公共设施的管理者或者地区性负责人。
14. 行使共和国宪法委托的行政职能。
15. 宪法、法律和条例规定的其他职权。

第三百〇六条②

两个或者两个以上的省份可以自己组成一个行政区或者规划区,具有法人人格、自主权和自身的财产。它们的主要目标应当是各自区域的经济和社会发展。

第三百〇七条

在地方性秩序委员会的事先建议下,相应的组织法应当确立将区域转化为地方性实体的条件。国会所作出的决定将提交利益相关省份的公民进行全民公决。

同一部法律应当确定区域的职能、管理机关和资源以及参与处理来源于国家补贴基金的收入。法律也应当确定每一个地区特殊法规的采用原则。

第三百〇八条

法律可以限制指定用于代表的报酬和省议会与省级审计员办公室的经营费用的省级拨款。

第三百〇九条

阿劳卡、卡萨纳雷、普图马约、圣安德列斯—普罗维登西亚、普罗维、圣卡塔利娜、亚马孙、瓜维拉雷、瓜伊尼亚、沃佩斯和比查达等地区将建立为省。过去属于地区或者委员会的资产和权利将成为各省的财产。

第三百一十条

除了宪法和法律为其他省所提供的规范外,圣安德列斯—普罗维登西亚和圣卡塔利娜省应当由特殊的规范管理,在行政、移民、财政、对外贸易、交易、金融和经济发展等事宜,立法者应当规范。

通过由各个议院成员的大多数批准法律的方式,其将可能限制迁徙和居住权利的行使,确立人口密度的控制,管理土地的使用和提出不动产转让的特殊条件,其目的在于保护当地社区的文化认同和保护群岛的自然资源。通过建立市的方式,省议会将保障圣安

---

① 经2002年第2号立法法令修改。
② 经2003年第1号立法法令修改(被宣布部分违宪)。

德烈斯原始社区的制度性表现。普罗维登西亚市将参与省的收入不少于上述收入总额的百分之二十的分配。

第三节　市的制度

第三百一十一条

市作为国家政治管理划分的基础实体,负责提供法律规定的公共服务,建造当地规划的工程,管理本区域的发展,促进社区参与、本地居民的社会和文化改善,执行宪法和法律指定的其他职能。

第三百一十二条①

每个市将有一个民众选举的命名为市议会的行政—管理机构,任期四年,其由法律依照各自人口确定的不少于七名不多于二十一名的成员组成。这一机构可以行使涉及市级管理的行政管理。

法律应当规定议员的资格、资格丧失和不重合以及议会普通会议的时间。市议员将不具有公共雇员的身份。

法律可以规定议会有权利向出席会议的议员支付报酬的情况。

接受任何公共雇佣构成绝对的不重合。

第三百一十三条②

市议会负责:

1. 管理职能和市政责任之下的服务的高效提供。

2. 采取相应的经济与社会发展以及公共工程的计划和方案。

3. 授权市政签订合约和暂时行使属于议会的特殊职能。

4. 依照宪法和法律投票表决税收和本地支出。

5. 决定预算的组织规范和颁布收入与支出的年度预算。

6. 决定市级管理的结构和其所属的功能,不同类别工作对应的薪酬范围,在市长的动议下建立公共机构、工业或者商业企业和授权组成混合经济的公司。

7. 管理土地的使用,在法律规定的限制内监督和管理与指定用于住房的不动产的建造和销售有关的活动。

8. 选举一名法律规定任期的代表和由他决定的其他工作人员。

9. 制定管理、维护和保护市内生态和文化遗产所需的规范。

10. 宪法和法律所指定的其他职能。

11. 在省府和人口多于二万五千名居民的城市中,传唤和要求市长办公室秘书出席会议。传唤必须不少于5日的通知和形成一份书面问卷。在秘书没有出席的情况下,并且没有获得区或者市议会接受的理由,议会将提出不信任动议。秘书必须出席传唤他的会议,不能妨碍由议会决定的下一次会议的辩论。辩论不能延伸至与问卷无关的事宜,并且必须优先于会议日程。

其他城市的议会,可以传唤和要求市长办公室秘书出席会议。传唤必须不少于5日的通知和形成一份书面问卷。在秘书没有出席的情况下,并且没有获得区或者市议会接受的理由,任何成员可以提出一个不涉及免除职员的观察动议。它的通过要求组成机构的三分之二成员的赞成票。

12. 提出关于市长办公室秘书涉及工作正常履行或者疏忽区或者市议会的要求和传唤的不信任动议。不信任动议必须由组成区或者市议会的过半数成员提出。投票将在辩论终止之后的第三日至第十日之间举行,并且有各个职员的公众听众。它的采纳要求组成议会的三分之二成员的赞成票。一旦采纳,职员将被革职。如果被拒绝,不能提出另一个涉及相同事宜的动议,除非有新的事实启动动议。提起不信任动议所针对的职员的辞职不会妨碍动议依照本条的规定获得批准。

第三百一十四条③

每一个市将有一位市长作为本地行政首脑和市的法定代表人,其将由民选产生,制度性任期为四年,在下一个期间不具有被选举资格。

当绝对丧失能力发生在任期终止前多于18个月,将选举新的市长完成剩余任期。在丧失能力少于18个月的情况下,省长将任命一名市长完成剩余任期,并尊重已当选的市长所登记的政党、政治团体或者联盟。

在法律规定限制的情况下,共和国总统和省长可以中止或者解除市长。

法律应当规定这一职权非法行使的惩罚。

第三百一十五条

市长的职权是:

1. 遵守宪法、法律、政府法令以及议会的条例和决议,并且使其获得遵守。

2. 依照法律和来自共和国总统与各省省长的指示和命令维护市内公共秩序。市长是市警察的第一

---

① 经 2002 年第 2 号和 2007 年第 1 号立法法令修改。
② 经 2007 年第 1 号立法法令修改。
③ 经 2002 年第 2 号立法法令修改。

权威。国家警察将及时和勤勉地履行市长通过各自的指挥官向其做出的命令。

3. 领导全市的行政行为，保证其责任之下的职能的履行和服务的提供；在履行司法以及其他司法外职责时代表市；依照有关规定，任免其所属的工作人员以及具有地方性质的公共机构、工业或者商业企业的管理者或者领导者。

4. 依照相应的决议，撤销或者合并市级实体或者所属实体。

5. 及时地向市议会提交涉及经济与社会发展和公共工程的计划与方案的协议议案，收入与支出年度预算以及市长认为的有利于市政良好发展的其他事宜。

6. 批准和颁布市议会同意的决议或者拒绝其认为不适当的或者违反司法秩序的决议。

7. 依照相应的协议创立、撤销或者合并其所属的职位，规定它们的特殊职能和确定它们的薪酬。市长所创造的债务不能超出最初批准分配给人员的支出预算的总额。

8. 为了职能的良好履行与市议会合作，向议会提交其行政管理的综合报告，召集议会特别会议，在专门会议上其仅仅处理提出的问题和事宜。

9. 依照投资计划和预算管理市级支出。

10. 宪法和法律规定的其他职权。

第三百一十六条

在为了选举地方权力机关和为了决定具有同样性质的事宜而举行的投票，只有居住于各市的公民可以参与。

第三百一十七条

只有市级可以征收不动产税。尽管其他实体可以征收增值税。

法律应当依照其管辖权区域的城市发展计划，分配给行政、环境保护和可再生自然资源等管理实体一个税收百分比，并且不能超过现有附加税的平均值。

第三百一十八条

为了促进服务的提供和保障公民参与具有地方性质的公共事务的处理，市议会可以将市内的城市部分划分为区，将农村部分划分为乡镇。

在每个区或者乡镇，将会有一个通过普选的地方管理委员会，由法律规定的成员数组成，其将有以下职权：

1. 参与市级经济与社会发展和公共工程计划与方案的制定。

2. 监督和管理市级向区或者乡镇提供的服务和公共资源投资的实现。

3. 向负责制定各自计划的国家、省和市级机关提出投资建议。

4. 划分市级预算分配给它的总金额。

5. 行使市议会和其他地方性机关委托给它的职权。省议会能够组织管理委员会以实现法令在制定中确定给予乡镇的职能。

第三百一十九条

当两个或者以上的城市有经济、社会和文化的联系，其给予整个区域大都市区的性质，它们可以作为一个管理主体实现自我管理，目的在于规划、合理协调和整合其权力之下的区域的发展；使其负责提供的公用服务合理化，如果是这样的情形，共同提供部分服务；执行大都市利益的工作。

地方性秩序法应当为大都市区采用具有特殊性质的管理和财政体制，将保障各个市级机关可以充分参与其管理机关，应当规定召集和举行关于各市之间联系的全民协商的形式。

一旦全民协商完成，各个市长和市议会应当依照法律建立成立大都市区的协议和规定其职能、财政和机关。

大都市区可以依照法律转换为区。

第三百二十条

法律可以依照其人口、财政资源、经济的重要性和地理位置确定市的种类，并且规定其组织、行政和管理的不同制度。

第三百二十一条

州由市或者属于本省的相邻的土著人领土组成。

法律应当制定基本法规和规定各州的管理制度以履行国家或者省级实体委托的以及法律和组成州的市指定的职能。

州由条例创立，由省长、各市的市长或者法律规定人数的公民提议。

加入已经形成的州，必须在利益相关的市举行全民协商。

省和市将向各州提供省议会和市议会确定百分比的当前收入。

第四节 特殊制度

第三百二十二条①

作为共和国首都和昆迪纳马卡省首府，波哥大作为首都地区。

其政治、财政和管理制度将由宪法确定，对其将采用特殊法律，条文对各自治市有效。

---

① 经 2002 年第 1 号立法法令修改。

基于法律规定的总规范，市议会在市长的动议下将地区区域划分为各行政区，依照其居民的社会性质，并且将做出职能和管理职权的相应分配。

地区机关负责保障城市的和谐与整体发展以及其责任之下的服务的高效提供，地方机关将负责管理专属于其区域的事宜。

第三百二十三条①

区议院将由四十五名议员组成。

每一个行政区将有一个管理委员会，由民众选举产生，任期四年，将由不少于七名委员组成，依照区议院基于各行政区人口的决定。

高级市长、区议员和委员的选举将每四年于同一日举行，市长在下一任期不能重新当选。

如果绝对丧失能力发生在任期终止前多于18个月，将选举新的高级市长完成剩余任期。在丧失能力少于18个月的情况下，共和国总统将任命一名高级市长完成剩余任期，并且尊重已当选的高级市长所登记的政党、政治团体或者联盟。

地方市长将由高级市长从相应的管理委员会提出的三人名单中任命。

在法律规定的限制情况下，共和国总统可以中止或者解除高级市长。

议员和委员不能作为下属机关的管理委员会的一部分。

第三百二十四条

考虑人口基本需求的情况下，地方管理委员会将分配和拨出在首都区的年度预算中指定给予地方的全部条目。

关于产生于波哥大的省级收入，法律将确定适合共和国首都的分享方式。这一分享方式不能优先于本宪法生效之日已经确定的。

第三百二十五条

为了保障整体发展的计划和方案的执行以及其负责的服务及时与高效的提供，在宪法和法律规定的条件下，首都地区可以与邻近城市组成大都市区和与其他省级领土实体组成一个区域。

第三百二十六条

如果居住其中的公民通过投票的方式如此决定，并且区议会证实其赞成这一结合，邻近城市将纳入首都地区。如果后者发生，宪法和有效的法律规范将以组成首都地区的其他行政区的形式适用于这一城市。

第三百二十七条

在昆迪纳马卡省省长和省议会代表的选举中，登记在首都地区选举名册的公民将不能参加。

第三百二十八条②

卡塔赫纳旅游和文化区和圣玛尔塔巴与兰基利亚旅游、文化和历史区将保留它们的制度和特点，布埃纳文图拉和图马科将作为特殊、工业、海港、生物多样性和生态旅游区。

第三百二十九条

土著人领地实体的形成应当符合地方性秩序组织法的规定，其界限将由中央政府在土著人社区代表的参与下，在听取地方性秩序委员会的意见后作出。

保留的权利是集体财产和非让渡性。

法律应当规定这些实体与它们作为一部分的实体的关系和协调。

在一个土著人领地包含两个或两个以上的省的领地的情况下，其将由土著人议会与各省的省长协调管理。在这一领地决定自身形成一个领地实体的情况下，其应当依照本条第一段确立的要求进行。

第三百三十条

依照宪法和法律，土著人领地将由根据其社区的惯例和习俗形成和管控的议会管理，其将行使以下职权：

1. 确保关于土地使用和其领地转让的法律规范的适用。

2. 与国家发展计划一致，设计领地内的政策和经济与社会发展的计划与方案。

3. 推动领地内的公共投资和确保它们的适当执行。

4. 获得和分配其资源。

5. 确保自然资源的保护。

6. 协调领地内不同社区提出的方案和项目。

7. 依照中央政府的指示和规定，合作维护领地内的公共秩序。

8. 在中央政府和其组成的其他实体面前代表其领地。

9. 宪法和法律指定给它们的职权。

土著人领地内的自然资源的开发不能损害土著人社区的文化、社会和经济完整。在采取上述开发的决策中，政府应当鼓励各自社区的代表参加。

第三百三十一条

建立格兰德马格达莱纳自治区法人，其负责航运和港口活动，土地培育和保护，能源生产和分配，环境、渔业资源和其他可再生自然资源的使用和保护。

法律应当确定其组织和资金来源，应当规定在津贴分配和参与国家给予它们的现有收入的分配中有

---

① 经2002年第2号和2007年第3号立法法令修改。

② 经2007年第2号立法法令修改（部分被宣布违宪）。

利于沿河城市的特殊待遇。

第十二章　经济制度和公共财政

第一节　一般财产处置

第三百三十二条

在不损害依照先前的法律获得的完整的权利，国家是底土和自然与不可再生资源的所有者。

第三百三十三条

在公益的限制内经济活动和私人创议是自由的。为了其行使，任何人没有法律的授权不能要求事先的许可或者要求。

自由经济竞争是每个人包含责任的权利。

作为发展基础的企业拥有包含义务的社会功能。国家应当加强组织团结和促进企业发展。

由法律授权，国家应当阻止妨碍或者限制经济自由，应当避免或者控制个人或企业滥用其在全国市场中的领先地位。

法律应当界定当社会利益、环境和国家文化遗产需要时经济自由的界限。

第三百三十四条①

经济的一般管理将由国家负责。通过法律的授权，国家将介入自然资源的开发，介入土地的使用，介入商品的生产、分配、使用和消费，介入公共和私人服务，为了使经济合理化并且目的在于实现国家和地区计划，财政可持续的框架，居民生活质量的改善，机会的公平分配、发展的利益和健康环境的保护。财政可持续框架必须作为一种手段以用渐进的方式实现法治社会国家的目标。在任何情况下社会公共支出应当优先。

国家应当用特殊的方式介入以使人力资源得到充分就业，确保所有的人，特别是低收入群体，可以有效获得基础物品和服务。此外，促进地区的生产率、竞争力与和谐发展。

一旦任何最高司法机关的决定已经做出，国家总监察长或者政府的部长可以要求公开财政责任的偶然问题，其持续将是必需的。支持者关于公共财政决定的结果的解释必须听取，以及其完成的具体计划，是否继续、调整、修改或者推迟其影响，其目的在于避免对财政持续性的剧烈改变。任何情况下基本权利的核心要素不能受到影响。

解释本条时，在任何情况下任何行政、立法或者司法性质的机关不能要求财政的可持续性减少基本权利，限制其范围或者否定其有效保护。

第三百三十五条

依照法律，金融、证券交易、保险和与第一百五十条第十九款 d 项有关的资源的管理、使用和投资具有公益性，只能在国家事先批准的情况下从事，法律应当规定政府干预这些事宜的方式和促进信贷民主化。

第三百三十六条

除了具有公共或者社会利益目的的收入的自由支出以及凭借法律，不能确立任何垄断。

确立垄断的法律将不能适用于个人，凭借法律必定会剥夺其合法经济活动的经营，将获得充分补充。

垄断收益的组织、管理、管控和利用将适用其自身的制度，由政府动议的法律规定。

行使运气或者机会垄断所获得的收益将专门用于健康服务。

行使酒类垄断获得的收益将优先用于健康服务和教育。

针对源自垄断收入的税收逃避，将按法律规定的条款受到处罚制裁。

在法律规定的条款内，当其没有完成效率的要求，政府将转让或者清算国家垄断组织，并将授予第三方发展有关活动。

在所有的情况下劳动者所获得的权利应当受到尊重。

第三百三十七条

法律可以为边境的陆地或者海洋区制定关于经济和社会事宜的特殊规范以促进其发展。

第三百三十八条

在和平时期只有国会、省议会、区和市议会可以征收财政或者类似财政的税金。法律、条例和协定必须直接规定主动和被动的情况、课税活动和基础、税收的税率。

法律、条例和协定可以允许机关明确规定税率和从纳税人征收的税金覆盖其将提供给纳税人的服务的成本或者参与机关给予纳税人的利益分配，但是这些成本和受益的确定制度和方式以及分配方式必须由法律、条例或者协定确定。

管理特定时期发生的活动结果的税金的法律、条例或者协议只能从相应法律、条例或者协定效力启动的期间开始适用。

第二节　发展计划

第三百三十九条②

国家发展计划由一般部分和国家秩序的公共实

---

① 经 2011 年 7 月 1 日第 3 号立法法令修改。
② 经 2011 年 7 月 1 日第 3 号立法法令修改。

体的投资计划组成。一般部分应当规定国家长期的计划和目标,中期国家行为的目标和优先次序,政府应当采取的经济、社会和环境政策的策略和总体方向。公共投资计划在保障财政可持续的框架内,应当包括主要项目的多年度预算,国家公共投资计划和其执行所需的财政资源的说明。

地方性实体应当以协调其与中央政府的方式,详细制定和采用发展计划,其目的在于保障其资源的有效使用,并且充分履行宪法和法律授予它们的职能。

地方性实体计划将由策略部分和中期与短期投资计划组成。

第三百四十条

国家计划委员会由地方性实体和经济、社会、生态、社区和文化领域的代表组成。委员会将具有咨询性质并且应当作为国家发展计划的协商机构。

国家计划委员会的成员将由共和国总统从上一段提及的地方性实体和领域的机关和团体向总统提出的名单中任命,其必须或者曾经参与上述活动。他们的任期是八年,委员会每四年将根据法律确定的方式部分更新。

地方性实体依照法律的规定也将有计划委员会。

国家计划委员会和地方性计划委员会组成国家计划系统。

第三百四十一条

政府应当在地方性实体的计划机关和高级司法委员会的积极参与下起草国家发展计划,并且将相应的项目提请国家计划委员会审查;在听取了计划委员会的建议后其认为适当的修正将会生效,草案将会在各自任期开始的6个月内提请国会审议。

基于经济实务起草联合委员会制定的报告,各个团体将以全体会议的形式讨论和评估计划。如果有任何关于一般部分内容的不一致意见,并不会妨碍政府在其职权内执行计划的政策。然而,当政府决定修改计划的一般部分,其必须遵守下列条款规定的程序。

国家投资计划将采取法律的方式,其将优先于其他法律;因此,其命令将组成执行的适当机制,并且应当支持现存的计划而不需要采取之后的法律。但是,在每一年的预算法中其可以增加或者降低计划法批准的份额或者资源。如果国会在提请审议的3个月的期间内没有批准公用投资计划,政府能够通过具有法律效力的法令使计划产生效力。

只要保持财政平衡,国会可以修改公共投资计划。任何政府项目所需财务授权的增加或者在计划中没有规定包括的投资项目的增加将要求中央政府的批准。

第三百四十二条

相应的组织法应当规范所有涉及发展计划的制定、批准和执行程序,并且应当提供适当的机制以实现统一和服从官方预算。

依照宪法的规定,法律应当规定国家计划委员会和地方性委员会的组织和职能,以及公民可以有效参与发展计划和相应修改的讨论的程序。

第三百四十三条

法律规定的国家计划实体将被授予管理与公共行政结果的评价制度的设计与组织的管控,二者涉及法律规定条件下的投资政策与计划。

第三百四十四条

省级计划机构应当评估涉及发展计划和方案以及省和市的投资的管理与结果的评估,并且应当在法律规定的条款下参与后者预算的准备。

在任何情况下,国家计划机构能够以选择性的方式行使对任何地方性实体的上述评估。

第三节 预算

第三百四十五条

在和平时期,不可能接收没有在收入预算中出现的税金或者税收,或者要求国库支付支出预算没有包括的费用。

没有国会、省议会或者区或市议会的命令,不能做出任何的公共支出,没有各自预算规定的目的也不能做出信贷转让。

第三百四十六条①

政府将制定年度收入预算和拨款法,其将在每一次立法会议的前10日内提交国会。收入预算和拨款法必须在财政可持续的框架和依照国家发展计划制定、提交和通过。

在拨款法中,没有条目可以包含不符合司法承认的信贷,或者不符合依照先前的法律的支出命令,或者不符合政府提出的适用于公共权力部门的职能,或者不符合信贷服务,或者不符合实现国家发展计划的履行。

两院的经济事务委员会将以联合的方式将收入预算法案和拨款法提请第一轮辩论。

第三百四十七条②

拨款法议案必须包含国家在各个有效的财政期间计划作出支出的全部。如果法律授权的支出不能

---

① 经2011年第3号立法法令修改。
② 经2001年第1号立法法令修改。

充分覆盖项目性支出，政府将单独向同一委员会提出研究预算法议案，增加新的收入或者修改现存的收入以覆盖预计支出的数目。

在没有关于额外的已完成的资源的法律议案，预算可以获得批准，其程序可以延续到下一次的立法期间。

在2002年、2003年、2004年、2005年、2006年、2007年和2008年期间，由年度预算法授权的为一般性支出的拨款总数目，其不同于分配用于支付养老金、健康、国防开支和个人服务的拨款，与共享的一般制度和法律规定的其他转移支付不同，其不能以各个年份的通货膨胀率加百分之一点五的百分比逐年增加。

拨款总数额的限制不适用于满足行使例外状态下职权决定的开支所需要的拨款。

第三百四十八条

如果国会没有制定预算，由政府提交的预算将在前条规定的期间内执行；如果预算在相同的期间内没有提交，将执行前一年的预算，但是政府可以减少支出，结果是当新的财政年度的收入计算如此建议时，撤销或者修订工作。

第三百四十九条

在每一个立法会期的前三个月，严格遵守组织法的规定，国会将讨论和制定收入的总预算和拨款法案。

国会不能增加收入的计算、信贷资源和财政平衡，除非有部门部长的事先建议和赞成的签署。

第三百五十条

拨款法必须有命名为社会公共支出的部分，其将由根据各个组织法所做的定义的这一性质的条目组成。除了在对外战争的情况下或者出于国家安全的理由，社会公共支出必须优先于任何其他支出。

根据法律应当作出的规范，社会公共支出的地方性分配，其数目应当考虑未达到基本需求的人员数、人口和财政与管理的效率。

相较于前一年的相应的拨款法的总支出，投资预算不能成比例的减少。

第三百五十一条

国会不得增加政府提交的支出预算的任何条目或者包含新的条目，除非由部门部长的书面接受。

国会可以撤销或者减少政府提出的支出条目，除了公共债务服务所需的支出、完全用于普通管理服务的支出以及本宪法第三百四十一条所提及的计划和方案授权的投资以外。

如果收入的计算增加或者各个议案的部分项目撤销或者减少，在没有增加总数的情况下，相应的金额将用于依照宪法第三百四十九条最后一段的规定授权的其他投资或者支出。

第三百五十二条

除宪法规定的以外，预算组织法应当规范国家、地方性实体和任何行政级别的分权实体预算的计划、批准、修改和执行，规范其与国家发展计划的协调以及机关和国家实体订立合约的能力。

第三百五十三条

本章所确立的适当的原则和规定将适用于地方性实体预算的制定、批准和执行。

第三百五十四条

作为行政部门工作人员，总会计师将负责国家的总会计账目，并且将综合国家和按地区或者服务分散的实体的会计账目，无论其属于何种级别，除非是归属于审计员办公室权力之下的预算执行的账目。

公共会计的标准化、集中化和统一化，拟订综合结余，确定全国必须遵守的会计规范等职能依照法律属于总会计师。

在财政年度结束的6个月后，中央政府将向国会送达公共财政的结余，由共和国总审计长办公室审计，并且负责认定和分析。

第三百五十五条

任何公用权力部门或者机构都不能决定有利于自然人或者私法法律实体的津贴或者捐赠。

在各自预算的资源内，依照国家发展计划和地区发展计划，国家、省、区和市级政府可以与非营利性私人实体订立合同或者认定合适，以促进方案和公益活动。中央政府应当规范有关事宜。

第四节 资源分配和权能

第三百五十六条①

除了宪法的规定，法律在政府的创议下应当规定由国家和由省、区、市提供的服务。为了使由其提供的服务有效和提供资源以充分满足提供服务的财政经费，创立省、区和市的综合分享制度。

为了法律规定的综合分享制度的分配，区将具有与市和省相同的资格。

对于这些影响，土著人领地实体一旦形成将成为受益者。同样地，假如他们还没有形成土著人领地实体，法律应当规定受保护的土著人是受益者。

省、区和市的综合分享制度的资源将分配用于支付其负责的服务的经费，优先用于健康服务，学前、初等、中等和高等教育服务，饮用水和基础卫生设施的

---

① 经1993年第1号、2001年第2号、2007年第2号（部分被宣布违宪）和2007年第4号立法法令修改。

公共家庭服务,保障提供和覆盖的扩大侧重于贫困人口。

考虑到团结、互补和辅助的原则,法律应当规定国家参与由法律确定为省、区和市职能内的服务支出的财政负担的情况。

法律应当依照分配给不同实体的职能,规定省、区和市的综合分享制度的分配标准;其应当包括必要的管理以推动综合分享制度的运行,分配原则将结合以下标准:

a)对于教育、健康、饮用水和基本卫生设施:提供服务的人口和被服务的人口,城市和农村人口的划分,行政和财政效力,以及公平。依照法律规定的条款,由地方性实体对综合分享制度成分的分配,将优先给予有利于贫困人口的部分。

b)对于其他部分:人口,城市和农村人口的划分,行政和财政效力,以及相对贫困。

如果事先的分配没有给予充分的财政资源以满足其需求,职能不能进行分散。

省、区和市的综合分享制度的资源将按法律确定的部分分配。

分配给健康和教育部分的资源数目不能少于本立法法令适用转移给其他部分的数目。

布埃纳文图拉市作为特殊工业、港口、生物多样性和生态旅游区。其政治、财政和管理制度将由宪法和为这一结果制定的特别法规定,没有规定的事宜将适用市级的有效规范。

中央政府应当确定针对地方性实体使用来自综合分享制度的资源的开支执行的监测、审查和整体管理政策,确保符合覆盖面和质量的目标。这一政策必须提高公民参与社会管理的计划和促进账目执行的程序。

为了执行和遵守前列段落的规定,中央政府在本立法法令通过的不多于6个月的期间内,应当规定当由地方性实体负责提供充分服务的活动处于危险中,可以采取避免这一情况的措施和解决这一情况的必要修正的有效决定。

政府必须在下一个立法会议期间的第一个月提出管理省、区和市的综合分享制度的组织和职能的立法议案。

第三百五十七条①

省、区和市的综合分享制度每年将按与过去四年间影响国家当前收入变化的相同平均百分比递增,包括对应执行预算评估的百分比。

对于前面段落所提及的国家当前收入更改的计算的影响,包括经由例外状态征收的税收,在接下来的年份中,保持国会给予的固定性。

综合分享制度中的一般计划的百分之十七的资源将分配给不少于两万五千名人口的城市。这些资源将依照法律指定的职能专门用于投资。这些资源的分配需要根据综合分配制度法律确定的人口和贫困标准。

依照现行规范,市划分为第四、第五和第六种类,除了依照上款规定的分配,可以自由地用于投资和蕴含市级行政功能的其他支出最多达到基于综合分享制度一般计划所获得资源的百分之四十二。

在教育、健康或者饮用水和基础卫生设施的公共家庭服务方面,当地方性实体实现了全面覆盖并且符合主管机关确定的质量标准,在主管国家实体的事先认证下,其可以将多余的资源用于投资其职能下的其他部分。中央政府应当规范有关事宜。

临时条款1.省、区和市的综合分享制度(SGP)的递增将基于上一年度的支出数目。在2008年和2009年SGP将以与通货膨胀率加上百分之四的实际增长率相同的百分比递增。在2010年的增长将按通货膨胀率加上百分之三点五的实际增长率的百分比。在2011年和2016年之间的递增将以与通货膨胀率加上百分之三的实际增长率相同的百分比。

条款2.如果有国家统计局认定的各个年度的经济(国内生产总值,GDP)实际增长率多余百分之四,SGP的递增将按与通货膨胀率加上本条暂时性条款1所规定的实际增长率再加上比较国家统计局认定的实际增长率和百分之四相差的百分比的相同百分比。这些额外的资源将分配用于全面关注婴幼儿。本款所涉及的通过经济增长增加的SGP将不作为以后年份中结算SGP的基础。

临时条款3.综合分享制度(SGP)在前述暂时性条款确定的基础上可以有额外增加用于教育部分。额外增加将按以下发展:2008年和2009年是百分之一点三,2010年是百分之一点六,2011年和2016年期间是百分之一点八。在这期间的每一年,这一制度不能作为下一期间SGP数目计算的基础。这些资源将分配用于提供覆盖率和质量。

临时条款4.中央政府应当规定上一次进行人口普查的结果的应用标准和过渡,为了避免源自综合分享制度分配人口数据变化的负面影响。这一制度将确定资源需要,以至于地方性实体获得的资源不会因为人口的原因减少。

第三百五十八条

为了前述两条的预定效力,当前收入被理解为由

---

① 经1995年第2号、2001年第1号和2007年第4号立法法令修改。

除了首都资源的转移支付和税收。

第三百五十九条

国家收入不能特殊分配。

例外的是：

1. 宪法规定的有利于省、区和市的共享。
2. 分配用于社会性投资。
3. 基于事先的法律，国家分配给社会安全实体和前者的隶属或者代理。

第三百六十条①

有利于国家的不可再生自然资源的开发将以权利金的方式进行经济补偿，并且不能妨碍其他权利或者达成的补偿。法律应当确定不可再生自然资源开发的条件。

通过政府创议的另一部法律，应当规定源自不可再生自然资源开发的收入的划分、目的、目标、管理、执行、控制、有效使用和分配，规定其受益人参与的条件。收入、分配、组织、程序和管理等一套组成权利金综合制度。

第三百六十一条②

权利金综合制度的收入将分配用于支付地方性实体的社会、经济和环境发展项目的经费；为养老金债务的储蓄；教育的有形投资，科学、技术和创新的投资；公共储蓄的增加；矿床勘探和开采的财政管理和底土的认定和地质制图；提升改善人口社会条件的经济竞争力。

不可再生自然资源地方性开发所在的省、市和区，以及上述资源或者其衍生品运输通过海运或者内河港口的市和区，将有权参与权利金的补偿，并且直接行使这些资源。

为了有效实现权利金综合制度的目标和目的，创立科学、技术和创新基金，地区发展基金，地区补偿基金以及储蓄和稳定基金。

权利金综合制度将按如下分配：百分之十用于科学、技术和创新基金，百分之十用于地方性养老金储蓄和百分之三十用于储蓄和稳定基金。剩下的资源将分配百分之二十用于本条第二段的直接分配和百分之八十用于地区补偿和地区发展基金。在后两者基金所分配的总数中百分之六十分配用于地区补偿基金和百分之四十用于地区发展基金。

权利金综合制度的收入的百分之二将分配用于矿床勘探和开采的财政管理和底土的认定和地质制图。这一百分比将以比例的形式计算进入前段对权利金制度的收入的分配中。这里确立的职能将由矿业和能源部或者其委派的实体实现。

用于本条第二段规定的直接分配的资源的总和以及地区发展基金和地区补偿基金的资源总和每年将按照权利金综合制度收入总增长率的一半的速率增长。法律应当规范制度以建立减缓上述资源减少的机制，其减少将会造成权利金综合制度收入的大幅减少。

权利金综合制度的收入总额与分配用于地方性养老金储蓄，科学、技术和创新基金，地区发展基金，地区补偿基金以及本条第二段提及的资源的差额将分配用于储蓄和稳定基金。

科学、技术和创新基金和地区发展基金应当将负担地区性实体和国家实体达成的地区性项目的经费作为目的。

地区补偿基金的资源将被分配用于支付地区或者国家最贫困地区的地方性实体的发展项目的经费，依照未满足基本需要、人口和失业的标准，优先用于沿海、边境和外围区域。地区补偿基金的存续期间将是三十年，从涉及前条第二段的法律发生效力起算。这一期间过后，这些资源分配给地区发展基金。

稳定和储蓄基金的资源及其产出效益将由共和国银行依照中央政府制度的条款管理。在非储蓄期间，这些资源与制度其他部分的分配应当由涉及前条第二段的法律规定的标准管理。

在年度分配给储蓄和稳定基金的资源超过权利金综合制度年度收入的百分之三十，这一多余将在制度的其他部分分配，依照涉及前条第二段的法律确定的条款和条件。

条款1. 权利金综合制度的资源将不组成国家总预算，也不组成综合共享制度。权利金综合制度将拥有自身的预算制度，其由涉及前条第二段的法律包含的条款管理。在任何情况下，国会将制定权利金综合制度的一年两次的预算。

条款2. 本条第二段规定的直接分配对应的资源以及科学、教育和创新基金，地区发展和地区补偿基金的资源的执行，将依照国家发展计划和地区性实体的发展计划。

这些资源支付经费的优先项目将由管理和决策的合议机关决定，依照管理权利金综合制度的法律规定。涉及本条第二段的省，其管理和决策的合议机关将由两名部长或者其代理人，各自的省长或者其委托人以及市长的一名代表组成。规范权利金综合管理制度的法律应当为管理和决策的合议机关建立带有市民社会参与的咨询性质的委员会。关于本条第二段涉及的市或者区，管理和决策的合议机关将由一名

---

① 经2011年7月18日第5号立法法令修改。
② 经2011年7月18日第5号立法法令修改。

中央政府代表、省长或者其代表和市长组成。

由科学、技术和创新基金提供经费的省、市和区的科学、技术和创新计划或者项目，将由管理和决策合议机关确定，由三名部长或者其委托人代表的中央政府，中央计划机关的代表，管理科学、技术和创新公共政策以及行使技术秘书职权的主管中央机关的代表，本条下一段落提及的地区性计划的市长，四名公立大学的代表和两名私立大学的代表，将拥有一个席位。因此，这一科学、技术和创新基金的资源将按照与来自地区性补偿基金和地区性发展基金相同的比例分配给各省。任何情况下，这一基金的资源不能支付现有支出的经费。

由地区发展基金和地区补偿基金资源支付经费的省、市和区的地区影响性项目，将由管理和决策合议机构通过行使地区计划管理，在机构内四名部长或者其代理人，国家计划机关的一名代表，各个省长或者其代理人和有代表性数目的市长将有一个席位。

法律应当规范权利金综合制度，可以为管理和决策合议机构建立带有公民社会参与的咨询性质的委员会。

在任何情况下，地方性实体的代表在合议机关比中央政府的代表具有优势。

条款3. 建立权利金的监测、随访、管控和评估制度，其目的是确保权利金综合制度的资源的高效和有效利用，增强透明度、公民参与和良好管理。

前条第二段提及的法律将规定其功能，以及权利金综合制度资源不合理使用所采取的预防、纠正和惩罚措施的程序。在这些措施中，转移的中止、项目的取消和资源的返还可以适用于省、市、区及其他执行者。

前款第二段提及的法律将规定每年相同比例的权利金综合制度资源分配用于其职能和权利金监测、随访、管控和评估制度。这一百分比将以比例的形式从用于本条第四段分配的权利金综合制度资源的总额中扣除。

临时条款1. 国家权利金基金从前条第二段所涉及的法律规定的时间之日起废止。中央政府将任命一名清算人，并且规定清算的程序和时期。在本立法法令生效之时由国家权利金基金所有的未被授权的资源，将优先分配用于国家重要基础设施的重建和受2010—2011年冬季应急影响的地区的环境恢复。

临时条款2. 关于将用于本条第二段规定的直接分配、地区补偿基金和地区发展基金的资源，其前三年将按以下方式分配：第一年百分之五十的比例用于本条第二段规定的直接分配，百分之五十用于本段提及的基金；根据同样的方式，第二年将各自按照百分之三十五和百分之六十五的比例分配，在第三年将各自按照百分之二十五和百分之七十五的比例分配。

持续期间在于2012年和2014年的活动，本条第二段规定的直接分配将低于2007年和2010年之间直接分配造成的减少的年度平均率的百分之五十，参照2010年的固定比索值；持续期间在于2015年和2020年的活动，本条第二段规定的直接分配将低于2007年和2010年之间直接分配造成的减少的年度平均率的百分之四十，参照2010年的固定比索值，省、市或者区可以使用分配给各省的地区发展基金的资源，直到达到这一比例或者直到上述基金的省级资源用尽，无论何种先发生。

临时条款3. 在权利金综合制度实行的第一年，百分之二十五的资源将分配用于储蓄和稳定基金。

在2012年至2014年期间，五分之一的储蓄和稳定基金的年度资源将分配用于本条第二段规定的直接分配。

临时条款4. 中央政府从本立法法令颁布之日起的三个月的期间内，向共和国国会提交前条第二段涉及的法律议案，其调整权利金制度适应新的宪法框架。

一旦前段提及的议案提交，共和国国会将有不多于九个月的期间决定是否批准。如果期间届满法律没有作为国会的一部分得到制定，共和国总统获得授权在一个月内签发具有法律效力的法律规范有关事宜。

临时条款5. 权利金综合制度应当从2012年1月1日起执行。如果在这一日期之前前条第二段规定的法律还未生效，中央政府可以通过暂时性的具有法律效力的法令保障这一制度的执行，法令将不迟于2011年11月30日签发。

临时条款6. 为了确保2012年资源的执行，中央政府将通过具有法律效力的法令颁布上述财政年份的权利金综合制度的预算。

第三百六十二条

转移支付和税收性的资产和收入或者源自地方性实体垄断性开发的收入是他们的专有财产，享受和个人财产与收入相同的保障。

省和市的税收享受宪法保护，因此法律不能将其转移给国家，除了对外战争的暂时性的情况下。

第三百六十三条

转移支付制度基于公平、效率和累进的原则。

转移支付法律的适用不具有追溯力。

第三百六十四条

国家和地方性实体的内部和外部债务不能超过他们的支付能力。法律应当规范有关事宜。

第五节 国家的社会目的和公共服务

第三百六十五条

公共服务是国家社会目的所固有的。国家有责任确保向共和国领土上的所有居民有效地提供公共服务。

公共服务将遵守法律规定的法律制度,可以由国家直接或者间接、有组织的社区或者个人提供。在任何情况下,国家将保持对上述服务的调节、控制和警戒。如果出于主权或者社会利益的理由,在政府的动议下,通过两院大多数成员批准的法律的形式,国家可以决定保留特殊战略的活动或者公共服务,他们必须事先和完整地补偿由于上述法律被剥夺行使合法活动的人。

第三百六十六条

人民的一般福祉和生活质量的改善是国家的社会目的。其活动的基本目标是解决健康、教育、环境和饮用水的未满足的需求。为了这些结果,在国家和地方性实体的计划和预算中,社会公共开支优先于其他任何分配。

第三百六十七条

法律应当规定与住房公共服务提供有关的资格和责任,它们的覆盖、质量和资金来源,以及除了成本标准还将考虑的收入的总额和再分配的比例制度。

当服务的技术性和经济性以及一般实用性允许和推荐时,住房公共服务将直接由各市提供,各省将履行协调的职能。

法律应当规定决定比例的主管机关。

第三百六十八条

国家、省、区、市和地方分权实体在各自的预算中可以提供津贴,以使低收入群体可以支付满足其基本需求的住房公共服务的费用。

第三百六十九条

法律应当规定使用者的义务和权利,保护制度,其参与管理的形式以及提供服务的国有企业的资金筹集。

同样地,法律应当规定市或者其代理人参与提供住房公共服务的实体和企业。

第三百七十条

共和国总统依照法律的规定,负责制定管理和控制住房公共服务有效性的总体政策,通过住房公共服务监督办公室行使对提供服务的实体的管理、检查和监督。

第六节 共和国银行

第三百七十一条

共和国银行将行使中央银行的职权。其将作为具有管理、财产和技术自主权的公法法人,遵守自身的法律制度。

共和国银行的基本职权:管理货币,国际交易和信贷;发行法定货币;管理国际储备;成为最终贷款人和建立信用的银行家;作为政府的财政代理人。所有这些职权的行使应当与一般经济政策相协调。

银行将向国会提交关于其责任下的政策的执行报告和其他向其征求的事宜。

第三百七十二条

依照法律授予它的职权,共和国银行的董事会将是货币、交易和信贷的权威。其将负责指导和执行银行的职权,并且由七名成员组成,在他们之间财政部长将主持董事会。银行行长将由董事会选举并且是董事会成员之一。其他五名专职成员将由共和国总统任命,任期四年,每四年替换其中两名。董事会成员专门代表国家利益。

国会应当制定共和国银行在行使职权时必须遵守的法律和政府将颁布的银行章程应当遵守的规范,章程应当规定其他事宜:其组织形式,法律制度,董事会和行政理事会的职能,行长的任期,储备的组成规则,交易和货币的稳定,其收入盈余的分配。

共和国总统在法律规定的期间内将行使银行的检查、监督和管理。

第三百七十三条

国家通过共和国银行的方式,将保证货币购买能力的维持。

银行不能建立有利于个人的信贷额度或者给予担保,除非是通过信贷机构的分配涉及国外信用中介,或者同样情况下给予流动性的暂时性支持。有利于国家的融资的执行将需要董事会全体同意,除非公开市场操作的介入。在任何情况下立法者都不能修改有利于国家或者个人的信贷额度。

第十三章 宪法的改革

第三百七十四条

政治宪法可以由国会修改,通过修宪会议或者全民投票。

第三百七十五条

政府,十名国会成员,百分之二十的省议员或者市议员,有效的选民登记册上的至少百分之五的公民可以提出立法议案。

议案的制定将发生在两个普通和连续的期间。如果由提出方的大多数的第一次同意,议案将由政府公布。在第二个期间同意将要求每一个议院的大多数同意票。

在第二个期间仅仅讨论第一个期间提出的动议。

第三百七十六条

通过由两院成员批准法律的方式，国会可以建议人民投票决定是否按照法律规定的职能、期间和组成召开制宪会议。

如果组成选举人名册的至少三分之一同意，其被理解为人民将召开修宪会议。会议必须由公民直接投票选举，选举活动不与其他活动重合。伴随着选举，改革宪法的国会一般成员在为制宪会议履行职责而规定的期间将中止代表。制宪会议应当采用其自身的规范。

第三百七十七条

当其涉及第二章第一节认可的权利及其保障，涉及人民参与的程序或者国会，如果在立法法令颁布之后的6个月由组成选民名册的五分之一的公民要求，由国会通过的宪法改革必须提交全民公投。只要选民名册上至少四分之一参加了投票并且大多数投了反对票，改革视为被废止。

第三百七十八条

政府的动议或者公民在第一百五十五条的条件下的动议，国会通过两院成员大多数通过的法律可以将法律中包含的宪法改革议案提交全民公投。全民公投可以采取这样的方式：投票人可以自由的选择投票赞成或者投票否决全部或者部分条款。

通过全民公投方式通过宪法改革需要半数以上的投票人的赞成票以及投票人数超过选民名册公民总数的四分之一。

第三百七十九条

立法议案，召集全民公投，全民协商或者修宪会议的召集行为只有当侵犯本章所确立的要求时才能被宣布违宪。

针对这些行为的公共行为只能在其颁布之后的一年内进行，参照本宪法第二百四十一条第二款的规定。

第三百八十条

之前生效的宪法现在随着其所有的改革被废止。本宪法自颁布之日起执行。

哥斯达黎加共和国宪法[*]

(1949年11月7日颁布,更新至2011年)

我们,哥斯达黎加人民的代表,自由地选举全国制宪会议成员,以上帝的名义并且重申我们对于民主、法律的信仰,制定以下条款:

第一编 共和国

独 章

第一条
哥斯达黎加系自由、独立的民主共和国。

第二条
主权专属于国民。

第三条
任何人不得篡夺主权,篡夺主权者皆犯叛国罪。

第四条
任何个人或团体皆不得代表人民,侵犯人民权利,或以人民名义请愿。违反本条构成煽动叛乱。

第五条
国家领土以加勒比海、太平洋为界限,并与尼加拉瓜共和国和巴拿马接壤。

共和国边界由1858年4月15日卡尼亚斯-赫雷斯(Cañas-Jérez)条约确立,与尼加拉瓜接壤的边界依据1888年3月22日克利夫兰(The Cleveland Award)裁决确认,与巴拿马接壤的边界依据1941年5月1日埃切安迪蒙特罗-费尔南德斯(Echandi Montero-Fernández Jaén)条约确定。

位于太平洋上的科科斯岛是国家领土的一部分。

第六条
依据国际法原则,国家对领空、海岸低潮线外十二海里的领海、大陆架和位于海面以下的岛屿行使完整的、排他的主权。

依据国际法原则,国家对海岸低潮线外两百海里的专属经济区行使特别管辖权,以专有地保护、维持和开发该区域现有的一切自然资源和财富。[①]

第七条
议会批准的公约、国际条约和国际协定自颁布之日或自公约、条约和协定指定之日起具有高于法律的效力。

有关领土完整和国家政治团体的公约、国际条约须获得议会全体议员不少于四分之三的赞成票通过,且得经为此目的召集的制宪会议成员三分之二的赞成票获得批准。[②]

第八条
尽管存在国际协议的规定,外国只能在互惠的基础上,于共和国领土范围内获得设立外交府邸的不动产。

第九条
共和国政府是民众的、代议制的、参与的、轮换的和负责任的政府。由三个相区别的、独立的部门行使权力,即立法、行政和司法。[③]

立法权、行政权和司法权皆不得委托行使其自身职责。

最高选举法院(A Supreme Electoral Tribunal)具有国家权力的地位和独立性,排他并独立的负责组织、管理和监督有关大选的行为,履行其他依本宪法和法律赋予的职能。[④]

第十条
经最高法院成员以绝对多数票表决成立的专门法庭应当就公法中任何性质和任何主体的违宪条文作出裁决。该专门法庭就司法机构的司法行为、最高选举法院的选举宣告和法律所规定的任何其他行为作出的违宪裁决为最终裁决。

该专门法庭应当:

---

[*] 译者:薛冠蓝。
① 经1975年6月5日第5699号法案修正。
② 经1968年5月31日第4123号法案修正。
③ 经2003年7月1日第8364号法案修正。
④ 经1975年6月5日第5704号法案增补。

a)裁决国家机关之间的管辖权冲突,包括最高选举法庭和其他依法设立的实体和机构。

b)听取依法规定的关于修宪法案、批准国际协定和条约以及其他法案的磋商。①

第十一条

公职人员仅为权力之托管人。他们必须行使法律委托之职责,不得擅自行使法律未授予之权力。他们必须宣誓遵守和维护本宪法与法律。对他们的行为构成的刑事责任的追诉是公开的。由于公职人员有责任履行其职责,故公共管理在其最广泛意义上应当受到评估和问责。法律应当建立涵盖所有公共机构的评估和问责之系统运作机制。②

第十二条

废除作为常设机构之军队。应设立为监督和维护公共秩序之必要的警察部队。

军事力量仅得依大陆协定(a continental agreement)或者国防之需组建。在上述任何一种情况下,军事力量都服从于公民权力:不得以单独或集体形式审议、作出声明或发表陈述。

第二编 哥斯达黎加公民

独 章

第十三条

下列人出生即为哥斯达黎加公民:

1. 父母一方为哥斯达黎加公民且出生地在共和国领土范围内的儿童;

2. 出生在国外且父母一方出生于哥斯达黎加的儿童,在其未成年时依其父母意愿或在其年满二十五周岁时依其意愿登记为哥斯达黎加公民;

3. 出生于哥斯达黎加且父母双方为外国人的儿童,在其未成年时依其父母任意一方的意愿或在其年满二十五周岁时依其意愿登记为哥斯达黎加公民;

4. 在哥斯达黎加发现的父母不详之婴儿。

第十四条

下列人通过入籍成为哥斯达黎加公民:

1. 根据之前的法律获得哥斯达黎加国籍之人。

2. 出生即为其他中美洲国家国民、西班牙人和美籍伊比利亚人,在哥斯达黎加正式居住满五年,且满足法律规定的其他条件。

3. 非本土出生的中美洲人、西班牙人和美籍伊比利亚人,以及其他外国人,在哥斯达黎加定居至少七年,并满足法律规定的其他条件。

4. 通过与哥斯达黎加人缔结婚姻而失去其国籍的外国妇女。

5. 与哥斯达黎加人结婚满两年的外国妇女,并在同一时期居住在哥斯达黎加,表明其获得哥斯达黎加国籍之意愿。

6. 被议会授予荣誉国籍之人。③

第十五条

申请入籍者必须提供品行良好之证据,证明其有维持生计之职业或手段,能说、写和阅读西班牙语,接受关于哥斯达黎加历史和价值的综合测试,承诺定期居住在本国领土内,并宣誓尊重共和国宪法秩序。

申请入籍之规定和程序应依法设立。④

第十六条

不得丧失或放弃哥斯达黎加国籍。⑤

第十七条

国籍之获取依照法律的规定适用于未成年儿童。⑥

第十八条

哥斯达黎加公民必须遵守宪法和法律,服务和保卫国家,并为公共支出作贡献。

第三编 外国人

独 章

第十九条

除本宪法和法律规定的例外和限制外,外国人享有与哥斯达黎加公民相同的个人和社会之权利,履行相同的义务。

除国际公约规定外,外国人不得干预本国政治事务,得接受共和国法院和当局管辖,不得诉诸外交渠道。

---

① 经 1989 年 8 月 18 日第 7128 号法案修正。
② 经 2000 年 6 月 8 日第 8003 号法案修正。
③ 经 1987 年 5 月 21 日第 7065 号法案修正。
④ 经 1987 年 5 月 21 日第 7065 号法案修正。
⑤ 经 1995 年 6 月 6 日第 7514 号法案修正。
⑥ 经 1995 年 6 月 6 日第 7514 号法案第一条修正。

第四编　个人权利及保障

独　章

第二十条

共和国内所有人皆为自由。受共和国法律保护之个人都不得为奴隶。①

第二十一条

人之生命神圣不可侵犯。

第二十二条

若无任何责任限制,每个哥斯达黎加公民均可在共和国境内外自由迁徙,并于其方便之任意时候返回共和国。不得强加任何要求以防止哥斯达黎加公民入境。

第二十三条

共和国居民的住所和任何其他私人处所不受侵犯。但为防止犯罪及犯罪逃脱或法律规定之严重的人身或财产损害,并持有司法机关签发之书面令状,可搜查相关处所。

第二十四条

保障公民隐私权、自由权和通信秘密权。

共和国居民的私人文件,书面、口头或者其他通信不受侵犯。但制定和修改须经至少三分之二议会议员投票通过之法律可规定,为澄清所需认定之事项,在确实必要之情况下,法院可以责令扣押、搜查和检查私人文件。

同样地,此法律须规定法院在一定情形下可下令干预通信,明确授权行使此种特别调查权之罪行,以及许可干预通信的期限。该法律应规定官员违法行使此项特别权力的责任和刑罚。根据这一规定产生的任何司法决议须经适当地推论且得立即执行。其适用和监督应由司法机关负责且不得委派。

该法律也应规定财政部官员和共和国总审计署在一定情形下有权检查会计账簿和相关税收文件,并监督公债之合理使用。

经三分之二议会议员赞成通过的特别法可授权其他公共行政机关为履行职务和公共目的检查该法律规定的文件。该法律须明确适合相关检查的情形。

非法窃取通信所获之信件和信息不具有法律效力。②

第二十五条

共和国居民有权以合法目的结社。任何人无论如何都不得被迫加入任何社团。

第二十六条

无论基于私人事务抑或因讨论政治事务、检查官员的公共行为之需,人人均有权进行非武装的和平集会。

第二十七条

以个人或集体形式向公职人员或国家机构请愿及获得迅速解决之权利受保障。

第二十八条

任何人不得因表达意见或任何不触犯法律的行为而受干扰和迫害。

私人行动若不损害公共道德或公共秩序,或者不致第三方之损害,不受法律限制。

但无论教职人员或是非宗教人员皆不得利用宗教或者宗教信仰从事任何形式的政治宣传。

第二十九条

所有人皆可以口头或书面的形式表达思想并予以出版,而无须经事先审查;但该权利须依法行使,任何滥用此项权利者均将接受法律追究。

第三十条

为公益目的向行政部门获取相关信息的自由受保障。

国家秘密不适用此规定。

第三十一条

哥斯达黎加领土向一切遭受政治迫害者提供庇护。若依法须将被庇护者驱逐,则不得将被庇护者遣返至迫害其之国家。

引渡依据法律或国际条约之规定,但涉及政治案件或犯哥斯达黎加规定的相关政治罪行者不予引渡。

第三十二条

任何哥斯达黎加公民均不得被迫离开国家领土。

第三十三条

法律面前人人平等,禁止违背人的尊严之歧视。③

第三十四条

法律不得具有损害任何人或其既有财产权,或者损害其固有法律地位的溯及力。

第三十五条

任何人不受特别委派的委员会、法庭和法官的审判,而只受依据本宪法设立的法院的审判。

第三十六条

在刑事案件中,任何人不得被迫自证其罪,或证明其配偶、尊亲、子孙或者三代以内旁系亲属或姻亲

---

① 经 1999 年 5 月 27 日第 7880 号法案第一条修正。
② 经 1996 年 5 月 29 日第 7607 号法案修正。
③ 经 1999 年 5 月 27 日第 7880 号法案第一条修正。

有罪。

第三十七条

若不具备证明犯罪之证据或者经由法官或维持公共秩序的机关签发之书面命令,任何人皆不得被拘留,但此人为逃犯或现行犯除外;在任何情况下,被捕人都应在二十四小时之内移交主管法官。

第三十八条

任何人皆不得因债务而被监禁。

第三十九条

犯罪、过失侵权或者轻罪,在给予被告辩护机会,并列举必要的有罪证据之后,依主管机构所做之最终判决,根据先前法律应予处罚。除此之外,任何人都不得遭受惩罚。

民事或者劳工案件中的司法谦抑以及无力偿债、破产或者强制破产案件程序中的拘留不构成对本条及前两条之违反。

第四十条

任何人均不得遭受残酷或侮辱的对待,不得遭受终身监禁或者没收处罚。任何通过暴力手段获得的证词皆无效。

第四十一条

任何人均有权通过诉诸法律的方式为其自身或财产以及精神遭受的伤害或者损失获得赔偿。司法应当及时、有效并严格依照法律支持其赔偿。

第四十二条

同一法官不得在一个案件的不同阶段就同一问题作出裁决。任何人不得因同一罪行受到多次审判。

除了基于复审案件的动议之外,禁止对已终结的刑事案件和既判案件之判决进行再审。

第四十三条

任何人均有权通过仲裁的方式解决民事纠纷,即使民事纠纷处于待决之诉讼中。

第四十四条

若无法院命令,对任何人的监禁不得超过四十八小时。此项监禁至多仅能延长至连续的第十日,且在任何情况下都不能阻碍司法调查。

第四十五条

财产神圣不可侵犯,除非为了经合法证明的公共利益,并依法给予事先补偿,不得剥夺任何人之财产。一旦发生战争或者内乱,可以不必现予补偿。但在紧急情况结束之后不超过两年,应予偿付。

基于公共利益之必需,经议会全体议员三分之二投票通过,可对财产施加社会利益的限制。

第四十六条

私人垄断以及任何可能威胁或者限制贸易、农业或者工业自由的行为,即便源于法律,均被禁止。

国家旨在禁止任何垄断实践或趋向的行为须符合公共利益。

事实上垄断的公司应受特别立法管控。

为了国家或者市政府建立新的垄断应当获得议会全体议员三分之二票数批准。

消费者和使用者就其健康、环境、安全和财产利益享有保护,有权获得充分且真实的信息,享有选择的自由和平等的对待。

国家应当支持任何为捍卫其权利而建立的机构。法律应对这些事项予以规定。①

第四十七条

任何作者、发明人、制造者或商人依据法律,就其作品、发明、商标或者商号的所有权暂时地享有排他权利。

第四十八条

任何人都有权提出人身保护诉讼以保证其自由和个人的完整,任何人都有权通过宪法权利诉讼维持或者恢复本宪法中阐明的其他权利,以及那些在国际人权文书中确立并在共和国内实施的基本权利性质的权利。此两种诉讼应由第十条规定的专门法庭管辖。②

第四十九条

裁判系争行政管辖权是司法机构的一项职权,其目的在于保障国家及其机构和其他公法实体的行政职能的合法性。

滥用权力构成质疑行政行为的理由。

法律至少应保护被管理者的个人权利及合法利益。③

第五编 社会权及其保障

独 章

第五十条

国家应为全国所有居民谋求最大福利,组织并促进生产,谋求财产之最恰当分配。

人人皆有权获得健康且生态平衡的环境,因此有权谴责任何可能侵犯此权利之行为,并对所造成的损失要求赔偿。

---

① 经 1996 年 5 月 29 日第 7607 号法案修正。
② 经 1989 年 8 月 18 日第 7128 号法案修正。
③ 经 1963 年 6 月 25 日第 3124 号法案修正。

国家应当保障、捍卫和维持该权利。

法律应当确定恰当的责任和刑罚。①

第五十一条

家庭作为自然单位和社会的基础,有权获得国家保护。母亲、儿童、老人、体弱及穷困者也有权获得这种保护。

第五十二条

婚姻是家庭必不可少的基础,依赖于配偶之间的权利平等。

第五十三条

父母对非婚生子女承担与其婚生子女相同的义务。

人人皆有权依据法律知晓其父母为何人。

第五十四条

禁止任何基于出身作出的个人评价。

第五十五条

对母亲和未成年人的特别保护应委托给予其他国家机构合作的自治机构,即全国儿童福利管理局。

第五十六条

劳动是一项个人权利也是一项对社会的义务。国家应设法确保人人都有合法、有益且能够获得恰当报酬的工作,防止产生以任何方式克减人的自由或尊严,或者将劳动降低到仅仅是商品的情况。国家保障自由选择工作的权利。

第五十七条

每个劳动者都有权定期获得日常工作日内的最低工资,以为其提供福利和体面的生活。在相同的效率下,应同工同酬。

法律指定的专门组织负责所有与设定最低工资相关的事宜。

第五十八条

日常工作中,日间工作一日不得超过八小时或者一周不得超过四十八小时。夜间工作一日不得超过六小时或者一周不得超过三十六小时。加班应当支付高于规定的工资或薪金百分之五十的酬劳。但这些规定不适用于法律明确规定的例外情况。

第五十九条

所有劳动者都有权在连续工作六日后获得一日休息,且有带薪年假,期限和时间由法律规定。但任何情况下,每连续工作五十五周都应不少于两周的休假,所有的规定都不得损害法律明确规定的例外情况。

第六十条

雇主和劳动者都可仅为获得和保护经济、社会或者职业利益而自由组织工会。

禁止外国人在工会中担任领导或者掌握权力。

第六十一条

除公务人员外,雇主解雇的权利和劳动者罢工的权利依法予以承认,根据与此相关的法律法规,应当禁止一切胁迫或者暴力行为。

第六十二条

经由雇主或雇主工会与合法组织的工会依法律订立的集体劳动合同应具有法律效力。

第六十三条

缺乏正当理由而被解雇的劳动者有权获得赔偿,但其已享受失业保险的除外。

第六十四条

国家应当促进合作社之创建,以之作为为劳动者提供更好生活条件的手段。

第六十五条

国家应当促进低成本住房之建设并为劳动者设立家庭世袭田产。

第六十六条

雇主应当在其企业内为其劳动者的健康和安全采取任何必要措施。

第六十七条

国家应确保劳动者的技术和文化培训。

第六十八条

哥斯达黎加公民和外国人之间,或者对于任何劳动群体,都不得存在工资、利益或者工作条件方面的歧视。

在同等条件下,应优先考虑哥斯达黎加的劳动者。

第六十九条

农村佃农合同应规范以确保土地的合理开发,以及土地所有者和租户之间对土地产出的公平分配。

第七十条

应在司法机构下设立劳工法院。

第七十一条

法律应当对妇女和未成年人在其劳动中提供特别保护。

第七十二条

在失业保险建立起来之前,国家应为被迫失业者保持一个常设的专门保护制度,并努力使之再就业。

第七十三条

通过国家、雇主和劳动者强制分担的制度,管控为体力和脑力劳动者之利益而建立的社会保障,以保护劳动者免受疾病、残疾、生育、年老、死亡以及其他法律规定的突发事件的风险。

---

① 经1994年6月3日第7412号法案第一条修正。

由哥斯达黎加社会保障局这一自治机构负责社会保障体系的管理和治理。

社会保障基金及储备不得因其创设目的之外的目的而转移或者使用。

职业风险保险由雇主专门支付，且受特别规定管理。①

第七十四条

不得放弃本章规定之权利和利益。对这些权利和利益的列举不排除其他可以从社会正义的基督教原则衍生的或者依法设立的权利和利益。它们应当被平等地适用于生产过程中具有相同性质的因素，并由社会和劳动立法予以规制，以致力于国家团结的长期政策。

第六编 宗 教

独 章

第七十五条

罗马天主教为国教，国家对之进行保护，但不禁止共和国内存在其他不违反普世道德及善良风俗的信仰自由。

第七编 教育和文化

独 章

第七十六条

西班牙语为国家官方语言。但国家应确保国家本土语言之维护和培养。②

第七十七条

公共教育应当是一个从学龄前到大学教育中各个不同阶段相互关联的综合性教育过程。

第七十八条

学龄前教育、基础教育是强制性的。在公共体系中，这些教育和其他多元化的教育水平是免费的且由国家支付费用。

国家教育（包括高等教育）的公共开支，依法每年不得少于国民生产总值的百分之八，且不得违背本宪法第八十四条和第八十五条之规定。

国家应促进提供所有等级的教育，同样应为无经济来源者提供继续接受高等教育的机会。教育部应通过法律所规定的机构之方式负责裁定奖学金与补助金。③

第七十九条

教学自由受到保障。但所有私立教育中心应受国家监督。

第八十条

国家鼓励私人按照法定方式从事教育的行动。

第八十一条

公共教育的全面管理应由依据法律组成的高级委员会负责，且由教育部长主持该委员会。

第八十二条

国家应当依法为贫困学生提供食物和衣物。

第八十三条

国家应当组织并支持成人教育，旨在扫除文盲，为意欲提高自身智力、社会和经济状况之人提供教育机会。

第八十四条

哥斯达黎加大学是一个高等学习院校，独立履行其职能，并具有完全法律行为能力以取得权利和履行义务，其有权决定管理的组织和形式。其他国家高等院校与哥斯达黎加大学具有同等的独立职能和法律行为能力。

国家应赋予这些机构拥有自有资金，并为其提供资金合作。④

第八十五条

国家应赋予哥斯达黎加大学、哥斯达黎加技术研究所、国立大学以及国家远程教育大学其自有资金，为它们创造除了教育机构自身创造之外的收入。国家应当通过使用当前收入或者任何其他必要资金来维系国家高等教育融资的特别基金。

哥斯达黎加中央银行经营该基金，按月将可用收益分为十二份，根据负责协调国家高等教育的机构决定的分配方式分配给上述院校。此专项基金的收入不能被裁撤或减少，除非同时创建其他改进方式来取代之。

负责协调高等教育的机构应拟定该教育层次的全国计划，并考虑生效的国家发展计划设立的指导方针。

该计划应在不迟于被五整除的年份的6月30日完成，并满足最近五年之需。其中包括运营支出以及

---

① 经1961年5月12日第2737号法案修正。
② 经1975年6月6日第5703号法案第二条增补，并经1999年5月27日第7878号法案第一条革新。
③ 经2011年6月9日第8954号法案修正。
④ 经1975年6月9日第5697号法案修正。

认为对本条所指之机构的良好运作而言必要的任何投资支出。

行政机构应在国家普通支出预算中纳入该计划指定的恰当项目,并按照货币购买力的变化来调整。

与国家高等教育之国家计划预算总和的批准相关的任何争议都应由议会解决。①

第八十六条

国家应通过哥斯达黎加大学以及其他高等教育院校的专门机构为职业教师提供培训。②

第八十七条

教学自由是大学教育的一项基本原则。

第八十八条

就哥斯达黎加大学或其他高等教育院校的权限或者涉及与之直接相关的事宜的法案,议会在讨论和制定过程中,应事先向大学委员会或者各院校的管理机构征求意见。③

第八十九条

共和国的文化目标包括:保护自然之美,保护和发展国家的历史及艺术遗产,支持私人致力于科技和艺术进步的行为。

第八编 政治权利和义务

第一章 公民权

第九十条

公民权是年龄超过十八周岁的哥斯达黎加公民的政治权利和义务之总和。④

第九十一条

出现下列情形之一,方可中止公民权:

1. 经司法宣告禁止行使;

2. 经判决处以中止行使政治权利的刑罚。

第九十二条

公民权之恢复应当依据法律规定的条件和方式。

第二章 选举权

第九十三条

选举权是一项基本的强制性公民义务,由在公民登记处登记的公民在选举委员会上,通过直接秘密投票的方式行使。⑤

第九十四条

加入哥斯达黎加国籍的公民在取得相应的入籍证书未满十二个月时不得参与投票。

第九十五条

法律应根据以下原则,规定选举权之行使:

1. 选举体系自治;

2. 国家有义务在公民登记处为公民提供正式登记,并为其提供身份证以行使选举权;

3. 政府部门有效地保证自由、秩序、正直以及公正;

4. 保证投票制度促进公民此项权利之行使;

5. 通过载有照片的身份证或者其他依法设定之恰当科技手段验明投票者;

6. 保证少数群体的代表;

7. 保证政治多元化;

8. 依据民主原则且排除性别歧视,保证当局之任命及政党的代表。⑥

第九十六条

国家不得为支付政治债务而对公职人员的薪酬作任何削减。

国家应按照下列规定,资助政党支出之偿付:

1. 该资助应相当于举行总统、副总统及议会议员选举前两年的国内生产总值的百分之零点一九;

法律应当确定何种情况下前述百分比的减少能够获得批准。

该百分比应当分配用于支付政党参与选举程序及满足其政治组织和培训需求而引起的支出。每个政党应设定与这些项目相关的百分比。

2. 本条所指的参与选举过程的政党和在国家层面的有效投票中获得至少百分之四票数的政党,或者在省级登记并在全省获得相同百分比的票数或向议会推选至少一名议员的政党,有权获得国家资助。

3. 通过以恰当债权作为保证金,政党有权提前获得依法确定的部分国家资助。

4. 为了获得国家资助,政党须向最高选举法院披露其支出。

对政党的私人资助应当遵循公示原则,且由法律规定。

对本条执行设置控制程序和方式的法律以及其

---

① 经 1981 年 5 月 18 日第 6580 号法案修正。
② 经 1975 年 6 月 9 日第 5697 号法案修正。
③ 经 1975 年 6 月 9 日第 5697 号法案修正。
④ 经 1971 年 5 月 17 日第 4763 号法案修正。
⑤ 经 1959 年 5 月 20 日第 2345 号法案修正。
⑥ 经 1997 年 7 月 2 日第 7675 号法案第 10 条修正。

他条例的制定及修改须经三分之二的议会议员表决通过。①

第九十七条

为讨论和制定关于选举事项的法案，议会应征求最高选举法院的意见。若无须征求相关意见，则须经议会全体议员的三分之二表决通过。

但在举行大选前的六个月以及选举结束后四个月内，议会不得根据最高选举法院已表示反对的法案制定法律。

第九十八条

所有公民皆有权为参与国家政治而组成政党，因此组成之政党须在其党纲中承诺尊重共和国之宪法秩序。

政党应表达政治多元性，致力于民意之形成及体现，并使之成为政治参与的基本手段。政党在尊重本宪法和法律的范畴内有建党及开展活动之自由。政党的内部机构及运作应民主。②

第三章 最高选举法院

第九十九条

同选举有关的组织、管理和监督系最高选举法院之专属职能，最高选举法院独立履行其职责。其他所有选举机关从属于最高选举法院。

第一百条

最高选举法院应由最高法院经不少于三分之二的成员表决任命的三名正式成员和六名候补成员组成。最高选举法院成员与最高法院成员享有相同的资格，并承担相同的责任。

共和国总统选举或者议会议员选举前一年及选举后六个月，最高选举法院应增加其成员数量，自候补成员中增补两人组成一个五人法庭在此期间履职。

最高选举法院成员应视情形之需，按司法部门组织法对上诉法院法官规定的工作条件和每日最低工作时间办公，并获得与之相应的薪资。③

第一百○一条

最高选举法院成员每届任期六年。每两年改选一名正式成员和两名候补成员。其成员可连任。

最高选举法院法官应享有与最高政府部门成员相同的豁免权和特权。④

第一百○二条

最高选举法院履行以下职能：

1. 召集大选。

2. 依法任命选举委员会成员。

3. 专门享有就选举事项相关的所有宪法法律问题的解释权，且该解释具有约束力。

4. 审理针对公民登记处和选举委员会决议提出的上诉。

5. 对政党提出的关于国家官员在履职中的政治偏袒或者官员从事已禁止从事的政治活动的任何诉求，可自行或通过代表调查，并作出裁决。法院作出的有罪判决应作为强制免职及在不少于两年的期间内丧失担任公职的强制理由，即便没有产生任何刑事责任上的损害。若所进行的调查涉及对共和国总统、内阁部长、外交部长、共和国审计长或副审计长以及最高法院法官的指控，最高选举法院应就其调查结果向议会报告。

6. 通过国民警卫队，采取恰当措施确保选举在绝对自由与有保障的条件下举行。下令征兵时，最高选举法院也应采取适宜措施以确保选举进程不受妨碍，使全体公民能自由投票。最高选举法院可直接强制采取上述措施，或者委任执行。

7. 在共和国总统和副总统、议会议员、市政府成员及制宪会议代表选举中，统计最后票数；

8. 在选举日后三十日内宣布共和国总统和副总统的选举结果，并在法定期间内公布前款所述的其他官员选举结果；

9. 组织、指导、监督全民公决，统计并宣布全民公决的结果。一年内最多只能举行一次全民公决，且在总统选举前后六个月均不得举行全民公决。若至少百分之三十登记在选民登记册中的公民在普通立法中参与投票，至少百分之四十登记在选民登记册中的公民在对宪法进行部分修改及需经立法机构必要多数通过的事项中参与投票，该投票结果在本国发生拘束效力。⑤

10. 本宪法或法律赋予的任何其他职能。

第一百○三条

除违反公职行为外，不得就最高选举法院的裁决提出上诉。

第一百○四条

公民登记处仅受最高选举法院管辖，其职责是：

---

① 经 1997 年 7 月 2 日第 7675 号法案第十条修正。
② 经 1997 年 7 月 2 日第 7675 号法案第一条修正。
③ 经 1959 年 5 月 20 日第 2345 号法案及 1965 年 6 月 24 日第 3513 号法案修正。
④ 经 1965 年 6 月 24 日第 3513 号法案修正。
⑤ 经 2002 年 5 月 28 日第 8281 号法案第二条 a)款修正。

1. 维持基本公民登记并准备选民名册。
2. 决定取得或恢复哥斯达黎加公民身份的申请,以及国籍丧失的情形;执行法院暂停公民资格的判决,并在恢复公民资格的程序中作出决议。公民登记处依据本款赋予的权力作出的决议,可上诉至最高选举法院。
3. 发放身份证。
4. 本宪法及法律赋予的任何其他权力。

第九编 立法权

第一章 议会组织

第一百〇五条

立法权属于人民,人民通过选举将此权力委托予议会。不得通过任何协议或契约直接或者间接地放弃或限制立法权,但根据国际法原则制定条约的除外。①

人民通过全民公决以批准或者废除法律和宪法修正案的方式行使立法权,全民公决经至少百分之五登记在选民登记册上的公民召集,亦可以经议会三分之二的议员,或由行政机构及议会中绝对多数议员共同召集。

有关预算、税、财政或货币、信贷、退休金、安全、公债和行政性质的合同或行为的法案不得进行全民公决。

该规则应由三分之二议会议员制定。②

第一百〇六条

议员应代表人民,并由各省选举产生。

议会由五十七名议员组成。每当进行人口普查之时,最高选举法院应根据人口比例将议员数量分配给各省。③

第一百〇七条

议员每届任期四年且不得连任。

第一百〇八条

当选议员须具备以下条件:
1. 行使权利的公民;
2. 依出生成为哥斯达黎加人,或加入哥斯达黎加国籍后于本国居住满十年;
3. 年满二十一周岁。

第一百〇九条

以下人员不得被选为议员或者登记为候选人:
1. 共和国总统或者任何在选举时代理总统者;
2. 内阁部长;
3. 最高法院正式法官;
4. 最高选举法院正式成员及候补成员;
5. 现役军人;
6. 在任何省份享有司法权或者行使民权或警察权者;
7. 自治机构管理者;
8. 时任共和国总统职务者的亲属,包括第二亲等以内的血亲或姻亲。

上述排除条件适用于在选举日前六个月内担任上述职位之任何人。

第一百一十条

议员就其在议会上发表的任何意见免责。会议期间,非经会议授权或其本人同意,议员不得因民事理由被逮捕。

经宣布当选议员或候补议员者,在法定任期内,非经议会事先暂停其职务,不得因刑事理由剥夺其自由。此豁免不适用于现行犯或议员放弃豁免之情形。因现行犯而被逮捕之议员若有议会之释放命令,则应将之释放。

第一百一十一条

一旦宣誓就职,任何议员皆不得接受除了内阁部长之外其他国家权力部门或自治机构之职位或雇佣,否则将失去其议员资格。担任内阁部长者当其不再担任该职务时,应恢复其议员资格。

此禁令不适用于被任命为国际代表团成员或在慈善机构任职者,亦不适用于哥斯达黎加大学或其他国家高等教育机构担任教授之人。④

第一百一十二条

议会议员不得兼任其他经大选产生之公职。

议员不得直接或间接以及通过代理与国家或其自治机构签订任何契约,不得获取可能涉及特权的公共财产之经营权,不得在与国家订立公共工程合同、物资采购合同或者公共事业经营合同的公司内,担任董事、管理人员或经理。

违反本条及上条规定之禁令,则导致议员资格之丧失。此丧失资格之规定同样适用于任何担任内阁部长之议员。

第一百一十三条

法律应规定议员的薪酬,规定应提供的技术和行政协助。⑤

---

① 经1989年8月18日第7128号法案修正。
② 经2002年5月28日第8281号法案第一条修正。
③ 经1961年5月12日第2741号法案第二款修正。
④ 经1975年6月9日第5697号法案修正。
⑤ 经1984年6月1日第6960号法案修正。

第一百一十四条

议会设在共和国首都,将议会迁移至其他地方或者在一个特定期间暂停会议,须经议会三分之二议员赞成通过。

第一百一十五条

议会应在每次大会开始时选举其管理者。议长及副议长须满足与共和国总统所需之相同条件。议会议长应向议会宣誓,议员应向议长宣誓。

第一百一十六条

即使未召集,议会亦应于每年5月1日召开会议,且其常设会议持续六个月,分为两个阶段:自5月1日至7月31日,自9月1日至11月30日。议会会期包括所有的常设会议及自5月1日至次年4月30日期间召开的临时会议。

第一百一十七条

议会若不超过全体议员的三分之二出席,则不得举行会议。

若在指定之日无法召开会议,或者会议召开后因法定人数不足而无法继续,则出席议员应依议会章程规定之制裁督促缺席议员参加会议,且议会应在达到所需人数之后召开或继续会议。

除非因极为特殊之理由,且经议会不少于三分之二的出席议员赞成通过,决定保密,则会议应公开举行。

第一百一十八条

行政机构得召集议会召开临时会议。会议上不予讨论召集政令中未提出之事项。但必须由议会作出的官员任命,以及必须提交给议会审议之法律修正案除外。

第一百一十九条

议会决议须经出席大会议员的绝对多数赞成通过,但本宪法规定由多数赞成通过的除外。

第一百二十条

行政机构应按议会议长要求将警察力量交由议会支配。

第二章 议会权力

第一百二十一条

除本宪法赋予的其他权力外,议会享有以下排他权力:

1. 制定、修改、废除法律以及对法律作出权威解释,但最高选举法院有关章节另行规定的除外。

2. 依照大会决定,选定其会议场所,开会与闭会,以及暂停或继续会议。

3. 任命最高法院的正式法官和候补法官。

4. 批准或者不批准国际公约、公共条约及协定。

为了实现共同区域性目标而将某些权力赋予或转移给一个共同体法律机构的公共条约和国际公约,须获得议会不少于三分之二全体议员的投票批准。

源自公共条约和国际公约的较低等级的议定书,根据条约或公约本身明确授权,则无须经大会批准。①

5. 同意或拒绝外国军队进入国家领土,以及军舰停靠港口或飞机降落机场。

6. 授权行政部门宣战和媾和。

7. 经不少于三分之二全体议员投票,为明确公益之需,暂停本宪法第二十二条、第二十三条、第二十四条、第二十六条、第二十八条、第二十九条、第三十条、第三十七条所赋予的个人权利及保障。此暂停可包括全部或者部分权利及保障,及于全国范围或者部分地区,但不得超过三十日。在暂停期间,基于对人的尊重,行政部门只能将其拘留在非用于普通犯罪的设施内,或将其监禁在居住地。行政部门须就其为维护公共秩序或维持国家安全所采取的任何措施在议会下一次会议上向议会报告。在任何情况下都不得暂停本款未列之个人权利及保障。

8. 接受除内阁部长之外的最高政府机构成员的法律宣誓及辞职。解决任何针对任职共和国总统者身体或精神上无行为能力的质疑,并决定是否召其合法替补者上任。

9. 承认或驳回任何针对共和国总统、副总统、最高权力机构成员和外交部长的指控,经由三分之二全体议员的投票宣告是否存在诉讼理由;若存在,则应将被指控者交由最高法院审理。

10. 前款所述之任何官员若因共同犯罪被起诉,则应下令暂停其职务。

11. 制定共和国常规预算及特别预算。

12. 任命共和国审计长及副审计长。

13. 课征国家税捐,以及授权地方征税。

14. 指定国家财产的处理或公共用途。

不得永久出让以下财产的国家所有权:

a. 任何能够从国家领土内的公共水源中获得的权力;

b. 煤炭矿藏、油井及石油蕴藏,任何其他碳氢化合物,以及任何国家领土内存在的放射性矿藏;

c. 无线服务。

公共行政或私人团体对上述 a、b、c 项所述财产仅能依照法律或根据限期内的特许经营权,并基于议会设立的条件和规定加以利用。

---

① 经1968年5月31日第4123号法案修改。

国家铁路、码头和机场(指使用中的机场)不得直接或间接被出售、出租或抵押,也不得以其他方式脱离国家所有及控制。

15. 批准或不批准由行政部门订立的影响公共信贷的贷款或类似协议。

为了在国外签署贷款协议,或者在国内签署由国外资本提供贷款的协议,此类计划须经议会三分之二全体议员投票批准。①

16. 为共和国做出杰出贡献者授予荣誉公民,并颁布勋章以纪念其值得如此荣誉之杰出行为。

17. 制定有关货币单位的法律并颁布有关货币、信贷和度量衡的法律。为确定货币单位法,议会应事先听取负责币调控的技术机构的意见。

18. 促进科学和艺术的进步,保障有限时间内作者享有的著作权和发明者享有的专利权。

19. 为教育和科学艺术的进步创建相关机构,并拨款支持这些机构,尤其要致力于基本教育之普及。

20. 设立法院以及其他国家服务实体。

21. 经不少于所有议员三分之二投票通过,给予大赦和政治犯以特赦,但选举犯罪者除外。

22. 建立其内部运作规则,该规则一经采纳,非经不少于所有议员的三分之二投票通过,不得修改。

23. 自全体议员中任命委员会,调查议会托付的任何事项,并提交相应报告。

上述委员会得自由进入所有公务机构以进行其调查,并收集其认为有必要的任何数据。委员会得获取任何形式的证据并传唤任何人进行讯问。

24. 向内阁部长提出质询。此外,若议会认为部长存在违法或违宪行为,或者存在严重错误而引起或可能引起公益的明显损害,经三分之二出席代表投票通过,可对之进行谴责。

此两种情况不适用于谈判中的外交事务或有关未决军事行动的事务。

第一百二十二条

议会不得就官方行为作出赞同投票,亦不得承认未经司法部门宣告或行政部门同意的作为公共财政义务的责任;禁止授予奖学金、养老金、退休年金或者奖金。

第三章 法律的制定

第一百二十三条

在常设会议期间,任何议会议员或者行政部门通过内阁部长以及至少百分之五登记在册的选民可提出制定法律的倡议,提出普通立法倡议法案。

普通立法倡议不得用于有关预算、税收、财政事项、贷款及合同的批准或者行政性法令的法案。

普通立法倡议法案须在法律规定的强制性期间内投票决定。但有关应遵循本宪法第一百九十五条规定之程序的宪法修正案除外。

经议会全体议员三分之二投票通过的法律应规定满足普通立法倡议法案的形式、要求和其他条件。②

第一百二十四条

为成为法律,每一法案须经两次讨论,每次讨论须在不同的、非连续之日进行。其应获得议会的批准和行政部门的核准,并在官方公报上公布,且不损害根据本宪法第一百〇二条、第一百〇五条、第一百二十三条、第一百二十九条中宪法为特别情况以及经普通立法倡议公投决定的情况设立的要求。因此,行使第一百二十一条第二款、第三款、第五款、第六款、第七款、第八款、第九款、第十款、第十二款、第十六款、第二十一款、第二十二款、第二十三款、第二十四款列举的权力所做之决定,以及召集全民公投的立法行动,不具有法律性质,且无须经过前述程序;这些决定和行动需在一个单独会议上进行投票并在官方公报(政府宪报)上公布。③

议会可将法案移交给常设委员会讨论并通过。但议会可在任何时候暂停已被移送之法案的讨论或投票。

不得移送有关选举事项、国家税收的创设或现有税之改进的法案。另外,有关本政治宪法第一百二十一条第四款、第十一款、第十四款、第十五款、第十七款规定之权力的形式,为任何目的对制宪会议之召集,以及对政治宪法的部分修订的法案亦不得移送。

议会应任命具有完全立法权的常设委员会,常设委员会之构成应在合比例的基础上,反映参选政党的代表人数。法案的移送需经议会全体议员三分之二的多数批准,且其撤回需经与会代表的绝对多数批准。

议会的议事规则应规定委员会的数量以及移送、撤回法案的其他条件,规定所应遵循的程序。

合同、协议及其他行政性法令的立法批准不属于法律性质的法令,即使此批准是通过法律制定的通常程序。④

---

① 经1968年5月31日第4123号法案修改。
② 经2002年5月28日第8281号法案第一条b款修正。
③ 经2002年5月28日第8281号法案第一条c款修正。
④ 经1993年7月1日第7347号法案第一条修正。

第一百二十五条

若行政部门不核准由议会通过的法律,则其应否决并退回该法案并附反对意见。该否决不适用于有关共和国定期预算的法案。

第一百二十六条

在接到议会通过的法案之日起十个工作日内,行政机构认为不适当或需要修订时,可否决该法案;若认为需要修订,行政机构在退回法案时应提出修订建议。若行政机构不在前述期限内否决一个法案,则应核准并公布该法案。

第一百二十七条

议会根据行政机构的意见重新审议一个法案,若其拒绝行政机关意见并再次经全体议员三分之二投票通过该法案,则该法案即因此被核准并作为共和国法律而强制执行。若提出的修订建议被采纳,则该法案应退回行政机构,行政机构不得拒绝核准之。若修订建议被拒绝,且该法案未经全体议员三分之二投票通过,则该法案应归档且在下一个立法期之前不再考虑之。

第一百二十八条

若行政机构基于违宪理由而给予否决,而不为议会接受,议会应将该法案移交本宪法第十条所指之专门法庭,专门法庭应在书面诉讼收到之后的三十日内作出裁判。任何被宣布为违宪的条文应被视为被否决,而其余部分应提交议会开展适当的程序。专门法庭裁决经议会通过的法案不包含违宪条款,该法案也应提交议会开展适当的程序。①

第一百二十九条

法律自其指定之日起具有约束力并生效,若未规定生效日期,则于官方公报公布十日后生效。

任何人不得主张不知晓法律,但法律本身作出授权的除外。

法律的一般豁免或任何公益法律的特别豁免皆无效。

违反禁止性法律的法令和协议均无效,法律本身另有规定的除外。

非经后法不得废止或废除一部法律,不得以废弃、习俗或相反惯例为由不遵守法律。根据本宪法第一〇五条之规定,人民可通过全民公决方式废止或废除法律。②

第十编 行政机构

第一章 共和国总统及副总统

第一百三十条

共和国总统代表人民行使行政权,内阁部长以下级合作者身份行使行政权。

第一百三十一条

担任共和国总统或副总统须满足以下条件:

1. 依出生成为哥斯达黎加人且作为公民行使其权利;
2. 非教士;
3. 年满三十周岁。

第一百三十二条

下列情形不得当选总统或副总统:

1. 在选举前八年内的任何时间曾担任总统、副总统或在一个宪法任期内的大部分时间代理副总统;
2. 在选举前十二个月内曾担任副总统,并在任期内的任何时间曾居总统职位;
3. 选举时或选举日前六个月的任何时间内居总统职位者之血亲、姻亲的父辈或后裔,其兄弟姐妹;
4. 选举日前十二个月内曾任内阁部长者;
5. 最高法院正式法官,最高选举法院正式法官和候补法官,公民登记处主管,自治机构董事或经理,共和国总审计长及副审计长。

在选举日前十二个月内曾任上述职位者亦无资格。

第一百三十三条

总统和副总统的选举应于选举之年2月的第一个星期日举行。

第一百三十四条

总统每届任期四年。公职官员和私人的行为违反本宪法所载之总统职位轮换及总统继任自由原则,视为背叛共和国。此类行为之责任不受任何时效限制。

第一百三十五条

共和国副总统为两名,在总统长期缺席时按其提名顺序代理总统职务。总统临时缺席期间,总统可要求其中一位副总统代理其职务。

---

① 经1989年8月18日第7128号法案修正。
② 经2002年5月28日第8281号法案第1条b款修正。

若任何一位副总统均无法填补总统之临时缺席或长期缺席,则总统职位由议会议长代任。

第一百三十六条

共和国总统和副总统于5月8日就职,在其宪法任期届满之时,应停止其职责。

第一百三十七条

总统和副总统应在议会宣誓,若其不能在议会宣誓,则应在最高法院宣誓。

第一百三十八条

应同时选举总统和副总统,并以超过有效投票总数的百分之四十之多数票当选。

同一政党的总统和副总统候选人必须出现在单独的候选人名单上,其他任何候选官员皆不得在此名单上出现。

若任何在同一名单上的总统和副总统候选人皆未获得所需多数选票,则应于同年4月的第一个星期日在获得最高票数的两张名单之间举行第二轮大选,第二轮大选中得票多者当选。

若在任何一次选举中,两个候选人名单都获得足够选票且票数相等,则年长的候选人应当选为总统,同一名单上的另一名候选人当选副总统。

已依法登记在候选人名单上的公民不得放弃其总统或副总统之候选资格,在第一轮选举中获得最高票数的两个候选人也不得在第二轮选举中放弃资格。

第二章 行政机构的权力和责任

第一百三十九条

共和国总统享有下列行政权力和责任:

1)自主任命和撤销内阁部长;

2)代表共和国行使官方性质的行为;

3)统率国民警卫队;

4)每年会期开始时向议会提交一份有关政府各项事宜和共和国政局的书面咨文,同时,该咨文亦就适当的政府行为、国家进步和安宁提供具有重要意义的措施;

5)通知议会其打算离开国家的日程且告知其行程之目的。①

第一百四十条

以下权力和职责由总统和适当的内阁部长共同享有:

1)自主任命和撤销执法机构成员、雇员、担任信托职务的官员和其他具体情况中公务员法规定的官员。

2)依据上述公务员法之规定,任命和撤销所有其他受其规制的雇员。

3)审核、制定、规制和执行法律,确保其获得严格遵守。

4)议会休会期间,依照第一百二十一条第七项规定的相同情形与相同限制,命令暂停各种权利与保障,并立即向议会报告上述行为。暂停保障的法令在事实上相当于召集议会。且议会应在召集后四十八小时内召开会议。若议会全体成员三分之二未投票确认该措施,则应视为正式恢复保障。

若议会因法定人数不足而无法通过决议,则其应于次日再次召集开会,而无论其议员人数。此时,行政机构的法令应经不少于出席会议人数的三分之二投票赞成而通过。

5)主动行使制定法律的动议和否决权。

6)为了维持秩序和国家安宁,采取可能必要的措施以保障公众自由。

7)依据法律征收和支出国家财政。

8)监督行政服务和机构的正常运行。

9)依法院和选举机构之要求,执行其管辖范围内由法院和选举机构所作出和发布的决议和规定。

10)缔结和签订协议、公共条约和协定,且依据本宪法之规定需经批准时,经议会或制宪会议批准后制定并执行协议、公共条约和协定。

无须批准的公共条约或国际性协议的派生协议应在行政机构发布之后立即生效。②

11)若议会根据其权限要求提交报告,则应向议会提交之。

12)指导共和国的国际关系。

13)接见国家元首和外交代表,承认他国的领事。

14)召集议会召开常设会议和特别会议。

15)按时且依本宪法规定之要求向议会提交国家预算法案。

16)配置法律规定的国民警卫队以维护国家秩序、国防和国家安全。

17)发放航行许可。

18)颁布有助于内部运作的适当规则,以及其他适用法律所要求的规则和条例。

19)签订不包括本宪法第一百二十一条第十四项规定在内的行政合同。但需在涉及税收或关税豁免时,或者为开发公共服务、国家自然财富或资源之目的时应将合同提交议会批准。

议会批准此类合同并不给予其法律上的地位或

---

① 经1997年6月17日第7674号法案修正。
② 经1968年5月31日第4123号法案修正。

使其免受法律行政制度之约束。本款规定不适用于贷款或其他与第一百二十一条第十五项规定的其他类似协定，因贷款或其他类似协定应由特殊规则规制。①

20) 为履行本宪法和其他法律赋予他们的其他职责和行使其他权力。

第三章 内阁部长

第一百四十一条

依照法律规定任命内阁部长从事有关行政机构的事项。一位部长可负责两个或以上的部。

第一百四十二条

成为一名部长需符合以下要求：

1) 行使权利的公民；
2) 依出生或通过入籍且在入籍后在国家居住十年而成为哥斯达黎加人；
3) 非教士；
4) 年满二十五周岁。

第一百四十三条

部长不得兼任其他经大选或其他方式产生的公共职务，但特别法律委托部长履行额外职责的除外。本宪法第一百一十条、第一百一十一条和第一百一十二条规定的规则、禁止性规则和制裁规则在符合条件时适用于部长。

共和国副总统可担任部长。

第一百四十四条

内阁部长应每年在议会常设会议第一阶段的前十五日内向议会提交有关其部工作的报告。

第一百四十五条

内阁部长可在任何时候出席议会会议，并有权发言，但无权投票，且在议会下令时被要求依此作出行为。

第一百四十六条

行政机构的法令、决议和命令需经共和国总统和有关部长签署后始有效力。另外，若本宪法作出规定，相关法令、决议和命令亦须国务委员会批准。

共和国总统应可任命或撤销部长。

第四章 国务委员会

第一百四十七条

国务委员会由共和国总统和部长组成，且由总统主持，履行以下职责：

1) 议会要求做出国家国防声明并下令军队征募新兵、组建军队及和平谈判；
2) 以法律规定的方式行使赦免权；
3) 任命及撤销共和国外交代表；
4) 任命由行政机构有义务任命的自治机构管理人员；
5) 处理其他由共和国总统提交的事宜，且若因相关事宜的严重性所需，可邀请其他人员以顾问身份参与委员会的商议。

第五章 行使行政权力者的责任

第一百四十八条

共和国总统负责行使本宪法赋予的专属权力。内阁部长应与总统共同行使本宪法所赋予的权力。国务委员会的行为责任由全体参与表决通过系争决议之人共同负担。

第一百四十九条

共和国总统和涉及以下行为之一的内阁部长应对以下行为共同负责：

1) 以任何方式危及自由、政治独立或共和国的领土完整；
2) 直接或间接阻止、妨碍大选，或者违反总统职务的轮换原则或总统职务的自由继任，或者影响选举的自由、秩序或纯洁的行为；
3) 阻止或妨碍议会履职行为或限制其自主和独立的行为；
4) 拒绝发布或执行法律或任何其他立法行为；
5) 阻止或妨碍司法机构履行职责的行为或限制法院自主作出判决的行为，或以任何方式阻止选举机构或市政府履行职责的行为；
6) 其他行政机构的行为或过失违反法律的行为。

第一百五十条

共和国总统和内阁部长不涉及犯罪行为的法律责任仅适用于在其任职时及停止履行职责后四年内。②

第一百五十一条

共和国总统、副总统或担任总统职务的任何人，不可被起诉或审判。但经弹劾程序，议会宣称有理由启动刑事诉讼程序的除外。

---

① 经 1975 年 6 月 5 日第 5702 号法案第二条修正。
② 经 2000 年 6 月 22 日第 8004 号法案修正。

第十一编 司法机构

独 章

第一百五十二条

司法权力由最高法院和其他依据法律设立的法院行使。

第一百五十三条

除本宪法赋予其的职能外,司法机构应审理民事、刑事、商事、劳动和行政诉讼案件,以及其他依据法律规定的案件,而无论案件性质或当事人的身份地位;在作出最终决议和执行判决时,若有需要,可由国民警卫队协助。

第一百五十四条

司法机构仅服从宪法和法律,司法机构对在其司法管辖权内做出的判决除立法有特别规定外不承担任何责任。

第一百五十五条

任何法院不得审理、裁决由另一法院的待审案件,仅司法机构的法官可请求调阅案卷。

第一百五十六条

最高法院是司法机构的最高等级法院,且所有法院、司法机构的官员和雇员应服从其管理,但不得违反本宪法中有关公务员之规定。

第一百五十七条

最高法院应由为提供良好服务之目的所必需数量的法官组成,他们应由议会选举,成为依法设立的各级法院的成员。仅得在符合所有为本宪法的部分修订而设立的程序的情形下方可决定减少法官人数。①

第一百五十八条

最高法院的法官应经议会全体成员的三分之二赞成票而选出,每届任期八年。法官应高效地履行其职责。除非经议会全体成员不少于三分之二投票作出其他决议,最高法院法官应视为再次当选,任期八年。②

第一百五十九条

最高法院法官应符合以下要求:

1)依出生或通过入籍且在获得入籍证书后在国家居住不少于十年而成为一名哥斯达黎加人;

2)但最高法院的首席法官应为一名依出生成为哥斯达黎加人;

3)行使权利的公民;

4)非教士;

5)年满三十五周岁;

6)持有在哥斯达黎加出具的或法律认证的法学学位且实际执业至少十年,但担任司法官员者拥有司法经验不少于五年。③

就职前,法官应依据法律规定签订任职保证书。

第一百六十条

最高法院法官三代以内的血亲或姻亲不得被选举成为法官。

第一百六十一条

法官不得兼任其他政府最高机构之职务。

第一百六十二条

最高法院应从组成其的法官名录中任命首席法官。其应依据法律规定的方式和条款任命各法院的院长。④

第一百六十三条

最高法院法官的选举和轮换应在其任期届满或收到职位空缺通知之次日计算三十日内举行。⑤

第一百六十四条

议会应任命不少于二十五名的候补法官,候补法官应从最高法院提交的五十名候选者名录中选出。法官暂时出缺时,空缺应由最高法院从候补名单中经抽签选出填补。若候选法官出缺,则应在收到出缺通知后,于议会的第一次常设会议或特别会议中自最高法院推荐的两名候选人中选出一名填补空缺。法律规定正式法官的任期、条件、限制和禁令,但不适用于候选者。

第一百六十五条

不得停止最高法院法官之职,但经声明主张有理由提起诉讼,或经声明主张规定惩戒措施的法律规定的其他原因而停职的除外。在后一种情形下,最高法院应经不少于其成员三分之二秘密投票通过决议。

第一百六十六条

就本宪法未规定之事项,法律应规定法院的管辖、数量、任期、权力以及其行为时依据的原则和负责方式。

---

① 经1954年6月8日第1749号法案修正。
② 经2003年7月15日第8365号法案修正。
③ 经1956年6月15日第2026号法案修正。
④ 经1982年6月2日第6769号法案修正。
⑤ 经2003年7月15日第8365号法案修正。

第一百六十七条

为讨论和批准有关司法机构的组织或职责的法案，议会应征求最高法院的意见。若议会不征求最高法院意见，则须经议会议员三分之二投票通过。

第十二编　市政府

独章

第一百六十八条

为公共管理，国家领土划分为各省。各省划分为各市且各市划分为各区。法律可设立特别行政区。

议会可依照部分修改本宪法所要求的程序经法令设立新的省。设立新的省须经全民公决事先通过适当的提议，而全民公决应经议会命令在即将设立的省举行。

设立新的市应由议会经不少于其成员的三分之二投票通过。

第一百六十九条

应委托市政府管理各市的地方利益和服务。市政府是由大选任命的市议会成员和依法任命的一名行政官员组成的审议机构。

第一百七十条

市政府实行自治。共和国一般预算应分配给所有市级政府不少于相应财政年度百分之十的定期岁入。

法律决定应由行政机构转移给市政府的权限以及资源的分配。

临时条款

第一百七十条规定的预算分配应按照每年百分之一点五的比率渐进增长，但比率达到百分之十时不再增加。

定期地，在每次分配第一百七十条规定的资金时，议会应通过指导向市政府转移资金权限的法律。若议会未通过前述法律，则市政府不得在相应期间接收规定的资源。①

第一百七十一条

应经选举选出市议会成员，其任期四年，且其职责为强制。

法律应规定市议会成员的人数和工作方式。

但是，各省中部各市的市政府应由不少于五名常任议会成员和五名候补成员组成。

市政府应在各年度 5 月的第一天就职。②

第一百七十二条

各区应在相应地区的市政府有一名常设代表（Sindico）与一名候补代表，代表有权发言但无权投票。

为管理市辖区范围内各区的利益和服务，市政府可在特定情况下设立市区议会，作为附属于拥有自治职能之市的机构，市区议会应依据适用于设立市政府的大选程序设立。经议会成员三分之二通过的特别法应规定可设立此类机构所依之特别条件，亦规定其组织、运行及财政资助。③

第一百七十三条

市政条例可：

1）经法律任命的官员通过正式的理由否决；

2）由有利害关系的当事人提起上诉。

在前述任一情况下，若市政府不撤销或不修改被否决或被上诉的条例，则相关案件应被提交给法律规定的法院，以作出最终裁决。

第一百七十四条

法律应明确规定市政府需要立法授权签订贷款协议、抵押其财产或岁入，或处分不动产或其他财产的情形。

第一百七十五条

市政府应制定其一般预算和特别预算。所述预算须经审计长批准方可生效，且审计长应监督预算的执行。

第十三编　公共财政

第一章　共和国预算

第一百七十六条

共和国的一般预算包括所有可能的岁入和整个财政年度因公共管理所授权的支出。支出的预算在任何情况下均不得超过可能的岁入。

市政府和自治机构应在制定预算时遵守前述规定。

共和国预算应以一年为期发布，即从 1 月 1 日起至 12 月 31 日止。

第一百七十七条

行政机构应通过一个专门部门制定一般预算，专门部门首脑应由共和国总统任命，任期六年。专门部门应有权减少或禁止内阁部长、议会、最高法院和最高选举法院拟定的预算中规定的项目。若发生冲突，共和国总统应作出最终决定。最高选举法院为举行

---

① 经 2001 年 6 月 3 日第 8106 号法律修正。
② 经 1961 年 5 月 12 日第 2741 号法案第一条第二款修正。
③ 经 2001 年 5 月 31 日第 8105 号法案第一条修正。

选举的支出预算不得经前述部门否决。

分配给司法机构应不少于财政年度定期收入的百分之六。但当此数额比该机构需要的基本预算总额多时,前述专门部门应将差额列入过剩收入,并附加额外支出计划,以使议会可采取相关措施。

为确保各种社会保障的覆盖并保障国家补助金的全额支付,应将足够的收入分配给哥斯达黎加社会保障局,分配收入时应适当地计算以满足机构当前和未来之需。若因收入不足产生赤字,则国家应承担义务,以使行政机构在下个预算中计入社会保障局所需的资金,平衡国家总预算。

行政机构应为每个财政年度准备特别预算,用于支付公债或其他特定开支。①

第一百七十八条

行政机构应在每年9月1日之前向议会提交一般预算的建议,且应在同年11月30日前制定预算法。

第一百七十九条

议会不可增加行政机构所制定的预算支出,除非其事先就财政效力咨询共和国审计长的意见,征收新的岁入。

第一百八十条

一般和特别预算构成对公共权力使用和支配国家资产行为的限制,且仅得依据行政机构的建议,通过法律修改。

任何意欲增加支出或额外支出的修正案应遵守前述条款。

但当议会休会时,行政机构可改变授权的预算项目的预期用途或开发额外的信贷,但仅用于满足战时、内乱或公共灾害中的紧急或不可预见的需求。此时,审计长不得阻碍同意支出,且相关法令的发布即表示应召集议会召开特别会议处理相应的问题。

第一百八十一条

行政机构应在相应的财政年度结束后的3月1日前向审计长提交日常和特别预算的结算。审计长应将结算连同自己的意见在同年5月1日前提交给议会。议会最终决定是否批准上述项目。

第一百八十二条

由政府机构、市政府和自治机构缔结的公共工程合同,由这些团体资金进行的购买,以及出售或出租其财产应依照相关法律以竞标形式进行。

第二章 共和国审计总署

第一百八十三条

共和国审计总署为议会监督公共财政的附属机构,但审计总署在履职时享有完全的运行和管理独立。

审计长和副审计长应对审计署负责。审计长和副审计长均由议会任命,任期八年,自总统任期开始两年后计算。审计长和副审计长可无限期连选连任,享有最高政府机构成员的豁免权和特权。

审计长和副审计长就其履职情况向议会负责。若其在相关诉讼中被证明不适合其职务或行为不端,则经议会成员三分之二以上投票通过可撤销其职。

第一百八十四条

审计署享有以下权力,履行以下义务:

1) 监督共和国日常和特别预算的执行和结算。

不得执行支出国家资产的命令,除非相应的支出已经审计署副署;且国家不得承担债务,但经审计署副署的除外。

2) 审查和批准或不批准市政府和自治机构的预算,监督其执行和结算。

3) 在第一次常设会议上向议会提交上一年度全年的报告,包括审计长的工作详情以及其认为对改善公共资产管理所必需的意见或建议。

4) 审查、稽核并结算国家机构和公职人员的账目。

5) 本宪法或法律赋予的其他权力。

第三章 国库

第一百八十五条

国库为所有国家收入部门的营运中心。其是唯一经合法授权代表国家支出并接收支付给国库的资金和岁入的机构。

第一百八十六条

国库由司库和副司库负责。司库和副司库依据法律规定独立履行其职责。其由国务委员会任命,任期四年,仅可因正当理由而被撤职。

第一百八十七条

与公共管理机构永久雇员薪水支出无关且经预算正式纳入的开支应在政府公报上公布。

国务委员会因非常特殊的原因认为不应公布的开支应免于公开,但此时,议会和审计署应得到秘密且及时的通知。

---

① 经1959年5月20日第2345号法律以及经1961年5月12日第2738号法律修正。

第十四编 自治机构

独 章

第一百八十八条

国家自治机构享有行政上的独立且应遵守法律进行管理。自治机构的管理者负责管理。①

第一百八十九条

以下是自治机构：

1）国有银行；

2）国有保险机构；

3）依据宪法设立的，以及经议会全体成员三分之二以上投票赞成设立的新机构。

第一百九十条

为讨论和批准有关自治机构的法案，议会应事先听取相关自治机构的意见。

第十五编 公务员

独 章

第一百九十一条

公务员法应规制国家和公职人员之间的关系以确保有效管理。

第一百九十二条

除本宪法和公务员法规定之例外，公职人员的任命应以经证明的才能为基础，且仅得因前述劳动立法中规定之正当解雇原因而被撤职；或者在强制裁员的情形下，因缺少资金或为改善此类工作组织而撤职。

第一百九十三条

共和国总统、内阁部长和负责管理公共资金的官员须申报其财产，且应依据法律正式评估财产。

第十六编 宪法上的宣誓

独 章

第一百九十四条

根据本宪法第十一条之规定，公职人员应作出以下宣誓：

"你是否在上帝面前宣誓，向国家承诺遵守和捍卫宪法和共和国法律，忠诚地履行你所担任职务的职责？

是的，我宣誓。

若你遵守誓言，上帝会帮助你；若你没有遵守誓言，上帝和国家会谴责你。"

第十七编 宪法修正

独 章

第一百九十五条

议会严格遵守下列规定可部分修改本宪法：

1）一个或多个修正案的提案应在常设会议时提交给议会，该提案由至少十名代表或最少百分之五在选举名册上登记的公民签署；②

2）提案应经三读，每次间隔六日，以决定该提案是否获准进入讨论；

3）若获准进入讨论，则应将提案送交由议会成员绝对多数通过任命的委员会，该委员会应在二十个工作日内给予意见；③

4）意见一经提交，应依据制定法律的程序讨论提案，前述修订提案应经议会议员三分之二以上投票赞成；

5）修订提案一经同意，议会委员会应准备相应的法案，该法案须经绝对多数通过；

6）应将上述法案提交行政机构，行政机构应在下一个常设立法会期开始时将该法案随总统咨文连同总统意见或建议提交议会；

---

① 经 1968 年 5 月 31 日第 4123 号法案修正。

② 经 2002 年 5 月 28 日第 8281 号法案第一条 e)款修正。

③ 经 1977 年 6 月 15 日第 6053 号法案修正。

7)议会在其第一次会议上应经三次辩论讨论该法案,若该法案经议会全体议员至少三分之二投票赞成,则该法案应成为宪法的一部分且应交予行政机构公布与遵守;

8)依据本宪法第一百〇五条之规定,宪法修正案可在一个议院通过后,另一个议院通过前,经议会全体成员三分之二投票赞成,举行全民公决。①

第一百九十六条

本宪法的一般修正可仅由一个为修正之目的而召集的制宪会议进行。有关召集制宪会议的法律应经议会全体成员至少三分之二投票通过且无须行政机构批准。②

第十八编 最后条款

独 章

第一百九十七条

本宪法应于1949年11月8日生效,且废止其他宪法。现有法律体系继续有效,但经主管政府机构修改或废止,或者经本宪法明确废止的除外。

---

① 经2002年5月28日第8281号法案第2条b)款修正。
② 经1968年5月31日第4123号法案修正。

格林纳达宪法*

1973 年 11 月 19 日,1992 年 7 月 10 日修订

序　言

鉴于格林纳达的人民:

1. 已经宣告他们的国家系建立于承认其父辈和上帝至上以及每个人对于其同胞负有责任的原则上。

2. 认可因为精神发展对人类的生存以及其最高的情感表达至关重要,所以他们希求尽所其有的力量与资源为此服务。

3. 坚信人的价值尊严和所有造物主授予人类平等和不可让与的权利、理性和良心;坚信在人们的任何社会和政治活动中权利和义务系相关联的;以及坚信即使权利赞颂个人自由,义务也会表达出该自由的庄重。

4. 表达对法治的尊重,并且由于道德规范使得他们的文化及其丰富的遗产华丽绽放,所以认为对此予以最高的尊重系每个人的责任。

5. 重申自由的人们享受远离恐惧以及凭借每个人享有的经济的、社会和政治的、民事和文化的权利在条件允许的时候能够最好实现其愿望的理想。

6. 期望他们的宪法将会反映上述提及的那些代表他们国家之所以建立的崇高理想的原则和信念,以及将会制定规范确保格林纳达的基本权利与自由的保障。

因此,现在下述的规范将作为格林纳达的宪法发生效力。

第一章　基本权利与自由的保障

第一条　基本权利与自由

鉴于每个在格林纳达的人都有权拥有基本权利和自由,也就是说,无论其种族、籍贯、政治观点、肤色、宗教或者性别,只要服从于尊重他人的权利与自由及公共利益,每个人都将拥有如下权利——

1. 生命、自由、人身安全以及法律保障;
2. 良心、表达、集会与结社的自由;
3. 住宅隐私和其他财产的保护以及不受未予以补偿的剥夺财产;以及
4. 工作的权利。

本章的规定将基于对这些权利与自由提供保障的目的实施,而这样的保障服从于内在于上述规定的限制,这些限制的设计系为了确保任何人对上述权利与自由的享有不损害他人的权利与自由或者公共利益。

第二条　生命权的保障

(一)任何人的生命不得被故意剥夺,除了法院依据格林纳达的法律对其犯罪判处死刑的执行。

(二)一个人不应当被认为系违背本章节的被剥夺生命,假如他的死亡系由于适用法律,在法律允许的范围内或者条件下被合理证明其系正当的——

1. 基于防卫任何人被暴力侵犯或对财产的防卫;
2. 为了实施合法的逮捕或者防止被合法关押之人的逃跑;
3. 基于镇压暴动、动乱或叛变;或者
4. 为了阻止犯罪行为的发生或者假如他的死亡系因为合法的战争行为。

第三条　个人自由权的保障

(一)任何人不得被剥夺其个人自由除非在法律授权的如下情形,即——

1. 为执行法院有关被判决其刑事行为有罪,无论系被格林纳达或其他国家认可的判决或命令。
2. 为执行高级法院或者上诉法院惩罚其藐视法庭或者其他法庭或特别法庭(tribunal)的命令。
3. 为执行法院确保其完成法定义务的命令。
4. 为法院将其带至法庭应诉的命令。
5. 基于合理怀疑其已经进行,或者将要进行格林纳达法律规定的犯罪。
6. 根据法院的命令,或其父母或监护人的许可,为了他的教育或者健康并系在其达到十八岁之前的任何一段时间内。
7. 为了防止感染性或者触染性疾病的传播。

---

* 译者:方浩长。

8. 就那些或者有合理理由怀疑的那些，心智不健全的，有毒瘾或酒瘾的，或者无家可归的人，出于对其照顾或治疗或对社区的保障。

9. 为了阻止非法进入格林纳达的人，或为了实施驱逐、引渡或其他合法地移送其离开格林纳达或者为了对一个被判处有罪的囚徒从一个国家引渡或移送至另一个国家的过程中经过格林纳达的期间内对其进行的限制；或者

10. 为了执行一项要求一个人停留在格林纳达内的一个特殊区域内，或禁止其离开这样的一个区域的合法的命令的必要；或者为了实施上述命令或之后的相关命令而对其采取的合理正当的诉讼程序，或者对一个去格林纳达的任何地方才要被允许才能去的人在除此之外的地方的违法出现的合理正当的限制。

（二）任何被逮捕或者羁押的人都应当在尽快合理可行情况下以其能理解的语言被告知其逮捕和羁押的理由。

（三）任何被逮捕和羁押的人——

1. 为执行法院将其带至法庭应诉的命令；或者

2. 基于合理怀疑其已经进行，或者将要进行格林纳达法律规定的犯罪，以及那些没有被释放的，都不得拖延提起诉讼。

（四）任何人基于任何诉讼而执行法院指令被带至法庭应诉或者基于合理怀疑其已经进行，或者要进行犯罪，其都不应当在此之后基于这样的诉讼和罪行继续被羁押，除非根据法院的命令。

（五）假如任何基于本条的第（三）款第二项，被逮捕或者羁押的人没有在合理的时间内受审，并且对其没有任何进一步的诉讼程序进行，他应当被无条件或者附加合理的条件释放，包括合理必要地保证其能在之后的庭审或者初步的诉讼程序中出席的这样的特别条件。

（六）任何受他人非法逮捕或羁押的人应当有权基于此向这些羁押他的人或者与此利害相关的人或机构请求赔偿。

（七）根据本条第（一）款第一项的目的，一个因格林纳达法律规定的罪行被指控的人被陪审团做出了特别裁断，认定其作为或不作为系有罪的，但其作为或不作为的时候处于精神失常的状态，这种人应当认为其系被宣判有罪的，以及基于这样的裁断的羁押应当被认为系依据法院指令的羁押。

第四条 不受奴役或强迫劳动的保障

（一）任何人不得使为奴隶或奴役。

（二）任何人不得被强迫劳动。

（三）根据本条的目的，"强迫劳动"的措辞不包含——

1. 任何基于法院判决或者命令的劳动；

2. 即使不系基于法院的命令，但在其合法羁押期间为其合理必要的健康利益或者系对其被羁押地的维护的劳动；

3. 作为训练有素的军队里的成员为了其职责的劳动，或者系在一个人依良心拒绝服兵役成为海军、陆军或空军成员的情况下，依法要求其代替服兵役而履行的劳动；

4. 公共紧急状态期间或者其他威胁到社区生命及安康的紧急状态或灾难的事件中要求的劳动，包括其他的紧急状态或者灾难的结果或者期间内，为了达到解决这种情况的目的而系要求的合理正当的劳动。

第五条 不受不人道待遇的保障

（一）任何人不受刑讯或者非人道或者有辱人格的惩罚或其他对待。

（二）任何法律权限所包含的内容及基于此的行为均不得抵触或者违背本条，包括了在即将实施的本宪法之前在格林纳达现行的存疑的法律授权的任何类型的惩罚。

第六条 财产免受剥夺的保障

（一）无论任何类型财产都不应当被强制征收为个人所有，以及在各类型财产之上的任何利益或权利都不应当被强制获取，除非法律明文规定个人财产的征收或获取并即付的全额补偿。

（二）任何财产被强制征收或者财产上的利益或权利被强制获取的人都有权直接向高等法院起诉为了——

1. 其利益或权利的确权，财产征收或获取的合法性，其有资格获取的利益或权利以及赔偿的数额；以及

2. 获得即付补偿的目的；

假如议会规定的任何事项涉及本款第（一）项享有的权利，都应当可以向除高等法院外的，依法对此事项有裁判权的特别法庭或行政机构提起诉求（由对该财产享有利益或权利的人提起的依法可行的诉求）。

（三）首席法官可能要制定关于高等法院或者其他特别法庭或行政机构行使由本条第（二）款授权高等法院司或基于该款的目的由特别法庭或行政机构行使的法裁判权的实践和程序的规则（包括有关申请或者起诉到高等法院申请其他特别法庭获行政机构的时效的规则）。

（四）任何基于本条有权获得补偿金的人都不应当被阻止将其在合理时间内已经获得的补偿金汇款到其选择的任何不同于格林纳达的国家，包括所有的补偿总金额（不包含其汇款所应缴纳或征收的扣减项目、费用或税额）。

（五）任何法律权限所包含的内容及基于此的行为均不得抵触或者违背本条第（四）款的规定，除非法律对该问题授权——

1. 根据法院的命令扣押任何人有权获得的补偿金作为法院裁判的或其他民事裁决中其为一方当事人所应支付的赔偿；或者

2. 对任何补偿金汇款方式上加以的合理的限制。

（六）任何法律权限所包含的内容及基于此的行为均不得抵触或者违背本条第（一）款的规定——

1. 除非法律为了下述目的而作出关于征收财产和获取对任何财产的利益或权利的规定——

(1) 作为任何税额、费用和应付款的赔偿；

(2) 作为违法结果没收或惩罚的方式；

(3) 作为出租、租赁、抵押、担保、出售、典当以及合约的事宜；

(4) 执行民事权利或义务裁决之诉讼中法院的判决或命令；

(5) 处于因该财产的危险状态或者可能危害他人、动物或植物的健康而合理且必要做出如此处理的环境下；

(6) 根据有关该行为限制的法律；或

(7) 仅系基于目的的必要性，为了检查、调研、试验或者询问的目的，或者就土地来说，为了实施土壤保持或其他自然资源保护或为农业发展和改进的目的（土地的所有者或占有者已经被要求实施有关这种发展或改进的工作，并且没有任何合理的理由拒绝或不予实施），并且除非要么系基于法律规定，要么系根据具体情况，该行为在法律授权下行使的，不然在民主的社会里这样的行为系不能被合理的证明其正当性。

2. 除非法律对该问题做出的关于征收个人财产和获取任何如下财产（包括财产上的利益或权利）的规定，即——

(1) 敌军的财产；

(2) 已死亡之人、精神病人或者未满十八周岁之人的财产，为了对该财产有受益权之人的利益进行管理；

(3) 被宣告破产或者系结算中的法人团体的财产，为了破产者或者法人或其他相关主体的债权人的利益，以及其他对该财产有受益权的人的利益进行管理；或者

(4) 信托财产，为了根据创设信托的正式文书亲自指定的或者法院或法院的命令的受托管理人实施信托而转归财产。

（七）任何议会所颁布的法律权限内所包含的内容及基于此的行为均不得抵触或者违背本条规定，除非法律对此做出了强制征收的财产，或强制获取财产上利益或权利的规定，而这些财产，利益或权利由为公共目的依法成立的法人团体所有，没有花费任何除了议会或其他格林纳达的立法机构提供的资金以外的其他资金。

第七条　不受肆意搜查和闯入的保障

（一）除非得到允许，任何人的人身和财产不受搜查，其处所不受闯入。

（二）任何议会所颁布的法律权限内所包含的内容及基于此的行为均不得抵触或者违背本条规定，除非法律对该问题做出规定：

1. 基于防卫、公共安全、公共秩序、公共道德、公共健康、城镇和国家规划、矿产资源的开发和利用或为了公众的利益对任何财产开发与利用目的而合理要求；

2. 基于保护他人权利与自由目的的合理要求；

3. 根据具体情况授权格林纳达政府官员或机构、地方政府当局或为公共目的建立的法人团体闯入他人的处所对此进行检查或者基于任何其他的税收、费用或者预付款或者为了执行有关合法处于这些处所里但属于政府、当局或法人团体的财产；或者

4. 授权为了执行民事程序中法院的判决或命令而搜查人身和财产，或者根据这样的命令闯入他人处所。

而除了上述条文，或者上述相关案例，任何其他授权行为在民主社会里都应被认为系不合理的。

第八条　法律的安全保障条款

（一）任何人被指控犯罪，除非该指控被撤销，否则该案件应当在合理时间内由依法建立的独立的公正的法院进行公正的审理。

（二）任何被指控犯罪的人——

1. 应当假设系无罪的直至其被证明或者自认有罪；

2. 应当尽快在合理可行的时间内，以其能理解的语言详细地通知其被指控犯罪的性质；

3. 应当给予其充分的时间和便利为其辩护做准备；

4. 应当允许其亲自在法庭上为自己辩护，或者自费自己选择法律代理人辩护；

5. 应该为其提供便利以亲自或者由其法律代理人在法庭上询问公诉人传唤的见证人，并且以与公诉人传唤见证人同样的条件的方式获得为自己作证的证人到场和实施询问；以及

6. 应当允许其获得免费的翻译援助，假如其不懂审判法庭使用的语言，并且除其自己同意，庭审不应当在其缺席时进行除非他自己的行为导致了诉讼程序延期到其能到场不可行的并且法庭已经命令

其离开而且庭审在其缺席时继续进行。

此外,在法律规定的这种情况下,庭审缺席可能进行,只要对其定罪的判决不判处死刑或者限制人身自由刑(不同于拖欠罚款的限制人身自由)。

(三)当一个人被指控犯罪进行审判,该刑事被告人或者任何其授权代表他的人,假如其提出要求和遵照支付了法律规定的合理的费用,都应当在判决后合理的时间内获得一份法庭作出的或者系代表法庭观点有关该刑事被告人庭审记录的备份文件。

(四)任何人不得因其行为或者过失在发生时不构成犯罪而被认定为有罪,并且不得强加任何在程度或者性质上比该犯罪行为被确定时的最高惩罚更为严格的刑罚。

(五)任何人凡系表明其犯罪行为已经被有管辖权的法院审判,无论被宣告有罪还系宣告无罪,不应当再次因同一罪行或者其他已经被宣告有罪的行为受审,除非系根据上级法院在有关于确定其有罪或者宣告无罪的上诉或者复审程序中的命令。

(六)任何人假如能证明其犯罪行为已被赦免,无须受刑事审判。

(七)任何人接受刑事审判的人不得被强迫在审判中提供证据。

(八)任何法院或者其他法律指定的可以就民事权利或者义务的存在或范围作出裁判的机构应当依法建立并且应当系独立且公正的;并且任何人在法院或者其他机构提起了这样的裁判程序,该案件应当在合理时间内被公平的审理。

(九)除经所有当事人同意,每一个法院的所有诉讼以及所有在其他机构中对民事权利或义务的存在或范围作出裁判的程序,包括法院或其他机构作出决定的公告,都必须公开。

(十)本条中的第(九)款不应当有阻法院或其他机构在下列范围内将当事人及其法律代理人以外的其他人排除法院或其他机构的诉讼程序——

1. 根据法律授权可以为之的,以及在公开可能损害公平正义的情况下,或在中间诉讼过程中或为公共道德和十八岁以下公民的福利,或为保障与该诉讼有关的公民隐私生活的情况下,可以认为这样做系必要的或适当的;或者

2. 为了国防、公共安全或公共秩序根据法律授权或要求可以为之的。

(十一)任何法律权限所包含的内容及基于此的行为均不得与下列规定相抵触或相违背:

1. 本条的第(二)款第一项,除法律规定强制被指控犯罪的人有责任证明特定事实;

2. 本条的第(二)款第五项,除法律规定如果被请求来为被告作证的证人费用要从公共资金支出所必需满足合理条件;

3. 本条第(五)款,除法律授权法院对一支有相应惩戒机制的部队的成员,尽管根据该部队的惩戒规定已经对该成员进行有罪或无罪的审判,但法院对这种人员进行审判定罪时应当考虑其基于该惩戒规定得到的惩罚。

(十二)任何人根据第(一)款规定被合法拘留的情况下,则依据规定此类人员纪律的法律对其进行刑事审判,不适用本条第(二)款第四项和第五项以及第(三)款之规定。

(十三)本条规定的"刑事犯罪"指格林纳达法律中规定的刑事犯罪。

第九条 信仰自由的保障

(一)未经其本人同意,不得妨碍任何人享有信仰自由,包括思想自由和宗教自由,改变宗教或信仰的自由以及,独自或集体地、公开或秘密地以礼拜、教义、仪式和典礼的方式表明和传播其宗教或信仰的自由。

(二)未经其本人同意(或,假如其未满十八周岁,经其父母或监护人同意),不得要求无论在何地接受教育的人,接受与其宗教无关的宗教教育,或参加任何与其宗教无关的宗教典礼或仪式。

(三)任何宗教团体均有权自费建立并保留教育场所以及管理任何由其完全保有的教育场所,且不得妨碍任何此类团体在任何由其完全保有的教育场所,或在其提供任何教育期间内为本团体的人员提供宗教教育。

(四)不得强迫任何人进行任何违反其宗教或信仰的宣誓,也不得强迫任何人以违反其宗教或信仰之方式进行任何宣誓。

(五)任何法律权限所包含的内容及基于此的行为不得抵触或者违背本条规定,除非法律对该问题做出下列的规定合理地要求——

1. 为了国防、公共安全、公共秩序、公共道德或公共健康;或

2. 为了保障他人的权利和自由,包括不受其他宗教的成员恶意干涉而奉行或实践任何宗教的权利。

而除了上述条文,或者上述相关案例,任何其他授权行为在民主社会里都应被认为系不合理正当的。

(六)本条条文中提及宗教应被解释为包括宗教教派,并且同类表述应当依此进行解释。

第十条 表达自由的保障

(一)未经其本人同意,不得妨碍任何人享有表达自由,包括不受干涉地保持意见的自由,不受干涉地接受思想和信息的自由,不受干涉地交流思想和信息的自由(不论该交流系与一般公众或任何人或任何群体)以及通信不受干涉的自由。

（二）任何法律权限所包含的内容及基于此的行为不得抵触或者违背本条规定，除非法律对该问题做出下列规定——

1. 基于国防、公共安全、公共秩序、公共道德或公共健康而合理要求；

2. 基于保障他人的名誉、权利和自由或进入诉讼程序的相关人员的私生活，防止泄露秘密收到的情报，维持法院的权威和独立或为了规制对电话、电报、邮件、无线广播或电视的技术管理或技术操作而合理要求；或

3. 对公务员设定限制

除了上述条文，或者上述相关案例，任何其他授权行为在民主社会里都应被认为系不合理正当的。

第十一条 集会与结社自由的保障

（一）未经其本人同意，不得妨碍任何人享有集会和结社自由，即，任何人为保护自身利益有权自由集会以及与他人结社的权利，尤其系组建或加入工会或其他团体的权利。

（二）任何法律权限所包含的内容及基于此的行为不得抵触或者违背本条规定，除非法律对该问题做出下列规定——

1. 基于国防、公共安全、公共秩序、公共道德或公共健康而合理要求；

2. 基于保障他人的权利或自由而合理要求；或

3. 对公务员设定限制

除了上述条文，或者上述相关案例，任何其他授权行为在民主社会里都应被认为系不合理正当的。

第十二条 迁徙自由的保障

（一）不得剥夺任何人的迁徙自由，即，在格林纳达境内自由迁徙的权利，在格林纳达任何区域内居住的权利、进入格林纳达的权利、离开格林纳达的权利以及驱逐出格林纳达的豁免权。

（二）任何因被合法拘留而对其自由的限制，不应被视为与抵触或违背本条规定。

（三）任何法律权限所包含的内容及基于此的行为不得抵触或者违背本条规定，除非法律对该问题做出下列规定——

1. 基于国防、公共安全或公共秩序的合理要求，就任何人在格林纳达境内迁徙或居住或就其离开格林纳达的权利设定限制；

2. 为了国防、公共安全、公共秩序、公共道德或公共卫生而对所有人或某一类人在格林纳达境内迁徙或居住或就其离开格林纳达的权利设定限制。

除了上述条文，或者上述相关案例，任何其他授权行为在民主社会里都应被认为系不合理正当的。

3. 由于某人根据格林纳达的法律被发现犯有罪行，或者系为了确保其得以出庭受审，或者系由于对其预审起诉或系有关引渡或合法移送其出格林纳达的程序，而依据法院指令，就其在格林纳达境内迁徙或居住或就其离开格林纳达的权利设定限制。

4. 对任何非格林纳达公民者的迁徙自由设定限制。

5. 对任何人取得或使用格林纳达境内的土地或其他财产设定限制。

6. 对任何公务员在格林纳达境内迁徙或居住或对其离开格林纳达的权利设定限制。

7. 为了将某人从格林纳达移送至另一国家以能够按照该国家之法律对犯罪行为进行审判或惩罚，或能够在该国家实施监禁以执行法院依据格林纳达的法律对其罪行判处的刑罚。

8. 基于确保某人履行法律对其设定的义务之合理的要求而对其离开格林纳达的权利设定限制。

除了上述条文，或者上述相关案例，任何其他授权行为在民主社会里都应被认为系不合理正当的。

（四）如果任何人的迁徙自由依据本条第三款第一项所提及的条款受限制，且他在限制期内的任何时候有此请求，则应当于发布命令之日起三个月后或他最后一次提出请求之日三个月后，由独立且公正的特别法庭审查其案件，并由首席大法官在格林纳达担任出庭律师或事务律师的人指定一人担任主持。

（五）特别法庭依本条第四款之规定审查任何限制迁徙自由的案件时，如果特别法庭认为继续限制为必要或有利的，可以向作出限制的机构提出建议，且除非法律另有规定，该机构有义务依据此类建议采取措施。

第十三条 不受种族等歧视的保障

（一）除本条第四款、第五款和第七款之规定外，任何法律均不得设定含有歧视性内容或产生歧视性影响的条款。

（二）除本条第六款、第七款和第八款之规定外，任何人均不得被任何个人基于任何成文法律的原则或行政机构为了履行期职责而施以歧视性对待。

（三）在本条中，"歧视性"一词系指仅依据或主要依据性别、种族、出生地、政治主张、肤色或宗教信仰的差异而对不同的人施以不同对待。由此，剥夺或限制某一类人的资格或能力而另一类人不受此限，或赋予某一类人以特权或优势地位而不赋予另一类人。

（四）本条第一款不适用于规定下列内容的法律——

1. 公共收入或其他公共基金的拨款；

2. 涉及非格林纳达居民；

3. 就本条第三款提及的任何人，经考虑其本质或特殊情况，对其课以剥夺或限制资格或能力或赋予其特权或优势地位系合理正当。

（五）任何法律所包含的内容均不得抵触或违背本条第一款之规定，除非该法规定的系在提供公用服务的机构任职或行使职务的人所要求的标准或资格（该标准或资格不涉种族、出生地、政治主张、肤色、宗教信仰或性别）。而这些在纪律部队，在地方政府授权机构或者在公共团体中的机构都系基于公共目的依法建立的。

（六）本条第二款之规定不适用于本条第四款或第五款提及的法律条文之明文明确或必要暗示而授权的任何事项。

（七）任何法律权限所包含的内容及基于此的行为不得抵触或者违背本条规定，除非法律对该问题做出规定对本条第三款提及的任何类型的人享有的，受本宪法第七条、第九条、第十条、第十一条或第十二条所保障的权利和自由课以任何的限制，且该限制系根据情况得到第七条第二款，第九条第五款，第十条第二款，第十一条第二款或者第十二条第三款第一项、第二项或第八项所授权的。

（八）本条第二款的任何规定均不得影响依据宪法或任何其他法律授予任何人在任何法院提起、进行或终止民事或刑事诉讼所作的自由决定权。

第十四条 紧急状态的权力对基本权利和自由的减损

任何国会制定的法律权限所包含的内容及基于此行为不得抵触或者违背本宪法第三条或第十三条之规定，除非是法律授权在公共紧急状态下所采取的，处理格林纳达处于该境地中的合理正当的措施。

第十五条 依据紧急状态法被拘留的人的保障

（一）任何人系依据本宪法第十四条所提及的法律原则被拘留时，应当适用下列规定，即：

1. 应尽可能快地并一定在其被拘留的七天内用其所能理解的语言向其提供一份书面声明，通告其被拘留的理由；

2. 在其被拘留的十四天内，应在政府公报（the Official Gazette）上公布通告，说明其已被拘留并详述其被拘留所依据的法律条文；

3. 在其被拘留开始的一个月内以及此后不得超过六个月的拘留期限内，其案件应当由一个依法设立的中立且公正的特别法庭进行审查并由首席大法官在格林纳达担任出庭律师或事务律师的人指定一人担任主持；

4. 应当为其提供合理的便利以请教由其自己选择的，可被允许出席被委派审查该被拘留人员的案件的特别法庭的法律代理人；

5. 被委派审查其案件的特别法庭在案件审理中，应当允许其亲自出庭或者由其自己选择的法律代理人出庭。

（二）按本条款对被拘留的人的案件进行任何审查时，特别法庭可以向下达指令的行政机构提出有关继续居留的必要性或权宜之计的建议，但除非法律另有规定，该机构并没有义务按照该建议行事。

（三）本条第一款第四项或第五项不应当解释为可以公费聘请法律代理人。

第十六条 保护性条款的强制执行

（一）假使任何人宣称对其的处理已经、正在或者可能违背了本宪法第二条到第十五条（包含本数）的任何规定（或者，某人被拘留的情况下，任何其他人宣称对被拘留的人的处理也有违背上述规定），那么在不损害涉及同样的但合法有效的事项的其他行为的情况下，某人（或者其他人）可以向高等法院请求纠正。

（二）高等法院拥有下列原始裁判权——

1. 审理和决定由任何人按本条第一款提出的任何请求；以及

2. 作出按本条第三款中提到的任何人而出现的任何问题的裁定，以及作出声明或命令、签发令状和发出指示基于其认为确保本宪法第二条到第十五条（包含本数）的任何规定得以实施是合适的：

如果有关人员根据其他法律获得或者已经获得充分的纠正方式而实现救济，法院将不行使本款所规定的权力。

（三）假使在任何法院（除了上诉法院、高等法院或军事法院）的任何诉讼程序中，有关违背本宪法第二条到第十五条（包含本数）的任何规定的问题，该法院的主持可以，如果是任何一方诉讼当事人要求则应当，将该问题移交高等法院审理，除非其认为该问题的提出是毫无意义或者属无理缠讼。

（四）对于按照本条第三款提交给高等法院的任何问题，高等法院应当就该问题作出其决定而提出该问题的法院将按照该决定处理案件，或者假使该决定是向上诉法院或者女王陛下会同枢密院上诉，则应当遵循上诉法院或根据情况按女王陛下会同枢密院的决定来处理该案。

（五）议会可以授予高等法院除本条授予的权力外的权力，作为高等法院更有效地行使本条授予的司法权所必需或值得拥有的权力。

（六）首席法官可以发布关于高等法院根据本条或本条授予其司法权和职权相关的手续和程序（包括有关诉讼时效的规则以及高等法院应当遵循的参考规制）的规制。

第十七条 紧急状态的宣告

（一）总督可以在政府公告上宣告，宣告本章所言的紧急状态存在。

（二）任何紧急状态的宣告在下列情况下失效——

1. 议会正在开会时做出的宣告的情况下，在该宣告公布之日开始的七天届满时失效；以及

2. 其他情况下，在该宣告公布之日开始的二十一天届满时失效，除非其在此期间被议会两院做出的决议批准。

（三）总督可以在任何时候于政府公告上宣告，撤销紧急状态的宣告。

（四）依据本条第二款被议会两院做出的决议批准的紧急状态的宣告应当依照本条第三款的规定，将继续有效直到议会各院做出的决议不再有效。

（五）议院就本条通过的决议应当在六个月内保持效力，或者如以下特殊情况的更短期间：

假使任何的决议通过未来发布该种决议一次次延长，但每一次延长不超过该决议生效的六个月，以及任何这样的决议都可能在任何时候被作出该决议的议院撤销。

（六）议院依本条第二款作出的决议以及该决议的延展将不会被通过，除非得到该议院的多数投票的支持。

（七）本条的任何条款关于紧急状态的宣告在特殊的时期将失效或者终止其效力，无论是在该时期前还是时期后都不影响将来作出这样的宣告。

（八）总督可以召集议院以实现本条第二款之目的，尽管议会之后可以解散，而且参议院与众议院的议员在解散之前即被认为，基于这样的目的，将继续作为议员，但根据本宪法第二十八条第三款和第三十四条第四款规定（有关参议院议长和众议院议长的选举），当议院根据本条之意召集，将不会办理除了有关本条第二款决议的讨论与投票之外的任何事项。

第十八条 解释与保留

（一）在本章中，除非文意另有要求——

"违背"当涉及任何要求时，包括不符合要求，且同类表述应当据此解释。

"法院"系指在格林纳达享有司法管辖权的法院而非依纪律性法律建立的法院，以及包括女王陛下会同枢密院与在本宪法第二条和第四条中依纪律性法律建立的法院。

"纪律性法律"系指规制纪律部队的之纪律的法律。

"纪律部队"系指——

1. 海军、陆军或空军；

2. 警察局；或者；

3. 监狱。

"法律代理人"系指有权在或者进入格林纳达且有权在格林纳达从事出庭律师的人，或者是除了有关法院诉讼程序中无出庭陈述权的事务律师之外的在格林纳达从事事务律师的人。

"成员"，有关纪律部队的，包括任何依据规制该机构的纪律性法律，受该纪律约束的人。

（二）本章中"公共紧急状态期间"系指如下期间——

1. 女王正在进行战争期间；或者

2. 依据本宪法第十条发布的有效的紧急状态的宣告期间。

（三）相对于依据议会立法组建或者是其他格林纳达合法组建的纪律部队的任何成员，任何该纪律性法律权限所包含的内容及基于此的行为，不得抵触或违背除本宪法第二条、第四条及第五条之外的本章的任何条款。

（四）相对于除了上述组建的纪律部队的成员但合法代表格林纳达的成员，任何该纪律性法律权限所包含的内容及基于此的行为，不得抵触或违背本章的任何条款。

第二章　总督

第十九条　总督职位的设立

设立格林纳达总督，应由女王任命。在女王认为合适的时候任职，是女王在格林纳达的代表。

第二十条　总督的宣誓

被任命担任总督职位的人，在承当其职责之前，应签署效忠宣誓和就职宣誓。

第二十一条　履行总督职责

（一）当总督职位空缺或者总督离开格林纳达或因任何其他原因不能履行职责时，其职责应当由女王任命的人履行。

（二）上述任何人在履行总督职责之前应当依据本宪法第二十条直接进行总督就职的宣誓。

（三）若担任总督的人或其他有权优先履行总督职责的人已通知前述代履行的人其将履行或恢复履行总督职责，则前述人员不得继续履行总督职责。

（四）依据本条之宗旨，在下列情形中，担任总督的人不得被视为离开格林纳达或不能履行职责——

1. 正从格林纳达某区域前往另一区域的途中；或

2. 已依本宪法第三十三条之规定任命代理人。

第二十二条　代理总督职责

（1）每当总督——

1. 离开政府所在地但未离开格林纳达；

2. 在一段时期内离开格林纳达，且其基于自己的审慎判断认为是短时期离开；或者

3. 正患疾病,且其基于自己的审慎判断认为是短时期患病。

其可以根据总理的建议,任命在格林纳达的任何人在其离开或疾病期间担任其代理人,并以其名义履行任命文件中明确载明的总督职责。

(二)总督的职权和权力不因依本条规定任命代理人而受到削减、改变或任何形式的影响,且除宪法另有规定外,代理人须遵守并服从总督基于自己的审慎判断随时向其提出的指示。

但是代理人是否遵守并服从指示之争议不受任何法院调查。

(三)依本条之规定任命的代理人应当在任命文件中载明的期限内任职,且总督可随时根据总理的建议撤销该任命。

第三章 议会

第一节 议会的组成

第二十三条 议会的建立

格林纳达的议会由女王、参议院和众议院组成。

第二十四条 参议院的组成

(一)参议院由十三名议员(本宪法称之为"参议员")组成,参议员由总督依据本条之规定任命。

(二)其中参议员——

1. 七名应当由总督根据总理的建议任命;

2. 三名应当由总督根据反对党领袖的建议任命;

3. 三名应当在总理考虑到需要选择参议员以代表的组织或利益之后,由总督根据总理的建议任命。

第二十五条 被任命为参议员的资格

任何人满足下列条件都有资格被任命为参议员,除非受限于本宪法条款的限制而没有资格,其——

1. 系年满十八周岁的联邦公民;

2. 要么系提名之日前在格林纳达居住十二个月以上或在该日取得居住权并定居于格林纳达;以及

3. 能够足够熟练地用英文表达和阅读使其能够参与参议院的议会程序,除非是失明或其他身体原因而丧失能力。

第二十六条 不具有被任命为参议员的资格

(一)任何人不得被任命为参议员,假使其——

1. 以自己的行为承认效忠、服从或拥护外国主权;

2. 为未清偿债务的破产人,已依格林纳达的任何生效法律被裁定或以其他方式宣告破产;

3. 依据格林纳达的任何生效法律被确认为精神错乱或其他被裁定为精神障碍;

4. 被联邦的任何法院判处死刑或正在服法院判处的超过十二个月的徒刑(不论罪名为何),或由行政机构代替法院判处的其他徒刑或该徒刑的缓期执行期间;

5. 除了根据议会规定的例外和限制,可能规定的与政府合同有任何利害关系。

(二)议会可以规定一个申请选举的人曾被法院定罪,且该罪行是议会规定的有关于众议院议员选举或者是该罪行被法院宣告有罪的,其将没有资格在其被确定有罪之后的一段期间内(不超过五年),或者按情况根据法院的报告依规定选举成为参议员。

(三)众议院的议员没有资格被任命为参议员。

(四)议会可以规定,除非根据议会规定的任何例外和限制,一个人没有资格被任命为参议员,假使——

1. 其担任或正在行使任何职务或官职(无论是个人还是议会提及的任何一类公共职务或官职);

2. 其属于王室的任何军队或者由任何这样的军队组成的任何一类人;

3. 其属于任何警察部队或者由任何这样的警察部队组成的任何一类人。

(五)根据本条第一款第四项规定之目的——

1. 要求连续服两个或两个以上徒刑,且每个刑期都不超过十二个月,则视这些徒刑为各自独立的刑罚,但若其中任何一个刑期超过十二个月,则合并视为一个刑罚;以及

2. 不考虑作为判刑代替物或因未缴付罚金而判处的徒刑。

(六)本条第一款第五项提及的"政府合同"系指与格林纳达政府或政府的部门此类合同签订的政府官员所订立的任何合同。

第二十七条 议员之职的任期

(一)参议员将于受任命后的下一次议会解散时辞去其议席。

(二)参议员在下列情况下也将辞去其议席——

1. 假如其在参议院议事规则规定的时期及情形下缺席参议院会议;

2. 假如其终止其联邦公民身份;

3. 经其同意,被提名为众议院选举的候选人或选举为该院议员;

4. 除本条第三款另有规定外,出现若其非参议员,将导致其依宪法第二十六条第一款或因该条第二款或第四款所制定的法律之规定,不具备受任命之资格的情形;

5. 总督根据总理建议依据本宪法第二十四条第二款第一项或第三项,或者根据反对党领袖建议依

该条款第二项有关参议员任命,宣告参议员议席空缺。

(三)1. 如果参议员因被判处死刑或徒刑,被裁定为精神错乱或其他精神障碍,或被宣告破产且未清偿债务,或被判有选举相关的犯罪而出现本条第二款第四项提及之情形,且参议员就前述判决提起上述(无论是否经法院或其他机构许可),其应当立即终止履行参议员职责,但根据本条款规定,此后三十日的期限届满前,不得辞去其议席。

此外,参议院议长可以根据议员的要求,多次延长三十日的期限以使参议员得以进行对判决的上诉。但是,未经参议院通过决议表示同意,不得延长期限累计超过一百五十日。

2. 假使,根据任何诉讼的判决,上述该情形仍然存在且该参议员不得继续上诉,或如果因上诉期限或上诉通知的任何期限已届满,或拒绝予以上诉或任何其他原因,参议员不能提起上诉的,其应当立即辞去其议席。

3. 假使在参议员辞去其议席前的任何时候,上述的情形终止,则在本款第一项提及的期限届满时,参议员不得辞去其议席,并可恢复履行参议员职责。

第二十八条 参议院的议长与副议长

(一)参议院在议会解散后举行第一次会议时,或者在着手办理任何其他事务前,应选举一名非部长或非议会秘书长的参议员为参议院议长,每当参议员议长的职位因解散议会以外的任何原因而空缺时,参议院应选举另一名参议员填补该职位。

(二)参议员在议会解散后举行第一次会议时,应尽可能快地选举一名非部长或非议会秘书长的参议员为参议院副议长,每当参议员副议长的职位空缺时,参议院应选举另一名参议员填补该职位。

(三)当参议院议长席位空缺时,参议员将不处理任何事务(除了选举参议院议长)。

(四)下列人员应当辞去其参议院议长或副议长的职务——

1. 假使其不再是参议员;

假如参议院议长仅仅在议会一解散到之后的议会参议院第一次会议之前这段时间不是参议员,则其不应辞去该职务;

2. 假使其被任命为部长或议会秘书长;或者

3. 副议长如果当选为议长。

(五)1. 如果依据宪法第二十七条第三款之规定,议长或副议长应当终止履行参议员之职责,则其应当同时终止履行议长或副议长之职责,而根据情况履行这些职责,直至其解除参议院议席或恢复履行其职责——

(1)如果是议长终止,由副议长履行,或当议长职位空缺或副议长依据本宪法第二十七条第三款被要求辞去其职责时,由参议院为此目的选举的参议员(非部长或议会秘书长)履行;

(2)如果是副议长终止,由参议院为此目的选举的参议员(非部长或议会秘书长)履行。

2. 如果议长或副议长恢复履行参议员之职责,根据宪法第二十七条第三款之规定,其应当视情况同时恢复履行议长或副议长之职责。

第二十九条 众议院

(一)众议院应当由格林纳达依据本宪法第五十六条确定的选区的人数相一致的数目的人员组成,该人员依据本宪法第三十二条规定进行选举。

(二)假如一个非众议院议员的人被选举为该议院议长,根据成为履行议长职责的宗旨,其应当被认为该议院议员。

第三十条 被任命为众议院议员的资格

(一)任何人满足下列条件都有资格被任命为众议员,除非受限于本宪法第三十一条限制而没有资格,其——

1. 系年满十八周岁的联邦公民;

2. 要么系提名之日前在格林纳达居住二十个月以上或在该日取得居住权并定居于格林纳达;以及

3. 能够足够熟练地用英文表达和阅读使其能够参与众议院的议会程序,除非是失明或其他身体原因而丧失能力。

第三十一条 不具有被任命为众议员的资格

(一)任何人不得被任命为众议员,假使其——

1. 以自己的行为承认效忠、服从或拥护外国主权;

2. 为未清偿债务的破产人,已依据格林纳达的任何生效法律被裁定或以其他方式宣告破产;

3. 依据格林纳达的任何生效法律被确认为精神错乱或其他被裁定为精神障碍;

4. 被联邦的任何法院判处死刑或正在服法院判处的超过十二个月的徒刑(不论罪名为何),或由有权机关代替法院判处的其他徒刑或该徒刑的缓期执行期间;

5. 除了根据议会规定的例外和限制,可能规定的与政府合同有任何利害关系。

(二)议会可以规定一个人没有资格被选举为众议院议员,假如其负责或正在实行由议会特别规定的职责与活动,而该职责与活动包括负责有关于该议院选举的事项或为了该选举的选民登记名册的编纂工作。

(三)议会可以规定一个申请选举的人曾被法院定罪,且该罪行是议会规定的有关于众议院议员选举或者是该罪行被法院宣告有罪的,其将没有资格在其被确定有罪之后的一段期间内(不超过五年),或者按情况根据法院的报告依规定选举成为众议员。

(四)议会可以规定,除非根据议会规定的任何例外和限制,一个人没有资格被任命为众议员,假使——

1. 其担任或正在行使任何职务或官职(无论是个人还是议会提及的任何一类公共职务或官职);

2. 其属于王国的任何军队或者由任何这样的军队组成的任何一类人;

3. 其属于任何警察部队或者由任何这样的警察部队组成的任何一类人。

(五)根据本条第一款第四项规定之目的——

1. 要求连续服两个或两个以上徒刑,且每个刑期都不超过十二个月,则视这些徒刑为各自独立的刑罚,但若其中任何一个刑期超过十二个月,则合并视为一个刑罚;以及

2. 不考虑作为判刑代替物或因未缴付罚金而判处的徒刑。

(六)本条第一款第五项提及的"政府合同"系指与格林纳达政府或政府的部门此类合同签订的政府官员所订立的任何合同。

第三十二条 众议院议员的选举

(一)格林纳达根据本宪法第五十六条划分的每一个选区可以推选一个众议院议员,该议员以任何受限于本宪法条款的法律规定的方式直接当选。

(二)1. 任何联邦公民达到规定的年龄并满足议会规定的居住或定居于格林纳达的资格,除非议会使其丧失了为了众议院议员选举的选民登记的资格,应当有权依据任何有关的法律登记作为选民,并且不受任何人干涉。

2. 在任何选区按照上述登记的任何一人,除非议会使其丧失了为了众议院议员选举的选区投票的资格,都有权依据任何有关的法律进行投票,且不受任何人干涉。

3. 本条所规定的年龄应为十八周岁。

(三)在任何众议院议员的选举中,投票应当以不公开任何特定人的投票的方式进行。

第三十三条 众议院议员之职的任期

(一)众议院议员将于受任命后的下一次议会解散时辞去其议席。

(二)众议院议员在下列情况下也将辞去其议席——

1. 假如其在众议院议事规则规定的时期及情形下缺席众议院会议;

2. 假如其终止其联邦公民身份;

3. 除本条第三款另有规定外,出现若其非众议院议员,将导致其依宪法第三十一条第一款或因该条第二款、第三款或第四款所制定的法律之规定,不具备受任命之资格的情形。

(三)1. 如果众议院议员因被判处死刑或徒刑,被裁定为精神错乱或其他精神障碍,或被宣告破产或未清偿债务,或被判有选举相关的犯罪而出现本条第二款第三项提及之情形,且众议院议员就前述判决提起上诉(无论是否经法院或其他机构许可),其应当立即终止履行众议院议员职责,但根据本条款规定,此后三十日的期限届满前,不得辞去其议席。

此外,众议院议长可以根据议员的要求,多次延长三十日的期限以使议员得以进行对判决的上诉,但是,未经众议院通过决议表示同意,不得延长期限累计超过一百五十日。

2. 假使,根据任何诉讼的判决,上述该情形仍然存在且该议员不得继续上诉,或如果因上诉期限或上诉通知的任何期限已届满,或拒绝予以上诉或任何其他原因,参议员不能提起上诉的,其应当立即辞去其议席。

3. 假使在议员辞去其议席前的任何时候,上述的情形终止,则在本款第一项提及的期限届满时,参议员不得辞去其议席,并可恢复履行参议员职责。

第三十四条 议长与副议长

(一)众议院在换届选举之后以及着手办理任何其他事务前的第一次会议时,应选举一人为众议院议长;如果议会完全解散之前的任何时候,议长之职空缺,众议院应选举另一人填补该职位。

(二)议长应当在非部长或非议会秘书长的众议院议员中选举,要么在非众议院议员中选举。

此外,下列情况的非众议院议员不得被选举为议长——

1. 其非联邦公民;或者

2. 其依宪法第三十一条第一款或因该条第二款、第三款或第四款所制定的法律之规定,不具备选举为众议院议员资格。

(三)众议院在换届选举之后以及着手办理任何其他事务前的第一次会议时,除了选举议长,议员应选择一名非部长或非议会秘书长的众议院议员作为副议长,并且如果议会下一次解散之前的任何时候,副议长之职空缺,众议院应尽快方便地选举另一人填补该职位。

(四)当参议院议长席位空缺时,参议员将不处理任何事务(除了选举参议院议长)。

(五)下列情况下,议长应当辞去其职务——

1. 如果是在非众议院议员中选举议长的情况下——

(1)当议会解散后的第一次会议时;

(2)当其不再是联邦公民时;或者

(3)当出现依宪法第三十一条第一款或因该条第二款、第三款或第四款所制定的法律之规定,不具备选举为众议院议员资格的情况下;或者

2. 如果是在众议院议员中选举议长的情况下——

(1)当其不再是众议院议员。

假如该议长仅仅在议会解散到议会解散之后参议院第一次会议之前这段时间不是众议院议员,则其不应辞去该职务。

(2)当其被任命为部长或议会秘书长。

(六)下列情况下,副议长应当辞去其职务——

1. 当其不再是众议院议员;

2. 当其被任命为部长或议会秘书长;或者

3. 当其被选举为议长。

(七)1. 如果依据宪法第三十三条第三款之规定,议长或副议长应当终止履行众议院议员之职责,则其应当同时终止履行议长或副议长之职责,而根据情况履行这些职责,直至其解除众议院议院议席或恢复履行其职责——

(1)如果是议长终止,由副议长履行,或当副议长职位空缺或副议长依据本宪法第三十三条第三款被要求辞去其职责时,由众议院为此目的选举的参议员(非部长或议会秘书长)履行;

(2)如果是副议长终止,由参议院为此目的选举的参议员(非部长或议会秘书长)履行。

2. 如果议长或副议长恢复履行众议院议员之职责,根据宪法第三十三条第三款之规定,其应当视情况同时恢复履行议长或副议长之职责。

第三十五条　选举监督员

(一)选举监督员行使对选举众议院议员的选民登记及该选举行为的一般监督职责。

(二)选举监督办公室的职责由总督基于自己的审慎判断而选任的,持有或代理该公共机构职责的人承当。

(三)除非签署效忠宣誓和就职宣誓,不得行使选举监督办公室的职责。

(四)为了行使本条第一款规定的职责,选举监督员可以基于其必要或权宜之计的考量,向任何有关于行使其依法规制选民登记或选举行为的职责的登记官、主持者或者选举主任,以及根据本条款规定应执行该指令的任何官员发出指令。

(五)无论何时基于其必要或权宜之计的考量,选举监督员可以向众议院汇报根据本条前述规定的职责的行使情况;其应当向部长在负责有关于众议院议员选举事项的时间时,提交每一份报告,并且部长受到该报告后应当于众议院第一次会议之后的七日之内,呈交众议院。

(六)选举监督员行使本条款上述规定的职责,不受任何其他个人或机构的指令或控制。

(七)选举监督员可以依据议院制定的法律的规定行使与选举相关的其他职能(无论是关于众议院还是政府机构的选举)。

第三十六条　议会议院的书记员及其职员

(一)设置参议员书记员与众议院书记员

除非参议员的书记员的职责与众议院书记员职责为同一人持有。

(二)根据议会制定的法律规定,议会每个议院的书记员及职员职责应当是国家公职。

第三十七条　有关国会议员问题的裁决

(一)高等法院可以审理和裁决以下问题——

1. 任何人是否被合法任命为参议员;

2. 任何人是否被合法选举为众议院议员;

3. 任何从非议员中被选举为众议院议长的人是否有被选举资格或议长的职位是否有空缺;

4. 任何参议员或众议院议员是否依据本宪法第二十七条第三款或第三十三条第三款,空出其职位或者停止履行期作为参议员或众议员的职责。

(二)申请高等法院裁决本条第一款第一项问题可由任何众议院议员选举的选区中登记为选民的人或者是检察总长(the Attorney-General)提请;申请高等法院裁决本条第一款第二项问题可由任何与该申请有关的选举中有权投票的人或者是该选举的候选人,或者是检察总长提请,检察总长可以参与诉讼,并且之后可出庭或作为诉讼代表。

(三)申请高等法院裁决本条第一款第三项问题可由众议院的任何议员或者检察总长提请,并且假如是由非检察总长的人提请的,检察总长可以参与诉讼,并且之后可出庭或作为诉讼代表。

(四)申请高等法院裁决本条第一款第四项问题可由以下人员提请——

1. 参议员的情况下,由参议院议员,任何众议院议员选举的选区中登记为选民的人或者检察总长提请;

2. 众议院议员的情况下,由众议院议员,或者任何众议院议员选举的选区中登记为选民的人或者检察总长提请。

假如是由非检察总长的人提请的,检察总长可以参与诉讼,并且之后可出庭或作为诉讼代表。

(五)议会就如下情况作出规定——

1. 本条款任何可由高等法院作出裁决的问题的适用情形和方式,以及申请条件;并且

2. 高等法院有关此类申请职权、实施和程序。

(六)对于高等法院就本条第一款的问题作出的最终裁决享有向上诉法院上诉的权利。

(七)对于依据本条第六款提起的上诉,对上诉法院的裁决不再有上诉权,并且也不再享有对本条第一款问题裁决的上诉权。

(八)检察总长行使本条赋予的职权时,不受任何个人或机构的指令和控制。

第二节 议会的立法与议事程序

第三十八条 立法权

根据本宪法规定,为了格林纳达和平,有序和美好的治理,议会可制定法律。

第三十九条 本宪法的修改以及其他法律的确定

(一)议会可依本条款下述明确规定的方式,修改任何本宪法的规定,或《法院规则》,或1967(a)西印度群岛协作国(上诉至枢密院)命令的第三条。〔Order 1967(a)〕

(二)修改本宪法,或《法院规则》,或1967年西印度群岛协作国(上诉至枢密院)命令的第三条的议案将不被视为已由众议院通过,除非该院对其进行了最终投票并获得了全体议员不少于三分之二的多数票支持。

(三)参议员制定的关于此的已由众议院通过的修正案将不被视为已由众议院根据本宪法第四十八条之目的而一致同意,除非表明其同意的决定获得了众议院全体议员不少于三分之二的多数票支持。

(四)根据本宪法第四十九条第四款之目的,提议修改本宪法,或《法院规则》,或1967年西印度群岛协作国(上诉至枢密院)命令的第三条的修正案不应当由众议院向参议院建议,除非该修正案的建议的决定获得了众议院全体议员不少于三分之二的多数票支持。

(五)提案修改本条款,本宪法附表一或者任何规定于该附表第一部分的本宪法的规定,或者是规定于该附表第二部分的《法院规则》,或者是1967年西印度群岛协作国(上诉至枢密院)命令的第三条的,不需要总督的批准,除非——

1. 在众议院介绍该议案与启动阅读该议案的程序之间存在不少于九十天的间隔;

2. 在该议案已被议会的两院通过之后,或者根据本宪法第四十八条规定的被参议院两次拒绝之后的情况;

3. 该议案已被公民公投所支持,根据议会所制定的规定代表该利益的不少于公投上有效投票的三分之二。

(六)当举行公民公投时,每一个有权参与众议院议员选举的公民都有权在为本条款目的而举行的公投上投票,并依据议会规定的为公投之目的的程序进行,而其他任何人则无权参与投票。

(七)为本条第五款之目的的任何公投行为都应受选举监督员的一般性监督,并且本宪法第三十五条第四款、第五款、第六款的规定适用于选举监督员在公投中行使其职权,正如其在众议院议员选举时行使的职权一样。

(八)1. 修改本宪法,或《法院规则》,或1967年西印度群岛协作国(上诉至枢密院)命令的第三条的议案不需要总督的批准,除非其根据本条第二款、第三款或第四款所规定要求附带的众议院议长手中的证明文件(或者,假如议长基于任何理由不行使其职权时,副议长行使的)。视情况还可以是,本部分规定的举行公投的时候,选举监督员宣布公投结果所需证明文件。

2. 议长,或视情况可能是副议长根据本条第二款、第三款或第四款规定所附带要求的证明文件是终局性的且不受任何法院审查。

(九)本条中——

1. 提及的本宪法包括提及的修改本宪法的任何法律;

2. 提及的《法院规则》是指迄今其效力作为格林纳达法律一部分的1967(a)西印度群岛协作国最高《法院规则》,并且包括修改该命令的任何生效的法律;

3. 提及的1967年西印度群岛协作国(上诉至枢密院)命令的第三条是指迄今其效力作为格林纳达法律的部分,并且包括修改该命令的任何生效的法律。

4. 提及的本宪法,或《法院规则》,或1967年西印度群岛协作国(上诉至枢密院)命令的第三条的修改,或视情况而定的修改任何规定包括——

(1)废除,无论因此而有没有重新制定或指定不同的规定替代;

(2)修改,无论是忽视或改善其规定,或者插入新增规定或其他;

(3)在一定期间内中止其实施或者停止这样的中止。

第四十条 议会议员的宣誓

每一个议会议院的议员应当,在接受其议院的职位之前,在议院之前进行效忠宣誓,但议员可以在宣誓之前参加议院主席或议长的选举。

第四十一条 议会议院的主持

(一)参议院开会应有下列人员主持——

1. 主席;或者

2. 当主席缺席时,副主席;或者

3. 当主席和副主席都缺席时,作为参议院为此目的的选举的议员(非部长或者议会秘书)。

(一)众议院开会应有下列人员主持——

1. 议长；或者

2. 当议长缺席时，副议长；或者

3. 当议长和副议长都缺席时，作为众议院为此目的选举的议员（非部长或者议会秘书）。

第四十二条　法定人数

（一）如果在任一议院的任何会议中，该议院的任何议员提请会议主持者注意法定人数不足，且经过议院议事规则规定的时间间隔后，会议主持者确定在场的人数不足该议院的法定人数，则议院应当休会。

（二）为本条之目的，则——

1. 众议院的法定人数应当包括五名议员并且参议院的法定人数应当包括四名议员；

2. 在计算在场人数是否达到议院法定人数时，会议主持者不计算在内。

第四十三条　投票

（一）除宪法另有规定外，在任一议院提请决定的任何事项应当经该议院在场并参与投票议员的多数票数表决通过。

（二）参议院主席或其他主持参议院会议的议员以及众议院议长或其他主持众议院会议的议员不能参与投票，除非出现双方票数相等的情况，而在这种情况下，除本条款另有规定外，其应享有并行使决定性投票权。

假如是根据本宪法第三十二条第二款所规定的议案的最终审阅问题，从众议员中选举产生的议长或其他的会议主持者享有初始投票权，而非决定性投票权。

（三）从非众议员中选举产生的议长既不享有初始投票权也不享有决定性投票权，而当这样的议长出席会议时，如果提交到议院的任何事项所得票数相同，该动议将未能通过。

第四十四条　无资格人员参加议会会议或投票

（一）任何知道或者有合理的理由应该知道其没有资格，而参加了任一议院或者投票的人构成犯罪并承担不超过一百美元罚金的法律责任，或者由国会规定的根据每一天其参加议会或投票的其他金额。

（二）本条所规定的犯罪的检控应向高等法院提起，并且除了由检察官提起外其他人不等提起。

第四十五条　立法权的形式模式

（一）议会制定法律的权力应当通过参议院和众议院共同通过法案（在宪法第四十七条和第四十八条规定的由众议院通过的情况）并经总督代表女王批准的方式行使。

（二）当法案依宪法之规定提交至总督批准时，其应当表明批准或拒绝批准。

（三）当总督对依宪法之规定提交的法案予以批准，该法案即成为法律，且总督应随即在政府公告上将其作为法律予以公布。

（四）除非在政府公告上予以公布，否则议会制定的法律将不发生效力，但是议会可以推迟法律的生效或使其具有溯及效力。

第四十六条　有关确定财政法案的限制

（一）除财税法案以外的法案可以在议会的任一议院提出，财税法案不得在参议院提出。

（二）除非经总督建议，并由部长表明，任一议院不得——

1. 审议任何会议主持者认为的系为下列目的而作出规定的法案（包括法案的修正案）：

（1）为课征税赋或者非以减少地变更税收；

（2）为课征统一基金或格林纳达的其他公共基金的任何费用，或者非以减少地改变这些费用；

（3）为从统一基金或格林纳达的其他公共基金中支付、发行或提取本不应由其负担的任何款项，或者增加这样的支付、发行或提取的总数。

2. 审议任何会议主持者认为其实施将导致就前述的任何目的作出规定的动议（包括动议的修正案）。

第四十七条　财税法案对参议院权力的限制

（一）假如一项财税法案经众议院通过，并且在会期结束前至少一个月送至参议院，但在其送至参议院后的一个月内未被参议院通过且无任何修改，则该法案，除非众议院另有决定，将被提交至总督批准，尽管参议院没有同意该法案。

（二）每一项财税法案被送至参议院时应由议长在该法案签署背书以确认其为财税法案，并且依本条第一款之规定提交总督批准的任何财税法案，均应由议长签署背书，确认其为财税法案且该条款规定已得到遵循。

第四十八条　其他非财税法案的议案对参议院权力的限制

（一）本条款适用于除财税法案外的任何议案，该议案在两个连续会期内（无论议会是否在两个会期间解散）经众议院通过，且均在每个会期结束前至少一个月送至参议院，但参议院在每个会期均予以驳回。

（二）本条款所适用的法案，于第二次被参议院驳回时，除非众议院另有决定，将被提交至总督批准，尽管参议院没有同意该法案。

然而——

1. 除非自众议院在第一个会期通过该法案之日起至众议院在第二个会期通过该法案之日间至少间隔六个月，否则本款前述规定不得适用。

2. 正如本宪法第三十九条第五款所规定的一项议案将不被提交至总督批准，除非该款项的规定得到履行并且本款项授予众议院做出了不提交总督批准的决定的权力没有被在该法案中行使。

（三）依本条之宗旨，如果一项议案在任一会期从众议院送至参议院时，与在前一个会期送至参议院的前议案相较，二者相同或仅包括经议长确认的因自前议案之日起经过的时间而作的必要修正或为体现参议院在前一个会期对前议案的修正而作的修正，则应当视该议案与前议案为同一议案。

（四）众议院如果认为适合，可以在通过一项与在前一个会期送至参议院的前议案视为同一议案的议案时，在不对该议案插入修正条款的情况下建议对该议案作任何修正，如果参议院同意，则前述修正视为由参议院作出并经众议院同意；但众议院行使此项职权不得影响该议案被参议院驳回时本条规定之运行。

（五）假如任何议案依本条之规定提交至总督批准，应当在该议案中插入经议长确认的，参议院在第二个会期中作出的并经众议院同意的任何修正条款。

（六）任何依本条之规定提交至总督批准的议案，均应当由议长在该议案签署背书，确认本条之规定已得到遵循。

第四十九条 有关第四十六条、第四十七条和第四十八条的规定

（一）本宪法第七十七条、第七十八条和第七十九条中，"财税法案"系指议长认为仅包含涉及下列全部或部分事项的规定的公法案，即课征、废除、免除、变更或管制税收；为偿还债务或其他财政目的而为公款设定支付义务，或变更或废除任何此类义务；向王室或任何机构或个人拨款，或变更或撤销任何此类拨款；公款账户的拨款、收入、监管、投资、提取或审计；募集或担保或偿还任何贷款，或设立、变更、管理或废止任何与此类贷款相关的偿债基金；或前述任何事项的附属事项；且在本款中，"税收"、"债务"、"公款"和"贷款"不包括任何地方当局为地方之目的而课征的税收、产生的债务、提供的款项或募集的贷款。

（二）基于本宪法第四十八条之宗旨，一项议案将视为被参议院驳回，假使——

1. 参议院通过该议案而不附带任何修正的；或
2. 参议院对该议案作出任何众议院未同意的修正后予以通过。

（三）如果议长职位空缺或议长因任何原因不能履行宪法第四十八条或第四十九条或本条第一款赋予的职责，该职责可以由副议长履行。

（四）议长或副议长依宪法第四十八条进行的确认无论如何均应当具有决定性，且不受任何法院质询。

（五）在依第四十七条或第四十八条作出确认前，议长或副议长可以视情况而定，向检察总长咨询。

第五十条 议会议院的程序规范

（一）遵循本宪法之规定，议会任一议院可制定其自身的程序规范，并可以具体地制定规则以有序地施行其程序。

（二）尽管议员出现空缺，议会任一议院也将继续运作（包括议院在换届选举后第一次组建时，尚未填补的任何空缺），并且尽管存在某个人无此资格却在议院参与会议并表决或以其他方式参加相关程序之情形，但该程序不应认为是无效的。

（三）议会可以基于使参议院与众议院有序及高效行使职权之目的，制定关于这些议院和委员会及其职员的职权、特权和豁免的规定。

第三节　召集、休会与解散

第五十一条 议会会议

（一）每一次议会会议应在格林纳达的境内场所举行，并且应当在总督通过公告指定的时间进行。

（二）议会会议至少每年举行一次，议会的一个会期最后一次开会到下个会期第一次开会中间间隔不超过六个月。

第五十二条 议会的休会与解散

（一）总督可以在任何时候使议会休会或解散。

（二）遵循本条第三款之规定，议会，除非提前解散，应当自任何解散后的第一次会议召开之日起持续五年，并于届满之时解散。

（三）在任何时候如果女王处于战争状态，议会可以通过法律延长本条第二款规定的五年期限，但每次延期不得超过十二个月。

但是，议会的存续期间不得依本款之规定延长超过五年。

（四）总督应当根据总理的建议行使解散议会的职权：

但是——

如果众议院多数通过对格林纳达政府的不信任案，且总理未在三日内辞职或建议解散议会，总督可以根据自己的审慎判断解散议会。

第五十三条 换届选举

（一）众议院议员换届选举应当于总督指定的议会解散后三个月内的某个时间举行。

（二）总督应当于在换届选举后的合理时间内，依据本宪法第二十四条之规定任命参议员。

第四节　选区的划分

第五十四条 选区

为众议院议员选举之目的，格林纳达将由总督根

据本宪法第五十六条之规定发布命令划分不同选区的范围。

第五十五条 选区边界委员会

（一）格林纳达选举边界委员会由如下议员组成：

1. 议长担任主席；
2. 由总督根据总理的建议指定两名委员；
3. 由总督根据反对党领袖的建议指定两名委员。

（二）参议员、众议员以及公职人员没有资格被任命为除了主席外的委员会委员。

（三）根据本条款规定，除了主席外的委员会委员，应当在下列情况下空缺其职位：

1. 其被任命后的下一次议会解散时；或者
2. 假如出现其不再是委员会委员的情况，其也不再有资格再被任命。

（四）除主席外的委员会委员被免职仅可能是因为其无力履行职能（无论是心理还是身体疾病或者其他原因引起），或者是其行为不端，且非依本条之规定不受免职。

（五）假如委员会委员被免职的事项被提交至依本条第六款设立的特别法庭，且特别法庭向总督建议基于其无力履职或行为不端而应被免职，其将被总督免职。

（六）假如总理，根据本条第一款第二项而任命委员的情况下，或者是反对党领袖，根据本条第一款第三项而任命委员的情况下，向总督表示基于该委员无力履职或行为不端而被免职的事项应当进行调查时，那么——

1. 总督应当指定由主席和不少于两名的其他人员组成的特别法庭，这些人员由总督在首席大法官的建议下选择，所挑选的人员应来自联邦部分具有民事或刑事案件无限制管辖权的法院，或者对这些法院具有上诉管辖权的法院中在职的或者曾经任职的法官。
2. 特别法庭应当调查此事并将事实向总督报告，并且建议总督是否应该基于其无力履职或行为不端而被免职。

（七）委员会可制订其自身的程序规范，并且在总理的同意下，可为履行职权的目的向公职人员或格林纳达的行政机构授权或使其负担义务。

（八）尽管委员出现空缺，以及存在某个人无此资格却在议院参与会议并表决或以其他方式参加相关程序之情形，委员会将根据其程序规则继续运作，但任何委员会的决定也应得到多数委员的同意。

（九）委员会根据本宪法之规定行使职权，不受任何其他个人或机构的控制或指示。

第五十六条 选区边界的审查

（一）选区边界委员会应当根据本条之规定，审查格林纳达所划分选区的数量和边界，并向总督呈交报告，其中：

1. 展示，为落实本宪法附表二所设置的规则，建议格林纳达所应划分的选区；或者
2. 说明，根据委员会意见，为落实上述规则，不需要变更现有的选区数量或边界。

（二）本条第一款所做的报告应由委员会按下列时间呈交——

1. 本宪法生效后的第一份报告的情况，自1971年8月25日后的不得超过五年；
2. 任何后续报告的情况，自上一份报告提交之日不少于两年，也不多于五年。

（三）在委员会根据本条第一款第一项提交报告之后，总理应随即通过总督将一份法令草案提交众议院批准生效，无论是否有所修改，其建议都包含于该报告中。并且该法令草案对有关于总理的事项做出的规定是附随的或者属于相应的该草案的其他规定。

（四）任何根据本条提交众议院批准生效的法令草案附带修改建议的，总理在提交之前应与该草案一起提交一份修改理由的说明。

（五）假如根据本条之规定，关于提交众议院的法令草案的批准动议被该议院驳回，或者得到议院的同意而撤回的，总理应当修正该法令草案并将修改后的草案重新提交。

（六）假如任何根据本条提交众议院的法令草案由该议院决议批准通过，总理应将其提交至总督，其将草案的条款制定为法令，并且该法令在其做出后的议会第二次解散时生效。

（七）总督根据本条款之规定以及由议会决议通过的草案而做出的指令的合法性问题不受任何法院质询。

第四章 行政

第五十七条 格林纳达行政权力的行使

（一）格林纳达的行政权力归属于女王。

（二）根据本宪法之规定，格林纳达的行政权力由总督代表女王通过直接或由其任命的官员行使。

（三）本条之规定不能限制议会授权于除总督外的个人与机构。

第五十八条 部长

（一）格林纳达设置总理，由总督任命。

（二）总督无论何时任命总理，其应当委任众议院可能赢得到该议院的多数支持的议员。

（三）除总理的职务外，其他部长的职务根据总理

的建议由议会和总督设置。

（四）除总理外的其他部长的任命,由总督在总理的建议下任命,人员来自参议院与众议院议员。

（五）假如出现议会快要解散总理和其他部长还没任命的情况,一位众议院议员在议会解散前可立即被任命为总理或其他部长,而一位参议院议员在议会解散前可立即被任命为除总理外的其他部长。

（六）总督在下列情况下可以免去总理职务——

1. 假如众议院多数通过了对格林纳达政府的不信任决议并且总理在三天之内既未辞职也未建议解散议会；或

2. 假如处于众议院议院换届选举以及众议院首次会议举行日期之间的时间内,总督考虑到由于众议院议员的变化导致总理的选择不可能赢得到该议院的多数支持。

（七）任何部长的职位在下列情况下可能空缺——

1. 当该职位人员除议会解散以外的原因不再是众议员；

2. 总理的情形,当议会解散后众议院的第一次会议,其不再是众议院议员；

3. 其他部长的情形,当议会解散后众议院的第一次会议,其不再是任一议院的议员；

4. 当根据本宪法第二十七条第三款和第三十三条第三款之宗旨,其不再履行议院议员之职责。

（八）除总理外其他部长的职责在下列情况下可能空缺——

1. 当总督根据总理的建议直接命令；

2. 当总理在众议院多数通过对格林纳达政府的不信任决议后的三天内辞职或者根据本条第六款被免职；

3. 任何人被任命为总理。

（九）总督应基于自己的审慎判断行使本条第二款、第五款和第六款授予的权力。

第五十九条　部长内阁

（一）格林纳达内阁由总理和其他部长组成。

（二）任何时候当检察总长是公务人员时,检察总长是除部长外内阁的当然成员。

（三）内阁的职责应当告知格林纳达政府的总督,并且内阁应根据内阁的一般授权向总督作出的任何建议和依据部长授权所为的任何职务行为向议会负集体责任。

（四）本条第三款之规定不适用于——

1. 部长和议会秘书的任命与免职,依本宪法第六十条之规定向任何部长委任职责,或者在总理离开或疾病期间授权其他部长履行总理职责；

2. 议会解散；或

3. 本宪法第七十条规定的事务（有关于赦免权）。

第六十条　部长公职的分配

总督根据总理的建议,通过书面的方式可以向总理或其他部长分配有关格林纳达政府事务的职责,包括任何政府部门的行政事务。

第六十一条　总理离开或疾病期间职权的行使

（一）无论何时总理离开格林纳达或因疾病原因不能行使本宪法授予的职权,总督可以授权其他部长履行该职权直到该授权被总督撤回。

第六十二条　总督职权的行使

（一）总督职权的行使应根据内阁或者在内阁一般授权下的部长的建议,除非是宪法另有规定或者是其他法律规定依据除内阁以外任何其他人或机构的建议或根据自己审慎判断的情况下。

（二）在反对派领袖职位因没有人根据本宪法规定有资格被任命为或愿意接受任命而空缺的期间内,总督可以在没有反对党领袖建议的情况下依自己的审慎判断,行使本宪法中要求应当根据反对党领袖建议的职权。

（三）本条第一款之规定不适用于依据本宪法下列规定授予总督的职权——

1. 第五十二条第四款但书的第二项（有关于要求总督在某些情况下解散议会）；

2. 第六十三条（有关总督的公告职责）；

3. 第五十五条第五款、第六十六条第四款、第八十三条第六款、第八十六条第七款以及第九十条第五款（有关总督在某些情况下罢免某些职位）。

第六十三条　告知总督有关政府事项

总理应当保持让总督知晓有关格林纳达政府的一般行为并且应当向总督提供其要求的有关格林纳达政府特定事项的信息。

第六十四条　议会秘书

（一）总督,根据总理的建议,从参议员与众议员中任命议会秘书以协助部长履行其职责。

但是,如果委任是发生在议会解散的时候,作为参议员或众议员的人将在议会解散前被任命为议会秘书。

（二）议会秘书的职位在下列情况下可能空缺——

1. 当总督根据总理的建议发出这样的命令；

2. 当总理在众议院多数通过了对格林纳达政府的不信任决议后三天之内辞职或根据本宪法第五十八条第六款被免职；

3. 任何人被任命为总理；

4. 当该职位人员除议会解散以外的原因不再是任一议院议员；

5. 当议会解散后众议院的第一次会议,其不再是众议院议员;

6. 根据本宪法第二十七条第三款或第三十三条第三款之宗旨,其被要求停止履行其众议员职能。

第六十五条 部长等的宣誓

部长或议会秘书除非签署效忠宣誓和就职宣誓,不得行使其职责。

第六十六条 反对党领袖

(一)设置反对党领袖并由总督任命。

(二)任命反对党领袖时,总督应当基于自己审慎的判断,任命获得最多数反对派众议员支持的众议员为反对派领袖。

(三)反对党领袖于下列情况可能空缺——

1. 当其除议会解散以外的原因不再是众议院议员;

2. 当议会解散后众议院的第一次会议,其不再是众议院议员;

3. 依据本宪法第三十三条第三款之规定宗旨,其被要求停止履行其作为众议员议院的职责;

4. 依据本条第四款之规定其被免职。

(四)假如总督基于自己审慎的判断,认为反对派领袖不再获得最多数反对派众议员的支持,总督应当免除反对党领袖职责。

第六十七条 常任秘书

当任何部长承当任何政府机构职能时,其应当行使其对该机构的一般命令和控制;并且,根据这样的命令和控制,任何政府部门应当接受依据本宪法作为常任秘书的公职人员的监督。

然而,两个及以上的政府部门也可能在一个常任秘书的监督下。

第六十八条 内阁秘书

(一)应设置内阁秘书作为公职人员。

(二)内阁秘书,对内阁负责,根据总理所发出的指示,承当安排事务与持有内阁会议纪要,以及向适当的人员和机构传达内阁决议的职能,或总理可能指示的其他职能。

第六十九条 职务等的创设

根据本宪法及其他法律之规定,总督可以创设格林纳达的职务,对这些职务进行任命与终止此任命。

第七十条 检察总长

(一)应当设置检察总长作为格林纳达政府的首席法律顾问。

(二)检察总长既不是公职人员也不属于部长。

(三)任何当检察总长与公职人员是同一个人的时候,假如其有资格的,可按照本宪法第六章之规定被任命或代理检察总长职能和检察官职能。

(四)当检察总长职能和检察官职能由同一人行使时,正如上述所提到的人员既涉及检察总长职能也涉及检察官职能,但本宪法下述规定将是有效的,也就是说包括第八十条,第八十六条第六款、第七款、第八款、第九款,第九十三条和第一百一十一条第八款,但本条之规定不得损害议会的权力,或者根据其他任何法律之规定,总督可以决定检察总长应停止成为公职人员或部长。

第七十一条 刑事检控专员

(一)应设置检察官作为公职人员。

(二)检察官自认为适宜时可以行使下列权力——

1. 对任何人就其被指控的任何刑事犯罪向任何法庭(军事法庭除外)提起和进行刑事诉讼;

2. 接管和继续由其他个人或机构提起或进行的此类刑事诉讼;并且

3. 在判决作出前的任何阶段终止其自身或其他个人或机构提起的刑事诉讼。

(三)本条第二款所规定的检察官的权力可以由其自身或其他根据其一般或具体授权的人员行使。

(四)本条第二款第二项和第三项授予检察官的权力归属于其自身而排斥其他个人或机构。

但任何其他个人或机构提起刑事诉讼,本条之规定不得组织经该个人或机构提出的且法庭许可的撤诉。

(五)依本条之宗旨,向任何法院提起的刑事诉讼上诉,或者为了这些程序而向其他法院(包括女王陛下会同枢密院)提起的任何案件陈述和法律问题保留,应当被认为是这些程序的一部分。

但是本条第二款第三项授予检察官的权力不适用于在任何刑事诉讼中被定罪的人提起的上诉或经其请求提交的案件陈述或法律问题保留。

(六)检察官行使本宪法第四十四条或本条第二款授予的职权,不受其他任何个人或机构的指令或控制。

第七十二条 赦免权

(一)总督代表女王并且女王的名义可以——

1. 赦免任何犯罪人员,无论系特赦或依据法定条件;

2. 暂缓执行任何违法者的刑罚,无论是在特定期间内或有无特定期限;

3. 对任何违法者的替代课以更轻的刑罚;或

4. 全部或部分免除课以任何违法者的刑罚或就任何违法行为应赋予王室的任何罚金或没收财产。

(二)总督应根据那些其所根据的总理任命部长的建议行使本条第一款授予的权力。

第七十三条 赦免权咨询委员会

(一)赦免权的咨询委员会由下列人员组成——

1. 根据本宪法第七十二条第二款所任命的部长作为主席；
2. 检察总长；
3. 格林纳达政府首席医务官员；
4. 总督通过书面亲自任命的三名其他委员。

(二)根据本条第一款第四项所任命的委员会委员之任期按照其被任命时的具体书面文件之规定。

但是其职位于下列情况可能空缺：
1. 当作为部长的人在任命时已不再是部长；
2. 当总督通过书面的方式做出这样的指令。

(三)尽管委员出现空缺或缺席，该委员会也将继续运作，并且尽管存在某个人无此资格却出席或参加相关程序之情形，但该程序不应认为是无效的。

(四)该委员会可以制定其自身的程序规范。

(五)总督根据本条行使其职能时,应根据总理的建议。

第七十四条 咨询委员会的职能

(一)如果任何人因犯罪被判处死刑(军事法院作出的判决除外)，依据本宪法第七十二条第二款所任命的部长应当从庭审法官处获得案件的书面汇报(或如果庭审法官的报告无法获得，则从首席大法官处获得报告)，以及其所要求的从案件汇报或他处推导出的其他信息，以纳入豁免权咨询委员会会议的考虑；并且在获得该委员会建议后，其应当根据自己审慎判断是否建议总督行使本宪法第七十一条第一款之权力。

(二)在不属于本条第一款规定的情况下,依据本宪法第七十二条第二款所任命的部长在倾向于建议总督行使本宪法第七十一条第一款之权力前可以咨询豁免权咨询委员会，但其没有义务根据委员会的意见行事。

第五章 财政

第七十五条 统一基金

格林纳达募集或收取的所有收入或其他款项(不包括依据宪法或任何其他法律应当存入为特定目的而设立的其他公共基金的收入或其他款项)应当存入并组成一个统一基金。

第七十六条 从统一基金或其他公共基金中提款

(一)除下述规定外,不得从统一收入基金中提取任何款项：
1. 为了支付宪法或任何其他议会通过的法律规定应由统一收入基金支付的费用；或者
2. 经《拨款法案》依本宪法第七十八条之规定制订的法律授权的事项。

(二)支付宪法或任何其他议会通过的法律规定应由统一收入基金支付的费用，应通过格林纳达政府从该基金中支付给应得的人员或机构。

(三)未经任何法律授权,不得从任何除统一收入基金外的其他公共基金提取任何款项。

(四)议会可以规定从统一基金或其他公共基金中提款的方式。

第七十七条 通过《拨款法案》对统一基金支出的授权

(一)时任的财政部长应当于每一财政年度准备并向众议院提交下一财政年度的格林纳达收支预算。

(二)须获众议院批准开支预算(宪法或任何其他议会所制定的法律规定的应由综合收入基金支付的费用除外)，即拨款提案，应向众议院说明，规定从统一基金中提取满足支出的必要资金，并为拨款提案中载明的特定目的划拨资金单独表决。

(三)如果就任何财政年度出现下列情况——
1.《拨款法案》为任何目的的划拨的款项不足，或产生了该法案未划拨款项的目的支出费用之需要；或
2. 已为任何目的而超出《拨款法案》为该目的的划拨款项的总数所支出费用或为该法案未划拨款项的目的所支出费用。

应当向众议院提交说明所需要或已花费资金的补充预算，且当众议院批准该补充预算时，补充拨款的提案应当向众议院说明，规定其中的应从统一基金支出的总金额以及此类支出的具体目的。

第七十八条 拨款项支出的授权

议会可以立法规定,如果任一财政年度的拨款法律于该财政年度开始时未生效,时任的财政部长可以授权从统一基金中提取款项以支付政府服务继续运行所需的必要支出，直到该财政年度自开始之日起已满四个月或拨款法律生效,二者以在先者为准。

第七十九条 突发状况预备基金

(一)议会可以立法规定设立突发状况预备基金，并授权时任的财政部长在出现紧急突发事故需要支出且无其他相关规定时，可以从该基金中预支款项以满足该需要。

(二)如果出现需要从突发状况预备基金中提前支出的情况,应尽快向众议院提交一份补充预算,并且当众议院在批准该补充预算时，补充拨款的提案应尽快向众议院说明提前支出金额的目的。

第八十条 某些官员的薪酬

(一)应当向适用本条规定的任职者支付议会通过的法律规定的薪酬和津贴。

(二)本条所规定的任职者的薪酬和津贴应当由统一收入基金支付。

(三)本条所适用的任职者依本条宗旨所规定的

薪酬以及其服务的其他金额（除根据其他法律规定不考虑计算的有关其在职服务的退休津贴），应当不受其被任命后因其缺点的改变。

（四）当一个人的薪酬及其服务的其他金额是依其选择而定，根据本条第三款之宗旨，其选择的薪酬和金额应被认为是比其可能的其他选择更有利。

（五）本条适用于公共事务委员会总督办公室的成员、请愿公共服务局成员、公共检控处主任和审计长。

（六）本条的任何规定不得解释为损害宪法第九十二条之规定（有关保护公职人员退休的权利）。

第八十一条　公共债务

（一）所有应由格林纳达的负担债务由统一基金支付。

（二）依本条之宗旨，债务包括债务的利息、偿债基金费用、偿还款或分期偿还款，以及与经统一基金担保的借贷及其消偿相关的所有费用。

第八十二条　审计长

（一）应当设置审计长作为公职人员。

（二）审计长的职责是对格林纳达公共账户、所有格林纳达政府机构和人员的账户、格林纳达所有法院的账户（包括格林纳达境内所有上诉法院和高等法院的账户）、依宪法设立的所有委员会的账户以及参议院与众议院秘书的账户进行审计并汇报。

（三）审计长及其授权的任何人员应当有权获得其认为与本条第二款提及的任何账户相关的所有账簿、档案、回呈、汇报或其他文件。

（四）审计长应当将依本条第二款作出的所有汇报提交至时任的财政部长，财政部长收到汇报后，应当不迟于众议院第一次召开会议之日起七日内，将汇报提交众议院。

（五）审计长应当行使议会通过的法律规定的与政府账户或法律基于公共目的设立的其他机构或组织的账户相关的其他职责。

（六）审计长依本条第二款、第三款和第四款之规定履行职责时，不受任何其他个人或机构的指令或控制。

第六章　公共事务

第一节　公共事务委员会

第八十三条　公共事务委员会

（一）格林纳达公共事务委员会由如下产生的主席和四名委员组成：

1. 主席与两名委员由总督根据总理的建议任命；

2. 两名委员由总督根据总理咨询适当的代表机构后的建议任命。

但是，除非被咨询的代表机构同意，否则将不得根据本条进行任命。

（二）满足下列情况的人有资格被任命为该委员会委员：

1. 其为参议员或众议员；

2. 其为上诉法院或高等法院法官或者公职人员。

（三）任何人在其最后担任或行使该委员会委员之职之日起三年内，不得再次受任命担任任何公职。

（四）除本条另有规定外，委员的职位在下列情形可能空缺——

1. 自其受任命之日起三年的任期届满；

2. 如出现如果其非委员，将导致其丧失根据本条第二款受任命之资格的情形。

（五）委员仅得因不能履行其职责（无论系因精神或身体疾病或任何其他原因导致）或行为不端而被免职，且非依本条之规定不受免职。

（六）假如委员会委员免职的事项被提交至依本条第七款设立的特别法庭，且特别法庭向总督建议基于其无力履职或行为不端而应被免职，其将被总督免职。

（七）如果总理向总督提出应当就依本条之规定免去委员会委员职务的事项进行调查，则——

1. 总督应当指定由主席和不少于两名的其他人员组成的特别法庭，这些人员由首席大法官选择，所挑选的人员应来自联邦部分具有民事或刑事案件无限制管辖权的法院，或者对这些法院具有上诉管辖权的法院中在职的或者曾经任职的法官。

2. 特别法庭应当调查此事并将事实向总督报告，并且建议总督是否应该根据本条免去其职务。

（八）如果关于免去委员会委员职务的事项已经依前款规定提交至特别法庭，总督可以根据总理的建议暂停该委员之职务，此类暂停职务可以随时由总督根据上述建议撤销，并且在任何情况下，如果特别法庭向总督建议不应当免去该委员职务，其效力应当终止。

（九）如果委员会主席的职位空缺或委员因任何原因不能履行其职责，直到有人被任命并承担此职务或该委员恢复承当其职务，依情况总督可以根据总理的建议，指定委员会其他委员承担该项职务。

（十）如果委员会委员担任主席或该委员因任何原因不能履行其职责，总督可以根据总理的建议任命具备受任命为委员资格的人担任代理委员，并且受此任命的人应当根据本条第五款之规定，持续任职至任期届满，或者依情况任职至该委员恢复承当其职务或总督根据总理的建议撤回其任命。

（十一）委员未经进行并签署效忠宣誓和就职宣誓，不得就职。

（十二）委员会依本宪法履行职责时，不受任何其他个人或机构指令或控制。

（十三）委员会依据规范或以另外的方式规定自己的程序规范，并且在总理的同意下，可以为行使其职责的目的向公职人员或格林纳达的行政机构授权或使其负担义务。

（十四）尽管委员出现空缺或缺席，委员会将根据其程序规则继续运作，并且不得因为存在某个人无此资格却在议院参与会议并表决或以其他方式参加相关程序之情形，而使其程序无效。

但任何委员会的决定也应得到多数委员的同意。

（十五）本条所指的"适当的代表机构"是指格林纳达公务员协会和格林纳达教师联盟。

第八十四条 公职人员的任命等事项

（一）根据本宪法第九十一条之规定，任命担任或代理公职的职权（包括确认任命的职权），以及对任职者进行纪律管制的职权或罢免与准许离职的职权，应当授予公共事务委员会行使。

（二）公共事务委员会可以通过书面命令并在其认为适合的情形下，将本条第一款规定的任何职权转授任何委员或，经总理同意，转授任何公职人员。

（三）本条之规定不适用于下列职务，即——

1. 任何适用本宪法第八十五条的职务；
2. 检察官的职务；
3. 审计长的职务；
4. 任何适用本宪法第八十八条的职务；
5. 任何警察部队的职务。

（四）除非经总督同意，不得依本条之规定任命任何人担任或代理任何总督随身人员之职位。

（五）在公共事务委员会或其他个人或机构行使本条授予的有关于参议院秘书或众议院秘书或议院其他公职人员的权力之前，委员会或其他个人或机构应依情况向参议院主席或众议院议长咨询。

（六）在公共事务委员会或其他个人或机构根据本条行使权力时，本宪法确定的在司法与法律事务委员会中任职或代理职务的任何人，进行任命或代理任何职务之前，委员会或其他个人或机构应向司法与法律事务委员会咨询。

（七）公职人员根据本条，不得因为其在行使被授予的司法职能中的作为或不作为而受免职或受其他任何惩罚，除非司法与法律事务委员会同意如此。

（八）任何因其职务取消或者为了部门或机构的重组而被要求退休的人，假如其达到强制退休年龄，则有权获得退休金及退休福利。

第二节 特别职务的委任等事项

第八十五条 常务秘书与某些其他官员的委任等事项

（一）本条适用于内阁秘书、议会秘书、政府部门首长和政府部门副首长。

（二）根据本宪法第九十一条之规定，任命担任或代理本条规定职务的权力（包括确认任命的权力）以及对任职者进行纪律管制的职权和免职的权力，应当赋予总督根据公共事务委员会的建议行使。

但——

1. 任命一个由同样工资的其他职务转来人担任或代理议会秘书的职务的权力应赋予总督根据总理的建议行使；

2. 在公共事务委员会向总督建议根据本条适用的任命任何人担任或代理任何职务（除了由同样工资的其他职务转来人担任或代理议会秘书的职务）之前，应该向总理咨询，并且如果总理表示反对这项职务任命，委员会不应该建议总督任命该人员。

（三）本条提及的政府部门不包括检察总长所在的部门，检察官所在的部门，审计长所在的部门或者警察部队。

第八十六条 检察官

（一）检察官应由总督根据司法与法律事务委员会的建议任命。

（二）如果检察官的职位空缺或其因任何原因不能履行其职责，总督根据司法和法律事务委员会的建议，可以任命一人代理检察官。

（三）在下列情形中，根据本条第五款、第七款、第八款和第九款的规定，受任命代理检察官的人应当终止代理——

1. 一人受任命担任检察官并已就职或，视情况而定，其所代理之职位的任职者恢复履行职责；或

2. 在任命文件预先规定的较早的时间。

（四）除非满足下列情形，任何人没有资格担任或代理检察官职责

1. 其由资格作为联邦部分具有民事或刑事案件无限制管辖权的法院的出庭律师；

2. 在上述法院中有不少于五年的出庭律师或事务律师经历。

（五）根据本条第七款之规定，当检察官达到法定年龄，其将空缺职位。

（六）检察官仅得因其不能履行职责（无论系因身体或精神疾病或任何其他原因导致）或行为不端而被免职，且非依本条之规定不受免职。

（七）假如检察官被免职的事项被提交至依本条第八款设立的特别法庭，且特别法庭向总督建议基于

其无力履职或行为不端而应该被免职,其将被总督免职。

(八)假如总理或司法与法律事务委员会主席,向总督表示基于该检察官被免职的事项依据本条之规定应当进行调查时,那么——

1. 总督应当指定由主席和不少于两名的其他人员组成的特别法庭,这些人员由总督在首席大法官的建议下选择,所挑选的人员应来自联邦部分具有民事或刑事案件无限制管辖权的法院,或者对这些法院具有上诉管辖权的法院中在职的或者曾经任职的法官;并且

2. 特别法庭应当调查此事并将事实向总督报告,并且建议总督是否应该根据本条款免去其职务。

(九)如果关于免去检察官职务的事项已经依前款规定提交至特别法庭,总督可以根据总理的建议暂停该检察官之职务,此类暂停职务可以随时由总督根据上述建议撤销,并且在任何情况下,如果特别法庭向总督建议不应当免去该检察官职务,其效力应当终止。

(十)本条第五款所规定的法定年龄是指年满六十岁或者议会规定的其他年龄。

但是任何议会制定的法律,是在一人被任命为检察官之后才改变法定年龄之规定的,该改变不对其产生影响除非经其同意。

第八十七条　审计长

(一)审计长由总督根据公共事务委员会的建议任命。

(二)如果审计长的职位空缺或其因任何原因不能履行其职责,总督根据公共事务委员会的建议,可以任命一人代理审计长。

(三)为本条第一款或第二款之目的而提供建议之前,公共事务委员会应当向总理咨询。

(四)在下列情形中,根据本条第五款、第七款、第八款和第九款的规定,受任命代理审计长的人应当终止代理——

1. 一人受任命担任审计长并已就职或,视情况而定,其所代理之职位的任职者恢复履行职责;或

2. 在任命文件预先规定的较早的时间。

(五)根据本条第七款之规定,当审计长达到法定年龄时,其将空缺职位。

(六)审计长仅得因其不能履行职责(无论系因身体或精神疾病或任何其他原因导致)或行为不端而被免职,且非依本条之规定不受免职。

(七)假如审计长被免职的事项被提交至依本条第八款设立的特别法庭,且特别法庭向总督建议基于其无力履职或行为不端而应该被免职,其将被总督免职。

(八)假如总理或公共事务委员会主席,向总督表示基于审计长被免职的事项依据本条之规定应当进行调查时,那么——

1. 总督应当指定由主席和不少于两名的其他人员组成的特别法庭,这些人员由总督在首席大法官的建议下选择,所挑选的人员应来自联邦部分具有民事或刑事案件无限制管辖权的法院,或者对这些法院具有上诉管辖权的法院中在职的或者曾经任职的法官;并且

2. 特别法庭应当调查此事并将事实向总督报告,并且建议总督是否应该根据本条款免去其职务。

(九)如果关于免去审计长职务的事项已经依前款规定提交至特别法庭,总督可以根据总理的建议暂停审计长之职务,此类暂停职务可以随时由总督根据上述建议撤销,并且在任何情况下,如果特别法庭向总督建议不应当免去审计长职务,其效力应当终止。

(十)本条第五款所规定的法定年龄是指年满六十岁或者议会规定的其他年龄。

但是任何议会制定的法律,是在一人被任命为审计长之后才改变法定年龄之规定的,该改变不对其产生影响除非经其同意。

第八十八条　裁判官、登记官和法务人员的任命等事项

(一)本条适用于高等法院的裁判官和登记官,以及总检察长所在部门(包括总检察长)或者检察官(不包括检察官)部门的公职人员的任命,此类人员要求有资格成为格林纳达的出庭律师或事务律师。

(二)本条适用的职位的担任或代理人的任命权(包括确认任命的权力),并且依据本宪法第七十条第四款之规定,对此类人员行使纪律性控制的权力以及免去其职务的权力应授予总督,根据司法与法律事务委员会的建议行使。

第八十九条　警察部队

(一)根据本宪法第九十一条之规定,任命人员担任或代理警察局局长或者免去警察局局长之职的权力由总督根据公共事务委员会的建议行使。

但是在公共事务委员会向总督建议任命任何人担任或代理警察局局长的职务之前,应当向总理咨询,并且如果总理表示反对这项职务任命,委员会不应该建议总督任命该人员。

(二)根据本宪法第九十一条之规定,任命人员担任或代理在警察局局长级别之下并在军士(Sergeant)级别之上的警察部队职务的权力(包括确认任命的权力),对此类人员的任职或代理职务进行纪律性控制的权力以及免去其职务的权力应当属于公共事务委员会。

(三)根据本宪法第九十一条之规定,任命人员担

任或代理在军士级别以下的警察部队职务的权力(包括确认任命的权力),对此类人员的任职或代理职务进行纪律性控制的权力以及免去其职务的权力应当属于警察局局长。

(四)警察局局长应该,通过其认为合适的方式并且在其认为合适的条件下,将本条第三款规定的权力授权给警察部队中的其他人员行使。

(五)假如法律有如下之规定——

1. 改变《警察条例 a》所区分的格林纳达皇家警察部队的级别;或者

2. 建立不同于格林纳达皇家警察部队的其他警察部队或改变这样的其他警察部队的所区分的级别。

公共事务委员会应当,在政府公告上公布,具体指明警察部队的某些级别(除了军士的级别),或者,视情况而定,在本宪法生效之前的,其他警察部队中等同于在现行有效的法律规定下的格林纳达皇家警察部队的军士级别,以及本条第二款和第三款所提及的军士级别,应当根据该级别被引用的具体时间,被解释为有关格林纳达皇家警察部队,或者视情况而定,有关其他警察部队。

第二节 公共事务上诉委员会

第九十条 公共事务上诉委员会(Public Service Board of Appeal)

(一)格林纳达公共事务上诉委员会由下列人员组成——

1. 一人由总督根据自己的审慎判断任命作为主席;

2. 一人由总督根据总理的建议任命;并且

3. 一人由总督根据适当的代表机构的建议任命。

(二)参议员或众议员没有资格被任命为委员会委员。

(三)根据本条之规定,委员会委员的职位在下列情况下可能空缺——

1. 在其被任命的三年期限届满;或者

2. 假如出现非委员会委员根据本条第二款规定没有资格被任命的情况。

(四)委员会委员仅得因其不能履行职责(无论系因身体或精神疾病或任何其他原因导致)或行为不端而被免职,非依本条之规定不受免职。

(五)假如委员被免职的事项被提交至依本条第六款设立的特别法庭,且特别法庭向总督建议基于其无力履职或行为不端而应该被免职,其将被总督免职。

(六)假如总督根据自己审慎的判断,认为委员被免职的事项依本条之规定应当进行调查时,那么——

1. 根据自己的审慎判断,总督应当指定由主席和不少于两名的其他人员组成的特别法庭,由首席大法官挑选自联邦部分具有民事或刑事案件无限制管辖权的法院,或者对这些法院具有上诉管辖权的法院中在职的或者曾经任职的法官;并且

2. 特别法庭应当调查此事并将事实向总督报告,并且建议总督是否应该根据本条款免去其职务。

(七)如果关于免去委员职务的事项已经依前款规定提交至特别法庭,总督可以根据自己审慎判断暂停该委员之职务,此类暂停职务可以随时由总督根据上述建议撤销,并且在任何情况下,如果特别法庭向总督建议不应当免去该委员职务,其效力应当终止。

(八)1. 如果委员会委员因任何原因不能履行其职责,总督可以任命具备受任命为委员资格的人担任代理委员,并且受此任命的人应当根据本条第五款之规定,持续任职至任期届满,或者依情况任职至该委员恢复其职务或总督根据总理的建议撤销其任命。

2. 本条授予总督根据自己审慎判断而行使的权力是在不能行使职权的委员是根据本条第一款第一项任命的情况下,而在不能行使职权的委员是根据本条第一款第二项或第三项任命的情况下,总督应根据总理或者合适的代表机构行使权力。

(九)委员会根据本宪法行使其职能,不受任何个人与机构的指令与控制。

(十)本条的"合适的代表机构"取本宪法第八十三条第十五款规定的意思。

第九十一条 纪律案件的上诉

(一)根据本条之规定,下列任何决定的当事人可以就该决定向公共事务上诉委员会提起上诉——

1. 总督根据公共事务委员的建议做出的任何决定,或者公共事务委员会做出的免去公职人员职务或者对公职人员进行纪律管制的决定(包括本宪法第八十四条第二款所授权的任何人员所作的决定提起的上诉或确认其决定)。

2. 根据本宪法第八十四条第二款所授权的任何人做出的免去公职人员职务或者对公职人员进行纪律管制的决定。

3. 本宪法第九十三条第一款或第二款所要求的公共事务委员会做出的,有关于拒绝、保留、减少或者中止公职人员退休金利益的合意的任何决定。

(二)议会应当规定,当根据本宪法第八十九条第三款或第四款之规定,由警察部队的人员行使了对警察部队人员纪律管制的权力(包括免去其职务的权力)(以下简称"纪律处分的权力")时,该被执行的警察部队人员应可就该项纪律处分的决定向公共事务上诉委员会上诉。

但是，议会或者(在根据本宪法第八十九条第四款行使职权的情况)警察局局长可要求在上诉至公共事务上诉委员会之前先上诉至警察局局长处。

(三)根据本条第一款提起的上诉或者为本条第二款之目的所制定的任何规则，公共事务上诉委员会可以维持或撤销该项被上诉的决定或作出被上诉的机构或个人可作出的任何其他决定。

(四)公共事务上诉委员会作出的每一个决定要求应当得到其所有委员的多数同意。

(五)根据本条第四款之规定，公共事务上诉委员会可以指定如下规范——

1. 根据本条的上诉程序；

2. 将薪水不超过规则规定之数额的公职人员所作的决定，或预先规定的除免职外的纪律管制决定排除适用本条第一款之规定。

(六)为履行公共事务上诉委员会职责之目的，经总理同意，依本条制定的规章可以向任何公职人员或任何政府机构授予职权或设定义务。

(七)尽管委员出现空缺或缺席，公共事务上诉委员会将根据本条或其议事规则之规定而继续运作。

第四节 退休金

第九十二条 退休金法律及退休金权利保障

(一)本条生效前授予任何人的任何退休金所适用的法律，应当为在退休金授予之日有效的法律或是在并未不利于该人员的较后的日期生效的法律。

(二)适用于退休金的法律(不包括本条第一款所规定适用的法律)应——

1. 对于那些完全有关于法官或公务人员任职期间的退休金利益在本条生效前已经开始了的情况，为在本条生效之日有效的法律；

2. 对于那些完全或部分有关于法官或公务人员任职期间的退休金利益在本条生效后才开始计算的情况，为其任职期间开始时有效的法律，或者为在并未不利于该人员的较后的日期生效的法律。

(三)如果任何人有权就其案件选择适用的两项以上的法律，为本条之宗旨，其选择的法律应当被推定为较其他法律而言对其更为有利。

(四)所有的退休金有统一基金负担。(除非其由其他基金负担并适当支付)。

(五)在本条中的"退休金"系指任何公职人员或其遗孀、子女、被抚养人或代理人就其任职法官或从事公务所享有的退休金、补偿、酬金或其他类似津贴。

(六)本条所提及的任职法官是在上诉法院、高等法院的法官或由1959年会议的《向风群岛和背风群岛(法院)规则》[the Windward Islands and Leeward Islands(Court)Order in Council 1959(a)]所建立的最高法院法官，而所提及的从事公务包括该规则第十二条所确定的职务。

(七)本条所提及的涉及退休金的法律包括(不得损害其一般原则)规定授予退休金或拒绝授予退休金情形的法律，以及规定在量上扣留、减少退休金授予或中止的法律和规制这样的退休金的总量的法律。

第九十三条 扣留退休金等的权力

(一)如依据任何法律任何个人或机构都可裁量——

1. 决定该退休金是否应该被授予；或者

2. 在量上扣留、减少或中止退休金的授予。

这样的退休金应当被授予或者不可在量上扣留、减少或中止，除非公共事务委员会赞同拒绝授予退休金，或者根据情况决定在量上扣留、减少或中止退休金授予。

(二)如根据法律授予任何人的任何退休金的总额是不适当的，授予该人员的退休金总额应调整为其应得的最大数额，除非公共事务委员会赞同授予其较小的数额。

(三)当任何担任高等法院法官、检察官或检察总长职务的人员正处于因其不端行为而被起诉有罪的诉讼中，公共事务委员会不得根据本条第一款或第二款做出赞同意见，除非该人员已因其不端行为而被免除职务。

(四)在公共事务委员会，因任何公务人员依据本宪法第八十七条，正处于因其不端行为而被起诉有罪的诉讼中，而根据本条第一款或第二款做出赞同意见之前，公共事务委员会应当咨询司法与法律事务委员会意见。

(五)任何有权获得养老金而其常居地不在格林纳达的人，可以在其收到该项养老金支付后的合理时间内，全部汇款(不包括此项汇款有关的扣减金额、费用和税收)到其选择的格林纳达以外的任何国家。

但本条款不得被解释为阻止——

1. 根据法院的命令而扣押该项养老金支付或部分支付，因为其符合法院判决，或者正处于未决的民事诉讼程序，且其为诉讼当事人而依据法律可扣押该案当事人的养老金。

2. 对该项支付的汇款实行合理限制。

(六)在本条中的"退休金"系指任何公职人员或其遗孀、子女、被抚养人或代理人就其任职法官或从事公务所享有的退休金、补偿、酬金或其他类似津贴。

(七)本条所提及的任职法官是在上诉法院、高等法院的法官或由1959年会议的《向风群岛和背风群岛(法院)规则》所建立的最高法院法官，而所提及的从事公务包括该规则第十二条所确定的职务。

第七章 公民资格

第九十四条 1974年2月7日成为公民

(一)任何出生于1974年2月6日作为英联邦殖民地公民的人在1974年2月7日变为格林纳达公民。

(二)任何于1974年2月6日作为英联邦殖民地公民的人——

1. 根据《1948英国国籍法(a)》[British Nationality Act 1948(a)]成为这样的公民的人在该法未生效前为格林纳达国籍的;或者

2. 根据该法被列为或登记在格林纳达而成为这样的公民的,在1974年2月7日变为格林纳达公民。

(三)任何在格林纳达外出生的,作为英联邦殖民地公民的人,假如其父母根据本条第一款或第二款变为了格林纳达公民,或者将要变为而死亡了的,其在1974年2月7日变为格林纳达公民。

第九十五条 有资格登记为公民的人

(一)任何人在1974年2月7日前与满足下列情况的人结婚——

1. 根据本宪法第九十四条成为格林纳达公民的人;

2. 虽然在该日前死亡,但其死亡后依本条成为格林纳达公民的人。

除了其婚姻关系因为死亡或理论而终止外有权提交申请,并且假如其是受英国保护人士(a British protected person)或者进行了效忠宣誓的外国人,可以登记为格林纳达公民。

(二)任何出生在格林纳达以外的人,于1974年2月6日作为英联邦殖民地公民且不满十八周岁的,假如其父母根据本宪法第九十四条第二款变为了格林纳达公民,在其达到十八岁之前或者议会规定的最迟日期前,可以由其父母或者监护人申请登记为格林纳达公民。

(三)依本条的登记申请应按照议会关于此申请而规定的方式进行。

第九十六条 1974年2月7日或之后出生在格林纳达的人

(一)任何1974年2月7日或之后出生在格林纳达的人在其出生之日起成为格林纳达公民。

但其出生时属于下列情况的,不能成为格林纳达公民——

1. 其父母均非格林纳达公民的,并且其父亲或母亲是其他主权国家委派到格林纳达作为特使而享有诉讼及法律程序的豁免权的;或者

2. 其父亲或母亲是格林纳达作战国的公民并且其是在被该国占领的地方出生的。

第九十七条 1974年2月7日或之后出生在格林纳达外的人

假如其父母在该时间为格林纳达公民,任何1974年2月7日或之后出生在格林纳达外的人在其出生之日起成为格林纳达公民,除非是本条规定或本宪法第九十四条第三款规定的情况。

第九十八条 与格林纳达公民结婚

任何与格林纳达公民结婚的人或者已经结婚的人,在婚姻关系存续期间,其结婚对象是格林纳达公民的,有权提交申请,并且假如其是受英国保护人士或者进行了效忠宣誓的外国人,可以登记为格林纳达公民。

第九十九条 议会的权力

(一)议会可以对依据本章之规定没有资格或不再有资格成为格林纳达公民的人就其获取成为格林纳达公民资格的事项作出规定。

(二)议会可以对已经是格林纳达公民的人剥夺其格林纳达公民资格的事项作出规定,除非是本宪法第九十四条、第九十六条和第九十七条规定的情况。

(三)议会可以对放弃格林纳达公民资格的事项作出规定。

第一百条 解释

(一)本章中——

"外国人"是指非联邦公民,受英国保护的人士或爱尔兰公民。

"受英国保护的人士"是指根据1948年《英国国籍法》或任何英国议会修改或代替该法的法案而受英国保护的人。

(二)本章提及的父亲,应当是相对于非婚生或不合法出生的子女的父亲,所提及的该人的母亲参照同样的解释。

(三)依本章之目的,在国外注册的船舶或航空器,或者没有在任何国家的政府注册的船舶或航空器上出生的人,其出生地应该被认为是船舶或航空器的注册地,或者依情况而定,为其所在地。

(四)本章所提及的出生时其父亲的国籍状态,关于其父亲死亡后才出生的情况,应当解释为其父亲死亡时的国籍;而且如果其父亲是在1974年2月7日之前死亡而其是在该日期或之后出生的,则其父亲所拥有的公民身份以其死亡之时所有的国籍为准。

第八章 司法规定

第一百〇一条 高等法院对宪法问题的初审管辖权

(一)根据本宪法第二十二条第二款、第三十九条

第八款、第四十九条第四款、第五十六条及第一百〇八条之规定，任何人认为存在已经或正在违反本宪法的任何条款之规定的（除了第一章之规定外），假如其为利害关系人，可以根据本条上诉至高等法院请求救济。

（二）高等法院有权根据本条的请求而确定是否存在已经或正在违反本宪法的任何条款之规定（除了第一章之规定外）并依此做出判决。

（三）若高等法院对是否存在已经或正在违反本宪法的任何条款之规定做出了判决，而判决相关的申请人还想要继续请求救济的，高等法院可以给予该人员相应适当的补救，而该补救应是格林纳达高等法院诉讼中一般能接受的补救。

（四）首席大法官可以制定有关于高等法院行使管辖权或本条授予法院的权力的实践和程序的规则，包括根据本条款提出申请的时效的规定。

（五）一人被认为对依据本条的申请之目的有利害关系是指其宣称的违法本宪法的事项影响到其利益。

（六）本条授予的因违法本宪法规定而请求裁判并予以救济的权力应当排除可以通过任何法律法规予以救济的任何相同的事项的其他诉讼。

（七）本条并未授权高等法院可以审理或判决本宪法第三十七条的相关的争议。

第一百〇二条 高等法院对宪法问题的裁断

（一）格林纳达立法建立的法院（除了上诉法院、高等法院或军事法院）如果遇到关于解释本宪法的问题并且法院认为该问题保护涉及实质性法律问题，则该法院应将该问题提交高等法院裁断。

（二）为本条之宗旨，提交高等法院所裁断的任何问题，高等法院应当给出其对该问题的做出裁判并且提交该问题的法院应当按照该裁判处理案件；或者如果该判决被上诉至上诉法院或女王陛下会同枢密院，则应当依据上诉法院的判决，或视情况根据女王陛下会同枢密院的判决处理案件。

第一百〇三条 上诉至上诉法院

（一）根据本宪法第三十七条第七款之规定，下列案件的高等法院的判决可以上诉至上诉法院——

1. 涉及本宪法解释的民事或刑事诉讼的最终判决；

2. 本宪法第十六条授予高等法院行使的管辖权做出的最终判决（关于基本权力和自由的实施）。

第一百〇四条 上诉至女王陛下会同枢密院

（一）根据本宪法第三十七条第七款之规定，下列案件的上诉法院的判决可以上诉至女王陛下会同枢密院——

1. 上诉至女王陛下会同枢密院的争议事项是价值1500美元或以上，或者该上诉直接或间接包含价值1500美元或以上的财产或权力争议，并在任何民事诉讼程序中的最终判决；

2. 婚姻解散或宣布无效的最终判决；

3. 包含到本宪法解释争议的民事或刑事诉讼的最终判决；

4. 议会规定的其他此类案件。

（二）根据本宪法第三十七条第七款之规定，下列案件的上诉法院的判决在上诉法院的许可后可以上诉至女王陛下会同枢密院——

1. 上诉法院认为的，在任何民事诉讼中，涉及重大的一般或公共重要性或其他，需要提交至女王陛下会同枢密院裁决的判决；

2. 议会规定的其他此类案件。

（三）上诉法院关于任何民事或刑事事项的判决在女王特别许可后可以上诉至女王陛下会同枢密院。

（四）本条所提及的上诉法院的判决应当解释为上诉法院行使本宪法或其他现行有效的格林纳达法律授予的管辖权而做出的判决。

第一百〇五条 《法院规则》

本章中参照本宪法应当解释为包括参照《法院规则》，而根据议会依本宪法第三十九条做出的任何规定，《法院规则》应当被认为是格林纳达现行有效的法律的一部分，并且基于此目的——

1. 根据《法院规则》而建立的最高法院应当被认为是与格林纳达和西印度群岛协作国的最高法院相符合的；

2.《法院规则》所提及的"the Premier of Grenada"应解释为指"the Prime Minister of Grenada"（格林纳达总理）。

第九章 杂项

第一百〇六条 最高法律

本宪法是格林纳达最高法律，并且依据本宪法之规定，假如任何法律与本宪法相抵触，以本宪法为准，其他法律相抵触部分无效。

第一百〇七条 地方政府

（一）设置卡里亚库和小马提尼克（Carriacou and Petit Martinique）委员会作为这些岛屿的地方政府的主要机构。

（二）该委员会根据议会规定拥有相应的人员和责权。

第一百〇八条 任何法院都不能质询的某些问题

根据本宪法总督被要求根据内阁、总理或其他部长或反对党领袖的建议行使其职权，而总督是否接受或根据这样的建议行使其职权的争议不应受任何依法成立的法院质询。

第一百○九条 辞职

（一）任何被任命或选举为担任依据本宪法设置的职务或根据本宪法所设置的部长职务人，可以向任命或选举他的个人或单位提交亲笔签署的辞呈。

而——

1. 参议院主席或副主席的辞呈应该向参议院呈交；

2. 众议院议长或副议长的辞呈应该向参议院呈交；并且

3. 视情况而定，参议员或众议员的辞呈应当向参议院主席或众议院议长呈交。

（二）上述职务的辞职，在其亲笔签署的辞呈被应当取得该辞呈的个人或机构收到时生效。

第一百一十条 重新任命与并存的任命

（一）任何从依据本宪法设置的职务或根据本宪法所设置的部长职务离职的人，若其具备任职资格，可以再次依宪法之规定受到任命或当选该职位。

（二）本宪法授权的任何个人或机构作出任何职位的任何委任，受委任的人，尽管有其他人担任该职务，当该人员离职放弃其职权期间，以及存在两个及以上的人因本条之目而受任命担任同一职位的，为授予任职者职权之目的，最后被任命的人应当被认为是该职位的唯一任职者。

第一百一十一条 解释

（一）本宪法中，除非另有明文规定，则——

"联邦公民"的含义可由议会立法规定；

"美元"系指用作格林纳达货币的美元；

"财政年度"系指任何一年的1月1日或者以议会可能规定的日期起算的十二个月的期间；

"政府公报"系指公布格林纳达政府的命令的任何公报；

"法"包括具有法律效力的文书和任何法律不成文的规定，并且"合法的"与"合法地"须据此解释；

"议会"系指格林纳达议会；

"宣誓"包括声明；

"效忠宣誓"系指载于本宪法附表三的效忠宣誓；

"就职宣誓"系指载于本宪法附表三的任何履行职务的宣誓；

"警察部队"系指根据《警察条例》建立的格林纳达皇家警察部队，以及包括其他由议会立法设立的继承格林纳达皇家警察部队职权的警察部队；

"公共职务"系指在公共事务中领取薪酬的职务；

"公务人员"系指担任或代理公共职务的人；

"公共事务"系指依据本条之规定，有关格林纳达政府民事行为能力的官方事务；

"议会会期"系指议会议院从本宪法生效后或者在任何时候闭会或解散后的第一次会议开始，至议会休会或未经闭会解散时止的期间；

"开会期"系指议会议院未经休会地连续开会的期间，并包括该议院以委员会的形式召开会议的任何期间。

（二）本宪法提及的公共事务的职务不应当被解释包括——

1. 参议院主席或副主席，众议院议长或副议长，总理或其他部长，常务秘书长，参议员或众议员的职务；

2. 本宪法所设置的任何委员会委员，赦免权咨询委员会委员或公共事务上诉委员会委员的职务；

3. 上诉法院法官或高等法院法官的职务；

4. 就议会规定所保留的，任何其他依法设立的会议、部委、小组、委员会或其他较小组织（无论是否成为团体）的成员的职务。

（三）本宪法所提及的上诉法院、高等法院以及司法与法律事务委员会系指依据《法院规则》而设置的上诉法院、高等法院以及司法与法律事务委员会。

（四）本宪法所指的《法院规则》系指本宪法第三十九条第九款的含义。

（五）为本宪法之目的，任何人不再被认为担任职务的理由仅在于其受到退休金或其他类似津贴的事实。

（六）除非另有明文规定，本宪法所提及的专指其职务的任职者应当被解释为包括在其职权范围内，任何有权行使该职务的权力的人。

（七）除非是本宪法规定的任职者按规定担任或代理任何职务是被指定由某些特定的人或机构代表的情况，任何人不应不经其同意而被提名选任任何职务或者被任命或带来这样的职务。

（八）本宪法提及的免去公务员人职务的权力应当被解释包括任何法律授予的要求和许可公务人员从其公职上退休的权力。

但是——

1. 本条款不能解释为授予任何个人或机构要求检察官或检察总长从其公职上退休的权力；以及

2. 在公务人员被非依本宪法设置的委员会的任何个人或机构免去其职务的情况下，任何法律授予的许可某人从其公职上退休的权力应当授予公共事务委员会行使。

（九）本宪法规定的关于授予任何个人或机构免去任何公务人员职务的权力的行使不得损害任何个人或机构废除该职务的权力，或者任何法律一般规定的公务人员或对某类公务人员特别规定了具体年龄的强制退休制度。

（十）本宪法授权任何个人或机构任命任何人代理或行使任何职务的职权的，假如任职者自身原因不能行使该项职权的，这样的任命不应当因为任职者不能行使这些职权而受到质疑。

（十一）本宪法所规定的任何个人或机构依据宪法行使其职权不受任何其他个人或机构的指令或控制不得解释为排除法院依据宪法或其他法律，对任何个人或机构行使其职权的争议行使司法管辖权。

（十二）在不得损害《1889年解释法案（a）》第三十二条第三款之规定的情况下（本条第十五款所规定的适用），本宪法授权制定任何命令规范或者规则或发布任何指令或者做出任何指示，而该权力应当被解释为包括以类似方式行使或根据类似的条件，修改或撤销任何这样的法令、法规、规则、指令或者指示的权力。

（十三）除非另有明文规定，本宪法所提及的任何在本宪法实施前制定的法律应当被解释为系指在本宪法实施前即已生效的法律。

（十四）本宪法所提及的任何修改或代替任何其他法律或任何其他法律之规定的法律应当被解释为系指法律修改，重新制定，无论是否修正或修改的中止和废除，增加新的规定或者作出不同的规定以代替其他法律或其他法律之规定。

（十五）《1889年解释法案》应当为解释本宪法之目的以必要的变化而加以适用，并且另外也有关于为解释的目的和《英国议会法案》而适用。

宪法附表（略）

古巴共和国宪法

(1976 年通过,更新至 2003 年)

序 言

我们,古巴公民,

继承了我们的先辈培育的创造精神和勇敢的、坚定的、勇于献身的传统,我们的先辈是:

宁死不屈的土著居民;

反抗主子的奴隶;

产生了民族意识并渴望古巴成为自由国家的人们;

发动了 1868 年反对西班牙殖民主义独立战争的爱国者,以及最终在 1895 年把独立战争推向 1898 年胜利(胜利为美帝国主义的军事干涉和占领所夺取)的人们;

为了反对帝国主义统治、政治腐败,争取人民的权利和自由,以及为了反对失业、资本家和地主强加的剥削而奋起斗争了五十多年的工人、农民、学生和知识分子;

发起、参加和发展第一批工人、农民组织,传播社会主义思想,发动早期马克思主义和马克思列宁主义运动的人们;

由马蒂教育成长的、在马蒂百年诞辰一代人中带领我们取得一月人民革命胜利的先锋队成员;

用生命捍卫革命,因此使革命得到彻底巩固的人们;

作为一个团体,完成了英勇的国际主义使命的人们。

指导思想

何塞·马蒂(José Martí)思想,以及马克思、恩格斯和列宁主义。

依靠

无产阶级国际主义,全世界人民,特别是拉丁美洲和加勒比海地区人民兄弟般的友谊、援助、合作与团结。

决心

推进菲德尔·卡斯特罗(Fidel Castro)所领导的蒙卡达(Moncada)和格拉玛(Granma)、马埃斯特腊山(Sierra)和吉隆滩(Girón)的胜利革命。在共产党的领导下,由于得到紧密团结的一切革命力量和人民的支持,革命取得了民族的完全独立,建立了革命政权,实行了民主改革,开始了社会主义建设,并继续朝着建设共产主义社会的目标前进。

知道

一切人剥削人的政治制度是被剥削者受到屈辱和剥削者人性堕落的原因;

只有实现社会主义和共产主义,人才能摆脱奴隶制、奴役制、资本主义各种剥削方式,实现自由,从而获得人的全部尊严;我们的革命提高了祖国和古巴人的尊严。

我们宣布

我们的意愿是让何塞·马蒂希望最终得到实现的如下强烈愿望指导共和国的根本法:

"我希望我们共和国的首要法律是古巴人为了人的全部尊严而献身。"

采取

全民公决、经自由投票通过:

宪法

第一章 国家政治、社会和经济基础

第一条

古巴是独立自主的工人阶级社会主义国家,是由全体古巴人组成的为了全体古巴人的利益和享受政治自由、社会正义、个人和集体福利,以及人类团结的单一的民主共和国。

第二条

古巴国名是古巴共和国,官方语言是西班牙语,首都是哈瓦那市(la Habana)。

第三条

古巴共和国的主权属于人民,国家的一切权力来自人民。人民直接或通过人民政权代表大会及其产生的其他国家机关根据宪法和法律规定的方式和规

---

* 译者:阙成平。

范行使国家权力。

任何人企图推翻根据本宪法建立的政治、社会和经济秩序,在没有其他救援办法时,全体公民有权使用包括携带武器在内的所有办法进行抵抗。

根据本宪法建立社会主义和社会制度变革,已经证实对现存的帝国主义力量中最强有力政府的各种侵略和经济战争进行了多年的英勇抵抗,并表明它能够变革国家和创造一个全新、公正的社会。这是不可改变的,古巴永远不会回到资本主义。

第四条

国家的象征是那些在古巴战争中为了独立、人民的权利和社会进步而坚持了一百多年的:

独星旗;

《巴亚莫之歌》(La Bayamesa);

大王棕榈国徽。

第五条

古巴共产党,是由马尔迪安(Martine)和马克思列宁主义者组成的古巴民族的先锋队,是国家和社会的最高领导力量,组织和引导民众朝着社会主义建设和向着共产主义社会发展的崇高目标而努力。

第六条

共产主义青年联盟是古巴青年的先锋组织,在推进青年人积极参与社会主义建设的工作中,其根本职责是认识国家和促进国家,并把青年人培养成有责任的公民,使他们能够为我们的社会利益承担日常责任。

第七条

古巴社会主义国家承认和鼓励我们民族奋斗历史过程中建立的、包括不同群体的人口,代表各自特殊利益的各社会组织和群众组织,并将他们纳入到巩固和捍卫社会主义社会的教育工作中。

第八条

国家承认、尊重并保护宗教信仰自由。

在古巴共和国,宗教组织与国家分离。不同的宗教教义和宗教信仰受到平等对待。

第九条

国家:

a)实现人们的劳动愿望,并且:

——在国家的社会主义建设中努力开创劳动渠道;

——保障人的自由和全部尊严,保障人们享有权利、行使职责和履行义务,保障人的个性全面发展;

——对没有人剥削人的社会特有的和平共处的意识形态、规范和行为进行保护;

——对人们的创造性劳动以及社会主义国家的财产和财富进行保护;

——有计划地指导国民经济;

——保证国家的教育、科学、技术和文化的发展;

b)作为为人民服务的人民政权,应保障:

——一切有劳动能力的男女有就业的机会,并通过就业实现为社会做贡献的目标,以及满足自己的需要;

——所有丧失劳动能力的人有获得充分生存的方式;

——全体儿童可以有学上、有饭吃、有衣穿;

——全体青年有学习的机会;

——所有人有参加学习、培训和体育活动的渠道。

c)力争实现所有家庭都有一所舒适的住房。

第十条

一切国家机关及其领导人、工作人员和职员,应在各自的职责范围内工作,在一切社会生活中应严格遵守社会主义法律,并维护社会主义法律的尊严。

第十一条

国家行使以下主权:

a)国家的全部领土,由古巴岛、青年岛(La Juventud)及其他附属的岛屿和要塞、内水及法律规定范围内的领海以及上述范围的领空组成;

b)国家所有的自然资源和环境;

c)自然资源包括法律规定范围内的、符合国际惯例的属于共和国海洋经济区内的生物和非生物、水域、海床和底土。

古巴共和国拒绝在不平等条件下,或忽视或削弱其主权和领土完整的情况下签订的条约、协定和同意,并视为非法和无效。

不与任何国家在外国力量侵略、威胁或强制的情况下就经济、外交和政治关系进行谈判。

第十二条

古巴共和国接受反对帝国主义和国际主义的原则,并且:

a)在尊重各国人民的独立和主权,以及民族自决权的基础上,承认所有国家(不分大小和强弱)对有价值的、真实的、有效的和平的渴望;

b)根据国家权利平等、民族自决、领土完整、独立的原则,和表明平等和尊重的平等互利的国际合作、和平解决争端原则,以及联合国宪章和古巴参加的其他国际条约宣布的其他原则,建立国际关系;

c)为了提高政治和经济一体化,以获得真正的独立,再次声明希望与具有共同特征和历史需要的拉丁美洲、加勒比海国家的合作和一体化,这将使我们在世界上获得相应的地位;

ch)主张所有第三世界国家团结一致反对试图限制或降低我们的主权、恶化经济开发状况和压迫不发达国家的帝国主义和新殖民主义政策;

d) 谴责帝国主义,认为所有表明法西斯主义、殖民主义、新殖民主义和种族主义的发起者和支持者是侵略和战争的主要力量,是人民最凶恶的敌人;

e) 反对直接或间接干涉任何国家内外事务、武装侵略和经济封锁,以及任何形式的经济或政治强制,或对居住在其他国家的人实施人身暴力,或以其他形式威胁各国的完整各民族政治、经济和文化的统一;

f) 不得违反不得声明放弃在本国境内管理通信的使用和收益的任何国家主权权利,遵守普遍做法和已经签署的国际公约;

g) 认为侵略战争和战争征服是国际犯罪,承认民族解放战争和对入侵的武装抵抗是合法的,认为援助被侵略者和为了自己的解放的各国人民是自己的国际义务;

h) 在与其他采用社会主义的国家建立兄弟般的友谊、合作和互助的基础上,建立建设新社会的共同目标;

i) 保持同尊重国家主权、遵守国家间和平共处准则和以互惠态度对待具有不同的政治、社会和经济制度的国家的友好关系。

第十三条

古巴共和国对为了自己的理想或争取民主权利,为了反对帝国主义、法西斯主义、新老殖民主义,为了废除种族歧视,为了民族解放,为了争取工人、农民和学生的权益,为了自己进步的政治、科学、艺术和文学活动,为了社会主义与和平而遭受迫害的人士给予避难权。

第十四条

在古巴共和国,建立在对生产资料实行社会主义全民所有和消灭了人剥削人现象基础上的社会主义经济制度占统治地位。

社会主义的分配原则"按能力分配和按劳动分配"仍具有拘束力。依法制定保证这一原则有效实施的法规。

第十五条

全民所有的社会主义国家财产包括:

a) 不属于小农或由小农组成的合作社所有的土地、地下资源、矿山,共和国海洋经济区内的生物和非生物资源,森林、水流和通信线路;

b) 糖厂、工厂、基本交通设施和从帝国主义、地主和资本家那里通过国有化和征收而来的企业、银行和设备,以及由国家或将来可能由国家建造、改进和取得的工厂、经济设施和科学、社会、文化和体育中心。

这些资产不能作为财产转让给自然人或法人,但为了国家的发展,事先得到内阁会议或执行委员会的同意而部分或全部转让任何经济体并且不影响国家的政治、社会和经济基础的例外。

至于向国有企业和其他被授权团体转让上述财产上的其他权利时,为了实现这些目的,应采取措施制定符合本法的法规。

第十六条

国家按照计划组织、指导和管理国民经济活动,使之符合国家发展规划,目的是为了巩固社会主义制度,满足社会和公民日益增长的物资和文化需要,并促进人的个性及其尊严的提高,以及增强国家的安全。

各经济部门及其他社会生活领域的工人,要积极自觉地参与生产发展计划的制定和实施。

第十七条

包括社会主义全民所有的财产的资产由国家直接管理,或者专门组建或组织负责管理的企业和经济实体进行管理,与这些企业和经济实体相关的结构、归属、职能和体制由法律规定。

这些企业和经济实体仅以其财政资源为限对其债务负责,其限度范围由法律规定。国家不对企业、经济实体或其他法人的契约债务负责,企业、经济实体或其他法人也不对国家债务负责。

第十八条

国家指导和管理对外贸易。

依法建立的国家制度和国家机构有权:

——设立外贸企业;

——平衡和调控进出口;

——决定经营上述进出口业务参加贸易协定谈判的自然人和法人的法律资格。

第十九条

国家承认小农对合法属于他们的土地以及符合法律规定的必需授予他们开发的其他不动产和动产的所有权。

事先得到有权国家机关核准并符合其他法律规定的小农,可以仅将自己的土地并入农牧业生产合作社,也可以按照法律规定的形式和条件通过其他名义将土地销售、交换或转让给国家、农牧业合作社或小农,但不得损害国家通过支付公平价格的优先取得权。

禁止土地租赁、分佃、抵押贷款和以其他形式对源自小农土地所有权的权利进行留置或分配给个人。

国家鼓励有利于国家经济的个体生产。

第二十条

为了农业生产和获得国家的信贷服务,小农有权按照法律规定的方式和要求相互组织盐业。

根据法律规定的情况和形式允许组织农牧业生产合作社。合作社所有制受到国家承认,是社会主生产的主要形式和有效形式。

农牧业生产合作社根据法律和自己的章程管理、支配、使用和处理自己的资产。

合作社的土地既不得被剥夺也不得被课税，因此，其所有权可以按照法律规定的程序转让给其他合作社或国家。

国家对这种形式的农牧业生产提供各种可能的支持。

第二十一条

保护公民对自己的劳动收入和储蓄、拥有合法财产权的住宅和其他满足个人物资和文化需要的商品和财产的私人所有权。

同样，保护个人和家庭不是用来剥削他人的劳动资料和劳动设施的所有权。

可以被扣押的个人财产的数量由法律规定。

第二十二条

国家承认政治、社会和群众组织对为实现自己目的的财产的所有权。

第二十三条

国家承认依法成立的混合企业、经济合伙和协会的财产所有权。

与这些实体的遗产相关的财产的使用、收益和处置，取决于设立他们的法律或条约，以及对他们进行管理的章程和规章。

第二十四条

国家承认私有住宅和其他个人财产的继承权。

土地和包括小农可以继承的财产在内的其他与生产有关的财产，只能判决给亲自耕种土地的继承人，法律另有规定的除外。

可以继承的共有财产的情形、条件和形式由法律规定。

第二十五条

为了公共利益和社会利益，并给予必要补偿的，可以对财产进行征收。

法律在规定征收的程序和决定征收的用途、必要性以及补偿的形式时，应当考虑被征收者的利益和经济社会需要。

第二十六条

由于国家官员或工作人员的职务行为对公民造成严重损害或伤害的，受害人有权根据法律规定的形式要求并获得相应的纠正或赔偿。

第二十七条

国家保护环境和自然资源。为了使人类生活更加有效，为了确保我们和子孙后代的生存、福利和安全，国家承认环境和自然资源与经济社会的可持续发展紧密相关。由相应的主管机构适用这一政策。

公民有义务保护水源、大气，和保护土壤、植物、动物和自然界中的一切潜在财富。

第二章 国籍

第二十八条

古巴国籍因出生或归化取得。

第二十九条

因出生成为古巴公民的有：

a) 在本国境内出生的人，为外国政府或国际组织服务的外国人的子女除外。非永久性居住在本国境内的外国人的子女取得古巴国籍的条件和手续由法律规定。

b) 在国外出生，其父亲或母亲是履行官方使命的古巴人的；

c) 在国外出生，其父亲或母亲是古巴人，且已事先履行了法律规定的手续的；

ch) 在本国境外出生，其父亲或母亲是已经失去古巴国籍的古巴共和国的本国人，只要按法律规定的方式提出了此项要求的；

d) 在争取古巴解放的斗争中由于建立过突出功绩而被认为是因出生而成为古巴公民的外国人。

第三十条

因归化成为古巴公民的有：

a) 根据法律规定获得国籍的外国人；

b) 参加过1959年1月1日推翻独裁政权的武装斗争，并按法律规定得到证实的人；

c) 被非法剥夺原始国籍，由国务委员会特许获得古巴国籍的人。

第三十一条

结婚或离婚均不影响其配偶或子女的国籍。

第三十二条

不得剥夺古巴人的国籍，也不得剥夺古巴人国改变国籍的权利，法律另有规定的除外。

不承认双重国籍。因此，取得外国国籍，就丧失古巴国籍。

有权确定国籍丧失的政府当局认定国籍丧失情形的程序由法律规定。

第三十三条

在法律规定的情形下，古巴国籍可以恢复。

第三章 外国人

第三十四条

居住在共和国境内的外国人在以下方面与古巴人平等：

——人身与资产的保护；

——根据法律规定的条件和限制行使、履行本宪法认可的权利和义务；

——遵守宪法和法律的义务；

——根据法律规定的方式和数量承担公共支出的义务；

——递交服从共和国法院的司法管辖和当局决议的意见；

有关当局有权决定驱逐外国人出境，驱逐出境的情形和方式由法律规定。

第四章　家庭

第三十五条

国家保护家庭、母亲和婚姻。

国家认为家庭是社会的基本单元，承担着教育和教养新生代的职责和职能。

第三十六条

婚姻是男女双方根据法律规定共同生活的自愿结合。夫妻双方在权利义务绝对平等的基础上，必须以持合双方的社会活动的方式共同努力来维持家庭和全面教育子女。

婚姻的形式、确认和解除以及由此产生的权利和义务由法律规定。

第三十七条

婚生子女与非婚生子女享有平等权利。

废除任何形式的对父子关系的性质进行鉴定的资质。

在子女登记证书或任何其他涉及父子关系的文件上，不得对出生情况的区别或父母的婚姻状况作任何记载。

国家通过适当的法律程序保障父子关系的确认。

第三十八条

父母有义务抚养子女，帮助他们捍卫自己的正当利益和实现他们的正当愿望；也有义务教育和全面培养子女，使他们成为社会主义社会生活中有用的和有准备的公民。

同样，子女也有义务尊重和帮助父母。

第五章　教育和文化

第三十九条

国家指导、促进和推动教育、文化和科学的全面发展。

国家的教育和文化政策遵循以下要求：

a) 教育和文化政策的基础是提高科学和技术、马克思主义和马尔迪安思想、古巴传统教育和普世价值的进步。

b) 教育是国家的职能，无偿进行。它以科学结论和科学贡献以及学习与生活、生产劳动之间最紧密的联系为基础。

为了学习，国家对学生设立奖学金制度，对工人提供各种设施，使他们能够达到尽可能高的知识和技术水平。

国家教育体系的组成和结构，以及义务教育的范围和全体公民应当获得的最低限度的普通基础知识的确定由法律规定。

c) 促进以爱国主义和共产主义教育、训练新一代，为社会生活培养儿童、青年和成年人。

为了实现这一原则，应把普通教育与科学、技术和艺术的专门教育同体育教育、运动的开发有关的劳动和研究，以及对政治、社会和军训活动的参加结合起来。

ch) 艺术创作自由，但其内容不得违反革命。艺术的表现形式自由。

d) 为提高人民的文化水平，国家关心艺术教育、艺术创作和培养职业以及艺术鉴赏能力的提高和发展。

e) 科学创造和研究活动自由。国家鼓励实施可行的研究，并优先指导解决涉及社会利益和人民福利问题的科研活动。

f) 国家提倡劳动者参与科学工作和科学发展。

g) 作为教育手段并有益于公民的全面培养，国家引导、鼓励和促进体育教育和各种形式的体育活动。

h) 国家保护古巴文化的认同，负责国家的文化遗产和艺术、历史财富的保存，保护国家文物和著名的自然风景区，以及具有公认的艺术和历史价值的地区。

i) 国家鼓励公民通过各社会组织和群众组织参与教育和文化政策的实现。

第四十条

儿童和青年受到国家和社会的特殊保护。

家庭、学校、国家机关和社会、群众组织有义务对儿童和青年的全面发展给予特别关注。

第六章　平等

第四十一条

全体公民享有平等权利，履行同样义务。

第四十二条

禁止并依法制裁种族、肤色、性别、血统、宗教信仰歧视，或其他侵犯人的尊严行为。

国家机构应根据人人平等原则从小教育全体公民。

第四十三条

公民不分种族、肤色、性别、宗教信仰、血统，或其他侵犯人的尊严的形式，都享有国家赋予的、经革命得到的如下权利：

——根据自己的功绩和能力获得国家、公共管理部门和生产服务行业的一切职位和职务；

——根据自己的功绩和能力，可以被提拔担任革命武装部队和安全、内部部门的各级领导职务；

——同工同酬；

——接受对全体公民一视同仁的从小学到大学的所有国家教育机构的教育；

——在所有医院都能得到治疗；

——在任何区域、地区或居民区居住，和在任何旅馆留宿；

——在所有餐馆和其他公共服务部门都应得到接待；

——不受歧视地使用海上、铁路、航空和汽车等交通工具；

——同等享受度假村、海滩、公园、社交圈和其他文化、体育、娱乐和休息中心。

第四十四条

男女享有平等的经济、政治、文化、社会和家庭权利。

为了实现妇女全面参与国家的发展，国家保障为妇女提供与男子平等的机会和可能。

为了照顾老人和为履职的劳动家庭提供服务，国家组织诸如儿童中心、寄宿和半寄宿学校、住所等机构。

为了保障妇女及其子孙的健康，国家对劳动妇女提供津贴：为分娩前后的母亲提供有薪假期和与母亲职能相一致的临时工作选择。

国家努力创造一切条件以引导平等原则的实现。

第七章　基本权利、义务及其保障

第四十五条

在社会主义社会，劳动是每一个公民的权利、义务和光荣。

劳动要根据其质量和数量支付报酬；提供工作，要考虑经济社会状况和对劳动者及其天赋、资格的选择；社会经济制度保障劳动，促进社会经济顺利发展，消除了失业，并永远根除了被称为"死期"的季节性停工。

在工业、农业、技术、艺术和服务工作中开展的有利于全社会的、无偿的志愿工作，是培养我们的人民形成共产主义觉悟的方式。

每个劳动者都有义务正确履行与其职业相一致的工作。

第四十六条

全体劳动者有休息的权利，并通过每天八小时工作制和每周休息、带薪年休假进行保障。

国家鼓励休假设施和方案的改善。

第四十七条

国家通过社会保险对老年、残疾和患病劳动者给予适当保护。

劳动者死亡的，对其家庭给予相同的保护。

第四十八条

国家通过社会救济，保护无依无靠的老人，保护任何丧失劳动能力、亲属无力给予帮助的人。

第四十九条

国家采取措施预防职业性事故和疾病，保障劳动保护、劳动安全和劳动卫生权利。

遭受工伤或者患有职业病的劳动者有权获得医疗救治和赔偿，在暂时或永久丧失劳动能力的情况下，有权退休。

第五十条

所有人有权获得健康关心和保护。国家保障以下权利：

——通过农村医疗服务网点、联合诊所、医院、防疫站和专科医疗中心提供免费医疗服务；

——提供免费口腔保健；

——发展卫生宣传和医疗教育、定期体检、普遍接种疫苗以及其他预防疾病措施的计划。在这些计划和活动中，全体居民通过社会和群众组织参与合作。

第五十一条

所有公民有受教育的权利。这项权利由广泛的、免费的寄宿和半寄宿学校通过各种类型、各种水平的奖学金和免费教材予以保障。所有儿童和青年，无论其家庭经济状况如何，都有根据其天资、社会要求和社会经济发展的需要进行学习的机会。

成年男女在同等条件下的免费受教育权也受到保障，法律规定通过成人教育、职业和技术教育、国有企业和机关的工作培训以及劳动者高等教育等措施提供特别便利。

第五十二条

全体公民有权参与体育教育、运动和娱乐。

这一权利的享有通过国家教育体系研究计划中的体育教育和运动的教学和实践、方便人民参与运动和娱乐的教育范围以及接受服务的方式进行保障。

第五十三条

公民有符合社会主义社会宗旨的言论和出版自由。行使这项自由的物质条件在于出版社、广播、电视台、影院和其他大众传媒均为国家所有或社会所有，在任何情况下都不能成为私人财产，从而保障了他们只能为劳动人民和社会利益服务。

这些自由的行使由法律进行规定。

第五十四条

脑力劳动者和体力劳动者、农民、妇女、学生和其他阶层的劳动者有集会、游行示威和结社的权利,享有为实现这些目的所必需的条件。社会和大众组织拥有为开展这些活动的一切便利条件,其成员有权在不受限制的提出动议和批评的基础上完全自由地发表言论和意见。

第五十五条

国家承认、尊重和保护信仰自由和宗教自由,同时,也承认、尊重和保护公民改变宗教信仰,或不信仰宗教;在尊重法律的条件下,承认其选择的宗教崇拜。

国家与宗教组织的关系由法律规定。

第五十六条

住宅不受侵犯,任何人不得违背居住者的意愿进入其住宅,法律另有规定的除外。

第五十七条

通信不受侵犯,只有在法律规定的情况下才能查封、开启和检查通信,对非检查内容应保守秘密。

海底电报、电报和电话通信适用同样的原则。

第五十八条

保障所有居住在本国境内的人的人身自由不受侵犯。

非按法律规定的情形、方式和保障,任何人不受逮捕。

被捕者或犯人的人格不受侵犯。

第五十九条

非由有权法庭根据犯罪前生效法律规定的手续和保障,不得对任何人进行审问和判决。

被告有权辩护。

禁止使用任何暴力或强制迫使任何人作证。

违背这一规则获得的任何证明无效,责任承担者应根据法律规定受到处罚。

第六十条

只有根据法律规定的情形和程序,当局才能将没收财产作为一种处罚。

第六十一条

刑法在有利于被告或被处罚者时,具有溯及力。其他法律作出的相反规定除非有利于社会利益或公共利益,不具有溯及力。

第六十二条

公民行使的任何自由权利都不得违反宪法和法律规定,不得违反社会主义国家的生存和目标,不得违背古巴人民建设社会主义和共产主义的决心。违反这一原则应受惩罚。

第六十三条

公民有权根据法律直接向当局提出申诉和请愿,并有权在合理的时间内得到适宜的关注和答复。

第六十四条

人人有责保护社会公共财产、遵守劳动纪律、尊重他人的权利、遵守社会主义和平共处准则和履行社会公民义务。

第六十五条

保卫社会主义祖国是每个古巴人的最大荣誉和最高职责。

古巴人应服的兵役由法律规定。

背叛祖国是最严重的犯罪,叛国者应处以最严厉的惩罚。

第六十六条

严格履行宪法和法律是全体公民义不容辞的责任。

第八章 紧急状态

第六十七条

如果面临自然灾害或灾难的紧急情况,或其他因其性质、规模和重要性影响内部秩序、国家安全或国家稳定的情形,国务委员会主席可以宣布全国或部分地区紧急状态。紧急状态期间,发布全民总动员。

紧急状态的发布、效力和终止的形式由法律规定。宪法承认的基本权利和义务同样是确定的,在紧急状态期间,应规定不同的实施方式。

第九章 国家机关的组织原则和职能

第六十八条

国家机关根据社会主义民主原则组织和开展工作,表现在以下规则中:

a)一切国家权力代表机关由选举产生并定期更换;

b)人民群众监督国家机关、议员、代表和工作人员的活动;

c)当选代表应向选民报告工作,并可随时被罢免;

ch)各国家机关,在职权范围内,要广泛开发、积极利用地方资源和财力,并努力使群众和社会组织参与国家机关的活动;

d)下级国家机关必须服从上级国家机关;

e)下级国家机关对上级国家机关负责并报告工作;

f)在一切国家机关组织内实行自由讨论、批评和自我批评、少数服从多数。

第十章 最高人民权力机关

第六十九条
全国人民政权代表大会是最高国家权力机关，代表和反映全国人民的最高意愿。

第七十条
全国人民政权代表大会是行使共和国立宪立法权的唯一机关。

第七十一条
全国人民代表大会由选民根据法律规定的比例和程序，通过自由、直接和秘密投票选出的代表组成。

第七十二条
全国人民政权代表大会每届任期五年。
只有在战争的情况下或由于其他非常情况妨碍选举的正常举行，经代表大会同意才能延长任期。

第七十三条
当新的立法机关组成，全国人民政权代表大会应从其代表中选出主席、副主席和秘书。组织代表大会和举行选举的方式和程序由法律规定。

第七十四条
全国人民政权代表大会从其代表中选举国务委员会，国务委员会由主席一人、第一副主席一人、副主席五人、秘书一人和其他成员二十三人组成。
国务委员会主席是国家元首和政府首脑。
国务委员会向全国人民政权代表大会负责并报告一切工作。

第七十五条
全国人民政权代表大会行使以下职权：
a) 根据宪法第一百三十七条的规定决定宪法的改革；
b) 根据讨论中法律的性质，批准、修改和废除法律，必要时可事先征求人民的意见；
c) 决定法律、法令、命令和其他一般规定的合宪性；
ch) 全部或部分撤销国务委员会颁布的法令；
d) 审议和批准国民经济和社会发展计划；
e) 审议和批准国家预算；
f) 批准国民经济计划和领导体制的原则；
g) 决定货币和信用制度；
h) 决定内外政策的总体方针；
i) 在遭受武装侵略时宣布战争状态和批准和平条约；
j) 根据宪法第一百○二条的规定设立和修改国家政治区划；
k) 选举全国代表大会主席、副主席和秘书；
l) 选举国务委员会主席、第一副主席、副主席、秘书和其他成员；
ll) 根据国务委员会主席的提名任命部长会议第一副主席、副主席和其他成员；
m) 选举最高人民法院院长、副院长和其他法官；
n) 选举共和国总检察长和副检察长；
ñ) 任命常设和临时性委员会；
o) 罢免代表大会选举或任命的人选；
p) 对国家和政府机关实行最高监督；
q) 听取和评议国务委员会、部长会议、最高人民法院、共和国总检察院和省人民政权代表大会提出的工作报告，并作出相应的决定；
r) 撤销与宪法或法律相抵触的国务委员会的法令和部长会议的命令或规定；
s) 撤销或修改地方人民政权机关作出的违背宪法、法律、法令、命令和上级机关发布的其他规定，或影响劳动保险地区利益或全国利益的决定或规定；
t) 批准大赦；
u) 在符合宪法规定及代表大会认为适宜的情况下，举行全民投票；
v) 决定代表大会的管理办法；
w) 宪法授予的其他职权。

第七十六条
全国人民政权代表大会的法律和决定实行简单多数通过，但涉及宪法修改的除外。

第七十七条
经全国人民政权代表大会批准的法律根据各部法律规定的日期生效。
全国性国家机关颁布的法律、法令、命令和决议、条例和其他一般规定由共和国官方公报公布。

第七十八条
全国人民政权代表大会每年举行两次例会，如果有三分之一代表的提议或国务委员会召集可以举行特别会议。

第七十九条
全国人民政权代表大会召开会议必须有半数以上代表出席。

第八十条
全国人民政权代表大会会议公开举行，但为了国家利益，代表大会决定不公开的除外。

第八十一条
全国人民政权代表大会主席行使以下职权：
a) 主持全国代表大会会议和监督代表大会章程的执行；
b) 召集全国代表大会例会；
c) 提出全国代表大会会议日程草案；
ch) 签署全国代表大会通过的、在《共和国官方公报》上公布的法律和决议；

d)处理全国代表大会的国际关系；

e)指导和组织全国代表大会设立的常设和临时委员会的工作；

f)出席国务委员会会议；

g)宪法和全国人民政权代表大会授予的其他职权。

第八十二条

代表身份不引发个人特权和经济利益。

代表在有效履职期间，享受与原工作单位同样的薪水或工资，并与之保护全面的联系。

第八十三条

全国人民政权代表大会代表，非经代表大会批准，闭会期间非经国务委员会批准，不受逮捕或提起刑事诉讼，但公然犯罪的除外。

第八十四条

全国人民政权代表大会代表有义务为了人民的利益而开展工作，保持同选民的接触，听取选民的建议、意见和批评，并向选民解释国家政策，也应按法律规定报告履行职责的情况。

第八十五条

根据法律规定的方式、原因和程序，可以随时取消对全国人民政权代表大会代表的授权。

第八十六条

全国人民政权代表大会代表有权向国务委员会、部长会议或其成员或其他人提出质询，并要求他们在会议期间或下次会议上给予答复。

第八十七条

一切国家机关和企业有义务提供代表履行职责所必需的合作。

第八十八条

有权提出法律动议的包括：

a)全国人民政权代表大会代表；

b)国务委员会；

c)部长会议；

ch)全国人民政权代表大会各委员会；

d)古巴中央工会全国委员会和其他社会组织、群众组织的全国领导机构；

e)有关司法机关的事务由最高人民法院提出；

f)共和国总检察院在其职权范围内的事务；

g)公民，此种情况提出动议，至少需要有一万名具有选举资格的公民。

第八十九条

国务委员会是全国人民政权代表大会休会期间的代表机关，执行代表大会的决议和宪法赋予的其他职责。

国务委员会具有集体性质，在国内和国际事务中，是古巴国家的最高代表。

第九十条

国务委员会行使下列职权：

a)提议召开全国人民政权代表大会临时会议；

b)决定全国人民政权代表大会定期更换选举的日期；

c)全国人民政权代表大会闭会期间发布法令；

ch)必要时，事实上对法律进行一般的、必要的解释；

d)行使立法动议权；

e)为全国人民政权代表大会决定举行的普通投票提供必要的准备；

f)在全国人民政权代表大会闭会期间，由于缺乏安全和时间紧迫不能召开会议的情况下，在国家遭受侵略需要保卫国家和承担责任时，发布总动员，行使宪法授予全国人民政权代表大会的宣布战争状态或签署和平协议的权力；

g)在全国人民政权代表大会闭会期间，根据国务委员会主席的提名，撤换部长会议的成员；

h)通过最高人民法院执行委员会向各法院发布一般性指示；

i)向共和国总检察院发布指示；

j)根据国务委员会主席的提名，任免古巴驻其他国家的外交代表；

k)授予勋章和荣誉称号；

l)任命各委员会；

ll)批准赦免；

m)批准和废除国际条约；

n)承认或拒绝其他国家的外交代表；

ñ)撤销部长会议的决定和地方人民政权代表大会作出的与宪法或法律相抵触的，或影响其他地方的利益或全国利益决定和决议，并于撤销后举行的第一次全国人民政权代表大会会议上予以通报；

o)撤销地方人民政权机关执行委员会发布的同宪法、法律、法令、命令和上级领导机关发布的其他规定相抵触的，或对其他地区的利益或全国利益产生影响的决议和决定；

p)批准国务委员会条例；

q)宪法和法律赋予的、全国人民政权代表机关批准的其他职权。

第九十一条

国务委员会的一切决定由其成员的简单多数赞成票通过。

第九十二条

全国人民政权代表大会授予国务委员会的权力行使到经定期改选组成的新国务委员会就职时为止。

第九十三条

国务委员会主席和政府首脑行使下列职权：

a)代表国家和政府,指导国家和政府的一般政策。

b)组织和领导国务委员会和部长委员会的工作,召集和主持国务委员会和部长委员会的会议。

c)管理和监督政府各部门及其他中央行政机关的工作。

ch)领导一切政府部门或中央行政机关。

d)一经当选,立即向全国人民政权代表大会提议部长会议成员。

e)接受部长会议成员的辞职,或根据适合原则,向全国人民政权代表大会或国务委员会提出任免建议。在上述两种情形下,均要提出相应的人选。

f)接受首席外交使节的国书。这一职能可以委托给任何一位国务委员会副主席。

g)行使一切武装组织的最高指挥权,并决定其一般体制。

h)领导国防委员会。

i)根据宪法规定的情形宣布紧急状态,一旦形势允许,应立即向全国人民政权代表大会或国务委员会(如果全国人民政权代表大会不能召开会议)报告相关的法律影响。

j)签署国务委员会法令和其他决议及部长会议或其执行委员会通过的法律规定,并命令在《共和国官方公报》上发布。

k)宪法或法律授予的其他职权。

第九十四条

在国务委员会主席缺位、生病或去世的情况下,由第一副主席继任主席职务。

第九十五条

部长会议是最高行政执行机关,组成共和国政府。

组成部长会议的部门和中央行政机关及其数量、名称和职能由法律规定。

第九十六条

部长会议由国家和政府首脑组成,包括部长会议主席、第一副主席、若干副主席、各部部长、秘书和法律规定的其他成员。

第九十七条

部长会议主席、第一副主席、若干副主席、各部部长和其他成员组成部长会议执行委员会。

部长会议闭会期间,执行委员会可以根据已公布的部长会议的职权做出决定。

第九十八条

部长会议行使下列职权:

a)组织和领导由全国人民政权代表大会决定的政治、经济、文化、科学、社会和国防工作;

b)提出国家社会经济发展总体规划草案,一旦得到全国人民政权代表大会批准,组织、领导和监督规划的执行;

c)处理共和国的外交事务和与其他政府的关系;

ch)批准国际条约并提交国务委员会正式批准;

d)领导和管理对外贸易;

e)编制国家预算草案,一旦得到全国人民政权代表大会批准,负责其实施;

f)采取措施强化货币和信用制度;

g)起草立法草案,按程序提交全国人民政权代表大会或国务委员会审议;

h)在发生自然灾害的情况下,保卫国防、维护内部秩序和安全、保护公民权利及生命和财产;

i)领导国家行政工作,并统一协调和监督中央和地方行政机关的活动;

j)执行全国人民政权代表大会的法律和其他决议以及国务会议的法令和规定,在必要时发布相应的规定;

k)在履行现行有效法律的基础上,发布命令和决定并负责其执行;

l)撤销省或市人民政权代表大会所属行政机关根据国家中央行政机关授予的职权作出的同必须执行的上级规范相抵触的决定;

ll)建议省和市人民政权代表大会撤销其所属省和行政机关在特定活动中通过的同国家中央行政机关在履行职责中批准的规范相抵触的规定;

m)撤销与必须执行的上级规范相抵触的国家中央行政机关首脑的决定;

n)建议全国人民政权代大会或国务委员会废除与法律和其他生效规范相抵触,或影响其他社区的利益或全国利益的地方人民政权代表大会的决定;

n)设立有利于履行部长会议工作的必要的委员会;

o)根据法律规定指派人员行使授予的职权;

p)执行全国人民政权代表大会或国务委员会分配的任何其他职能。

部长会议的组织和职能由法律规定。

第九十九条

部长会议向全国人民政权代表大会负责,并定期报告各项工作。

第一百条

部长会议成员行使下列职权:

a)领导其主管的部门或机关的工作和事务,为此发布必要的决议和规定;

b)为执行和实施有关的法律和法令,发布不明确属于其他国家机关职权的必要条例;

c)出席部长会议的各种会议,并有权发言和投票,以及提出法律、法令、命令、决议、协定议案,或其

他合适的建议;

ch)根据法律任命相关的工作人员;

d)宪法和法律授予的其他职权。

第一百○一条

和平时期组建的国防委员会在战争状态下或战争期间,领导国家,宣布总动员或紧急状态。国防委员会的组织和职能由法律规定。

第十一章 政治行政区域

第一百○二条

为了政治行政目的,国家领土分为省和市,省、市的数量、界限和名称由法律规定。

法律也可以规定其他区域。

省是承担一切法律效力,具有法律人格的地方社会,是根据法律连接中央和市的政治机构,其范围在形式上相当于组成省的所有市的面积。省在职责范围内分配屏履行国家和行政义务,其首要义务是促进省内经济和社会发展。为此,省在市的支持下为了市的利益,协调和监督上级国家机关批准的政策、规划和计划的执行。

市镇是承担一切法律效力,具有法律人格的地方社会,是根据法律在由相关人口的经济社会需要和满足最小地方需要所决定的区域范围内组成的政治机构。

此外,省和市镇在促进国家目标的同时,也行使自己的职能。

第十二章 地方人民政权机关

第一百○三条

在国家领土划分的政治行政区域内组建的人民政权会议,是高级国家权力地方机关。因此,为了执行国家职能,授予他们在各自区域内的最高权力;为此,人民政权会议可以在职权范围内依法组建政府。

同样,他们也有利于根据法律规定设立在政治行政区域内但不从属于下级政治行政区域的单位工作的开展和计划的履行。

地方政府即地方人民政权会议的组织机构管理从属于地方的经济、生产和服务实体,目的是为了满足居住在其管辖区域的全体居民在经济、保健和援助、教育、文化、体育和娱乐设施等方面的需要。

为了履行职责,地方人民政权代表大会应得到人民议会和人民群众的首创精神和广泛参与的支持,工作中应与社会和群众组织紧密配合。

第一百○四条

人民议会按照城市、村庄、社区、住区和乡村区域建立;为了履行职责、代表其管理的区域,授予人民议会最高权力。同时,人民议会也是市、省和国家人民政权机关的代表。

为了满足人民群众援助、经济、教育、文化和社会方面的需要,促进人民群众的高度参与和地方解决自身问题的自主性,人民议会应积极有效地发展生产和服务活动。

人民议会调整其工作区域内各实体的活动,促进各实体间的合作,管理和监督他们的工作。

人民议会由选举出来的区域代表组成,代表必须是由其管理过的人选出。区域内的群众组织和重要机构的代表可以是其成员。

法律规定人民议会的组织和职权。

第一百○五条

省人民政权代表大会在其权限范围内行使下列职权:

a)保证上级国家机关通过的法律和其他一般规定的贯彻执行;

b)根据有权国家机关通过的政策批准和管理省的计划和一般收支预算的执行;

c)选举和罢免省人民政权代表大会的主席和副主席;

ch)任免省人民政权代表大会秘书;

d)参与国家预算和技术经济计划实施的细化和管理,使之与依法在其境内设立的实体及其他附属机构相一致;

e)管理和监督省行政机关的工作,并通过其工作委员会帮助省行政机关;

f)根据省人民政权代表大会主席的提名,任免省行政机关的成员;

g)根据部长会议规定的原则,决定从属于省行政机关的负责经济、生产、服务、教育、医疗、文化、体育、环境保护和娱乐活动的实体的组织、职能和工作;

h)通过关联其境内行政管理事项的决议,这些事项依法不属于国家中央行政机构或国家市政机关的一般权力范围;

i)根据市人民政权代表大会的提议,批准人民议会的设立和组织;

j)在其权限范围内,撤销省行政机关通过的决议,如果决议是根据国家中央行政机关的授权作出的,建议部长会议予以撤销;

k)对其下级人民政权代表大会和行政机关呈交的报告进行审议和评估,并作出相应的决定;

l)设立和取消各工作委员会;

ll)处理所有与上级国家机关制定的干部政策的适用相关的事项;

m)增强国家的合法性、内部秩序和防卫能力;

n)宪法和法律规定的其他职权。

第一百〇六条

市人民政权代表大会在其权限范围内行使下列职权：

a)保证上级国家机关通过的法律和其他一般规定的贯彻执行。

b)选举和罢免市人民政权代表大会主席和副主席。

c)任免市人民政权代表大会秘书。

ch)由市人民政权代表大会各工作委员会对市属实体进行管理和监督。

d)撤销或修改违反宪法、法律、法令、命令、决议和上级国家机关的其他口头决定，或影响其他社区、地域或全国利益的市属机关或当局的决定和规定；如果这些决定和规定是根据中央国家行政机关的授权作出的，建议部长会议撤销。

e)在宪法和生效法律的体制内，就事关市利益的事务及其管理做出决定和口头决定。

f)根据市人民政权代表大会主席的提议，任免市行政机关的成员。

g)根据部长会议规定的原则，决定从属于市行政机关的负责经济、生产、服务、教育、医疗、文化、体育、环境保护和娱乐活动的实体的组织、职能和工作。

h)根据法律规定，提议设立和组织人民议会。

i)设立和取消各工作委员会。

j)批准市的社会经济计划和预算，调整由有权中央国家行政机关为此目的而规定的政策，并负责其执行。

k)由市人民政权代表大会各委员会和行政机关促进在市内设立并从属于市的实体的生产和服务计划工作及其实施的发展。

l)审议和评估市镇行政机关呈报的关于财务的报告，并做出相应的决定。

ll)处理所有与上级国家机关制定的干部政策的适用相关的事项。

m)增强国家的合法性、内部秩序和防卫能力。

n)宪法和法律规定的其他职权。

第一百〇七条

地方人民政权代表大会的例会和临时会议公开举行，只有在为了国家利益，或讨论事关人的尊严事项的情况下，才能决定召开秘密会议。

第一百〇八条

地方人民政权代表大会会议须有全体代表的半数以上出席方才有效，会议决议由简单多数票通过。

第一百〇九条

为了满足地方实现特定目标的需要而组建的实体根据法律、法令和命令，根据人民议会的决定进行管理；对根据全国性规定涉及一般利益的事项，在其权限范围内根据中央国家行政机关首脑发布的规定，根据其所属的地方机关的决定进行管理。

第一百一十条

由地方人民政权代表大会组建的常设工作委员会，致力于其所属地方的利益，协助地方人民政权代表大会实现其活动，特别是对所属地方的实体和在境内设立的其他类似机构进行管理和监督。

临时性委员会履行在规定范围内分配的特定任务。

第一百一十一条

省人民政权代表大会每五年更换一次，其代表授权的任期也是五年。

市人民政权代表大会每两年半更换一次，其代表授权的任期也是两年半。

代表授权只有在第七十二条规定的情况下，根据全国人民政权代表大会的决定才能延期。

第一百一十二条

地方人民政权代表大会代表的授权可以随时撤销。

撤销的形式、原因和程序由法律规定。

第一百一十三条

代表行使由选民为了社区的整体利益而授予的职权，为实现这一目的，代表应协调好自己的职能和传统习惯和工作；法律规定职能发展的形式。

第一百一十四条

市人民政权代表大会代表享有并承担宪法和法律规定的权利和义务，特别是以下义务：

a)促使地方人民政权代表大会和行政机构关注选民对他们表达的意见、需要和困难；

b)告诉选民市镇人民政权代表大会遵循的政策和为了解决民众提出的意见而采取的措施或在解决这些意见时所出现的困难；

c)定期向其个人工作地的选民报告。必要时，还需向市人民政权代表大会或其所属的委员会报告其所受托工作的履行情况。

第一百一十五条

省人民政权代表大会代表有义务为了集体利益而履行自己的工作，并按法律规定的程序向其人事管理部门报告。

第一百一十六条

省和市人民政权代表大会从其代表中选举主席和副主席。

只有按法律规定的形式和程序提名候选人，选举才是有效的。

第一百一十七条

省和市人民政权代表大会主席同时也是其所在

行政机关的首脑,在其地方区域内代表国家。其职权由法律规定。

第一百一十八条

组成省和市人民政权代表大会的行政机关,实行集体负责制,其构成、一体化、职权和义务在法律中作出规定。

第一百一十九条

和平期间组织和筹备省、市和区域的国防委员会,在战争期间,根据防卫的一般计划和与军事委员会相关的负责其区域内责任宣布战争状态、国家紧急状态总动员的条件。国防委员会根据法律规定决定这些委员会的组织和职权。

第十三章 法院和检察院

第一百二十条

人民授予的司法职能由最高人民法院和法律规定的其他法院以人民的名义行使。

法律规定司法活动的基本目的、法院的组织管理、司法权限的范围、行使司法权的机构和方式,法官应具备的条件、选举的方式及免职或中止行使职权的程序。

第一百二十一条

法院构成国家机构的一个体系,其职能机构独立于任何其他机构,在等级上只隶属于全国人民政权代表大会和部长会议。

最高人民法院行使最高司法权,其判决属于终审判决。

最高人民法院通过其执行委员会行使立法动议权和管理权,制定和发布各法院必须执行的决定和规范,并根据各法院的经验发布强制性指令,以便在解释和适用法律时,确立司法实践的一致性。

第一百二十二条

法官在履行司法职权时,是独立的,只服从于法律。

第一百二十三条

国家机关、社会经济组织和公民对法院在其职权范围内作出的判决和其他终局决议,无论是受到判决和决议的直接影响,还是与判决和决议的执行没有直接利益关系,但必须参与执行的,都必须执行。

第一百二十四条

一切法院以集体方式行使司法职权,职业法官和非职业法官在参与行使司法职权时享有平等的权利和义务。

鉴于非职业法官的社会意义,分配给其行使司法职权应优先考虑其惯常从事的工作。

第一百二十五条

法院应法律规定的形式和周期就其工作结果作出报告。

第一百二十六条

法官的罢免由选举机关进行。

第一百二十七条

共和国总检察院是国家机关,其根本目的相当于管理和监督立法,代表国家推进和履行刑事诉讼的公开,严格遵守宪法、法令和国家机关、社会经济组织和公民的其他法律规定。

法律规定总检察院的其他目的和职权,也包括其职员行使职权的形式、范围和理由。

第一百二十八条

共和国总检察院是一个只隶属于全国人民政权代表大会和国务委员会的组织机构。

共和国总检察长接受国务委员会的直接指令。

共和国总检察长负责领导和管理全国范围内检察院的工作。

检察院机构在全国实行垂直管理,只隶属于共和国总检察院,并独立于一切地方机关。

第一百二十九条

共和国总检察长及其助理总检察长由全国人民政权代表大会选举和罢免。

第一百三十条

共和国总检察长根据法律规定的形式定期向全国人民政权代表大会报告工作。

第十四章 选举制度

第一百三十一条

一切具有法定资格的公民有权直接或通过其选举组成人民政权机关的代表参与国家的管理;为实现这一目的,一切具有法定资格的公民有权根据法律规定的方式参与实行自由、平等、无记名投票的定期选举和全民投票。每位选民只有一次投票资格。

第一百三十二条

年满十六岁的全体古巴人,男人和妇女都有投票权,但以下情况除外:

a) 事先有法律证明的智力残疾人;
b) 因为犯罪被剥夺司法权的人。

第一百三十三条

享有完全政治权利的男女古巴人有被选举权。

此外,如果是选举全国人民政权代表大会代表,则必须年满十八岁。

第一百三十四条

革命武装部队和其他武装组织享有与全体公民同样的选举权和被选举权。

第一百三十五条

法律根据为了选举而将全国领土划分成的各区

域内居民人数的比例规定组成各省和市代表大会的代表人数。

省和市代表大会的代表由选民通过自由、直接和无记名投票方式选举。同样,选举程序也由法律规定。

第一百三十六条

当选代表,必须获得相应选区半数以上的有效选票。

如果不符合这一要求,或出现其他空缺情况,由法律规定继续选举的方式。

第十五章　宪法修改

第一百三十七条

宪法只能由全国人民政权代表大会不少于全体代表三分之二以上的多数以唱名投票的方式通过决议进行修改。

如果修改涉及全国人民政权代表大会成员或其国务委员的组成和职权,或包含在宪法中的权利和义务,同样也必须由代表大会举行全民投票,并得到多数有选举权的公民的赞成票批准。

特别规定(略)

圭亚那合作共和国宪法[*]

（1980年由圭亚那议会通过，更新至2007年）

序　言

我们，圭亚那人民，

我们祖先生生不息之愿望的光荣继承人，怀着和解与合作的精神，为以下目的通过本宪法：保卫我们祖先通过不懈的斗争获得并留给我们的丰富遗产，并以其为基础；

宣告我们的主权、独立以及永续性；

缔造能够促进协同奋斗、实现国民广泛决策程序的政府体制以推动建立于民主价值、社会公正、基本人权和法制为基础的经济的可持续发展和和谐社区之发展；

消除任何及每一种形式的歧视，以庆祝我们文化及种族的多样性和加强我们的团结；

尊重我们国家内部土著居民的特殊地位，尊重他们作为公民对土地享有的权利、安全生活的权利以及为其社区制定政策的权利；

尊重圭亚那青年人的愿望，他们将其归纳为：圭亚那的未来属于圭亚那的年轻人，生活在一个尊重其尊严、保障其权利、尊重其潜能、倾听其诉求、为其提供机会、确保健康的环境、鼓励所有种族的人和睦、和平相处的社会，坚信及展望其诉求将建基于我们的制度之上并构成我们基本法的一部分；

体现保护我们的自然环境和我们所获得的恩赐之决心；

创造一个共同的社区，在其中让所有人认识到世界上的财政、工业、沟通、教育、商业及技术均为影响全球的因素，任何人致力于其中并从中获益。

作为圭亚那公民，在追求建立以本序言宣告的诉求、概念以及其他原则为特征的完美国家之集体愿望的激励下，我们通过了这些基本法，并为了反映我们社会的变化而对基本法进行修改作出了规定。

第一部分　一般原则

第一章　国家与宪法

第一条　［处于向社会主义发展过程中的国家］

圭亚那是不可分割的、世俗的、民主主权国家，是处于自资本主义向社会主义转变阶段的国家，经全民公决，其国名为圭亚那共和国。

第二条　［领土］

国家领土包括本宪法生效前夕属于圭亚那的领土以及其他由议会法律规定属于圭亚那组成部分的领土。

第三条　［首都］

国家的首都是乔治敦。

第四条　［国旗］

圭亚那共和国国旗名称为"金箭头旗"，具体内容由附录二规定。

第五条　［国徽］

圭亚那共和国国徽为本宪法生效前夕使用的国徽，具体内容由附录二规定。

第六条　［国歌］

圭亚那共和国国歌为"绿色之土圭亚那"，具体内容由附录二规定。

第六A条　［国家的承诺］

圭亚那共和国的承诺由附录二规定。

第七条　［尊重国家标志的义务］

圭亚那公民，不论其身处何地，在圭亚那境内之人，不论其国籍为何，均负有尊重圭亚那国旗、国徽、国歌、国家承诺、宪法以及在任何情况下以正当、适度严肃的方式对待上述国家标志的义务。

第八条　［宪法的最高地位］

本宪法是圭亚那共和国的最高法律，任何法律如果与本宪法不一致，则与本宪法不一致的部分无效。

---

[*]　译者：邵自红。

第二章 政治、经济与社会制度的原则与基础

第九条 ［主权属于人民］

主权属于人民，人民通过其代表以及本宪法设置的或依本宪法之规定设置的民主机关行使主权。

第十条 ［政党、地方政府］

组成政党的权利以及政党活动之自由受保障，政党必须尊重国家主权原则以及民主原则。

第十一条

（已被2003年第10号法律废止）

第十二条 ［地方政府］

由人民自由选举代表组成的地方政府，是国家民主机关体系的不可分割的组成部分。

第十三条 ［政治制度的目标］

圭亚那共和国政治制度的首要目标是：通过向公民提供日益增多的参与国家管理和国家决策程序的机会和机关，尤其是参与与其福利直接相关的决策程序的机会和机关从而建立一套具有包容性的民主制度。

第十四条 ［经济发展的目标］

经济发展的目标包括：通过培育企业、个体及群体的积极性和创造性，与国内及国外商业合作者在私营经济领域的战略联盟，创造、促进和鼓励能够在全球化竞争环境的大背景下实现及保持可持续竞争优势的经济制度。

第十五条 ［经济发展的深层次目标］

经济发展的目标包括：促进经济基础的发展，以最大限度地满足人民日益增长的物质、文化和智力方面的需要，以及最大限度地促进人民个性、创造力、职业技能以及与多个人组成的团体的合作精神。国家将对个体之间或个体联盟之间竞争带来的有害影响进行干预。

第十六条 ［国家支持的发展形式］

国家支持有助于本宪法第十四条、第十五条规定的目标得以实现的合作制企业以及商业实体的发展。

第十七条 ［私有企业］

承认私有经济企业的地位，且应当有助于本宪法第十三条、第十四条、第十五条规定的目标之实现。

第十八条 ［耕者有其田］

土地须用于社会目的，且耕者有其田。

第十九条 ［私有财产］

任何公民均有权拥有包括住宅、住宅得以建造于其上的土地、农场及其建筑物、工具及设置、机动交通工具及银行存款等在内的个人财产。

第二十条 ［继续权］

继续权受保障。

第二十一条 ［劳动的地位］

劳动是社会财富、人民福利、个人财富及个人福利增长之源。

第二十二条 ［劳动的权利和义务］

（1）任何公民均有权获得与其劳动的性质、数量及质量相对应的报酬，且相同的劳动或相同价值的劳动应当获得相同的报酬，并享有在良好的条件下工作的权利。

（2）任何能劳动的公民均负有劳动的义务。

第二十三条 ［休闲的权利］

任何公民均享有休息、娱乐及休闲的权利。国有合作组织、工会以及其他社会—经济组织应当通过规定工作时长、工作条件以及建立包括全面的文化、教育及保健制度在内的工人节假日安排制度保障劳动者休闲权利的实现。

第二十四条 ［年老、残疾时获得免费医护和社会照顾的权利］

任何公民，在年老或残疾时，均有权获得免费医护和社会照顾的权利。

第二十五条 ［改善环境的义务］

任何公民均有义务参与任何志在改善环境、保护国民健康的行动。

第二十六条 ［获得住宅的权利］

任何公民均享有获得相应住宅的权利。

第二十七条 ［受教育的权利］

（1）任何公民均享有免费获得从托儿所阶段到大学阶段的教育的权利，以及在提供教育和训练的非正式场合获得免费教育的权利。

（2）国家负有提供包括能够反映圭亚那文化多样性的课程以及能够使学生学会处理社会问题以及面对当代技术时代的挑战的纪律训练的义务。

第二十八条 ［年轻人的权利］

每一个年轻人都有在思想、社会、文化及职业方面获得发展的权利，以及参与社会主义的社会秩序之改善的权利。

第二十九条 ［妇女参与公共决策的权利］

鼓励妇女参与各种形式的私人、公共或国家的管理及决策程序，为此目的制定的法律以及其他规范应当为妇女的参与提供便利。

第三十条

（已由2003年第10号法律废止）

第三十一条 ［对海外公民的保护］

国家负有保护居住于海外的圭亚那公民的权利和利益的义务。

第三十二条 ［制止犯罪与保护公共财产的义务］

与犯罪及其他违法行为作斗争、制止犯罪与其他

违法行为、爱惜和保护公共财产是国家、社会和公民的共同义务。

第三十三条 ［保卫国家的义务］

保卫国家是每个公民应尽的义务。

第三十四条 ［取消歧视性的区别对待］

国家负有通过消除在各阶层之间、城乡之间、脑力劳动与体力之间的歧视性的区别对待以促进社会团结的义务。

第三十五条 ［国家的文化］

国家尊重促进国家富强的各种文化流派，并积极促进各层次的国民热爱各种文化流派，并从中发展属于圭亚那的社会主义国民文化。

第三十六条 ［土地与环境］

干净的空气，肥沃的土地，清洁的水源，多样的植物、动物以及生态系统，是国民福利依赖的基础。

第三十七条 ［对外关系］

国家支持其他民族争取自由、独立的愿望，并愿与其他所有国家在主权平等、相互尊重、边界不可侵犯、国家领土完整、和平解决争端、互不干涉内政、尊重人权和基本自由以及和国家合作基础上建立外交关系。

第三十八条 ［相互合作以发展经济］

国家、合作组织、工会以及其他社会—经济组织以及人民有义务通过持久的、有纪律的努力以获得最大程度的产品和最大限度的经济发展以保证本章确认的权利之实现。

第三十八 A 条 ［经济健康发展的民主国家］

为了保证圭亚那是一个经济健康发展的民主国家，国家：

（1）为公民积极致力使他们获得可持续的生活水准的行为提供便利；

（2）逐步消除如在农业领域、发展领域、制造业领域以及艺术方面，以信息为基础的行为方面妨碍自助潜力之实现的妨碍或限制因素；

（3）鼓励及支持公民的自主权；

（4）对任何处于或宣称处于被边缘化的群体提供适当的支持。

第三十八 B 条 ［儿童的最大利益］

不论是公共机构、私人福利机构、行政机构还是立法机关所为之行为，在任何司法诉讼中、裁决中或任何其他与儿童相关的事务中，儿童的最大利益均应当作为首要的考虑因素。

第三十八 C 条 ［收养仅得在最有利于儿童时方得进行］

国家保证只有在最有利于儿童时收养方可进行。

第三十八 D 条 ［儿童获得抚养及住宿的权利］

儿童有获得其父母和监护人之抚养及获得住宿的权利。

第三十八 E 条 ［正式的义务教育］

十五周岁之前的正式教育是义务教育。

第三十八 F 条 ［免于宗教蔑视的权利］

任何人的宗教或宗教领教均不受蔑视。

第三十八 G 条 ［公共服务免受政治的影响］

公共服务的正直性受保障。任何公职人员均不得被上级要求执行或放纵不合规则的行为。

任何公职人员自由承担其义务、履行其职责的自由受保障。

未经正当程序，任何公职人员不受任何种类的制裁。

在履行其职责过程中，公职人员应当执行政府合法的政策。

第三十九条 ［指导原则和指导性的目标］

1. 议会、政府、法院以及其他公共机构在履行职责过程中应当受本章规定的各项原则之指导，议会得规定本章的任何原则在任何法院或裁判所中具有适用性。

2. 在解释本宪法中与基本权利相关的规定时，法院应当给予与人权相关的国际法、国际惯例、公约或宪章适应之考量。

第三章 个体之基本权利和自由

第四十条 ［个体之基本权利和自由］

任何在圭亚那的人，均享有过幸福、具有创造性、有成果的生活的基本权利，享有免于饥饿、远离无知、免于匮乏的基本权利。权利包括个体享有的基本权利和自由。

第一编第二部分之规定，在保护前款规定的各项个体的权利和自由时具有法律效力，但需要遵守包含于这些规定中的、为了保证在不妨碍他人享有相同的基本权利和自由的前提下能够行使各项基本权利和自由而设定的各项限制。

第四章 公民资格

第四十一条 ［自本宪法生效时继续为公民者］

在本宪法生效前夕为圭亚那公民者，继续为圭亚那公民。

第四十二条 ［有权成为公民者］

在本宪法生效前夕与下列人员结婚者，或已经与下列人员结婚者：

（1）依前条之规定继续为圭亚那公民者；或

（2）在本宪法生效前夕已经死亡者，但如果其并未死亡，在宪法生效之日依前条之规定为圭亚那公

民者，

如果其尚不是圭亚那公民，则有权提出申请并作忠诚宣誓后经登记为圭亚那公民。

但经登记为公民的权利，需要受为了国家安全或公共政策而规定的例外或资格的限制。

任何依本条之规定提出的登记申请，均应当依规定的方式提出。

第四十三条 ［本宪法生效后出生于圭亚那境内之人的公民资格］

本宪法生效之后出生于圭亚那者，自其出生之日为圭亚那公民。

但下列人员不得因本条之规定而自出生之日即为圭亚那公民：

（1）其父亲或母亲享有具有主权的外部实体派遣至圭亚那的外交使节应当享有的豁免权且其父母双方均非圭亚那公民；

（2）其父亲或母亲为敌乔，且其出生于敌国占领的地盘。

第四十四条 ［本宪法生效后出生于圭亚那境外之人的公民资格］

本宪法生效后出生于圭亚那境外者，如果在其出生时，其父亲或母亲为非依本条之规定而为圭亚那公民者，自其出生之日为圭亚那公民。

第四十五条 ［因结婚而成为圭亚那公民者］

本宪法生效之后，与圭亚那公民或成为圭亚那公民者结婚之人，有权依规定的方式提出申请并依规定作忠诚宣誓后经登记为圭亚那公民。

但经登记为公民的权利，需要受为了国家安全或公共政策而规定的例外或资格的限制。

第四十六条 ［由于获得或行使了外国公民资格而丧失圭亚那公民资格］

如果任何圭亚那公民满足如下条件，即于1966年5月25日之后的任何时间因登记、归化或其他自愿和正式的行为（结婚除外）获得除圭亚那之外的任何国家的公民资格，则总统得发布命令剥夺此人的圭亚那公民资格。

如果任何圭亚那公民满足如下条件，即于1966年5月25日之后的任何时间，在圭亚那之外的任何国家自愿要求及行使了依该国之法律其可以享有的权利，且如果该权利系专属于该国公民的权利，则总统得发布命令剥夺此人的圭亚那公民资格。

第四十七条 ［英联邦公民］

任何依本宪法或任何议会立法为圭亚那公民者，或任何依本条之规定对之适用的任何国家有效之法律规定为该国公民者，依其所具有的公民身份而具有英联邦公民身份。

依1948年英国国籍法之规定不具有公民资格的英国国民，依该法第二条或1965年英国国籍法之规定继续为英国国民者，依其英国国民身份而具有英联邦公民身份。

适用本条规定的国家有：安提瓜和巴布达、澳大利亚、巴哈马、孟加拉国、巴巴多斯、伯利兹、博茨瓦纳、文莱、加拿大、塞浦路斯、多米尼加、斐济、冈比亚、加纳、格林纳达、印度、牙买加、肯尼亚、基里巴斯、莱索托、马拉维、马来西亚、马尔代夫、马耳他、毛里求斯、瑙鲁、新西兰及群岛海域以及与新西兰共同组成的自治国家、尼日利亚、巴布亚新几内亚、塞舌尔群岛、塞拉利昂、新加坡、所罗门群岛、斯里兰卡、圣克里斯托弗和尼维斯、圣卢西亚、圣文森特和格林纳丁斯、斯威士兰、坦桑尼亚、汤加、特立尼达和多巴哥、图瓦卢、乌干达、英国及其殖民地、瓦努阿图共和国、西萨摩亚、赞比亚及津巴布韦。

4. 总统得依国民议会之决议，随时通过增加或删除任何国家之方式对本条第三款之规定作出修改。

第四十八条 ［议会的权力］

议会得制定下列规范：

（1）就不能依本宪法之规定获得圭亚那公民资格者获得圭亚那公民资格的事项作出规定；

（2）就剥夺并非依本宪法第四十一条（与依作为1966年圭亚那独立令之附件的圭亚那宪法第二十一条、第二十三条和第二十四条之规定成为圭亚那公民者相关的部分）、第四十二条或第四十四条之规定成为圭亚那公民者的公民资格相关的事项作出规定；或

（3）就任何人放弃其圭亚那公民身份的事项作出规定。

第四十九条 ［解释］

本章中，"规定"指由议会立法作出规定；

为实施本章之目的，出生于经登记的船舶或航空器上，或未经登记的任何国家政府之船舶或航空器上，应当视为出生于该船舶或航空器的登记地，或出生于该国的领土上。

本章中所指的一个人出生时其父亲或母亲的国籍，在此人出生于其父亲或母亲死亡之后的情形时，其父亲或母亲的国籍应当解释为其父亲或母亲死亡时的国籍，如果死亡发生于本宪法生效之前，且出生发生于本宪法生效之日或之后，则其父亲或母亲的国籍为如果其于宪法生效之日死亡其所具有国籍视为其死亡时的国籍。

第五章　享有民主权力的最高机关

第五十条 ［享有民主权力的最高机关］

圭亚那享有民主权力的最高机关包括：

（1）议会；

(2) 总统;
(3) 内阁。

第六章 议会

议会的组成

第五十一条 [设置议会]

应设置圭亚那议会,其由总统及国民议会组成。

第五十二条 [国民议会的组成]

1. 依本条第二款、第一百○五条、第一百八十五条及第一百八十六条之规定,国民议会由国民议会确定的数目之议员组成,议员依本宪法以及议会依本宪法制定的任何法律之规定选举产生。

2. 如果非国民议会议员当选国民议会议长,则其依担任国民议会议长之事实而成为国民议长的额外议员。

第五十三条 [当选议员的资格]

除本宪法第一百五十五条(关于忠诚、精神状态以及其他事项)的规定外,还需具备下列条件者方可当选国民议会议员:

(1) 年满十八周岁的圭亚那公民;

(2) 能说、读英文,且已经达到足以让其能够熟练参与国民议会之任何程序的地步,但如果是由于目盲或其他生理原因导致其不能读、写者不受限制。

第五十四条 [国民议会议员的任期]

在出现了本宪法第一百五十六条规定的情形时,国民议会议员应当空缺其议席。

第五十五条 [国民议会的第一次会议]

本宪法第六十一条规定的选举不论在何时举行,国民议会应当在依照本宪法第六十九条第一款之规定确定的时间举行首次会议,本宪法中所指的国民议会的首次会议均应指代本条规定的首次会议。

第五十六条 [议长与副议长]

在国民议会经选举后举行的第一次会议上,在处理任何其他事务之前,国民议会应当选举议长一名,如果议长职位在议会下一次解散之前的任何时间空缺,则国民议会应当在可实施的情况下选举他人担任议长职务。

议长得从不担任部长职务的国民议会议员中选举产生,也可从非国民议会议员但具备当选国民议会议长资格的人中选举产生。

在国民议会选举产生后举行的第一次会议上,在其处理除选举议长之外的其他任何事务之前,国民议会应当从不担任部长职务和国民议会书记官职务的议员中选举副议长一名,如果副议长职位在议会下一次解散之前的任何时间空缺,则国民议会应当在尽可能在方便时选举他人担任副议长职务。

如果出现了依第一百五十七条(关于丧失当选国民议会议员资格及其他事项)的规定需要议长或副议长空缺其议长或副议长职位时,议长或副议长即应当空缺其职位。

第五十七条 [书记官及助理书记官]

国民议会设书记官和助理书记官各一名,书记官和助理书记官由总统依议长之建议任命。

书记官及助理书记官的任期以及与其相关的其他事项由本宪法第一百五十八条规定。

第五十八条 [不具备资格者出席国民议会或参与国民议会的表决]

任何明知或有充分理由应当知道无权出席国民议会会议或参与国民议会之表决者,如果出席了国民议会会议或参与了国民议会的表决,则应当依每出席会议或参加表议一天处罚金五十美元的处罚。

任何前款规定的处罚,可通过向高等法院提出以总检察长为被告的民事诉讼的方式获得救济。

选 举

第五十九条 [参与选举投票的资格及资格的丧失]

除本宪法第一百五十九条规定的条件外,任何年满十八周岁、具有圭亚那公民身份或在圭亚那有住宅且居住于圭亚那境内的英联邦共和国公民有权参加选举投票。

第六十条 [选举制度]

国民议长以不记名投票方式选举产生。

依本宪法第一百六十条第二款之规定,国民议会确定的一定数目之议员,应当依第一百六十条第1款规定的比例代表制选举产生。

第六十一条 [举行第六十二条第二款规定的选举的时间]

属于本宪法第六十条第二款规定的国民议会议员的选举,应当以总统以通知方式指定的日期举行,该日期应当在每次议会解散后的三个月的期限之内。

但在前述三个月期限内,指定日期之前进行的投票,如果经登记为选民者参与了该选举投票,则该投票行为不得仅仅因其投票的方式而被视为与本条规定的要求相悖。

第六十二条 [选举委员会]

选举由选举委员会依本宪法第一百六十二条规定独立地进行监督。

第六十三条 [填补临时空缺]

国民议会得依本宪法第一百六十条第二款、第三款之规定,制定填补国民议会议席之临时空缺的以及与议员相关的其他规定。

第六十四条 ［与议员资格及选举相关问题的裁决］

任何与议员资格相关的问题由高等法院依本宪法第一百六十三条之规定裁决。

议会的权力与程序

第六十五条 ［立法权］

依本宪法之规定，议会制制定有关圭亚那和平、秩序以及良好治理相关的法律。

任何依本宪法之规定的但早于本宪法生效之日生效的法律之合法性，不得因其与在本宪法生效之前的任何时间有效的任何宪法之规定相抵触或不一致为由，而在任何法院或裁判所内受审查。

第六十六条 ［修改宪法］

议会得依本宪法第一百六十四条规定的特别程序修改本宪法。

第六十七条 ［总统出席国民议会会议］

总统得随时出席国民议会会议并作发言。

总统得向国民议会递交信息。总统提交的信息应当由总理或总统指定的其他部长在国民议会收到信息后的第一次会议上宣读。

第六十八条 ［议会程序规则］

与议会相关的所有其他事项（包括议会的程序）由本宪法第一百六十五条至第一百七十二条（均包含本条在内）规定。

议会的召集，特权与解散

第六十九条 ［议会的会议］

议会的每次会议均应当在圭亚那境内于总统发布通知指定的时间举行，且该时间不得晚于议会上一次会议体会之日后的六个月，或议会解散之日后的四个月。

在遵守前款规定的前提下，国民议会的会议应当于国民议会程序规则或其他规则确定的时间和地点举行。

第七十条 ［议会体会与解散］

总统得在任何时候宣布议会休会。

总统得在任何时候宣布议会解散。

每届议会任期五年，自上一届议会解散后第一次会议时起至下一次议会解散时止，但在任期届满前被解散者除外。

不论何时，如果总统认为圭亚那处于战争状态，则议会得随时将前款规定的五年任期延长，但每次延长的时间不得超过十二个月。依本款之规定延长的议会任期累计不得超过五年。

议会解散以后，依本宪法第六十一条之规定举行议员选举之前，如果总统认为由于圭亚那或圭亚那之任何部分处于战争状态或紧急状态之下，因此有必要重新召集议会，则总统应当召集已解散的议会集合开会，但议员选举应当继续进行，如果重新召集的议会尚未解散，则该议会在选举日之前即应解散。

第七章 地方民主

地方民主机关

第七十一条 ［地方政府］

地方政府是民主制度重要的因素，地方政府的组织，是能够实现让尽可多的人参与其生活于其中的社区之管理和发展。

为前款规定之目的，议会得就建立作为全国统一的政治组织之组成部分的全国范围内的地方政治机构作出规定。

第七十二条 ［地方政府区域］

议会得作出规定，将圭亚那（除议会将之排除在外的部分）划分为十个地区，以及各该区域划分为其认为适合于组织地方民主机关之目的的次级地区或其他划分区域。

在界定依前款规定的对圭亚那进行划分而形成的任何区域的边界时，应当考虑到各区域的人口、物理规模、地理特征、经济资源、现存在或计划中的构造，以及尽可能地便利于对资源及构造之的合理管理，并确保该地区具有成为经济发展的潜力或能力。

城市，相邻的民主议会以及包括乡村和社区议会在内的依本条第一款之规定划分而成的其他次级区域，如果有需要组成此类议会且居民需要建立此类议会，则此类议会为地方民主权力的主要机关。

第七十三条 ［地方议会议员选举］

地方议会议员，由居住于该地区并登记为第一百五十九条规定的选举之选民者选举产生。

为议会规定的目的，议会得规定不构成任何地区之任何组成部分的区域，得由在位置上与其接近的地区之民主机关作为其代表。

在遵照本条第三款之规定的前提下，地方议会应当在总统通过通知确定的日期解散，地方议会议员的选举也应当在总统以通知方式确定的日期举行。

任何两届相连的地方议会之解散，间隔时间不得超过五年零四个月。

但如果在该期限届满之时，地方议会的任期被依本宪法第七十条第四款之规定延长，则在经延长的议会任期届满之前，该间隔期间不得被视为已届满。

第七十三A条 ［较低一级地方政府在上一级政府中的代表］

每一地方民主机关应当选举一名代表，作为该地方民主机关在上一级地方民主机关中的代表,此类选举的程序以及与其相关的其他必要事项由议会规定。

第七十四条 〔地方民主机构的职责〕

地方民主机构的基本职责是确保其所属的区域的管理依法高效进行、确保该区域之发展,并为管理发展树立榜样。

地方民主机关应当在其所属区域内,在政治、经济、文化及生活方面组织民众间的合作,以及与劳动人民的社会组织合作。

地方民主机构有义务维护和保护公共财产、改善劳动和生活条件、促进人民的社会和文化生活的改善、提升人民的道德水平、维持秩序、巩固法治以及保障公民权利。

第七十五条 〔决策权〕

议会应当规定地方民主机关为自治机关,有权作出对该区域的各种机构、组织、社区及公民具有约束力的决策。

第七十六条 〔筹集岁入的权力〕

议会得规定地方民主机关有筹集其自身岁入并为了该区域之利益和福利支配其岁入的权力。

第七十七条 〔区域发展规划应当与国家的发展规划协调一致〕

各区域的发展规划应当与国家的发展规划协调一致,政府应当向各区域拨付款项从而使各区域能执行其发展规划。

第七十七A条 〔议会制定地方民主机关分配资源的标准〕

议会应当通过法律为地方民主机关分配及储存资源之目的确定相应的标准。

第七十八条 〔地方政府选举〕

议会得通过法律,对地方民主机关成员的选举(包括在指定的选举日之前举行投票)以及与成员资格、权力、义务、职能与责任相关的其他事项作出规定。

第七十八A条 〔地方政府委员会〕

议会应当设置一个地方政府委员会,规定该委员会之组成情况,授权该委员会处理议会认为其适于处理的所有对政府进行规制、与地方政府之工作人员相关的任何事项,并处理地方政府机关内部及地方政府机关之间的纠纷。

第七十八B条 〔地方民主机关的代表性及对选民的责任〕

与地区以下的地方民主机关选举相关的选举制度,应当使个人、志愿群体及政党参与其中,并能够代表个人、志愿群体和政党,同时确保地方议会向人民负责。

第八章 总统

第七十九条至第八十八条

(已由2000年第4号法律废止)

第八十九条 〔设总统职位〕

设圭亚那合作共和国总统职位,总统为国家元首,最高行政机关以及共和国武装部队的最高统帅。

第九十条 〔当选总统的资格〕

具备下列条件者方可当选总统:

(1)依本宪法第四十三条、第四十四条之规定,因出生或因血统而为圭亚那公民;

(2)在提名其为总统候选人之日居住于圭亚那境内,且在提名前已在圭亚那境内连续居住满七年;

(3)具备当选圭亚那国民议会议员资格。

2000年后当选总统者,仅能连任一次当选总统的资格。

2000年之继任总统者,如果其单次担任总统职务不少于了议会规定的期限,则只有一次当选总统的资格。

在确定是否连续居住于圭亚那境内时,因下列原因而离开圭亚那:

(1)寻求医疗帮助;

(2)在大学或高等教育机构学习不超过四年;

(3)为政府工作。

不作为离开圭亚那看待。

第九十一条 〔总统选举〕

总统由人民依本宪法第一百七十七条规定的方式选举产生。

第九十二条 〔总统任期〕

依本宪法之规定就任总统职务者,担任总统职务直到依本宪法第九十一条之规定选举产生的下一任总统就任总统职务时止,但如果在此之前依第一百七十八条之规定致总统职位空缺者除外。

第九十三条 〔总统因不能履职而被免职〕

如果总统因身体方面或精神方面的原因而不能履行其职责,则可以被免除总统职务。因本条之原因免除总统职务的程序以及保障总统职责履行的连续性的措施由本宪法第一百七十九条规定。

第九十四条 〔总统因违反宪法或严重不端行为而被免职〕

如果总统有任何违反本宪法之行为,或具有任何严重不端行为,则可以被免职总统职务。因本条规定之原因免除总统职务的程序由本宪法第一百八十条规定。

第九十五条 〔总统职位空缺〕

总统职位出现空缺时,总统职位由下列人员依继任：

(1)总理

但如果总统职位空缺出现在总统不在圭亚那境内或因身体方面或精神方面的原因不能履行总理职责,则在总理回国或恢复履行职责之前,总统职责由内阁从依选举产生且担任部长职务的议员中选举一人履行。

(2)如果没有总统,由内阁从依选举产生且担任部长职务的议员中选举一人。

(3)如果既没有总理也没有内阁,则由首席大法官担任。

任何依本条第一款第一项之规定履行总统职责的部长,在总理通知部长其将继任总统职位时,即应当停止履行总统职责。

如果依本宪法第一百七十七条之规定当选总统者已就任总统职务,则依本条之规定继任总统职务者的总统职务终止,但在此之继任总统者的总统职务已经终止的情况下除外。

第九十六条 〔总统出国、患病等情况下总统职责之履行〕

在总统不在国内的情况下,或总统因患病或任何其他原因认为必要,而以书面方式授权任何选举产生且又为内阁成员的议员履行其特别指定的某些总统职责,获得授权者履行经获得的职责直到总统撤回授权或总统恢复履行职责时止。

如果总统因身体方面或精神方面的原因不能履行总统职责且导致其不能履行职责的原因同时导致了总统不能依本条之规定授权他人履行总统职责,则

(1)总理;或

(2)如果是在没有总理的期间,或总理不在圭亚那境内期间,或在总理因身体方面或精神方面的原因不能履行总理职责期间,由内阁从担任内阁部长职务且经选举产生的议员中选举的任何人;或

(3)如果既无总理,也无内阁,则由首席大法官履行总统职责。

但任何依本条之规定履行总统职责者,不得解散议会,且除非依内阁之建议,不得撤回任何由总统作出的任命。

任何依本条第二款之规定履行职责者,在总统作出其将恢复履行其总统职责的通知后即应当停止履行职责。

第九十七条 〔总统宣誓〕

当选总统者在当选时即就任总统职位,但在履行其职责之前,应当作履职宣誓,该宣誓应当由首席大法官或由首席大法官指定的其他法官主持。

本条前款适用于当选总统的规定,同样适用于依本宪法第九十五条、第九十六条或第一百七十九条之规定继任总统职务或履行总统职责者。

第九十八条 〔总统的报酬等事项〕

总统的报酬及豁免权由本宪法第一百八十一条、第一百八十二条及第二百二十二条规定。

第九章 行政

第九十九条 〔圭亚那的行政权〕

圭亚那的行政权授予总统,总统可直接或通过其下属官员行使之。

本条之任何规定,均不妨碍议会将某些职能授予总统之外的人员或机构。

第一百条 〔设置总统办公室以及其他部长办公室〕

依本宪法第一百八十五条之规定,设总理办公室,以及副总统办公室和由议会设置的其他圭亚那政府部长办公室,或由总统依议会法律之规定设置的其他部长办公室。

第一百○一条 〔总理〕

总统应当从经选举产生的国民议会选员中任何一人担任圭亚那总理职务。

不具备当选总统资格者,不得被任命为总理。

总理为总统履行其行政职能时的主要助手,议会中担任政府事务的领导人。

第一百○二条 〔副总统〕

为协助其履行总统职能之目的,总统得任命副总统若干名。

虽然未被任命担任总统职务,但担任总理职务者由于其所任职务,仍为一名副总统,且优先于任何其他的副总统。

第一百○三条 〔部长〕

总理及任何其他副总统均为圭亚那政府的部长。

依本宪法第一百○一条第一款,副总统及其他部长由总统从国民议会中经选举产生的议员中任命,或依本宪法第一百六十条第三款第一项第七目之规定,从具备当选国民议会议员资格者中任命。

总统从具备当选国民议会议员资格者中任命的部长不得超过四名,议会秘书不得超过两人。

第一百○四条 〔议会解散期间的部长任命〕

本宪法第一百○一条第一款、第一百○三条第二款之规定,自议会解散时至依本宪法第六十一条规定的下一届国民议会议员选举日止同样有效,其效力与议会未被解散期间相同。

第一百○五条 〔非选举产生的议员担任部长后的议员席位〕

被任命为部长者,如果在被任命时并非国民议会中经选举产生的议员,则其因担任部长职位这一事实

而成为国民议会的议员,但不得参加国民议会的表决。

第一百〇六条 ［内阁］

设圭亚那内阁,由总统、总理、副总统以及由总统任命的其他部长组成。

内阁在总统行使对圭亚那政府的总体指导和控制权的过程中为总统提供协助和建议,并集体向议会负责。

内阁会议由下列人员主持:

（1）总统;

（2）总统缺席时,总理;

（3）总统和总理均缺席时,总统指定的其他部长。

在任何成员职位空缺或任何成员缺席的情况下,内阁仍应当履行其职责。

当总统或任何其他主持内阁会议的人邀请时,任何非内阁成员的部长,得与内阁成员一样,参加内阁会议并全程参与内阁的各种程序。

如果全体选举产生的国民议会议员经过多数之支持,通过了对内阁的不信任案,则包括总统在内的内阁应当全部辞职。

虽然议会通过了对政府的不信任案,政府亦应当继续履行职责,并应当举行新的总统选举,选举应于两个月内举行,或在国民议会经所有选举产生议员不少于三分之二支持通过的决议确定的更多时间内举行,在新当选总统宣誓就职后,政府即应当辞职。

第一百〇七条 ［职责分配］

总统得将包括对任何部的管理在内的圭亚那政府的任何事务分配给任何部长负责,并负责处理未分配给任何部的事务,在对此类事务进行处理时,总统应当任命一名部长或议会秘书代表总统向议会负责。

已经依本宪法之任何其他规定行使任一职能的机构,或依任何其他法律之规定行使某一职能的人员或机构,不得被依本条之规定分配给相应的职责。

第一百〇八条 ［部长的任期］

当出现了第一百八十三条规定的情形时,部长职位空缺。

第一百〇九条 ［部长离开圭亚那或患病］

如果部长因离开圭亚那或因患病而不能履行其职能,则总统得授权其他部长行使该部长的职能,经授权的部长在原部长恢复履行职能或原部长的职能被依本宪法第一百〇七条之规定分配给其他部长行使之前,履行原部长的职责。

第一百一十条 ［反对党领袖］

设反对党领袖一职,反对党领袖依本宪法第一百八十四条之规定选举产生。

当选反对党领袖的资格以及与之相关的其他事项由本宪法第一百八十四条规定。

第一百一十一条 ［总统权力的行使］

在履行本宪法或任何其他法律授予的权力时,总统得依自己的判断为之,但本宪法或其他法律要求总统依其他个人或机构之意见或建议为之除外。

依本宪法之规定需要依任何其他个人或机构之意见或建议行为的情况下,总统得依其判断,得将该个人或机构提出的意见或建议返还给个人或机构再审议一次,如果该个人或机构在对原意见或建议再次审议后,用不同的意见或建议取代了原意见或建议,则总统应当依新的意见或建议行使,除此之外,总统应当依原意见或建议行使。

第一百一十二条 ［总检察长］

设圭亚那总检察长,为圭亚那政府的主要法律顾问,总检察长由总统任命。

任命为总检察长者应当具备的资格以及与总检察长相关的其他事项由本宪法第一百八十五条规定。

第一百一十三条 ［议会秘书］

总统得任命议会秘书若干名协助总统或检察总长履行职能。

任命为议长秘书者应当具备的资格以及与议会秘书相关的其他事项由本宪法第一百八十六条规定。

第一百一十四条 ［部长的宣誓］

所有部长和议会秘书在履行其职责之前,均应当作就职宣誓。

第一百一十五条 ［常设秘书］

如果总统或部长已经被确定主管政府的某个部,则总统或该部长对该部可以行使总体的指导和控制权,在遵循总统或部长的总体指导和控制的前提下,该部还受一名常设秘书的监督。常设作为公职的秘书职务。

两个或多个政府的部可同时置于一名常设秘书的监督之下。

第一百一十六条 ［检察主任］

设检察主任一职,该职务为公职。

检察主任的职能由本宪法第一百八十七条规定。

第一百一十七条 ［内阁秘书］

设内阁秘书一职,该职务为公职。

内阁秘书负责处理内阁事务,负责依总统之指示安排内阁事务、保留内阁记录并将内阁的决定传达给适当的人员或机构,以及承担总统交给其行使的其他职能。

第一百一十八条 ［内阁小组委员会］

为履行其职能之目的,内阁得设置小组委员会。

内阁得特别设置一个财政小组委员会,在专家和顾问的协助下,监督国家的财政事务、设置、监督和实施财政控制制度,对中央和地方政府的服务,包括对由政府设置的公司、委员会和机构的服务进行规制。

第一百一十九条 ［常设委员会］

在遵守任何议会法律的前提下，为对国民生活之各个方面进行考查、向政府或议会提出建议或其他报告之目的，总统得任命其认为合适的人员组成各种常设委员会。

第一百一十九A条 ［议会宪法改革常设委员会］

为了持续对宪法的运行效果运行审查并向国民议会定期提交提告，以及提出必要的改革建议之目的，国民议会得设置一宪法改革常设委员会。

为了其工作能获得协助，议会宪法改革常设委员会有权指派专家或编制需要获得具有适当专长的其他人之协助的清单，而不论该专员或其他人员是否为议会议员。

第一百一十九B条 ［议会行业委员会］

1. 国民议会应当设议会行业委员会若干，由其负责对政府政策的实施状态政府管理状况进行审查，其审查领域包括：

（1）自然源资；
（2）经济服务；
（3）对外关系；
（4）社会服务。

2. 各议会行业委员会的主席及副主席应从国民议会反对党议员中选举产生。

第一百一十九C条 ［对与本宪法设置的各种委员会成员之任命相关事项提出看法的委员会］

国民议会应当设置一个常设委员会，负责启动、采取或提出由国民议会委托处理其完成的、本应由国民议会依本宪法履行的、与任命依本宪法之规定设置的委员会成员相关事项的行动。

第一百二十条 ［设置职务］

在遵守本宪法及任何其他法律之规定的前提下，总统得设置圭亚那的其他职务，作出某个担任该职务的决定或终止该任命，但如果设置该职务、任命人员担任该职务将涉及从统一基金中发生支出，则该支出需要获得国民议会之批准。

第一百二十一条 ［赦免权］

赦免权授予总统，由总统依本宪法第一百八十八条、第一百八十九条和第一百九十条之规定行使。

第一百二十二条 ［专员］

圭亚那设专员一名。

与专员的任命、职责相关的所有事项以及与专员相关的其他事项由本宪法第一百九十一条至第一百九十六条（均包含本数在内）规定。

第十章 司法

最高法院

第一百二十二A条 ［司法独立］

所有法院及任何主持法院工作，在履行其职责时均独立于任何个人或机构之控制和指导，并独立于政治的、行政的及任何其他形式的指导或控制。

在遵守本宪法第一百九十九条、第二百〇一条的前提下，所有法院在行政管理方面均享有自主权，其资金直接从统一基金中拨付，法院应当在优厚的财政基础和良好的行政管理的原则上运行。

第一百二十三条 ［最高法院的设置］

设圭亚那最高法院，最高法院由一个上诉法院和一个高等法院组成，分别具有由本宪法及其他任何法律授予的管辖权和权力。

组成最高法院的各法院均为高级记录法院，除议会另有规定外，享有记录法院享有的所有权力。

议会得将本宪法或任何其他法院授予高等法院的任何一部分权力授予任何其他法院。

议会得制定其认为适当的任何规定授权任何加勒比海上诉法院作为圭亚那的最高上诉法院。

如果依照本条第四款之规定设置了圭亚那最高上诉法院的，在议会以不少于全体经选举产生的议员之三分之二的支持，通过规定撤回原圭亚那最高上诉法院的权力之前，原最高上诉法院仍然是圭亚那最高上诉法院。

第一百二十四条 ［上诉法院的组成］

上诉法院的法官包括担任上诉法院院长的首席大法官、首席法官以及议会立法确定数目的上诉法官组成。

第一百二十五条 ［高等法院的组成］

高等法院法官由首席大法官和议会确定数量的其他法官组成。

最高法院法官

第一百二十六条 ［解释］

除另有明确规定或依前后文之规定要求作其他解释外，本宪法中，"法官"包括首席大法官、首席法官、上诉法官、初级法官以及兼职法官。

第一百二十七条 ［首席大法官和大法官的任命］

首席大法官及首席法官分别由总统在获得反对党领袖之同意后任命。

如果首席大法官或首席法官职位空缺，或担任首席大法官者担任了总统职务，或由于其他任何原因不能履行其职责,或担任首席法官者因故不能履行其职责,则在其他人已经任命并履行首席大法官或首席法官职责,或担任首席大法官或首席法官职务者恢复履行其职责,则首席大法官职责或首席法官职责由总统在与反对党领袖充分磋商后指定的人履行。

第一百二十八条 ［上诉法官及初级法官的任命］

非首席大法官及首席法官的法官,由总统依司法服务委员会的意见任命。

如果:

(1)任何法官职位空缺;

(2)任何法官因任何原因不能履行其职责;

(3)任何法官履行首席大法官或首席法官职责,或初级法官履行上诉法院职责;或

(4)首席大法官向总统提出建议,因上诉法院或高等法院处理的事务的状态有要求,则总统应当依司法服务委员会的建议任命一人履行上诉法官或初级法官的职责。

任何任命一个履行上诉法官或初级法官职责的命令,在总统依司法服务委员会的建议撤回该任命前继续有效。

第一百二十八 A 条 ［兼职法官的任命］

兼职法官由总统依司法服务委员会的建议任命。

议会得通过法院规定经任命担任兼职法官者应当具备的条件。

第一百二十九条 ［法官的任职资格］

不具备下列条件者之一者,不得被任命担任法官职务或履行法官职责:

(1)在英联邦共和国任何组成部分之在民事和刑事事项方面具有无限制管辖权的法院中担任或曾经担任法官,或在英联邦共和国任何组成部分之上诉法院担任法官或曾经担任法官者;

(2)取得在圭亚那担任律师的资格且取得资格已达到议会规定的相应期间。

议会得对担任本宪法第一百二十六条规定的不同法官职务需要达到的、本条前款第二项规定期间作出不同的规定。

第一百三十条 ［额外法官参加上诉法院和高等法院的审理］

议会得就下列事项作出规定:

(1)上诉法官在行使管辖权及权力时,经首席大法官要求的初级法官得作为额外的上诉法官参加上诉法院的庭审;

(2)初级法官在行使管辖权及权力时,经首席大法官要求的上诉法官得作为额外的初级法官参加初级法官的庭审。

第一百三十二条之规定不适用于初级法官或上诉法官依前款之规定履行职责的情形。

第一百三十一条 ［法官的任期］

法官享有本宪法第一百九十七条规定的任职保障。

第一百三十二条 ［法官宣誓］

非经就职宣誓,法官不得履行其职责。

上　诉

第一百三十三条 ［基于宪法问题及基本权利的上诉］

在下列情况下,有权向上诉法院提起上诉:

(1)在民事或刑事诉讼的终审判决中,关于本宪法之解释;

(2)在行使本宪法第一百四十二条(关于基本权利和自由的实施的规定)授予高等法院行使管辖权时所作的终审裁决。

前款之任何规定,均不适用于依本宪法第一百六十三条制定的规范涉及的任何事项。

第十一章　服务委员会

第一百三十四条 ［司法服务委员会］

设圭亚那司法服务委员会。

司法服务委员会的组成及职能由本宪法第一百九十八条、第一百九十九条规定。

第一百三十五条 ［公共服务委员会］

设圭亚那公共服务委员会。

公共服务委员会的组成及职能由本宪法第二百条至第二百〇五条(均包含该条在内)规定。

第一百三十六条 ［教育服务委员会］

设圭亚那教育服务委员会。

教育服务委员会的组成及职能由本宪法第二百〇七条、第二百〇八条及第二百〇九条规定。

第一百三十七条 ［警察服务委员会］

设圭亚那警察服务委员会。

警察服务委员会的组成及职能由本宪法第二百一十条、第二百一十一条和第二百一十二条规定。

第二部分　特别规则

第一编　对个体之基本权利和自由之保障

第一百三十八条 ［对生命权的保障］

1. 除执行法院依圭亚那法律所作的有罪判决外,任何人之生命不受有意之剥夺。

1A. 任何在犯罪时未满十八周岁者,如果其承认犯罪或被判决有罪,均不因其在十八周岁前所犯罪行而被判处死刑。

2. 在不影响依其他法律对本款规定的使用武力的行为追究责任的前提下，任何死于本款规定的、在当时情形下能够证明其属于合理的暴力之下者，不得认为其违反本条之规定。

（1）为保护任何人生命免于暴力侵犯或保护财产安全；

（2）为执行一项合法逮捕或制止被合法拘禁者脱逃；

（3）为制止暴乱、叛乱或兵变；

（4）为制止此人的犯罪行为，或其死于合法的战争行为。

第一百三十九条 ［人身自由的保护］

1. 任何人之人身自由不受剥夺，但在下列情况下获得授权时除外：

（1）执行不论是圭亚那还是其他国家法院作出的生效刑事判决或命令。

（2）执行高等法院、上诉法院或议会设置的其他法院对蔑视任何高等法院、上诉法院或任何其他法院或裁判所的行为所作的处罚命令。

（3）执行法院下达的将其带到法院的命令。

（4）有合理依据，怀疑其犯有，或正试图犯圭亚那法律所规定的罪行。

（5）依法院的命令或基于其父母或监护人之同意，为未满十八周岁者之教育或福利之目的。

（6）为防止传染性疾病的传播。

（7）涉及是或有合理理由被怀疑为精神不正常者，吸毒上瘾或酗酒、流浪者，为了对其提供治疗或保护社区之目的。

（8）为制止非法进入圭亚那，或为了执行引渡、驱逐或为其他将其带离圭亚那的合法目的，或将被判有罪的人在其从一国引渡或移送至另一国途经圭亚那时对其自由进行限制之目的。

（9）为执行合法的、要求某人保持在圭亚那特定区域或禁止其离开某一特定区域之目的而在合理的范围内采取的限制其人身自由的行为，或为了对其发布某一命令或在发布命令之后，需要对其采取相应的法律程序，在能够证明为合理的范围内对其采取的限制人身自由的行为；或在此人造访圭亚那任何部分期间，在能够证明为合理的范围内对其采取的必要的限制人身自由的行为，而如果没有此类命令，其到访圭亚那的行为将为非法。

（10）依本宪法下一款之规定对其进行的预防性拘禁。

（11）为将其传召为国家提供服务之目的。

2.（1）任何规定可以采取预防性拘禁的法律，均不得授权超过三个月的拘禁期，但如果为本款之目的设置的裁判所在三个月期间届满之前提出报告，认为有充分理由导致拘禁期超过三个月的除外。

（2）本款第一项规定的三个月的期限，包括任何数个较短的拘禁期累计达到三个月的期限。

但如果两次拘禁，自前一次拘禁结束时始至后一次开始时止间隔时间超过一个月，则这两个较短的拘禁期不得累计。

（3）被依任何规定预防性拘禁之法律被拘禁者，若此后因为本款之目的设置的裁判所提出了认为并未有充分理由导致其应当被拘禁的报告而被释放，则在其获悉后的六个月内，不得被依此类规定和与导致其该次被拘禁的相同理由再次拘禁。

（4）为实施第三项规定之目的，除非为实施本款之目的设置的裁判所提出报告指明裁判所认为，从表面上看是依新的和合理的理由导致此人被拘禁（此处提及的报告不得依照本款第一项之规定提出），则应当认为被拘禁系被基于相同理由处于拘禁。

（5）为实施本款之目的而设置的裁判所，应当由法律设置，并应当由最高法院法官或有资格被任命为高等法院的初级法官组成。

3. 被逮捕或被拘禁者，有权获得及时的通知。通知应当以被逮捕者或被拘禁者能够理解的语言作出，通知的内容包括导致其被逮捕或被拘禁的理由，其被允许在自己承担费用的前提下，获得其自己选择的、有权在圭亚那境内作为执业的律师的帮助，并有权与律师保持沟通。

4. 任何被逮捕或拘禁者：

（1）为执行法院命令将其移送法院之目的。

（2）基于合理理由怀疑其犯有罪行，或正试图犯罪，且其不应被释放，则应在其被逮捕或被拘禁后的二十四小时内提交法院，但警察有向高等法院申请延长该时间限制；任何有合理理由怀疑其犯有罪行或正试图犯罪者，如果未在合理的时间被审理完结，则在不妨碍对其进行后续程序的前提下，应当被不附条件地或附有合理条件地释放，包括专门为保障其日后出席法庭审理或预审所合理必需的条件。

5. 任何被他人非法逮捕或拘禁者，均有权从实施逮捕或拘禁者处获得赔偿。

6. 本条第三款、第四款之规定中，除第三款规定的被逮捕或被拘禁者有权获得律师之帮助以及与律师保持沟通的规定外，其他所有规定均不适用于依预防性拘禁之规定被逮捕或被拘禁者。

第一百四十条 ［免于奴隶状态和强制劳动的权利］

1. 任何人不得被置于奴隶状态或奴役状态。

2. 任何人不得被要求从事强制劳动。

3. 为实施本条之目的，"强制劳动"不包括：

（1）任何法院判决或命令要求进行的劳动；

(2)对于被合法拘禁者而言,虽然并非是法院判决或命令要求的劳动,但为其被拘禁地之卫生或维持之合理需要而要求其进行的劳动;

(3)受训部队的成员基于其义务而进行的劳动,或基于良心而拒绝进入海军、陆军或空军中服役,法律要求进行的、作为服役义务的替代义务的劳动;

(4)圭亚那处于战争状态,或处于飓风、地震、洪灾、火灾或其他威胁人之生命或共同体生活的灾难状态下,要求人们进行的任何劳动,且该劳动能够为前述状态引起的状况,或在前述状态存续期间或作为前述状态之结果的各种状态证明为具有合理性。

第一百四十一条 [免予不人道对待的保障]

1. 任何人均不受任何残酷的、非人道的或有损人格的刑罚或其他对待。

2. 任何法律中规定的或任何依法律之权威所为的任何惩罚行为或对待,如果依本宪法生效前夕之法律此类行为属于合法,则这些惩罚行为或对待不得视为违反了本条之规定。

第一百四十二条 [免予剥夺财产的保障]

1. 非由成文法规定或非依成文法之授权,并依法作出迅速及充分之补偿,不得强制征收任何财产,也不得剥夺任何财产利益或财产权利。

2. 任何法律中规定的或依任何法律之权威所作的行为,在满足下列规定的前提下,不得视为与本条前款之规定相抵触:

(1)该法规定征收或取得某种财产是:

(1°)为了满足任何和国家税、关税、费、地方税或其他税收;

(2°)对违法行为的惩罚,而不论是基于民事诉讼所为,还是依圭亚那之法律判决有罪之后作出的惩罚;

(3°)作为租赁、租用、抵押、收费、销售凭证、保证、契约、允诺、许可或执照附带之结果;

(4°)执行法院在确定民事权利或民事义务的诉讼中所作的裁决或命令;

(5°)由于该财产处于危险状态,或财产处于可能对人身健康、动植物安全带来危害的状态,对财产进行征收具有合理必要性;

(6°)作为对行为进行限制的法律之结果;

(7°)为进行任何检查、调查、审判所必要,对土地而言,为了土壤保护或其他自然资源保护工作或其他与农业发展或改善相关工作的进行;

(8°)该土地被不获利益占有,或虽然是获利占有,但却对土地享有权利者及对土地享有权利者的家庭成员之外的人占有;

(9°)作为要求雇主对被要求提供国民服务期间的雇员支付报酬的法律之实施的结果。

(2)法律规定在以下情况下征收或占有财产:

(1°)为了对圭亚那印第安人财产之照管、保护、管理之目的而征收或占有印第安人的财产,或为了终止对该财产的权利或为了将该财产或权利移交给印第安社区之目的,而征收或占有由任何人对坐落于依印第安法设置的印第安地区、乡村或山谷所享有的权利。

(2°)敌产。

(3°)为了对财产享有者之利益而对财产进行管理或权利之目的,征收或占有已过世者、精神不正常者或未满十八周岁者的财产或权利。

(4°)为了保护被宣布为破产的自然人或被宣布进入清算程序的法人之债权人利益以及在此前提下为其他对破产者或清算者的财产享有权利者之利益而对管理或权利进行管理之目的,征收或占有被宣布为破产的自然人或被宣布进入清算程序的法人之财产。

(5°)国家为了提供、维持及管理教育场所之目的,而征收及占有并使用在1976年至所涉及之法律生效前夕曾作为教育场所的财产。

3. 本条中的任何规定,均不得被解释为对下列法律的制定及实施产生影响:

(1)为实现市场、工业生产、农产品的生产而制定的法律,其法律中包含的任何为市场或生产作出规定的条文,或为了保障他人利益或为对租用人、被许可人或其他对该财产享有权利的其他人之利益之目的,而对财产之使用设置合理的限制。

(2)要求工人为工人计划或工人组织进行强制捐赠的法律,但以该工人计划或工人组织之目的是为工人本身或工人群体或工人的任何亲属或其抚养的人之利益工作或为之提供福利。

(2A)规定工资的法律,即规定何种款项或其他物品应当或依照合同作为对已经提供的或将要提供的工作、劳动或服务的补偿、奖励或报酬支付向工人支付、移动或交付,且不论此类规定是否具有溯及既往的效力,如果是具有溯及既往的效力,则其效力可追溯到先于本宪法生效时的日期。

(3)为了工共利益而强制征收财产,或为了公共利益而征收任何财产上的利益或权利,如果该财产、利益或权利为由法律为公共目的而设置的,其款项由议会提供或在此前为圭亚那境内设置的立法机关提供的法人团体所占有。

(4)在本条第三款第2A项是:

(1)"规定"包括确定、稳定、冻结或减少;

(2)工资包括随绩效之增长而奖励的报酬以及工资中的其他奖励。

第一百四十三条 [免于专断搜查及进入的保障]

1. 非经本人同意,任何人之人身及财产不受搜查,住宅不得进入。

2. 在以下情况下,法律中的任何规定均不得视为与本条之规定不一致或相抵触:

(1)为了国防、公共安全、公共秩序、公共道德、公共健康、城乡或国家规划、矿产资源的开发和利用,或其他自然资源以促进公共利益之方式开发和利用之合理需要;

(2)为保护他人之权利及自由之合理需要;

(3)授权圭亚那政府的官员或代理人,或地方民主机构的官员或代理人,或由法律为公共目的直接设置的法人团体的官员或代理人,为征收国内税、关税、收费、费用或其他财政义务之目的,或为了执行与属于圭亚那政府、地方民主机关或由法律为公共利益直接设置的法人团体所有的住宅相关联的、基于该住宅产生的合法的工作目的,或为了国民统计之目的或为了规划、管理及发展国民经济之目的收益或验证信息之目的进入住宅;

(4)授权为了执行法院在任何诉讼程序中所作的裁决或命令之目的进入住宅。

第一百四十四条 [确保法律保障得以实施的规定]

1. 任何被指控犯有刑事罪行者,除非刑事指控被撤销,有权在合理期间内获得由法律设置的独立。

2. 在任何人被指控为犯有刑事罪行时,法院有义务在任何案件中确保:

(1)被指控者在被证明或承认为犯罪之前,均应当被推定为无罪;

(2)尽可能迅速地以被指控者能够理解的语言,详细地告知其被指控罪行的性质;

(3)为被指控者准备辩护提供充足的时间和便利;

(4)允许被指控者在法庭上自行或由其选定的代理人代为进行辩护;

(5)允许被指控者自行或由其选定的代理人代为对由控方传唤到庭的证人在法庭上进行询问,并得在与适用于控方提供的证人相同的条件下要求其提供的证人出庭并对证人进行询问;

(6)如果被指控者不能理解审理时使用的语言,则其有权获得免费的翻译服务,非经被指控者本人同意,不得对其进行缺席审判,但如果其行为表明以其出席的作为进行审判的前提将导致审判不可能继续进行,法院作出决定被指控者带离法庭情况下审判继续进行,或在被指控者无合理理由(此时证明职责由被指控者承担)未能出席的,法院作出决定进行缺席审判的除外。

3. 因任何刑事指控而受审判的被告人或被告人委托的代理人,提出要求并在支付相应费用的前提下,可以在裁决作出之后的合理期间内,获得一份由法院制作的或代表法院制作的、供被告使用的全部诉讼程序中形成的记录。

4. 任何作为或不作为,如果在发生之时依当时有效之法律不构成犯罪,则不得对因行为而判决任何行为人有罪;任何行为也不得被处以比行为发生之时可能被判处的最重刑罚在程度上或性质上更加严厉的刑罚。

5. 任何能证明经有权法院对特定刑事指控进行审判并作出有罪或无罪判决者,不得再次因该刑事违法行为或任何在原刑事审判中可能被定罪的其他罪行而接受审判,但依上级法院在上诉审判程序中发布的决定进行的审判除外。

6. 任何能证明其罪行已获赦免者不受刑事审判。

7. 任何刑事被告人,在审判中不得被强迫自证其罪。

8. 任何法院或其他由法律规定负有决断任何民事权利或义务是否存在以及限度的裁判所,应当由法律设置,且任何法院或裁判所均应当保持独立和中立地位;一旦有人向法院或裁判所提出了作出决断的申请,则该案件应当在合理时期内进行听审。

9. 任何法院或裁判所进行的为确定民事权利或民事义务是否存在以及程度而进行的审理程序以及法院或裁决所裁决的公布程序,均应当公开进行,但当事各方均同意不公开进行的除外。

10. 前款之规定,并不禁止法院或裁判所在下列情况下将案件当事人及其代理人之外的人员排除在诉讼程序之外:

(1)依法律之授权,在其认为如果程序公开进行将会导致司法利益受到损害,或为司法程序的交叉进行、行为正直的利益、公共道德、为不满十八周岁者的利益或为保护与诉讼相关人员之私生活的利益所必需,或为司法程序的交叉进行、行为正直的利益、为不满十八周岁者的利益或为保护与诉讼相关人员之私生活的利益,公共道德提供便利的情况下;

(2)依法律授权或依法律之要求,为国防利益、公共安全或公共程序所需的情况下。

11. 任何法律包含的,或依任何之权威所为的以下内容,不得视为:

(1)如果该法律要求任何被提出刑事指控者承担证明某些特定细节的规定,不得视为与本条第二款第一项之规定不一致或相抵触;

(2)如果该法律要求被告人应当承担由公共资金中支付的、使被告人提供的证人出庭所需的开支,不得视为与本条第二款第五项之规定不一致或相抵触;

(3)授权法院对已依对之适用的军法进行了审判

并判决有罪或无罪的受训部队成员再次就其所犯的刑事罪行进行审判的规定不能视为与本条第五款之规定不一致或相抵触,但法院依该法律之规定对受训部队成员进行审判并作有罪判决时,应当将已经依军法对处判决的刑罚纳入考虑范围。

12. 本条第一款、第二款第四项、第五项第三款中关于任何被合法拘禁者的规定,不适用于被依照对其适用的军法之规定对受训部队人员提出的刑事指控且因对该指控的审判而被合法拘禁者。

13. 本条第二款之任何规定,均不得被解释为使任何人有权获得公共财政支持的法律代理人,但在遵守该条规定的前提下,国家有义务保障任何被提起刑事指控者获得公平之审理,并作出规定在特定案件中提供法律援助。

14. 本条中,"刑事罪行"指由圭亚那法律规定的刑事罪行。

第一百四十五条 [良心自由的保障]

1. 非经本人同意,任何人均享有良心自由的权利不受干预,为实施本条之目的,良心自由包括思想自由、宗教自由,改变其宗教或信仰的自由,单独或其他共同在公共场所或私人空间表明及宣传其宗教或信仰,教义、实践及戒律的自由。

2. 任何宗教共同体向该共同体之人员提供宗教教育的自由不受限制。

3. 非经本人同意(未满十八周岁者,非经其监护人之同意),在任何教育场所学习者均不得被要求接受与不属于本人的宗教的任何宗教相关的宗教教育或参加或出席任何宗教仪式。

4. 任何人均不得被要求作与其本人的宗教或信仰相悖的宣誓,或被要求以与本人的宗教或信仰相悖的方式宣誓。

5. 属于下列情况下的制定的法律或依该法律所为的任何行为,均不得被视为与本宪法之规定不一致或相抵触:

(1)基于下列情况之合理要求制定的法律:

(1°)为国防利益、公共安全、公共秩序、公共道德或公共健康之需要;

(2°)为保护他人享有的,包括不受任何其他教派之信徒主动进行之干预地遵守及实践任何宗教在内的权利和自由之目的。

(2)为包括非宗教的教导机构在内的教育机构所提供的教学内容设置标准或资格要求之目的。

6. 本条中所指的宗教,应当解释为包括宗教派别在内,"宗教"一词的其他表达形式也应当作相应的解释。

第一百四十六条 [表达自由的保障]

1. 非经本人同意,任何人行使其表达自由的行为不受干预,即不受干预地持有某种观点的自由,不受干预地接受观点和信息的自由,不受干预地与他人进行观点和信息交流的自由以及不受干预地进行通信的自由。

2. 规定下列内容的法律,或依该法律之规定所为的任何行为,均不得被视为与本条之规定不一致或相抵触:

(1)为国防利益、公共安全、公共秩序、公共道德或公共健康之需要;

(2)基于保护他人之名誉、权利及自由之合理需要,或为了保护诉讼相关人的私生活,防止秘密获得的信息泄漏,保障司法法院的权利和独立,规范对电报、电话、邮政、无线广播或电视的技术管理的技术运行,或为了保障信息向公众公平或平衡地公布;

(3)对公职人员或代表公众设置的法人团体之官员,或由圭亚那政府所有的或代表圭亚那政府所有的法人团体的官员施加限制;

(4)对任何个人、机关、团体、机构或政党采取措施或发展、发布或支持某种观点设置限制,而如果该措施或观点将会在圭亚那人民间导致任何种族或人种学上的分化。

3. 本条所规定的表达自由,不包括发表仇恨言论的自由,以及不论以何形式作出的将会引发对任何人或任何阶层的人的敌意或恶意的言论的自由。

第一百四十七条 [集会、结社和示威自由的保障]

1. 非经本人同意,任何人行使其集会、结社及示威自由的行为不受干预,即自由集会的权利、和平示威的权利,以及基于保障其利益之目的与他人联合尤其是组成或共同属于政党、工会或其他联合的权利。

2. 非经本人同意,任何人均行使罢工自由的行为不受干预。

3. 雇主及工会订立集体合同的权利不得被剥夺。

4. 规定下列内容的法律,以及依该法律所为的任何行为,均不得被视为与本条之规定不一致或相抵触:

(1)为国防利益、公共安全、公共秩序、公共道德或公共健康之需要;

(2)为保障他人权利或自由之合理需要;

(3)对公职人员设定限制;

(4)要求工人为任何工人计划或工人组织提供捐赠,但以该工人计划或工人组织之目的是为工人本身或工人群体或工人的任何亲属或其抚养的人之利益工作或为之提供福利。

第一百四十八条 [迁徙自由的保障]

1. 任何人的迁徙自由不受剥夺,即在圭亚那境内自由迁徙之自由,在圭亚那之任何部分定居之自由,离开圭亚那的自由以及免于被驱逐出圭亚那的自由。

2. 任何对人进行的合法拘禁从而对其迁徙自由构成的任何限制,不得视为与本条之规定不一致或与本条相抵触。

3. 规定下列内容的法律,以及依该法律所作的任何行为,均不得被视为与本条之规定不一致或相抵触:

(1)在为国防利益、公共安全、公共秩序、公共道德、公共健康或为防止颠覆圭亚那民主制度所需的必要限度内,对任何人在圭亚那境内迁徙设定限制,或对任何人离开圭亚那的权利作出限制。

(2)在为国防利益、公共安全、公共秩序、公共道德、公共健康或为防止颠覆圭亚那民主制度所需的必要限度内,对多数人或任何群体在圭亚那境内迁徙设定限制,或对任何人离开圭亚那的权利作出限制。

(3)为了征收或使用圭亚那境内的土地或其他财产而作出限制。

(4)对被法院依圭亚那法律判决有罪者,或为了保证其在日后到庭接受刑事审判或到场接受预审,或到场接受与将其引渡或驱逐出圭亚那而进行的审判,而依法院之命令,对其在圭亚那迁徙或定居的自由或离开圭亚那的权利作出限制。

(5)对不具有圭亚那公民资格者的迁徙自由作出限制。

(6)对公职人员在圭亚那境内迁徙、定居的权利以及离开圭亚那的权利作出限制。

(7)为将下列人员驱逐出圭亚那:

(1°)依圭亚那以外国家的法律有犯罪行为而应当在该外国接受审判或处罚者;

(2°)因有依圭亚那之法律为犯罪的行为,应当在外国执行法院对其作出的处于监禁处罚的判决者;

(3°)为了执行法院依圭亚那关于对待特定年龄之下罪犯之规定所作决定的目的,而应当将交由其他国家所设机构监禁者;

(8)依圭亚那与对精神有缺陷或精神有疾病相关的法律之规定,应当交由医院或其他机构照看或治疗者。

4. 第一百五十一条之规定,适用于迁徙自由被依照本条第三款第一项规定范围内的法律施加了限制者,正如其适用于迁徙自由被依本宪法第一百五十条第二款规定范围内的法律施加了限制者。

第一百四十九条 [免于基于种族等原因之歧视的保障]

1. 依本条之规定:

(1)任何法律本身均不得包含歧视性的内容,也不得规定将产生歧视性效果的内容;

(2)任何依成文法之规定行事者,或履行任何公职或公共机构之履职者,均不得以歧视性的方式对待任何人。

2. 本条中,"歧视"指完全或主要基于其本人、其父母或监护人之种族、出生地、政治观念、肤色、信条、年龄、残疾、婚姻状况、生理性别、社会性别、语言、出身、社会阶层、怀孕状况、宗教、良心、信仰或文化之不同而实行区别对待,且此种区别对待将会导致一些人处于不利或受限制的境地,而具备相同特征的其他人或不具备该特征的人则不受这些不利状况之影响或获得了某些特权或优势。

3. 本条第一款第一项之规定,不适用于规定下列内容的法律:

(1)关于非圭亚那公民的规定;

(2)关于收养、婚姻、离婚、丧葬、因死亡而发生的财产转移或其他与身份法相关的事项;或

(3)基于特定人群的性质以及与这些人群相关特殊情形之考量,而对前款规定的特定人群规定了某种不利状况或限制或规定其享有某种特权或优势,且此种规定能够之合理性能获得证明。

4. 任何法律中规定的担任从事公共服务之公职人员、担任受训部队或地方民主机构或以公共利益为目的而由法律设置的法人团体内之任何职务应当具备的某种标准或资格(此种标准或资格不得与某人之父母或监督之种族、出生地、政治观念、肤色、信条、年龄、残疾、婚姻状况、生理性别、社会性别、语言、出身、社会阶层、怀孕状况、宗教、良心、信仰或文化相关),不得被视为与本条第一款第一项之规定不一致或相抵触。

5. 本条第一款第二项之规定,不适用于依属于第四款、第五款规定范围内的法律之明确授权或必然隐含的授权所为的任何行为。

6. 任何规定了以下内容的法律,或依该法律所为的任何行为,均不得被视为与本条之规定不一致或相抵触:

(1)对本条第二款提及的各种群体在本宪法第一百四十三条、第一百四十五条、第一百四十六条、第一百四十八条保障的各项权利方面,作出了本宪法第一百四十三条第二款、第一百四十五条第五款、第一百四十六条第二款、第一百四十七条第二款或第一百四十八条第三款授权的,但不属于第一百四十八条第三款第三项规定的限制;

(2)规定财政收入或圭亚那其他基金之分配;

(3)为对印第安人提供、幸福或发展之目的。

7. 本条第一款第二项之规定,不对任何依本宪法或任何法律之规定获得授权者依其自由裁量,决定

是否启动、进行或终止向任何法院提起的刑事或民事诉讼产生影响。

第一百四十九A条 〔劳动权〕

任何人劳动的权利,即自由选择职业的权利不受妨碍。

第一百四十九B条 〔获得退休金和津贴的权利〕

任何公共部门的工作人员享有的、依照法律或任何种类之集体协议确定的养老金和津贴的权利是绝对的、可执行的权利。

第一百四十九C条 〔参与国家决策程序的权利〕

任何人享有的、通过全国性的合作组织、工作、民事的或社会—经济组织参与国家的管理和决策程序的权利不受妨碍。

第一百四十九D条 〔法律面前人人平等〕

1. 国家不得否认法律面前人人平等的原则,也不得否认任何人均平等在受法律之保护及平等地从法律获得利益的原则。

2. 为了促进平等,国家应当采取立法措施或其他措施以保障处于弱势地位的人士以及身有残疾的人士。

3. 平等保障完全及平等享有由本宪法或任何其他法律保障的所有权利和自由。

第一百四十九E条 〔身份平等〕

1. 任何人,不论其为婚生子女还是非婚生子女,不论其出生于本条制定之前还是制定之后,均出生平等,具有平等的地位并享有平等的权利。

2. 前款之任何规定,均不对经授予而享有权利产生影响。

第一百四十九F条 〔妇女的平等地位〕

1. 妇女在政治、经济、社会生活的各个方面均享有与男性平等的权利和地位。任何基于性别而对妇女的歧视均为非法。

2. 妇女在学术、职业、专业训练、就业、报酬及晋升方面,以及在社会、政治与文化活动方面均具有与男性平等的机会。

第一百四十九G条 〔土著居民的权利〕

土地居民享有保护、保持、传播其语言、文化及生活方式的权利。

第一百四十九H条 〔接受免费教育的权利〕

1. 所有儿童均有权在国有或由国家支持的学校中接受免费的基础教育和中等教育。

2. 本条第一款规定的权利,并不包括在特别学校中获得免费教育的权利。

3. 任何法律中就应当达到何种标准或具备何种资格方可进入某一特定学校作出规定的内容,或依任何此类法律所为之行为,只有该法律所规定标准或资格不属于本宪法第一百四十九条第二款规定的歧视性的标准或资格,均不得视为与本条之规定不一致或与本条之规定相抵触。

第一百四十九I条 〔开办私立学校的权力〕

任何人享有的在国家之规范下开办私立学校的权利不受妨碍。

第一百四十九J条 〔环境权〕

1. 任何人均享有拥有对其健康及幸福无害的环境的权利。

2. 国家负有为当世人民及后世子孙之利益而保护环境的义务,为此需要通过合理的立法或其他措施以:

(1)防止污染及生态恶化;

(2)改善环境保持;

(3)保证可持续发展,确保在利用自然资源时促进经济和社会的良好发展。

3. 如果仅仅具有过敏性体质或具有其他特质,导致环境对此人之健康或幸福有害,不得视为对本条第一款规定的权利之损害。

第一百五十条 〔关于战时或紧急状态的规定〕

1. 本条之规定适用于:

(1)圭亚那处于战时;

(2)存在为本条之目的,由总统发布的、宣布国家进入紧急状态的有效宣告(本条中指"紧急状态宣告");

(3)经国民议会不少于全体经选举产生的议会之三分之二之支持通过的决议宣布圭亚那的民主制度存在被颠覆之危险。

2. 任何法律为本条之规定对之适用的时期作出的任何规定或授权在此类时期内所为的任何行为,如果法律中的规定或授权所为的行为能够被证明是应对当时所产生的情况或在当时存在情形合理的,则该法律之任何规定或依其授权所为的任何行为均不得被视为与本宪法第一百三十九条、第一百四十条第二款、第一百四十三条、第一百四十四条除第四款外的各款、第一百四十五条至第一百四十九条(均包括本条在内)之规定不一致或相抵触。

3.(1)如果已经作出了紧急状态宣告,则宣布紧急状态的文书应当尽快提交国民议会,如果由于议会处于休会期,如果议会原本不会在五日内开会,则总统应当发布通告召集议会于五日内开会,则议会应当于总统于通告中指定的日期集合开会,并在总统宣布休会之前继续开会并处理事务。

(2)如果紧急状态宣告未被总统撤回,则应当在该宣告作出之日起的十四日期限届满或依下一项之规定延长的期限届满之日失效,但原宣告并不妨碍在期限届满之时或期限届满之前发布另一个紧急状态宣告。

(3)在紧急状态宣告有效期内的任何时间(包括依本项之规定有效的任何时间),国民议会得通过决议,决定延长紧急状态宣告的有效期,但延长的期间不得超过六个月,自原紧急状态宣告期限届满之日起算,如果紧急状态没有被撤回,则在该延长的期限内继续有效。

4. 本条第一款第三项规定的决议,如果没有被国民议会之决议撤回,则于该决议通过之日起的两年期限届满之时或在该决议中确定的较短期限届满之日失效,但该宣告不影响国民议会依该条规定的方式通过另一个决议。

第一百五十一条 [将特定案件提交裁判所]

1. 被依第一百五十条第二款规定范围内的规范合法拘禁者,或在圭亚那境内迁徙或定居或离开圭亚那的权利依前述规范受到了合法的限制(依法院命令进行的限制除外),其案件应当由为本条之目的设置的裁判所在该拘禁或限制开始之后的三个月内审查,在该案件审查之后进行再一次审查。

2. 裁判所在依前款之规定对案件进行审查时,得向原作出拘禁或限制决定的机构提出有必要继续进行拘禁或限制,或继续进行拘禁或限制能带来便利的建议,但除非法律另有规定,作出拘禁或限制决定的机构没有义务按裁判所的建议行事。

3. 为本条之目的设置的裁判所应当由法律设置,且应当按照能够保证其独立性、中立性的方式组成,并由首席大法官从有资格作为执业律师的人中任命的一个作为裁判所的主席。

第一百五十二条 [关于现行法与纪律法]

1. 除了在本宪法生效后六个月内开始的与按照圭亚那1966年独立法及作为其附件的宪法制定的法律有关的诉讼中,任何成文法律或其授权的行动都不得被视为与第一百三十八条至第一百四十九条(均包含各该条在内)各条款的任何规定相矛盾或违反,只要该法律:

(1)在本宪法生效前夕构成了圭亚那法律的一部分并具有法律效力(本条中称为"现行法"),且自本宪法生效之日起的任何时期均构成了圭亚那法律的一部分并具有法律效力;

(2)废止了一项现行法,并未加修改地重新通过了该现行法;

(3)修改了一项现行法,且并未导致该法以原来的方式及在原来的程度上与本宪法第一百三十八条至第一百四十九条所指范围内的任何规定不一致或相抵触。

2. 在前款第三款规定中所指的修改一项现行法,包括废止该现行法、经过修改后重新通过该法律或对该现行法制定了不同的规定及对现行法进行修正,在前款中,"成文法"指任何具有法律效力的文书,在本款及前款中的废止及重新制定现行法的规定亦应作相应的解释。

3. 涉及依圭亚那有效法律之规定维持的受训部队之成员时,纪律法中的任何规定或依照纪律法所为的任何行为,均不得视为与本部分中除第一百三十八条、第一百四十条及第一百四十一条之外的任何规定不一致或相抵触。

4. 涉及非依前款之规定维持的,但却在圭亚那为合法受训部队之成员时,纪律法中的任何规定或依照纪律法所为的任何行为,均不得视为与本部分中除第一百三十八条、第一百四十条及第一百四十一条之外的任何规定不一致或相抵触。

第一百五十三条 [保护性规定的实施]

1. 在遵守本条第六款之规定的前提下,任何人,包括代表不以本人之名义行为的他人行为的人,或代表一个群体行为的人,或代表其成员行为组织,宣称在与其相关的事项上(或在有人被拘禁的情况下,任何其他人宣称在被拘禁的事项上),本宪法第一百三十八条至第一百五十一条(包含各该条在内)的任何规定已经,正在,或将要被违反,则不影响就该事项采取可以采取的合法行动的前提下,此人或该组织(或该其他人)得向高等法院申请救济。

2. 高等法院对下列案件享有初审管辖权:

(1)任何人依前款之规定提出的申请进行审理并作出裁决;

(2)对因任何人依下一款之规定向高等法院提起的诉讼而引起的任何问题作出裁决,并发布其认为对实施第一百三十八条至第一百五十一条(均包含各该条在内)之规定而言具有适当性的命令、令状以及指示。

3. 如果在高等法院的下级法院中审理的任何案件中产生了本宪法第一百三十八条至第一百五十一条(均包含各该条在内)的任何规定是否被违反的问题,主持该法院者应当将该问题提交高等法院处理,但如果其认为该问题纯属无意义或徒增困扰者除外。

4. 任何问题依本条第三款之规定提交高等法院处理后,高等法院应当对该问题作裁决,该问题得以产生的法院应当依高等法院的裁决对诉讼作出裁决,如果依本宪法之规定对案件的裁决还可以提出上诉,则应当依上诉法院的决定向上诉法院提出上诉。

5. 议会得在本条规定之外,将其认为对使高等法院更加高效地行使本条授予的管辖权所必需或便利的权力授予高等法院。

6. 议会得对下述行为及程序作出规定:

(1)与高等法院行使本条或依本条授予的管辖权及权力相关的行为和程序。

(2)高等法院及针对高等法院行使管辖权所作的裁决向上诉法院提起的上诉。

(3)与下级法院依本条第三款之规定将相关提交高等法院处理的行为及程序作出规定,包括对提出申请、提交高等法院处理或提出上诉的期限作出规定;在遵守任何如此制定的规定的前提下,有关前述各事项的规定可由法院规则作出规范。

第一百五十四条　[解释]

本部分中,除依前后规定需要作另外解释外,"违反",与任何要求相关时,包括任何未能遵守该要求的情形,该概念的其他形式应当依此相应的解释。

"法院"指圭亚那境内除依照纪律法设置的法院以及第一百三十八条及第一百四十条中依纪律法设置的法院以外的任何法院。

"纪律法",指对受训部队进行规制的法。

"受训部队"指:

(1)由人员组成的群体,不论该群体是完整意义上还是部分意义上为海军、陆军、伞兵或空军;

(2)警察部队;

(3)监狱管理部队;

(4)消防部队。

"法律代理人",与任何法院或其他裁判所相关,指有权作为法律执业者而出席该法院或裁决所者。

"成员",当与受训部队相连时,包括任何依与该受训部队相关的纪律法之规定受该纪律法之约束。

"国民服务",指在以对人民进行以推进圭亚那经济发展为主要目的的受训部队中的服务。

第一编　人权保障

第一百五十四A条　[个人人权及附件四]

1. 依本条第三款、第六款之规定,受本宪法附件四所列示的、圭亚那已经加入的各国际条约关注的任何人,均享有各该国际条约中保障的各项人权,且各项人权均受到行政机关、立法机关、司法机关以及任何政府机关和政府机构之尊重和支持,人权中适用于自然人及法人的部分,依照本条后文规定的方式实施。

2. 本条第一款所指的人权,不包括本宪法下的各种基本权利。

3. 国家在考虑社会—文化发展水平的基础上,在可资利用的资源的限度内,采取合理的立法及其他措施促进本条第一款规定范围内的权利逐步实现。

4. 任何宣称其享有的、第一款规定范围内的权利受到了、正在遭受或将遭受侵犯,在不影响采取其他可供采用的合法方式寻求救济的情况下,可以依人权委员会规定的方式向人权委员提出救济请求。

5. 本条之任何规定,均不得被解释为取消任何在本条之规定生效时人们享有的但未被列示于本条中的权利。

6. 国家可以决定不履行本宪法附录四中所列示国际条约所规定的各种义务,或限制履行义务的范围,但不履行或限制范围的决定以获得国民议会全体经选举产生的议员三分之二之支持为前提。

第二编　议　会

第一百五十五条　[丧失当选国民议会议员的资格]

1. 有下列情况之一者,不得当选为国民议会议员:

(1)已经以自己的行为表明其忠诚于、服务于或依附于任何外国或外部实体者。

(2)被证明患有精神病或被依圭亚那有效之法律宣告为精神不正常者。

(3)被法院判处死刑者,或正在服院对其作出的,或被其他有权机关代替法院对其作出的、刑期在六个月以上的监禁刑(不论该监禁刑的名称为何)者,或在刑期在六个月以上的监禁期暂缓执行期间者。

(4)担任最高法院法官职务者、担任公共服务上诉裁判所成员职务者、担任司法服务委员会成员、公共服务委员会成员、教育服务会成员或警察服务委员会成员职务者、检察主任、专员或审计长职务者;担任或正在履行最高法院法官职责者,或正在履行前述各职务之职责者。

第二款至第五款已被2000年第14号法律废止。

6. 在不影响本条第一款之规定的前提下,议会得规定具有下列情况之一者,不具备当选国民议会议员的资格:

(1)如果其正在担任或正在履行任何由议会特定规定的职务,且该职务的职能包括需要对选举行为负责,或与选举行为相关,或负责为选举编制、修订任何选民名单,或与编制、修订该选民名单相关。

(2)在遵循议会规定的任何例外和限制的前提下,与任何规定的政府合同存在任何利害关系。

(3)在遵循前述规定的前提下,

(1°)正在担任或正在履行由议会对之单独作出的或由议会以对一系列官员作出的任命或指定的职务;

(2°)属于任何圭亚那武装部队或组成该武装部队之组成部分;

(3°)属于圭亚那任何警察部队或属于组成该警察部队之组成部分。

(4)如果有议会规定、在选举日之前的一定时期

(不得超过五年)内,具有下列情况之一者:

(1)°因宣扬基于任何个人或群体之种族的原因,宣扬对任何个人或任何群体之仇恨或对该个人或群体的恶意而被法院判决有罪;

(2)°被法院依法律之规定判决犯有与选举相关的犯罪,或由高等法院依本宪法第一百六十三条规定的程序提出了犯有与选举相关犯罪的报告。

但议会得授权法院认为公平的情况下,得豁免因犯有与选举相关的犯罪者丧失当选资格的规定。

7. 为实施本条规定之目的:

(1)在需要执行前后相连的两个或多个监禁的刑事处罚的情况下,如果任一个监禁处罚的刑期均不超过六个月,则各该监禁处罚应当视为相互独立的处罚,但如果有任意一个监禁处罚的刑期超过了六个月,则各监禁处罚应当视为一个处罚。

(2)作为罚金刑之替代刑的监禁,或由于不履行罚金刑而改处监禁的,不得纳入考虑范围。

8. 本条第六款第二项中的"政府合同",指与圭亚那政府、圭亚那政府的部或圭亚那政府官员订立的合同。

第一百五十六条 [国民议会议员的任期]

1. 国民议会的议席在以下情况下空缺:

(1)议员向议长提交了书面辞呈,如果议长职位空缺或议长离开圭亚那时,向副议长提交了书面辞呈。

如果总统证明议员系为更进一步服务公众之需要而辞职,则该议员如果仍具有当选资格,有权依照本宪法第六十三条之规定再次当选国民议会议员。

(2)议员在议会议事规则中规定的时期及情形下缺席国民议会会议。

(3)不再是圭亚那公民。

(4)依下一款之规定,出现了将导致非当选议员者,依前一条之规定或依以前一条之规定为依据制定的任何法律之规定,将不具备当选国民议会议员之资格的任何情况。

(5)具有第一百七十八条第四款规定的情形且达到了该款规定的程序。

(6)依本宪法第六十一条、第六十二条之规定当选国民议会议员者,在议会解散之时。

(7)和(8)均已被 2000 年第 14 号法律废止。

2. (1)如果国民议会议员出现了本条前款第二项规定的任何情形,并被依该情形被宣告为精神不正常、被判处死刑、监禁,被判决或被报告犯有与选举相关的犯罪,如果相应的裁决尚处于上诉期内(需依法院或其他机构之同意或无需任何同意),则国民议会议员应当停止履行其议员职责,但依下款之规定,该议员的席位在三十日的期限届满之前并不空缺。

但议会得依该议员之请求,得随时将该期限三十日以保证该议员能够对该裁决提出上诉,但延长的时间总计超过一百三十日后,非经国民议会之决议批准,该期限不得再次延长。

(2)在对上诉作出裁决时,如果原来的情形继续存在且该议员已经无再次上诉之机会,或由于上诉期限已过或由于法院或其他机构不同意其上诉或任何其他原因导致其不能再上诉,则该议员之席位空缺。

(3)在该议员席位空缺之前的任何时候,如果原先的情形已不再存在,则该议员之席位不再因所述之情形而空缺,并得继续作为国民议会议员履行其职责。

3. 从一份名单中选举的国民议会议员:

(1)如果该当选议员向议长或出现了其名字的名单上人员之代表提交书面声明,称自己并不愿意支持该名单;

(2)如果该当选议员向议长或出现了其名字的名单上人员之代表提交书面声明,称自己支持另一份名单;

(3)如果出现了该国民议会议员名字的名单上人员之代表向议长提交书面报告,称在与提供该名单的单个或多个政党进行了有效的磋商后,得出结论该单个或多个政党已经对从该名单中选举产生的该国民议会议员失去信心,该代表已经向该当选议员送达了书面召回通知,并且也向国民议会议长送达了书面召回通知的副本。

4. 在下列情况下,国民议会应当宣布国民议会议员席位空缺:

(1)国民议会议长收到国民议会议员依本条第三款第一项或第二款之规定提交的书面声明;

(2)名单中人员的代表依本第三款第三项之规定发出了召回国民议会议员的通知。

第一百五十七条 [议长或副议长]

1. 议会解散后下一届国民议会第一次议会开会时以及下列规定的情况下,议长及副议长的职位空缺:

(1)如果议长或副议长均系从国民议会议员中选举产生:

(1)°因议会解散之外的原因,议长或副议长不再是国民议会议员时;

但如果担任议长或副议长职者,因为举行一项属于本宪法第一百五十六条第一款第六项规定范围内选举,而不具有议员身份时,如果在该选举中再次当选议员,则议长或副议长职位并不空缺。①

(2°)依前条第二款第一项之规定,被要求停止履行国民议会议员职务。

(3°)被任命为部长或议会秘书。

(2)在议长从非国民议会议员中选举产生的情况下,议长不再是圭亚那公民,或议长出现了任何将导致非国民议会议员的人不具备当选国民议会议员资格的情形。

(3)向国民议会宣布和辞去国民议会议长或副议长职务,或议长向国民议会秘书提交了书面辞呈,或国民议会副议长向议长(在议长职位空缺或议长离开圭亚那的情况下向议会书记官)提交了书面辞呈。

第一百五十八条 [议会书记官和助理书记官]

1. 依下款之规定,年满六十五周岁或达到本款第四款设置的委员会规定的任何更高年龄时,议会书记官职位空缺。

2. 在书记官因不能履行其职责(不论是源于身体原因还是精神原因还是任何其他原因导致)或有不端行为的情况下,总统应当将议会书记官免职。如果总统未将其免职,则国民议会得以经全体选举产生之议员的多数支持通过的决议将其免职。

3. 本条第二款、第三款中适用于国民议会书记官的规定,同样适用于代理书记官。

4. 在遵守本宪法第二百二十二条的前提下,国民议会书记官的服务条件(包括薪水和津贴在内)由一个委员会随时确定,该委员会的组成人员包括国民议长、主管财政的部长或由该指定的、在作为其代表的其他人员一名,以及由首相随时指定的另一名部长,其中议长为该委员会的主席。

5. 担任公职者,可以在不终止担任公职的前提下被依本条之规定任命为国民议会书记官或代理书记官,但:

(1)非经适当服务委员会之同意,此类任命不得作出;

(2)本条第一款、第二款和第三款之规定,在本款第四项之规定的前提下,适用于经如此任命的国民议会书记官或代理书记官的服务,但不适用于其作为公职人员而提供的服务;

(3)获得如此任命的公职人员,在国民议会书记官或代理书记官职务持续期间,不再履行公职人员的职责;

(4)获得如此任命的公职人员,可随时被适当的服务机构任命担任或继续担任公职,此时其国民议会书记官或代理书记官职位空缺,但非经国民议会议长同意,此类任命不得作出。

6. 前款中的"适当的服务机构",指依照本宪法之规定获得授权任命人员担任被任命为议会书记官或代理官的原公职人员所担任公职的机构,或获得授权任命正在担任议会书记官或代理书记官者担任公职或继续履行原公职的机构。

7. 当无人担任国民议会议长职务,或在担任国民议会议长职务者离开圭亚那期间,其担任议长因故不能履行其职责,则本条授予国民议会议长的职责由副议长履行。

第一百五十九条 [选举资格及资格的丧失]

1. 非经登记为选举者,不能参加选举投票。

2. 依本条第三款、第四款之规定,在资格审查之日年满十八周岁,并具有下列条件之一者,有资格被登记为选民:

(1)是圭亚那公民;

(2)虽然并非圭亚那公民,但具有英联邦共和国公民资格,居住于圭亚那境内,且在资格审查前夕已经在圭亚那境内居住达一年;

(3)满足性例法律规定的或依性例法律规定的其他条件。

3. 任何在资格审查日被证明为有精神病或被依圭亚那有效之法律宣告为精神不正常者不得被登记为选民。

4. 如果在议会规定的、在资格审查之日前的一定时期(不得超过五年)内,被法院依法律之规定判决犯有与选举相关的犯罪,或由高等法院依本宪法第一百六十三条规定的程序提出了犯有与选举相关犯罪的报告者,不具备被登记为选民的资格。

但议会得授权法院在认为公平的情况下,得豁免因被判决或报告犯有与选举相关的犯罪者丧失选民资格的规定。

5. 本条中的"资格审查日",指由议会指定或由依议会立法之规定确定的、选民名单应当编制完成或修订完成的日期。

第一百六十条 [选举制度]

1. 依本条下一款之规定,本宪法第六十条第2款规定的选举经议会确定的数目之国民议会代表应当遵循的比例代表制的内容如下:

(1)在全国范围内,投票针对各候选人名单进行;

(2)每名选民在选举中享有一个投票权,选民可以将其选票投给任何一份候选人名单;

(3)经确定的由选举产生的议员议席之总数,应当尽量依照每一份名单的议席数与全部议席数之比,

---

① 此页后文(原文第104页)空白。

与每一份名单获得的选票与全部选票之比相等的原则分配,以尽量减少各名单获得的选票占所有选票的百分比与在特定选区内分配给该候选人名单的议席占全部议席之比例间的失调状况。

2. 议会得作出规定将圭亚那划分为一定数目的地理选区,该数目不得多于经议会确定的应当通过选举产生的国民议会议员之半数,并对各选区内为产生国民议会依本条第四款确定的一定数目之国民议会议员的选举作出规定。如果国民议会依前述规定作出了规定,则:

(1)一人可作为任何一个地理选区的候选人,但需以国民议会确定的方式宣布其支持,或以其他方式表明其支持一份且仅支持这一份与该地区选举有关联的候选人名单,而不支持其他的候选人名单,也不支持任何其他政党提出的任何候选人名单;以及

(2)依本条第一款之规定确定的议席中不依前项之规定从地理选区中选举产生者,应当以竞争此类议席的各方在圭亚那全国范围内获得的支持票之总数为基础,按分配给各政党的议席数,加上在各地理选区名单中表明其支持该名单的当选议员所得的数字,与所有支持该方的选票数所得之比,尽可能与各方的相关数字之比相等的原则分配,以减少所有所得选票数与各方获得之议席数之间的失调状态。

3. 在本宪法之规定的前提下,议会得对下列事项作出规定:

(1)
(1°)选民登记;
(2°)应当以何种方式提出候选人名单,包括应当以何种方式提出填补本款第七项规定之空缺而提出的名单作出规定,以及对以何种方式使选民相信哪一名候选人当选作出规定;
(3°)为了实施本条第一款或第二款之规定,就以何种方式计算分配给某一份选民名单之议席数算出规定;
(4°)为了分配议席之目的而将不同的候选人名单进行合并(但不得为投票之目的进行合并);
(5°)对从候选人名单中减去候选人、宣布候选人当选作出规定,以及就不将妇女候选人所占比例纳入考虑范围作出规定;
(6°)对依本条第一款、第二款规定的国民议会议员应当以何种方式选举产生作出规定;
(7°)对因议会被解散之外原因而产生的议员席位空缺的填补作出规定;
(8°)对与国民议会相关的事项和对本宪法中与之相关的规定的实施作出一般性的规定。

(2)
(1°)对各政党参与大选设立应当遵循的标准;
(2°)确实将参与竞选的政党获得的选票转化为该政党在国民议会中的议员席位的公式;
(3°)确定各份候选人名单中女性候选人的最小数目或最小比例,以及各名单中累计女性候选人应占所有候选人的最小数目或最小比例;
(4°)每一政党为地区选区所提供的各份候选人名单中,女性候选人分别应占的最小数目或比例,或所有名单中女性候选人累计应占所有各份候选人的最小数目或比例;
(5°)允许其提供的地理选区候选人名单中没有女性候选人政党参与竞选的最大数目或最大比例。

4. 从地理选区中选举产生的国民议会代理总数,应当能保证并非从地理选区选举产生的国民议会议员之总数足以校正源于在地理选区间分配议员席位的总体的比例失调。

第一百六十A条 [禁止政党导致种族分化]

1. 任何人、机构及政党,均不得采取任何将在民众中导致种族分化的行动,也不得支持、发布及传播任何将在民众中导致种族分化的观念。

2. 为实施本条第一款规定之目的,议会得通过将相关行为规定为违法而课处相应的处罚,包括禁止或任何政党参加任何国民议会议员竞选或其成员成为国民地方民主机构成员或国民议会议员,并取消该政党或其成员相应的资格。

第一百六十一条 [选举委员会]

1. 设圭亚那选举委员会,由主席以及依本条之规定任命的其他成员组成,其中主席为专职人员,且不得从事任何其他职业。

2. 依本条第四款之规定,选举委员会主席应当由英联邦组成部分的国家或地区的、在民事或刑事方面具有无限管辖权的法院中担任或曾任法官之人担任,或由对前述法院所作的裁决具有上诉管辖权的法院的现任法官或曾任法官之人担任,或由有资格被任命担任前述法院法官之人担任,或由其他适合及适当的人担任。国民议会的反对党领袖在与国民议会中非政府的政党之代表进行充分磋商后向总统提出一份由六名候选人组成的候任名单,该六名候选人中,不应当包括总统不能接受的人选,总统从名单中任命选举委员会主席一名。

如果反对党领袖未能提出本款规定的名单,则总统应当从在英联邦组成部分的国家或地区的、在民事或刑事方面具有无限管辖权的法院中担任或曾任法官,或由对前述法院所作的裁决具有上诉管辖权的法院的现任法官或曾任法官之人担任,或具有资格被任命担任前述法院法官之人中任命一个担任选举委员会主席。

3. 除主席外,选举委员会还包括六名成员,此六

名成员的任命依下列规定作出：

(1)三名由总统自己的判断任命；

(2)三名由总统依国民议会反对党领袖之建议任命,该建议需要反对党领袖与国民议会中非政府的政党之代表进行充分磋商后向总统提出。

4. 外国人不具备被任命为选举委员会主席的资格。

5. 如果选举委员会主席或任何成员发生了任何将导致非选举委员会成员将不具备被任命为选举委员会成员资格的情形,则其职位应当空缺。

6. 本宪法第二百二十五条(与免职事项相关)的规定适用于选举委员会主席和其他成员,为该条第四款、第六款之目的,获得授权的机关为总理。

在涉及本条第三款第二项的成员时,总理在向总统提出第二百二十五条第四款规定的建议之前,应当与国民议会中的反对党领袖进行充分的磋商。

7. 因患病、离开圭亚那或出现了第二百二十五条规定的暂停履行职责之情形而导致委员会主席或其他成员不能履行其职责,则应当任命临时主席或其他成员暂时履行其职责。

8. 本条中关于任命选举委员会主席或其他成员的规定,同样适用于任命选举委员会临时主席及其他临时成员,适用于选举委员会主席或其他成员的规定,同样适用于经任命暂时履行其职责的临时主席或其他临时成员。

选举委员会临时主席或其他临时成员之任命,自被临时取代的主席或其他成员恢复履行其主席或成员职责时失效。

第一百六十一A条 ［选举委员会职员的任命,选举委员会秘书处］

1. 选举委员会应当对秘书处有效履职负责,选举委员会秘书处由选举委员会的官员和职员组成,选举委员会负责任命秘书处的所有职员,包括任用的临时职员、为进行划界而招募的职员、为进行选民登记和候选人登记而招募的职员,并对秘书处的所有职员行使罢免和惩戒的权力。

2. 选举委员会得以书面方式并在遵守其认为适当的条件下,将本条第一款规定的任何职责委托给任何一名或多名选举委员会成员行使,或在遵守其认为适当的条件的情况下,作出指示将本条第一款规定的任何职责委托给经选举委员会确定的委员会官员行使。

3. 选举委员会、选举委员会的成员以及依本条第一款之规定任命的其他履职人员担任司法务、教职、警察、公共服务委员会职务前应获的选举委员会的同意。

4. 如果公职人员被任命为本条第一款规定的职务,则在遵守该款之规定的情况下继续保护公职身份,但如果选举委员会决定该职务应当独立于任何委员会的情况下除外。

5. 本条之任何规定,均不得被解释为禁止选举委员会任命非公职人员担任本条第一款规定的各项职务。

第一百六十一B条 ［人员在选举委员会的地位］

各政党及其提名的人员在选举委员会主持的选举中的地位,仅限于参与制定政策、监督选举程序的进行以及参加选举,但其中不包括积极安排选举程序。

第一百六十二条 ［选举委员会的职能］

1. 选举委员会享有本宪法授予的,或依本宪法之规定制定的任何议会立法授予的与选民登记或与选举行为相关的职能,并且依议会立法或本宪法之规定：

(1)对选民登记以及对选举进行行政管理的行为具有全面的指导与监督的权力；

(2)发布其认为将为确保任何行使与前述各事项相关的权力者,或任何履行与前述规定事项相关的事项者,公平、公正及依宪法或任何议会立法行使权力所必需或对之带来便利的指示以及采取相应的措施。

2. 当出现了违反本宪法规定的任何事项,如果选举委员会认为于指定的选举日期,进行本宪法第六十条第二款或第一百六十条第二款规定的选举,将在国家之整体或部分区域面临着危险或严重困难,则在与总理及反对党领袖磋商后,宪法委员会得在州府公报上公布通知：

(1)将选举推迟到该通知确定的日期举行；

(2)将特定区域的投票推迟到该通知确定的日期进行。

第一百六十三条 ［议员资格问题和选举问题的裁决］

1. 高等法院依本条之规定,对下列事项具有排他的管辖权：

(1)某人是否有资格当选国民议会议员。

(2)

(1°)全国或任何特定区域内的选举是否已合法进行,或该选举的结果是否已经或是否可能受到任何非法的作为或不作为之影响；

(2°)国民议会中的议员席位是否已合法分配；

(3°)国民议会中的议员席位是否空缺；

(4°)国民议会的议员是否应当被依照本宪法第一百五十六条第二款和第三款之规定要求停止履行议员职责。

(3)与国民议会议员席位空缺之填补相关的问题。

(4)非国民议会议员的人是否已合法当选国民议会议长,以及如果已合法当选,其议长职务是否空缺。

2. 本条前款规定的诉讼,可以由任何人(包括总检察长在内)提出,当诉讼系由总检察长以外的提出时,如果总检察长并非该诉讼之当事方,则总检察长得介入该诉讼以及(如果总检察长介入了该诉讼)得参与诉讼或在诉讼中发言。

3. 在下列情况下,上诉应当向上诉法院提出:

(1)对高等法院法官作出的受理或不予受理对本条第一款规定范围内的问题提出的审查请求的裁决;

(2)对高等法院就任何问题所作的裁决,或因不接受高等法院在作出该裁决之后的任何命令而提出的上诉。

4. 议会得就下列事项作出规定:

(1)在何种情形下、以何种方式以及在何种条件下可以向高等法院提出对本条规定范围内的任何问题提出裁决请求,在何种情形下、以何种方式以及在何种条件下可以向上诉法院提出上诉;

(2)对本条规定范围内的问题所作裁决的后果,高等法院享有的、与对本条规定的问题作出裁决相关的权力(在不影响前文关于权力的一般性规定的前提下),得授权高等法院命令在圭亚那全境重新举行选举,或命令在圭亚那之任何特定区域重新进行投票或重新分配全部或部分议员席位;

(3)高等法院与本条或依本条之规定制定的规范所规定的管辖权及权力相关的行为及程序,上诉法院与依本条或依本条之规定制定的规范所规定的案件提出的上诉相关的行为及程序,得由法院规则规定。

5. 本条中,当选者的表述在不同的情况下应当被分别解读和翻译为依本宪法第六十条第二款或第一百六十第二款之规定当选者。

第一百六十四条 [修改本宪法的程序]

1. 在遵守本条第二款、第三款之规定的前提下,任何对宪法进行修改的国民议会立法之法案,除非在最后投票时,获得国民议会全体选举产生的议员之绝对多数之支持,不得通过。

2. 任何对本宪法中的下列规定进行修改的立法:

(1)本条、第一条、第二条、第八条、第九条、第十八条、第五十一条、第六十六条、第八十九条、第九十九条以及第一百一十一条之规定;

(2)第三条、第四条、第五条、第六条,第十条至第十七条(包含起止条在内)、第十九条至第四十九条(包含起止条在内)、第五十二条至第五十七条(包含起止条在内)、第五十九条、第六十条、第六十二条、第六十三条、第六十四条、第六十五条、第六十七条、第六十八条、第六十九条、第七十条、第七十二条(其中与地区数目相关的规定)、第九十条到第九十六条(包含起止条在内)、第九十八条、第一百○八条、第一百一十条、第一百一十六条、第一百二十条至第一百六十三条(包含起止条在内,但不包括第一百三十二条)、第一百六十八条至第二百一十五条(包含起止条在内,但不包括第一百七十三条,第一百八十五条,第一百八十六条,第一百九十二条第二款、第三款和第一百九十三条)、第二百二十二条、第二百二十三条、第二百二十五条、第二百二十六条、第二百三十一条、第二百三十二条(除关于"财政年度"的定义外)。

在国民议会通过后,除非在该法案通过后不早于两个月、不晚于六个月的时间内,该法案已依国民议会规定的程序提交具有选民对之进行表决并获得表决投票之多数支持,否则不得提交总统签署。

如果一项法案未对本款第一项规定范围内的任何规定进行了修改,且在最终表决中获得了不少于全体国民议会经选举产生的议员三分之二的支持,则该法案无需提交选民表决。

3. 本条中:

(1)本宪法或本宪法之特定条文的表述,包括任何对本宪法或所指的特定条文进行修改的任何其他法律。

(2)修改本宪法或本宪法的任何特定条文的表述,包括废止本宪法或本宪法的任何特定条文,而不论是否有重新制定相应的规定、以新的规定代替原规定、对之进行修正或在一定时期内暂停本宪法或本宪法之任何条文的实施。

第一百六十五条 [程序规范]

1. 在遵守本宪法的前提下,国民议会得规范自身的程序,为此目的得制定相应的规则。

2. 不论出现了何种席位的空缺(包括自本宪法生效后或任何一次议会解散后尚未填补的空缺),以及有无权出席或参加国民议会者出席或参加了国民议会的程序或表决,均不导致国民议会程序无效。

第一百六十六条 [主持国民议会]

1. 国民议会的任何会议应当由国民议会议长主持,如果议长缺席,则由副议长主持,如果议长和副议长均缺席,则由国民议会议员为此次会议选举的(不担任部长或议会秘书职务的)议员主持。

2. 本条中国民议会议长或副议长缺席情况下的表述,包括议长或副议长职位空缺的情形。

第一百六十七条 [议员宣誓]

在向国民议会宣誓之前,任何议员均不得参与任何国民议会的程序(但为实施本条之目的必需的程序除外)。

选举议长和副议长得在国民议会议员宣誓前进行。

第一百六十八条 [表决]

1. 除本宪法另有规定外,提交国民议会的事项,由出席和参加表决的国民议会议员之多数意见决定。

2. 除本条第三款作出规定外,议长或其他主持国民议会会议的人,不得参加表决,但在支持和反对意见持平时除外,且在此情况下,议长或其他主持国民议会的人具有决定性的投票权。

3. 如果议长系从非国民议会议员中选举产生,则议长不具有原始投票也不具有决定性的投票权,如果在其主持的会议上出现了支持意见和反对意见持平的情况,则提议未获通过。

第一百六十九条 [法定人数]

如果有任何出席国民议会会议的人提出出席会议的人数不足国民议会全体当选议员之三分之一,在国民议会程序规则中规定的间隔期已过的情况下,主持国民议会会议者如果确认出席者仍然不足国民议会全体当选议员之三分之一,则应当宣布国民议会体会。

第一百七十条 [立法模式]

1. 在遵守本宪法第一百六十四条之规定的前提下,议会的立法权以国民议会通过法案、总统签署法律的方式行使。

2. 当一项法案提交总统签署后,总统应当签署之或拒绝签署之。

3. 如果总统拒绝签署该法案,则应当于该法案提交其签署之日起的二十一日内将该法案退还国民议会长,并需要表明其拒绝签署的理由。

4. 被依前款之规定返还议长的法院,不得再次提交总统签署,但如果在该法案返还议长之日起的六个月内,国民议会中所有经选举产生的议员不少于三分之二的支持通过决议作出决定者除外。

5. 如果国民议会决定将一项法案再次提交总统签署,则该法案应当提交总统签署,总统应当在该法院提交之后的九十日内签署该法案。

第一百七十一条 [提出法案]

1. 在遵守本宪法及国民议会程序规则的前提下,任何国民议会议员均有权提出法案、建议、动议以供辩议,或向国民议会提出请愿,国民议会应当依照国民议会的程序规则之规定对法案、建议、动议以及请愿进行辩论并作出处理。

2. 除非依内阁之建议或获内阁通过一名部长作出证明的同意,国民议会:

(1)在主持国民议会会议的人认为某一法案(包括对该法案的任何修正)中包含其下列内容时,国民议会不得继续对该法案进行审议:

(1°)征收或增加任何税负;

(2°)导致从统一基金或圭亚那的其他任何公共基金中支取的款项增加,或对支取之项作出了除减少以外的其他修改;

(3°)由统一基金或任何其他公共基金承担原本不由该基金承担的支付、款项,或增加任何该款项之数额;

(4°)任何将导致对圭亚那承担的债务减少。

(2)如果主持国民议会会议的人认为某一动议(包括对该动议的任何修正)将导致前项规定的任何一种结果,则国民议会不得对该动议继续进行审议。

第一百七十二条 [国民议会议员的特权及其他]

1. 在遵守本条第二款、第三款、第四款的前提下,国民议会得制定法律,就国民议会议员的特权、豁免权及权力作出规定。

2. 不得针对任何国民议会在国民议员或国民议会各委员会上所作的口头或书面报告提出民事或刑事指控,也不得以任何议员通过请愿、提出法案、决议、动议或其他方式提出的任何事项为由,对其提出民事或刑事指控。

3. 在国民议会会议期间,国民议会议员享有不因民事债务而被逮捕的权利。

4. 任何法院在行使民事管辖权的过程中发布的传票,在议会开会期间或通过议长、书记官或国民议会的任何官员在国民议会范围内执行。

第三编 已由 2000 年第 14 号法律废止

第一百七十三条至一百七十六条已由 2000 年第 14 号法律废止。

第四编 总 统

第一百七十七条 [总统选举]

1. 为依照本宪法第六十条第二款的规定选举准备的各份候选人名单中,应当仅指定一人作为总统候选人。选民在选举中投票支持某一份候选人名单,即被视为支持该名单上所列示的候选人。

2. 如果:

(1)只有一名总统候选人。

(2)存在两名或多名总统候选人,如果某一候选人获得的支持票数多于其他任意一名候选人获得的支持票数;

则该候选人应当视为已当选为总统,并由选举委员会主席宣布当选结果,但宣布只能依首席选举官在合法召开的会议上提出的建议作出。

3. 如果没有人依本条第二款之规定当选总统,

且如果各候选人名单获得的支持票数相等,或其中两份或多份候选人名单获得的支持票数相等但比其他候选人名单获得的支持票数多,则在首席大法官以及其他官员出席的情况下,由选举委员会主席从前述情况下获得相同支持票的候选人名单中抽签决定谁当选总统,并宣布在该候选人名单中的候选人合法当选总统。

4. 上诉法院对源于某人是否具有当选资格以及与本宪法之解释而产生的总统选举是否合法的问题具有排他的审理和裁决权,上诉法院对此类问题所作的裁决为终局裁决。

5. 在遵守本宪法之规定的前提下,国民议会得制定规范将本部分之规定付诸实施,且在不对宪法的总体规定产生妨碍的前提下,得对下列事项作出规定:

(1) 为选举总统;

(2) 何人、在何种情况下以及以何种方式可以向上诉法院提起本条第四款规定范围内的诉讼,在遵守依本项之规定制定的规范的前提下,法院得对与提交其审理的案件相关的事项作出规定。

6. 在执行本条第四款之规定时,一项文书:

(1) 由选举委员会主席制作;

(2) 该文书中列示的人被宣布在依本宪法第六十条第二款之规定的选举中当选总统,是证明以文书中的名字为名者当选的决定性证据,任何与以文书中的名字命名者是否为当选的问题不得向任何法院提出审查请求。

第一百七十八条 [总统任期]

1. 担任总统职务者,总统职务在以下情况下空缺:

(1) 死亡;

(2) 向国民议会议长提交了书面辞职报告;

(3) 因本宪法第一百九十二条、第一百七十九条或第一百八十条之规定不再担任总统职务。

2. 依本宪法之规定就任总统职务者,不具备担任其他职务、从事其他职业或获得本条对之适用的任何任命的资格,如果担任任何其他职务、从事其他职业或获得本条对之适用的任何任命者履行总统职责后,其原先的职务、职业或任命空缺。

3. 前款之规定适用于国民议会议长职务、国民议会议员、国民议会书记官或代理书记官、最高法院法官、选举委员会成员、教育服务委员会成员、公共服务委员会成员、受雇于圭亚那武装部队的成员、被任命为法律为公共目的而设置的法人团体中领取报酬的职务者。

4. 在部长依本宪法第九十六条或第一百七十九条之规定履行总统职责时,或依本宪法第九十五条第一款中但书的规定就任总统职务时,该部长在国民议会中的议员席位空缺,该空缺得依本宪法第一百六十条第三款规定暂时填补。暂时填补议员空缺者的任期结束时,其所占据的议席空缺并由该部长继续占据。

因本条之规定空缺其席位者,根据本条规定。有资格重新当选国民议会议员。

第一百七十九条 [总统因不能履行职责而被免职]

1. 其名字出现在依本宪法第六十条第二款之规定举行的上一次总统选举的候选人名单上的国民议会议员,提出动议并获得此类议员之多数支持,得作出决议,称应当对总统是否因身体或精神方面的原因而不能履行其职责的问题进行调查,且总理将决议通知首席大法官,则首席大法官应当任命一个委员会对该问题进行调查,并向首席大法官提交报告或表明其是否认为总统因身体或精神方面的原因而不能履行总统职责的态度。该委员会的组成人员不得少于三人,由首席大法官从依照圭亚那之法律有权从事医疗行为的人中挑选产生。

2. 如果该委员会向首席大法官作出了总统不能履行职责的报告,则总统应当以已书面作出相应的证明,在作出证明时总统职位空缺。

3. 在总理向首席大法官作出国民议会依第一款之规定通过了总统是否因身体或精神方面的原因而不能履行其职责的问题应当交由一个委员会调查的决议的通报后,其他人就任总统前,或依本条第一款之规定任命的委员会作出了总统并非不能履行其职责的报告前(二者以先发生者为准),总统停止履行其职责,总统职责依次由下列人员行使:

(1) 总理。

(2) 如果没有总理或总理离开圭亚那或由于身体或精神方面的原因而不能履行其职责时,则为本条第一款规定的国民议会议员从一名担任内阁成员的经选举产生的议员;

任何人依本款之规定履行总统职责者,不得解散议会,且非依内阁之建议,不得撤回任何由总统作出的任命决定。

4. 为本条第一款之目的的动议,得由该条所指的任何议员在由总理召集此类议员参加的任何会议上提出。

第一百八十条 [总统因违反宪法或有严重不当行为而被罢免]

1. 如果有国民议会经选举产生的议员之过半数签名,向国民议会议长提出书面动议,指控总统有违反宪法或任何严重不当行为并就所有指挥均提供了细节描述,建议依本条之规定设置一个委员会对所提指控进行调查,则国民议会议长:

(1)如果当时议会处于会议期或已经召集议会于五日内开会,则应当在收到动议之后的七日内将动议交由国民议会审议;

(2)如果国民议会未处于会议期(以及议会可能会休会),则应当于收到动议后的二十一日内召集国民议会并将该动议提交国民议会审议。

2. 如果依本条之规定的动议提交国民议会审议,国民议会不得对该动议进行辩论,但主持国民议会者应当就该动议举行一次表决,如果该动议获得不少于全体经选举产生的议员的三分之二支持,则议长应当宣布动议获得通过。

3. 动议依第二款之规定通过后——

(1)首席大法官应当任命一个由主席一名和不少于两名其他成员组成的裁判所,主席及成员均应当从在英联邦组成部分的国家或地区的、在民事或刑事方面具有无限管辖权的法院中担任或曾任法官者担任,或由对前述法院所作的裁决具有上诉管辖权的法院的现任法官或曾任法官中产生;

(2)该裁判所应当就提出的指控进行调查并向国民议会提交其是否发现用于证明该动议中提出的指控的细节的报告;

(3)在就针对总统的指控进行调查期间,总统有权亲自出席裁判所,或由代理人出席裁判所。

4. 如果裁判所向国民议会提出报告,称原动议中用于对总统提出指控的任何细节均不能获得支持,则针对这些指控不得再采取进一步的程序。

5. 只要裁判所向国民议会提出报告,称原动议中用于对总统提出指控的任何一项细节能获得支持,则国民议会得经不少于全体经选举产生的议员的三分之二支持通过决议,宣称由于总统犯有违反宪法的罪行或有严重的不良行为,导致其不能再继续担任总统职务,如果国民议会作出了该决议,则总统应当于该决定通过之后的第三日终止担任总统职务。

第一百八十一条 [总统的薪水与津贴]

1. 总统有权获得依本宪法第二百二十二条之规定确定的薪水与津贴。

2. 曾经担任总统者,在其任期结束时,有权获得由议会规定的养老金和奖励。任何此类养老金或奖励由统一基金拨付。

第一百八十二条 [总统的豁免权]

1. 依本宪法第一百八十条之规定,总统不向任何法院就其履行职责或在履行其职责的过程中的任何行为承担个人责任,且不论是在总统任期期间还是在总统卸任之后,均不得对前述行为提起任何针对总统个人的刑事或民事诉讼。

2. 在任何人担任总统或履行总统职责期间,不得对针对其以个人身份所为的任何作为或不作为提出或继续任何刑事诉讼,也不得对其以个人身份所为的任何作为或不作为提起或继续提起要求赔偿的民事诉讼。

3. 如果法律对提起针对任何人的诉讼之期间作出了规定,则担任总统职务或履行总统职责者的任职不计算在该法律规定的、针对担任总统职务或履行总统职责者提起本条第二款规定的起诉期限内。

第五编 行 政

第一节 部长及其他

第一百八十三条 [部长的任期]

1. 任何部长,如果在获得任期时并非经选举产生的国民议会代表且在此后并未成为经选举产生的议员,该部长在下列情况下,其职位空缺:

(1)不再是圭亚那公民;

(2)如果依本宪法第一百五十五条或以该条为基础制定的任何法律之规定不具备当选国民议会议员的资格。

2. 任何部长职务者出现了下列情况时,则其部长职务空缺:

(1)因除议会解散之外的任何原因不再是国民议会的议员;

(2)议会解散后国民议会第一次会议时,不是国民议会议员;

(3)因本宪法第一百五十六条第二款或第三款之规定被要求终止履行国民议会议员职责。

3. 任何部长之职务在下列情况下空缺:

(1)向总统提出书面辞呈;

(2)如果总统希望其担任该职务;

(3)在依本宪法第一百七十七条之规定选举担任总统职责的人员时。

第一百八十四条 [反对党领袖]

1. 反对党领袖由不在政府中任职的国民议会议员中选举产生,选举由国民议会议长主持,但国民议会议长不享有投票权。

2. 反对党领袖职位在下列情况下空缺:

(1)担任反对党领袖者除因议会解散之外终止议员身份;

(2)议会解散后国民议会第一次会议时,担任反对党领袖者不是国民议会议员;

(3)担任反对党领袖职务者因本宪法第一百五十六条第二款或第三款之规定被要求终止履行国民议会议员职责。

3. 有三分之一不在政府中任职的国民议会议员向国民议会议长提出动议,称反对党领袖不再能够获得他们的信任,则国民议会议长应当召集所有不在政府中任职的国民议会议员开会就是否应当罢免反对党领袖进行讨论,罢免决定以获得所有不在政府中任职的议员之多数支持通过。

4. 选举和罢免反对党领袖,以举手方式表决。

5. 本宪法中任何"少数党"的表述,均由"反对党"的表述取代,相应条款的解释也应当作必需的修正。

第一百八十五条 ［总检察长］

1. 除非具备法律规定之资格的圭亚那公民,否则不得被任命为总检察长。

2. 如果总检察长在获得任命时为国民议会议员或在获得任命后成为国民议会议员,则总检察长依其担任总检察长职务这一事实成为一名部长,本宪法第一百八十三条第二款和第三款之规定对之总检察长职位。

3. 如果总检察长并非一名国民议会经选举产生的议员但具备当选国民议会议员的资格,则总统得任期为部长。

4. 如果总检察长被依前款之规定任命为部长后辞去总检察长职务,则其议员席位同样空缺。

5. 如果总检察长并非国民议会之议员,则在其不再是圭亚那公民或其任命被总统撤回之时,其总检察长职位空缺。

6. 如果总检察长职位空缺或担任总检察长职务者因故不能履行其职责,则总统得任命具备本条第一款规定的资格者一人履行总检察长职责,但本条第二款及第三款之规定不对之适用。

7. 依前款规定作出的任命,在总统撤回该任命时失效。

第一百八十六条 ［议会秘书］

1. 议会秘书由总统从国民议会中经选举产生的议员或有资格当选国民议会议员者中任命。

2. 本条第一款之规定,在议会解散后至该届议会解散后下一届国民议会选举日之间同样适用,且其适用与议会未被解散的情况下相同。

3. 如果经任命为议会秘书者在获得任命时并非为国民议会议员(除在此后成为一名国会议员外),则依其被任命为担任议会秘书这一事实而成为一名国会议会议员,但不得在国民议会中行使表决权。

4. 本宪法第一百八十三条适用于部长职位之规定,同样适用于议会秘书。

第一百八十七条 ［检察主任的职责］

1. 检察主任(本条中称简称"主任")对任何他认为应该如此做的案件中,具有以下职责:

(1)针对任何人违反圭亚那法律的罪行,向除军事法院以外的法院提起刑事指控并推进诉讼的进行;

(2)接管并继续已由任何其他个人或机构提起的刑事诉讼;

(3)在刑事诉讼中,在法院作出裁决之前的任何阶段,中止由其本人或任何其他个人或机构提起的任何刑事诉讼。

2. 依前款之规定,检察主任具有的职责,可以由检察主任本人行使,也可以由他人在检察主任概括或特别指示下,并依检察主任的指示行使。

3. 本条第一款第二项和第三项规定的职责,应当由检察主任自己行使而不能由他人行使。

如果刑事诉讼系由其他人或机构提起,则本款之任何规定均不妨碍提起原刑事起诉者经法院之同意撤回该起诉。

4. 在行使本款规定的各项权力时,检察主任不受任何机构或个人之指导或控制。

5. 为实施本条之目的,针对原法院就原刑事案件的裁决,或针对原刑事起诉所作的任何陈述或遗留的任何法律问题向针对法院提起的上诉,均视为原刑事诉讼的一部分。

第一百八十八条 ［赦免权］

1. 总统得:

(1)给予任何涉嫌或被判决犯有任何圭亚那法律上的任何罪行者赦免,该赦免可以是无条件的也可以是附加一些合法的条件。

(2)决定暂缓暂行针对任何人所犯的任何罪行而判处的任何刑罚,该暂缓执行期间可以是无限的,也可以是在一段确定的时间内。

(3)用较轻的刑罚取代针对任何人所犯的任何罪行所处的任何刑罚,或

(4)减免针对任何人所犯的任何罪行而判处的任何或惩罚或刑罚之一部分或全部,或因该罪行而剥夺其财产归国家所有之惩罚之一部分或全部。

2. 在遵守下一款之规定的前提下,前款授予的各项权力,总统应当在由其随时指定的部长进行磋商后行使。

3. 除依前款之规定指定的部长外,在涉及依圭亚那之军事法判决有罪之人的赦免问题时,应当专门为该被定罪之人依前款之规定指定第二名部长;不论何时,一旦任命了第二部长,涉及该犯罪人的赦免时,总统应当在与第二部长磋商后行使本条第一款授予的各项权力。

第一百八十九条 ［赦免顾问委员会］

1. 设赦免顾问委员会,由下列人员组成:

(1)当时依前条第二款之规定被指定的部长,担任委员会主席;

(2)总检察长(在其并非主席的情况下);

(3)不少于三名也不多于五名的其他成员,由总

统任命,其中至少一人应当具备医师执业资格。

2. 国民议会议员不具备依前款之规定被任命为赦免顾问委员会的成员资格,其中不少于三名被任命者应当为非公职人员。

3. 依前款之规定任命的赦免顾问委员会成员任期三年。

赦免顾问委员会成员职位在以下情况下空缺:

(1)如果成员成了国民议会议员,或在其被任命为赦免顾问委员会成员时并不担任公职,但在任期后成了公职人员;

(2)如果因其不能履行其职责(不论是因为身体、精神或任何其他原因所致)或由于不当行为而被总统免去其职责。

第一百九十条 ［赦免顾问委员会的职责］

1. 在任何人因犯有圭亚那法律规定之罪行而被除军事法院以外的任何法院判处死刑后,依第一百八十八条第二款指定的部长应当指示该案件的审理法官就该案形成书面报告,并将该书面报告以及部长要求的从该案件的记录中以及其他处获得的信息一道提交赦免顾问委员会审议;在听取赦免顾问委员会之意见后,该部长应当向总统提出总统是否应当就此被判处死刑者行使本宪法第一百八十八条授予的权力的建议。

2. 依第一百八十八条第二款之规定被指定的部长,在就不属于前一款之规定范围内的案件向总统提出其建议之前,可以向赦免顾问委员会咨询,但部长没有义务依赦免顾问委员会之意见行事。

3. 赦免顾问委员会得规定自己的议事程序。

第二节 专 员

第一百九十一条 ［专员的任命及其他］

1. 专员由总统与反对党领袖磋商后任命。

2. 专员不得履行任何公职的职责,在任何具体情况下,非经总统批准,不得担任除专员外的任何其他领有报酬的职务,也不得从事除履行其职务产生的义务外的任何职业。

3. 除下款规定的情形外,担任专员职务者任期四年,自其被任命为专员之日起算,期满后专员职位空缺。

4. 本宪法第二百二十三条(关于罢免职务的规定)适用于专员职务,对专员而言,该条第四款及第六款规定的有权机构为总理。

第一百九十二条 ［应当接受专业调查的事项］

1. 依本条之规定,专员有权调查由政府各部或任何本条之规定对之适用的任何机构,或总统、部长、前述各部或机构之官员在履行行政职责过程中所作的任何行为。

2. 专员在以下任何一种情况下,有权调查前款规定的任何一种行为:

(1)任何个人或团体或法人,合法地向专员提出了投诉,不论投诉人在该投诉中是否因被投诉的错误行政行为而导致其受到了不公正的损害;

(2)总统、部长或国民议会的一名议员要求专员调查投诉中所明示的人员、团体是否确有不公正之行为;

(3)在任何其他情况下,如果专员认为其应当就某些人员、团体是否受到不公正之损害进行调查。

3. 专员不得依本部分之规定对下列情况进行调查:

(1)在任何情况下,如果投诉人尚具有或曾经具有:

(1°)通过向法院提起诉讼的方式以寻求救济;

(2°)尚具有向法院之外的,具有独立和中立地位的裁决机构提出上诉的权利、请求权或要求审查的权利;或

(2°)任何已由本宪法第一百九十二条之规定排除在专员审查之外的行为。

但

(1°)在投诉人尚具有或曾经有通过向法院起诉以寻求救济的权利,但如果专员认为在特定的情况下,期待投诉人向特定法院起诉或曾经向特定法院起诉是不合理的,则专员可以对该行为进行调查;

(2°)如果投诉人对任何事项寻求救济的途径,仅限于依第一百五十一条第一款之规定(与因法律规范违反对基本权利和自由的保护而寻求救济相关的规定)向高法等法院起诉,则专员对此类事项的调查权不得被排除。

4. 在决定是否启动、继续或中止本部分规定调查,专员在遵守本条前面诸款的各项规定的情况下,得依自己的判断,特别是在不影响本条前述诸项规定之整体性的情况下,如果专员认为具有以下条件之一,则可以拒绝启动,或中止任何调查:

(1)如果投诉人在知晓投诉所针对的行为作出之后超过十二个月才向专员提出提议;

(2)投诉所针对的事项微不足道;

(3)投诉毫无意义或徒增困难或并非基于善意而提起;

(4)提出投诉的人在被投诉的行为上并无充分的利益关系。

5. 本条之规定对之适用的政府各部之外的机构包括:

(1)任何享有选择圭亚那政府或代表圭亚那政府之机构订立合同之权力的机构;

(2)由议会确定的其他机构。

6. 为本条之目的,公共服务上诉裁判所、司法服

务委员会、公共服务委员会、教育服务委员会以警察服务委员会不得视为政府的部。

7. 为第二款第一项之目的,投诉可由受到损害者本人提出,在其死亡或因故不能自己提出的情况下,得获得其合法授权的其他人代为提出。

8. 关于要求调查的投诉或要求是否依照本部分之规定或本宪法第一百九十五条之规定制定的任何法律的问题,由专员裁决。

9. 如果一项投诉或请求已经依前述要求合法提出但专员决定不对投诉或请求所涉及的事项进行调查,或中止对该事项之调查,则专员应当将不进行调查或中止进行调查的决定告知提出投诉或申请的个人或团体。

10. 本条及本宪法第一百九十三条中,"行为"的表述,包括不作为在内,"作出的行为"也应当依相应的解释。

第一百九十三条 ［排除事项］

专员不得对以下事项进行调查,也不得对与以下事项相关的措施进行调查:

(1)经总统或部长证明的,影响到或处理圭亚那政府与任何其他政府或国际组织间关系的事项;

(2)为保障国家安全或为了侦查犯罪而采取的措施,包括为前述两种目的对护照采取的任何措施;

(3)在任何法院中启动或进行的民事或刑事诉讼;

(4)与圭亚那政府公职人员或其他工作人员之任命行为,或由总统或总理对上述人员的任命行为,或经总统或总理同意后对上述人员作出之任命行为,以及与担任上述职务或履行上述人员之职责的人员之任命相关的行为;

(5)针对本宪法第一百五十四条规定范围内的受训部队或受训部队成员之命令或指示所采取的任何行为;

(6)行使本宪法第一百八十八条之规定授予的权力的行为;

(7)总统授予任何荣誉、奖励或特权的行为;

(8)由本宪法第一百九十二条第五款第一项规定范围之内的机构采取的与合同或其他处理商业事项相关的行为;

(9)由代表圭亚那政府的官员在圭亚那境外任何国家所为的行为,或作为圭亚那政府官员之代表的人员在圭亚那接受任何国家所为的任何行为;

(10)依本宪法之规定,不受任何法院审查的任何行为。

第一百九十四条 ［专员就调查形成结论并向国民议会提交报告的职责］

1. 依本节之规定进行调查后,专员应当将调查结论通告相关的部或其他机构,如果专员认为有个人、团体或机构因不法行为而受到了不公正的损害,则专员应当提供其得出该结论的理由并向该部或机构提出其认为适当的建议。

2. 专员依总统、部长或国民议会议员之投诉或要求进行了调查之后,专员:

(1)如果认为投诉人,或在调查系依申请进行的情况下,调查申请中涉及的个人、团体或机构因不法行政行为而受到不公正的损害,则应当告知将其所持的看法以及其认为该个人、团体或机构受到的不公正之损害的性质提出该投诉或申请的个人、团体或机构。

(2)如果认为投诉人,在调查系依申请进行的情况下,调查申请中涉及的个人、团体或机构并未受到不法行政行为带来的不公正的损害,则应当告知将其所持的结论以及得出此结论所依据的理由告知该个人、团体或机构。

3. 在专员依本条第一款之规定提出建议后的合理期间内,如果相应机构并未采取在专员看来足以提供救济的措施,则专员可以就该案件向国民议会提交一份特别报告。

4. 专员应当就其履行本节规定的职责之总体情况向国民议会提交年度报告。

第一百九十五条 ［议会制定补充规定的权力］

议会得就执行本节的各项规定必需或能为之带来便利的补充或附属事项作出规定(在不影响前面各条款规定的权力之完整性的前提下),包括:

(1)专员在履行其职责时应当遵循的程序;

(2)应当以何种方式向专员提出投诉或请求,以及提出投诉或申请时应当缴纳的费用;

(3)为专员进行调查或提交报告之目的,专员、其他人员或机构在获得或披露信息方面的权力、义务及特权。

第一百九十六条 ［解释］

本节中,"投诉"指个人、团体自己或由其代理人依本节之规定提起的投诉;"行政错误"包括在不影响其整体性的前提下,任何与本宪法第一百四十九条(与基于种族、出生地、政治观念、肤色或人种等因素所作的区别对待)之规定不一致的内容。

第六编 司 法

第一百九十七条 ［法官的任期］

1. 不论本宪法第一百二十四条及第一百二十五条作了何种规定,当上诉法官职务或初级法官职务有实际任职者时,该职务不得被取消。

2. 自本款之规定生效时起,在该生效时刻担任法官职务者,在下列情况下其法官职位空缺:

(1)初级法官年满六十二周岁;
(2)除初级法官外的、非首席大法官的其他任何法官,年满六十五周岁;
(3)首席大法官,年满六十八周岁。

2A. 本款之规定生效后任命的法官,在下列情况下其法官职位空缺:
(1)初级法官,年满六十五周岁;
(2)其他任命法官,年满六十八周岁。

3. 除在不能履行其职责(不论其源于身体或精神或任何其他原因)、行为不端、在议会规定的时期内持续地不书写法院裁决文书、未能给出裁决意见或理由,并依本条之规定外,法官不得被免职。

4. 在是否罢免某一法官的提议被依本条下一款之规定交由总统转交一个裁判所处理后,如果该裁判所向总统提出了该法官由于不能履行职责或行为不端而应当被罢免的意见后,总统应当将该法官免职。

5. 如果总理向总统提出了应当就首席大法官是否应当被罢免的问题进行调查的提议,或司法服务委员会向总统提出了除首席大法官以外的任何是否应当被罢免的问题进行调查的提议,则:
(1)总统应任命由主席一个和不少于两名的其他成员组成的裁判所。在对首席大法官或首席法官是否应当免职进行调查的情况下,该裁判所的组成人员由总统依其判断自行决定,在对其他法官是否应当被免职进行调查的情况下,该裁判所的成员由总统在与总理磋商后,从在英联邦共和国任何组成部分之在民事和刑事事项方面具有无限制管辖权的法院中担任或曾经担任法官者,或在英联邦共和国任何组成部分之上诉法院担任法官或曾经担任法官者,或有资格担任上述各种法官者中任命。
(2)该委员会应当对该事项进行调查并就该法官是否应当被免职向总统提出建议。

6. 除本宪法的规定外,在本宪法生效前夕有效的调查委员会法中适用于调查委员会或调查委员会之成员的规定,依前后规定之需要,尽量适用于依前款之规定任命的裁判所和裁决所的成员,在适用过程中,该法中的规定应当视为本宪法的一部分。

7. 当某法官是否应当被免职的问题依本条第五款之规定提交裁判所处理后,总统得暂停该法官履行职责,该暂停决定得由总统随时撤回;如果裁判所向总统提交了该法官不应当被免职的建议后,暂停决定立即失效。总统得依其判断暂停首席大法官或首席法官职责,依首席大法官之建议暂停任何其他法官的职责。

8. 本条之规定不影响本宪法第一百二十八条第三款之规定。

9.(1)为本条第六款以及第二百二十五条第五款规定之目的,调查委员会法不予适用,即:
(1°)第二部分,全部;
(2°)第三部分,自"在其职责内"起至最后的部分;
(3°)第五部分,全部;
(4°)第七部分,"自作此宣誓或声明后"的表述;
(5°)第十六部分,全部。
(2)第十五部分中"经确定应当支付的款项从议会确定的款项中拨付"的规定,由"经确定应当支付的款项由统一基金承担"。
(3)调查委员会法授权总统的各项权力以及规定的各项义务,总统在任何情况下均应当依议会规定的方式行使或履行。

10. 为了国家的利益,应当在不需要法官履职因此要求其退休的条件作出规定,其中包括获得养老金的利益。

第六A编 国防与安全

第一百九十七A条 [国防与安全]

1. 圭亚那的国防与安全政策是:捍卫国家独立,保卫国家主权和统一,抵御任何武装侵略以保障各种制度的正常运行以及公民的安全。

2. 国防及安全部队服从国防及安全政策,并忠于宪法和人民。国防与安全部队成员的誓词中应当包括尊重宪法的义务。

3. 依国防法组建的圭亚那国防部队应当以能够获得公民之尊重和信任的方式履行其宪法职责。

4. 依警察法组建的警察部队作为国家的法律执行机构,应当依法履行其所承担的打击各种犯罪、确保公民在其住宅、街上或其他场所之安全从而维持法律秩序的履职。

5. 国民议会得根据需要,随时设置受训部队委员会,授权其检查任何与公共福利、公共安全、公共秩序、国防或安全的任何事项,包括受训部队的结构与组成情况,并提出有助于提升受训部队总体效率的建议,并将为了公共利益之需要组建受训部队时应当将人口中的人种结构因素纳入考虑范围的原则付诸实施。

6. 本宪法生效前夕有效的调查委员会法中,适用于调查委员会及其成员的规定,在与本条之规定一致的前提下,尽可能适用于依前款之规定设置的委员会及其组成人员。在适用过程中,该法中的规定应当视为本宪法的一部分。

7. 在依本条第六款之规定适用调查委员会法时:
(1)下列规定不予适用:

(1°)第二部分,全部;
(2°)第三部分,自"在其职责内"起至最后的部分;
(3°)第四部分,全部;
(4°)第五部分,全部;
(5°)第七部分,"自作此宣誓或声明后"的表述;
(6°)第十六部分,全部。
(2)第十五部分中"经确定应当支付的款项从议会确定的款项中拨付"的规定,由"经确定应当支付的款项由统一基金承担"。
(3)在可以适用的条款中出现的"总统",均以"国民议会代替"。

第七编　服务委员会

司法服务委员会

第一百九十八条　[组成]

1. 司法服务委员会成员包括:
(1)首席大法官,任主席;
(2)首席法官;
(3)公共服务委员会主席;
(4)依下款之规定任命的其他成员(本条后规定中用"任命的成员"指代)。

2. 任命的成员由总统依下列规定任命:
(1)在与反对党领袖充分磋商后,从在英联邦共和国任何组成部分之在民事和刑事事项方面具有无限制管辖权的法院中担任或曾经担任法官者,或在英联邦共和国任何组成部分之上诉法院担任法官或曾经担任法官者中任命一名;
(2)国民议会在与其认为能够代表圭亚那的执业律师的团体进行充分磋商后向总统提出候选人名单,总统从该名单上的非执业律师中任命不少于一名、不多于两名成员;
担任公职者,不得被任命为司法服务委员会成员。

3. 在遵守本条后续条款规定的前提下,任命成员的职位在下列情况下空缺:
(1°)自获得任命之日起三年期限届满,或在任命中确定的较早时间到来之时;
(2°)被任命为首席大法官、主席法官、公共服务委员会主席、教育服务委员会主席或担任成为公职人员。

4. 本宪法第二百二十五条(与免职相关)的规定适用于司法服务委员会中任命的成员,为实施该条第四款、第六款之目的,其中的有权机关分别为总理和首席大法官。

5. 如果一名任命的成员职位空缺,或任命的成员因故不能履行其职责,则另一人可被任命以履行该成员之职责,本条第二款中适用于担任该职务者的规定,同样适用于被任命的人;任何被任命履行担任该职务者之职责者,依第三款第二项及第四款之规定继续履行其职责,直到有人被任命为成员者就任其正在履行的职责所属的职务或直到原担任该职务者恢复履行其职责。

6. 在担任任命的成员或履行任命的成员之职责期间,或自其最后担任该职务或最后履行该职务的职责之日起三年内,不得担任或履行依本宪法之规定由总统依司法服务委员会之建议任命的任何职务或任何职务之职责,也不得担任或履行司法服务委员会中的职务或职责。

7. 依议会根据本宪法第一百九十九条第三款、第二百〇三条第六款之规定,针对任命人员担任某职务或履行某职务的职责、对担任某职务或履行某职务的职责的人员的罢免权或惩戒控制权授予总统依司法服务委员会或授予司法委员会行使的情形,议会得规定,为了行使由前述规定以及司法服务委员会程序规则规定的任何职权或职责时,司法服务委员会中可以加入本条第一款规定之外的成员(额外成员),并对额外成员的任命(包括不具备任命资格的情况)和任期作出规定;并得规定在涉及行使本宪法授权的任命不同官员的权力时,司法服务委员会中得加入不同的额外成员。

第一百九十九条　[司法与法律官员的任命及其他]

1. 担任人员担任本条之规定对之适用的职务的权力授予司法服务委员会,罢免此类人员的权力以及对此类人员的惩戒控制权授予司法服务委员会。

2. 司法服务委员会得在遵守其认为适当的情况下,通过书面方式将其依前款之规定享有的任何权力委托给其一名或多名成员,或担任任命权由总统依司法服务委员会之建议行使的职位或履行该职位的职务者,或本条之规定对之适用的任何人员行使。

2A. 司法服务委员会的权力依本条第二款之规定行使时,与权力之行使所针对的任何(包括未能获得任命者)得就行使权力者的决定向司法服务委员会提出上诉。

2B. 司法服务委员会针对依第 2A 款之规定提出的上诉所作的裁决为终局裁决。

3. 本条之规定适用于衔级委员会的官员、治安官、检察主任、检察副主任、高等法院登记官、高等法院助理登记官、记录员、助理记录员以及其他与圭亚那法院相关的且依议会法律之规定需要具备法律资格的职位(但不包括对该职位之任命权由本宪法第二百〇一条之外的规范加以规定的职位)。

公共服务委员会

第二百条 ［组成］

1. 公共服务委员会由六名成员组成，其任命情况如下：

(1) 三名由总统与反对党领袖充分磋商后任命；

(2) 两名由国民议会在与其认为能够代表公职人员或不同阶层之公职人员的团体充分磋商后由国民议会提出建议、由总统任命；

(3) 总统依其判断，任命其认为适当的成员一名。

担任公职者不具备被任命为公共服务委员会成员的资格。

2. 公共服务委员会主席与副主席由各成员通过该委员会认为适当的合意机制从其成员中选举产生。

3. 除本条下款规定的情况下，公共服务委员会成员职位在其当选之日起三年期限届满时空缺，或在任命文书中确定的较早日期到来时空缺。

4. 本宪法第二百二十五条（与免职相关）的规定适用于公共服务委员会成员，为实施该条第四款、第六款之目的，其中的有权机关为总理，但在涉及非主席的成员或在当时依下款之规定履行主席职责的成员时，为执行该条第六款之规定之目的，该有权机关为公共服务委员会主席。

5. 如果公共服务委员会主席职位空缺，或担任主席者因故不能履行其职责，则公共服务委员会副主席，在副主席职位空缺或担任副主席者因故不能履行其职责，经选举的其他成员行使主席职责，副主席或经选举的其他成员继续行使主席职责直到有人被选举为主席并就任主席职务，或直到主席恢复行使其职责，或在副主席之外的其他成员行使主席职责时，副主席恢复履行职责。

6. 任何主席以外的公共服务委员会成员职位空缺，或依前款之规定履行主席职责，则可任命其他人暂时履行该成员之职责，本条第一款中适用于经任命担任相应职务者的规定对类似方式任命者同样适用；在遵守本条第四款之规定的前提下，依本款之规定获得任命者继续任职，直到有人被任命担任其正在履行的职务且已就任时止，或原来担任该职务者恢复履行职责。

7. 在担任或履行公共服务委员会成员之职务或职责期间，或自其最后担任该职务或最后履行该职务的职责之日起三年内，不得担任或履行依本宪法之规定由总统依公共服务委员会之建议任命的任何职务或任何职务之职责，也不得担任或履行任命权由公共服务委员会行使的职务或该职务的职责。

第二百○一条 ［公职人员的任命及其他］

1. 依本宪法之规定，任命、罢免公职人员的权力，以及对公职人员或履行公职之职责之人员进行惩戒控制的权力授予公共服务委员会。

2. 公共服务委员会在遵守其认为适当的条件下，可通过书面方式，将其依前款之规定所享有的任何权力委托给委员会的任何一名或多名成员行使，在获得总理同意的情况下，可委托给任何公职人员行使，还可将任何与国民议会书记官之工作人员相关的权力委托给书记官行使。

3. 非经总统之同意，任何人不得被依本条之规定任命为总统的私人工作人员或履行总统私人工作人员的职责。

4. 公共服务委员会或其任何成员或任何获得委托的官员，在依本条之规定行使任命其他人员担任公职或履行某公职的职责之前，如果拟任命者正在担任的职务或正在履行的职责所属的职务之任命权依本宪法之规定由司法服务委员会、教育服务委员会或警察服务委员会行使，则公共服务委员会或其任何成员或任何获得委托的官员应当与行使相应职务之任命权的相关磋商。

5. 公共服务委员会或其任何成员在行使本条第1款规定的、与国民议会书记官的工作人员职务（不包括助理书记官在内）或与正在履行此类职务的职责之人员相关的权力前，应当与书记官磋商。

6. 非经司法服务委员会之同意，任何公职人员，不因其在履行其司法职责时所作的任何行为而被公共服务委员会免职或被处于任何处罚。

7. 本条之规定不适用于下列事项：

(1) 已被2001年第5号法律废止；

(2) 总审计长；

(3) 本宪法第一百二十六条之规定对之适用的任何职务之晋升；

(4) 本宪法第二百○九条（关于属于教育服务委员会管辖范围之内事项的规定）对之适用的任何职务；

(5) 警察专员职务以及任何其他属于警察部队中的职务。

第二百○二条 ［向公共服务委员会提出上诉］

1. 当公共服务委员会行使本宪法第二百○一条第二款规定的任何权力时，该权力所针对的任何人员（包括未获得任命者）有权就该权力之行使向公共服务委员会提起上诉。

2. 除本宪法另有规定外，公共服务委员会就上诉所作的裁决为终局裁决。

第二百○三条 ［检察主任的任命及其他］

1. 已被2001年第6号法律废止

2. 如果检察主任（本条中以"主任"指代）职务空缺，或担任检察主任职务者因故不能履行其职责，司法服务委员会得任命一人履行检察主任之职责,经如此任命者,在遵守本条第四款、第五款之规定的前提下,继续履行该职责直至有人被任命并就任检察主任时止,或检察主任恢复履行职责时止。

3. 不具有被任命为高等法院初级法官的资格者,不具有被任命为检察主任的资格。

4. 除下款之规定外,检察主任在年满六十周岁时其职位空缺。

但司法服务委员会得允许检察主任年满六十周岁后,继续任职至经检察主任同意(该同意应当由检察主任在年满六十周岁之前作出)的较高年龄时止,但最高不得超过六十五周岁。

5. 本宪法第二百二十五条(与将官员免职相关)之规定适用于检察主任,在适用于检察主任时,该条第四款规定的有权机构为司法服务委员会主席,第六款规定的有权机构为司法服务委员会。

6. (已由 2001 年第 6 号法律删除)。

第二百〇四条 〔总审计长的任命及其他〕

1. 总审计长由总统依公共服务委员会之建议任命。

2. 如果总审计长职务空缺,或担任总审计长职务者因故不能履行其职责,总统得依公共服务委员会之建议任命一人履行总审计长之职责,经如此任命者,在遵守本条第三款、第四款之规定的前提下,继续履行该职责直至有人被任命并就任总审计长时止,或总审计长恢复履行职责时止。

3. 除下款之规定外,总审计长在年满六十周岁时其职位空缺。

4. 本宪法第二百二十五条(与将官员免职相关)之规定适用于总审计长,在适用于总审计长时,该条第四款规定的有权机构为总理或公共服务委员会主席,第六款规定的有权机构为公共服务委员会。

第二百〇五条 〔首席检察官及其他人员的任命〕

1. 对担任本条之规定对之适用的职务之人员的任命权和罢免权,由总统行使。

2. 在任命正担任本条之规定不对之适用之职务者担任本条第一款规定范围内的职务前,总统应当咨询适当的委员会。

3. 本条之规定适用于首席检察官、常任秘书、内阁秘书、大使、圭亚那在任何外国或派驻任何国际组织的高级使者或主要代表。

4. 本条第二款中规定的"适当委员会",是指分别依司法服务委员会、警察服务委员会、教育服务委员会之建议,授权总统任命各委员会所辖成员之职务。

在涉及所担任的职务之任命权授予总统依司法服务委员会行使或授予司法服务委员会行使时,指司法服务委员会,在涉及属于公务员范畴之教师的情况下,指教育服务委员会,在涉及所担任的职务之任命权授予总统依警察服务委员会建议行使或授予警察服务委员会行使时,指警察服务委员会,在任何其他情况下均为公共服务委员会。

第二百〇六条 〔对特定官员的转任任命权〕

1. 任命官员转任本宪对之适用的职务之权力授予总统。

2. 本条对之适用的职务包括:

(1)为适当履行其职责之目的,需要任职者居住于圭亚那境外的职务(不包括前条之规定对之适用的职务);

(2)属于经总统随时指定的、负责圭亚那对外事务部内的职务。

第二百〇七条 〔教育服务委员会〕

1. 教育服务委员会由七名成员组成。

2. 六名成员(本条后文中以"任命的成员"指代)按下列规定任命:

(1°)已被 2001 年第 5 号法律废止;

(2°)一名由总统依圭亚那教师联合会之提名任命;

(3°)两名由部长与当地民主机构或团体磋商后提名任命;

(4°)三名由总统在与反对党领袖进行充分磋商之后任命。

3. 其余一名教育服务委员会成员为首席教育官。

4. 教育服务委员会主席与副主席,由教育服务委员会成员以该委员会认为适当的协商机制选举产生。

5. 任何担任公职者,不具备被任命为教育服务委员会成员的资格。

6. 在担任或履行教育服务委员会成员之职务或职责期间,或自其最后担任该职务或最后履行该职务的职责之日起三年内,不具备被任命为属于公务员范围的教师。

7. 教育服务委员会主席、副主席以及在任命文书中即已经作此规定的另一名成员,应当为教育服务委员会中的专职成员。

8. 总统得批准任何一名任命的成员的请假申请。

9. 任何一名任命的成员,得向总统递交书面辞职辞去教育服务委员会成员职务。

10. 任命的成员有资格再次被任命为教育服务委员会的成员。

第二百〇八条 〔任命的成员职务空缺〕

1. 依本条之规定,教育服务委员会中任命的成员,在其获得任命之日起三年期限届满时,或在任命文书确定的较早日期到来之时,其职务空缺。

2. 本宪法第二百二十五条(与将官员免职相关)之规定适用于教育服务委员会中任命的成员之职务,在适用于教育服务委员会中任命的成员时,该条第四款和第六款规定的有权机构为总理,当适用于非主席或在当时并未履行主席职务的成员时,第六款规定的有权机构为教育服务委员会主席。

3. 本条第二款之规定,不影响总统依圭亚那教师联合会依第二百〇七条第二款之规定提出撤回任命的请求下,撤回对教育服务委员会任命的成员的任命。

第二百〇九条 [教师的任命]

1. 依本宪法之规定,任命和免除属于公务员的教师之职务的权力授予教育服务委员会,对此类教师的惩戒控制权同样授权教育服务委员会。

2. 教育服务委员会在遵守其认为适当的条件下,可通过书面方式,将其依前款之规定所享有的任何权力委托给委员会的任何一名或多名成员行使,重获得总理同意的情况下,可委托给任何公职人员行使。

3. 当教育服务委员会的任何权力被依照本条第二款之规定权力时,该权力所针对的任何人员(包括未获得任命者)有权就该权力之行使向教育服务委员会提起上诉。

4. 除本宪法另有规定外,公共服务委员会就依第三款之规定提出的上诉所作的裁决为终局裁决。

警察服务委员会

第二百一十条 [组成]

1. 警察服务委员会由下列人员组成:

(1)主席,由总统在与反对党领袖进行充分磋商后从依本款第三项之规定任命的人员中任命;

(2)公共服务委员会主席;

(3)国民议会提名、总统任命的其他四名成员,国民议会在提出人选之前,应当与其认为能够代表警察部队之多数成员的团体以及国民议会认为适当的其他团体进行磋商。

担任公职者不具备被任命为警察服务委员会成员的资格。

2. 除下款之规定外,担任警察服务委员会中经任命的成员的职务者,在其获得任命之日起三年期限届满时,或在任命文书确定的较早日期到来之时,其职务空缺。

3. 本宪法第二百二十五条(与将官员免职相关)之规定适用于警察服务委员会中任命的成员之职务,在适用于警察服务委员会中任命的成员时,该条第四款中规定的有权机构为总理,第六款规定的有权机构为教育服务委员会主席。涉及警察服务委员会主席时,本宪法第二百二十五条第四款和第六款规定的机构为总理。

4. 如果警察服务委员会主席职务空缺,或担任警察服务委员会主席职务者因故不能履行其职责,总统得在与反对党领袖进行充分磋商后得任命有资格被任命为警察服务委员会成员者一人履行主席职责,经如此任命者,在遵守本条第三款的前提下,继续履行该职责直至有人被任命并就任警察服务委员会主席时止,或警察服务委员会主席恢复履行职责时止。

5. 在担任或履行警察服务委员会任命的成员之职务或职责期间,或自其最后担任该职务或最后履行该职务的职责之日起三年内,不具备被任命担任任何公职的资格。

第二百一十一条 [警察专员与助理专员的任命]

1. 警察专员与每一名助理专员,由总统在与反对党领袖和警察服务委员会主席进行充分磋商后任命,警察服务委员会主席在与总统磋商之前,应当咨询该委员会其他成员之意见。

2. 如果警察专员职务空缺,或担任警察专员职务者因故不能履行其职责,得任命其他人员一名履行警察专员之职责,前款之规定适用于此种情况下的任命,经如此任命者,在遵守本条第三款的前提下,继续履行该职责直至有人被任命并就任专员时止,或专员恢复履行职责时止。

3. 除下款之规定外,担专员职务者,在其获得任命之日起三年期限届满时,或在任命文书确定的较早日期到来之时,其职务空缺。

4. 本宪法第二百二十五条(与将官员免职相关)之规定适用于专员职务,在适用于专员职务时,该条第四款中规定的有权机构为总理或警察服务委员会主席,第六款规定的有权机构为警察服务委员会。

5. 本宪法第二百二十九条适用于辞去本宪法设置之职务的规定,同样适用于辞去警察专员之职务。

6. 本条中的助理警察专员,指任何级别较低的专员、位于警察专员之后的任何官员,而不论其名称为何。

如果有多于一名的助理警察专员且具有多个此类职位,由担任助理专员者依其获得任命的日期排序。

第二百一十二条 [警察部队其他人员之任命]

1. 除依照本宪法第二百一十一条第一款之规定任命的官员外,对警察部队中督查及以上级别之官员的任命权、对担任此类职务者的惩戒控制权以及罢免权授予警察服务委员会。

2. 警察服务委员会在遵守其认为适当的条件下,可通过书面方式,将其依前款之规定所享有的任何权力委托给委员会的任何一名或多名成员或警察专员行使,还可将惩戒控制权委托给警察部队的任何成员行使。

3. 对警察部队中督查以下级别之官员的任命权、对担任此类职务者的惩戒控制权以及罢免权授予警察专员。

4. 警察专员在遵守其认为适当的条件下,可通过书面方式,将其依前款之规定所享有的任何权力委托给警察部队的任何其他成员行使。

5. 在对任何警察部队成员的惩戒控制权(包括将该成员免职的权力在内)依本条之规定由警察服务委员会之外的其他人(本条后文用"惩戒机构"指代)行使,该惩戒控制权所针对的警察部队成员得就该惩戒机构所作的决定向警察服务委员会提出上诉。

议会得规定如果行使惩戒控制权的机构为依前款之规定获得委托的机构,在该机构作出惩戒决定的情况下,警察专员得要求在就该决定向警察服务委员会提出上诉之前,应当先向警察专员或向级别比惩戒机构更高的警察部队长提出上诉。

6. 议会得就违反警察部队纪律的行为以及对任何此类行为课处的处罚作出规定,任何依本条之规定的惩戒控制权(包括将违反纪律者免职的权力在内)或对行使惩戒控制权之决定提出的上诉进行裁决的权力应当依任何此类规定行使。

7. 警察服务委员会或警察服务委员会的任何成员或任何警察部队之成员依本条之规定,行使对相关职务的任命权,如果其拟任命的人员正在担任其他职务,且该职务的任命权依本宪法之规定授予司法服务委员会、公共服务委员会或教育服务委员会行使,则在任命此人担任警察部队中的职务或履行警察部队中的职务的职责之前,警察服务委员会或警察服务委员会的任何成员或任何警察部队之成员应当与被授予该职务之任命权的相应委员会磋商。

8. 依任何法律之规定制定的规范,如果:
(1)改变了警察法中对警察部队中衔级的划分;
(2)设置了非警察部队的警察队伍,或改变了任何其他警察队伍中的衔级的划分。

则警察服务委员会应当通过命令确定警察部队中,或检察队伍(除督察级别以外)的特定级别与本宪法生效之前有效法律存在的督察级别相等同,本条中第一款和第三款中督察的表述,在与警察部队,或其他该警察队伍相关时,也应解释为经警察服务委员会确定的级别。

种族关系委员会

第二百一十二 A 条 [设立]

设种族关系委员会。

第二百一十二 B 条 [种族关系委员会的组成]

1. 种族关系委员会由下列人员组成:
(1)不少于五名也不得多于十五名的成员,由代表各宗教团体、劳工运动、私营商业部门、青年和妇女团体的各种族团体按国民议会确定的合意机制提名,并由国民议会不少于三分之二全体经选举产生的代表决定任命;
(2)一名在种族关系委员会中不具有表决权的成员,由本宪法设置的下列委员会从各委员会中提名:原住民委员会、妇女与性别平等委员会、儿童权利委员会、人权委员会。

2. 种族关系委员会主席和副主席由委员会成员从本条第一款第二项规定的成员之外的人选中以该委员会认为适当的合议机制选举产生。

3. 除本条第四款规定的情况外,种族关系委员会成员任期三年,可获连续任命。

4. (1)首次依本条第一款第一项之规定任命的成员,多数成员的任期为四年;
(2)依本条第一款第二项之规定任命的成员,除本条第三款之规定外,其任职由提名该成员以及该成员产生的委员会决定。

5. 种族关系委员会应当设置由其成员及雇员组成的秘书处。

6. 种族关系委员会应当任命委员会首席执行官以及该委员会有效履行其职责所需要其他官员与雇员;此类人的任职务件由种族关系委员会决定,但官员和雇员的报酬应当获得国民议会之同意。

7. 本宪法第二百二十五条(与将官员免职相关)之规定适用于种族关系委员会成员之职务,在适用于种族关系委员会成员时,该条第四款、第六款中规定的有权机构为国民议会议长,但涉及非种族关系委员会主席或非当时履行主席职责之其他成员时,第六款规定的有权机构为种族关系委员会主席。

8. 如果种族关系委员会主席职务空缺,或履行种族关系委员会主席职务者因故不能履行其职责,则由副主席或行使副主席职责者行使主席职责,如果当时种族关系委员会副主席职务空缺,或履行种族关系委员会副主席职务者因故不能履行主席职责,则委员会得指定本条第一款之外的任何成员履行主席职责,经如此任命者除本条第七款规定的情况外,继续履行该职责直至有人被任命为种族关系委员会主席并履行主席职责时止,或种族关系委员会主席恢复履行其职责时止。

第二百一十二 C 条 [种族关系委员会裁判所]

国会得通过法律设置一个种族关系委员会裁判所,该法律还可就下列问题作出规定:
(1)裁判所的组成;

(2)与裁判所的管辖权、权力和义务相关的所有事项;

(3)与对裁决所作出的裁决适用法律的问题向上诉法院提出上诉的权利相关的所有事项;

(4)裁判所的行为与程序。

第二百一十二 D 条 ［种族关系委员会的职责］
种族关系委员会的职责包括:

(1)为不同种族的民众提供平等的机会,促进不同种族间的和睦和良好关系。

(2)积极消除任何形式的、基于种族特征的歧视。

(3)遏制及禁止任何人、任何机构、政党及结社推行、支持或加深任何基于种族特征的歧视或歧视行为。

(4)通过鼓励和促进不同种族在国家生活的各个方面的相互理解、相互接受与相互宽容,以及促进不同种族在社会、经济、文化以及政治生活方面的全面参与以培养各种族的安全感。

(5)发展有助于鼓励各种族和平、和睦相处的教育和培训计划。

(6)鼓励和创造多元社会中相互尊重宗教、文化和其他形式的差异的种族关系。

(7)鼓励采用仲裁、调解、和解以及其他类似能够实现种族和谐与和平的机制解决相互间的纠纷。

(8)为仲裁、调解、和解以及其他类似能够实现种族和谐与和平的方式设置相应的机制和程序。

(9)就判断某人是否作出了基于种族因素的歧视行为应予遵循的标准,向国民议会提出供其参考的建议。

(10)就针对种族歧视提出的投诉进行调查,经调查后如果认为投诉能获得支持提出应当采取何种措施的建议;如果其中存在应予救济的情况,将该事项交由人权委员会或其他相关机构采取进一步的措施。

(11)对种族关系以及机会平等等事项具有明显或隐含影响的立法、行政行为或不作为进行监督和审查,并得随时准备和提出对此类立法、行政行为或不行为进行修正的建议。

(12)在发现任何立法提议中包含有与宪法中关于种族的规定不一致内容时,立法向国民议会报告。

(13)促进各种族人员享有平等地获得所有由国家或其他团体提供的公共服务或其他服务的机会,以及利用由国家或其他团体提供的公共或其他设施的机会。

(14)促进和鼓励各种族间接受和尊重表明各种族的身份的特征及文化遗产。

(15)促进各种与种族和睦的种族关系相关的团体间之合作。

(16)主动或依国民议会或任何其他团体之请求,对可能影响种族关系的命令进行调查。

(17)确认并分析影响实现种族和睦关系的因素,尤其是对任何种族参与社会、经济、商业、财政、文化和政治生活的努力构成阻碍的因素进行确认和分析,并向任何相关公共或私人部门提出如何克服此类因素的建议。

(18)监督种族关系委员会提出的建议的实施状况,并向国民议会报告。

(19)对任何与种族事务相关的事项进行研究,包括对种族关系是否获得改善进行研究,并向国民议会提出报告。

(20)对影响种族间关系和睦发展的因素、阻碍各种族参与社会经济、商业、财政、文化和政治生活的因素进行考查,并向国民议会以及其他相关的公共部门、私有部门提出建议。

(21)为确定及突出为实现各种族团体间的和睦关系具有哪些需要之目的,向其他团体或人员咨询。

(22)培训及录用为履行其职责所需要的协助人员以及所需的设施。

(23)提出对任何违反本宪法或任何法律中与处理种族事务相关之规范的行为应当处于何种处罚提出建议,包括建议禁止任何政党或任何人在一定时期内参与选举的处罚在内。

(24)其他有利于其履职的行为。

第二百一十二 E 条 ［报告］

1. 在每一财政年度的动作结束后,种族关系委员会应当尽快向国民议会议长提交上一年度的工作报告,如果国民议会在开会期间,则该报告应当在提交后的三十日内提交国民议会审议,如果国民议会未在开会期间,则该报告应当在国民议会重新集合后的首次会次提交国民议会审议。

2. 如果种族关系委员会认为在属于其任何职责范围内的事项将对民众产生广泛的影响因此需要向国民议会报告以引起国民议会之关注,如果不向国民议会报告则发生严重后果,则种族关系委员会主席得随时就该事项向国民议会主席提交特别报告。

3. 种族关系委员会应当准备及出版其年度报告的执行概要,并在向国民议会主席提交特别报告后,于四十五日内在民众可广泛获得的媒体上公布每一份特别报告。

第二百一十二 F 条 ［规则］

1. 经国民议会批准,种族关系委员会得就其程序、与其行政及管理相关的事项制定其认为适当的规则,在此类规则得以制定之前,种族关系委员会应当规范其自身的程序。

2. 第二百二十六条之规定中,除第二项、第六项、第七项之外的所有范围,经必要之调整后均适用于种族关系委员会。

权利委员会
促进和发展基本权利和法治的委员会

第二百一十二 G 条 ［权利委员会］

1. 设置下列以促进社会公正和法治为目标的委员会,即:
(1)人权委员会;
(2)妇女与性别平等委员会;
(3)儿童权利委员会。
2. 各委员会均享有独立、中立的地位,均应当公平地履行其职责。
3. 各委员会均依照本宪法第二百二十二 A 条之规定由统一基金直接拨款支持其运转。

第二百一十二 H 条 ［任命］

1. 除本条第二款第一项之规定外,各委员会中获得任命的成员任期均为三年,并有连任资格。
2. 各委员会的成员中:
(1)首次任命者,除由其他委员会从该委员会成员中提名者,多数任期为四年;
(2)由其他委员会从该委员会成员中提名的成员,其任期为该成员在原委员会中的剩余任期。
3. 本宪法第二百二十五条(与将官员免职相关)之规定适用于各委员会成员之职务,在适用于各委员会成员时,该条第四款、第六款中规定的有权机构为国民议会议长,但涉及各委员会主席或当时非依本条第五款之履行主席职责之其他成员时,第六款规定的有权机构为各委员会主席。本款之规定不适用于担任人权委员会主席职务者。
4. 除人权委员会外,各委员会的主席与副主席由各选举中非由其他委员会提名的成员,以该委员会认为适当的合意机制,从其中选举产生。
5. 如果除人权委员会主席以外的各委员会主席职务空缺,或担任主席职务者因故不能履行其职责,则担任该委员会副主席者,或当副主席职务空缺,或担任副主席者因故不能履行主席职务,则一名未经其他委员会提名的成员,可被任命履行主席职责,副主席或经如此任命的其他成员可持续履行主席职责,直到有其他人被任命并履行主席职责时或主席恢复履行职责时止,在副主席以外的成员被任命履行主席职责时,则至副主席恢复履行职责时止。
6. 如果除主席以外的其他成员职务空缺,或担任成员者依前款之规定履行主席职责,或担任职务者因故不能履行其职责,可任命其他人员履行该成员之职责,与任命各委员会成员相关的规定同样适用于此种情况下的任命,经如此任命者持续任职到有人被任命担任该成员职务者履行其职责时,或原成员恢复履行其职责时止。

第二百一十二 I 条 ［秘书处］

人权委员会秘书处为本宪法第二百一十二 G 条设置的所有委员会之秘书处。

第二百一十二 J 条 ［一般职责］

1. 除本宪法规定的其他职责外,各委员会的职责得法律规定,除宪法外的规定应经所有经选举产生的国民议会议员之多数支持,但删除或变更关于职责的规定非经不少于经选举产生的议员之三分之二多数支持不得通过。
2. 除人权委员会的其他委员会,具有以下一般职责:
(1)对所有有效的及尚处于提议阶段的立法、政策和措施是否与其权限范围的目标和事项相符进行监督和审查,并就任何立法需要修改的事项向国民议会提出报告;
(2)就属于其权限范围内的事项的性质和内容向公众进行教导;
(3)就其权限范围内的事项的遵守情况进行研究或让他人进行研究,并就其研究结果向国民议会提出报告;
(4)就针对侵犯其权限范围内的权利的情况提出的投诉进行调查,或对侵犯其权限范围内的权利的情况主动启动调查;
(5)通过调解、和解或谈判等方式解决冲突、矫正作为或不作为;
(6)代表权利已受到侵犯者、正受侵犯者或将近侵犯者采取适当措施;
(7)与政府和非政府组织以及其他相关机构保持沟通,就其权限范围内的事项向前述机构、团体提出投诉、提请关注;
(8)录用能够向委员会提供委员会履行职责所需要的专业建议的人员;
(9)就与委员会之目标相关的任何条约、公约或宪章准备并向国民议会提交报告;
(10)其他有利于其履行现有职责的行为。

3. 各委员会在遵守其认为适当的条件下,得以书面方式将其职责委托给该委员会之任何一名或多名成员,或委员会认为适当的其他官员行使。
4. 委员会得要求任何或任何实体,包括政府各部之或部长在内,向其提供下列信息:
(1)为委员会进行或拟进行的调查之目的;
(2)关于为执行委员会之决定,或为遵守与该委员会相关的任何规定采取了或将采取何种措施的信息。

5. 为实施第四款之目的,议会得规定不遵守各委员会之要求、决定以及与各委员会相关的规范的行为是犯罪行为并得规定相应的处罚。

6. 各委员会得在任何阶段,将需要处理的事项提交人权委员会或其他相关的机构或实体。

第二百一十二 K 条 [权利委员会裁判所]

议会得通过法律设置一个权利委员会裁判所,该法律得就下列事项作出规定:

(1)裁判所的组成;

(2)与裁判所的管辖权、权力、义务相关的任何事项;

(3)与就裁判所裁决向上诉法院提出上诉相关的所有事项;

(4)裁判所的行为与程序。

第二百一十二 L 条 [上诉]

1. 各委员会的决定应当向权利委员会裁判所上诉。

2. 权利委员会裁判所的裁决向上诉法院上诉。

第二百一十二 M 条 [报告]

1. 在每一财政年度的动作结束后,各委员会应当尽快向国民议会提交上一年度的工作报告,如果国民议会在开会期间,则该报告应当在提交后的三十日内提交国民议会审议,如果国民议会未在开会期间,则该报告应当在国民议会重新集合后的首次会次提交国民议会审议。

2. 如果委员会认为在与该委员会之任何方面职责范围内的事项事关国家利益,需要国民议会关注,则各委员会主席得随时就该事项向国民议会主席提交特别报告。

3. 为实施本条第二款之目的,下列事项为事关国家利益的事项:

(1)如果将对不同人群产生影响;

(2)如果不提请国民议会注意将会发生灾难性后果。

4. 各委员会应当准备及出版其年度报告的执行概要,每一份特别报告于四十五日内在民众可广泛获得的圭亚那媒体上公布。

人权委员会

第二百一十二 N 条 [人权委员会]

1. 人权委员会应当促进遵守、尊重和保障本宪法及任何其他法确认的与机会平等相关的所有权利,并对任何侵犯此类权利的行为进行调查。

2. 人权委员会由主席以及依本条之规定任命的其他成员组成。

3. 人权委员会主席由在英联邦共和国任何组成部分之在民事和刑事事项方面具有无限制管辖权的法院中担任或曾经担任法官者,或在英联邦共和国任何组成部分之上诉法院担任法官或曾经担任法官者,或有资格担任上述各种法官者,或其他在人权事项方面具有专门知识的合格及适当人员担任。人权委员会主席由总统从一份并非总统不可接受的名单中任命,该名单由六人组成,由反对党领袖与其认为在人权事务方面具有专业知识或经验的团体进行充分协商后向总统提出。

如果反对党领袖未能向总统提出该名单,则总统应当要求反对党领袖在确定的时间内提供,如果反对党领袖未能在该确定的期间内提出,则总统依其自己的判断,从在英联邦共和国任何组成部分之在民事和刑事事项方面具有无限制管辖权的法院中担任或曾经担任法官者,或在英联邦共和国任何组成部分之上诉法院担任法官或曾经担任法官者,或有资格担任上述各种法官者中任命一人为人权委员会主席。

4. 除主席外,人权委员会还包括种族关系委员会主席、妇女与性别平等委员会主席、原住民委员会主席以及儿童权利委员会主席共四名成员。

5. 人权委员会副主席由人权委员会各成员以委员会认为适当的同意机制从成员中选举产生。

6. 如果人权委员会主席职务空缺,或担任主席职务者因故不能履行其职责,则担任该委员会副主席者,或当副主席职务空缺,或担任副主席者因故不能履行主席职务,则一名成员可被选举以履行主席职责,副主席或经如此选举的其他成员可持续履行主席职责,直到有其他人被任命并履行主席职责时或主席恢复履行职责时止,在副主席以外的成员被选举以履行主席职责时,则至副主席恢复履行职责时止。

7. 经反对党领袖同意后,总统得将主席免职。

第二百一十二 O 条 [人权委员会的职责]

1. 人权委员会的职责是:

(1)监督圭亚那政府随时加入的国际文件的遵守情况,包括本宪法附件四所列的已经加入的国际文件的遵守情况;

(2)监督及保障权利的服从情况,并就国民议会需要修改相关法律的报告;

(3)对民众进行权利的性质与内容的教育;

(4)向包括部长、政府各部在内的任何个人或实体,提出与对权利之遵守及促进权利之发展产生影响之事项相关措施的建议;

(5)就与权利之遵守相关的事项进行研究或让他人进行研究,并就其研究结果向国民议会提出建议;

(6)对所有有效的及尚处于提议阶段的立法、政策和措施是否与权利保持一致监督和审查,并就任何立法需要修改的事项向国民议会提出报告;

(7)就针对侵犯权利的行为提出的投诉进行调

查,或主动对侵犯权利的行为进行调查;

(8)通过调解、和解或谈判等方式解决冲突、矫正作为或不作为;

(9)与政席和非政府组织以及其他相关机构保持沟通,就其权限范围内的事项向前述机构、团体提出投诉、提请关注;

(10)代表权利已受到侵害、正在受侵害或将要被侵害者采取适当措施;

(11)录用能够向委员会提供委员会履行职责所需的专业建议的人员;

(12)设置必要机构作为其秘书处的组成部分,尤其是为履行其监督服从与权利相关的法律的职责、教育公共部门和私营部门雇主以及普通大众可需的雇用行为;

(13)就与委员会之目标相关的任何条约、公约或宪章准备并向国民议会提交报告;

(14)其他有利于履行现有职责的行为。

2. 任何宣称其权利已经受到侵犯、正在受到侵犯或将要受侵犯者,在不影响其针对该侵犯其权利的事项可能合法采取的任何其他行为的前提下,委员会有权代表寻求救济者提起法律诉讼。

第二百一十二 P 条 [秘书处]

1. 依本宪法第二十一 G 条第一款之规定设置的各委员会均应当在遵循经国民议会批准的条件下,任命一名首席执行官(作为秘书处的秘书长)、秘书长秘书及秘书长的助理人员。

2. 人权委员会对委员会秘书处有效履行职责承担责任,秘书处由下列人员组成:

(1)秘书处首席执行官,任秘书处秘书长;

(2)秘书处首席执行官的秘书及助理人员;

(3)秘书长有效职责所需的其他官员及雇员,依委员会确定的条件任命。

3. 秘书处分为四个部门,各部门在秘书长的领导下,分别负责处理一个委员会权限范围内的事项。

4. 各委员会在依本条之规定行使任命其他人员担任公职或履行某职务的职责之前,如果拟任命者正在担任的职务或正在履行的职责所属的职务之任命权依本宪法之规定由司法服务委员会、教育服务委员会或警察服务委员会行使,则各委员会寻求并获得行使任命权的相应机关之同意。

5. 如果公职人员被任命为本条第一款或第二款规定范围内的职务,在遵守第一款或第二款之规定的前提下,仍然保留其公职身份,但作出任命的委员会作出决定该公职人员应当独立于任命其担任公职的委员会的情况下除外。

6. 本条之任何规定,均不得被解释为禁止委员会任命任何非公职人员担任本条第一款或第二款规定的职务。

7. 向委员会成员支付的报酬及津贴,由议会社会服务小组委员会与委员会磋商后提出建议并由国民议会批准。

妇女与性别平等委员会

第二百一十二 Q 条 [妇女与性别平等委员会]

1. 妇女与性别平等委员会的职责是:促进国民认识和接受妇女权利是人权的观念,促进尊重、保护、发展及实现性别平等。

2. 妇女与性别平等委员会由总统从属于本款第一项、第二项、第三项规定范围内的各群体的人员中任命产生:

(1)在妇女与性别平等事务方面具有专长的不少于五人也不得多于十五人,由经国民议会确定的、包括工会联合妇女咨询委员会在内的团体,依国民议会确定的同意机制提名;

(2)妇女事务管理局的行政人员,不论其称呼为何;

(3)不具有表决权的成员一名,由下列委员会从其中产生:人权委员会、种族关系委员会、原住民委员会、儿童权利委员会。

第二百一十二 R 条 [妇女与性别平等委员会的职责]

除本宪法第二百一十二 G 条第二款规定的职责外,妇女与性别平等委员会的职责包括:

(1)促进与妇女地位相关事务的发展,促进女孩及性别事务的发展;

(2)促进妇女需要与利益的整合,提升性别事务至社会居于主流的地位;

(3)促进妇女就业;

(4)提升妇女权利到人权的高度;

(5)提高民众对妇女贡献的认识,促使人们认识到妇女面对的问题,包括对妇女未领报酬的工作之价值的认识;

(6)在广泛的经济、社会发展领域重视妇女的需要、利益,关心妇女,重视妇女的现实需要和战略需要均与男性的存在差异;

(7)教导及监督雇主及公众,何为与妇女相关的值得提倡的雇用行为;

(8)监督圭亚那政府随时加入的与该委员会之目的相关的国际文件的遵守情况,包括已经加入、与其目的相关的国际文件的遵守情况;

(9)评估属人法与家庭法律制度、习惯与实践,以及任何可能影响到性别平等或妇女平等的法律,并向国民议会提出与此相关的建议;

(10)建议及促进法律之执行、政策之制定以及采

取相应措施以提升和保障妇女的地位;

(11)促进、启动或使他人对委员会认为相关的或国民议会交付的妇女及性别事务进行研究,包括健康,特别是生育、侵犯妇女和家庭、妇女的社会—经济地位及政治地位相关的问题进行研究并建立相应的数据库;

(12)就支持妇女及女孩具有创新性的行为提出训练和技术支持的建议;

(13)促进妇女参与国家的决策程序。

原住民委员会

第二百一十二 S 条 [原住民委员会]

1. 原住民委员会应当设置相应的机制以提高原住民的地位并对其正当的要求及需要作出回应。

2. 原住民委员会由总统从属于本款第一项、第二项、第三项规定范围内的各群体的人员中任命产生:

(1)不多于十人,由经不少于国民议会全体经选举产生的代表之三分之二表决确定的团体,依国民议会确定的同意机制提名;

(2)三名成员,其中至少一人为首领委员会(toushaos council)提名的女性,其他两名应当包括一名女性,由经不少于国民议会全体经选举产生的代表之三分之二表决确定的各印第安人组织提名;

(3)不具有表决权的一名成员,由下列委员会从其成员中遴选:人权委员会、种族关系委员会、妇女与性别平等委员会、儿童权利委员会。

第二百一十二 T 条 [原住民委员会的职责]

除本宪法第二百一十二 J 条规定的职责外,原住民委员会的职责还包括:

(1)促进及保护原住民的权利;

(2)提高民众对原住民贡献的认识,促使人们认识到原住民面对的问题;

(3)促进原住民的权力行使状况,尤其是地方政府体系下的乡村委员会的权力行使状况以及首领委员会权力及范围;

(4)提供有关促进原住民的利益发展的经济和教育政策;

(5)提供保护、保存及宣传原住民文化遗产及语言的建议;

(6)与原住民磋商与合作,尤其是在事关对原住民之生活带来影响的国家决策和其他决策的参与方面向原住民提供咨询并与原住民合作;

(7)就支持原住民具有创新性的行为提出训练和技术支持的建议;

(8)教育雇主及公众改善与原住民相关的就业状况,并据此提出相应的建议;

(9)考查在何种事项上需要向原住民提供适当的建议,并据此提供相应的建议。

儿童权利委员会

第二百一十二 U 条 [儿童权利委员会组成]

1. 儿童权利委员会应当促进能够反映和促进儿童之幸福的创造力和权利的发展。

2. 儿童权利委员会的成员由总统从属于本款第一项、第二项、第三项规定范围内的各群体的人员中任命产生:

(1)不少于五名也不多于十五名在与儿童相关的事项上具有专长的成员,由包括负责儿童事务的部、教育部以及代表青年利益的团体等经不少于国民议会全体经选举产生的代表之三分之二表决确定的团体,依国民议会确定的同意机制提名;

(2)不具有表决权的一名成员,由下列委员会从其成员中遴选:人权委员会、种族关系委员会、妇女与性别平等委员会、儿童权利委员会。

第二百一十二 V 条 [儿童权利委员会的职责]

除本宪法第二百一十二 J 条规定的职责外,儿童权利委员会的职责还包括:

(1)促进儿童的权利和利益,尊重儿童的观点;

(2)确保儿童的权利和利益均已被各级政府、其他公共团体以及私人组成在作出对儿童产生影响的决定及政策之前纳入考虑范围;

(3)监督圭亚那政府随时加入的和已经加入的、与委员会之目的相关的国际文件的遵守情况,并提出与遵守这些国际文件相关的建议;

(4)在政府准备向联合国提交的与儿童权利相关的年度报告时提供咨询并参与报告的形成;

(5)确保儿童在其权利受到侵犯时能够有有效的救济机制;

(6)为保障儿童权利之目的,对任何组织、团体和机构的政策、程序及实践进行监督和评估,并提出相应的建议。

公共采购委员会

第二百一十二 W 条 [公共采购委员会]

1. 设置公共采购委员会,其目的是对公共采购及其程序进行监督,以保证物品、服务采购及工程之建造,依法以及依国民议会确定的指定原则,以公平、公正、透明竞争以及开支有效的方式进行。

2. 公共采购委员会地位独立、中立,并应当公平履行其职责。

第二百一十二 X 条 [公共采购委员会的组成]

1. 公共采购委员会由五名具有采购、法律、财政以及行政事项方面的专长及经验的成员组成。

2. 公共采购委员会成员由公共会计委员会提名、经不少于国民议会经选举产生议员之三分之二批准后由总统任命。

第二百一十二 Y 条 ［任期］

1. 除本条第二款之规定外,公共采购委员会成员任期三年,在不早于其第一届任期结束的三年后,有资格被再次任命担任一届成员。

2. 经任命为公共采购委员会成员者,其中两名的任期为四年。

3. 公共采购委员会主席和副主席由委员会成员从其中以委员会认为适当的同意机制选举产生。

4. 本宪法第二百二十五条(与免职事项相关)的规定适用于公共采购委员会成员,为该条第四款、第六款之目的,获得授权的机关为国民议会议长,但对于公共采购委员会主席及当时依下款之规定履行主席职务者,为实施该条第六款之目的,获得授权的机关为公共采购委员会主席。

5. 如果公共采购委员会主席职务空缺,或担任主席职务者因故不能履行其职责,则担任该委员会副主席者,或当副主席职务空缺,或担任副主席者因故不能履行主席职务,则一名成员可被选举以履行主席职责,副主席或经如此选举的其他成员可持续履行主席职责,直到有其他人被任命并履行主席职责时或主席恢复履行职责时止,在副主席以外的成员被选举以履行主席职责时,则至副主席恢复履行职责时止。

6. 如果除主席以外的其他成员职务空缺,或担任成员职务者依前款之规定履行主席职责,或担任成员职务者因故不能履行其职责,可任命其他人员履行该成员之职责,与任命各委员会成员相关的规定同样适用于此种情况下的任命,经如此任命者,除依本条第四款之规定的情况外,应持续任职到有人被任命担任该成员职务者履行其职责时,或原成员恢复履行其职责时止。

第二百一十二 Z 条 ［秘书处］

1. 公共采购委员会应当设置一个秘书处,秘书处由秘书处官员和雇员组成。

2. 公共采购委员会应当任命秘书处首席执行官担任秘书处秘书长,并任命秘书处有效履行其职责所需的其他官员及雇员。首席执行官及其他两名级别最高之官员的任职条件应当经过国民议会之批准。

3. 首席执行官受公共采购委员会之指导和控制,并就直接受其领导的其他官员及雇员的行为负责。

4. 在公共采购委员会要求的情况下,首席执行为得出席各种公共采购机构的会议。

5. 公共采购委员会在任命人员履行本条第二款规定范围内的职务之职责时,如果拟任命者正在担任的职务或正在履行的职责所属的职务之任命权依本宪法之规定由司法服务委员会、教育服务委员会、警察服务委员会或公共服务委员会行使,则公共采购委员会应当首先与该相应委员会协商并取得该委员会之同意。

6. 如果公职人员被任命担任本条第二款规定范围内的职务,在遵守第二款之规定的前提下,仍然保留其公职身份,但公共采购委员会在任命时即已决定该公职人员应当独立于任命其他委员会的情况下除外。

7. 本条之任何规定,均不得被解释为禁止委员会任命任何非公职人员担任本条第二款规定范围内的职务。

8. 向公共采购委员会成员支付的报酬及津贴,由议会社会服务小组委员会公共采购委员会磋商后提出建议并由国民议会批准。

第二百一十二 AA 条 ［公共采购委员会的职责］

1. 公共采购委员会的职责是:

(1) 监督和审查各公共采购系统的功能,以确保其符合法律以及国民议会确定的指导性的政策;

(2) 提高公共采购的供货方、建筑方和公共团体对公共采购过程的规则、程序以及特别要求的认识水平;

(3) 在对国际义务给予正当考虑的前提下,在公共采购领域保障国家利益;

(4) 对公共团体进行的公共采购行为是否遵守规则及是否有效率进行监督;

(5) 批准公共采购程序,宣传公共采购规则和程序,对公共采购程序提出修改建议;

(6) 监督及审查各种立法、政策及措施是否与其权限范围内的事项和目标相符,并向国民议会提出需要进行何种立法的建议;

(7) 监督和审查各部门的、各区域的和国家的公共采购程序,以及项目执行部门的公共采购程序;

(8) 就供应商、建筑商以及公共团体提出的投诉进行调查并提出救济措施;

(9) 调查不规范的及处置失当的公共采购行为进行调查并提出救济行为;

(10) 为便于公共采购制度的有效运行而主动进行调查;

(11) 录用能够向委员会提供委员会履行职责所需的专业建议的人员;

(12) 与警察部门及总审计长保持沟通,并将相关事项提交警察部门或总审计长处理;

(13) 其他有利于履行现有职责的行为。

2. 除本宪法规定的职责外,公共采购委员会的职责还可由法律规定,任何宪法之外的职责由国民议会经选举产生的议员之多数通过,但剥夺或删除公共采购委员会的任何职责,均需不少于国民议会经选举产生的议员之三分之二的多数通过。

3. 公共采购委员会在遵守其认为适当的条件下,得以书面方式将其任何职责委托给委员会的任何一名或多名成员,或经委员会决定的官员行使。

第二百一十二BB条 ［上诉］

1. 公共采购委员会的决定应当向本宪法第二百一十二EE条设置的裁判所上诉。

2. 裁判所的裁决应当向上诉法院上诉。

第二百一十二CC条 ［报告］

1. 每一财政年度结束后,公共采购委员会应当尽快向国民议会提交上一年度的工作报告,如果国民议会正在会议期间,则该报告应当于三十日内提交国民议会审议,如果国民议会不在会议期间,则应当在其后集合会的首次会议提交国民议会。

2. 如果委员会认为任何处于该委员会之任何方面职责范围内的事项事关国家利益,需要国民议会关注,则各委员会主席得随时就该事项向国民议会主席提交特别报告。

3. 为实施本条第二款之目的,下列事项为事关国家利益的事项:

(1)如果将对不同人群产生影响;

(2)如果不提请国民议会注意将会发生灾难性后果。

4. 各委员会应当准备及出版其年度报告的执行概要,每一份特别报告于四十五日内在民众可广泛获得的圭亚那媒体上公布。

第二百一十二DD条 ［要求提供信息］

1. 公共采购委员会得要求包括各部长、政府各部在内的任何人及机构,向其提供下列信息:

(1)为执行或将要执行的任何调查之目的所需的信息;

(2)为执行公共采购委员会之任何决定或执行任何与公共采购委员会相关的规定,采取了或将要采取何种措施的信息。

2. 为执行前款规定之目的,国民议会得通过法律,将任何未执行公共采购委员会之任何要求、决定或任何与公共采购委员会相关的规定为犯罪并规定相应的处罚。

第二百一十二EE条 ［公共采购委员会裁判所］

议会得通过法律规定设置一个公共采购委员会裁判所,该法律还应就下列事项作出规定:

(1)裁判所的组成;

(2)与裁判所的管辖权、权力及义务相关的所有事项;

(3)与就裁判所的裁决向上诉法院提出上诉相关的所有事项;

(4)裁判所的行为及程序。

第二百一十二FF条 ［设置委员会应当遵循的原则］

除本宪法第一百一十九A条规定的职责外,宪法改革常设委员会应当持续审查各既存委员会的运行情况,并考察是否需要设置新的委员会。在进行考察时,需要考虑以下情况:

(1)由一个委员会处理的问题应当事关国家利益或对各界人士产生影响;

(2)如果该事项未引起关注和监督,则将会产生影响整个社会和国家的严重后果;

(3)使此类事项不受政治干预具有重要意义;

(4)遴选委员会成员的程序和机制能够保证该委员会在运行受最小限度的行政影响,最大限度地让民众感受到公正;

(5)依照对效率和开支节俭的原则,各委员会应当保持在较小规模的范围之内并由具有适当之技能和经验的人员组成;

(6)在对用于处理相似事务的委员会,尤其是在性质上属于保护性的而非行政性的委员会进行考察时,关于人力和财力方面的限制应当纳入考虑的范围以及应当设置具有共同特征的秘书处。

养老金

第二百一十三条 ［获得养老金权利的保障］

1. 除本宪法第二百一十四条之规定,适用于本条规定的各种利益之法律应在更有利于相关人员之日生效。

2. 前款规定中的"相关日期"的含义是:

(1)与本宪法生效即已授予的权利相关时,为该权利授予的日期;

(2)与本宪法生效后授予或将授予曾在本宪法生效之前担任公职者的权利相关时,或该利益与在宪法生效曾担任公职者相关时,指本宪法生效前夕的日期;

(3)与本宪法生效之后授予或将授予在宪法生效后担任公职者的权利相关时,或该权利与在宪法生效后担任公职者相关时,指成为公务员时。

3. 为实施本条之目的,当任何人有权从两部或多部法律中选择何者适用于与其相关的案件时,其选择的法律应当视为比其他任何法律均对其更加有利。

4. 本条对之适用的任何权利(除由其他基金承担的之外),均由统一基金承担。

5. 在本条中,适用于本条之规定对之适用的任何利益的法律,包括(在不影响总体规定的前提下)包括任何规定相关人员在何时以及以何种方式退休才能获得此等利益的法律在内。

第二百一十四条 ［与养老金相关的委员会之权力］

1. 任何机关，如果依任何法律之规定享有以下方面之裁量权：

(1)确定是否授予本条之规定对之适用的利益；

(2)扣留、减少发放数目或暂停发放任何已经授予的利益，则除适当委员会同意拒绝授予、中止发放、减少数目或暂停发放，此类利益不得被扣留、减少或暂停发放。

2. 如果本条对之适用的、授予任何人之利益，如果该利益之数额并未由法律确定，则授予此人之利益的数目应当为其有权获得的最大数额，但适当的委员会同意授予其较小数额之利益的情况除外。

3. 对于担任或曾任最高法院法官、检察主任、总审计长、警察专员而言，除非被判有罪并因此被免职的情况外，适当的委员会不得同意采取第一款或第二款规定的行为。

4. 本条中的"适当的委员会"的含义是：

(1)与由于其承担公共服务职能而被授予或将有资格获得利益者而言，如果在其终止担任公职前夕：

(1°)为最高法院法官，或检察主任且在当时依本宪法第二百○三条第六款之规定相关规范处于有效期间，或处于司法服务委员会的惩戒控制之下的公职人员时，为司法服务委员会；

(2°)属于承担公共服务职能的教师，为教育服务委员会；

(3°)为警察专员或其他警察部队成员，为警察服务委员会；以及

(2)在任何其他情况下为公共服务委员会。

第二百一十五条 ［解释］

1. 前两条之规定对之适用的利益为：依任何法律，基于公职人员所提供的服务而应当支付或可以支付给该公职人员或其遗孀、子女、该公职人员抚养的人或此类人员的代表人的各种养老金、补偿金、抚恤金或其他类似津贴等利益。

2. 前面两条之规定及本条第一款之规定，适用于在任职期间的最高法院法官、国民议会书记官及助理书记官。

公共服务上诉裁判所

第二百一十五A条 ［公共服务上诉裁判所的设置及职责］

1. 议会得通过法律设置公共服务上诉裁判所（本条后面称之为"裁判所"），裁判所由主席及不少于两名的其他成员组成，其他成员的具体数目由法律规定。

2. 裁判所主席由总统以书面文件任命，主席应当为——

(1)现任或曾任上诉法院法官者；或

(2)具备被任命为上诉法院法官以及现任或曾任高等法院法官者。

3. 担任公共服务委员会成员、教育服务委员会成员或警察服务委员会成员或公职人员者，不具备被任命为公共服务上诉裁判所成员。

4. 公共服务上诉裁判所成员在其任职期间以及其最后担任成员职务之日起三年内不得被任命担任下列职务，或履行下列职务之职责，如果该职务之任命权依本宪法之规定授予：

(1)总统依公共服务委员会或警察服务委员会之建议，或与公共服务委员会或警察服务委员会磋商后行使；

(2)公共服务委员会、教师服务委员会或警察服务委员会。

5. 本条第一款规定的裁判所设置之后，依对该委之设置作出规定的法律规定的提条向该裁判所提出的上诉所针对的事项，是依宪法之规定公共服务委员会、教育服务委员会、警察服务委员会或警察专员享有决定权的事项。

但下列事项不得向公共服务上诉裁判所提出上诉：

(1)公共服务委员会或警察服务委员会对本宪法第二百二十五条适用于其上的职务之任命，或与任何正担任前述职务，或在履行前述职务之职责者所作的任何决定；

(2)公共服务委员会、教育服务委员会或警察服务委员会所作的任何任命决定，如果依宪法之规定，该任命需要向相关委员会磋商后才能作出；

(3)公共服务委员会与司法服务委员会一致同意后由公共服务委员会针对属于本宪法第二百○一条第六款之规定的事项所作的决定。

6. 在本宪法之规定的前提下，属于本条第一款规定范围之内的法律得对任何与裁判所相关的事项作出规定，或授权其他机关对之作出规定。

7. 在不影响前面各款之总体规定且遵守本条之例外规定的前提下，议会制定的法律，或授权其他机关制定规范，尤其需要对下列任何事项作出规定：

(1)裁判所的组成；

(2)经任命担任裁判所成员者的任职条件，被任命为裁判所成员应当具备的资格以及资格的丧失；

(3)针对任何事项以及何人有权向裁判所提出上诉，以及与裁判所之管辖权、权力和义务相关的所有事项；

(4)向裁判所提出上诉的方式、条件,包括提起上诉的期限,向裁判所提出上诉或其他申请时应当支付的费用;

(5)裁判所的行为和程序。

8. 本宪法第二百二十五条(与免职事项相关)的规定适用于裁判所主席职务,为实施该条第四款、第六款之目的,获得授权的机关为总理。

9. 为避免产生疑义,兹规定,本宪法第二百二十六第一款关于禁止任何法院审查的规定,不适用于裁判所的程序。

10. 除议会法律另有规定外,公共服务委员会、教育服务委员会、警察服务委员会、警察专员、任何接受各该委员会或警察专员所作出的、关于其享有的任何权力之委托的人,以及任何公职人员,而不论是否接受了任何权力委托,以及任何机构,均应当尽可能地为裁判所就向其提出的任何上诉所作的裁决之实施所需的便利。

11. 在处理任何源于向提其起的上诉或申请之问题时,裁判所的任何成员均不受任何其他个人或机构之指导和控制。

12. 下列事项:

(1)裁判所或裁判所的任何合议庭是否合法地履行了本宪法或依本宪法之规定授予的职责;

(2)裁判所的任何成员或任何其他人员是否合法地履行了其所承担的与裁判所工作相关的职责,不受任何法庭之审查。

第八编 财 政

第二百一十六条 [设置统一基金]

圭亚那筹集或接收的任何岁入或其他款项(除依议会法律之规定,应当存入为特定目的设置的其他基金中的岁入或款项,或依议会法律之规定,可以由接收机构保留以用于该机构开支的岁入或款项外),均应当存在并组成统一基金。

第二百一十七条 [从统一基金或其他基金中提取款项]

1. 除下列情况外,不得从统一基金中支取任何款项:

(1)依本宪法或任何议会立法之规定应当由统一基金承担的支出;或

(2)经拨款法授权支出的款项;

(3)依本宪法第二百一十九条之规定授权支出的款项。

2. 在本宪法或任何议会立法授权从统一基金或任何其他基金中支取款项后,圭亚那政府应当从统一基金或任何其他基金中拨付相应的款项给应当获得该款项的个人或机构。

3. 非经或非依任何议会立法之授权,不得从统一基金以外的任何其他基金支付任何款项。

4. 议会立法得就从统一基金或任何其他基金中支取款项的方式作出规定。

第二百一十八条 [拨款法案授权从统一基金中支出款项]

1. 负责财政的部长或经总统指定的任何部长,应当在每一财政年度开始之前或在财政年度开始后的九十日之内,指示准备并向国民议会提交圭亚那在该财政年度内的岁入及支出预算。

2. 当支出预算(除依本宪法或任何立法之规定应当由统一基金承担的支出外)获得国民议会通过后,应当向国民议会提出一个法案,即财政法案,其中应当包括需要由统一基金承担的支出之数额,以及分别为财政法案中所列各项支出所分配款项的数额。

3. 如果在任何财政年度内出现了下列情况:

(1)拨款法案中为任何项目所拨付之数额不足以满足需要,或出现了拨款法案中未拨付任何数额的支出需要。

(2)为任何目的而发生的支出超出了拨款法案为该目的所拨付款项之数额,或拨款法案未为该支出拨付任何款项。

则负责财政的部长或经总统指定的任何部长,应当指令向国民议会提交表明所需或已经发生的款项之数目的补充预算法案或超支预算法案。

第二百一十九条 [在拨款法案生效前预告授权支取款项]

1. 如果在任一财政年度开始时,针对该财政年度的拨款法案尚未生效,则议会得授权负责财政的部长在该财政年度开始后四个月的期限届满之前,或在拨款法案生效之前,具体时间以两个中较早者为准,从统一基金中提取满足圭亚那政府提供服务所必需的款项。

2. 在依前条第三款或下一条第二款之规定向国民议会提出了补充法案或超支预算法案,且补充法案或超支预算法院获得国民议会决议之批准,则该决议应当授权从统一基金中拨付款项以满足相应支出,但经批准的款项之数额应当以适当的项目计入补充预算法案中。

3. 如果在依本部分之规定制定任何或充分的规范以保证圭亚那政府存续之前议会已被解散,则负责财政的部长得在议会被解散后国民议会首次集合之日起的三个月内,授权从统一基金中提取其认为为提供公共服务所需数目之款项,但负责财政的部长或经总统指定的任何部长,均应当在可能的情况下,经如此授权的款项尽快提交国民议会提交,该款项如经国民议会批准,则该开支应当以适当的项目计入下一份拨款法案中。

第二百二十条 [偶然基金]

1. 议会得通过法律设置一个偶然基金,并授权负责财政的部长在其认为出现了没有任何法律规定的紧急支出需要时,从该偶然基金中预支相应的款项。

2. 从偶然基金中预支任何款项后,负责财政的部长或经总统指定的任何部长应当尽快向国民议会提交一份补充预算法案,供国民议会批准后以替换已经预支的数额。

第二百二十一条 [公债]

圭亚那的公债、与公债相关的服务支出(包括公债产生的利息、偿债基金的支付、与该公债相关的债务之清偿的发生的支出以及与该公债之管理相关联的任何支出)由统一基金支付。

第二百二十二条 [担任特定职务者的报酬]

1. 担任本条对之适用的职务者,有权获得由任何法律规定或依任何法律之规定确定的薪水、津贴,国民议会书记官及助理书记官有权获得的薪水、津贴,依本宪法第一百五十八条第四款之规定确定。

2. 担任本条对之适用的职务者有权获得的薪水和津贴由统一基金支付。

3. 担任本条对之适用的职务者有权获得的薪水和津贴以及其他任职条件,在其获得任命后不得作不利之变更,为实施本款规定之目的,在任职条件依任职者之选择确定的情况下,对于本人而言,其所选择的内容应当视为比任何其可能选择的其他条件均更为有利。

4. 本条之适用,适用于总统、国民议会议长、副议长、国民议会书记官、助理书记官、最高法院的法官、选举委员会成员、司法服务委员会成员、公共服务委员会成员、教育服务委员会成员、警察服务委员会成员、专员、检察主任、总审计长以及警察专员。

第二百二十二A条 [财政自治的保障条款]

为了保障本宪法附件三所列机构之独立性:

(1)所列机构之财政开支,作为国民议会审议的国家财政预算之一部分,其总数经国民议会审议和批准后,直接由统一基金拨付。

(2)任何机构均应以有助于其有效履行其职责的方式管理其财政,仅需要遵守国民议会确定的、目的在于实现责任制原则的财政习惯和程序,且所有的收入均应归入统一基金。

(3)任何适用于各种机构的奖助金和捐赠的规则均应当获得经国民议会确定的适当的政府机构或部门之批准,奖助金及捐赠款项的分配也应当由经国民议会确定的适当的政府机构或部门进行。

第二百二十三条 [总审计长]

1. 设圭亚那总审计长,总审计长职务为公职。

2. 圭亚那的公共账户、所有圭亚那官员和机构的账户(包括由本宪法设置的各委员会之账户)、国民议会书记官的账户、圭亚那所有法院的账户均应当接受总审计长的审计并由总审计长提出报告。为对各账户进行审计之目的,总审计长或任何经总审计长授权作为其代表的任何人员,均享有获得任何账簿、记录、回单以及与这些账户相关的其他文件的权利。

3. 总审计长应当向国民议会议长提交报告,国民议会议长应当将该报告提交国民议会审议。

4. 在行使本宪法授予的职责时,总审计长不受任何个人或机构之指导或控制。

5. 在依照总审计长提出并经公共会计委员会批准的原则、政策以及总审计长履行职责的程序手册之规定的前提下,公共会计委员会得对总审计长行使一般监督权。

6. 总审计长应当每季度准备并向公共会计委员会提交总审计长的工作及运行报告。

7. 总审计长应当向公共会计委员会提交一份关于总审计长的年度制度与财务审计报告。

8. 本条中:

(1)"公共会计委员会"指由国民议会常设规则第70(2)号令设置的公共会计委员会。

(2)"圭亚那的公共账户"包括下列账户:

(1°)所有中央及地方政府机构和团体的账户;

(2°)国家在其中具有控制利益的任何机构和团体的账户;

(3°)所有由外国政府或组织提供贷款或奖助金支持项目的账户。

第九编 其他规定

第二百二十四条 [法院规则]

如果本宪法规定,某些事项可由法院规则进行规范,则为此目的的法院规则得当得依圭亚那有效之法律授权的高等法院中有权制定与民事诉讼相关的规则的机构制定,与向上诉法院提出任何上诉或提出其他诉讼相关的规则,或与上诉法院之行为或规则相关的规则,可以由上诉法院中有权对民事诉讼制定规则的机构作出。

第二百二十五条 [责任]

1. 如果本宪法中规定本条适用于某一职务,则担任该责任者(本条中以职务指代),除非本宪法作出了例外规定,不得被免去职务或中止履行职务,为实施本条第四款和第六款之目的,与任何职务相关时,有权机构为本宪法对本条对之适用的官员所特定规定的机构。

2. 官员仅得在不能履行其职责（不论是身体、心理或任何其他原因所致）或有不当行为时方可被免职。

3. 如果官员是否应当被免职的问题已经提交本条设置的裁判所处理且该裁判所已经向总统提出了该官员由于存在前款规定的不能履行职责的情形或有不当行为因此应当被免职的建议，则总统应当将该官员免职。

4. 如果本宪法规定的机构向总统提出建议，应当对某官员是否应当被依本条之规定免职的问题进行调查，则：

（1）总统应当依司法服务委员会之建议，任命一个由主席及不少于其他两名成员委员会，委员会主席及其他成员均由司法服务委员会从在英联邦共和国任何组成部分之在民事和刑事事项方面具有无限制管辖权的法院中担任或曾经担任法官者，或在英联邦共和国任何组成部分之国家中，对前述法院之裁决具有上诉管辖权的法院中担任法官或曾经担任法官者，或有资格在圭亚那从事律师业务，且具备从事律师业务资格已达到议会为执行本宪法第一百二十九条第一项而规定的担任初级法官者具备相应资格达到的年限者中遴选；

（2）该委员会应当就官员是否应当被免职的问题进行调查，并向总统报告调查发现的事实以及向总统提出该官员是否被免职的建议。

5. 在遵守本条及本宪法第一百九十七条第九款之规定的前提下，在本宪法生效前夕有效的调查委员会法中适用于调查委员会或调查委员会之成员的规定，依前后规定之需要，尽量适用于依前款之规定任命的裁判所成员，在适用过程中，该法中的规定应当视为本宪法的一部分。

6. 当某官员是否应当被免职的问题依本条规定提交裁判所处理后，总统得依裁判所之建议，暂停该官员履行其职责，该暂停决定得由总统依裁判所之建议随时撤回；在任何情况下，如果裁判所向总统提交了该官员不应当被免职的建议后，暂停决定立即失效。

第二百二十六条 ［各委员会的权力与程序］

1. 除本宪法另有规定外，委员会在行使权利时不受任何其他个人或机构之指导或控制。

2. 依国民议会作出的同意决议，委员会得制定与其程序相关的规则，在相关规则得以制定以前，委员会得规制自己的程序。

3. 在遵守下款规定的前提下，委员会不论出现了任何成员职务之空缺或任何成员缺席的情况下，仍可处理相关事务，且其已经进行的程序，不因任何无权出席或参与该程序而无效。

4. 任何应当由委员会作出裁决的事项，需由达到法定人数的出席者并参加表决的多数成员之意见决定，如果在表决时支持和反对意见持平，则主席或任何其他主持该会议的成员在其原始表决权外尚可行使决定性的表决权。

但如果就是否应当行使将某公职人员免职的权力进行表决时，支持意见与反对意见持平，且主席或主持会议的任何其他成员并未行使其决定性表决权，则视为该委员会决定该权力不应被行使。

5. 为实施前款规定之目的，就选举委员会而言，法定人数为包括主席和不少于四名成员，其中两名应当系总统依其判断任命的成员，另两名系依本宪法第一百六十一条第三款第二项之规定，依反对党领袖建议的人员中任命的成员。

不论在何阶段，如果在合法召集的会议上的出席人数没有达到法定人数的要求，如果未出席者：

（1）无正当事由，或因经主席确认为正当的事由而缺席，则会议休会不多于两日。

（2）如果恰逢宣布总统选举结果而未出席，则会议休会至下一日；

开会的时间、地点以及休会决定应当通知缺席的成员，如果休会后仍未达法定人数出席会议，则包括主席在内共四名成员出席即视为构成了法定人数，由该委员会在该会议上作出的决定为合法、有效的决定。

6. 下列问题：

（1）委员会是否合法履行了本宪法授予的各项职能；

（2）委员会成员是否合法地履行了职责，或接受了委员会依照本宪法之规定委托的其他任何人员是否合法地履行了其职责；或

（3）委员会任何成员或其他任何人员是否已合法地履行了与委员会工作相关的职责，或是否履行了与前项规定的任何职责相关的职责，

不受任何法院之审查。

7. 本条中，除另有规定或依前后规定需要作其他的解释外，"委员会"指选举委员会、司法服务委员会、公共服务委员会、教育服务委员会或警察服务委员会。

但（不影响议会就与选举委员会职责相关的事项作出规定）前款中"委员会"，不包括选举委员会在内。

第二百二十七条 ［因宣扬种族仇恨而丧失任职资格］

尽管本宪法中已存在与任何职务之任命、免职以及职务空缺的规定，议会仍得规定因宣扬种族仇恨或宣扬基于特定群体或阶层人士之种族原因的恶意而被法院定罪者，丧失担任任何职务之资格。

第十编 解 释

第二百二十八条 ［任命］

1. 如果某人从本宪法设置的任何职务（包括本宪法第一百条、第一百二十四条或第一百二十五条设置的职务）上离职，如果其具备再次被任命、当选或被以其他方式委以该职务，则可以依本宪法之规定获得再次任命、再次当选或以其他方式被委以该职务。

2. 如果本宪法中授予任何人士或机构任命任何公职人员的权力，则即使已有人正在担任该职务，此人不在该职务上但是否放弃该职务仍悬而未决，该人士或机构仍然得任命其他人担任该职务；在依本款之规定作出任命的情况下，如果有两人或多人担任同一职务，则为履行该职务的职责之目的，最后任命者应当被视为单独担任该职务者。

3. 前款之规定适用于最高法院法官、国民议会书记官或助理书记官，在适用前款规定时，此类职务被视为公职。

第二百二十九条 ［辞职］

1. 任何被任命、当选或被以其他方式委以任何本宪法设置的职务（包括本宪法第一百条、第一百二十四条或第一百二十五条设置的职务）者，得辞去该职务，除本宪法第一百五十六条第一款、第一百五十七条及第一百七十八条第一款另有规定的情况下，任职者应当向对其作出任命决定、选举其或以其他方式委任该职务的人士或机构提交书面辞呈。

2. 本款规定范围内的任何任职者提交的书面辞呈，自该辞呈自该辞职拟向之提交的人士或机构，或该人士或机构授权的任何人，或该人士雇用的协助其履行职责的人员收到时生效。

第二百三十条 ［达到确定的年龄其职务空缺］

即使本宪法要求担任某一职务者在达到本宪法规定的年龄时空缺其职位，但担任该职务者在达到该年龄后仍在履行其职务的情况下所作的任何行为，均不因为其已达该年龄而无效。

第二百三十一条

（已被2000年第17号法律废止）

第二百三十二条 ［解释］

1. 本宪法中，除另有规定或依前后规定需要作其他解释为：

"外国人"指除英联邦共和国公民、受英国保护的人或爱尔兰共和国公民之外的人。

"律师"指有权在最高法院出庭的人。

"警察专员"，指担任警察部队指控官的人，而不论其称谓为何。

"英联邦"，指圭亚那以及本宪法第一百四十七条对之适用的任何国家以及其属地。

"法院"指圭亚那的任何法院。

"国民议会经选举产生的议员"指依本宪法第三十条第二款或第一百六十条第二款当选国民议会议员者。

"选举"，指为选举担任国民议会议员或本宪法或依本宪法设置的其他选举产生的机构之成员的选举。

"财政年度"，指在任何年份内自1月1日起为期十二个月的期间，或由国民议会确定的更短期间。

"圭亚那"，当与本宪法生效日之前的任一时期或与本宪法生效之日前所作的任何行为相关时，包括在本宪法生效日前作为英国之一殖民地的圭亚那（Guiana）。

"法律"，包括任何具有法律效力的文件以及任何不成文的法律规则，"合法的"以及"合法地"也应当作相应的解释。

"磋商"或"充分磋商"，指负责提供咨询的个人或机构：

（1）表明了应当向之进行咨询的人士或机构，并且应当以书面写明需要咨询的事项，以及需要确定希望获得对咨询事项作出答复的日期；

（2）保证每一个应当咨询的个人或机构都被提供了的就咨询事项表达其经过考虑得出的意见的合理的机会；

（3）准备咨询意见并且将咨询意见报送提出咨询的人员或机构，咨询意见还应当存入档案。

"宣誓"包括作出确认。

"就职宣誓"，与任何职务相连时，指为了合法履行该职务而依本宪法之附件或由议会规定的作为附件所规定的宣誓之替代物的宣誓。

"议会"指圭亚那议会。

"警察部队"，指由警察法设置的警察部队，以及由议会立法或依议会立法设置的、继承警察部队之职责或作为警察部队职能之补充的部队，但不包括属于海军、陆军或空军的警察队伍，也不包括由地方民主机构设置的警察队伍。

"公职"指领取报酬的公共服务职务，为避免疑义，兹规定公职包括提供公共服务的教师职务以及在警察部队中的任何职务。

"公职人员"指担任任何公职者，以及任何被任命履行该公职的职责者。

"公共服务"，指第五款之规定，由圭亚那政府以平民政府身份提供的任何服务。

"地方民主会议"，指依本宪法第七十二条之规定任何地方设置的地方民主机构。

"会期"，与国民议会相连时，指自本宪法生效后，或在任何时候议会解散或闭会后，国民议会第一次开会时起,至议会闭会或未经闭会而被解散时止的期间。

"会议",与国民议会相连时,指国民议会持续不间断地开会的期间,包括国民议会委员会开会的期间在内。

2. 本宪法中,除另有规定或依前后之规定需要作另外的解释外:

(1)任命人员担任某一职务的权力,应当解释为包括对担任该职务的人作出晋升决定的权力、调任的权利以及确认任命的权力以及在任何时候该职位出现空缺或担任该职务者因故不能履行其职责(不论是由于缺席、身体或精神方面的原因还是任何其他原因所致)时,任命人员履行该职务之职责的权力在内;以及

(2)用职务指代任职者,应当解释为包括在当时合法地履行该职务的职责的任何人。

3. 如果依本宪法之规定,任何人被指示,或任何人或机构被授权任命、选举人员履行某一职务的职责,如果被任命或被选举担任职务者不能履行其职责,则被指示的任何人,或被授权的任何人或任何机构行使任命或选举权的行为之合法性,不因被任命者或被选举不能履行职责而受任何法院之审查。

4. 为实施本宪法之目的,任何人不得仅因其提供公共服务而获得养老金或类似津贴之事实而被视为担任公职。

5. 在宪法中,公共服务不得解释为包括下列服务在内:

(1)总统、部长、总检察长、议会秘书国民议会议长、副议长、反对党领袖、专员、国民议会议员;

(2)本宪法设置的任何委员会的成员职务,或公共服务上诉裁判所成员职务;

(3)由圭亚那有效法律设置的任何委员会、理事会或其他类似机构(不论是否为公司组织)的成员职务;

(4)最高法院法官职务、国民议会书记官、助理书记官,但为实施下款规定之目的以及本宪法其他条款另有规定的情况除外;

(5)任何属于本宪法第一百五十四条规定的以人为基础组成团体提供的国民服务。

6. 本宪法中将某一公职人员免职的规定,应当解释包括依任何法律之规定,要求或同意担任该职务者辞职的权力在内。

但:

(1)本款之任何规定,均不得被解释为授予任何个人或机关要求最高法院法官、检察主任、警察专员、总审计长、国民议会书记官、助理书记官退休的权力;

(2)如果任何法律将同意可以由本宪法设置的委员会以外的人员或机构将其免职的公职人员退休的权力授予了委员会,则该委员会为依第二百一十四条之规定确定的适当的委员会。

7. 本宪法中授予任何人员或机构将公职人员免职的规定,不影响其他人员或机构取消该职务,也不影响任何法律为全体公职人员或任何类别的公职人员作出在达到法律规定的或依法律之规定确定的年龄需要强制退休的规定。

8. 在遵守本宪法第二百二十六条第六款及第一百一十五A条第十二款的前提下,本宪法中关于任何人在或机构在履行职责时不受任何其他个人或机构之指导和控制的任何规定,均不得被解释为排除法院对该人士或机构是否依照本宪法或任何其他法律之规定履行其职责进行审查。

9. 在本宪法生效前夕有效的解释与一般条款法经必要之修正后,适用于本宪法的解释以及与解释本宪法相关的其他事项,也适用于本宪法生效前夕有效的法律之解释,在适用解释与一般条款法时,应当该法视为本宪法之一部分。

附件(略)

海地共和国宪法*

(1987年通过，更新至2012年)

序 言②

海地人民：

为保障海地人民自身依照1804年《独立法案》和1948年《世界人权宣言》所享有的固有的和不可让与的生命权、自由权和追求幸福的权利。

为建立一个社会公正、经济自由和政治独立的海地民族。

为设立一个能保护价值、传统、主权、独立和民族未来的稳定而强盛的国家。

为灌输意识形态多元和政治更替的民主，为确立海地人民不可侵犯的权利。

为通过接受社区的语言和文化，通过承认全体公民享有的进步权、知情权、受教育权、健康权、工作权和休息权，消除城乡人口之间的一切歧视，以巩固民族统一。

为保证国家权力分立与和谐分工，以服务于民族的根本利益和优先权。

为通过有效的分权建立以基本自由、尊重人权、社会和平、经济公正、性别正义、全民协商并参与有关国家生活的重大决策为基础的政体。

为保证在行使国家权力和作出决策时遵守男女平等和性别正义之规则时有女性代表。

宣布本宪法。

第一编 海地共和国及其国徽和象征

第一章 海地共和国

第一条③

海地是一个不可分割、主权、独立、自由、民主和统一的共和国。

第一A条

太子港市是共和国的首都和政府官邸所在地。政府官邸可因不可抗力迁移至其他地方。

第二条

国旗的颜色为蓝色和红色。

第三条

海地共和国的国旗应按下列描述：

1. 由两个平行相等的横长方形组成：蓝色在上，红色在下；

2. 共和国国徽：有一棵顶着"自由之帽"的棕榈树，树下为战利品以及刻着"团结就是力量"的饰带。

第四条

国家箴言为：自由、平等、博爱。

第四A条

国歌是《德萨利纳之歌》(La Dessalinienne)。

第五条

所有海地人的通用语言是克里奥尔语(Créole)。克利奥尔语和法语是共和国的官方语言。

第六条

货币单位为古德(Gourde)，古德又可分为一百分。

第七条

禁止个人崇拜。活人的肖像和姓名不得出现在货币、邮票、印章、公共建筑、街道或艺术品上。

第七A条

死者肖像的使用必须经议会批准。

第二章 海地共和国领土

第八条

海地共和国领土由下列部分组成：

1. 海地岛西部和与之毗邻的高纳夫岛(La Gonâve)、龟岛(la Tortue)、瓦仕岛(l'Ile à Vâche)、盖密特岛(les Cayemittes)、那瓦斯岛(La Navase)、大卡

---

* 译者：胡婧。

② 经2011年5月9日宪法修改，2012年6月19日生效。

③ 经2011年5月9日宪法修改，2012年6月19日生效。

耶岛(la Grande Caye)和其他领海岛屿；

2. 它东接多米尼加共和国，北濒大西洋，向南和向西直至加勒比海或者直至安的列斯；

3. 共和国领陆和领海上的领空。

第八 A 条

海地共和国的领土不可侵犯，亦不得经条约或公约割让其全部或部分领土。

第九条

共和国领土分为省(Départements)、区(Arrondissements)、市镇(Communes)、分区(Quartiers)和市镇区(Communale Sections)。

第九 A 条

法律规定上述区划的数目和范围，规制其组织和运作。

第二编　海地国籍

第十条

规制海地国籍的规则由法律制定。

第十一条

任何人在其出生时，其父亲或母亲为土生土长的海地人且从未放弃海地国籍，则其在出生时即具有海地国籍。

第十一 A 条①

法律确立个人取得海地国籍的条件。

第十二条②

任何海地人享有附着于海地国籍的一切权利、履行附着于海地国籍的一切义务和职责，但由拥有海地原始国籍者保留的特权除外。

在共和国境内，海地人不得拥有双重国籍。

第十二 A 条

经 2011 年 5 月 9 日宪法废止，2012 年 6 月 19 日生效。

第十二 B 条

经 2011 年 5 月 9 日宪法废止，2012 年 6 月 19 日生效。

第十三条

经 2011 年 5 月 9 日宪法废止，2012 年 6 月 19 日生效。

第十四条

经 2011 年 5 月 9 日宪法废止，2012 年 6 月 19 日生效。

第十五条

经 2011 年 5 月 9 日宪法废止，2012 年 6 月 19 日生效。

第三编　公民的基本权利和义务

第一章　公民的资格

第十六条③

民权和政治权利的享有和行使组成公民的资格。法律规定民权和政治权利的中止或丧失。

第十六 A 条

经 2011 年 5 月 9 日宪法废止，2012 年 6 月 19 日生效。

第十六 B 条

成年年龄为十八周岁。

第十七条

一切年满二十一周岁的海地人，无论性别、婚姻状况，在满足宪法和法律规定的其他条件的情况下，均有权行使其政治权利和民权。

第十七 A 条④

女性在生活方面应占至少百分之三十配额的原则得到认可，这一原则特别适用于公共服务。

第十八条⑤

海地人在法律面前一律平等，但保留给从未放弃国籍的享有原始海地国籍者之特别优待除外。

第二章　基本权利

第一节　生命权和健康权

第十九条

海地共和国负有绝对的义务遵守《世界人权宣言》的规定，以保障公民毫无区别地享有生命权、健康权、人格获得尊重的权利。

第二十条

在一切情况下均不得适用死刑。

第二十一条

叛国罪包括在国外军队中持有武器反对海地共和国，为同共和国发生冲突的其他国家服务，公务员

---

① 经 2011 年 5 月 9 日宪法增补，2012 年 6 月 19 日生效。
② 经 2011 年 5 月 9 日宪法修改，2012 年 6 月 19 日生效。
③ 经 2011 年 5 月 9 日宪法修改，2012 年 6 月 19 日生效。
④ 经 2011 年 5 月 9 日宪法增补，2012 年 6 月 19 日生效。
⑤ 经 2011 年 5 月 9 日宪法修改，2012 年 6 月 19 日生效。

盗窃交由其管理的国家财产，或执行宪法者违反宪法的行为。

第二十一 A 条
叛国罪可处以终身强制劳动并不得减刑。

第二十二条
国家承认一切公民享有体面的住房、教育、饮食和社会保障的权利。

第二十三条
国家有义务通过设立医院、卫生中心和诊所保障为所有区划内的一切公民提供适当的手段，确保其健康得到保护、维持和恢复。

第二节 人身自由

第二十四条
国家保障并保护人身自由。

第二十四 A 条
除非在法律规定的情形下并依照法律规定的方式，不得追诉、逮捕、拘留任何人。

第二十四 B 条
除现行犯外，在未有法定主管官员发布书面命令的情况下，不得逮捕或拘留任何人。

第二十四 C 条
为执行上述命令，应满足下列要求：

1. 以克里奥尔语和法语正式说明逮捕或拘留的原因，并载明为处罚被控犯罪所依据的法律条款。
2. 在执行命令时，应向被逮捕者或被拘留者出示法律告示并为其留下命令的复印件。
3. 应告知被逮捕者或被拘留者在案件调查的各个阶段直到最后判决均有权得到律师的帮助。
4. 除现行犯外，根据令状的逮捕和搜查不得在下午六时至次日上午六时之间执行。
5. 罪责自负，不得逮捕他人以为顶罪。

第二十五条
在逮捕或拘留时，禁止使用不必要的强制或限制，亦禁止施以心理压力或身体酷刑，特别在审讯期间。

第二十五 A 条
在未有其律师或其选择的证人在场时，不得审讯之。

第二十六条
任何人在被逮捕后不得被拘禁超过四十八小时。但被逮捕者提请法官裁决逮捕行为的合法性，而该法官经理由充分的判决确认逮捕的除外。

第二十六 A 条
在轻微犯罪的情况下，应将被告人提交治安法官，治安法官应作出终局判决。

在严重违法或犯罪的情况下，无须事先许可，可简单地向民事管辖法院主审法官提交请愿而提起诉讼，主审法官根据检察官的口头陈述，特别开庭不加拖延地对逮捕和拘留的合法性作出判决，所有其他案件均中止审理。

第二十六 B 条
若判决逮捕不合法，则法官应命令立即释放被拘留者，且该命令应得以立即执行，无论是否上诉至高等法院或最高法院以期获得禁止执行判决的命令。

第二十七条
任何违反人身自由规则的行为均为专横行为。被害人无须事先授权即可起诉至管辖法院，控诉前述专横行为的行为人，无论其地位或隶属团体。

第二十七 A 条
政府官员和雇员根据民法、行政法和刑法规定直接就执行的侵权行为承担责任。国家亦同时承担民事责任。

第三节 表达自由

第二十八条
海地人均有权经其选择的方式就任何事项自由地表达其意见。

第二十八 A 条
记者在法律范围内自由地行使其职责，其履职行为无须批准或审查，但战时除外。

第二十八 B 条
不得强迫记者披露其信息来源。但记者有义务确认消息的权威性和精确性，记者亦有义务尊重其职业道德。

第二十八 C 条
涉及抑制和滥用表达权的犯罪均按刑事法律处罚。

第二十九条
承认请愿权。请愿权由公民本人单独或共同行使，不得以团体的名义行使。

第二十九 A 条
[经 2011 年 5 月 9 日宪法废止，2012 年 6 月 9 日生效。]

第四节 良心自由

第三十条
各种宗教和信仰应自由，人人有权信仰宗教，亦有权做礼拜。但前述行为不得干扰法律和秩序。

第三十 A 条
不得强迫任何人加入宗教组织或接受违背其信仰的宗教教育。

第三十 B 条
法律规定承认和践行宗教与信仰的条件。

第五节 集会与结社自由

第三十一条

保障出于政治、经济、社会、文化或其他和平目的且不带武器的集会自由。

第三十一 A 条

政党和政治团体参与竞选,可自由设立政党和政治团体,政党和政治团体有权自由开展活动。政党和政治团体应遵守国家和民主主权原则。法律规定政党和政治团体得以承认并运作的条件,规定由政党和政治团体保留的优待和特权。

第三十一 Aa 条[①]

有关政党的法律应按照本宪法第十七 A 条规定的,女性至少占百分之三十配额的原则,形成其组织和运作机制。

第三十一 B 条

在户外公共场所开展集会前,应通知警察机关。

第三十一 C 条

不得强迫任何人加入任何性质的组织。

第六节 教育和教学

第三十二条[②]

国家保障受教育权,指导自由地提供给一切教育水平的人。该自由行为受国家管制。

第三十二 A 条[③]

教育是国家和地方公共团体的职责之一,国家和地方公共团体必须免费地使所有人均能上学,并注意公私学校教师的教学水平。

第三十二 B 条

国家和国家内的各个行政区划的首要责任是大众教育,而大众教育是国家发展的唯一出路。国家鼓励私企举办大众教育,并为其提供便利。

第三十二 C 条[④]

初等教育是强制性的,国家为初等教育的学生免费提供必要的教学设备和教材。

第三十二 D 条[⑤]

农业、职业和技术教育是国家和地方公共团体的职责之一。

第三十二 E 条[⑥]

学前教育与孕妇指导是国家和地方公共团体的职责之一。

第三十二 F 条[⑦]

高等教育向所有人充分平等地开放。

第三十二 G 条[⑧]

国家注意地方公共团体有适应其发展需要的学校数量。

第三十二 H 条[⑨]

国家保障有特殊需要之人获得保护、接受教育并采取其他必要的方式使之充分享有权利并融入或重新融入社会。

第三十二 I 条[⑩]

国家和地方公共团体有义务制定必要的规则以加紧大众扫盲运动,国家和地方公共团体鼓励一切私人参与以实现此目的。

第三十二 J 条

教师有权获得公平的薪金。

第三十三条

各级教育应自由,教育自由应根据国家监督而行使。

第三十四条

除非捉拿现行犯,不得侵犯教育场所。非经教育场所的管理者许可,任何警察不得进入教育场所。

第三十四 A 条

当学校用于其他目的时,不得适用前条规定。

第七节 工作自由

第三十五条

保障工作自由。一切公民有义务从事自己选择的工作,以满足其本人和家庭的需求,并同国家合作建立社保体制。

第三十五 A 条

公私机构的雇员均有权获得公正的报酬、休息、带薪年假和红利。

[①] 经 2011 年 5 月 9 日宪法增补,2012 年 6 月 19 日生效。
[②] 经 2011 年 5 月 9 日宪法修改,2012 年 6 月 19 日生效。
[③] 经 2011 年 5 月 9 日宪法修改,2012 年 6 月 19 日生效。
[④] 经 2011 年 5 月 9 日宪法修改,2012 年 6 月 19 日生效。
[⑤] 经 2011 年 5 月 9 日宪法修改,2012 年 6 月 19 日生效。
[⑥] 经 2011 年 5 月 9 日宪法修改,2012 年 6 月 19 日生效。
[⑦] 经 2011 年 5 月 9 日宪法修改,2012 年 6 月 19 日生效。
[⑧] 经 2011 年 5 月 9 日宪法修改,2012 年 6 月 19 日生效。
[⑨] 经 2011 年 5 月 9 日宪法修改,2012 年 6 月 19 日生效。
[⑩] 经 2011 年 5 月 9 日宪法修改,2012 年 6 月 19 日生效。

第三十五 B 条
国家保障工人享有同等的工作条件,不论性别、信仰、观点和婚姻状况。

第三十五 C 条
保障工会自由,公私部门的工人均可加入旨在保护其工作利益的本行业工会。

第三十五 D 条
工会在本质上是非政治性的、非营利性的,亦是非宗教性的,不得强迫任何人加入工会。

第三十五 E 条
在法律范围内承认罢工权。

第三十五 F 条
法律规定有偿雇佣的最低年龄,特别法律规制童工和家庭助理工的工作。

第八节 财产

第三十六条
承认并保障私有财产,法律规定取得和使用私有财产的方式及其界限。

第三十六 A 条
因公共目的可征收,但得通过支付款项或由法官下令封存,并按专家评估给予事先且公正的补偿。

若原项目废止,则应取消征收。相关财产不得用于投机,且应归还原所有者,不得向小土地所有者索要任何退赔。征收措施自开展项目时生效。

第三十六 B 条
禁止因政治原因对动产或不动产实行国有化或没收。

除非根据普通法院的最终判决,不得剥夺任何人的合法所有权,但因土地改革的除外。

第三十六 C 条
所有权亦承担义务。财产的使用不得违背公共利益。

第三十六 D 条
土地所有者应培育、耕种和保护所有的土地,应特别地防止水土流失。违背这一义务者将按法律规定加以惩罚。

第三十六 E 条
财产权不得延伸至海岸、河源、河流、水道、矿藏及石场。前述资源属于国家的公共财产。

第三十六 F 条
法律确定规则以规制勘探和开采矿藏、地下矿产和石场的自由,确保土地所有者、国家或特许权人平等地分享开发利益。

第三十七条
法律在土地改革的框架内根据领土管理计划和相关团体的福利确定土地划分与合并的条件。

第三十八条
法律保护科学、文学和艺术作品的财产权。

第三十九条
市镇区居民有权优先购买开采的、处于其市镇区范围内的、私人土地上的、国家所有的土地。

第九节 知情权

第四十条
国家有义务用克里奥尔语和法语以口头、书面和电视的新闻形式公布影响国民生活的法律、命令、法令、国际协定、条约、公约,但涉及国家安全的资讯除外。

第十节 安全权

第四十一条
不得以任何理由将具有海地国籍之人驱逐出境或强制其离境,不得因政治原因剥夺任何人的法律能力和国籍。

第四十一 A 条
海地人无须签证即可离开或返回本国。

第四十二条
不得否决任何海地公民,无论平民或军人,根据宪法和法律享有的诉诸法院的权利。

第四十二 A 条
被控叛国罪的军人应在普通法院受审。

第四十二 B 条
军事法院仅在下列情形下方有管辖权:
(1)军人违反军事法基本守则;
(2)军队成员之间发生冲突;
(3)战时。

第四十二 C 条
平民和军人之间发生冲突的案件、军人履职时对平民滥权、暴力和犯罪的案件,由普通法院审理。

第四十三条
仅根据法律并以法律规定的方式始得进入住宅或没收文件。

第四十四条
临时拘留以待审判之人应与服刑者分开关押。

第四十四 A 条
监狱应遵守有关法律规定的尊重人的尊严的标准。

第四十五条
法无明文规定不为罪,法无明文规定不处罚。

第四十六条
不得强迫任何人在犯罪、轻罪或轻度违法时自证其罪,或作证证明其四代以内直系血亲或两代以内旁系血亲有罪。

第四十七条

不得强迫任何人宣誓,但在法律规定的情形下并依照法律规定的形式除外。

第四十八条

国家应监督在公私部门设立文职人员退休基金,该基金依照法律规定的标准和方式获取雇主和雇员支付的费用。退休金的领取是一种权利,而非一种特权。

第四十九条

通信和任何其他形式的通信自由和秘密不受侵犯。仅根据法律规定的保证,由司法机关采取说理方可限制之。

第五十条

根据宪法和法律的规定,有关暴力犯罪和政治犯罪的刑事案件中应设立陪审团。

第五十一条

法律不得具有溯及既往的效力,但在刑事案件中有利于被告人的除外。

第三章 公民的义务

第五十二条

公民应承担公民义务。每项权利均对应着相应的义务。

第五十二 A 条

公民义务是对国家和祖国承担的公民道德、政治、社会和经济的义务的总和。这些义务包括:

(1)遵守宪法,尊重国徽;
(2)遵守法律;
(3)在选举中不受限制的投票;
(4)纳税;
(5)担任陪审员;
(6)在战时捍卫国家;
(7)受教育并自我提升;
(8)尊重并保护环境;
(9)严格尊重国家的岁入和财产;
(10)尊重他人的财产;
(11)致力于维护和平;
(12)向处于危险状态之人提供帮助;
(13)尊重他人的权利和自由。

第五十二 B 条

违反前述规定者应受法律制裁。

第五十二 C 条

设立两性混合的强制性公民服务,其条件由法律规定。

第四编 外国人

第五十三条

外国人入境和在本国境内逗留的条件由法律规定。

第五十四条

在共和国境内的外国人依照法律享有同海地人一样的保护。

第五十四 A 条

外国人享有公民、经济和社会权,但法律对他们拥有不动产、从业、从事大宗贸易、担任商业代表和从事进口业务作出规制。

第五十五条

不动产所有权可赋予在海地居住的外国人,以满足其在海地的居住需要。

第五十五 A 条

但居住在海地的外国人在同一区内不得拥有两处或以上的房产,亦不得从事不动产租赁,但推销不动产的外国公司应获得法律规定的特定地位。

第五十五 B 条

不动产所有权也应赋予居住在海地的外国人和外国公司,以使其在法律范围内,根据法律规定的条件,发展农业、商业、工业、宗教、人道主义和教育事业。

第五十五 C 条

外国人不得在海地陆地边境拥有房产。

第五十五 D 条

外国人停止在海地居住和外国公司停止运作五年,此种权利即终止。依照法律确定的规则对外国人拥有的财产进行转让和清理。

第五十五 E 条

违反上述条款者及同谋应依照法律加以惩处。

第五十六条

若外国人干涉国家政治生活,或出现法律规定的其他情况,则其可被驱逐出境。

第五十七条

承认政治避难者的庇护权。

第五编 国家主权

第五十八条

国家主权赋予全体公民。
公民经由下列方式直接行使主权特权:
(1)选举共和国总统;
(2)选举立法机关成员;
(3)经由宪法和法律规定,选举所有其他团体或议会成员。

第五十九条
公民委托下列三种权力行使国家主权：
(1)立法权；
(2)行政权；
(3)司法权。
三权分立原则体现在宪法中。

第五十九 A 条
三权构成文官国家组织必不可少的基础。

第六十条
立法、行政与司法三权相互独立，分别履行各自的权力。

第六十 A 条
三权均不得因故将其职能之全部或部分委托给其他权力，亦不得超越宪法法律规定的界限。

第六十 B 条
三权均须对自身的行为负全部责任。

第一章 地方公共团体和分权

第六十一条
地方公共团体为市镇区、市镇、省。

第六十一 A 条
法律可设立其他地方公共团体。

第一节 市镇区

第六十二条
市镇区是共和国地方公共团体中最小的行政区划。

第六十三条①
每一市镇区的行政由一个委员会管理，该委员会由普选产生的三名成员组成，任期四年。委员会可无限期连选连任。其组织和履职方式由法律规定。

第六十三 A 条
市镇区的行政委员会由市镇区议会协助其开展工作。

第六十四条
国家有义务为各个市镇区设立为其居民提供社会、经济、公民文化培训所需的组织。

第六十五条
同时具备下列资格者，可成为市镇区行政委员会成员：
(1)海地人且年满二十五周岁；
(2)选举前已在该市镇区居住两年并将继续在此居住；
(3)享有民权和政治权利，并从未被判处死刑、人身限制、丧失公民权利。

第二节 市镇

第六十六条
市镇享有行政和财政自治。共和国的每一市镇由名为市镇委员会的一个委员会管理，该委员会由普选产生的三名成员组成。

第六十六 A 条
市镇委员会的主席由代表该市镇的非市镇委员会成员组成的市镇议会协助工作。

第六十七条
市镇委员会由市镇议会协助其工作，每一市镇区在市镇议会均有一名代表。

第六十八条②
市镇委员会成员任期四年，其可无限期连选连任。

第六十九条
市镇和市镇委员会的组织和运作方式由法律规定。

第七十条
同时具备下列资格者，可成为市镇委员会成员：
(1)海地人；
(2)年满二十五周岁；
(3)享有公民和政治权利；
(4)从未被判处死刑、人身限制或丧失公民权利；
(5)在该市镇居住至少三年，并将在任期内继续在此居住。

第七十一条
各市镇委员会有权向中央政府要求，由其指派技术委员会协助其工作。

第七十二条
市镇委员会可因玩忽职守、贪污或不当管理，由管辖法院合法决定解散之。
若市镇委员会被解散，该省委员会应立即填补空缺，并自委员会被解散之日起六十日内申请常任选举委员会举行选举，新一届委员会应在剩余任期内管理市镇事务。此程序亦适用于因其他原因而出缺的情况。

第七十三条
市镇委员会根据本市镇利益管理其收入，并向市镇议会提交账目，市镇议会则向省委员会报告之。

---

① 经 2011 年 5 月 9 日宪法修改，2012 年 6 月 19 日生效。
② 经 2011 年 5 月 9 日宪法修改，2012 年 6 月 19 日生效。

第七十四条①

市镇委员会有权监督由主管服务依照法律管理本市镇范围内且在私人领域的国家地产。

第三节 区

第七十五条

区是包含若干市镇的行政区域。其组织和运作由法律规定。

第四节 省

第七十六条

省是最大的地方公共团体。其包含若干区。

第七十七条

省为法人并自治。

第七十八条②

各省由一个委员会管理,该委员会由省议会选出的三名成员组成,任期四年。

第七十九条

省委员会成员不一定来自省议会,但其必须具备下列资格:

(1)海地人且年满二十五周岁;

(2)在选举以前居住于该省三年以上并将在任期内继续在此居住;

(3)享有公民和政治权利且从未被判处死刑、人身限制、丧失公民权利。

第八十条

省委员会由省议会协助其工作。省议会由来自每一市镇议会的一名代表组成。

第八十 A 条

下列人员可以顾问身份出席省议会会议:

(1)省众议员和参议员;

(2)各社会职业协会或工会的一名代表;

(3)省特派员;

(4)省公共服务机构主管。

第八十一条

省委员会同中央政府合作起草省发展计划。

第八十二条

省委员会和省议会的组织和运作由法律规定。

第八十三条

省委员会根据本省利益管理本省财政收入,并向省议会提交账目,省议会则向中央政府报告之。

第八十四条

省委员会可因贪污或不当管理,由管辖法院合法决定解散之。

若省委员会被解散,则中央政府应任命一个临时委员会,并自委员会被解散之日起六十日内申请常任选举委员会举行选举,以完成剩余任期。

第五节 特派员与副特派员

第八十五条

政府在各省会任命一名代表,称之为特派员(Delegate)。在各区之首府亦可任命一名由特派员领导的副特派员。

第八十六条

特派员和副特派员确保公共服务的协调和监督,但不得使行压制性的警察职能。

特派员和副特派员的其他职责由法律规定。

第六节 省际委员会

第八十七条

行政由省际委员会协助工作,该委员会由各省议会指定的一名议员作为代表组成。

第八十七 A 条

自省议会成员中选出的代表担任省与行政权的联络员。

第八十七 B 条

省际委员会同行政权协商从社会、经济、商业、农业和工业等发布研究和制定地方分权计划和国家发展计划。

第八十七 C 条

省际委员会参加部长委员会召开的工作会议,其一同讨论前条所涉问题时,省际委员会享有表决权。

第八十七 D 条

地方分权应与因权力下放产生的公共服务以及消除工业方面的地域隔绝相伴随,以有利于各省之利益。

第八十七 E 条③

法律规定省际委员会的组织和职责。

第二章 立法权

第八十八条

立法权赋予由代表组成的两院,即众议院和参议院,以组成议会。

---

① 经 2011 年 5 月 9 日宪法修改,2012 年 6 月 19 日生效。

② 经 2011 年 5 月 9 日宪法修改,2012 年 6 月 19 日生效。

③ 经 2011 年 5 月 9 日宪法修改,2012 年 6 月 19 日生效。

第一节 众议院

第八十九条

众议院由经公民直接选举产生的议员组成,以公民的名义同参议院一起负责履行立法职责。

第九十条

每一市镇区域构成一个选区并选举一名众议员。法律规定在大的建筑区确立三名众议员。

适用前款规定时,众议员人数不得少于七十名。

第九十 A 条①

众议员选举在众议员任期第四年 10 月的最后一个星期日举行。依照选举性法律的规定,在选举中,获得有效投票的绝对多数者,即当选众议员。

第九十 B 条②

选举时,若在第一轮选举中获得最多票数,但未获得绝对多数票数的众议员候选人,其获得的总票数高于得票第二多的候选人至少百分之二十五时,即当选。

第九十一条③

同时具备下列资格者,可当选众议员:

(1)出生时为海地人且从未抛弃海地国籍,在登记选举资格时,未持有其他国籍;

(2)年满二十五周岁;

(3)享有民权和政治权利,且从未因普通法上的犯罪而被判定为身受刑和加辱刑;

(4)选举日前,至少连续两年居住于登记的代表选区;

(5)在其选区拥有不动产或从事一种职业或工作;

(6)若系公共资金管理人,在必要时,已经解除职务。

第九十二条④

众议员任期四年,可无限期连选连任。

第九十二 A 条⑤

众议员于当选后的 1 月第二个星期一开始任职,每年参加两个会期。众议员的任期构成一个立法会期。

若在 1 月的第二个星期一不能决定选举结果,则之后当选的众议员应在有效投票后立即就职,且其四年任期自就职当年的 1 月的第二个星期一起算。

第九十二 B 条

第一个会期从 1 月的第二个星期一开始至 5 月的第二个星期一,第二个会期从 6 月的第二个星期一开始至 9 月的第二个星期一。

第九十二 C 条⑥

众议院每四年全部换届。

第九十三条

除宪法赋予众议院作为一个立法机关的职责外,经众议员三分之二多数之同意有权向高等法院起诉国家元首、总理、部长和国务秘书。众议院的其他权力由宪法和法律赋予。

第二节 参议院

第九十四条

参议院是一个由公民直选的参议员组成的机构,其以参议员之名义同众议院共同行使立法权。

第九十四 A 条

参议员的人数确定为每省三名。

第九十四 B 条

依照选举性法律规定的条件,共和国参议员在省内各基层议会中经绝对多数投票直选产生。

第九十四 C 条⑦

选举时,若在第一轮选举中获得最多票数,但未获得绝对多数票数的参议员候选人,其获得的总票数高于得票第二多的候选人至少百分之二十五时,即当选。

第九十五条⑧

参议员任期六年,可无限期连选连任,其在选举后 1 月的第二个星期一就职。

若在 1 月的第二个星期一不能决定选举结果,则之后当选的众议员应在有效投票后立即就职,且其六年任期自就职当年的 1 月的第二个星期一起算。

第九十五 A 条

参议院常年开会。

第九十五 B 条

但是,参议院可在立法会期外休会。若参议院休会,则由其常任委员会处理日常工作。该委员会不得

---

① 经 2011 年 5 月 9 日宪法修改,2012 年 6 月 19 日生效。
② 经 2011 年 5 月 9 日宪法增补,2012 年 6 月 19 日生效。
③ 经 2011 年 5 月 9 日宪法修改,2012 年 6 月 19 日生效。
④ 经 2011 年 5 月 9 日宪法修改,2012 年 6 月 19 日生效。
⑤ 经 2011 年 5 月 9 日宪法修改,2012 年 6 月 19 日生效。
⑥ 经 2011 年 5 月 9 日宪法修改,2012 年 6 月 19 日生效。
⑦ 经 2011 年 5 月 9 日宪法增补,2012 年 6 月 19 日生效。
⑧ 经 2011 年 5 月 9 日宪法修改,2012 年 6 月 19 日生效。

作出任何决定,但作出召集参议院的决定除外。

紧急情况下,政府亦可在休会结束前召集参议院。

第九十五 C 条

参议院每两年改选三分之一参议员。

第九十六条①

同时具备下列资格者,可当选参议员:

(1)出生时为海地人且从未放弃过海地国籍,在选举登记时亦未持有其他国籍;

(2)年满三十周岁;

(3)享有民权和政治权利,且从未因普通法上的犯罪而被判定为身受刑和加辱刑;

(4)在选举日前至少连续三年在代表之省居住;

(5)在该省拥有不动产或从事一种职业或工作;

(6)若系公共资金管理人,在必要时,已解除职务。

第九十七条

除享有作为一个立法机关的职责外,参议院亦享有下列职权:

(1)依照宪法规定,向政府建议最高法院法官名单;

(2)作为高等法院;

(3)行使宪法和法律赋予的其他权力。

第三节 国民议会

第九十八条

议会两院以单一大会形式开会以构成国民议会。

第九十八 A 条

宪法规定国民议会在每一会期的开幕式和闭幕式以及其他情况下举行的会议。

第九十八 B 条

国民议会仅享有宪法特别赋予的权利,且不得延伸至其他事项。

第九十八 C 条②

国民议会享有下列权力:

(1)接受共和国总统的宪法宣誓;

(2)一切和解努力失败之后,批准宣战决定;

(3)批准或否决国际条约和公约;

(4)根据宪法规定的程序修改宪法;

(5)经本宪法第一 A 条规定的情况批准政府迁官邸的决定;

(6)决定紧急状态和戒严的时机,与政府共同命令中止宪法保障,并就延长前述措施的任何请求作出决定;

(7)依照宪法第一百九十二条的规定,协助组成常任选举委员会;

(8)依照宪法第一百四十九条的规定,协助任命临时总统;

(9)依照宪法第一百九十 A 条的规定,协助组成宪法委员会;

(10)每一会期开幕时听取政府工作报告。

第九十九条

国民议会由参议院议长主持,并由众议院议长作为国民议会副主席予以协助。参议院秘书和众议院秘书为国民议会秘书。

第九十九 A 条

若参议院议长不能履职,则国民议会应由众议院议长主持,参议院副议长应成为国民议会副主席。

第九十九 B 条

若参议院和众议院议长均无法履职,则分别由其副议长代替。

第一百条

国民议会的会议公开举行。但应五名议员请求可召开秘密会议,之后可经绝对多数票决定恢复公开会议。

第一百○一条

议会未开会期间,若遇紧急情况,政府可召集国民议会特别会议。

第一百○二条

若两院各自未有过半多数议员出席,则国民议会不得开会、作出决定、通过决议。

第一百○三条

议会府邸位于太子港,但可视情况与政府同时迁往同一地点。

第四节 立法权的行使

第一百○四条

立法会期自由两院联合为国民议会开幕之日起算。

第一百○五条

议会休会期间或遇紧急状况时,共和国总统可召集议会特别会议。

第一百○六条

政府首脑经咨文就这一措施作出报告。

第一百○七条

议会召开特别会议期间,其不得对召开特别会议以外的其他事项作出决定。

第一百○七 A 条

但参议员或众议员可在其所属议院提出普遍关心的问题。

---

① 经 2011 年 5 月 9 日宪法修改,2012 年 6 月 19 日生效。
② 经 2011 年 5 月 9 日宪法修改,2012 年 6 月 19 日生效。

第一百〇八条

两院自行审查并确认其议员的当选证书，并就此产生的争议作终局裁定。

第一百〇九条

两院议员就职时应作出下列宣誓：

"我宣誓履行职责，维护并捍卫人民的权利，忠于宪法。"

第一百一十条

两院会议公开举行。任一院应五名议员请求可召开秘密会议，之后可经绝对多数意见决定恢复公开会议。

第一百一十一条

议会就一切公共利益制定法律。

第一百一十一 A 条

任一议院及政府均有权提出法律提案。

第一百一十一 B 条

仅政府有权提出预算法律案、有关课税和费基数额度及征收方式的法律提案、有关增加政府岁入和支出的法律提案。前述法案应先经众议院通过。

第一百一十一 C 条

若两院未就上述规定的提案达成一致意见，则应由两院分别选出相同数目的议员，由其投票组成议会委员会，该委员会就有意见分歧之法案作最后决定。

第一百一十一 D 条

若两院对其他法律案提案未达成一致意见，则就该提案的决定将搁置到下一会期。若在下一会期，两院已改选，该提案重新提出且仍未在两院间达成一致，则两院分别选出相同数目的议员，由其投票组成议会委员会，该委员会就该提案的最后文本作最后决定，由先行通过该提案的议院议决，然后再提交两院重新审议。若仍无任何结果，则该法案或提案应予撤回。

第一百一十一 E 条

经 2011 年 5 月 9 日宪法废止，2012 年 6 月 19 日生效。

第一百一十一 F 条

经 2011 年 5 月 9 日宪法废止，2012 年 6 月 19 日生效。

第一百一十一 G 条

经 2011 年 5 月 9 日宪法废止，2012 年 6 月 19 日生效。

第一百一十一 H 条

任何情况下，众议院或参议院均不得被解散或延期，亦不得延长其议员任期。

第一百一十二条

依照议院内部规则的规定，任一议院应任命其职员，确立本院纪律，决定本院履职方式。

第一百一十二 A 条

任一议院经其议员三分之二多数投票通过，均有权对本院议员之违纪行为给予纪律处分，但开除处分除外。

第一百一十三条

若议会议员在其任期内被普通法院判刑且已判决生效，使其丧失任职资格，则应即刻免去其众议员或参议员资格。

第一百一十四条

议会议员自宣誓之日至任期结束不受侵犯，但第一百一十五条保留的除外。

第一百一十四 A 条

议员在任何情况下均不得因其履职中的言论或表决而遭起诉或指控。

第一百一十四 B 条

议会议员在任期内不受人身拘禁。

第一百一十五条

议会议员在任期内不得因普通法上的犯罪、轻罪或违警罪而被逮捕。但因现行犯罪而被判处死刑、限制人身自由、拘役或丧失民事权利的除外。此种情况下，在议会会期内，应立即将该议员交其所属议院处置。若议会休会，则应在下次会期或特别会议时送交处置。

第一百一十六条

任一议院在其议员多数出席时方可开会或采取行动。

第一百一十七条

议会的一切行为均应以出席议员之多数同意方可通过，但本宪法作出另外规定的除外。

第一百一十八条

议院均有权调查提交其审议之事项。

第一百一十九条

一切法案应逐条表决。

第一百一十九 A 条①

政府有权请求立即表决法案。

若请求获得通过，则应逐条表决之，并应中止一切其他事务。

第一百二十条

议院均有权修改或分割提出的条文或修正案。经一院投票通过之修正案，得经另一院以同一方式且同一条件通过后，方可列入法律提案中。任何法律提案仅得经两院以相同方式通过后方可成为法律。

---

① 经 2011 年 5 月 9 日宪法增补，2012 年 6 月 19 日生效。

第一百二十 A 条
若法案未获最终表决,则可从审议中撤回。

第一百二十一条
经议会通过的一切提案应立即呈送共和国总统,总统在公布法案前有权反对其全部或部分条文。

第一百二十一 A 条
此时,共和国总统应将该法案连同其反对意见一并退还最先通过该提案的议院。若该院对之作出修正,则应将修正后的法案连同总统的反对意见移送另一院。

第一百二十一 B 条
若因此修正的法案获另一院通过,则应再次呈送总统予以公布。

第一百二十一 C 条
若总统的反对意见被最先通过该法案的议院否决,则应将该法案连同总统的反对意见移送另一院。

第一百二十一 D 条
若另一院亦否决总统的反对意见,则该法案应移送总统,总统必须予以公布。

第一百二十一 E 条
两院均应依照本宪法第一百一十七条之规定经多数通过否决总统的反对意见。此时,两院均须秘密投票。

第一百二十一 F 条
若任一议院未以前条规定的多数否决总统的反对意见,则应接受总统的反对意见。

第一百二十二条
总统应自其收到法案之日起八日内行使反对权。

第一百二十三条
若总统在上述期限内未行使反对权,则应公布相关法案,但议会在此期限结束前休会,则该法案应予延搁。在下一会期开幕时,被延搁的法案应呈送共和国总统供其行使权力。

第一百二十四条
经任一议院否决之法案不得在同一会期内再次提出。

第一百二十五条
议会和国民大会通过的法案或其他决议公告在共和国公报上刊登后即生效。

第一百二十五 A 条
法案和其他决议应标明序号,并刊印在"法律和决议公告"上。

第一百二十六条
法律以两院最后通过之日为制定日。

第一百二十七条①
任何人不得直接向议会提交请愿书。向议会提交的请愿书应启动制定条例的程序,该程序许可审议其反对意见。

第一百二十八条
仅议会有权解释法律,此类解释以法律形式作出。

第一百二十九条
议会议员自宣誓之日领取月薪。

第一百二十九 A 条
议会议员不得兼任其他由国家支付薪金的职务,但担任教师除外。

第一百二十九 B 条
议会两院议员均有权就行政事实与行为向政府任一成员或政府全体提出质询。

第一百二十九 C 条
质询应由相关议院五名议员同意方可提出,质询以相关议院多数通过信任或不信任投票结束。

第一百二十九 D 条
若质询导致就政府计划或总政策的不信任,则总理应向共和国总统提出辞呈。

第一百二十九 E 条
总统应接受辞呈,并依照本宪法之规定任命一名新总理。

第一百二十九 F 条②
议会每年就政府计划或总政策最多能通过一次不信任投票。
获得信任投票的总理仅得在获得投票后六个月内被质询。
就总理的不信任动议提交两院投票后未获通过,则失败的动议即等同于作出信任投票。

第一百三十条
若议会议员死亡、辞职、丧失资格、被判停职或接受与议员职能不相容的职务,则应由常任选举委员会在职位出缺当月,于其所属选区进行补缺选举以完成剩余任期。

第一百三十 A 条
依照宪法的规定,补缺选举应在召集初级选举大会后三十日内举行。

第一百三十 B 条
若一个或若干选区出现缺选或选举被常任选举委员会宣布无效,则亦适用前条程序。

第一百三十 C 条
但若在议会最后一次常会期间或之后发生出缺,

---

① 经 2011 年 5 月 9 日宪法修改,2012 年 6 月 19 日生效。
② 经 2011 年 5 月 9 日宪法修改,2012 年 6 月 19 日生效。

则无须举行补缺选举。

第五节 不兼任

第一百三十一条

若出现下列情形,则不得当选议员:

(1)为提供公共服务由政府特许的所有人或承包人;

(2)政府发布的特许权的所有人或承包人的代表或代理,或者,获得政府特许或承包合同的公司、企业的代表或代理;

(3)选举日前六个月未终止职务的特派员、副特派员、法官和检察机关官员;

(4)本宪法和法律规定的其他不得兼任之人。

第一百三十二条

政府成员及政府各部门主管不得当选议会议员,但选举日前至少一年已辞职的除外。

第三章 行政权

第一百三十三条

行政权赋予:

(1)共和国总统,其为国家首脑。

(2)政府,其由总理领导。

第一节 共和国总统

第一百三十四条①

共和国总统经直接普选产生,且应依照选举性法律规定,在有效投票中获得选民绝对多数票。若第一轮选举中无人获得绝对多数票,则举行第二轮选举。仅第一轮选举中得票最多的两名候选人可参加第二轮选举,若得票最多者退出,则取第二名和第三名,以此类推。

第一百三十四 bis 条②

选举时,若在第一轮选举中获得最多票数,但未获得绝对多数票数的总统候选人,其获得的总票数高于得票第二多的候选人至少百分之二十五时,即当选。

第一百三十四 A 条

总统任期五年,任期开始和终止日期为选举日后的2月7日。

第一百三十四 B 条③

总统选举在总统任期第五年10月的最后一个星期日举行。

当选的总统于选举日后的2月7日就职。若在2月7日前不能举行投票,则当选的总统应于有效投票后立即就职。此时,其任期自举行选举之年的2月7日起算。

第一百三十四 C 条

共和国总统不得连选。仅得在相隔五年后,方可当选第二届。任何情况下均不得再任第三届。

第一百三十五条④

同时具备下列资格者,方可当选共和国总统:

(1)出生时为海地人且从未抛弃海地国籍,在登记候选人时亦未持有其他国籍;

(2)在选举日年满三十五周岁;

(3)享有民权和政治权利,且从未因普通法上的犯罪而被判定为身受刑和加辱刑;

(4)在海地至少拥有一处不动产并在本国拥有经常居所;

(5)在选举日前至少连续五年在本国境内居住;

(6)若系公共资金管理人,已解除职务。

第一百三十五 A 条

共和国总统就职前应向国民大会作出下列宣誓:

"我向上帝和国民宣誓,我将忠诚地遵守并实施共和国宪法和法律,尊重和促进海地人民的权利,为伟大的祖国效力,维护国家独立和领土完整。"

第二节 共和国总统职责

第一百三十六条

作为国家首脑的共和国总统应监督宪法之遵守和实施,关注制度的稳定。总统应确保公共权力的正常运行以及国家的连续性。

第一百三十七条⑤

共和国总统自在议会拥有绝对多数之政党党员中选出一名总理。多数应根据在议会两院各自当选之人的选举结果中确定。在未达到多数的情况下,共和国总统应同参议院议长和众议院议长协商后选出总理。

第一百三十七 A 条

共和国总统应在总理提出政府辞职时终止总理职务。

第一百三十八条

共和国总统是国家独立和领土完整的保证人。

---

① 经2011年5月9日宪法修改,2012年6月19日生效。
② 经2011年5月9日宪法增补,2012年6月19日生效。
③ 经2011年5月9日宪法修改,2012年6月19日生效。
④ 经2011年5月9日宪法修改,2012年6月19日生效。
⑤ 经2011年5月9日宪法修改,2012年6月19日生效。

第一百三十九条

共和国总统协商并签署一切国际条约、公约和协定,并将之提交国民大会批准。

第一百三十九 A 条

共和国总统任命驻外大使和特使行使外事权,接受外国大使递交的国书,并颁发领事许可证。

第一百四十条

共和国总统得到国民大会批准后可宣战、媾和并签署和平条约。

第一百四十一条①

经参议院同意,并经部长委员会审议决定,共和国总统可任命海地军队总司令、警察总长、大使、总领事以及自治机构管理委员会。

第一百四十二条

依照部长委员会发布的法令,共和国总统可任命公共服务的部门主管、省和区的特派员与副特派员。

经参议院同意,共和国总统亦可任命自治机构的管理委员会。

第一百四十三条

共和国总统为军队的名义统帅,但不得亲自指挥军队。

第一百四十四条

共和国总统在所有法律上加盖国玺,并在宪法规定的期限内予以公布。总统可在规定的期限内行使否决权。

第一百四十五条

共和国总统依照法律监督司法判决之执行。

第一百四十六条

共和国总统有权对所有已决案件实行赦免或减刑,但本宪法规定,由高等法院判决的案件除外。

第一百四十七条

共和国总统仅得根据法律规定对政治案件实行大赦。

第一百四十八条

若共和国总统暂时不能履职,则在此期间,行政权由总理为首的部长委员会行使。

第一百四十九条②

若因共和国总统辞职、被免职、死亡或因身体、精神原因被正式宣布永久丧失行为能力,使得共和国总统之职出缺,则由总理为首的部长委员会行使行政权,直至新一届总统当选。

此时,依照宪法和选举性法律的规定,就选举新一届共和国总统履行剩余期限职责的投票应在总统之职出缺后至少六十日至多一百二十日完成。

若总统之职出缺发生在总统任期的第四年,则国民议会应在职位出缺后六十日内开会以选举一名新的共和国临时总统完成剩余任期。

第一百四十九 A 条③

临时总统在名义上即完成一届总统任期。

第一百四十九 B 条④

共和国总统临时不能履职期间,或者总统职位出缺期间,不得启动对政府的质询程序。若前述情形之一发生前已启动质询程序,则在相关情形发生时,应中止质询程序。

第一百五十条

共和国总统仅享有宪法授予的权力。

第一百五十一条

在每年第一个立法会期开幕时,共和国总统应向议会发表国情咨文。议会不得审议该咨文。

第一百五十二条

共和国总统自宣誓之日起即从国库领取月薪。

第一百五十三条

共和国总统的官邸位于首都国家宫,但政府所在地迁往他处者除外。

第一百五十四条

共和国总统主持部长委员会。

第三节 政府

第一百五十五条

政府由总理、部长和国务秘书组成,总理是政府首脑。

第一百五十六条

政府执行国家政策,其根据宪法规定的条件向议会负责。

第一百五十七条

同时具备下列资格者,可成为总理:

(1)出生时为海地人且从未抛弃海地国籍;

(2)年满三十周岁;

(3)享有民权和政治权利,且从未因普通法上的犯罪而被判定为身受刑和加辱刑;

(4)在海地拥有不动产并从事一种职业;

(5)至少连续五年在本国境内居住;

(6)若系公共资金管理人,已解除职务。

---

① 经 2011 年 5 月 9 日宪法修改,2012 年 6 月 19 日生效。
② 经 2011 年 5 月 9 日宪法修改,2012 年 6 月 19 日生效。
③ 经 2011 年 5 月 9 日宪法修改,2012 年 6 月 19 日生效。
④ 经 2011 年 5 月 9 日宪法增补,2012 年 6 月 19 日生效。

第四节 总理的权力

第一百五十八条

经总统同意,总理应决定内阁成员,并应将成员名单提交议会,以获得其对政府总政策宣告的信任投票。信任投票应公开举行,并应同时得到两院的绝对多数支持。

若任一议院通过不信任投票,则应重新开展上述程序。

第一百五十九条①

总理执行法律。若共和国总统离境、临时不能履职或应其要求,则总理主持部长委员会。总理有权发布行政条例,但不得中止或解释法律、议会决议和法令,亦不得拒绝实施。

总理经总统命令行使发布行政条例的权力。

第一百五十九 A 条

总理与共和国总统共同负责国防。

第一百六十条

依照宪法和有关政府运作一般规则的法律的规定,总理可直接或通过代表任免政府官员。

第一百六十一条

总理和部长有权出席两院会议,以支持法案、支持共和国总统对法案的反对意见,并答复质询。

第一百六十二条

若总理的行为需由部长负责执行,则该行为应经该部长副署。总理可担任一个部长职务。

第一百六十三条

总理和部长共同对经其副署的总统和部长的行为负责,总理和部长亦在其权限范围内负责执行法律。

第一百六十四条

总理和政府成员不得兼任议员,若发生兼任情形,则议员应作出选择。

第一百六十五条②

若总理辞职,则政府应留任加速处理日常事务直至下任总理就职。

若正式宣布总理永久丧失行为能力,或因个人原因辞职,在总理职位因此出缺后三十日内,组成新一届政府,则总统应自新内阁成员中选出一名临时总理。

第五节 部长和国务秘书

第一百六十六条

共和国总统主持部长委员会,部长的人数不得少于十名。

若总统认为必要,则总理有权为部长任命国务秘书。

第一百六十七条

部长的人数由法律规定。

第一百六十八条

部长不得兼任其他公职,但担任高等教育职务的除外。

第一百六十九条

部长对经其副署的总理之行为负责,部长共同对法律之实施负责。

第一百六十九 A 条

共和国总统或总理在任何情况下均不得以口头或书面命令为部长开脱职务责任。

第一百七十条

总理、部长和国务秘书领取预算法规定的月薪。

第一百七十一条

依照有关政府运作的法律规定的条件,部长经总理授权任命特定种类的政府雇员。

第一百七十二条

若任一议院在质询中经其议员绝对多数通过不信任投票,以追究某一部长责任,则政府应撤销该部长之职。

第一百七十二 A 条③

同时具备下列资格者,可经任命成为部长:

(1)海地公民,提供证据证明其已履行有关公民在海地居住的义务,在海地拥有不动产,能保证并维护国家,任命时未持有其他国籍;

(2)年满三十周岁;

(3)享有民权和政治权利,从未被判处身受刑和加辱刑;

(4)若系公共资金管理人,已被解除职务。

第四章 司法权

第一百七十三条

司法权赋予最高法院、上诉法院、初审法院、治安法庭和专门法庭,其数目、组织、运行及管辖权由法律确定。

第一百七十三 A 条

公民权利案件由法院排他管辖。

第一百七十三 B 条

法院和争议管辖权仅得经法律设立,不得以任何

---

① 经 2011 年 5 月 9 日宪法修改,2012 年 6 月 19 日生效。
② 经 2011 年 5 月 9 日宪法修改,2012 年 6 月 19 日生效。
③ 经 2011 年 5 月 9 日宪法增补,2012 年 6 月 19 日生效。

名义设立特别法庭。

第一百七十四条

最高法院和上诉法院法官任期十年,初审法院法官任期七年,其任期自宣誓就职之日起算。

第一百七十五条

最高法院法官由共和国总统自参议院提交的三人名单中选出一名任命,上诉法院和初审法院法官自相关省议会提交的名单中任命,治安法官自市镇议会拟定的名单中任命。

第一百七十六条

法律规定各级法官的就任资格,应设立一所法官学院。

第一百七十七条

最高法院、上诉法院和初审法院法官不受免职或撤职,仅得因其被合法判定为滥用职权方可被免职,仅得因其被控告时方可被中止职务。未经本人同意,不得另行任命法官,即使获得晋升,仅得因正式证实法官身体或精神方面永久丧失行为能力,方可在任期届满前终止其提供服务。

第一百七十八条

最高法院不得审理案件事实。除二审案件已被提交给陪审团外,即使附有当事人之抗辩,最高法院在受理上诉后亦不得将案件移送下级法院审理,而应作为全权法院审理事实问题。

第一百七十八 A 条

但若涉及临时禁止处分命令、刑事预审法官之命令、涉及前述命令的上诉判决、治安法庭的最后判决以及专门法庭的判决,最高法院受理上诉后应作出判决,且不得退回案件。

第一百七十九条

法官不得兼任其他带薪职务,但担任教职的除外。

第一百八十条

法庭审理应公开,但为公共秩序和善良风俗,可根据法庭之裁定进行秘密审理。

第一百八十 A 条

在政治犯罪或涉及新闻的犯罪案件中,不得作出秘密判决。

第一百八十一条

一切命令和判决均应就判决说明理由并公开宣布。

第一百八十一 A 条

命令和判决以共和国之名宣布和执行。它们应包括对检察机关官员、警察、军人的执行令状。若公证机关之行为涉及强制执行时亦采取相同形式。

第一百八十二条

最高法院以法律规定的方式裁定管辖冲突。

第一百八十二 A 条

最高法院裁决军事法院判决的事实和法律问题。

第一百八十三条

经2011年5月9日宪法废止,2012年6月19日生效。

第一百八十三 A 条

经2011年5月9日宪法废止,2012年6月19日生效。

第一百八十三 B 条

法庭仅得在政府法令和规则符合法律时方可适用之。

第一百八十四条

法律规定法院和法庭的管辖权,并规制诉讼的方式。

第一百八十四 A 条

法律亦规定就法官和检察机关官员的纪律惩戒,但最高法院法官之滥用职权行为由高等法院管辖。

第一百八十四 B 条①

高级司法委员会负责管理和监督司法权。该委员会行使对司法权的监督和管理,就国家的司法享有普通资讯权和建议权。

高级司法委员会的组织和职责由法律规定。

第五章 高等法院

第一百八十五条

参议院可作为高等法院。参议院议长主持该院的工作,并由最高法院院长、副院长协助,其分别充当该院的副院长和秘书。但最高法院法官和指定到最高法院的检察官涉嫌被控告时除外。此时,可任命两名参议员协助,其中一名由被告指定,因此任命的参议员无表决权。

第一百八十六条

众议院经其议员三分之二多数决议,因下列行为指控下列人员:

(1)共和国总统履职时犯叛国罪或其他罪行;

(2)总理、部长和国务秘书履职时犯叛国罪、贪污罪、滥用职权罪或任何其他罪行;

(3)常任选举委员会委员、审计和行政争议高级法院法官履职时犯严重罪行;

(4)最高法院和委派到最高法院的检察官犯滥用职权罪;

---

① 经2011年5月9日宪法增补,2012年6月19日生效。

(5)公民保护者。

第一百八十七条

高等法院法官在庭审开始时逐一作出下列宣誓："我向上帝和国民宣誓,依照我的良知和固有信仰,我将以一个诚实且自由的人所具有的不偏私和坚定作出审判。"

第一百八十八条

高等法院以秘密投票并经绝对多数通过自其法官中任命一个调查委员会。

第一百八十八 A 条

高等法院以其法官三分之二多数对调查委员会提交的报告以法令的形式作出决定。

第一百八十九条

高等法院仅得在其法官三分之二多数出庭方可开会。

第一百八十九 A 条

高等法院仅得判处撤职、使丧失资格或五年以上十五年以下剥夺担任公职之权利的刑罚。

第一百八十九 B 条

但是,若有理由处以其他刑罚或对民事行为作出裁决,则可依照法律规定,将罪犯移送普通法院。

第一百九十条

高等法院一旦受理案件,就必须开庭直至其作出判决,无论议会会期长短。

第六编 独立机构

单独章 宪法委员会①

第一百九十 A 条

宪法委员会是负责审查法律合宪性的机构,其审判法律、法规和政府行政行为的合宪性。不得就该委员会的决定向法院提起诉讼。

第一百九十 Aa 条

宪法委员会由九名成员组成。其中,三名由政府指定,三名由国民议会根据议会两院各自议员三分之二多数通过之决议而任命,三名由高级司法委员会指定。

宪法委员会包括:

(1)三名拥有至少十年经验的治安法官。其中,一名由政府任命,一名由国民议会根据议会两院各自议员三分之二多数通过之决议而任命,一名由高级司法委员会任命。

(2)三名拥有至少十年经验的高级法学家、教授或律师。其中,一名由政府任命,一名由国民议会根据议会两院各自议员三分之二多数通过之决议而任命,一名由高级司法委员会任命。

(3)三名拥有至少十年经验的、以专业声誉闻名的名人。其中,一名由政府任命,一名由国民议会根据议会两院各自议员三分之二多数通过之决议而任命,一名由高级司法委员会任命。

第一百九十 B 条

依照前条规定,共和国总统经部长委员会发布的命令着手任命宪法委员会的成员。

第一百九十 Ba 条

同时具有下列资格者,可成为宪法委员会的成员:

——海地原住民,在任命时,未持有其他国籍;

——任命时年满四十周岁;

——享有民权和政治权利,未因犯罪处以身受刑和加辱刑;

——为海地某不动产所有者或在海地经营产业或拥有一份职业;

——任命前,已在海地连续居住五年;

——若其担任公职,则被解职;

——有良好的道德且正直。

第一百九十 Bb 条

宪法委员会成员任期九年,不可连任。宪法委员会每三年更换三分之一成员。

宪法委员会主席由其成员选出,任期三年。在判决意见持平时,该主席拥有决定性的一票。

第一百九十 Bc 条

宪法委员会成员出缺时,应在出缺后三个月内填补空缺。补缺后,该委员会继续运作。

第一百九十 Bd 条

任职期间,不得撤销宪法委员会成员之职。除非犯罪,未经宪法委员会授权,不得控诉或逮捕宪法委员会的成员。

若控诉或逮捕宪法委员会的成员,则应在案件发生后四十八小时内,立即将之提交宪法委员会主席以及上诉法院院长。

第一百九十 Be 条

提请宪法委员会后,其应审议并决定:

——法律通过前,其合宪性;

——参议院和众议院内部规则在执行前的合宪性;

——命令。

为了审查合宪性,一般的,在法律公布前,可由共

---

① 经 2011 年 5 月 9 日宪法增补,2012 年 6 月 19 日生效。

和国总统、参议院议长、众议院议长、众议院十五名议员或十名参议员将之提交宪法委员会。

法律规定宪法委员会的组织、职责以及其他能将问题提交其审议的团体。

第一百九十 Bf 条

宪法委员会应在普通法律文本提交其审议后一个月内作出决定。若法律或文本涉及基本权利和公共自由，则审议期间为十五日。若情况紧急，且经政府、参议院三分之一参议员或众议院三分之一议员要求，审议期间减少为八日。

为公布相关法律或文本，宪法委员会将中止相关期间。

第一百九十 Bg 条

在政府与议会相冲突时，或者，在议会两院相冲突时，应召集宪法委员会解决其权力冲突。

同样的，宪法委员会会解决行政法院、选举法院和普通法院之间的管辖争议。

第一百九十 Bh 条

司法机关审理案件期间，提出违宪问题，经要求，上诉法院可将违宪问题提交宪法委员会。

若宣布相关规定违宪，则宪法委员会应将之退回议会，由议会审议。并由宪法委员会公布新的规定。

第一百九十 Bi 条

不得公布或实施被宣告违宪的规则。

第一百九十 Bj 条

组织法规定先法委员会的组织、职责、依照的程序、提交争议的期间及其成员的豁免和纪律管理制度。

第一章 常任选举委员会

第一百九十一条

常任选举委员会负责完全独立组织并监督共和国境内的一切选举程序，直至宣布选举结果。

第一百九十一 A 条

常任选举委员会亦负责起草选举性法案，并为必要之目的，将法案提交政府。

第一百九十一 B 条

常任选举委员会监督选举名单之更新。

第一百九十二条①

常任选举委员会由九名成员组成：

(1)三名由政府选出；

(2)三名由高级司法委员会选出；

(3)三名由国民议会根据议会两院各自议员三分之二多数通过的决议选出。

第一百九十三条

同时具备下列资格者，可担任常任选举委员会成员：

(1)出生时为海地人；

(2)年满四十周岁；

(3)享有民权和政治权利，且从未被判处死刑、身受刑、加辱刑和丧失公民权利；

(4)若为公共资金管理人，已解除职务；

(5)在提名前，至少三年在本国境内居住。

第一百九十四条

常任选举委员会成员任期九年，不得连任，不受撤职。

第一百九十四 A 条

常任选举委员会成员每三年更换三分之一，其主席从成员中选出。

第一百九十四 B 条

常任选举委员会成员就职前应在最高法院作出下列宣誓：

"我宣誓遵守宪法，遵守选举性法律的规定，庄严、独立、不偏私并爱国地履行我的义务。"

第一百九十五条

若常任选举委员会成员在履职时有严重犯罪，则由高等法院审判之。

第一百九十五 A 条

常任选举委员会府邸位于首都，其管辖范围包括共和国全境。

第一百九十六条

常任选举委员会成员在任期内不得担任其他公职，亦不得充当选任性公职的候选人。

常任选举委员会任何成员在免职三年后始得竞选选任性公职。

第一百九十七条

常任选举委员会裁决选举、选举执行中或破坏选举性法律之争议，但其裁判应服从于管辖法院就相关罪行之判决。

第一百九十八条

若常任选举委员会成员因死亡、辞职或其他原因而出缺，则应按照第一百九十二条规定的程序并考虑由原任命政府补缺以完成其所余任期。

第一百九十九条

法律规定常任选举委员会的组织及运作。

---

① 经 2011 年 5 月 9 日宪法修改，2012 年 6 月 19 日生效。

第二章 审计和行政争议高级法院

第二百条
审计和行政争议高级法院是独立自主的财政和行政法院,其负责在行政和司法上监督政府收支、核实国有企业和地方公共团体的账目。

第二百 A 条
审计和行政争议高级法院审理针对国家、地方公共团体、政府、公务员、公共服务和公民的诉讼。

第二百 B 条
就审计和行政争议高级法院的判决仅得向最高法院上诉。

第二百 C 条
审计和行政争议高级法院由下列两个部门组成:
(1)财政监督部;
(2)行政争议部。

第二百 D 条
审计和行政争议高级法院参与编制预算,并就一切关涉公共财政的立法以及关涉国家为一方当事人的财政或贸易合同、协议、公约之草案提供咨询。其有权在政府机构中开展审计。

第二百 E 条
同时具备下列资格者,可担任审计和行政争议高级法院法官:
(1)出生时为海地人,且从未抛弃海地国籍;
(2)年满三十五周岁;
(3)若系公共资金管理人,已解除职务;
(4)具有法学学士学位,或有公共会计资格,或持有公共行政、经济和公共财政的进修学位;
(5)在公私行政领域有五年经验;
(6)享有民权和政治权利。

第二百 F 条
审计和行政争议高级法院候选人应将其任期申请书直接提交共和国参议院办公室。参议院选出十名法官,再由法官选出院长和副院长。

第二百〇一条
审计和行政争议高级法院法官任期十年,不受撤职。

第二百〇二条
审计和行政争议高级法院法官就职前应在最高法院的某个法庭作出下列宣誓:
"我宣誓遵守共和国的宪法和法律,适当忠实地履行我的义务,随时尊严地行为。"

第二百〇三条
审计和行政争议高级法院法官在履职时所犯之严重罪行,由高等法院审判。

第二百〇四条
每年议会第一个会期开幕起三十日内,审计和行政争议高级法院应向议会提交一份有关国家财政状况和公共支出效率的完整报告。

第二百〇五条
审计和行政争议高级法院的组织、法官规则及其运作方式由法律规定。

第三章 调解委员会

第二百〇六条
经 2011 年 5 月 9 日宪法废止,2012 年 6 月 19 日生效。

第二百〇六 A 条
经 2011 年 5 月 9 日宪法废止,2012 年 6 月 19 日生效。

第四章 保护公民

第二百〇七条
设立名为保护公民办公室,以保护所有个人不受政府各种形式的滥权之侵害。

第二百〇七 A 条
保护公民办公室由一名公民领导,其头衔是公民保护者。其由共和国总统、参议院议长和众议院议长协商共同任命,任期七年,不得连任。

第二百〇七 B 条
公民保护者免费保护原告进行的干预,无论案件由何法院管辖。

第二百〇七 Ba 条[①]
履职时,公民保护者应特别注意由女性提起的诉愿,特别是有关其在工作中因被歧视和侵犯而作为受害者。

第二百〇七 C 条
法律规定保护公民办公室的运作条件及规则。

第五章 大学—学院—文化

第二百〇八条
高等教育是自由的,由自治的海地国立大学和国家批准的公立与私立高等公共学院实现。

第二百〇九条
国家应为海地国立大学和公立高等学院之运作和发展提供资金,其组织和选址应考虑地区发展前景。

第二百一十条
鼓励设立研究中心。

---

① 经 2011 年 5 月 9 日宪法增补,2012 年 6 月 19 日生效。

第二百一十一条①

创设公共机构负责规制并监督共和国境内高等教育和科学研究的质量。该机构监督在前述两个领域内工作的公立和私营组织。该机构每年公布有关培训质量的报告,设立相关运作组织的名单。法律规定该机构的名称、组织方式和职责。

第二百一十一 A 条

大学以及私立和公立高等学院均应提供适应国家发展进程和需要的理论性与实用性教育。

第二百一十二条

组织法规定本国大学以及公立和私立高等学院的设立、分布和运作。

第二百一十三条

设立一所海地语言学院以确立克里奥尔语并使之得到科学和谐地发展。

第二百一十三 A 条

可创立其他学院。

第二百一十四条

学院成员的称号纯粹是荣誉性的。

第二百一十四 A 条

法律规定学院的组织和运作方式。

第二百一十五条

本国境内的考古、历史、文化、民间艺术以及建筑遗迹,证明我国的伟大历史,属于国家遗产的一部分。因此,纪念碑、遗址、我们祖先斗争的功绩,我们非洲信仰的著名中心以及所有残存的历史遗迹均受到国家保护。

第二百一十六条

法律规定上述保护在每一领域的特定条件。

第七编 公共财政

第二百一十七条②

共和国财政包括两个部分:中央财政和地方财政。各自由规定的组织和机制管理。

为地方财政的利益,政府规定各地方公共团体间的协商方式。

第二百一十八条③

国家征收的赋税仅得由法律规定。非经地方公共团体同意,不得设立杂费、赋税,无论其属于省、市镇或市镇区。

第二百一十九条

禁止设立税赋方面的区别对待。

征税的例外、增税、减税或取消税种仅得由法律规定。

第二百二十条④

由国库负担的抚恤金、奖金、津贴和补助仅得根据法律支付,国家支付的抚恤金系数将根据因履行公职而支付的薪金的增长率确定。

第二百二十一条

除特别规定予以保留的外,禁止同时担任两个或以上由国家拨付薪金的公职,但担任教职除外。

第二百二十二条

预算及预算执行的程序由法律规定。

第二百二十三条⑤

财政法的执行由预算和公共会计法规制,并由法律规定的服务加以确保。

由议会、高级会计法院和法律规定的其他机构确保财政法的执行监督。

第二百二十四条

国家货币政策由中央银行和经济与财政部联合制定。

第二百二十五条

一个具有法人资格且财政自治的公共自治组织履行中央银行的职能,其地位由法律规定。

第二百二十六条

中央银行享有在共和国境内发行代表货币单位的纸币和硬币以作为法定货币的排他性权利,其名称、重量、图案、面额和使用由法律确定。

第二百二十七条⑥

预算根据法定的分类由政府各部逐条投票通过。

第二百二十七 A 条

经 2011 年 5 月 9 日宪法废止,2012 年 6 月 19 日生效。

第二百二十七 B 条

共和国收支总账由财政部依照法律规定的会计方式保存。

第二百二十七 C 条⑦

前条规定的总账和预算连同会计和行政争议高

---

① 经 2011 年 5 月 9 日宪法修改,2012 年 6 月 19 日生效。
② 经 2011 年 5 月 9 日宪法修改,2012 年 6 月 19 日生效。
③ 经 2011 年 5 月 9 日宪法修改,2012 年 6 月 19 日生效。
④ 经 2011 年 5 月 9 日宪法修改,2012 年 6 月 19 日生效。
⑤ 经 2011 年 5 月 9 日宪法修改,2012 年 6 月 19 日生效。
⑥ 经 2011 年 5 月 9 日宪法修改,2012 年 6 月 19 日生效。
⑦ 经 2011 年 5 月 9 日宪法修改,2012 年 6 月 19 日生效。

级法院的报告,由财政部长在法律规定的期间内提交议会两院。

中央银行的年度负债表、工作报告以及国家的一切其他账目亦适用前款规定。

第二百二十七 D 条

政府的财政年度于每年 10 月 1 日开始,次年 9 月 30 日终止。

第二百二十八条①

议会每年决定:
(1)国家上一年或过去几年的收支账目;
(2)国家总预算。

第二百二十八 A 条

但是,若没有关于投票方式的规定,则在表决时,不得在预算案中增加任何提议或修正案。

第二百二十八 B 条

经 2011 年 5 月 9 日宪法废止,2012 年 6 月 19 日生效。

第二百二十九条

经 2011 年 5 月 9 日宪法废止,2012 年 6 月 19 日生效。

第二百三十条

一般行政账目及所有公共基金账目的检查和支付按照法律规定的方式而有效。

第二百三十一条

无论议会因何种原因未在休会以前及时决定一个或以上部的预算,相关部的预算继续有效,直至议会投票通过新预算。

第二百三十一 A 条

若因政府过错,未能表决共和国的预算,则仅为表决支付预算,共和国总统应立即召集议会召开特别会议。

第二百三十二条

由国库全部或部分补贴的自治机构、企业和团体应由政府通过的特别预算和薪金、工资制度加以管理。

第二百三十三条

为维持连续并审慎地监督政府开支,应在议会每次常会召开时,通过秘密投票选出由十五名成员组成的议会委员会。其中,众议员九名,参议员六名。其负责报告部长的管理工作,以便两院免除部长责任。

该委员会有权雇佣专家协助履行监督职责。

第八编　公共服务

第二百三十四条

海地公共行政机构是国家执行其任务、达到目标的工具。为确保政务可行,应当诚实和有效地对其进行管理。

第二百三十四 A 条②

由国家和地方行政机关联合组成国家公共行政机关。

第二百三十五条

政府雇员和其他官员只为国家服务,其有义务忠诚地遵守公务员法规定的规范和道德。

第二百三十六条

法律确定不同政府结构的组织并规定其运作的条件。

第二百三十六 A 条

法律根据能力、成绩和行为规制公职,法律保障职业安定。

第二百三十六 B 条

公务员是一种职业。仅凭竞争或满足宪法、法律规定的其他条件方可任职,且仅得因法律特别规定的原因方可被免职。免职在任何情况下均应由行政争议法庭宣告。

第二百三十七条

职业公务员不是任何特定政府部门的成员,而是公共服务的成员,因此,其可任职于不同的政府部门。

第二百三十八条

法律指定的官员有义务于就职后三十日内向民事法庭的书记处申报财产,政府审计员应采取其认为必要的一切步骤核实申报的准确性。

第二百三十九条

政府雇员和官员有权组织协会,以在法律规定的条件下捍卫其权利。

第二百四十条

职业公务员无资格担任部长、国务秘书、检察长、特派员与副特派员、大使、共和国总统的私人秘书、内阁成员、自治机构的部门主管以及行政委员会的成员等政务类公职。

第二百四十一条

法律处罚就国库的违法行为以及非法所得行为。

---

① 经 2011 年 5 月 9 日宪法修改,2012 年 6 月 19 日生效。
② 经 2011 年 5 月 9 日宪法增补,2012 年 6 月 19 日生效。

得知前述行为的官员有义务向主管机关报告。

第二百四十二条

非法所得可由各种类型的证据得到证实,特别是公务员就职后取得的财富同他所任职务依法获得的工资收入累计总和严重不成比例而推定为非法所得。

第二百四十三条

官员的上述罪行只有二十年的追诉时效,自其职务终止或阻碍追诉之原因停止时起算。

第二百四十四条

国家有义务避免公务员在薪金上产生巨大差距。

第九编

第一章 经济和农业

第二百四十五条

只要不同公共利益相抵触,应保障经济自由。

国家保护私企,并致力于私有企业以确保最大多数人分享国民财富而增加国民财富的必要条件下得到发展。

第二百四十六条

国家鼓励乡村和城市以合作的形式进行生产、初级产品加工并发展企业精神,以促进国民资本的积累,确保国民资本的持续增长。

第二百四十七条

农业作为国民财富的主要来源,是人民幸福及国家社会经济发展的保证。

第二百四十八条

设立名为"国家农业改革研究所"的特别机构,其负责改造不动产结构,开展农业改革,以有利于土地上的实际经营者。该机构起草农业政策,通过兴建基础设施来优化生产,并保护和管理土地。

第二百四十八 A 条

法律规定基础农业的最小和最大单位面积。

第二百四十九条

国家有义务设立必要的制度以确保土地的最大生产率和国内食品贸易。设立技术和财政管理单位,以帮助市镇的农民。

第二百五十条

除非排他地为了整个社会的利益,不得设立垄断使国家和地方公共团体获益。此类垄断亦不得授予私人。

第二百五十一条

除非发生不可抗力,禁止进口足以供养全国的食品及其副产品。

第二百五十二条

国家有权负责对生产社会必不可少的物品和服务的企业的运作,以确保这些企业在生存受到威胁时仍继续运作。此类企业应组织在统一的管理体系中。

第二章 环境

第二百五十三条

环境是人类生活的天然框架,严格禁止破坏生态平衡的行为。

第二百五十三 A 条①

森林覆盖率一旦低于领土面积的百分之十,应根据工作性质采取特别的措施以恢复生态平衡。

第二百五十四条

国家应组织提高自然环境,确保自然环境获得保护并向所有人开放。

第二百五十五条

为保护森林保护区并扩大植被面积,国家鼓励开发太阳能、风能和其他地方性能源。

第二百五十六条

在保护环境和公共教育的框架中,国家有义务在其境内的特定地点着手设立并维系植物园和动物园。

第二百五十六 A 条②

若国家给出必要的理由,其有权宣布设立一个生态实用区。

第二百五十七条

法律规定保护动植物的条件,并处罚违反者。

第二百五十八条

任何人均不得自国外引进任何种类的废弃物或残渣。

第十编 家 庭

第二百五十九条

国家保护家庭,家庭是社会的基础。

第二百六十条

国家亦保护所有家庭,无论其是否通过结婚组成。国家应致力于援助并帮助母亲、儿童和老人。

第二百六十一条

法律确保一切儿童受到保护。每个儿童均有权得到其父母的爱护、理解、道德上和物质上的关怀。

---

① 经 2011 年 5 月 9 日宪法增补,2012 年 6 月 19 日生效。
② 经 2011 年 5 月 9 日宪法增补,2012 年 6 月 19 日生效。

第二百六十二条

起草家庭法典以确保保护并尊重家庭权,确立寻找亲人的程序。负责保护这些权利的法院和其他政府机构应在最小地方公共团体的层面免费提供帮助。

第十一编 军队和警察部队

第二百六十三条①

公共武装由两个不同的团体组成:

(1)海地军队;

(2)海地国民警察。

第二百六十三 A 条

其他武装力量不得在海地境内存在。

第二百六十三 B 条

警察和军队的一切成员应在其服役时作出忠诚宣誓,并应遵守宪法,并尊重国旗。

第一章 军 队

第二百六十四条②

海地军队包括陆军、海军、空军及技术服务。

海地军队负责保卫国防和共和国的领土完整。

第二百六十四 A 条③

海地军队由一名将军有效地指挥,其称号为总司令。

第二百六十四 B 条

依照宪法规定,海地军队的总司令应自现役将军中选出。

第二百六十四 C 条

总司令任期三年,且可连任。

第二百六十五条④

海地军队不得涉政。其成员不得加入任何集团或政党,且应保持最严格的中立。

第二百六十五 A 条

军队成员根据宪法行使其投票权。

第二百六十六条⑤

海地军队履行下列职责:

(1)战时保卫国家;

(2)捍卫国家免受外来威胁;

(3)确保对陆海空边界的监管;

(4)在警察无法完成其职务时,经政府请求给予援助;

(5)自然灾害时帮助国家;

(6)除以上固有职责外,海地军队亦可履行授予的发展任务。

第二百六十七条

现役军人不得担任政府职务,但临时提供特别服务的除外。

第二百六十七 A 条⑥

若现役军人担任选任性职务的候选人,则其应在选举前两年获得退职或辞职许可。

第二百六十七 B 条⑦

军职是一种实行等级制的职业,其雇佣条件、军衔、晋升、撤职、退役均由海地军队规则决定。

第二百六十七 C 条⑧

军人仅因战时不端行为和犯罪或因违反军纪方可由军事法院审判。

第二百六十七 D 条

军人可终生保有其在海地军队中得到的最后军衔,未经管辖法庭作出最后判决不得剥夺其保有的最后军衔。

第二百六十七 E 条

国家应向各级军人提供福利,充分保障其物质安全。

第二百六十八条

军队参与组织和监督本宪法第五十二 C 条规定的两性混合的强制性公民服务。

年满十八周岁的海地人均有义务服兵役。

法律规定征兵方式、服役期限与规则。

第二百六十八 A 条

一切公民均有权在其住宅范围内实行武装自卫,但未经警长给予有理由的授权,任何人无权携带武器。

第二百六十八 B 条

应通知警方持有火器。

第二百六十八 C 条

军队垄断作战武器和军备物资的制造、进口、出口、使用和持有。

---

① 经 2011 年 5 月 9 日宪法修改,2012 年 6 月 19 日生效。
② 经 2011 年 5 月 9 日宪法修改,2012 年 6 月 19 日生效。
③ 经 2011 年 5 月 9 日宪法修改,2012 年 6 月 19 日生效。
④ 经 2011 年 5 月 9 日宪法修改,2012 年 6 月 19 日生效。
⑤ 经 2011 年 5 月 9 日宪法修改,2012 年 6 月 19 日生效。
⑥ 经 2011 年 5 月 9 日宪法修改,2012 年 6 月 19 日生效。
⑦ 经 2011 年 5 月 9 日宪法修改,2012 年 6 月 19 日生效。
⑧ 经 2011 年 5 月 9 日宪法修改,2012 年 6 月 19 日生效。

第二章　警察部队

第二百六十九条

警察部队是武装团体。

其运作隶属于司法部。

第二百六十九 A 条

设立警察的目的是确保法律与秩序,捍卫公民的生命和财产。

其组织和运作方式由法律规定。

第二百七十条

依照宪法的规定,任命警察总长,任期三年,可连任。

第二百七十一条

设立一所警察研究院和一所警察学校,其组织和运作由法律规定。

第二百七十二条

特别警察部门,特别是监狱管理、消防服务、交警、高速公路警务、犯罪侦查、麻醉品管理、缉私应由法律设立,该法律规制警察部队的组织、运作和分布。

第二百七十三条

警察作为司法系统的辅助者,负责侦查违法和犯罪行为以揭露并逮捕违法犯罪者。

第二百七十四条

"公共武装"的成员在履职时应依照宪法和法律规定的方式和条件承担可能的民事和刑事责任。

第十二编　一般条款

第二百七十五条

政府、私人管理部门以及企业均应在全国性假期和法定假期休假。

第二百七十五 A 条

全国性假期包括:

(1)独立日,1 月 1 日;

(2)英雄日,1 月 2 日;

(3)农业和劳动节,5 月 1 日;

(4)国旗和大学节,5 月 18 日;

(5)维第埃(Vertières)战役纪念日,亦称建军节,11 月 18 日。

第二百七十五 B 条

法定节日由法律规定。

第二百七十六条

国民大会不得批准包含同本宪法条款相抵触的国际条约、公约或协定。

第二百七十六 A 条

国际条约、公约和协定应以法令的形式得以批准。

第二百七十六 B 条

国际条约或协定一经宪法规定的形式得以通过并批准即成为国家法律的一部分,与之抵触的法律应废止。

第二百七十七条

若海地国家加入国家间经济共同体能促进海地共和国的社会与经济发展,且不含任何违反本宪法的条款,则海地国家可加入国家间经济共同体。

第二百七十八条

非因发生内战或外敌入侵,不得宣布领土内任何地方或任何部分戒严。

第二百七十八 A 条

共和国总统宣布戒严的行为应由总理和所有部长副署,并应立即召集国民大会以决定戒严是否适当。

第二百七十八 B 条

国民大会与政府共同决定在戒严区内中止宪法保障的内容。

第二百七十八 C 条

若戒严令生效后经过十五日,国民大会未投票宣布将之延长,则戒严令失效。

第二百七十八 D 条

国民大会应在整个戒严期间开会。

第二百七十九条

共和国总统应在其当选后三十日内向其住所地初审法院书记处申报经公证的动产和不动产清单。任期结束时亦同。

第二百七十九 A 条

总理、部长和国务秘书在其就职和离任三十日内均应遵守相同的申报义务。

第二百八十条

不得因国家高级机构的成员执行特别任务而给予其任何开支或补助。

第二百八十一条

在全国性选举中,国家按投票人数比例负担选举中产生的费用。

第二百八十一 A 条

在全国性投票中获得百分之十选票且在一省获得至少百分之五选票的政党方有资格获得政府资助。

第十三编　宪法修改

第二百八十二条

基于议会两院或政府之建议,并附理由予以支持,议会有权宣布修改宪法。

第二百八十二 A 条

修宪的决议应由议会每一议院三分之二议员通

过始得作出宣告。该宣告仅得于议会最后一次常会期间作出,并应立即公告全国。

第二百八十三条

议会两院在下一会期的第一次会议上组成国民大会,并决定提出的宪法修正案。

第二百八十四条

国民议会仅得在议会两院各自议员至少三分之二出席时方可开会或审议宪法修正案。

第二百八十四 A 条

未获得投票表决者三分之二多数通过时,国民议会不得作出决定。

第二百八十四 B 条

通过的宪法修正案仅在下一任总统就职后方可生效,领导政府通过宪法修正案的总统在任何情况下均不得从修宪中获益。

第二百八十四 C 条

严格禁止通过公决举行修宪的普选。

第二百八十四 D 条

修宪不得损害国家的民主与共和性质。

第十四编 临时条款

第二百八十五条

经 2011 年 5 月 9 日宪法废止,2012 年 6 月 19 日生效。

第二百八十五 A 条

经 2011 年 5 月 9 日宪法废止,2012 年 6 月 19 日生效。

第二百八十六条

经 2011 年 5 月 9 日宪法废止,2012 年 6 月 19 日生效。

第二百八十七条

经 2011 年 5 月 9 日宪法废止,2012 年 6 月 19 日生效。

第二百八十八条

经 2011 年 5 月 9 日宪法废止,2012 年 6 月 19 日生效。

第二百八十九条

在本宪法规定的常任选举委员会设立前,政府国民委员会应设立一个由九名成员组成的临时选举委员会,该委员会负责起草并执行《选举法》以规制下一届选举,其成员按下列方式任命:

(1)政府任命一名,非公职人员;
(2)主教会议任命一名;
(3)协商会议任命一名;
(4)最高法院任命一名;
(5)捍卫人权的机构任命一名,其不得成为选举中的候选人;
(6)大学委员会任命一名;
(7)记者协会任命一名;
(8)新教任命一名;
(9)国民合作委员会任命一名。

第二百八十九 A 条

本宪法批准后两个星期内,相关团体或组织应将其代表名单通知政府。

第二百八十九 B 条

若上述任一团体或组织未任命代表,则政府应填补空缺。

第二百八十九 C 条

总统就职时,临时选举委员会的任务即结束。

第二百九十条

第一届常任选举委员会的成员应经抽签确立,其任期分别为九年、六年和三年,该委员会每次换届三分之一。

第二百九十一条

经 2011 年 5 月 9 日宪法废止,2012 年 6 月 19 日生效。

第二百九十二条

经 2011 年 5 月 9 日宪法废止,2012 年 6 月 19 日生效。

第二百九十三条

经 2011 年 5 月 9 日宪法废止,2012 年 6 月 19 日生效。

第二百九十三 A 条

经 2011 年 5 月 9 日宪法废止,2012 年 6 月 19 日生效

第二百九十四条

经 2011 年 5 月 9 日宪法废止,2012 年 6 月 19 日生效。

第二百九十五条

经 2011 年 5 月 9 日宪法废止,2012 年 6 月 19 日生效。

第二百九十五 A 条[①]

第一届宪法委员会组成时,自政府、国民议会、司法机关最高委员会的候选人名单上第一轮任命的三名成员任期九年,第二轮任命的三名成员任期六年,最后任命的三名成员任期三年。

---

① 经 2011 年 5 月 9 日宪法增补,2012 年 6 月 19 日生效。

第十五编 最终条款

第二百九十六条

一切现行法典、司法手册、法律、法令、法规和命令不同宪法相抵触部分继续有效。

第二百九十七条

经 2011 年 5 月 9 日宪法废止,2012 年 6 月 19 日生效。

第二百九十八条

本宪法经公决通过后两个星期内公布。在共和国官方公报——《箴言报》(le Moniteur)公布时生效。

1987 年 3 月 10 日,即独立一百八十四年,交于太子港立法宫,制宪国民大会所在地。

制宪国民大会名单(略)

洪都拉斯共和国宪法

(1982年国民制宪会议第131号法令通过,修订至2012年)

序 言

我们,根据洪都拉斯人民之独立意志所选出的代表,召开国民制宪会议,祈求上帝和我国建国者的榜样之保护,将我们的信念投入中美洲联盟之恢复并忠实地反映给予我们委托的人民之愿望,故颁布并批准本宪法,以在正义、自由、安全、稳定、多元、代议民主和公共福祉的背景下,加强和永久维持法治,确保政治、经济和文化公正的社会,维护我们的国家并建立充分实现人之为人的权利之条件。

共和国宪法

第一编 国 家

第一章 国家的组织

第一条

洪都拉斯是法治、主权、自由、民主、独立的共和国而建立的共和国,以此确保其居民享受正义、自由、文化及社会和经济福利。

第二条

主权来自于人民,国家的所有权力源自于人民并通过代表行使。

排斥国民主权及篡夺宪定权力应视为叛国罪。此类案件中的责任应不受时效限制,相关行动可由有权机构基于自身的动议或任何公民的申诉而启动。

第三条

任何人均无义务忠于篡权政府或通过武力或者违反或忽视本宪法及其他法律规定的方式或程序而承担公职或公共服务者。此类主体通过的法律无效。人民在捍卫宪政秩序时有权诉诸暴动。

第四条

政府是共和、民主和代议制的。其由三部分组成:立法机关、行政机关和司法机关,三者相互补充、独立且互不隶属。

共和国总统任期的流动是强制性的。

违反本条构成叛国罪。

第五条

政府必须基于参加民主、民族自决及民主参与的原则维系自身,国家统一由此获得,这意味着所有政治群体参与公共行政、政治稳定及社会和平。

为加强民主代表,公民复决、公民投票及公民的法律创议权作为公民参与机制而设立。

公民复决针对普通法律或者已通过的宪法性规范或其修改而启动以由人民决定批准或否决之。

公民投票基于公民的请求,针对宪定权力未作出明确决定的关于宪法、立法或行政的问题而启动。

公民复决和公民投票可在国家、大区、区、县和市镇层面实现。

下列主体享有请求公民复决或公民投票的创议权:

1)依照最高选举裁判庭定期向国民议会提供的数据,在国家选举调查中登记的选民的至少百分之二;

2)至少十名国民议会议员;及

3)根据部长会议的决议,由共和国总统享有。

国民议会必须审查并讨论此类请求,且若其批准之,其必须通过法令确定协商的范围,并命令最高选举裁判庭安排、组织和指导公民协商会。

公民协商会在立法机关获得批准的比例应根据依本宪法进行的协商的主题确定。当其涉及普通的法律和事务时,由议员总数的简单多数通过;当其涉及宪法事务时,由议员总数的三分之二通过。

以国民议会议员总数的三分之二通过的特别法律必须确定实施公民参与机制的程序、要求和其他必要方面。

相应地,唯有最高选举裁判庭方可召集、组织和

---

* 译者:李光晨。

指导公民协商会。

公民协商会必须在与大选相同的日期优先举行。

公民协商会中投票权的行使是强制性的。

若参与上次大选的选民总数的至少百分之五十一赞同且赞成票达到有效票数的过半数,则公民协商会的结果必须得到服从。

特别法律必须确定享有召集非国家层面公民协商会的创议权的主体,以及使其有效的必要参与比例。

最高选举裁判庭一旦在特别法律规定的时间内确定正式结果,必须在十日内就协商会的结果向国民议会报告。国民议会必须通过法令安排由公民协商会产生的规范的实施。

若提交协商会的创议被通过,则无需进行行政机关的批准或否决;结果是,国民议会命令公布已通过的规范。该规范仅可以与其通过相同的程序废除或修改。

在政府同一任期内或下一任期内,不得再度协商同一主题。

第八条

洪都拉斯的官方语言是西班牙语。国家应保护其纯洁并促进其学习。

第七条

国家的象征是:国旗、国徽和国歌。

法律应确定其特征并规制其使用。

第八条

特古西加尔巴城和科马亚圭拉城共同组成共和国的首都。

第二章 领 土

第九条

洪都拉斯的领土位于太平洋和大西洋之间及危地马拉共和国、萨尔瓦多共和国和尼加拉瓜共和国之间。其与上述共和国之间的边界为:

1. 与危地马拉共和国,边界由 1933 年 1 月 23 日于美国华盛顿颁布的仲裁裁决确定;

2. 与尼加拉瓜共和国,边界由洪都拉斯—尼加拉瓜联合边界委员会于 1900 年和 1901 年确定,依据的是 1900 年 6 月 12 日的第二个法案及后来的法案所包含的至特奥特卡辛特的波蒂略(Portillo de Teotecacinte)的第一段分界线的说明,从此处至大西洋,则依照西班牙国王阿方索八世陛下于 1906 年 12 月 23 日作出的仲裁裁决,该裁决于 1960 年 11 月 18 日被国际法院宣布有效。

3. 与萨尔瓦多共和国,边界由 1980 年 10 月 30 日于秘鲁利马签订的共同和平条约的第十六条和第十七条确定,其批准文件在 1980 年 12 月 10 日于洪都拉斯中央大区的特古西加尔巴交换。未定边界应适用上述条约相关条款的规定。

第十条

领土包括其范围内的陆地,其内水和岛屿、小岛,及丰塞卡湾内的在历史、地理和法律上属于其的岩礁,以上均为洪都拉斯的组成部分。此外还包括海湾群岛(Bay islands)、天鹅群岛(the swan lslands,亦称为桑塔尼利岛或桑蒂拉纳岛)、维西奥萨斯(Viciosas)、米斯特里奥萨斯(Misteriosas),以及如下岩礁:萨波蒂略斯(Zapotillos)、科奇诺斯(Cochinos)、比沃里约(Vivorillos)、卡腊塔斯卡(Seal)、卡霍内斯(也称哈比埃斯 Becerro)、大法尔索角(Cabo Falso)、科科罗库马岛(Cocorocuma)、帕洛德坎佩切岛、巴霍群岛(Palo docam peow)、皮乔内斯岛(Bajs Pichines)、梅迪亚卢纳岛(medialnna)、戈尔达岛(Gorda)、萨尔梅迪纳港滩(Los Bamcos)、普罗维登西亚(Providencis)、多科拉尔(Docoral)、法尔索角(Cabo Falso)、罗萨琳达(Rosalinda)、塞拉尼利亚(Serranilla)及所有其他位于大西洋的在历史、地理和法律上属于其的岩礁。

丰塞卡湾可实行特别政体。

第十一条

下列亦属于洪都拉斯国:

1. 十二海里距离的领海,以全部海岸线最低潮为基线测量;

2. 毗连区,其延伸二十四海里,以测量的领海的宽度为基线测量;

3. 专属经济区,其延伸二百海里,以测量的领海的宽度为基线测量;

4. 大陆架,其包括海台的海床和底土,延伸超出领海且沿着领土自然延伸的全长延伸至大陆边缘的外部界限,或在大陆边缘的外部界限未达二百海里距离的情况下替代以测量的领海的宽度为基线的二百海里距离;及

5. 涉及太平洋时,上述测量应从丰塞卡湾入口的封闭线进行,直至公海。

第十二条

国家对大气空间,及其大陆和海岛领土的底土、领海、毗连区、专属经济区及大陆架行使主权和管辖权。

主权的宣告不得忽视互惠基础上其他国家的合法权利,且既不得影响所有国家依照国际法享有的自由航行权,亦不得影响共和国批准的条约或协议之履行。

第十三条

在涉及上述条款的情况下,国家的领土是不可分割和永不磨灭的。

第十四条

外国在共和国领土内仅可基于互惠获得外交代表团驻地所必需的地产权益,且不得违反国际条约的规定。

第三章 条 约

第十五条

洪都拉斯支持国际法的原则和实践、民族团结和自决、不干涉并加强普遍和平与民主。

洪都拉斯宣布必然合法及负责任地履行国际主体的司法和仲裁裁决。

第十六条

所有国际条约在被行政机关批准前必须经国民议会批准。

洪都拉斯与其他国家签订的国际条约一经生效即构成国内法的一部分。

第十七条

当国际条约影响宪法规定时,其必须在被行政机关批准之前通过与修宪相同的程序得到批准。

第十八条

在条约或协议与法律相冲突的情况下,前者应优先。

第十九条

任何机构不得签订、批准损害共和国的领土完整、主权或独立的条约或授予此类特权。

任何为此行为者应以叛国罪接受审判,此类案件中的责任不受时效限制。

第二十条

行政机关签订的任何涉及国家领土的条约或协议应需国民议会以其议员的至少四分之三表决批准。

第二十一条

行政机关可无须满足上述经国民议会批准的要求而就其独立权限范围内的事项签订、批准或奉行与外国或国际组织的国际协议,但必须立即通知国民议会。

第二编 国籍与公民

第一章 洪都拉斯人

第二十二条

洪都拉斯国籍基于出生或归化而取得。

第二十三条

下列为基于出生成为洪都拉斯人的情形:

1. 出生于国家领土内的人,外交代表的子女除外;

2. 出生于国外的儿童,其父亲或母亲为基于出生的洪都拉斯人;

3. 出生于洪都拉斯军用船舶或航空器上的人,及出生于位于洪都拉斯领水内的商船上的人;及

4. 洪都拉斯领土内发现的父母不明的婴儿。

第二十四条

下列为基于归化成为洪都拉斯人的情形:

1. 在洪都拉斯居住满一年的基于出生的中美洲人;

2. 在洪都拉斯连续居住满两年的基于出生的西班牙人和伊比利亚美洲①人;

3. 在洪都拉斯连续居住满三年的所有其他外国人;

4. 因其为洪都拉斯提供的特别服务而取得由国民议会颁布的入籍文件的外国人;

5. 作为由政府基于科学、农业或工业目的而挑选入境的群体之组成部分的移民,其在洪都拉斯居住满一年后即符合法律要求;及

6. 同基于出生的洪都拉斯人结婚的外国人。

在涉及第一项、第二项、第三项、第五项和第六项的情况下,申请者必须在主管机构预先声明放弃其国籍并表明其取得洪都拉斯公民资格的意愿。

若存在关于双重国籍的条约,寻求取得外国国籍的洪都拉斯人不丧失其洪都拉斯国籍。

同样地,外国人也不得被要求声明放弃其国籍。

第二十五条

当居住于洪都拉斯领土内时,任何基于出生的洪都拉斯人不得申请任何其他国籍。

第二十六条

任何归化的洪都拉斯人不得在其出生国代表洪都拉斯担任官职。

第二十七条

结婚或离婚不影响夫妻双方或其子女的国籍。

第二十八条

任何基于出生的洪都拉斯人不得被剥夺其国籍,即便取得其他国籍,该权利仍由其保有。

名为国籍法的特别法律应规制关于政治权利的行使及所有被认为与此相关事项。

第二十九条

基于归化的洪都拉斯国籍在下列情况下丧失:

---

① 指使用西班牙语和葡萄牙语的所有美洲国家和地区的总称。也有另外一种把伊比利亚美洲的概念扩展的说法,认为与上述伊比利亚美洲国家和地区相似的国家,包括原宗主国西班牙和葡萄牙在内,都属于广义的伊比利亚美洲范畴。——译者注

1) 加入外国国籍；
2) 依照法律取消入籍文件。

第二章 外国人

第三十条

外国人自进入共和国领土起即有义务尊重有关当局并遵守法律。

第三十一条

外国人在洪都拉斯享有洪都拉斯人的所有民事权利，法律可基于公共政策、安全或国家利益而设定限制。

外国人亦依照法律承担与洪都拉斯人相同的各类普通税和特别税。

第三十二条

外国人不得在洪都拉斯参与国内或国际主体的政治活动，相应惩罚由法律规定。

第三十三条

除非以与洪都拉斯人相同的方式并在与之相同的情况下为之，外国人不得向洪都拉斯提出任何权利请求或要求任何损害赔偿。

他们不得诉诸外交途径，除非在其被剥夺司法救济权的情况下。据此，不支持权利请求人的判决不视为剥夺其司法救济权。违反本规定者应丧失其在洪都拉斯居住的权利。

第三十四条

外国人仅可在没有洪都拉斯人可担任相应职务或提供相应服务时于法律规定的范围内担任教授科学和艺术的职务或向洪都拉斯提供技术或咨询服务。

第三十五条

外来移民活动应适应国家的社会、政治、经济和人口利益。

法律应规定外来移民进入洪都拉斯的限额和条件，以及其应服从的禁止、限制和惩罚。

第三章 公 民

第三十六条

所有年满十八周岁的洪都拉斯人均具有公民资格。

第三十七条

公民享有下列权利：

1. 选举和被选举；
2. 成为公职候选人；
3. 组建政党，参加或退出政党；及
4. 由本宪法或其他法律确认的其他权利。

在军队和安全部队服现役的公民不享有选举权，但可在法律未禁止的情况下被选举担任公职。

第三十八条

每个洪都拉斯人均有义务保卫国家、尊重相关当局及致力于向国家提供精神和物质支持。

第三十九条

每个洪都拉斯人都必须在国家人口登记处登记。

第四十条

公民负有下列义务：

1. 遵守、捍卫和服从宪法和法律；
2. 取得身份证；
3. 行使选举权；
4. 履行当选公职的职责，除非因正当理由而被免除职责或辞职；
5. 服兵役；及
6. 本宪法和法律所要求的所有其他义务。

第四十一条

公民资格因下列原因而中止：

1. 因重罪而被判入狱；
2. 因犯罪而被最终定罪；
3. 司法判决无资格。

第四十二条

公民资格因下列情况而丧失：

1. 在战争期间向洪都拉斯或其盟国的敌人提供服务；
2. 在任何外交主张中或在国际裁判庭中帮助外国人或外国政府反对洪都拉斯国；
3. 未经国民议会允许，为外国从事军事或政治性质的工作；
4. 限制选举权、伪造选举文件或使用欺诈手段破坏公共意志；
5. 煽动、推动或教唆公职延期或共和国总统改选；及
6. 在涉及归化的洪都拉斯人时，其在未经行政机关事先授权的情况下在国外连续居住超过两年。

在涉及第一项和第二项的情况下，丧失公民资格的宣告应由国民议会基于为此准备的详细记录作出。涉及第三项和第六项时，该宣告应由行政机关通过政府决议作出；涉及第四项和第五项时，该宣告应由行政机关基于适格法院事先作出的有罪判决而通过政府决议作出。

第四十三条

公民资格因下列情况而恢复：

1. 犯罪指控被证实驳回；
2. 宣告无罪的最终判决；
3. 大赦或特赦；
4. 服刑。

第四章 选举与政党

第四十四条

选举是权利及公共职责。

投票应是普遍、强制、平等、直接、自由和秘密的。

第四十五条

对公民参与国家政治生活的任何行为的禁止或限制均应受惩罚。

第四十六条

通过法律规定的比例代表制或多数代表制通过,宣告之前经普选产生的候选人当选。

第四十七条

合法登记的政党为公法机构,其存在和自由行使职能受到本宪法和法律的保护,以使公民有效参与政治。

第四十八条

禁止政党反对政府的共和、民主和代议制度的企图。

第四十九条

国家应依照法律帮助提供政党的经费。

第五十条

政党不得接收外国政府、组织或机构的捐赠或补贴。

第五章 选举职能

第五十一条

设立最高选举裁判庭,其自主且独立,具有法人资格,在整个共和国享有管辖权限和资格,其组织和职能由本宪法和法律设定。本宪法和法律平等设立与之相对的另一选举机构,旨在处理与选举程序和活动相关的一切事项。

规制选举事项的法律仅可经国民议会全体议员的三分之二特定多数表决方可修改或废除,当该创议并非来自最高选举裁判庭时,必须由其事先作出决议。

第五十二条

最高选举裁判庭由三名正式司法官和一名候补司法官组成,由国民议会全体议员的三分之二赞成票选出,任期五年且可再次当选。

担任最高选举裁判庭司法官者应符合下列要求:是基于出生的洪都拉斯人,年龄超过二十五周岁,具有公认的道德和能力以担任该职务并具有完全民事行为能力。

有下列情形者不得被选为最高选举裁判庭的司法官:

1. 无能力担任最高法院法官;
2. 被任命担任或行使大选职务;及
3. 在法律规定的政党内承担指导责任。

最高选举裁判庭司法官除在选举日投票外不得以直接或间接方式从事或参与任何政党政治活动,亦不得担任教学以外的任何其他有偿职务。

第五十三条

最高选举裁判庭正式司法官以轮流的形式从自身中选出任期一年的主席,其可再次当选。

第五十四条

国家人口登记处是独立机构,具有法律的、技术的和独立的人格;其设在共和国首都并在国家领土内享有管辖权。

登记处由国民议会全体议员的三分之二赞成票选出任期五年的一名主任和两名副主任管理。

其必须具备大学学位,极高的技术和道德水准,并遵循与共和国宪法设定的担任最高选举裁判庭司法官相同的要求和无能力任职情形。

第五十五条

国家人口登记处除法律赋予其的职能外,亦为负责民事登记的机构,向所有洪都拉斯人颁发独一无二的身份证并以适当方式免费向最高选举裁判庭固定提供所有必要信息以起草国家选举调查报告。

第五十六条

国家选举调查报告是公开、固定和不可改动的。公民的登记,以及因死亡而进行的调整,地址的改变,公民资格的中止、丧失或恢复,应在法律规定的时间内以法律规定的方式进行。

第五十七条

对法律规定的选举犯罪进行追诉是一项公共权利且时效为四年。

第五十八条

选举犯罪和轻罪应在普通法院依照普通法律进行审判,不具有特殊法律地位。

第三编 宣告、权利与保障

第一章 宣 告

第五十九条

人是社会和国家的最高目的,二者均有义务尊重和保护之。

人的尊严神圣不可侵犯。

为保障本宪法确认的权利和自由,设立国家人权专员。

国家人权专员的组织、特权和性质由特别法律规定。

第六十条

所有人在法律面前均生而自由和平等,洪都拉斯不存在特权阶层,所有洪都拉斯人在法律面前一律平等。

基于性别、种族、阶层或任何其他有损人的尊严之理由的所有形式的歧视均应受惩罚。

法律应规定违反本条者的犯罪与惩罚。

第六十一条

宪法保障所有洪都拉斯人及居住在洪都拉斯的外国人之生命不受侵犯的权利,个人安全、自由和法律面前平等的权利,及财产权。

第六十二条

任何人的权利均受到他人权利、共同安全以及公共福祉和民主发展之正当要求的限制。

第六十三条

本宪法中列举的宣告、权利和保障不得视为取消来自国家主权、民主和代议制的政府及人的尊严的未列举的其他宣告、权利和保障。

第六十四条

法律和政府规章或任何其他规制本宪法所确认的宣言、权利和保障之实施的规定若克减、限制或规避该权利和保障,则应为无效。

第二章 个人权利

第六十五条

生命权神圣不可侵犯。

第六十六条

废除死刑。

第六十七条

胎儿在法律规定的权利范围内应视为已出生。

第六十八条

人人享有使其身体、心理和道德的完整得到尊重的权利。

任何人均不应遭受酷刑或残忍、非人道或有辱人格的惩罚或对待。

任何被剥夺自由者均应受到尊重其固有的人的尊严之对待。

第六十九条

个人自由神圣不可侵犯并仅可根据法律而被限制或临时中止。

第七十条

所有洪都拉斯人均有权做任何不伤害他人之事。同样地,任何人不得被强迫做未合法规定之事或被禁止做法律未禁之事。

任何人不得做自己的法官,也不得通过暴力主张其权利。

任何个人服务不得被强征,亦不得免费提供,除非基于法律或依法律作出的判决。

第七十一条

未经适格审判机构的处理,任何人不得被拘留或禁止通信超过二十四小时。

为调查而进行的司法拘留不得超过自拘留时起的六日。

第七十二条

思想表达应是自由的,并可通过任何传播方式进行,不受事先审查。滥用此项权利或以直接或间接方式限制或克减思想和意见之交流和流通者应负法律责任。

第七十三条

印刷厂、无线电广播站、电视台和任何其他信息宣传和传播的方式,以及其机器和设备,不得被强占或没收,亦不得因涉及思想和意见传播的犯罪或轻罪而被停止或中断工作,但前提是不损害依照法律由此产生的责任。

任何旨在传播思想的组织不得接受外国政府或政党的补贴,法律应设定违反本规定的惩罚。

报纸和广播的管理及电视新闻广播,以及对其的知性、政治和行政解释应由基于出生取得洪都拉斯国籍之人专门行使。

第七十四条

思想和表达自由的权利不得以间接方式进行限制,诸如对新闻出版、无线电广播频率或用于信息传播的设备滥用政府或私人控制。

第七十五条

规制思想表达的法律可设立事先审查制度以保护社会的道德和文化价值,以及人的权利,尤其是儿童和青少年的权利。

消费酒精饮料和烟草的商业广告应受法律规制。

第七十六条

保障荣誉权、个人隐私权、家庭权及个人尊严权。

第七十七条

所有宗教信仰和宗教习俗的行使自由均受平等保障,但其不得违反法律和公共政策。

第七十八条

保障结社和集会自由,但其行使不得违背公共政策或公共道德。

第七十九条

人人有权为其任何共同利益而以公开示威游行或临时集会的方式进行非武装的和平集会,无须通知或特别批准。

为确保公共秩序之全部目的,露天集会和政治性集会应经特别批准。

第八十条

任何人或人的联合有权为私人或共同利益向相关机构请愿,并有权在法律规定的时间内得到及时答复。

第八十一条

人人有权在国家领土内自由迁徙,以及离开、进入和逗留。

任何人不得被强迫改变其住所或居所,除非在特殊情况下并依照法律。

第八十二条

辩护权神圣不可侵犯。

共和国居民享有自由向法院提起诉讼的权利。

第八十三条

国家应指定律师以为贫困者进行辩护并保护未成年人和其他无能力者及其利益。律师应向他们提供法律帮助并在维护其个人自由和其他权利的过程中作为其合法代表。

第八十四条

任何人非基于适格机构的令状不得被逮捕或拘留,该令状应依照合法程序并因法律事先规定的理由而颁发。

尽管如此,为将现行犯①送交相关机构之全部目的,任何人均可拘捕之。

被拘留者必须在受逮捕时被绝对清楚地告知以其权利和所受指控。此外,相关机构必须允许其将被拘留的情况通知亲属或其选择的人。

第八十五条

任何人不得被拘留或监禁于法律规定以外的地方。

第八十六条

刑事被告人在被拘留时有权同已定罪者分开。

第八十七条

监狱是旨在社会安全和社会保护的设施,其应被用于对囚犯重返社会及其就业训练的努力。

第八十八条

禁止以任何形式的强迫或胁迫取得供述。

在犯罪、矫正或警察事项中,任何人不得被强迫针对自己、其配偶和家庭成员,也不得被强迫针对其四代以内的血亲或两代以内的姻亲作证。

在适格法官面前提出的证人证言方为有效证据。

违反任何此类原则取得的证人证言应为无效,且相关责任人应受到法律规定的惩罚。

第八十九条

只要未被依法证明有罪,任何人应被推定为无罪。

第九十条

除非由适格法官或裁判庭依照法律及其设定的程序、权利和保障进行,任何人不受审判。

军事管辖针对军事性质的犯罪或不法行为,军事法院在任何情况下均不得将其管辖权扩展至非军队现役人员。

第九十一条

若军事性质的犯罪或不法行为涉及平民或退伍士兵,该案件应由适格的普通司法机关审理。

第九十二条

除非有令人信服的证据证明存在应受剥夺自由之惩罚的犯罪或轻罪,且有合理迹象表明谁是犯罪人,不得提起任何正式指控。

传讯应以同样方式进行。

第九十三条

若任何人依照法律提供了有充分保证能力的保释保证人,则其不得被送入监狱,即便依申请公诉书亦不可。

第九十四条

未经庭审审理并定罪,且未经法官或适格主体作出最终判决,任何人不受惩罚。

在涉及藐视法庭及民事或劳动争议中相同性质的其他措施的案件以及涉及罚款或警察逮捕的案件中,被告均应得到审理。

第九十五条

任何人不受法律未事先规定的惩罚,也不得因已经事先审判的同一应罚行为而再次受审。

第九十六条

任何法律不得有溯及力,除非在刑事案件中新法有利于被告。

第九十七条

任何人不得被处以声名狼藉、剥夺公权或没收财产的刑罚。

设立终身监禁刑。刑法基于发生严重、冒犯和有辱人格的犯罪情节确定适用该刑罚的犯罪,上述犯罪情节的发生根据其影响导致全国范围的骚乱、排斥、侮辱和矛盾来确定。

针对单个犯罪的自由刑和数罪并罚由刑法规定。

第九十八条

任何人不得因非由犯罪或轻罪引起的债务或义务而被拘留、逮捕或监禁。

第九十九条

住宅神圣不可侵犯。未经居住者同意或适格机构发布命令,不得进入或搜查住宅。但是,住宅可在紧急情况下被搜查以防止犯罪或轻罪或避免重大的人身伤害或财产损失。

---

① 原文此处为拉丁文"in flagrante delicto",意为"正在犯罪的,现行犯的"。——译者注

除非在紧急情况下,对住宅的搜查不得在晚上七点和次日早上六点之间进行,且不得因此而承担责任。

法律应规定关于实施进入、检查或搜查的方式之要求和程序,以及实施上述行为的主体所伴随的责任。

第一百条

人人享有信件、特别邮件、电报和电话交谈不受侵犯和保密的权利,除非基于法庭命令。

商人的书籍和信件及私人文件仅可由适格主体依照法律进行检查和监督。

被侵犯或强占的本条提及的信件、书籍和文件不得在审判中作为证据。

在任何案件中,与诉讼事项无关的私人事务的秘密应得到保守。

第一百〇一条

洪都拉斯以法律规定的形式和条件确认庇护权。

当庇护依法被撤销或否定时,政治难民或避难者在任何情况下均不得被遣返其声索国的领土内。

国家不得授权引渡被指控犯有政治犯罪或涉及普通犯罪者。

第一百〇二条

任何洪都拉斯人不得被放逐或送交至外国当局。

在涉及任何类型毒品贸易的犯罪、恐怖主义和任何其他有组织犯罪的情况下,以及当与声索国存在引渡条约或协议时,不适用上述规定。

洪都拉斯人在任何情况下均不得因政治犯罪或涉及普通犯罪而被引渡。

第一百〇三条

国家应确认、保障并促进广义的个人财产之存在作为一项社会职能且不得对其设置比法律因必要原因或公共利益所设限制更大的限制。

第一百〇四条

所有权不妨碍国家的征用权。

第一百〇五条

禁止没收财产。

财产权不得因政治犯罪而受到任何形式的限制。收回被没收财产的权利不受时效限制。

第一百〇六条

除非基于法律或合法判决所确定的公共需要或公共利益并事先给予经核定的补偿,任何人不得被剥夺其财产。

在战争或国内动乱的情况下,无需事先支付补偿;但是,相应的支付应在不迟于紧急状态结束后两年进行。

第一百〇七条

根据取消相关行为或合同的惩罚措施,国家土地和地方土地、社区土地,或位于与邻国边界线相邻区域的个人土地,位于两大洋沿岸直至国家内部四十公里宽度的土地,以及处于岛屿、岩礁、礁脉、悬崖、岩石、浅滩和沙洲上的土地可基于仅由本生的洪都拉斯人、完全由洪都拉斯人组成的公司以及国家机构进行的任何命名而被取得、支配或占有。

在前款规定范围内的城市土地之取得应由特别法律处理。

土地登记应禁止记录违反本条的文件。

第一百〇八条

每位作者、发明人、生产者或商人根据法律对其作品、发明、商标或商号享有排他所有权。

第一百〇九条

税收并非没收。

任何人不得被强制缴纳未经国民议会例会依法通过的税款或其他税负。

任何机构不得设定违反本条的数额,否则应承担法律规定的责任。

第一百一十条

任何自由管理其财产者不得被剥夺通过和解或仲裁解决其民事事务的权利。

第三章 社会权利

第一百一十一条

家庭、婚姻、母亲和儿童受国家保护。

第一百一十二条

男女之间缔结婚姻的自然权利以及夫妻双方在法律上的平等得到确认。

在适格人员面前缔结且符合仅由法律要求的条件之民事婚姻有效。

平等享有缔结婚姻之权利的人之间的事实婚姻得到承认,法律规定其条件以赋予其婚姻的效力。

禁止同性间的婚姻和事实婚姻。

依外国法律缔结或被承认的同性间的婚姻或事实婚姻在洪都拉斯无效。

第一百一十三条

作为解除婚姻约束之途径的离婚得到承认。

法律应规定离婚的理由及效力。

第一百一十四条

所有儿童有同样的权利和义务。

不认可血统资格,任何出生登记或涉及血统的文件中不得含有关于出身或父母婚姻状况之差异的任何表述。

第一百一十五条

确认生父的调查得到允许,其程序应由法律规定。

第一百一十六条

基于婚姻或事实婚姻而结合的人们的收养权得到承认。

禁止构成同性的婚姻或事实婚姻者收养子女，法律规制相关实施办法。

第一百一十七条

老年人应受国家的特别保护。

第一百一十八条

家宅应为旨在对其进行保护和促进的特别立法的主题。

第四章 儿童的权利

第一百一十九条

国家有义务保护儿童。

儿童应享受保护其权利的国际条约为其提供的保护。

儿童保护法是公共政策事项，服务于此目的的政府机构应具有社会福利中心的地位。

第一百二十条

有身体或精神缺陷的未成年人、行为异常者、孤儿，以及被抛弃的儿童应适用旨在根据具体情况致力于其恢复、管理和保护的特别立法。

第一百二十一条

父母有在其子女未成年期间或法律规定的其他情况下抚养、帮助和教育其子女。

国家应向其父母或监护人没有经济能力的未成年人提供特殊保护，对其进行照顾和教育。

在同等条件下，上述贫困的父母或监护人应在担任公共职务方面享有优先权。

第一百二十二条

法律应设立审理家庭和青少年事项的管辖权和特别法院。

任何未满十八周岁者不得被监禁于看守所或监狱。

第一百二十三条

所有儿童应享受社会保障和社会教育的利益。

每个儿童均有健康成长和发展的权利，在其出生前的阶段，其应被给予特别照顾，母亲亦享有和儿童同样多的照顾，二者均有权获得食品、房屋、教育、休闲、锻炼和充分的医疗服务。

第一百二十四条

每个儿童必须被保护以免受任何形式的遗弃、虐待和剥削，任何儿童均不得成为任何形式的奴役的对象。

任何儿童在达到足够的最低年龄之前不得工作，亦不得被允许从事任何有损其健康、教育或者阻碍其身体、心理或道德发展的行业或职业。

禁止其父母或其他人利用未成年人进行乞讨，法律应对违反本条者设定相应的惩罚。

第一百二十五条

传媒应配合儿童的培养和教育。

第一百二十六条

无论何种情况下，每个儿童均应是首先受到帮助、保护和协助者之一。

第五章 劳 动

第一百二十七条

人人享有在公平和令人满意的工作条件下工作，自由选择和放弃职业，以及被保护免受失业的权利。

第一百二十八条

管理雇主和工人间关系的法律为公共政策事项，涉及放弃、克减、限制或规避下列保障的所有法案、契约或协议应为无效：

1. 通常白天工作不得超过八小时每日，也不得超过四十八小时每周①。

通常夜间工作不得超过六小时每日或三十六小时每周。

通常白天夜间连续工作不得超过七小时每日或四十二小时每周。

所有工作均应以相当于每周四十八小时的费率支付报酬。加班应以法律规定方式支付报酬。

上述规定不适用于法律明确规定的例外情形。

2. 任何工人均不得被要求在连续二十四小时内的任何阶段从事工作累计超过十二小时，法律规定的情形除外。

3. 在岗位、工时、效率条件和工龄相同情况下，同样的工作应无差别地获得同样的报酬。

工资必须以法定货币支付。

4. 工资、损害赔偿金和社会保障金的数额应依法构成优先债权。

5. 每位工人均有权享受足以满足其家庭正常的物质、道德和文化需要的最低工资标准，该标准在国家、雇主和工人的参与下，依照各种工作的共同标准、各地和各类工作的特殊情况、生活支出、工人的相关技能及企业的支付制度而定期确定。

最低工资标准亦应因集体合同或协议规制的尚未开展的活动而确定。

---

① 原文此处为"nor forty-hour hours a week"，根据下文，其中"forty-hour"似应为"forty-eight"之误。——译者注

最低工资应免于扣押、补偿或扣减,除非依照管理家庭和商业联盟之义务的法律。

6. 在其组织机构的场所中,雇主必须奉行和实施关于卫生和健康的法律规定并在工作中采取充分的安全措施,以有助于防止职业危险和确保工人的身心完整。

农业计划中的雇主亦应遵循相同的安全制度。对妇女和未成年人应提供特殊保护。

7. 未满十六周岁的未成年人和依国家立法而接受义务教育的年满十六周岁者不得受雇从事任何工作。

当其自身或者其父母或兄弟姐妹认为其工作不可缺少,劳动部门可授权其从事工作,但其工作不得妨碍其遵循义务教育的要求。

未满十七周岁的未成年人,无论从事何种工作,其工作时段必须是白天,且不得超过六小时每日或三十小时每周。

8. 工人应有权获得每年一度的休假,其期限和时间应由法律规定。

在任何情况下,工人应有权在其已获得的休假和视其工作时间而定的休假期间获得工资支付。

休假不得以工资支付抵消,也不得累积,雇主有义务给予工人休假且工人必须接受。

法律应规制该义务并应规定允许休假的累积和抵消的例外情形。

9. 工人有权在法定节假日带薪休假。法律亦应规定何种工作不受本规定的约束,但在此种情况下工人有权进行加班。

10. 工人每周获得第七日报酬的权利由此得到确认,固定工应每年额外获得一个月的报酬作为圣诞节奖金。法律应规定适用本条的条件和方式。

11. 妇女有权获得产前和产后休假,且不得因此而失去工作或工资。其在护理期间有权每天获得休息时间以看护孩子。雇主不得终止孕妇的雇佣合同,即使在产后亦不可,除非在法律规定的情形和条件下,基于在适格法院展示的正当理由。

12. 雇主应被要求依法就工伤和职业疾病向其工人提供补偿。

13. 罢工或闭厂的权利得到确认,法律应规制其行使并可在经详细说明的公共服务方面使其受到特别限制。

14. 工人和雇主有权专为与其经济和社会活动相关的目的依法通过组成商业联盟或职业团体而自由结社。

15. 国家应保护雇主与工人之间的个人和集体合同。

第一百二十九条

法律依照产业和职业的特点及对其进行区别的正当理由保障工人工作的稳定。无论在任何时候基于最终判决而受到不正当解雇,工人应有权选择获得未付工资损失的补偿及法定赔偿和协定赔偿,或选择恢复基于实际损失和间接损失而确认的未付工资。

第一百三十条

家庭手工业者应基于对其工作特点的考虑享有与其他工人类似的法律地位。

第一百三十一条

家政人员应受社会立法的保护。在工业、商业和社会企业及其他类型性质的组织中提供家政服务者应视为体力劳动者并享有赋予他们的权利。

第一百三十二条

法律应规制下列人员的雇佣:农业、畜牧业和林业工人,陆地、空中、海洋、内陆水运和铁路运输工人,采矿和石油工人,商业雇员,以及所有其他在特殊条件下被雇佣的雇员。

第一百三十三条

独立脑力劳动者及其工作成果必须被保护立法所覆盖。

第一百三十四条

由雇主和工人关系产生的所有争议应诉诸劳动司法管辖权,法律应规定规制该司法管辖权的相应规则及其实施机构。

第一百三十五条

劳动法应以作为生产要素的资本和劳动之间的和谐为基础。

国家必须保护工人的权利,同时也保护资本和雇主。

第一百三十六条

工人可分享雇主的收益,但不得承担其风险或损失。

第一百三十七条

在同等条件下,洪都拉斯工人应享有优先于外国工人的权利。

禁止雇主在各自企业内雇佣少于百分之九十的洪都拉斯工人及向他们支付少于应付工资总数的百分之八十五。上述百分比可在法律规定的例外情形下进行调整。

第一百三十八条

为实施上述保障和劳动法,国家应监督和检查企业并在必要时对其施以法律规定的惩罚。

第一百三十九条

国家有义务推动、组织和管理旨在和平解决劳动争议的和解和仲裁程序。

第一百四十条

国家应推动工人的职业和技术训练。

第一百四十一条

法律应根据其资本和工人总数决定哪些雇主应被要求向工人及其家庭提供教育、健康、居住和其他服务。

第六章 社会保障

第一百四十二条

任何人有权在工作障碍或无能力而无法从事有偿工作的情况下获得其生活经济来源保障。

社会保障服务应由洪都拉斯社会保障机构提供和管理并应覆盖下列范围：疾病、母亲、家庭补助、老人、孤儿、闭厂、工伤、非自愿失业、职业疾病，以及影响生产能力的其他可能事件。

国家应设立社会福利机构，其应作为拥有单一制度体系的单位在所有利益相关方和国家的促进下运行。

第一百四十三条

国家、雇主和工人被要求贡献于社会保障的融资、改进和扩充。社会保障体系应以渐进方式建立，涉及其所覆盖的可能事件的种类以及地理区域和受保护工人的类型。

第一百四十四条

将社会保障体系扩展至城乡工人应被认为符合公共利益。

第七章 健 康

第一百四十五条

人们健康的保护权利由此得到确认。

人人有义务参与个人和社区卫生的促进与保持。

国家应维持令人满意的环境以保护每个人的健康。

第一百四十六条

国家有义务通过其适当的代理机构或机构来管理、监督和控制所有食物、化学、制药和生物产品。

第一百四十七条

法律应规制精神药品的生产、运输、持有、捐赠、使用和销售，其可在适格机构的监督下仅被指定用于医疗卫生服务和科学实验。

第一百四十八条

旨在预防酒精中毒、吸毒成瘾和药物依赖的洪都拉斯机构由此设立，其应由特别法律规制。

第一百四十九条

行政机关应通过公共卫生部和社会福利部以国家卫生计划协调相关领域的中央和地方机构的所有公共活动，该计划应给予最需要的群体以优先权。

第一百五十条

行政机关应推动旨在改进所有洪都拉斯人营养水平的综合项目。

第八章 教育和文化

第一百五十一条

为文化的保护、发展和传播，教育是国家的一项重要职能，其必须不受任何限制地将其利益扩展至全社会。

公共教育应为世俗的并应基于民主的基本原则。其应向所有学生传授和促进对洪都拉斯爱国精神的深刻感受并应直接关联于国家的经济和社会发展进程。

第一百五十二条

父母有选择其希望给予其孩子的教育类型的优先权利。

第一百五十三条

国家有义务促进人民的基础教育，并为此目的设立必要的管理和技术机构，该机构直接隶属于公共教育办公室中的国务秘书。

第一百五十四条

消除文盲是国家的基本任务，所有洪都拉斯人均有义务配合该目标的实现。

第一百五十五条

国家确认和保护研究、教育和教学自由。

第一百五十六条

正式教育的等级应由法律规定，高等教育除外，其为洪都拉斯国家自治大学的排他权限。

第一百五十七条

除高等教育外的正式教育体系的所有等级教育应由行政机关通过公共教育秘书处专门进行授权、组织、指导和监督，其应管理该体系内全由公款提供财政支持的所有机构。

第一百五十八条

任何教育机构不得提供质量低于法定水平的教育。

第一百五十九条

公共教育秘书处和洪都拉斯国家自治大学在不损害各自独立权限的前提下，应采取必要措施使公共教育的全部课程整合为前后一致的体系，以使所有学生令人满意地达到高等教育的要求。

第一百六十条

洪都拉斯国家自治大学是国家的独立机构，拥有法人资格。其拥有组织、指导和发展高等教育和职业教育的特权。其应致力于科学、人文和技术研究，普遍消除文盲，及国家问题的研究。其应参与洪都拉斯社会的转变。

法律和大学的内部章程应确定其组织、职能和属性。

为私立大学的创立和运行,应依照本宪法规定的原则颁布特别法律。

只有由洪都拉斯国家自治大学以及其承认的私立大学和外国大学所授予的学位方具有官方效力。

洪都拉斯国家自治大学是被授权决定吸收毕业于外国大学的专业人员的唯一机构。

只有拥有有效学位者方可从事职业活动。

由行政机关授予的非大学学位应具有法律效力。

第一百六十一条

国家应致力于洪都拉斯国家自治大学的维持、发展和扩大,必须每年给予其不少于共和国纯收入预算的百分之六的拨款,借贷和捐赠的数额除外。

洪都拉斯国家自治大学免缴任何形式的税款或社会保险金。

第一百六十二条

鉴于其自主和教育地,教师拥有社会职能和人的职能,该职能因教师对其学生、其工作机构和社会的学术和道德责任而确定。

第一百六十三条

教师培训是国家的专属职能和责任,教师是管理、组织、指导、进行或监督教育工作且其职业为教学的人。

第一百六十四条

基础教育的教师应免缴所有针对其工资或退休金的税款。

第一百六十五条

法律应保障教师的工作稳定,与其高尚使命相称的生活水平,以及足够的退休金。

应颁布洪都拉斯教师法。

第一百六十六条

所有自然人和法人有权依照本宪法和其他法律设立教育中心。

教师与此类私人机构所有人之间的工作关系应由教育法管理,但不得损害劳动立法中创设的利益。

第一百六十七条

位于农村地区的农场、工厂和其他生产中心的所有人有义务为其固定工子女的利益,在学龄儿童的人数超过三十人或其在边界地区超过二十人时,设立和维持基础教育的学校。

第一百六十八条

共和国宪法及洪都拉斯历史和地理的教学是强制性的并应委之于洪都拉斯教师。

第一百六十九条

国家应支持和促进残障人士的教育。

第一百七十条

国家应通过图书馆、文化中心和所有传播形式促进课外教育的发展。

第一百七十一条

公共教育应是免费的,并且基础教育应为强制性的且其费用完全由国家承担。国家应相应设立必要的强制性机制以实施该规定。

第一百七十二条

洪都拉斯的所有人类学、考古学、历史和艺术财富构成国家文化遗产的一部分。

法律应设定规范以作为根据具体情况对其进行保存、恢复、维持和归还的基础。

所有洪都拉斯人均有义务保护国家遗产并防止其非法转移。

国家应保护各地的自然景观、历史遗迹和保护区。

第一百七十三条

国家应保护和促进所有本土文化以及国家的民俗、流行艺术和手工艺的真实展示。

第一百七十四条

国家应促进对体育和运动的热情及其实践。

第一百七十五条

国家应促进和支持因其在法律、哲学、科学或文学上的创造性而为国家发展作出贡献的本国和外国作家的作品之传播。

第一百七十六条

国家的大众传媒应提供教育和文化服务,私人传媒必须配合该目标的实现。

第一百七十七条

确立强制加入职业团体的制度,职业团体的组织和职能由应由法律规定。

第九章 住　宅

第一百七十八条

所有洪都拉斯人均有权获得体面的住宅,国家应设计并实施社会福利住宅计划。

法律应依照公共利益规制住宅和房屋的出租及城市土地和建筑的使用。

第一百七十九条

国家应促进、支持和管理用于解决住宅问题的内部和外部资源的利用体系和机制之创设。

第一百八十条

国家为住宅筹集的所有内部或外部的借款和贷款应由法律为借贷的最终使用者之利益而管理。

第一百八十一条

住宅社会基金由此设立,其目的应为发展城乡地区的住宅,特别法律应规定其组织和职能。

第四编 宪法保障

第一章 人身保护和所有权保护

第一百八十二条

国家确认人身保护令状和个人出庭令状。因此,任何其权利受到侵害者或其代表有权在下列情况下提出请愿:

1. 当其在行使个人自由时受到非法监禁或拘留或者受到任何形式的限制;及

2. 在其被合法监禁或拘留期间,该被监禁或拘留者受到折磨、酷刑、骚扰、非法要求,或任何其他胁迫、限制,或并非其安全或监狱秩序所必要的干扰。

人身保护令状可以口头或书面形式、使用任何沟通方式、在工作日或非工作日的任何时间免费提出,无须任何特别权力或任何法律手续。

法官或其他机构不得驳回寻求人身保护令状的请愿并有不可推卸的责任立即制止对个人自由或安全的侵犯。

未接受此类请愿的法院应承担相应的刑事和行政责任。

任何下令隐瞒被拘留者的机构或实施隐瞒的代理人,或以任何其他方式侵犯本条之保障者,应以非法拘捕罪论处。

第一百八十三条

国家确认所有权保护令状。

因此,任何其权利受到侵害者或其代表有权为下列目的提出寻求所有权保护令状的请愿:

1. 使其依本宪法所享有的权利和保障得以维持或恢复;及

2. 在相关机构的法律、裁决或行为无法约束请愿者且因违反、克减或限制本宪法所保障的任何权利而不适用的特定情况下,寻求确认判决。

寻求所有权保护令状的请愿应依照法律提出。

第二章 违宪和再审

第一百八十四条

法律可因其形式或内容而被宣布违宪。

最高法院对审理和裁决此类事项享有初审和排他管辖权且必须依照规范最终判决的要求作出其裁决。

第一百八十五条

法律的违宪性及其不可适用性之宣告可由任何认为自身之直接的、个人的且合法的利益受到侵害者提出请愿:

1. 以诉讼方式在最高法院提出;

2. 以在任何司法程序中主张的辩护的方式进行;及

3. 法官或法院在任何司法程序中可于作出裁决前直接请求关于法律的违宪性及其不可适用性的宣告。

第一百八十六条

任何权力或机构不得干涉其他法院中的未决诉讼或已宣判的再审案件,除非已决刑事和民事案件在任何时候为被定罪者的利益,并基于其自身的要求或任何其他人的要求,或公共部门的要求,或基于法院自身的动议,而再审。

第三章 保障的限制或中止

第一百八十七条

第六十九条、第七十一条、第七十二条、第七十八条、第八十一条、第八十四条、第九十三条、第九十九条和第一百○三条中规定的权利的行使可在侵犯国家领土、严重妨碍和平、流行病或其他普遍灾害的情况下或者基于共和国总统与部长会议的一致同意,以应包含下列内容的法令而被中止:

1. 证明该中止之合理性的理由;

2. 受到限制的保障;

3. 该限制所影响的范围;及

4. 该限制的存续期间。另外,议会应在三十日内基于同一法令被召集以审查该法令并批准、调整或否决之。

在议会正处于会期的情况下,其应立即审查该法令。

保障的限制每次不得超过四十五日的期限。

若在该限制的期限届满前,其所依据的理由已消失,则其应停止生效,且在此种情况下,每位公民均有权推动其修正。在四十五日的期限届满时,保障应自动恢复,除非新的限制被决定。

保障的限制之决定不得影响国家行政机关行使职能,其成员应保持享有法律授予的豁免和特权。

第一百八十八条

前一条中提及的保障的被中止范围在中止期间应由紧急状态法规制,但无论该法还是任何其他法律均不得规定已被提及的保障之外的任何保障的中止。

同样地,在中止期间不得在中止被决定时的生效法律的规定之外设立新的犯罪或实施新的惩罚。

第五编　政府机构

第一章　立法机关

第一百八十九条

立法机关由代表大会构成,其应由直接选举产生。其应于每年1月25日在共和国首都召集必要会议外的例行会议并于同年10月31日闭会。

会议可以基于一名或多名议员的创议或行政机关的要求之议会决议而延长必要的时间。

议会的休会应由其内部规则确定。

第一百九十条

国民议会应召开特别会议:

1. 基于行政机关的要求;

2. 当其常务委员会予以召集时;及

3. 当其过半数成员同意时。

在此类情况下其应仅处理各自的会议法案中所陈述的事务。

第一百九十一条

当行政机关、其他机构、不可抗力或天灾阻碍议会就职或开会时,五名或五名以上议员可在共和国的任何地方召集国民议会特别会议。

第一百九十二条

国民议会就职和开会的法定出席人数应为其过半数成员方为足够。

第一百九十三条

无论国民议会自身还是国家的任何其他机构或私人团体均不得阻碍议会就职、开会或作出决议。

违反本条者构成针对政府机构的犯罪。

第一百九十四条

议员应于每年的1月21日举行预备会议,并在有至少五名议员出席时组织临时理事会。

第一百九十五条

议员应于1月23日举行最后预备会议以选举常设理事会。

国民议会议长任期两年并应主持常务委员会。

理事会的其他成员任期两年。

第一百九十六条

议员任期两年,自国民议会正式就职之日起算。在议员永久缺席的情况下,国民议会召集的替代者应完成其任期。

第一百九十七条

议员有义务在本宪法规定的日期集会并出席议会的所有会议,除非其被依法证明为无能力。

其缺席或不当放弃会议导致法定出席人数的不足或违反的议员应被开除出议会并丧失担任公职的权利十年。

第一百九十八条

符合下列要求者方可被选为议员:

1. 是基于出生的洪都拉斯人;

2. 年满二十一周岁;

3. 享有公民权利;

4. 是世俗人士;及

5. 出生于其寻求任职的地区或在选举召集之日前紧接着此日的至少五年居住于此。

第一百九十九条

下列人员不得被选为议员:

1. 共和国总统和副总统;

2. 最高法院法官;

3. 内阁阁员和副部长;

4. 国家军事机构成员;

5. 指导或管理国家地方机构的高级职务的任职者;

6. 现役军人、安全部队和任何其他武装部队的成员;

7. 法律规定的行政机关和司法机关的所有其他公共官员或雇员,担任教学或医疗职务者除外;

8. 最高选举裁判庭司法官及国家人口登记处主任和副主任;

9. 共和国的公诉人员、最高会计裁判庭的成员、共和国的总检察长和副总检察长、环境专员、国家人权专员;

10. 第一项、第二项、第四项、第八项和第九项所提及者及国防部与公共安全部的部长和副部长的配偶和四代以内血亲或两代以内姻亲;

11. 军区首脑、军队指挥官、部门或区域军事代表、安全部队或其他武装部队代表的配偶及四代以内血亲和两代以内姻亲不得作为其所管辖范围的候选人;

12. 勘探国家资源的政府特许权的拥有者或由国家财政支付报酬的公共服务和工作的承揽人及与国家有未完成的交易关系者;

13. 拖欠债务的国库债务人。

上述不相容或无能力的情形适用于在选举前六个月担任上述职务之一者。

第二百条(已废除)

第二百○一条

国民议会的建筑和设施神圣不可侵犯,理事会或常务委员会的主席有义务在情况需要时授权公共安全部队进入。

第二百○二条

国民议会由固定数目的一百二十八名正式议员

及其各自的候补议员组成,均依照本宪法和法律选举产生。

议员是人民的代表,其区域分配应基于最高选举裁判庭依照政治组织和选举确定的平均数进行。

在人口少于最高选举裁判庭确定的平均数的地区,应选举一名正式议员及其各自的候补议员。

第二百〇三条

在职议员在其任期内不得担任有偿公共职务,教学和文化职务及与社会福利相关的职业服务除外。

但是,其可担任内阁阁员或副部长,地方机构的领导人或管理者,外交或领事代表团的长官,或服务于特别外交代表团。在此类情况下,其可在上述职能终止时恢复其在国民议会中的职能。

候补议员可从事公共职务或工作而不丧失其作为候补议员的地位。

第二百〇四条

任何议员不得直接或间接地作为国家财产的承租人,或从国家获得任何种类的合同或特许权。

违反本条的行为应直接依法判为无效。

第二百〇五条

国民议会应拥有下列权力:

1. 制定、颁布、解释、修改和废除法律。
2. 召集、中止和结束其会议。
3. 通过其内部规则并对违反者处以其中设定的惩罚。
4. 依照本宪法召集特别会议。
5. 依照议员的证明书组织议员并接受其宪法宣誓。
6. 在正式议员永久或临时缺席或者遇到合法障碍的情况下,或当其拒绝出席时,召集候补议员。
7. 在最高选举裁判庭未如此做时,统计选票并宣布共和国总统和副总统、国民议会和中美洲议会议员、市政法人成员的当选。

当同一公民被选为数个职务时,其应被宣布仅当选其中之一,依照下列顺序优先安排:

  a. 共和国总统;
  b. 共和国副总统;
  c. 国民议会议员;
  ch. 中美洲议会议员;及
  d. 市政法人成员。

8. 接受或拒绝接受议员因正当理由的辞职。
9. 在相应时间内从本宪法提及的提名委员会的候选人名单中选举最高法院法官。
10. 作为行使此职权的唯一的立法机关,在例行会议中以其成员总票数的三分之二解释宪法。宪法的第三百七十三条和第三百七十四条不得以该程序进行解释。
11. 组织选举最高会计裁判庭成员、共和国的公诉人员、最高选举裁判庭成员、共和国的总检察长和副总检察长、环境专员、国家人权专员、国家人口登记处主任和副主任。
12. 接受被宣布当选的共和国总统和副总统及其他官员的宪法宣誓,授予其证明书及接受或不接受其辞职并在其中任何人永久缺席时填补空缺。
13. 承认或否决对共和国总统和副总统离开国家超过十五日的许可。
14. 因重大原因改变国家权力配置。
15. (已废除)
16. 对政治犯罪或相关普通犯罪实施特赦,国民议会不得作出赦免决定的情形除外。
17. 授权或拒绝对洪都拉斯人接受外国工作或奖章的许可。
18. 向作者和投资者及引进符合公共利益的新产业者或改进现有产业者颁发奖励和授予临时特权。
19. 批准或不批准涉及财产的豁免、奖励和特权的合同或任何其他在下一总统任期内生效或继续有效的合同。
20. 批准或不批准行政机关、司法机关、最高选举裁判庭、最高会计裁判庭、共和国公诉人员、环境专员、公共部门、国家人权专员、国家人口登记处、地方机构和国家的其他附属机构的管理行为。
21. 任命特别委员会以调查涉及国家利益的事项。该委员会的召集是强制性的,违者应受到类似于司法程序中的藐视法庭的惩罚。
22. 就涉及公共管理的事务质询内阁阁员和中央政府、地方机构、国有企业和国家在其中拥有利益的任何其他实体的其他官员。
23. 依照本宪法的规定宣布保障的限制或中止,并批准、调整或否决行政机关依法颁布的限制或中止。
24. 根据行政机关的提议,授予军衔等级。
25. 确定军队成员的固定数目。
26. 授权或拒绝外国军队在国家领土内通行。
27. 依照国际条约和惯例,授权行政机关命令军队进入外国以在外国领土内服务。
28. 宣战和媾和。
29. 授权许可外国军事代表团在洪都拉斯提供军事协助或合作。
30. 批准或不批准行政机关签订的国际条约。
31. 设立或取消邮政,因对国家提供的重要服务而授予荣誉和奖金。
32. 基于行政机关提交的方案,批准依法逐项登录的年度财政收支总预算并决定其调整。
33. 批准依法逐项登录的地方机构年度财政收

支预算。

34. 决定国家货币的重量、成色和汇率及度量衡。

35. 征收税款、估定份额和其他公共费用。

36. 批准或不批准行政机关签订的涉及政府信用的借贷或类似协议。

签订向外国借贷或在洪都拉斯借贷但必须由外国资本提供资金的合同应需国民议会批准。

37. 通过法律规定为公共利益目的提供补贴或援助或将其作为经济和社会发展手段的情形。

38. 批准或不批准拨付共和国财政收支总预算及地方机构和权力下放机构的预算。最高会计裁判庭必须就该拨付作出决定并概述其对公共部门的管理效率和效力的观点,包括对财政支出、组织、管理活动以及内部审计监督的可靠程度、会计计划及其适用的评价。

39. 根据行政机关的创议,管理国债的偿还。

40. 对国家财政收入进行管理。

41. 授权行政机关转让国家财产或为公用目的而使用之。

42. 根据行政机关的创议,开放进口港,并设立和撤销海关及自由贸易区。

43. 管理海上、陆上和空中的贸易。

44. 确定国家象征。

45. 行使本宪法和其他法律授予的其他权力。

第二百〇六条

立法机关的职能是不可消除的,但依照本宪法,涉及高级政府官员进行宪法宣誓的除外。

第二百〇七条

在会期结束前,国民议会理事会应任命九名议员及其各自的候补议员在议会闭会期间组成常务委员会。

第二百〇八条

常务委员会拥有下列权力:

1. 通过其内部规则;

2. 就应在下一立法会期进行考虑的待决事务提出意见并完成确定;

3. 准备其认为国家需要所要求的法律修改提案以提交议会审议;

4. 接受经合法签署的国民议会会期最后十天制定的法律;

5. 接受违宪申诉;

6. 保管国民议会的文档并对此负责;

7. 在其闭会后三个月内,出版国民议会在之前的会期内颁布的所有法令和决议的版本;

8. 根据行政机关的要求或在紧急情况需要时,召集国民议会特别会议;

9. 从行政机关接受涉及经济协议,信贷业务,或行政机关计划参与、授权或订约的借贷的文件和信息,以在下一会期中向国民议会提供详细信息;

10. 就其履职期间的工作向国民议会提交详细报告;

11. 在永久缺席的情况下,选择临时替代者,该官员替代者必须由国民议会任命;

12. 召集其他议员作为成员填补常务委员会成员的空缺;

13. 承认或否决对共和国总统和副总统离开国家超过十五日的许可;

14. 任命国民议会议员组成其认为必要的特别委员会;及

15. 履行本宪法授予的任何其他职责。

第二百〇九条

设立立法机关的特别支出办公室以处理该机构所有支出的支付。

第二百一十条

立法机关的特别支出办公室应根据相应情形立即从属于国民议会理事会或常务委员会。

国民议会理事会负责任命出纳,其必须依照法律提供保证金。

第二百一十一条

由立法机关为行政机关履行职能而预算的资金应包括在财政收支总预算中。

第二百一十二条

共和国国库应按季度预先拨付必要资金以满足国民议会的支出。

第二章 法律的制定、批准和颁布

第二百一十三条

国民议会议员、共和国总统通过内阁阁员、最高法院和最高选举裁判庭就其权限范围内的事项享有排他的立法创议权,且至少三千名公民可启动公民立法创议机制。

第二百一十四条

法案须在不同的三日进行辩论后方可进行最终表决,但由出席议员的简单多数决定的紧急情况除外。

第二百一十五条

经议会通过的每项法案应在表决后三日内送交行政机关以由其批准并命令将该法案作为法律颁布。

法律应以下列语句进行批准:"使其因此得到实施。"

第二百一十六条

若行政机关发现批准法案存在障碍,其应在十日内以"交回议会"的语句将该法案交回国民议会,并应解释不赞成所依据的理由。

若其在上述期限内未否决该法案,则该法案应视为已得到批准并应作为法律予以颁布。

当行政机关交回法案时,国民议会应再次就该法案进行辩论,且若该法案以三分之二的票数得到批准,其应以"合宪地批准"的语句再次被送交行政机关且行政机关应迅速将其公布。

若否决的理由是该法案违宪,则其应在最高法院作出判决后方可被提交新的辩论;最高法院应在国民议会确定的期限内作出判决。

第二百一十七条

若国民议会在会期接近结束时通过法案且行政机关认为不应批准之,则行政机关应立即通知国民议会以使其可将会期延长十日,自其收到交回的法案之日起计算。若行政机关未如此做,则其应在议会下一会期的最初八日内交回该法案。

第二百一十八条

下列情形和决议无须行政机关的批准,其也不得提出否决:

1. 国民议会命令或宣布的当选或者其接受或拒绝的辞职;
2. 对弹劾理由是否成立的宣告;
3. 涉及行政机关行为的法令;
4. 国民议会颁布的内部程序规则;
5. 国民议会批准的将其活动地点临时转移至洪都拉斯领土内的其他地方、中止其会期或召集特别会议的法令;
6. 预算法;
7. 国民议会否决的条约或合同;
8. 共和国宪法的修改;
9. 由国民议会作出的宪法解释。

在上述情形下,行政机关应以"现因此将其公布"的语句颁布法律。

第二百一十九条

当非由最高法院提出的法案意图修改或废除共和国的法典的任何条款时,在未听取最高法院意见的情况下不得对其进行辩论。

最高法院应在国民议会确定的期限内提交其报告。

本条不适用于政治、经济或行政性质的法律。

第二百二十条

任何被全部或部分否决的法案不得在议会的同一会期内被再次辩论。

第二百二十一条

法律因其颁布且在官方文报中完成公布后经过二十日而具有强制力。

但是,本条中提及的期限可由法律本身缩短或延长,且在特殊情况下可实施其他颁布方法。

第三章 最高会计裁判庭

第二百二十二条

最高会计裁判庭是公共资源管理体系的管理主体,在职能上和管理上独立于国家机构,单独服从于宪法和法律。其就行使自身职能过程中所实施的行为向国民议会负责。

最高会计裁判庭有权事后监督国家机构、地方机构和权力下放机构管理的资金、资产和资源,包括国有或国家参股银行、国家银行与保险委员会、地方自治团体和任何其他接受或管理来自国内外的公共资源的特别机构或公私实体。

在履行职能时,其必须基于效率和效力、经济、公平、真实与合法而完成对于管理和结果的财政监督。公共服务管理的透明度体系的设立、非法敛财的裁决和资产、债务及总体上对国有财产的控制亦属其职能范围。为履行职能,最高会计裁判庭具有其组织法所确定的属性。

第二百二十三条

最高会计裁判庭由国民议会以议员总数的三分之二的赞成票选出的三名成员组成。

最高会计裁判庭成员任期七年且不得再次当选。

最高会计裁判庭主席的选举由议会进行。

第二百二十四条

最高会计裁判庭成员应符合下列要求:

1)是基于出生的洪都拉斯人;
2)超过三十五周岁;
3)享有公民权;
4)被公认为诚实且被视为行为端正;及
5)拥有经济学、管理学、法学或财政学领域的大学学位。

第二百二十五条(已废除)

第二百二十六条

最高会计裁判庭应在财年结束后的最初四十日内通过其主席向国民议会提交其年度管理报告。

第二百二十七条

涉及最高会计裁判庭的组织和职能的所有方面及其保障由其组织法规定。

第四章 共和国总检察长

第二百二十八条

共和国总检察长应为国家的法律代表,其组织和运作应由法律规定。

第二百二十九条

共和国总检察长和副总检察长应由国民议会选举产生，其任期四年且不得再次当选；其必须具备与本宪法规定的最高法院法官相同的条件并应拥有与之相同的特权和资格。

第二百三十条

因最高会计裁判庭的监督行为而引起的民事诉讼应由共和国公诉人员进行，涉及由法律明确规定的其他官员负责的地方自治团体的除外，但在该官员缺席时，仍由共和国公诉办公室负责。

第二百三十一条

国家应拨付共和国总检察长的适当组织和运行所必需的资金。

所有公共管理机构在履行其职能的过程中应以法律规定的方式配合共和国总检察长。

第五章　非法敛财

第二百三十二条（已废除）

第二百三十三条

若公共官员或雇员，自其就职之日起直至其离职之日，其资产显著高于从其合法取得的薪水或报酬及增进其资产或收入的任何其他合法来源中所能够正常获得的数额，则应推定为非法敛财。

若公务员拒绝对其在国内外的银行存款或生意进行调查，亦应推定为非法敛财。

为确定本条第一款提及的资产增进，官员或雇员及其配偶和子女的资产和收入应一并考虑。

公共官员和雇员财产的宣告应依法进行。

若公务员被查明无罪，则其应有权恢复其职位。

第二百三十四条（已废除）

第六章　行政机关

第二百三十五条

行政权由共和国总统，在总统缺席时由共和国副总统代表人民并为人民利益而行使。

第二百三十六条

共和国总统和副总统应共同并直接由人民以简单多数决的方式选出。当选应根据具体情况由国家选举裁判庭，且在其缺席时由国民议会或最高法院宣布。

第二百三十七条

总统任期应为四年且应于选举举行之日后的1月27日开始。

第二百三十八条

担任共和国总统或副总统应符合下列要求：

1. 是基于出生的洪都拉斯人；
2. 超过三十周岁；
3. 享有公民权；
4. 属于世俗阶层。

第二百三十九条

已完成行政权行使的公民不得担任共和国总统或副总统。

违反本规定或提议对其进行修改者，以及直接或间接支持其者，应立即停止履行各自职务并丧失行使任何公共职能的资格十年。

第二百四十条

下列人员不得当选为共和国总统或副总统：

1. 在共和国总统选举日的前一年内行使其职权的国家部长和副部长，最高选举裁判庭司法官，司法机关的治安法官和法官，地方机构和权力下放机构的首脑、副首脑、主管、副主管、主任、副主任、执行秘书、最高会计裁判庭成员、共和国公诉人员、国家人口登记处主任和副主任、环境专员、共和国总检察长和副总检察长、特许监督者和国家人权专员。国民议会议长和最高法院院长在其宪定任期内不得成为共和国总统候选人。

总统候选人的提名由本宪法规定。

2. 军队的指挥官和将官。
3. 军队和警察或国家安全部队的高级官员。
4. 现役军人和在选举日前的十二个月内履行其职权的任何其他武装部队的成员。
5.（已废除）
6. 已于选举前一年履行总统职权的共和国总统或副总统的配偶及四代以内血亲或两代以内姻亲。
7. 拥有国家特许权的企业的代表或代理人，勘探自然资源的国家特许权拥有者或由国家财政提供资金支持的服务或公共工作的承揽人及因上述原因而与国家有未完成的交易关系者。

第二百四十一条

未经国民议会或其常务委员会的许可，共和国总统或履行其职能者不得离开国家领土超过十五日。

第二百四十二条

在共和国总统临时缺席的情况下，副总统应代替其履行职权。若总统永久缺席，副总统应在剩余任期内行使行政权直至宪定任期结束。但若共和国副总统亦永久缺席，行政权应由国民议会议长，且在其缺席时由最高法院院长，在剩余任期内行使直至宪定任期结束。

若总统和副总统的当选未在1月27日之前的某日宣布，则行政权应例外地由政府和法院的国务秘书主持的部长会议行使。部长会议必须在该日期随后的十五日内召集各最高机构的选举。

该选举应在召集之日起不少于四个月且不超过六个月的时间内举行。

一旦该选举举行,最高选举裁判庭,或在其缺席时根据具体情况,国民议会或最高法院,应在选举日后的二十日内作出相应宣告,且当选者应立即就职直至相应完定任期结束。

当新选出的各最高机构各自就职时,国民议会议员、最高法院法官及市政法人必须暂时继续履行其职能直至任期结束。

第二百四十三条

若总统在其宪定任期开始时未出席,则共和国副总统应行使行政权直至其出席。

第二百四十四条

共和国总统和副总统的法律宣誓应在国民议会开会时向国民议会议长进行,且在国民议会闭会时向最高法院院长进行。

在其无法向上述官员进行宣誓的情况下,其可向共和国书记官(judge of letters)或治安法官进行。

第二百四十五条

共和国总统拥有国家的总管理权,其权力为:

1. 遵循并实施本宪法、条约和惯例、法律及其他法律规则;
2. 指导国家政策并代表其利益;
3. 保障共和国的独立和荣誉及国家领土完整和不受侵犯;
4. 维护共和国的和平和内部安全并击退进攻或外部侵略;
5. 自由任免内阁阁员和副部长及其他非属另外机构任命的官员;
6. 通过常务委员会召集国民议会特别会议或建议延长例行会议;
7. 依照本宪法的规定,经与部长会议协商一致,限制或中止权利的行使;
8. 随时向议会提交信息且在每一例行立法会议举行时必须亲自出席并以书面形式提交信息;
9. 以通过内阁阁员提出法案的方式参与法律的制定;
10. 给予立法和司法机关及最高选举裁判庭以其所要求的帮助和强制以使其决定得以实施;
11. 依法颁布指令和法令并颁布规则和决定;
12. 管理外交政策和外交关系;
13. 缔结条约和协议并在国民议会对其批准后批准政治和军事性质的、涉及国家领土、主权和特许权的、使国库承担财政义务的、要求修改或废除任何宪法或法律规定的及其履行需要立法措施的国际条约;
14. 依照外交法任命外交和领事代表团的首脑,其应为基于出生的洪都拉斯公民,但名誉职位或洪都拉斯与其他国家的联合代表除外;
15. 接受外国外交代表团的首脑和国际组织的代表,向其他国家的领事颁发或撤销领事证书;
16. 作为总司令指挥军队并为共和国国防采取必要措施;
17. 在国民议会闭会期间宣战和媾和,此时国民议会必须迅速召集;
18. 为国家和政府的安全与声望,从总体上监督公共官员和雇员的官方行为;
19. 管理国库;
20. 在国家利益需要时采取特别经济和财政措施并就此向国民议会提交详细报告;
21. 在适当时,经国民议会批准,谈判和订立借贷合同;
22. 起草国家发展计划,在部长会议中对其进行讨论,将其提交国民议会批准,管理并实施之;
23. 依法管理海关关税;
24. 依法赦免和减轻刑罚;
25. 依法发布宣言;
26. 依法确保国家财政收入的收集并管理其使用;
27. 每季度公布国家财政收入的收支报告;
28. 组织、指导、适应和促进公共教育,消除文盲,并传播和促进技术教育;
29. 为人民健康的促进、改善和恢复与疾病的预防而采取措施;
30. 指导国家的经济和财政政策;
31. 通过其成员和运作由特别法律规制的国家银行与保险委员会来监督和控制银行机构、保险公司和投资机构,并依法任命国有银行的行长和副行长;
32. 制定可行措施和规定以促进农村地区土地改革及生产和生产力发展的快速实现;
33. 批准、否决、颁布和出版国民议会批准的任何法律;
34. 指导和支持旨在提高洪都拉斯人民生活条件的国内和国际经济社会一体化政策;
35. 设立、维持和禁止公共服务并采取必要措施以使其高效运作;
36. 授予少尉至上尉[①]军衔(包括少尉和上尉在内);
37. 确保军队是非政治、完全职业、服从命令和

---

① 此处原文为"captain",可指陆军(或海军陆战队)上尉、美国空军上尉或海军上校。——译者注

非审议性的；

38. 依法颁发和取消行政机关授权的入籍文件；
39. 依法发放退休金、奖金和补贴；
40. 依法授予民事组织以法律地位；
41. 确保劳资关系和谐；
42. 依法修改和确定最低工资标准；
43. 根据国民议会的授权，允许或拒绝外国军队通过洪都拉斯领土；
44. 根据国民议会的授权，依照关于维持和平行动的国际条约和惯例，允许洪都拉斯军队在外国领土内进行服务；
45. 本宪法和法律授予的其他权力和职责。

第七章 内阁阁员

第二百四十六条

内阁阁员是国家的总管理机构且直接服从共和国总统。法律应确定其人数、组织、权限和职能，以及部长会议的组织、权限和职能。

第二百四十七条

内阁阁员应在其权限范围内配合共和国总统适应、协调、指导和监督国家公共管理的机构和部门。

第二百四十八条

共和国总统的法令、规则、指令、命令和行政法案必须根据具体情况由内阁阁员或副部长在其各自权限范围内予以授权。若该要求未被满足，则其不得具有法律效力。

内阁阁员和副部长应共同就其授权的任何法案向共和国总统负责。

出席的部长应对部长会议作出的决定负责，除非其已为其反对票而提出理由。

第二百四十九条

成为内阁阁员或副部长必须满足本宪法第二百三十八条第一项、第三项和第四项规定的要求且亦应超过二十五周岁。副部长依照行政部门法替代阁员。

第二百五十条

下列人员不得担任内阁阁员：
1. 共和国总统的四代以内血亲和两代以内姻亲；
2. 管理或收集公债券者，直至其账目结清；
3. 拖欠债务的国库债务人；
4. 勘探自然资源的国家特许权拥有者或由国家财政提供资金支持的服务或公共工作的承揽人及因上述原因而与国家有未完成的交易关系者。

第二百五十一条

国民议会可召集内阁阁员且其必须回答提给他们的关于公共管理事项的问题。

第二百五十二条

共和国总统召集和主持部长会议。部长会议的所有决定应以简单多数作出，且在双方票数相等的情况下，总统应拥有决定性投票权。

部长会议应基于总统的创议而召开以就其认为具有国家重要性的事务作出决定并考虑法律规定的事项。

总统府部长应担任部长会议秘书。

第二百五十三条

内阁阁员不得同时担任其他公共职务，除非法律授予其其他职能。第二百〇三条和第二百〇四条规定的规则、禁止和惩罚在适当时适用于内阁阁员。

第二百五十四条

内阁阁员必须每年在国民议会召开的最初十五日内就其各自部门的工作向国民议会提交报告。

第二百五十五条

具有普遍法律效力的任何国家机构的行政法案应公布于官方文报中且其效力应依照本宪法关于议会制定法的生效的规定进行规制。

第八章 文职人员

第二百五十六条

文职人员制度基于能力、效率和诚实的原则规制国家及其公务员之间的雇佣和公共服务关系。人员管理应以基于考绩制的科学方法进行。

第二百五十七条

法律应规制文职人员及进入公共管理体系的特定条件，基于功绩和资格的晋升，工作的安全、调动、中止和保障，公务员的职责和影响其的决定的可复审性。

第二百五十八条

无论在中央政府还是任何国家地方机构中，任何人不得同时担任两份或两份以上有偿公职，但提供医疗服务或教育服务的公职除外。

任何取得固定工资的官员、雇员或从事公共服务的工人不得因履行其职责过程中所提供的服务而获得按日计付的补贴。

第二百五十九条

本章的规定应适用于地方机构和自治机构的官员和雇员。

第九章 地方机构

第二百六十条

地方机构仅依特别法律而设立，但下列方面应得到保障：

1. 国家利益管理中的更高效率；
2. 大众公共服务需要的满足应建立在非营利性的基础上；
3. 达致公共管理目标过程中的更高效力；
4. 其运作开支、预期利润或利益或在适当时的预期储蓄在经济和管理上的正当性；
5. 该领域的排他性，以使其设施不与其他现存公共管理机构重复；
6. 国有财产或资源的开发和勘探，国家对其认为为达致社会进步和大众福利的目标所必要和可行的经济活动领域的参与；
7. 地方机构的一般合法体制应根据公共管理的一般法律所规定的方法建立。

第二百六十一条

设立或取消地方机构应由国民议会以其议员的三分之二票数作出决定。

在涉及地方机构的法律颁布前，国民议会必须听取行政机关的意见。

第二百六十二条

地方机构享有职能和管理上的独立性且可为此目的依法颁布必要的规则。

地方机构应在国家和该机构的主席、领导人或管理者的指导和监督下运作并应为自身行为负责。法律应明确规定地方机构的控制所必要的机制。

第二百六十三条

共和国总统和副总统的配偶及四代以内血亲或两代以内姻亲不得担任地方机构的领导人、主管者或主导者。

第二百六十四条

国家地方机构的主席、领导人和管理者任期四年且其任免应依照设立该机构的相应法律所规定的方式进行。

第二百六十五条

行使地方机构管理职能的任何地位的官员应处于行政机关的管理之下，但该地方机构的其他雇员的雇佣关系应由总体上适用于工人的合法体制规制。该体制的方法、内容和范围应由相关法律、规则和劳资协议规定。

第二百六十六条

地方机构应向中央政府提交相关财年的运行计划和实施相关计划的全面预算，以及将要实施的每项基本特别行动的叙述和分析报告。

负责财政和政府信贷部门的内阁阁员及最高经济计划委员会应分别提出意见以确定经批准的相关文件和发展计划的一致性。

一旦上述意见由共和国总统批准，其应被送交相关地方机构。

只有相关意见中提出的修改已落实相关计划或年度预算中，地方机构中的管理机构方可批准之。

第二百六十七条

国家的地方机构应在每年9月的最初十五日内向立法机关提交各自的逐项登录的年度预算草案以由其批准。

第二百六十八条

地方机构必须就其前一财年财政活动的净结果（net results）向中央政府提交详细报告。

同样地，其必须就正在实施的所有项目和计划的物质和财政进度。

负责财政和政府信贷部门的内阁阁员及最高经济计划委员会应评估各地方机构的工作结果并提出其认为适当的意见和建议。

第二百六十九条

行政机关可在不影响地方机构发展或其之前实施的项目或计划的情况下，通过相应途径处分地方机构因经济活动而产生的净利润。

第二百七十条

法律应详细规定必须由地方机构提交公开投标的合同。

第二百七十一条

地方机构运行计划和预算的任何重大改变需事先征得最高经济计划委员会和负责财政和政府信贷部门的内阁阁员的同意。

第十章 国　防

第二百七十二条

洪都拉斯军队是常设性、完全职业、非政治、服从命令和非审议性的国家机构。

其建立旨在保护共和国的领土完整和主权，维护和平、公共秩序和宪政、自由投票权和共和国总统职位轮替的原则。

其应在公共秩序的保持中配合国家警察机构。

为实现对自由投票权的行使、选举材料的保管、传送和监督及保障该程序的其他方面的保障，共和国总统可根据国家选举裁判庭的安排在选举前一个月至当选宣布的时间内布置军队。

第二百七十三条

军队应由最高统帅部、陆军、空军、海军、公共安全部队及其组织法设立的机构。

第二百七十四条

军队应服从其组织法及规制其职能的其他法律和规则。其应根据内阁阁员和其他机构的要求，在文化、教育、农业、环境保护、道路交通、通信、公共卫生和土地改革的任务中对其进行配合。

其应基于国际条约参加国际维和任务,其应作为技术顾问在通信和交通方面提供后勤支持;其应与人员和媒体合作以应对影响人们和财产的自然灾害和紧急情况;以及在生态保护和保持、其成员的学术教育和技术训练及其他国家利益事务的项目中进行合作。

此外,其应基于负责安全部门的内阁阁员的请求而与公共安全机构合作以反对恐怖主义、武装非法交易和有组织犯罪,以及根据国家机构和选举裁判庭的要求,在对其就职和履职的保护方面进行上述合作。

第二百七十五条

规制军事法院的运作应由特别法律规制。

第二百七十六条

基于教育、社会、人道和民主的制度模式,十八周岁至三十周岁(包括本数)的公民在和平时期以志愿方式服兵役。国家有权依照兵役法授予军衔。在国际战争中,所有有能力保卫国家和为国家服兵役的洪都拉斯人均为军人。

第二百七十七条

共和国总统依照本宪法及军队法和其他相关法律以总指挥的地位直接指挥军队。

第二百七十八条

共和国总统发布的命令必须在遵循共和国宪法及合法、纪律和军事职业化原则的前提下得到服从和执行。

第二百七十九条

国防部长应为符合本宪法和其他法律要求的公民,武装力量联合主要指挥处首脑是首席或高级官员,具有上校军衔或同等级别,其应为现役人员、拥有功绩和领导能力、是基于出生的洪都拉斯人且必须符合法定要求。

共和国总统的四代以内血亲和两代以内姻亲或法定替代者不得担任联合主要指挥处首脑,其任期三年。

第二百八十条

国防部长由共和国总统自由任免,联合主要指挥处首脑同样如此,其应由总统依照军队组织法、官员衔级登记簿所确立的规则从武装力量指挥官成员中选任。

第二百八十一条

在联合主要指挥处首脑临时缺席时,联合主要指挥处副首脑应履行其职权,若联合主要指挥处副首脑亦缺席或该职务空缺,则其职权应暂时由共和国总统从现任指挥官组织成员中指定的首席或高级官员履行;在所有上述人员均缺席时,由共和国总统指定的具有上校军衔或同等级别的首席或高级官员履行相应职权。

在联合主要指挥处首脑永久缺席的情况下,共和国总统应根据本宪法第二百七十九条和第二百八十条的规定作出相应任命。若联合主要指挥处首脑的任命尚在进行中,则正在履行其职权的军队官员应填补该空缺。

第二百八十二条

军队人员的任免应根据依公共管理法作出的行政命令进行。

在操作方面,该任免应由联合主要指挥处首脑根据军队组织法和其他有效法律规则并按照军队的组织结构进行,其对象包括军人和辅助人员。

第二百八十三条

联合主要指挥处是评估、计划、合作与监督的高级技术机构,其隶属于国防部长并拥有军队组织法所授予的权力。

第二百八十四条

为国家的防务与安全,共和国领土应分为各军区,分别由一名军区首长负责,军区的组织和职能应依照军队组织法的规定。

第二百八十五条

武装力量指挥官组织是所有与该机构相关事务的咨询机构,其作为自身职权范围内事务的决定机构且与最高军事裁判庭共同作为交由其审理的事务的决定机构。军队组织法及其自身规则应规制其职能。

第二百八十六条

武装力量指挥官组织由联合主要指挥处首脑、联合主要指挥处副首脑、调查人员和军队指挥组成,由联合主要指挥处首脑主持。

第二百八十七条

设立国家防务与安全委员会,其组织和运作应由特别法律规制。

第二百八十八条

有志于担任武装力量军官者应在军事教育中心接受教育以达致高水准。军队与服务训练中心根据其必要性而设立。

此外,根据志愿、教育、社会、人道和民主的兵役之目标,设立教育与训练技术学校。

第二百八十九条

设立国防大学作为军队的最高学府,负责训练挑选出来的军民以使其能够共同参与政治、经济、社会和军事领域的国家战略计划。

第二百九十条

军衔仅可根据相关法律规定的严格晋升程序而获得。

军人不得被以法律规定以外的方式剥夺其军衔、荣誉和退役金。

少尉至上尉军衔(包括少尉和上尉在内)的晋升应由共和国总统根据国防部长的提议授予;少校至将军军衔(包括少校和将军在内)的晋升应由国民议会根据行政机关的提议授予。

武装力量联合主要指挥处首脑应事先就授予官员晋升作出决定。

第二百九十一条

军备机构(Institute of Military Preparedness)负责军队所有成员的保护、福利和安全,该机构由联合主要指挥处首脑依照军备机构组织法主持。

第二百九十二条

武器、弹药和类似物品的生产、进口、分配和销售是军队所保留的排他权利。

第二百九十三条

国家警察机构是国家的常设性职业机构,是无关乎政党意志的完全民事性质的机构,负责管理公共秩序的维护、犯罪的防止、控制和反对;保护人们及其财产的安全;执行相关机构和公共官员的决定、规定、命令和司法判决。

国家警察机构应由特别立法规制。

第十一章 行政区划和自治制度

第二百九十四条

国家领土应划分为各省,各省的设立和边界应由国民议会决定。

各省应依法划分为由人民选出的市政法人管理的地方自治团体。

第二百九十五条

中央大区由一个单独的自治团体构成,该自治团体由特古西加尔巴和科马亚圭拉的原有自治团体组成。

第二百九十六条

法律应规定地方自治团体的组织和运作以及成为市政官员或雇员的条件。

第二百九十七条

地方自治团体在其权限范围内自由任命其雇员,包括以其自身财政支付薪水的警官。

第二百九十八条

在履行其排他职权且不违反法律的过程中,市政法人应独立于国家机构且在不损害行政责任的前提下负责审理单独或共同伤害案件的法院。

第二百九十九条

地方自治团体的经济和社会发展必须构成国家发展计划的一部分。

第三百条

每一地方自治团体应拥有足够的公有土地以确保其存在和正常发展。

第三百〇一条

针对各地方自治团体内的投资所得征收的税款和社会保险金,以及其负责自身管辖范围内的自然资源的勘探或开发的收益,均应归入该地方自治团体的金库,但为国家便利而被要求用作他途的除外。

第三百〇二条

为确保社区进步和发展的唯一目的,公民应有权自由结成公民社团、建立联合或联盟。法律应规制该项权利。

第十二章 司法机关

第三百〇三条

司法权来自人民并由独立的治安法官和法官无条件地以国家的名义行使,只服从宪法和法律。司法机关由最高法院、上诉法院、地方法院和法律规定的其他附属机构组成。

任何审判不得超过两级审级,已在其中一级审级行使管辖权的法官或治安法官不得在另一级审级中参与审理,也不得参与同一案件的特别程序,且不得因此而承担责任。

任何法官不得审理其配偶及四代以内血亲或两代以内姻亲的案件。

第三百〇四条

司法机关将法律适用于特定案件,进行审判并执行判决。任何时候不得设立例外司法机关,特别开发区的司法机关不在此列。该司法机关的法官必须由国民议会根据特别开发区管理机构的提议以其议员总数的三分之二特定多数任命。

第三百〇五条

一旦被要求以合法形式介入自身权限范围内的事务,法官和治安法官不得以法律无规定或规定不明为借口而选择拒绝审判。

第三百〇六条

司法机关可在必要情况下要求公权力机构予以协助以使其判决得到服从,若该协助遭到拒绝或未予提供,其可向公民寻求之。

无正当理由拒绝协助者应承担责任。

第三百〇七条

法律在不损害法官和治安法官独立性的前提下应规定实现确保司法机关正确和正常履行职能之目标的必要措施,提供处理其职能和管理上的必要事务以及辅助服务之组织的有效方式。

第三百〇八条

最高法院是最高司法机关,其管辖权及于国家的全部领土且所在地位于首都,但其可决定将所在地临时变更至国家领土的任何其他部分。

最高法院由十五名法官组成,其判决应由其成员总数的过半数作出。

第三百〇九条

担任最高法院法官应符合下列要求:

1)是基于出生的洪都拉斯人;

2)是享有并行使其权利的公民;

3)是合法的执业律师;

4)超过三十五周岁;及

5)已担任司法机关正式成员五年,或已从事相关职业十年。

第三百一十条

下列人员不得被选为最高法院法官:

1)具有任何无资格担任国家内阁阁员的情形者;及

2)其配偶和四代以内血亲或两代以内姻亲。

第三百一十一条

最高法院法官应由国民议会以其议员总数三分之二的赞成票从不少于三名候选人对应一名应选法官的候选人名单中选出。

根据最高法院全体法官的提议,国民议会可启动最高法院法官的选举。

在最高法院法官最终名单的选举未达到特定多数的情况下,应分别进行必要次数的直接和秘密投票以选举不足的法官人数,直至获得三分之二的赞成票。

最高法院法官应从以下列方式组织的提名委员会提交的候选人名单中选出:

1)由最高法院全体法官的三分之二赞成票选出的一名最高法院代表;

2)在其会议中选出的一名律师公会(College of Attorneys)代表;

3)国家人权专员;

4)在其会议中选出的一名洪都拉斯私人事业委员会(Honduran Council of Private Enterprise,简称COHEP)的代表;

5)一名法学院全体教授的代表,其提名应通过洪都拉斯国家自治大学(简称 UNAH)进行;

6)市民社会组织选出的一名代表;

7)一名工会代表。

法律应规定提名委员会的组织和职能。

第三百一十二条

组成提名委员会的组织应由国民议会议长最迟于最高法院法官选举前一年的10月31日召集,提名委员会应最迟于次年1月23日将其提议递交国民议会常务委员会,以使该选举能够于1月25日举行。

若提名委员会在被召集后未能作出提议,国民议会应以其议员总数的特定多数决定继续推进该选举。

第三百一十三条

最高法院具有下列职权:

1)指导司法机关行使司法管辖权;

2)管辖关于国家最高级别官员和议员的正式审前程序;

3)对上诉法院一审的案件进行二审;

4)管辖引渡和其他必须依照国际法作出裁决的案件;

5)依照本宪法和法律管辖撤销判决、所有权保护、修宪和违宪的诉讼;

6)授权对取得律师头衔者进行公证;

7)一审管辖针对上诉法院法官的审前程序;

8)通过其内部规则和其他为其履行职能所必需规则;

9)本宪法和法律授予的其他职权;

10)连同司法职业委员会共同起草司法机关预算法案并通过总统将其提交国民议会;

11)确定国家司法区划;

12)经法院与司法职业委员会的事先同意,设立、撤销、合并或转移地区法院、上诉法院和其他附属机构。

第三百一十四条

最高法院法官任期七年,自其进行法律宣誓之日起算,且其可再次当选。

在法官死亡、无能力履行其职权、因合法理由而被替代或辞职的情况下,填补该空缺的法官应在剩余任期内占有该职位并应由国民议会以其议员总数三分之二的赞成票选出。该替代者应从任期开始时剩余的提名委员会所提候选人中选出。

第三百一十五条

最高法院应在其中一名法官的主持下履行其宪定和法定职能。

为选举最高法院院长,国民议会选出的所有最高法院法官应在其当选后最迟二十四小时内举行全体会议并以其全体成员三分之二的赞成票选出最高法院院长,该当选者的名字应提交国民议会。

该选举应按照国民议会议员总数三分之二的票数所决定的公平方式进行。

最高法院院长任期七年并可再次当选。

最高法院院长应作为司法机关的代表且应以此地位依照最高法院全体会议通过的决定而活动。

第三百一十六条

最高法院以法庭的形式组织起来,其中之一是宪法法庭。

若各法庭的判决以全体一致的投票作出,其应以最高法院的名义发布并具有终局性。若判决以过半数投票作出,其必须被提交最高法院全体会议。

宪法法庭应具有下列职权:

1)依照本宪法和法律,管辖人身保护、所有权保护、违宪和修宪的诉讼;及

2)裁决包括国家选举裁判庭(the National Tribunal of Elections,简称 TNE)在内的国家机构之间以及法律规定的其他实体或机构之间的冲突。

宣布某项规范违宪的判决应立即执行并具有普遍效力,且该判决因此而废除了违宪规范,此情况应通知国民议会并由其公布于官方公报中。

相关规则应规定各法庭的组织和职能。

第三百一十七条

设立法院与司法职业委员会,其成员、组织、范围和性质由法律规定,该法律应由国民议会以议员总数三分之二的赞成票通过。

除非因法定的原因并附有法定保障,法官和治安法官不得离职、停职、调动、降级或退休。

法院与司法职业委员会任期五年并可再当选一次,其以排他方式提供全职服务。但担任最高法院法官的该委员会成员除外,其应在自身任期内提供服务。

法律应详细规定该委员会的组织、范围和性质。

第三百一十八条

司法机关拥有完全的管理和财政自主权。在共和国财政收支总预算中,其应拥有不少于本财年收入百分之三的年度拨款。

行政机关应提前三个月存入相应预算项目的款项。

第三百一十九条

法官和治安法官以排他方式行使司法权。因此,其不得以非独立方式从事法律职业,亦不得向任何人提供建议或法律咨询。该禁止不包括专门履行教育职责或外交职能的情形。

司法官员与司法机关及司法行政领域的辅助人员不得因任何原因参与任何形式的政党活动,进行其个人投票除外。其不得组织工会或宣布自己罢工。

第三百二十条

在宪法规范与普通法律规范不一致的情况下应适用前者。

第十三章 国家及其公务员的责任

第三百二十一条

国家公务员应只拥有法律明确授予的权力,其超出法律之外的任何行为均为无效且应承担责任。

第三百二十二条

公共官员在就职时应进行下列法定宣誓:"我承诺忠于共和国,遵守并实施宪法和法律。"

第三百二十三条

官员是相关机构的智囊,其合法地负责官方行为,服从法律且永不得凌驾于其之上。

任何文武官员或雇员不得被要求执行非法或授权实施犯罪的命令。

第三百二十四条

若公务员在履行其职责的过程中违反法律对私人造成损害,其应与国家及其从事工作的国家机构共同承担民事责任,但这不妨碍国家及相关国家机构在该应负责任的公务员存在过失或欺诈的情况下针对其提起赔偿之诉。

民事责任不包括针对该违法者提起的行政和刑事责任诉讼。

第三百二十五条

针对国家公务员的民事责任诉讼的诉讼时效是十年,刑事责任诉讼的诉讼时效是刑法规定的两倍于此的时间。

在上述两种情况下,诉讼时效应自该公务员停止履行其在任时产生责任的职位的职责之日起算。

因故意行为或疏忽而导致一人或多人死亡及为政治原因而违法的情况不受诉讼时效限制。

第三百二十六条

针对违反本宪法规定的权利或保障者的诉讼可由任何人无须保证金或任何法律手续而以简单告发提起。

第三百二十七条

法律应规定国家的民事责任,以及国家公务员的共同民事责任、刑事责任和行政责任。

第六编 经济管理体制

第一章 经济体系

第三百二十八条

洪都拉斯的经济体系基于生产效率及财富和国民收入分配中的社会正义之原则,并基于各生产要素的协调共存以赋予劳动作为财富的首要来源和人类自我实现的方式之光荣地位。

第三百二十九条

国家根据战略计划促进国内经济社会发展,法律应在国家机构和适当的政治、经济和社会组织的参与下规制该计划的体系和程序。

为实现经济进步和社会发展之职能,并补充其他方面的发展措施,国家应以中长期视角制定适应洪都拉斯社会的关于特定目标及实现该目标的方法和机

制的计划。

中长期发展计划应包括战略政策和项目以保障该计划自构想和采纳直至完成的实施过程之连续性。

后来的政府对国家计划、国内发展计划及其所含项目应有义务服从。

国家设立特别开发区（Special Regions of Development，简称 RED），该实体的设立旨在：在稳定的环境和透明的规则之下，加快采用有利于高附加值服务的生产和供应的技术，招揽用于促进快速发展的国内外投资，创造减少社会不平等所必需的就业，向人们提供教育、卫生、公共安全服务及有利于真正改善开发区生活条件的基础设施。

特别开发区的制度必须根据由国民议会以其议员总数的三分之二特定多数通过的宪法性法律设立。一经公布，该宪法性法律须事先经居住于相关特别开发区的公民之全民公决且由国民议会以上述多数通过方可进行调整、修改、解释或废除。

特别开发区拥有法人资格，必须拥有自身的公共管理体系、通过自身法律规范并由国民议会以其议员总数的特定多数批准或不批准之，依照本宪法第三百〇四条的规定拥有自身的法院，可以就其权限范围内的贸易与合作事务签订条约和国际协议并须由国民议会批准；且拥有本宪法第十五条最后一款及第二百九十七条所规定的责任和权力。

涉及预算、税收、征收、税款和贡金的管理，以及缔结延续至政府下一任期的任何类型合同与在无洪都拉斯政府保障时缔约承担自身内外债务的事务应依照宪法性法律的规定进行规制。

特别开发区在其设立时必须保障本宪法第十二条、第十三条、第十五条和第十九条的所有规定得到遵守。

特别开发区在涉及主权、国防、外交、选举事项及颁发身份文件和护照的所有事务时应服从国民议会。

第三百三十条

国民经济乃基于多种形式的所有制和企业之民主与和谐的共存。

第三百三十一条

国家确认、保障和促进消费、储蓄、投资、职业、创业、贸易、工业、契约、商业及产生于本宪法原则的任何其他方面之自由，但上述自由的行使不得违背社会福利或者有害于道德、卫生或公共安全。

第三百三十二条

经济活动的实践主要归之于个人，但国家基于公共政策或社会福利的原因可将特定的基础工业、企业（ventures）及受公共利益影响的服务之运营保留于自身并颁布经济、财政和公共安全措施及法律以引导、促进、监督、适应和补充基于合理及有计划的经济政策之个人创业。

第三百三十三条

国家干预经济生活应基于公共和社会利益，且其界限为本宪法确认的权利和自由。

第三百三十四条

商业公司应受到一名公司监管员的管理和监督，其组织和运作应由法律规定。

合作社应以相关法律规定的方式并在其规定的范围内对该机构负责。

第三百三十五条

国家应基于公平的国际合作、中美洲经济一体化及在不违背国家利益的范围内尊重其签订的条约和协议来安排对外经济关系。

第三百三十六条

外国投资应得到国家的授权、登记和监督。其应补充且永不可取代国内投资。

外国企业应遵守共和国的法律。

第三百三十七条

小规模工商业是洪都拉斯国民的财产且其保护应由法律规定。

第三百三十八条

法律应在不改变或规避本宪法的基础经济原则和社会原则的前提下管理和促进各类合作社的组织。

第三百三十九条

禁止工商业活动中的垄断竞争、买方垄断、寡头垄断、囤积居奇和其他类似行为。

作为科学、文学、艺术或商业财产而授予发明者、发现者或作者的临时特权，发明专利或商标不视为私人垄断。

第三百四十条

国家自然资源的科学与合理勘探符合公共利益和需要。

国家应依照社会福利管理自然资源开发并规定将此权利授予个人的条件。

国家的重新造林和森林保持具有国家重要性并符合共同利益。

第三百四十一条

法律可为公共政策、社会福利或国家便利的原因而规定购买、转让、使用和享有国家或自治机构财产的限制、期限或禁止。

第二章 货币和银行

第三百四十二条

发行货币是国家的排他权力，应通过洪都拉斯中央银行行使。

银行、货币和信贷制度应由法律规定。

国家应通过洪都拉斯中央银行负责货币、信贷和外汇政策的规划和发展，并根据有计划的经济政策而适当调整。

第三百四十三条

洪都拉斯中央银行应管理和批准借贷、贴现、担保和其他信贷项目的给予，以及银行、金融或保险机构授予控股股东、管理者和官员的佣金、补贴或红利。

另外，其应管理和批准给予拥有控股股东的公司以借贷、贴现、担保和其他信贷项目。

任何违反本条规定的行为应在不妨碍由此产生的任何民事或刑事诉讼的前提下依照中央银行颁布的规则受到惩罚。

第三章 土地改革

第三百四十四条

土地改革是促使国家土地结构转型的综合工程和措施，旨在以保障农村地区社会正义和促进农业部门生产和生产力发展的所有权、占有权和使用权制度来取代大庄园和小庄园制度。

实施土地改革符合公共需要和利益。

第三百四十五条

土地改革是国家总体发展战略的重要部分，因而政府批准的任何其他经济和社会政策的制定和实施应与之相协调，尤其是除其他事项外涉及教育、住房、就业、基础设施、市场营销及技术和信贷协助的政策。

土地改革应以如下方式进行：在国家经济、社会、政治发展的过程中，确保农业工人以与其他生产部门平等的地位进行有效参与。

第三百四十六条

国家有义务采取措施保护农村本地社区的权利和利益，尤其是其所定居的土地和森林。

第三百四十七条

农业生产必须在为生产者和消费者提供充足供应和公平价格的政策框架内优先用于满足洪都拉斯人口的食品需求。

第三百四十八条

国家土地机构（the National Agrarian Institute）的土地改革计划及国家就土地事务的其他决定应在经合法确认的农业工人、农民和畜牧业者组织的有效参与下制定和实施。

第三百四十九条

为土地改革、社区发展进步或任何其他法定国家利益之目的而进行的财产征用应基于以现金或在适当时以土地债券进行的公平补偿。该债券应可强制承兑，享受国家的充分保障，并具有土地改革法规定的票面价值、回赎期、利率和其他必要条件。

第三百五十条

为土地改革或社区发展进步之目的而征用的财产是专属于农村的财产且是对其分散有害于经济生产一体化的财产之有益和必要改进。

第四章 财政体制

第三百五十一条

税收制度应根据纳税人的经济能力而由合法、比例、普遍和公平原则规制。

第五章 公共财产

第三百五十二条

公共财产包括：

1. 国家的所有动产和不动产；
2. 国家的所有自动债权；
3. 国家的净可用资金。

第三百五十三条

国家的财政义务是：

1. 因在财政收支总预算的执行过程中产生的经常性支出或投资费用而合法产生的债务；及
2. 国家依法确认的其他债务。

第三百五十四条

国库或公共财产仅可授予或转让给个人并应以法定方式并根据法定条件进行之。

国家自身保留设立或调整国家领土内自然资源管理和保护区界限的权力。

第三百五十五条

管理公款是行政机关的责任。

为公款的筹集、保管和支出，应设立统一国库部门。

但行政机关可将筹集和保管的职能授予中央银行。

另外，法律可设立特别支出服务。

第三百五十六条

国家依照本宪法和法律担保仅由合宪政府带来的公共债务的偿付。违反本条规定的任何规则或行为应承担违法者的民事、刑事和行政责任，对此应无时效限制。

第三百五十七条

中央政府、地方机构和自治政府的内外债务的批准，包括国家担保或认可的债务，应由法律规定。

第三百五十八条

地方政府在其排他职责范围内负责本地信贷运作，但其应获得特别法律规定的授权。

第三百五十九条

公共税收、支出和债务应依法与国内生产总值相称。

第三百六十条

国家为公共工程建设、供应和服务的取得、货物的购买或租赁而签订的合同必须依法按照公开投标、竞争或拍卖的方式实施。

上述规定不适用于旨在满足由紧急状态产生的需要及依其性质仅可与特定人签订的合同。

第六章 预算

第三百六十一条

国家的财政资源是：

1. 从税收、专业服务费、社会保险金、土地使用费、拨款或其他方面获得的收入；

2. 从国有企业、混合所有制企业或国家持有股份的企业中取得的收入；及

3. 从政府信贷或任何其他来源取得的特别收入。

第三百六十二条

所有财政收支应显示于共和国总预算中，其应每年依照有计划的经济政策和政府批准的年度实施计划进行表决。

第三百六十三条

所有常规财政收入应单独构成一项基金。

不得设立特定用途款项。但是，法律可指定款项用于政府债务服务并命令将特定税收和总社会保险金按照特定比例或数量在国库和地方自治机构金库之间分配。

另外，法律可依照有计划的政策授权特定国有企业或混合所有制企业收集、管理或投入因实施其负责的经济活动而取得的财政资源。

第三百六十四条

超出预算确定的拨款范围或违反预算规则的任何承诺不得作出且任何支出不得生效。

违法者应承担民事、刑事和行政责任。

第三百六十五条

行政机关依其职责且在国民议会闭会期间可进行借贷、改变经批准项目的目的或在战争、国内骚乱或公共疾病的情况下开放额外的信贷以满足紧急或意外的需要或兑现国际承诺，上述所有行动应在国民议会随后的立法会期中详细说明理由。

在不存在预算项目或该项目资金用尽时，由针对支付工作收益的终局判决产生国家义务的情况应遵循同样程序处理。

第三百六十六条

预算应由立法机关根据行政机关的提案进行表决。

第三百六十七条

预算提案应由行政机关在每年9月的最初十五日内提交国民议会。

第三百六十八条

预算组织法应明确规定涉及预算的准备、计算、执行和结算的所有事项。若下一财年预算未能在本财年结束时进行表决，则先前阶段的相应预算应继续有效。

第三百六十九条

法律应规定共和国总供应机构的组织和运作。

第三百七十条（已废除）

第三百七十一条

对共和国财政收支总预算的预防性监督应是行政机关的职责，其尤其必须：

1. 检查公款的收集并监督其保管、承诺和支出；

2. 依照预算批准所有公款支出。

法律应规定监督的程序和范围。

第三百七十二条

地方机构和自治机构的预防性监督应依照各自法律的规定实施。

第七编 宪法的修改与至上性

第一章 宪法的修改

第三百七十三条

本宪法的修改可由国民议会在例行会议中以其全体议员的三分之二票数决定。该决定应详细说明条款修改的目的，且必须在随后的例行会议中以相同票数进行批准方可生效。

第三百七十四条

上一条、本条、本宪法涉及政府形式、国家领土、总统任期、禁止共和国总统、以任何头衔履行总统职权的公民和不得在随后的任期担任总统者再次当选的条款不得修改。

第二章 宪法的至上性

第三百七十五条

本宪法不得因任何暴力行为而停止实施或不再生效或者以其自身规定以外的方式或程序被宣称废除或修改。在上述情况下，每位公民，无论是否担任公职，均有义务配合维护或恢复本宪法的效力。

若负责前一款第一句规定的事项者以及后来组织的政府的主要官员未致力于立即重建宪法秩序和依宪设立的机构，则其应依照本宪法及依宪颁布的法

567

律而受到审判。议会可以其议员的绝对多数裁定剥夺上述人员和通过排挤人民主权和篡夺公共权力而对其进行协助的其他人之全部或部分财产，以就因他们产生的损失补偿共和国。

第八编　过渡条款及和本宪法的生效

第一章　过渡条款

第三百七十六条

本宪法公布前生效的所有法律、法令性法律、法令、规则、命令和其他规定应在其不与本宪法冲突的范围内或被合法废除或修改之前继续保留。

第三百七十七条（已废除）

第三百七十八条

制宪国民议会于1975年6月3日颁布的宪法为本宪法废除。

第二章　本宪法的生效

第三百七十九条

本宪法应在公开和庄严的会议中经宣誓保证并于1982年1月20日生效。

1982年1月11日于中央大区特古西加尔巴城国民制宪会议会堂制定完成。

基里巴斯国宪法[*]

(1979年7月12日颁布,更新至1995年)

我们,基里巴斯人民,将我们的信仰交付于上帝,胸怀对传统文化永恒价值的敬仰,此时将建立主权民主国家之宪法赋予我们自身。

为实施本宪法,我们庄严宣告:

1. 人民的意志为基里巴斯国政府之至上准则;
2. 坚守公平与正义之原则;
3. 基里巴斯国之自然资源归属于基里巴斯国人民及政府;
4. 继续珍视和传承基里巴斯之文化传统与习俗。

第一章 共和国及宪法

第一条 [共和国之宣告]

基里巴斯国为拥有主权之民主共和国。

第二条 [宪法至上]

本宪法为基里巴斯国之最高法律。任何法律,其与本宪法相冲突之部分无效。

第二章 基本权利与自由之保护

第三条 [基本权利与自由]

基里巴斯国内之任何人,在尊重他人基本权利与自由、尊重公共利益的前提下,无论其种族、出生地、政治见解、肤色、信仰或性别,均享有以下基本权利与自由:

(a)生命、自由、安全与受到法律之庇护;
(b)信仰自由、表达自由与结社自由;
(c)住所、财产不受侵犯,未经补偿不得剥夺其财产。

为确保上述基本权利与自由之行使,且受制于不损害他人基本权利与自由、不损害公共利益之规限下,本章条款对上述基本权利与自由之保护具有效力。

第四条 [生命权之保护]

1. 不得蓄意剥夺任何人之生命,但执行法院依据基里巴斯国生效之法律所作出的死刑判决除外。

2. 在法律允许的条件与限度内,基于以下情形合理使用武力导致他人死亡的,或在合法战争行为中导致他人死亡的,不应被视为违反前款规定:

(a)抵御他人的暴力行为或侵犯财产之行为;
(b)依法实施逮捕或为防止被合法羁押者脱逃;
(c)平息骚乱、暴动或叛乱;
(d)制止他人实施犯罪行为。

第五条 [自由权之保护]

1. 不得剥夺任何人之自由,但基于以下事项而依法获得授权的情况除外:

(a)被指控犯罪者其无罪辩护不成立;
(b)执行由基里巴斯国法院或他国法院对刑事犯罪所作出的判决或命令;
(c)执行记录法庭之命令,对藐视该法庭或其下级法庭者实施惩戒;
(d)为确保某人履行法定义务而对其执行法院命令;
(e)为使某人接受法院审判而对其执行法院命令;
(f)对具有已经实施犯罪行为,或即将实施犯罪行为之充分嫌疑者,限制其自由;
(g)为使未满十八周岁者接受教育或实现其福祉,在法院已作出命令或已取得其父母或监护人同意的情况下,对其自由实施限制;
(h)为防止传染病疫情扩散;
(i)为使已被确认为(或有充分理由认为其是)精神病患者、毒品或酒精成瘾者、无家可归者接受治疗或社区护理;
(j)为防止某人非法进入基里巴斯国,或以驱逐、引渡或其他合法方式使某人离开基里巴斯国,或当某人作为刑事罪犯从一国被驱逐或引渡至另一国而途经基里巴斯国时,对其自由实施限制;
(k)为执行要求某人不得离开基里巴斯国境内特定区域,或禁止进入特定区域之命令,而对其自由采取必要程度的限制,或为了确保与作出上述命令有

---

[*] 译者:龚进之。

关的诉讼之进行,而对其自由采取必要程度的限制,或在上述命令作出后,其合法进入基里巴斯国特定区域之行为已被视为非法,而对其自由采取必要程度的限制。

2. 任何人被逮捕或拘留后,应尽快以其通晓的语言告知其被逮捕或拘留之理由。

3. 对基于以下事由被逮捕或拘留且尚未被释放者:

(a)为使其接受法院审判而对其执行法院命令;

(b)其具有已经实施或即将实施违反基里巴斯国法律的犯罪行为之合理怀疑。

应在其被逮捕或拘留后,尽快使其接受法院审判。若某人因具有已经实施或即将实施犯罪行为之合理怀疑而被逮捕或拘留后,未能在合理时间内接受审判,在不影响随后对其提起诉讼的前提下,应无条件予以释放,或为确保其随后能够到庭接受审判或审前程序而对其附加合理且必要的条件予以释放。

4. 任何被非法逮捕或非法拘留者,均有权要求实施非法逮捕或非法拘留行为者予以赔偿。

第六条 [免受奴役与强制劳动]

1. 任何人不得遭受奴役或苦役。

2. 任何人不得被强制劳动。

3. 以下情形不属于"强制劳动":

(a)法院判决或命令中所要求之劳动;

(b)被合法拘禁者为了保持监所卫生而进行的合理且必要之劳动;

(c)在纪律部队服役者按照其职责所从事之劳动,或某人由于其信仰而拒绝在纪律部队中服役时,法律要求其所从事的替代劳务;

(d)处于公共紧急状态,或处于严重威胁公众生命和财产安全的灾难事件时,为妥善处置该事件而被要求从事的、在必要限度与范围内之劳动;

(e)公民义务或社会义务所要求从事的正常且合理之劳动。

第七条 [免受非人道待遇]

1. 任何人不得遭受酷刑或非人道待遇,不得遭受侮辱性处罚。

2. 在本宪法实施前,法律所规定或所授权实施的合法刑罚,不应被视为违反本条之规定或与之相冲突。

第八条 [财产之保护]

1. 不得强制占有或征收任何种类之财产,不得强制占有或征收财产上任何种类之权利或收益,但满足以下条件的除外:

(a)为国防安全、公共安全、公共秩序、社会道德、公共健康、市镇规划与发展之利益,或为其他公共目的,占有或征收财产。

(b)有正当理由认为该财产将会对拥有权利者或收益者造成损害的。

(c)依据法律规定适用于占有或征收财产——

(i)应在合理时间内予以足额补偿;

(ii)应确保对财产拥有权利或收益者享有向高等法院寻求救济的权利,无论其是直接向高等法院提起诉讼或是提起上诉,要求确认其权利或收益、其对财产以及财产上的权利或收益的占有之合法性、与其是否有权获得补偿以及补偿之数额。

2. 法律对以下事项作出规定或授权时,不应被视为违反本条规定或与之相冲突:

(a)法律规定基于以下原因而征收或占有财产:

(i)为支付税金、费用或应付款项。

(ii)因违法行为被处没收财产或罚金。

(iii)关于租约、抵押、销售契约、担保、质押或合同之附带条件。

(iv)在确定公民权利或义务的诉讼中,执行法院判决或命令。

(v)因该财产处于可能对人类或动植物健康造成威胁的危险状态,对其采取合理必要之措施。

(vi)因诉讼时效或取得时效所导致的法律后果。

(vii)为以下与土地有关之事项而实施检查、调查、质询或裁决过程中所采取的必要措施——

(A)保护土壤或其他自然资源;

(B)土地所有者或占有者无合理理由拒绝实施,或无力实施为促进农业改善与发展应施行之措施。

(viii)依法获得矿产资源勘探权者,法律规定其需支付地上权变更补偿费与土地使用费。

经上述法律授权,但实施被民主社会视为非合理正当之行为的,应被视为违反本条规定或与之相冲突。

(b)法律规定征收或占有以下财产:

(i)敌方财产。

(ii)为保障受益人与利害关系人之利益,对已死亡者、精神不健全者、未满十八周岁者,以及在基里巴斯境内失踪者的财产之占有与管理。

(iii)为保障债权人与利害关系人之利益,对宣告破产的个人之财产或清算进程中的公司的财产之占有与管理。

(iv)转移至信托合同中所指定的受托人之财产,或为使信托生效而依据法院命令转移至受托人之财产。

3. 当某财产、某财产上的权利或收益属于依法为公共目的服务而设立,且除政府资金外其他资金注资之法人,为公共利益而对该财产、该财产上的权利或收益实施强制征收而进行立法或法律实施时,本条之规定不得被解释为对该立法行为或该法律实施行为产生影响。

第九条 [私人住所及其他财产之保护]

1. 未经其本人许可,不得搜查他人人身、财产或侵入他人住所。

2. 法律对以下事项作出规定或授权时,不应被视为违反本条规定或与之相冲突:

(a)为国防安全、公共安全、公共秩序、社会道德、公共健康、市镇规划、矿产资源开发等之公共利益,以造福社会为目的而利用财产;

(b)为保护他人的权利与自由;

(c)为征收税款而检查住所或住所内的财产,或为检查该住所内属于政府或法人的财产,而授权基里巴斯国政府、地方政府、以公益为目的依法组建之法人的官员或代表进入他人住所;

(d)为执行法院判决或执行诉讼过程中的法院命令,而依据授权进入他人住所;

(e)为防止犯罪行为的发生或对犯罪行为进行侦查,而依据授权进入他人住所。

基于上述法律授权,但实施被民主社会视为非合理正当之行为的,应被视为违反本条规定或与之相冲突。

第十条 [确保获得法律之保护]

1. 任何受到刑事犯罪指控者,均应在合理时间内接受依法设立的独立公正法院之审判。但该指控被撤销的除外。

2. 任何受到刑事犯罪指控者:

(a)在证实其有罪或其认罪之前,应被推定为无罪;

(b)应以其通晓的语言,尽快告知其被指控之罪名;

(c)应给予其充分时间和便利条件,使其为辩护作准备;

(d)应允许其在法庭上为自己辩护,或由其自付费用聘请律师代为辩护;

(e)应给予其便利条件,使其亲自或通过其律师询问控方证人,并以适用于控方证人的相同规则询问辩方证人;

(f)若其不通晓法庭审判所用之语言,应为其提供免费翻译。

非经其本人同意,不得进行缺席审判。但由于受到刑事犯罪指控者的行为而导致审判无法继续进行,法院因此命令将其带出法庭的情况下,可依法进行缺席审判。

3. 受到刑事犯罪指控者接受刑事审判后,若其提出请求并交纳法律所规定的费用,则应在合理时间内向其或其代理人提供诉讼记录之副本。

4. 在行为(作为或不作为)发生时不被认为是犯罪的,任何人不得因该行为被判决为有罪。任何人因其犯罪行为所受到之刑罚,不得超过实施该犯罪行为时所可能受到的最高刑罚。

5. 任何已受到刑事审判者,无论其被法院认定为有罪或无罪,均不得因同一犯罪行为,或因在该刑事诉讼中应当被定罪的其他犯罪行为,而再次受到刑事审判。但在该判决的上诉或复审过程中依据上级法院命令实施的审判除外。

6. 犯罪行为已被赦免者,不得因该犯罪行为再次受到刑事审判。

7. 不得强迫接受刑事审判者在审判过程中作证。

8. 依法有权对公民权利与义务的性质与范围作出确认之法院或司法机关,应保持其中立性与公正性。应当事人提请而启动确认程序的,应在合理时间内进行公正审理。

9. 任何法院的任何诉讼、法院或司法机关确认公民权利与义务的性质与范围之诉讼过程,以及法院或司法机关宣布所作裁决,均应公开。但各方当事人达成协议不予公开的除外。

10. 前款规定不得妨碍法院或司法机关在以下情形排除诉讼当事人及其律师以外的人士对诉讼之参与:

(a)若该诉讼公开进行,将损害司法公正或公共道德、对诉讼各方协商造成不利影响、损害未满十八周岁者之利益,或损害诉讼参与人之隐私,法院或司法机关依法有权决定不公开审理的;

(b)为维护国防利益、公共安全或公共秩序,法院或司法机关依法有权决定不公开审理或法律规定不公开审理的。

11. 法律对以下事项作出规定或授权时,不应被视为违反本条规定或与之相冲突:

(a)法律要求受到刑事指控者对特定事实承担证明责任,不应被视为违反本条第二款第(a)项之规定或与之相冲突;

(b)法律规定辩方证人因其出庭作证,而从公共基金中获得补偿所应符合的条件,不应被视为违反本条第二款第(e)项之规定或与之相冲突;

(c)依据军事法律对受到刑事犯罪指控之纪律部队成员作出有罪或无罪判决后,若法律授权法院对其进行再审,法院在对其定罪量刑时,应将其依据军事法律已受到的惩处纳入考量。关于上述事项之法律不应被视为违反本条第五款之规定或与之相冲突。

12. 本条中"刑事犯罪"是指违反基里巴斯国法律之刑事罪行。

第十一条 [信仰自由之保护]

1. 未经其本人同意,任何人之信仰自由不受干涉。信仰自由包括宗教自由，思想自由，改变信仰之自由，以及独自或共同，在公共场合或私人场合，以崇拜、教授、践行之方式或通过某种仪式宣传与证明其宗教信仰之自由。

2. 所有宗教团体均有权自费组建其教育机构，并对其进行经营管理。

3. 所有宗教团体均有权在其自费组建的教育机构中或在其教学过程中，对该宗教团体内的人士提供宗教教育。

4. 不得要求在教育机构接收教育者接受或参加不属于其自身信仰的宗教教育或宗教仪式。但在取得其本人同意（若为未满十八周岁者，则应取得其监护人同意）的情况下除外。

5. 不得强迫任何人作出以违背其宗教信仰为内容的宣誓，亦不得强迫任何人以违背其宗教信仰的方式作出宣誓。

6. 法律对以下事项作出规定或授权时，不应被视为违反本条规定或与之相冲突：

（a）保护国防利益、公共安全、公共秩序、公共道德及公共健康；

（b）保护他人的权利与自由，包括在不对该宗教成员造成干扰的情况下，对任何宗教之观摩与实践。

经上述法律授权，但实施被民主社会视为非合理正当之行为的，应被视为违反本条规定或与之相冲突。

7. 对本条规定之解释应包括对宗教派别之解释，其同源表述亦应予以相同解释。

第十二条 ［表达自由之保护］

1. 未经其本人同意，任何人之表达自由不受干涉。表达自由包括表达意见之自由、接受他人见解和信息之自由、与他人交流见解或信息之自由。

2. 法律对以下事项作出规定或授权时，不应被视为违反本条规定或与之相冲突：

（a）保护国防利益、公共安全、公共秩序、公共道德及公共健康；

（b）保护他人的权利、自由与名誉，保护诉讼中所涉及的个人隐私，防止机密信息外泄，维护法院之独立性与权威性，以及对电话、电报、邮政或无线广播的技术运作之管理；

（c）对公职人员施加限制。

经上述法律授权，但实施被民主社会视为非合理正当之行为的，应被视为违反本条规定或与之相冲突。

第十三条 ［集会与结社自由之保护］

1. 未经其本人同意，任何人之集会与结社自由不受干涉。集会与结社自由包括集会之自由，与他人组成社团之自由，组建或参加为保护其利益的其他组织之自由。

2. 法律对以下事项作出规定或授权时，不应被视为违反本条规定或与之相冲突：

（a）保护国防利益、公共安全、公共秩序、公共道德及公共健康；

（b）为保护他人的权利与自由；

（c）对公职人员施加限制。

经上述法律授权，但实施被民主社会视为非合理正当之行为的，应被视为违反本条规定或与之相冲突。

第十四条 ［迁徙自由之保护］

1. 不得剥夺任何人之迁徙自由。迁徙自由包括自由通行于基里巴斯国、在基里巴斯国内任何地点定居、进入基里巴斯国以及离开基里巴斯国，以及不受基里巴斯国驱逐之权利。

2. 对迁徙自由以实施合法拘禁的方式实施限制，不应被视为违反本条之规定或与之相冲突。

3. 法律对以下事项作出规定或授权时，不应被视为违反本条规定或与之相冲突：

（a）为保护国防利益、公共安全或公共秩序，对在基里巴斯国内居住与迁徙，或离开基里巴斯国之权利施加合理限制；

（b）为保护国防利益、公共安全、公共秩序、公共道德、公共健康，为保护环境，或为履行国际条约之义务，对公众或特定人士在基里巴斯国内居住与迁徙，或离开基里巴斯国之权利施加合理限制；

（c）对非基里巴斯国公民在基里巴斯国内的居住与迁徙施加合理限制，或将非基里巴斯国公民驱逐出境而对其迁徙自由施加合理限制；

（d）对基里巴斯国境内土地或财产之取得或使用施加合理限制；

（e）为使公职人员正确履行职责，对其在基里巴斯国内居住与迁徙施加合理限制；

（f）因某人违反其他国家法律而将其从基里巴斯国遣送至该国接受刑事审判，或因某人违反基里巴斯国法律并被判决为有罪而将其从基里巴斯国遣送至其他国家执行监禁；

（g）因某人违反基里巴斯国刑事法律而被判决有罪，或为使其接受刑事审判或预审，或为使其接受关于驱逐出境之审判，依据法院命令对其在基里巴斯国境内居住与迁徙，或离开基里巴斯国之权利施加限制；

（h）为了确保某人履行法定义务，对其离开基里巴斯国之权利施加合理限制。

经上述法律授权，但实施被民主社会视为非合理正当之行为的，应被视为违反本条规定或与之相冲突。

4. 迁徙自由受到本条第三款第（a）项之规定所限制者，若其在权利被限制期间提出诉求，应由独立公正之法庭在不迟于该诉求最后一次提出后六个月内进行审理。

5. 依据前款审理迁徙自由被限制者所提出的诉求时，法庭可对该限制措施是否具有继续实施之必要向作出限制命令的机构提出司法建议，该机构并不具有受到该司法建议约束之义务，但法律另有规定的除外。

第十五条 ［免于受到种族等因素之歧视］

1. 受制于本条第四款、第五款、第八款之规限下，任何法律不得具有歧视性内容或歧视性效力。

2. 在受制于本条第六款、第七款、第八款之规限下，任何人不得受到依法执行公务或履行职责的公务人员或政府机构之歧视对待。

3. 本条中的"歧视"是指基于性别、种族、出生地、政治见解、肤色、宗教信仰，而对不同人士实施不同待遇，或对特定类群之人士赋予不合理特权或施加不合理限制。

4. 本条第一款规定不适用于关于以下事项之法律：

（a）基里巴斯国政府、地方政府或机构为征收税款或为拨付款项；

（b）涉及非基里巴斯国公民之事项；

（c）在涉及本条第三款中所指特定类群之人士（或其利害关系人）时，属人法中对上述人士收养、结婚、离婚、殡葬、继承财产以及其他事宜之适用；

（d）关于土地、土地之占有、土地之取得与收回，以及其他相关事项；

（e）基于本条第三款所指特定类群之人士的特殊性质及其所处的特殊环境，对该特定类群之人士赋予或施加被民主社会视为合理之特权或限制。

5. 法律规定任职于或受聘于公共服务机构、纪律部队、地方政府理事会，或其他依法为公共目的而设立的组织机构的条件或资格（不得为性别、种族、出生地、政治见解、肤色或宗教信仰之条件或资格），不应被视为违反本条第一款之规定或与之相冲突。

6. 本条第四款与第五款中的法律通过明示或默示所许可之事项，本条第二款之规定不予适用。

7. 本条第二款之规定，不应对依据本宪法或法律所享有的、启动或终止民事诉讼或刑事诉讼的选择权之行使产生妨碍。

8. 本条第三款所指的特定类群之人士，其受到本宪法第九条、第十一条、第十二条、第十三条及第十四条所保障的权利与自由，可受到本宪法第九条第二款、第十一条第六款、第十二条第二款、第十三条第二款、第十四条第三款之限制。法律对以上事项作出规定或授权，不应被视为违反本条之规定或与之相冲突。

9. 涉及以下法律时，该法律规定或授权之事项不应被违反本条之规定或与之相冲突：

（a）该法律在本宪法实施前已经生效，并在本宪法实施后继续生效的；

（b）该法律废止了或重新制定了在本宪法实施前已经生效的法律之中的条款。

第十六条 ［公共紧急状态时期］

1. 本章中"公共紧急状态时期"，是指以下期间：

（a）基里巴斯国参战期间；

（b）依据本条所作出的进入公共紧急状态之公告生效期间。

2. 总统按照内阁的建议，可发布公告进入公共紧急状态，并为应对公共紧急状态而发布规章。

3. 依据前款之规定发布的公告或规章，应由总统办公室予以发布。

4. 依据本条之规定发布的公告，若未被撤销，应在自公告发布之日起二日（若该公告并非在议会会议中作出，则为三十日）后失效，但经议会以决议方式批准的除外。议会以决议方式批准的上述公告，其效力期限为议会通过该公告之决议的效力期限。

5. 为采取合理正当之措施以应对公共紧急状态下出现或持续的情势，而制定的规制公共紧急状态下有关事项，或在公共紧急状态下进行授权之法律或规章，不应被视为违反本宪法第五条、第六条第二款、第九条、第十一条、第十二条、第十三条、第十四条、第十五条之规定或与之相冲突。

6. 依据前款中的法律或规章而被拘留者，以下条款应予以适用：

（a）自其被拘留之日起十日内，应尽快以其通晓的文字，以书面方式详细告知其被拘留的原因；

（b）自其被拘留之日起十四日内，总统办公室应刊发公告，宣布其已被拘留以及拘留所依据的法律条款；

（c）自其被拘留之日起一个月内，以及在其被拘留期间每间隔不超过六个月，应由独立公正之法庭审查该拘留案件，法庭成员由首席大法官指定的庭长、由首席大法官指定的两名公共服务委员会成员共同组成；

（d）应向其提供便利条件，使其可以会见由其选定的在该拘留案件出庭的律师；

（e）法庭审查该拘留案件时，被拘留者可亲自出庭或由其选定的代理律师出庭。

7. 在依据本条规定审查拘留案件时，法庭可对该拘留是否具有继续实施之必要向作出拘留命令的机构出具司法建议，该机构并不具有受到该司法建议约束之义务,但法律另有规定的除外。

8. 本条第六款第(d)项与第(e)项之规定,不得解释为可以利用公共款项聘请律师。

第十七条 ［保护条款之执行］

1. 受制于本条第五款之规限下,本宪法第三条至第十六条所规定之权利受到侵害,或即将受到侵害者(或认为被拘留者的上述权利受到侵害,或即将受到侵害者),在不妨害针对该事项采取其他合法行动的前提下,可向高等法院寻求司法救济。

2. 高等法院对以下事项具有初审管辖权:

(a)对依据本条第一款提起之诉求进行审判;

(b)对依据本条第三款申请之事项作出裁决。

高等法院有权为了确保本宪法第三条至第十六条之规定得到执行而发布命令、签署令状或出具司法建议。

若依据本宪法或其他法律,前述权利被侵犯者已经获得,或将可获得充分救济,高等法院可不予行使本款所赋予的权力。

3. 在法院的诉讼过程中,若发现违反本宪法第三条至第十六条规定之事项,应诉讼中任何一方当事人提起之诉求,审理该诉讼的法官将该事项提交至高等法院。但审理该诉讼的法官认为该事项不具实质意义的情况除外。

4. 为了使本条赋予高等法院之司法管辖权得以有效行使,议会可在本条所赋予的权力基础上,授予高等法院其他权力。

5. 关于本条赋予或依据本条授权予高等法院的司法管辖权行使与程序之规则(包括关于在何种时限内向法院提交申请或材料之规则),可由有权制定法院权力行使与程序之规则的个人或机构制定。

第十八条 ［解释与例外］

1. 本章中,除非另有规定:

"违反"法律,是指未能遵循该法律之要求,其同源表述亦应予以相同解释。

"法院"是指基里巴斯国境内具有司法管辖权的法院、司法委员会,以及本宪法第四条、第六条中依据军事法律建立的法院(依据军事法律建立的其他法院除外)。

"军事法律"是指规制纪律部队纪律之法律。

"纪律部队"是指:

(a)基里巴斯国警察;

(b)监狱警卫;

(c)海洋护卫队;

(d)海洋护卫学校。

纪律部队之"成员",是指依据规制该纪律部队纪律之法律而受到该纪律约束者。

2. 规制基里巴斯纪律部队成员的军事法律所规定或授权之事项,不应被视为违反本章条款(第四条、第六条与第七条除外)或与之相冲突。

3. 依据基里巴斯国与他国签署的国际条约,规制合法存在于基里巴斯国境内的该国武装部队成员的军事法律所规定或授权之事项,不应被视为违反本章之规定或与之相冲突。

4. 对于与基里巴斯国处于战争状态的他国武装部队成员所采取的措施,以及授权采取该措施之法律,不应被视为违反本章之规定或与之相冲突。

第三章 国 籍

第十九条 ［基里巴斯人后裔之权利］

所有基里巴斯人后裔均有进入并居住于基里巴斯国的不可剥夺之权利,并依据以下条款,自独立日起,成为并有权继续成为基里巴斯国之公民。

第二十条 ［在独立日前于基里巴斯国出生、归化或登记者］

1. 出生于基里巴斯国内的基里巴斯人后裔,且在独立日前成为英联邦与英国殖民地公民者,应成为基里巴斯国公民。

2. 出生于基里巴斯国内的非基里巴斯人后裔,有资格自独立日起成为基里巴斯国公民。

3. 依据1948年至1965年英国国籍法归化或登记为英联邦与英国殖民地公民,或在1949年之前归化为英国公民但居住于基里巴斯国内之基里巴斯人后裔或有资格成为基里巴斯国公民者,应自独立日起成为基里巴斯国公民。

第二十一条 ［独立日前出生于基里巴斯国境外者］

1. 出生于基里巴斯国境外,且在独立日前成为英联邦与英国殖民地公民之基里巴斯人后裔,若其父亲依据本条第一款或第三款之规定,成为(或若非其死亡则本应成为)基里巴斯国公民,或放弃英联邦与英国殖民地公民身份而成为基里巴斯国公民的,应自独立日之后成为基里巴斯国公民。

2. 出生于基里巴斯国境外、有资格成为基里巴斯国公民的非基里巴斯人后裔,若其父亲依据本条第二款或第三款之规定,成为(或若非其死亡则本应成为)基里巴斯国公民的,应自独立日之后成为基里巴斯国公民。

第二十二条 ［独立日后成为基里巴斯国公民者之妻子］

依据本宪法第二十条或第二十一条成为(或若非其死亡则本应成为)基里巴斯国公民之妻子,或放弃英联邦与英国殖民地公民身份而成为基里巴斯国公民者之妻子,在独立日前已自动取得或登记取得英联邦与英国殖民地公民身份的,应在自独立日起成为基里巴斯国公民。

第二十三条 ［有权登记成为公民者］

独立日后未依据本宪法第二十条、第二十一条、第二十二条成为基里巴斯国公民的基里巴斯人之后裔,有权在任何时候依据有关规定以提交申请的方式登记成为基里巴斯国公民。

第二十四条 ［双重国籍之禁止］

非基里巴斯人之后裔——

(a)在独立日前已满十八周岁;

(b)依据本宪法第二十条与第二十一条成为基里巴斯国公民;

(c)在独立日前已成为其他国家公民。

应自独立日起两年后(或法律规定的更长期限后)丧失基里巴斯国国籍。但在期限届满前,放弃或丧失他国国籍者,或他国法律对放弃国籍没有规定或不允许放弃该国国籍但其作出放弃声明者除外。

第二十五条 ［在独立日前一日之后出生者］

1. 在独立日前一日之后出生了基里巴斯国、在其出生之日未成为他国公民者,应在其出生之日起成为基里巴斯国公民。但其不是基里巴斯人之后裔,或其父亲不是基里巴斯国公民者除外。

在出生时具有以下情形者,不得依据本款之规定成为基里巴斯国公民——

(a)其父亲享有他国赋予外交使节免于诉讼和参与法律程序之豁免权,且其父母任何一方均不是基里巴斯国公民;或者

(b)其父亲为基里巴斯国处于战争状态时之敌对国家公民,且其出生地位于敌占区。

2. 在独立日前一日之后出生于基里巴斯国境外者,若其父亲为(或若其死亡则本应成为)基里巴斯国公民的,应自出生之日起成为基里巴斯国公民。

第二十六条 ［与基里巴斯国公民结成婚姻］

在独立日前一日之后与基里巴斯国公民(或随后成为基里巴斯国公民)结婚之女性,有权依据有关规定以提交申请的方式登记成为基里巴斯国公民。

第二十七条 ［英联邦公民］

1. 依据本宪法或其他法律成为基里巴斯国公民者,或符合本条所适用之条件而依据他国生效之法律成为他国公民者,应基于其公民身份而获得英联邦公民身份。

2. 依据英国1948年国籍法不具备英国公民身份之英国臣民,若其依据英国1948年国籍法第二条或英国1965年国籍法继续成为英国臣民的,应具有英联邦公民身份。

3. 本条之规定所适用国家为:澳大利亚、巴哈马、孟加拉国、巴巴多斯、博茨瓦纳、加拿大、塞浦路斯、多米尼克、斐济、冈比亚、加纳、格林纳达、圭亚那、印度、牙买加、肯尼亚、莱索托、马拉维、马来西亚、马耳他、毛里求斯、瑙鲁、新西兰、尼日利亚、巴布亚新几内亚、圣卢西亚、塞舌尔、塞拉利昂、新加坡、所罗门群岛、南罗德西亚、斯里兰卡、斯威士兰、坦桑尼亚、汤加、特立尼达和多巴哥、图瓦卢、乌干达、英国及其殖民地、西萨摩亚和赞比亚。但议会另有规定的除外。

第二十八条 ［议会之权力］

议会有权对下列事项作出规定:

(a)依据本章规定不具备(或不再具备)成为基里巴斯国公民资格者,对基里巴斯国国籍之获取。

(b)对基里巴斯国国籍之放弃。

(c)对同时拥有他国国籍的基里巴斯国公民保持登记状态。

(d)剥夺下列人士之基里巴斯国国籍——

(i)非基里巴斯人后裔,且依据本章之外的规定而成为基里巴斯国公民者;

(ii)非基里巴斯人后裔之基里巴斯国公民,在独立前一日之后取得他国国籍者。

第二十九条 ［解释］

1. 本章中——

(a)"基里巴斯人后裔"指其祖先之一于1990年前出生于基里巴斯者。

(b)"具有申请国籍资格"是指在独立日前一日,该人:

(i)是英联邦及其殖民地公民;

(ii)不具有其他国家之国籍;

若:

(iii)其本人、其父亲、其祖父均不在英国出生,或均不在英国登记或归化为英联邦及其殖民地公民或英国臣民。

(c)对于非婚生子女,任何规定若涉及该人之父亲,应被解释为该人之母亲。

(d)出生于具有注册地的船舶或飞行器者,应被视为出生于该船舶或飞行器的注册地国家。出生于由其他国家政府所拥有的、不具有注册地的船舶或飞行器者,应被视为出生于该国。

2. 在本章第一款第(b)项关于"具有申请国籍资格"的定义中,若具备以下情形,则具有英联邦及其殖民地以外国家之国籍者,应被视为丧失该国国籍——

(a)该国法律对放弃国籍没有规定或不允许放弃该国国籍;且

(b)其在独立日前签署声明,并将声明递交至吉尔伯特群岛政府,宣称其不再视自己拥有该国国籍并不再要求该国籍之利益,且自愿成为基里巴斯国公民。

第四章 行 政

第一节 总 统

第三十条 ［总统］

1. 设基里巴斯国总统一名，称为贝雷蒂坦蒂（Beretitenti）。
2. 总统为国家元首，亦为政府最高行政长官。

第三十一条 ［第一位总统］

1. 第一位总统为距离独立日最近的日期内，依据宪法规定担任首席部长者。
2. 第一位总统应在本宪法生效之日起担任总统职位。

第三十二条 ［总统选举］

1. 总统候选人提名与总统选举应依据本条之规定以及相关法律——
(a)在大选后议会召开第一次会议之后、审议任何议案之前，尽快进行总统选举；
(b)在本宪法第三十五条第四款所规定之情形出现后，进行总统选举。
2. 议会应在选举议长后，在议员中提名不少于三名、不多于四名总统候选人。其他人士不得作为总统候选人。
3. 在大选中享有投票权者，均在总统选举中享有投票权。
4. 依据本条之规定担任总统者，应在其当选之日起就职。
5. 总统连选连任不得超过三届。依据本宪法第三十五条第二款之规定担任总统者，不得超过两届。

第三十三条 ［总统任期］

1. 担任总统职务者，应持续担任总统直至下届总统经选举产生。但依据本条及第三十四条之规定不再担任总统者除外。
2. 以下情形，总统应当卸任：
(a)其辞去总统职务，并以书面形式通知议长；
(b)对总统或对政府之不信任案在议会获得全体议员过半数通过；
(c)总统通知议长，对于议会所审议的某一事项将会产生信任议题，议会在随后的表决中，以全体议员过半数方式否决该事项；
(d)由于议会解散之外的原因，其不再担任议员；
(e)第三十四条所规定之情形出现。

第三十四条 ［无法继续履行职责总统之解职］

1. 若基于议会全体议员（总统除外）过半数通过之动议，议会作出决议认为应对总统基于身体或精神原因而无法继续履行职责之事项进行调查，议长应通知首席大法官，首席大法官应指定不少于三名依据基里巴斯国法律，或英联邦国家法律获得其执业医师资格者，组成医学委员会。医学委员会应对此开展调查并向议会提交报告，就总统是否基于身体或精神原因已无法继续履行职责出具意见。
2. 议会在收到医学委员会所提交之报告后，若以全体议员（总统除外）过半数通过，认为总统基于身体或精神原因已无法继续履行职责，应解除总统职务。

第三十五条 ［总统职位之空缺］

1. 若总统职位因本宪法第三十三条第二款第(b)项或第(c)项之规定出现空缺，国务委员会应代为履行总统职责，直至下次总统选举产生新总统。
2. 若总统职位因其他原因出现空缺，副总统应担任总统，若议会通过决议对此作出批准，则其应持续担任总统直至依据本宪法第三十三条之规定卸任。
3. 依据前款之规定担任总统者，应在议会下一次会议时，提出是否批准由其担任总统之动议，议会应在该次会议上对该动议进行讨论并作出决议。
4. 若议会未批准由副总统担任总统之动议，则应在审议任何议案之前，尽快依据本宪法第三十二条之规定举行总统选举。新总统经选举产生后，依据本条第二款之规定担任总统者，应卸任总统职务（但依据本宪法第三十三条第二款之规定已卸任者除外）。
5. 若总统职位出现空缺时，副总统职务亦出现空缺，内阁应依据本条第二款之规定选举一名部长担任总统职务，本条第二款、第三款、第四款之规定应将其视为曾经担任副总统并对其适用。

第三十六条 ［在总统缺席、疾病等期间代为履行职责］

1. 总统因缺席、疾病、事故等原因无法履行职责时，可授权副总统代为履行总统职责。副总统应代为履行总统职责直至该授权被总统撤回。
2. 若总统因疾病、事故等原因无法履行职责，且无法依据本条之规定作出授权时，副总统应代为履行总统职责。
3. 任何依据前款之规定代为履行总统职责者，若其接到总统将恢复履行职责之通知，应停止代为履行总统职责。
4. 内阁秘书应持有依据基里巴斯国法律获得医师执业资格者出具之证明，证明总统因疾病、事故等原因无法履行职责，该证明应在随后召开的内阁会议上提交至内阁，此应为副总统依据本条第二款之规定代为履行总统职责之前提。若总统依据前款之规定作出其将恢复履行职责之通知，则该证明不再具有效力。

第三十七条 ［总统就职宣誓］

担任总统职务者就职前，应在首席大法官的主持下依据本宪法附件一所规定的方式进行宣誓并签名。

第三十八条 [总统选举之实施]

1. 总统选举应由选举委员会负责实施,首席大法官应对总统选举实施监督。

2. 应由首席大法官对以下争议作出裁定,该裁定不得被提起诉讼:

(a)本宪法或依据本宪法第三十二条总统选举之规定制定的其他法律是否得到遵守;

(b)总统是否经合法选举产生。

第二节 副总统

第三十九条 [副总统]

1. 设基里巴斯国副总统一名,称为贝考曼-尼-雷蒂坦蒂(Kauoman-ni-Beretitenti)。

2. 总统就职后,应尽快在部长中任命一名副总统。

3. 以下情形,副总统应当卸任:

(a)其辞去副总统职务,并以书面形式通知总统;

(b)由于议会解散之外的原因,其不再担任议员;

(c)总统免去其副总统职务;

(d)任命其为副总统之总统在下一届总统选举中未当选总统;或

(e)总统依据本宪法第三十三条第二款第(b)项或第(c)项之规定不再担任总统。

4. 担任副总统职务者就职前,应在首席大法官主持下依据本宪法附件一所规定的方式进行宣誓并签名。

5. 副总统不在基里巴斯国境内,或因疾病等其他原因无法继续履行职责时,总统应任命一名部长代为履行副总统职责,被任命之部长应代为履行副总统职责,直至——

(a)总统撤回其任命;

(b)其不再担任部长;

(c)其他人担任总统。

6. 副总统依据本宪法第三十六条之规定代为履行总统职责时,可在其他部长中任命一名部长代为履行副总统职责,被任命之部长应代为履行副总统职责,直至——

(a)副总统撤回其任命;

(b)其不再担任部长;或

(c)副总统不再代为履行总统职责。

7. 当依据本宪法第三十六条第二款之规定,总统职责应由副总统代为履行时,若副总统职位出现空缺或副总统不在基里巴斯国境内,或因疾病等其他原因无法继续履行职责,且无人依据前款之规定代为履行副总统职责,内阁应选举一名部长代为履行总统职责。依据本款之规定代为履行总统职责者不得行使总统免去副总统职务之权力。

第三节 内阁

第四十条 [内阁]

内阁由总统、副总统、不超过十名部长,以及总检察长组成。

第四十一条 [部长]

1. 总统就职后,应尽快在议会议员中任命部长。

2. 在任命部长时,若议会依据本宪法第七十八条第二款之规定解散,总统可在解散前的议会议员中任命部长。

3. 以下情形,部长应卸任:

(a)其辞去部长职务,并以书面形式通知总统;

(b)由于议会解散之外的原因,其不再担任议员;

(c)总统免去其部长职务;

(d)其他人担任总统;或

(e)总统依据本宪法第三十三条第二款第(b)项或第(c)项之规定不再担任总统。

第四十二条 [总检察长]

1. 基里巴斯国总检察长为政府首席法律顾问。

2. 总检察长由总统任命,并可由总统免去其职务。

3. 担任总检察长者,应具有作为高等法院出庭律师在基里巴斯执业之资格。

4. 总检察长在其认为必要时,有权:

(a)在基里巴斯国任何法院向刑事犯罪嫌疑人提起诉讼并参与诉讼;

(b)参与、接管或继续进行任何个人或机构提起的刑事诉讼;

(c)在其本人、任何个人或机构提起的刑事诉讼中,在判决作出之前中止诉讼。

5. 法律可随时赋予总检察长其他权力,总检察长应当行使之。

6. 依据本条第四款或第五款赋予总检察长之权力,总检察长可亲自行使,亦可由其下属按照其一般指示或具体指示行使。

7. 在受制于前款之规限下,其他任何个人或机构均不得享有本条第四款第(b)项与第(c)项所赋予总检察长之权力。

若任何个人或机构提起刑事诉讼,本款之规定不应妨碍该个人或该机构撤回诉讼,或提出申请后经法院许可撤回诉讼。

8. 总检察长在履行本条第四款所赋予的职权时,不受任何个人或机构控制或干涉。

9. 对任何法院所作出的刑事判决之上诉、对刑事诉讼中的案件呈述以及法律问题之上诉,均应被视为该诉讼之一部分。

对于被判决为有罪者所提起对刑事判决之上诉,以及其所提起对刑事诉讼中的案件呈述以及法律问题之上诉,总检察长不得行使本条第四款第(c)项所赋予之权力。

第四十三条 ［内阁就职宣誓］

内阁成员在其就职前,应在首席大法官的主持下依据本宪法附件一所规定的方式进行宣誓并签名。

第四十四条 ［内阁秘书］

1. 设内阁秘书一名,该职位为公职。

2. 内阁秘书应按照内阁的指示,统筹内阁事务、在内阁会议上作记录、将内阁决议送达至相关人员或机构,并办理内阁或总统交办的其他事项。

第四节 行政职责

第四十五条 ［基里巴斯国之行政权］

基里巴斯国之行政权属于内阁,内阁就政府行政职责向议会负集体责任。

第四十六条 ［总统职责］

1. 总统应独立审慎行使本宪法或其他法律所赋予的职责,无须遵循任何个人或机构之建议,但本宪法或其他法律另有要求的除外。

2. 本宪法或其他法律要求总统遵循其他个人或机构之建议履行职责时,总统有权在按照其建议履行职责前,将建议退回一次,并要求该个人或机构重新审视。

第四十七条 ［部长职责］

1. 副总统及部长对总统部署的政府事务(包括对政府各部门之管理)负责。

2. 部长应对其负责管理的政府部门实施管控。在受到部长管控之规限下,该部门秘书应对该部门实施监督。部门秘书职位为公职。

第四十八条 ［内阁议事程序］

1. 内阁会议应由总统召集。

2. 总统应尽可能参加并主持内阁会议。

3. 若出席内阁会议的成员基于参会成员少于五人而反对继续议事时,内阁应当休会,不得议事。

4. 在受制于前款之规限下,内阁不应因其成员出现空缺而丧失议事资格。非内阁成员参与议事过程,不影响内阁议事之合法性。

5. 内阁会议之议题由总统决定。

6. 内阁会议主持者认为有必要时,可召集非内阁成员参与议事过程。

第四十九条 ［国务委员会］

1. 国务委员会由公共服务委员会主席、首席大法官和议长组成。

2. 若本宪法第三十三条第二款第(b)项或第(c)项所规定的总统卸任之情形出现,国务委员会应代为履行总统职责以及其他政府行政职责,直至新总统在下一次总统选举中当选。

第五十条 ［特赦权］

按照内阁之建议,总统有权:

(a)对触犯基里巴斯国法律的刑事罪犯实行特赦,恢复其自由或使其受制于某些法律条件;

(b)对刑事罪犯实行无期限或特定期限的缓刑;

(c)将刑事罪犯被判处的刑罚替代为较轻的刑罚;

(d)对刑事罪犯的罚金、没收等刑罚实行全部免除或部分减除,但以政府行为实施犯罪的除外。

第五十一条 ［职位之设立］

受制于本宪法及其他相关法律之规限下,设立与撤销基里巴斯国公职职位之权力属于总统,总统应按照内阁之建议行使该权力。

第五章 立 法

第一节 立法之组成

第五十二条 ［议会之设立］

议会为基里巴斯国之立法机关,议会为一院制,称为马尼阿巴-尼-芒加塔普(Maneaba ni Maungatabu)。

第五十三条 ［议会之组成］

1. 受制于本条之规限下,议会由以下人士组成:

(a)经选举产生的三十五名议员;

(b)本宪法第一百一十七条所规定的议员;

(c)总检察长若未当选为议员,则应依职权成为议员。

2. 依据本宪法之规定担任总统职者,不应因其担任总统职务而丧失议员资格。

3. 若议员中有权代表某一选区的唯一一名议员依据本宪法规定担任总统,则应在该议员担任总统后三个月内在该选区举行替补选举,增补一名议会议员。

4. 议会中经选举产生之议员数量,可由议会依据本宪法第六十三条之规定予以变更。

第五十四条 ［议员之选举］

1. 在受制于本宪法之规限下,议会当选议员应当按照规定的方式经选举产生。

2. 应按照规定在基里巴斯国内分划选区并确定各选区应当选议员之人数。

3. 基里巴斯国应分划为二十三个选区,选区之边界与各选区应当选议员之人数应与1977年选举条例所规定的二十三个选区相一致。但本宪法另有规定的除外。

第五十五条 ［参加议员选举之资格］

在受制于本宪法第五十六条与第一百一十八条第一款之规定下,参选议员者应具备以下资格:

(a)为基里巴斯国公民;

(b)年满二十一周岁。

第五十六条 ［不得参加议员选举者］

1. 以下人士,不得参选议员:

(a)通过其行为而确认其效忠于、服从于,或依附于国外或境外权力者;

(b)被证实为精神不健全,或依据基里巴斯国法律被裁定为精神不健全而被合法拘禁者;

(c)被英联邦境内的法院判处死刑者,或被英联邦境内的法院判处十二个月以上监禁(无论其罪名)且正在服刑者;

(d)实施与选举有关之违法行为,依据基里巴斯国法律丧失参选议员资格者;

(e)担任对选举事项负责,或与选举有关之职位者,编纂或修订选举登记者;或

(f)担任何种职位,但基里巴斯国法律有规定的除外。

2. 前款第(c)项中:

(a)在两个以上连续执行的监禁判决中,应将刑期合并计算并视为一个监禁刑期;

(b)默认情况下为金钱罚,或金钱罚与监禁相择之判决,不得被视为监禁判决。

3. 任何人不得仅由于其拥有其他国家国籍,而依据本条第一款第(a)项之规定丧失参选议员资格。

第五十七条 ［议员之任期］

受制于本宪法第一百一十八条第二款之规限下,以下情形,议员任期终止:

(a)议会解散;

(b)其缺席议会会议已达到议会议事规则规定的次数;

(c)其辞去议员职位,并以书面方式通知议长;

(d)其不再为基里巴斯国公民;

(e)依据第五十六条第一款第(a)项、第(b)项、第(d)项、第(e)项或第(f)项之规定,其参选议员之资格已不复存在;

(f)出现第五十八条规定之情形;

(g)出现第五十九条规定之情形。

第五十八条 ［因判决出现席位空缺］

1. 受制于本条之规限下,若议员被英联邦法院判处死刑或判处监禁(无论其罪名)应服刑的,其应立即终止履行其议员职责,其议员席位应于其终止履行议员职责三十日后空缺。

议长基于该议员之申请,可随时对三十日之期限予以延展,以使该议员能够对其判决提起上诉,延展期限累计不得超过一百五十日,但议会通过决议同意超过的除外。

2. 若前款所规定议员席位空缺之前,该议员获得赦免、被改判无罪,或以其他刑罚替代监禁的,其议员席位不应出现空缺,该议员可继续履行议员职责。

第五十九条 ［请愿与复决后出现席位空缺］

1. 在受制于本条第六款与第七款之规限下,若议长收到来自上一次议员选举时议员当选之选区的过半数注册选民签署的、要求罢免该议员之请愿书,议长应立即将请愿书提交至选举委员会。

2. 选举委员会在收到前款所述请愿书后,应尽快组织选民进行复决,以决定是否罢免该议员。

3. 非上一次选举时请愿书中所指议员当选选区之注册选民,不得参与前款所规定之复决。

4. 依据本条之规定举行的选民复决中,过半数选民赞成罢免请愿书中所指议员的,应罢免该议员职务。

5. 依据前款之规定罢免该议员职务后,应在三个月内举行替补选举以补充该空缺席位,但议会在此期间解散的情况除外。

6. 自下列日期起算未满六个月的,不得向议长提交本条所规定之请愿书:

(a)请愿书中所指的议员在上一次选举中当选之日;或

(b)若本条所规定之选民复决决定不应罢免其议员职务,则为选民复决之日。

7. 本条之规定不适用于时任总统、副总统、部长或总检察长之议会议员。

第六十条 ［议员资格争议之裁定］

1. 高等法院对于以下事项享有司法管辖权——

(a)议员之当选是否合法;

(b)是否应终止议员资格,或是否应依据本宪法第五十八条之规定中止履行议员职责。

2. 向高等法院提交申请要求对以下事项进行裁决,应当:

(a)对前款第(a)项规定之事项有争议的,可由在该选区享有投票权者、在该选区与该选举有关联之议员候选人,或总检察长提交申请。

(b)对前款第(b)项规定之事项有争议的,可由在该选区享有投票权者、议院议员,或总检察长提交申请。

上述申请若非总检察长提交,总检察长可对争端进行调停,亦可亲自或派出代表参与诉讼。

3. 议会可对下列事项作出规定——

(a)向高等法院提交要求裁决本条第一款所规定事项之申请的要件、条件和方式;

(b)高等法院审理上述申请之职权和程序。

4. 对于高等法院依据本条第一款之规定所作出的裁决,不得上诉。

第六十一条 〔无资格者参与议事或表决之惩戒〕

1. 明知或有充分理由应知其无资格参与议事或表决者,仍参与议事或表决的,应根据其参与议事或表决之日数,处每日二十元以下数额之罚款。

2. 对于前款所述处罚,可由总检察长向高等法院提起民事诉讼予以救济。

第六十二条 〔选举委员会〕

1. 选举委员会由首席选举专员,以及不少于两名、不多于四名委员组成。

2. 选举委员会委员由总统按照内阁之建议予以任命。

3. 选举委员会委员之任命名单应于议会举行下一次会议之日前四十八小时内提交至议会。若议会未以决议方式否决该名单,则任命有效。

4. 议员不得被任命为选举委员会委员。非基里巴斯国法官,不得被任命为首席选举专员。

5. 以下情形,选举委员会委员应予卸任:

(a)自其被任命之日起,五年任期届满;

(b)其被任命为委员之资格已不复存在。

第六十三条 〔选举委员会之职责〕

1. 选举委员会应对本依据宪法举行的议员选举、选民登记,以及选民复决负总责、实施监督,并担负与前述选举、登记、复决相关的其他职责。

2. 选举委员会应对在首席大法官监督之下实施的总统选举负责。

3. 选举委员会最长每隔四年,应对选区数量、选区边界以及各选区应当议员数量进行复审。复审时应考虑以下因素:

(a)在受制于本宪法第一百一十八条第四款之限下,基里巴斯国最新人口统计数据;

(b)基里巴斯国人口之迁徙状况。

4. 选举委员会依据前款之规定进行复审后,应向议会提交建议。

5. 议会可批准,亦可否决选举委员会依据前款规定所提交之建议,但不得变更其建议;若议会批准选举委员会之建议,首席选举专员应依据该建议制定相应规则,此规则自议会下一次解散之日起生效。

第六十四条 〔选举权〕

1. 在受制于本宪法第一百一十八条第三款之限下,下列人士有权在其居住地登记为选民,登记后即在该选区议员选举中享有投票权。

(a)基里巴斯国公民;

(b)年满十八周岁;

(c)居住于依据本宪法设置的选区内。

2. 下列人士不得登记为选民,亦不享有投票权:

(a)或被英联邦境内的法院判处十二个月以上监禁(无论其罪名)且正在服刑者;

(b)被证实为精神不健全,或依据基里巴斯国法律被裁定为精神不健全而被合法拘禁者;

(c)因实施与选举有关之违法行为,而依据基里巴斯国法律无资格参与选民登记与投票者。

3. 连续十二个月不在其选区居住,或依据前款规定无投票资格者,不得登记为选民。

第六十五条 〔议员之薪酬〕

1. 应设置独立的议员薪酬法庭,对议会议员、总统、副总统以及部长之薪酬与津贴进行审定。

2. 议员薪酬法庭由不少于三名、不多于五名之适格人士组成,法庭成员由公共服务委员会主席与议长协商后予以任免。

3. 议员薪酬法庭依据本条之规定进行审定后,应向议院提交其建议。

第二节 立法及立法程序

第六十六条 〔立法权〕

1. 在受制于本宪法之规限下,议会享有为基里巴斯国之和平、秩序与善治而立法之权力。

2. 议会之立法权应当以议会通过法案并经总统批准的方式行使,称为"法律"。

3. 总统仅可在认为法案与违反本宪法时,不予批准该法案。

4. 若总统依据前款之规定不批准法案,则该法案应退回议会进行修改。

5. 若依据前款之规定退回议会修改之法案,再次提交至总统,总统仍认为该法案违反本宪法,则总统应将该法案提交至高等法院,高等法院应对法案是否违反本宪法作出裁定。

6. 若高等法院裁定该法案不违反本宪法,则总统应当批准该法案;若高等法院裁定该法案违反本宪法,则该法案应退回至议会。

7. 法律应在公布总统批准令之日起生效,但该法律另有规定的除外。

8. 总统对法案之批准应予以公布,且应与该法案一并陈置于议会。

第六十七条 〔议事规则〕

在受制于本宪法之规限下,为有序管理其议事过程,议会应制定议事之程序规则。

第六十八条 〔法案之提出等〕

1. 在受制于本宪法与议会议事规则之规限下,任何议员均可向议会提出法案、议事动议或诉愿。议员所提出之法案、议事动议或诉愿,应依据议会议事规则进行审议与处理。

2. 议院不得审议以下事项，但内阁提出审议建议，且该建议经过部长签署的情况除外：

(a) 议会会议主持者认为将会导致征收税金或增加税收、征收或变更从统一基金或基里巴斯国其他基金中支出之费用（但降低支出的除外）、和解或减免政府债务之法律草案（包括法律修正案）；

(b) 议会会议主持者认为将会导致上述目的之立法动议（包括动议修正案）。

3. 议会对某项法案进行一读后，在议会下次会议前不得再继续审议该法案，但以下情形除外：

(a) 总统认定该法案具有紧迫性；

(b) 议会全体议员过半数赞成并通过继续审议该法案之决议。

第六十九条 ［宪法之修改］

1. 在受制于本宪法之规限下，议会有权以法律修改本宪法。

2. 在受制于本宪法第一百二十四条之附加条件限制下，议会通过修改本宪法条款之法案，应当：

(a) 法案在议会进行一读后，对该法案之审议推迟至议会下次会议；

(b) 法案在议会进行二读时，获得全体议员三分之二以上多数通过。

3. 修改宪法之法案中包含对本宪法第二章之内容进行修改的，则应对修改第二章之修宪条款进行全民公决，所有登记在册之选民均享有此全民公决之投票权。全民公决以三分之二以上多数赞成的，该修宪法案方可生效。

4. 本条中——

(a) "宪法"包括可修改宪法之法律。

(b) "修改本宪法"包括——

(i) 废止宪法条款、重新制定宪法条款，或替换宪法条款；

(ii) 以删改方式修改宪法条款，或附加新的条款；

(iii) 暂时停止宪法条款之适用，或恢复宪法条款之适用；

(iv) 制定与某条款不一致或相冲突之条款。

第七十条 ［议员之宣誓］

在议员依据本宪法附录一所规定之方式在议会进行宣誓之前，不得参与议会议事（但为实现本条规定之目的参与议事的除外）。

第七十一条 ［议长］

1. 议会设议长一名。

2. 议长应由议会议员在非议员人士中选举产生。

3. 首席大法官应主持为选举议长所进行之议会会议，并负责组织议长选举。

4. 以下情形，议长应卸任：

(a) 议会解散后，下届议会举行第一次会议时；

(b) 其作出声明辞去议长职位，或以书面方式通知议会其辞职并将辞职函递交至议会书记员；

(c) 议会以全体议员三分之二以上多数通过决议，要求罢免议长。

第七十二条 ［主持议会会议］

在受制于第七十一条第三款之规限下，议长应主持议会会议。在议长职位空缺时，由一位议员（不得为总统、部长或总检察长）代为主持。

第七十三条 ［表决］

1. 在受制于本宪法之规限下，所有提交议会决定之题议，均应以出席会议并参与投票之议员过半数赞成，方可予以通过。

2. 议会会议主持人——

(a) 若为议长，则议长不得投普通票，亦不得投决定票。

(b) 若为依据前款之规定代为主持会议之议员，则该议员不得投普通票，但在双方票数相同时，应投决定票。

3. 在受制于前款第(b)项之规限下，若在表决时双方票数相同，则该动议应当被弃置。但议会议事规则另有规定的除外。

第七十四条 ［法定人数］

1. 若议会任何议员基于出席会议会议人数（会议主持者不计入）不足法定人数而反对继续议事，在议会议事程序所规定的期间届满后，经会议主持者确认依然不足法定人数的，会议主持者应宣布休会。

2. 本条中，"法定人数"指少于议会全体议员人数之一半。若议会全体议员人数为奇数，则指少于该奇数一半的最大整数。

第七十五条 ［议会议事］

议员席位出现空缺时，议会之议事资格不受影响。无议事资格者参与议会议事过程，不影响议会议事之合法性。

第七十六条 ［议员之特权］

1. 在受制于本条之规限下，议会可决定议员之职权、特权及豁免权。

2. 不得因议员在议会或议会委员会所作出之发言、所提交之书面报告，或所提交之事项，对该议员提起任何民事诉讼或刑事诉讼。

3. 议会举行会议时，任何法院不得向议员签发或执行其行使民事案件管辖权时所使用之传票。

第三节　议会之召集、解散与选举

第七十七条 ［议会之召集］

1. 受制于本宪法与议会议事规则之规限下，议会所有会议均应按照议长指定的时间和地点在基里巴斯国境内召开。

2. 受制于本宪法与议会议事规则之规限下，总统或三分之一以上之议会议员可向议长提出召开议会会议之提议。

3. 大选第二轮投票后三十日内，应召开议会会议。在一次会议结束与下届议会第一次会议间隔未超过十二个月内，亦应召开议会会议。

第七十八条 ［议会之解散］

1. 以下情形，议会应当解散——

（a）对总统或对政府之不信任案在议会获得全体议员过半数通过；

（b）总统通知议长，对于议会所审议的某一事项将会产生信任议题，议会在随后的表决中，以全体议员过半数方式否决该事项。

2. 议会应在自大选结束后举行第一次会议之日起，持续履行职权四年，随后解散。但依据前款之规定提前解散的除外。

第七十九条 ［大选与替补选举］

1. 议会解散后，应于三个月内举行大选。

2. 议员席位出现空缺后，应于三个月内举行替补选举以填补空缺。但议会在此期间提前解散的除外。

第六章 司 法

第一节 高等法院

第八十条 ［高等法院之设立］

1. 基里巴斯国高等法院为高级记录法院，其职权及司法管辖权由本宪法或基里巴斯国法律予以规定。

2. 高等法院之法官，由首席大法官与法律所规定数量的其他法官组成。

第八十一条 ［高等法院法官之任命］

1. 首席大法官由总统依据内阁与公共服务委员会协商后所提出之建议予以任命。

2. 高等法院的其他法官由总统依据首席大法官与公共服务委员会协商后所提出之建议予以任命。

3. 被任命为首席大法官或高等法院法官者，应具有在任何国家担任法官之经历，或拥有初级律师或出庭律师之执业资格不少于五年。

第八十二条 ［高等法院法官之宣誓］

高等法院法官在其就职前，应在总统的主持下依据本宪法附件一所规定的方式进行宣誓并签名。

第八十三条 ［高等法院法官之任期］

1. 在受制于本条之规限下，高等法院法官应在其任期届满之日卸任。

2. 仅可基于高等法院法官无法继续履行其职责（无论由于身体或精神或其他原因），或基于其行为不端，而免除其职务。免除高等法院法官职务，应依据下款所规定之程序。

3. 免除高等法院法官之事项提交至下款所规定之法庭后，若该法庭建议会基于前款规定无法继续履行职责或行为不端而应免除该法官职务的，总统应依据议会之决议免除该法官职务。

4. 若总统认为，或议会通过决议认为，应对依据本条规定基于无法继续履行职责或行为不端而免除高等法院法官职务之事项进行调查的，则：

（a）总统应指定成立法庭，该法庭由一名主席与不少于两名成员组成，其中一人应为法官或曾经担任过法官；

（b）该法庭应对此事项进行调查，并向议会提交调查报告，并就是否应当免除该法官职务向议会提出建议。

5. 若免除高等法院法官职务之事项已提交至前款所规定之法庭，总统可暂时中止该法官履行职务。暂时中止履行职务之决定可由总统随时予以撤销。若法庭建议议会不应免除该法官职务，该暂时中止履行职务之决定随即失效。

第八十四条 ［高等法院专员］

1. 若总统认为高等法院法官数量不足，无法充分履行高等法院职权，可按照首席大法官与公共服务委员会协商后提交之建议，任命具有基里巴斯国初级律师或出庭律师资格者履行下列职责：

（a）高等法院法官之全部或部分职责（无论案件类别或具体案件）；

（b）依据本条之规定被任命者，应立即履行高等法院法官职责，并受制于任命书中所列条件与限制。

2. 依据本条之规定被任命者称为高等法院专员，其按照任命所为之事项与高等法院法官所为之事项具有同等效力，亦享有高等法院法官所享有之职权与豁免权。

第八十五条 ［高等法院专员之宣誓］

高等法院专员在其就职前，应在总统的主持下依据本宪法附件一所规定的方式进行宣誓并签名。

第八十六条 ［法官卸任后参与审理］

高等法院法官（被罢免者除外）在卸任后，可继续作为高等法院法官审理在其卸任前已经开始的诉讼。

第八十七条 ［高等法院之印章］

1. 高等法院应使用经议会批准的、印有"基里巴斯国高等法院"字样之印章。

2. 在议会批准前，高等法院可使用经首席大法官授权使用之图章。

第八十八条 ［高等法院对宪法问题之管辖权］

1. 受制于本宪法之规限下，认为本宪法之规定

(第二章除外)被违反,且其利益因此受到侵害,或即将受到侵害者,在不妨害针对该事项采取其他合法行动的前提下,可依据本条之规定向高等法院起诉寻求司法救济。

2. 高等法院对于依据前款规定作出之起诉,或依法定程序提起之其他诉讼,有权对是否违反本宪法(第二章除外)之规定作出裁定。

高等法院在确认依据前款规定提起诉讼者之利益受到侵害,或即将受到侵害后,或在确认依法定程序提起其他诉讼的诉讼参与者之利益受到侵害,或即将受到侵害后,方可依据本条之规定作出裁定。

3. 若高等法院依据前款规定作出本宪法已被违反之裁定,且依据本条第一款规定提起诉讼者或依法定程序提起其他诉讼之诉讼参与者要求高等法院给予司法救济,则高等法院可依据基里巴斯国法律给予其司法救济。

4. 高等法院对本宪法第六十条与第一百七十七条所规定之事项不享有司法管辖权,但依据第六十条后篇一百七十七条情形申请的除外。

5. 高等法院对总统依据本宪法第六十八条第五款之规定所提交的法案是否违反本宪法享有司法管辖权。

6. 受制于本宪法之规限下,高等法院对本宪法之解释所涉及的事项享有初审管辖权,仅下列人士有权依据本款之规定向高等法院提出申请:
(a)总统按照内阁之建议;
(b)总检察长;
(c)议长。

第八十九条 ［高等法院与下级法院］

1. 高等法院有权监督下级法院所审理的任何民事诉讼或刑事诉讼,并有权为了确保下级法院正确司法而对其发布命令、签署令状或作出指示。

2. 下级法院在审理案件过程中遇有涉及本宪法解释之事项时,若其认为该事项涉及法律实体问题,应将该事项提交至高等法院审查。

3. 对依据前款规定提交至高等法院之事项,高等法院应作出裁决。提交该事项的法院应依据高等法院的裁决处理该诉讼。若对高等法院的裁决向上诉法院或司法委员会提起上诉,则应依据上诉法院或司法委员会的上诉裁决处理该诉讼。

第二节 上诉法院

第九十条 ［上诉法院之设立］

基里巴斯国上诉法院为高级记录法院,其司法管辖权与审理上诉案件之职权应由基里巴斯国法律规定。

第九十一条 ［上诉法院之法官］

1. 上诉法院之法官应为:

(a)首席大法官与高等法院法官;
(b)总统按照首席大法官与公共服务委员会协商后提交之建议可随时予以任命的、具有本宪法第八十一条第三款所规定之资格者。

2. 前款第(b)项所规定之任命,其期限应是特定的,或以审理特定案件为期限,并应在任命状中注明。

3. 上诉法院院长应由总统按照内阁与公共服务委员会协商后提交之建议予以任命。

4. 任意三名上诉法院法官即可行使上诉法院之全部职权。

上诉法院之裁决可由一名兼任高等法院法官者宣布,若无兼任高等法院法官者,则可由主登记官宣布。

5. 上诉法院之裁决应依据过半数出庭法官意见作出。

6. 上诉法院法官不得审理以下上诉:
(a)对其所作出之裁决,或其作为审理法官之一所作出之裁决之上诉;
(b)对其判决为有罪者所提起之定罪或量刑之上诉。

7. 本条之规定不得妨碍首席大法官与上诉法院院长之相互兼任。

第九十二条 ［就职宣誓］

依据本宪法第九十一条第一款第(b)项被任命者,在其就职前,应在总统的主持下依据本宪法附件一所规定的方式进行宣誓并签名。

第九十三条 ［上诉法院法官之任期］

1. 受制本条之规限下,上诉法院法官应在其任期届满之日卸任。

2. 仅可基于上诉法院法官无法继续履行其职责(无论由于身体或精神或其他原因),或基于其行为不端,而免除其职务。免除上诉法院法官职务,应依据下款所规定之程序。

3. 免除上诉法院法官之事项提交至下款所规定之法庭后,若该法庭建议议会基于前款规定无法继续履行职责或行为不端而应免除该法官职务的,总统应依据议会之决议免除该法官职务。

4. 若总统认为,或议会通过决议认为,应对依据本条规定基于无法继续履行职责或行为不端而免除上诉法院法官职务之事项进行调查的,则:

(a)总统应指定成立法庭,该法庭由一名主席与不少于两名成员组成,其中一人应为法官或曾经担任过法官;

(b)该法庭应对此事项进行调查,并向议会提交调查报告,并就是否应当免除该法官职务向议会提出建议。

5. 若免除上诉法院法官职务之事项已提交至前

款所规定之法庭,总统可暂时中止该法官履行职务。暂时中止履行职务之决定可由总统随时予以撤销。若法庭建议议会不应免除该法官职务,该暂时中止履行职务之决定随即失效。

第九十四条 ［法官卸任后参与审理］

上诉法院法官(被罢免者除外)在卸任后,可继续作为上诉法院法官审理在其卸任前已经开始的诉讼。

第九十五条 ［上诉法院之印章］

1. 上诉法院应使用经议会批准的、印有"基里巴斯国上诉法院"字样之印章。

2. 在议会批准前,上诉法院可使用经上诉法院院长授权使用之图章。

第三节　一般规定

第九十六条 ［法院其他职位］

1. 首席大法官可依据基里巴斯国法律,任命高等法院与上诉法院之登记官及其他职位人员。法院登记官与其他职位人员应依据法律或法院规则履行其职责。高等法院与上诉法院之法官可给予其工作指示。

高等法院或上诉法院之法官可以根据首席大法官的指示,任命某人暂时履行登记官或其他职位人员之职责。

2. 依据本条规定所作出之任命,应由首席大法官与公共服务委员会协商后予以决定。

第九十七条 ［法院规则］

法院规则委员会由首席大法官、上诉法院院长、总检察长(该三者构成法定人数),以及不多于两名由总统任命的其他人士组成。法院规则委员会可制定高等法院和上诉法院所适用之法院规则、规定基里巴斯国法律执业者之执业许可、规定诉讼费用之支付,以及为使高等法院和上诉法院正确高效的履行其职权而制定相关条例,包括关于高等法院受理和审理从下级法院所提起之上诉、上诉法院受理和审理从高等法院所提起之上诉之程序规则。

法院规则中关于任何费用之规定,未经议会批准(可于规则制定前或制定后批准)不得实施。

第七章　公共服务

第九十八条 ［公共服务委员会］

1. 公共服务委员会由总统按议长与首席大法官协商后提交之建议予以任免的一名主席及四名委员组成。

2. 公共服务委员会委员任期三年。总统在任命状中可规定少于三年之任期。

3. 议会议员和公职人员不得被任命为公共服务委员会委员。

4. 公共服务委员会委员或代为履行委员职责者,或自其最后一次担任公共服务委员会委员或代为履行委员职责之日起十八个月内,不得担任或代为履行其他公职职位。

5. 以下情形,公共服务委员会委员应卸任:

(a)其任期届满;

(b)其成为议会议员;或

(c)其依据本条第一款之规定被免职。

第九十九条 ［公职人员之任命等］

1. 受制于本宪法之规限下,对公职人员或代为履行公职人员职责者实施任免及纪律惩戒之权力属于总统。总统应按照公共服务委员会之建议行使该权力。

2. 总统可将其对特定公职或特定类型公职之任命权授予公共服务委员会。

3. 公共服务委员会应依据规定享有其他职权。

第一百条 ［特定公职之任命］

1. 任命内阁秘书与政府部门秘书之权力,以及将内阁秘书与政府部门秘书调至其他同级别职位之权力,属于总统。总统应与公共服务委员会协商后行使该权力。

2. 任命总审计长之权力属于总统,总统应按照公共服务委员会之建议行使该权力。

3. 任命警察总署署长之权力属于总统,总统应按内阁与公共服务委员会协商后提交之建议行使该权力。

第一百〇一条 ［特定公职之任期］

1. 本条之规定适用于总审计长与警察总署署长。

2. 受制于本条之规限下,本条所适用者应于其年满五十五周岁时卸任。

总统可批准本条所适用者年满五十五周岁后继续任职,直至达到其与总统协商确定之年龄。

3. 仅可基于本条所适用者无法继续履行其职责(无论由于身体或精神或其他原因),或基于其行为不端,而免除其职务。免除本条所适用者之职务,应依据下款所规定之程序。

4. 免除本条所适用者职务之事项提交至下款所规定之法庭后,若该法庭建议总统基于前款规定无法继续履行职责或行为不端而应免除其职务的,总统应免除其职务。

5. 若总统认为应对基于无法继续履行职责或行为不端而免除本条所适用者职务之事项进行调查的,则:

(a)总统应指定成立法庭,该法庭由一名主席与

不少于两名成员组成,主席应为法官或曾经担任过法官;

(b)该法庭应对此事项进行调查,并向总统提交调查报告,并就是否应当免除本条所适用者之职务向总统提出建议。

6. 若免除警察总署署长职务之事项已提交至前款所规定之法庭,总统可按照公共服务委员会主席之建议,暂时中止警察总署署长履行职务。暂时中止履行职务之决定可由总统按照公共服务委员会主席之建议随时予以撤销。若法庭建议总统不应免除警察总署署长职务,该暂时中止履行职务之决定随即失效。①

7. 在本条第一款所指职务出现空缺或担任本条第一款所指职务者无法继续履行其职责期间,代为履行其职责者,本条之规定不应对其适用。代为履行其职责者之任命可由公共服务委员会在上述期间随时予以撤回。

第一百〇二条 [初级警务人员之任命等]

1. 对警长助理以下警衔者为,施任命及纪律惩戒之权力属于警察总署署长。

2. 对警察总署署长依据前款之规定实施任免及纪律惩戒之决定,可向公共服务委员会提起申诉。

3. 警察总署署长可授权基里巴斯国警队的其他警务人员行使本条第一款所规定之权力,并可附加其认为适当的限制。

第一百〇三条 [养恤金法之适用]

1. 在受制于本宪法第一百〇五条之规限下,应依据在相关日期已生效之法律,或不会对获得养恤金者的利益造成减损之法律,对公职人员,其遗孀、子女、亲属或其代理人发放或支付养老金、抚恤金或其他津贴(在本条及第一百〇四条、第一百〇五条中使用"补助"一词)。

2. 本条中"相关日期"是指——

(a)在独立日前发放补助的,为发放补助之日;

(b)在独立日,或在独立日之后向在独立日之前已经担任公职者发放补助的,为发放补助之前一日;

(c)向在独立日或独立日之后担任公职者发放补助的,为该人担任公职之日。

3. 若获得补助者有权在其补助所适用的两个或两个以上法律中作出选择,其所选择的法律应被视为对其更有利的法律。

第一百〇四条 [从统一基金中支付养恤金等]

应从统一基金中支付依据基里巴斯国生效法律所规定之补助(但已从其他基金中支付的合法补助除外)。

第一百〇五条 [养恤金之税款]

1. 依据基里巴斯国养恤金法所规定的方式发放或不予发放补助(但领取该补助是依法应享有的权利除外)、克减补助、暂时中止发放补助、从补助中扣缴税款之权力属于总统,总统应按照公共服务委员会之建议行使该权力。

2. 本条中"养恤金法"是指关于向公职人员、其遗孀、子女、亲属或其代理人发放补助之法律。

第八章 财 政

第一百〇六条 [税收]

除非依据法律规定,不得征税或改变税收。

第一百〇七条 [统一基金与特殊基金]

1. 受制于基里巴斯国法律之规限下,所有政府收入均应归入基里巴斯国统一基金。

2. 议会可对特殊基金之设立制定规则,特殊基金不归入统一基金。

3. 依据本条规定所设立的特殊基金,其收入、利息、收益,及其每个财政年度之结余,均不归入统一基金,应为特殊基金设立之目的而予以保留。

第一百〇八条 [从统一基金中拨付款项]

1. 从统一基金中拨付款项,应依据财政部长亲笔书写的支付令之授权。

2. 除以下情形外,财政部长不得签署支付令——

(a)该财政年度开支已经获得拨款法授权;

(b)依据本宪法第一百〇九条第四款、第一百一十条、第一百一十一条之规定,该开支已获得授权;

(c)法定开支。

第一百〇九条 [开支之授权]

1. 财政部长应于每个财政年度开始前,或于开始后六十日内,向议会提交该财政年度政府收入与支出之预算报告。

2. 为从统一基金中拨付用于开支项目的必要款项,预算报告中的开支项目(法定开支除外)应被包括在拨款法案之内,该拨款法案应提交至议会审议。

3. 若在财政年度内,拨款法中的预算支出不足以支付开支,或出现未在拨款法中列举的开支需求,则应在拨款法案中列明该开支款项所需的追加预算。

4. 若在财政年度内,出现被财政部长确认为紧急且未能预见的情况,需要从统一基金中预支款项,此款项根据拨款法中的预算支出不足以支付或拨款

---

① 基里巴斯国1995年宪法修正案取消了"审计署署长"一词,代之以"总审计长"。本条第一款中规定"本条之规定适用于总审计长与警察总署署长",但第六款仅列举了警察总署署长,原文如此。——译者注

法未予规定的,财政部长可在受制于相关法律之规限下,以支付令之方式预支该款项,并应将此款项列入补充拨款法案,并在支付令签发后的第一次议会会议上,提交该补充拨款法案。

5. 若在财政年度截止时,某开支项目支出的款项,已超过拨款法对此项目所规定之拨款额度,或拨款法对此开支项目未予规定,则应将超支款项或拨款法未规定之开支列入超支项目报表,并与国家开支账目委员会之报告一同提交议会。

6. 议会不得对法定开支予以表决。若议会未另行授权,则法定开支应依据财政部长亲笔书写之支付令从统一基金中拨付。

第一百一十条 [拨款前授权开支]

若某一财政年度的拨款法未能在该财政年度开始时实施,议会可通过决议授权财政部长,由其授权从统一基金中拨付用于维持公共服务之款项,但其额度不得超过上一财政年度用于公共服务之支出,直至拨款法开始实施,但不得超过该财政年度开始后四个月。

第一百一十一条 [议会解散导致拨款法之延迟]

若因议会解散,而导致本宪法规定用于维持政府运作之拨款法或拨款法条款未能获得通过,财政部长可签发支付令从统一基金中拨付其认为维持公共服务所必需之款项,但其额度不得超过上一财政年度用于公共服务之支出,直至下届议会首次会议召开之日起三个月。财政部长应尽快向议会提交所支出款项之报告,并应将其支出额度列入下一财政年度拨款法案。

第一百一十二条 [国债]

1. 政府所负担的债务,应从统一基金中拨付。

2. 本条所称债务,是指利息、偿债基金费用、债务之清偿与摊销、为了政府收入与统一基金之安全而进行贷款以及与清偿此贷款有关的其他支出。

第一百一十三条 [特定人士之薪酬]

1. 应向担任本条所适用之职务者支付法定薪酬与补贴。

2. 依据本条规定支付法定薪酬与补贴,应从统一基金中拨付。

3. 依据本条规定支付的法定薪酬及其享受的其他待遇(不包括未列入统计的依法享有的岗位津贴),不得在该人士任职后予以扣减,但该扣减适用于所有公职人员的除外。

4. 若该人士的薪酬或其享受的其他待遇具有可选择性,则应将该人士的选择较于其他选择视为对其具有最大利益。

5. 本条之规定适用于议长、首席大法官、高等法院法官、上诉法院院长、上诉法院法官、总检察长(若其为议会议员则除外)、总审计长、警察总署署长、首席选举专员与选举委员会成员、公共服务委员会主席与公共服务委员会委员。

第一百一十四条 [总审计长]

1. 设总审计长一名,其职位为公职。

2. 总审计长每年应对基里巴斯国家开支账目、政府各部门、各办公机构、各政府机构、法院之账目进行审计并出具年度审计报告。总审计长及经其授权者有权随时查阅与上述账目相关的任何簿册、回执、报告以及其他文件。

3. 总审计长应将依据前款规定所作出之年度审计报告提交至议长,并将报告之副本抄送总统与财政部长。议长应将报告提交议会审议。

4. 总审计长在履行本条所赋予的职权时,不受任何个人或机构控制或干涉。

5. 本条之规定不得妨碍总审计长履行以下职权:

(a)与基里巴斯国家开支账目、各政府机构账目、其他法定机构账目与管理公共基金账目相关之职权;

(b)与管理与监督基里巴斯国公共基金开支相关之职权。

第一百一十五条 [国家开支账目委员会]

1. 国家开支账目委员会隶属于议会,由议会选举产生的三名议员组成。

2. 担任或代为履行总统、副总统、部长或总检察长职务者,不得当选为国家开支账目委员会委员。

3. 以下情形,国家开支账目委员会委员应卸任:

(a)其不再为议会议员;

(b)其担任总统或代为履行总统职务;

(c)其担任或代为履行副总统、部长,或总检察长职务;

(d)议会通过决议免去其委员职务。

4. 国家开支账目委员会之职责为:

(a)对照总审计长之年度审计报告审议政府账目;

(b)在出现超支或未经授权开支的情况下,向议会报告超支或开支之原因;

(c)提出其认为必要的措施,以确保政府资金得以正当且节约之使用;

(d)当任何公司、法定机构或委员会账目之审计报告被依法提交至议会时,对上述机构之账目进行审议并向议会提交报告与建议。

第一百一十六条 [解释]

本章中——

(a)"财政年度"是指终止于12月31日或法律规

定的其他日期之十二个月；

(b)"法定开支"是指依据本宪法或基里巴斯国法律之规定在统一基金中之支出。

第九章 巴纳巴岛与巴纳巴人

第一百一十七条 ［议会之提名议员］

1. 议会中的一个议席应为巴纳巴区之提名代表(本条中称为"提名议员")。

2. 提名议员应具有下款规定之资格，由拉比理事会(Rabi Council)予以提名并由选举委员会予以宣布。

3. 提名议员应具以下资格：

(a)其为巴纳巴人；

(b)其具有依据本宪法第五十五条第(b)款与第五十六条所规定的当选议会议员之资格。

4. 以下情形，提名议员应卸任：

(a)其不再是巴纳巴人；

(b)出现本宪法第五十七条第(a)款、第(b)款、第(c)款、第(e)款、第(f)款与第五十八条所规定之情形。

5. 高等法院享有审理和裁决担任提名议员是否合法、提名议员是否应卸任、提名议员是否应依据前款规定和本宪法第五十八条之规定不再履行议员职责之司法管辖权。

6. 依据前款规定提请高等法院裁决，可由提名议员、拉比理事会、选举委员会或总检察长提出申请。

上述申请若非总检察长提交，总检察长可对争端进行调停，亦可亲自或派出代表参与诉讼。

第一百一十八条 ［议会当选之代表］

1. 虽然本宪法第五十五条已作出规定，但任何年满二十一周岁者，若其为基里巴斯国公民或巴纳巴人，应有资格当选为将巴纳巴岛包括在内的选区之议会议员。

2. 本宪法第五十七条之规定应适用于当选为将巴纳巴岛包括在内的选区之议会议员。在受制于该条款之规限下，若该议员不再是基里巴斯国公民，或不再是巴纳巴人，其应卸任议员职位。

3. 任何基里巴斯国公民或巴纳巴人，均有权在巴纳巴岛登记为选举人，或依据本宪法第六十四条之规定在该地区登记为选举人。

4. 在对与巴纳巴岛相关之选区数量、选区边界与当选代表人数进行审查时，选举委员会应将基里巴斯国公民与巴纳巴人（无论其是否为基里巴斯国公民）之最新人口统计数纳入考量。

第一百一十九条 ［巴纳巴岛之土地与权益］

1. 巴纳巴人在巴纳巴岛土地所拥有之权利与利益，不得因其居住于斐济的拉比岛而受到任何影响。

2. 若共和国已取得巴纳巴岛以下土地之任何权利或利益：

(a)为开采磷酸盐而从巴纳巴人处获得之土地；

(b)为开采磷酸盐而依法获得王国于独立日前从巴纳巴人处获得之土地。

则共和国应自该土地磷酸盐开采结束后，将其从巴纳巴人处所获得之权利与利益（无论由共和国或王国获得）移交该巴纳巴人或该人之后裔或继承人。

3. 除通过租赁或依据本宪法第八条第一款所规定之方式并符合以下条件的情况外，不得强制获取巴纳巴人对巴纳巴岛土地所拥有的任何权利或利益：

(a)已与巴纳巴岛理事会协商；

(b)已作出一切合理努力，与拥有土地权利或利益者以协议方式获取利益。

4. 每个巴纳巴人均享有进入与居住于巴纳巴岛的不可剥夺之权利。若本宪法第十四条第三款第(c)项之规定被删除，则第十四条之规定应适用于巴纳巴人。

第一百二十条 ［进出巴纳巴岛］

若法律对非巴纳巴人进入巴纳巴岛施加限制，则该法律规定或所授权之事项不应被视为违反本宪法第十四条之规定或与之相冲突。

第一百二十一条 ［巴纳巴岛理事会］

1. 应设立巴纳巴岛理事会。

2. 巴纳巴岛理事会之职权与职责应由法律规定。

第一百二十二条 ［独立调查委员会］

1. 自独立日起三年后，政府应指定成立独立调查委员会，独立调查委员会应调查以下法律条款的执行情况——

(a)本章之条款；

(b)第三章中确认巴纳巴人权利之条款。

2. 独立调查委员会依据本条之规定开展调查后，应作出其认为恰当之建议，并将建议提交至议会。

3. 独立调查委员在履行本条所赋予的职权时，不受任何个人或机构控制或干涉。

第一百二十三条 ［向司法委员会提出之上诉］

1. 在诉讼程序中，向高等法院提出裁决申请，声称本宪法之规定被违反而导致巴纳巴人或者拉比理事会依据本章或第三章之规定所享有的权利或利益受到或可能受到影响的，对高等法院就此所作出的涉及本宪法解释裁定，有权向司法委员会提起上诉。

2. 司法委员会依据本条之规定对任何上诉作出的裁定，应按照执行高等法院裁定之方式予以执行。

3. 司法委员会对于依据本条之规定向其提起上诉之案件，享有与高等法院对该案件所享有的相同司法管辖权和职权。

第一百二十四条 ［刚性条款］

1. 拟改变以下条款之法案——

(a)本章之规定；

(b)第三章中确认巴纳巴人权利之条款。

应遵循本条之规定，否则议会不得予以通过。

2. 议会应在一读之后将对此类法案之审议推迟至议会下一次会议。

3. 若出现以下情形，议会在二读时不得通过该法案——

(a)该法案未能获得议会全体议员三分之二以上多数同意；

(b)提名议员或巴纳巴当选议员投出反对票。

4. 若议会在二读中对此类法案进行表决时，提名议员未出席（无论巴纳巴当选议员是否出席）会议，则应将对该法案之审议应推迟至议会的下一次会议，并将该推迟决定书面通知拉比理事会和巴纳巴岛理事会。

5. 在议会下一次会议中可再次对此类法案进行表决，若：

(a)该法案获得议会全体议员三分之二以上多数同意，且提名议员未投反对票，该法案应予以通过；

(b)该法案未能获得议会全体议员三分之二以上多数同意，或提名议员投出反对票，该法案不得予以通过。

6. 本条中——

(a)"提名议员"是指本宪法第一百一十七条规定之议会议员；

(b)"巴纳巴当选议员"是指将巴纳巴岛包括在内的选区所当选之议会议员。

(c)"宪法"包括可修改宪法之法律；

(d)"修改本宪法"包括——

(i)废止宪法条款、重新制定宪法条款，或替换宪法条款；

(ii)以删改方式修改宪法条款，或附加新的条款；

(iii)暂时停止宪法条款之适用，或恢复宪法条款之适用；

(iv)制定与某条款不一致或相冲突之条款。

第一百二十五条 ［解释］

本章中——

(a)"巴纳巴人"是指巴纳巴岛上之土著居民，以及其祖先于1990年之前出生于基里巴斯、按照习俗在现在或以后可以被接纳为巴纳巴区成员者；

(b)"拉比理事会"是指依据1970年斐济《巴纳巴人定居条例》所设立之"首领理事会"以及在斐济的拉比岛和巴纳巴岛代表巴纳巴区利益的继任机构。

第十章 杂项规定

第一百二十六条 ［纪律部队］

除基里巴斯国警察、监狱警卫、海洋护卫队、海洋护卫学校外，不得设立其他纪律部队。

第一百二十七条 ［基里巴斯国宪法文本］

本宪法应以基里巴斯语文本与英语文本刊印，两者不一致时，以英语文本为准。

第一百二十八条 ［国玺］

应设置经议会批准之基里巴斯国国玺。

第一百二十九条 ［宣誓］

1. 本条规定所适用者，在其就职前，应按照规定的方式宣誓并签名。

2. 本条规定适用于担任或代为履行下列职位者——

(a)裁判官职位；

(b)依规定在就职前应宣誓的其他职位。

第一百三十条 ［辞职］

依据本宪法担任或代为履行职务者，可通过将其书面辞呈提交任命其职务者之方式辞职，以本宪法规定的方式提交书面辞呈提出辞职应为有效，其职位自下列时间起出现空缺，但本宪法另有规定的除外。

(a)自辞呈中指定的时间或日期起（若有）；或

(b)自收到辞呈时起。

两者以较晚者为准。

若接受辞呈者同意提交者撤回该辞呈，则辞呈可在生效前予以撤回。

第一百三十一条 ［委员会和法庭职责之履行］

1. 依据本宪法设立之委员会，可制定为使委员会有效履行本宪法所规定的职责之规则。

2. 委员会所作出的决定应获得委员会全体委员过半数同意，在受此规限下，委员会可在委员缺席时作出决定。

在特定情况下，须由全体委员投票表决但赞成和反对票数相等时，委员会主席有权且应当投出决定票。

3. 在受制于本条之规限下，委员会可制定其议事程序。

4. 委员会在履行本宪法所赋予的职权时，不受任何个人或机构控制或干涉。但本宪法另有规定的除外。

5. 除本宪法所规定的职责外，委员会可以依据有关规定（若有）履行其他职责。

6. 无委员资格者参与委员会处理事务过程，不影响委员会处理事务之合法性。

7. 本条第一款、第二款、第三款、第四款之规定，应当以与适用于依照本宪法设立之委员会相同之方式,适用于为实现本宪法第十四条第四款、第十六条第六款、第八十三条第四款、第九十三条第四款,以及第一百〇一条第五款之目的所设立之法庭。上述法庭在证人出庭与接受询问(包括宣誓与对国外证人之询问)、提交书证事项上,享有与高等法院相同之职权。

8. 本条第一款、第二款、第三款、第四款之规定,应当以与适用于依照本宪法设立的委员会相同之方式,适用于依据本宪法第六十五条设立之议员薪酬法庭。

第一百三十二条 [解释]

1. 本宪法中,除非另有规定:

"英联邦国家"是指基里巴斯国与本宪法第二十七条所适用的国家,并包括该国家的属地;

"上诉法院"是指依据本宪法设立的基里巴斯国上诉法院;

"职责"包括权利、义务和权力;

"人选"是指选举议会议员之首选;

"政府"是指基里巴斯国政府;

"高等法院"是指依据本宪法设立的基里巴斯国高等法院;

"高级司法职务"是指对民事和刑事事项有无限司法管辖权的法院之法官职务,或指对上诉审享有管辖权的法院之法官职务;

"独立日"是指 1979 年 7 月 12 日;

"司法委员会"是指依据 1833 年《司法委员会法》所设立的枢密院司法委员会;

"基里巴斯"是指在独立日之前包括吉尔伯特群岛殖民地在内的领土,本宪法附件二对此列有详细说明;

"会议"是指议会首次召集后举行会议之日起,至议会无限期休会或议会解散之间所举行的议会会议;

"宣誓"包括确认;

"所规定的"是指依据法律规定;

"公职人员"是指担任或代为履行公共职务者;

"公共职务"是指提供公共服务之职务;

"公共服务"是指政府以国家身份所提供之服务;

"共和国"是指基里巴斯共和国;

"会期"是指议会(包括议会之委员会)在不休会时持续召开会议之期间;

"议长"是指议会之议长;

"下级法院"是指除高等法院、上诉法院、司法委员会之外的基里巴斯国其他法院。

2. 1978 年《解释法》在进行必要的修改后适用于解释本宪法,或按照其适用于解释英国议会所制定法律之方式,解释本宪法。但本宪法另有规定的除外。

第一百三十三条 [关于公职等之规定]

1. 本宪法中,"公职"一词不得解释为包括以下职务:

(a)总统、副总统或部长;

(b)议长、经选举产生之议会议员或本宪法第一百一十七条规定之议会议员;

(c)首席选举专员与选举委员会委员、公共服务委员会主席与公共服务委员会委员;

(d)首席大法官与高等法院法官、上诉法院院长与上诉法院法官,但本宪法第一百〇三条与第一百〇五条之规定除外。

2. 不得仅基于以下原因,将该人士视为担任或代为履行公职者:

(a)即将被免职而请假,或停薪休假;

(b)从政府领取养恤金或类似补助;

(c)从纪律部队退役或服预备役,或担任临时警察;

(d)是地方政府理事会成员、官员或服务人员,或是仅领取裁判官出庭费之裁判法院成员、官员或服务人员;

(e)在政府从事服务岗位,或由政府任命,或代表政府履行职责者,但其在担任该职务或履行职责时,仅领取出差补助或生活补助或报销其实际支出的。

第一百三十四条 [任命或代为任命之权力]

1. 本宪法中,对公职作出任命之权力,应被解释为包括提拔与调任至该职务之权力、该职位出现空缺或任职者无法履行职责时任命他人代为履行其职责之权力。

2. 本宪法中,担任职务应被解释为包括合法临时代为履行该职务,但本宪法另有规定的除外。

3. 若担任某职务者无法履行其职责,而依据本宪法之规定指示某人,或授权于某人或某机构任命他人担任或代为履行该职务的,不得以原任职者并非无法履行其职责为由,对接受指示者或被任命者履行该职责之合法性提起诉讼。

第一百三十五条 [重新任命与并存任命]

1. 担任依据本宪法所设立之职务者卸任后,若其仍具有相应资格,可依据本宪法之规定再次被任命为或被选举为该职务。

2. 若担任本宪法所设立之职务或公职者在即将被免职前请假:

(a)可任命他人担任该职务;

(b)被任命者应被视为是担任该职务之唯一人员。

第一百三十六条 [免职]

1. 本宪法中免去公职人员之权力,应被解释为包括依法要求或允许该公职人员退休之权利、终止聘用该人担任公职之合同或决定是否应续签该合同之权力或权利。

本款之规定不得被解释为授予任何个人或机构要求首席大法官或高等法院法官、上诉法院院长或上诉法院法官、警察总署署长或总审计长退休之权力。

2. 本宪法赋予个人或机构免去公职人员之权力，不应妨碍个人或机构行使取消某公职职位之权力，亦不应妨碍法律对一般公职人员或特定类别公职人员在达到法定年龄后强制退休作出规定。

第一百三十七条 ［法院司法管辖权之保留］

本宪法关于个人或机构在履行本宪法所赋予的职权时不受任何个人或机构控制或干涉之规定，不得被解释为排除法院对该人或该机构是否依据本宪法或其他法律正确履行其职责，或不应履行职责之事项行使司法管辖权。

第一百三十八条 ［修改与撤销文书之权力］

本宪法授权制定公告、条例、命令、规则或发布指示或命令之权力，应被解释为包括以相同方式修改或撤销此类公告、条例、命令、规则、指示或命令之权力。

第一百三十九条 ［协商］

个人或机构依据本宪法之规定应与他人或其他机构协商后履行职责时，不应被强制按照他人或其他机构之建议履行其职责。

附录（略）

美利坚合众国宪法*

(1787年9月15日费城制宪会议通过,1789年3月4日生效)

序　言

我们,美利坚合众国的人民,为了组织一个更完善的联邦,树立正义,保障国内的安宁,建立共同的国防,增进全民福利和确保我们自己及我们后代能安享自由带来的幸福,乃为美利坚合众国制定和确立这一部宪法。

第一条

第一款　本宪法所规定的立法权,全属合众国的国会,国会由一个参议院和一个众议院组成。

第二款　众议院应由各州人民每两年选举一次之议员组成,各州选举人应具有该州州议会中人数最多之一院的选举人所需之资格。

凡年龄未满二十五岁,或取得合众国公民资格未满七年,或于某州当选而并非该州居民者,均不得任众议员。

众议员人数及直接税税额,应按联邦所辖各州的人口数目比例分配,此项人口数目的计算法,应在全体自由人民——包括订有契约的短期仆役,但不包括未被课税的印第安人——数目之外,再加上所有其他人口之五分之三。实际人口调查,应于合众国会第一次会议三年内举行,并于其后每十年举行一次,其调查方法另以法律规定之。众议员的数目,不得超过每三万人口有众议员一人,但每州至少应有众议员一人;在举行人口调查以前,各州得按照下列数目选举众议员:新罕不什尔三人、马萨诸塞八人、罗得岛及普罗维登斯垦殖区一人、康涅狄格五人、纽约州六人、新泽西四人、宾夕法尼亚八人、特拉华一人、马里兰六人、弗吉尼亚十人、北卡罗来纳五人、南卡罗来纳五人、佐治亚三人。

任何一州的众议员有缺额时,该州的行政长官应颁选举令,选出众议员以补充缺额。

众议院应选举该院议长及其他官员,只有众议院具有提出弹劾案的权力。

第三款　合众国的参议院由每州的州议会选举两名参议员组成之,参议员的任期为六年,每名参议员有一票表决权。

参议员第一次选举后举行会议之时,应当立即尽量均等地分成三组。第一组参议员的任期,到第二年年终时届满,第二组到第四年年终时届满,第三组到第六年年终时届满,俾使每两年有三分之一的参议员改选;如果在某州州议会休会期间,有参议员因辞职或其他原因出缺,该州的行政长官得任命临时参议员,等到州议会下次集合时,再予选举补缺。

凡年龄未满三十岁,或取得合众国公民资格未满九年,或于某州当选而并非该州居民者,均不得任参议员。

合众国副总统应为参议院议长,除非在投票票数相等时,议长无投票权。

参议院应选举该院的其他官员,在副总统缺席或执行合众国总统职务时,还应选举临时议长。

所有弹劾案,只有参议院有权审理。在开庭审理弹劾案时,参议员们均应宣誓或誓愿。如受审者为合众国总统,则应由最高法院首席大法官担任主席;在未得出席的参议员的三分之二的同意时,任何人不得被判有罪。

弹劾案的判决,不得超过免职及取消其担任合众国政府任何有荣誉、有责任或有俸给的职位之资格;但被判处者仍须服从另据法律所作之控诉、审讯、判决及惩罚。

第四款　各州州议会应自行规定本州参议员及众议员之选举时间、地点及程序,但国会得随时以法律制定或变更此种规定,唯有选举议员的地点不在此例。

国会应至少每年集合一次,开会日期应为12月的第一个星期一,除非他们通过法律来指定另一个日期。

第五款　参众两院应各自审查本院的选举、选举结果报告和本院议员的资格,每院议员过半数即构成

---
* 译者:王建学。

可以议事的法定人数；不足法定人数时，可以一天推一天地延期开会，并有权依照各该议院所规定的程序和罚则，强迫缺席的议员出席。

参众两院得各自规定本院的议事规则，处罚本院扰乱秩序的议员，并且得以三分之二的同意，开除本院的议员。

参众两院应各自保存一份议事记录，并经常公布，唯各该院认为应保守秘密之部分除外；两院议员对于每一问题之赞成或反对，如有五分之一出席议员请求，则应记载于议事记录内。

在国会开会期间，任一议院未得别院同意，不得休会三日以上，亦不得迁往非两院开会的其他地点。

第六款 参议员与众议员得因其服务而获报酬，报酬的多寡由法律定之，并由合众国国库支付。两院议员除犯叛国罪、重罪以及扰乱治安罪外，在出席各该院会议及往返各该院途中，有不受逮捕之特权；两院议员在议院内所发表之演说及辩论，在其他场合不受质询。

参议员或众议员不得在当选任期内担任合众国政府任何新添设的职位，或在其任期内支取因新职位而增添的俸给；在合众国政府供职的人，不得在其任职期间担任国会议员。

第七款 有关征税的所有法案应在众议院中提出，但参议院得以处理其他法案的方式，以修正案提出建议或表示同意。

经众议院和参议院通过的法案，在正式成为法律之前，须呈送合众国总统；总统如批准，便须签署，如不批准，即应连同他的异议把它退还给原来提出该案的议院，该议院应将异议详细记入议事记录，然后进行复议。倘若在复议之后，该议院议员的三分之二仍然同意通过该法案，该院即应将该法案连同异议书送交另一院，由其同样予以复议，若此另一院亦以三分之二的多数通过，该法案即成为法律。但遇有这样的情形时，两院的表决均应以赞同或反对来定，而赞同和反对该法案的议员的姓名，均应由两院分别记载于各该院的议事记录之内。如总统接到法案后十日之内（星期日除外），不将之退还，该法案即等于曾由总统签署一样，成为法律，唯有当国会无法将该法案退还时，该法案才不得成为法律。

任何命令、决议或表决（有关休会问题者除外），凡须由参议院及众议院予以同意者，均应呈送合众国总统；经其批准之后，方始生效，如总统不予批准，则参众两院可依照对于通过法案所规定的各种组别和限制，各以三分之二的多数，再行通过。

第八款 国会有权规定并征收税金、捐税、关税和其他赋税，用以偿付国债并为合众国的共同防御和全民福利提供经费；但是各种捐税、关税和其他赋税，在合众国内应划一征收。

以合众国的信用举债。

管理与外国的、州与州间的，以及对印第安部落的贸易。

制定在合众国内一致适用的归化条例，和有关破产的一致适用的法律。

铸造货币，调节其价值，并厘定外币价值，以及制定度量衡的标准。

制定对伪造合众国证券和货币的惩罚条例。

设立邮政局及建造驿路。

为促进科学和实用技艺的进步，对作家和发明家的著作和发明，在一定期限内给予专利权的保障。

设置最高法院以下的各级法院。

界定并惩罚海盗罪、在公海所犯的重罪和违背国际公法的罪行。

宣战，对民用船只颁发捕押敌船及采取报复行动的特许证，制定在陆地和海面房获战利品的规则。

募集和维持陆军，但每次拨充该项费用的款项，其有效期不得超过两年。

配备和保持海军。

制定有关管理和控制陆海军队的各种条例。

制定召集民兵的条例，以便执行联邦法律，镇压叛乱和击退侵略。

规定民兵的组织、装备和训练，以及民兵为合众国服务时的管理办法，但各州保留其军官任命权，和依照国会规定的条例训练其民团的权力。

对于由某州让与而由国会承受，用以充当合众国政府所在地的地区（不逾十里见方），握有对其一切事务的全部立法权；对于经州议会同意，向州政府购得，用以建筑要塞、弹药库、兵工厂、船坞和其他必要建筑物的地方，也握有同样的权力；——并且

为了行使上述各项权力，以及行使本宪法赋予合众国政府或其各部门或其官员的种种权力，制定一切必要的和适当的法律。

第九款 对于现有任何一州所认为的应准其移民或入境的人，在1808年以前，国会不得加以禁止，但可以对入境者课税，唯以每人不超过十美元为限。

不得中止人身保护令所保障的特权，唯在叛乱或受到侵犯的情况下，出于公共安全的必要时不在此限。

不得通过任何褫夺公权的法案或者追溯既往的法律。

除非按本宪法所规定的人口调查或统计之比例，不得征收任何人口税或其他直接税。

对各州输出之货物，不得课税。

任何有关商务或纳税的条例，均不得赋予某一州的港口以优惠待遇，亦不得强迫任何开往或来自某一

州的船只，驶入或驶出另一州，或向另一州纳税。

除了依照法律的规定拨款之外，不得自国库中提出任何款项；一切公款收支的报告和账目，应经常公布。

合众国不得颁发任何贵族爵位；凡是在合众国政府担任有俸给或有责任之职务者，未经国会许可，不得接受任何国王、王子或外国的任何礼物、薪酬、职务或爵位。

第十款 各州不得缔结任何条约、结盟或组织邦联，不得对民用船只颁发捕押敌船及采取报复行动之特许证，不得铸造货币，不得发行纸币，不得指定金银币以外的物品作为偿还债务的法定货币，不得通过任何褫夺公权的法案、追溯既往的法律和损害契约义务的法律，也不得颁发任何贵族爵位。

未经国会同意，各州不得对进口货物或出口货物征收任何税款，但为了执行该州的检查法律而有绝对的必要时，不在此限；任何州对于进出口货物所征的税，其净收益应归合众国国库使用；所有这一类的法律，国会均可加以修正和监督之权。

未经国会同意，各州不得征收船舶吨位税，不得在和平时期保持军队和军舰，不得和另外一州或外国缔结任何协议或契约，除非实际遭受入侵，或者遇到刻不容缓的危急情形时，不得从事战争。

第二条

第一款 行政权力赋予美利坚合众国总统。总统任期四年，总统和具有同样任期的副总统，应照下列手续选举：

每州应依照该州州议会所规定之手续，指定选举人若干名，其人数应与该州在国会之参议员及众议员之总数相等；但参议员、众议员及任何在合众国政府担任有责任及有俸给之职务的人，均不得被指定为选举人。

各选举人应于其本身所属的州内集会，每人投票选举二人，其中至少应有一人不属本州岛居民。选举人应列全体被选人名单，注明每人所得票数；他们还应签名作证明，并将封印后的名单送至合众国政府所在地交与参议院议长。参议院议长应于参众两院全体议员之前，开拆所有来件，然后计算票数。得票最多者，如其所得票数超过全体选举人的半数，即当选为总统；如同时不止一人得票过半数，且又得同等票数，则众议院应立即投票表决，选举其中一人为总统；如无人得票过半数，则众议院应自得票最多之前五名中用同样方法选举总统。但依此法选举总统时，应以州为单位，每州之代表共有一票；如全国三分之二的州各有一名或多名众议员出席，即构成选举总统的法定人数；当选总统者需获全部州的过半数票。在每次这样的选举中，于总统选出后，其获得选举人所投票数最多者，即为副总统。但如有二人或二人以上得票相等时，则应由参议院投票表决，选举其中一人为副总统。

国会得决定各州选出选举人的时期以及他们投票的日子，投票日期全国一致。

只有出生时为合众国公民，或在本宪法实施时已为合众国公民者，可被选为总统；凡年龄未满三十五岁，或居住合众国境内未满十四年者，不得被选为总统。

如遇总统被免职，或因死亡、辞职或丧失能力而不能执行其权力及职务时，总统职权应由副总统执行之。国会得以法律规定，在总统及副总统均被免职，或死亡、辞职或丧失能力时，由何人代理总统职务，该人应即遵此视事，至总统能力恢复，或新总统被选出时为止。

总统得因其服务而在规定的时间内接受俸给，在其任期之内，俸金数额不得增加或减低，他亦不得在此任期内，自合众国政府和任何州政府接受其他报酬。

在他就职之前，他应宣誓或誓愿如下："我郑重宣誓（或矢言）我必忠诚地执行合众国总统的职务，并尽我最大的能力，维持、保护和捍卫合众国宪法。"

第二款 总统为合众国陆海军的总司令，并在各州民团奉召为合众国执行任务时担任统帅；他可以要求每个行政部门的主管官员提出有关他们职务的任何事件的书面意见，除了弹劾案之外，他有权对于违犯合众国法律者颁发缓刑和特赦。

总统有权缔订条约，但须争取参议院的意见和同意，并须出席的参议员中三分之二的人赞成；他有权提名，并于取得参议院的意见和同意后，任命大使、公使及领事、最高法院的法官，以及一切其他在本宪法中未经明定，但以后将依法律的规定而设置之合众国官员；国会可以制定法律，酌情把这些较低级官员的任命权，授予总统本人，授予法院，或授予各行政部门的首长。

在参议院休会期间，如遇有职位出缺，总统有权任命官员补充缺额，任期于参议院下届会议结束时终结。

第三款 总统应经常向国会报告联邦的情况，并向国会提出他认为必要和适当的措施，供其考虑；在特殊情况下，他得召集两院或其中一院开会，并得于两院对于休会时间意见不一致时，命令两院休会到他认为适当的时期为止；他应接见大使和公使；他应注意使法律切实执行，并任命所有合众国的军官。

第四款 合众国总统、副总统及其他所有文官，因叛国、贿赂或其他重罪和轻罪，被弹劾而判罪者，均应免职。

第三条

第一款 合众国的司法权属于一个最高法院以及由国会随时下令设立的低级法院。最高法院和低级法院的法官，如果尽忠职守，应继续任职，并按期接受俸给作为其服务之报酬，在其继续任职期间，该项俸给不得削减。

第二款 司法权适用的范围，应包括在本宪法、合众国法律、和合众国已订的及将订的条约之下发生的一切涉及普通法及衡平法的案件；一切有关大使、公使及领事的案件；一切有关海上裁判权及海事裁判权的案件；合众国为当事一方的诉讼；州与州之间的诉讼，州与另一州的公民之间的诉讼，一州公民与另一州公民之间的诉讼，同州公民之间为不同之州所让与之土地而争执的诉讼，以及一州或其公民与外国政府、公民或其国民之间的诉讼。

在一切有关大使、公使、领事以及州为当事一方的案件中，最高法院有最初审理权。在上述所有其他案件中，最高法院有关于法律和事实的受理上诉权，但由国会规定为例外及另有处理条例者，不在此限。

对一切罪行的审判，除了弹劾案以外，均应由陪审团裁定，并且该审判应在罪案发生的州内举行；但如罪案发生地点并不在任何一州之内，该项审判应在国会按法律指定之地点或几个地点举行。

第三款 只有对合众国发动战争，或投向它的敌人，予敌人以协助及方便者，方构成叛国罪。无论何人，如非经由两个证人证明他的公然的叛国行为，或经由本人在公开法庭认罪者，均不得被判叛国罪。

国会有权宣布对于叛国罪的惩处，但因叛国罪而被褫夺公权者，其后人之继承权不受影响，叛国者之财产亦只能在其本人生存期间被没收。

第四条

第一款 各州对其他各州的公共法案、记录，和司法程序，应给予完全的信赖和尊重。国会得制定一般法律，用以规定这种法案、记录，和司法程序如何证明以及具有何等效力。

第二款 每州公民应享受各州公民所有之一切特权及豁免。

凡在任何一州被控犯有叛国罪、重罪或其他罪行者，逃出法外而在另一州被缉获时，该州即应依照该罪犯所逃出之州的行政当局之请求，将该罪犯交出，以便移交至对该犯罪案件有管辖权之州。

凡根据一州之法律应在该州服役或服劳役者，逃往另一州时，不得因另一州之任何法律或条例，解除其服役或劳役，而应依照有权要求该项服役或劳役之当事一方的要求，把人交出。

第三款 国会得准许新州加入联邦，如无有关各州之州议会及国会之同意，不得于任何州之管辖区域内建立新州；亦不得合并两州或数州，或数州之一部分而成立新州。

国会有权处置合众国之属地及其他产业，并制定有关这些属地及产业的一切必要的法规和章则；本宪法中任何条文，不得作有损于合众国或任何一州之权利的解释。

第四款 合众国保证联邦中的每一州皆为共和政体，保障它们不受外来的侵略；并且根据各州州议会或行政部门（当州议会不能召集时）的请求，平定其内部的暴乱。

第五条

举凡两院议员各以三分之二的多数认为必要时，国会应提出对本宪法的修正案；或者，当现有诸州三分之二的州议会提出请求时，国会应召集修宪大会，以上两种修正案，如经诸州四分之三的州议会或四分之三的州修宪大会批准时，即成为本宪法之一部分而发生全部效力，至于采用那一种批准方式，则由国会议决；但1808年以前可能制定之修正案，在任何情形下，不得影响本宪法第一条第九款之第一项、第四项两项；任何一州，没有它的同意，不得被剥夺它在参议院中的平等投票权。

第六条

合众国政府于本宪法被批准之前所积欠之债务及所签订之条约，于本宪法通过后，具有和在邦联政府时同等的效力。

本宪法及依本宪法所制定之合众国法律，以及合众国已经缔结及将要缔结的一切条约，皆为全国之最高法律；每个州的法官都应受其约束，任何一州宪法或法律中的任何内容与之抵触时，均不得有违这一规定。

前述之参议员及众议员，各州州议会议员，合众国政府及各州政府之一切行政及司法官员，均应宣誓或誓愿拥护本宪法；但合众国政府之任何职位或公职，皆不得以任何宗教标准作为任职的必要条件。

第七条

本宪法经过九个州的制宪大会批准后,即在批准本宪法的各州之间开始生效。

第一条修正案

国会不得制定有关下列事项的法律:确立一种宗教或禁止信教自由,剥夺言论自由或出版自由,或剥夺人民和平集会及向政府要求申冤的权利。

第二条修正案

纪律良好的民兵队伍,对于一个自由国家的安全实属必要;故人民持有和携带武器的权利,不得予以侵犯。

第三条修正案

任何兵士,在和平时期,未得屋主的许可,不得居住民房;在战争时期,除非照法律规定行事,亦一概不得自行占住。

第四条修正案

人人具有保障人身、住所、文件及财物的安全,不受无理之搜索和拘捕的权利;此项权利,不得侵犯;除非有可成立的理由,加上宣誓或誓愿保证,并具体指明必须搜索的地点,必须拘捕的人,或必须扣押的物品,否则一概不得颁发搜捕状。

第五条修正案

非经大陪审团提起公诉,人民不应受判处死罪或会因重罪而被剥夺部分公权之审判;唯于战争或社会动乱时期中,正在服役的陆海军或民兵中发生的案件,不在此例;人民不得为同一罪行而两次被置于危及生命或肢体之处境,不得被强迫在任何刑事案件中自证其罪,不得不经过正当法律程序而被剥夺生命、自由或财产;人民私有产业,如无合理赔偿,不得被征为公用。

第六条修正案

在所有刑事案中,被告人应有权提出下列要求:要求由罪案发生地之州及区的公正的陪审团予以迅速及公开之审判,并由法律确定其应属何区;要求获悉被控的罪名和理由;要求与原告的证人对质;要求以强制手段促使对被告有利的证人出庭作证;并要求由律师协助辩护。

第七条修正案

在引用习惯法的诉讼中,其争执所涉及者价值超过二十元,则当事人有权要求陪审团审判;任何业经陪审审判之事实,除依照习惯法之规定外,不得在合众国任何法院中重审。

第八条修正案

不得要求过重的保释金,不得课以过高的罚款,不得施予残酷的、逾常的刑罚。

第九条修正案

宪法中列举的某些权利,不得被解释为否认或轻视人民所拥有的其他权利。

第十条修正案

举凡宪法未授予合众国政府行使,而又不禁止各州行使的各种权力,均保留给各州政府或人民行使之。

第十一条修正案

不得将合众国的司法权解释为可扩大受理另一州公民或任何外国公民或国民对合众国任何一州提出的或起诉的任何普通法或衡平法的诉讼。

第十二条修正案

各选举人应在其各自州集会,投票选举总统和副总统,所选总统和副总统中至少应有一人不是选举人本州的居民;选举人应在选票上写明所选总统的姓名,并在另一选票上写明所选副总统的姓名。选举人须将所有所选总统及副总统分别列名单,写明每人所得票数,在名单上签名作证,封印后送至合众国政府所在地,呈交参议院议长。

参议院议长应在参议院和众议院全体议员面前开拆所有证明书,然后计算票数。

获得总统选票最多者,若所得选票超出选举人总数的一半,即当选为总统。若无人获得过半数票,众议院应立即从总统候选名单上得票最多者(以不超过三人为限)中投票选举其中一人为总统。但众议院选举总统时应以州为单位投票,每州代表有一票表决权,选出总统需要所有州的过半数票。如选举总统的权力转移给众议院而该院于次年3月4日前尚未选出总统,则副总统应按总统死亡或宪法所规定的其他有关丧失任职能力的条款代行总统职务。

获得副总统选票最多者,若所得选票超过选举人总数的一半,即当选为副总统。若无人获得过半数票,参议院应从候选名单上得票最多者的两人中选举一人为副总统。以此种方式选举副总统的法定人数为参议员总数的三分之二,选出副总统需要参议员总数过半票。但依宪法规定无资格当选为合众国总统的人不得当选为合众国副总统。

第十三条修正案

第一款 在合众国境内或属合众国管辖的任何区域,奴隶制或强制劳役不得存在,唯作为对业经定罪的罪犯的惩罚者不在此限。

第二款 国会有权以适当立法实施本条规定。

第十四条修正案

第一款 出生于合众国或归化于合众国并受合众国管辖的人,均为合众国和他所居住的州的公民。无论何州均不得制定或实施任何剥夺合众国公民的特权或豁免的法律,无论何州未经正当法律程序均不得剥夺任何人的生命、自由或财产,亦不得拒绝给予在其管辖下的任何人以平等的法律保护。

第二款 众议员名额应按各州人口总数的比例分配,但不纳税的印第安人除外。各州年满二十一岁且为合众国公民的男性居民,除因参加叛乱或犯有其他罪行者外,其选举合众国总统与副总统选举人、国会众议员、州行政与司法官员或州议会议员的权利被取消或剥夺时,该州众议员人数应按上述男性公民的人数同该州年满二十一岁的男性公民总人数的比例予以削减。

第三款 曾经作为国会议员、合众国官员、州议会议员或州行政或司法官员,宣誓拥护合众国宪法,而又参与反对合众国的暴乱或谋反,或给予合众国敌人以帮助或庇护者,不得为国会参议员或众议员、总统和副总统选举人,亦不得在合众国或任何一州任文武官员。但国会得以每院三分之二的票数取消此项限制。

第四款 经法律认可的合众国公债,包括因支付对平定暴乱或叛乱有功人员的养老金与奖金而产生的债务,其效力不受质疑。但合众国或任何一州都不得承担或偿付因资助对合众国作乱或谋叛而产生的债务或义务,或因丧失或解放任何奴隶而提出的赔偿要求;所有此类债务、义务和要求应视为非法和无效。

第五款 国会有权以适当立法实施本条各项规定。

第十五条修正案

第一款 合众国或任何一州不得因种族、肤色或以前的奴隶身份而否认或剥夺合众国公民的选举权。

第二款 国会有权以适当立法实施本条规定。

第十六条修正案

国会有权对任何来源的收入规定并征收所得税,所得税收入不必按比例分配于各州,也不必考虑任何人口普查或统计。

第十七条修正案

合众国参议院由每州人民选出两名参议员组成,参议员任期六年,各有一票表决权。

各州选举人应具备州议会中人数最多一院的选举人所必需的资格。

任何一州在参议院的议席出现缺额时,该州行政当局应发布选举令以填补此项缺额;但一州议会在人民按照州议会指示进行选举补足缺额以前,可授权行政长官作出临时任命。

本修正案对于本条作为合众国宪法一部分被批准生效前当选的任何参议员的选举或任期不发生影响。

第十八条修正案

第一款 自本条批准起一年后,禁止在合众国及其管辖下的一切领土内酿造、出售或运送致醉酒类,并且不准此种酒类输入或输出合众国及其管辖下的一切领土。

第二款 国会和各州均有权以适当立法实施本条规定。

第三款 本条除非在国会送达各州之日起七年内经各州州议会按照宪法规定批准为宪法修正案,不得发生效力。

第十九条修正案

合众国或任何一州不得因性别而否认或剥夺合众国公民的选举权。

国会有权以适当立法实施本条规定。

第二十条修正案

第一款 若本条尚未获批准,则总统和副总统的任期应于原定任期届满之年 1 月 20 日正午终止,参议员和众议员之任期应于原定任期届满之年 1 月 3 日正午终止;其继任者的任期即在此时开始。

第二款 国会每年至少应开会一次,开会日期除以法律另行规定外,应于 1 月 3 日正午开始。

第三款 若当选总统在规定的任期开始之前死亡,当选副总统应成为总统。若在规定的总统任期开始时间以前总统尚未选出,或当选总统不符合资格,则当选副总统应代行总统职权直到有一名当选总统符合资格为止;如遇当选总统和当选副总统均不符合资格的情况,国会可以法律决定代理总统人选或选择代理总统的方式,此人即可依法代行总统职务,直至有一名总统或副总统符合资格为止。

第四款 当选举总统的权利转移到众议院,而可被该院选为总统的人中有人死亡;或选举副总统的权利转移到参议院,而可被该院选为副总统的人中有人死亡时,国会得以法律对此种情况作出决定。

第五款 第一款与第二款应在本条批准后之 10 月 15 日起生效。

第六款 本条若在国会送达各州之日起七年内,未经四分之三之州议会批准为宪法修正案,将不再发生效力。

第二十一条修正案

第一款 合众国宪法修正案第十八条现予废止。

第二款 在合众国各州、各领地或属地内为交付或使用致醉酒类而进行的运送或输入,如违反有关法律,应予禁止。

第三款 本条除非在国会送达各州之日起七年内经四分之三之州议会批准为宪法修正案,不发生效力。

第二十二条修正案

第一款 无论何人不得当选总统职务超过两次,无论何人在他人任期内担任总统或代理总统超过两年者,不得当选担任总统职务超过一次。但本条不适用于在国会提出本条时正在担任总统职务的任何人,也不妨碍在本条开始生效的总统任期内可能担任总统职务或代理总统的任何人在此任期结束以前担任总统职务或代理总统。

第二款 本条除非在国会将其提交各州之日起七年内由四分之三之州议会批准为宪法修正案,不发生效力。

第二十三条修正案

第一款 合众国政府所在的特区,应按国会指定的方式选派若干总统和副总统选举人,为此目的,该特区应被视为一个州,选举人数量应相当于它有权选举的国会参议员和众议员人数的总和,但不得超过人数最少的州的选举人人数;以上选举人是在各州选派的选举人之外所增添的,但为了选举总统和副总统,应被视为一个州所选派的选举人,他们应在特区集会并依照宪法修正案第十二条的规定履行其职责。

第二款 国会有权以适当立法实施本条规定。

第二十四条修正案

第一款 合众国或任何一州不得以未交纳人头税或其他税款为理由,否认或剥夺合众国公民在总统或副总统、总统或副总统选举人或参议员、众议员的任何初选或其他选举中的选举权。

第二款 国会有权以适当立法实施本条规定。

第二十五条修正案

第一款 若总统免职、死亡或辞职,则副总统应成为总统。

第二款 副总统职位出现空缺时,总统应提名一位副总统,经由国会两院多数票批准后就职。

第三款 若总统向参议院临时议长及众议院议长递交书面声明,宣称他无能力履行其权力与职责,则其权力与职责应由副总统作为代理总统履行,直至他递交相反的书面声明为止。

第四款 若副总统以及各行政部门或国会依法设立的此种其他机构的多数主要官员,向参议院临时议长及众议院议长递交关于总统无能力履行其权力与职责的书面声明,则由副总统作为代理总统立即承担以上权力与职责。

此后,当总统向参议院临时议长及众议院议长递交他丧失能力情况并不存在的书面声明时,除非副总统以及各行政部门或国会依法设立的此种其他机构的多数主要官员在四日内向参议院临时议长及众议院议长递交总统无能力履行其权力与职责的书面声明,总统应恢复其权力与职责。国会应对此作出裁决。如在休会期间,应在四十八小时之内为此目的召集会议。若国会收到书面声明二十一日之内,或处在休会期间被要求召集以后的二十一日之内,以两院的三分之二票数决定总统不能履行其权力与职责,副总统应继续作为代理总统履行上述权力与职责;否则,总统应恢复其权力与职责。

第二十六条修正案

第一款 合众国或任何一州不得因年龄而否认或剥夺已满十八岁合众国公民的选举权。

第二款 国会有权以适当立法实施本条规定。

第二十七条修正案

改变参议院和众议院议员职位薪俸的法律,必须在下届代表选举后生效。

墨西哥合众国政治宪法[*]

(1917年通过,更新至2013年)

第一编

第一章 人权及其保障

第一条

在墨西哥合众国,任何人均有本宪法和墨西哥合众国签署的国际条约所保障的人权,且均有权获得对人权的各种保障。非依本宪法确定的条件并在本宪法规定的情形下,人权不受限制或暂时剥夺。

任何与人权相关的规定应当依照本宪法及国际条约中与其相关的内容进行解释,且在各种情况下,在实施过程时均应当依有利于人权保障的原则进行解释。

任何机关在其权限范围内,均负有在遵循普遍、相互依赖、不可分割及渐近原则基础上,促进、尊重、保障人权的义务。国家负有依法防止、调查、惩治侵犯人权的行为,并对人权受到侵犯者提供救济。

墨西哥合众国禁止奴隶制。任何被外国视为奴隶者,在其合法进入墨西哥合众国后即依法获得自由并受法律之保障。

任何基于民族、种族、性别、年龄、残疾、社会地位、健康状况、宗教、观念、性倾向、婚姻状况或任何其他形式的区别对待,如果此种区别对待有损人之尊严或试图取消或剥夺人之权利和自由,均被禁止。

第二条

墨西哥民族是单一的和不可分割的民族。

第三条

任何人均享有受教育的权利。国家—联邦,名州,联邦各区及各市提供学前教育、初等教育、中级教育和高等教育。学前教育、初等教育和中级教育均为基础教育的组成部分,学前教育、初等教育和中级教育和高等教育均为义务教育。

国家提供的各种教育均应当与任何人之能力保持和谐发展,其中包括引导学生爱国、尊重人权、尊重在独立与公正基础上的国家统一等内容。

国家应当保证义务教育中的教学质量,以保持教学内容、方式、学校组织、教学的结构安排、师资以及校长遵循能确保学习者能获得最高学习成就的方式进行。

Ⅰ. 依本宪法第二十四条之规定,国家提供的教育为世俗的教育,因此,国家提供的教育应当遵循与宗教相分离的原则。

Ⅱ. 国家教育的指导原则是实现依科学规律的发展,与无知、奴役、狂热与偏见作斗争。

国家教育的其他指导原则是:

1. 民主,理解民主不仅是一系列法律结构和政治制度,而且是一种建立于持续的经济、社会及文化发展基础之上的生活方式;

2. 国家性的,即意味着教育应当为非仇视的或非排他性的,国家教育应当研究全国的问题和我们资源的利用问题,捍卫墨西哥的政治独立,保障我们的经济独立,保护和发展我们的文化;

3. 致力于为人类之共存作出贡献,为了促进欣赏及尊重多元文化、人类尊严、家庭和睦、尊重社会普遍利益、友爱、平等对待什么人之权利、避免基于种族、宗教、团体、性别或个体权利之歧视;以及

4. 教育的质量应当建立于持续提高并能够促进学习者最大限度地实现其学术成就的基础之上。

Ⅲ. 为了实施本条第二段及第二款之规定,墨西哥共和国应当为学前教育、基础教育、初等教育以及为师资培养编制全国通行的课程纲要。共和国应当依法律规定的条件听取各州、联邦各区域以及与教育、教师及学生家长相关的各种团体的意见。进入国家提供的教育的初等教育及中等教育的教学职位或晋升到前述各类学校之管理或监督职位者,均应通过竞争性测试并被证明为具有相应的知识及能力。法律规范应当就入职、晋升及继续任职规定强制性的评估标准、条件,以保证教育行业者之宪法权利从业过程中能够获得完全之尊重。

Ⅳ. 国家提供的教育免费。

---

[*] 译者:伍晋。

Ⅴ．除前述前款规定的学前教育、初等教育、高等教育外，国家促进及处理各种系国民之发展所必需的、从入门教育到高等教育在内的各种类型和形式的教育，并促进科学和技术研究、促进文化的发展及传播。

Ⅵ．任何私人有权提供各种类型和形式的教育。依法律之规定，国家得承认或撤销由官方作出的、对由私人机构提供的教育的合法性。在学前教育、基础教育、中等教育以及教授教育方面，私人应当：

（1）提供本条第二款及第Ⅱ款中确立的目标和标准的教育，并符合第Ⅲ款规定的教学计划和进程；

（2）在以上各种情况下均应当依法律之规定事先获得公共机构的许可。

Ⅶ．大学以及其他由法律授予自治权的高等教育机构，应当具有进行自治管理的人员并承担相应的责任，他们应当依本条之规定实现教学、研究、传播文化的目标，尊重教学自由、研究自由、考试自由以及观念讨论的自由；应当决定教学计划与航程，确定专业人员的雇用条件、晋升条件及任期，对专业人员的教学行为进行管理。与专业人员、行政人员之间的劳动关系，适用由联邦劳动法依据不同劳动之特殊性对本宪法第一百二十三条A部分之规定作适当调整后的规定，但这些规定应当建立在确保教学、研究的自治、自由及本款规定范围内的机构的目标得以实现的基础之上。

Ⅷ．为实现共和国所有教育之统一和合作之目的，联邦议会得制定必要的法律，将教育职能在联邦、各州以及联邦地区之间进行分配，就相应的公共职责提供经济支持并对未能或已经遵守相当规定者应当接受的制裁、相应的后果以及侵犯此类规定的行为应当接受的制裁作出规定。

第四条

法律面前男女平等，国家保护家庭的组成和发展。

任何人在自由、负责任以及在获得充分信息的基础上，有权决定养育孩子的数目及间隔期。

人人享有获得数量及营养充足之食物的权利，政府有义务保障此权利的实现。

人人享有健康保障的权利。法律应当就获得保健服务的基础和形式作出规定，并在依照本宪法第七十三条第十六款之规定的前提下就联邦和各州机构参与保健事务作出规定。

人人享有获得充足、健康、可接受的以及可持续的方式获得个人及国内消费所需的水资源的权利。国家保障此权利的实现，法律应当就平等地获得和利用水资源以及水资源的维护的基础、支持和形式作出规定，就联邦、各州及联邦地区实体以及公民为此目的之实现的参与作出规定。

任何家庭均享有拥有有尊严的、适当的住房的权利，法律应当就达成此目的的方式和支持作出规定。

在国家的所有决定和程序中，国家应当确保及促进儿童重要利益的实现，并以各种方式保障儿童权利的实现。男女两性儿童均享有获得促进其全面发展所需的食品、健康服务、教育服务以及进行健康娱乐活动的权利。此原则应对与儿童相关的公共政策之设计、执行、监督以及评估具有指导作用。

父母、监护人以及其他具有监护权者，有权保障和要求这些权利和原则的完全实现。

国家应当为个体创造条件以促进儿童权利的实现。

人人享有参与及利用由国政提供的文化资源、参与和获得政府提供的文化服务的权利，享有行使其文化权利的自由。国家应当发展促进文化传播及发展的方式，在充分尊重创作自由的前提下，促进文化在表现形式和表达方面多样性的发展。法律应当就获得相应参与任何文化事务的机制作出规定。

人人享有体育文化的权利以及进行体育活动的权利，国家依法律之规定促进、鼓励和激励体育文化和体育活动的发展。

第五条

任何人不得被阻碍依其选择从事任何合法的职业、行业、商业或工作。该权利在第三人之权利受到侵犯而由司法裁决进行限制，或在社会之权利受到侵犯时由政府依法律规定的条件作出的决议限制。非依司法裁决，任何人之劳动所得不被剥夺。

在各州内从事特定职业者需要持有何种证明文件、满足何种条件方可获得该证明文件以及签名该证明文件的机构由法律作出规定。

非经正当补偿并经当事人的完全同意，任何人不得被强迫提供人身服务，补偿应当依本宪法第一百二十三条第Ⅰ款、第Ⅱ款之规定进行，但司法机构裁决确定的、作为刑事处罚方式的劳务除外。

就公共服务而言，仅依相关法律规定的提供兵役服务及司法服务、提供合议制官员义务以及经直接或间接选举产生的官员之服务具有义务性质。具有社会服务性质的专业服务具有义务性质，并在依法律规定的条件获得相应的报酬，但法律另有特别规定时除外。

国家不得因任何理由允许缔约将会导致个人自由之减损、丧失或不可弥补地牺牲效果的合同、协议或合意。

类似地，政府不得允许会导致一个人将被暂时或永久地剥夺或放弃从事某一行业的权利的协议。

劳动合同仅要求缔约人在法律规定的期限内从

事经其同意的劳务,且该期限不得在有碍劳动者的情况下长于一年,且在任何情况下,不得导致劳动者的任何政治权利或公民权利的放弃、丧失或减损。

若发生了劳动者未能履行劳动协议的情况,则仅得要求劳动者承担相应的民事责任,但不得对其人身采取强制措施。

第六条

任何用于表达观念的行为,若非对道德或第三方之权利造成损害、构成任何犯罪或公共秩序构成侵害,不得成为任何司法或行政追诉的对象,作出回应的权利依法律规定之条件行使之。

获得由联邦、各州、联邦区在各自权限范围内保存的信息之权利,受下列原则及基础之约束:

1. 任何由任何当局、机构、机关、联邦、各州以及市机构保存的信息均应当公开,且只能因公共利益并依法律规定的条件由上述机构暂时保存。在对本权利作出解释时,最大公开性原则应当具有优先性。

2. 与私人生活有关的信息以及个人信息,依法律之规定受保障并需接受法律规定的例外之限制。

3. 任何人,无须证明与其利益相关亦无须证明其具有正当用途,均可自由获得公共信息、与其相关的信息或其求对该信息作出修正。

4. 应当建立获得信息的机制以及对引发的争议进行审查的相关程序。此类事项引发的诉讼应当由相应机构自治的、专门以及中立的机关进行处理并作出裁决。

5. 负有相应责任的主体应当将其保存的文件存放于行政档案库中,并通过可以利用的电子媒体进行升级和公布,并依对此类信息进行管理和对此类公共资源进行使用者的指示进行完善和更新。

6. 与公共资源相关但委托自然人或法人保存的信息,相关责任应当以何种方式公布,由法律作出规定。

7. 不遵守与获得公开信息之相关规定的行为,依法进行制裁。

第七条

写作或出版任何关于任何事项之写作作品的自由不受侵犯。任何法律或机构不得设置事先审查制度,不得要求著作者或出版者提供财政担保,也不得限制出版自由。出版自由仅受尊重私人生活、道德和公共安宁之限制。不论任何情况下,均不得将出版物作为犯罪工具予以扣押。

用以防止以对新闻罪提出控告为由,监禁零售者、发行者和被控告作品的出版机构的工人和其他职员所必需的一切规定由组织法规定,但对事先确认对负有罪责者进行的监督行为除外。

第八条

公共官员和职员负有尊重行使请愿权的行为,但请愿应当以书面、和平和礼貌的方式提出,但涉及政治事务的请愿权仅限共和国公民享有。

任何请愿均有权获得该请愿向之提出的机构以书面方式作出的短信息,该机构负有向请愿权尽快告知请愿权的义务。

第九条

任何具有合法目的的和平结社或集会的权利不受限制,但就共和政治事务而结合或集会的权利仅限共和国公民享有。任何武装集会均不得举行。

任何集会或游行,只要其以向当局提出请愿或对其某项法令提出抗议为目的,只要该集会或游行并未辱骂当局,也未使用暴力或以威胁手段恐吓或逼迫当局按其意愿作出决定,就不得视为非法也不得将其解散。

第十条

基于自身安全和合法防卫为目的,墨西哥联邦共和国居民有权在其住所拥有武器,但联邦法律禁止的武器和留作陆、海、空军和国民警卫队专门使用的武器除外。居民可以携带枪支的情形、条件、要求以及场所由联邦法律作出规定。

第十一条

任何人均享有进出共和国、在共和国领土上旅行和改变住所的权力,而无须安全证明、护照、通行证或任何其他类似要求。这一权利的行使应服从司法当局在追究刑事或民事责任情况下的职权,在涉及法律对向外移民、向内移民和共和国一般健康状况或对居住于国内有害的外国人规定的限制时,应服从行政当局的职权。

逢刑事追诉的情况下,基于政治秩序之目的,任何人均享有提出获得庇护的权利,若因人道、难民等原因,可被给予难民身份。此类事务的程序及除外情形由法律作出规定。

第十二条

墨西哥联邦共和国内不得授予任何贵族爵位、世袭特权和荣誉头衔,也不承认任何其他国家授予的上述爵位、特权和头衔具有任何效力。

第十三条

任何人不因任何私法或特殊法庭之审判。任何个人或团体不得享有特权,也不得享有高于作为对公共服务的补偿和由法律规定的报酬。惩罚违反军事纪律的犯罪和恶行的军事管辖权获得确认,但军事法庭在任何情况下不得以任何理由将其制空权延伸到非军人的范围。如有平民被牵涉到军事方面的犯罪或恶行的案件,则该案件由相应的非军事机关管辖。

第十四条

任何法律,不具有对任何人之任何权利造成不利影响的溯及力。

非由事先设立的法庭依事先颁布的法律并经必要的诉讼程序之审判,任何人之自由、财产、所有物或权利不受剥夺。

未经在事先设立的法庭按照事先颁布的法律进行履行必要的诉讼手续的审判,不得剥夺任何人的生命、自由或财产、所有物或权利。

在刑事案件的审判中,禁止仅以案情相似而经类推判处任何未以严格适用于所犯罪行的法律规定的刑罚。

在民事案件的审判中,终局判决需符合法律条文或对法律的司法解释,在法律条文或法解释缺失的情况下,需符合法律的一般原则。

第十五条

不得授权缔结引渡政治犯、在犯罪国具有奴隶身份的刑事犯的条约,也不得授权缔结可据以改变本宪法所规定的各项人权的协定或条约。

第十六条

非依有权机关出具的、写明依据和合法理由的书面命令,任何人之人身、家庭、住所、文件或财产不受侵犯。

任何人均享有信息法保护其个人信息、获得个人信息、修正及取消个人信息以及对个人信息表示异议的权利,法律得基于国家安全、公共秩序、安全和健康以及为了保护第三方权利之目的,就对待这些信息的例外情况作出规定。

除非事前已经就某一依法律之规定应当处于剥夺自由之刑罚处罚之行为提出控告或检举且有材料能够证实曾有此等行为并且被指控或被检举者犯有或参与了该行为并由司法机关作出决定,不得签发任何逮捕令。

执行司法机关签发的逮捕令的机关,应当尽最大可能毫无拖延地将被指控者交由最近机关然后交由公共事务部的处置之下,并应当立即作出拘禁记录。

仅在存在严重犯罪,并有法律作出规定的情况下,经正当考虑后认为存在疑犯具有逃避司法追究的、存在由于时间、场所或情形而不能出席司法的情况时,公共事务部得在其职责范围内,在对其考量作出认明及对表明导致其作出决定的因素的前提下,决定对疑犯进行拘禁。

若逢紧急情况或明显状况,被指派决定是否拘禁的法官应当立即作出确认拘禁或依法律之规定作出释放的决定。

若确属完成调查、保护法人或财产之必需手段、存在被指控者被移送出司法程序的风险时,在公共事务部的请求下,以及在有组织犯罪的案件中,司法机关得下令将某人在法律规定的场所和期间内给予暂时拘禁,但暂时拘禁时间不得超过四十日。不论何时,若公共事务部能够证明存在使其提出新的请求的事由时,该暂时拘禁期间可以延长。但不论何种情况下,所有的暂时拘禁期不得超过八十日。

有组织犯罪指三人或以上多数人结成一个组织,长期的或进行刑事法律中规定的固定形式的犯罪。

任何疑犯均不得被公共事务部拘禁超过四十八小时,在此期间内,其自由应由司法机关决定,或被置于司法机关的处置之下,在法律规定的有组织犯罪中,该期限可增加一倍。任何滥用前述规定的行为均应当接受法律之制裁。

任何搜查决定,均应当由司法机关应公共事务部之请求作出,决定中应当载明搜查的场所、写明被搜查人员的情况以及欲搜寻的物品,上述搜查内容均应当限于与诉讼相关的范围内,搜查后应当由执行搜查任务的机关提交详细的搜查报告,并附有两名由被搜查场所的占有者提供的证人,当被搜查场所的占有者不在场或拒绝提供证人时,由两名经搜查执行者提出的证人之签名。

私人沟通不受侵犯。法律应当将侵犯私人沟通的自由和隐私的行为规定为犯罪,但私人沟通之任何一方参与者的自愿行为除外。当沟通中包括犯罪的内容时,由司法机关确定沟通之合法性的范围。不论在何种情况下侵犯法律保障的保密权的沟通不被允许。

在法律授权的联邦授权的请求或联邦相关机构的名义公共事务部长之请求时,联邦司法机关排他地享有作出干预任何私人沟通决定的权力。为此目的,有权机关应当就其提出的法律依据作出说明以及进行干预的类型、干预的对象以及干预期限。联邦司法机关不得在请求机关与选举、财政、商业、民事、劳动或行政事务相关的事项上作出此类授权决定,也不得授权对被拘禁者与其辩护人之间的沟通进行干预。

司法权由通过确定以直接形式以任何方式确定是否给予预防措施的请求、对调查机构的采取的事先机制、技术指令进行司法审查的请求作出裁决、对疑犯的权利提供保障、对受害人或被冒犯者提供保护的方式行使。法官与公共事务部以及其他有权机构的所有沟通均应当有正式登记并给予保存。

对沟通进行的干预应当遵守法律规定的各项限制。不遵守法律规定之各项限制的干预行为所获得的结果不具有证据效力。

行政当局只有为了查证是否履行了卫生和治安的规定、为了要求出示必要的账簿和文件以查证是否遵守了财政方面的规定时方可对住所进行搜查。这些情况下的搜查应当遵守相应的法律之规定并遵守相应的搜查程序。

通过邮局传递的信件免于任何登记,违者将受法律之制裁。

非经主人允许,不得在和平时期于任何私人家里驻扎任何军队成员,也不得强行要求提供任何物品。战时军队人员可根据有关军事法规定的范围要求提供驻扎地、装备、食品和其他物品。

第十七条

任何人不得僭越司法,也不得使用暴力以恢复其权利。

任何人均享有获得司法机构为其行使司法权的权利,司法机构应当快捷、公正地在法律规定的期限内并依法律规定的条件为其司法,并应当及时、完全及公正地作出裁决。司法机构应无偿提供服务,禁止收取诉讼费。

用于规范集体诉讼的法律由联邦国会制定。此类法律应将适用的事项范围、司法程序以及损害赔偿机制作出规定。联邦法官对此类程序及机制享有专属管辖权。

法律应就替代性的纠纷解决机制作出规定。法律应就替代性纠纷解决机制在刑事事项中的适用范围、确定损害赔偿以及在何种情况下需要进行司法复审作出规定。

经口头审理作出的裁决均应当在写明当事方的情况下,以公开审理的方式作出宣告。

联邦、各地区法律应当规定必要措施保障司法机构的独立性以及保障司法机构裁决获得完全的执行。

联邦、各州及联邦区有义务确保存在为民众提供高质量的公共辩护服务,并确保存在为被告人提供辩护的职业条件。辩护人的学识不得低于公共事务部的相应职员的学识。

任何人不得仅因民事债务而被监禁。

第十八条

只有对因犯有应当被处于剥夺自由的罪行的罪犯方可实行预防性拘禁。拘禁的地点不同于用于服刑的地点,而且两个地点应完全分开。

监狱系统应当建立于尊重人权、劳动、劳动培训、教育、健康以及视体育运动为实现被判刑者重新回归社会的手段之一的基础之上,引导其不再作出不法行为,遵守法律为其提供的权益。为此目的,女性罪犯的服刑地点应与男性罪犯的服刑地点分开。

联邦、各州以及联邦区得达成协议,在各自的权限范围内,以使因刑事罪而被判决的犯人在隶属于其他协议当事方管辖的范围中的监狱服刑。

联邦、各州以及联邦区应当在各其管辖范围内,设置一套统一的用于处理被归属于犯罪行为的事项的、行为人年龄在12岁到18周岁之间的犯罪的司法制度,在此司法制度中,受本宪法保障的、任何人均享有的基本权利以及对具备特定情况的人而保障的特殊权利均应获得保障。不满12周岁者作出了被法律规定为犯罪的行为时,行为人仅需要接受康复治疗和社会救助。

促使在各政府体制中的为未成年人犯罪设置的司法制度之运行,是专门为未成年人犯罪而设置的各种机关、机构的职责。为对未成年人提供完全的保护以及照顾未成年人的最大利益,监护措施、保护及治疗适用于每一案件。

为促进该制度的实施,得设置替代性的司法形式。在直接针对未成年人犯的程序中,正当法律程序的保障应当获得实施,提出指控和作出裁决的机构之间应当保持独立。在此类案件中,实际已为的行为与社会、未成年家庭的重新整合的目标之间、未成年人的个人发展能力之间遵循比例原则。监禁仅得作为最极端的措施用于年满14周岁、犯有下半年的反社会罪行的未成年人,并且应限于尽可能短的时期内。

在外国被判决需要服刑的具有墨西哥国籍的人,可以依本条规定的社会回归制度被押解回国服刑,以使其根据本条中规定的重新适应社会的制度服刑;在全共和国境内犯有违犯联邦法律的犯罪或犯有普通犯罪的外籍犯人,得按照为此目的而签订的国际条约之规定,移送递解回其出生国或居住国。非经犯人的明示同意,移送犯人的行为不得进行。

为使被判刑者能够通过回归社区的方式而回归社会,在法律规定的情形及条件下,被判刑者得在离其最近的监狱服刑。本规定不适用于有组织犯罪中的和需要特殊安保措施的罪犯。

若在有组织犯罪的情况下,为进行预防性拘禁及执行判决之目的,相应人员应当被置于特殊场所。有权机关得对被指控参与有组织犯罪者以及被判决确认参与有组织犯罪者与他人的沟通,但不得限制其与代理人的沟通,并得对被拘禁于场所内者采用特殊的监管措施。在法律规定的情况下,得对其他需要采取特殊措施的被关押者采取特殊的监督措施。

第十九条

当被告人提交司法机关处置之后,司法机关未作出正式的、写明被告人被指控的罪名、关押的场所、时间以及关押的执行情形、用于表明该所为的行为已构成法律规定的犯罪且该行为可能为被指控者所为或被指控者可能参与该行为之实施并决定继续关押的命令前,任何人被司法机关拘禁的时间不得超过七十二小时。

公共事务官员仅得在其他预防措施不足以保证被指控者到庭受审、为保障调查的实施、为保障受害者、证人或社区利益之目的,或在被指控者正在接受审判或曾经被判决犯有严重罪行的情况下,可以向法官申请对被指控者进行预防性拘禁。法官在有组织犯罪、严重的杀人、强奸、绑架、人口交易、借用武器、爆炸物等进行的暴力犯罪、由法律规定的有悖于国家安全、个性之自由发展以及健康的严重犯罪的案件中,得正式地决定进行预防性拘禁。

可以由法律剥夺被指控者人身自由的情形由法律规定。

提出起诉书的期限,非由犯罪嫌疑人依法律规定之程序提出申请不得延长。延长拘禁期间的行为应当接受刑法之处罚。负责疑犯被所关押于其中的场所进行管理的机构,如果在法律规定的时期内未收到正式的起诉书和预防性拘禁的命令,也未收到延长宪法规定的拘禁期限的请求,则应当以申请确定监禁期限相同的行为,提请法官对期限给予关注,如果关押机关在三小时内未能收到继续关押的确认文书,则疑犯应当被释放。

任何刑事诉讼均应当依据起诉中明确提出的一罪或数罪进行。如果在一项诉讼程序的结果中发现还有被指出指控的犯罪之外的罪行时,则该未起诉罪行应当成为另一调查程序的对象,如果情况适合,则不影响以后并案处理。

如果在对有组织犯罪提出刑事指控后,如果被指控者脱逃或被指控者被置于国外法官的处置之下,则诉讼程序的审查期限应当中止。

逮捕或监押中的任何虐待,没有合法理由进行的任何侵扰以及监狱里收取任何费用或捐税,均属滥用职权行为,依法应当获得纠正并予以处罚。

第二十条

任何刑事诉讼程序均应当通过控诉及言词方式审理,并受公开原则、对抗原则、集中审理原则、连续审理原则以及及时审理原则之约束。

一、一般原则

1. 刑事诉讼以查明事实真相、保障无罪者、不放纵任何一个犯罪人以及对被犯罪所致的损害剥夺赔偿为目标。

2. 任何听审程序均应当在法官面前进行,且听审应当以自由和符合逻辑的方式进行,且法官不得由其他人代为出席听审程序也不得将对证据的评估委托他人代为进行。

3. 为作出裁判之目的,只有在听审程序中提交的材料方可作为定案的证据。法律应当就在例外情况下,从性质上看需要事先提交的材料得作为证据的材料应当具备的条件作出规定。

4. 案件应当由未参与该案之前程序的法官审理。观点及证明事项应当通过公开、辩论及言词方式提出。

5. 在刑事法规定的前提下,证明被指控者有罪的证明责任由控方承担。控辩双方在程序中地位平等。

6. 在遵循辩论原则的前提下,法官不得在控辩双方之任何一方缺席的情况下对案件进行审理,但本宪法有例外规定的情况下除外。

7. 刑事程序启动后,若被指控者未提出反对意见,则得在法律规定的情形及依法律规定的形式作出提前终止诉讼的决定。如果被指控者在知晓后果的前提下自动承认其参与了犯罪,并且存在其他确定的证据证实该指控,则法官可以结束听审程序。法律应当就被指控者接受其刑事责任的情况下可以获得的优待作出规定。

8. 经证实被指控者有罪的情况下,法官应当作出有罪判决。

9. 任何以侵犯基本权利的方式获得的证据无效;且

10. 本条规定的各项原则同样适用于预审阶段。

二、任何被指控者享有以下权利:

1. 非经审判法官宣判其有罪,任何人均应当被推定为无罪。

2. 作证或保持沉默。自被逮捕之时,即享有被告被逮捕的原因、有保持沉默的权利,且该权利之行使不对其产生不利影响。任何单独拘禁、恫吓或虐待均被禁止,若有此类行为,则应当依法接受刑事法之处罚。无辩护人帮助情况下所作的有罪供述不具有任何证据价值。

3. 在被逮捕、被提交公共事务官员或法官时,被告知导致对其提出指控的事由、对官员提供帮助的权利。涉及有组织犯罪的情况时,司法机构得决定不公开被指控者的姓名及地址。

法律应当就涉及有组织犯罪的被指控者、被审判者或被定罪者如果在对犯罪的调查、起诉过程中向官员提供了帮助其可能获得的优待作出规定。

4. 证人或其他向法庭提交有关证据的人,依法享有为作证而出席庭审活动或提交相关证据材料所必需的时间和获得必要的资助。

5. 获得由法官或法庭主持的公开审判。仅基于国家安全、公共安全、保障受害人、证人、未成年人之目的并由法律作出规定的情况下,或公开审理将导致受法律保障的信息处于危险之中,或法庭认为存在充分理由足以证明不公开审理具有正当性,则可以不公开审理。

在有组织犯罪中,在调查过程中采取的行为如果在审判过程中无法复制或存在危及证人或被害人的风险,则这些行为具有证明力。前述规定不影响被告提出反驳意见或对其提出质疑或提出相反证据的权利。

6. 获得进行辩护所需的所有信息以及诉讼程序中相关人员的信息。

如果被指控者处于被拘禁状态，或被告人作出了声明或接受过审讯的情况下，则被告人及其代理人有权获得所有调查记录。在其首次被提交法官后，调查即不再被允许处于保密状态，但在与保障调查结论所不可或缺的情况下并且公开也不影响辩护方权利的情况下除外。

7. 如果其所涉犯罪的最重处罚为不超过两年监禁的情况下，在四个月内接受审判；所涉犯罪的最高处罚超过两年监禁的，则在一年内接受审判，但如果其要求更多时间以进行辩护的情况除外。

8. 获得律师提供的充分辩护，自其被逮捕时即享有自由选择律师的权利。在被要求提供律师时，如果尚未或不能确定律师，则法官应当为其提供一名公共辩护人。其有权要求其辩护人参与程序的任何阶段，且其辩护人有义务按其要求尽量参与各种程序。

9. 不论在何情况下，如果其未能支付辩护人的费用或任何源于民事责任或任何其他类似原因发生的任何支出，不被延长拘禁的时间。

预防性拘禁的期间，不得超过法律为导致刑事程序的案件所规定的预防性拘禁规定的期限，且不论在何种情况下该期限均不得超过两年，但由于被告人之辩护权致的延长预防性监禁的情况除外。如果本项规定获得了遵守但判决尚未公布，则被告人应当立即被释放而诉讼程序继续进行，且不影响采用其他预防性的措施。

判决宣告之前的监禁时间，应当计入判决宣告的监禁期内。

三、受害人的权利

1. 在其提出咨询时，获得司法建议、被告知宪法为其规定的优待以及被告知诉讼程序之进展。

2. 辅助公共事务官员，提供其在案件侦查和诉讼程序中获得的各种信息或证据，参与审判以及依法律之规定对各种材料提出意见。

如果公共事务官员认为被害人提供信息并无必要，则其需要对他作出的拒绝决定进行说明。

3. 作为犯罪行为之受害者，接受或要求提供治疗和心理干预。

4. 其受到的伤害有权获得赔偿。在合适的情况下，公共事务官员有义务在不妨碍直接寻求赔偿的前提下为受害人寻求赔偿，法官也不得在作出有罪判决的情况下作出豁免行为人赔偿责任的判决。

法律应当就处理赔偿事项规定灵活的程序。

5. 在下列案件中，其身份和其他个人信息有权保密：被害人是未成年人，强奸案的受害人，绑架案的受害人，贩卖人口案或有组织犯罪案的受害人，法官认为基于对受害人提供保护、为保障被告方之权利而有必要保密的案件中可以保密。

公共事务官员应当为受害人、证人以及其他任何牵涉到诉讼程序中的任何人提供保障，法官应当监督该义务的适当履行。

6. 申请采取预防措施和申请下令采取对其权利提供保障和请求赔偿。

7. 就公共事务官员在调查犯罪过程中的失职行为向司法机构提出控告，在其提出的赔偿请求未获得满足的情况下，公共行政官员不行使职权撤销指控或中止诉讼程序时向司法机关提出控告。

第二十一条

对犯罪进行侦查由检察院和处于行使侦查职能的检察官的领导和支配下的警察进行。

向法庭提出刑事指控的权力由检察院行使，个人在何种情况下可以向法庭提出刑事指控由法律作出规定。

决定课处何种刑罚、对刑罚的调整和期限的权力，专属于司法机关。

对违反政府规章及警察条例的行为进行制裁的权力属于行政机关，此类情况下的制裁仅限于罚款、不超过三十六小时的拘禁以及社区工作。但如果被处罚者未能支付课处的罚款，则可以用相应的拘禁作为替代性的惩罚措施，但不论在何种情况下，该期限不得超过三十六小时。

如果对违反政府规章或警察条例的行为人为短工、工人或劳动者，则课处的罚款不得超过一天的报酬或工资。

对自由职业者，对其课处的罚款不得超过一天收益等值的金额。

在法律规定的方式和条件下，检察院得确定就导致刑事诉讼程序之进行的机会认定相应的标准。

经联邦参议院批准后，联邦行政机关得就各具体案件确认国际联邦法庭具有管辖权。

负责公共安全是联邦、联邦区域、参议院、各市镇在宪法规定的各自权限范围内的职责，该职责包括预防犯罪、对犯罪进行侦查、提出起诉，依法律之规定对行政违法行为进行制裁。公共安全机构之行为受合法性原则、客观原则、效率原则、职业主义原则、诚实、尊重本宪法确认的人权之原则的约束。

公共安全机构应当为具备非军事的、遵守纪律的和职业的特征。三类政府下的检察院、警察机构应当相互配合以实现维护公共安全的目的，并共同构成国家公共安全制度的组成部分，国家公共安全制度应当遵循以下最低标准：

1. 对公共安全机构成员的挑选、录用、保持、评估、确认以及标准作出规定。

在联邦、联邦区、各州、市镇各自管辖范围内，此类事项的开展和发展为其各自应当承担的责任。

2. 建立供公共安全机构人员利用的刑事数据库。

3. 建立用于预防犯罪的公共警察组织。

4. 确定社区将在何种程度上参与对用于预防犯罪的警察力量以及公共警察机构的评估。

5. 在国家层面上，联邦应当向联邦机构以及市镇机构专门用于公共安全而发生开支的补助。

第二十二条

死刑、肢体刑、公开损害人格尊严的刑罚、鞭刑、体罚、任何残酷的刑法、过度的罚金、没收财产以及任何其他非常的或极端的刑罚均被禁止。任何刑罚均应当与其制裁的行为以及良好的司法效果相匹配。

要求任何人以其财道支付罚金或税收或依逆反机关之判决要求用财产就其所犯罪行为承担民事责任均不得被视为一种没收行为。依法院判决就不先法第一百〇九条之规定范围内的非法获利行为进行搜查，依可适用法律之规定以有利于国家的方式使用被抛弃之财产或依判决宣告处于控制终止状态的财产的行为，均不得被视为一种没收行为。宣告控制终止的程序应当受以下原则之约束：

1. 该程序为司法性的并且独立于刑事事项。

2. 在有组织犯罪、侵犯他人健康的犯罪、绑架、盗窃汽车以及贩卖人口的犯罪，下列财产应当被宣告处于控制终结状态——

（1）犯罪工具、犯罪目标或犯罪所得之物，对上述物质，即使确定刑事责任的判决尚未作出但有足够证据表明有犯罪行为发生的情况也应当作出控制终结的宣告；

（2）犯罪工具、犯罪目标或犯罪所得之物，但被用于或意图被用于隐藏或掩饰犯罪所得的物质，只要其目标是实现前项规定者；

（3）原主人知道其财产被第三方用于实施犯罪但未告知相关机关或未对该第三方进行阻拦，此种状态下的财产；

（4）名义上属于第三方所有，但有足够证据表明它们被用于实施叛国罪犯罪、有组织犯罪且被告人作为物之主人而行为的。

3. 任何受到财产控制终止宣告之影响者，得以其基于善意使用该财产以及被排除知道非法使用该财产为由提出异议。

第二十三条

任何犯罪均不得接受三级以上的审判。任何人不得由于同一罪行而接受两次审判，而不论其是否在审判中被宣告无罪或被判决有罪。在未完成审判程序时不得免除罪责。

第二十四条

任何人都有信奉自己选择的宗教信仰和在教堂或私人住所举行各种宗教信仰的典礼、祈祷或仪式的自由，但以这些活动不构成法律认为应予惩罚的犯罪或违法行为的前提。

国会不得制定确立国教或禁止任何宗教的法律。

基于公共信仰而举行的宗教活动通常应当在宗教场所内进行，在宗教场所之外举行的额外的庆祝活动受法律之规制。

第二十五条

指导国家发展的权力由国家行使，此种权力的行使以保障国家实现全面发展，巩固国家主权及民主制度，通过促进经济增长、就业和收入和财富更加合理地分配以实现受本宪法保护的个人，团体和社会各阶层的自由和尊严得以充分行使为目标。

国家有义务对国民经济活动进行规划、实施、协调和引导，并对由本宪法保障的自由的框架范围内基于普遍利益而产生的行为进行规范并促进其实施。

公共部门、社会部门和私人部门，在不损害有益于国家发展的其他经济形式的活动的前提下，以对社会承担责任的方式为国民经济的发展作贡献。

公共部门应当排他在对本宪法第二十八条第四段规定范围内的战略部门负责，联邦政府应当保持对为此而建立的机构的主导权和控制权。

公共部门还可依法单独或与社会和私营部门共同参与促进和组建优先发展的部门。

在社会平等和提高生产率的基础上，支持和促进社会的和私人的经济部门发展，使这些部门符合公共利益之要求，并以符合普遍利益的方式使用生产资源、保护生产资源和环境。

法律将规定有利于组织和扩大包括：村社、劳动者组织、合作社、公社、大部分或全部属于劳动者所有的企业在内的、各种致力于社会所需产品和劳务的生产、分配和消费的社会组织形式在内的社会部门经济活动的机制。

法律在本宪法规定的范围内，鼓励和保护私人从事的经济活动，并提供条件帮助有益于国民经济发展的私人部门之发展。

第二十六条

国家建立民主地规划国家发展计划的制度，此种规划制度将致力于实现经济稳定、充满活力、持续和公正发展的特点，从为实现国家独立以及政治、社会、文化民主化的目标。

包含在本宪法中的国家计划之目的将决定制定规划的目标。规划应当具有民主性。通过社会各种经济部门的参与规定的规划，应当反映全社会的愿望和要求，并将其纳入发展规划和纲要之中。国家应当编制发展规划，联邦行政机关有义务实施该规划。

法律应当授权行政部门就发展规划的民主编制过程中的大众参与及向大众咨询的做法设置相应的程序，并就编制的标准、实施、控制、评估作出规定。除此之外，还应当就由何机关负责推进规划的编制、联邦各行政机关相互合作的基础、各联邦机构在协议的基础上负责修正及执行规划，并引导和与私人商议规划的执行行动。

在规划的民主制定体制下，联邦国会享有依法进行干预的权力。

负责对本体制的规制与协调的机构，应当是一个具有技术和管理方面享有自治权、具有自身财产法人机构；该机构应当具有收集、整理和公布其履行职责过程所形成的和需要遵守的信息可需的人员。

该机构设一理事会，由五名成员组成，其中一名为理事会主席以及该机构的主席，理事会成员由参议院批准，参议院休会期间由联邦国会常设联合委员会批准，并由总统任命。

法律应当就设置国家统计和地理信息制度组织和职能的基础作出规定，此类规定包括信息的可获得性原则、透明原则、公正原则以及独立原则，就政府委员会应当具备的条件、任期等作出规定。

非出现严重事由，政府委员会成员不得被免职，政府委员会成员不得接受其他雇佣、公职或委任，但不领薪的教学、科研、文化或慈善机构的职位除外，政府委员会成员应当遵守本宪法第四部分之规定。

第二十七条

国家领土边界范围内的、为国家固有的土地和水源，国家过去和现在均有权将其所有权转让给个人使上述资源成为私人财产。

非基于公共利益并给予赔偿，征用不得进行。

国家随时有权强制私有财产接受公共利益所要求的形式，并有权为实现社会利益、实现公共财富之公平、实现资源的保护、实现国家不同区域的平衡发展、提高城乡人民生活水平之目的。为此目的，国家得颁布必要的措施：安排民众有序地居住，规定对土地、水源和森林的适当的供给、使用、储备和运用办法，影响公共工程的实施和规划的实施，调整居民中心的建立、保持、改善和扩充；实现地区发展间的平衡，分割大庄园的土地；依管理法之规定安排村社和公社的设置和整体开发；发展正在开发中的农业小地产；设立拥有为其所必需的土地和水源的新的农业居民中心，促进农业的发展和防止地产可能遭受的、有损于整个社会的自然资源的破坏和其他损害。

国家对下列资源具有直接的所有权：大陆架和岛屿的海底区域的所有自然资源，以矿脉、薄矿层、矿结核和矿藏形式构成的，其性质不同于土壤成分的储藏物的所有矿物或物质，如可提取用于工业的金属和非金属矿物，宝石和天然盐矿藏和由海水直接形成的盐矿，需在地下作业进行开采的、由岩石分解形成的产物，可作肥料使用的物质的矿物或有机物质的矿藏，固态矿物燃料，石油和所有固态、液态或气态的碳氢化合物，以及按国际法规定的面积和范围内的国家领土上面的空间。

国家依国会立法，对坐落于领海之外专属经济区以及毗连于专属经济区的区域行使主权权利和管辖权。专属经济区的外边界为计算领海的领海基本外缘二百海里。如果专属经济区与他国的专属经济区出现重叠，则依墨西哥共和国与该国达成之协议确定。

取得对领土和水源的所有权的能力，受下列规定之约束：

1. 只有因出生或因入籍而成为墨西哥人的人和墨西哥的公司方可获得土地、水源及其附属物的占有权，或获得开发矿产或水源的特许权。国家可以授予外国人同样的权利，但授予以外国人向外交部提出申请并达成协议为前提：同意将自己视为墨西哥人而对上述财产承担义务，并且不求助于本国政府对有关上述财产提供保护；在不履行该协议时，愿接受将根据协议获得的财产国有化的处罚。外国人不得依任何理由在沿边界一百公里、海滩内五十公里的狭长地带获得对土地和水源的直接占有权。

国家可依照外交部的意见，根据国内公共利益和互惠的原则，同意准予外国政府在联邦国家机构的常设地获得为其使馆或使团直接公务所必需的私人不动产所有权。

2. 本宪法第一百三十条以及相应规制法规定范围内的宗教团体，享有获得、拥有或排他性地经营实现该团体之目的所不可或缺的财产权利，但需要依规制法的要求和限制为之。

3. 以扶助有需要的人的公立或私立的慈善机构、科学研究机构、传播教学、成员间相互帮助的机构、任何其他以合法目的为追求的机构，依管理规范之规定，不得获得超过为直接用于其目的所必需的不动产。

4. 商业公司可通过持有股份的方式获得农地的所有权，但所享有的所有权以实现公共目的所需为限。

不论在何种情况下，对用于农业、畜牧业或林业的土地享有所有权的最高限额为不超过本条第十五款规定的相应数值之二十倍。管理法应当就这些公司的资本结构、合作者的最小数额作出规定,以确保公司享有所有权的土地不超过各合作者应当遵守的限额。在此情况下,各单独所有者对土地的所有权份额应当纳入计算范围。法律还应当就这些公司的外国参与者应当具备的条件作出规定。

这些法律还应当就促使本部分之规定获得遵守规定相应的登记措施和必要的控制措施。

5. 依信贷机构方面的法律获得正当授权的银行,得依法律之规定持有与农村及农村财产相关的资产担保,但它们不得占有或托管超过实际为其直接目的所需的不动产。

6. 联邦各州、联邦区域均享有获得和占有与提供公共服务所需的不动产的完全能力。联邦法律和各州法律得在其各自适用范围内规定私有资产用于公共目的的比例,行政当局应当依相应法律作出宣告。支付给被征收财产之价格,应当依照财务评估师或税务官员评估的价值为基础予以确定,而不论该价值是由财产所有者宣布的价值还是所有者以其为基础计算应纳税额的价值。由于特定财产之改进或损坏而导致其价值在税务评估作出的升值或贬值,此时作为计算基础的价值交由专业人士确定并需受司法之审查。未经税官员确定价值的财产之价值的确定,依同样的程序进行。

依本条之规定由国家作出的行为,需通过司法程序将其会计实施,但在该程序中依相应的司法机构在最长一个月的时间内发布的命令,行政当局得毫不迟延地对争议中的土地或水流及其随属物进行分配、托管、拍卖;在任何情况下,在可执行的判决被宣告之前,行政当局所作的行为均不可被撤销。

7. 法人及商人的资格获得承认,其对用于居住及生产的土地所享有的所有权受到保障。

法律保障土地及其固有群体的统一。

在考虑原住民的意愿以及在利用生产资源时对其提供最优惠条件的基础上,应当就原住民对土地的权利之行使作出规定。法律应当就原住民与国家或其他第三方就土地之利用结成联盟的程序作出规定,将他们的权利转移给新来的居民,依当地委员会决定的程序将其所有权授权第三方。在第三方为外国人时,法律规定的选择权应当受到尊重。

在相同群体内,任何人拥有的土地不得超过所有土地的百分之五。不论在何种情况下,单一群体享有的土地所有权均需要经过调整以保证其符合第十五部分规定的限额。

大会是原住民或社区民众的最高机构。大会的组织从法律之规定,并享有法律规定的职责。依法律之规定经民主选举产生的大会执行委员会是原住民的代表机构并负责大会决议的执行。

对原住民土地、森林、水流的赔偿依管理法之规定进行。

8. 兹宣布下列事项无效:

(1)由政治领袖、各州州长或任何其他地方当局违反1856年6月25日通过的法律之规定和其他有关法律和规定,对属于村镇和村落的土地、水源和山林进行剥夺行为无效;

(2)自1876年12月1日至今由经济发展部、财政部或任何其他联邦当局对土地、水源和山林授予的一切特许,作出的一切协议或进行的一切出售无效;而根据这些协议或出售行为,村落居民共同占有的土地、水流、林地或任何属于村落居民的其他类型的财产已被非法侵占了。

对属于村镇、村落、屯落或小庄子和居民点的村社公地、共同分享的土地或任何其他形式的土地的非法侵入和占有。

(3)在第二项所指期间内由公司、法官或其他州或联邦当局发布的有关勘ової或划分地界的一切批示、进行的一切交易、转让或拍卖无效——因为根据这些批示、交易、转让或拍卖,已经发生了对村社的土地、水源和山林、属于居民点的公共分享的土地或任何其他形式的土地的非法侵入和占有。

只有依据1856年9月25日的法律进行的分配中被授予证书,以自己的名义占有十年以上,且面积不超过五十公顷的土地,才属于前项规定的例外情况。

9. 以表明合法的方式在某个居民点的居民中进行的土地划分或分配,在划分或分配上确有错误或差错者,如果由拥有四分之一被划分土地的四分之三居民,或拥有四分之三被划分土地的四分之一居民提出要求,可对原来的划分或分配宣布无效。

10.(已废止)
11.(已废止)
12.(已废止)
13.(已废止)
14.(已废止)

15. 墨西哥合众国禁止大地产制存在。

凡面积不超过一百公顷的水浇地或湿润土地或相当于一百公顷这类土地的其他类正在开发中的土地的地产,可视为农业小地产。

实行当量原则时,以两公顷季节性水浇地,四公顷优质旱地,在土壤贫瘠区八公顷山地或旱地为一公顷水浇地计算。

下列情况也可视为小地产:面积不超过一百五十公顷的、用于种植棉花的、可灌溉的农地;三百公顷正在开发中,用于种植香蕉、甘蔗、咖啡、龙舌兰、橡胶、椰子树、葡萄、油橄榄树、金鸡纳树、香子兰、可可或果树的土地。

在法律规定的范围内,根据土地供给植物饲料的能力,凡不超过牧养五百头大牲畜或相当于五百头大牲畜的小牲畜所需的面积的土地,应视为牧业小地产。

如果因为已获得不得征用证书的小地产的主人或所有者为了进行有关的农业或牧业开发而修建了灌溉、排水或任何其他工程,从而使其土地质量得以改善,对这样的地产不得进行土地征用;即使因土地质量改善而超过本款规定的最高标准,但只要具备法律规定的条件也不得征用。

若为了饲养牲畜而对土地进行以及用于农业用途的土地改良,此时的土地不得超过本项第二段或第三段之相应规定的限额。

16. (已废止)

17. 联邦国会和各州议会在各自管辖范围内,制定农村地产最大面积和对超出本条第四项、第十五项规定的限额之部分进行分割所应遵循的程序的法律。

地方法律应当就家庭财产事宜作出规定,依家庭财产不可转让和不受查封也不承担任何赋税的基本原则确定属于家庭财产范围。

18. 凡已导致国家的土地、水源和自然资源被一个人或一个集团占有之后果的、自1856年以来历届前任政府签署的一切条约和授予的一切特许均可修正,授权联邦行政长官在条约和特许之实施将会对公共利益造成严重损害时宣布这些条约和特许无效。

19. 在本宪法规定的基础上,国家应当就认真、顺利实行土地方面的公正原则方面的措施作出规定,以保证拥有公地、公社土地和小地产的法律保障,并就农民的合法提议提出建议。

不论在何种情况下出现的有关土地限额的问题,也不论是产生于两个或数个群体间的问题,均由联邦管辖,与对土地的所有权相关的问题也由联邦管辖。为实施本规定以及为了公正司法,法律得设置司法机构并授予其自治权和完整的管辖权,此类司法机构由联邦行政长官提名、由参议院任命的,在参议院休会期间由常设委员会任命的法官组成。

法律应当设置一个实现土地司法权的机构。

20. 国家为促进农村全面发展创造条件,以创造就业机会和保障农村居民的福利、促进农村居民参与和参加国家的发展,并通过兴建基础设施工程,提供生产投入、信贷、培训服务和技术援助,加强农业、牧业、林业生产活动能最大限度地使用土地。在农牧业生产及其工业化和商品化事关公共利益的前提下,国家应当颁布有关计划和组织这些活动的立法法规。

本条前面各项规定之行业的全面和可持续发展应当以保证法律规定的提供充足的和及时的食物供应为其目标之一。

第二十八条

墨西哥合众国在法律规定的范围和情况下禁止垄断、垄断活动、专卖和偷税漏税。对于以保护工业为名的各种禁令同样对待之。

为此,对于一个或少数几个人以谋求抬高物价为目的而对必需消费品的任何集中或囤积活动,对于生产者、产业主、商人或劳务企业主以避免自由竞争或他们之间的竞争和强迫消费者支付高额价格为目的而不论以什么方式达成的任何协议,采取的任何手段或进行的任何联合。总之,对于凡构成使一个或某几个人受益而使普遍民众或某一阶层受害的任何非法独占优势的行为,法律均将予以严惩,当局均将予以有效的打击。

法律将确定基本原则,以便规定被认为是国民经济或人民消费所必需的商品、物资或产品的最高价格,并规定组织这些商品、物资或产品的分配形式,以防止不必要的或过多的中间环节造成供应不足和价格上涨。法律对消费者提供保护并鼓励消费者组织起来以最好地维护自己的利益。

国家在本规定涉及的下述战略部门排他地进行的活动不构成垄断:邮政、电报和卫星通信,通过独家银行(它是联邦政府的下属机构)发行货币,石油及其他碳氢化合物,基础石油化工,放射性矿物和核能的生产,电力,铁路以及由联邦国会即将制定的法律明确规定的活动。卫星通信和铁路属于本宪法第二十五条规定的国家优先发展的领域,国家在这些领域发挥引导作用,保护国家在这些领域的主权,并通过依法授予许可的方式保证或建立通信频道方面的主导地位。

国家应当拥有需要的机构和企业,以便有效地掌握由其负责的战略部门,并在其依照法律规定独自或与社会和私人部门一道参与的具有首要意义的活动实行有效的控制。

国家应当拥有一个中央银行,该中央银行在履行其职能和内部管理时具有自治权。其首要职能是稳定国家货币的购买力,并通过对各州进行国家指导增强其购买力。任何机构均不得命令中央银行在财政方面作出让步。

国家以排他方式通过中央银行发行货币、印制钞票的职能不构成垄断。中央银行依法律之规定并在相关有权机关的干预下,负有调整、调解及财政服务职能,拥有分配对此等调整所需规则制定权的分配职能并保障相应规则的实施职能。中央银行的管理由经参议院批准,参议院休会期间由常设委员会批准并经总统任命的人员负责,他们在一定期间内行使自治并履行其职责,他们仅得在出现严重事由时被免责并不得接受其他雇佣、职位或委任,但作为中央银行之代表行为,在不领报酬的教学、科学、文化或慈善团体内任职除外。被委托管理中央银行者,可以接受本宪法第一百一十条规定的政治审判。

为保护自身利益而成立的劳动者组织和生产者合作组织或社团,为保护其自身利益或普遍利益而在国外市场直接出售本地区生产的或非生活必需品,但却是该地区主要财富来源的那些本国产品或工业品的生产者合作组织不构成垄断,但这些组织需接受联邦政府或州政府的监督或保护,并事先得到各自立法机关的批准。在公共需要提出要求的时候,这些立法机关可自行或根据联邦行政长官的提议取消对成立有关组织作出的批准。

为使作家和艺术家创作其作品而在特定时期内给予他们的特权,为了专门使用创造发明而给予发明者和某项改革的单新者的特权不构成垄断。

在符合普遍利益的情况下,国家可依照法律对提供公共劳务或开发、使用和利用联邦控制的财产授予特许,但法律禁止的除外。法律将规定确保提供服务和社会使用财产的有效性的方式和条件,并将防止出现违背公共利益的集中现象。

对于公共劳务制度的遵守必须符合宪法的规定并只能通过法律执行。

对具有优先性、带有普遍性和临时性且对国家财政没有实质影响的活动,国家可以对其提供补贴。

国家应当监督补贴的使用情况并对其结果进行评估。

第二十九条

在发生入侵、公共和平遭到严重破坏或任何其他使社会陷入严重危险或冲突的情况时,只有墨西哥合众国总统可以在征得政府各部部长、共和国总检察长的同意并经联邦国会批准,在联邦国会闭会期间,经常设委员会批准后,在全国或特定地区,暂时停止将对迅速、顺利地应付局势造成妨碍的权利和保障的实施;但此种做法仅得在有限的时间存在,且只得通过普遍的预防措施而不得仅针对特定的个人实施。如果暂停发生在议会开会期间,议会应当将其认为必要的权力授给联邦行政长官以便应对紧急局势;但如果暂停发生在议会闭会期间,则国会应当立即召集会议,以便作出授权决定。

暂停或限制权利的行使及保障,必须包含在本宪法规定的范围内,并与国家面临的危险相匹配,且在任何时候都应当受合法性原则、理性原则、公告原则、公开原则以及非歧视性原则的约束。

当限制或暂停权利及保障之实施导致危险之结束,以及为了遵守国会确定的时间或理由而结束时,在限制或暂停实施期间采取的法律和行政措施立即失效。行政机关不得要求社会遵守国会用于撤销限制或暂停实施权利或保障的法令。

行政当局在限制或暂停有效期间制定的各项法令应当接受联邦最高法院正式的和即刻的审查,联邦最高法院应当以最快速度就法令的合宪性和有效性作出裁决。

第二章　墨西哥人

第三十条

墨西哥国籍依出生或归化取得。

A. 依出生而取得墨西哥国籍者为:

1. 出生于墨西哥共和国境内之任何人,而不论其父母国籍为何;

2. 出生于墨西哥共和国境外,但其父母为出生于墨西哥领土内之墨西哥人,或其父亲或母亲一方为出生于墨西哥境内之墨西哥人的任何人;

3. 出生于墨西哥境外,但其父母双方、父亲或母亲经归化为墨西哥人之任何人;

4. 出生于墨西哥的军用或商用船只或飞机(飞船)上的任何人。

B. 经归化而具有墨西哥国籍者为:

1. 从关系部长处获得归化证明的外国人;

2. 与具有墨西哥国籍的男性或女性缔结婚姻的外国女人或男人,且他们在墨西哥境内具有或在墨西哥境内设置其居所并满足法律规定的其他条件。

第三十一条

墨西哥人的义务包括:

1. 依法律之规定将其子女或被监护人送至公立或私立学校接受学前教育、基础教育、中等教育、高等教育,接受军事训练;

2. 依其居住社区规定的天数和小时数接受民政和军事指导以形成其行使公民权利的能力,形成操作武器的技能以及对军事纪律的认识;

3. 依相应组织法之规定在国民卫队名单中进行登记并在国民卫队中提供服务以保证及捍卫国家的独立、主权、荣誉、国家的权利和利益以及国家的安宁与秩序;

4. 依法律规定的比例及公平的方式,为其居住于其中的联邦、联邦区域、各州及市镇承担公共资源义务。

第三十二条

法律应当对拥有他国国籍的墨西哥公民行使法律授予之权利的行为进行规制,并对避免双重国籍引发的冲突进行规定。

依本宪法之规定，只有因出生而具有墨西哥国籍者方可担任的公职以及只有因出生而具有墨西哥国籍者方可行使的职责，专属于具有因出生而具有墨西哥国籍且为具有他国国籍者。属于此种保留的情形，包括议会其他法律对之作出特别规定的情形。

在和平时期，陆军、警察或公共安全部队中不得有外国人。和平时期陆军中，在任何其他时期在海军或空军中服役者，或在其中履行任何职责或执行任何任务者，应当为因出生而具有墨西哥国籍者。

船长、飞行员、机长、工程师、技术人员，以及从一般原理上看，属于受墨西哥国旗或商业标记保护之交通工具或飞机上的职员，都需要满足因出生而具有墨西哥国籍的身份要求。在码头担任职务者以及在航空港服务的行政人员和指挥人员也需要满足该身份要求。

在墨西哥国籍的身份并非必备条件的情况下，在获得任何种类的特许、获得任何雇用机会、职务以及任何政府的委托时，在同等条件下，具有墨西哥公民身份者在同等条件下，具有优先地位。

第三章　外国人

第三十三条

不具有依本宪法第三十三条之规定的身份者为外国人，享有本宪法确认的人权并获得相应的保障。

墨西哥联邦的行政机关，经预审后得依对相应的行政程序、拘禁场所、持续时间作出规定之法律，有权将外国人驱逐出墨西哥之领土。

外国人不得以任何方式参与墨西哥的政治事务。

第四章　墨西哥公民

第三十四条

具有墨西哥人身份且满足下列条件的男性和女性为墨西哥公民：

1. 年满18周岁；
2. 具有诚实的生活模式。

第三十五条

公民具有以下特权：

1. 参与大选；
2. 被选举权，当选担任任何民选职务，被任命为任何法律规定的需以公民身份为前提的其他职位或接受相应的委托；
3. 为以和平方式参与国家政治事务之目的，与其他个人自由结成联盟；
4. 为捍卫共和国及共和国的各项制度，依法律规定的条件，在军队或国民卫队中携带武器；

5. 在任何事项上行使请愿权。

第三十六条

墨西哥公民的义务是：

1. 向市镇进行纳税登记，向市镇就所拥有的财产进行登记，就其获得生计所需的行业、职业或工作进行登记，依法律规定的条件进行公民登记；

负责进行公民登记的常设机构及其职责、签发墨西哥公民身份证明文件均为公益服务，该常设机构应当依法律规定的条件向国家及公民负责。

2. 向国民卫队进行登记。
3. 依法律之特别规定，参与大选投票。
4. 在任何情况下，均应当无条件地履行担任经大选后当选的联邦或各州的职务所产生的职责。
5. 履行其所居住之州的理事会成员的职责，履行选举职责和陪审员职责。

第三十七条

1. 任何因出生而为墨西哥人者，其国籍不受剥夺。
2. 因归化而获得墨西哥国籍者，在以下情况下将丧失墨西哥国籍：
（1）通过在公共文书上表明其愿意作为一个外国人而自愿获得外国国籍；
（2）在国外居住满五年。
3. 墨西哥公民权在下列情况下丧失：
（1）接受或使用外国政府授予的贵族头衔；
（2）未经联邦国会或联邦国会之常设机构之批准自愿向他国政府提供公职服务；
（3）未经联邦国会或联邦国会之常设机构之批准使用接受或使用外国奖章者；
（4）未经联邦国会或联邦国会之常设机构之事先批准，接受其他国家政府授予之头衔或职能，但接受文学、科学或人道主义的头衔不在此限；
（5）在任何外交诉求中或向任何国际裁判机关作违背国家立场而支持外国人或外国政府；
（6）法律规定的其他情况。

在本条第三款下第二项和第四项的情况下，联邦国会应当制定相应的规范，规定可能授予的许可或同意的情形，相应法律规定的期间何时届满以及相关人士应当提出的简明申请。

第三十八条

公民权利或特权在下列情况下暂停行使：

1. 无正当理由而未能遵守本宪法第三十六条所确立的义务，此种情形下的暂停时期为一年，且未能遵守义务的行为还可被处于其他处罚；
2. 因有不法行为经刑事程序被判决应受刑罚处罚，自正式刑事判决作出之日计算；
3. 刑罚执行期间；

4. 依法律之规定被宣布为流浪者或酗酒者；

5. 逃避司法审判者，在逮捕命令发出之后到刑事诉讼结束期间；

6. 刑事判决宣告应当处于暂停公民权利的处罚，为执行该判决之目的。

在上述各种情形中，何种情况下丧失公民权利、何种情况下仅为暂停行使以及以何种方式恢复公民权利由法律规定。

第二编

第一章 国民主权及政府形式

第三十九条

国家主权属于人民并源于人民，任何公共权力应源于人民并服务于人民之利益。人民在任何时候均有不可剥夺的、改变或修止政府形式的权利。

第四十条

由各个自由的、在其内部制度享有主权的州，依本基本法所确定的原则组成代议制的、民主的联邦共和国，是墨西哥人民的愿望。

第四十一条

人民通过联邦权力，在属于各州内部因此属于各州权限范围内的事项上，通过各州之权力，使依本宪法及在任何情况均不得与联邦条约相抵触的各州宪法之规定行使其主权。

立法权、行政权的更新，通过自由、真实及定期的选举进行，选举应当遵循下列规定进行：

1. 各政党应当关注公共利益，正常进行法律登记的形式和要求以及参与选举程序的特定形式由法律作出规定。全国性的政党有权参与州、市和联邦区域的选举。

政党应当以依其确立的纲领、原则、理念以及普遍、自由、不记名和直接选举实施，促进民众参与民主生活、推动国民代表的整合并作为公民的代表、为公民行使公共权力创造可行的途径为其目标。只有墨西哥公民有权组织政党并自由、单独地与政治联合，因此，加入工会组织或加入其他具有社会目标但又有别于组织政党的团体或公司联盟之行为不被允许。

仅选举机构得依本宪法及特定法律之规定对政党内部之事务进行干预。

2. 法律得保证各政党以平等的方式分享促进其行为的资源，规定各政党以及各政党参与选举活动时其财政应当遵循的原则，以保证公共资源应当优先于私人资金。

每届选举后，获得登记的政党获得的公共财政支持，其数目应当足以维持各该政治的日常活动、为获得选票而参与选举程序以及从事特定行为所需要的费用。公共财政的分配应当依下列规定进行分配：

（1）用于维持各政党的普通日常活动所需要的费用应当每年确定，由全体公民中经选民登记的所有人数乘以联邦区有效的最低日工资的百分之六十五。按该计算方式所得结果的百分之三十在各政党中平均分配，余下的百分之七十，按各政党在上一届代表选举中所获选票之比例分配。

（2）逢共和国总统、联邦参议员及联邦议员选举年份，各政党从公共财政中获得的帮助其获得选票所需开支的数额，等于该政党从公共财政中获得的保障其从事日常行为所需数额之百分之五十；如逢仅选举联邦议员的年份，则该数额为该政党从公共财政中获得的保障其从事日常行为所需数额之百分之三十。

（3）各政党每年从公共财政中获得的用于特别行为，与教育、培训、社会经济与政府研究、编辑相关工作的费用之总额，等于各政党从财政获得的用于维持其日常行为费用之总额的三分之一。据此办法计算所得数额的百分之三十在各政党中平均分配，余下的百分之七十，按各政党在上一届代表选举中所获选票之比例分配。

法律应当就各政党内部候选人的挑选程序及各政党竞选程序中的资金分配设置限额。相应的法律还应当就其支持者可以作出的资助资金之上限作出规定，其中，各政党每年该数额之上限，不得超过上一次总统选举中开支数额之百分之十，且该法律还应当规定对各政党获得资金之来源和使用情况进行控制和监督的程序，并对未遵守此类规定之行为规定相应的制裁机制。

在遵循平等方式的前提下，法律应当规定对失去登记资格的政党之债务进行清算的程序，以及就何种情况下其资产和房产收归政府作出规定。

3. 全国性的政党享有以固定的方式使用社交媒体的权利。

（1）联邦选举机构为唯一的依法律之规定负责为其自身的目的和各全国性的政党行使权利之目的分配国有电台、电视台的时间的机构，相应法律应当规定：

A. 从初始竞选始起至选举日止，各电台、电视频道应当给予选举机构四十五分钟时间支配，该时间应当依本款第四目之规定划分为每小时两分钟到三分钟用于选举机构传达相关信息。

B. 在初始选举阶段，各政党得联合每小时使用各电台和电视频道一分钟，其他时间依法律之规定进行分配。

C. 在竞选过程中,属于本项第一目规定的各政党可资利用的时间中的至少百分之八十五应当用于满足各政党行使其权利。

D. 各电台、电视台应当经过审慎考虑,将各政党借助该电台、电视台用于传播信息的时间安排在每天的六点至二十四点之间。

E. 用于各政党行使其权利的时间应当依本目之规定分配:百分之三十在各政党间平均分配,余下百分之七十依上次联邦议员选举结果之比例分配。

F. 对在联邦议会中没有代表的各全国性政党而言,分配给其借助电台和电视台传播信息的时间,与前款前项规定的时间相同。

G. 在本款第一部分、第二部分以及初始选举和联邦选举期间之外,选举机构应当依法之规定及以任何形式将政府提供的使用电台和电视台的时间之百分之十二之使用情况进行分配,依本目之规定分配的时间之百分之五十在各全国性政党中平均分配,余下之百分之五十保留选举机构自身或其他联邦或各州之选举机关之用。各全国性政党应当依每个月五分钟、余下时间以每次传递信息二十秒的方式使用依本目分配的时间,不论在何种情况下,各种利用选举机构依第 D 款之规定分配的时间,都应当以小时的排序进行。在特殊情况并经证实后,选举机构得提供相应的时间用于发布支持某一政党的信息。

各政党在任何情况下均不得通过自身或第三人借协议形式获得任何形式之使用电台或电视台的时间。

任何法人,均不得以自己的名义或借助任何第三人,在电台或电视台上传播任何将意图对公民的选举意向形成影响或传播其将在公职人员的大选中支持或反对某一候选人的节目。禁止在境内达成向境内传播此类信息的行为。

联邦境内及联邦区内应当遵守前两目及可实施的立法之规定。

(2)为联邦机构之选举的目的,联邦选举机构应当依法对分配给各州的、与拟选举机构相关的电台、电视台的使用时间,此类法律应当对下列事项作出规定:

A. 地方选举程序中的选举日应当与联邦选举日重合,在各联邦机构之间进行分配的时间,应当参照本款第一部分规定的内容;

B. 在其他选举程序中,时间之分配应当按照依本宪法之规定制定的标准进行;

C. 在包括获得各州之登记的各政党间进行的时间分配,应当依第一部分之规定和可实施之法律的规定进行。

在对本部分及前部分之规定分配给选举机构和其他选举机关之时间进行判断时,如果发现时间不足以实现其目的,则选举机构应当决定如何调整时间以达到法律规定分配给选举机构或其他选举机关的时间。

(3)各政党发布的政治或选举宣传,应当避免带有诋毁选举机构、政党自身或他人的内容。

在联邦和地方竞选过程中至各选举日选举结果揭晓时止,不论是联邦、各州、市、联邦区的政府机构、各自的代理人及其他任何公共机关,在社交媒体上进行的任何政府宣传均应当暂停,本规定的唯一例外是选举机关发布的有关与教育服务、健康服务或紧急状态下为了保护国民而发布的信息。

(4)违反本部分之规定的行为,由联邦选举机构通过轮换程序予以处罚,其中包括发布命令立即取消借助电台、电视台发布信息的权利、指定接替者、允许他人使用等方式。

4. 法律应当就各政党产生及公告公职大选的候选人的时间以及对初始选举和竞选作出规定。

共和国总统、参议员和众议院议员选举年的竞选期限为九十日,如逢仅选举众议院议员的选举年,竞选期间为六十日。不论在何种情况下,初始选举期间不得超过竞选期间的三分之二。

任何违反规定的政党或任何其他法人均应当依法接受制裁。

5. 组织联邦选举是一项国家职能,该职能由作为自治机构的联邦选举机构行使,联邦选举机构具有法人资格及继承资格,依联邦法律之规定,由联邦立法机关、全国性政党以及公民共同组成。联邦选举机构在行使职能时,应当遵循确定、合法、独立、中立及客观的指导原则。

联邦选举机构在包括本机构内部机构的管理、执行、技术机构以及对机构的监督在内的事项方面的主管机关,联邦选举机构在作出决定、履行职责时保持独立,在其所作的行为方面具有专业性。联邦选举机构理事会为高级管理机构,由理事会主席和八名选举理事会成员组成,各种机构的组织和行使职责时应当遵守的规则由法律规定,行政机关、各政党代表及政党执行秘书可参与理事会的辩论但不得行使投票权,理事会的各组织及职能、各组织间的命令服从关系应当遵循的规则由法律规定。执行及技术机构应当有为其提供专业性的选举服务所必需的工作人员。设总审计办公室,对选举机构接收和支出的财物进行审计,总审计办公室在技术及管理上独立。有关选举的法律以及依此类法律制定的、经总审计长批准的规范对各公共机构雇员的工作关系进行调整。对选民名单进行监督的机构之多数成员,由各全国性政党的代表组成,内部的指导委员会的组成应当包括公民在内。

理事会主席任期六年并得且仅得再次当选一次,理事会成员得任职九年并逐年更新且不得再次当选,但一名或他人成员得在向社会作充分协调会经议会党团三分之二多数投票连续当选。当理事会主席或任何其他成员出现了绝对的履行职责的障碍时,在主席或该成员职位空缺之前,应当选举产生候补人员。法律应当就此事项制定应当遵循的规则和相应的程序。

理事会主席及理事会成员不得担任其他职位、职务或委托,但其以理事会之代表身份所为的行为以及不具有报酬的教学、科学、文艺、研究或慈善机构的职位除外。

理事会总审计办公室的成员由高等教育公共机构依法律规定的形式和条件提名并经众议院三分之二代表表决同意后任命。理事会总审计办公室任期六年,得且仅得选任一次。理事会总审计办公室成员在行政上向理事会负责,并应当在技术上与联邦高级监督机关保持合作。

执行秘书由主席提名并经理事会三分之二同意后任命。

有权被提名为理事会主席、选举理事会成员、联邦选举机构的总审计长、执行秘书职务者应当具备的条件由法律规定;曾经担任理事会主席、选举理事会成员以及执行秘书者,在其从职位上卸任后的两年内,不得担任其曾经在选举理事会任职期间所涉及的选举事项相关的公职。

理事会中的立法机关之成员,由附属于议会各院的政党团体提名。议会各政党团体仅得有一名成员出任理事会成员,而不论其是否在联邦议会两院中均已组成团体。

选举委员会在公民引导和教育、选区划分、各团体和政党的权利和特权、选民登记、选举材料的印刷、选举日的各项准备工作、依法律之规定进行的选票统计、宣布众议院议员和参议员选举的合法性、颁发当选证书、对各采用单记名选举法选举参与墨西哥总统选举的选区之选票的统计、对选举监督行为的规制、对选举进行民意调查等事项负有完全、直接的和法律规定的责任。

各合议制的管理机构之各种会议均应当依法律规定的条件公开进行。

联邦选举机构理事会下设一个技术机构,负责对各全国性的政党之财政进行监督,该机构实行自主管理,其成员由理事会主席提名并获理事会三分之二同意后任命。法律应当对该机构的组成、职能以及理事会作出制裁应当遵循的程序作进一步规定。在履行其职责过程中,该技术委员会不受银行、信托和财政保密方面的限制。

在对联邦机构的政党事项进行监督时,技术机构发挥中介作用,以方便有权机构能够消除前项规定的限制。

经联邦有权机构之请求,联邦选举机构可以通过协议,得依可执行之法律规定的条件组织地方的选举程序。

6. 为了保证选举法律及决议的合宪性及合法性,得依本宪法和法律之规定设置对合宪性和合法性提出质疑的机制。该机制应当针对不同的选举程序作不同的设置,同时应当依本宪法第九十九条之规定保障公民选举权、被选举权、结社权等政治权利的行使。

在选举事项上,对其提出合宪性或合法性质疑的措施,并不导致合宪性或合法性受到质疑的法律或决议暂停实施的效果。

第二章 联邦和国家领土的组成部分

第四十二条

国家领土包括:

1. 联邦不可分割的组成部分;
2. 岛屿部分,包括毗邻海域的暗礁、海礁;
3. 位于太平洋上的瓜达卢佩和雷维亚希赫多群岛;
4. 各岛屿、海礁和暗礁的大陆架及其海底区域;
5. 国际条约和国内海洋法确定的领海的海域部分;
6. 依国际法确定的、属于国家领土上空的部分。

第四十三条

墨西哥联邦由阿瓜斯卡连特斯州、北下加利福尼亚州、南下加利福尼亚州、坎佩切州、科阿韦拉州、科和马州、恰帕斯州、奇瓦瓦州、杜兰戈州、瓜那华托州、格雷罗州、伊达尔戈州、哈利斯科州、墨西哥州、米却肯州、莫雷洛斯州、纳亚里特州、新莱昂州、瓦哈卡州、普埃布拉州、克雷塔罗州、金塔纳罗奥州、圣路易斯波托西州、锡那罗亚州、索诺拉州、塔巴斯科州、塔毛利帕斯州、特拉斯卡拉州、韦腊克鲁斯州、尤卡坦州、萨卡特卡斯州和联邦区组成。

第四十四条

墨西哥城是联邦直辖区,是墨西哥联邦权力机关和首都所在地。墨西哥城由目前的区域构成,如果联邦权力机关迁至他处,则该地区将成为墨西哥山谷州,其边界和范围由联邦议会确定。

第四十五条

在无异议的前提下,各州保持迄今各自保有的范围和边界。

第四十六条

联邦各组成单位得通过友好协定确定相互之间的边界,但非经联邦参议院之批准,此类协定不得生效。

如果各组成单位未能达到协定,则任何当事方均可向联邦参议院提出解决争议的请求,参议院应当依本宪法第十一部分第七十六条之规定对请求进行处理。

参议院作出的处理决议为生效的和不可争议的决议。在争议之当事一方获得参议院法令的前提下,联邦最高法院得以宪法争议为由对该事项进行审理。

第四十七条

纳亚里特州的范围和边界,为特皮克目前包括的范围和边界。

第四十八条

组成国家领土的邻海岛屿、小岛和礁石,大陆架,岛屿、小岛和礁石的大陆架,领海区域,内海水域和国家领土上面的空间上之管辖权直接归属于联邦行使,但各州已对其行使管辖权的除外。

第三编

第一章 权力的划分

第四十九条

为行使联邦最高权力之目的,联邦之最高权力划分为立法权、行政权和司法权。

两种或两种以上的权利不得由一人或一个单独的机关行使,除特殊情况下依本宪法第二十九条之规定交由联邦行政机关行使外,立法权也不得交由一人行使。在其他情况下,除依本宪法第一百三十一条第二款之规定外,立法权应当由立法机关全体成员共同行使。

第二章 立法权

第五十条

墨西哥联邦立法权授予议会,议会由两院组成,一院由众议院议员组成,另一院由参议员议员组成。

第一节 议会的选举与就职

第五十一条

众议院由国民代表组成,众议院议员每三年选举一次。应当为每一名当选的众议院代表选举一名候补议员。

第五十二条

众议院的三百名依相对多数原则选举产生的议员,此三百名议员的选举遵循单名选区制,另外二百名议员依比例代表制选举产生,此二百名议员的选举遵循多名制选区和按地区名单选举的原则。

第五十三条

三百个单名选区,按将全国居民归入特定选区的方式划定。联邦单位间的单名选区按最近的人口普通结果进行划分,但不论在何种情况下,任何一州依比例代表制选举产生的众议院议员不得少于两名。

在遵循多名制选区和按地区名单选举的原则选举二百名众议院议员时,全国划分为五个复数选区。此种情形下的选区如何划分由法律作出规定。

第五十四条

按多名制选区和按地区名单选举的原则选举二百名众议院议员时,应当遵循下列规定:

1. 一个政党为了获得其选举名单登记,需要证明其候选人至少在二百个单名选区中参与竞选。

2. 任何获得复选选区针对候选人名单所投选票至少百分之二的政党,均有权依比例代表制获得众议院议员席位的分配。

3. 符合本条第一款和第二款中规定条件的政党,有权获得依比例代表制原则分配的复数选区中符合得票百分比的该党地区名单的众议员议员席位。此种分配应当遵循的选举方式和程序由法律规定。在分配议席时,以候选人在相应名单上的顺序为标准。

4. 任何政党,其依两种原则获得的众议院议员席位总计不得超过三百。

5. 在任何情况下,任何政党依两种原则获得的众议院议员席位数,均不得超过其获得的全国选票占全国选票之比例的百分之八,但本规定不适用于在单名选区选举中获得的议员席位占全部议员席位比例比其所获得选票占全国所投选举多百分之八。

6. 在依本条第三款、第四款及第五款之规定,在满足第四款和第五款规定的前提下,按比例代表制在相应政党间进行分配后尚剩余的众议院议席数,向有权获得复数选举区议席的政党各分配一个议席。法律应当为本规定之实施作进一步的规定。

第五十五条

众议院议员应当具备以下条件:

1. 因出生而成为墨西哥公民且具有公民权。

2. 当选之日已年满21周岁。

3. 原籍属于选举举行之州,或在选举日之前在选举州内具有住所或已在州内实际居住超过六个月。

为了能够进入复数选区的众议院议员候选人名单,需要其原籍在组成选举举行之州的区域之联邦单位,或在选举举行之前在该单位内具有住所或实际居住满六个月。

在履行大选产生的公职时,不因其离开而丧失居住期限。

4. 在选举举行至少九十日前,不在联邦军队中服役或不在选举举行之州或联邦直辖区内担任警察或地方警察职务。

5. 州政府秘书长或副秘书长、全国最高法院法官只有在选举前的九十天彻底辞职,方可在各自管辖的单位内当选。

6. 不属于本宪法授予自主管理权限的机构之成员,不属于州秘书长或副秘书长,不属于联邦公共管理机关中的地方分权机构中的成员,但其在选举日的九十日之前已彻底辞去相应职务者除外。

非联邦最高法院法官、非治安法官、非联邦法官选举委员会成员、非选举委员会理事会主席或成员、非地方或联邦直辖区选举机构成员也非此类机构之行政主管或专业指导人员,除非其在选举日的三年前已彻底辞去相应职务。

州长及联邦直辖区主管在其履职期间,不得在其有管辖权的单位中当选,即使其已彻底辞去其职务也不例外。

州政府及联邦直辖区秘书,联邦治安法官和法官、各州和联邦直辖区治安法官和法官,任何联邦直辖区政治—行政机构的市政主席和成员,不得在各自具有管辖权的各种单位中当选,但在选举日的九十日之前已彻底辞去其职务的除外。

6. 不是任何宗教信仰的传教士。

7. 不具有本宪法第五十九条规定的将导致其丧失当选资格的情形。

第五十六条

参议院由一百二十五名参议员组成,其中,各州及联邦直辖区分别依简单多数原则选举两名代表,最小州将获得一个席位。为选举之目的,各政党应当登记一份由两名候选人组成的名单。第一小州的参议院议员席位,将分配给在相应单位选举中所获得选票居第二位的政党提供的候选人名单中排第一位的候选人。

余下的三十二个参议院议员席位,依比例代表制选举产生,此选举将全国作为一个复数选区针对候选人名单进行。法律应当就此规定之实施作进一步规定。

参议院议员每六年全部改选。

第五十七条

每一名依比例代表制选举产生的议员,应当有一名经选举产生的修补人员。

第五十八条

当选参议员者,除在选举日需年满25周岁外,应当满足当选众议院议员者所具备的条件。

第五十九条

参议员和众议员不得连续当选。

参议员和众议员的修补人员,只要没有任过正式议员即可当选为下届议会的正式议员,但参议员和众议员不得选为下届议会的候补议员。

第六十条

本宪法第四十一条设置的公共机构,应当依照法律之规定,对各单名选区以及任何一个联邦直辖区的众议院议员和参议院议员选举之合法性作出宣告,并对获得多数票的政党所提供的候选人名单签发认证书,并依本宪法第五十六条之规定分配第一少数政党的参议院议员席位,并对依本宪法第五十四条之规定依比例代表制选举众议院议员的选举之合法性作出宣告并分配相应的席位。

与选举的合法性、签发认证书以及分配众议院议员席位和参议院议员席位的决定,得依法律之规定,得向联邦法院的选举法庭提出控告。

选举法庭就前款向控告作出的决议,仅得通过由政党以有违法行为为由向高等选举法庭上诉并由高等选举法律进行复审,终审查后可作出修正选举结果的裁决。高等选举法庭的裁决为生效的且不得被质疑的裁决。提出质疑的前提、必备要求以及进行处理的程序由法律规定。

第六十一条

参议员和众议院议员在履行其职责过程中发表的观点不受侵犯,不得因其发表的观点而对之进行追究。

议会各院之议长应当保持各该院议员之宪法特权受到尊重、各该院集合开会之场所不受侵犯。

第六十二条

众议院正式议员、参议院正式议员,在其任职期间,非经其所属议院议长之事先批准,不得接受联邦或任何州之任何有报酬的其他委托或雇用,但其代表职责完结之时新职位持续的情况下除外。参议员和众议员修补人员在履行正式议员职责时也需要遵守相同的规则。违反本规定将导致其丧失众议院议员或参议院议员之身份。

第六十三条

非经两院分别有全体议员之过半数出席,各院均不得召开会议或行使职权;各院出席会议者应当于法律规定的日期集合,并迫使缺席者在此后的三十日内出席会议,并附上通知,如果他们不按时出席会议,则其不出席的事实这一单独的行为即已表明其不愿接受其职责,则通知该议员的修补人员取代其议员席位,但修补人员应当在相同时期内出席会议,如果修补议员仍然未在该时期内出席,则宣告该席位空缺。

联邦议会开始之际空缺的众议院席位及参议院席位,

以及在联邦议会履行其职责期间空缺的议员席位按以下规定填补：依简单多数原则产生的众议院议员和参议院议员席位空缺时，各议院应当依本宪法第七十七条第五款之规定宣布举行特别选举；依比例代表制选举产生的众议院议员席位及参议院议员席位空缺时，则由该提名该议员的同一政党从其提名的全国候选人名单的下一顺序候选人填补；如果该席位经最小原则产生的参议院议员导致的，则由提名该议员的同一政党在相应的联邦单位登记的候选人名单中位于第二位的候选人填补。

如果众议院议员或参议院议员无正当理由或未事先获得其所属议院之议长的批准连续缺席会议达十日，则宣布拒绝其参与其后的会议，并通知其修补人员出席会议。

如果任何一院未达到法定人数出席会议或行使权力，则应当通知缺席议员的修补人员在前款规定的三十日的期限内尽快到会履行职责。

如果各议院长认为当选的众议院议员或参议院议员无正当理由未出席会议，未在本条第一款规定的期间内就任，则应当依法承担责任并接受相应的制裁。提名了该不出席会议履行其职责的当选议员的全国性政党也应当依相应法律之规定承担责任。

第六十四条

无正当理由或未经其所属议院之许可未出席会议的众议院议员或参议院议员，在其缺席期间，不得领取按日发放的报酬。

第六十五条

议会应当于每年的9月1日集合开始其第一阶段的常规会议，并于1月1日集合开始其第二阶段的常规会议。

在两阶段的常规会议上，议会应当对向其提交的法律议案进行调研、讨论、表决，并依本宪法之规定对交由其处理的事项作出决议。

在各常规会议上，议会应当依议会组织法规定选择适当的方式处理相关事务。

第六十六条

议会每次常规会议的会期，应当足以处理前条规定的事项。第一次常规会议不得超过本年度的12月15日，但共和国总统依本宪法第八十三条之规定，依其职权将会期确定至特定日期除外，在此种情况下，议会会期可以延长至当年的12月31日。第二阶段的常规会议不得超过同年的4月30日。

如果议会两院未能对在前款规定的最后日期之前的何日结束会议达成一致，则由总统作出决定。

第六十七条

议会或议会之一院，在关注专属于由其处理的事项时，不论何时，如果常设委员会召集议会开会，则应当召开特别会议，但不论在何种情况下，特别会议仅得审议该常设委员会提交的事项，且不同事项应当在不同的会议上分别提出。

第六十八条

议会两院坐落于同一地点，且未经事先同意不得移至他处、不得改变会议时间以及以其他方式履行其职责，议会两院应当同时开会。但如果议会两院在时间、方式、地点方面存在分歧，则共和国总统应当从分歧的两种观点中选择其中一种并终结该分歧。议会任何一院未经他院之同意，不得中止其会议达三日以上。

第六十九条

在议会每年第一阶段常规会议开幕时，共和国总统应当提出书面报告，阐明其所关心、国家公共管理方面的事项。在议会或议会某一院召开特别会议的开始之际，常设委员会主席应当作有关召开特别会议的动机或原因的报告。

议会各院均应当就报告进行分析，并请通过以书面方式提出问题的方式从总统处获得更多的信息，并能够召见国务秘书、共和国总检察长以及联邦单位的负责人，并被召见者应当出席会议并在真实宣誓后作相应的汇报。议会立法及其规范得就本款之实施作出规定。

第七十条

国会通过的任何决议均具有法律或法令特征。任何由两院通过的法律或法令，在由总统签署后均应当由议会秘书提交行政部门，所有法律或法令均应当采用固定的表述："墨西哥议会规定（法律或法令的文本）"。

议会应当制定法律对其内部组织和职能作出规定。

法律应当就议会议员依其党派属性组织的党团组织的结构和活动程序作出规定，以保证其能在议会中自由表达其观点。

法律不得被行政部门否决，也不以行政部门的公布为生效要件。

第二节　法律的提出和制定

第七十一条

提出法律或法令的权利属于：

1. 共和国总统。

2. 共和国议会议员和参议员。

3. 各州立法机关。由共和国总统、各州立法机关或其代表提出的议案，应当立即交委员会审议。联邦众议院议员或参议员提出的议案，依议会立法及各院之规范确定的程序办理。

第七十二条

任何不专属于任何一院处理的法案或法令草案，

均应当依次经两院分别审议,审议时应当遵循议会立法、各院规范中有关讨论的和表决的形式、间隔以及程序模式的规定:

(1)一项法案在提出议院中获得批准后,应当提交另一院审议。如果在另一院同样获得批准,则提交总统,如果总统对此没有异议,则该法案应当立即公布。

(2)如果一项提交总统的法案,未在提交后的三十个自然日内被总统附有异议地返还法案最初提出之议院,则视为该法案已获得总统之批准。该期限届满后,总统应当在十日内签署并公布该法律或法令,如果此十日期限已届满,则该法案视为已获得总统的签署,该法案最初提出之议院之议长应当在十日内在政府公报上公布该法律而无需获得总统的同意。本项规定的期限,不因议会休会或中止会议而中断,在此类情况下,由常设委员会负责相应的流转。

(3)如果总统否决了一项法案或法令草案的全部或部分,则总统应当将该法案或法令附上其异议返还最初提出该草案或法令草案的议院。该院应当重新审议该法案或法令草案,如果获得全体议员之三分之二之支持则该法案或法令草案应当再一次提交另一院。如果另一院同院有全体成员之三分之二支持该法案或法令草案,则该法案或法令草案将成为一项法律或法令并提交总统签署。

对一项法律或法令进行表决时,针对该法律或法令之名称为之。

(4)如果一项法案或法令草案在第二院进行审议时被全部否定,则该院应当在附有异议情况下将该法案或法令草案应当返还最初提出的议院,如果最初提出的议院经出席议员之绝对多数之支持获得通过,则该院应当将该法案或法令草案再次提交另一院审议。如果另一院以同样多数之支持通过该法案或法令草案,则该法案或法令草案应当依第一目之规定提交总统签署,如果未能在另一院获得通过,则在本届议会期间不得再将该法案或法令草案提交审议。

(5)如果一院提出的法案或法令草案,被另一案部分否决、修改、增加部分内容,则提出该法案或法令草案的议院在重新对该法案或法令草案进行审议时,其审议仅得针对被拒绝、被修改或新增加的部分进行,而不能针对未经任何改动的部分进行。如果最初提出该法案或法令草案的议院,以出席会议的绝对多数议员之支持通过该法案或法令草案,则该法案或法令草案之全部应当依本条第一项之规定提交总统。如果最初提出该法案或法令草案的议院,以其议员之多数否决了另一院提出的修改,则将法案或法令草案提交另一院,由另一院对最初提出法案或法令草案的议员提出的理由进行审议。如果增加或修改的内容被另一院以出席会议的多数议员之表决否决,则经两院审议批准的法案应当依本条第一项之规定提交共和国总统。如果另一院在审议中以出席会议之多数表决,仍然坚持其前面提出的修改内容,则该法案或法令草案之全部内容,只有在下一次会期内才能被审议,但如果两院各以其出席议员之多数作出决议规定只有这些条款获得批准该法案或法令草案才能成为法律或否定除外,此时新增加、修改的内容得在下一次会议上获得审议。

(6)解释、修改或废除法律或法令遵循与制定法律或法令时应当遵循的同样的程序。

(7)任何法案或法令草案,如果在最初提出的议院即被否决,则不得在当年的议期内再提交审议。

(8)除涉及借款、税收、负债或涉及征兵的法律或法令需要由众议院先行审议外,任何法律或法令均毫无区别地可以在两院的任何一院中提出。

(9)由议院提交的决案或法律草案,应当由最初提出该议案的议院先行审议,但如果在该法案或法令提交报告委员会之日起一个月期限届满,报告委员会仍未提交相应报告除外,此种情况下该法案或法令草案得由另一院先行审议。

(10)当议会或议会各院行使作为一个选举机构或一个陪审团的职责时,总统不得对议会或议会各院的决议提出异议;众议院宣布联邦某一高级官员因其违反职务的行为而应当接受弹劾审判时,总统不得对众议院决议提出异议。

总统也不得对常设委员会召集特别会议的决定提出异议。

第三节 议会职责

第七十三条

议会行使下列职责:

1. 接纳新州加入联邦。

2. (已废止)

3. 在必要且遵守下列规定的情况下,在已经存在的范围内设置新州。

(1)将要组成新州的区域,具有不少于一万两千名居民;

(2)能够向议会证明,该区域具有保证其政治存在所需要的资源;

(3)相关区域所属州之立法机关作了其希望或不希望设置新州的陈述,并要求在六个月期限之内提出相关的报告,该期限从相关信息向其传递之日起算;

(4)联邦总统同样需要发表其看法,总统需要在被要求发表意见之日起的七日内提交报告;

(5)设置新州的议会决议,需由议会两院分别以其出席会议的议员三分之二多数作出;

(6)拟议中的新州领土所涉州对决议表示同意后,议会决议的副本应当提交各州,并经多数州之立法机关批准;

(7)如果拟议中的新州领土所涉州拒绝对决议表示同意,则前项所指的决议应当由其他所有州之三分之二州的立法机关批准。

4.(已废止)

5. 变更联邦最高国家机关所在地。

6.(已废止)

7. 征收必要的征收以满足预算之需要。

8. 为行政部门以国家信用缔结借款合同提供基础并批准此类借款,承认及要求偿还借款。除非该借款之执行能够给公共收入带来直接的增加,不得缔结任何借款合同,但为了对货币进行规范、为了执行货币转换或在总统依本宪法第二十九条之规定作出了紧急状态宣告的情况下缔结的借款合同除外。每年批准的负债总额,应当依照相应法律之规定计入联邦直辖区政府、单位以及公民部门的收入总额中。联邦行政部门应当就前述借款之使用情况向联邦议会提交制度报告,为了保证本规定之执行,联邦直辖区的首脑应当要求向其提交关于已经实现的资源之利用情况的报告。联邦直辖区首脑还应当向联邦直辖区众议院提交报告,并计入公共账户。

9. 禁止对州与州间的商业往来设置障碍的做法。

10. 对全共和国内与碳氢化合物、矿藏、化学物质、爆炸物、电影业、商业、射幸彩票业、调解和财政服务、电力与原子能源进行立法,并依本宪法第一百二十三条之规定发布劳动法律规范。

11. 设置和废止联邦的公职,并确定、增加或减少其报酬。

12. 在行政部门确定的日期宣战。

13. 制定法律对在海上或陆地上扣押的物品应当宣布为善意还是恶意作出规定,对和平与战争时期制定军事法。

14. 招募及维持联邦的军事机构,即国家陆军、海军、空军,对其组织和服务作出规定。

15. 制定规则,对国民卫队的组织、装备及训练、组成国民卫队的公民、指挥人员和官员的任命作出规定,并对各州依照这些规范对国民卫队进行训练作出规定。

16. 就国籍、外国人的诉讼地位、公民权、归化、开拓疆域、移出或移入共和国以及共和国的普遍健康等事项制定法律:

(1)公共卫生委员会直接依赖于共和国总统,不得干预任何国务秘书的工作,其总体规划在全国具有义务性质。

(2)当国内出现了极度严重的或危险的外来传染疾病入侵时,卫生部部长有义务命令采取必不可少的预防措施,但需要在此后获得共和国总统的同意。

(3)卫生机构具有执行权,国家的其他行政机关应当遵守卫生机构作出的规定。

(4)公共卫生委员会在其权限范围内付诸实施的用于消除酿酒、打击出售对人体有害或导致人类堕落的毒品以及用于预防和打击环境污染的措施,应当接受联邦议会的审查。

17. 制定与普遍运输方式、与邮件或邮政、联邦水域之利用相关的法律。

18. 设置造币厂、规定造币厂应当具备的条件、制定确定外币的相对价值的规则,规定度量衡。

19. 规定占有和转让空地需要遵守的规则以及空地的价值。

20. 规定设置墨西哥大使馆和领事馆的法律。

21. 就侵犯联邦的犯罪和违法行为作出规定,并规定对此类犯罪应当课处的刑罚。制定法律就绑架、贩卖人口行为处以的最低刑罚作一般性规定,在联邦、联邦直辖区、各州及市镇间的权限划分及合作,对有组织犯罪的事项作出规定。

22. 联邦当局有权确认普通法上的犯罪,但需要与该行为与侵犯联邦的犯罪间存在关联。

在依本宪法之规定各方均享有权限的事项上,联邦法律应当就在何种情况下普通法当局得确认及惩罚针对联邦所犯的罪行。

23. 赦免管辖权属于联邦审判机关的犯罪行为之行为人。

24. 就联邦、联邦直辖区、各州与市镇间进行合作的基础制定法律,设置及组织依本宪法第二十一条之规定在属于联邦事项方面保障公共安全的机构。

25. 制定法律就高级监督机构之组织进行规定,制定对联邦各权力机关及联邦公共机构的管理、控制和评估的其他规范。

26. 在联邦全境的乡村设置、组织和维持初等、高级、基础和职业教育学校,设置、组织和维持科学研究、学术、技术培训的学校,设置、组织和维持农业、矿业、艺术、工艺等实践学校,设置、组织和维持博物馆、图书馆、天文台和其他与国内居民的大众文化相关的机构,并制定与上述机构相关事项的法律;制定与遗迹搜寻、考古、艺术和历史纪念碑等具有国家利益意义的事项相关的法律;制定规定在联邦、各州、联邦直辖区及市镇间划分教育职责以及为承担该公共服务而各自应当承担的财政份额的法律,并致力于在共和国全境内实现教育的统一和合作。相应机构颁发的学位在全共和国内有效。就版权以及与版权相关的其他知识产权相关事项制定法律。

27. 同意共和国总统离开共和国,作为一个选举机构并指定应当代替共和国总统履行职责的公民,该被指定者从性质上看,仅仅是本宪法第八十四条和第八十五条规定的情况下临时性的或过渡性的替代者。

28. 接受共和国总统的辞呈。

29. 基于规范公共责任和提供财政信息、政府收支信息之目的制定与政府责任相关的法律,为联邦、各州、联邦直辖区以及市政、区域性的非政治性行政机构接受的信息相关事项制定法律以保障它们在全国范围内保持和谐。

30A. 制定与下列事项相关的税收规则:

(1)对外贸易。

(2)对包括本宪法第二十七条第四款和第五款规定的资源在内的资源之开发与利用。

(3)信贷和保险机构。

(4)由联邦特许或直接由联邦政府提供的公共服务。

(5)特别是与下列相关的事项。

(a)电力;

(b)加工过的烟草的生产和销售;

(c)从石油中提炼的汽油和其他产品;

(d)火柴;

(e)剑麻及剑麻经发酵后的产品;

(f)林产开发;

(g)啤酒的生产与消费。

联邦单位有权依联邦次级立法规定的比例参与特别税收的分配,地方立法机关应当规定市镇获得电力税收分配的比例。

30B. 制定与国旗、国徽的特征、使用相关的法律。

30C. 就联邦、各州、联邦直辖市、市镇在人员定居方面共同享有的权力作出规定,以保证各方式遵守本宪法第二十七条规定的目标。

30D. 就国家经济计划与社会发展以及事关国家利益的信息统计和地理信息相关的事项制定法律。

30E. 就经济秩序的规划、促进、合作及执行制定法律,尤其是就社会和国家所必需的供给和服务之提供相关的经济秩序的规划、促进、发展及执行制定相应的法律。

30F. 就促进投资、对外资投资、技术转让进行规范,对国家发展所依的科学和技术知识的创造、扩散和应用制定法律。

30G. 制定法律,以实现就与环境保护、维持和恢复生态平衡方面联邦、各州、联邦直辖区以及市镇间共同享有权力的事项作出规定。

30H. 制定法律设置解决行政争议的裁判机构,授予其法官完全的自主权,授予其解决联邦公共行政机关与个人间争议的职责,并授予依法律之规定对公务员的行政行为作出制裁,规定行政争议裁判机构的组织、职能、程序以及对裁决机构之裁决寻求救济的方式。

30I. 制定法律,对联邦、各州、联邦直辖区、市镇在公民保护方面进行合作的基础。

30J. 为实现本宪法第四条规定之目的,制定法律对与体育文化和运动相关事项作出规定,就联邦、各州、联邦直辖区、市镇共同享有权力的事项作出规定,并就社会和私人部门之参与作出规定。

30K. 制定法律对与旅游相关事项作出规定,对联邦、各州、联邦直辖区、市镇在旅游方面进行合作的基础作出规定,并对社会和私人部门的参与作出规定。

30L. 制定法律,就联邦、各州、联邦直辖区、市镇在渔业和水产业方面共同享有的权力作出规定,并对社会和私人部门的参与作出规定。

30M. 制定法律就与国家安全相关事项作出规定,对进行相关调查的要求和限制作出规定。

30N. 制定法律对合作组织的设置、组织、职能和终止作出规定。此类法律应当就联邦、各州、联邦直辖区、市镇在各自权限范围内就相关合作组织之形成、可持续发展等方面进行合作的基础。

30N1. 制定法律,就联邦、各州、联邦直辖区、市镇在本条第二十五款之规定外的事项进行合作的基础作出规定,同时对社会和私人部门的参与机制作出规定,以保证遵守本宪法第四条规定的目标获得遵守。

30O. 制定法律,对于由个人持有的个人信息之保护相关的事项作出规定。

30P. 制定法律,就联邦、各州、联邦直辖区、市镇在少年、儿童及妇女保护方面共同享有的权限作出规定,以保证少年、儿童及妇女的最高利益,并保证墨西哥为会员国的相关国际条约得到遵守。

31. 制定实施本宪法前面条文规定以及本宪法授予联邦的权力所需的所有法律。

第七十四条

下列权力,专属于众议院:

1. 规定联邦法院选举裁决所在总统选举时作宣誓的誓词,并将其向共和国全境公开。

2. 依法律之规定,在不妨碍其技术和管理自治的前提下,与联邦高级监督机构合作并对之作出评估。

3. (已废止)

4. 先行审议、讨论以及修改由联邦行政部门提交的联邦预算案,且如果决定批准相关税收,则应当立法执行之。同样地,如果众议院批准了相应规范规定的部门中的多财政年度的投资预算之分配,则相应的分配应当纳入此后的财政支出项目。

联邦行政部门应当在每月的9月8日之前向众议院提出财政法案以及联邦支出预算法案,负责财政事务的部分应当向众议院作关于财政法院和支出预算法案的说明。众议院应当于11月15日之前批准联邦的支出预算。

若联邦行政部门于本宪法第八十三条规定的日期开始履行其职责,则其应当于10月15日之前向众议院提交财政法院和联邦预算法案。

在同一预算法案中,除在性质上属于必需的部分外,不得有什么其他的秘密预算,各部分应当经共和国总统同意后将其纳入预算法案中。

提交财政法案和支出预算法案的时间,只有经行政机关请求并经众议院或众议院常设委员会之审慎考量后方得延长,且在这种情况下,内阁中的相应部长应当出席众议院就延长提出时间的理由作报告。

5. 就是否需要对涉嫌本宪法第一百一十一条之规定的犯罪的公务员采取刑事程序作出决定,对属于本宪法第一百一十条之规定范围内的公务员提出刑事指控并在对被指控者的政治审判开始后履行作为一个弹劾审判机关的职责。

6. 基于对上一年度的财务管理进行评估之目的对上一年度的公共账务进行审查,并对是否已经依预算中确定的标准进行调整的决定,并对是否已经充分实现了预算中确定的目标作出评定。

众议院对公共账务的审查,通过联邦高等监督机构进行。在审查过程中,如果发现财政执行情况与财政法案中确定的相应内容和相应部分间存在冲突,或者执行情况存在不精确或不能获得证实的内容,则高等监督机构应当依照法律之规定追究相应的责任。在对财政法案的目的是否已实现进行审查时,高等监督机构仅得依法律之规定向相应机关提出改进建议。

各财政年度的公共账务,至迟应当于下一财政年度的2月最后一日提交众议院,该时间仅得依前款第四项规定的情况下延长,且延长的时间不得超过30个自然日。在此种情况下,联邦高等监督机构具有相同的额外时间准备对公共账务的审查报告。

众议院至迟应当在公共账务审查报告向其提交9月30日,基于对高等监督机构提交的报告内容之分析、对高等监督机构的审查结果的技术分析的基础上对审查作出本宪法第七十九之规定所指的决定,其决定减少对高等监督机构提出的建议的遵守和行为的实施。

众议院应当对联邦高等监督机构的行为进行评估,为此可以要求高等监督机构向其提交有关监督机构自身工作进展情况的报告。

7.(已废止)

8. 本宪法明确授权的其他权限。

第七十五条

为了批准支出预算,众议院不得遗漏对担任法律设置的职位者的报酬作出规定。如果众议院遗漏对之作出规定,则在上一年度预算或设置该职位的法律中对相应职位之报酬的规定,视为众议院已经作出了规定。

不论在何种情况下,对报酬的规定应当尊重本宪法第一百二十七条以及国务一般立法中对此类事项作出的规定所奠定的基础。

联邦立法机关、司法机关、行政机关以及宪法设置的自治机构,在利用联邦支出预算规定的物资时,需要在预算表的项目中写入其用于提供公共服务的人员报酬。在编制此种预算时,应当遵守本宪法第七十四条第四款以及其他可实施的法律之规定。

第七十六条

1. 基于共和国总统提出的和内阁中相应部长向国会提交的报告,分析行政部门提出的对外政策。

决定批准、终止、废止、暂停实施行政部门签订的条约和协定,修正、修改、撤回条约和协定,形成对条约和协定进行解释性的声明。

2. 依法律之规定,批准共和国总检察长、部长、外交使节、总领事、高级公共财政官员、国家陆军、海军、空军中的上校和其他高级官员。

3. 授权向国外派兵、同意外国军队通过共和国领土、同意另一实体的军队在共和国允许的领海上驻扎一个月以上。

4. 在必需的情况下,同意共和国总统将国民卫队派驻该卫队所属之州之外的地方进行国民防务。

5. 当所有依宪法设置的一州依宪法设置的机关不复存在的情况下,宣布产生了该州组织临时政府的需要,然后该临时政府应当依该州宪法如实进行选举。该临时政府由共和国总统提名三份单,参议院以出席议员三分之二同意从中选择一份,由参议院任命,如逢参议院休会期间,则上述程序由议会委员会依同样的规则进行。在此种情况下被任命的人员,不得在由其召集的依宪法设置的政府之选举中当选州长。本款之规定适用于任何在本州宪法中未对此情形作出规定的情形。

6. 就任何一州提交参议院解决的政治问题作出处理,或一州由于武装冲突的出现而导致宪政秩序遭受破坏而提交参议院解决的问题作出裁决。参议院应当依共和国宪法的一般规定及该州宪法之规定对问题作出裁决。

法律应当对参议院行使本款规定的职责作出规定。

7. 在对公职人员所犯的,属于本宪法第一百一十条规定范围内的错误或过失行为进行政治审判时,参议院自身应当组成一个陪审团。

8. 从共和国总统向其提交的候选人名单中任命共和国最高法院法官,或就提交参议院批准的联邦最高法院职员名单表示同意或否决或延迟作出表决。

9. 依本宪法之规定,任免联邦直辖区首脑。

10. 依适当的方式并依申请就联邦单位间的地域边界争议作出裁决,裁决依出席会议议员之三分之二多数表决形成的意见,以法令方式作出。

11. 本宪法授予的其他职责。

第七十七条

议会之任何一院,在行使下列职权时,均不受他院之干预:

1. 决定采取何种与国内制度相关的经济措施;

2. 通过本院委员会的方式,与同为立法机关听取部分的另一院及联邦行政部门进行沟通;

3. 任命雇员及制定内部规章;

4. 自本宪法第六十三条规定范围内的、依简单多数原则选举产生的众议院和参议院席位空缺出现之日算起的三十日内,通过决议召集在此后的九十日内召开特别选举以填补的空缺,但如果空缺出现在该届议会最后一年行使职责期间除外。

第四节 常设委员会

第七十八条

议会休会期间,设由三十七名成员组成的议会常设委员会,其中众议院议员十九名、参议员议员十八名,分别由其所属议院于议会常规会期结束的当天晚上任命。各院应当从其议员中任命,并为每名议员任命一名候补人员。

常设委员会除本宪法明确授予的职权外,还具有下列职权:

1. 决定是否同意依第七十六条第四款之规定动用国民卫队;

2. 当相应情况出现时,接受共和国总统的誓词;

3. 处理与其职权相关的事项,在议会休会期间,接收法律提案,接收行政部门就法案、法令草案提出的意见,接收直接向议会两院提交的建议,并将所接受材料转交给这些材料应当送达并在下一阶段应当进行处理的议院的委员会;

4. 自行决定或依行政部门之建议,召集议会或议会单独一院召开特别会议,不论在何种情况下,非经出席会议的成员之三分之二赞成,不得作出召集决定,召集决定中应当写明该特别会议的目的;

5. 批准或拒绝总检察长以及联邦行政部门提名的联邦行政部门其他成员名单;

6. 批准共和国总统三十日内的请假并任命总统请假期间的临时替代者;

7. 批准总统依法律之规定提出的部长,外交使节,总领事官员,共和国财政部门高级职员,共和国陆军、海军及空军中的上校及其他高级人员;

8. 接受及处理立法机关议员提出的与请假有关的事项。

第五节 联邦高等监督机构

第七十九条

联邦高等监督机关、联邦众议院高等监督机关,依法具有技术自治权、在履行职责过程中具有管理自治权、内部组织、内部职责和作出决议的自治权。

监督权应当依事后监督、年度监督、遵循有限、公正和可靠原则行使。

联邦高等监督机构履担下列职责:

1. 对财政收支进行事后监督,对联邦各机关、联邦公共机构对基金和物资的使用进行监督,以依照法律向本机关提出的各种报告以基础,对为实现在联邦规划中列示之目的之行为进行审计。

对各州、市镇、联邦直辖区及政治—行政机构为其管辖区域内之管理的目的利用联邦物资的行为进行审计,但联邦参与的行为除外;对联邦分配给予的实体以及由其他实体(该实体不论是法人还是非法人,也不论是公共实体还是私人实体,转移给依托公司、代理机构、基金会或任何其他法人),在遵守法律规定的程序以及在不影响其他机关权力之行使以及财政使用者其他权利的基础上进行监督。

前项规定中的被监督者,应当依照法律规定的标准,必须遵循可统计的、可承继的、预算控制和经来源登记的原则,利用转移和分配给本机关的联邦物资。

在不影响年度审计原则的基础上,联邦高等监督机构可以通过正式和固定的程序,请求和修改其正在审查的财政年度之前年度的账簿,或在不具有此理由的情况下,可以依法要求公开不包括在接受审查的范围之内的、前几个财政年度内履职的公共账簿信息。联邦高等监督机构提出的意见和建议,仅得用于对有关公共物资的审查之用。

在不影响事后审查原则的基础上,在法律作出例外规定的情况下,在出现质疑时,联邦高等监督机构得被要求对正在本年度财政预算执行过程中进行审查。当有机构向其提出审查请求时,高等监督机构应当进行财政制度内的审计。如果请求机关未对在法律规定的时间并依法律规定的程序提出,则高等监机关得需要对请求人课处制裁。高等监督机关应当向众议院提交特别报告，并要求其他机关承担履行相应的职责。

2. 至迟于每年的2月20日向众议院提出对上一财政年度公共账簿审查的结果。该报告应当交由众议院全体会议审议，并应当公开。该报告中应当包括的内容有：高等监督机关完成的审计工作，基础审查得出的结论，高级监督机构对前项规定对之适用的单位使用联邦物资的行为的报告，对各机关为实现联邦预算中列示的目标所作行为的认证，联邦高等监督机关对被监督机关提出的建议，其中应当包括对被监督单位为高等监督机关履行认证和澄清职责所提供的相关材料在内。

为达监督之效果，高等监督机关应当在提高监督结果的报告之前，应当将其监督结果先交给被监督机关以实现要求被监督机关提供相应的认证和澄清材料，为编制公共账簿审计结果报告之目的，这些材料须由高等监督机构审查其真实性。

在审查报告提交众议院十个工作日后，高等监督机关的成员应当向被监督机关送达众议院针对报告作出的决议和提议采用的行动，以方便在法律没有规定的情况下，最长三十个工作日的期限届满之后，所提交的信息和所作的相关审议均视已完成。

高等监督机关的成员，至多应当于一百二十个工作日内作出被监督机关应当承担何种责任的决定。如果高等监督机关未在该期限内作相应的决定，则推定监督机关应当作出相应的建议和采取相应的行动。

在高等监督机关提出建议的情况下，被监督机关应当在监督机关证实其确实存在不适当之处之前，确认相关事项。

联邦高等监督机关应当分别于每年的5月1日和11月1日之前，向众议院提交其意见、建议、指议措施的执行情况的报告。

行为和建议，只有在本款范围内的结果向众议院提交后，联邦高等监督机关才得对外作出，法律得对违反本规定的任何人规定相应的制裁。

3. 调查财政收入、支出、处理、保管、利用联邦基金、物资过程中的任何不规范或违法的做法或不作为；为了保持其调查得以进行，得依法律及调查所应遵循的程序，对依据进行调查，要求向其提供账簿、文件或档案材料。以及

4. 确认对联邦财政部或其他联邦公共团体受到的损害或不利影响，并直接决定相应机关应当对受害者承担的责任和应当承担的金钱上的责任，并依法律对程序有特别规定进行干预的情况下，就其应当承担的其他责任向有权机关提出建议，提出应当承担本宪法第四编规定的责任的建议，提出刑事指控和投诉。

5. 联邦高等监督机关的制裁及其他决定，得由被监督机关、受到影响的公务员或被分配负责该机关的人员依法律之规定向该高等监督机关或本宪法第七十三条第二十九款第八项之规定设置的裁判所提出审查请求。

众议院经出席议员之三分之二支持后任命高等监督委员会成员，高等监督机关成员的任命程序由法律规定。高等监督委员会成员任期八年，得且仅得连任一次。成员仅得因法律规定的重大事由而被免职，且免职决定需经与其任命相同的表决程序，或依本宪法第四编规定的事由和程序而被免职。

被任命为高等监督委员会成员者，除具备本宪法第九十五条第一款、第二款、第四款、第六款规定的要求外，还应当具备其他法律规定的条件。在担任高等监督机关成员期间，不得具有党派属性，不得接受任何雇用、职位或委托，但科学、教学、艺术或慈善等联盟的雇用、职位或委托除外。

联邦各州机关、联邦机关或其他监督机关，应当为联邦高等监督机关提供其履行监督职务所需的协助，如果相应机关未能为高等监督机关提供相应协助，则应当依法承担相应职责。联邦及地方公务员、任何机关、自然人或法人、公共机构或私人机构、信托公司、代表人或机构、任何其他接受或使用联邦公共财物的法人机构，在联邦高等监督机关依法律规定的程序及不影响其他机关之联邦及不影响利用联邦财物之机构的权利的前提下提出要求时，向联邦高等监督机关提供信息和文件。负有提供信息责任之主体如果未提供相应信息，则应当依法律之规定接受制裁。

行政机关负责依行政程序，征收本条第四款规范范围内的赔偿和金钱制裁的费用。

第三章　行政机关

第八十条

联邦最高行政权授予单一的、被称之为"墨西哥联邦共和国总统"的职位。

第八十一条

总统通过直接选举产生，选举依选举法之规定进行。

第八十二条

担任总统者应当具备下列条件：

1. 因出生而具有墨西哥公民身份，享有完全的公民权利，其父亲或母亲为墨西哥人并在墨西哥居住满二十年；

2. 当选时已年满35周岁；

3. 在选举日前一年期间居住于墨西哥境内，离开墨西哥不超过三十日的，不视为居住不连续。

4. 不具有任何神职人员身份或不是任何宗教信仰的牧师；

5. 非现役军人，如果其为军人，则应当在选举日前的六个月内为非现役军人；

6. 非部长或副部长、总检察长、州长、联邦直辖区首脑，除非其在选举日六个月前已辞去相应职务；

7. 不具有本宪法第八十三条规定的任何将会导致不得履行总统职责的情形。

第八十三条

总统于12月1日起履行总统职责，任期六年。经普选产生履行总统职责者、临时履行、过渡期内行使或代行总统职责者，在任何情况下均不得以任何理由再次履行总统职责。

第八十四条

如果总统在其任期的最初两年内完全不在其位，如果此时议会处于开会期间，则议会应当立即组成一个选举人团，且在不少于全体议员三分之二出席的情况下，得通过不记名投票方式并经投票者绝对多数表决通过，任命临时总统；该议会应当在选举后的十日内任命该临时总统，并在相应期限内召集举行总统选举，召集与举行总统选举的期间不得少于十四个月也不得多于十八个月。

如果逢议会休会期间，则议会常设委员会应当立即任命临时总统，并为总统职位之目的召集议会召开特别会议，并依前款之规定命令召集议会举行总统选举。

如果总统不在职位发生在任期内的后四年期间，此时如果议会处于会期内，则议会应当任命总统的替代者在剩余期间履行总统职责。如逢议会休会期间，则议会常设委员会应当任命一过渡总统，并召集议会特别会议组成选举人团选举替代总统。

第八十五条

如果当选总统未就任开始履行其宪法规定的任期，或选举未能举行或选举未能获得合法性宣布，任期已经届满的在任总统应当终止，议会任命者应当以临时总统的身份，议会休会期间议会常设委员会任命者应当以过渡总统的身份，立即开始履行总统职责。

如果总统暂时不能履行职责，此时如果议会在会期内，或议会休会期间议会常设委员会应当任命临时总统，在总统不能履行职责期间代行总统职责。

如果总统不能履行职责的时间超过三十日且议会处于休会期间，则议会常设委员会应当召集议会召开会议以处理与总统不能履职和任命临时总统相关的事项。

如果总统暂时不得履行职责演变为绝对不能履行职责，则应当依前条之规定进行处理。

第八十六条

总统职务只得在重大事由的情况下被放弃，经议会确定存在相关事由后方可提出辞去总统职务的要求。

第八十七条

总统在就职之前，应当向共和国议会，议会休会期间，向议会常设委员会宣誓，誓词如下：

"余承诺将遵守墨西哥共和国政治宪法以及依该宪法制定的法律，将忠实地、怀着爱国之心履行由人民授予余的总统职责，在任何方面均确保联邦的福祉与繁荣。倘若余未能履行本承诺，人民有权要求余如此做。"

第八十八条

在事先告知联邦议会参议院或议会常设委员会原因的前提下，总统得离开共和国领土达七日之久或至行为目的实现之日，若离开时间超过七日，则应当获得议会参议院或议会常设委员会之允许。

第八十九条

总统的权能及职责包括：

1. 公布及执行联邦议会制定的法律，在行政领域确保此类法律获得确实遵守。

2. 自主任命及罢免内阁秘书，罢免外交人员及财政部的高级职员，自主任命及罢免本宪法或法律中未设置其他任命和罢免方式的其他职员。

3. 经参议院之批准后任命部长、外交人员、总领事。

4. 经参议院之批准，依法律之规定任命陆军、海军及空军中的上校及以上军官，任命财政部其他高级职员。

5. 依法律之规定，任命陆军、海军、空军中的其他军官。

6. 依相应法律之规定，保障国家安全，部署包括陆军、海军和空军在内的全部国家常备军，以捍卫国家的内部安全以及抵御外部侵略。

7. 依本宪法第七十六条第四款规定之条件及为相同之目的，部署国民卫队。

8. 依联邦议会事先通过的法律，以墨西哥共和国的名义宣战。

9. 经参议院之批准，任命共和国总检察长。

10. 指导共和国的对外政策，签订、终止、废除、暂停、修改、修正国际条约，撤回对条约的保留，对国际条约提出解释性声明，将条约及解释提交参议院批准。在执行外交政策时，行政机关的成员应当遵循以下规范性原则：人民自决，不干涉，和平解决国际争端,禁止在国际关系中使用武力或以武力相威胁,各国法律上平等,合作以寻求发展,尊重、保障和促进人权,努力实现国际和平与安宁。

11. 在议会常设委员会同意的情况下召开议会特别会议。

12. 为司法机关提供司法机关履行职责所需的各种支持。

13. 保证各种类型的港口的运转,建立各种海上和前沿关税征管处,并确定各种设施的选址。

14. 依法律之规定,授予因犯有联邦裁判机构具有管辖权的犯罪者以及违反联邦直辖区一般命令而被判有罪者赦免。

15. 依特定法律之规定,在有限的情况下向任何行业的探索者、投资者或开发者授予专属特权。

16. 在议会参议院休会期间,总统得经议会常设委员会之批准,任命本条第三项、第四项及第九项范围内的人员。

17.(已废止)

18. 向参议院提名联邦最高法院候选人名单,要求参议院准许最高法院法官请假或辞职。

19.(已废止)

20. 本宪法明确授予的其他职责。

第九十条

联邦行政组织依议会制定的组织法之规定,是实行中央集权体制的半国营机构;联邦议会制定的法律应当在各行政机关之间就不同国务秘书负责的事务进行分配,应当规定设置半国营机构应当遵循的一般基础以及联邦行政机关参与各行政组织之运行时应当遵循的一般基础。

法律应就半国营机构与联邦行政机关之间、半国营机构与国务秘书间的关系作出规定。

第九十一条

设内阁秘书一职,担任国务秘书者应当为满足以下条件:出生即具有墨西哥公民资格、具有墨西哥公民权且已年满30周岁。

第九十二条

总统的任何规章、法令、协议及命令均应当由对前述各规范涉及事项负责的国务部长副署,未遵守本规定的任何上述规范均不具有约束力。

第九十三条

内阁各部部长均应在议会常规会议开会时,尽快将其部门所涉账目提交议会。

当一项法律处于讨论之中,或处于讨论中的事项涉及部长、检察院、半国营机构或自治机构或某一行为正处于调研、前述人员应当对质询作出回应时,议会各院均有权传唤各部长、检察院总检察长、半国营部门的主任、自治机构成员。

议会众议院经其四分之一议员之要求,参议院经其二分之一议员之要求,得对中央集权机构和国家占主要份额的企业组织行使调查职能的委员会。联邦行政机关应当认可调查得到的结果。

议会两院有权通过书面方式要求联邦政府的附属机构和单位之成员提供信息或文件,接到书面要求者应当在不多于十五个自然日内作出回应。

本条授予的各项权力之行使,依议会制定的法律以及议会规则进行。

第四章 司法机关

第九十四条

联邦司法权由一个联邦最高法院、一个选举裁判所、合议法院、巡回法院以及区法院行使。

对联邦最高法院之外的联邦司法机关之管理、监督及惩戒,由联邦司法委员会依本宪法明确规定的基础以及法律规定的条件进行。

联邦最高法院由11名法院组成,最高法院由全体法官组成的全体会议或分庭行使职责。

最高法院的全体会议或分庭会议,除因道德或公共利益之需要而应不公开进行者外,均应依法律之规定公开。

联邦最高法院之职责、联邦最高法院全体会议及分庭之职责、巡回法院之职责、区法院之职责、选举裁判所之职责以及因具有联邦司法机关公务员身份而应当承担的责任,由依本宪法规定的基础制定的法律规定。

联邦司法委员会决定巡回法院的数目、确定各巡回法院的地域管辖权,在可能的情况下,确定合议法庭、巡回法院与区法院间管辖的事务范围。

此外,依一般性的指导,应当设置巡回法院全体会议,出席各巡回区法院范围内的区法院及各特别合议法庭。其组织及职能由法律规定。

为实现在有权管辖法院之间事务分配的充分分配、减轻退回法院的工作量、促进事务分配上的更大提升、为了更好地实现正义,联邦最高法院全体会议有权分布一般指令。最高法院全体会议发布的指令一经公布即发生效力。

宪法争议、违宪行为,如果表明其具有紧迫性、事关社会利益或公共秩序,则依规范性法律之规定,由议会各院进行解决,或由总统或行政机关政府司法专员解决。

联邦司法机关以及依法律之规定设置的巡回法院全体会议在何种情况下有权对宪法及一般规范作出解释以及在何种情况下其解释具有约束力及解释在何种情况下应当中断实施和修正由法律规定。

最高法院法官、巡回法院法官和区法院法官享受的报酬在任职期间不得减少。

最高法院法官得任期十五年，仅得被依本宪法第四编规定之条件免职，在任职期届满时，法官有权获得退休金。

任何法官不得被任命再次担任法官，但如果其已担任的法官职务具有临时或过渡性质除外。

第九十五条

具备下列条件者方可被选举为最高法院法官：

1. 出生之时即为墨西哥公民，具有完全的政治权利和民事权利；

2. 在任命日已年满35岁；

3. 选举日时持有由法律授权的机关或机构签发的律师执行证书已满十年者；

4. 享有良好声誉且未因当判一年以上监禁的罪行而获刑，但如系犯有抢劫、诈骗、伪造、滥用信任或其他公众认为严重损害良好名誉的罪行者，则不论被处过何种刑罚，均丧失当选资格；

5. 在任命日前四年内属住于国内；

6. 在任命日前一年内未担任部长、总检察长或区法院法官、联邦参议员、众议员、任何州之州或联邦直辖区首脑。

被任命者应当为曾经高效、高能及训练地履行司法职责者，或在司法活动中其所获得的声誉、能力及执业经历表明其适合担任最高法院法官者。

第九十六条

为任命最高法院法官之目的，共和国总统应当向参议院提交候选人名单供其审议，总统提交的候选人名单应当能够填补职位空缺。任命决议应当由参议院三分之二议员表决通过，该表决应当在三十日期限内予以完成，该期限不得延长。如参议院在三十日内未作出决定，即视为总统提名的人员将担任最高法院法官职务。

如果议会参议院拒绝了总统提出的所有人员名单，则总统应当依前项之规定提交一份新的名单。如果总统提交的第二份名单仍然被参议院否决，则总统提交的第二份名单上的人员将担任法官职务。

第九十七条

1. 巡回法院法官和区法院法官由联邦司法委员会挑选和任命，人选应当符合法律规定的条件，且任命应当依法律规定的程序任命。巡回法院法官和区法院法官任期六年，任期结束时有资格获得重新任命或晋升高级职务，只有在本宪法第四编规定的情况下方可被免职。

2. 最高法院得要求联邦司法委员会对任何联邦法官之行为进行调查。

3.（已废止）

联邦最高法院得任命及罢免其秘书、其他职业和雇员。巡回法院法官及区法院法官得依与司法职业相关法律之规定，罢免职业和雇员。

最高法院全体会议应当每四年从其法官中选举一名首席法官，首席法官可以连选连任。

任何联邦最高法院在就任前，需向参议院，参议院闭会期间需向议会常设委员会依下列规定宣誓：

参议院议长："你将宣誓为了联邦的福祉和繁荣，忠诚地、满怀爱国之心地履行赋予你的最高法院法官职务，遵守墨西哥合众国政治宪法和依宪法制定的各项法律吗？"

法官："我宣誓"。

议长："如果你不这样做，国家将追究你的责任。"

巡回法官和区审判官向最高法院和联邦司法委员会宣誓。

第九十八条

如果最高法院法官空缺时间超过一个月，则在遵守本宪法第九十八条之规定的情况下，共和国总统应当向参议院提名一名临时法官人选供其批准。

如果联邦最高法院法官因死亡或任何不可恢复之原因空缺，则共和国总统应依本宪法第九十六条之规定向参议院提交新法官人选供其批准。

联邦最高法院仅得在出现重大事由的情况下辞职。辞职报告应当递交总统，如果总统接受了辞呈，还应当将辞呈递交参议院供其批准。

如果最高法院法官提出请假且请假期间不超过一个月，则该请假要求由最高法院批准，如果请假期间超过了一个月，则该请假请求应当经参议院批准后由总统作出同意。任何情况下的请假期间都不得超过两年。

第九十九条

除本宪法第一百〇五条规定的例外情形外，选举法庭为对相关事项享有最高管辖权和特别司法权的联邦机关。

为履行其职责，选举法庭以一个常设高等分庭和一个地区分庭的形式存在，其决议应当依法律之规定公开。选举法庭应当由足以保证其履行其职责所必需的司法和行政人员。

选举法庭高等分庭由七名选举法官组成。选举法庭庭长由高等分庭从其成员中选举产生，选举法庭庭长任期为四年。

下列事项，由选举法庭依宪法及法律之规定，作出明确的和不可置疑的裁决：

1. 对联邦议员和参议员选举的质疑。

2. 向其提出的针对共和国总统选举的质疑，此时的裁决为一裁终局。

选举法庭高等分庭和地区分庭仅得依法律明确

规定的理由宣布宪法无效。

高等分庭在处理向其提出的、针对总统选举的质疑时,在审查总统选举过程的最终统计结果后,可根据不同情形,宣布该次总统选举无效或该次选举中获得最多选票的候选人的选举无效。

3. 除前两项之规定外,针对联邦选举机构之行为或决议提出的该行为或决议违反宪法或法律规范之质疑。

4. 针对组织和进行资格审查的联邦选举机构之行为或决议提出的决议,或针对就联邦选举机构组织选举活动和进行资格审查的行为或决议提出的质疑所作的、将导致选举过程的推进或将影响最终的选举结果的裁决提出的质疑进行明确和排他的审查。此类审查仅得在该质疑具有实质意义且具有可审查性的前提下且在经选举产生的人员依法律之规定履行职务的日期前进行。

5. 依宪法之规定,针对政治性选举行为或选举决议提出的侵犯了公民自由行使表决及和平参与国家政治事务的权利。据此公民在用尽其所属政党内部规范中规定的救济机制后,享有向选举法庭控告其所属的政党侵权的权利;此种情况下可适用的规则及情形由法律作出规定。

6. 选举法庭及其雇员间的劳动争议或分歧。

7. 联邦选举机构及其雇员间的劳动争议或分歧。

8. 对违反本宪法及法律政党、团体、法人、国民或外国人课处制裁。

9. 法律规定的其他事项。

选举法庭之各分庭依法律之规定具有保障其所作裁决以适当方式获得履行所必需的紧急措施。

在不影响本宪法第一百〇五条之规定的实施之前提下,选举法庭得就与本宪法相抵触的、不具有可实施性质的、与选举相关的法律作出裁决。选举法庭在此种情况下所作的裁决,仅对其审判的具体个案具有约束力。

若选举法庭的任一分庭认为任一行为、决议或就某一宪法概念所作的解释违反宪法,而该看法与最高法院之分庭或全体、任一部分,且相应分庭或其他各方不接受此种看法,则共和国最高法院全体会议应当决定何种看法获得支持,共和国最高法院的裁决为终局裁决。此种情况下所作的裁决对已决案件不发生影响。

选举法庭的组织、各分庭的权限、对其权限范围内的事项进行裁决的程序以及裁决的标准,由本宪法和法律规定。

选举法庭高等分庭得依地方分庭之部分或全体成员之请求,接管本应由地方分庭处理的事项;相应地,高等分庭得将本应由其处理的事项交由地方分庭处理。本款规定之实施规则和程序由法律规定。

选举法庭中依法律规定的行政管理、监督以及惩戒事项交由联邦司法委员会下的委员会行使,该委员会的组成人员中包括选举法庭庭长在内,且选举法庭庭长任委员会主席,委员会中的其他人包括:从选举法官抽签产生一名成员,联邦司法委员会成员三名。选举法庭向联邦最高法院院长提交其预算,该预算应当列入联邦司法机关的预算法案。选举委员会应当制定其充分履行其职责所需的内部规定和一般性原则意见。

组成选举委员会高等分庭和地方分庭的法官,由联邦最高法院提名并由出席的参议员议员三分之二选举产生。选举法庭组成人员的选举依法律规定的规则和程序分阶段进行。

第一百条

1. 联邦司法委员会是一个行使联邦司法权的机构,委员会在技术、管理方面独立,并能够独立地公布决议。

2. 联邦司法委员会由七名成员组成,分别为联邦最高法院主席,担任委员会主席,三名至少八名联邦最高法院出席的全体会议多数表决从巡回法院法官和地区法院法官推选通过的成员;参议员任命的两名成员以及由共和国总统任命的一名成员。

3. 所有成员均应当具备本宪法第九十五条规定的条件,并且在其执业过程中以其专业能力和管理能力为其获得较高声誉、诚实、可敬的人,由最高法院任命的成员还应当获得司法界的认可。

4. 除委员会主席外,其他成员任期五年,且均不得连任。

5. 委员会成员并非作出任命决定者的代表,各成员有权独立及公正地履行其职责。在履职期间,各成员非依本宪法第四编之规定外不得被免职。

6. 法律应当就委员会职业的培训和继续培训以及司法职业的培训和继续培训基地作出规定,此类培训和继续培训应当以优异、客观、中立、职业及独立为原则。

7. 在遵守法律确定的规范的前提下,联邦司法委员会有权发布保证其履行职责所需的一般规范。联邦最高法院得要求联邦司法委员会发布在其看来系履行联邦司法职能所必需的一般规范。由至少八名法官组成的联邦最高法院全体会议,经多数表决可审查和撤销经联邦司法委员会批准的规范。行使此类职责的条件及程序由法律规定。

8. 联邦司法委员会的裁决为终局及不可上诉的裁决,因为,不得对其决定采取任何程序或行动,但与任命、分配及罢免行政法官和法官的决定除外。

9. 在不影响本宪法第九十九条之规定的前提下,联邦最高法院编制本法院的预算,联邦司法委员会编制联邦其他司法机关的预算。经编制的预算交由联邦最高法院主席,由主席将其提交纳入联邦支出预算案中。联邦最高法院的管理机构向联邦最高法院主席负责。

第一百〇一条

1. 联邦最高法院法官、巡回法院法官、地方法院法官及各法院的秘书、联邦司法委员会成员以及联邦选举法庭法官,不得接受或履行任何其他联邦的、州的或联邦其他地方的或个体指派的职务,但科学、教育、文学或慈善机构提供的不领取报酬的职务除外。

2. 曾任联邦最高法院法官、巡回法院法官、地方法院法官及联邦司法委员会成员以及联邦选举法庭高等分庭的法官者,在其离任后的两年内,不得在任何行使联邦司法权的机构进行的任何程序内担任顾问、辩护人或代理人。

3. 在其离任后的两年内,曾任非临时法官者的联邦最高法院法官,不得担任本宪法第九十五条第四款规定的职务。

4. 本条之规定,对享有离职权利的司法职员同样适用。

5. 违反本条前面条款之规定者,需要接受丧失各相应职务以及相应报酬和利益的不利后果以及法律规定的其他处罚。

第一百〇二条

1. 联邦各部的组成由法律规定,各部职员由行政部门依各相应法律任免,每个部均应由一名总检察官主持,总行政官经参议院批准后由行政部门的名义成员任命,若逢参议院休会期间,则由参议院常设委员会批准后由名义成员任命。只有具备下列条件者,才可被任命为检察官:依出生具有墨西哥公民身份,领有执业执照并有执业经历至少十年以上,具有良好的声誉,未曾被判决犯有严重罪行。该检察官可由行政部门自由免职。

共和国总检察官应当亲自参与本宪法第一百〇五条规定的争议和诉讼。

在任何联邦作为当事人一方的事项中,与大使、总领事相关的事项中,以及任何需要由联邦各部参与其中的任何其他事项中,总检察官应当亲自或通过其代理人参与其中。

2. 联邦议会以及其他联邦机构在其权限范围内制定的规范应当建立保障墨西哥正义秩序意图保障的人权得以实现的机构,此类机构应当受理针对任何性质上属于公共机构的行政机构或其公务人员的任何侵犯其权利的作为或不行为提出的控告,但不得受理针对行使司法权的机构或其公务人员的作为或不作为提出的控告。

前项规定范围内的机构,应当向公共机构提出不具有约束力的建议、谴责以及投诉。任何机构都有义务对此类机构提出的建议作出回应。若此类机构提出的建议未被相应机构接受或未被遵守,则相应机构应当证实并公开表明其拒绝该建议的立场,参议院,参议院闭会期间其常设委员会,联邦机构的立法部门得要求这些机构,公共机构或其公务人员向这些立法机构解释其拒绝此类建议的理由。

依本部分之规定建立的机构不得针对选举与司法事务行使权力。

由联邦国会设置的机构名为"国家人权委员会",该委员会在管理及预算方面具有独立地位,具有司法性质和特征。

各州宪法和联邦各地区政府之规章应当设置人权保障机构并保障这些机构的自治特征。

国家人权委员会应当具有一个顾问机构,该顾问机构由十二名顾问组成,顾问由参议院三分之二议员出席组成的会议选举产生,参议院闭会期间则由经联邦议会常设委员会在同样比例成员出席的情况下选举产生。向适当机构提出建议应当遵循的程序由法律规定。每年应当替换资历最老的两名顾问,但他们经提议并获得批准再任一届除外。

国家人权委员会主席同时担任顾问委员会主席,人权委员会主席依前项规定的程序选举产生。人权委员会主席任期五年,获得再次任命以一次为限,且仅得依本宪法第四章之规定被免职。

国家人权委员会主席、顾问委员会成员、联邦机构中的人权保障机构之成员的产生程序,应当依照公共顾问委员会成员的产生,该程序应当满足透明的要求,其条件由法律规定。

国家人权委员会主席应当向国家权力机关提交关于其行动的年度报告。为此目的,主席应当依法律规定的条件出席议会各院会议。

国家人权委员会应当关注其联邦相关机构提出的建议未获得遵守、不接受或未遵守的情况。

国家人权委员会在其认为适当时,或联邦行政部门、联邦议会各院、州长或联邦地区政府首脑或联邦机构的立法机构提出要求时,有权对被提出投诉指控侵犯人权的行为进行调查。

第一百〇三条

因下列事项产生的纠纷由联邦判断裁判机构裁决——

1. 因任何联邦当局发布的一般规范、作为或不作为,被认为侵犯本宪法保障的以及墨西哥作为当事国的国际条约所保障的人权而引发的纠纷;

2. 因任何联邦当局发布的一般规范或所作的行为,被认为妨碍或限制了各州的主权或联邦各地区权限范围而引发的争议;

3. 因任何州或联邦地区当局发布的一般规范或所作的行为影响了联邦当局权限的有效性而引发的争议。

第一百〇四条

联邦裁判机构对下列事项享有管辖权——

1. 任何侵犯联邦秩序的刑事诉讼。

2. 任何因遵守与适用联邦法律或墨西哥承认的国际条约而产生的民事或商事争议。法官与普通裁判机构对因选举产生的、仅影响到个别利益的争议同样可以行使管辖权。

第一审裁决可以上诉至作出该裁决之裁决机构之上一级裁判机构的法官。

3. 对常设行政裁判机构针对特定决定所作裁决的复审,仅在本宪法第七十三条第29H款、第一百二十二条第四款第五项有规定的情况下为之。

4. 与军法相关的争议。

5. 联邦为当事一方的争议。

6. 本宪法第一百〇五条规定范围内的行为引发的纠纷,且此类纠纷专属于联邦最高法院管辖。

7. 一州与另一州的一名或多名居民间产生的纠纷。

8. 与大使或领事相关的案件。

第一百〇五条

联邦最高法院依法律之规定对下列事项行使管辖权——

1. 除与选举相关的纠纷以及本宪法第四十六条规定范围内的纠纷外,在下列情况下产生的宪法争议——

(1)联邦与州或联邦地区之间的纠纷;

(2)联邦与市镇间发生的纠纷;

(3)联邦行政与议会或议会各院、议会常设委员会以及联邦行政或联邦机构或联邦地区机构之间的纠纷;

(4)一州与他州之间的纠纷;

(5)一州与联邦地区之间的纠纷;

(6)联邦地区与市镇之间的纠纷;

(7)不同州的两个市镇之间的纠纷;

(8)同一州的两个权力机构间发生的、与其行为或一般规范的合宪性相关的纠纷;

(9)州与该州内市镇间发生的、与其行为或一般规范的合宪性相关的纠纷;

(10)州与他州内市镇间发生的、与其行为或一般规范的合宪性相关的纠纷;

(11)联邦地区政府的两个机构间发生的、与其行为或一般规范的合宪性相关的纠纷。

当联邦对州或市镇的一般规范提出指控而发生纠纷时,州对市镇的一般规范提出指控而发生纠纷时,或在产生第三项、第八项以及第十一项规定范围内的争议时,如果联邦最高法院作出决议宣布争议中的一般规范无效,则该决议经至少八名法官中的多数支持而发生普遍效力。

在其他案件中,最高法院的决议仅对案件中的各方具有效力。

2. 最高法院对试图确定具有普遍约束力的规范与宪法之间存在冲突而寻求违宪性公告的案件具有管辖权。

针对具有普遍约束力的规范之违宪性的诉讼,应当于该规范公布之日起的三十日内提出,下列主体可以提出此类诉讼——

(1)联邦议会众议院百分之三十的议员可以针对联邦法律或联邦议会针对联邦地区制定的法律提出;

(2)联邦议会参议院百分之三十五的议员可以针对联邦法律或联邦议会针对联邦地区制定的法律或墨西哥签订的国际条约提出;

(3)共和国总检察官可以针对联邦法律、各州法律、联邦地区法律以及墨西哥签订的国际条约提出;

(4)任何州之享有立法权的机构之百分之三十三的成员,可以针对其所属之机构制定的法律提出;

(5)联邦地区代表机关百分之三十三的代表可以针对该机构发布的法律提出;

(6)由全国书记向联邦选举机构登记的政党,可以针对联邦或地方选举法律提出,经书记向州登记过的政党,享有对由州立法机关通过的、规定对其进行登记的法律提出诉讼的专有权利;

(7)全国人权委员会如果认为联邦法律、州法律、联邦地区法律以及联邦签署并经参议院批准的国际条约侵犯了本宪法或墨西哥为会员国的国际条约所保障的人权,则可以对这些法律或条约提出诉讼,共和国各州类似的人权保障机构有权对地方立法机关制定的法律、联邦地区人权保障机构有权对联邦地区立法机关通过的法律提出诉讼。

本条之规定为宣告选举法与本宪法不一致的唯一途径。

联邦和地方的选举法,应当于适用该选举法的选举开始之日至少九十日之前签署和公布,且在该间隔期内不得有重大的法律修改。

联邦最高法院经至少八名法官参加表决且获得多数支持通过的决定,只能宣布被提出指控的规范无效。

3. 经官方申请,或经巡回法庭或共和国总检察长的申请,如果联邦最高法院认为案件所涉及的利益及重要性有必要行使管辖权,则联邦最高法院有权对联邦地区法官所作的、联邦作为当事一方的案件之判决行使管辖权。

本条第一款、第二款规定规范内的判决不具有溯及力,但涉及刑事犯罪事项时是法律的一般原则以及一般规定对之适用的除外。

在作出本条第一款、第二款规定范围内的不一致宣告时,应当遵循本宪法第一百○七条第十六款两个第一项规定的程序。

第一百○六条

授权联邦司法机关解决因职权而在联邦裁判机构之间、各州与联邦地区司法机构之间、一州与他州司法机构之间、一州内或联邦地区内司法机构之间产生的纠纷的权力。

第一百○七条

除本宪法另有规定外,本宪法第一百○三条规定范围内的纠纷,应当遵循以下列规定为基础由法律确定的程序及形式解决——

1. 案件通常在宣称受到损害的当事人一方所在地举行,该当事人应当具备以下特征:其享有某一项个体的利益或集体的利益,其指控的行为侵犯了该项受宪法保障的权利且该事项直接或由于特殊情形而属于司法管辖范围内的事项。

向司法机关、行政裁判机构或劳动争议裁决机构提出的行为、决议侵犯其权利时,原告方应当以个人或直接的方式表明其权利受到了影响。

2. 案件的判决所提供的保护,仅对提出案件的原告有效,而不对引起控诉的法律或裁定全面有效。

如果在间接对规范之合宪性提出控诉的案件审理过程中,如果某一规范的违宪性得到第二次证实,则联邦最高法院应当将该事实通知发布该规范的机关。

如果联邦某一司法机构之管辖权源于某一被确定为违宪的规范,则联邦最高法院应当将该事实通知发布该违宪规范的机关。在该事项被确认之日起的九十日内,如果该违宪裁决经联邦最高法院至少八名法官表决并获得多数支持而通过,则联邦最高法院应当宣布该违宪的规范在总体上违宪,且最高法院应当确定违宪的范围。

前面两项之规定不适用于与税收相关的规范。

在违宪宣告案件中,用于描述侵权或冤屈的概念应当与相应法律的表述保持一致。

如果一项诉讼指控某一法律已经产生或将会产生剥夺对土地、水流、牧场、林地等的所有权、占有权和使用权,或在事实上或法律上受公共规范保护的公共资源的所有权、占有权和使用权,所有能够表明这些资源有利于集体或个体之证据、均应当被采纳,对原告的权利造成影响以及被指控的行为之性质及造成影响的要求均应当被认为已经达到。

前项规定范围内的诉讼在审理过程中,在任何情况下诉讼程序不得失效也不得因案件无进展而取消,当村社或村社居民中心的权利受到损害时,也不得退出诉讼,但经代表机关同意者除外。

3. 在针对司法、行政或劳工法庭的裁决提出诉讼时,只有在满足下列条件的情况下方可进行:

(1)针对将导致某一诉讼终结的裁决、给付或某种决定提出的诉讼,不论该诉讼针对的侵权是法院所作裁决导致的,还是在诉讼过程中导致的,该侵权损害到控告人的辩护并影响到判决结果。本项及本条第五款规定的范围内的诉讼时,巡回法院应当确定被指控的侵权是否能够获得证实,如果在诉讼过程中得到证实,则将导致原告的变更,如果程序上的侵犯并未导致第一审裁决的不同,或巡回法院已经作了评估,则需要变更诉讼程序,此时不再适用侵权概念,或不会导致救济程序的启动。

已经获得对其有利的判决以及被质疑的司法利益得到维持的当事方,则只能依附于曾参与诉讼的其他当事人已经提起的上诉方可提出上诉。法律规定上诉的方式和依据。

在进行上诉程序之前,可以对原诉讼结果、给付、决定进行变更、撤销的,由法律规定的普遍救济程序应当已经用尽,但法律规定有特殊程序的除外。

为对将会导致某一确定的诉讼终结的裁决、给付、决定提出上诉,原诉讼程序的违法性应当已得到确认。

不论上诉人在原诉讼中通过指控还是辩护的方式对原诉讼程序的违法性提出指控,均应当指明被违反的普通法律。在侵犯未成年人权利、无行为能力者、被监护人的权利,影响家庭稳定或被判有罪者的诉讼中,该要求不适用;

(2)在可资利用的诉讼手段均已用过,对一经执行无论在审理之外或审理结束之后均无法纠正的正在审理的裁定提出申诉时。

(3)对损害与审判无关的人员的裁定提出申诉时。

4. 就行政管理事项而言,可以针对特定的司法机构、行政机构或劳动争议法庭的作为或不作为提起救济诉讼。但此时需要穷尽法律规定的可以利用的救济机制。如法律另有规定,寻求救济者已经满足相应要求,当规定上述各种手段的法律为中止被申诉的裁决所要求,超存保护诉讼的法规规定的作为宣布中止的条件的要求时,或该救济诉讼的提出需要依赖其他行为存疑或救济程序被不当地中止的情况下,穷尽其他救济途径的要求不予适用。

穷尽救济途径的要求,在被指控的行为未获得证实或仅被指控直接违反宪法规定时不适用。

5. 针对将会导致诉讼终结的裁决、给付或决定提出的救济诉讼,应当依下列规定,向巡回法院提出:

(1)刑事案件,就司法机构作出的将导致诉讼终结的决定,向联邦普通法院或军事法院提出。

(2)行政事务,个人就行政裁判机构或司法机构对某一不能通过任何法律方式补救的行为所作的、将导致某一诉讼终结的判决或决定提出的诉讼。

(3)民事方面,由联邦法院或商事法院所作的、将导致某一诉讼终结的诉讼。

法院对为维护联邦之秩序而提出的民事诉讼所作的判决,得由任何当事方对之提出上诉,包括联邦为保障联邦之利益而提出的上诉在内。

(4)在劳动事务方面,由联邦调解和协调委员会或联邦各州劳工和协调法庭所作的给付决定。

联邦最高法院得依职权或依相应巡回法律的请求,或联邦总检察长的请求,得行使上诉管辖权。

6. 在属于前项规定范围内情况下,规章得对巡回法庭的程序和条件作出规定;在此情况下,联邦最高法院得公布其相应的决议。

7. 针对诉讼中的作为或不作为,诉讼外的作为和不作为、诉讼裁决作出后的作为或不作为,或对诉讼外之人员产生影响的作为或不作为,对行政部门提出的诉愿、行政部门的作为或不作为的诉讼,应当向行为发生地或行为应当发生地的地方法院法官提出,其处理程序只需由当局向要求提出报告的判决中所指定的一个地区法庭提出报告,由其接受有关各方提供的证据,听取辩护词,并当庭宣布判决。

8. 在下列情况下,对于地方法官或单一独任巡回法院在保护诉讼中宣布的判决可进行上诉审查,下列上诉审查由最高法院受理:

(1)当认为某项法律直接违宪,对其提出指控时要求对其合宪性进行审查时;

(2)对属于本宪法第一○三条第二款和第三款规定范围内的事项提出审查请求时;联邦最高法院得依职权或因退回法庭,得依联邦总检察长之请求,得行使上诉管辖权。

对不属于前项规定范围内的事项,巡回法庭具有管辖权且对此类事项所作的裁决不受任何程序之审查。

9. 直接提出的诉讼,对有关具有普遍约束力的规范之合宪与否相关诉讼所作之裁决进行上诉审的裁决,对本宪法之概念的解释引发的问题作出解决的,或未能对提出的事关宪法解释之问题作出解决的裁决,对重要性及延续性作出判断标准的裁决,依

联邦最高法院全体会议所作决定进行处理。但上诉范围只限于就宪法本身的问题作出的裁决,而不得对其他事项进行处理。

10. 在诉讼过程中,被指控的法律可按法律规定的情况和方式被中止执行,司法机构在决定中止执行时应充分考虑被指控的侵权事实的性质、弥补受害者因执行该法律或裁定可能受到对受害人和公共利益造成影响。

在刑事方面当通知提出保护诉讼,在民事、商事及行政事务方面,当控诉者提供保证金对中止执行可能对第三方造成的伤害和损害作担保时,最后判决应同意予以中止执行;但如另一方提供反保证金以确保在给予保护时使事物恢复原状并赔偿所造成的伤害和损害时,则该项中止执行无效。

11. 直接寻求救济的请求要求需向承担责任的机构提出,该机构应当决定是否中止执行,在其他情况下,提出指控者应当向地方法官或独任巡回法庭提出,相关法官或法庭应当决定是否中止执行,在法律授权的情况下,则应当向州裁决机构提出。

12. 对在刑事方面侵犯本宪法第十六条的权利保障、侵犯第十九条和第二十条的权利保障的行为,可向违法法庭的上一级或主管的地区法庭提出指控,对上述两种情况的裁决,均可按第八款之规定提出上诉。

如果地区法官不居住于应当承担责任的机构的所在地,或巡回法庭并不坐落于对之负责的机构的所在地,应当向何法官或裁判机构提出诉讼由法律确定,该法官或地区裁决机构可在上述法律规定的情况和条件下暂时中止被控告的规范的执行。

13. 当巡回合议法庭在自己权限内的保护诉讼审判中持相互矛盾的意见时,最高法院的法官、共和国总检察长、所涉巡回合议法庭或参与上述双方意见均得到支持的审判的各方当事人,均可将相互矛盾的意见提交最高法院主管庭,由其裁决支持何种观点。

最高法院各庭或最高法院全体会议,最高法院在特定事项,或同一巡回法庭在不同专业事项上,就如何裁决前述相互矛盾之观点时所持的意见相互冲突,或就如何处理其权限范围内的事项持不同观点,联邦最高法院全庭法官,最高法院分庭法官以其前项所提及机构得将该相互冲突的意见提交联邦最高法院裁决。

如果联邦最高法院不同分庭在其具有管辖权的诉讼中持相互矛盾的意见,各分庭的法官,巡回法庭及其法官,地区法官,共和国总检察长或在本案中提出相互矛盾的观点的当事各方,均有权依法律之规定将相互矛盾的意见提交最高法院裁决。

联邦最高法院全体会议或分庭,以及巡回法院依

规定所作的裁决,仅具有确定管辖权的效力,而不对在相互矛盾的意见得以产生的诉讼中所作的特定的司法情形产生影响。

14.（已废止）

15. 共和国总检察官或其代表人、为本条之目的指定的作为代表人的共和国各部为本条规定的保护诉讼的一方当事人,但如果它们认为涉及的案件据他们判断与公共利益无关时,也可不参与上述审判。

16. 如果有机关未遵守保护诉讼中所作的裁决且该不遵守行为的合理性能够获得证明,联邦最高法院在遵守法律规定的程序之前提下,依该相关之申请,可以将遵守该裁决的期间作合理延长。如果未遵守的行为之合理性不能获得证明,或期限已过,则该机构之负责人应当被免职并交由地区法官追究其责任。如果该机构之上级应当承担相应责任,则应当向其上级机构当时负有执行该裁决之责任的官员下达相同的命令。

如果已经对保护诉讼作了判决,受到质疑的行为的违法性得到了确认,联邦最高法院应当依法律规定的程序,应当将相应机关负责的官员免职,并通知联邦部对此事予以关注,但如果该行为并非基于欺诈且在裁决作出之前并未产生实际影响的情况下除外。

如果执行裁决对社会产生的不利影响将会大于原告从中获得的收益,或依案件的情形,不可能或难于恢复到侵犯发生之前的状态,则作出裁决的机构或最高法院决定采取替代执行的措施。

除非法院作出的关于宪法保护之权利的判决获得了遵守,否则任何保护性诉讼均不得提起。

17. 如果负责的机构应该中止执行被申诉的裁定而未予中止时,或基于恶意或疏忽接受了空头保证金或数量不足的保证金或反担保时,应当接受刑事制裁。

18.（已废止）

第四编　公务人员的责任

第一百〇八条

为了将本编涉及的责任付诸实施,民选代表、联邦和联邦区司法机构的成员、任何担任或履行性质上属于共和国立法机关或立法机关之委员会之职员或职责者,在联邦地区立法机关或其委员会中担任或履行职责者,在任何本宪法授予自治权的机构中任职或履行职责者,均称为公务人员,他们须对其在履行各自职能期间的作为和不作为承担责任。

共和国总统在其任职期间,仅得因叛国或严重的普遍犯罪行为被弹劾。

州长、地方立法机关代表、地方高级裁判机构治安法官,应当就违反本宪法和联邦法律以及不恰当地管理联邦资金和资源的行为承担责任。

共和国各州的宪法得就州内、市镇范围内的本条第一项之规定中的用语、应当承担的责任、公务人员履行其职责的要求作出精确规定。

第一百〇九条

联邦立法机关、各州立法机关,在其职权范围内,应当制定法律,对公务人员的职责作出规定,并在下列规定的前提下,对应当接受的制裁作出规定:

1. 公务人员在履行其职责过程中,由于其作为或不作为妨碍了基本的公共利益或对公务员的良好管理原则,应当通过政治审判的方式将本宪法第一百一十条规定的制裁施加于该条规定规范内的公务人员之上。

对单纯表达观念的行为不得进行政治审判。

2. 对任何履行公务时的犯罪行为之起诉和惩罚依刑事法律之规定进行。

3. 公务人员之作为或不作为,如果对其履行职责、担任职务或履行职务时应当遵守的合法性、诚实、忠诚、公正以及对效率的追求造成影响的,可以被处行政制裁。

本条规定范围内的处罚应当以自治的方式作出,对同一行为不得处于两次或以上相同性质的处罚。

公务人员在履行职责期间或由于履行职责而亲自或通过第三方非法扩充家产、取得财产或同所有权人一样占有财产而不能正确说明其合法来源者按非法致富予以刑事处罚的情况和情节由法律确定。除处以其他刑罚外,法律还应处以没收或剥夺上述财产所有权的处罚。

任何公民均可在对其追究责任作出的最严格的限制的情况下,通过提供基本证据的方式,就本条涉及的行为向联邦议会参议院提出控告。

第一百一十条

联邦议会参、众两院议员,联邦最高法院法官,联邦司法机构成员,政府部长,联邦地区司法机构成员,联邦地区政府首脑,共和国总检察长,联邦地区总检察长,巡回法庭法官和地区审判庭审判官,联邦地区普通法庭法官和审判官,联邦选举委员会主席,选举委员会成员,选举委员会行政秘书,选举法庭法官,政府各直属机构,国家占多数股份的企业,类似于此类企业的公司和合伙公司以及公共委托遗赠机构的主要领导人或相当于主要领导人的人,均可被处于政治审判。

联邦各州之州长、地方议员和地方高等法院法官,地方司法机构成员,只有在因严重违犯本宪法及据此制定的联邦法律以及因对联邦财产和资源管理不当时,才可受本编规定范围内的政治审判,但在这种情况下所作的判决仅限于宣告性的。在作出宣告后应当将裁决通告地方议会,由地方议会行使职权按适当形式作出处理。

处罚方式包括罢免公务人员职务,剥夺其担任任何公共服务机构职位、职务或履行相应职责的资格。

为执行本条涉及的处罚,众议院需在被指控者到会的情况下,在履行相关程序并经出席该次会议议员绝对多数事先作出宣告式判决的情况下,向参议院提出指控。在前述程序完成后,参议院即应当对众议院提出的指控进行审理。

在对指控取得管辖权后,参议院作为一个大陪审团对指控进行处理,在勤勉地履行相应程序和听取被指控者的辩护后经出席大陪审团的议员三分之二多数表决通过作出处罚决定。

众议院和参议院的宣告和决议不得上诉。

第一百一十一条

为对联邦议会参、众两院议员,联邦最高法院法官,选举法院高等分庭法官,联邦司法机构成员,政府部长,内阁秘书,联邦地区立法机关代表,联邦地区行政首脑,共和国总检察长,联邦地区总检察长,联邦选举机构主席,选举机构成员因任职期间所犯罪行提出刑事控诉,应由众议院以出席该次会议议员的绝对多数作出宣告式裁决,确定对被控告者的控告是否具有依据。

如果众议院作出否决决议,则进一步的程序应当中止,但该决议并未对控告的根据事先作出结论,故不对被控告者结束任期后对其所犯罪行继续进行追究构成障碍。

如果众议院宣布控告有依据,则被控告者即由主管当局处理,由其依法采取行动。

向参议院对总统提起指控的唯一依据为第一百一十条的规定。在此情况下,由参议院根据可适用的刑法作出决议。

在因违反联邦法的罪行而对各州州长、地方立法机关议员和各州高等法院法官、地方立法司法机构成员提出刑事诉讼时,本条规定的程序同样应予适用。但在这种情况下,起诉宣告即能起到通知地方立法机关的作用,立法机关即可行使相应的权力。

众议院和参议院的宣告和决议不得上诉。

宣告存在提出指控的依据的裁决,将产生导致被指控者在刑事程序进行期间中止履行职务的效果。如果指控最终被宣告不能成立,则被指控者得恢复履行其职务。如果最终确认被指控者在履行职务过程中构成犯罪,则不得对被指控者作出赦免决定。

针对公务人员提出的民事指控不需要以作出宣告裁决为前提。

课处刑事处罚应当依刑事法的规定进行,因涉嫌犯罪之行为而获得经济利益的机构或对其他主体造成侵犯或妨碍时,应当对因不当行为而获得的经济利益、造成的侵犯或妨碍作出相应的处理。

经济处罚不得超过所获利益或所造成损失的三倍。

第一百一十二条

若第一百一十一条第一款规定范围内的公务人员在其中止暂行职责期间有犯罪行为,则不要求众议院作出起诉宣告。

如公务人员已经恢复履行其职或已被任命或经选举担任不属于本宪法第一百一十一条规定范围内的其他职务时,则需依照该条规定的情况提出起诉。

第一百一十三条

就公务人员的行政责任作出规定的法律,应当就公务人员为保证其职责、工作、职务或任务时能合法、诚实、忠诚、公正而应当承担的责任,其作为或不作为应当接受的制裁、适用此类规定的程序及机构等作出规定。除这些法律规定的制裁外,公务人员还应当承担中止暂行职务、开除或丧失任职资格、经济制裁等制裁形式,经济制裁的内容应当依其属于本宪法第一百〇九条第三款规定范围内的作为或不作为导致的非法收益、导致的损害和妨碍内容确定,但经济制裁的数额不得超过获得的非法收益、损害或妨碍之三倍。

国家对不符合规定之行政行为导致的、对个人财产或个人权利造成的损害应当承担的责任为客观的直接的责任。个人依法律规定的基础、限制以及程序有权获得赔偿。

第一百一十四条

对公务人员的政治审判,仅得在公务人员任职期间以及此后的一年内启动。相应的制裁应当在政治审判程序启动后的一年内适用。

公务人员在其任职期间内所作的犯罪行为应当承担的责任,在刑事法规定的期间内为可适用的责任,但该期限不得短于三年。如果公务人员在该期间内的任何时候再作出有依本宪法第一百一十一条之规定应当承担任何一种责任的行为,则已经经过的期间中断。

关于行政责任的时效期限,由法律根据第一百〇九条第Ⅲ款规定范围内的作为或不作为的性质和后果予以规定。若上述作为或不作为性质严重,则时效期限不得少于三年。

第五编 联邦各州及地区

第一百一十五条

联邦各州,应当在采用共和、代议制和民众政府

形式和自由市形式的基础上决定其内部制度以其领土划分和行政组织,其基本原则如下:

1. 每个市由一个民众直接选举的地方或镇议会管理,议会由地方(镇)主席、由法律规定的议会及理事组成。本宪法授权市镇政府的权力由地方或镇议会排他地行使,且地方或镇与州政府之间不设任何中间机构。

地方议会的市长、检察员和地方议员由民众直接选举产生,其任期届满后不得立即获得连选连任。间接选举或由某个机构任命或指定行使前述专门职能的人,不论其名称为何,在其任期届满之后不得立即获得连选连任。具有上述所有官员之候补人员身份者在其候补人员身份期限届满后即可立即连选连任,但如果已经实际担任正式职务者除外。

若地方立法机构的成员有充分机会提出证据并进行他们认为适当的陈述,可在出现了地方法律规定重大事由时,经其三分之二成员的决议宣布某成员不具有资格、中止某个成员的资格、暂停或撤销审议会某个成员的职权。

不论任何成员,如果不再履行其职责,则其成员身份由候补人员取代。

如果审议会被宣布不存在,或经辞职或其绝对多数成员缺席,或候补人员没能进入审议会履行职责,或新的选举未能依法进行,则州立法机关应当从居民中指定审议会成员,市镇议会决定各名成员的任期;市镇议会的成员数目依法律之规定,且成员应当具备担任议员的资格。

2. 市镇具有法人资格,并依法管理其财产。

审议会在其各自权限范围内根据由州立法机构规定的规范性基本原则,发布在各自管辖范围内普遍遵守的关于治安和良好秩序的法令以及具有普遍约束力的条例、通告和规定以组织市镇的行政管理办法,规范治安事项、程序、职责、各自范围内的服务以及为公民和居民的参与提供保障。

前项规定范围内的法律应当实现以下目标:

(1)规定市镇公共行政管理和行政程序的一般基础,包括提出投诉的程序以及解决行政机构与个人之间纠纷的机构,且此类机构和解决程序均应遵循平等原则、公共参与原则、听证原则及合法性原则;

(2)在何种情况下需要经审议会三分之二多数支持方可通过对市镇不动产产生影响的决议,或者作出决定或达成一致以延长审议会的任期;

(3)对达成本条第三款、第四款以及本宪法第一百一十六条第七款规定范围内的协议具有普遍适用性的规范;

(4)在缺少相应协议且州立法机关认为其不能履行职责或提供服务的情况下,州政府承担市镇职责或服务的程序和条件,在此情况下,审议会至少需三分之二成员之支持方可通过相应的决议;

(5)适用于这些市镇但未被纳入相应命令和通知范围之内的、具有普遍适用性的规定。

州立法机关应当制定规范,就理解、市镇与州政府、市镇之间因本款第三项、第四两项规定范围内的规范而产生的争议的解决程序。

3. 市镇承担下列公共职责与公共服务:

(1)饮用水、排水、污水及污物处理;

(2)公共照明;

(3)废物清除、收集、转移、处理及最终处置;

(4)市场和供应中心;

(5)公用墓地;

(6)屠宰场;

(7)街道、公园和花园及其设置;

(8)本宪法第一百二十一条规定范围内的公共安全和交通,市镇及临时的预防安全措施;

(9)地方立法机关根据各市镇边界和社会—经济状况及其管理和财政能力规定的其他事务。

在不妨碍各自宪法规定的职责的前提下,各市镇在履行其职责规范内的功能或服务时,应当遵守联邦法律及州法律之规定。

为最有效地提供应由它们提供的公共服务之目的,各市镇之间可在各自审议会事先达成协议和符合法律的情况下进行合作或合伙。如果合作涉及两个或多个州内的市镇时,则合作应获得各州立法机关之事先批准。如果各审议会认为有必要,则可以为此目的,以直接方式或通过相应的机构与州议会达成相应协议,以使相应的机构暂时承担相应的责任,或由这些机构与州或市镇本身合作。

在市镇范围内的社区得依法律规定的条件和实施法律之目的相互合作与联合。

4. 市镇有权自主管理其财政,其财政包括属于市的财产的收入以及税收和立法机关规定为其所有的其他收入,并且在任何情况下还包括:

(1)市征收由州规定的对不动产、不动产的分割、加固、过户和修缮,以及因不动产价值变化应征的捐税和附加税。

市可与州达成协议,由州负责行使任何与管理有关税务的职能。

(2)联邦分配的部分,分配部分由联邦根据各州立法机关每年规定的基本原则、数量和期限提供。

(3)由其负责提供的公共服务所获得的收入。

联邦法律不得限制各州规定的第一项和第三项规定范围内的捐税的职权,也不得免除上述捐税。地方法律不得对任何自然人或法人作出豁免上述捐税或给予补贴的规定。只有联邦、州或市镇用于公共领域的财产可以免缴上述捐税,但交由州以外的实体或个人依其权利为行政目的或为与公共目的相分离的目的使用的资产除外。

审议会在其权限范围内,向州立法提出用于进口物品、权利、征税方面的配额、关税及收费,以实现境内价值的单一性并为征收不动产税打下基础。

州立法机构批准市镇的收入法并审查和监督其公共账户。支出预算由审议会根据其可支配的收入批准,支出预算应当包括为市镇公务人员提供的支出,公务人员的范围依本宪法第一百二十七条之规定确定。

构成市镇财产的各种资源由审议会直接行使,或由审议会依法律之规定授权的机构行使。

5. 市镇依在联邦和州有关法律的范围内有权:

(1)提出、批准和管理本区域的开发区和开发计划。

(2)参与其备用土地的设置和储备。

(3)检查和监督其管辖地区内土地的利用,此类开发和利用应当符合与之相关的总体规划。当联邦或州准备工程计划或区域规划时,其应当确保市镇参与其中。

(4)在其行使职权的地域和权限范围内,授权、控制和监督土地利用,参与制定都市土地占有权的规定。

(5)对农村土地的租赁进行规范。

(6)发放建筑特许证和许可证。

(7)参与生态保留区的设置和管理并参与相应保护计划和组织的设置与实施。

(8)参与对涉及其所管辖区域的人员运输计划的编制和实施。

(9)决定有关联邦区域的管理与保护的协议。

市镇可为此目的并根据本宪法第二十七条第三段规定的目的,制定必要的条例和管理规定。

6. 当位于两个或两个以上联邦单位的市镇所属土地内的两个或两个以上市镇中心组成或愿意组成一个人口联合单位时,联邦、联邦各单位和有关各市镇可按照联邦制定的法律,在自己权限范围内对上述中心的开发联合制定计划和规定。

7. 市镇主席得依国家公共安全法之规定,指导预防性警察部队。预防性警察部队应当执行州长依其判断认为存在出现了暴力或严重影响公共秩序的情况下向其发布的命令。

联邦行政长官和各州州长可以指挥长期或临时驻守的市的武装力量。

8. 州法律应当规定州内所有市镇审议会的选举遵循比例代表制。

市镇与其工人间的劳动关系,由各州立法机关在遵守本宪法第一百二十三条以及该条之管理法的规定之基础上制定的法律调整。

9. (已废止)

10. (已废止)

第一百一十六条

为行使权力之目的,各州的权力划分为立法权、行政权和司法权,任何个人或机构不得行使两种或以上不同的权力,且立法权不得授予单独的个人行使。

各州的权力依各州宪法组织,各州宪法应当遵守以下原则:

1. 各州州长任职不得超过六年。

各州及地方立法机关成员之选举,应当遵循直接选举原则并依各相应选举法之规定进行。

经普遍选举产生的各州州长,不论是经正常选举产生的还是经特别选举产生的,在任何情况下均不得因任何理由,均不得再次担任州长职务,即使是临时、过渡、候补或被授权相应职责的方式也被禁止。

下列情况下的人员不得立即被选举为州:

(1)宪法替补州长或在宪法替补州长绝对缺位情况下被指定完成任期的人,即使其职位以其他名称命名也同样如此;

(2)代理州长、临时州长或以任何名义在州长暂时缺位时代行州职责的公民,只要在任期最后两年担任该职者。

必须是因出生而成为墨西哥公民并且是该州本地人,或在选举日前已在该州确实居住满五年以上不少于且在选举日之前已年满30周岁者,若联邦实体政治宪法规定了较低年龄要求在年满规定年龄时,方可担任宪法州长。

2. 州立法机构议员的数目按各州人口比例确定。

但在任何情况下,居民不足四十万的州的议员数目不得少于七名;人口超过四十万但不足八十万的州的议员数目不得少于九名;人口超过八十万的州的议员数目不得少于十一名。

州立法机构的议员不得立即连选连任。候补议员只要未任过此职可以正式身份连选连任,但正式议员不得以候补身份立即连选连任。

各州立法机关由遵循相对多数制和比例代表制并依相应选举法之规定选举产生的议员组成。

各州立法机关应当每年通过相应的支出预算。公务人员的报酬应当遵循本宪法第一百二十七条之规定。

各州立法机关、行政机关、司法机关以及由各自宪法设置的自治机构,应当将其用于支付公务人员的报酬的项目列示于预算之中。这些开支项目的列示应当遵循各州预算法、可适用的各州宪法和法律规定的预算程序。

各州立法机关应当设置监督机构。监督机构具有技术方面的自治权,并且在依法行使其职责,决定其内部结构、功能、作出决议时具有自治权。这些机构履行职责时应当受结果原则、年度原则、合法性原则、中立原则和可靠性原则之约束。

联邦监督机构的成员,由各州立法机关成员之三分之二多数选举产生,其任职期限不得少于七年,且应当曾经从事控制、财政审计以及与责任事项相关事务。

3. 各州司法权由各州宪法设置的司法机构行使。

各州宪法及组织法应当为治安法官和法官独立行使职责提供保障,宪法及组织法应当就行使司法权的人员的入职、培训、任期作出规定。

治安法官是行使地方司法权的人员,担任治安法官者应当具备本宪法第九十五条第一款至第五款规定的任职资格。在任命法官之日的前一年内曾在各州担任秘书或相似职位、检察官或地方议员者,不得被任命为治安法官。

构成行使各州司法权的治安法官,应当优先从曾经高效、有效地提供司法服务,先前的记录表明曾在其他部门从事的司法行为表明其为正直、有能力者中任命。

治安法官在州宪法中规定的期限内履行职责并得连选连任,在其任职期间,非依州公务人员责任法及州宪法之规定不得被免职。

治安法官和法官有权获得充足的、不可放弃的报酬,且在其任职期间不得减少。

4. 各州宪法及与选举相关的法律应当保障:

(1)州长、地方立法机关议员、审议会成员通过普遍、自由、不记名及直接的选举产生,选举应当于相应选举年7月的第一个星期天举行。州选举日应当于联邦选举年公布且不与联邦选举日重合,本条不强制规定具体时间。

(2)选举机构在履行选举职责时,应当遵循确定、中立、独立、合法性、客观性的指导原则。

(3)被授权处理选举事项及处理选举过程中产生争议的机构,在履行职责过程中及作出裁决时享有自治权。

(4)具有行政特征的选举机构应当与联邦选举机构共同负责地方选举程序的进行。

(5)各政党仅得由不干预统一组织的公民组织,或具有不同的社会目标并不附属于任何企业。政党具有排他性地支持经登记的候选人参与公职的普选的权利,但出现本宪法第二条第一部分第二款第三款规定的例外的除外。

(6)只有选举机构能够依法干预政党的内部事务。

(7)各政党得以平等的形式获得其从事常规事务所需的公共财政支持,以及在选举程序中获得选票所需的公共财政支持。各政党还需要在失去登记时以相同的方式清偿政党的债务、分配资产及平衡收支。

(8)规定设定预选及竞选过程中的支出限额的标准,以及支持者向其提供捐赠的最高限额,该项数额总计不得超过用于竞选州的支出限额的百分之十,规定控制和监督各政党能够利用的资源之来源及用途,并规定对不遵守规定的行为进行制裁的标准。

(9)有遵守本宪法第四十一条第三部分第二款之各项规定的前提下,各政党有权使用电台和电视台。

(10)各政党预选和参与竞选的规则,对不遵守这些规则的行为之制裁。在任何情况下,州长选举中,竞选活动的期间不得超过九十日,立法机关代表或审议会成员的选举中,竞选活动期间不得超过六十日,其中预选期间不得超过各最长期限的三分之二。

(11)联邦选举机构与地方选举机构在遵守本宪法第四十一条第五部分规定的基础上,在监督各政党的财政事项方面承担合作义务的基础。

(12)设置对选举行为及选举决定合法性提出的质疑的解决途径,以确保行为和决议符合合法性原则。同样地,在行政和司法领域规定全部或部分选票被重新计算的原则。

(13)规定宣布州长、地方代表机关成员、审议会成员选举无效的基础,在考虑各选举阶段的有限性原则的前提下,规定在各种情况下提供相应救济的适当时期。

(14)构成选举犯罪和选举中的欺诈行为以及对这些行为课处的制裁。

5. 各州宪法及法律得设置行政争议法庭并授予其完全的发布裁决的权力,以解决州公共行政机构及个人间的争议,并就行政争议法庭的组织、职能、程序及对其裁决不服提出进一步请求的机制作出规定。

6. 各州与其工作人员的劳动关系以各州立法机构根据墨西哥合众国宪法第一百二十三条的规定及其管理法之规定为指导制定的法律调整。

7. 在经济和社会发展需要时,联邦与各州可在法律范围内就由各州负责行使联邦的某些职能、实施和经营工程和提供公共服务达成协议。

第一百一十七条

不论在何种情况下,各州均不得:

1. 与他州或他国结盟、签订条约或联合。

2.(已废止)

3. 铸造金属货币,发行纸币、邮票和印花。

4. 对跨境人员或物品征收过境税。

5. 直接或间接禁止任何本国或外国商品入境和出境、直接或间接征收入境税和出境税。

6. 对本国或外国货物的流通和消费征收税费，这类税费需由地方海关征收，并需对货包进行检验，或检查或要求出示随货发出的证明文件。

7. 发布和维持因本国或外国商品来源原因而包括税收差别或手续差别的财政法律或规定，不论这些差别是对当地类似产品规定的，还是对不同来源的类似产品之间规定的。

8. 直接或间接与他国政府、外国公司或私人签订合同承担义务或债务，或签订需以外国货币或在本国领土以外清偿的债务或借贷。

非因用于生产性的公共投资之目的，州和市镇不得签订承担债务和贷款的合同，且州和市镇的下属机构和公共企业根据州的立法机关在某项法律中规定的基本原则，并按其每年在其各自预算中确定的项目和数额签订的债务和贷款，也只能用于生产性公共投资。州和市镇的行政长官在提交公共决算时需报告所借债务的使用情况。

9. 以不同于联邦议会批准的形式或超过其批准的定额对烟叶的生产、储存和销售征税。联邦国会和各州立法机构应当通过以打击酗酒为目的的法律。

第一百一十八条

非经联邦议会批准，各州也不得：

1. 设立吨位费和任何其他港口费、对进口商品或出口商品征收税费。

2. 在任何时候驻扎常备军队和军舰。

3. 自行与他国交战，但发生入侵和现实的危险情况不容迟延的情况时除外。在这种情况下需立即向共和国总统报告。

第一百一十九条

联邦负有保障各州不受任何入侵或外国武力的干预。当州内发生内部动乱或颠覆行为时，联邦应该向州提供同等的保护，但以州立法机关提出请求为前提，如果州立法机关休会期间，则以州行政机关提出请求为前提。

各州及联邦区域均负有将他州或外国的被告人、被关押者、被定罪者毫不迟延地将其引渡给提出引渡要求的联邦机关的义务，且应当附有安全措施、犯罪对象、犯罪工具和犯罪所得。引渡过程应当在各总检察长依由联邦缔结的、与引渡相关的合作协议作出的干预下进行。为进行引渡行为之目的的实现，各州与联邦区域得与联邦政府缔结引渡协议，该协议的实施由联邦总检察长进行。

依他国之请求进行的引渡由联邦行政部门在联邦司法机关依本宪法、与此相关的国际条约以及之规章规定的干预下进行。在此类情况下，在被请求引渡的人处于拘押状态之下，制作达到法官要求的、表明引渡的标准均已满足的材料之期限为六十日。

第一百二十条

州长负有公布联邦法律并促使联邦法律获得遵守的义务。

第一百二十一条

联邦任何一州均负有完全相信和信任所有其他州的公共法令、公证书和司法程序的义务。联邦国会应当根据下述基本原则，运用通用的法律来规定确立上述公共法令、公证书和司法程序的方式及其施行办法：

1. 一州的法律仅在本州边界内有效，在其边界之外不具有强制性。

2. 动产和不动产受物之所在地法律的约束。

3. 州法庭就位于他州的不动产物权或不动产宣布的判决，只有在该他州自身法律规定其有效时才具有执行力。

关于人身权利的判决，只有在被判有罪者已明确说明或由于住所原因服从宣布此类判决的司法机关，而且必须在本人已被传讯出席审判的情况下，方可在他州执行。

4. 根据一州的法律制定的关于民事地位的法令可在其他州有效。

5. 由一州机构根据其法律签发的专业证书应获得他州的承认。

第一百二十二条

本宪法第四十四条定义的联邦司法区域的法人性质，该区域的治理由联邦权力机关，具有当地特征的立法机关、行政机关以及司法机关负责。

联邦区域的立法机构、行政长官以及高级法庭是联邦区域的地方当局。

联邦区域立法机关依相对多数原则、比例代表制原则选举产生的代表组成，选举依本宪法和政府制定的法律进行，选民就列明多名候选人的名单投票。

联邦区域行政长官由依普遍、直接和不记名投票选举产生的一人担任，负责联邦的行政和公共管理。

联邦区域高级法庭、司法委员会以及其他依政府法令设置的机构，行使联邦区域内的普遍法上的司法权。

联邦与联邦区域之间的权限，依下列规定进行划分：

1. 授予联邦国会的权力：

(1)除授予联邦区域立法机构行使的立法权外，由联邦国会行使；

(2)制定与联邦区域政府相关的法律；

(3)制定有关联邦区域公债有关的法律；

(4)制定与确保联邦各机关恰当、合适及有效履

行职责相关的法律;

(5)由宪法授予的其他职责。

2. 授予联邦区域的权力:

(1)向联邦国会提出有关联邦区域的法案;

(2)在联邦区域行政长官被免职的情况下,向联邦参议院提出继任者的人选;

(3)向联邦国会提出联邦区域年度预算、需要通过举债的方式满足联邦区域支出数额的议案,实施本项规定时,联邦区域行政长官应当依本宪法之规定,将相应提案提交共和国总统审议;

(4)为额外遵守联邦国会通过的与联邦区域相关的法律之目的,在行政管理事务范围内向国会提出议案;

(5)本宪法、政府法令以及法律授予的其他权力。

3. 在制定联邦区域政府法令时,应当遵循以下基础:

第一基础——与联邦区域立法机关相关

(1)联邦区域立法机关代表依法律之规定每三年选举一次,选举应当遵循普遍、自由、直接及不记名投票原则进行,与选举相关的法律应当依本宪法第四十一条、第六十条及第九十九条之规定,就选举的组织、当选证书之签发以及对选举事务提出质疑的方式等作出规范。

(2)担任联邦区域立法机关代表的资格限制不得比担任联邦立法机关代表的资格限制宽松。本宪法第五十一条、第五十九条、第六十一条、第六十二条、第六十四条、第七十七条第四部分之规定,在兼容的限度内,同样适用于联邦区域立法机关及其代表。

(3)获得最多当选证书且获得至少全联邦区域选票之百分三十的政党,应当获得足以构成立法机关多数党所需的议员席位。

(4)应当将每年联邦区域立法机关召开两次例会的日期、立法机关内部组织以及职责分配作出规定。联邦区域立法机关的内部组织之一应当承担依立法机构多数成员或联邦区域行政长官司之要求召集联邦区域立法机构特别会议的职责。

(5)依联邦区域政府组织法,联邦区域立法机关享有下列职责:

A. 制定自身的组织法,并将其送至行政长官处由其公布。

B. 审查、辩护及批准联邦区域的制度预算以及收入法案,批准作为满足预算所需款项来源的最主要的税收。依本宪法第一百二十七条之规定确定公务人员的报酬。

联邦区域的机构、立法机关、行政机关、司法机关以及政府组织法设置的自治机构,应当将其公务人员的报酬列入财政预算中。预算应当遵守联邦区域支出编制程序、联邦政府组织法令以及对其适用的法律之规定。

依财政法案之规定,超出联邦区域立法机关上一次通过的支出法案中规定的相应款项数额部分的项目,不得列入。

提出与收入及预算支出相关的法案的权力排他地授予联邦行政区域行政长官。提出此法案的日期为11月30日,但行政长官的正常选举年的提出日期为12月20日。

联邦区域立法机关编制预算法案,并将其报送联邦区域行政长官以保证该预算案能够包含联邦区域行政长官提出的预算提案。

本宪法第一百一十五条第四款第三项第二段之规定,在不与联邦区域政府之性质及组织制度相冲突的前提下,同样适用于联邦区域的公共资产。

C. 在本宪法第七十四条第四款可适用的范围内,通过联邦行政区域监督机构审查上一年度的公共账务。

上一年度的公共账务应当于每年6月的第一个十日内报送联邦区域立法机关。本报送时间以及规定用于提出收入法案、财政法案的时间,非经联邦行政区域行政长官提出请求并经联邦区域立法机关审查认为具有充分理由方可延长。

联邦区域监督机构成员由出席联邦立法机关成员三分之二选举产生,其任期不少于七年,各成员应当有不少于五年从事控制、财政审计及从事具有责任的工作经历。

D. 在联邦区域行政长官绝对缺席的情况下,提出替代人选。

E. 制定法律,组织联邦区域的公共财政、预算、责任以及公共支出,制定有关组织联邦区域监督机构、授予其在行政职权过程中享有技术方面和管理方面的自主权、决定其内部组织的权力、规定其职责及决议的权力。监督职能应当依结果原则、年度原则、合法性原则、中立原则及可靠性原则行使。

F. 在将本宪法第一百一十六条第四款第二项至第十四项规定纳入考虑范围的情况下,将第十项及第十三项中州长、地方代表及审议会置换为联邦区域行政长官、区域立法机关代表、代表机构的情况下,制定保障联邦区域内的选举在自由、真实、普遍、自由、不记名及直接选举原则基础上,依联邦区域政府组织法的规定进行。

G. 就联邦区域内的行政管理、内部制度及行政程序作出规定。

H. 制定民事及刑事,建立人权保障机构、公民参与、公共辩护人、财产及商业登记。

I. 规定民事保护的法律，针对违反治安和公共治理相关规范行为的司法、由私人部门提供的安保服务、拘禁与社会矫正、健康与社会扶助、社会规划。

J. 制定农村规划与发展方面的法律，尤其是与土地利用、环境保护、生态保护、住房、建设与建筑、公路、交通与停车、征收与公共工程、开发、使用和利用联邦区域资产方面的法律。

K. 对公共服务条款及协议进行规制，制定与城市运输、清洁、旅游、装载、市场、屠宰场及供应、殡葬服务相关的法律。

L. 依本宪法第三条第八款之规定，制定促进经济发展、保护就业，农业、畜牧业发展，贸易，动物保护，公共事务，促进公民文化及体育发展，发展教育—社会职能的法律。

M. 制定授予联邦区域法庭普通法上的司法职能的法律，包括与这些机构的公共服务人员之责任有关的法律。

N. 制定联邦区域行政争议法庭组织法。

NA. 向联邦国会提交有关联邦区域事务相关的法律或法令提案。

O. 由本宪法明确授予的其他权力。

第二基础——与联邦区域行政长官有关

（1）联邦区域行政长官任期六年，自选举年的12月5日起算，选举依选举法之规定进行。

当选联邦区域行政长官者需具备政府法规定的要求，其中包括：因出生而成为享有完全权利的墨西哥人，且出生于联邦区域在选举日前已实际居住满三年，或出生于其他地区在选举日前不间隔地居住满五年；在选举日已年满30周岁，在此前未曾履行过任何具有联邦区域行政长官特征的职务。居住不因在其他区域履行联邦公职之原因而中断。

在罢免联邦区域行政长官时，参议院应当经共和国总统之建议，提名一名继任人员。如果联邦区域行政长官暂时不在其职，则政府法规定的公务人员应当受托行使联邦区域行政长官之职权。在联邦区域行政长官因辞职或任何其他原因而绝对不在其职的情况下，联邦区域立法得提名代行联邦区域行政长官职权者。联邦区域行政长官的辞职申请，仅得基于重大事由才被接受。联邦区域行政长官的请假由法律规定。

（2）联邦区域行政长官享有以下职权并承担相应职责：

A. 在其行政机关及下属机关的权限范围内，遵守及执行联邦国会制定的、与联邦区域相关的法律。

B. 签署、公布，及执行联邦区域立法机关制定的法律，通过制定规章、法令和协议的方式，确定这些法律在其行政权限范围内得到确实履行；在联邦区域立法机关将其通过的法案提交行政长官后的十个工作日内，对法案提出自己的意见。如果附意见的法案需要再次获得通过，则需要出席立法机关代表三分之二的支持，经如此通过的法案，联邦区域行政长官应当给予签署。

C. 向联邦区域立法机关提出立法议案。

D. 在本宪法或相应法律未规定需要遵循特别程序的情况下，自主地任命和罢免联邦区域行政机构的公务人员。

E. 依政府法之规定监督安全保障职能的履行。

F. 本宪法、政府法及法律授予联邦区域行政长官的其他职权和由其承担的其他职责。

第三基础——关于联邦区域公共行政组织

（1）决定中央、权力转让及地方分权机构间权力分配的指导原则。

（2）设置联邦区域内各区域的政治—行政机构。

同时确定影响联邦区域进行区域划分的标准，各政治—行政机构的权限，以及各机构的形式、职责、各机构与联邦区域行政长官间的关系。

联邦行政区域政治—行政机构的成员，依法律之规定，通过普遍的、自由的、不记名的及直接的选举产生。

第四基础——关于联邦区域高级法院及其他普通法上的司法机构

（1）担任联邦区域高级法庭治安法官者，应当具备本宪法规定的担任联邦最高法院法官应当具备的条件。除此之外，还应当由于法律执业活动或在司法机构享有较高声誉，且在联邦区域内有执业经历者优先。联邦区域高级法庭治安法官之人数，由相应组织法规定。

（2）为弥补联邦区域治安法官空缺，联邦区域行政长官应当将各人选提交联邦区域立法机关决定。治安法官任期六年，并得由联邦区域立法机关批准后免职，且免职仅得在本宪法第四部分规定的情况下进行。

（3）对联邦区域高级法庭、其他法院及司法机关内的行政、监督、惩罚，由联邦区域司法委员会负责。联邦区域司法委员会由七名成员组成，主席成员一名，由联邦区域高级法庭主席担任，其他成员分别为：由治安法官全体会议从治安法官中选举一名，从法官中选举两名，一名由联邦区域行政长官任命，其他两名由联邦区域立法机构任命。所有成员均应当具备担任治安法官的资格，并且由于其法律执业活动和行政能力而为其赢得良好的声誉，具有诚实、可敬的品格，由治安法官全体会议选举产生的所有成员，享有其在履行司法权时的待遇。司法委员会成员任期五年，定期撤换且不得连任。

司法委员会依与司法职业相关的法律之规定，负责提名联邦区域法官人选。司法委员会还应当决定构成联邦区域司法机关的法庭和法院的数量以及各法庭、法院在事务方面的专业分工。

(4)司法委员会的权限及与职业相关的规范,应当在考虑本宪法第一百条之规定的前提下决定。

(5)指导确定关于司法人员职业培训、职业方面的继续教育以及司法职业发展标准的组织法应当遵循的标准,应当给予制定。

(6)本宪法第一百〇一条中关于构成职务障碍和相应制裁的规定同样适用于联邦区域司法委员会成员、治安法官和法官。

(7)司法委员会应当准备联邦区域司法机关的预算,并将其送达联邦区域行政长官,由行政长官在准备向联邦区域立法机关提交的支出法案时纳入草案中。

第五基础——

A. 设行政争议法庭作为裁决公民个人与联邦区域地方公共行政机构间发生争议的机构,该机构享有完全的自主权;

关于行政争议法庭的组成及权限,由行政争议法庭组织法规定;

D.① 联邦区域的检察院由联邦区域总检察长领导,检察长依政府法之规定任命;政府法及其相应的组织法应对其结构、职责以及履职的方法作出规定。

E. 本宪法第一百一十五条第七款中关于墨西哥联邦共和国总统之规定,同样适用于联邦区域。提名及罢免直接行使对公共部队的指挥权的人员,应当依政府法之规定进行。

F. 联邦国会参议员,在其休会期间,国会常设委员会得在出现了足以影响联邦机关与联邦区域或联邦区域内之秩序的重大事由时,得将联邦区域行政长官免职。免职的提议应当获得联邦国会半数议员,或国会常设委员会过半数成员之支持方可通过。

G. 为了各地方及市镇以及各相互之间、联邦与联邦间能够依本宪法第一百一十五条第六款之规定,在联邦区域周边的城市规划与执行方面,人员定居,环境保护,生态平衡的维持及恢复,运输,取水,堤坝,固体废物的收除、处理及处置,公共安全等方面有效合作,各政府之间得缔结协议设置城市委员会,借助该委员会各政府依相应法律参与相关事项。

城市委员会依各参与方的共同协议组成。该协议应当将合作的形式、城市委员会的结构以及职能作出规定。

借助设置城市委员会的方式,应当就下列事项作出规定:

(A)依工程所涉及的地域范围以及实施该工程的职能,在委员会内作出决定、达成协议应当遵循的基础;关于实现与本部分第一段规定范围内事项有关的公共服务的提供或行为的进行的规范。

(B)就设置城市委员会组成部分的基础、各组成部分之间的合作、各组成部分应当承担的职责作出规定,以及就实现各组成部分的正常运行而为其提供的物资、人员及财政资源的支持作出规定。

(C)制定关于周边城市发展联合过程中的联合、合作规范应当遵守的规则,制定经城市委员会同意的服务之提供、行为之实行相关的规定。

H. 本宪法中适用于各州禁止和限制条款,同样适用于联邦区域。

第六编 劳动与社会保险

第一百二十三条

任何人均有从事有尊严的、对社会有益的劳动的权利,为此目的,国家依法创造就业机关和促进由社会组织劳动。

联邦国会在不违反下述基本原则的情况下制定与劳动相关的法律——

1. 适用于包括工人、按日计时的工人、国内职员、工匠以及以工时为基础的工人中实行的:

(1)工作日最长工作时间为八小时。

(2)工作日夜间工作时间最长为七小时。禁止16岁以下童工从事有害健康或危险的工作、夜间工业劳动以及任何其他夜间十点后的劳动。

(3)禁止使用14岁以下童工的劳动。已满14岁、未满16岁的童工的工作日最长工作时间为六小时。

(4)工人每工作六天至少享受休息一天。

(5)女工在怀孕期间不从事需要繁重体力和危及孕期健康的工作,在大致预期前享有六个星期和产后享有六个星期的休息,同时得领取其满额工资并保持其职位和依劳动协议享有的权利。在哺乳期内每天享受两次特别休息时间,每次半小时以便于其哺乳婴儿。

(6)劳动者享受的工资为一般工资或专业工资。一般工资在一个或数个区域实行,专业工资在特定的经济领域、特定部门、特定了职位的职业或工种中实行。

最低一般工资应足以满足一位家长在物质、社会

---

① 原文标注"D",以此类推。

和文化方面的正常需要和供其子女接受义务教育的需要。在确定最低专业工资时还需要考虑特定经济活动的情况。

最低工资由包括劳动者代表、雇主代表、政府部门代表组成的全国委员会确定,在确定最低工资时,该委员会有权获得对其最优地履行其职责所不可或缺的特别咨询委员会之协助。

(7)同工同酬,不因性别或国籍之不同而有所差异。

(8)最低工资不受扣留、扣除或充作赔偿费。

(9)劳动者有权依下列规定,参加企业利润的分配:

(a)在劳动中分配的利润的百分比,由一个包括劳动者、雇主和政府代表组成的全国委员会确定;

(b)全国委员会进行调查并进行必要和适当的研究,以了解国民经济的总状况。同时还应考虑促进国家工业发展的需要、资本应得到的合理收益和必要的资本再投资;

(c)当存在新的研究和调查结论表明需要修订已经确定的比例时,该全国委员会可予修订;

(d)对新设企业,根据该企业勘探工作和其他生产活动的性质和特殊情况表明合理时,法律可豁免该企业在一定年度内向劳动者分配利润的义务;

(e)在确定每个企业的利润总额时,应以依所得税法之规定应予征税的收益为基数,劳动者可按照法律规定的程序向财政和公共信贷部门提出他们认为适当的反对意见;

(f)劳动者参加分配利润的权利并不意味着劳动者有参与企业之领导和管理的职权。

(10)工资以法定流通货币支付,不得用实物和意图替代法定流通货币的代金券、代金卡或任何其他代表性标志支付。

(11)当由于特殊情况必须增加工作日的时间时,应对超出部分的工时支付比正常工时时间多百分之一百的工资。在任何情况下,额外工作不得超过每天三小时,也不得超过连续三次。16岁以下的童工不得参加这类工作。

(12)任何农业、工业、矿业和任何其他类型的企业,均有义务根据法规的规定向劳动者提供舒适和卫生的住房。此项义务通过企业向一项全国住宅基金提供捐赠以便构成为劳动者所用的储蓄并建立一种筹资制度履行,使该制度可向劳动者发放廉价和充足的信贷,用于帮助劳动者能够获得此类住房的所有权。

用以建立一个由联邦政府、劳动者和雇主的代表组成的机构,由其管理全国住宅基金的资金的法律对社会有益。该法律应当就劳动者据以能够购置上述住房作为财产的方式和手续作出规定。

属于本款第一段规定范围内的、位于居住中心以内的企业,有义务为全体居民开设学校、医疗站和其他必要的服务项目。

此外,当这类劳动中心的居民超过二百人时,应保留一块不少于五千平方米的土地用于建立公共市场、用作市政服务的建筑和娱乐中心的建设用地。

禁止在任何劳动中心开设酒吧和赌博场所。

(13)无论从事何种活动的企业均有义务向其劳动者提供培训的指导服务。雇主用以履行本项义务的机制、方法和程序由法规规定。

(14)劳动者因其所从事的职业或工作的原因,或在从事其职业或进行工作中遇到工伤事故或染上职业疾病时,由企业主承担责任;为此目的,雇主应根据法律规定按照导致死亡或仅是暂时或永久丧失劳动能力的后果给付相应的赔偿费。即使雇主通过中介雇佣劳动,也需承担此项责任。

(15)雇主应当按照其经营活动的性质,遵守关于在安装其设施工作中的卫生和安全的法律规定,采取防止在使用机器、工具和工作原材料中发生事故的适当措施,并按照最大限度原则,保障劳动者的健康和生命的方式组织对机器、工具和工作原材料的使用,如劳动者为孕期妇女时,还应保障其胎儿的健康和生命。为此目的,法律应当就各种情况下的违法行为规定惩罚机制。

(16)工人和雇主均享有联合起来组成用于维护其各自利益的工会、专业联合会等组织。

(17)法律确认罢工和停工是工人和雇主均享有的权利。

(18)当罢工的目的是实现各种生产要素的平衡、协调劳方权利和资方权利时,罢工均属合法。在公共服务业中,劳动者需提前十天将确定的停工日期通知调解和仲裁委员会。只有在大部分罢工者对暴力行为对抗个人或财产,或在发生战争时罢工者隶属于政府的机构和服务部门时,罢工才被视为非法。

(19)生产过剩时,为维持成本—收益比,并事先经调解和仲裁委员会批准时,停工才属合法。

(20)资方与劳方之间的分歧或冲突应当交由一个调解和仲裁委员会裁决,该调解和仲裁委员会由同等数目的工人和雇主代表和政府的一名代表共同组成。

(21)如果雇主拒绝将分歧提交仲裁或拒绝接受调解和仲裁委员会创造出的裁决,则劳工合同被视为终止,雇主除承担冲突造成的责任以外,还必须向工人支付数额为三个月工资的赔偿金。本规定不适用于下款规定的情况。如果拒绝决定系劳方作出,则劳动合同被视为终止。

(22)雇主无正当理由,或因工人参加联合会或工会,或因工人参加合法的罢工而解雇工人,必须依工人的选择,履行劳动合同或支付金额为三个月工资的赔偿。雇主可通过支付赔偿费的方式以免除履行合同义务的情况由法律规定,当劳动者因雇主为人不诚实或因工人本人人身或其配偶、父母、子女或兄弟姐妹人身遭受雇主虐待而退出劳务者,雇主亦必须支付数额为三个月工资赔偿。当雇主的下属人员或亲属在雇主同意或容忍情况下施行虐待时,雇主不得豁免此项责任。

(23)劳动者最近一年中可获得的工资和薪金和支付赔偿费,优先于在宣告破产或破产时企业的其他债务受偿。

(24)劳动者负欠其雇主、雇主的合伙人、家属或下属人员的债务,只由劳动者本人负责,在任何情况下不得以任何理由向其家庭成员索要,也不得以超过劳动者一个月工资的数额索要上述债款。

(25)安置劳动者就业的服务,不论是由市镇机构、劳动交易所、任何其他官方或私人机构提供的,对劳动者均免费。

在提供此类服务时,应考虑到工作的需求;在同等条件下,作为其家庭唯一收入来源者具有优先权。

(26)墨西哥人与外国雇主签订的任何劳工合同,均需经市镇相应机构确认其合法并需经劳动者所去国的领事副署,除常规条款外,还应明确规定归国费用由雇主承担。

(27)写入合同的下述条款无效,对当事方均无约束力:

a. 根据显然过分繁重的工作性质,规定不人道的工作日的。

b. 规定的工资根据调解和仲裁委员会判断不足以补偿劳动的。

c. 规定超过一周的期限方可领取按日计算的工薪的。

d. 对非娱乐场所、小旅馆、咖啡馆、小酒店、饭馆或商店等的店员约定在上述设施支付工资的。

e. 约定在指定的商店或地点购买消费用品的直接或间接义务的。

f. 允许扣发工资充作罚款的。

g. 将导致工人放弃因工伤事故、职业疾病、因不履行合同或辞退工作而造成的损害有权得到的赔偿的。

h. 任何将导致工人放弃对工人提供保护和救助的法律中给予工人某项权利的任何其他规定。

(28)构成家庭财产的财物由法律确定,这些财物不得侵犯、不得查封也不缴纳物税,但可经简化继承诉讼的手续以遗产的名义留传。

(29)社会保险法属公益性质,该法就应残疾、老年、生活、非自愿失业、疾病和事故、托幼服务诸项保险,和任何其他旨在保护和造福劳动者、农民、非工薪者和其他社会阶层及其家属的保险作出规定。

(30)旨在建造廉价和卫生的房屋,以供劳动者在一定期限内购置房产的合作社同样被视为具有社会公益性质。

(31)劳工法由州在各自管辖范围内执行,但与下列事务相关的法律排他地由联邦负责执行:

a. 工业部门:

1°纺织;

2°电力;

3°电影;

4°橡胶;

5°制糖;

6°采矿;

7°冶金和炼钢,包括开采基本矿石,提炼和熔炼基本矿石,炼出金属铁和各种形式的钢和合金钢和轧制成板材;

8°碳化氢工业;

9°石油化学;

10°水泥;

11°烧制石灰;

12°汽车,包括机械或电力部件;

13°化学,包括药剂化学和药品;

14°纤维和造纸;

15°植物油和植物脂肪;

16°食品制造业,仅包括包装、瓶装或罐装食品或用于上述三种包装食品的生产;

17°制造瓶装或罐装或用于上述两种包装的饮料的工业;

18°铁路工业;

19°基本木材工业,包括铝材的生产和三合板和胶合板的制造;

20°玻璃工业,仅限于平玻璃、光玻璃或花玻璃或玻璃瓶的制造;

21°烟草工业,包括烟草制品的提炼或制造;

22°银行及信贷服务。

2. 以下企业:

(1)由联邦政府直接管理的或联邦下属的企业;

(2)根据合同或联邦授予特许权经营的企业,以及附属于此类企业的工厂;

(3)在联邦地区内进行经营或在领水或位于国家专属经济区内且处于联邦管辖权之下的企业。

下列规定也由联邦机构排他地执行:

与涉及两个或两个以上联邦实体间的事务相关的劳工规范的实施;

经宣布在多于一个联邦实体内有约束力的集体合同相关的事务；

依法律之规定雇主应当承担的在教育方面的义务。

关于雇主在培训及指导其劳动者以及在劳动中心安全保障和卫生保持方面的应负的义务，在与地方管辖范围内的部门或生产活动相关时，联邦在执行上述规定时可在有关法规规定的范围内得到州当局的协助。

在联邦各机构间、联邦区域政府及其劳动者之间实行的下列事项：

（1）工作日白天与夜间最长工作制分别为八小时和七小时。超过的工时应算额外工时，应支付比正常工时规定的多百分之一百的工资。在任何情况下额外工作不得超过每日三小时，也不得超过连续三次。

（2）劳动者每工作六天应至少享受一天休息并享受满额工资。

（3）劳动者享有假期，假期每年不得少于二十天。

（4）工资依本宪法第一百二十七条之规定，在有关预算中分别确定，工资数额在预算的执行期间不得削减。

在任何情况下，工资不得低于向联邦区域和共和国各实体一般劳动者支付的最低数目。

（5）同工同酬，不因性别不同而有任何差异。

（6）非依法律规定之情形，不得对工资实行停发、扣发、减发或封存。

（7）人员的任用通过对求职者的知识和才能进行考评的制度进行。国家设置公共管理学院。

（8）劳动者享有获得提升的权利，有权依知识、才能和资历获得晋升。在同等条件下，作为其家庭唯一收入来源者优先。

（9）非因法律规定的正当事由，劳动者不得被停职或辞退。

劳动者无正当事由被辞退时，有权在事先经过法律程序的情况下，选择恢复工作岗位或取得相应的赔偿。在工作岗位已被取消的情况下，受害劳动者有权获得同等的岗位或依法获得赔偿。

（10）基于保障其共同利益之目的，劳动者享有结社的权利。在本条规定的权利受到全面和系统地侵犯时，劳动者在事先遵守法律规定的要求之前提下，针对联邦公共权力机构的下属机构行使罢工的权利。

（11）社会保险依下列最低原则运行：

a. 社会保险应当常涵盖意外事故和职业疾病、非职业疾病和妇产，以及退休、残疾、老年和死亡。

b. 在发生意外事故或患病时，劳动的权利在法律规定的时间内应当获得保留。

c. 妇女在怀孕期间不从事需要繁重体力和危及孕期健康的工作，在大致预产期前享受两个月的休息和产后两个月的休息，同时应领取全额工资并保持其职位和依劳动合同享有的权利。在哺乳期内每天享受两次特别休息，每次半小时以哺乳婴儿。此外还享受医疗和产科医疗补助、医药补贴、哺乳期补贴和托幼服务。

d. 在法律规定的情况下，劳动者的家属有权按比例享受医疗补助和医药费。

e. 开设度假和休养中心、为劳动者及其家属之利益开设的经济商店。

f. 将根据事先通过的计划以出租或出售的形式向劳动者提供廉价的住房。此外，国家将用其提供的捐赠设立一项全国住宅基金，以成为上述劳动者发放廉价和充足的信贷，用于购置舒适和卫生的住房作为财产，或用于建造、修缮、改善住房或偿还因上述事宜欠下的债务。

向上述基金提供的捐赠交由负责社会保险的机构依法律为有关信贷的发放和支付程序进行管理。

（12）个人、集体或工会之间的纠纷提交一个依联邦调解和仲裁法庭规章组成的联邦调解和仲裁法庭裁决。

联邦司法机构与其公务人员之间的纠纷由联邦司法委员会裁决，联邦最高法院与其公务人员间的纠纷由最高法院裁决。

（13）军人、海员、对外服务人员、公共安全部队成员以及警察机构专员和人员，受各自的法律和条例之约束。

检察官，联邦、联邦区域、各州及市镇警察机构专家及成员，在其未能遵守行为当时有效的、用于保证所属机构本身内部之安全的要求时，得被解职或调离承担职责的职位。如果司法机关裁决开除、调离、免职、解职、开除或任何其他终止职务的决定未能获得正当性证明，则州仅负有向其支付被终止职务者有权获得的赔偿及其他利益的义务，且在任何情况下均不负有让被解职者以及服务岗位的义务，而不论经过审判或其他辩护方式导致的结论为何。

联邦、各州、联邦区域、市镇机构为强化检察官、警察机构成员以及专家服务机构成员及其家属、供养人之社会保障制度之目的，得就社会保障制度作出补充规定。

国家在相似条件下，通过负责陆、空、海军成员社会保险的机构，向陆、空、海军现役人员提供本条第九款第六项规定范围内的福利。

（13A）联邦中央银行以及构成墨西哥银行系统之组成部分的联邦公共管理实体，应依本部分之规定规范本机构与其雇员间的劳动关系。

(14)应当被视为保密职务的范围由法律确定,担任此类职务的人员工资保障及社会保险的福利。

第七编 一般性规定

第一百二十四条

本宪法没有明确授予联邦权应被视为保留给各州。

第一百二十五条

任何个人不得同时担任两个经选举产生的联邦职务,也不得同时担任一个经选举产生的联邦职务和一个经选举产生的州的职务,但被任命者可在二者之间选择其愿意担任的职务。

第一百二十六条

任何未列入预算或由以后的法律确定的款项均不得支付。

第一百二十七条

联邦、各州、联邦区域、市镇的实体、附属机构及其各自准行政机构的公务人员,具有自治权的机构和机关,任何其他公共团体的公务人员,有权因其履行的职责、受雇情况、职务或任务有权获得充足的、非返还性的报酬,报酬应当与其承担的责任相匹配。

支付的报酬应当在遵循下列规定的基础上,每年列示于相应的支出预算表中——

1. 任何以金钱或其他形式支付的报酬,包括按日支付的津贴、年金、养老金、报酬、奖金、红利、激励金、佣金以及任何其他款项,除在履行职务过程中为工作分配的开支、旅行费用外,均视为报酬或补偿。

2. 任何公务人员依前项之规定因其职责、受雇情况、职位或任务而获得的报酬,不得多于在相应预算中规定的、总统可获得的报酬。

3. 任何公务人员不得获得与比其级别更高之公务人员同等或更高的报酬,除非更高报酬是由于他们之间基于不同的公务雇佣、不同的总体工作条件的结果,或作为需要以具有技术资格或特殊职责的结果,此类补偿的数额不得超过同期预算中规定的共和国总统报酬的一半。

4. 除法律、法令、集体合同或作为一般工作条件规定的内容外,不得基于公务人员提供的服务而发放或包括任何退休金、养老金、退休资产、借款或信贷。公务人员依其履行的职务之原因要求的安全保卫服务均不被允许。

5. 报酬及报酬的表格应当公开,并应当依金钱或类别为标准分明列示并写明固定的和可变的总额。

6. 联邦国会、各州立法机关以及联邦区域立法机关,在各自管辖范围内,应当制定法律实施本条及宪法中的相关规定,并就不遵守及通过虚假方式规避本条规定的行为规定刑事及行政制裁机制。

第一百二十八条

任何官员就职之前,毫无例外均需作遵守宪法和根据宪法制定的法律的宣誓。

第一百二十九条

在和平时期,任何军事当局均不得行使除与军事纪律有严格联系的职能之外的职能。只有在直接隶属于联邦政府的堡垒、要塞和仓库,或为驻军而设的位于村镇以外的营盘、营房和新兵兵站方可设立固定的和永久的军事指挥部。

第一百三十条

历史悠久的政教分离原则指导本条包含的各项规定,各宗教及其他宗教团体应当遵守法律。

与宗教信仰和宗教团体相关事务的立法权,排他地由联邦国会行使。对具有公共秩序意义的各规章,得对下列规定作出进一步的和特别的规定:

(1)都会及宗教团体,作为基于宗教的集社,自获得登记之日起即具有法人资格,法律应当对这些结社进行规范,并规定此类结社获得登记所应当具备的条件和要求。

(2)各政府机构不得干预宗教结社的内部事务。

(3)墨西哥人得担任任何信仰之宗教的牧师,在担任牧师时,墨西哥人及外国人均应当满足法律为此规定的要求。

(4)依法律之规定,任何牧师均不得担任公职。作为公民,他们享有选举权但不享有被选举权。但当牧师事先依法律规定的程序不再担任牧师后可享有被选举权。

(5)牧师不得基于政治目的结社或结成反对或支持某一候选人的组织。牧师不得在正式的公共或私人集会上,也不准在礼拜或传教仪式上批评国家的根本法律,批评个别当局或笼统地批评政府。

任何政治组织,如果其名称中含有任何与任一宗教忏悔关联的词语或标志,则不被允许成立。任何政治性质的集会均不得在教堂举行。

借助简单的发誓后讲述事实及履行依其缔结的协议而承担的义务,在发誓者未能遵守其誓言时,法律就该事由规定相应的处罚。

牧师、牧师的祖先、后裔、兄弟姐妹及配偶、其所属的宗教结社,不得通过宣誓的方式从接受其指导、心灵上的帮助的人士处或其四代以内亲属处继承财产。

与人的民事地位相关的法律,其适用范围内具有排他效力,并且有相应的执行力和合法性。

联邦、各州、联邦市镇的机构,在法律规定的范围内对这类事项行使职责并承担相应的责任。

第一百三十一条

对进出口或穿越共和国边境的商品征税,以及在任何时候对无论其来源如何的任何种类的商品在国内流通制订规章、基于安全或治安的理由禁止商品流通的职权排他地由联邦行使；但联邦不得在联邦区域内规定第一百一十七条第六款和第七款规定范围内的税收和法律。

联邦行政长官可由联邦议会授权增加、减少或取消由联邦议会发布的进、出口税额和规定其他税率，而且在其认为迫切时，总统可以限制和禁止产品、商品和物品的进口、出口和过境，以调整对外贸易、国家的经济和本国生产的稳定性，或实现任何其他对国家有利的目的。联邦行政长官在向议会提交年度财政预算时，须将其行使获得授权的职权的情况提交议会批准。

第一百三十二条

联邦政府指定用于公共服务或为公众使用的堡垒、营房、储备仓库和其他不动产，依联邦议会制定的法律由联邦机构管理；但联邦政府今后在某州境内取得的不动产，必须经有关州的立法机构同意后方可受联邦机构的管理。

第一百三十三条

本宪法、联邦国会依本宪法制定的法律、共和国总统经参议院批准缔结的或将要缔结的、与本宪法和联邦国会依宪法制定的法律保持一致的条约，均是联邦的最高法律。各州法官均应当遵守本宪法、联邦国会依宪法制定的法律和条约，而不论这些法律是否与本宪法、州法律是否相抵触。

第一百三十四条

由联邦政府、各州政府、联邦区域政府及其各自的政治—行政机构处置的经济资源，需以效率、实效、经济、透明和诚实的方式进行管理，以实现这些资源应当实现的目的。

使用任何此类资源的结果，均应当接受由联邦、各州、联邦区域设置机构的分别评估，以确认资源的使用有助于实现在各自预算中分配该资源服务的目的。本规定不得削弱本宪法第七十四条、第七十九条第六款之规定的实施。

任何种类财产的购置、出租和转让，任何性质服务的提供和对于将要进行的工程的合同的签订，均通过用公开招标的方式的公开投标来判定或进行，以便用密封的信封封存解决建议，信封须公开开启，以确保国家在价格、质量、筹资、时机和其他有关情况方面得到现有的最好条件。

当上段述及的招标不适于确保上述条件时，则法律应当规定相应的基本原则、程序、规则、手续和其他要素，以确保能使国家实现最优的节约性、效率性、效益性、公正性和诚实性。

联邦、各州、市镇、联邦区域以及政治—行政机构对经济资源的管理，依本条规定的基础及规章进行。对联邦管理经济资源的行为的评估活动，由本条第二段规定的联邦机构进行。

公务人员在本宪法第四编规定的范围内，负有遵守本条规定的基本原则的义务。

联邦、各州、市镇、联邦区域以及政治—行政机构及其代理人，在任何时候均负有公正地、不损害不同政府部门之平等性地使用由其负责的公共资源的义务。

由任何公共权力机关、自治机构、公共管理机构的下属机构及实体、立法机关、行政机关及司法机关的任何其他机构发布的任何宣传，均应当制定机制特征、信息特征、以教育或社会导向为目标。在任何情况下，此类宣传均不得带有能够提升任何公务人员人格影响力的姓名、图像、声音或标志。

不同法律在各自适用范围内，应当确保严格遵守前面两段规定的各项限制，并应当包括在其适用过程中的制裁制度。

第八编 宪法的修改

第一百三十五条

本宪法可以补充或修改。对宪法的补充或修改，需经联邦议会以出席会议议员三分之二的同意，并经多数州立法机构通过方可列入本宪法。

联邦议会或视情况由议会常设委员会负责统计立法机构的票数并公布已获通过的补充或修改。

第九编 宪法的不可侵犯性

第一百三十六条

即使因某种叛乱而中断执行，本宪法也不失去其效力和有效性。在动乱中无论因何种原因建立了违背本宪法确立的原则的政府，人民一旦恢复自由，本宪法即恢复执行，无论是参加了从叛乱中产生的政府的人还是协助进行叛乱的人，均应当接受依照本宪法和据本宪法规定的法律进行的审判。

临时条款（略）

本宪法1917年1月31日颁布于克雷塔罗州立宪大会会议厅。

［签名］

至此，经庄严法令之命令，本宪法印制后在全联邦共和国境内传播及公布，以要求人们确实遵守之。

完成于克雷塔罗城国民宫，1917年2月5日。

尼加拉瓜共和国宪法[*]

(1986年8月18日由国民议会通过,更新至2014年)

国民议会

尼加拉瓜共和国宪法文本根据宪法修正案进行修订。

共和国总统兹通告尼加拉瓜人民,国民议会经征求人民意见,审议并通过宪法如下:

序　言

我们,尼加拉瓜人民的代表,集合于国民议会。

缅怀我们印第安祖先的斗争。

我国人民的中美洲团结精神遵循何塞·多洛雷斯·埃斯特拉达将军、安德烈斯·卡斯特罗和艾玛努埃尔·蒙加洛的榜样,在民族战争中推翻殖民统治并挫败了北美干涉的斗争传统。

带来民族文化独立之民族英雄,伟大诗人鲁文达里奥、缅怀本哈明·塞莱尔反对外来干涉的英雄业绩。

缅怀自由人的将军、反帝国主义人民革命之父奥古斯托·塞萨尔·桑迪诺。

结束独裁原则的倡导者里戈韦托·洛佩斯·佩雷斯的英雄行为。

桑地诺遗产的最高继承人,桑地诺民族解放阵线创始人和革命领袖卡洛斯·丰塞卡的榜样。

公共自由之烈士,佩德罗·华金·查莫罗·卡迪纳医生。

和平与调停之大主教,米格拉·奥万多·Y.布拉沃主教。

巩固和发展了争取民族独立解放斗争的历代英雄和烈士们。

以尼加拉瓜人民,尼加拉瓜一切民主、爱国、革命的政党和组织;男人和妇女、工人和农民;光荣的青年;英雄的母亲;出于对上帝的信仰参加和置身于争取被压迫者解放斗争的基督教徒;爱国知识分子;全体通过生产劳动为保卫祖国做出贡献的人们的名义。

以为保障子孙后代的幸福而同帝国主义侵略进行斗争并付出生命的人们的名义。

为以制度形式巩固革命的成果和建设一个消灭一切剥削阶级,争取尼加拉瓜国民的经济、政治和社会平等并绝对尊重人权的新社会。

为了祖国,为了革命,为了民族团结和为了和平,我们颁布尼加拉瓜共和国宪法,其内容如下:

第一章　基本原则

第一条[①]

独立,主权及国家自主决定权是人民不可放弃的权利和尼加拉瓜共和国的基础。任何对尼加拉瓜共和国内部事务的国际干预或者试图削弱基本权利的行为,均是对人民生活的侵犯。保护和防卫以上基本权利不受侵害是全体尼加拉瓜人民的义务。

第二条[②]

国家主权的实现依赖于人民通过民主机制对主权的实践、在宪法体制中的自由决定和参与以及对经济、政治和国家社会体制的完善。人民根据普遍、平等、直接以及秘密的投票机制选举出代表行使政治权利,除僭越这种权利或者代表权的个人或组织之外。公民的政治权利也可以直接通过公民投票或者平民立法行使,还可以通过其他直接机制行使,如参与式预算、公民行动、地方委员会、原住民与非裔人民地方性集会与共同集会、行业委员会以及其他宪法和法律规定的其他程序行使。

第三条

为和平而斗争和建立合理的国际秩序是尼加拉瓜共和国不可放弃的责任。因此我们反对所有形式的殖民主义和帝国主义统治与剥削,与反对压迫和歧视的人民团结在一起。

---

[*] 译者:赵璇。
[①] 经1995年7月4日第192号文件修改。
[②] 经2014年2月8日第854号文件修改。

第四条①

尼加拉瓜共和国在基督教价值观、社会主义思想、团结主义实践、民主主义与人道主义之引导下将人民、家庭和社区作为其行为的缘由与目的,同时意识到保障公共利益,承担起促进人类发展与每个尼加拉瓜人民的任务。以上价值观具有普遍性与一般性,也被作为尼加拉瓜文化与身份之价值和思想。

第五条②

自由,公正,尊重人权,政治和社会多元化,在不可分割的单一制国家之原则下承认原住民和非裔人民的地位,承认多种形式的所有权,自由的国际合作,尊重人民自由的自主决定权,基督教价值观、社会主义思想、团结主义之实践以及尼加拉瓜文化和身份之价值与思想是尼加拉瓜共和国的基本原则。

多元化政治保障所有政党在宪法与法律所确定的选举程序中的组织与参与,同时保障其在经济、政治与国家事务中的参与。

基督教价值观保障同事之间的友爱,尼加拉瓜家庭中兄弟关系的和谐,无歧视的尊重个体多样性,残疾人享有平等权利并受到尊重以及穷人的优先选择权。

社会主义思想超越个人利己主义而促进公共利益的发展,试图构造一个更加包容、合理、平等的社会,通过重新分配国家财富和消灭剥削来鼓励发展民主经济。

尼加拉瓜男性与女性之间的团结主义是一种共同意识,意味着消除排他性实践以及帮助更为贫穷、处于不利地位或处于边缘地位的人们。作为一种基于国家共同目标与利益的情感,团结主义是指共同合作,促进和鼓励理解、尊重和尊严之间的关系,从而成为人们之间和平与和谐相处的基础。

国家认识到土著居民和非裔人民的存在,他们享有宪法赋予的权利、责任和担保,且根据法律的规定,有权特别地保持和发展他们自己的身份与文化,以其自身的社会组织形式管理当地事务,与此同时保持他们土地所有权的公有制,对土地收益权、土地使用权和土地出让权同等保护。此条款针对根据本宪法制定的自治区条例所确定的加勒比海岸社区。

必须无差别地保障和激励不同的所有制如公共、私有、联营、合作和村社等所有制的发展以生产财富,同时以上所有制必须依照社会运行机制自由运行。

尼加拉瓜的国际关系以人民间的友好团结以及国家间的互惠为基础。因此,对其他国家内政任何形式的政治、军事、经济、文化、宗教侵略和干涉均被禁止。根据国际法中的国际争端和平解决原则,禁止核武器和大规模杀伤性武器在国内外冲突中的使用,承认庇护政治避难者,拒绝承认国家间的附属关系。

尼加拉瓜坚持美洲国际法原则,主权性地承认并批准该原则。

尼加拉瓜支持地区统一并拥护重建伟大的中美洲祖国。

第二章 国 家

第六条③

尼加拉瓜是独立、自由、自主、统一、不可分割的国家。是依法成立的民主社会国家,通过其司法程序、自由、公正、平等、团结、社会责任以及普遍意义上人权、道德和公共利益的优先来促进人格尊严之优先价值。男性和女性公民以及家庭都是国家公共事务决策、计划和管理的主角。

第七条④

尼加拉瓜是民主政体。民主主义以直接、参与和代议制形式所施行。受主权委托的政府机构分为立法权、行政权、司法权和选举权。它们特定且独立,同时因共同的目的而相互合作。

为履行国家的特定职能另设有其他自治机构和实体。

第八条

尼加拉瓜人民具有多民族性且是中美洲民族的组成部分。

第九条

尼加拉瓜坚决维护中美洲团结,支持和推进所有促进中美洲政治经济一体化与合作的努力,以及建立和维护本地区和平的努力。

尼加拉瓜受玻利瓦尔和桑迪诺统一思想的鼓舞,为拉丁美洲与加勒比人民的团结而奋斗。

为此,尼加拉瓜将同其他中美洲和拉丁美洲国家一起,参加建立或选择为上述目的所需要的机构。

此项原则由法律和相关条约规定。

第十条⑤

国家领土位于加勒比海与太平洋、洪都拉斯共和国与哥斯达黎加共和国之间。根据国际法院法庭

---

① 经 2014 年 2 月 8 日第 854 号文件修改。
② 经 2014 年 2 月 8 日第 854 号文件修改。
③ 根据 2014 年 2 月 8 日第 854 号文件修改。
④ 根据 2014 年 2 月 8 日第 854 号文件修改。
⑤ 根据 2014 年 2 月 8 日第 854 号文件修改。

2007年10月8日以及2012年11月19日之决定，尼加拉瓜与洪都拉斯、牙买加、哥伦比亚、巴拿马、哥斯达黎加共和国以加勒比海为界。

根据法律和国际法规以及国际法院之决定，尼加拉瓜国家主权、司法管辖权和其他国家权力范围包括位于加勒比海、太平洋和丰塞卡海湾的岛屿、岩礁、海岸和岩石，也包括内水、领海、毗连区、专属经济区、大陆架及其上方空域。

尼加拉瓜共和国仅承认根据共和国宪法与国际法规范且已经自由认可的关于领土之国际责任，不接受将尼加拉瓜排除在缔约方外的其他国家缔结之条约。

第十一条

西班牙语为国家官方语言。尼加拉瓜加勒比海沿岸附近村社的语言在法律规定的情形下亦得正式使用。

第十二条

马纳瓜市为共和国首都和国家各权力机构所在地。特殊情况下，首都和权力机构亦可设立在国家领土范围内的其他地点。

第十三条

国家标志为：国歌、国旗和国徽。其特征和使用由法律规定。

第十四条

尼加拉瓜无国教。

第三章 尼加拉瓜国籍

第十五条

尼加拉瓜国民即是经出生或归化，承认尼加拉瓜国籍之人。

第十六条

本生国民为：

(1) 在国家领土出生者，不包括外国外交官子女、国际组织中外国官员子女或外国政府派驻尼加拉瓜工作人员子女，选择尼加拉瓜国籍的除外；

(2) 父母一方为尼加拉瓜国籍者；

(3) 出生在国外，父母一方原为尼加拉瓜国籍，成年或独立后申请加入尼加拉瓜国籍者；

(4) 在尼加拉瓜境内的父母不详之孤儿，其身份澄清之后所产生的效果不受影响；

(5) 外籍父母之子女，出生在尼加拉瓜航空器或船只上且申请加入尼加拉瓜国籍者。

第十七条

原籍中美洲人有权选择尼加拉瓜国籍而无须放弃原国籍，并得在尼加拉瓜居住期间向主管当局申请入籍。

第十八条

国民议会有权宣布为尼加拉瓜做出卓越贡献的外国人为本生国民。

第十九条

外国人在业已放弃原国籍，向主管当局提出申请并符合有关法律规定的要求和条件之情况下，可加入尼加拉瓜国籍。

第二十条①

任何本生国民的国籍不受剥夺。取得其他国籍不导致尼加拉瓜国籍的丧失。

第二十一条

国籍的取得、丧失和恢复由法律规定。

第二十二条

双重国籍问题依据相关条约和对等原则处理。

第四章 尼加拉瓜人民的权利、义务和保障

第一节 个人权利

第二十三条

生命权是人类天生而不可侵犯之权利。尼加拉瓜不设死刑。

第二十四条

人人对家庭、团体、国家和人类负有义务。

个人权利以他人权利、全体安全以及公共利益的正当要求为限。

第二十五条

人人享有下列权利：

(1) 个人自由；

(2) 个人安全；

(3) 法律人格和行为能力之承认。

第二十六条②

人人享有下列权利：

(1) 个人和家庭私生活；

(2) 个人荣誉和名誉受尊重；

(3) 对在私人或公共实体中已注册之国民信息的知情权，同时有对收集信息之原因和目的的询问权；

(4) 私人住宅、信件、通信不受侵犯。

由法定法官出具书面命令，住宅方得受搜查。下列情况除外：

(1) 房主明示屋内有犯罪行为发生或者房主在屋内寻求保护；

---

① 根据2000年1月18日第330号文件修改。

② 根据2014年2月8日第854号文件修改。

(2)因火灾、洪水或其他相似缘由,居民生命和财产受到威胁;
(3)房屋内有陌生人且有明确迹象表明其与犯罪有关;
(4)为追捕罪犯;
(5)为解救人质。
所有情形都必须依照法律规定而进行。
为法院了解案情或为税收检查目的,方可检查私人信件、账册及有关文件,其情形和程序由法律规定。
非法获取的信件、文件和其他私人字据在审判内外均不具有法律效力。

第二十七条
法律面前人人平等,人人都有受到平等保护的权利。任何人不因出生、国籍、政治信仰、民族、性别、语言、宗教、政见、出身、经济状况或社会地位而受歧视。
外国人除不享有政治权利和法律有所规定的权利外,与尼加拉瓜国民享有同样的权利和义务。外国人不得干预国家政治事务。
国家尊重和保障所有在其境内和受其管辖之人的为本宪法承认的权利。

第二十八条①
临时出国的尼加拉瓜国民通过外交与领事代表机构申请人身保护令和享受国家保护。

第二十九条
每个人都有意识、思维、信奉或不信奉某种宗教的自由权利。任何人不得受到可能损害这些权利的措施之限制,也不得被迫公布其宗教、思想意识或信仰。

第三十条
尼加拉瓜国民有公开或私下,单独或集体,以口头、书面或者其他方式自由表达其思想之权利。

第三十一条
尼加拉瓜国民有在国家领土内迁徙和定居的权利;有自由进出国家的权利。

第三十二条
不得强迫任何人做法律没有规定的事情,亦不得阻止任何人做法律没有禁止做的事情。

第三十三条②
除非法律规定并经合法程序,任何人不受非法羁押或监禁,其自由不受剥夺。
(1)逮捕只有在法定法官或法律明确授权的当局出具书面逮捕令时方可进行,现行犯罪不受此限。
(2)所有被拘留者有权:
①及时以其能听懂的语言详尽被告知其被捕原因和所受指控,将其被捕之事实通知家属或其他适当的人;以对人类天赋尊严的应有尊重受到对待;
②被捕后四十八小时内释放,或移送明确授权的主管当局。
(3)刑罚期满,法定当局发布释放命令后,任何人不得被继续关押;
(4)任何非法逮捕均构成裁判或执行机关的民事和刑事责任;
(5)有关部门应将受起诉者和已判刑者分别关押。

第三十四条③
所有被告在审判过程中均以平等地位享有正当程序与有效的司法保护,最低限度保障作为其组成部分如下所示:
(1)在未依法证明其有罪之前,被告应被推定为无罪。
(2)及时受法定主管法院审判。管辖地无选择。除非管辖权例外,任何人不得拒绝主管法院的管辖。
(3)在法律规定的情形下交由陪审团审判。设立复审权。
(4)被告参与权与申辩权之保障贯穿诉讼始终,且其行使权利拥有适当时间和手段。
(5)第一审时被告未委托律师,或事先未经公告通知律师不到庭的,法庭得为被告指定相关辩护律师。
被告有同自己的辩护律师自由与私下交流的权利。
(6)若被告不通晓法庭使用语言,有得到翻译人员无偿协助之权利。
(7)被告不得被迫做不利于自己或其配偶或其实际同居者或其四代血亲或二代姻亲以内亲属的供述,也不得被迫自证其罪。
(8)被告之刑罚应依法推断、说理和定罪且依法公开来源、过程以及程序,保证无异议之执行。
(9)被告对已判决有罪或过错的案件不服认为需要复审的,有权向上级法院提起上诉。
(10)经终审判决有罪或无罪,有权不因同一案件重新受审。
(11)不因法律事先未明文规定需受刑罚的行为或不法行为被审讯或科刑,亦不得被科以法律未规定

---

① 根据1995年7月4日第192号文件修改。
② 根据1995年7月4日第192号文件修改。
③ 根据2014年2月8日第854号文件修改。

之刑罚。禁止对罪犯适用剥夺人权的法律或施以不道德的刑罚、对待。

审判过程应当口述且公开。出于道德、公共秩序的考虑可以使新闻记者和一般公众回避。

受害人有权全程参与案件审理。

国家保护受害人,帮助其修复所受损害。根据法律,受害者有请求保护其安全、身体和心理健康、尊严和私人生活之权利。

本条中所规定的在正当程序与有效司法保护中的最低保障适用行政和司法程序。

第三十五条

未成年者不得成为审判和任何司法程序的主体,未成年违法者不得被解送劳改监狱,而是送交由专门机构负责的处所管教。由法律对此作出规定。

第三十六条

人人享有其身体、心理和精神完整受到尊重的权利,任何人不得受到残忍、非人道或侮辱性的拷打、审讯、刑罚或虐待。侵犯此项权利即构成犯罪并受法律处罚。

第三十七条

刑罚只及于被判罪者本身。一罪或数罪单独或合并刑期不得超过三十年。

第三十八条

法律不溯及既往,但量刑有利于被告的除外。

第三十九条

尼加拉瓜的监狱制度是人道主义的,其基本宗旨是教化受监禁者使他们能重返社会。通过循序渐进的方法促进受监禁者家庭团结、身体健康、提高教育和文化程度,为被监禁者提供有工资报酬的生产性就业。刑罚是一种再教育。

被判有罪的女犯应与男犯分别关押,看守人员应为女性。

第四十条

任何人不得被奴役。禁止任何形式和任何性质的奴隶制度和奴隶交易。

第四十一条

任何人不得因债务被捕。法定当局对不缴纳赋税者行使职权不受此限制。每个本国或外国公民都有偿还债务的义务。

第四十二条①

尼加拉瓜承认和保障避难权与庇护权,保障因争取民主、和平、公正和人权而遭迫害者的避难权和庇护权。

法律根据尼加拉瓜认可的国际公约确定政治避难者和政治难民的身份。除非决定将避难者驱逐出境,否则绝不将其遣返受迫害之国家。

第四十三条

经尼加拉瓜认定为政治犯罪或与政治犯罪相关的刑事犯罪者,不予引渡。刑事犯罪的引渡由法律和国际条约规定。

尼加拉瓜国民不得被引渡出境。

第四十四条②

国民所有的动产与不动产之私有财产权及其生产工具和生产手段受到保障。

财产具有社会机能,国民的私有财产权因公共需要或社会利益的需要受法律规定的限制。前款中的不动产依法可被征用,同时应优先给予适当补偿。

为土地改革的目的,对大量未开发的土地进行征收时由法律在赔偿范围内规定赔偿额及利息的支付方式、支付数额以及支付时间。

禁止非法的资产充公。违反此规定的官员就自己所有的资产对造成的损失负责。

第四十五条③

任何人的宪法权利受到侵害或威胁时,可根据人身保护法或人身保护数据视情况依照宪法司法法和相关案例提出人身申诉。

第四十六条

在国家领土上,人人均享受国家保护,其人类天赋的权利得到承认,其人权受到完全尊重、促进和保护;人人均充分享受《世界人权宣言》、《美洲人类权利和义务宣言》、联合国组织《经济、社会和文化权利国际协定》和《公民和政治权利协定》以及美洲国家组织《美洲人权公约》中规定的一切权利。

第二节 政治权利

第四十七条

年满十六周岁的尼加拉瓜国民为公民。

只有公民享有宪法和法律规定的政治权利,除年龄之外不作任何限制。

被科以主刑或特别附加刑和正在执行剥夺公民资格判决者,其公民资格中止。

第四十八条

全体尼加拉瓜国民在享有和行使其政治权利、履行其义务与责任上无条件平等,男女绝对平等。

国家有为实现尼加拉瓜国民之间的真正平等和切实参加国家政治、经济与社会生活排除障碍的义务。

---

① 根据1995年7月4日第192号文件修改。
② 根据1995年7月4日第192号文件修改。
③ 根据2014年2月8日第854号文件修改。

第四十九条

尼加拉瓜城乡劳动者、妇女、青少年、农业生产者、手工业者、专业人员、技术人员、知识分子、艺术家、宗教人员、大西洋沿岸村社和全体居民平等地享有结社权利,可根据自身利益实现其愿望和参加建设新社会。

这些组织依公民的参与和选举意志形成,履行社会职能,并可依其性质与宗旨具有或不具有政党性质。

第五十条①

公民有以平等地位参与公共事务与国家管理的权利。

在对公共和社会政策、公共服务的构建、实施、评估、控制以及监督中,公民个人、家庭以及社区之参与权均被保护,法律保障其切实地参与国家和地区事务。

第五十一条②

公民在周期性选举中有选举和被选举权及担任公职的权利,本宪法另有规定的除外。

公民有担任陪审团以及其他公民角色的义务,其任职资格由法律规定。

第五十二条

公民有权单独或集体向国家权力机关或任何部门请愿,检举异常行为和提出建设性批评;有权使问题尽快解决或尽快得到答复,并在法定期限内被告知结果。

第五十三条

承认和平集会的权利,行使此项权利无须得到事前许可。

第五十四条

承认依法进行公开集会、游行和动员的权利。

第五十五条

尼加拉瓜公民有组织或参加政党的权利,以便参政、执政和择政。

第三节 社会权利

第五十六条③

国家对残疾人、被害者家属和烈士家属给予特殊照顾。

第五十七条

尼加拉瓜国民有从事与其体质相适应之劳动的权利。

第五十八条

尼加拉瓜国民有享受文化成果和受教育的权利。

第五十九条

尼加拉瓜国民有平等享受健康的权利。国家应创造基本条件以促进、保护、恢复和增强国民身体健康。

国家负责领导和组织卫生计划、服务和行动,并动员群众参加以保护身体健康。

公民有义务遵守卫生措施规定。

第六十条④

尼加拉瓜国民有在健康环境中生活的权利,同时承担保护和管理的义务。地球母亲是所有其他物质的来源,是最高与最普遍的公共利益;她必须被爱护、被关照和再生。地球和人类之公共利益要求我们理解地球是生动的且服从于人格尊严。它属于所有居住在其中的团体以及整个生态系统。

地球根据人类需求形成一个独特且复杂的身份;是由物理、化学、生物以及人类成分所组成的独特的自动调节系统,使得人类生活之生产和再生产顺利进行,因此,地球是我们的母亲和共同的家园。

我们必须保护和维持生态系统的完整性,通过关注生物多样性和其他所有维持人类生活的自然程序。

尼加拉瓜人民必须接受保障地球母亲生命力与完整性、人类社会平等、负责任的消费、消费团体意识和良好社群生活的生产消费模式。

尼加拉瓜共和国在本宪法中承认《人类与地球公共利益共同宣言》的全部内容。

第六十一条

国家保障尼加拉瓜国民的社会保险权利,使其在生活和劳动中遭受意外事故时以法律规定的方式和条件得到全面保护。

第六十二条

国家力图为残疾者制定福利计划使其身体、社会心理和专业技能得到恢复并获得就业。

第六十三条

尼加拉瓜国民有不受饥饿的权利。国家应推动相关计划保障充足的食物供给予公平分配。

第六十四条

尼加拉瓜国民有在体面、舒适、安全的住所中生活以保障其家庭私生活的权利。国家推动这一权利的实现。

第六十五条

尼加拉瓜国民有体育运动、休息和娱乐的权利。国家通过组织群众参加推动体育运动,使尼加拉瓜国民得

---

① 根据 2014 年 2 月 8 日第 854 号文件修改。
② 根据 1995 年 7 月 4 日第 192 号文件修改。
③ 根据 1995 年 7 月 4 日第 192 号文件修改。
④ 根据 2014 年 2 月 8 日第 854 号文件修改。

到全面发展。此项目标通过专门项目和计划实现。

第六十六条

尼加拉瓜国民有获取真实信息的权利。这项权利包括通过口头、书面、图表或其他可选择的方式寻找、接收、传递信息和思想的自由。

第六十七条

提供信息权是一项社会责任,其行使应严格遵守宪法规定的原则。该项权利不受审查制度之限制,但受法律规定的事后责任之限制。

第六十八条①

传播媒体具有社会职能,必须为国家发展服务。

尼加拉瓜国民有权接近社会传播媒体,其权利和保障受到影响时可提出澄清。

国家应避免社会传播媒体为外国利益服务或被任何集团经济势力垄断。由法律对该事项进行规定。

纸张、机器设备和其他社会纸质媒体之替换物的进口,收音机、电视机的进口,书籍、小册子、期刊、教学用学术和科学资料、报纸和其他出版物之进口而发得免征国家税和地方税。该事项具体由根据规定。

大众媒体、公司和私人的通信不受优先审查。媒体及其附属部门、为传播思想而分配的机器设备不因作为犯罪工具和证据被没收。

第六十九条

不论个人或集体,人人均有权通过信奉、实践和传授,私下或公开表达其宗教信仰。

任何人不得以宗教信念或教规为名,逃避遵守法律或妨碍他人行使权利和履行义务。

第四节　家庭权利

第七十条②

家庭是社会的基本核心,有受社会和国家保护的权利。公民、家庭和团体是国家人类发展计划的主要参与者。

第七十一条③

尼加拉瓜国民有权组建家庭。家庭财产继承权受保障而不被扣押和充公。法律规定并保障该项权利。

依据《儿童权利国际公约》之规定,儿童依据其需要之情况享有特殊保护。

第七十二条

婚姻和固定同居受国家保护。婚姻和固定实际同居建立在男女双方自愿的基础上,并可根据双方互相同意或其中一方的意愿予以解除。由法律对此作出规定。

第七十三条

家庭关系建立在男女双方互相尊重、支持和权利义务绝对平等的基础上。

父母应通过共同努力,承担同等权利义务以赡养家庭和全面教育子女。子女有义务尊重和扶助父母。该项权利义务的履行由法律具体规定。

第七十四条

国家对人类繁衍过程予以特别保护。

妇女在怀孕期间受特别保护,享受带薪休假和适当的社会福利保险。

根据法律规定,任何人不得以怀孕为由拒绝雇佣妇女,亦不得在其怀孕期间或产后将其解雇。

第七十五条

子女享有同等权利。在父子关系上不得采用歧视性称号。民法中削弱或否认子女平等的规定或分类无效。

第七十六条

国家建立并发展照顾未成年人的专门机构;未成年人有权依情况获得家庭、社会和国家提供的必要防护措施和教育措施。

第七十七条

老人有获得家庭、社会和国家保护的权利。

第七十八条

国家保护负责任的父子关系和母子关系。规定寻找生父和生母的权利。

第七十九条

有完全为有利于未成人的全面发展而收养未成年人的权利。由法律对此作出规定。

第五节　劳动权利

第八十条

劳动既是权利也是社会义务。尼加拉瓜国民的劳动是满足社会和人们需要的基本手段,是国家财富和繁荣的源泉。国家在保障其个人基本权利条件下努力实现全体尼加拉瓜国民的充分生产性就业。

第八十一条

劳动者有根据法律和通过其组织参与企业管理的权利。

第八十二条

劳动者有权享受具备以下特别保障的工作条件:

(1)在同等条件下同工同酬,工资收入与其社会

---

① 根据2005年3月15日第527号文件修改。
② 根据2014年2月8日第854号文件修改。
③ 根据1995年7月4日第192号文件修改。

责任相适应,不因政治、宗教、社会、性别或任何其他方面的原因受到歧视,保障劳动者享受与人类尊严相符的福利待遇;

(2)在其工作单位获得以法定货币支付的劳动报酬;

(3)除非为保护劳动者家庭或法律规定,不得克扣劳动者最低工资和社会福利费用;

(4)享有保障身体完整、健康、卫生和减少职业风险的工作条件,切实做到职业安全;

(5)实行八小时工作制,每周休息,享受休假,全国性节假日带薪休假并根据法律规定享受第十三个月的工资;

(6)根据法律规定保障工作稳定和晋升机会平等,除工龄、资历、能力、效率和责任之外,不设任何限制。

(7)按法律规定的方式和条件享受社会保险,以便能在残疾、年老、失业、生病或生育以及亲属死亡的情况下选择生存方式和取得全面保护。

第八十三条

承认罢工的权利。

第八十四条

禁止儿童从事影响其正常发育或义务教育的劳动。保护未成年人不受任何形式的经济和社会剥削。

第八十五条

劳动者有学习文化、科学和技术的权利。国家通过专门规划为其提供学习条件。

第八十六条

尼加拉瓜国民均有权自由选择和从事专业或职业以及工作地点,只需拥有文凭和履行社会职能。

第八十七条

尼加拉瓜国民有充分的工会自由。劳动者可自愿结成工会,工会符合法律规定即可成立。

不得强迫劳动者加入某一工会,亦不得强迫其退出所属工会。承认工会的充分自治权并尊重工会权利。

第八十八条

保障劳动者不可剥夺的权利,为保护个人或行业利益同雇主签订:

(1)个人合同;

(2)集体合同。二者均依照法律签订。

第六节 加勒比海沿岸村社权利

第八十九条

加勒比海沿岸村社是尼加拉瓜民族不可分割的一部分,享有同样的权利并负有同样的义务。

加勒比海沿岸村社有权在国家统一体内保持并发展其自身文化特色,根据其传统设立自己的社会组织形式和管理地方事务。

国家承认加勒比海沿岸村社的土地村社所有制形式。同样承认其对村社土地上水流、森林的享有、使用和利用。

第九十条

加勒比海沿岸村社有自由表达和保存其语言、艺术与文化的权利。其文化和价值的发展丰富了民族文化。国家制定专门规划以行使这些权利。

第九十一条

国家有义务发布法律以推动相关行动,确保尼加拉瓜国民不因其语言、文化和出身而受歧视。

第五章 国 防

第九十二条①

尼加拉瓜军队是为维护主权、独立和领土完整的武装机构。

仅在特殊情况下,如因严重内乱、灾难或自然灾害严重威胁国家稳定性时,国家总统才可能在部长会议中发布国家紧急令允许军队进行干涉。

禁止在国家领土上组建外国军队。在经过共和国政府和国会的批准后,外国军用船舶、航空器或设备被允许以人道主义为目的通过或停留。

在尼加拉瓜军队最高长官即总统的指挥下参与国家防卫与安全计划和政策的构建并对其执行进行协调是尼加拉瓜军队总指挥官的职责。

对国家安全的影响:

(1)改变或影响国家通信系统之系统的构建是不允许的;

(2)以国土安全防卫为目的的通信系统必须为国家财产;

(3)无线电广播与卫星频谱是尼加拉瓜共和国财产,必须为监管机构所管理,具体事项由法律规定。

第九十三条②

尼加拉瓜军队是国家机构,具有专业、无党派、非政治、服从和不受审议之特点。军人必须永久接受爱国教育、公民教育以及人权和人道主义国际法的教育。

军人所犯的严重军事犯罪和过错,由法律设立的军事法院进行审理。

军人所犯的一般刑事犯罪和过错,由一般法院进行审理。

平民不受军事法院的审判。

---

① 根据2014年2月8日第854号文件修改。
② 根据2014年2月8日第854号文件修改。

第九十四条①

尼加拉瓜军人和国家警察不能参加政治或政党活动，不能在政治组织中担任公职。在其未脱离军人或警察身份时不得通过公选担任公职，脱离军人或警察身份一年之后才可。

上述机关运转发展的组织、结构、行动、范围、晋升、津贴以及其他相关事项，由法律进行管理。

第九十五条②

尼加拉瓜军队依照宪法进行严格管理，尊重且遵守宪法。受制于民事当局，由总统通过行使其作为国家军事力量最高领导人之职权直接对其进行领导。

国家领土上不存在宪法或法律规定之外其他的军事集团或军衔。

尼加拉瓜军队和国家警察在国家最高利益急需之情况下可以国家安全为由暂时行使行政权领域之职权。此时军人或警察将因所有合法目的而被授权实行职权外之公务。

第九十六条③

不设立义务兵役制，禁止任何形式的为格合尼加拉瓜军队与国家警察之强制征兵。

禁止军队、警察机构以及其他任何国家机构从事政治间谍行为。

第九十七条④

国家警察是民事性质的武装团体，进行警察活动是其职权所在。通过居民、家庭和团体的主要参与以预防性、前摄性和社群性模式而进行组织。

其任务是保障国内秩序，维护公民安全和财产，防止、起诉和调查犯罪行为及法律规定的其他行为。国家警察具专业、非政治、非政党、服从和不受审议的性质，根据宪法进行严格管理，尊重且遵守宪法。国家警察受限于民事当局，主要由国家总统通过行使其作为国家警察最高领导人之职权而实施。

国家警察依职能协助司法当局或其他部门依照法律之需要履行职能。国家警察内部组织以其命令的等级和纪律为基础。

第六章　国家经济、土地改革和公共财政

第一节　国家经济

第九十八条⑤

国家在经济中的主要职能是达到稳定的国家人类发展；改善人民生活条件和为美好生活而时刻意识到财富日益公正合理的分配。

国家在生产活动中必须充当促进者的角色，为私人机构及其劳动者创造条件使其意识到他们的经济、生产以及劳务活动都处在民主政治和完整的司法保护之框架下，以许可他们为国家经济和社会发展做贡献。

国家必须通过鼓励公共和社会政策来履行其促进私营机构发展的角色之职能，允许提高公共机构的能动性与有效性，简化程序，减少程序进入之障碍，扩大社会保险和社会福利的覆盖范围，帮助提高现有正式企业的业绩。

以上将通过政府与小型、中型和大型商业机构之联盟以及与劳动者之间为寻求一致而开展的长期对话的模式而得以鼓励。

第九十九条⑥

国家有义务推动国家整体发展。作为公共利益管理者，其必须保障个人、社会、行业、地方利益和国家需要。国家有义务保护、发展和推动各种所有制的发展如私人、国家、合作、合营、村社、家庭、共有以及混合制经济企业管理制，以保障经济和社会民主。

为了保护消费者和其他个人用户的权利，国家应当促进和保护经济主体之间的自由、健康竞争。以上事项根据法律进行规定。

经济活动的实践首先符合于个人。私人倡议经济形式的角色范围较广，大型、中型、小型以及微型企业，合作制、合营制和其他类型的企业均被承认。

中央银行是货币系统的国家管制机构。国家银行和其他金融机构是促进、投资和发展的金融工具，通过对中小型生产者的重视使其信用多样化。国家以不可放弃的方法保障其存在和运作。

国家根据法律规定保障企业自由以及银行和其他金融机构的设立自由，由银行和其他金融机构的主管对其进行监管和指导。对外贸易行为、国家及个人的保险与再保险由法律规定。

国家在私人、合作、合营、村社以及混合制企业之支持和企业自由与自由市场机制下，鼓励扩大融资、合并的金融工具之公共和私人政策的发展，深化并扩大面向农村和城市各行业的小额贷款。

---

① 根据1995年7月4日第192号文件修改。
② 根据2014年2月8日第854号文件修改。
③ 根据1995年7月4日第192号文件修改。
④ 根据2014年2月8日第854号文件修改。
⑤ 根据2014年2月8日第854号文件修改。
⑥ 根据2014年2月8日第854号文件修改。

第一百条①

国家保障国内外投资,使之有助于国家的社会经济发展而不损害国家主权和工人的劳动权。同时,在法律框架下鼓励公私合作工程,以促进、管理、刺激基础建设改良和发展所需之中长期投资计划的发展,特别是能源、公路和港口建设。

第一百〇一条②

劳动者和其他公共或私人生产者,均有权根据国家所鼓励的对话、联盟和协商机制参与制定、执行和管理经济计划。通过更好的教育和培训,更好的生产组织模式,吸收现代科技,投资更新的生产资本以及更好的基础设施和公共服务以实现提高生产力的目标。

第一百〇二条③

自然资源是国家财产,国家负责保护环境、保持、开发和合理利用自然资源。在国家利益需要时,国家得依照透明且公开之程序签订条约以合理开发利用资源。

基于国家有利的地理位置,国家可以依法签订或授权建设和合理开发大洋间运河。当其涉及外国企业投资时,必须考虑国内企业之参与以促进就业。该事项之法案的通过、修订和废除需要尼加拉瓜国民议会全体代表的百分之六十同意。

第一百〇三条④

国家保障公共、私人、合作、合营、村社、共有、家庭和混合型所有制形式。这些所有制形式均是混合经济的组成部分,服从国家利益并履行社会职能,均依照法律规范享有相同的权利和特权,其合法领域与占有不受干扰。法律另有规定的除外。

第一百〇四条⑤

依照本宪法所规定之所有制形式组织的企业,在法律和国家经济政策面前一律平等。经济主动权自由。

为社会发展或国家利益,经济活动的充分实践受到保障,除法律规定不受更多限制。

第一百〇五条⑥

国家有义务推动、促进和管理能源、通信、用水、运输、道路建设、港口和机场之基本公共服务的供给,人民对其的接近权平等且不可剥夺。在这些领域的私人投资和为私人利益进行开发的形式和许可由法律依个案分别规定。

提供教育、健康和社会保险服务是国家恒定的义务,其有责任无条件提供、改善和拓展该类服务。提供该类服务的装备和设施是国家财产,不得以任何形式转让。享受教育和健康服务之劳动者有权参与针对其行业之计划、项目和工程的起草、执行和监督,由相关法律进行监管。

保障易受伤害群体的健康护理保险金,保障母婴项目的优先实施。发展家庭和社区健康护理机制。

健康和教育的国家服务必须拓展和增强。保障健康和教育领域的私人服务设立权。

国家有义务保障对商品和服务质量的监管,以防止基本消费用品领域的投机倒把与垄断。国家依法促进和保障消费者和使用者的权利。

授予私人开发利用公共服务之特权必须依照透明且公开的程序依法进行,为了其实际可操作性,必须遵守有效性和竞争性标准、人们的满意度和国家劳动法律之履行。

第二节 土地改革

第一百〇六条⑦

土地改革是实现所有权民主化与土地分配合理化的基本工具,是构造生态重建之全球化推进和策略,是实现国家经济可持续发展之基本组成部分的手段。土地改革应考虑必需的社会性人地关系,同时根据法律规定,保障使农民从中受益的所有权。

第一百〇七条⑧

土地改革废除大庄园制且将收回土地优先作为国家土地。若征收大庄园土地影响私人所有权则适用本宪法第四十四条之规定。土地改革将消灭对农民和本土社区各种形式的剥削,同时促进与国家经济社会宗旨相适应且符合本宪法规定之所有制形式的发展。本土社区所有权规定依照法律进行设立。

第一百〇八条

保障全体从事有效生产劳动的土地持有者之土地所有权。法律根据土地改革的目标和宗旨作出特别规定和例外规定。

---

① 根据 2014 年 2 月 8 日第 854 号文件修改。
② 根据 2014 年 2 月 8 日第 854 号文件修改。
③ 根据 2014 年 2 月 8 日第 854 号文件修改。
④ 根据 2014 年 2 月 8 日第 854 号文件修改。
⑤ 根据 1995 年 7 月 4 日第 192 号文件修改。
⑥ 根据 2014 年 2 月 8 日第 854 号文件修改。
⑦ 根据 1995 年 7 月 4 日第 192 号文件修改。
⑧ 根据 1995 年 7 月 4 日第 192 号文件修改。

第一百○九条

国家推动农民自愿组成农业合作社。不区别对待男女且根据其经济条件提供必要的物质资料,以提高农民生产技术和生产能力,改善其生活条件。

第一百一十条

国家推动中、小农牧业生产者以联合或个体方式自愿参加国家经济社会发展计划。

第一百一十一条

农民和其他生产者有通过组织参与制定农业改造政策的权利。

第三节 公共财政

第一百一十二条①

国家总预算法案在财政年度内有效,旨在调节公共行政部门日常和特别的财政收支。法律规定国家机构的开支限度且明确所有收支的来源与目的,保持收支平衡。

国会可以修改总统提出的预算案,未经法律许可并同时筹措和确定资金来源,不得作为额外支出。该事项由预算法具体规定。

国家总预算的任何修改导致的信用增加或减少,收入减少或众多机构之变动,均需国会批准。年度预算法不能创造税种。

第一百一十三条②

国家年度预算提案由总统根据法律制定并提交国会讨论通过。

根据国会意愿,年度预算提案必须包括自治团体和政府团体以及国家企业的预算。

第一百一十四条③

创造、批准、修改或废止税种的权力仅属于国会且不得委托。税制应考虑财富和收入的分配。

禁止没收性质的税收和关税。

人类所需药品、疫苗和血清,外科器具、人造人体器官以及这些产品的组成部分和准备这些产品所必需的原材料,根据法律划分的类别和程序可以免税。

第一百一十五条

法律规定税收,确定征收范围、税率和纳税人的权利保障。国家不强行征收法律未事先规定的税目。

第七章 教育和文化

第一百一十六条

教育以尼加拉瓜国民的全面和整体发展为宗旨;促使其具备批判、科学和人道意识,增进其人格和尊严感,培养其担负国家进步所需要的为共同利益服务之工作。因此,教育是个人与社会改造和发展的基本因素。

第一百一十七条

教育是个独一无二、民主、创造与参与的过程,使理论与实践、体力劳动与脑力劳动相结合并促进科学研究。教育建立在我们的民族价值观上,建立在对我国历史、现实、民族文化和世界文化的了解和科学技术不断发展的基础上。教育培养符合本宪法原则的新尼加拉瓜自身价值观,这项研究应得到促进。

第一百一十八条

国家推动家庭、村社和人民参加教育并保障社会媒体对教育的支持。

第一百一十九条

教育是国家不可推卸的职能。国家负责规划、领导和组织教育工作。全国教育体系以整体方式按国家计划行使职能,其组织和职能由法律规定之。

国家有义务培养和训练为国家发展和改造所需要的各种水平和专业的技术和专业人员。

第一百二十条

创造性地执行教育计划和政策是国家教师的基本作用。教师有在与其尊严与履行的重要社会职能相称的条件下生活和工作的权利。教师根据法律得到晋升和勉励。

第一百二十一条④

全体尼加拉瓜国民均可自由平等地接受教育。国家中心地区实行免费义务基础教育。国家中心地区实行免费中等教育,不因父母赞助费用的多少而有偏见。每个人都不因经济因素被驱逐出国家中心地区。依据法律规定,本土国民和加勒比海沿岸村社居民有权接受使用母语的文化教育。

第一百二十二条

成年人享有通过职业培训计划受教育和增长才干的机会。国家继续推行其教育规划以消灭文盲。

第一百二十三条

私人教育机构可从事各种程度的教学工作,仅受本宪法规定条例之约束。

第一百二十四条

在尼加拉瓜教育是世俗的,国家承认宗教性质的私人教育机构将宗教作为课外知识传授的权利。

---

① 根据 1995 年 7 月 4 日第 192 号文件修改。
② 根据 1995 年 7 月 4 日第 192 号文件修改。
③ 根据 1995 年 7 月 4 日第 192 号文件修改。
④ 根据 1995 年 7 月 4 日第 192 号文件修改。

第一百二十五条①

根据法律规定,大学和高等技术教育机构享受学术、财政、组织和行政管理自治。

其免除税收和免交国家、地方及市政的财政费用。除非由民事、商事或劳动合同确实设定了义务,其资产和收入不受干涉、征收和扣押。

教授、学生和行政管理人员可参与大学行政管理。根据法律规定,大学和高等技术教育机构由国家提供财政支持,其接受的配给占国家总预算的百分之六,根据法律进行分配。国家将对大学和高等技术教育机构的额外支出增加配给。

保障学术自由。国家推动和保护科学、技术、艺术和文学的自由创造、研究和传播,保障和保护知识产权。

第一百二十六条

国家有义务在人民创造性参与的支持下修复、发扬和加强民族文化。

国家支持集体或个人创造的各种表现形式的民族文化。

第一百二十七条

艺术和文化创作自由且不受限制。文化工作者有选择表现形式和表现方式的充分自由。国家努力为文化工作者进行创作和传播其作品提供必要的手段,并保护其作者权利。

第一百二十八条

国家保护民族的古迹、历史、语言、文化和艺术遗产。

第八章　国家机构

第一节　一般原则

第一百二十九条

立法权、行政权、司法权和选举权之间相互独立并协调配合,仅服从国家最高利益和本宪法之规定。

第一百三十条②

任何职务不赋予任职者宪法和法律所授之外的职能。任何公务人员都必须严格按照宪法和法律原则行为。

通过国民议会选举的国家官员在其任期届满后继续执行公职,直到被选出的继任者依据宪法必须就职时止。

每一个国家官员在就职前和卸任后都应报告其财产状况。由法律对此作出规定。

国家权力机关官员通过直接或间接选举产生,国家总理和副总理、自治组织和政府性组织的主席或主管、尼加拉瓜对外大使不享有任何国家特权。其既不作为公共或私人、国内或国外企业的代理人,也不作为其管理者,仅涉及与国家间的合同。违反以上条款将为宣告享有的特权和利益无效且丧失代表或公职职位。

国会三分之二以上议员通过议案可剥夺总统或副总统的豁免权。为尊重其他政府官员,提案经多数赞成票通过。未经此程序,本宪法中所囊括的政府官员均享有豁免权,除家庭和劳动权利的原因外,其不得被拘留或起诉。豁免权可放弃。法律对此进行规定。

国家总统和副总统之豁免权因犯罪缘由一经罢免,最高法院有权全面执行。

在本宪法所创设的所有主权机构中,不得任免与委任同当局有密切关系的人和自身来自于委任当局的人以职位。主要官员的任免,受四代旁系血亲与两代姻亲关系的限制。法律对此进行规定。

上述限制不包括根据公务员法、行政事业法、教育事业法、司法事业法、外交事业法、卫生事业法、市政事业法以及其他类似被吸收的法律所承诺的情况。

第一百三十一条③

直接或间接选举产生的权力机构官员通过正确地履行职责向人民负责,并向人民汇报自己的工作和公务活动,应关心和倾听群众的困难并尽力加以解决;为人民的利益执行公务。

政府官员是根据政党提名名单通过普选所产生,在执行公务中通过选举办法进行更换,违反选举人在投票时之委托的将失去其被选举之地位,同时他们的替代者将承继其席位。

根据比例原则从政党提名名单并选举政府官员之情况下,国民议会代表、中美洲议会代表、市议员、地方议员的候选者名单必须由百分之五十的男性和百分之五十的女性所组成,以平等形式排序并以不同形式展示。当存在候补代表时性别同等比例原则同样应当适用。

公共行政机关集中、分散或不集中的为一般利益服务,根据客观情况并遵循合法、有效、效率、合格、公正、客观、平等、诚信、经济、公开、分级、合作、参与、透明原则,通过全面遵守国家的法律秩序达到良好的行政管理效果。法律规范行政程序,保障涉及个人的有

---

① 根据1995年7月4日第192号文件修改。
② 根据2014年2月8日第854号文件修改。
③ 根据2014年2月8日第854号文件修改。

效行政保护,法律另有规定的除外。

公共行政机关行为之合法性由法律和行政争议司法程序所规定的行政程序所规范。

国家在符合法律规定之情况下应对公职人员在执行公务中作为或不作为造成的损害,其个人财产、权利和利益的损害负实际责任,不可抗力的情况除外。国家可以对造成损害的政府官员或公职人员提出申诉。政府官员和公职人员对其违反宪法、缺乏行政廉洁和执行公务中的其他犯罪与侵犯行为负责。

他们对其因执行公务时滥用职权、过失或疏忽行使职权造成的损害对国家负责。公共职能不能军事化。公共服务和行政事业有关事项由法律规定。

第二节 立法权

第一百三十二条①

立法权由人民委托和授权的国民议会行使。国民议会由九十名代表及其各自的候补代表组成,按地区代表比例制通过普遍、平等、直接、自由和秘密投票选举产生。根据选举法的规定,二十名代表在全国范围内选出,其余七十名代表在部分地区和自治区范围内选出。

国家有义务在总预算中给国会分配以充足的比例。

第一百三十三条②

在共和国总统竞选中落选的总统和副总统候选人,也分别作为正式代表和替补代表成为国民议会成员。在此情况下,参加相关选举的总统和副总统则排在次要地位。

第一百三十四条③

(1)国民议会代表需具备以下资格:

1. 尼加拉瓜本生国民。已经取得其他国籍的必须在选举前四年宣告已放弃且查证属实。

2. 充分享有公民和政治权利。

3. 年满二十一周岁。

4. 选举前已在尼加拉瓜连续居住或工作满四年,履行外交职责、在国际组织工作或留学生除外。同时,在其参选的行政区、自治区出生或居住满两年。

(2)下列情况不得作为正式代表或替补代表的候选人:

1. 国家总理、副总理,司法机关法官,最高选举委员会委员,共和国审计最高委员会委员,司法部部长和副部长,人权保障部门部长和副部长,国家检察长和副检察长,市长。选举前十二个月以上机构被废止的除外。

2. 任何宗教组织的领导者。选举前十二个月宣布放弃其地位的除外。

第一百三十五条

国民议会代表均不得获取任何国家经营权,亦不得在公共、私人场合或外国企业与国家签订合同时做企业代理人或经纪人。违犯此项规定者被取消经营权或所得利益,并失去代表资格。

第一百三十六条④

国民议会代表任期五年,任期自其就职之日,即选举第二年的一月九日起计算。

第一百三十七条

当选的国民议会正式和候补代表向最高选举委员会主席宣誓。

国民议会由最高选举委员会成立。

第一百三十八条⑤

国民议会行使下列职权:

(1)起草、通过、修改和废除法律法规。

(2)准确解释法律。

(3)根据自己或总统决定宣布大赦和特赦。

(4)要求具有不可避免之报告义务的国家总理或副总理、司法部门部长或副部长,自治机构和政府机构负责人提交工作报告,并可以类似于司法程序之方式要求其亲自到场和接受质询。出席为法定义务,无正当理由不出席可能被解雇。

若上述情形被认为可构成诉讼,则这一决定将导致特定官员在案件中所享有豁免权的丧失。

若国会认为政府官员不称职,可通过百分之六十代表的有效投票解雇并提交总统在三日内审议生效。

(5)授予或取消民间组织的法人地位。

(6)根据宪法和法律规定之程序,审议、讨论和批准共和国年度总预算提案并有被定期通知其执行情况之权利。

(7)通过与公民组织的适当协商,从共和国总统和国会提名名单中选举最高法院大法官。候选人名单应自国会选举召集会议起十五天内提出。若总统未提出名单则国会代表的提名有效。每名大法官之选定均应至少得到百分之六十国会代表的赞成票。

同时应按照任命最高法院大法官之同等要求和

---

① 根据1995年7月4日第192号文件修改。
② 根据2000年1月18日第330号文件修改。
③ 根据2000年1月18日第330号文件修改。
④ 根据1995年7月4日第192号文件修改。
⑤ 根据2014年2月8日第854号文件修改。

程序选出同等数量的法官助理。

（8）通过与公民组织的适当协商，从共和国总统和国会提名名单中选举最高选举委员会委员长、委员和替补委员。候选人名单应自国会选举召集会议起十五天内提出。若总统未提出名单则国会代表的提名有效。每名委员长之选定均应至少得到百分之六十国会代表的赞成票。

（9）通过与公民组织的适当协商，在取得国会全体代表百分之六十票数的情况下，从共和国总统和国会提名名单中选举：

1. 银行和其他金融机构的行长、副行长。

2. 负责管理公共事务部与共和国副检察长之总检察长应具有与最高法院大法官相同的资格要求。

公共事务部是一个组织自治、机能自治、管理自治的独立机构，通过共和国总检察长发挥其控告职能以及在赔偿程序中代表社会利益与刑事受害人之职能。仅服从宪法和法律的规定。

3. 最高审计委员会委员与替补委员。

4. 人权维护部门部长和副部长。

以上所有政府官员任期五年且享有豁免权。

本条所涉及的公职候选人与上述第七款、第八款所提的候选人、共和国总统、被提名的代表之间无四代旁系血亲或两代姻亲的关系，且其不得担任全国、地方或市区政党的直接领导者，若是则必须终止其政党职能。

候选人名单应自国会选举召集会议起十五天内提出。若总统未提出名单则国会代表的提名有效。

国会通过专门委员会可召集候选者举行听证。候选者必须符合公职资格且其陈述必须有相关文件作支撑。

（10）审议、认可和决定国会代表的最终缺席。最终缺席有下列原因且导致代表资格的丧失：

1. 部门解散；

2. 代表死亡；

3. 最终判决剥夺自由或不称职，或因犯罪判处的刑罚期限等于或大于其任期；

4. 在同一立法机关中连续六十天未行使其代表职能且未向国会直接负责人说明正当理由；

5. 违反本宪法第一百三十条第四款之规定的；

6. 在其他国家权力机构或国家企业担任职务而收取全国、地方或市区财政之利益的，教育和医疗实验除外。若国会代表在其他国家权力机关任职，则其必须在辞去其他机关职务后重新竞选以进入国会。

7. 就职时未向共和国审计总局履行公开其资产的义务。

（11）根据法律规定的条件和程序审议、认定上述第七款、第八款和第九款所涉及政府官员的辞职和罢免，其脱离公职需要国民议会全体代表百分之六十以上票数通过。

（12）批准或不批准与国际法规定之国家或组织签订的国际条约。

这些国际条约通常应当在不修改或增加条文的情况下被单独考虑、讨论，从而决定通过与不通过。立法机关的批准将赋予其在尼加拉瓜境内与境外之法律效力，通过国际公约或条约中所规定追认权之保留与交换以及满足所需要求与时间限制以发生国际效力。

（13）规定各种国家标志。

（14）颁发国家荣誉勋章和称号。

（15）颁发国民议会自己的国家荣誉勋章。

（16）接收总统的年度报告。

（17）选举自己的领导委员会。

（18）设立常设委员会、专门委员会和调查委员会。

（19）向对祖国和人类做出卓越贡献者提供奖励和授予荣誉。

（20）确定国家行政区划。

（21）提出并审议国家经济社会发展政策和计划。

（22）填补共和国总统或副总统的永久性缺位，当其缺位同时出现时。

（23）批准共和国总统超过十五天的出国申请，总统缺位时，此条适用于副总统。

（24）审议和处理来自于司法当局或直接来自于公民的对享有豁免权官员的指控和控告。

（25）制定国民议会总章程和内部条例。

（26）允许或拒绝军队从国土上出征。

（27）制定、批准、修正或废除税收制度，批准地方裁量权的设置。

（28）批准、不批准或修正行政机关作出的中止基本权利和保障以及国家紧急情况的裁定及其范围。

（29）听取国家最高审计委员会委员长或委员会指定人员、人权维护办公室部长、共和国检察总长、银行及其他金融机构负责人、中央银行行长的年度报告，不区分对待其他必要内容。

（30）国会应当在十五个工作日内及时批准获得全体代表百分之六十赞成票的由共和国总统、国家总理和副总理、国家检察长与副检察长、外交部部长和自治组织、政府组织主席所做任命。其任命经国会批准后方得生效。若未经批准通过的，国家总统可在三十个工作日内进行新的任命并将其提交审查程序。

（31）召集一般或特别会议。

（32）行使宪法和法律赋予的其他职权。

第一百三十九条

代表不得因其在国民议会发表的意见和投票而

遭到追究。代表根据法律规定享有豁免权。

第一百四十条①

拥有法律创议权的如下：

（1）国会代表，同时享有立法命令、决定和说明的创议权；

（2）共和国总统；

（3）最高法院、最高选举委员会、地方自治委员会和市议会在其职权范围内享有；

（4）出席中美洲议会的尼加拉瓜代表，在地区统一问题上享有法律创议权和法规创议权；

（5）公民。该情况下法律创议权需不少于五千人的签署同意。组织法、税法、国际人道主义法律以及大赦和特赦的法律除外。

第一百四十一条②

国民议会开会法定人数为其成员的一半加一人。

法律、法规、决定、协议和声明的通过须获绝对多数与会代表的赞成票，宪法规定的需要另外多数同意的情况除外。

每项法律提案都必须在提交国会秘书处时披露提案动机。

所有法律提案在经国会审查后，直接提交立法委员会。

针对国家总统提起的紧急提案，领导委员会可在提案已提交国会的四十八小时内立即对其进行全面讨论。

法典及其配套法律的提案应当依照宪章规定，经全体代表讨论并批准。

咨询委员会接收之意见在全体讨论之前先提交整体讨论，若通过则提交细节讨论。

法律提案一经通过，即送交共和国总统批准、颁发和公布，无须此程序的除外。宪法修正案和经由国会通过的宪法性法律、法规无须行政权的批准。若共和国总统在十五日内未颁布或发行宪法修正案或宪法性法律，或者未批准、颁发和公布其他法律，国民议会议长可在此日通过任何社会或纸质媒体宣布其生效，与之后官方公报、政府公报等社会通讯媒体上公布生效日期的效力一致。

法律条文表达过于明确时将被修订。当共和国总统未在规定时间内作为时，国会的领导委员会将法律修正案移交相应的委员会通过完整程序批准。

法律仅能由其他法律废止或修订，且从在官方公报、政府公报上公布之日起生效，构造其他形式的除外。

国会批准法律实质修正案时，组成修正案的内部文本将被公布在官方公报、政府公报上，法典的修订除外。

在一个立法期间提起的法律提案未被提交讨论的，将纳入下一个立法期间。在同个立法期间重复提起的提案将不被考虑而被拒绝。

第一百四十二条③

共和国总统可在收到法律提案十五天内全部或部分否决之。若不行使这一权限，亦不批准、颁发和公布提案，则由国民议会议长下令在全国纸质媒体上公布该项法律。

共和国总统的部分否决可以修正或删除法律部分条文。

第一百四十三条④

法律提案被共和国总统全部或部分否决后，应退回国民议会并注明否决理由。

国民议会得以超过全体代表半数的票数予以拒绝。在此情况下，由国民议会议长下令公布该项法律。

部分否决时必须对被否决的每一款进行解释。相关委员会必须对被否决的每一款进行审查。国民议会可以全体代表过半数的否决票予以拒绝。在此情况下，由国民议会议长下令公布该项法律。

第三节 行政权

第一百四十四条⑤

行政权由共和国总统行使。共和国总统是国家元首，政府首脑和尼加拉瓜军队最高统帅。

第一百四十五条⑥

共和国副总统履行宪法指定的职能，担任总统直接委托或通过法律委托的职责。

在总统临时或永久性空缺时代行其职务。

第一百四十六条⑦

共和国总统和副总统的选举通过普遍、平等、直接、自由和秘密方式举行的大选进行。获得相对多数票则当选。

---

① 根据 2005 年 1 月 13 日第 521 号文件修改。
② 根据 1995 年 7 月 4 日第 192 号文件修改。
③ 根据 1995 年 7 月 4 日第 192 号文件修改。
④ 根据 2005 年 1 月 13 日第 520 号文件修改。
⑤ 根据 1995 年 7 月 4 日第 192 号文件修改。
⑥ 根据 1995 年 7 月 4 日第 192 号文件修改。
⑦ 根据 2014 年 2 月 8 日第 854 号文件修改。

选举过程中,共和国总统和副总统候选者辞职、永久或临时缺位的情况下,其所在政党应指派他人代替其参加选举。

第一百四十七条①

共和国总统和副总统必须具备下列资格:

(一)尼加拉瓜本生国民,已经取得其他国籍的必须在选举前四年宣告已放弃且查证属实;

(二)充分享有公民和政治权利;

(三)年满二十五周岁;

(四)选举前已在尼加拉瓜连续居住满四年,履行外交职责、在国际组织工作或留学生除外。

下列情况不得作为共和国总统和副总统候选者:

(1)在下一任选举期间的任何阶段以总统名义行使职权者之四代旁系血亲或二代姻亲;

(2)领导或资助政变者、改变宪法秩序者以及通过类似行动篡夺政权者,总理或副总理,国家其他权力机关的负责人;

(3)任何宗教组织的领导者,选举前十二个月宣布放弃其地位的除外;

(4)国民议会议长,国家总理、副总理,最高法院大法官,最高选举委员会委员长,共和国审计最高委员会委员,国家总检察长及助理检察长,国家检察官和助理检察官,人权保障部门部长和副部长以及执行市长职能者。选举前十二个月退出以上政府机构的除外。

第一百四十八条②

选举出的总统和副总统将在国民议会庄严就职,并面对国民议会议长依法律宣誓。

共和国总统和副总统任期五年,任期自大选第二年的一月十日就职之日起开始计算。在任期内根据法律享有豁免权。

第一百四十九条③

共和国总统出国行使公务少于十五天无须任何许可,大于十五天小于三十天的需经国民议会的预先许可。后一种情况下国家总统外出时其职权由副总统代为行使。

共和国总统可在经国会许可且将职权委托给副总统之情况下出国不超过三个月。若其缺位超过三个月,无论理由为何都将因此唯一原因丧失职权。国会认为是不可抗力导致并适当延长许可时间的情况除外。

共和国总统必须经过国民议会许可而未经许可之出国或出国超过许可期限的视为放弃职权。

在总统临时缺位之情况下,副总统未经国民议会批准不得离境。其未经批准离境的视为放弃职权。

若共和国总统与副总统同时需要出国履行职务,相关部门依照法定秩序行使其行政职能。

共和国总统因未决犯罪所面临的刑期不得长于因非法离境面临的刑期。

下列情况中共和国总统临时丧失职权:

(1)离开国土十五天以上的临时缺位;

(2)明显的暂时不可能且无能力行使职权,经三分之二国民议会代表批准且由国民议会公布;

该款中所指的总统和副总统无能力行使职权的情况如下:

(1)死亡;

(2)辞职,经由国民议会批准;

(3)经国会三分之二国会代表批准,国民议会公布的永久性能力丧失。

共和国总统临时无能力行使职权时,由副总统代行其职权。

共和国总统和副总统同时临时无可能或无能力行使职权时,由国民议会议长代为行使总统职权。在其代为行使总统职权期间,国民议会第一副议长为替补者。

如总统永久性缺位,由副总统在所余任期内担任总统职务。国民议会应选出一名新副总统。

如遇共和国副总统永久性缺位,由国民议会任命其继任者。

如遇共和国总统和副总统均永久性缺位,由国民议会议长或代行其职务者担负总统职务,国民议会议长在出现空缺七十二小时内任命其继任者。被任命者在所余任期内行使其职务。

以上所有情形,国民议会都应从其成员中选出替补者。

第一百五十条④

共和国总统行使下列职权:

(1)遵守宪法和法律,同时监督其他政府官员遵守宪法和法律。

(2)代表国家。

(3)根据本宪法规定行使法律创制权和否决权。

(4)通过关于行政事项的行政法令。

(5)制定国家总预算法案,并提交国民议会审议、批准,对其进行认可并予以公布。

---

① 根据 2014 年 2 月 8 日第 854 号文件修改。
② 根据 1995 年 7 月 4 日第 192 号文件修改。
③ 根据 1995 年 7 月 4 日第 192 号文件修改。
④ 根据 2014 年 2 月 8 日第 854 号文件修改。

(6)任命和罢免国家正副部长,国家检察长和副检察长,自治和政府机构领导人或负责人,外交部部长,将其任免提交国民议会审查,国民议会应在三日内进行审查,通过后方可生效。国民议会也可以用此种方式决定罢免其他政府官员。

(7)在国民议会休会期间请求国民议会议长召开特别会议行使紧急事项立法职权。

(8)指导国家对外关系。签订国际条约、协订或协议以及本宪法第一百三十八条第十二款所规定的其他文件,经国民议会批准生效。

(9)在本宪法规定情形下宣布和实行紧急状态中止基本权利和保障。并在七十二小时内送交国民议会批准、修订或不批准。

(10)在不超过六十天的期限内为法律制定实施细则。

(11)授予国家荣誉称号和勋章。

(12)组织和领导政府并主持内阁会议。

(13)领导国家经济,决定社会经济政策和规划。设立国家社会经济计划委员会协助其领导国家社会经济发展政策。共和国总统决定的商业、劳动、合作、合营及其他组织将在委员会中设代表。

(14)向国民议会提名最高法院大法官、最高选举委员会委员长和共和国审计总局局长、银行及其他金融机构行长和副行长、共和国总检察长和副检察长的三倍名额候选人。

(15)向国民议会作年度报告或其他报告和特别咨文。

(16)授予政府官员必需的司法权以保障其命令能够无延迟有效地执行。

(17)本宪法和法律授予的其他职权。

第一百五十一条①

由法律决定国家部门、自治和政府机构、国家银行及其他金融机构的数量、组织和职权范围。正、副部长享有豁免权。

共和国总统作出的法令和命令必须经国家相应部门部长同意。关于国家正、副部长的任命与罢免协议除外。

部长委员会受共和国总统领导,总统缺位时由副总统领导。部长委员会由共和国副总统和国家各部部长组成,其职能由宪法规定。

国家正、副部长和自治、政府机构领导者或负责人对其签署或批准的行为负个人责任,同时对其签署或同意的共和国总统或其他部长之行为负连带责任。

国家正、副部长和自治、政府机构领导者或负责人应请求以书面或口头的方式将其各部门分支业务告知国民议会。其也可能被国民议会之决议所质询。

第一百五十二条②

正、副部长及自治和政府机构领导人或负责人、大使、军队和警察最高领导人须具备下列资格:

(一)尼加拉瓜本生国民。已经取得其他国籍的必须在被任命之日起的前四年宣告已放弃且查证属实;

(二)充分享有公民和政治权利;

(三)年满二十五周岁;

(四)被任命前已在尼加拉瓜连续居住满四年,履行外交职责、在国际组织工作或留学生除外。

下列情形不得担任国家正、副部长,自治和政府机构领导人或负责人,外交部部长和特别委员会委员长:

(1)同时在国家权力机关内的另一部门行使职权;

(2)不设专属账户募集或管理公共基金或市政基金;

(3)公共财政之不良债务人;

(4)本宪法第一百三十条第七款中所列情形。

第一百五十三条

正、副部长及自治和政府机构领导人或负责人根据宪法和法律对其行为负责。

第四节　共和国审计总局

第一百五十四条③

国家审计总局是公共部门管理与国家财产资源监察系统的直接负责机关。设立共和国审计总局最高委员会对其进行领导,最高委员会由五个正式委员和三个替补委员组成,由国民议会选举,任期五年,享有豁免权。替补委员的职能即在正式委员临时缺位时单独行使其所事先选择替代之正式委员的职权。

第一百五十五条④

共和国审计总局负责:

(1)建立监察制度,事先保障政府资金的正当使用;

(2)不断监督国家总预算的执行管理情况;

(3)监督、检查和评估行政部门、国家财政补贴部

---

① 根据1995年7月4日第192号文件修改。
② 根据2014年2月8日第854号文件修改。
③ 根据2000年1月18日第330号文件修改。
④ 根据1995年7月4日第192号文件修改。

门、公共企业和公私合资企业的行政和财政管理。

第一百五十六条①

共和国审计总局是一个独立机关,仅服从宪法和法律,享有独立职能和行政自治权。共和国审计总局审计长主动或依国民议会请求向国民议会就其管理工作作年度报告。

审计局应当公开调查结果,当其结果推定为需承担刑事责任时,其调查应作为辅助证据提交司法审判。若未这样做,审计局对已成立的犯罪的调查应中止。

共和国审计总局审计长和副审计长由最高委员会从其委员中选举,多数票当选且任期一年,可连选连任。共和国审计总局审计长或最高委员会指定者应主动或依请求向国民议会就其管理作年度报告,该行为应被审计长或被指定者所认知。

第一百五十七条

由法律规定共和国审计总局的组织和职能。

第五节 司法权

第一百五十八条

司法权源于人民并以人民的名义委托法律规定的由各级法院组成的司法机关行使。

第一百五十九条②

各法院构成统一体系,其最高机构为最高法院。司法权占共和国总预算的比例不少于百分之四。上诉法庭、区域法院法官、本地法院法官的组织和职能由法律决定。司法职业的设置由法律规定。

排他的由司法机构自行决定司法管辖范围和判决的执行地。军事法院在借鉴最高法院判例和援助的情况下仅对军事违法和犯罪进行审判。

第一百六十条③

司法管理机构保障合法性原则,通过其管辖权范围内的事务或事件执行法律保障和监护人权。

司法行政部门意识到通过加勒比海岸原住民传统领袖的公民参与和全国范围内的司法调解制度,依法可以成为接近司法之途径和可选择的纠纷解决方式。

行政争议司法制度是为检查普通形式申诉之合法性与特别形式申诉即反对公共行政机关的所有行为、一般规范、失职或普通上诉权之管理事实。行政争议司法与法律所决定的司法案例相符且交由最高法院行政争议审判庭进行最终审判。

第一百六十一条④

最高法院大法官应具备下列资格:

(1)尼加拉瓜本生国民,已经取得其他国籍的必须在选举之日起的前四年宣告已放弃且查证属实;

(2)良好纪律之律师,当其竞选最高法院大法官时已从事审判实务或法律专业至少十年,或担任上诉庭法官五年;

(3)充分享有公民和政治权利;

(4)选举时年满二十五周岁且不大于七十五周岁;

(5)未被最终司法裁定中止律师或公证人资格;

(6)在选举前十二个月不得为现役军人或者未退出军队者;此条不适用军事法院大法官和审判员的任命;

(7)选举日前已在尼加拉瓜连续居住满四年,履行外交职责、在国际组织工作或留学生除外。

第一百六十二条⑤

最高法院大法官任期五年。仅宪法和法律规定的原因方可罢免。最高法院大法官享有豁免权。

第一百六十三条⑥

最高法院由十六名大法官组成,通过国民议会选举产生,任期五年;

最高法院由多个法庭组成,每个法庭由不少于三名大法官组成,任期两年半,其具体有:宪法法庭、民事法庭、刑事法庭、行政争议法庭和其他法律规定的法庭,大法官根据法律规定相互间达成一致设置法庭组织和构造。每个法庭的大法官通过多数决选举其主席,任期两年半。法院全体会议审理并解决法律违宪性诉讼、国家权力机关职权与合宪性之间的争议以及中央与地方政府、加勒比海岸自治地区政府之间的争议。

国民议会指定八名助理审判员。助理审判员可参与法院全体会议或其他任何法庭,当其缺席时,可对大法官已作出的裁决进行申辩、推理或质询。

大法官向国民议会立下法律誓约后就职。最高法院院长、副院长从国民议会选举产生的大法官中选出,多数票当选,任期两年半,可参与重选。

---

① 根据 2000 年 1 月 18 日第 330 号文件修改。
② 根据 1995 年 7 月 4 日第 192 号文件修改。
③ 根据 2014 年 2 月 8 日第 854 号文件修改。
④ 根据 2014 年 2 月 8 日第 854 号文件修改。
⑤ 根据 2014 年 2 月 8 日第 854 号文件修改。
⑥ 根据 2014 年 2 月 8 日第 854 号文件修改。

第一百六十四条①

最高法院行使下列职权：

（1）组织并领导司法行政管理机构；

（2）根据法律程序，审理并裁决对共和国法院所作判决不服的普通和特别上诉；

（3）根据宪法审理并裁决因违反宪法权利而提出的人身保护申诉；

（4）审理并裁决法律违宪性申诉；

（5）根据司法职业法，经全体百分之六十的赞成票任命或罢免上诉法院大法官；同时根据军事法院法任命军事法院成员；

（6）决定对其他国家公民的引渡请求，拒绝对本国国民的引渡请求；

（7）根据宪法和司法职业法任命或罢免最高法院秘书长以及全国范围内的公共辩护人与法官；

（8）批准外国法院判决的执行；

（9）审理并裁决公共管理部门之间的行政争议以及公共管理部门与公民个人之间的行政争议；

（10）审理并裁决自治区之间的争议以及自治区与中央政府之间的争议；

（11）制订本部门条例；

（12）宪法和法律授予的其他职权。

第一百六十五条②

行政和司法职业国家委员会是最高法院的一个机构，被赋予专业性和职能自主性，其行使调整、计划、执行司法权之管理政策和财政政策，领导司法职业，认定、调查和解决法律专业人才和司法职业官员所引发的违法事项。委员会由最高法院的四名大法官组成，包括院长在内，由院长领导。最高法院院长是司法机构的行政的、法定的、制度上的代表。委员会其他三名成员通过最高法院全体会议多数优先票数选出。

委员会成员不组成任何法庭的一部分，他们在其两年半的任期内以唯一方式行使其职能，组成法院全体会议除外。任何情况下都不被组成各法庭的大法官所替代。

委员会之召开最少需要三名成员，其决议通过需要与会者多数同意。

委员会行使下列职权：

（1）计划并执行司法权的行政管理政策，将其初步的预算草案提交法院全体会议批准，管理和监督；

（2）根据法律批准国家司法权中行政人员的任命、调转或免职，同时制定行政人员的一般管理政策；

（3）任命行政秘书长，同时组织和控制司法权的行政依赖；

（4）监督不动产与商业财产公共登记机关、公共服务机构管理职能之运行；

（5）根据相关法律任命法医、记录员、不动产和商业财产登记员；

（6）提出、审议并决定法医、记录员、不动产和商业财产登记员轻微、重大或非常重大违反法律之谴责，对其施加法律所规定的制裁；

（7）提出、审议并决定公共律师、上诉庭大法官与审判员轻微、重大或非常重大违反法律之谴责，对其施加司法职业法及其条例所规定的制裁；

（8）对于公共律师、上诉庭大法官与审判员及其重大违反法律之情形提出申诉或谴责，并将其调查结果和相关意见提交至最高法院全体会议审议；

（9）根据司法职业法之规定，向全体会议提交填补上诉庭大法官、地方和区域法官、正式委员和替补委员空缺的候选者名单；

（10）组织和指导律师与公证人资格设立、授予之程序。为发挥律师和公证人之专业性而扩大授权，同时根据法律中止和恢复其资格；

（11）法律授予的其他职能。

第一百六十六条③

大法官与审判员在审判活动中独立行使职权且仅遵从宪法和法律；他们被公平效率原则以及被告人权利所规制。司法在尼加拉瓜免费且公开。

司法管理部门在人民群众参与下组织和行使职能，由法律对此作出规定。

第一百六十七条

有关国家当局、团体、自然人和法人不得逃避执行法院和法官的判决和裁定。

第六节　选举权

第一百六十八条

选举权职能为负责组织、主持和监督选举、公民投票和全民公决。

第一百六十九条

选举权由最高选举委员会及其下属选举机构组成。

第一百七十条④

最高选举委员会由七名大法官和三名候补大法

---

① 根据2014年2月8日第854号文件修改。
② 根据2014年2月8日第854号文件修改。
③ 根据2014年2月8日第854号文件修改。
④ 根据2000年1月18日第330号文件修改。

官组成。大法官及候补大法官由国民议会根据本宪法第一百三十八条第八款之规定选举。

最高选举委员会从其成员中选任最高选举委员会主席和副主席。任期一年,可参与重选。

第一百七十一条①

最高选举委员会主席须具备下列资格:

(1)尼加拉瓜本生国民。已经取得其他国籍的必须在被选定之日起前四年宣告已放弃且查证属实;

(2)充分享有公民和政治权利;

(3)选举时年满三十周岁且不得超过七十五周岁;

(4)选举前已在尼加拉瓜连续居住满四年,履行外交职责、在国际组织工作或留学生除外。

下列情况不得成为最高选举委员会主席:

(1)与共和国总统、副总统候选人有四代旁系血亲或两代姻亲的关系;

若其在总统大选之前已被选定,则将因此而被禁止在整个选举期间行使职权,其替补团队必须组成;

(2)在大选中行使职权或作为任何选举候选人的;

(3)在国家其他权力机关任职收取来自税收财政、地区或市政财政报酬的政府官员或政府工作人员,但从事教育和医疗事业的除外;

(4)现役军人,或选举前至少十二个月未退出军队者;

(5)被废止者。

第一百七十二条②

最高选举委员会主席自就职之日起任期五年,任职期间享有豁免权。

第一百七十三条③

最高选举委员会行使以下职权:

(1)根据宪法和法律规定组织并主持选举、公民投票和全民公决;

(2)根据选举法规定任命其他选举机构成员;

(3)制定选举日程表;

(4)执行有关选举进程的宪法和法律规定;

(5)了解并对下属选举机构作出的判决和各政党提出的不服及责难作出最终裁决;

(6)根据有关法律规定制订适当措施,使选举得以在有充分保障的条件下进行;

(7)责成有关部门为参加选举的政党提供安全条件;

(8)对选举、公民投票和全民公决进行最后计票并公布最后结果;

(9)制定其内部条例;

(10)依据其独立性组织公民民事财产中央登记处,管理公民证件以及提出选举名单;

(11)对依照法律设立的组织授予如同政党性质的法律人格;

(12)取消在大选中未获得至少四分之一全体有效票数的政党之法律人格,同时在法律规定的其他情形下取消或中止其法律人格;

(13)了解和裁决关于政党代表和指令的合法性争议以及政党内部规章和条例等法律文件的执行争议;

(14)宪法和法律授予的其他职权。

最高选举委员会针对选举事项作出的裁决不得申诉、提起一般或特别诉讼。

第一百七十四条

最高选举委员会委员长、正式和候补委员在向国民议会议长立下法律誓约后就职。

第九章 行政区域划分

第一节 市

第一百七十五条④

国家领土因行政管理之需要划分为省、加勒比海沿岸自治区和市。由法律规定各行政区的设立、面积、数量、组织、结构和职能。

第一百七十六条⑤

市是国家行政区划的基层单位。

第一百七十七条⑥

市政当局享有政治管理和财政自治权,市政管理由市政当局负责。

自治权既不免除也不限制市政府履行责任与义务时的行政权或其他国家权力。国家有义务在国家总预算中给市一级分配充足的比例,且在最小限度征税的情况下优先分配给市。具体比例和分配方式由法律规定。

---

① 根据2000年1月18日第330号文件修改。
② 根据1995年7月4日第192号文件修改。
③ 根据2014年2月8日第854号文件修改。
④ 根据1995年7月4日第192号文件修改。
⑤ 根据1995年7月4日第192号文件修改。
⑥ 根据1995年7月4日第192号文件修改。

自治权根据市级法律进行规制,其需要国民代表绝对多数赞成票以批准和修改。

市政府对其管辖区域内的社会经济发展拥有职权。在合理开发各市自然资源的合同中,国家应当征求或考虑市政府的意见并优先许可。

市级法律必须包含市的职权范围,与中央政府、全国本土国民、国家所有权力机关之间的关系以及其内部机构之间的协调。

第一百七十八条①

市长、副市长和市政官由人民根据法律通过普遍、平等、直接、自由和秘密投票的方式选举产生。获得相对多数票的候选人当选市长和副市长。议员根据选举商数和比例代表制选出。市政官员任期五年,自其在最高选举委员会会议上就职之日起计算。

执行地方权力的市长与副市长必须依据性别平等原则构成,即一人为男性,另一人必须为女性以保证性别间的比例。政党和选举联盟的市长、副市长和市议员候选名单上男女比例应当各占百分之五十。

市长需要具备以下资格:

(1)尼加拉瓜本土国民;

(2)充分享有公民权利和政治权利;

(3)年满二十一周岁;

(4)选举前已在尼加拉瓜连续居住满四年,履行外交职责、在国际组织工作或留学生除外;另外,在其参加选举的地区已连续居住满两年。

市议员、市长和副市长在下列情况丧失公职:

(1)放弃公职;

(2)死亡;

(3)因比轻微过失严重之犯罪被最终裁定剥夺自由权或丧失行使职权能力的期限等于或大于其剩余任期;

(4)连续六十天放弃行使职权;

(5)违反本宪法第一百三十条第四款之规定;

(6)就职时未履行向共和国审计总局公开其私有财产之义务;

(7)经共和国审计总局裁定为市政基金之不当管理负责者。

在第(4)项和第(5)项的情况下,市议会必须作出裁定,声明市长或市议员因违反上述情形而丧失公职。

裁定、公开或批准的文件将证实宪法中其他条款同样适用于最高选举委员会,同时提出替补者名单,即副市长为市长替补者,被选定的市议员为副市长替补者以及请求宣告某市议员的继任者。

最高选举委员会将在不少于十五天的时间内对市长、副市长以及市议员进行选举,向法律宣誓并就职。

议员在市政管理机关之工作限制与补偿条例由法律规定。

第一百七十九条

国家推动各地区整体、协调发展。

第二节 加勒比海沿岸村社

第一百八十条②

加勒比海沿岸村社有以符合其历史和文化传统的社会文化、政治管理组织形式与生活和发展的不可让渡之权利。

自治地区委员会成员由人民根据法律通过普遍、平等、直接、自由与秘密投票的方式选举产生,任期五年。

国家保障这些村社利用其自然资源、有效实行其村社所有制形式和自由选举其当局和代表的权利。

国家同样保障其保持自由的文化、语言、宗教和习惯。

第一百八十一条③

国家通过法律建立本土国民和加勒比海沿岸村社居民居住地区的自治制度,必须包括以下规范:地方政府机构的职权,与国家行政权力机关、立法权力机关以及市之间的关系,权利的行使。该自治制度的批准与修改大部分与宪法性法律的修改一致。

国家授权合理开发大西洋沿岸自治地区自然资源的许可和合同,必须经有关自治地区议会的批准。

加勒比海沿岸自治地区委员会委员根据法律规定的原因和程序丧失职权。

第十章 宪法的至上性、宪法和宪法性法律的修改

第一节 宪 法

第一百八十二条

宪法是共和国根本大法,其他法律服从于宪法。凡与宪法规定相抵触或改变其规定的法律、条约、指令或规定均无任何效力。

第一百八十三条

任何国家权力机构、政府机构和官员均不具有除

---

① 根据 2014 年 2 月 8 日第 854 号文件修改。
② 根据 2014 年 2 月 8 日第 854 号文件修改。
③ 根据 1995 年 7 月 4 日第 192 号文件修改。

共和国宪法和法律授予之外的任何其他权威、职权或管辖权。

第一百八十四条①

宪法性法律为：根据尼加拉瓜现行宪法制定的选举法、紧急状态法和宪法司法法。

第一百八十五条②

在出于国家安全、经济形势需要或发生全国性困难情况下，共和国总统通过部长委员会可在全国或部分地区中止宪法权利和保障。由紧急状态法具体规定。

第一百八十六条

共和国总统不得中止下列条款中规定的权利和保障：第二十三条、第二十四条、第二十五条第（三）款、第二十六条第（三）款、第二十七条、第二十九条、第三十三条第（二）款第1项最后部分和第（三）款、第（五）款、第三十四条除第（二）和第（八）款以外各款、第三十五条、第三十六条、第三十七条、第三十八条、第三十九条、第四十条、第四十一条、第四十二条、第四十三条、第四十四条、第四十六条、第四十七条、第四十八条、第五十条、第五十一条、第五十六条、第五十七条、第五十八条、第五十九条、第六十条、第六十一条、第六十二条、第六十三条、第六十四条、第六十五条、第六十七条第一段、第六十八条第一段、第六十九条、第七十条、第七十一条、第七十二条、第七十三条、第七十四条、第七十五条、第七十六条、第七十七条、第七十八条、第七十九条、第八十条、第八十一条、第八十二条、第八十四条、第八十五条、第八十七条、第八十九条、第九十条和第九十一条。

第二节　宪法监督

第一百八十七条

设立对一切与宪法规定相抵触的法律、法令或条例的违宪申诉。任何公民均可提出此类申诉。

第一百八十八条

设立人身保护申诉，以反对违反或企图违反宪法权利和保障的一切规定、行为或判决以及任何官员、当局或其代理人的作为或不作为。

第一百八十九条

设立个人人身出示申诉，以保护其自由、身体完整和安全不受侵犯或处于危险之中。

第一百九十条③

设立下列申诉权与宪法监督机制：

（1）人身保护数据申诉是对在公共或私人档案馆、登记册、数据库或以其他技术手段所保存的个人数据如个人隐私和涉及私密或家庭领域之敏感数据受到实际侵犯时之保障方式。人身保护数据申诉有助于任何人了解何人在何种情况下，因何种目的接触了他们的个人数据并不正当公开。

（2）国家权力机关职权与合宪性之间的争议。当国家权力机关代表认为法律、法规或规章侵犯了其基本职权领域时将加剧职权与合宪性间的争议。

（3）在具体案件中宪法监督是一种附随性监督机制。当某案提交司法当局审判时，若认为决定依靠的法规违宪，则必须是基于特定的案件而宣布其违宪。政党在审判过程中可以要求宣布适用于案件的法律违宪。司法当局必须作出回应，接受或拒绝其申诉；

（4）中央政府与地方政府、加勒比海沿岸自治区政府之间的争议。

宪法司法法将对本章中所设申诉权与机制进行进一步规定。

第三节　宪法修改

第一百九十一条

国民议会有权部分修改宪法和对全面修改宪法的动议进行审议并作出决定。

部分修改宪法的动议需由共和国总统或国民议会三分之一的代表提出。

全面修改宪法的动议需由国民议会半数加一以上代表提出。

第一百九十二条

部分修改宪法的动议应指出试图修改的条款并陈述理由。动议应提交特别委员会，由该委员会在六十天之内提出处理意见。修正案遂接受法律规定的立法程序。

部分修改宪法的动议应经两届立法会议审议。

第一百九十三条

全面修改宪法的动议的提出和处理程序与上条相同，有助于其陈述与评估。

全面修改宪法动议一经通过，国民议会即确定召集国民立宪议会选举期限。国民议会职权保留至新国民立宪议会成立。

国民立宪议会未通过新宪法之前，本宪法继续有效。

第一百九十四条

部分修改宪法的动议需获得百分之六十代表投赞成票方得通过，全部修改宪法的动议需获全体代表

---

① 根据2014年2月8日第854号文件修改。
② 根据1995年7月4日第192号文件修改。
③ 根据2014年2月8日第854号文件修改。

中的三分之二投赞成票方得通过。由共和国总统公布宪法的部分修改并不得行使否决权。

第一百九十五条

修改宪法性法律按部分修改宪法程序进行,无须经两届立法会议审议。

第十章 最后条款

第一百九十六条①

本宪法自在《官方公报》上公布之日起生效。其他与本宪法相抵触的法规一律作废。

现有司法秩序在不违反本宪法的情况下继续有效。

第一百九十七条

宪法以国家官方语言广泛传播,并以同样方式以加勒比海沿岸村社语言传播。

第一百九十八条

根据2014年2月8日第854号文件废除。

第一百九十九条

根据2014年2月8日第854号文件废除。

第二百条

根据2014年2月8日第854号文件废除。

第二百〇一条

根据2014年2月8日第854号文件废除。

第二百〇二条

本宪法原文一式四份,由国民议会议长、议会代表和共和国总统分别签署,存放于国民议会议长办公室、共和国总统办公室、最高法院院长办公室和最高选举委员会主席办公室,每份均为尼加拉瓜宪法原文。共和国总统在官方日报《官方公报》上予以公布。

未被修订的原宪法于1986年11月19日在马那瓜城国民议会会议厅通过。1987年1月9日国民议会通过修宪职能将文本未修改之宪法在第5期《官方公报》上公开并生效。之后在第五条加入了2014年1月19日通过的第854号尼加拉瓜共和国部分修改宪法法案,并于同年2月12日在第26期《官方公报》上公开。本次宪法修改融合了下列法案的内容:

(1)第一条、第二十八条、第三十三条、第四十二条、第四十四条、第五十六条、第六十八条、第七十一条、第九十四条、第九十六条、第九十九条、第一百〇四条、第一百〇六条、第一百〇七条、第一百一十二条、第一百一十三条、第一百一十四条、第一百二十一条、第一百二十五条、第一百三十二条、第一百三十六条、第一百四十条、第一百四十一条、第一百四十二条、第一百四十四条、第一百四十五条、第一百四十八条、第一百四十九条、第一百五十一条、第一百五十五条、第一百五十六条、第一百五十九条、第一百七十一条、第一百七十二条、第一百七十五条、第一百七十六条、第一百七十七条、第一百八十一条、第一百八十五条以及国民议会代表任命之变化,均包含在1995年2月1日通过的第192号尼加拉瓜共和国部分修改宪法法案中,于同年7月4日在第124期《官方公报》上发布;

(2)第二十条、第一百三十三条、第一百三十四条、第一百五十四条、第一百五十六条、第一百七十条、第一百七十一条的修改内容包含在2000年1月18日通过的第330号尼加拉瓜共和国部分修改宪法法案中,于同年1月19日在第13期《官方公报》上公布;

(3)第一百三十八条之修订包含在2005年1月13日通过的第520号尼加拉瓜共和国部分修改宪法法案中,于同年2月18日在第35期《官方公报》上公布,以修正2004年5月23日在第97期《官方公报》上公布的内容;

(4)第一百四十条的修订包含在2005年1月13日通过的第521号尼加拉瓜共和国部分修改宪法法案的第一百四十条中,于同年2月18日在第35期《官方公报》上公布;

(5)第六十八条之修订包含在2005年3月15日通过的第527号尼加拉瓜共和国部分修改宪法法案中,于同年4月14日在第68期《官方公报》上公布;

(6)第二条、第四条、第五条、第六条、第七条、第十条、第二十六条、第三十四条、第四十五条、第五十条、第六十条、第七十条、第九十二条、第九十三条、第九十五条、第九十七条、第九十八条、第九十九条、第一百条、第一百〇一条、第一百〇二条、第一百〇三条、第一百〇五条、第一百三十条、第一百三十八条、第一百四十六条、第一百四十七条、第一百五十条、第一百五十二条、第一百六十条、第一百六十一条、第一百六十二条、第一百六十三条、第一百六十四条、第一百六十五条、第一百六十六条、第一百七十三条、第一百七十八条、第一百九十六条之修订,宪法序言中加入:"民族文化独立之民族英雄,伟大诗人鲁文达里奥","公共自由之烈士,医生佩德罗·华金·查莫罗主教","和平与调停之大主教,米格拉·奥万多·Y·布拉沃主教",将"大西洋沿岸"改为"加勒比海沿岸",第十章标题之修改均包含在2014年1月19日通过的第854号尼加拉瓜共和国部分修改宪法法案

---

① 根据2014年2月8日第854号文件修改。

中,于同年 2 月 12 日在第 26 期《官方公报》上公布。

根据宪法第一百四十一条第八款之规定,无须共和国总统之批准,包含尼加拉瓜共和国宪法文本及其吸收之修改内容的原文可在《官方公报》上公开。

2014 年 2 月 12 日于马那瓜城立法厅。国民议会议长勒内·努涅斯·特列斯,国民议会第二秘书阿尔巴·帕拉西奥斯·本纳维德。

萨尔瓦多宪法*

(1983年12月20日生效，更新至2014年)

第三十八号法令

我们，萨尔瓦多制宪会议的人民议员，真诚信仰上帝，高度关注国家命运，切实行使萨尔瓦多人民授予的国家权力，致力于建立基于尊重人格尊严的国家共处的根本制度，建立一个更加公正的社会，一个以民主、自由和正义精神为价值核心并体现人文关怀的社会。

经制定、批准和宣告，特须行本宪法：

第一编　单独章节　人民和国家目标

第一条①

萨尔瓦多承认人民为国家行为的起源和目标，即为实现正义、司法安全和公共利益。

萨尔瓦多同样承认当下概念中的公民个人为人民一分子。

因此，国家有义务保证共和国居民享有自由、健康、文化、经济福利和社会正义。

第二编　公民权利和基本保障

第一章　个人权利及其例外规则

第一节　个人权利

第二条

任何人享有生命、身体和道德完整、自由、安全、劳动、地产和其他财产的权利，并有权就其保存和维护获得保障。

个人的荣誉、私人和家庭隐秘及私人形象权利亦受保障。

道德人格的损害补偿应由法律予以规定。

第三条

法律面前人人平等。任何人不论国籍、种族、性别或宗教，平等行使公民权利。

国家不承认世袭的奴役和特权。

第四条

任何人在共和国享有自由权。

共和国领土内任何人不得为奴，且贩卖奴隶者不得享有公民权。任何人不得遭受奴役或任何其他损害其尊严的状态。

第五条

任何人享有进入、居住和离开共和国国境的自由，法律另有规定的除外。

除由司法机关于特定情形下，依照法律的规定发出命令，任何人不得被强制改变户籍或居住地。

任何萨尔瓦多公民不得被强制脱离国籍或禁止进入共和国国境，亦不得被剥夺归国护照或其他证明文件。除依规章或由有关机关依法作出判决外，不得剥夺公民离开国境的权利。

第六条

任何人享有自由表达和传播其思想的权利，危害公共秩序或损害他人道德、荣誉或生命的除外。该权利的行使不受先期审问、审查或警戒；但行使该权利时违反法律者应对其违法行为负责。

任何情况下，出版社及其附属机构或任何其他旨在传播思想的媒体均不得作为犯罪工具被查封。

从事文字、无线电或电视传媒的商业或其他出版商业不得成为国家没收或国有化的对象，亦不得成为征用或其他程序的对象。此禁制令适用于股票所有者的股份。

上述商业不得基于出版作品的政治或宗教归属设立不同的准绳或作出任何其他类型的区别。

获得答复权为保护个人基本权利和保障的权利。

法律应规定公共展览的审查条件。

第七条

萨尔瓦多居民享有自由结社和为正当目的而和平、不携带武器地集会的权利。不得强制任何人结社。

---

*　译者：李帅斌。

①　根据1999年2月3日第541号法令修订。

不得基于公民未曾结社的事实限制或阻止其参加合法活动。

禁止成立政治、宗教或工会武装团体。

第八条

不得强制任何人做法律未允许其做的事，亦不得禁止其做法律未禁止其做的事。

第九条

未经支付合理报酬并经其完全同意，不得强制任何人提供劳动或个人服务，发生公共灾难和法律明确规定的其他事件除外。

第十条

法律不得授权对个人自由和尊严暗含损害或不可弥补的牺牲的活动或合同。法律亦不得授权签订包含剥夺公民权利或放逐的协议。

第十一条①

未经依法审理和判决，不得剥夺任何人的生命、自由、地产和其他财产权利或任何其他权利；不得依照同一事由对同一个人进行两次审判。

任何人在其他个人或机关非法或专断地限制其自由时享有申请人身保护令的权利。人身保护令同样适用于任何机关侵犯被拘留人员的尊严或者身体、智力及道德完整的情形。

第十二条

任何被控告犯罪的公民，未经公开审判依法确立其犯罪所需的必要证据，应推定其无罪。

被拘留人员有权以即时和易懂的方式获知其权利和被拘留原因，并不得被强制做陈述。被拘留人员在司法管理辅助机构实施的调查期间及司法诉讼期间，有权依照法律规定的条件获得辩护律师帮助。

未经个人同意获取的陈述无效；以此方式获得和使用陈述的人员应负刑事责任。

第十三条

政府机关、机构或公职人员应依照法律的规定发布拘留或监禁的命令，且该命令应为书面的。若少年犯被现场抓获，其可被任何人拘留，但须立即移交主管机关。

行政拘留不得超过72个小时，在此期间应向被拘留人员交代主管法官的命令及其可能实施的调查。

为调查而实施的拘留不得超过72个小时，且相应审判庭有义务向被拘留者个人明确其被拘留原因，倾听其非正式的陈述，并依照规定的条件判决其自由或临时拘留。

为社会防卫的目的，相关主体若因其反社会性的、不道德的或有害的活动对社会或个人显示出危害性并造成急迫的危险，应受具有再教育性或再适应性的安全措施制裁。此类安全措施应受法律的严格规制并由主管司法机关做出。

第十四条②

判处刑罚的权力专属于司法机关。然而，行政机关可依照正当程序通过作出决议或决定，给予违反法律、规章或条例者不超过5日的逮捕或罚款的处罚，罚款可由向社区提供社会服务替代。

第十五条

任何人仅得因触犯法律事先规定的不法行为并由法律先前设立的审判庭进行审判。

第十六条

同一法官不得以相同的事由判决不同的案件。

第十七条③

任何机关、机构、公务员均不得管辖未决案件，重审案件或审理终结案件亦属此列。在修改刑事判决的情形下，国家应依法对其确实的审判错误给予受害者适当的补偿。

补偿应根据正义延迟的时间确立。法律应规定公务员的直接责任和国家的辅助责任。

第十八条

任何人有权以适当的方式直接书面呈请依法设立的机关解决补偿问题，并有权获知补偿结果。

第十九条

若非为阻止或调查犯罪或者违法活动，不得对公民实施搜捕或讯问。

第二十条

住宅不受侵犯，未经居住人同意，或者不是因阻止正在进行的犯罪或犯罪造成的紧急危险或为挽救公民的生命而获得法律上的授权，不得进入公民的住宅。

侵犯此权利的，应对其造成的损害和损失进行补偿。

第二十一条

法律不得溯及既往，涉及公共秩序或者新法的刑罚更有利于违法者的情况例外。

最高法院有权在其权限内确立法律是否涉及公共秩序。

第二十二条

任何人有权依法自由处分其财产。任何人可以依照法律规定的方式转让其财产。法律应保障意志自由。

第二十三条

法律应保障契约自由。任何对其财产享有自由

---

① 根据 1996 年 6 月 27 日第 743 号法令修订。
② 根据 1996 年 6 月 27 日第 744 号法令修订。
③ 根据 1996 年 6 月 27 日第 745 号法令修订。

支配权的人均有权通过交易或仲裁终结其民事或商事事务。至于不享有自由支配权的人，法律应规定其行使上述权利的情形和必要条件。

第二十四条①

通信自由不受侵犯，诉讼中，通过窃听获得的通信不具有证明力或说明力，破产的除外。

禁止干涉和妨碍通信自由。但法律在保留与诉讼无关的私人秘密的前提下，可书面授权对各种通信以进行临时性干涉。取自非法干预的证据无效。

任何公务员若被证实侵犯本条规定的自由，则应立即免去其职务，并由其对造成的损害和损失予以赔偿。

特别法应规定可以实施上述授权调查的罪行种类。该特别法还应明确规定对上述授权的管控、向议会提交的定期报告和职责及公务员非法使用上述特别授权而产生的行政、民事和刑事制裁。该特别法须经全体议员至少三分之二通过始得批准和修改。

第二十五条

宗教自由应得到保障，除依道德原则和公共秩序外，不得施加更多的限制。宗教活动不得设立人的民事法律地位。

第二十六条

本宪法承认天主教的法律人格。其他教会依照法律的规定获得其人格承认。

第二十七条

死刑只得适用于触犯军事法规定的国际战争罪行。

禁止因债务而适用监禁、无期徒刑、诽谤、剥夺公权及一切酷刑。

国家应以改造罪犯为目标设立监狱，对其进行教育并教其劳动技能，以实现罪犯对社会的再适应和预防犯罪。

第二十八条②

萨尔瓦多给予期望定居在萨尔瓦多国土内的外国人庇护权，法律和国际法另有规定的例外。政治犯不属于例外之列。

引渡应依照国际条约调整，除非相关条约对其明确予以规定且签署国家的议会批准了该条约，否则该条约不得适用于萨尔瓦多。不论何种情形，该条约的规定应遵循互惠原则并向萨尔瓦多公民提供本宪法规定的所有刑罚和程序保障。

除跨国犯罪外，罪犯仅得向对其享有领土管辖权且向本国提出申请的国家引渡，且任何情形下不得约定引渡政治犯，但触犯国际共同犯罪的例外。

所有引渡条约均须经全体议员的三分之二及通过始得批准。

第二节 国家紧急情况制度

第二十九条③

在战争、领土入侵、叛乱、煽动、重大灾难、流行性疾病或者其他一般灾难或发生严重干扰公共秩序的情况下，本宪法第五条、第六条第一款、第七条第一款和第二十四条规定的保障制度可以中止执行，宗教、文化、经济、体育会议或者社团除外。上述中止执行可适用于共和国的全部或部分领土并视情况由立法机关或行政机关发布法令予以执行。

经立法机关全体议员四分之三同意，本宪法第十二条第二款和第十三条第二款规定的保障制度亦可中止执行；此类中止执行的期限不得超过十五日的行政拘留。

第三十条④

宪法保障制度的中止期限不得超过三十日。三十日届满后，若触发该中止的情形仍未消失，可发布新法令延长三十日。若未发布法令，中止性制度可依自然权利设立。

第三十一条

触发中止宪法保障制度的情形消失后，议会或内阁会议应视情况重新建立上述保障制度。

第二章 社会权利

第一节 家庭

第三十二条

家庭是社会的基本单位且应受到国家的保护，例如为了家庭的完整、福利以及社会、文化和经济发展，制定必要的法律并建立相关的机关和服务。

家庭的法律基础是婚姻且建基于配偶的法律上的平等。

国家应促使婚姻的缔结；但未缔结婚姻不得影响行使有助于家庭而设立的权利。

第三十三条

法律应基于公正原则设立权利和相互责任来调

---

① 根据2009年5月27日第36号法令修订。
② 根据2000年7月6日第56号法令修订。
③ 根据1991年10月31日第64号法令及1993年6月30日第583号法令修订。
④ 根据1991年10月31日第64号法令及1993年6月30日第583号法令修订。

整配偶间、配偶为其子女间的个人关系和父母子女关系;并设立必要机构保障其适用性。同时,法律应调整基于一个男人和一个女人间的稳定联合而产生的家庭关系。

第三十四条

未成年人均有权生活在容许其全面发展的家庭和环境中,国家保护其全面发展。

法律应明确国家的责任并设立保护孕妇和未成年人的机构。

第三十五条

国家应保护未成年人的身体、智力和道德健康并保障其受教育和受援助的权利。

未成年人实施的构成犯罪或过错的反社会行为应由特别司法机关管辖。

第三十六条

婚生或非婚生子女以及养子女享有相同的权利。父母有义务给予子女保护、援助、教育和安全。

关于家庭特征的任何描述均不得记录于民事登记处的卷宗,父母的民事身份亦不得记录于出生证明。

人人有权获得用以表明身份的姓名。附则将调整此类事项。

法律应明确调查和确立父亲身份的方式。

第二节 劳动和社会保障

第三十七条

劳动具有社会职能,受国家保护,不应视为商业条款。

国家应充分利用其享有的所有资源为体力或脑力劳动者提供就业机会以保证劳动者及其家庭有尊严生活的经济条件。国家还应向具有身体、智力或社会限制及残疾的人提供同等的劳动和就业机会。

第三十八条

劳动应由这样的法典来调整:以雇主和劳动者间和谐为主要目标,并确立雇主和劳动者的权利和义务。该法典应建基于旨在提高劳动者生活水平的一般原则上,并应包含下列权利:

(1)在相同的商务或公司中并在同等条件下,应实现同工同酬,不得基于性别、种族、信仰或国籍实行差别待遇。

(2)每个劳动者均应享有定期设立的最低工资的权利。最低工资标准的设立应考虑生活成本、劳动类型、报酬的不同体制、生产的独特区域和其他类似的标准。最低工资应充分满足劳动者家庭物质、道德和文化生活的基本需求。

计件工、包工、转包工亦应保证劳动者每天的最低工资。

(3)法律规定的一定数量范围内的工资和社会支付不得扣押,且应为无偿的,亦不得保留,有食品义务的除外。社会保障、工会配额或税收义务亦可保留。劳动者付出的劳动不得扣押。

(4)工资必须以现行法定货币支付。工资和社会支付相对于对抗雇主的其他信用具有优先权。

(5)雇主应为劳动者每年付出的劳动缴纳保险费。法律应依工资标准确定其数额进而建立相应的保险方式。

(6)日间从事劳动中,一日工作时长不得超过八个小时,且一周不得超过四十四个小时。

各类劳动可以超时的最长时长应由法律予以规定。

夜间劳动和危险性或不健康的劳动工作时长应少于日间劳动且其时长应由法律予以规定。劳动时间的限制不适用于不可抗力的情形。

基于生理原因、工作节奏的需求及其他原因,两日内的间隔,法律应确定该间隔的延长。

超时劳动和夜间劳动应支付附加的报酬。

每个劳动者每个工作周均有依法律规定的方式获得一天带薪休假的权利。

在上述规定的日期内未享受休假的劳动者有权就其在假期内提供的服务获得特殊报酬和补偿性休假。

(8)劳动者有权在法律规定的节假日内带薪休假;法律应规定本款不得适用的劳动类型,但在此种情形中,劳动者有权获得特殊报酬。

(9)在一定时期内达到最低服务标准的所有劳动者均有依法律规定的方式获得带薪年假的权利。年假不可用金钱补偿,且提供年假的雇主的义务应与享受年假的劳动者的义务相适应。

(10)不得雇佣十四周岁及十四周岁以下的未成年人和十四周岁以上正在接受法定义务教育的未成年人从事任何类型的劳动。

若劳动是维持未成年人及其家庭生活所必需且不妨碍遵守义务教育的最低要求,宪法授权其参加工作的权利。

十六周岁的未成年人参加任何性质的劳动,工作时长一日不得超过六个小时且一周不得超过三十四个小时。

十八周岁以下的人和妇女不得参加有害健康的或危险性的劳动。十八周岁以下的人不得参加夜间劳动。

法律应规定危险性和有害健康的劳动类型。

(11)无正当理由解雇劳动者的雇主有义务给予该劳动者法定的赔偿。

(12)法律应规定永久劳动者(无固定期限劳动

者)的成立条件,永久劳动者辞职时,雇主有义务向其支付经济补偿金,该补偿金应以其工资和服务年限为基准。

上述辞职的生效无需雇主的同意,但雇主否决支付相应的补偿金则构成不正当解雇的合法推定。

完全而永久地丧失工作能力或死亡的劳动者及其受益人有权于其自愿辞职时获得赔偿。

第三十九条

法律应规定签订集体劳动合同和协议的条件。集体劳动合同规定适用于参加该业务的所有劳动者,即使其不属于缔约工会的成员,及该集体合同或协议有效期间的加入公司的其他劳动者。法律应以集体劳动合同和协议中关于各种活动的主要有效规定为准则,设立统一不同经济活动中工作条件的程序。

第四十条

为预备和培养合格的人力资源,应建立职业培训制度。

法律应调整实施该制度的范围、程度和方式。

法律应以保证学徒情训获得良好的工作、有尊严的待遇、公正的报酬及退休金和社会保障利益为目标,调整学徒培训合同。

第四十一条

家务劳动者有权享有正式的最低工资及由于雇主迟延发布或接受劳动或者擅自或不正当中止劳动造成的时间损失获得补偿。虑及家务劳动的特性,类似于其他行业劳动者的家务劳动者的特定法定情形亦应得到尊重承认。

第四十二条

女性劳动者享有在生育前及之后带薪休假且保有其劳动的权利。

法律应规定雇主为劳动者子女设立和维持婴儿室和养育室的义务。

第四十三条

雇主有义务为遭受工伤或任何职业疾病的劳动者支付赔偿金并向其提供医疗、药品和其他法律规定的服务。

第四十四条

法律应规定工场、工厂和劳动地点所需的条件。

国家应维持技术检查服务以核实其实施结果并提出相应的改革建议,技术检查服务主要负责监督劳动、援助、退休金和社会保障是否严格依照法定的方式。

第四十五条

农艺劳动者和家务劳动者有权就下列事项获得保护:工资、劳动时间、休息、休假、社会保障、解职赔偿及一般性的社会利益。法律应依照各种劳动的条件和特性确定上述权利的程度和性质。在工商业、社会实体和其他类似机构中提供具有家务性质的服务的劳动者应被视为体力劳动者且享有体力劳动者享有的权利。

第四十六条

国家应鼓励设立劳动者拥有的银行。

第四十七条①

雇主和私人劳动者,不分国籍、性别、种族、信仰或政治见解,也不论其参加何种类型的活动或者何种性质的劳动,均享有为保护其相应利益而自由结社,进而组织职业团体或工会的权利。上述权利同样适用于官方自治机构的劳动者、公共公务员和雇员及市政雇员。

上款规定的权利不得适用于本宪法第二百一十九条第三款和第二百三十六条规定的公务人员和雇员、军队成员、国民警察成员、司法事业成员及在其职权中行使决策组织权或负直接责任或具有高度保密义务的雇员。

对于公共部门及其名义成员而言,结社的权利既不得适用于其各自的增补法官,亦不得适用于辅助代理人、辅助检察员、劳动监察员和受托人。

上述机构享有法律人格且在行使其职权时有权获得及时的保护。未经法院以法律规定的方式作出判决不得解散或中止上述机构。

本宪法的特别规范及专业机构、农业公会和城市公会不得妨碍结社自由。禁止任何排斥结社自由的条款。

工会董事会成员必须由在本土出生的萨尔瓦多公民担任,且工会董事会成员在其当选、任职及任职结束后一年内不得因纪律性事由终止或中止职务,亦不得对其劳动条件进行调换或降级,依照主管机关事先做出的正当事由的除外。

本宪法承认本条第一款最后部分提及的劳动者和雇员依法同样享有的缔结集体性协议的权利,集体性协议于该协议签订后开始的财政年度的第一天生效。特别法应就此事项予以规定。

第四十八条②

本宪法承认雇主的停业权和雇员的罢工权,法律规定的基本公共服务行业除外。在行使上述权利时,若已取得通过法律规定的和平途径解决冲突的方法,上述权利的行使不得成为必需。罢工或停业的效力溯及雇主和雇员发起之时。

---

① 根据 2009 年 5 月 27 日第 33 号法令修订。
② 根据 2009 年 5 月 27 日第 34 号法令修订。

法律应规定上述权利的成立条件和行使。

第四十九条

应建立劳动的特别管辖权。应设立解决劳动事宜的诉讼程序,该程序应采纳有利于冲突迅速解决的方式。

国家有义务促进和解和仲裁等以和平手段解决劳动冲突的有效方式。应设立和解和仲裁特别行政委员会以解决经济性的集体冲突或利益冲突。

第五十条

社会保障构成一项具有强制性的公共服务。法律应规定其范围、程度和方式。

上述服务应由一个或多个机构提供,机构间应遵守适当的协调以保证社会保护政策以专门的方式获得良好的实施,并实现资源的最优利用。

雇主、劳动者和国家应依照法律规定的方式和数量致力于保证社会保障的支付。

法律为劳动者规定的由国家和雇主承担的义务已受社会保障,则国家和雇主可免除相应的法律义务。

第五十一条

法律应规定商业公司和其他机构基于其特殊地位,应向劳动者及其家庭提供适当的住房、学校、医疗协助和保障福利的其他服务和必需的关注。

第五十二条

为保障劳动者权益而授予的权利不得放弃。

本章逐条列举的权利和利益不排除源自社会正义原则的其他权利和利益。

第三节 教育、科学和文化

第五十三条

享有教育和文化是人类固有的权利;相应地,维护、促进和传播文化是国家的义务和主要目标。

国家应鼓励科学研究和行业。

第五十四条

国家应建立教育制度,因而设立教育制度所需的机构和服务。设立私人教育中心的自由是自然人格和法律人格的保障。

第五十五条

教育具有下列目标:实现人格在精神、道德和社会领域的全面发展;致力于建设一个更加繁荣、公正和人性化的民主社会;灌输尊重人权和遵守相应义务的观念;抵制所有的不容异己和仇恨精神;认清国家现实并统一萨尔瓦多国民的国家价值观;并支持中美洲人民的团结。

父母享有为其子女选择教育的优先权。

第五十六条①

所有共和国居民有权利也有义务接受初等基础教育,教育将使其成为有用的公民。国家应推动特别教育中心的组建。

国家提供的早期、基础和特别教育应为无偿的。

第五十七条

官方教育中心提供的教育在本质上应为民主的。

私人教育中心应接受国家的管理和审查,若其为非营利性机构可接受国家的资助。

举办教育界的职业培训是国家排他性的责任。

第五十八条

任何教育机构均不得由于父母或监护人所属公会的性质或者社会、宗教、种族或政治差异而否决接收学生。

第五十九条

有文化是一种社会利益。本国所有居民应以法律规定的方式贡献于此。

第六十条

从事教学之人依照法律规定的方式符合相关资格要求。

所有的教育中心,不论公立或者私立,民事或军事,关于国家历史、政治、道德、共和国宪法、人权和自然资源的保护的教育应为强制性的。

国家历史和宪法应由萨尔瓦多的教师来执教。

学术自由应受到保障。

第六十一条

高等教育应由特别法予以调整。萨尔瓦多大学和其他国立大学享有教学、行政管理和经济领域的自治。大学在尊重学术自由的前提下应提供社会服务。相关法律应建立大学组织和运行的一般原则,大学在服从该类法律整体框架下由法规予以调整。

用于维持国立大学而调拨的基金及保证和增加大学财产所需的基金每年由国家财政预算支付。此类基金应依法服从相关国家机关的管控。

特别法在尊重学术自由的前提下,还可调整私立大学的设立和运行。私立大学应提供社会服务,但不得追求赢利。该特别法应调整官方和私立科研机构的设立和运行。

国家应监督高等教育机构的民主运行并审查其胜任的学术水平。

第六十二条

萨尔瓦多官方语言为西班牙语。政府有义务监督西班牙语的维护和教育。

国家领土内流传的土著语言为国家文化财产的

---

① 根据2009年5月27日第35号法令修订。

一部分且应受到维护、传播和尊重。

第六十三条

国家艺术、历史和考古财富为萨尔瓦多文化财产的一部分,应受到国家保护和特别法的维护。

第六十四条

国家象征为国旗、国徽和国歌。与国家象征相关的事项应由法律予以规定。

第四节　公共卫生和社会救济

第六十五条

共和国居民卫生状况属于公共利益。国家和个人均有义务对其维护和恢复予以监督。

国家应确立国家卫生政策并对其适用予以管控和监督。

第六十六条

国家应向物力匮乏的患者提供免费救济,若治疗目的为预防传染性疾病传播,则还应向广大居民提供免费救济。在此情形中,任何人有义务接受治疗。

第六十七条

公共卫生服务本质上应为技术性的。应建立卫生、医院、辅助治疗和医院管理事业。

第六十八条①

最高公共卫生理事会应监督人民公共卫生状况。最高公共卫生理事会由来自医学、牙科、化学制药、兽医学、临床实验、心理学、护理等职业团体的相同数额的议员及具有学士学位的其他人员组成,最高公共卫生理事会借此有资格建立各个领域的委员会;行政机关应为其任命一名主席和秘书。法律应确定其组织。

与人民公共卫生直接相关的各个行业的运行应由从属于该行业的专业院校设立的法定机关予以监督。若其监管下的职业团体的成员明显不道德或不称职地履行职务,上述机关有权暂停该成员执行专业职务。相关主管机关可依正当程序作出决议中止其职务。

最高公共卫生理事会有权就前款规定的机关发布的决议提出的异议申请进行审理并作出决议。

第六十九条

为实现对化学、药品和兽医产品安全的长期监管,国家应通过对相关机关的监管来推动监管所需的物力资源的发展。

同时,国家应对可能影响公共卫生和福利的食品安全和环境状况进行监管。

第七十条

国家应向因年龄或身体或智力残疾而无法参加劳动的贫困者提供帮助。

第三章　公民、公民政治权利和义务及选民

第七十一条

所有年满十八周岁的萨尔瓦多国民为公民。

第七十二条

公民政治权利由下列组成:

(1)选举;

(2)依法组建政党和参加现存政党;

(3)依照本宪法和附属法律规定的条件竞选公职。

第七十三条

公民政治义务由下列组成:

(1)选举;

(2)遵守并监督共和国宪法的遵守状况;

(3)依法为国家服役;

行使选举权及行使本宪法规定的全民协商表决权。

第七十四条

公民权基于下列原因应中止行使:

(1)正式起诉;

(2)精神不健全;

(3)法院禁令;

(4)无正当理由否决履行普选设立的职务;在此情形下,公民权利的中止期限延及被否决履行的职务原本应履行的全部期限。

第七十五条

公民权基于下列原因丧失:

(1)臭名昭著的腐败行为;

(2)犯罪行为;

(3)在选举过程中收买或销售选票的行为;

(4)参与制定议案、文告或追随参与者以推动或支持共和国总统的连任或继续任职,或者为实现此目的采取更直接的目标;

(5)被限制选举自由的公务员、机关及其代表。

在上述情形中,主管机关明确宣告已改造的人恢复公民权。

第七十六条

选民由具有行使表决权能力的公民组成。

第七十七条②

在最高选举法庭下属的选举登记处登记是行使选举权的必要条件。

---

① 根据 2003 年 5 月 15 日第 7 号法令修订。

② 根据 1991 年 10 月 31 日第 64 号法令及 1993 年 6 月 30 日第 583 号法令修订。

已登记的合法政党有权监督选举登记处的筹备、组织、成立和更新。

第七十八条

选举具有自由性、直接性、平等性和秘密性。

第七十九条①

法律应规定在共和国领土建立选区。选举体系的基点为全体公民。

代议机关议员的选举应采纳比例议员制。

法律应规定选举的方式、时间和行使选举的其他条件。

共和国总统和副总统的选举日期应早于总统任期两个月,但不得超过四个月。

第八十条②

共和国总统和副总统、议会和中美洲议会议员及内阁会议成员为普选产生的公务员。

在共和国总统或副总统选举中,依照计票结果,若无获得绝对多数的参选政党或政党联盟,则应在获得最多数有效投票的政党或政党联盟间举行第二次选举;第二次选举的选举期限应在第一次选举结果宣告后且不得超过三十日。

若由于不可抗力或意外事件,第二次选举不能如期举行,经议会及时确认,第二次选举应另择时间举行,亦不得超过三十日。

第八十一条

即使无先期公告,在法律规定的共和国总统和副总统选举日四个月前,议员选举日两个月前,内阁会议选举日一个月前,始得进行竞选宣传。

第八十二条③

具有宗教信仰的部长、军队现役队员和国民警察成员不得参加政党,亦不得竞选普选产生的公职。

前款规定的人员不得举行任何方式的政治宣传。

公民应在法律规定的场所参加选举活动,选举场所不得设在军事区域或公共安全场所。

第三编 国家、政体和政治制度

第八十三条

萨尔瓦多为主权国家。主权归属于人民,人民依照法定的方式并在本宪法规定的范围内行使主权。

第八十四条

萨尔瓦多在共和国领土内行使管辖权和主权,共和国领土不可侵犯,除大陆部分外,还包括:

中美洲法院于1917年3月9日发布的判决所列举的由海岛、小岛、珊瑚礁所组成的岛屿及其他国际法渊源所规定的其他领土;国际法规定的其他海岛、小岛、珊瑚礁。

领水和丰塞卡湾(the Gulf of Fonseca)领域,丰塞卡湾为具有内海归属的历史性海湾,其体制由国际法和前款提及的判决确立。

大气空间、底土和相应的海岛和大陆架;同时,萨尔瓦多依照国际法的规定对自低潮线起200海里内的海洋、底土和海床行使主权和管辖权。

国家领土的界限为:

依照1938年4月9日于危地马拉签订的关于领土界限的条约的规定,西临危地马拉共和国。

依1980年10月30日于秘鲁的利马(Lima)签订的全面和约划定的界限,北部和东部与洪都拉斯共和国部分接壤。国界的未确定部分,应依照签署合约确定,或按照有利于国际争端和平解决的方式确定。

东部其余领土与洪都拉斯共和国和尼加拉瓜共和国在丰塞卡湾的水域相接壤。

南临太平洋。

第八十五条

政府实行共和制、民主制和代议制。

政治体制由政党具体显现出多元性,政党为在政府中议员人民的唯一组织。政党的规范、组织和运行应遵守代议制民主原则。

一党制不符合民主体制和本宪法规定的政体。

第八十六条

公权力源于人民。各政府机关应在本宪法和法律规定的归属和权限内行使公权力。政府机关的职权不可委托,但在行使公共职权时,政府机关间应相互配合。

政府的基本机关为立法机关、行政机关和司法机关。

政府公务员为人民的受托者且不应享有除法律授予外的其他权力。

第八十七条

人民起义的权利应得到承认,起义的唯一目标应为重建侵犯有关政体或现存政治体制的规范而改变的宪政秩序,在本宪法授予的权利严重受到侵害时,也可以行使起义的权利。

行使起义权不得废弃或修改本宪法,且应限制在对违反规范的公务员予以罢免的必要范围内,只能在短期内对其予以修改,除非依照本宪法规定的方式制定新的宪法。

本宪法设立的基本机关的归属和职权在任何情

---

① 根据1991年10月31日第64号法令及1993年6月30日第583号法令修订。
② 根据1991年10月31日第64号法令及1993年6月30日第583号法令修订。
③ 根据1991年10月31日第64号法令及1993年6月30日第583号法令修订。

况下均不得由同一个人或机构行使。

第八十八条

为维持现存整体和政治体制,共和国总统制实行交替主义是必要的。违反此项规范可能招致起义。

第八十九条

萨尔瓦多鼓励并推动与中美洲国家,尤其是中美洲地峡国家的人文、经济、社会和文化统一。相关国家可以订立条约或协定设立拥有超国家职权的机关来推动统一进程。

萨尔瓦多还应支持中美洲共和国整体或部分重建,重建应采取统一、联邦或邦联的方式,并充分保障对民主和共和国原则及其居民个人和社会权利的尊重。

议案和联合根基应提交全民协商。

第四编 国 籍

第九十条

下列人员出生即可成为萨尔瓦多公民:

(1)出生在萨尔瓦多的人;

(2)出生在国外,但父母一方为萨尔瓦多公民;

(3)定居在国内的中美洲联合共和国其他成员国的公民,向主管机关明确表达其成为萨尔瓦多公民的意愿,但无须放弃原国家国籍。

第九十一条

因出生成为萨尔瓦多公民者享有双重或多重国籍的权利。

因出生获得萨尔瓦多公民者仅在其向主管机关发表放弃国籍声明后才可丧失公民身份且向同一机关申请后即可恢复公民身份。

第九十二条

下列人员可因归化获得萨尔瓦多公民身份:

(1)在国内定居一年的西班牙公民和西裔美国公民;

(2)在国内定居五年的任何其他国家公民;

(3)获得由立法机关认可的为共和国做出显著贡献的公民;

(4)于缔结婚姻之前或之后在国内定居两年且与萨尔瓦多女性结婚的男性外国人或者与萨尔瓦多男性结婚的女性外国人。

主管机关依照法律规定授予因归化获得的国籍。

第九十三条

国际条约应规定不属于中美洲联邦成员国的公民因归化取得萨尔瓦多国籍而保留其原始国籍的方式和条件,该规定应尊重互惠原则。

第九十四条

因归化而获得的萨尔瓦多公民身份在下列情形下丧失:

(1)在原籍国连续定居两年以上或者连续离开国境达五年以上,依法获得许可的除外;

(2)在法律规定的情形下被判刑事处罚。依此种方式丧失国籍的人不得恢复国籍。

第九十五条

依照共和国法律设立的法人在国内具有法定住所的为萨尔瓦多公民。

多数合伙人或资本为外国人的萨尔瓦多法人不得违反法律为保护萨尔瓦多公民利益而建立的规章。

第九十六条

外国人自其踏入共和国国境起,有义务严格尊重机关和遵守法律,并有权获得机关和法律的保护。

第九十七条

法律应规定否决外国人入境或在共和国定居的情形和方式。

直接或间接参与国内政事的外国人丧失定居的权利。

第九十八条

不论萨尔瓦多公民或者外国人,在任何情形下,均不得请求政府就派系斗争对其造成的人身或财产损害或损失给予补偿。受害人仅得向有过错的公务员或个人请求补偿。

第九十九条

外国人在被否决审判和穷尽其所能及的法定救济手段之前不得求助于外交途径。

不利于请求人的生效判决不构成否决审判。违反此条款者应丧失在国内定居的权利。

第一百条

外国人应遵守特别法。

第五编 经济秩序

第一百〇一条

经济秩序在本质上应遵从社会正义原则,社会正义倾向于保证国家全部居民作为人类有尊严地生活。

国家应扩大生产、提高生产率并加强资源的合理利用以推动经济和社会发展。作为类似目标,国家还应鼓励实现生产的多样化和保护消费者利益。

第一百〇二条

在不违反社会利益的前提下应保障经济自由。

国家应提供必要的条件鼓励和保护私人创业以增加国家财富并保证国家最大多数居民的利益。

第一百〇三条

具备社会职能的私有财产权受到承认和保障。

在法律规定的期限和方式下,知识产权和艺术作品所有权同样受到承认。

底土属于国家,国家可以授予开发许可。

第一百〇四条

依照法律规定的范围和方式,国家不动产可以转让于自然人或法人。

部分农业生产对于有利于国家的活动是不必要的,与该部分相关的国家农村财产应通过支付相应补偿金的方式转让于土地改革的受益人。上述财产也可以转让于公共事业法人。

第一百〇五条

国家承认、鼓励和保障私人对农村土地享有所有权,不论是个人的、合作性的、公共的或任何其他联合方式的所有权,且不得以任何方式降低本宪法规定的私人所有权的最高限度。

每个自然人或法人享有的农村土地不得超过两百四十五公顷。上述限制不适用于合作社和农民集体组织。

本条第二款所指的土地所有人有权自由转移、让与、分割、分配或出租土地。合作社、农民集体组织和土地改革的受益人对其土地享有的权利应由特别制度予以调整。

享有超过两百四十五公顷农村土地的所有人没有立即自由决定保存、分割和在相关不动产和抵押登记处登记土地类型权利。

超过本宪法和法律规定的限度的且处于共同所有关系的农村不动产所有权属于共有人分割的对象。

超过本宪法规定的限度的土地,不论以何种名义,应转让于农民、农场主、合作团体和组织及农民集体。本款所指的转让应在三年内实施。超过三年仍未转让的土地的分配方法应由特别法予以规定。

不论以何种名义,前款规定的超过限度的土地均不得转让于四代以内的血亲和两代以内的姻亲。

国家鼓励共和国独立部门下的农产品加工业的成立、融资和发展,以保障劳动就业和国家农业部门生产的原材料的进一步加工。

第一百〇六条

基于公共事业或社会利益的目的,经过法律批准和事前公正的补偿始得进行征收。

因战争或公共灾难引发的征收,或者因供给水力或电力能源、建设住房、高速公路、道路或类似的公共街道而实施的征收可以事后进行补偿。

对依照前款征收的财产给付的补偿经证明合理后,补偿可以分期付款的形式支付,但支付年限不得超过十五年,分期支付的,被征收人有权获得相应的银行利息。补偿款应优先采用现金支付的方式。

征收公共基金设立的单位无须给予补偿。

禁止以刑罚或任何其他方式实施没收。违令的机关应以其人员和财产对产生的损害负永久责任。没收的财产不受诉讼时效的限制。

第一百〇七条

禁止各类限定继承,下列事项除外:

(1) 有利于国家、市、公营实体、慈善或文化机构和法定丧失行为能力者的信托;

(2) 未超过法定期限且由法律授权的银行或信用机构管理的信托。

(3) 家庭信托。

第一百〇八条

法人或基金,不论是民事的或宗教的,也不论其名义或目标如何,均不享有维护所有权或管理不动产的法定资格,获得授权或属于该机构目标的除外。

第一百〇九条

若萨尔瓦多公民无权获得某外国农村土地所有权,该外国公民亦无同种权利,工业机构用地除外。

本宪法第九十五条第二款所指的外国和萨尔瓦多公司应遵守此规则。

第一百一十条①

除有利于国家或市且社会利益需要的情形外,不得授权实施垄断。为保障国家利益可以建立存储站。

为保障企业自由和保护消费者,应禁止垄断行为。

发现者和发明人及完善生产流程者可以获得特定时期内的特权。

若社会利益需要,国家可以在其职责范围内通过官方自治机构或市直接提供公共服务。国家还有义务调整和监督私人企业提供的公共服务和利润批准,依照国家条约和公约设立的除外;提供公共服务的萨尔瓦多企业应在圣萨尔瓦多设立劳动中心和运行基地。

第一百一十一条

发行货币权专属于国家,国家直接或通过公立发行机构行使货币发行权。货币、银行和信用体制应由法律予以规定。

国家应以促进和维持最有利于国家经济有秩序发展的条件为目标制定货币政策。

第一百一十二条

若向社会提供基本服务的商业所有者或运行人未遵守经济和社会组织方面的法规,国家可以管理该商业以维持服务的连续性。

国家还可以调整属于萨尔瓦多交战国公民的资产。

第一百一十三条

旨在通过更好地利用自然和人力资源增进国家财富及促进公正分配其从事之活动产生的利益的组

---

① 根据1994年4月21日第860号法令修订。

织应受到鼓励和保护。此类组织,除私人个体外,国家、市和公共事业团体均可参加。

第一百一十四条

国家应保护和鼓励合作组织,促进其组织、扩张和融资。

第一百一十五条

工业和小型服务领域的商业属于因出生获得萨尔瓦多国籍公民和中美洲公民固有的财产。其保护、促进和发展受法律的保护。

第一百一十六条

国家应鼓励小额农村财产的发展。国家应为小型生产者获得技术援助、信用及其他购买和更好利用其土地所必需的方法提供便利。

第一百一十七条①

国家有义务保护自然资源及环境的多样性和完整性以保障可持续发展。

依照法律规定的条款,自然资源的保护、保存、理性享用和恢复或替换属于社会利益。

禁止住境内引进核物质残留和有毒废弃物。

第一百一十八条

国家应采用有利于实现保障共和国居民最大福利这一目标的人口政策。

第一百一十九条

住房建设属于社会利益。国家应采取行动以保障尽可能多的萨尔瓦多家庭拥有其住房。国家应推动每个农场主为本地劳动者提供卫生和舒适的住房,并为临时劳动者提供充足的设备;为达成此目标,国家应为小额财产所有者提供必要的便利。

第一百二十条②

国家授予的关于征收码头、铁路、运河或其他具有公益性质的重要工程的每项许可,其条款和条件应根据工程的性质和投资所需的数额予以规定。

上述许可应提交议会表决通过。

第六编　国家机关及其归属和职权

第一章　立法机关

第一节　议　会

第一百二十一条

议会为由议员组成的集体性机构,议员依照本宪法规定的方式选举产生,议会本职在于立法。

第一百二十二条

议会应于议员选举年的5月1日在共和国首都开会以开启其任期,但无须预先召开会议。经议会决议批准可以在共和国领土范围内改变会议召开地点。

第一百二十三条

议会的多数议员应具备审议能力。

议会通过一项决议须经全体议员半数以上同意,本宪法规定采用特定多数的除外。

第一百二十四条

议会议员每三年选举一次且可连选连任。其职能任期始于议员选举年的5月1日。

第一百二十五条

议员代表全体人民且不受强制委托。议员不受侵犯且不论何时不对其发言或表决负责。

第一百二十六条

担任议员需具备下列条件:年满二十五周岁,出生于本国的萨尔瓦多公民,父母一方为萨尔瓦多公民,品性正直,学识渊博且在选举前五年内未丧失公民权。

第一百二十七条

下列人员不得担任议员候选人:

(1)共和国总统和副总统、国家部长和副部长、最高法院院长和法官、选举机关公务员、现役军官及一般行使管辖权的公务员;

(2)核定或管理公共基金但未结算账户的人;

(3)国家或市基金出资的公共工程或商业的承建人、担保人和对此项工程或商业提出自身利益请求的人;

(4)共和国总统的四代以内血亲或两代以内姻亲;

(5)未履行债务的公共或市债券的债务人;

(6)与国家缔结合同或获得国家许可以征收国家财富或公共服务者及其代表或行政人员,实施征收的外国公司的代表或行政人员亦在此列。

本条前款规定的禁止情形适用于选举前三个月内获得上述职位者。

第一百二十八条

议员不得担任由国家基金或市基金出资的公共工程或商业的承建商或担保人;亦不得获取征收国家资源或公共服务的国家许可;亦不得担任获得此类合同或许可的本国人或外国人的代表或行政人员。

第一百二十九条

议员在其被选举行使职权期间不得担任有偿性

---

① 根据2000年4月13日第871号法令修订。
② 根据2000年4月13日第871号法令修订。

公职,具有教育性或文化性及与社会救济专业服务有关的职位除外。

但议员可以担任下列职位:国家部长或副部长、官方自治机构首脑、大使馆或领事馆馆长或执行特别外交使命。在此种情况下,议员在其上述职权终止后应重新入议会任职,其议员任期结束的除外。

候补者可以参加工作或担任公职,但其任职和行使职权不产生议员身份终止的效力。

第一百三十条

议员在下列情形下终止职务:

(1)终审判决认定其犯重罪;

(2)触犯本宪法第一百二十八条规定的禁令;

(3)不具备议会认定的正当理由而辞职。

因上述情形终止职务的议员在其正常任期内不得担任任何其他公职。

第一百三十一条①

议会行使下列职权:

(1)发布国内规章;

(2)接受或否决议员的证明书,接受其宪法宣誓并推断本宪法规定的特定情形下议员的职责;

(3)接收议员辞呈,若议员具有法定正当事由,批准其辞呈;

(4)在议员死亡、辞职、提名、当选无效、临时性出缺或专业性议员丧失出席能力时,提名候补议员;

(5)发布、正式解释、改革和废弃附属法律;

(6)以公正的比例,对各种类型的资产、服务和收入征收税款、差饷和其他税负;在遭遇外敌入侵、公然宣战或公共灾难的情形下,若一般公共财政出现紧张,以相同的比例发布强制贷款;

(7)批准或否决行政机关与外国或国际机构签署的条约或公约;

(8)公布财政预算和公共管理开支及其修改;

(9)依照公务员体制,设立和废止职位并设定公务员和雇员的工资;

(10)以保障必备基金的运行为唯一目标,经向共和国总统咨询,批准该基金的预算和工资制度及其修改。该预算批准后,即纳入财政预算和公共管理开支;

(11)为推动文化、科技、农业、工业、商业和服务的发展,以一般的方式,公布财政福利和激励或任何性质的类似补助;

(12)发布关于承认公共债务和为偿还公共债务而设立并指定必要基金的法律;

(13)建立和调整国家货币体系并对外国货币的承认和流通事项作出决议;

(14)接受宪法宣誓并将职位授予依照法律规定行使共和国总统和副总统职权的公民;

(15)在议会作出个人批准前,就共和国总统和副总统及其受托人提出的辞呈或出缺作出决议;

(16)若共和国总统或其候补人员在宪法任期终止后继续行使职权,强制性剥夺其权力;此时,若不存在行使总统职权者,应任命一个临时性总统;

(17)在本宪法规定的情形和秩序下,在全部、各个总统任期内,以记名且公开选举的方式,选举两个人作为受托人行使共和国总统职权;

(18)接受行政机关各部长提交的工作报告,并作出批准或否决决定;

(19)以记名且公开选举的方式选举下列公务员:最高法院院长和大法官、最高选举法庭庭长和大法官、共和国审计署署长和大法官、共和国总检察长、共和国检察官、人权防御检察长和国家司法委员会委员;

(20)经议会任命的五名内科医生组成的委员会一致决议,并由全体议员三分之二以上多数通过,宣告共和国总统、副总统和议会选举的公务员身体或智力残疾而不能行使职权;

(21)本宪法对不同公务员的归属和职权未作规定的,对其予以确定;

(22)依照现有的政府体制,根据个人或组织向国家做出的相关贡献授予其头衔、勋章和奖章。

但下列人员在任期间,不得授予其头衔、勋章和奖章:共和国总统和副总统、国家部长和副部长、议会议员、最高法院院长和大法官;

(23)批准萨尔瓦多公民接受外国政府授予的勋章;

(24)相关人员若因文化或科技活动或工作所需,准许其临时性出缺或授予其特权;

(25)宣战和根据行政机关提交的报告批准和平;

(26)对政治性犯罪及与政治性犯罪相关的普通犯罪或二十人以上实施的普通犯罪实行大赦;根据最高法院所做的同意报告实行赦免;

(27)经全体议员三分之二以上多数同意,以记名且公开选举的方式,中止和重建本宪法第二十九条规定的宪法保障;

(28)同意或否决萨尔瓦多公民担任国内的大使馆或领事馆职位;

(29)同意或否决外国军队过境及外国战舰或飞船超过国际条约或惯例允许的时间在国内驻扎;

(30)批准本宪法第一百二十条规定的许可;

(31)根据最高法院提议创制司法管辖权和设立职位,以保障不同公务员受理刑事、民事、商事、劳工、

---

① 根据1991年10月31日第64号法令及1993年6月30日第583号法令修订。

行政争议、土地和其他类型的案件;

(32)任命特别委员会调查关涉国家利益的事项并根据该委员会的报告采纳必要的协定或建议;

(33)公布国家象征;

(34)罢免内阁部长或官员和官方自治机构主席;

(35)对第八十条最后一款规定的不可抗力或意外事件予以明确化;

(36)接受共和国总检察长、共和国检察官、人权防御检察长、共和国审计署署长和萨尔瓦多中央储备银行行长必须提交的工作报告;

(37)向总统提出罢免部长的建议案;或者根据特别委员会的调查或增罢免案,在适当时向相关机关提出罢免官方自治机关公务员的建议案。议会以严重侵犯人权为由向国家安全机关或国家情报机关首脑提交其决议时,该决议发生法律效力;

(38)行使宪法授予的其他职权。

第一百三十二条

包括官方自治机构和军队成员在内的所有公务员和雇员有义务与议会特别委员会协作办公;特别委员会依照司法程序发出通知,上述人员和任何其他人员有义务出庭和做证。

议会特别委员会的调查结论对法院不具有拘束力,不得影响诉讼进程或决议,亦不得损害为采取适当行动而提交到国家总检察长办公室的结论效力。

第二节　法律及其制定、颁布和生效

第一百三十三条①

下列人员享有专属的立法权:

(1)议员;

(2)共和国总统经由其部长;

(3)最高法院针对司法机关、公证和检察机关职权的行使和法院管辖权及权限事项;

(4)市议会针对市税款事项;

(5)中美洲议会通过参加中美洲议会的萨尔瓦多议员,针对本宪法第八十九条规定的有关中美地峡统一的事项。

参加中美洲议会的萨尔瓦多议员以相同且平等的方式享有立法权。

第一百三十四条②

每项议案须经董事会多数成员的签署始得批准。议案副本一份交由议会保留,两份应发给共和国总统。

第一百三十五条③

每项议案应于讨论和批准后十日内发给共和国总统,若总统无反对意见,应批准并公布其为法律。

本宪法第一百三十一条第一项、第二项、第三项、第四项、第十四项、第十五项、第十六项、第十七项、第十八项、第十九项、第二十项、第三十二项、第三十四项、第三十五项和第三十七项规定的事项及议会认可的先例无须总统批准。

第一百三十六条④

共和国总统若未就议案提出反对意见,应签署两份副本,一份发回议会,一份归档,并在相关国家机关将议案文本公布为法律。

第一百三十七条⑤

共和国总统若否决一项议案,应自收到议案之日起八日内,将议案发回议会,并注明否决原因;若总统未在规定期限内发回议案,应视为总统批准并公布该议案为法律。

总统否决议案后,议会应再审该议案,若议案经全体议员三分之二多数批准,应再次发给共和国总统,且总统必须批准并命令公布该议案。

若总统附带保留地发回议案,议会应对保留予以考虑且以第一百二十三条规定的多数决作出必要的决议并发给总统,总统必须批准和做出公布命令。

第一百三十八条⑥

若总统以违宪为由将议案发回议会,而立法机关以前条规定的方式再次批准议案,共和国总统应于三日内将议案送呈最高法院,最高法院在听取两方讨论后,应于十五日内作出合宪与否的决定。若法院决议议案合宪,共和国总统有义务批准并命令公布其为法律。

第一百三十九条⑦

法律应在十五日内予以公布。若共和国总统未在规定期限公布法律,议会议长应在政府公报或国内具有较大发行量的任何其他期刊公布法律。

第一百四十条

任何法律未经公布不得生效。法律在公布八日之后产生永久的法律效力。该期间可以延长,但不得限缩。

---

① 根据2003年10月2日第154号法令修订。
② 根据1991年10月31日第64号法令及1993年6月30日第583号法令修订。
③ 根据1991年10月31日第64号法令、1993年6月30日第583号法令和2000年4月13日第872号法令修订。
④ 根据1991年10月31日第64号法令及1993年6月30日第583号法令修订。
⑤ 根据1991年10月31日第64号法令、1993年6月30日第583号法令和2000年4月13日第872号法令修订。
⑥ 根据1991年10月31日第64号法令、1993年6月30日第583号法令和2000年4月13日第872号法令修订。
⑦ 根据1991年10月31日第64号法令、1993年6月30日第583号法令和2000年4月13日第872号法令修订。

第一百四十一条

若法律的发行文本出现明显错误,应于十日内重新公布。最新公布的文本应视为正式文本;且重新公布的日期应视为法律的生效日期。

第一百四十二条

法律的解释、修改和废止应遵守和其制定相同的程序。

第一百四十三条

若议案被拒收或未获批准,在六个月内不得再次提交。

第三节 条约

第一百四十四条

萨尔瓦多与其他国家或国际机构签署的国际条约依照该条约和本宪法的规定生效后,即成为共和国法律的一部分。

法律不得变更或废除条约关于萨尔瓦多的有效规定。条约和法律的规定冲突时优先适用条约。

第一百四十五条

限制或改变宪法条款的条约,不论以何种方式,均不得批准,附带保留的批准例外。条约中的保留条款不属于共和国法律。

第一百四十六条

改变政体或者损害领土完整、共和国主权和独立或基本人权和人类保障的条约,不论以何种方式,均不得签署、批准或许可。

前款规定适用于与政府、国立或国际公司缔结的国际条约或合同,尽管萨尔瓦多将其提交外国法院管辖。

针对条约及合同引起的争议,萨尔瓦多有权将其决议提交仲裁或国际法院,前款规定不得妨碍萨尔瓦多该项权利的行使。

第一百四十七条

任何与共和国范围相关的问题应提交仲裁,引起此类问题的条约或公约须经全体议员四分之三以上多数同意始得批准。

行政机关签署的关于国家领土的任何条约或协定同样需要全体议员三分之二以上多数同意始得批准。

第一百四十八条

议会有权授予行政机关在严重且紧急的情形下签署自愿贷款合同,议会还应保障国家或市公共利益实体约定的职责得以履行。

依照本条约定的职责应提交立法机关认可,议会经全体议员三分之二以上多数同意始得对其予以批准。

授权发行或缔结贷款的法令必须明确确立分配的基金及更为一般的贷款运行的必要条件。

第一百四十九条

宣告任何条约的条款因违反宪法规定而不得适用的职权应由法院在行使审判权的职权内行使。

以全面和强制的方式宣告条约违宪应以本宪法规定的宣告法律、法令和规章违宪的相同体制行使。

第二章 行政机关

第一百五十条

共和国总统和副总统、国家部长和副部长及其下属的公务员组成行政机关。

第一百五十一条

担任共和国总统应具备下列条件:出生在国内、萨尔瓦多公民、父母一方为萨尔瓦多公民;具有世俗财产、年满三十周岁、具备高尚的道德和渊博的学识;在选举前六年内有权行使公民权且属于合法成立的政党的党员。

第一百五十二条①

下列人员不得担任共和国总统候选人:

(1)已在前任任期内连续或总计超过六个月行使总统职权者,或在前任总统任期最后六个月内行使总统职权者;

(2)配偶和四代以内血亲及两代以内姻亲已担任前任总统者;

(3)于总统任期开始前上一年度担任议会议长或最高法院院长者;

(4)于前任总统任期最后一个年度内担任国家部长、副部长,任何官方自治机构主席和国民警察局局长者;

(5)现役或总统任期开始前三个年度内担任职业军人者;

(6)在紧邻的前任任期内受召行使总统职权,无正当理由拒绝行使职权,却在前任任期最后六个月表明其担任共和国总统志向的副总统或受托人;

(7)本宪法第一百二十七条第二项、第三项、第四项、第五项、第六项规定的人员。

第一百五十三条

前两款的规定适用于共和国副总统和总统受托人。

第一百五十四条

总统任期每届五年且开始与终止于6月1日,任

---

① 根据1991年10月31日第64号法令及1993年6月30日第583号法令修订。

何担任总统的人均不得超过一日行使职权。

第一百五十五条

若总统因死亡、辞职、罢免或其他事由而出缺，副总统接任总统；若副总统出缺，按次序由已任命的一名受托人接任总统，若全部的受托人因法定事由出缺时，议会应任命接任人选。

若总统超过六个月不能行使其职能，依照前款接任总统者应完成该任总统任期。

若总统短期内不能行使职能，接替者应只在该期间行使总统职能。

第一百五十六条

总统、副总统和受托人仅得依正式的重大而具体的事由才可放弃其职权，该事由应由议会予以明确。

第一百五十七条

共和国总统为军队总司令。

第一百五十八条

未经议会许可，共和国总统不得离开国境。

第一百五十九条①

为管理公共事务，应设立必要的秘书处，秘书处下属行政机关各个部门。各部门部长应分别对一名秘书负责，部长在一名或多名副部长的协助下进行工作。在法律规定的特定情形下，副部长接任部长。

国防和公共安全应分属不同部门负责。公共安全应由国民警察负责，国民警察为独立于军队和政党的职业团体。

国民警察分为城市警察和农村警察，应履行下列职责：维持秩序、安全、公共和平及犯罪侦查与法律规定的和严格尊重人权应尽的职责。

第一百六十条

担任国家部长或副部长应具备下列条件：出生在国内、萨尔瓦多公民、年满二十五周岁、具有世俗财产、具备高尚的道德和渊博的学识；在任命前六年内有权行使公民权。

第一百六十一条

本宪法第一百二十七条第二项、第三项、第四项、第五项、第六项规定的人员不得担任部长或副部长。

第一百六十二条②

国家部长和副部长及公共安全机关和情报机关首脑由共和国总统任命、罢免并接受其辞呈和批准其休假。

第一百六十三条③

共和国总统发布的法令、协议、命令和细则须经各个独立部门部长或副部长签署和传达。否则不具有法律效力。

第一百六十四条

行政机关公务员超越本宪法规定的职权发布的法令、协议、命令和规章无效而无须遵守，即使经过议会批准备案后发布。

第一百六十五条

内阁部长或其他人员和官方自治机构首脑应出席议会会议回复对其提出的质询。

应回复质询的公务员无正当理由拒不出席议会的应予以罢免。

第一百六十六条

应设立部长会议，部长会议由共和国总统和副总统、国家部长或上述人员的接替者组成。

第一百六十七条

部长会议享有下列职权：

（1）发布行政机关国内规章及其内部规章。

（2）制定政府总体规划。

（3）起草财政收支预算草案并于新的财政年度开始前的三个月内提交议会。若已决预算涉及政府各部门间职权的变更，部长会议有权对其作出修改。

（4）批准为具备战争、公共灾难或社会秩序极其不安定的需要而分配的资金总额，该资金不得列入预算之内，若议会不在会期，部长会议应立即通知议会董事会采取该措施的缘由，以便在召开议会时批准或否决相关措施。

（5）提请议会中止本宪法第二十九条规定的宪法保障的实施。

（6）于议会会期外，中止或重启本宪法第二十九条规定的宪法保障的实施。在中止的情形下，部长会议应立即通知议会董事会采取该措施的缘由和已实施的相关活动。

（7）于共和国需要时提请召开议会特别会议。

（8）审议并决定共和国总统提交审议的全部事项。

第一百六十八条④

共和国总统的归属和职责如下所示：

（1）遵守并继续遵守宪法、条约、法律和其他法律文件。

（2）维护共和国主权和领土完整不受损害。

（3）努力维持社会和谐并维护和平和国内团结及社会成员的安全。

---

① 根据 1992 年 1 月 30 日第 152 号法令及 1996 年 6 月 27 日第 746 号法令修订。
② 根据 1992 年 1 月 30 日第 152 号法令修订。
③ 根据 1991 年 10 月 31 日第 64 号法令及 1993 年 6 月 30 日第 583 号法令修订。
④ 根据 1992 年 1 月 30 日第 152 号法令修订。

(4)签署国际条约和公约,提请议会批准和监督其实施。

(5)负责对外关系。

(6)于每一新的年度的前两个月内,经由部长向议会提交前一年度政府工作报告。财政部长应于每一新的财政年度的前三个月内,向议会提交上一年度预算的一般报告和国库与财政财产现有状况的报告。

若前款规定的职责未按期履行,未对该同一行为履行监督职责的部长应予罢免,该部长应立即通知共和国总统,由总统任命新的部长。新的部长应于三十日内提交相关报告。若新的部长亦未履行上述职责,同样予以罢免。

(7)就议会提出的要求向其作出报告,涉及秘密军事计划的除外。若相关政治协商需要保持秘密性,共和国总统应做出通知,议会应于秘密会期对此做出审议。

(8)批准、颁布和公布法律并实施法律。

(9)向维持法官命令的公务员提供必需的帮助以确保其法令的有效性。

(10)事先向最高法院提交报告并依照最高法院的支持判决实施刑罚。

(11)依照法律组织、领导和维持军队,授予军衔并负责高级军官的部署、职责划分或免职。

(12)部署军队保卫国家主权和领土完整。作为例外,若常规手段不能维持国内和平、团结和公共安全,共和国总统为此可以调用军队。军队的行动应严格限制在为重建秩序所必需的时间和措施范围内且应于任务完成后立即终止。共和国总统应就相关活动及时向议会报告,议会有权随时终止上述例外措施。无论何种情形,共和国总统应于例外措施终止后十五日内,向议会提交关于军队执行情况的详细报告。

(13)领导战争和维护和平并立即将为此目的而订立的一切条约提交议会批准。

(14)发布促进和保证与其职权相关的法律的适用所需的规章。

(15)监督政府事务的有效管理和运行。

(16)提议设立三人委员会,议会从中选出两名候选人提交总统。

(17)为维护城市及农村领域内的和平、团结、秩序和公共安全,在充分尊重人权和服从民政当局领导的前提下,组织、领导和维持国民警察。

(18)组织、领导和维持国家情报机关。

(19)确立军队和国民警察合理的年度军事人员。

(20)行使法律授予的其他职权。

第一百六十九条

行政机关和军队公务员及其雇员的任命、罢免、接受辞职和授予特权应遵守行政机关内部规章或其他生效的法律和规章。

第一百七十条

共和国委任的外交和领事代表必须由本国出生的萨尔瓦多公民担任。

第一百七十一条

共和国总统、副总统、部长和副部长对其批准的事项负集体责任。出席会议或替代他人行使职权的部长和副部长,即使提出保留意见,亦须对部长会议作出的决议负集体责任,除非该决议生效后立即提出辞职。

第三章 司法机关

第一百七十二条①

最高法院、二审法院和附属法律建立的其他法院组成司法机关。就宪法、民事、刑罚、商事、劳动、土地和争议管理事项及法律规定的其他事项行使的审判和执行判决的权力专属于司法机关。

司法机关的组织和运行由法律予以规定。

大法官和法官在其职权范围内独立行使审判权,除服从宪法和法律外,不服从任何权力。

司法机关每年享有不低于国家预算本期收入百分之六作为财政收入。

第一百七十三条

最高法院由法律规定的数名大法官组成,一名由总统任命,其他的由议会选举产生。总统任命的大法官为司法机关的首席大法官。

法律应规定最高法院的内部机构,各内部机构的职权应分属不同的部门。

第一百七十四条②

最高法院应设立一个宪法法庭,宪法法庭审理并解决下列争议:法律、法令和规章的合宪性,土地契约和人身保护令的程序问题,本宪法第一百三十八条规定的立法机关、行政机关间的冲突和本宪法第一百八十二条第七款规定的事由。

宪法法庭由议会委任的五名大法官组成。宪法法庭庭长由议会按照选举最高法院大法官的方式选举产生;宪法法庭庭长为最高法院和司法机关的首席大法官。

---

① 根据1991年10月31日第64号法令及1993年6月30日第583号法令修订。

② 根据1991年10月31日第64号法令及1993年6月30日第583号法令修订。

第一百七十五条

应设立由两名大法官组成的二审法院,一名负责一审法院,一名负责治安法官。其数量、管辖权、归属和住所应由法律予以规定。

第一百七十六条

担任最高法院大法官应具备下列条件:在本国出生的萨尔瓦多公民、具有世俗财产、年满四十周岁、为共和国律师、具备高贵的道德和高超的能力;担任二审法院大法官满六年或担任一审法院法官满九年,或者在选举前获得许可从事律师职业满十年以上;履职前已享有六年的公民权。

第一百七十七条

担任二审法院大法官应具备下列条件:萨尔瓦多公民、具有世俗财产、年满三十五周岁、为共和国律师、具备高贵的道德和高超的能力;担任一审法院法官满六年或在选举前从事律师职业满八年以上;履职前已享有六年的公民权。

第一百七十八条

最高法院大法官和二审法院大法官的配偶或亲属,即四代以内直系血亲或两代以内旁系血亲不得担任最高法院大法官和二审法院大法官。

第一百七十九条

担任一审法院法官应具备下列条件:萨尔瓦多公民、具有世俗财产、为共和国律师、具备高贵的道德和高超的能力;担任治安法官满一年或在任命前获得许可从事律师职业满两年;履职前已享有三年的公民权。

第一百八十条①

担任治安法官应具备下列最低条件:萨尔瓦多公民、为共和国律师、具有世俗财产、年满二十一周岁、具备高贵的道德和高超的能力;任命前已享有三年的公民权。

治安法官属于司法机关公务人员。

例外情形下,国家司法委员会有权提议非律师人员担任治安法官,但其职权任期为一年。

第一百八十一条

司法服务应免费。

第一百八十二条②

最高法院具有下列职权:

(1)审理土地契约程序问题;

(2)解决管辖权或属性不同的法院间的权限争议;

(3)审议捕获案件和其他保留的案件;发布文书程序或在国外实施强制和获得遵守的调查委托书,该调查委托书应遵守条约的规定;授权引渡;

(4)依照法律在必要时授权执行外国法院作出的判决;

(5)审查正义是否得到迅速和忠实的遵守,并在必要时采取措施;

(6)审议法律规定的公务员的特定职责;

(7)审议本宪法第七十四条第二项和第四项规定的中止行使公民权或第七十五条第一项、第三项、第四项和第五项规定的丧失公民权及恢复公民权的案件;

(8)针对特赦或减刑请求作出报告和评论;

(9)依照国家司法委员会设立的委员会任命二审法院大法官、一审法院和治安法官及司法医生和附属机构雇员;并对其予以罢免、接受其辞呈和准予其休假;

(10)依照法律相关规定任命助理法官;

(11)亲自或通过其委任的公务员接受其新任命的公务员的宪法宣誓;

(12)颁发律师资格证并授权律师执业;若律师实施下列行为:违反职业义务、严重犯罪或疏忽、不适当的职业行为或恶劣且不适当的私人行为,则中止律师执业;若律师实施受贿、行贿、欺诈、诈骗和法律规定的其他行为,则取消其律师资格,并以正当事由恢复其律师资格。中止和取消律师资格的案件应依照法律规定的程序进行并根据证据的道德力量作出决议。作出同样的授权应举行公证。

(13)提出工资预算法案和司法机关开支法案并将该法案提交行政机关纳入国家总预算法案行列,行政机关不得修改最高法院提交的法案。议会对上述预算所作的必要预算调整应问最高法院咨询。

(14)宪法和法律规定的其他职权。

第一百八十三条

最高法院,经由宪法法庭,为依照一般和固定的方式宣告法律、法令和规章的形式和内容违宪的唯一主管法院,最高法院可依公民申请行使违宪审查权。

第一百八十四条

首都二审法院有权针对特定事项审理对国家提起的一审案件,最高法院独立法庭有权审理对国家提起的二审案件。

第一百八十五条

在维护正义的权限内,法庭应作出判决宣告其他机关的任何法律或条款违背宪法命令而无效。

第一百八十六条③

应建立司法事业。

---

① 根据 1991 年 10 月 31 日第 64 号法令及 1993 年 6 月 30 日第 583 号法令修订。
② 根据 1991 年 10 月 31 日第 64 号法令及 1993 年 6 月 30 日第 583 号法令修订。
③ 根据 1991 年 10 月 31 日第 64 号法令及 1993 年 6 月 30 日第 583 号法令修订。

最高法院大法官应由议会选举产生,每届任期九年;大法官可连选连任且每三年改选三分之一。议会依照法律明确规定的特定事由可以对其予以罢免。经议会全体议员三分之二以上同意可以选举和罢免最高法院大法官。

最高法院大法官应从国家司法委员会依法律规定的方式做出的候选人名单中选举产生,上述名单中的一半候选人应来自于萨尔瓦多律师业的代表团体且应代表相关现行最权威的相关司法观点。

二审法院大法官、一审法院和治安法官为司法事业的一部分,应保障其职位稳定。

法律应向法官提供完全自由地、以公正的方式且不受任何影响地对其受理的案件行使审判权的保护;还应保障法官享有与其职责相适应的合理报酬和生活标准。

法律应调整司法事业收入,公务员的晋升、晋级、调换和纪律惩戒以及此类事业的内在其他事项的条件和形式。

第一百八十七条①

国家司法委员会为独立机构,负责为最高法院大法官办公室、二审法院大法官办公室、一审法院法官办公室和治安法官办公室提名候选人。

国家司法委员会负责司法培训学校的组织和运行,司法培训学校的目标为确保提升法官和其他司法工作人员的职业技能。

国家司法委员会委员由议会全体议员三分之二以上同意予以选举和罢免。

法律应对与此相关的事项予以规定。

第一百八十八条②

担任大法官或法官者不得担任辩护人或公证人及其他国家机关公务员,教师和执行临时任务的外交官除外。

第一百八十九条

应设立陪审团审理法律规定的普通犯罪。

第一百九十条

例外管辖权应予以禁止。

第四章 公共事务部

第一百九十一条③

公共事务部职能由共和国总检察长、共和国检察官、人权防御检察长和法律规定的其他公务员共同行使。

第一百九十二条④

共和国总检察长、共和国检察官、人权防御检察长由议会全体议员三分之二的法定多数选举产生。

上述人员行使职权期限为三年且可连选连任。

未经议会全体议员三分之二以法定事由表决通过,不得罢免之。

担任共和国总检察长或共和国检察官应具备与担任二审法院大法官同样的条件。

法律应规定担任人权防御检察长应具备的条件。

第一百九十三条⑤

共和国总检察长享有下列职权:

(1)捍卫国家和社会利益;

(2)依职权或依一方当事人申请提起捍卫法治的正义诉讼;

(3)依照法律规定的方式在国民警察的协助下指挥犯罪调查;

(4)依职权或依一方当事人申请提起刑事诉讼;

(5)捍卫财政利益并代表国家出席所有审判和缔结与获取一般不动产和须投标的财产及法律规定的其他财产有关的合同;

(6)推动触犯对抗政府的罪行和藐视罪人员的起诉和惩罚;

(7)为履行其职能设立特别委员会;

(8)对下列人员予以任命、罢免、准许其休假和接受其辞呈:最高法院、二审法院、军事法院、一审法院、财政法院律师;总检察长对其下属的其他公务员和雇员行使上述职权;

(9)撤销权;

(10)审查在国家授予的任何职业许可中所确立的资格、条件和目标是否得到遵守并行使与此相关的职权;

(11)行使法律规定的其他职权。

第一百九十四条⑥

人权防御检察长和共和国检察官享有下列职权。

(1)下列职权由人权防御检察长行使:

1)审查人权受尊重的状况和人权保障;

2)依职权或依受理的申请调查侵犯人权的案件;

3)援助声称人权受侵犯的受害人;

---

① 根据1991年10月31日第64号法令、1993年6月30日第583号法令及1996年6月27日第747号法令修订。
② 根据1991年10月31日第64号法令及1993年6月30日第583号法令修订。
③ 根据1991年10月31日第64号法令及1993年6月30日第583号法令修订。
④ 根据1991年10月31日第64号法令及1993年6月30日第583号法令修订。
⑤ 根据1991年10月31日第64号法令、1993年6月30日第583号法令及1996年6月27日第747号法令修订。
⑥ 根据1991年10月31日第64号法令及1993年6月30日第583号法令修订。

4)提升保护人权的司法或行政资源；

5)监管被剥夺自由人员的状况。全部的逮捕情况均应通知人权防御检察长并审查行政拘留的法定限制的遵守状况；

6)在必要时实施调查以确保尊重人权；

7)监督违背个人利益的政府行为；

8)推动国家机关保障人权的改革进程；

9)针对影响人权行使状况的法律议案发表意见；

10)推动并提议必要的措施以预防侵犯人权的行为；

11)公开或私下作出结论和建议；

12)编制和发表报告；

13)发展一项旨在普及人权知识和推动尊重人权的长期活动项目；

14)宪法或法律授予的其他职权。

人权防御检察长可设立长期任职的省级和地方代表。

(2)下列职权由共和国检察官行使：

1)审查家庭和个人及少数和弱势群体利益的保护状况；

2)向享有有限经济资源的人群提供法定援助，并作为司法代表保护其个人利益和劳动权益；

3)对下列人员予以任命、罢免、准许其休假和接受其辞呈：共和国法院助理检察员、劳工检察员和其下属的其他公务员和雇员；

4)行使法律授予的其他职权。

第五章 审计署

第一百九十五条①

对国库整体状况和特定预算的执行的监督为共和国审计署的职责，审计署独立于行政机关且享有下列职权：

(1)监管公共基金的托收、保管、承付和分配；及税收、差饷、权利和法律规定的其他税负的清算；

(2)依照预算批准国库的每笔基金支出；参与直接或间接影响国库或国家财产的任何法案并签署有关公共债务的法案和合同；

(3)监督、调查和审计管理或经营公共资产的公务员和雇员的账目并审理此类账目引起的案件；

(4)监督官方自治机构和商业及国库基金资助的或接受国库补助金或津贴的单位的经济管理；

(5)审查行政机关向议会提交的国库经营报告并向议会报告审查结论；

(6)批准履行其职能所须的规章；

(7)向共和国总统、议会和其他特定长官就受其监督的经营财产和基金的公务员或雇员的已证实的相关不法行为作书面报告；

(8)审查有利于国家和市的债务的生效状况；

(9)行使法律规定的其他职权。

第(2)项和第(4)项职权应按照法律对此的规定以有利于促成相关机关本职和目标的方式实现；且审计署可依受监督机关或长官的申请或者在必要时依职权采取预先行动。

第一百九十六条

为实施其审计职能，审计署应设立一个二审法院和法律规定的数个一审法院。

二审法院由院长和两名大法官组成，法律可对大法官的名额予以增补。

上述官员由选举产生，每届任期三年，可连选连任，且除议会以法定事由作出决议外不得罢免其职务。二审法院对一审法院法官予以任命、罢免、准予其休假和接受其辞呈。

特别法律应对审计署及其法院的运行、管辖、权限和管理体制予以规定。

第一百九十七条

若审计署裁定提交其审理的法案违反已生效的法律或规章，应向享有法定职权执行该法案的官员提出建议，且该问题法案的效力应保持中止状态。

若部长会议作出并传达给审计署署长一份认定法案合法的合理决议，行政机关可以全部或部分批准该法案。此类决议应在政府公报上予以公布。

若审计署的裁定不包含残缺或一项开支所必备的预算信用缺失，则正式传达的批准应终止法案的中止状态，否则在此种情形下，法案的中止状态应保持到信用缺失补足前。

第一百九十八条

审计署署长和大法官应为：出生在国内的萨尔瓦多公民，年满三十周岁且具备高尚的道德和高超的能力；在选举前三年内有权行使公民权。

第一百九十九条

审计署署长每年应向议会提交一份详细的、记录型工作报告。该职责应在新的财政年度的前三个月履行。

不履行该职责应被视为免职的正当事由。

---

① 根据1994年10月20日第165号法令修订。

第六章 地方政府

第一节 政府行政系统

第二百条

为方便政治管理，共和国领土划分为若干行政区，其数量和限制应由法律予以规定。每个行政区均有一位省长和代省长，省长和代省长由行政机关任命，其职权由法律予以规定。

第二百〇一条

担任省长应具备下列条件：萨尔瓦多公民，具有世俗财产、年满二十五周岁、在任命前三年内有权行使公民权、具备高尚的道德和渊博的学识、且为本省居民或在任命前在本省定居两年以上的邻省居民。

第二节 市

第二百〇二条

为方便地方政府的管理，省划分为若干市，市由市政委员会统治，市政委员会由一名市长、一名经理人和两个或两个以上的委员组成，委员的名额应按照市人口数量设置。

市政委员会委员应年满二十一周岁且为本市或邻市居民；由选举产生，每届任期三年，可连选连任，法律应进一步规定其任职条件。

第二百〇三条

市享有经济、技术和行政管理领域的自治权且遵守市法典，市法典规定其组织、运行和自治权行使的一般原则。

市有义务协助其他公共机构执行国家或地方发展规划。

第二百〇四条

市享有下列自治权：

（1）在一般法规定的限度内为完成特定工程而创制、修改和取消税收及其他税负。

市政委员会通过税收或税负后，相关协议应在政府公报上予以公布，且公布八日之后获得强制效力；

（2）发布财政收支预算；

（3）在其权限内自由管理；

（4）任命和罢免其下属的公务员和雇员；

（5）发布地方条例和规章；

（6）确立和改革税率并向议会提起税率法案。

第二百〇五条

任何法律和权力机关均不得豁免或免除市税收和税负。

第二百〇六条

地方发展规划须由市政委员会分别批准；且国家机关应协助市执行发展规划。

第二百〇七条

市基金无须集中到国家总基金且仅得用于市公共服务和市福利。

市之间可以协作或制定合作协议以实现属于两个以上市共同利益的工程或服务。

为保障市的发展和经济独立，应设立经济和社会发展基金。法律应规定基金的数额和实施机制。

市政委员会应管理其固有财产并向共和国审计署提交一份详细的管理记录报告。

共和国审计署应事后依法审计预算的执行。

第七章 最高选举法院

第二百〇八条①

应设立最高选举法院，该法院由五名大法官组成，任期五年，由议会选举产生。三大政党或在上届总统选举中获得最多投票权的合法联盟从其提名的委员会中分别选举产生其中三名大法官。议会全体议员以三分之二以上多数赞成票从最高法院提名的两个委员会中选举产生另外两名大法官，该两名大法官应满足担任二审法院大法官所需的条件且不得归属任何党派。

应设立五名候补大法官，候补大法官的产生方式与前述大法官的选举方式相同。不论何种原因未提名委员会，议会应分别选举候补大法官且不予考虑未提名的委员会。

政党或在上届总统选举中获得最多投票权的合法联盟提名首席大法官。

在不损害本宪法规定的追索权的前提下，最高选举法院为该领域违法行为的最高审理机关。

第二百〇九条②

法律应设立收票、验票、计票和其他选举活动的必要机关并监督该机关按照政党或政党联盟不得干涉的方式组建。

相关政党或政党联盟享有监管选举整体流程的权利。

第二百一十条

国家承认政治债务为相关政党谋求促进自由和独立的金融机制。附属法律应规定相关事项。

---

① 根据 1991 年 10 月 31 日第 64 号法令及 1993 年 6 月 30 日第 583 号法令修订。

② 根据 1991 年 10 月 31 日第 64 号法令及 1993 年 6 月 30 日第 583 号法令修订。

第八章 军 队

第二百一十一条①

军队为服务国家的常设机构。军队具有纪律性、专业性、非政治性和非审议性。

第二百一十二条②

军队以防卫国家主权和领土完整为己任。依照本宪法关于紧急状态的规定,国家总统有权部署军队维持国内和平。

为保障本宪法得到遵守,本宪法第八十六条规定的基本机关可以运用军队力量使其在各自宪法权限内通过的相关规定生效。

军队应协助完成行政机关委托的公益工程并帮助全国人民应对国家灾难。

第二百一十三条③

军队构成行政机关的一部分且隶属于共和国总统,总统为军队总司令。军队的结构、法律制度、原则、构建和运行应由法律、规章和共和国总统通过的特别规定调整。

第二百一十四条

军事职业具有专业性且国家仅承认依法按照严格尺度获得的军事职衔。

除法律另有规定外,不得剥夺军队人员的职衔、荣誉和福利。

第二百一十五条

十八周岁以上三十周岁以下的萨尔瓦多公民有服兵役的义务。

在必要的情况下,有能力执行军事任务的全部萨尔瓦多公民均应服兵役。

特别法律应规定相关事项。

第二百一十六条④

应建立军事管辖权。审理纯军事性的犯罪和违法活动应依法设立特别程序和法庭。作为司法体系的例外体制,军事管辖权应限制在服役期间的纯军事性犯罪和违法活动,该类活动以排他的方式侵犯了严格的军事司法利益。

现役军队人员享有纯军事性犯罪和违法活动的军事管辖权。

第二百一十七条⑤

武器、弹药、爆炸物及类似品的制造、进口、出口、贸易、所有和运输仅得在获得行政机关国防部的授权和直接监督下进行。

特别法应对相关事项予以规定。

第七编 行政权

第一章 公务员事务

第二百一十八条

公务员和公共雇员应服务于国家且不得持有任何政治属性。上述人员不得利用其职权参与党派政治。违者应依法予以惩处。

第二百一十九条

应成立行政事业。

法律应调整公务员事务,特别是行政机关的入职条件,以优点和能力为基础的升职和加薪、调动、中止职务和撤职;公务员职责和对影响其权益的决定的追索权;法律还应保障公共雇员的工作稳定性。

担任政治职务和信托职务的公务员和雇员不属于行政事业,特别是下列人员:共和国总检察长、共和国检察官、共和国总统秘书、大使、董事、部门总督和上述人员的私人秘书。

第二百二十条

特别法应调整国家和市公务员和雇员的退休事项,使得退休人员依其服务年限和所得薪金享有退休福利。

禁止对征收的退休福利款项征缴税收或财政和市税。

该特别法应确立国家和市公务员享有的其他权益。

第二百二十一条

国家和市公务员不得罢工,亦不得集体辞职。

公务员公共服务的军事化仅得在国家进入紧急状态时实施。

第二百二十二条

本章规定适用于市公务员和雇员。

第二章 国 库

第二百二十三条

国库由下列组成:

---

① 根据 1992 年 1 月 30 日第 152 号法令修订。
② 根据 1992 年 1 月 30 日第 152 号法令修订。
③ 根据 1992 年 1 月 30 日第 152 号法令修订。
④ 根据 1992 年 1 月 30 日第 152 号法令修订。
⑤ 根据 1992 年 1 月 30 日第 152 号法令修订。

(1)基金及其流动资产;
(2)现行信贷;
(3)不动产及非土地财产;
(4)应用税法、关税法和其他税负法律以及相关的任何其他法规获得的收入。

公认的债务和其他源于正式授权公共支出债务,均为国库的义务征收来源。

第二百二十四条

全部国库收入集中于一个基金,以统一的方式服务于生活必需和国家义务。

但法律可以分配特别款项用于国债。捐款同样可以用于捐赠者指定的目的。

第二百二十五条

法律可以授权国家从国库整体资产中分配财产用于实现其目标或从总基金中分配资源用于实施宪法或增加分配给公共机构的特别财产。

第二百二十六条

行政机关各部门有权控制财政收入且有特别义务维持与实现国家目标相适应的预算平衡。

第二百二十七条

国家总预算包括在每一财政年度内,按照现行法律于该法的表决日预期接收的所有收入估算及其认为适合于实现国家的目标的所有支出授权。

立法机关可以减少或拒绝其信用请求,但不得增加。

政府每年支付的浮动债务可获授权纳入财政预算以补救临时财政赤字。

支出由国库基金支付或补贴的国家机构和自主性的企业及机构,应由特别预算和立法机关批准的薪酬制度调整,信贷机构除外。

特别法应规定预算的准备、表决、执行和提交并调整在一个会计年度末在新的预算尚未生效时须遵循程序。

第二百二十八条

若不属于预算额度范围,不得向公共基金投入或支付任何金额。

任何承诺、授予或支付必须依照法律的规定作出。

未来基金仅可依据立法授权用于公共工程或行政利益,或者用于合并或转换公共债务。为此目标可以表决通过一项特别预算。

应通过一部特别法以调整补贴、养老金和影响公共基金的退休福利。

第二百二十九条

行政机关遵循法定程序可以在同一部门或不同部门间调动款项,预算宣告不可调动的款项除外。

遵循相同的法定程序,司法机关可以就其预算款项行使相同的权力。

第二百三十条

应设立国库总服务部门用于公共基金的征集、保管和支出。

若公共资产的使用违反了法律的规定,授权或命令实施该交易者应作为执行者对其负责,证明自己无过失的除外。

第二百三十一条

除按照法律的规定和用于公共服务外不得征税。

不得对直接服务于宗教的教堂及附属不动产征税。

第二百三十二条

立法机关和行政机关均不得免除国库或市库管理官员或雇员偿付他们留用的公款的义务,亦不得免除他们所欠国库或市库的债务。

第二百三十三条

国库或公用不动产仅得依据立法机关授权捐献、给予使用权、借用或出租于公共实用机构。

第二百三十四条

若国家须签订公共工程合同或收购个人财产用于增值公共基金或资产,该工程或供应订单须公开招标采购,法律另有规定的除外。

不得依据外国法院对争议的判决签订合同。

前款规定适用于市。

第八编 公务员职责

第二百三十五条

全部公务员或军事人员在履职前,应以其荣誉宣誓:忠于共和国,遵守并已遵守宪法,实施宪法,即使法律、法令、命令或决议另有规定,并严格履行职权内职责,若有违规行为应依法承担负责。

第二百三十六条[①]

共和国总统和副总统、议员、总统受托人、国家部长和副部长、最高法院和二审法院的院长及大法官、审计署署长和大法官、共和国总检察长、共和国检察官、人权防御检察长、最高选举法院院长及大法官和外交人员应对其职务和普通犯罪向议会答辩。

在此种情形,议会听取原告和被告或特别辩护人的答辩后,应宣告是否存在形成案由的根据。若有根据,履职者应被移送二审法院审理;若无根据应将其归档。

---

① 根据 1991 年 10 月 31 日第 64 号法令及 1993 年 6 月 30 日第 583 号法令修订。

二审法院的判决应由一名最高法院大法官按照二审程序审理，法院全体会议审理此判决承认的追索权。

任何人，只要具备法律规定的条件，均有权谴责本条规定的犯罪并作为一方当事人出席审判。

第二百三十七条

若议会或最高法院宣告存在形成案由的根据，被告则应中止行使其职权且不论基于何种动机亦不得继续履行职务。若有违反，则应承担延长职权的罪行。若判决是谴责性的，则应因此行为罢免其职权。若该职务的授予有特定的期限且其选举或任命的任期尚未终止而其罪责可以赦免，则继续行使其职权。

第二百三十八条

自当选为议员之日起至议员任期终止之日止，议员不因触犯严重罪行而被免职，议会依照前条规定的程序事先宣告存在形成案由的根据除外。

议员在上述期限内亦不因触犯比较严重罪行和犯罪受拘留或监禁，亦不得传唤其做证。

自当选为议员之日起至任期终止之日止，若共和国总统、副总统或议员在作案时被捕，任何人或机关可以拘捕之，但有义务立即将案件移交议会处置。

第二百三十九条

若最高法院事先宣告存在形成案由的根据，普通法院可以罢免触犯职务犯罪的下列人员：一审法院法官、省长、治安法官和法律规定的其他公务员。上述公务员触犯普通犯罪和罪行应遵守普通程序。

一审法院法官审理市政委员会委员触犯的职务犯罪或普通犯罪。

第二百四十条

公务员和公共雇员无正当事由窃取国库或市财政的，有义务归还非法所得于国家或市，但不得减轻依法应承担的责任。

自任职之日起至终止任职之日止，公务员或雇员的财产明显高于正常获取的工资或薪酬及通过任何其他正当途径获取的财产或收入时，应认定成立非法所得。认定财产和收入的增加额，应评估公务员或雇员及其配偶、子女的共同财产。

法律规定的公务员和雇员自就职之日起六十日内，有义务依照前款的规定向最高法院公布其财产状况。最高法院有权采取其认为必要的措施认定公告的真实性，该公告应存档且仅得用于本条规定的目的。上述公务员和雇员任职终止后，应重新公布其财产状况。法律应规定违反此项义务的制裁方式。

公务员或雇员在任期期间获取非法所得的，应在其任职终止之后十年内提起诉讼。

第二百四十一条

公务员或军事人员明知其下属公务员或雇员触犯职务犯罪的，应尽快通知主管机关审理，通知不适时的，相关公务员应认定为不配合且应承担相关刑事责任。

第二百四十二条

职务犯罪和罪行的追诉时效应遵守一般规则且应于有过错的公务员职务终止后开启审理程序。

第二百四十三条

公务员触犯立法机关批准的本宪法规定的职务行为的，追诉时效终止之前，均可追诉其职务犯罪。

提交议会批准的报告和账目，除法律的规定外，针对其所提及的行为和合同不得享有更多的价值。

第二百四十四条

在总统任期内，侵犯、违反或修改宪法条款应由法律予以特别惩处，且公务员或军事人员以此动机招致的民事或刑事责任不得特赦、减刑或豁免。

第二百四十五条

公务员和公共雇员个人承担且国家辅助承担因侵犯宪法规定的权利所引起的物质或精神损害。

第九编　范围、适用、改革和修改

第二百四十六条

本宪法规定的原则、权利和义务，法律不得修改，但可以对其运行作出规定。

本宪法高于一切法律和规章。公共利益优先于个人利益。

第二百四十七条

任何人的宪法权利受侵犯均有权向最高法院宪法法庭寻求宪法保护。最高法院宪法法庭和位于首都之外的二审法院有权发布人身保护令。当事人有权向最高法院宪法法庭请求审查否决其自由的法院决议。

第二百四十八条

议会经超过全体议员半数同意可以作出宪法改革。

议会经全体议员三分之二以上多数批准通过可以公布该宪法改革。一经批准，应公布相关法令，且应在政府公报上予以公布。

改革的提议权由十名以上的议员专享。

在任何情况下，本宪法该条的规定不得对下列内容作出改革：政体和政府制度、共和国领土和共和国总统职务行使的更替。

第二百四十九条

1926年1月8日在政府公报上公布的第6号法令，同年1月16日公布的第194卷第110号法令，1982年4月26日在政府公报上公布的第3号宪法法令及同日公布的第275卷第75号法令规定的例外制度及与本宪法的规定相抵触的任何条款应予以废止。

第十编　过渡条款

第二百五十条

即使次级立法未对相关宪法作出更改，应被判处死刑的罪行及本宪法第二十七条未规定的罪行应处以剥夺自由刑内的最高刑罚。本条适用于待执行的死刑犯。

第二百五十一条

本宪法第三十条规定的程序法生效前，调整该事项的法律依然有效，但有效期限不得超过 1984 年 2 月 28 日。

第二百五十二条

相关法律对本宪法第三十八条第十二款规定的权利作出具体规定前，适用本宪法的规定，相关法律不享有溯及力。

第二百五十三条

1983 年 11 月 22 日在政府公报上公布的第 36 号宪法法令，同年 12 月 5 日公布的第 194 卷第 110 号法令并入本条。

本宪法第一百五十二条第 3、4、5 项不得适用于选举下任共和国总统和副总统，该事项应遵守 1983 年 11 月 22 日在政府公报上公布的第 36 号宪法法令及同年 12 月 5 日公布的第 281 卷第 225 号法令。

第二百五十四条

在萨尔瓦多出生的公民自出生之日起，无须额外程序即可获得国籍并享有天赋的权利和义务。

第二百五十五条

1984 年 6 月 30 日之前，最高法院现行机构继续有效运行，且本制宪会议选举的最高法院大法官继续履行职权，法律关于本宪法第一百七十三条和第一百七十四条涉及的组织和权限的规定必须与本宪法的规定相一致。

现任二审法院大法官和一审法院法官应完成各自职权任期，且依照本宪法选举的新一任法官享有本宪法规定的工作稳定性并须具备本宪法规定的条件。

第二百五十六条

1984 年 6 月 30 日之前，本制宪会议选举的共和国审计署长和大法官继续履行职权。

第二百五十七条

1984 年 6 月 30 日之前，共和国副总统继续履行职权，并享有 1982 年 5 月 6 日在政府公报上公布的第 9 号宪法法令和同年 5 月 19 日公布的第 275 卷第 91 号法令规定的职权。

第二百五十八条

法律或规章授予副国务秘书的归属、权限和其他职权应由副部长行使，属于部长会议职权的除外，作为副国务秘书替补的除外。

第二百五十九条

1984 年 5 月 31 日之前，依照 1962 年宪法任命且依照该宪法规定的例外制度批准的保障弱势群体的共和国总检察长、共和国检察官继续履行职务。

第二百六十条

1985 年 4 月 13 日之前，依照 1982 年 5 月 6 日在政府公报上公布的第 9 号宪法法令及同年 5 月 19 日公布的第 275 卷第 9 号法令任命的市政委员会继续履行职务。

1984 年 5 月 31 日至 1985 年 4 月 30 日，不论何种事由造成的职位空缺，应依照法律的规定予以填补。

第二百六十一条

自本宪法生效之日起至共和国总统和副总统就职之日止，依照 1983 年 11 月 22 日在政府公报上公布的第 36 号宪法法令及同年 12 月 5 日公布的第 281 卷 225 号法令选举任命的国家部长和副部长应由议会批准通过。

第二百六十二条

议会在本宪法第二百〇四条第 1 款规定的一般法尚未生效时，有权批准通过市税收和其他税负创制、修改和取消。

第二百六十三条

1984 年 7 月 30 日之前，依照 1982 年 11 月 2 日在政府公报上公布的第 17 号和第 18 号宪法法令及同年 11 月 4 日公布的第 277 卷第 203 号法令选举产生的中央选举委员会委员继续履行职务。

第二百六十四条

土地管辖权尚未建立时，相关法律设立的享有该职权的机关和法院应依照该法规定的程序审理土地纠纷。

第二百六十五条

所有土地改革法律和法令，凡遵守本宪法的，一律承认其效力。

第二百六十六条

国家有义务建立必要的机制保障不动产的价格支付或补偿，不动产包括依本性、附属或指定为农业、畜牧业和森林，该不动产为依照改革财产或占有体系的法律所征收。

特别法应调整该事项。

第二百六十七条

超过本宪法第一百〇五条规定的最高限额的土地，由于所有人的过错未按时交易的，可以纳入相关法律部门征收的对象，但不享有征收补偿优先权。

法律应规定农民和小农场主的概念。

第二百六十八条

包含制宪议员讨论和批准宪法的产生和参与过程的录音录像制品及宪法议案编辑委员会预备的相似文件应视为解释宪法的合法文件，制宪议会全体会议程序亦属此列。立法董事会应制定相应条款保障上述文件的真实性和维护。

第二百六十九条

若议会正式作出不可抗力或意外事件的认定，依照1983年11月22日在政府公报上公布的第36号宪法法令及同年12月5日公布的第281卷第225号法令规定的日期选举的共和国总统和副总统无效，议会应确立新的选举日。作出认定和确立新的选举日，须经议会全体议员四分之三以上同意。

第二百七十条

本宪法第一百〇六条第三款的规定不得适用于本宪法生效前实施的征收补偿。

第二百七十一条

议会应保持下列法律自其生效之日起一年内与本宪法协调一致；共和国附属法律、有设立权的特别法和调整官方自治机构的其他规定，主管机关应于六个月内提交本部门议案。

第二百七十二条

自本宪法生效之日起，全部公务员或军事人员须依照本宪法第二百三十五条的规定宣誓就职。

第二百七十三条

现行议会自本宪法生效之日起组合为一个议会并于1985年4月13日终止其任期。

第十一编　生效

第二百七十四条

本宪法应于1983年12月20日生效，并于1983年12月16日预先公布于政府公报。

1983年12月15日，萨尔瓦多制宪议会会议庭于立法厅。

阿尔伯特

总统

萨尔瓦多部长代表

圣克里斯托弗和尼维斯宪法*

(1983年9月19日生效)

序 言

圣克里斯托弗和尼维斯的人民：

(1)在信仰全能的主及个人固有尊严前提下宣告国家成立；

(2)声称他们愿意保障基本权利和自由；

(3)奉行包括自由公平选举的真正的民主精神；

(4)在尊重法律与秩序下追求经济的繁荣；

(5)致力于在统一的目的下实现国家发展的目标。

鉴于此，以下条款将作圣克里斯托弗和尼维斯宪法而生效。

第一章 联邦和宪法

第一条 联邦及其领土

(1)圣克里斯托弗岛(也被称为圣基茨)和尼维斯岛作为一个主权独立、民主的联邦制国家，该国可被称作"圣克里斯托弗和尼维斯"、"圣基茨和尼维斯"、"圣克里斯托弗和尼维斯联邦"或"圣基茨和尼维斯联邦"。

(2)圣克里斯托弗和尼维斯的领土包括1983年9月19日之前圣克里斯托弗和尼维斯联邦所拥有的全部区域，以及圣克里斯托弗和尼维斯议会宣称的其他区域。

第二条 宪法是最高法

本宪法是圣克里斯托弗和尼维斯的最高法，根据本宪法条款，如果任何法律与宪法不符将被宣告无效。

第二章 基本权利和自由的保障

第三条 基本权利和自由

圣克里斯托弗和尼维斯的每个人被赋予基本权利和自由，即，(任何人)无论种族、籍贯、出生、政治理念、肤色、信仰或性别，在尊重他人权利和自由以及保障公共利益前提下，均拥有以下(权利和自由)：

(1)生命，自由，个人安全，法律面前人人平等及被法律所保护；

(2)良心自由，表达自由，集会和结社自由；以及

(3)个人隐私的保障，家庭隐私的保障，其他财产权和免于未经补偿剥夺财产的权利。

本章的条款是出于为权利和自由提供保障，因而对权利保障作出了一定的限制。权利保障的限制是为了保证任何人在享有权利和自由时，不会影响到其他人的权利和自由或是公共利益。

第四条 生命权的保障

(1)公民的生命权不可被剥夺，除非其因犯叛国罪或谋杀罪且依法定罪后执行死刑。

(2)在某些法定的合理情形下，公民不可依本条第五款被剥夺生命，包括：

A.正当防卫；

B.执行合法的逮捕、防止逃逸或依法拘禁他人；

C.镇压骚乱、起义、兵变；或

D.为阻止某人的犯罪，或者该人死于合法的战争行为。

第五条 个人自由权的保障

(1)公民人身自由不得被剥夺，除非依法律在特定情况下，包括：

A.因公民不当行为而被追究刑事责任；

B.因犯罪行为被定罪而执行刑罚或法庭命令(包括圣克里斯托弗和尼维斯或其他国家)；

C.执行高等法院或上诉法院关于藐视法庭的惩戒；

D.执行法庭关于保证法定义务履行的措施；

E.为将公民带到法庭而执行法庭命令；

F.基于公民所承认或将承认的法定犯罪事实而产生合理嫌疑；

G.应法庭的命令或经其父(母)或监护人同意，在十八周岁之前任何时间段为公民的受教育或福利目的；

---

* 译者：刘文戈。

H.为防止疾病的传播；

I.在公民正处于或被怀疑为精神失常、毒瘾或酒瘾发作或是流浪者，为使其受到社区的照料保护；

J.防止非法入境圣克里斯托弗和尼维斯、影响驱逐、引渡或其他非法从圣克里斯托弗和尼维斯离境、因引渡或驱逐押解途经圣克里斯托弗和尼维斯；或

K.执行合法命令以要求公民停留于或禁止进入圣克里斯托弗和尼维斯的特定区域，这类命令是合乎正当程序或该程序已经被作出，或者限制人身自由被认为是正当基于其非法出现在圣克里斯托弗和尼维斯。

(2)任何公民被逮捕或拘留必须在不超过48小时内被及时告知理由，(告知)需以他(她)能理解的语言，并应向其提供通信和咨询律师的渠道。如果他(她)未满十八周岁，应由其父(母)或监护人选聘律师。

(3)任何人被逮捕或拘留：

A.基于执行法庭命令以押解其去法庭；或

B.根据其供认或将供认事实而导致合理嫌疑的与其相关的犯罪行为，应在不超过七十二小时内及时将其带至法庭。

(4)任何被传唤至法庭的人，无论是因供认或将供认的犯罪行为，都不必继续被羁押。

(5)任何因本款第 b)条被逮捕或拘留的人如未在合理时限内接受审判，在不影响可能对他提出的任何进一步的法律程序的情形下，应当被无条件释放或在合理条件下释放(保证其会在之后出席审判，包括交保)。

(6)任何被非法逮捕或拘留的人将获得非法行为者(机关)的补偿：

法官、裁判官、治安官、警察基于正确意图执行法官、裁判官、治安官命令(非法逮捕)的无须由个人承担补偿，相应赔偿由官方承担。

(7)根据本条(1)b)，一个人因刑事犯罪被法庭判决有罪，后因特别证据等证明其属于精神失常而免责，该判决可被视为执行法庭命令。

第六条 免受奴役和强迫劳动

(1)任何人不得被使为奴隶或奴役。

(2)任何人不得被强迫劳动。

(3)基于本条的立法目的，"强迫劳动"的定义不包括如下情形：

A.因刑罚或法庭命令要求的劳动；

B.任何被羁押的人，即使非因刑罚或法庭命令，而为必要的保证其羁押区域卫生环境的劳动；

C.任何纪律部队成员为履行职责所为的劳动，包括任何人基于良心拒绝作为国防军成员，其被依法要求从事的任何劳动；或

D.在公共紧急状态下或事故、自然灾害等威胁到社会人身财产的情形下，在特定时间情形中被认为是正当的、以处置紧急状况的劳动。

第七条 免受非人道待遇

任何人不得被施以酷刑、不人道或有辱人性的刑罚。

第八条 免予剥夺财产

(1)非因公共目的依照法律所规定的原则和方式决定和提供补偿，任何财产不得基于任何事由被强制占有，任何基于财产的利益或权利不得因任何事由被强迫索取。

(2)任何人基于财产的利益或权利被强迫索取时，有权向高等法院直接起诉：

A.其利益或权利的决定，占有或索取财产的合法性，权利对应的利益和补偿的数额；以及

B.实现权利以争取补偿的目的：

前提是，如果立法规定关于本条 A.自然段的有关事务，获取司法救济的权利应是通过裁判所或有关机关，而不是高等法院，有权管辖依法典定该事项的争议。

(3)首席大法官可以根据高等法院的实践和程序来裁决，也可以根据立法机关已作出的规定，并考量其他裁判所或机关基于本条第(2)款的实践和程序(包括时间和需要的材料)。

(4)在其获得任何数额、形式补偿后的合理时间，任何人依据本条第(1)款被确定获得的赔偿的全部不得被限制汇到其所选择的圣克里斯托弗和尼维斯以外的国家，赔偿金不被课税。

(5)当局依法所为应与本条第(4)款相符：

A.根据法庭命令，附随的任何数额的赔偿应满足法院的判决，或有待其作为当事人参与的民事诉讼程序所决定；

B.对任何数额金钱的具体汇出方式作出合理限制；或

C.对产生于圣克里斯托弗和尼维斯任何数额金钱、来自圣克里斯托弗和尼维斯的自然资源收益汇到圣克里斯托弗和尼维斯以外国家进行阻止或管制的合理限制。

(6)包含于或基于任何法律的行为应当符合本条第(1)款：

A.被审查的法律对于征收财产、利益或权利的程度：

i)为实现税收、费用或责任，

ii)通过针对违法的罚款或没收；

iii)作为租约、租金、按揭、收费、卖契、抵押或合约；

iv)在法院诉讼程序中为实现民事权利或责任执

行判决或法庭命令；

v)在财产处于危险状态或可能伤及人、动物、植物的健康等合理且必要的情形下；

vi)作为法律限制行动的后果；或

vii)为以下目的的必要，为检测、调查、测试、查询或与土地有关的水土保持、自然资源保育、农业发展或改善等目的（因发展或改善的工作，土地的拥有者或使用者无合理事由拒绝）。

根据条款，除非依法所为在民主社会被证明是缺乏正当性的；或

B.被审查的法律要求征收或征用以下财产（包括基于财产的利益或权利），包括：

i)敌方财产；

ii)为保障相关人利益而管理死者的财产、精神失常者或未满十八周岁的人的财产；

iii)为保证债务人权益而管理被宣告破产人的财产或被清算法人的财产；

iv)经法庭下令，通过为财产指定受托人管理属于信托的财产。

(7)依照任何经议会立法规定内容而征收或征用财产、利益或权利不得违反本条，除非有关财产经由议会出资的为公共利益设置的法人所持有。

(8)尼维斯岛立法机构所实施的法律中关于征收或征用财产、利益或权利的内容不得违反本条，除非有关财产经由尼维斯议会出资的为公共利益设置的法人所持有。

第九条　免受任意搜查或入室

(1)非经本人同意，任何人及其财产不得被搜查，其不动产不得被他人强行进入。

(2)任何法律及依法作出的行为不得违反本条：

A.合理性要求是基于国防、公众安全、公共秩序、公序良俗、公共卫生、城镇和乡村规划、开采矿产资源或发展利用任何财产以供全社会的福利；

B.合理性要求必须以保障他人权利或自由为目的；

C.授权联邦政府、尼维斯行政机构、地方政府或为公共目的成立的法定机构之官员或其代理进入任何人的房屋进行搜查或为收取税收、收费或应缴款等目的而合法调查任何属于联邦政府、尼维斯行政机构、地方政府或为公共目的成立的法定机构的房屋；或

D.授权在任何民事诉讼程序中为强制执行判决或法庭命令，依据法庭命令搜查或进入任何人或财产、房屋，除非该行为在民主社会中显然属于不合理。

第十条　法律保护安全条款

(1)任何人被控以刑事犯罪，除非该指控被撤销，案件应当在合理时间内、由法定的独立且不偏私的法庭进行公正的聆讯。

(2)任何人被控以刑事犯罪：

A.在被证实或认罪之前，应推定无罪；

B.应该尽快被以合理可行的方式、通过其熟知的语言、详细告知其被指控的内容；

C.应当被赋予适当的时间和条件以准备辩护；

D.应当被允许在法庭上自辩或由个人支付费用自主聘请律师辩护；

E.应当获得条件由本人或其律师代表在法庭的诉讼程序中询问控方证人，辩方证人出席庭审的条件与控方证人相同；

F.在其不能理解庭审语言的情形下，应当被允许免费获得翻译。

非经本人同意，审判不应在当事人缺席情况下进行。除非因其出席影响了庭审的正常进行，法庭命令将其驱逐并缺席进行审理：

这种情况下，庭审可以在当事人缺席条件下进行，当事人依法应当被适当告知被控的内容、日期、时间和庭审地点，并有合理的机会在法庭出现。

(3)任何人被以刑事罪名控诉，被控诉的人或其授权的人提出并支付法定费用后，应当被给予合理的时间在判决后获得起诉材料的副本。

(4)刑法不溯及既往。刑罚从新兼从轻。

(5)一事不二罚，除非经由高审级法院在上诉或复查程序定罪或开释。

(6)任何人在证明其被赦免情况下不被刑事检控。

(7)任何人在刑事审判中不得被强制作供。

(8)任何法庭或其他机构被法律禁止确定任何民事权利义务存在与否，并应当独立和无偏私；当涉及相关权利义务的诉讼程序被人提起时，案件应当在合理时间内被公证聆讯。

(9)法庭或其他机构关于民事权利义务是否存在的判断程序，在当事人要求并支付法定费用前提下，应当在判决后合理时间内允许其复制诉讼文书。

(10)除非应诉讼各方要求，否则任何法庭和其他机构关于民事权利义务是否存在的所有判断程序（包括宣布决定）应当公开进行。

(11)本条第(10)款不影响法院或其他司法性机构将当事人及其代理人以外的人排除在诉讼程序之外，包括以下情形：

A.由法律授权且必要、公开会影响司法公正、在中间程序、考虑公共道德利益，保障未满十八周岁人的个人隐私权益；

B.由法律授权或应要求保障国防、公众安全或公共秩序的考量。

(12)任何法律不得与条款相违背——

A.本条第(2)a)款要求被审查的法律不得要求被检控的人承担特定事实的证明责任;

B.本条第(2)e)款要求被审查的法律需要提供合理条件以满足辩方证人出庭做证可以从公共基金获得补助;或:

C.本条第(5)款要求被审查的法律授权法庭审理纪律部队成员刑事犯罪时,不必考虑其基于纪律规定被定罪或开释的情形。然而,法院在对其量刑时,应当考虑其由于惩戒法而受到的处罚。

(13)任何人因为本条第(1)款、(2)款 d)e)项、第(3)款被合法拘留,不适用于对法律规范在拘留人员纪律下刑事犯罪审判的关系。

(14)本条中"刑事犯罪"是指法定的刑事犯罪。

第十一条 良心自由的保障

(1)非出于其良心,任何人的良心自由不得受到阻碍,包括自由思考、自由信仰、自由转换宗教及信仰;无论是独处或群居、公开或私下,通过崇拜、教授、实践和遵守的方式自由体现和传播其信仰。

(2)非出于其良心[对于未满十八周岁的人而言,是其父(母)或监护人的良心],任何人在受教育、监禁、矫正期间或在军队不应被要求接受非本人所信宗教教育、参加(出席)仪式、实践。

(3)任何宗教团体都可以自主建立和运营教育事业,宗教团体开设的教育机构不被禁止通过专门课程或附带方式为该团体成员提供宗教教育。

(4)任何人不得被强迫进行与其宗教信仰内容不符的宣誓,或者进行有损于其宗教信仰习俗的宣誓。

(5)任何法律不得与本条款相违背,除非:

A.为国防、公众安全、公共秩序、公序良俗或公共健康;

B.为保护他人的权利和自由,包括在不受其他宗教信徒干预条件下实践和遵守宗教信仰;或:

C.为保障受教育者不受宗教影响而规制教育机构。

根据条款,除非依法所为在民主社会被证明是缺乏正当性的。

(6)本条关于宗教的规定应当延伸到宗教派别,同源表达也一并受到规制。

第十二条 表达自由的保障

(1)非出于本人良心,任何人行使表达自由不受阻碍,包括不受干涉地自由选择观点、自由接受观念和信息、自由交流思想和信息(交流包括面向公众、个人或人群)和通信自由。

(2)任何法律不得与本条款相违背,除非:

A.为国防、公众安全、公共秩序、公序良俗或公共健康;

B.基于保护名誉、他人私生活权利、保密、保持法庭的权威与独立,以及管制电话、电报、邮政、无线电和电视等的合理需要;

C.对公共官员的强制性限制应在确保其正常履职的合理范围内。

根据条款,除非依法所为在民主社会被证明是缺乏正当性的。

第十三条 集会和结社自由的保障

(1)非出于本人良心,任何人行使集会和结社自由的权利不得受到阻碍,这就要求其有权自由集会、与他人聚集、组织或加入公会或其他保护其利益的组织,或组织、参与政党及其他政治性组织。

(2)任何法律不得与本条款相违背,除非:

A.为国防、公众安全、公共秩序、公序良俗或公共健康;

B.合理地限制以保障他人的权利或自由;或:

C.对公共官员的强制性限制应在确保其正常履职的合理范围内。

根据条款,除非依法所为在民主社会被证明是缺乏正当性的。

第十四条 迁徙自由的保障

(1)任何人的迁徙自由不得被剥夺,这意味着其有权在圣克里斯托弗和尼维斯全国自由迁徙、自由定居、自由进出国境以及免于被驱逐出境。

(2)任何基于合法拘留而对迁徙自由的限制不得与本条第(1)款相违背。

(3)任何法律不得与本条第(1)款相违背,除非:

A.为国防、公众安全、公共秩序原因而合理限制迁徙、定居、出入境;

B.为国防、公众安全、公共秩序、公序良俗、公众健康等原因而合理限制个人和特定群体迁徙、定居、出入境,除非依法所为在民主社会被证明是缺乏正当性的。

C.为执行法庭的命令,因依法定罪、确保诉讼出庭、引渡或驱逐出境强制限制个人迁徙、定居和离境的自由;

D.为强行限制获取或使用任何人在圣克里斯托弗和尼维斯的土地或不动产;

E.已废止;

F.强制限制个人迁徙、定居和离境的自由时对公共官员的强制性限制应在确保其正常履职的合理范围内;

G.因在其他国家犯罪而将某人从圣克里斯托弗和尼维斯驱逐、继续执行他国的刑罚;

H.为履行法定义务而将某人从圣克里斯托弗和尼维斯驱逐、继续执行他国的刑罚,除非依法所为在民主社会被证明是缺乏正当性的。

(4)任何人的迁徙自由因本条第(3)a)款被限制,其可于命令作出不超过二十一天内进行申诉。该案将在三个月内审理,案件由一个独立和公证的裁判庭审查,裁判庭主持人经首席大法官从裁判官或法律实务工作者中指定。

(5)在依据本条第(4)款审查当事人迁徙自由被限制的案件过程中,裁判庭可对限制迁徙自由的必要性提出建议,非经法律规定,作出限制迁徙自由决定的机关无义务遵从裁判庭的建议。

第十五条　免受基于种族等的歧视

(1)任何法律不得就本条第(4)、(5)、(7)款事项进行规定,否则构成歧视。

(2)根据本条第(6)、(7)、(8)、(9)款规定,任何人不被他人由制定法或公共部门所歧视。

(3)在本条中,"歧视"意味着完全或主要基于种族、籍贯、婚生与否、政治观点、隶属关系、肤色、性别、宗教等对不同人群提供不同待遇——有的人群被定义为无资格或限制,而对应的人群被赋予特权或优势。

(4)本条第(1)款有如下除外情形:

A.为公共收入或公共资金的配额;

B.关于非本国公民;

C.在应用条款过程中,如果遇到本条第(3)款所列明的情形的人(或与之相关的人)涉及收养、结婚、离婚、殡葬、遗产继承或其他类似事务适用属人法的情形;或:

D.遇到本条第(3)款所列明的情形的人被认为无资格或限制、被给予特权或优势地位,是基于人群的本质或特殊的环境,(这种标准)在一个民主社会必须被认为具有正当性。

(5)任何法律不得作出与本条第(1)款相违背的规定,特别是对于被委任或任职于公权机关、地方政府或公法人的标准或资格(种族、籍贯、婚生与否、政治观点、隶属关系、肤色、宗教、性别)。

(6)本条第(2)款不得适用于明确地或必要地暗示授权适用本条第(4)、(5)款的情形。

(7)任何法律不得作出与本条第(1)、(2)款相违背的规定,被审查的法律条款涉及限制本条第(3)款列举人群的基于第九、十一、十二、十三、十四条权利时,该限制应当被第九(2),十一(5),十二(2),十三(2)条授权,或者基于第十四(3)条的 a)、b)、h)自然段规定。

(8)本条第(2)款不意味着影响机构的裁量权,在任何法庭主导或中止民(刑)事程序由个人依法为之。

(9)本条第(2)款不得适用于一般个人或机构的实践,除非是依据宪法七十八(1),七十九(2),八十(1),八十二(1),八十三和八十五条(与公职人员的任免问题有关)。

第十六条　第五条或第十五条权利在紧急状态下的克减

议会制定的任何法律不得与本法第五条或第十五条相违背,除非法律授权在紧急状态时期通过合理的方式处置,这一克减适用于全国或部分地区。

第十七条　被监禁者第五条权利克减的保障

(1)根据第十六条,任何人在紧急状况被监禁而克减第5条所赋予权利时,如下条款得以适用:

A.他应当在被拘留七日内被及时合理地告知,(告知)当以其熟知的语言和易于理解的方式进行,并辅以英文写就的书面情况说明;

B.拘留开始后不超过十四日,应当以政府公报公示其被拘留的事实,并说明拘留所依据的法律;

C.拘留开始后一个月最迟不超过三个月期间,被拘留者的案件应当被依法成立的独立公正的裁判庭所审查,裁判庭主持人由首席大法官从裁判官或法律实务工作者中指定;

D.被拘留者应当被提供合理的条件进行私人通信和咨询自主选择的法律实务工作者,(法律实务工作者)将在裁判庭上代理被拘留者;并且:

E.在裁判庭聆讯该案时,被拘留者可以被允许出席或由其指定的代理人出席。

(2)关于本条所规定裁判庭对被拘留者案件的审查,裁判庭可以对拘留的必要性和具体操作向有关机构提出建议,除非有法律明文规定,有关机构无义务遵从这些建议。

(3)第(1)d)、(1)e)款不应被解释为通过公教资助被拘留者聘请律师。

第十八条　保护性条款的执行

(1)任何人声称第三条至第十七条的被违反,无须考虑该行为的合法性,其可以向高等法院申请纠正。

(2)高等法院拥有初审管辖权:

A.聆讯和决定任何人关于本条第(1)款的申请;以及:

B.依据本条第(3)款决定案件中当事人提出的问题并宣告和颁布法庭命令、起草令状和提供宪法第三条至第十七条所规定的保障;

如果别的法律为当事人提供了适当的救济方式,高等法院可以基于本款规定拒绝行使其权力。

(3)如果法庭(不含上诉法院、高等法院或军事法院)的任何程序中涉及宪法第三条至第十七条被违反的问题,法庭的主持者可以应当事人请求将对法律的审查提交至高等法院;如果(法庭的主持者)认为审查法律是琐碎而无意义的,也可以拒绝相关请求。

(4)依据本条第(3)款被转介到高等法院的法律审查案,高等法院应当对审查问题作出裁定而审理原案件的法庭应当依据裁定处理案件;如果裁定被向上诉法院或女王的枢密院提起上诉,则原审法庭应当依照上诉法院或女王的枢密院的裁定来处理案件。

(5)高等法院可以拥有立法机关赋予的本条确认以外的权力以更高效地履行本条所赋予的司法管辖权。

(6)首席大法官可以根据高等法院的实践和程序制定关于本条相关管辖权的规则(包括诉讼时效、诉讼文书)。

第十九条 紧急状态的宣告

(1)为了实现本章的目的,总督可以通过公告方式宣告国家进入紧急状态。

(2)根据本条第(1)款的公告必须包含总督对于如下公共危机发表的声明方可有效:

A.由于女王陛下将暂时宣战的可能性;

B.由于突发事故、自然灾害,或;

C.由于个人的行为、任何人即将造成的威胁,使得公共安全受到威胁或大幅影响社会的基础供应或基本维生设施。

(3)紧急状态宣告将于如下情形失效:

A.当议会会期中,宣告将于发布之后七日失效;或;

B.在其他情形中,宣告发布后二十一日失效,除非宣告在此期间被议会所批准。

(4)本条第(1)款的宣告覆盖全境,除非:

A.如果宣告作出时,尼维斯岛议会在会期中,宣告将于发布之后七日在尼维斯岛失效;或者

B.在其他情形中,宣告发布后二十一日失效,除非宣告在此期间被议会所批准。

(5)紧急状态宣告可在任何时间被总督以公告方式撤销。

(6)紧急状态撤销的例外:

A.紧急状态宣告已经议会按第(3)款批准,则该紧急状态宣告随着议会的批准而一直生效;此外;

B.紧急状态宣告已经尼维斯岛议会按第(4)款批准,则该紧急状态宣告随着议会的批准而一直生效;无论该宣告是否被国民议会按第(3)款批准效力的长短。

(7)国民议会或尼维斯岛关于本条的决定的效力持续不超过十二个月,除非:

法律规定这类决定应当通过类似决定延期,每次延期不超过十二个月,任何决定可以随时被新决定所撤销。

(8)国民议会根据本条第(3)款的决定以及议会延展时间的决定在议会中应当获得全体参议员和众议员三分之二多数支持;撤销的决定需要获得简单多数支持。

(9)本条的任何条款关于紧急状态宣告的失效或持续生效至特定时间的规定,不影响特定时间前后颁布的宣告效力。

(10)在根据第(4)款行使发布或撤销紧急状态宣告的过程中,总督应当征询总理的意见并获得其副署。

(11)在本条中"宣告紧急状态"指根据本条第(1)款进行宣告。

第二十条 解释和保留

(1)在本章,除非文本有其他规定,否则:

"违反",包括不遵守要求,相关术语应当据此解释;

"法庭"是指任何在圣克里斯托弗和尼维斯拥有管辖权的法庭,不包括依据纪律成立的法庭,包括女王的枢密院以及第四条、第六条中根据惩戒法设立的法庭;

"惩戒法"指用于约束纪律部队的法规;

"纪律部队"是指:

A.国防军;

B.警察部队;

C.狱警;

"成员",涉及纪律部队,任何受纪律约束或从属于相关部队的人。

(2)在本章中,"公共紧急状态时期"是指:

A.女王宣战;

B.依第十九条的有效宣告包括全境或部分地区的紧急状态。

(3)任何与圣克里斯托弗和尼维斯纪律部队成员相关的法律,不得违背本章除了第四条、第六条、第七条以外的内容。

(4)关于任何圣克里斯托弗和尼维斯之外国家的纪律部队成员合法地在本国逗留,相关惩戒法中内容不得违背本章规定。

(5)本章的规定不可被理解为赋予立法者立法以阻碍任何个人或机构正当行使宪法所赋予的权力(包括第十章在尼维斯岛设立的机构)。

第三章 总 督

第二十一条 职位的设立

圣克里斯托弗和尼维斯拥有一位由女王陛下从公民中委任的总督,(总督)在女王陛下的治下掌管该职位并作为女王陛下在圣克里斯托弗和尼维斯的代表。

第二十二条 代理总督

(1)当总督职位空缺、总督离开圣克里斯托弗和尼维斯或总督因为某些原因不能行使职权时,总督职权由女王陛下委任的人员代为行使。

(2)任何因本条第(1)款被委任的人将在女王陛下的旨意范围内执掌职位;如果总督职位的任职者声称准备承担或恢复行使职权,则(代理总督)应停止行使总督职位的职权。

(3)基于本条的立法目的,总督职位的任职者不可离开圣克里斯托弗和尼维斯或不能行使总督职位的职权,除非:

A.他(她)正在从圣克里斯托弗和尼维斯境内的一处到另一处;

B.在根据第二十三条规定有副职存在时。

第二十三条 副总督

(1)当总督:

A.暂时从政府职位离职,但不包括离开圣克里斯托弗和尼维斯;

B.根据其自由意志暂时离开圣克里斯托弗和尼维斯;

C.根据其自由意志被认为暂时患病。

他(她)可以委任圣克里斯托弗和尼维斯的任何人作为其副总督,在其缺席或患病期间受其指示代表其行使总督的职权。

(2)在不影响本条第(1)款的情形下,总督可以委任一位尼维斯岛的公民担任副总督,(副总督)有权代表其签署尼维斯岛议会通过的任何法案、在其指示下代表其行使总督关于尼维斯岛事务的职权。

(3)总督的权力和权威不因副总督的委任而缩减、修改或被影响。根据宪法和其他法律,副总督必须服从和遵守总督基于其自由意志的指示:

前提是副总督是否应服从和遵守总督的指示不受法庭审查。

(4)根据本条第(5)款,由本条第(1)款或第(2)款程序委任的人的任职时间长短可以由总督在委任时说明。

(5)根据本条第(1)款或第(2)款程序作出的委任可以在任何时候被总督所撤销。

(6)总督应当:

A.在按本条第(1)款程序作出关于委任的决定时,应当听取总理的建议;

B.在按本条第(2)款程序作出关于委任的决定时,应当听取(尼维斯)总理的建议。

第二十四条 宣誓

任何总督、代理总督或副总督经委任职位后,需要在承担职责前宣誓效忠和宣誓忠于职守。

第四章 议 会

第一节 议会的组成

第二十五条 设立

圣克里斯托弗和尼维斯的议会包括女王陛下和国民议会。

第二十六条 国民议会

(1)国民议会的组成包括:

a)一定数量的对应选区数目的众议员,选区成立时间应符合第五十条规定;以及

b)一定数量的由本条第(2)款规定的参议员,参议员的委任应符合第三十条规定。

(2)参议员的数量应不少于三人(不超过众议员数量的2/3),该事项可由议会规定:

前提是当一名参议员兼任总检察长时,参议员数量应减少一位。

(3)如果非议会成员被选为议长,则其应被视作议会成员。

(4)当总检察长是公共职位时,担任总检察长的人应当是议会成员。

(5)任何明知无资格却在议会投票的人会被控犯罪并被处以不超过一百美元的罚金,罚金数额也可以被议会根据其出席或投票的天数立法规定。

(6)基于本条第(5)款的犯罪指控应当由刑事检控专员向高等法院提起。

第二十七条 众议员和参议员的资格

除第二十八条的情形外,任何年满二十一周岁、父母出生于圣克里斯托弗和尼维斯且定居于此直到选举或委任的人,有资格经选举或委任成为国民议会的成员。

第二十八条 议员和参议员的不适格

(1)公民不符合被选举或委任为议会成员的情形包括:

a)根据其自由意志,效忠、服从或依附于外国政权;

b)作为神职人员;

c)依法被宣告破产,未被解除破产状态;

d)依法被确认精神失常;

e)被英联邦任何法域的法庭依法判处死刑、因任何罪名正在服刑超过十二个月、因任何罪名正处于缓刑期;

(2)如果议会有立法规定,议会成员将在以下情形不适格,包括担任某些法定公职、参与主持众议员选举、担任尼维斯岛议会成员、负责众议员或其他议会成员的选举登记。

(3)如果议会有立法规定,议会成员将在以下情形不适格,包括受到法庭判决与众议员及其他议会成员选举、尼维斯岛议会成员选举等特定罪名或在选举呈请中被判有罪,以上刑事案底在五年内或法庭认为的其他时间段内发生。

(4)参议员不具备众议员选举资格;任何众议员或众议员候选人不得担任参议员。

(5)如果议会立法规定,除非这些例外或限制被立法规定,出现下列任一情况之人不具备经选举或委任为议会成员的资格:

a)其担任或代理任何职务或受到委任(无论独立、集体或被委任),除尼维斯岛议会提名委员会成员或尼维斯岛行政机构成员;

b)其从属于任何国防军,或任何武装力量的一员;

c)其从属于警察部队或任何类似部队一员;

d)除非议会有例外或限制规定,其在任何政府合约中拥有利益。

(6)在本条中:

"政府合约"是指任何与政府、政府部门、政府官员签署的合约;

"成员"是指国民议会成员;

"神职人员"是指在宗教团体中负责教谕、传道的人员。

(7)为达成本条第(1)款 e)自然段的目的:

a)两项及以上需要连续服刑的不超过十二个月的刑罚应被视为独立的刑罚,如果有一项刑罚超过十二个月则应将两项刑罚视为一项刑罚;以及

b)替代刑、默认或罚金刑不作区别。

第二十九条 众议员的选举

(1)除非宪法、法律另有规定,每一根据宪法第五十条设立的选区应当选出一名众议员进入国民议会。

(2)每一位年满十八周岁的英联邦公民、满足居留圣克里斯托弗和尼维斯法定资格者,除非被宣布不适格,均可以注册为选民参加不超过一个选区的众议员选举。

(3)每一位根据本条第(2)款在选区注册的选民,非经议会认为不适格在众议员选举或尼维斯岛议会成员选举中投票者,都可以依法在选区投票。

(4)在众议员选举中,选举人不得亮票。

第三十条 参议员的委任

(1)所有参议员中:

A.1/3(不含兼任总检察长)应由总督根据反对党领袖的建议任命;以及

B.其他部分由总督根据国家总理的建议任命。

(2)在本条中,"1/3"是指如果遇到总数不能被三整除时,1/3 的高于总数的三倍数。

第三十一条 众议员和参议员的任期

(1)任何选举产生或委任产生的成员在其当选或委任后的下一次议会解散时须空出其职位。

(2)根据第三十条第(1)a)款委任的参议员应当在委任由总督经咨询反对党领袖意见后撤销时空出职位,根据第三十条第(1)b)款委任的参议员应当在委任由总督经咨询国家总理后撤销时空出职位。

(3)一名被选举或委任产生的议会成员应空出职位:

A.如果其离职时长达到议会有关程序规则的规定;

B.如果其放弃公民资格;

C.除非出现本条(4)款情形,根据第二十八条第(1)款或实现第(2)、(3)、(5)款的立法,其他情况下导致其失去被选举或委任的资格;或

D.兼任总检察长的参议员辞去总检察长职务。

(4)A.如果由于被判死刑或其他刑罚、被宣告精神失常、被宣告破产、被认定选举犯罪导致第(3)c)款的情形出现,且此时尚可上诉(由法庭许可或其机构同意),其应即刻停止履职,除非本条另有规定,其在超过三十日后必须空出其职位:

如果议长应该成员要求延展三十日的时限,使得其可以为有关决定上诉。如果该延展时间总长达到一百五十日时,需要国民议会以决议形式加以批准。

B.任何上诉完成后,有关问题仍然存在且没有进一步的上诉机会时,超过上诉时效、上诉被拒绝或其他原因,该成员的上诉机会丧失,其必须即刻离职。

C.如果在该成员空出职位前,相关事由不存在,则其职位不被视为因本款第 a)段的空缺,其可以恢复行使议会成员的职权。

(5)在本条中,"成员"是指国民议会成员。

第三十二条 议长和副议长

(1)当国民议会在大选后首次开会时,处理其他事物前应选举一人为议长;如果议长职位任何时候空缺,议会应尽快选举另一人填补职位空缺。

(2)议长可从国民议会中不属于内阁成员、副部长的成员或其他具备众议员或参议员任职资格的非议会成员中选举产生。

(3)当国民议会在大选后首次开会时,处理其他事物前应选举一人为副议长,副议长可从国民议会中不属于内阁成员、副部长的成员中选举;如果副议长职位任何时候空缺,议会应尽快选举另一人填补职位空缺。

(4)国民议会在议长职位空缺时不得处理任何事务(除了选举议长)。

(5)议长或副议长遇如下情形应辞职:

A.如果议长或副议长是从国民议会成员中选出。

a)其放弃议会成员职位;

假如是由于议会解散使其不再作为议会成员,议长可保留职位至议会解散后的下一次会议;

b)其成为内阁成员或副部长。

B.如果出现下列情形之一,议长或副议长得从国民议会成员外选出:

a)当议会解散后首次会议;

b)如果其放弃公民身份;

c)如果出现任何事由使其丧失众议员或参议员的任职资格;

C.如果副议长被选为议长(则其应辞去副议长职位)。

(6)A.如果第三十一条第(4)款,议长或副议长被要求停止行使国民议会成员的职权,其应当一并停止行使议长或副议长的职权,这些职权在其恢复席位或恢复行使职权前,应当被行使如下:

a)对于议长,应由副议长代行;副议长职位空缺或副议长被要求停职时,应由议会选出的专门人选(非内阁成员或副部长)代行;

b)对于副议长,应由议会选出的专门人选(非内阁成员或副部长)代行。

B.如果议长或副议长恢复行使议会成员职权,其议长或副议长职权行使也一并恢复。

第三十三条　选举委员会

(1)圣克里斯托弗和尼维斯设立选举委员会(在本条简称"委员会"),组成如下:

a)由总督经自己审慎判断任命一位主席;

b)由总督根据国家总理的建议任命一位成员;

c)由总督根据反对党领袖的建议任命一位成员。

(2)众议员、参议员、尼维斯岛议会成员、公共官员不得被委任为委员会成员,除非其具备以上身份时间总计不少于七年。

(3)委员会成员遇到以下情形应辞职:

a)超过总督在委任时确定的任期;

b)任何事由下,如果其不是委员会成员,其被委任的资格丧失;

c)总督经自己审慎判断、根据国家总理的建议、根据反对党领袖的建议决定。

(4)委员会的职权是监督选举总监履行第三十四条第(1)款、第三十八条第(9)款和第一百一十三条第(5)款的职权。

(5)委员会程序自治,经国家总理同意可授权任何公共官员或政府机构以履行职责。

(6)依据其程序规则,委员会在成员有缺位、成员不适格情况下作出的决定有效;

委员会作出的任何决定需要获得委员会全体成员的多数同意。

第三十四条　选举总监

(1)选举总监的职责是对众议员选民登记及选举过程行使综合监督。

(2)选举总监的职位可由总督决定由公职人员或非公职人员担任。

(3)选举总监应当宣誓效忠和宣誓忠于职守。

(4)为行使本条第(1)款的职权,选举总监可以根据其判断就法律适用、选民注册、选举过程等指示任何注册官、选举主持人或选举主任,被指示的官员应当遵从指示。

(5)选举总监可根据自身判断或委员会的要求,向选举委员会报告其履职情况;其也可以向与众议员选举有关部门部长提交报告;有关部门部长应当在其收到报告后国民议会开会七日内,将其从委员会收到的意见一并提交到议会。

(6)在行使本条第(2)款的权力时,总督应在咨询国家总理、尼维斯岛总理以及反对党领袖的基础上根据自己的审慎判断。

(7)在根据本条第(1)款行使职权过程中,选举总监除应遵从选举委员会的指示外,不受任何个人或机关的干预。

(8)选举总监可行使对国民议会、地方政府选举中其他法定监督职权。

第三十五条　议会秘书长及其辅助人员

(1)议会设秘书长一名。

(2)秘书长的职位和秘书长的辅助人员职位都是公职。

第三十六条　对于成员资格的审查

(1)高等法院对如下事项具有司法管辖权:

a)任何人被选为众议员的有效性;

b)任何人被委任为参议员的有效性;

c)任何被从国民议会成员外选为议长者的资格;

d)任何议会成员辞职或依第三十一条第(4)款被要求停职。

(2)根据本条第(1)款a)自然段向高等法院提出的申请,可以由涉诉选举的任何选民、候选人、总检察长提出。如果诉讼由个人提出,总检察长可以介入诉讼。

(3)根据本条第(1)款b)、c)自然段向高等法院提出的申请,可以由任何众议员或总检察长提出。如果诉讼由个人提出,总检察长可以介入诉讼。

(4)根据本条第(1)款d)自然段向高等法院提出的申请,可以由:

a)任何众议员或总检察长提出;或

b)在与众议员选举相关问题中,由某一选区的注册选民提起。如果诉讼由个人提出,总检察长可以介入诉讼。

(5)议会可以立法规定以下问题:

a)高等法院处理有关诉讼的情形和方式以及申请的施加条件;以及

b)高等法院在此类诉讼中的权力和程序。

(6)本条第(1)款的诉讼经过高等法院确定判决后,可以上诉到上诉法院。

(7)上诉法院的判决为终审判决。高等法院作出的确定判决以外的决定不可被上诉。

(8)在行使本条有关职权时,总检察长不受任何个人和机关的干涉。

第二节 议会和立法的程序

第三十七条 立法权

(1)根据宪法,议会可就圣克里斯托弗和尼维斯的和平、秩序和良好管治立法。

(2)除了本条第(3)、(4)款规定,议会及于尼维斯岛的立法权的效力不得扩展至特定事项(即,尼维斯岛立法机关有专属立法权)。

(3)如果议会立法明确宣告且尼维斯岛行政机构要求且同意任何与尼维斯岛有关的条款适用于尼维斯岛,除非这些条款被尼维斯岛立法机构所实施且有可能被修正或废止。

(4)任何时候,总督通过公告方式宣告议会的任何法律在如下特定事项上适用于尼维斯岛:

a)涉及外交事务;或

b)涉及国防事务。

这些条款相应地适用于尼维斯岛;如果议会立法与尼维斯岛立法相冲突,优先适用议会立法。

(5)议会立法的附带或补充条款与尼维斯岛相关不应被视为涉及特定事项;如果议会立法条款与尼维斯岛立法相冲突,优先适用议会立法。

(6)议会对特定事项作出补充清单不应被认为被国民议会通过,除非在三读中获得众议员2/3多数通过。

(7)总督根据本条第(4)款行使权力时,应征询国家总理的意见,有关意见同时应获得尼维斯总理的同意。

第三十八条 宪法和最高法院谕令的修改

(1)议会可以根据本条对宪法和最高法院谕令进行修改。

(2)对宪法和最高法院谕令进行修改的议案必须在议会获得不少于全体众议员2/3多数方可通过。

(3)修改本条、宪法"附录1"、与"附录1"第一部分相关的宪法条文,与"附录1"第2部分相关的最高法院谕令的议案,非经以下程序,不得被提交总督:

a)国家议会一读和二读该议案之间不少于九十日;以及

b)在议会通过后,该议案还需公民投票2/3多数批准,其中圣克里斯托弗和尼维斯各需公民投票2/3多数。

(4)本条第(3)款b)自然段不得适用于修改以下内容的议案:

a)第九十九条相关的影响圣克里斯托弗和尼维斯和联合王国关于女王陛下的枢密院对圣克里斯托弗和尼维斯上诉司法管辖权的内容;

b)最高法院谕令中任何影响到圣克里斯托弗和尼维斯及其他国家因国际协议而在最高法院或其他法庭(或其他行使司法权的官方机构)中的诉讼地位的规定;

c)宪法中任何与尼维斯岛有关的、由于尼维斯岛立法决定终止与圣克里斯托弗继续维持联邦而不再有效的条文。

(5)修改第一百○四条对宪法其他条文适用[不包括本条(3)款]的议案,需要由尼维斯议会要求或以决议形式同意,方可提交总督签署;第一百○四条中与其他条文相关的部分须待法律修改后,方可认为是对其他条文的修改。

(6)圣克里斯托弗岛任何有资格参加众议员选举的人,可以参加本条所规定的公民投票(包括圣克里斯托弗岛的公民投票);其他人不可参加圣克里斯托弗岛或尼维斯岛的公民投票。

(7)根据本条参加公民投票的人的权利应当根据议会的专门立法来行使。

(8)公民投票中不得亮票。

(9)公民投票由选举总监组织,选举总监和其他有关官员应当根据第三十四条第(4)、(5)、(7)款参照众议员选举的有关程序行使职权。

(10)a)修改宪法和最高法院谕令的议案在提交总督签署前,需要根据本条第(2)、(3)a)款由议长签署证明,并应由选举总监依照本条第(3)b)款统计公民投票结果并签署证明。

b)议长签署的证明应当包括有关行为符合本条第(2)、(3)款的说明,并不受法院司法审查。

c)本款所提到的"议长",包括担任议长职务的人因故不能行使职权时代行职务的人,也包括副议长。

第三十九条 宣誓

(1)国家议会的每一位成员在就任之前,应当在议会开会前宣誓效忠,也可在议长选举之前宣誓。

(2)除非已经根据本条第(1)款宣誓效忠国家议会,任何经选举担任议长的人都应当在就职之前宣誓效忠。

第四十条 主持

国家议会的会议应当由以下人员主持:

a)议长
b)议长缺席时由副议长；
c)议长和副议长均缺席时，由议会从成员（非内阁成员或副部长）中选出一名主持人。

第四十一条　投票

（1）除第十九条第（8）款、第三十七条第（6）款、第三十八条第（2）款规定情形，国家议会对任何问题的决定应当通过出席会议成员的多数决定；

对政府的不信任案应当由全体众议员的多数决定。

（2）除了对政府的不信任案，其他质询案的通过应当由国家议会不少于3/5的成员或议会规定的其他数目成员参加投票。

（3）根据本条第（4）款，主持会议的人不得投票；在赞成与反对票数相同时，主持人可以投下决定性一票；

在第三十八条第（2）款规定的对议案最终审查进行表决的情形中，同时是众议员的主持人不能投决定性一票。

（4）从非议会成员中选出的议长不可投票；如果其主持的会议遇到平票情形，则动议无法通过。

第四十二条　行使立法权的模式

（1）议会经国家议会通法并经总督同志的法案形式行使之法权。

（2）当法案被提交至总督签署时，其根据宪法可以签署批准或不批准。

（3）当总督根据宪法签署批准法案时，法案成为法律；总督应将其作为法律刊登于政府公报。

（4）议会制定的法律在被政府公报刊登后方可实施；议会可以推迟相关法律的实施时间以及对法律的溯及力进行规定。

第四十三条　对特定财政案的限制

非由总督建议并由总理副署，国家议会不得：

a)根据主持人的意见，就以下目的审议任何议案（包括对议案的修正案）：

a.征新税或提高税负；

b.征收新的统一基金、其他政府性基金或提高征收标准；

c.从统一基金、其他政府性基金支出或提高有关支出；以及

d.举借或减免公债；以及

b)根据主持人的意见，提起任何相关动议（包括修改动议）。

第四十四条　国家议会的议事规则

（1）根据宪法，国家议会规则自治，可就特定问题制定规则。

（2）国家议会的行为不因成员缺席、不适格人员参与程序而无效。

第四十五条　言论免责

除非议会立法另行规定，国家议会及其委员会、议员的呈请、议案、决议、动议或其他议会活动拥有特权和豁免权，不受民事或刑事诉讼程序追究。

第三节　召集、休会和解散

第四十六条　会期

（1）议会的每个会期均应在圣克里斯托弗和尼维斯进行，时间不晚于前一会期议会休会后一百八十日或议会解散众议员选举后九十日。如果议会休会，总督可以公告形式确定。

（2）根据本条第（1）款，国家议会的会议举行可以由议会根据规则自行决定。

第四十七条　休会和解散

（1）总督可以随时要求议会休会或解散。

（2）根据本条第（3）款规定，除非解散，议会的任期为五年。

（3）女王陛下宣战时，议会的任期可以在五年之外延期一次，不超过十二个月；

议会的任期被延长不可超过五年。

（4）总督行使解散议会的权力须征询国家总理的意见；

在国家总理职位空缺时，总督根据自己审慎的判断如认为没有可能在合理时间内任命一人以获得众议员的多数支持，则总督应解散议会。

（5）如果在议会解散且重选之前，因国家紧急重大事件，总理建议总督召回议会，总督应召回已解散的议会；大选仍应进行，被召回的议会在新议员就任时，即刻解散。

第四十八条　举行大选

（1）国家议会成员的大选时间应当在议会解散后九十日内由总督指定。

（2）非因议会解散，国家议会成员的职位空缺时：

a)如果空缺众议员职位，应举行补选；或

b)如果空缺参议员职位，应补委任。

以在职位空缺发生后九十日内进行，除非议会随即被解散。

第四节　选区的划分

第四十九条　选区划分委员会

（1）圣克里斯托弗和尼维斯的选区划分委员会（在本条简称"委员会"）的组成包括：

a)主席由总督在征询反对党领袖及其他总督认为的其他合适人选意见的基础上，根据国家总理的意见委任；

b)两名来自国家议会的成员由总督根据国家总理的意见委任；

c)两名来自议会的成员由总督根据反对党领袖的意见委任。

主席不得来自国家议会或尼维斯岛议会的成员。

(2)委员会成员在以下情形应辞职：

a)其被委任后的下一次议会解散；

b)出现导致主席不适任的情形；

c)出现主席之外的成员不再拥有国家议会成员的身份(不包括议会解散)；以及

d)总督在征询反对党领袖及其他总督认为的其他合适人选意见的基础上，根据国家总理的意见要求主席辞职；总督根据国家总理的意见[第(1)款 b)情形下]或根据反对党领袖的意见[(第(1)款 c)情形下]要求成员辞职。

(3)委员会程序自治，其经国家总理同意可授权任何公共官员或政府机构以履行职责。

(4)依据其程序规则，委员会在成员有缺位、成员不适格情况下作出的决定有效。

委员会作出的任何决定需要获得委员会全体成员的多数同意。

第五十条 选区划分的审查

(1)选区划分委员会(本条简称"委员会")应根据本条，审查圣克里斯托弗和尼维斯选区划分的数目和边界，并向总督报告。

a)提供圣克里斯托弗和尼维斯选区划分的方案，使"附录2"有关条文得以生效。

b)根据其意见建议不改变现有选区的数量和边界。

(2)本条第(1)款项下的报告应当由委员会每二至五年提交一次。

(3)无论是否修改，委员会根据第(1)款 a)自然段的报告一经提交，国家总理应将其作为草案送至国家议会批准，并由总督公告实施。草案的公告可以制定条文关于草案的其他条文对国家总理提出附带或结果性要求。

(4)国家议会所审议的公告草案中委员会的修改意见有变化时，国家总理应当向议会一并提交关于修改原因的说明。

(5)如果根据本条第(3)款任何公告草案被国家议会所否决、被撤回，国家总理应当修正草案并重新提交议会审议。

(6)如果根据本条第(3)、(5)款的公告草案被国家议会以决议方式所批准，国家总理应将其提交总督，由总督公告；公告的选举方案应当自其公布后下次议会解散后的选举实施。

(7)总督依据第(6)款作出的公告一经国家议会批准，不受法院司法审查，除非公告未落实"附录2"第一条的规则。

第五章 行政部门

第五十一条 行政权

(1)圣克里斯托弗和尼维斯的行政权由女王陛下授予。

(2)根据宪法规定，圣克里斯托弗和尼维斯的行政权被代表女王的总督直接或通过其属下官员行使。

(3)本条不影响立法机构赋予总督以外的个人或机构以职权。

(4)在本条中，如无特别说明，关于圣克里斯托弗和尼维斯行政机构的规定适用于尼维斯岛的行政机构。

第五十二条 部长

(1)圣克里斯托弗和尼维斯国家总理由总督委任。

(2)总督在任命国家总理时，应任命众议员中可以获得多数支持的众议员。

(3)国家总理的职位之外，还应设立副总理职位、由议会设立的政府部长的职位或者其他经国家总理提议由总督和议会立法设立的职位。

(4)部长由总督根据总理的意见，从国家议会的成员中委任。

(5)在议会被解散时，如果需要任命总理或其他部长(副总理)，无论本条第(2)、(4)款如何规定，议会解散前的众议员均可以被任命为国家总理，议会解散前的众议员和参议员可以被任命为部长(副总理)。

(6)根据国家议会通过的不信任决议，总督可以要求国家总理辞职。总理可以在三日内辞职或建议总督解散议会。

(7)在众议员大选和国家议会首次开会前的时间，总督如果认为选举结果会影响多数众议员对总理的支持，总督可以要求总理辞职。

(8)部长(总理、副总理)遇到如下情形应辞职：

a)其不再作为国家议会的成员(不包括议会解散的情形)；

b)当议会选举后首次开会时，总理已不是众议员；

c)当议会选举后首次开会时，部长(副总理)已不是众议员或参议员；以及

d)根据第三十一条第(4)款，其被要求不再行使议会成员的职权。

(9)部长(副总理)遇到如下情形应辞职：

a)总督根据总理建议要求其辞职；

b)政府不信任案通过后三日内总理辞职或总理因本条第(6)、(7)款原因辞职；

c)总理任命其他人担任部长(副总理)。

(10)总督在行使本条第(2)、(7)款的权力时,应自主而审慎地决定。

第五十三条 内阁

(1)圣克里斯托弗和尼维斯的内阁包括总理或其他部长(副总理)。

(2)当总检察长作为公职人员,应当是内阁的一员。

(3)内阁的职权是在圣克里斯托弗和尼维斯的管治问题上为总督提供意见,内阁为其向总督提供的意见、内阁依职权的作为、部长依职权的作为概括地向国家议会负责。

(4)第(3)款不适用于以下情形:

a)部长、副部长的任免,根据第五十四条对部长职责的调整,总理缺位或生病期间部长依授权所作为;

b)议会的解散;

c)第六十六条有关的情形(特赦);以及

d)与尼维斯岛管治相关,但议会无权为尼维斯岛立法的事务。

第五十四条 部长职务的分配

总督根据总理意见,以书面形式将政府的职能分配给总理及其他部长(包括对政府任何部门的管理)。

第五十五条 总理的缺席或患病

(1)总理因离开圣克里斯托弗和尼维斯或患病而不能行使职权时,可以委任部长代行职权(不包括本条所授予权力);总督撤销授权前,被授权的部长可行使职权。

(2)总督依本条的职权应当根据总理的意见行使:

如果总督根据其审慎判断,认为遵从总理的意见是不可行的,其也可以根据自己的判断来行使本条所赋予的权力。

第五十六条 总督的职权

(1)总督行使职权应根据内阁的意见或内阁授权的部长的意见。在一些例外情形下,总督行使职权应遵从其他个人、机构的意见:

前述情形在以下条款情形中不适用,总督被授权根据自己的审慎判断行使职权:

a)第二十三条(关于副总督);

b)第三十三条、第三十四条(关于选举委员会和选举总监);

c)第四十九条(关于选区划分委员会);

d)第五十二条、第五十五条(关于部长);

e)第五十八条(关于反对党领袖);

f)第七十七条(关于公务人员委员会);

g)第七十八条(关于公职人员的任免);

h)第八十六条(关于公务人员申诉委员会);

i)第一百〇二条(关于尼维斯岛行政机构)。

(2)当总督被要求根据个人或机构的建议行使职权时,其应当按照建议行使;总督在根据意见行使职权之前,可以要求相关个人或机构重新考虑建议的内容;如果个人或机构作出了不同的建议,总督也可以根据其审慎判断,要求其重新考虑。

(3)根据第五十八条,反对党领袖因无人适格或无人愿意接受而职位空缺时,总督可根据其审慎判断,在无意见可遵循的情形下,可以按自己的意愿行使本应按反对党领袖意见行使的职权。

(4)本条第(1)款不要求总督在以下情形征询内阁或部长的意见:

a)第四十七条第(4)款(关于总督在某些情形下解散议会);

b)第五十二条第(6)款(关于总督在某些情形下要求总理辞职);

c)第五十七条(关于总督知情权);

d)第五十八条第(5)款、第七十七条第(5)款、第八十一条第(7)款、第八十二条第(7)款、第八十六条第(5)款(关于总督在某些情形下要求特定官员辞职)。

(5)本条与第四十七条、第五十二条、第五十五条、第五十七条、第五十八条相关的内容涵盖这些条文因第一百〇四条修改后的情形(关于尼维斯岛依第十章建立的制度)。

第五十七条 总督知情权

总理应就政府运作的全部信息知会总督,并应向总督提供其要求了解的政府所负责的特定事务。

第五十八条 反对党领袖

(1)国家议会的反对党领袖由总督委任(不包括无众议员适任情形)。

(2)总督所任命的反对党领袖应当是众议员中不支持执政者的最大单一党派的领导;只要有一名众议员支持,总督即可任命其为反对党领袖。

(3)如果在议会解散至新议会选出期间任命反对党领袖,该任命应参照议会未解散的情形进行。

(4)议会反对党领袖应当在以下情形辞职:

a)其不再是议会成员(非议会被解散情形);

b)议会首次开会前被解散,其不再是众议员;

c)根据第三十一条第(4)款,其被要求停止行使议会成员的职权;

d)根据第(5)款,其被总督勒令辞职。

(5)如果总督认为反对党领袖不再获得在野党多数的支持或在野党众议员人数为零,其可以要求反对党领袖辞职。

(6)总督依本条行使职权需要根据其自主的审慎

考量。

第五十九条　副部长

（1）总督根据总理的意见，可以从议会成员中任命副部长以辅助部长履职。

当任命在议会解散时作出，议会解散前曾是众议员或参议员的人具备任职副部长资格。

（2）副部长遇到以下情形将辞职：

a）总督根据总理意见要求；

b）总理在政府不信任案通过三日内辞职或其因第五十二条第（6）款原因辞职；

c）任命新总理；

d）任职者不再具备议会成员身份（非经议会解散）；

e）议会解散后首次开会时，其不再具备众议员或参议员身份；

f）根据第三十一条第（4）款，其被要求停止行使议会成员的职权。

第六十条　宣誓

部长（总理、副总理）或副部长应当宣誓效忠、宣誓忠于职守和宣誓保密后，方可就任职务。

第六十一条　常任秘书长

部长被委以政府部门的职责时，其有权全面指挥相应部门工作；在部长指挥下，相关政府部门应当在作为公职人员的常任秘书长的监督下开展工作；

两个或两个以上的政府部门可以被同一个常任秘书长监督。

第六十二条　内阁秘书长

（1）内阁秘书长属于公职人员。

（2）内阁秘书长应受总理指示负责内阁办公室运作，包括安排任务、规划日程、传达决定至特定个人及机构以及总理安排的其他工作。

第六十三条　公职的设立

根据宪法和法律，总督得为圣克里斯托弗和尼维斯设立公职、任命人选以及撤职。

第六十四条　总检察长

（1）总检察长是政府的总法律顾问。

（2）总检察长职位可以是公职也可以是内阁职位。

（3）担任总检察长职位者需符合众议员或参议员的任职条件，且有资格在圣克里斯托弗和尼维斯担任出庭律师。

第六十五条　公诉权的行使

（1）刑事检控专员职位属于公职。

（2）刑事检控专员有权查办下列案件：

a）在法院（不含军事法院）启动和承担针对任何人的刑事诉讼程序；

b）接手和继续进行其他人、机构启动或承担的刑事诉讼程序；

c）在判决前终止刑事程序。

（3）刑事检控专员根据第（2）款行使的职权可亲自或委派他人实施。

（4）刑事检控专员根据第（2）款 b）、c）项的权力应当独立行使：其他个人或机构启动刑事诉讼程序时，本款不影响启动程序的个人或机构申请或依据法庭决定撤回诉讼。

（5）为实现本条的目的，关于任何法院刑事判决的上诉、与刑事程序有关的司法审查、在任何法院进行的程序（包括女王陛下的枢密院）都被认为是程序的一部分；刑事检控专员依照第（2）款 c）项行使职权不得与任何人被定罪、与刑事程序有关的司法审查相关联。

（6）刑事检控专员行使第（2）款和第二十六第（5）款、第一百〇一条第（6）款职权的过程，不受任何个人或组织的干预。

第六十六条　特赦

（1）总督有权：

a）对任何被依法定罪的人给予有条件或无条件的赦免；

b）对任何依法被执行刑罚的人实施不定期或定期的缓刑；

c）对任何依法被执行刑罚的人决定实施替代的较轻刑罚；以及

d）全部或部分免除对任何人以罚款、没收入国库为形式的刑罚。

（2）总督根据本条行使权力时，应当根据有关部长的意见，总督对有关部长的委任应当基于总理的意见。

第六十七条　赦免审查委员会

（1）圣克里斯托弗和尼维斯设置的关于特赦的咨询委员会（本条简称"委员会"）由以下成员组成——

a）根据第六十六条第（2）款被委任的部长作为主席；

b）总检察长；以及

c）由总督委任的三至四名其他成员。

（2）根据本条第（1）款 c）项委任成员的任期由总督在委任时明确。

其遇到以下情况应辞职：

a）获委任时是部长的成员，不再担任部长；或

b）总督要求其辞职。

（3）委员会在职位空缺、成员缺席时正常运作，其程序不因人员不适任而无效。

（4）委员会程序自治。

（5）总督在行使本条职权时，应当遵从总理的意见。

第六十八条 委员会的职权

（1）在有人因刑事犯罪依法被判处死刑（不包括军事法院判刑）时，根据第六十六条第（2）款，负责的部长应当将主审法官（或首席大法官，如果主审法官的报告无法获取）的书面报告、案卷资料及其他获取资料提交赦免审查委员会；获取委员会的意见后，其根据自身审慎判断决定是否建议总督行使第六十六条第（1）款的职权。

（2）根据第六十六条第（2）款，负责的部长在根据第（1）款向总督提交建议前，可征询赦免审查委员会，其不必完全遵从委员会的建议。

第四章 财 政

第六十九条 统一基金

所有的税收、募集款项、政府收取的资金（不包括税收和依法由政府收取用于特定目的的款项）应当存入和构成统一基金。

第七十条 从统一基金及其他公共基金支出

（1）统一基金须在以下情形支出：

a）为实现第七十二条的目的而依照宪法或法律进行的支出。

b）资金的去向必须依照"拨款法"或其他为实现第七十二条的目的的立法。

（2）任何资金依据本宪法或议会制定的关于统一基金及其他政府基金的法律所规定的款项被收取，其应当被政府正当地支付给个人或机构。

（3）从统一基金之外的公共基金支出必须经依法授权。

（4）议会可以立法限制从统一基金或其他公共基金支出的方式。

（5）将统一基金的资金用于投资应当依据国会立法的规定。

（6）第（1）款的规定不限制议会通过立法或依法授权从统一基金支出，这些情形不违背议会的立法，以偿还垫款。

第七十一条 依拨款法授权从统一基金支出

（1）负责财政的部长应在每一财政年度之前或不迟于开始后六十日内，向议会准备关于财年的收入及政府支出预算的议案。

（2）当支出预算被议会批准，拨款法应当被议会审议，以从统一基金支出款项。拨款法的不同事项应经过议会的分别投票。

（3）如果任何财政年度出现：

a）拨款法拨款总额不足或针对特定目的实际需求超出拨款法总额的覆盖；以及

b）为任何目的花费的款项超出拨款法规定的额度、为特定目的花费的款项未经拨款法覆盖时，补充预算应当被提交至国会，国会将审议并批准该款项从统一基金支出。

第七十二条 提前拨款开支的授权

议会有权规定，如果任何财政年度的拨款法在财政年度开始后未实施，财政部长可以授权从统一基金支出以满足政府的运行所需，直到财年开始四个月或拨款法付诸实施二者之中较早日期。

第七十三条 意外支出的授权

（1）如果财长遇到以下情形：

a）对增加开支的急迫需求；

b）任何拨款法或其他法案未规定的相关支出；

c）以议会通过的补充预算延迟授权有关支出不符合公共利益，

财长可以根据特别授权从统一基金支取资金应对支出；

依据本款的支出总额，虽不受拨款法限制，但不可超过议会有关立法的限额。

（2）在一个财年内，财长依据第（1）款特别授权的支出应在特别授权失效十四日后议会的首个会期提交补充预算案，补充预算案包括支出的总额以及支出的具体项目。

第七十四条 官员的薪酬保障

（1）本条规定向官员支付的薪水和津贴问题应由议会立法或依法处理。

（2）第（1）款规定的薪水和津贴是统一基金的一项支出。

（3）第（1）款规定的对特定职位和任期的薪水（不含津贴、其他收入）在官员任职后不得调减。

（4）当一人的薪水或其他任职保障取决于其未来选择，基于第（3）款的立法目的，其薪水或其他任职保障被认为更有利于他。

（5）本条适用于总督、公务人员委员会成员、警务人员委员会成员、公务人员申诉委员会成员、刑事检控专员以及审计长等职位。

（6）本条不应被解释为影响宪法第八十八条（保障公务人员领取退休金的权利）。

第七十五条 公共债务

（1）政府承担的所有债务都被纳入统一基金的支出。

（2）为实现本条目的，债务包括利息、偿债基金的费用、还款以及因举债而产生的开销。

第七十六条 公共财政账户的审计

（1）审计长是公职人员。

（2）审计长应当：

a）亲自确保所有经议会拨款的款项被用于拨款时所确定的目的；

b)每年对公共财政账户、各机构部门的账户、圣克里斯托弗和尼维斯各法院的账户(包括最高法院在圣克里斯托弗和尼维斯的账户)、各依照宪法设立的委员会的账户以及议会秘书处的账户审计并出具报告一次。

(3)审计长及其授权的官员可以查阅与第(2)款规定相关的账目、记录、收据、报告及其他档案。

(4)审计长根据第(2)款所制作的每一份报告都应提交财长,并由其在收到报告七日内议会会期提交给议会。

(5)如果财长未依第(4)款将审计报告提交议会,审计长可以将审计报告的副本提交议长,由其尽转呈议会。

(6)审计长可以依法行使其他与财政账户、其他依法成立的公共机构账户有关的职权。

(7)在行使第(2),(3),(4),(5)款的职权过程中,审计长不受任何个人或组织的干预。

第七章 公务人员

第一节 公务人员委员会

第七十七条 公务人员委员会

(1)圣克里斯托弗和尼维斯设立公务人员委员会(本条以下简称"委员会"),由主席和二至四名成员经委任组成:

a)主席和不超过三名其他成员应由总督根据总理的意见委任;

b)一名成员由总督根据总理的意见从特定代表团体选出的人员中委任,如果没有前述团体,则总督应根据其自身审慎判断。

为了处理尼维斯岛行政机构的公职人员事务,委员会应当包括:

a)如前所述委任的主席;

b)一名如前所述委任的成员,代表主席;

c)两名由总督根据总理的意见委任的与尼维斯岛相关的成员,总理在提供意见前应征询尼维斯岛总理。

(2)适格的委员会成员应具备以下条件:

a)其是居住在圣克里斯托弗和尼维斯的英联邦公民;

b)其不是国家议会或尼维斯岛议会成员,或公职人员。

(3)根据本条,委员会成员遇到以下情形应辞职:

a)任期届满(自委任之日起二至五年),任期也可以由总督根据总理的建议,在委任时明确;或

b)其具备第(2)款所规定的不适格情形。

(4)委员会成员仅因不能行使职权而被除名(包括因身体、心理、其他原因或失职)且非因本条规定不得被除名。

(5)委员会成员在其任职问题被裁判庭依照第(6)款审查,裁判庭建议总督以前述不能行使职权或不当行为等理由撤销委员的职务。

(6)如果总理向总督提出关于委员会成员依本条被撤职的调查建议:

a)总督应指派一个由主席和两个成员组成的裁判庭,(裁判庭成员)由首席大法官从英联邦具备民事和刑事管辖权的法院法官中选出;

b)裁判庭应调查事实并向总督提交报告,以建议是否根据本条将委员会成员撤职。

(7)关于委员会成员撤职的案件依照本条在裁判庭审理过程中,总督可根据总理的建议暂停该成员的职权,停职也可被总督根据前述的建议被撤销。如果裁判庭建议总督不对该成员撤职,则停职立即失效。

(8)委员会主席职位空缺、委员会主席因故不能行使职权时,总督可根据总理的建议授权委员会其他成员代行主席职权,直到新主席被委任并行使职权或委员会主席恢复行使职权的能力。

(9)如果主席之外少于两名成员、这两名成员中有人因代理主席且不能行使成员的职权,总督可根据总理的意见委任一位适格的成员。根据第(4)款,任何被委任的成员可履职至其职位不再空缺、职位持有者恢复行使职权或委员被总督依总理的意见而终止。

(10)委员会成员应在宣誓效忠和宣誓忠于职守后方可履行职责。

(11)委员会依照宪法行使职权不受任何个人和组织的干预。

(12)委员会程序自治,经总理同意可以授权或委托任何公职人员或政府机构协助行使职权。

(13)依据其程序规则,委员会在成员有缺位、成员不适格情况下作出的决定有效;

委员会作出的任何决定需要获得委员会全体成员的多数同意。

(14)在本条中,"特定代表团体"是指总督根据总理意见指定的,代表圣克里斯托弗和尼维斯公务人员利益的主要团体。

第七十八条 公务人员的任免

(1)根据第七十七条规定,委任公务人员的权力(包括确认委任的权力)以及对公务人员的纪律惩戒权、免职权应当由总督根据公务人员委员会的意见行使(本条以下简称"委员会")。

(2)总督根据委员会的意见行使第(1)款权力时,可以通过书面形式在其认为适当的情况下,经总理同意将权力委托任何公务人员行使。

(3)本条不适用于以下公务：

a)第七十九条所适用的公务人员；

b)总检察长；

c)刑事检控专员；

d)审计长；

e)第八十三条所适用的公务人员；

f)警察部队的公职人员。

(4)非经总督根据其审慎判断而同意，任何人不得依本条被任命。

(5)在委员会或其他受委托的人依照第(1)、(2)款就议会秘书长及其下属提出人事意见前，委员会或受委托的人应当征询议长的意见。

(6)在委员会向总督或其他受委托的人提出任命其他国家或地区的公职人员担任公职前，委员会或受委托的人应当征询总理的意见。

(7)在委员会向总督或其他受委托的人提出任命第八十三条公职人员担任公职前，委员会或受委托的人应当征询司法和法律人事委员会的意见。

(8)公职人员非经司法和法律人事委员会同意，不因行使司法性质的职权而被撤职、惩戒。

第二节 特定公职的任免

第七十九条 常任秘书长等职位的任免

(1)本条适用于内阁秘书长、常任秘书长、政府部门的正副职、任何被公务人员委员会确定的政府部门首席专业顾问职位以及任何被委员会征询总理意见所确定的驻外职位。

(2)任命本条所适用的职位人选（包括确认委任）以及根据第八十七条对相关人员实施纪律惩戒、免职的权力，应当由总督根据公务人员委员会的意见行使。

根据本条：

a)任命其他同等薪水的职位人员（代理）常任秘书长应当由总督征询总理的意见后决定；

b)在公务人员委员会就本条所涉及职位（不包括任命其他同等薪水的职位人员常任秘书长）向总督提出建议前，委员会应当征询总理的意见；如果总理反对拟任命人选，委员会不得向总督提出相应人选的任职建议；

c)在任命驻外国或国际组织的大使、高级专员或其他首席代表时，总督应当根据总理的建议决定；如果被提名人选的现职是总督根据其他个人或机构的建议所任命，总理在向总督提出建议之前应征询原建议的个人或机构的意见。

(3)本条中所指政府部门不包括总督部、总检察长部门、刑事检控专员公署、审计署、国家议会秘书长办公室以及警察部队首长办公室。

第八十条 作为公职的总检察长

(1)本条在总检察长职位作为公职时方可适用。

(2)任命（代理）总检察长职位的权力应当由总督根据公务人员委员会的意见行使：根据本款，公务人员委员会在提出建议之前应当征询总理及司法和法律人事委员会意见。

(3)对担任或代理总检察长职位的人进行纪律惩戒或免职的权力应当由总督根据司法和法律人事委员会的意见行使：

司法和法律人事委员会在根据本款提出建议前应当征询公务人员委员会的意见。

第八十一条 刑事检控专员

(1)刑事检控专员应当由总督根据司法和法律人事委员会的意见任命。

(2)当刑事检控专员职位空缺或担任刑事检控专员的人不能行使职权时，总督可以根据司法和法律人事委员会的意见委任代理专员。

(3)被委任担任刑事检控专员的人应当持有一项指定的职业资格不少于五年。

(4)根据第(5)、(7)、(8)、(9)款规定，被委任代理刑事检控专员者遇到以下情形应当停止行使职权：

a)其他人被委任担任刑事检控专员并开始行使职权，或原先担任刑事检控专员的人恢复行使职权；或

b)总督在任命时确定的特定时间。

(5)根据第(7)款，刑事检控专员在达到规定的年龄时应当离职。

(6)担任刑事检控专员的人只能因为不能行使职权（包括身心及其他原因，或不当行为），非经本条的规定不得被免职。

(7)当免职审查被根据第(8)款所成立的裁判庭所确定，刑事检控专员将被总督免职。

(8)当总理或司法和法律人事委员会主席向总督提出关于刑事检控专员免职的审查应当被调查时：

a)总督应当组织一个包括一名主席和二名成员的裁判庭，人选由首席大法官从英联邦具备民（刑）事判案经历的现任或退休法官中选择；且

b)裁判庭可以调查事实并基于事实向总督报告，并有权建议总督是否根据本条免去刑事检控专员的职务。

(9)当对刑事检控专员免职的审查在裁判庭审理中时，总督可根据司法和法律人事委员会的建议暂停刑事检控专员行使职权，并可随时由总督根据前述程序恢复。在裁判庭确定刑事检控专员不应被免职时，停职的决定自然失效。

(10)本条第(5)款涉及的法定年龄为五十五周岁，这一年龄可以由议会立法规定：当议会立法改变

退休年龄后,不对现任刑事检控专员生效,除非其同意依照新的年龄规定。

第八十二条 审计长

(1)审计长应由总督根据公务人员委员会的建议任命。

(2)当审计长职位空缺或担任审计长的人不能行使职权时,总督可以根据公务人员委员会的意见委任代理审计长。

(3)在依照第(1)、(2)款提供建议前,公务人员委员会应当征询总理的意见。

(4)根据第(5)、(7)、(8)、(9)款规定,被委任代理审计长的人遇到以下情形时应当停止行使职权:

a)其他人被委任担任审计长并开始行使职权,或原先担任审计长的人恢复行使职权;或

b)总督在任命时确定的特定时间。

(5)根据第(7)款,审计长在达到规定的年龄时应当离职。

(6)担任审计长的人只能因为不能行使职权(包括身心及其他原因,或不当行为),非经本条的规定不得被免职。

(7)当免职审查被根据第(8)款所成立的裁判庭所确定,审计长将被总督免职。

(8)当总理或公务人员委员会主席向总督提出关于审计长免职的审查应当被调查时:

a)总督应当组织一个包括一名主席和两名成员的裁判庭,人选由首席大法官从英联邦具备民(刑)事判案经历的现任或退休法官中选择;且

b)裁判庭可以调查事实并基于事实向总督报告,并有权建议总督是否根据本条免去审计长的职务。

(9)当对审计长免职的审查在裁判庭审理中时,总督可根据公务人员委员会的建议暂停审计长行使职权,并可随时由总督根据前述程序恢复。在裁判庭确定审计长不应被免职时,停职的决定自然失效。

(10)本条第(5)款涉及的法定年龄为五十五周岁,这一年龄可以由议会立法规定;当议会立法改变退休年龄后,不对现任审计长生效,除非其同意依照新的年龄规定。

第八十三条 治安法官、司法事务官和法律官员的任命程序

(1)本条适用于治安法官、高等法院及总检察长办公室和刑事检控专员公署的司法事务官(不含检察长、刑事检控专员本职)的委任,候选人需要获得一项或多项特定职业资格。

(2)任命(代理)本条所涉及职位的权力由总督根据公务人员委员会的意见行使;在行使本条所规定的建议权之前,公务人员委员会应当征询司法和

法律人事委员会的意见。

(3)对本条所涉及职位的人员进行纪律惩戒或免职的权力应当由总督根据司法和法律人事委员会的意见行使;在行使本条所规定的建议权之前,司法和法律人事委员会应当征询公务人员委员会的意见。

第三节 警察

第八十四条 警务人事委员会

(1)圣克里斯托弗和尼维斯设立警务人事委员会(本条以下简称"委员会"),组成如下:

a)依照第七十七条第(1)款 a)项被委任的公务人员委员会主席以及成员;

b)一名成员由总督根据总理的建议从特定代表团体选出的人员中委任。

(2)第七十七条第(2)款、第(3)款、第(4)款、第(5)款、第(6)款、第(7)款、第(10)款关于公务人员委员会成员的规定应适用于委员会成员依据第(1)款 b)项委任的程序。

(3)公务人员委员会主席应行使(警务人事)委员会主席职权。

(4)任何依照第七十七条第(9)款[不含根据第七十七条b)项规定的授予无能之人的情形]被授权行使公务人员委员会成员职权的人应当作为(警务人事)委员会成员。

(5)任何根据第(1)款 b)项委任的委员会成员因故无法行使职权时,总督可根据总理的建议委任适格人员代行委员会成员的职权;根据第(2)款,代行委员会成员职权的人在原成员恢复行使职权或总督根据总理意见终止其代理授权后,应停止行使有关职权。

(6)委员会依照宪法行使职权,不受任何个人或机关的干预。

(7)委员会程序自治,经国家总理同意可授权任何公共官员或政府机构以履行职责。

(8)依据其程序规则,委员会在成员有缺位、成员不适格情况下作出的决定有效;

委员会作出的任何决定需要获得委员会全体成员的多数同意。

(9)在本条中,"特定代表团体"是指总督根据总理意见指定的,代表圣克里斯托弗和尼维斯警察部队利益的主要团体。

第八十五条 警官的委任

(1)根据第八十七条,任免(代理)警察部队职务(含确认委任)、进行纪律惩戒的权力应由总督根据警务人事委员会的意见行使;

委员会在向总督提出警察总监或副总监人选前,应当征询总理的意见,若总理不同意该人选,则委员会不得向总督提出人选建议。

(2)总督可根据警务人事委员会意见,通过书面形式将第(1)款的权力授予委员会成员(经总理同意)、警察总监或警察部队其他官员。

(3)在警务人事委员会根据第(1)款向总督[根据第(2)款向其他个人或机关]提出关于任命第八十三条相关的人员担任警官的建议前,委员会应当征询司法和法律人事委员会的意见。

(4)警察部队的官员非经司法和法律人事委员会同意,不因行使司法性质的职权而被撤职、惩戒。

第四节 公务人员申诉委员会

第八十六条 组成

(1)圣克里斯托弗和尼维斯设有公务人员申诉委员会(本条以下简称"委员会"),组成包括:

a)总督任命的主席一名;

b)一名由总督根据总理意见任命的成员;

c)一名由总督根据特定代表团体意见任命的成员。

(2)国家议会的成员不能成为委员会成员;依照第(1)款c)项任命的成员须正在或曾经担任公职。

(3)根据本条规定,委员会成员遇到如下情形应辞职:

a)任职三年后;或

b)根据第(2)款,如果其不再担任委员会成员则丧失任职资格。

(4)委员会成员只能因为不能行使职权(包括身心及其他原因,或不当行为),非经本条的规定不得被免职。

(5)当免职审查被根据第(6)款所成立的裁判庭所确定,委员会成员将被总督免职。

(6)总督认为委员会成员免职的审查应当被调查时:

a)总督应当组织一个包括一名主席和两名成员的裁判庭,人选由首席大法官从英联邦具备民(刑)事判案经历的现任或退休法官中选择;且

b)裁判庭可以调查事实并基于事实向总督报告,并有权建议总督是否根据本条免去委员会成员的职务。

(7)当对委员会成员免职的审查在裁判庭审理中时,总督可暂停委员会成员行使职权,并可随时由总督根据前述程序恢复。在裁判庭确定委员会成员不应被免职时,停职的决定自然失效。

(8)a)任何委员会成员因故无法行使职权时,总督可委任适格人员代行委员会成员的职权;根据第(4)款,代行委员会成员职权的人在原成员恢复行使职权或总督终止其代理权力后,应停止行使有关职权。

b)任何根据第(1)款b)项任命的委员会成员因故无法行使职权时,总督须征询总理意见后委任适格人员代行委员会成员的职权;任何根据第(1)款c)项任命的委员会成员因故无法行使职权时,总督须征询特定代表团体意见后委任适格人员代行委员会成员的职权。

(9)委员会依照宪法行使职权,不受任何个人或机关的干预。

(10)在本条中,"特定代表团体"是指第七十七条第(14)款规定的团体。

(11)总督在行使本条规定的职权时,除了应依据法律规定,还应根据其审慎判断为之。

第八十七条 向公务人员申诉委员会申诉的程序

(1)本条适用于:

a)总督根据公务人员委员会、警务人事委员会意见免除公职人员职务或进行纪律惩戒的行为[包括根据第七十七条第(2)款、第八十五条第(2)款,受委托行使权力的情形];

b)根据第七十七条第(2)款、第八十五条第(2)款,任何受委托的个人行使权力免除公职人员职务或进行纪律惩戒的行为(不包括因向总督申诉或总督确定并经公务人员委员会和警务人事委员会建议的情形);以及

c)由议会立法规定的关于圣克里斯托弗和尼维斯国防部队的纪律惩戒。

(2)根据第(5)款,关于本条适用的任何决定的申诉应由与决定相关的公职人员或国防部队成员向公务人员申诉委员会提起。

(3)委员会根据本条处理申诉可以确认、取消相关决定或作出本决定原主体可以作出的其他决定。

(4)委员会的任何决定应获得多数成员的同意。

(5)委员会程序自治,并可在总督同意的前提下对以下问题进行规定:

a)在第(2)款规定之外决定低职位公职人员的问题、免职之外的纪律惩戒问题;以及

b)授权或委托任何公职人员或政府机构协助行使职权。

第五节 退休金

第八十八条 退休金法和领取退休金权利的保障

(1)1983年9月19日以前关于退休福利的法律在该日期以后应保持生效,且新制定的有效法律对福利的规定不得低于旧法。

(2)关于退休福利的法律[不含第(1)款涉及福利]应当:

a) 包括自 1983 年 9 月 19 日以前任何时间开始实施的公职人员或法官的全部福利;以及

b) 包括全部或部分自 1983 年 9 月 19 日及之后开始实施的公职人员或法官的福利;对于个人的福利,新法标准不得低于旧法。

(3) 当一个人可以从两个及以上法律中选择时,根据本条的目的,其选择的法律应当是对其最有利的法律。

(4) 所有的退休福利应当从统一基金列支(除非该支出被法律规定从其他基金列支)。

(5) 在本条中"退休福利"指任何退休金、补偿金、养老金或其他支付给担任过议会成员、最高法院法官及司法事务官、公职人员或对以上人员的遗孀、子女、家属或个人代表的类似补贴。

(6) 根据本条关于退休福利的立法规定(在不影响其共性前提下)包括福利给付的条件、数额调整、暂停等事项。

第八十九条 扣发退休金的权力等

(1) 根据法律,任何人或机关有权决定:

a) 是否批准支付退休福利;或

b) 扣发、减少、暂停已经批准的退休福利,

非经公务人员委员会同意,不得扣发、减少、暂停已经批准的退休福利。

(2) 当法律未对退休金数额进行规定时,其退休金按照应得最高数额拨付,除非公务人员委员会认为应拨付较少数额。

(3) 公务人员委员会根据第(1)、(2)款行使职权时不得基于上诉法院法官、高等法院法官、刑事检控专员或审计长的不当行为,除非该职位人员因不当行为被免职。

(4) 公务人员委员会在根据第(1)、(2)款对宪法第八十三条涉及职位的人员作出决定前,应当征询司法和法律人事委员会的意见。

(5) 在本条中"退休福利"指任何退休金、补偿金、养老金或其他支付给担任过议会成员、最高法院法官及司法事务官、公职人员或对以上人员的遗孀、子女、家属或个人代表的类似补贴。

第八章 国 籍

第九十条 独立时获得国籍的人

以下人在 1983 年 9 月 19 日获得国籍:

a) 任何在圣克里斯托弗和尼维斯出生的人且在 1983 年 9 月 19 日之前是英国公民或者英属独立领地公民;

b) 在圣克里斯托弗和尼维斯之外出生的人在 1983 年 9 月 19 日之前因注册或是以法律规定的方式收养而移入圣克里斯托弗和尼维斯,并且是英国公民或者英属独立领地公民;

c) 父母一方是或者通过 a)、b) 或 d) 项的方式成为的公民,或者父母一方不是死亡或者放弃公民权即可成为公民的,并且在 1983 年 9 月 19 日之前是英国公民或者英属独立领地公民;

d) 父母一方或双方是或者通过 a)、b) 或 c) 项的方式成为的公民,或者父母双方不是死亡或者放弃公民权即可成为公民的,并且在 1983 年 9 月 19 日之前是英国公民或者英属独立领地公民;

e) 自然人通过出生、以法定的方式被收养或是注册等方法于 1980 年 12 月 19 日之前入籍安圭拉岛,并在这个日期之前已经是圣克里斯托弗和尼维斯的普通居民,并且在 1983 年 9 月 19 日之前是英国公民或者英属独立领地公民;

f) 任何在 1983 年 9 月 19 日之前是英国公民或者英属独立领地公民的人,且其祖父母之一因第 a)、b) 项规定成为公民;

g) 任何人因本宪法第一百一十三条第(10)款归于圣克里斯托弗和尼维斯;

h) 任何未满十八周岁的人,其父母因前述原因成为、死前或放弃公民身份。

第九十一条 独立后获得国籍的人

以下 1983 年 9 月 19 日之后出生的人自出生之日起拥有国籍:

a) 在圣克里斯托弗和尼维斯出生的人,但以下情形除外:

a. 其父母均不具有国籍、父母之一因其他主权国家外交人员身份而在圣克里斯托弗和尼维斯具备豁免权;或

b. 父母之一持有女王陛下所宣战的国家国籍且其出生时所在地被该敌国所占领;

b) 在圣克里斯托弗和尼维斯境外出生的人,如果在其出生时,父母之一(无论是否健在)作为政府雇员在境外工作。

第九十二条 国籍注册

(1) 以下人员如果不具备国籍,可以被注册为公民:

a) 任何与公民缔结婚姻关系的人;

b) 任何在圣克里斯托弗和尼维斯连续居住满十四年的英联邦公民;

c) 任何曾放弃其国籍的人;

d) 任何人(不包括放弃国籍者)可依据第九十条成为公民;

e) 任何与本款 b)、c)、d) 项所提及的人缔结婚姻关系的人;

f) 任何人:

i)曾与能依照第九十条获得国籍的人(已死亡)缔结婚姻关系;或

ii)曾与能依照第九十条获得国籍的人缔结婚姻关系,但该婚姻关系在1983年9月19日之前终结,且持续达三年;

g)任何未满十八周岁的人,如果其父(母)是本国公民或其父(母)生前可根据本款前述规定获得国籍;以及

h)其他由议会立法规定的情形;

议会立法中籍的申请可因国防、公共安全、公共秩序等理由被负责该事务的部长所否决。

(2)根据第(1)款国籍的申请形式应依法律规定。未满十八周岁者的申请,应由其父(母)或监护人为之;任何基于婚姻关系而申请的人,可以自行申请国籍。

(3)任何满十八周岁的未曾宣誓效忠英王的人,在依第(1)款申请国籍时,应宣誓效忠。

(4)为实现第(1)款b)项的立法目的,1980年12月19日前任何惯常居住于安圭拉岛的人可以被视为是惯常居住于圣克里斯托弗和尼维斯。

第九十三条 双重国籍

(1)如果一个具有其他国家国籍或具备获得其他国籍资格的人根据第九十二条申请本国国籍,其不因具有他国国籍而被拒绝给予本国国籍或被以要求放弃他国国籍为代价获取本国国籍。

(2)第(1)款涉及的公民不得:

a)因其持有他国护照或国籍而被拒绝颁予、注销、取消、扣押圣克里斯托弗和尼维斯护照;或

b)被要求在申领或持有圣克里斯托弗和尼维斯前放弃或禁止获得其国籍国的护照。

第九十四条 归化、国籍的放弃、认证和剥夺

议会可就以下事项立法:

a)第九十二条未规定的人员归化;

b)任何人声明放弃国籍;

c)对拥有或曾拥有国籍者的利益相关人的认证;以及

d)因虚假陈述、欺诈、被胁迫、叛国罪等原因剥夺国籍;

第d)项的立法须为当事人提供向法庭或独立机关申诉的救济途径,并应保障当事人出庭及根据自身意愿聘请律师的权利。

第九十五条 解释

(1)根据本章的立法目的,出生在本国注册的船只、飞行器,出生在外国政府所有的未注册船只、飞行器,应被推定出生于该国。

(2)本章中关于人出生时父母亲的国籍身份,特别是遗腹子的情形,应当考察其父亲去世时的国籍身份;如果父亲在1983年9月19日之前去世,子女在该日期之后出生,则父亲的国籍身份被认为是其去世当时状态。

(3)本章关于注册和归化的规定是指根据第九十二条注册国籍及根据第九十四条的立法归化获得国籍,包括:

a)根据《1981(a)英国国籍法》申请注册或归化为英国公民、英国自治领公民;

b)根据《1948(b)英国国籍法》申请注册或归化为联合王国及其殖民地公民;以及

c)在法律实施后归化为英国人。

(4)本章关于1983年9月19日之前声明放弃国籍的规定涵盖声明放弃英国国籍、英国自治领公民身份、联合王国及其殖民地公民身份以及英国人身份(《1948(b)英国国籍法》实施以前)。

(5)根据本章的立法目的:

a)任何人居住于圣克里斯托弗和尼维斯、安圭拉并入籍或归化的情形下,其应被认为是入籍或归化圣克里斯托弗和尼维斯、安圭拉;

b)任何人在收养时居住于圣克里斯托弗和尼维斯、安圭拉岛,其应被认为是在圣克里斯托弗和尼维斯、安圭拉被收养;及

c)圣克里斯托弗和尼维斯、安圭拉的弃婴,除非有相反证据,应被视为出生于圣克里斯托弗和尼维斯、安圭拉。

第九章 司法条款

第九十六条 高等法院对宪法问题的初审管辖权

(1)根据第二十三条第(3)项、第三十七条第(4)款第b)项、第五十条第(7)款和第一百一十六条第(2)款,如果一个人宣称本宪法的某个条文(除第二章条文外)曾经或正在被违犯,只要与这个人有相关利益,他便可以申诉至高等法院请求一个宣告,并根据本条获得救济。

(2)根据本条,高等法院的管辖权包括决定本宪法的某个条文是否曾经或正在被违犯,以及相应的宣告。

(3)如果申诉至高等法院请求宣告的人同时也请求救济,那么当高等法院根据本条宣告本宪法的某个条文曾经或正在被违犯时,它也可以依据高等法院的普通程序法给予这个人它认为合理的补偿。

(4)首席大法官可以在尊重高等法院事实和程序的基础上制定规则,这个规则涉及本条文授予管辖权和权力的法院,包括本条文中申诉的时限的问题。

(5)只有当对宪法条文的违反足以影响申诉人的

利益时，申诉人才能依据本条文，被视作有相关利益。

(6)由于宪法被违犯而根据本条申诉至高等法院请求一个宣告并获得救济的权利并不排除根据其他法律而就同一事实采取行动的权利。

(7)本条并不授予高等法院审理、决定涉及本法第三十六条的事宜的管辖权。

第九十七条 高等法院对宪法问题的咨询管辖权

(1)当宪法解释问题出现在圣克里斯托弗和尼维斯的法院(除上诉法院、高等法院、军事法庭以外)时，如果法院认为这个问题涉及实质的法律问题，或者当诉讼中的任何一方这样请求时，法院可以求助于高等法院。

(2)当符合本条目的的任何问题被提交至高等法院时，高等法院应当给出它在这个问题上的意见，而产生这个问题的法院应当依据高等法院的意见处理案件，如果这个意见涉及上诉法院或者女王的枢密院的诉讼，则应同时依据上诉法院或女王的枢密院的意见。

第九十八条 向上诉法院的上诉程序

根据第三十六条，对于高等法院的判决可以向上诉法院上诉，这一权利分为如下几种情形：

a)涉及宪法解释问题的民事或刑事诉讼的终审判决；

b)终审判决的管辖权是通过对第十八条(关于基本权利和自由的实施)的实践而产生的；

c)终审判决的管辖权是通过对第一百一十二条(关于尼维斯岛屿的管理和政府之间的争端)的实践而产生的；

d)议会规定的其他情形。

第九十九条 向女王的枢密院的上诉

(1)对上诉法院的判决可以向女王的枢密院上诉，这种权利出现在以下几种情形：

a)上诉到女王的枢密院的民事诉讼终审判决，如果其中争议焦点是特定价值或者超越特定价值，或者上诉直接或间接地涉及财产或是特定价值、超越特定价值的问题；

b)终审判决解除婚姻或者宣告一段婚姻无效；

c)涉及宪法解释问题的民事或刑事终审判决；

d)根据第一百一十二条授予高等法院的管辖权而作出的终审判决；

e)其他议会规定的情形。

(2)根据第三十六条第(7)款，如下情形中，经过上诉法院的同意，即可对上诉法院的判决向女王的枢密院上诉：

a)民事诉讼判决中上诉法院认为诉讼中所涉及的问题是具有普世价值或公共重要性的，因而需要提交女王的枢密院；

b)议会规定的其他情形。

(3)经过女王的特殊同意，即可对上诉法院的任何民事或者刑事的判决向女王的枢密院上诉。

(4)本条涉及的上诉法院的判决应被解释为上诉法院由于被本宪法或其他法律授予管辖权而作出的判决。

(5)本条的特定价值是指五千元的价值或者类似的可以由议会规定的价值。

第十章 尼维斯岛

第一百条 尼维斯岛的立法机构

尼维斯岛应当有立法机构，这个立法机构应当叫作尼维斯岛立法机构，立法机构由女王和尼维斯岛议会组成。

第一百○一条 尼维斯岛议会

(1)尼维斯岛议会应当由如下元素组成：

a)拥有与选区数量相符数量的当选议员，由第十条设立并且在实践中由第一百○四条第(1)款修改；

b)三名提名议员，提名议员的人数也可以由尼维斯岛立法机构规定(不超过当选议员人数的三分之二)。

(2)提名议员由如下元素组成：

a)三分之一的提名议员应由总督根据议会反对党领袖的意见指定；

b)其他的提名议员应由总督根据总理的意见指定；

(3)在不违反第二十七条、第二十八条的情况下，为了实施第一百○四条第(1)款的修改，公民只有在选举举行时有资格投票选举众议员才能有资格当选议员。

(4)根据第二十九条第(2)款的目的，为了实施第一百○四条第(1)款的修改，议会关于当选议员选举的规定应当是这样的，有资格投票选举当选议员的公民也应当有资格投票选举尼维斯岛的众议员。

(5)如果一个不是议会成员的公民当选了议会主席，那么这个公民由于担任主席的职位，则自然成为议会的成员。

(6)明知自己没有权力而出席或者参与议会的投票，会触犯刑法并应被处以不超过一百元的罚金，罚金的数额也可以由尼维斯岛立法机构规定一个额度，乘以此公民非法出席或参与议会的投票天数。

(7)任何由第(6)款引起的起诉都应当在高等法院进行，并只能由政府部门负责人进行起诉。

(8)在第(2)款中，"三分之一"的基数如果不是三的倍数，那么则是离此基数最近的更大的一个三的倍数。

第一百〇二条 尼维斯岛的行政机构

(1)尼维斯岛的行政机构应当包括如下元素：

a)一个总理；

b)两个其他成员，或者不少于两个且不多于尼维斯岛立法机构规定的数量，成员需由总督任命。

(2)总督根据自己审慎的判断行事，可以任命一个议会中能够指挥大多数议员的当选议员作为总理。

(3)总督可以从议会成员中任命行政机构的其他成员，但应当与总理的意见保持一致。

(4)如果行政机构成员在圣克里斯托弗和尼维斯失踪，或者因任何原因无法胜任其工作，那么总督可以临时任命议会的其他成员代替他在行政机构的职位，也可以随时终止这样的任命，但总督应当与总理的意见保持一致。

(5)行政机构的职能是向总督提出管理尼维斯岛的建议，行政机构应当为其向总督给出的建议集体向议会负责，依据或从属于行政机构的一般权力，在行使其职责的时候，依据或从属于行政机构的任意成员。

(6)第(5)款不应在如下情形下使用：

a)根据第五十四条对行政机构成员职责的指定，为了实施第一百〇四条第(1)款的修改，或者当总理不在或者生病时指定行政机构的其他成员行使他的职责；

b)解散尼维斯岛的立法机构；

c)与本宪法第六十八条有关的事宜(关于特赦)；

d)尼维斯岛的立法机构没有权力通过制定法案解决的事宜。

第一百〇三条 制定法案的权力

(1)根据本宪法的规定，尼维斯岛的立法机构可以指定法案，这个被称为条例，这种条例是一些详细的规定，目的是为了尼维斯岛的和平、秩序和良好的管理。

(2)尼维斯岛立法机关指定的法案可以包含关于特定事项之外的附带的或者补充的条款，但是如果这类的规定与议会通过的规定冲突，则应当依据议会通过的规定。

第一百〇四条 变通执行的条款

(1)第二十七条、第二十八条、第二十九条、第三十一条、第三十二条、第三十四条、第三十五条、第三十六条、第三十九条、第四十条、第四十一条、第四十二条、第四十三条、第四十四条、第四十五条、第四十六条、第四十七条、第四十八条、第四十九条、第五十条、第五十六条第(3)款、第五十八条、第七十八条第(5)款、第八十八条第(5)款、第一百一十七条第(1)款、第一百一十七条第(2)款及附录 2 适用于国家议会的内容适用于尼维斯岛议会，有关条文变通如下：

a)除第四十九条第(1)款规定之外，"国家议会"替换为"尼维斯岛议会"；

b)除第二十八条第(2)款、第二十八条第(3)款关于众议员的规定之外，"众议员"和"参议员"的规定对应尼维斯岛议会民选成员和官派成员；

c)选区(constituencies)对应尼维斯岛的选举区(electoral districts)；

d)"政府"、"总理"、"部长"、"反对党领袖"、"议长"的规定对应于尼维斯岛行政当局、尼维斯岛总理、尼维斯岛议会反对党领袖、尼维斯岛议会主席；

e)圣克里斯托弗和尼维斯的统一基金及其他公共基金的规定对应于尼维斯岛统一基金及尼维斯岛行政当局的其他公共基金；

f)关于副议长和副部长的规定删除；

g)第二十八条第(5)款第 a)项规定的尼维斯岛议会民选成员、官派成员以及尼维斯岛行政当局的成员对应众议员、参议员、部长或副部长职位；

h)第二十九条第(2)款规定的居住于圣克里斯托弗和尼维斯对应居住于尼维斯岛；

i)第三十一条、第三十条对应第一百〇一条第(2)款、第三十一条第(3)款第 d)项删除，第四十一条、第十九条第(8)款和第三十七条第(6)款删除，有关规定及第三十八条第(2)款对应第一百一十三条第(2)款；

j)第三十一条、第三十二条、第四十二条、第四十六条、第四十七条、第四十八条关于议会的规定对应尼维斯岛议会，第四十六条、第四十九条、第五十条关于圣克里斯托弗和尼维斯额规定对应尼维斯岛；

k)规则 1 和规则 2 的(a)自然段从附录 2 中删除，以下条文取代规则 1：

"尼维斯岛被划分为不少于五个选举区。"

(2)国家议会根据第四十五条制定的法律条文适用于尼维斯岛议会及其成员，国家议会立法的官员和委员会同样对应于尼维斯岛议会立法的官员和委员会。

(3)在建议总督根据第四十七条解散尼维斯岛议会之前，根据第(1)款的变通，尼维斯岛总理应当征询国家总理的意见。

(4)第五十二条[不含第(1)款]，第二十九条第(3)款和第(4)款、第五十四条、第五十五条、第五十七条、第六十条、第六十一条、第六十二条适用于尼维斯岛行政当局时，应参照其适用于内阁的方式。为实现这一目的，这些条文及附录 4 的第 3 节应当实施如下：

a)关于国家总理的规定应用于尼维斯岛总理；

b)关于部长的规定应用于尼维斯岛行政当局成员；

c)关于政府和内阁的规定应用于尼维斯岛行政当局；

d)关于议会的规定应用于尼维斯岛的立法机构。

第一百〇五条　总督职权的行使

(1)总督根据本条行使职权时,应当根据尼维斯岛行政当局或其授权成员的意见,除非本宪法规定总督应根据其他个人或机关的意见行事的情形。

(2)本条所规定总督行使的职权均关于尼维斯岛的管治,但不包括：

a)除宪法第四十三条、第四十六条、第四十八条外经由宪法第一百〇四条变通实施的事项；或

b)根据国家议会所制定的在尼维斯岛实施的针对特定事项的法律。

第一百〇六条　行政机构的职责

(1)除非法律另有规定,行政机构应排他地就以下事项对尼维斯岛的管治负责：

a)机场和港口；

b)教育；

c)矿产的提炼和加工；

d)渔业；

e)健康和福利；

f)劳动政策；

g)国有和用于政府目的的土地和建筑；以及

h)向圣克里斯托弗和尼维斯进出口的许可。

(2)第(1)款事项不含：

a)影响依法由总督或总理(部长)行使的职权；或

b)授权行政机构行使与政府总政策不一致的权力(经总理书面致函尼维斯岛总理确定),或涉及国家重大关切的问题未经国家总理事先同意。

(3)如果要使用尼维斯岛的土地用于政府目的,行政机构应提供国有土地或征用其他土地,政府应向有关个人支付适当的补偿。

(4)本条第(1)款不意味着排除立法赋予行政机构其他职责。

第一百〇七条　公共安全和公共秩序

(1)尼维斯岛总理有权就维持和保障尼维斯岛的公共安全和公共秩序,在必要情况下可以指挥：

a)驻尼维斯岛警察部队的高级警官；或

b)驻尼维斯岛国防部队的高级军官。

根据第(2)款,以上官员应服从指挥。

(2)第(1)款的规定不意味着排除总理为维持和保障圣克里斯托弗和尼维斯的公共安全和公共秩序而指挥警察总监或国防部队军官。如果根据第(1)款的有关命令发生冲突,以上官员应服从总理的指挥。

第一百〇八条　财政

(1)所有的税收、募集款项、行政机构收取的资金(不包括税收和依法由行政机构收取用于特定目的的款项)应当存入和构成尼维斯岛统一基金(本条以下简称"基金")。

(2)第七十条、第七十一条、第七十二条、第七十三条、第七十五条、第七十六条关于中央政府的规定同样适用于尼维斯岛行政机构：

a)关于统一基金的规定适用于基金；

b)关于国家议会的规定适用于尼维斯岛议会；

c)关于财政部长的规定适用于尼维斯岛行政机构负责财政的官员；以及

d)关于政府的规定适用于行政机构。

第一百〇九条　地方公职人员

(1)行政机构地方公职人员根据第六十三条,由国家总理和尼维斯岛总理任命。

(2)行政机构的公职人员应当受到一位驻于尼维斯岛的编制官监督,该职位属于公职,其可以就行政机构的公职人员事务直接联系公务人员委员会主席。

第一百一十条　收入分配

(1)根据第(2)款,圣克里斯托弗和尼维斯所征收的全部税款应在中央政府和尼维斯岛行政机构之间依据人口比例进行分配。

(2)行政机构依照第(1)款分得的份额应当扣除以下部分：

a)圣克里斯托弗和尼维斯所提供的公共服务费用；以及

b)中央政府根据第七十五条举债的费用。

(3)总督可为实现本条目的而就以下事项制定规则：

a)确定公共服务的范围；

b)确定行政机构为公共服务所支出的费用；

c)确定行政机构为中央政府举债费用所支出的费用；以及

d)确定计算金额的方式和方法。

(4)总督根据第(3)款行使权力须征询国家总理的意见,无须获得尼维斯岛总理的同意。

第一百一十一条　赠款和借款

(1)总督可以为如下事项制定规则：

a)行政机构存量或增量的债务法定上限；

b)财政部长关于行政机构获赠和举债的事先知情权；以及

c)中央政府和尼维斯岛行政机构的事前沟通机制。

(2)总督根据第(1)款行使权力须征询国家总理的意见,无须获得尼维斯岛总理的同意。

第一百一十二条　央地争议解决

高等法院对中央政府和尼维斯岛行政机构间的任何争议拥有排他的司法初审管辖权。

第一百一十三条　尼维斯与圣克里斯托弗分离

(1)尼维斯岛立法机构可立法宣告尼维斯岛终止与圣克里斯托弗岛的联邦,宪法将不再适用于尼维斯岛。

(2)第(1)款所规定的法案须经尼维斯岛议会三分之二以上民选成员赞成,且须符合以下条件方可提交总督:

a)法案在议会一读和二读之间须间隔不少于九十日;

b)法案被议会通过后,须通过尼维斯岛公投获得有效选票的三分之二多数赞成;

c)完整而详尽的尼维斯岛宪法草案(作为独立国家或其他国家的一部分)在公投和投票前六个月被提交到议会,并在公投举行九十日前经过适当的公众咨询。

(3)公投举行时,凡有权选举尼维斯岛众议员的选民有权依法在本条所规定的公投中投票,其他人无权投票。

(4)本条所规定的公投应以不记名方式进行。

(5)本条所规定的公投由选举总监组织,第三十四条第(4)、(5)、(7)款关于众议员选举的规定适用于选举总监或其他官员在本公投中行使职权过程。

(6)尼维斯岛立法机构可以立法邀请独立公正的国际观察员观察公投,并将公投进展向总督公开报告。立法可规定有关人员的职权、特权和豁免权。

(7)根据第(1)款所提交的法案须获得尼维斯岛议会主席关于第(2)款事项的证明书和选举总监关于公投的证明书,方可提交总督。

(8)尼维斯岛议会主席的证明书内容须仅包括第(2)款事项且不受司法审查。

第一百一十四条　解释

在本节中:

"行政机构"是指尼维斯岛行政机构;

"议会"是指尼维斯岛议会。

第十一章　杂　项

第一百一十五条　尼维斯岛的分离

如尼维斯岛根据其立法机构依照第一百一十三条第(1)款的立法宣告独立,"附录3"的条款即刻生效。

第一百一十六条　总督的职权

(1)本宪法关于总督职权的规定应当包括其行使圣克里斯托弗和尼维斯管治权威的权力和责任,以及本宪法和其他法律赋予总督的权力和责任。

(2)总督根据宪法依据自身审慎判断、根据他人建议、征询他人意见所行使职权的行为不受司法审查。

(3)根据宪法,总督在行使权力前征询他人意见的要求并不意味着总督需要根据该个人或机关的意见行事。

第一百一十七条　辞职

(1)众议员或参议员可以亲笔致信议长辞职,辞职信寄到以下人员时辞职立即生效,相应职位即刻开缺:

a)议长;

b)议长职位空缺、议长不能行使职权时且无代理议长时的副议长;或

c)副议长职位空缺、副议长不能行使职权时且无代理副议长时的议会秘书长。

(2)议长或副议长可以亲笔致信议会提出辞职,辞职信寄到议会秘书长时辞职立即生效,相应职位即刻开缺。

(3)任何依本宪法规定被委任的官员[除第(1)、(2)款情形]、依宪法设立的部长职位的官员应亲笔致信委任他的个人或机关,辞职生效和相应职位开缺的时间为:

a)辞职信中指定的时间或日期;或

b)辞职信被相关个人或机关收到之时,有关人员获得授权接受之时,二者间较晚一个;辞职生效前,辞职信可以因有关个人或机关的同意而撤回。

第一百一十八条　重新任命和重复任职

(1)根据宪法规定,任何公职、部长或副部长职位空缺时,离职者可获得重新任命或被选举继续担任该职务。

(2)根据宪法,任何个人或机关在委任参议员、部长、副部长、反对党领袖、尼维斯岛议会官派成员、尼维斯岛行政机构成员或尼维斯岛议会反对党领袖以外职务人选时,若原任该职位者尚处于离职程序中,则后任命者被推定是该职位的唯一任职者。

第一百一十九条　解释

(1)本宪法中,除非文本有其他定义:

"子女"是相对于父母的自然人;

"公民"是指圣克里斯托弗和尼维斯公民,"国籍"以此类推;

"英联邦公民"的含义由议会规定;

"国防部队"包括海陆空军;

"元"是指圣克里斯托弗和尼维斯的货币单位;

"财年"是指从1月1日起的12个月或其他议会立法所规定的年度;

"政府公报"指圣克里斯托弗和尼维斯官方发布

的政府公报；

"政府"指女王陛下的圣克里斯托弗和尼维斯政府；

"祖父母"是父母亲的父母亲；

"法律"是指圣克里斯托弗和尼维斯境内生效的法律，包括成文法和不成文法；"依法"或"合法"含义以此类推；

"反对党领袖"是指国家议会的反对党领袖；

"法律实务工作者"是指有资格在圣克里斯托弗和尼维斯执业的出庭律师或在某些事务律师可出庭程序中的事务律师；

"立法机构"指议会，在某些条文中包括尼维斯岛的议会；

"部长"指政府部长；

"父(母)亲"包括：

a)以合法方式收养某人的人，以及

b)在非婚生的情形中，生母、承认血缘关系的父亲、经有管辖权法院宣告的父亲。

在收养的情形中，不包括因收养而失去亲权的人。

"议会"是指圣克里斯托弗和尼维斯议会；

"宣誓"包含确认；

"宣誓效忠"是指根据"附录4"的程序宣誓效忠；

"宣誓忠于职守"是指根据"附录4"的程序宣誓正确地行使职权；

"宣誓保密"是指根据"附录4"的程序宣誓保密；

"警察部队"指皇家圣克里斯托弗和尼维斯警队以及其他设立承继该警队功能的警队；

"公告"是指在政府公报上刊登的公告，或其他在圣克里斯托弗和尼维斯行之有效的印刷手段发布的公告；

"公职"是指在政府中领取公薪的职位；

"公职人员"是指担任或代理公职的人；

"公共服务"是指根据本条规定，政府所提供的服务；

"会期"是指：

a)在国家议会，从议会休会或解散后首次集会起，到议会休会或被解散止；

b)在尼维斯岛议会，从议会休会或解散后首次集会起，到议会休会或被解散止；

"开会"是指：

a)在国家议会，是指会议无间断举行的过程，包括委员会的会议；

b)在尼维斯岛议会，是指会议无间断举行的过程，包括委员会的会议；

"议长"和"副议长"是指担任议长或副议长职位的人；

"特定方式"是指，宪法"附录5"所规定的关于尼维斯岛行政机构的特殊内容。

(2)宪法中的公职不包括：

a)议长、副议长、总理、部长、副部长及国家议会成员；

b)尼维斯岛议会主席、尼维斯岛总理、尼维斯岛行政机构成员、尼维斯岛议会成员；

c)宪法所设立任何委员会的成员、赦免审查委员会成员、公务人员申诉委员会成员；

d)最高法院法官及司法事务官；以及

e)议会所设立的理事会、委员会、小组或类似组织的成员；

(3)在本宪法中：

a)除非有其他规定，《宪法》、《最高法院谕令》、《1981英国国籍法》中涉及的《1948英国国籍法》及其他条文包括任何修改本宪法或其他谕令、法律、条文的法律；

b)最高法院、上诉法院、高等法院、司法和法律人事委员会是指《最高法院谕令》所设立的相应机构；

c)首席大法官的含义同《最高法院谕令》的规定；

d)除非有相反规定，最高法院法官包括原向风群岛和背风群岛最高法院的法官，高等法院法官、上诉法院法官也作类似解释；以及

e)最高法院司法事务官是指首席注册官和其他根据《最高法院谕令》所委任的最高法院司法事务官。

(4)本宪法中"特定资质"是指依法规定的专业资格，其中包括在圣克里斯托弗和尼维斯担任出庭律师或事务律师的资格；

(5)为实现本宪法的目的，任何人未收到薪金时不可被视作担任职务。

(6)在本宪法中，除非有相反规定，任何人的任期包括其被授权行使职务的时间。

(7)除非宪法规定，未经本人同意，任何人不得被提名为公职候选人、被委任或代理公职。

(8)本宪法中关于免除公职人员职务的权力包括依法要求、批准该官员退休的权力。

根据该规定：

a)本款不适用于刑事检控专员、审计长；及

b)任何个人或机关(不含委员会)依据本款行使权力须由公务人员委员会代表。

(9)本宪法任何授权个人或机关免除任何人职务的权力不得违反强制退休的法律规定。

(10)本宪法授权个人或机关在原任职者不能行使职权时委任人选代行职权，委任的行为不因原任职者不能行使职权的理由而受到审查。

(11)宪法规定任何个人或机关在行使职权时不受他人或机构的指导和控制，这一规定不排除法庭就

人或机关行使职权时是否符合宪法或其他法律的司法管辖权。

(12)依《1978年(a)解释法》[根据第(17)款适用]第14条的规定,依照本宪法行使公告、规制、制定规则、指导或其他指示权力时,权力应当包括修改、恢复前述公告、规制、制定规则、指导或其他指示的权力。

(13)根据第3款a)项,除非有相反规定,本宪法中提到1983年9月19日之前制定的法律包括该日期之前即刻生效的法律。

(14)本宪法中关于宪法和其他法律修改,包括：

a)恢复而未重新制定不同条款；

b)无论省略或修改等方式修正条款；以及

c)暂停或恢复效力。

(15)本宪法中女王宣战是指圣克里斯托弗和尼维斯卷入与他国敌对状态。

(16)本宪法中,国有土地和建筑物包括由个人或机关作为受托人、代表国家的土地或建筑物。

(17)为实现解释本宪法及联合王国议会制定的其他法律的需要,《1978年解释法》经过适当的本地化后可适用于(圣克里斯托弗和尼维斯)。

第一百二十条　变通条款的文本

(1)根据宪法第一百〇四、第一百〇八条变通适用于尼维斯岛议会或尼维斯岛行政机构的条款收录于"附录6"。

(2)如果宪法第一百〇四条、第一百〇八条变通适用的条款有修改,总督可通过命令方式对"附录6"中的条文进行修改。

(3)宪法任何条文根据第一百〇四条、第一百〇八条变通适用时,与这些条文相关的条文也应跟随变通适用的条文适用。

附录(略)

圣卢西亚宪法法令

行政法规法
1978 编号 1901

于 1978 年 12 月 20 日制定
生效日期：1979 年 2 月 22 日

于1978年12月20日在白金汉宫法院,理事会的杰出的女王陛下出席。

然而,在1979年2月22日,圣卢西亚结束了与英国的联邦关系,且圣卢西亚在英联邦内部实现完全责任制之时,建立新的宪法就显得很有必要：

鉴于1978年10月24日众议院通过的一项决议,圣卢西亚联邦已经要求并同意为此目的而制定该法令；

如今,因此,女王陛下凭借以及执行1967年西印度群岛法案(a)中授予其的权力,且乐意接受枢密院关于法令制定的建议,法令如下：

第一条

(1)该法令可能作为圣卢西亚1978年宪法法令。

(2)该法令自1979年2月22日起生效。

第二条

对圣卢西亚联系邦的宪法作出规定的圣卢西亚1967(b)宪法法令已被取消。

第三条

根据附件2中本法令的过渡性条款,附件1中的圣卢西亚宪法法令应于本法令制定之时在圣卢西亚生效。

N. E. Leigh,
枢密院秘书

鉴于圣卢西亚人民：

a)相信万能的上帝是至高无上的；

b)相信上帝赋予所有人同等的不可剥夺的权利和尊严；

c)意识到享有此等权利取决于某些基本的自由即,人身、思想、言论、沟通以及结社的自由；

d)坚持认为此等自由只能通过法制来维护；

e)意识到人类的尊严需要尊重精神价值,个人家庭生活以及财产；且经济的充分发展以及社会的安康依赖于国家的资源；

f)尊重社会公正的原则,并且,因此认为经济体制的运行会使得各国的物质资源依照促进公共利益的角度进行分配,那么对于所有民众来说生活资料是充足的,那么劳动人民不应受经济所迫而从事非人道主义的行为,但是就其优点、能力以及诚实应获得晋升的机会；

g)表达他们对民主的承诺,尤其是政府原则,在成人普选的基础上进行自由选举；

h)考虑到个体,每个人都对其他个人以及国家负有责任且需履行遵守和促进本宪法中涉及的权利、自由和价值观；

i)承诺对国际和平与安全,国家间的友好关系给予支持,并推动普遍尊重人权和自由；并在以和平方式解决国际经济、社会以及政治问题上进行合作；

j)希望本宪法中应对确保以及保护权利、自由和价值观的内容予以体现并作出规定。

因此,下列规定应视作圣卢西亚宪法生效：

第一章 保护基本权利和自由

第一条 ［基本权利和自由］

圣卢西亚的每个人都享有基本的权利和自由,也就是说不论其种族、出生地、政治观点、色彩、信条或性别,该项权利是指对他人的权利和自由以及公共利益的尊重,每个人的权利如下,即：

a)个人的生命、自由、安全在法律面前人人平等以及受到法律的保护；

b)信仰自由、言论自由以及集会和结社自由；以及

c)保护家庭生活、个人隐私、家庭隐私以及其他财产不受侵犯,保护无偿财产不受剥夺。

本章规定的生效是为了保护这些权利和自由,这

---

* 译者：周雨。

些权利和自由受到这些规定中的保护限制,旨在确保个人享有所述权利和自由且不歧视他人的权利和自由或公共利益。

第二条 ［生命权的保护］

(1)因触犯法律而构成刑事犯罪或被判为有罪的个人,法院在执行判决的过程中不应有意剥夺其生命。

(2)如果个人因使用正当的武力以及在法律允许的情况下违反了本节规定而处死,那么该个人不应视为已经剥夺了生命:

a)阻止任何个人的暴力行为或保护财产;

b)为了依法逮捕或防止依法拘留的个人的潜逃;

c)为压制骚乱、暴动或叛变;

d)为避免在合法的战争行为中构成刑事犯罪或死亡的个人服役。

第三条 ［个人自由权利的保护］

(1)在下列情况下,个人不应被剥夺法律授予的人身自由,也就是说:

a)由于其不能对在法院执行判决或命令的时候,对刑事指控予以辩护,不论关于其因刑事犯罪而被判为有罪的指控是由圣卢西亚还是其他一些国家确立的;

b)因其对最高法院或上诉法庭或其他法院和法庭存在蔑视行为而执行最高法院或上诉法庭的命令;

c)执行最高法院的命令,确保法律强加于他的任何义务的履行;

d)为了使其在法庭前执行法院的命令;

e)有足够理由怀疑其已犯法或即将犯法,在法律下构成刑事犯罪;

f)根据法院的命令或经其父母或监护人的同意,其教育或福利的期限应不迟于其年满18周岁的日期;

g)为了防止感染性或传染性疾病的传播;

h)如果有理由怀疑其精神失常,毒品酒精成瘾或沦为流浪汉,为了对其情况进行处理或保护社区;

i)为了防止其非法进入圣卢西亚境内,或为了对其驱逐,引渡或其他合法撤离圣卢西亚境内的行为施加影响或为了认定其有罪,在其进入圣卢西亚境内时予以阻止,防止其从一个国家引渡到另一个国家;或

j)从某种程度上来看,在执行合法命令的过程中,有必要要求其居住在圣卢西亚境内的特定地区,或阻止其居住在该区域内,或从某种程度上来看,为了制定此类法令或与之相关的法令,在法令制定之后对其提出诉讼是合理正当的,或从某种程度上来看,因为制定了此类法令,其出现在圣卢西亚任何地区是非法的,那么对其出入进行限制是合理正当的。

(2)被逮捕或拘留的任何个人,在任何情况下,在其被逮捕或拘留之后的24小时内告知其被捕或拘留的原因并为其提供和其自行选择的从业律师进行私人交流以及咨询的设施,如果其是未成年人,由其父母或监护人为其挑选从业律师。

(3)被逮捕或拘留的任何个人:

a)为了在执行法院命令时使其出庭;或

b)有理由怀疑其已犯法或即将犯法,在法律下构成刑事犯罪和未被释放的个人,在逮捕或拘留之后的72小时内应毫无延误地出庭。

(4)在法院执行诉讼命令或怀疑其已犯罪或即将犯罪的情况下,任何个人出庭,那么此后根据法院的命令,其不应该因此类诉讼或犯罪行为而继续被拘留。

(5)如果如上文第(3)款 b)项中提到的被逮捕或拘留的任何个人在合理的时间内未进行审判,那么此后在不影响后续对其进行指控的诉讼的情况下,其应当无条件地释放或根据合理的需要,确保其接受日后的审判或诉讼审讯,且在不过度的情况下此种情况可能包括保释。

(6)任何被其他个人非法逮捕或拘留的个人有权要求任何其他个人或代其行事的机关予以赔偿;

根据本款,规定法官、地方法官或治安法官或军官或警官个人不承担因其切实执行公事而造成损害的任何赔偿,且不承担因其执行上级任务而造成损害的任何赔偿。

(7)本条第(1)款中,在出庭前被指控为刑事犯罪的个人,对其因作为或不作为而被判有罪的特殊裁决已经撤回,但是其在从事该行为或不作为的情况下是精神失常的,那么其应当被认定为犯有刑事罪名,且由于此类裁决而被拘留的个人应在执行法院命令时予以拘留。

第四条 ［免受奴隶制和强迫劳动］

(1)任何人不得使为奴隶或奴役。

(2)任何个人不得被要求进行强制劳动。

(3)对于本节内容,"强迫劳动"的表达不包括:

a)因法院判决或命令其进行的任何劳动;

b)当其被合法拘留时期,任何需要劳动的个人,尽管法院的判决或命令未作出相关要求,但是对于拘留场所的卫生权益或卫生的保持很有必要;

c)任何作为纪律严明的军队中的成员要求履行其职责,或任何内心反对作为一名海军,陆军或空军成员为其服务的个人,那么根据法律所需的劳动力来执行此项任务;

d)在突发公共事件期间或出现意外事件或威胁到国家和人民的生命和健康的自然灾害的时候需要劳动力,在某种程度上来看,当出现或存在此类情况

时,或由于出现意外事件或自然灾害时,为了处理所发生的情况而需要劳动力是相当合理的。

第五条 [免受非人道待遇]

任何人不得加以酷刑或施以不人道或有辱人格的处罚或其他处置。

第六条 [免受财产权的剥夺]

(1)不得强制占有任何类型的财产,不得强制获取任何类型财产的权益,除了用于公共目的以及适用于占有或通过全额即时付款收购财产的法律对此作出规定。

(2)每个人都享有被强制占有的财产的权益或强制获得财产权益的个人应有权直接要求最高法院采取如下措施:

a)确定财产的性质以及权益范围;

b)确定对财产的占有或收购是否依照法律授权的财产占有或收购的规定来进行;

c)依据财产占有或收购适用的法律,确定其有资格享有何种赔偿;

d)获取补偿。

对于本款第 a)或 c)项中提到的任何相关事项,如果议会有规定,通过上诉(对财产享有权益的个人提出要求便具有执行性)法庭或当局,而不是在法律下享有管辖权的最高法院才能享有决定此事项的权力。

(3)首席大法官可以就最高法院的实施程序作出规定或,依照代议会制定的关于任何其他法庭或授予最高法院的本条第(2)款中的管辖权的当局的实施程序,或由其他法庭或当局为了本款中的目的而执行该项规定(包括就向最高法院或其他法庭或当局上诉可能需要的期限所作出的规定)。

(4)根据本条,有权获得赔偿的个人在其收到赔偿钱款之后或根据具体情况,以其他形式收到任何钱款并将其转化为一大笔款额,那么其可以将整笔钱款(无扣减额,无收费或征税或计征税)汇入其所选择的圣卢西亚之外的其他国家。

(5)根据法律的授权,所包含的内容或所采取的行动应与本条第(4)款中从某种程度上来看由法律授权的规定相符或不得违反此规定:

a)附件中包含个人有权履行法院判决或其作为当事人一方的民事诉讼的悬而未决的决定而享有的任何赔偿金额的要求;

b)任何汇款的征税的合理限制;或

c)对任何钱款的免除征收的合理限制,以便于阻止或控制在圣卢西亚或其他一些国家筹集的钱款或圣卢西亚的自然资源向圣卢西亚之外的国家转移的情况。

(6)根据法律的授权,所包含的内容或所采取的行动应与本条第(1)款中的规定相符或不得违反此规定—

a)在某种程度上来看,目前的法律对财产权益的占有或获得做出了规定:

a.作为任何税收,税率或应付款的赔偿;

b.因违反法律而进行处罚或因违反法律没收财产;

c.作为租赁,租赁物,抵押,抵押权,控告,抵押证券,抵押物或合同事项;

d.执行法院关于确定民事权利或义务的程序的判决或命令;

e.在财产遭遇风险,或可能对人类、动物或植物的健康带来危害的情况下采取此行为是很有必要的;

f.由于存在诉讼时效的法律规定;或

g.长久以来,为对土地资源进行勘探、调查、试验或调查所需,或为了开展水土保持工作或保护其他自然资源或开展发展或提高农业的工作(土地的所有者或占有者要求就农业的发展和提高开展工作且不得以不合理的理由拒绝或不开展此项工作)。

以及到目前为止,除了上述规定或根据具体情况来看,授权所采取的措施在民主社会来看并不是相当合理;或

b)在某种程度上来看,目前的法律对下列财产的占有或收购作出了规定(包括财产权益),也就是说:

a.敌方财产;

b.死者,精神失常或未满18周岁的个人的财产,为了对其财产进行管理以及保护其享有对财产的受益权;

c.宣告破产的个人或处于清算阶段的法人实体的财产,为了对其财产进行管理以及保护破产债权人或法律实体的利益,以及依照上述事项,为了其他享有财产受益权的个人的利益;或

d.财产受信托限制,根据本文件,为了使法院或通过法院命令将财产归属于被任命为受托人的个人,为了使该信托生效。

(7)根据议会颁布的法律的授权,所包含的内容或所采取的行动应与本节规定相符或不违反本节规定,在某种程度上看,目前的法律对财产的强制占有或财产权益的获取作出了规定,财产的权益为公众目的的确立并由法人实体持有,除了议会提供的钱款,没有钱款用于投资。

(8)在本条中:

"财产"指的是有能力拥有或占有的任何土地或其他东西以及包括相关的权利。无论是否在合同、信托或法律或其他事项下以及无论是目前或将来,绝对化的或有条件的;

"收购",与财产权益相关,指的是将财产权益转移给其他人或消除或减少权益。

第七条 [防止任意搜查或侵入]

(1)除了经其本人同意,其他人不得对其个人或其财产进行搜查或侵入其住所。

(2)根据任何法律的授权,所包含的内容或所从事的行为应当符合或不违反本条的规定,在某种程度上来看目前的法律已作出规定:

a)这是对国防、公共安全、公共秩序、公共道德、公共卫生、城乡规划、矿产资源的开发利用或任何财产的开发或利用利益的合理要求,旨在满足国家的利益;

b)为了保护其他个人的权利或自由,该要求是合理的;

c)授权政府官员或代理人,当地政府机构或依照法律设立的法人实体为了公众利益而进入任何个人的住所进行视察或收取税收,费用或应付款或为了开展和财产相关的工作,该财产是合法的且属于国家、当局或法人实体的财产,视具体情况来看,或

d)为了执行法院对于任何民事诉讼的判决或命令,依照法院指令授权对任何个人或其财产进行搜查或进入其住所。

以及除了上述条款或视具体情况而定,在授权下所采取的行为在民主社会来看是相当不合理的。

第八条 [安全保护的法律规定]

(1)如果个人被指控犯有罪名,那么除非撤回控诉,否则应由依法设立的独立且公正的法庭在合理的时间内对案件进行公平听证。

(2)被指控有罪的每个人

a)在证实其有罪或其承认犯罪之前应认定为无罪;

b)尽快地以合理可行且通俗易懂的方式告知其被指控犯罪的性质的相关细节;

c)应给予其充分的时间准备辩护;

d)应允许其在法庭上为自己辩护或自费选择从业律师为其辩护;

e)应提供可利用的设施方便亲自审问或由其法律代表对公证人在法院传唤的证人进行审问,且了解出庭情况以及对证人代其在法院做证进行审问,审问事项依照对公证人传唤的证人进行审问适用的流程进行;以及

f)如果其不能理解审判中使用的语言而同意对其给予无偿的翻译服务;

g)以及除了在其同意的情况下,不得在其缺席时进行审判,除非其认为在其出席之时继续诉讼不可行且法庭做出指示要求撤销诉讼并且在其出席之时进行审判;

h)如果审判在其出席之时进行,根据法律规定,其有权获知控诉的情况以及审判的具体时间和地点并且在合理的时间内出庭。

(3)如果个人因刑事犯罪而受审,那么被告或授权代表被告的任何人,如果法律规定有需要支付合理的费用,那么在审判之后应获得一份由法院或法院代表出具的被告人的诉讼记录的副本。

(4)当个人因某个时刻的作为或不作为而未构成犯罪的行为,那么其应当是无罪的,并且刑事犯罪的严重程度不及犯罪之时所强加的最高刑罚时,不得强制施加刑罚。

(5)个人表明其因刑事犯罪而已经接受管辖法院的审讯且无论是有罪还是无罪释放都不应再次因犯罪或其他在审讯时已将其定罪的其他刑事犯罪行为而接受审讯,根据高级法院就定罪或无罪释放的上诉或复审程序其可获保释。

(6)如果个人已证明其已被赦免罪行,那么其不应就刑事犯罪而接受审讯。

(7)因刑事犯罪而接受审讯的个人不得强迫其在审判时做证。

(8)任何法院或法律规定的其他机关在确定民事权利或义务的存在或范围时应依法设立且应是独立的、公正的;如果任何个人在此类法院或其他机关提出民事权利或义务确定的诉讼,那么此案件应在合理的时间内举行公平听证。

(9)任何民事权利或义务的存在性或范围在法院或任何其他机关的诉讼中得以确定后,诉讼的各方应当,如果法律规定有需要支付合理的费用,在审判或作出其他决定之后应获得一份由法院或法院代表或其他机关出具的诉讼记录的副本。

(10)除了征得所有有关各方的同意,每个法院的所有诉讼以及在任何机关确定民事权利或义务的范围的诉讼,包括法院或其他机关判决的宣告应当公开进行。

(11)本条第(10)款中的所述规定不会使得法院或其他评审机关将有关当事人和在某种程度上代其行事的从业律师以外的诉讼参与人排除在外,因为法院或其他机关。

a)可以通过法律授权以及可能认为在公开宣传会对公正利益或中间裁决或公共道德利益,未满18周岁的个人的健康或与诉讼相关的个人生活的保护带来危害的情况下采取此行为是必要的或是权宜之计;或

b)可能通过法律授权或因国防、公共安全或公共秩序利益的需要而采取此行为。

(12)根据任何法律的授权,所包含的内容或所采取的行动应与下列事项相符或不得违反:

a)从某种程度上来看,在本条第(2)款 a)项中,目前的法律强制要求被指控有刑事犯罪的个人提供具体的事实依据;

b)从某种程度上来看,在本条第(2)款 e)项中,如果目击者被传唤为被告做证,那么向目击者支付的费用不得动用公共基金,目前的法律强制要求满足此类合理的要求。

c)从某种程度上来看,在本条第(5)款中,提出修改的法律授权法院对纪律部队中的一名成员因刑事犯罪而进行审讯,但根据部队纪律法,对该成员的任何审讯和定罪或无罪释放,任何对成员进行审讯以及定罪的法院在判决其刑罚时,应考虑纪律法中规定的对其的任何刑罚。

(13)根据对此类拘留人员的处分作出调整后的法律,如果任何个人出现被合法拘留的情况,那么本节第(1)款、第(2)款和第(3)款的第 d)项和第 e)项中的规定不应适用于与其相关的刑事犯罪的审讯。

(14)在本节中"刑事犯罪"指的是法律下的刑事犯罪。

第九条 [信仰自由的保护]

(1)除非征得其本人的同意,否则不得干涉个人的信仰自由,包括思想自由和宗教自由,改变其宗教或信仰的自由以及个体或群体的自由以及在公共场合或私下表明和传播其对礼拜、教职、实践和仪式上的信仰。

(2)除非征得其本人的同意(或如果其未满18周岁,征得其监护人的同意),否则不得要求其接受教育,被拘留在监狱或劳改所或服务于海军、陆军或空军的个人接受与其信仰的宗教无关的宗教教育或参加与之无关的任何宗教典礼或仪式。

(3)每一个宗教团体应有权自费组建并创办教育基地并且对其进行管理;无论该团体在开展宗教教育的过程中是否收到政府补贴或其他形式的旨在支付教育课程的全部或部分费用的财政援助,都不得阻止该团体对其成员开展宗教教育。

(4)若誓言违背其宗教或信仰或要以违背其宗教或信仰的形式进行宣誓,则不得强迫其宣誓。

(5)根据任何法律的授权,所包含的内容或所采取的行动应与本条规定相符或不得违反本条规定,从某种程度上来看,提出修改的法律对此作出了规定,该规定应满足下列需求:

a)国防、公共安全、公共秩序、公共道德或公共健康的利益;

b)为了保护其他个人的权利和自由,包括在不主动干预其他宗教成员的情况下奉行以及信仰宗教的权利;或

c)为了满足在该教育机构或可能在该教育机构接受教育的个人的利益对教育机构进行规范;

d)以及除了上述规定或,视具体情况而定,授权所采取的行动在民主社会来看是相当不合理的。

(6)本节中对宗教的引用应理解为包括对宗教教派的引用,且同类的表达应作相应的解释。

第十条 [言论自由的保护]

(1)除非征得其本人同意,否则不得干涉其言论自由,包括持有意见不受干涉的自由,接受思想和信息不受干涉的自由,交流思想和信息不受干涉的自由(无论是普通大众或个人或任何阶层人士的交流)以及通信不受干涉的自由。

(2)根据任何法律的授权,所包含的内容或所采取的行动应与本条规定相符或不得违反本条规定,从某种程度上来看,提出修改的法律对此作出了规定:

a)国防、公共安全、公共秩序、公共道德或公共健康的利益的合理的需要;

b)这是为了保护与法律诉讼相关的个人的名誉、权利以及自由或私人生活,防止保密信息的泄露,维持法院的独立性和权威或对杂执管理或电话、电报、无线电广播或电视的技术性操作进行调整的合理要求;或

c)为了能使公共官员有效地执行其职能,合理要求对其施加限制,以及除了上述规定或,视具体情况而定,授权所采取的行动在民主社会来看是相当不合理的。

第十一条 [集会和结社自由的保护]

(1)除非征得其本人同意,否则不得干涉其集会和结社的自由,也就是说,不得干涉其与其他个人自由交往以及结派和特别是为了保护其利益组成工会或其他团体或组成政治党派或其他政治团体的权利。

(2)根据任何法律的授权,所包含的内容或所采取的行动应与本条规定相符或不得违反本条规定,从某种程度上来看,提出修改的法律对此作出了规定:

a)国防、公共安全、公共秩序、公共道德或公共健康的利益的合理的需要;

b)保护其他个人的自由的权利的合理要求;或

c)为了能使公共官员有效地执行其职能,合理要求对其施加限制,

以及除了上述规定或,视具体情况而定,授权所采取的行动在民主社会来看是相当不合理的。

第十二条 [行动自由权的保护]

(1)不得剥夺个人的行动自由权,也就是说,自由进出圣卢西亚的权利,在圣卢西亚某个地区居住的权利,进入圣卢西亚境内的权利,离开圣卢西亚的权利以及被驱逐出圣卢西亚国家。

(2)和合法拘留相关的个人的行动自由的限制应与本条规定相符或不违反本条规定。

(3)根据任何法律的授权,所包含的内容或所采取的行动应与本条规定相符或不得违反本条规定,从某种程度上来看,提出修改的法律对此作出了规定:

a)为了国防、公共安全或公共秩序的利益,对个人进出或居住在圣卢西亚或离开圣卢西亚国家的权利实行限制措施是合理的要求;

b)为了国防、公共安全或公共秩序的利益,根据法院的命令,对一般人或任何阶层的个人进出或居住在圣卢西亚境内或离开圣卢西亚国家的权利实行限制或对于离开圣卢西亚的权利,确保其遵守政府事务的国际义务,该义务由参议院和众议院履行,且除了上述规定或,视具体情况而定,授权所采取的行动在民主社会来看是相当不合理的;

c)根据法律,因其已经被认定犯有刑事罪名或为了确保其日后在法院因刑事犯罪而接受审判或在审判之前接受诉讼或就其引渡或合法撤离圣卢西亚接受诉讼,根据法院的命令,对其进出或居住在圣卢西亚境内或离开圣卢西亚国家的权利实行限制;

d)对非公民的个人的行动自由加以限制;

e)对个人获得、收购或利用圣卢西亚的土地或其他财产加以限制;

f)对居住在圣卢西亚境内的居民的行动进行限制或为了使得公共官员更好地履行其职能,对其离开圣卢西亚的权利进行限制是合理的要求。

g)为了使得撤离圣卢西亚的个人就法律下的刑事犯罪在其他国家接受审讯或处罚并且依照法律判定其有罪,在法院就其刑事犯罪执行判决时在其他国家接受监禁;或

h)为了确保其履行法律赋予其的义务,对其离开圣卢西亚的权利实行限制是合理的要求,

以及除了上述规定或,视具体情况而定,授权所采取的行动在民主社会来看是相当不合理的。

(4)如果本条第(3)款 a)项中的规定中对个人的行动自由加以限制,那么要求该项限制措施不得早于命令发布后的21天或作出此要求后的3个月,视具体情况而定,其案件应由独立公正的法庭进行复审,由首席法官任命的所有从业律师中的一位来主持审判。

(5)依照本条第(4)款,关于法庭对已限制其行动自由的个人的案件的复审,法庭可以就其命令的机关继续加以限制的必要性或权宜之计提出建议,除非法律另有规定,那么该机关应当有义务依照任何此类建议执行。

第十三条 [保护免受种族等的歧视]

(1)依照本条第(4)款,(5)款以及(7)款中的规定,任何法律不得自行作出歧视性的规定或使其生效。

(2)依照本条第(6),(7),(8)款中的规定,任何个人或机关不得歧视他人。

(3)在本条中,"歧视性"的表达指的是对不同的人予以不同对待,这些不同完全或主要取决于各自的特征,如性别、种族、出生地、政治信仰、肤色或信条,限制拥有上述任一特征的个人,或规定其不得享有特权或利益。

(4)本节第(1)款应不适用于对下述事项作出规定的法律:

a)政府收入或其他公共基金的拨款;

b)关于非公民的规定;

c)如果个人拥有本条第(3)款中提到的任何特征(或与其有关系的个人),那么关于收养、婚宴、离婚、葬礼、死后财产分配或其他类似于具有上述特征的个人应适用属人法的规定;

d)如果个人拥有本条第(3)款中提到的任何特征可能会遭受残疾或对其特权或利益加以限制,鉴于与其相关的或拥有此类特征的个人相关的性质以及特殊情况,在民主社会来看是相当合理的。

(5)法律中所包含的任何内容应与本第(1)款中规定相符或不违反其规定,从某种程度来看,就任命个人在办公室办公或对其雇佣标准或资格(标准或资格与性别、种族、出生地、政治信仰、肤色或信条无关)作出了规定。

(6)本条第(2)款中不适用于本条第(4)或第(5)款中涉及的任何法律规定中的明确授权或所需做的任何事项。

(7)根据法律的授权,所包含的任何内容或所从事的任何行为应与本条中的规定相符或不违反其规定,在某种程度上来看,提出修改的法律就拥有本条第(3)款中提到的任何特征可能会遭受本条第(3)款中涉及的限制,可能会遭受本宪法第七,九,十,十一以及十二条节中保证的权利和自由的限制的个人作出了规定,根据第七条第(2)款,第九条第(5)款,第十条第(2)款,第十一条第(2)款或第十二条第(3)款中的第a),b)或 h)段中授权对其进行此类限制,视具体情况而定。

(8)本条第(2)款中所包含的内容不得影响机构的裁量权,以及本宪法或其他法律授予个人的在法院进行或撤销民事或刑事诉讼的权利。

第十四条 [紧急权力]

(1)根据本条的规定,在不影响议会权力的情况下,在突发公共事件发生的任何期间,总督可能适当地考虑在此期间可能会发生或存在的其他情况,作出规定以便于处理此类情况以及为了执行赋予其的权力而发布命令和指示,或由其他个人执行本条第(3)

款中涉及的法律赋予其的权力或根据本条或任何此类法律作出指示。

(1)在不影响本条第(1)款中的规定的普遍性的情况下可能对人员的拘留作出规定。

(2)由议颁布的法律在公共事件突发阶段予以通过且明确宣布仅在此期间内生效或本条第(1)款中制定的规定,尽管其与本宪法中的第三或第十三条不相符,但仍生效,除了表明该规定对于处理此期间存在的问题来看并不是相当合理。

第十五条 ［依照紧急状态法拘留人员的保护］

根据本宪法第十四条中所涉及的法律,当个人被拘留时,下列规定应适用,也就是说:

a)在其被拘留之日起的 7 天内,应以其能理解的方式告知其被拘留的原因,以及向其出示一份英文的书面声明详细说明原因和细节;

b)在其被拘留之日起的 14 天内,应在官方公报上发布通知说明其已经被拘留并且详细说明其被拘留所依照的法律规定;

c)在其被拘留之日起的 1 个月内,并且此后查其拘留期间的 3 个月内,应当由依法设立的独立且公正的法庭对其案件进行复审,并且由首席法官任命的其中一个从业律师主持该复审;

d)应当为其提供私人交流以及向其自行选择的从业律师进行咨询的工具,从业律师可以对指定的为拘留人员案件进行复审的法庭提出意见;以及

e)在得知其案件将由指定的法庭进行复审时,其可以亲自出庭或由其自行选择的从业律师代其出庭。

(2)根据本条的拘留人员的案件,在法庭复审的过程中,该法庭可以采纳就其授权的机关进行复审的必要性或权宜之计的意见,除非法律另有规定,该机关没有义务依照任何此类建议执行。

(3)本条第(1)款 d)项或第(1)款 e)项中所包含的内容不应理解为使用公费聘请个人作为法律代表。

第十六条 ［保护性条款的执行］

(1)如果个人宣称已经或即将或可能违反了本宪法中第二条至第十五条中的任何与之相关的规定(或如果出现个人被拘留的情况,如果其他个人宣称被拘留人员违反了该规定),那么在不影响其他在法律上可行的同样事项的执行的情况下,其(或其他个人)可以向最高法院申请赔偿。

(2)最高法院拥有初始管辖权:

a)依照本条第(1)款,审理并确定任何个人所做出的申请;以及

b)依照本条第(3)款,对与其相关问题作出判决。

以及可以发表此类声明以及命令,发布此类令状并且作出相应的指示,这些指示对于确保本宪法第二条至第十五条(包括在内)的规定的执行是合理的;

如果最高法院可能拒绝执行本款中的权力,如果声称违反法律而获取的赔偿手段对于其他任何法律所涉及的个人来说是可利用的。

(3)如果在任何法院的任何诉讼中(除了高等法院的上诉法庭或军事法庭),出现了关于违反本宪法第二条至第十五条(包括在内)的规定的问题,那么在法院支持诉讼的个人可以,以及如果诉讼个人提出要求,应向最高法院咨询此问题,除非在他看来该问题纯属荒谬或无中生有。

(4)依照本条第(3)款,和最高法院相关的问题,最高法院应就其问题给予答复并且产生问题的法院应依照该决定处理此案件,或如果该决定是对于上诉法院或理事会女王陛下的上诉,那么应依照上诉法院的决定或视具体情况而定,依照理事会女王陛下的决定来处理此案件。

(5)除了本节中授予其的权力,最高法院还拥有议会授予其的权力,为了使其更高效地执行本节中所赋予其的管辖权。

(6)首席大法官可以就最高法院的管辖权和本条中赋予其的其他权力的实施程序作出规定(包括对申请期限作出的规定以及应作为最高法院的参考)。

第十七条 ［紧急声明］

(1)就本章来看,总督可以通过在官方公报上发表公告,对存在紧急状态作出声明。

(2)本条中的公告不应生效,除非公告中包含总督对以下事项满意的声明:

a)由于圣卢西亚和其他外国政府进入了紧张的战争状态而导致突发公共事件的发生;

b)由于发生地震、飓风、洪水、火灾、瘟疫或传染病的爆发或其他无论是否与上述灾难相似的情况而导致突发公共事件的发生;

c)已经采取了措施,或立即受到个人此类性质的威胁以及规模如此之大,很可能危及公共安全或剥夺社会中生活所需的物质或服务的相当一部分。

(3)每一个紧急声明应失效:

a)如果声明是议会在自声明公布之日起的 7 天期满之日作出的;以及

b)在任何其他情况下,在自声明公布之日起的 21 天期满之时。

除非同时经参议院和众议院的决议通过。

(4)总督可以通过在官方公报上发表公告随时撤销紧急声明。

(5)依照本条第(3)款,由参议院和众议院决议批准通过的声明应与这些决议保持同等的生效期限。

(6)就本条而言,参议院或众议院通过的决议生效期限应为 12 个月或有特殊规定的可缩短生效

期限；

如果任何此类决议可能不时需延长期限以便于后续的决议，那么每个延长期自决议延长生效之日起不得超过12个月；且在后续决议中可以随时撤销此类决议。

(7)就本条第(3)款而言，众议院的决议以及众议院关于延长期限的决议在众议院是不予通过的，除非众议院所有成员中的多数成员投票通过。

(8)本条中关于紧急声明的规定应在特定时间失效或终止其效力，且该行为不会对失效前后发表进一步声明造成影响。

第十八条 ［解释和救助］

(1)在本章中，除非上下文另有要求：

"违反"与之相关的任何要求，包括未能遵守该项要求，以及同类表达应作相应的解释；

"法院"是指任何在圣卢西亚依法拥有管辖权的法院，除了依照纪律法设立的法院，以及包括理事会的女王陛下和本宪法第二条和第四条中依照纪律法设立的法院；

"纪律法"是指用于规范纪律部队的法律；

"纪律部队"指的是：

a)海军，陆军或空军；

b)警队；

c)狱警；或

d)议会规定的其他任何此类军队或服务。

"从业律师"是指有权进入圣卢西亚境内且有权在圣卢西亚担任律师的个人以及有权在圣卢西亚担任初级律师但在法庭上没有发言权之人。

"成员"与纪律部队相关，包括根据对部队纪律进行规范后的法律，任何个人应服从部队纪律。

(2)在本章中"突发公共事件的时间段"是指以下时间段：

a)女王陛下处在战争中；或

b)总督发布的对存在突发公共事件的声明的公告生效；或

c)众议院所有成员中三分之二以上成员表决通过的决议生效，该决议声明民主制度在圣卢西亚遭到了颠覆性的威胁。

(3)关于作为圣卢西亚纪律部队中的一员的任何个人，部队中的纪律法中所包含的内容或所授权的行为应与本章中的条款相符或不违反本章规定，除了本宪法中的第二条、第四条和第五条。

(4)关于作为圣卢西亚以外的国家的纪律部队中的一员的任何个人依法出现在圣卢西亚境内，那么部队中的纪律法中所包含的内容或所授权的行为应与本章中的条款相符或不违反本章规定。

第二章 总 督

第十九条 ［事务厅的设立］

在圣卢西亚，应由女王陛下任命总督，该总督为圣卢西亚公民且应为女王陛下效劳担任公职，并且作为女王陛下在圣卢西亚的代表。

第二十条 ［代理总督］

(1)在总督不在圣卢西亚导致无人担任公职的期间或其他原因致命总督无法履行其职能的期间，那么应由女王陛下任命人员在此期间履行其职能。

(2)如果总督事务厅的执政者或其他有优先权掌管事务厅的个人告知其将要接管或恢复其职能，那么如上所述的个人不得继续掌管总督事务厅的事务。

(3)就本节而言，总督事务厅的掌管者不应被视作不在圣卢西亚境内或没有能力担任公职：

a)因为其正从圣卢西亚的某个地区前往另一个地区；或

b)根据本宪法第二十二条，存在副职任命期间。

第二十一条 ［宣誓］

任命担任总督职位的个人在执行职务之前，应进行效忠宣誓和就职宣誓。

第二十二条 ［副总督］

(1)每当总督：

a)不在圣卢西亚之外的政府所在地；

b)其认为可能离开圣卢西亚一段时间，由其精心挑选的人员任职；或

c)其认为患病将持续一小段时间，那么根据首相的建议，其可以任命圣卢西亚的个人在其缺席或生病期间担任副职且有能力代其执行总督的职务，该职务内容在其任命的文件中已作出详细说明。

(2)根据本条，总督的权利和权威不得被削弱，修改或受副总督任命的影响，且依照本宪法的规定，副总督应符合并遵守总督在任职期间作出的所有指示，总督可以自行考虑随时要求其汇报。

但是，就副总督是否遵守或依照任何指示的问题，任何法院不得对其进行探究。

(3)根据本条，任命其为副总督的个人应在法律规定的期限内接受任命，且根据首相的建议，总督可以随时撤销其任职。

第三章 议 会

第一部分 议会的组成

第二十三条 ［设立］

在圣卢西亚应设立议会，该议会由女王陛下、参

议院和众议院组成。

参议院

第二十四条　[组成]

(1)根据本宪法第二十八条,参议院应由11个参议员组成并且其他此类参议员可以接受短期任职。

(2)11个参议员中:

a)6个应由总督任命,依照首相的建议来执行职务;

b)3个应由总督任命,依照反对党领袖的建议来执行职务;以及

c)2个由总督根据其宗教、经济或社会团体或协会的相关信息,经过深思熟虑的挑选,认为其应当作为参议院一员而任命。

第二十五条　[资格]

根据本宪法第二十六条中的规定,如果其满足以下条件,应当有资格被任命为参议员,以及如果没有资格被任命,除非,其:

a)年满30周岁的联邦公民;

b)在其任命之前一直常驻圣卢西亚长达5年之久;以及

c)除非因失明或其他生理原因丧失工作能力,应当具备熟练的英文水平以确保其在参议院诉讼中的积极参与。

第二十六条　[无资格]

(1)如果自任命之日起,其出现以下情况,那么将没有资格被任命为参议员:

a)因其自身承认对外国势力或国家的效忠,服从或遵守的行为;

b)是宗教的传教士[本宪法第二十四条第(2)款c)项中任命的情况除外];

c)是未偿清债务的破产者,根据在英联邦部分地区生效的法律,已经被判定或以其他方式宣告破产;

d)证实其为精神病患者或根据法律以其他方式被判定为精神失常者;

e)根据在英联邦任何地区适用的法律,其正处于法院强制判处死刑或入狱监禁(无论如何称呼)超过此类法院强加于他的12个月的期限或由主管当局强加于他的其他宣判,或其正处于入狱监禁,此宣判的执行已中止;或

f)依照议会规定的例外情况以及限制条款,享有政府合同中规定的此类利益。

(2)如果议会作出规定,因犯罪而被法庭判为有罪的个人且与众议院成员选举有关的个人或因审理选举诉愿的法院判为有罪的个人,在其被判有罪后,或视具体情况而定,在规定的法院作出报告后的一段时间(不超过5年),不享有任命为参议员的资格。

(3)众议院的选举成员或被提名为众议院的候选人不应享有被任命为参议员的资格。

(4)如果议会作出规定,且依照议会规定的此类例外情况以及限制(如有),如果自任命之日起,其出现以下情况,那么不应享有被任命为参议员的资格:

a)其掌权或在事务厅或任命其执行职务(无论是个别指定还是由事务厅或任命推举);

b)其隶属王权的武装部队或任何此类部队中的任何阶层的个人;或

c)其隶属警队或任何此类部队中的任何阶层的个人。

(5)在本条第(1)款中:

"合同"是指与政府或政府部门或政府官员签订的此类合同;

"宗教传教士"是指担任圣职的个人以及主要从事包括在教会对宗教信仰进行说教或传道的个人。

(6)对于本条第(1)款的第e)项段而言:

a)如果其需要接受连续两次或更多次的监禁宣判且都未超过12个月,那么应视作是独立的宣判,但是如果宣判超过了该期限,那么应视为一次宣判;以及

b)罚款支付不足时不应考虑被判监禁。

第二十七条　[任职期]

(1)参议员在其被任命之后,在下届议会解散之时应撤销其职位。

(2)出现以下情况,参议员也应撤销其在参议院的职位:

a)如果其在参议院的议事规则规定的期限或场合内未出席参议院会议;

b)如果其不再是联邦公民;

c)经其同意,如果其被提名为众议院的候选人或如果其被选举为众议院的一名成员;

d)依照本条第(3)款中的规定,如果其不是参议员,如果出现的其他情况使得其丧失了根据本宪法第26条第(1)款或依照本条第(2)款或(4)款颁布的任何法律被任命为参议员的资格;或

e)如果总督依照首相的建议来执行职务,如果出现参议员是根据本宪法第254节第(2)款的第a)段来任命的或根据反对党领袖的建议来任命的情况,或是出现参议员是根据本款的第b)项来任命的或其根据本款的第c)项的规定,在咨询之后作出慎重考虑,如果参议员是根据本段任命的,声明参议员的职位将空缺。

(3)

a)如果因为参议员被判处死刑或监禁,判定其精神失常,宣告破产或被定罪或因选举而被判定有犯罪行为,从而出现了本条第(2)款第d)项中涉及的情况

以及如果对裁决的上诉是对参议员公开的(无论是法庭或其他机关的同意或未经同意),其应立即停止执行其作为参议院成员的职责,但是,依照本条的规定,其在30天期满之前不得撤销其职位;

如果参议员有要求,那么总督可以不时地将期限延长30天,以确保参议员继续对这一裁决提出上诉。然而,如果总共延长的期限超过了150天,则得经决议批准方的通过。

b)在对上诉作出裁决时,如果此类情况继续存在且后续上诉不再对参议员公开,或如果由于应诉或拒绝上诉许可的通知期限已满或对于任何其他个人,上诉不对参议员公开时,应立即撤销其职位。

c)如果在参议员取消其职位之前的任何期间不再出现上述情况,那么根据本款的第a)段,其职位在期满之时不应撤销且其可以复职,重新行使作为参议院一员的职务。

第二十八条 〔无能力〕

(1)如果总督认为参议员因其生病或离开了圣卢西亚而不能执行作为参议院一员的职务,那么总督可以:

a)就参议员事项听从首相的建议,该参议员是根据本宪法第24条第(2)款第a)项来任命的;

b)就参议员事项听从反对党领袖的建议,该参议员是根据本款b)项来任命的;以及

c)根据本款第c)项的规定,在咨询之后进行审慎考虑,依照该段任命参议员。

第二十九条 〔总统和副总统〕

(1)在议会解散之后以及继续分派职务之前,当参议院首次开会,其应当选举出一位参议员而不是部长或议会秘书作为总统的助手;且每当因除了议会解散以外的其他原因导致总统职位空缺时,参议院应在空缺职位出现后的第二届任期开始之前选举出另外一位参议员填补空缺。

(2)在议会解散之后,当参议院首次开会,其应当尽快选举出一位参议员作为参议院的副总统而不是部长或议会秘书;且每当副总统的职位出现空缺时,参议院应以便捷的方式选举出另一位参议员填补空缺。

(3)如果出现以下情况,应撤销其作为总统或副总统的职位:

a)如果其不再是参议员;

规定总统不可以仅因为其在议会解散之时已不再是参议员而撤销其职位,直到解散后参议院的首次会议;

b)如果其被任命为部长或议会秘书;

c)对于副总统而言,如果其未当选为总统。

(4)

a)根据本宪法第二十七条第(3)款a)项,如果总统或副总统要求停止执行其作为参议院成员的职务,那么其应同样停止执行作为总统或副总统的职务,视具体情况而定,且这些职务只有在其撤销了在参议院的职位或恢复其职位之时才得以履行:

a.根据本宪法第二十七条第(3)款,对于总统,副总统或如果副总统的职位出现空缺或要求副总统停止执行其作为参议院成员的职务,那么参议院可以为此另行选举参议员(不是部长或议会秘书);

b.对于副总统,参议院可以为此另行选举参议员(不是部长或议会秘书)。

b)根据本宪法第二十七条第(3)款c)项节中的规定,如果总统或副总统恢复了其作为参议院一员的职务,那么视具体情况而定,其也应恢复作为总统或副总统的职务。

众议院

第三十条 〔组成〕

(1)众议院人员的组成应与选区人员的组成相一致,目前的选区是依照本宪法第五十八条的规定设立的,选举人员应依照本宪法第三十三条的规定来进行。

(2)如果非众议院成员当选为议长,那么其通过掌权或执行此职务成为众议院的成员。

(3)当总检察长的职位为公职时,总检察长通过掌权或执行此职务可以成为众议院的成员。

第三十一条 〔选举资格〕

根据本宪法第三十二条的规定,如果具备以下情况,其有资格当选为众议院的成员,且不享有当选资格,除非其:

a)21周岁或以上的公民;

b)在圣卢西亚出生且自提名之日起定居在此,或在其他国家出生,但在其提名之日已在圣卢西亚定居长达12个月;以及

c)除非因失明或其他生理原因丧失工作能力,其应具备熟练的英文读写与说的能力以确保其对众议院诉讼的积极参与。

第三十二条 〔取消选举资格〕

(1)如果出现以下情况,其不享有当选为众议院成员的资格(本条中以下简称"成员"):

a)如果是因为其承认对外国势力或国家的效忠,服从或遵守;

b)是宗教的传教士;

c)是未偿清债务的破产者,根据英联邦部分地区生效的法律,已经被判定或以其他方式宣告破产;

d)证实其为精神病患者或根据法律以其他方式被判定为精神失常者;

e)根据在英联邦任何地区适用的法律,其正处于法院强制判处死刑或入狱监禁(无论如何称呼)超过此类法院强加于他的12个月的期限或由主管当局强加于他的其他宣判,或其正处于入狱监禁,此宣判的执行已中止;或

f)依照议会规定的例外情况以及限制条款,享有政府合同中规定的此类利益。

(2)如果议会作出规定,如果其掌权或执行由议会规定的职务时,其不应享有当选成员的资格,并且相关职务包括负责成员选举的进行或安排选举成员的选民登记。

(3)如果议会作出规定,因犯罪而被法庭判为有罪的个人且与众议院成员选举有关的个人或因犯有此类罪名而被审理选举申请的法院判为有罪的个人,在其被判有罪后,或视具体情况而定,在规定的法院作出报告后的一段时间(不超过7年),不享有任命为众议院成员的资格。

(4)如果其是参议员,那么其不应享有当选众议院成员的资格。

(5)如果议会有规定且依照议会规定的例外情况以及限制条款(如有),如果出现以下情况,其不应享有当选为众议院成员的资格:

a)其担任或经任命担任公职;

b)其为隶属圣卢西亚的武装部队或任何此类部队中的任何阶层的个人;或

c)其为隶属警队或任何此类部队中的任何阶层的个人;或

d)在议会规定的期限内(不超过3年),其已经掌权或执行职务或接受仟命,根据本款的规定,因可任公职,可得报酬超过议会规定的数额,则任期满后将取消其当选众议院成员。

(6)在本条的第(1)款中:

"政府合同"是指与政府或政府部门或政府官员签订的此类合同;

"宗教传教士"是指担任圣职的个人以及主要从事包括在教会对宗教信仰进行说教或传道的个人。

(7)就本条第(1)款第e)段而言:

a)如果其需要接受连续两次或更多次的监禁宣判且都未超过12个月,那么应视作是独立的宣判,但是如果宣判超出了该期限,那么应视为一次宣判;以及

b)罚款支付不足时不应考虑被判监禁。

第三十三条 [选举]

(1)每个依照本宪法第58条的规定设立的选区应分派一位成员进入众议院,该成员应由直接选举产生或依照本宪法的规定或根据法律规定选举产生。

(2)

a)根据法律的规定,每个符合规定年龄且拥有议会规定的圣卢西亚居住权的联邦公民应有资格注册成为选民,除非为了当选众议院的成员而被议会取消注册成为选民的资格,且其他个人不可以注册登记。

b)根据法律的规定,每个在任何选区注册登记的个人如前所述,应享有投票的资格,且其他个人不可以投票。

c)就本款而言,议会所规定的年龄应是21周岁或更小的年龄,不应小于18周岁。

(3)在众议院成员选举的过程中,所投的选票不得公开特定人员是如何选举的。

第三十四条 [任职期]

(1)众议院议员(本条以下简称"议员")在其当选之后,在下届议会解散之时应撤销其职位。

(2)如果出现以下情况,其也应撤销其在众议院的职位:

a)如果其在众议院的议事规则规定的期限或场合内未出席众议院会议;

b)如果其不再是公民;或

c)依照本条第(3)款中的规定,如果其不是众议员,如果出现的其他情况使得其丧失了根据本宪法第32条第(1)款或依照本条第(2)款或(3)款或(5)款颁布的任何法律被任命为众议员的资格;或

(3)

a)如果因为众议员被判处死刑或监禁,判定其精神失常,宣告破产或被定罪或因选举而被判定有犯罪行为,从而出现了本条第(2)款的第c)项中涉及的情况以及如果对裁决的上诉是对议员公开的(无论是法庭或其他机关的同意或未经同意),其应立即停止执行其作为议员的职责,但是,依照本条的规定,其在30天期满之前不得撤销其职位;

如果议员有要求,那么议长可以不时地将期限延长30天,以确保议员继续对这一裁决提出上诉。然而,如果总共延长的期限超过了150天,那么决议中未经批准不得通过。

b)在对上诉作出裁决时,如果此类情况继续存在且后续上诉不再对议员公开,或如果由于应诉或拒绝上诉许可的通知期限已满或对于任何其他个人,上诉不对议员公开时,应立即撤销其职位。

c)如果在议员取消其职位之前的任何期间不再出现上述情况,那么根据本款的第a)项段,其职位在期满之时不应撤销且可以复职,重新执行作为众议院议员的职务。

(4)本节中对议员的引用不包括对议长的引用,该议长是从非众议院成员中选举产生的。

第三十五条 [议长]

(1)在议员普选之后以及继续分派职务之前,当

众议院首次开会,其应当选举出一位议长,且如果在下届议会解散之前议长的职位出现空缺,那么众议院应以尽可能方便的方式选举出另外一位议员填补空缺。

(2)议长既可以从众议院议员中的非内阁成员或议会秘书中选举产生,也可以从非众议院成员中选举产生;

如果出现以下情况,那么作为众议院议员的个人不应当被选为议长:

a)其是联邦公民;或

b)根据本宪法第32条的第(1)或(4)款或根据本节第(2),(3)或(5)颁布的法律,其已被取消当选为议员的资格。

(3)在议长职位空缺时,在众议院内不得开展任何事务(除了选举议长)。

(4)出现以下情况时,其应取消议长的职位:

a)如果议长是从众议院成员中选举产生的:

a.如果其不再是众议院成员

如果仅因其在议会解散之时,不再是众议院成员,那么议长不应取消其职位,直到解散后众议院的首次会议;或

b.如果其成为内阁成员或议会秘书;

b)如果议长是从非众议院成员中选举产生的—

a.在议会解散之后众议院首次会议;

b.如果其不再是联邦公民;

c.根据本宪法第三十二条的第(1)或(4)款或根据本条第(2),(3)或(5)款颁布的法律,如果出现了使得其被取消当选议员资格的情况。

(5)根据本宪法第三十四条第(3)款,如果要求议长(当选为众议院议员)取消其执行作为众议院议员的职务,那么其也应取消其作为议长的职务;且根据本节的规定,如果议长恢复其作为众议院议员的职务,那么其也应恢复作为议长的职务。

(6)根据本宪法第三十四条第(3)款,在议长无法执行其职务时,那么在其解除众议院的职务或恢复其自身的职务之前应由副议长代其履行职务或根据本款,如果副议长的职位空缺或要求副议长解除其作为众议院议员的职务时,那么众议院为此可以选举众议院的议员来担任(不是内阁成员或议会秘书)。

第三十六条 [副议长]

(1)在议员普选之后以及继续分派职务(议长选举除外)之前,当众议院首次开会,其应当选举出一位众议院议员,该议员不是内阁成员或议会秘书,担任众议院的副议长,且如果在下届议会解散之前副议长的职位出现空缺,那么众议院应以尽可能方便的方式选举出另外一位议员填补空缺。

(2)如果出现以下情况,其应解除副议长的职务:

a)如果其不再是众议院成员;

b)如果其成为内阁成员或议会秘书;或

c)如果其当选为议长。

(3)根据本宪法第三十四条第(3)款,如果要求副议长取消其执行作为众议院议员的职务,那么其也应取消其作为副议长的职务;且根据本款的规定,如果副议长恢复其作为众议院议员的职务,那么其也应恢复作为副议长的职务。

(4)根据本宪法第三十四条第(3)款,在副议长无法执行其职务时,那么在其解除众议院的职务或恢复其自身的职务之前应由众议院为此选举出的众议院的议员来担任(不是内阁成员或议会秘书)。

第三十七条 [负责选举]

(1)为做好众议院议员的选举工作以及议员选举的实施,选举委员会应负责选民的登记且根据法律规定,应享有和登记以及选举相关的此类权力和其他职责。

(2)在履行职务的过程中,首席选举官,其职务应为公职,应协助选举委员会,且选举委员会可以为官员提供必要的或有利的指导意见,且选举官应遵循此类建议或使其遵循此类建议。

(3)对于本条第(2)款中其职责的行使,首席选举官可以向登记员、投票站主任、选举主任作出其认为必要的或有利的指示,根据对选民登记或选举实施作出调整的法律,以及根据本条,任何官员应遵循这些指示。

(4)根据本条,选举委员会可以就其所负责的事项向总督汇报情况或根据本宪法第52条,向总督汇报其认为合适的相关的法律草案或文件,且如果委员会在此类报告而不是法律草案或文件中提出要求,那么该报告应提交给众议院。

(5)在对本条第(2)款对其职责行使的规定不产生影响的情况下,首席选举官不应遵守任何其他个人或当局的指示或受其控制。

(6)法院不以调查首席选举官是否依照选举委员会的指示行使职责的问题。

一般规定

第三十八条 [参议院成员和众议院以及其成员]

(1)参议院和众议院都应设有秘书;

规定参议院秘书和众议院的秘书可以由同一个人担任。

(2)根据议会颁布的法律规定,参议院和众议院的秘书以及其议员应为公职。

第三十九条 [成员资格问题的决定]

(1)最高法院应拥有管辖权,听取并对以下问题

作出裁决：

a) 其是否正当地当选为众议院议员；

b) 其是否正当地被任命为参议员；

c) 从非众议院成员中选举产生的议长是否有资格当选或已解除议长一职；

d) 根据本宪法第二十七条第(3)款或三十四条第(3)款的规定，任何参议员或当选的众议院议员已经解除了其职务或需要其停止执行其作为参议员或众议院成员的职务。

(2) 根据本条第(1)款a)项，应由有资格参加投票选举的个人或选举候选人或总检察长就问题裁决向最高法院提交申请。

(3) 根据本条第(1)款b)项或(1)款c)项，应由注册选民或总检察长就问题裁决向最高法院提交申请。

(4) 根据本条第(1)款d)项，应由以下人员就问题裁决向最高法院提交申请：

a) 注册选民或总检察长；或

b) 关于参议院，由参议员提交，若有关众议院议员提交。

(5) 根据本条，如果不是由总检察长就问题裁决向最高法院提交申请，那么总检察长可以进行干预并可以作为上诉代表上诉。

(6) 根据本条，在某些强制性的条件、情况以及某种方式下可以就问题裁决向最高法院提交申请且最高法院关于此类申请的权力，实施程序应根据议会的规定作出调整。

(7) 上诉法庭有权对最高法院就本条第(1)款中的问题的最终裁定提出上诉。

(8) 在执行本条第(7)款赋予其管辖权的时候不应对最高法院的裁决提出上诉且根据本条，不应对最高法院关于诉讼的裁决提出上诉，除了本条第(1)款中涉及的对此类问题的最终裁定。

(9) 根据本条，在执行其职责时，总督不应遵守任何其他个人或当局的指示或受其控制。

(10) 在本条中，"注册选民"指的是根据本宪法第三十三条第(2)款a)项注册登记后的选民。

第二部分　议会的立法和程序

第四十条　[立法权力]

根据本宪法的规定，议会可以对圣卢西亚的和平、社会秩序以及良好的政府关系制定相应的法律。

第四十一条　[宪法的修改和最高法院命令]

(1) 议会可以依照本条以下规定中的方式对本宪法的条款或最高法院命令作出修改。

(2) 对本宪法附件1中的本条或本宪法附件中第一部分中规定的条款或附件中第2部分规定的最高法院命令的规定的修改议案，除非经众议院最终审阅，并由众议院成员中的四分之三以上的成员表决认同方可通过，否则不予通过。

(3) 本宪法中对最高法院命令的规定的修改议案，视具体情况而定，除了本条第(2)款中涉及的内容，除非经众议院最终审阅，并由众议院成员中的三分之二以上的成员表决认同方可通过，否则不予通过。

(4) 就本宪法第五十条而言，本条第(2)款适用的由参议院制定的议案修正案除非经众议院成员中四分之三以上的成员对此决议作出表决，才可视作众议院达成一致意见，否则不予采纳。

(5) 就本宪法第五十条而言，本条第(3)款适用的由参议院制定的议案修正案，除非经众议院成员中的三分之二以上的成员对此决议作出表决，才可视作众议院达成一致意见，否则不予采纳。

(6) 对本宪法的规定或最高法院命令作出修改的议案在以下情况下才能提交给总督并征得其同意：

a) 除非在向众议院提交议案和开始诉讼之时之间的时间间隔不少于90天，该诉讼在众议院第二次审阅议案时进行；以及

b) 如果议案中对本宪法的附件1中的本条或本宪法的任何规定或附件中规定的最高法院命令作出了修改，除非该议案经参议院和众议院批准通过或如果适用于本宪法第五十条的议案被参议院二次拒绝，该议案已通过全民投票通过，根据议会代其制定的此类规定，需由全民投票中的大多数成员表决通过。

(7) 本节第(6)款的第b)项段中的规定不应适用于修改以下事项的任何议案：

a) 本宪法第一百〇七条中为了使得圣卢西亚和英国就法院在圣卢西亚拥有对理事会女王陛下的管辖权的上诉事项的协议生效；

b) 为了使得任何国际协议生效，该协议中圣卢西亚作为与最高法院或任何其他法院相关的一方当事人（或在任何此类法院拥有职务的任何官员或机关），对最高法院命令作出的任何规定作为圣卢西亚和本协议当事人的其他国家的普遍规定。

(8) 就本条来看，根据议会对全民投票选举程序所作的规定，在全民投票选举时有资格投票选举众议院议员的个人应享有全民投票选举权，并且其他个人不享有此投票权。

(9) 就本条而言，在任何公民投票选举中，选票应抽签发放以避免对特定人员的投票方式的公开。

(10) 就本条而言，应由选举委员会负责全民投票选举的实施且本宪法第三十七条以及第五十二条中的规定应适用于全民投票选举，也适用于众议院议员的选举以及在立法中予以载明。

(11)

a)对本宪法中对最高法院命令的规定作出修改的议案不应提交总督征得其同意,除非提交该议案时附上由议长签发的符合本节第(2)、(3)、(4)或(5)款规定的证明文件,视具体情况而定,或附上全民公投依照本条第(6)款b)项进行的证明,附上经首席选举官签发的写明全民公投结果的证明文件。

b)根据本款,议长签发的证明应能够说明,视具体情况而定,全民公投是依照本节第(2)、(3)、(4)或(5)款的规定来进行的且不应在法院进行深究。

c)在本款中,如果议长因某种原因而不能执行其职务需由其他人代其执行,且其他个人不得执行其职务,那么对议长的引荐包括对副议长的引荐。

(12)在本条以及本宪法的附件1中,对本宪法的规定或最高法院命令的引述包括对上述规定作出修改的法律的引述。

第四十二条 〔言论自由〕

在对议会就参议院或众议院以及有关委员会的权力、特权以及豁免权,参议院或众议院的成员和议员以及参议院事务所涉及的其他个人或有关委员会的特权以及豁免权所作出的规定不造成影响的情况下,不得在向参议院或众议院或有关委员会提交的报告中,就参议院或众议院的议员相关的言辞或因为其提交的诉状、决议案、行动法案中的任何事项或其他事项对其议员提起民事或刑事诉讼。

第四十三条 〔成员宣誓〕

(1)在其就职之前,每个参议院或众议院成员需进行效忠宣誓,视具体情况而定,也可能在参加总统或议长选举时进行宣誓。

(2)根据本条第(1)款,任何当选为总统或议长职位的个人,如果其未在参议院或众议院进行效忠宣誓,那么视具体情况而定,在其执行职务之前应进行宣誓。

第四十四条 〔主持议会〕

应由以下人员主持参议院或众议院的会议:

a)总统或议长;

b)在总统或议长缺席时,由副总统或副议长主持;或

c)在总统、议长、副总统、副议长缺席时,视具体情况而定,为此参议院或众议院可以选举此类成员主持(不是内阁成员或议会秘书)。

第四十五条 〔投票选举〕

(1)本宪法第十七条第(7)款,十八条第(2)款以及四十一条第(2)、(3)、(4)、(5)款另有规定,就参议院或众议院的决议提出的问题应由在场的大多数成员表决通过进行裁决。

(2)除非6个以上成员或议会规定的更多成员参与投票,否则经参议院或众议院投票后的问题不能视作正式的裁决。

(3)如果议长是从非众议院成员中选举产生的,那么本宪法第十七条第(7)款,十八条第(2)款以及四十一条(2),(3)、(4)、(5)款中所涉及的所有众议院议员不应包括议长。

(4)总统或其他主持参议院会议的参议员以及从众议院成员中选举产生的议长或其他主持众议院会议的议员不应享有投票权,只有在就此问题出现投票参半的情况下,其应该投出具有决定性的一票。

规定在对本宪法第四十一条的第(2)或(3)款中所涉及的议案问题或本条第(4)或(5)中涉及的决议案问题进行最终审阅时,当选的议长或其他主持众议院会议的成员应享有最初投票,权但其投票不具有决定性。

(5)从非众议院成员中选举产生的议长既无最初投票权且其投票也不具有决定性。

(6)关于众议院面临的问题,如果成员投票数参半且没有决定性的一票,那么该方案失效。

第四十六条 〔不合格任职的处罚〕

(1)任何在参议院或众议院任职或参与投票的个人,如果得知或有合理的理由了解到其不具有任职或投票资格,那么该行为应视作犯罪行为且应在其任职或投票的每一天处以不超过100美元的罚款或议会规定的其他数额。

(2)根据本节,对犯罪行为的起诉应由警察局检察院长以外的人士发起。

第四十七条 〔立法权的执行方式〕

(1)议会应依照参议院和众议院(或本宪法第四十九和五十条节中提到的众议院的情况)通过的议案来行使其立法权且需经总督同意。

(2)根据本宪法的规定,当向总督提交议案征得其同意时,总督应明确表示同意。

(3)根据本宪法的规定,当总督通过了所提交的议案时,该议案被确立为法律且总督随即将该法律发表在官方公报上。

(4)议会制定的法律在其发表在官方公报上之后才得以生效,但是议会可以延长此类法律的生效期并且可以使法律具有追溯效力。

第四十八条 〔某些金融措施的限制〕

(1)参议院或众议院可以出台金融法案以外的其他法案,参议院不应制定金融法案。

(2)除了经部长授权的总督建议,参议院和众议院不应:

a)根据主持会议的个人的意见,继续完善议案(包括对议案的修改),为达到下述目的而作出规定。

a.除实施减税以外进行税务征收变更;

b.对圣卢西亚的统一基金或任何公共基金进行

强制收费或变更收费,但减少收费的除外;

c.就付款来看,圣卢西亚统一基金或任何公共基金的发放或撤回不再收费,亦不再增加发放或撤回的款项;

d.拖欠王国政府的债务组成或债务的豁免;或

b)根据主持会议的个人的意见,任何决议案流程的生效(包括对决议案的修改),为达到目的而作出规定。

第四十九条 [参议院在金融法案的权力的限制]

(1)如果金融法案经众议院通过并且在会议结束之前的 1 个月内已递交给参议院,那么若该法案在递交给参议院之后的 1 个月内未经修改,则参议院不予通过,除非众议院另作决定,尽管参议院已否决了该议案,但是应将该议案呈递给总督获其批准。

(2)向参议院提交的议案应经其背书签字,经议长签字的证明为金融法案;并且根据本条第(1)款,向总督递交的获其批准的任何金融议案应经其背书签字,经议长签字的证明为金融法案并依照本款中的规定。

第五十条 [参议院除金融法案以外的议案权力的限制]

(1)本条适用于经众议院在连续两次的会议中批准通过,并且在每次会议结束之前的 1 个月内已递交给参议院的任何除金融法案以外的议案(无论议会在这些会议召开期间是否解散),该议案在每次的会议中被参议院所否决。

(2)除非众议院另作决定,本节所适用的议案在遭到参议院的二次否决之时应呈递给总督获其批准,即使参议院已否决了该议案。

规定:

a)自议案在第一次会议中经众议院通过之日起到在第二次会议中经众议院通过之日已至少有 6 个月的时间间隔,那么本款的前述规定方可生效。

b)如本宪法第四十一条的第(2)或(3)款中所提到的议案,只有在依照本小节规定的情况下才可提交给总督获其批准,并且本小节中赋予众议院对议案作出决定的权力不应用于此议案。

(3)就本节而言,如果当向参议院递交议案时,该议案与之前提交的议案相同或只是对由于自先前议案提交之日起或代表先前会议中参议院对先前议案做出修改之日起时间的推进,议长证明有必要修改的内容进行了修改,那么众议院在后续会议中向参议院递交的议案应与先前会议中递交的议案视作相同议案。

(4)如果众议院认为合适,其可以在众议院通过一项议案之时,该议案与在先前会议中向参议院提交的先前的议案为相同议案。建议不在议案中写入修改内容的情况下对议案进行修改,并且参议院应对此类修正案加以考虑,且如果参议员同意通过,那么应视为由参议院制定的修正案,且如果参议院以及众议院同意通过,那么应视为由参议院制定的修正案;但是如果该议案遭到参议院的否决,那么众议院权力的行使将无法生效。

(5)依照本条,提交给总督或其批准的议案中应附上修正案,该修正案经议长证实已由参议院在第二次会议中制定且经众议院批准通过。

(6)依照本条,向总督递交或其批准的任何议案应经过背书签字,经议长签署的证明应注明已依照本条的规定进行。

第五十一条 [第四十八,四十九以及五十条节中的相关规定]

(1)在本宪法第四十八,四十九以及五十条节中,根据议长的观点来看,"金融法案"指的是仅包括处理以下所有或一项事务的规定的公共法案,即税收的征收、撤销、变更或调整;对于债务的支付或由于其他金融目的,对公共资金的收费,或收费的变更或撤销;拨款给王国政府或任何机关或个人,或此类拨款的变更或撤销;公共资金的拨款、收取、托管、投资、发放或账目的审计;筹资或贷款或钱款的担保,或提供的与此类贷款相关的偿债基金的设立、变更、管理或撤销;或上述事项附带的次要事项;且在本节中,"税收"、"债务"、"公共资金"以及"贷款"的表达并不包括任何当局或实体为当地强制征收的税收,所发生的债务或提供的钱款或筹集的贷款。

(2)对于本宪法第五十条,如果出现以下情况,那么该议案将视作被参议院否决:

a)未经修改之前参议院不予通过;或

b)修改之后参议院予以通过,众议院未对该修正案达成一致。

(3)在本条和本宪法第四十九和五十条中,如果议长因某种原因而不能执行其职务而由其本人代其执行且其他个人不得执行其职责,那么对议长的引荐应包括对副议长的引荐。

(4)本宪法第四十九条或第五十条中,议长出示的证明应对所有的目的具有决定性且法院不应提出质疑。

(5)根据本宪法第四十九条或第五十条,在出示证明之前,议长应咨询总检察长。

第五十二条 [选举立法的审查]

对于众议院中当选的成员或为了进行众议院成员的选举,每一项对选民的登记具有法律效力的提案和试行条例应提交给选举委员会以及首席选举官,以便于其有充足的时间在参议院或众议院出台议案之前,或视具体情况而定,法规或其他条文制定之前有机会对议案提出意见。

第五十三条 [程序规定]

(1)根据本宪法的规定,参议院和众议院可以对各自的流程进行调整以及可以对有序地执行各自的诉讼作出详细的规定。

(2)尽管参议院或众议院成员职位有空缺,但是其仍执行其职务(包括普选之后召开的第一次会议时,职位仍存在空缺)以及没有资格出席或参加诉讼的个人的出席或参加,不应影响诉讼的有效性。

第三部分 召集,休会以及解散

第五十四条 [议会会议]

(1)议会的每次会议应在圣卢西亚境内召开,且如果议会已经休会,那么应在上次会议结束后的12个月内召开;如果议会已经解散,那么应在议员普选举行之后的一个月内召开,总督应依照公告任命。

(2)根据本条第(1)款的规定,参议院或众议院的会议可以依照议事规则或以其他方式在规定的时间和地点召开。

第五十五条 [休会和解散]

(1)总督可以随时休会或解散议会。

(2)根据本条第(3)款的规定,除非提前解散,在解散之后众议院首次召开会议之日起的5年内议会应继续存在,并且在这之后议会应解散。

(3)在圣卢西亚发生战争期间,议会可以延长本条第(2)款中规定的5年的存续期限,但一次不能超过12个月。

根据本款,规定议会存续不得超过5年。

(4)在行使解散议会的权力时,总督应根据首相的建议予以执行。

规定:

a)如果首相提议解散议会并且总督经过深思熟虑后,认为圣卢西亚政府在不解散议会的情况下可以开展工作且解散议会不会给圣卢西亚带来利益,总督可以拒绝解散议会;

b)如果众议院通过了一项对政府失去信任的决议且首相在三天内既未辞职,也未建议解散议会,那么总督经过深思熟虑后可以解散议会;以及

c)如果首相的职位出现空缺且总督经过其深思熟虑后,认为在合理的时间内不太可能任命新的首相,那么总督应解散议会。

(5)在议会解散以及众议院成员普选之后,如果因国家战争或在圣卢西亚出现突发事件,那么首相建议总督有必要召回议会,总督应召集已解散的议会开会,但是除非根据本条第(3)款的规定,议会期限延长,普选应继续推进且如果未提前解散,已召开的议会在经普选提名的候选人任命之时再次解散。

第五十六条 [举行选举]

(1)众议院成员的普选应在议会解散之后的3个月内进行,此时总督可以任命。

(2)除了因会解散以外的其他原因,众议院或参议院的议员席位出现空缺:

a)如果众议院的议员席位出现空缺,那么应进行补选;或

b)如果参议院的议员席位出现空缺,那么应进行委任。

除非议会提前解散,在出现职位空缺时,应在3个月内填补空缺职位。

第四部分 选区和选举委员会

第五十七条 [选区委员会和选举委员会]

(1)在圣卢西亚应设立选区委员会和选举委员会(在本条中以下简称为"委员会")。

(2)选区委员会应由以下成员组成:

a)议长,作为会长;

b)两名由总督任命的成员,依照首相建议行事;以及

c)两名由总督任命的成员,依照反对党领袖建议行事。

(3)选举委员会应由以下成员组成:

a)一名由总督任命的会长,依自由裁量;

b)一名由总督任命的成员,依照首相的建议行事;以及

c)一名由总督任命的成员,依照反对党领袖建议行事。

(4)如果其是参议员或众议院的成员或公职人员或选举委员会的会长,那么其不享有被任命为委员会成员的资格,除非其享有特定资质且在7年以上的时间内享有此类资格中的一项或享有其他特定资格。

(5)根据本条的规定,如果出现以下情况,那么任命的委员会成员应解除其职务:

a)在其任命之后,议会的下轮解散之后众议院召开首次会议;

b)如果其不是委员会的成员,出现了使得其失去了被任命为委员会成员的资格的情况。

(6)已被任命的委员会成员可以被免职但仅出于无能力执行其职务的原因(无论是精神或身体疾病或任何其他原因)或行为不检点,且只有依照本节的规定才能解除其职务。

(7)已经被任命的委员会成员,如果涉及其解除职务的问题,那么总督应免除其职务,法庭建议总督由于该成员因上述所述的无能力或行为不检点而应被免除职务。

(8)如果选区委员会的成员是根据本条第(2)款的第 b)项任命的,委员会的成员是根据本款第 c)项来任命的,那么首相或反对党领袖代表总督,对于选举委员会的会长,如果在向首相以及反对党领袖咨询之后行事的总督认为应对因上文所述的无能力或行为不检点使得其解除了职务的问题进行调查,那么:

a)总督应指定一个法庭,该法庭应由一个会长以及两名以上的其他成员组成,这两名成员应为由首席大法官从担任法院法官职务并在英联邦的部分地区拥有无限制的民事和刑事管辖权的人员或对任何法院的诉讼拥有管辖权的法院法官中选举;以及

b)该法庭应调查此事件并向总督汇报事实情况,且就是否因委员会成员无能力或行为不检点而解除其职务的问题给出建议。

(9)委员会可以对其程序进行调整且经首相同意,授予任何公职人员或政府机关权力并且履行其向公职人员或政府机关征税的职责。

(10)根据议事规则,尽管委员会成员有空缺,委员会仍可以行事,且没有资格出席或参加诉讼的人员的出席或参加不应影响诉讼的有效性;

规定委员会作出的任何决定应由大多数成员通过。

(11)根据本宪法,在执行其职责时,委员会不应遵循任何其他个人或机关的指示或受其控制。

第五部分　选区的划定

第五十八条　[选区复审]

(1)根据本条的规定,选区委员会(本节中以下简称"委员会")应对人员和圣卢西亚划定的选区进行复审且向总督提交报告:

a)为了使本宪法中附件 2 中的规定生效,列明建议圣卢西亚划定的选区;或

b)为了使这些规定生效,说明无须对现有的选区数量进行更改。

(2)根据本条第(1)款,委员会应在 3 年以上,7 年以内这一时间期限内提交报告;

根据本款的 b)段,规定自最后一次提交报告之日起的 6 年期满之后才能提交报告。

(3)根据本条的第(1)款 a)项,在委员会提交报告之后,为使报告中所包含的提议生效,首相应对总督批准的草案,无论其是否经过修改,在众议院提出异议,且规则草案可以就对首相质疑的事项作出规定,附带在草案的其他规定中。

(4)任何此类规则草案经修改后使得此类建议生效,首相应在众议院提出异议,附带规则草案声明修改的原因。

(5)根据本条,如果为获规则草案的批准而向众议院提交的议案被众议院否决,或撤销了众议院的判决,那么首相应对规则草案进行修改并向众议院提交修改后的草案。

(6)根据本条,如果向众议院提交的规则草案经众议院决议通过,那么首相应将草案提交给制定草案的总督;且在草案制定之后,在议会解散之时该命令应生效。

(7)法院应对总督准出的规则有效性的问题进行审查,其中,该规则声称是依照本条制定的且详细说明草案已经由众议院决议通过。

(8)根据本条第(1)款的 a)项或 b)项,关于最高法院对委员会就总督提出的建议或声明的上诉,议会应制定相应的规定。

第四章　执行者

第五十九条　[行政权力]

(1)女王陛下拥有圣卢西亚的行政权力。

(2)根据本宪法的规定,总督可以代女王陛下直接行使圣卢西亚的行政权力或通过其下属官员行使行政权力。

(3)本条中所包含的内容使得议会可以授予除总督以外的其他个人或机关职务。

第六十条　[政府部长]

(1)在圣卢西亚应由总督任命一位首相。

(2)每当总督有机会任命首相时,其应任命一位有可能获得众议院大多数成员支持的众议院成员。

(3)除了首相的职位,议会可以设立其他类似的政府部长的职位,或根据议会颁布的任何法律的规定,由总督依照首相建议来执行此事项。

(4)除了首相的职位,总督应依照首相的建议,从参议员和众议院的成员中任命部长职位。

(5)如果议会解散之时有任命首相或其他部长的可能,那么,尽管根据本条第(2)款和第(4)款的规定,作为众议院成员的个人在议会解散之前可以被任命为首相或其他部长,且作为参议员的个人在议会解散之前可以被任命为除首相以外的其他部长。

(6)如果众议院通过了对政府失去信任的决议,那么总督应解除其首相的职务。

(7)自举行议院成员普选到众议院召开第一次会议期间,如果总督认为由于首相的选举而导致众议院成员发生变化将不能获得众议院多数成员的支持,那么总督可以解除其作为首相的职务。

(8)如果出现以下情况,部长的职位出现空缺:

a)除了议会解散这一原因之外,如果掌权者不再是参议员或众议院成员;

b)对于首相,当议会解散之后众议院首次开会,如果其不再是众议院成员;

c)对于部长,当议会解散之后众议院首次开会,如果其不再是参议员或众议院成员;或

d)根据本宪法第二十七条第(3)款或三十四条第(3)款,如果要求其不再执行参议员或众议院成员的职务。

(9)如果出现以下情况,部长职位而不是首相职位应空缺:

a)如果总督依照首相的建议行事;

b)如果首相在众议院通过的对政府失去信心后的决议后的3天内解除其职务或根据本条第(6)款解除其职务;或

c)在任命首相职务之时。

(10)在行使本条第(2)、(5)以及(7)款赋予其的权力时,总督应经深思熟虑后再予以执行。

第六十一条 [部长内阁]

(1)圣卢西亚应设有由首相和其他部长组成的部长内阁。

(2)在总检察长担任公职期间,总检察长通过掌权或执行职务成为部长以外的内阁成员。

(3)内阁的职务是建议圣卢西亚政府中的总督和内阁应共同就对总督提出的建议对议会负责或在内阁的普遍权威下以及对议会所做的所有事务负责或在部长的权威下执行其职务。

(4)本条第(3)款中的规定不应适用于与下列相关的事项:

a)根据本宪法第六十二条,对部长职位的任命以及解除,由另一个部长授权的对部长职务的分配,授权其在首相缺席或生病期间执行其职务;

b)议会的解散;或

c)本宪法第七十四条中涉及的事项(与赦免权相关)。

第六十二条 [部长组合分配]

依照首相建议行事的总督通过书面指示,可以分配首相或其他部长负责的政府事务,包括对政府部门的管理;

规定应将管理财政事务分配给作为众议院成员的部长。

第六十三条 [部长缺席或生病期间权力的执行]

(1)每当首相离开圣卢西亚或因生病不能执行本宪法授予其的职责,那么总督可以授权其他部长执行其职责(本节授予的职责除外)且在总督撤销其权力之前该部长可以执行其职责。

(2)每当部长而不是首相离开圣卢西亚或在圣卢西亚境内但总督缺席,因此不能执行其职务或因生病不能执行职务,那么总督可以授权其他部长执行其职责或可以任命参议员或众议院的成员作为临时部长来执行其职务;且根据本宪法第六十条的第(8)或(9)款,视具体情况而定,在总督撤销其权力或其解除部长职务之前该部长可以执行其职责。

(3)根据本条,总督应依照首相的建议行使其权力。

若总督审慎地认为因首相缺席或生病而不能取得首相的建议时,总督可以根据自由裁量来行使权力。

第六十四条 [总督职务的执行]

(1)在执行其职务时,总督应遵循内阁的意见行事或遵循内阁授权的部长的意见,除了宪法或其他法律规定,其应当遵循或在咨询任何个人或内阁以外的机关之后予以行事;

如果本款的前述规定不适合授权总督依照本宪法下述规定,经自身决断后行事:

a)第五十七节(与选区委员会和选举委员会相关);

b)第六十节和第六十三节(与部长相关);

c)第六十七节(与反对党领袖相关);

d)第八十六节(与公职人员等的任命相关);

e)第八十八节(与首席选举官相关);以及

f)第九十五节(与公益诉讼委员会相关)。

(2)根据本宪法,因无人能胜任反对党领袖或无人乐意接受任命而导致其职位出现空缺期间,或如果依照其自身决断行事的总督认为采纳反对党领袖的意见不可行时,那么在此期间内,总督有必要执行,其可以不采纳反对党领袖的意见,依照自身的决断行使本宪法赋予其的权力,该宪法中规定其应根据意见行事或在咨询反对党领袖后行事。

(3)本条第(1)款未规定总督应依照内阁或根据本宪法中的以下规定赋予其执行职务的部长的建议行事。

a)第五十五第(4)款的规定(要求总督在特定情况下解除首相的职务);

b)第六十条(6)款(要求总督在特定情况下解除首相的职务);

c)第六十五条(总督有权获取信息);

d)第五十七条第(7)款,第六十七条第(5)款,第八十五条第(6)款,第八十八条第(7)款,第八十九条第(8)款,第九十条第(7)款,第九十二条第(6)款,第九十五条第(5)款,第一百一十一条第(7)款以及第一百一十八条第(8)款(要求总督在特定情况下解除特定官员的职务)。

第六十五条 [总督对与政府相关事务的知情权]

首相应使总督对圣卢西亚政府的一般管理具有充分的了解,且应向总督提供其可能需要的、与圣卢

西亚政府相关的特定事务的此类信息。

第六十六条 ［部长等人的宣誓］

部长或议会秘书只有在其已进行效忠宣誓,就职宣誓和秘密宣誓之后才能履行其职责。

第六十七条 ［反对党领袖］

(1)应由总督任命一位反对党领袖(众议院成员不支持政府期间除外)。

(2)当有必要任命反对党领袖时,总督应任命就其看来最有可能获得多数成员或反对政府的众议院成员支持的众议院议员;或如果总督认为众议院中的成员不能得到支持,那么众议院中能获得众议院最大议员组的支持的反对政府的众议院成员。

(3)从议会解散之日至随后举行的众议院成员的选举期间,如果有必要任命一位反对党领袖,那么对其任命应视作议会未解散。

(4)如果出现以下情况,反对党领袖的职位应空缺:

a)除了议会解散的原因,如果其不再是众议院成员;

b)当议会解散后众议院首次开会时,如果其不再是众议院成员;

c)根据本宪法第三十四条第(3)款的规定,如果要求其不再执行其作为众议院成员的职务;或

d)根据本条第(5)款,如果总督解除了其职务。

(5)如果总督认为,反对党领袖不再能够获得不支持政府的众议院大多数成员的支持或(如果就其来看,众议院的成员都不能获得此类支持)不支持政府的众议院成员中的最大单一团体的支持,那么其应解除反对党领袖的职务。

(6)根据本条,总督应经过深思熟虑后行使权力。

第六十八条 ［议会秘书］

(1)依照首相的建议行事的总督可以从参议员和众议院成员中任命议会秘书以协助部长执行其职责;

规定如果在议会解散之时进行任命,那么参议员或众议院成员在议会解散之前可以被任命为议会秘书。

(2)如果出现以下情况,议会秘书的职位应空缺:

a)如果总督依照首相的建议行事,且首相建议秘书职位出缺,则总督则依此作出决定;

b)根据本宪法第六十条第(7)款,如果首相在众议院通过的对政府没有信心的决议之后的3天内辞职或被解除了职务;

c)任命个人担任首相的职务;

d)除了议会解散的原因之外,如果掌权者不再是参议员或众议院成员;

e)当议会解散后众议院首次开会时,如果其不再是参议员或众议院成员;或

f)根据本宪法第二十七条第(3)款或第三十四条第(3)款,如果要求其不再执行作为参议员或众议院成员的职务。

第六十九条 ［常任秘书］

若部长因对任何政府部门的管理而遭到控诉,那么其应监督该部门;且依照此类监督,每个政府部门都应由公职人员进行管理,该公职人员作为常任秘书的职责已在本宪法中列明;

规定两个或多个政府部门可以由一位常任秘书进行监管。

第七十条 ［内阁秘书］

(1)应设立内阁秘书,该秘书的职务为公职;

(2)掌管内阁办公室的内阁秘书应依照首相的指示负责安排事务,以及做好内阁的会议记录且将内阁的决定传达给相关人员或机关,且应拥有首相授权的职能。

第七十一条 ［事务厅等的组成］

根据本宪法和其他法律的规定,总督可以在圣卢西亚设立事务厅,可对事务厅内的职务进行任命且终止此类任命。

第七十二条 ［总检察长］

(1)应任命一位总检察长,该检察长是政府的主要法律顾问。

(2)总检察长的职务可以是公职或部长的职务。

(3)当总检察长的职务为公职期间,若担任总检察长之人符合特定资格,可同时担任检察院院长之职。

(4)如果由同一人执行总检察长和检察官的职务,那么本宪法中的下列规定对检察官的引荐包括总检察长的引荐具有效力,也就是说,第八十七条,第八十九条第(5)款,第(6)六,第(7)款,第(8)款,第(9)款和第(10)款,第九十八条第(3)款和第一百二十四条第(8)款 a)节;但是本款的规定不应影响议会的权力或根据议会颁布的法律规定,应由担任部长职务的总督来确定总检察长的职务。

第七十三条 ［公诉控制］

(1)应任命一位检察官,其职务应是公职。

(2)在任何其认为这样做是合理的情况下,检察官应拥有如下权力:

a)对任何因被指控犯下罪行的个人在法院提起和进行诉讼(军事法庭除外);

b)经手和继续任何个人或机关已经提起的此类刑事诉讼;以及

c)在作出判决之前的任何阶段,停止对任何个人或机关已经提起的此类刑事诉讼。

(3)根据本条第(2)款,检察官可以亲自行使其权力或通过在一般指示或特别指示下行事的其他个人来行使。

(4)根据本条第(2)款的第 b)和 c)项,赋予检察官的权力可以转移给任何个人或机关行使。

规定在任何个人或机关已经提起刑事诉讼时,本款中规定在个人或机关的请求以及法院的允许之下可以撤销此类诉讼。

(5)对于本条而言,在法院对刑事诉讼判决的上诉或向法院所陈述的与任何此类诉讼相关的案件或法律问题(包括理事会的女王陛下)应视作是诉讼的一部分;

根据本条第(2)款 c)项,规定对于赋予检察官的权力,不得行使与在刑事诉讼中被定罪的个人的上诉或应个人的要求陈述的案件或遗留的法律问题相关的权力。

(6)根据本条第(2)款和本宪法第四十六条,在执行其权力时,检察官不应遵循任何其他个人或机关的指示或受其控制。

第七十四条 [赦免权]

(1)总督可以:

a)无论是否依照法律条件,赦免被定罪的个人或任何罪行;

b)赦免个人,在不确定或特定的期限内暂缓执行其因犯罪而需接受的惩罚;

c)对因犯罪而需接受惩罚的个人,以轻度惩罚代之;或

d)免除因其犯罪而强加于其的全部或部分惩罚或任何罚款,但针对王室犯罪的除外。

(2)根据本条第(1)款,总督应依照本宪法第七十五条设定的委员会的建议来行使其权力。

第七十五条 [赦免权委员会]

(1)应设立赦免权委员会,由以下成员组成:

a)由总督指定的此类部长,该总督应是会长;

b)总检察长;

c)政府的首席医疗官;以及

d)总督通过签署书面文件任命其他 3 位以下成员。

(2)根据本条第(1)款 d)项,任命的委员会成员应在文件中规定的期限内任职。

如果出现以下情况,规定其职位应空缺:

a)自其任命之日起是一位部长,如果其不再是部长;或

b)如果总督通过签署书面文件任命,因此向其作出指示。

(3)尽管成员职位出现空缺或任何成员缺席,但是委员会可以照常行事且诉讼不会因无权出席或参与的个人的出席或参与而失效。

(4)委员会可以调整自己的程序。

(5)根据本条,在执行职责的过程中,总督应依照首相的建议行事。

第七十六条 [死刑案件程序]

对于因犯罪而已经被判处死刑的个人(除了军事法庭之外),那么就目前来看,根据本宪法第七十五条第(1)款任命的部长应向审判官获取案件书面报告(或如果无法从审判官处获得,那么应向首席大法官索取),以及案件记录的其他信息或在别处其可能需要在赦免权委员会的会议上作出考虑,因此根据本宪法第七十四条第(1)款,委员会可以建议总督是否执行其权力。

第五章 财 政

第七十七条 [统一基金]

所有的岁入或其他圣卢西亚筹集的或收到的钱款(但依法支付给因特定目的而成立的其他基金的岁入或钱款不包括其中)应成立一个统一基金。

第七十八条 [统一基金或其他公共基金的撤资]

(1)不得从统一基金中撤资,除了:

a)根据本宪法或议会颁布的任何法律规定所作的支出;或

b)这些钱款的发放是经过拨款法或本宪法第八十条中制定的法律授权的。

(2)根据本宪法或议会颁布的任何法律征收的统一基金或其他公共基金,政府或应付款的机关应向个人支付此类基金。

(3)除了统一基金,不得动用公共基金,除非法律授权这些钱款的发放。

(4)议会颁布了此类规定,规定可以从统一基金或其他任何公共基金中拨款。

第七十九条 [拨款法下统一基金的授权拨款]

(1)就目前来看,负责财政的部长应在每一财政年度开始后的 30 天内,编制并向众议院提交该财政年度的圣卢西亚的收入与支出的预算。

(2)当众议院已经批准了支出预算(除了根据议会颁布的法律或本宪法收取的统一基金),众议院应出台被称为拨款法的议案,议案中规定用于满足支出所发放的统一基金的数额和拨款数额应根据下文规定的需要的服务目的进行分部分表决。

(3)就任何财政年度来看,如果发现:

a)为满足某种目的根据拨款法所划拨的数额不够或支出数额增加,根据该法律没有划拨任何款项;或

b)为达到某种目的所花费的钱款超出了根据拨

款法所划拨的款项,或出于某种目的,根据该法律未划拨任何款项。

应向众议院提交附加预算,说明所需款项或所花费的款项,且当众议院批准通过该附加预算时,众议院应出台附加拨款法案,规定出于下文的特定目的发放统一基金以及进行拨款。

第八十条　[授权提前拨款]

如果任何财政年度的拨款法在财政年度开始之时仍未生效,那么议会应颁布此类规定,就目前来看,负责财政的部长可以出于满足支出的目的,授权从统一基金中拨款,该项基金对于,自财政年度开始或法律生效之时的4个月期满开展政府服务有必要,两者以先为准。

第八十一条　[应急基金]

(1)议会应就应急基金的建立以及授权部长掌管目前财政制定相应的规定,如果支出出现了紧急和不可预见的需求时,没有条款对提前拨款以满足该需求作出其他的规定。

(2)当提前划拨统一基金时,应尽快向众议院提交附加预算且如果众议院批准了附加预算,那么为了支付所需款项,众议院应尽快出台附加拨款法案。

第八十二条　[某些官员的报酬]

(1)应当向掌权者支付本条中相关的此类薪金以及议会颁布的法律中规定的津贴。

(2)根据本条的规定,本条中适用的掌权者的薪金和津贴应通过统一基金发放。

(3)根据本条的规定,本条中适用的掌权者的薪金以及其他服务条款(计算中不作考虑的津贴除外,根据法律,任何在其职位上提供服务的个人都应获得薪金)在其任命之后不应作出对其不利的改变。

(4)当其薪金或其他服务条款取决于其自身的选择时,那么根据本条第(3)款,其选择的薪金或条款相比于其他人来说对其更为有利。

(5)本条适用于总督职位,公共服务委员会成员,教学服务委员会成员,公益诉讼委员会成员,检察官,审计署署长,议会委员长,议会副委员长以及首席选举官。

(6)本条中的任何规定不得被解释为对本宪法第九十七条的规定造成影响(对公职人员提供服务享有的养老金权利进行保护)。

第八十三条　[公债]

(1)圣卢西亚所承担的所有债务应是统一基金支付。

(2)就本条而言,债务费用包括利息、偿债基金费用、偿还的债务或分摊的债务以及为统一基金安全性而筹集的贷款以及所发生的债务的赎回相关的所有支出。

第八十四条　[公共账目等的审计]

(1)应任命一位审计署署长,其职务为公职。

(2)审计署署长应:

a)确保所有议会划拨的以及分配的款项已被用于某用途,且拨款以及支出符合对钱款进行管理的机关的要求;以及

b)对圣卢西亚的公共账目,所有政府官员以及机关的账目,圣卢西亚所有法院的账目(包括圣卢西亚最高法院的账目),根据本宪法设立的每个委员会的账目以及议会委员会、参议员以及众议院议员的账目至少进行一次审查和汇报。

(3)审计署署长以及其授权的官员有权使用所有的账目、记录、报告以及其他就其看来与本条第(2)款中涉及的账目相关的文件。

(4)根据本条第(2)款的规定,审计署署长应向目前掌管财政的部长提交每份报告,该部长应在其收到报告后的众议院首次开会后的7天内将其提交给众议院。

(5)根据本节第(4)小节的规定,如果部长未将报告交给众议院,那么审计署署长应将报告的副本移交给议长,议长应尽快将其呈递给众议院。

(6)审计署署长应在收到政府账目或收到为了公共目的,依照议会颁布的法律设立的其他机关或团体的账目之后执行此类其他职责。

(7)根据本条第(2)、(3)、(4)以及(5)款,在执行职责的过程中,审计署署长不应遵循其他个人或机关的指示或受其控制。

第六章　公共服务

第一部分　公共服务委员会

第八十五条　[公共服务委员会]

(1)圣卢西亚应设立公共服务委员会(本条以下简称"委员会"),该委员会应由一个会长和依照首相建议行事的总督任命的2名以上、4名以下的其他成员组成;

就本款而言,规定首相在向总督提出建议之前应先咨询反对党领袖。

(2)如果出现以下情况,其不享有被任命为委员会成员的资格:

a)其是参议员或众议院的成员;

b)其在任命之前的3年内担任最高法院法官或公职人员。

(3)自其上一次掌权或担任职务或委员会成员之日起的3年内,委员会的成员不得享有任命或担任公职的资格。

(4)根据本条的规定,在以下情况下,委员会成员的职位应空缺:

a)自其任命之日起3年期满;或

b)如果其不是委员会的成员,且发生了使得其不再享有被任命资格的情况,如本条第(2)款所述。

(5)委员会成员仅可以因为无能力执行其职务(无论是精神或身体疾病或其他原因)或行为不检点且只有依照本条的规定才可解除其职务。

(6)如果其解除职务的问题已经提上了依照本条第(7)款任命的法庭,那么总督可以解除委员会成员的职务且法庭已经建议总督该成员因上文所述的行为不检点而应被解除职务。

(7)根据本条,如果首相向总督表示应对委员会成员撤除的问题进行调查,那么:

a)总督应任命一个法庭,该法庭应由一个会长以及首席大法官从担任法官职务的人员中选举出的2名以上的其他成员组成,该法官对英联邦的部分民事和刑事案件拥有管辖权或对法院的起诉拥有管辖权;以及

b)根据本条,法庭应对此事件进行调查并向总督汇报事实情况且对是否应罢免该成员提出建议。

(8)根据本条,如果罢免委员会成员的问题已经提上了法庭,那么依照首相建议行事的总督可以中止该成员执行其职务且依照上述建议行事的总督可随时恢复其职务,且如果法庭建议总督不得罢免该成员,那么在任何情况下,中止职务将不再发挥效力。

(9)如果委员会会长的职位出现空缺或如果掌权者因某种原因不能执行其职务,那么直到任命新成员担任其职务或该成员复职,总督应依首相之建议任命该委员会的其他成员履职。

(10)如果在任何时候,会长之下只有2名以下的委员会成员或如果此类成员担任会长一职或因任何原因不能担任其职务,依照首相建议行事的总督可以任命一位有资格被任命为委员会成员的人员担任职务,且依照本款第(4)项,被任命的个人应继续担任职务直到该职位不再空缺或视具体情况而定,直到该职位的掌权者复职或直到依照首相建议行事的总督撤销其任命。

(11)委员会的成员在进行效忠宣誓和就职宣誓之后才能履行其职责。

(12)根据本宪法,在执行其职责时,委员会不应遵循任何其他个人或机关的指示或受其控制。

(13)委员会可以作出调整或以其他方式对其程序作出规定以及经首相同意,可以授予权力或对公职人员或政府机关执行征税的职责。

(14)根据议事规则,尽管成员职位有空缺或成员缺席,但是委员会仍可行事且其诉讼不因有不享有出席或参与诉讼资格的人员的出席或参与而失效。

规定委员会的决议应获得大多数成员的赞同。

第八十六条 [公职人员的委任等]

(1)公共服务委员会享有任命个人担任政府部门职务的权力(包括确定任命的权力)以及依照本宪法第九十六条的规定,享有对担任此类职务的个人进行纪律管理以及解除此类人员职务的权力。

(2)根据本条第(1)款,公共服务委员会可以通过书面指示以及依照其认为合适的方式将权力下放给委员会的一位或多位成员或经首相同意下放给公职人员。

(3)本条的规定不适用于以下职位,也就是说:

a)本宪法第八十七条节适用的任何职位;

b)首席选举官的职位;

c)检察官的职位;

d)审计署署长的职位;

e)本宪法第九十一、九十三或九十四条适用的任何职位。

(4)根据本条,在未经总督深思熟虑作出批准的情况下,不得任命任何个人执行总督个人助理的职务。

(5)公共服务委员会或参议院或众议院议员中的其他个人或机关或其成员在行使本节赋予其的权力之前,委员会或个人或机关应向总统或议长咨询,视具体情况而定。

(6)公共服务委员会或议会委员中的其他个人或机关或首席选举官在行使本节赋予其的权力之前,委员会或个人或机关应向委员长咨询,视具体情况而定或向长官咨询。

(7)在未征得司法和法律服务委员会同意的情况下,公职人员不得被解除职务或依照本条,因其在执行赋予其的司法职能过程中的作为或不作为行为而遭受惩罚。

第二部分 特定办事处的设立等

第八十七条 [常任秘书和其他一些议员的任命等]

(1)本条适用于处理外事的内阁秘书、常任秘书、政府部门主管、政府部门副主管职位,目前由公共服务委员会指定的政府部门的首席职业顾问职位以及在咨询首相之后委员会指定的任何职位,该类职位要求掌权者居住在圣卢西亚之外以便适当地履行其职责或作为圣卢西亚的官员处理对外事务。

(2)依照公共服务委员会行事的总督享有任命个人担任本条适用的职位的权力(包括确定任命的权力)以及依照本宪法第九十六条的规定,享有对担任此类职务的个人进行纪律管理以及解除此类人员职

务的权力。

规定：

a)依照公共服务委员会行事的总督应享有任命个人担任常任秘书职务的权力,该常任秘书经过其他此类职位的调职且享有同样的薪金。

b)公共服务委员会就任命个人担任本条适用的职位的事项(任命担任常务秘书职位除外,该常任秘书经过其他此类职位的调职且享有同样的薪金)向总督提出建议之前,其应向首相咨询且如果首相对该职位人员的任命表示反对,那么委员会应建议总督不再任命该人员。

c)关于大使、高级专员或圣卢西亚在其他国家或被委派到国际组织的其他主要代表的职位的任命,总督应依照首相的建议行事,首相就任命个人担任公职事项向总督提出建议之前应向其他一些个人或机关进行咨询。

(3)本条中对政府部门的引述不包括总督职位,总检察长部门,检察官部门,审计署署长部门,议会委员部门,首席选举官部门或警队。

第八十八条　[首席选举官]

(1)首席选举官(本节以下简称"选举官")应由总督在咨询选举委员会后进行任命。

(2)如果首席选举官职位空缺或如果掌权者因任何原因不能执行其职责,那么总督在咨询选举委员会后可以任命个人担任选举官。

(3)除非其享有议会规定的此类资格(如有),其不得享有被任命为选举官的资格。

(4)根据本条第(5)、(7)以及(8)款的规定,如果出现以下情况,被任命为选举官的个人应停止执行其职务：

a)当被任命担任选举官的人员已经恢复原有职位,或视具体情况而定,当原先担任选举官的人员复职;或

b)早期议会对其任命期限条款作出规定。

(5)根据本条第(6)款,如果选举官到了规定年龄,那么应解除其职务。

(6)担任选举官职位的个人仅可以因为无能力执行其职务(无论是精神或身体疾病或其他原因)或行为不检点且只有依照本条的规定才可解除其职务。

(7)如果其解除职务的问题已经提上了依照本条第(8)款任命的法庭,那么总督可以解除选举官的职务且法庭已经建议总督该成员因上文所述的行为不检点而应被解除职务。

(8)根据本条,如果总督经过其深思熟虑后,认为应对选举官职位的撤除的问题进行调查,那么：

a)总督应任命一个法庭,该法庭应由一个会长以及首席大法官从担任法官职务的人员中选举出的2名以上的其他成员组成,该法官对英联邦的部分民事和刑事案件拥有管辖权或对法院的起诉拥有管辖权;以及

b)根据本条,法庭应对此事件进行调查并向总督汇报事实情况且对是否应罢免该官员提出建议。

(9)根据本条,如果罢免官员的问题已经提上了法庭,那么总督经过深思熟虑后,可以中止该成员执行其职务且依照上述建议行事的总督可随时恢复其职务,且如果法庭建议总督不得罢免该选举官,那么在任何情况下,中止职务将不再发挥效力。

(10)就本条第(5)款而言,规定的年龄为55周岁或议会规定的其他年龄;

规定议会颁布的任何法律在某种程度上个人被任命担任选举官之后,对规定年龄作了修改,那么在未经其本人同意的情况下,该法律不得生效。

第八十九条　[检察官]

(1)检察官由总督依照司法和法律服务委员会的建议来任命。

(2)如果检察官职位空缺或如果掌权者因任何原因不能执行其职责,那么总督在咨询司法和法律服务委员会后可以任命个人担任检察官。

(3)就本条第(1)或(2)款而言,在提出建议之前,司法和法律服务委员会应咨询首相。

(4)除非其拥有一项特定资格且拥有一项或其他此类资格达7年以上,其不得享有被任命为检察官的资格。

(5)根据本条第(6)、(8)、(9)以及(10)款的规定,被任命担任检察官一职的个人在以下情况下应停止执行其职务：

a)当被任命担任检察官的人员已经恢复原有职位,或视具体情况而定,当原先担任检察官的人员复职;或

b)早期议会对其任命期限条款作出规定。

(6)根据本条第(7)款,如果检察官到了规定年龄,那么应解除其职务。

(7)担任检察官职位的个人仅可以因为无能力执行其职务(无论是精神或身体疾病或其他原因)或行为不检点且只有依照本条的规定才可解除其职务。

(8)如果其解除职务的问题已经提上了依照本条第(9)款任命的法庭,那么总督可以解除检察官的职务且法庭已经建议总督该成员因上文所述的行为不检点而应被解除职务。

(9)根据本条,如果首相或司法和法律服务委员会的会长向总督表示应对检察官职位的撤除的问题进行调查,那么：

a)总督应任命一个法庭,该法庭应由一个会长以及首席大法官从担任法官职务的人员中选举出的2

名以上的其他成员组成,该法官对英联邦的部分民事和刑事案件拥有管辖权或对法院的起诉拥有管辖权;以及

b)根据本条,法庭应对此事件进行调查并向总督汇报事实情况且对是否应罢免该官员提出建议。

(10)根据本条,如果罢免官员的问题已经提上了法庭,那么依照司法和法律服务委员会的建议行事的总督可以中止该成员执行其职务且依照上述建议行事的总督可随时恢复其职务,且如果法庭建议总督不得罢免该检察官,那么在任何情况下,中止职务将不再发挥效力。

(11)就本条第(6)款而言,规定的年龄为55周岁或议会规定的其他年龄;

规定议会颁布的任何法律在某种程度上在个人被任命担任检察官之后,对规定年龄做了修改,那么在未经其本人同意的情况下,该法律不得生效。

(12)根据本条,司法和法律服务委员会在向总督提出建议之前应咨询首相,本宪法第七十二条第(4)款适用于总检察长。

第九十条 [审计署署长]

(1)审计署署长应由总督依照公共服务委员会的建议来任命。

(2)如果审计署署长职位空缺或如果掌权者因任何原因不能执行其职责,那么总督在咨询公共服务委员会后可以任命个人担任署长。

(3)就本条第(1)款或(2)款而言,在提出建议之前,公共服务委员会应咨询首相。

(4)根据本条第(5)、(7)、(8)以及(9)款的规定,被任命担任审计署署长一职的个人在以下情况下应停止执行其职务:

a)当被任命担任审计署署长的人员已经恢复原有职位,或视具体情况而定,当原先担任审计署署长的人员复职;或

b 早期议会对其任命期限条款作出规定。

(5)根据本条第(7)款,如果审计署署长到了规定年龄,那么应解除其职务。

(6)担任审计署署长职位的个人仅可以因为无能力执行其职务(无论是精神或身体疾病或其他原因)或行为不检点且只有依照本条的规定才可解除其职务。

(7)如果其解除职务的问题已经提上了依照本条第(8)款任命的法庭,那么总督可以解除审计署署长的职务且法庭已经建议总督该成员因上文所述的行为不检点而应被解除职务。

(8)根据本条,如果首相或公共服务委员会的会长向总督表示应对审计署署长职位的撤除的问题进行调查:

a)总督应任命一个法庭,该法庭应由一个会长以及首席大法官从担任法官职务的人员中选举出的2名以上的其他成员组成,该法官对英联邦的部分民事和刑事案件拥有管辖权或对法院的起诉拥有管辖权;以及

b)根据本条,法庭应对此事件进行调查并向总督汇报事实情况且对是否应罢免该官员提出建议。

(9)根据本条,如果罢免官员的问题已经提上了法庭,那么依照公共服务委员会的建议行事的总督可以中止该成员执行其职务且依照上述建议行事的总督可随时恢复其职务,且如果法庭建议总督不得罢免该审计署署长,那么在任何情况下,中止职务将不再发挥效力。

(10)就本条第(5)款而言,规定的年龄为55周岁或议会规定的其他年龄;

规定议会颁布的任何法律在某种程度上在个人被任命担任审计署署长之后,对规定年龄做了修改,那么在未经其本人同意的情况下,该法律不得生效。

第九十一条 [法官,登记员,司法人员的任命等]

(1)本条适用于对法官、最高法院登记员以及助理登记员的职位,总检察长部门的公职(总检察长公职除外)或议会委员部门,首席选举官部门(选举官职位除外)或检察官部门(检察官职位除外)的任命,该类职位要求掌权者拥有一项或其他特定资格且议会规定的与法院相关的其他此类职位的任命。

(2)司法和法律服务委员会享有任命个人担任本条适用的职位(包括确定任命)的权力。

(3)根据本宪法第九十六条的规定,司法和法律服务委员会享有对担任本条适用的职务的个人进行纪律管理以及解除此类人员职务的权力。

第三部分　教学服务委员会

第九十二条 [教学服务委员会]

(1)在圣卢西亚应设立一个教学服务委员会(本条以下简称"委员会")该委员会应由一位会长和总督依照首相建议任命的2名以上、4名以下其他成员组成;

就本款而言,规定首相在向总督提出建议之前应向反对党领袖咨询。

(2)如果出现以下情况,其不应享有被任命为委员会成员的资格:

a)其是参议员或众议院成员;

b)其在任命之前的3年内担任最高法院法官或公职人员。

(3)自其上一次掌权或担任职务或委员会成员之日起的3年内,委员会的成员不得享有任命或担任公职的资格。

(4)根据本条的规定,在以下情况下,委员会成员的职位应空缺:

a)自其任命之日起3年期满;或

b)如果其不是委员会的成员,如果发生了使得其不再享有被任命资格的情况,如本条第(2)款所述。

(5)委员会的成员仅可以因为无能力执行其职务(无论是精神或身体疾病或其他原因)或行为不检点且只有依照本条的规定才可解除其职务。

(6)如果其解除职务的问题已经提上了依照本条第(7)款任命的法庭,那么总督可以解除委员会成员的职务且法庭已经建议总督该成员因上文所述的行为不检点而应被解除职务。

(7)根据本条,如果首相向总督表示应对委员会成员撤职的问题进行调查,那么:

a)总督应任命一个法庭,该法庭应由一个会长以及首席大法官从担任法官职务的人员中选举出的2名以上的其他成员组成,该法官对英联邦的部分民事和刑事案件拥有管辖权或对法院的起诉拥有管辖权;以及

b)根据本条,法庭应对此事件进行调查并向总督汇报真实情况且对是否应罢免该成员提出建议。

(8)根据本条,如果罢免委员会成员的问题已经提上了法庭,那么依照首相建议行事的总督可以中止该成员执行其职务且依照上述建议行事的总督可随时恢复其职务,且如果法庭建议总督不得罢免该成员,那么在任何情况下,中止职务将不再发挥效力。

(9)如果委员会会长的职位出现空缺或如果掌权者因某种原因不能执行其职务,那么直到任命新成员担任其职务或该成员复职,总督应依首相之建议任命该委员会的其他成员履职。

(10)如果在任何时候,会长之下只有2名以下的委员会成员或如果此类成员担任会长一职或因任何原因不能担任其职务,依照首相行事的总督可以任命一位有资格被任命为委员会成员的人员担任职务,且依照本条第(4)款,被任命的个人应继续担任职务直到该职位不再空缺或是视具体情况而定,直到该职位的掌权者复职或直到依照首相建议行事的总督撤销其任命。

(11)委员会的成员在进行效忠宣誓和就职宣誓之后才能履行其职责。

(12)根据本宪法在执行其职责时,委员会不应遵循任何其他个人或机关的指示或受其控制。

(13)委员会可以作出调整或以其他方式对其程序作出规定以及经首相同意后,可以授予权力或对公职人员或政府机关执行征税的职责。

(14)根据议事规则,尽管成员职位有空缺或成员缺席,但是委员会仍可行事且其诉讼不应因不享有出席或参与诉讼资格的人员的出席或参与而失效。

规定委员会的决议应获得大多数成员的赞同。

第九十三条 ［教师的任命等］

(1)教学服务委员会享有任命个人担任本条适用的职位的权力(包括确定任命的权力)以及依照本宪法第九十六条的规定,享有对担任此类职务的个人进行纪律管理以及解除此类人员职务的权力。

(2)教学服务委员会可以通过书面指示以及依照其认为合适的方式下放本条第(1)款赋予其的权力给一位或多位委员会成员,或经首相同意下放权力给任何公职人员。

(3)本条适用于政府部门的职位,该职位的职责完全是或主要是学校的教学或学校管理,而不是本宪法第八十七条适用的职位。

第四部分 警 察

第九十四条 ［警察部队］

(1)总督依照公共服务委员会的建议,享有任命个人担任警察局局长以及依照本宪法第九十六条的规定,享有解除警察局局长职位的权力。

规定委员会就警察局局长的任命事项在向总督提出建议之前,应咨询首相且如果首相对任何个人的任职表示反对,那么委员会应建议总督不再任命该人员。

(2)公共服务委员会享有任命个人担任警察部队中警察局局长头衔以下且在检查员头衔以上的职位的权力(包括确定任命的权力)以及依照本宪法第九十六条的规定,享有对担任此类职务的个人进行纪律管理以及解除此类人员职务的权力。

(3)警察局局长享有任命个人担任警察部队中的职位或在检查员以下的职位的权力(包括确定任命的权力)以及依照本宪法第九十六条的规定,享有对担任此类职务的个人进行纪律管理以及解除此类人员职务的权力。

(4)警察局局长可以通过书面指示以及依照其认为合适的方式下放本条第(3)款赋予其的权力给警察部队中的任何其他成员。

(5)在未征得司法和法律服务委员会同意的情况下,不得解除其警察的职务或根据本条,在其执行赋予其的司法管辖权时不得因其作为或不作为行为而遭受任何惩罚。

(6)如果警察部队中的某头衔出现了变化(无论是对现有的部队整顿或替换或建立新的部门),那么本节中对检查员的引述应解释为对公共服务委员会规定的此类头衔的引述,公共服务委员会依照官方公报上的命令作出规定,依委员会来看,此类头衔与更改之前就已存在的检查员的头衔相对应。

第五部分 公益诉讼委员会

第九十五条 [公益诉讼委员会]

(1)在圣卢西亚应设立一个公益诉讼委员会(本节以下简称"委员会")该委员会由以下成员组成:

a)总督经深思熟虑后任命的一位成员,其应是会长;

b)总督依照首相建议任命的一位成员;以及

c)总督依照合适的代表机构建议任命的两位成员。

(2)如果其是参议员或众议院的成员,那么其不享有被任命为委员会成员的资格且除非其是或已经是公职人员,根据本条第(1)款第 c 项不享有被任命的资格。

(3)根据本条的规定,在以下情况下,委员会成员的职位应空缺:

a)自其任命之日起 3 年期满;或

b)如果其不是委员会成员,如果发生了使得其不再享有被任命资格的情况,如本条第(2)款所述。

(4)委员会成员仅可以因为无能力执行其职务(无论是精神或身体疾病或其他原因)或行为不检点且只有依照本条的规定才可解除其职务。

(5)如果其解除职务的问题已经提上了依照条第(6)款任命的法庭,那么总督可以解除委员会成员的职务且法庭已经建议总督该成员因上文所述的行为不检点而应被解除职务。

(6)根据本条,如果总督认为应对委员会成员撤职的问题进行调查,那么:

a)总督应任命一个法庭,该法庭应由一个会长以及首席大法官从担任法官职务的人员中选举出的 2 名以上的其他成员组成,该法官对英联邦的部分民事和刑事案件拥有管辖权或对法院的起诉拥有管辖权;以及

b)根据本条,法庭应对此事件进行调查并向总督汇报真实情况且对是否应罢免成员提出建议。

(7)根据本条,如果罢免委员会成员的问题已经提上了法庭,那么总督可以中止该成员执行其职务且依照上述建议行事的总督可随时恢复其职务,且如果法庭建议总督不得罢免该成员,那么在任何情况下,中止职务将不再发挥效力。

(8)如果委员会成员在任何时期因某种原因不能执行其职务,那么总督可以任命有资格被任命担任委员会成员的人员任职且依照本条第(4)款的规定,任何任命的个人应继续担任职务,直到掌权者复职或直到总督撤销对其的任命。

(9)在执行本条(6)、(7)以及(8)款赋予的权力时,如果委员会的成员是依照本条第(1)款第 b 项规定任命的,那么总督应根据首相的建议行事且在任何情况下经过深思熟虑后行事。

(10)根据本宪法,在执行其职责时,委员会不得依照本条任何其他个人或机关的指示或受其控制。

(11)在本条中"合适的代表机构"指的是圣卢西亚公民服务协会和警察协会或总督指定的其他此类实体,依照首相的建议行事,代表公职人员和警察部队成员的利益。

第九十六条 [纪律案件上诉]

(1)本条适用于:

a)总督依照公共服务委员会作出的任何决定,或公共服务委员会的任何决定,或教学公共服务委员会的任何决定,决定解除公职人员的职务或对公职人员进行纪律控制(包括对任何个人上诉的决定或对该决定的确认,个人的权力依照本宪法第八十六条第(2)款或第九十三条第(2)款来确定);

b)对任何公职人员职务的解除或对其进行纪律管理的决定,个人的权力通过本宪法第八十六条第(2)款或第九十三条第(2)款授予(不是要求公共服务委员会或教学委员会进行确认的决定)。

c)如果议会有规定,警察局局长根据本宪法第九十四条第(3)款做出的任何决定或根据本条第(4)款授予个人解除公职人员的职务或对公职人员进行纪律管理的权力;

d)议会可以就圣卢西亚的陆军、海军或空军的纪律事项作出规定。

(2)根据本节的规定,在作出决定的公职人员或海军、陆军或空军的要求之下,应向委员会提出对本节所适用的决定的上诉;

规定对于本条第(1)款 c 项中所涉及的任何此类决定,如果议会有规定或如果议会无规定而委员会提出要求,那么应在第一时间内向委员长提交上诉。

(3)对于本条中的上诉,委员会可以确定或取消对其上诉的决定或可以作出与机关或个人提出的上诉相关的决定。

(4)委员会的每项决定应征得大多数委员会成员的同意;

(5)根据本条第(4)款的规定,委员会可以作出调整,对以下事项作出规定:

a)委员会程序;

b)本节中的诉讼程序;或

c)除了本条第(2)款的规定,担任职务的个人,其报酬不超过此规定中的数额所作出的任何决定或进行纪律管理的决定,除了规定的解除职务的决定。

(6)本条中规定,经首相同意可以赋予权力或对任何公职人员或政府机关行使委员会征税的职责。

(7)根据本条中的规定和议事规则,尽管委员会

成员空缺或任何成员缺席,但是委员会仍可行事。

第六部分 养老金

第九十七条 [养老金法案和养老金权利的保护]

(1)适用于个人享有福利的法律在本宪法制定之前,应自享有福利之日起生效或个人同意的此后日期内生效。

(2)适用于个人享有福利的法律(不是本条第(1)款中适用的福利)应:

a)迄今为止,作为法官或最高法院法官或公职人员在其提供服务期间在本宪法制定之前所享有的福利在本宪法实施时生效;以及

b)迄今为止,作为法官或最高法院法官或公职人员在其提供服务期间在本宪法制定之后所享有的福利在提供服务时生效。

或个人同意的此后日期内生效。

(3)个人有权自行选择适合自身案件的两部或更多法律,就本条而言,其所选择的法律相比于其他法律应对其更加有利。

(4)所有个人福利(除了在某种程度上来说根据法律收取以及其他一些基金的适时支付)应以统一基金支付。

(5)在本条中,"养老金福利"指的是作为法官或最高法院法官或公职人员因提供服务,或寡妇、孩子,此类人员的家属或个人代表所享有的任何养老金、报酬、酬金或其他类似津贴。

(6)本条中对个人福利相关法律的引述包括(不影响其普遍性)对是否享有福利的各种情况作出规定的法律的引述,已经对享有福利的情况作出规定的法律可以保留,减少或中止法律中规定的此类福利的数额。

第九十八条 [养老金保留权力等]

(1)根据法律,任何个人或机关享有自由裁量权:

a)确定是否应享有任何养老金福利;或

b)保留,减少养老金数额或中止养老金福利的享有。

除非公共服务委员会同意不再享有福利或视具体情况而定,同意保留,减少福利数额或中止享有福利,否则,不得保留福利、减少福利数额或中止福利的享有。

(2)除非公共服务委员会同意享有更小数额的福利,法律未对个人享有的福利数额作出规定,个人享有的福利数额应是其有资格享有的最高数额。

(3)根据本条第(1)款或第(2)款,除非个人因行为不检点而解除了职务,公共服务委员会不得同意对担任最高法院法官、检察官、审计署长或首席选举官职务的个人因犯有行为不检点的罪名而对其采

取相应的措施。

(4)根据本条第(1)款或第(2)款,公共服务委员会在同意对担任本宪法第九十一条节所适用的职务的个人因犯有行为不检点的罪名而对其采取相应的措施之前,公共服务委员会应向司法和法律服务委员会咨询。

(5)在本条中,"养老金福利"指的是作为法官或最高法院法官或公职人员因提供服务,或寡妇、孩子,此类人员的家属或个人代表所享有的任何养老金、报酬、酬金或其他类似津贴。

第七章 公民权

第九十九条 [在1979年2月22日成为公民的个人]

(1)在圣卢西亚出生的,在本宪法颁布之前为英国和殖民地的公民的每个人在宪法颁布之时应成为公民。

(2)在本宪法颁布之前为英国和殖民地的公民的每个人:

a)根据《1948年的英国国际法案》(a),因其已经作为英籍人士归入圣卢西亚国籍,在法案生效之前已经成为公民;或

b)当其在圣卢西亚定居时,根据《1948年的英国国籍法案》其已经归入圣卢西亚国籍或进行注册登记使得其已经成为一个公民。

应在法案颁布之时成为公民。

(3)根据本条第(1)或第(2)款,如果其父亲或母亲成为,或因其死亡或放弃英国以及殖民地的公民权而已经成为一个公民,那么在圣卢西亚以外的国家出生的,在本宪法颁布之前为英国和殖民地的公民的每个人应在法案颁布之时成为公民。

(4)根据本条第(1)、(2)或(3)款,每个已成为或因其死亡或放弃英国以及殖民地的公民权而已经成为一个公民的已婚妇女,在本宪法颁布之前为英国和殖民地的公民的每个人应在法案颁布之时成为公民。

第一百条 [于1979年2月22日或之后在圣卢西亚出生的个人]

(1)每个在本宪法颁布之后在圣卢西亚出生的个人应在其出生之日起成为公民;

(2)根据本条,规定如果在其出生之日出现以下情况其不应成为一个公民:

a)其父母不是圣卢西亚公民且其父亲不得免于诉讼和法律手续,该诉讼和法律手续由外交主权使者赋予,该使者在圣卢西亚接受委任;或

b)其父亲是圣卢西亚与之交战的国家的公民且在被该国家占领的地区出生。

第一百〇一条 ［于1979年2月22日或之后不在圣卢西亚出生的个人］

除了根据本宪法第九十九条（3）款或本条，如果在其出生之日，其父亲或母亲是一个公民，那么在圣卢西亚以外国家出生的个人在本宪法颁布之后应在其出生之日成为公民。

第一百〇二条 ［注册登记］

（1）经提交申请，以下个人享有登记成为公民的资格：

a）与公民结婚的任何妇女或双方结婚期间，男方是一个公民；

b）联邦公民在本宪法颁布之时是圣卢西亚的常驻居民，在本宪法颁布之前已经居住达7年之久；

c）已经成为公民的个人放弃其在圣卢西亚的公民权是为了获得或保留在其他国家的公民权；

d）为了获得或保留在其他国家的公民权而放弃其在联合王国及其殖民地的公民权的任何个人在本宪法颁布之时将成为圣卢西亚公民；

e）与本款第b）、c）或d）项中提到的此类个人结婚的妇女或根据本项，在双方结婚期间，男方有资格登记成为一个公民；

f）在本宪法颁布之前，已婚的任何妇女：

a.根据本宪法第九十九条成为公民的个人；或

b.在本宪法颁布之前已经死亡的个人，根据本条在其死亡之前已经成为公民。

但是在本宪法颁布之前，婚姻因死亡而终止或离婚。

（2）经提交申请，以下个人享有登记成为公民的资格：

a）与公民结婚的任何男士或双方结婚期间，女方是一个公民；

b）联邦公民在其申请之前是圣卢西亚的常住居民，已经居住达7年之久；

c）与本条第（1）款的第b）、c）或d）项中提到的此类个人结婚的男士或根据本项，在双方结婚期间，女方有资格登记成为一个公民；

d）21周岁以下的养子或通过法律认可的方式抚养的孩子在法律上来看为公民，或根据本条第（1）款，已经有资格登记成为公民之人死亡，但其生前收养之人。

如果议会有规定，根据本条，议会规定的维护国防、公共安全或公共秩序的此类情况下，负责此类事务的部长在其认为有合理理由拒绝此申请的情况下可以不予批准登记成为公民的申请。

（3）根据本条，应按议会规定提出申请，根据议会颁布的法律以及本条第（2）款d）项适用的个人案件，应由其父母或监护人代其申请。

规定如果任何此类个人已婚，那么其可以自行提交申请。

（4）英国受保护的个人，外国人或如果议会有规定，不属于女王陛下领土的一部分的英联邦内任何国家的公民若年满21周岁，根据本条，在申请登记之前应进行效忠宣誓。

第一百〇三条 ［获得、剥夺和放弃］

议会可以对以下事项作出规定：

a）根据本章的规定，不享有或不再享有成为公民资格的个人的公民权的获得。

b）除了依照本宪法第九十九条、一百条或一百一十条以外的章节来看，作为公民的个人被剥夺公民权。

c）个人放弃公民权。

第一百〇四条 ［解释］

（1）在本章中：

"外国人"指的是非英联邦公民，英国受保护的个人或爱尔兰共和国公民；

"英国受保护的个人"指的是在英国，依照《1948年的英国国籍法案》受保护的个人；

"1948年英国国籍法案"包括对法案作出修改的英国议会的任何法案。

（2）就本章而言，在国外船舶或飞机注册地，或国外任何国家的政府包机或船舶未注册的地区出生的个人应视作是在船舶或飞机注册地出生或视具体情况而定，在相关注册地所属国家出生。

（3）本章中的对在其出生之日，其父亲的国籍身份的引述应与在其父亲去世之时出生的个人相关；如果其父亲在宪法颁布之后去世，在本宪法颁布之前以及在宪法颁布之后个人出生，那么在其父亲去世之时，去世时所在的国家应视作其父亲的国籍国。

第八章 司法规定

第一百〇五条 ［高等法院对宪法问题的初始管辖权］

（1）根据本宪法第二十二条第（2）款，三十七条（6）款，四十一条（11）款，五十八条（7）款，一百一十七条第（8）款，一百二十一条第（3）款以及一百二十四条第（10）款的规定，宣称其已违反了本宪法中的任何规定（第1章的规定除外），如果其有相关的利益，那么根据本节，可以向高等法院申请发表声明以及寻求帮助。

（2）根据本条，高等法院拥有对申请确定是否已经违反了本宪法中的任何规定（第1章的规定除外）的管辖权且据此作出声明。

（3）根据本条，高等法院作出声明，表示本宪法中的任何规定已经违反且申请做出声明的个人同样申请帮助,高等法院可以给予个人此类其认为合适的补救措施,该补救措施在高等法院的诉讼法下普遍适用。

(4)首席大法官可以就高等法院拥有的本条赋予其的管辖权和权力的议事规则作出规定,包括根据本条,对申请提交时间的规定。

(5)根据本条,如果其宣称的对本宪法的违反影响了其利益,那么就申请而言,其应享有相关利益。

(6)本条中赋予个人的因涉嫌违反本宪法的行为的事项作出声明和补救的权力应将就依照法律个人可获取的相同事项采取的行动排除在外。

(7)本条中的任何规定不得授予高等法院以审理或对本宪法第三十九条中所涉及的此类问题作出判决的审判权。

第一百〇六条 [宪法问题提交给高等法院]

(1)在圣卢西亚设立的法院产生的与对本宪法的解释相关的任何问题(上诉法院、高等法院或军事法庭除外)且法院认为问题还涉及与法律相关的实质性问题,该法院应将问题提交给高等法院处理。

(2)依照本条,高等法院就提交的问题应作出决定且问题产生的法院应依照此决定,或,如果此决定是关于对上诉法院或理事会女王陛下的上诉,依照上诉法院的决定,或视具体情况而定,依照理事会女王陛下的决定来处理案件。

第一百〇七条 [上诉法院的上诉]

(1)根据本宪法第三十九条第(8)款的规定,在以下情况下,应依照高等法院的判决提出对权利的上诉:

a)关于本宪法的解释的问题的民事或刑事诉讼的最终判决;

b)对高等法院执行本宪法第十六条中赋予其的管辖权的最终决定(涉及基本权利的实施和自由);以及

c)议会规定的此类其他情况。

第一百〇八条 [理事会女王陛下的上诉]

(1)在以下情况下,应依照理事会女王陛下的上诉法院的判决提交对权利的上诉:

a)对民事诉讼的最终判决,在该诉讼中,对于理事会女王陛下就财产规定价值的上诉,或与财产索赔或所规定享有的财产价值直接或间接相关的上诉;

b)对离婚或宣布婚姻无效的诉讼的最终判决;

c)关于本宪法的解释的问题的民事或刑事诉讼的最终判决;以及

d)议会规定的此类其他情况。

(2)在以下情况下,经上诉法院批准,法院对事会女王陛下的上诉作出判决从而提交对权利的上诉:

a)任何民事诉讼的判决,在上诉法院看来,上诉中所涉及的问题是因其普遍性或公共重要性或其他原因,该判决应提交给女王陛下;以及

b)议会规定的此类其他情况。

(3)经女王陛下的特别同意,对上诉法院就民事犯罪事件作出的判决的诉讼应提交给女王陛下。

(4)本条中对上诉法院判决的引述应被解释为上诉法院在执行本宪法或任何其他法律赋予其的管辖权的过程中所作出的决定的引述。

(5)本条中规定的价值指的是1500美元或议会规定的此类其他数额。

(6)本条应与本宪法第三十九条第(7)款的规定相符。

第一百〇九条 [解释]

在本条中,对违反规定的引述,或对本宪法的解释应被解释为包括对违反最高法院规定的引述,或对最高法院命令的解释。

第九章 议会委员长

第一百一十条 [委员的任命等]

(1)圣卢西亚应任命一个议会委员长,该委员长是议会官员且不得在政府部门带薪就职或以其他方式因奖励而担任其他任何职位。

(2)总督在向首相和反对党领袖咨询之后任命议会委员长,任期不超过5年。

(3)在履行其职责前,议会委员长应在议长面前进行就职宣誓。

(4)根据本条第(7)款的规定,在议会委员长任职期满之时应解除其职务;

规定在以下情况下,应解除其职务:

a)如果其被任命为参议员或经其同意被提名为众议院选举的候选人;或

b)如果其被任命带薪就职或因奖励担任其他任何职务。

(5)如果议会委员长的职位出现空缺,则自职位空缺之日起90天内应任命人选填补空缺;

规定众议院可以在一定期限或总计在150天内解散。

(6)担任议会委员长职位的个人可以因为无能力执行其职务(无论是精神或身体疾病或其他原因)或行为不检点且只有依照本条的规定才可解除其职务。

(7)如果其解除职务的问题已经提交了依照本条第(8)款任命的法庭,那么总督可以解除议会委员长的职务且法庭已经建议总督该成员因上文所述的行为不检点而应被解除职务。

(8)根据本条,如果总督在咨询首相和反对党领袖之后认为,应对议会委员长撤除的问题进行调查,那么:

a)总督应任命一个法庭,该法庭应由一个会长以及首席大法官从担任法官职务的人员中选举出的2名以上的其他成员组成,该法官对英联邦的部分民事和刑事案件拥有管辖权或对法院的起诉拥有管辖权;以及

b)根据本条,法庭应对此事件进行调查并向总督汇报真实情况且对是否应罢免该成员提出建议。

(9)根据本条,如果罢免议会委员长的问题已经提交了法庭,那么总督在咨询首相和反对党领袖之后,可以中止该成员执行其职务且依照上述建议行事的总督可随时恢复其职务,且如果法庭建议总督不得罢免该成员,那么在任何情况下,中止职务将不再发挥效力。

第一百一十一条 ［议会副委员长］

(1)应任命一位议会副委员长且本宪法第一百一十条的规定应适用于与委员长以及其职务相关的事项,也同样适用于与议会委员长和其职务相关的事项。

(2)议会副委员长应协助议会委员长执行其职务且每当该职务出现空缺或掌权者因任何原因不能执行其职务时,议会副委员长应执行其职责。

第一百一十二条 ［委员长的职能］

(1)根据本宪法第一百一十三条以及一百一十四条的规定,议会委员长的主要职能包括对任何决定或建议,包括对部长所提的意见或建议,或政府部门或本节适用的其他机关的任何作为或不作为行为或官员、部门、机关成员进行调查,在部门或机关使行政职能时采取措施。

(2)应为议会委员长安排一位能够高效地履行其职责的职员且该职员的职务应为公职。

(3)在以下情况下,议会委员长可以对此类事项进行调查:

a)任何个人正式投诉委员长,其表示委员长因管理失职出现不公正现象;

b)因某些个人或实体有或已经出现不公正现象,参议员或众议院成员要求委员长调查此类事件。

(4)本条适用的政府部门以外的机关是:

a)当地机关或为当地政府开展公共服务设立的其他实体;

b)大多数成员由总督或部长任命的机关或实体,或全部或主要钱款来源于公共基金的机关或实体;

c)任何有权确定与其签署合同或代表政府签署合同的个人的机关;以及

d)议会规定的此类其他机关。

第一百一十三条 ［调查事项的限制］

(1)在调查任何使得部长作出决定,依照部长决定或与其决定相关的事项的过程中,议会委员长不得探究或审问部长作出决定的依据。

(2)根据第一百一十二条,尽管此类投诉产生了诸如诚信或公共服务的腐败或公共服务部门或职务的腐败,但是议会委员长应享有对该行政不公行为投诉进行调查的权力,且可以对任何公共服务中产生的或促成腐败的情况进行调查,但是不得对个人腐败的具体指控进行调查。

(3)在调查的过程中,议会委员长有关于个人或公职人员在执行公职时发生的腐败行为,其应将该事项向有关机关汇报,就其认为应当进一步调查的事项听取机关的建议。

(4)议会委员长不得对以下事项进行调查:

a)控告人所做出的行为

a.通过法院诉讼的补救措施;或

b.上诉权利,在一个公正且独立的法庭而不是法院中的引述或审查;

b)任何此类措施,或根据本宪法附件3规定的对任何事项所采取的措施。

(5)尽管本条第(4)款有规定,但是议会委员长可以:

a)尽管投诉人已经通过法院诉讼进行补救,如果在特定情况下,期望其进行此类诉讼是不合理的,那么委员长可以调查此事件;

b)根据本宪法第十六条,不会在任何情况下妨碍事项调查的进行,仅因向高等法院寻求救助是向投诉人公开的才会有影响(与基本权利和自由的执行有关)。

第一百一十四条 ［委员长的自由裁量权］

在决定是否开始、继续或中止调查的过程中,根据本宪法第一百一十二条和一百一十三条的规定,议会委员长享有自由裁量权,可以拒绝进行调查或考虑到以下事项而中止调查:

a)在委员长收到投诉之前的12个月,投诉人已对与诉讼相关的投诉有了了解;

b)投诉的标的物并不重要;

c)投诉是无中生有的或不是真诚做出的;或

d)投诉人对投诉的标的物并没有足够的兴趣。

第一百一十五条 ［调查报告］

(1)如果正式提出投诉或要求进行调查,且议会委员长决定不对此事项进行调查或其决定中止调查,那么其应告知提出投诉或请求的个人作出此决定的原因。

(2)在完成调查之后,议会委员长应将调查结果

告知政府机关部门且如果其认为个人因管理上的失误而遭受了不公正的待遇,那么其应将原因告知政府机关部门,并提出其认为合适的建议。

(3)议会委员长可以根据其最初的建议,或如果其认为合适的此后任何时期对不公正行为采取措施。

(4)因投诉或要求而进行调查,议会委员长可以将调查发现告知提出投诉或要求的个人。

(5)就议会委员长来看,此事项的充分公开的重要性或根据本条第(2)款,委员长已经提出了建议且在规定的时间内没有采取措施应对不公平行为,那么委员长应就此案件向参议院以及众议院提交一份特殊报告。

(6)议会委员长应向参议院和众议院提交年度报告,说明其执行的职责包括此类形式的统计数据以及其收到的法律规定的投诉细节和调查结果。

第一百一十六条 〔权力取证〕

(1)议会委员长应享有高等法院持有的传唤证人以及迫使其宣誓做证并提供与诉讼相关文件的权力,且所有在诉讼中做证的个人应享有在高等法院同等的责任和义务以及特权。

(2)议会委员长应享有进入任何政府机关部门的处所进行检查的权力,第一百一十二条要求对处所进行检查且有必要保留现场遗留的文件且执行其调查的职责。

第一百一十七条 〔规定的与委员长相关的事项〕

(1)议会可以对以下情况作出规定:

a)规范向议会委员长提交投诉和要求的程序以及执行其职责;

b)为赋予委员长此类权力且向个人施加责任以执行其职责;以及

c)通常为了为委员长执行其职责提供便利。

(2)议会委员长不享有传唤部长或议会秘书出庭或迫使部长或议会秘书回答与委员长调查事项相关的任何问题。

(3)不得授权议会委员长传唤证人说明内阁文件的议事流程或提供任何所得税的保密信息。

(4)投诉人不需要支付任何与其投诉或要求或议会委员长进行的调查相关的费用。

(5)根据本宪法,议会委员长或担任下属职位或接受任命的个人,不得因其所执行的事务或报告或在执行委员长职务中所发表的言论而对其提起民事或刑事诉讼,除非表明其行为具有欺骗性。

(6)议会委员长以及担任职务的个人或接收任命的个人,不得被传唤在法庭或具有司法性质的诉讼中就其在执行职务时所了解的事项做证。

(7)所阐述的言论或所提供的信息或任何纸质文件,或在调查过程中或诉讼过程中个人所发现的事项,根据本宪法,议会委员长应享有诉讼调查在法院进行时的同等特权。

(8)议会委员长的诉讼将会按照希望的方式进行,且除了因为缺乏管辖权,法院不得审查、质疑、撤销针对委员长的评论或决定。

第十章 杂项条款

第一百一十八条 〔廉政委员会〕

(1)在圣卢西亚应设立一个廉政委员会(本节以下简称"委员会")该委员会应由一位会长和总督依照首相建议任命的 2 名以上、4 名以下其他成员组成;

就本项而言,规定首相在向总督提出建议之前应向反对党领袖咨询。

(2)如果出现以下情况,其不应享有被任命为委员会成员的资格:

a)其是参议员或众议院成员;

b)其在任命之前的 3 年内担任最高法院法官或公职人员。

(3)自其上一次掌权或担任职务或委员会成员之日起的 3 年内,委员会的成员不得享有任命或担任公职的资格。

(4)根据本条的规定,在以下情况下,委员会的成员的职位应空缺:

a)自其任命之日起 3 年期满;或

b)如果其不是委员会的成员,如果发生了使得其不再享有被任命资格的情况,如本条第(2)款所述。

(5)委员会的成员仅可以因为无能力执行其职务(无论是精神或身体疾病或其他原因)或行为不检点且只有依照本条的规定才可解除其职务。

(6)如果其解除职务的问题已经提交了依照本条第(7)小节任命的法庭,那么总督可以解除委员会成员的职务且法庭已经建议总督该成员因上文所述的行为不检点而应被解除职务。

(7)根据本条,如果首相向总督表示应对委员会成员撤职的问题进行调查,那么:

a)总督应任命一个法庭,该法庭应由一个会长以及首席大法官从担任法官职务的人员中选举出的 2 名以上的其他成员组成,该法庭对英联邦的部分民事和刑事案件拥有管辖权或对法院的起诉拥有管辖权;以及

b)根据本条,法庭应对此事件进行调查并向总督汇报真实情况且对是否应罢免该成员提出建议。

(8)根据本条,如果罢免委员会成员的问题已经提交了法庭,那么依照首相建议行事的总督可以中止

该成员执行其职务且依照上述建议行事的总督可随时恢复其职务,且如果法庭建议总督不得罢免该成员,那么在任何情况下,中止职务将不再发挥效力。

(9)如果委员会会长的职位出现空缺或如果掌权者因某种原因不能执行其职务,那么直到任命新成员担任其职务或该成员复职,总督应依总督之建议任命委员会的成员履职。

(10)如果在任何时候,会长之下只有2名以下的委员会成员或如果此类成员担任会长一职或因任何原因不能担任其职务,依照首相行事的总督可以任命一位有资格被任命为委员会成员的人员担任职务,且依照本条第(4)款,被任命的个人应继续担任职务直到该职位不再空缺或视具体情况而定,直到该职位的掌权者复职或直到依照首相建议行事的总督撤销其任命。

(11)委员会的成员在进行效忠宣誓和就职宣誓之后才能履行其职责。

(12)根据本宪法,在执行其职责时,委员会不应遵循任何其他个人或机关的指示或受其控制。

(13)委员会可以作出调整或以其他方式对其程序作出规定以及经首相同意,可以授予权力或对公职人员或政府机关执行征税的职责。

(14)根据议事规则,尽管成员职位有空缺或成员缺席,但是委员会仍可行事且其诉讼不应因不享有出席或参与诉讼资格的人员的出席或参与而失效。

规定委员会的决议应获得大多数成员的赞同。

第一百一十九条 [资产声明]

(1)廉政委员会应不时地获取参议员以及众议院成员(包括部长和议会秘书)以及议会规定的其他职位的掌权者的资产、负债以及收入的书面声明。

(2)根据本条,议会应就委员会执行其职责,包括其权力、特权、豁免权以及议事流程和所接收的信息的安全性和保密性制定此类规定。

第一百二十条 [最高法律]

本宪法为圣卢西亚的最高法律且依照本宪法第四十一条的规定,如果任何其他法律与本宪法不一致,应以本宪法为准且其他法律中不相符的部分应视作无效。

第一百二十一条 [总督职能]

(1)本宪法中对总督职能的引述应被解释为在行使圣卢西亚行政权力过程中的权力和职责以及根据本宪法或其他法律赋予其的任何其他权力和职责的引述。

(2)根据本宪法,即使要求总督依照个人或机关的建议执行职务,但不得强迫总督依照个人或机关的建议执行职务。

(3)根据本宪法,要求总督依照个人或机关的建议或在向其咨询关于执行此职务的总督是否应在法院接受调查的问题之后执行职务。

第一百二十二条 [离职]

(1)参议员或众议院成员可以通过向总统或视具体情况而定,向议长提交书面的离职申请,且视具体情况而定,当以下各方收到书面申请时,离职生效且该职位相应地出现空缺:

a)总统或议长;

b)如果总统、议长的职位空缺或者总统、议长因任何原因不能执行其职责且无人担任其职位,那么分别由副总统或副议长执行;或

c)如果副总统、副议长的职位空缺或者副总统或副议长因任何原因不能执行其职责且无人担任其职位,那么分别由参议员或众议院秘书执行。

(2)总统或副总统或议长或副议长可以通过向参议员或视具体情况而定,向众议院提交书面的离职申请,且视具体情况而定,当参议员或众议院秘书收到书面申请时,离职生效且该职位相应地出现空缺;

(3)任命担任本宪法中设立的职位[除了本节第(1)或(2)款中适用的职位]或本宪法中设立的部长职位的个人可以通过向其接受任命的个人或机关提交书面的离职申请,离职生效且该职位相应地出现空缺:

a)书面申请中规定的此类时间或日期(如有);

b)当接收书面申请的个人或机关授权的任何其他个人或机关收到了该书面申请。

以较迟者为准。

规定如果接收离职申请的个人或机关同意其撤销离职,那么在离职生效之前可予以撤销。

第一百二十三条 [重新任命和兼任]

(1)任何已解除本宪法中设立的职位或本宪法中设立的部长职位的个人,如果有资格,那么根据本宪法的规定,其可以再次接受任命或当选任职。

(2)本宪法授予个人或机关被任命担任任何职务,尽管其他个人担任该职位,但是其仍可以接受任命。当其他个人在职位空缺时请假;以及根据本条的规定任命使得2名或2名以上的成员担任同一职位,那么为了执行本职位赋予的职务,最后被任命的个人应视作是该职位的唯一掌权者。

第一百二十四条 [解释]

(1)在本条中,除非内容另有要求:

"公民"指的是圣卢西亚的公民且"公民权"应作相应解释;

"联邦公民"的意思议会已作出规定;

"美元"指的是圣卢西亚货币中的美元;

"财政年度"指的是自任何一年的1月1日起的12个月的期限或法律规定的其他此类日期;

"政府"指的是圣卢西亚政府；

"议院"指的是众议院；

"法律"指的是在圣卢西亚生效的法律或其中任何部分包括任何具有法律效力的文件以及任何不成文的法律规定且"合法的"以及"合法地"应作相应解释；

"部长"指的是政府部长且包括临时部长；

"议会"指的是圣卢西亚的议会；

"誓言"包括主张；

"效忠宣誓"指的是法律规定的此类效忠宣誓；

"就职宣誓"指的是法律规定的与任何职位有关的执行此职位职务的宣誓；

"保密宣誓"指的是法律规定的此类保密宣誓；

"警察部队"指的是圣卢西亚皇室的警察部队且包括设立的任何其他成功执行圣卢西亚皇室的警察部队职责的部队；

"总统"以及"副总统"指的是各自担任参议院总统和副总统职位的个人；

"公职"指的是政府部门的带薪职位；

"公职人员"指的是在政府部门任职的个人；

"公务员"指的是依照本条的规定，具有民事能力的人员在政府服务；

"会议"指的是与参议院或众议院相关的会议，开始于议会休会或解散之后的首次开会且结束于当议会休会或议会未休会就已解散；

"举行例会"指的是与参议院或众议院相关的会议，举行例会的过程中无休会且包括委员会审议的期限；

"议长"以及"副议长"指的是各自担任众议院议长和副议长职位的个人。

(2)在本条中，对政府部门职位的引述不得被解释为包括：

a)对总统或副总统，议长或副议长，首相或任何其他部长，参议员、议会秘书或众议院成员，议会委员长或议会副委员长的引述；

b)对本宪法中设立的委员会成员的职位或拥有赦免权的咨询委员会或上诉公共服务委员会的成员的引述；

c)法官职位或最高法院职位的引述；

d)只要议会有规定，对任何其他理事会、董事会、专家组、委员会或其他依照法律设立的类似实体的成员(无论是否合并)的引述。

(3)在本宪法中：

a)对最高法院命令的引述包括在圣卢西亚生效的对该命令作出修改的任何法律的引述；

b)对最高法院、上诉法院、高等法院以及司法和法律服务委员会的引述是对依照最高法院命令设立的最高法院、上诉法院、高等法院以及司法和法律服务委员会的引述。

c)对首席大法官的引述与最高法院命令中的意思相同；

d)对最高法院法官的引述是对高等法院或上诉法院法官的引述且，除非内容中另有要求，包括对向风群岛和背风群岛的前任最高法院法官的引述；以及

e)对最高法院官员的引述是对依照最高法院命令任命的首席注册官和其他官员的引述。

(4)在本宪法中，"特定资质"指的是法律中规定的专业资格，根据法律，任何个人在允许担任圣卢西亚专门律师或初级律师之前都必须拥有其中一项资格。

(5)就本宪法而言，不能仅因个人收取报酬或其他类似津贴而认为其担任某个职位。

(6)在本宪法中，除非上下文另有规定，对通过引用术语指派其职务的引述应被解释为包括，在其权力范围内，就目前而言授权执行该职位职务的个人的引述。

(7)除了根据本宪法的规定，对于在其他职位任职的个人就目前而言，可能被指派到一些其他职位，代其他特定个人或机关任职的情况，只有征得其本人同意，才可以被提名参加任何职位的选举或被任命执行职务或以其他方式被选中任职。

(8)本宪法中对解除职务的权力的引述应被解释为包括对法律赋予其要求或允许从政府部门离职的权力的引述；

规定：

a)本小节中的任何内容不得被解释为赋予个人或机关要求检察长、审计署署长或首席选举官从政府部门离职的权力；以及

b)如果出现个人或机关而不是依照本宪法设立的委员会解除了公职人员的职务的情况，那么公共服务委员会享有法律赋予的允许个人从政府部门离职的权力。

(9)在个人或机关行使取消职位或废除对一般公职人员或达到法律规定年龄的任何级别的公职人员的强制性退休作出规定的法律的权力时，本宪法中赋予个人或机关解除公职人员职务的权力的任何规定不得对其造成影响。

(10)如果掌权者因自身不能执行这些职责，那么本宪法授予任何个人或机关任命成员执行其职务，不能因掌权者不能执行这些职责而对此类任命产生质疑。

(11)本宪法中规定任何个人或机关在执行职务的过程中可以依照其他任何个人或机关的指示或受其控制，根据本宪法，应被解释为阻止了法院就个人

或机关是否已经依照本宪法或其他法律执行职务的任何问题执行管辖权。

(12)对《1889年解释法案(a)》中的第三十二条第(3)款中的规定不造成影响的情况下[本条第(14)款适用],本宪法赋予的任何作出指示、规定或制定规则或给出建议或选派人员的权力应被解释为包括依照其他方式(如有),可执行修改或撤销任何此类命令、规定、规则、指示或委派的权力。

(13)在本宪法中,对本宪法或任何其他法律,或规定修改的引述包括以下事项的引述:

a)对其进行撤销,无论是否重新制定或制定不同的规定以替代原有规定;

b)通过删减或修改任何一项规定或添加新的规定或以其他方式对其进行修改;以及

c)在任何时期中止或继续此类行为。

(14)《1889年解释法案》在作出必要修订之后,应适用于解释本宪法的规定以及其他相关内容,因为其适用于解释英国议会法院相关的内容。

第十一章

附件(略)

圣文森特和格林纳丁斯宪法[*]

(1979年法律文书916号,1979年7月26日制定,1979年10月27日生效)

在圣詹姆斯宫廷,1979年7月26日

此刻

枢密院国务顾问

鉴于英国女王,根据1937年至1953年的《摄政法》,据《英皇制诰》,于1979年7月16日,被请求委托给任命的六位国务顾问或他们中的任何两个以上,在英国女王缺席时以充分的权力和权威代表女王的利益召集枢密院,表示对于需要枢密院女王同意的任何事项的批准;

由于圣文森特与大不列颠及北爱尔兰联合王国的联合状态于1979年10月27日终止,需要为圣文森特以圣文森特和格林纳丁斯在英联邦中完全责任地位的获得制定新的宪法。

而有关圣文森特的联合地位,已经在1979年2月9日经众议院通过,为了该目的,要求并同意制定此一法令:

现在,伊丽莎白女王及其王室,查尔斯王子殿下,威尔斯亲王,根据《英皇制诰》,根据1967年西印度群岛法第五条之(4)[②]的权力以及女王授予的所有其他权力,特此,根据女王枢密院的通知,代表女王的命令,命令如下:

1.(1)本命令可被引为圣文森特1979年宪法。

(2)本命令自1979年10月27日起施行。

2.对圣文森特联合地位作出规定的1969年圣文森特宪法命令[③]和1975圣文森特法案[④]被废止。

3.根据本命令附录二规定的过渡性条款,本命令附录一规定的宪法在本命令施行时生效。

N. E. Leigh
枢密院秘书

圣文森特群岛的人民,被称为圣文森特人——

(a)宣布本国建立在对上帝的至高和人的自由及尊严的信念基础上;

(b)渴望社会秩序的建立应表明对于民主、自由机制、社会公正和法律面前的平等的原则的认可;

(c)认识到维护人的尊严以家庭生活的自主权利、财产权的保障以及鼓励追求劳动的合理经济报酬为前提;

(d)希望宪法奉行上述自由、原则和理想。

圣文森特(由有人居住的圣文森特岛、贝基亚岛、尤宁岛、卡努安岛、马斯蒂克岛、迈罗岛、小圣文森特岛、西梅群岛和其他所有有人居住或无人居住的岛屿、小岛、珊瑚礁所构成位于北纬12°31′50″至北纬12°23′30″、西经61°07′30″至西经61°28′00″间的岛屿)今后被称为圣文森特和格林纳丁斯。

下列规定作为圣文森特和格林纳丁斯宪法拥有效力——

第一章
基本权利和自由的保护

1. 圣文森特的每个人都享有基本权利和自由,即,不论其种族、出生地、政治见解、肤色、信仰或性别,但应尊重其他人的权利和自由以及公共利益,包括所有下面的权利——

①生命,自由,人身安全和法律保护;

②良心、表达、集会和结社的自由;以及——

③住宅及其他财产的隐私权以及未经补偿不得剥夺财产的保护。

本章的规定具有保护受到条款规定的限制的权利和自由的效果,限制的规定是为了确保任何人的上述权利和自由的享有不损害其他人的权利和自由以及公共利益。

2.(1)任何人不得被剥夺生命,执行法院根据其已经触犯的法律作出的刑事判决除外。

(2)任何人,若其死亡是法律允许的程度和情形

---

[*] 译者:苏桔海。
[②] 1967 c. 4.
[③] S. I. 1969/1500.
[④] Act No. 5 of 1975.

下,合理正当地使用强力的结果,不得被认为是违反本节规定被剥夺生命——

a)任何人为了防卫暴力或保卫财产;

b)为了实施合法的逮捕或防止被合法拘留的人逃脱;

c)为了制止骚乱、暴动或叛变;或者

d)为了防止其实施犯罪行为,或者其死亡是合法战争行为的结果。

3.(1)任何人不得被剥夺人身自由,法律授权的其他情况除外,包括:

a)执行圣文森特或其他国家的法院对其已犯的刑事罪行作出的判决或命令;

b)执行高等法院或上诉法院对其藐视该法院、其他法院或特别法庭的处罚命令;

c)执行法院作出的促使其履行法律赋予的义务的命令;

d)执行法院的命令,为了将其拘传到法庭;

e)有合理怀疑其已经或准备实施法律规定的犯罪行为;

f)在其年满18周岁前,为了其教育或福利,根据法院的命令或者得到其父母或监护人的同意;

g)为了防止感染性或传染性疾病的传播的目的;

h)在其是或有理由怀疑其是精神不健全、对毒品或酒精上瘾或游民,为了对其照料或治疗或者保护社区的目的;

i)为了防止其非法进入圣文森特,或为了执行驱逐、引渡或其他合法的将其驱离圣文森特的目的,或当其作为罪犯被从一个国家引渡或逐往另一个国家中途经圣文森特时为了限制其人身的目的;

j)在必要的情况下,执行要求其停留在圣文森特的特定区域,或禁止其进入某一区域的合法命令,或在合理正当的情况下,对其提出带有作出这样的命令的诉讼或有关命令已经作出,或在合理正当的情况下,在其被允许游览圣文森特期间,根据某一命令,其出现在某一地方是违法的,为限制其出现。

(2)任何人被逮捕或拘留,应在合理迅速的,且任何情况下在逮捕或拘留后的24小时内,以其通晓的语言被告知逮捕或拘留的理由,并被提供适当设备使其得与自己选择的律师进行私下沟通和协商,如果是未成年人,使其得与其父母或监护人沟通或协商。

(3)任何被逮捕或拘留的人——

a)执行法院的命令,为了将其带到法庭;或者——

b)合理怀疑其已经实施或准备实施法律规定的犯罪行为,且未被释放者,应不迟延地被带到法庭。

(4)任何人,因在诉讼中执行法院命令或基于对其已经实施或准备实施某一罪行的合理怀疑,被带至法庭,除非根据法庭的命令,不得以该诉讼或所涉嫌的行为为由被继续监禁。

(5)任何人根据第(3)款b)项被逮捕或拘留,未在合理时间内受审,在不妨碍将对其采取的进一步程序情况下,其应被无条件地释放,或者被有条件地释放,包括特别地为确保其出现在后来的审判中或为了诉讼初步接受审讯的合理必须的条件。

(6)任何人被其他人非法逮捕或拘禁,有权获得该人或者该人行为的利益归属的其他人或机关的赔偿;

法官、治安法官、治安推事,履行法官、治安法官或治安推事的命令的法院的官员或警察,其作为系善意履行职责,不需根据本款规定对赔偿负个人责任,因其行为导致的任何赔偿责任属于王国的责任。

(7)为了实现本条第(1)款a)项的目的,在法庭被指控犯有刑事罪的人,如其犯有作为或不作为的罪行但是在犯罪时是精神病发作期,或者因为精神病缘故而罪名不成立的特别裁决已经作出,其应被视为犯了罪行,且对其进行的监禁应被视为是执行法院的命令。

4.(1)任何人不得被奴役。

(2)任何人不得被要求进行强迫劳动。

(3)为了本条的目的,对"强迫劳动"的解释不包含:

a)由法院的判决或命令要求的任何劳动;

b)对被合法拘留的任何人,虽然不是法院判决或命令的结果,为了卫生或维护其被拘留的场所要求的合理必要的劳动;

c)纪律部队的军人为了履行职责要求的任何劳动,或者对于在海军、陆军或空军服役内心抵触的人,法律要求其履行的替代兵役的劳动;

d)在公共紧急状态时期或在任何其他突发事件或灾害威胁到共同体的生命和安宁,在那期间出现或存在的任何状况,或由于其他紧急情况或灾害的结果,为了应对该种情况所要求的任何劳动,对该劳动的要求达到合理正当的程度。

5. 任何人不得遭受酷刑或者不人道或有辱人格的处罚或其他待遇。

6.(1)任何财产不得被强制征占,任何财产性利益或权利不得被强制征收,除非为了公共目的,且法律作出了在适用于该征占或征收的合理时间内适当补偿的规定。

(2)财产性利益或权利被强制征占,或者被强制征收的,每个人均有权直接向高等法院的法庭申诉,以便:

a)判断该利益或权利的性质和范围;

b)判断该征占或征收是否正当地执行授权征占或征收的法律;

c)决定根据适用于该征占或征收的法律,其有权获得何种赔偿;

d)获得赔偿:

如果议会规定有关本款 a)或 c)项的任何问题,申诉权利应经由从与高等法院不同的根据法律对裁决该纠纷有管辖权的特别的法庭或机关上诉(拥有财产性利益或权利的人主张的可行使的当然权利)的方式行使。

(3)大法官可以就高等法院的运行和程序,或依议会已制定的规定,就其他特别法庭或机关行使有关本条第(2)款授予高等法院的或为了该第(2)款的目的可由其他特别法庭或机关行使的管辖权的运作和程序(包括向高等法院提出申请或上诉,或向其他的特别法庭或机关提出申请的期限)制定规则。

(4)根据本条有权获得赔偿的人,不得被禁止在其得到一定数额的赔偿或其他形式的赔偿并将之转化为一笔金钱后的合理期限内,将该笔财产(免于被扣除、收费或征收有关转移的税收)转移到圣文森特外的其自己选择的国家。

(5)法律规定的或法定机关的行为,不得被认为是与本条第(4)款规定不一致或相冲突,该法律授权——

a)根据法院的命令,扣押任一数额的赔偿款,作为法院判决的对有权获得的人的赔偿,或等候其作为一方当事人的民事诉讼的判决;

b)对其钱款转移的方式进行合理限制;或——

c)为了防止或规制在圣文森特或其他某一国家境内筹集的或者来源于圣文森特自然资源的资本转移到圣文森特境外的某一国家,对钱款转移进行合理的限制。

(6)法律规定的或法定机关的行为,不得被认为是与本条第(1)款规定不一致或相冲突——

a)该法律规定对下列财产、利益或权利的征占或征收——

a.作为税收,地方税或手续费;

b.对违法行为的处罚,或违法后果的财产没收;

c.出租、租佃、抵押贷款、费用、动产抵押、典当或契约所伴随的;

d.执行法院处理民事权利或义务的判决或命令;

e.该财产处于危险状态或可能对人类、动物或植物有害,合理且必须这么做的情况;

f.法律有关行为限制的后果;或

g.为了检查、调查、试验或探索,或在土地上为了进行石油或其他自然资源的勘探,或有关农业开发或改良的工作(有关开发或改良的工作,是土地的所有人或占有人已经被要求执行的,没有合理理由拒绝或不履行的)。

除非该规定或法定机关的行为在民主社会中显得不是合理正当的;或

b)法律规定下列财产(包括财产性利益或权利)的征占或征收,包括——

a.敌方的财产;

b.患病的人、精神不健全的人或者未满18周岁的人的财产,为了有权受益的人的利益的管理的目的;

c.被宣告破产的人或者正在清算中的法人的财产,为了破产或法人的债权人利益的管理,为了有权获受益的其他人的利益;

d.基于信托的财产,为了给予信托以效力的目的,为了根据创设信托的规定,或由法院,或法院命令,授予被任命的财产受托人;

(7)议会制定的法律的规定或法律授权的行为不得被认为与本条不一致或者相冲突,如果该法对财产的强制性征占,或财产性利益或权利的强制性征收进行规定,该财产、利益或权利是为了公共目的由法律设立的法人拥有的,而非议会提供的资金。

(8)在本条中——

"财产"指任何土地或其他可以被拥有或占有的其他的物,包括在契约、信托或法律规定中的权利,无论是现在的或将来的,绝对或附条件的;

"征收",有关财产性利益或权利,指将利益或权利转移给其他人或者消灭或剥夺该利益或权利。

7.(1)非经本人同意,任何人的人身或财产不受搜查,或住宅不得被其他人侵入。

(2)法律规定或法律授权的行为,不得被认为是不符合本条规定或违反了本条规定:

a)为了国防、公共安全、公共秩序、公共道德、公共卫生、城镇规划、矿物资源的开发和利用,或者为了有利于共同体的目的开发或利用任何财产所合理要求的;

b)为了保护其他人的权利或自由的目的所合理要求的;

c)授权政府官员或代理人、地方政府机构或为了公共目的依法设立的法人团体,为了税收、地方税或手续费的目的进入个人的住宅搜查这些住所或物品,或为了执行有关合法附着在其住所上的属于政府、该机构或法人团体所有的财产的工作;或者

d)授权为了执行法院在民事诉讼程序中的判决或命令,根据法院命令搜查个人或财产,或根据该命令进入任何住所。

除非该规定或规定授权进行的行为不是民主社会所合理必须。

8.(1)任何人被指控涉嫌刑事犯罪,除非该指控被撤回,案件应在合理时间内交由依法设立的独立且中立的法院进行公平的聆讯。

(2)任何人被指控犯有刑事犯罪——

a)在被证实有罪或被判定有罪前,应被推定为是无罪的;

b)应在尽可能短的时间内,以其通晓的语言被详细告知其被指控的罪行的性质;

c)应给予其准备辩护充足的时间和便利条件;

d)应被允许在法庭面前自行辩护,或由其自费并自己选择的律师为其辩护;

e)应向其提供便利,使其本人或法定代理人可以在法庭上询问检察官传唤的证人,并提供与检察官传唤证人一样的条件,使其可以为其利益传唤证人到庭并进行询问;

f)如果其不通晓审判所使用的语言,应被允许免费获得翻译的帮助。

非经其同意,不能缺席审判,除非其本人行为导致其出庭时审判无法继续,法庭命令将其带出法庭,审判在其缺席的情况下继续;

法律可规定,其被提前告知指控以及开庭的具体时间和地点并有合理的机会出庭,审判可以在其缺席的情况下进行。

(3)任何人被判犯有刑事罪行,被告人或其授权的维护其权益的任何人,如果要求且支付了法定的合理费用,应在审判后的合理时间内,被给予法院制作的任何诉讼记录的复印件以供其使用。

(4)任何人不得因为作为或不作为之当时不构成犯罪的行为,被判处有罪,且不能施加程度和种类比犯罪时可能被判处的最重刑罚还重的刑罚。

(5)其罪行,已被有管辖权的法院判决构成犯罪或无罪的,对该罪行或对本该在对其该罪行的审判中被定罪的其他罪行,不得被第二次审判,除非在对其有罪或无罪的上诉或复审过程中上级法院作出这样的命令。

(6)罪行被赦免的人,其不得因该刑事罪行被审判。

(7)所犯被指控犯罪的人,不得被强迫提供证据:

本款规定不妨碍检察官或法院对其未能提供有利其自身的证据作出评论,不妨碍法院就该不能举证作出推论。

(8)裁决民事权利或义务的存在或范围的任何法院或法定机构应根据法律设立,应是独立和中立的;任何人向法院或其他机构提出申请裁决的诉讼,案件应在合理时间内进行公正的聆讯。

(9)民事权利和义务的存在或范围已经在法院或其他机构的诉讼中获得裁决,诉讼中的任何一方,若提出要求并支付法律规定的合理费用,应有权在审判或其他裁决后的合理时间内得到法院或其他机构制作的诉讼记录的复制本。

(10)除非经各方当事人同意,否则每个法院的所有诉讼以及任何其他机构就民事权利或义务的存在或范围的裁决程序,包括法院或其他机构的裁决的宣告,均应公开进行。

(11)第(10)款规定不妨碍法院或其他裁决机构排除各方当事人及其律师之外的其他人参加诉讼,如果法院或其他机构:

a)根据法律,被授权考虑公开必要性或有利的程度,如果公开将损害公正的利益或中间程序、公共道德的利益、未满18周岁的人的福利或与诉讼有关的当事人的隐私生活的保护;或——

b)根据法律,被授权或为了国防、公共安全或公共秩序的利益被要求如此处理。

(12)法律规定或根据法律授权进行的行为,如果:

a)法律要求被指控涉嫌刑事犯罪的人负担证明特定事实的责任,不得被认为不符合或违反第(2)款a)项规定;

b)法律对于传唤的证人系被为被告的利益做证,费用从公共资金支出,设置应满足的合理条件,不得被认为不符合或违反第(2)款e)项规定;或者——

c)法律授权某一法院审判纪律部队成员的罪行,尽管对其已依军事法进行审判并定罪或无罪开释,但是该法院对其进行审判并判定其有罪的,判刑时应考虑到其已依军事法被判处的刑罚。

(13)某人被合法拘留的,本条第(1)款、第(2)款d)、e)项和第(3)款不适用于依据规制该被拘留者所在部队的法律对其罪行进行的审判。

(14)在本条中,"罪行"指法律上的刑事犯罪。

9.(1)非经本人同意,任何人不得被限制享有良心自由,包括思想和宗教的自由,改变宗教或信仰的自由,以及单独或与他人一道,公开或秘密地以礼拜、教导、教行或仪式的形式表明或传播其宗教信仰或信念的自由。

(2)非经本人同意(或者,未满18周岁的,非经监护人的同意),任何人在任何地方就学,被拘禁在监狱或矫正机构,或在海、陆、空军服役,不得被要求接受某一教导,或参加任何宗教礼拜或仪式,如果该教导礼拜或仪式非其本人信仰的宗教。

(3)每个宗教团体得以其独立的开支,设立和维持教育场所,并管理其维续的教育场所;任何宗教团体不得被禁止向团体中的人提供宗教教导,不论该团体是否接受政府补助或其他形式的财政支持以满足该类教育课程的全部或部分花费。

(4)任何人不得被强迫作出与其宗教或信仰相违背的宣誓,或以与其宗教或信仰相违背的方式作出宣誓。

(5)法律规定或法律授权的行为,不得被认为不符合本条规定或违反了本条规定,如果该法律作出的规定是合理必需的——

a)为了国防、公共安全、公共秩序、公共道德或公共卫生的利益;

b)为了保护其他人的权利和自由,包括不受其他宗教成员干涉而遵行和实践任何宗教信仰的权利;或——

c)为了接收或可能接收到宗教教导的人的利益而对教育机构进行管制的目的。

除非该规定或者规定授权的行为,在民主社会里显然不是合理正当的。

(6)本条提到的宗教,应被解释为包括宗教宗派,类似的表达也应作相应的解释。

10.(1)除非经本人同意,任何人享有表达自由不受妨碍,包括不受干涉持有观点的自由,不受干涉接收观点和信息的自由,不受干涉交流观点和信息的自由(与一般大众、任一个人或任一群人交流)以及通信不受干涉的自由。

(2)法律规定或根据法律授权进行的行为,不得被认为是不符合或违反了本条规定,如果该法律作出的规定——

a)是国防、公共安全、公共秩序、公共道德或公共卫生所合理要求的;

b)出于保护其他人的名誉、权利和自由,或诉讼程序中有关当事人的私生活,防止秘密获取之信息的泄露,维护法院的权威和独立,或者对电话、电报、邮件、无线广播或电视的技术管理或技术操作进行管制的目的;或——

c)为公职人员适当履行职能所合理要求的对公职人员的限制。

除非该规定或者规定授权的行为在民主社会里不是合理正当的。

11.(1)非经本人同意,不得限制任何人享有的集会和结社自由,包括自由集会和与他人结社,尤其是组建或参加保护其利益的工会或其他社团的权利。

(2)法律规定或法律授权的行为,不得被认为是不符合本条规定或违反了本条规定,如果该法律作出的规定——

a)因国防、公共安全、公共秩序、公共道德或公共卫生的利益所合理要求的;

b)出于保护其他人的权利和自由所必需;或者——

c)为公职人员适当履行职能所合理要求的对公职人员的限制。

除非该规定或者规定授权的行为在民主社会里不是合理正当的。

12.(1)任何人的迁徙自由不受剥夺,即,在圣文森特境内自由迁移的权利,进入圣文森特的权利,离开圣文森特以及免于被驱逐出圣文森特的权利。

(2)合法拘留对个人自由迁移的限制不得被视为不符合本条规定或违反了本条规定。

(3)法律规定或法律授权进行的行为,不得被认为是不符合本条规定或违反了本条规定,如果该法律作出的规定:

a)为国防、公共安全或公共秩序的利益所合理要求的对任何人在圣文森特境内迁移、定居或离开圣文森特的权利所作的限制。

b)为国防、公共安全、公共秩序、公共道德或公共卫生的利益,对一般人或特定人在圣文森特境内迁移或定居,或者离开圣文森特的权利,或就离开圣文森特的权利,为确保遵守政府的国际义务,特别是已经提交众议院的,加以限制。除非该规定,或者规定授权的行为在民主社会里不是合理正当;

c)为了对任何人,因其被发现犯有法律规定的刑事罪行,或为了确保其此后出庭受审或参与审前程序,或为了有关从圣文森特引渡或合法移交出去的程序,根据法院的命令对其在圣文森特境内迁移、定居或离开圣文森特的权利施加限制;

d)为了对非本国公民的自由迁徙进行限制;

e)为了对任何人取得或利用圣文森特的土地或其他财产进行限制;

f)为了公职人员恰当履行职能所合理要求的对其在圣文森特境内迁徙、定居或者离开圣文森特的权利进行限制;

g)为了将根据另一个国家的法律涉嫌刑事罪行的人,从圣文森特移交至该国接受审判或处罚,或执行该国法院关于其已经犯下的刑事罪行作出的判决,移交至该国服监禁刑;

(h)为了确保法律赋予某人的义务得到履行所合理要求的对其离开圣文森特的权利进行限制,除非该规定或者规定授权的行为在民主社会里不是合理正当。

(4)迁徙的自由根据本条第(3)款 a)项受到限制的任何人,在限制命令作出3个月之后,或者自最近一次提出请求3个月之后,提出请求的,该案件应交给由大法官从律师中选任的人主持的独立和中立的特别法庭审查。

(5)特别法庭根据本条第(4)款对迁徙自由受到命令限制的人的案件进行审查,应就继续限制的必要性和妥当性向作出命令的机关提出建议,除非法律另有规定,该机关有义务根据建议处理。

13.(1)根据本条第(4)、(5)和(7)款的规定,法律不得作出本身就是歧视性的,或者造成歧视性后果的规定。

(2)根据本条第(6)、(7)和(8)款的规定,任何人不得被其他人根据任一成文的法律或在履行公职或公共机关的职能过程中以歧视的方式对待。

(3)在本条规定里,"歧视"意指对不同的人,完全地或主要地根据他们不同的性别、种族、出生地、政治观点、肤色或宗教信仰的特征,进行区别对待,该特征中的一类人遭受不利益或限制,而其他类人不受影响,或者被提供其他类的人没有被提供的特权或优势。

(4)本条第(1)款不适用于作出如下规定的法律——

a)为了公共税收或其他公共款项的支出;

b)涉及非本国公民;

c)在本条第(3)款提及任何特征的人(或与他们相联系的人)的案件中,为适用有关收养、婚姻、离婚、葬礼、因死亡产生的财产分配或其他类似事务的该类特征的个人法;

d)本条第(3)款提及的任何特征的人,考虑到其本质和有关他们或其他类特征的人的特殊情形,得遭受在民主社会中是合理正当的不利益或限制或被提供特权或优势。

(5)有关任何人被任命或担任任何公职或受雇佣的标准或资格(不是特别地有关性别、种族、出生地、政治信仰、肤色或宗教信仰的标准或资格)的法律规定,不得被认为不符合或违反本条第(1)款规定。

(6)本条第(2)款不适用于有关本条第(4)款或第(5)款的法律规定明确的或必然隐含授权许可的行为。

(7)法律规定或法律授权的行为,不得被认为是不符合本条规定或违反了本条规定,如果该法律规定,本条第(3)款提及的特定类型的人,其享有的本宪法第7、9、10、11和12条保障的权利和自由受到限制,这些限制得到第7条第(2)款、第9条第(5)款、第10条第(2)款、第11条第(2)款或第12条第(3)款的a)、b)或h)项的许可。

(8)本条第(2)款的规定不影响宪法或任何其他法律授权的人对法院制度、实施、民事或刑事诉讼程序的撤销的判断。

14.法律规定或法律授权进行的行为,不得被认为是不符合或违反了本宪法第3条或第13条的规定,如果该法律授权在公共紧急状态下,为处置在此期间圣文森特存在的情况而采取合理正当的措施。

15.(1)任何人因为涉及本宪法第14条的法律被拘禁,下列条款应予适用:

a)其应在合理迅速的且无论如何从被拘禁开始不超过7日的时间内,以其通晓的语言被告知其被拘禁的理由,并提供用英文详细陈明这些理由的书面声明;

b)从其被拘禁之日起14日内,在政府公报发布通告,陈述其已被拘禁以及授权对其拘禁的具体法律条款;

c)从其被拘禁之日起1个月内,以及在其拘禁期间每次间隔不超过6个月内,其案件应交由根据法律设立的独立和中立的法庭审查,该法庭由大法官从执业律师中选择的人主持。

d)其应被提供足够的便利,以同其选择的律师进行私下交流和协商,应允许该律师向审查该被拘禁者的案件的法庭提出交涉;且——

e)在审查其案件的法庭进行听证时,其应被允许本人出席或者由其选择的律师代表其出席。

(2)法庭根据本条规定对被拘禁的人的案件进行审查,应向发布拘禁令的机关就继续对其拘禁的必要性或利益提出建议,除非法律另有规定,否则该机关没有义务遵从该建议。

(3)本条第(1)款 d)项或 e)项的规定不得被解释为给其公费得到律师的权利。

16.(1)任何人主张涉及其本人本宪法第2~15条的规定已经、正在或可能被违反(或者,在某人被拘禁的情况下,任何其他人主张有关该被拘禁的人存在违反宪法的情况),不影响就同样事情可以采取的合法的其他行动的情况下,其(或其他人)可以向高等法院提出救济申请。

(2)高等法院对下列事项有初审管辖权——

a)对任何人根据本条第(1)款提出的申请进行审理和判决;以及

b)对任何人依本条第(3)款提交给它的任何人的案件中的任何问题作出判决,

为实现或确保实现本宪法第2~15条规定的目的,可以作出声明及命令,发布令状以及给出其认为合适的指示。

高等法院如果确信对于违反的主张,根据任一法律,有关的人是或者已经有足够的救济渠道,可以拒绝行使本款的权力。

(3)在任何法院的任何诉讼中(上诉法院、高等法院或军事法院除外)发现违反本宪法第2~15条规定的问题,该法院的院长可以(如果诉讼的一方当事人如此要求,则必须)将该问题提交高等法院,除非根据其意见,该问题的发生仅仅是无关紧要或无理取闹的。

(4)根据本条第(3)款提交给高等法院的问题,高等法院应对该问题给出判决,发生该问题的法院应根据该判决处理该案件,或者如果该判决被上诉至上诉法院或英国女王会同枢密院,则根据上诉法院或英国女王会同枢密院的判决。

(5)高等法院除拥有本条授予的权力外,还拥有议会为了使其更有效地履行本条规定授予之司法管辖权的权力。

(6)大法官可以就高等法院有关本条授予的司法管辖权和权力的实施和程序,制定规则(包括有关申请应当提出以及向高等法院提出的时限)。

17.(1)总督可以为了本章的目的,在政府公报上发布公告,宣告进入紧急状态。

(2)根据本条发布的公告,除非包含总督确认下述情形的宣告内容,否则不得生效——

a)因为圣文森特与他国的战争情势的迫近引起的公共紧急状态;

b)因为火山爆发、地震、飓风、洪水、大火的发生,瘟疫或传染性疾病的爆发,或无论是否与前述情形类似的其他灾难引起的公共紧急状态;

c)任何人已经采取的行为或立即的威胁,其性质和规模之广,很可能危害公共安全,或导致共同体或共同体的任一大部分的生活必需的供应或服务的丧失。

(3)紧急状态的宣告在下列情况下失效——

a)作出宣告时众议院处于会期,该宣告发布之日起7日期间届满;以及——

b)其他情况下,从宣告发布之日起21日期间届满。

除非在此期间该宣告由众议院通过决议批准。

(4)紧急状态的宣告得在任何时候由总督在政府公报上发布声明撤销。

(5)根据本条第(2)款的紧急状态的宣告,已由众议院决议批准的,根据本条第(3)款的规定,其有效期与众议院决议的有效期一致。

(6)众议院为了本条之目的通过的决议,有效期为12个月,或为其基于有关情况而载明的更短的期间;

该决议可以随时进一步的决议延长有效期,每次延长自延期决议之日起不超过12个月,延期的决议可以随时进一步的决议撤销。

(7)为了本条第(2)款的目的通过的议院决议,以及延长该决议有效期的决议,应得到所有众议院代表的三分之二以上多数支持才能通过;撤销该类决议的决议应得到所有众议院代表的过半数支持才能通过。

(8)本条关于紧急状态的宣告在任何特殊时间应该失效或终止的规定,不影响在该时间之前或后作出进一步的宣告。

18.(1)在本章中,除非其上下文另外规定——

"违反",与任何要求有关,包括未能遵照该要求,类似的表达应一致地解释;

"法院"意指在圣文森特境内拥有司法权的法定的任何法院,根据军事法设立的法院除外,且包括英国女王会同枢密院以及在本宪法第2条和第4条中由军事法设立的法院;

"军事法"意指调整任何纪律部队的法律;

"纪律部队"指——

a)海军、陆军或空军;

b)警察机关

c)监狱

"律师"指有权在圣文森特或进入圣文森特,且有资格在圣文森特作为讼务律师执业,或者,有资格在圣文森特作为事务律师执业,有关诉讼程序中事务律师无出庭辩护权的除外。

"成员",关于纪律部队,包括根据调整该部队的法律受该部队管理的任何人。

(2)在本章中,"公共紧急状态的期间"指下列情形的任何时期——

a)女王发动战争;或

b)根据本宪法第17条规定,紧急状态的宣告已生效。

(3)对于圣文森特纪律部队的任一成员,根据该部队的军事法规定或授权进行的行为,不得被认为不符合或违反本章除本宪法第2条、第4条和第5条之外的规定。

(4)对于圣文森特之外的其他国家的纪律部队的任何人,其合法出现在圣文森特,根据其部队的军事法规定或授权进行的行为,不得被认为不符合或违反本章的规定。

第二章 总 督

19. 圣文森特总督由英国女王任命,在女王同意期间作为女王在圣文森特的代表履行职务。

20.(1)总督职位发生空缺,或者总督离开圣文森特或由于其他原因无法行使总督职责的期间,其职责由女王任命的人履行。

(2)在总督或者其他先前履行该职务的人已经通知将履行总督职责或重新履行职责时,前款所述人士不得继续履行总督的职责。

(3)总督,为了本条的目的,在如下情形不得被认为离开圣文森特或不能履行其职责——

a)因其正从圣文森特的一个地区前往另一个地区;或者——

b)根据本宪法第 22 条任命有一位副总督的任何时候。

21. 被任命为总督的人,应在履行职责前,进行忠诚宣誓以及职位宣誓。

22.(1)当总督——

a)发生不在政府,但是没有离开圣文森特的情况;

b)发生其本人有意并认为将短期离开圣文森特的情况;

c)患有疾病,其本人考虑为短期。

其得,根据总理的建议,任命圣文森特境内的一人为代理总督,在其离开圣文森特或患病期间,代理总督代表其履行任命文书上详述的总督职责。

(2)总督的权力和权威,不因根据本条规定的代理总督的任命而被削减、变更或以任何方式受到影响,根据本宪法的规定,代理总督应遵照总督根据自己的考虑判断随时传达的指示:

代理总督是否遵照该指示的问题不受任何法院的审查。

(3)根据本条被任命为代理总督的,任命的期间根据任命文书所述确定,其任命可以在任何时候由总督根据总理的建议撤销。

第三章 议 会

第一部分 议会的组成

23. 圣文森特议会由英国女王和众议院组成。

24.(1)众议院的组成为——

a)与根据本宪法第 33 条确定的选区数量一致,根据本宪法第 27 条选举产生的众议员;以及——

b)根据本宪法第 28 条的规定任命的 6 名参议员。

(2)非议院的议员被选任为议长的,由于其担任议长之职,为议院的议员。

(3)当总检察长职位为公职,由于其担任或履行该职务,为议院的议员。

25.(1)根据本宪法第 26 条的规定,符合下列条件者有资格被选举为众议员,不符合者不具备候选人资格,其应——

a)为年满 21 周岁以上的联邦公民;

b)被提名参选前在圣文森特居住 12 个月以上,或在被提名时定居在圣文森特;且——

c)能发言,且除非因为失明或身体原因导致丧失能力,应能熟练运用英语阅读,以便积极参与议院的程序。

(2)根据本宪法第 26 条,只有年满 21 周岁以上的联邦公民才具有被选举或任命为参议员的资格。

26.(1)符合下列情形,不得被选举或任命为众议员或参议员(在本条中称为"议员"),如果其——

a)由于其行为,承认忠诚、服从或信奉于外国势力或政权;

b)系宗教的牧师;

c)担任或执行最高法院法官职务;

d)根据议会规定的有关的例外和限制,担任或执行某一公职,或系圣文森特任何国防军的雇佣兵;

e)系未解除债务之破产人,已经根据法律被判决或宣告破产;

f)经鉴定系精神病患者,或根据法律被判决确认为神智不健全者;

g)被联邦的法院判处死刑,或被联邦的法院或有权机关判处刑罚(不论何种称呼)正在服监禁刑,或由联邦的法院作出的其他判决由有权机关执行的替代刑,刑期超过 12 个月,或所服的监禁刑的执行已被中止;

h)根据议会规定的有关的例外和限制,与政府合同有利害关系者:

宗教的牧师可以被任命为参议员。

(2)如果议会规定,那么担任或正在履行议会规定的职务,或涉及负责选举议员事务或汇编选举众议员的选民登记或者与之有关的职务,不得具有被选举或任命为议员的资格。

(3)如果议会规定,被法院认定犯有议会规定的与选举众议员有关的罪行,或被审理选举诉愿的法院通报犯有该类罪行,在其被认定有罪后的一段时期(不超过 5 年)或者根据法院通报中载明的期间,不得被选举或任命为议员。

(4)参议员不具有被选举为众议员的资格,众议员或被提名参选众议员者不具有被任命为参议员的资格。

(5)在本条第(1)款中:

"政府合同"指以政府、政府部门或政府缔约官员作为一方签订的任何合同;

"宗教的牧师"指任何牧师,以及主业职能系在宗教礼拜会进行传教或布道的其他人。

(6)为了本条第(1)款 g)项的目的:

a)被要求连续服的两个或两个以上的监禁刑,如果其中任一判决都不超过 12 个月,应被认为是独立的几个判决,但如果某一判决超过 12 个月,则它们应被视为一个判决;且——

b)作为替代罚款或因为无力支付罚款作出的监禁刑,不得考虑在内。

27.(1)根据本宪法第 33 条规定设立的每一选区,遵循本宪法,应依法定方式直接选举产生一名众议员。

(2) a) 凡年满18周岁以上,具备议会规定的在圣文森特居住或住所的有关条件的联邦公民,除非议会认为其不具有登记为选举众议员的选民资格,应有权根据有关法律规定被登记为选民,其他人则不能进行登记。

b) 按前述规定在任何选区被登记为选民的人,除非被议会剥夺选举众议员的资格,应有权根据有关法律进行投票,任何其他人则不能投票。

(3) 在众议员选举中,投票应以不记名方式进行,不得公开任何特定人的投票情况。

28. 参议员中——

a) 4名由总督根据总理的建议任命。

b) 2名由总督根据反对党领袖的建议任命。

29. (1) 众议员或参议员(在本条中称为"议员")应在其当选或被任命后的下一次议院解散时卸任其议员职务。

(2) 根据本宪法第28条a)款的规定被任命的参议员,在总督根据总理的建议撤销任命后,应卸任参议员职务,根据该条b)款的规定被任命的参议员,在总督根据反对党领袖的建议撤销任命后,应卸任其参议员职务。

(3) 议员在下列情况下应卸任其在议院的职务——

a) 缺席议院会议的期间,且有议院程序规则规定的情形;

b) 丧失联邦公民资格;或者——

c) 根据本条第(4)款规定,发生如果其不是议员,根据本宪法第26条第(1)款或依该条第(2)款或第(3)款规定制定的法律,将导致其不具备候选或被任命的资格的情况。

(4) a) 如果发生涉及本条第(3)款第c)项情形,任一议员被判处死刑或监禁刑,被判决确认精神不健全,被宣告破产,或被判决或报告犯有关于选举的罪行,且如果针对判决的上诉渠道是开放的(无论是否有法院或其他机关的批准),其应立刻停止履行议员的职责,但根据本条的规定,在之后的30日期限届满前,其不必卸任;

议长可以根据该议员的请求,随时延长该30日的期限,以便其可以寻求对判决的上诉,但未经议会的决议批准,延长的期限总计不得超过150日。

b) 如果依对上诉案的决定,该情形仍然存在且没有上诉的渠道,或者,提出上诉或通知的期限届满,或上诉不被批准,或由于其他原因该议员的上诉渠道不再开放,其应立即卸任议员职位。

c) 如果在该议员卸任前,该情形消失,根据本款a)项规定的期限届满后,其不必卸任,其可以作为议

员恢复履行职责。

30. (1) 在完成众议员的选举,议院第一次召开会议时,议院在开始其他事务前,应选举一人担任议长;如果议长的职位在下一次议院解散前发生空缺,议院应尽快选出另一人担任议长。

(2) 议长可以从不是内阁成员或政务次官的议员中选举产生,或者从非议员中选举产生。

非议员不能被选举为议长,如果其——

a) 不是联邦的公民;或

b) 根据本宪法第26条第(1)款或其他根据该条第(2)或第(3)款制定的法律,无候选或被任命为众议员或参议员的资格。

(3) 议长空缺时,议院不得处理任何事务(除了选举议长)。

(4) 议长应卸任的情形——

a) 议长是从议员中选举产生的——

a. 当其失去议员的资格;

仅当其因议院解散失去议员身份,其可以不卸任,直至议院解散后的第一次召集会议;

b. 当其成为内阁成员或政务次官;

b) 议长是从非议员中选举产生的——

a. 当议会在议院解散后第一次召集会议;

b. 当其不再是联邦的公民;

c. 根据本宪法第26条第(1)款或其他根据该条第(2)或第(3)款制定的法律,发生导致其无候选或被任命为众议员或参议员资格的情形;

c) 占议院全部成员三分之二以上多数赞同议会决议撤免其议长职务。

(5) 如果根据本宪法第29条第(4)款,议长(同时系众议员或参议员)被要求停止履行议员的职能,其应停止履行议长的职能;如果议长恢复履行议员的职能,其亦应恢复履行议长的职能。

(6) 根据本宪法第29条第(4)款,当议长不能履行职能时,在其卸任或者恢复履行职能前,该职能由副议长履行,或者如果副议长职位空缺或副议长根据本宪法第29条第(4)款被要求停止履行作为议员的职能,由议院为此选举的议员(非内阁成员或政务次官)履行。

31. (1) 在完成众议员的选举,议院第一次召开会议时,议院在开始除选举议长外的其他事务前,应选举不是内阁成员或政务次官的议员作为副议长,如果副议长职位在议会下一次解散前发生空缺,议院应尽快选举另一名议员担任该职位。

(2) 副议长应卸任的情形——

a) 当其不再是议员;

b) 当其成为内阁成员或政务次官;或

c) 当其被选举为议长。

(3)如果根据本宪法第29条第(4)款,副议长被要求停止履行作为议员的职能,其亦应停止履行副议长的职能,如果副议长恢复履行议员的职能,根据该条的规定,其亦应恢复履行副议长的职能。

(4)根据本宪法第29条第(4)款,在任何时候发生副议长不能履行其职能的情形,在其卸任在议院中的职位或恢复履行其职能前,副议长的职能应由议院从议员中选举产生的人(不能是内阁成员或政务次官)履行。

32.(1)选区划分委员会根据本宪法第33条第(3)款规定产生,由下列成员组成——

a)总督根据自己的判断任命的一名主席;

b)总督根据总理的建议任命的一名成员;

c)总督根据反对党领袖的建议任命的一名成员。

(2)下列人员不具有被任命为委员会成员的资格——

a)其现在是或者被任命前五年内的任何时间曾经是议员;

b)其现在是或者曾被提名为众议员的候选人;

c)其现在是或者曾经是某一政治组织的工作人员,该组织一般(或曾经)赞助或者支持某一众议员或地方政府人员的候选人;

d)其是最高法院的法官或者是公职人员。

(3)根据本条规定,委员会成员应卸任的情况——

a)根据本宪法第33条第(6)款规定,委员会的命令在政府公告上发布;

b)发生如果其不是委员会的成员,将没有资格被任命为该委员会成员的情形。

(4)总督认为委员会成员不能履行其职能(由于精神疾病、身体疾病或其他原因引起的)或行为不端的,可以撤免其职位。

(5)如果是否撤免委员会成员的问题已经提交给根据本条第(6)款设立的特别法庭,该法庭已经向总督建议因其前述的无能力履职或者行为不端应该撤免其职位,总督应撤免其职位。

(6)如果总理提请总督应对撤免委员会的某一成员的问题进行调查,则——

a)总督应设立一特别法庭,特别法庭由大法官从对联邦地方的民事和刑事案件有不受限制的管辖权的法院或对从这些法院上诉的案件有管辖权的法院的法官中选出的1名主席和不少于2名成员组成;

b)特别法庭应对问题进行调查并将真实情况报告总督,提出是否撤免的建议。

(7)如果撤免委员会某一成员的问题已经提交特别法庭,总督根据总理的建议,可决定该成员中止履行委员职能,总督可根据总理建议随时撤销该中止决定,且当特别法庭向总督建议该成员不得被撤免时,中止决定失效。

(8)委员会可规定自身的程序,可经总督的同意,为了实现其职能的目的,向任一公职人员或政府部门委任权力和义务。

(9)即使成员空缺或缺席的情况,委员会得根据其程序规则运行,其程序不因为某一无资格的人在场或参与该程序而无效;

但委员会的任何决议应获得所有成员的多数同意。

(10)委员会根据本宪法履行职能,不受任何其他个人或机关的指示或控制。

33.(1)为了选举众议员,根据本规定,圣文森特应根据选区划分委员会发布的命令划分为13个选区。

(2)所有选区应依照对于委员会而言可合理操作的包含相近数量的居民,但委员会可以在考虑到下列因素的情况下不完全依据这一原则,包括——

a)人口的密度,以及特别地为了确保人口稀少的乡村地区有充分的代表;

b)交流的方式;

c)地理特征;

d)现有的行政区划。

(3)在下列情况下应任命委员会:

a)圣文森特的人口普查已经依法进行;

b)议会修改本条第(1)款,改变圣文森特被划分的选区数量的时候;

c)委员会根据本条规定最后一次审议选区划分后8年期限届满。

(4)由于本条第(3)款 a)项的情形或者第(3)款 b)项的情形,某一委员会被任命的,该委员会应立即开展对选区划分的审查,并可以[在第(3)款 b)项情形下,应该]通过命令的方式,根据本条规定考虑那些情形以及审查的情况,按其认为必要的,调整选区的划分界线。

(5)由于本条第(3)款 c)项的情形,某一委员会被任命的,自其被任命之日起二年内,其应开展对选区划分的审查,并可以通过命令,根据本条规定考虑到审查的情况,按其认为必要的,调整选区的划分界线。

(6)委员会根据本条发布的每一命令应在政府公报上发布,且在发布后下一次议会解散时开始生效。

(7)议会制定的修改本条第(1)款的法律,对圣文森特划分的选区数量作出调整的,根据本条第(4)款,在委员会的命令生效的时候,生效。

(8)为了实现本条第(2)款的目的,圣文森特某一地区的居民的数量应根据依法进行的最近一次人口普查的情况确定。

34.(1)应有选举督导,其职责是行使众议员选举的选民登记及选举行为的一般监督。

(2)选举督导的工作职能可由上诉委员会指派担任或履行公职的人行使,或者如果该委员会决定,可指派当时不是公职人员的其他人行使,但该委员会根据本款规定行使权力前应与总理协商。

(3)选举督导在进行忠诚宣誓和职位宣誓后才能开始履行其职能。

(4)为了行使本条第(1)款规定的职能,选举督导认为必须或有益的情况下,可以向任何登记官员、投票站主任或选举主任就根据规制选民登记或选举行为的法律行使他们的职能发出指示,接收到指示的官员应遵照指示办理。

(5)选举督导认为必须的或有益的情况下,可以向议会报告其根据本条前述条款履职的情况;其应将报告提交负责选举众议员事务的部长,在接到报告后,该部长应在议会首次召开会议以后7日内,将报告提交议会。

(6)选举督导行使本条前述条款规定的职能时不受任何其他个人或机关的指示或控制。

(7)选举督导应行使议会制定的法律所规定的关于选举(议会或者地方政府机关)的其他职能。

35.(1)应设立议院书记官。

(2)议院书记官及其工作人员是公职人员。

36.(1)高等法院对下列问题有听证和决定的管辖权——

a)某人当选众议员是否有效;

b)某人被任命为参议员是否有效;

c)非议院的议员中选举产生的议长,是否具备被选任的资格或是否已卸任议长职位;

d)议院的某议员是否已经卸任其席位,或者根据本宪法第29条第(4)款,被要求停止履行议员的职责。

(2)在选举中有投票权的人、候选人或者总检察长均可向高等法院申请裁决本条第(1)款 a)项的问题。

(3)众议员或总检察长可向高等法院申请裁决本条第(1)款 b)项或第(1)款 c)项的问题。

(4)可以向高等法院申请裁决本条第(1)款 d)项的问题的有——

a)众议员或总检察长;

b)关于众议员的席位问题,为选举众议员在某一选区内登记为选民的任何人;

(5)如果裁决本条规定的问题的申请是由其他人而非总检察长向高等法院提出的,总检察长可以介入并出席或作为代表参加诉讼活动。

(6)对高等法院处理本条第(1)款涉及的问题的最后决定,有向上诉法院上诉的权利。

(7)向高等法院提出处理本条规定问题的申请的情形、方式以及条件,高等法院和上诉法院关于该类申请的权力、实践和程序,应由议会制定的规定规制。

(8)上诉法院行使本条第(6)款授予的管辖权的判决不得上诉,除本条第(1)款提及的处理某一问题的最后决定外,对高等法院在诉讼中的任何决定也不得上诉。

(9)总检察长行使本条规定的职能时不受任何其他个人或机关的指示或控制。

第二部分 议会的立法和程序

37.根据本宪法规定,议会可为了圣文森特的和平、秩序和善治制定法律。

38.(1)议会可以本条下述规定的方式修改宪法或最高法院规则的规定。

(2)修改宪法或最高法院规则的法案,除非最后读获得议院全部众议员三分之二以上多数的支持,否则不得被认为获得通过。

(3)修改本条、本宪法附录或附录第一部分规定的任何宪法条款,或附录第二部分规定的法院规则的任何规定的法案,不得提交总督批准,除非——

a)从在议院中介绍该法案至在议院中开始二读程序间隔不少于90日;且

b)议院通过后,该法案经全民公投,获得不少于所有有效票三分之二以上多数支持。

(4)本条第(3)款 b)项规定不适用修改下述内容的法案——

a)为赋予圣文森特与英联邦有关从圣文森特有管辖权的任何法院上诉至英国女王会同枢密院的协议以效力的本宪法第98条;

b)最高法院规则中为了赋予圣文森特作为一方的有关圣文森特和其他缔约国共同设立最高法院或任何其他法院(或有法院职能的官员或机关)的国际协议以效力的规定。

(5)全民公投时享有投票选举众议员权利的每个人,有权根据议会为了公投目的制定的程序,参加为了本条的目的举行的全民公投,其他人没有权投票。

(6)在为了本条的目的进行的全民公投中,投票应以无记名投票方式,不得公开特定人的投票情况。

(7)为了本条目的进行的全民公投的行为由选举督导负责,本宪法第34条第(4)、(5)、(6)款规定适用于选举督导或其他官员有关全民公投的职能之履行,如同适用于有关众议员选举时其职能之履行。

(8)a)修改本宪法或最高法院规则的规定的法案,不得提交总督批准,除非已附有议长确认本条第

(2)款得到遵守的证明,且如果已经根据本条第(3)款 b)项举行了全民公投,应附有选举督导宣布公投结果的证明。

b)前款的议长的证明,应是本条第(2)、(3)项规定得到遵守的最终结论,不受任何法院的审查。

c)本款提及的议长,如果议长因为某一原因无法履行职能且没有人履行,则也包括了副议长。

(9)本条以及宪法附录所述的本宪法或最高法院规则,也包括改变该规定的任何法律。

39.(1)议院每一议员,在就职前应向议会宣誓效忠,但宣誓前可参与选举议长。

(2)当选议长者,若未依本条第(1)款宣誓,应在就职前向议院进行宣誓。

40.议院每次会议应有主持——

(1)议长;

(2)议长缺席的,由副议长;或

(3)议长和副议长缺席,议院为此目的选举的议员(非内阁成员或政务次官):

审议罢免议长的动议,议长不得主持会议。

41.(1)除本宪法第 17 条第(7)款、30 条第(4)款、38 条第(2)款或 49 条第(3)款另有规定之外,议院对任何问题的决议应由出席并投票的议员的过半数支持通过。

对政府的不信任案应由全体众议员的过半数支持通过。

(2)至少应有 8 名议员或者议院规定的更多数目的议员参加投票,通过的决议才是有效的。

(3)本宪法第 30 条第(4)款、本条第(1)款、第 51 条第(4)款以及第 57 条提及的议院的议员,不包括总检察长,如果其是根据本宪法第 24 条第(3)款成为议会的成员。

(4)从众议员中选出的议长或者其他主持会议的成员不参与投票,除非对某一事项的投票,支持和反对的双方票数相同时,其应投决定性一票。

关于本宪法第 38 条第(2)款提及的法案的最后一读的问题,如果其为众议员,其可进行初始投票但不是决定性一票。

(5)不是从议员中产生的议长,既不能进行初始投票,也不能投决定性一票,如果其主持会议,对某一事项支持或反对的双方票数相同,则该动议未获通过。

42.(1)知道或有理由应知道其无资格参加议院或投票,仍然参加或投票的,是违法行为,其参加或投票的每一日处不超过 100 美元的罚款,或处议院规定的其他数额的罚款。

(2)对本条的违法行为的指控应由公诉总长向高等法院提出。

43.(1)议会的立法权,以议院通过法案并提交总督批准的形式行使。

(2)根据本宪法规定法案提交总督批准的,总督应签署同意意见。

(3)总督根据宪法规定批准向他提交的法案后,法案成为法律,总督应将它作为法律在政府公报上发布。

(4)议会制定的法律,未在政府公报上发布的,不能生效实施,但议会可推迟法律生效日期,可制定有追溯效果的法律。

44.除非有部长签署的总督的提案,议院不得——

a)为下列目的,根据负责人的意见,制定任何法案(包括修改法案):

a.征税或改变税种,但减税除外;

b.新增统一基金或任何其他公共基金支出项目,或增加支出额度,但减少的除外;

c.从统一基金或任何其他公共基金中支付、发放或取出之前未设立的款项,或提高支付、发放或取出的数额;

d.公债的发行或减免;或

b)提出任何动议(包括修改该类动议),根据主持者的意见,其效果将是为了上述目的制定规定。

45.(1)根据本宪法规定,议院应规制其运行程序,尤其应为了其程序的有序运行制定规则。

(2)尽管议员发生空缺(包括议会在普选后第一次召集会议时,空缺未填补的),议院可开会,无权出席或参与的人出席或参与议院的程序,不使得该程序无效。

46.无损于议院制定的关于议院及其委员会的权力、特权和豁免,或议员、议院官员以及其他有关议院或其委员会事务的人员的特权和豁免的规定,议员不因在议院或委员会中发表的言论或提交的书面报告,或因提交请愿、法案、决议案或动议的原因,受到民事或刑事起诉。

第三部分 召集、休会和解散

47.(1)议会会期在圣文森特境内开会,若议会休会的,不迟于前一会期结束后 6 个月内举行,或者议会被解散的,在众议院普选后 1 个月内举行,由总督通过公告召集。

(2)a)3 名以上的众议员签署对政府不信任案的书面动议并通知议长,议长应:

a.如果议院正在举行会议或已经召集将在 5 天内召开会议的,在 7 天内提议院审议这项动议。

b.如果议院不在开会,或未召集(不论议会会否被休会),在 14 天内召集议院并将动议提交议院审议。

如果议院未在 21 日内召开会议并处理该动议,议院书记官应在他指定的时间和地点召集议会特别会议,以辩论和处理该动议。

b)本款 a)项规定无损于议会通过程序规章就议员对政府提出不信任案动议的通知作出规定的权力或议会在会期内对动议进行辩论和处理的权力。

(3)根据本条的前述规定,议院的会议应在议院根据程序规章规定或其他规定决定的时间和地点举行。

48.(1)总督可以在任何时候使议会休会或解散议会。

(2)根据本条第(3)款,议会任期,除非议会随后被解散,应自解散后第一次召集会议起 5 年,然后自动解散。

(3)圣文森特处于战争期间,议会可以延长本条第(2)款规定的 5 年任期,但每次不超过 12 个月。

根据本条规定延长议会任期不得超过 5 年。

(4)已被解散的议会根据本宪法第 49 条第(2)款重新被召集的,除非随后被解散,议会应在下一届众议院后续普选中指定的提名候选人的日期自动解散。

(5)总督应根据总理的建议行使解散议会的权力:

如果——

a)若总理建议解散,总督根据自己判断认为圣文森特政府可维系而不需要解散议会,解散议会将不利于圣文森特的利益,其可以拒绝解散议会;

b)若对政府的不信任案的决议已经通过,总理不在 3 日内辞职也不建议解散议会的,总督根据自己的判断,可以解散议会;且

c)若总理职位空缺,总督根据自己的判断,认为不可能在合理时间内任命一位能得到多数众议员支持的众议员担任该职位,总督应解散议会。

49.(1)根据本条第(3)款规定,众议院的普选应在议院解散后 90 日内举行,或议院因为对政府投不信任票的原因被解散的,在解散后 30 日内举行,日期由总督确定。

(2)议院解散后,在下一次众议院普选提名候选人的日期以前,总理基于圣文森特的战争状态或紧急状态,建议总督有必要重新召回议会的,总督应召集已经被解散的议会开会,但根据本条第(3)款,普选继续进行。

(3)重新被召回的议会,可以不少于三分之二全体众议员的多数通过决议,延长本条第(1)款规定的下一次众议院普选的 90 日期限,但延长期限不超过 90 日,一旦通过决议,先前确定的有关普选应当举行或候选人应当提名的日期应失去效力。

(4)议员的席位非因议院解散出现空缺——

a)如果是众议员席位发生空缺,应进行选举;

b)如果是参议员席位发生空缺,应进行任命,以在发生空缺后 90 日内进行以填补空缺,除非议院随后被解散。

(5)根据本宪法第 36 条,任何众议员的选举被认定为无效的,总督应在高等法院最终裁决作出之后 90 日内,如果是上诉法院作出决定的,在上诉法院作出决定后 90 日内,签发选举众议员的书面命令,以填补空缺。

第四章 行政权

50.(1)圣文森特的行政权授予英国女王。

(2)根据本宪法规定,圣文森特的行政权由总督代表女王直接或通过其属下官员行使。

(3)本条规定不妨碍议会授予总督之外的其他人或机关某项职能。

51.(1)圣文森特设立总理,由总督任命。

(2)总督应任命可能获得多数众议员支持的众议员为总理。

(3)除总理职位外,政府其他部长职位由议会设立,或根据议会制定的法律的规定,由总督根据总理的建议设立。

(4)除总理的职位外,其他部长的职位由总督根据总理的建议从议员中选任。

从参议员中选任的部长不得超过 2 名。

(5)任命总理或其他部长时发生议会被解散,尽管有本条第(2)款和第(4)款规定,在议院解散前是众议员的,可被任命为总理;议院解散前为参议员的,可被任命为除总理之外的部长职位。

曾为参议员的人被任命为部长的不得超过 2 名。

(6)若对政府的不信任案已经由议院通过,且总理没有在 3 日内辞职或者建议总督解散议会,总督可以撤免总理。

(7)众议院开始普选至第一次召开会议期间,总督认为选举结果将使议员成分组成上发生改变,总理将无法获得多数众议员支持的,总督可以撤免总理。

(8)任一部长的职位应当为空缺的情形——

a)部长非因议院解散的原因,丧失议员身份;

b)议院解散后众议院第一次召集会议时,总理不再是众议员;

c)其他的部长,议会解散后议院第一次召集会议时,不再是议员;

d)根据本宪法 29 条第(4)款,被要求中止履行议院的议员职责的。

(9)除总理之外的部长职位应发生空缺的

情形——

a)总督根据总理建议如此要求；

b)总理在对政府不信任案由议院通过的3日内辞职，或者根据本条第(6)、(7)款规定被撤免的；或

c)该部长被任命为总理的。

(10)总督行使本条第(2)款和第(3)款的权力时应根据自己的判断进行。

52.(1)应设立圣文森特部长内阁，由总理和其他部长组成。

(2)当总检察长的职位是公职时，总检察长应由于其担任或履行的职位，作为除部长之外的内阁成员。

(3)内阁的职能是在圣文森特的治理中向总督提出建议，内阁应集体就行使内阁的一般权力而给予总督的任何建议，以及任一部长执行职务的所有行为，向议院负责。

(4)本条第(3)款不适用于有关——

a)部长、政务次官的任免，根据本宪法第53条分配各部长的职责，或在总理缺席或患病期间授权另一部长履行其职能；

b)议会的解散；或

c)有关本宪法第65条(关于特赦)的事务。

53.总督根据总理的建议，以书面指令形式，分配总理或其他部长负责任何政府事务，包括政府任一部门的管理。

54.(1)总理因为不在圣文森特或患病，无法履行本宪法授予的职责，总督可授权一部长履行其(除了本条授予的职能之外的)职能，该部长在授权被总督撤销之前履行总理的职能。

(2)总督应根据总理的建议自己行使本条授予的权力：

总督根据自己的判断，认为因为总理的缺席或患病，实际上无法获得总理的建议的，可以不根据总理的建议而根据自己的判断行使其权力。

55.(1)总督根据内阁或内阁一般授权下的部长的建议行使其职能，除非宪法或其他法律要求其根据内阁之外的其他人或机关的建议行使职能。

本款前述规定不适用于总督根据本宪法下述规定依自己的判断履行职责——

a)第32条(关于选区划分委员会)；

b)第51条和第54条(关于部长)；

c)第59条(关于反对党领袖)；

d)第78条(关于公职人员的任命)；以及

e)第86条(关于公务员叙用上诉委员会)。

(2)由于没有既符合本宪法任命反对党领袖的资格条件且愿意接受任命的人选，反对党领袖职位空缺的情况下，或者总督根据自己判断，认为其实际上无法在必须的期限内得到反对党领袖的建议，其可以不得到反对党领袖的建议，根据自己的判断行使本宪法授予的按照规定其应根据反对党领袖建议或者与其协商后进行的权力。

(3)本条第(1)款不要求总督根据内阁或某一部长的建议行使宪法下述规定授予其行使的权力——

a)第48条第(5)款(要求总督在某些情况下解散议会)；

b)第51条第(6)款(要求总督在某些情况下撤免总理)；

c)第56条(授予总督知情的权力)；

d)第32条第(5)款，第59条(5)款，第77条第(6)款，第81条第(7)款，第82条第(7)款，第86条第(5)款(要求总督在某些情况下撤免特定官员)。

56.总理应确保总督完全知悉圣文森特政府的一般行为，并应就圣文森特政府的特定事务，应总督要求提供相关信息。

57.(1)总督根据总理的建议，可从议员中任命政务次官，协助各部长履行职能：

任命发生在议院解散时，解散之前的众议员或参议员可被任命为政务次官。

(2)政务次官发生空缺的情形——

a)总督根据总理的建议，发出指示；

b)总理在对政府的不信任案由议院通过后3日内辞职，或根据本宪法第51条第(6)款被撤免；

c)因其被任命为总理；

d)其非因议院解散的原因丧失议员身份；

e)议院解散后第一次召集会议时，其不再是议员；或

f)根据本宪法第29条第(4)款，其被要求中止履行议员的职能。

58.部长或政务次官未进行忠诚宣誓、职位宣誓和保密宣誓，不得就职。

59.(1)应有反对党领袖(除非没有不支持政府的众议员)，由总督任命。

(2)总督任命时要选择一个在众议院中能享有反对政府的众议员多数支持的人担任；或者，如果没有众议员能获得这样的支持，应选择能获得反对政府的众议员中最大的单一组织的支持的人担任。

如果：

a)有两个或两个以上不支持政府的众议员，但任一人都得不到另一人或其他人的支持，总督可以根据自己的判断，任命其中一人为反对党领袖。

b)总督进行判断时，应以其任其他众议员时间为基础的资历或最近一次众议员选举中获得的票数为参考，或者结合其资历和获得票数。

(3)在议院解散至众议员选举时间确定之日期间

需要任命反对党领袖的,应在议会未被解散时任命。

(4)反对党领袖发生空缺的情形——

a)其非因议院解散原因丧失议员身份;

b)议会解散后议院第一次召集会议时,其不再是议院的议员;

c)根据本宪法第29条第(4)款,其被要求中止履行议院的议员职能;

d)总督根据本条第(5)款撤免其职务。

(5)如果总督认为反对党领袖看起来将不再能获得不支持政府的众议员的多数支持或者(没有任一众议员看起来可以得到这样的支持)不支持政府的最大单一组织的支持,可以撤免其反对党领袖职务。

(6)总督根据自己的判断行使本条规定的权力。

60. 被授权负责某一政府部门的部长,可以行使一般领导并控制该部门;根据其领导和控制,每一政府部门应受公共官员的监督,在本宪法提及的该公共官员是常务秘书。

两个或者更多的政府部门可以受同一常务秘书的监督。

61.(1)内阁秘书的职位是公职。

(2)内阁秘书主持内阁办事处,根据总理的指示,负责安排内阁事务和记录,向特定的个人或机关传达内阁的决议,以及总理决定的其他职能。

62. 根据本宪法和其他法律规定,总督可以为圣文森特设立部门,任免部门工作人员。

63.(1)应设立总检察长,其是政府的首要法律顾问。

(2)总检察长的职位可以是公职,或由某一部长担任。

(3)除非符合特定资格,不得担任总检察长一职。

(4)当总检察长的职位是公职时,符合条件的人可以被任命担任总检察长职位以及公诉总长职位。

(5)当总检察长职位和公诉总长由同一人担任,本宪法下述提及的关于公诉总长的规定也适用于总检察长,包括第73条,第81条第(6)、(7)、(8)、(9)款和第89条第(3)款、第105条第(8)款 a)项;但本款规定不得损及议会的权力,或者根据议会制定的法律的规定,总督决定总检察长应为某一部长的职位的权力。

64.(1)公诉总长的职位为公职。

(2)公诉总长有权在任何案件中就其认为必须的——

a)对任何人就有关其涉嫌已经犯下的罪行,向任何法院(军事法院除外)提出刑事指控;

b)接替并继续已经由其他人或其他机关提出的刑事诉讼;以及

c)在判决作出前的任何阶段,停止其本人或其他人或机关提起的刑事诉讼。

(3)本条第(2)款规定的公诉总长的权力,可由其本人行使,或由他人根据其一般的或特别的指示行使。

(4)本条第(2)款 b)项、c)项授予公诉总长的权力,归属公诉总长,得排除其他人或机关的影响:

其他人或机关已经提起刑事诉讼,本款规定不妨碍该其他人或机关撤回刑事诉讼,或由他人或机关的提议经法院同意撤回刑事诉讼。

(5)为了本条的目的,就刑事诉讼中任何判决向任一法院提出的上诉,或向其他法院(包括英国女王会同枢密院)提出的任何案件呈述或为了诉讼目的中存在的法律问题,应被视为是这些诉讼的部分:

本条第(2)款 c)项授予公诉总长的权力,不得在被定罪的某人提起的上诉或该人提出的案件呈述或法律问题的程序中行使。

(6)公诉总长行使本条第(2)款以及本宪法第42条规定授予的权力,不受任何其他人或机关的指示或控制。

65.(1)总督可以——

a)对犯任何罪行的人,无条件地或根据法定的条件,给予赦免;

b)给予任何人,不确定期限或有一确定期限的暂停执行某人因为犯罪被判处的刑罚;

c)对某人因犯罪被判处的刑罚,给予较轻形式的替代刑罚;或

d)免除某人因犯罪被判处的全部或部分刑罚,或者其他由于犯罪受到王权的罚金或没收财产。

(2)本条第(1)款的权力由总督本人根据部长的建议行使,该部长随时由其根据总理的建议任命。

66.(1)圣文森特特赦建议委员会(本条中称为委员会)由下列人员组成——

a)根据本宪法第65条第(2)款任命的部长,其作为主席;

b)总检察长;以及

c)3至4名由总督手书任命的其他成员,其中至少1名是部长且至少1名是有资格在圣文森特作为医师执业。

(2)根据本条第(1)款 c)项被任命的委员会成员,任期为其被任命的文书确定的期限:

其职位发生空缺的情形——

a)任命的时候是部长,丧失了部长身份;或

b)任命的时候有资格作为医师执业,丧失了医师资格;或

c)总督手书作出指示。

(3)委员会在成员空缺或缺席的情况下仍可运

转,其程序不因没有资格的人的出席或参与而无效。

(4)委员会可以制定自己的章程。

(5)总督应根据总理的建议行使本条赋予的职能。

67.(1)当某人被判处死刑(被军事法庭判处的除外),当时根据本宪法第65条第(2)款任命的部长,应提交一份从承办法官(或大法官,如果无法从承办法官处获得报告)作出的书面报告以及其他从案卷或其他要求的地方获取的信息,供特赦建议委员会会议讨论;得到该委员会建议后,其应自己决定是否建议总督行使本宪法第65条第(1)款的权力。

(2)当时根据本宪法第65条第(2)款任命的部长,就不属于本条第(1)款范围的案件,在向总督提出建议前可与特赦建议委员会商讨,但其没有义务遵从委员会的建议。

第五章 财 政

68. 圣文森特筹集或收到的所有税收或其他款项(非根据圣文森特当时生效法律支付到为了特定的目的设立的其他基金账户的收入或款项)应支付并形成一个统一基金。

69.(1)任何钱款不得从统一基金中支出,除非:

a)根据宪法或议会制定的法律,为了满足由该基金承担的经费需要;或者

b)该笔款项已经由根据本宪法第71条制定的拨款法案或法律所批准;

(2)当任何款项根据本宪法或议会制定的法律,由统一基金或任何其他公共基金承担,该款项应由政府从该基金中拨给应支付的人或机关。

(3)任何钱款都不得从统一基金外的其他公共基金中支出,除非该款项已经得到法律的批准。

(4)议会应就从统一基金或其他公共资金中支出钱款的方式作出规定。

(5)作为统一基金的部分,钱款的投资方式应由议会制定的法律进行规定。

(6)尽管有本条第(1)款之规定,但为了偿还预付款,议会得制定法律规定从统一基金中支出的条件和标准。

70.(1)负责财政的时任部长应在每个财政年度开始前或者开始后30日内,准备妥当并向议院提交该财政年度的收入和支出预算报告。

(2)当支出预算(根据本宪法或议会制定的任何法律从统一基金中支出的除外)被议院批准,拨款预算法案应向众议院上提出,规定就其目的由统一基金应该偿付的支出数额和拨款的数额,就要求的多个需要单独表决。

(3)如果有关的财政年度发生:

a)拨款预算法案中的拨款数额是不够的,或者已经出现新的支出需要,该拨款预算法案未就该目的拨出钱款;或者

b)为了某一目的支出的钱款超过了拨款预算法案为了该目的的拨款数额,或者该法案未就该目的拨出款项的,列明需要或花费的数额的一个追加预算应提交给议院,当追加预算被议院批准,追加拨款法案应在议院中提出,就从统一基金中拨出该数额并为了规定的目的而支出进行规定。

71. 如果有关某一财政年度的拨款预算法案在该财政年度开始后没有实施,议会得制定规定,由负责财政的时任部长批准从统一基金中支出钱款,以满足政府提供服务必需的支出,直至该财政年度开始后4个月期限届满或者比这个期限更早的拨款预算法案得到实施的时间。

72.(1)议会应就设立应急基金,授权负责财政的时任部长发现发生了紧急的未能预见的支出需要且没有其他的预备钱款,从该基金中预付款项以满足需要,作出规定。

(2)当从应急基金中支出,应尽快向议院提交追加预算案,当追加预算案被议院批准,应尽快向议院提出追加拨款法案,以偿还之前支出的数额。

73.(1)应根据议会制定的法律,向本条适用的职位担任者支付薪水和津贴。

(2)有关本条适用的职位担任者依本条规定的薪水和津贴从统一基金中支出。

(3)本条适用的职位担任者的薪水及其服务条件(未考虑在内的其他津贴,法律就此规定的有关其服务的应支付的津贴除外)不得在任命后进行对其不利的调整。

(4)当某人的薪水或其他服务条件取决于其选择,其选择的薪水或服务条件,根据本条第(3)款规定的目的,应被视为较其他可以选择的更有利。

(5)本条适用于总督、公务员叙用委员会成员,警察叙用委员会成员,公务员叙用上诉委员会成员,公诉总长和审计署署长。

(6)本条规定的解释不得有损本宪法第88条(保护有关公职人员获得养老金)的规定。

74.(1)圣文森特所举的债务应从统一基金中偿还。

(2)为了本条的目的,公债偿还包括利息,偿债基金费用,债务的偿还或分期偿还和以统一基金为保证的抵押贷款以及由此产生的与债务偿付和清偿有关的所有支出。

75.(1)应设立审计署署长一职,该职位为公职。

(2)审计署署长应——

a)确信议会拨出的所有钱款以及付款是用于拨款的目的,该支出符合支配它的授权;且

b)至少每年对圣文森特政府账目,政府所有职员和机关的账目,圣文森特所有法院的账目(包括圣文森特最高法院的账目),依本宪法设立的各委员会的账目以及议院书记官的账目审计一次并提出报告。

(3)审计署署长及其授权的官员有权获得任何其认为与本条第(2)款提及的任何账目有关的书籍、档案、报告书、报表以及其他文件。

(4)审计署署长应将其履行本条第(2)款规定制作的报告提交给负责财政的时任部长,该部长应在收到报告后议院第一次召集会议的7日内将报告提交议院。

(5)如果部长未能根据本条第(4)款向议院提交报告,审计署署长应向议长提交该报告的副本,议长应尽快将它们呈给议院。

(6)审计署署长依议会制定的法律,行使有关政府账目或为了公共目的依法设立的部门或组织的账目的其他职能。

(7)审计署署长行使本条第(2)、(3)、(4)、(5)款规定的职能,不受任何个人或机关的指示或控制。

76.议院应在每个会期开始时从议员中任命一个政府账目委员会,职责是审查本宪法第75条第(2)款提及的账目连同审计署署长的报告,特别是向议院报告——

a)在公共基金发生超支或未授权而支出的情况的,该支出的事由;以及

b)其认为确保公共基金合理支出应采取的必要措施,以及议院随时指令的有关政府账目的其他职责。

第六章 公务员叙用

第一部分 公务员叙用委员会

77.(1)圣文森特公务员叙用委员会(本条中称为"委员会")由下列成员组成——

a)总督根据总理的建议任命的1名主席;

b)总督根据总理的建议任命的1名成员;以及

c)总督根据总理的建议任命的1至3名其他成员:

总理应——

a.为了本条b)项目的向总督提出建议前,与文官协会(或者,如果文官协会不存在,可决定与代表文官利益的某一组织或某些组织)协商;且

b.为了本条c)项目的向总督提出建议前,与反对党领袖协商。

(2)具有下列情况的,无资格被任命为委员会成员,如果——

a)其现在是或者被任命前5年内的任何时间曾经是议员或被提名为众议员候选人;

b)其现在是或者曾经是某一政治组织的工作人员,该组织一般(或曾经)赞助或者支持某一众议员或地方政府人员的候选人;或者

c)其现在是或者任命前3年内曾是最高法院的法官或者是公职人员。

(3)委员会成员,在最近一次担任成员职务后3年内,不具有被委任或从事公职的资格。

(4)根据本条规定,委员会的成员发生空缺的情形——

a)任命之日起2年期满;或

b)出现如果其不是委员会成员,将导致根据本条第(2)款其不具备被任命的资格的情况;

(5)仅当无能力再履行职权(不论是因为身体疾病、精神疾病或其他原因引起的)或者行为不端,委员会成员才能被撤免,且除非根据本条的规定,不得被撤免。

(6)如果撤免委员会成员的问题已经提交给根据本条第(7)款任命的特别法庭审查,该特别法庭向总督建议因前述的无能力履职或者行为不端应撤免该成员职务的,总督应撤免该成员。

(7)如果总理向总督提出撤免委员会成员的问题应该进行调查,则——

a)总督应任命一特别法庭,特别法庭由大法官从对联邦地方的民事和刑事案件有不受限制的管辖权的法院或对从这些法院上诉的案件有管辖权的法院的法官中选出的1名主席和不少于2名成员组成。

b)特别法庭应对问题进行调查,就事实向总督进行报告,并就该成员是否应被撤免向总督提出建议。

(8)如果撤免委员会成员的问题已经提交给本条的特别法庭,总督可根据总理的建议,决定该成员中止履行职权,总督可根据总理的建议随时撤销中止决定,如果特别法庭建议不撤免该成员,该中止决定失效。

(9)委员会主席发生空缺或者因为某种原因不能行使职权,在某人被任命并履行主席职务前,或者主席重新恢复履行职务前,主席职权由当时经总督根据总理建议委任的委员会的其他成员行使。

(10)如果除主席外委员会成员少于2名,或该成员系主席或出于某种原因不能行使职权,总督根据总理的建议,任命具备资格者作为委员会的成员,被任命者应根据本条第(4)款规定,继续履行职责直至其担任的职位空缺被填补,或者该职位担任者恢复履行

职能，或总督根据总理的建议撤销对其的任命。

(11)委员会成员进行忠诚宣誓和职位宣誓后，才能开始履行职务。

(12)委员会行使职能不受任何其他个人或机关的指示或控制。

(13)委员会可通过章程或其他方式规定其程序，为了行使其职能的目的，经总理同意，得向任一公职人员或政府部门授予权力和义务。

(14)即使成员空缺或缺席，委员会得根据其程序规则运行，其程序不因无资格的人的出现或者参与而导致无效；

委员会的决议应获得所有成员的过半数同意。

78.(1)任命某人担任公职的权力(包括批准任命的权力)，以及根据本宪法第87条对公职人员进行纪律管制的权力，开除公职人员的权力，授予公务员叙用委员会。

(2)公务员叙用委员会通过书面命令，根据其认为合适的条件，将本条第(1)款的部分权力委任给某一或更多的成员，或经总理同意委任给某一公职人员。

(3)本条规定不适用于下列职位，包括——

a)本宪法第79条规定适用的职位；

b)总检察长；

c)公诉总长；

d)审计署署长；

e)本宪法第83条规定适用的职位；或者

f)警察机关的职位。

(4)除非经过总督本人同意，任何人不得被任命担任总督的随身侍从。

(5)公务员叙用委员会或者任何其他个人或机关行使本条授予的权力，与议院书记官或其工作人员有关的，应事先与议长协商。

(6)公务员叙用委员会或任何其他个人根据本条规定行使任命任一公共职位的权力，任命的权力授予总督根据司法与法律服务委员会的建议进行的，应事先同司法与法律服务委员会协商。

(7)除非司法与法律服务委员会同意，行使司法职能的公职人员不得因为从事的行为或疏忽而被撤职或遭受其他的处罚。

第二部分 对特殊岗位的任命

79.(1)本条适用于内阁秘书、常务秘书、政府部门首长、政府部门副首长、公务员叙用委员会任命的政府部门的首席专业顾问以及公务员叙用委员会经与总理协商任命的要求其为了妥善履行职务居住在国外的岗位或者在国内的有关外事的岗位。

(2)任命本条适用的职位的权力(包括批准任命的权力)，以及根据本宪法第87条规定，对这些岗位行使纪律管理或者撤免其职务的权力，授予总督根据公务员叙用委员会的建议行使：

若——

a)将某人从领取同样薪水的其他岗位调任常务秘书岗位的权力，授予总督根据总理的建议行使；

b)有关本条适用的岗位的人事任命(从领取同样薪水的其他岗位调任常务秘书岗位的除外)，公务员叙用委员会向总督提出建议前应与总理协商，如果总理对人事任命表示异议，委员会不得建议总督任命该人；

c)有关大使、高级专员或圣文森特在其他国家或向国际组织派遣的首席代表的任命，总督应根据总理的建议任命，总理建议的人选如担任有公职，该公职系总督根据其他人或机关的建议任命的，总理提出建议前应与该人或该机构协商。

(3)本条提及的政府部门不包括总督、总检察长、公诉总长、审计署署长、议院书记官或警察机关。

80.(1)当总检察长岗位是公职时，任命、撤免总检察长的权力授予总督根据司法与法律服务委员会的建议行使。

(2)司法与法律服务委员会向总督提出有关总检察长的任命建议前，应与总理协商。

81.(1)公诉总长由总督根据司法与法律服务委员会的建议任命。

(2)当公诉总长发生空缺或者出于某种原因不能履行职能的，总督根据司法与法律服务委员会的建议，得任命某人作为总长行使权力。

(3)除非符合特定的资格，且符合该资格不少于5年，才有资格被任命担任公诉总长。

(4)被任命担任公诉总长的，根据本条第(5)、(7)、(8)、(9)款规定，停止履行职权——

a)当某人被任命担任该职位且已承担该职能，或者看情况，当其行使的职能的担任者恢复履行职能；或

b)在任命期限规定的更早的时间。

(5)根据本条第(7)款规定，公诉总长达到法定年龄即应卸任。

(6)公诉总长仅因无能力再履行职能(不论是身体疾病、精神疾病或其他原因)或行为不端，且只有根据本条规定，才能被撤职。

(7)如果撤免公诉总长的职务的问题已经提交给根据本条第(8)款任命的特别法庭，该特别法庭建议总督因为其前述的无能力再履行职能或者行为不端应当撤职的，应由总督撤免其职务。

(8)如果总理或者司法与法律服务委员会主席向总督提出撤免公诉总长的问题应当进行调查

的,则——

a)总督应任命一特别法庭,特别法庭由大法官从对联邦地方的民事和刑事案件有不受限制的管辖权的法院或对从这些法院上诉的案件有管辖权的法院的法官中选出的1名主席和不少于2名成员组成;

b)该特别法庭应调查该问题并就事实向总督进行报告,就是否撤免其职务向总督提出建议。

(9)如果撤免公诉总长的问题已经提交本条所述的特别法庭,总督根据司法与法律服务委员会的建议,可决定公诉总长中止履行职务,中止决定可以随时由总督根据委员会的建议撤销,如果特别法庭建议总督不应撤免公诉总长,中止决定失去效力。

(10)本条第(5)款规定的年龄是55周岁或者议会规定的其他年龄:

如果某人已担任公诉总长,议会制定法律改变该年龄规定的,除非该公诉总长同意对其发生效力,否则该法律对其无效。

82.(1)审计署署长由总督根据公务员叙用委员会的建议任命。

(2)当审计署署长发生空缺或者出于某种原因不能履行职能的,总督根据公务员叙用委员会的建议,得任命某人作为署长行使权力。

(3)为了实现本条第(1)款和第(2)款的目的,公务员叙用委员会向总督提出建议前应与总理协商。

(4)被任命担任审计署署长的,根据本条第(5)、(7)、(8)、(9)款规定,停止履行职权——

a)当某人被任命担任该职位且已承担职能,或者看情况,当其行使的职能的担任者恢复履行职能;或

b)在任命期限规定的更早的时间。

(5)根据本条第(7)款规定,审计署署长达到法定年龄即应卸任。

(6)审计署署长仅因无能力再履行职能(不论是身体疾病、精神疾病或其他原因)或行为不端,且只有根据本条规定,才能被撤职。

(7)如果撤免审计署署长的职务的问题已经提交给根据本条第(8)款任命的特别法庭,该特别法庭建议总督因为其前述的无能力再履行职能或者行为不端应当撤职的,应由总督撤免其职务。

(8)如果总理或者公务员叙用委员会主席向总督提出撤免审计署署长的问题应当进行调查的,则——

a)总督应任命一特别法庭,特别法庭由大法官从对联邦地方的民事和刑事案件有不受限制的管辖权的法院或对从这些法院上诉的案件有管辖权的法院的法官中选出的1名主席和不少于2名成员组成;

b)该特别法庭应调查该问题并就事实向总督进行报告,就是否撤免其职务向总督提出建议。

(9)如果撤免审计署署长的问题已经提交本条所述的特别法庭,总督根据公务员叙用委员会的建议,可决定审计署署长中止履行职务,中止决定可以随时由总督根据委员会的建议撤销,如果特别法庭建议总督不应撤免审计署署长,中止决定失去效力。

(10)本条第(5)款规定的年龄是55周岁或者议会规定的其他年龄:

如果某人已担任审计署署长,议会制定法律改变该年龄规定的,除非该审计署署长同意对其发生效力,否则该法律对其无效。

83.(1)本条适用于地方法官、高等法院司法常务官、高等法院司法常务官助理以及总检察长部门(总检察长除外)和公诉总长部门(公诉总长除外)的公职人员,他们的任命要求具备某种特定的资格。

(2)任命本条适用的岗位的权力(包括批准任命的权力),以及根据本宪法第87条规定,对这些岗位行使纪律管理或者撤免其职务的权力,授予总督根据司法与法律服务委员会的建议行使。

第三部分 警 察

84.(1)应设立圣文森特警察叙用委员会,由下列成员组成——

a)公务员叙用委员会的主席;

b)总督根据总理经与圣文森特警察福利协会(如果该协会不存在,由总理选择的代表警察利益的组织)协商后提出的建议,任命的1名成员;以及

c)根据本宪法第77条第(1)款c)项任命的公务员叙用委员会的成员。

(2)本宪法第77条第(2)款至第(8)款(包含在内)以及第(11)款的规定,适用于本条第(1)款b)项提及的警察叙用委员会的成员,如同其适用于公务员叙用委员会的成员。

(3)公务员叙用委员会的成员担任委员会主席职务时,应担任警察叙用委员会的主席。

(4)根据本宪法第77条第(10)款规定被授权担任公务员叙用委员会成员职务的[因为委员会成员无能力履行职能而根据本宪法第77条第(1)款b)项被任命的成员除外],同时也是警察叙用委员会成员。

(5)根据本条第(1)款b)项任命的委员会成员出于某种原因无能力履行职务的,总督根据总理的建议,得任命具备资格的人为委员会成员,被任命者根据本条第(2)款规定,继续履行其职能直至该职位的担任者恢复履行职能或者对其之任命被总督根据总理的建议撤销。

(6)委员会根据本宪法行使职能不受任何个人或机关的指示或控制。

(7)委员会可通过章程或其他方式规定其程序,为了行使其职能的目的,经总理同意,得向任一公职人员或政府部门委任权力和义务。

(8)即使成员空缺或缺席,委员会得根据其程序规则运行,其程序不因无资格的人的出现或者参与而导致无效。

委员会的决议应获得所有成员的过半数同意。

85.(1)任命警务处处长或警务处副处长的权力,以及根据本宪法第87条规定,撤免警务处处长或副处长的权力授予总督根据警察叙用委员会的建议行使:

委员会向总督就警务处处长或副处长的任命提出建议前应与总理协商,总理对该任命表示异议的,委员会不得建议总督任命该人。

(2)任命警衔低于警务处副处长但高于警长的警察职位的权力(包括批准任命的权力),以及根据本宪法第87条规定,对他们行使纪律管理或者撤职的权力授予警察叙用委员会。

(3)任命警衔为警长以及警长以下的警察职位的权力(包括批准任命的权力),以及根据本宪法第87条规定,对他们行使纪律管理或者撤职的权力授予警务处处长。

(4)警务处处长可以他认为合适的方式依据其认为合适的条件通过指示将本条第(3)款除撤职或降职之外的权力委任给警察机关的其他成员。

(5)除非司法与法律服务委员会同意,警察不得因为行使被授权的司法职能的作为或不作为被撤销或者受到其他处罚。

(6)本条提及的警长这一警衔,如果警察机关的警衔被调整(无论因为警察部门的重组或者替代,或者附属部门的创设),应被解释为包括警察叙用委员会在政府公报上发布的命令规定的警衔,该警衔根据委员会的意见,类似调整之前存在的警长这一警衔。

第四部分 公务员叙用上诉委员会

86.(1)圣文森特公务员叙用上诉委员会(在本条和本宪法第87条中称为"委员会")由下列成员组成——

a)总督根据自己的判断任命的1名成员,担任主席;

b)总督根据总理的建议任命的1名成员;

c)总督根据文官协会(或者根据本宪法第77条第(1)款a.项规定确定的其他组织)的建议任命的1名成员;

d)总督根据圣文森特警察福利协会[或者根据本宪法第84条第(1)款b)项规定确定的其他组织]的建议任命的1名成员。

(2)具有下列情况的,无资格被任命为委员会成员,如果——

a)其现在是或者被任命前5年内的任何时间曾经是议院的议员;

b)其现在是或者在那段时期曾被提名为众议员候选人;

c)其现在是或在那段时期曾是某一政治组织的工作人员,该组织一般(或曾经)赞助或者支持某一众议员或地方政府人员的候选人。

(3)根据本条规定,委员会的成员发生空缺的情形——

a)任命之日起2年期满;或

b)出现如果其不是委员会成员,将导致根据本条第(2)款其不具备被任命的资格的情况;

(4)仅当无能力再履行职权(不论是因为身体疾病、精神疾病或其他原因引起的)或者行为不端,委员会成员才能被撤免,且除非根据本条的规定,其不得被撤免。

(5)如果撤免委员会成员的问题已经提交给根据本条第(6)款任命的特别法庭审查,该特别法庭向总督建议因前述的无能力履职或者行为不端应撤免该成员职务的,总督应撤免该成员职务。

(6)如果总督认为撤免委员会成员的问题应该进行调查,则

a)总督应任命一特别法庭,特别法庭由大法官从对联邦地方的民事和刑事案件有不受限制的管辖权的法院或对从这些法院上诉的案件有管辖权的法院的法官中选出的1名主席和不少于2名成员组成。

b)特别法庭应对问题进行调查,就事实向总督进行报告,并就该成员是否应被撤免向总督提出建议。

(7)如果撤免委员会成员的问题已经提交给特别法庭,总督可决定该成员中止履行职权,总督可随时撤销中止决定,如果特别法庭建议不撤免该成员,该中止决定失效。

(8)委员会任何成员因为某种原因不能行使职权,总督得任命具备资格的人作为委员会成员履行职责,被任命者根据本条第(3)款规定,继续履行其职能直至该职位的担任者恢复履行职能或者对其之任命被总督撤销。

(9)总督行使本条第(6)、(7)、(8)款授予的权力,当委员会成员系根据本条第(1)款 b)项任命的,应根据总理的建议行使,其他情况下则根据自己的判断行使。

(10)委员会行使职能不受任何其他个人或机关的指示或控制。

87.(1)本条适用于——

a)总督根据公务员叙用委员会的建议作出的,或公务员叙用委员会作出的,撤免公职人员或对公职人员行使纪律管制的决定[包括对本宪法第78条第(2)款授权的人的决定提出的上诉的决定,或者批准其决定的决定];

b)被本宪法第78条第(2)款委任权力的人对公职人员撤职、行使纪律管制的决定(不是公务员叙用委员会对上诉的决定或者批准的决定);

c)公务员叙用委员会根据本宪法第89条第(1)款或第(2)款的要求,作出的有关拒绝、停发、减少数额或暂缓发放公职人员的福利津贴的决定;或

d)总督根据警察叙用委员会的建议作出的撤免警务处处长、警务处副处长的决定,或者警察叙用委员会依本宪法第85条第(2)款作出的撤免警员或对警员行使纪律管制的决定;

e)如果议会有规定,警务处处长依照本宪法第85条第(3)款作出的,或者依该条第(4)被委任的人作出的撤免警员或对其行使纪律管制的决定。

f)议会规定的圣文森特陆军、海军或空军有关纪律方面的决定。

(2)根据本条规定,上诉应对本条适用的决定,由作为决定对象的公职人员、警员或海军、陆军、空军的人员向委员会提出:

有关本条第(1)款e项提及的决定,如果议会规定了上诉应首先向警察叙用委员会提出,则警察叙用委员会拥有类似于本条第(3)款授予委员会的权力。

(3)就上诉案件,委员会可以支持或者撤销该决定,或者作出被提起上诉的机关或者个人可以作出的其他决定。

(4)委员会作出的每个决定,均要求所有有资格参与作决定的成员的过半数同意。

(5)根据本宪法第86条第(1)款d项任命的公务员叙用上诉委员会的成员,无权作为成员参与委员会为本条第(1)款a)、b)、c)项提及的决定的上诉举行的听证或决定的程序,或者本条第(6)款b)、c)项规定的对上诉程序制定规章的程序,或将某决定排除在本条第(1)款之外的程序;根据本宪法第86条第(1)款c)项任命的公务员叙用上诉委员会的成员,无权作为成员参与委员会为本条第(1)款d)项或第(2)款提及的决定的上诉举行的听证或决定的程序,或者本条第(6)款b)、c)项规定的对上诉程序制定规章的程序,或将某决定排除在本条第(1)款之外的程序;

(6)根据本条第(5)款规定,委员会可以通过规章就下列事项作出规定——

a)委员会的程序;

b)依本条上诉的程序;

c)将对有关薪水未超过规章规定的金额的公职人员的决定,或者对他们行使纪律管制的决定(撤职决定除外)排除在本条第(1)款之外。

(7)根据本条制定的规章,可以经总理同意,为了行使委员会的职能的目的,将权力或义务委任给某一公职人员或政府部门。

(8)委员会可以根据本条以及其程序规则的规定,即使成员空缺或缺席,仍可继续运行,其程序不因为没有资格出席或参与的人的出席或参与而无效。

第五部分 福利津贴

88.(1)本宪法实施前有关向任何人发放福利津贴应适用的法律,为该福利被发放当时有效的法律,或者此后不会对该人更不利的有效法律。

(2)有关福利津贴[非本条第(1)款适用的福利]应适用的法律:

a)有关最高法院的法官或职员、公职人员或者议院的议员的全部服务期在本宪法实施前的福利,应是服务期开始时有效的法律;

b)有关最高法院的法官或职员、公职人员或者议院的议员的全部或者部分服务期在本宪法实施后开始的福利,应是该服务期开始时有效的法律,

或者在那之后不会对其更不利的有效的任何法律。

(3)当某人有权行使选择适用于其案件的两部或者更多的法律的权利时,根据本条的目的,其选择的法律,相较其他的法律,应被视为是对他更有利的法律。

(4)所有的福利津贴应从统一基金中支付(依法属于从其他基金中支出的除外)。

(5)在本条中,"福利津贴"指有关众议员、最高法院的法官或职员、公职人员的服务的或者有关其服务的他们的遗孀、孩子、受扶养家属或个人代表的任何养老金、赔偿金、遣散费或者类似的津贴。

(6)本条有关福利津贴的法律包括(无损于它们的一般性)有关规制福利发放及其拒发的条件的法律,规制任何已经发放的福利的停发、减少或者暂缓发放的条件的法律以及规制福利数额的法律。

89.(1)根据法律,某人或某机关有权决定——

a)某项福利是否要发放;或者

b)停发、减少数额或暂缓发放已经被准许发放的福利,除非公务员叙用委员会同意不予发放或决定停发、减少数额或暂缓发放,这些福利应予发放且不得停发、减少数额或暂缓发放。

(2)当要向某人发放的福利津贴的数额未经法律的确定,向其发放的该福利的数额应是其有资格得到

的最大的数额,除非公务员叙用委员会赞同发放更少的数额。

(3)公务员叙用委员会不得因为担任最高法院的法官、公诉总长或审计署署长职位的人犯有行为不端而赞同本条第(1)款或第(2)款的内容,除非其已经因为行为不端被撤职。

(4)公务员叙用委员会基于担任本条第83款适用的岗位的担任者已经犯有行为不端,在赞同本条第(1)款或第(2)款的内容前,应与司法和法律服务委员会协商。

(5)在本条中,"福利津贴"指有关最高法院的法官或职员、公职人员的服务的或者有关其服务的他们的遗孀、孩子、受扶养家属或其代表的任何养老金、赔偿金、遣散费或者类似的津贴。

第七章 国 籍

90.(1)本宪法实施前,出生在圣文森特,是英国及其殖民地的公民的人,在本宪法实施时成为本国公民。

(2)在本宪法实施前系英国及其殖民地的公民的人——

a)根据1948年英国国籍法(a)项规定,在该国籍法生效前归化圣文森特作为英国臣民而成为其公民的;或者

b)居住在圣文森特,由于依1948年英国国籍法而归化或登记成为其公民的。

应在本宪法实施时成为本国公民。

(3)本宪法实施前,在圣文森特境外出生的人,系英国及其殖民地的公民,如果其父亲或者母亲根据本条第(1)款或第(2)款成为本国公民,或者由于死亡或放弃英国及其殖民地的公民身份否则将成为本国公民的,其在本宪法实施时成为本国公民。

(4)妇女在本宪法实施前是英国及其殖民地的公民,与根据本条第(1)款或第(2)款成为本国公民或者由于死亡或者放弃英国及其殖民地的公民身份否则将成为本国公民的人结婚的,该妇女在本宪法实施时成为本国公民。

91.本宪法实施后在圣文森特出生的,在出生之日起成为本国公民;

在出生的时候,根据本条不成为本国公民的情况——

(1)父母都不是圣文森特公民,且其父亲或者母亲拥有提供给委派到圣文森特的外国主权的特使免于诉讼和法律程序的豁免权的;或者

(2)其父亲是正与圣文森特交战的国家的公民,其出生发生在被那个国家占领的地方。

92.本宪法实施后,在圣文森特境外出生的人,如果其出生的时候其父亲或者母亲系本国公民[基于本宪法第90条第(3)款的除外],其在出生之日成为本国公民。

93.(1)下列人员有资格经申请登记成为本国公民——

a)妇女,其与本国公民结婚,或者曾与本国公民结婚且其结婚关系存续期间的任何时候其配偶是本国公民的;

b)英联邦的公民,本宪法实施时通常居住在圣文森特,在宪法实施前已经居住7年以上的;

c)曾经是本国公民,为了获得或保留另一个国家的国籍而宣布放弃本国国籍的;

d)在本宪法实施时本将成为本国公民的,但为了获得或保留另一个国家的国籍已经宣布放弃英国及殖民地的国籍的;

e)妇女,其与本款 b)、c)、d)项提及的人结婚的,或曾与婚姻关系存续期间的任何时候根据本款 b)、c)、d)项有资格登记成为本国公民的人结婚;

f)本宪法实施前与下列人员结婚的妇女——

a.根据本宪法第90条成为本国公民的人;或

b.本宪法实施前已经死亡的,因其死亡否则根据本宪法第90条将已成为本国公民的,

但是本宪法实施前因为死亡或离婚导致婚姻关系终止的除外。

(2)下列人员有资格经申请登记成为本国公民——

a)男子,其与本国公民结婚,或者曾与本国公民结婚且其婚姻关系存续期间的任何时候其配偶是本国公民的;

b)系英联邦的公民,申请时经常居住在圣文森特,申请之前已经居住7年以上的;

c)男子,其与本条第(1)款 b)、c)、d)项提及的人结婚的,或曾与婚姻关系存续期间的任何时候根据本条第(1)款 b)、c)、d)项有资格申请登记成为本国公民的人结婚;

d)本国公民的未满21周岁的单亲子女,或者本国公民依法律承认的方式收养的孩子,或根据本条第(1)款有资格或者由于死亡否则将有资格登记为本国公民的人的孩子、单亲孩子或收养的孩子。

议会可规定,为了国防、公共安全或公共秩序的利益,依议会规定的条件,负责该事务的部长在具体案件中确认存在上述的合理理由拒绝申请的,得拒绝根据本条规定申请登记成为本国公民的申请。

(3)根据本条提出的申请应按照议会制定的法律所规定的方式提出,本条第(2)款 d)项适用的对象应由其父母或监护人以其名义提出。

如果其已婚或曾经结婚,其可以自己提出申请。

(4)受英国保护人士,外国人,或者议会规定的不属于英国女王统治权的英联邦内的国家的公民,年满21周岁,根据本条提出登记申请的,在登记前应进行忠诚宣誓。

94.议会应就下列事项作出规定——

(1)根据本章没有资格或已经没有资格成为本国公民的人,其国籍的取得;

(2)非因本宪法第90条、91条、92条而成为本国公民的人的国籍的丧失;

(3)任何人对其国籍的放弃。

95.(1)在本章中——

"外国人"指不是英联邦公民、受英国保护人士或爱尔兰共和国公民的人;

"受英国保护人士"指根据1948年英国国籍法的目的是受英国保护人士的人;

"1948年英国国籍法"包括英国议会修改该法的法律;

"父亲",有关非婚或非法生育的孩子,包括承认或可以证明其是孩子的父亲的人。

(2)为了本章的目的,出生在有登记的船舶、航空器,或某个国家政府的未登记的船舶或航空器上,应被视为出生在该船舶或航空器所登记的国家,或该政府的国家。

(3)本章有关某人出生时其父亲的国籍身份,其出生在父亲死亡后的,应被解释为其父亲死亡时的国籍身份;其父亲的死亡发生在本宪法实施前,其出生发生在本宪法实施后,则如果其父亲在本宪法实施后死亡时将拥有的国籍身份应被视为其父亲死亡时的国籍身份。

第八章 司法规定

96.(1)根据本宪法第22条第(2)款、第38条第(8)款b)项、第102条第(2)款和第105条第(10)款的规定,任何人主张本宪法的规定(除了第一章的规定)已经或者正在被违反,如果其拥有相关利益,可以根据本条规定向高等法院申请宣告或赔偿。

(2)高等法院具有对于根据本条提出的申请,就宪法的规定(第一章的规定除外)是否已经或者正在被违反作出决定并进行宣告的司法管辖权。

(3)高等法院根据本条宣告本宪法规定已经或者正在被违反,提出申请获得宣告的人一并提出赔偿申请的,高等法院应给予其认为适当的,根据诉讼中的法律在高等法院可得到的一定的赔偿。

(4)大法官可以就高等法院关于本条授予法院的管辖权和权力的实施和程序制定规则,包括有关根据本条提出申请的期限的规定。

(5)只有当声称的对宪法的违反影响到其利益,才认为其对申请的目的具有相关利益。

(6)本条授予的关于对违反宪法行为提出申请宣告和赔偿的权利,是同样问题根据法律可以采取的所有途径之外的权利。

(7)本条规定不授予高等法院对涉及本宪法第36条规定的问题进行听证或决定的管辖权。

97.(1)圣文森特的法院(上诉法院、高等法院或军事法庭除外)发生宪法解释的任何问题,该法院的意见是该问题涉及法律的实质问题,该法院应将该问题提交高等法院。

(2)任何问题根据本条提交高等法院,高等法院应对该问题作出判决,发生该问题的法院应根据该判决处理案件,或者,如果该判决是上诉法院或英国女王会同枢密院作出的,应根据上诉法院或英国女王会同枢密院的判决处理案件。

98.根据本宪法第38条规定,在下列案件中,对高等法院的判决不服,有向上诉法院提出上诉的权利——

(1)在民事或刑事案件中对宪法解释问题作出的最终判决;

(2)行使本宪法第16条(有关基本权利和自由的实施)授予的管辖权作出的最终判决;以及

(3)议会规定的其他案件。

99.(1)在下列案件中,对上诉法院的判决不服,有向英国女王会同枢密院提出上诉的权利——

a)在民事案件中,向英国女王会同枢密院提出上诉的争议的问题,达到或超过法定数额,或上诉直接或间接地包含对法定数额以上的有关财产或权利的主张;

b)婚姻关系解除或无效诉讼的最终判决;

c)涉及宪法解释问题的民事或刑事案件的最终判决;

d)议会规定的其他案件。

(2)在下列案件中,从上诉法院向英国女王会同枢密院提出上诉应经上诉法院的同意——

a)民事案件的判决,上诉法院的意见认为上诉涉及的问题,因为其极具普遍性或公共重要性或其他原因,应当提交英国女王会同枢密院;以及

b)议会规定的其他案件。

(3)对上诉法院的民事或刑事案件的判决向英国女王会同枢密院提出上诉,应经过女王的特许。

(4)本条提及的上诉法院的判决,指上诉法院行使宪法或其他法律授予的管辖权作出的判决。

(5)在本条中,法定数额指1500美元或者议会规定的其他价值。

(6)本条规定从属于宪法第 36 条第(7)款。

100.本章提及的对宪法规定的违反或宪法的解释,包括对最高法院规则的规定的违反或解释。

第九章 其他规定

101.本宪法是圣文森特的最高法,根据本宪法的规定,如果任何其他法律与本宪法不一致,本宪法具有更高效力,其他法律不一致的部分无效。

102.(1)本宪法提及的总督的职能应被解释为包括其有关行使圣文森特的行政权的权力和义务,以及本宪法或其他法律授予总督的其他权力和义务。

(2)宪法要求总督根据某人或某机关的建议行使职权的,总督是否如此行使职权的问题不受任何法院的审查。

103.(1)众议员或参议员可通过向议长递交手写的辞呈辞职,辞职在该辞呈被下列人员接收时生效,该席位相应出现空缺——

a)议长;

b)议长空缺或因为某种原因不能履行职能且没有其他人履行议长职能的,副议长;或者

c)副议长空缺或因为某种原因不能履行职能且没有其他人履行副议长职能的;院书记官。

(2)议长或副议长可通过向议院递交手写辞职,辞职在该辞呈由议院书记官接收时生效,其席位相应成为空缺。

(3)担任本宪法设立的职位的人[本条第(1)款、第(2)款适用的职位除外]或本宪法设立的部长,可向任命其人或机关递交手写辞呈,辞职在下列时间发生效力,其席位相应成为空缺——

a)辞呈载明的时间或者日期(如果有的话);或者

b)辞呈由递交对象的某人或机关接收,或者被授权的某人接收的时候。

更迟的时候;

如果该辞呈生效前被撤回,收到辞呈的人或机关同意其撤回。

104.(1)某人辞去本宪法设立的职务、部长职务或政务次官,如果符合条件,可以根据本宪法的规定再次被任命或当选而担任该职务。

(2)本宪法授予某人或机关委任某些职务的权力,某人可以被任命该职务,即使其他人可能正在担任该职位而正休假或卸任在即的;当二人或更多人因为根据本款的任命担任同一职务的,为了授予的职责的目的,最后任者应被视为该职务的唯一担任者。

105.(1)在本宪法中,除非另有要求——

"本国公民"是圣文森特公民,"本国国籍"相应地解释。

"英联邦国籍"为议会规定的意思;

"美元"指圣文森特的通行货币美元;

"财政年度"指从每年1月或者法律规定的其他日期开始之后的12个月的时期;

"政府"指圣文森特政府。

"议院"指众议院;

"法律"指圣文森特有效的法律,或者其他包括有法律效力的说明以及不成文的法则,"合法的"和"合法地"应作相应的解释;

"部长"指政府的部长;

"议会"指圣文森特议会;

"宣誓"包括确认;

"忠诚宣誓"意思为法律规定的忠诚的宣誓;

"职位宣誓"指法律规定的正当履行有关某一岗位职责的宣誓;

"保密宣誓"指法律规定的保密的宣誓;

"警察机关"指圣文森特皇家警察,并包括为了承担圣文森特皇家警察的职能而设立的其他警察力量;

"公职"指有薪水的公共服务的职位;

"公职人员"指担任公职的人员;

"公共服务"根据本条的规定,指政府行政方面的服务;

"圣文森特"指圣文森特和格林纳丁斯;

"会期"指有关议院的,从议院被休会或解散后第一次召集会议开始,议院休会或未休会而被解散时止;

"开会"指有关议院的,未休会时持续开会的时期,包括正在召开委员会审议会议的时期;

"议长"和"副议长"指担任议院议长和副议长职务的有关人员。

(2)本条提及公共服务的职位,不得被解释为包括——

a)有关议长或副议长、总理或其他部长、职务次官或议院成员的职位;

b)有关本宪法设立的委员会的成员,或特赦建议委员会成员,或公务员叙用上诉委员会的成员的职位;

c)有关最高法院的法官或其职员的职位;

d)若议会规定的,有关法律设立的其他政务会、理事会、专家组、委员会或其他类似组织的成员的岗位。

(3)在本宪法中——

a)最高法院规则包括改变该规则的任何法律;

b)有关最高法院、上诉法院、高等法院以及司法与法律服务委员会,指根据最高法院规则设立的最高法院、上诉法院、高等法院以及司法与法律服务委

员会。

c) 有关大法官的涵义与最高法院规则内的含义相同;

d) 有关最高法院法官,指高等法院或上诉法院的法官,以及,除非其条文另有规定,包括先前的向风群岛和利瓦德群岛的最高法院;

e) 有关最高法院的职员,指根据最高法院规则任命的首席司法常务官以及其他职员。

(4) 在本宪法中,"特定的资格"指法律规定的专业资格,依该法律某人在其被认可作为出庭律师或事务律师执业前必须拥有的资格。

(5) 为了本宪法的目的,不能因为某人正领取福利或其他津贴而认为其担任某职位。

(6) 在本宪法中,除非条文另有规定,提及某职位的担任者,应解释为包括在其授权范围内的被授权行使该职位职能的任何人。

(7) 除非本宪法规定某职位担任者同时也是当时出某一其他人或机关委任担任某职位的人,任何人不得未经其本人同意,被提名参选某一职位或任命或选任某一职位。

(8) 本宪法提及撤免公职人员的权力,应解释为包括法律授予的要求或允许该公职人员从公职上退休的权力——

a) 本款不得解释为授权某人或某机关要求公诉总长、审计署署长退休的权力。

b) 在某公职人员得被某人或某机关而不是宪法设立的委员会撤职的情况下,任一法律授予的允许某人退休的权力,应授予公务员叙用委员会。

(9) 本宪法任何授予某人或某机关撤免公职人员的权力,应影响某人或某机关取消该职位,或某法律规定一般公职人员或某类公职人员达到法定年龄时强制退休。

(10) 本宪法授予某人或某机关任命某人担任或行使某职能,若职位担任者本人无能力行使职能的,没有哪一任命可因担任者无能力行使这些职能而受质疑。

(11) 本宪法关于某人或某机关依宪法行使职权时不受任何其他人或机关的指示或控制,不得解释为排除法院对某人或某机关是否依宪法或法律行使职能的问题行使管辖权。

(12) 不违反 1978 年解释法案①第 14 条规定[在本条第(15)款适用的],本宪法授予的制定命令、规章、规则或给予任何指示、任命的权力,该权力应被理解为包括依同样的方式、同样的条件,行使修改或废止该命令、规章、规则、指示或任命的权力。

(13) 除非议会另有规定,圣文森特调查委员会条例的规定(除第 2 条和第 16 条),在必要的情况下,应适用于有关依本宪法第 32 条第(6)款、第 77 条第(7)款、第 81 条第(8)款、第 82 条第(8)款和第 86 条第(6)款任命的特别法庭,或条文要求的,适用于有关该条例任命的委员会或委员会成员。

(14) 在本宪法中,提及修改本宪法或其他法律或其规定,包括了——

a) 废止、经重新制定或者不经重新制定、制定不同规定替代之;

b) 通过删除、修改规定、增附条款或其他方式修订之;

c) 某一期间中止实施或者停止中止决定。

(15) 为了解释本宪法,以及有关为了解释的目的和有关英国议会法的,在必要的情况下,应适用 1978 年解释法案。

---

① 1978c. 30.

苏里南共和国宪法[*]

（生效时间：1987年10月30日，更新至2002年）

前　言

我们，苏里南人民，经对祖国的热爱和对万能神的信仰所鼓舞，并由人民对殖民主义世纪之久的斗争所引导，于1975年11月25日建立苏里南共和国结束了殖民主义，1980年2月25日发生军事政变，由此意识到抗争和预防任何形式殖民统治的责任，决意防卫和保护国家主权、独立和完整，坚定了确立经济、社会和文化全面自由发展的意志，确信了尊崇和保障自由、平等和民主及人民基本权利和自由的责任，为民主精神和参与建设、扩展和维持一个公正的社会的精神所激励，决心与秉承自由、平等、和平共处、国际团结原则的国家和世界人民团结协作，经全民公决，庄严宣告：应遵守本宪法。

第一章　主　权

第一节　苏里南共和国

第一条

1. 苏里南共和国为人民主权的且尊重和保障基本权利和自由的民主国家。

2. 苏里南应确立经济、社会和文化的全面自由发展。

第二节　领　土

第二条

1. 苏里南领土包括南美大陆领土，具体范围由本法确定。

2. 国家不得分割领土，亦不得分割其在境内行使的任何主权权利。

3. 领水的范围和边界及苏里南享有的沿海大陆架和专属经济开发区的权利由法律规定。

第三节　国　籍

第三条

1. 成为苏里南国民和居民的条件应由法律规定。

2. 归化应由法律规定。

3. 苏里南公民在境内享有迁徙自由权和定居的权利，法律另有规定的除外。

4. 苏里南公民享有平等地担任任何公职的资格。

5. 法律应规定外国人可以担任的公职。

6. 外国人进入国境和被驱逐出境应由法律规定。

7. 法律应规定引渡外国人的规则；除依照条约并遵守法律规定的方式外，任何引渡均不得生效。

第四节　国家和社会

第四条

国家的目标在于：

A. 建立和维持国家经济的自由独立，摆脱殖民统治；

B. 为全体国民的民生提供保障；

C. 在自由和公正保障下的充分就业；

D. 所有人分享经济、社会和文化发展及进步带来的利益；

E. 培养参与建设、扩展和维持一个公正的社会的公民意识；

F. 保障国家统一和主权。

第二章　经济目标

第五条

1. 苏里南共和国的经济目标在于建立摆脱殖民统治的自由的国家经济和维护苏里南国家利益。

2. 支撑社会经济发展的经济体系应具备下列特征：依照法律相关规定，国有企业、民营企业及国家和

---

* 译者：李帅斌。

私人共同组建的合资企业之间实现共同、即时和平等的运行。

3. 促进和保障尽可能多的企业生产是国家的责任。

第三章 社会目标

第六条

国家社会目标在于：

A. 确认本国自然经济发展的潜能并扩大发展的容量以扩展前述潜能；

B. 通过国家、区和部门参与保障在政治生活中的社会参与；

C. 保障旨在提高社会生活和福利水平的政府政策的实施，该社会以社会公正与国家和社会的统一平衡发展为根基；

D. 公平分配国民收入，尤其是所有人口阶层间的福利和财富的公平分配；

E. 公共事业和经济活动的区域传播；

F. 促进公司和生产经营单位的员工在有关生产、经济发展和规划方面的共同决策权。

G. 建立和完善保护自然和维持生态平衡的必要条件。

第四章 国际原则

第七条

1. 苏里南共和国承认和尊重基于平等、主权和互利原则的民族自决权和国家独立。

2. 苏里南共和国推动国家法律秩序的发展并支持国际争端的和平解决。

3. 苏里南共和国反对任何形式的武装侵略和政治经济压迫以及直接或间接地对他国国内事务的干预。

4. 苏里南共和国推动反对殖民主义、新殖民主义、种族主义、种族灭绝及争取民族解放、和平与社会进步民族间的团结协作。

5. 苏里南共和国鼓励加入旨在建立人类和平共处、和平与进步的国际组织。

第五章 基本权利、个人权利和自由

第八条

1. 苏里南境内的所有国民均享有人身和财产的平等保护请求权。

2. 任何人不因出身、性别、种族、语言、宗教、教育、政治信仰、经济状况或任何其他条件遭受歧视。

第九条

1. 任何人享有身体、智力和道德完整权。

2. 禁止对任何人实施酷刑、侮辱人格或者非人道待遇和惩罚。

第十条

任何人的权利和自由若受侵犯，均有权请求独立和公正的法官于合理时间内进行诚实和公开的审判。

第十一条

任何人的意志均应服从获得法律授权的法官。

第十二条

1. 任何人在法院均享有获得法律援助的权利。

2. 法律应规定为经济弱势群体提供法律援助。

第十三条

不得对任何人科处剥夺公民权利的惩罚，亦不得对罪犯科处没收全部财产的刑罚。

第十四条

任何人享有生命权。生命权受法律保护。

第十五条

禁止强迫或强制任何人参加劳动。

第十六条

1. 任何人均享有人身自由权和安全权。

2. 除依照法律的规定并遵守法定的程序外，不得剥夺任何人的自由。

3. 丧失自由者有权获得符合人格尊严的待遇。

第十七条

1. 任何人的隐私、家庭生活、家庭及其荣誉和名誉均应受到尊重。

2. 居民的住宅不受侵犯，有权机关依照法律并遵守法定条件发布命令的除外。

3. 通信、电话和电报自由不受侵犯，法律另有规定的除外。

第十八条

任何人享有宗教和生命哲学自由。

第十九条

任何人享有表达其见解或感受、通过出版或其他通信手段发表其观点的权利，但应服从法律规定的社会责任。

第二十条

任何人享有和平结社和集会的权利，但应遵守法律为保护公共秩序、安全、健康和道德而制定的规则。

第二十一条

1. 和平游行的权利受到承认。

2. 为保护公共秩序、安全、健康和道德，游行权的适用应受到法律的限制。

第二十二条

1. 任何人享有向主管机关提出书面请求的权利。

2. 法律规定上述权利的运行程序。

第二十三条

如遇战争、战争危险、国家沦陷、紧急状态或其他危害国家安全、公共秩序和善良风俗的情形,法律可以酌情限制本宪法规定的权利,但不得违背相关国际规则,该法律的效力具有临时性。

第六章 社会、文化及经济权利和义务

第一节 劳动权

第二十四条

国家应致力于提供相应条件,促使劳动、食品、医疗保健、教育、能源、服装和通信等基本需求达到最佳满足。

第二十五条

劳动为人类发展的最重要的方式,亦是重要的财富源泉。

第二十六条

1. 人人均依其能力享有劳动权。
2. 劳动义务和劳动权利相统一。
3. 人人享有自由选择职业和劳动的权利,法律另有规定的除外。
4. 人人均有创造经济生产的权利。

第二节 国家的劳动职责

第二十七条

1. 国家有义务尽可能按照下列方式保障劳动权:
   A. 遵守已制定的旨在达至充分就业的政策;
   B. 禁止无正当理由或者因政治或意识形态而解雇;
   C. 保障平等选择职业和劳动类型的机会并禁止依据性别而阻碍或限制选择职权或职业;
   D. 提升雇员的专业技能。
2. 国家应着力提供相应条件以最大化地提升经济生产的创造动力。

第三节 雇员的权利

第二十八条

所有雇员,不分年龄、性别、种族、国籍、宗教或政治主张,均享有下列权利:
   A. 依其劳动量、类型、质量和经历获得报酬,且应同工同酬;
   B. 享有人性化的劳动条件以确保自我发展;
   C. 安全健康的劳动条件;
   D. 充足的休息和娱乐。

第四节 国家对雇员权利应尽的职责

第二十九条

国家有义务明确雇员的劳动、报酬和休息条件,尤其是通过:
   A. 制定关于工资、工时、工作条件和特别工种的规章;
   B. 为妊娠前后的妇女、未成年人、残疾人和特殊行业的劳动者或处在不健康或危险条件下的劳动者提供特殊保护。

第五节 工会自由

第三十条

1. 雇员可以自由建立工会以保护其权利和利益。
2. 为行使工会权利,应不加区别地保障下列自由:
   A. 加入或不加入工会;
   B. 参加工会活动的权利。
3. 工会应遵守民主组织和管理原则,由董事局以无记名投票方式定期选举产生。

第六节 工会和集体协议的权利

第三十一条

1. 工会代表雇员并为其承担责任,工会应享有保护雇员权利和利益所需的权力。
2. 工会应参与下列事项:
   A. 筹备劳动立法;
   B. 创立社会保障机构和服务于雇员利益的其他机构;
   C. 筹备和调配经济社会计划的执行。
3. 工会有权签订集体劳动合同。签订集体劳动合同权应适用何种规则及规则的适用范围,应由法律规定。

第三十二条

维护企业家利益的协会享有保护其被代表人的权利和利益所需的权力。

第七节 罢工权

第三十三条

应承认罢工权,法律另有规定的除外。

第八节 财产权

第三十四条

1. 社会财产和私人财产具有社会功能。财产权不受侵犯,法律另有规定的除外。
2. 征收只得基于公共利益,遵守法定的规则,并

给予事先保障的赔偿。

3. 事先不必确保补充,紧急情况下可以立即征收。

4. 在法定的情形下,政府主管部门基于公共利益销毁或使财产不能使用或限制行使财产权的,应给予补偿。

第九节 家 庭

第三十五条

1. 家庭受承认和保护。
2. 法律面前夫妻平等。
3. 每个孩子均应不受歧视地获得保护。
4. 父母对法律意义上的子女或亲生子女负有同样的责任。
5. 国家承认母亲的非凡价值。
6. 职业女性应享有带薪产假权。

第十节 健 康

第二十六条

1. 人人享有健康权。
2. 国家应通过系统化提高生活和劳动条件推动公共保健,并提供有关健康保护的信息。

第十一节 青 年

第三十七条

1. 青年在享受下列经济、社会和文化权利时应受到特别保护:

   A. 享有教育、文化和劳动的权利;
   B. 职业培训;
   C. 体力训练、体育和娱乐;

2. 青年政策的主要目标在于培育青年的人格、树立服务社会的观念。

第十二节 教育和文化

第三十八条

1. 人人享有受教育和文化表达的权利。
2. 教育免费,并服从国家公共教育机构的监管以确保国家设立的教育政策和教育标准得到遵守。
3. 科技实践无偿。
4. 国家应推动教育类型多样化并建立相应的条件以确保学院教育和其他形式的教育有利于发展民主和公正的社会。
5. 国家应依照下列方式推动文化民主:扩大文化和文化关系的传播范围,确保全民得以通过文化和娱乐机构、信息媒体和其他适当的渠道享有文化创造成果。

第十三节 教 育

第三十九条

国家应承认和保障全体公民的受教育权并提供平等的受教育机会。国家执行教育政策应履行下列义务:

A. 确保义务、免费的初级教育;
B. 确保教育的连续性并扫除文盲;
C. 保证全体公民依其能力接受高等教育、科学研究和艺术创作;
D. 分阶段提供所有层次的免费教育;
E. 调整教育服务于社会生产和社会需求。

第七章 经济制度

第四十条

为推动建立公正社会的社会经济秩序,法律应根据国家和社会经济目标制定发展规划。

第四十一条

自然财富和资源为国家财产且应用于推动经济、社会和文化发展。占有并利用自然资源用于发展经济、社会和文化为苏里南共和国不可让渡的权利。

第四十二条

1. 法律应保障工商业的运行模式不得违背国家目标、公共利益,尤其是国家政策、健康、道德和国家安全。
2. 外币流通应由法律规定。

第四十三条

金融体系的结构应由法律依照如下的方式规定:通过节约和合理分配必要的金融工具以保证生产部门的投资。

第四十四条

工业产权应由法律规定。

第八章 社会秩序

第四十五条

社会秩序应建基于如下原则:社会中全体苏里南公民享有平等的权利和义务。

第四十六条

国家应提供相应的条件发展教育,使公民得以民主和有效方式参与国家的发展进程。

第四十七条

国家应留存并保护苏里南文化遗产,推动文化遗产的维护并鼓励利用科技实现国家发展目标。

第四十八条

1. 国家应监管化学、生物、医药和其他消费型制品、医疗和诊断工具的生产、使用和流通。

2. 国家应监管所有医疗、制药和辅助医疗人员及其行为。

3. 上述两款规定的产品及其功效的检查应由法律规定。

第四十九条

法律应规定住房计划,以采购充足的保障性住房,加强公共住房的不动产管控。

第五十条

寡妇、孤儿、老年人、残疾人和无行为能力劳动者的社会保障政策应由法律规定。

第五十一条

国家应保障寻求正义者有权获得法律援助机构的服务。

第九章 民主国家组织原则

第一节 政治民主

第五十二条

1. 一切政治权力源于人民且应依据宪法行使。

2. 政治民主以苏里南人民的参与和代表为特征,应建立民主政治体制保障人民的参与及人民参与立法和行政以巩固和延伸民主制度。政治民主应建立更优越的条件来保障人民的一般参与、自由和秘密选举立法机关和政府工作人员。

3. 对人民负责、专职机关对政府行为的监督和议员罢免权为真正民主的保障。

第二节 政治组织

第五十三条

1. 国家应承认公民建立政治组织的自由,法律另有规定的除外。

2. 政治组织应尊重国家主权和民主。

3. 政治组织行使其权利应遵守:

A. 其目标不得违反或抵触宪法和法律;

B. 组织应对符合法定标准的苏里南公民开放,但公民应遵守该组织的基本原则;

C. 内部组织须采取民主制,尤其在定期委员会选举、代表委员会提议的代表应在符合组织结构的条件下选出两方面;即设常任选举委员会和选出符合政党结构的候选人。

D. 应告知选民政治组织的政治纲领和选举程序;

E. 年度收入来源和清单应在苏里南共和国官方公报和至少一家报纸上颁布;

F. 其运作应遵守良好管理原则和法定规则以保障开放性和透明度;

G. 起草计划的唯一目标为促进国家利益。

第三节 国家机关运行的基本原则

第五十四条

1. 国家有义务登记有选举权的选民并召集其参加选举。选民登记不得服务于任何其他目的。有选举权的选民有义务与选民登记机关合作。

2. 国家机关的组织和运行应遵守下列原则:

A. 上级国家机关作出的决定拘束下级国家机关,该规定不得适用于司法机关;

B. 下级国家机关应向上级国家机关说明理由并作工作汇报;

C. 行政执行机关应接受代表机关监督;

D. 全体委员会和国家机关应遵守言论自由、评论和多数对少数的承认原则;

E. 担任政治职务者应对其作为和不作为承担相应的民事和刑事法律责任;

F. 担任政治职务者有义务履行其公益职责;

G. 不得提名任何人担任终身政治职务;

H. 为使人民积极参与行政管理,中央主管机关应定期发布政府政策和国家管理方面的信息。下级行政机关有义务建立与人民沟通的渠道,以建立对公众负责的政府和保障人民参与制定政策。

第十章 国民议会

第一节 国民议会组织和组成

第五十五条

1. 国民议会代表苏里南共和国人民并表达国家主权意志。

2. 国民议会为国家最高国家机关。

第二节 议员选举

第五十六条

1. 国民议会议员应由选举产生,每届任期五年。

2. 除非发生战争或其他阻碍选举的例外情形,法律不得减少议员五年任期。

第五十七条

1. 国民议会议员由年满十八周岁、常住地为苏里南的苏里南公民直接选举产生。

2. 每个选民每届仅享有一次投票权。

第五十八条

下列人员不得行使选举权:

A. 选举权被不可撤销的司法判决剥夺者;

B. 依法被剥夺自由者;

C. 不可撤销的司法判决裁定由于精神疾病或丧

失行为能力而无权处置或管理其财产者。

第五十九条

年满二十一周岁,未因第五十八条第 A、C 项之规定被剥夺其选举权,常住地为苏里南的苏里南公民享有选举权。

第六十条

一切有关普选权、独立选举委员会及其职权的设立、选区划分、根据选区就国民议会席位的重新划分以及议席的分配方法应由法律规定。该法律应以三分之二多数决通过。

第三节 国民议会议员

第六十一条

1. 国民议会由五十一名议员组成,议员由各区在普遍、自由和秘密选举的基础上,依照平均和优先投票的最多数按比例代表制产生。

2. 国民议会议员候选人于选举前应在其选区内主要或实质居住地居住满两年。

第六十二条

法律应规定国民议会议员停职的条件。

第六十三条

已废除。

第六十四条

地方和区代议机关的会期应最大限度地与国民议会会期保持一致。

第六十五条

议员就职前应作如下宣誓:

"我宣誓为当选国民议会议员,我未曾,将来也不会,直接或间接,以任何名义或理由,向任何人给予或承诺任何事。

我宣誓为履行职务,我不会直接或间接接受任何人的承诺或礼物。

我宣誓将忠诚履行国民议会议员职务。

我宣誓将尽我所能提高苏里南福利。

我宣誓遵守宪法和任何其他法律规定。

我宣誓效忠苏里南共和国。请帮助我,全能的神。"

(我声明和宣誓)

第六十六条

国民议会议员选举结束后三十日内,国民议会应在年资最长的议员的主持下召开会议,若其不能主持或缺席,则由年资次长的议员主持。在本次会议上,国民议会应依据法律规定的规则审查新议员的资格,并解决因议员资格和选举本身引起的争议。

若有若干名议员有资格获任年资最长议员,则应抽签决定会议主持人的人选。

第六十七条

1. 第六十六条规定的年资最长的议员在会前应向总统作法定的宣誓或承诺,之后应向其他五十位议员宣誓。此后,国民议会应选举一名议长和一名副议长,议长和副议长应立即履行职权。

2. 议长应在国民议会向会议主持人宣誓或作出承诺。

3. 若会议主持人出任议长,则其应在国民议会向副议长宣誓或作出承诺。

第四节 国民议会议员职务的终止

第六十八条

1. 国民议会议员在下列情况下终止职务:

A. 死亡;

B. 个人申请辞职;

C. 依照法定的方式被罢免;

D. 丧失担任被选举人的资格;

E. 任命为部长或副部长;

F. 连续缺席达五个月;

G. 因刑事犯罪被不可撤销的司法判决剥夺自由达五个月以上。

2. 国民议会议员不得担任部长或副部长,除非部长或副部长自当选国民议会议员起三个月内辞职。

3. 丧失议员资格的其他规则由法律规定。

第十一章 立法机关

第一节 立法权的行使

第六十九条

议员、政府和政府其他机关应尊重宪法规定。

第七十条

立法权由国民议会和政府共同行使。

第二节 国民议会职权

第七十一条

1. 国民议会有权批准提交其审议的全部法律议案。

2. 国民议会有权以国民议会议员三分之二多数或在其认为必要的情形以全民公决的方式作出决定,本宪法另有规定的除外。

3. 国民议会应制定其议事日程。包括国民议会程序规则在内的议事日程应以法令的形式颁布。

第七十二条

除本宪法作出保留外,下列事项当然由法律予以规定:

A. 条约,但须遵守第一百○四条的规定;

B. 本宪法的修改;

C. 宣战或停战、紧急民事或军事状态;

D. 确立和修改苏里南共和国的政治—行政区划；

E. 确立领海的范围和边界及苏里南共和国享有的沿海大陆架和专属经济开发区权利；

F. 设立国家发展委员会；

G. 发布大赦或特赦。

第七十三条

社会经济和政治政策应由国民议会事先批准后由政府执行。

第七十四条

国民议会履行下列职责：

A. 选举总统和副总统；

B. 提名监督和管理国家财政支出机构的主席、副主席、成员和候补成员人选；

C. 向总统提名宪法法院成员及其指定的代表；

D. 任命、中止和罢免国民议会秘书职务；

E. 组织国民议会。

第三节 立法程序、修正案提议权、审讯权和调查权

第七十五条

1. 总统应向国民议会书面提交法律议案或其他政府议案。

2. 就收到的政府提案展开公共辩论前，应预先审查提案。

3. 国民议会应在议事日程中确立审查的方式。

第七十六条

国民议会有权对政府提出的议案作出修改。

第七十七条

1. 若国民议会决议通过某项议案，不论修改与否，均应通知总统。

2. 若国民议会决议否决某项议案，亦须通知总统，请求其更审慎地审核该议案。国民议会作出决议前，总统有权撤回其提出的议案。

第七十八条

议员均有权向国民议会提出法律议案。

第七十九条

国民议会享有法律规定的审查权。

第八十条

1. 国民议会通过并经总统批准的一切议案自其颁布之日起发生法律效力。

2. 法律不可侵犯，但第一百〇六条、第一百三十七条、第一百四十四条第2款另有规定的除外。

第四节 程 序

第八十一条

总统应于每年十月的第一个工作日向国民议会作政府工作报告。

第八十二条

国民议会的一切会议应公开进行，但其决议不公开的除外。

第八十三条

1. 未经半数以上议员出席会议，不得进行审议或作出决议；

2. 国民议会的一切决议应由多数决作出，但本条第3款、第六十条、第七十条第2款和第八十四条第4款另有规定的除外；

3. 下列事项应由国民议会议员三分之二多数决作出：

A. 修改宪法；

B. 修改涉及第六十条规定事项的选举法；

C. 选举总统；

D. 选举副总统；

E. 依照第一百八十一条第2款的规定组织国民议会；

F. 组织全民公决。

第八十四条

1. 若就是否通过动议由全体国民议会议员出席表决仍获得相同票数，则视该动议未获通过。

2. 若是否通过动议是在有国民议会议员缺席情况表决获得相同票数，则动议应推迟到下次会议审议。该动议在本次会议上视为未通过。

3. 若五名以上议员提议，则应施行唱名和口头表决；但选举或提名人选的情形应施行秘密和不记名表决。

4. 国民议会可以三分之二多数决通过就特定事项施行秘密和不记名表决。

第八十五条

1. 政府应书面或口头回复国民议会的质询。国民议会可邀政府出席会议。

2. 政府可出席国民议会会议。政府出席会议可行使咨询表决权。政府可邀专家协助。

第八十六条

法律应规定为国民议会议员和前议员及其在世亲属利益给予财政资助。

第八十七条

1. 国民议会任命、中止或罢免秘书。秘书不得兼任国民议会议员。

2. 法律应规定秘书职位。

第五节 豁 免

第八十八条

国民议会议长、议员、第八十五条第2款规定的政府和专家不因其在会议上的发言或向国民议会提交的书面文件受刑事追诉，公开秘密会议上保密的发

言或文件的除外。

第八十九条

国民议会有义务以法律规定的方式向区议会通知重要的决议或观点。

第十二章　总　统

第一节　总　则

第九十条

1. 总统为苏里南共和国国家元首、政府首脑、国务委员会和安全委员会主席。

2. 总统应对国民议会负责。

第九十一条

1. 总统和副总统由国民议会选举产生,每届任期五年。若新任命的总统宣誓,则前任总统终止职务。前任总统职位空缺,则选举产生的新总统开启新的任期。

2. 前款规定适用于副总统。

第九十二条

1. 担任总统或副总统候选人应具备以下条件:拥有苏里南国籍;年满三十周岁;享有选举权和被选举权;遵守宪法。

2. 提交申请前,候选人应在苏里南拥有住所并在苏里南主要和真实居住六年以上。

第九十三条

总统和副总统就职前应作如下宣誓或承诺:

"我宣誓为当选总统(副总统),我未曾,将来也不会,直接或间接,以任何名义或理由,向任何人给予或承诺任何事。

我宣誓为履行职务,我不会直接或间接接受任何人的承诺或礼物。

我宣誓为履行总统(副总统)职务,我将尽我所能维护和促进国家和人民的利益。

我宣誓我将如一位善良和忠实的总统(副总统)所做的那样,尽我所能防卫和维护苏里南共和国的独立和领土完整;我将保护全体人民的一般和特别的自由和权利,利用法律和现实赋予我的所有权能维持和促进人民的特殊和一般福利。

我宣誓遵守宪法和任何其他法律规定。

我宣誓效忠苏里南共和国。请帮助我,全能的神。"

(我声明和宣誓)

第九十四条

总统和副总统不得兼任其他政治和行政公职,不得履行贸易、商业和工会职权,不得从事任何其他职业。

第九十五条

总统和副总统不得直接或间接从事建基于与国家或区签订营利性协议的行业,亦不得担任担保人。除为政府团体外,不得向国家提出金钱请求。

第九十六条

总统和副总统不得直接或间接从事苏里南国家或区的特许性行业。

第九十七条

1. 总统不得与下列人员存姻亲或血亲关系:副总统、部长、副部长、国务委员会及监督和管理国家财政支出机构的主席和其他人员。

2. 获得任命后与上述人员享有姻亲或血亲关系的总统仅得根据法律许可方可保有总统职权。

第九十八条

在下列情形下,由副总统行使总统职权:

A. 总统被宣告不适合行使职权;

B. 总统临时性授权副总统行使总统职权;

C. 无总统或总统缺位;

D. 依照第一百四十条的规定对总统提起诉讼。

第二节　总统职权

第九十九条

行政权授予总统。

第一百条

总统为武装部队总司令。

第一百○一条

总统应指导对外关系并推动国际法律秩序的发展。

第一百○二条

1. 未经国民议会事先同意,总统不得宣布苏里南共和国进入战争状态、有战争危险或处于戒严状态。因不可抗力致使不能向国民议会咨询时,无须国民议会事先同意。

2. 未经国民议会事先同意,总统不得宣布终止苏里南共和国与他国间的战争状态、战争危险或戒严状态。因不可抗力致使不能向国民议会咨询时,无须国民议会事先同意。

3. 经国民议会事先同意,为维护国内外安全,在遇到战争、战争危险、严重危害或损害国内秩序与和平等对国家利益造成实质损害时,总统得宣布苏里南部分区进入紧急状态。

4. 未经国民议会事先同意,总统不得宣布终止紧急状态。因不可抗力致使不能向国民议会咨询时,无须国民议会事先同意。

第一百○三条

与外国和依国际法设立的国际组织间的国际协定应由总统或经总统授权缔结。若协议有规定,则应由总统签署。该协定应尽快移交国民议会;未经国民议会同意不得批准,亦不得生效。

第一百〇四条

1. 可经明示和默示同意。明示同意应由法律规定。若协定移交国民议会同意三十日后,国民议会未声明明示同意该协定的意愿,则应视为默示同意该协定。

2. 法律应规定无须同意的情形。

第一百〇五条

规定的直接拘束人民的协定条款自其颁布之日起生效。

第一百〇六条

若苏里南共和国的有效规章与直接适用于人民的国际协定相冲突,不论协定在规章之前或之后制定,应优先适用协定。

第一百〇七条

法律应规定协定和国际组织决议的颁布。

第一百〇八条

经政府提议,总统赋予有资格者苏里南共和国的荣誉称号。

第一百〇九条

总统有权赦免司法判决宣告的刑罚。总统行使赦免权前应查明作出司法判决的法官的观点。

其他权力

第一百一十条

总统还享有下列权力:

A. 协商后(包括参考选举结果),组成部长会议;

B. 指导政府项目的准备工作;

C. 指导州议会的活动;

D. 应要求召集和领导部长会议;

E. 任命和罢免部长职务;

F. 签署获得国民议会批准的议案和提起国家法令议案;

G. 中止部长会议及部长的决议;

H. 任命、罢免提供公共服务的公职人员和暂停其职务,法律另有规定的除外。

第一百一十一条

在国际关系中,总统享有下列职权:

A. 任命、罢免、替换苏里南共和国外交代表和暂停其职务;

B. 信任或不信任外国外交代表;

C. 接受外国外交代表的委任状。

第一百一十二条

关于总统的其他事项应由法律规定。

第十三章 国务委员会、政府、部长会议及其成员

第一节 国务委员会

第一百一十三条

应设立国务委员会,其组成和权力由法律规定。总统为国务委员会主席。

第一百一十四条

国务委员就职前应向总统作如下宣誓或承诺:

"我宣誓(承诺)为当选国务委员,我未曾,将来也不会,直接或间接,以任何名义或理由,向任何人给予或承诺任何事。

我宣誓(承诺)为履行职务,我不会直接或间接接受任何人的承诺或礼物。

我宣誓(承诺)我将履行职责且不会将担任国务委员所知的信息、委任于我的秘密、或应视为机密的事项颁布,向法定颁布者颁布的除外。

我宣誓遵守宪法和任何其他法律规定。

我宣誓效忠苏里南共和国。请帮助我,全能的神。"

(我声明和宣誓)

第一百一十五条

1. 国务委员会完整地享有法律规定的下列职权:

A. 就总统行使国家元首和政府首脑职权提供建议;

B. 就一般政策事项和议案内容及需国民议会同意的国际法下的协定向政府提供建议;

C. 就提起国家法令议案向政府提供建议;

D. 通过国务委员会议事日程,该议事日程应由国家法令规定;

E. 就提起一般行政措施向政府提供建议。

2. 已废除。

第二节 政 府

第一百一十六条

1. 总统、副总统和部长会议组成政府。副总统负责部长会议的日常管理且对总统负责。

2. 政府应对国民议会负责。

第一百一十七条

政府起草国家法令。国家法令不得规定刑罚,但按照法律授权的除外。法律规定刑罚的适用。

第一百一十八条

法律和国家法令的颁布方式及其生效的时间应由法律规定。

第三节　部长会议

第一百一十九条

1. 部长会议为政府的最高执行机关和行政机关。
2. 全体部长组成部长会议,部长会议由副总统主持。
3. 部长会议设立至少一名副主席。

第一百二十条

专门的、技术的专家在主席的邀请下可出席部长会议。

第一百二十一条

部长会议有义务协助州议会采集信息以行使建议权和监督权。

第一百二十二条

依照国民议会的议事规则,部长会议应履行下列职责:

A. 执行政府制定的政策;
B. 准备立法法案和行政规章;
C. 若法令的执行委任其监督职责,监督法令的正确执行;
D. 准备和执行一项生效的政策;
E. 通过发布部长禁止令指导行政机关并监督地方机关的行政职权。

第一百二十三条

1. 部长会议成员负责领导其所辖部门工作和部长会议议事规则委任的事项。
2. 部长应对总统负责。

第四节　副部长

第一百二十四条

总统可为每个部门任命一名以上副部长,在部长认为必要时,副部长听从部长指示代替部长行使职权。副部长应对总统负责,但不得有损部长职责。

第一百二十五条

部长和副部长就职前应向总统作如下宣誓或承诺:

"我宣誓(承诺)为当选部长(副部长),我未曾,将来也不会,直接或间接,以任何名义或理由,向任何人给予或承诺任何事。

我宣誓(承诺)为履行职务,我不会直接或间接接受任何人的承诺或礼物。

我宣誓(承诺)我将忠诚履行委任于我的所有部长(副部长)职责。

我宣誓(承诺)我将尽我所能提升苏里南福利。

我宣誓遵守宪法和所有其他法律规定。

我宣誓效忠苏里南共和国。请帮助我,全能的神。"

(我声明和宣誓)

第一百二十六条

法律应规定为部长、副部长和前任部长、前任副部长及其在世亲属利益的财政资助。

第一百二十七条

部长会议议事日程应由国家法令规定。

第十四章　国家安全机关

第一节　总　则

第一百二十八条

应设立国家安全委员会,国家安全委员会在正式授权的机关宣告战争状态、战争威胁、军事入侵引起的戒严状态及民事和军事紧急状态时履行职责。

第二节　国家安全委员会的组成

第一百二十九条

国家安全委员会由下列人员组成:
作为主席的总统;
作为副主席的副总统;
负责法律事务的部长;
国防部长;
另一名部长会议成员;
国民军司令官;
苏里南警察总队长官。

第一百三十条

国家安全委员会应保护苏里南共和国的主权和国内安全并授予维护苏里南共和国国内外安全的特别权力以应对战争、战争威胁或戒严状态以及其他法律规定的严重情形。

第十五章　法律制度

第一节　总　则

第一百三十一条

1. 苏里南司法应以共和国的名义进行。
2. 除依法律事先规定外,任何行为不受处罚。
3. 禁止对侦查、起诉和审判的一切干预。

第一百三十二条

民商法、民事、军事和刑事法及其程序法应由法典予以规定,但不得损害专项立法就特定事项的立法权。

第二节　司　法

第一百三十三条

1. 司法权由法院院长和副院长、法官和助理法官、检察长及检察官办公室其他成员等法律规定的其他司法工作人员组成。

2. 法律可规定不属于司法权的人员亦有权参与司法活动。

3. 法院院长、副院长、法官和助理法官负责司法行政工作。

第一百三十四条

1. 诉讼的审理和判决专属于司法权,法律保留法官的任免权。

2. 法律规定的惩罚和处置的宣告权亦属于负责司法行政的司法权,军事犯罪和纪律法规定的监禁除外。

第一百三十五条

1. 不涉及民事法律关系的诉讼决定,可以依法移交行政法官。法律应规定决定的程序和结果。

2. 前款规定的情形亦可申请行政复议。行政复议在法律规定的范围内排除司法权。

第一百三十六条

1. 判决书应注明判决理由,刑事判决应注明惩罚依据的法律条款。

2. 审判应遵循公开原则,法律另有规定的除外。

3. 法律未规定监禁刑的犯罪行为不适用第一款的规定。

4. 宣判应公开进行。

第一百三十七条

法官审理案件时,若发现适用某项法律规定违背在第五章规定的一项或多项宪法权利,法官可宣布不适用该规定。

第三节 司法权的组成

第一百三十八条

法律应规定司法权的组织、构成和管辖权。

第一百三十九条

司法行政的最高司法机关为苏里南法院。苏里南法院应监督诉讼的常规运行和判决。

第一百四十条

高等法院审理担任政治职务者(即使已退休)履行职务行为。国民议会依照法律规定的方式提起弹劾后,检察长对被弹劾者提起诉讼。法律可规定国家高级委员会委员和其他官员应就行使职权过程中的犯罪行为负责。

第一百四十一条

1. 负责司法行政的司法人员或检察长应年满三十周岁、拥有苏里南国籍,并主要和真实地居住在苏里南。

2. 负责司法行政的司法人员和检察长应由政府咨询法院后任命。法院院长、副院长、法官和检察长任职终身。

3. 法律应规定任命的其他条件及司法人员在世亲属利益的财政资助。

第一百四十二条

1. 在下列条件下,政府可以罢免负责司法行政的司法人员和检察长:依其申请,达到退休年龄。

2. 在下列条件下,法院可以提议罢免前款规定的人员:

触犯法律规定;

持续性精神障碍;

因触犯刑法被宣告不可撤销的拘留;

被宣告破产;

因民事债务而延期支付或由法院监护;

行为严重不当或不道德或履行职务连续失职。

第一百四十三条

若总统认定前条规定人员触犯第一百四十二条第2款的规定,总统可以中止其职务并任命临时替补人员。法律应规定中止和罢免的后果。

第四节 宪法法院

第一百四十四条

1. 应设立宪法法院,宪法法院由院长、副院长、三名大法官和三名助理法官组成。大法官和助理法官由国民议会提名任命,每届任期五年。

2. 宪法法院履行下列职责:

A. 审查法案或法案条款是否违背宪法及与外国和国际组织缔结的可适用协定;

B. 审查政府组织的决议是否侵犯第五章规定的一项或多项宪法权利。

3. 若宪法法院判决存在违背第2款A项规定的宪法或协定的一项或多项规定的情形,则法案、法案条款或政府组织决议无效。

4. 法律应规定调整宪法法院结构、组织、程序及宪法法院判决的法定效力的细化规则和规章。

第五节 公 诉

第一百四十五条

公诉机关为专门的调查机关,负责起诉犯罪行为。军事犯罪不适用该诉讼原则。

第一百四十六条

1. 检察长向法院提起公诉。

2. 检察长代表苏里南共和国参与诉讼。检察长为公诉机关首长,同时主管司法警察。为维护正义的必要,检察长有权向负责警察事务的官员发布命令以预防、发现和调查犯罪行为。

第一百四十七条

检察长监督警察任务的正确执行。检察长有权提出其认为可行的任何建议。

第一百四十八条

政府规定一般诉讼政策。在维护国家安全的特定情形下,政府可向检察长发布起诉命令。

第十六章 监督国家财政支出

第一百四十九条

1. 法律应设立国家财政支出监督机构,该机构同时管理广泛的政府措施。

2. 对国家财政支出和管理的监督和管控应合法和有效率。

第一百五十条

总统依国民议会提名任命该机构主席、委员和助理委员,每届任期五年。

第一百五十一条

第一百四十九条规定的机构每年向国民议会、国务委员会和政府作一次以上阶段性监督报告。

第一百五十二条

法律应规定该机构的构成、组织和职权等事项。

第十七章 咨询委员会

第一百五十三条

法律应设立一个或多个服务于政府利益的咨询委员会,并规定咨询委员会的任命、构成、程序和职权。

第十八章 财政和货币体系

第一百五十四条

1. 法律应规定财政体系结构,通过节约和正确分配必要的财政手段扩大生产部门的投资。

2. 法律应规定货币体系和中央银行。

3. 法律应规定有关保险和银行服务的规则。

4. 法律应规定国家发行债务的条件。

第十九章 税 收

第一百五十五条

1. 税收法定,法律应规定税率、关税、特许和对纳税人的保障。

2. 不得许可任何税收特权,法律另有规定的除外。

第一百五十六条

1. 法律应规定年度预算的预备、起草和执行及其有效期限。

2. 预算应估算国家支出和支出方式。

3. 每年十月第一个工作日,政府应依照法律和政府发展计划向国民议会提交一份或多份预算法案。

4. 政府向国民议会提交预算法案时,总统应在国民议会特别会议上作如下致辞:

A. 预算应于每一财政年度的1月1日生效。

B. 1月1日后预算自动生效,延期生效的除外。

5. 新的预算生效前,该年度之前的预算应作为管理的基础。

A. 法律应规定预算结算应在每个财政年度分别计算。

B. 国家财政收入和支出应由国民议会依照法定条件审核,法律应设立独立机构审查提交的预算。

第二十章 公共行政

第一百五十七条

1. 行政机关应向人民提供便利的服务以保证相关当事人的参与和避免官僚化。

2. 法律应规定行政分权的适当形式,行政分权应考虑效率但不得损害行动的统一性,不得损害政府给予指导和实行监督的权力。

3. 法律应规定行政程序,该程序应保证部委理性决策和公民参与决策过程或讨论。

第一百五十八条

1. 行政机关办理案件应向直接利益相关人告知处理结果和对其采取的措施。

2. 利益相关人有权请求法院审查公共行政机构作出的最终的可执行的违法行为。

3. 利益相关人在纪律处分程序中获得答复的权利应得到保障。

第二十一章 地方政府

第一节 总 则

第一百五十九条

苏里南共和国的民主秩序包括在区域层面的地方政府,其功能、组织、职权和运作模式应由法律依照参与民主和行政与立法分权的原则规定。

第二节 领土区划

第一百六十条

1. 法律应规定将全国领土分为若干区,区又分为若干省。区和省的划分应适用下列标准:

人口集中;

发展潜力;

管理领土的可行性；
基础设施的可用性；
行政中心的位置。
2. 区的边界为1983年"区划法令"所确立的边界。

第三节 地方代表

第一百六十一条

1. 地方应设立两级代表机构：区议会和地方议会。
2. 区议会为区最高政治行政机关。
3. 地方议会为行政管辖的最高政治行政机构。

第一百六十二条

区议会由区行政辖区内选民普遍、自由、秘密选举产生。区议会席位应根据区内政治代表机构享有的地方议会席位总数按比例分配。

第一百六十三条

地方议会由地方行政辖区内选民普遍、自由、秘密选举产生。代表选举的顺序是由收到的个人计票顺序确定。所有可用议席须予批准。在不损害有关资格的代表机构其他法律规定，候选人为地方议会或区议会所在的区，管辖其主要和实际居住地。

第四节 管 辖

第一百六十四条

地方立法机关和地方行政机关参与区计划和行政管辖的筹备、创作和执行。其他具体工作应由法律规定。

第一百六十五条

地方和行政管辖的财政条款应由法律规定；其设想其他事项以促进区基金的合理和公平分配。

第一百六十六条

政府依照法律规定的方式和情形监督地方。

第五节 程 序

第一百六十七条

区议会和地方议会表达居民的意志和愿望。区议会应将之向国民议会表达，地方议会则向区议会表达。

第一百六十八条

1. 应授予选区代表参与制定和建立国家及区域发展政策的机会。
2. 区议会有权委派代表参与致力于国家发展的发展会议。
3. 区议会有权向相关部委提交本区的改革建议。

第二十二章 地方立法

第一百六十九条

1. 区议会享有制定规章和管理区事务规定的权力。
2. 区议会有权制定维护本区利益的区条例，但不得违反宪法、法律和政府行政措施。它应遵守法律授予区议会的立法权。

第一百七十条

1. 区条例在国民议会、政府、国务委员会地方专员备案后生效。
2. 区条例应在当地报纸和苏里南共和国官方公报上颁布，且易于在区专员办公室阅读以方便本区公民知悉。

第一百七十一条

区条例依照第一百七十条的规定颁布后，任何人均有权对其向国民议会投诉。

第一百七十二条

1. 区条例与宪法、政府计划或现行法相抵触的，国民议会有权宣布其无效。
2. 区条例向国民议会提交后，国民议会于六周内向区议会书面回复投诉不成立的，区议会有权依照法律规定的方式启动区条例生效和颁布程序。

第一百七十三条

1. 政府应在严格监督下实施区议会制定的不包含一般规则的措施。若该措施被视为与政府计划或国家利益相抵触，总统应中止实施。
2. 若国务委员会中止实施某措施，有关区议会认定该措施与政府计划或国家利益不抵触的，应提交国民议会作最终裁决。

第二十三章 地方机关

第一百七十四条

1. 每个区应设立区当局。区当局为区行政机关。
2. 区当局由部委在区的专员和代表组成。

第一百七十五条

区当局负责管理区的日常事务。

第一百七十六条

已废除。

第二十四章 军队和警察

第一节 国家军队

第一百七十七条

1. 国家军队职责为防御外国军事入侵，维护苏里南主权和领土完整。

2. 除前款规定的职责外，军队负责法律规定的特殊任务。

3. 军队应依照现行法律的规定，服从主管部门，完成任务、履行职责。

4. 国家军队的组织和军人的法律地位应由法律规定。

第二节　苏里南警察部队

第一百七十八条

1. 警察履行下列职责：

A. 维护公共秩序和国内安全，防止违规行为并保护人员和货物。

B. 调查犯罪行为和执行规章的规定，违反该职责应依法惩处。

2. 除前款规定的职责外，警察负责法律规定的特殊任务。

3. 警察部队应依照现行法律的规定，服从主管部门，完成任务、履行职责。

4. 苏里南警察部队的组织和警察的法律地位应由法律规定。

第一百七十九条

1. 军人或警察当选为立法机关委员的，应依法中止履行职责。

2. 军人和警察表达意见、观点，行使结社、集会和示威的权利规则应由法律规定。

第二十五章　国　防

第一百八十条

1. 政府负责制定国防政策。

2. 保卫国家为每个公民的基本义务。

3. 法律应规定强制服一定期限兵役的义务。

4. 法律应规定强制服民事服务的义务，以代替或补充兵役。

5. 被证明不适合服兵役者但满足法律规定的条件的，可以履行与其能力匹配的非武装军事或民事服务。

6. 故意放弃履行军事或民事服务机会的公民不得享有或维持政府或公共服务职权，法律规定有其他制裁的除外。

7. 履行军事或民事服务不损害公民的法律地位或更高的职业发展，亦不影响其复员。

8. 已废除。

第二十六章　人民议会

第一百八十一条

1. 人民议会由下列机构组成：

国民议会；

区议会；

地方议会。

2. 在下列情形下，人民议会应启动第三轮表决：

A. 修改宪法关于各级议员职权和职责的条款，要求三分之二以上有效票同意，而两轮表决后仍未取得三分之二多数同意。

B. 总统或副总统候选人在国民议会两轮表决后仍未获得宪法多数同意。

C. 以法律形式作出的罢免总统的决议要求绝对多数的同意，而国民议会未取得一致同意。

D. 已废止。

3. 人民议会决议应以一般多数表决通过，第一款规定的人民议会半数以上议员出席会议即有效。

第二十七章　过渡及最终条款

第一节　前宪法法律

第一百八十二条

1975年11月25日生效，1980年8月13日暂停实施的先法自本先法生效后自动失效。

第二节　前普通法

第一百八十三条

本宪法生效前颁布的法律法规，包括1980年2月25日后颁布的法律和法令继续有效，除非依照本宪法的规定被新的法律代替，依照规定，若其与本宪法相抵触，应于国民议会召开第一次会议之前与本宪法相适应，否则失去法律效力。

第二十八章　已废止

第一节　已废止

第二节　已废止

第三节　政府机关的生效

第一百八十四条

1. 国民议会应于选举结束后三十日内履行职权。

2. 国民议会应于会议召开后三十日内选举苏里南总统和副总统。

第一百八十五条

已废止。

第二十九章 批准、颁布和生效日期

第一百八十六条

1. 苏里南人民经全民公投通过苏里南共和国宪法之日为其生效日期。

2. 苏里南人民批准本宪法的决议应由总统签署且自批准之日起三十日内予以颁布。

3. 本宪法于1987年10月30日生效。

特立尼达和多巴哥共和国宪法

[1976年8月1日，更新至2013年]

特立尼达和多巴哥人民——

（一）已然确定，特立尼达和多巴哥是建立在一个充满自由的社会中，并且基于以下原则存在，即：承认至高无上的上帝，信仰基本人权和自由，承认由造物主赋予人以尊严和家庭地位并给予家庭所有成员平等不移的权利；

（二）尊重社会公正的原则，并相信经济系统的运作能够促使社会物质资源分布对公共利益产生好的影响，人们应该有足够的谋生手段，劳动者不应该受到剥削或受到经济上的压迫而在非人道的条件下工作，相反应在认识到他们的价值、能力和诚实品格的基础上，给予他们发展的机会；

（三）已然确认他们信仰民主的社会，在此社会里，所有的人将依据他们能力的程度，在国家的生活中发挥某些作用，从而形成并维护对合法组成的权力机关应有的尊重；

（四）承认人们和各个机构的自由必须是建立在遵守道德和精神价值，并尊重法治的基础上；

（五）希望他们的宪法应遵循上述原则和信念，并作出有关规定来确保特立尼达和多巴哥基本人权和自由得以保障。

因此，作为特立尼达和多巴哥共和国宪法，以下条文具有效力：

序　言

第一条　[国家]

（一）特立尼达和多巴哥共和国是一个拥有主权的民主国家。

（二）特立尼达和多巴哥的领土应包括特立尼达岛，多巴哥岛以及1962年8月31日之前隶属于特立尼达和多巴哥的地区，包括位于特立尼达和多巴哥领海和大陆架的下方海床和底土（"领海"和"大陆架"在这里分别与"领海法"和"大陆架法"有相同的含义），连同其他由法律规定属于特立尼达和多巴哥领土的区域。

第二条　[最高法律]

本宪法为特立尼达和多巴哥最高法律，其他与宪法内容不一致的法律无效。

第三条　[相关解释]

（一）在本宪法中——

"内阁"是指根据本宪法组成的内阁；

"联邦"是指特立尼达和多巴哥，以及本宪法第十八条规定的所有国家及其属地；

"法院"是指特立尼达和多巴哥除军事法庭外的任何法院，并包括司法委员会；

"财政年度"指在任何年度1月1日或可能规定的其他日期开始的十二个月期间；

"换届选举"指众议院的成员参与换届选举；

"议院"指在全文的背景下众议院或参议院；

"法官"包括终审法院首席法官，上诉法院法官，陪席法官；

"司法委员会"指依据1833年英国司法委员会法案以及此后议会修改的法案规定的枢密院司法委员会；

"法律"指本宪法生效前英国颁布的具有效力的法令，作为特立尼达和多巴哥的法律的一部分，其具有法律效力并构成法律不成文的规定；

"宣誓词"包括（不经宣誓而作的）证词；

"宣誓效忠词"是指载于附表一或其他可能规定的宣誓词；

"议会"指特立尼达和多巴哥议会；

"议会选举"是指选举一个或多个成员担任众议院议员；

"规定"是指根据或者依照议会法令作出的规定；

"公职"是指在公共服务部门的受薪职位；

"公职人员"是指拥有公职的人员，包括依委任而从事公职的人员；

"公共服务"是指规定于第四和第五章中，特立尼达和多巴哥政府或依照特立尼达和多巴哥众议院法案第三条设立的特立尼达和多巴哥众议院，所提供的行政服务；

---

* 译者：倪子龙。

"服务委员会"是指司法和法律服务委员会，公共服务委员会，警察服务委员会或教学服务委员会；

"会期"是指，本宪法生效后或众议院闭会或解散后，首次集会至众议院宣布休会或者解散议会为止的会期；

"与会期间"是指，众议院连续开会的无休会时期，包括议院参与委员会工作的任何期间；

"特立尼达和多巴哥"之含义载于 1962 年特立尼达和多巴哥独立法案；

"前宪法"是指载于特立尼达和多巴哥宪法附表二的 1962 年特立尼达和多巴哥（宪法）法令。

（二）在本宪法中——

（1）对于职务任命的，应解释为包括因职位的空缺或职务的负责人不能继续履行其职能（不论因缺席或精神上、身体上还是任何其他原因）而对一个人进行的委任或代为执行职务，并且

（2）对人的指派，应解释为包括个人合法的任职或代为履行相应工作职能。

（三）依照本宪法，任何人或当局被委任以权力来任命一人来履行因某职位负责人无法担任职能的职责时，任何人不得以某职位负责人是否有能力担任职责为由，对之前所述任命的有效性在法院提出质疑。

（四）依照本宪法的宗旨，某人不得继续担任公共服务方面职位的原因有以下几点——

（1）他正在领取退休金或享受公共服务方面的其他类似津贴；

（2）他拥有以下职位——

i）总统；

ii）议长、参议院议长、参议院副议长或副总统、部长、议会秘书、参议院成员或临时成员或众议院成员；

iii）监察专员或廉政委员会成员或本宪法设立的其他任何委员会成员；

iv）法官或最高法院任职人员或其他由议会法案任命的特派司法人员或公共服务上诉委员会成员；

v）任何依法设立的理事会，委员会或类似的机构无论合并与否均被法令所认可的成员；

vi）总统的随从。

（3）其一

i）为特定目的委任的顾问或咨询；或

ii）依照合同，委任期限不超过五年之人。

（五）由议会任命，一个人不得被视为由本宪法或本宪法任何部分任命在公共服务方面就职，只能确认他是根据某项法令在一个公共部门就职。

（六）本宪法免除公职人员的权力，应解释为包括法律授权或许可的公职人员自公共部门离休的情形。

（七）法律允许个人从公职退休的权力，除由本宪法规定根据设立的委员会以外的个人或机构能够在某些情形下免除公职人员的资格的情形外，应归属于公共服务委员会。

（八）本条第（六）款不得被解释为赋予任何人或机构有要求法官或审计长从公职退休的权力。

（九）本宪法所赋予的作出任何公告、命令、规则、条例或给予任何指示的权力，则该权力须同样解释为拥有修改或撤销任何公告、命令、规则、条例或给予指示的权力。

第一章　基本人权与自由的认定和保护

第一节　法定权利

第四条　[基本权利与自由的内容]

特此承认和宣布，以下基本人权和自由在特立尼达和多巴哥将永久存在，任何人不因种族、血统、肤色、宗教或性别的差别而受到歧视：

（一）个人拥有生命权，自由权，享有人身及财产安全的权利，非经正当法律程序申明不被剥夺；

（二）法律面前人人平等和平等享受法律保护的权利；

（三）私人和家庭生活受他人尊重的权利；

（四）国家在行使公共权力时个人有受到平等对待的权利；

（五）加入政党和自由表达政治观点的权利；

（六）父母或监护人为使其子女或被监护人受到教育而自由选择学校的权利；

（七）行动自由；

（八）举行宗教仪式和信仰自由；

（九）思想和表达自由；

（十）集会和结社自由；

（十一）新闻出版自由。

第五条　[对权利和自由的保护]

（一）除本章或第五十四条另有明文规定外，任何法律不得废除、剥夺、侵犯或授权废除、剥夺或侵犯上文宣布的任何权利和自由。

（二）不违反第一节的规定，但按照本章以及第五十四条规定，议会也不得：

（1）授权或实施对人任意的拘留、监禁或流放；

（2）授权或实施对人以残忍和不寻常待遇或处罚；

（3）剥夺已逮捕或被拘留者的：

i）被逮捕或拘留原因被告知的权利；

ii）及时聘请或选择其法律顾问，并持有与他沟通的权利；

iii）要求司法部门及时审查案件的权利；

ⅳ)依据人身保护令,要求确认其被拘禁的有效性以及拘禁不合法时要求将其释放并得到补偿或赔偿的权利;

(4)授权法院、法庭、委员会、理事会或其他权力机关强迫一个人做证,除非他得到免于自证其罪的保护,并且如有必要,其有权聘请律师以确保这样的权利得到保护;

(5)剥夺一个人按照基本正义的原则来确定其权利和义务的听证的权利;

(6)剥夺被指控的犯罪嫌疑人:

ⅰ)直到依法被证明有罪前被推定为无罪的权利,但依照法律规定前述嫌疑人需对特定事实提供证明;

ⅱ)由一个独立和无偏倚的法庭进行公正和公开审讯的权利;

ⅲ)保释的权利,有正当理由除外;

(7)在法庭上、委员会、理事会或其他法庭的法律程序中,剥夺一个不理解或不会讲英语的当事人或证人要求翻译协助的权利;

(8)剥夺一个人要求依程序规定实施和保护前述必要的权利和自由的权利。

第二节 现行法律的例外

第六条 [现行法律的保留]

(一)第四条和第五条不得使下列情形无效:

(1)现行的法律;

(2)未经修改而废除及重新制定现行法律的法令;

(3)在现行法律以前并不违背基本权利情形下,改变现行法律的规定,但不违背任何保障本章规定基本权利内容的法令。

(二)当一项法令废除以及根据现行法修改被认为是违背了本章所规定的,上述法律此前并未以某种方式或在一定程度上减损的基本权利时,根据第十三条和第五十四条规定,上述法律的条款将取代那些被认为是违背了本章所规定的,现行法在此前并未以某种方式或在一定程度上减损的基本权利的该项法令的条款。

(三)在本条中——

现行法律的"改变",包括废除和重新制定该法律,或在某些地方作出不同的规定,或对其进行修改;

"现行法律"是指本宪法生效之前,特立尼达和多巴哥的任何法律以及第一节所述的任何法令;

"权利",包括自由。

第三节 紧急情况下的例外

第七条 [紧急权力]

(一)在不妨碍议会作出规定的权力的前提下,但依本条规定,在国家存在任何公共紧急状态期间,总统在适当考虑该期间内可能出现或存在的情形的情况后,可以作出处理并且行使第三节或类似法令赋予其或他人的权利去作出命令与指示。

(二)在不影响第一节基本原则的情况下而根据该法规,本节所作出的规定在符合第十一条的情况下,可以对人进行拘留。

(三)在突发公共事件期间通过的并经明确声明在此期间具有效力的法令,或任何根据第一节作出的规定,即使不符合第四和第五条内容,仍然有效。除了其条文在此期间存在的目的并非合理正当。

第八条 [全国紧急状态时期]

(一)依本条的规定,同时也是制定本章的目的,总统可不时作出公告以宣布全国处于紧急状态。

(二)由总统根据第一节作出的文告无效,除非它包含了总统确认的对以下事实的声明:

(1)特立尼达和多巴哥与外国之间的战争状态已然发生,应进入紧急状态;

(2)地震、飓风、洪水、火灾、瘟疫或传染病暴发,以及发生任何其他灾难,公众进入紧急状态;

(3)有人已采取或直接威胁广泛规模的公众安全,或剥夺公众或部分居民生活所必不可少的服务的行动。

第九条 [发布公告的时间和理由]

(一)总统应在发布公告三日内向议长提交众议院声明,列明宣布进入公共紧急状态的具体理由,并尽快确定日期对此声明须进行辩论。但在任何情况下不得迟于公告之日起十五日。

(二)总统按照本条目的发布的公告有效期为十五日,先前已撤销的除外。

第十条 [公告的延长]

(一)公告有效期可通过众议院多数表决通过决议不时加以延长,但是,每次延长不得超过三个月,延长的总期限不得超过六个月。

(二)可以不时依据议会两院所有成员五分之三的票数支持通过的决议,来进一步延长公告期,每次不超过三个月。

(三)众议院随时可凭以简单多数表决通过的决议来撤销公告。

(四)在本章"全国紧急状态时期"是指下列时期:

(1)特立尼达和多巴哥处于战时;

(2)由总统宣布,全国处于紧急状态;

(3)议会两院各不少于三分之二的议员投票通过决议,宣布特立尼达和多巴哥民主政体受到颠覆威胁。

第十一条 [对人身的限制]

(一)凡依法或依据第七条相关条文被拘留的人,

无论在其拘留期间何时提出要求,只要在其首次提出要求的六个月内,应当由首席法官委任由在特立尼达和多巴哥依法设立的并有执业资格的律师当中指定一人主持,并重新进行独立和公正的法庭审查。

(二)法庭依据本条第(一)款的情况下,对任何被拘留者进行审查时,可以向对其作出拘留决定的权力部门提出是否继续对其拘留或有关建议。权力部门没有义务按照这样的建议行事,但法律另有规定的除外。

第十二条 [刊登发布]

(一)在不能或不适宜在《公报》刊登依据本宪法指定的任何公告、通知、条例或命令时,总统可口头公布或要求将公布的通知贴到公共建筑或在公众之间散发。

(二)符合根据本部分的任何公告,即根据第七条中提到的被授权作出的条例来制定、公告或发布如拘留令、宵禁命令或其他文件、指示或指令,可由任何人或权力部门制定、发布或执行,即使根据第一节的规定这些条例尚未公布。

第四节 特定立法的例外情形

第十三条 [与第四条和第五条不一致的情形]

(一)依本条所制定的法律应明确宣布,即使不符合第四和第五条规定,仍将继续有效。若该法律如此宣布,则其具有相应的效力,除非该法律被证明在一个尊重个人权利和自由的社会中是不合理的。

(二)依本条所制定的法是由议会两院已通过的法案,各院对此法案在最后投的赞成票数应不低于所有成员人数的五分之三。

(三)施行本条第(二)款,参议院的成员人数应视为第四十条第(一)款指定的人数,但仍可以按照第四十四条规定委任临时成员。

第五节 [一般情形]

第十四条 [保护性条款的强制执行]

(一)为消除疑虑,特此声明:如有人声称本章规定的任何与他有关的条款正在或可能被违反时,此人可向高等法院提出申诉,但这并不妨碍任何对于此案采取的其他合法的行动。

(二)高等法院有下列优先管辖权:

(1)审理和裁定任何人依据第(一)款提出的任何申诉;

(2)裁决任何人依据第(四)款的情况下所产生的任何问题;

并可在符合第(三)款情况下作出命令与指示、发出令状,以执行或确保相关人员依本章规定应享受的保护。

(三)国家责任和程序法,将适用于根据本条进行的任何法律程序。

(四)在高等法院或上诉法院以外的任何法院的诉讼过程中,凡在任何法律程序中出现问题,违反规定时,该法庭主持人可以,且在诉讼当事人要求时必须,将此问题提交高等法院。除非在主持人看来,该问题仅仅是琐碎无聊或无理取闹的。

(五)任何人因高等法院根据本条作出的决定不服可以提出上诉,并享有要求上诉法院暂缓执行该命令的权利,并可以在法院的裁定下获准保释。

(六)本条中的规定不限制议会的权力。议会有权赋予高等法院或上诉法院在审理本章涉及案件时适当的权力。

第二章 公民身份

第十五条 [根据原宪法第九条公民身份的延续]

任何人依据原宪法第九条第(一)款出生地原则或第九条第(二)款身份原则而成为公民的,且未被宪法剥夺公民权的,根据本宪法应继续是本国公民。

第十六条 [公民以身份登记、入籍等方式延续公民的身份]

任何人凭借原宪法或根据《特立尼达和多巴哥公民法》第二部分规定获得公民资格的,并且未被任何特立尼达和多巴哥法律规定剥夺公民权的人,根据本宪法应继续为本国公民。

第十七条 [依照出生地主义或血统主义取得的国籍,公民资格的追溯和延续]

(一)不违反第(二)款的规定的情形下,本宪法生效后,每个出生在特立尼达和多巴哥的人在其出生日期即成为公民。

(二)任何符合下列情形的人在其出生时不得依第(一)款成为特立尼达和多巴哥公民——

(1)其父母均不是特立尼达和多巴哥公民,且父母任一方拥有外国主权国给予的委派为特立尼达和多巴哥特使这样的免于起诉及法律程序的特权;

(2)其父母一方是敌国公民,本人诞生于敌占区。

(三)本宪法生效后,在特立尼达和多巴哥以外出生的人,如果其出生时父母一方死亡,且其父母之前并非基于血统主义而成为特立尼达和多巴哥公民,将自其出生日期起成为本国公民。然而,父母在政府或在政府机构工作,因上级要求而居住在特立尼达和多巴哥以外以正确履行其职能的情况下,本款前述"并非基于血统主义"的条文无效。

(四)依据原宪法第十二条第(一)款基于出生地主义和第十二条第(二)款基于血统主义成为公民的且未被宪法剥夺公民权的人,根据本宪法,应继续成为公民。

（五）1962年8月30日后在特立尼达和多巴哥以外出生的人，如果在其出生时其母亲非基于血统主义成为特立尼达和多巴哥公民，但并未取得公民资格，根据本宪法在其出生日期起，应被视为已成为并继续成为特立尼达和多巴哥公民。

第十八条 ［联邦公民］

（一）任何根据本宪法或议会法令而成为特立尼达和多巴哥公民的人，或根据当时生效的本条所适用的任何国家的法律成为该国公民的人，凭借该公民资格，将取得英联邦公民的资格。

（二）根据1948年《英国国籍法》没有英籍的英国国民，或根据该法第二条及英联邦1965年《英国国籍法》成为英籍公民的人，凭借其身份，将获得英联邦公民的身份。

（三）本条所适用的国家有：澳大利亚、巴哈马、孟加拉国、巴巴多斯、博茨瓦纳、加拿大、塞浦路斯、斐济、冈比亚、加纳、格林纳达、圭亚那、印度、牙买加、肯尼亚、莱索托、马拉维、马来西亚、马耳他、毛里求斯、瑙鲁、新西兰、尼日利亚、塞拉利昂、新加坡、斯里兰卡、斯威士兰、坦桑尼亚、汤加、乌干达、英国及其殖民地、西萨摩亚和赞比亚。

（四）依照参议院和众议院决议，总统可以发布命令，添加或删除任何英联邦国家并由此修正第（三）款。

第十九条 ［英联邦公民的刑事责任］

（一）非特立尼达和多巴哥公民的英联邦或爱尔兰共和国公民，在特立尼达和多巴哥以外英联邦的任一国家或爱尔兰共和国或在外国将不因其作为或不作为而违反法律，除非——

（1）如果他是一个外国人，其作为或不作为的行为将构成犯罪；

（2）其作为或不作为的行为虽发生在英联邦或爱尔兰共和国，但该行为在外国构成犯罪行为。

（二）在本条中，"外国"是指（爱尔兰共和国除外）非英联邦成员国的国家。

第二十条 ［议会的权力］

议会可制定有关公民资格的规定，包括——

（1）使凭借本章规定不是特立尼达和多巴哥公民的人或者不能成为特立尼达和多巴哥公民的人取得本国公民资格的条款；

（2）基于出生地主义及血统主义而获得他国国籍的公民，剥夺其特立尼达和多巴哥公民资格的条款；

（3）放弃特立尼达和多巴哥公民资格的条款。

第二十一条 ［第二章相关解释］

（一）在本章——

"外国人"是指非英联邦公民、受英国保护的人或爱尔兰共和国公民；

"受英国保护的人"是指依1948年《英国国籍法》而受英国保护人士；

"基于出生地主义的公民"是指——

（1）根据第十七条第（一）款，成为特立尼达和多巴哥公民的人；

（2）根据特立尼达和多巴哥原宪法第九条第（一）款或第十二条第（一）款成为本国公民的人；

"基于血统主义的公民"是指——

（1）根据第十七条第（三）款或任何成文法规定成为特立尼达和多巴哥公民的人；

（2）根据原宪法第九条第（二）款或第十二条第（二）款成为特立尼达和多巴哥公民的人。

（二）依本章的目的，在特立尼达和多巴哥以外，搭乘注册或未经注册的船舶或飞机时出生的人，应视为出生在该船舶或飞机已注册的国家，具体或视情况而定。

第三章 总 统

第二十二条 ［总统职务的设立和总统的选举］

特立尼达和多巴哥总统应按照本章的规定选举产生，是国家元首和军队总司令。

第二十三条 ［出任总统的资格］

（一）凡年满三十五周岁及以上且居于特立尼达和多巴哥连续十年的特立尼达和多巴哥公民，如果被提名即有资格当选总统，否则即为不造格。

（二）对于第（一）款，任何在特立尼达和多巴哥政府任职且在特立尼达和多巴哥以外生活的人应被视为居留在特立尼达和多巴哥，因为他这样做是在正确履行其职能。

（三）凭借第四十八条第（一）款及根据第四十八条第（二）款制定的任何法律规定没有资格作为众议院议员的人，均无资格被提名当选为总统。

第二十四条 ［任职的其他条件］

（一）在参议院或众议院的议员当选为总统时，他在参议院或众议院的职位，即为空置。

（二）除根据第二十七条代理或履行总统职能者外，根据第四十四条第（二）款的情况下，总统不得担任任何其他有酬金或利益的职位，无论是公职或其他。

（三）总统上任后，其薪金和津贴及其他任职条款，不得作不利于他的改变。

第二十五条 ［过渡性规定］

（一）在本宪法生效时出任特立尼达和多巴哥总督职务的人将根据本宪法出任总统职务，直至据本章的规定总统选举并上任为止。

(二)在宪法实施之日至根据第四十五条参议院第一任主席选举产生的时间止,根据第(一)款,从总统因任何原因不能继续履行总统职能时起,直到总统根据第(一)款能够再次履行其职时止,由根据原宪法出任参议院主席者履行上述职务。

第二十六条 ［总统选举的举行］

(一)举行总统选举,应由众议院议长负责。

(二)根据本条,每一次选举的日期应提前由议长在合适的日期内在《公报》上公布。

(三)总统选举在根据本宪法产生的众议院第一次会议后,不超过一百二十日不少于九十日内举行,选举产生的总统在选举的三十日之后就任。

(四)举行总统选举应在总统任期期满前不超过六十日不少于三十日内举行。

(五)在根据第三十三条规定的总统任期届满前,及根据第三十四条,总统职位出现空缺时,应在出现空缺后九十日之内举行选举,以填补空缺。

(六)当总统就职的日期为星期日或公众假期时,总统应于星期日或公众假期的次日就职。

(七)根据第(三)、(四)或(五)款规定,举行总统选举的时限未得到遵守,则议会可作出规定,在这期间内举行延长期限的选举。

第二十七条 ［职位的空缺］

(一)在总统职位空缺时或总统不在特立尼达和多巴哥,或因疾病而不能履行职能时,由参议院议长暂时代理总统职务。

(二)参议院议长因故未能根据本条第(一)款或第三十六条第(二)款代理总统的职务时,应当由众议院议长履行总统职能。

(三)议长因故不能根据第(二)款履行总统职能时,由参议院副议长履行这些职能,但在副议长履行总统职能七日内,应举行选举团会议。会议由副议长召集,且应在至少四十八小时前通知,会议以举行选举为目的,并依照第二十六条第(五)款选举一人以填补总统职位空缺,或选举一人在总统无法履行职能时暂时代理总统职务。

(四)根据第二十六条第(五)款当选以填补总统职位空缺或根据第(三)款在总统不能履行其职能时暂时代理总统职务者,一旦当选,应立即上任。

第二十八条 ［选举团］

(一)依本章目的,应有选举团且应是一院制机构,成员为参议院和众议院全体议员,一起开会。

(二)应由议长召开选举团会议。

(三)议长为选举团主席,并投第一票。

(四)依照本章,选举团可以制定其议事程序,并采取延迟会议或休会的措施以及为解决在依本章规定开展选举中可能出现的困难,作出其他规定。

(五)十名参议员,议长和十二名众议员构成选举团法定人数。

第二十九条 ［选举方式］

总统由选举团以无记名投票方式投票选举产生。

第三十条 ［候选人的提名］

由提名书提名者可以成为总统候选人,提名书应当有——

(一)本人与众议院十二名及以上成员签名;

(二)至少在选举七日前提交至议长。

第三十一条 ［投票程序］

(一)在候选人无人反对且获得最大数量选票者将被宣布当选。

(二)当两个或两个以上候选人的票数相等时,议长拥有并应行使投决定性一票的权力。

第三十二条 ［选举问题的决定］

(一)依照第(二)款的规定,应出具文书,该文书应——

(1)在无竞选的总统选举的情况下,由议会签署并盖章,在文书中说明其姓名且是唯一被提名的人,并宣布当选结果;

(2)在有竞选选举的情况下,由议长签字并盖章,在文书上说明其姓名及选举结果,在选举的会议上指出,并宣布当选。

该文书说明姓名者应当是当选确凿的证据,因此当选问题的有效性,不受任何法庭询问调查。

(二)对于总统选举的有效性的任何问题,以及涉及候选人资格或解释本章的问题,上诉法院应具有专属管辖权。上诉法院根据本款作出的判决为终审判决。

(三)对于根据第(二)款规定的上诉法院程序的制定、方式和条件,议会可以制定相关规定,上述程序应根据议会的规定作出相应修改。议会就这些事项以法规形式确定。在相关规定或法规尚未制定时,应以递交呈请书的方式督促上诉法院作出判决。

第三十三条 ［任期］

(一)依据本条,第三十四条及三十六条的规定,根据第二十六条第(三)或(四)款在选举中当选为总统的,其任期为五年。

(二)为避免举行总统选举的期间在解散议会或临近解散议会开始或结束的这样一个时期内,议会可推迟根据第(一)款规定的总统任期,但推迟日期不得超过四个月。

(三)凡根据第(一)或第(二)款总统任期届满时,因某种原因无人根据第二十六条第(四)款依选举而有资格在总统任期期满时接任的,在任总统的任期应延续至有人当选总统的三十日之后,继而该任总统任期结束。

(四)凡根据第二十六条第(五)款,通过选举被选为填补总统职位空缺的人,其任期为前任总统任期期满前的剩余部分。

第三十四条 职位的空缺

总统职位按第三十三条规定的其任期届满前出现以下情形将成为空缺——

(1)担任该职位的人死亡或交付给众议院议长由其本人签署的书面辞职;

(2)根据第三十六条,他被免职。

第三十五条 [免职]

根据第三十六条,总统可能因以下情形被免职——

(1)故意违反宪法的规定;

(2)其行为使人们对总统仇恨、嘲讽或蔑视;

(3)其行为危及国家安全;

(4)因为身体或精神上无行为能力,他无法履职。

第三十六条 [免职的程序]

(一)总统在以下情形下应被免职——

(1)众议院提出由法庭调查免除总统职务的议案;

(2)议案详尽说明免去总统职务的理由,并由不少于众议院的成员总数的三分之一的议员签名;

(3)在参、众两院会议时,该议案的采纳应得到不少于参议院和众议院的成员总数的三分之二票数通过;

(4)由总统任命的首席法官和其他四名资深法官组成法庭,调查向众议院的投诉和报告的事实;

(5)由议长召集的参议院和众议院会议审议该报告,并由不少于参议院和众议院的成员总数的三分之二赞成票通过决议,免除总统职务。

(二)如有议案依照第(一)款(1)、(2)及(3)项规定通过,则总统应停止行使职权,由参议院议长暂时代理总统职务。

(三)法庭审理程序应按照前述规定进行,但规定按照法庭自身程序进行的除外;

(四)决议按照第(一)款(3)项规定一经通过,总统职位即告空缺。

第三十七条 [宣誓]

(一)总统在履行其职务以前应按照载于附表一的内容进行宣誓就职,并在宣誓书上署名。宣誓由首席法官或其他由首席法官指定的法官主持。

(二)第(一)款适用于担任总统的人,也适用于本宪法规定的任何履行总统职能的人。

第三十八条 [总统的豁免权]

(一)根据第三十六条规定,总统在履行其职能时或履行职能所采取的任何行为,不需要向法院负责。

(二)没有检察长的命令,不得对在任期内的总统提起任何刑事诉讼。总统任期期间,任何法院均不得发出对总统逮捕或监禁的命令。

(三)在总统的任期内,无论其履行职能之前或之后,除非出现第(四)款规定情形,总统以个人身份采取的任何行为,不得在任何法庭就总统行为对他提起民事诉讼。

(四)第(三)款所指的情形是,以挂号邮递方式将书面通知送达总统或将书面通知寄至总统办公室两个月后,书面通知应说明诉讼的性质,诉讼的原因,当事人姓名、地址,以及提出的诉讼救济请求。

(五)根据第(四)款规定的,民事诉讼书送达总统的两个月内,法律规定的诉讼有效期不适用于总统。

第四章 议 会

第一节 议会的组成

第三十九条 [议会的设立]

应设立特立尼达和多巴哥议会,议会由总统、参议院和众议院组成。

第四十条 [参议院的组成]

(一)参议院由三十一名议员(本宪法称之为"参议员")组成,参议员由总统按照本条规定任命。

(二)在三十一名参议员中——

(1)十六名由总统根据总理的建议任命;

(2)六名由总统根据反对党领袖的建议任命;

(3)九名由总统依个人判断,从经济、社会或社区组织以及其他主要领域的杰出人士中任命。

第四十一条 [获任参议员的资格]

根据第四十二条,凡年满二十五周岁的特立尼达和多巴哥公民均有资格被任命为参议员,否则无资格。

第四十二条 [丧失参议员的资格]

(一)任何人有下列情况,丧失被任命为参议员的资格——

(1)非特立尼达和多巴哥公民的其他国民,已自愿成为特立尼达和多巴哥公民或宣誓忠于特立尼达和多巴哥者;

(2)众议院议员;

(3)依照特立尼达和多巴哥现行法律被裁定为无债务偿还能力的破产者或被裁定为破产者;

(4)根据《精神健康法》规定的精神病患者;

(5)被法院判处死刑或任何法院以任何罪名判处十二个月以上徒刑或由法院通过合法的权力机构判刑者以及受到判决但缓期执行者。

(6)根据特立尼达和多巴哥的现行法律,由于违

反有关选举的规定而被确定有罪,被剥夺成为众议院议员资格者;

(7)根据特立尼达和多巴哥现行法律,在议会选举中没有选民登记资格者。

(二)除非有可能规定的任何例外和限定情况,议会可规定,若出现下列情况可剥夺任何人成为参议员的资格——

(1)担任公职或者获委任或代理此工作者,无论以个人的身份还是以代任或与任命有关的方式;

(2)隶属于国家军队任何兵种或属于军队内的任何组成部门者;

(3)隶属于任何警察部队或属于警察部队内任何组成部门的人。

(三)依第(一)款第(5)项的立法目的——

(1)所判的二次或二次以上的徒刑,若规定分别服刑而其中没有一次徒刑超过十二个月,则各次徒刑应分别计算;若其中有超过十二个月的徒刑,则各次徒刑作为一次徒刑计算;

(2)因不付罚款或拖欠罚金而被判处的徒刑不作计算。

第四十三条 [参议员的任期]

(一)各参议员在任命后若遇议会解散的情形则其在参议院的职位空缺。

(二)参议员若遇下列情况则应使其在参议院的席位空缺——

(1)该参议员缺席会议达参议院程序规则规定的时限或符合该规则所述情况;

(2)经本人同意,被提名为众议院议员的候选人,或当选为众议院议员;

(3)该参议员不再是特立尼达和多巴哥的公民;

(4)根据第(三)款的规定,发生这类情况时:他若不是参议员,按照第四十二条第(一)款的规定或第四十三条第(二)款的规定现行的任何法律将使他丧失被提名成为参议员的资格;或者

(5)根据总理或反对党领袖按照上述意见任命参议员的建议,以及根据总统按照其本人意见任命参议员的决定权,总统可宣布该参议员的职位空缺。

(三)如出现第(二)款第(4)项规定情形。即参议员被判死刑或监禁、患有精神病、宣布破产或被判有破坏选举罪。该参议员可在法庭或其他当局准许或不经准许的情况下对判决不服上诉。不论何种情况,根据本条规定,在此期间,该参议员应立即停止行使其权力,三十日期限截止时,他应离任。

(四)参议院议长可以适时继续将期限延长三十日以使该参议员能有机会不服上诉。然而,未经参议院决议批准,期限的延长总计不得超过一百五十日。

(五)在对上诉进行裁决期间,该参议员不得再提出上诉。由于上诉或通知期限已到,或上诉被驳回等其他缘由,该议员不得再上诉,应立即离任。

(六)该议员离任前,如本条所示情况不再存在,他的职位在第(三)款中规定的期限截止前不得空缺,他可以恢复其参议员权力。

第四十四条 [临时参议员的任命]

(一)根据第二节,参议员临时休假或根据第四十三条第(三)款,参议员不能发挥议员作用或因下列缘由:

(1)不在特立尼达和多巴哥;或

(2)患病;

总统可以任命一个符合参议员条件的人在议员休假、停职、缺席或患病期间为临时参议员。

(二)根据第二十七条,参议院议长或副议长在代理行使总统职权期间不得损害总理、反对党领袖或总统的权力。根据第四十条第(二)款中有关规定,如出现此种情况,参议院议长或副议长在代理或行使总统职权期间应临时离开原职。

(三)除第四十三条第(二)款第(1)项外,第四十三条第(一)、(二)款适用于本条有关人选的任命,同样适用于议员的任命,也适用于第四十三条第(三)款所示情况人员的任命。如某人是根据本条规定得以任命,在总统宣告引起任命他的情况已不复存在时,本条规定不再生效。

(四)根据本条规定,总统行使被授权力时应做到——

(1)执行第四十条第(二)款第(1)项时,任命参议员应同总理意见一致。

(2)执行第四十条第(二)款第(2)项时,任命参议员应同反对党领袖的意见一致。

(3)执行第四十条第(二)款第(3)项时,应凭个人的判断任命参议员。

第四十五条 [参议院议长和副议长]

(一)大选后,在参议院首次会议进行任何事务之前应选举一名议员为参议院议长。在本届议会解散前的期间内,如议长席位空缺,则参议院应在方便时尽快选举另一名参议员为议长。

(二)大选后,参议院首次会议除选举议长外,在进行任何事务前应选举一名参议员为副议长。在本届议会解散前的期间内,如副议长席位空缺,则参议院应在情况允许下尽快选举另一名参议员为副议长。

(三)参议院不得选举任部长或议会秘书的议员为参议院议长或副议长。

(四)某人应在下列情况离开参议院议长或副议长职位:

(1)不再是议员;议会解散和下届议会复会期间

不再为议员的情况下,不需离任;

(2)被任命为部长或议会秘书;

(3)议长在参议院宣布辞职,或向参议院秘书长递交辞呈;副议长向议长递交辞呈(或在议长席位空缺或因议长不在本国的情况下给参议院秘书长递交辞呈)以辞职;

(五)根据第四十三条第(三)款规定,参议院议长或副议长被要求停止行使参议员权力时,也将停止行使其议长或副议长权力。在他离开参议院职位或恢复其权力之前,在下列情况下可行使权力:

(1)在副议长代理议长或因为副议长席位空缺或根据第四十三条(三)款规定副议长被要求停止行使其议员权力时,在参议院将选举另一名不担任部长或议会秘书者任此职时;

(2)在参议院将选举一名不担任部长或议会秘书的参议员为副议长时。

(六)根据第四十三条第(六)款规定,参议院议长或副议长恢复其议员权力时,也将恢复其议长或副议长权力。

第四十六条 [众议院的组成]

(一)根据本条规定,众议院将由根据议会规定的方法选举产生的议员组成。

(二)众议院由三十六名议员或由与第七十二条总统指令的选区数量相符的议员组成。

(三)非众议院议员当选为议长时,在其任此职期间不占三十六名议员或上述提到的议员名额。

第四十七条 [当选众议院议员的资格]

根据第四十八条的规定,具有下列条件者才有资格被选为众议院议员,即——

(1)年满十八周岁的特立尼达和多巴哥公民;

(2)被提名参加竞选前已在本国居住两年或定居在本国的居民。

第四十八条 [无当选众议院议员资格]

(一)下列人员不具备当选为众议院议员的资格:

(1)自愿成为他国公民或宣布效忠于他国的公民;

(2)根据本国现行法律被查明破产或宣布破产者;

(3)《精神健康法》规定的精神病患者;

(4)被法院判处死刑或十二个月以上监禁(不论是何种罪名)或由法院或由主管当局代替法院判处其他刑罚者;或被法院判定在缓期执行期间者;

(5)根据本国现行法律,在与下列活动有关的机构中任职或活动者,没有当选众议院议员的资格——

i)负责选举或与选举有关的活动;

ii)负责编辑或修改选举注册工作;

(6)根据本国现行法律,因犯有选举罪行之人;

(7)根据本国现行法律,不符合议会选举中的选举人条件者。

(二)根据法规中可能出现的例外和限定,议会可规定属下列情况者没有当选众议员的资格——

(1)担任公职或者获委任或代理此工作者,无论以个人的身份还是以代理或任命有关的方式;

(2)隶属于国家军队任何兵种或属于军队内的任何组成部门者;

(3)隶属于任何警察部队或属于警察部队内任何组成部门的人。

(三)根据第(一)款第(4)项规定:

(1)所判的二次或二次以上的徒刑,若规定分别服刑而其中没有一次徒刑超过十二个月,则按各次徒刑分别计算;若其中有超过十二个月的徒刑,则各徒刑作为一次徒刑计算;

(2)因不付罚款或拖欠罚金而被判处的徒刑不作计算。

第四十九条 [众议院议员的任期]

(一)在大选后议会解散期间,议员都应离任。

(二)议员在下列情况下离任:

(1)本人向议长递交辞呈辞职或在议长职位空缺或议长不在本国情况下向副议长递交辞呈以辞职;

(2)根据众议院程序规定,在议会开会期间的情况下缺席;

(3)不再是本国公民;

(4)根据第(三)款,第四十八条第(一)款和为执行第(二)款制定的其他法规,无论何种情况,如果不再是议员,就没有当选的资格;

(5)是某党派的候选人且被推选至众议院,该人辞去党员身份或被开除党籍。

(三)出现第(二)款第(4)项所示的情况,即议员被判死刑或监禁、患有精神病、宣布破产或判有破坏选举罪,在法庭或其他当局准许或未经准许,该议员可不服判决上诉。不论何种情况。根据本条规定,其间,该议员应立即停止行使议员权力,三十日期限截止时应离任。

(四)众议院议长可以适时将期限延长三十日以使该议员有时间能够不服判决上诉。然而,未经众议院决议批准,期限的延长总计不得超过一百五十日。

(五)在对上诉进行裁定的情况下,该众议员不得再提出上诉。由于上诉或通知期限已到,或上诉被驳回,或因其他缘由,该众议员不得再提出上诉,应立即离任。

(六)在该议员离任前,如本条中提到的情况已不再存在,他的职位在第(三)款所示期限截止时不得空缺,可以恢复其议员权力。

第四十九 A 条 ［众议院成员辞职或被开除时职位空缺］

（一）出现第四十九条第二款第（5）项所述情形时，该党派领导者在参选众议院的成员时当选为候选人，应书面告知议长这些情况且议长应在获悉后在众议院的会议作出声明该人已经辞职或已被开除党籍后，视情况而定。

（二）由议长作出声明的十四日内，成员不对其已被辞任的主张或被开除的行为提起法律诉讼，则他应在上述的十四日期间结束时离任。

（三）在议长作出声明十四日之内，成员对上述内容提出法律诉讼的，不得从自己职位上离任，除非及直至诉讼撤回，或者诉讼最终确定辞职或开除的决定，该决定不得上诉或在上诉期限内没有提起上诉。

（四）按照第（一）款自议长作出声明的日期时，该成员须停止执行其众议院成员的职能，只有依照第（三）款所指的法律程序最终确定时，该成员才可依照该款恢复其职能。

（五）会议应作出规定，来确定和认可在众议院的各党派领袖，另外使本条内容生效。

第五十条 ［众议院议长和副议长］

（一）大选后，在众议院第一次会进行任何事务之前，应选举一名议员为众议院议长。在本届议会解散之前的任何时期内，如议长席位空缺，则众议院应当选举另一名议员为议长。

（二）议长可以从不担任部长或议会秘书职务的众议员中选举产生，或从不属于第（三）款中所说的几种人中选举产生或从不属于两院议员的人士中选举产生。

（三）不属于两院议员的下列人不得被选为议长：

（1）不是特立尼达和多巴哥的公民；或

（2）根据第四十八条第（一）款和为执行该条第（二）款所制定的任何法律而不具备当选为众议院议员资格的人选。

（四）大选后众议院第一次会议，除选举议长外，在进行任何事务之前，应选举一名不担任部长或议会秘书职务的议员为副议长。如副议长的职位在本届议会解散之前的任何时期内空缺，众议院在可行的情况下应尽快选举另一名议员为副议长。

（五）在下列情况下应辞去议长或副议长的职位——

（1）从众议员中当选为议长或副议长的情况下——

i)不再是议员。但是，由于在议会解散和下届议会复会前的期间内不再作为议员的情况下，议长不需离任。

ii)被任命为部长或议会秘书。

（2）不属于两院议员的人士当选为议长的情况下——

i)在议会解散后众议院第一次会议时；

ii)不再是特立尼达和多巴哥公民；或

iii)根据第四十八条第（一）款或为执行该条第（二）款所制定的任何法律，出现任何使他不具备当选为众议院议员条件的情况下。

（3）如议长在众议院宣布辞职或向众议院人员递交辞呈，副议长向议长递交辞呈（或在议长职位空缺或因议长不在特立尼达和多巴哥的情况下向众议院人员递交辞呈），他将辞职；

（4）在副议长当选为议长的情况下。

（六）按照第四十九条第（三）款的规定，众议院议长或副议长必须停止履行其众议院议员的职务，如果议长或副议长因为第（八）款所涉及的情况而暂时离职，他将视自己的身份停止履行议长或副议长的职责。在他退出众议院席位或恢复职务之前，将按下列方式履行其职责——

（1）如果议长离职，将由副议长代理；如果副议长不在职或者他必须按第四十九条第（三）款的规定停止履行众议院议员的职责，将由众议院为此推选的不担任部长或议会秘书的议员代理；

（2）如果副议长离职，将由议会推选的不担任部长或议会秘书的议员代理。

（七）议长或副议长根据第四十九条第（三）款的规定恢复履行议员职责之后，他也将视自己的身份恢复履行议长或副议长的职责。

（八）如果议长根据第二十七条的规定代理或履行总统的职责，在此期间，他必须暂时卸去议长职务。

（九）由秘书交付给众议院议长由大多数成员签署的决议，要求众议院议长辞职（以下简称"决议"），议长应暂时离任并停止执行其议长职能。

（十）要求议长辞职的决议，应说明理由。

（十一）议长应在二十一日内答复决议，并写明任何对抗他的辞职理由，提交给众议院秘书，并由秘书提供给每个众议院成员副本。

（十二）除非一项议案在众议院支持该决议——

（1）在十四日内由众议院秘书收到议长所提供的理由；

（2）没有提供理由，但期限在规定的十四日内，议长应继续履行其议长职能。

（十三）依照第（九）款的目的，在议长办公室留下决议时应视为决议已交付。

（十四）如第（十二）款的议案获得通过，众议院秘书须在七日内，将众议院议程记录传达给一个特别法庭,包括由总统和总理及反对党领袖协商后任命的一名主席和两名其他成员(以下简称为"法庭")。

(十五)记录应包括前述的决议、提供的理由,以及议长和众议院议员辩论时的决议发言。

(十六)法庭应审核备案,并在其收到记录的二十一日内作出一份简短的声明,说明其原因为——

(1)确认议长应离任;或

(2)不予确认。

(十七)凡法庭确认议长应离任时,则议长在收到众议院秘书交付给他的法庭确认后应立即离任。

(十八)当法庭未确认议长是否离任时,众议院通过的决议可不遵循法庭的建议,确认议长应离任的议案,一旦决议通过,议长应立即离任。

(十九)在法庭审查期间,议长不得恢复其职能。

第五十一条 ［选举人的资格］

符合议会规定的条件者,有资格投票选举众议院议员;有资格参加这种选举的人必须:

(1)是年满十八周岁或十八周岁以上的英联邦公民(其含义由第十八条规定)而且,

(2)符合有关居住和登记条件的规定。

第五十二条 ［成为议员相关问题的确定］

(一)任何涉及——

(1)某人是否被有效地任命为参议院议员或有效地当选为众议院议员;

(2)某个参议院或众议院议员是否退出了他的席位,或者根据第四十三条第(三)款及第四十九条第(三)款的规定,停止履行其参议院议员或众议院议员的职责;

(3)是否从参议院或众议院议员以外的人当中,有效地选举某人为众议院议长的问题,都应由高等法院作出裁决。

(二)第(一)款中所涉及的任何问题的裁决程序,只有得到高等法院法官的同意才能开始。

(三)上诉法院受理的上诉案件须——

(1)取得高等法院法官是否同意对第(一)款所涉及的任何问题开始裁决程序的决定;

(2)取得高等法院对任何这种问题的裁决。

(四)虽然上诉法院在根据第(三)款提出的上诉中作出了决定,但是任何这种上诉都是不能成立的。

第二节 权力、特权和议会的程序

第五十三条 ［立法权］

议会应为保证特立尼达和多巴哥的和平、秩序和良好的政府制定法律,因此本宪法或者(构成特立尼达和多巴哥法律一部分的)联合王国1962年制定的特立尼达和多巴哥独立法案的条款的修改,只能根据第五十四条的规定进行。

第五十四条 ［本宪法的修改］

(一)按照本条的规定,议会可以修改本宪法或者(构成特立尼达和多巴哥法律一部分的)1962年的特立尼达和多巴哥独立法案的任何条款。

(二)如果其修改范围涉及——

(1)第四条至第十四条、第二十条第(2)项、第二十一条、第四十三条第(一)款、第五十三条、第五十八条、第六十七条第(二)款、第七十条、第八十三条、第一百○一条至一百○八条、第一百一十条、第一百一十三条、第一百一十六条至第一百二十五条和第一百三十三条至第一百三十七条;

(2)第三条第(1)项列出的本宪法任何条款的应用方法,根据本条提出的法令议案,须在两院最终投票时获得各院全体议员当中至少三分之二的赞成票,才能由议会通过。

(三)如果其修改范围涉及——

(1)本条款;

(2)第二十一条、二十二条、二十四条、二十六条、第二十八条至第二十四条、第二十八条至第四十条、第四十六条、第四十九条第(一)款、第五十一条、第五十五条、第六十一条、第六十三条、第六十四条、第六十八条、第六十九条、第七十一条、第七十二条、第八十七条至第九十一条、第九十三条、第九十六条第(四)款和第(五)款、第九十七条、第一百○九条、第一百一十五条、第一百三十八条、第一百三十九条或者附表二和附表三;

(3)第三条所列出的本宪法任何条款的应用方法;以及

(4)1962年的特立尼达和多巴哥独立法案中的任何条款。

议会在通过根据本条提出的法令议案时,须在最后一轮投票中——

i)获得所有众议院议员当中至少四分之三的赞成票;并且

ii)获得所有参议院议员当中至少三分之二的赞成票。

(四)为使第(二)、第(三)款得以实施,即使出现了需要根据第四十四条第(一)款任命临时议员的情况,参议院议员的人数仍应保持在第四十条第(一)款规定的水平。

(五)除为某一具体问题或一类问题制定条例的法令以外,不得认为不合本宪法规定或第(二)和(三)款未涉及的法令可以对本宪法或(构成特立尼达和多巴哥的法律的一部分的)1962年特立尼达和多巴哥独立法案的任何条款进行修改,除非该法令对其修改上述法律条款的目的作出规定。

(六)本条款有关修改本宪法和1962年特立尼达

和多巴哥独立法案任何条款的内容中,包括废除、修改或在任何一段时间内停止执行任何条款的内容,无论这些条款是否会重新生效或被其他条款取代,也无论是否会就与原有条款不一致的某一个或一类问题制定新的条款。

第五十五条 [议会的特权和豁免权]

(一)遵照本宪法的规定及有关参众两院程序的章程和议事规则,参众两院的议员享有言论自由。

(二)对按第六十二条规定的言论权利在其所在的参议院或众议院、两院的委员会、两院的联合委员会或联席会议上发表讲话或提交报告的议员,不得提起民事或刑事诉讼;也不得因为他通过请愿书、议案、决议、动议等形式提出问题或议题或者得到参议院或众议院的授权而公布任何报告、文件、投票结果或会议记录,而对他进行上述起诉。

(三)在其他方面,议会将在本宪法开始生效之后,经常对参议院和众议院两院议员及两院的委员会的权力、特权和豁免权作出规定,而在此之前以及在本宪法开始生效之际,应按照联合王国众议院、众议院议员和委员会的权力、特权和豁免权执行。

(四)传唤到参议院或众议院及其委员会做证者,应享有与两院议员同样的特权和豁免权。

第五十六条 [两院的议事程序规定]

(一)根据本宪法的规定,参众两院应自行规定其议事程序。

(二)尽管缺员(包括本宪法生效后议院首次开会或议会解散之后仍有空缺时),参众两院依然可以履行职责,任何无权出席或参加议会活动者的出席参加,都不会使这些活动无效。

第五十七条 [效忠宣誓]

没有在其所在议院进行效忠宣誓并签署誓词的两院议员,不能参加各自议院的活动(为执行本条款所必需的活动除外)。但是,参众两院的正、副议长的选举,都可以在两院议员的效忠宣誓和签署誓词之前进行。

第五十八条 [参众两院的主持]

(一)如果参议院议长缺位,该院的每次会议由副议长主持,如正、副议长均缺位,则由部长和议会秘书之外的由参议院选出的一名议员主持。

(二)如果众议院议长缺位,该院的每次会议由副议长主持,如果正、副议长都缺位,则由部长和议会秘书以外的由众议院选出的一名议员主持。

(三)本条涉及的参议院、众议院正议长、副议长缺位的情况,包括两院正、副职的空缺。

第五十九条 [投票表决]

(一)除本宪法另有规定外,参议院或众议院提交表决的所有问题,应由该院到会并参加投票的多数议员决定。

(二)主持参议院会议的议长或其他议员,只有在对某一问题的投票表决出现平局的情况下,才能进行决定性投票。

(三)主持众议院会议的议长或其他议员,只有在对某一问题的投票表决出现平局的情况下,才能进行决定性投票。

第六十条 [法定人数]

(一)众议院的法定人数为十二名议员,参议院的法定人数为十名议员。但是在考虑参议院或众议院是否存在法定多数时,该院的会议主持人不应被包括在内。

(二)在参议院或众议院的任何一次会议上,如果一名与会的议员提请会议主持人注意会议未达到法定人数,而且在该院规定的间隔时间之后,会议主持人确定该院依然未达到法定人数,该院应休会。

第六十一条 [立法权的行使方式]

(一)根据本宪法的规定而且在没有法律另行规定的情形下,议会制定法律的权力应由参、众两院通过的并经总统批准的法案来行使。

(二)对提交总统批准的法案,他应对是否赞成表态。

(三)一项法案只有根据本宪法的规定得到正式通过和批准,才能成为法律。

(四)批准议案的工作须在议会一个会期结束和下一个会期开始之间这段时间进行。或在该届议会余下的任期内进行。

第六十二条 [部长出席两院会议]

(一)众议院议员中的部长和参议院议员中的部长——

(1)有权出席参议院或众议院的任何会议。

(2)可应参议院议长或众议院议长的要求,分别出席参议院或众议院的会议。

(二)按照第(一)款第(2)项的规定,部长并不必须参加参、众两院的会议,但是他所在的参议院或众议院为此通过会议提案的情况除外。

(三)根据第(一)款,出席参议院或众议院会议的部长,应参加与其职责有关的议会辩论或其他活动,并对议会就与其职责有关的任何会议提案发表讲话并且提出修正意见,但是部长对会议提案没有投票权。

(四)本条款的任何规定都不得阻止总检察长根据情况出席参议院或众议院的任何会议,参加参议院或众议院的辩论及其他活动并对任何会议提案提出修正意见,尽管这些会议提案所涉及的问题属于其他部长的职权范围。

第六十三条 [法案的提出]

(一)除了财政法案之外,参、众两院可以提出任何法案,但是财政法案不得由参议院提出。

(二)没有内阁的推荐或批准,两院均不得——

(1)按照主持人认为是为以下目的制定条款的法案行事,其中包括对法案的修正案:

i)为征收或增加任何税收;

ii)为了对特立尼达和多巴哥的年收入或其他资金征收或增加任何费用,或者为了修改但不是削减这类收费;

iii)为了清算或免除属于特立尼达和多巴哥的债款;

(2)按照任何会议提案,包括提案的修正意见行事,只要主持人认为,这些会议提案是为上述目的而作出规定,或者

(3)接受主持人认为要为上述目的作出规定的任何请愿书。

第六十四条 ［对参议院与财政法案相关权力的限制］

(一)如果众议院至少在会期结束前一个月通过一项财政法案并将它提交给参议院,但是该法案在提交给参议院后的一个月内未能不加修改地得到通过,只要众议院没有作出其他决定,该法案虽未得到参议院的赞同,仍将提交给总统批准。

(二)参议院议长应对提交参议院的每项财政法案批准一份由他签署的证书,证明那是一项财政法案;他还应对提交总统批准的每项财政法案批准一份由他签署的证书,证明那是一项财政法案而且该款的规定得到了遵守。

第六十五条 ［对参议院除财政法案以外其他权力的限制］

(一)无论议会在两个会议期间是否解散,众议院在相继的两次会议期内通过了一项非财政法案、并分别在两次会议期结束前至少一个月提交参议院,但是在两次会议期内均被参议院否决。只要众议院没有作出其他决定,该项法案第二次被参议院否决后,就应提交总统批准,尽管参议院不赞成该项法案。

(二)众议院在第一个会议期通过一项法案之日和它在第二个会议期通过该项法案之日之间,应相隔至少六个月,第(一)款的规定才能生效。

(三)为使本条得到执行,众议院在任何会议期内提交参议院的法案,如果在提交参议院的时候与在前一次会议期内提交参议院的前法案相同,或者只包括得到众议院议长批准的修改,而这些改动是因为前法案通过之日后的时间推移而必须作出的,或者它们体现了参议院在前一个会议期内对前法案所做的修改,那么该法案和前法案应被看作同一法案。

(四)在通过被认为与前一会期提交参议院的前法案相同的法案时,众议院可以在自认为适当的时候提出任何修改建议,但是不必把建议写进法案。这些修改建议将受到参议院的审查,如得到赞同,它们将被看作是由参议院提出并得到众议院赞成的修改建议;倘若参议院否决了该项法案,众议院行使上述权力将不影响本条的实施。

(五)为使本条得到实施,一项法案在下列情况下应被认为受到参议院的否决——

(1)未能不加修改地得到参议院的通过;或者

(2)虽然得到参议院的通过,但是众议院不赞成其修改建议。

(六)根据本条提交总统批准的任何议案之中,均可写入参议院在第二个会议期内提出的并得到议长的批准和众议院赞成的任何修改建议。

(七)对于根据本条提交总统批准的任何议案,都应通过一份由议长签署的证书,证明本条得到了履行。

(八)本条的规定不适用于第十三条及第五十四条所要求的法案,因为这些议案须在参议院为它们进行的最后一轮投票中,分别获得参议院全体议员至少五分之三和三分之二的赞成。

第六十六条 ［与第六十三条、第六十四条和第六十五条相关的规定］

(一)第六十三条、第六十四条和第六十五条所涉及的"财政法案",指的是一种公共法案,据议长认为,这种法案只包含解决以下所有或某个问题的条款,即——

(1)征收、撤销、减免、变更或规制赋税;

(2)为了偿付债务或其他财政目的需公共资金支出费用,或者变更或取消任何这类费用;

(3)向国家或任何权力机关或个人提供资金,或者增减或取消任何这类资金;

(4)用公共资金账目进行拨款、投资并接受、保管、发行或审计这些账目;

(5)贷款的筹借、保证及其偿付,以及建议、更改、供给或撤销为这类贷款提供的偿债基金;或者

(6)与本款涉及的各个问题相关的一些次要问题。

(二)第(一)款所用的诸如"赋税"、"债务"、"公共资金"和"贷款"一类词,不包括任何地方当局或机构为本地征收的赋税、承受的债务、提供的资金或贷款。

(三)如果众议院议长一职空缺或者议长因某种原因不能履行第六十四条、第六十五条以及本条第(一)款赋予他的职责,这一职责可由副议长履行。

(四)众议院议长或副议长根据第六十四条或第六十五条的规定签署的证书,对一切问题具有最后决

断权,任何法庭不得对这一证书提出异议。

(五)无论众议院议长还是副议长,在根据第六十四条或第六十五条的规定交出证书之前,应征求总检察长的意见;如果总检察长未在政府就职,则应征求他为此指定的法律事务部的法官的意见。

第六十六A条 [联合专责委员会及其他委员会]

(一)依照第(二)款的规定,现宣布——

(1)除由议会按其议事规程任命联合专责委员外,议会应当在一个日历月内——

i)在1999年《宪法》(修订)生效后;

ii)任何换届选举后众议院的第一次会议,或议会在不迟于三个月时间后可能解决的情形下,设立联合专责委员会,调查并报告议会两院下列内容——

(A)政府各部;

(B)自治团体;

(C)法定机构;

(D)由国有、国家控股、代表国家所有的企业或国家支付占企业收入三分之二以上的企业;

(E)公务委员会,以及有关其管理和行使其权力的方式,和其行使权力及职能的运作标准和方法;

(2)依本条的目的,企业应由国家控制,如果政府或由政府控制的任何机构——

i)行使或被授权行使直接或间接控制企业事务的权力;

ii)有权委任企业董事会的大多数董事;

iii)持有至少百分之五十的企业普通股股本,视情况而定;

(3)按照第(1)项所载内容设立的委员会可以——

i)选择其内部成员并设立一个附属委员会,并授予上述附属委员会其本身具有的任何权力;

ii)转移会址;

iii)委任专业顾问,以协助委员会的审议;

(4)依据众议院或委员会决议,一个委员会的会议应公开举行;

(5)按照第(1)项所载内容设立的委员会,应在议会两院就其意见和观察作出报告。

(二)联合专责委员会在根据第(一)款行使其权力时,不得就第(一)款第(1)项所指机构职能行使的有效性进行调查,也不得修改、变更、撤销或以任何方式干扰任何此类机构的决定。

(三)依本条规定,参议院和众议院的议事规程,应适用于根据本条设立的委员会。

(四)依照议会的议事规程,委员会可规定其自身的程序。

第六十六B条 [公务委员会的报告]

在每年10月1日前,每个公务委员会应当提交总统一份关于其管理的方式、行使权力、运作方法和过去一年在行使其权力和职能所应用的标准的报告,总统应在六十日内将报告递交众议院。

第六十六C条 [司法和法律事务委员会的适用]

(一)第六十六A条及第六十六B条不适用于司法和法律事务委员会。

(二)自2000年起,司法和法律事务委员会应在每年10月1日前提交给总统一份关于在过去一年中行使其职能和权力的报告,报告描述与其有关的程序和通过的任何标准,总统应在六十日内将报告递交众议院。

第六十六D条 [政府各部的报告]

第六十六A条第(一)款第(1)项(A)至(D)所列举的部门每年须在7月1日前提交给总统一份关于其在过去一年的行使其职能和权力的报告,报告描述与其有关的程序和通过的任何标准,总统应在六十日内将报告递交众议院。

第三节 议会的召集、休会和解散

第六十七条 [议会的召开]

(一)议会的每次会议都应在特立尼达和多巴哥国内举行,会议的开幕时间应由总统以公告的形式指定。

(二)参、众两院每年至少应召开两个届期的会议。议会前一个届期的末次会议和下一个届期的首次会议之间,至多间隔六个月。

第六十八条 [议会的休会和解散]

(一)总统可以根据总理的建议,随时让议会休会或解散。

(二)根据第(三)款的规定,议会除非提前解散,则自其解散后召开的首次会议起,可延续五年再告解散。

(三)在特立尼达和多巴哥处于战争状态的任何时候,议会一次可以将第(二)款所规定的五年期限至多延长十二个月,但是按照本款的规定,议会的期限不得延长五年以上。

(四)在解散议会和选举众议院议员的下届大选到来前的这段时间里,如果出现的紧急情况使总理感到有必要在大选前召集两院开会,总统可以根据总理的建议,召集上届议会两院开会,但是众议院议员的选举仍应进行,而召集起来的议会只要不提前解散,就应在举行大选的当日再度解散。

第六十九条 [大选和参议员的任命]

(一)举行众议院议员选举的时间,应由总统根据总理的建议,在每届议会解散后三个月内制定。

(二)每次大选后一有适当机会,总统应按第四十条的规定,着手任命参议员。

(三)如果在其任期的头四年内众议院的职位出现空缺,议会应举行补缺选举。

第四节 选举和选区划分委员会

第七十条 [选区]

(一)特立尼达和多巴哥划分为三十六个选区,或者根据总统按本节有关条款发出的命令的规定,划分为其他数量的选区,每个选区选举一名众议院议员。

(二)多巴哥岛至少应有两个这样的选区。

第七十一条 [选举和选区划分委员会]

(一)特立尼达和多巴哥应设立选举和选区划分委员会(本节称之为"委员会")。

(二)委员会应由一名主席和至少两名、最多四名其他成员组成。

(三)委员会的主席及其他成员,应由总统和总理及反对党领袖协商后任命。

(四)部长、议会秘书、众议院议员、参议院议员、参议院的临时成员或者公职人员,没有资格在委员会任职。

(五)根据本条的规定,委员会成员应在以下情况下离职——

(1)自他任命后满五年,但是他有被重新任命的资格;

(2)出现了假如他不是委员会委员也会使他失去被任命资格的情况。

(六)三名委员会委员即可构成法定人数。

(七)有了法定人数,委员会便不会因为任何委员的缺席而失去处理事务的资格,而且尽管有不具备资格的人参加,委员会的任何活动依然有效。

(八)委员会须自行制定议事规程。

(九)委员会应配备足以有效地履行其职责的工作人员。

(十)委员会工作人员的工资和津贴,应从统一基金内支付。

(十一)选民登记和各选区的选举,均在委员会的指挥和监督下进行。

(十二)委员会根据本条行使其职权时,不受其他任何人或权力机构的指挥与控制。

第七十二条 [选区划分的审查程序]

(一)委员会应根据本条的规定对特立尼达和多巴哥划分选区的数量与界线进行审查,并按照本条将以下两种报告递交总理和议长,再由他们提交众议院——

(1)说明为实施附件二的规定而为特立尼达和多巴哥的选区划分提出建议的报告;

(2)声明根据委员会的意见,为实施上述规定而无须变更现有选区的数量与划分的报告。

(二)第(一)款涉及的报告,应在委员会最后一次提交报告之日至少两年后和至多五年内提交。

(三)一旦委员会提交了第(一)款第(1)项所涉及的报告,总理为此指定的部长(本条称之为"部长")应尽快将总统命令的草案提交众议院批准,使报告中的无论是否经过修改的建议付诸实施,对于部长认为草案的其他条款容易引起或必然带来的任何问题,草案可以作出规定。

(四)如果本条涉及的草案使经过修改的任何建议生效,部长应将一份修改原因的说明和草案本身一并提交众议院。

(五)如果众议院否决或同意撤销主张批准根据本条提出的草案的动议,部长应修改该项草案,然后将修改后的草案提交众议院。

(六)如果众议院通过决议批准了本条涉及的任何草案,部长应将它提交总统,再由总统根据草案制定命令;该项命令将按它规定的日期生效并具有法律效力,直至总统根据本条的规定制定新的命令将其解除为止。

(七)总统根据本条发出说明有关草案已由众议院通过的决议批准的命令后,任何法庭不得对命令的效力问题进行调查。

第五节 投票制度

第七十三条 [投票制度]

(一)众议院议员的选举实行无记名投票和先得够选票者当选的制度。

(二)为使第(一)款得到实行,选票必须投入选票箱,而选票箱在设计上应注意保证其有效性和可靠性。

第五章 行政权力

第七十四条 [特立尼达和多巴哥的行政权]

(一)特立尼达和多巴哥的行政权应当掌握在总统手中,依本宪法,由他可直接或通过他的下属官员行使该权力。

(二)在不违反第(一)款规定的一般性原则的情况下,特立尼达和多巴哥武装力量的最高指挥权应掌握在总统手中,这种权力的行使应受法律约束。

(三)本条中的任何内容都不应阻止议会对总统以外的其他人员或当局授予职能。

第七十五条 [内阁]

(一)特立尼达和多巴哥设立内阁,对本国政府工作进行全面的指导和管理,其成员应共同对议会负责。

(二)内阁由总理和他认为适当的数目并按照第七十六条的规定任命的其他部长(其中一人应是总检察长)组成。

第七十六条 ［部长的任命］

(一)总统任命的总理,应当为——

(1)众议院议员且是受众议院多数人支持的政党领袖;

(2)如果总统认为该党在众议院方不具有一位无可争议的领导者,或缺少一个能够得到广大支持的政党,总统将依其判断,任命最有可能得到众议院多数支持的,并且愿意接受总理职务的议员。

(二)根据第七十九条的规定,总检察长对特立尼达和多巴哥的法律事务管理负责,并在下列情形中提起有利或不利于国家的法律诉讼——

(1)以总检察长名义提起的民事诉讼程序;

(2)以国家的名义提起的刑事诉讼。

(三)部长应由总统按照总理的意见,在众议院和参议院的议员中任命。

(四)如果任命总理时议会解散,则此时任部长的人可被任命为总理。

(五)如果任命部长时议会解散,则议会解散前时任参议员或众议院的人可被任命为部长。

第七十七条 ［部长的任期］

(一)凡由众议院以全体成员多数票通过一项决议,宣布其对总理没有信心,且总理未在七日内辞职或建议总统解散议会,总统应撤销对总理的任命。

(二)总理在下列情形下应离任——

(1)任何一届议会解散后被总统告知,总统将重新任命他担任总理或委任另一人出任总理职务;

(2)因解散议会外的其他原因,他不再是众议院议员。

(三)总理以外的部长在下列情形下离任——

(1)当被委任或重新委任为总理时;

(2)因解散议会外的其他原因,他不再被任命为议院的议员;

(3)总统根据总理的意见,撤销对他的任命。

(四)凡总理根据第四十九条第(三)款的规定停止履行其作为众议院的议员职能,则他也将在此时期停止履行其总理职能。

(五)凡总理以外的部长根据第四十三条第(三)款或第四十九条第(三)款规定停止履行他作为议院的议员的职能,则他也将在此时期停止履行其任何部长的职能。

第七十八条 ［总理外出、疾病或停职期间,其职能的行使］

(一)如果总理不在特立尼达和多巴哥国内,或因疾病或根据第七十七条第(四)款的规定无法履行由本宪法授予他的职能,总统可以授权其他一些内阁成员履行上述职能[除第(二)款规定的职能],而该内阁成员可以履行这些职能,直到总统撤销对其授权。

(二)根据本条,总统应按照总理的意见行使权力,但因总理外出或患病而无法提出意见,或总理因第七十七条第(四)款的规定不能提出意见时,总统可以在没有总理意见的情况下行使权力。

第七十九条 ［部长职位的分配］

(一)根据总理的意见,总统可书面指示指派总理或任何其他部长负责特立尼达和多巴哥政府工作,包括政府部门的管理。

(二)如果部长因不在特立尼达和多巴哥,或因疾病无法履行其职能,总统可以按照总理的意见行事,委派一名众议院议员或参议院议员在部长缺席或患病期间代理部长职能。

第八十条 ［总统职能的行使］

(一)在行使根据本宪法或任何其他法律规定的职能时,除另有规定的情况下,总统应按照内阁或担任根据内阁授权的部长的意见行事,以及在不影响上述例外规定的一般性的情况下,总统在依照宪法或其他法律要求行动时应当——

(1)行使自由裁量权;

(2)同内阁以外的任何人或机构协商;

(3)以内阁以外的任何人或机构的意见为根据。

(二)如果本宪法规定,总统须依个人决定或根据权力机构意见或者同个人或权力机构协商后行事,则任何法庭不得就总统是否有在任何情况下有如此行事权力的问题进行调查。

(三)总统在不妨碍其他情况下依授权或规定行使自由裁量权时,应按照他自己的谨慎判断来行使下列职能——

(1)依照第七十六条第(一)或第(四)款的授权,任命总理;

(2)出现第七十八条第(二)款所述的情况下,总统行使该条赋予他的权力(其中涉及的总理缺席,生病或暂停期间职权的履行);

(3)依照第八十三条赋予他的权力,行使任命或撤销任命反对党领袖的权力。

第八十一条 ［向总统报告政府工作］

总理应保持向总统报告有关特立尼达和多巴哥政府的工作情况,并应当提供总统可能需要的有关特立尼达和多巴哥政府特定事项的一些信息。

第八十二条 ［议会秘书］

(一)根据总理的意见,总统可以在参议院和众议院的议员中任命议会秘书,以协助部长履行其职责。

(二)在议会解散后需要作出任命时,议会解散前的参议院或众议院的议员可被任命为议会秘书。

(三)议会秘书在下列情形下卸任——

(1)因议会解散以外的任何其他原因,他不再是被任命前所在议院的议员;

(2)当一人被任命为或重新任命为总理时;

(3)总统按照总理的意见,指示要求议会秘书卸任。

第八十三条　[反对党领袖]

(一)应设立反对党领袖一职,由总统任命。

(二)当有人愿意出任时,总统应任命一名众议院议员作为反对党领袖,该人应当是凭总统判断能得到最大数量不支持政府的众议院议员支持的人。

(三)反对党领袖在下列情形下应卸任——

(1)辞职;

(2)因议会解散以外的其他任何原因,他不再任众议院的议员;

(3)当议会解散后首次召开众议院会议时,他不再任众议院的议员;

(4)依第四十九条第(三)款规定,停止行使作为众议院议员的职能;

(5)被任命为总理;

(6)根据第(四)款的规定撤销对他的任命。

(四)依总统的判断,反对党领袖已不能获得最大支持,总统应撤销对反对党领袖的任命。

(五)议会解散期间,本条第(四)款一律无效。

(六)如果反对党领袖职位空缺,无论是由于众议院议员没有资格获任,或因为有资格委任而不愿上任,或反对党领袖已辞职或因任何其他原因,本宪法中的任何要求与反对党领袖协商的条款一律不具有法律效力。

第八十四条　[部长等职务的宣誓]

部长或议会秘书只有进行就职宣誓和效忠宣誓后,才能上任。

第八十五条　[常务秘书]

(一)如果一部长负责某政府部门,他应该对该部门进行全面指导和管理;在部长行使职能过程中,该部门应设立常务秘书一职进行监督。

(二)为行使本条——

(1)两个或两个以上的政府部门可置于常务秘书监督之下;

(2)两个或两个以上的常务秘书可以监督一名部长管理的任何政府部门。

第八十六条　[机构的设置]

依本宪法及任何成文法的规定,总统可为特立尼达和多巴哥设置政府机构,并可对这些机构的职务进行任免。

第八十七条　[赦免权]

(一)对于任何人的犯罪行为,总统可以无条件或依法给予其赦免。总统须在一个人被指控犯罪之前或之后,以及在他被定罪之前,行使本款规定的权力。

(二)总统可以——

(1)对于触犯特立尼达和多巴哥法律而定罪的任何人,无条件或依法进行赦免;

(2)准许无限期或在指定时间内,延缓对犯罪的人执行处罚;

(3)以一种不太严重的惩罚形式代替任何对现有罪行进行的处罚;

(4)全部或部分免除对现有罪行判处的刑罚,或者全部或部分免除应为这种罪行缴纳的罚金或物品。

(三)总统行使根据第(二)款规定的权力时,应按照总理的意见及由他指定的部长的意见行事。

第八十八条　[赦免权咨询委员会]

应设立赦免权咨询委员会,其成员应包括

(1)第八十七条第(三)款提到的部长所担任的主席;

(2)总检察长;

(3)检察官;

(4)总统与总理和反对党领袖协商后任命不超过四名的其他成员。

第八十九条　[咨询委员会的职能]

(一)如果一名罪犯因违反特立尼达和多巴哥法律已被法院判处死刑,该部长应向主审法官索要书面报告,并从案件记录的情况获得其他信息,供咨询委员会会议考虑。

(二)对于不属于第(一)款所涉范围的案件,该部长在根据第八十七条第(三)款的规定向总统提出任何建议前,可以征询咨询委员会的意见。

(三)在处理任何案件时,不得强迫部长按照咨询委员会的意见采取行动。

(四)咨询委员会可规定其自身的程序。

(五)在本条中,"该部长"是指第八十七条第(三)款所指的部长。

第六章　总检察长和监察专员

第一节　总检察长

第九十条　[委任、任期和职能]

(一)根据第七十六条第(二)款的规定,本条的规定适用于诉讼处理工作。

(二)特立尼达和多巴哥的总检察长应是公职人员。

(三)在审理任何案件时,总检察长有权在他认为适当的情况下——

(1)在任何法庭就触犯特立尼达和多巴哥法律的人提起刑事诉讼;

(2)接管并继续审理任何其他人或机构已提起的刑事诉讼;

(3)在判决宣告之前,撤销由自己或任何其他人或机构提起的刑事诉讼。

(四)本条第(三)款第1)和第2)项规定的权力仅适用于总检察长,提起刑事诉讼的个人或权力机构只能在被起诉人受到指控之前撤销刑事诉讼,他们没有上述权力。

(五)为实施本条,刑事诉讼记录书包括一份负责诉讼的法庭提交的判决书,或者一个需要说明的判例,或者诉讼中产生的法律争端问题。

(六)本条第(三)款规定的职权,可由总检察长本人行使或通过按照他一般或特别指示行事的其他人代为行使。

第二节 监察专员

第九十一条 [委任及任职条件]

(一)特立尼达和多巴哥应设一名监察专员。他应是议会的议员,无论在公共部门还是在其他部门都不得从事任何带薪职位,不得在本职以外,为获取报酬而从事其他职业。

(二)监察专员由总统与总理和反对党领袖协商后任命。

(三)监察专员的每个任期不超过五年,并可以重获委任。

(四)根据第(三)款规定,监察专员根据第一百三十六条的规定担任该职务。

(五)在上任前,监察专员应在众议院进行就职宣誓并在誓词上署名。

第九十二条 [监察专员下属的工作人员的委任]

(一)监察专员应配备能使其有效履行职能的工作人员。

(二)监察专员下属的工作人员,应是按照第一百二十一条第(八)款委任的公职人员。

第九十三条 [监察专员的职能]

(一)根据本条以及第九十四条和九十五条的规定,监察专员的主要职能应是调查工作,其范围包括本条所适用的任何政府部门或其他权力机构及成员,在行使政府部门或权力机构管理职能时作出的任何决定或建议,其中包括向部长提出的任何意见或建议,调查的范围还包括任何政府部门及其他权力机构的任何已采取或遗漏的行为。

(二)有下列任何情形之一的,监察专员可以进行调查——

(1)任何个人正式向监察专员提出申诉,声称控告人证实由于当政者的失误而出现不公正的结果;

(2)某人或某一群体已经或可能已经遭受这种不公正待遇,众议院的议员要求监察专员调查此事;

(3)在任何其他情况下,监察专员认为,某人或某一群体已经或可能遭受这种不公正待遇,他应该对此事进行调查。

(三)除政府部门外,本条适用的权力机构包括——

(1)为当地政府或公共服务而建立的地方权力机构或其他机构;

(2)大部分组成成员由总统或由部长任命的权力机构或其他团体或者,组成成员的收入之全部或主要部分由公共资金支付的权力机构或其他国家;

(3)有权决定同政府或其他机构订立合同的人选的任何机关;

(4)规定的其他机关。

第九十四条 [调查事项的限制]

(一)对因部长的决定而引起、导致或造成的相关结果进行调查时,监察专员不得调查或质疑部长作出决定的政策根据。

(二)根据第九十三条的规定,尽管对行政不公的投诉致使对公共服务或公共服务部门产生质疑,监察专员有权对指控进行调查,并应当对公告服务部门内部因腐败引起的或者可能协助或鼓励腐败的现象的各种情况进行调查,但他不得具体针对个人的腐败行为进行调查。

(三)凡在调查过程中监察专员认为,有证据表明公职人员或任何与公共服务有关的人员有腐败行为,他应当向有关当局报告这一情况,并在适当时间建议进一步调查。

(四)监察专员不得调查以下事项——

(1)该原告现在或原先——

i)通过在法院诉讼的方式采取补救措施;

ii)在法院以外的一个独立和中立的法庭进行起诉、审查或重审的诉讼;

(2)此类行动,即就任何事宜所采取的诉讼,在附表三有所描述。

(五)尽管第(四)款已作规定,但是监察专员——

(1)虽然原告现在或原先能够通过法院诉讼的方式采取补救措施,但是只要监察专员确信在特定的情况下,要求原告采取或已适用此类诉讼程序是不当的,他仍应当对该问题进行调查;

(2)原告仅根据第十四条(涉及纠正违反基本权利保护的规定)作为向高等法院申请赔偿的理由,不能阻止监察专员对任何相关事项进行调查。

第九十五条 ［监察专员的自由裁量权］

监察专员应根据第九十三条和第九十四条的规定,自行决定是否启动、继续或停止调查,特别是不妨碍这种自由裁量权的一般情况下,如遇下列情形,监察专员可以拒绝启动或终止调查——

(1)在监察专员收到投诉的十二个月之前,原告已经了解到与投诉相关的诉讼内容;

(2)投诉的标的物微不足道的;

(3)投诉纯属琐屑无聊或无理取闹,并非出自真心;

(4)原告对投诉内容没有兴趣。

第九十六条 ［调查报告］

(一)凡申诉或要求调查的请求是通过正当方式作出的,监察专员决定对此事不进行调查或决定终止调查,他应将决定的原因通知申诉人或要求调查的人。

(二)调查完成后,监察专员应告知政府部门或有权力机关调查结果,如果他认为某人已因行政机关的过失而遭受不公正待遇,应告知政府部门或权力机关其意见,并提出他认为合适的建议。监察专员可在他原来的建议中或者在以后任何他认为合适阶段,提出在指定的时间内纠正不公正待遇。

(三)如果监察专员因为投诉或要求而进行调查,则他应把调查结果告知做出投诉或要求他调查的人。

(四)如果监察专员认为调查的问题有足够的重要性,或他根据第(二)款规定提出了一些建议,但在由他指定的时间内没有采取足够的行动来纠正不公正待遇,他应当根据议会可能作出的规定,向议会提交专题报告。

(五)监察专员应根据其履行职能的情况向议会做出年度报告,其形式应当包括由他按规定形式和细节提交的和他收到的与投诉及调查结果相关的统计报告。

第九十七条 ［取证的权力］

(一)监察专员在传唤证人,强迫他们宣誓做证并出示与他办理案件相关的文件时,应具有与高等法院相同的权力;且他和所有的人在提供证据时具有相同的职责和义务并在高等法院享有相同的特权。

(二)监察专员有权进入和视察第九十三条所适用的任何政府部门或权力机构所在的场所,审查并在必要时扣留保存在这类场所的任何文件,以便开展调查。

第九十八条 ［与监察专员相关的规定事项］

(一)依据第(二)款的规定,议会可作出规定——

(1)用于调节向监察专员提出投诉和要求监察专员行使其职能的程序;

(2)为方便监察专员履行其职能,赋予其一定的权力并将特定义务附加于相关人员是有必要的;

(3)全面落实本节的规定。

(二)监察专员无权传唤部长或议会秘书,或迫使部长或议会秘书回答与监察专员调查有关事宜的任何问题。

(三)监察专员无权传唤证人出示任何内阁文件或提供有关所得税信息的任何机密。

(四)不得要求原告就他的投诉或要求监察专员进行调查的行为支付任何费用。

(五)对于监察专员或在他手下任职的其他工作人员,除非证明他怀有恶意外,因其行使或拟行使本宪法规定的职能过程中,由行为、言论或所做报告而提起的任何民事或刑事诉讼,均不能成立。

(六)监察专员或在他手下任职的其他工作人员,不应因其在行使职权过程中获得的情况而受到传唤,并在任何法庭或法律程序中做证。

(七)根据本宪法,任何人在监察专员进行的调查或诉讼程序中所说的话或提供的任何资料、文件、纸张,都与在法庭进行的调查或诉讼程序同样具有豁免权。

(八)不得因形式上的缺陷而认定监察专员的行为无效。除了缺乏管辖权的理由外,任何法庭不得对监察专员的行动或决定表示反对、进行复审、宣布无效或提出质疑。

第七章 司 法

第一节 最高法院

第九十九条 ［最高法院的设立］

特立尼达和多巴哥设立最高法院,由本宪法或任何其他法律规定授予管辖权和权力的高等法院和上诉法院组成。

第一百条 ［高等法院的组成］

(一)高等法院的法官,应由首席法官即该法院一名法官和规定数目的陪席法官构成。

(二)高等法院应是上级终审法院,除议会另有规定外,拥有此类法院所具有的一切权力,包括本宪法生效前授予特立尼达和多巴哥最高法院的一切权力。

第一百〇一条 ［上诉法院的组成］

(一)上诉法院的法官,应由首席法官即上诉法院院长和规定数目的上诉法官构成。

(二)上诉法院应是上级终审法院,除议会另有规定外,拥有此类法院所具有的一切权力。

第一百〇二条 ［首席法官的委任］

首席法官应当由总统和总理及反对党领袖协商

后任命。

第一百〇三条 ［代理首席法官的任命］

首席法官职位空缺或首席法官因任何原因无法履行其职能，直到一人被委任并担任其职能，或直至首席法官恢复这些职能时，这些职能由总统和总理及反对党领袖协商后任命的其他法官行使。

第一百〇四条 ［上诉法官和陪席法官的委任］

（一）首席法官以外的法官，应当由总统参照司法和法律事务委员会的意见任命。

（二）如有——

（1）相关法官的职位空缺；

（2）相关法官因任何原因无法履行其职能；

（3）相关法官代理首席法官之职或陪席法官代理上诉法官之职；

（4）首席法官向总统提出建议，认为上诉法庭或高等法院的业务状态应是这样要求，

总统，按照司法和法律服务委员会的意见行事——

i）视情况需要，可委任一人代理上诉法官或陪席法官；

ii）尽管有第一百三十六条规定，仍可委任一名曾担任法官，并已年满六十五周岁的人为陪席法官，但为期应不超过两年。

（三）根据第（二）款任命的人代理上诉法官或陪席法官的期限，直到总统按照司法和法律事务委员会的意见撤销为止。

第一百〇五条 ［法官资格］

不具备规定任职资格的人，不得被任命为法官或代理法官。

第一百〇六条 ［任职的期限］

（一）根据第一百〇四条第（三）款规定，法官应按照第一百三十六和一百三十七条规定任职。

（二）有实质职位的法官，不得废除。

第一百〇七条 ［法官宣誓］

法官任职前，应按照附表一的内容进行效忠宣誓和就职宣誓并署名。

第一百〇八条 ［宪法问题和基本权利等的上诉］

向上诉法院提出的上诉，是在根据高等法院裁决的下列情况下提出的，即——

（1）涉及本宪法解释问题的任何民事或刑事法律程序中的命令或判决；

（2）在行使第十四条赋予高等法院的司法权作出的（涉及纠正违规行为、保护基本权利）任何命令或判决；

（3）解决第四条第（1）项和第五条第（一）款确保向高等法院提交的问题的命令或判决；

（4）高等法院批准或拒绝受理的，根据第五十二条提交给它的诉讼或对任何问题的命令或判决（其中涉及到参议员或众议院议员的任命、资质、选举或成员资格，视情况而定）；

（5）法院在行使其司法管辖权时惩罚藐视法庭行为，包括刑事性质的蔑视法庭罪的任何命令或判决。

第二节 向司法委员会提出上诉

第一百〇九条 ［上诉法院提交至司法委员会的上诉］

（一）依上诉法院的决定，在下列情况下向司法委员会提出的上诉成立：

（1）下列民事诉讼的最终裁决：向司法委员会提出上诉的涉案价值为1500美元或以上的问题，或上诉涉及直接或间接价值1500美元或以上的问题或财产又或财产权利的问题；

（2）解除婚姻或宣布婚姻无效的法律程序的最终裁决；

（3）涉及对本宪法的解释的任何民事、刑事或其他法律程序的最终裁决；

（4）除根据第一百〇八条第（4）项以及该条款列举案例以外的案例；

（5）根据《最高法院司法权法令》第八十一条第（三）款至第（五）款和《律师法》作出的纪律处分的最终裁决；

（6）可能规定的其他情形。

（二）经上诉法院许可，在下列情况下向司法委员会提出的上诉可以成立：

（1）任何民事诉讼中的裁决；上诉法院认为上诉所涉及的问题有广泛代表性或重要影响，或因其他原因，应当将其提交给司法委员会；

（2）可能规定的其他情形。

（三）根据上诉法院对下述任何民事或刑事案件的裁决，须经司法委员会的特别许可使上诉成立：特立尼达和多巴哥共和国成立前的此类裁决，已经获女皇陛下的特别许可，本可以提交枢密院的上诉。

（四）第（一）、（二）和（三）款要遵从第三十二条第（二）款及第五十二条第（四）款的规定。

（五）在符合本条规定的情况下，可参照本条或由上诉一方当事人根据任何法令规范的程序作出规定，调整上诉法院向司法委员会提出的任何上诉所采纳的程序。

（六）司法委员会根据本条所作出的对上诉案件的裁决，应如上诉法院的裁决一样执行。

（七）依据第（六）款的规定，司法委员会对于根据本条提交给它的任何上诉案件，拥有上诉法院所有的司法管辖权和权力。

第三节 司法和法律事务委员会

第一百一十条 ［司法和法律事务委员会］

（一）特立尼达和多巴哥应设立司法和法律事务委员会。

（二）司法和法律事务委员会由以下成员组成——

(1) 首席法官，由他任主席；

(2) 公共服务委员会主席；

(3) 根据第（三）款的规定可委任的其他成员（以下简称"委任成员"）。

（三）委任成员由总统和总理及反对党领袖协商后任命，具体如下：

(1) 从那些在英联邦某地的对于民事和刑事案件具有管辖权的法院或具有上诉权限的法院中担任或曾担任法官职务的人员中选出一人；

(2) 从具有法律从业资格的人员中选择两人，其中至少有一个人不在从业，如有必要，由总统出面协商后确定。

（四）委任成员根据第一百三十六条的规定任职，但要遵循第一百二十六条第（三）款第（1）项的规定。

第一百一十一条 ［任命司法人员］

（一）依照本条的规定，委任他人担任或代理本条适用的职务的权力，包括提升、调动和确认，以及取消和实施对担任或代理此类职务人员的处分的权力，均属于司法和法律事务委员会。

（二）在对副检察长、首席议会律师、总检察长、总登记官或国家首席法务官的职位作出委任之前，司法和法律事务委员会须征询总理意见。

（三）如果总理向司法和法律事务委员会表示他反对某人任职时，此人不得被任命。

（四）本条适用于获任人员具备法律从业资格的此类公职。

第八章 财 政

第一百一十二条 ［统一基金的建立］

（一）除议会另有规定外，特立尼达和多巴哥征收到的一切收入或其他款项，凡不属于依本宪法或其他法律应缴入为某特定项目设立的其他公共基金的，均应纳入国家统一基金。

（二）除根据本宪法或任何法案从统一基金中支付的开支，或根据第一百一十四条通过拨款法或根据其他法律授权的款项外，不得从统一基金中提取资金。

（三）除法律另有规定外，不得从统一基金以外的任何公共资金中提取款项。

（四）只能按照规定的方式从统一基金或其他公共资金中提取款项。

第一百一十三条 ［对统一基金支出的授权］

（一）每一财政年度开始之前或开始之后三十日内，财政部长应准备好特立尼达和多巴哥当年的收支概算并提交众议院。

（二）概算中所列的除依本宪法或任何法案记入统一基金支出以外的主要开支项目，应载入拨款法，该法案将规定为支付这一开支需从统一基金拨出的款额以外的其他专项拨款。

（三）如果在任何财政年度发现——

(1) 拨款法为任何用途所拨款额不足或需要为拨款法所列项目以外的用途进行开支；

(2) 拨款法为任何用途所拨款项已用完或某拨款法以外项目的资金已用完，应向众议院提交一份补充概算，说明所需或已经消耗的额度，这类开支的主要项目应载入补充拨款法。

第一百一十四条 ［预先拨款的开支授权］

议会可以作出如下规定：如果在任何财政年度开始后拨款法仍未执行，为维持政府机构的运转，财政部长可授权从统一基金中支取资金，直至该财政年度开始三十日期满或拨款法得以执行，选择较早的进行。

第一百一十五条 ［意外开支基金］

（一）议会可规定设立意外开支准备基金，当出现未作规定的紧急意外开支时，授权财政部长从该基金预付款项以满足需要。

（二）根据第（一）款预付款项后，要尽快提出一个补充估算和一项补充拨款法以补进预付款额。

第一百一十六条 ［审计长职务和职权的设立］

（一）特立尼达和多巴哥设审计长，其职务属于公职。

（二）特立尼达和多巴哥及其所有官员、法院和管理机构的公共账户每年由审计长审计汇报，为此目的，审计长或他授权代表他的任何人，有权查看与账户有关的所有账簿、记录、税单和其他文件。

（三）因此，审计长有权对所有属国家所有的或控制或由他人代表国家拥有或控制的企业的账簿、资产负债表和其他财务报表进行审计。

（四）审计长每年向众议院议长和参议院议长及财政部长提交报告。

（五）众议院议长和参议院议长收到报告后，要在众议院和参议院下一次会议上分别提交两院。

（六）审计长依本宪法行使其职责时，不受任何人或任何机构指挥或控制。

第一百一十七条 ［审计长及其他工作人员的委任］

（一）审计长由总统和总理及反对党领袖协商后

任命,并根据第一百三十六条任职。

(二)如果审计长职位空缺或由于某种原因不能行使其职能,总统在和总理及反对党领袖协商后,可以派人代行其职,由此而受到委派者,在遵守第(四)款的情况下,任职期直至总统和总理及反对党领袖协商后取消对其任命为止。

(三)审计长在就职前要在总统或总统因此目的指派的其他人面前宣誓并在宣誓书上签名。

(四)审计长所做的任何事不能仅以他达到第一百三十六条规定的离职年龄为由而被认定无效。

(五)应为审计长配备适当的工作人员使其有效地履行职能。

(六)审计长下属的工作人员是公职人员,应根据第一百二十一条第(八)款任命。

第一百一十八条 〔公共债务〕

(一)特立尼达和多巴哥的公共债务以国家的收入和资产担保。

(二)本条所指的特立尼达和多巴哥的公共债务包括债款利息、对债款本金的支付以及管理债款的成本、费用和开支。

第一百一十九条 〔公共账目委员会〕

(一)设立由六到十人组成的公共账目委员会。

(二)公共账目委员会的主席由反对党议员(如果有且愿意担任)担任,可以由相同数量的众议员和参议员出任委员会主席和成员,这由众议院决定。

(三)如果众议院反对党成员不愿担任公共账目委员会主席,那么将任命反对党参议员出任主席。如果反对党参议员也不愿意,总统将根据第四十条第(二)款第(3)项指定一名参议员担任主席。

(四)公共账目委员会就下列问题进行审议并向众议员汇报——

(1)议会为满足特立尼达和多巴哥的公共开支所拨款项的开销账目;

(2)众议员提交该委员会或根据任何条例授权或要求该委员会审议的其他账目;

(3)审计长对任何此类账目的报告。

(五)除根据第(一)款建立的公共账目委员会之外,设立一个由六至十人组成的公共账目(企业)委员会。

(六)公共账目(企业)委员会主席是根据第四十条第(二)款第(2)项参照反对党领袖的意见提名的一名参议员(如果有且愿意担任),其他成员为众议员和参议员,由众议院决定。

(七)如果反对党参议员不愿意担任公共账目(企业)委员会主席,那么将任命反对党众议员担任主席。如果反对党众议员也不愿意,总统将根据第四十条第(二)款第(3)项指定一名参议员担任主席。

(八)公共账目(企业)委员会就下列问题进行审计并向众议院汇报:

(1)所有属国家所有或控制或由他人代表国家拥有或控制企业的经过审计的账簿、资产负债表和其他财务报表;

(2)审计长对任何此类账簿、资产负债表和其他财务报表的报告。

(九)依第(八)款和第一百一十六条第(三)款的目的,国家控制的企业是指政府或由政府控制的机构——

(1)可以或有权对该企业的事务进行直接或间接控制;

(2)有权任命该企业董事会的多数董事;

(3)至少掌握该企业百分之五十的股权。

第九章 公职的委任与任期

第一节 公共服务委员会等部门

第一百二十条 〔公共服务委员会〕

(一)特立尼达和多巴哥设立公共服务委员会,委员会由一名主席、一名副主席和二至四名成员组成。

(二)公共服务委员会的成员由总统和总理及反对党领袖协商后任命。

(三)公共服务委员会的成员根据第一百二十六条任职。

第一百二十一条 〔公职人员的任命〕

(一)依本宪法规定,任命任何人担任或代理本条所适用的职位的权力,包括晋升、调动和确认任命以及对担任或代理此类职务的人取消或执行纪律处分权,均属公共服务委员会。

(二)公共服务委员会不得因公职人员执行所授予司法职责而采取或忽略的行动对其取消或实施法律处罚,除非司法和法律事务委员会同意。

(三)公共服务委员会任命任何人担任本款所适合的职务前须同总理协商。

(四)如果总理向公共服务委员会示意反对某人担任第(三)款所适合的职务,则此人不予任命。

(五)第(三)款适用于常务秘书、首席技术总监和人事行政总管的职务以及政府部门首脑、他们的主要职业顾问和以上各职的副手,但要遵守第(六)款和第(七)款规定。

(六)对下述职务的调动权属于总理:

(1)调动常务秘书从某职位去另一个薪酬相同的此类职务;

(2)为妥善行使职责需要旅居国外的职务以及总理经与公共服务委员会协商后指定的外交职务。

（七）本条适用于所有公职，尤其包括民政部门、消防部门和监狱部门，但不适用于司法和法律事务委员会、警察事务委员会或教育委员会任命的职务或由总统任命的职务。

（八）公共服务委员会在任命或调动审计长或监察专员的工作人员的职务之前，须先同审计长或监察专员协商。

（九）第（七）款中的"民政部门"、"消防部门"和"监狱部门"分别是指根据《民政法案》、《消防法》和《监狱管理法》建立的相应机构。

第一百二十二条 ［警察事务委员会］

（一）特立尼达和多巴哥设立警察事务委员会，该委员会由一名主席和四名其他成员组成。

（二）警察事务委员会的成员应当由总统按照本条任命。

（三）总统应同总理和反对党领袖协商后提名那些具有法律、金融、社会学或管理学的资质和经验的人，将其委任为警察事务委员会成员。

（四）总统应发布涉及依照第（二）款有关规定提名委任人的告示，且该告示应服从于众议院的一致决议。

（五）在众议院批准涉及相关人员的告示后，总统应依据本款进行任命。

（六）总统可以依照个人的判断从警察事务委员会成员当中委任一人作为主席。

（七）除第（四）及（五）款规定外，警察事务委员会成员组成应遵照第一百二十六条规定。

第一百二十二A条 ［职员的免职］

（一）在与总理和反对党领袖协商后，如果警察事务委员会的成员有下列情形，总统可以终止对其任命——

(1) 无正当理由连续四次没有参加会议；
(2) 因犯罪被法院判处六个月以上的监禁；
(3) 精神或身体不适；
(4) 未能及时或尽职地履行其职能；
(5) 在警察事务委员会产生利益冲突时置身其中；
(6) 证实缺乏履职的能力；
(7) 有不端的职务行为。

（二）总统在按照第（一）款第(4)至(7)项行使其权力时，可进一步考虑第六十六A条第（一）款第(5)项及第六十六B条议会联合专责委员会和警察事务委员会的报告。

（三）非依照本条规定，警察事务委员会的成员不得被免职。

第一百二十三条 ［警察事务委员会的权力］

（一）警察事务委员会应具有以下权力——

(1) 任命人员出任或代任警务总监或副总监；
(2) 作出晋升的任命和确认；
(3) 罢免人员及对第(1)项所述人员行使纪律处分；
(4) 监督任职人员履行其职责的效率和有效性；
(5) 拟订年度绩效考核报告，其形式由警察事务委员会规定，内容由警务总监及副总监提供；
(6) 依照警务总监，或由警务总监委派的有晋升资格人员或受到惩戒处分的人员的决定听取和确定上诉。

（二）警察事务委员会应按照第（一）款第(1)项以及《警察事务法案》第二十二条第（一）款规定提名人员任职，并应受总统规定的标准和程序及议会否定决议制约。

（三）警察事务委员会应当向总统提交获任警务总监和副总监人员的姓名列表。

（四）总统应根据第（三）款内容向相关人员发出通知，且该通知须服从于众议院的肯定决议。

（五）警察事务委员会应在众议院下达批准相关职位的通知后任命警务总监和副总监。

（六）依照第（一）款第(4)项的目的——

(1) 警务总监须每六个月，以书面形式向警察事务委员会提交一份关于委员会管理情况的报告；
(2) 警察事务委员会有权要求警务总监出示委员会财务、法律、人事事项的有关文件。

（七）尽管有第（六）款的规定，警察事务委员会亦可以主动要求警务总监在任何时间就任何事宜提供有关警察事务管理的特别报告，警务总监应及时回应。

（八）在下列情形下，警察事务委员会可终止警务总监和副总监的职务：

(1) 该人员擅离职守连续七日，且在这期间他并没有通知警察事务委员会其离职的原因，无论他是永久、暂时或因合同聘任获得职位；
(2) 因合同获委任的人员，违反合同内容；
(3) 其评估报告的效率低下；
(4) 由于纪律诉讼而解雇，在给予机会允许其进行听证后；
(5) 如该人员是永久任职的，则因下列情形——
  i) 基于健康原因退休；
  ii) 离职符合公众利益；
  iii) 该职位取消。

（9）警察事务委员会作出的终止警务总监或副总监职务的程序应符合第一百二十九条规定的内容。

（10）尽管有第一百三十二条的规定，任何警察事务委员会根据本条作出的决定不得上诉到公务申诉委员会。

第一百二十三 A 条 ［警务总监的权力］

（一）除第一百二十三条第（一）款，警务总监还应具有完全管理警察事务的权力，且应按要求确保人力、财力和物质资源以一种高效和有效的使用方式投入服务中。

（二）警务总监有权——

（1）除第一百二十三条第（一）款第（1）项外，委任人员任职或代为任职，包括作出晋升的任命和确认；

（2）调任任何警务人员；

（3）除第一百二十三条第（一）款规定外，罢免及对警务人员执行纪律惩罚。

（三）依本条规定，警务总监履行职能可以由他亲自或通过警司级别及以上的警务人员根据他的一般的或特殊的指示行使。

（四）警务总监在依本条履行其职能时，应依照《警察事务法案》及据此订立的规例。

第一百二十三 B 条 ［过渡性条文及保留意见］

（一）尽管有本宪法第一百二十六条规定，所有依照第一百二十二条获任的警察事务委员会成员，在 2007 年 1 月 1 日后六个月内应离职，并在任何情况下，委员会各成员的职位在上述六个月届满翌日起被视为空置。

（二）依照第（一）款规定的在指定的日期前，任何事务在警察事务委员会或其授权的任何人或组织处理有关事宜的权力待定，在按第（一）款中规定的本法生效之日（即 2007 年 1 月 1 日）起，因案件需要，警察事务委员会或其授权的人或组织继续执行其权力。

（三）任何由警务人员提出和待由公务申诉委员会审理的案件，在本法开始施行时，应当由委员会在本法案颁布后听证并决定，虽然该法并未获通过。

第一百二十四条 ［教育委员会］

（一）特立尼达和多巴哥设立教育委员会，该委员会由一名主席和四名以下的其他成员组成。

（二）教育委员会成员由总统和总理及反对党领袖协商后任命。

（三）教育委员会成员依第一百二十六条任命。

第一百二十五条 ［教师的任命］

依照本宪法规定，任命任何人担任或代理根据《教育法》建立的教育事务公职的权力，包括晋升、调动和确认任命以及对担任或代理此类职务的人取消或执行纪律处分权，均属教育委员会。

第一百二十六条 ［各委员会的一般规定］

（一）任职的资格和期限：

一个人如果——

（1）是众议员或参议员；

（2）担任或正在代理或在接受某公务委员会成员任命之前三年内担任过任何公职，

则均无资格出任公务委员会成员。

（二）担任或代理过公务委员会职务的人员，从离职之日起三年内，不能担任任何公职。

（三）公务委员会成员职位在下述情况下为空缺——

（1）五年的任期或任职时规定的任期较短（但不少于三年）的任期期满；

（2）在他同意的情况下，他被提名竞选众议院议员或被指定为参议员。

（四）司法和法律事务委员会以外的公务委员会成员，如因精神或身体健康原因或任何其他原因不能行使其职责或因有不当行为，总统可以酌情予以免职。

（五）除因本条规定外，公务委员会成员不得予以免职。

（六）公务委员会成员任职前须在总统或总统为此目的指定的人面前宣誓，并在宣誓书上签名。

第一百二十七条 ［职能的委托］

（一）经总理批准，公务委员会可以在其认为合适的情况下把本节规定的职责（依第一百二十九条授予该委员会的权力除外）委托给任何一名成员，或者——

（1）就司法和法律事务委员会而言，可以委托给一名法官；

（2）就下列情况——

i）对公共服务委员会而言，可以委托给任何公职人员，或者对有关地区卫生部门而言可以委托给按《地区卫生部门法》第四条规定建立的董事会；

ii）对教育委员会而言，可以委托给任何公职人员。

（3）2006 年第 6 号法案删除。

（二）至于涉及第一百二十一条第（五）款或第一百二十三条第（三）款所言任何职务的任何事情，本条和第一百二十九条作如下说明：这里所说的"公职人员"，包括法官和退休公职人员。

第一百二十八条 ［与其他委员会协商］

公务委员会在任命任何人担任或代理依照本宪法任命权属于另一公务委员会的职务前，应同该委员会协商。

第一百二十九条 ［各公务委员会的权力与议事规则以及受法律保护］

（一）在遵照第（三）款的前提下，为履行其职责，公务委员会经总理许可，可以按规定或不按规定调整自己的工作程序，包括依本宪法需要经协商的程序，并授权任何公职官员承担职责。当涉及的是第一百一十一条第(二)款所指的职务时,可授权一名法官或任何政府机构承担职责。

(二)公务委员会任何会议的法定人数为三人。

(三)2000年第43号法案废除。

(四)除因纪律处分程序外,任何公职人员不可加以处罚。

(五)尽管有第(四)款的规定,公职人员在任何法庭因指控被定罪,且法定上诉期限已经结束,或者该公职人员已经上诉,且上诉程序已经完成,或者依照《简易法院法》第七十一条作出的命令,公务委员会应考虑该项指控有关的法律程序,并且如果有认为该公职人员应该被解雇或由于对其定罪的刑事指控或依照命令对其进行从轻处罚的情形时,委员会应不考虑任何纪律处分程序,随即解雇或处罚该公职人员。

(六)为促进第(五)款的施行——

(1)由法院发出的定罪判决,应当有足够证据证明有关公职人员的罪行;

(2)依照《简易法院法》第七十一条作出命令的核证副本,应有足够证据证明对公职人员指控的罪行。

(七)在第(五)款所指的公职人员有权指出他不应被撤职的因由。

(八)参考第(五)款规定,公务委员会视具体情况还应包括警务人员。

第二节 公务申诉委员会

第一百三十条 [公务申诉委员会的构成]

(一)设立公务申诉委员会(以下简称"申诉委员会"),对于第一百三十二条所列举的对任何公职人员作出的决定,可以提出申诉。

(二)申诉委员会由一名主席和两名成员组成。主席应为法官,由总统经协商首席法官后任命。两名成员由总统同总理和反对党领袖协商后任命。

(二A)主席应是一名现任法官或曾任法官或他是曾在某些英联邦法院担任有民事和刑事管辖权法官的特立尼达和多巴哥公民或在拥有上诉管辖权的法院工作的人。

(三)申诉委员会的一名成员应是退休的公职人员。

第一百三十一条 [任职期限]

(一)第一百二十六条(涉及公务委员会待任命成员的资格、条件和职务任期)适用于公务申诉委员会,如同适用于公务委员会成员那样。

(二)申诉委员会成员任职前须在总统或总统为此目的指定的人员面前宣誓并在宣誓书上签名。

第一百三十二条 [纪律案件的申诉]

(一)根据一个公务委员会或该委员会授权的任何人的决定对某位公职人员提出纪律处分后,向公务申诉委员会提出的申诉可以成立。

(二)应当事人的请求,根据第(一)款向申诉委员会提出的申诉可以成立。

(三)当申诉委员会认为应有更多的证据被举证时,可采取下列做法——

(1)命令在申诉委员会面前或在宣誓书前对证据提出举证;

(2)将此事提交给相关的服务委员会来获取证据和——

i)重新判决问题;或

ii)报告给申诉委员会信息和对事实的认定。

(三A)根据第(三)款第(2)项,案件涉及事务委员会的,此案件在可行的和必要的情况下,应按照初审程序办理。

(三B)依本条规定,关于上诉的听证结束后,申诉委员会可以——

(1)确认、修改或纠正提出上诉反对原事的决定;

(2)驳回上诉决定;

(3)取代事务委员会所作的其他决定。

(四)申诉委员会的每项决议须经多数成员同意。

(五)申诉委员会可以规定——

(1)本部门的工作程序;

(2)根据本条款规定的申诉程序。

(六)为履行其职责,申诉委员会经总理许可,可以按规定或不按规定授权任何公职人员或任何政府机构承担职责。

(七)本条和第一百二十一条、第一百三十条是对审查任何公务委员会决定的任何其他规定的补充而非删减。

第三节 退休金

第一百三十三条 [退休金权利的保护]

(一)在遵守第一百三十四条的情况下,对于享受或有资格享受抚恤金的任何人,如在本条执行之前,已在相关日期或此后较晚时候有其他法律适用于其抚恤金,则选择对此人最有利者。

(二)本条款的"相关日期"是指——

(1)在本宪法实施前,原宪法第一百条对发放任何抚恤金规定的日期;

(2)对于宪法实施之日当日或之后已经或准备对任何在本法实施前曾经担任公职的人员发放抚恤金者,则指本宪法实施的日期;

(3)在本法实施之日或之后成为公职人员的,对于已经或准备发放抚恤金者,则指他开始担任公职的日期。

(三)一个人有权从适于他本人情况的若干法律

中选择一条。为本条之目的,他所选择的法律应视为对他是最有利的。

(四)本条所涉及的任何抚恤金,如果不是计入特立尼达和多巴哥其他公共基金的开支,则应从统一基金中支付。

(五)本条所指的适用于任何抚恤金的法律,在不损害大多数人利益的前提下,包括涉及任何人为享受这些抚恤金而退休的时间与方式的任何法律。

(六)为本条之目的,总统或法官的职务,应视为公职。

(七)本条适用于根据任何法律规定向公职人员或其孀妇、子女、受赡养者或私人代表发放的退休金、退职金或赔偿费。

第一百三十四条 [各委员会发放退休金的权力]

(一)如任何机构根据任何法律有权扣留、减少或中止本条所适用的任何抚恤金,未经过第(二)款、第(三)款或第(三 A)款规定的批准程序,此项权力不得行使。

(二)根据第(三 A)款规定,如果有人已经得到或有资格得到抚恤金,但在他停止担任公职前受司法和法律事务委员会、警察事务委员会或教育委员会管辖,那么第(一)款所指的权力未经有关委员会的批准,不得行使。

(三)根据第(三 A)款规定,如果有人已经得到或有资格得到抚恤金。但在他停止担任公职前不受司法和法律事务委员会、警察事务委员会或教育委员会管辖,那么第(一)款所指的权力未经公共事业委员会批准,不得行使。

(三 A)如果有人有资格得到抚恤金,但在他停止担任公职前受警察事务委员会管辖,那么第(一)款所指的权力未经有关委员会的批准,不得行使。

(四)根据第一百三十六条第(十二)款至第(十六)款任职的任何人,或有资格享受抚恤金待遇的任何人或其孀妇、子女、受赡养者或私人代表,对于他所享有的本条款所适用的抚恤金,不得以其有渎职过失为由而扣留、减少或停止发现,除非他因渎职而依照本宪法被免职。

(五)为本条款之目的,法官的职务被视为公职。

(六)本条款适用于根据任何法律规定向公职人员或其孀妇、子女、受赡养者或私人代表发放的退休金、退职金或赔偿费。

第四节 特别职务

第一百三十五条 [特立尼达和多巴哥首席代表的任命]

(一)总统有权根据总理的建议任命某人担任本条所适用的职务并有权解除其职务。

(二)为本条之目的,就担任或代理任何公职(本条所适用的职务除外)的人提出任何建议之前,总理应征求有关公务委员会的意见。

(三)本条适用于下述职务——

(1)大使或高级专员;以及

(2)特立尼达和多巴哥驻任何国家的首席代表。

第一百三十六条 [特别职务的任期]

(一)本款和第(三)至第(十一)款适用的职务的在位者(在本条简称"官员"),凡年满六十五周岁或所规定的其他年龄者,应离职。

(二)法官达到第(一)款规定的离职年龄后,根据首席法官的建议并经总统许可,可以根据需要继续任职一段时间,使他能够对于他到离职年龄前开始的诉讼作出判决或处理。

(三)官员所做的任何事不得仅因其达到本条规定的离职年龄而被认为无效。

(四)如果经官员本人同意,他被指定为参议员或被提名竞选众议员,则须离职。

(五)根据第(一)款和第(三)至第(十一)款或第(十三)至第(十六)款向任何职务在位者支付的薪金和津贴,应计入统一基金。

(六)根据第(一)款和第(三)至(十一)款或第(十三)至第(十六)款向任何职务在位者支付的薪金和津贴及其服务条件,在其任职后不得向与其不利的方面改动。为本条的目的,如果一个人的服务条件取决于他自己的选择,那么他所选择的服务条件较之于其他服务条件,应是对其更有利者。

(七)任何官员只有(因精神或身体健康或任何其他原因)在无力履行职能时,或因其有渎职行为,才可被免职,除根据第(十)款的规定外,不得解除职务。

(八)任何时候都可以作出决定,对解除官员职务的问题进行调查——

(1)如果涉及监察专员,则需要众议院作出决议;以及

(2)如涉及其他人,则由总统自行提出或根据总理的请求提出。

(九)一旦根据第(八)款作出决定对解除官员职务问题进行调查,那么:

(1)总统应任命一个包括一名主席和两名以上成员组成的审裁委员会。审裁委员会人员应由总统依据涉及问题的提议而选择,从那些在英联邦其他的某个对于民事和刑事案件具有管辖权的法院或具有上诉权限的法院中担任或曾经担任法官职务的人当中遴选;以及

(2)审裁委员会将调查情况,向总统报告事实并就当事者是否应根据第(七)款列举的理由予以解除

职务向总统提出建议。

（十）如果解除某官员的问题被提交给根据第（九）款任命的审裁委员会而且审裁委员会向总统建议解除此人职务，总统则通过由他亲自签署的命令解除其职务。

（十一）如果解除某官员职务的问题被提交给根据第（九）款任命的审裁委员会，总统在同司法和法律事务委员会协商后，可以对此人暂时停职。总统可以随时取消这一命令，而且一旦审裁委员会建议总统不解除此官员职务，这一命令将停止生效。

（十二）第（一）款和第（三）至第（十一）款适用于审计长的职务和所规定的其他此类职务。

（十三）第（一）款至第（六）款适用于法官的职务。

（十四）第（一）款和第（三）款至第（六）款适用于总检察长、首席议会律师和副检察长的职务。

（十五）第（五）款至第（十一）款适用于监察专员、选举与选区划分委员会成员、廉政委员会成员、公务委员会成员、薪金审核委员会成员以及所规定的其他此类职务。

（十六）第（五）款和第（六）款适用于总统职务。

第一百三十七条 ［罢免法官职务］

（一）法官只有（因精神或身体健康或任何其他原因）在无力履行职能时，或因其有渎职行为，才可被免职，除按照本条规定外不得被免职。

（二）如果总统将罢免法官职务的问题提交到司法委员会，且司法委员会已建议总统该法官因无法履行其职能或有渎职行为应予免职的情形下，由总统解除法官职务。

（三）当涉及首席法官时由总理，涉及首席法官外的法官时由司法和法律事务委员会，提出根据本条罢免法官的问题而向总统申请进行调查，那么——

（1）总统应任命一个包括一名主席和两名以上成员组成的审裁委员会。审裁委员会人员应由总统依据涉及问题的提议而选择，即涉及首席法官时按照总理的意见，涉及其他法官时按照总理与司法和法律事务委员会协商后的意见，从在联邦担任或曾担任具有民事和刑事案件司法管辖权的法庭法官或上诉法院的法官中进行遴选；

（2）审裁委员会就调查的事实向总统报告，并建议总统是否应将罢免职位的问题提交司法委员会；

（3）当审裁委员会提出这样的建议时，总统应按照其建议办理。

（四）根据第（三）款的规定，如果罢免法官职务的问题已经被提交于审裁委员会，总统按照总理（首席法官涉案）或首席法官（其他法官涉案）的意见，可暂停法官的职务或随时取消该命令。停职令在下列情形下停止生效——

（1）审裁委员会向总统建议，不应该将罢免的法官职务的问题提交司法委员会；

（2）司法委员会向总统建议，法官不应该被免职。

第十章 廉政委员会

第一百三十八条 ［廉政委员会］

（一）特立尼达和多巴哥设立廉政委员会（本条及第一百三十九条简称"委员会"），对于人员数量、任命的方式和任职后的任期另行规定。

（二）委员会有以下职责——

（1）不时接收众议院成员，政府部长、国会秘书、参议员、法官、裁判官、常任秘书长、首席技术官、多巴哥众议院成员、直辖市的领导、地方政府主管部门成员和所有法定机构成员，国有企业和持有人等其他职务人员对资产、负债及收入情况的书面报告；

（2）依照规定对相关的所有事项进行监督；

（3）监督和监管由议会规定，有关第（1）项所述的官员以及外交部门成员，政府部门顾问和由事务委员会或法定机构服务委员会委任的任何人士的道德行为标准；

（4）监督和调查任何存在贪污或腐败的做法、程序和行为。

第一百三十九条 ［与委员会有关的立法权］

在不违反本宪法的情形下，议会可作出以下规定——

（一）委员会履行其职能的程序；

（二）授予该委员会的权力和赋予有关人士必要的职责，以使委员会有效实现第一百三十八条的目的；

（三）妥善保管提交到委员会的声明和其他文件；

（四）委员会在履行职责的过程中应对议会的成员及任何其他人的资产、负债和收入的所有信息予以保密；

（四 A）委员会保障公众查阅相关信息的权益；

（五）一般情况下实施第一百三十八条的规定。

第十一章 薪金审核委员会

第一百四十条 ［委员会的构成］

（一）薪金审核委员会应由一名主席和四名其他成员组成，所有的成员应当由总统、总理和反对党领袖协商后任命。

（二）薪金审核委员会成员根据第一百二十六条任命。

第一百四十一条 ［委员会的职能］

（一）经总统批准，薪金审核委员会可定时审查总统、公职人员[第一百三十六条第(十二)款至(十五)款规定]、议会议员,包括政府部长和议会秘书,及其他公职人员的薪金及服务条件。

(二)薪金审核委员会关于薪金或服务条件,或两者兼有的审查报告,应提交给总理呈交内阁,并应尽快提交给议会两院。

第十一A章 多巴哥议院

第一百四十一A条 [多巴哥议院]

(一)应在多巴哥设立议院,其被称为"多巴哥议院",即本章下文所称"议院"。

(二)议院由主席和按照规定具有资质被任命且依照规定具有任职条件的其他成员组成。

第一百四十一B条 [议院的权力]

依照本宪法,议院在多巴哥按规定应当有一定的权力和职能。

第一百四十一C条 [执行委员会]

(一)议院应设执行委员会,由一个行政秘书及按规定具有资质被任命且依照规定具有任职条件的一定数目的秘书组成。

(二)行政秘书和其他秘书履行的职能应依照规定。

第一百四十一D条 [基金]

应设立一个基金,称为"多巴哥议院基金",应包括——

(1)由议会拨出有关款项供议院使用;

(2)其他款项议院应依法收集。

第十二章 杂 项

第一百四十二条 [辞职]

(一)依照本宪法的规定,任何人被委任、选举或以其他方式选择担任职务的,包括总理或其他部长或议会秘书,在他向委任、选举或选择其担任职务的人或机构提交书面辞呈后,可以辞职。

(二)上述辞呈一经提交,即刻生效。

第一百四十三条 [再度委任等]

(一)凡任何人辞去本宪法所确立的职位后,包括总理或其他部长或议会秘书职务,如果合格的话,按照本宪法规定他可以再次被委任、选举或选择出任该职位。

(二)任何人或机构在依本宪法授予可委任他人出任职位的权力情况下,虽某人已经任职,但由于其是请假或离职,仍可任命他人出任此职位。依据本款前述原因,若两人或两名以上人员同时担任此职位时,那么为明确目的,最后获委任的人应被视为该职位的唯一负责人。

附表(略)

危地马拉共和国政治宪法*

(1985年5月31日通过,1986年1月14日生效,经1993年11月17日第18～93号立法协议修正)

祈求天主之名

我们,危地马拉人民代表,经自由、民主的选举产生,秉持在法律和政治上组建国家之目的,聚集于全国制宪大会;确认人的至高无上为社会秩序之目标及宗旨;承认家庭为社会和国家的精神和道德财富之最初和根本的起源;承认国家负有促进共同利益、巩固法制、安全、公正、平等、自由及和平之义务;受我们祖先理想之鼓舞并信奉我们的传统及文化遗产;决心在稳定、持久且广泛的制度秩序中促进人权之完整效力,且在此制度秩序中被统治者与统治者均得完全依法行事。

庄严决定、批准并颁布:危地马拉共和国政治宪法

第一篇 人,国家的目标和义务

唯一章

第一条 ［人之保障］
危地马拉国家系为保障人和家庭而建立;其最高目标为公共利益之实现。

第二条 ［国家义务］
国家负有保障共和国常住居民之生命、自由、正义、安全、和平及人的整体发展之义务。

第二篇 人权

第一章 个人权利

第三条 ［生命权］
国家维护和保障自胎儿起的生命,以及人身之完整和安全。

第四条 ［自由及平等］
在危地马拉,人人之尊严和权利皆自由且平等。男性和女性,不论其婚姻状况,均平等享有机会并承担义务。任何人不得使为奴役或其他减损其尊严之身份。人与人之间应当如手足般相待。

第五条 ［行为自由］
人人皆有权行法律未禁止之行为;非基于法律或非依法作出之命令,任何人均无服从之义务。任何人不得因其意见或非违法之行为而遭受迫害或骚扰。

第六条 ［合法拘禁］
非基于犯罪或违法行为并依据主管司法机关依法签发之命令,任何人不得遭受逮捕或拘禁。但公然的犯罪或违法行为除外。受拘禁者应于不超过六小时的时限内被关押于主管司法机关规定之场所,且不受任何其他机关之约束。

公职人员或被授权的代理人若违反本条之规定,将依法受到制裁,且法庭将正式启动相应法律程序。

第七条 ［拘禁理由之告知］
受拘禁者必须立即以口头或书面形式被告知拘禁理由、命令拘禁的机关以及拘禁之场所。前述事项必须以最迅速的方式告知受拘禁者所指定之人,且命令拘禁的机关应当为告知的效力负责。

第八条 ［受拘禁者之权利］
受拘禁者须立即以其可理解之形式被告知其享有之权利,特别是使用辩护人的权利,且进行所有警察和司法调查时,辩护人均可在场。除在主管司法机关前,受拘禁者无做证义务。

第九条 ［审问受拘禁或监禁之人］
司法机关是唯一有权审问受拘禁或监禁之人的机构。该司法行为必须于不超过二十四小时的期限内实施。

庭外审讯不具有任何证明力。

第十条 ［合法拘留所］
有权机关逮捕的人不得被关押于非合法且公开指定为用于拘禁、逮捕或监禁的场所。用于拘留、逮捕或监禁的临时场所应当有别于执行刑罚的场所。

有权机关及其代理人若违反本条规定,将承担个

---

* 译者:林婉莹。

人责任。

第十一条 ［不当或违法拘禁］

如果某个人的身份可以通过文书、重要证人的证言或其自身的权威得以证实，则不得继续不当或违法拘禁之。

在此类情况下，根据相应的制裁处罚，机关的义务仅限于向主审法官提交证据以及告诫违法者在随后四十八小时的营业时间内到该法官前应诉。为此目的，"营业时间"系指每日的八时至十八时。

任何人如拒绝传唤将依法受到制裁。如果某个人的身份无法根据本条之规定得到证实，应当在其被拘禁后一个小时内被置于最近的司法机关监管之下。

第十二条 ［辩护权］

个人之辩护及其权利不受侵犯。未经预先设立的有管辖权的法官和法庭传唤、听审并在诉讼中败诉，任何人不得被判处刑罚或剥夺其权利。

任何人不得受到特别法庭或秘密法庭之审判，或按照非预先合法设立的程序对其进行审判。

第十三条 ［逮捕的理由］

如果事先没有关于犯罪的信息且缺少充分合理的理由相信被逮捕者实施或参与了犯罪，则不得作出逮捕命令。

警察机构在任何人未经有管辖权的法庭调查的情况下，不得正式向社交媒体提及此人。

第十四条 ［推定无罪与诉讼公开］

任何人未经正式生效的司法判决宣告应负责任，推定为无罪。

受拘禁者、受害人、公共事务部以及相关人员以口头或书面形式指定的律师有权亲自、毫无保留地直接获知所有诉讼、文书及刑事调查行为。

第十五条 ［法律不溯及既往］

法律不具有溯及既往之效力，在刑事案件中有利于被告人的法律除外。

第十六条 ［不利自己和亲属的供述］

在刑事程序中，任何不得被强制作不利于自己、配偶或合法结合者以及法定亲属的证词。

第十七条 ［法律未预先规定犯罪或处罚］

实施某个作为或不作为前，法律并未将其规定为犯罪或过错且应处以刑罚，则不得对其施以处罚。

不得因负债入狱。

第十八条 ［死刑］

在下列情形中，不得判处死刑：

a) 基于推定作出的判决；

b) 妇女；

c) 超过六十周岁者；

d) 经审判定为政治犯罪和政治犯罪的共犯；

e) 业已定罪且在此情形下同意将其引渡给请求国。

承认因不服死刑判决而提起的所有相关法律救济，包括请求法院撤销原判；此类救济的处理程序将无例外地获得承认。穷尽所有救济后，将执行刑罚。

共和国国会得废除死刑。

第十九条 ［监狱制度］

监狱制度必须有利于罪犯的社会回归与再教育，且就罪犯之待遇，必须符合以下最低标准：

a) 罪犯必须被当作人类对待；他们不得因任何原因受到歧视或被残酷对待，身体或精神的虐待、胁迫或骚扰，与其身体状态不符的劳动，侮辱其尊严的行为，或被强制勒索，或被进行科学实验。

b) 他们必须在指定用于执行刑罚的场所服刑。惩教中心为民事性质，并配备专业人员。

c) 若他们提出请求，有权与其亲属、辩护律师、宗教援助者或医生进行交流，以及在适当情形下，与本国外交或领事代表进行交流。

如果本条确立的任何标准受到违反，被拘禁者有权主张国家赔偿损失，且最高法院法官应当立即签发保护令。

国家必须创造并改善条件以使本条规定得以切实执行。

第二十条 ［未成年人］

未成年人违反法律的，不可归罪。他们的待遇应当趋向于童年和青春期适合的整体教育。

未成年人的行为违反刑法的，由专门的机构和人员予以援助。不得因任何理由将未成年人监禁于惩教中心或用于拘禁成年人的拘留中心。这一事项将由专门的法律进行规制。

第二十一条 ［对公务人员或政府雇员的制裁］

如果公务人员或政府雇员或其他人员作出或执行违反第二十条或第二十一条之规定的命令，除法律规定的制裁外，可以视具体情况立即罢免其职务并剥夺其担任任何公职的权利。

看守人如果对被拘禁或监禁的人采取不当措施或不当使用武器，将依据刑法承担责任。在此情形下的犯罪行为不受时效限制。

第二十二条 ［服刑记录和前科记录］

服刑记录和前科记录不能成为限制个人行使宪法和共和国法律所保障的权利的理由，但法律规定的限制或终局判决确立的一定期限内的限制除外。

第二十三条 ［住宅不受侵犯］

住宅不受侵犯。任何人不得未经住人同意进入他人住宅，除非依据有管辖权的法官签发的明确说明调查理由的书面命令，且调查不得早于上午六时或迟于下午十八时。调查时，利害关系人或其代理人应当在场。

第二十四条 ［通信、文件及账目不受侵犯］

任何人的通信、文件及账目不受侵犯。只有依据有管辖权的法官作出的最终判决并按照法律程序方得进行查验或扣押。信件、电话、无线电通信、电报通信及其他现代科技产品的秘密受到保障。

涉及支付税收、收费、费用和捐赠的账目、文件和档案，可以由主管机关依法进行修订。除法律规定披露的通用资产负债外，泄露个人或法人的纳税额、收益、亏损、支出及涉及修正账目的任何其他资料，应当受到处罚。

违反本条规定获取的文件或信息不能提供保证，也不得在法庭上作为证据使用。

第二十五条 ［人身登记和车辆登记］

人身登记和车辆登记，仅得在确有正当理由时由安全部队人员实施。为此目的，安全部队人员必须身着适当的制服，与被要求登记的对象同一性别，且必须对个人的尊严、隐私和礼法保持尊重。

第二十六条 ［迁徙自由］

任何人享有进入、逗留、经过和离开危地马拉以及变更住所或居住地的自由，不受法律之外的其他限制。

任何危地马拉人都不得被驱逐出境或被禁止进入危地马拉境内或被拒绝签发护照或其他身份证明文件。

危地马拉人可以在不符合签证要求的情况下进入或离开危地马拉。

违反本条规定所应承担的责任由法律予以规定。

第二十七条 ［庇护权］

危地马拉承认庇护权，并依国际惯例授予庇护。

引渡依国际条约进行规制。

对危地马拉人的引渡不包括政治犯罪，且不得移交给外国政府，但条约或公约就反人类或违反国际法的犯罪另有规定的除外。

不得同意将政治难民驱逐出境移交给进行追捕的国家。

第二十八条 ［申诉权］

危地马拉居民有权直接、单独或集体地向依法负责处理并解决诉愿的机构提起申诉。

就行政事项，处理申诉和告知处理决定的期限不得超过三十日。

就财政事项，在申诉程序中对因免除或调整任何税收而作出的行政决议提出异议，无须纳税义务人事先缴纳税款或提供任何担保。

第二十九条 ［自由进入法院和国家属地的权力］

为依法进行诉讼并行使权利，人人享有自由进入法院、国家属地和办事处的权利。

仅外国人得通过外交途径拒绝司法管辖。

不得仅因某项决议可能损害其利益而拒绝司法管辖，且在任何情形下，必须穷尽危地马拉法律确立的法律救济。

第三十条 ［行政行为公开］

所有行政行为公开。利害关系人有权随时获取其申请的报告、副本、复制品和证明书以及其希望查阅的案卷材料，但涉及国家安全的军事或外交事务或个人依据保密担保提供的细节材料时除外。

第三十一条 ［查阅档案和国家注册］

人人有权获知档案、记录或任何其他形式的国家注册所包含的与之相关的内容，此类资料的用途及其矫正、纠正和更新。禁止注册和记录政治面貌，但涉及选举机关和政党的注册和记录除外。

第三十二条 ［传唤目的］

若相应的传票上未明示调查目的，则无接受当局、公务人员或政府雇员质询之义务。

第三十三条 ［集会和示威的权利］

承认和平及不携带武器集会之权利。

集会和公共示威的权利不得受到限制、克减或约束；且法律仅得因维护公共秩序之唯一目的而规制之。

允许在神庙外从事宗教示威活动，并由法律予以规制。

仅需组织者预先通知主管机关便得行使上述权利。

第三十四条 ［结社权］

承认自由结社之权利。

任何人不得被强制联合或加入互惠的或类似的团体或社团。专业协会的情形除外。

第三十五条 ［思想表达自由］

思想之表达是自由的，可以通过任何传播方式进行，无须接受审查或预先许可。此项宪法权利不得受法律或任何政府规定之限制。任何人若在行使此项自由权利时不尊重私生活或道德，将依法承担责任。任何人若认为受到侵犯，有权公开进行抗辩、解释及纠正。

发表的内容中如包含对公务人员或政府雇员职务行为的谴责、批评或指控，不构成犯罪或过错。

公务人员和政府雇员可以请求荣誉法庭宣告对其造成影响的内容系以失实事实为基础或对他们的指控缺少事实根据，且荣誉法庭依法律规定的方式组成。若法院的裁决澄清被侵犯者的嫌疑，该裁决必须在发表该指控的同一社交媒体上刊载。

社交工具的活动系公共利益，且在任何情形下均不得被征用。不得因思想表达方面的过错或犯罪而关闭、扣押、干预、没收或侵占社交工具，或使社交工具的企业、工厂、器材、机器及设备中止运行。

信息来源之获取是自由的,任何机构均不得限制此项权利。

对国家授予个人的特许权之批准、限制或取消,均不得作为强迫或胁迫限制行使思想表达自由之手段。

本条所提及的犯罪或过错仅由陪审团认定。

有关本项宪法权利的一切事项,均规定于《思想表达宪法》。

社交工具的所有权人必须通过订立人寿保险合同为其记者提供社会经济保险。

第三十六条 ［宗教自由］

所有宗教活动都是自由的。任何人有权公开或秘密地以教导、膜拜和实践之方式践行其宗教或信仰,除公共秩序以及合理尊重教阶制度的尊严和其他信仰的信徒外,不受其他限制。

第三十七条 ［教会的法律人格］

承认天主教的法律人格。其他教会、异教、实体及宗教性质的社团之法律人格将按照各自机构的规则获得承认,政府除因公共秩序外,不得否认之。

就天主教为其自身目的和平占有的不动产,如果该不动产以往系为天主教的基本财产,国家将给予天主教该不动产的所有权凭证,而无须任何费用。被分配给第三方或国家传统上指定为公共设施的不动产,不得变更。

宗教机构的不动产,凡指定用于宗教膜拜仪式、教育及社会救助的,免除其税收、评估及捐赠。

第三十八条 ［持有及携带武器］

承认在居住场所为法律未禁止的私人用途而持有武器之权利。除主管法官有此命令外,无交出武器之义务。

承认携带武器之权利,并由法律规制之。

第三十九条 ［私人财产］

私人财产作为人类固有的权利受到保障。任何人可以依法自由处分其财产。国家保障财产权之行使且必须创造条件以使所有权人能够以实现个人进步及国家发展乃至造福所有危地马拉人之方式使用及享有其财产。

第四十条 ［征用］

在特定情形下,可以因已得到适当证明的集合效用、社会利益或公共利益而征用私人财产。征用必须依照法律规定之程序,且受影响的财产将由专家以其实际价值为基础进行评估。

必须预先给予补偿,且除与利害关系人约定其他补偿方式外,必须以有效法定货币之方式进行补偿。

只有在战争、公共灾难或严重破坏和平的情形下,方得未经预先补偿占用或侵入或征用财产,但紧急情况结束后必须立即给予补偿。有关敌方财产的规则,将由法律予以制定。

就征用闲置土地的补偿支付方式,将由法律进行规定。在任何情形下,实施补偿的最后期限均不得超过十年。

第四十一条 ［所有权之保护］

所有权不得因政治活动或犯罪而受到任何形式之限制。禁止没收财产或判处没收性罚金。在任何情形下,罚金均不得超过欠缴税款的价值。

第四十二条 ［作者或发明人的权利］

承认作者和发明人的权利;所有权人同样依法律和国际条约就其作品或发明享有专属所有权。

第四十三条 ［行业、贸易及工作自由］

承认行业、贸易及工作自由,但法律因社会性动机或国家利益而设定的限制除外。

第四十四条 ［人类固有的权利］

宪法赋予的权利和保障并不排除人类固有的其他权利和保障,即使本宪法并未明确列举之。

社会利益优先于个人利益。

法律、政府规定或任何其他命令,凡克减、限制或曲解宪法保障之权利者,均属无效。

第四十五条 ［对违法者提起诉讼及抵抗的合法性］

针对侵犯人权者提起的诉讼是公共诉讼,可以仅通过简单的告发行使,无须任何保证或法律形式。为保护和维护宪法赋予的权利和保障而进行的抵抗是合法的。

第四十六条 ［国际法优先］

确立就人权方面的事务,危地马拉认可并批准的条约和协议优于国内法之一般原则。

第二章 社会权

第一节 家 庭

第四十七条 ［家庭之保护］

国家确保对家庭之社会、经济和司法保护。国家将促进以婚姻为合法基础建立家庭组织、夫妻的平等权利、父亲责任以及自由决定子女的数量和间隔的权利。

第四十八条 ［事实上的结合］

国家承认事实上的结合,与之相关的所有事务将受到法律之规制。

第四十九条 ［结婚］

结婚可以由市长、议会成员、公证员以及相关行政部门授权的宗教神职人员予以批准。

第五十条 ［儿童之平等］

所有儿童在法律面前一律平等并享有相同的权

利。任何歧视均应受到惩罚。

第五十一条 ［未成年人及老年人之保护］

国家将保护未成年人及老年人的身体、心理及道德健康。国家将保证未成年人及老年人的食物权、健康权、教育权以及安全和社会保障权。

第五十二条 ［孕妇］

孕妇享有国家保护，此种保护的特殊形式将体现为对其派生的权利和义务之严格遵守。

第五十三条 ［残疾人］

国家确保对残疾人及患有身体、心理或感观缺陷之人的保护。对他们的医疗—社会关怀以及推进那些使他们的康复及重新融入社会成为可能的政策和服务，被宣告为符合国家利益。法律将对该事项进行规制，并将设立必要的技术和执行机构。

第五十四条 ［收养］

国家承认并保护收养。被收养人获得收养人子女之地位。对孤儿和被遗弃儿童的保护被宣告为符合国家利益。

第五十五条 ［提供食物之义务］

拒绝以法律规定之方式提供食物应受处罚。

第五十六条 ［就家庭解体原因提起的诉讼］

就酗酒、吸毒及其他家庭解体原因提起的诉讼被宣告为符合社会利益。为了个人、家庭和社会之福祉，国家必须采取适当的预防、治疗和康复措施以使前述诉讼实之有效。

第二节 文 化

第五十七条 ［文化权］

人人有权自由参与团体的文化和艺术生活，并有权从民族的科学和技术进步中受益。

第五十八条 ［文化认同］

承认个人及团体就其价值观、语言和习俗享有的文化认同权。

第五十九条 ［文化之保护与研究］

保护、促进和传播民族文化，颁布有利于充实、复兴、保存和恢复民族文化的法律和规定，以及促进和规制科学研究及适用技术之发明和运用，系国家的基本义务。

第六十条 ［文化遗产］

古生物、考古、历史和艺术资产及国民价值观构成了民族文化遗产，并受国家之保护。除法律规定的情形外，禁止民族文化遗产之转移、出口或变更。

第六十一条 ［文化遗产之保护］

为维持其特性及维护其历史价值和文化资产之目的，考古遗址、历史遗迹集合及危地马拉文化中心将受到国家的特别关注。业已被宣布为世界遗产的蒂卡尔国家公园、基里瓜考古公园和旧危地马拉城以及其他获得类似认可的遗产，将实行特殊保护制度。

第六十二条 ［传统艺术、民俗及手工艺之保护］

民族艺术表现形式、流行艺术、民俗以及原生的手工艺和产业必须得到国家的特别保护以维持其真实性。国家将协调国内和国际市场为艺术家和手艺人的作品的自由商品化开放，促进其创造及适当采用技术。

第六十三条 ［创造性表达权］

国家保障自由的创造性表达，支持并鼓励科学家、知识分子和民族艺术家之产生，推动其专业提升和经济改善。

第六十四条 ［自然遗产］

国家自然遗产之维护、保护及改善，被宣告为符合国家利益。国家将推动国家公园、保留地及自然保护区之建立，此类区域不可剥夺。法律确保对此类区域及区域内的动植物之保护。

第六十五条 ［文化之保护和促进］

国家维护并促进文化及其表现形式之活动，将由特定机构负责，独立预算。

第三节 土著社区

第六十六条 ［民族之保护］

危地马拉系由多民族组成，其中包括玛雅后裔土著群体。国家承认、尊重并改善他们的生活方式、习惯、传统、社会组织形式、男性和女性的土著装束，以及语言和方言。

第六十七条 ［土著农用地及合作社之保护］

合作社、土著社区或共有或集体所有土地所有权的任何其他形式的土地，以及家庭财产和人们的住房，享受国家的特殊保护、优惠贷款和技术援助，以保障对土地、财产和住房的占有和开发，进而确保所有居民的生活质量得以提高。

土著社区及其他社区，如果持有历史上属于他们且他们历来使用特殊形式进行管理的土地，将继续维持该制度。

第六十八条 ［给予土著社区的土地］

国家将通过特别项目和适当立法为土著社区提供发展所需的土地。

第六十九条 ［劳动者转移及其保护］

劳务活动，包括劳动者转移出他们的社区，应当为保护和立法之对象，以确保适当的卫生、安全条件以及预防未依法支付薪资、社区解体和所有的歧视性待遇的社会福利制度。

第七十条 ［特别法］

与本节相关之事项，由法律进行规定。

第四节 教 育

第七十一条 ［受教育权］

保障受教育的自由及教育标准。国家有义务无任何歧视地为其居民提供并促进教育。文化教育中心和博物馆之建立和维护被宣告为必要的公用事业。

第七十二条 ［教育目标］

教育的首要目标为人的整体发展、认识现实以及了解民族文化和普世文化。

教育、教学、社会培训以及对共和国宪法和人权的系统化教导被宣告为符合国家利益。

第七十三条 ［受教育的自由及国家的经济援助］

家庭是教育之源，父母有权选择对其未成年人子女的教育内容。国家应当资助免费的私人教育中心，与此相关的事项将由法律进行规制。私人教育中心应当在国家的监督下运作。它们至少负有履行官方学习计划及方案之义务。作为文化中心，它们将享受各种税收及评估之豁免。

宗教教育在官方机构中是非强制性的，并且可以在正常时间内进行教学而不受任何歧视。

国家将无任何歧视地为宗教教育之维持捐款。

第七十四条 ［义务教育］

居民有在法律确定的年龄范围内接受启蒙、学前、初等及基础教育的权利和义务。

国家提供的教育是免费的。

国家提供并推广奖学金及教育贷款。

科学、技术及人文教育为国家必须持久引导并发展的对象。

国家应当促进特殊教育、多元化教育以及课外教育。

第七十五条 ［消除文盲］

消除文盲被宣告为国家紧要事项，促其实现系一项社会义务。国家将运用一切必要资源组织并推动文盲之消除。

第七十六条 ［教育体系及双语教育］

教育体系之管理必须分散化与区域化。

在土著居民占主导地位的区域内建立的学校，必须优先提供双语教育。

第七十七条 ［企业主的义务］

工业、农业、畜牧业及商业的企业主有义务依法为其雇员和就学人口建立并维持学校、托儿所及文化中心。

第七十八条 ［教学人员］

国家将促进教学人员的经济、社会及文化提升，包括退休的权利以使其得以真正获得尊严。

国家教学人员享有的权利为最低限度且不可剥夺之权利。此类事项将由法律予以规定。

第七十九条 ［农业教育］

农业研究、学徒、解释、商业化和产业化被宣告为符合国家利益。国立中央农业学院被创建为自治、分散的实体，具有法律人格及自己的财产；它必须组织、指导及发展国家的农业、畜牧业及林业研究计划至中级水平；且它将依照自身的组织法进行管理，所获得的划拨款项应当不少于农业部正式预算的百分之五。

第八十条 ［促进科学与技术］

国家承认科学与技术为国家发展的根本基础，并促进之。法律将就相关事项建立规范。

第八十一条 ［资格及资格证书］

如果资格及资格证书系由国家签发，则该资格及资格证书具有充分的法律效力。从事前述证书认证的专业活动而获得的权利必须受到尊重，且不得颁布任何限制或约束此类权利的规定。

第五节 大 学

第八十二条 ［危地马拉圣卡洛斯大学自治］

危地马拉圣卡洛斯大学系具有法律人格的自治机构。作为唯一的国立大学，它负有引导、组织及发展国家高等教育和专业大学教育以及各种形式传播文化之专属职权。它将在其职权范围内通过一切方法促进人类知识各个领域的研究，并将协作研究和解决国家问题。

危地马拉圣卡洛斯大学根据自身的组织法及其颁布的法规和规章进行管理，且就管理机关之构成，必须遵守包含名誉教授、毕业生及学生之代表的原则。

第八十三条 ［危地马拉圣卡洛斯大学之管理］

危地马拉圣卡洛斯大学的管理权属于高等大学委员会，该委员会包括校长，其为委员会主席；各学院院长；各学院对应的专业协会的代表各一名，且该代表为危地马拉圣卡洛斯大学的毕业生；各学院的名誉教授和学生各一名。

第八十四条 ［危地马拉圣卡洛斯大学的预算拨款］

划拨给危地马拉圣卡洛斯大学的专门预算拨款不少于国家一般收入总预算的百分之五，且必须适当增加预算以满足学生人口之增长或学术水平之提升。

第八十五条 ［私立大学］

私立大学为独立机构，负有组织及发展私立国家高等教育之职权，以促进专业形成、科学研究、文化传播以及国家问题之研究与解决为宗旨。

如果私立大学之运营获得批准，其将具有法律人格并享有组建院系和科研机构、开展学术和教学活动以及制定研究计划和方案的自由。

第八十六条 ［私立高等教育委员会］

私立高等教育委员会负有尽力维持私立大学的学术水平而不减损其独立性以及批准创办新的大学之职权；委员会包括两名危地马拉圣卡洛斯大学委派的人员，两名私立大学委派的人员以及一名由专业院校的校长推选产生的不在任何大学担任任何职位的人员。

委员会主席职位由委员轮流担任。该事项将由法律进行规定。

第八十七条 ［学位、资格、毕业证书及公司设立之认可］

在危地马拉，只有依法创办并在国内运营的大学所授予的学位、资格及毕业证书才可以获得认可，国际条约另有规定除外。

危地马拉圣卡洛斯大学是唯一有权对毕业于国外大学的专业人员设立的公司进行裁决、为其设定必须符合的先决条件以及认可国际条约所保障的具有入学性质的资格和毕业证书的机构。如果完成基本一致的学习计划，则中美洲大学授予的称号在危地马拉具有完全效力。

如果某个人业已具备相关资格或获得法律授权从事某类专业活动，则授予特权对其造成损害的法律规定不得获得批准。

第八十八条 ［税收的豁免与减免］

大学皆免于缴纳各类税收、评估和捐款，无任何例外情形。

捐赠给大学、文化或科学机构的款项应当在评估所得税前从净收入中扣除。

国家可以为私人大学提供经济援助以助其实现目标。

危地马拉圣卡洛斯大学和私立大学不得成为执行标的或参加诉讼，但私立大学依民事、商业或劳动合同承担义务的情形除外。

第八十九条 ［学位、职称及毕业证书之授予］

仅获得合法授权的大学得授予学位及颁发高等教育的职称和毕业证书。

第九十条 ［专业协会］

大学的专业协会是强制性的，它以大学专业的道德、科学及物质提升及监督它们的活动为目标。

专业协会作为具有法律人格的行业协会，必须依据专业协会法运营，且各协会章程之批准应当独立于其成员毕业的大学。

专业协会有利于加强危地马拉圣卡洛斯大学的自治性，并促进国内所有大学的宗旨和目标。

就有关提高大学专业的科学和文化技术水平的任何事项，国内大学可以要求参加专业协会。

第六节 体育运动

第九十一条 ［体育运动的预算拨款］

国家有义务鼓励并提倡体育教育和运动。为此目的，应当规定不少于国家一般收入总预算的百分之三的专门款项。就此款项，其中百分之五十必须用于联合体育部门，且由其管理机构依法律规定之形式进行使用；百分之二十五用于体育教育、娱乐活动及学校体育活动；以及其余百分之二十五用于非联合体育运动。

第九十二条 ［运动自治］

承认联邦体育的自治性，并通过其管理机构保障之。危地马拉运动自治联合会及危地马拉奥林匹克委员会具有法律人格及其自身的财产，免征各类税收和评估。

第七节 健康、保障及社会救助

第九十三条 ［健康权］

享有健康是人类的基本权利，不受任何歧视。

第九十四条 ［关于健康和社会救助的国家义务］

国家应当确保所有居民的健康与社会救助。它将通过其机构开展预防、推广、恢复、康复和协调活动以及适当的补充性活动以实现最全面的身体、心理和社会福利。

第九十五条 ［健康，公共财产］

本国居民的健康是一项公共财产。所有个人和机构皆有义务尽力保持及恢复健康。

第九十六条 ［产品质量监督］

国家对食品、药品、化学制品及影响居民健康和幸福的所有事物进行质量监督。国家确保建立和规划初级卫生保健体系，以及提高最低保障社区的基本环境卫生条件。

第九十七条 ［环境和生态平衡］

国家、市政府及国内居民有义务推动社会、经济和技术发展以预防环境污染和维护生态平衡。所有必要的法规将用于确保动物、植物、土地、水域得到合理使用，免于破坏。

第九十八条 ［社区参与健康计划］

社区有积极参与健康计划之制定、实施及评价的权利和义务。

第九十九条 ［提供食物及营养］

国家必须尽力使全部居民的食物和营养满足最低健康要求。国家的专门机构间必须互相协调其行为或与致力于健康的国际机构进行协作，以建立一个有效的国家食品体系。

第一百条 ［社会保障］

为了本国居民之利益，国家承认并保障社会保障权。社会保障制度系公共职能,以全国性、统一性及强制性的方式行使。

社会保障制度所涵盖的国家、雇主及雇员,除本宪法第八十八条规定之唯一例外情形外,负有资助该制度之义务并享有参与该制度之管理,使其不断改善之权利。

社会保障制度由危地马拉社会保障机构负责,该机构为具有法人资格的自治单位,有自己的财产和职能;它享有免缴已设或将设的税收、捐赠及税捐的权利。危地马拉社会保障机构必须与卫生机构互相配合协调。

行政机关将每年从国家收支总预算中划拨特定比例的款项以支付国家及国家作为雇主应承担的份额,该笔款项在财政年度内不得被转移或取消,并根据社会保障机构的技术精算研究确定。

针对就此事项作出的决议,可以依法提起行政及行政争议救济程序。如果涉及社会保障制度必须提供的救济金,则由劳动和社会福利法庭审理。

第八节 劳 动

第一百○一条 [劳动权]

劳动是人的权利和社会义务。国家劳动制度必须根据社会正义之原则建立。

第一百○二条 [劳动立法的最低限度社会权利]

构成劳动立法及法院和政府活动之依据的最低限度社会权利包括:

a) 自由选择职业的权利和获得令人满意的经济条件以确保劳动者及其家庭得以有尊严地生活的权利。

b) 所有劳动均获得公平的报酬,法律就此另有规定的除外。

c) 在同等条件、产量和资历的情形下,提供相同的劳动所获得的薪酬相同。

d) 以法定货币支付劳动者薪酬之义务。但是,实地工作者可以选择领取食品直至其薪酬的百分之三十。在此种情形中,雇主不得以高于成本的价格提供这些食品。

e) 在法律规定的情形中,薪资免于留置。私人的劳动工具不得因任何理由而被留置。但是,为保障劳动者的家庭且依据司法命令,可以保留部分薪资并交付给相关当事人。

f) 依法定期确定最低工资。

g) 正常的实际工作时间每日不得超过八小时,每周不得超过四十四小时,为支付薪水之唯一目的等同于四十八小时。

夜班正常的实际工作时间每日不得超过六小时,每周不得超过三十六小时。倒班正常的实际工作时间每日不得超过七小时,每周不得超过四十二小时。一切于正常工作时间外实际履行的工作构成额外工作时间,必须获得相应的薪酬。法律将规定重要的例外情形,在此类情形中不适用工作时间相关条款。

依据法律规定、惯例或与雇主签订的协议,白班、夜班或倒班的工作时间分别少于每周四十四小时、每周三十六小时或四十二小时的人,有权获得全部周薪。

实际工作系指劳动者保持遵从雇主命令或由雇主支配的全部时间。

h) 每个正常工作周内或任意连续六个工作日后,劳动者有权获得一个带薪休息日。受法律认可的休息日也应当获得薪酬。

i) 劳动者每年连续工作后,除农业企业工作者有权获得十个工作日的带薪休假外,有权获得十五个工作日的带薪休假。该休假必须有效实施且雇主不得以其他方式补偿此项权利,除非已建立的劳动关系即将终止。

j) 对于支付薪酬日前已不间断工作一年的劳动者,雇主有义务每年给予不低于月薪的奖金,或业已规定的更大金额的奖金。法律将就支付方式作出规定。对于工作不足一年的劳动者,应当按其工作时间给予相应比例的奖金。

k) 对劳动妇女之保护以及对妇女工作条件之规制。

不得对已婚和未婚妇女规定不同的工作条件。法律应当就劳动妇女孕期权利之保护进行规制,劳动妇女不得被要求从事任何会危及其妊娠期的工作。从事工作的母亲在分娩前三十日至产后四十五日内,享有在领取全部薪酬的基础上强制休息的权利。哺乳期内工作的母亲在工作日内享有两次额外休息时间。产前和产后休息期可以基于母亲的身体状况,根据医生处方予以延长。

l) 除法律另有规定外,不得雇佣不满十四周岁的未成年人从事任何类型的工作。禁止雇佣未成年人从事不符合其身体机能或危害其道德形成的工作。年龄超过六十周岁的劳动者将获得适于其年龄的待遇。

m) 保护并鼓励盲人、残疾人及患有身体、心理或神经缺陷的人的工作。

n) 在同等条件下以及在法律规定的比例内,危地马拉劳动者优先于外国人。在类似条件下,危地马拉劳动者获得的薪酬不得少于外国人,不得被施以较恶劣的就业条件或获得较少的经济利益或其他利益。

ñ) 确立雇主和劳动者签订个人和集体劳动合同

必须遵守的强制性规范。雇主和雇员将为了其共同利益实现企业的经济发展。

o) 如果雇主不合理或间接辞退某个劳动者,且法律并未建立其他更加合适的能够给予该劳动者更好补偿的制度,雇主有义务按照每连续服务一年支付一个月薪酬的标准补偿该劳动者。

为实现计算连续服务年限之目的,应当考虑劳动关系开始的日期,不论该日期为何。

p) 劳动者如果在工作中死亡,雇主有义务按照每工作一年支付一个月薪酬的标准给予该劳动者的配偶或同居人、未成年子女或残疾亲属救济金。该笔救济金可以按月支付,且其总额不得少于该劳动者领取的最终薪金。

如果死亡发生原因的风险已由社会保障体系全部承保,则上述雇主义务终止。如果这种方式未能完全覆盖救济金,则雇主必须支付差额。

q) 劳动者享有自由组建工会的权利。该权利之行使仅须符合法律规定之条件,不受任何歧视且无须任何预先批准。劳动者不得因参与组建工会而被解雇,且自劳动者通知劳动监察总局之时起,其有权行使此项权利。

仅原始危地马拉人可以参与组建、领导工会以及为工会提供建议。政府提供技术援助以及国际条约或经工会执行机构批准的工会内部协议另有规定的除外。

r) 建立经济制度和社会福利制度,该经济制度和社会福利制度为劳动者之利益,授予各类救济,尤其为残疾人、退休者及遗属提供救济。

s) 如果雇主未能证明其解雇劳动者存在正当理由,则若该案经法院初审予以解决,雇主应当给予劳动者一个月的薪酬以赔偿所造成的损害和损失,若就初审判决提起上诉,则应当支付两个月的薪酬,以及,若法律程序持续时间超过两个月,则就超出的期限,雇主必须每个月支付给劳动者百分之五十的薪酬,此种情形至多可达至六个月;以及——

t) 国家加入有关劳工事务的国际或区域性协议和条约,且该协议和条约给予劳动者更好的条件和保护。

在此种情况下,上述协议和条约规定的内容应当被视为危地马拉共和国劳动者享有的最低限度的权利的一部分。

第一百〇三条 [劳动法的保护]

规制雇主与劳动者之间关系的法律系协调性的、保护劳动者的法律,并将考虑一切相关经济和社会因素。对于农业工作,法律将特别考虑劳动者的需求及工作的区域。

与工作相关的一切纠纷受专属管辖。法律将就该专属管辖权及负责实施管辖权的机构制定相关规则。

第一百〇四条 [罢工权和停工权]

穷尽一切调解程序后依法实施罢工和停工的权利受到承认。仅得因经济—社会秩序之理由行使这些权利。法律应当确定不允许实施罢工和停工的情形和场所。

第一百〇五条 [职工住房]

国家将通过专门的机构支持住宅区之规划和建设,并建立适当的融资体系以能够参与不同的计划,从而令劳动者可以选择适当的住房并符合卫生要求。

在法律规定的情形下,企业主有义务为其职工提供符合上述要求的住宅单元。

第一百〇六条 [劳动者权利之不可放弃性]

本节规定的权利为劳动者不可放弃之权利,容易通过个人或集体合同并以法律规定之形式得到超越。为此目的,国家鼓励并保护集体协商。要求放弃、减少、曲解或限制宪法、法律、危地马拉批准的国际条约、与劳动相关的规章或任何其他规定所承认的劳动者权利的条款,即使明确规定于集体或个人劳动合同、协议或其他文件中,均属无效且对劳动者不具有任何约束力。

如果就涉及劳工事务的法律条文、规章或合同条款的解释或适用范围存在异议,应当按最有利于劳动者的理解解释之。

第九节 国家工作人员

第一百〇七条 [国家工作人员]

国家工作人员服务于公共管理,决不为某一政党、团体、组织或任何个人服务。

第一百〇八条 [国家工作人员制度]

国家及其分权或自治机构与其工作人员的关系由《公务员法》进行规制,但受此类机构自身的法律或法规规制的除外。

国家及其分权或自治机构的工作人员如依法律或惯例领取的福利超过《公务员法》规定的福利,应当保留此待遇。

第一百〇九条 [领薪雇员名单的工作人员]

依据领薪雇员名单进行工作的国家及其分权或自治机构的工作人员,应当获得与其他国家工作人员同等的薪酬、福利及权利。

第一百一十条 [赔偿]

如果国家工作人员无正当理由而遭到解雇,则将按每连续服务一年支付一个月薪酬的标准获得赔偿。在任何情形下,此项权利均不得获得超过十个月的薪酬。

第一百一十一条 [分权机构制度]

国家的分权机构如果履行与私营性质企业类似

的经济职能,则在一般劳动法不损害其他既得权利的情况下,该机构与其工作人员间的工作关系应当受一般劳动法之规制。

第一百一十二条 ［禁止兼任一个以上公职］

任何人不得兼任一个以上受薪职位或公职,但那些在教育中心或援助机构提供服务且时间安排可以兼容的人除外。

第一百一十三条 ［公职或职位的选择权］

危地马拉人有权选择公职或职位,且职位之授予仅考虑其才能、合适性及正直性。

第一百一十四条 ［退休待遇之调整］

如果享受退休福利的国家工作人员重新担任公职,则该退休待遇应当立即终止,但新的工作关系结束时,其有权选择调整相应的福利并获得新职位任期内因任职时间产生的福利及受领的最后薪酬。

国家应当根据自己的能力,定期调整指定用于退休金、养老金和津贴的数额。

第一百一十五条 ［危地马拉社会保障局对退休人员的免费保险］

从国家及其自治和分权机构享受退休金、养老金或津贴待遇的人员,有权免费获得由危地马拉社会保障局全部承保的医疗服务保险。

第一百一十六条 ［对国家工作人员罢工之监管］

由国家及其分权和自治机构的工作人员组建的社团、团体及工会不得参与党派的政治活动。

承认国家及其分权和自治机构的工作人员的罢工权利。此项权利只得按照有关此事项的法律规定之形式行使,且在任何情况,此项权利之行使均不得影响基本公共服务之提供。

第一百一十七条 ［选择非劳动基金制度］

分权或自治单位的雇员,如果并非必须扣除非劳动类资金,且未享受相应的福利,可以选择参与此制度,在此情形下,相应的单位必须接受利益关系人的请求,并命令负责人进行相应的扣减。

第九节 经济和社会制度

第一百一十八条 ［经济和社会制度之原则］

危地马拉的经济和社会制度系以社会正义原则为基础。

国家有义务引导国民经济实现对自然资源和人类潜能之利用,增加财富,并努力实现充分就业和国民收入的公平分配。

如有必要,国家可以通过补充私人创造和活动以实现上述目的。

第一百一十九条 ［国家义务］

下列义务为国家的基本义务:

a)推动国家经济发展,激励农业、畜牧业、工业、旅游业及其他类型的活动的创造精神;

b)系统地促进经济管理权力分散化,以实现充分的区域发展;

c)为有效地保护、发展及利用自然资源而采取必要的措施;

d)确保提高本国全体居民的生活水平,保障家庭幸福;

e)推动并保护合作社之设立及运营,为其提供必要的技术和资金援助;

f)对设立于共和国内陆地区及促进权力分散化的工业企业,依法给予奖励;

g)通过适当的融资制度优先促进普及性住房建设,以使最大数量的危地马拉家庭能够享有这些住房的所有权;当涉及新兴的或共同持有的住房时,可以适用不同的占有制度;

h)防止过度实践导致财产和生产资料集中而损害集体;

i)就保持国内和出口消费类产品质量方面维护消费者和用户,以确保其健康、安全及合法的经济利益;

j)积极推进有助于以私人财产和保护家庭财产原则为基础的国民生产增加及多元化的农村发展计划;必须为农民或手工艺人提供技术和经济援助;

k)保护资本、储蓄及投资之形成;

l)推动国内贸易和对外贸易有序、高效发展,促进国内产品市场;

m)通过经济政策维持公共支出与国民生产的对应关系;——

n)创造足以推动国内和国外资本投资的条件。

第一百二十条 ［介入提供公共服务之企业］

如遇不可抗力且在绝对必要的时间内,如果为社区提供基本公共服务的企业之运营受到妨碍,国家可以介入该企业。

第一百二十一条 ［国家财产］

下列财产为国家财产:

a)公有土地;

b)毗邻领土海岸的海洋区水域、湖泊、适航河流及河岸、作为共和国国际边界的次级河流和溪流、用以水电开发的瀑布及河源、地下水及其他易受法律规制的水域以及在法律设定的范围和界限内未受个人开发的水域;

c)那些构成国家遗产的财产,包括构成城市及分权或自治机构遗产的财产;

d)陆地海洋区、大陆架及空域,其延展部分及构成由法律及危地马拉批准的国际条约确定;

e)底土、碳氢化合物及矿物质的沉积物,以及底土的任何其他有机或无机物质；

f)考古遗迹和遗物；

g)国库收入及市政收入，以及法律分配给分权及自治机构的私营性质的收入；

h)无线电频率。

第一百二十二条　［国家土地储备］

国家储备自涨潮线起沿海洋三千米、环湖泊周边二百米、适航河流两岸各一百米以及供水给人口稠密地区的水源及泉水周边五十米的地带归自己占有。

下列财产免于上述储备：

a)位于城市地区的不动产；

b)设有权利的财产，且该权利于1956年3月1日前登记于财产登记处。

外国人需行政许可，以获得上述两项例外情况内的不动产的所有权。当涉及被宣告为国家遗产或坐落于一系列遗产之间的不动产时，国家就任何所有权转让享有优先权。

第一百二十三条　［边境地带的限制］

只有原始危地马拉人或其成员具有相同身份的团体，可以拥有或占有坐落于自分界线起沿边境十五千米的地带内的不动产。但城市不动产及设有1956年3月1日前登记的权利的不动产除外。

第一百二十四条　［国有财产转让］

国有财产仅得按法律规定之形式转让，法律将规定转让的限制和手续以及其必须遵守的财政目标。

分权或自治机构，将受其自身的法律及规章之规制。

第一百二十五条　［非可再生自然资源的开发］

碳氢化合物、矿产及其他非可再生自然资源的技术性开发与合理开发被宣告为必要的公共事业。

国家应当为非可再生自然资源的勘探、开发及商业化创造有利条件。

第一百二十六条　［重新造林］

重新造林与保护森林被宣告为国家紧要事项并符合社会利益。法律将为森林资源的合理开发及恢复，包括树脂、橡胶、野生森林植物产品和其他类似产品规定形式及条件，并促其形成产业化。对前述所有资源的开发利用权专属于危地马拉人，个人或法人皆可。

河流和湖泊岸边及饮用水源周边地区的森林和植被，享受特殊保护。

第一百二十七条　［水域制度］

所有水域均属公共所有，不可剥夺且不受时效限制。授予开发、利用及享有水域之许可应当按照法律规定之形式并符合社会利益。此事项将由专门的法律予以规制。

第一百二十八条　［水域、湖泊及河流之开采］

为农业、畜牧、旅游或有利于国民经济发展的任何其他目的的开采湖泊及河流的水域，系为社区服务而非服务于任何特定个人，但使用者有义务在湖岸或河岸及相应的路线重新造林，并提供便利的通道。

第一百二十九条　［电气化］

以国家及城市制订且私人可积极主动参与的规划为基础的国家电气化，被宣告为国家紧要事项。

第一百三十条　［禁止垄断］

禁止垄断和特权。国家应当限制企业在损害国家经济的情况下实行兼并或趋向兼并一个或多个工业部门的生产或相同的商业或农业活动。法律将就相关事项作出规定。国家将保护市场经济并阻止那些趋向于限制市场自由或损害消费者的联合。

第一百三十一条　［商业运输服务］

鉴于其在国家发展中的经济重要性，一切商业和旅游运输服务被确认为公共事业并由此享受国家保护。这些服务可以由地面、海上或空中运输组成并包含船舶、车辆、设施及服务。

商业用地、机场及海运港口码头被视为一般公用财产，且如运输服务一般，受民政当局的专属管辖。禁止为商业目的使用作为政府机构和国家军队财产的船舶、车辆和码头；此条款不适用于提供运输服务的分权国家机构。

安装及使用任何国家或国际运输设施，必须获得政府授权。为此目的，一旦申请者符合相关法律条件，政府机关必须立即予以授权。

第一百三十二条　［货币］

发行和调节货币，以及制订并实现旨在创造和维持有利于国家经济有序发展的外汇和信贷条件的政策，系国家的专属职权。货币、银行及金融活动应当根据中央银行体系进行组织，且该体系监管一切有关货币流通和公共债务的事务。中央银行体系由货币委员会领导，危地马拉银行系自身拥有资产的自治机构，对货币委员会负责。危地马拉银行将由其《组织法》和《货币法》予以规制。

货币委员会包含下列成员：

a)主席，其同时为危地马拉银行主席，并由共和国总统任命其在法律规定的期间内任职；

b)公共财政部长，经济部长及农业、牧业和食品部长；

c)共和国议会推选产生的成员一名；

d)商业、工业和农业协会推选产生的成员一名；

e)全国私营银行的管理委员会或董事会主席推选产生的成员一名；

f)危地马拉圣卡洛斯大学高等大学委员会推选产生的成员一名。

最后三名成员的任期为一年。

货币委员会的全体成员均有替代者,但主席由副主席替代以及国家部长由各自的副部长替代的情形除外。

货币委员会及危地马拉银行的副主席,同样由共和国总统任命,有权与主席共同参加货币委员会会议并发表意见,但不享有表决权,但其替代主席履行职权时,享有表决权。

主席、副主席以及高等大学委员会及共和国议会指定的成员,必须为公认的正直人士且就经济和财政事务具有显著的意愿和能力。

就货币委员会的行为和决定,可以提起行政救济及行政诉讼和上诉。

第一百三十三条① ［货币委员会］
货币委员会负责确定国家的货币、外汇及信贷政策,并确保国家银行体系的流动性和偿付能力,保证国民储蓄的稳定及加强。

秉持保证国家货币、外汇及信贷稳定性之目标,货币委员会不得批准危地马拉银行给予国家及其分权或自治机构或不涉及银行业务的私人实体直接或间接的资金、保证或担保。为相同之目标,危地马拉银行不得获取前述机构在初级市场发行或转让的证券。因发生重大灾害或公共灾难之情形,经共和国总统请求并由议会全体议员的三分之二同意而给予的资金,不受前述禁止性规定之限制。

依法组建的银行监管局,系对银行、信贷机构、金融企业、财政和保险机构以及法律规定的其他机构实施监督和检查的机构。

第一百三十四条 ［分权和自治］
自治城市及自治和分权机构,系依国家之授权实施行为。

自治,当被认为对于机构提高效率及更好地实现目标确有必要时,除共和国宪法预先规定的特殊情形外,应当完全获得承认。分权及自治机构之设立,必须经共和国议会三分之二多数赞成。

下列义务为自治城市及分权和自治机构最低限度的义务:

a)令自身的政策与国家的一般政策以及如有此情形,与其所属部门的特殊政策相协调;

b)与国家规划机关保持密切配合;

c)向共和国行政机关和议会呈交其普通和特别预算的详细说明,其中包括规则、项目、活动、收入及支出的说明;危地马拉圣卡洛斯大学除外;

如法律有此规定,上述呈交系为获得批准而呈交;

d)向行政机关和议会呈交相关工作汇报及所要求的专项报告,且银行和金融机构的经营细节之机密性总体得到保障;

e)提供必要的条件以使负责财政监督的机构得以广泛、有效地履行职责;以及——

f)在所有国际性质的活动中,遵守行政机关制订的政策。

如果某一分权机构之运营被认为缺乏可操作性,经共和国议会三分之二多数赞成可阻止之。

第三章 公民和政治的义务和权利

第一百三十五条 ［公民义务和权利］
危地马拉人的权利和义务,除规定于其他宪法规范或共和国法律的外,包括:

a)服务及保卫国家;
b)遵守及确保遵守共和国宪法;
c)为危地马拉人的公民、文化、道德、经济和社会发展而劳动;
d)以法律规定之方式负担公共开支;
e)遵守法律;
f)对权力机关保持适当尊重;
g)依法服兵役和提供社会服务。

第一百三十六条 ［政治义务和权利］
以下为公民之政治权利和义务:

a)于公民登记处登记;
b)选举和被选举;
c)确保投票的自由和有效性以及选举程序的纯洁性;
d)选择公职;
e)参与政治活动;
f)坚持共和国总统轮换和非连任的原则。

第一百三十七条 ［政治问题的申诉权］
就政治问题提起申诉的权利,专属于危地马拉人;

就政治问题提起的任何申诉必须在不超过八日的期限内得到解决并告知利害关系人。如果有关机关在前述期限内未能解决,视为驳回申诉,利害关系人可以提起法律救济。

第四章 宪法权利之限制

第一百三十八条 ［宪法权利之限制］
国家和权力机关有义务维护本国居民完全享有受宪法保障之权利。但是,在遭遇领土入侵、严重干扰和平、危害国家安全的活动或公共灾难之情形时,国家

---

① 经1993年11月17日第18～93号立法协议修正。

可以中断第五条、第六条、第九条、第二十六条、第三十三条、第三十五条第一款、第三十八条第二款以及第一百一十六条第二款所提及之权利的全部效力。

一旦确定存在前款所提及的任一种情况，共和国总统应当通过部长理事会决定的政令作出适当声明，且应当适用《公共秩序法》之规定。在预防状态下，该法律程序并非必要。

政令应当明确说明：

a) 证明其正当性的理由；

b) 不能完全获得保障的权利；

c) 其影响的范围；

d) 其效力持续的时间。

此外，就政令本身，应当召集国会，以便国会得以在三日内知悉、批准、修正或否决之。如果国会正处于开会期间，其应当立即知悉该政令。

政令的有效期每次不得超过三十日。如果在此期限届满前，发布政令的理由已不再适用，应当立即以此为由终止其效力且任何公民均有权要求对其进行修正。三十日的期限一经届满，除非作出具有相同意义的新政令，否则权利之完全效力自动恢复。若危地马拉面临实际的交战状态，则政令的期限不受前文提及的期限之限制。

一旦本条提及的作出政令的理由不再适用，任何人有权就未经《公共秩序法》授权的不必要的法令和措施主张相应的法律责任。

第一百三十九条 ［公共秩序和紧急状态法］

与该事项相关的一切事务，均由《公共秩序法》进行规定。

公共秩序法，不得影响国家机构之运行且其成员始终享有法律认可的豁免和特权；也不得影响政党之运行。

公共秩序法，应当按照下列不同等级制订相应的措施和权力：

a) 预防状态；

b) 警戒状态；

c) 公共灾难状态；

d) 围困状态；

e) 交战状态。

第三篇 国 家

第一章 国家及政府形式

第一百四十条 ［危地马拉国家］

危地马拉系自由、独立的主权国家，为保障其居民行使权利和自由而建立。其政治体制为共和、民主和代议制政体。

第一百四十一条 ［主权］

主权来源于人民，人民授权立法、行政及司法机关行使主权。禁止在立法、行政及司法机关间设置从属关系。

第一百四十二条 ［主权和领土］

国家在下列区域行使完整主权：

a) 由其陆地、底土、内水以及法律规定范围的领海和领空组成的国家领土；

b) 毗邻领海的海洋区域，为行使国际法承认的专属活动；

c) 领海海岸之外的毗邻水域内的海底自然和生物资源、海洋底土及其他现有资源，该水域构成专属经济区，其范围由法律依国际惯例确定。

第一百四十三条 ［官方语言］

危地马拉的官方语言是西班牙语。方言系民族文化遗产的组成部分。

第二章 国籍和公民资格

第一百四十四条 ［原始国籍］

在危地马拉共和国的领土、船舶和航空器上出生的或本人出生在外国，但父母一方为危地马拉人的，被视为原始危地马拉人。外交官员或其他依法行使类似职责的人员的子女除外。

不得剥夺任何原始危地马拉人的国籍。

第一百四十五条 ［中美洲人的国籍］

因出生而成为中美洲联邦成员国国民者，若其在危地马拉境内获得住所且在主管机关前声明其希望成为危地马拉人，将同样被视为原始危地马拉人。在此种情形中，其可以在不违反中美洲条约或协议的规定的前提下保留其原始国籍。

第一百四十六条 ［入籍］

依法律之规定入籍者为危地马拉人。

除宪法规定之限制外，入籍的危地马拉人与原始危地马拉人享有同等权利。

第一百四十七条 ［公民资格］

年满十八周岁的危地马拉人为危地马拉公民。

除宪法和法律规定之限制外，公民不受任何其他限制。

第一百四十八条 ［公民资格的中止、丧失和恢复］

公民资格按照法律之规定中止、丧失和恢复。

第三章 国家的国际关系

第一百四十九条 ［国际关系］

为促进和平与自由之维护、人权之尊重和保障以及保证国家间平等互利的民主程序和国际组织之巩固,危地马拉将根据国际原则、规则和惯例就与其他国家的关系制定规范。

第一百五十条 ［中美洲共同体］

危地马拉,作为中美洲共同体的组成部分,将维持并发展与其他中美洲联邦成员国之间的团结协作关系;应当采取适当措施以实行部分或全部形式的中美洲政治或经济联合。主管机关有义务加强以平等为基础的中美洲经济一体化。

第一百五十一条 ［与同盟国的关系］

就在经济、社会及文化发展方面与危地马拉相似的国家,危地马拉将与之保持友好、团结和协作关系以寻找适合于各国共同问题的解决方案并联合制订有利于各自的国家进步的政策。

第四篇 公权力

第一章 公权力之行使

第一百五十二条 ［公权力］

权力来源于人民。其行使受宪法和法律之限制。

任何人、部门、武装或政治力量均不得独揽权力之行使。

第一百五十三条 ［法治］

法律的效力及于共和国境内的所有人。

第一百五十四条 ［公共职能;服从法律］

公职人员系权力的受托人,为其公务行为承担法律责任。他们服从法律,绝不超越法律。

公职人员和政府雇员为国家服务,不为任何政党服务。

除法律明确规定之情形外,公共职能不得委托行使,且未经预先对宪法作出效忠宣誓,不得行使公共职能。

第一百五十五条 ［违法责任］

如果国家的政要、公职人员或雇员行使职权时,违反法律规定对个人造成损害,国家或其任职的国家机构应当对已造成的损失和损害承担连带责任。

如果诉讼时效期间尚未届满,可以追究公职人员和政府雇员的民事责任,诉讼时效期间为二十年。

如果已两次经过法律规定的刑罚时效期间,则刑事责任消灭。

危地马拉人或外国人均不得因武装运动或内乱造成的损失或损害向国家主张损失赔偿。

第一百五十六条 ［无义务服从非法命令］

任何公职人员或政府雇员,文职或军职,均无义务履行明显非法或涉及犯罪的命令。

第二章 立法机关

第一节 议会

第一百五十七条① ［立法权与共和国议会之构成］

立法权属于共和国议会。议会由人民通过选区制度和全国候选名单行使普遍、秘密的投票权直接选举产生的议员组成。议员的任期为四年,可连选连任。

共和国的每一个省级行政区构成一个选区。危地马拉市为中央选区,危地马拉省的其他市镇构成危地马拉选区。每个选区必须至少选出一名议员。法律根据每个选区的人口数量规定该选区对应的议员名额。相当于各选区议员人数百分之二十五的议员应当通过全国候选名单直接选举产生。

如果某位议员确定离职,应当宣告席位空缺。空缺席位应当酌情通过调用各选区名单或全国候选名单上的人员进行填补以完成剩余任期。

第一百五十八条② ［议会会期］

议会的年度会期始于每年1月14日,不再另行通知。议会于每年1月14日至5月15日及8月1日至11月15日期间召开常会。经常设委员会或行政机关召集,议会将召开特别会议以审议引起该次会议召开的事项。经议会全体议员的绝对多数投票赞成,议会可以审议其他事项。四分之一以上的议员有足够的理由证明确有必要或确系为了公共便利,有权请求常设委员会召开议会。若全体议员过半数提出请求,常设委员会应当立即召集议会。

第一百五十九条 ［多数决］

除法律另有规定特别表决数外,国会的决议必须经全体议员的绝对多数投票赞成方得通过。

第一百六十条③ ［授权议员兼任其他职位］

议员可以担任国家或任何其他分权或自治机构的部长或公务人员。在此种情形下,必须授予他们在行政职务持续期内的权限。在他们临时缺席期间,议会将按照前述第一百五十七条之规定继续运作。

---

① 经1993年11月17日第18~93号立法协议修正。
② 经1993年11月17日第18~93号立法协议修正。
③ 经1993年11月17日第18~93号立法协议修正。

第一百六十一条① ［议员特权］

议员系人民和国家政要之代表;作为行使职权之保障,自宣告其当选之日起,议员即享有下列特权:

a)除非最高法院的法官经审查为此目的而指定的调查法官作出的报告后,预先宣告确有合理根据,议员的人身免受逮捕或审讯。但是议员正在实施犯罪的除外,在此情形下,议会的指导委员会或常设委员会应当立即对该议员采取措施以进行相应的预审程序。

b)议员在履行职责时,不为其观点、倡议及处理公共事务的方式承担责任;

基于议员之天职,一切国家机关均有义务对议员表示尊重。这些特权并非授权专制、过度的私人倡议或任何旨在削弱共和国总统非连任原则的行为。仅议会有权裁决及限定是否存在专制或过度之情形,并处以适当的纪律处分。

如果本条第 a)项提及的宣告业已作出,则被指控的议员受主管法官之管辖。如果业已命令对议员进行临时监禁,则在该监禁命令未撤销前,议员应当暂停职务。

在最终定罪之情形下,该议员职位即告空缺。

第一百六十二条② ［议员的任职条件］

候选人须为原始危地马拉人并行使其公民权利方得当选。

第一百六十三条 ［指导委员会和常设委员会］

议会应每年选举产生指导委员会。在议会常会结束前,议会应当选举产生常设委员会,常设委员会由议会主席主持,在议会闭会期间履行职责。

指导委员会及常设委员会的组成和职责由《内部制度法》予以规定。

第一百六十四条③ ［禁止性与兼容性］

有下列情形之一的,不得担任议员:

a)行政机关、司法机关、裁判所和账户监理局的公职人员和雇员以及最高选举法院的基层司法官员和公民登记处的主管官员;

那些履行教学职责的人员以及在社会福利机构服务的专业人员,不受前款规定之限制;

b)由政府或自治市拨款的公共工程或企业的订约人、保证人以及因此类工程或企业而享有未兑付的货币索取权的人员;

c)共和国总统和副总统的四代以内血亲或两代以内姻亲;

d)被判处财产刑且尚未执行完毕的人员;

e)代表经营公共服务的法人或个人之利益的人员;

f)现役军事人员。

如果议员在竞选时或当选议员后出现任何本条规定之禁止情形,其议席应当宣告空缺。如果议员系在其作为候选人的选区内行使管辖权的官员或曾在选举日前三个月内行使管辖权,则对该议员的选举无效。

议员职位可兼容临时或专门的外交使团以及国际会议中的危地马拉代表。

第二节 议会职权

第一百六十五条④ ［职权］

共和国议会享有下列职权:

a)开会及闭会;

b)接受共和国总统、副总统以及司法机关主席、副主席的宣誓并批准其就职;

c)接受或拒绝接受共和国总统或副总统辞职,国会应当核实辞职书之真实性;

d)在共和国总统确定或临时缺席时,批准副总统继任总统职位;

e)为临时继任之目的,预先知悉共和国总统或副总统出国的时间;在任何情形下,总统和副总统不得同时缺席;

f)推选产生依宪法或法律之规定应由议会任命的公务人员;接受或拒绝接受此类公务人员的辞职并推选产生继任人员;

g)驳回共和国总统在宪法规定的任期届满后继续履行职责的行为;在此种情形下,军队自动变更为接受国会领导;

h)宣告对在任的共和国总统或副总统,最高法院、最高选举法院或宪法法院院长或法官,政府部长或副部长,或对共和国总统秘书或接替的副秘书长、人权公诉员、总检察长以及国家公诉员提起诉讼是否正当;

就此事项的任何决议必须经议会全体议员三分之二多数通过方得作出;

i)经议会全体议员三分之二多数通过,宣告共和国总统的身体或精神不具备履行其职责之能力;此类宣告必须以五位医生组成的委员会提出的意见为依据,且该五位医生系由各自的学院董事会在收到议会

---

① 经 1993 年 11 月 17 日第 18~93 号立法协议修正。
② 经 1993 年 11 月 17 日第 18~93 号立法协议修正。
③ 经 1993 年 11 月 17 日第 18~93 号立法协议修正。
④ 经 1993 年 11 月 17 日第 18~93 号立法协议修正。

请求后指定产生；

j) 对政府的部长提出质询；以及授予危地马拉人及外国人适当的荣誉；

k) 宪法及其他法律授予的其他职权。

第一百六十六条 ［质询部长］

部长有义务出席国会以答复议员提出的质询。涉及外交或未决军事行动的事项除外。

质询的基本事项应当提前四十八小时告知受质询的部长。国会或任何机构均不得限制议员的质询权，限定或限制议员质询的事项。

任何议员可以追加提出与当次质询触发事件相关的问题，且对部长的质询可以进一步衍生为不信任投票的建议。不信任投票的建议必须至少由四个议员请求，且必须毫不迟延地在同一个会期或两个紧密连续的会期内得到执行。

第一百六十七条 ［质询的后果］

如果部长受到质询，则其不得离开危地马拉或以任何形式拒绝回答。

如果对某个部长的不信任投票经不少于议会全体议员的绝对多数批准，则该部长应当立即提出辞职。共和国总统可以接受其辞职，但是，如果部长委员会认为受审查的行为系符合于国家利益和政府政策，则受质询者可以自不信任投票之日起八日内向议会申请复审，否则，其将被解除部长职务且在不少于六个月的期间内丧失行使国家部长职权的资格。

如果受影响的部长向议会申请复审，经听取部长作出的解释并就此事进行讨论和传讯后，议会应当就不信任票之确认进行表决，此次表决需经议会全体议员的三分之二投票赞成方得通过。一旦不信任票被正式确认，该部长应当被立即解除职务。

可以以类似的方式通过对几位部长的不信任投票，但每一次均不得超过四位部长。

第一百六十八条[①] ［部长、行政人员及议会雇员的协助］

如果受到邀请，部长必须出席议会、议会委员会及立法机构的会议。另外，部长可以在任何情形下出席，并在讨论与其职权相关的事项时发表意见。部长可以由副部长作为代表出席。

如果议会、议会委员会或立法机构认为有此必要，所有公职人员和政府雇员有义务出席并进行陈述。

第一百六十九条 ［要求议会召开选举］

如果最高选举法庭未在法律规定的日期举行大选，议会或在其闭会期间则为常设委员会，有义务毫不迟延地召开换届选举。

第一百七十条 ［专属职权］

议会行使以下专属职权：

a) 批准最高选举法庭拟颁发给当选议员的资格证书。

b) 任命、罢免议会的行政人员。立法机关与其行政、技术、服务人员的关系应当由特别法予以规定，并通过特别法建立级别、薪资、纪律及免职制度；立法机关工作人员依据法律、内部协议、决议或习惯享有的劳工福利，不得被克减或曲解。

c) 接受或拒绝议员辞职。

d) 在特定的人员死亡、辞职、选举无效、暂时离开或不能出席时召集候补议员；以及——

e) 制订并批准议会预算，并列入国家预算。

第一百七十一条 ［议会的其他职权］

下列职权亦由议会行使：

a) 制订、修改和废除法律；

b) 于国家收入和支出预算实施前至少三十日批准、修改或否决之；行政机关必须将预算草案送交议会并于财政年度开始前一百二十日通知议会；如果财政年度开始时，议会尚未批准预算，则上个财政年度施行的预算再次有效，国会可对其进行修改或调整；

c) 根据国家的需要制订普通和特殊的税收政策并确定征税的依据；

d) 每年根据账户监理署的报告，全部或部分批准或不批准行政机关就上一财政年度所有公共财政收支而提交的详细说明和正当理由；

e) 规定为提供给国家的重大服务授予公共荣誉；在任何情况下，均不得在共和国总统或副总统执政期间或对任何其他公职人员的履职行为授予公共荣誉；

f) 宣战以及批准或不批准和约；

g) 当公共便利有此需要时，决定特赦政治犯罪及与之相关的一般犯罪；

h) 根据货币委员会的意见，决定货币的特征；

i) 缔约、兑换、整合或实施其他与内外公共债务相关的行为。在任何情形下，议会均应当预先听取行政机关及货币委员会的意见；

行政机关、中央银行或任何其他国家机构就贷款或任何其他形式的内部或外部债务进行谈判以及发行各类债券，必须获得议会的预先批准。

j) 根据未经承认的信贷事项，通过或否决涉及国家作为被告之法案；获得由行政机构呈递的由之管辖的信贷法案；报告因其授权给予的特别津贴；监督支付法院判决由国家及其机构负担的信贷；

k) 在国际求偿且没有任何仲裁或国际诉讼救济

---

① 经1993年11月17日第18~93号立法协议修正。

途径的情况下,根据行政机关的请求裁定赔偿或补偿;

l)当条约、协定或任何国际协议存在下列情形之一的,在正式批准前进行前置审批:

①涉及现行法律且宪法对此要求相同的多数支持表决;

②涉及国家主权,建立整个或局部中美洲经济或政治联盟,或授权或将权限移交给共同法律秩序内的机构、组织或创建机制以实现中美洲地区区域性和共同的目标;

③要求国家承担超出普通收入预算的百分之一或数额不确定的财政义务;

④构成一个拟将任何事项提交由国际司法或仲裁管辖的承诺;

⑤包含一般仲裁条款或提交国际司法管辖的条款;

m)就可能涉及国家利益问题的特定行政管理事项指定调查委员会进行调查。

第一百七十二条 ［特定多数］

当条约、协定或任何国际协议存在下列情形之一的,在正式批准前,应当以议会全体成员的三分之二多数通过:

a)涉及外国武装力量从国家领土经过或临时设立外国军事基地;

b)影响或可能影响国家安全或结束战争状态。

第一百七十三条① ［协商程序］

特别重大的政治决定必须提交至由全体公民参与的协商程序。

此协商程序应当由最高选举法庭根据共和国总统或议会的倡议召集,总统或议会应当提前确定拟提交公民协商的事项。

与此制度相关的事项应当由《宪法选举法》进行规定。

第三节 法律的制订与批准

第一百七十四条 ［法律动议］

议会议员、行政机关、最高法院、危地马拉圣卡洛斯大学以及最高选举法庭有权提起立法动议。

第一百七十五条 ［宪法体系］

任何法律均不得与宪法规定相抵触。违反或曲解宪法规定的法律均为无效。

合宪性法律之修订在宪法法院作出有利裁定前,应当经议会全体成员的三分之二多数通过。

第一百七十六条② ［提出及讨论］

法律草案提出后,应当遵守《组织法》及《立法机关内部制度》明确规定的程序。法律草案应当在三个不同日期召开的会议上进行讨论,且直到其被认定为在第三次会议上已经得到充分讨论前,不得对该草案进行表决。但是,议会经全体议员的三分之二多数表决通过后宣告国家紧急状态的情形除外。

第一百七十七条③ ［通过、核准及公布］

法律草案获得通过后,议会指导委员会应当在不超过十日的期限内将其送交行政机关批准并公布。

第一百七十八条④ ［否决］

在收到法令后十五日内并经部长委员会事先批准,总统可以行使否决权将法令退回议会,并附有其认为相关的意见。法律不得被部分否决。

如果行政机关未能在收到法令后十五日内将其退回议会,则视为该法令已获得批准,议会必须在随后八日内将其作为法律予以公布。如果在否决权行使期间届满前,议会业已闭会,行政机关必须在下一次常会召开之日起八日内将法令退回。

第一百七十九条⑤ ［立法至上］

一旦法令被退回议会,指导委员会必须在下一次会议上提请全会注意,议会可以在不超过三十日的期限内再次审议或驳回该法律。如果行政机关提出的意见未获接受且议会以其成员三分之二多数通过拒绝接受否决,行政机关必须在收到该法令后八日内批准并公布之。否则,议会指导委员会将在不超过三日的期限内责令颁布该法律,使之作为共和国法律生效。

第一百八十条⑥ ［效力］

法律经全文公布于官方公报满八日后在危地马拉境内施行,但法律扩大或限缩前述期限或适用地域的除外。

第一百八十一条 ［议会处置权］

议会就其内部制度及本宪法第一百六十五条和第一百七十条规定之职权的处理行为,无须行政机关批准。

---

① 经1993年11月17日第18~93号立法协议修正。
② 经1993年11月17日第18~93号立法协议修正。
③ 经1993年11月17日第18~93号立法协议修正。
④ 经1993年11月17日第18~93号立法协议修正。
⑤ 经1993年11月17日第18~93号立法协议修正。
⑥ 经1993年11月17日第18~93号立法协议修正。

第三章 行政机关

第一节 共和国总统

第一百八十二条① ［共和国总统及行政机关的组成］

共和国总统是危地马拉的国家元首,总统经人民授权行使行政机关职权。

共和国总统应当始终与部长共同采取行动,无论是在部长委员会上或单独与一个或多个部长一起行动;总统为陆军总司令,代表国家团结,并应当维护共和国全体人民的利益。

共和国总统、副总统、部长、副部长及其他独立的公务人员共同组成行政机关,且禁止他们偏袒任何政党。

第一百八十三条② ［共和国总统的职权］

共和国总统行使下列职权:

a)遵守及执行宪法和法律;

b)提供国防,保卫国家安全并维护公共秩序;

c)依据相应的职责和职权指挥国家军队;

d)指挥所有的警察;

e)批准、公布、实施或推动实施法律,根据宪法的授权制订法令、协议、规定或命令以严格遵守法律,不得改变法律的精神;

f)在严重紧急情况或公共灾难的情形下,制订必要的规定,但必须向即时召开的议会进行说明;

g)向议会提出立法动议;

h)就议会发布的法律行使否决权,但依据宪法无须经行政机关批准的情形除外;

i)于每年议会会议开始时,就国家总体情况及其在上一年度实施的执政行为向议会提交书面报告;

j)每年向议会提交详细列明国家收支的预算法案供议会审批,且应于财政年度开始前不少于一百二十日即经相应的部门通知议会;若议会届时不在会期,则必须召开特别会议以审议预算法案;

k)在批准国际性条约和协议以及有关公共服务的合同和特许权前,送交议会审批;

l)当国家利益有此需要时,召集议会召开特别会议;

m)在部长委员会上协调国家的发展政策;

n)主持部长委员会并确定行政机关工作人员和雇员的级别;

n)维护国家领土完整和国家尊严;

o)开展外交政策和国际关系;依据宪法遵守、批准及废除条约和协议;

p)接受外交代表以及发出和撤销对领事之承认;

q)依法管理公共财政;

r)对于那些因未在法定期限内缴纳税款或对行政命令的作为或不作为而被导致罚金和附加税的纳税人予以免征罚金和附加税;

s)任命和罢免部长、副部长、总统秘书和副秘书、大使及其他依据法律由其确定的官员;

t)依法授予退休福利、养老金和津贴;

u)对危地马拉人和外国人授予勋章;

v)就任何可能在危地马拉境外完成的行程向共和国议会说明目的,并在完成后十五日内向议会说明结果;

w)为议会知悉及监督之目的,每四个月通过相应的部门向议会提交有关预算执行的分析报告;

x)宪法或法律赋予的所有其他职权。

第一百八十四条③ ［总统和副总统的选举］

总统及副总统应当由人民通过普遍且无记名投票选举产生,每届任期为四年。

如果所有候选人均未能获得绝对多数的选票,则应当在相对获得最多选票的两位候选人之间进行二次选举,二次选举的期限自第一个星期日算起,应当不超过六十日且不短于四十五日。

第一百八十五条 ［总统和副总统的竞选条件］

原始危地马拉人凡为具备良好信誉的公民且年满四十周岁者,可以竞选总统或副总统职位。

第一百八十六条 ［禁止竞选总统或副总统职位］

有下列情形之一者,不得竞选总统或副总统:

a)担任政变、武装革命或类似运动的领导者或领袖,业已改变宪法秩序或因此类事件获得执政权力者;

b)在召开总统或副总统选举时履行总统或总统职权者,或曾于选举召开时所处的总统任期内任何时候行使总统职权者;

c)总统、行使总统职权的副总统,以及本条第一款所述人员的四代以内血亲及两代以内姻亲;

d)在选举前六个月内的任何时候曾担任部长者;

e)军队成员,但在选举召开之日前业已从部队辞职或退休至少五年者除外;

f)任何宗教或邪教的牧师;

g)最高选举法庭的司法官员。

---

① 经 1993 年 11 月 17 日第 18～93 号立法协议修正。
② 经 1993 年 11 月 17 日第 18～93 号立法协议修正。
③ 经 1993 年 11 月 17 日第 18～93 号立法协议修正。

第一百八十七条 ［禁止连任］

通过普选而曾在任何时候担任共和国总统者或曾行使总统职权超过两年者,在任何情形下均不得再次担任总统职位;

依法禁止以任何方式连任或延长总统任期。预谋获得的总统职权应为无效。

第一百八十八条 ［召开选举及就职］

选举的召开及总统和副总统的就职应当依据《选举法》及《政党法》的规定进行规制。

第一百八十九条 ［总统的临时或永久缺席］

如总统临时或永久缺席,应当由副总统接替之。如总统永久缺席,副总统应当承担总统的职责直到宪法规定的任期结束,如果总统和副总统均永久缺席,由应当由议会经全体成员三分之二多数同意而任命的人员完成前述任期。

第二节 共和国副总统

第一百九十条 ［共和国副总统］

共和国副总统应当根据宪法规定之情形和方式行使副总统职权。

副总统应当与总统在同一选票上,以相同的形式和相同的任期当选。

副总统必须符合与总统相同的资格条件,享有类似的豁免权,并列入政府级别编制中,级别仅次于总统。

第一百九十一条① ［副总统的职权］

副总统行使下列职权:

a) 参加部长委员会的讨论,发表意见并参与表决;

b) 根据总统的委派,在官方或正式活动或其他仪式中代表总统,并享有所有相应的特权;

c) 协助总统落实政府的总政策;

d) 会同总统参与外交政策之制定及国际关系之形成,以及出国开展外交或其他活动;

e) 在总统缺席时主持部长委员会;

f) 主管依法设立的行政机关的咨询机构;

g) 协调部长的工作;

h) 行使宪法和法律规定的其他职权。

第一百九十二条 ［副总统缺席］

如果副总统永久缺席或辞职,应当由议会指定的人员继任,继任者应当从由总统提议的三个人中选择产生;在此种情形中,继任者应当任职至任期结束,并享有同等的职权和特权。

第三节 部 长

第一百九十三条 ［部长］

为行政机关事务之管理,法律应当设置部长职位并规定部长的职权和权限。

第一百九十四条② ［部长的职权］

每个部长主管一个部,并享有下列职权:

a) 对于隶属于其主管部门的所有机构行使管辖权;

b) 依据法律任命和罢免其主管部门的公务人员和雇员;

c) 副署总统签署的与其职务相关的法令、协议和规定以使之有效;

d) 就其主管部门的工作向总统提交工作计划和年度工作执行报告;

e) 每年在适当的时候向总统提交其主管部门的预算法案;

f) 指导、处理、解决及监督其与主管部门相关的所有事务;

g) 参与部长委员会的讨论并在部长委员会颁布的法令和协议上签字;

h) 已废止;

i) 就委托其管理的企业,确保严格遵守法律、行政廉洁以及正确投资公共资金。

第一百九十五条 ［部长委员会及其职责］

总统、副总统及国家部长在会议上会晤时,即组成部长委员会,部长委员会由总统召集并主持,处理总统提交审议的事项。

部长依据宪法和法律对其行为负责,即使其系依据总统的明示命令履行职务。对于部长委员会作出的决议,表示同意的部长应当承担责任,但已表明作出相反表决的部长除外。

第一百九十六条 ［部长的任职条件］

国家部长应当符合下列条件:

a) 为危地马拉人;

b) 享有公民权利;

c) 年满三十周岁。

第一百九十七条 ［禁止担任部长］

有下列情形之一者,不得担任部长:

a) 总统、副总统以及其他部长的四代以内血亲及两代以内姻亲;

b) 被判处财产刑且未执行完毕者;

---

① 经 1993 年 11 月 17 日第 18~93 号立法协议修正。
② 经 1993 年 11 月 17 日第 18~93 号立法协议修正。

c)由国家或其分权、自治或半自治或市政机构的资金支持工程或企业的缔约者或发起人,以及任何对前述企业具有未决索赔的人;

d)任何代表或维护经营公共服务的个人或法人利益者;

e)任何宗教或邪教的牧师。

在任何情况下,部长均不得担任个人或法人的授权代理商,或以任何形式管理特定人员的业务。

第一百九十八条 ［报告各部门工作］

部长必须于每年二月的前十日内向议会提交关于各自部门工作的年度报告,报告中必须包括本部门的预算执行情况。

第一百九十九条 ［被质询时的强制出席义务］

部长必须出席议会以回答向其提出的质询。

第二百条 ［副部长］

国家各部应当设一名副部长。

副部长适用与部长相同的任职条件。

增设副部长职位,必须经部长委员会同意。

第二百〇一条 ［部长和副部长的责任］

部长和副部长依宪法第一百九十五条及《责任法》之规定对其行为负责。

第二百〇二条 ［总统秘书］

总统应当配有必要的秘书。秘书的职责由法律予以规定。

总统的秘书长和私人秘书必须符合与部长相同的任职条件,并享有同等的特权和豁免权。

第四章 司法机关

第一节 一般规定

第二百〇三条 ［司法机关独立和裁判权独立］

依宪法和法律授予公正。裁判权及促进判决执行的权力属于正义的法庭。国家的其他机关必须为法庭提供执行裁判所需的协助。

基层司法官员及法官独立行使职权,仅受宪法和法律之约束。凡试图破坏司法机关独立性者,除受《刑法典》规定之处罚外,将被剥夺行使任何公共职权之资格。

司法职权绝对排他地由最高法院及其他依法设立的其他法庭行使。

任何其他机构均不得干预司法。

第二百〇四条 ［司法的必要条件］

正义的法庭在其所有的决定或判决中,必须遵循共和国宪法高于任何法律或条约之原则。

第二百〇五条 ［司法机关的保障］

下列规定被确立为司法机关之保障:

a)职权独立;

b)财政独立;

c)除法律规定之情形外,不得罢免基层司法官员及初审法官;

d)人员的遴选。

第二百〇六条 ［基层司法官员及法官的预审权］

基层司法官员及法官依法律规定之形式行使预审权。议会有权宣告对司法机关的院长及最高法院法官的起诉是否适当。

涉及其他基层司法官员及法官的管辖权属于最高法院法官。

第二百〇七条 ［基层司法官员或法官的任职条件］

基层司法官员及法官必须是原始危地马拉人,诚信受到公认,享有公民权利且为执业律师,但法律就涉及特别管辖法官及较低级别法官而对最后一项条件另有规定的除外。

法律应当规定法官的数量、法庭的组织和运作以及法庭根据所处理的争议必须遵循的程序。

基层司法官员或法官的职权与任何其他职业、工会及政党的领导职位以及任何宗教的牧师身份均不兼容。

最高法院的司法官员应当在议会前进行宣誓,宣誓适用及时且公正的司法。其他司法官员及法官应当在最高法院前宣誓。

第二百〇八条 ［基层司法官员和法官的任期］

基层司法官员,不论何种类别,以及初审法官,应当在其职位上任职五年,且前者可以再次当选,后者可以重新接受任命。在任期内,除依法律规定之情形及形式外,他们不得被罢免或暂停职务。

第二百〇九条 ［任命法官及辅助人员］

法官、秘书及辅助人员由最高法院任命。

司法职业生涯是确定的。司法人员的入职、晋升和提升将通过竞争进行。本事项由法律予以规定。

第二百一十条 ［司法机关的《公务员法》］

司法机关的公务人员及雇员的劳动关系应当由《公务员法》规制。

除因法律规定之理由并赋予法律规定之保障外,法官和基层司法官员不得被罢免、暂停职务、调动或退休。

第二百一十一条 ［所有诉讼程序的审级］

任何诉讼程序均不得设置超过两个的审级,就同一个案件,若司法官员或法官业已在任何审级中行使司法管辖权,应当禁止其参加另一审级的审理或撤销判决的审理,且并不因此承担任何责任。

除依法律规定之复审情形和形式外,任何法庭或机构均不得审理已终止的诉讼。

第二百一十二条 ［法院的特定管辖权］

普通法院有权审理一切私法争议,在私法争议中,国家、自治城市或任何其他分权或自治机构可以作为一方当事人。

第二百一十三条 ［司法机构的预算］

最高法院行使起草司法机关的预算之职权;为此目的,总额不超过国家一般收入预算的百分之二的款项被划拨给最高法院,每个月由相应的机构按比例及预期划转至司法机关资金库。

因司法裁判而产生的款项专属于司法机关,并由最高法院分配。司法机关必须每年公布其预算方案,并每四个月向议会告知预算方案的变动情况及执行分析。

第二节 最高法院

第二百一十四条① ［最高法院的组成］

最高法院由包括院长在内的十三名法官组成,并应当按其规定组织为不同的法庭。每个法庭应当有各自的庭长。

最高法院的院长兼任司法机关主席,管辖共和国境内所有法庭。

如果出现司法机关主席临时缺席或依法律之规定其无法履行职权或审理特定案件之情形,最高法院的其他法官应当按照他们指定的顺序接替之。

第二百一十五条② ［最高法院法官之选举］

最高法院的法官应当由议会从提名委员会推荐的二十六名候选人中遴选产生,每届任期五年。提名委员会由一名国内大学的校长代表,国内每所大学的法学院或司法及社会科学学院的院长,由律师和危地马拉公证人协会联合大会推选产生的同等数量的代表以及由上诉法院和本宪法第二百一十七条提及的其他法庭的名义法官推选产生的同等数量的代表组成,委员由校长代表主持。候选人应当经委员会成员三分之二以上投票选举产生。

在选举过程中,组建提名委员会和产生候选人名单时,均不得接受任何陈述。

应当从最高法院法官之中推选产生最高法院院长,院长须经三分之二以上法官表决通过,任期为一年,且在其本届法官任期内,不得再次当选。

第二百一十六条 ［最高法院法官的任职条件］

当选为最高法院法官者,除本宪法第二百〇七条提及之条件外,候选人必须超过四十周岁且曾经在上诉法院或其他类似性质的合议法庭任职一个完整的任期或业已从事执业律师工作超过十年。

第三节 上诉法院和其他法庭

第二百一十七条③ ［法官］

担任上诉法院、合议法庭或设立的其他同类法庭的法官,除第二百〇七条提及之条件外,候选人必须超过三十五周岁,曾经担任初审法官或已从事执业律师工作超过五年。

本条提及的名义法官应当由议会从提名委员会推荐的候选法官名单中选举产生,候选法官的人数为应选法官人数的两倍。提名委员会由一名国内大学的校长代表,国内每所大学的法学院或司法及社会科学学院的院长,由律师和危地马拉公证人协会联合大会推选产生的同等数量的代表以及最高法院法官推选产生的同等数量的代表组成,委员会由校长代表主持。

候选人应当经委员会成员三分之二以上投票选举产生。

在选举过程中,选举提名委员会或整合候选人名单时,均不得接受任何陈述。

第二百一十八条 ［上诉法院的组成］

上诉法院由一定数量的法庭组成,其数量、位置及管辖权均由最高法院决定。

第二百一十九条 ［军事法庭］

军事法庭审理危地马拉军队成员实施的故意或过失犯罪。

军事法庭不得审理民事案件。

第二百二十条 ［审计法庭］

就有关审计争议的审判职能应当由初审法官和账户二审法庭行使。

因对于终止重大数额争议诉讼而作出的账户判决和终审决定不服,可以申请撤销原判。但该救济程序不适用于经济强制执行程序。

第二百二十一条 ［行政争议法庭］

行政争议法庭的职责系监督公共行政之合法性,它有权审理因行政行为或决定及国家分权或自治机构的行为或决定而产生的争议,以及因行政合同和特许权产生的争议。

诉诸行政争议法庭,无须预先支付任何费用或保证金。但是,法律可以规定在申请人对税款提出异议或抗辩且因此救济程序致使申请人延迟向税务机关缴纳税款的特定情形下,申请人必须按现行利率支付税款利息。

---

① 经 1993 年 11 月 17 日第 18~93 号立法协议修正。
② 经 1993 年 11 月 17 日第 18~93 号立法协议修正。
③ 经 1993 年 11 月 17 日第 18~93 号立法协议修正。

对于终止诉讼程序的决议和命令不服,可以提起撤销判决之诉。

第二百二十二条① [替补法官]

依《司法机关法》之规定,最高法院法官应当由本宪法第二百一十七条提及的法院之法官接替,但后者须符合与前者相同的任职条件。

本宪法第二百一十七条提及的法院之法官应当配置议会为此目的而遴选的替补法官。

替补法官应当按照与名义法官相同的机会、形式及候选人名单遴选产生。

第五篇 国家的结构和组织

第一章 选举政治制度

第二百二十三条② [组建和运作政治组织的自由]

国家保障组建和运作政治组织的自由,仅受宪法和法律规定之限制。

一切与选举权之行使、政治权利、政治组织、选举机构以及选举程序有关的事项,均应当由相关的宪法性法律进行规制。

一旦召开选举,严禁总统、行政机关公务人员、市长以及自治市公务人员就曾经的工作和活动进行宣传。

第二章 行政体制

第二百二十四条 [行政区划]

为行政管理之目的,共和国领土被划分为不同行政区,每一个行政区划分为不同城市。

应当下放行政权力。应当依经济、社会和文化标准设立由一个或多个行政区构成的发展区域,从而合理促进国家的整体发展。

但是,如对国家利益而言是适当的,议会可以在不减损城市自治的前提下,变更国家的行政区划,建立区域、行政区以及城市体系或任何其他体系。

第二百二十五条 [城乡发展国家委员会]

为组织及协调行政管理之目的设立城乡发展国家委员会,委员会由总统主持,依法律规定之形式组建。

委员会应当负责制定城乡发展政策及土地利用政策。

第二百二十六条 [城乡区域发展委员会]

依法设立的发展区应当设置城乡区域发展委员会,委员会由总统的代表主持,由构成该发展区的行政长官、各个行政区的自治社团代表各一名以及依法设立的公共和私营机构代表组成。

区域委员会主席为城乡发展国家委员会的当然成员。

第二百二十七条 [长官]

每个行政区之管理均由总统任命的行政区长官负责,行政区长官必须符合与国家部长相同的任职条件,享有相同的豁免权,且在其被任命为行政区长官前,必须已定居于该行政区满五年。

第二百二十八条 [行政区委员会]

每个行政区均应当设置行政区委员会,由行政区长官主持。为促进行政区发展之目的,行政区应当由所有自治城市的市长及有组织的公共和私营部门代表组成。

第二百二十九条 [中央政府对行政区的财政支持]

区域委员会和行政区委员会应当享有为其运行而从中央政府获得必要的财政支持的权利。

第二百三十条 [财产登记总局]

应当组建财产登记总局,以便在法律明确规定的各个行政区或区域均设立专门的财产登记机构及相应的财政登记处。

第二百三十一条 [首都地区]

作为国家首都的危地马拉市及其城市辐射区域,构成首都地区,合并为相应的区域发展委员会。

与区域管辖权、行政组织及中央政府的财政参与相关的一切事务应当由相关的法律予以规定。

第三章 监督和检查制度

第二百三十二条 [账户审计总局]

账户审计总局系分权技术机构,对国家机构、自治城市、分权和自治单位以及接受国家资金或从事公共征收的任何个人的收入、支出以及所有财政利益行使监督职能。

市政工程的承包方以及任何其他经国家授权得以投资或管理公共资金的个人亦受账户审计总局之监督。

账户审计总局的组织、运行及职权由法律予以规定。

---

① 经 1993 年 11 月 17 日第 18~93 号立法协议修正。
② 经 1993 年 11 月 17 日第 18~93 号立法协议修正。

第二百三十三条① ［账户总审计长之选举］

账户审计总局的负责人应当由议会经全体议员的绝对多数同意选举产生,每届任期四年。其仅得因过失、犯罪或无法胜任而被议会罢免。总审计长应当在议会有此要求时就审计总局之管理向议会提交报告,并且每年两次向议会提交正式报告。总审计长享有与上诉法院法官同等的豁免权。在任何情形下,总审计长均不得连选连任。

议会应当从提名委员会推荐的六名候选人中选举产生本条所提及的总审计长。提名委员会由一名国内大学的校长代表,国内每所大学中包含公共会计和审计专业的学院的院长,由经济学家、公共会计师和审计师以及商业管理者协会联合大会推选产生的同等数量的代表组成,委员会由校长代表主持。

候选人之遴选必须经提名委员会成员至少三分之二表决通过。

在选举过程中,组建提名委员会以及产生候选人名单时,均不得接受任何陈述。

第二百三十四条② ［账户总审计长之任职资格］

账户总审计长应当为账户审计总局的负责人,其任职资格包括:年满四十周岁,为危地马拉人,为公共会计师和审计师,诚信和职业声望受到认可,有权行使公民权利,未参与任何涉及账户争议的诉讼,以及此前曾执业十年以上。

第二百三十五条 ［总审计长之职权］

依据《公务员法》,总审计长有权任命及罢免账户审计总局各机构的公职人员和雇员,并有权就其职权事务任命审计师。

第二百三十六条 ［法律救济］

就账户审计总局的行为和决议,可以依法提起司法和行政救济程序。

第四章 财政制度

第二百三十七条③ ［国家收支总预算］

依本宪法之规定,就每个财政年度批准的国家收支总预算应当包括对可能获得的全部收入的估计以及关于开支和计划进行的投资的详细说明。

预算必须形成统一的整体,其结构应具有计划性。国家的全部收入组成一个不可分割的公共资金,专门用于支付国家支出。

当法律有此规定时,国家及其分权和自治机构可以有预算和私募资金,其预算必须每年提交至行政机关和议会,以便其知悉并纳入总体预算,除此之外,预算应当接受有关国家机构的监督和检查。法律可以另行规定以私人形式管理政府下属机构的资金以确保其效率之情形。违反本条规定应当受到处罚且主管该下属机构运作的公务人员应当承担个人责任。

秘密支出、任何无法核实的支出或不受监督的支出不得纳入国家收支总预算。此条规定适用于任何机关、社会公共机构、企业、自治或分权单位。

国家收支总预算及其执行分析为公开文件,有意查阅的任何公民均可获得,为此目的,公共财政部应当在国家图书馆、中美洲档案室以及国内大学图书馆内放置相应的副本以供使用。自行管理预算的政府其他机构以及分权和自治单位应当采取同样的措施。公务人员凡阻止或阻碍查阅者,将承担刑事责任。

处分私募资金的国家机构或组织必须每年详细公布资金的来源和使用情况,并由账户审计总局严格审核。前述公布系指于每一财政年度结束后六个月内公布于官方公报。

第二百三十八条④ ［预算组织法］

预算组织法应当规定下列事项:

a) 国家收支总预算的编制、执行及清算以及依本宪法提交审议和批准的规范;

b) 可以在划拨资金总额内调动资金给各个机关、下属部门、分权或自治单位的情形,款项之调动必须立即向议会和账户审计总局汇报;

投资计划的资金不得调动用于运行计划或支付公共债务;

c) 储蓄资金的利用及任何最终盈余和收益的投资;

d) 与国内外公共债务、其分期偿付和结算相关的所有事项应当遵循的标准和规定;

e) 有关批准和执行处分私募资金的机构之预算的监督和检察措施;

f) 所有公务人员和政府雇员,包括分权和自治单位的公务人员和雇员的薪酬形式和数额;

预算组织法可以专门规定某些公职人员基于公共服务之必要额外受领代表性费用的情形;

禁止任何其他形式的薪酬,凡批准其他形式薪酬者,应当承担个人责任;

---

① 经 1993 年 11 月 17 日第 18～93 号立法协议修正。
② 经 1993 年 11 月 17 日第 18～93 号立法协议修正。
③ 经 1993 年 11 月 17 日第 18～93 号立法协议修正。
④ 经 1993 年 11 月 17 日第 18～93 号立法协议修正。

g) 公共开支的核准形式；

h) 公共收入的征收形式。

如果承办某项公务或服务将持续两个以上财政年度，则应当为该公务或服务之完成在相应的预算内适当规定必要的资金。

第二百三十九条 ［法定原则］

根据国家需要及税收公平规定普通或特别税、税捐和特别捐赠，确定纳税基础，特别是下列事项的职权专属于议会享有：

a) 产生税收关系的事件；

b) 税收豁免；

c) 纳税人和连带责任；

d) 计税基础和税收类型；

e) 扣减、折扣、减免和附加费；

f) 税收违法行为和制裁。

位阶低于法律的法条，凡违反和曲解规定纳税基础的法律规范者，均依法无效。法规不得变更前述纳税基础，并应当制定规范以细化税收征收管理事项及建立促进税收的程序。

第二百四十条① ［国家投资和支出的来源］

任何法律，凡涉及国家投资和支出者，必须表明用于投资和支出的资金之来源。

如果上述投资或支出未纳入业经批准的相应财政年度国家收支总预算内，则未经行政机关表示同意，议会不得增加预算。

如果行政机关未予以同意，议会仅得经全体议员的至少三分之二多数同意方得批准增加预算。

第二百四十一条 ［报告国家账户］

行政机关应当每年就国家账户向议会报告。

各部长应当于每年的前三个月内编制年度预算的结算文件并提交至账户审计总局。账户审计总局应当在收到结算文件后不超过两个月的期限内出具报告和意见，并提交至议会。议会将批准或驳回结算。

如果议会驳回结算，议会必须被要求提交相应的报告或说明，如果驳回系基于应受惩罚的原因所致，该结果应当送交至公共事务部。

一旦结算获批，应当在官方公报上刊载国家财政报告概要。

有自己预算的国家机构及分权或自治单位应当以相同的形式和期限向议会提交相应的结算报告，以符合国家收支监管的整体性原则。

第二百四十二条 ［保证资金］

为资助国内合法承认的私营部门的非营利组织实施经济和社会发展计划之目的，国家应当设立专项保证资金，资金来源于国家自有资金、分权或自治单位资金、私人捐赠或国际性资金。法律将对此进行规定。

第二百四十三条 ［支付能力原则］

税收体制必须公平公正。为此目的，税收法律应以支付能力原则为基础。

禁止没收性税收及国内双重或多重税收。双重或多重税收系指一个以上享有税收权力的主体因同一事件或在同一纳税期限内就同一应税事件向同一纳税义务人课税两次以上。

本宪法颁布后，为避免妨碍税收机关的运作，双重或多重税收之情形应当逐步取消。

第五章　军　队

第二百四十四条 ［军队的整合、组织和目标］

危地马拉军队，系旨在维护危地马拉的独立、主权和尊严、领土完整、和平和内外安全的组织。

军队系唯一的、不可分割的、职业的、非政治的、服从的且非议事的。

军队由陆军、空军和海军组成。

军队的组织实行等级制，且基于纪律和服从原则建立。

第二百四十五条 ［禁止非法武装团体］

不受法律或法规规制的武装团体之组建和运行，应受惩罚。

第二百四十六条 ［总统在军队中的责任和职权］

共和国总统为军队的总司令，并应当通过担任国防部长的将军、上校或同等职位的海军军官发布命令。

总统作为总司令享有法律规定之职权，特别是以下职权：

a) 发布动员令和复员令；

b) 在和平和战争时间批准晋升危地马拉军队的军官，并根据《军队组织法》及其他法律和军事法规规定之情形和形式授予军事奖章和荣誉。总统还有权批准特别津贴。

第二百四十七条 ［军官的任职条件］

担任危地马拉军军官者，必须为原始危地马拉人且从未获得外国国籍。

第二百四十八条 ［禁止性规定］

现役军人，不得行使选举权或有关政治事项的请愿权。不得以集体的形式行使请愿权。

第二百四十九条 ［军队合作］

军队在发生紧急状态或公共灾难时，应当提供合作。

---

① 经 1993 年 11 月 17 日第 18～93 号立法协议修正。

第二百五十条 ［军队的法律制度］

危地马拉军队受宪法、《军队组织法》及其他军事法律法规之规制。

第六章① 公共事务部及国家检察长办公室

第二百五十一条 ［公共事务部］

公共事务部系公共管理和法院的辅助机构,享有自治职能,其首要目标是确保国家法律之严格履行。公共事务部的组织及运行将由其组织法规制。

公共事务部的首长应为国家总检察长,并行使公共控诉职能。其应当为执业律师,并具备与最高法院法官相同的任职资格条件。其应当由总统从提名委员会推荐的六名候选人中任命产生。提名委员会由最高法院院长,国内大学的法学院院长及社会和司法科学学院院长,律师和危地马拉公证人协会指导委员会主席以及该协会荣誉法庭的庭长组成,提名委员会由最高法院院长主持。

候选人之选举需经提名委员会成员至少三分之二以上同意。

在形成提名委员会及候选人名单的过程中,均不得接受任何陈述。

国家总检察长任期为四年,并享有与最高法院法官同等的特权和豁免。总统得依据正式确立的正当理由罢免之。

第二百五十二条 ［国家总检察长办公室］

国家总检察长办公室负责国家机构和实体的顾问和咨询活动。其组织和运行将由其组织法规制。

国家总检察长为国家之代表,并为国家检察长办公室之首长。国家总检察长由总统任命,总统得依据正式确立的正当理由罢免之。国家总检察长的候选人应当为执业律师并具备与最高法院法官相同的任职资格条件。

国家总检察长任期为四年,并享有与最高法院法官同等的特权和豁免。

第七章 市政制度

第二百五十三条 ［城市自治］

危地马拉共和国的城市为自治机构。除其他职能外,城市享有以下职能:

a) 选举自己的领导者;

b) 获取并处分自己的财物;

c) 致力于地方公共服务、管辖范围内的领土秩序以及自身目标之实现。

城市可以颁发适当的规则和条例实现上述职能。

第二百五十四条② ［市政府］

市政府应当由委员会进行管理。委员会由市长、理事和市议员组成,均由普遍、无记名的投票直接选举产生,任期为四年,连选可以连任。

第二百五十五条 ［城市的经济资源］

市政企业必须致力于促进各自城市的经济,以能够开展项目并提供必要的服务。

财物之征收必须符合宪法第二百三十九条规定之原则,符合法律以及市政需要。

第二百五十六条

经1993年11月17日第18～93号立法协议废止。

第二百五十七条③ ［对城市的拨款］

行政机关应当每年在国家一般收入总预算中列出百分之十用于国家的各个城市。这笔款项应当依据法律规定之形式进行分配,且至少百分之九十应当划拨用于提高居民生活质量的教育、预防保健、基础设施和公共服务方案和项目。剩余百分之十应当用于资助城市的运营开支。

在国家收支总预算内为城市划拨任何额外的款项,且此类款项划拨并非对具体税收中依法属于城市的部分所作的分配,是受到禁止的。

第二百五十八条 ［市长的预审权］

除现行犯之情形,未经有权司法机关预先裁决诉讼理由成立,市长不得受到逮捕或审判。

第二百五十九条 ［市政事务法庭］

为了自身法令、条文之实施和执行,城市可以依法根据自身的条件和需要设立市政事务法庭和警察部队,二者的运行均由市长直接领导。

第二百六十条 ［城市财产的特权及保障］

城市的资产、收益、税捐及税收均为城市的专属财产,享有与国家财产同等的保障与特权。

第二百六十一条 ［禁止豁免税收或市政税捐］

任何国家机构均无权免除自然人或法人的税收或市政税捐,但市政自身予以免除或依宪法规定免除的除外。

第二百六十二条 ［市政服务法］

市政的公职人员和雇员的劳动关系由市政服务法予以规制。

---

① 经1993年11月17日第18～93号立法协议修正。
② 经1993年11月17日第18～93号立法协议修正。
③ 经1993年11月17日第18～93号立法协议修正。

第六篇　宪法保障及宪法秩序之维护

第一章　人身保护

第二百六十三条　[人身保护权]

任何人如受到非法监禁、逮捕或以任何其他方式被限制行使个人自由,被威胁丧失个人自由或遭受虐待,即使系依法遭受监禁或逮捕,均有权请求立即被带至法庭前以恢复原状或保障其自由或停止虐待,终止其受到的限制。

如果法庭宣告恢复被非法监禁者的自由,其应当当场被释放。

如果有此请求或法官或法庭认为适当,可以未经事先警告或通知而在被拘禁者的拘禁场所实施其所要求的人身保护。

被拘禁者所要求的人身保护不得推卸。

第二百六十四条　[违法者的责任]

命令隐瞒被禁者或拒绝将其移送至相应的法庭前或以任何方式规避此项保障的当局及行政人员,犯有绑架罪并应当依法受到制裁。

如果实施调查程序后无法查明接受人身保护救济者之所在,法庭应当正式命令立即展开调查直至最终查明该案件。

第二章　宪法保护

第二百六十五条　[宪法保护程序]

宪法保护之设立系为了保护个人免受侵权之威胁或在侵犯发生后恢复原状。不存在不适用宪法保护程序之领域,只要权力机构的行为、决议、规定或法律威胁、限制或侵犯宪法和法律保障之权利,即可提起宪法保护程序。

第三章　违宪法律

第二百六十六条　[具体案件中的法律违宪]

在具体案件、任何管辖权下的诉讼程序、任何审级和撤销判决的诉讼中,甚至于判决宣告前,当事人均可以诉讼、申诉或附随争议的方式主张法律全部或部分违宪。法庭必须对此作出裁判。

第二百六十七条　[一般性法律的违宪]

对部分或全部违宪的一般性法律、法规或条例提起的诉讼,应当由宪法法庭或法院直接审理。

第四章　宪法法院

第二百六十八条　[宪法法院的基本职能]

宪法法院系享有专门管辖权的常设法庭,其基本职能为维护宪法秩序;它以合议制法庭的形式运作,独立于其他国家机构,行使宪法及有关法律授予的特别职权。

宪法法院的经济独立,并通过占有固定比例的司法机关收入保障其独立性。

第二百六十九条　[宪法法院的构成]

宪法法院由五位名义法官组成,每位法官均配备各自的替补法官。当它审议对最高法院、议会、总统或副总统提起的违宪争议时,其成员将增加至七位,其余两位法官从替补法官中抽签产生。

法官的任期为五年,通过以下方式任命产生:

a)由最高法院全体会议任命一名法官;

b)由议会全体会议任命一名法官;

c)由总统在部长委员会上任命一名法官;

d)由危地马拉圣卡洛斯大学高等大学委员会任命一名法官;

e)律师协会大会任命一名法官。

在任命名义法官的同时,即在议会上任命相应的替补法官。

宪法法院应当于议会设立九十日后设立。

第二百七十条　[宪法法院法官的任职条件]

担任宪法法院法官者,必须符合下列任职条件:

a)为原始危地马拉人;

b)为律师协会的执业律师;

c)具备公认的正直品格;

d)至少有十五年的执业经验。

宪法法院法官享有与最高法院法官同等的特权和豁免。

第二百七十一条　[宪法法院院长]

宪法法院的院长由宪法法院的名义法官轮流担任,每届任期为一年,从最年长的法官开始,此后依年龄顺序下排。

第二百七十二条　[宪法法院的职权]

宪法法院享有下列职权:

a)以唯一审级审理就一般性法律或条例部分或全部违宪而提出的异议;

b)作为宪法保护特别法庭,以唯一审级审理就议会、最高法院、总统或副总统提起宪法保护诉讼;

c)审理对任何法庭提起的宪法保护上诉;如果此上诉程序系针对最高法院的宪法保护决议提起的,宪法法院应当依第二百六十九条规定之形式增加两名成员;

d) 审理在具体案件、任何庭审、撤销判决或有关法律设想的案件中质疑法律违宪而提起的上诉；

e) 根据任何国家机构之请求就条约、协议或法案之合宪性出具意见；

f) 审理并解决宪法争议中的任何管辖权冲突问题；

g) 编纂在宪法保护和法律违宪救济程序中产生的理论和宪法原则，并及时在法理公告或公报上进行更新；

h) 就行政机关指控违宪而予以否决的法律之合宪性出具意见；

i) 就宪法规定在其职权范围内的事项采取行动、出具意见、下达命令或进行审理。

第五章　人权委员会和检察官

第二百七十三条　〔人权委员会及其检察官〕

议会应当任命一个人权委员会，由在当届议会内有代表的政党各派一名议员组成。委员会应当向议会推荐三名候选人员以便议会从中选出人权检察官，人权检察官必须符合最高法院大法官的任职条件并享有与议会议员同等的豁免和特权。本条所提及的人权委员会和人权检察官的职权由法律予以规定。

第二百七十四条　〔人权检察官〕

人权检察官系议会为维护宪法所保障的人权而任命的专员。检察官享有监督政府的职权，任期为五年，并应当每年向议会全体会议提交年度报告。检察官通过人权委员会与议会建立联系。

第二百七十五条　〔人权检察官的职权〕

人权检察官享有下列职权：

a) 就人权事务，促进政府管理部门运作良好、精简；

b) 调查并控诉损害个人利益的行政行为；

c) 对任何人就侵害人权提起的任何类型的控诉展开调查；

d) 私下或公开地对公务人员受到质疑的行政行为提出变更建议；

e) 对侵害宪法权利的法令或行为提出公开谴责；

f) 对于其处理的案件，推动司法或行政诉讼或救济程序；

g) 法律赋予的其他职责和职权。

人权检察官在执行公务或经他人请求，可以展开尽职调查以确保在特殊制度下，那些未受明确限制的基本权利得到充分保障。为其职权之履行，每一天及全天均视为工作时间。

第六章　有关宪法保护、人身保护及合宪性的法律

第二百七十六条　〔相关的宪法性法律〕

涉及宪法保护、人身保护及法律合宪性的事项由宪法性法律予以规定。

第七篇　宪法修改

唯一章　宪法修改

第二百七十七条　〔倡议〕

下列人员享有宪法修改的倡议权：

a) 总统在部长委员会上；

b) 十名以上议会议员；

c) 宪法法院；

d) 由不少于五千名在公民登记处正式登记的公民直接向议会请愿。

就上述任何情形，议会均必须毫不迟延地对所提出的问题予以解决。

第二百七十八条　〔全国制宪大会〕

修改本宪法第二篇第一章的任何条款，必须由议会经全体议员三分之二投票赞成召开全国制宪大会。在召开全国制宪大会的法令中必须明示拟进行修改的条文，且必须通知最高选举法庭以便其决定在最多一百二十日的期限内进行选举的日期，其他程序事项依《宪法选举法》进行。

第二百七十九条　〔全国制宪大会的代表〕

全国制宪大会和议会可以同步运作。全国制宪大会代表的任职条件与议员相同，当选代表享有与议员同等的豁免和特权。

任何人不得同时兼任全国制宪大会的代表和议会议员。

全国制宪大会代表之选举、当选代表人数以及其他与选举程序相关的事项，按照与议员选举同样的形式进行规制。

第二百八十条　〔通过议会和全民协商进行宪法修改〕

就本宪法未作特别规定的宪法修改，必须经议会全体议员的三分之二同意。且宪法修改只有在经本宪法第一百七十三条提及的全民协商程序正式批准后方得生效。

如果全民协商的结果为批准宪法修改，则宪法修改将于最高选举法庭公布协商结果满六十日后生效。

第二百八十一条 ［不得修改的条款］

在任何情形下,均不得修改宪法第一百四十条、第一百四十一条、第一百六十五条 g)款、第一百八十六条及第一百八十七条,不得以任何形式提出任何对共和政体、总统非连任原则的异议,也不得中止总统任期轮换条款的效力或适用以任何其他方式改变或变更其内容。

过渡和最后条款(略)

委内瑞拉玻利瓦尔共和国宪法*

(1999年12月经国民制宪议会通过,更新至2009年)

序　言

委内瑞拉人民,行使其创造力,祈求上帝、我们的解放者西蒙·玻利瓦尔的保护,并宣扬我们先祖和自由主权国家的先驱们及奠基人的英雄主义和牺牲精神;为了当代和后代的幸福,力图实现这一最高目标;将共和国重塑为一个民主、参与、自立、多民族、多文化的社会,一个彰显自由、独立、和平、团结、诚信、领土完整、国际礼让和法治价值准则的公正、联邦制的分权国家;保证人民生活、工作、学习、教育、社会平等和公正,不受任何形式歧视和不受奴役的权利;促进国际间和平友好合作,进而在不干涉主义、民族自决、保证普遍和不可分割的人权、国际社会民主化、核武器裁军、生态平衡、环境资源为人类共同而不可分离的传统理念下,加强拉美世界的联合;特此,制宪会议的代表,运用自由投票权和民主的全民公决行使固有的权力,制定本宪法:

宪　法

第一编　基本原则

第一条

委内瑞拉玻利瓦尔共和国是不可改变的自由和独立的国家,其基础是根据解放者西蒙·玻利瓦尔准则而遵循自由、平等、公正、国际和平的道德财富和价值观。独立、自由、主权、豁免、领土完整和民族自决是国家不可放弃的权利。

第二条

委内瑞拉是崇尚法治和正义的民主社会国家,尊奉生命、自由、正义、平等、团结、民主、社会责任及更具普遍意义的人权至上价值,以及道德多元、政治多元为法律秩序和行动的终极价值。

第三条

国家的根本目标为:保护与发展个体价值、尊重个体尊严、民主行使人民意志、建立一个公正和平且充满关爱的社会、增进人民福利和财富、保证实施本宪法设立的原则、权利和义务。教育和劳动是保障前述目标实现的基本程序。

第四条

委内瑞拉玻利瓦尔共和国是符合宪法成立条件的联邦分权制国家,受领土完整、合作、团结、参与和责任分担的原则的制约。

第五条

主权属于人民且不可让与,人民依宪法和法律规定的方式直接行使主权,并经投票通过行使公权力的机关间接行使主权。

国家机关源于并从属于人民主权。

第六条

委内瑞拉玻利瓦尔共和国政府以及构成政府的政治机关,是且应当是民主的、参与的、选举的、分权的、可替换的、负责的和多元的,且其职权可撤销。

第七条

宪法为最高法,是法律秩序的根基。行使公权力的所有个人和机关均服从本宪法。

第八条

黄、蓝、红条纹国旗、《英勇人民的光荣》(*Gloria al Bravo Pueblo*)国歌以及共和国国徽是国家的象征。

法律应规定国家象征的特性、意义和用途。

第九条

西班牙语为官方语言。土著语言作为国家和人类历史遗产的一部分,对土著居民同样具有官方地位,且应在共和国全境受到尊重。

---

* 译者:李帅斌。

第二编 地理空间和政治区划

第一章 领土及其他地理空间

第十条

现行共和国领土和其他地理空间是指 1810 年 4 月 18 日政治变革之前属于委内瑞拉总督管辖区，并经有效的条约和仲裁裁决修订后所有的领域。

第十一条

共和国的全部主权范围涵盖陆地、岛屿、湖泊、河流、领海、历史性和重要的内海及位于领海基线以内为共和国已接受或将接受的领域；海床及上述海床底土；陆地、海岛及海洋上层大气空间及在上述空间内的资源，包括基因性资源、迁移性物种、衍生产品及因自然原因出现在上述空间的无体成分。

共和国的海岛空间包括洛斯蒙赫斯群岛（Archipelago of Los Monjes）、拉斯阿韦斯群岛（Las Aves）、洛斯罗克斯群岛（Los Roques）、拉奥奇拉岛（La Orchila）、拉托尔图加岛（La Tortuga）、拉布兰基亚岛（La Blanquilla）、兄弟群岛（Los Testigos Archipelago）、玛格丽塔岛（Islands of Margarita）、库瓦瓜岛（Cubagua）、科切岛（Coche）、洛斯弗赖莱斯群岛（Los Frailes）、拉索拉岛（La Sola Island）、洛斯特斯蒂戈斯群岛（Los Testigos Archipelago）、帕托斯岛（Patos Island）、阿韦斯岛（Aves Island），以及位于或将在领海浮现或者覆盖在大陆架上方或者位于专属经济区范围内的海岛、小岛、码头和海滩。

共和国在国际法和国内法确定的条件和程度内，对构成毗连区、大陆架和专属经济开发区的水域行使排他性的主权和管辖权。

共和国在国际协议和国内立法确定的条件和程度内，对外层空间和属于或可能属于人类的共同财富享有权利。

第十二条

在国家领土内、领海海床下、专属经济开发区和大陆架内贮藏的矿产资源和任何性质的油气矿床均属共和国所有，属于公共财产，因而不可让渡且不可转移。海岸属于公共财产。

第十三条

领土不得转让、转移、出租或以任何方式移转给其他国家或其他国际法主体，临时或部分转移亦属禁止之列。

委内瑞拉的地理空间是一片和平之土。任何势力或势力联合均不得在本区域建立任何具有军事目的的外国军事基地或设施。

其他国家或其他国际法主体仅得为外交或领事代表团驻扎的目的，在法律确定的区域内，服从互惠保证并满足法律确立的限制条件以取得不动产。国家主权在任何情况下均应保持完整。

联邦属地和河流、湖泊中岛屿上的荒地不得转让，且使用荒地的权利也仅得在不直接或间接影响土地转让的条件下授予。

第十四条

经当地居民自由表决并经国会批准，部分领土可吸纳为共和国领土，法律应为其建立一项特别的法律体制。

第十五条

依据历史、经济及社会的发展和统一这一理念，国家负责建立一套关于陆地、海岛及航海边界区域的总政策，以保持领土完整、主权、安全、防卫、国家认同、多样性和环境。关于边界的组织法经特殊的经济分配对每一边区的固有特性予以考察后，确立构成上述责任的义务与目标。

第二章 政治区划

第十六条

为实现设立共和国政治组织的目标，国家领土分为以下部分：州、联邦区、联邦属地和联邦领地。全部领土划分为若干市。

组织法应规定领土的政治区划，且应确保地方自治和行政/政治分权。上述组织法可规定在州的特定区域设立联邦领地，其经全民公决批准后生效。特别法可授予联邦领地以州的地位，或经分配作为相关领域的部分或整体。

第十七条

联邦属地包括不属于州领土的海洋群岛及在领海形成或出现或者浮现在大陆架的岛屿。法律规定联邦属地的体制和行政管理。

第十八条

加拉加斯市（City of Caracas）为共和国首都和国家权力机关所在地。

本条不得禁止在共和国首都以外的地区行使国家权力。

特别法通过建构联邦区市和米兰达州双层地方政府体系，划分出加拉加斯市的领土与政治单位。特别法应以和谐而全面的发展为目标，规定加拉加斯市的组织机构、政府、行政管理、权限及财政收入。在任何情况下，法律应确保政府的民主性和参与性。

第三编　义务、人权和保障

第一章　一般规定

第十九条

国家应依据发展和无歧视原则确保人人享有和行使不可转让、不可分割和相互依存的人权。依宪法、共和国签署和批准的人权条约及发展人权的法律规定，公权力机关有义务尊重和保障上述人权。

第二十条

除损害他人或大众权利及社会秩序外，任何人得自由发展自我个性。

第二十一条

法律面前人人平等，因此：

(1) 不得基于民族、性别、信仰或社会地位而区别对待，也不得基于剥夺或损害任何个人在同等条件下获得同等认同、同样享有和行使权利和自由的目的或结果而区别对待。

(2) 法律应确保诸如使得法律面前的平等真实而有效的法律和行政条件；应确立维护受歧视、被边缘化或弱势群体的利益的积极性措施；应特别保护那些由于上述事项而明显处于弱势地位的人；且应惩罚那些伤害或虐待上述人群的人。

(3) 除外交形式外，人民将只能被正式称为公民。

(4) 不得承认贵族头衔或世袭的荣誉。

第二十二条

引用本宪法和关于人权的国际文件规定的权利和保障不得被理解为对个人天赋的、未在上述引用中明确提及的其他权利的否定。规定上述权利的法律的缺失不得对行使权利本身产生不利影响。

第二十三条

经我国签署和批准的关于人权的条约、协定和公约具有宪法性地位，关于权利的享有和行使比我国宪法和法律规定的更优越的条款优先于国内立法，且应为法院和其他公权力机关立即和直接适用。

第二十四条

法律不得溯及既往，除非减少了惩罚。即使对于正在进行的诉讼活动，程序法也应从其生效时起得以使用；然而，在刑事诉讼中，当有利于被告时，已被采用的证据应依据其被采用时生效的法律加以裁量。

当对将予以适用的法律规则存有疑问时，最有利于被告的规则应优先适用。

第二十五条

任何妨害或损害本宪法和法律保障的权利的公权力行为均无效，且命令和执行上述行为的公职人员在个案中将可能引起刑事、民事和行政责任，不得以遵循上级的命令为理由进行抗辩。

第二十六条

任何人都有权基于行使其包括集体的或个别自然权利在内的权利和利益的目的诉诸司法机关以取得上述有效保护和相应迅速的裁判。

国家应确保司法免费、可接近、公正、适当、透明、自治、独立、负责且效率，不得有不当的耽搁、多余的仪式或无益的重复。

第二十七条

任何人都有权在法院的保护下享有、行使甚至包含本宪法或关于人权的国际文件中未明确提出的固有的个人权利在内的宪法性权利和保障。

诉求宪法保护的诉讼应口头、公开、简明、免费且仪式简洁，且主管法官应拥有将受到破坏的法律条件迅速恢复或达到与之尽可能相近的法律条件的权力。任何时期均可进行此种诉讼，且相对于其他事由，法院应赋予宪法性诉求以优先权。

保护自由或安全的诉讼可由任何人进行，且被拘留者的监护应即刻转移到法庭。

此权利的行使不受州特例或宪法保障限制宣告的任何形式影响。

第二十八条

除非法律有例外规定，人人均有权得知涉及其或其在官方或私人记录所包含的利益的信息和资料，及信息和资料如何利用和有何目的，也有权向有法定权限的法院申请更新、改正或撤销那些错误的或不当影响申请人权利的记录。任何人也有权得知包含居民或团体有利信息的任何性质的文件。法律规定的新闻业所掌握的机密信息或其他行业的机密亦属任何人有权得知之列。

第二十九条

国家有义务调查和依法惩处由其权力机关所实施的侵犯人权的犯罪行为。

惩罚侵犯人权的犯罪行为、严重侵犯人权的违法行为和战争罪行的诉讼不受关于时效立法的限制。普通法院调查并裁判侵犯人权的违法行为和犯罪行为。此类犯罪不得适用于给予罪犯的包含大赦和特赦在内的惩罚豁免。

第三十条

国家有义务对负责的被侵犯人权的受害者及其合法继承人予以充分的救济，该救济包括损害赔偿。

国家应采取必要的立法或其他性质的措施以实施本条规定的救济和损害赔偿。

国家应保护一般犯罪的受害者并将努力促使有罪对故意伤害予以救济。

第三十一条

任何人为寻求对其人权的保护,均有权在共和国批准的人权条约、协定和公约确立的条件下,向为此目的而设立的国际机构提出申请和控告。

国家应依据本宪法和法律设立的程序,采取本条规定的必要措施以实施国际机构作出的决定。

第二章 国籍和公民身份

第一节 国 籍

第三十二条

下列人员因出生取得委内瑞拉国籍:

(1)在共和国领土出生之人。

(2)在外国领土出生,但父母双方均为因出生而取得委内瑞拉国籍之人。

(3)在外国领土出生,父母一方因出生而取得委内瑞拉国籍,且父母在共和国定居或宣告有加入委内瑞拉国籍意愿之人。

(4)在外国领土出生,父母一方因归化取得国籍,且父母在十八周岁之前于共和国定居并在二十五周岁之前宣告有加入委内瑞拉国籍意愿之人。

第三十三条

下列人员因归化取得国籍:

(1)在申请日前,已连续定居十年以上而取得归化许可的外国公民。

(2)若外国公民原始国籍为西班牙、葡萄牙、意大利、拉美国家或加勒比海域国家,其定居期限可减至五年。

(3)与委内瑞拉公民结婚,宣告有接受委内瑞拉国籍的意愿,且已结婚至少五年的外国公民。

(4)在二十一周岁之前宣告其有加入委内瑞拉国籍的意愿,且在此宣告前在委内瑞拉连续定居已满五年,在行使亲权的父母一方归化的日期申请由归化加入委内瑞拉国籍的外国未成年人。

第三十四条

委内瑞拉国籍不因选举或取得他国国籍而丧失。

第三十五条

因出生取得的委内瑞拉国籍不可剥夺,因归化取得的委内瑞拉国籍仅得由法院依法作出的判决撤销。

第三十六条

可以放弃委内瑞拉国籍。放弃因出生取得国籍的人,当其在共和国定居两年以上,并宣告重新获得委内瑞拉国籍的意愿时,可以重新获得此国籍。放弃因归化取得国籍的人,当其再次满足本宪法第三十三条规定的条件时,可以重新获得委内瑞拉国籍。

第三十七条

国家应提升关涉国籍的国际条约的庆典,尤其是与接壤国家及本宪法第三十三条第(2)项规定的国家间的国际条约庆典。

第三十八条

法律应依前述条款确定关涉国籍的取得、选举、放弃和恢复,及归化国籍的撤销和撤回的实体性和程序性规则。

第二节 公民身份

第三十九条

除被剥夺政治权利和颁发禁止令的人外,满足本宪法规定的年龄条件的委内瑞拉公民均可以享有公民身份,因此有资格享有本宪法规定的政治权利和义务。

第四十条

除本宪法另有规定外,政治权利归属于委内瑞拉公民。

在七周岁之前已进入国境,且在达到法定年龄前持续定居在委内瑞拉的归化公民,与出生取得国籍的公民享有同样的权利。

第四十一条

共和国总统及副总统,国民议会主席和副主席,最高法院法官,国家选举委员会主席,共和国检察总长,共和国审计总长,共和国公诉人,人民护卫者,履行关涉国家安全、财政、能源、矿产或教育职责的部长,边境州和市的总督与市长,以及关于国家军事组织法所预设的职员,仅得由不具有双重国籍的出生于国内的委内瑞拉公民担任。

在委内瑞拉连续定居十五年以上,且满足法律规定的能力要求的归化公民,可以担任国民议会议员、部长、非边境州及市的总督和市长。

第四十二条

丧失或放弃国籍的人即丧失公民身份。公民身份或任何政治权利,仅得由依法律规定的条件作出的判决予以中止。

第三章 市民权

第四十三条

生命权神圣不可侵犯。法律不得规定死刑,任何机关也不得适用死刑。国家应保护在军队或民兵服役或者因服从其机关而被剥夺自由个人的生命。

第四十四条

个人自由神圣不可侵犯,因此:

(1)除依法院命令,任何人不受逮捕或拘留,越狱的例外。在后者情形中,应将其于逮捕后四十八小时内带到法官面前。除依法律规定的原因且法官按个案作出评估外,该人在审判期间得保持自由。

(2)依法律规定释放被拘留者支付的保释金不纳税。

(3)任何被逮捕者享有及时与其家人、律师或其信任的其他人沟通的权利,且家人、律师或获得信任者亦有权被告知被逮捕者拘留在何处、被逮捕的原因,获知由其本人或在专家的帮助下,作出的关于被逮捕者身体或精神状况以作为案件材料的报告。主管机关应保留关于每一次逮捕的公共记录,该记录包括被逮捕者的身份、被逮捕的地点、时间、环境及执行逮捕的工作人员。

(4)逮捕外国公民(男性或女性)时,应遵守规定通知领事的相关国际条约。

(5)对犯罪者个人的刑罚不应累及他人。不得判处无期或侮辱性刑罚。剥夺自由的刑罚不得超过三十年。

(6)采取涉及剥夺自由措施的任何机关应证明其自身身份。

(7)任何人在主管机关颁发释放令后或其服刑期满后不受继续逮捕。

第四十五条

公共机关,不论军事、民事或任何其他性质,即使在紧急、例外、管制或保证状态,亦不得影响、许可或默许个人的强制失踪。执行命令或指示的公职人员有义务拒绝执行该命令或指示,并就此向主管机关汇报。对任何人实施或试图实施强制失踪均属犯罪,给予精神上和物质上帮助的主犯、共犯与包庇犯,均应依照法律予以处罚。

第四十六条

任何人的物质、精神、道德尊严均应受到尊重,因此:

(1)任何人均不应受到刑罚、酷刑、虐待、不人道的或有辱人格的待遇。国家机关实施或默许的酷刑或残忍的、不人道的或有辱人格待遇的受害者有得到恢复的权利。

(2)任何人,即使被剥夺自由,也应基于作为人与生俱来的尊严而受到尊重。

(3)任何人若非基于其自由作出承诺,不得服务于科学实验或者医学的或实验的检测,除非其生命处于危险状态或依法律被拘留的其他状态。

(4)依职权对他人实施虐待或者导致其身体上或精神上的痛苦,或是挑唆或默许上述行为的任何公职人员均应依法受到惩罚。

第四十七条

任何人的住宅和私人住所不受侵犯。为使人格尊严在任何情形中得到尊重,不得强行入侵住宅,除非依据为预防犯罪或执行依法由法院作出的决定而发布的法院指令。

任何依法执行的健康检查仅得在决定或执行的工作人员发布通知后进行。

第四十八条

任何形式的私人通信秘密和不可侵犯性应得到保障。在遵守法律相关条款并维持未涉及有关诉讼活动的私人事务秘密性的前提下,私人通信亦不受干涉,主管法院作出指令的除外。

第四十九条

任何司法和行政活动均应遵守正当程序,因此:

(1)在调查和诉讼活动的任何阶段和层级,法律援助权和辩护权不受侵犯。任何人均有权被告知其受控告而正被调查、有权取得证据,并有权获得进行抗辩所必需的时间和方法。任何因违反正当程序取得的证据无效。任何被宣告有罪的人均有权上诉,本宪法和法律确立的案件除外。

(2)未被证明有罪之人应推定为无罪。

(3)任何人均享有在任何性质的诉讼中有权获得审讯,该审讯应由预先设立的有权的、独立的和公正的法院在对被拘留者进行合理的保障和合理时间内进行。

(4)任何人均享有获得审判的权利,该审判应由享有普通或特殊权限的法官在本宪法和法律设立的保障下进行。任何人在得知其审判法官身份前,不得交由法院审判,亦不得由为此目的而设立的特殊法院或委员会审判。

(5)任何人不得被要求自认其罪,也不得被要求证明其自身、配偶、伴侣或其他四代以内直系血亲或两代以内旁系血亲有罪。只有不受任何形式胁迫而作出的供述才有效。

(6)若先前的法律未规定某作为或不作为为犯罪、轻罪或违法行为的,任何人不得因其受惩罚。

(7)任何人不得因同一事实受两次审判。

(8)任何人有权要求对因受到毫无根据的审判错误及不公正的延迟或不作为所引起的不利法律处境进行修复或补救。上述规定不影响个人寻求治安法官或法官承担责任,不影响国家对此采取措施的权利。

第五十条

任何人在遵守法律规定的条件下,均得在境内以任何方式自由迁徙,以改变其户籍和居住地、出国并回国、在国内转移其货物或财产以及将其货物转入或转出国境。法律应规定特许权授予的条件,该条件应包含替代性方案。委内瑞拉公民进入国境无须任何授权。

公共权力法案不得规定将委内瑞拉公民驱逐出

境的刑罚。

第五十一条

任何人均享有向任何机关或公职人员就其权限范围内的事项进行申诉和陈述,并获得及时且适当回复的权利。任何违背此项权利的人均应依法受到惩罚,开除公职亦属惩罚之列。

第五十二条

任何人均享有依合法目的合法集会的权利。国家有义务推进此权利的行使。

第五十三条

任何人享有以合法目的和平地在公共场合或私下会见的权利,而无须预先获得批准。在公共场合的会见应由法律予以规定。

第五十四条

任何人均不应服从奴隶制,亦不得遭受奴役。任何形式的贩卖人口,尤其是贩卖妇女、儿童、青少年,均应依法处以刑罚。

第五十五条

任何人均享有经由法律调整的公民安全机关获得国家保护的权利,以应对影响个人身体完整、财产及权利的享有或义务的履行或对其造成威胁、弱势或危险的形势。

基于预防、公民安全和紧急事故管理的目的,特别法应规定公民的有序参与。

国家安全部队应尊重人格尊严和所有人的权利。公安和国安人员对武器或有毒物质的使用应合法且遵循必要、便利、机会和比例原则。

第五十六条

任何人均享有决定自己姓名、决定随父姓或母姓及得知父母身份的权利。国家保障调查父母身份的权利。任何人在出生后均依法享有免费在民事登记处登记及获得包含其生理特征材料的公共文书的权利。上述文书不得述及关于亲子关系的认定。

第五十七条

任何人均享有以口头、书面或任何其他表达方式,自由表达其见解、思想或意见的权利,亦得为此目的而利用任何交流和扩散的方法,且不得设立任何审查机制。任何行使此权利的人均应对其所表达负全部责任。

不得散播匿名、鼓吹战争、歧视性信息或其他鼓动宗教上不容异端的言论。审查制度不得限制公职官员报告其所负责的事项的权力。

第五十八条

通信应自由而多元,且应涉及法律规定的职权和职责。任何人均享有依本宪法原则,不经审查而获得及时、真实和公正信息的权利,亦有权在其受到失实或攻击性信息直接影响时予以恢复和改正。儿童和青少年享有获得其全面发展所需的充分信息的权利。

第五十九条

国家保障宗教自由。任何人均享有公示其宗教信仰以及通过教学或其他方式私下或公开表达其信仰的权利,但此信仰不得违反道德、善良风俗和公共秩序。宗教礼拜和教堂自治与独立,在遵守本宪法和法律规定的条件下,同样受到保证。父母有权依其信仰使其儿女接受宗教教育。

任何人不得援引宗教信仰或戒律作为规避法律或妨碍他人行使权利的手段。

第六十条

任何人的荣誉、私生活、隐私、自我形象、秘密和声望均应得到保护。

为保护个人及家庭隐私、公民的荣誉和权利的完全行使,法律应对电子信息的使用予以规制。

第六十一条

任何人均享有良心自由及表达的权利,但影响人格或构成刑事犯罪的行为除外。违背良心不得被援引于规避法律或妨碍他人遵守法律或行使权利。

第四章 政治权利和全民公决

第一节 政治权利

第六十二条

所有公民享有直接或通过其选出的代表自由参与公共事务的权利。

公民参与公共事务管理的决策、实施和管制是实现个人和集体参与以保证其全面发展所必需的途径。为实现此目标,国家有义务、社会有责任促进代际最优条件。

第六十三条

选举权应通过自由、普遍、直接和秘密选举行使。法律应确保个人选举和比例代表制原则。

第六十四条

任何年满十八周岁且未剥夺政治权利或颁发禁止产令的人均有权选举。

在全国、市镇和教区选举中,满足下列条件的外国公民亦享有选举权:年满十八周岁、在委内瑞拉定居十年以上、满足本宪法和法律确立的条件且未被剥夺政治权利或颁发禁止产令。

第六十五条

在任职期间犯罪或因其他侵犯公共财产的罪行而被定罪之人,在其服刑期满后但在法律规定的期间内,依其所犯罪行的严重程度,丧失竞选任何由普选而产生职位的资格。

第六十六条

选民享有依既定程序从其代表处获得关于代表职务的透明的阶段性账目的权利。

第六十七条

所有公民享有为政治目的,通过组织化、管理性和指导性的民主方法结社的权利。由普选产生职位的管理机构和候选人应在内部成员的参与下选举产生。国家不得支持为政治目的而进行的结社筹资。法律应就与为政治目的而进行的社团融资和私人向社团的捐款有关的事项予以规定,为保证上述基金的来源和管理而设立的监管机制亦属法律调整事项。

为追求民主化,法律也应调整政治竞选运动及其存续期间和支出范围。

基于自主创制权的公民和为政治目的的社团有资格通过推选候选人参与选举进程。法律应规定政治性宣传和选举活动的融资。为政治目的而设立的社团机关不得与公权力机关订立合约。

第六十八条

公民在遵守法律规定的条件下享有示威权利,但示威应和平进行且不得携带武器。

对和平示威活动的管制不得使用枪械和有毒物质。法律应对公安和安全部队维持公共秩序的活动予以调整。

第六十九条

委内瑞拉玻利瓦尔共和国承认并保证庇护和避难的权利。

不得引渡委内瑞拉公民。

第七十条

人民在有关政治事务方面主权的参与和参加可以下列方式体现:通过选举担任公共职务、全民公决、民意咨询、任职撤销、立法性、宪法和组织法创制权、可以作出影响他人决定的公民公开论坛和集会、及在社会和经济事务中的各种形式的公民服务机关、自我管理、共同管理和合作团体。金融组织、储蓄基金、社团企业及其他形式的以相互合作和团结为价值观的社团。

法律应为本条规定的参与方式的生效和运行确立条件。

第二节 全民公决

第七十一条

国家重大的特别事项在下列情形下可以提交咨询性全民公决:共和国总统在内阁会议上提请、国会以多数决作出的决议或者经国家公民权利和选举登记处登记的全部选民百分之十以上提请。国家、市镇和教区内的重大特别事项亦可以提交全民公决。创制权归属区委员会、市议会和立法委员会,具体由三分之二以上议员、市长和总督或在相关区域登记的选民总数百分之十以上的选民行使。

第七十二条

所有由普选产生的裁判官和其他职务均可以撤销。若被选举官员的职务任期已度过一半时,在相关区域登记的全部选民的百分之二十以上可以提请撤销此官员任职的全民公决。

当对某官员投撤销票的人数等于或大于对其投选举票的人数,且投撤销票的人数等于或超过登记选民总人数百分之二十五时,该官员的职务应视为撤销,且应依本宪法和法律的规定立即采取行动以填补固定职位的空缺。

对公共团体职位的撤销应依法律的规定进行。

在对官员选举的期间,仅得对其提出罢免申请。

第七十三条

三分之二以上的国会议员有权决议将其审议的议案提交全民公决。当全民公决同意通过,且经公民权利和选举登记处登记的百分之二十五的选民同意选举结果时,被承认的议案应产生法律效力。

任何有关构成国家主权或将权力移交超国家机关的国际协定、公约或条约在国内的生效,须经三分之二国会议员决议通过内阁会议或公民权利和选举登记处登记的百分之十五的选民决定,且由共和国总统提请全民公决。

第七十四条

公民权利和选举登记处登记的百分之十以上的选民有权提请法规的废除,共和国总统在内阁会议上亦有权提请法规的废除,上述法规应由全民公决决定全部或部分废除。

共和国总统有权依本宪法第五编第二章第二节中第二百三十六条赋予其的权力作出的具有法律效力的判令,若公民权利和选举登记处所登记选民总数百分之五以上选民提请废除上述判令,该判令之废除应交付全民公决。

上述全民公决之生效,以经公民权利和选举登记处所登记的百分之四十以上选民同意为必要。

预算法之废除不应交付全民公决,与设立或修改赋税、涉及公共信用、大赦、人权的保护、保障和发展及国际条约的批准相关的法律之废除亦不属全民公决决议之列。

同一宪法实施期间,不得对同一事项作出两次以上决议废除的全民公决。

第五章 社会和家庭权利

第七十五条

家庭作为社会中固有组织和个人全面发展的基

本空间,国家应予以保护。家庭关系应建基于家庭成员间权利与义务的平等、团结、共同努力、相互理解和相互尊重。国家应保证对作为一家之主的母亲、父亲或其他人的保护。

儿童和青少年享有在其出生家庭的关怀下生活、培育和发展的权利。若儿童和青少年的上述权利不能得到实现或与其最佳利益相违背时,其有权依法更换家庭。为保护被收养人的利益,收养应具有与生身父母相似的效力,且应被依法建立。国际收养应从属于国内收养。

第七十六条

不论母亲或父亲婚姻状况如何,父母均受到完整保护。父母享有自由而负责地决定生育子女数量的权利,且有资格获得保证此项权利行使的必要的信息和条件。国家不仅应保证对母亲从开始妊娠到怀孕、分娩和产后整个时期的全面帮助和保护,还应保证基于伦理和科学价值的全部家庭规划服务。

父母与生俱来享有共同生育、培育、教育、抚养和关爱子女的义务,若父母不能亲自履行上述义务时,子女应尽关爱的责任。法律应建立保证提供抚养费这一义务的强制性的必要和适当的措施。

第七十七条

应保护建立在夫妻双方自愿同意和权利义务绝对平等基础上的婚姻。满足法律规定条件的男女之间稳定的事实婚姻和法律婚姻具有相同效力。

第七十八条

儿童和青少年具有完整的法律人格,特殊法庭、机关和立法应在尊重、保证和发展本宪法、法律、关于儿童权利的公约和被共和国签署和批准的此领域的任何其他国际条约的要求前提下,对儿童和青少年予以保护。国家、家庭和社会应在行动和决定中对涉及儿童和青少年最佳利益予以考虑的情况下,提供绝对优先的全面保护。国家应逐步将儿童和青少年培育成积极的公民,并应为其全面保护创造一套国家指导系统。

第七十九条

青年人享有在发展过程中成为积极参与者的权利和义务。在家庭和社会的共同参与下,国家应依法创造促使青年人向成年人有效转变的机会,包括培训和给予第一次就业的机会。

第八十条

国家应保证老年公民完全行使其权利和保障。为提高和保证老年公民生活质量,国家有义务在家庭和社会的共同参与下,尊重其人格尊严、自治权和保证其完整的关爱和社会保障福利。社会保障制度所提供的退休金和退休福利不得低于城市最低工资水平。若老年公民具备劳动的愿望和能力,应保证其获得合适劳动的权利。

第八十一条

任何残疾人或有特殊需求之人均享有完整且自主行使其能力及与家庭和社区相结合的权利。在家庭和社会的共同参与下,国家保证其人格尊严、机会平等和满意的劳动条件得到尊重,且应依法促进其培训、教育和获得适合其条件的劳动的机会。表达自我意志和通过委内瑞拉手语交流是失聪者公认的权利。

第八十二条

任何人享有拥有适当的、安全的、舒适的、卫生的住房的权利,该住房应具备包括诸如人性化的家庭、邻居和社区关系在内的合适而必要的基本服务。此目标的逐步实现是所有区域公民和国家共同的责任。

国家应给予家庭优先权,且应优先保证资源稀缺者在住宅的建设、购买和扩大方面获得社会政策和信用上支持的可能性。

第八十三条

健康权属于基本的社会权利,国家有责任将其作为生命权的一部分加以保障。国家应促进和发展旨在提高生活质量、共同福利和接受服务的机会的政策。所有人在享有得到健康保护的权利的同时,应在服从共和国签署和批准的国家公约和条约的前提下,积极履行参与增进和保护健康及遵守法律建立的健康和卫生措施的义务。

第八十四条

为保障健康权,国家对此创立、行使指导并实施国家公共健康制度,该健康制度和社会保障制度相统一,遵循免费、普遍、完整、公平、社会统一和团结的原则,应覆盖各区域边界,且具有分权性和参与性。公共健康制度优先考虑提高健康水平、预防疾病、保证及时的治疗和健康恢复。公共健康资产和服务属于国家财产,不得私有化。组织化的社区有权利,亦有义务参与对公共健康机构规划、执行和调控政策的决策。

第八十五条

公共健康制度融资是国家的责任,国家应从财政收入、强制社会保障捐助和法律规定的任何其他融资渠道进行统一融资。国家应保证诸如使健康政策目标得以实现的健康预算。通过与大学和研究中心相协调,应促进和发展国家专业人员、技术培训政策和生产健康护理设备的产业。国家应调整公共和私人健康护理机构。

第八十六条

所有人均有资格在下列情形下,从社会保障中获得非营利性公共服务以确保健康和保障:成为母亲或父亲、疾病、丧失劳动能力、灾难性疾病、残疾、特殊需求、职业风险、丢失工作、失业、年老、成为遗孀、丧失双亲、住宅、家庭生活负担及任何其他获得社会福利情形。国家有义务和责任对直接和间接捐款进行联合的、统一的、高效的、参与性的理财，以确保此权利的效力，并建立普遍的和完整的社会保障制度。缺乏捐助能力的个人有权依该制度获得保障。社会保障基金不得用于其他目的。由雇员缴纳的涵盖医疗及健康服务和其他社会保证福利的强制性资产,应在国家指导下,以社会目的进行管理。任何用于健康、教育和社会福利的资产净余额应予以汇集以重新分配和捐助于上述服务。特殊组织法调整社会保障制度。

第八十七条

所有人享有劳动的权利和义务。国家确保必要措施的实施,以使人人都能获得保持有尊严和体面生活的劳动,并确保人人都能完整行使此权利。促进就业是国家的目标。法律应规定确保被雇佣者行使劳动权的措施。劳动自由仅服从法律设立的条件。

雇主应保证雇员充分安全、卫生和环保的劳动条件。国家为控制和提升上述条件应采取措施并建立相关机构。

第八十八条

国家应保证男女行使劳动权的平等地位和公正待遇。国家认可家庭劳动的经济活动地位,在家劳动可以创造额外价值、社会福利和财富。家庭主妇有资格依法参加社会保障。

第八十九条

劳动是社会事实且应获得国家保障。法律应制定提升劳动者物质、道德和智力条件的必要条款。国家为履行此职责,建立下列原则：

法律不得规定妨碍劳动权利和利益完整性和渐进性的条款。在劳动关系中,事实优先于形式或外在状况。

不得放弃劳动权;涉及劳动权放弃或侵犯劳动权的任何行为、协定、公约均无效。为实现职业关系目的,在法律规定的条件下,可以进行让与和解。

若对申请存有异议或者规则间或特定规则的解释相互冲突时,应作最有利于劳动者的解释。被适用的规则必须全面适用。

任何违反本宪法的措施或关于雇主的法案均无效。

禁止基于政治原因、年龄、种族、信仰、性别或任何其他特质的所有类型的歧视。

禁止青少年从事可能影响其全面发展的劳动。国家保护青少年免于经济和社会剥削。

第九十条

每天不得超过八个工时,每周不得超过四十四个工时。在法律允许的范围内,夜班每天不得超过七个小时,每周不得超过三十五个小时。雇主无权要求雇员超时劳动。在法律确定的社会利益和领域内,应尽量减少劳动时间。为保障劳动者物质、精神和文化发展方面的利益,法律应规定适当的条款以更好地利用自有时间。

劳动者有每周休息和获得与实际劳动相同报酬的度假的权利。

第九十一条

劳动者享有获得报酬的权利,该报酬应能够充分保证其有尊严地生活和满足其基本的物质、社会和智力需求及家庭需求。应保证同工同酬,亦应确立劳动者获得公司赢利股份的资格。工资不得扣押,且应依法按期及时支付,食品津贴除外。

国家保障公职领域和私人领域劳动者重要的最低工资,该最低工资应将基础市场成本作为参考依据每年加以调整。法律应规定须遵守的形式和程序。

第九十二条

所有劳动者都有权在被解职时依其服务期限获得补偿和保护。工资和福利应逐步增长并按期支付,同劳动义务相当。工资延期支付时产生利息,该利息形成特定债务且享有与本金债务相同的特权和保障。

第九十三条

法律应合理限制任何形式的不当解职以保障劳动稳定。违背本宪法的解职无效。

第九十四条

由劳务中介机构或者委托第三方为雇员提供福利的雇主,无论是自然人还是法人,其责任和义务均应由法律规定。法人雇主的责任义务应与自然人雇主一视同仁。雇主基于曲解、忽视或妨碍劳动法的适用的目的而订立假合同或欺诈时,国家应通过主管机关确立雇主应承担的责任。

第九十五条

不论何种职业,亦无须预先授权,劳动者有权依法自由组建最适宜保护其权利和利益的工会组织,亦有权决定加入或不加入该工会组织。上述机关不受行政解散、中止或干涉。劳动者受到法律保护以对抗违背此权利行使的任何歧视或干涉行为。工会发起人和董事会成员在履行其职责所需的期间和条件下不得解职。

为保障工会民主的行使,工会组织的内部章程和规则应规定董事会成员和工会代表的替换由普遍、直接和秘密选举产生。任何工会领导和代表为谋取个人所得或利益而滥用基于工会自由的利益的行为应依法禁止。工会组织中的董事会成员应签订一份关于财产的宣誓声明。

第九十六条

公共部门和私营部门的所有雇员,在遵守法律规定的条件下，均有权自愿参加劳资谈判并签订劳资谈判协议。国家保证劳资谈判的进行，并制定相关规则以促进集体关系和劳动冲突的解决。劳资谈判协议应覆盖其签订之时和之后雇佣的所有劳动者。

第九十七条

公共部门和私营部门的所有劳动者在遵守法律规定的条件下享有罢工的权利。

第六章 文化和教育权利

第九十八条

文化创作自由。此类自由包括投资、制作和传播创造性、科学、技术和人文作品，及对著作者权利的法律保护。国家依法律和共和国签署并批准的国际条约规定的条件和例外情形承认并保护下列领域的知识产权：科学、文学和艺术作品、新发明、新方法、商业名称、专利、商标和标语。

第九十九条

文化价值是委内瑞拉人民不可剥夺的财产，一项国家鼓励和保障的基本权利，通过必要的条件、法律文件资助等方式。文化公共管理自治在遵守法律规定的条件下应得到承认。国家保障对民族有形和无形文化遗产及历史记忆的保护、保管、发展、保存和恢复。构成民族文化遗产的财产不得转让、扣押，亦无消灭时效。法律应规定损害上述财产应受的刑罚和制裁。

第一百条

基于文化平等原则对各种文化间关系的承认和尊重，应特别保护形成委内瑞拉民族特征的民间文化。法律应激励并引导个人、学会和协会在委内瑞拉国内外促进、支持、发展或资助文化计划、方案和活动。国家依法律规定，承认文化工作的理想性，确保把文化工作者纳入社会保障体系以向其提供有尊严的生活。

第一百〇一条

国家确保文化信息的发行、接收和流通。通讯媒体有责任协助传播民间传统的价值和艺术家、作家、作曲家、电影作品导演、科学家及其他国家文化创作者的作品。电视媒体应为有听力障碍的人提供副标题和委内瑞拉手语服务。法律应规定上述义务的条件和方式。

第一百〇二条

受教育权是一项基本人权，也是基本的社会责任；教育应民主、无偿、强制。国家应将教育作为社会服务中科学、人文和技术知识的工具，并以谋取在各种级别和方式下的最大化利益为责无旁贷的职责来承担责任。教育属于公共服务且基于对各种思潮的尊重，应实现下述目标：发展每个人的创造性潜能、实现民主社会下个体的完整人格，民主社会应以工作伦理价值为根基，人民应在社会转型中积极、自觉地共同参与，而社会转型应在拉美和全球视角下体现民族特征。国家在家庭和社会的参与下，依据本宪法和法律规定的原则推动公民教育进程。

第一百〇三条

人人在满足来源于其自身能力、职业和理想的要求的前提下，享有同等条件和情形的完全、高品质、渐进的教育权。从初级到多样化的中级所有阶段的教育为强制性教育。公立学校提供的研究生阶段前教育应为无偿的。为实现此目的，国家应根据联合国的建议作出优先性投资。国家应创造并维持足够多的学校和服务以确保教育体系的入学流程、渐进性和项目得以实现。法律应保证在教育体系内给予有特殊需求的人或残疾人，及被剥夺自由的人或不能满足入学基本条件和连续性注册的人以同等的保护。

私人对中级和大学阶段公共教育项目的捐助应依法律予以减免。

第一百〇四条

道德高尚且具备学术资格的人应主管教育。国家应依据本宪法和法律，鼓励公立或私立教育机构教学人员持续创新并保证其教学生涯的稳定性，并依据其工作的重要性为其提供一般水准的工作和生活条件。法律应规定：教育体系中教学人员的入职、晋升和持续性注册根据功绩设立评估标准，排除偏见或其他非学术性干涉。

第一百〇五条

法律应规定需要学位和相关条件（如行业组织成员身份）作为入职门槛的职业。

第一百〇六条

任何自然人或法人在证明其能力后并满足法律规定的所有阶段的伦理、学术、科学、金融、基础建设及任何其他要求的条件下，可以在国家的严格调查和监管下，设立并维持私人教育机构，法人享有优先批准的权利。

第一百〇七条

各种阶段和方式教育体系及非正式民办教育均应强制性进行环保教育。西班牙和委内瑞拉地理和历史及玻利瓦尔共和思想的原则在多元循环标准的公立和私立学校中应为必修课程。

第一百〇八条

通信媒体，不论公立或私立，应支持民办教育。为保障公民广泛获得信息，国家应建立公共无线电和电视服务、图书馆和计算机网络。为实现此目标，教育中心应依法律规定的要求融合知识和新技术及决议革新申请。

第一百〇九条

国家确认作为原则的大学自治,保障教师、学生和教育机构毕业生为国民精神和物质利益,致力于科学、人文和技术研究以获得知识。为实现此目标,自治大学在法律规定的管制和监管下,采用自身规则负责学校的管理和运行,并对其财产进行高效管理。大学自治范围包括研究、教学和扩展项目的规划、组织、预备和更新。大学校园不可侵犯。实验性民族大学应依法律规定获得自治。

第一百一十条

国家视科学、技术、知识、新方法、决议申请及必要的信息服务为公共利益,更是实现国家经济、社会和政治发展及维护国家主权和安全的基本工具。为促进和发展上述项目,国家应依法分配充足的资源并建立国家科技体系。私营部门亦需贡献资源。国家应保证伦理和法律原则的实施,该原则调整科学、人文和技术领域的研究活动。法律应规定履行保障的方式和方法。

第一百一十一条

人人均有权参与利于提高个人和集体生活质量的体育和娱乐活动。国家将举办体育和娱乐事业作为执行教育和公共健康政策予以承担,并保证其后续发展所需资源。体质教育和体育活动在儿童和青少年的全盘教育中发挥着基础性作用。体质教育在多元循环的公立和私立教育的所有阶段应强制进行,但应满足法律规定的条件。国家依法对公营和私营部门的运动员不加区别地充分保护,对高水平体育竞技事业的支持及体育协会的评估和管理也不得区别对待。

法律应激励并引导个人、学会和协会提升运动员水平,并发展或资助国家体育活动、计划和项目。

第七章 经济权利

第一百一十二条

人人均可自由决定致力于经济活动,但须遵守本宪法和法律基于人类发展、安全、健康、环境保护或其他社会利益上的原因而规定的条件。国家在不损害其颁布法案权的前提下,该法案以规划、合理化和调整经济及推动国家整体发展为目标,推动私人创业、确保财富的创造和公平分配以及商品生产和服务,该生产和服务应满足大众、劳动自由、企业、商业、工业的需求。

第一百一十三条

禁止垄断。任何旨在建立垄断或由于其客观效果导致垄断的私人行为、活动、管理或协议,不论参与人员意图,亦不论其实际上如何发生,即宣布违背本宪法的基本原则。个人、个人团体、商业企业或企业团体,不论何种因素导致此支配地位,滥用其正在获得或已经获得的既定商品或服务市场的支配地位的行为亦应宣告违背上述原则,需求集中的行为亦应宣告违背上述原则。在上述所有情形中,国家应基于保护消费者和生产者及确保经济活动实现真正竞争的目的,采取必要措施以避免垄断、滥用支配地位和需求集中带来的不利或限制性影响。

在排他性地或其他形式地开发专属国家的自然资源或供给公共自然服务情形中,国家应授予许可证一定的期限,以确保提供公益服务能够获得足够的对价或补偿。

第一百一十四条

经济犯罪、投机取巧、囤积居奇、高利贷、垄断和其他相关犯罪行为的形成均应依法予以严厉制裁。

第一百一十五条

法律应保护所有权。每个人对其物品享有占有、使用、收益和处分的权利。所有权受制于法律规定的在社会或公共利益服务中的分摊、限制和义务。任何种类财产仅得依最终判决,基于公共利益或社会利益,并给予及时公平的补偿才能予以没收。

第一百一十六条

除本宪法允许的情形外,不得作出没收财产的命令,更不得予以实施。作为例外情形,委内瑞拉或外国自然人或法人若触犯侵犯公共财产的罪行,其财产可能被没收,依据公权力非法获得的财产及来源于商业、金融或任何其他与精神药品和麻醉品非法交易有关的活动的财产亦可能被充公。

第一百一十七条

所有人均有权获得高品质商品和服务,亦有权获得关于其消费的产品和服务的内容及特征的充分和不含误导的信息、选择自由及公平和人格尊严受尊重的待遇。法律应对下列内容予以规定:保障上述权利的必要机制、商品和服务的质量和数量标准、保护消费者程序、损害赔偿和违背此权利的适当惩罚。

第一百一十八条

劳动者和社团有权发展社会组织和发挥参与特性,例如,合伙、储蓄基金、互助基金和其他形式的组织。上述组织得依法发展各类经济活动。法律应认可上述组织的特殊地位,特别是与合伙、联合协作和培植集体利益有关的组织。

第八章 土著居民权利

第一百一十九条

国家应对土著居民和社团的下列内容予以认可:社会地位,社会、政治和经济组织,文化,传统习俗,语言,宗教及住所和对土地的原生权利,该土地历来由其占据且为发展和保证其生活方式所必需。国家最高行政长官依据本宪法和法律,在土著居民的参与下,界定并保证土著居民对其土地的集体所有的权利,该权利不可剥夺,不受法律限制或扣押,且不可让与。

第一百二十条

国家对土著地区自然资源的开发不得损害土著地区的文化、社会和经济完整性,且应优先告知并咨询相关土著社团。土著居民在遵守本宪法和法律的前提下通过开发获得利益。

第一百二十一条

土著居民有权维持并发展其民族和文化实体、世界观、价值观、信仰、神圣场所和信仰场所。国家应推动土著居民文化形式的增值和传播,土著居民有权获得包含其特殊社会和文化特性、价值观和传统的独特的教育以及具备跨文化和双语特性的教育体系。

第一百二十二条

土著居民有权获得尊重其习俗和文化的完备的健康医疗体系。国家应依据医疗原则认可其传统医术和辅助治疗方式。

第一百二十三条

土著居民有权维持并促进基于互惠、团结和交换的经济活动及传统生产活动和参与国家经济活动,并有权界定优先性。土著居民有权获得职业培训服务,并有权参与特殊培训项目及技术和金融援助服务的预备、实施和管理,以在地方可持续发展框架内加强其经济活动。国家应保证土著劳动者享有劳动法律授予的权利。

第一百二十四条

土著居民在知识、技术新发明领域的集体知识产权受法律保障和保护。基因资源领域的任何活动和知识应追求集体利益。涉及基因的专利和基因资源的登记应予以禁止。

第一百二十五条

土著居民有权参与政治。国家应依法保证土著居民参与国会土著代表团和联邦及地方团体的决议机关。

第一百二十六条

土著居民具备祖先根基的文化传统,是统一、主权和不可分割的国家、州和委内瑞拉人民的一部分。土著居民有责任依据本宪法捍卫国家的统一和主权。

第九章 环境权

第一百二十七条

为自身利益及世界长远利益而保护和维持环境是各代人的权利和义务。任何人都有权个别地或集体地享有安全、健康和生态平衡的生活和环境。国家应保护环境、生物和基因多样性、生态进程、国家公园和自然界标及其他具有特殊生态重要性的地区。生物基因不得申请专利,此领域应由法律根据医学和生物原理调整。

在社会的积极参与下,确保实现无污染环境的社会发展,在此种方式下,空气、水、土壤、海岸、气候、臭氧层和生物种类依法受到特殊保护。

第一百二十八条

国家应在保证可持续发展的前提下,制定符合生态、地理、人口统计、社会、文化、经济和政治现实的分区政策,该政策应保证男性和女性公民有权知情、咨询和参与。组织法应制定此分区的原则和准则。

第一百二十九条

在实施任何可能损害生态系统的活动前,必须研究环境和社会文化损害。国家应禁止有毒和危险物质进入国境及核武器、生化武器的制造和使用。有毒和危险物质的使用、处理、运输和储存应由特殊法调整。

在共和国与在委内瑞拉的外国自然人或法人订立的合同或共和国授予的涉及自然资源的许可中,即使未明确列出,依据法律规定,国家依然有义务维护生态平衡、许可基于共同约定的条款享有和让与技术、恢复受损环境至常态。

第十章 义 务

第一百三十条

委内瑞拉公民有义务崇敬和捍卫其本土象征和文化价值及捍卫和保护主权、国家地位、领土完整、民族自决和民族利益。

第一百三十一条

人人有义务遵守并服从本宪法和法律及其他公权力机关颁布的官方法案。

第一百三十二条

人人有义务履行其社会责任并集体参与国家政治、公民和团体生活,以推动和保护作为民主共和和社会和平根基的人权。

第一百三十三条

人人有义务依据法律规定支付税款、评税和分担额以分担公共开支。

第一百三十四条

人人应依法履行国家防卫、维护和发展所需的民用和军事服务或处理公共事件的义务。不得强制招募任何人。

人人享有履行法律规定的在选举职责中提供服务的义务。

第一百三十五条

本宪法和法律规定的国家为社会公共福利而履行职责的义务，不得排除个人基于团结、社会责任和人道援助所应承担的义务。

法律应规定适当条款以在需要强制的情形下强制上述义务的履行。从事任何职业均享有履行在法律规定的特定时间、地点和条件下履行社区服务的义务。

第四编　公权力

第一章　基本条款

第一节　总　则

第一百三十六条

公权力分为市镇公权力、州公权力和国家公权力。国家公权力分为立法权、行政权、司法权、公民权力和选举权。

公权力的任何部门均有其自身职责，但负责履行其职责的机关应与其他机关相互配合以实现国家目标。

第一百三十七条

宪法和法律应划分行使公权力的权力机关，上述机关实施的活动亦应遵守宪法和法律。

第一百三十八条

篡夺的权力无效，且基于其的法案亦无效。

第一百三十九条

滥用或误用公权力或者违反本宪法或法律行使公权力应承担个人责任。

第一百四十条

国家应对行政机关履行职责的行为对个人财产或权利造成的损害承担经济责任。

第二节　行政机关

第一百四十一条

行政机关服务于公民，且在服从法律和此权利的前提下，依据诚实、参与、便捷、效能、效率、透明、可归责和责任原则履行公共职责。

第一百四十二条

自治机构仅得依法设立。此种机构及为公共利益而设立的基金会或任何性质的机构应服从国家管控，而其形式由法律规定。

第一百四十三条

公民享有获得行政机关以及时和真实的方式告知其诉讼地位的权利，公民对该诉讼享有直接利益且将就此事项获得最终判决。公民同样有权依据调整机密或秘密文件分类的法律，在不超出民主社会所认可的范围内，就涉及国内外安全、犯罪、调查和私生活秘密的事项，使用行政档案和记录。官员就其负责的事项作报告的审查制度应予以禁止。

第三节　公共职责

第一百四十四条

调整公共职责的制定法应由法律制定涉及行政机关职员录取、晋升、调任、中止职务、撤职的规则，并将公职人员纳入社会保障。

公职人员行使其职权应满足的义务和要求应由法律予以规定。

第一百四十五条

公职官员或雇员服务于国家，不得谋取私人利益。其任命和撤职不得依据政治联合或倾向。为市镇、州、共和国服务的人员或任何其他司法人员，不得直接或通过任何介入者或作为他人的代表与国家机关订立任何性质的合同，法律另有规定的除外。

第一百四十六条

行政机关的职位应由职业人员担任。下列情形为例外：由普选举的职位，其担任者可以自由任命和撤职的职位、行政机关雇佣劳务服务者的职位及法律规定的其他职位。

担任职业型职位的公职官员应基于诚实、能力和效率原则，通过公开竞争聘任。晋升应基于功绩系统由科学方法调整，且调任、中止职务和撤职应根据履职表现。

第一百四十七条

为保证聘任公共职位的担任，相关预案有必要规定适当的补偿。

行政机关薪金幅度应由规章依法规定。

相关组织法应为国家、州和市镇公职官员的补偿规定合理的范围。

国家法应为国家、州和市镇公职官员建立津贴或退休金制度。

第一百四十八条

任何人不得担任两个以上的聘任公共职位，法律规定的下列职位除外：学术型、临时性、护理类、教学类职位。就任非本条规定例外职位的第二职位应意味着前一职位的辞职，除非为非永久性替换相关职位常规担任者的代替者。

任何人不得享有两份以上津贴或退休金福利，法律另有明确规定的除外。

第一百四十九条

除非国会授权，公共职员不得接受外国政府给予的事务、荣誉或奖励。

第四节　公益合同

第一百五十条

在法律设定条件的情形下，为国家公益而订立的合同应经过国会批准。

除非国会批准，不得与外国国家或官方机构或非在委内瑞拉注册的公司订立或让与市、州或国家公益合同。

法律可要求公益合同具备特定条件，例如国籍、注册地或其他事项，亦可要求特殊保证。

第一百五十一条

除非在该条款与公益合同性质相抵触，即使没有明确规定，公益合同应包含由该合同产生且合同当事人不能解决的疑问和争议，应由共和国有管辖权的法院依法判决，而不得基于任何原理或为任何目的给予外国管辖权的条款。

第五节　国际关系

第一百五十二条

共和国国际关系作为行使主权和人民利益的一项职责服务于国家目的；其以下列原则为指导：独立自主、国家平等、国内事务自由自决和不干涉、国际争端和平解决、合作、尊重人权、追求民族解放和人类福利和各民族团结。共和国所有国家机关和组织应最完善和最坚决地捍卫上述原则和民主实践。

第一百五十三条

共和国旨在创立一个捍卫本地区经济、社会、文化、政治和环境利益的国际社会，推动和激励拉美国家和加勒比海域国家统一。共和国应享有签署国际条约及确保其人民福利和居民集体安全的权力，上述国际条约应实施并协调旨在推动国家间共同发展的各种努力。为实现上述目的，共和国可以通过条约授予跨国组织必要权力以实施上述统一进程。在拉美国家和加勒比海域国家统一和联合政策中，共和国应授予比尔美洲国家间（Bier American Countries）特权地位以将上述政策发展为涵盖拉美国家的统一政策。统一协定框架内条款应视为具备强制力法律秩序不可分割的一部分，且应先于国内立法直接适用。

第一百五十四条

共和国达成的协定在共和国总统批准前必须由国会通过，下列情形为例外：旨在履行或全部履行共和国预先存在的义务、适用共和国明确认可的原则、履行国际关系中普通法案或行使法律明确授予国家最高行政长官的权力。

第一百五十五条

共和国签署的国际协定、条约和公约应包含当事人同意在案例中，以国际法认可的或当事人事先约定的、适当且签署条约、协定或公约依循的程序许可的和平方式，解决与该条款解释或实施相关的当事人间的任何争端的条款。

第二章　国家公权力

第一百五十六条

下列事项属于国家公权力：

（1）国际政策和共和国行为。

（2）共和国一般利益的捍卫和最高警戒、公共和平维护和国家领土内法律的适当实施。

（3）体现国家特色的国旗、国徽、国歌、假日、勋章和荣誉。

（4）外国公民入籍、接受、引渡和驱逐。

（5）鉴定服务。

（6）国家警察。

（7）国家安全、防卫和发展。

（8）国家军事力量的组织和管理。

（9）风险管理和紧急事件管理。

（10）联邦区和联邦属地的组织和管理。

（11）中央银行、货币体系、外国货币、金融和资本市场体系及货币发行和铸造的管制。

（12）收入、遗产、捐赠及其他相关种类、资本、产品、附加值、烃物质和矿物质领域税收的设立、组织、征收、管理和控制；产品和服务进出口责任；酒、酒精和其他含酒精产品、香烟和其他烤烟制品的消费税；及任何其他本宪法和法律未明确授予州和市的税收、评税和财政收入。

（13）旨在确保各种不同征税权协调和谐及特别是为州和市税种确立税率和范围而确立原则、参数和范围，以及创设保证国家团结的特别基金的立法权。

（14）土地税或关于农村财产和不动产交易的税收的创立和组织，市依据本宪法负责其征收和监管。

（15）外贸管理及海关的组织和管理。

（16）矿物质和烃物质的管理和经营、荒地的管理及森林、土地、河流和其他国家自然资源的保存、发展和开发。

国家最高行政长官不得授予不定期矿产许可。

为维护本州利益，法律应在不损害为他州利益而建立特别计划的前提下，建立包含特别金融计划的经济体系，本州内本节所提到的财产得到定位分配。

（17）法定重量和方法及质量控制体系。

（18）国家统计。

（19）技术标准和工程、农业和城市规划方案程序的建立、协调和统一，以及城市规划/分区立法。

（20）为国家利益的公共职业。

（21）共和国宏观经济、金融和财政政策。

(22)社会保障体系的管理和组织。

(23)健康、住房、食品安全、环境、河流、旅游、分区和航运领域的国家政策和立法。

(24)国家教育和健康政策与服务。

(25)农业、畜牧业、渔业和林业产品的国家政策。

(26)国家运输和航运体系及空中、陆上、海洋、河流、湖泊运输;港口、机场及其基本建设。

(27)国家公路和铁路体系。

(28)邮政和通信服务的管理及电磁波谱的管理和经营。

(29)电力、饮水和天然气等居民公共实用服务的一般管理。

(30)全国视野下边境管理政策,例如许可委内瑞拉公民居住及维护本地区领土和主权。

(31)国家正义及检察总长和人民护卫者办公室的组织和管理。

(32)宪法保障、权利和义务领域的立法;民法、商法、刑法、刑罚法律、程序法和国际私法;选举法;基于公共利益或社会利益的征收,公用信用,知识产权、艺术和工业产权,文化和考古遗产,农业和移民和人口管理;土著居民和其占据的领土;劳动、福利和社会保障;动物和植物检疫;公证人和公证办公室;银行和保险;乐透、跑马和一般赌博;国家公权力机关及其他国家机关和机构的组织和运行;及属于国家公权力的所有事项。

(33)本宪法授予国家公权力或依其性质或类型属于国家公权力的任何其他事项。

第一百五十七条

为保障分权制,国会有权以多数决将属于国家权力的特定事项授予州或市。

第一百五十八条

作为一项国家政策,分权制必须深入到民主制,为民主制的行使和政府承诺的实际和高效履行创造最适宜的条件,使人民享有更多的权力。

第三章 州公权力

第一百五十九条

州是享有完整法律人格的政治平等的自治机关,且有义务维护国家的独立、主权和统一及遵守并实施本宪法和共和国法律。

第一百六十条①

总督负责各州的治理和行政管理。总督由二十五岁以上非教牧人员的委内瑞拉公民担任。

---

① 经2009年2月15日宪法修正案第一条修改。
② 经2009年2月15日宪法修正案第一条修改。

总督应以多数决选举产生,每届任期四年。总督仅得连选连任一次。

第一百六十一条

总督应向州审计人员做年度公开决算报告,并向立法委员会及公共政策规划和协调委员会提交上述报告。

第一百六十二条②

立法权应由各州立法委员会行使,立法委员会由按比例代表州和市人口的七人以上十五人以下的委员组成。立法委员会享有下列权力:

(1)州权力范围内的立法事项。

(2)通过州预算法律。

(3)本宪法和法律授予其的任何其他权力。

立法委员会委员资格要求、做年度决算报告的义务和州司法管辖权内的豁免权应遵守本宪法为国会代理人设立的可适用的规则。州立法人员每届任期四年,只得连续连任两届。立法委员会的组织和运行应由国家法调整。

第一百六十三条

州应设立审计办公室,审计办公室在结构和运行上自治。州审计办公室依据本宪法和法律,在不损害国家审计总长职权的前提下,对州财政收入、支出和财产行使管控、警戒和审计权力。州审计办公室应在审计官的指导和负责下行动,审计官的任职资格应由法律规定,以确保其能力和独立及其任命的中立性,其任命应由公开竞争产生。

第一百六十四条

下列事项属于州专属权力:

(1)依据本宪法公布州宪法以组织公权力。

(2)依据本宪法和法律决定其市政府机关和其他地方机关的设立及州和市间的领土及政治区划。

(3)其财产和投资管理及其物力管理,该物力包括来源于交易、津贴或国家公权力的特别补贴和法律授予其的国家税收份额。

(4)依据国家法和州法律组织、征收、管控和管理州税收。

(5)依法管理和开发非专属国家公权力的非金属矿物质及盐矿床和牡蛎养殖场,及管理其辖下的荒地。

(6)依据可适用的国家法组织警察部门和决定警察部门在市的分布。

(7)密封文件和印花税的创设、组织、征收、管控和管理。

(8)州公共服务的创设、管理和组织。

(9)州陆上交通路线的建设、维护、管理和开发。

(10)在国家最高行政长官的指导下维护、管理和开发国家高速公路和公路及商用港口和机场。

(11)本宪法未授予国家或市管辖的任何事项。

第一百六十五条

涉及同时管辖的事项应由国家公权力通过的法律和州通过的执行法调整。此种立法应以相互依赖、协调、协作、共同责任和等级原则为指导。

州应将市有能力行使的属于州的服务和权力及州和市公权力存在同时管辖领域的联合资源的管理下放并转移到市。转移机制应由州相关法律制度调整。

第一百六十六条

各州应设立公共政策规划和协调委员会,由总督任主席,由下列委员组成:市长、各部的州主管和州选举的国会立法人员代表及来自立法委员会、市议会和包括土著共同体在内的组织化共同体的代表。该委员会应以法律规定的方式运行和组织。

第一百六十七条

下列事项属于州财政收入:

(1)来源于其财产和财产管理的收入。

(2)使用其商品和服务所得费用、罚款和刑罚所得及授予其的任何收费。

(3)销售州所有商品所得收入。

(4)基于宪法性财政额授予其物力。

财政份额作为年度预算国库收入,不超过全部一般财政的百分之二十,并在州和联邦区间按如下方式分配:上述份额的百分之三十平均分配,剩余百分之七十按各单位人口比例分配。

在每一财政年度,州必须将分配所得财政份额的百分之五十以上用于投资。在每一财政年度,各个州的市应享有财政份额和所有其他州相关一般财政的百分之二十以上。

若需要启动国家预算调整的国库财政收入发生改变,宪法性财政份额应随之调整。

旨在保证适当和高效使用来源于宪法性财政份额和市所得份额的物力的原则、规则和程序应由法律规定。

(5)国家法分配给州的旨在帮助发展州国库的任何其他税收、收费和特殊捐助。为维护跨领土间公平,为州创设或移转税收财政的法律可以改变本条规定的其他财政策略的方式撤销上述分配。在参考国库的金融地位和可持续性及州适当提供其负责的服务的行政权力的前提下,分配到宪法性财政份额的一般国家财政预算的比例不得少于一般财政预算的百分之十五。

(6)来源于跨领土补偿基金和任何其他移转、津贴或特别拨款的物力及依据相关法律分配到州的国家税收财政份额。

第四章 市镇公权力

第一百六十八条

市镇构成国家机构的基本政治单位,在本宪法和法律规定的范围内享有法定人格和自治。

市镇自治包括:

(1)市镇权力机关的选举。

(2)管理其权力范围内的事项。

(3)其财政收入的创设、征收和投资。

市镇在其权力范围内的活动,应依法通过结合公民参与界定和管理公共事务进程及管理和评估既得结果,以高效、充分和及时的方式实施。

市镇的活动仅得依据本宪法和法律由有管辖权的法院裁决。

第一百六十九条

市镇和其他地方单位的组织应由本宪法、国家组织法制定的为实施宪法原则的规则和州以上述规定制定的法律调整。

旨在实施与市和其他地方单位相关的宪法原则的制定法应规定市和其他地方单位的组织、治理和管理(如其权力和物力的决策)的各种框架,上述规定应参考下列条件:人口、经济发展、产生其财政税收的能力、地理空间、历史和文化元素以及其他相关元素。上述立法应特别建立组织地方政府体系的选择权,该体系应由市民投票通过。在所有情形下,市镇政府建构应体现民主和地方政府的固有特性。

第一百七十条

为维护其权限内公共利益,市镇应被许可组织共同财富或者集体同意或同意关于政府间组织的类型创设的其他领土政治区划。涉及将两个以上市镇划分区的规则应由法律规定。

第一百七十一条

若受辖同一联邦机构的两个以上市镇之间具有经济、社会和物质联系,而该联系使其具备大都市特性,则可设立其为大都市区。为此目的制定的组织法应保证大都市政府的民主性和参与性并应确立其职权范围及其税收、金融和管控体制。上述组织法应同样保证市在大都市政府充分参与并规定公共咨询决定市联合为大都市区的方式。

法律应在参考人口条件、经济和社会发展、地理空间和其他重要因素的前提下,为大都市区的组织、治理和管理建立各种体制。在所有情形下,各个大都市区权限的授予应考虑上述所有条件。

第一百七十二条

州立法委员会经受影响人口公共咨询作出赞成

性判决后,应确立大都市区的边界并依国家组织法组织大都市区及决定相关大都市区政府机关应享有何种大都市权力。

若市组成分属不同联邦单位的大都市区,其设立和组织应由国会负责。

第一百七十三条

市享有依法律规定的条件设立区的权力。旨在实施涉及市的组织的宪法性原则的立法,应规定在市领土内设立其他地方单位的前提和条件及与授予地方单位职权相符的包括其享有的市财政份额在内的物力。为实现市行政管理的分权制、公民参与和更好的公共服务,地方单位的设立应考虑邻居或社团积极性。无论如何,区不应成为市领土的唯一或强制的区划。

第一百七十四条[①]

市长负责市政府和行政管理,同时为公民政府首脑。市长由二十五周岁以上非教牧人员的委内瑞拉公民担任。市长应以多数决选举产生,每届任期四年,且仅得连选连任一次。

第一百七十五条

市镇立法职权授予市镇议会,市镇议会由依本宪法规定方式选举产生的议员构成,议员人数和当选资格由法律规定。

第一百七十六条

市镇审计办公室在不损害国家审计总长职权的前提下,主管市镇财政收入、支出和财产及相关交易的管控、警戒和审计,市镇审计官应由市议会依法律规定的条件任命的市镇审计人员担任,其任命应通过公开竞争进行以确保任职审计官的能力要求。

第一百七十七条

国家法应规定候选人和市长及议员职权行使原则、住所要求和条件、丧失任职资格根据和利益冲突。

第一百七十八条

市镇有权治理和管理其利益,本宪法和国家法可授权其管理地方事务,尤其是以下事项:经济和社会发展规划和推动、公共家庭实用服务的设立和供给、依据法律相关授权实施关于公平、正义和社会利益的政策,总之,在下列领域提升社会生活条件的参与性和发展:

(1)领土区划和城市规划事项;历史遗产;社会公益住宅;当地旅游;公园和花园;广场;游泳池和其他游乐场所;民用建筑、名称和公共装饰。

(2)城市道路;市车用和徒步交通通道的运行和规划;城市公共乘客运输服务。

(3)与特定市公益和目的相关的公共场所和商用广告。

(4)环境保护和环境卫生保护间协作;城市和家庭卫生,例如:清洁、废物回收和利用及民事保护。

(5)健康和基本健康维护;幼儿、儿童、青少年和年长者保护所需服务;学前教育;帮助残疾者到社会发展的家庭服务;文化和体育活动及设备。预防和保护服务;涉及市权限内事项的财产和活动的监事和管控。

(6)饮水服务、家用电器、排水、废水排放和处理;公墓和葬礼服务。

(7)依据可适用国家法的小额索赔法庭、邻里预防和保护及市警察服务。

(8)依据本宪法和法律,市所主管的任何其他事项。

市在其权限内实施的活动不得侵犯法律根据本宪法授予国家和州的权力。

第一百七十九条

市享有下列财政收入:

(1)包括公有土地和其他财产所得在内的来源于其资本资产的收入。

(2)使用其商品和服务所得费用;许可或授权行政性费用;依本宪法规定条件对工业、商业和服务业或类似产业征收的税收;对城市不动产、车辆、展览、游戏和合法性赌博所征收税收;广告和商业宣传;以及对由于分区计划造成的开发使用方式或强度的改变而增加的财产价值所征收的特别税。

(3)农村土地税或财产税;依据创设此种税收的法律所得的改进税以及其他国家和州税收份额。

(4)来源于宪法性财政税收份额和其他国家或州移转或津贴的收入。

(5)依其权限或委托所得罚款或刑罚收入。

(6)法律规定的其他此种收入。

第一百八十条

市镇享有的征税权在特定领域或活动内异于且独立于本宪法或法律授予国家或州的管理权。

利于其他领土政治单位的市征税权豁免权仅限于此机关设立的公共机关法人,许可权享有者或者其他与国家或州政府行政机关签订合同的当事人不得享有豁免权。

第一百八十一条

市镇公用土地不可分割且不受法律限制。公用土地所有权的让与应依据本宪法和为实现本条蕴含的原则而制定的法律,遵守市条例规定的手续和条件。

[①] 经2009年2月15日宪法修正案第一条修改。

市镇所属城镇的城市地区的无主地在不损害第三方合法且合宪权利的前提下应为市镇公用土地。城市地区荒地亦为公用土地。然而，土著居民享有的土地不得转变为公用土地。将其他公有土地转化为公用土地的机制应由法律规定。

第一百八十二条

地方公共规划委员会依据法律规定的条款特此设立，由市长主持且由下列人员组成：市镇议会议员、教区委员会主席、社区组织和其他组织化社会组织代表。

第一百八十三条

州和市镇不得享有下列权力：

（1）创设海关权力或者国内外商品或其他属于国家管辖的财政来源的进口、出口或运输职权。

（2）对进入其领土市场前的消费商品征税。

（3）禁止消费外国生产的商品，亦不得对国外生产的异于国内生产的商品征税。州和市仅得在国家法规定的时间、方式和范围内对农业、畜牧业、渔业和林业活动征税。

第一百八十四条

法律应创立公开和灵活的机制以实现州和市镇的分权制及委托社区组织和组织化社会组织经营其有能力供给的服务，以提升下列事项：

（1）健康、教育、住宅、体育、文化、社会计划、环境、工业区的维护、城市区的维护和保持、社区预防和保护服务、劳动计划的建设和公共服务的提供。为实现上述目标，受委托组织应享有签订协定的权力，该协定应受相互依赖、协调、合作和共同责任原则的指导。

（2）社团和公民通过社区组织和非政府组织以投资提案的方式参与，该提案应在州和市镇权力机关负责预备相关投资计划前呈送，以及参与其权限内劳动计划、社会计划和公共服务的实施、评估和管控。

（3）参与经济进程和改进社会经济形式，例如：合作社、储蓄基金、互助基金和其他形式的组织。

（4）劳动者和社团通过自我管理和共同经营方式参与公共商事企业的运行。

（5）以创立社区服务企业、组织和合作社的方式促进就业和社会福利，上述组织通过确立其参与性的政策的制定得以长久存续。

（6）在教区、社区、区和街坊创立新分权机关，以保证地方及州政府公共管理中的共同责任原则并发展州及市公共服务的管理和控制中的自我管理和共同经营进程。

（7）社团参与活动以与刑罚机构建立更亲密联系及刑罚机构与大众的联系。

第五章 联邦政府委员会

第一百八十五条

联邦政府委员会负责政策和行动的规划和协调以发展分权化进程及将国家权力授予州和市镇。其依法由副总统任主持且由下列人员组成：内阁部长、总督、各州一名市长和组织化社会组织代表。

联邦政府委员会应设立秘书处，秘书处由副总统、两名部长、三名总督和三名市长组成。联邦政府委员会应设立跨领土补偿基金，该基金旨在为公共投资融资以实现各地区的平衡发展及各种公共领土单位的发展政策和创制的协作和互补，特别是维持发展水平相对较低的地区和社区的劳动计划和服务的供给。由于地区间不平衡，联邦政府委员会应每年讨论和批准分配到跨领土补偿基金的物力和上述物力的优先投资地区。

第五编 国家公权力组织

第一章 国家立法权

第一节 一般条款

第一百八十六条

国会应由各联邦单位按比例代表制普遍、直接、个人和秘密选举的议员组成，议员选举基数为占全国总人口的百分之一点一。

各联邦机关应另外选举三名候补议员。玻利瓦尔委内瑞拉共和国土著居民应在尊重传统和习俗的前提下，依据选举法规定的条款选出三名议员。

各个议员应按相同程序选出一名候补者。

第一百八十七条

下列事项属于国会职权：

（1）关于国家权力事项及各个国家权力部门的运行的立法。

（2）依据本宪法条款提出宪法修正案和修订。

（3）依据本宪法和法律规定对政府和国家公共行政行使管控职权。依据法律规定的条款，国会行使此职权过程中取得证据具有证明价值。

（4）就其权限内事项组织和推动公民参与。

（5）宣布特赦。

（6）讨论和批准国家预算和任何涉及税收体系和公共信用的法案。

（7）授权预算外的拨款。

（8）批准总统于每一宪法任期的第一年的秋季提

交的国家经济和社会发展计划的一般指导。

（9）授权总统在法律规定的条件下签订涉及国家利益的合同。授权总统与外国、官方单位或注册在国外的公司签订涉及市、州和国家公共利益的合同。

（10）对副总统和部长的不信任决议进行表决。不信任动议向国会提交后仅得辩论两天，国会有权以五分之三多数决议撤销副总统或相关部长职务。

（11）授权实施在国外的本国军事任务或在国内的外国军事任务。

（12）授权总统处理国家所有的非公共不动产，法律另有规定的除外。

（13）授权公职官员接受外国政府的职位、荣誉或奖励。

（14）授权任命共和国检察总长和永久驻外代表机构首脑。

（15）授予为共和国做出突出贡献的杰出公民自其逝世二十五年后葬入国家万神殿的荣誉；国家总统、三分之二以上州总督、所有国立大学的所有牧师有权提出此项建议。

（16）捍卫州的利益和自治。

（17）授权共和国总统连续离开境内五日以上。

（18）以法律形式批准总统签署的任何国际条约或协定，本宪法另有规定的除外。

（19）制定国内规章并按规定适用此种制裁。

（20）通过符合资格的议员的任职和宣告其辞职。议员临时性离职仅得以出席议员的三分之二以上决议通过。

（21）组织国内安保服务。

（22）在考虑国家金融条件的前提下通过并实施其支出预算。

（23）实施关于其自身行政组织和运行的决议。

（24）本宪法或法律规定的任何其他事项。

第一百八十八条

担任国会议员的人应具备下列条件：

（1）在委内瑞拉出生或在国内定居至少十五年的委内瑞拉公民。

（2）年龄超过二十一周岁。

（3）国会议员选举前已在选举其的机关连续担任四年职务。

第一百八十九条

下列人员不得担任国会议员：

（1）共和国总统、副总统、总统办公室秘书及自治机构和州属企业主席和董事，离任三个月后除外。

（2）州或联邦区总督和政府秘书，永久离职三个月后除外。

（3）国会议员选举时，市镇、州或国家自治机构或州属企业官员正值服务期，护理、教学或学术型的临时性职务除外。

相关组织法可以规定其他官员不得担任议员的限制条件。

第一百九十条

国会议员不得做与公共部门法人签订合同的商事企业的所有人、管理者或董事，以确保其对所处理的事项不享有私人利益。讨论涉及金融利益冲突的事项时，应剥夺受牵连的国会议员相关的投票权。

第一百九十一条

国会议员未经辞职不得接受或担任公共职位，教学、学术、临时性和护理的非全职职位除外。

第一百九十二条①

国会议员每届任期五年，连选连任不得超过一次。

第二节　国会组织

第一百九十三条

国会应设立一般和特别常设委员会。常设委员会由不超过十五名委员组成，应与国务活动部门相对应。此外，国会有权依据适当规章的规定，为调查和研究的目的设立临时性委员会。国会有权以国会议员三分之二支持票设立或废除常设委员会。

第一百九十四条

国会应从议员中选出一名主席和两名副主席并从非议员中选出一名秘书和助理秘书，每届任期一年。规章应建立填补临时性和永久性空缺的机制。

第一百九十五条

若国会处于休会期，由总统、副总统和常设委员会主席组成的受托委员会应负责日常事务。

第一百九十六条

受托委员会享有下列权力：

（1）出现重大事项时召集国会特别会议。

（2）授权总统离开国土。

（3）授权总统调拨额外拨款。

（4）设立由国会议员组成的临时委员会。

（5）行使归属于国会的调查职能。

（6）以三分之二多数决议授权总统于紧急事件时设立、修改或中止公共服务。

（7）任何其他宪法或法律授予的权力。

第三节　国会议员

第一百九十七条

国会议员有义务全心全意为人民利益工作，并与

---

① 经2009年2月15日宪法修正案第一条修改。

其选民保持密切联系以听取其意见和建议并向选民告知个人和国会管理信息。国会议员应向选举其的选民做年度管理报告并可依本宪法和相关法律规定的全民公决罢免。

第一百九十八条

国会议员被罢免后不得再担任公共选举性职位。

第一百九十九条

国会议员在履行其职责时不对其表决和发言负责。其仅对本宪法和规章规定的选民和立法单位负责。

第二百条

国会议员自就职开始至任期结束或辞职对其行使职权享有豁免权。审判国会议员所犯罪行的权力专属于最高法院,最高法院仅得在获得国会授权后享有发布逮捕和起诉命令的权力。若议员实施重大罪犯,主管机关应逮捕该议员并立即通知最高法院。

侵犯国会议员豁免权的公职官员应依法负刑事责任并受惩罚。

第二百〇一条

议员为人民和州的代表,不受他人委托或指导,仅服从其良心。议员在国会投票是按个人计票。

第四节 立 法

第二百〇二条

法律为国会在立法会议上制定的法案。包含一系列调整特定领域的规范的法律亦可称为法典。

第二百〇三条

组织法为本宪法指定的旨在组织公权力或发展基本权利并为其他法律制定规范框架的法律。

组织法的制定,除满足本宪法规定的法案需具备的条件外,必须在讨论此法案前经国会出席议员三分之二多数决认可此法案。修改组织法的程序应适用相同的表决方式。

国会确定组织法法案在颁布前,应提交到最高法院宪法部门决议该法案组织法地位的合宪性。宪法部门应自收到法案之日起十日内作出决定。若宪法部门决议该法案不是组织法,则该法律失去组织法地位。

授权法为国会以五分之三多数决制定的法律,该法律旨在为授予总统的事项建立指导原则、宗旨和框架,具有法律的地位和效力。授权法应设定权力行使的期限。

第二百〇四条

立法提议权属于:

(1)国家行政权。
(2)授权委员会和常设委员会。
(3)三名以上国会议员。
(4)最高法院就涉及司法程序和组织的法律。
(5)公民权力就涉及公民组成的机关的法律。
(6)选举权就涉及选举事项的法律。
(7)占所有永久登记选民总数的百分之零点一以上的选民。
(8)州立法委员会就涉及州的法律。

第二百〇五条

公民对法案的讨论应依据上述条款的规定,自该法案提出后至常规立法会议开始前进行。若讨论未在上述期间开启,则该法案应依法提交全民公决表决。

第二百〇六条

若立法涉及州的利益,国会应通过州立法委员会向州咨询。法律应建立国会就此种事项向公民和其他机构咨询的机制。

第二百〇七条

任何法案在被制定为法律前,应依据本宪法和相关规章确立的规则在不同日讨论两次。若法案被批准,国会主席应公布该制定法。

第二百〇八条

在第一轮讨论中,立法意图的陈述应予以考虑且对立法目标、范围和生命力应予以评估以确定法律的适当性,且反映立法意图的条款应予以讨论。第一轮讨论通过后,该法案应提交到与该法律主旨事项直接相关的委员会。若某法案与若干常设委员会相关,则应指定一复合委员会以主管研究和准备报告。

研究法案的委员会应在连续三十日内对该法案作出报告。

第二百〇九条

委员会对法案作出报告后,应开启逐条审核的第二轮讨论。若法案无须修改即被批准,则其成为制定法。然而,若经过修改,该法案应发回相关委员会,该委员会应在连续十五日内提出修正意见;国会全体会议审阅新法案后,应对不协调的条文及条文间以多数决裁决其适当性。条文间达到协调时,主席应宣布此法案为制定法。

第二百一十条

立法会议结束前未决的法案讨论可以在紧接的常规会议或特别会议上继续讨论。

第二百一十一条

在法案讨论和批准进程中,国会或常设委员会应向州其他机关、公民和组织化社会组织咨询以听取其意见。下列人员在法案讨论中有发言权:作为行政权代表的内阁部长;代表司法权的最高法院指定的大法官;共和国道德委员会指定的公民权力代表;选举机构成员;州立法委员会指定的州代表;依据国会规章指定的组织化社会代表。

第二百一十二条

法律正文前应注明:"委内瑞拉玻利瓦尔共和国国会特此制定。"

第二百一十三条

法律制定后,应与讨论批准的最终措辞一并颁布。副本应由国会主席、两名副主席和秘书签署最终通过的日期。国会主席应将该法律副本提交一份供总统公布。

第二百一十四条

总统自收到副本十日内应颁布法律。在此期间,总统有权以附带申诉的内阁部长决议的形式请求国会修改任何条款或者拒绝通过部分或全部条款。

国会对总统提出的事项应以出席议员的多数作出决议,并将修改后的法律发回总统公布。

总统应自收到修改后法律五日内公布该法律,不得提出任何反对意见。若总统认为法律整体或部分条款违宪,总统应在公布法律的十日期限内请求最高法院宪法部门作出决议。最高法院应自收到总统请求十五日内作出决议。若法院决议法律违宪或未在规定期限内作出决议,总统应在法院作出决议或期限届满后五日内公布法律。

第二百一十五条

法律应在政府公报上以"施行"命令予以公布。

第二百一十六条

若总统未按规定的条件公布法律,国会主席和两名副主席应公布法律,且不减轻总统因不作为产生的责任。

第二百一十七条

待公布但已批准的国际条约、协定或公约应提交总统依据国际惯例和国家便利自由裁量。

第二百一十八条

法律应由其他法律废除或由全民公决废止,本宪法另有规定的除外。法律可以全部或部分修改。部分修改的法律应以包含通过的修正条款的单独文本予以公布。

第五节 程 序

第二百一十九条

国会第一个常规立法会期,无须提前通知,自每年1月5日或之后可能的第一日开始至8月15日召开。

第二个会期自9月15日或之后可能的第一日开始至12月15日召开。

第二百二十条

国会应召开特别会议处理会议通知所确立的议事日程中的事项和任何相关事项。特别会议亦商议员以多数决宣告的任何紧急事项。

第二百二十一条

设立和其他国会会议及其委员会的运行的要求和程序应由规章规定。

国会议员的法定人数不得少于绝对多数。

第二百二十二条

国会有权通过下列机制行使管控职权:本宪法和法律规定的议会质询、调查、发问、授权和议会批准以及法律和相关规章规定的任何其他机制。为行使议会管控职权,国会应享有裁决公职官员政治责任和发动公民权力采取适当行动强制执行上述责任的权力。

第二百二十三条

国会或其委员会依据规章的规定,对其职权内的事项享有适时调查的权力。

所有公职官员均有义务列席各委员会会议,并向其提供为履行职权所需的信息和文件,若有违法行为均应受法定刑罚制裁。

公民在不损害本宪法规定的权利和保障的前提下亦应服从此项义务。

第二百二十四条

调查权的行使不应损害其他公权力机关的权力。法官有义务按照国会和其委员会的要求取证。

第二章 国家行政权

第一节 共和国总统

第二百二十五条

行政权由共和国总统、副总统、内阁部长以及本宪法和法律规定的其他官员行使。

第二百二十六条

共和国总统为州和国家行政权首脑,并负责联邦政府的运行。

第二百二十七条

当选共和国总统应具备下列条件:在委内瑞拉出生的委内瑞拉公民,不具有双重国籍、年满三十周岁、非教职人员且未受终局判决处罚,以及本宪法规定的其他条件。

第二百二十八条

共和国总统的选举应依法按照普遍、直接和秘密选举进行。获得多数有效选票的候选人应当选为共和国总统。

第二百二十九条

担任副总统、部长、总督或市长的人员在其宣布其候选人身份的期间或者上述期间和总统选举期间之间的任何期间不得参与共和国总统的选举。

第二百三十条①

总统每届任期六年。共和国总统仅得连选连任

---

① 经2009年2月15日宪法修正案第一条修改。

一次。

第二百三十一条

当选的候选人应于其任期内第一年的1月10日在国会宣誓就任共和国总统。若由于后发原因当选的总统不能在国会宣誓就职,其应在最高法院宣誓就职。

第二百三十二条

总统对其活动及履行分内职责和义务的行为负责。

总统有义务保障委内瑞拉公民权利和自由及共和国的独立、统一、主权和国防。依据本宪法和法律的规定,国家紧急状态的宣告不得改变总统责任,亦不得改变副总统或部长的责任。

第二百三十三条

总统由于下列事项永久不能履职:死亡;辞职;最高法院决议撤职;经国会批准由最高法院设立的医学委员会认定永久性身体或精神残疾;由国会正式宣布的撤职;及由普选罢免。

若总统就职前永久不能履职,则在三十日内必须召开一场新的普遍和直接选举。待决选举期间和新总统就任前,由国会履行总统职责。

若总统于任期内前四年永久不能履职,则在三十日内必须召开一场新的普遍和直接选举。待决选举期间和新总统就任前,由副总统履行总统职责。

若出现上述情形,新总统应在余下任期内就职。

若总统于任期内后两年永久不能履职,任期结束前副总统应履行总统职责。

第二百三十四条

若总统临时性不能履职,副总统应于不超过九十日内代行总统职责,经国会批准可延长九十日。

若总统临时性失职连续超过九十日,国会应以多数决决议其临时性失职是否转化为永久性失职。

第二百三十五条

总统离开国境连续超过五日须获得国会或授权委员会授权。

第二节 共和国总统职权

第二百三十六条

共和国总统应履行下列职责:

(1)遵守并实施本宪法和法律。

(2)负责政府活动。

(3)任命和罢免副总统和内阁部长。

(4)负责共和国国际关系并签署和批准国际条约、协定或公约。

(5)作为最高司令官指挥国家军队,行使最高军事权力并规定例外情形。

(6)对国家军队行使最高指挥权,晋升上校军衔以上官员并向其任命专属职位。

(7)依据本宪法规定的情形宣告国家进入紧急状态并对保障措施实施限制。

(8)依据授权法预先授权发布具有法律效力的行政命令。

(9)召集国会特别会议。

(10)在不改变法律精神、宗旨和原因的前提下发布适用全部或部分法律的规章。

(11)领导财政部。

(12)协调国际贷款。

(13)依据国会或授权委员会预先授权在预算外制定特别预算。

(14)依据本宪法和可适用法律签订涉及国家利益的合同。

(15)依据国会或特别委员会预先授权委任共和国检察总长和常设外交机构首脑。

(16)委任和罢免依据本宪法和可适用法律由其自由裁量任命的官员。

(17)亲自或由副总统向国会做报告或传达重要信息。

(18)在国会预先批准的前提下制定国家发展计划并负责其实施。

(19)发布赦免令。

(20)依据相关组织法制定的原则和指南,确定部和其他构成国家公共行政部门的数量、机构和权限及内阁部长的组织和职能。

(21)在本宪法规定的情形下解散国会。

(22)在本宪法规定的情形下召集表决。

(23)召集和主持国防委员会会议。

(24)本宪法和法律授予总统的其他职责。

总统在履行本条第(7)、(8)、(9)、(10)、(12)、(13)、(14)、(18)、(20)、(21)和(22)款所规定的职责及法律授予其他职责时,应召开内阁会议。

依据本条第(3)款和第(5)款由总统行使的行为和规定的例外情形,在获得副总统和部长或相关部长副署后始得生效。

第二百三十七条

每年国会召开一般会议的前十日,总统应亲自向国会做前一年度政府政治、经济、社会和行政方面的报告。

第三节 副总统

第二百三十八条

副总统为国家元首,直接隶属于总统并在总统权限内与总统亲密合作办公。

担任总统应满足的条件适用于副总统,但副总统不得与总统有血缘或婚姻关系。

第二百三十九条

副总统享有下列权力:

(1)协同总统负责政府活动。
(2)按照总统指示协调国家行政机关。
(3)提议总统任命和罢免部长。
(4)依据总统预先授权领导内阁。
(5)协调总统与国会关系。
(6)领导联邦政府委员会。
(7)依法任命和罢免由其单独负责委任的联邦政府官员。
(8)总统临时性失职时替代总统。
(9)行使总统委托的权力。
(10)本宪法和法律授予其的其他权力。

第二百四十条

若国会以三分之二多数决通过不信任副总统的提议,则副总统自动离职。被罢免的官员在同一总统剩余任期内不得担任副总统或部长。

若国会在同一总统任期内三次以通过不信任副总统的提议的方式罢免副总统,则总统有权解散国会。国会解散六十日内应举行新的选举以组建立法机关。

总统不得在其任期内最终年度解散国会。

第二百四十一条

副总统依据本宪法和法律对其行为负责。

第四节 部长和内阁

第二百四十二条

部长直接隶属于总统,与总统和副总统组成内阁。

总统主持内阁会议,若不能出席会议有权授权副总统主持内阁会议。内阁会议作出的决议必须得到总统批准。

参与内阁会议的副总统和部长对内阁会议决议负共同连带责任,在会议记录上提反对意见和投反对票的除外。

第二百四十三条

总统有权任命州部长,州部长除参与内阁外,应就其主管事项向总统和副总统提出建议。

第二百四十四条

部长应由年满二十五周岁的委内瑞拉公民担任,本宪法另有规定的除外。

部长依据本宪法和法律对其活动负责,并依法于每年头六十日内就前一年度工作向国会提交一份充分而合理的年度报告。

第二百四十五条

部长有权在国会和其委员会发言。部长有权参与国会讨论但不享有表决权。

第二百四十六条

若国会以其出席议员五分之三多数决批准对部长不信任的提议,则部长离职。被罢免的官员在同一总统剩余任期内不得担任副总统或部长。

第五节 共和国检察总长

第二百四十七条

共和国检察总长代表共和国利益在法庭内外行使建议权和辩护权,涉及国家利益的合同在向其咨询后始得生效。

相关组织法应确定该职位的组织、权限和运行。

第二百四十八条

检察总长在相关组织法确定的其他官员的协助下,依其自由裁量领导检察总长办公室。

第二百四十九条

担任最高法院大法官所需条件同样适用于检察总长。总统依国会授权任命检察总长。

第二百五十条

检察总长有权出席内阁会议并有权发言。

第六节 国务委员会

第二百五十一条

国务委员会为政府和国家行政机关的最高咨询机关。若总统认为某涉及国家利益的事项事关重大且需要国务委员会的意见,则国务委员会有权提出政策建议。

相关组织法应确立其职责和职权。

第二百五十二条

副总统主持国务委员会并与下列人员一起组成国务委员会:总统委任的五名委员;国会委任的一名议员;最高法院委任的一名代表及州行政首长共同委任的一名州总督。

第三章 司法权和司法体系

第一节 一般条款

第二百五十三条

司法权来源于公民且由法律授权以共和国的名义行使。

司法机关按照法律规定的程序处理其权限内的所有事项并执行或作出判决。

司法体系由最高法院、法律规定的其他法院、公共检诉办公室、公设辩护人办公室、刑事调查机关、司法助理和官员、监狱体系、替代性司法体系、依法参与司法管理的公民和法律准许的律师。

第二百五十四条

司法权自治,最高法院依此建立运行、金融和管理自治。为实现此目的,占国家一般预算百分之二以上的年度流动资金应分配到司法体系以保障其有效运行;未经国会预先授权不得减少或改变该金额。司法权不得自行设立收费制度或准则,亦不得因其服务收取报酬。

第二百五十五条

为保证竞选者的卓越能力,任命司法官员和晋升法官应按照法律规定的方式和条件由巡回法院陪审团通过公开竞争选拔。最高法院负责法官的任命和宣誓。法律应保证公民参与法官的选拔与委任。未经法律明确规定的程序,不得罢免或中止法官职务。

法律应规定促进法官专业化的措施,为实现此目的,大学应设置专门研究司法实践的相应法律课程。

法官依据法律规定的条件对下列行为负个人责任:不当疏忽、延误或错误,实质性的违反程序规则,拒绝司法、偏袒及贿赂和滥用职权犯罪。

第二百五十六条

为保证职权行使的公正性和独立性,公共检诉办公室和公设辩护人办公室的裁判官、法官、检控官自其任职始至离职,除行使其选举权外,不得参与下列活动:党派政治、职业结社、职工会或类似活动;违背其职责的谋取私利的活动,不论亲自或通过第三人;履行教育职责以外的其他职责。

法官之间不得结社。

第二百五十七条

程序为司法管理的基本方式。程序法应规定简单、统一和效率的法律程序并采纳简便、口头和公开的程序。非重大程序的疏忽不得牺牲公正。

第二百五十八条

法律应设立治安法官。治安法官应依法由普遍、直接和秘密选举产生。

法律应激励仲裁、和解、调解和任何其他解决冲突的替代性方式。

第二百五十九条

最高法院和法律规定的其他法院有权就争议行政法律进行诉讼。争议行政法律主管机关享有下列权力:宣告违背法律的诸如导致权力分离的一般或单行行政法案无效;确立可归责于政府的损害应支付的金额和补偿;处理因公共服务供给产生的诉讼;及必要时命令恢复受行政活动损害的当事人的法律地位。

第二百六十条

土著居民合法权力机关有权在其地方性权限内基于其传统进行司法管理,且仅得依据其规则和程序作出影响土著居民利益的判决,该规则和程序不得违背本宪法、法律和公共秩序。法律应规定该特别权力与国家司法体系协调的方式。

第二百六十一条

军事犯罪管辖权是司法权不可分割的一部分,军事法官应通过竞选产生。其权限、机构和运行方式应依据军事组织法按对抗制进行。普通犯罪和侵犯人权的犯罪应由享有一般管辖权的法院管辖。军事法院管辖权限于军事犯罪。

本宪法对特别管辖权及其法院的权限、机构和运行未作规定的,应由法律调整。

第二节 最高法院

第二百六十二条

最高法院应设立全体会议、宪法庭、行政庭、选举庭、民事上诉庭、刑事上诉庭和社会上诉庭,其构成和权限应由相关组织法规定。

社会上诉庭应负责土地问题、劳动问题和未成年人问题的上诉。

第二百六十三条

担任最高法院大法官应具备下列条件:

(1)出生于国内的委内瑞拉公民。

(2)具有荣誉公民称号。

(3)公认的有资历的法学家;享有良好的声望;具有十五年以上法律从业经验且具有法学研究生学位,或具有十五年以上从业经验的大学法学全职教授;或作为特别部门候补人的具有十五年以上工作经验且获得良好职业声誉的高级法院现任法官。

(4)法律规定的任何其他条件。

第二百六十四条

最高法院大法官每届任期十二年。法律应规定选举程序。在所有情形下,个人或法律领域的机构可向司法任命委员会提名候选人。委员会听取专业组织意见作出预选提交公民权表决,公民权作出第二次预选后提交国会作最终表决。

公民可对候选人向司法任命委员会或国会提交注明缘由的反对意见。

第二百六十五条

若最高法院大法官犯有严重渎职行为,经公民权表决同意,国会听取利害关系人意见后,可依据法律规定的条件以三分之二多数决行使罢免权。

第二百六十六条

最高法院享有下列权力:

(1)依据本宪法第八编行使宪法管辖权。

(2)对弹劾总统或行使该职权的人员是否正当予以裁决,并按照国会的批准,在最终判决作出前保留其诉讼资格。

(3)对弹劾下列人员是否正当予以裁决:副总统;国会议员、最高法院自身、部长;检察总长;共和国公诉人员；审计总长；人民护卫者；总督；国家军事机关总司令和海军上将；驻外代表机构首脑；及向共和国公诉人员或于适当情形下向行使该职权的人员提交该记录，若上述人员触犯普通犯罪，最高法院于最终判决作出前对此事项保留管辖权。

（4）解决共和国、州、市或其他公共实体间行政争议，法律授权由其他法院管辖的同一州内市间的争议除外。

（5）于适当情形，宣告规章和其他行政部门作出的抽象或具体行政行为无效。

（6）按照法律规定就确认判决法律条文的意旨和适用提出动议。

（7）若法院等级秩序中不存在高级法院或共同法院管辖某事项，解决由此产生的管辖权冲突，不论一般管辖权法院或特别管辖权法院。

（8）管辖对违反法律的上诉。

（9）法律授予的其他权力。

本条第（1）款授予的权力应由宪法庭行使；第（2）款和第（3）款授予的权力应由全体会议行使；第（4）款和第（5）款授予的权力应由行政庭行使。其他权力应由本宪法和法律规定的其他部门行使。

第三节 司法权的治理和管理

第二百六十七条

最高法院负责司法权的指导、治理和管理及共和国法院和公设辩护人办公室的调查和监管。最高法院同时应负责其预算和司法权的预备及实施。

司法纪律审判应由法律规定的纪律法院行使。

裁判官和法官纪律体系应建基于国会颁布的委内瑞拉法官伦理法典。纪律诉讼应遵守法律规定的条件按正当程序采取公开、口头和简便的方式。

为实现上述职权，最高法院全体会议应设立下辖各种地区办公室的司法行政部门。

第二百六十八条

法律应规定公设辩护人的自治性和机构、运行、原则和合理性以确保该服务的高效和公设辩护人的职业利益。

第二百六十九条

法律应以促进司法权管理和管辖分权化的方式调整巡回法院的组织及地区法院和审裁处的设立和权限。

第二百七十条

司法任命委员会负责就最高法院大法官候选人选拔提出建议。司法提名委员会亦有权向司法选举委员会就选举法官提出纪律管辖权建议。司法任命委员会应依法由社会各个部门的代表组成。

第二百七十一条

任何情形下，触犯非法集资、毒品和国际组织化罪行及侵犯其他国家公共财产和人权的罪行的外国公民必须引渡。为惩罚侵犯人权或公共财产的罪行或毒品交易犯罪的司法审判程序不受消灭时效的限制。为遵守法庭秩序，因上述犯罪活动获得的财产必须充公。

审理上述罪行的诉讼应按正当程序采取公开、口头、简便的方式，主管司法机关应获授权对被告人或第三人的财产采取必要的预防措施以确保实现其可能的民事责任。

第二百七十二条

州应建立监狱体系以保证被羁押人员的再改造和尊重其人权。为实现此目的，监狱机关应设立工作、学习、运动和娱乐的场所，并在具有相应学历的监狱学家的指导下运行，且应由州或市镇政府实施分权化管理；监狱机关可以实行私有化。监狱机关应优先适用开放体制及监管农业聚居区模式。在任何情形下，非限制自由的惩罚方式应优先于限制自由的措施适用。州应设立为被羁押人员融入社会提供后监禁援助的必要机构并应鼓励设立配备专业技术人员的自治性监狱机构。

第四章 公民权力

第一节 一般条款

第二百七十三条

公民权力由共和国伦理委员会行使，伦理委员会由人民护卫者、刑事检控专员和共和国审计总长组成。

公民权力机关为人民护卫者办公室、刑事检控专员办公室和审计总长办公室，共和国伦理委员会委任主席担任其首长，主席每届任期一年，可连选连任。

公民权力独立自主且其机关运行、财政和行政管理自治。为实现此目的，州一般预算应为其分配年度流动资金。

其组织和运行应由组织法规定。

第二百七十四条

依据本宪法和法律，公民权力行使机关负责预防、调查和惩罚有损公共伦理和行政道德的活动；审查公共财产使用的合理管理和合法性及所有国家行政活动中合法原则的实现和适用，并推动教育进程以协助形成公民资格及团结、自由、民主、社会责任和工作。

第二百七十五条

共和国伦理委员会委员应向国家行政机关或官员发布违背履行其法定职责的警告。若上述机关或官员未听从警告，伦理委员会有权设定法律规定的刑罚。若发生藐视罪，伦理委员会主席应向相关公职人员或雇员所隶属的机关或属地提交一份报告，以便该机关或属地在不损害法律规定所适用的刑罚的前提下作出适当的纠正。

第二百七十六条

共和国伦理委员会主席和公民权力行使机关首长应向国会全体会议提交一份年度报告。若国会要求提交报告，伦理委员会亦应提交。

常规报告和特别报告均应公布。

第二百七十七条

国家行政机关的所有职员均应适用法律规定的处罚，同伦理委员会委员在其调查中就紧急优先准则相互协作。为履行职权，委员会有权于必要时要求上述职员提交陈述和文件；上述文件包括依法列为机密或秘密的文件在内。在任何情形下，公民权力仅得按照法律规定的程序公布机密或秘密文件中的信息。

第二百七十八条

伦理委员会应推动旨在促进理解和研究本宪法的所有教学活动；对祖国和公民、民主美德的热爱及共和国超验价值；及对人权的遵守和尊重。

第二百七十九条

共和国伦理委员会应设立公民权力任命评估委员会，该委员会应由来自各个部门的代表组成，并应举行公开诉讼决议从公民权力各个机关中挑选三名代表提交国会表决，国会应在考虑各案例的前提下，于三十日内以三分之二多数决确定公民权力机关的代表。若国会未在规定期限内作出决议，选举部门应将该项表决提交全民公决。

若未召集公民权力任命评估委员会，国会应于法律规定的期限内委任相关公民权力机关代表。

国会经最高法院表决有权依法定程序罢免公民权力代表。

第二节 人民护卫者办公室

第二百八十条

人民护卫者办公室负责推动、保护和监管本宪法和关于人权的国际条约规定的权利和保障，亦负责保护公民合法、集体和分散的利益。

人民护卫者办公室由人民护卫者领导和负责，人民护卫者每届任期七年，不得连选连任。

人民护卫者应由年满三十周岁的具备明显人权领域劳动能力的委内瑞拉公民担任，且需满足法律规定的诚实、伦理和道德条件。若人民护卫者临时性或永久失职，法律应规定填补其空缺。

第二百八十一条

人民护卫者享有下列职权：

（1）通过行使自身职权或他人提出不信任请求审查本宪法和国会批准的关于人权的国际条约、协定或公约规定的人权是否得到有效的尊重和保障。

（2）审查公共服务是否正常运行；保护和防御个人合法、集体和广泛的权利和利益免受公共服务供给中发生的武断行为、权力滥用和错误的侵害，并于适当时提起诉讼要求国家就其行政活动中职务运行造成的损害赔偿当事人。

（3）为履行上述职权，依法于适当时提起违宪诉讼、提请人身保护令、个人信息调取令状和其他所需的诉讼或动议。

（4）要求总检察官对公职官员违背或侵犯人权的行为提起诉讼或动议。

（5）请求共和国伦理委员会针对公职官员违背或侵犯人权的行为采取适当措施。

（6）依法请求主管机关对违反消费者和使用者权利的行为采取适当的纠正和惩罚措施。

（7）向市镇、州和国家立法机关提交法案或其他措施以渐进式保护人权。

（8）保护土著居民权利并提起必要的诉讼以有效保障和保护上述权利。

（9）访问和调查国家属地和代表处以预防或保护人权。

（10）向相关机关提交建议书和观察报告以提供对人权的最佳保护，并应设立与旨在保护和捍卫人权的国家及国际公立和私立机关保持密切联系的机制。

（11）推动和实施旨在扩充和有效保护人权的政策。

（12）本宪法和法律授予的其他职权。

第二百八十二条

人民护卫者对其职权行使享有豁免权，因而不因履行职责受到起诉、逮捕或审判。最高法院对上述事项享有专属管辖权。

第二百八十三条

涉及市镇、州、国家和特殊级别人民护卫者办公室的组织和运行的事项应由法律予以规定。该办公室应遵守免费、易接近、快捷、形式自由和亲自诉讼原则。

第三节 刑事检控专员办公室

第二百八十四条

刑事检控专员办公室由总检察官领导和负责，刑事检控专员依照检察总长的指示在法律规定的其他官员的协助下直接履行职责。

担任最高法院大法官的条件同样适用于总检察官。刑事检控专员每届任期七年。

第二百八十五条

刑事检控专员办公室享有下列职权：

(1)保证宪法及共和国签署的国际条约、协定和公约规定的权利和保障在司法诉讼中得到尊重。

(2)保证诉讼程序的效率及遵从先例和正当程序的权利。

(3)命令和指示对可处刑罚的犯罪开展刑事调查,以明确犯罪行为及能够证明犯罪的所有情节并确立犯罪者和其他参与者的责任,以及保护积极和消极犯罪的监禁人员的权利。

(4)在没有当事人提起诉讼的情形中,代表国家提起诉讼以开启或延续诉讼活动,法律另有规定的除外。

(5)提起适当的诉讼以拘留履行职务中导致民事、劳动、军事、刑事、行政或纪律责任的公职官员。

(6)本宪法和法律授予的其他职权。

上述规定不得妨碍私人或其他官员行使本宪法和法律授予的任何权利或诉讼权利。

第二百八十六条

涉及市镇、州和国家总检察官办公室的组织和运行的事项应由法律予以规定,并规定适当措施以保证刑事检控专员办公室职员的适当性、廉洁和职业稳定。法律应保障上述职权由职业人员行使。

第四节 共和国审计总长办公室

第二百八十七条

审计总长办公室为管控、监管和审计财政收入、开支、公共和国家财产及其交易。审计总长办公室享有运行、行政管理和组织自治,且其职权主要为调查其监管下的机关和实体。

第二百八十八条

总审计长办公室由总审计长领导和负责,总审计长应由年满三十周岁且具备履行该职责所需的能力和经验的委内瑞拉公民担任。

总审计长每届任期七年。

第二百八十九条

总审计长享有下列职权:

(1)依法管控、监管和审计州和市镇公共收入、开支、公共和财产及其交易,但不得损害其他机关的职权。

(2)依法管制州和市镇公共债务,但不得损害其他机关的职权。

(3)依法调查和审计其管控下的公共部门、机关、实体和法人,实施审计,发布调查侵犯公共财产的不当行为的命令,采取措施解决产生的异议并处以适当的行政责任。

(4)提请总检察官对其履行职责中发现的侵犯公共财产的犯罪活动提起相关诉讼。

(5)实施执行管制,并评估其管控下的公共部门组织、团体的决策和政策的执行和结果。

(6)本宪法和法律授予的其他职权。

第二百九十条

涉及审计总长办公室和国家税收管控制度的组织和运行的事项应由法律予以规定。

第二百九十一条

军事审计总长办公室为国家管控体系不可分割的一部分。其负责监管、管控和审计分配到国家武装部队及其下属的财政收入、支出和财产,但不得损害审计总长办公室的职权范围和管辖权。其组织和运行应由相关组织法予以规定,军事审计总长对该办公室负责,军事审计总长通过公开竞争产生。

第五章 选举权

第二百九十二条

选举权由下列机关行使:作为主管机关的国家选举委员会及其下属机关国家选举局、公民身份和选民登记委员会政治宣传与融资管理委员会,各下属机关的组织和运行应由相关组织法予以规定。

第二百九十三条

选举权享有下列职能:

(1)调整选举法律并解决此类法律引起或包含的疑问和无规定的领域。

(2)编制需要直接与国会协调且自主管理的预算。

(3)发布政治和选举宣传及管理领域的有约束力的命令,并惩罚不遵守命令的人员。

(4)宣布选举全部或部分无效。

(5)组织、管理、指导和监管关于由普选及全民公决产生的公共职位的法案。

(6)依照可适用的法律组织选举工会、专业社团和追求政治目标的机构。选举权亦有权依请求或最高法院选举部门命令设立公民社会其他机构的选举程序。实体、机关和相关机构应负担选举费用。

(7)维持、组织、指导和监督公民权利和选举登记处。

(8)组织追求政治目标的机构的登记和注册并审查上述机构是否遵守宪法和法律关于其地位的规定。选举权享有批准设立、恢复和取消政治组织的申请,合法机关决议和临时性名称、旗帜和象征的特别权力。

(9)管控、调整和调查为政治组织融资的基金。

(10)法律规定的其他职权。

选举权机关应保障选举程序的平等性、可靠性、公正性、透明化和高效及个人投票制和比例代表制的实施。

第二百九十四条

选举权行使机关应遵守组织独立、运行和预算自治、选举机关与政党分离、公正和公民参与原则以及选举管理分权化与表决程序和计票透明化、简便化原则。

第二百九十五条

为国家选举委员会提名候选人的选举任命委员会应依法由社会各不同部门的代表组成。

第二百九十六条

国家选举委员会应由与政治组织无关联的五名委员组成；其中三名由市民社会提名，一名由国立大学法律和政治学院提名，一名由公民权力机关提名。

三名由公民社会提名的委员应预备有先后顺序的六名候补人，大学和公民权力机关提名的各个委员应各自预备两名候补人。国家选举局、公民身份和选民登记委员会及政治参与和管理委员会均应由公民社会任命的国家选举委员会委员领导。国家选举委员会委员每届任期七年且应分别选举：三名市民社会任命的委员应于国会每届任期初期选举，其余两名委员应于国会每届任期中途选举。

国家选举委员会委员应由国会以三分之二多数决委任。国家选举委员会依法选拔委员并委任其为主席。

经最高法院表决，国会可罢免国家选举委员会委员。

第二百九十七条

选举权争议管辖权由最高法院和法律规定的其他法院行使。

第二百九十八条

规定选举程序的法律不得于选举日及其之前六个月内作任何形式的修改。

第六编　社会经济制度

第一章　社会经济秩序和国家的经济职权

第二百九十九条

委内瑞拉玻利瓦尔共和国经济制度建基于社会公正、民主、效率、自由竞争、环境保护、有益生产和团结原则，并以保证人类全面发展和有尊严且有益的生活为目标。国家与个人应共同推动国家经济的协调发展以创造工作岗位、高额的国内增加值，提高人民生活水平和加强国家经济主权，维护法律的安全性；推动经济稳定、动态、持续、连续和平衡增长以通过经公开咨询的民主参与的规划保证财富的公平分配。

第三百条

国家法应为设立旨在实施社会或企业活动的实用分权制实体创造条件以保证投入的公共资源获得适当的经济和社会生产力。

第三百〇一条

国家保留贸易政策的决定权以保护公共和委内瑞拉私营企业的经济活动。法律不得给予商事企业、机关或外国人优越于本国公民的待遇。外国投资应享有与本国投资相同的待遇。

第三百〇二条

基于国家便利的目的，国家通过相关组织法保留石油工业和其他工业、营业和其具备公共利益及战略性质的商品与服务的经营权。国家应基于吸收、创造和发明技术，促进就业和经济增长及为人民创造财富和幸福的目标，推动开发不可再生自然资源的国内原材料制造业的发展。

第三百〇三条

为维护经济和政治主权及国家战略目标，国家应保留委内瑞拉石油组织或经营石油工业的其他组织的所有股份，附属公司、战略合资企业、商事企业和其他为执行委内瑞拉石油组织业务而设立或将设立的其他企业除外。

第三百〇四条

水流为国家所有的为生命和发展所必需的财产。法律应规定必要的条款在尊重水循环阶段和分区准则的前提下保障水流的保护、利用和循环。

第三百〇五条

国家应将推动农业可持续发展作为农村全面发展的战略基础，并进而保障全部居民享有稳定的食品供应，稳定的食品供应即在全国都享有充足和稳定的食品供应且消费者能够及时且不间断地获得食品。稳定的食品供应来自于优先发展国内农业和牲畜生产，农业和牲畜生产来自于农业、牲畜业、渔业和家禽养殖活动。食品生产关系国家利益且为国家经济和社会发展的根本。为此目标，国家应采取诸如财政的、商业的、技术转让的、土地所有的、基础建设的、人力培训的和其他为达到战略自足水平所必需的措施。国家还应推动国内和国际经济活动以弥补国内农业生产的先天不足。

国家应依法保护非工业化渔民的财产和社区及其大陆水域和海岸水域的渔业浅滩。

第三百〇六条

国家应完善农村全面发展的条件以达成下列目的：创造就业、保障农村人口享有幸福的生活和国家发展带来的福利。国家还应为农村提供基础建设工程、供应、贷款、培训服务和技术援助以促进农业生产和土地最佳利用。

第三百〇七条

支配大块土地违反社会利益。相关税收法律应对闲地征税并规定必要措施以提高闲地及可耕地的经济产量。农民和其他农业生产者依照相关法律规定的情形和形式对其土地享有所有权。为保证农业生产，国家应保护和推动共同和个人拥有的财产。国家应审查可耕地的可持续状况以保障其食品生产潜力。

特殊情形下，应征收特别税以为下列活动提供资金：财政、研究、技术援助、技术转让和其他促进农业部门生产力和竞争力的活动。上述事项应由法律予以调整。

第三百〇八条

国家应以人民自主创业为指导，保护和推动小型和中型制造商、合作社、储蓄基金、家族企业、小企业和其他旨在促进就业、储蓄和消费的集体所有制社区组织的发展以增强国家经济发展水平。

第三百〇九条

本国代表性手艺和民间工艺应享受国家的特殊保护以维护其发展并应享受信贷援助以促进扩大生产和市场。

第三百一十条

旅游业为有益于国家利益的经济活动且代表国家多元化和可持续发展战略的优先发展方向。作为宪法规定的社会经济制度根基的一部分，旅游业应由国家颁布法案加以保障。国家应审查国家旅游业的创立和发展。

第二章 税收和货币制度

第一节 预算制度

第三百一十一条

财政政策应以下列原则为指导和实施原则：高效、偿付能力、透明、责任和财政收支平衡。财政政策应在常年预算规划内以总收入足以负担总支出的方式达到收支平衡。

总统应向国会提交一份常年预算规划以便国会制定预算，该预算规划应规定国家预算支出和债务的最高限额。该方案的特性及修改和实施条件应由法律予以规定。

开发地下财富和矿产获得的财政收入一般应用于支持高产投资、教育和健康。

国家经济和财政管理适用的原则和条款在可能的程度内同样指导州和市镇。

第三百一十二条

法律应制定保守的公共债务限额，该限额应依据经济发展、再生产投资和产生覆盖公共债务的财政收入的规模。政府信用交易经特别法授权始得生效，相关组织法另有规定的除外。特别法应规定交易方式并授予其相关预算法案效力的适当预算信用。

年度特别债务法案应附随预算法案一并提交国会。

除依法由国家权力机关予以认可外，国家不得认可任何义务。

第三百一十三条

国家经济和财政管理应遵守依法批准的年度预算。总统应于组织法规定的期限内向国会提交预算法草案。不论行政机关由于何种原因未能于法律规定的期限内向国会提交预算法案或者草案未获批准，现行财政年度的预算依然有效。

国会有权修改预算条款，但不得批准导致财政收入减少或财政支出超过预算法案预估财政收入的法案。

国家行政部门向国会提交常年预算规划、特别债务法案和年度预算时，应依据责任和财政收支平衡原则明确陈述财政政策的长期目标并阐释上述目标的实现方式。

第三百一十四条

除预算法律规定外不得支出任何费用。仅在国库有能力负担相关支出的情形下，始得批准额外预算信用项目用于重要的不可预见的支出或资金不充分的项目；上述项目仅仅在获得内阁支持票和国会授权的情形下始得批准实施，若国会不在会议期，应获得授权委员会批准。

第三百一十五条

各级政府的年度政府开支预算均应明确规定各个预算信用条款表明的特定目标及具体的预期结果和负责达成此结果的公职人员。后者在技术上可能的情形下应通过履行指标予以量化规定。行政机关应于每一财政年度的后六个月内向国会提交本财政年度的结算和预算执行平衡表。

第二节 税收制度

第三百一十六条

税收制度应依据纳税人的纳税能力寻求公共负担的公平分配，并考虑下列原则：渐进式课税及保护国家经济和提高人民生活水平、税款征收制度得以高效的基础。

第三百一十七条

除法律明文规定外，不得征收任何形式的税款、评税款或分摊额，亦不得实施豁免、减税或其他类型的税收激励政策。税款征收不等于没收。

不得对劳务征税。逃税应作为刑事犯罪处罚，但不得影响适用法律规定的其他处罚。

若官员触犯税收方面罪行应加倍处罚。

所有税法应规定其公布后生效期限。若无此条款,应视为六十日。此条款不得限制总统在宪法规定的情形下授予的特别权力。

国家税务管理机关依照国会批准的制定法享有技术、运行和财政自治且其最高权力应由总统依相关法律规定的规则授予。

第三节 国家货币制度

第三百一十八条

国家货币政策决定权专属于委内瑞拉中央银行。中央银行基本目标为维持物价和货币单位汇率稳定。委内瑞拉玻利瓦尔共和国基本货币单位为玻利瓦尔。在拉美和加勒比国家已成立通用货币的情形下,共和国签署的条约规定的货币亦可在国内流通。

中央银行为在其权限内自主制定和实施政策的公法法人。中央银行应依据国家整体经济政策履行职责以谋取州和国家的更高目标。

为充分实现其目标,中央银行应享有下列职权:制定和实施货币政策,参与制定和实施有关外贸、货币规章、信贷和利息的政策,管理国际储备和法律规定的其他职权。

第三百一十九条

中央银行应遵守公共责任原则,因而应依法向国会提交一份关于其政策内容、目标和结果的报告。中央银行还应发布关于国家宏观经济走势和报告可能询问的其他事项的定期报告,支持评估的充分分析属于其他事项之列。无正当理由未实现预期目标依法将产生罢免董事会和课处管理者刑罚的责任。

中央银行应接受审计总长办公室的监管和监督公共团体的调查和监督,该公共团体应向国会提交调查报告。中央银行运作支出预算应经过国会讨论和批准,且其会计和平衡表应按法律规定的条件接受独立审计。

第四节 宏观经济调控

第三百二十条

国家应推动和保持经济稳定,预防经济弱势并审查货币和价格稳定以保障社会福利。

财政部和中央银行应致力于维系财政政策和货币政策和谐,进而实现宏观经济目标。中央银行在履行职责过程中无须接受总统指示但不得批准或支持逆差财政政策。

总统和中央银行的协调活动应通过年度政策协定达成,该协定应确立终极增长目标和其社会效果,达到外部收支平衡并抑制通货膨胀,具体为财政、外贸和货币政策;及达到上述终极目标所需的杠杆和可变性工具级别。该协定应由中央银行行长和财政部长共同签署,并应于国会批准预算时予以公开。协定签署人有责任审查政策执行活动应符合目标要求。该协定应明确预期结果和实现该结果的政策和活动。年度经济政策协定的特征和提交报告的机制应由法律予以规定。

第三百二十一条

为实现下列目标,法律应设立宏观经济平稳基金:国家在面对总财政收入不稳定的前提下得以维持国家、地区和市开支的稳定。该基金的运行规则应遵守下列基本原则:高效、公正和捐助该基金的公共机关间无歧视。

第七编 国家安全

第一章 一般条款

第三百二十二条

基于国家全面发展,国家安全为国家的必要权力和责任,且全体公民及委内瑞拉地理空间内所有公共和私人自然人和法人均有义务维护国防。

第三百二十三条

国防委员会为就关涉国家全面防卫、主权和地理空间统一事项向公权力行使规划和建议权的最高机关。为此目的,国防委员会还应负责建立国家战略概念。总统与下列人员组成国防委员会:副总统,国会主席,最高法院首席大法官,共和国伦理委员会主席,国防部、国安部、外交部和规划部部长和其他适当的人员。其中,总统担任主持人。相关法律应规定国防委员会的组织和属性。

第三百二十四条

国家享有战争武器的专属所有权和使用权;现存于或制造于或进口到国内的任何武器均为共和国财产,无须任何赔偿或诉讼。国家武装部队为依照相关立法调整和控制其他武器、军需品和炸药的制造、进口、出口、储备、运输、登记、管控、调查、市场、占有和使用的主管机关。

第三百二十五条

总统保留依法律规定的条件披露直接关系国家安全的规划和执行事项的分类权和管控权。

第二章 国家安全原则

第三百二十六条

国家安全建基于国家和公民社会共同责任,适用下列原则:独立、民主、平等、和平、自由、公正、团结、推动和保护环境和人权确认及基于覆盖全体公民的可持续和高效发展政策逐步满足公民个体和集体需求。共同责任原则适用于经济、社会、政治、文化、地理、环境和军事领域。

第三百二十七条

注重边境防卫为执行和适用国家安全原则的优先事项。为此目的，应建立附带广泛、特别的经济和社会制度、分配和应用制度的边境安全制度。边境地区应由法律调整，但应给予国家公园和其他特别安排的地区及土著居民的居住地特殊保护。

第三章 国家武装部队

第三百二十八条

国家武装部队为不具有政治属性的必要专业国家机关，其设立的目标为：依照宪法和法律，通过旨在维持国内秩序和在国家发展过程中积极参与的军事防卫和协作以保障国家独立和主权及地理空间的统一。在履行职责过程中，国家武装部队专属于国家且在任何情况下不得服务于任何个人和政党。其成立的基础为纪律、遵守和服从。国家武装部队由陆军、海军、空军和国民警卫队构成，各部队依照相关组织法享有独立全面的社会保障制度并通过在其职权范围内履行职责共同服务于国家安全。

第三百二十九条

为保障国家防卫，陆军、海军和空军须负责军事行动的计划、执行和管控。国民警卫队应在上述行动中配合其他部队行动，且应以实施行动以维持国内秩序为基本职责。国家武装部队应参加法律规定的治安维护活动和刑事调查活动。

第三百三十条

积极履行职责的国家武装部队成员依法享有投票权，但不得竞选由普选产生的职位，亦不得参加政治宣传、争斗性或传教活动。

第三百三十一条

军事晋升应依据功绩、等级和职位进行。军事晋升为专属于国家武装部队的权力且应由相关法律予以规定。

第四章 公民安全机关

第三百三十二条

为维持和恢复公共秩序；保护公民、住宅和家庭；支持主管机关决议及保证宪法保障和权利的和平行使，总统应组织下列安全组织：

（1）一支统一的国家警察部队。

（2）一支科研、刑事和犯罪调查部队。

（3）一支公民消防和紧急事故处理部队。

（4）公民防卫和灾情管理组织。

公民安全机关具有公民属性且应尊重人格尊严和人权，但不得存在任何形式的歧视。

公民安全机关依照宪法和法律规定的条件应设立州和市两级职权部门。

第八编 宪法保护

第一章 宪法保障

第三百三十三条

本宪法不因非法行为导致的不被遵守而失效，亦不因本宪法未规定的其他方式废除。

在此种情形下，所有公民，不论有无官方机关支持，均应义务恢复本宪法实际效力。

第三百三十四条

共和国所有法官在其各自权限内均有义务依照本宪法和法律保证宪法的完整性。

若法律或其他司法条款同本宪法发生冲突，法院富有当然责任裁决优先适用宪法条款。

作为享有宪法性权限的法院，最高法院宪法部门享有专属权力宣告法律和其他行使公权力机关发布的法案无效，该法案应为直接和立即实施宪法或具有法律地位的法案。

第三百三十五条

最高法院应保障宪法规则和原则的至高无上性和效力；最高法院为宪法的最高解释机关并应寻求宪法的统一解释和适用。宪法部门关于宪法规则和原则的内容或范围作出的解释受最高法院其他部门和共和国其他所有法院约束。

第三百三十六条

最高法院宪法部门享有下列职权：

（1）宣布与本宪法冲突的国家法和国会颁布的有效力的其他法案全部或部分无效。

（2）宣布与本宪法冲突的州宪法和法律、市条例及州和市审议机构颁布的直接和立即实施宪法的其他法案全部或部分无效。

（3）宣布与本宪法冲突的总统颁发的具有法律效力的法案全部或部分无效。

（4）宣布与本宪法冲突的行使公权力的其他政府机关颁布的直接和立即实施宪法的法案全部或部分无效。

（5）于共和国批准前，依总统或国会申请审核共和国签署的国际条约的合宪性。

（6）审查总统裁定国家紧急状态的合宪性。

(7)宣布市、州、国家或立法机关由于疏忽未颁布保障遵守宪法的必要规则或法案或者以不当方式颁布规则或法案违宪;并规定时间限制和必要时纠正缺陷的指导原则。

(8)解决不同法律条款间冲突,并宣布优先适用的条款。

(9)解决公权力机关间产生的宪法争议。

(10)依相关组织法规定的条件,审查法院作出的判决中体现宪法保护命令或管控的法律或司法规则的合宪性。

(11)本宪法或法律授予的其他职权。

第二章 国家紧急状态

第三百三十七条

总统有权在内阁会议上发布国家紧急状态命令。下列情形明确规定为紧急状态:出现严重影响国家、机构和公民安全的社会、经济、政治、自然或生态事故,现有的权力却无力充分应对。在此情形下,宪法规定的保障可能受到临时性限制,涉及生命权、不人道扣押或酷刑禁止令、正当程序、信息权和其他无形人权的除外。

第三百三十八条

若发生大灾难、公共灾难或其他严重危及国家或公民安全的类似事件可以宣告警戒状态。此警戒状态不得超过三十日,且期满可延长三十日。

若发生诸如严重影响国家经济生活的非常经济事件可宣告经济紧急状态。此紧急状态可延续六十日,期满可延长六十日。

若发生严重危及国家、公民或其机构安全的国内或国外冲突可宣告国内或国外骚动状态。此骚动状态不得超过九十日,期满可延长九十日。

国会有责任批准紧急状态的延长。组织法应调整紧急状态并确定依其可采取的措施。

第三百三十九条

宣告权利保障应受限制的紧急状态法令应于公布后八日内提交国会或授权委员会考虑和批准并提交最高法院宪法部门裁决其合宪性。该法令应遵守《公民权利和政治权利国际公约》和《美洲人权公约》规定的条件、原则和保障。总统有权提请延长相似期限,若宣告紧急状态的情形消失,总统、国会或国会授权委员会应于预定期限届满前撤销该判令。

紧急状态的宣告不得中断公权力机关的运行。

第九编 宪法改革

第一章 修正案

第三百四十条

修正案目的为:在不改变宪法基本结构的前提下,增加或修改其中一条或数条条款。

第三百四十一条

通过宪法修正案应遵循下列程序:

(1)由公民权利和选举登记处登记的百分之十五的公民,百分之三十九的国会议员,总统在内阁会议上提起修宪动议。

(2)若国会提出修宪动议,该修正案应经国会多数议员批准通过并依本宪法规定的制定法律的程序进行讨论。

(3)选举权机关应于正式通过该修正案之日起三十日内提交全民公决。

(4)修正案应依据宪法和调整批准所需全民公决的法律规定的程序获得批准。

(5)修正案应按次序排列,但应于修正条款的底部注明修改该条款的修正案的号码和日期。

第二章 宪法改革

第三百四十二条

宪法改革的目的为:在不改变本宪法基本原则和结构的前提下,修改本宪法部分修订条款并替换其中一条或数条条款。

国会以多数议员通过决议,总统于内阁会议上,公民权利和选举登记处登记的百分之十五以上的选民请求可提起宪法改革动议。

第三百四十三条

国会应依据下列程序行使宪法改革权力:

(1)宪法改革草案应于提交时由立法会议进行第一次讨论。

(2)尽可能按逐编或逐章进行第二次讨论。

(3)逐条进行第三次和最终讨论。

(4)国会应于宪法改革草案提交之日起两年内予以批准。

(5)宪法改革草案应由国会以三分之二多数决批准通过。

第三百四十四条

自国会批准后三十日内,宪法改革草案应提交全民公决。全民公决应对改革草案的全部进行表决,若经三分之一以上国会议员同意,或总统或公民权利和选举登记处登记的百分之五以上的选民提请,亦可对不超过草案三分之一的部分进行单独表决。

第三百四十五条

若支持票的投票总数多于反对票的投票总数,应宣布批准宪法改革。在国会同一宪法任期内不得提交修订宪法改革的动议。

第三百四十六条

总统有义务于修正案和改革草案批准后十日内对其予以公布。若总统未按期公布,应适用本宪法有关条款。

第三章 制宪议会

第三百四十七条

制宪权属于委内瑞拉公民。制宪权由制宪议会行使以改变国体,创立新的法律秩序和起草新宪法。

第三百四十八条

制宪议会得由列席内阁会议的总统、三分之二多数决通过的国民议会、召开公开会议以三分之二多数决通过的市镇议会以及公民权利和选举登记处登记的百分之十五的选民召集。

第三百四十九条

总统无权对新宪法提出异议。现行立宪机关不得以任何方式妨碍制宪议会。为颁布新宪法,新宪法应在委内瑞拉政府公报或制宪议会公报上公布。

第三百五十条

委内瑞拉人民,忠于其共和国传统和独立、和平和自由的追求,应反对违反民主价值、原则和保障或侵犯人权的任何制度、立法或机关。

单独废止条款

1961年1月23日颁布的委内瑞拉共和国宪法在此废止。其他法律秩序中不与本宪法冲突的部分依然有效。

临时性条款(略)

乌拉圭东岸共和国宪法*

（1966年11月27日经全民公决通过，1967年3月1日由议会主席颁布并生效，于2004年10月31日经过宪法修订）

第一编　国家与国家主权

第一章

第一条

乌拉圭东岸共和国是其领土内所有居民的政治联盟。

第二条

它是也必将是自由的，不依靠于任一外国势力的国家。

第三条

它决不为任何人或任何家族所世袭。

第二章

第四条

主权从根本上完全属于国民，国民拥有以下列所述的方式制定其法律的唯一权力。

第三章

第五条

所有的宗教派别在乌拉圭均不受约束。国家不资助任一宗教。国家承认天主教会对完全或不完全以国库资金建造的教堂的所有权，但供救济院、医院、监狱或其他公共机构使用的附属教堂除外。国家同时免除各宗教派别礼拜教堂的各种税。

第四章

第六条

在共和国缔结的国际条约上，必须列有此条款：缔约国之间可能出现的所有分歧应通过仲裁或其他和平方式加以解决。共和国应力求实现拉丁美洲国家社会与经济的一体化，特别是有关这些国家产品与原料的共同保护上。共和国也力求这些国家在公共事业上的有效互补。

第二编　权利、义务及保障

第一章

第七条

共和国居民享有的生存、荣誉、自由、安全、劳动以及财产的权利受到保护。除了依照为维护公众利益而制定的法律外，不得剥夺任何人的这些权利。

第八条

法律面前人人平等，除了天资与德行外，不存在其他的差别。

第九条

严禁制定长子限定继承权。

共和国无权授予任一贵族头衔或世袭的荣誉或称号。

第十条

任何不影响公共秩序或未侵害他人的个人行为均不在治安法官的管辖范围之内。

不得强迫任何共和国居民做出法律上并未要求的行为，或者阻止其从事法律上并未禁止的活动。

第十一条

住宅的神圣不可侵犯。非经住宅主人同意，夜间任何人不得进入住宅，白天除了执行拥有法定权限的法官下达的特殊书面命令以及法律上所规定的情况外，也不得进入住宅。

第十二条

未经正当法律程序以及合法的判决，不得惩处或监禁任何人。

第十三条

在刑事诉讼上，普通法应规定陪审审判。

---

* 译者：覃红霞。

第十四条

不得由于政治上的原因而实施没收财产的刑罚。

第十五条

除了现行犯,或者执行拥有法定权限的法官出于正当的理由而下达的书面命令外,任何人不受逮捕。

第十六条

在前一条所详述的任何情况下,负有最主要责任的法官应在二十四小时之内获取被捕者的供述,并且至多在四十八小时之内应开始进行简易的诉讼程序。获取被告的供述时,其辩护人必须在场。辩护人还具有出席所有简易审讯的权利。

第十七条

在非法羁押的情况下,有利害关系的当事者或其他人均可向主管法官申请人身保护令状,以使得逮捕机关对这一羁押立即作出解释与合法的证明。上述法官的判决为最终判决。

第十八条

法律上应规定审判的程序与手续。

第十九条

严禁受托审判。

第二十条

废除被告在作出供述或认罪时进行宣誓,严禁将被告作为罪犯对待。

第二十一条

同样废除缺席刑事审判。法律应就上述内容作出相应的规定。

第二十二条

任何刑事审判均应从起诉证人或公诉人提出起诉开始,同时废除秘密审判。

第二十三条

所有法官均应对任何侵犯个人权利的行为以及在这一方面的既定程序上的任何偏差负法律责任。

第二十四条

国家、省政府、自治机构或分权机关以及国家的任何机关应对履行公务过程中对第三者造成的损害负民事责任,这些公务是委托他们执行或管理的。

第二十五条

对于上述机构的官员在履行其职责过程中,或为了履行其职责而造成的损害,如果此官员犯有严重过失或欺诈罪,相应的政府机构可以向其索取所有的赔款。

第二十六条

不得对任何人施用死刑。

在监狱中严禁实行虐待。监狱仅是作为确保对罪犯与囚犯进行再教育,使其养成劳动习惯、成为新人的一种手段。

第二十七条

在不会判处监禁的刑事审判的任一阶段,法官可以依照法律规定取保释放被告。

第二十八条

私人文件、私人通讯(无论是书信、电报还是具有其他性质的通信)不受侵犯。除了依照为维护公众利益而制定的法律外,不得对其进行搜查、检查或者窃听。

第二十九条

对于任何问题均有以口头、书面、出版物或者其他传播方式表达思想的完全自由。事先不受任何检查。但是依照法律规定,作者、印刷者或出版者若滥用权利,应酌情承担法律责任。

第三十条

每一公民均有向共和国任何机构或所有机构提出请愿的权利。

第三十一条

除非经议会许可,在其闭会或休会期间经常务委员会许可,以及出现叛国或密谋叛国的特殊情况下,不得侵犯人身安全。即使在上述情况下,对人身安全的侵犯也仅能用于逮捕罪犯上并不得损害第一百六十八条所规定的权利。

第三十二条

财产权不可侵犯,但其应服从于维护公众利益的法律。不得剥夺任何人的财产权,法律上所规定的公众需要或用途除外,但国家财政部应预先给予合理的赔偿。如果因公众需要或用途下达了征用令,无论征用令实施与否,均应赔偿财产拥有者因耽误而遭受的损失或损害,其中包括由于货币价值变化而遭受的损失。

第三十三条

版权、著作权、发明权或艺术权均受法律的承认与保护。

第三十四条

具有本国艺术或历史价值的财产,不论为何人所拥有,均属国家文化珍品,并受到国家的保护。法律应就必须受到上述保护的物品作出规定。

第三十五条

不得强迫任何人对军队提供任一帮助,或者强迫其同意将房子用作军队的宿舍,除非由国家治安法官依照法律下达命令,在这一情况下,共和国应对其所受到的损失进行赔偿。

第三十六条

任何人均可从事劳动、农业、工业、商业、某一专业或任何其他的合法活动,法律上为维护公众利益而强行规定的限制除外。

第三十七条

除非对第三者造成损害,任何人只要遵从法律,均可自由地进入本共和国、在其中居住以及携带其财产出境。

移居入境应由法律加以规定,但决不允许在身体上、精神上或心理上具有可能危害社会的缺陷者入境。

第三十八条

举行和平与非暴力的公众集会的权利受到保护。除非依照法律以及该权利的行使可能损害公共健康、安全或秩序,共和国任何机构不得对该权利的行使进行干涉。

第三十九条

任何人均有为任一目的而结社的自由,除非该社团为法律规定的非法组织。

第二章

第四十条

家庭为我们社会的基础。国家应从精神上与物质上维护家庭的稳定性,以便儿童能在社会中健康成长。

第四十一条

照管与教育儿童,使他们能在身体、智力以及社会能力上得到充分发展,是父母的义务与权利。家庭负担重的,在其需要的情况下,有权得到补助。

法律上应制定必要的措施,保护少年与青年,以防止其父母或保护人在身体、智力以及品德上的照管疏忽,并防止剥削与虐待。

第四十二条

非婚生儿童的父母具有同婚生儿童父母一样的义务。

孕妇,不论其地位与境状,均有权得到社会的保护,在贫困的情况下,还有权得到社会的帮助。

第四十三条

法律上应规定:少年犯罪应通过特殊制度进行审理,其中应准许妇女参加。

第四十四条

国家应在与公共健康与卫生有关的所有问题上立法,以努力改善本国所有居民的体质、品德以及社会福利。

保持健康以及在患病时接受治疗是所有居民的义务。对于贫困以及没有足够收入之人,国家将无偿地提供预防与治疗的费用。

第四十五条

每一本国居民均有获得像样住宅的权利。法律上应确保提供卫生与经济的房屋,为此,应鼓励购买房屋并促进私人资本的投资。

第四十六条

对贫困者或者由于身体或精神上的慢性疾病而无法工作者,国家应给予收容。

第四十七条

国家应通过法律与国际公约同社会的罪恶作斗争。

第四十八条

继承权在法律所规定的范围内受到保护。直系尊亲与直系后裔在税法上将受到优待。

第四十九条

家产(家庭财产),家产的构成、保存、享有以及继承应受到特别法规的保护。

第五十条

国家通过各种措施尽力保护生产出口货物或取代进口货物的生产性活动,以指导共和国的对外贸易。法律上应促进为此目的的投资,尤其是公共储蓄的投资。

以托拉斯形式出现的任何商业或工业组织应受到国家的控制。

第五十一条

由拥有特许权的公司所开办的公共事业中,其费用的制定与实施应由国家或省政府根据具体情况而决定。

本条所提及的特许权不得转让。

第五十二条

严禁高利贷。确定贷款利率最高限额的法律应具有大众性。该法律应确定违反此法应适用的刑罚。

不得剥夺任何人的债务权。

第五十三条

劳动受到法律的保护。

在不损害自由的情况下,运用自己的智力或体力造益于社会是每一个共和国居民的义务,而社会则通过一定经济活动的发展,尽力向其提供可选择的谋生机会。

第五十四条

法律上必须承认从事劳动或服务工作的每一劳动者或雇员具有独立的精神权、公民意识权、获得合理报酬权、工作日限制权、周日休息权以及保持身心健康权。

妇女以及未满十八周岁的未成年人的劳动应加以特别规定与限制。

第五十五条

法律上应规定公平合理的劳动分配。

第五十六条

要求职工居住在企业内的任何企业,必须依照法律规定提供充分的食宿条件。

第五十七条

法律上应支持组织工会,发给许可证、公布规章并承认其为法人。

法律上也应支持调解与仲裁法庭的设立。

罢工应视为工会的权利。在此基础上，应制定罢工权利的行使及效力的管理章程。

第五十八条

政府官员是为国家服务而不是为某一政党服务。严禁任一超越职责的活动，在办公室或上班期间为自己进行政治宣传均为违法行为。

政府官员不得以政府机构的名义建立宣传团体，也不得与该团体的成员建立与其职位有关的联系。

第五十九条

根据文职人员任职或不任职的基本准则，法律上应制定文职条例。

该条例的原则适用于下列部门的下属职员：

1. 除了由特别法管理的军事、警察以及外交部门以外的行政权力机构；

2. 司法权力机构和行政诉讼法庭，与法官的职权、任期或地位有关的行政诉讼法庭除外；

3. 审计法庭；

4. 选举法庭及其机构，但不得违反为管理政党而制定的法规；

5. 分权机关，但不得违反特别法中有关职责的各种性质的任何规定。

第六十条

法律上应制定中央行政部门、自治机构以及分权机关的文官制，其中应规定确保高效行政的义务。

对于由中央行政预算支付薪金并具有永久职务的官员应实行行政专职制，在此，不得违反由每一议院以全体议员的绝对多数通过的法律以及本条第四款的规定。

只有依照本宪法的规则，方能解雇上述官员。

具有法律上确定的政治身份或者私人托拉斯职务的官员不包括在内，此法律是由每一议院以全体成员的绝对多数通过的。这些官员的任命与免职应由相应的行政机构进行。

第六十一条

文职条例应规定职业官员的招聘条件，并制定有关终身任职、晋级、每周一次休息日的权利；年度假、病假的制定；停职或调职的范围；法定职责；以及有关管理规则的行政措施。上述的条例均不得违反第十七编的规定。

第六十二条

省政府应依照上述各条的规定制定适用于其官员的条例，在此条例通过之前，应采用法律上有关政府官员的管理规定。

省政府官员终身职务的授予以及政治上或私人托拉斯中的职位的设立均须由省议会以其全体议员四分之三多数通过。

第六十三条

在本宪法颁布后一年内，商业和工业的自治机构应制定其官员的文职条例，该条例须得到行政权力机构的批准。

这些条例应包括确保该机构正常工作的规定以及在上述各条中适用于政府官员的各项保证，在此范围以内，可以结合各自治机构特定目的的需要。

第六十四条

在必要的情况下，由各议院以全体议员三分之二多数通过，法律上可制定适用于所有或者部分省政府和自治机构的特别条例，此条例具有一般的界限或性质。

第六十五条

法律上应允许在自治机构内组织职员代表委员会，以协助该机构的理事执行条例；研究预算需求、机构的构成、劳动条例以及纪律措施的实行。

在自行管理或由特许权拥有者管理的公共机构中，法律上可规定，设立主管组织，以听取该机构当局与雇员之间的争议，并考虑政府机构为维持该机构而采取的方法与措施。

第六十六条

在被指控的官员作出答复并提出辩护之前，应视为未完成议会或行政部门对于违法、失职或渎职官员的调查。

第六十七条

为确保所有的工人、雇主、雇员以及劳动者在退休时能领取足够的退休金，在出现事故、疾病、失去劳动能力、被迫失业的情况下能获得足够的补助金，在其死亡时能保证其家属获得抚恤金，必须设立普通退休金与社会保险基金。在本国长期居住并已超过工作年龄以及丧失谋生所需的能力的人均有权获得养老金。

退休金和社保基金的分配调整不能低于中等工资指标的变化，会受到同等情况下中央行政部门对其官员工资所作出的调整和增加的影响。

前述所指定的福利资金是基于：

A）工人和雇主的分担额和法律所规定的其他税额；

B）国家认为有必要提供的一定比例的财政资助。

第六十八条

教育自由受到保护。

法律应规定：国家只有出于维护卫生、道德、安全以及公共秩序的目的，方能干预教育。任何父母或监护人均有权为其子女或被监护者的教育而选择其所期望的教师或学校。

第六十九条

私立教育机构以及同样性质的文化机构可免纳国家与地方税,以作为其事业津贴。

第七十条

初等教育、中等教育、农民教育以及工业教育均为义务教育。

国家应促进科学研究和技术教育的发展。

为了实施这些规定,应制定适当的法规。

第七十一条

公立免费的初等、中等、高等、工业、艺术、体育教育为社会的公共事业;在文化、科学和职业领域中,为继续深造和专门研究而设置的奖学金和公共图书馆也为社会公共事业。

在所有教育机构中,应特别注重培养学生的道德与公民品格。

第三章

第七十二条

本宪法所列举的权利、义务以及保障,并不排除人类固有的以及共和政体所产生的其他权利、义务及其保障。

第三编　公民资格和选举权

第一章

第七十三条

乌拉圭东岸共和国的公民包括本国出生的和法律承认的公民。

第七十四条

在共和国领土内任何地方出生的任何人均为本国出生的公民。父亲或母亲为乌拉圭人的儿童,不论其在何地出生,只要在本国居住并在公民登记处登记,也为本国出生的公民。

第七十五条

有权获得法律承认的公民资格者如下:

(一)在共和国内具有家庭的、品行端正的任何外国人,其在共和国必须拥有一定的资产或财产,或者从事于一定的职业、手工业或工业,并一直在共和国内居住达三年以上;

(二)在共和国内没有家庭,但具备前款所提及的所有条件,并一直在共和国内居住达五年以上的品行端正的任何外国人;

(三)由于显著的贡献或杰出的功绩而享有议会授予的特殊待遇的任何外国人。

居住时间的证明必须具有国家或私人确证日期的书面文件。

第一款与第二款中所列举的外国人应在取得公民证书三年之后,方可行使法律承认的公民所应有的权利。

如果存在第八十条中所列举的任何中止资格的原因,禁止授予公民证书。

第七十六条

任何公民均可担任公职,法律承认的公民在获得公民证书三年之后,方可任职。

高等学校中教授的职位不必要求公民资格。

第二章

第七十七条

每一公民均是国家主权的一名成员。因此在选举时,依照规定的程序,其既是选举者又是被选举者。

选举权的行使应依照法律确定的方式并具备下列条件:

(一)在公民登记处进行了义务登记。

(二)参加无记名与义务的投票。由各议院以全体议员的绝对多数通过,法律上应规定这一义务的履行。

(三)必要的比例代表;

(四)司法行政官、行政诉讼法庭与审计法庭的成员、自治机构与分权机关的理事、现役军队的军人(不论其军衔)、任何部门的警官,除了参加投票外,不得参加政治委员会或政治社团,不得在政党宣言中签名,也不得授权使用其名字。总之,严禁参与任何公众或私人的、带有政治性质的活动。如果具有上述的行为,应科以撤职以及取消担任其他任何公职的资格二至十年的处罚。自治机构与分权机关的理事参加政党组织,以及从事政府、立法与行政的特别研究工作,不在上述的禁止之内。

选举法院有权审理选举中上述的违法行为,并加以惩处。此起诉应由当事的国家机构向选举法院提出。

在未违反上述规定的情况下,如果自认为其额外的行为是正当的,应将其所有的证据提交普通法院。

(五)共和国总统与选举法院的成员不得参加政治委员会或政治社团,不得在政党组织中担任领导职务,也不得以任何方式参与选举的政治宣传。

(六)为调解选举中的问题而设立的任何选举委员会必须经由选举产生,并应符合本条所规定的保证。

(七)与公民登记或选举有关的任何新法律以及现行法律的任何修改与解释,必须由各议院以全体议员的三分之二多数通过。这一特定多数仅适用于选举权的保证,以及选举法院与选举委员会的选举、构成、职能和诉讼程序的保证。对于经费开支、预算以及国内法规的表决仅需简单多数票。

(八)经各议院以全体议员的三分之二多数通过,法律上可将第(四)款与第(五)款的禁止扩大至其他官员。

(九)拥有立法权的两院议员、共和国总统与副总统、省议会议员、各省省长、适宜于以选举产生的地方自治机构以及法律上规定必须通过公众选举以确定其组织或构成的任何机构的选举,在不违反第一百四十八条的规定的情况下,应在每隔五年的11月最后一个星期日举行。

两院议员候选人和共和国总统、副总统候选人的名单应列在同一张选票上。依照第七十九条的规定,标有一政党名称的专用选票上,应列有同时进行选举的省委员会、各省省长以及适宜于以选举产生的地方自治机构的候选人名单。

(十)就职后而又辞职的议员或省长,在其当选的任期届满之前,无权领取其应得的离职赔偿金或退休金。此规定不包括:由于疾病(具有医院正式证明)提出的辞职;经有关机构以全体成员的四分之三多数批准的辞职;以及为了成为候选人在选举前三个月提出辞职的省长。

第七十八条

在共和国内具有家庭,同时拥有一定资产或财产或者从事于一定职业、手工业或工业的、并在共和国内一直居住达十五年以上的品行端止的外国人具有选举权,其不必预先获得法律承认的公民资格。居住证明必须具有确证日期的官方或私人的书面文件。如果该证明符合主管当局的要求,由该当局颁发证书以批准该外国人从其在公民登记处登记之日起就有权行使选举权。

第三章

第七十九条

在不违反第八十八条有关选举代表的规定的情况下,投在同一政党名称下的任何竞选职务的选票,只要该政党名称固定不变,均可以累加。"政党名称固定不变"是指该政党必须是参加了上届全国选举并已获得议会的代表席位,经各议院以全体议员的三分之二多数同意,法律可以修改本要求。

在法律颁布后的一年之内,经百分之二十五以上的已登记并具有选举资格的选民的要求,可以对法律进行复决投票,并向立法权力机构行使创制权。本规定不适用于有关征税的法律,也不适用于属于行政权力机构专有的创制权。这两类规定应通过法律加以确定并由各议院以全体议员的绝对多数通过。

第四章

第八十条

如果存在下列情况,公民资格将被中止:

(一)由于生理上或精神上的缺陷而无法进行思考与自主的行动;

(二)正被指控犯有刑事罪,并可能被判处徒刑;

(三)未满十八周岁;

(四)被处以流放、监禁、教养的刑罚或者服刑期间被剥夺了政治权利;

(五)经常做出道德上不诚实的行为,该行为应由法律依照第七十七条第(七)款的规定加以列举;

(六)参加一社会或政治组织并提倡以暴力摧毁国家的根本基础,或者进行煽动暴力的宣传;本宪法第一编与第二编所提及的违法行为也在本规定的取消资格和范围之内;

(七)一直缺乏第七十五条所要求的良好品行。

后两种原因仅适用于法律承认的公民。

如果存在上述的情况,第七十八条所授予的权利将被中止。

第五章

第八十一条

本国籍并不因加入另一国家的国籍而丧失,只要在本共和国内拥有住宅并在公民登记处进行了登记,就可具有恢复公民资格权。

法律承认的公民资格将因加入任何其他国籍而丧失。

第四编 政体及其各种权力

第八十二条

国家采用民主共和政体。

国家的主权由选民通过选举、创制、复决而直接行使,并由本宪法所确定的代议制权力机构间接行使。上述主权的行使均应依照本宪法的规定。

第五编 立法权

第一章

第八十三条

立法权应由议会行使。

第八十四条

议会由众议院与参议院组成,依照本宪法各条规定,两院将联合或分别地行使职能。

第八十五条

议会行使下列职权:

(一)制定与颁布法律;

(二)设立法庭并调整司法与行政诉讼事务的管理;

(三)制定涉及共和国的独立、安全、稳定以及尊严的法律,制定涉及所有个人权利的保护以及促进教育、农业、工业和国内外贸易的法律;

(四)确定必要的税收以支付预算开支;制定税款的分布、征收和拨用以及废除、修改或增加现有的税收;

(五)批准或否决行政权力机构提出的报告的全文或部分;

(六)根据行政权力机构的提议,审议与确定国家公债,规定国家公债的保证,以及制定国家信贷;除了上述最后一项外,均需由各议院全体议员的绝对多数通过;

(七)宣布战争状态,以两院全体议员的绝对多数同意或否决行政权力机构同外国达成的和平、联盟、贸易条约以及任何性质的公约或契约;

(八)确定每年必需的武装力量,军事力量的增加必须经过各议院以全体议员的绝对多数通过;

(九)经各议院以全体议员的三分之二多数同意,设立新的省份及其省界;建立进口港;设立海关并依照第八十七条的规定确定进出口税;宣布国家重要旅游区的划分,该区将由有关的部门进行管理;

(十)决定货币的重量、规格以及价值,确定货币的等级与面额,规定度量衡体系;

(十一)允许或禁止外国军队进入共和国的领土,如果允许进入,应规定其离开的时间;经行政权力机构批准,只是为了表示敬意而入境的部队不在本规定之内;

(十二)拒绝或允许本国军队离国出征,如果允许其出征,应规定其返国的日期;

(十三)设立或取消公职,确定公职的报酬及其退休金,批准、否决或者缩减行政权力机构提出的经费预算,授给养老金和其他的金钱报酬,颁布授予优秀职员的国家荣誉;

(十四)经议会联席会议以全体议员的三分之二多数同意,予以赦免;在特别情况下,经各议院全体议员绝对多数的同意,予以特赦;

(十五)颁布有关民兵的条例,规定民兵的数目,并确定其应召服役的时间;

(十六)选择国家重要权力机构应设立的地点;

(十七)经各议院以全体议员的三分之二多数通过,授予垄断权;设立有利于国家或省政府的垄断权必须经过各议院全体议员的绝对多数同意;

(十八)依照有关编章的规定,在两院联席会议上选举最高法院、选举法院、行政诉讼法庭以及审计法庭的成员;

(十九)根据第八编的规定,对政府部长的行为作出政治上的判决;

(二十)依照第二百五十六条至第二百六十一条的规定,在不影响最高法院权力的情况下,解释宪法。

第八十六条

依照第八编的规定,公共机构与公职的设立与撤销、工资的确定与变更以及经费的批准均应通过预算法而生效。

涉及国库担负经费的其他法律应规定该经费的应征税。但是设置公职、增加工资与退休金、批准与增加抚恤金或补助金的动议权仅授予行政权力机构。

第八十七条

税收的批准必须由各议院以全体议员的绝对多数通过。

第二章

第八十八条

众议院由九十九名议员组成。根据每一政党在全国所获得的支持票,按比例代表制由人民直接选出众议员。

每一个省至少应有两名众议员。

众议员的数目可通过法律加以改变,但必须得到议院全体议员的三分之二多数同意。

第八十九条

众议员的任期为五年,其选举应依照第三编所规定的选举规则以及保证进行,方可生效。

第九十条

众议员必须是充分行使公民权利的本国出生的公民,或者是行使公民权利已达五年以上的法律承认的公民,必须年满二十五周岁。

第九十一条

下列人员不得成为众议员:

(一)共和国总统与副总统,司法权力机构、审计法庭、行政诉讼法庭以及选举法院的成员、董事会或理事会成员,自治机构与分权机关的理事,省议会与地方委员会的主席以及各省省长;

(二)军职人员或行政、立法、司法权力机构,选举法院、行政诉讼法院、审计法庭、省政府、自治机构以及分权机关中领取薪俸的公职人员,但不包括领取退休金或养老金的职员。本规定不适用于在大学中担任教学职务或者具有教学职责的技术专家。但是，如果当选的议员愿意继续担任这一职务，在任职期间，只能担任名誉职务。为了在立法机关任职而辞去职位、薪俸的军人可以保留原军衔，但在担任议员期间，不得晋升军衔，他们可以不受所有军纪的约束，在他们日后的提升上，担任议员职务的时间不应计入其资历内。

第九十二条

如果共和国总统、副总统以及任一代替总统的公民连续或间断地任职达一年以上，就不能成为众议员的候选人。同样，法官、检察官、省长、在本省任职的警官、在本地区统率部队或正在执行其他军事任务的军官也不能成为众议员的候选人，除非在选举前三个月就辞去并脱离原职务。

自治机构与分权机关的顾问与理事应按第二○一条的规定执行。

第九十三条

对于两院议员、共和国总统与副总统、政府各部长以及最高法院、行政诉讼法庭、审计法庭、选举法院的成员的违宪行为或其他严重罪行，众议院根据当事者或其中之一的当事人的上诉，经审理并确认起诉的原因后，有权向参议院提出弹劾。

第三章

第九十四条

参议院由三十名参议员组成。依照第三编以及随后各条有关选举的保障及规定，参议员应由人民在全国为一选区的情况下直接选出。

共和国副总统在参议院具有发言权与投票权，并担任参议院以及议会的议长。

如果副总统担任或暂时地行使共和国总统的职务，或者副总统的职位空缺或暂时空缺，参议院议长的职位应由在获得最多选票的政党的候选人名单上，拥有最多选票者担任。如果此人也存在上述相同的情况，则由候选人名单上票数次之者担任。在以上所述的情况下，应召请代理人加入参议院。

第九十五条

参议员的选举采用绝对比例代表制。

第九十六条

同一政党不同派别所获得的参议院席位的分配也应根据候选人名单上所获得的支持票的票数而决定。

第九十七条

参议员的任期为五年。

第九十八条

参议员必须是充分行使公民权利的本国出生的公民，或者行使公民权利已达七年以上的法律承认的公民，二者均应年满三十周岁。

第九十九条

在第九十一条中所列举的无资格者以及例外情况也适用于参议员。

第一百条

法官、检察官、警官以及统率部队或执行某一军事行动的军官不能成为参议员的候选人，除非在选举前三个月就辞去并脱离原职务。

第一百○一条

同时当选为参议员与众议员的公民应在其中选择一个担任。

第一百○二条

对于由众议院或者省议会提出的弹劾，根据具体情况，参议院有权提起公审，并以全体参议员的三分之二多数同意宣布判决。但此判决仅具有撤职的效力。

第一百○三条

被弹劾者，虽然已被参议院根据前一条规定而撤职，仍可依法受审。

第六编 议会会议、两院之共同规定及常务委员会

第一章

第一百○四条

议会应于每年的3月15日召开其常会并持续至12月15日为止，在举行选举的年份中，仅至10月15日为止。在这一情况下，新议会应在次年的2月份举行会议。

议会应在指定的日期召开会议，无须由行政权力机构专门召集。在副总统就任之前，应由获得最多选票的政党中拥有最多选票的参议员主持议会及参议院的会议。

只有出于重要的紧急原因，议会或者两院之一或者行政权力机构方可停止议会休会并召集特别会议，以专门处理导致召开此会议的问题，或者专门处理虽然不是召集会议的原因但是正在研究中需要立即考虑的法案。同样，议院在休会前或休会期间收到了应立即考虑的提案，议会应自动地停止休会以进行讨论。

简短的特别会议不能够取消议会或两院之一的休会，如果特别会议确实是必须召开的，方可中断休会，而且中断期不能超过特别会议的会期。

第二章

第一百〇五条

每一议院的内部管理应按各自发布的管理条例进行。如果议会举行两院联席会议,则按议会所制定的规章进行管理。

第一百〇六条

各议院应指定各自的议长与副议长,但参议院的议长除外,其任命应依照第九十四条的规定进行。

第一百〇七条

各议院应根据第五十八条至第六十六条所规定的保证,制定有关任命议院秘书与职员的条例,并依照此条例任命在各方面均合格的议院秘书与职员。

第一百〇八条

各议院应在其任期的头十二个月内,以所有议员的五分之三多数通过各自的预算案,并通知行政权力机构以便将此预算案纳入国家预算之中。

各议院在其任期的头五个月内,应以同样的法定多数通过任一必要的变更。

如果在上述期限终止时尚未通过预算案,原预算案可继续生效。

第一百〇九条

当到会人数少于议员数的一半时,任一议院不得召开其会议。如果在本宪法所确定的开会日期出现了上述情况,到会的少数者可以举行会议制定处罚规定,以强迫缺席的议员到会。

第一百一十条

议院应通过书面形式进行议院间的情况交流以及同秘书处之间的情况交流,并通过各自议长同其他的公共权力机构互通情况。

第一百一十一条

特殊津贴的发放必须通过无记名投票决定,并由各议院以全体议员的绝对多数同意而批准。

各议院应制定对赦免与任命职务的无记名投票的规则。

第三章

第一百一十二条

参议员与众议员对于任职期间的投票和所发表的观点不负法律责任。

第一百一十三条

任何参议员或众议员从其当选之日起至任期届满止,不受逮捕。除非在犯罪现场,在这一情况下被捕,应立即通知有关议院并附上案件的简要报告。

第一百一十四条

任何参议员或众议员从当选之日起至任期届满止,不因犯有刑事罪或者第九十三条中未包括的普通罪而受到起诉,但向其所属的议院的起诉除外。议院在接到起诉后,应以全体议员的三分之二多数判定起诉的原因成立与否,如果成立,议院应宣布停止其职务,并将其移交有关法庭处置。

第一百一十五条

各议院可以对其任一议员在任职期间的不规矩行为进行谴责,经全体议员的三分之二多数通过可以停止其职务。如果议员任职后在身体与精神上出现不合格的状况,或者在当选后进行了与其职位不相称的行为,议院可以同一比例的多数同意将其撤职。

议院以到会议员的简单多数票就足以接受议员的自动辞职。

第一百一十六条

对于各议院任期中因任一原因出现的空缺,应依照法律所规定的方式,由选举时所指定的代理人进行填补而不必重新选举。

如果议员暂时无法工作或暂时缺席,法律上也允许由代理人替代。

第一百一十七条

参议员与众议员在任职期间,按月领取薪金从而获得工作的报酬,如果议员无故脱离其所属的议院或者委员会,应依照议院的有关条例适当地扣除其薪金。

在任一情况下,均应按工资的比例进行扣除。

议员薪金的确定,应在上届议会的任期末由议会联席会议以全体议员的三分之二多数通过。此报酬应由行政权力机构发给并且必须足以维持优裕的生活,除此之外,议员不得从其所担任的职务上获取任何经济上的好处。

第四章

第一百一十八条

任一议员为了履行职责,均可向政府部长、最高法院、选举法院、行政诉讼法庭以及审计法庭索取必要的资料与信息。议员应以书面形式并通过各自议会的议长提出上述的要求。议长必须迅速地将此要求传达有关机构。如果该机构在法定期限内未提供信息,议员可通过所属的议院提出要求,议院应对此作出终决。

上述的要求不得涉及司法权力机构与行政诉讼法庭的司法权内以及法院管辖权限内的事务。

第一百一十九条

由三分之一以上的议员提议,各议院在不违反第八编的规定的情况下,无论是出于立法的需要还是出于调查或研究的需要，均有权要求政府部长出席议会会议，以答复议员的提问并提供适当的信息。

如果上述的信息涉及自治机构或分权机关，部长可以要求相应的委员会或董事会的代表同时出席。

第一百二十条

各议院为了立法的需要，可以指定议会委员会进行调查或者收集资料。

第一百二十一条

在前三条所详述的情况下，各议院在不违反第八编的规定之下，可以发表声明。

第五章

第一百二十二条

参议员与众议员在各自议院获得席位后，非经所属议院的同意，不得在国家、省政府、自治机构、分权机关以及其他任一公共机构内担任带薪的职务，或者为其履行任何有报酬的职责。任何议员若担任上述的职务或履行上述的职责，议院应考虑取消其席位。

如果参议员应召临时担任共和国总统的职务，或者参议员与众议员应召担任政府部长或副部长的职务，其议员的职务即被停止，在停职期间，该职位应由其相应的代理人取得。

第一百二十三条

议员不得同时兼任任何性质的选举产生的公职。

第一百二十四条

参议员与众议员在任职期间也严禁：

（一）在已同国家、省政府、自治机构、分权机关或其他公共机构签订了承揽或事业合同的企业中担任理事、行政管理者或雇员。

（二）以第三者的身份到中央行政机关、省政府、自治机构或分权机关办理或指导业务。

违反本条规定的议员将立即失去议员的席位。

第一百二十五条

在众议员与参议员任期届满后的一年内，第一百二十二条第一款的禁令仍然适用，由各议院另行批准的除外。

第一百二十六条

经各议院以全体议员的绝对多数通过，法律上可制定有关前两条所规定的禁令的条例，或者其他的禁止条例，或者将这些条例扩大适用于其他机构的人员。

第六章

第一百二十七条

常务委员会由四名参议员与七名众议员组成，

这些议员应采用比例代表制通过选举产生，并由各自议院任命。委员会的主席必须是一多数党的参议员。

每一年的任命应在议会产生后或议会各届常会召开后的十五天之内作出。

第一百二十八条

在举行常务委员会选举的同时，应选出十一名议员各自的代理人，当这些议员患病、死亡或出现其他障碍时，由代理人取代。

第一百二十九条

常务委员会是执行宪法与法律的监护者，必要时应就此方面向行政权力机构提出抗议。根据具体情况，它向本届或下届议会负责。

第一百三十条

如果上述的抗议已提出两次但未产生任何效果，根据问题的严重性与重要性，常务委员会有责任召集议会会议。

如果共和国总统行使第一百四十八条第七款授予他的权力，在新议院产生或原议院继任之际，常务委员会应向议会作出报告。

第一百三十一条

在议会休会期间，由常务委员会行使议会职权，直至议会常会重新召开为止。

议会或参议院在开始休会时，应将正在研究的、属常务委员会权限之内的问题如实地移交给常务委员会。

然而，如果休会中断或在特别会议的召开期间，经议会或参议院决定并预先通知常务委员会后，可以将正由常务委员会处理的问题重新置于议会或参议院的权限之内。

如果特别会议结束时，由议会或参议院自行管辖的问题尚未解决，有关官员应将此问题直接移交常务委员会。

在休会期召开的特别会议期间，议会或参议院应行使本条所授予的权力。

在休会结束时，常务委员会应将尚未处理的问题直接交还有关机构。

由第一百二十九条授予常务委员会的义务和责任不因议会或各议院召开特别会议而改变，即使议会或议院将正由常务委员会处理的所有问题置于自行管辖的权限内，也不因此而改变。

如果参议员与众议员的权力因任期届满而终止，而新当选的参议员与众议员又尚未公布，或者议院因第一百四十八条第七款的规定被解散，常务委员会要继续行使本条所授予的职权，直至新议院产生为止。

在上述的情况下，各议院产生之后应指定新的常务委员会委员。

第一百三十二条

常务委员会也有权答应或者拒绝行政权力机构根据宪法提出的各种要求,在不违反第一百六十八条第十三款规定的情况下,常务委员会也拥有本编第四章第一百一十八条及其下列各条中授予各议院的职权。

第七编 法案的提出、讨论、通过以及法律的公布

第一章

第一百三十三条

在不违反第八十五条第(六)款和第八十六条规定的情况下,任何法案均可由两院的议员提出或者由行政权力机构通过其部长提出。

有关确定免税、规定最低工资、公共或私人企业的产品或货物价格的所有法案,必须由行政权力机构提出。

立法权力机构不得增加由行政权力机构提出的免税额或最低工资额与价格,也不得降低其提出的最高价格。

第二章

第一百三十四条

如果任一议院通过了其议员提出的法案,应将此法案提交另一议院,后者经讨论之后,可以通过、修改、增补或否决该法案。

第一百三十五条

如果收到法案的议院将附有其增补或异议的这一法案退回,而提出法案的议院又同意其意见,后者应将此通知前者,并将此法案送交行政权力机构。但是,如果后者不接受修改意见并坚决要求维持提出的原法案,此时,后者可以要求召开两院联席会议,经讨论之后,以三分之二的多数通过决定出一个法案,此法案或是原有争议法案的修改案或是一个新法案。

第一百三十六条

如果任一议院收到法案后未有异议,应批准该法案,并通知提交法案的议院,随后即将此法案送交行政权力机构以便公布。

未获得议会两院一致通过的所有法案均被视为由通过该法案的议院提出。

第一百三十七条

如果行政权力机构接到法案后提出异议或者意见,应在规定的十天期限之内将该法案以及这些异议或意见呈送议会。

第一百三十八条

如果行政权力机构将法案以及异议或意见退回,议会应召集会议并以到会议员的五分之三多数票对此问题作出表决。

如果议会从首次召集会议起六十天之内未作出决定,可以认为议会接受了行政权力机构的异议。

第一百三十九条

如果行政权力机构仅对法案的某一部分提出异议,议会可以根据此异议修改法案,并以到会议员的绝对多数通过此法案。

第一百四十条

如果议会在联席会议上未能通过由行政权力机构退回的法案,此法案应视为暂时无效并且在下届议会产生之前不得再次提出。

第一百四十一条

在重新讨论被行政权力机构退回的法案时,应采用唱名与回合"支持"与"反对"的方式进行表决,并立即将这些名字、表决的理由以及行政权力机构的异议或意见在报刊上发表。

第一百四十二条

如果已由一议院通过的法案一开始就为另一议院所否决,此法案应视为暂时无效并且在下届议会产生之前不得再次提出。

第三章

第一百四十三条

如果行政权力机构对收到的法案未提出任何异议,应立即发出该法案由此而通过的通知,并立即予以颁布。

第一百四十四条

如果行政权力机构在第一百三十七条所规定的十天期限之内,未将法案退回,该法案即成为法律并应照此执行。否则,提交该法案的议院有权要求按上述执行。

第一百四十五条

如果行政权力机构将具有异议或意见的法案退回,而该法案经议院联席会议讨论之后再次获得通过,该法案则为终决法案并送交行政权力机构,后者应立即予以颁布,不得再次反对。

第四章

第一百四十六条

如果一法律已经通过,应一律采用下列的语言方

式予以颁布：

"乌拉圭东岸共和国议会的参议院和众议院颁布：……"

第八编 立法权与行政权之关系

第一百四十七条

各议院可以提请议会在联席会议上对政府部长的行政或管理行为宣布不信任，从而对政府部长的行为作出判决。

如果提出了上述内容的动议，提出动议的议院应在四十八小时之内召集特别会议，并依照其诉讼程序作出判决。

如果该动议获得到会议员的多数通过，应通知议会，议会则应在四十八小时之内召集会议。

如果议会首次召集会议时，议员的出席人数不足以举行会议，应再次召集，并以到会的议员人数视为议会的组成人数。

第一百四十八条

不信任案可以针对个人、数人或集体提出。但在任何情况下，必须由议会在特别的公开会议上以议会全体议员的绝对多数通过。然而，在必要的情况下，可以决定召开秘密会议。

个人不信任案是针对一个部长，数人不信任案是针对若干个部长，集体不信任案则是针对部长会议中的多数部长。

如果依照前面各条的规定，不信任案获得通过，根据具体情况，某部长、若干个部长或者部长会议中的多数部长必须辞职。

如果不信任案仅以全体议员少于三分之二的多数通过，共和国总统可以否决这一不信任案。

在上述的情况下，议会应在随后的十天之内召开特别会议。

如果首次召集时，议员的出席人数未达到议会会议的法定人数，从第一次召集起二十四小时之后四十八小时之内应进行第二次召集，如果又未达到应出席的法定人数，即可认为此不信任案无效。

如果议会以全体议员的五分之三以下的多数坚持原表决结果，共和国总统可以在四十八小时之内，作出保留被谴责的某一部长、若干部长或部长会议中的多数议长并解散两院的明确决定。此时，总统必须下令重新选举参、众两院。此选举应在作出上述决定后的第八个星期日举行。

保留被谴责的某一部长、若干部长或者部长会议中的多数议员、解散两院以及要求重新选举的决定应在同一命令上作出。

当议院被解散时，议员的权利与特权仍继续保留。

共和国总统在其任期的最后十二个月内不得行使这一权力，在此期限内，议会如果以全体议员的三分之二或三分之二以上的多数通过，可以决定具有本条第三款所规定的效力的不信任案。

共和国总统在其任职期间，对于未涉及集体的不信任案，上述的权力只能行使一次。

如果行政权力机构不执行重新选举的命令，两院可依照法律重新召集议会会议，并恢复国家立法权力机构应有的立法权力，而部长会议则应解散。

如果选举法院在选举后的九十天之内尚未宣布各议院半数以上的当选议员，被解散的议院也可重新获得其权利。

如果新议院半数以上的议员已由选举法院宣布，议会在接到各自通知后的三天之内就获得所有的权利。

新议会无须行政权力机构预先召集，即可举行会议，而原议会应从此宣告结束。

新议会在其产生后的十五天之内，应以全体议员的绝对多数通过或否决原不信任案。如果通过了不信任案，则部长会议必须解散。

由特别选举产生的议院的任期至被解散议院的正常任期结束为止。

第九编 行政权

第一章

第一百四十九条

行政权应由共和国总统和一个部长或者若干个部长或者按本编或其他相同的规定而建立的部长会议共同行使。

第一百五十条

应设立一名副总统，在总统职位出现暂时或永久空缺时，副总统可接替这一职务，并具有相同的权力与义务。如果是永久空缺，副总统应替职至本届政府任期届满为止。

共和国副总统必须担任议会与参议院的议长。

第一百五十一条

共和国总统与副总统应由人民根据联合双轮投票制以简单多数票直接地同时选出。各党派的票数不得累加。

此外，第三编所规定的选举保证也同样适用，共和国应被视为一个单一的选区。

充分行使公民权利的、本国出生的、年满三十五周岁的公民，方可当选共和国总统或副总统。

第一百五十二条

总统与副总统的任期为五年,自离职之日起,必须五年之后方可再次担任这些职务。

本规定适用于总统接任副总统之职,但不适用于副总统接任总统之职,下一款所规定的除外。

在总统职位永久空缺期间,替任总统职务达一年以上的副总统或任一公民,在本条第一款所规定的相同期限内,不能当选为总统或者副总统。

在选举前三个月内,替任总统的副总统或任一公民也不能当选为总统。

第一百五十三条

如果共和国总统的职位因总统或副总统的休假、辞职、任职期满或者死亡出现暂时或永久空缺,该职位应由获得最多选票的政党的候选人名单上拥有最多选票的参议员替任。此人必须具有第一百五十一条所规定的资格,并不为第一百五十二条的期限所限制。如果他不能履行该职责,此职位应由同一候选人名单上名列首位的参议员替任,其也应具备上述条件且并不存在上述的时间障碍,其余的均照此依次类推。

第一百五十四条

共和国总统的报酬应在选举前由法律加以规定,在其任职期间不得改变。

第一百五十五条

如果当选的总统与副总统在就职前辞职、永远丧失能力或者死亡,总统与副总统的职位应分别由获得最多选票的政党中获票数名列候选人名单首位与次位的两位参议员担任。他们必须具备第一百五十一条所规定的资格,并且不存在第一百五十二条所提及的时间障碍。

如果他们不能履行这些职责,这两职位应由同一候选人名单上,具备上述资格并且不存在上述时间障碍的其他参议员担任。

第一百五十六条

如果选举法院在总统与副总统就职之日还未宣布当选的共和国总统与副总统,或者宣告其选举无效,即将离职的总统应将总统职责委托给最高法院院长,最高法院院长应任职至将该职位移交为止,在此期间,该院长应中止其司法职能。

第一百五十七条

如果当选的总统暂时不能就职或无法履行其职责,应由副总统替任总统,如果副总统也无法履行此职责,应依照第一百五十三条所规定的顺序取代总统,直至导致上述情况的原因消除为止。

第一百五十八条

共和国总统当选后于3月1日就职,并,应在议会联席会议上面对两院宣告如下:"我,(姓名),以我的名誉忠诚地保证:履行已授予我的职责,保护与捍卫共和国的宪法。"

第一百五十九条

共和国总统,无论在国内或国外,均代表国家。

第二章

第一百六十条

部长会议由若干部长或者行使部长职权者组成。它拥有行政管理与政府的所有特权,这些权力是由共和国总统或者各部长以各个部的名义授予的。部长会议还拥有第一百六十八条第(七)款(要求立即考虑的声明)、第(十六)款、第(十九)款以及第(二十四)款所列举的专有权力。

第一百六十一条

部长会议的主席为共和国总统,在讨论中拥有发言权,在议案表决上拥有投票权,当票数均等时拥有决定性的投票权,即使正因他的投票而导致票数均等。

如果共和国总统认为有必要,或者一个或若干个部长为了讨论各部的事务而提议,共和国总统可以召集部长会议,部长会议应在召集之后的二十四小时之内举行。

第一百六十二条

如果到会人数超过部长会议成员的半数,可以举行会议,并以出席会议的成员的绝对多数通过会议的决定。

第一百六十三条

以多数决通过,可在任何时间里结束讨论。以此而提出的动议无可非议。

第一百六十四条

部长会议可以其成员的绝对多数通过撤销自己的任一决议。

第一百六十五条

部长会议以到会成员的绝对多数通过可以撤销由共和国总统与某一部长或者若干部长一致同意的原决定。

第一百六十六条

部长会议可以通过其内部的条例。

第一百六十七条

如果需要一位部长暂时主管另一部的工作,只需在部长会议上进行单一投票。

第三章

第一百六十八条

共和国总统与各部长或若干部长或者部长会议

共同拥有下列职权：

（一）维护国内秩序与安定以及国家的安全。

（二）行使所有武装力量的最高统率权。

（三）依照法律，发放退休金并确定文职及军职人员的薪金。

（四）依照第七编的规定，迅速颁布及发行必须颁布或发行的所有法律，实施法律并保证法律的实施以及公布实施法律所必需的特别法规。

（五）在议会常会召开时，向议会报告共和国的现状以及显著的进步与改革。

（六）对议会送交的法案提出异议或意见；并依照第七编规定的方式中止或反对该法律的颁布。

（七）向议院提出法案或现行法律的修正案，提交这些法案时，可以附上要求立即考虑的声明。

要求立即考虑的声明应与法案同时提交，在这一情况下，议会应在其所要求的期限内讨论此法案。如果议会在此期限内没有作出明确的否决，也未通过任一替代法案，可以认为上述的法案已被通过。通过上述的法案必须遵循下列规则：

1. 行政权力机构不得同时向议会提交一个以上附有要求立即考虑的声明的法案，在已提交的法案的讨论期限到达之前，也不得提交具有上述要求的新法案。

2. 这一限制条件不适用于预算草案，也不适用于需要各议院以全体议员的五分之三或三分之二的多数通过的法案。

3. 各议院以全体议员的五分之三多数可以否决要求立即考虑的声明。此后，应按照第七编所规定的正常程序进行。

4. 各议院应在四十五天的期限内讨论该法案。如果前三十天已过，议院应召开持续的特别会议以讨论该法案。如果该会议的十五天期限已满，而且未否决该法案，可以认为该法案已按行政权力机构提交时的原本为该议院所通过，并且应根据具体情况，立即将此法案直接送交另一议院或者行政权力机构。

5. 如果后一议院通过了不同于前一议院所提交的另一法案，应将这一法案送交前一议院同时给予二十天的讨论期限。如果前一议院在这一新的期限到达时未作出明确的表决，应立即将此法案直接送交议会。

6. 应再给议会二十天的讨论期限。如果议会在这一新期限到达时未作出明确的决定，可以认为该法案按后一议院通过的原本已被通过。

7. 如果两院否决了附有要求立即考虑的声明的法案，第一百四十条的规定可以适用。

8. 给予第一个议院的讨论期限应从议院收到该法案的次日算起。随后的每一期限应紧接着前一期限到达之日算起，如果在前一期限到达时已经明确地通过该法案，则由有关部门收到该法案的次日算起。

（八）依照第一百〇四条的规定，召集议会举行特别会议，并解释召开该会议的原因。

（九）依照宪法与法律的规定，授予文职与军职人员职务。

（十）解除不称职的、玩忽职守或违法乱纪的职员的职务，这些决定在任何情况下都必须经过参议院批准，在参议院休会期间由常务委员会批准。对于违法乱纪的，应送交法院处理。经参议院许可，也可解除犯有玷污自己良好名誉或者国家声誉以及所任职务的声誉的外交与领事官员的职务。如果参议院或常务委员会在九十天之内没有作出明确的决定，行政权力机构不需其同意即可进行撤职。

（十一）依照法律，授予军衔，上校或更高军衔的授予必须经过参议院同意，参议院休会期间，须经常务委员会同意。

（十二）任命领事或外交人员，任命外交使团团长必须经过参议院同意，在参议院休会期间，须经常务委员会同意。如果参议院或常务委员会在六十天之内未作出决定，行政权力机构不需其同意即可作出任命。

外交部门中，大使与公使为行政权力机构的全权代表，由各议院以全体议员的绝对多数通过的法律另行规定的除外；

（十三）根据具体情况，经参议院或常务委员会以其所有成员的五分之三多数同意，任命法院检察官以及共和国的其他检察官。

行政诉讼法庭的国家检察官以及政府各部与财政委员会的检察官的任命，不必经过上述的同意。

（十四）自行革除法律上规定应撤职的军职与警方人员的职务。

（十五）接见外交使节，并批准外国领事行使其职权。

（十六）宣布断绝外交关系，如果仲裁或其他避免战争的和平方法均告失败，依照议会的已决议案，宣布战争状态。

（十七）当出现外国侵犯或者内部暴乱严重的意外情况时，采取果断的安全措施，并在二十四小时之内将已采取的行动及其动机向议会联席会议报告，在议会休会期间向常务委员会报告，后者的决定为终决。

对于个人而言，果断的安全措施仅限于将其逮捕或者在本国领土内将其从一个地方迁移到另一个地方并不准其离开此地。这一措施同样应在二十四小时之内向议会的联席会议或者常务委员会报告，后者将作出最后的判决。

在一个地方的拘留不得作为罪犯的监禁。

(十八)依照法律规定,通过下属机构进行征税,并拨出此款。

(十九)依照第十四编的规定,编制每年的总预算案提交给议会,并列出上一年支出经费的明细账;

(二十)缔结与签署条约,条约的认可必须经过议会的批准。

(二十一)依照法律规定,授予工业特权。

(二十二)授予或拒绝授予开办任一计划银行的权力。

(二十三)根据司法权力机构的要求,提供警察部队的援助。

(二十四)通过一合理的决议,在其政治责任的范围内,进行任一必需的授权。

(二十五)行政权力机构的决议和通告必须由共和国总统和有关部长或若干部长共同签字,否则任何人均有权拒绝执行。

然而,行政权力机构可以规定,某些特定的决议可以由一符合上述要求的现行法规所认可。

(二十六)共和国总统可以自由地任命一名秘书与一名助理秘书,后二者就以此身份在部长会议中供职。

秘书与助理秘书任期与总统任期相同,总统可以随时将其免职或撤换。

第一百六十九条

依照法律规定,除了现任职务工资、退休金、退职金或者抚恤金外,不得以其他任何理由付给薪金。

第四章

第一百七十条

共和国总统,非经参议院许可,离开本国领土不得超过四十八小时。

第一百七十一条

共和国总统享有与参议员、众议员相同的豁免权,也适用同样的取消资格与禁止的规定。

第一百七十二条

共和国总统不受指控,除非采用第九十三条所规定的方式。即使如此,也仅限于其任职期间或此后的六个月内。在上述的期限内,可以要求总统居住在指定的区域。除非由议会在联席会议上以全体议员的绝对多数同意其出国。

如果众议院以全体议员的三分之二多数通过弹劾,共和国总统应被停职。

第五章

第一百七十三条

在共和国和各省应设立警察总长,应由各届的行政权力机构从符合参议员条件的公民中任命。

行政权力机构在必要的情况下,可以将其调动或者撤职。

第十编　政府部长

第一章

第一百七十四条

应设立十一个部,其中各部均有各自的名称,并拥有法律所规定的权力与权限,该法律必须由各议院以全体议员的绝对多数通过。

共和国总统可以在部长会议内重新分配上述的权力与权限。

经行政权力机构的提议,并由各议院以全体议员的绝对多数通过法律,可以改变政府部的数目。

共和国总统应将政府各部委托给受到议会支持的称职的公民负责。

在不违反第四编规定的情况下,共和国总统可以决定各部停止行使其职权。

第一百七十五条

部长或者若干部长应对其与共和国总统共同签署或公布的法令或命令负责,除非部长会议在决议中明确规定该责任应由赞成该决议者负责。依照第九十三条、第一百〇二条和第一百〇三条规定,上述的责任是有效的。

第一百七十六条

部长必须具有同参议员一样的资格。

第一百七十七条

各部部长在议会每届任期开始时,应向议会提交有关本部所有事务的简要报告。

第一百七十八条

政府各部长享有与参议员、众议员相同的豁免权,也完全适用同样的取消资格与禁止的规定。

各部长不受指控,除非采用第九十三条所规定的方式,但也仅限于任职期间,如果众议院以全体议员的三分之二多数通过弹劾,受到弹劾的部长必须由此而停职。

第一百七十九条

部长应对自己的犯罪行为负责,即使他们仅是执行共和国总统或部长会议的书面或口头命令。

第一百八十条

部长可以参加议会、各议院、常务委员会及其各常设委员会的会议,也可参与辩论,但不具有表决权。副部长经各自部长的许可,也拥有相同的权力,但第一百一十九条与第一百四十七条所列举的情况除外,在这些情况下,若有部长随同也可参加会议。副部长在任何情况下,都必须向部长负责。

第一百八十一条

部长以各自身份,依照法律与行政法规,行使下列职权:

(一)实施宪法、法律、法令以及决议;

(二)制定必要的法律、法令以及决议的草案并提交上级机构审议;

(三)在各自的权限内,支付已认可的国债;

(四)批准本部职员的休假;

(五)任免下属部门的职员;

(六)监督行政职能,采用必要的措施以确保其正常行使;执行纪律惩戒;

(七)签署并传达行政权力机构的决议;

(八)在不违反第一百六十条的规定的情况下,行使法律或者行政权力机构在部长会议中通过的议案所授予的其他职权;

(九)依照一个合理决议的规定,在其政治责任的范围内,进行必要的授权。

第一百八十二条

部长和副部长的职责应由行政权力机构加以规定。

第二章

第一百八十三条

各部应设立一名副部长,应由部长提名并和部长同时就职。副部长的任期与部长相同,除非再次任命。

第一百八十四条

在部长缺席的情况下,共和国总统必须指定一个临时替职者,其应是其他部的部长或者是本部的副部长。

第十一编 自治机构与分权机关

第一章

第一百八十五条

国家产业与商业的所有机构必须由理事会或董事会进行管理,并具有一定程度的分权,其分权程度应由本宪法以及各议院以全体议员的绝对多数通过的法律加以确定。

如果理事会是由领取薪金的理事组成,依照法律规定,其必须由五个或七个成员组成。

由各议院以全体议员的三分之二多数通过,法律可以规定:分权机关由一名理事长主管,理事长的任命应依照第一百八十七条规定的程序进行。

在理事会或董事会同国际组织或机构或者外国政府之间的条约的缔结上,行政权力机构在不损害第五编规定中授予立法权力机构的权力之下,可以规定某些情况下必须经过行政权力机构的事先批准。

第一百八十六条

邮电、海关与港口局以及公共卫生机构不得以自治机构的形式进行分权,尽管法律上可给予其一定程度的、与行政权力机构的控制共存的自治权。

第一百八十七条

理事会的成员与理事长不经选举而由共和国总统与部长会议共同委任。该任命事先必须由参议院,根据列有姓名、职务以及专业资格证明的提案,以依照第九十条第(一)款规定而选出的全体参议员的五分之三多数通过。

如果参议院在收到该提案后的六十天之内未给予批准,行政权力机构可以提出一个新提案,或者再次提交原提案,在后一情况下,必须由参议院全体议员的绝对多数通过。

经各议会以全体议员的五分之三多数同意,法律上可以规定任一其他的任命制。

第一百八十八条

在自治机构或分权机关资本的设立或扩大上,允许私人资本投入的法律以及有关理事会股东股票管理的法律,均必须由各议院以全体议员的五分之三多数通过。

私人的投资及其在理事会或董事会中的代表均不得多于国家。

经企业同意以及双方事先达成协议,国家同样可参与由工人投资、合作团体或私人资本创办的企业的工业、农业或商业活动。

由各议院以全体议员的绝对多数通过,法律可以授予上述的参与权,同时保护国家在企业管理上的作用。国家代理人与自治机构或分权机关的理事一样,按相同的规则进行管理。

第一百八十九条

设立新的自治机构以及解散现存的自治机构,都必须由各议院以全体成员的三分之二多数通过。

第一百九十条

自治机构与分权机关不得从事法律规定以外的任何活动,也不得将其财力、物力用于法定范围以外的任何方面。

第一百九十一条

自治机构、分权机关以及所有拥有自己资产的自治行政机构,不论其法律性质,都必须定期公布其财政状况。该公告的内容以及每年公布次数应由法律规定。每一公告都应由审计法庭副署。

第一百九十二条

理事会成员或理事长,当其继任者已按有关的规则选出或任命时,其必须立即停职。长期空缺的职位必须依照该职位任命的原规定进行补选。然而,法律上可以规定:代理人的选举可以与委托人的选举同时进行,当该职位出现暂时或永久空缺时,其可接替后者。

由各议院以全体议员的绝对多数通过,在不违反本条第一款的规定下,法律上可以制定临时缺位的填补程序。

如果某人的行为从未受到审计法庭以其成员的四票以上的反对,他可以连任,或者被选派到另一理事会中任理事或理事长。

第一百九十三条

依照第十二编的规定,在审计法庭提出报告后,即将卸任的理事会或董事会,在不损害必须担负的责任之下,应向行政权力机构提交其工作的详细报告。

第一百九十四条

依照本宪法或法律的规定,对于自治机构的最后决定,在不违反第一百九十七条与第一百九十八条的规定下,可以向行政诉讼法庭或者司法权力机构提出上诉或者复审要求。

第一百九十五条

社会福利银行可作为一个自治机构而设立,该银行依照每年制定的法规,负责协调国家社会福利事业并组织社会保险事业。

该银行的理事离职后,必须待政府一届任期届满之后方能以候选人的身份参加任一公职的竞选,第二百〇一条第(三)款也适用于此情况。

第一百九十六条

共和国中央银行必须作为一个自治机构而设立,经各议院以全体议员的绝对多数通过,由法律规定其应有的权利和义务。

第一百九十七条

如果行政权力机构认为理事会或理事长的行为不妥或非法,可作出适当的反对,也可下令停止此行为。

如果上述的反对遭到拒绝,行政权力机构可以根据情况的需要,下令批准对其进行惩罚或撤职,并将此令送交参议院,由参议院作出最终判决,第一百九十八条第二段与第三段的规定可以适用于有关的方面。

第一百九十八条

行政权力机构,经参议院批准,可以免去在履行职责中不称职的、失职的、违法乱纪的或者犯有玷污自己名誉或有关机构声誉罪行的理事会成员或理事长的职务,并不受前一条规定的约束。

如果参议院在六十天之内未作出决定,行政权力机构作出的撤职即可生效。

行政权力机构在其认为必要时,可以通过部长会议,以另一机构的董事会成员替代待批的欲撤职的理事会成员或理事长。这一临时任命直至参议院作出决定为止。

对于本条及前一条所规定的撤职或替换,理事会或成员或理事长无权向行政诉讼法庭提出任何诉讼。

第一百九十九条

国家银行组织章程的修改,必须由各议院以全体议员的绝对多数通过。

第二百条

自治机构或分权机关的理事会成员或理事长不得担任与其所属机构有直接或间接关系的职务,甚至名誉职务。本规定不适用教育机构的理事或董事,他们可以兼任教师或教授,也可被任命为大学校长或名誉教职。

上述禁止的有效期至原职务解除后一年为止。不论解职的原因为何。这些禁止包括其他的职业性或非职业性的职位,甚至非长期的也无固定报酬的职位。

自治机构或分权机关的理事会成员或理事长也不得同时从事与其所属机构有直接或间接关系的职业或者活动。

本条第二款和第三款的规定不适用于教师。

第二百〇一条

自治机构或分权机关的理事会成员或理事长必须在选举前一年以上停止职务,方能成为议员的候选人。

因上述原因提出的辞职可以立即生效。

选举组织对于违反上述要求的候选人名单,不得给予证明。

第二章

第二百〇二条

高等、中等、初等、师范、工业以及美术的公共教育可由一个或数个自治董事会主管。

如果由各议院以全体议员的三分之二多数通过的法律作出规定,国家的其他教育事业也可以由自治的董事会托管。

议会委员会在起草有关大众教育事业的法律时,应与公共教育机构进行协商以听取其意见。

教育上的协调应由法律加以规定。

第二百〇三条

教育机构的董事会的任命或选举,应依照由各议院以全体议员的绝对多数通过的法律所规定的方式进行。

共和国大学董事会应由其成员组织任命,依照上款所述多数通过的法律的规定,这些成员组织的董事会应由教师、学生以及校友选举产生。

第二百〇四条

董事会的权力与义务应由法律规定,该法律由各议院以全体议员的绝对多数通过。

这些董事会可以依照第五十八条与第六十一条的规定以及法律上规定的基本原则,制定其行政人员的条例,同时须考虑本机构的特性。

第二百〇五条

第一百八十九条、第一百九十条、第一百九十一条、第一百九十二条、第一百九十三条、第一百九十四条、第一百九十八条第一与第二段、第二百条与第二百〇一条均适用于各种教育机构的各个有关方面。

第十二编 国家经济委员会

第一章

第二百〇六条

法律应规定国家经济委员会为顾问和名誉机构,由本国经济界和专业人员的代表所组成。委员会的组织形式及其职权应由法律规定。

第二百〇七条

国家经济委员会应与公共权力机构进行书面联系,但也可以通过一个或数个委员向议会委员会当面阐明其观点。

第十三编 审计法庭

第二百〇八条

审计法庭由七人组成,其成员必须具有参议员所应具备的资格。他们应由议会以全体议员的三分之二多数赞成而任命。

第一百二十二条、第一百二十三条、第一百二十四条与第一百二十五条所规定的禁止也适用于此。

这些成员的任期至下届议会作出新任命为止。

他们可以重新当选。每一成员应有三名代理人,以应付缺位、临时丧失工作能力或休假的情况。

第二百〇九条

审计法庭的成员必须忠诚、认真地履行职责并向议会联席会议负责。议会以全体议员的三分之二多数同意,可以解除不称职的、玩忽职守或违法乱纪的成员的职务。

第二百一十条

审计法庭具有职责自治权,这一自治权由审计法庭自己起草的法律所规定。该法律还可授予审计法庭本编未规定的职责。

第二百一十一条

审计法庭的职权如下:

(一)在预算事务上,发表意见,提供情况。

(二)依照法律上的规则及条例,监督经费的开支,以达到确保其合法性为唯一目的,在必要时可以提出反对。如果有关的会计人员不接受此反对意见,在不妨碍执行命令的情况下,其可以将此问题提交法庭。

反之,如果审计法庭坚持其反对意见,可以将详细的情况提交议会或者正在代替议会作用的任何人,以便其作出适当的判决。

在省政府、自治机构或分权机关中,本款所提及的审计法庭的职责,可分别由代其尽职的会计或审计人员在相同的条件下行使。依照法律规定,这些人应在审计法庭的指导之下行使上述的职责。法律上可以将这一规则扩大适用于其他公共机构的基金管理上。

(三)就所有的政府机构,不论其性质,包括省政府、自治机构与分权机关的活动和账目报告以及合法活动范围内的有关责任问题,发表意见、提供情况,同时提出恰当的考虑意见与异议。

(四)向议会提交与上款提及的账目报告有关的年度报告。

(五)干预政府机构、省政府、自治机构以及分权机关有关财政活动的所有事务,并向主管部门报告在公共基金管理上的所有违法行为或者违反预算及核算法的行为。

(六)发布核算法规,该法规对所有的政府机构、省政府、自治机构以及分权机关,不论其性质,均有约束力。

(七)起草自己的预算案,并将它提交行政权力机构以纳入总预算案之中。行政权力机构可以进行适当的修改,并转交议会终决。

第二百一十二条

审计法庭,依照其组织法,在其管辖权限内,可以对国家、省政府、自治机构与分权机关的所有收入与支出以及核算单位的所有事务行使监督权,还可建议有关的主管人员作出其认为是可取的改变。

第二百一十三条

审计法庭可以向行政权力机构提交有关核算及财政管理的法律草案,行政权力机构应将此法案及其适宜的建议一并上交议会。上述的法律草案可以包括,适用于财政经济管理特别是核算与征税机构的建立的规范性条例;有关财产的获得与转让,涉及公共财产的合同的制定,以及在收入、支出与报酬上有效的防范管理的必要条件;在国家宗教基金管理中有关的行政人员的必要的责任与保证。

第十四编 国家财富

第一章

第二百一十四条

行政权力机构根据计划和预算局的建议,编制本届政府任期内的国家预算案,并在任期的头六个月内提交议会。

应按下列内容编制并通过国家预算案:

(一)按项目分类的国家流动开支及投资;
(二)按项目分类的职务薪金等级及薪金;
(三)国家岁入及其预算;
(四)预算案的执行和解释的规则;

与上述各项有关的法律均适用于上述各条的所有方面。

在财政年度(与公历年一致)结束后的六个月之内,行政权力机构应将该年核算实施情况和预算平衡书上交议会,并在开支、投资、工资以及国家岁入的总数额上提出其认为是必须改变的建议,也可在各个项目中,以完全合法的理由,设置新的类别或者作出删除与修改。

第二百一十五条

议会只能在各项目、各条款的总数额及其目的、行政人员的数目和薪金级别,以及国家岁入上讨论通过,不得作出增加原提案的开支的变更。

第二百一十六条

预算案中,应通过法律制定一项特别条款,该条款应包括正常情况下的行政固定开支,其不必进行阶段性的修改。

期限长于政府任期的项目或者与政府的实施或解释无直接关系的条款不必在预算案中列出。

所有的预算草案包括现行预算案的比较案,都必须提交给有关机构讨论与通过。

第二章

第二百一十七条

各议院收到预算案或有关核算实施的法案后,必须在四十五天之内通过此预算案或法案。

如果议院在上述期限内未作出表决,可认为这一草案或这些草案已被否决。

第二百一十八条

如果一议院对已由另一议院通过的草案作出修改,后者应在随后的十五天内通过或否决此修正案,然后将它提交议会。

议会必须在随后的十五天之内通过此案。

如果议会在上述期限内未作出表决,可以认为此案已被否决。

第二百一十九条

唯有国家预算案可以呈递补充或替代咨文,而且必须在各议院首次接到该预算案后的二十天之内呈交。

第三章

第二百二十条

除了下条另行规定的以外,司法权力机构、行政诉讼法庭、选举法院、审计法庭、自治机构以及分权机关,都必须编制各自的预算草案,并送交行政权力机构以便将它纳入总预算案中。行政权力机构可以修改这些预算草案,并将这些修改案呈交议会。

第二百二十一条

国家工业或商业联合体的预算案应由各成员组织起草,并在每一财政年度开始的五个月前送交行政权力机构与审计法庭,选举年之后的财政年度除外,其可在任何时间送交。

审计法庭收到预算案后,必须在三十天之内作出报告。

行政权力机构可以根据计划与预算局的意见提出异议。如果出现这一情况或者审计法庭提出异议,应将此预算案退给有关的联合体。

如果该联合体接受行政权力机构的异议以及审计法庭的报告,应将修改后的草案送交行政权力机构批准并纳入国家预算案之中。

如果没有实现上款所提及的同意,应将该预算案及其附加意见一并送交议会。

议会应在联席会议上,依照第二百一十五条的规定,以全体议员的三分之二多数意见,解决此分歧。如果议会在四十天之内未作出表决,被行政权力机构反对的这一预算案可以认为是已被通过。

审计法庭的报告必须得到其全体成员的绝对多数通过。

第四章

第二百二十二条

第八十六条、第一百三十三条、第二百一十四条、第二百一十六条以及第二百一十九条的规定分别适用于省预算的各有关方面。

第二百二十三条

各省省长必须起草各自任期内的省预算案,并在任期的头六个月内将它送交省议会讨论。

第二百二十四条

省议会收到由省长起草的预算案后,必须在四个月之内进行讨论。

第二百二十五条

省议会对于预算案,只能作出增加收入或者减少开支的修改,并且不得批准任一出现逆差的预算案。省议会不得主动地提出自己的主张。

省议会在批准预算案之前,可以要求审计法庭提交报告。审计法庭必须在二十天之内作出报告,并可在岁入计算的错误、预算责任的忽略以及违反宪法或法律可适用规定的行为上提出其反对意见。

如果委员会接受审计法庭的异议或者未提出争辩,该预算案即为最后通过。

委员会在审计法庭的报告提交之后,不得作出任何其他的变更。

如果省议会拒不接受审计法庭提出的异议,必须将预算以及这一实际情况的报告一并送交议会。议会联席会议必须在四十天之内对该分歧进行表决,如果无法作出决议,可以认为该预算案已被通过。

第二百二十六条

如果省议会在第二百二十四条规定的期限内,未作出最后的决议,可以认为由省长提交的预算案已被否决。

第二百二十七条

应将已告生效的省预算案提交行政权力机构以纳入总预算案之中,同时送交审计法庭,如果审计法庭曾提出异议,应附上这一情况的说明。

第五章

第二百二十八条

预算案执行的监督权和有关公共财富的所有事务的管理权,均归属审计法庭。在预算草案通过之前,原预算案可以继续生效。

第二百二十九条

在大选日前的十二个月内,立法权力机构、省议会、自治机构以及分权机关不得批准预算案、设置机构、增加工资与退职补助金,或者批准工资条目或合同机关的增加,第一百一十七条、第一百五十四条以及第二百九十五条中另行规定的除外。

第六章

第二百三十条

在共和国总统的直接管辖之下,设立计划与预算局。它由一个委员会领导,该委员会由若干同国家发展有关的部长代理人组成,并由总统指定的主任负责。

该主任必须具备部长应具备的资格,以及该职务公认的资格,他必须对共和国总统个人负责。

计划与预算局在履行其职责时,可以与各部以及公共机构进行直接联系。

该局应设置由工人、公共及私人企业的代表组成的分支委员会。

计划与预算局应协助行政权力机构制定发展计划与项目。

该局还拥有其他条款所明确规定的,或者由法律所规定的其他职责。

第二百三十一条

经行政权力机构提议,由各议院以全体议员的绝对多数通过,有关经济发展计划与项目上的征用以及依照第三十二条的原则付给的适当的赔偿,可以由法律加以规定。

第二百三十二条

赔偿金不必预先支付,但是,法律上必须规定在指定期限内如数付给的保证措施,上述的期限不得超过十年。进行征用的机构,如果未支付全部赔偿金的四分之一,不得拥有该财产的所有权。

法律上规定的财产拥有者,在其财产被征用之前,可以获得全部的赔偿金。

第十五编 司法权

第一章

第二百三十三条

司法权应赋予最高法院以及法律上规定的法庭与法院。

第二章

第二百三十四条
最高法院应由五人组成。

第二百三十五条
最高法院的成员必须具备下列资格：
（一）年满四十周岁或四十周岁以上；
（二）享有公民权的、本国出生的公民；或者享有十年的公民权并在本国居住达二十五年的法律承认的公民；
（三）担任律师达十年以上，或者担任司法部门或检察院的官员达八年以上。

第二百三十六条
最高法院的成员应由议会以全体议员的三分之二多数同意而任命。该任命应在出现空缺后的九天之内作出，为此任命，议会可以召开特别会议，如果在此期限到达时，尚未作出任命，最高法院成员这一职位就自动地归上诉法院中任期最长的成员，如果出现相同的资历，则归属在司法部门或者公共部门或者检察部门中任职时间最长者。

在出现缺位又尚未补选的期间内，以及在履行司法职责中出现回避、请假或者丧失工作能力的情况下，最高法院应按法律上规定的方式组成。

第二百三十七条
在不违反第二百五十条的规定下，最高法院成员的任期为十年，在任期届满后，五年之内不得再任。

第二百三十八条
最高法院成员的报酬由立法权力机构确定。

第三章

第二百三十九条
最高法院行使下列职权：
（一）审判所有的违宪者、违犯国家法律的罪行、海事案件以及有关国际条约、公约或协定的问题。依照国际法谨慎地审理涉及外交代表的案件。

在上述的事务以及由最高法院初审的其他事务上，最高法院是确定必须遵循的程序的司法部门，这些程序在任何情况下都必须公开进行，而且必须具有终审判决的效力，终审判决应出示判决理由以及适用法律的明示范围。

（二）对法庭、法院以及司法权力机构的其他从属部门进行直接的、正确的和顾问性的指导，以及经济上的管理。

（三）编制司法权力机构的预算草案，并及时地将它提交给行政权力机构，以纳入总预算案和进行适当的修改。

（四）经参议院批准，在参议院休会期由常务委员会批准，任命上诉法院的成员，此任命必须符合下列的附带要求：

1. 归属司法部门或检察院的候选人必须获得最高法院三位成员的同意；

2. 不具有前款资格的候选人必须获得最高法院四位成员的同意。

（五）任命各等级与各类别的法官，这些任命在任何情况下都必须以最高法院所有成员的绝对多数通过；

如果候选人已在司法部门、检察院中任职，或者在应由律师担任的职位上任治安法官达两年以上，上述的任命一经作出，即为终身职务。

如果上述的官员在各自的职位上缺乏资历，可以担任临时法官，其从任命之日起任职两年，新加入地方法庭的公民也属于此类，其任期同上。

在上述的临时任期中，最高法院以其全体成员的绝对多数同意，随时可以免去临时法官的职务。在该任期结束时，可以考虑授予该职务的所有权利。

（六）由最高法院全体成员的绝对多数同意，任命终身的官方辩护人和治安法官。

（七）依照第五十八条至第六十六条的各有关规定，经三个成员同意，任免或提升司法权力机构的职员。

（八）行使法律上规定的其他职权。

第二百四十条
最高法院在行使职权的过程中，可以向国家的其他权力机构直接提出问题。在议会委员会处理有关司法行政利益的事务时，最高法院院长有权出席其会议，在讨论中具有发言权但无表决权，并可在会议上促进司法改革的法案以及程序法的修正案的通过。

第四章

第二百四十一条
应设立法律上规定的上诉法院，并赋予它法律上规定的所有权力。每一上诉法院均由三人组成。

第二百四十二条
上诉法院的成员必须具备下列资格：
（一）年满三十五周岁或三十五周岁以上；
（二）享有全部公民权的、本国出生的公民，或者享有公民权达七年以上的、法律承认的公民；
（三）担任律师已达八年以上，或者在司法部门或检察院中任职达六年以上。

第二百四十三条
品行优良的上诉法院成员可一直任职至第二百

五十条所规定的期限为止。

第五章

第二百四十四条

共和国律师法院的数目可由法律规定。该数目必须满足最迅速与最有效的司法管理的要求,法院的所在地及其权力和行使权力的方式也应由法律加以确定。

第二百四十五条

律师法官必须具备下列条件:

(一)年满二十八周岁或二十八周岁以上;

(二)享有全部公民权的、本国出生的公民,或者享有公民权达四年以上的、法律承认的公民;

(三)担任律师已达四年以上,或者在司法部门或检察院中任职或担任治安法官达两年以上。

第二百四十六条

担任有效职务的、品行优良的律师法官,可以一直任职至第二百五十条所规定的期限为止。然而,最高法院,如果出于工作的需要,并根据法院检察官的意见,在符合下列条件的情况下,随时可以将他们调离职位或者工作地点,或者二者兼之:

(一)如果新职务的级别或报酬,或者二者均未低于原职务,该调动必须得到最高法院的三个成员的赞成;

(二)如果新职务的级别或报酬,或者二者均低于原职务,该调动必须得到最高法院的四个成员的赞同。

第六章

第二百四十七条

治安法官必须具备下列条件:

(一)年满二十五周岁或二十五周岁以上;

(二)享有全部公民权的、本国出生的公民,或者获得法律承认的公民资格已达二年。

蒙得维的亚省治安法官的候选人,除了上述的资格外,还必须是律师。而在其他省的首府与市,或者最高法院认为需要司法活动的共和国的其他城镇中,治安法官的候选人应是律师或公证人。

第二百四十八条

共和国治安法院的数目与各省划分的司法区的数目相等。

第二百四十九条

治安法官的任期为四年。如果出于公共机构的最大利益的需要,随时可以调动其职务。

第七章

第二百五十条

司法权力机构的所有成员,年满七十周岁时必须停职。

第二百五十一条

司法部门中的职位不得与任何其他的领取报酬的公职并存,高等公共教育中法律教授职务除外;也不得与任一其他的终身名誉职务共存,与司法部门有特别关系的名誉职务除外。

担任上述的职务必须预先得到最高法院全体成员的绝对多数的同意。

第二百五十二条

司法行政官以及最高法院、法庭、法院的内部机构或部门的所有人员不得审理与处理司法案件,或者为其辩护,也不得以任何方式利用职权从事职责范围以外的任何活动,即使是在任意管辖的范围内,否则,将被立即撤职。违反上述规定的,一经发现,应立即给予公布。本禁止不适用于涉及职员本身或其妻子、子女以及父母的私人事务。

法律上的例外规定也适用于上述机构或部门的全体职员。

本条第一款未列出的,有关行政人员或职员的特别禁止也可由法律加以规定。

第八章

第二百五十三条

军事裁判权只限于战争状态下的军事罪行。

军人在和平时期犯下的一般罪行,不论在何处犯罪,均归普通法院管辖。

第二百五十四条

司法行政,依照法律规定,对认定的贫民免除诉讼费用,在原告为贫民的诉讼中,被告在终审判决之前享有同样的免费权利。如果判定原告犯有无充足理由而起诉的罪,该终审判决应确认被告的免费权。

第二百五十五条

没有预先提出试图达到的裁决,不得向治安法院提起诉讼,除了法律上的例外规定。

第九章

第二百五十六条

依照下列各条的规定,可以宣布法律在形式或内容上违宪。

第二百五十七条

最高法院在上述问题的审理与判决上,拥有初审与专属管辖权,并依照终审判决的规定,作出判决。

第二百五十八条

任何人当其个人直接的正当利益受到侵害时,可以采取下列的方式,要求宣布法律违宪以及由此导致其中条款的不适用性:

(一)向最高法院提起诉讼。

(二)在任一诉讼的过程中进行例外抗辩。

审理任何诉讼的法官或法院或者行政诉讼法庭,在作出一判决之前,根据具体情况也可要求宣布法律违宪及其不适用性。

如果出现这一情况或者上述第(二)款的情况,应中止诉讼,并将此案移交最高法院。

第二百五十九条

最高法院可以就此案作出专门的判决,此判决仅在本诉讼中生效。

第二百六十条

依照以上各条的规定,省政府在其管辖区内具有法律效力的法令,也可被宣布为违宪。

第二百六十一条

法律上应制定适宜的程序。

第十六编 省政府及其行政管理

第一章

第二百六十二条

省议会与省长行使省政府及其行政管理的权力,公共安全部门除外。省议会和省长应在省政府行使职权,并在选举后的2月15日就职。

第二百六十三条

省议会由三十一名议员组成。

第二百六十四条

省议会议员必须具备下列资格:年满二十三周岁或二十三周岁以上;享有本国出生的或法律承认的公民资格达三年以上;在本省出生并在其中居住达三年以上。

第二百六十五条

省议会议员的任期为四年。代理人的数目为议员的三倍并与议员同时选出。

第二百六十六条

省长的任期为五年,省长只能连任一届,而且必须在选举日的三个月前预先辞职方能成为候选人。

第二百六十七条

省长必须具备参议员所必备的资格,此外,还必须是本省出生的或者就职前就已在其中居住达三年以上的。

第二百六十八条

省长的四名代理人与省长同时选出。当省长职位出现空缺、暂时丧失工作能力或者休假时,依照他们的选举顺序,由代理人履行省长职责。拒绝履行职责的代理人将因此而丧失职位,担任临时职务的除外。

如果省长的职位出现永久空缺,而且无代理人可以继任,省议会应以全体议员的绝对多数补选出一位新省长,由其继任至本届任期结束为止。在此过渡期间或者暂时缺位期间,省议会主席如果符合第二百六十六条和第二百六十七条的规定,可以代任此职位,在主席不履行该职责的情况下,由具备上述资格的副主席担任。

如果在省长就职之日还未宣布当选的省长或者宣布选举无效,即将离职的省长可以继续任职至权力移交为止。

第二百六十九条

经各议院以全体议员的三分之二多数赞同,法律上可以改变省议会的议员的数目。

第二章

第二百七十条

依照第三编规定的选举保障以及规则,省议会与省长应由人民直接选举产生。

第二百七十一条

在省长的选举中,各政党的选票可以累积,但严禁按派系累积。

市长的职位应由获票最多的政党中名列候选人名单之首者担任。

第二百七十二条

省议会的议员职位,在不违反以下各款的规定下,按照各政党获得选票数的比例,在各政党中进行分配。

如果获得省长职位的政党获得相对的多数票,该政党在省议会中可以获得多数的席位,这些席位应按照其名单上的比例进行分配。

剩余的席位应根据整体的比例代表制,在前一分配时未获得席位的政党之间进行分配。

第三章

第二百七十三条

省议会行使省政府的立法权与监督权。

其司法权可以超出省的领域范围。

除了法律上规定的以外，省议会还行使下列职权：

（一）经省长或自己提议，在其管辖权限内，发布其认为必要的法令与决议；

（二）根据第十四编的规定，批准省长提交讨论的预算案；

（三）根据省长的提议，以省议会全体议员的绝对多数通过，设立或确定上交的税额、消费税额、地方税额以及服务费；

（四）要求审计法庭在有关省财政或行政管理的问题上提供意见，如有三分之一的省议会议员提议，就必须作出上述的要求；

（五）根据省长的提议，经省议员的多数通过，免去非选举的地方委员会委员的职务；

（六）在任期的头十二个月内，以全体省议员的五分之三的多数通过省议会的薪金及开支的预算案，并将它提交省长以纳入总预算案之中；在每年的头五个月内，经全体省议员的五分之三多数同意，可以对薪金及开支的预算案进行必要的修改；

（七）任命其职员，对不称职、玩忽职守或违法乱纪的职员实行惩戒、停职或撤职，并将违法乱纪的案件移交法院处理；

（八）根据省长提议，经全体省议员的绝对多数通过，授予地方或省公共机构特权；

（九）根据省长提议，设立新的地方委员会；

（十）考虑由省长提交的授权或兼职的要求；

（十一）直接请求立法权力机构修改或增补省政府组织法。

第四章

第二百七十四条

省长行使省政府的行政权。

第二百七十五条

除了法律上规定的以外，省长还行使下列职权：

（一）遵守与执行宪法和法律；

（二）颁布并公开经省议会批准的政令；发布行政上必要的法规与决议；

（三）依照第十四编的规定，编制预算案并提交省议会批准；

（四）提出税收、国内消费税以及应缴额的议案；确定省财产的使用费或挪用费或者服务费，设置特许权拥有者或被许可者支付的公共事业的税率；

（五）任免或惩戒其职员；经省议会批准，撤除不称职、玩忽职守或违法乱纪的职员的职务，省议会应在四十天之内作出表决。如果省议会未能作出决定，上述的撤职即可生效；对于违法乱纪的案件，应移交法院处理；

（六）向省议会提出政令或决议的草案，在接到通知之日起十天之内，对省议会批准的政令或决议提出异议；

（七）经省议会批准，下达社会必要的或实用的财产征用通知；

（八）经省议会批准，任命地方委员会委员；

（九）监督公共卫生以及初等、中等、预备、工业和艺术教育事业。

第二百七十六条

省长以省代表的身份同国家以及其他省政府进行联系，并同公共或私人机构缔结合同。

第五章

第二百七十七条

政令、决议以及通告必须由省长和秘书或省长指定的官员共同签署。如果不符合这一条件，不得强迫任何人遵守上述的政令、决议或通告。尽管如此，仍可规定：某些特定的决议，依照事先通过的、符合上述条件的法令，可以生效。

秘书应由省长任命，并与省长同时离职，除非被重新任命。秘书可以随时被免职或临时替换。

第二百七十八条

省长可以将一定的职责委托给特别委员会，并授予必要的权力以履行这些职责。

第二百七十九条

省长可以确定省属各机构的管辖权，并可变更它们的名称。

第二百八十条

省属机构的理事长应履行省长明确授予他的职责。

第六章

第二百八十一条

省议会通过的政令，必须先由省长颁布方能生效。

省长可以对其认为不适宜的政令提出异议，但省议会可以其全体议员的五分之三的多数赞同，坚持其立场，在这一情况下，法令即行生效。

如果省长接到政令后，十天之内未退回政令，可以认为该政令已经颁布，并应照此执行。

对于依照第二百二十五条规定的程序已提交议会的预算案，不得提出异议。

第二百八十二条

省长可以出席省议会及其下属委员会的会议，并可参与讨论,但无表决权。

第二百八十三条

如果省长或省议会认为省自治权受到侵犯,可以依照法律规定的程序,向最高法院提出起诉。

第二百八十四条

省议会任一议员均可向省长索取为履行职责所必需的信息或材料。该请求应以书面形式并通过议会主席而提出,议会主席应立即将此转交给省长。

如果省长在二十天之内未提供情况,省议会议员可以通过省议会提出上述要求。

第二百八十五条

经省议会议员的三分之一多数赞同,省议会有权召集省长到会,以便要求并得到省议会立法或监督所必需的信息。

省长可以由其认为必需的行政官员随同到会,或者由有关的行政部门的高级官员代表省长到会,除非省长因违反前一条第二段的规定而被要求到会。

第二百八十六条

省议会可以委托调查委员会获取其认为是履行职责所必需的资料,并要求省长及其下属部门必须提供。

第七章

第二百八十七条

在省会地界以外的任一社区中可设立地方委员会,在可能的范围内,应根据省议会中政党的代表比例,任命该委员会的委员。地方委员会由五人组成。委员应具备省议会议员所必需的资格,并且必须是在本地居住三年以上,或者是本地出生的,省长或省议会议员不得担任此职。

地方委员会主席为本委员会的代表并执行委员会的决议。

第二百八十八条

设立地方委员会及其权力的条件应由法律加以制定。经省政府的提议,并由各议院以全体议员的绝对多数通过,法律上可以扩大某些社区地方委员会在社区内的作用范围。这些社区不应是省首府,但应拥有一万以上的居民,或者是国家发展旅游的特别重要的地区,符合上述同样条件的法律也可规定,自治地方委员会可以由人民选举产生。

第八章

第二百八十九条

省长不得同时兼任除教职外的其他任何公职或职业;也不得在已同省政府签订合同的企业中,兼任其他任一私人职务,该职务是为企业服务并领取工资或报酬。省长不得同省政府签订合同。

第二百九十条

省政府职员或者在一个与省政府签订了合同的企业中工作并领取工资或报酬者,不能成为省议会或者地方委员会的委员。

在第七十七条第二款第四项中所列举的官员也不能成为这些组织的成员。

第二百九十一条

省长、省议会议员或地方委员会委员,在任职期间,均受到下列禁止:

(一)在与省政府及其有关的其他公共机构具有工作或供应合同的企业中,担任理事或管理者。

(二)为了本身或第二者的利益,同省政府进行交易或处理生意。

第二百九十二条

违反以上各条规定的,应立即予以撤职。

第二百九十三条

省议会或地方委员会的成员不得同时兼任省长的职位,本规定不适用于奉命临时担任省长职务的省议会议员。在上一情况下,省议会议员的职务必须停止,在停职期间,议员的职位由其代理人接任。

第二百九十四条

省长和省议会议员不得同时兼任其他的任何性质的选举性公职。

第九章

第二百九十五条

省议会与地方委员会成员的职位为名誉职位。

省长应按省议会在其选举前规定的数目领取报酬。在省长任职期间不得变更此数目。

第二百九十六条

省议会,出于第九十九条所列举的原因,经全体省议员三分之一同意,可以向参议院提出对省长以及省议会议员的弹劾。

参议院以全体参议员的三分之二的多数通过,可以解除他们的职务。

第十章

第二百九十七条

由省政府颁布并管理的省政府收入来源如下:

(一)位于其管辖区内的城乡不动产税,国家现行或随后确定的附加税除外,乡村不动产税由立法权力机构征收,但该税款以及其他所有收入,除现行或随后确定的附加税外,均归属省政府。国家附加税的数额不得大于归属省政府的税额。

(二)市、镇、村以及人口聚居中心的城乡地区中的空闲土地以及违章建筑的税收。

（三）未在本条列出的，为了省政府的利益而征收的税款以及随后法律上规定的、为了同一目的的征税。

（四）有益于省公共事业的不动产改良的特别税收。

（五）国产税，省政府提供服务的服务费、供给费或者从中获益的报酬费；拥有省政府特许权的企业的特别税。

（六）除法律上规定的、尚未取消的、具特殊作用的公共娱乐外的公共娱乐税以及运输机车税。

（七）各种广告与通告税。其中不包括：报刊与广播的广告；政治、宗教、工会、文化和体育的广告；以及由各议院以全体议员的绝对多数通过，法律上规定免税的其他广告。

（八）从靠运气取胜的游戏中获取的利润，该游戏必须是已由或将由法律批准、并依照该法律所规定的形式以及条件进行的。

（九）赛马税以及采用双方打赌的形式的其他运动税。

（十）罚款收入：

1. 由省政府规定的、尚未废除的罚款，或者在省政府权限内可规定的罚款；

2. 由现行法规定归属省政府的罚款；

3. 由新法律规定归属省政府的罚款。

（十一）来自省政府拥有的财产的收入以及出卖这些财产的收入。

（十二）赠给省政府的礼物、遗物以及遗产。

（十三）预算法规定的，从国家预算总收入中按比例拨给省公共事业的经费。

第二百九十八条

在不导致双重征税的情况下，经各议院全体议员的三分之二多数同意，法律上可以扩大省政府的征税范围或者扩大可征税的来源。

第二百九十九条

省政府制定或变更税收的法令，应在《官方公报》上发表十天后方可实施。这些法令还必须在"法律与法令年鉴"的特刊上发表。

这些法令至少还应在本省两种报刊上发表。

第三百条

省政府制定或变更税收的法令在《官方公报》上发表后的十五天内，行政权力机构为了公众的利益，可以向众议院提出对该法令的上诉，这一上诉具有中止的效力。

如果众议院接到上诉后，在六十天内未对此上诉作出判决，可以认为该上诉无效。

众议院接到上诉后，在十五天之内可以要求提供必要的补充材料，但此要求只能提出一次。在接收到补充材料之前，中断六十天的期限。

众议院的休会可中断上述的所有期限。

第三百〇一条

省政府不得发行省公债的证券，也不得向国际组织或外国机构或外国政府借款或合同贷款。除非根据审计法庭的报告，经省长提议和省议会的同意，最后由议会联席会议以全体议员的绝对多数通过，议会应在六十六天内作出表决。否则，可以认为已经批准。

任何其他类型的贷款合同，在审计法庭提出报告后，均应由省长提议并由省议会以全体议员的绝对多数通过。如果贷款的期限超过提出此贷款的省长的任期，省议会必须以全体议员的三分之二的多数通过。

第三百〇二条

任何公积金必须全部用于偿还省债务。如果不存在任何债务，必须用于公共事业上，或者根据审计法庭的报告，经省长提议并由省议会通过，可用于有利的投资上。

第十一章

第三百〇三条

如果省议会的法令以及省长的决定违犯了宪法或法律，而且无法向行政诉讼法庭提出起诉；在其颁布后的十五天内，可以由省议会的三分之一的议员或者在本省登记的一千名居民向众议院上诉，在后一情况下，如果该法令的目的为增加省的收入，该上诉不具有中止的效力。

如果众议院收到上诉后，在六十天内未对此上诉作出判决，可以认为此上诉无效。

众议院接到上诉后，在十五天内可以要求提供必要的补充材料，但此要求仅能提出一次。在接收到补充材料之前，中断判决的期限。

众议院的休会可以中断上述的期限。

第十二章

第三百〇四条

经各议院以全体议员的绝对多数同意，法律上可以允许对省议会的法令进行公民复决。

经各议院以全体议员的绝对多数的同意，法律上同样可以允许和规定在省政府事务上行使公民创制权。

第三百〇五条

在法定地区内，百分之十五的登记居民，在有关管辖区的问题上,拥有向省政府机关提出创议的权利。

第三百〇六条

警察部队在省议会、省长以及地方委员会履行职责应要求时,应向其提供合作。

第十七编 行政诉讼法庭

第一章

第三百〇七条

应设立行政诉讼法庭,它由五人组成。

在上述职位出现缺位尚未补选时,或者出现回避、免职或者无法履行司法职责的情况下,必须按照法律上规定的方式进行填补。

第三百〇八条

该法庭成员必需的资格、任命的方式、禁止与不兼职规定、报酬与任期均与最高法院成员相同。

第二章

第三百〇九条

行政诉讼法庭审理请求撤销特定的行政行为的申诉案件,该行政行为指政府在履行职责过程中违反法规或滥用职权的行为。

该法庭对省政府、自治机构以及分权机关特定的行政行为也具有审判权。

请求撤销的诉讼只能由具有诉讼权者提出或者由个人直接的正当利益受到行政行为的侵犯或者侵害的当事人提出。

第三百一十条

该法庭的权限仅限于鉴定该行政行为本身、确认或撤销它,不得对它进行更改。

在作出一个判决时,该法庭的全体成员必须一致同意,但是简单多数就足以宣布伤害主观权利的行为无效。

在其他情况下,撤销一个行为必须具有四票赞成。然而,如果有三票认为要求撤销的理由足以成立。法庭应允许起诉者保留要求赔偿的起诉权。

第三百一十一条

如果行政诉讼法庭宣布因侵害原告的主观权利而受到起诉的行政行为无效,该判决仅对此案具有效力。

如果判决涉及某一法规的行为或者一正当的行政行为无效,该判决则具有一般的绝对效力。

第三百一十二条

如果根据案情已作出无效的判决或者允许保留要求赔偿的起诉权,要求赔偿的申诉必须提交普通法院以确定所造成的损害。经各议院全体议员的绝对多数同意,法律上可以扩大行政诉讼法庭的裁判权,授予其审理要求赔偿的申诉的权力。

第三百一十三条

该法庭还应依照法规负责审理管辖权的冲突,行政权力机构、省政府、自治机构和分权机关之间的分歧以及上述机构之一同其他机构之间的争端或分歧。

如果省议会议员、自治机构与分权机关的理事会或董事会之间出现的争端或分歧按查明有关机构意图的正常程序无法解决,这些争端与分歧也应由该法庭审理。

宪法上出现的争端应由最高法院进行审理。

第三章

第三百一十四条

在行政诉讼法庭中应设立一名国家检察官,也由行政权力机构任命。

该职位应具备的资格、禁止与不兼职的规定以及报酬与任期均由行政诉讼法庭确定。

第三百一十五条

行政诉讼法庭的国家检察官,当该法庭对其管辖权限内的任何案件进行终审时,必须听审。

国家检察官应独立地履行其职责,因此,他必须根据自己对法律含义的理解,作出判断并提出自己的意见。

第三百一十六条

被告官员在其认为有必要时,可以有代理人或律师。

第四章

第三百一十七条

如果行政法令通知到个人,从个人接到通知之日起,或者从该法令在《官方公报》上公开发表之日起,十天之内可以向下达该命令的同一官员提出撤销该行政法令的申诉。

如果行政法令是由一名官员依照其上级的命令执行,可以向该上级提出对此行为进行争讼的请求。该上级应成为要求撤销的诉讼中的连带与附属的当事人。

如果行政法令是由具有法律地位并受行政监督的权力机构发出,同样可以第三百〇九条所规定的撤销行政行为的理由,向行政权力机构提出撤销该行为的要求并对该法令进行争讼,而行政权力机构则成为请求撤销的诉讼中的连带与附属的当事人。

如果行政法令是由省政府的某机关发布的,应按法律所规定的方式对该法令提出复审与上诉的要求以进行争讼。

第三百一十八条

任何行政机构必须对正当利益受到特定的行政行为影响的当事人提出的任一申诉作出裁决,对于不服其判决的行政申诉,应在以法律或现行法规强制作出的最后裁决之日起的二十天之内,经采取了正确理解其决定所必需的措施后作出裁决。

如前有关机构在上述期限内未作出裁决,可以认为该申诉或要求被否认或者拒绝。

第三百一十九条

如果通过行政途径进行的正当法律补救尚未结束,不得向行政诉讼法庭提出无效的诉讼。

受到没收处罚的,应在法律规定的期限内,提出无效的诉讼。

第五章

第三百二十条

经各议院全体议员的二分之二多数同意,法律上可规定在行政诉讼法庭中设立下属机关。

行政诉讼法庭应根据法律中有关司法权的规定对这些机关作出任命,并对它们进行直接的、惩戒性与指导性的以及经济上的管理监督。

第三百二十一条

行政诉讼法庭应编制其预算案,并通过正当的途径将预算案提交行政权力机构进行适当的修改并纳入总预算案中。

第十八编 选举法院

第三百二十二条

应设立选举法院,它除了第三编中所确定的和法律上规定的以外,还具有以下的权力:

(一)审理涉及选举法或选举程序的所有案件;

(二)对选举组织进行直接的、惩戒性、指导性以及经济上的管理;

(三)对可以提出的所有上诉或者申诉作出终审判决;担任所有选举职务的选举裁判以及公民投票与公民复决的裁判。

第三百二十三条

第十四编的规定可以适用于该法院的预算和财政事务。

第三百二十四条

选举法院应由九名成员及其二倍的代理人组成,其中五名成员及其代理人由议会任命,并在联席会议上以全体议员的三分之二多数通过。他们必须是具有公正无偏的政治立场的公民。

其余的四名成员及其代理人应由议会采用双轮累积投票制选出,其中二名从获得最多选票的政党的候选人名单上选出,另外二名从获得的选票数仅次于最多选票的政党中选出。

第三百二十五条

选举法院的成员不得成为由人民选举产生的任一职位的候选人,除非他在选举日的六个月前就提出辞职并离职。

第三百二十六条

选举法院的决议必须以多数票通过,而且必须获得第三百二十四条第一款所列举的五名成员中的三名成员的赞同,方能生效,除非该决议是以全体成员的三分之二多数通过。

第三百二十七条

选举法院可以宣布选举结果全部或部分无效。此决定必须得到六名成员的同意,其中三名应是由议会以三分之二多数票选出的成员。

在上述情况下,选举法院应请求重新举行全部或部分的选举,此选举应在宣布原选举无效后的第一个星期日举行。

第三百二十八条

选举法院可同政府权力机构直接联系。

第十九编 原法律的施行和本宪法的实施与修改

第一章

第三百二十九条

本条特此宣布:同本宪法以及立法权力机构颁布的法律没有直接抵触的、适用于各方面事务的现行法律,均完全有效并具有法律效力。

第二章

第三百三十条

在本宪法通过并公布之后,任何攻击或者帮助攻击本宪法的行为者将受到追究、审讯并以叛国罪加以惩罚。

第三章

第三百三十一条

对本宪法进行全部或部分的修改,应依照下列程序:

(一)由百分之十的、在公民登记处登记的公民提议,并向议会议长提交详细提案,以便在下届选举时交付公民表决。

议会可在联席会议上制定替代案,并将它与公民提案一起交付公民表决。

(二)经议会全体议员五分之二同意,向议长提交修改案;并在下届选举时交付公民表决。

以第(一)款与第(二)款所列举的方式获得的提案,必须得到参加选举的公民的绝对多数赞同,方可通过。这一多数应相当于在公民登记处登记的所有公民的百分之三十五以上。

(三)参议员、众议员以及行政权力机构可以提出修正案,该案必须由议会以全体议员的绝对多数通过。

被否决的提案只能在下届立法期开始后,方可重提,并且必须遵循同一程序。

在修正案通过并由议长颁布后,行政权力机构应在随后的九十天内举行国家立宪大会的选举。由国家立宪大会考虑与决定已通过的修正案以及提交该大会的其他提案,国家立宪大会的代表数为议员数目的两倍,同时应选出为代表数两倍的代理人。大会代表的资格、豁免权以及不兼职的规定均与参议员的相同。

选举应按省列出名单,并依照众议员选举的现行法律,采取完整的比例代表制。立宪大会应在修正案颁布之日起一年之内举行会议。

国家立宪大会的决议必须由立宪大会以全体代表的绝对多数通过。立宪大会的工作应在召开会议后一年之内结束。由立宪大会制定的任一提案或若干提案应送交行政权力机构立即给予全文公布。

由立宪大会制定的提案或若干提案必须由行政权力机构为此而召集的团体表决通过。通过日期由立宪大会确定。

表决采用呼声表决的方式,如有若干修改文本,应分开进行逐一表决,为此,国家立宪大会应根据修正案的性质,将需要一起表决的修正案归成一类。立宪大会如有三分之一的代表要求,即可对一个或若干个修改文本进行单独表决。任一修正案均必须以多数票通过,这一多数不得少于在公民登记处登记的全体公民的百分之三十五。

在第(一)款与第(二)款所提及的情况下,只有在选举日的六个月前提出的提案,方可在下届选举的同一时间里交付公民表决,在第(一)款提及的议会替代案应在选举日的三个月前提出。在上述期限外提出的提案应在再下一届的选举里交付公民表决。

(四)依照立宪法的规定,也可对宪法进行修改,立宪法必须由各议院在同一立法期中以全体议员的三分之二多数通过。行政权力机构不得否决立宪法。如果选举团体在该法所规定的日期召开的特别会议上,以绝对多数通过了此法,立宪法即行生效,并由议会议长给予颁布。

(五)如果符合第(一)、(二)、(三)、(四)款的规定,为表决修正案而召集选举团体的时间恰与政府机构成员的选举时间重合,公民必须在与候选名单分开的单独选票上表达自己的意愿。如果交付公民表决的修正案涉及选举职位的选举,该职位的选举必须同时采用现行选举制与新提出的选举制,最后由公民表决的结果决定。

第四章

第三百三十二条

本宪法所确认的公民权利以及授予公共机构的权力与义务,不因缺乏相应的法规而无效。但可以根据类推法、司法的一般原则以及一般可接受的原则,取代这些法规。

临时特别规定(略)

牙买加宪法

(1962年7月23日于白金汉宫呈交女王陛下枢密院,更新至2011年)

第一章 序 言

第一条

1. 除非另行规定或上下文另行要求,在本宪法里:

"议会法令"指议会制定的任何法律;

"指定日"指1962年8月6日;

"国玺"指牙买加的国玺;

"内阁"指依据本宪法第六十九条设立的内阁;

"书记员和副书记员"根据上下文需要,分别指两院中任何一院的书记员和副书记员;

"联邦国家"指牙买加,适用于本宪法第九条的任何国家和任何该类国家的任何属国;

"统一基金"指依据本宪法第一百一十四条设立的统一基金;

"选区"指拥有众议院独立代表的牙买加的各个地区;

"国防军"指行使牙买加政府权力的君王的任何海、陆、空军;

"财政年度"指十二个月份终止于3月31日的任何年份,或终止在议会法令规定的其他日期;

"政府公报"指牙买加政府公报;

"议院"根据上下文需要,指参议院或指众议院;

"牙买加"与《1962年牙买加独立法令》中"牙买加"一词具有一致的含义;

"法律"包括任何具有法律效力的文书和任何不成文的法律规则,"合法的"和"合法地"应依此分析;

"忠诚誓言"指本宪法附表一所宣布的忠诚誓言;

"议会"指牙买加议会;

"警官"指牙买加地区警察队的成员或任何队伍,无论何种名称,暂时地,行使牙买加地区警察职能的成员;

"总统"和"副总统"分别指参议院依据本宪法第四十二条的规定选举产生的总统和副总统;

"枢密院"指依据本宪法第八十二条设立的枢密院;

"公职"指薪金来自于公共服务的任何职位;

"公职官员"指担任任何公职者,包括指定到任何该类职务尽职的任何人;

"公共服务"指依照本条第5款和第6款的规定,由公民管理的有关牙买加政府官方服务(包括司法事务委员会、公共服务委员会或警察服务委员会的成员的事务),且包括前牙买加殖民地的公共服务;

"开会"指与议院有关,在本宪法开始生效后,或议会在任何时候休会或解散后,从该议院第一次会议,到议会休会或解散期间的会期;

"会期"指与议院有关,该议院无中止地继续开会的一段时期,包括议院举行委员会的任何时期;

"议长"和"副议长"分别指依据宪法第四十三条选举产生的议长和副议长。

2. 除非本宪法另行规定,或上下文的另行要求:

(1)本宪法所提及的对任何职务的任命,应包括晋升或职务移交任命,以及在该职务出缺,或在担任该职务者(因缺位、身体或精神有缺陷,或其他原因)而无法行使其职能的任何时期,对行使该职能者的任命;

(2)本宪法中被指定职位的当任者,应包括暂时合法地行使该职务职能的任何人。

3. 依据本宪法授予任何人或机构行使职务职能的任命,如果该当任者不能履行其职能,不得因此对该类任命提出异议。

4. 依本宪法之目的,任何人不得因从公共服务领取抚恤金或其他类似津贴而视为担任公职。

5. 如果任何暂时有效的法律规定某职位(非属本宪法所设职位)依据本宪法第五章不属于公职,则本宪法相应地发生效力,如同为此制定的该法律规定一样。

---

* 译者:林煜。

6. 在本宪法中"公共服务"不包括总督、总统、副总统、议长和副议长、部长、议会秘书长、反对党领袖、参议员、众议员、枢密院成员、最高法院法官或上诉法院法官、两院书记员或副书记员、总督的私人职员的事务，亦不包括依照本宪法第七十九条的规定，担任检察长的事务。

7. 本宪法所提及的有关撤除公职人员职务的权力，应包括任何法律所授予的要求或允许该官员从公共服务上退休的任何权力。

下列除外：

(1) 本款规定不得视为授权任何人或机构以要求最高法院或上诉法院的法官、检察官或审计长从公共服务上退休的权力；

(2) 由任何法律授予的权力以允许某人从公共服务上退休，不应该由某人或非本宪法设立的委员会的机构撤除，而应转归公共服务委员会行使。

8. 由本宪法授权制定任何宣言、决定或作出任何指示，该权力应包括以类似方式行使修改或撤销任何该类宣言、决定或指示的权力。

9. 本宪法中关于任何人或机构在依本宪法行使任何职责时不受任何其他人或机构的指示或控制，不得视为妨碍法庭对该人或机构是否按本宪法或任何其他法律履行其职责的有关任何问题行使裁判权。

10. 本宪法所提及的在本宪法生效前制定的法律，除非上下文另外要求，应视为在指定日前立即有效的法律。

11. 依据本宪法的要求某人作出宣誓，假定该人请求，应准许其按要求作出正式的声明。

12. 于指定日有效的《1889 年解释法令》经必要的修改，为解释本宪法和其他与此相关的适合该解释的法律，以及联合王国议会的有关法令之目的，应予以适用。

第二条

依照本宪法第四十九条和第五十条的规定，如果其他任何法律与本宪法相冲突，本宪法应予以生效，而其他法律应确认无效。

第二章　公民权

第三条

1. 依据本章的规定，成为牙买加公民的条件：

(1) 出生；

(2) 血缘关系；

(3) 基于与牙买加公民结婚而登记成为牙买加公民；

2. 议会可根据本章所述的不能成为牙买加公民的规定对牙买加公民资格的获得作出规定。

3. 本条第 1 款的规定不影响在 1999 年 3 月 26 日前依据当时生效的宪法的规定有权获得牙买加公民资格的人的权利。

第三 A 条

1. 出现下列情形之一，在 1993 年 3 月 1 日可成为牙买加公民：

(1) 在 1962 年 8 月 6 日出生于牙买加之外的人；

(2) 在 1993 年 3 月 1 日前依据当时生效的宪法的任何规定有权获得牙买加公民资格的人；

(3) 在 1962 年 8 月 6 日，依据第三条第一款，如果其父母活着将是牙买加公民的人。

2. 本条第 1 款的规定不影响在 1993 年 3 月 1 日前依据当时生效的宪法的规定有权获得牙买加公民资格的人的权利。

第三 B 条

1. 每个生于牙买加的人将于下列日起成为牙买加公民：

(1) 在 1962 年 8 月 6 日前出生的于该日起；

(2) 在 1962 年 8 月 6 日及之后出生的于出生日起。

2. 下列人将被视为出生于牙买加：

(1) 如果其出生在注册于牙买加或属于政府的船只上；

(2) 如果在其出生时其母亲是——

a) 因供职于牙买加外交部门而居住在外国的牙买加公民；

b) 无论其是否是牙买加公民，与因供职于牙买加外交部门而居住在外国的牙买加公民结婚而居住在该国的人。

3. 依据本款其出生时，某人不能成为牙买加公民：

(1) 其父母依据恰当且合法的文件拥有豁免权，作为一主权国家的由掌控牙买加政府权力的陛下授权的使节，且其父母双方均不是牙买加公民；

(2) 其父母不是外国使节，且其出生地在敌方占领区。

第三 C 条

每个出生于牙买加之外的人将于下列日起成为牙买加公民：

(1) 在 1962 年 8 月 6 日前出生的于该日起；

(2) 在 1962 年 8 月 6 日及之后出生的于出生日起。

如果在出现上述任一情形，在规定之日，其父亲或母亲通过出生或血缘关系或因结婚而注册成为牙买加公民。

第四条

1. 于 1962 年 8 月 5 日或其前与下列人结婚的

男性或女性：

(1)依本宪法第三条成为牙买加公民者；

(2)于1962年8月6日前死亡,如果活着将依据本条成为牙买加公民者,经过规定的方式申请,如果该男性或女性是受到英国保护的或外国人,经过忠诚宣誓,应予以登记成为牙买加公民。

2.凡于1962年8月5日属于联合王国及其殖民地公民者：

(1)因《1948年英国国籍法》已成为该类公民,在该法生效之前,作为英国国民加入了前牙买加殖民地国籍的；

(2)依据该法于前牙买加殖民地已加入或登记成为牙买加公民,应于1962年8月6日前经过规定的方式申请,有权登记成为牙买加公民。

但是,未满二十一周岁者(结婚或已婚妇女除外)不得依据本款自己申请,但可由其父母或监护人代替申请。

3.凡于1962年8月5日结婚或已婚的男性或女性,其配偶依据本条第2款登记成为牙买加公民,该配偶有权按规定的方式申请,登记成为牙买加公民。如果是受英国保护的或外国人,则通过忠诚宣誓,登记成为牙买加公民。

第五条

由1990年第18号法令废止。

第六条

由1999年第18号法令废止。

第七条

1.凡于1962年8月5日以后与牙买加公民或成为牙买加公民者结婚的男性或女性,依据第2款,通过规定的方式申请,如果其属受英国保护的或外国人,通过忠诚宣誓,登记成为牙买加公民。

2.某人将予以否认登记如果其——

(1)有足够的证据证明：

a)结婚的首要目的是为了使某人能够获得牙买加公民资格的；

b)婚姻双方没有作为配偶长久地一起生活的意向；

(2)某人依据任何法律在任何国家被指控为刑事罪犯者,该法是对上述指控的事由作出否认规定的法律。

第八条

1.除非依据本法第三条第1款的(1)(2)(3)项成为牙买加公民,否则将剥夺其公民资格。

2.某人依据本法第三条第1款的(1)(2)(3)项成为牙买加公民的,不得剥夺其公民资格,除非依据法律的下列规定：

(1)详细指明剥夺的发生事由和剥夺的程序步骤；

(2)赋予任何受此影响的人以向最高法院寻求救济的权利,以复审剥夺其公民权利的决定。

第九条

1.凡依本宪法或议会的任何法令是牙买加公民者,或因在适用于本条的任何国家暂时有效的任何制定法而属该国公民者,应具有联邦国家公民的地位。

2.凡依《1948年英国国籍法》属英国国民而无公民权者,或因该法第二条仍然是英国国民者,应根据该身份,具有联邦国家公民的地位。

3.除非议会另行规定,适用于本条的国家有：联合王国及其殖民地、加拿大、澳大利亚、新西兰、印度、巴基斯坦、锡兰、加纳、马来西亚联邦、尼日利亚联邦、塞浦路斯共和国、塞拉利昂、坦噶尼喀、罗德西亚联邦、尼亚萨兰和新加坡。

第十条

凡不具有牙买加公民身份的联邦国家公民,或不具有牙买加公民身份的爱尔兰共和国公民,不得在牙买加以外的联邦国家的任何地方,或在爱尔兰共和国,或其他任何外国,因疏忽而触犯了牙买加任何有效法律而有罪,除非：

(1)如果该人是外国人,该行为或疏忽即属犯罪；

(2)该行为或疏忽发生在非属本国的联邦国家的任何地方,或在爱尔兰共和国,即属犯罪。

第十一条

议会可以规定：

(1)由1999年第18号法令废除；

(2)对剥夺任何人牙买加公民资格的事由和程序作出规定；

(3)任何人放弃牙买加公民资格。

第十二条

1.在本章：

"外国人"指非联邦国家公民、受英国保护的或爱尔兰共和国公民；

"受英国保护的"指因《1948年英国国籍法》之目的而受英国保护的人；

"外国"指非属联邦组成部分的国家(爱尔兰共和国除外)；

"规定的"指由或根据议会的任何法令而规定的。

2.由1993年第6号法令废止。

3.为了本章之目的,出生在国外登过记的船舶或飞机上的,或出生在国外而未在任何国家政府登记过的船舶或飞机上的,应视为出生在该船舶或飞机的登记所在地或国家。

4.本章所涉及的某人在出生时其父母的国民身份,在关于其父母死亡后出生的,应理解为涉及在其父母死亡后有关的其父母的国民身份；当其在1962

年8月5日之前死亡,如果其父母在1962年8月6日之前已经死亡时所具有的国民身份,应视为其死亡时的国民身份。

第三章 基本权利与自由

第十三条

鉴于牙买加的每个人均享有个人的基本权利与自由,即是说不论其种族、出生地、政治观点、肤色、信仰或性别,只要尊重他人的权利和自由,尊重公众利益,均有权享有以下各条:

(1)生存、自由、人身安全、拥有财产和受法律保护;

(2)良心、言论和和平地集会、结社自由;

(3)尊重其私生活和家庭生活。

本章以下条款的规定应对前述权利与自由保护之目的产生效力,依照上述保护的限制因素,应包含在上述受限制的,确保上述权利与自由的实现目的而作出的规定,并不得损害他人权利与自由或公共利益。

第十四条

1. 任何人不得有意剥夺他人生命,除非因犯有受指控的刑事罪而执行法院判决。

2. 关于在接下来提及的情况下使用武力,不会违犯任何法律和负有任何法律责任,凡因下列情况,可合理证明,在一定程度上死于该武力的使用的情形,不得视为违反本条而剥夺其性命:

(1)为保护任何人免于暴力,或为保护财产;

(2)为实现合法逮捕或阻止依法拘留者逃亡;

(3)为镇压暴动、叛乱或叛变;

(4)为了合法地阻止犯罪者实施犯罪,或因战争的合法行为而死亡。

第十五条

1. 任何人的个人自由不受剥夺,下列依照法律授权的情况除外:

(1)对刑事指控的不适当辩护;

(2)无论在牙买加或其他地方,对因犯受指控的刑事罪而执行法院的判决或命令;

(3)为执行最高法院、上诉法院或议会规定的其他法院的命令,因藐视任何该类法院或法庭;

(4)为执行法院为确保依法判处的任何责任的履行而作出的命令;

(5)为执行法庭命令而将其带到法庭受审之目的;

(6)因合理怀疑犯有或正在进行刑事犯罪;

(7)为未满二十一周岁者提供教育和福利之目的;

(8)为阻止具有传染性或感染性疾病传播之目的;

(9)为关心或治疗或经合理怀疑是精神不健全者、吸毒或酗酒者、流浪者或为维护集体利益之目的;

(10)为阻止非法潜入牙买加者,或为实现驱逐、引渡、从牙买加合法迁出或对此进行有关诉讼;

(11)出于某种程度上的必要,实现合法命令的要求,限定某人不得离开牙买加某指定区域,或禁止其到某指定区域,或出于某种程度上的可理证明对该命令所针对的对象提起的诉讼,或某种程度上可合理证明限制其到牙买加任何地区的任何参观,基于上述任何命令的后果则是其出现的违法性。

2. 凡已被捕或被扣留者,应尽快合理可行地以其通晓的语言,通知其被捕或被扣留的原因。

3. 凡已被捕或被扣留者:

(1)为执行法院命令之目的,将其带到法院受审;

(2)根据合理怀疑,该人犯有或正在进行刑事犯罪,以及未释放者,应毫不迟疑地将其带到法院受审;如果任何因合理怀疑其犯有或正在进行刑事犯罪而被捕或被拘留者,未在合理的时间内审讯,在不妨碍对其更进一步的诉讼进程的情况下,应将其无条件或在合理条件下释放,包括合理必要地保证其下次审判时出庭,或为保证初次诉讼审讯。

4. 受到非法逮捕或扣留的任何人,有权向逮捕扣留者要求赔偿。

5. 任何法律机构所包含或处理的任何事情,不得视为与本条不一致或相抵触,本法某种程度上因此作出规定:在公共紧急时期,为处理该情形之目的,可以采取合理可证明的紧急措施。

6. 仅依据本条第5款所述规定而被合法扣留的任何人,在该扣留期的任何时候申请,且第二次申请距离前次申请不短于六个月,该案应由依法设立的独立公正的法庭复审,该法庭由牙买加首席法官从牙买加有权代理或允许代理的大律师或律师中任命一人主持。

7. 法庭依据本条第6款在对任何已扣留人员的案件进行任何复审时,可对其上级权力机构提起关于必要或适宜继续拘留的建议,除非依法另行规定,该权力机构没有义务接受任何该类建议。

第十六条

1. 禁止剥夺他人的迁移自由,依本条之目的,所述自由指在整个牙买加自由迁移的权利,在牙买加的任何地方居住的权利,进入牙买加的权利和驱逐出牙买加的豁免权。

2. 因合法扣留而对某人的迁移自由的任何限制,不得视为与本条不一致或相抵触。

3. 任何法律机构所包含或处理的任何事情,不

得视为与本条不一致或相抵触,本法某种程度上因此作出规定:

(1)为了防务、公共安全、公共秩序、公共道德或公共卫生,而合理地要求;

(2)任何非牙买加公民的,或被开除或驱逐出牙买加的,将课以限制其在牙买加国内的迁移或居住;

(3)对任何人获得或使用牙买加的土地或其他财产的课以限制;

(4)对公职人员、警察或军人在牙买加国内的迁移或居住课以限制;

(5)因犯被指控的刑事罪而依法院判决被在牙买加以外接受审判或在牙买加以外受到监禁,将其驱逐出牙买加。

4. 仅依据本条第3款第(1)项所述规定而其迁移自由受到限制的任何人,在该限制期内的任何时候申请,且第二次申请距离前次申请不短于六个月,该案应由依法设立的独立公正的法庭复审,该法庭由牙买加首席法官从牙买加有权代理或允许代理的人律师或律师中任命一人主持。

5. 法庭依据本条第4款对迁移自由受到限制的案件进行任何复审时,可对其上级权力机构提起关于必要或适宜继续限制的建议,除非依法另行规定,该权力机构没有义务接受任何该类建议。

第十七条

1. 禁止使用酷刑、非人性的或有辱人格的惩罚或其他手段。

2. 任何法律机构所包含或处理的任何事情,不得视为与本条不一致或相抵触,本法某种程度上因此作出规定:在指定日前牙买加所规定的合法惩处将立即生效。

第十八条

1. 不得强制地占有任何财产,不得强制地获得任何规定的财产的利益或权利,除非依法规定:

(1)规定裁决并给予赔偿的原则和方式;

(2)宣称对某财产的享有利益或权利,并为下列目的的有向法院寻求救济的权利:

a)确立该利益或权利(如果有的话);

b)裁定其有权获得的赔偿金额(如果有的话);

c)坚持其对任何该类赔偿的权利。

2. 本条不影响规定下列占有或获得财产情形的任何法律的制定或实施:

(1)为缴纳任何税、费、金;

(2)无论根据民事诉讼或刑事判决,因违法而予以惩罚的方式;

(3)企图将有问题的财产迁出或迁入牙买加而触犯法律;

(4)因任何法律之目的而采样的方式;

(5)鉴于某财产包括侵犯某人或走失的动物;

(6)作为附属权利的租契、租赁、特许、抵押、担保、卖契、质押或合约;

(7)授托或管理的信托财产、敌方财产、宣判或声明破产、无力偿债者、精神不健全者、已故者的财产,或解散过程中法人或为法人财产;

(8)执行法庭判决或命令;

(9)因该财产处于危险状态或对人类健康,对动植物有害的状态;

(10)因有关诉讼限制的任何法律后果;

(11)出于任何检查、调查、审判或询问的需要或土地情形:

a)水土保持或其他自然资源的保持工作;

b)农业发展或改善,这是土地所有者或占有者一直要求的,并无合理合法的措辞予以拒绝或不予以实现。

3. 本条不影响规定任何农产品、矿产品、其他物品或进行市场准备、制造的物品的有秩序地出售、生产、种植或开采,或出于维护他人的利益,保护承租人、被许可人或对该财产享有权利的其他人,而合理限制对任何财产的使用情形的任何法律的制定或实施。

4. 本条不影响规定为公共利益强制占有任何财产,或为公共利益强制获得任何财产的利益或权利的情形的任何法律的制定或实施。鉴于该财产、利益或权利由依法为公共利益而设立的法人团体掌管,而该法人团体的资金全部由议会或前牙买加殖民地的立法机构投资。

5. 在本条,"赔偿"指给予受损失者的安慰,因其对某财产享有利益或权利,而该财产依据法律的有关规定或要求强制占有或剥夺的法令被强制占有或剥夺。

第十九条

1. 除经本人同意,不得对其进行人身或财产搜查或闯入其住宅。

2. 任何法律权力机构所包含或处理的任何事情,不得视为与本条不一致或相抵触,由此在某种程度上本宪法根据合理要求作出规定:

(1)为了防务、公共安全、公共秩序、公共道德、公共卫生、公共收入、城镇计划或发展以及为提高公共福利而利用任何财产的方式;

(2)视情况授权依法为公共目的而设立的各法人团体、牙买加任何政府的任何部门或任何地方政府机构进入某人住宅,以便对属于该法人团体或政府部门或机构的有关的财产或合法安装装置开展工作;

(3)为阻止或侦查犯罪之目的;

(4)为保护他人的权利以及自由之目的。

第二十条

1. 无论何时任何人被指控刑事犯罪,除非该控告被撤销,应由依法设立的独立公正的法庭在合理的时间内给予公平的聆讯。

2. 为决定公民权利和义务的存在以及范围而依法设立的任何法庭或其他权力机构应是独立公正的,如果任何人向该类法庭或其他权力机构提起该类决定的诉讼,该案应在合理的时间内给予公平的聆讯。

3. 各法庭的一切诉讼,以及任何法庭或其他权力机构关于决定某人的公民权利义务的存在和范围的诉讼,包括该法庭或其他权力机构决定的公布,均应公开。

4. 本条第3款的规定不得阻碍该款提到的法庭或权力机构在下列诉讼中排除两造当事人和其合法的代理人以外的无关人士的出庭:

(1)在民事诉讼中间过程;

(2)在法律有关收入所得税的上诉诉讼;

(3)该法庭或其他权力机构为下列情形。

a)根据需要或权宜,在公开审判有害公正的情况下;

b)为防务、公共安全、公共秩序、公共道德、为年龄不满二十一周岁的公民的福利或为保护诉讼相关者的私人生活而依法授权或要求的。

5. 各被指控刑事犯罪的人,在无证明或承认有罪之前,应假设其无罪。

但是,任何法律机构所包含或处理的任何事情,不得与本条不一致或相抵触,由此在某程度上本宪法可要求所述被控者承担个别事实的举证责任。

6. 对各被指控刑事犯罪的人:

(1)应尽快地以其通晓的语言,通知其被指控罪行的性质;

(2)应给予充分的时间和条件为其辩护作准备;

(3)允许其自己辩护,或由其选择的合法代理人进行辩护;

(4)应提供条件为其亲自或由合法代理人,审查检控方在任何法庭上提供的证人,并且以适用于检控方提供证人的相同条件,付给证人合理的费用,让其出庭接受审查,为其做证;

(5)如其不懂英语,允许翻译免费协助。

7. 任何人不得因在当时没发生的行为或疏忽而被认为有犯刑事罪,任何刑事罪不得施以在程度和规定上比在犯罪时所适用的最高刑更严厉的刑罚。

8. 凡显示因刑事罪而由任何有权限的法庭审判过,或宣判有罪或无罪释放者,不得因该罪而审判该罪时可能犯的其他任何刑事罪而再次受审,除非上级法院在关于判罪或释放的上诉诉讼中作出决定。

凡对该刑事罪获得赦免者,不得因该罪而受审。

但是,任何法律不得规定任何法庭仅因其获得授权而依据服役法对犯刑事罪的军人进行不论何种审判、判罪或释放,而与本款不一致或相抵触。但是如此审判军人并对其宣判的任何法庭,在对其处以任何刑罚时,应考虑服役法规定的任何刑罚。

9. 任何法定机构所包含或处理的任何事情,不得与本条(第7款除外)的任何规定不一致或相抵触,由此本宪法在某种程度上可在公共紧急时期为应付局面而采取合理公正的措施。

10. 在本条第6款第(3)项和第(4)项里,"合法代理人"指有权在牙买加代理的大律师,或除涉及律师无权在诉讼法庭上陈述意见的情况外,指有权在牙买加代理的律师。

第二十一条

1. 除经本人同意,不得妨碍他人享有良心自由。依据本条之目的,所述自由包括思想和宗教自由,改变宗教或信仰的自由,独自或结伙,公开或私下,通过做礼拜、讲授、实践和遵守仪式来表明和传播其宗教或信仰自由。

2. 除经本人同意(如果是未成年人,由其父母或监护人同意),不得要求其参加与其本人宗教、宗教团体或教派无关的任何场所的教育,接受宗教指导、参加或出席任何宗教典礼或仪式。

3. 宗教团体或教派的章程,除经该团体或派别的管理机构同意,不得变更。

4. 不得阻止任何宗教团体或教派为该团体或教派的信众在该团体或教派提供的任何教育课程中进行宗教指导,无论该团体或教派是否接受任何政府全部或部分地为支付该教育课程的费用提供补助、捐赠或其他形式的资金支持。

5. 不得强迫任何人进行与其宗教或信仰不同的宣誓,或以与其宗教或信仰不同的方式进行宣誓。

6. 任何法律机构所包含或处理的任何事情,不得与本条不一致或相抵触,由此某种程度上本宪法依据以下合理要求作出规定:

(1)为防务、公共安全、公共秩序、公共道德或公共卫生;

(2)为保护他人的权利与自由,包括无任何其他宗教成员的主动干预而遵守和实践任何宗教的权利。

第二十二条

1. 除经本人同意,不得妨碍他人享有表达自由。依据本条之目的,所述自由包括不受干涉地持有意见,接受、传递思想和信息,以及不受干涉地进行通信和其他形式的沟通自由。

2. 任何法律机构所包含或处理的任何事情不得与本条不一致或相抵触,由此在某种程度上本宪法作出规定；

(1)属于合理要求的规定：

a)为防务、公共安全、公共秩序、公共道德或公共卫生；

b)为保护他人名誉、权利和自由，或与法律诉讼相关者的私人生活，防止基于保密的信息泄露、维护法庭的权威与独立，或规范电话、电报、邮政、无线电广播、电视或其他通信设施，公共展示或公共娱乐；

(2)对公职人员、警察或军人加以限制。

第二十三条

1. 除经本人同意，不得妨碍他人享有和平集会和结社的自由，即和平地与他人自由聚会和结交的自由，特别是为维护个人利益而组织或参加工会或其他协会。

2. 任何法律机构所包含或处理的任何事情，不得与本条不一致或相抵触，由此在某种程度上本宪法作出下列规定：

(1)属于合理要求的规定：

a)为防务、公共安全、公共秩序、公共道德或公共卫生；

b)为保护他人的权力和自由；

(2)对公职人员、警察或军人加以限制。

第二十四条

1. 根据本条第4款、第5款和第7款的规定，任何法律不得作出歧视性规定或产生歧视性效果的规定。

2. 根据本条第6款、第7款和第8款的规定，任何人不得因任何成文法律、履行任何公职或任何机构的职能而以歧视的方式对待他人。

3. 在本条，"歧视"一词指给予不同人以不同待遇，完全或主要依据其种族、出生地、政治观点、肤色或信仰的不同，对其中一类人使其无法行使权利或加以限制，而对另一类人，不予任何限制或给予另一类人所得不到的特权或优势。

4. 本条第1款不得适用于迄今作出下列规定的任何法律：

(1)关于非牙买加公民者；

(2)关于收养、婚姻、离婚、埋葬、死后财产转移或其他有关个人法的情形；

(3)当公共处于紧急状态，为应付该局面而授权采取的合理公正的措施；

(4)牙买加政府或地方权力机构或为公共利益服务的地方团体实行征税或占用税收。

5. 任何法律所包含的任何事情，不得与本条第1款不一致或相抵触，由此在某种程度上该法律作出关于公职人员、警察、军人或地方政府机关的人员或依任何法律为公共利益而设立的法人团体的工作资格的规定。

6. 本条第2款规定不得适用于本条第4和第5款所提及的任何该类法律所明确或经过必要暗示所授权处理的任何事情。

7. 任何法律机构所包含或处理的任何事情，不得与本条不一致或相抵触，由此在某种程度上本宪法作出规定，关于本条第3款提到的任何类型的人，对本宪法第十六条、第十九条、第二十一条、第二十二条和第二十三条予以保护的权利和自由可以受到任何限制，该类限制视情况如第十六条第3款第(1)项、第十九条第2款、第二十一条第6款、第二十二条第2款或第二十三条第2款所授权认可的。

8. 本条第二款规定的任何事情，不得妨碍由本宪法或任何其他法律授予任何人在任何法庭关于民事或刑事诉讼的起诉、处理或撤销的任何判定权。

第二十五条

1. 依照本条第4款的规定，如果任何人宣称本宪法第十四条至第二十四条(包括首尾两条)的任何规定侵犯了、侵犯着或可能侵犯其利益，那么，在不妨碍对合法有效的同类事情进行任何其他诉讼的情况下，该人可以向最高法院请求赔偿。

2. 最高法院拥有对任何人根据本条第1款提出的申请进行审讯和裁决的初审管辖权，出于实施或保证实施前述第十四条至第二十四条(包括首尾两条)保护有关授权者的任何规定的目的，可以作出适合目的的有关命令、发布有关令状和给予有关指导。

但是，如果符合有关宣称触犯其利益的人依据其他法律，可以采取适当的补救措施的，最高法院不得依据本款行使其权力。

3. 任何人因最高法院依本条作出的任何裁决而受损害的，可以向上诉法院起诉。

4. 议会可以基于本条之目的对有关任何法院的业务和程序作出规定或授权作出规定，且可授予该法院该类权力，或授权该法院授予该类权力，另除本条授予的权力外，在必要或可期待的条件下，促使法院更有效地行使本条授予的审判权。

第二十六条

1. 在本章，除非上下文另外要求，以下词语分别具有下列含义，即——

"触犯"，与任何要求有关，包括没能遵守要求，同类术语依此理解；

"法院"，指依服役法设立的法院外的牙买加的任何法院，以及：

(1)在本宪法第十四条，第十五条，第十六条，第二十条第3款、第4款、第6款、第8款和第10款以及第二十四条第8款，有关触犯服役法的罪，包括因此设立的法院；

(2) 在本宪法第十五条和第二十四条第8款中，有关触犯服役法的罪，包括合法授权该委员会惩戒权的军官、警察服务委员会，或任何人或权力机构；

"成员"，与国防部队或其他武装部队有关，包括依据规范部队纪律的法律，受该纪律限制的任何人；

"服役法"指规范国防部队或警察纪律的法律。

2. 本宪法第十四条、第十五条、第十六条和第十八条所提及的"刑事罪"，应视为包括反服役法的罪，以及本宪法第二十条第5款至第9款（包括首尾两款）里所提及该类术语，有关依据服役法设立的法庭的诉讼，应同样理解。

3. 牙买加除外，任何国家的法律机构对根据其宪法产生的并合法出现在牙买加的武装部队中的成员，不得触犯本章规定。

4. 在本章，"公共紧急状态"指以下任何时期：
(1) 牙买加处于战争状态；
(2) 总督发布有效声明，宣布国家处于紧急状态；
(3) 两院中任何一院获得该院多数议员的赞成票支持通过的有效决议，宣布牙买加的民主体制受到颠覆性威胁。

5. 总督发布的声明不得因本条第4款之目的而生效，除非该声明总督认为符合：
(1) 因牙买加同某外国处于危急的战争状态而形成的紧急状态，或因发生任何地震、飓风、洪水、火灾、爆发的瘟疫、传染病或与前述类似的其他灾难；
(2) 该行为已经发生，或即将受到任何人或具有类似性质的团体的威胁，其规模之大有可能危害公共安全或破坏社会，或社会的任何实质性部分，给养或生活的基本设施。

6. 总督依据并遵照本条之目的发布的声明：
(1) 除非提前撤销，应持续有效达一个月或更长时间，或依据众议院以其大多数议员支持通过的决议，不超过十二个月；
(2) 可以按本款第(1)项规定的方式通过的决议多次延长时间，但是每次延长的时间不得超过十二个月；
(3) 可依据众议院全体议员中大多数议员赞成票支持通过的决议，随时撤销。

7. 议院依本条第4款之目的通过的决议，可以依据该议院全体议员大多数议员赞成票支持通过的决议，随时将其撤销。

8. 在指定日前有效的任何法律所包含的任何事情，不得与本章的任何规定不一致，且任何该类法律权力机构所处理的任何事情，不得与任何该类规定相抵触。

9. 依本条第8款之目的，在指定日前有效的法律，不得仅因下列事由而终止：
(1) 依据《1962年牙买加枢密院（宪法）颁令》第四条所作出的任何改变或修正；

(2) 以同一形式在任何法律的合订或修订本中的副本，因其包括在该类合订或修订本中，只作必要或权宜的改变或修正。

第四章 总 督

第二十七条

应当设立牙买加总督职务，由陛下任命，在陛下旨意下任职，是陛下在牙买加的代表。

第二十八条

指定担任总督职务者，应在就职前，宣告并签署忠诚誓言，并以本宪法附表一规定的方式，正确地履行总督职务。

第二十九条

1. 无论何时总督职位出缺，或担任者不在牙买加，或因其他任何原因无法履行其职能，该职能应由陛下可能任命的其他人履行，如在牙买加无该类任命且能够履行该职能的人，则由牙买加的首席法官履行。

2. 前述任何人在承担总督职位职能前，应按本宪法第二十八条指示的总督宣告并签署的誓言，宣告和签署誓言。

3. 总督在下列情况下，不得依本条之目的视为不在牙买加，或无法履行总督职位职能：
(1) 仅因其从牙买加的一地迁移至另一地；
(2) 无论何时依据本宪法第三十条存续代理任命时。

第三十条

1. 无论何时总督：
(1) 在离开总督职位但没离开牙买加的情况；
(2) 在离开牙买加一段时期并证明此时期是短暂的情况；
(3) 遭遇疾病并证明是短暂的情况；

总督可在听取总理意见后，通过加盖国玺的文件，任命任何在牙买加的人在其离开或遭遇疾病时，代理并以该权限代表总督履行该文件详细指明的总督职位职能。

2. 总督的权力和权威不受限制、变更，不受依本条任命的代理者的影响，代理者应遵照并服从总督随时给予的文件指示。

但是，无论代理者是否遵照并服从任何该类文件指示，任何法院都不得查问。

3. 依本条指定为代理者，应在其任命文件规定的时期任命该职，其任命可由总督在听取总理意见后随时撤回。

第三十一条

1. 议会可时常调整规定总督的私人职员组成、

给予职员的工资和津贴,以及附属总督职位的有关开支的其他款项。

2. 依据本条第 1 款规定的任何工资或其他款项,应由统一资金管理与给付。

3. 依照本条第 4 款的规定,依据本条第 1 款,暂时性规定的总督私人职员的任命权,以及对担任或行使该类职位的人员的调动和纪律管理权,应转归由总督酌情决定。

4. 总督在行使酌情决定权时,其可从公共服务委员会提交的公职人员名单中任命本条第一款规定的任何职务,但是:

(1)本条第 3 款的规定应适用于有关如此任命的总督私人职员者的职务,而非公职人员的职务;

(2)如此任命的职员,在其担任总督私人职员的时期,不得履行任何公职职能;

(3)如此任命的职员,可随时接受总督的任命,如果公共服务委员会提出建议,担任或恢复公职职能,该人可因此辞去其总督私人职员职位,但是,总督可行使其酌情决定权,拒绝对该职员任命的解除。

5. 凡根据本条第 1 款规定为组成总督私人职员的一切职位,应依据本宪法第四十条、第四十一条、第一百一十一条、第一百二十四条、第一百二十九条、第一百三十二条、第一百三十三条和第一百三十四条之目的,均应视为公职。

第三十二条

1. 总督应听取内阁或部长的意见,在内阁的综合的权力下,行使其职能,但下列情况除外:

(1)明确规定(无论何种条款)根据任何人或权力机构的建议或意见,除内阁外,或与其建议或意见一致,或与其商议后,可由总督行使的任何职能;

(2)明确规定(无论何种条款)可由其酌情决定行使的任何职能。

2. 指示表明总督应基于任何人或权力机构的建议行使任何职能,则总督必须按照该类建议行使该职能。

但是:

(1)在其听取该建议前,他可以酌情决定将建议退回有关人员或权力机构重新考虑;

(2)如果该人员或权力机构基于前项重新考虑了最初建议,且提出代替的不同建议,本款的规定应适用于该不同建议,如同其适用于最初建议。

3. 指示表明总督应在咨询任何人或权力机构方能行使任何职能,但其没有义务按照该人或权力机构的意见行使该职能。

4. 指示表明总督应按照任何人或权力机构的建议或意见,或与该建议或意见一致,或与其商议后,或代表其行使任何职能,无论总督是否如此行使该职能,任何法院都不得查问。

5. 指示表明总督应基于总理的建议,经与反对党领袖协商后行使职能,步骤如下:

(1)首先由总理与反对党领袖进行协商,随后由其向总督提供建议;

(2)然后总督应告知反对党领袖该建议,如果与反对党领袖的意见一致,总督即应按照该建议行使职能;

(3)如果与反对党领袖意见不同,总督应就此告知总理,并退回该建议;

(4)然后总理应给总督提供意见,总督应按照该意见行使职能。

6. 在本宪法中所提及的总督的任何职能,应理解为行使牙买加行政权的权力和职责,以及由或根据本宪法或任何其他法律授予或强加于总督的任何其他权力和职责。

第三十三条

总督应保存并使用国玺,为一切须经加盖国玺方可批准的事情加盖印章。

第五章 议 会

第一节 议会的组成

第三十四条

应当设立牙买加议会,由陛下、参议院和众议院组成。

第三十五条

1. 参议院应由二十一名议员组成,应符合本宪法规定的任命参议员的资格,并依照本条规定进行任命。

2. 十三名参议员应由总督按照总理的意见,通过加盖国玺的文件任命。

3. 剩余八名参议员应由总督按照反对党领袖的意见,通过加盖国玺的文件任命。

第三十六条

众议院的组成,应由符合本宪法规定的当选为议员的资格,并依据当时在牙买加有效的任何法律规定的方式当选为议会议员的人组成。

第三十七条

1. 除本条第 2 款作出例外规定,凡符合下列资格者,得通过登记成为众议院选举的选民:

(1)在登记日是牙买加公民并居住在牙买加;

(2)在登记日是居住在牙买加的联邦国家的公民(牙买加公民以外),并在登记日前在此居住不少于十二个月,并且达到规定的年龄。

2. 下列人无资格登记成为众议院选举的选民:

(1)凡由联邦国家任何地区的法院判处死刑者，或由该类法院判处的其他监禁刑(无论何种名目)或由该类法院或有权限的权力机构代替监禁六个月以上者，或该监禁刑判决中止执行者；

(2)因其被指控犯有与众议院或任何地方机构或为地方利益的团体成员选举有关的罪行，由或根据当时在牙买加有效的任何法律，取消其登记资格者；

(3)根据当时在牙买加有效的任何法律，证明是患有精神病或判断为精神不健全者，或被拘留的犯精神病的罪犯；

(4)因其担任或负责处理有关其本人选区的选举工作的任何职务，该类选区是该类人本来有权投票选举的，而依据当时在牙买加有效的任何法律，丧失该类登记资格者。

3. 在本条——

"规定的年龄"指：

(1)二十一周岁；

(2)由特别法令随时规定的，年龄低于二十一周岁，但不低于十八周岁的；"特别法令"指议会通过的法案，并由两院最终表决，每院均以其全体议员的大多数票支持通过。

4. 一项特别法令可由另一部特别法令以同样的方式撤销或修正。

第三十八条

1. 当时规定众议院议员选举的任何法律应该：

(1)包括设计尽可能可行的条款以确保任何人有权投票选举众议院议员，且均具有合理的投票机会；

(2)包括有关指导众议院议员选举工作的条款，包括有关确认选民资格的条款，设计尽可能可行的条款以确保能排除下列人员在众议院议员选举中投票：

a)无权投票者；

b)当在其无权投票时；

c)当其在无权投票地。

但是，该项规定不得在1964年1月1日前开始实施。

2. 众议院议员的任何选举，不得因其选举的法律依据与本条不一致而提出异议。

第三十九条

除本宪法第四十条作出例外规定，任何人在其任命或提名选举日时应：

1. 是年满二十一周岁及以上的联邦国家公民者；

2. 在该日前已于牙买加居住达十二个月者，有资格任命成为参议员或入选为众议院议员，其他任何人均无资格。

第四十条

1. 以下人员无资格参与众议院议员选举：

(1)参议院议员；

(2)依据当时在牙买加有效的任何法律，因担任或负责处理与任何选举或与任何选举有关的职位职能，或负责编辑或校订任何选举登记簿，而丧失选举资格。

2. 以下人员没有资格被任命成为参议员或入选为众议院议员：

(1)以其个人行为承认效忠、服从或依附于外国政权或国家；

(2)担任或处理任何公职，或最高法院法官职务，或上诉法院法官职务，或由议会另行规定的军人；

(3)是某一商行的当事人或合伙人，或是为公共服务而与牙买加政府签订合同的一方公司的董事或经理，且没有：

a)告知总督任命成为参议员；

b)入选成为众议院议员，在选举日前一个月内，在政府公报上发表公告，事前透露该类合同的性质以及其利益或该商行或公司的利益。

(4)依照本条第3款的规定，凡由联邦国家任何地区的法院判处死刑者，或由该类法院判处的其他监禁刑(无论何种名目)，或由该法院监禁六个月以上或由有权限的权力机构代替执行由该法院判处的其他刑罚，或其监禁刑判决中止执行者；

(5)依据在联邦国家任何地区有效的任何法律被宣判或宣布破产并尚未履行者；

(6)根据当时在牙买加有效的任何法律，证明是患有精神病或判断为精神不健全者，或被拘留的犯精神病的罪犯者；

(7)由或根据当时在牙买加有效的任何法律，因其犯有任何与众议院议员选举或任何地方权力机构或为地方利益的团体成员选举有关的罪行，而丧失众议院议员的资格。

3. 依本条第2款第(4)项之目的：

(1)当有人连续两次以上被判处监禁刑时，在其整个服刑期间，应视为服刑六个月以上的(不到六个月者除外)，且任何一个刑罚的总额达到或超过该期间。

(2)监禁刑不得以给付罚金变更或因不履行罚金给付而执行。

第四十一条

1. 两院议员的席位在以下情况出缺：

(1)在其任命或当选之后的下次议会解散时；

(2)辞职；

(3)如果缺席该院席位符合该院议事规则所规定

的期限或情形；

（4）如果其终止成为联邦国家公民，或进行任何宣誓，或作出任何声明或承认效忠、服从或依附于外国政权或国家，或与其成为任何外国政权或国家的公民的意图保持一致或采取任何行动；

（5）凡不是议院议员者，如发生任何情况，根据本宪法第四十条第 2 款第（2）项或第（7）项将迫使其丧失任命或当选的资格；

（6）如其是为公共服务与牙买加政府签订任何合同的当事人。

但是：

a）如果议员在成为上述合同的一方当事人之前，（视情况）向参议院或众议院透露该类合同性质和其利益的，如果参议院（当其是参议员）或众议院（当其是众议员）认为如此做是正确的，（视情况）参议院或众议院可以免除任何议员依据本项规定解除席位的。

b）如因依据本项规定就裁决是否解除参议员或众议员席位而依据本宪法第四十四条进行诉讼，如果该议员获得法院的认可，因其合理行为没有意识到该商行或公司是或已是该合同的一方当事人，则由法院宣告不解除其席位；

（7）如果该议员是合伙人的商行或该议员是董事或经理的公司，因公共服务成为与牙买加政府签订合同的一方，或其成为任何该类合同一方的商行的合伙人或公司的董事或经理。

但是：

a）如果议员在对该类合同产生权益前或尽可能可行前（无论是作为商行的合伙人或公司的董事或经理），（视情况）向参议院或众议院透露该类合同性质和该商行或公司的利益的，如果参议院（当其是参议员）或众议院（当其是众议员）认为如此做是正确的，（视情况）参议院或众议院可以免除任何议员依据本项规定解除席位的。

b）如因依据本项规定就裁决是否解除参议员或众议员席位而依据本宪法第四十四条进行诉讼，如果该议员获得法院的认可，因其合理行为没有意识到该商行或公司是或已是该合同的一方当事人，则由法院宣告不解除其席位；

2. 众议员席位在下列情况出缺：

（1）被任命为参议员；

（2）凡不是众议员者，如发生任何情况，根据本宪法第四十条第 1 款第（2）项将迫使其丧失当选的资格；

3.（1）依照本款第（2）项的规定，如果两院的任何议员被联邦国家任何地区的法院判处死刑或六个月以上监禁刑（无论何种名目），该议员应立刻停止行使作为议员的任何职能，其议院席位，在判决三十日期限届满后出缺。

但是，两院议长可视情况根据议员的请求，经常性地延长三十日期限，以便该议员就其宣判或判决寻求上诉，然而，延长的时间如超过三百三十日，则须经有关议院通过签署决议批准。

（2）如果在该议员解除席位前的任何时间，其被赦免或其宣判被撤销，或其判处的监禁刑减少至少于六个月，或以监禁刑以外的刑罚代替，根据本款第（1）项，该议员席位不会出缺，且其可能恢复行使其议员职能。

（3）依本款之目的：

a）当有人连续两次以上被判处监禁刑时，应视为其任一刑罚达到或超过六个月；

b）监禁刑不得以给付罚金变更或因不履行罚金给付而执行。

4.（1）依照本款第（2）项的规定，如果两院的任何议员被宣判或宣布破产，证明是患有精神病、判断为精神不健全者或被拘留的犯精神病的罪犯者，应立刻停止行使其作为议员的任何职能，其议员席位，在判决三十日期限届满后出缺。

但是，两院议长可视情况根据议员的请求，经常性地延长该三十日期限，以便该议员对任何该类宣判、证明或拘留寻求上诉，然而，延长的时间如超过一百八十日，则须经有关议院通过签署决议批准。

（2）如果在该议员解除席位前的任何时间，任何该类宣判或证明被撤销，或终止该犯精神病议员的拘留，根据本款第（1）项，该议员席位不会出缺，且其可恢复行使其议员职能。

第四十二条

1. 参议院在议会的任何解散后的第一次会议时和在继续分配其他工作前，应选举一名参议员作为议长，此人非部长或议会秘书长，无论何时只要不因议会解散而使议长职务出缺外，参议院应在出缺发生后不迟于第二次会议时推选任何其他参议员填补该职位。

2. 议长当选后，在其就职前，应（除非已经按本宪法第六十二条规定宣誓）在参议院前宣告并签署忠诚誓言。

3. 参议院在议会解散后第一次会议时，应尽快推选一名议员作为副议长，此人非部长或议会秘书长；无论何时副议长职位出缺，只要方便，参议院应选举另一名议员填补该职位。

4. 在以下情况应免除议长或副议长职位：

（1）辞职；

（2）丧失参议员资格；

但是，如议长或副议长因议会解散而丧失议员资格，则应按本宪法第四十七条之目的，认为在其辞职

或因议会解散以外的其他原因出缺前,或在议长或副议长职位被填补前,继续任职;

(3)因本宪法第四十一条第3款或第4款规定,其被要求停止行使其作为参议员的任何职能;

(4)被任命为部长或议会秘书长;

(5)副议长被选为议长。

第四十三条

1. 众议院在议会的任何解散后的第一次会议时,且在继续分配其他工作前,应从中选举一名众议员作为议长,此人非部长或议会秘书长,无论何时只要不因议会解散而使议长职务出缺外,众议院应在出缺发生后不迟于第二次会议时推选任何其他众议员填补该职位。

2. 议长当选后,在其就职前,应(除非已经按本宪法第六十二条规定宣誓)在众议院前宣告并签署忠诚誓言。

3. 众议院在议会的任何解散后第一次会议时,应尽快推选一名议员作为副议长,此人非部长或议会秘书长;若副议长职位出缺,则众议院应在便宜时选举另一名议员填补该职位。

4. 在以下情况应免除议长或副议长职位:

(1)辞职;

(2)丧失众议院议员资格。

但是,如议长或副议长因议会解散而丧失议员资格,则应按本宪法第四十七条之目的,认为在其辞职或因议会解散以外的其他原因出缺前,或在议长或副议长职位被填补前,继续任职;

(3)因本宪法第四十一条第3款或第4款规定,其被要求停止行使其作为众议员的任何职能;

(4)被任命为部长或议会秘书长;

(5)副议长被选为议长。

第四十四条

1. 无论下列何种问题:

(1)任何人有效当选或被任命为任何一院的议员;

(2)两院的任何议员因此解除席位,或依本宪法第四十一条第3款或第4款规定的要求,停止行使其作为议员的任何职能,均应由最高法院裁决,或上诉由上诉法院裁决,其裁决为最终裁决,此裁决应符合当时在牙买加有效的任何法律的规定,遵守该类法律,并遵从代表该法律的首席法官给予的任何指示。

2. 任何个人(包括检察长)可就本条第一款所提及的任何裁决问题起诉,如果该类诉讼未由检察长提起,且检察长不是当事人,则可干预(如果其干预)并出庭或由他人代表出庭。

第四十五条

1.(1)无论何时参议院任何议员的席位出缺,总督应按照本宪法任命参议员的资格要求,通过签署国玺的文件任命填补该出缺。

(2)总督在签署该类任命时,如果该出缺席位:

a)是按总理的意见所任命的,则应听取总理的意见;

b)是按反对党领袖的意见所任命的,则应听取反对党领袖的意见。

2. 无论何时众议院任何议员的席位出缺,该出缺应按当时在牙买加有效的任何法律所规定的方式选举填补。

第四十六条

1. 在任何一院占据席位或投票的任何人,明知或有充分理由知道其无权如此做的,应当承担其占据席位或投票期间,每日二十美元的处罚责任。

2. 任何该类处罚可根据检察长的起诉,由最高法院经过民事诉讼予以补偿。

第四十七条

1. 总督根据议长的建议,设立并任命参议院的书记员和副书记员职务。

2. 总督根据议长的建议,设立并任命众议院的书记员和副书记员职务。

3. 依照本条第5款的规定,书记员在年满六十五周岁前继续任职,提前辞职除外,或在特殊情况下,由本条第7款指定的委员会规定更大的退休年龄。

4. 书记官所处理的任何事情,不得因其已达本条要求的辞职年龄而无效。

5. 书记员,经议会全体议员不低于三分之二的赞成票通过决议,决定该书记员由于无法履行其职位职能(无论是身体还是精神或其他原因)或因行为不当应当予以免职,则由总督予以免职,否则不得免职。

如果书记员因不能胜任其职务职责,(无论是体格还是精神虚弱或任何其他原因)或因行为不轨,经该院全体议员的三分之二以上议员投赞成票通过决议案,决定罢免该书记员,则由总督予以罢免,否则不得罢免。

6. 本条第3、第4和第5款的规定,可适用于副书记员,如同适用于书记员一样。

7. 依照本条第3款、第5款、第6款和第9款的规定,书记员和副书记员的任职期限(包括工资和补贴)应由以下人员组成的委员会经常性调整决定,即:

(1)议长兼任主席;

(2)参议院议长;

(3)财政部长或由该部长提名代替其出席该委员会的任何会议者。

8. 书记员和副书记员的工资和津贴应由统一资金发放,在其持续任职期间,不得减少工资。

9. 书记员和副书记员的职务,应依据本宪法第四十条、第四十一条、第一百一十一条、第一百二十四条、第一百二十九条、第一百三十二条、第一百三十三条和第一百三十四条之目的,视为公职。

10. 凡是公职人员,在不影响其在公共服务任职的情况下,可以根据本条规定,任命为书记员和副书记员,但是:

(1)任何该类任命必须由总督基于公共服务委员会的建议进行;

(2)本条第3款、第5款和第6款的规定,同如此任命的官员有关,应依照本款第(4)项的规定,适用于书记员或副书记员,但不适用于其公职人员身份;

(3)如此任命的书记员或副书记员不得在其任职期间履行任何公职职能;

(4)如此任命的官员,可由总督基于公共服务委员会的建议,随时任命担任或恢复公职,且该官员应就此辞去其书记员或副书记员职务,但是,依据本项发布的任何任命,视情况须经两院议长同意。

11. 总督根据财政部长与书记员商议后的建议,通过在政府公报上发表通知,经常性地调整规定书记员职务(副书记员除外)的职员组成,且同样可以调整规定该类职务的下属职务。

12. 任命本条第11款暂时规定的书记员的任何下属职务的权力,以及撤除和对担任或行使任何该类职务者实行纪律管制的权力,均授予书记员。

13. 公共服务委员会在依据本宪法第一百二十五条第1款向总督提出下列建议之前:

(1)任命任何人担任书记员职务(非指副书记员职务及其下属职务);

(2)任命任何人担任或负责任何该类职务者担任任何其他公职;

(3)免除任何担任或负责任何该类职务者,或通过纪律管理措施对其实行任何惩罚,该委员会均应与书记员协商。

14. 本条任何规定不得视为妨碍:

(1)任命某人担任参议院书记员和众议院书记员;

(2)任命某人担任参议院副书记员和众议院副书记员;

(3)任命某人担任参议院书记员的任何其他职位和众议院书记员的任何其他职位,如果任何人被如此任命担任两种职位,本条的前述规定应分别适用该人所担任的各种该类职务。

15. 本条授予议长的职能,如果无人担任参议院议长职务或议长不在牙买加,或无法履行其职能,由副议长履行;本条授予议长的职能,如果无人担任众议院议长或议长不在牙买加,或无法履行其职能,由副议长履行。

第二节 议会的权力和程序

第四十八条

1. 根据本宪法的规定,议会可为牙买加的和平、秩序和良好的政体制定法律。

2. 在不妨碍第1款的一般规定的情况下,且根据本条第3、第4和第5款的规定,议会可依法决定两院及其议员的特权、豁免权和权力。

3. 两院的任何议员,不会因其在该院或向某委员会或向两院的任何联合委员会的有关言辞或书面报告,或由该员议员的请愿、法案、决议、动议或以其他形式提出的任何问题或事情,而招致民事或刑事诉讼。

4. 两院的议员,在任何开会期间均享有不因任何民事债务而遭逮捕的自由,构成刑事犯罪的债务除外。

5. 任何法院在行使其民事审判权时所发布的任何诉讼,不得在任何议院的开会期间,通过两院议长、书记员或两院的任何官员送交或执行。

第四十九条

1. 根据本条规定,议会可通过两院议会法令的方式修改本宪法的任何规定,或修改《1962年牙买加独立法令》(组成牙买加法律部分的)的任何规定。

2. 议会可修改下列条款:

(1)本宪法第十三条;第十四条;第十五条;第十六条;第十七条;第十八条;第十九条;第二十条;第二十一条;第二十二条;第二十三条;第二十四条;第二十五条;第二十六条;第四十八条第3款;第六十六条;第六十七条;第八十二条;第八十三条;第八十四条;第八十五条;第八十六条;第八十七条;第八十八条;第八十九条;第九十条;第九十一条;第九十四条;第九十六条第2款、第3款、第4款、第5款、第6款、第7款;第九十七条;第九十八条;第九十九条;第一百条第3款、第4款、第5款、第6款、第7款、第8款、第9款;第一百○一条;第一百○三条;第一百○四条;第一百○五条;第一百○六条第3款、第4款、第5款、第6款、第7款、第8款、第9款;第一百一十一条第1款、第2款、第4款、第5款、第6款、第7款、第8款、第9款、第10款;第一百一十二条;第一百一十三条;第一百一十四条;第一百一十六条;第一百一十七条;第一百一十八条;第一百一十九条;第一百二十条;第一百二十一条第2款、第3款、第4款、第5款、第6款、第7款;第一百二十二条;第一百二十四条;第一百二十五条;第一百二十六条第1款;第一百二十七条;第一百二十九条;第一百三十条;第一百三十一条;第一百三十五条;第一百三十六条;本宪法的附表二或附表三;

(2)本宪法第一条适用于本款第(1)项所列举的任何规定,依本条为议会法令提出的议案,不必提交总督以征得其批准,除非从该议案提交给众议院到该议案的全文在该议院开始第一次讨论的期间超过三个月,且从讨论结束到该议案在议院通过的期间又超过三个月。

3. 议会可修改下列条款:
(1)本条;
(2)本宪法第二条;第三十四条;第三十五条;第三十六条;第三十九条;第六十三条第2款;第六十四条第2款、第3款、第5款;第六十五条;第六十八条第1款;
(3)本宪法第一条适用于本款第(1)项或第(2)项所列举的任何规定;
(4)《1962年牙买加独立法令》的任何规定,依本条为议会法令提出的议案,不必提交总督以征得其批准,除非:
a)从该议案提交到众议院到议案的全文在该院开始第一次讨论的期间超过三个月,且从讨论结束到该议案在该院通过的期间又超过三个月。
b)依照本条第6款的规定,两院通过议案后不得在少于两个月、不多于六个月的期间提交给有资格投票选举众议员的选民,并以议会规定的方式投票,选民的多数票赞成通过议案。

4. 依据本条为议会法令提出的议案,不得视为在两院通过,除非在最后投票时获得支持。
a)如果是修改本条第2款或第3款所列举的规定的议案,须经该院全体议员不少于三分之二投票赞成。
b)在其他任何情况下,则须经该院全体议员过半数投票赞成即可。

5. 如果是为议会法令提出的,修改本条第2款列举的任何规定并在众议院通过的议案:
(1)依据本条第2款和第4款第(1)项规定的方式,经过两次相同的会议,并且在第一次会议结束前不少于七个月,在第二次会议结束前不少于一个月,两次送交参议院,每次均被参议院否决;
(2)依据本条第2款和第4款第(1)项规定的方式,经过连续召开的两次会议(无论是不是相同的议会),在每次会议结束前不少于一个月送交给参议院,第二次会议的送交在第一次送交后不少于六个月,两次送交均被参议院否决,该议案在被参议院第二次否决后不少于两个月、不多于六个月的期间,提交给有资格投票选举众议员的选民,如果以议会规定的方式投票,有五分之三的选民投票赞成该议案,则该议案可以呈交总督以征得其批准。

6. 如果是为议会法令提出的,修改本条第3款列举的任何规定并在众议院通过的议案:
(1)依据本条第3款和第4款第(1)项规定的方式,经过两次相同的会议,并且在第一次会议结束前不少于七个月,在第二次会议结束前不少于一个月,两次送交参议院,每次均被参议院否决;
(2)依据本条第3款和第4款第(1)项规定的方式,经过连续召开的两次会议(无论是不是相同的议会),在每次会议结束前不少于一个月送交给参议院,第二次会议的送交在第一次送交后不少于六个月,两次送交均被参议院否决,该议案在被参议院第二次否决后不少于两个月、不多于六个月的期间,提交给有资格投票选举众议员的选民,如果以议会规定的方式投票,有三分之二的选民投票赞成该议案,则该议案可以呈交总督以征得其批准。

7. 依照本条第5款和第6款之目的,议案在下列情况下可视为被参议院否决:
(1)没依照本条第4款第(1)项规定的方式,未能在送交参议院后一个月内通过;
(2)以规定的方式在参议院通过,但其任何修改未能与众议院的意见一致。

8. 依照本条第5款和第6款之目的,众议院在任何会议上提交给参议院的议案,应视为与在同次或前次会议送交参议院的前议案相同的议案,如果将其送交参议院时,与前议案完全一致,或仅包括由议长所列举的因为与前议案相隔的必要时间的修改或陈述由参议院在前议案所作的修改。

9. 在本条:
(1)涉及本宪法的任何规定或《1962年牙买加独立法令》包括修改该规定的任何法律;
(2)"修改"包括修订、变更、经过或没经过修正或更改而重新制定,作出的取代、中止、废止或增加的规定。

第五十条

1. 本条所提及的议会法令不得因某种程度上与本宪法第十三条至第二十六条(包括首尾两条)的规定不一致而无效,不论如何不一致,该类规定应优先适用。

2. 本条所提及的议会法令是已在两院通过,并且在每院的最后表决中都由该院全体议员不少于三分之二的议员投票支持通过的。

第五十一条

1. 依照本宪法规定,每个院均可调整自身的程序,并可为此制定议事规则。

2. 每个院均可不管其议员的出缺(包括该院在指定日或之后或在议会的任何解散后召开的第一次会议时没有填补的任何出缺),可以举行活动,并且不得因无权出席或参加该院活动者的参加或出席而使该活动无效。

第五十二条

1. 参议院每次会期,如果议长不在,由副议长主持,如果两者均不在,则由参议院在此次会期选举的参议员(既非部长也非议会秘书长)主持每次参议院会议。

2. 众议院每次会期,如果议长不在,由副议长主持,如果两者均不在,则由众议院在此次会期选举的众议员(既非部长也非议会秘书长)主持每次众议院会议。

3. 本条所提及的参议院议长、参议院副议长、众议院议长、众议院副议长不在的情况,包括参议院议长、参议院副议长、众议院议长、众议院副议长职务出缺的情况。

第五十三条

1. 如果两院会期的任何时间,有议员提出出席者不足法定人数的意见,并且按该院议事规则的规定暂停会议后,会议主持人确定仍未达到法定人数,其应宣布该院休会。

2. 依照本条之目的:

(1)参议院的法定人数,除主持人外应由八名议员组成;

(2)众议院的法定人数,除主持人外应由十六名议员组成。

第五十四条

1. 除本宪法另行规定外,一切提议由两院决定的问题,应由出席和投票的议员的过半数投票决定。

2. 两院的主持人不得投票:

(1)除非在任何问题上出现票数相等这种情况下,主持人应享有并行使该决定性一票;

(2)除依据本宪法第三十七条第3款或第三十九条对议会法令的议案进行最后表决,或依据本宪法第五十条所提及的议会法令的议案进行最后表决应由主持人投第一票的规定外。

第五十五条

1. 依照本宪法的规定和该院的议事规则,两院的任何议员可以提起任何议案或提出以供讨论的任何动议,或呈交任何请愿,同样该院应根据议事规则进行讨论和处理。

2. 非财政的议案可以提交两院,但是财政议案不得提交参议院。

3. 须具有经一名部长签署的总督建议,否则众议院不得:

(1)提出任何议案(包括议案修订案),视情况,据主持人的意见,该议案或修订案是为任何下列目的作出规定的,即为强制或增加任何税收,强制或增加任何有关牙买加的收入或其他资金的费用,或不是为减少该类负担而进行的费用变动,或调整或免除任何牙买加应付的债务;

(2)提出任何动议(包括任何对该动议的修订案),视情况,据主持人的意见,该动议或动议修订案是为上述任何目的作出规定的;

(3)受理任何请愿,据主持人的意见,要求该请愿是为上述任何目的的设计规则。

4. 参议院不得:

(1)提出任何议案,众议院送交的议案除外,或对某议案提出任何修订,视情况,据主持人的意见,该议案或修正案是为下列任何目的作出规定的,即为强加或改变任何现存或计划的税收,或强加或改变任何现存或计划的有关牙买加的收入或其他资金的费用,或调整或免除任何牙买加应付的债务。

(2)提出任何动议(包括任何对该动议的修正案),视情况,据主持人的意见,该动议或动议修订案是为上述任何目的作出规定的。

(3)受理任何请愿,据主持人的意见,要求该请愿是为上述任何目的的设计规则。

第五十六条

1. 依照本宪法之规定,在众议院已通过并至少在会议结束一个月前时送交参议院的财政议案,未能在参议院通过,并且在送交该院的一个月内无任何修订,除非众议院另行规定,尽管参议院不同意该议案,也应呈交总督征得其批准。

2. 每项财政议案,在其送交参议院时,均需由议长签名证实是财政议案,并且依据本条第1款送交总督以征得其批准的任何财政议案,均需由议长按该款规定签名证实是财政议案。

第五十七条

1. 本宪法之规定,除在众议院通过的财政议案外,如果任何议案:

(1)在相同的两次会议中,第一次至少在会议结束的七个月前送交参议院,第二次至少会议结束的一个月前,每次均被参议院否决;

(2)在连续两次会议中(无论是不是相同的议会),至少在每次会议结束前一个月送交参议院,第二次至少在第一次送交六个月后,两次均被参议院否决。

该议案在第二次被参议院否决时,除非众议院另行决定,尽管参议院不同意该议案,也应呈交总督以征得其批准。

2. 依照本条之目的,众议院在任何会议上提交给参议院的议案,应视为与在同次或前次会议送交参议院的前议案相同的议案,如果将其送交参议院时,与前议案完全一致,或仅包括由议长所列举的因为与前议案相隔的必要时间的修改或陈述由参议院在前议案所作的修改。

3. 众议院如果认为适当,可以在该院视为与在同次或上次会议送交参议院的与前议案相同的议案时,提出任何修改建议,但不得将其修改插入议案,参议院应考虑任何该类修改,如果参议院同意,应视为是由参议院制定、众议院同意的修订案,但是众议院行使本权力不得影响本条关于参议院否决议案的执行。

4. 根据本条呈交总督以征得其批准的任何议案,参议院应将修订插入,该修订已由议长证明,并得到众议院的同意。

5. 根据本条呈交总督以征得其批准的任何议案,应由议长按本条规定签名证实。

6. 本条规定不适用于本宪法所要求须在两院通过的议案。

第五十八条

1. 在本宪法第五十五条、第五十六条和第五十七条中,"财政议案"指按议长的意见,只包括有关处理所有或任何下列事项规定的议案,即:征收、废除、减免、修改或调整税收;为清偿债务或其他财政目的,由统一资金或其他任何公款或由议会提供的款项承担费用,变更或废除任何该类费用;发放给王室或任何权力机构或个人,变更或废除任何该类发放;挪用、接收、保管、投资、发出或审计公款账目,增加或保护任何与借贷有关的款项,或为有关该类借贷提供的偿债基金的设立、修改、管理和废除;或上述事项附加的下属事项;本款中,"税收"、"债务"、"统一基金"、"公款"和"借贷"等术语,不包括任何地方权力机构或为地方目的的团体征收的任何税款、债务、提供的基金或货币或增加的借贷。

2. 依照本宪法第五十七条之目的,如果是下列情况的议案,应视为被参议院否决:

(1)未能在参议院通过,未能在送交该院一个月内修改的;

(2)在参议院通过,但作出的任何修改未获得众议院的同意。

3. 如果议长职位出缺,或议长因任何原因无法履行本条第1款或本宪法第五十六条或五十七条赋予的任何职能,该职能可由副议长履行。

4. 议长或副议长依照本宪法第五十六条或五十七条作出的任何证明不容置疑,且任何法院不得过问。

5. 议长或副议长,视情况,在作出任何该类证明前,如果可行,应与检察长进行商议。

第五十九条

1. 适用本条并已上交参议院的任何法定文件:

(1)任何会议,在会议结束前至少七个月,未能获得参议院的通过,如果在该会议结束前至少一个月重新提交参议院;

(2)任何会议,在会议结束前至少一个月,未能获得参议院的通过,如果在紧接的下次会议结束前(无论是不是相同的议会)至少一个月重新提交参议院,但在其第一次提交后不早于六个月,如果该议案未能较早地通过,在其第二次提交的会议结束时,应视为已被参议院批准通过。

2. 在本条,"法定文件"指总督、前牙买加殖民地总督、部长或其他任何行政权力机构行使其权力制定的任何文件,确认或批准的法令、规则、规例或其他附属法规,其权力是由牙买加任何立法机构制定的任何法律(无论是在指定日之前或之后)所授予的,本条适用的法定文件是有关规定(无论以何种条款)未经参议院批准通过不得开始执行的所有法定文件。

3. 依照本条之目的,在任何会议上交参议院的法定文件,应视为与在同次或前次会议上交参议院的法定文件相同的法定文件。如果将其上交参议院时,与前法定文件一致,或仅包括由议长证实的因为与前法定文件相隔的必要时间的修改。

4. 如果议长职位出缺或议长因任何原因无法履行本条第3款所授予的职能,该职能可由副议长行使。

5. 议长或副议长根据本条第3款作出的任何证明不容置疑,且任何法院不得过问。

第六十条

1. 在总督批准并以陛下的名义,代表陛下签署象征性批准之前,议案不得成为法律。

2. 依照本宪法第三十七条、第四十九条、第五十条、第五十六条和第五十七条的规定,议案应呈交总督以征得其批准,否则不得上交,议案获得议会两院的通过,没有修改,也没有得到两院同意修改的除外。

3. 当议案呈交总督以征得其批准时,总督应表示批准通过,或拒绝批准通过。

第六十一条

1. 除本宪法第三十七条第3款规定的特别法令的议案,或根据本宪法第四十九条、第五十六条或第五十七条呈交的议案,或本宪法第五十条提及的某法令的议案外,呈交总督以征得其批准的每项议案,其文字格式制定应如下:

"最具威严的女王陛下依据和按照牙买加参议院和众议院的建议,并经参议院和众议院批准通过,以其权力颁布如下:……"

2. 本宪法第三十七条第3款规定的呈交总督以征得其批准的特别法令的每项议案,其文字格式制定应如下:

"最具威严的女王陛下依据和按照牙买加参议院

和众议院根据牙买加宪法第三十七条第3款规定提出的建议,并经参议院和众议院批准通过,以其权力颁布如下:……"

3. 根据本宪法第四十九条,呈交总督以征得其批准的每项议案,其文字格式制定应如下:

"最具威严的女王陛下依据和按照牙买加参议院和众议院根据牙买加宪法第四十九条规定提出的建议,并经参议院和众议院批准通过,以其权力颁布如下:……"

4. 本宪法第五十条所提及呈交总督以征得其批准的每项法令的议案,其文字格式制定应如下:

"最具威严的女王陛下依据和按照牙买加参议院和众议院根据牙买加宪法第五十条规定提出的建议,并经参议院和众议院批准通过,以其权力颁布如下:……"

5. 根据本宪法第五十六条和第五十七条呈交总督以征得其批准的每项议案,其文字格式制定应如下:

"最具威严的女王陛下依据和按照牙买加参议院和众议院根据牙买加宪法第五十六条(或视情况第五十七条)的规定提出的建议,并经参议院和众议院批准通过,以其权力颁布如下:……"

6. 对本条第3或第5款所规定的议案文字格式制定的任何修改,不得视为对该议案的修改。

第六十二条

两院的任何议员,在该院宣告并签署忠诚誓言之前,不得参加该院的活动(除涉及本条的必要活动外)。

但是,(视情况)选举两院议长可以在该院的议员宣告和签署忠诚誓言之前举行。

第三节 召集,休会和解散

第六十三条

1. 议会会议应在牙买加国内,于总督在政府公报上宣布指定的时间举行。

2. 会议不得在某会议最后一次会议期至下次会议第一次会议期之间的六个月期间举行。

第六十四条

1. 总督可随时在政府公报上宣布议会休会或解散的声明。

2. 依照本条第3款的规定,除非议会提前解散,否则应从任何解散之后第一次会议起,持续五年之后才能解散。

3. 在牙买加处于战争时期,议会可以经常性延长本条第2款所指明的五年时期,每次不得超过十二个月。

但是,议会年限不得因本款延长超过两年。

4. 如果在议会解散和接下来众议院议员普选之间,发送此类性质的紧急情况,根据总理意见,有必要在可能普选之前召集两院或其中一院,总督可在政府公报上发布召集上届议会两院的声明,该届议会可视为(根据本宪法第六十五条的除外)没有解散,但是在接下来举行普选之日应视为(除上述情况外)解散。

5. 总督在根据本条行使其权力时,应听取总理的建议。

但是如果众议院全体议员以过半数肯定票通过决议,作出对政府不信任的决定,总督可在政府公报上宣布解散议会的声明。

第六十五条

1. 众议院议员的普选,应在每届议会解散后三个月内,总督根据总理的建议,在政府公报上宣布的指定日期举行。

2. 每届普选一结束,总督即应依据本宪法第三十五条任命参议员。

第四节 选区划界

第六十六条

1. 在总督依本宪法第六十七条发布法令另行规定之前,牙买加为选举众议院议员之目的,应依照由前牙买加殖民地总督制定的,发布于1959年5月28日的政府公报上的《1958年选区界限决定》的规定,分为四十五个选区。

2. 依本条或依本宪法第六十七条设立的每个选区,应向众议院荐举一名议员。

第六十七条

1. 依照本宪法第六十六条的规定,牙买加为选举众议院议员之目的,应按总督依本条随时作出的决定,划分成不少于四十五个不多于六十个的选区。

2. 众议院尽可能可行地在指定日或任何普选之后的第一次会议结束时,设立由下列人员组成的该院的常务委员会:

(1)议长当主席;

(2)总理指定的该院的三名议员;

(3)反对党领袖指定的该院的三名议员。

3. 常务委员会的职能是持续审查:

(1)牙买加划分的选区个数;

(2)各选区的界限。

4. 依照本条之规定,常务委员会的程序应由众议院的议事规则决定。

5. 常务委员会应按下款规定向众议院提交下列报告:

(1)建议牙买加选区的划分,使本宪法附表二设定的规则能够发生效力;

(2)依据委员会的看法,阐明无须改动现存的选区个数或界限,就能够使上述规则发生效力。

6. 依据本条第 5 款所作的报告应由常务委员会提交:

(1)第一次报告在指定日之后,从该日起不少于四年不超过六年;

(2)任何后续报告,从上次报告提交之日起不少于四年不超过六年。

7. 如果常务委员会试图考虑制作报告,应以书面形式通知负责指导选举事务的部长(本条以下简称"部长"),因此,该通知的复印件应在政府公报上发布。

8. 一旦常务委员会依据本条第 5 款第(1)项向该院提交报告,部长应向该院提交有关总督为使报告中包含的建议生效而制定的法令草案,以求获得通过,草案可就附带的或草案本身其他规定可能发生的任何事项作出规定。

9. 如果依本条制定的草案,使任何该类建议经修改而发生效力,部长应将草案和修改原因的说明一并提交该院。

10. 如果依据本条制定的以求批准的任何动议被众议院否决或撤回,部长应对该草案进行修订,并将修订的草案提交众议院。

11. 如果依本条制定的任何草案,经该院决议批准通过,部长应将其提交给总督,总督应根据草案作出决定(在政府公报上发布);该决定应在指定日开始生效,除总督依本条规定作出决定废除外,应具有法律效力。

但是,任何该类法令,在总督指定举行众议院议员普选日期之前,不得影响众议院的选举,在议会解散之前,也不得影响众议院的设立。

12. 议会法令可以对最高法院在依据本条第五款作出的任何报告是否对本条的规定发生效力而提起的诉讼裁决作出规定,在根据上诉法院的上诉情况下,为确保该类规定发生效力,授权最高法院对任何必要的和涉及诉讼费用的作出裁决。

13. 依照本条第 12 款所提及的任何法令的规定,关于总督依据本条所作出的任何决定的有效性和对众议院决议批准通过的草案的阐述等问题,任何法院不得调查。

第六章 行政权力机构

第六十八条

1. 女王陛下授予牙买加行政权。

2. 依照本宪法之规定,牙买加的行政权由总督代表女王直接行使或通过其下属官员行使。

3. 本条的任何规定不得妨碍议会授予个人或权力机构以职能,总督除外。

第六十九条

1. 牙买加应设立内阁,内阁由总理和根据本宪法第七十条的规定任命的其他部长组成,人员不少于十一名,总理可随时考虑调整。

2. 内阁应是主要的政策文件颁布机构,负责统一指导和管理牙买加政府,并共同对议会负责。

3. 依据第 1 款选出的部长,不少于二名不多于四名人员应当是参议院的议员。

第七十条

1. 总督任命总理时,在总督酌情决定下,应该在众议院议员中任命其认为最有能力获得该院过半数议员信任者,并听取总理的建议,从两院议员中任命总理建议的其他部长。

2. 由 1986 年第 16 号法令废止。

3. 如果在议会解散时需要作出任命,在解散前是众议院议员者可任命为总理,在解散前是两院中任何一院的议员者,根据本条第 2 款的规定,可任命为其他任何部长,在每种情况下,该员如同仍是该院的议员,但任何如此任命者,在该院的下次会议开始时如果不是议员,应该离职。

4. 依本条作出的任命,须用加盖国玺签署的文件。

第七十一条

1. 下列情况总理职位出缺:

(1)如果总理辞职;

(2)如果非因议会解散而丧失众议院议员资格;

(3)如果因本宪法第四十一条第 3 款和第 4 款的规定,总理被要求终止行使其众议院议员的任何职能;

(4)在议会解散之后,当总督在其酌情决定权下通知总理,总督打算重新任命其为总理,或任命其他人为总理时;

(5)如果总督依本条第 2 款的规定撤回其任命。

2. 如果众议院以其全体议员过半数肯定票,通过决议认为应当撤回总理任命的,总督应依照本条第 3 款的规定,以国玺签署的文件撤回其任命。

3. 如果众议院通过了本条第 2 款规定的决议,认为应当撤回总理任命的,总督应与总理进行商议,如果在三日之内总理坚持不辞职,总督则应当解散议会而不是撤回其任命。

4. 出现下列情况之一部长职位出缺,总理职位除外:

(1)任命或重新任命一名部长担任总理职位;

(2)如果其职位的任命由总督按照总理的建议,以加盖国玺签署的文件撤回;

(3)若非因议会解散之原因,该部长丧失其任命为部长时所具有的某院议员资格；

(4)如果因本宪法第四十一条第 3 款和第 4 款的规定,该部长被要求终止行使其议院议员的任何职能；

(5)如果该部长辞职。

第七十二条

1. 无论何时总理因病或不在牙买加而无法履行其职能,总督可以加盖国玺签署的文件,授权其他任何具有众议院议员身份的部长履行本宪法授予总理的职能,本条第 3 款授予总理的职能除外。

2. 总督可以加盖国玺签署的文件,撤回根据本条所授予的任何权力。

3. 本条授予总督的权力,如果总督因总理有病或不在而认为无法获得总理的建议,可依据其酌情决定权行使,在其他任何情况下,总督行使该权力时,应听取总理的建议。

第七十三条

1. 无论何时,部长因病或不在牙买加而无法履行其职位职能(总理除外),总督可以加盖国玺签署的文件,指定与该部长同一议院的一名议员担任临时部长。

但是,如果在议会解散时需要作出任命,在解散前是与前述部长同一议院的议员可任命为临时部长,该议员如同仍是该院的议员。但任何如此任命者,在该院的下次会议开始时如果不是议员,应该离职。

2. 依照本宪法第七十一条之规定,临时部长应任职直到收到总督以加盖国玺签署的文件告知其原无法履行职位职能的部长重新能够履行该职能,或直到该部长离职。

3. 本条授予总督的权力,应在总理的建议下行使。

第七十四条

总理和其他每个部长应在就职前向总督进行忠诚宣誓,关于正当地执行其职务的誓言应以本宪法附表一公布的形式为准。

第七十五条

总理应尽可能参加并主持内阁的所有会议,如果总理不在,总理应指定其他部长主持。

第七十六条

总理应随时向总督报告有关牙买加政府的一般事务,并应尽可能提供给总督其所要求的有关牙买加政府的任何特殊事项的情况资料。

第七十七条

1. 依照本宪法之规定,总督可根据总理的建议,以书面形式,指示具有众议院议员身份的(到目前为止与本宪法第六十七条、第一百一十五条、第一百一十六条或第一百一十八条规定的部长职能不一致的除外)或具有参议院议员身份的任何部长负责任何政府分支或部门。

2. 本条的任何规定均不授权总督授予任何部长机构行使或解除本宪法或其他任何法律授予或强加于总督本人或其他人和权力机构的任何职责,但上述所指部长除外。

3. 依本条第 1 款作出的书面指示,经众议院批准签署的决议,具有溯及既往的效力。

第七十八条

1. 总督在总理的建议下,可以加盖国玺签署的文件,从两院的议员中任命议会秘书长,协助部长履行职责。

2. 经 1977 年第 1 号法令废止。

3. 如果在议会解散时需要任命议会秘书长职位,可以从上届议会任何一院的议员中任命,如同其仍然是该院的议员。但是如此任命者,在该院下次开会时如果不是该院的议员,应该离职。

4. 本宪法第七十一条第 4 款和第七十四条的规定,应适用于议会秘书长,如同适用于部长一样。

第七十九条

1. 应该设立检察长职位,检察长应是牙买加政府的主要法律顾问。

2. 任命担任或处理检察长职务,以及解除担任或处理该职务者的权力,应依照本条第 4 款的规定,由总督在听取总理的建议下行使。

3. 依据本条第 2 款担任或处理检察长职务的任何人,不得被任命为部长,但依据本宪法第七十条规定的除外。

4. 依据本条第 2 款的规定,第一次任命某人担任或代理检察长职务之前,该职务应是公职,除非某人有资格被任命为最高法院法官,否则其无资格担任或代理该职务。

5. 依据本条第 2 款的规定,第一次任命某人担任或代理检察长职务时,作为公职的检察长职务应视为已被废除。

第八十条

1. 应该设立反对党领袖职位,由总督以加盖国玺签署的文件任命。

2. 无论何时总督任命反对党领袖,应依其酌情决定权,任命众议院中其认为最能获得多数不拥护政府的议员支持的议员;如无此人,则任命该院中其认为能获得准备拥护一名领袖的该类议员组成的最大独立组织的支持的议员。

3. 下列情况反对党领袖职位出缺:

(1)反对党领袖辞职；

(2)如在议会的任何解散之后,总督依其酌情决

定权通知该领袖,其打算任命其他人担任反对党领袖;

(3) 如反对党领袖因议会解散外的其他原因,丧失众议院议员资格;

(4) 如依据本宪法第四十一条第3款和第4款的规定,其被要求终止行使其众议院议员的任何职能;

(5) 如果依据本条第5款规定撤回其任命。

4. 如果在议会解散时需要任命,可在解散前的众议院议员中任命反对党领袖,如同该人仍然是该院的议员。但是如此任命者,在该院下次开会时如果不是该院议员,应该离职。

5. 如果总督认为,反对党领袖不再能够获得众议院多数不拥护政府的议员的支持,或视情况,不能获得准备拥护一名领袖的该类议员组成的最大独立组织的支持,总督应依其酌情决定权,撤回对该反对党领袖的任命。

第八十一条

在反对党领袖职位因事实上无人既符合本宪法规定的职务资格同时也愿意接受该职务的任命而使该职位出缺的任何时期,对于本宪法有关规定总督须听取的下列建议的任何事项,总督可听取总理的建议:

(1) 总督应听取反对党领袖的建议;

(2) 总督应听取总理与反对党领袖商议后的建议。

第八十二条

1. 应该设立牙买加枢密院,该枢密院由六名成员组成。该类成员是总督经与总理商议后,以加盖国玺签署的文件进行任命。

2. 至少有两名枢密院成员担任或曾担任过公职。

3. 枢密院拥有由本宪法或其他任何法律授予或强加的权力和职责。

第八十三条

1. 下列情况枢密院成员职位出缺:

(1) 从其任命日起三年期限届满,或由其任命文书规定更早的期限;

(2) 枢密院成员辞职;

(3) 如果总督经与总理商议后,以加盖国玺签署的文件,撤回其任命。

2. 任何人如果依据本宪法第八十五条被任命为枢密院临时成员,在其担任临时成员期间,根据本条被任命为正式的枢密院成员,本条第1款第(1)项所述三年期限,应认为是从该员被任命为临时成员的文书上的日期算起。

第八十四条

总督经与总理商议后,可以加盖国玺签署的文件,宣布枢密院的某成员因身体或精神原因,暂时无法履行其枢密院成员职能,在以同样方式宣布其能够重新履行该职能之前,该员不得参加枢密院的活动。

第八十五条

1. 无论何时枢密院成员,根据本宪法第八十四条被宣布为暂时无法履行其成员职能,总督经与总理商议后,可以加盖国玺签署的文件,在根据本宪法第八十四条宣布该成员能够重新履行该职能或解除其职位之前,任命一名临时成员代替该员。

2. 依照本条第1款的规定,本宪法第八十三条第1款的规定应适用于有关枢密院临时成员,如同适用于有关正式成员一样。

第八十六条

1. 总督经与总理商议后,应从枢密院成员中任命一名资深者。

2. 如果枢密院成员在对任何问题投票相等时,资深者可在其原先投票之外再投关键性一票。

3. 总督不在时,资深者应主持枢密院的任何会议。

4. 如果在枢密院任何会议上,资深者缺席,出席的成员应从其中选举一名成员在该次会议上行使资深者的权力和履行其义务。

第八十七条

总督应尽可能可行地参加并主持枢密院的所有会议。

第八十八条

1. 除非总督依其酌情决定权授权,否则枢密院不得召集会议。

2. 如果在枢密院的任何会议期间,总督或主持会议的成员发现除总督或主持会议的成员外少于三名成员出席,并且出席的任何成员持反对意见,则应休会。

3. 依照本宪法之规定,枢密院可调整其程序。

第八十九条

枢密院不得仅因其成员出缺(包括在第一次组织时或在任何时间重新改组时没有填补的出缺),而丧失其处理事务的资格,尽管有无权者参与,任何活动均应有效。

第九十条

1. 总督可以其陛下的名义并代表陛下:

(1) 对任何被指控犯有违反牙买加法律的任何罪行的人予以赦免,或给予自由或合法的约束;

(2) 对任何该类犯罪者执行的刑罚予以缓期执行,或没有明确的期限或有指定的期限;

(3) 对任何该类犯罪者以较轻的惩罚方式代替;

(4) 对任何该类犯罪者给予的任何惩罚,或根据刑法对该类犯罪所判的任何罚金或没收予以全部或部分赦免。

2. 总督在行使本条所授予的权力时,应听取枢密院的建议。

第九十一条

1. 对任何因犯有违反牙买加法律的罪行而被判处死刑的人,总督应要求审判法官书写一份案件报告,与从该案件的审判记录中获得的其他资料或总督要求的其他资料一并交予枢密院,枢密院可以根据本宪法第九十条的规定,向总督提建议。

2. 本条第1款授予总督要求提供资料的权力,应当在枢密院的建议下行使,或在任何情况下,其认为事情太紧急,以致当时来不及考虑接受该类建议,而其须处理,则可由其酌情决定。

第九十二条

1. 应该设立内阁秘书长职位,由总督根据总理的建议,从公共服务委员会提交的公职人员名单中任命。

2. 内阁秘书长应掌管内阁办公室,并负责总理可能给予的指示安排内阁会议事务,记录内阁会议,并向合适的人或权力机构传达内阁决定,履行总理随时指示的其他职能。

第九十三条

1. 当任何部长负责某个政府分支或部门,该部长应对有关分支或该部门的工作进行一般指导和管理,上述工作和部门应由本宪法第一百二十六条规定任命的常务秘书长进行监督。

2. 常务秘书长可以负责不止一个的政府部门。

3. 此处设立财政秘书长职位,依本条之目的,其应视为常务秘书长。

第九十四条

1. 应该设立公职检察长职位。

2. 某人除非有资格被任命为最高法院的法官,否则没有资格担任或处理检察长职务。

3. 检察长在其认为适宜的任何情况下有权处理下列事项:

(1)对任何犯有违反牙买加法律罪行者,向法院提起和处理刑事诉讼,军事法庭除外;

(2)接管并继续处理由任何其他人或权力机构可能提起的任何该类刑事诉讼;

(3)在判决送达之前的任何阶段,终止由其本身或其他任何人或权力机构提起或处理的任何该类刑事诉讼。

4. 依据本条第3款,检察长的权力可由其亲自行使,或通过其他按照其一般或特别指示的人行使。

5. 本条第3款第(2)项和第(3)项授予检察长的权力,只授予检察长一人,排除其他任何人或权力机构。

但是,当其他任何人或权力机构提起刑事诉讼,本款的任何规定不得阻止由该人或权力机构提议请求并经法院许可,撤回该诉讼。

6. 检察长行使依据本条授予的权力时,不受任何其他人或权力机构的指挥或管控。

7. 依本条之目的,因任何法庭在任何刑事诉讼中作出的任何判决,或任何固定案件,或因任何该类诉讼的目的而保留的法律问题,向牙买加的其他任何法院或女王陛下枢密院的司法委员会提起的任何上诉,应视为该类诉讼的组成部分。

第九十五条

1. 检察长应领取薪酬,并遵守其他任职年限和条件,该薪酬、年限、条件均由特定法律规定。

但是,检察长的薪酬以及任职年限和条件,不算入年金内的津贴除外,在其任职期间,不得对其作不利的更改。

2. 依本宪法暂付给检察长的薪金应由统一基金管理和给付。

第九十六条

1. 依照本条第4款至第7款(包括首尾两款)之规定,检察长应在其年满六十周岁之前任职。

但是:

(1)他可以随时辞职。

(2)总督在听取总理与反对党领袖商议后提出的建议下,可以允许检察长在年满六十周岁之后继续任职,在双方达成一致意见下(检察长在六十周岁之前),任职到较大年龄,但不超过八十五周岁。

2. 不得仅因检察长年满本条规定的退休年龄而便其行为无效。

3. 如果检察长职位出缺,或任职者由于各种原因无法履行职能,某位有资格担任该职位者可被任命,如此任命者,应根据本条第1款的规定,在检察长职位被填补,或视情况该检察长恢复职位职能,或该任命被总督听取公共服务委员会的建议后予以撤回前,继续担任该职。

4. 检察长可能仅因无法履行其职位职能(无论是由于身体或精神不健全或其他任何原因),或因行为不当而被免除职务,除本条规定外,不被免职。

5. 如果检察长免职的问题被提交到本条第6款指定的法庭,且该法庭建议总督因上述所述的无能力或行为不当其应该被免职,则由总督免除其职位。

6. 如果总理向总督指出,对检察长因上述无能力或行为不当而免其职的问题应当进行调查,那么:

(1)总督根据总理的建议,指定一个法庭,该法庭应由一名庭长和不少于两名其他成员组成,其成员从担任或曾担任过联邦国家某地区对民事和刑事问题拥有无限裁判权的法庭的法官,或对任何该类法庭的上诉拥有裁判权的法官中任命；

(2)该法庭应调查该问题，并将事实报告给总督并建议总督该检察长是否须因上述无能力或行为不当而免其职。

7. 在指定日前有效的《委员会调查法》的规定，应该根据本条和本宪法附表三的规定，尽可能适用于本条第6款指定的有关法庭，或根据上下文的要求，适用于其成员，如同适用有关该法指定的委员会或委员，如同作为本宪法组成部分一样的效力。

8. 检察长免职的问题如被提交到本条第六款规定的法庭，总督应在听取总理的建议下，中止检察长履行其职位职能，任何该类中止可随时由总督在听取总理的建议后撤回，且在任何情况下，若法庭建议总督该检察长不应被免职，则该中止应该失效。

第七章 司法机构

第一节 最高法院

第九十七条

1. 应该设立牙买加最高法院，最高法院拥有本宪法或其他任何法律授予的司法管辖权和权限。

2. 最高法院的法官包括首席法官、一名高级法官和议会规定的其他一些初级法官。

3. 最高法院的任何法官职位，当有正式的担任者时，不得废除。

4. 最高法院应是高等记录法院，除非议会另行规定，否则应拥有该类法院的所有权力。

第九十八条

1. 首席法官应在总督根据总理与反对党领袖商议后的建议下，以加盖国玺签署的文件进行任命。

2. 初级法官应在总督听取司法事务委员会的建议下，以加盖国玺签署的文件进行任命。

3. 最高法院法官的任命资格应由当时有效的法律规定。

但是，已被任命为最高法院法官者将继续任职，不管以后规定的资格如何变化。

第九十九条

1. 如果首席法官职位出缺，或首席法官因各种原因无法行使其职位职能，在某人被任命该职位、承担该职能之前，或视情况，在首席法官恢复承担职能之前，该职能应由总督听取总理的建议，以加盖国玺签署的文件任命符合本宪法第九十八条第3款规定的法官资格的人履行。

2. 如果最高法院的初级法官职位出缺，或如果任何该类法官被任命为首席法官，或上诉法院的法官，或因各种原因无法行使其职位职能，总督应根据司法事务委员会的建议，以加盖国玺签署的文件任命符合本宪法第九十八条第3款规定的法官资格的人为最高法院的法官，任何如此任命者应根据本宪法第一百条第3款的规定，继续原法官的任职期间，如无规定的期限，则任职直到其任命被总督根据司法事务委员会的建议撤回。

但是，该法官可随时辞职。

3. 任何人依本条规定被任命为法官，尽管其任职期限已届满，或其任命已撤回，可以作为法官宣布判决，或处理其他任何在其任职期开始的有关诉讼。

第一百条

1. 依照本条第4款至第7款(包括首尾两款)的规定，最高法院的法官在其年满七十周岁之前任职。

但是其可以随时辞职。

2. 不管法官是否达到本条规定的退休年龄，担任最高法院法官职位者，可以经总督的许可，根据总理的建议，在其达到年龄之后，由于宣布判决或处理在其达到该年龄之前开始的有关诉讼的需要，在一段时期内继续任职。

3. 最高法院法官，不得仅因达到本条所要求退休的年龄，而使其处理的事情无效。

4. 最高法院的法官可能仅因无能力履行其职位职能(无论是由于身体或精神不健全或其他原因)或行为不当而被免职，除非依据本条第5款的规定，否则不被免职。

5. 最高法院法官免职问题，在总督请求下，依据本条第6款，提交于陛下转送陛下的枢密院的司法委员会，依据《1833年司法委员会法令》第四条或任何其他使陛下行使该权力的成文法令，且司法委员会建议陛下，该法官由于上述无能力情况或行为不当而应该被免职，则由总督以加盖国玺签署的文件免职。

6. 如果总理(在首席法官的情况下)或首席法官与总理商议后(在任何其他法官的情况下)，向总督提议因上述无能力情况或行为不当而免除最高法院的法官问题应进行调查，那么：

(1)总督应指定一个法庭，该法庭由一名庭长和不少于两名的其他成员组成，由总督听取总理(在首席法官的情况下)或首席法官(在任何其他法官的情况下)的建议，从担任或曾担任过或联邦国家某地区对民事和刑事问题拥有无限审判权的法院或对任何该类法庭的上诉拥有裁判权的法院的法官中挑选；

(2)该法庭应调查该问题，将事实报告总督并建议总督是否应当提请陛下将免除该法官职务问题提交司法委员会。

(3)如果法庭如此建议，总督则应提请将此问题提交司法委员会。

7. 在指定日前有效的《委员会调查法》的规定，

应根据本条及本宪法附表三的规定,尽可能适用本条第6款指定的有关法庭,或根据上下文的要求,适用该法庭的成员,如同适用该法律指定的委员会或委员一样,因此具有如同成为本宪法组成部分的效力。

8. 如果免除最高法院法官职务问题已提交本条第6款指定的法庭,总督根据总理(在首席法官的情况下)或首席法官与总理商议后提出(在其他法官的情况下)的建议,可以中止该法官履行其职位职能。

9. 任何该类中止可由总督在听取总理或首席法官(视情况)的建议下随时撤回,并在下列任何情况下失效:

(1) 如果该法庭建议总督不应提请陛下将免除法官职务问题提交司法委员会;

(2) 司法委员会建议陛下该法官不应被免职。

10. 本条规定不得妨碍本宪法第九十九条第2款的规定。

第一百〇一条

1. 最高法院的法官应领取薪酬,并遵守其他任职年限和条件,任职年限和条件由法律规定。

但是,法官的薪酬以及任职年限和条件,不算入年金内的津贴除外,在其任职期间,不得对其作不利的更改。

2. 依本宪法暂付给最高法院法官的薪金应由统一基金管理和给付。

第一百〇二条

最高法院法官,在其以本宪法附表一所设立的形式进行宣告并签署忠诚誓言及司法官誓言之前,不得就职。

第二节 上诉法院

第一百〇三条

1. 应该设立牙买加上诉法院,上诉法院拥有本宪法或其他任何法律授予的司法管辖权和权限。

2. 上诉法院的法官包括:

(1) 一名院长;

(2) 担任司法机关负责人职务的首席法官,然而,其不得在上诉法院占有席位,除非至少有四名法官占有议席,且除非受到该院院长邀请;

(3) 三名其他法官;

(4) 议会规定的其他法官。

3. 上诉法院院长负责本院的工作安排,并主持该院会议。

4. 上诉法院的任何法官职位,当有正式的担任者时,不得废除。

5. 上诉法院应是高等记录法院,除非议会另行规定,否则应拥有该类法院的所有权力。

第一百〇四条

1. 上诉法院院长须由总督听取总理与反对党领袖商议后提出的建议,以加盖国玺签署的文件进行任命。

2. 上诉法院的其他法官须由总督根据司法事务委员会的建议,以加盖国玺签署的文件进行任命。

3. 上诉法院法官的任命资格应由当时有效的任何法律加以规定。

但是,已被任命为上诉法院法官者将继续任职,不管以后规定的资格如何变化。

第一百〇五条

1. 如果上诉法院院长职务出缺,或上诉法院院长因各种原因无法履行其职位职能,在某人被任命该职位、承担该职能之前,或视情况,在上诉法院院长恢复承担职能之前,该职能应由总督听取总理的建议,以加盖国玺签署的文件任命符合本宪法第一百〇四条第3款规定的上诉法官资格的人履行。

2. 如果上诉法院法官职位出缺(院长除外),或如果任何该类法官被任命为该院院长,或因各种原因无法履行其职位职能,总督根据司法服务委员会的建议,以加盖国玺签署的文件任命符合本宪法第一百〇四条第3款规定的上诉法院法官资格的人为上诉法院法官,任何如此任命者,应根据在本宪法第一百〇六条第3款的规定,继续原法官的任职期间,如无规定的期限,则任职直到其任命被总督根据司法事务委员会的建议撤回。

3. 任何人依本条规定被任命为上诉法院法官,尽管其任命期限已届满,或其任命已撤回,仍可以作为法官宣布判决,或处理在其任职期间开始的有关诉讼。

第一百〇六条

1. 依照本条第4款至第7款(包括首尾两款)的规定,上诉法官应在其年满七十周岁之前任职。

但是,其可随时辞职。

2. 不管法官是否达到本条规定的退休年龄,担任上诉法院法官职位者,可以经总督的许可,根据总理的建议,在其达到年龄之后,由于宣布判决或处理在其达到该年龄之前开始的有关诉讼的需要,在一段时期内继续任职。

3. 上诉法院法官,不得仅因达到本条所要求退休的年龄,而使其处理的事情无效。

4. 上诉法院的法官可能仅因无能力履行其职位职能(无论是由于身体或精神不健全或其他原因)或行为不当而被免职,除非依据本条第5款的规定,否则不被免职。

5. 上诉法院法官免职问题,在总督请求下,依据本条第6款,提交于陛下转送陛下的枢密院的司法委员会,依据《1833年司法委员会法令》第四条或任何其他使陛下行使该权力的成文法令,且司法委员会建议陛下,该法官由于上述无能力情况或行为不当而应该被免职,则由总督以加盖国玺签署的文件免职。

6. 如果总理(在上诉法院院长的情况下)或上诉法院院长与总理商议后(在任何其他法官的情况下),向总督提议因上述无能力情况或行为不当而免除上诉法院的法官问题应进行调查,那么:

(1)总督应指定一个法庭,该法庭由一名庭长和不少于两名的其他成员组成,由总督听取总理(在上诉法院院长的情况下)或上诉法院院长(在任何其他法官的情况下)的建议,从担任或曾担任过或联邦国家地区对民事和刑事问题拥有无限审判权的法院或对任何该类法庭的上诉拥有裁判权的法院的法官中挑选;

(2)该法庭应调查该问题,将事实报告总督并建议总督是否应当提请陛下将免除该法官职务问题提交司法委员会;

(3)如果法庭如此建议,总督则应提请将此问题提交司法委员会。

7. 在指定日前有效的《委员会调查法》的规定,应根据本条及本宪法附表三的规定,尽可能适用本条第6款指定的有关法庭,或根据上下文的要求,适用该法庭的成员,如同适用该法律指定的委员会或委员一样,因此具有如同成为本宪法组成部分的效力。

8. 如果免除上诉法院法官职务问题已提交本条第6款指定的法庭,总督根据总理(在上诉法院院长的情况下)或上诉法院院长与总理商议后提出(在其他法官的情况下)的建议,可以中止该法官履行其职位职能。

9. 任何该类中止可由总督在听取总理或上诉法院院长(视情况)的建议下随时撤回,并在下列任何情况下失效:

(1)如果该法庭建议总督不应提请陛下将免除法官职务问题提交司法委员会;

(2)司法委员会建议陛下该法官不应被免职。

10. 本条规定不得妨碍本宪法第一〇五条第2款的规定。

11. 本条和本宪法第一〇七条以及第一〇八条的规定不适用于首席大法官。

第一百〇七条

1. 上诉法院的法官应领取薪酬,并遵守其他任职年限和条件,任职年限和条件由法律规定。

但是,法官的薪酬以及任职年限和条件,不算入年金内的津贴除外,在其任职期间,不得对其作不利的更改。

2. 依本宪法暂付给上诉法院法官的薪金应由统一基金管理和给付。

第一百〇八条

上诉法院的法官,在其以本宪法附表一所设立的形式进行宣告并签署忠诚誓言及司法宣誓之前,不得就职。

第一百〇九条

上诉法院,在决定任何问题时(有效裁决除外),法官的人数应是奇数,且不得少于三人。

第三节 向陛下的枢密院上诉

第一百一十条

1. 在下列情况有权对上诉法院的裁决向陛下的枢密院上诉:

(1)当向陛下枢密院上诉的存在争议的事项价值达到一千美元或以上,或该上诉直接或间接地涉及有关财产权的诉讼请求或问题,或涉及价值一千美元或以上的权利,对任何民事诉讼的最终裁决。

(2)对婚姻的解除或宣布无效的诉讼的最终裁决;

(3)涉及解释宪法的有关问题的任何民事、刑事或其他诉讼的最终裁决;

(4)由议会规定的其他案件。

2. 下列情况经上诉法院许可,可对上诉法院的裁决向陛下的枢密院上诉:

(1)当上诉法院认为,对任何民事诉讼的裁决涉及上诉中的问题,因其具有普遍性、重要性或其他原因,应提交陛下的枢密院;

(2)由议会规定的该类其他案件。

3. 本条的任何规定不得影响陛下在任何民事或刑事诉讼中授予因上诉法院的裁决而向陛下的枢密院上诉的特别许可权。

4. 本条规定应遵守本宪法第四十四条第1款的规定。

5. 本条提及的上诉法院的裁决,指该院对牙买加法院的有关上诉所作的裁决。

第四节 司法事务委员会

第一百一十一条

1. 应该设立牙买加司法事务委员会。

2. 司法事务委员会的成员包括:

(1)首席法官为主席;

(2)上诉法院院长;

(3)公共服务委员会主席;

(4)依据本条第3款的规定任命的三名其他成员(以下称作"委任成员")。

3. 委任成员须由总督根据总理与反对党领袖商议后提出的建议,以加盖国玺签署的文件进行任命:

(1) 一名是从担任或曾担任过联邦国家某地区对民事和刑事问题拥有无限裁判权的法院的法官，或对任何该类法庭的上诉拥有裁判权的法院的法官中任命。

(2) 两名是从提交给一般法律委员会的六人名单中挑选，其不得是执业律师。

(3) 经 1971 年第 15 号法令废止。

但是，任何人不得依本款任命担任或处理任何公职，公共服务委员会或警察服务委员会的成员除外。

4. 下列情况中司法事务委员会的成员职位出缺：

(1) 从其任命日起届满三年，或其任命文件指定更早的期限；

(2) 成员辞职；

(3) 如果成员被任命为上诉法院院长，首席法官，公共服务委员会主席，除公共服务委员会或警察服务委员会成员职务外的任何公职；

(4) 如果总督根据总理与反对党领袖商议后提出的建议，指出该成员因无法履行其职位职能（无论是因身体或精神不健全或其他任何原因）或因行为不当，应该免除其职务。

但是，如果委任成员是上诉法院法官或最高法院法官，该成员不得如此被免职，除非按宪法第一〇六条或第一百条的规定（视情况），作为法官被免除职务。

5. 如果委任成员职位出缺，或委任成员因各种原因无法履行其职位职能，总督根据总理与反对党领袖商议后提出的建议，以加盖国玺签署的文件任命具有同样资格者，担任委员会成员。任何如此任命者应根据本条第 4 款的规定，在委任成员职位填补之前，或在其任命被总督根据上述建议撤回之前，继续担任该职。

6. 委任成员，在其担任或处理委任成员职位的最后一日起的三年期限内，不适合被任命担任根据本宪法，由总督听取司法事务委员会的建议授予的有权作出任命的任何职位。

但是，本款的任何规定不得妨碍对上诉法院法官或最高法院法官的任命。

7. 委任成员应领取根据任何法律或众议院的决议随时规定的薪金和津贴。

但是：

(1) 任何该类决议不可减少根据法律暂时规定的任何薪金和津贴；

(2) 委任成员的薪金，在其任职期间不得减少。

8. 根据本宪法暂付给委任成员的薪金，由统一基金管理和给付。

9. 如果委任成员同时也是上诉法院的法官或最高法院的法官，不得根据本条第 7 款的任何规定给予其有关委任成员职务的任何薪金。

10. 依本条之目的，"公职"不包括任何协会、陪审团，委员会或依当时在牙买加有效的任何法律设立的其他类似团体（无论是否成立为法团）成员的职务。

11. 由 1971 年第 15 号法令废止。

第一百一十二条

1. 适用于本条的职务的任命权力，依照本条第 3 款和第 4 款的规定，对担任和处理该职务者的免除和行使纪律管理的权力，在此授予总督在听取司法事务委员会的建议下行使。

2. 本条适用于地方法官、交通法院法官、最高法院常务官、上诉法院常务官职务，以及依照本宪法之规定，由议会规定的，与牙买加法院有关的该类其他职务。

3. 在总督根据司法事务委员会的建议，免除任何担任或处理适用于本条的官员，或以纪律管理的方式施加惩罚之前，应将该建议通知该官员，如果该官员申请将该案件提交枢密院，总督不应听取该建议，而应将该案件提交给枢密院。

但是，即便如此，总督根据该委员会的建议，在未决定是否提交枢密院之前，可以中止该官员行使其职位职能。

4. 如果依据本条第 3 款的规定将案件提交枢密院，枢密院应进行考虑，并建议总督对该官员应采取何种行动，总督则应听取该建议。

第一百一十三条

总督根据司法事务委员会的建议，可以加盖国玺签署的文件指出，根据该文件指定的情形，对该类适用于本宪法第一百一十二条的职务的任命权，应（不妨碍总督根据司法事务委员会的建议行使该权力）由可能如此指定的一个以上该委员会的成员行使，或可能如此指定的其他权力机构或公职人员行使，但是在任何情况下，当依本条被任命担任或处理任何该类享有任命权的职务的，应依据本宪法，由总督根据公共服务委员会或警察服务委员会的建议授予。对上述文件所指定的个人或权力机构，视情况在作该类任命之前，应该与公共服务委员会或警察服务委员会进行商议。

第八章 财　政

第一百一十四条

应该设立牙买加统一基金，根据牙买加当时有效的法律之规定，收取牙买加所有税收。

第一百一十五条

1. 财政部长应在每个财政年度结束之前，准备下个财政年度的年度税收和公共服务支出的预算,并将其提交众议院。

2. 支出的预算应分别列出要求偿付的法定支出总额(如本宪法第一百一十六条第4款所规定的)和要求偿付规划内统一基金给付的其他支出的总额。

第一百一十六条

1. 财政部长应在每个有关财政年度的较早的适宜时间,根据若干部门的有关领导的要求,向众议院上交包含在财政年度规划支出(法定支出除外)的预算总额的支出预算案。

2.(1)任何部门在任何财政年度支出或可能支出的货币超出该年度的支出法提供给该部门的总额;

(2)该年度支出法未提供给任何新的部门在任何财政年度支出或可能支出的货币(法定支出除外),财政部长应准备超支报表或补充预算,并将之上交众议院表决;关于所有如此表决的补充预算,财政部长可随时在财政年度结束之前,上交给众议院一份根据有关领导的要求,包括如此表决的预算总额的补充预算,且在每个财政年度结束之后,尽可能快地上交给众议院一份包括任何该类未包括在任何支出预算案中的总额的最终支出预算案。

3. 上交众议院的任何支出预算中所列出的法定支出部分,不得由众议院表决,任何该类支出不必由议会批准,应由统一基金给付。

4. 依本条及本宪法第一百一十五条之目的,"法定支出"指:

(1)由统一基金负责的支出,或根据本宪法的任何规定或当时有效的任何其他法律的规定,由牙买加的一般税收和资产负责支出;

(2)国债利息、偿债基金费用、回赎货币,以及国债管理附带的费用、经费和开支。

第一百一十七条

1. 未经财政部长签署的支付令许可,任何支出不得由统一基金给付。

2. 依照本条第3款和第4款以及本宪法第一百一十八条的规定,除非在财政年度依据撤回款项的支出法的有关授予指定的公共服务的款项或合法由统一基金负责的其他部门款项,否则不得发布该类支付命令。

3. 众议院可在任何财政年度的支出法通过之前,通过决议批准包括审计表决的预算案,批准该财政年度的部分开支,但是如此表决的合计金额,根据有关领导的要求,应包括在该财政年度的支出法案中。

4. 当议会在依据宪法本章为维持牙买加政府的运行所作出的任何规定或任何补充规定之前的任何时间内解散,在众议院解散后的第一次会议日起,届满三个月期限之前,财政部长可发布支付令,要求统一基金支付其认为出于维持公共服务的必要的金额,但是如此批准的金额报表,应尽可能快地上交众议院表决,因此表决的报表中所列的金额,根据有关领导人的要求,应包括在下次支出法案中。

第一百一十八条

1. 当时有效的任何法律可以设立或授权设立应急基金,并且可授权财政部长对支出法没有作出规定或补充规定的,但其认为有不可预料的开支需要,提前从该基金中预付。

2. 依据本条第1款授权作出预付,一项补充预算金额被要求代替该预算总额,应尽能快地上交众议院表决,如此表决的金额应包括在补充支出法案或最终支出法案中。

第一百一十九条

1. 牙买加的国债应由统一基金负责。

2. 在本条中所提及的牙买加国债,包括所提及的国债利息、偿债基金费用、有关该债的回赎货币,以及该国债管理附带的费用、经费和开支。

第一百二十条

1. 牙买加应设立一名总审计长,总审计长须由总督以加盖国玺签署的文件进行任命。

2. 如果总审计长职位出缺,或总审计长因各种原因无法履行其职位职能,总督可另任命一人担任总审计长,任何如此任命者,应根据本宪法第一百二十一条第1款的规定,在总审计长职位填补或在总审计长的任命被总督撤回之前,继续担任该职。

3. 担任总审计长职位者,不具有其他任何公职的任命资格。

4. 总审计长应领取根据任何法律或众议院的决议随时规定的薪金和津贴。

但是:

(1)任何该类决议不可减少根据任何法律暂时规定的薪金或津贴;

(2)总审计长的薪金在其任职期间不得减少。

5. 依本宪法暂付给总审计长的薪金,应由统一基金管理和给付。

6. 总督在依本条行使其权力时,应听取公共服务委员会的建议。

但是:

(1)在其听取该建议之前,应将该建议的性质通知总理,总理如要求退回建议(以下称为"原建议")让公共服务委员会重新考虑,总督应照办。

(2)如果经过重新考虑,公共服务委员会提出不同的建议,本款和本宪法第三十二条第2款的规定,应适用于该不同建议,如同适用原建议一样。

第一百二十一条

1. 依照本条第 3 款至第 6 款(包括首尾两款)的规定,总审计长应在其年满六十周岁之前任职。

但是:

(1)其随时可以辞职;

(2)总督根据本宪法第一百二十条第 6 款规定的方式,可允许年满六十周岁的总审计长继续任职,在总督和总审计长达成一致意见下(在其达到六十周岁之前),任职至较大年龄,但不超过六十五周岁。

2. 不得仅因总审计长年满本条规定的退休年龄而使其行为无效。

3. 总审计长可能仅因无法履行其职位职能(无论是由于身体或精神不健全或其他任何原因),或因行为不当而被免除职务,除依据本条第 4 款的规定外,不被免职。

4. 如果免除总审计长职务的问题提交给本条第 5 五款指定的法庭,且该法庭建议总督,总审计长因上述无能力情况或行为不当而应当被免职,则总督应以加盖国玺签署的文件免除总审计长职务。

5. 如果总理或公共服务委员会主席建议总督,总审计长因上述无能力情况或行为不当而免其职的问题应当进行调查,那么:

(1)总督应指定一个法庭,该法庭应由一名庭长和不少于两名其他成员组成,由总督根据首席法官的建议,从担任或曾担任过联邦国家地区对民事和刑事问题拥有无限裁判权的法庭的法官或对任何该类法庭的上诉拥有裁判权的法庭的法官中挑选;

(2)该法庭应调查该问题,并将事实报告给总督并建议总督该总审计长是否须因上述无能力或行为不当而免其职。

6. 在指定日前有效的《委员会调查法》的规定,应该根据本条和本宪法附表三的规定,尽可能适用于本条第 5 款指定的有关法庭,或根据上下文的要求,适用于其成员,如同适用有关该法指定的委员会或委员,如同具有作为本宪法组成部分一样的效力。

7. 总审计长免职的问题如被提交到本条第 5 款规定的法庭,总督应以本宪法第一百二十条第 6 款规定的方式,中止总审计长履行其职位职能,任何该类中止可随时由总督依上述方式撤回,且在任何情况下,法庭建议总督该总审计长不应被免职,则该中止应该失效。

第一百二十二条

1. 上诉法院的账目、最高法院的账目、参议院和众议院书记员办公室的账目,以及所有牙买加政府部门和办公室的账目(包括内阁办公室、司法事务委员会办公室、公共服务委员会办公室、警察服务委员会办公室,但不包括总审计长部门),至少每年一次,均应由总审计长审计和报告,总审计长及其下属官员,有权随时取得该类账目有关的账本、记录、申报单和报告。

2. 总审计长应将依照本条第一款制作的报告提交给议长(如果议长职位出缺或因各种原因无法履行其职位职能,提交给副议长),议长应将该报告上交众议院。

3. 总审计长依据本条第 1 款和第 2 款的规定行使其职能时,不受制于其他任何人或权力机构的指示或掌控。

4. 总审计长部门的账目应由财政部长审计和报告,本条第 1 款和第 2 款的规定应适用于有关该部长行使该职能,如同适用于总审计长审计和报告一样。

5. 本条的任何规定不妨碍总审计长履行下列职能:

(1)关于审计牙买加政府的其他账目和根据当时在牙买加有效的任何法律规定的其他公共权力机构和其他管理牙买加公共基金的团体的账目的其他职能;

(2)关于可能如此规定的监督和管理牙买加公共基金的开支的其他职能;

(3)关于任何其他可能由任何有权限的权力机构授权行使审计权的政府账目的其他职能。

第九章 公共服务

第一节 总 则

第一百二十三条

依宪法本章之目的,"公职"不包括根据当时在牙买加有效的任何法律设立的协会、陪审团、委员会或其他类似团体(无论是否成立为法团)的成员的职位。

第一百二十四条

1. 应该设立牙买加公共服务委员会,由一名主席和其他成员,不少于三名、不超过五名成员组成,由总督根据总理与反对党领袖商议后提出的建议随时决定。

2. 公共服务委员会的成员,由总督根据总理与反对党领袖商议后提出的建议,以加盖国玺签署的文件进行任命。

但是,其中一名成员应由总督从符合本条任命资格的,由牙买加民生服务组织提交的人员名单中任命(或代替公共服务成员的任何其他团体,该团体由总督根据总理与反对党领袖商议后提出的建议,随时履行该组织的职能)。

3. 任何人如担任或处理任何公职,司法事务委员会或警察服务委员会的成员职位除外,不具有被任命为公共服务委员会成员的资格。

4. 公共服务委员会的成员,从其最后担任或处理该职务之日起三年期限内,不具有被任命为具有作出任命权的任何职务,该职务是由本宪法授权总督在听取公共服务委员会的建议后设立的。

5. 下列情况公共服务委员会的成员职位出缺:

(1)从其任命日起五年的期限届满,或其任命文件指定的更短的期限;

(2)其辞职;

(3)其被任命担任任何公职,司法事务委员会或警察服务委员会成员职位除外;

(4)如果总督根据总理与反对党领袖商议后提出的建议,指出该成员因无法履行其职位职能(无论是因身体或精神不健全或任何其他原因)或因行为不当,而免除其职务。

6. 若公共服务委员会的成员职位出缺,或某成员因各种原因无法履行其职位职能,总督根据总理与反对党领袖商议后提出的建议,可以任命一名符合该委员会成员任命资格的人担任委员会的成员,任何如此任命者,应根据本条第 5 款的规定,在委员会的成员职位填补,或在该任命由总督根据总理与反对党领袖商议后提出的建议撤回之前,继续担任该职。

7. 公共服务委员会的成员应领取由任何法律或众议院的决议随时规定的薪金和津贴。

但是:

(1)任何该类决议不得减少任何法律暂时规定的薪金和津贴;

(2)公共服务委员会成员的薪金,在其任职期间不得减少。

8. 依本宪法暂付给公共服务委员会成员的薪金,应由统一基金管理和给付。

第一百二十五条

1. 依照本宪法之规定,公职的任命权以及免除和对担任或处理任何该职务者进行纪律管理的权力,由总督根据公共服务委员会的建议授予。

2. 在公共服务委员会建议对任何人担任或处理任何有权进行任命的职务的任何职位的任命之前,该职务应由总督依本宪法授予的,在司法事务委员会或警察服务委员会建议下设立的,其应该视情况与司法事务委员会或警察服务委员会进行商议。

3. 在总督根据公共服务委员会关于应当免除任何公职官员或通过纪律管理的方式施加惩罚的建议之前,应将该建议通知该官员,如果该官员申请将案件提交枢密院,则总督不应听取该建议,而应将该案件上交枢密院。

但是,即便如此,总督仍可以根据公共服务委员会的建议,在决定是否将案件上交枢密院之前,中止该官员行使其职责。

4. 如果根据本条第 3 款的规定将案件上交枢密院,枢密院应对案件进行考虑,并建议总督应对该官员采取何种行动,总督应听取该建议。

5. 除非出于任命、处理、撤销任命的目的,本条的规定不得适用于有关检察长职务。

第一百二十六条

1. 依照本条第 2 款的规定,对常务秘书长职务的任命权(从享有同等工资的其他职务调任的除外)授予总督在公共服务委员会的建议下行使。

2. 在总督听取公共服务委员会依本条第 1 款提出的建议之前,其应与总理商议,总理可要求将该建议(以下简称"原建议")退回公共服务委员会重新考虑。如果公共服务委员会重新考虑后提出不同的建议,本款规定和本宪法第三十二条第 2 款的规定应适用于该不同建议,如同适用原建议一样。

3. 从享有同等工资的其他职务调任成为常务秘书长的任命权,授予总督在总理的建议下行使。

4. 依本条之目的,财政秘书长职务应视为常务秘书长职务。

第一百二十七条

1. 总督根据公共服务委员会的建议,可以加盖国玺签署的文件指出,根据该文件可能指定的情形,对适用于本条的该类职务的任命权以及同样可能被指定的免除和对担任或处理该类职务者进行纪律管理或任何该权力,均应(在不影响总督根据公共服务委员会的建议行使该类权力的情况下),由一个以上的公共服务委员会,或由该类可能指定的其他权力机构或公职官员行使。

2. 涉及依据本条第 1 款由某人或权力机构行使的任何权力,总督根据公共服务委员会的建议行使的权力除外,适用于本条的职务,是排除本条由本宪法授予总督在听取该建议下设立的职务。

3. 在任何情况下,当根据依本条制定的文件作出的任命,被任命者担任或处理任何享有任命权的职务,该职务是由本宪法授权,总督在听取司法事务委员会或警察服务委员会的建议下所设立的,上述文件中个人或权力机构在作出任命前,应与司法事务委员会或警察服务委员会进行商议。

4. 如果根据依本条制定的文件,免除或对任何官员进行纪律管理,已由除总督根据公共服务委员会的建议外的个人或权力机构行使,如此行使的有关官员可申请将案件提交给枢密院,如此则上述的个人或权力机构的行为将失效,案件将提交给枢密院,总督应根据枢密院的建议对该有关官员采取措施。

但是:

(1)当上述个人或权力机构采取的措施,包括免除该官员或中止其行使职责,在决定是否提交枢密院之前,该个人或权力机构应中止行使其职务;

(2)枢密院在依本款向总督建议之前,应与公共服务委员会进行商议。

第一百二十八条

1. 担任或处理适用于本条的职务的任命权(包括晋升和调动任命权及确认任命权)以及免除如此任命者的权力,应授予总督在听取总理的建议下行使。

2. 总理在依本条之目的,就有关担任或处理除适用本条的职务外的任何公职提供任何建议之前,应与公共服务委员会进行商议。

3. 适用于本条的职务是任何大使、高级专员或牙买加在国外的主要代表的职务。

第二节 警 察

第一百二十九条

1. 应该设立牙买加警察服务委员会,由一名主席和其他成员,不少于两名、不超过四名成员组成,由总督根据总理与反对党领袖商议后提出的建议随时决定。

2. 警察服务委员会的成员,应由总督根据总理与反对党领袖商议后提出的建议,以加盖国玺签署的文件进行任命。

3. 任何人如担任或处理任何公职,司法事务委员会或公共服务委员会的成员职位除外,不具有被任命为警察服务委员会成员的资格。

4. 警察服务委员会的成员,从其最后担任或处理该职务之日起三年期限内,不具有被任命为具有作出任命权的任何职务,该职务是由本宪法授权总督在听取警察服务委员会的建议后设立的。

5. 下列情况警察服务委员会的成员职位出缺:

(1)从其任命日起五年的期限届满,或其任命文件指定的更短的期限;

(2)其辞职;

(3)其被任命担任任何公职,司法事务委员会或公共服务委员会成员职位除外;

(4)如果总督根据总理与反对党领袖商议后提出的建议,指出该成员因无法履行其职位职能(无论是因身体或精神不健全或任何其他原因)或因行为不当,而免除其职务。

6. 若警察服务委员会的成员职位出缺,或某成员因各种原因无法履行其职位职能,总督根据总理与反对党领袖商议后提出的建议,可以任命一名符合该委员会成员任命资格的人担任委员会的成员,任何如此任命者,应根据本条第5款的规定,在委员会的成员职位填补,或在该任命由总督根据总理与反对党领袖商议后提出的建议撤回之前,继续担任该职。

7. 警察服务委员会的成员应领取由任何法律或众议院的决议随时规定的薪金和津贴。

但是:

(1)任何该类决议不得减少任何法律暂时规定的薪金和津贴;

(2)警察服务委员会成员的薪金,在其任职期间不得减少。

8. 依本宪法暂付给警察服务委员会成员的薪金,应由统一基金管理和给付。

第一百三十条

本宪法第一百二十五条(在第2款中用"警察服务委员会"一词代替"公共服务委员会"。如果两者同时出现,用"公共服务委员会"代替"警察服务委员会")应适用有关警察官员,如同适用有关其他公职官员。

第一百二十一条

1. 总督根据警察服务委员会的建议,可以国玺签署的文件指出,根据该文件可能指定的情形,对适用于本条的该类职务的任命权以及同样可能被指定的免除和对担任或处理该类职务者进行纪律管理,或任何该权力,均应(在不影响总督根据警察服务委员会的建议行使该权力的情况下)由一个以上的警察服务委员会的成员行使,或由该类可能指定的其他权力机构或公职官员行使。

2. 适用于本条的职务,是级别不高于视察员的所有警员的职务。

3. 在任何情况下,当根据依本条制定的文件作出任命,被任命者担任或处理任何享有任命权的职务,该职务是由本宪法授权,总督在听取司法事务委员会或公共服务委员会的建议下所设立的,上述文件中个人或权力机构,在作出任命前,应与司法事务委员会或公共服务委员会进行商议。

4. 如果根据依本条制定的文件,免除或对任何官员进行纪律管理,已由除总督根据警察服务委员会的建议外的个人或权力机构行使,有关官员可申请将案件提交给枢密院,如此则上述的个人或权力机构的行为将失效,案件将提交给枢密院,总督应根据枢密院的建议对该有关官员采取措施。

但是:

(1)当上述个人或权力机构采取的措施,包括免除该官员或中止其行使职责,在决定是否提交枢密院之前,该个人或权力机构应中止行使其职务;

(2)枢密院在依本款向总督建议之前,应与警察服务委员会进行商议。

第三节　退休金

第一百三十二条

1. 根据本宪法第一百三十四条的规定,适用于发放或支付给在公职中做出贡献的任何官员,或其遗孀、子女、受养人或个人代理人,以任何退休金、赔偿、养老金或其他类似津贴(本条和本宪法第一百三十三条、第一百三十四条称为"补助费")的法律应在相关日开始生效,任何后续法律不能不利于该人。

2. 依本条之目的,相关日是指:

(1)在关于指定日前发放的补助费,发放补助费之日;

(2)在关于指定日或之后,对在该日前是公职人员的有关官员发放或将发放的赔偿费,指定日的前一日;

(3)在关于指定日或之后,对在指定日或之后成为有关公职官员发放或将发放的补助费,该人成为公职官员之日。

3. 依本条之目的,到目前为止适用于发放补助费的法律,依有关被发放或将被发放的个人的选择而定,其选择的法律应该是比其他任何其可能选择的法律更有利于他。

4. 依本条和本宪法第一百三十三条、一百三十四条之目的,担任上诉法院法官或最高法院法官者应视为担任公职。

第一百三十三条

依当时在牙买加有效的任何法律对有关担任公职者发放的补助费,应由统一基金管理和给付。

第一百三十四条

1. 依据当时在牙买加有效的任何退休法发放的任何补助费的权力(依该法有权领取补助费的人除外),和按任何该类法律所包含的任何规定,扣留、减少或中止任何应付补助费的权力,均授予总督。

2. 本条第1款授予总督的权力,应由其行使:

(1)在领取补助费者是公职官员,在其丧失公职日之前;

a)担任上诉法院的法官;

b)担任最高法院的法官;

c)在行使该权力之日担任适用于本宪法第一百一十二条的任何职务,

应听取司法事务委员会的建议;

(2)如果领取补助费者曾是公职官员,在前述之日之前,担任警察官员,应听取警察服务委员会的建议;

(3)如果领取补助费者是任何其他人员,应听取公共服务委员会的建议。

3. 在本条中,"退休法"指关于发放给在公职中做出贡献的任何人,或其遗孀、子女、受养者或个人代理人的补偿费的任何法律,包括依任何该类法律制定的任何文件。

第十章　其他规定

第一百三十五条

1. 关于本宪法设立的任何委员会,总督根据委员会的建议,可通过规范或其他规定其程序的方式,依照总理或有权代表总理的其他部长的意见,对任何公职官员或牙买加政府的任何权力机构,授予权力,施予义务,以使委员会履行其职能。

2. 本宪法设立的任何委员会召开的任何会议,如果三名成员出席,即符合法定人数。如果法定人数出席,委员会不得因有任何成员缺席而丧失办理业务的资格,不得因有无权力出席的人参与而使委员会的任何活动失效。

3. 本宪法设立的任何委员会在任何会议中提交决定的任何问题,应由出席表决的成员的多数票通过决定,如果对任何该类问题票数相等,主持会议的成员应行使关键一票。

第一百三十六条

无论下列何种问题,法院均不得查问:

(1)本宪法设立的任何委员会有效地履行由本宪法授予的任何职能;

(2)该类委员会的任何成员或任何其他个人或权力机构有效地履行根据本宪法第一百一十三条,或视情况根据第一百二十七条或第一百三十一条所授予该类成员、个人或权力机构的任何职能;

(3)任何该类委员会的成员,或任何其他个人或权力机构有效地履行与委员会的工作相关或与本条第(2)项所提及的任何该类职能相关的其他职能。

第一百三十七条

1. 凡被任命、选举或挑选担任本宪法设立的任何职务者(包括总理、其他部长、议会秘书长职务),可以向对其任命、选举或挑选的人或权力机构呈交辞职书。

但是:

(1)担任参议院议长或副议长职务者,应向参议院呈交辞职书;

(2)担任众议院议长或副议长职务者,应向众议院呈交辞职书;

(3)众议院的议员应向议长辞职。

2. 任何上述任何该类职务的人的辞职书,当任何对其任命的个人或权力机构或本宪法授权的个人或权力机构收到其呈交的书面请求的辞职书时,该辞职书应立即生效。

3. 当要求需向两院议长提交辞职书的,如果两院议长(视情况)职位出缺,或两院议长不在牙买加,可由副议长代表议长接收。

第一百三十八条

1. 任何人辞去本宪法设立的任何职务(包括总理、其他部长和议会秘书长),如果符合资格,可根据本宪法的规定,重新任命、选举或挑选担任该职务。

2. 在不妨碍本条第 3 款的规定,当担任本宪法设立的任何职务的人辞职或休假时,有权对该职务作出任命的个人或权力机构可以任命其他人担任该职务。

3. 如果因本条第 2 款作出的任命,致使两名以上的人担任同一职位,最后任命者对于有关任何该担任职务授予的职能,应视为其是唯一的受任者。

附表(略)

智利共和国宪法*

(1980年经国民大会通过,更新至2014年)

第一章 制度的基础

第一条

人人生而享有尊严和权利方面的自由和平等。

家庭是社会的基石。

国家承认并捍卫通过社会组织构建的中间团体,保障中间团体享有充分的自治以实现其特定的目标。

国家服务于人民,国家的目标即是在充分尊重本宪法确立的权利和保障的情况下,促进公共利益,有效促使创设社会条件,以许可构成国家社会中的每个人尽可能获得精神上和物质上的满足。

国家有义务保卫国家安全,为人民和家庭提供保护,促进家庭壮大,促进国家各个部门的和谐统一,确保人人有权获得平等参与国家生活的机会。

第二条

共和国的国旗、国徽、国歌是国家的象征。

第三条

智利国是单一制国家。

国家的管理将依照法律规定,视情况采取实用的地方分权或权力下放的方式。

国家机关将促进国家区域化的增强,促进共和国领土内各区域、省、市、镇之间的平衡发展与团结。

第四条

智利是一个民主共和国。

第五条

主权在民。主权由人民通过全民公决和定期选举的方式,以及本宪法设立的机构共同行使的方式得以实现。任何团体和个人均不得擅自行使主权。

主权的行使被视为尊重源自人性的基本权利的限制。国家机关有义务尊重并促进经本宪法以及经智利批准的、有效的国际条约保障的基本权利。

第六条

国家机关的行为必须符合宪法以及依宪法制定的其他规范的规定,国家机关应保障共和国的制度内在秩序。

本宪法规范同时约束官员,或者称国家机关的成员以及其他个人、机构和团体。

对本宪法规范的侵犯将引发法律规定的责任和处罚。

第七条

国家机关的行为仅在其成员事先获得常规授权,且在其主管范围内以法律规定的形式作出时方才有效。

即使在特殊情况下,任何官员、个人或个人团体均不得擅自行使宪法或法律未明确授予的权力和权利。

任何违反本条规定的行为均无效,且将引发法律规定的责任和处罚。

第八条①

履行公共职能时,其成员应在其行为时严格遵守廉洁原则。

国家机关的行为、决策及其使用的依据和程序均应公开。但是,当披露行为、决策及其使用的依据和程序将影响相关机关适当履职、影响人权的享有、影响国家安全或国家利益时,仅得由法律规定保密或不予公开。

共和国总统、部长、众议员、参议员以及宪法性组织法规定的其他权力人应以公开的形式申报其财产。

法律规定上述权力人委托第三人管理资产的条件,规定其履行公职是涉及利益冲突时承担的义务。法律亦考虑采取其他适当的措施解决冲突,且在特定情况中,规定处理相关资产的一部分或全部。

第九条

任何形式的恐怖主义均与生俱来地违背人权。

法律规定恐怖行为以及刑罚。这些罪犯十五年内不得履行公职或担任公职,无论这些公职是否通过普选产生、是否属于教育机构的校长或主管,亦无论其是否行使教育职责。这些罪犯不得从事社会传媒

---

* 译者:胡婧。

① 经2009年12月28日第20.414号法律修改。

工作,不得担任传媒机构的主管,亦不得行使同意见或资讯传播相关的职责。恐怖行为的施行者在十五年内不得成为政治机构或同教育相关的机构的主管,亦不得成为地方政府、职业机构、企业、工会、学生会或具有工会性质的机构的主管。前述规定不得影响其他不符合资格的情况,亦不影响法律设定禁止担任相关职务的更长期间。

应将本条第二款规定的犯罪视为普通犯罪而非政治犯罪,不得赦免相关罪犯,但将适用于相关罪犯的死刑减为终身监禁的除外。

第二章 国籍与公民

第十条

智利人即:

(1)出生于智利,但为其他国家服务或过境的外国人在智利生的孩子有权选择智利国籍;

(2)在智利境外出生,但其父亲或母亲为智利人,但是,这同时要求此儿童的父辈或祖父辈直系血亲之一经本条第(1)款、第(3)款、或第(4)款之规定取得智利国籍;

(3)依照法律规定,取得入籍文件的外国人;

(4)依照法律规定,取得特殊授予国籍之人。

法律规定选择智利国籍的程序,规定授予、否决和撤销智利国籍的程序,亦规定登记前述行为的程序。

第十一条

出现下列情形之一,丧失智利国籍:

(1)在智利的主管机构声明自动放弃国籍。但这一声明仅得在其声明前已获得其他国家国籍方得作出;

(2)战时,为智利的敌方或敌方的盟友提供服务,经最高法令使之丧失国籍;

(3)撤销入籍文件;

(4)经法令规定,撤回授予的国籍。

因本条规定而丧失智利国籍者仅得依照法律规定恢复国籍。

第十二条

因行政机关剥夺或否决其享有的智利国籍的行为或决议而遭受影响之人有权在三十日内亲自或通过他人代理向最高法院提起诉讼,最高法院应在陪审团参与的法院全体裁判会议上作出判决。诉讼期间中止被诉行为或决议的效力。

第十三条

智利公民是年满十八周岁且未被判刑的智利人。

公民享有选举权、被选举权,以及宪法和法律赋予的其他权利。

本宪法第十条第(2)款和第(4)款规定的智利人仅得在智利居住超过一年方可行使赋予公民的权利。

第十四条

在智利居住超过五年,且符合第十三条第一款规定的条件的外国人有权在法律规定的情况下以法定形式行使选举权。

因符合本宪法第十条规定而取得国籍之人在拥有入籍文件五年后,有资格参与普选。

第十五条①

选民投票时,选举应由本人亲自经平等、秘密、自愿进行。

仅得在本宪法明确规定的选举和公决中方可召集选民投票。

第十六条

若出现下列情形之一,应中止选举权:

(1)因精神不健全被宣告为禁治产人;

(2)因犯罪可能被判刑或作出法律规定的恐怖行为之人;

(3)因宪法法院依照本宪法第十九条第(15)项第7目之规定判处惩罚。因此被剥夺行使选举权之人在五年期满后恢复行使选举权,五年期自宪法法院作出决定时算起。该中止行为不产生其他法律效果,不影响第十九条第(15)项第七目的规定。

第十七条

若出现下列情形之一,则丧失公民身份:

(1)丧失智利国籍;

(2)被判刑;

(3)因法律规定的恐怖行为、同毒品走私相关的行为而应被判刑。

因本条第(2)项之规定而丧失公民身份之人在刑事责任灭失时将依照法律规定恢复公民身份。因本条第(3)项之规定而丧失公民身份之人在服刑完毕后可向参议院诉请恢复公民身份。

第十八条②

设立一个公共选举系统。宪法性组织法规定该系统的结构和职能,规定本宪法未明确的选举过程和公决实现的形式。在提议候选人和参与规定的程序时,宪法性组织法保障独立代表和政党成员之间始终享有完全的平等。该法律亦规定设立一个选举开支有财政资助、透明、有限度和获得监督的体系。

宪法性组织法在选举服务的指导下亦规定设立一个选举登记系统,根据单行法之规定,该系统将囊

---

① 经2009年3月27日第20.337号法律修改。

② 经2009年3月27日第20.337号法律修改。

括符合本宪法规定的要求之人。

选举和公决期间,武装力量和警察部队将以法律规定的方式捍卫公共秩序。

第三章 宪法权利和义务

第十九条①

宪法确保人人享有:

(1)生命权和身心完整的权利。

法律保护胎儿的生命。

死刑仅适用于经法定人数通过的法律规定的犯罪。

禁止任何非法扣押(apremio)的适用。

(2)法律面前一律平等。智利不存在任何特权人士或团体。智利没有奴隶,且在其他国家的奴隶在智利境内享有自由。男性和女性在法律面前一律平等。

任何法律或机构不得设立武断的差别。

(3)法律平等保护人人行使权利。

人人均享有法律规定的辩护权,任何机构或个人不得阻碍、限制、干扰律师的适当干预。但武装力量的成员与公共秩序和安全力量的成员行使此项权利时因行政和纪律要求,受制于各自相关的法律规范。

法律规定为不能自行负责之人提供司法咨询和辩护的方式。法律规定为刑事受害人提供免费司法咨询和辩护的条件和形式,以开展本宪法和法律认可的刑事诉讼。

若未依照法律规定的方式指定辩护律师,则被告人不得声明放弃由国家提供的适格的辩护律师提供的援助。

任何人非经法院根据法律在行为前已规定的犯罪行为,不得被判有罪。

审判机构的判决必须以之前合法的审判程序为依据。这与立法者规定确保有效和公正的程序和调查相对应。

法律不得假定刑事责任。

非经行为前颁行的法律规定,不得处罚任何犯罪行为,但新法有利于罪犯的除外。

任何法律不得规定刑罚,除非经法律判罚的行为在相关法律中得到明确表述。

(4)尊重并保护个人及其家庭隐私和荣誉。

(5)住宅和任何形式的私人通信不受侵犯。仅得在法律规定的情形中,依照法律规定的形式方可搜查住宅、拦截、公开或调查私人通信和文件。

(6)良心自由,信仰自由,自然开展不违反道德、公序良俗和公共秩序的宗教仪式。

符合法律法令规定的安全和卫生条件时,宗教忏悔可设立并维系教堂及其属地。

开展任何形式的宗教仪式的教堂、宗教忏悔和机构有权享有现行法律赋予并认可的资产。教堂及其属地享有税赋豁免权。

(7)人身自由和个人安全权。

进一步:

a)在遵守法律并尊重第三人时,人人有权在共和国境内居住和居留,享有迁徙权,有权进入和离开智利领土。

b)不得剥夺或限制任何人的人身自由,但宪法和法律作出例外规定的除外。

c)非因公职人员根据法律明确授权,且以合法形式发布的命令,不得逮捕或拘留任何人。但是,可拘留现行犯,且应在拘留后二十四小时内将之移送主管法官处理。

若相关机构命令逮捕或拘留任何人,则其应在逮捕或拘留后四十八小时内通知主管法官并将之移送该法官处理。该法院有权经决议将期限延长至五日,若调查是否为法律规定的恐怖行为时可延长至十日。

d)不得因预防性逮捕或监禁而逮捕或拘留任何人,但因在其住宅或公共场所产生前述效果的除外。

监狱系统若未收到法定机构发布相应命令的记录,且该命令已获登记并公开,不得逮捕、拘留、控告或监禁任何人。

单独监禁不得阻碍监管的公职人员探访被逮捕者、被拘留者、被告人或被监禁之人。若被逮捕者或被拘留者要求,则该监管人员有义务向主管法官移送拘留命令的副本,或者,有义务要求获得拘留命令的副本,或者,在拘留时,被逮捕者或被拘留者的要求应被忽略,则有义务开出证据证明相关人员被拘留。

e)被告人享有自由,但法官认为因调查、被害人或社会安全之必要而拘留或预防性监禁的除外。法律规定拘留或预防性监禁的条件和方式。

就宣告作出第九条规定的犯罪行为的被告人获得自由的决议提起的诉讼由高等法院受理,该高等法院由有资格的成员组成。同意或赋予自由的决议应获成员一致通过。自由期间,被告人将始终受制于法定机构的警示措施。

f)刑事案件中,不得强迫犯罪嫌疑人或被告人自证其罪;亦不得强迫犯罪嫌疑人或被告人的长辈、后代、配偶或其他法定人员证明其有罪;

---

① 经 2013 年 11 月 25 日第 20.710 号法律修改。

g)不得施以没收资产的刑罚,但法律作出例外规定的除外。另外,可没收非法附着物。

h)不得将临时性权利的丧失作出刑罚;

i)因最高法院的错误或专断决议被审判之人一旦获得赦免即有权因财产和精神损失而获得国家赔偿。赔偿由法院作出简要决定,过程中,应审慎评估证据。

(8)在免于污染的环境中居住的权利。国家有义务监督该权利不受侵犯,有义务提供自然保护。

为保护环境,法律可就特定权利或自由的行使规定特定的限制。

(9)保护健康权。

国家保护个人自由、平等地开展促进、保护和恢复健康、康复的行为。国家有义务着手同健康相关的活动的协调和监督。

国家的优先义务是保障开展同健康有关的活动,无论该活动由公共机构还是私营机构开展,法律规定开展活动的形式和条件,并可规定义务纳税。

人人有权选择其希望加入的国有或私营健康系统。

(10)受教育权。

人的一生中,教育帮助人充分发展。

父母享有教育子女的优先权利和义务。相应地,国家有义务为实现该权利提供特殊保护。

国家有义务促进学前教育,国家为免费的学前教育提供财政资助,以保障儿童获得学前教育和更高等级的教育。作为进入基础教育的前提条件,第二级过渡(second level of transition)是强制的。

基础教育和中等教育是强制的;国家应为之免费提供财政资助,以确保全体人民获得教育。依照法律规定,中等教育适用于未满二十一周岁之人。

国家有义务促进各个等级教育的发展、促进科学技术研究、艺术创作,保护并增加民族文化遗产。

社会有义务为教育的发展和提升做出贡献。

(11)教育自由包括开办、组织维系教育设施的权利。

教育自由受制于道德、公序良俗、公共秩序和国家安全。

公立教育不得引导宣传任何形式的党派信息。

父母有权利为其子女选择教育机构。

宪法性组织法规定提供初等和中等教育的最低条件,明确通常适用的客观规范,许可国家监督相关教育机构遵守之。前述法律以相同的形式规定任何等级的公立教育的要求。

(12)表达意见和信息自由,不受任何形式的事前审查,在行使表达意见和信息自由时犯罪或滥用该自由应承担法律规定的责任。

法律不得规定国家垄断社会通讯媒体。

社会通讯媒体中冒犯或提及之自然人或法人有权根据法律规定,通过发布相关信息的媒体免费传播其宣言或纠正信息。

自然人或法人有权根据法律规定设立、编辑、维系报纸、杂志、期刊。

国家、法律规定的大学、其他个人或团体有权设立、运营并维系电视台。

设立自治的、具有法律人格的国家电视委员会,该委员会有权监督通讯媒体更正职能。法律规定该委员会的组织、其他职责和权限。

为展出并发布电影作品,法律制定分级制度。

(13)不经事先许可的和平集会权。

在广场、街道和其他公共场所开会受到警察管制。

(14)以尊重和适当的方式就公共利益或私人利益向机构请愿的权利。

(15)不经事先许可的结社权。

为获得法人资格,社团应依照法律规定组成。

不得强迫任何人加入社团。

禁止违反道德、公共秩序、国家安全的社团。

政党仅得参与其自己开展的活动,不得就政治参与享有特权或垄断权;政党的记录和账目应公开;其财政不得源于国外提供的金钱、资产、捐赠、信贷;其规则应规定确保有效的内部民主的规范。宪法性组织法规定设立一个初级选举系统,该系统用于相关政党为普选提名候选人,初级选举结果约束相关政党,在初级选举中未当选者不得成为相应职位的候选人。宪法性组织法规定同政党相关的其他事项,规定侵犯相关条文时的惩处,其中包括解散相关政党。未遵守前述规范,从事或开展同政党相关的活动的社团、群体、组织或团体为非法,将受到宪法性组织法规定的刑罚的惩处。

政治宪法保障政治多元主义。若政党、群体、其他形式的组织,其目标、行为不遵守民主和立宪政体基本原则,倡导设立极权政体,使用暴力或倡导、煽动政变,则该政党、群体、其他形式的组织违宪。相应地,由宪法法院宣布其违宪。

在不影响宪法或法律规定的其他惩处时,参与引发宣告前款规定的违宪行为之人不得参与其他政党、群体、其他形式的政治组织,亦不得在五年内参与普选、履行第五十七条第(6)项规定的职责,五年期限自宪法法院作出决议算起。若判决时,相关个人本应担任或履行前述职责,则其应在判决时即被卸去相应职务。

因本条规定遭受惩罚之人在前款规定的期间内不得恢复履职。若再次发生本条规定的行为,则惩处其的年限应加一倍。

(16)劳动自由,并保护劳动自由。

人人有权自由订立合同,自由选择职业,并获得合理报酬。

非因个人能力或才能的差异,不得歧视任何人,但本项规定不得影响法律在特定领域限定智利公民身份或作出年龄限制。

不得限制劳动的种类,但是,劳动同道德、公共安全、健康相背离,或者,因国家利益并经法律规定作出劳动种类限制的除外。任何法律或公共机构的规则不得要求以隶属于或不得隶属于某一组织或团体作为从事特定活动或工作的前提。法律规定从事专职工作所需的文凭以及符合从事相应工作的其他条件。依照规制相关专职工作的法律组成的行业协会有权受理针对其成员道德行为提起的诉求。相关上诉法院有权裁判行业协会作出的决定。非行业协会的专职人员将获得依法律设立的特别法庭的裁判。

同雇佣企业进行集体协议是劳动者的权利,但法律明确禁止协议的除外。法律规定集体协议的程序和其他适当程序以合理且和平地解决问题。法律明确将集体协议提交强制仲裁的情况,而强制仲裁由特定的专家进行,有法定的组织和权限。

无论其性质、目标和职责,国家机关、市镇机关的公职人员以及在特定企业工作之人均不得宣告罢工,因其提供公共服务或者其不运作将给健康、国家经济、民众或国家安全带来重大损失。法律为遵守本项禁止性规定的劳动者所隶属的企业的选定规定程序。

(17)除非宪法和法律规定附加条件,否则人人有权担任公职。

(18)社会安全权。

规定行使此项权利的法律由适格的法定人数通过。

引导国家行为保障全体居民取得由公共组织或私人组织提供的统一的基本福利。法律规定强制性赋税。

国家监督充分行使社会安全权。

(19)在法律规定的情形下,以法定形式成立工会的权利。自愿加入工会。

工会组织依照法律规定的形式,在法律规定的条件下经登记和组织行为获得法人身份。

法律规定一系列机制以确保工会组织自治。工会组织及其主管不得参与政党活动。

(20)按照收入比例、累进方式或法律规定的其他方式平等分配赋税以及其他费用。

任何情况下,法律均不得明确规定征收不成比例或不合理的赋税。

被征收的赋税,无论其性质,将作为国家资产,不得因特定目的而拨付。

但是,法律可授权将特定赋税用于完成国防目标。同时,法律亦可授权就特定地区的活动或资产征收的赋税,在该法律规定的范围内,由相关地区用于资助其发展。

(21)发展经济活动的权利,该经济活动不得违背道德、公共秩序、国家安全,并遵守规制其的法律规范。

若获得法律授权,国家及其组织有权发展或参与企业活动。此时,这些活动应遵守适用于个人的普通立法,但是,法律出于合理动机而作例外规定的除外。

(22)在经济领域,国家及其组织不得授权给予任意的歧视对待。

只有通过法律,且不被视为歧视,特定的直接或间接利益方可授权给予某部门、活动或地区;或者,规定给予影响某部门、活动或地区的特别费用。在获得特许权或间接利益的情况下,就其成本估算应囊括进年度预算法案。

(23)就一切种类的资产享有取得所有权的自由,但因资产的性质通常属于一切人或属于整个民族,且由法律作出宣告的除外。本宪法作出例外规定的亦除外。

若国家利益作出要求,法律可规定取得特定资产所有权的限制或条件。

(24)就一切有形和无形资产享有所有权。

仅得法律方可规定取得、使用、收益、处分资产的方式,规定因资产承担社会责任所应行使的义务和限制。这些限制和义务包括国家公共利益、国家安全、公共事业和健康、保护环境传统作出的要求。

非因普通法或特别法出于公共利益或国家利益授权征收,不得剥夺任何人的财产、资产或所有权中的重要权能。被征收的主体有权向普通法院诉请审查征收行为的合法性,有权通过协议或经前述法院依法宣判就引起的实际损害获得补偿。

若没有协议,则应用金钱支付补偿。

支付全额补偿后取得征收的资产,若没有协议,补偿款将由专家依照法律规定的形式临时决定。审查征收的正当性时,法官可根据证据决定中止取得占有。

尽管自然人和法人就其居住地的土地享有所有权,但国家就一切矿藏,包括鸟粪石、金属沙、盐矿、石油、碳氢化合物、其他化石物质(地表土层除外)享有绝对的、排他的、不可剥夺的、不可侵犯的权利。地表物质应遵守法律为开发、开采、使用矿藏之便宜规定的限制和义务。

相应地,法律规定前项规定的矿藏(液体和气体碳氢化合物除外）的开发、开采特许。该项特许由司法决议决定，设有期限，并由宪法性法律赋予享有的权利及履行的义务。采矿特许强制所有者开展满足公共利益之必要的活动。该法规定安朴尔（amparo）①，以直接或间接促使义务的履行，规定在未履行义务时特许失效或单纯地取消特许的理由。前述理由及其效力应在授予特许时规定。

普通法院就宣告取消特许享有排他的权力。就特许失效或取消特许的争议由普通法院解决。在特许失效的情况下，相关当事人有权要求司法机构宣告其权利继续存在。

宪法保证人依照本项规定保护特许权人的特许领域。

就无须特许的沉积物（deposit）的开发、开采、使用可由国家、国有企业或者通过行政特许、特别运营合同，按照共和国总统经最高法令设立的要求和条件，直接进行。本规定亦适用于领土范围内海洋中的沉积物，以及依照法律规定，对国家安全产生重大影响的区域中的物质。共和国总统有权随时终止开采对国家安全产生重大影响的区域中的物质授予的行政特许、运营合同，且无须作出说明，亦无须给予补偿。

人人享有法律认可或规定的水上权利。

(25)创作并传播艺术作品的自由。在法律规定的期间内，且该法定期间不得短于相关权利人的生命，就其智力和艺术创作享有著作权。

著作权包括对作品的所有权和法律规定的其他权利，例如，享有作品的署名权、编撰权和整理权。

在法律规定的期间内，保障就发明专利、商标、外观设计、专有技术过程和其他类似创作的工业产权。

第(24)项第二目、第三目、第四目、第五目的规定适用于知识产权、艺术创作和工业产权。

(26)宪法就权利和自由作出的限制不得影响权利的核心，不得强加影响权利自由行使的条件、赋税或要求。

第二十条②

在合法行使第十九条第(1)项；第(2)项；第(3)项第五目；第(4)项；第(5)项；第(6)项；第(9)项最后一目；第(11)项；第(12)项；第(13)项；第(15)项；第(16)项就劳动自由、择业自由和权利、订立合同权利、该项第四目；第(19)项；第(21)项；第(22)项；第(23)项；第(24)项；第(25)项时，因专断或非法作为

或不作为遭受损失、干扰、威胁，个人可亲自或由他人代理而诉诸相关上诉法院，相关上诉法院应立即采取必要的审判措施重新树立法治，确保合理保护相关当事人，此项权利不影响当事人向其他机构或相应的法院提起诉求。

若第十九条第(8)项规定的在免于污染的环境中居住的权利因某机构或特定个人的非法作为或不作为遭受影响，则亦可获得救济。

第二十一条

因违反宪法或法律规定而应被逮捕、拘留或监禁之人有权亲自或通过代理向法律规定的治安法官提起诉讼。治安法官有权命令遵守法定程序，并立即采取必要的措施以恢复法治，确保相关人员得到保护。

治安法官有权命令将个人移送治安法庭，其命令应获得管理监狱或拘留所的一切人员之遵守。治安法官以事实为依据，通过简单程序，或者裁定立即释放当事人，或者裁定存在违法行为，或者将相关当事人移送管辖法院，以矫正违法行为或向有能力矫正违法行为者提交说明。

因非法遭受其他、干预、威胁而影响其人身自由和个人安全之人有权适用相同的救济，以同样的形式提起诉讼。此时，相关治安法官有权命令根据本条第二款规定，采取必要措施以恢复法治，适当保护相关人员。

第二十二条

共和国全体居民应尊重智利及其国家象征。

智利公民有基本义务尊重其祖国，捍卫智利主权，为维系国家安全和智利传统的核心价值做出贡献。

以法律规定的条件和形式，强制服兵役并履行法律规定的其他人身义务。

能够持有武器的智利公民应在军队登记处登记，但其获得合法豁免登记的除外。

第二十三条

滥用宪法认可其享有自治，或者不恰当干预同其特定目标没有联系的活动的社会中间团体及其领袖应依法得到惩处。

工会组织的高级领导不得在国家和地区兼任政党的高级领导职务。

法律规定适用于干预政党活动的工会主席以及适用于干预工会组织和法律规定的其他中间团体履职的政党领袖的处罚。

---

① Amparo，源于西班牙之美国法律术语，是指颁发给土地权属请求人的保护文件，直至对土地进一步勘测，并由政府长官授予所有权。——译者注

② 经2011年6月24日第20.516号法案修改。

第四章 政府

共和国总统

第二十四条

作为国家首脑的共和国总统统治并管理国家。

依照宪法和法律规定,总统的职权延伸至管理维系共和国内部公共秩序和外部安全所及之事项。

每年5月21日,共和国总统应在议会全体会议上向全国就国家的管理和政治状态发表咨文。

第二十五条①

根据第十条第(1)项或第(2)项规定获得智利国籍、年满三十五周岁、拥有其他获得选举权之必要条件之人方才有资格参选共和国总统。

共和国总统任期四年,不得连选连任。

未经参议院同意,共和国总统不得离开共和国境内超过三十日,亦不得在第二十六条第(1)款规定之日起离开共和国。

无论何时,共和国总统均应将其决定离开共和国境内的合理要求及其原因提交参议院。

第二十六条②

共和国总统通过直接选举由有效参与投票的绝对多数选出。总统选举与议员选举应在总统和议员任期届满之年的11月的第三个星期日同时举行,其形式由相关宪法性组织法规定。

若总统选举中,有两名以上候选人,且其均未获得有效选举的过半数支持,则应在第一轮选举中获得最高和次高选票的两名候选人之间举行第二轮选举,在第二轮选举中,获得最高票数者当选总统。第二轮选举应以法律规定的形式,在第一轮选举结束后的第四个星期日举行。

为使本条第(1)款和第(2)款的规定发生效力,空白投票和无效投票视为未投票。

若本条第(2)款规定的总统候选人之一或两名候选人死亡,则现任共和国总统应自候选人死亡之日起算三十日内召集新一轮选举。若召集之日为星期日,则选举应持续九十日;若召集之日不是星期日,则应在候选人死亡后的第一个星期日起算,持续九十日。

若前一任总统任期在依照本条第四款规定选出的总统就职前届满,则应适用第二十八条的规定。

第二十七条③

第一轮总统选举自举行之日经过十五日,第二轮总统选举自举行之日起经过三十日即结束。

选举委员会立即向参议院议长宣布有效当选的总统。

在现任总统终止任职之日,由出席的议员参与的议会全体会议将认可选举委员会宣告总统当选的决议。

同时,当选总统应向参议院议长作出忠诚履行共和国总统职责、维护国家独立、捍卫并始终守卫宪法和法律的宣誓或承诺,之后,当选总统立即就职。

第二十八条④

若总统不能就职,其间,参议院议长将以共和国副总统之名担任总统之职。顺次,分别由众议院议长、最高法院院长担任总统之职。

但是,若当选总统绝对不能就职或阻碍就职的事项无限期持续,则副总统应在参议院根据第五十三条第(7)项之规定通过协议之次日起十日内召集新一轮总统选举,若召集选举之日为星期日,则选举自召集之日持续九十日。若召集之日不是星期日,则应在决定召集之日后的第一个星期日召集。因此当选的共和国总统在法律规定的期限内任职直至召开新一轮选举。

第二十九条⑤

若因疾病、离开共和国境内或其他重大原因,共和国总统临时不得履职,则依照优先顺序,由相应部长以共和国副总统之名义履行职责。若没有相应部长,则由其他部长依照优先顺序担任。若没有部长履行总统之职,则顺次由参议院议长、众议院议长、最高法院院长履行总统之职。

若总统之职出缺,则应依照前款规定由相应人员替代任职,且应依照本条以下条款规定举行继任者选举。

若总统之职出缺距举行下一届总统选举的时间不超过两年,则应在议会全体会议由参议员和众议员的绝对多数选举新任总统。议会应在总统之职出缺之次日起十日内举行新一任总统选举,当选之人应在当选后三十日内就职。

若总统之职出缺距举行下一届总统选举的时间为两年或以上,则副总统应在履行总统之职之日起十

---

① 经2011年6月28日第20.515号法律修改。
② 经2011年6月28日第20.515号法律修改。
③ 经2011年6月28日第20.515号法律修改。
④ 经2011年6月28日第20.515号法律修改。
⑤ 经2011年6月28日第20.515号法律修改。

日内召集公民举行总统选举。若召集选举之日为星期日,则该选举自召集之日起算为期一百二十日。若召集选举之日不是星期日,则应在召集日后第一个星期日举行选举。因此当选的总统应在被宣告当选后十日内就职。

依照前款当选的总统持续任职直至完成上一任总统的剩余任期,且不能作为下一届总统候选人。

第三十条

总统任期届满即终止任职,由新一任总统就职。

因任期届满而终止任职之总统有权立即获得共和国前任总统之官阶。

第六十一条第(2)款、第(3)款、第(4)款之规定以及第六十二条之规定适用于获得前任总统官阶之人。

因填补共和国总统职务之人,或者在政治审判中被宣告犯罪之人不得获得前任总统之官阶。

担任由公共基金支付报酬之职的共和国前任总统一旦履行相关职责、保有相关特权,则不得领取津贴。但是,担任教职或者在类似的高等、中级、特殊教育委员会任职的除外。

第三十一条

由议会全体会议任命的总统、副总统享有宪法赋予共和国总统的一切权限。

第三十二条

共和国总统享有下列特定权限:

(1)依照宪法规定,参与法律制定,批准、颁行法律。

(2)表明原因,要求国民议会任一分支机构召开会议。此时,应尽快召开会议。

(3)同国民议会议员一同就宪法规定的事项发布具有法律效力的令状。

(4)在第一百二十八条规定的情况下,召集全民公决。

(5)在本宪法规定情形中以法定方式宣布宪法性例外状态。

(6)在法律未规定的领域行使管制权,但不得影响其他为执行法律而发布规章、法令、指令的权力。

(7)任免部长、副部长、大区主席、省长。

(8)任命大使、外交部长、国际组织代表。本项以及本条第(7)款规定的公职人员是共和国总统的亲信,在其担任相关职务时应持续任职。

(9)经参议院同意,任命共和国审计总长。

(10)任免法律规定作为其亲信之公职人员。依照法律规定填补其他公务员职务,免去其他公职人员。

(11)依照法律规定,给予抚恤金、退休金、遗孀和孤儿抚恤金、恩典抚恤金。

(12)依照本宪法规定,根据最高法院和上诉法院的建议分别任命上诉法院的治安法官、检控人员和职业法官,要求其指定的宪法法院成员。根据最高法院的建议并获得参议院同意,任命最高法院法官和国民律师(national attorney)。

(13)监督行使司法权法官和其他雇员的行政行为,为此,有权要求最高法院宣告其行为不端,或者,要求内政部向主管法院主张其应受纪律处分,或者,证据充分,提起相应的诉讼。

(14)根据法律规定的情形并以法定形式赦免个人。若在诉讼中,未作出终局判决不得适用赦免。经众议院控诉并经参议院定罪之公职人员仅得由国民议会赦免。

(15)同其他国家和国际组织开展外交关系并协商;拟定、签署并批准有利于国家利益的条约,但相关条约得依照第五十四条第(1)项之规定,提交国民议会通过。若总统要求,则就相关事项的讨论和审议可秘密进行。

(16)根据第一百○四条规定,任免陆军、海军、空军总司令以及警察部队主管。以第一百○五条规定的形式,规定武装力量和警察部队官员的任命、晋升和退休。

(17)根据国防安全之必须,指挥、组织并部署空、海、陆力量。

(18)在战争状态,担任武装力量最高指挥。

(19)根据法律授权,并根据国防安全委员会建议,宣战。

(20)依照法律规定,监督征收赋税,决定赋税开支。共和国总统根据全体部长副署,在法律未授权时,就公共灾难、外敌入侵、国内暴动、对国家安全产生重大损害或威胁、用于维系国家服务的资源枯竭时,可命令支出。因前述情况的支出总额每年不得超过预算法案授权支出的总额的百分之二。预算法案负担的雇员有权协商支出,但是,不得通过转让增加或减少相关项目。部长或其他公职人员的授权或同意支出,因违反本项规定,应共同就支出的偿还承担个人责任,并承担贪污公共资金之罪。

部　长

第三十三条

在国家统治和管理中,部长是共和国总统直接且密切的合作者。

法律规定部长的人数、组织以及部长官职的优先顺序。

共和国总统有权委托一名或一名以上部长负责国务秘书和政府同国民议会的合作工作。

第三十四条

年满二十一周岁的智利公民,满足进入公共管理的一般要求,方可经任命成为部长。

若部长因离境、被妨碍、辞职,或者因其他原因,部长职位出缺,则部长之职将以法律规定的形式被替代。

第三十五条

共和国总统的规章和命令应由相关部长副署,且规章和命令仅得在具备核心要求时方可被遵守。

依照法律规定,经共和国总统命令,应发布载有相关部长签署的法令和指示。

第三十六条

部长应就其单独的签署行为承担个人责任,就其同其他部长共同签署或同意的行为负连带责任。

第三十七条

若部长认为有帮助,其有权参与众议院或参议院会议,并参与其讨论,但不得就其讨论的事项进行表决。但是,在表决过程中,部长有权批准众议员或参议员表达的概念以作为其表决的根据。

在不影响本条第一款规定的情况下,部长个人应出席众议院或参议院因部长同意担任国务秘书职权范围内的事项而召集的特别会议。

第三十七 A 条①

第五十八条规定的不得兼任的情况适用于部长。一旦接受任命,部长应终止其他不得兼任的责任、雇佣、职责或委任。

在履职过程中,部长不得同国家订立合同,不得在任何审判中担任律师、司法官员,不得在具有行政特征的特定诉讼中担任检控人员或代理,不得担任银行行长、股份公司主管,亦不得在前述活动中履行相类似的职责。

国家管理的总则

第三十八条

宪法性组织法规定公共管理的基本组织,保障公务员职业生涯和行政管理所依据的技术性和专业性原则,确保进入公共管理、其成员参与培训和获得提升的机会平等。

因国家及其组织、市镇单位的管理而致使其权利遭受损害之人有权向法律规定的行政争讼法庭提起诉讼,该诉讼不影响引起相关损害的公职人员承担责任。

宪法性例外状态

第三十九条

仅得在下列例外情形中,方可影响宪法确保人人享有的权利:对外或对内战争、国内暴动、公共紧急状态和公共灾难时,国家机构的正常运作遭受严重影响。

第四十条

共和国总统经国民议会同意,应在对外战争时,宣告国家处于集会状态;在对内战争或发生重大的国内暴动时,宣告国家处于戒严状态。宣告应规定因相关例外状态而遭受影响的区域。

国民议会,自共和国总统向之提交戒严状态之宣告之日起五日内,应决定同意或否决提议,且不得修改相关宣告。若国民议会在五日内未作出决定,则应视其同意通过总统的提议。

然而,当议会就宣告作出决定后,共和国总统有权即刻适用集会状态或戒严状态,但是,在适用戒严状态时,仅得限制集会权的行使。若共和国总统采取国民议会未通过的措施可受司法审查,同时,不得适用第四十五条的规定。

戒严状态为期十五日,但共和国总统有权请求延长该期限。在对外战争持续期间,一直处于集会状态,除非共和国总统提前中止之。

第四十一条

发生公共灾害时,共和国总统宣布进入灾难状态,并决定因相关状态而遭受影响的区域。

共和国总统有义务就其在灾难状态中采取的措施通知国民议会。若引发宣告的原因绝对消失,则国民议会有权宣布宣告后经过一百八十日该宣告即失效。无论如何,共和国总统仅得在获得国民议会同意时方可宣告灾难状态的持续时间超过一年。国民议会应以第四十条第二款规定的形式通过宣告。

宣告进入灾难状态时,由共和国总统任命的国防部长确定相关区域。国防部长根据法律规定的权限和义务在管辖范围内作出指导和监督。

第四十二条

公共秩序遭遇重大转变,或国家安全遭受损害时,共和国总统宣告进入紧急状态,决定因此受到影响的区域。紧急状态为期十五日,共和国总统有权延长之,但每次不得超过十五日。并且,延长期限时,总统应获得国民议会的同意。国民议会应以第四十条第二款规定的形式同意通过延长期限。

宣告进入紧急状态时,由共和国总统任命的国防部长确定相关区域。国防部长根据法律规定的权限和义务在管辖范围内作出指导和监督。

共和国总统有义务就其在紧急状态期间采取的措施向国民议会作出通知。

---

① 经 2009 年 12 月 28 日第 20.414 号法律增补。

第四十三条

宣告进入集会状态时,共和国总统有权中止或限制人身自由、集会权、劳动自由,亦有权限制结社权的行使,拦截、公开或记录文件和一切形式的通信,有权命令征收财产、限制所有权地行使。

宣告进入戒严状态时,共和国总统有权限制迁徙自由,有权在其住宅或其他法律规定的监狱、拘留或监禁普通罪犯场所之外的其他场所拘留个人。总统亦有权中止或限制集会权的行使。

宣告进入灾难状态时,共和国总统有权限制迁徙自由和集会自由,有权命令征收财产、限制所有权地行使,并有权采取一切必要的行政非常措施以在相关区域推动恢复正常状态。

第四十四条

宪法性组织法应规制例外状态及其宣告,亦应规定在相关状态下,适用的法律和行政措施。法律应规定促进恢复正常宪法状态之严格必须的条件,且不得影响宪法机关的职能,亦不得影响宪法机关中相关成员的权利和豁免。

紧急状态期间采取的措施不得延长适用于紧急状态结束后。

第四十五条

在不影响第三十九条之规定的情况下,司法机关不得审查权力机关命令进入例外状态所依据的基础或事实。但是,就影响宪法权利的特定措施,可经诉讼获得司法机关的审查。

征收依照法律规定产生补偿。若剥夺所有权之核心权能并因此发生损害,则对所有权的限制亦产生求偿的权利。

第五章 国民议会

第四十六条

国民议会由两部分组成:众议院和参议院。众议院和参议院以依照本宪法规定制定的法律规定的形式参与,并享有本宪法规定的其他权力。

众议院和参议院的组织和结构

第四十七条

众议员由经选区直接选举产生的议员组成。宪法性组织法规定议员、选区的数量,规定选举的形式。

众议院任期四年。

第四十八条

满足下列要求者方可当选众议员:享有选举权的公民、年满二十一周岁、已完成中等教育或具有相同学历、在相应选区居住不少于两年,期限自选举之日向后计算。

第四十九条①

参议院由在参议院选区经直接选举产生的议员组成,参议院选区根据本国的区划分,一个区至少组成一个参议院选区。宪法性组织法规定参议员人数、参议院选区以及选举方式。

参议员任期八年,且可以宪法性组织法规定的形式,每四年轮流更替。

第五十条

满足下列要求者方可当选参议员:享有选举权的公民、已完成中等教育或具有相同学历、在选举之日年满三十五周岁。

第五十一条

众议员在履职期间,依照法律规定,在相应的区拥有住宅。

众议员和参议员选举同时举行,国会议员有资格再次竞选其职务。

众议员和参议员职位出缺时,应由相应人员在当选时所属政党规定之公民填补出缺职位。

不得替代作为独立人员当选之议员的职位。作为独立人员当选的议员提交候选人名单时同时提及一个或以上的政党,则该职位将由议员在提交候选人名单时指定的政党规定之公民替代。

替代者须满足当选众议员或参议员的资格。并且,可提名众议员担任参议员之职,此时,将适用本条第四款有关众议员之职的填补规定,担任新职务者将终止原职。

新任众议员或参议员在前任剩余期间内履行职责。

任何情况下均不得举行补缺选举。

众议院之特权

第五十二条②

众议院享有下列特权:

(1)监督政府行为。为行使此项权力,众议院有权:

a)经出席众议院的多数投票通过协议或提议评论,该协议或评论将以书面形式提交共和国总统,共和国总统将在收到协议或评论之日起三十日内通过相应部长作出答复。

在不影响前项规定的情况下,获得出席众议院之成员三分之一支持的任一众议员有权要求政府提供

---

① 经 2009 年 10 月 16 日第 20.390 号法律修改。
② 经 2009 年 10 月 16 日第 20.390 号法律修改。

具体记录。共和国总统在前项规定的期间内,将通过相应的部长作出实质性答复。

协议、评论或记录要求不得影响各部长承担政治责任。

b)现任众议员至少三分之一请愿,有权召唤部长回答同其履职相关的问题。但是,未经现任众议员绝对多数事先同意,一年内不得召唤一个部长超过三次。

部长的援助是强制的,其应回答询问和质询。

c)为收集同政府具体行为相关的记录,经现任众议员至少五分之二请愿,有权设立特别调查委员会。

经众议院成员三分之一请愿,特别调查委员会有权要求开会并获取信息。经特别调查委员会召集的部长、其他行政公职人员、国企员工、国有控股公司员工有义务出席并提供要求的记录和信息。

未经众议院议员绝对多数事先同意,同一特别调查委员会不得召唤部长超过三次。有关国民议会的宪法性组织法规定特别调查委员会的职责和权限,规定被召唤或涉及之人的权利的保护形式。

(2)宣布是否就下列人员引发由至少十名、至多二十名众议院议员提起的控诉:

a)共和国总统,因其行政行为可能已严重地牺牲国家荣誉或安全,或者,公然侵犯宪法或法律。即使总统在任期内或者任期届满后六个月内,仍可提起该控诉。若在总统任期届满后六个月内提起控诉,则其未经众议院同意不得离开共和国境内。

b)部长,因其已严重地牺牲国家荣誉或安全,或者,公然侵犯、不执行宪法或法律且构成叛国罪、勒索罪、贪污受贿罪。

c)高级法院法官和共和国审计总长,因不履行义务。

d)隶属于国防力量的机构中的将军或海军司令,因严重地牺牲国家荣誉或安全。

e)大区主席、省长、在第一百二十六A条规定的特别领土内行使管理的当权者,因违反宪法且构成叛国罪、煽动叛乱罪、贪污和勒索罪。

依照有关国民议会的宪法性组织法进行控诉。

本条第(2)款 b)、c)、d)和 e)规定的控诉可在相关人员任职期间或在其任期届满后三个月内提起。受控诉影响之人未经众议院许可不得离境,若控诉成立,则无论何种情况下,相关人员均不得离境。

为宣布引起针对共和国总统的控诉,应由现任众议员多数投票表决通过。

其他情况下,须由出席众议院的议员多数投票表决,且被告人在众议院宣布有理由提起控诉时即中止履职。若参议院否决控诉,或在被告人中止任职后三十日内,参议院未作出宣告,则相关人员应恢复履职。

参议院之特权

第五十三条①

参议院享有下列特权:

(1)依照下列规定,裁定众议院提交的控诉:

参议院将组织一个陪审团,其仅有权宣布被告人是否犯罪、违法或滥用权力。

若控诉涉及共和国总统,则应由现任参议员三分之二宣布其有罪。其他情况下,由现任参议员多数宣布之。

宣布有罪时,应免去被告人之职,其在五年内不得担任公职,无论该公职是否经公共选举产生。

被宣告有罪之公职人员将由管辖法院依照法律规定审判,管辖法院可适用刑罚,若给国家或个人造成损害,则亦可同时适用有效的民事责任。

(2)宣布由个人因部长履职行为遭受不合理的损害而针对部长试图提起的诉讼是否进入司法程序。

(3)解决政治或行政机构同高级司法机构之间引发的权限争议。

(4)授权恢复因本宪法第十七条第(3)款规定而丧失的公民身份。

(5)在宪法或法律要求的情况下,同意或否决共和国总统的行为。

若共和国总统作出紧急要求之次日起算三十日内,参议院未作出决定,则视为其同意总统行为。

(6)同意共和国总统离境超过三十日或自第二十六条第(1)款规定之日离境。

(7)因身体或精神原因妨碍共和国总统或替补总统履职时,宣布其丧失行为能力;当共和国总统辞职时,若辞职理由充分,则同意辞职;若辞职理由不充分,则否决之,参议院作出相应宣告。但两种情况下,宪法法院均应事先审理。

(8)经现任参议员多数通过宪法法院根据第九十三条第一款第(10)项作出的宣告。

(9)在召集的特别会议上,经现任参议员三分之二投票确认,通过部长、最高法院检控人员以及国民律师的指定。

(10)共和国总统要求时,为总统提供意见。

参议院及其委员会以及其他机构,包括议会委员会(若存在),不得监督政府或依附其的团体的行为,亦不得通过隐含监督的协议。

---

① 经2011年6月28日第20.515号法律修改。

国会的特权

第五十四条

国会享有下列特权：

(1)通过或否决由共和国总统在批准前提交其的国际条约。条约的通过要求两院遵守第六十六条规定的相应的法定人数，且在适当时，提交法律程序。

共和国总统应就条约的内容、范围以及总统寻求确认的保留事项向国会提交报告。

在国际条约通过过程中，若就该国际条约的保留和解释性声明符合条约本身或国际法一般规则的规定，则国会有权建议保留和作出解释性声明。

为实现现行条约的规定，共和国总统采取的措施或达成的协议无须国会通过，但其涉及法律规定的除外。由共和国总统在履行其管制权而达成的条约无须国会通过。

条约的规定仅得以条约本身规定的或依照国际法一般规则规定的形式减损、修改或中止。

对应于共和国总统排他地享有废止或撤销条约的职权，当条约经国会两院通过时，共和国总统废止或撤销条约之前应寻求国会两院的意见。若依照国际法之规定，废止或撤销行为一旦生效，相关条约的效力即在智利司法秩序中终止。

由共和国总统提出的，经国民议会在通过条约时考量的保留事项的撤销依照相关宪法性组织法之规定，应事先征得同意。国民议会须在收到正式要求作出同意之日起三十日内作出决定。若在限期内国民议会未作出决定，则视为其同意撤销保留事项。

依照法律规定，应就关联国际条约的事实通知公众，包括国际条约的生效；保留的提出和撤销；解释性声明；保留和撤销保留的目的；条约的废止、撤销、中止、终止和无效。

在条约通过的协议中，若该条约生效，共和国总统认为为实现该条约之必要，在第六十四条第二款至第七款规定的情形中，应适用生效条款，则国会可授权共和国总统以发布法令。

(2)就宪法例外状态，根据第四十条第二款规定的形式作出决定。

国会职责

第五十五条

应设置国民议会，国民议会应以宪法性组织法规定的形式开始会期。

开始会期即意味着召集全体大会以决定宪法例外状态。

本条第一款规定的宪法性组织法规定宪法控诉的程序、第七十四条规定的紧急条件以及同内部法律程序相关的一切事项。

第五十六条

未经众议院和参议院现任议员三分之一同时同意，众议院和参议院不得进入会期，亦不得通过协议。

两院均有权以简单多数就终止审议作出规定。

就众议员和参议员的一般规定

第五十七条①

下列人员不得成为众议员或参议员之候选人：

(1)部长；

(2)大区主席、省长、市长、区议会议员、地方议会议员、副部长；

(3)中央银行委员会成员；

(4)高级法院法官和职业法官；

(5)宪法法院、选举资质法院、区选举法院成员；

(6)共和国审计总长；

(7)担任工会或类似组织的主管职务之人；

(8)同国家订立合同或得到国家合同的自然人或法人主管；

(9)国民律师、区律师、公共部的助理律师；

(10)陆军、海军和空军总指挥，警察部队主管，刑侦主管，武装力量和秩序与公共安全力量的相关官员。

本条规定同时适用于选举年有资格担任或已担任上述职务之人；但本条第五款第(7)项和第(8)项规定之人，若在登记候选人时不担任相关职务，第(9)项规定之人在选举之前两年没有候选人资格的不适用本条规定。若相关人员未当选，则其不得恢复原职，在选举后一年内亦不得经任命担任类似职务。

第五十八条

众议员和参议员不得兼任彼此之职，不得兼任由国库基金负担之职，不得兼任市镇、财政自治团体、半财团、国企之职，亦不得兼任国库参与、具有相同性质的其他职务。但在高等、中级和特殊教育中兼任教职和相同性质的职务者除外。

同样，众议员和参议员不得兼任主管或顾问之职，即使是在财政自治团体、半财团、国企、国库参与支付中担任名誉职务。

仅根据选举资质法院宣告的事实，众议员或参议员应终止其他兼任之职位、雇佣。

第五十九条

选举资质法院作出宣告时，参议员和参议员均不

---

① 经2009年10月16日第20.390号法律修改。

得经任命担任前述规定的职务和职责。

本条规定在对外战争时不适用,亦不适用于共和国总统、部长和外交代表;但仅得在战时,担任相关职务者可兼任众议员或参议员之职。

第六十条①

未经所属议院许可,或者,在所属议院休会时,未经各自议长许可,离境超过三十日之众议员或参议员即终止任职。

若任期内,众议员或参议员同国家订立合同或得到国家合同,或者,其在行政性质的团体中担任私事代理人,或者,在公共雇佣、地方议会或类似性质组织中任职,则众议员或参议员即终止任职。接受银行、有限公司主管之职,或在这些活动中担任类似重要职务之众议员或参议员将接受相同的惩罚。

即使众议员或参议员亲自或通过中间人、其他自然人或法人,其成为一方的个人团体行为,亦引发前款规定的不得兼任之情形。

若在协商或劳动争端中,众议员或参议员因支持或代表雇主或劳动者(无论公共部门或私营部门),或者,因参与其中而影响行政或司法机构,则在审判中作为律师或受托人行为的众议员或参议员将终止任职。相同的惩罚将适用于侵犯正常教育程序的学生活动中行为或参与之议员。

不影响第十九条第(15)项之规定时,若众议员或参议员以口头或书面形式煽动破坏公共秩序、以本宪法规定之外的方式变动司法秩序、严重牺牲国家安全或荣誉,则其应终止任职。

因上述规定而丧失众议员或参议员职务之人两年内不得选择公共职务或公共雇佣,无论职务是否由公众选举产生。但第十九条第(15)项规定的情形中,适用其规定的惩处规定的除外。

任期内,丧失一般任职资格或发生第五十七条规定的不得兼任情形的众议员或参议员将终止任职,但不得影响第五十九条第二款就部长规定的例外情形之适用。

众议员和参议员因严重疾病不能履职,且宪法法院确认后,众议员和参议员有权声明放弃其职务。

第六十一条

在议院会议和委员会履职过程中,众议员和参议员表达意见和表决不受侵犯。

选举之日或自宣誓时起,若有管辖权的上诉法院全体会议上未事先授权控诉、未宣布启动法律诉讼,则不得审判众议员和参议员,亦不得剥夺众议员和参议员之自由,但为现行犯的除外。可向最高法院上诉。

应将因现行犯被逮捕之众议员或参议员连同相应的摘要信息一同移送相关上诉法院。该法院将遵守前款规定行为。

经终局判决宣判存在启动法律诉讼的理由,则应终止归责众议员或参议员之职,并将之移送管辖法院。

第六十二条

众议员和参议员将取得同部长取得的报酬相等的费用作为唯一的补偿,包括津贴。

法律事项

第六十三条

下列事项仅得以法律规定:

(1)根据宪法规定,宪法性组织法的客体。

(2)宪法要求由法律规制的事项。

(3)民事、商事、程序性、刑罚或其他修改的客体。

(4)同劳动、工会、预期的社会安全司法体制相关联的基本事项。

(5)规制授予杰出公务员公共荣誉的事项。

(6)修改国家象征组成或特征的事项。

(7)授权国家及其机构、市镇订立用于资助特定项目的贷款合同的事项。法律须指明债务来源。但是,经法定人数通过的法律应规定授权订立贷款合同可超出统辖期限的期间的期满之日。

本项规定不得适用于中央银行。

(8)授权以直接或间接形式放弃履行国家及其机构、市镇的信贷或财政责任之事项。

本项规定不得适用于中央银行。

(9)根据国有企业或因国有企业参与订立由国家及其机构、国企负担的贷款合同制定规则的事项。

(10)就国有资产或市镇资产的转让、出租或特许制定规则的事项。

(11)设置或改变国家政治和行政区划的事项。

(12)明确货币价值、种类、单位以及度量衡制度的事项。

(13)在和平时期或战时,设立空军、海军和陆军常备军之事项,以及为许可外国军队进入共和国领土、在境外部署本国军队制定规则的事项。

(14)宪法要求以法律形式规定共和国总统享有排他倡议权的其他事项。

(15)根据共和国总统提议,授权宣战的事项。

(16)依照共和国总统职权行使授予个人赦免和恩典抚恤金之规定,授予大赦、特赦以及设立一般规则的事项。

认可大赦和特赦的法律亦须由法定人数通过。这类法定人数即是在第九条规定的犯罪发生时,在任

---

① 经 2009 年 12 月 28 日第 20.414 号法律修改。

的众议员和参议员全体人数的三分之二。

（17）明确共和国总统居住之城市、国民议会召开会议之城市、最高法院和宪法法院履职之城市的事项。

（18）规定公共管理行为的程序基础的事项。

（19）规制博彩、赛马或赛车、赌博之事项。

（20）具有一般且强制性特点以组成司法秩序之核心基石的其他事项。

第六十四条

就属于法律领域规定的事项，共和国总统有权请求国民议会授权颁布具有法律性质的法令，且其效力不超过一年。

该授权不得涉及国籍、公民身份、选举、全民公决，亦不得涉及包括宪法保证、宪法性组织法或法定人数通过之法律的对象在内的事项。

授权不得包括影响司法机构、国民议会、宪法法院、共和国审计总长职务的组织、权限、公职人员体制的事项。

授予上述权力的法律应明确涉及的具体事项，并可设立或规定适当的限制和边界。

在不影响前款规定的情况下，可授权共和国总统在其认为有利于更好地执行法律时，决定法律的附加、并列和系统化文本。行使此项职权时，在不可避免时，可变更法律的形式，但任何情况下，均不得变更其真实意思和范围。

共和国审计总长有权审查具有法律效力的法令，若相关法令超出或违反具体授权，则其有权否决之。

具有法律效力的法令在公布和生效规定方面同于法律。

法律的形成

第六十五条

法律经共和国总统之报告或经议员动议，由众议院或参议院起草。法律动议由不超过十名的众议员或不超过五名的参议员签署。

有关赋税（无论其性质）、公共管理预算、征兵的法律仅得由众议院起草。有关大赦和特赦的法律仅得由参议院起草。

就变更国家政治或行政区划、国家财政或预算管理（包括预算法修改）、第六十三条第（10）项和第（13）项规定的事项相关的法律草案属于共和国总统的排他性倡议权。

就下列事项，共和国总统享有排他性倡议权：

（1）征收、取消征收、减少或免除任何性质的赋税，设立免除或修改现有赋税，决定赋税的形式，或者比例税制或者累进税制；

（2）创立新的公共服务或支付报酬的雇佣职务，无论在财政、半财政、自治团体或国有企业中；取消公共服务或雇佣职务，决定公共服务或雇佣职务的职责或权限；

（3）订立信贷合同或者履行其他可能影响国家、半财政团体、区政府自治团体、市镇团体的贷款、财政责任的行为，减免或修订国库或前述组织或团体设立的任何性质的义务、利率或其他财政负担；

（4）设立、修改、减少或增加支付给公共行政机构和前述规定的其他组织及团体在职或退休人员的报酬、退休金、抚恤金、遗孀和孤儿抚恤金、收益和其他性质的薪金、贷款、利益，同时，为私营部门劳动者设立最低报酬，为其增加报酬和其他经济利益，或变更决定报酬和其他经济利益的基数，本项规定不得影响本条下列款项的规定；

（5）设立集体协商的方式和程序，决定不得适用协商的情形；

（6）设立或修改公共机构和私营部门中有关社会安全或同社会安全相关联的其他规范。

就共和国总统的提议，国民议会仅得接受、减少或否决提供服务、雇佣、报酬、贷款、利益、支出和其他倡议。

第六十六条

为通过、修改或废止解释宪法条款的法律规范，该法律规范须现任众议员和参议员全体人数的五分之三同意。

为通过、修改或废止宪法授权具有宪法性组织法性质的法律规范，该法律规范须现任众议员和参议员全体人数的七分之四同意。

经现任众议员和参议员绝对多数同意，方可通过须法定人数通过的法律规范。

其他法律规范须分别由出席两院的议员多数通过，或者，适用第六十八条和第六十八条之后规定的多数通过之。

第六十七条

预算法案生效前至少三个月，应由共和国总统向国民议会提交。若自提交之日起算六十日内，国民议会未作出任何行为，则经共和国总统提交的法案即生效。

国民议会不得增加或减少税入预算；国民议会仅有权减少预算法案中规定的支出，但永久性法律作出规定的除外。

预算法规定的财政返还预算以及其他法律倡议规定的新的财政返还预算在由各自技术机构公开前，应排他地告知共和国总统。

国库基金满足支出之必要的同时，未经指示，国会不得通过由国库基金负担的新支出。

若国会拨付的基金不足以资助已通过的新支出,则共和国总统根据颁行的法律规定,通过征收新收入的服务或机构支持的报告,且该报告经共和国审计总长副署,应比例地减少一切支出,无论其性质如何。

第六十八条

经法案提出议院否决的法案仅得经过一年后方可被重新审议。但是,该法案经共和国总统倡议,则共和国总统有权要求将该法案移送另一议院,若另一议院出席议员三分之二通过该法案,则应将该法案退回原提出议院,且该法案仅得因原提出法案的议院之出席议员三分之二投票否决方视为被否决。

第六十九条

在众议院和参议院均可按照相应的程序增补或修改法案。但是,增补或修改内容同法案的原初或基本意思没有直接关联的内容不得获得通过。

法案一旦经原初提起议院通过,则应立即将之移送另一议院审议。

第七十条

经修改议院完全否决的法案将由混合委员会审议,该委员会由相同代表人数的众议员和参议员组成,其将提出解决问题的方式。混合委员会的法案将被退回原初提出法案的议院,分别经出席原初提出法案的议院和修改议院的议员多数投票赞同方可通过相关法案。若混合委员会不能达成协议,或者原初提出法案的议院否决混合委员会的提议,且原初提出法案的议院坚持通过该法案,则共和国总统有权要求经出席原初提出法案的议院议员三分之二赞同,该议院决定在第一阶段时,该法案即获其通过。该法案获原初提出议院通过后,将被再次移送之前否决其的议院,被移送议院仅得在出席该议院议员三分之二否决时方可否决该法案。

第七十一条

经修改议院增补或修改的法案将被退回原初议院,且经原初议院出席议员多数投票通过,该增补或修改法案获得通过。

若增补或修改法案遭否决,则将组成混合委员会,其依照前条规定的相同形式开展工作。若混合委员会在两院之间未达成解决分歧的协议,或者,若任一议院否决混合委员会的提议,则共和国总统有权要求原初提出法案的议院在第二阶段时重新审议由修改议院通过的法案。若原初提出法案的议院经出席议员三分之二否决增补或修改法案,则该法案就增补或修改部分或者该法案全部内容无效。但是,若否决的多数少于三分之二,则应将该法案移送修改议院,若修改议院议员三分之二投票确认通过该法案,则该法案获得通过。

第七十二条

经两院通过的法案将被移送共和国总统,若该法案获共和国总统通过,则共和国总统将公布该法案。

第七十三条

若共和国总统不赞同某法案,则总统应在收到法案之日起三十日内,将该法案连同评论一起退回原初提出该法案的议院。

评论应直接同法案的原初或基本意思相关联,但评论被认为是单独文件的除外。

若两院通过该评论,则相关法案具有法律效力,且应被退回共和国总统以获公布。

若两院均否决评论之部分或全部,且分别出席两院的议员三分之二坚持通过法案之全部或部分,则应将该法案退回总统以获公布。

第七十四条

在审议法案的第一阶段或其他任何阶段,共和国总统有权宣布相关法案为紧急法案,此时,相关议院应在三十日内宣布相关法案。

紧急法案的判断由共和国总统依照国会宪法性组织法的规定判断,该组织法亦规定同法律内部程序相关的内容。

第七十五条

若自法案移送共和国总统之日起算三十日内,总统未退回法案,则视为总统通过该法案,并将以法律的形式公布之。

法案获相关人员通过之日起,十日内应获公布。

公布法案完成之次日起算,五个工作日内应公开相关法案。

第六章 司法权

第七十六条

受理和解决民事、刑事争议,执行判决的职权排他地属于依照法律设立的法院。任何情况下,共和国总统和国会均不得行使司法职能,不得接管待决案件,不得修改判决理由或内容,不得恢复已完结的诉讼。

若因法律形式要求法院干预,且属于法院管辖权,则法院不得拒绝履行其权力,即使没有法律能够解决提请其处理的争议或问题。

为执行法院判决、执行或已执行法律规定的指导行为,组成司法机构的普通法院和专门法院有权向公共力量发布直接命令,或者,采取行动疏导其处理的事项。其他法院应按照法律规定的方式行为。

被请求机构应履行司法职能,未进一步展开诉讼,被请求机构不得审查理由或诉讼时效,不得审查其试图执行的判决的公正性或合法性。

第七十七条①

宪法性组织法规定法院的组织和权限,其有利于在共和国全境开展及时且完全的司法行政。该组织法将明确各个法官的任职要求和任期。经任命之法官或职业法官应具有职业律师经历。

仅得在遵守相关宪法性组织法规定的情况下,且事先经最高法院审查,方可修改规定法院组织和权限的宪法性组织法。

最高法院在收到载有相关要求意见的官方信件之日起三十日内,就是否修改规定法院组织和权限的宪法性组织法作出决定。

但是,若共和国总统宣布审议法案为紧急法案,则应将相关情况通知最高法院。

此时,最高法院应在相关紧急情况规定的期限内结束审议。

若最高法院在上述规定的期限内未宣布其意见,则审议程序即视为完结。

规定法院组织和权限的宪法性组织法以及管控告体制的程序法可规定在国内不同区相关法律有不同的生效日期。在不影响前述规定的情况下,这些法律在全境内生效的最后期限不得超过四年。

第七十八条

就法官任命,法律应遵守下列一般规定:

最高法院由二十一名法官组成。

最高法院法官和检控人员由最高法院提名且经参议院同意,自五人提名名单中选出,并由共和国总统任命。最高法院法官和检控人员分别由出席参议院特别召集的会议之现任参议员三分之二通过。若参议院不赞同共和国总统之提名,则最高法院须提交新的五人名单以替代被否决的名单,直至提名获得通过。

最高法院成员中的五名人员须是来自司法行政系统之外的律师,从业至少十五年,在职业活动中表现突出,且满足宪法性组织法规定的其他要求。

若填补司法机构成员之职,则最高法院应制作一张均由司法机构成员组成的名单,而载有功绩的名单中,最资深的上诉法院法官应拥有一个名额。其他四个名额应按照候选人的功绩填补。若填补来自司法行政系统之外的律师之缺位,则应单独制作名单,名单上载有经事先公开竞选的律师,且该律师满足本条第四款规定的要求。

上诉法院法官和检控人员由共和国总统自最高法院三人名单的提名中任命。

职业法官由共和国总统自拥有不同管辖权的上诉法院三人名单的提名中任命。

民事法院或刑事法院中最资深的职业法官,或者,在功绩名单上级别低于被填补之职的最资深的职业民事或刑事法官,若其表达对相关职务的兴趣,则其应在三人名单上拥有一个名额。其他两个名额应按照候选人的功绩填补。

适当时,在为五人名单或三人名单特别召集的全体会议上,以相同形式且分别举行的表决中形成最高法院和上诉法院的五人名单或三人名单,大会上每一成员均有权分别选择三个或两个人。首先获得多数票之五人或三人即当选。若出现票数相同的情况,则经抽签决定。

但是,就替代最高法院法官的任命,该任命由最高法院作出,而涉及替代上诉法院法官的任命,则由各个上诉法院作出。任命不得持续超过六十日,且不得延长。若前述提及的高级法院不能履职,或者替代期限届满,则应按照规定的一般形式补缺。

第七十九条

法官承担受贿罪,承担未遵守程序性法律规定的实质性内容之责任,承担拒绝提供和错误提供司法行政之责任,亦承担履职过程中不忠诚之责任。

就最高法院之成员,法律规定有效承担责任的情形和方式。

第八十条

法官在尽职期间持续任职,但是下级法官应在法律规定的期限内履职。

尽管本条第一款作出规定,若法官年满七十五周岁,提交辞呈,出现法定不能情形或因合法判决被免去职务,则法官应终止其任职。就年龄的规定不得适用于最高法院院长,最高法院院长有权持续任职直至任期届满。

任何情况下,最高法院均有权根据共和国总统、利害关系人、官员之要求宣告法官行为不端,经被告和相关上诉法院之报告,最高法院有权经其全体成员多数通过免去相关法官之职。最高法院应将免职同意告知共和国总统以获执行。

在特别召集的全体大会上,最高法院经其在任成员绝对多数通过,有权因品行良好授权或命令调任法官、司法机构的其他公职人员和雇员担任其他职级相同的职务。

第八十一条

组成司法机构的上级司法法官、检察人员、职业法官,未经管辖法院发布命令不得被逮捕。但是,在犯现行罪或简单罪过时,仅被移送法律规定的管辖法

---

① 经 2008 年 1 月 9 日第 20.245 号法律修改。

院处理的情况除外。

第八十二条

最高法院指导、矫正、在经济上监督境内一切法院。但本条规定不适用于宪法法院、选举资格法院、区选举法院。

行使惩戒职能的高级法院仅得在宪法性组织法规定的情形中，以法定形式宣告判决无效。

第七章 检察院

第八十三条

检察院是一个自治且级别分明的机构，检察院以排他的形式就构成犯罪、决定可惩戒性参与、证明被告人无罪事项享有调查指导的权力，若适当时，检察院有权以法律规定的形式执行刑罚。同样，检察院有权采取保护受害人和证人的措施。但任何情况下，检察院均不得行使审判职权。

罪犯和法律规定的其他人应平等地承担刑罚。

调查期间，检察院有权向秩序和安全部队发布指示命令。但是，剥夺、限制或干预被告人或第三人行使本宪法保障的权利的行为应在事先获得司法许可。秩序和安全部队应无条件地遵守指示命令，不得审查命令的理由、时效、合理性或合法性。但是，在适当时，可在事先要求司法授权。

依照军法和相关法律规定，就由军事法院执行的刑罚，就构成犯罪、决定可惩戒性参与、证明被告人无罪事项开展调查指导，以及采取保护受害人和证人的措施应由军法和相关法律规定的机构和人员行使。

第八十四条

宪法性组织法规定检察院的组织和权限，在宪法未规定的情况下，明确规定检察人员应具备的资格和条件以及免去助理律师的条件。被委托担任检察人员者有资格履行法官之职。区检察人员和助理检察人员年满七十五周岁即终止任职。

宪法性组织法规定检察人员在调查指导、执行刑罚、行使其他权力时应独立、自治和负责任。

第八十五条

共和国总统自最高法院提交的五人名单中任命国民律师，且应在参议院召开的特别会议上获得现任参议员三分之二同意通过该国民律师的任命。若参议院不同意共和国总统之提议，则最高法院应提交替代被否决名单的新提名名单，直至提名获得通过。

国民律师应持有职业律师证至少十年，年满四十周岁，拥有享有选举权公民具备之其他必要条件。国民律师任期八年，且不得连任。

第八十条第二款就年龄的限制适用于国民律师。

第八十六条

根据行政区划分布，每一区设立一个区律师，但因人口或区的地理面积之必要可任命一名以上区律师。

国民律师自每一区上诉法院提交的三人名单中任命区律师。若某一区拥有一个以上上诉法院，则三人名单由所有上诉法院之院长组成的特别联席会议制定。

区律师应持有律师证至少五年，年满三十周岁，拥有享有选举权公民具备之其他必要条件。区律师任期八年，且不得连任。但可任命其从事检察院其他职责。

第八十七条

最高法院和上诉法院在适当时，应召集公开竞选，以制定五人名单和三人名单，且五人名单和三人名单由在职的成员绝对多数在特别召集的全体大会上表决同意而获通过。司法机构的现任或退休成员不得成为五人名单或三人名单上的成员。

在为五人名单或三人名单特别召集的全体会议上，以相同形式且分别举行的表决中形成五人名单或三人名单，大会上每一成员均有权分别选择三个或两个人。首先获得多数票之五人或三人即当选。若出现票数相同的情况，则经抽签决定。

第八十八条

国民律师自各个区律师提名的三人名单中任命助理检察人员，三人名单应依照宪法性组织法之规定通过公开竞选产生。名单上的成员须持有律师证，拥有享有选举权公民具备之其他必要条件。

第八十九条

因履职过程中履职不能、行为不端或明显疏忽，应共和国总统、众议院或十名众议员之要求，最高法院有权免去国民律师和区律师之职。最高法院应召开特别全体会议审议之，若同意免去国民律师和区律师之职，则须其在职成员多数确认投票。

国民律师亦有权提议免去区律师之职。

第九十条

第八十一条之规定适用于国民律师、区律师以及助理律师。

第九十一条

依照相关宪法性组织法之规定，国民律师指导、矫正、在经济上监督检察院。

第八章 宪法法院

第九十二条

设立一个由十名成员组成的宪法法院，组成人员按照下列方式任命：

(1)三名由共和国总统任命。

(2)四名由国民议会选出。其中，两名由参议院直接任命，另外两名由众议院提名以供参议院决定。任命或提名在一次表决中，由在任参议员或众议员三分之二投票通过后生效。

(3)三名由最高法院在召集的特别会议上经秘密投票选出。

宪法法院成员任期九年，且每三年轮换三名成员。宪法法院的成员应持有律师证至少十五年，在职业、学术或公共活动中表现突出，有资格履行法官之职，符合第五十八条、第五十九条和第八十一条之规定，未担任律师(包括法官)亦未作出第六十条第二款和第三款规定的行为。

宪法法院之成员不得被免职，亦不得连任。但是，其作为替代者且履职未超过五年者除外。年满七十五周岁之成员终止任职。

宪法法院成员终止任职时，应依照本条第(1)款之规定选出相应的替代者，其履职期限为被替代者剩余期限。

宪法法院可以全体会议或分成两院的形式履职。在以全体大会的形式履职时，开会的法定人数至少为八名成员；而以分成两院形式履职时，开会的法定人数至少为四名。宪法法院以简单多数通过决议，但法律作出另外要求的除外。宪法法院以全体会议形式履行第九十三条第一项、第三项、第四项、第五项、第六项、第七项、第八项、第九项和第十一项规定的权限。为行使其他权限，宪法法院依照相关宪法性组织法之规定可以全体会议或法庭形式履职。

宪法性组织法规定宪法法院的组织、职能、程序，规定配备工作人员、工作人员报酬和地位。

第九十三条

宪法法院享有下列职权：

(1)在解释宪法条款之法律、宪法性组织法、涉及宪法性组织法之规定的条约公布前，审查其合宪性；

(2)解决最高法院、上诉法院、资格选举法院通过的初审判决中的合宪性问题；

(3)解决向国会提交法律草案、宪法修改、条约审议过程中产生的合宪性问题；

(4)解决具有法律效力的法令的合宪性事项中产生的问题；

(5)在不影响资格选举法院权限的情况下，解决有关召集公决合宪性而产生的问题；

(6)由在职成员多数解决普通法院或专门法院因适用法律条文违宪而不得适用的问题；

(7)由在职成员五分之四因按照前项规定决议宣告不适用的法律条文违宪；

(8)解决就共和国总统应公布法律但未公布或就其公布的法律不同于原本合宪的文本产生的诉愿；

(9)共和国总统应遵守第九十九条规定时，审计总长认为其发布的法令或决议不合宪，则解决由此产生的问题；

(10)依照本宪法第十九条第(15)项第六目、第七目、第八目之规定，宣布组织、运动或政党不合宪，宣布参与引发违宪宣告之行为的个人的责任；但是，若利害关系人为共和国总统或当选总统之人，则相关宣告亦要求参议院在任议员多数通过协议同意；

(11)发生本宪法第五十三条第(7)项规定的情况，向参议院报告；

(12)不属于参议院权限范围时，解决政治或行政机构同法院之间的权限争议；

(13)决议影响个人经任命担任部长、继续担任部长或同时履行其他职责之不适格的宪法或法律规定之问题；

(14)就中止议员责任的不适格、不兼任及其理由作出决定；

(15)证明议员因第六十条第(8)款而丧失议员资格，并就责任的放弃作出决定；

(16)就最高法令的合宪性作出决议，无论主张最高法令存在何种瑕疵，而最高法令包括共和国总统行使独立的管制权力时发布的令状，而令状涉及的内容为第六十三条规定的由法律保留之事项。

本条第一款第(1)项规定的情形中，原初提出法案的议院应在国会完成所有程序之次日起算五日内向宪法法院提出异议。

本条第一款第(2)项规定的情形中，法院有权应共和国总统、任一议院或其十名议员之要求作出认定。另外，作为普通法院或专门法院审判一方当事人，因初审判决而影响权利之行使，则其有权要求宪法法院作出认定。

本条第一款第(3)项规定的情形中，若法律公布之前，或者，宣布经国民议会通过条约的通信移送公布前提出，且在法案获特定通信移送的五日后，宪法法院有权应共和国总统、任一议院或其在任议员四分之一之要求作出认定。

宪法法院应在十日内解决问题，期限自其收到要求之日起算。但是，因重大且证成之理由，宪法法院有权延长十日。

要求不得中止法案的审议程序；法案中遭质疑之部分不得被公布，直至前款规定的日期届满。但是，预算法案或共和国总统提议宣战的法案不适用本款规定。

本条第一款第(4)项规定的情形中,若审计总长因具有法律效力的法令违宪而否决之,则在被否决之日起十日内,可由共和国总统提出问题。相关问题亦可由任一议院或其在任议员四分之一提出,此时,审计总长应登记具有法律效力的法令以作为暂时违宪的文本。该要求在三十日内有效,期限自具有法律效力的法令公布之时起算。

本条第一款第(5)项规定的情形中,可由参议院或众议院在十日内提出问题,期限自规定公决协商之日期的法令公布之日起算。

宪法法院认为适当时,将在其决议中规定公决协商的最终文本。

若判决发布时,为准备举行公决的期限少于三十,则宪法法院将在判决后三十日至六十日之间为之规定一个新的日期。

本条第一款第(6)项规定的情形中,问题可由任一当事人或审理相关事项的法官提起。为证明提起普通法院或专门法院审理的措施存在的问题、在决议中引出争论法律条文的适用问题、合理地发现争议存在的问题以及满足法律规定的其他条件,宪法法院任一法庭应就此决定其是否受理,而无须另行提起诉讼。

因产生合宪性问题不适用相关诉愿而中止的程序将由原本提出合宪性问题的法庭解决。

本条第一款第(7)项规定的情形中,若因遵守本条第(6)项之规定,导致宣告不适用相关法律条文,则应采取公诉要求宪法法院宣告相关条文违宪,但不得影响宪法法院原有的宣告职能。各部宪法性组织法应在公诉时规定受理的要求,亦规定公诉应遵守的程序。

本条第一款第(8)项规定的情形中,任一议院或在任议员四分之一于被争议的文本公布之次日起算三十日内,或者,于共和国总统有效公布法律之次日起算六十日内提出问题。若宪法法院受理诉愿,则其应在判决中公布未被公布的法律或应矫正错误后公布的法律。

本条第一款第(11)项规定的情形中,宪法法院仅审理参议院要求的事项。可经公诉就本条第(10)项和第(13)项授予宪法法院的权限范围内的事项向宪法法院提起诉愿。

但是,若在第一款第(10)项规定的情形中,受影响之人为共和国总统或当选总统之人,则诉讼要求应由众议院或其在任议员四分之一提出。

本条第一款第(12)项规定的情形中,诉讼要求由争议中的机构或法院提起。

本条第一款第(14)项规定的情形中,宪法法院仅解决共和国总统或不少于十名现任议员要求的事项。

本条第一款第(16)项规定的情形中,宪法法院仅解决任一议院于争议文本公布或公告之次日起算三十日内提出的要求。若非法令文件存在瑕疵,且该文件超出共和国总统自治管制权的范围,则亦应要求现任议员四分之一作出要求。

宪法法院在行使第(10)项、第(11)项和第(13)项规定的权限解决问题时,以及在认定议员责任中止的理由时,有权考量良心行为。

本条第一款第(10)项和第一款第(13)项以及第(2)项规定的情形中,若由政党提出要求,则由宪法法院一个法庭判决其是否受理,而无须另行提起诉讼。

第九十四条

任何诉讼不得违反宪法法院的判决;但宪法法院依照法律规定,有权在适当时纠正事实错误。

宪法法院宣告违宪的条文不得成为法律草案或法令的内容。

第九十三条第一款第(16)项规定的情形中,受争议的最高法令因受理该争议的宪法法院之判决而当然无效。但是,依照第九十三条第一款第(2)项、第(4)项、第(7)项之规定而宣布违宪的条文应被视为在政府公报上公布时被废除,其不产生溯及既往的效力。

宣布一部法律、法令、最高法令或初审判决全部或部分违宪之判决,应自宣告之次日起算三日内在政府公报上公布。

第九章 选举法院

第九十五条

名为资格选举法院的专门法院就共和国总统、众议员和参议员选举作一般审查,有权审理共和国总统、众议员和参议员选举资格案件;其解决共和国总统、众议员和参议员提起的诉愿,宣告相关人员当选。资格选举法院有权认定公决,并享有法律规定的其他权限。

资格选举法院由按照下列方式任命的五名成员组成:

(1)由最高法院依照宪法性组织法规定的形式和时间经抽签指定的四名法官。

(2)经最高法院以本条第二款第(1)项规定的方式自满足特定要求的公民中任命一名履行众议院或参议院议长或副议长之职不少于三百六十五日之人。

本条第二款第(2)规定的任命不包括议员、普选职务的候选人、部长、政党领袖。

资格选举法院成员任期四年,本宪法第五十八条和第五十九条之规定适用于资格选举法院成员。

资格选举法院以陪审团的形式评估事实,并依照法律规定作出判决。

宪法性组织法规定资格选举法院的组织和职责。

第九十六条

设立区选举法院,其行使法律授予之选举一般审查权、选举资格审查权,以及解决其中产生的诉求,宣告当选的候选人。资格选举法院有权依照法律规定的形式审查区选举法院作出的决议。区选举法院有权审查具有工会性质的选举中以及法律规定的中间团体举行的选举中的资格案件。

区选举法院由相关上诉法院选出的一名法官以及资格选举法院任命的两名成员组成。其中,经任命的两名成员是资格选举法院自从事律师、担任上诉法院法官或律师不少于三年的人员中任命。

区选举法院成员任期四年,没有资格担任亦不得兼任法律规定的职务。

区选举法院以陪审团的形式评估事实,并依照法律规定作出判决。

法律规定区选举法院的其他权限、组织、职责。

第九十七条

选举法院为组织和履职之必要支出每年由国家预算法分配,其人员、报酬、人员地位由法律规定。

第十章 共和国审计总长

第九十八条

作为自治机构的共和国审计总长监督行政行为的合法性,监督国库、市镇基金以及其他法律规定的组织和服务的收支;审查并评定受委托管理前述团体资产之人的账目;履行国家的一般审计;行使相关宪法性组织法授予的其他职责。

共和国审计总长应持有专业律师证至少十年,年满四十周岁,拥有享有选举权公民具备之其他必要条件。审计总长经共和国总统根据参议院在任议员五分之三同意而任命,任期八年,不得连任。审计总长年满七十五周岁即终止任职。

第九十九条

审计总长履行合法性监督职责时,应依照法律规定记载其处理的法令和决议或者记载存在的不合法之处。若即使审计总长否决之,但共和国总统经全体部长副署坚持时,审计总长应处理相关法令,并将之副本移送众议院。任何情况下,审计总长均不得处理超出宪法规定的限度的支出法令,其应向众议院提交载有背景信息的完整副本。

审计总长应记载具有法律效力的法令,有权随时否决超出或违反授权法律之规定,或者,违反宪法之规定的法令。

若否决具有法律效力的法令,否决公布违反被通过文本之法律或宪法修正案之法令,或者,否决违反宪法之法令或决议,则共和国总统无权坚持,且若共和国总统不认可审计总长之评论,则其有权在十日内向宪法法院移送背景信息以解决争议。

共和国审计总长之职的组织、责任和权限由宪法性组织法规定。

第一百条

非因主管机构根据法律或预算授权支出而发布法令或决议不得自国库中支出。另外,经副署的预算文件命令支出后,根据文件中设立的支出顺序顺次支出。

第十一章 武装力量、秩序和公共安全力量

第一百○一条

隶属于国防部的武装力量完全并排他地由陆军、海军和空军组成。其有义务捍卫国家,是国家安全的中坚力量,确保共和国的制度秩序。

秩序和公共安全力量完全由警察部队和调查部门(Investigaciones)组成。其组成公共力量,以组织法规定的形式维护法律效力,确保公共秩序和公共内部安全。秩序和公共安全力量隶属于公共安全部。

武装力量和警察部队,作为武装团体,是服从命令而非自己审慎考量团体。隶属于国防部的武装力量亦是一个专业的、有等级和纪律严明的团体。

第一百○二条

武装力量和警察部队的工作人员仅得从其自己的学校中选取。但法律规定选取拥有专业等级和公务员的除外。

第一百○三条①

未经法律授权时,任何个人、团体、组织均不得拥有武器或经法定人数通过的法律规定的其他类似工具。

法律应规定行使监督和控制武器的部,亦应规定负责监督遵守监管规则的公共机构。

第一百○四条

陆军、海军和空军的总指挥以及警察部队的主管由共和国总统自五名最资深的官员中任命。其中,五名官员应具备相应职务所要求的条件。总指挥和主管任期四年,不得连续任命,其间,不受去职。

共和国总统经查明的法令且事先通知众议院和

---

① 经2011年4月13日第20.503号法律修改。

参议院,有权命令陆军、海军和空军的总指挥以及警察部队的主管在任期届满前退休。

第一百〇五条

依照可适用的宪法性组织法规定,武装力量和警察部队官员的任命、晋升和退休经最高法令规定而生效。相关的宪法性组织法规定基本规范,其中包括涉及武装力量和警察部队职业生涯、入伍、保障、资历、命令、命令继承和预算的基本规范。

组织法规定调查部门人员的准入、任命、晋升、退休。

第十二章 国家安全委员会

第一百〇六条

设立国家安全委员会,其负责就国家安全事项向共和国总统提供意见,并行使本宪法赋予的其他职权。国家安全委员会由国家元首主持,并由参议院议长、众议院议长、最高法院院长、武装力量总指挥、警察部队主管以及共和国审计总长组成。

若共和国总统作出决定,内政部长、国防部长、公共安全部长、外交部长、国家经济和财政部长可出席会议。

第一百〇七条

共和国总统召集,且要求国家安全委员会的成员绝对多数作为法定人数开会时,国家安全委员会应开会。

该委员会不得通过协议,但可发布本条第三款规定的规章。开会时,该委员会的成员有权就关涉制度基础或国家安全的事实、行为或事项发表意见。

该委员会的行为应公开,但其成员多数反对公开的除外。由该委员会自身发布的规章应规定其组织、职责和讨论的公开性的其他规定。

第十三章 中央银行

第一百〇八条

设立一个具有技术特征的、自治的、拥有世袭财产的中央银行,其构成、组织、职责、权限由宪法性组织法规定。

第一百〇九条

中央银行仅同公共或私营财政机构做交易。其不得授予公共或私营机构以国家及其组织或国有企业发放的担保或保证文件。

任何公共支出或贷款均不得由中央银行信贷直接或间接资助。

但是,国家安全委员会证实正值战时或面临战争危险,中央银行有权向国家、公共或私营团体取得、授予或资助信贷。

中央银行不得通过以直接或间接形式就作出相同性质交易的不同人、机构、团体之间设立不同或歧视性规则或要求的协议。

第十四章 国家的政府和内部行政

第一百一十条

为实现国家的管理和内部行政,将共和国领土划分为不同的区和省。为实现地方行政,又将省划分为不同的市镇。

区、省和市镇的创设、取消和命名;其边界的变更;以及区和省首府的设立由宪法性组织法规定。

区的管理和行政

第一百一十一条

每一区由共和国总统的亲信大区主席管理。大区主席依照法律以及共和国总统的命令和指示履职。大区主席在其管辖的领土范围内是共和国总统天然且直接代表。

每一区政府设立高级行政,以实现该区的社会、文化和经济发展。

区政府由大区主席和区议会构成。为实现其职责,区政府享有公法人格,拥有自己的财产。

第一百一十二条①

为实现区行政职责,大区主席应协调、监督或监管法律规定的公共服务。

法律规定大区主席行使职权、其他权限的形式,规定实现其职责的合作组织。

第一百一十三条②

在区政府管辖范围内,区议会是一个具有决策和监督性质的规范性组织,其负责组织区市民的有效参与、行使宪法性组织法赋予的权限。其构成和组织由宪法性组织法规定。

依照各部宪法性组织法之规定,区议会由普选中经直接选举产生的区议会议员组成。其任期四年,可连选连任。宪法性组织法规定区议会的组织,亦根据区管辖的人口被平等代表之考量,规定区议会中议员人数及其轮换形式。

若区议会议员在履职过程中丧失资格或出现履

---

① 经 2009 年 10 月 16 日第 20.390 号法律修改。
② 经 2009 年 10 月 16 日第 20.390 号法律修改。

职不能、担任不得兼任之职或发生宪法性组织法规定的其他中止任职之原因,则其应终止任职。

本条第三款就区议会和区议会议员之规定适用于第一百二十六 A 条规定的特别领土。

区议会经其在任成员绝对多数表决自其成员中选出一名议长,该议长任期四年,若发生本条第三款规定的情形,或经区议会在任成员三分之二同意被免职,或经其成员多数同意辞职,则区议会议员终止任职。

宪法性组织法规定区议会议长的职责和权限。

在考量预算法分配的资源、本区自有的资源以及规划协议规定的资源后,区议会有权通过相应区预算法案。

代表区的参议员和众议员认为适当时,有权参与议会会议,参加区议会的讨论,但不享有表决权。

第一百一十四条①

就领土秩序、促进生产活动和社会、文化的发展,宪法性组织法规定共和国总统临时或决定性地变更一个或以上区政府、变更各部一个或以上管辖领域、创设公共服务以实现行政职能的形式和方法。

第一百一十五条②

为实现本章规定的国家内部管理和行政,追求领土各部分和谐与平衡发展是应遵守的一项基本原则。综合考量各区一致标准、各区内部情况和公共资源的分配后,法律应监督该原则的实现和适用。

在不影响国家预算法和第十九条第一款第(20)项规定的分配给各区政府以履职的资源的情况下,前款规定的法律将考量公共投资支出总量的比例以作为国家大区发展基金。

国家预算法亦考量同区分配的部门投资相应的支出。在不同区之间分配的支出应对应相应的衡平和效率标准,并考量相应的国家投资规划。分配给区内部的支出由区政府管理。

根据区政府、一个或以上部的动议,可在不同区政府之间、区政府同一个或以上部之间、区政府同市镇之间达成公共投资规划的年度或跨年度协议。该协议应强制履行。宪法性组织法就规制前述协议的签订、执行和拘束力规定一般性规则。

法律授权区政府和国有企业同自然人或法人合作,为区发展开展非营利性活动和倡议。因此组成的团体适用规制个人的一般规则。

前款规定不得影响第十九条第(21)项之规定。

省政府和行政

第一百一十六条③

每一个省设立一个政府,其是一个大区主席在地方的分权机构,由省长管辖。共和国总统可自由任命并免除省长之职。

省长依照大区主席指示行为,监督省的公共服务。法律规定大区主席有权委托省长行使的权力,亦规定其他由省长行使的权限。

第一百一十七条

省长有权在法律规定的情形中,以法律规定的方式任命代表以在一个或以上地方履行其职责。

市镇行政

第一百一十八条④

法律规定的地方或地方团体的地方行政由市镇管理,市镇由享有地方最高权力的市长和地方议会组成。

宪法性组织法规定市镇活动中地方团体参与的方式。

市长在宪法性组织法规定的情形下,以法律规定的方式有权委托代表在一个或以上地方行使其职权。

市镇是自治的公法团体,享有法人资格,拥有自己的财产。其目标是满足地方团体之必需,确保参与地方的经济、社会和文化建设。

宪法性组织法规定市镇的职责和权限。同时,组织法亦规定经地方议会同意,或经在任地方议会议员三分之二要求,或经法律规定的一定比例的公民要求,由市长提交协商(不具拘束力)或公决的地方事项、机会、召集的形式和效力。

依照宪法性组织法规定,市镇有权联合其他市镇,这些联合体有权享有私法上的法人资格。其亦有权组成或合并公司或非营利性私主体,其目标是促进并传播文化、艺术、运动,或鼓励生产和地方发展。宪法性组织法管制市镇参与。

依照宪法性组织法之规定,市镇有权在地方或地方团体管辖范围内设立街区,其目标是引导平衡发展,为公民参与提供适当的渠道。

公共服务在各地方履行其任务时应依照法律规定同市镇相协调。

法律规定各部、公共服务、区政府向市镇转移权限的方式、转移的临时或终局性质。

---

① 经 2009 年 10 月 16 日第 20.390 号法律修改。
② 经 2009 年 10 月 16 日第 20.390 号法律修改。
③ 经 2009 年 10 月 16 日第 20.390 号法律修改。
④ 经 2009 年 5 月 8 日第 20.346 号法律修改。

第一百一十九条

依照宪法性市镇组织法之规定,每一市镇设立一个地方议会,其由经普选产生的议员组成。议员任期四年,可连选连任。宪法性市镇组织法规定议员人数以及选举市镇的形式。

地方议会促使地方团体有效参与的授权机构,其行使规范的、决策和监督职能,亦以宪法性组织法规定的形式行使该法授予的其他权限。

市镇组织法规定有关地方议会组织和职责的规范,规定市长提交地方议会商议事项的强制性,规定必要的协议。前述协议时通过地方发展计划、市镇预算和投资项目的必要条件。

第一百二十条

宪法性组织法规定规制经创设的地方团体的临时行政,规定设立新市镇、市镇人员调任的程序,规定保护新设地方团体领域内资产利用和处理之必要的保障措施。

宪法性市镇组织法亦规定在取缔或合并一个或以上地方团体时须遵守的程序。

第一百二十一条

为履行职责,市镇有权设立或取消工作和固定的报酬,有权设立宪法性组织法许可设立的机构或单位。

前款规定的职责应排他地经共和国总统倡议,在宪法性市镇组织法规定的范围内按要求行使。

第一百二十二条

市镇就其财产管理享有自治。在不影响法律或各区政府直接给予市镇的收入时,国家预算法有权为市镇的支出分配资源。在市镇之间,宪法性组织法可在市镇之间形成一个联合重新分配各个市镇之收入的机制,名为市镇共同基金。基金的分配规则由法律规定。

一般规则

第一百二十三条①

就市镇共同面临的问题,以及关涉市镇同其他公共服务之间的事项,法律为市镇之全部或部分的管理制定协调原则。

不影响前款规定时,宪法性组织法将规制大城市的行政,规定就特定区域赋予大城市性质的条件和方式。

第一百二十四条②

具备选举权的公民、满足法律规定的其他适当条件、在任命或选举前于相关区居住至少两年者有资格经任命成为大区主席、省长,或有资格经选举成为区议员、市长或地方议员。

大区主席、省长、区议员、市长、地方议员之间不得兼任。

若上诉法院在管辖权范围内,未在其全体会议上事先授权控诉以宣告构成诉因,大区主席、省长、区议会议长自任命或选举产生之日不受控诉、不被剥夺自由,但现行犯除外。相关决议可上诉至最高法院。

若大区主席、省长、区议会议长因现行犯被逮捕,则应立即将之连同相应的概括信息移送上诉法院处理。上诉法院将依照前款规定作出处理。

若经签署的决议宣告构成诉因,则被归责的大区主席、省长、区议会议长应中止任职,并受管辖法院审理。

第一百二十五条③

宪法性组织法规定中止市长、区议员和地方议员任职的原因。

第一百二十六条

法律规定解决国家、区、省、地方团体机构之间权限争议的方式。

法律亦规定协调大区主席同区议会之间、市长同地方议会之间出现的不一致的方式。

特别规定

第一百二十六 A 条④

复活节岛和费尔南德斯的领土属于特别领土。这些领土的政府和行政由宪法性组织法规定的特别法规制。

第十九条第(7)款规定的在共和国的居住权、居留权、迁徙权应按照经法定人数通过的特别法规定的形式在这些领土上行使。

第十五章 宪法修改

第一百二十七条

宪法修正法案可由共和国总统通过报告或由国民议会任一议员动议而提起动议,但须遵守第六十五条第(1)款规定的限制。

修正法案要求每一议院经其在任议员五分之三投票确认后通过。若修正法案涉及第一章、第三章、第八章、第十一章、第十二章或第十五章之规定,则相关修正法案须在任的众议员和参议员三分之二通过。

---

① 经 2009 年 10 月 16 日第 20.390 号法律修改。
② 经 2009 年 10 月 16 日第 20.390 号法律修改。
③ 经 2009 年 10 月 16 日第 20.390 号法律修改。
④ 经 2012 年 3 月 6 日第 20.573 号法律修改。

就本章未规定之事项,制定法律的规则应适用于宪法修正法案的制定过程,但应遵守前款规定的法定人数。

第一百二十八条

经两院通过的法案应移送共和国总统。

若共和国总统完全否决经两院通过的法案,但两院分别以其在任议员三分之二坚持通过法案之全部内容,则总统应公布该修正案,但总统通过公决同公民协商的除外。

若共和国总统部分否决经两院通过的法案,依照前款规定,被否决部分根据相对应的情况分别经在任议员五分之三或三分之二投票确认后通过,则应将法案退回总统以获公布。

若议院不同意总统否决之全部或部分,则就有歧义之处不得通过法案,但经两院在任议员三分之二坚持通过法案的除外。若两院坚持通过法案,则两院坚持之部分应退回总统以获公布,但总统就歧义之处提交公决的除外。

有关国会的宪法性组织法规定在国会否决法案及其程序的其他事项。

第一百二十九条①

两院坚持通过法案之次日起算三十日内可召集公决,公决经最高法令发布命令,最高法令规定公决之日期,若最高法令发布之日为星期日,则公决应举行一百二十日,自最高法令发布之日起算。若最高法令发布之日不是星期日,则应在法令发布后的第一个星期日起算。若总统在规定的日期内未召集公决,则应公布经国会通过的法案。

召集法令应包括国会全体会议通过但经共和国总统全部否决的法案,或者,包括国会坚持通过的具有争议的法案。若出现后一种情况,则应在公决上就具有争议的问题逐一表决。

资格选举法院应就公决的结果通知共和国总统,并明确经公民通过的修正案文本,且应在通知共和国总统之次日起算五日内公布以作为宪法修正案。

法案一经公布,法案中的条文在生效之日即成为宪法的组成部分并载入宪法。

过渡条款(略)

---

① 经 2011 年 6 月 28 日第 20.515 号法律修改。

澳大利亚联邦宪法[*]

(1900年7月9日通过,更新至1977年)

新南威尔士州、维多利亚州、南澳大利亚州、昆士兰州和塔斯马尼亚州的人民谦逊地倚赖上帝的福佑,根据大不列颠及北爱尔兰联合王国国王授意并根据因此制定的宪法的规定,同意组成一个统一的、不可分割的联邦共和国;

为加入女王下属的其他澳大拉西亚殖民地和领地的联邦提供便宜;

因此,根据女王陛下的权威、经由上院和下院同意并根据其提供的建议,召集现有议会,并根据其权威作出下列规定:

第一条 [简称]

"本法"即"澳大利亚联邦宪法"。

第二条 [本法的效力延伸至女王的继任者]

本法就女王的规定适用于其在联合王国主权下的继承人和继任者。

第三条 [联邦的声明]

女王根据枢密院的建议,有权经声明合法地宣布自指定之日起(该日期应定于本法通过后一年以内),新南威尔士州、维多利亚州、南澳大利亚州、昆士兰州、塔斯马尼亚州、西澳大利亚州(经女王陛下认为获得西澳大利亚州人民同意时的西澳大利亚州)的人民应以澳大利亚联邦的名义统一在联邦共和国之下。但女王在作出声明后有权随时为联邦任命总督。

第四条 [法律生效]

设立联邦,联邦宪法自指定之日起生效。但在本法通过后,各殖民地议会有权随时制定法律以在指定之日发生效力,如同通过本法时宪法已发生效力。

第五条 [宪法和法律的适用]

尽管各州法律作出规定,本法以及根据宪法由联邦议会制定的法律仍约束各州和联邦各部分的法院、法官、人民。联邦法律亦约束第一结关港和目的港在联邦的英国船舶,但女王的战船除外。

第六条 [定义]

"联邦"即指代根据本法设立的澳大利亚联邦。

"各州"即指代眼下作为联邦组成部分的新南威尔士、新西兰、昆士兰、塔斯马尼亚、维多利亚、西澳大利亚、南澳大利亚的殖民地,包括南澳大利亚的北部领土,并且,包括作为州加入或由联邦设立的殖民地或领土;联邦的任一部分均称之为"州"。

"创始州"即指代在联邦成立时作为其组成部分的各州。

第七条 [联邦委员会法的废止]

1885年通过的《澳大拉西亚联邦委员会法》因此被废止,但不得影响由澳大拉西亚联邦委员会通过的法律,其在联邦成立时仍具有法律效力。

就各州或未成为州的殖民地的法律可由联邦议会废止。

第八条 [殖民地边界法的适用]

本法通过后,1895年通过的殖民地边界法不得适用于成为联邦州的殖民地;但根据殖民地边界法的规定,联邦即为自治的殖民地。

第九条 [宪法]

联邦宪法内容如下:

第一章 议 会

第一节 总 则

第一条 [立法权]

联邦立法权赋予联邦议会,该议会由女王、参议院和众议院组成,本宪法以下条文称之为"议会"或"联邦议会"。

第二条 [总督]

经女王任命的总督是女王陛下在联邦的代表,总督经女王授意在联邦享有女王委托的权力,行使相应的权力,履行相应的职责,但应遵守本宪法的规定。

第三条 [总督的薪金]

总督的薪金由女王自联邦统一岁入基金支付,总督每年的薪金数额为一万英镑,但议会另作规定的除外。

在总督持续任职期间,不得变更总督的薪金。

---

[*] 译者:胡婧。

第四条 ［总督的相关规定］

本宪法就总督的规定延伸至并适用于临时总督或经女王任命管理联邦政府之人；但是，临时总督或经女王任命管理联邦政府之人在管理联邦政府时，不得因其他官职自联邦获得薪金。

第五条 ［议会会期、休会和解散］

总督认为适当，有权指定召开议会会期的时间，有权随时以声明或其他形式要求议会休会，亦有权以相似的方式解散众议院。

普选后，应于指定的令状回复日之次日起算三十日内召集议会。

议会应于联邦成立后六个月内召集第一届会议。

第六条 ［议会年会］

议会每年至少召开一个会期，即议会在一个会期召开最后一次会议同议会在之后的一个会期召开的第一次会议之间不得间隔超过十二个月。

第二节 参议院

第七条 ［参议院］

参议院由代表每个州的参议员组成，各个参议员由作为选区的所在州的人民直接选举产生，但议会另作规定的除外。

联邦议会另作规定时，昆士兰州若作为创始州，其议会有权制定法律将昆士兰州划分成各个区，并规定每一区应选出的参议院人数。但是，若联邦议会未另作规定，则昆士兰州应作为一个选区。

除非议会另作规定，每一创始州应选出六名参议员。议会有权制定法律增加或减少每一州的参议员人数。但是，每个创始州应维持相等的代表人数，并且，非创始州的参议员人数应少于六名。

参议员任期六年，每一州选出的参议员经州长向总督确认。

第八条 ［选民资格］

选举参议员的选民资格与本宪法或议会规定的在每一州选举众议院议员的选民资格相同；但是，选举参议员时，每一选民仅得投一次票。

第九条 ［参议员的选举方式］

联邦议会有权制定法律规定选举参议员的方式。但是，规定的方式在各个州应统一。依照该制定法的规定，每一州的议会有权制定法律规定各自选举参议员的方式。

州议会有权制定法律规定各自选举参议员的时间和地点。

第十条 ［州法的适用］

除非议会另作规定，依照本宪法规定，每一州有关选举其众议院议员的现行法律应尽可能地适用于该州参议员选举。

第十一条 ［参议员选举失败］

尽管某州未提供其在参议院的代表，参议院仍有权着手分配工作。

第十二条 ［发布令状］

州长有权要求发布选举该州参议员的令状。若参议院解散，则该令状应于作出解散声明之日起十日内发布。

第十三条 ［参议员的轮换］①

参议院在召开第一届会议后，且在每次解散后组成新的参议院以召开第一次会议后须尽快将各个州选出的参议员分成两类，且每一类参议员人数应尽可能相等；第一类参议员的议席自其开始服务起算，三年届满时出缺，第二类参议员的议席自其开始服务起算，六年届满时出缺；之后，参议员的议席自其开始服务起算，六年届满时出缺。

填补出缺议席的选举在议席出缺前一年内举行。

为实现本条规定，参议员的任期自选举日后的七月一日起算。但是，在参议院召开第一届会议，以及在参议院解散后举行选举的情况下，参议员的任期自早于选举日但离选举最近的七月一日起算。

第十四条 ［轮换的细则］

无论何时某州参议员的人数增加或减少，联邦议会在认为轮换中应维持规律性之必要时，均有权规定空出该州参议员议席。

第十五条 ［临时出缺］

若参议员议席在其任期届满前出缺，则选出该名参议员所在的州众议院应召集会议并举行选举，以选出他人出任出缺的议席直至任期届满，或直至举行继任者选举，二者取先发生者。但是，若在通知议席出缺时州众议院不在会期，则该州州长根据行政委员会的建议，有权任命他人出任出缺的议席，直至州议会开始下一个会期后经过十四日，或直至举行继任者选举，二者取先发生者。

若参议员由州人民选出，在选出参议员时，该参议员经特定政党作为该政党同意的候选人得到公开认可，且该参议员以候选人的名义公开代表该政党，则该参议员的议席出缺时，或者，该参议员的议席出缺且随后选出的补缺人员议席亦出缺时，根据本条规定选出或任命以填补出缺议席之人应为该政党的成员，但该政党没有可选出或可任命的成员的除外。

若：

(1)根据本条第(2)款的规定，选出或任命一特定

---

① 经1907年1号法令第二条修改。

政党的成员担任出缺的参议员的议席；
(2)在选出或任命之人任任出缺的议席前,其终止该政党的成员身份(但政党不存在的除外),则视为未选出或任命该人,且应根据本宪法第二十一条的规定再次通知议席出缺。

根据本条规定选出或任命之人应由其所在州州长向总督确认。

若在1977年宪法修正案(参议员临时出缺)生效前最后一次参议员选举中,经州人民选出的参议员议席在1977年宪法修正案生效前出缺,则因前述情况参议员议席出缺,或因前述情况参议员出缺且补缺后亦出缺时,经该州众议院选出或经该州州长任命之人均不得任职,本条规定的适用效果恰如经州人民选出的参议员议席在1977年宪法修正案生效后出缺之效。

在1977年宪法修正案(参议院临时出缺)生效时,因州人民选出的参议员议席出缺,而由该州州长任命的参议员应被视为已获任命任职,任期至该参议员获任后,州议会开始下一个会期之次日起算经过十四日。根据本条规定采取的其他行为亦如经州人民选出的参议员议席在1977年宪法修正案生效后发生出缺。

根据本条第八款规定,在1977年宪法修正案(参议院临时出缺)生效时,因州人民选出的参议员议席出缺,而由该州议会选出的任职参议员应被视为已因选举而出任该议席,任期至经该州人民选出的参议员任期届满时。

在1977年宪法修正案(参议院临时出缺)生效时或生效前,若名为"1977年宪法修正案(同步选举)"的修改宪法的法律已实施,则在该法律生效时,因州人民选出的参议员议席出缺,而由该州议会选出的任职参议员应被视为已因选举而出任该议席,其任期：

(1)若经州人民选出的参议员任期于1978年6月30日届满,则该参议员的任期自1977年宪法修正案(同步选举)实施后至第一届众议院任期届满或解散时；——

(2)若经州人民选出的参议员任期于1981年6月30日届满,则该参议员的任期自1977年宪法修正案(同步选举)实施后至第二届众议院任期届满或解散时,或者,参议院提前解散,则任期至参议院解散时。

第十六条 [参议员资格]
参议员的资格与众议院议员的资格相同。

第十七条 [议长选举]
参议院在着手分配工作前,应选出一名参议员担任参议院议长；参议院议长一旦出缺,参议院应再次选出一名参议员担任参议院议长。

若参议院议长终止参议员身份,则议长应终止任职。议长可经参议院投票免职,亦可以书面形式向总督辞去议长之职或辞去参议员议席。

第十八条 [议长缺席]
在议长缺席前或缺席期间,参议院有权选出一名参议员在议长缺席时履行议长义务。

第十九条 [参议员辞职]
参议员有权以书面形式向议长,或者,在没有议长或议长出国时向总督辞职,之后,参议员议席出缺。

第二十条 [因缺席而出缺]
若参议员未获参议院许可,在议会任一会期期间连续两个月未出席参议院会议,则该参议员议席出缺。

第二十一条 [出缺通知]
无论何时参议院议席出缺,参议院议长,或者在没有议长、议长出国时,总督应在众议院通知该州州长参议院议席出缺。

第二十二条 [法定人数]
除非议会另作规定,全体参议员至少三分之一出席始得组成参议院会议以履行参议院职权。

第二十三条 [在参议院的选举]
在参议院提出的问题应由参议员多数投票决定,且每一参议员仅得投票一次。议长在任何情况下均享有投票权；若票数相等,则提出的问题未获通过。

第三节 众议院

第二十四条 [众议院的组成]
众议院由联邦人民直接选出的议员组成,议员的人数应尽可能两倍于参议员的人数。

在几个州选出的议员人数应同各州人民的人数成比例,除非议会另行规定,在必要时,应按照下列方式决定议员人数：

(1)议员人数配额应根据划分的联邦人民人数确定,而联邦人民人数则由联邦最新的人口普查数据决定,且议员人数应两倍于参议员人数；

(2)每一州选出的议员人数由划分的各个州的人民人数经配额决定,而州人民人数则由联邦最新的人口普查数据决定；若按照前述划分,余下的人数多于配额数的一半,则该州应再选出一名议员。

但是,尽管本条作出规定,每一创始州仍至少应选出五名议员。

第二十五条 [不同种族丧失选举权的规定]
为实现本宪法第二十四条的规定,若州法律规定,为选举该州更多的议员,某一种族的任何人均丧失在该选举中的投票权,则在计算该州人民或联邦人民的人数时,不得将在该州居住的该种族的人数计算在内。

第二十六条 〔第一届议会议员〕

尽管本宪法第二十四条作出规定,各个州第一次选举议员的人数为:

新南威尔士州二十三名;

维多利亚州二十名;

昆士兰州八名;

南澳大利亚州六名;

塔斯马尼亚州五名。

但是,若西澳大利亚州为创始州,则议员人数作下列安排:

新南威尔士州二十六名;

维多利亚州二十三名;

昆士兰州九名;

南澳大利亚州七名;

西澳大利亚州六名;

塔斯马尼亚州五名。

第二十七条 〔议员人数变更〕

依照本宪法规定,议会有权制定法律规定增加或减少众议院议员人数。

第二十八条 〔众议院任期〕

每一众议院自召开第一次会议起算任期仅得连续三年,否则,可由总督解散之。

第二十九条 〔选区划分〕

除非联邦议会另行规定,州议会有权制定法律决定每一州为选举众议院议员的选区,并决定每一选区选出的议员人数。选区不得超出各个州的组成部分。

在未另行规定时,每一州为一个选区。

第三十条 〔选民资格〕

除非议会另行规定,选举众议院议员的选民资格与州法律规定的在每一州选举更多州议院议员的选民资格相同;但是,选举议员时,每一选民仅得投一次票。

第三十一条 〔州法的适用〕

除非议会另行规定,依照本宪法规定,每一州有关选举其更多议院议员的现行法律应尽可能地适用于该州众议院议员选举。

第三十二条 〔普选令状〕

在委员会的总督有权促使发布众议院议员普选令状。

第一届普选后,令状应于众议院任期届满之日起算十日内发布,或者于解散众议院的声明作出之日起算十日内发布。

第三十三条 〔出缺令状〕

若众议院议席出缺,则议长应发布选举新议员的令状,或者,若没有议长或议长出国,则由在委员会的总督发布该令状。

第三十四条 〔议员资格〕

除非议会另行规定,众议院议员应具备下列资格:

(1)年满二十一周岁,在选举众议院议员时有权作为或者有资格成为选民投票,且在其被选出时,已在联邦境内居住至少三年;

(2)为女王的子民,该身份或者因出生或者因联合王国、已成为或将成为一个州的殖民地、联邦、州的法律规定归化至少五年而取得。

第三十五条 〔议长选举〕

众议院在开展其他工作前,应选举一名议员成为众议院议长,议长一旦出缺,众议院应再次选出一名议员担任议长。

若议长终止议员身份,则议长终止任职。议长可经众议院投票免职,亦可以书面形式向总督辞去议长之职或辞去议员议席。

第三十六条 〔议长缺席〕

在议长缺席前或缺席期间,众议院有权选出一名议员在议长缺席时履行议长义务。

第三十七条 〔议员辞职〕

议员有权以书面形式向议长,或者,在没有议长或议长出国时向总督辞职,之后,议员议席出缺。

第三十八条 〔因缺席而出缺〕

若议员未获众议院许可,在议会任一会期期间连续两个月未出席众议院会议,则该议员议席出缺。

第三十九条 〔法定人数〕

除非议会另作规定,全体众议院议员至少三分之一出席始得组成众议院会议以履行众议院职权。

第四十条 〔在众议院的选举〕

在众议院提出的问题应由议员多数而非议长投票决定。议长仅得在票数相等时方可投票,且议长此时投决定性的一票。

第四节 议会两院

第四十一条 〔州选民的权利〕

在吏多州议院的选举中拥有或取得选举权的成年人,在权利持续期间,不得经联邦法律剥夺其在联邦任一议院的选举权。

第四十二条 〔忠诚宣誓或承诺〕

参议院和众议院议员在就职前,均应以本宪法附表规定的形式向议长或总督授权之人作出并签署忠诚宣誓或承诺。

第四十三条 〔在一议院议员不得兼任另一议院议员〕

任一议院议员不得当选另一议院议员,亦不得以另一议院议员身份列席会议。

第四十四条 ［丧失资格］

若任何人：

(1) 承诺忠诚于、顺从于、依附于外国政权，或者，是外国主体、外国公民或享有外国主体、外国公民享有的权利或特权；

(2) 被判处叛国罪，或者，被证实犯罪并判处或将判处联邦法律或州法律规定的，可判处一年或以上监禁之刑罚；

(3) 为解除债务之破产者或无钱还债者；

(4) 担任王室带薪职务，或者，担任国王属意由联邦岁入负担抚恤金之职；

(5) 同联邦公共服务有直接或间接金钱利益，但同由二十五人以上组成的法团公司的其他成员相同的组成成员除外，

则其不得当选参议员或众议院议员，亦不得作为参议员或众议院议员列席会议。但是，本条第(4)项之规定不得适用于服务于联邦的女王下属的各州部长之职，不得适用于服务于州的女王下属的部长之职，不得适用于作为女王海军、陆军官员或成员获得薪金、退职补贴、抚恤金之人，不得适用于作为联邦海军、陆军官员或成员获得薪金但其服务不完全由联邦使用之人。

第四十五条 ［因丧失资格而出缺］

若参议员或众议院议员：

(1) 成为本宪法第四十四条规定的丧失资格的主体；

(2) 经分配、构成或其他方式，从规定有关破产或无力偿债的债务人的法律中获利；

(3) 因提供给联邦的服务、在议会提供给他人或州的服务而直接或间接取得或同意取得费用或酬劳，

则参议员或众议院议员议席因此出缺。

第四十六条 ［丧失资格时因列席而惩处］

除非议会另作规定，经本宪法宣布不能作为议员或众议员列席之人应支付给在管辖法院因其列席会议而起诉之人以一百英镑。

第四十七条 ［选举争议］

除非议会另作规定，有关参议员或众议院议员资格的问题、有关任一议院议席出缺的问题以及有关任一议院有争议的选举问题应由提出相关问题的议院决定。

第四十八条 ［议员津贴］

除非议会另作规定，参议员和众议院议员每年均应获得四百英镑的津贴，年限自其就职之日起算。

第四十九条 ［议院特权等］

参议院、众议院、每一议院议员和委员会的权力、特权、豁免应由议会宣布，且直至宣布时，其享有联邦成立时联合王国下院及其议员和委员会享有的权力、特权和豁免。

第五十条 ［规则和命令］

议会两院有权就下列事项制定规则，发布命令：

(1) 其享有的权力、特权和豁免得以行使和维系的方式；

(2) 两院单独或联合处理的工作及议程的秩序和管理。

第五节 议会权力

第五十一条 ［议会立法权］

依照本宪法规定，议会有权为联邦的和平、秩序以及良好治理就下列事项制定法律：

(1) 同其他国家以及联邦各州之间的贸易与商务；

(2) 赋税，但在州际或州内部不得存在歧视；

(3) 就商品生产或出口提供的补贴，但该补贴在联邦境内应统一；

(4) 以联邦公债形式筹募资金；

(5) 邮政、电报、电信以及类似服务；

(6) 联邦和各州的海军和国防，控制武装力量以执行并维护联邦法律；

(7) 灯塔、航道标志信号船、信号灯、浮标；

(8) 天文和气象观测；

(9) 检疫；

(10) 超出领土界限，在澳大利亚水域的渔场；

(11) 人口普查与统计；

(12) 货币、铸币、法定货币；

(13) 银行（但州银行除外，而州银行的范围可超过相关州的领域）、银行法团、纸币的发行；

(14) 保险，但州保险除外，而州保险的范围可超过相关州的领域；

(15) 度量衡；

(16) 汇票和本票；

(17) 版权、发明和设计专利、商标权；

(18) 归化和外国人；

(19) 联邦境内组成的外国法人、贸易或财政法人；

(20) 婚姻；

(21) 离婚、与婚姻有关的事项，以及与之相关的亲权、婴幼儿管理与监护；

(22) 残疾人与老年人的抚恤金；

(22A)[①] 孕妇津贴、寡妇抚恤金、儿童捐赠、失

---

① 经由 1946 年第 81 号法案第二条增补。

业、制药、疾病与救济金、医疗与牙医服务（但未授权以任何形式在民间征兵）、学生福利以及家庭津贴的规定；

（23）联邦民事和刑事程序的服务和执行，州法院判决；

（24）认可联邦法律、公共法案和记录，认可州司法程序；

（25）①认为有必要制定特别法保护某一种族的人民；

（26）国内移民和国外移民；

（27）罪犯的涌入；

（28）涉外事务；

（29）联邦同太平洋各岛屿的关系；

（30）就议会有权制定法律的事项，在合理期限内，自某州或某人处取得财产；

（31）出于联邦海军、陆军的军事目的，控制铁路以方便交通；

（32）经州同意，在联邦和州安排的期限内取得州的铁路线；

（33）经州同意，在该州开展铁路建设和铁路支线建设；

（34）为预防并解决超越各州范围的工业争议而开展的调解和仲裁；

（35）本宪法规定的、由议会另行规定的事项；

（36）由议会或州议会提及的关于联邦议会的事项，但因此制定的法律仅得适用于提出该事项的议会所在州，或者之后通过该法律的州；

（37）在有直接利害关系的州议会要求或同意时，于联邦境内行使权力，而该权力即指在本宪法制定时仅得由联邦议会或澳大拉西亚联邦委员会行使的权力；

（38）在议会、任一联邦议院、联邦政府、联邦司法机构、联邦任一部门或官职中行使本宪法赋予的权力而附带的事项。

第五十二条 ［议会特权］

依照本宪法规定，为了联邦的和平、秩序、良好治理，议会就下列事项享有特别权力以制定法律：

（1）联邦政府所在地，以及出于公共目的由联邦取得的场所；

（2）同公共服务部门相关的事项，且该事项的管理经本宪法规定转移给联邦执行政府；

（3）本宪法规定的议会特权范围内的其他事项。

第五十三条 ［两院就立法享有的权力］

有关划拨税收或财政、征收赋税的法律提案不得在参议院首先提出。但是，不得仅因法案中含有征收或划拨费用，或者，含有因获得许可、提供法案规定的服务要求、支付或划拨费用而认定该法案为划拨税收或财政、征收赋税的法律提案。

参议院不得修改征税法案，亦不得修改为政府每年提供常规服务而拨付税收或财政的法案。

参议院不得修改法案以增加提案中由人民承担的费用或负担。

参议院有权随时将其不可以修改的法律提案退回众议院，并经书面通知要求众议院删除或修改法律提案中的条款或规定。若众议院认为适当，则众议院有权删除或修改法律提案中的条款或规定，就此，其可附修正案亦可不附。

除本条规定外，参议院就法律提案享有同众议院相同的权力。

第五十四条 ［拨款法案］

为政府每年常规服务而拨付税收或财政的法律提案仅得涉及该拨付行为。

第五十五条 ［税收法案］

征税法仅得涉及赋税征收，征税法中涉及的其他事项一律无效。

征税法（征收关税或消费税的法律除外）仅得涉及一个税种，但征收关税的法律仅得涉及关税，征收消费税的法律仅得涉及消费税。

第五十六条 ［财政建议表决］

为拨付税收或财政的表决、决议、法律提案仅得由总督在同一会期内向最初提出提案的议院建议拨付时始得通过。

第五十七条 ［两院间不一致］

若众议院通过法律提案，但参议院否决之或未通过之，或者，参议院附修正案通过之，但该修正案未获众议院同意，且经过三个月时间，众议院此时在同一会期或下一会期再次通过未附有或附有参议院作出、提议或同意的修正案的法律提案。若参议院否决之或未通过之，或者，参议院附修正案通过之，但该修正案未获众议院同意，则总督有权同时解散参议院和众议院。但是，随时间流逝，不得在众议院任期届满前的六个月内解散参议院和众议院。

若同时解散参议院和众议院，众议院再次通过未附有或附有参议院作出、提议或同意的修正案的法律提案，但参议院否决之或未通过之，或者，参议院附修正案通过之，而该修正案未获众议院同意，则总督有权召集两院联席会议。

联席会议中列席的议员有权审议并应一同表决法律提案，以作为众议院的最后提案。若该提案附有

---

① 经由1967年第55号法案第二条修改。

某议院提出但未获另一议院同意的修正案,则经参议院和众议院全体议员绝对多数确认的修正案应得以通过。若法律提案的修正案经参议院和众议院全体议员绝对多数确认通过,则该法律提案应经议会两院正式通过,并将之提交总督以获女王同意。

第五十八条　〔法案经王室通过〕

若将经议会两院通过的法律提案提交总督以获女王同意,则总督依照本宪法之规定,根据其判断有权以女王的名义宣布同意、拒绝同意或保留法律提案。

总督有权向最初提出法案并提交其同意的议院退回该法案,并有权就该法案提出建议,该议院可处理该建议。

第五十九条　〔女王否决〕

女王有权自总督同意通过法律后一年内否决该法律。由总督经口头形式、书面形式或经声明通知议会两院女王否决法律时,该法律自否决被知晓之日起无效。

第六十条　〔女王属意法案保留的意义〕

经女王属意保留的法案不具有效力。但自该法案提交总督以获女王同意之日起两年内,总督经口头形式、书面形式或经声明通知议会两院该法律获得女王同意的除外。

第二章　执行政府

第六十一条　〔行政权〕

联邦行政权赋予女王,但作为女王代表的总督可行使之。其中,行政权的行使包括执行并维护本宪法和联邦法律。

第六十二条　〔联邦行政委员会〕

设立联邦行政委员会,该委员会在联邦政府为总督提供咨询。联邦委员会的成员由总督选出并召集,成员应作为行政会议理事宣誓,且应在总督授权下任职。

第六十三条　〔关于总督的规定〕

本宪法有关委员会中总督的规定应解释为根据联邦行政委员会建议行为的总督。

第六十四条　〔州部长〕

总督有权任命官员管理在委员会的总督可设立的联邦下属州的各部门。

这类官员在总督授权下任职。其为联邦行政委员会的成员,亦是服务于联邦的女王下属的部长。

第一届普选后,州的任一部长的任期不得超过三个月,但其是或成为参议员或众议院议员的除外。

第六十五条　〔部长人数〕

除非议会另作规定,各州的部长人数不得超过七名,且各部长应依照议会规定,或在议会未作出规定时,依照总督指示任职。

第六十六条　〔部长薪金〕

州部长的薪金由女王自联邦统一岁入基金支付,部长每年的薪金数额不得超过一万两千英镑,但议会另作规定的除外。

第六十七条　〔任命公务员〕

除非议会另作规定,应由在委员会的总督任免联邦执行政府其他官员,但在委员会的总督或联邦法律委托其他机构任命的除外。

第六十八条　〔海军、陆军的指挥〕

联邦海军和陆军的最高指挥应由代表女王的总督担任。

第六十九条　〔特定部门的移交〕

联邦成立后,在总督宣布之日或宣布的一段时间内,应将下列在各州设置的公共服务部门移交联邦:

邮政、电报、电信;海军和国防;灯塔、航道标志信号船、信号灯、浮标;检疫。

但是,各州有关关税和消费税的部门应在联邦成立之日即移交联邦。

第七十条　〔州长的特定权力赋予总督〕

根据本宪法规定,同移交给联邦执行政府的事项相关的,在联邦成立时,赋予殖民地州长、赋予根据所属殖民地行政委员会建议行为的殖民地州长或殖民地任一机构的权力和职责应视情况赋予总督、在委员会的总督或在联邦行使类似权力的机构。

第三章　司　法

第七十一条　〔司法权和法院〕

联邦司法权赋予联邦最高法院、由议会创设的其他联邦法院以及其他被赋予联邦管辖权的法院。其中,联邦最高法院在联邦被称之为澳大利亚高等法院。高等法院由一名首席大法官以及议会规定的、人数不少于两名的其他法官组成。

第七十二条　〔法官的任命、任期和报酬〕

高等法院和其他由议会创设的法院的法官:

(1)由在委员会的总督任命;

(2)除非由在委员会的总督在同一会期向议会两院证实法官有不端行为或不能履职而要求将之免职,并获得两院同意,否则,不得免去法官之职;

(3)应获得议会有权确定的报酬,但是,在法官持续任职期间不得减少其应获得的报酬。

年满七十周岁的高等法院法官应终止任职,且不得任命年满七十周岁之人作为高等法院法官。

由议会创设的法院的法官,在任命时年满规定的该法院法官可任职的最高年龄,则该法官应终止任职,且不得任命年满规定可任职的最高年龄之人作为该法院法官。

依照本条规定,由议会创设的法院法官的最高年龄为七十周岁。议会有权制定法律规定低于七十周岁的年龄作为由议会创设的法院法官的最高年龄,并有权随时取消或修改该法,但是,取消或修改行为不影响取消或修改前根据任命而担任法官的任期。

由议会创设的法院的法官有权向总督提交其亲笔书写的辞呈而辞职。

经1977年宪法修正案增补本条规定的条款不得影响修改规定生效前,经任命担任法院法官之人继续任职。

本条有关高等法院或由议会创设的法院法官的任命应被解释为包括任命担任高等法院或由议会创设的法院法官担任同一法院、但享有不同地位或称谓的其他司法官员。

第七十三条 ［高等法院的上诉管辖权］

根据例外和议会规定的规则,高等法院享有审理并决定来自下列人员或机构就判决、法令、命令以及裁决的上诉管辖权:

(1)行使高等法院初审管辖权的法官;

(2)其他联邦法院或行使联邦管辖权的法院、州最高法院、在联邦成立时因枢密院会议享有上诉权的其他州法院;

(3)州际委员会,但仅涉及法律问题。在所有情况下,高等法院法官享有终局裁判权。

但是,例外或议会规定的规则不得妨碍高等法院审理并决定州最高法院就联邦成立时,其有权向枢密院会议提出上诉事项的上诉案件。

除非议会另作规定,州最高法院向枢密院会议上诉的条件和限制应适用于其向高等法院提出的上诉。

第七十四条 ［向枢密院会议上诉］

不得许可高等法院就任何问题的决定向枢密院会议上诉。若高等法院提出上诉,则其应遵守联邦宪法权力之间、州享有的宪法权力之间、州与州之间宪法权力的限制。但是,高等法院证明提出的问题应由枢密院会议决定的除外。

若满足赋予上诉许可的特别原因,则高等法院有权证明,且该上诉应就该问题直接向枢密院会议提出,无须其他许可。

尽管本条作出例外规定,但本宪法不得影响女王享有通过王权授予高等法院向枢密院会议上诉的特别许可权。议会有权制定法律规定要求此许可时的限制事项,但包含此限制的法案由总督根据女王授权而保留。

第七十五条 ［高等法院初审管辖权］

就下列事项,高等法院享有初审管辖权:

(1)根据条约提出的事项;

(2)影响其他国家领事或代表的事项;

(3)联邦作为诉讼当事人、代表联邦起诉或应诉的事项;

(4)州与州之间、不同州居民之间、一州同另一州居民之间的事项;

(5)执行令、禁制令、强制令涉及联邦官员的事项。

第七十六条 ［其他初审管辖权］

议会有权制定法律就下列事项赋予高等法院以初审管辖权:

(1)根据本宪法提出或涉及本宪法解释的事项;

(2)根据议会制定的法律提出的事项;

(3)就海事的管辖;

(4)与不同州法主张的同一主体相关的事项。

第七十七条 ［界定管辖的权力］

就本宪法第七十五条和第七十六条规定的事项,议会有权制定法律作出下列规定:

(1)界定高等法院外的其他联邦法院的管辖权;

(2)相较于属于或赋予州法院享有管辖权外,界定高等法院排他地享有的管辖权;

(3)赋予州法院以联邦管辖权。

第七十八条 ［起诉联邦或州的程序］

议会有权制定法律授权就司法管辖内的事项起诉联邦或州。

第七十九条 ［法官人数］

法院的联邦管辖权由议会规定特定人数的法官行使。

第八十条 ［陪审团裁判］

因违反联邦法律而犯罪的审判或控诉应由陪审团裁判,该审判应在犯罪行为发生的州进行。若犯罪行为未在州境内发生,则应在议会规定的某一地点或某些地点审判之。

第四章 财政和贸易

第八十一条 ［统一岁入基金］

由联邦执行政府募集或获得的税收、资金应组成统一岁入基金,该基金出于联邦的目的,以本宪法规定的方式,并按规定的管理、负担事项而拨款。

第八十二条 ［统一岁入基金的支出费用］

征收、管理、获得统一岁入基金的附带开支即为统一岁入基金的第一笔费用。联邦的税收首先用于联邦费用的支付。

第八十三条 ［法律规定拨付的资金］

除非根据法律规定拨款,否则,不得自联邦国库支出资金。

议会第一届会议召开后经过一个月，在委员会的总督有权自国库支出资金，并视必要性，将该资金用于维系移交给联邦的部门的运作，亦用于举行第一届议会选举。

第八十四条 ［官员的调动］

若州公共服务部门移交联邦，则相关部门的全体官员应受联邦执行政府的管理。

若本条规定的官员未在联邦服务中获得保留，则该类官员在取消其职务时有权获得州法律规定的应支付的抚恤金、慰问金或其他补偿。但任命该类官员在州公共服务中担任其他应获相同报酬的职务的除外。

若本条规定的官员在联邦服务中获得保留，则该类官员应保留其现有的以及增加的权利。若该类官员在联邦中提供的服务是州提供服务的继续，则其有权在规定的时间退休，并获得州法律许可的抚恤金或退休金。该抚恤金或退休金由联邦支付。但州应向联邦支付一部分资金，具体数额按照相关官员在州提供服务的期间占其提供服务的整体期间的比例计算，且为完成计算，由州在该类官员调动时支付的薪金应计入其中。

在联邦成立时，在州提供公共服务，并经州长根据行政委员会的建议同意调入联邦公共服务的官员享有其调入联邦部门的官员享有的权利，且视其职务在联邦服务中得以保留。

第八十五条 ［州资产转移］

若州公共服务部门移交联邦，则：

（1）排他地用于该部门的一切州资产应移交联邦。但是，管理关税、消费税和补贴的部门的资产，仅得在必要时，经在委员会的总督宣布始得移交联邦；

（2）联邦有权取得非排他地用于某部门的、任何类型的州资产；若未达成一致，则相关资产的价值应尽可能以联邦成立时，州有效法律规定的，为公共目的由州征收土地或土地上的利益时确认其价值的方式确认之；

（3）因本条规定，移交联邦的资产的价值应由联邦向相关州作出补偿。若就补偿方式未达成一致，则应根据议会制定的法律决定之；

（4）在移交之日，联邦应就移交的部门承担州的现有义务。

第八十六条 ［关税、消费税和补贴］

联邦成立时，关税和消费税的征收和管理，以及补贴的支付管理应移交联邦执行政府。

第八十七条 ［自关税和消费税的支出］

联邦成立后十年内，以及之后除非议会另作规定，每年用于联邦支出的费用不得超过自关税和消费税征收的联邦净税收的四分之一。

依本宪法规定，应平衡各州支出，或平衡联邦接管的各州债务利息的支付。

第八十八条 ［统一关税］

联邦成立后两年内，应征收统一关税。

第八十九条 ［统一关税前支付给各州］

直至征收统一关税：

（1）联邦应将其征收的赋税分配给各州。

（2）在下列情况中，联邦作为各州的债权人：

ⅰ）在各州将其部门移交联邦时，仅为维系或继续相关部门而由联邦支出费用；

ⅱ）根据各州的人口数，由联邦按州的比例支付的其他费用。

（3）（若）为支持各州，联邦应每月平均地支付给各州以费用。

第九十条 ［就关税、消费税、补贴的特权］

就征收统一关税，议会应享有排他地征收关税、消费税的权力。就商品的生产或出口享有给予补贴的特权。

征收统一关税时，各州有关征收关税、消费税、就商品的生产或出口给付补贴的法律应失效，但在1898年6月30日前，经由或根据各州政府合法作出给付或同意给付补贴具有效力，其他情况下，一律无效。

第九十一条 ［给付补贴的例外］

本宪法的规定不得禁止各州就开采金矿、银矿或其他金属给予援助或给付补贴。获得联邦两院经决议明确同意时，亦不得禁止各州就商品生产或出口给予援助或给付补贴。

第九十二条 ［联邦境内的自由贸易］

就征收统一关税，各州之间无论通过陆上运输抑或通过海洋航运开展的贸易、商务、交流均应享有绝对自由。

尽管本宪法作出规定，但在征收统一关税前，各州进口的商品、各殖民地进口的在其成为州时一直保留的商品，在征收统一关税后两年内运给其他州时，相关商品负担向联邦支付进口商品的关税，但支付的进口关税额应少于其他相关商品支付的关税。

第九十三条 ［征收统一关税后五年内支付给各州］

征收统一关税后五年内，除非议会另作规定：

（1）就各州进口的商品并将该商品在其他州消费而征收的关税，在一州生产或加工商品并在其他州消费而支付的消费税应视为已在后一个州而非前一个州征收相关赋税；

（2）依照前项规定，联邦按照之前规定的征收统一关税的期间，平均地向各州分配税收、借贷支出和其他支出。

第九十四条 ［剩余分配］

征收统一关税五年后,议会有权按其视为公平的标准规定每月向各州支付联邦剩余的税收。

第九十五条 ［西澳大利亚州的关税］

尽管本宪法作出规定,若西澳大利亚州是一个创始州,则在征收统一关税后第一个五年内,该州有权就入其境内、但未超出联邦范围进口的商品征收关税。该关税由联邦获得。

但根据征收统一关税时,西澳大利亚州有效法律的规定,就商品征收的关税不得超过征收统一关税后第一个五年内的第一个年头可征收相关商品的赋税,且在第二个、第三个、第四个、第五个年头内,征收的关税分别不得超过之后关税额的五分之四、五分之三、五分之二、五分之一。根据本条规定征收的关税应在征收统一关税后五年时间届满时终止征收。

若在本条规定的五年时间内,就商品征收的关税高于联邦就进口类似商品征收的关税,则应就自联邦境外进口由澳大利亚州的商品征收同等关税。

第九十六条 ［财政援助各州］

联邦成立后十年内,且之后除非议会另作规定,议会就其认为适当的条件有权向各州提供财政援助。

第九十七条 ［审计］

除非议会另作规定,在殖民地成为或将成为州时,规定殖民地政府征收赋税、财政支出以及审查相关征收和支出的有效法律应以相同的方式适用于联邦在该州征收赋税、支出财政,且提及殖民地、殖民地政府或官员之处即可分别替换成联邦、联邦政府或官员。

第九十八条 ［包括航海和州铁路在内的贸易和商务］

议会就贸易和商务制定法律的权力应包括航海、船运、州的铁路资产。

第九十九条 ［联邦不得给予优先权］

联邦不得经贸易、商务、税收法律或其他规则给予某州、某州内的任一部分或任一部门以优先于其他州或其他部分的权力。

第一百条 ［不得限制用水权］

联邦不得经贸易、商务法律或其他规则限制州或其居民因生存或灌溉而合理使用河水的权利。

第一百〇一条 ［州际委员会］

设立州际委员会,根据宪法有关贸易和商务条款以及根据宪法制定的其他法律的规定,州际委员会在联邦境内享有议会认为因管理和维护所必要的裁判权和管理权。

第一百〇二条 ［议会有权禁止州的优先权］

议会有权经由规定贸易或商务的法律,或者,经州的机构,禁止州就铁路享有的不适当、不合理,或者,对某州不公平的优先权或遭致的歧视。其中,合理考量涉及州在铁路建设和维护中产生的财政责任。但根据本条规定,仅得经州际委员会裁决,始得确定优先或歧视为不适当、不合理,或者,对某州不公平。

第一百〇三条 ［委员的任命、任期和报酬］

州际委员会的成员:

(1)由在委员会的总督任命;

(2)任期七年,但其间,可由在委员会的总督在同一会期向议会两院证实法官有不端行为或不能履职而要求将之免职;

(3)获得议会规定的报酬;在其持续任职期间,不得减少该报酬。

第一百〇四条 ［特定费用的保留］

个先法不得就铁路运输的商品,州资产非法收取费用,即使州际委员会认为收取相关费用为州发展之必要,且就州境内的商品以及来自其他州的商品收取相同的费用亦不例外。

第一百〇五条① ［接管各州公债］

议会有权接管各州公债,或者依照联邦最新人口普查数据分别按照各州人口比例接管各州公债,亦有权变更、延长、合并各州公债或其中的任一部分。各州应就联邦接管的公债支付资金,之后,应在联邦向各州支付剩余税收时就州应承担的公债利息进行抵扣,但在剩余税收不足或没有剩余税收时,不足的费用或全部费用应由各州支付。

第一百〇五A条② ［就各州公债达成协议］

就下列内容,联邦有权就各州公债同各州达成协议:

(1)联邦接管州公债;

(2)公债管理;

(3)公债利息的支付,以及就同公债相关的偿债基金的规定和管理;

(4)公债的合并、延长、变更、偿还;

(5)就联邦接管的公债,各州支付给联邦的资金;

(6)由州、联邦或联邦为州借款。

本条生效前,为使相关协议发生效力,议会就此有权制定法律。

议会有权制定法律规定协议当事人执行协议。

协议可由当事人变更或废除。

---

① 经由1910年第3号法案第二条修改。
② 经由1929年第1号法案第二条增补。

尽管本宪法、州宪法、联邦或州议会法律作出规定,协议以及就协议的变动仍应约束联邦和州当事人。

本条赋予的权力不得被解释为以本宪法第一百〇五条规定的方式限制之。

第五章 各 州

第一百〇六条 ［宪法保留］
依照本宪法规定,联邦各州宪法在联邦成立时,或者,在州加入联邦或州成立时继续有效,直至依照州宪法修改之。

第一百〇七条 ［各州议会保留的权力］
在联邦成立时,或者,在州加入联邦或州成立时,已成为或将成为州的殖民地议会的权力应继续由其享有,除非本宪法规定将之排他地赋予联邦议会或者自州议会收回。

第一百〇八条 ［州法保留］
依照本宪法规定,已成为或将成为州的殖民地就同联邦议会权力范围内相关的事项制定的现行法律,在该州继续有效。除非以联邦议会之名义作出规定,否则,州议会有权修改并废止殖民地议会制定的、至该殖民地成为州时仍适用的法律。

第一百〇九条 ［法律不一致］
若州法同联邦法律不一致,则联邦法律享有优先效力,而州法同联邦法律不一致之处应无效。

第一百一十条 ［有关州长的规定］
本宪法有关州长的规定延伸适用于临时州长,亦适用于州其他首席执行官或州法管理者。

第一百一十一条 ［州有权交出领土］
州议会有权向联邦交出州的任一部分。若州向联邦交出领土,且联邦接受之,则州的这一部分领土排他地由联邦管辖。

第一百一十二条 ［因审查法律,州有权征费］
征收统一关税后,州有权就进出口、运入或运出该州的商品征收其认为审查州法所必需的费用。因此征收的一切费用的净收益应由联邦使用。相关审查法律可由联邦议会宣布无效。

第一百一十三条 ［酒精液体］
任何运往各州,或各州因使用、出售、储存而保留的经发酵、蒸馏或其他酒精液体应同在该州生产的类似液体一样遵守该州法律的规定。

第一百一十四条 ［各州不得招募武装力量;不得征收联邦或各州的财产税］
未经联邦议会同意,各州不得招募或保留海军或陆军,亦不得就属于联邦的财产征税,联邦亦不得就属于州的财产征税。

第一百一十五条 ［各州不得造币］
各州不得造币,仅得以金币和银币作为偿付债务的法定货币。

第一百一十六条 ［联邦不得就宗教立法］
联邦不得制定法律规定设立国教,不得强制信教,亦不得禁止信教自由。不得将宗教审查作为担任联邦公职或获取公信力的条件。

第一百一十七条 ［州居民的权利］
居住在州的女王臣民不得受制于其他州的不利条件或遭受其他州的歧视,而该不利条件或歧视未平等地给予居住在其他州的女王臣民。

第一百一十八条 ［认可州法律等］
联邦对各州法律、公共法案和记录、司法程序应给予充分的信任和尊重。

第一百一十九条 ［保护各州不受侵犯和暴力］
联邦应保护各州不受侵犯,并应根据州执行政府的申请抵制国内暴力。

第一百二十条 ［监禁违反联邦法律的罪犯］
各州应制定法律规定在其监狱拘留违反联邦法律的被告人或罪犯,并规定针对罪犯施以的惩罚。联邦议会有权制定法律使前述法律规范发生效力。

第六章 新 州

第一百二十一条 ［许可加入或成立新州］
议会有权许可加入新州或成立新州,亦有权为加入或成立行为制定或强加其认为适当的条件,包括在议会两院获得代表的范围。

第一百二十二条 ［领土管理］
议会有权制定法律规定经各州交给联邦并经联邦接受的领土的管理,有权规定女王有权给予并经联邦接受的领土的管理,亦有权规定经联邦以其他方式取得的领土的管理。议会认为适当,可允许这类领土在议会两院获得代表的范围和条件。

第一百二十三条 ［州领土的变更］
根据州议会的同意,并获得州多数选民就州领土问题的表决通过,联邦议会有权以其同意的条件扩大、缩小或以其他方式变更该州的领土面积,亦有权规定尊重同受影响的州相关的扩大、缩小或变更领土的行为和效力。

第一百二十四条 ［组成新州］
可由现有的州领土范围内分离而成立一个新州,但仅需获得原有州议会的同意,新州亦可通过合并两个或以上州或合并州的几部分而组成一个新州,但此时需获得相关州议会的同意。

第七章 杂 项

第一百二十五条 ［政府官邸］

联邦政府的官邸由议会决定，但应在联邦准予或取得的属于联邦领土的范围内，并且，官邸应在新南威尔士州，离悉尼不得少于一百英里。

联邦政府的官邸面积不得少于一百平方英里，且其应属于王室领地的组成部分赋予联邦，且无须支付任何费用。

议会于政府官邸召开会议前应在墨尔本开会。

第一百二十六条 ［女王授权总督任命代表］

女王可授权总督任命一名或以上的个人在联邦任一部分共同或分别代表总督。依照女王明确规定的限制或作出的指示，代表有权在总督授权下代表总督行使其认为适当的为委托的权力和职责。

第一百二十七条 ［计算人口时不得计入土著居民］

经由1067年第55号法案第三条废止。

第八章 宪法修改

第一百二十八条 ［宪法修改的方式］

除非根据下列方式，否则，不得修改本宪法：

修改宪法的法案应经议会两院绝对多数通过，且自两院通过后，至少两个月、至多六个月，应将法案提交各州以及有资格选举众议院议员的选民所在的领地。

若一议院经绝对多数通过该法律提案，但另一议院否决之或未通过之，或者，另一议院附修正案通过之，但该修正案未获前一议院同意，且经过三个月时间，前一议院在同一会期或下一会期经议员绝对多数再次通过未附有或附有另一议院作出或同意的修正案的法律提案，但另一议院否决之或未通过之，或者，另一议院附修正案通过之，该修正案未获前一议院同意，则总督有权将前一议院提交的，之后附有或未附有经两院通过修正案的最后法律提案提交各州选民以及有资格选举众议院议员的各领地的选民。

若将法律提案提交选民，则应依照议会规定的方式表决。除非在联邦境内统一选举众议院议员的选民资格，否则，在成年人拥有普选权的州仅得将投票支持和反对法案的选民的半数计入表决。

若在多数州投票的多数选民通过法案，且投票的全体选民中多数亦通过该法案，则应将该法案提交总督以获女王同意。

不得立法减少州在议会两院的比例代表，不得减少州在众议院获得代表的最低人数，不得增加、减少或以其他方式变更州的范围、以任何方式影响本宪法就前述情况的规定。但该法案经相关州投票的选民多数通过的除外。

本条中，"领地"即指代本宪法第一百二十二条规定的，现行法律允许其在众议院获得代表的领土。

附 表

宣 誓

我，（姓名），谨遵法律宣誓，我必将信仰并竭诚向女王维多利亚①及其继承人和继任者效忠。愿上帝福佑。

承 诺

我，（姓名），谨遵法律庄严而真诚地确认并宣告，我必将信仰并竭诚向女王维多利亚及其继承人和继任者效忠。

---

① 大不列颠及北爱尔兰联合王国国王或女王之名随时间替换。

巴巴多斯共和国宪法

(1966年通过,更新至2007年)

基于爱好自由体制和独立是巴巴多斯居民的特性;

基于总统和上述居民在1939年创立了议会;

基于1651年2月18日,居民决定保卫本岛屿自由、安全和福利,其通过总督、枢密大臣和议员宣布独立于英联邦;

基于上述居民的权利和特权受1652年1月11日移交英联邦的《巴巴多斯宪章》之确认[《巴巴多斯宪章》由帕勒姆的威洛比勋爵(总督)的高级专员同代表英联邦利益的高级专员起草];随着自由范围不断扩大,巴巴多斯人民不仅成功地抵制了攻击或削弱已被确认的权利和特权之企图,且不断扩大权利和特权。

因此,现在巴巴多斯人民:

宣布其是一个建立在承认上帝至上的权威、承认人的尊严、承认其不受侵犯地享有基本人权和自由、承认家庭在自由人和自由体制社会中的地位之基础上的主权国家;

信仰只有当自由建基于尊重道德和精神价值及法治基础上,方得保证个人和体制自由;

宣布其希望建立并维护人得竭尽全力在国家生活体制中发挥应有作用的社会的意向;

决定通过平等分配社会物质资源促进经济体制的运转,通过人人劳动和承认个人能力、诚实和特长来促进普遍的福利;

现公布巴巴多斯宪法:

第一章 宪法

第一条

本宪法是巴巴多斯的最高法律,任何其他法律均受本宪法之拘束。若其他法律与本宪法相抵触,则与宪法抵触部分无效。

第二章 公民资格

第二条

于巴巴多斯出生、在1966年11月29日是联合王国及其殖民地公民者,于1966年11月30日成为巴巴多斯公民。

未于巴巴多斯出生,但在1966年11月29日是联合王国及其殖民地公民者,若其父亲是巴巴多斯公民,则根据本条第一款之规定,其于1966年11月30日成为巴巴多斯公民。

若1966年11月29日为联合王国及其殖民地公民者,具备下列条件之一,则将于1966年11月30日成为巴巴多斯公民:

1. 根据《1948年英国国籍法》为该国公民者,因于该法生效前在巴巴多斯实行归化而成为英国公民;

2. 根据上述法律经归化或在巴巴多斯登记成为公民者。

第三条

于1966年11月29日同或曾经同下列人员结婚之女性,通过申请得登记成为巴巴多斯公民,若其是受英国保护者或外国人,则通过效忠宣誓而有资格经登记成为巴巴多斯公民。

1. 男方因第二条成为巴巴多斯公民;或——

2. 男方虽已去世,但若在其在世时已因第二条成为巴巴多斯公民。

符合下列条件之一的英联邦公民(已经成为巴巴多斯公民者除外)有资格经申请登记成为巴巴多斯公民:

1. 在1966年11月30日以前已在巴巴多斯连续居住至少七年;

2. 在巴巴多斯居住期间未在巴巴多斯境外连续居住至少七年。

但根据本款规定经登记成为巴巴多斯公民的权利将受国家安全利益或公共政策产生的例外或限制制约。

---

* 译者:王安琪。

于1966年11月29日同或曾经同依照第二款之规定经登记成为巴巴多斯公民者结婚之女性,有资格经申请登记成为巴巴多斯公民,若其为受英联邦保护者或外国人,则通过效忠宣誓得经登记成为巴巴多斯公民。

但根据本条经登记成为巴巴多斯公民的权利将受国家安全利益或公共政策产生的例外或限制制约。

根据本款提出的登记申请将按照有关申请的规定方式办理。但未满二十一周岁者和未婚或离异之女性不能作出申请,而应由其父母或监护人代为提出。

第四条

1966年11月29日之后出生于巴巴多斯者,将从其出生之日起成为巴巴多斯公民。

但在其出生时发生下述任一情况者不能根据本条规定成为巴巴多斯公民:

1. 其父享有女王依巴巴多斯政府头衔授予外国主权国家使节以诉讼和法律起诉豁免权,而其父母均非巴巴多斯公民;

2. 其父是某敌国侨民,且其出生在敌人占领区。

第五条

1966年11月29日之后出生于巴巴多斯境外者,出生时,若其父为巴巴多斯公民,则其在出生之日即成为巴巴多斯公民,其他情况下则根据本条或第二条第二款之规定。

第六条

在1966年11月29日之后同一个本来是或后来成为巴巴多斯公民者结婚之女性,通过法定方式提出的申请而有资格经登记成为巴巴多斯公民,若其是受英联邦保护者或外国人,则通过效忠宣誓得登记为巴巴多斯公民。

第七条

年满二十一周岁的巴巴多斯公民,并同时具备下列条件之一:

1. 同时是其他国家公民或国民;

2. 意欲成为其他国家的公民或国民;

得按照规定的方式通过声明和登记放弃巴巴多斯公民资格;

但是:

1. 在其登记宣布放弃之日不是其他国家的公民或国民者,若其在登记之日起六个月内未成为别国公民或国民,其仍是或被认为是巴巴多斯公民,即使其已作出放弃声明并作出登记。

2. 巴巴多斯处于战时,放弃巴巴多斯国籍的权利将受到国家安全利益或公共政策产生的例外或限制制约。

第八条

所有根据本宪法或议会法案成为巴巴多斯公民者,或根据本条之规定,适用其他国家现行有效法律成为相关国公民者,因其具有公民资格而享有英联邦公民身份。

根据《1948年英国国籍法》具备公民身份的英国国民,根据该法第二条继续为英国国民或根据《1965年英国国籍法》为英国国民者,将因具有该身份而享有英联邦公民的身份。

除议会另行规定,本条适用于联合王国及其殖民地、加拿大、澳大利亚、新西兰、印度、巴基斯坦、锡兰、加纳、马来西亚、尼日利亚、塞浦路斯、塞拉利昂、坦桑尼亚、牙买加、特立尼达和多巴哥、乌干达、肯尼亚、马拉维、马耳他、赞比亚、冈比亚、新加坡、圭亚那、博茨瓦纳、莱索托和南罗得西亚。

第九条

议会得就下列事项作出规定:

1. 未根据本章规定成为巴巴多斯公民者获得巴巴多斯公民资格;

2. 剥夺非因第二条第一款和第二款或第四条、第五条之规定成为巴巴多斯公民的其他人以巴巴多斯公民资格。

第十条

本章中:

"外侨"指非英联邦公民、非受英国所保护者、非爱尔兰共和国公民;

"受英国所保护者"指依照《1948年英国国籍法》受英国保护者;

"规定的"指由任何议会法案或根据议会法案作出的规定。

本章规定"某人的父亲",涉及非婚生者,应相应地解释为"某人的母亲"。

为实现本章规定,出生在任一个国家政府登记的船上或飞机上或未登记的船上或飞机上,应被认为是出生于相应船或飞机被登记之国。

本章规定"某人出生时其父亲的国民身份",若涉及其父亲死后出生的某人,则应被解释为其父亲死时具有的国民身份,若其父亲死于1966年11月30日以前而其生于1966年11月29日以后,或其父亲死于1966年11月30日,则其父亲当时已具有的国民身份被认为是其死时的国民身份。

第三章 保护个人的基本权利和自由

第十一条

基于巴巴多斯人人均应享有的个人基本权利和自由,即在必须尊重他人的权利和自由及公众利益的情况下,人人享有下列权利,不论其种族、出生地、政治见解、肤色、信仰和性别:

1. 人的生命、自由和安全；

2. 保护住宅和其他财产的私有性，保护财产不受无偿剥夺；

3. 法律保护；

4. 信仰、言论、集会和结社自由。

为保护上述权利和自由，本章下列各条款将发生效力。而限制的目的在于保证任何人不能因享有上述权利和自由而损害他人的权利和自由，不得损害公共利益。

第十二条

除经法院判决有罪，不得任意剥夺任何人的生命。

若经法律许可，且为实现下述目的，因合理正当地使用武力而死，则不应被认为是因违犯了本条而剥夺了生命：

1. 为保护他人免遭暴力或为保护财产；

2. 为执行合法的逮捕或为阻止被合法拘留者逃跑；

3. 为镇压骚乱、叛乱或兵变；

4. 为合法阻止他人犯罪，或因参与合法的战争而死。

第十三条

不得剥夺任何人的人身自由，但出现下列情况之一，由法院授权时除外：

1. 经法院作出终审定罪，且不论法院隶属于巴巴多斯还是其他国家；

2. 执行最高法院、上诉法院或议会指定的其他法院对某人因蔑视法院作出惩罚的命令；

3. 执行法院旨在确保履行法定义务的命令；

4. 为使某人出庭以执行法院的命令；

5. 根据巴巴多斯法律对某人已犯的罪行或即将犯的罪行抱有合理怀疑；

6. 对于未满二十一周岁者，根据法院的命令或征得其父母或监护人的同意，为实现其受教育和获得幸福之目的；

7. 为预防传染病或流行性疾病的扩散；

8. 在某人精神不健全或有根据地怀疑其精神不健全、沉溺于吸毒或酗酒，或游荡的情况下，为实现照顾、治疗该人或保护社会之目的；

9. 为阻止人员非法进入巴巴多斯，或为将其驱逐出境、引渡或用其他合法手段迁出巴巴多斯，或为禁止某人因获罪从一国引渡或转移至另一国时途经巴巴多斯；

10. 在必要的范围内执行一项要求某人留在巴巴多斯某一特定地区或禁止其留在某地区的命令，或在正当合理的范围内起诉某人以实现某种命令被，或在正当合理的范围内对某人在允许其访问巴巴多斯时给予限制。

对任何被逮捕或被拘留者应尽快用其知晓的语言告知其被逮捕或被拘留的原因，允许其立即自费聘请并指导其选择的法律顾问，该法律顾问须有资格在巴巴多斯作为大律师或初级律师执业。

若某人因犯罪或因即将犯罪的合理嫌疑而被逮捕或被拘留，在适当的时间内未受审判，则应在不损害起诉的情况下将其无条件地释放或按照适当的条件予以释放，这些条件包括保证使其在释放后出庭受审，包括预审起诉所必需的条件。

被非法逮捕或拘留者，有权从非法逮捕或拘留他者处获得赔偿。

任何法律规定之内容或按照该法律之行为，均不得与本条上述条款相抵触或相违背，除非有法律得授权在国家紧急状态时期采取正当的措施以应对国家紧急状态时期存在的局势。

对于因本条第五款中提到的法律而被拘留者，将适用下列规定：

1. 应在其被拘留后的五日内尽快用其知晓的语言向之提供书面声明，告知其被拘留的理由；

2. 在其被拘留后十四日内，应在公报上公布通告，说明其已被拘留并详述其被拘留所依据的法律条文；

3. 其得依照本款第 4 项之规定要求案件复审，但因其已提出这一要求，在提出要求后三个月期满前，不得重复提出；

4. 若已根据本款第 3 项提出要求，则应在提出要求后一个月内由一个依法建立的独立公正的法庭复审，法庭由首席法官从有资格在巴巴多斯作为大律师或初级律师执业者中任命一人主持；

5. 应向其提供适当的便利以便其能同自费聘请的、自己选择的法律顾问（有资格在巴巴多斯作为大律师或初级律师执业者）进行商量和指导，应许可其本人和法律顾问向被指定复审其案件的法庭提出书面或口头陈述，或两种形式同时并用。

对于由法庭按照第五款对被逮捕者的案件进行的复审，法庭得向下达指令的当局提出有关继续拘留的必要性或权宜之计的建议，但是，除非由法律另行规定，否则该当局不一定按照建议行事。

当任何人因第五款中提到的法律而被拘留时，总理或总理授权的一名部长应在拘留开始后三十日内以及提出上述报告之后三十日内向两院提出报告，说明上述被拘留者人数和命令拘留的当局未按照第六款所指定的法庭建议行事的案件数量。

但是，在计算本款提到的三十日时间时，议会休会期间或解散期间不应予以考虑。

第十四条

不得将任何人置于奴隶或劳役状态。

不得强迫任何人劳动。

本条所指的"强迫劳动"不包括：

1. 因法院的判决或命令而要求从事的任何劳动；

2. 任何人在其被合法拘留期间需要从事的劳动，这种劳动虽然不是法院的判决或命令所要求，但是为维护被拘留者的健康或拘留者所在地的供给所必需；

3. 对一支纪律部队的成员在履职时要求从事的劳动，或在其真心实意地拒绝作为海、陆、空军部队的一员服役的情况下，按照法律要求其从事代替服兵役的劳动；

4. 当巴巴多斯处于战时或可能发生威胁社会生活或幸福的飓风、地震、水灾、火灾或其他类似灾难时，为应付战争状态和灾难而要求从事的劳动。

第十五条

任何人都不得受到拷问或非人的或有辱人格的惩罚或其他类似待遇。

任何法律规定之内容或根据该法律之行为，都不得与本条相抵触或相违背，除非有关法律得授权处以或实施1966年11月30日以前在巴巴多斯为合法的惩罚。

第十六条

不得强制性地占有任何财产，不得强制性地获得财产上的利益或权利，但根据成文法授权者以及成文法有关获得或占有的条款者除外。

任何法律所规定之内容或根据该法律之行为，都不得与本条相抵触或相违背，但是：

1. 除非该法律为下述目的而作出有关占有或获得任何财产的规定：

(1) 满足对任何租税、关税、地方税、田赋税或其他税的征收；

(2) 因违法课以的罚金或因违法而实行的没收；

(3) 作为租借、租用、抵押、收费、卖据、担保、合同、赠予、许可证或执照的事宜；

(4) 执行法院在决定公民权利或义务的诉讼程序中所作的判决或命令；

(5) 在因财产处于危险状态或有损于人类、动物或植物的健康而必须这样做时；

(6) 由于任何有关限制行动的法律；

(7) 只要为进行检查、调查、审判或询问所必需，或在土地事宜上为了贯彻有关土壤保持或其他自然资源保护的工程或有关农业开发和改进的工作所必需；或者——

2. 除非该法律作出有关占有或获得下列财产的规定：

(1) 敌产；

(2) 死者或精神不健全者或未满二十一周岁者的财产，目的是处分财产有利于从中获利者；

(3) 被宣判破产者的财产或破产的公司的财产，目的是处分财产有利于破产人或破产公司的债权人，亦有利于其他有权从财产中获利者；

(4) 受制于托拉斯的财产，目的是根据法院或按照法院命令建立托拉斯的文件将财产给予任命为受托者，以便使托拉斯生效。

任何法律包含的内容或根据法律之行为，都不得与本条相抵触或相违背，除非有关法律规定，为市场准备因而为市场制造的任何农产品、矿产品、商品或物品提供有组织的出售、生产、种植或采掘，或者合理限制财产有利于保护他人的利益或保护租借者、持有者或对这种财产拥有所有权的其他人的利益。

法律包含的内容或按照该法律之行为，都不得认为与本条相抵触或相违背，除非该法规定，得为了公共利益而强制性地占有任何财产，或为了公共利益而强制性地获取对财产的利益或权利，而该财产、利益或权利被某个为了公共目的由法律直接建立的公司所拥有，其中除了由议会或由前巴巴多斯殖民地设立的立法机构提供资金。

第十七条

未经本人同意，不得搜身，其财产也不受查查，他人不得闯入其住宅。

任何法律包含的内容或根据该法律之行为，都不得与本条相抵触或相违背，除非该法为了下述目的得作出合理的必要规定：

1. 为了防御、公共安全、公共秩序、公共道德、公共卫生、城镇规划、矿产资源的开发或利用、或能促进公共福利的任何其他资产的开发或利用；

2. 为保护他人的权利或自由；

3. 为授权中央政府的官员、代理人或地方政府机构的官员、代理人或依法直接建立的公司的管理人员或代理人，为了公共目的进入他人住宅，为租税、关税、地方税或其他税务事宜而检查住宅以及住宅内的任何物品，或为了执行与住宅的合法财产有关的工作，或执行根据具体情况属于中央政府或该地方当局、公司的工作；

4. 为了授权按照法院的命令进入住宅以便执行法院判决或命令；

5. 为了授权进入他人住宅以达到阻止或侦察犯罪行为之目的。

第十八条

若任何人被指控犯罪，除非该指控被撤销，否则该案件应在适当时间内由一个依法建立的独立公正的法院进行公正审理。

凡被指控犯罪者，

1. 在他被证明有罪或他服罪之前应被认为无罪；

2. 应尽快地用其知晓的语言详细通知其被指控犯罪的性质；

3. 应给予其足够的时间和便利为辩护作准备；

4. 应允许其本人或由其选择的代表出庭为之辩护；

5. 应提供方便由他本人或代表对法院起诉申请的证人进行审查，获准出庭以及按照适用于起诉申请的证人相同条件对证人进行审查，以便出庭替他做证；

6. 若其不知晓审判语言，应允许免费获得一名翻译帮助，除经其本人同意外，审判不得在其缺席的情况下进行。但其行为已表明他亲自出庭不切实际，且法院已指示得缺席审判的除外。

刑事审判后，得在适当时间内向被告或被告授权的任何人提供一份由法庭或代表法庭有关起诉的录音复制品，其他情形下，经被告人提出要求并支付法定的适当费用时，亦适用。

任何人不得因为作为或不作为发生时不构成犯罪而被认为犯有刑事罪；对任何刑事罪的惩罚，在程度上和性质上不得给予比在犯罪时处以的惩罚更严厉。

任何人若表明他已因某一刑事罪而被管辖法院审判，无论被宣告有罪还是无罪，都不得再次因同一罪行而受审，也不得在审判该罪行时因他可能被判有的任何其他刑事罪而受审，根据上级法院在宣判有罪或无罪的起诉中下达命令者除外。

任何人若表明其所犯的罪行已获赦免，则不得因该项罪行而受审。

不得强迫因犯罪而被审判者在审判时提供证据。

法律规定确立任何公民权利或义务的存在或范围而规定建立的法院和其他法庭，相关法院和法庭应独立和公正；相关诉讼应由法院或其他法庭受理，且应在适当的时间内对案件进行公正的审理。

除经诉讼双方同意，每个法院的全部起诉和任何其他法庭作出的决定，包括法院或其他法庭的宣判，均应公开。

本条第九款之规定不得妨碍法院或其他法庭在下列范围内将诉讼各方及其代表排除在诉讼程序之外：

1. 法院或其他法庭得依法授权，以及在公开会有损于公理正义的情况下，或在起诉过程中或为了尊严、公共道德和十八周岁以下者的福利，或为了保护与诉讼有关者的私生活，认为这样做是必要的或适当的，或——

2. 为了防御、公共安全或公共秩序，法院或其他法庭得依法授权或要求。

任何法律规定的内容或根据该法律之行为，均被认为不得与下述条款相抵触或相违背：

1. 本条第二款第1项，该法强迫被指控犯有刑事罪的任何人有责任证明某些事实；

2. 本条第二款第5项，若被请来为被告做证的证人的费用从公共资金中支出，则必须满足该法规定的各种条件；

3. 本条第五款，该法授权法院以刑事罪审判一支纪律部队的成员，尽管根据那支部队的惩戒法对那个成员进行了审判并宣判了他有罪或无罪，但是，对这种人员进行审判并给他定罪的法院在判处他任何惩罚时应根据该惩戒法将他应得到的任何惩罚考虑进去；

本条第二款第4项中的规定不得被解释为使某人有权以公共开支聘请法律代表。

第十九条

除经本人同意，不得阻止任何人享有信仰自由，根据本条规定，上述信仰自由包括思想和宗教自由、改变其宗教或信仰的自由，在做礼拜、讲义、仪式和典礼中得表明或宣传其宗教或信仰、无论是单独地或与其他人一起，公开地或私下地。

各宗教团体均有权自费建立和保留教育场所以及管理任何由它完全保有的教育场所。

不得阻止任何宗教团体在由该团体提供的任何教育的过程中向该团体成员提供宗教教导，而不管其是否接受政府津贴、补助或其他形式的财政援助。

除经本人同意（若是未满二十一周岁者，则经其保护人的同意），若该教规、典礼或仪式涉及不是他本人所信仰的宗教的话，不得要求上学者接受教规、参加或出席任何宗教典礼或仪式。

不得强迫任何人作出与其宗教或信仰相悖的宣誓，或以与他的宗教或信仰相悖的方式作出宣誓。

任何法律规定之内容或根据该法律之行为，在该法律规定的下列范围内，将不得认为与本条相抵触或相违背：

1. 作出规定是为了下述目的之必需：

（1）为了防御、公共安全、公共秩序、公共道德或公共卫生；或——

（2）为了保护其他人的权利和自由，包括任意干涉任何其他宗教教徒的情况下信仰宗教和从事任何宗教职业的权利；或——

2. 在有关教育场所包括在这种场所提供的任何教导（非宗教教导）方面所要求的标准或条件的规定。

本条所提及的宗教应被解释为包括宗教派别，类似的措施也根据该条解释。

第二十条

除经本人同意，不得阻止任何人享受言论自由，根据本条规定,上述言论自由包括不受干涉地表达意见的自由、不受干涉地接受思想和信息的自由、不受干涉地交流思想和信息的自由,以及进行通信或其他通信方式而不受干涉的自由。

任何法律规定之内容或根据该法律之行为,除该法律规定的下列范围外,不得被认为与本条相抵触或相违背:

1. 作出规定是为了防御、公共安全、公共秩序、公共道德或公共卫生所合理必需;

2. 作出规定是为了保护他人的声誉、权利和自由或法律起诉中有关人员的私生活,为了防止泄露秘密收到的情报,维护法庭的权威和独立性或为了规定对电话、电报、邮电、无线电广播、电视或其他通信手段的管理或技术操作或对公共展览或公共娱乐的管理所合理要求的;

3. 作出规定对公务员或一支纪律部队的成员施加限制。

第二十一条

除经本人同意,不得妨碍任何人享有集会或结社的自由,即任何人为保护自身利益而有权自由地集会和与他人结社,特别是成立或加入政党或成立或加入工会或其他协会。

任何法律规定之内容或根据该法律之行为,不得与本条相抵触或相违背,除非该法作出如下规定:

1. 为了防御、公共安全、公共秩序、公共道德或公共卫生所合理要求的规定;

2. 为了保护他人的权利或自由所合理要求的规定;

3. 对公务员或一支纪律部队的成员施加限制的规定。

第二十二条

不得剥夺任何人迁徙的自由,即任何人有权在整个巴巴多斯自由通行,有权居住在巴巴多斯任何地区,有权进入巴巴多斯,有权离开巴巴多斯和不得被驱逐出巴巴多斯。

由于某人被合法拘留而对其行动自由施加的任何限制,不应被认为与本条相抵触或相违背。

任何法律规定之内容或根据该法律之行为,不得与本条相抵触或相违背,除非该法作出如下规定:

1. 为了防御、公共安全或公共秩序的合理需要而对任何人在巴巴多斯迁徙、居住或对任何人离开巴巴多斯的权利规定限制;

2. 为了防御、公共安全、公共秩序、公共道德或公共卫生的合理需要而对一般人或任何类别人员在巴巴多斯境内的迁徙或居住或对其离开巴巴多斯的权利规定限制;

3. 对非巴巴多斯公民的任何人在巴巴多斯境内的迁徙或居住规定限制将这类人排斥或驱逐出巴巴多斯;

4. 对获得或使用巴巴多斯的土地或其他财产规定限制;

5. 或者是由于某人根据巴巴多斯的法律被发现犯有刑事罪,或者是为了确保他能在稍后日期因这种刑事罪出庭受审,或者是由于对他的预审起诉或者是有关引渡他出巴巴多斯或合法地离开巴巴多斯的起诉而根据法院的命令对任何人在巴巴多斯境内迁徙或居住,或对任何人离开巴巴多斯的权利规定限制;

6. 对公务员或一支纪律部队的成员在巴巴多斯境内迁徙或居住,或离开巴巴多斯的权利规定限制;

7. 规定下列人员必须离开巴巴多斯:

(1)根据某国的法律而接受该国对刑事罪的审判或刑罚;

(2)到某国去服刑以执行法庭按照他被定罪的巴巴多斯法律对刑事罪的判决;

(3)为了执行法院根据巴巴多斯法律关于对某一特定年龄的罪犯的处置所发布的命令而被某国的一个机构所拘留,或——

(4)按照巴巴多斯法律关于患有精神缺陷或精神病者的规定而被拘留在医院或其他机构给予照顾或医疗;

8. 为了确保履行法律强加于任何人的任何义务的合理要求而对该人员离开巴巴多斯的权利规定限制。

对于某人的迁徙自由因本条第三款第1项中提到的规定而被限制的情况,将适用下列规定:

1. 应尽快地和无论如何在限制开始实施后的五日内用该人员所能理解的语言,向他提供一份书面声明,说明实行限制的理由;

2. 在限制开始实施后的十四日内,应在《公报》上发表一则布告,陈述迁徙的自由已被限制,并且详述授权实行限制的法律条文;

3. 某人得不断要求按照第4项的规定对他的案件进行复审,但由于他已提出了这种要求,在从提出先前的要求起的三个月期满之前,不得随后再提出要求;

4. 基于根据第3项提出了要求,案件应在提出要求后的一个月内由依法建立的独立公正的法庭进行复审,并由首席法官从有资格作为大律师或初级律师在巴巴多斯执业者当中任命一人主持;

5. 应向他提供适当的便利使他能同他自费聘请的、自己选择的法律顾问——有资格作为律师或初级律师在巴巴多斯执业者——进行磋商和对他指导,应许可他和任何这一类的法律顾问向被委托复审其案件的法庭作书面的或口头的陈述或同时作这两种形式的陈述。

对于由法庭依照本条第四款对任何人的迁徙自由予以限制的案件进行的任何复审,法庭得向它下达命令的当局提出有关继续实行该项限制的必要性或办法的建议,但是,该当局并非一定要按照这些建议行事,法律另有规定的除外。

第二十三条

以下受本条规定的约束:

1. 任何法律不得对法律本身或对法律的实施规定任何歧视性条款;

2. 任何人不得被按照任何成文法行事或行使任何公职或任何公共权力职能的任何人给予歧视性对待。

本条中,"歧视性"一词指对不同者给予不同的对待,这完全或主要归因于他们各自的种族、出生地、政治见解、肤色或信仰方面的类别,由此,某一类人要受到另一类人所不应受到的行为能力被剥夺或限制,或某一类人被授予另一类人所得不到的特权或有利条件。

对下述规定的法律,本条第一款第 1 项不得适用:

1. 关于非巴巴多斯公民者;

2. 关于继嗣、结婚、离婚、葬礼和因去世或其他私人法律问题引起的财产转移;

3. 由此在本条第二款中提到之人可能被剥夺行为能力或受到限制或可能被授予特权或有利条件,考虑到特权和有利条件的性质以及那些人或任何其他人的具体情况,给予特权或有利条件是正当的;

4. 关于授权在国家紧急状态期间为对付当时存在的局势所采取的正当措施;

5. 关于中央政府或地方政府为当地利益而实行征税和岁入拨款。

任何法律规定之内容,被认为不得与本条第一款第 1 项相抵触或相违背,除非该法对被任命在公共部门中担任公职、在纪律部队中,地方政权中或在依法为公共目的而建立的公司中担任职务者所需具备的资格和条件(不是具体有关种族、出生地、政治见解、肤色和信仰的标准或条件)作出规定。

本条第一款第 2 项不适用于明确地或通过必要的暗示被授权由本条第三款或第四款中提到的法律条款作出之事。

任何法律规定之内容或根据该法律之行为,不得与本条相抵触或相违背,除非该法作出规定,使有关本条第二款中提到之人享有第十七条、第十九条、第二十条、第二十一条和第二十二条保障之权利和自由遭受限制,这种限制受第十七条第二款、第十九条第六款、第二十条第二款、第二十一条第二款或第二十二条第三款之认可。

本条第一款第 2 项不得影响本宪法或其他法律授予任何人在法院有关民事或刑事诉讼程序的规定、实施或撤销的决定权。

第二十四条

根据本条第六款的决定,若任何人断言对他的处罚已经、正在或可能违背了第十二条至第二十三条的规定(或在某人被拘留的情况下,任何其他人断言对于被拘留者的处理也有违背上述规定之事),那么,在不损害对法律上有效的同样问题采取其他行动的情况下,某人(或其他人)得向高等法院要求纠正。

高等法院对下述情况享有初审裁判权:

1. 审理和决定由任何人按照本条第一款提出的任何申请;

2. 就因按照本条第三款中所提到的任何人而出现的任何问题作出裁定,以及得发布它认为对确保第十二条至第二十三条的任何条款得以实施是合适的命令、令状和指示;

但是,若有关人员根据其他法律获得或已经获得充分的诉讼方式,则高等法院不得执行本款的规定。

若在从属于高等法院的法院的诉讼中,发生违背第十二条至第二十三条之情形,该法院院长应把问题提交高等法院,但其认为问题的提出纯属无意义或诬告的除外。

对于按照本条第三款提交给高等法院的问题,高等法院应对问题作出决定,提出问题的法院将按照该决定处理该案,或者,若该决定根据本宪法向上诉法院或加勒比海法院提出,则遵循上诉法院或根据具体情况遵循加勒比海法院的决定来处理该案。

除本条授予的那些权力,议会还得授予高等法院以议会认为是为了使高等法院更有效地行使本条授予它的司法权所必需的或希望得到的权力。

议会得制定有关诉讼手续和诉讼程序的条款:

1. 高等法院关于根据本条或由本条授予它的司法权和职权方面的诉讼手续和诉讼程序;

2. 高等法院和上诉法院就高等法院在行使这种司法权的过程中所作出的决定向上诉法院提出的上诉的诉讼手续和诉讼程序;

3. 下级法院关于根据第三款提交高等法院裁定书的诉讼手续和诉讼程序;

包括有关任何申请、裁定书或上诉书应该或得提出或递交的时间的规定;法院章程得制定有关上述问题的规定,这些规定受以这一方式制定的任何条款的约束。

本条中,"上诉法院"与第八十七条中的"上诉法院"含义相同。

第二十五条

本章中,"国家紧急状态时期"指下述期间:

1. 巴巴多斯战时;

2. 总督有效地发布公告,宣布国家处于紧急状态;

3. 议会各议院有效地通过由该院全体议员中不少于三分之二的多数票支持的决定,宣布巴巴多斯的民主制度受到颠覆威胁。

总督根据本条第一款发布的公告将无效,除非公告宣布总督确信:

1. 国家紧急状态是由巴巴多斯同另一国之间的战争状态迫在眉睫,或由于地震、飓风、水灾、火灾的发生,疫情和流行性疾病的发生或其他灾难而引起的;或——

2. 已经采取措施或立即受到威胁,而且威胁范围如此广泛,以致很可能危及公共安全或可能使整个社会或社会中相当一部分人失去生活所必需的供应或服务。

总督为实施本条而发布的公告,将保持有效期一个月或不超过六个月的更长时间,或众议院得通过获得该院全体议员的多数票支持的决议以作出决定,除非公告先前已被废除。

但是,这种公告用同样方式通过的决议得予以不断延长,但不得超过六个月,得在任何时候通过受到众议院全体议员中的多数票支持的决议予以撤销。

议会某一院为执行本条第一款第 3 项所通过的决议,得在任何时候通过受到该院全体议员的多数票支持的决议予以撤销。

第二十六条

任何成文法的规定之内容或根据该法律之行为,均不得被认为与第十二条至第二十三条的任何规定相抵触或相违背,除非有关法律:

1. 是一部在 1966 年 11 月 30 日以前制定或订立的法律(在本条中称为"现行法"),而且从该日起一直是巴巴多斯法律的一部分;

2. 废除和不加变更地重新制定现行法;

3. 变更现行法但并不因此裁决该法与第十二条至第二十三条相抵触,但就其意义或范围而言,以前并不是与此相抵触的。

本条第一款第 3 项中提到的变更现行法,包括废除它和重新制定现行法,或作出不同的规定来代替它和修改它;第一款中的"成文法"包括具有法律效力的任何文件,在本款和本条第一款中提到的废除和重新制定现行法也将据此解释。

第二十七条

本章中:

"违背",就所规定的任何条件而言,包括不能遵守该项条件;

"法院",除根据惩戒法建立的法院以外,指在巴巴多斯有司法权的任何法院,包括女王会议,以及:

1. 就违反惩戒法的犯罪而言,包括按照第十二条,第十三条,第十四条,第十八条第二、三、五、八、九、十款,第二十二条和第二十三条第七款中的这一法律所建立的法院;

2. 就违反惩戒法的犯罪而言,包括按照第十三条、第十四条和第二十三条第七款中被授权对该犯罪行使审判权的任何人或当局。

"惩戒法",指对任何纪律部队规定纪律的法律。

"纪律部队",指:

1. 海军、陆军或空军部队;

2. 警察部队;

3. 狱吏;

4. 火警部队。

"法律代表",就任何法院或其他法庭而言,指被授权在这种法院或法庭面前作为大律师或初级律师执业者;

"成员",就纪律部队而言,包括按照规定该种部队纪律的法律而受该纪律约束之人。

在第十二条、第十三条、第十七条和第二十二条中提到的刑事犯罪应被解释为包括违反惩戒法的犯罪,在第十八条第二款至第七款和第十一款第 1 项中提到的关于按照惩戒法设立的法院的诉讼程序也应作类似解释。

对于根据除巴巴多斯以外的任何国家的法律招募并合法来到巴巴多斯的纪律部队的成员的任何人,该部队惩戒法规定之内容或按照该法律之行为,不被认为与第十二条至第二十三条的规定相抵触或相违背。

第四章 总督

第二十八条

设立巴巴多斯总督,由女王陛下任命,在女王认为合当时任职,是女王在巴巴多斯的代表。

第二十九条

每当总督的职位出缺或担任该职务者不在巴巴多斯或出于任何其他原因而不能行使其职位的职责时,其职责将由下列人员行使:

1. 女王临时指定者,其必须当时在巴巴多斯,并能行使总督职责;

2. 每当巴巴多斯还没有人被这样指定和不能行使那些职责时,由担任首席法官职务者行使;

3. 若第 2 款中提到的首席法官的职位亦出缺或担任该职务者不在巴巴多斯或出于任何其他原因不

能行使那些职责时,由参议院议长行使。

根据本条,担任总督职务者或根据本条第一款第1项或第2项被指定的任何人,根据第三十条任命的代表还存在时,则不应被认为不在巴巴多斯或不能行使总督职位的职责。

第三十条

若总督:

1. 将短暂离开巴巴多斯;

2. 正患有他有理由认为将是持续很短的疾病,他得遵循总理的建议,通过盖有国玺的文件,任命在巴巴多斯的任何人在他缺席或患病期间担任他的代表并以该身份代表他行使该文件明确规定的总督职位的职责。

总督的权力与权威不应因根据本条任命的代表而被剥夺、变更或受到任何影响,代表在行使本应由总督随意行使或同任何人或机构协商后行使的任何职责时,应遵照或遵循总督以同样的方式向他发布的任何指示;

但是,代表是否遵照或遵循这类指示的问题不应在任何法院予以查究。

根据本条被任命为代表者,应在规定期间任职,但总督遵照总理的建议得随时撤销对他的任命。

第三十一条

议会得规定组成总督私人职员的办事处,以支付职员薪金和津贴并用以支付总督办事处的其他费用。

本条第一款所规定的薪金和其他费用,特此规定从"统一基金"中提取和支付。

任命根据本条第一款暂时指定即将组成总督私人职员的办事处的权力,以及对担任或行使任何这类职务者予以撤销并实行纪律监督的权力,应授予总督,由他根据自己的判断行使,但需受本条第四款规定的约束。

总督得任命他从"公职委员会"提出的名单中挑选出来的公务员担任本条第一款中规定的任何职务,但是:

1. 本条第三款适用于总督私人职员任职,而不是作为公务员任职这样被任命的官员;

2. 被此任命的官员在其继续担任总督私人职员的职务期间,不得履行任何公职的职责;

3. 被这样任命的官员得随时被总督任命担任或重新担任公职,若"公职委员会"作如此推荐的话,而他将由此辞掉他在总督私人职员中的职务,但是,总督得根据自己的判断拒绝解除该官员的职务。

本条第一款中规定的作为组成总督私人职员的所有职务,为贯彻第八章的宗旨起见,应被认为是公职。

第三十二条

总督在行使其职责时,应遵循内阁的建议或根据内阁权限行事的一名部长的建议,但行使下述职责时除外:

1. 明文规定由总督按照除内阁以外的任何人或当局的建议或意见,或征得其同意,或在同其协商后行使的任何职责;

2. 明文规定由总督根据自己的判断行使的任何职责。

本条第一款不适用于由本宪法下列条款授予总督的职责,这些条款是:

1. 第六十六条第二款要求总督在某些情况下撤销对总理的任命;

2. 第六十一条第二款;

3. 第八十四条第四款。

对于总督奉命依照任何人或当局的建议去行使任何职责,他应按照上述建议行使该职责,条件是:

1. 在总督依照此建议行事之前,他得根据自己的判断将该建议一次退回给有关者或当局重新考虑;

2. 若该人或当局在重新考虑了第1项中的原建议后,就此提出了一项不同的建议,本条各项将如同适用于原建议一样也将适用于那个不同的建议。

总督在同任何人或当局协商后奉命行使任何职责时,他没有必要按照该人或当局的意见行使该职责。

总督奉命按照任何人或当局的建议或意见,或征得其同意,或经与其协商后行使任何职责时,关于他是否如此行使该职责这一问题,不应在任何法院中予以查究。

总督按照总理在同反对党领袖协商后提出的建议奉命行使任何职责时,应采取下列步骤:

1. 总理将首先同反对党领袖协商,然后向总督提出他的建议;

2. 然后总督将该建议通知反对党领袖、若反对党领袖也同意,总督将照此建议行事;

3. 若反对党领袖不同意该建议,总督也应将此情况通知总理并将该建议退交总理;

4. 然后总理向总督提出建议,总督将按照该建议行事。

本宪法中所提及的总督的任何职责,应被解释为他在行使巴巴多斯行政权的权力和职责,以及被本宪法或根据本宪法或任何其他法律授予或加于他作为总督的任何其他权力或职责。

第三十三条

总督为了对需加盖国玺的一切文件进行封印而保有和使用国玺。

第三十四条

根据第二十九条被任命总督职务或承担该职务职责者,在其承担该职务的职责之前,应按照第一套计划规定的形式举行效忠宣誓和正当地行使总督职务的宣誓并在宣誓上签名,这种宣誓由首席法官或首席法官指定的其他法官负责。

第五章 议会

第一节 议会组成

第三十五条

设立巴巴多斯议会,议会由女王、参议院和众议院组成。

第三十六条

参议院按照本宪法规定由有资格被任命为参议员的二十一人组成,他们按照本条规定获任命。

十二名参议员由总督按照总理建议,通过盖有"国玺"的文件任命。

两名参议员由总督按照反对党领袖建议,通过盖有"国玺"的文件任命。

七名参议员由总督按照自己判断,通过盖有"国玺"的文件任命。他们分别代表宗教、经济和社会利益集团或总督认为该代表的其他利益集团。

但是,根据本条任命任何人之前,总督应同自己认为能代表这些利益集团以及应当征求其意见的这些人进行协商。

第三十七条

符合下列条件者将有资格被任命为参议员,但须受第三十八条的制约:

1. 年满二十一周岁的英联邦公民;
2. 成为参议员之前的十二个月已通常居住在巴巴多斯。

第三十八条

下列人员没有资格经任命成为参议员:

1. 众议院议员;
2. 以自己的行动对某外国表示效忠、服从或忠贞;
3. 担任或正在行使法官、检察官或总审计长的职务;
4. 被英联邦法院判处死刑或正在服超过六个月的徒刑,或由相应当局代替法院对之判处其他徒刑或正在服业已中止的徒刑;
5. 根据巴巴多斯现行法律之规定,被证明是精神错乱或被断定精神不健全者;
6. 根据巴巴多斯现行法律之规定,被断定或被宣布破产和没有偿还债务者;
7. 根据巴巴多斯现行法律之规定,在选举中因贪污腐化或非法行为被定罪而被剥夺成为众议院议员的资格。

在不损害本条第一款第3项的情况下,议会得规定某人因属以下情况者没有资格被任命为参议院议员,但需受议会规定的例外和限制的约束。

1. 担任或正在行使由议会单独规定的职务或任职,或者由议会提到的某一类职务或任职;
2. 参加巴巴多斯的武装部队或属于由这种部队组成之人;
3. 参加巴巴多斯的警察部队或属于由这种警察部队组成之人。

为实现本条第一款第4项之规定,作如下规定:

1. 要求连续服两个或以上徒刑,若任何一项徒刑均未超过六个月,则属于单独判决,但若其中任何一项判决超过六个月,则被认为是一项判决;
2. 不应考虑作为判刑的替代物或因不支付罚金而判处的徒刑。

第三十九条

1. 在下述情况下,参议员的议席出缺:

(1)在他被任命为参议员后的下一届议会解散之时;

(2)若经他同意被提名为众议院选举的候选人;

(3)若他在参议院开会的任何时候离开巴巴多斯超过四十日的时间,而没有按照本条第二款规定经参议院议长的批准;

(4)若他不再是英联邦公民;

(5)若他不是参议员,若出现的任何情况会使他因第三十八条第一款第2项至第7项或因按照第三十八条第二款制定的任何法律而被剥夺任命为参议员的资格,但需受本条第三款规定的制约;

(6)在参议员是按照总理的建议或按照反对党领袖的建议而被任命的情况下,若总督通过盖有"国玺"的文件,遵照总理的建议或按照反对党领袖的建议行事,根据情况得宣布该参议员的席位出缺;

参议院议长得批准一名参议员离开巴巴多斯一段时期,但任何一次不得超过六个月。

2.(1)若因为某参议员被判刑或监禁、被断定精神不健全、被宣布破产或被定罪或据报有罪或在选举中贪污腐化或有违法行为而发生了本条第一款第5项中提到的情况,而且若该参议员得对该判决起诉(或者经法院或其他当局的许可,或者不经任何许可),他应立即停止行使其作为参议员的职责,但这需受本条第一款第2项的制约,在那以后的三十日期满之前,他不得辞去他的席位。

但是,参议院议长得应上述参议员的要求,将那个期限再延长三十日,以便该参议员能对该判决继续

起诉,但是,若未经参议院通过决议案的方式表示同意,延长时间的累计数不得超过一百五十日;

(2)若根据任何判决,上述情况继续存在,而参议员已无进一步上诉的余地,或若由于进行上诉或上诉通知的任何期限已届满,或拒绝给予上诉的准许或出于任何其他原因,而不再接受该参议员的上诉时,该参议员应立即辞去其席位;

(3)若在该参议员辞去其席位前的任何时候,上述情况已不复存在,那么在本款第1项提到的期限届满时,他的席位将不出缺,他得重新行使其作为参议员的职责。

第四十条

参议院在议会解散之后举行第一次会议时,或在着手办理任何其他事务之前,应选举一名非部长或非议会秘书长的参议员为参议院议长,每当参议院议长的职位因解散议会以外的任何原因而出缺时,参议院应在不迟于出缺后举行第二次会议时选举另一名参议员填补该职位。

参议院在议会解散之后举行第一次会议时,就尽快地选举一名非部长或非议会秘书长的参议员为参议院副议长,每当参议院副议长的职位因解散议会以外的任何原因而出缺时,参议院应一有方便就选举另一名参议员填补该职位。

下列人员将辞去其参议院议长或副议长的职务:

1. 若他向参议院宣布辞去其参议员职务,或者若参议院议长向参议院秘书长递交书面辞呈或参议院副议长向议长递交书面辞呈(若议长的职位出缺或议长不在巴巴多斯时,则向参议院秘书长递交书面辞呈),则他应辞去该职务;

2. 若他不再是参议员;

但是,若参议院议长仅在议会刚解散至议会解散之后参议院举行第一次会议之前这段时间不是参议员,则他不应辞去其职务;

3. 若他被任命为部长或议会秘书长;

4. 若他因第三十九条第三款的规定而被要求停止行使其作为参议员的职责;或——

5. 副议长若当选为议长。

第四十一条

众议院由二十四名议员或由议会得规定的更多的议员组成。

众议院议员应按照本宪法的规定有资格当选为众议员并已按照巴巴多斯现行法律所规定的方式当选者。

第四十二条

规定选举众议院议员的法律:

1. 包括将巴巴多斯划分为若干选区的条款;

2. 包括旨在确保享有投票权者尽可能地在众议院议员选举中获得进行这种投票的适当机会的条款;

3. 包括有关进行参议院议员选举行为的条款,其中包括选民身份的证明,旨在尽可能地确保下列人员在下列情况下在众议院议员选举中不得投票:

(1)没有投票资格者;或——

(2)在他没有投票资格的时候;或——

(3)在他没有投票资格的地方。

任何众议院议员的选举不得以选举法与本条相抵触为理由而受到怀疑。

第四十三条

具备下列条件者将有资格当选为众议院议员,但需受第四十四条规定的制约:

1. 年满二十一周岁或二十一周岁以上的英联邦公民;

2. 因居住期间同巴巴多斯有议会所规定的联系。

第四十四条

下列任何人没有资格当选为众议院议员:

1. 以他自己的行动对某外国表示效忠、服从或忠贞;

2. 担任或正在行使法官、检察官或总审计长的职务;

3. 圣职牧师或宗教传教士;

4. 被英联邦的法院判处死刑或正在服超过六个月的徒刑(不管名称如何),或由主管当局代替该法院判处他的其他徒刑,或被判处执行业已中止执行的徒刑;

5. 根据巴巴多斯现行法律之规定,被证明是精神错乱或被断定为精神不健全者;

6. 根据巴巴多斯现行法律之规定,被断定或被宣布破产和未偿还债务者;

7. 根据巴巴多斯现行法律之规定,在选举中因贪污腐化和非法行为被判罪或据报有罪而被剥夺了成为众议院议员的资格;

8. 根据巴巴多斯现行法律之规定,因伪报选举资格被判了罪而被剥夺了成为众议院议员的资格;

9. 以本款上述各项中没有提到的任何理由,而根据任何这类法律被剥夺了成为众议院议员的资格,除"1957年人民代表法案"以外,于1966年11月30日以前在巴巴多斯有效的任何法律都得成为剥夺其成为众议院议员资格的理由。

在不损害本条第一款第2项和第3项的情况下,议会得规定出现下列情况者没有资格当选众议院议员,但需受议会规定的某些例外和限制的约束:

1. 担任或正在行使或由议会单独规定的任何职务或职责,或者由议会提到的某类职务或职责;

2. 参加巴巴多斯的武装部队或隶属之人;

3. 参加巴巴多斯的警察部队或录属之人；

为实现本条第一款第 4 项之规定,特作如下规定：

1. 要求连续服两个或两个以上的徒刑,若这些徒刑都没有超过六个月,则被认为是单独的判决,但是,若其中任何一项判决超过了该期限,则被认为是一项判决；

2. 不应考虑作为判刑的替代物或因不支付罚金而判处的徒刑。

第四十五条

1. 在下列情况下,众议院议员的席位出缺：

(1) 议员刚被任命,下一届议会即被解散；

(2) 若议员按照巴巴多斯任何现行法律或受辖于这种法律的"众议院议事规则"所规定的方式辞去众议院议员的职务；

(3) 若议员按照巴巴多斯任何现行法律或受辖于任何这种法律的"众议院议事规则"所规定的时间和情况下,离开众议院的会议一段时间；

(4) 若议员不再是英联邦公民；

(5) 若议员在参加包括在巴巴多斯任何现行法律中的众议院的诉讼程序之前,违犯了第五十九条各款项(关于举行效忠宣誓)或违犯了要求议员申报选举资格的条款；

(6) 若某人不是众议院议员,而发生的任何情况会使其根据第四十四条第 1 款或为实施第四十四条第二款所制定的任何法律被剥夺当选的资格,但需受第 2 款规定的制约。

2. (1) 若因为某议员因被判处死刑或徒刑、被断定精神不健全、被宣布破产或因在选举中贪污腐化或有非法行为或伪报身份证而被定罪或据报着有罪,以及该议员得不受法律限制地就判决提出上诉(或者经法院或其他当局许可,或者未经任何许可)而发生了第 1 款第六项中提到的情况,他应立即停止行使其作为议员的职责,但根据第 2 项,在此后三十日期满之前,他将不去辞其席位。

但是,众议院议长应议员的要求,得把该期限一直再延长三十日的时间,以便该议员能够继续就该判决提出上诉,但是若未经众议院以通过决议案的方式表示同意,延长时间的累计数不得超过一百五十日；

(2) 若根据上诉法院的判决,上述情况继续存在,并且该议员已无上诉余地,或者由于进行上诉或通知上诉的期限已届满,或拒绝准许上诉或出于任何其他原因而不再接受该议员的上诉,该议员应立即辞去其席位；

(3) 若在该议员辞去其职务之前的任何时候,上述情况已不复存在,那么在第 1 项提到的期限届满之前,他的席位将不出缺,他得重新行使其作为议员的职责。

第四十六条

下述任何问题将由高等法院决定,高等法院的决定是最终的：

1. 任何人是否被合法地任命为参议员；

2. 任何人是否辞去其参议院议员的席位,或根据第三十九条第 3 款第(1)项的要求,不再行使其作为参议员的职责。

下述任何问题将由巴巴多斯任何现行法律所规定的这类当局或一些当局来决定：

1. 任何人是否被合法地任命为众议员；或——

2. 任何人是否辞去众议院议员的席位,或根据第四十五条第 2 款第(1)项的要求,不再行使其作为众议员的职责。

第四十七条

每当任何人因议会解散以外的任何其他原因而辞去其参议员的席位时,总督将根据第三十六条同一规定任命一人来填补该出缺。

每当任何人因议会解散以外的任何其他原因而辞去众议院议员的席位时,总督应发布一道关于选举议员的命令来填补该出缺,在从出现出缺起的九十日内必须依法填补。

第二节 议会的权限与议事程序

第四十八条

为了巴巴多斯的和平、秩序和健全治理,议会得制定法律,但须受本宪法条款的制约。

在不损害本条第一款的总原则和服从本条第三款规定的情况下,议会得依法决定参议院和众议院以及参众两院议员的特权、豁免权和权力。

由任何法院在行使民事裁决权的过程中所发布的任何传票,在参议院或众议院正在开会时,将不在其管辖区内实施或执行,也不通过两院任一议长、秘书长或其他官员来实施或执行。

第四十九条

议会得根据由两院通过的"议会法案"修订本宪法,但需受本条规定的制约。

根据本条修订下列任何条款的"议会法案"的提案受本条第三款的约束,除非在该议会对它进行最后投票时,它获得了该院全体议员中不少于三分之二的多数票的支持,否则将不能在任何一院通过。这些条款包括：

1. 本条和第一条；

2. 第二章；

3. 第三章；

4. 第二十八条、第三十二条、第三十五条至三十九条、第四十一条、第四十二条、第四十八条、第六十

条第2款、第六十一条、第六十二条、第六十三条和第七十六条至七十九条(第七十九条第7款除外);

5. 第七章(第八十三条除外);
6. 第八章;
7. 第九章;
8. 第十章中适用于本款第1项至第7项所列举的任何条款的部分。

只要提议修订本条第二款中为了实施使巴巴多斯同英联邦任何其他部分的联盟或联合或为了在巴巴多斯同英联邦任何其他部分之间建立某种其他形式的宪制联合而制订的任何条款,则本条第二款不适用于这样的提案。

本条第二款所不适用的本条有关"议会法案"的提案,均不能在议会任何一院通过,除非在众议院对它进行最后投票时,它获得了该院全体议员中的多数票的支持。

本条中:

1. 在提及本宪法或其中的任何一条时,包括对本宪法或根据情况对本条进行修订的任何其他法律;
2. 提及修订本宪法或其中的任何一条时,包括:
(1)废除它,不管是否重新制定,或规定以不同的条款取代它;
(2)修改它;
(3)中止实施本宪法一个时期或结束这种中止。

任何"议会法案"都不得被解释为得修订本宪法,除非在法案中陈述它是用于此目的之法案。

第2款中的任何内容都不得被解释为第一套计划或第二套计划的任何条款都已包括在该款所列举的条款之中。

第五十条

议会每一院都得制定本院的议事程序和为此目的而制定"议事规则",但需受本宪法条款的制约。

议会每一院都得采取行动,即使其议员缺席和没有资格出席或参加该院议事程序者出席或参加,也不能使那些议事程序失效。

第五十一条

参议院议长应主持参议院会议,若他缺席,则由副议长主持,若他们两人都缺席,则由参议院选出一名出席会议的参议员(非部长或非议会秘书长)主持。

第五十二条

若在参议院开会的任何时候,某议员提出关于与会者不够法定人数的反对意见,在经过由"参议院议事规则"所规定的间歇时间之后,主持人查明与会者仍不够法定人数的话,应因此宣布参议院休会。

为了执行本条,特规定参议院的法定人数,除主持人以外,由八名参议员组成。

第五十三条

除本宪法另有规定外,提交参议院作出决定的所有问题将由出席会议并参加投票的议员的多数票决定;

但是,主持人不参加投票,除非在任何问题的表决上票数相等的情况下,他才拥有和投决定性的一票。

第五十四条

根据情况,议会任何一院的任何议员都得提出任何议案或动议供该院辩论或向该院递交请愿书,根据该院的"议事规则",也同样应进行辩论和处置,这需受本宪法条款和参议院或众议院的"议事规则"的制约。

除货币议案以外的议案,得在议会任何一院提出,但货币议案不得在参议院提出。

除非由一名部长所代表的内阁的推荐,否则众议院:

1. 不得就任何这样的议案(包括议案的任何修正案)进行讨论,按照主持人的意见,这种议案规定征收或增加各种税收,征收"统一基金"税或任何其他公共基金税或变更除减少税款以外的任何这种税款或调解或汇寄巴巴多斯到期的任何债务;或——
2. 不得就任何这些动议(包括动议的任何修正案)进行讨论,按照主持人的意见,讨论这些动议的结果是为实现上述任何目的作出规定。

参议院:

1. 不得讨论众议院所递交的议案以外的任何议案或议案的任何修正案,按照主持人的意见,这些议案规定征收或增加任何税款,征收任何"统一基金"税或任何其他公共基金税或变更除减少税款以外的任何这种税款或调解或汇寄巴巴多斯到期的任何债务;或——
2. 不得就任何这些动议(包括动议的任何修正案)进行讨论,按照主持人的意见,讨论这些动议的结果是为实现上述任何目的作出规定。

第五十五条

若货币议案被众议院通过并在会议结束前至少一个月内送到参议院,而没有被参议院在该议案递交该院后的一个月内通过修正案,那么,除非众议院另行作出决议,否则该议案将递交总督批准,尽管参议院没有赞同该议案,但这需受本宪法条款的约束。

在每一项货币议案送交参议院时,应在上面背书一项由众议院议长签署的证明书,证明它是一项货币议案,在任何一项递交总督批准的货币议案上,应按照前文本条第一款的规定背书一项由众议院议长签署的证明书,证明它是一项货币议案,证明该款的规定已得到遵守。

第五十六条

若除货币议案以外的任何议案被众议院在两次连续会议上通过(不管在两次会议之间议会是否解散),并在每次会议结束前的至少一个月内送交参议院,在参议院的每次会议上都被否决,那么除非议院另行作出决定,否则该议案将在参议院第二次否决时递交总督批准,尽管参议院没赞同该议案;但是,除非在众议院第一次会议通过该议案和众议院第二次会议通过该议案之间经过至少七个月,否则该款上述规定将无效。

为执行本条,特规定:由众议院在任何会议上送交参议院的议案,应被认为是与上次会议中送交参议院的前一项议案是同一项议案,若在其被送交参议院时,它与前一项议案是相同的或仅仅包含了众议院议长证明是由于前一项议案过了特定的日期或由于参议院在上次会议上对前一项议案提出的任何修正草案所必须作出的更改的话。

若众议院认为合适,在该院通过被认为与上次会议中送交参议院的前一项议案是同一个议案的议案时,得提出任何修正案,而无须在该议案中插入修正案,任何这样的修正案将由参议院考虑,若经参议院同意,将被看作是由参议院提出、经众议院同意的修正案;但是,万一该议案被参议院否决,则众议院对这一权力的行使将不影响本宪法的实施。

在提交总督批准的任何议案中,应按照本条的规定,插入由众议长证明是由参议院在第二次会议上针对该议案提出的经众议院同意的任何修正案。

在提交总督批准的任何议案中,按照本条的规定,应背书由众议院议长签署的说明本条规定已得到遵守的证明书。

本条各款将不适用于第四十九条要求必须由参众两院通过的议案。

第五十七条

在第五十四条、第五十五条和第五十六条中提到的"货币议案"指公共议案,按照众议院议长的意见,它只包括涉及下列所有问题或任何一个问题的条款,即:税款的征收、撤销、汇寄、变更或管理;为了偿还债务或其他财政用途而对"统一基金"或任何其他公共基金或议会提供的资金征税或变动或免除任何这种税收;把资金授予王室或任何当局或个人或变动或取消任何这种授予;公共资金的调拨、接收、保管、投入、发行或审计;任何贷款的筹集或使用或贷款的偿还,或与任何这种贷款有关而提供的任何偿债基金的设立、变更、管理和取消;或上述任何事宜中无关紧要的次要事宜;在本款中,"税款"、"债务"、"公共基金"、"公共资金"和"贷款"不包括任何被征的税款、所欠的债务、由地方当局或机关为了本地区而提供的资金或基金或筹集的贷款。

为了执行第五十六条,规定若出现下述情况,议案将被认为遭到参议院否决:

1. 由于未附加修正案而未被参议院通过,或——

2. 被参议院通过,但附加了众议院所不同意的修正案。

每当众议院议长的职务出缺或众议院议长出于任何原因不能行使第1款或第五十五条或第五十六条授予他的任何职责时,该职责可由众议院副议长行使。

根据第五十五条或第五十六条所给予众议院议长或副议长的证明书,实际上是决定性的,不应受任何法院的质问。

第五十八条

议案只有当总督以女王的名义和代表女王批准、并在上面签署以示批准时,才能成为法律。

根据第五十五条和第五十六条的规定,议案应提交总督批准,除非议案被两院通过而不附加任何修正案或仅仅附加了两院所同意的修正案,才得不提交总督批准。

当议案提交总督批准时,总督应表明他批准或不批准。

第五十九条

议会两院任何一院的任何议员除非按照巴巴多斯任何现行法律举行效忠宣誓,否则不得参加他所在的那个院的议事程序。

第二节 议会的召集、休会和解散

第六十条

议会的每一次会议都应在总督指定的地点举行和指定的时间开始。

给议会任何会议开始所指定的时间,在本次会议结束和下次会议第一次开会之间,不得间隔为期六个月的时间。

第六十一条

总督按照总理的建议,得随时宣布议会休会。

总督按照总理的建议,得随时宣布解散议会。但是,若总理职务出缺,并且总督认为他没有可能在适当的时间内任命一位能获得众议院多数议员信任者担任该职务,那么总督将解散议会。

议会除非很快解散,否则将自解散后的第一次会议时起延续五年、然后解散方有效。本款受本条第四款的约束。

在巴巴多斯处于战争状态的任何时期,议会得按本条第三款的规定延长五年时间,但一次不得超过十二个月:

但是,根据本款,议会的存在时间不得被延长两年以上。

若在议会解散和随之而来的下一轮众议院议员大选之间出现了总理认为有必要在大选之前召集两院或其中任何一院会议这样的紧急状态时,总督按照总理的建议,得召集上届议会的两院会议,该届议会将因此被认为未曾被解散(为执行第六十二条的宗旨者除外),而被认为在下一轮大选中举行投票之日将被解散(前面所说的情况除外)。

第六十二条

在每次议会解散后,总督应在解散后的九十日内发布一道举行众议院议员大选的命令。

每次大选一结束,总督就应根据第三十六条着手任命参议员。

第六章 行政权

第六十三条

巴巴多斯的行政权属于女王。

巴巴多斯的行政权得由总督代表女王直接行使或通过总督的下属官员行使,但须受本宪法条款的制约。

本条中的任何款项都不得妨碍议会把职责授予总督以外的任何个人或机关。

第六十四条

设立巴巴多斯内阁。内阁由总理和按照第六十五条各款任命的不少于五名的其他部长组成。

内阁是主要的政策工具,负责对巴巴多斯政府的总的指导和管理,因此应对议会集体负责。

第六十五条

每当总督有时机任命总理时,他得从众议院议员中根据自己的判断任命他认为最能获得该院多数议员信任的议员为总理。

其他部长将由总督根据总理的建议从两院议员中任命。

本条第一款和第二款对于在议会解散和下一轮众议院议员选举之日之间的任何时期,将像议会没有被解散时一样有效。

根据本条的任命将通过盖有"国玺"的文件作出。

第六十六条

在下列情况下,总理的职务将出缺:

1. 若总理出于除解散议会以外的任何原因而不再是众议院议员;

2. 在议会解散以后举行的众议院议员选举之后和此后该院第一次会议召开之前,总督按照自己的判断通知总理说,总督准备再次任命他为总理或任命另一人为总理的时候;或——

3. 若总督根据本条第二款的规定撤销了对他的任命。

若众议院通过一项受到该院全体议员中多数票赞成的决议案,决定总理的任命应予以撤销,而总理既没有在决议通过后的三日内辞职,也没有建议总督解散议会,总督将通过盖有"国玺"的文件撤销对总理的任命。

除总理的职务以外,部长的职务在下列情况下将出缺:

1. 任命或重新任命任何人担任总理职务时;

2. 若对部长职务的任命由总督按照总理的建议,通过盖有"国玺"的文件予以撤销的话;

3. 若在其被任命为部长时还是众议院议员,现在出于议会解散以外的任何其他原因而不再是众议院议员;或——

4. 若在议会解散后的第一次会议召开时不是两院中任何一院的议员。

第六十七条

每当总理因生病或不在巴巴多斯而不能行使其职务的职责时,总督得通过盖有"国玺"的文件授权身为众议院议员的任何其他部长行使本宪法授予总理的职责(本条第三款授予总理的职权除外)。

总督通过盖有"国玺"的文件,得撤销本条授予总理的任何权力。

若总督认为因总理生病或不在巴巴多斯而不可能获得总理的建议,那么本条授予总督的权力,特由总督按照自己的判断行使,在其他情况下,则由总督按照总理的建议行使。

第六十八条

除总理以外的部长每当因生病或不在巴巴多斯而不能行使其职责时,总督将通过盖有"国玺"的文件,任命一名参议员或众议员为临时部长,并授权他行使该职务的职责:

但是,本条对于议会解散和下一轮众议院议员选举日之间的任何时期,将像议会没有被解散时一样有效。

本款受第六十六条第3款的拘束,临时部长任职到总督通过盖有"国玺"的文件通知他,那位不能行使其被任命的职务的职责的部长现在又能够行使那些职责时为止,或任职到该部长辞去其职务时为止。

由本条授予总督的权力,将由总督按照总理的建议行使。

第六十九条

总理和各位部长在承担其职务的职责之前,应按照第一套计划所规定的方式在总督面前举行效忠宣誓和正当执行其职务的宣誓。

第七十条

总理应尽可能地出席并主持所有内阁会议,在他缺席时应由总理任命的其他部长主持。

第七十一条

总理应使总督充分了解有关巴巴多斯政府总的施政情况，并向总督提供总督根据自己的判断可能需要的有关巴巴多斯政府的某一问题的报告。

第七十二条

本款受本宪法规定的约束，总督按照总理的建议，通过手谕，得指派总理或任何部长负责处理政府的任何事务，包括政府各部门的管理；但是，另一位部长(应称为总检察长)将被指派行使政府主要法律顾问的职责。

本条的条款并不授权总督授予任何部长以行使和履行由本宪法或任何其他法律授予或加于总督或除该部长以外的任何人或当局的权力和职责。

第七十三条

1. 总督按照总理的建议，通过盖有"国玺"的文件，得从议会两院的议员中任命议会秘书长以协助部长们履行其职责；

但是，本款对于议会解散和下一轮众议院议员选举日之间的任何时期，将像议会没有被解散时一样有效。

2. 第六十六条第 3 款和第六十九条如同适用于部长们一样，也适用于议会秘书长。

第七十四条

1. 设立一名反对党领袖，由总督通过盖有"国玺"的文件任命。

2. 每当总督有时机任命反对党领袖时，他将从众议院议员中任命他自己认为最能获得那些不支持政府的议员的多数支持者为反对党领袖，若没有这样的人，就从众议院议员中任命一名他认为能获得那些准备支持一名领袖的唯一人数最多的议员集团的支持者为反对党领袖。

但是，本款对于议会解散和下一轮众议院议员选举日之间的任何时期将同议会未解散时一样有效。

3. 在下述情况下，反对党领袖的职务将出缺：

(1)若在议会解散以后的众议院议员选举之后和此后该院第一次会议召开之前，总督通知反对党领袖说，总督准备任命另一人为反对党领袖；

(2)若他因议会解散以外的任何原因而不再是众议院议员，或——

(3)若根据第四款的规定对他的任命已被撤销。

4. 若总督根据自己的判断认为反对党领袖不再能获得那些不支持政府的议员的大多数支持，或根据情况，不能获得准备支持一个领袖的唯一人数最多的议员集团的支持，总督得撤销对反对党领袖的任命。

5. 总督在行使本条的职权时，将根据自己的判断行事；

但是，若总督认为某人能否获得第 2 款中提到的支持值得怀疑，他在决定问题时将按照众议院议长的建议行事，但第 3 款第(1)项中提到的任何时期除外。

第七十五条

每当反对党领袖的职务因没有人既符合本宪法所规定的关于任命该职必须具备的条件，又愿意接受该职的任命，而产生出缺时，总督将：

1. 根据自己的判断行使本宪法规定由总督按照反对党领袖的建议履行之职；

2. 按照总理的建议行使本宪法规定由总督按照总理在同反对党领袖协商之后提出的建议履行的任何职责。

第七十六条

设立巴巴多斯枢密院，枢密院由总督在同总理协商之后通过盖有"国玺"的文件任命者组成。

枢密院将拥有本宪法或任何其他法律所授予或加于的权力或职责。

根据本宪法任命的枢密院成员的职务，在下列情况下将出缺：

1. 从他被任命起的十五年任期或在任命他的文件中所规定的较短的任期已届满；

2. 他已年满七十五周岁；或——

3. 若总督在同总理协商之后通过盖有"国玺"的文件而撤销对他的任命。

第七十七条

除了由总督根据自己的判断授权以外，不得召集枢密院会议。

总督应尽可能地出席并主持枢密院的所有会议。

枢密院得制定自己的议事程序，但受本宪法规定的约束。

枢密院是否有效地履行了本宪法授予它的任何职责这一问题，将不在任何法院查究。

第七十八条

总督得以女王的名义或代表女王行使下列职权：

1. 自由地或根据合法的条件对因违犯巴巴多斯法律而被判罪的任何人实行大赦；

2. 准许对任何人实行缓期执行，免除对犯罪人员执行任何惩罚，缓期执行的惩罚得是无期的，也可规定具体时间；

3. 以较轻的惩罚形式取代对任何人因犯罪而被强加的那种惩罚；或——

4. 全部或部分地免除任何人因犯罪而被强加的任何惩罚或因这种犯罪而应付给王室的任何罚款或罚金；

总督在行使本条第 1 款授予他的权力或任何其他法律授予他的得免除应付给王室以外的任何人的

任何罚款或罚金的权力时,将按照枢密院的建议行事。

对于因违反巴巴多斯法律而被判处死刑的任何人,总督应从审判员那里得到有关该案的书面报告连同总督要求得到的有关该案的记录等其他材料一起送交枢密院,以便枢密院得就行使第一款授予总督的对该人的权力向总督提出建议。

由第三款授予总督要求材料的权力,应由总督根据枢密院的建议行使,或在总督认为事情太紧迫不容他在采取行动所必需的时间获得这种建议的情况下,由他自己决定行使。

第七十九条

1. 设立一名检察官,其职位属于公职。

2. 检察官在他认为这样做是可取的任何情况下,拥有下述权力:

(1)就任何违犯巴巴多斯法律的罪行,向军事法庭以外的任何法庭提出和进行刑事诉讼;

(2)接管和继续进行可能由任何其他人或当局提出的任何刑事诉讼;

(3)在判决宣布前的任何阶段中止由其本人或任何其他人或当局提出的或进行的任何刑事诉讼。

3. 由本条第2款授予检察官的权力,得由他本人行使或通过按照他的通常的或特别的指示行事的其他人行使。

4. 根据本条第2款第(2)项和第(3)项授予检察官的权力归属检察官本人,任何其他人或当局都排除在外。

但是,对于任何其他人或当局提出的刑事诉讼程序,本款的规定不妨碍由该人或该当局,或经该人或该当局之请,或经法院许可,撤销该诉讼程序。

5. 检察官在行使本条授予他的权力时,不受任何其他人或当局的指示或控制。

6. 为执行本条,特规定,对任何法院在决定任何刑事诉讼中所提出的任何上诉,或对为了进行任何这类诉讼而向任何法院或女王会议就这类案件和保留的法律问题提出的任何上诉,应被认为是那些诉讼程序的一部分。

7. 检察官只有在他按照第一套计划所规定的方式举行效忠宣誓和正当地执行其职务的宣誓,并在宣誓上签名后,才能开始承担职务的职责。

第七章 司法权

第一节 最高法院

第八十条

设立巴巴多斯最高法院。最高法院由高等法院和上诉法院组成,享有本宪法或任何其他法律分别授予上述法院的司法权、各种权力和权威。

最高法院的法官应是首席法官和议会明文规定的一定数量的助理法官。

若有实际担任助理法官工作者,助理法官的职务不应废除。

最高法院是最高的记录法院。除议会另行规定外,它还享有这类法院应有的一切权力。

第八十一条

1. 首席法官将由总督在同反对党领袖协商后按照总理提出的建议,通过盖有"国玺"的文件予以任命。

2. 助理法官由总督按照司法和法律事务委员会的建议,通过盖有"国玺"的文件予以任命。

3. 被任命为法官的条件将由当时有效的任何法律作出规定;

但是,被任命为法官者得继续任职,尽管这样规定的条件随后发生了变动。

第八十二条

若首席法官的职务出缺或该职务的担任者正在行使总督职务和职责或出于任何其他原因不能行使首席法官的职责,那么,在有人被任命了该职务并承担其职责之前,根据情况在该职务的担任者重新承担了上述职责之前,这些职责将由具备第八十一条第3款所规定的任命为法官的条件的,由总督按照总理的建议,通过盖有"国玺"的文件任命担任首席法官的这类人履行。

若助理法官的职务出缺,或若这类法官被任命担任首席法官或出于任何其他原因而无法履行其职务的职责,或若首席法官向总督提议,最高法院的业务状况要求这样做的话,总督按照司法和法律事务委员会的建议,通过盖有"国玺"的文件,得任命具备第八十一条第3款规定的任命为助理法官的条件者为助理法官,经任命者任职至总督按照司法和法律事务委员会的建议对他的任命予以撤销为止。

根据本条的规定得任命某人为首席法官或其他法官,尽管某人已到了第八十四条第1款所要求该职务的担任者辞去该职务的年龄。

凡经这样任命者,尽管其任期已届满或其任命被撤销,但仍然得作为法官出庭。以便宣布判决或从事他在担任法官时与他已开始进行的任何诉讼程序有关的其他事情。

第八十三条

法官只有按照第一套计划中规定的方式举行效忠宣誓和司法宣誓并在宣誓上签名,才能开始承担其职务的职责。

第八十四条

1. 担任法官职务者在年满六十五周岁时应辞

职,但须受本条下述规定的约束。

但是,总督得允许年满六十五周岁的法官继续任职,直到他到了总督和该法官可能商定了不超过六十七周岁这一更高的年龄。对于首席法官,则总督按照总理的建议行事,对于其他法官,则按照司法和法律事务委员会的建议行事。

2. 虽然某法官到了按本条规定必须辞去其职务的年龄,但他仍然得作为法官出庭,以便宣布判处或从事在他达到辞职年龄之前与他已开始的诉讼程序有关的任何其他事情。

3. 法官只有因为无法履行其职务的职责(不管是由于身体上或精神上的疾病或任何其他原因)或因品行不良才得被免职,除了本条第4款的规定以外,他不应被这样免职。

4. 若应总督的要求,按照第5款提出的免去法官职务的问题已由女王提交女王枢密院司法委员会,而司法委员会已向女王建议该法官因前面所说的无能或品行不良而应予以免职的话,那么该法官由总督以盖有"国玺"的文件免职。

5. 若总理(对首席法官)或首席法官在同总理(对任何其他法官)协商后向总督建议,因前面所说的无能或品行不良而免去法官职务的问题应予以调查的话。那么:

(1)总督应委派一个由一名主席和不少于两名其他法官所组成的法庭,由总督按照总理的建议(对首席法官)或首席法官的建议(对任何其他法官)从在英联邦某一地区对民事和刑事问题拥有无限司法权的法院或对来自任何这种法院的上诉拥有司法权的法院中担任或已担任了法官职务者当中挑选;

(2)该法庭应查询此问题并将问题的实情向总督作出报告,同时建议总督是否由总督要求女王将免去该法官职务的问题提交司法委员会;

(3)若该法庭提出这样的建议,那么总督应要求应将该问题提交。

6. 第二套计划中的规定适用于根据第5款任命的法庭。

7. 若免去法官职务的问题已提交根据第5款委派的法庭,那么总督按照总理的建议(对首席法官)或首席法官在同总理协商后提出的建议(对其他法官),得中止该法官履行其职务的职责。

8. 任何这样的停职得在任何时候被总督按照总理或首席法官的建议(根据具体情况)撤销,在下述情况下则无论如何不再生效:

(1)若法庭向总督建议,总督不应要求由女王将免去该法官职务的问题提交司法委员会;

(2)司法委员会向女王建议,该法官不应予以免职。

9. 本条的条款将不影响第八十二条第2款的实施。

第二节 上诉

第八十五条

由本章第一节设立的上诉法院将由三名共同开庭的法官组成,但须受本条第2款的约束。

法官不应作为上诉法院的法官开庭受理下列上诉:

1. 对由他本人作出的任何决定或由作为其中一员开庭的任何法院作出的任何决定的上诉;或——

2. 因不服定罪或判决而提出的上诉,若他就是上诉有被定罪判决或在出庭判决上诉人的那个法官。

第八十六条

尽管有了本章第一部分包含的任何内容,议会还得制定有关下述方面的条款:

1. 实施巴巴多斯政府与英联邦任何其他地区或几个地区的政府之间关于建立一个由巴巴多斯和英联邦任何地区或几个地区所共有的上诉法院的安排,以及实施该上诉法院对巴巴多斯任何法院的判决的上诉的审理和裁决;

2. 审理和决定为英联邦任何其他地区建立的法院对巴巴多斯任何法院的判决的上诉。

按照第1款制定的任何法律,得规定该款中所提到的授予任何这类法院的司法权应将按照本章第一节建立的上诉法院的司法权全部或部分地排除在外;在这样授予的司法权排除了上述上诉法院的全部司法权的任何时期,议会得中止实施建立该法院的本章第一节的条款。

3. 在本款中,"巴巴多斯任何法院"一词,包括按照本章第一节规定建立的上诉法院。

第八十七条

向上诉法院提出的上诉从高等法院在行使第二十四条(关于基本权利和自由的实施)授予它的司法权时所作的最终判决来说是依法当然取得的。

向女王会议提出的上诉对上诉法院在任何这种情况下所作出的任何判决是依法当然取得的。

在本条中,"上诉法院"指按照第八十六条被授予司法权审理巴巴多斯任何法院提出的上诉的这类法院,或者若没有这样的法院,则指根据本章第一节规定建立的上诉法院。

第八十八条

1. 议会得规定对下述法院的决定的上诉由女王会议受理:

(1)根据本章第一节建立的上诉法院的决定,

(2)任何其他法院在行使按照第八十六条第1款制定的法律所授予的司法权时所作的决定。

但是，女王会议受理上述案件须经上述上诉法院的许可，或根据情况，对于议会所规定的第八十七条第2款中提到的那些案件以外的案件，则须经其他法院的许可。

2. 本宪法的内容不得影响女王对第1款中提到的决定的上诉给予特别许可的任何权力。

第八章 公务

第一节 公务委员会

第八十九条

1. 设立巴巴多斯司法和法律事务委员会，由下列人员组成：

（1）首席法官，任主席；

（2）公务委员会主席或由主席提名的公务委员会的其他成员，该成员在司法和法律事务委员会的任何会议上代表主席；

（3）按照第2款任命的三名其他成员（以下被任命成员）。

2. 被任命成员将由总督按照总理在同反对党领袖协商后提出的建议，通过盖有"国玺"的文件，从下列人员中任命：这些人是或曾经是在英联邦某一地区拥有无限民事或刑事司法权的法院的法官或对于来自任何这种法院的上诉拥有司法权的法院的法官。

但是，每当任命一名被任命成员的时机到来时，若总督如同前述，确信没有现在或过去担任法官并愿意接受任命的合适人选，则总督得任命一个有资格作为律师并在巴巴多斯执业不少于十年但不是作为现任律师执业者。

3. 若某人是任何一院议员或公务员，则没有资格被任命为司法和法律事务委员会的委员。

4. 被任命成员的职务在下述情况下将出缺，但受本条第5款规定的约束：

（1）从某人被任命时起的三年期限已届满或在任命他的文件中规定的更短的期限已届满；

（2）若某人成为两院任一院议员或公务员或被任命担任首席法官或公务委员会主席的职务。

5. 第一百〇五条各款项（关于免职事宜）将适用于被任命成员的职务，为贯彻本条第四款的法定机构应是总理，为贯彻第一百〇五条第六款的法定机构应是首席法官。

6. 若被任命成员的职务出缺或担任该职务者出于任何原因而不能履行其职务的职责，则总督按照总理同反对党领袖协商后提出的建议，通过盖有"国玺"的文件，得任命一位有资格被任命为被任命成员者充任该成员的职务；任何被这样任命者，将一直任职到有人被任命了他正在担任的职务并承担了该职务的职责，或根据情况担任该职务者重新承担了上述职责，或一直任职到他行使这一职责的任命被前述办法被撤销为止，这须受第4款第（2）项的约束。

7. 被任命成员在从其最后担任或行使被任命成员职务之日起的一年时间内，不适宜于被任命担任根据本宪法应由总督任命的职务，总督是按照司法和法律事务委员会的建议和意见行使这一任命权的。

第九十条

设立巴巴多斯公务委员会，由一名主席和不少于三名、不多于五名的其他成员组成。他们将由总督按照总理在同反对党领袖协商后提出的建议，通过盖有"国玺"的文件予以任命。

若某人是两院任一议员或是公务员，则没有资格被任命为公务委员会的委员。

在下述情况下，公务委员会委员的职务将出缺，但受本条第四款列举的条款的约束，

1. 从他被任命时起的三年任期或在任命他的那个文件中规定的更短的期限已届满；

2. 若他成为任一议院的议员或公务员。

第一百〇五条（关于免职事宜）将适用于公务委员会委员的职务，为贯彻第一百〇五条第四款和第六款的法定机构应是总理，只是对于那些没有担任或暂时未行使委员会主席职务的委员，为贯彻上述第六款的法定机构应是担任主席职务者。

若公务委员会主席的职务出缺或担任该职务者出于任何原因而不能履行其职务的职责，那么，直到有人被任命担任了该职务并承担了该职务的职责之前或直到担任该职务者重新承担了那些职责之前，上述职责将由总督按照总理在同反对党领袖协商后提出的建议而为此暂时指定的委员会的一名其他成员履行。

若除主席以外的公务委员会其他委员的职务出缺或担任该职务者出于任何原因而不能履行其职务的职责，那么总督按照总理在同反对党领袖协商后提出的建议，得任命一名有资格被任命为委员会委员者来充任该委员的职务，任何被这样任命者将一直任职到有人被任命了他正在行使的职务并承担了该职务的职责，或根据情况直到担任该职务者重新承担了该职务的职责，或直到他这样行使职务的任命被总督按上述办法撤销为止。但须受本条第三款第2项的约束。

公务委员会委员在从其最后担任或代理该职务时开始的一年时间内，将不适宜于被任命担任这样的职务；这种职务的任命权是由本宪法授予总督的，而总督是按照公务委员会的建议或意见来行使这一任命权的。

第九十一条

设立巴巴多斯治安事务委员会,由一名主席和不少于两名、不多于四名的其他委员组成。他们由总督按照总理在同反对党领袖协商后提出的建议,通过盖有"国玺"的文件予以任命。

若某人是两院任一院议员或公务员,则没有资格被任命为治安事务委员会的委员。

在下述情况下,治安事务委员会委员的职务将出缺,但受本条第四款列举的条款的约束。

1. 从他被任命之日起的三年任期届满或任命他的文件所规定的更短的期限已届满;

2. 若他成为任一议院的议员或公务员。

第一百〇五条(关于免职事宜)将适用于治安事务委员会委员的职务,为贯彻第一百〇五条第四款和第六款的法定机构应是总理,只是对于那些没有担任或暂时未行使委员会主席职务的委员,为贯彻本条第六款的法定机构应是担任主席职务者。

若治安事务委员会主席的职务出缺或担任该职务者出于任何原因而不能履行其职务的职责,那么直到有人被任命担任该职务并承担了该职务的职责之前或根据情况直到担任该职务者重新承担了那些职责以前,上述职责将由总督按照总理在同反对党领袖协商后提出的建议为此暂时指派的委员会的一名其他委员行使。

若主席以外的治安事务委员会其他委员的职务出缺或担任该职务者出于任何原因而不能履行其职务的职责,那么总督按照总理在同反对党领袖协商后提出的建议,得任命一名有资格被任命为委员会委员者来充任该委员的职务;任何被这样任命者将一直任职到有人被任命担任他正在行使的职务并承担了该职务的职责或根据情况直到担任该职务者重新承担了那些职责,或直到他这样行使职务的任命被总督按上述办法撤销为止。

治安事务委员会委员在从他最后担任或行使该职务之日起的一年时间内,不适宜于被任命担任这样的职务:这种职务的任命权是由本宪法授予总督的,而总督是按照司法和法律事务委员会的建议或意见来行使这一任命权的。

第九十二条

对于根据本章建立的任何委员会,总督按照委员会的建议得通过规则或其他形式来制订其议事程序,以及经总理同意可授予权力和施加义务于任何公务员或任何政府机构,以便其履行委员会的职责。

在根据本章建立的任何委员会的任何会议上,若有三名成员出席就构成法定人数,若法定人数出席,委员会不得因其成员任何出缺或任何成员的缺席而被取消办理事务的资格,委员会的任何议事程序仍应有效,尽管某些没有被授权参加会议者参加了会议。

在根据本章建立的任何委员会的任何会议上提交决定的任何问题,将由出席该会议并参加投票的成员的多数票决定,若对提交决定的任何问题,两边的票数相等,会议主持人将拥有和行使决定性的一票。

第二节 公务员的任命、免职和纪律

第九十三条

根据本宪法的规定,任命本条所适用的职务的权力以及对担任或行使该职务者给予免职或纪律管制的权力,特此授予总督,总督按照司法和法律事务委员会的意见行使这一权力。这一权力受本宪法条款的约束。

本条适用于对要求具备议会所规定的法定资格者的公职(检察长的职务除外)任命。

第九十四条

根据本宪法的规定,任命公职的权力以及对担任或行使该职务者给予免职或纪律管制的权力,特此授予总督,总督按照公务委员会的意见行使这一权力。

公务委员会建议任命公职人员代理或担任总督指定之人前,其应同司法和法律事务委员会或治安事务委员会协商,之后,总督则按照司法和法律事务委员会或治安事务委员会的意见行使这一任命权。

本条规定不适用于下列职务:

1. 总督私人职员中的任何成员的职务;
2. 第九十三条所适用的任何职务;
3. 治安部队的任何职务;
4. 第一百条所适用的任何职务;
5. 检察官的职务;
6. 审计总长的职务。

第九十五条

总督按照公务委员会的意见,通过盖有"国玺"的文件,得下达指示:按该文件所规定的范围和条件,由第九十四条授予他的除免职权以外的权力由公务委员会的一名或一名以上的成员或由按此规定的这类公务员行使,但不得损害总督根据该条对这些权力的行使。

凡根据本条发布的文件作出的任命以及即将被任命者在任何职务中拥有或正在行使授予总督的任命权,而总督是按照司法和法律事务委员会或治安事务委员会的意见行使这一任命权的,在此情况下,根据上述文件被授予任命权者,在作出任命之前,应根据情况同司法和法律事务委员会或治安事务委员会协商。

若对任何官员实行纪律管制的权力是根据本条发布的文件行使的话,则被实行纪律管制的官员得要求将案件提交总督,已采取的纪律措施将因此停止生效,但可能包括停止该官员履行其职务的职责的纪律措施除外,因此该案件应提交总督,根据第九十八条的规定,然后总督对该官员采取公务委员会可能建议采取的措施。

第九十六条

任命治安部队职务的权力以及对担任或正在行使此种职务者予以罢免或实行纪律管制的权力,特此授予按照治安事务委员会的建议行事的总督。此权力受本宪法条款的约束。

治安事务委员会建议任命担任任何职务者或正在行使根据宪法授予总督的任命权的任何人担任警察部队的任何职务,并且总督是按照司法和法律事务委员会或公务委员会的意见行使的。那么,治安事务委员会在提出上述建议之前,应根据具体情况,同司法和法律事务委员会或公务委员会协商。

议会得制订有关违反警察部队纪律罪和因此罪可能施加处罚的规定,根据本章规定对警察部队成员实行纪律管制的任何权力(包括罢免某人职务的权力)将按照任何这类条款行使。

第九十七条

总督按照治安事务委员会的意见,通过盖有"国玺"的文件,得下达指示(在该文件所规定的范围内和条件下):由第九十六条第一款授予总督对监察官官衔以下的警察部队职务的权力(罢免权除外),由治安事务委员会中的一名或一名以上的成员或由此规定的警察部队中不低于警察长官衔的官员行使,但这不得损害总督根据该条对这些权力的行使。

根据本条发布的文件而作出的任命和即将被任命者担任或正在行使授予总督的任命权,并按照司法和法律事务委员会或公务委员会的意见行使这一任命权。凡遇到上述情况,根据上述文件被授予任命权者在作出任命之前,应根据情况同司法和法律事务委员会或公务委员会协商。

若对警察部队的任何成员实行纪律管制是根据本条发布的文件行使的话,则被实行纪律管制的警察部队成员得要求将案件提交总督,已采取的纪律措施将因此停止生效,但可能包括停止该官员履行其职务的职责的措施除外,因此,该案件应提交总督;然后总督根据第九十八条的规定,对该警察部队成员采取治安事务委员会所可能建议采取的措施。

第九十八条

在总督按照根据本章建立的任何委员会关于罢免任何公务员的职务或对公务员给予纪律管制的惩罚的建议行事之前,他应将该建议通知该公务员,若该公务员要求将案件提交枢密院,则总督不应依此建议行事,而应相应地将该案件提交枢密院。

但是,总督在按照上述委员会的建议行事时,仍然得在枢密院作出决定之前中止该官员履行其职务的职责。

当按照本条第一款的规定将案件提交枢密院时,枢密院应研究该案件并建议总督对该官员采取什么措施,然后总督将按照该建议行事。

第九十九条

尽管本章上述条款已包含各方面的内容,但对下述方面还应作特别规定:

1. 除第2项的规定以外,对本条所适用的职务的任命权,特此授予总督,总督将按照有关的事务委员会在同总理协商后提出的意见行事;

2. 对享有同等工资待遇者调任常务部长职务的任命权,特此授予按照总理的建议行事的总督。

本条适用于内阁部长、常务部长、警察厅长、编制长官和人事长官的职务。

在本条中——

"有关的事务委员会"指:

1. 就警察厅长的职务而言,指治安事务委员会;

2. 就第九十三条所适用的职务,对担任或正在行使该职务的任何人予以罢免和实行纪律管制的权力而言,指司法和法律事务委员会;

3. 就任何其他职务而言,指公务委员会;

"常务部长",指受部长一般指导和管辖而对政府任何部门实行监督的公务员(不论是否冠以"常务部长"的称号),在不损害上述定义的一般原则下,还包括财政部长和副检察长。

第一百条

本条所适用的职务的任命权和对担任或正在行使该职务者的罢免权,特此授予按照总理建议行事的总督。

为贯彻本条,在对担任除本条所适用的职务以外的任何公职的任何人提供建议之前,总理应同有关的事务委员会协商。

本条适用于巴巴多斯派驻任何其他国家或任何国际组织的大使、高级专员或其他主要代表的职务。

在司法和法律事务委员会或公务委员会根据情况按照第九十三条或第九十四条建议总督任命任何人担任海外下级官职之前,上述委员会应同负责巴巴多斯对外事务部门的常务部长(第九十九条第3款已有解释)协商。

在本条中——

"有关的事务委员会",指:

1. 就担任警察部队职务者而言,指治安事务委员会;

2. 就担任第九十三条所适用的职务,对担任或正在行使该职务的任何人予以罢免或实行纪律管制的权力而言,指司法和法律事务委员会;

3. 就任何其他职务而言,指公务委员会;

"海外下级官职",为贯彻有关对担任公职者提供养老金的任何法律,指应享有领取养老金资格的本条第 3 款中提到的任何在职官员的职务。

第一百〇一条

1. 检察官是由总督按照司法和法律事务委员会的意见,通过盖有"国玺"的文件任命的。

2. 个人除非具备被任命为法官的资格,否则将没有资格担任或行使检察官的职务。

3. 若检察官的职务出缺或担任该职务者出于任何原因而不能履行该职务的职责,总督按照司法和法律事务委员会的建议,得任命一人来充任检察官的职务;任何被这样任命者将一直任职到有人被任命了检察官的职务并承担了该职务的职责为止,或根据情况、担任该职务者重新承担了该职责,或直到总督按上述办法撤销了对他的任命为止,这须受本条第四款的约束。

4. 检察官在年满六十二周岁时应辞职,但须受第 5 款规定的约束。

但是,总督按照司法和法律事务委员会的建议得允许年满六十二周岁的检察官一直任职到他到了可能已由总督和检察官同意的更高的年龄,但不得超过六十五周岁。

5. 第一百〇五条(关于免职事宜)将适用于检察官的职务,为贯彻第一百〇五条条第四款和第六款的法定机构应是司法和法律事务委员会。

第一百〇二条

审计总长是由总督按照公务委员会在同总理协商后提出的建议,通过盖有"国玺"的文件任命的。

若审计总长的职务出缺或担任该职务者出于任何原因而不能履行该职务的职责,总督按照公务委员会在同总理协商后提出的建议,得任命一人来充任审计总长的职务;任何这样被任命者将一直任职到有人被任命了审计总长的职务并承担了该职务的职责或直到担任该职务者重新承担了那些职责为止,或直到总督按上述办法撤销了对他的任命为止,但这须受本条第三款的约束。

审计总长在其年满六十二周岁时应辞职,但须受本条第四款的决定。

第一百〇五条(关于免职事宜)将适用于审计总长的职务,为贯彻该条第四款的法定机构应是总理或公务委员会主席,为贯彻第一百〇五条第六款的法定机构将是公务委员会。

第三节 养老金

第一百〇三条

适用于对担任公职的任何官员因授予或付给该官员或其遗孀、子女、受赡养者或私人代表以任何养老金、补偿金、退职金或其他类似津贴(本条和第一百〇四条统称为"奖金")的法律,应是在相关日期生效的法律或任何稍后制定的对该官员并非不利的法律。这一法律须受第一百〇四条规定的约束。

本条上文中所说的"相关日期"指:

1. 对于 1966 年 11 月 30 日以前授予的奖金,指授予奖金的那个日期;

2. 对于 1966 年 11 月 30 日或 30 日之后授予或即将授予在该日期之前曾是公务员的任何人的奖金,指 1966 年 11 月 29 日;

3. 对于授予或即将授予在 1966 年 11 月 30 日或 30 日之后成为公务员者,指他们成为公务员的那个日期。

凡某人有资格对适用他的情况的两个或更多的法律进行选择时,为贯彻本条宗旨,他在进行选择时所具体指定的法律,应被认为比其他法律对他更有利。

根据任何法律对担任公职职务所授予的奖金(不是对巴巴多斯某一其他公共基金收取的奖金),特此规定从"统一基金"中支付。

为贯彻本条和第一百〇四条,法官职务应被认为是公职。

第一百〇四条

根据巴巴多斯现行的养老金法(除根据该法应付给奖金者有资格当然依法取得的以外)授予奖金的权力和按照任何这类法律所包含的有关条款,关于取消、减少或中止支付根据任何这种法律应支付的任何奖金的权力,特此授予总督。

由本条第一款授予总督的权力,将由总督按照有关的事务委员会的建议行事。但须受本条第五款和第六款规定的约束。

有关的事务委员会不得建议总督对于担任或曾经担任法官、检察长或审计总长职务而有资格领取奖金者,不应被授予奖金,或由于犯有行为不端罪而取消、减少或中止应付给他的任何奖金,除非他因行为不端已被罢免。

本条所说的"有关的事务委员会"指:

1. 得授予或应付给曾担任公务员职务者以奖金,而此人在不再担任公职之前曾担任过下列职务:

(1)法官;

(2)检察长;

(3)第九十三条所适用的关于在行使上述条款所授予的权力之日对担任或行使该职务者予以罢免或实行纪律管制的权力的任何职务。在此情况下,指司法和法律事务委员会。

2. 得授予或应付给曾担任公务员职务者以奖

金,而此人在不再担任公职之前曾担任过警察部队成员的职务,在此情况下,指治安事务委员会。

3. 在任何其他情况下,指公务委员会。

有关的事务委员会根据本条向总督提出如下建议:根据养老金法对担任公职的任何人得授予的奖金,不应授予,根据任何这类法律对担任这类职务者得支付的奖金,应拒绝支付、减少支付量或中止支付,在这种情况下,总督应将该建议通知有关人员或其私人代表,若该人或其私人代表要求将该案件提交枢密院,则总督应相应地将该案件提交枢密院。

当根据本条第五款的规定将案件提交枢密院时,枢密院应研究该案件并建议总督对有关委员会的建议是确认、取消或修改,然后总督将按照该建议行事。

在本条中,"养老金法"指任何人因在公职中任职而授予该人或其遗孀、子女、受赡养者或其私人代表以任何养老金、补偿金、慰劳金或其他类似津贴的任何法律。

第四节 杂项

第一百〇五条

在本章规定本条适用于任何职务的情况下,担任此职者(在本条中称为"公务员")除按照本条规定以外不得被免职或中止履行其职务的职责;为贯彻本条第四款和第六款的规定,就任何职务而言,法定机构应是贯彻本章本条关于该职的法定机构。

公务员只能因无能力履行其职务的职责(无论是由于身体疾病还是精神疾病或任何其他原因)或品行不端,才得被免职。

若免职问题已被提交根据本条任命组成的法庭,而法庭已向总督建议,公务员因上述的无能力或品行不端而予以免职的话,则应由总督免去该公务员的职务。

若法定机构向总督建议,罢免公务员职务的问题应根据本条进行调查的话,则:

1. 总督将指定由一名主席和不少于两名其他成员组成的法庭,这些人由总督按照首席法官的意见,从下述人员中选出:在英联邦某一地区在民事和刑事问题上拥有无限司法权的法院的法官或对任何这类法院的上诉拥有司法权的法院的法官或有资格作为大律师或初级律师执业不少于十年的法官;

2. 该法庭将调查此案并就此案的事实向总督汇报,同时向总督建议,该公务员是否应因上述的无能或品行不端而予以免职。

第二套计划的规定将适用于根据本条指定的法庭。

若罢免该公务员职务的问题已根据本条提交某法庭,则总督按照法定机构的意见得中止该公务员履行其职务的职责,任何这类被中止的职务在任何时候都得由总督按上述办法予以撤销,若该法庭向总督建议,该公务员不应予以罢免,则这类被中止的职务在任何情况下都不再有效。

第一百〇六条

下列问题不得由法庭予以审查:

1. 根据本章规定而设立的任何委员会是否有效地履行了由本章或根据本章的规定授予的任何职责;

2. 任何人是否有效地履行了根据第九十五条或根据情况第九十七条授予他的任何职责;

3 这类委员会的任何委员或任何其他人或机构是否有效地履行了委员会有关工作的职责或第2款提到的任何这类职责。

第九章 财政

第一百〇七条

应在巴巴多斯设立"统一基金",巴巴多斯的全部岁入应付给统一基金,但须受巴巴多斯任何现行法律的规定的约束。

第一百〇八条

负责财政事务的部长在每一个财政年度结束之前,应派人编制一份下一财政年度期间公共事业的收支年度预算,该预算应提交众议院。

支出预算应逐项说明要求偿付法定支出的款项(如第一百〇九条所确定的)和要求偿付打算从"统一基金"中开支的其他项目的款项。

第一百〇九条

负责财政事务的部长应在每一财政年度开始之前最早的方便时刻向众议院提出一份有关该财政年度的"拨款法案",内容包括在所需要的若干事业部门的适当项目下打算在该财政年度花费的预算总额(法定支出除外)。

由众议院就该财政年度的预算所议决的数额,应表明该财政年度公共开支的限度和范围,但受本条第四款和第六款的约束。

在由众议院就某一财政年度预算所表决的任何数额以及在该年结束时还有未花掉的余额的情况下,未花掉的余额将失效。

负责财政事务的部长在必要时得随时派人编制追加支出预算,追加支出预算将提交众议院表决。

对于由众议院按照本条第四款议决的一切追加支出,负责财政事务的部长得在该年结束之前的任何时候,向众议院提出一份内容包括在适当项目下这样被表决的总额,而且在每一财政年度之后尽快地向众议院提出一份"最后拨款议案","最后拨款议案"包含其他拨款议案未列明的款项。

向众议院提出的表明法定支出的那部分支出预算，不应由众议院表决，若未经议会的进一步授权，这部分支出将从"统一基金"中支出。

为贯彻本条和第一百〇八条，特规定：

1. "财政年度"，指从任何一年的4月1日或议会得规定的任何其他日期开始的十二个月的时期；

2. "法定支出"，指按照本宪法或巴巴多斯任何现行的其他法律规定，应从"统一基金"或巴巴多斯总岁入和总资产支付。

第一百一十条

除了根据负责财政事务的部长或经其书面授权之人的证明书授权以外，不得从"统一基金"中支出任何款项；这样支出的款项将用以满足第一百〇九条所批准的公共开支，而法定开支则用于法律所规定的目的。

第一百一十一条

巴巴多斯的公共债务，包括公共债务的利息、偿债基金支出和公共债务的兑现款项，以及办理公共债务的附带费用和额外开支，特此规定从"统一基金"中支付。

第一百一十二条

担任本条所适用的职务者，应被付给由或根据任何法律所规定的薪金。

付给担任本条所适用的职务者的薪金，特此规定从"统一基金"中支付。

付给本条所适用的任何职务者的薪金和津贴及其任职的其他条件，不得在他被任命后加以改变，使之对他不利。为了贯彻本款这一规定，由于任何人的任职条件有赖于他作出的选择，他所选择的条件应被认为是比他可能已经选择的任何其他条件对他有利。

本条适用于总督、法官、检察长、审计总长、被任命的司法和法律事务委员会委员，公务委员会委员和治安事务委员会委员的职务。

第一百一十三条

设立审计总长，其职务应是公职。

最高法院、参议院、众议院和政府各部及各办公室（包括内阁、枢密院、司法和法律事务委员会、公务委员会及治安事务委员会的办公室，但审计部除外）的账目，每年由审计总长检查并至少呈报一次。审计总长及其下属人员无论何时都有权接触这种账目的所有账簿、记录统计表和报告书。

审计总长根据本条第二款所作的报告应提交众议院议长（若众议院议长的职务出缺或众议院议长出于任何原因而不能履行其职务的职责，则提交众议院副议长），众议院议长应敦促将报告提交众议院。

审计部的账目由负责财政事务的部长检查和呈报，本条第二款和第三款将如同适用于对该部长行使的那些职责一样，将适用于对审计总长所作的检查和报告。

本条的内容并不妨碍审计总长行使下述职责：

1. 有关中央政府的账目和其他公共机构以及由或根据巴巴多斯任何现行法律所规定的管理巴巴多斯公共资金的其他机构的账目；

2. 有关监督和管理按这方面规定的巴巴多斯公共资金的支出。

第十章 杂项和解释

第一百一十四条

任何人凡辞去了本宪法规定设立的任何职务（包括第四十一条第1款、第六十四条第1款和第八十二条第3款设立的任何职务），若他能胜任的话，他还得按照本宪法的规定再次被任命、当选或以其他方式被选拔担任该职。

若根据本宪法授权任何人或当局任命担任任何公职，则某人得被任命担任该职，尽管当某个其他人在交出职务之前获准请假时，仍可能在担任该职；若两人或两个以上者由于根据本款所作出的任命而正在担任同一职务，那么，为了使授予担任该职务者的职责得以履行，最后被任命者将被认为是唯一担任该职务者。

本条第二款对于法官的职务，如同该职务是公职一样有效。

第一百一十五条

任何人凡被任命或被选举或以其他方式被选拔担任本宪法所设立的任何职务（包括根据第四十一条第1款、第六十四条第1款或第八十二条第2款设立的任何职务），他得辞去该职务，第四十条第3款或第四十五条第1款另有规定者除外，他应通过亲笔书面辞呈向任命、选举或选拔他的那个人或当局提出辞职。

任何人凡按照上述办法通过亲笔书面辞呈表明辞去任何这类职务，在表明辞职的书面辞呈被有资格接受该辞呈者或当局所接受或被受该人或当局授权接受该辞呈或被雇佣来帮助该人履行其职务的职责的任何人接受时，这一辞职方有效。

第一百一十六条

若根据本宪法某人已达到由或根据本宪法条款所规定的年龄而被要求辞职，则不能仅仅因为某人已达到所规定的年龄而认为他担任该职时的所作所为一律无效。

第一百一十七条

1. 本宪法中：

"议会法案"指议会制定的任何法律；"英联邦"指巴巴多斯以及第八条所适用的任何国家或这类国家的任何属地；"统一基金"指根据第一百〇七条设立的统一基金；

"议院"，要根据上下文而定，可指参议院，也可指众议院；

"法官"指最高法院的首席法官和任何其他法官；

"法律"，包括具有法律效力的任何文件和任何不成文法；

"效忠宣誓"指在第一套计划中规定的效忠宣誓；

"议会"指巴巴多斯议会；

"警察部队"指根据"1961年治安法案"建立的巴巴多斯皇家警察部队；

"公职"指在公共事业机构领取薪金的任何职务；

"公务员"指担任任何公职者，还包括被任命行使这一职务的任何人；

"公共事业机构"，就巴巴多斯政府而言，指具有文职身份的皇家机构，但须受第七条规定的约束；

"会议"，就议会而言，系指议会在本宪法生效后或议会在任何时候休会或解散之后第一次会议召开时的会议期和议会在没有休会的情况下被闭会或解散时终止的会议期；

"会议期"，就某一议院而言，指该议院不休会地连续开会的期间，还包括该议院在开会审议的任何期间；

"议长"和"副议长"指由众议院经选举分别担任该院议长和副议长的众议院议员。

2. 为了贯彻本宪法，特规定，巴巴多斯领土包括1966年11月30日以前所组成的所有地区以及由议会宣布成为巴巴多斯领土组成部分的其他这类地区。

3. 本宪法凡提到的对任何职务的任命权，应被解释为包括提升职务或调动职务的任命权，以及在某一职务出缺或担任该职务者不能履行其职责（不管是由于缺席或身体疾病或精神疾病或任何其他原因）时任命某人行使或履行该职务职责的权力。

4. 本宪法凡提到按任期担任某一职务者，应被解释为包括暂时合法行使该职务职责的任何人。

5. 若根据本宪法任何人奉命或授权任何人或当局任命某人去履行任何职务的职责而担任该职务者不能履行那些职责的话，对于受到此指示者履行那些职责的有效性或为行使该权力而作的任何任命的有效性，任何法院都不得以担任该职务者过去或现在不能履行那些职责为理由而表示怀疑。

6. 为贯彻本宪法，特规定，不得因为某人接受公共事业机构的养老金或其他类似津贴而被认为是担任公职。

7. 本宪法中提到的公职，不得被解释为包括下列职务：

（1）总督、总理或其他部长，议会秘书长，反对党领袖，参议院议长，副议长或议员，众议院议长，副议长或议员，枢密院成员的职务；

（2）司法和法律事务委员会委员、公务委员会委员和治安事务委员会委员的职务；

（3）根据巴巴多斯任何现行法律而设立的任何董事会、委员会或其他类似机构（无论是否组成法人组织）的成员的职务；

（4）法官的职务或总督私人职员的任何职务，但本宪法另有规定者除外。

8. 本宪法中提到的罢免公务员的权力，应被解释为包括由任何法律为要求或允许该公务员辞去公职而授予的任何权力；

但是：

（1）本款的内容不得解释为授予任何人或当局要求法官或检察长或审计总长辞去公职的权力；

（2）由任何法律为允许某人辞去公职而授予的权力，在任何公务员得被总督以外的某人或某当局按照本宪法规定建立的委员会的建议免职的情况下，将授予总督。总督则按照公务委员会的建议行使这一权力。

9. 若本宪法授权发表任何宣言、命令或指示，则这一权力应被解释为包括以同样方式行使修改或废除任何这类宣言、命令或指示的权力。

10. 本宪法关于任何人或当局在按照本宪法行使任何职责时不受任何其他人或当局的指示或控制的约束的规定，不应被解释为排除法院对于该人或该当局是否已按照本宪法或任何其他法律履行其职责的任何有关问题行使司法权。

11. 1966年11月29日生效的"1966年解释法案"应予以实施，但应进行必要的修改，目的是解释本宪法和与此有关的其他法律，正如该法案的目的也是解释上述法案开始实施后所通过的"巴巴多斯立法机构法案"。

附件（略）

巴布亚新几内亚独立国宪法[*]

(1975年8月15日制定,更新至2006年)

序　言

宪法的通过

我们巴布亚新几内亚人民——

建立起一个统一的国家;

对作为我们力量来源与融合的传统起源的有关我们祖先的记忆致以崇敬;

认可代代相传而保留下来的有价值的风俗习惯以及我们人民的传统智慧;

确保我们每个人都传承和保护那些我们正在遵守的高尚的传统以及现在我们所拥有的基督教原则;

我们作为古老、独立和自由的民族,通过行使与生俱来的权利,我们人民现在建立了主权国家并宣告在上帝的指示下我们是巴布亚新几内亚独立国。

同时,在这一权利之下,我们宣布:

一切权利属于人民——人民通过正式的选举和代表行使权利;

尊重个人的尊严和社区互助是我们社会的基本原则;

我们用我们的生命保卫我们国家的统一、完整和尊严;

我们反对暴力,我们将寻求共识作为解决普通问题的手段;

我们通过诚实、努力工作获得国家财富,将国家财富公平地分配给所有的人民。

因此,我们宣布:

通过1975年8月15日召开的制宪大会,我们已经制定并通过了巴布亚新几内亚独立国家宪法。

并在此制定、批准并将其公布,本宪法于独立日即1975年9月16日生效。

通过制定宪法,我们巴布亚新几内亚人民较早的建立起了宪法上的一些国家目标以及指导原则。

国家目标和指导原则

我们特此宣布,下述目标为我们的国家目标,并指导一切个人和组织,法人和非法人团体,通过接受我们所宣布的国家目标的指导以推动和实现这些国家目标。

1. 人类的整体发展

我们宣布我们的首要目标致力于促进每个人都积极地参与从一切形式的压迫和奴役中释放自己的进程,以便于每个人都可以获得作为一个完整的人在同其他人的交往中使自己提升的机会。

因此,我们呼吁:

(1)每个人都应当投身于这一努力中,以实现整个人类的整体发展,并通过自己对共同利益的贡献获得个人的满足;

(2)教育建立在相互尊重和对话基础上,并通过自身的努力促进对我们人类自身潜力和动力的认识,以实现我们的国家目标;

(3)包括科学和文化在内的一切形式的有益创造都是对我们的积极鼓励;

(4)改善营养水平和公共健康水平以保障我们人民获得自我的发展;

(5)将以家庭为单位视为我们社会的根基,同时将要采取的每一步都要促进美拉尼西亚家族的道德、文化、经济和社会地位的提升;

(6)主要通过利用巴布亚新几内亚社会和政治组织的形式实现发展。

2. 平等和参与

我们宣布我们的第二个目标致力于使所有的公民获得平等参与的机会,并从国家的发展中获益。

因此,我们呼吁:

(1)每位公民都享有平等地参与国家的政治、经济、宗教和文化生活的权利;

(2)政治结构的建立将确保我们人民有效和有意义地参与政治生活,同时鉴于我们人民文化和种族的

---

[*] 译者:杜婉珍,花小敏,李帅斌,林煜。

多样性，要求这些结构在一切形式的政府活动中提供实质权力的下放；

（3）尽一切努力实现收入以及在个人和全国各地间发展所获得的其他利益的公平分配；

（4）全国各地服务的均等化，使每一位公民都有平等的机会进入法律程序，以及包括政府和其他服务在内的以满足其需求和渴望的所有服务；

（5）在所有的政治、经济、社会和宗教活动中，女性公民的平等参与；

（6）尽可能使更多的公民参与国家每一方面的发展；

（7）采取积极的措施促进政府和法律认可的一切组织从事发展活动；

（8）采取措施以保障每位公民在追求符合公共利益的活动中都可以发挥其个人的创造力和动力，同时禁止因某一公民的优势地位剥夺其他任何公民的上述机会；

（9）任何公民都能够直接或者通过代表间接地参与任何影响个人利益或其团体利益的事项；

（10）一切巴布亚新几内亚人民和政府机构必须尽一切力量保障，由来自于全国各地的公民所组成的政治和官方机构尽可能具有广泛的代表性；

（11）一切人员和政府机构应当努力去实现普及识字教育；

（12）承认下述原则，即完整的婚姻关系依赖于配偶间权利和义务的平等，负责任的父母子女关系也应当以该平等为基础。

3. 国家主权与自力更生

我们宣布我们的第三个目标致力于实现巴布亚新几内亚经济和政治上的独立，以及经济的自足。

因此，我们呼吁：

（1）我们的领袖致力于这些国家目标和指导原则，以确保其自由地作决定，不受制于对他人的责任或与他人的关系，同时使其所有的决定都符合国家利益；

（2）所有的国家机关都应当基于这些目标和原则制定其政治、经济和社会的发展计划；

（3）积极促进各地区之间和公民个人之间的相互依存和团结；

（4）由公民和政府机构控制大部分的经济企业和生产活动；

（5）严格限制外商投资并审慎地评估外国的思想和价值，使其服从于国家主权和自力更生的目的，特别是外资的进入必须符合国内社会和经济政策，以及国家与民族的统一；

（6）国家应当采取有效的措施控制和积极参与国民经济，特别是管理主要的企业从事自然资源的开发；

（7）主要通过使用本国源于公民或国家的技术和资源发展经济，不得依靠进口的技术和资源；

（8）不断重申我们的主权，不得依赖国外任何形式的资助而颠覆我们的主权，特别是不得因缔结投资、军事或国外援助协议而危及我们的自力更生或自我尊重，或者妨碍我们上述国家目标或指导原则，或者可能导致对任何国家、投资者、领导或捐赠者的大量依赖，或受其影响。

4. 自然资源和环境

我们宣布我们的第四个目标致力于保护和为集体的利益而使用巴布亚新几内亚的自然资源和环境，并保护子孙后代的利益。

因此，我们呼吁：

（1）为我们的发展和子孙后代的利益，审慎地使用存在于地上、地下、海洋里和空气中的环境和自然资源；

（2）为我们和子孙后代的利益，保护和完善环境、宗教、科学及其历史特质；

（3）采取一切措施为我们珍稀的鸟类、动物、鱼类、昆虫、植物和树木提供充足的保护。

5. 巴布亚新几内亚道路

我们宣布我们的第五个目标致力于通过运用巴布亚新几内亚社会、经济和政治组织的形式，实现主要发展。

因此，我们呼吁：

（1）对我们的态度和政府、商业、教育和宗教机构从根本上进行重新定位，建立巴布亚新几内亚式的参与、咨询和共识，并根据人民的需求和态度不断更新这些机构的代表；

（2）特别强调我们的经济发展基于小规模的工匠、服务和商业活动；

（3）将我们人民在文化、商业和种族上的多样性视为一股积极的力量，培养对于包括语言在内的传统文化和生活方式的多样性和丰富性的尊重和珍视，以及为发展而多变地和创造性地运用这些方式的意愿；

（4）保持传统的村庄和社区作为巴布亚新几内亚社会有活力的单位，同时采取积极的措施提升其文化、社会、经济和种族的地位。

基本权利

我们在此宣布，除受法律对非公民规定的一些限制外，本国内的一切民众享有个人的基本权利和自由，即无论个人的种族、部落、出生地、政治观点、肤色、信仰或性别是什么，都享有基本权利，但是以尊重其他人的权利和自由以及正当的公共利益为前提，包括下述权利：

a)生命、自由、人身安全和法律保护；
b)参加政治活动的权利；
c)不受非人道的待遇和强迫劳动；
d)意志、表达、言论以及集会和交往自由；
e)就业自由和行动自由；
f)保护家庭住宅和其他财产，使其免受不公正的剥夺。

因此，本宪法包含若干规定以为这些基本权利和自由提供保护，这些条款也包含对上述保护的限制，对这些保护进行限制主要是为了保障个人所享有的为法律认可的权利和自由不得优先于其他人的权利和自由以及正当的公共利益。

基本的社会义务

我们在此宣布，在国家内的所有民众对他们自己、他们的后裔、国家以及相互间承担下述基本义务：
a)尊重宪法，并践行宪法精神；
b)承认只有通过积极参与国家社会的整体发展才能充分发挥其个人才干和增进其真正的利益；
c)行使本宪法保障和授予的权利，同时在宪法下使用对其而言可利用的机会全面参与国家的管理；
d)在不仅为当代人也为后代人的利益之下，保卫巴布亚新几内亚共和国，保护国家利益、资源和环境；
e)根据其才能从事对社会有益的工作，如果有必要，为他们自己创造正当的就业机会；
f)为相互依存和团结，尊重其他人的权利和自由，同时同他人进行全面的合作；
g)为国家的发展和巴布亚新几内亚的目标，根据其收入的多少依法纳税；
h)作为父母应当支持、帮助和教育其子女（无论是婚生还是非婚生），特别要使其子女真正理解基本权利和义务以及国家目标和指导原则；
i)作为子女应当尊重其父母。

此外，我们在此声明，一切公民对他们自己、对他们的后裔、对国家以及对其他公民都承担义务，有义务将从经济活动中获得的利益运用于促进我们国家和人民的进步，同时法律也可以对在我国进行经济活动或从我国获益的非本国公民规定相同的义务。

第一编 总 纲

第一章 国 家

第一条 巴布亚新几内亚独立国
(1)巴布亚新几内亚是一个拥有主权的独立国家，名称为巴布亚新几内亚独立国；
(2)通过国会的法案保护巴布亚新几内亚独立国这一国名及其别称。

第二条 巴布亚新几内亚的领土
(1)巴布亚新几内亚的领土由独立日之前原巴布亚新几内亚的领土所组成，包括所有的内水、领海和底土，国家元首根据国家行政委员会的建议宣布作为领土组成部分的相邻水域及其下部的底土部分，以及其他的领土和水域，但是在本次会议中和下次会议结束前通过的决议否定的领土除外；
(2)建立在其领土和领土内的自然资源之上的巴布亚新几内亚的主权是绝对的，其仅受巴布亚新几内亚依本宪法所接收的国家法律所规定的义务的约束。

第三条 国家标志
(1)议会的法律可以在下述方面作出规定：
a)国旗；
b)国徽；
c)国家训言；
d)国家印编；
e)国歌；
(2)在依照第(1)款的规定制造出新的国旗、国徽和国家印编之前，继续使用独立日前所使用的上述标志。

第四条 国家首都
(1)应当设立国家首都。
(2)应当在国家首都建立中央政府。
(3)应当由基本法对国家首都的边界进行规定。
(4)基本法或议会的法令应当对国家首都的管理进行规定。
(5)在根据第一百二十五条的规定计算省选区的数量时，国家首都应当被当作省来计算。

第五条 省
(1)基本法可以宣布国家的某一部分作为省，或者对宣布的事项进行规定。
(2)基本法可以规定通过现存省的合并或分离，或者省的边界的变动而创造新的省，或者由法律本身创设新的省。

第六条 忠诚宣言
当法律要求进行忠诚宣言时，需按照下述形式进行：
"我……充分认识到我将承担的责任，以及违背这一誓言和责任将承担的后果，自由和自愿地宣布我对巴布亚新几内亚独立国、对它的人民以及对制宪议会在1975年8月15日通过的巴布亚新几内亚宪法和之后依据其规定进行的修改的忠诚，并发誓我将捍卫巴布亚新几内亚的宪法和法律。"

第七条 效忠宣誓

当法律要求效忠宣誓或效忠保证时,应当按照下述形式进行:

"效忠宣誓

我……宣誓,我将竭诚为伊丽莎白二世女王及其后嗣和法定继承人服务,并保证对其忠诚。

上帝保佑。

效忠证词。

我……在此承诺和证明,竭诚为伊丽莎白二世女王及其后嗣和法定继承人服务。"

第二章 解 释

第八条 解释规则

为解释本宪法和基本法律,可以运用附件一(宪法性法律的简化和解释准则)的规定,以及与该法案有关的法律的规定。

第二编 国家的法律制度

第一章 巴布亚新几内亚的法律

第九条 法律

巴布亚新几内亚的法律由下述几项组成:

(a)宪法;

(b)基本法;

(c)议会法令;

(d)紧急条例;

(e)各省法律;

(f)依据本宪法或上述法律所制定的法律,或者本宪法或上述法律所采纳的法律,也包括依据上述法律和本宪法制定的附属性法规;

(g)不成文法。

此外再无任何其他法律。

第十条 成文法解释

所有的成文法(本宪法除外)都应当按照下述进行解释和解读:

(a)任何法律都必须服从本宪法;

(b)议会的法令必须服从基本法;

(c)被采纳的法律或者附属性法规都必须基本法以及其所依据的法律;

同时,不要超出解释者被合理授予的权限,如果有的法律超出了权限,但就本条规定而言,该法律未超出权限的部分仍具有效力。

第二章 宪法性法律

第一节 最高法律

第十一条 宪法等法律是最高法律

(1)宪法和基本法是巴布亚新几内亚的最高法律,并受第十条(成文法的解释)的约束,所有与最高法不相符合的法规(不论行政的、立法的或司法的),不相符合的部分一律无效。

(2)本宪法和基本法有关其本身性质和其所许可的主题事项范围内一律自动生效。

第十二条 基本法

(1)除第(4)项外,在本宪法下,基本法即由议会制定的下述法律:

a)由本宪法授权有关基本法规定的事项;

b)规定需与本宪法相一致;

c)以基本法的名义颁布。

(2)基本法仅可以由另外的基本法修正或本宪法修正;

(3)本章内的任何规定都不得禁止基本法:

a)对可以由议会法令规定的内容进行规定;

b)要求议会法令对可由基本法规定的内容进行规定;

此外,上述规定可以通过与其他议会法令所要求的多数相同的多数同意进行变更。

(4)本宪法授权基本法可对任何事项进行规定时,基本法可以:

a)对与基本法授权相关的尚未明确规定的事项进行全面的规定,本宪法明确禁止授权基本法进行规定的事项除外;

b)除本宪法明确强调不得对上述事项规定条件、限制或对其进行修改外,可对上述事项或其任何一面规定条件或限制或者对其进行修改。

第二节 宪法的修正和基本法

第十三条 宪法的修正

宪法仅可以通过议会制定的法律予以修正:

a)该法律明确表示是修正宪法的法律;

b)依据第十四条(宪法和基本法的修正)进行修正。

第十四条 宪法和基本法的修正

(1)在受第十二条第(3)款(基本法)以及第十五条(紧急修正)的限制下,必须依照议会的议事规则修改本宪法的法案或基本法法案,通过按第十七条(表决的规定多数)进行大多数投票表决使法案在议院得到支持,这种大多数投票表决必须在有机会对法案进行辩论后至少有两次表现出来。

(2)在受第十五条(紧急修正)的约束下,上述第(1)款所规定的辩论机会必须:

a)在议会的不同会议期间进行;

b)至少间隔两个月的时间;

同时,法案必须由议会议长依照议会的议事规则在国家公报上全文公布并传阅,在该法案最终在议会中提出之前,在所有的议会成员中传阅的时间不得少于一个月。

(3)修改本宪法或基本法的修正案,在未按照第(1)款的规定在议会有关该法案第一次辩论的会议结束之前由议会议员进行传阅的情况下,不得进行审议。

(4)在受第六条规定的约束下,议长在签发第一百一十一条规定的认证(立法认证)时,必须证明该法案满足本条第(1)、(2)和(3)款以及第十五条(紧急修正)的规定。

(5)第(4)款规定的证书必须标明:

a)历次表决的日期;

b)历次投票:

i. 议会议员的数量;

ii. 议会议员投票支持和反对该提案的人数分别是多少,同时在第十五条(紧急修正)的规定下,暂不执行本条第(2)款的规定,则应同时记载赞成和反对该不执行动议的票数。

同时,如无相反证据,则该证据所载事项确定无疑。

(6)除非议会在某些特殊情况下另作规定,否则第(1)款不得适用于下述情况:议长在同终审法院首席大法官或首席大法官指定的法官协商后直接证明法案:

a)并不影响修正的任何规定的实质内容;

b)旨在纠正不言自明的错误和遗漏;

c)并未附带地或相应地修改本宪法或其他任何法律。

同时,这类法律的制定与议会法令的制定相同。

(7)最高法院可以在第(6)款所列的证书签发后的四周以内,依据任何人的申请而拒绝予以适用,在特殊情况下四周时间可以延长,只要申请人在四周之内提出且法官认为不予适用的申请合理,否则该证书具有决定性意义。

第十五条 紧急修正

(1)本条规定在独立日四周年的第一日零时起停止生效。

(2)在本条第(5)款的约束下,第十四条(2)款(宪法和基本法的修正)在紧急情况下,通过议会议员依照议会的议事规则,并由三分之二绝对多数议员投票决定搁置。

(3)第十四条第(2)款(宪法和基本法的修正)的规定不得根据本条第(2)款搁置,除非:

a)依照议会的议事规则至少给出四天的时间通知议会援引第(2)款规定的意图;

b)在援引第(2)款的动议提交审议之前至少提前四天依照议会议事规则,将该法案交由全体议员传阅,并由议长在国家公报上全文公布;

c)第十四条第(1)款(宪法的修正和基本法的制定)涉及的辩论机会必须间隔至少两周,但无须安排在议会不同会议期间。

(4)对修正本宪法的议案和制定基本法的议案所提出的修正案,除非在有关该法案第一次辩论结束前该法案在议会议员中已经进行了传阅,否则不得提出。

(5)本条并不适用于修正本宪法下述规定的议案,也不适用于规定下述事项的基本法:

a)本条规定;

b)序言;

c)第二编第二章(宪法性法律);

d)第三编第一章(国家目标和指导原则);

e)第三编第二章(领导法典);

f)第三编第三章(基本权利);

g)第三编第五章(基本社会义务);

h)第四编(国籍);

i)第六编第二章(国民议会);

j)第六编第三章(特别立法权);

k)第六编第五章(司法);

l)第六A编(省政府和地方政府);

m)第七编第二章(公务人员委员会);

n)第七编第四章(有关警察部队的特别规定);

o)第七编第五章(国防军的特别规定);

p)第八编(监督与控制);

q)第九编(宪法公职人员与宪定机构);

r)第十编(紧急权力)。

第十六条 间接修正

(1)宪法性法律的生效不得影响在其颁布前生效法律的任何条款的实施,除非该合宪性法律符合该条款变更的程序和形式;

(2)为避免产生异议,特此规定:第(1)款在其适用于本宪法的任何规定时包括附件一(宪法性法律的简化与解释规则)在内。

第十七条 表决的规定多数

(1)在受本条的约束下,有关变更本宪法任何规定的法案的第十四条(宪法和基本法的修正)规定的"表决的规定多数"为通过该条款所规定的多数,如果未对多数作特别规定,则为三分之二的多数。

（2）在第（1）款规定下,本款与下述各条中表决的规定多数为绝对多数:第三条、第六条、第八条、第二十条、第二十一条、第二十三条、第二十四条、第二十六条至第三十一条、第六十三条、第六十八条、第六十九条、第七十三条、第七十七条至第九十八条、第一百〇一条、第一百〇三条、第一百〇四条、第一百一十条、第一百一十七条、第一百三十八条、第一百三十九条、第一百五十条、第一百五十六条、第一百六十五条、第一百六十七条、第一百七十一条、第一百八十四条至第一百八十七条、第二百〇六条、第二百四十八条至第二百五十二条、第二百六十四条至第二百六十八条、附件一第二十一条、附件二第一条至第十四条,附件三、附件四和附件五。

（3）在第（1）款的规定下,本款和下述各条中表决的规定多数均为四分之三多数:第三十五条、第三十六条、第五十条、第一百〇五条、第一百〇六条、第一百〇九条、第一百一十三条、第一百二十五条、第一百二十六条、第一百五十五条、第一百五十七条、第一百六十条、第一百六十三条、第二百一十七条、第二百三十五条、第二百三十九条、第二百四十三条、第二百四十四条、第二百四十五条和第二百六十九条。

（4）在符合本条规定下,为本宪法增添新条款的法案所需的规定多数与变更条款（假设该法案已经制定）所需要的规定多数相同。

（5）在第十二条第（3）款的规定下,有关制定基本法所需的规定多数为:

a）对基本法规定进行修正的基本法法案所需的规定多数与制定该基本法所需的规定多数相同；

b）在其他情况下——

i. 由本宪法对制定基本法所需的表决多数进行规定（不得少于绝对多数）；

ii. 如果未规定表决的多数,则适用三分之二多数。

（6）在实施本章上述规定的过程中,如果一项法案的不同条款存在不同的多数规定,则整个法案的规定多数为其中的最大者。

（7）本条允许对一项规定的不同方面和该规定下不同的主题事项规定不同的表决多数。

（8）对改变基本法某项规定的法案所需的表决多数不得超过制定该基本法所需道德表决多数。

（9）不管本条作何规定,在1980年9月16日以前:

a）对本宪法进行修正的法案所需的表决多数为绝对多数；

b）本宪法通过时即规定了制定基本法所需的表决多数为绝对多数。

第三节 宪法解释

第十八条 最高法院在解释宪法上的原初司法权：

（1）在本宪法规定下,最高法院对于有关宪法性法律任何规定的解释和适用,享有排除其他一切法院的原初司法权。

（2）在本宪法规定下,最高法院除外,在任何法院或审判中出现有关宪法性法律的任何规定的解释和适用的问题,该法院或法庭应当将问题移交最高法院,并由其采取任何其他行动（包括暂停诉讼）,除非该问题是微不足道、无理取闹或毫不相关的。

第十九条 对最高法院的特别规定

（1）在第（4）款的规定下,最高法院应当在第（3）款所规定的权力机关申请下,对有关宪法性法律任何规定的解释或适用问题提出自己的意见,其中包括有关法律或法案的任何问题（但是不得限制相关概念的普遍性）。

（2）依据第（1）款的规定所提出的意见与最高法院其他任何决定一样具有约束力。

（3）下述权力机关有权在第（1）款的规定下提出申请：

a）议会；

b）国家元首依据国家行政会议的建议提出；

c）巴布亚新几内亚的司法长官；

d）法律改革委员会；

e）调查委员会；

ea）省议会或地方各级政府；

eb）省行政机关；

ec）通过宪法性法律或议会法令特别建立的,用于解决国家中央政府与省政府或地方各级政府间,或省级政府间,或者省级政府和地方各级政府间或者地方各级政府间发生的争端的机构；

f）议长按照第一百三十七条（特赦法案）第（3）款的规定提出；

（4）在不违背议会法令规定下,最高法院的规则可以对涉及最高法院司法管辖权的事项进行规定,尤其是在下述方面作出规定：

a）由法院裁决的问题的形式和内容；

b）能够在最高法院就任何问题出庭辩护的律师的法律资格；

c）最高法院可以拒绝发表意见的案件和情况；

（5）本章中的"法案"指已经正式提交给有关立法机关的法律。

第三章 某些法律的采纳、继受和发展

第二十条 习惯法和独立前的法规

(1)议会法令应当:

a)巴布亚新几内亚的习惯法;

b)对巴布亚新几内亚的习惯法的发展提供规定;

(2)在议会法令另行作出规定以前:

a)巴布亚新几内亚的习惯法规定于附件二中(某些法律的采纳);

b)巴布亚新几内亚习惯法的发展方式规定于附件二中(某些法律的采纳)。

(2)独立前的某些法律应当并已经被采纳作为巴布亚新几内亚议会法令及附属法规,见附件二的规定(某些法律的采纳)。

第二十一条 附件二的宗旨

(1)附件二(某些法律的采纳)以及第二十条(习惯法和独立前的法规)所涉及的议会法规的宗旨在于帮助国内法学的发展,以适应巴布亚新几内亚不断变化的情况。

(2)为本条第(1)款所列举的宗旨,应当依照附件二(某些法律的采纳)的规定设立法律改革委员会,且该附件为国家司法体系(特别是最高法院和国家法院)和法律改革委员会规定了某些特殊义务。

第四章 总 纲

第二十二条 宪法的实施

本宪法中确认个人权利(包括法人和社团)以及为公权力机关授予权力或附加义务的规定,不得因缺少附属法律和程序法律的支持而无效,并由国家法院在国家目标和指导原则下,通过从其他法律、总的司法原则和公认的准则中进行类推的切实可行的方式提供支持。

第二十三条 制裁

(1)如果宪法性法律规定禁止或限制某项行为,或者赋予义务,则除非宪法性法律或议会法令对该条款的实施有具体的规定,否则国家法院可以:

a)判处有期徒刑的刑期不超过十年或者处以不超过一万基那的罚款;

b)如果巴布亚新几内亚的法律并未规定相应的补救办法,可命令违法者(包括政府机构)作出补救。

或者对违法禁令、限制或责任的违法者适用两项惩罚,同时在其认为适当的情况下另行作出规定。

(2)如果宪法性法律的某项条款禁止或限制某一行为,或者规定某一责任,国家法院如果认为适当即可发布适当的命令阻止或补救不遵守禁令、限制或不履行责任的行为,此时可对不遵守该项命令者援用本条(1)款的规定,将其视为违反宪法规定。

(3)如果国家法院认为适当,其可以在第(2)款的命令中包含第(1)款所说的先期违反命令。

第二十三条 运用某些材料帮助解释法律

(1)辩论和投票的官方记录,以及下述事项:

a)独立前众议院有关宪法筹备委员会的报告;

b)在制宪会议上有关本宪法的草案,连同与宪法草案有关的辩论的报告和与辩论相关的其他文件,只要与其相关均可用于帮助解释有关本宪法任何规定的解释和适用中出现的问题。

(2)国会的法案可以对第(1)款涉及的记录和文件作为证据的方式进行规定。

(3)在第(1)款中,"宪法筹备委员会的报告"为独立前由宪法筹备委员会于1974年8月13日签发,并于1974年8月16日提交众议院的最后的报告。

第三编 政府基本准则

第一章 国家目标和指导原则

第二十五条 国家目标和指导原则的实施

(1)除本条第(3)款和第(4)款外,国家目标和指导原则具有非司法性。

(2)虽然如此,所有的国家机关都有义务在其各自的职权范围内运用和实施国家目标和指导原则。

(3)如果可以合理地理解、运用、行使或实施任何法律或任何法律授予的权力(无论该权力为立法权、司法权、行政权、管理权或其他种类),在上述方式中能够像落实国家目标和指导原则一样,落实本宪法和议会的意图,或者至少没有对该意图造成损害,则应当以上述方式进行理解、运用、行使和实施。

(4)本条第(1)款不适用于调查委员会或根据第三编第二章(领导法典)所规定的任何其他机关,这些机关应当在所有合适的案件中充分考虑国家目标和指导原则。

第二章 领导法典

第二十六条 第二章的适用

(1)本章规定适用于和涉及下述人员:

a)总理、副总理和其他部长;

b)反对党领袖和副领袖;

c)议会的所有其他成员;

d)省议会成员和地方各级政府组成人员;

e)第二百二十一条(定义)所规定的所有宪法公

职人员；

f)全国公务部门的所有负责人；

g)法定权力机构的领导人员和其他领导机构的负责人及组成人员；

h)警察总长；

i. 国防军司令；

j)所有的大使，以及由基本法或议会法令规定的其他高级的外交官员和领事官员；

k)公众信托人；

l)总督、部长、反对党领袖及副领袖的私人工作人员；

m)由第一百二十八条（登记政党）所规定的登记在册的政党的高级管理人员；

n)担任本条第(3)款宣布的适用本章规定的各个公职职务的人员。

(2)本章规定不仅适用于和涉及第(1)款所述人员担任的该款涉及的公职职务，也适用于和涉及由于该项公职而兼任的其他职务和职位。

(3)基本法和议会的法令可以宣布任何公职（包括省政府和地方各级政府机关的职位在内）为适用本章规定或与本章规定有关的职位。

(4)如对某人是否适用本章规定存在疑问的情况下，调查委员会的裁决为最终裁决。

第二十七条 公务人员的职责

(1)本条规定适用的人员在其公私生活两方面，以及与其他人的交往中，有责任使自己不得：

a)置身于下述处境中，即在执行公务或履行职务中存在利益冲突或使其履行职务或执行公务受到影响；

b)贬低其职务或职位；

c)对其公众或官方诚信，或者个人诚信产生怀疑；

d)危及或降低对巴布亚新几内亚政府诚信的尊重和信心；

(2)适用本章规定的人员尤其不得为个人利益或订立任何交易，或者从事任何可能在公众心目中增加对其是否正在或已经履行了第(1)款所规定的职责产生异地的事业或活动，而履行其公职。

(3)适用本章规定的人员还必须履行下述职责：

a)在其合法权力范围内确保其妻子和孩子，以及其应当承担责任（无论是在道德上、法律上或惯例上的责任）的任何人，包括被任命人、委托人和代理人，不得从事任何可能使公众对其是否符合本条规定职责产生异议的行为；

b)必要时公开脱离其伙伴或者 a)项所述人员的可招致上述异议的活动或企业。

(4)调查委员会或规定的第二十八条（进一步规定）之下的其他权力机关，在遵从本条规定以及为任何为实施本条规定而制定的基本法的前提下，可以在一般或特殊案件中给予指导，以保障实现本条的目标。

(5)本条适用的人员为下述情形中的人员：

a)在其职位或公职，或者涉及其职能和职责的履行方面被定罪的人；

b)未能遵守第(4)款规定的指示，或者未能履行第(1)、(2)和(3)款规定的义务，犯有渎职罪。

第二十八条 进一步规定

(1)在本条规定的目标下，基本法：

a)可以授予调查委员会或其他权力机关任何为实现本条规定或基本法的目标所必需或有利的任何权力；

b)应当对下述事项进行具体规定：将适用本章规定的人员及其家庭与合伙人的个人收入、企业收入与财务情况向调查委员会或其他主管当局披露，特别要告知与政府机构所签合同的利害关系，其所担任的董事机构和其他类似职务（包括任命董事、委托人或代理人或其他类似职务的权利）；

c)授权调查委员会或其他权力机关要求适用本章规定的人员将其任何财产或收入置于公共信托人的控制之下，如果这种措施似乎有利于实现本条目标；

d)可以具体规定构成渎职的行为；

e)可创设罪名（包括适用本章规定的人员所犯的罪行和其他人员所犯的罪行）；

f)应向调查委员会或其他主管当局提交被指称为或怀疑为渎职罪的案件供其调查，并为此向该委员会或该主管当局授予必要的或适当的权力；

g)应当建立独立的裁判庭，该裁判庭：

i. 调查并裁决根据基本法向他们提交被指称或被怀疑为渎职罪的案件；

ii. 在受第(1A)规定约束下，应当向合适的权力机关提出建议，解除触犯渎职罪的人员的职务或职位。

h)可以为实现本章目标进行其他必要或适当的规定。

(1A)由基本法对第(1)款第 g)项涉及的独立裁判庭的建立进行规定：

a)对犯渎职罪的人员无严重的惩罚；

b)为公共政策和公共利益不要求进行免职，可以建议有权机关对其施加法律规定的其他惩罚。

(2)第(1)款第 g)项规定的独立的裁判庭依据本章或该款的规定向有权机关提出建议时，有权机关应当依该建议行为。

(3)在第(1)款第 g)项，第(1A)款以及第(2)款的意图下，"有权机关"——

a)涉及：

i)领导第二十六条第(1)款第 a)、b)、c)或 d)项(第二章的适用)所涉及的公职的有关人员；

ii)领导在第二十六条第(3)款规定下被宣布为本章所适用的或与适用有关的经选举产生之人，即国家元首。

b)涉及领导本条所规定的任何其他机关的人员，即合适的委任机关。

(4)基本法可以规定：在本章所适用的人员被指控或被怀疑犯有渎职罪而接受调查期间中止其职权的行使。

(5)在第(1)款第 g)项下的诉讼不属于司法诉讼，但是应当受自然法规则的约束：

a)这种诉讼并不排斥法律所规定的其他诉讼；

b)法律所规定的其他诉讼也不排斥本章所规定的诉讼。

第二十九条 渎职罪的起诉

(1)如果调查委员会或第二十八条第(1)款第 f)项(进一步规定)所述的其他权力机关认定某案件有明确的表面证据证明某人犯有渎职罪，它应当将案件提交检察官，由其向根据第二十八条第(1)款第 g)项规定建立的裁判庭起诉。

(2)如果检察官在合理的期间内未起诉，则由该委员会代为起诉。

第三十条 其他权力机关

如果根据第二十八条(进一步规定)规定另外指定一个权力机关，则该权力机关：

a)应由宪法第二百二十一条(定义)宣布的宪法规定职务充任人员组成；

b)不受任何人员或机关的指导和控制。

第三十一条 免职后资格的丧失

(1)在本章规定下因失职而被免职的人员不具有资格：

a)竞选任何选举性的公职；

b)任命为国家元首或被提名为议会议员；

c)任命为省立法机关或省政府机关人员(包括省政府机关的领导)或者地方各级的政府机关。

上述规定的有效期限为免职后三年内。

(2)在对某项职位或公职是否属于第(1)款第 a)、b)或 c)项所适用的职位或公职存在异议时，由调查委员会进行最终裁决。

第三章 基本权利

第一节 前言

第三十二条 自由权

(1)依据本宪法，特别是依据其中国家目标、指导原则和基本社会义务的规定，由法律所保障的自由对与巴布亚新几内亚的社会维持与发展相一致的个人活动施加最小的限制。

(2)每个人都享有法律所保障的自由权，并因此享有做任何事情的合法权利，该权利：

a)不得侵犯或妨碍其他人的自由权利；

b)不被法律禁止；

而且——

c)不得强迫任何人去做法律没有要求的事情；

d)不得阻止任何人完成符合 a)和 b)项规定的事情。

(3)本章规定不在于反映社会义务、公民义务、家庭义务或宗教义务或具有法外性的其他义务的法外性质、法外存在或法外作用，也不阻止以法律规定去发挥这类义务的作用。

第三十三条 其他权利与自由

本章的规定不得损害其他法律赋予个人的权利和自由，特别是可以通过基本法或议会法令对权利和自由提供进一步的保证，可以进一步限制权利和自由，以及对权利和自由的行使施加的限制[包括在第三十八条规定(对有限权利的一般条件)下施加的限制]。

第三十四条 第三章的适用范围

在本宪法约束下，本章各条款也适用于：

a)个人与个人之间，政府机构与个人之间的关系；

b)适用于公司和团体(政府机构以外)间的关系，其受用方式与对个人一样。

除非本宪法有相反规定。

第二节 基本权利

第三十五条 生命权

(1)不得故意剥夺任何人的生命，除非：

a)在法院判处法律规定的死刑的罪后，执行该死刑判决；

b)在当时情况下合理范围内使用暴力的结果，并为任何其他法律所允许：

i)正当防卫；

ii)为实施合法的逮捕，或阻止被合法拘留的人逃跑；

iii)为镇压暴乱、暴动或叛乱的目的；

iv)为阻止其实施犯罪；

v)为镇压海盗行为、恐怖主义或类似行为；或者——

c)或者作为合法战争的结果。

(2)第(1)款第 b)项不能用以减轻任何人在杀害他人时应负的法律责任。

第三十六条 免受虐待的自由

（1）任何人都不受虐待（无论是精神或身体上的），残酷的或非人道或与尊重人类与生俱来的尊严相矛盾的对待或惩罚。

（2）在第三十五条第（1）款第 a）项（生命权）所述的情形下杀人，其事件本身并不违法本条第（1）款的规定，尽管杀人的环境或方式允许违反该规定。

第三十七条 法律保护

（1）每个人都有权获得法律完全的保护，本章以下规定都在于确保人们充分享有这一权利，特别是被拘禁和被指控者充分享有这一权利。

（2）在受议会法令相反规定下，除非是一般所谓的"藐视法庭罪"，否则不得判定任何人犯有未经成文法定义其罪行，未经成文法规定其刑罚的罪行。

（3）被指控犯罪者应当由一个独立公正的法庭在合理的期间内对其进行公正的审判。

（4）被指控犯罪的人：

a）在依法被证实有罪之前应当被推定无罪，但法律可以责成被控有罪的人证实其所独知或略加注意即可独知的具体事实；

b）应当以其所使用的语言及时并详细告知其被指控罪行的性质；

c）应当为其辩护准备给予充足的时间和便利的条件；

d）如果被指控者不能明白或使用审判中使用的语言，应当免费为其提供翻译；

e）应当允许其亲自出庭为自己辩护，或者由其自己支付费用选择法定代表人辩护，或者如果他属于有权获得法律援助的范围，则可由公共律师或依法为其指定的另一法律代理人代其辩护；

f）为其提供方便，以便由其本人或其法定代理人对公诉方的证人进行询问，被告方的证人在出庭、询问与做证方面的条件与公诉方的证人相同。

（5）未经本人同意，不得缺席审判，除非其本人的行为使得审讯无法在其在场的情况下继续进行，致使法庭命令被告退出法庭，审讯在其退出后继续进行；但是如果被告被指控的罪行不会处以监禁（除非因拖交罚款），法律也可以规定在被告缺席的情况下，进行简易审讯，只要已经确知被告已经及时收到其被控罪行的传票即可。

（6）如果传唤被告方的证人做证需由公共基金支付必要费用，法律对此规定了必要的条件，本条第（4）款第 f）项的规定并不否定该法律的效力。

（7）任何人不得因其实施该行为时并不构成犯罪的行为而被控有罪，同时如果某一罪行在程度和类似上比当初犯罪时对该罪规定的最重刑罚还要严重，则不应对其加重刑罚。

（8）因某项罪行而被管辖法院审判和定罪或无罪释放者，不得因该罪行或任何其他已经在审判中因某项罪行而被定罪的罪行而再次受到审判，除非上级法院在有关定罪或无罪释放的上诉或再审程序中提出要求。

（9）任何人不得因被赦免的罪行而受到审判。

（10）任何人在审判中不得被强迫证明自己有罪。

（11）除非有独立公正的法院或法律规定的其他权力机关主持，或者除非当事人双方一致同意，否则不得对民事权利和义务的存在及其范围大小进行裁定。

（12）除非双方当事人一致同意或法院出于国家安全的考虑下达命令，否则在任何司法管辖区内的法院进行诉讼以及由其他权力机关主持的裁定任何公民权利或义务的存在或范围的诉讼，包括法院或其他权力机关决定的公布，都应公开进行。

（13）第（12）款的规定不得阻止法院或其他权力机关拒绝当事人双方及其法定代理人以外的人员参加其受理的诉讼的审理，范围如下：

a）法律授权实施，以及在考虑必需的或适宜的公共利益或在公开将有损正义、未达选举年龄的利益的情况下，保护与诉讼有关的私生活的情况下实施；

b）法律授权或要求在辩护利益、公共安全或公共秩序下实施。

（14）在被控人员交付审判之日起四个月内审判未完毕的情况下，则由首席大法官就案件情况写成详细报告提交负责全国司法行政的部长。

（15）每一位被定罪者有权要求由上级法院或法庭对其定罪和判决进行依法审查。

（16）任何人都不得被剥夺法定的上诉权利，以反抗对其的定罪或判决，视情况可以通过向对其定罪或作出判决的法院提出上诉。

（17）所有被剥夺自由的人都应当受到人道主义的对待，并尊重对于其作为人类所固有的尊严。

（18）被指控者应当与被定罪者隔离，同时应当受到与其被控身份相适应的区别对待。

（19）因某项犯罪或被控罪行而被监禁的未满选举年龄的人，应当与其他被监禁人员隔离，并被给予与其年龄相适宜的对待。

（20）罪犯不应被转移到远离其亲属居住的地方，除非出于安全原因或其他充分的理由，如果进行这种转移，应将转移理由在案卷中进行标注。

（21）本条的规定不得：

a）损害第三编第四章（自然法的原则）的规定；

b）影响乡村法院的权力与程序；

（22）尽管存在第（21）款第 b）项的规定，乡村法院的权力和程序仍然必须遵循自然正义原则。

第三节 有限权利

第三十八条 有限权利的一般条件

(1)在本章的目标下,符合本章要求的法律亦即根据本条第(2)款制定并证明的法律,其——

a)在一定范围内规定并限制本章规定的权利和自由的行使,这种规定或限制之所以必要在于:

　i. 在考虑国家目标和指导原则,以及基本的社会义务下,使得下述公共利益得以实现:

　　ⓐ国防;

　　ⓑ公共安全;

　　ⓒ公共秩序;

　　ⓓ公共健康(包括动物和植物的健康);

　　ⓔ保护儿童和无行为能力人(无论是法律上还是实际上);

　　ⓕ贫困或欠发达地区或组织的发展;

　ii. 为保护他人权利和自由的行使;

b)在上述权利的行使与其他人权利的行使相冲突的情况下进行合理的规定,这种规定要有限度,从而使该法律在一个对人类权利和尊严有充分尊重的民主社会中显得合乎情理。

(2)在第(1)款规定的意图下,法律必须:

a)表示为实现该款规定意图而制定的法律;

b)明确说明其将规定和限制的权利和自由;

c)需由绝对多数通过,并由议长在第一百一十条(立法认证)的规定下签发的证书证明;

(3)由依靠该法律效力的当事人一方承担证明该法律符合第(1)款要求的责任。

第三十九条 在民主社会显得合理正当

(1)确定一部法律或法令在一个适当尊重人类权利和尊严的民主社会中是否合理和公正,要看回答这一问题时的具体环境。

(2)除非法院认定某项法律毫无道理而且宣布自公告之日起废除该项法律,否则不得宣布该项法律在一个尊重人类权利和尊严的社会中不合理和不正当,只有最高法院、国家法院或议会法令为此指定的其他法院有权进行此项宣布。

(3)在决定任何法律、事项或事情在一个尊重人类权利和尊严的民主社会中是否合理和正当时,法院可以参照:

a)本宪法的一般规定,特别是国家目标、指导原则以及基本的社会义务;

b)《联合国宪编》;

c)《世界人权宣言》和联合国大会有关人权和基本自由的任何其他宣言、建议或决议;

d)《欧洲保护人权与基本自由条约》及其备忘录,有关人权和基本自由的其他国际条约、协定或宣言;

e)国家正义法院、欧洲人权委员会、欧洲人权法院和其他国际法院与法庭处理人权和基本自由的判决、报告和意见;

f)我国过去的法律、惯例、司法裁决和意见;

g)他国的法律、惯例、司法裁决和意见;

h)独立前的宪法起草委员会于1974年8月13日签发、8月16日提交独立前的众议院的最后报告,要注意众议院对该报告所作决定以及立宪会议对本宪法草案所作决定对该最后报告的影响;

i)国家法学家委员会和其他类似组织的声明;

j)法院认为相关的其他材料。

第四十条 紧急法令的合法性

本编任何规定都不能使第十编所定义的紧急法令失去效力,但是在保持其固有宗旨与符合当时条件的前提下,在解释和运用这类法律时对本章所述权利和自由的影响和削弱不得超出应付有关紧急状态所必需的合理限度,使其在一个充分尊重人类权利与尊严的民主社会中显得合乎情理。

第四十一条 法律禁止的行为

(1)不管任何法律中的任何其他条款是否有相反的规定,任何行为尽管以有效的法律为依据,但在特定情况下:

a)是粗暴或压制性的;

b)在特定环境中或特定情况下显得无道理或不协调;

c)就当时特定环境而言,在一个充分尊重人类权利和尊严的民主社会中是不正当和不合理的;

属于违法行为。

(2)证明第(1)款第a)、b)或c)项规定适用于某一行为的责任在持该种意见的当事人一方,为了保持机会均等亦可以免除此项责任。

(3)本条规定并不影响判定该项规定不合法或非法的法律的实施。

第四十二条 人身自由

(1)除下述情况外,任何人都不得被剥夺人身自由:

a)作为在刑事控告面前失败的结果;

b)因所犯罪行而执行法院的判决或命令,或因貌视法院或法庭而被执行该法院或另一法院的惩罚命令;

c)法院为确保法定义务(如合同义务)的履行而下达命令,其未履行;

d)有合理的理由怀疑其已经犯罪或即将犯罪;

e)执行法庭命令,强令其出庭;

f)防止某种疾病或怀疑疾病传入或蔓延,不管是人类疾病还是动植物疾病,或为了进行正常的检疫;

g)为防止人员非法进入巴布亚新几内亚,或者为执行驱逐出境、引渡以及责令人员离开巴布亚新几内亚的其他办法,或为进行与此有关的诉讼;

h)如果一个人不正常或有充分的理由怀疑其不正常,或者吸毒或酗酒,或者是流浪者,为:

i. 在法庭命令下,出于对该团体的关心、治疗或保护;

ii. 迅速采取法律程序以取得第 i. 项所述的法律程序;

(iii)在其不满十八周岁的情况下,因法庭命令或监护人同意而对其进行教育和增进其福利;

(2)被逮捕或被拘留者:

a)应当及时以其所使用的语言告知其被逮捕或拘留的原因和针对其的任何指控;

b)无论何时只要具备条件,都应当允许其及时地和私密地会见其家庭成员或私人朋友,以及其聘请的辩护律师(在其有权获得法律援助的情况下还包括公共律师);

c)给予其充足的机会在被拘留地对其聘请的律师进行指示;

此外,还应当在其被逮捕或拘留后立即告知其依据本款所享有的权利。

(3)因下述原因被逮捕或拘留者:

a)为执行法律命令使其迅速出庭;

b)有理由怀疑其犯有或即将犯有某一罪行,应不加拖延地带其出庭或带至司法官员面前,除非将其释放,如第 b)项所述情况,除非根据法院或司法官员的命令,否则不得因与该罪行有牵连而继续羁押。

(4)出于审讯有关人员或其他人员的必要性或可取之处,基于行政上的方便和需要,均不得构成拒不执行第(3)款规定的正当理由,但在旅行的紧急状态中是合乎道理的,可以构成这种理由,但不能因此影响对有关人员的其他保护性安排。

(5)如果国家法院或法官接到某人被非法或无理拘押的申诉:

a)国家法院或法官应对该申诉进行调查,并命令有关人员出庭或由其进行审讯;

b)除非国家法院或法官认为该拘留合法,以及在押者等待审判的情况下不构成不合理拘留,特别是在时间长短上,否则法院或法官应当作出无条件释放的命令,或者附加该法院或法官认为适当的条件释放;

(6)因某项罪行(议会法令规定的叛国或蓄意杀人除外)而被逮捕或拘留者,从其被逮捕或拘留那刻开始直到释放或被定罪的期间内有权获得保释,除非出于司法利益上的其他要求;

(7)如果适用第(6)款规定的人的保释要求被拒绝:

a)拒绝其保释的法院或人员,在申请者或其代表提出保释申请时应书面答复拒绝的原因;

b)该申请者及其代表可以向最高法院或国家法院简单提出保释申请;

(8)在其他法律规定的约束下,本条的任何规定不适用于父母、儿童的保护人或受委托照料儿童的人在教育、管理和培养儿童过程中的合理行为。

(9)在受任何宪法性法律或议会法令的约束下,本条的规定不适用于根据其他国家的法律而被羁押的人中:

a)正在我国国境者;

b)为实施第二百〇六条规定而制定的议会法令所允许者。

第四十三条 不受强迫劳动的自由

(1)任何人都不得被强迫劳动;

(2)第(1)款规定中的"强迫劳动"不包括:

a)法院判决或命令所要求的劳动;

b)在合理羁押期间的必要劳动,指非法院的判决或命令所要求,却为维持羁押场所的正常环境和卫生所必需;

c)在羁押的情况下,为其看护、治疗、新生、福利有关的一切必须而合理的劳动;

d)作为纪律严明的纪律部队的一名成员在履行职责时的劳动;

e)作为合理的、正常的社区义务或公民其他义务的一部分的合理劳动,但需经要求其参加劳动的地区的当地政府机构批准;

f)符合第三十八条(有限权利的一般条件)规定的基本法从国家利益出发所要求的合理数量与合理性质的劳动(包括在义务兵役制的情况下要求不愿服兵役的人员进行的替代性劳动)。

第四十四条 免受任意搜查和侵入住宅的自由

不得对任何人进行人身或其财产的搜查,不得侵入其住宅,法律对该权利的行使范围进行限制和规定的除外:

a)由法律对搜查和侵入的情况进行合理规定:

i. 根据法院的命令;

ii. 根据法院或司法官员依据合理理由发出的搜查证,搜查证应有誓词或保证词为保证,特别要注明搜查的目的;

iii. 授权巴布亚新几内亚公职人员或政府机关人员,或因公依法建立的法人团体的官员在必要时因公务进入住宅,或者因税收或地方税收搜查房舍或其中的任何东西,或者执行涉及合法存放于该房舍内而又属于政府或其他任何法人团体的财产的任务;

iv. 授权搜查货物、房舍、车辆、船只或飞机,以保证人员的出入境、货物的进出口符合法律要求,以保障安全建筑标准、公共安全、公共健康、执照的使用或其他类似事项符合法律要求,保证符合工商业的特许条件;

v.为检查或收缴有关下述各方面的文件副本:

a)根据管理商业、贸易、专业或工业活动的法律规范商业、贸易、专业或工业活动;

b)有关公司的法律规定的公司事务。

vi.因征税或交税方面的原因而进行的货物检查或检查与收缴文件副本,根据禁止或限制货物进出口法律而采取的类似行为;

b)符合第三十八条(有限权利的一般条件)规定的法律。

第四十五条 良心、思想和宗教自由

(1)任何人都有权获得良心、信仰和宗教自由,以及进行宗教和信仰的自由,包括在不侵犯其他人自由的情况下表达并传播其信仰和宗教的自由,但是行使该权利的范围受到与第三十八条(有限权利的一般条件)相悖合的法律的限制和规定。

(2)任何人都不得被强迫接受宗教教育或参加宗教纪念仪式或活动,但是该规定不适用于经父母或监护人同意下对其孩子进行宗教教育,也不适用于在课程中安排含有宗教或信仰内容的世俗教育课程。

(3)任何人都不得干涉与其有不同信仰的人的宗教活动,或者以骚扰或其他方式试图将自己信仰的宗教或任何其他宗教强加于他人(或反宗教)。

(4)任何人都不得被强迫进行与其宗教或信仰相冲突的宣誓,或者以与其宗教或信仰相悖的方式宣誓。

(5)本条规定的宗教的内容也包括巴布亚新几内亚人民的传统宗教信仰或习惯。

第四十六条 表达自由

(1)每个人都有权享有表达和出版自由,但是该权利行使的范围由下述法律进行规定和限制:

a)对担任公职者施加合理规定的法律;

b)对非公民施加限制的法律;

c)符合第三十八条(有限权利的一般条件)规定的法律。

(2)第(1)款中的"表达和出版自由"包括下述几个方面:

a)坚持意见、接受思想和情报、交流思想和情报的自由,无论是一般的当众表达还是对个人或集体的表达;

b)报刊以及其他大众传播媒介的自由;

c)不管本条有何规定,议会法令可以作出合理规定以保证感兴趣的人士和团体为下述目的合理利用大众传播媒介:

d)交流思想和情报;

e)允许他们对涉及其行为、思想或信仰虚假或别有用心的叙述进行反驳。

此外,还可以一般地允许和鼓励表达自由。

第四十七条 集会和结社自由

每个人都有权和平地集会和结社,以及组织、参加或不参加政党、行业组织或其他组织。但是行使该权利的范围由下述法律进行规定和限制:

a)对所有或任何团体的登记进行合理规定的法律;

b)对担任公职者施加合理限制的法律;

c)对非公民施加合理限制的法律;

d)对符合第三十八条(有限权利的一般条件)规定的法律。

第四十八条 工作自由

(1)任何人都享有在其具备法定资格(如果有规定)的职业中自由选择工作的权利,除非由符合第三十八条(有限权利的一般条件)法律或对非公民施加的法律或者自动对该权利的行使范围进行限制和规定。

(2)第(1)款并未对为鼓励个人加入工业组织或者工业组织出于某项目的约束其成员而采取某些合理行为或进行合理规定进行限制。

第四十九条 隐私权

任何人在其个人或家庭生活中、在同其他人的交往中以及个人文件和财产方面都享有合理的隐私权,但是行使该权利的范围由与第三十八条(有限权利的一般条件)相符合的法律进行规定。

第五十条 选举权与担任公职权

(1)在受本宪法施加的特殊限制的约束下,每个具有完全行为能力并达到选举年龄的人,除下述情况外:

a)被判处死刑和九个月以上徒刑的人;

b)从当次选举的第一个投票日算起往前推三年内曾被定罪者,或者根据为实施本项规定而制定的基本法或议会法令的规定犯有与选举有关罪行者。

均有下述权利与机会:

a)参与处理公共事务,直接参与或通过自由选举的代表参与;

b)在定期的真正自由选举中选举或当选公职;

c)担任公职,行使公共职责;

(2)上述权利的行使应当受到法律的制约,该法律在一个充分尊重人类权利与尊严的民主社会中应显得合理和公正。

第五十一条 信息自由权

(1)每位公民都有合理获取政府信息的权利,该

权利仅在下述方面受在民主社会中合理保密要求的限制：

a）涉及巴布亚新几内亚国家安全、国防和国际关系（包括巴布亚新几内亚同任何其他国家政府或国际组织的关系）的事件；

b）全国行政委员会以及由基本法或议会法令所规定的类似的行政机构或选举府机构的会议纪律、决定；

c）从某人或某团体处获取的商业秘密、专利性或机密性的商业或金融信息；

d）仅限议会可知的那类事项的议会文件；

e）由政府机关或政府设立的机关准备的，但尚未准备完毕的报告、官方登记表册和备忘录；

f）为调查和起诉罪行而进行的合法官方活动有关的文件；

g）犯罪的预防、调查和起诉；

h）个人隐私和安全的保护；

i．负责管理监督金融机构的政府主管部门准备的、委托他人准备的或供其所用的报告所涉及的事项或有关事项；

j）与水体或矿井有关的地质的或地球物理学的信息和数据；

（2）符合第三十八条（有限权利的一般条件）规定的法律可以对本条保证的权利进行规定和限制。

（3）可以由法律进行规定，建立便利公民获得官方信息的程序。

（4）本条规定并未授权：

a）知情不报或者限制公众阅读会议纪律，为执行本条中的规定除外；

b）对议会封锁情报。

第五十二条　迁徙自由权

（1）在受第（3）款的约束下，任何公民都享有在国家范围内迁徙自由、在国家内任何地方定居以及进入和离开国家的权利，为实施根据第四十二条（人身自由）规定制定的剥夺人身自由的法律的结果除外。

（2）任何公民都不得被驱逐或从国家驱逐出境，除非为执行法院依法根据有关引渡触犯他国法律的罪犯或指称罪犯的法律而颁发的命令。

（3）符合第三十八条（有限权利的一般条件）可以对第（1）款中所涉及的权利的行使进行规定和限制，特别是可以对犯罪者与有纪律约束的部队的迁徙权利进行规定和限制。

第五十三条　保护财产免受不公正的剥夺

（1）受第五十四条（关于某些地产的特殊规定）规定的约束下，以及本条的允许外，不得强制接管财产，不得以强制手段征用财产的收益和权利，除非根据基本法或议会法令，除非：

a）出于下述方面对该财产的需要：

Ⅰ．公共利益的目的；

Ⅱ．在一个尊重人类权利和尊严的民主社会中出于公正合理的原因。

该项理由应在基本法或议会法令中明确宣布并说明是为了实施本条规定。

b）由于给被涉及者造成了困难，出于伸张正义的目的和理由而必须接管或者征用财产。

（2）在受本章规定的前提下，负责剥夺财产权利的机构应当在国家目标与指导原则下，充分考虑国家利益以及通过议会对该项利益的表述，充分考虑被涉及者的权益，在符合条件下作出合理补偿。

（3）在实施第（2）款的过程中不得仅仅因为延期付款、分期付款或非现金补偿而认定未在合理条件下作出合理补偿。

（4）在本章中，凡提到接管财产所有权和征用财产等额收益和权利的地方也包括：

a）没收；

b）废除或终止（并非通过合理的规定采取有限的行动或者通过有关产权时效与产权管辖的合理法律采取的行动）。

（5）本条上述规定并不排除：

a）依据本宪法其他规定的授权剥夺财产所有权或征用财产的收益或权利；

b）由于下述情况而接管财产或征用：

Ⅰ．作为违法犯罪或试图违法犯罪的结果，违法行为或试图违法行为的结果，其他不守法行为的结果；

Ⅱ．偿还债务或履行其他民事责任；

Ⅲ．在受第（6）款规定约束下，根据在一个充分尊重人类权利与尊严的社会中合理的法律要求，该项财产是某法院或法庭审理或可能审理的诉讼案件的证据；

c）作为专用拨款或承兑的附带条件接受或征用持票人或其先辈的财产或其他财产，征用其财产的收益或权利；

d）任何根据习惯的接管或收购；

e）接管或收购无主财产或遗弃财产（习惯土地除外）；

f）为保护环境和国家文化遗产而对财产的利用和处置，对财产的收益和权利的利用和处置所施加的必要合理的限制；

（6）第（5）款第 b）Ⅲ．项并未授权在该项所述理由所必需的合理扣留期届满以后继续扣留该项财产。

（7）本条上述规定并不适用于任何无公民权利人的财产，本条规定与其财产不相关，应由议会法令作出规定,明确强制接管其财产,征用其财产的收益和权利的权力。

第五十四条 关于某些地产的特殊规定

第三十七条(法律保护)和第五十三条(保护财产免受不公正的剥夺)中的任何规定都不能使在充分尊重人类权利和尊严的民主社会中合理的下述法律归于无效:

a)确认巴布亚新几内亚对下述地产拥有产权的法律:

Ⅰ.对财产权的获得是否合法,是否由独立日前的惯例产主手中征用的问题存在真正争议的地产;

Ⅱ.如果土地是强制征用的,该征用必须符合第五十三条第(1)款(保护财产免受不公正的剥夺)的规定;

b)对于无法用司法手段合理解决的惯例地产的产权争议,可以通过非司法手段进行解决;

c)禁止或控制利用非公民的地产谋取利益或有关该地产的法律。

第五十五条 公民平等

(1)在受本宪法约束下,所有的公民不分种族、部落、籍贯、政治见解、肤色、宗教、信仰和性别,都享有相同的权利、特权、义务和责任。

(2)第(1)款规定并不禁止为妇女、儿童、青少年、贫穷或欠发达地区居民或欠发达团体成员的特殊利益、福利、保护和进步而制定法律;

(3)第(1)款规定并不影响独立前法律的实施。

第五十六条 公民的其他权利与特权

(1)只有公民可以:

a)对须选举产生之职享有选举权和被选举权;

b)获得完全保有权的土地;

(2)议会法令可以:

a)确定选举产生的职务;

b)确定被视为完全保有制的所有制形式;

c)在第(1)款的意图下,确定被视为公民的法人。

(3)议会法令可以对公民所享有的权利和特权作进一步规定。

第四节 实施

第五十七条 宪法保障的权利与自由的实施

(1)本章所述的权利应受到最高法院、国家法院或议会法令专门指定的其他法院的保护,并由其强制实施,或由法院主动采取行动,或根据这种保护和实施感兴趣的人提出的申请采取行动,如果法院认为某人没有能力充分地、自由地行使本章赋予的权利,可由他人代为提出申请,是否由其本人授权均可。

(2)为实施本条规定:

a)巴布亚新几内亚的法律专员;

b)议会法令专门指定的其他人员;

c)任何有兴趣(无论个人或其他)维护公认的法律基础,且经有关法院认为,理应允许其在有关问题上出庭做证的人员;

均可对保护与实施本章规定的权利与自由产生兴趣,但本章规定并不限制其他人员或集团有相同的兴趣。

(3)由司法管辖权的法院在第(1)款的规定下,可以为实施本条规定发布必要、适宜的命令和声明,该法院可以在某一法规颁布后的任何时间内(不管它是否仍然生效)就其发布命令和声明。

(4)任何法院、法庭或权力机关均可主动地或应第(1)款所述人员的请求,暂时停止其所管辖的诉讼,或用其他方法推迟裁决,以待有关本条效力与应用的问题根据(1)款规定得到解决。

(5)本条所述补救办法并不限于处理实际违反或即将违反保障权利与保障自由的案件,如果法院认为必要,也可以同样适用于处理可能违反该权利与自由的案件,以及某人希望采取的行动由于可能违反或有理由担心会违反这种权利与行动而受到禁止的案件。

(6)本条所规定的法院的司法权限和权力在于补充而非削弱本宪法其他条款为其规定的司法权限和权利。

第五十八条 赔偿

(1)本条意在补充而非削弱第五十七条(宪法保障的权利与自由的实施)的规定。

(2)某人所享有的本条保护和声明的权利和自由因紧急权力行使将其拘留而受到侵害[包括因减少第十编第五章(拘留)的限制而造成的侵害],被侵害者有权因此项侵害得到合理的损失赔偿,如果法院认为适当,有权得到超出实际损失的赔偿。

(3)在受第(4)款和第(5)款规定约束下,可判令侵害他人权利与自由者或为此付费者支付赔偿费。

(4)如果侵害权利者为政府机构,可责令其对以下方面进行赔偿:

a)由第(3)款所述的人支付,但应受第(5)款的约束;

b)由此人对其负责的政府机构支付,或由双方共同支付,在后一种情况下可由法院代为分配赔偿金额。

(5)在下述情况下不得因导致侵犯人权的行为判处对政府机构负责的人员支付赔偿费:

a)该行为仅在第四十一条第(1)款(法律禁止的行为)的规定下才为违法行为;

b)行为者真诚相信该行为为法律所要求的行为,但是,应由持有b)款所述信念者证明该信念。

第四章 自然法的原则

第五十九条 自然正义原则

(1)在受本宪法和其他一切法规的约束下,自然正义原则即为控制司法和行政程序的基本法原则;

(2)自然正义原则的最低限度要求在于公正行事的义务以及原则上看上去公正行事的义务。

第六十条 原则的发展

在依据附件二(某些法律的采用)发展基本法的原则中在特别考虑国家目标、指导原则和社会义务以及巴布亚新几内亚典型的组织形式和程序下,应当特别重视自然正义原则和专为巴布亚新几内亚设计的行政法律的系统发展。

第六十一条 基本权利与自由

为免除怀疑,特此宣布本章以上所有规定并不影响本编第三章(基本权利)所规定的任何权利与自由。

第六十二条 "慎重判断"的决定

(1)在法律要求或允许某人、某团体或权力机关"慎重判断"后采取某项行动时,自然正义原则仅在下述意义上适用,不得进行偏私、随意或反复无常的判断。

(2)下述情况除外:

a)在第(1)款规定的范围内,且——

b)依据第一百五十五条(国家司法制度)的规定,且——

c)根据宪法性法律或议会法令的规定,适用第(1)款规定的行为,只要是在有关人员"慎重判断"后作出的,就是非司法性的行为。

第五章 基本社会义务

第六十三条 基本社会义务的履行

(1)除第(3)和(4)款规定的范围外,基本社会义务具有非司法性。

(2)然而,在各自权限范围内鼓励遵守这类义务是所有政府机构的责任。

(3)如果任何法律或法律所赋予的任何权力或施加的任何义务(无论该权力或义务为立法、司法、行政、管理或其他种类的权力或义务)均可以合理地被理解、适用、行使、遵守或执行,不得使本宪法或议会的意图失效,以这样的方式强制或鼓励遵守基本的社会义务,或至少不侵害以该方式对基本社会义务的理解、适用、行使、遵守或执行。

(4)第(1)款不适用于调查委员会或在第三编第二章(领导法典)的意图下规定的其他机关的管辖权的行使,其应当在所有适当的情况下充分考虑基本社会义务。

第四编 国籍

第一章 前言

第六十四条 双重国籍

(1)不管本编以下条款作何规定,但受本条第(2)款规定的约束,拥有真正外国国籍的人不得作为或成为本国公民,解释本编各款时均应遵守本项禁令。

(2)第(1)款的规定不适用于未满十九岁的人,如果其在年满十九岁以前按照议会法令规定的方式放弃其他国籍并宣读忠诚声明。

(3)拥有真正外国国籍而且未履行第(2)款规定的人员,年满十九岁时即不再是巴布亚新几内亚公民。

(4)在实施本条规定时,下述情况:

a)在独立前夕的澳大利亚公民或因下述原因而受澳大利亚保护者:

Ⅰ.生于前巴布亚领土上;

Ⅱ.生于前新几内亚领土上,而且根据澳大利亚的《澳大利亚国籍法》(1948—1975)登记者;

b)从未在澳大利亚取得永久居住权者(不管这一权力是否可以撤销),没有拥有真正的外国国籍。

第二章 国籍的取得

第六十五条 独立日当天自动取得国籍

(1)独立日之前出生于我国,而且祖父母与外祖父母中有两人出生于我国或我国毗邻地区者为我国公民。

(2)独立日之前出生在国外,但其祖父母或外祖父母中有两人出生于我国且又具有下述情况者,从独立日算起即为我国公民。

a)独立日之后的一年内或在特殊情况下经负责国籍问题的部长允许延长的时间内,由其本人或委托他人代为申请作为公民登记;

b)放弃任何其他国籍,并忠诚地宣誓;

Ⅰ.如果其年龄未满十九岁,遵循第六十四条第(2)款(双重国籍)的规定;

Ⅱ.如果已经年满十九岁,在其提出申请时或提出申请前。

(3)第(1)款中的"毗邻地区"是指独立日以前组成:

a)所罗门群岛的地方;

b)印度尼西亚共和国名为伊里安查亚的地方;

c)根据大不列颠及北爱尔兰联合王国于维多利亚女王陛下在位第四十二年(即1878年)10月10日颁布的特许证书并入当时昆士兰殖民地的托里斯海峡内的岛屿;

而独立日当天并不构成巴布亚新几内亚领土组成部分的地方。

(4)第(1)款与(2)款并不适用于下述人员:

a)享有在澳大利亚永久居住权(无论可撤销与否)者;

b)已入澳籍的澳大利亚公民;

c)已经根据澳大利亚的《澳大利亚国籍法》(1948—1975)第十一条登记为澳大利亚公民者;

d)系澳大利亚以外的其他国家的公民,除非此人根据第(5)款放弃其在澳大利亚的居住权或者放弃其澳大利亚或其他国家的公民身份。

(5)适用第(4)款规定的人员可以在独立日之后的两个月内按照议会法令规定的方式宣布放弃其在澳大利亚的永久居住权,或者放弃其澳大利亚公民或其他国家公民的身份,并直接出诚声明。

(6)负责国籍问题的部长在其认为得当时可以经过慎重判断[但须受第四章(国籍咨询委员会)规定的约束]后将第(4)款所述的两个目的期限延期,但是除非该部长认定申请人属于下述几种情形:

a)错误地以为其已经是公民;

b)不知道其不是公民;

c)没有合适的机会或没有足够的时间决定其身份;

否则不能将该期限再延长两个月。

第六十六条 血统国籍

(1)属于下述情况者:

a)独立日当天或独立日之后出生在我国;

b)双亲中有一人属于我国公民,或者双亲中有一人本来会是我国公民或有权成为我国公民,如果其在独立日以前未去世;

为我国公民。

(2)属于下述情形者:

a)独立日当天或独立日之后出生在国外;

b)双亲中有一人是我国公民,或者双亲中有一人本来会是我国公民或有权成为我国公民,如果其在独立日以前未去世,且——

c)出生登记符合为本款制定的议会法令的要求时,为我国公民。

第六十七条 归化入籍

(1)在本国境内连续居住满八年者可以向负责国籍问题的部长申请入籍成为我国公民。该部长在确认第(2)款所述事项并经过慎重判断后[但须受第四章(国籍咨询委员会)规定的约束],有权批准或拒绝其申请。

(2)为成为具有合法的入籍资格者,必须:

a)具有良好的品格;

b)希望在我国永久居住;

c)除非身体或智力障碍,否则应能听、说皮金语或莫土语,或我国某一方言,程度应足以应付日常会话;

d)尊重我国的文化和风俗习惯;

e)不致在现在或未来耗费公共基金;

f)对公民的权利、特权、义务和责任有一定的了解和理解;

g)按照议会法令的方式放弃其他国家的国籍并进行忠诚宣誓。

(3)申请人获准入籍时,其当时未满选举年龄的子女因申请人的入籍同时归化为我国公民,如果申请人提出该要求。

第六十八条 有关归化入籍的特别规定

(1)根据第六十七条(归化入籍)第(1)款的规定,有资格成为我国公民而且由于是选举性机构的成员而担任行政职务者,在独立日之后两个月期满时不得继续担任该项职务,除非其在该期间根据该条规定申请入籍并获得批准。

(2)在不限制决定入籍申请时的可考虑事项下,对于独立日之后的前八年内提出的入籍申请,在第六十七条(归化入籍)的规定下,作出决定时应考虑下述事项:

a)如果申请人适用第六十五条(独立日当天自动取得国籍)第(4)款的规定,应考虑其取得在澳大利亚的永久居住权或成为澳大利亚公民是否处于非自愿的行为(结婚不包括在内);

b)申请人是否在下述阶段的某一时间由于从事一般说来不宜承担的工作而接受报酬和待遇;

Ⅰ.独立日之前,对根据第六十五条(独立日当天自动取得国籍)规定有资格取得国籍者或者如其在此之前并未去世且本来有资格取得国籍者;

Ⅱ.独立日之后,本国公民享有本关待遇。

c)是否申请人的投资或企业的主要利润部分在国内;

d)申请人现在与过去的配偶是否为我国公民,或者如果其配偶在独立日以前没有去世的话,是否本来会成为或有权成为我国公民,以及申请人家族关系的性质;

e)申请人在我国居住的时间长短与居住的性质;

f)申请人在有利于巴布亚新几内亚及其人民的服务工作中的表现;

g)申请人为巴布亚新几内亚或其人民的利益所

做的任何牺牲；

h)申请人在皮金语、莫土语或我国某种方言方面的知识；

i. 申请人在提出申请时是否包括申请人未满选举年龄的子女(如果有子女的话)；

j)提出申请人具有与我国国籍相称的良好品质与适应能力；

k)出生地以及申请人的父母。

(3)无论宪法性法律是否有其他的规定，独立前的法律赋予"巴布亚新几内亚人"、"土著居民"、"当地人"或"公民"(限于有关国籍的法律制定后这类称谓仍然有效的地方)的利益、权利或特权(不管是直接赋予还是间接赋予)，只有根据第六十五条(独立日当天自动取得国籍)规定成为巴布亚新几内亚公民的人才能继续享有，但是只限于在下述时间内成为我国公民者：

a)独立日之后的十年内；

b)议会法令废除上述权利、特权或利益以前；

上述两项时间以发生在先者为准。

(4)无论宪法性法律是否有其他规定，在独立日之后的前五年内，只有根据第六十五条(独立日当天自动取得国籍)规定成为巴布亚新几内亚公民的人才有权享有第五十三条(保护财产免受不公正的剥夺)授予的权利，但不得使在此期间根据第六十五条(独立日当天自动取得国籍)以外的其他规定成为公民的人在财产方面的权利少于法律赋予非公民者的权利。

(5)无论宪法性法律是否有其他规定，在受第(6)款约束下，在独立日之后的十年内，议会法令可以授予依第六十五条(独立日当天自动取得国籍)的规定成为巴布亚新几内亚公民者以权利、利益或特权。

(6)第(5)款所指的议会法令：

a)不得侵害第三十二条到第五十八条(赔偿)授予的权利，但第五十五条(公民平等)授予的权利除外；

b)可以给予根据第六十五条(独立日当天自动取得国籍)规定成为巴布亚新几内亚公民的人以优惠和帮助。

第六十九条 入籍申请

(1)在受第(2)款约束下，根据第六十七条(归化入籍)而提出的入籍申请必须符合下述要求：

a)在独立日之前在我国连续居住达八年或八年以上者，必须在独立日之后的两个月内提出申请；

b)其他人必须在我国连续居住八年后的两个月内提出申请；

(2)负责国籍问题的部长在本人认为恰当时可以经过慎重判断[但须受第四章(国籍咨询委员会)规定的约束]后将第(1)款所述期限加以延长，如果其已确认：

a)其并未意识到第(1)款的规定；

b)有特殊情况。

第三章 国籍的丧失和恢复

第七十条 国籍的自动丧失

(1)已达法定选举年龄又具有完全行为能力者，具有下述情形之一：

a)自愿(结婚除外)取得他国国籍或公民权利者；

b)行使他国公民或国民特有的权利，除非负责国籍问题的部长确认行使该权利系出于无心；

c)对其他国家或其他国家的元首宣誓，或宣读忠诚声明或忠诚保证；

d)做出、同意或者采取各种导致其成为其他国家国民或公民的行为(结婚除外)；

e)参加其他国家的武装部队，或在其武装部队服役，除非经过国家元首特别批准，或系根据国家行政委员会的建议行事；

f)在其他国家的全国、省级、州或地方选举中投票，或接受选举性职务，但在议会法令允许的情况下除外；

g)在受第(3)款规定的约束下，在其他国家的护照或可疑护照的保护下旅行，而该护照或可疑护照上注明系该国的公民或国民；

将失去其国籍。

(2)被法院发现通过歪曲、欺骗或隐瞒重要事实而取得国籍者，一经发现立即丧失其国籍，除非负责国籍问题的部长确认其行为为轻过失，而事情真相的暴露并不影响其入籍。

(3)第(1)款第 g 项不适用于：

a)独立日当天并未在国内，正在他国护照的保护下连续旅行，但时间仅限于：

Ⅰ．当时所持护照的有效期届满为止；

Ⅱ．返回国家为止；

上述时间以在先者为准。

b)在父母或监护人护照的保护下旅行的人；

c)在其他国家护照的保护下旅行，但已经由负责国籍问题的部长批准的人。

第七十一条 法律强制下的行动

本章上述规定不适用于在他国法律强制下被迫采取的行动。

第七十二条 国籍的放弃

(1)在受第(2)款和(3)款规定的约束下，达到法定选举年龄并具有完全行为能力的公民可以按照议会法令规定的方式和条件放弃其国籍。
(2)若非下述情形不得放弃其国籍:
a)已经享有其他国家的国籍或公民身份;
b)为取得其他国家国籍或公民身份而放弃国籍;
(3)战争期间,在未经负责国籍问题的部长事先许可的情况下不得放弃国籍。

第七十三条 国籍的恢复
(1)在受第(2)款规定的约束下,曾经丧失的国籍可以得到恢复:
a)根据第六十五条(独立日当天自动取得国籍)和第六十六条(血统国籍)的规定取得国籍者——必须于在丧失国籍后的五年内连续居住在本国境内,且经负责国籍问题的部长慎重判断之后批准;
b)归化入籍者——仅根据有关入籍的法律,对丧失国籍前在我国居住的时间忽略不计。
(2)如果某人:
a)依据第六十五条(独立日当天自动取得国籍)或第六十六条(血统国籍)的规定成为本国公民;
b)独立日以前、当天或以后通过与具有其他国家国籍或公民身份的人结婚者;
c)结婚时或结婚后成为配偶所属国家的国民或公民者;
同时,婚姻出现永久性破裂,则第(1)款第b)项中规定的五年均应改为三年,计算的起点为:
d)如果婚姻破裂时其定居在国内,则由婚姻破裂之日起算;
e)如果婚姻破裂时其定居在国外,则由其回国定居之日起开始计算。

第七十四条 某些儿童国籍的丧失和恢复
(1)如果:
a)儿童的父母丧失国籍;且——
b)部长收到儿童利益代表提出的申请,并确认该申请为儿童利益所必需,则负责国籍问题的部长可以颁发命令剥夺儿童的国籍;
(2)对第(1)款所述命令有异议者可以向国家法院提出上诉。
(3)议会法令可以进行特殊规定,为因父母丧失国籍而失去国籍者恢复国籍提供方便。

第四章 国籍咨询委员会

第七十五条 委员会
(1)由议会法令对国籍调查委员会进行规定,该委员会的所有成员必须是巴布亚新几内亚公民(非归化入籍的公民)。
(2)委员会的组成:
a)四名永久性成员,其中至少两名为议会非部长议员;
b)一名特别成员,委员会管理事项的涉及者所住社区的代表。

第七十六条 委员会的职权
(1)在对某人采取本编所述的行动前,负责国籍问题的部长应就该问题向国籍咨询委员会咨询并听取其意见。
(2)如果部长拒绝接受委员会就第(1)款所述事项发表的建议,而被影响者或委员会又提要求,则该部长应当在可行的范围内尽快向议会提交报告,陈述拒绝原因,议会可以在其认为适当的条件下撤销该决定。
(3)议会撤销批准或恢复国籍的决定或撤销批准第八十一条(国籍证书)所述证书的决定时,该撤销令即剥夺国籍的决定自撤销之日其生效。
(4)议会作出的撤销拒绝给予某人以国籍的决定、撤销剥夺某人国籍的决定或者撤销拒绝承认第八十一条(国籍证书)所述证书的决定时,撤销令的效力溯及原决定作出的日期。
(5)由议会法令施加或在议会法令之下授予委员会上述权力以及其他职能和职责。

第五章 一般规定

第七十七条 某些人的特殊规定
(1)无论何时在我国境内发现的弃儿,如无相反的证据证明,应该认为其父母中至少有一位具有我国国籍,或者至少有一人如果现在还未去世的话具有我国国籍。
(2)如果出生在本国的孩子的父母的身份或公民身份不得而知或存在疑义,如无相反证据证明,则应当推定其父母具有本国国籍或如果其现在还未去世的话具有我国国籍。
(3)在本编范围内,遗腹子应与其在父亲去世前夕诞生时的地位相同。

第七十八条 收养的作用
(1)如果在确定某人的公民身份或权利时必须参考其父母或祖父母、外祖父母的情况,而其人或其父母又是根据我国与其他地方任何时候都有效的法律收养的,则此人的权利与身份应参考其生父母、生祖父母或生外祖父母的情况进行确定,除非负责国籍问题的部长经过慎重判断后[但必须受第四章(国籍委员会)规定的约束]认为考虑的结果有助于承认其国籍或公民权利,允许将其养父母、养祖父母或养外祖父母的情况考虑在内。
(2)第(1)款所涉及的收养包括根据习俗的收养。

第七十九条 某些人的出生地
在本编范围内:

a)出生在注册船舶或飞机上者,该船舶或飞机的注册登记地视为其出生地;

b)出生在属于某国政府所有的未注册船舶或飞机上者,该未注册船舶或飞机的所属国视为其出生地。

第八十条　居所

在受议会法令的约束下,下述情况不能满足本章对于在某处居住时间的要求:

a)已决犯在等待流放或驱逐出境的羁押期间;

b)作为非法移民居住。

第八十一条　国籍证书

(1)如果某人作为巴布亚新几内亚公民的身份和权利存在疑义,其可以向负责国籍问题的部长申请本条所述的证书。

(2)如果部长确认申请人为公民,或有资格成为公民,其可以在经过慎重判断后[但必须受第四章(国籍咨询委员会)规定的约束]同意授予证书,证明申请人由于证书的规定是公民或可以成为公民。

(3)在受第七十六条(委员会的职权)规定的约束下,本条所规定的证书(除非证明其是通过歪曲、编造或隐瞒重要事实取得的)可成为建立在数据资料上的确凿性的证据,证明所涉人员依据证书条款是公民或可以成为公民。

第五编　国家元首

第一章　国家元首

第八十二条　女王和国家元首

(1)女王陛下——

a)制宪议会依巴布亚新几内亚人民请求,尊其为巴布亚新几内亚的女王和国家元首;且——

b)真诚地同意成为巴布亚新几内亚女王和国家元首。

(2)遵守和服从本宪法,国家元首的特权、权力、职权、职责和责任可以由总督行使和履行,总督依据本编第三章(总督的任命)的规定任命,法律关于国家元首另有相反规定的除外。

第八十三条　女王继任人

本宪法关于女王的规定适用于大不列颠及北爱尔兰联合王国女王陛下的继任人。

第八十四条　优先地位

国家元首优先于巴布亚新几内亚所有其他公民,总督的地位仅次于国家元首。

第八十五条　荣誉称号和头衔

国家元首的荣誉称号和头衔由议会法案规定,且在该法案制定前,"伊丽莎白二世为巴布亚新几内亚和其他王国和领土的女王,共和国首脑"。

第二章　国家元首职权

第八十六条　职权

(1)国家元首的特权、权力、职权、职责和责任由或依照本宪法和议会法案规定。

(2)除本宪法第九十六条(任职的期限和条件)第(2)款另有规定外,国家元首须依照中央行政委员会的建议行使和履行其特权、权力、职权、职责和责任,特定情形下,国家元首有义务依照宪法性法律或议会法案为特定目的而规定的其他机构或机关的建议行使。

(3)国家元首或以其名义颁发的文件,应注明依照中央行政委员会或国家元首有义务遵从的其他机构或机关的建议,但未注明的不影响其效力。

(4)提交国家元首的建议种类或主题不可诉。

第三章　总督的任命

第八十七条　任命资质

(1)总督应由下列公民担任:

a)有能力担任议员(担任总督的除外);且——

b)赢得社会普遍尊重,享有良好地位的理性公民。

(2)第(1)款 b)项所指的公民是否满足第一款规定的条件不可诉。

(3)总督不得担任或从事与其总督职位无关的职位或活动,国家元首批准的,协同或依照中央行政委员会和监察员委员会的联合建议从事的除外。

(4)未经中央行政委员会和监察员委员会的同意,不得依照第(3)款的规定请求国家元首批准。

(5)除议会以三分之二绝对多数批准任命外,任何人不得两次担任总督,但,任总督者最多可以担任两届总督。

第八十八条　职位任命

(1)除独立日前任命的第一任总督外,总督应由国家元首依照中央行政委员会的建议任命,中央行政委员会应依照议会决议提出建议。

(2)议会提名公民担任总督的决议应以简单多数投票通过,投票应依照组织法的规定以绝对秘密选举的方式进行。

(3)在遵守第(5)款规定的前提下,议长应在总督的正常任期结束前三个月内召集议会举行会议提名新的总督。

(4)在遵守第(5)款规定的前提下,总督职位临时出缺时,议长应及时召集议会举行会议提名新的总督。

(5)如果——

a)由于第(3)(4)款之外的原因需要召集议会举行会议,而议会新一轮的大选已在进行;或——

b)议会由于第(3)款之外的原因举行会议之后,现任总督正常任期届满之前,依照宪法议会一轮新的大选将举行,

议长无须依照第(3)(4)款的规定召集议会,新的提名应在议会程序性事务完成和选举议长之后在第一次会议上以第一项会议日程提出。

第八十九条 职位继任

不论第九十条(忠诚宣誓)如何规定,依本宪法之宗旨,被任命为总督者继任时间如下:

a)其前任职位届满之后,同时受 b)项的约束;或——

b)若被任命填补临时空缺——则于任命之日。

第九十条 忠诚宣誓

(1)总督就职前应向首席大法官和议会作效忠宣誓和就职宣誓,国家紧急状态期间,可以依照中央行政委员会指定的方式宣誓。

(2)若总督就职前未依照前款规定宣誓——

a)在其宣誓前暂停其职务;

b)若其在合理有效的时机未进行宣誓,国家元首可以依照中央行政委员会的建议罢免其职务,中央行政委员会应依照议会决议提出建议,在此情形下,该总督六年内不得再担任总督。

第九十一条 职位正常任期

除非其任内去世、辞职、丧失第八十七条(任命资质)规定的任职条件、依第九十条(忠诚宣誓)或第九十三条(罢免职务)第(1)(2)款被罢免职务,总督任职期限为六年,自其依照第八十九条(职位继任)规定继任总督之日起至新总督任命之日止,包括第八十八条(职位任命)第(5)款规定的期限在内。

第九十二条 辞职

(1)总督可以书面通知国家元首其辞职。

(2)辞职自国家元首依照中央行政委员会建议接受辞职之日起生效。

第九十三条 罢免职务

(1)国家元首依照中央行政委员会的建议可以罢免总督职务,中央行政委员会提出建议的依据为——

a)中央行政委员会决议;或——

b)议会以绝对多数通过的决议。

(2)若两名医疗工作者联合向议长做报告,根据其专业意见,总督由于身体或智力缺陷已不适合履行职务,议长可向议会建议作出罢免决议,中央行政委员会依此决议向国家元首提出建议,国家元首由此可以罢免总督职务,医疗工作者应由负责登记或许可的国家机关任命。

第九十四条 暂停职务

(1)在下列情况下,可暂停总督职务——

a)若其拒绝或未依照中央行政委员会或其有义务服从的任何机构或机关的建议,在特定情形下,违背或不依照上述建议活动,或者有违背或不依照的意图的,中央行政委员会可以暂停其职务;或——

b)议会依照第九十三条(罢免职务)第(2)款颁布法案对总督进行调查和咨询活动。

(2)若中央行政委员会依照第(1)款 a)项暂停总督职务,总理应立即告知议长暂停职务的事实和理由。

(3)若中央行政委员会依照第(1)款 a)项暂停总督职务——

a)议长应及时召集议会举行会议,在程序性事务和必要情形时任命新议长的事务结束之后,暂停职务和是否罢免的事项应作为第一项议事日程,且——

b)议会可随时作出决议暂停总督职务,且

c)除非会议结束前议会依照第九十三条(罢免职务)第(1)款提议罢免总督职务,总督职务于会议结束后暂停。

(4)若总督职务依照本条被暂停,总理应立即告知国家元首暂停职务的事实和理由。

(5)依照本条规定暂停总督职务的,暂停的期限应根据本条的目标和总督任职的期限确立。

第九十五条 代理总督

(1)在本条规定的情形下,议长或首席大法官应行使总督职务。

(2)若:

a)总督职务出现空缺;或——

b)总督被暂停行使职务;或——

c)总督——

i. 休假;

ii. 离境出国;

iii. 不能保持及时和有效地联系;

iv. 不能履行职责或未准备好履行职责,

由议长代理总督,但应受第(3)款的约束。

(3)议长根据第(2)款的规定任代理总督时,若出现下列情况——

a)议长职务出现空缺;或

b)议长被暂停行使职务;或

c)议长——

i. 休假;或

ii. 离境出国;或

(iii)不能迅速和有效的交流;或

(iv)不能履行职责或未准备好履行职责，由首席大法官(巴布亚新几内亚公民)代理总督。

(4)议长或首席大法官担任代理总督期间，不得行使总督职权外的任何权力，亦无须履行总督职责外的任何责任，首席大法官已受理案件且无其他合理安排的除外。

(5)若议长和首席大法官不具备担任代理总督资格时，国家元首应依照中央行政委员会的建议任命一名部长行使总督的职权和职责。

(6)代理总督或部长依本条规定行使职权和履行职责的时机是否出现或终止不可诉。

第九十六条　任职的期限和条件

(1)总督任职的期限和条件应由或根据组织法规定，但不得与宪法相抵触。

(2)除非总督同意，其任职的期限和条件在其任期内不得改变，组织法修改的亦不得改变其现任任期。

第四章　总　则

第九十七条　决议的传达

议会或中央行政委员会依照本编的规定实施某行为、作出决议或提出建议后，总理应立即向国家元首传达。

第九十八条　国家元首的行为

国家元首实施的任何行为向总理或中央行政委员会做正式报告后即生效，法律另有规定的除外。

第六编　中央政府

第一章　总　则

第九十九条　政府结构

(1)一切权力、职权和管辖权归属于人民，本宪法授予中央政府行使权。

(2)中央政府主要分为三个机关，即：

a)国民议会，由选举产生的立法机关，享有不受限制的立法权，但应遵守宪法性法律；

b)中央行政机关；

c)中央司法机关，由最高法院、享有无限管辖权的国家法院和其他法院组成。

(3)三个机关的权力和职权原则上相互独立，分别行使。

(4)第(2)款的规定仅为描述性的且不可诉。

第二章　国民议会

第一节　立法权

第一百条　立法权的行使

(1)立法权归属于人民，本宪法授予国民议会行使权。

(2)第(1)款的规定不产生排除法律授予国民议会外的其他机关立法权的效力(如，法律规定委任立法和转委任立法的权力)。

(3)任何宪法性法律均不得规定议会将其立法权永久性转移或废除。

第二节　国民议会的组成

第一百○一条　议员

(1)依照本条的规定，国民议会为一院制立法机关，由下列人员组成——

a)公共选区选举产生的议员，数量为奇数；

b)省选区选举产生的议员，数量为奇数；

c)依照第一百○二条(提名委员)任命和行使职权的提名议员，数量少于三人。

(2)组织法应规定公共选区和省选区的数量。

(3)在同一次选举中，一名议员只得代表一个选区。

(4)公共选区和省选区的数量和边界应依照第一百二十五条(选区)的规定随时确定。

(5)选区的数量和边界修改后，即对下届大选和选举生效。

第一百○二条　提名委员

议会有权随时以三分之二绝对多数任命某人(非议员)为议会提名委员。

第一百○三条　议员资格的取得和丧失

(1)议会议员须年满二十五周岁。

(2)议员候选人须出生于提名其为候选人的选区或提名前在该选区连续定居两年以上或合计五年以上且支付一千基那的提名费。

(3)在下列情形下，议员丧失议员资格或不得继续担任议员——

a)丧失选举议员的权利；

b)由于理智不健全无法依照法律规定保护理智不健全者及其财产；

c)被判处死刑或九个月以上的监禁，但应受第(4)款至第(7)款的约束；

d)[1]依法被宣告破产；

---

[1]　本项经 2006 年第 881 号法律修改。

e)①第 24 号选举改革宪法修正案生效后因实施可起诉的犯罪行为被定罪；

f)②宪法规定的其他丧失资格的情形。

(4)议员被判处死刑或九个月以上的监禁的,发生下列情形的始得依照第(3)款 d)项的规定宣告其破产——

a)对判决或裁定提起上诉所允许的法定期限届满后；或

b)在 a)项规定的期限内提起上诉的,上诉审理终结后。

(5)若法律规定可提起多起上诉的,第(4)款规定的上诉和上诉所允许的法定期限指最后一次上诉和上诉期限届满后。

(6)若议员获得赦免,有罪判决被撤销或刑期改为九个月以下或以其他方式刑罚(除死刑外)代替,则其丧失资格的情形终止,且在授予赦免、撤销或减轻有罪判决或者以其他刑罚替代时,若未颁布补选令,则议员恢复其席位。

(7)在本条的规定中——

"上诉"包括任何形式的上诉或司法审查；

"上诉所允许的法定期限"指法律规定的提起上诉所允许的确定期限,而不论是否延长,但不包括延长的期限,在确定期限之内的除外。

第一百〇四条 职务正常任期

(1)当选议员在选举令状送达其所在选区之次日即可履行职务。

(2)在下列情形下,议员职位出现空缺——

a)被任命为总督；

b)其当选议员后,为举行大选而发布的令状规定的期限届满后；

c)书面向议长提出辞职或由议长向议会工作人员转交辞呈；

d)未经议会批准连续三次不出席议会会议,提出合理理由且议会通过的除外；

e)直接或间接就其向议会提供的服务收取或同意收取报酬,由或依据组织法或议会法案授权的除外；

f)有第一百〇三条(议员资格的取得和丧失)规定的丧失资格情形的；

g)死亡；

h)依据第三编第二章(领导法典)被罢免的。

(3)依第(2)款 d)项之宗旨,议会的会期自大选、议会闭会、十二天以上的休会期之后的第一次开会算起,至议会下次闭会或十二天以上的休会期为止。

第一百〇五条 大选

(1)议会选举应按下列程序进行——

a)于上届大选令状送达五周年之日的前三个月内进行；或

b)若出现下列情况,于上届大选令状送达五周年之日的前十二个月内进行——

i. 依照第一百四十五条(不信任案)的规定通过对总理或部长的不信任案；

ii. 总理向议会提出不信任案后,政府被解散。

c)议会以绝对多数表决通过。

(2)国家元首应依照选举委员会的建议确定大选的起始日和大选令状送达的日期,大选期间应进行民意调查。

(3)在依照第(2)款的规定向国家元首提出建议和举行选举的过程中,选举委员会应尽力保证——

a)在第(1)款 a)项规定的情形下,大选令状的送达日期应确定为临近上届大选令状送达五周年之日的合理日期；

b)在第(1)款 b)项或 c)项规定的情形下,大选令状的送达日期应确定为上届大选令状送达五周年之日之后的合理日期。

第一百〇六条 补选

议会当选议员由于第一百〇四条(职务正常任期)第(2)款 b)项规定的原因出现职务空缺时,应举行新的选举以填补空缺,除非在下列期间出现职务空缺——

a)上届大选令状送达五周年之日的前十二个月内；

b)依照第一百〇五条(大选)第(1)款的规定发布大选令状之后,大选令状的送达日期确定之前,上届令状视为失效。

第三节 议长和副议长

第一百〇七条 议长和副议长职位

(1)国民议会应设立议长和副议长。

(2)议长和副议长须为议会议员且由议会依照议事规则秘密选举产生。

(3)议长和副议长执行职务和职务出现空缺的情形应依照宪法性法律和议会议事规则规定。

(4)部长或登记政党的议会领导人不得担任议长或副议长,若议长或副议长担任部长或登记政党的议会领导人,则应辞去其议长或副议长职位。

第一百〇八条 议长和副议长职权

(1)遵守并依照宪法性法律、议会法案和议会议

---

① 本项经 2006 年第 881 号法律修改。

② 本项经 2006 年第 881 号法律修改。

事规则,议长负责维护议会的尊严、维持秩序、协调程序和管理事务,并依照议会法案管控选区。

(2)若议长职务出现空缺或者出国或退出议会,或者出现宪法性法律、议会法案或议会议事规则规定的情形,副议长享有议长全部的权利、特权、权力、职权、职责和责任,但应受第九十五条(代理总督)的约束。

(3)宪法性法律、议会法案或议会议事规则可以规定议长和副议长其他的权力、职权、职责和责任。

第四节 权力、特权和程序

第一百〇九条 一般立法权

(1)依照宪法,以和平、秩序、巴布亚新几内亚善治和人民福利为目标,议会享有立法权,该法律在国内外有效。

(2)另外,议会法案可以规定实施和赋予宪法实效所必需和便利的所有事项,但不得与宪法性法律相抵触。

(3)法院不得依照下列事由挑战议会制定法的权威——

a)并非以和平、秩序或巴布亚新几内亚善治或人民福利为目标;

b)意图享有域外效力。

(4)议会制定的各项法律应根据其真实的意图、意义和精神得到公正、广泛和自由的建构和解释,以最大限度地实现其目标,且假定享有域外效力。

第一百一十条 立法认证

(1)在遵守第一百三十七条(特赦法案)第(3)款和依第(3)款之宗旨制定的议会法案的前提下,议长应依照议会议事规则以国玺对议会制定的法律予以认证,该法律于认证之日生效,但应受第(2)款的约束。

(2)第(1)款之规定不得排除某法律——

a)于法律指定或规定的日期生效或视为生效;或

b)享有溯及力。

(3)议会法案或议会议事规则可以规定:国家元首依照中央行政委员会的建议可以指令某项议会制定法提交议会审查修正,修正案由国家元首依照中央行政委员会的建议提出。

第一百一十一条 提案权

(1)依照第二百一十条(行政创议权)和为本章第八节(保护选举不受外部或潜在影响与政党的巩固)之宗旨而制定的组织法的规定,议员有权依照议会议事规则并服从其合理限制向议会提交申请、议题、法案、决议或动议。

(2)申请、议题、法案、决议或动议应依照议会议事规则审议。

(3)议会议事规则可以赋予政府事务以时间或事项上的优先权。

第一百一十二条 议会主持

(1)依照第三节(议长和副议长)和第(2)款的规定,议会议事规则应规定议会和全体委员会主持人。

(2)部长不得担任议会和全体委员会主持人。

第一百一十三条 法定人数

(1)议会召开会议的法定人数为议会现任议员的三分之一。

(2)议会议事规则应规定法定人数不足时的应对措施。

第一百一十四条 议会投票权

(1)议会会议议题应由出席和表决议员的多数表决通过,第(5)款和宪法性法律或议会议事规则另有规定的除外。

(2)在下列情形下,主持会议的议员享有普通投票权,第(5)款另有规定的除外——

a)依照第一百四十五条(不信任案)规定的组织法对总理、内阁或部长提起不信任案;

b)需要比简单多数更多赞成票的议题。

(3)第(2)款规定的情形之外需要平等行使投票权的议题,主持会议的议员享有决定投票权,若其不行使决定投票权,则动议视为不通过,第(5)款另有规定的除外。

(4)议会议事规则应规定表决行使和记录的方式。

(5)依本章第八节(保护选举不受外部或潜在影响与政党的巩固)之宗旨而制定的组织法在特定情形下可以限制议员的投票权。

第一百一十五条 议会特权

(1)议会及其议员和委员会的权力(立法权外)、特权和豁免权由或依照本条和其他宪法条款规定。

(2)议员享有演讲、辩论和诉讼自由,任何法院或其他诉讼程序不得审理该自由的行使(议会或委员会审理的除外)。

(3)议员行使其权力或履行其职权、职责或责任不受法院管辖,但本款不得妨碍第三编第二章(领导法典)的运行。

(4)议员不因其申请、提议、法案、决议、动议或者在议会或委员会上发表言论或提交文件受民事或刑事诉讼、逮捕、拘禁、罚款、损害或赔偿追究。

(5)议员不因下列行为受民事或刑事诉讼、逮捕、拘禁、罚款、损害或赔偿追究——

a)依照议会授权或者议会或其委员会命令所为行为;

b)依照议会或其委员会制作或发布的命令或传票进行语言表达或提交文件。

(6)议员于议会会议期间及会前从其选区到会场所途经的三天内和会后从会场返回其选区的三天内,不因民事债务而受逮捕。

(7)法院不得对议长、议会官员或议会服务部成员或者会期的议会部门行使民事管辖权的任何程序。

(8)第一百○九条(一般立法权)授予的权力扩展到制定下列法律——

a)宣告议会及其议员和委员会更多的权力(立法权除外)、特权和豁免权;

b)规定行使或捍卫由或依照本条授予权力、特权和豁免权的方式。

(9)由或依照本条授予的权力和特权不包括,亦不应包括设立罚款、拘禁、没收财产或其他刑罚的权力,但可规定依本条之宗旨受国家司法制度审理的犯罪行为。

第一百一十六条 附属立法的失效

(1)依照议会法案制定的附属立法——

a)应于议会制定后七日内及时提交议会备案;且

b)议会依照本条和议会议事规则可以作出决议裁定其全部或部分无效。

(2)依照本条的规定,议会法案可以进一步规定附属立法全部或部分失效的情形及依照或受失效附属立法影响的权利和责任的效力。

(3)不遵守第(1)款的规定不导致附属立法的失效。

第一百一十七条 条约

(1)本条所称"条约"指国家间的下列协定,法律另有规定的除外——

a)应遵守国际法;

b)为巴布亚新几内亚创设国际法上关系,不论规定在一份法律文件或多份法律文件,亦不论缔结主体,但不包括依照第二百○六条(访问部队)制定的访问部队协定;

"条约文件"指——

a)提议接受或批准的条约文本;

b)条约效力的说明;

c)表明巴布亚新几内亚愿受该条约约束的文件副本。

(2)在遵守第(3)款的前提下,巴布亚新几内亚仅在下列条件下作为条约缔约方受该条约约束——

a)国家元首依照中央行政委员会的建议缔结;

b)国家元首依照中央行政委员会的建议授予某部长一般或特别缔约权;

c)国际法、通用做法和惯例和本条规定的其他情形。

(3)在遵守第(5)款规定的前提下,巴布亚新几内亚在下列条件下不得作为条约缔约方受条约约束——

a)与该条约有关的条约文件提交议会不足十日;

b)条约文件提交议会十日内,议会以绝对多数拒绝同意。

(4)议会拒绝同意巴布亚新几内亚作为条约缔约方受该条约约束不得排除向议会再次提交与该条约相关的文件,再次提交的,议会可以再次拒绝。

(5)在下列情形下,第(3)款不得使用——

a)议会以绝对多数拒绝第(3)款的适用;

b)议长和总理均赞同巴布亚新几内亚作为缔约方受该条约约束过于紧急以致不能遵守第(3)款,或遵守第(3)款之规定不符合国家利益。

(6)议长依照本条对某事所作的证明书在法院和行使司法权的人员而言具有最终的证明效力。

(7)巴布亚新几内亚同意作为缔约方受条约约束并不代表条约直接构成国内法一部分,由或依照宪法性法律或议会法案赋予国内法地位的除外。

(8)依照第(7)款的宗旨,条约的通过或批准并不赋予其国内法的地位。

第五节 委员会体系

第一百一十八条 常设立法委员会

(1)为保证后座议员充分和积极参与议会和政府工作,应设立下列常设立法委员会,原则上常设立法委员会应包含国民议会所有主要领域的活动——

a)依照第八编第一章第三节(公账委员会)设立的公共账目委员会;

b)议会随时设立的其他此类委员会。

(2)议会应依照宪法制定组织法、议会法案、议事规则或其他文件规定议会常设委员会的设立、成员、管辖权、职权、权力和程序,并特别赋予该委员会发动人员、文件和记录的权力。

(3)部长不得担任议会常设委员会委员。

(4)原则上,议会常设委员会委员应广泛分布于后座议员。

第一百一十九条 主任和副主任

(1)议会常设委员会应设立主任和副主任。

(2)原则上,议会常设委员会主任或副主任应为议会认可的对政府有贡献的议员,其他委员为议会认可的贡献较小的主要政党或组织或者政党或组织联盟的成员。

(3)若主任出缺或不能履行职务,则副主任享有主任全部的权利、特权、权力、职权、职责和责任。

(4)依第六编第二章第八节(保护选举不受外部或潜在影响与政党的巩固)之宗旨而制定的组织法应规定议员不得担任或履行常设委员会主任或副主任职务的情形。

第一百二十条　常设委员会主任和副主任职权

（1）常设委员会主任和副主任享有与其委员会管辖权和职权相关的主管部长联系的全部渠道，亦可以依照该部长的安排与该部长所在部门的首脑联系，且该部门有义务就主要政策问题向主任和副主任做报告和咨询。

（2）主任和副主任对依照第（1）款获取的信息负有和部长一样的保密义务，不论保密义务来源于法律或惯例，但该原则并不禁止主任或副主任就主要政治问题向议会常设委员会委员做报告。

（3）议会常设委员会委员对依照第（2）款获取的信息负有和部长一样的保密义务，不论保密义务来源于法律或惯例。

第一百二十一条　临时委员会和专门委员会

议会依照本节可依任何宗旨设立临时委员会或专门委员会或者其他委员会，亦可以举行全体委员会会议。

第一百二十二条　委员会的议会事务安排

议会事务的安排应给予议会委员会充分履行职权的合理时间，且议会议事规则应作出规定以保证议会在会议期间或会外均留有这种时间。

第一百二十三条　议会委员会成员

议会委员会应由议员组成，但本条规定不得妨碍制定法或其他法规设立其他委员或会。

第六节　议会的召集

第一百二十四条　召集

（1）议会应在大选选举令状送达之日起七日内召集，十二个月内应至少召集三次会议，每次会议不少于九周。

（2）组织法应对议会会议的召集作出规定。

（3）在遵守第（1）款和第（2）款的前提下，议会法案或议会议事规则可以就议会会议作出规定。

第七节　选区和选举

第一百二十五条　选区

（1）公共选区和省选区的数量和边界，应由议会依照边界委员会的提议随时确定，间隔的期限由或依照组织法规定，每次间隔不得超过十年。

（2）在提议公共选区和公共选区边界时，边界委员会应考虑组织法规定的条件，尽力保证全部公共选区的人数基本相等且符合组织法规定的限制。

（3）议会可以接受或拒绝边界委员会依照第（1）款作出的提议，但不得更改。

（4）边界委员会不受任何人或机关的指挥或监管。

（5）组织法应就边界委员会的任命、组成和程序，其独立性保障及制定和考虑提议的程序作进一步规定。

（6）关于省或者省政府和地方政府的组织法可以授予或委任边界委员会关于省边界和省选区的权力、职权、职责或责任。

第一百二十六条　选举

（1）议会选举应由选举委员会依照组织法施行。

（2）大选应依照第一百〇五条（大选）和第一百〇六条（补选）的要求举行。

（3）议员选举（提名议员除外）应依照第五十条（选举权与担任公职权）和其他宪法性法律的规定，遵循普遍、成人和公民选举的体系举行，且享有选举权的公民应年满十八岁。

（4）公民在议会选举中享有的选举权应由第五十条（选举权与担任公职权）予以规定。

（5）非公民不得在议会选举中行使选举权。

（6）选举委员会不受任何人或机关的指挥或监管。

（7）组织法应就下列事项作出规定——

a）选举委员会的任命、组成和程序及其独立性保障；和

b）选举体系；

c）保障选举的廉洁；

d）就选举事项向国家法院上诉。

（8）关于省或者省政府的组织法可以授予或委任选举委员会关于省选举的权力、职权、职责或责任。

第八节　保护选举不受外部或潜在影响与政党的巩固

第一百二十七条　本节宗旨

本节宗旨为——

a）保护选举和禁止候选人受到或将受到或者已经受到外部（尤其是外国）或潜在的不适当的影响；

b）认可登记政党的赞助；

c）限制议员由于未支持其所在政党而辞职或退出；

d）在特定情形下，下列议员——

i. 从其所在政党辞职或退出；

ii. 未支持其所在政党；

iii. 所在政党被取消登记，

是由于犯有职务不当行为；

（e）在特定情形下限制议员的选举权，且组织法为实现上述宗旨可以作出相应规定，以补充本节明确列明的条款。

第一百二十八条　登记政党

本节所列"登记政党"指依照第一百二十九条（政党廉洁）第（1）第 a）项之宗旨而制定的组织法的规定已经登记的政党或组织。

第一百二十九条　政党廉洁

(1)组织法应作下列规定——

a)[①]要求享有政治目标和期望提名议会选举候选人或公开支持该候选人代表其观点的政党或组织到组织法设立的适当机构登记组织法规定的必要事项；

b)要求政党或组织向调查委员会或法律设立的其他机关披露下列事项，有关方法、时间和细节由法律规定——

i. 其财产和收入及其资金来源；

ii. 关于选举或赞助候选人的支出；

c)禁止非公民成为政党或组织成员和提供资金赞助；

d)依照 c)项之宗旨，确定可以视为非公民的公司和组织；

e)限制政党或组织从某处或多处获得赞助的数额；

f)要求已经或将要向政党或组织提供赞助者向调查委员会或类似其他机关陈述赞助的明细。

g)授权国家预算对登记政党提供资金支持，并设立相应的机构依照法定的程序管理和分配资金。

h)授权支付一定比例的女性候选人在选举中的选举费用。

(2)法律依照第(1)款 b)项设立的其他机关应——

a)由依照第二百二十一条(定义)第(1)款规定的一名或数名宪法办公室成员组成；且——

b)不受任何人或机关的指挥或监管。

(3)依第(1)款之宗旨制定的组织法，可以规定非现金援助应视为依第(1)款或法律之宗旨而提供的支出或赞助。

第一百三十条　候选人廉洁

(1)组织法应作下列规定——

a)要求议会选举候选人或前候选人应向调查委员会或法律设立的其他机关就下列事项进行披露，有关方法、时间和细节由法律规定——

i. 参选获得的援助(财务或其他)和援助来源；

ii. 选举费用的数额或价值；

b)禁止议会选举的候选人或前候选人因参选接受非公民的援助(财务或其他)；

c)依照 b)款之宗旨，确定可以视为非公民的公司和组织；

d)调整或限制所接受援助的数额或种类，政党援助的不受此限；

e)禁止议会选举候选人宣称其代表推选其为候选人的登记政党之外的政党或组织。

(2)依照第(1)款 b)项设立的其他机关应——

a)由依照第二百二十一条(定义)第(1)款规定的一名或数名宪法办公室成员组成；

b)不受任何人或机关的指挥或监管。

(3)依第(1)款之宗旨制定的组织法,可进一步规定依第(1)款或法律之宗旨何为援助和选举费用,且应特别作下列规定——

a)国家风俗认可范围内的款待(包括膳食、住宿和交通)不应视为援助；

b)候选人的个人费用不应视为选举费用。

(4)本节所称——

候选人"选举费用"指发生在议会选举之前、过程中或之后，由其本人或以其名义或选举的名义产生的费用，包括选举令状颁发之前的费用。

候选人"个人费用"指候选人本人为选举的目的而旅行和生活所产生的合理费用。

第一百三十条 A　政党条款

依本节之宗旨制定的组织法应作下列规定——

a)限制议员从其所在政党辞职或退出；

b)限制议员在特定情形下不支持其所在政党；

c)在特定情形下，下列议员——

i. 从其所在政党辞职或退出；

ii. 未支持其所在政党；

iii. 所在政党被取消登记，

是由于犯有职务不当行为；

d)许可在竞选议员时并非登记政党党员的议员加入登记政党；

e)授权国家元首在特定情形下邀请一个登记政党组阁；

f)在特定情形下，限制议员在议会行使表决权。

第九节　总　则

第一百三十一条　已废除。

第一百三十二条　议会事务部

(1)议会法案应在其他国家公务部门之外专门规定议会事务部。

(2)议会事务部应设立部长，部长由国民议会议员担任，且应遵守第(3)款的规定。

(3)议会事务部应受议长的指挥和监管且应公正履行职责。

第一百三十三条　议事规则

议会可以就议会及其委员会的事务和程序的实施及法律要求或许可由议会议事规则规定的其他事

[①] 本款依照 2006 年第 881 号法案修改。

项,制定议事规则与其他规章和规则。

第一百三十四条 程序性问题不可诉

除宪法性法律特别规定外,议会及其委员会适用的程序问题不可诉,议长依第一百一十条(立法认证)作出的证明书为解决程序问题的最终依据。

第一百三十五条 议员资格问题

国家法院对下列问题享有管辖权——

a)担任或继续担任议员的资格;

b)议会选举的合法性。

第一百三十六条 议会法案的合法性

若某人意图作为议员出席议会和委员会会议以及行使表决权但——

a)不具备当选或任命为议员或者继续担任议员的资格;

b)议员职务期限已届满。

此种情形下,议会和委员会实施或意图实施的所有行为应视为和在某人具备当选或任命为议员或者继续担任议员的资格且其职务期限未届满的情形下实施的行为具有同样的效力。

第三章 特别立法权

第一百三十七条 特赦法案

(1)若:

a)一部宪法性法律的某项规定被违反或未得到遵守;且

b)议会确认——

　i. 违反或不遵守法律是出于诚信,在特定情形下是出于捍卫宪法、保护巴布亚新几内亚的目的,或者在没有或缺乏适当规范时处理紧急事件的需要;且

　ii. 违反或不遵守法律不应处罚任何人,

则议会应制定一部有关上述人员的特别法("特赦法案")。

(2)赔偿法案应——

a)明确违法或不遵守法律的情形;和

b)证明议会依照第(1)款 b)项 i. 目和 ii. 目对事项作出确认;

c)确认有关人员;

d)规定对违反或不遵守法律的受害人予以充分补偿;

e)依照宪法设定的制定组织法的程序而制定;

f)议会以绝对多数表决通过。

(3)议长依照第一百一十条(立法认证)认证法案之前,应依照第十九条(最高法院特别规定)就该法案是否符合本条的规定咨询最高法院的意见,最高法院认定该法案符合本条规定的,议长应予以认证。

(4)特赦法案应——

a)减轻违反或不遵守法律人员的全部责任和法律后果;

b)若有关人员因违反或不遵守法律而判定有罪,则该法案可赦免其无罪,但该法案仅对正式向议会提议该法案之前的行为有效。

(5)特赦法案不具备宪法性法律的效力。

(6)特赦法案不得以任何方式修改或扩展,且其废除不影响第(4)款的实施。

第四章 中央行政机关

第一节 中央行政机关和行政权

第一百三十八条 行政权的授予

依照宪法,人民的行政权授予国家元首,国家元首应依照第五编第二章(国家元首职权)行使该权力。

第一百三十九条 中央行政机关

中央行政机关由下列机关组成——

a)依第五编第二章(国家元首职权)行使权力的国家元首;

b)中央行政委员会。

第一百四十条 中央行政机关外的授权

本宪法的规定不排除组织法或制定法授予中央行政机关外的个人或机关以权力、职权、职责或责任,法律另有规定的除外。

第二节 内 阁

第一百四十一条 内阁的性质:集体负责制

内阁为议会的行政机关,因此——

a)部长必须由议员担任,且除宪法另有明文规定外,丧失议员身份的部长不得继续担任部长;

b)依法履行巴布亚新几内亚政府职能和中央行政机关授予的职权,集体对议会负责,最终对人民负责;

c)依本节可以罢免其职务,不论集体罢免还是个人罢免。

第一百四十二条 总理

(1)兹设立总理职位。

(2)总理由议会于大选后第一次会议任命,或由国家元首依照议会决议随时任命。

(3)若任命总理时,议会处于会期,则在程序性事项和提名总督或任命议长完成后的下一个会议日,任命总理应作为第一事项考虑。

(4)若任命总理时,议会不处于会期,则议长应立即召集议会会议,在程序性事项和提名总督或任命议长完成后的下一个会议日,任命总理应作为第一事项

考虑。

（5）总理——

a）于议会依第一百四十五条（不信任案）通过对其或议会的不信任案时，由国家元首罢免职务，不信任案是在上次大选选举令状规定的送达日期五周年之前的十二个月内提出的除外；且

b）可依第三编第二章（领导法典）被罢免；

c）若两名医疗工作者联合向议长做报告，根据其专业意见，总理由于身体或智力缺陷已不适合履行职务，议长可向议会建议作出罢免决议，国家元首依议会决议可以罢免总理职务，医疗工作者应由负责登记或许可的国家机关任命。

（6）在下列情形下，总理应暂停履行职务——

a）依第二十八条（进一步规定）制定的组织法所任命的法庭，依照第三编第二章（领导法典）对总理的职务不当行为和咨询行为进行调查的；

b）依照议会法案，为第（5）款第（3）项之目的，对总理调查期进行调查的和议会咨询行为。

（7）依第六编第二章第八节（保护选举不受外部或潜在影响与政党的巩固）之宗旨制定的组织法，可以规定在特定情形下，议员不得任命或担任总理。

第一百四十三条　代理总理

（1）在遵守第（2）款的前提下，议会法案应规定在下列情形下，应任命一名部长为代理总理以行使总理权力和职权并履行总理的职责和责任——

a）总理职务出现空缺；

b）总理被暂停行使职务；

c）总理——

i. 离境出国；

ii. 不能保持及时和有效的联系；

iii. 其他不能或未准备好履行职务的情形。

（2）总理依第一百四十二条（总理）第（5）款 a）项被罢免的，依第一百四十五条（不信任案）第（2）款 a）项提名的新总理——

a）在依第一百四十二条（总理）第（2）款被任命为总理之前应担任代理总理；

b）可行使总理全部的权力和职权并履行总理全部的职责和责任。

（3）依照本条的规定，任命代理总理或由代理总理行使权力和职权并履行职责和责任的时机何时开始或终止不可诉。

第一百四十四条　其他部长

（1）组织法应设立数名部长（总理外），部长的数目随时确定，但不得少于六名，亦不得超过议员数目的四分之一。

（2）国家元首依总理的建议任命部长（总理外）。

（3）依第二十八条（进一步规定）第（2）款之宗旨制定的组织法可以暂停部长（总理除外）的职务。

（4）部长（总理除外）——

a）若议会依照第一百四十五条（不信任案）之规定通过对部长的不信任案，则国家元首应罢免部长职务；且

b）在下列情形下被罢免职务——

i. 由国家元首依照总理的建议；

ii. 依照第三编第二章（领导法典）的规定。

（5）依第六编第二章第八节（保护选举不受外部或潜在影响与政党的巩固）之宗旨制定的组织法，可以规定在特定情形下，议员不得任命或担任部长。

第一百四十五条　不信任案

（1）依一百四十二条（总理）和第一百四十四条（其他部长）之宗旨，不信任案——

a）指对总理、内阁或部长提起的不信任案；且

b）应于一周前通知，由不少于议会总席位十分之一的议员依照议会议事规则签署。

（2）对总理或内阁的不信任案——

a）除同时提名新总理外，不得在议会选出后的前四年内提出；

b）除同时提名新总理外，不得在上次大选选举令状送达日五周年之前的十二个月内提出。

（3）依照第（2）款 a）项对总理或内阁提起的不信任案中提名的新总理不得更改，提出替代人选的除外。

（4）任命总理之后的十八个月内不得提起对总理或内阁的不信任案。

第一百四十六条　辞职

（1）总理可向国家元首书面提出辞职。

（2）部长（总理除外）可向总理书面提出辞职。

第一百四十七条　职务正常任期

（1）除非其提前——

a）死亡；或

b）辞职，但受第（2）款的约束；

c）不具备担任部长的资格，但受第（3）款的约束；或

d）被罢免职务，

否则在任命新总理之前，部长（含总理）一直担任职务。

（2）不论第（1）款 b）项的规定——

a）辞职的总理；

b）集体辞职的内阁，

继续任职直到任命新总理为止。

（3）不论第（1）款 c）项的规定，下列部长——

a）由于大选，不再担任议员；但

b）具备担任议员的资格，

应继续任职直到任命新总理为止。

第一百四十八条　部长职权

(1)部长(含总理)的头衔、职权和职责由总理随时确定。

(2)除非宪法性法律或议会法案另有规定,部长对全部部、局、科、处负政治责任,总理对本条未明确划分的事项负政治责任。

(3)第(2)款未授予部长任何领导或监管的权力。

第三节　中央行政委员会

第一百四十九条　中央行政委员会

(1)兹设立中央行政委员会。

(2)委员会由全体部长(含总理)组成,总理出席时,由总理任主席。

(3)委员会职权有——

a)依本宪法负责巴布亚新几内亚的行政机关;且

b)本宪法或任何其他法律授予的其他职权。

(4)除法律另有规定外,本宪法的规定不排除委员会指定部长行使委员会的权力、职权、职责或责任。

(5)在遵守组织法和议会法案的前提下,委员会自行确定其运行程序。

第一百五十条　中央行政委员会秘书

(1)兹设立中央行政委员会秘书。

(2)在遵守议会法案的前提下,委员会秘书的职权和职责由委员会确立。

第四节　赦免权

第一百五十一条　赦免权的授予

(1)在遵守本节规定的前提下,国家元首依照中央行政委员会的建议,可以授予依巴布亚新几内亚法律判定有罪或者处于刑事拘留的人员——

a)赦免,不论释放或附条件释放;

b)免刑或减刑;

c)缓刑;

d)用较轻的刑罚代替原先判决设定的刑罚,且全部或部分地,减免或退还向政府机构支付的罚款、罚金及没收的财产。

(2)犯罪行为发生后,国家元首依照中央行政委员会的建议可以授予一项赦免,以释放或附条件释放同案犯,若其提供证据有助于对主犯定罪。

(3)除第(2)款和议会法案规定的其他情形外,不得在定罪前执行、授予或承诺授予第(1)款规定的赦免。

(4)本条的规定不得排除法律建立缓刑、假释、许可释放等制度。

第一百五十二条　赦免权咨询委员会

(1)组织法应设立赦免权咨询委员会并规定其任命、组织、权力和程序。

(2)依照第一百五十一条(赦免权的授予)第(1)款向国家元首提出建议前,中央行政委员会应听取该咨询委员会的报告。

第五节　总　则

第一百五十三条　行政立法的效力

(1)第(2)、(3)、(4)款的规定应遵守宪法性法律和议会法案。

(2)中央行政委员会的工作程序不可诉。

(3)赦免权咨询委员会是否以及向中央行政委员会提出何种报告不可诉。

(4)若其他部长或任何部长均已获得授权,则不得以某部长未获得授权为由对其实施的行为提出异议。

(5)本条并不限制调查委员会或第三编第二章(领导法典)设立的其他机构或法庭的管辖权和权力。

第五章　司　法

第一节　国家司法的整体机构和原则

第一百五十四条　国家司法

国家司法由下列组成——

a)国家司法制度;

b)负责国家司法的部长;

c)巴布亚新几内亚法律工作人员。

第一百五十五条　国家司法制度

(1)国家司法制度由下列组成——

a)最高法院;

b)国家法院;

c)依第一百七十二条(其他法院的设立)设立的其他法院。

(2)最高法院——

a)为终审上诉法院;

b)享有审查国家法院的全部司法行为的固有权力;

c)享有本宪法或其他法律授予的其他管辖权和权力。

(3)国家法院——

a)享有审查司法机构运行的固有权力。

b)享有本宪法或其他法律授予的其他管辖权和权力,除非

c)最高法院排出国家法院的管辖权;

d)最高法院依第(4)款行使管辖权;

(e)宪法性法律或议会法案撤销或限制其审查权。

(4)在适当的情形下,最高法院和国家法院享有

发布特权令状和审判必需的其他令状的固有权力。

(5)在第(3)款 e)项规定的情形下,若国家法院出于公共政策考虑,认为存在压倒性的事由,则其依然享有审查的固有权力。

(6)在保留上诉权和决议审查权的前提下,所有人员(包括巴布亚新几内亚法律工作人员和履行其各自职权的公职人员)以及所有机关和机构,有义务在其各自法律权限内将国家司法机关作出的决定付诸实施。

第一百五十六条　法律工作人员

(1)巴布亚新几内亚法律工作人员包括——

a)中央行政机关的首席法律顾问;

b)公诉人;

c)公设律师。

(2)议会法案应对第(1)款 a)项规定的法律顾问办公室予以规定。

第一百五十七条　国家司法制度独立

除在本宪法特别规定的范围外,负责国家司法的部长和国家司法制度之外的任何个人和机关(议会通过立法的除外)均无权领导法院及其工作人员行使司法权力或职权。

第二节　司法权

第一百五十八条　司法权的行使

(1)司法权归属于人民,本宪法授予国家司法制度具体行使。

(2)法院在解释法律时应以维护正义为最高准则。

第一百五十九条　国家司法制度之外的法庭

(1)在遵守第(3)款的前提下,本宪法的规定不排除组织法或制定法授予国家司法制度之外的个人或机构司法权力,亦不得排除依照法律或当事人的同意,建立国家司法制度之外的仲裁法庭或和解法庭,不论是临时的还是非临时的。

(2)第(1)款的规定不得妨碍第一百五十五条(国家司法制度)第(4)或(5)款的实施。

(3)国家司法制度之外的任何个人或机构均无权判处死刑、徒刑或刑事犯罪的其他刑罚,但本款的规定不排除——

a)部队的纪律部门依照相关法律,判处纪律性拘禁或死刑之外的纪律性惩罚,但应受部队纪律法纪的约束。

b)依照相关法律对国家或省公务部门人员判处死刑或拘禁之外的纪律性惩罚;

c)某组织对违反组织规则的成员判处死刑或拘禁之外的合理惩罚。

(4)第(3)款 a)项中,"纪律部队"与第二百〇七条(纪律严明部队的定义)的规定意义相同。

第三节　最高法院

第一百六十条　最高法院的设立

(1)兹设立最高法院。

(2)最高法院为最高记录法院,因而有权惩处被称为藐视法庭的抵触法院的罪行。

第一百六十一条　最高法院的组成

(1)最高法院由首席大法官、副首席大法官和国家法院的其他法官组成(但不包括代理法官在内)。

(2)依审判之宗旨,最高法院法庭应由三名以上大法官组成,第一百六十二条(最高法院管辖权)第(2)款另有规定的除外。

(3)在三名以上大法官组成的法庭中,首席大法官、副首席大法官或资历最深者应主持开庭审理。

第一百六十二条　最高法院管辖权

(1)最高法院管辖权依下列规定设立——

a)第二编第二章第三节(宪法解释);

b)第二编第二章第四节(执行);

c)第一百五十五(国家司法制度)条及本宪法和其他法律的其他规定。

(2)依议会法案或最高法院规则,最高法院管辖权可以由最高法院独任法官行使,亦可由数名法官共同行使。

(3)最高法院管辖权可以由一名或数名法官行使,不论其他法官是否在同时行使管辖权。

(4)依议会法案或最高法院规则的规定,最高法院管辖权可以由法庭或分庭行使。

第四节　国家法院

第一百六十三条　国家法院的建立

(1)兹设立国家法院。

(2)国家法院为高级记录法院,因而有权惩处被称为藐视法庭的抵触法院的罪行。

第一百六十四条　国家法院的组成

国家法院由下列人员组成——

a)首席大法官;

b)副首席大法官;

c)四名以上、六名以下其他法官,议会法案可以规定更多的名额,但应受第一百六十五条(代理法官)第(2)款的规定。

第一百六十五条　代理法官

(1)符合第一百六十八条(资格)规定的任命条件者在下列情形下可以任命为国家法院代理法官——

a)填补临时性出缺所需;

b)国家法院法官不论出于何种原因不能履行职责;或

c)解决临时突发性工作或法院其他紧急事务所需。

(2)依第(1)款 c)项任命的代理法官不受第一百六十四条(国家法院的组成)设定的数量限制。

第一百六十六条　国家法院管辖权

(1)在遵守宪法的前提下,国家法院享有无限的管辖权。

(2)依照下列条款的规定,国家法院享有特别的管辖权——

　a)第二十二条(宪法实施);
　b)第三编第三章第四节(实施);
　c)第一百五十五条(国家司法制度)以及本宪法和其他法律的规定。

(3)依议会法案或国家法院规则,国家法院管辖权可以由国家法院独任法官行使,亦可由数名法官共同行使。

(4)国家法院管辖权可以由一名或数名法官行使,不论其他法官是否在同时行使管辖权。

(5)依议会法案或国家法院规则的规定,国家法院管辖权可以由法庭或分庭行使。

第一百六十七条　助理法官

在遵守本条规定的前提下,议会法案可以对国家法院助理法官的任命、任命资格、特权、权力、职权、职责、责任及任期和工作条件作出规定。

第五节　法官的任命

第一百六十八条　资格

法官的任命资格应由议会法案予以规定。

第一百六十九条　首席大法官的任命

(1)兹设立巴布亚新几内亚首席大法官一职。

(2)中央行政委员会向负责国家司法的部长咨询后提出建议,国家元首依其建议任命首席大法官。

(3)除其他权力、职权、职责和责任外,首席大法官与其他法官协商后,负责最高法院和国家法院的组织事务和管理事务,议会法案规定属于国家公务部门职能范围的除外。

(4)若:
　a)首席大法官出缺;
　b)首席大法官出国;
　c)首席大法官丧失行为能力;
　d)首席大法官如此指示的,

首席大法官(担任代理总督除外)的权力、职权、职责和责任应由当时资历次深的法官行使或履行。

(5)本条规定的由其他法官代替行使或履行首席大法官的权力、职权、职责和责任的时机是否出现或终止不可诉。

第一百七十条　其他法官的任命

(1)兹设立巴布亚新几内亚副首席大法官一职。

(2)副首席大法官、国家法院的其他法官(首席大法官除外)和代理法官应由司法和法律公务委员会任命。

(3)代理法官任期不得超过十二个月,但司法和法律公务委员会可以授权十二个月以下的延期。

(4)任命代理法官的时机是否出现或终止不可诉。

第一百七十一条　法官资历

(1)在遵守第(2)款的前提下,首席大法官资历最深,副首席大法官次之,其他法官(代理法官除外)的资历依各自任命日期确立,任命文书另有规定的除外。

(2)除非任命文书另有规定,代理法官——

　a)资历在其他法官之后;
　b)代理法官之间的资历深浅,视情形需要,依任命日期或上次任命日期确立。

第六节　下级法院、地方治安事务局

第一百七十二条　其他法院的设立

(1)在遵守本宪法的前提下,议会法案可以在最高法院和国家法院之外设立或规定属于国家司法制度的其他法院,亦可确定或规定其各自权力、职权、管辖权及其与国家司法制度其他组成部分间的关系。

(2)依照第(1)款设立的法院亦包括主要依据习惯或习惯程序或者二者结合以处理问题的法院。

(3)依第(1)款设立法院[第(2)款规定的法院除外]的全职人员应由司法和法律公务委员会依照议会法案任命和罢免,罢免理由仅为丧失能力或不当行为(在可行的情况下包括渎职行为)。

(4)议会法案可以就第(2)款规定法院的人员的任命和罢免予以规定。

第一百七十三条　地方治安事务局的设立

(1)兹设立地方治安事务局。

(2)地方治安事务局由下列人员组成——

　a)首席治安法官;
　b)在遵守第一百七十四条(地方治安事务局之外的治安法官)规定的前提下,依第一百七十二条(其他法院的设立)设立法院全部人员;
　c)议会法案规定的其他国家司法制度工作人员。

(3)首席治安法官就地方治安事务局职权的有效运行对司法和法律公务委员会负责。

(4)在遵守宪法性法律的前提下,议会法案可以对地方治安事务局作出规定。

第一百七十四条　地方治安事务局之外的治安法官

(1)除非议会法案另有规定,乡村法院的成员并

非地方治安事务局成员。

(2)议会法案可以对依一百七十二条(其他法院的设立)设立法院的临时成员作出规定,临时成员不必是地方治安事务局成员。

第一百七十五条 首席治安法官

(1)兹设立首席治安法官。

(2)首席治安法官由司法和法律公务委员会任命。

(3)除非议会法案另有规定,首席治安法官为依第一百七十二条(其他法院的设立)设立的所有法院的必然成员,若法院内规定有权力、职权或管辖权等级,则首席治安法官享有最高等级。

(4)在依第一百七十三条(地方治安事务局的设立)第(3)款行使职权时,首席治安法官应执行司法和法律公务委员会的全部命令和指示。

第七节 公诉人和公设律师

第一百七十六条 职位的设立

(1)兹设立公诉人和公设律师二职。

(2)公诉人和公设律师由司法和法律公务委员会任命。

(3)在遵守本宪法的前提下——

a)公诉人依本宪法行使职权时不受任何个人或机关的领导和指挥;但

b)第 a)款的规定并不排除国家元首依照中央行政委员会的建议就可能损害巴布亚新几内亚的安全、国防和国际关系(包括巴布亚新几内亚与外国政府或国家组织的关系)的事由向公诉人发布指示。

(4)首相应在向公诉人发出指示后的下一次会议上将该指示提交议会讨论,除非与反对党领袖协商后认为,提交该指示将损害巴布亚新几内亚的安全、国防和国际关系。

(5)在遵守第一百七十七条(公诉人和公设律师的职权)第(2)款的前提下,公设律师依本宪法行使职权时不受任何个人或机关的领导和指挥。

第一百七十七条 公诉人和公设律师的职权

(1)公诉人职权为——

a)依照议会法案和最高法院规则与国家法院规则,监督向最高法院、国家法院及议会法案规定的其他法院的起诉职权(包括上诉、拒绝起诉和撤销起诉)。

b)依照第三编第二章(领导法典)规定对职务不当行为提出起诉或拒绝起诉。

(2)公设律师职权为亲自向需要帮助者提供援助、建议和帮助,特别是——

a)亲自向被控告两年以上有期徒刑的需要帮助者提供法律帮助;和

b)不论第一百七十六条(职位的设立)第(5)款如何规定,若最高法院和国家法院发布指示,公诉律师应向任何人提供援助、建议和帮助。

c)在其对刑事或民事争议的裁量权内,援助应——

i. 若议会法案禁止当事人的法律代表参与诉讼,则只限于提供建议和准备法律文件;且

ii. 依照议会法案确立的公设律师应处理问题的先后顺序进行。

(3)因公诉律师拒绝提供法律援助而受损者可以依第(2)款 b)项向最高法院或国家法院申请指示。

(4)依本条之宗旨,有需要者应结合具体案件予以解释,并应考虑下列情况:当事人是否有能力获取其他替代性法律援助、其他援助的可能性、被迫获取公设律师之外法律援助可能带来的困难。

(5)议会法案可以规定,若公设律师认为有助于降低服务成本,可以向需要其服务者要求合理的费用。

(6)议会法案可以授予或规定公诉人和公设律师其他职权,但应与第(1)、(2)款的规定相协调。

第八节 高级司法和法律工作人员的职务罢免

第一百七十八条 罢免根据

法官、公诉人、公设律师或首席治安法官在任职期间仅在下列情形下可被罢免——

a)丧失履行职权和职责的能力(不论由于身体、智力或其他原因);或

b)不当行为;或

c)第三编第二章(领导法典)规定的职务不当行为。

第一百七十九条 首席大法官的罢免

(1)若中央行政委员会同意调查首席大法官的罢免问题,则国家元首依照中央行政委员会的建议可以——

a)依第一百八十一条(宪法法庭)任命法庭;和

b)将事实及理由一并提交法庭申请调查并向法庭做报告。

(2)若法庭报告称有合理原因罢免首席大法官,则国家元首依照中央行政委员会的建议可以书面通知首席大法官罢免其职务。

(3)总理应将通知副本和法庭报告副本一并移送议长以便其提交议会,并将副本移送司法和法律公务委员会。

第一百八十条 其他法官的罢免

(1)若司法和法律公务委员会同意调查法官(首席大法官除外)、公诉人、公设律师或首席治安法官的罢免问题,则可以——

a)依第一百八十一条(宪法法庭)任命法庭;和

b)将事实及理由一并提交法庭申请调查并向法庭做报告。

(2)若法庭报告称有合理原因罢免法官、公诉人、公设律师或首席治安法官,则司法和法律公务委员会可以书面通知法官、公诉人、公设律师或首席治安法官(视情形而定)罢免其职务。

(3)委员会应将通知副本和法庭报告副本一并移送议长以便其提交议会。

第一百八十一条　宪法法庭

(1)依第一百七十九条(首席大法官的罢免)和一百八十条(其他法官的罢免)应由一名主席和其他两名成员组成,三名成员均应为——

a)最高法院或国家法院的法官或前法官;或

b)独立前最高法院的前法官或代理法官;或

c)与巴布亚新几内亚法律体系相似国家的享有普遍管辖的法院或者享有上诉管辖权法院的法官或前法官。

(2)法庭应对提交的事项进行正当的审查,不必考虑法律形式或证据规则,并在遵守自然正义的前提下采用其认为正确的方式进行审查。

第一百八十二条　暂停职务

(1)问题依本节规定提交法庭后——

a)在首席大法官的案件中,国家元首依照中央行政委员会的建议;或

b)在其他案件中,司法和法律公务委员会可以暂停相关人员的职务等待法庭的报告,并可随时撤销暂停职务的命令。

(2)除非国家元首依照中央行政委员会的建议另外作出规定,或者司法和法律公务委员会另有规定,暂停职务期间照常发放工薪。

(3)法官或首席治安法官被暂停职务前,尚有未处理完的案件,可以继续完成该案件,除非司法和法律公务委员会(在首席大法官的案件中)或首席大法官(在其他案件中)另有命令。

第九节　司法和法律公务委员会

第一百八十三条　委员会的设立

(1)兹设立司法和法律公务委员会。

(2)在遵守第(3)款的前提下,该委员会由下列人员组成——

a)负责国家司法的部长,或部长提名的主席;和

b)首席大法官;

c)副首席大法官;

d)首席调查员;

e)议会指定一名议员。

(3)若该委员会正在处理关于地方治安事务局成员的任命和罢免问题或者议会法案依本款之宗旨规定的关于地方治安事务局的其他事项时,首席治安法官应增列为该委员会委员,首席治安法官牵涉其中的除外。

(4)该委员会不受任何个人或机关的领导或控制。

(5)组织法应就该委员会的组织、权力、职权、职责和责任及其独立性保障作进一步规定。

第十节　其他

第一百八十四条　法院规则

(1)最高法院或国家法院的法官可以就最高法院或国家法院的惯例和程序制定法院规则,但不得与宪法性法律或议会法案相抵触。

(2)在并未限制第(1)款一般概念的前提下,该规则可就下列方面作出规定——

a)最高法院和国家法院的惯例和程序;

b)最高法院和国家法院传票和判决的送达和执行;

c)外国法院传票和判决的送达和执行;

d)最高法院或国家法院向外国送达其传票的申请书的发出或者在国外讯问证人的申请书的发出;

e)在最高法院或国家法院进行诉讼以及和诉讼有关的费用;

f)辩护方式;

g)证人出庭和取证;

h)在任何诉讼中或在诉讼任何阶段中证明特定事实的方式和提出特定事实证据的方法。

(3)法院规则可以要求或允许提交书面的法庭辩论意见。

(4)若新生效的议会法案与法院规则的规定不一致,则法院规则中不一致的规定丧失效力。

(5)所有法院规则制定后应立即由首席大法官提交议长,并由议长提交议会表决,议会有权否决法院规则。

第一百八十五条　程序性规定的缺乏

若某特定案件提交法院,却缺乏惯例或程序方面的规定或者规定不够充分,则法院应下达特别指示以弥补缺陷或补充不足之处。

第一百八十六条　陪审员和评估员

本章规定并不排除议会法案建立陪审员和评估员制度。

第一百八十七条　法官报告

(1)法官应定期向国家元首提交国家司法制度的工作报告及其认为合适的改进建议,并由国家元首提交议会,提交的次数由议会法案规定,或在遵守议会法案的前提下,由国家元首依照中央行政委员会的建

议作出规定,但每十二个月必须提交一次报告。

(2)第(1)款的规定并不排除法官自发或者依议会或中央行政机关的要求,就国家司法制度做其他方面的报告。

第六A编 省政府和地方政府

第一百八十七A条 省政府和地方政府制度

依照本编的规定应建立省政府和地方政府制度。

第一百八十七B条 省政府和地方政府的设立

组织法应就建立省政府和地方政府的形式和方式作出规定。

第一百八十七C条 省政府和地方政府的宪法职权

(1)在遵守本编规定的前提下,组织法应就省政府和地方政府的宪法权力和职权作出规定。

(2)每个省政府和每级地方政府均应设立——

a)大体上依选举(直接选举或间接选举)产生的立法机关,立法机关的权力由法律授予;

b)行政机关;

c)行政首脑。

(3)组织法应规定省议会和地方政府成员的最低限额以及任命为省议会和地方政府提名成员的最高限额。

(4)组织法应就下列方面作出规定——

a)中央政府授予省政府和地方政府的权力;和

b)①在遵守第(4A)款规定的前提下,省政府和地方政府对税收的设定、征收和分配;

组织法还可在省政府和地方政府合理行使职权的范围内作其他财政规定。

(4A)②③若组织法规定省政府和地方政府享有销售和服务税的设定、征收和分配权,则组织法可同时规定中央政府享有销售和服务税的设定、征收和分配权。

(4B)④⑤下列议会法案——

a)自1995年7月19日至销售和服务税宪法修正案获得认证之日止通过的;和

b)规定中央政府享有销售和服务税的设定、征收和分配权的(不论以何种名义),

依照第六修正案,尽管法案的规定与本宪法相抵触依然有效。

(5)组织法应就下放和委托给省政府和地方政府的实质决策权和实质管理权作出规定,省政府和地方政府对与其管理区域直接相关的事项享有决定权。

(6)组织法应就省政府和地方政府的立法权作出规定。

(7)第(3)、(4)、(5)、(6)款的规定是否完备不可诉。

(8)地方政府的选举应由选举委员会依组织法的规定进行。

第一百八十七D条 省法律和地方法律间的冲突和裁量

(1)在遵守宪法性法律的前提下,议会适用议会法案不受省法律或地方法律的约束。

(2)本编的规定并未授权制定与下列规定不一致的省法律或地方法律,亦未授权实施不一致的行为——

a)本宪法[尤其是第三编(政府基本准则)];

b)组织法。

且全部协调性问题均可诉。

(3)为避免过多的争议和诉讼,组织法可以规定与第(1)款的效力相关的问题绝对不可诉,或者在组织法规定的范围或案件中不可诉,中央政府与省政府或地方政府间的诉讼或者政府间的诉讼除外。

第一百八十七E条 暂停省政府和地方政府的职能

(1)若省政府或地方政府损害或企图损害国民议会的权威或国家统一,中央行政机关在获得议会绝对多数的确认后,可以暂停省政府或相关地方政府的职能。

(2)组织法应就行使第(1)款规定的权力应遵守的程序作出规定。

(3)组织法应就第一款规定的事项作进一步的规定。

(4)若由于战争或者依第十编(紧急权力)宣告足以影响省、地方或全部国土的紧急状况,省政府或地方政府不能有效履行职能,则中央行政委员会可以暂停其职能。

(5)省政府或地方政府暂停履行职能期间,其权力和职权授予中央行政委员会,由中央行政委员会或以其名义依照组织法的规定行使。

---

① 本项经2006年第884号法律修改。
② 本款为2006年第884号法律所添加。
③ 本款为2006年第884号法律所添加。
④ 本款为2006年第884号法律所添加。
⑤ 本款为2006年第884号法律所添加。

(6)省政府或地方政府暂停履行职能后——

a)在属于第(4)款规定的情形下,负责省政府和地方政府事项的部长应立即于暂停职能后的第一次会议上提交暂停报告及暂停原因和情形;和

b)在暂停期间的每次会议上,负责省政府和地方政府事项的部长应就重建省政府或地方政府的措施向议会做报告。

第一百八十七F条 省政府和地方政府的重建

(1)在遵守第(2)(3)款规定的前提下,省政府或地方政府暂停履行职能后,应于暂停生效之日起九个月内作出重建安排。

(2)在遵守第(3)(4)款的前提下——

a)省政府或地方政府依第一百八十九E条(暂停省政府和地方政府的职能)第(4)款之规定,因依第二百二十八条(宣布国家进入紧急状态)宣告国家紧急状况而暂停履行职能的;和

b)依第二百三十九条(议会控制)第(3)款之规定,紧急状况期限延长的,

第(1)款规定的九个月的期限自决议延长期限的会议结束之日起计算,有多个延长决议,自最后一次会议结束之日起计算。

(3)本条前款规定的九个月的期限,议会可以简单多数决议延长该期限,但每次不得超过六个月。

(4)在遵守第(3)款的前提下,省政府或地方政府依第一百八十九E条(暂停省政府和地方政府的职能)第(4)款之规定暂停履行职能的,战争或国家紧急状况结束之日起九个月之后,省政府或地方政府继续履行职能,省政府或地方政府提前解散的除外。

第一百八十七G条 省政府和地方政府的级别

任何规定各省省政府和地方政府获得的完整地位、权力或职权或者规定省政府和地方政府级别以及规定临时省政府的法律均不得与本编的规定相抵触。

第一百八十七H条 中央经济和财政委员会

(1)组织法应就中央经济和财政委员会作出规定。

(2)除组织法授予的其他职权外,该委员会应——

a)评估和监督中央政府、省政府和地方政府的经济、财政政策;

b)向中央行政委员会建议和提交适当的政策;

c)就下列机关间的财政安排和许可分配向中央行政委员会和国民议会提交建议案

i.由中央政府向省政府和地方政府颁发的;

ii.省政府和地方政府间的。

第一百八十七I条 地方政府和乡级政府

(1)在组织法就地方政府作出规定且依组织法付诸实施之前,各省的地方政府继续适用地方政府法(第五十七章)的规定,且该规定依然有效。

(2)组织法应就中央政府和省政府各自对地方政府享有的权力作出规定。

第一百八十七J条 省政府和地方政府报告

负责省政府和地方政府事项的部长应至少十二个月一次,具体次数由下列规定确定——

a)议会法案;

b)在遵守上述法案的前提下,由国家元首依照中央行政委员会的建议,

向国家元首提交省政府和地方政府制度报告,并由国家元首提交议会讨论。

第七编 国家公务部门

第一章 概 述

第一百八十八条 国家公务部门的设立

(1)特此设立以下国家公务部门:

a)国家公务局;

b)警察部队;

c)巴布亚新几内亚国防军;

d)议会事务部。

(2)议会法令可以对其他相关国家公务部门作出规定。

第一百八十九条 民政管理

国防军以外的所有国家公务部门均为民政部门;所有国家公务部门无论何时都应受制于最终的民政管理。

第二章 公务人员委员会

第一百九十条 委员会的设立

(1)特此设立公务人员委员会。

(2)该委员会由三名成员组成,任期五年,该成员由国家元首按照公务人员委员会中出下列人员组成的选举委员会的提议任命:

a)总理,即该委员会主席;

b)首席法官;

c)反对党领袖;

d)由适当的议会常设委员会主席或由非议会成员,但议会委任其作为支持政府的一般议会委员,作为委员会副主席;

e)调查专员。

(2A)国家元首应依照公务人员委员会选举委员会的提议,任命公务人员委员会中的一名成员作为该

委员会主席。

(3) 委员会所有成员均须为本国公民，且具有在公务人员委员会服务的丰富经验。

(4) 受制于本宪法，议会法令应就该委员会主席及成员的任命、工作条件，委员会的组成、权限和程序作出规定。

第一百九十一条　委员会的职能

(1) 根据议会法令，公务人员委员会应负责下述事项：

a) 对有关国家公务局的人事调动进行审查；

b) 对国家公务部门（国防军除外）以及其他政府机构的持续审查，以及主动地或依要求，对国家行政委员会和负责某一方面的部门当局的有关组织事项提出建议。

(2) 公务人员委员会还具有宪法性法律或议会法令规定的其他职能。

(3) 为履行第一款 b) 项规定的职能，公务人员委员会应该：

a) 当对国家行政委员会和其他主管当局的特殊事项提出建议时，应考虑政府政策；

b) 不具有对国家公务部门或其他政府机构的指导权或控制权。

(4) 公务人员委员会，应该在相关年份，起草并转交给参与议会的发言人，一份有关在当年其向国家行政委员会或其他当局提出建议的报告，该建议是按照第一款 b) 项特别表明的建议的性质，无论该建议是否被采纳。

第一百九十二条　委员会的独立性

公务人员委员会在行使一百九十一条第(1)款 a) 项的职责时不受其他指导或控制。

第一百九十三条　特定职位的任命

(1) 本条规定适用于且关系到下述职务与职位的任命：

a) 国家公务局内所有直接向国家行政委员会或对部长负责的职务；

b) 区划委员会成员的职务；

c) 负责国家广播事业行政工作负责人的职务，或者，如果负责该项工作的是一个部级会议或委员会，则为该部级会议或委员会的主席或委员长的职务；

d) 负责各国务部门行政工作的负责人的职务（包括部级会议或委员会的成员）；

e) 警察委员会的职务；

f) 国防军司令职务；

g) 国家行政委员会秘书职务；

h) 议会法令为此而指定的其他职务与职位，公务人员委员会的成员除外。

(1A) 适用第(1)款 a) 项, g) 项和 h) 项的所有职务的正式任命，应由国家行政委员会依据公务人员委员会按照议会法令的规定程序制定出的推荐名单，提出建议，国家元首根据该建议作出任命。

(1B) 适用第(1)款 a) 项, g) 项和 h) 项的所有职务的临时任命，应由国家行政委员会依据公务人员委员会按照议会法令的规定程序进行的推荐，提出建议，国家元首根据该建议作出任命。

(1C) 按照第(1A)款或第(1B)款作出的任命的撤销，应由国家行政委员会依据公务人员委员会按照议会法令的规定程序提出的意见，提出建议，国家元首根据该建议作出撤销任命的决定。

(1D) 按照第(1A)款或第(1B)款作出的任命的中止，应由国家行政委员会依据公务人员委员会按照议会法令的规定程序提出的意见，提出建议，国家元首根据该建议作出中止任命的决定。

(2) 适用第(1)款 b) 项, c) 项和 e) 项的所有职务的任命（无论是临时的或正式的），应由国家行政委员会与公务人员委员会以及适当的议会常设委员会进行商议后提出建议，国家元首根据该建议作出任命。作出任命之后，由负责的部长尽可能快地向议会提交有关的报告。

(3) 适用第(1)款 d) 项和 f) 项以及由议会法令为此规定的其他职务与职位的任命（无论是临时的或正式的），应由国家行政委员会与公务人员委员会进行商议后提出建议，国家元首根据该建议作出任命。

(4) 议会法令可以对本条适用的职务的临时任命作出规定，直至依据第(2)款作出正式任命可行为止。

第一百九十四条　个人事务

在本条中，"个人事务"指的是有关个人的任命、升职、降职、调任、停职、处分、解雇、开除（在其正常法定任期结束后的解雇和开除除外）和其他事项的决定以及其他服务事项。

第三章　国家公务部门通则

第一百九十五条　国家公务部门的组织

受制于本章的规定，议会法令可对国家公务部门作出规定，特别是对下述方面作出规定：

a) 国家公务部门的结构和组织；

b) 国家公务部门的人员雇佣；

c) 国家公务部门任命人员与雇佣人员的任期和条件。

第四章　有关警察队伍的特别规定

第一百九十六条　警察队伍的管理

(1) 警察队伍由国家行政委员会通过一名部长进

行管理。

(2)该部长在警察队伍中不拥有指挥权,除非在宪法性法律或议会法令的规定限度内。

第一百九十七条　警察队伍的职责

(1)按照宪法性法律和议会法令,警察队伍的首要职责是:

a)维护国家和平与良好秩序;

b)在必要的情况下,以客观公正的方式维护法律得以实施。

(2)受制于第(4)款,到目前为止,作为警察队伍的一项职责,对有关罪行进行指控或撤回起诉,作为警察队伍的一员,不受制于警察队伍以外的任何个人的指示和管控。

(3)警察队伍进一步的职能是通过参加国际维和或救援行动以履行巴布亚新几内亚的国际义务。

(4)在第(3)款有关其职责方面:

a)可能仅由国家元首,在通过议会的许可之后,按照国家行政委员会的建议,命令或指示警察队伍或其一部分参与国际维和或救援行动;

b)按照议会法令所规定在其他国家行动的特别方面:

i. 宣布巴布亚新几内亚法院和法庭的专属管辖权,以及其警察队伍权力优于在其他国的警察队伍人员;

ii. 在其他国行动的方式。

第一百九十八条　警察处长

在警察队伍内部,应有警察处长一职,按照议会法令,承担起监督、有效组织和队伍控制的职责。

第一百九十九条　其他警察队伍

巴布亚新几内亚只有一支警察队伍,但本条规定并不受禁止:

a)建立后备队伍或特种部队,或其他类似队伍(无论何种名称);

b)设立特别机构或授权非警察队伍成员来执行或实施特殊的法律;

c)将警察权力授予非警察队伍成员。

以上各项均可通过议会法令实施。

第五章　国防军的特别规定

第二百条　未经授权组建队伍

(1)严格禁止建立、组织、装备、训练、参加或者与军事或准军事队伍联系,严格禁止组织或者参加军事或准军事训练,除非这支队伍或这种训练是本宪法所规定的,或者除非所计划、所准备或所协助的是组建这样的队伍或进行这样的训练。

(2)按照议会法令,第(1)款规定并不禁止:

a)作为国防军组成部分而组建的后备队伍、辅助队伍或特种队伍(无论何种名称);

b)在国防军内设立文职成分、在队伍内建立或认可非战斗单位或建制,使这种非战斗单位或建制附属于国防军或与国防军相关联。

(3)议会法令可以作出规定:第(1)款规定并不适用于该法令所指定的任何国家的武装力量,或者不适用于这些队伍的文职成分、非战斗单位或建制,不管其是附属于这些队伍还是与这些队伍相关联。

第二百○一条　国防军的管理

(1)国防军不设总司令,无论是名誉性质的还是其他性质的。

(2)国防军受国家行政委员会监督与管理,这种监督与管理是通过负责国防军的部长来执行。

(3)国防军的现役成员一律不得担任负责国防军的部长。

(4)负责国防军的部长不得使用军队或军衔,除非在宪法性法律或议会法令的规定限度内,负责国防军的部长在国防军内不享有指挥权。

(5)应设立:

a)在国防军内设立国防军司令一职,他是负责国防军的部长在有关国防军问题上的主要军事顾问;

b)在国家公务局内应该有一名公务局官员作为该部长在有关国防军的问题上的主要军事顾问,

他们二人均可依据议会法令的规定享有权力和职责,承担义务和责任。

第二百○二条　国防军的职责

国防军的职责为:

a)保卫巴布亚新几内亚及其领土;

b)协助巴布亚新几内亚履行国际义务;

c)在下述情形下协助文职机关;

i. 发生国内灾害;

ii. 根据第二百○四条规定(应召协助文职机关)应召协助恢复公共秩序和安全;

iii. 在第十编(紧急权力)所述国家紧急状态期间根据议会法令行事;

d)根据指示,履行民政性质职能、提供民政性质服务,比如最大限度地参与国家发展与改善事业。

根据本宪法和议会法令在国内外履行上述职责。

第二百○三条　一般法律的适用

必须认识到国防军及其成员在法律上并不享有特殊地位,其作为一支纪律严明的部队的性质以及其特殊的职责、义务和责任所要求的一定程度的特殊性除外,在此特兹宣布:除去宪法性法律或议会法令特别规定外,国防军及其成员与其他机构人员一样受制于所有法律。

第二百○四条　应召协助文职机关

(1)国防军或国防军的一部分可以应召行使第二

百〇二条(国防军的职责)c)款 ii. 项规定的职能,这里所谓的召唤只能由国家元首根据国家行政委员会的建议作出。

(2)当依据第(1)款规定召唤时,国防军或国防军的一部分:

a)不享有,也不应得到警察队伍及其成员在类似情形中拥有的权力或保护;

b)支持警察队伍,直到使其有能力恢复公共秩序与安全;

c)执行上述任务时仅仅依据有关文职机关按照议会法令提出的请求并在请求的范围内行事;

d)当国家元首根据国家行政委员会的建议指示其停止支持警察行动时,应遵从。

第二百〇五条 现役

(1)除用以抵御攻击外,国防军或国防军的一部分:

a)只有在国家元首根据国家行政委员会的建议下达命令后才进入现役;

b)只有在国家元首根据国家行政委员会的建议加以授权和课以条件下奉命外出。

(2)事前未经议会批准,不得命令或委派国防军或国防军的一部分:

a)进入现役;

b)外出维和或参与救援行动。

(3)国防军采取(1)款所述行动时,或者进行战争与准战争行动时,或者抵御敌方攻击时,在可行时应于事前、在任何情形下都应尽快将采取的或将采取的行动以及理由通知议会,使议会有机会对此进行辩论。

(4)第(1)款 b)项规定并不禁止:

a)国防军或国防军的一部分基于正常的行政或训练任务奉命外出;

b)议会法令为实施法律而要求或允许采取的任何行动。

第二百〇六条 访问部队

(1)议会法令可对下述事项作出规定:

a)通过国家行政部门的安排,他国军队进入我国;

b)国防军或国防军的一部分进入他国;

特别就下述方面作出规定:

c)在某些或所有民事和刑事事项中,特许他国的法院、法庭和公务当局对其队伍成员(非巴布亚新几内亚公民)行使司法管辖权;

d)主张巴布亚新几内亚的法院或法庭、国防军当局对驻于他国的国防军成员拥有排他性司法权。

(2)他国访问部队不得在我国发挥我国国防军本身都不允许发挥的作用,在对待其本身成员、文职成员或文职随员方面除外。因此,所有限制国防军及其成员的作用、权力或职能的法律对访问部队及其成员同样具有效力。

(3)为实施第(1)款规定而制定的法律,可全部或部分适用于国防军或国防军中的文职成员或文职随员,同样适用于访问部队的文职成员或文职随员。

第六章 有关纪律严明部队的特殊规定

第二百〇七条 "纪律严明部队"的定义

(1)在本节所涉目的范围内,纪律严明部队包括下列各项:

a)警察队伍;

b)国防军;

c)其他队伍或公务部门:

i. 依法设立;

ii. 且由基本法宣布为本节所述的纪律严明部队。

(2)为实施本节规定而制定的基本法,根据法律的要求或授权,在纪律严明的部队成员指挥下,协助履行部队成员的职能和义务的,应被视为该部队的成员。

第二百〇八条 对纪律严明部队成员的保护

(1)基于纪律严明部队的特殊性及其行动的特殊性,遵守合法命令是其成员的首要职责,因此,基本法应作出特别规定以赦免该类部队成员对下述行动后果所负有的责任:

a)执行合法命令;

b)执行其真诚地,有合理理由相信是合法命令的命令,在这种情况下,其有责任证明自己的信念以及该信念所依据的合理理由。

(2)为实施第(1)款规定而制定的基本法应该作出规定,由该部队当局来承担本应由该部队成员承担的赔偿责任,但本项规定并不减轻该部队当局的其他赔偿责任。

第七 A 编 法定监管机构

第二百〇八 A 条 法定监管机构的声明

(1)本篇所谓的法定监管机构包括下列各项:

a)由议会法令设立的专门执行具体法定职能的法人实体;

b)议会法令授权的组合而成的法团。

(2)议会法令可规定适用本编的其他法定监管机构;

第二百〇八 B 条 法定监管机构部门的设立指定

(1)本条适用下列职位及身份:

a) 法定监管机构的行政人员领导职位；
b) 法定监管机构委员会的非依职权成员职位；
c) 议会法令为此目的而规定的其他职位与身份；

(2) 由国家元首根据国家行政委员会考虑到相关部长的建言后提出的建议而作出的适用本条第(1)款 a)项的所有职位任命（无论临时还是正式的），该部长的建言是根据相关委员会按照公共事务委员会依据议会法令规定的程序作出的推荐的建议而作出的。

(3) 由国家行政委员会考虑相关部长的建言后作出的适用本条第(1)款 a)项的所有职位的临时任命（无论是临时的还是正式的），该部长的建言是根据相关委员会按照公共事务委员会依据议会法令的程序作出的推荐的建议而作出的。

(4) 对按照第(1)款 a)项作出的个人任命的撤回，应由国家元首根据国家行政委员会考虑到相关部长的建言后提出的建议而作出。该部长的建言是根据相关委员会按照公共事务委员会依据议会法令的程序作出的推荐的建议而作出的。

(5) 对按照第(1)款 a)项作出的个人任命的暂时离职，应由国家元首根据国家行政委员会考虑到相关部长的建言后提出的建议而作出的，该部长的建言是根据相关委员会按照公共事务委员会依据议会法令的程序作出的推荐的建议而作出的。

(6) 由国家元首根据国家行政委员会考虑到相关部长依据议会法令规定的程序提出的建言后提出的建议而作出的适用本条第(1)款 b)项的所有职位任命（无论临时还是正式的）。

第八编 监督与控制

第一章 公共财政

第一节 议会与财政

第二百〇九条 议会责任

(1) 不论本宪法有何其他规定，国家政府的财政收入和开支，包括征税与贷款，都须由议会授权与管控，都须由议会法令加以规范。

(2) 每个财政年度都应有包括下列各项的国家预算：

a) 该财政年度国家政府对财政收入的估算、财政开支的估算；

b) 该年度下列各事务的拨款分配：

i. 议会事务；

ii. 一般公共事务；

(iii) 司法机关事务；

c) 其他必要的预算和拨款。

(2A) 为本节之目的：

a) 议会事务的款项包括议会成员的工资和津贴（奖金或其他）、维持地方议会运行所需、履行1995年议会法令规定的议会事务所需；

b) 司法机关事务的款项包括：

i. 最高法院和国家法院的法官的工资和津贴（奖金或其他）

ii. 维持最高法院和国家法院运行所需；

iii. 履行1975年国家司法人员事务法令规定的国家司法人员事务所需；

(iv) 根据1975年的最高法院令、1975年国家法院令和1973年司法长官令所任命的所有人员的工资和津贴（奖金或其他）。

(2B) 基于第(2)款 b)项 i. 和 iii. 项，议会会长和首席大法官各自应在每年的9月30日前，向总理提交有关议会事务和司法事务下列年度的开支预算。

(3) 在预算或拨款方案准备提交议会之前，国家行政委员会应先与相应的议会常设委员会商议，但本项规定并不授予或强加在预算或拨款方案的初期准备阶段即进行协商的权利或责任。

第二百一十条 行政创议权

(1) 议会并不对征税、贷款或巴布亚新几内亚的公款开支作出规定，除非由国家元首根据国家行政委员会的建议提出建议。

(2) 受制于第(3)和(4)款的规定，议会可以减少，但不得增加或重新分配拟征税、贷款或开支的数量或扩大范围、改变用途。

(3) 根据议会的建议，关于议会事务或司法机关事务的拟开支，少于议会会长或首席大法官各自提交的预算，且不足以满足事务所需时，议会可以视情况根据第二百〇九条(2B)款的规定增加开支的数量，但不得超过原先议会会长或首席大法官提交的预算额。

(4) 为第(3)款的目的，议会可以重新分配或减少且重新分配开支数量以满足各目标的达成。

第二百一十一条 公款的账目

(1) 国家政府拥有和管控的，用于公共开支和议会和司法机关各自事务的所有公款应依照法律进行适当的管理记账。

(2) 国家政府拥有和管控的，用于公共开支和议会和司法机关各自事务的所有公款，除非按照本宪法或议会法令的规定，否则不得支出。

第二百一十二条 未经批准的收入和开支

(1) 如果在一个财政年度刚开始的时候，议会还没有对当年的公共开支或议会或司法机关事务的开支作出规定,国家行政委员会、议会或司法机关可视情况根据议会法令从"统一税收基金"中开支费用,不必在本条规定之外寻求授权,但开支数额不得超出上一财政年度中各自预算开支的三分之一。

(2)当议会对上述财政年度的公共开支作出规定后,第(1)款所授权力即失效。根据该款规定的任何开支费用从议会规定开支中扣除,因此要对开支项目进行适当记账。

第二节 审计长

第二百一十三条 审计长职位的设立

(1)在此设立审计长一职。

(2)审计长由国家元首根据国家行政委员会的建议任命,行政委员会的建议应于收到公共事务委员会和公账委员会的报告之后提出。

(3)审计长在行使本宪法规定的职权时,不受任何个人或当局的管控或领导。

第二百一十四条 审计长的职责

(1)审计长的首要职责是检查和审计,每个财政年度至少向议会提交一份报告(根据议会法令的规定),报告内容包括巴布亚新几内亚的公账、巴布亚新几内亚公款与财产的管理与业务活动,审计长还可以行使宪法性法律规定的其他职责。

(2)除非法律对其检查和审计另作其他规定,否则第(1)款规定可以扩大适用到下述机构的账目、财政和财产;

a)国家政府的所有系统、部门、机构和执行部门;

b)为达到政府或官方的目的而通过议会法令或国家行政部门的行政法令或管理法规设立的所有机构。

(3)即使如第(2)款所述对检查和审计另作其他规定,只要审计长认为适当,其可以对该款所述机构的账目、财务或财产进行检查、审计并向议会提交报告,只要这些机构仍与巴布亚新几内亚的公款或财产存在联系,或由该公款或财产组成,或是源于该公款或财产的。

(4)可以通过议会法令扩大审计长根据第(1)、(2)和(3)款所获得的职能,可以作出更为详尽的规定,亦可以赋予审计长以额外的职能和责任,只要该职能和责任与履行上述条款赋予和规定的职能与责任不相矛盾。

第三节 公账委员会

第二百一十五条 委员会的设立

公账委员会是为了贯彻第六编第二章第五节(委员会体系)规定之目的,而设的议会常设委员会。

第二百一十六条 委员会的职责

(1)公账委员会的主要职能是根据议会法令检查巴布亚新几内亚的公账、检查巴布亚新几内亚公款与财产的管理和业务活动,并就此向议会提交报告。

(2)第(1)款规定可以扩大到根据第二百一十四条(审计长的职责)第(2)款规定接受审计长检查和审计的所有账目、财务和财产,在报告方面则扩大到根据第二百一十四条(审计长的职责)第(3)款由审计长报告的事项。

(3)可通过议会法令扩大第(1)和第(2)款赋予该委员会的职责,或者对该项职责作更为详尽的规定,还可以赋予该委员会以额外的职能和责任,只要这些职能和责任与履行上述条款赋予或规定的职能和责任不相矛盾。

第二百一十六A条 工薪与报酬委员会

(1)兹设立工薪与报酬委员会。

(2)委员会应包括的成员:

a)议会会长作为主席参加会议,或在其缺席时,由副会长代替;

b)总理,或在其缺席时,由部长代替;

c)反对党领袖,或在其缺席时,由议会中代表反对党的成员代替;

d)首席法官,或在其缺席时,根据法官商议后指定代表法官的代替者;

e)人事管理部门的领导,或在其缺席时,由该部门的成员代替;

f)劳工就业部门的领导,或在其缺席时,由该部门的成员代替;

(3)委员会负责经常给议会推荐,由其确定:

a)议会的所有或任何成员的工资、津贴和奖励,财政或其他(如果法律没有另外作出规定则包括养老金和退休金);

b)地方议会和地方政府的所有或任何成员的工资、津贴和奖励,财政或其他(包括养老金和退休金);

c)所有法官的工资、津贴和奖励,财政或其他(如果法律没有另外作出规定则包括养老金和退休金);

d)所有宪定公职人员的工资、津贴和奖励,财政或其他(如果法律没有另外作出规定则包括养老金和退休金);

e)依法设立的为政府或官方目的而设立的所有部门领导和所有团体的领导的工资、津贴和奖励,财政或其他(如果法律没有另外作出规定则包括养老金和退休金);

f)适用本规定的,由国家元首根据国家议会的建议而设立,具有国家政府财政利益的所有团体的领导(包括依据任何法律设立的法团公司)的工资、津贴和奖励,财政或其他(如果法律没有另外作出规定则包括养老金和退休金);

g)议会考虑和批准或撤销任何决定,这些决定是由工薪待遇监管委员会作为建议提交给议会的。

(4)议会应根据第(3)款委员会的建议对议会成员、省议会、法官和其他宪定的公职人员的工薪、津贴和奖励,财政和其他作出决定。

(5)议会可接受或拒绝,但不可修改任何委员会的任何建议。

(5A)委员会的建议规定按照第3)款 a)至 f)项包括议会对建议的接受和拒绝的不确定可能产生效果,该效果应在议会随后产生:

a)接受建议,该建议规定被视为从作出时即有效;

b)拒绝建议,该建议规定:

i. 从被议会拒绝之日起停止生效;

ii. 在该规定作出时至被议会拒绝之日之间被视为有效;

(6)议会法令应该在下列方面作出具体规定:

a)不同部门和不同职位的公职人员的工资和报酬:

i. 议会成员;

ii. 省议会成员;

iii. 法官;

iv. 其他宪定公职人员;

b)有关委员会的权限和程序方面。

(7)本条的规定适用任何对授薪领导行为守则作出规定的法律。

第二章 法纪监察委员会

第二百一十七条 法纪监察委员会

(1)法纪监察委员会由一名首席监察官和两名监察官组成。

(2)法纪监察委员会的成员由国家元首根据监察官任命委员会的建议加以任命,该委员会组成如下:

a)总理,担任主席;

b)首席法官;

c)反对党领袖;

d)相应的议会常设委员会的主席,如果该主席不是议会公认的在议会中通常支持政府的议员,则由该委员会的副主席参加;

e)公务人员委员会主席。

(3)在不考虑法官个人独有的工作待遇的情况下,首席监察官的工资和其他工作待遇不应低于或次于首席法官和副首席法官以外的其他法官的工资和其他工作待遇。

(4)在不考虑监察官个人独有的工作待遇的情况下,监察官的工资和其他工作待遇不应低于或次于检察官的工资与其他工作待遇。

(5)该委员会在履行第二百一十九条(委员会的职责)规定的职责时,不接受任何个人或当局的领导或管理。

(6)该委员会的程序不接受任何方式的审查,除非是最高法院或国家法院以该委员会越权为由进行的审查。

(7)可通过基本法对该委员会的任命、权限、程序和豁免权作出具体规定。

(8)在本条,"行为"指:

a)对某一行政事项采取行动或不采取行动;

b)对某一行政事项声称要采取行动或不采取行动。

第二百一十八条 委员会的宗旨

设立法纪监察委员会的宗旨是:

a)确保所有政府机构对人民的需要和愿望积极反映;

b)协助政府机构改进工作,消除这些机构的不公正与歧视的现象;

c)协助消除影响政府机构的或者由政府机构实施的不公正的或其他有缺陷的立法和惯例;

d)监督第三编第二章(领导法典)规定的实施。

第二百一十九条 委员会的职责

(1)受制于本条以及基本法为实施本条第(7)款而作出的规定,法纪监察委员会具有下述职责:

a)主动地或者根据受害者的申诉对下列行为进行调查:

i. 任何国家或省公务部门或此类公务部门的某一成员;

ii. 任何其他政府机构,或某政府机构的某位官员或雇员;

iii. 任何地方政府机构,或该些机构的官员或雇员;

iv. 其他法定的下述机构:

(A)全部或主要依靠巴布亚新几内亚的公款维持的机构;

(B)由国家行政部门任命的管理机构的全部或大部分成员,或此类机构的某一成员或雇员;

v. 政府首脑、部长或反对党领袖或副首领的随从的行政人员;

vi. 议会法令为此规定的其他机构和人员,行使法律授予的权力或职责时做出的行为,考虑到国家目标、指导方针、基本权利或基本社会义务等准则时,这些行为或是错误的,或者有可能是错误的,具体由基本法作出规定。

b)研究上述监察中出现的法律或惯例的缺陷;

c)主动地或者根据受害者的申诉,指控或者怀疑为有关法律所禁止歧视的做法；

d)第三编第二章(领导法典)赋予它的任何职责；

e)基本法赋予的其他职责。

(2)受制于第(3)、(4)和(5)款的规定,第(1)款a)项所述的错误行为指下述情况：

a)与法律相矛盾；

b)不合理的、不公正的、压制性的、不适当的歧视,不论此种行为是否符合法律或惯例；

c)全部地或部分地基于不正当的动机、不相干的理由或者不相干的考虑；

d)全部地或部分地基于法律上或事实上的错误；

e)应该说明其理由而没有说明其理由的行为；

不论该行为的行使是不是第六十二条("慎重判断"的决定)所述的慎重判断。

(3)该委员会不应调查国家政府或部长或省政府或省行政部门的政策正确性,除非该政策与法律、国家目标、指导方针、基本权利和基本社会义务,或与议会法令相冲突。

(4)该委员会不得调查地方政府对法规制定权的行使。

(5)该委员会不得调查法院的裁决,除非该项裁决出现第(1)款 b)项所述的法律或惯例上的明显缺陷。

(6)第三编第二章(领导法典)所规定者除外,该委员会的执行权力限于公布其程序、报告和建议,向议会及基本法指定的其他有关当局提出报告和建议,以及提出劝告。

(7)基本法应对该委员会的权限和程序作出规定,特别是下述几个方面：

a)受制于 b)项,对该委员会接触一切可供查阅的有关情报作出规定；

b)对情报的可查阅性施以合理的限制；

c)为确保委员会或该委员会的成员所接触的秘密情报或机密情报的秘密性或机密性,应作出规定；

d)可在合理的范围内,以合理的方式限制或约束该委员会在某一问题上或某类问题上,特别是在涉及国家安全的问题的司法权限；

e)对该委员会程序、报告和建议的公开作出规定。

(8)在本条中,"行为"包括：

a)对某一行政事项采取行动或不采取行动。

b)对某一行政事项声称采取行动或不采取行动。

第二百二十条　委员会的报告

(1)法纪监察委员会应按照议会法令规定的时间,或者按照国家元首在上述法令范围内,根据国家行政委员会的建议规定期限,该委员会的职责与工作应向国家元首提出报告,并提出委员会认为适当的改进建议,由国家元首提交议会,每十二个月内至少要报告一次。

(2)第(1)款的规定并不禁止该委员会主动地或是应议会与国家行政委员会的要求,就该委员会的职责与工作提交其他报告。

第九编　宪定公职人员与宪定机构

第二百二十一条　定义

在本篇内：

"宪定机构"指本宪法设立或规定的任何职位或机构,但国家元首一职,部长或国家行政委员会不包括在内；

"宪定公职人员"指——

a)法官；

b)检察官或公共律师；

c)首席官员；

d)法纪监察委员会成员；

e)选举委员会成员；

f)议会秘书；

g)公务人员委员会成员；

h)审计长；

i.基本法或议会法令宣布作为本编所述的宪定职务或担任其他职务者。

第二百二十二条　关于宪定职务和宪定公职人员的其他规定

在解释本编规定时,受制于本宪法对某一具体的宪定公职人员或机构所作的其他规定。

第二百二十三条　关于宪定公职人员的一般规定

(1)受制于本宪法,基本法应对宪定公职人员的资格、任命及期限和工作待遇作出规定。

(2)基本法应特别就保证宪定公职人员的权利与独立性作出规定,其他事项还有：

a)对其免职、离职的理由和程序作出规定,但只有独立公正的法庭或根据该法庭的建议才能对其免职或离职；

b)对其任期届满时有权在政府机构中继续担任合适的职务,或者享有适当的、合理的退休金或其他退休福利待遇,或者同时享有以上两项权利。但须受制于基本法规定的某些合理要求或条件(如果有)。

(3)除非根据宪法性法律,宪定公职人员不得在其任期内停职、免职或离职。

(4)宪定公职人员的总薪酬在其任职期间不得减少,除非：

a)作为宪定公职人员(等同或同比例减薪的)普

遍减薪的一部分;或者,如果其是国家公务部门成员时,作为所有公务部门成员减薪的一部分。

b)作为征税的结果,只要此种税收并不因为宪定公职人员而对其进行歧视,或者只要这种税收不是普遍针对宪定公职人员的。

(5)只要宪定职务有正式任职者就不得取消该项职务,但本款规定不适用于那些议会法令增设的宪定职务。

(6)本条规定并不禁止基本法或议会法令对暂时代理宪定职务的人员任命作出规定。

第二百二十四条 关于宪法规定机构的特殊规定

(1)在本宪法的约束范围内,基本法和议会法令应对宪法规定机构的权力和程序作出规定,对如何为它们履行其职责、义务和责任提供方便作出一般性规定。

(2)如果没有根据(1)款作出规定,则宪法规定机构可以再本宪法的约束范围内,

a)自行制定程序以弥补欠缺;

b)拥有行使和履行其权力、职责、义务和责任所必需的、便利的一切合理权力。

第二百二十五条 提供便利的规定

本规定并不限制本宪法其他规定的普遍意义,这是国家政府以及所有其他政府实体,还有所有公职人员和机构的责任,在其各自的合法权力内,确保作出所有安排、提供人员和方便,采取步骤使所有宪定机构和宪定公职人员的职责得到适当和便利地履行。

第十编 紧急权力

第一章 概 述

第二百二十六条 定义

本编中,除非出现相反含义,否则"宣布国家紧急状态"指根据第二百二十八条(宣布国家进入紧急状态)的规定所作的宣布。

"紧急状态"包括,不对其普遍含义进行限制:

a)巴布亚新几内亚与其他国家的紧迫的战争危险,或准战争活动威胁到国家安全;

b)地震、火山爆发、暴雨、风暴、洪水、火灾、瘟疫或传染病蔓延,以及其他可能危及类似公共安全、使社区或占相当比例的社区丧失生活必需的供应与服务的大规模自然灾害。

c)任何人采取行动或发出直接威胁,该威胁与行动就其性质与规模,有可能危及公共安全或使社区或占相当比例的社区丧失生活必需的服务与供应。

"紧急法令"指为实施本编规定而根据第二百三十条(紧急法令)的规定制定的议会法令。

"紧急状态委员会"指根据第二百四十条(紧急状态委员会)的规定任命的紧急状态委员会,也包括根据第二百四十一条(临时紧急状态委员会)的规定任命和任职的临时紧急状态委员会。

"紧急法律"指:

a)紧急法令;

b)紧急条例;

"紧急命令"指根据紧急法律,依据第二百三十二条(紧急命令)的规定作出的命令;

"紧急条例"指根据第二百三十一条(紧急条例)制定的条例;

"拘留"指以本编规定为其唯一立法依据的法律所授权进行的拘押,但不包括对其他国家武装部队成员作为战俘进行的拘押。

"国家紧急状态时期"指下述时期:

a)由于第二百二十七条(宣布战争)所述的宣战行动,巴布亚新几内亚正与他国进行战争;

b)根据第二百二十八条规定(宣布国家进入紧急状态)所作的宣布正在生效。

第二章 国家紧急状态时期

第二百二十七条 宣布战争

国家元首可以根据国家行政委员会的建议公开宣告巴布亚新几内亚与他国进行战争。

第二百二十八条 宣布国家进入紧急状态

(1)如果国家行政委员会认为存在紧急状态或者紧急状态即将到来,因而有必要取得本编下述条款所授予的权力,则国家元首应按照国家行政委员会的建议,公开宣布我国全部或部分地区进入国家紧急状态。

(2)只有在事先同紧急状态委员会商议后,方可对部分地区作出第(1)款所述的宣布,除非该种做法不具可行性。

第二百二十九条 国家紧急状态期间的终止

宣战或国家紧急状态可随时撤销:

a)由国家元首根据国家行政委员会的建议宣布撤销;

b)由议会决议宣布撤销。

第三章 紧急措施

第二百三十条 紧急法令

(1)国家宣布紧急状态以前以及在此期间,议会

可以颁布议会法令(称作"紧急法令")对如何应对紧急状态以及由此带来的问题作出规定。

(2)紧急法令应直接表述为紧急法令。

(3)除非为了使其有效实施而在其实施前必要的范围内采取措施,否则在国家紧急状态开始之前,紧急法令不得生效。

第二百三十一条 紧急条例

(1)受制于本编的规定,国家元首可在紧急状态时期开始后第一次议会会期后二十四小时内,根据国家行政委员会的建议制定法律(称为"紧急条例"),就如何应对紧急状态以及由此带来的问题作出规定。如果,也仅在此限度内,紧急状态的性质和要求使我们必须在议会充分考虑该问题以前作出规定,则可以作出规定。

(2)紧急条例应该立即提交至:

a)议长,由其提交议会;

b)第二百四十二条(紧急状态委员会的职责)第(1)款 a)项所述的紧急状态委员会,或者,在紧急状态委员会设立之前,提交给根据第二百四十一条(临时紧急状态委员会)规定设立的临时紧急状态委员会。

(3)除非事前由议会决议加以延长,否则紧急条例将于宣布紧急状态之后二十八天期满时失效,或于紧急状态时期开始后议会第一次会议十四天后失效,以上两个时点以在前者为准。

第二百三十二条 紧急命令

(1)紧急法律可对由其授权的人员发布的、与紧急法律不相矛盾的命令作出规定。

(2)任何紧急法律都无权授予以紧急法律的形式颁布命令的权力。

(3)在可行情况下,命令应采用书面形式,并应通知法律指定的相应主管当局。

(4)在可行范围内,应尽快将依据本条规定发布的命令的细节与副本上交:

a)议长,由其提交议会;

b)提交给第二百四十二条(紧急状态委员会的职责)第(1)款 a)项所述的紧急状态委员会,或者在紧急状态委员会设立之前则提交根据第二百四十一条(临时紧急状态委员会)所设立的临时紧急状态委员会。

第二百三十三条 紧急法律的内容与实施

(1)受制于本编的规定,紧急法律可就国家的和平、秩序和良好治理作出规定,但应以达成该目的合理需求为限。

(2)不论第十二条和第十三条作何规定,紧急法律可全部或部分地、绝对地或有条件地修改第三编第三章(基本权利)的任何规定,以及为实现上述规定之目的而制定的基本法,或任何其他法律(但宪法性法律例外)。这种修改必须限于应对有关紧急状态以及由此带来的有关问题所必需的合理范围内,但也应立足于一个充分尊重人类权利与尊严的民主社会才显得合理公正。

(3)紧急法律

a)不可修改下述条款:

i. 第三十五条(生命权);

ii. 第三十六条(免受虐待的自由);

(iii)第四十五条(良心、思想和宗教自由);

(iv)第五十条(选举权与担任公职权)

(v)第五十五条(公民平等);

(vi)第五十六条(公民的其他权利与特权)

b)仅可依据本编第五章(拘留)的规定作出拘留规定;

c)可修改第三十七条(法律保护)或第四十二条(人身自由),但仅限于 b)项所允许的范围;

(4)此外,紧急法律不得修改下述条款:

a)第四十六条(表达自由);

b)第四十七条(集会和结社自由);

c)第四十九条(隐私权);

d)第五十一条(信息自由权);

而且,紧急法律不得规定九个月以上监禁的判决。

(5)如果生效中的紧急法律与其他法律发生矛盾,以制定在后者为准。

第二百三十四条 紧急条例失效后解除拘留

在受制于任何为达到应对特别紧急条例的失效或撤销后的影响所制定的议会法令的情况下,对任何因依据紧急条例而受拘留的人应在紧急条例失效或撤销后解除拘留,除非对其拘留有其他法律依据。

第二百三十五条 依据紧急条例拘留、拘禁的议员

如果某议员依据紧急条例被拘留,或拘禁,那么在议会处于会期或在议会委员会(如果其是成员)开会期间的所有时间内应按照议会法令规定的条件(如果有)将其释放交由议会拘禁,以允许其履行议员职责,除非对其拘禁还有其他法律依据。

第二百三十六条 紧急法律的撤销

(1)在下述情况下可修改紧急法令:

a)由议会法令修改;

b)紧急情况下可以紧急条例加以修改,但该修改不得违背议会在针对该紧急状态所作出的决议中所表达的积极目的。

(2)随时都可通过下述方式修改紧急条例:

a)由国家元首根据国家行政委员会的建议进行修改;

b)由紧急法令修改；

c)由议会决议修改；

(3)紧急命令可随时被议会通过决议否决。

第二百三十七条　紧急法律期满自动终止

(1)受制于第二百三十八条(紧急法令的延长)的规定，紧急法律在国家紧急状态时期的最后一天结束后应视为已被立即撤销，除非其已经根据第二百三十一条(紧急条例)第(3)款失效或在此以前已被撤销。

(2)某一紧急条例对在该条例生效前已生效的法律进行修改或撤销后，在依据第(1)款期满失效后，原法律自紧急条例失效之日恢复效力，视同其从未被撤销。

第二百三十八条　紧急法令的延长

(1)受制于第(2)款，其延长是解决国家紧急状态时期后果所必要的，该延长在一个充分尊重人类权利与尊严的民主社会中应显得合理公正。在国家紧急时期结束后，紧急法令的实施可能随时延长，但须议会以绝对多数通过决议，可延长一次或多次，每次延长不得超过两个月。

(2)国家紧急状态时期结束后，只有根据第二百四十四条(有关拘留的法律规定)第(6)款的规定才能继续进行拘留。

第四章　议会的监督与控制

第二百三十九条　议会控制

(1)除非紧急状态时期开始时议会正处于会期之中，否则议会应在可行范围内尽快开会，但无论如何不得拖至该时期开始十五天之后，在此以后的期间每次会期间隔不得超过两个月。

(2)紧急状态期间的每次议会会期中，总理都应向议会提交声明说明以下事项：

a)宣战、宣布紧急状态的原因或者延长紧急状态时期的原因；

b)制定新紧急条例的理由；

c)关于紧急法律实施情况的报告。

(3)国家紧急状态如不提前撤销，则于宣布二十一天之后失效，但可随时通过议会决议加以延长。议会决议应以绝对多数表决通过，可延长一次或多次，但每次延长不得超过两个月。

第二百四十条　紧急状态委员会

(1)议会法令应对议会委员会的有关宣布进入紧急状态的期限(称"紧急状态委员会")作出规定。

(2)部长不得担任该委员会的成员。

(3)紧急状态时期内该委员会应能够随时召开会议。

(4)受制于按照第(3)款规定该委员会成员应能随时出席，委员会原则上应在全国各个地区或议会各党派团体中具有广泛代表性。

第二百四十一条　临时紧急状态委员会

(1)如果紧急状态时期开始时议会不处于会期中，以及紧急状态委员会尚未依照第二百四十条(紧急状态委员会)的规定设立，议会法令或议会议事规则应就任命临时紧急状态委员会担任职务作出规定。

(2)临时紧急状态委员会在以下情形中停止担任职务[除非在其担任期限内出现事项需按照第二百四十二条(紧急状态委员会的职责)第(2)款作出报告外]

a)按照第二百四十条(紧急状态委员会)所述的紧急状态事务时期的紧急状态委员会已经设立；

b)临时紧急状态委员会成立后议会第一次会期结束。

二者中以在前者为准。

第二百四十二条　紧急状态委员会的职责

(1)总理应该确保：

a)所有紧急法律(在可行的范围内包括所有紧急命令)的副本立即送交紧急状态委员会；

b)受制于紧急法令，委员会可以充分享有发展形势的相关情报，特别是有关紧急法律的内容和已存在的紧急法律实施情况的情报。

(2)在紧急状态期间议会的每一次会期上，紧急状态委员会应该向议会说明以下内容：

a)国家紧急状态时期是否将延续；

b)紧急法律的实施理由与实施情况；

c)是否修改紧急法律；以及该委员会认为适当的相关事项。

(3)议长在收到紧急状态委员会召集议会的请求后，应在可行范围内尽快开会以考虑下述事项，议会的召集无论如何不得超过在收到请求起十五天：

a)紧急状态委员会根据本条第(2)款提交的声明以及总理根据第二百三十九条(议会控制)第(2)款提交的声明；

b)是否允许国家紧急状态时期持续；

c)紧急状态法律是否应该进行修改，以及议会认为适当的其他事项。

第二百四十三条　紧急状态事项在议会中的优先权

在宣布国家紧急状态期间以及在紧急法律生效期间，应对涉及紧急状态或紧急法律的任何问题、通知、动议或其他事项以第一优先权，但须受本宪法明确相反的规定的限制。

第五章 拘 留

第二百四十四条 有关拘留的法律规定

(1) 只有议会法令有权允许进行人身拘留

(2) 本条第(1)款所述的法令：

a) 必须由议会绝对多数表决通过；

b) 其生效日期由国家紧急状态时期开始后进行的议会中以绝对多数表决确定，但投票日至少在有关动议通知作出四天后；

c) 受制于本款 b) 项的规定，只能在国家紧急状态期间授权进行拘留。

(3) 受制于第(4)款的规定，至少提前四天向议会提交允许进行拘留的法律提议案说明通知，所提交的法案必须依照议会议事规则，至少在提出法案前四天在议会议员中传阅。

(4) 本条第(3)款规定的四天期限在战争期间可以缩减至二十四小时。

(5) 议长在根据第百十条（立法认证）的规定出具的证书中，必须证明已视情况遵照本条第(2)款 a) 项、b) 项以及第(3) 款或(4) 款的规定。

(6) 国家紧急状态时期结束之后，拘留只有在为和平而有秩序重建工作以及被拘留者的重新定居或重新安置所合理所需的限度内才允许继续。

第二百四十五条 拘留

(1) 本条以下规定适用于或涉及被拘留者时：

a) 被拘留者被拘留之后应尽可能快地或无论如何应在七日之内用其通晓的语言以书面形式向其及其在国内的最近亲或者其他近亲详细说明其被拘留的原因；

b) 受制于第二百四十四条（有关拘留的法律规定）第(6) 款的规定，被拘留者（敌国人除外）应于拘留满两个月之后解除拘留，除非根据 e) 项设立的独立公正的法庭审查过该人的案件，发现对其进行拘留具有充分的理由；

c) 受制于第二百四十四条（有关拘留的法律规定）第(6) 款的规定，被拘留者（敌国人除外）应于拘留满六个月之后解除拘留；

d) 被拘留者（敌国人除外）有权要求根据 e) 项设立的独立公正的法庭在其被拘留之后尽可能快地审查其案件，但无论如何不得迟于拘留一个月之后，之后应至少间隔两个月审查一次；

e) 基本法应就设立本条所述的独立公正的法庭作出规定，该法庭的庭长应由有资格成为国家法院法官的人员担任；

f) 本款 e) 项所述的基本法应该作出规定：如果某件拘留案件需进入第二次或随后多次的审查，则在可行范围内该项所述进行审查的法庭的多数成员（包括庭长）应尽量不同于上次审查该案的法庭成员；

g) 受制于第(5) 款的规定，根据 e) 项设立的法庭发现对某公民的拘留是错误或不具有充足理由，那么：

i. 国家元首应根据国家行政委员会的建议下令将其释放；

ii. 被拘留者有权对拘留及拘留造成的后果依法要求赔偿；

h) 受制于第(5) 款的规定，根据 e) 项设立的法庭发现已经不具有充足理由拘留某公民时，应由负责国家安全的部长下令将其立即释放；

i) 根据本款 c)、g) 或 h) 项解除拘留某人，不得以同一事实再次将其拘留，除非与其初次原因相关的环境发生变化，该变化给事实带来新的含义；

j) 被拘留者应分开拘留，其接受的待遇不应差于被拘禁以等待审判罪行的人。

k) 被拘留者的姓名与居住地点应于拘留后十四天内在国家公报与全国性报纸上公布，此后每隔一个月公布一次。

l) 在宣布国家紧急状态期间负责国家安全的部长应在每次议会开会时，向议会报告所有被拘留者以及对其待遇、审查以及针对他们采取的行动的等方面，但无论如何两次间隔报告时间不得超过六个月。

(2) 被拘留者应得到充足的便利以准备进行第(1) 款 e) 项所述的审查所需的陈述，该陈述可由被拘留者本人或通过律师进行，特别是应允许他们充分与律师接触（必要时可给予法律协助），必要时提供称职的翻译。

(3) 允许拘留者：

a) 亲自在审查法庭上出庭；

b) 由律师或朋友代表其参加审查法庭。

(4) 该法庭在向负责国家安全的部长提交调查结果与建议时，应同时向被拘留者及其在国内的最近亲或其他近亲提供上述文件的副本。

(5) 国家元首可以根据国家行政委员会的建议拒绝根据第(1) 款 g) 项或 h) 项发布命令释放被拘留者，如果其认为出于国家安全或公共秩序的利益所必要的，但该种情况下不得在战时：

a) 他应立即向议会提交报告，说明他已经拒绝释放该被拘留者以及拒绝的理由；

b) 议会可下令释放该被拘留者。

(6) 根据第(5) 款规定发布命令：

a) 根据该命令释放被拘留者；

b) 适用第(l) 款 i. 项的规定，视情况视同该命令即是根据第(1) 款 g) 项或 h) 项作出。

(7) 基本法、议会法令或紧急法律可以就被拘留者的待遇、安全和守则作出进一步的规定，但这些规定不得违背本条规定。

(8)《战时保护文职人员的日内瓦公约》(1949年8月14日)以及其他国际公约中关于被拘留人员的条款,在涉及条约所保护的人员时应予以遵守。另外,这些条约中有关被拘留公民的一般性与专门性规定在涉及该类公民时也应予以遵守。

第六章 其 他

第二百四十六条 议会与总督任期的延长

在国家紧急状态期间,议会可通过绝对多数的表决延长其任期或总督任期,或同时延长,但该延长时间不得超过紧急状态时期,同时应视具体需要,预留必要的时间以便安排大选或任命总督。

第十一编 其他事项

第二百四十七条 巴布亚新几内亚独立国的法律行为能力

(1)巴布亚新几内亚可以根据议会法令获取、持有和处分任何类型的财产,有权缔结合同。

(2)巴布亚新几内亚可以根据议会法令起诉或被起诉。

第二百四十八条 前任政府权利与责任的转授

独立日前属于当时时名为"巴布亚新几内亚政府"的法人团体的所有财产自独立日起转归巴布亚新几内亚,独立日前该法人团体的所有权利和责任(实际的与或有的)自独立日起成为巴布亚新几内亚的权利和责任。

第二百四十九条 确定的公职人员的声明

受制于基本法的规定,每个人在就职或行使职权以前,受制于第三编第二章(领导法典)的规定,都应该:

a)忠诚声明,除非他已在以往的场合中作过声明,或根据下述条款免于声明:
  i. 第二百五十一条(非本国公民的宣誓问题)(1)款:
  ii. 第二百七十二条(宣誓与保证)。
b)在下列情形:
  i. 司法官员——司法人员声明;
  ii. 司法官员以外的公职人员——就职声明。

第二百五十条 宣读忠诚声明

(1)受制于宪法性法律的任何规定对此作出的专门规定,效忠宣誓、忠诚声明、司法人员声明或就职声明(或者基于宪法性法律宗旨要求或允许宣读其他宣誓、保证或声明)应在议会法令专门指定的监督人面前作出。如果不存在该种法令,则由国家元首根据国家行政委员会的建议加以指定监督。

(2)无论第(1)款作何规定,该规定所述的宣誓、保证、声明无论由谁监督均具有约束力和效力。

第二百五十一条 非本国公民的宣誓问题

(1)如果:
a)依法任命非本国公民担任职务是允许的;
b)为了取得任职资格或就职或者行使职权之前,法律要求必须进行忠诚宣誓或者宣读忠诚声明,或者宣读其他宣誓、保证或声明;
c)国家行政委员会认同,出于他国法律上的原因,按照规定的方式或形式进行效忠宣誓或宣读忠诚声明或其他宣誓、保证或声明可能会对有关人员的国籍或公民身份造成负面影响。则国家元首可以根据国家行政委员会的建议下令替换某些誓词、保证或声明,必要时可免除此项要求。

(2)不管(1)款作何规定,非本国公民应受所有法律的约束,视情况视同其已作过忠诚声明,或已宣读过其他宣誓、保证或声明。

(3)本条(1)款规定不适用于司法人员声明。

第二百五十二条 《国家公报》

应该创办国家政府的官方刊物,名称应为《国家公报》,或由议会法令另取他称。

第二百五十三条 奴隶制度

严厉禁止所有各种形式的奴隶制度与奴隶交易,以及一切类似制度与惯例。

第二百五十四条 职位的接任

原则上:
a)宪定职务的空缺不得超过任命适当人选接替该职务所必要的时间;
b)任何人不得同时担任两项以上公职,除非其中一项职务与另一项职务有相当密切的联系或关系,或者其中一项职务的持有与另一项职务的持有具有相当密切的联系或关系,两项职务结合更为适当。
c)具有类似重要性或地位的公职,特别是任何法定各部或委员会中的职务,应由我国不同地区的人担任。

第二百五十五条 协商

原则上,法律规定人员之间、机构之间或者人员与机构之间需进行协商,该协商必须是富有意义的、允许观点上真诚的交流与思考。

第二百五十六条 公职人员的报告

受制于本宪法,议会法令可以对宪定公职人员或其他公职人员、宪定机构或其他法定机构的年度报告或其他报告作出规定。

第二百五十七条 制宪会议的法令证明

(1)所有法院、法官与司法人员都对制宪会议的所有法令和活动进行司法确认。

(2)只要出示下述文件就可使议会的法令和活动的意图得到证明：

a)由独立前的众议院议长签字,或名义上由其签字的证书；

b)由独立前的众议院秘书或其他合适官员签字,或者名义上由其签字的称作众议院会议记录或其他官方记录的文件。

第二百五十八条　宪法性条例

(1)国家元首可以根据国家行政委员会的建议制定条例。条例不得与宪法性法律或议会法令相矛盾,条例内容应该是宪法性法律要求或允许通过宪法性条例加以规定的事项。

(2)所有宪法性条例应于制定以后尽可能快地提交给议会,议会可随时否决该条例。

第二百五十九条　独立法庭

除非宪法性法律另有规定,当宪法性法律要求任命独立法庭,该法庭的成员应从司法与法律人员委员会批准的名单中指定。

第十二编　宪法的审查

第二百六十条　宪法审查委员会

(1)独立日三年后,议会法令应对该委员会的设立作出规定。

(2)该委员会的成员应该：

a)由国家元首根据国家行政委员会与相应的议会委员会协商后提出的建议而进行任命；

b)广泛代表国家不同地区；

c)议会各主要党派和团体的代表保持平衡。

(3)宪法审查委员会的每个成员必须属于下述情形：

a)议会议员；

b)省政府或地方政府机构成员；

c)国家公务部门成员；

d)具有相关专业知识的公民。

(4)宪法审查委员会将对本宪法与基本法的实施情况进行研究。

(5)在任命之后合理可行的限度内尽快通过议长向议会提交调查报告,以及对本宪法的修改、基本法的新颁布和修改还有其他法律或行政程序的修改提出建议(如果有)。

第二百六十一条　临时宪法审查委员会

(1)议会法令应作出规定,宪法审查委员会设立之前应设立临时宪法审查委员会,该委员会的成员应该根据第二百六十条(宪法审查委员会)第(2)和(3)款的规定。

(2)临时宪法审查委员会应该考虑对本宪法或基本法的修改意见,在议会有机会对该法案讨论之前向议会报告。

第二百六十二条　附属性委员会

(1)议会法令可以就下述方面作出规定：

a)省政府委员会的首要职责应是调查省政府体系的工作；

b)其他委员会应调查本宪法议会认为得当的工作。

(2)根据第(1)款设立的委员会应及时就各自研究的问题向宪法审查委员会作出报告,并附上其认为得当的意见,以便宪法审查委员会根据第二百六十条(宪法复审委员会)的规定向议会作出报告。

(3)宪法审查委员会应该确保使根据第(1)款设立的委员会作出的报告在审查委员会向议长作出报告之前或与此同时通过议长提交议会。

第二百六十三条　具体定义

议会法令可以对涉及宪法审查委员会以及根据第二百六十二条(附属性委员会)的规定设立的其他委员会的术语进一步作出定义规定。

第十三编　临时性与过渡性规定

第二百六十四条　第十三编的效力

本编以及为实施第二百六十七条(过渡性法律)而制定的临时基本法或基本法,不管本宪法的前述条款如何规定均具有效力。

第二百六十五条　制宪会议的解散

制宪会议代表人民,履行起草和通过宪法的职责以及其他职责,现宣布解散。

第二百六十六条　临时性法律

(1)如果制宪会议于独立日前,已制定名为临时基本法的法律文件,该法律文件于独立日后继续有效,就视同该基本法于独立日当天制定并生效。

(2)如果制宪会议于独立日前,为使本宪法所有规定能够在独立日当天得生效实施而制定的名为议会临时法令的法律文件,该法律文件于独立日后继续有效,就视同该议会法令于独立日当天制定并生效。

第二百六十七条　过渡性法律

(1)临时基本法或基本法可以作出任何必要或得当的规定,以确保从独立前的布局顺利过渡到本宪法实施后的布局,在不限制前述规定一般含义的情况下,应特别确保：

a)独立日前已有的职位和机构,须在本宪法实施后,职位立即填补,机构有效运作。

b)独立日前根据独立前法律制定的或开始的法令继续有效。

(2)为实施第(1)款规定而制定的临时基本法或

基本法可以宣布独立前的哪些职务与机构与本宪法的哪些职务与机构相对应。

第二百六十八条　首任总督

如果在独立日前：

a) 制宪会议已经通过高度保密的投票以简单多数提名某人成为首任总督；

b) 伊丽莎白二世陛下同意作为巴布亚新几内亚的女王与国家元首，表明其批准某人担任总督，则此人将在独立日成为首任总督。

第二百六十九条　首届议会及选区

(1) 不管本宪法作何规定〔但须受制于本条第(6)款的规定〕，独立日前设立的众议院的公开与区域化选区即分别是作为首届议会的公开省级选区。

(2) 不管本宪法作何规定，但受制于基本法对国民选举的规定：

a) 独立日前在任的独立前众议院的每个议员（包括根据澳大利亚《巴布亚新几内亚法令1949—1975》第三十七条第(4)款第a)项规定不合格的议员但由众议院通过决议确认其议员身份的议员）都是其所在选区的首届议员，他将继续担任议员，除非或直到：

i. 由于本宪法第一百○四条（正式任期）(2)款a)、b)、c)、d)、e)、g)或h)项的规定该议员席位空缺；

ii. 已被定罪并正在监禁，或等待被判处一年或一年以上徒刑的犯人（但作出假释保证传唤时即出庭接受审判的人不包括在内）见于第五十条（选举权与担任公职权）第(1)款a)项；

iii. 根据第一百○三条（议员资格与资格的丧失）第(3)款b)项或d)项而丧失议员资格。

b) 独立日前在任的独立前议长与委员会主席分别为议会的首任议长与副议长；

c) 独立日前有效的选民名册视情况为公开省级选区的首届选民名册。

(3) 区划委员会应该就开放选区的数量及其界限向议会提出建议，由议会在独立日后尽快根据第一百二十五条（选区）(1)款规定作出决定。

(4) 除非根据第一百○五条（大选）规定提前举行议会大选，首届议会的任期为：

a) 独立前的众议院在独立日后剩余的任期；

b) 独立日后举行的首届大选时期，由国家元首根据选举委员会的建议指挥，首届大选于1977年5、6月份举行。

(5) 如果议会没有及时根据第一百二十五条（选区）第(1)款作出独立日后举行首届大选的相关决定，则：

a) 开放选区的数量与界限仍然与先前大选时相同；

b) 省选区的数量由基本法确定；

c) 省选区的界限由国家元首根据区划委员会的建议确定，但省选区的界限必须：

i. 包含各省之内开放选区的所有区域；

ii. 尽可能与基本法有关省限以及首都界限的规定相符。

(6) 如果某省选区由两个或多个省组成，则基本法应该对下述事项作出适当的规定：

a) 宣布每个省作为一个省选区；

b) 每个选区由一名省选议员代表；

以上规定应于独立日后尽可能快地作出。

第二百七十条　首任总理

(1) 独立日前在任的独立前首席部长为首任总理。

(2) 独立日前在任的其他部长为首任部长。

第二百七十一条　首任法官

不管本宪法作何规定：

a) 独立日前在任的独立前首席法官为巴布亚新几内亚首任首席法官；

b) 独立日前在任的资深法官为巴布亚新几内亚的首任副首席法官；

c) 独立日前在任的各个法官是国家法院的法官；

d) 独立日前在任的代理法官为国家法院的代理法官。

其适用的任期和待遇与独立日前相同，但其任期从其当前任命算起不得超过三年。

第二百七十二条　宣誓与保证

(1) 不管本宪法作何规定，均受制于第二百五十条（宣读忠诚声明）和第二百五十一条（非本国公民的宣誓问题）的规定。

a) 首任总督应进行效忠宣誓，并宣读忠诚声明和就职声明；

b) 首任总理和其他部长、首任议长和副议长应宣读忠诚声明与就职声明；

c) 首席法官和其他法官应宣读司法人员声明，应于独立日当天公开进行，其地点、方式和形式由总理确定。

(2) 如果要求第(1)款a)、b)和c)项所述的人员符合第(1)款的规定难以实行，则由国家元首根据总理的建议确定他们参加宣誓或宣读声明（视情况需要而定）的时间、地点、方式和形式。

(3) 本宪法的任何规定限制第(1)款a)、b)或c)项所述人员履行其职责，直到其进行效忠宣誓、宣读忠诚声明、就职声明或司法人员声明（视情况需要而定），本条上述款项暂停生效。

第二百七十三条　独立前适用的条约

第一百一十七条（条约）的规定并不排除国家元

首根据国家行政委员会的建议作出声明：独立日前适用于当时名为"巴布亚新几内亚"的领土或该领土某一部分的国际承诺，可通过协议视同其对巴布亚新几内亚保有约束力，自独立日算起不超过五年。

第二百七十四条　特定宪法性机构的构成

除非宪法性法律另有明确规定，否则在 1985 年 9 月 16 日之前，某宪定机构，非最高法院或国家法院，是由两人以上组成，则其成员中应多数为本国公民，但违反此项规定并不影响机构行为的有效性。

第二百七十五条　审查拘留案的法庭庭长

1985 年 9 月 16 日之前，除有资格担任国家法院法官者外，担任过最高等级或最高类别官员的人也具有出任根据第二百四十五条（拘留）（1）款 e）项任命法庭庭长的资格。

第十四编　布干维尔政府和布干维尔全民公投

第一章① 初步

第二百七十六条　本编的适用

（1）本编仅适用于布干维尔及其相关。

（2）无论宪法如何规定，本编应当适用，并且当宪法其他规定与本编规定不一致时，本编的规定应当优先。

第二百七十七条　第六 A 编的不适用

在依照本编和布干维尔宪法，进行选举建立布干维尔政府之后，第六 A 编的规定应不适用于布干维尔。

第二百七十八条　解释

（1）在本编，除非出现相反含义：

"协议"指 2001 年 8 月 30 日在阿拉瓦签署、发表于 2001 年 11 月 16 日第 146 号国家公报的布干维尔和平协议；

"布干维尔"指：

a）省界组织法附表中所描述的布干维尔省边界之内的陆地区域；以及

b）在 a）项中提及的陆地区域低水位延伸至三海里的海洋区域；

"布干维尔制宪会议"指依照第二百八十四条（布干维尔制宪会议）成立的布干维尔制宪会议；

"布干维尔宪法"指依照第二百八十五条（布干维尔宪法的签署）批准和公布的布干维尔宪法；

"布干维尔宪法委员会"指依照第二百八十一条（布干维尔宪法委员会）建立的布干维尔宪法委员会；

"布干维尔宪法办公室成员"指根据或者依照第三百二十一条（布干维尔宪法办公室成员）任命的布干维尔宪法办公室成员；

"布干维尔惩教服务"指依照第三百一十条第（1）款 c）项（布干维尔政府公务部门）规定的布干维尔惩教服务；

"布干维尔法院"指依照第三百〇六条（布干维尔法院的建立）第（1）款建立的法院；

"布干维尔行政机关"指布干维尔政府负责行政的机关；

"布干维尔政府"指依照本编建立的布干维尔自治政府；

"布干维尔临时省政府"指依照省级政府和地方层级政府组织法建立的布干维尔临时省政府；

"布干维尔法律"指依照布干维尔宪法和本编制定的法律；

"布干维尔立法机关"指布干维尔政府的立法机关；

"布干维尔警察"指依照第二百一十条第（1）款 b）项（布干维尔政府公务部门）规定确立的布干维尔警察；

"布干维尔公共服务"指依照第三百一十条第（1）款 a）项（布干维尔政府公务部门）规定确立的布干维尔公共服务；

"布干维尔全民公投"指依照第七章（布干维尔公投）规定的全民公投；

"布干维尔工资和薪酬委员会"指依照第三百二十条（工资和薪酬委员会）建立的布干维尔工资和薪酬委员会；

"争议解决程序"指依照第六章（政府之间的关系和审查）规定确立的争议解决程序；

"财政自力更生"指第一年布干维尔征收的公司税、关税和百分之七十的附加税的价值等于基于可持续的经常性资助的价值；

"国家法律"指由国民议会制定的法律；

"全民公投"指布干维尔全民公投；

"审查"指依照第六章的审查。

（2）当本编或者本编授权的组织法规定中央政府和布干维尔政府之间的协商，此类协商的进行应立足于下列基础：

a）意见应当及时以书面的方式（或者，通过事先的书面协议，或通过电子信件）通知指定的联络方；

b）应当以类似方式给予回复充分的机会；

c）分歧、有意义的意见应当在一个充分的时间框

---

① 第一章经 2006 年第 880 号增加。

架之内交换,无论是以书面文件(或者,通过事先的书面协议,或通过电子信件)的方式同意或者具体说明,目的在于达成协议;

d)应当为所有的当事方准备和提供协商结果的清晰书面记录。

(3)只要与其相关,协议可以用于帮助解释本编或者本编授权的组织法的任何规定的解释或者适用引起的任何问题。

(4)协议应当作宽松解释,通过参考其意图,而不应当参考解释的技术规则。

第二章[①] 布干维尔政府成立的安排

第二百七十九条 布干维尔自治政府

(1)依照本编应当有一个布干维尔自治政府的制度。

(2)布干维尔立法机关选举的进行仅在:

a)依照《协议》第八款 a)项包含的武器处置计划达成的协议;或者

b)由在布干维尔的联合国观察团负责人核查和认证,实质遵守并且大体符合《协议》第八款 b)项,根据《协议》的武器处置计划。

(3)组织法应当规定依照本编授权的自治政府制度的有关事宜。

第二百八十条 布干维尔宪法

布干维尔宪法应当依照本编制定和核准,其应当以与本编和协议相一致的方式,依照自治安排,规定布干维尔政府的组织和结构。

第二百八十一条 布干维尔宪法委员会

(1)布干维尔临时省政府在依照协议进行协商之后,应当建立一个广泛代表布干维尔人民的布干维尔宪法委员会。

(2)布干维尔宪法委员会应当:

a)广泛征询布干维尔人民以获得他们关于布干维尔宪法的意见;

b)准备布干维尔宪法草案。

(3)在本编实施之前,依照协议中与布干维尔宪法委员会有关的要求进行协商之后,布干维尔临时省政府已经建立等同于第(2)款授予布干维尔宪法委员会功能的机构:

a)这一机构可以由布干维尔临时省政府采纳作为布干维尔宪法委员会;并且

b)这一机构通过的任何协商、记录、决定和草案可以由布干维尔临时省政府采纳作为布干维尔宪法委员会通过的协商、记录、决定和草案。

第二百八十二条 布干维尔宪法所包含的布干维尔政府结构

(1)布干维尔宪法应当大体规定布干维尔政府在符合本编和本编授权的任何组织法的情况下,作业出下列特别规定:

a)布干维尔政府应当包括一个主要由选举(无论是直接地还是间接地)产生的立法机关,但是其可以包括代表社区、青年或者其他利益的任命、选举或者提名的人员;

b)布干维尔政府应当包括一个负责任的行政机关;

c)行政机关的负责人;

d)依照本编建立一个独立与公正的司法机关;

e)依照协议的条款规定立法机关、行政机关和司法机关的权力、职能与程序;

f)布干维尔政府有效行使权力所需或者有帮助的机构的建立;

g)依照或者根据布干维尔宪法建立的所有机构的责任;

h)布干维尔宪法办公室负责人及其权力与职能;

i. 布干维尔宪法由国家元首按照建议批准后开始实施的方式;

j)布干维尔、布干维尔政府、布干维尔宪法或者布干维尔政府机构的命名;

k)由本编所要求的任何其他事宜。

(2)布干维尔政府的结构和程序应当符合国际公认的善治标准,当其在布干维尔和作为巴布亚新几内亚整体的情形下的适用和实施,包括民主、布干维尔人民参与的机会、透明、问责制和尊重人权与法治,包括本宪法。

第二百八十三条 与国家行政委员会的协商

布干维尔宪法委员会应当:

a)将国家行政委员会的告知作为布干维尔宪法制定的提议;并且

b)给予国家行政委员会充分的机会以使得其意见被作为制定布干维尔宪法的提议。

第二百八十四条 布干维尔制宪会议

(1)布干维尔临时省政府,在依照协议进行协商之后,应当建立一个布干维尔制宪会议,其应当具有布干维尔人民的广泛代表性。

(2)布干维尔制宪会议:

a)应当考虑和讨论布干维尔宪法草案;

b)可以修改布干维尔宪法草案;

c)应当向国家行政委员会提交布干维尔宪法草

---

① 第二章经 2006 年第 880 号增加。

案的内容；

d)可以通过布干维尔宪法；

e)在通过布干维尔宪法之后，向负责布干维尔事宜的部长寄送布干维尔宪法副本。

(3)布干维尔政府和中央政府应当合作推动制宪会议的建立。

第二百八十五条 布干维尔宪法的签署

(1)负责布干维尔事宜的部长应当在第一次可行的机会下向国家行政委员会提交布干维尔宪法。

(2)国家行政委员会应当在依照第(1)款提交的十四天之内考虑布干维尔宪法，当其符合本编和本编授权的任何组织法的要求时，应当建议国家元首签署布干维尔宪法。

(3)国家元首，依照第(2)款的建议，应当签署布干维尔宪法。

(4)在依照第(3)款签署布干维尔宪法之后，国家行政委员会应当使其及时在国家公报上公布。

(5)在国家公报公布之后，布干维尔宪法应当依照布干维尔宪法规定的方式开始实施。

第二百八十六条 布干维尔宪法的法律地位

(1)在符合宪法的情况下，布干维尔宪法应当是依照本编和协议属于布干维尔政府管辖权的有关事宜的最高法，并且布干维尔法律和机构应当与布干维尔宪法一致。

(2)布干维尔宪法应当是可实施的：

a)在最高法院；

b)在依照第三百〇六条(布干维尔法院的建立)第(4)款a)项建立的布干维尔法院，延伸至布干维尔宪法规定的范围。

第二百八十七条 布干维尔宪法的修改

(1)布干维尔宪法应当规定布干维尔宪法可以修改，并且应当依照本条规定的可以修改的方式。

(2)凡是提出对于布干维尔宪法的任何修改，布干维尔行政机关应当向负责布干维尔事务的部长通报。

(3)中央政府可以与布干维尔政府协商与布干维尔宪法有关的任何建议修正案。

第三章 中央政府和布干维尔政府之间职能和权力的划分

以及转移至布干维尔政府的职能和权力

第二百八十八条 政府职能与权力的划分

与布干维尔有关的政府职能与权力应当依照本编和协议在中央政府和布干维尔政府之间进行划分。

第二百八十九条 中央政府的职能与权力

(1)在符合本编和协议的情况下，中央政府在布干维尔以及与布干维尔有关的职能与权力由本条规定。

(2)中央政府在布干维尔以及与布干维尔有关的职能与权力包括下列：

a)中央银行；

b)货币；

c)海关(税收、管理和征收)；

d)防卫；

e)外交关系(包括对外援助)；

f)管理洄游鱼类和跨界鱼类种群；

g)劳资关系；

h)国际民用航空；

i. 国际航运；

j)国际贸易；

k)实施本宪法所特别要求的立法；

l)修改本宪法所要求的立法；

m)迁徙入国和出国；

n)检疫；

o)隔离；

p)电信；

q)依照本编和协议，中央政府负责的此类其他权力和职能。

(3)中央政府在需要时负责布干维尔或者与布干维尔有关的宪法办公室或者国家公务部门的职能与权力的运行——

a)当相当于布干维尔宪法办公室或者布干维尔政府服务还未建立或者完全运作；或者

b)本编或者协议另有规定或者要求。

(4)中央政府应当拥有与枪械控制有关的职能和权力。

(5)中央政府应当拥有第二百九十条(布干维尔政府可获得的职能和权力)第(4)款所允许范围内的与外国投资有关的职能和权力。

(6)中央政府应当拥有依照本条与其职能和权力有关的发展基础设施所需的职能和权力。

(7)

a)布干维尔政府不得妨碍中央政府依照本条行使其职能和权力。

b)中央政府依照本条行使其职能和权力应当遵守布干维尔法律。

第二百九十条 布干维尔政府可获得的职能和权力

(1)在符合本编和协议的情况下，布干维尔政府可获得的在布干维尔以及与布干维尔有关的职能与权力由本条规定。

(2)布干维尔政府在布干维尔以及与布干维尔有关的职能与权力包括下列：

a)农业；

b)艺术；

c)建筑管制；

d)墓地；

e)检查制度；

f)儿童；

g)教堂和宗教；

h)民事登记；

i. 布干维尔境内的通信和信息服务；

j)社区发展；

k)公司法；

l)文化；

m)教育；

n)能源(包括电力、发电和配电)；

o)环境；

p)家庭法；

q)消费服务；

r)渔业(不包括高度洄游鱼类和跨界鱼类)；

s)林业和农林业；

t)赌博、彩票和博弈；

u)港口和海洋；

v)健康；

w)遗产；

x)民政事务，包括青年和社会福利；

y)住房(不包括国有住房)；

z)信息技术；

za)保险；

zb)知识产权；

zc)劳动和就业(不包括劳资关系)；

zd)土地和自然资源；

ze)陆地、海洋和空中交通；

zf)语言；

zg)陆地、海洋和空中运输；

zh)公共娱乐牌照；

zi)酒类；

zj)家畜；

zk)地方级别政府；

zl)工业；

zm)采矿；

zn)非银行金融机构；

zo)天然气和石油；

zp)公园和自然保护区；

zq)物质规划；

zr)职业；

zs)公共假日；

zt)公共工程；

zu)科学技术；

zv)体育和娱乐；

zw)统计数据(不包括全国人口普查)；

zx)布干维尔政府的标志；

zy)时区；

zz)旅游；

zza)贸易、商业和工业；

zzb)废弃物管理；

zzc)供水和污水处理；

zzd)水资源；

zze)野生动物保护；

zzf)遗嘱与继承；

zzg)依照本编和协议，布干维尔政府可以负责的此类其他权力和职能。

(3)布干维尔政府负责：

a)包括解决争端的司法；并且

b)布干维尔宪法办公室成员的组成及其职能与权力；并且

c)依照协议与本编，布干维尔政府公务部门的运行及其权力与职能。

(4)已经转移给布干维尔政府的与外商投资申请有关的职能和权力，其应当按照下列方式行使：

a)每一个与布干维尔有关的外商投资申请应当提交一式两份，一份给予中央政府，一份给予布干维尔政府；

b)每一个申请必须符合巴布亚新几内亚整体的投资要求；

c)布干维尔政府，通过布干维尔公务部门或者由布干维尔政府为此目的授权的机构，应当负责考虑每一个申请，以及决定其是否符合b)段所提及的要求。

d)当一个申请符合b)段所提及的要求，布干维尔政府通过布干维尔公务部门或者由布干维尔政府为此目的授权的机构，可以接受该申请，或者在未限制其自由裁量权的情况下，可以拒绝或者在符合条件的情况下接受。

e)布干维尔政府，通过布干维尔公务部门或者由布干维尔政府为处理外商投资申请的目的授权的机构，以及由中央政府基于外商投资申请目的建立的任何机构，应当在考虑一个申请的所有阶段进行协商与合作。

f)应当由e)段提及的两个政府和机构的联合与持续审查以及外国投资政策的发展，以促进布干维尔的恢复与发展。

g)一个申请是否符合b)段所提及的要求的争议应当通过争议解决程序解决。

(5)布干维尔政府应当拥有依照本条与其职能和权力有关的发展基础设施所需的职能和权力。

第二百九十一条 中央政府和布干维尔政府关于刑法的职能与权力

(1)第二百九十五条(职能与权力的转移程序)、第二百九十六条(国家和布干维尔法律的关系)以及第二百九十八条(中央政府的资产和土地)不适用于本条。

(2)根据第(4)款,布干维尔政府应当拥有下列权力:

a)采纳刑法;

b)创建和设置刑罚或者其权力和职能行使中附带的犯罪;

c)修改与简易罪行有关的国家法律,以及其他适用于布干维尔刑法有关的其他法律;

d)制定与刑事法律有关的法律,不包括相当于刑法的法律。

(3)刑法应当适用于布干维尔直到依(2)a)款采纳。

(4)当布干维尔政府应当依照(2)a)款采纳刑法,其可以修改所采纳的刑法:

a)中央政府的同意;或者

b)依照下列:

i. 包含在协议中的原则:

ⓐ改变刑法的原则应当是渐进的;

ⓑ对于刑法的覆盖面不得有大范围的改变。

ii. 包含在协议中的程序:

ⓐ布干维尔政府将在国家公报上公布由布干维尔政府提议采纳的对刑法的修改,这一修改在没有中央政府的同意之下不能开始实施。

ⓑ在中央政府没有接受布干维尔政府提议的任何修改的情况下,其可以要求与布干维尔政府进一步协商,在协商失败的情况下,应当适用争议解决程序。

第二百九十二条 第二百八十九条和二百九十一条未规定的主题

(1)在符合第(2)款的规定下,与任何主题有关的职能和权力:

a)未在第二百八十九条(中央政府的职能与权力)、第二百九十条(布干维尔政府可获得的职能与权力)和第二百九十一条(中央政府和布干维尔政府关于刑法的职能与权力)中规定;并且

b)未在第二百八十九条(中央政府的职能与权力)、第二百九十条(布干维尔政府可获得的职能与权力)和第二百九十一条(中央政府和布干维尔政府关于刑法的职能与权力)规定的任何主题的类别内,应当是中央政府的权力与职能,除非依照本条另有决定。

(2)当中央政府或者布干维尔政府建议对第(1)款涉及的主题进行立法,其应当将建议通知其他政府,并且与其他政府和负责该主题的其他人协商其建议,如果未达成一致,不得立法。

(3)无论是国民议会或者布干维尔立法机关通过第(1)款涉及的主题的法律,其他政府可以提起争议解决程序,并且 a)在争议解决程序最终裁决的期间,法律应当依照决定生效或者不生效。

(4)中央政府和布干维尔政府之间关于哪个政府负责一项职能或者权力的任何纠纷应当通过适用协议规定的管理权力划分的原则解决。

第二百九十三条 与布干维尔政府权力和职能相关的国家负担的国际义务

(1)在本条,"国际义务"包括条约和国家同意或者成为一方的书面国际协定。

(2)第二百九十条(布干维尔政府可获得的职能与权力)规定的布干维尔政府可获得的权力和职能的行使不能与巴布亚新几内亚的国际义务和人权制度不一致:

a)在本编开始实施之日存在的;并且

b)依照本条,在本编开始实施之日之后产生的。

(3)中央政府:

a)应当与布干维尔政府协商:

i. 提出的任何可能影响布干维尔政府根据本编可以获得的职能和权力的行使的新的国际义务;或者

ii. 提出的任何影响布干维尔政府管辖权的未来的边界协定(不包括涉及防卫或者国家安全);并且

b)在没有布干维尔政府同意的情况下,不应当加入影响布干维尔政府管辖权的边界协定(除非涉及防卫或者国家安全)。

(4)为了第一百一十七条(条约)第(3)款的目的,巴布亚新几内亚同意成为一个条约的一方:

a)有改变协议所包含的自主安排的目的;或者

b)是影响布干维尔政府管辖权的边界协定(除了涉及防卫或者国家安全),

不应当给予,除非:

c)中央政府和布干维尔政府已经就条约内容达成同意;并且

d)已经符合第一百一十七条(条约)第(3)a)款或者 b)(条约)的规定。

(5)中央政府和布干维尔政府之间就有改变协议所包含的自主安排目的的任何协定的任何分别应当依照争议解决程序解决。

(6)中央政府和布干维尔政府之间由国际法规则的普遍接受产生的任何分歧应当依照争议解决程序解决。

(7)布干维尔政府可以通过一个商定机制,要求中央政府的援助或者同意:

a)参加与布干维尔密切相关的国际协定的协商;或者

b)以自己的身份协商国际协定。

第二百九十四条 布干维尔政府建立与十二个月之内的职能与权力

(1)在布干维尔政府建立之前,布干维尔临时省政府可以给予中央政府合理的通知:

a)待转移的布干维尔政府可以获得的职能或者权力;并且

b)在布干维尔政府建立之日起的十二个月,根据宪法计划设立的机构。

(2)布干维尔政府在其建立之时,应当拥有与布干维尔临时省政府相同的职能与权力,以及依据第(1)款所转移的其他职能与权力。

第二百九十五条 职能与权力的转移程序

当布干维尔政府希望一项其可以获得的职能或者权力转移至它时,其应当:

a)充分考虑与职能或者权力有关的需要和能力;

b)通过给予中央政府有关其有意寻求职能或者权力的转移的为期十二个月的通知以启动转移;

c)与中央政府协商涉及转移的事宜,除非双方政府另有约定。

第二百九十六条 国家和布干维尔法律的关系

(1)与布干维尔政府可获得的职能与权力有关的国家法律继续适用,直到被布干维尔法律取代。

(2)

a)中央政府可以就第二百九十条(布干维尔可获得的职能和权力)规定的主题立法,但是不能与关于此主题的布干维尔法律不一致;并且

b)布干维尔政府可以就第二百八十九条(中央政府的职能与权力)规定的主题立法,但是不能与关于此主题的国家法律不一致。

第二百九十七条 职能与权力转移的实施方式

组织法应当规定:

a)密切联系的职能与权力的一起转移;并且

b)妨碍职能或者权力有效行使的能力或者经济情况困难的克服方式;并且

c)如果未能克服 b)款所提及的困难的争议问题的解决;并且

d)基于地区或者国家基础的机构或者服务组织的人员、资产或者资金的分配困难的解决;并且

e)基于地区或者国家基础(包括费用分摊)的机构或者服务组织的共同获得或者使用的安排制定;并且

f)中央政府和布干维尔政府合作实施布干维尔政府将负责的职能的转移的准备与同意的计划。

第二百九十八条 中央政府的资产和土地

(1)在符合第(2)款的规定下,中央政府在转移职能或者权力的同时,应当将与职能或者权力有关联的资产和土地转移给布干维尔政府。

(2)当中央政府关于转移给布干维尔政府的职能或者权力有持续责任时,其可以在履行持续责任的需要程度内保留与职能或者权力有关的资产和土地。

第二百九十九条 职能和能力的转移或者授权

中央政府或者布干维尔政府通过协定,可以转移或者授权任何的职能或者权力(包括财政职能或者权力)给其他政府。

第四章 布干维尔政府的权力和职能以及影响宪法其他规定的相关事项

第一节 前言

第三百条 布干维尔宪法和布干维尔法律是巴布亚新几内亚法律的组成部分

布干维尔宪法和由布干维尔立法机关依照布干维尔宪法制定的法律按照本宪法第九条(法律)的规定是巴布亚新几内亚法律的组成部分。

第三百○一条 特别提交至最高法院

a)布干维尔立法机关;以及

b)布干维尔行政机关。

依照本宪法第十九条(对最高法院的特别规定),是有权向最高法院提出申请的机关,为了与宪法任何条款的解释或者适用有联系的问题意见,包括(但是不能限制表达的一般性)法律或者法案有效性的任何问题。

第二节 行为守则和领导守则

第三百○二条 行为守则和领导守则

(1)布干维尔宪法可以对行为准则或者行为规则作出规定,类似于或者高于第三编第2章(领导法典)所规定的领导守则的行为要求标准,适用于公职或者与公职有关的人员:

a)依照布干维尔宪法建立的;以及

b)布干维尔宪法规定作为行为守则或者行为规则适用或者实施的职位。

(2)第(1)款提及的适用或者实施行为守则或者行为规则的人员不适用第三编第2章(领导守则)关于:

a)依照布干维尔宪法担任第(1)款提及的适用或者实施行为守则或者行为规则职位的人员;

b)第(1)款提及的适用或者实施行为守则或者行为规则的事宜。

(3)布干维尔宪法:

a)可以规定适用行为守则或者行为规则人员违

反第(1)款提及的行为守则或者行为规则应受的处罚;以及

b)当不适用第(2)款,而适用第三编第2章(领导守则)的人违反行为守则或者行为规则,应当根据第三编第2章(领导守则)规定相当于违反的相同处罚。

(4)直到第(1)款提及行为守则或者行为规则已经规定和适用,下列公共职位应当是适用第三编第2章(领导守则)的职位:

a)布干维尔立法机关成员;

b)布干维尔宪法办公室成员;

c)布干维尔政府公务部门负责人。

第三节 权利与自由

第三百〇三条 权利的限制

(1)布干维尔宪法可以通过一部符合本条要求的布干维尔法律,规定第三编第三章第三节(有限权利)提及的权利或者自由的管理与限制:

a)管理或者限制自由或权利至所需要管理或者限制的程度:

i. 考虑到国家目标、指导原则和基本的社会义务,为了公共利益的效果:

(A)公共安全;

(B)公共秩序;

(C)公共福利;

d)公共健康(包括植物和动物健康);

(E)儿童和残疾人(无论是法律上或者实际上)的保护;

(F)经济地位低下或者欠发达群体或地区的发展;

ii. 为了保护其他人权利与自由的行使;

b)对于一个人行使权利可能与其他人行使产生冲突的情况作出合理的规定,在民主社会已经适当考虑人类的权利和尊严的合理正当的法律范围内。

(2)第(1)款提及的布干维尔法律应当:

a)作为第三编第三章第三节(有限权利)提及的权利或者自由管理或限制的法律;

b)规定其管理或者限制的权利或者自由;

c)规定所必需的管理或者限制的目的;

d)适用布干维尔宪法规定的方式规定和证明。

(3)证明布干维尔法律是符合本条要求的法律的责任,归于主张其有效性的当事方。

第三百〇四条 保障权利与自由

(1)在符合第(3)款规定的情况下,布干维尔宪法可以规定在布干维尔保障除本部宪法保障之外的基础和合格权利。

(2)在符合第(3)款规定的情况下,布干维尔宪法可以规定建立程序、机构或者法院以确保权利和自由保障的实施。

(3)依照第(1)款规定的保障和依照第(2)款建立的程序不能废止本部宪法规定的保障权利与自由或者确保其实施的程序。

第四节 司 法

第三百〇五条 国家司法系统在布干维尔的实施

国家司法系统应当依照本编在布干维尔继续履行职责。

第三百〇六条 布干维尔法院的建立

(1)布干维尔宪法可以依照本编和协议规定依据布干维尔法律在布干维尔建立法院和法庭,并且可以授权布干维尔法律作出关于此类法院和法庭的进一步规定。

(2)布干维尔可以管理:

a)依照第(1)款设立的全部法院和法庭;或者

b)依照第(1)款设立的部分法院和法庭以及国家技术系统内的其他法院,以及依照国家法律建立的法庭。

(3)依照第(1)款设立的法院(除了与乡村法庭管辖权类似的法院)应当属于国家司法系统。

(4)可以依照第(1)款设立的法院的范围包括:

a)相当于国家法院管辖权的法院;或者

b)相当于国家法院管辖权的法院,这一管辖权限制于或者与布干维尔有关。

(5)国家法律和布干维尔法律应当在国家司法系统的所有法院实施。

(6)"国家法院"的名词不应当用于依照第(1)款设立的任何形式的任何法院。

第三百〇七条 在布干维尔设立法庭

布干维尔宪法可以规定根据或者依照布干维尔法律,或者依当事人同意,在布干维尔内设立仲裁或者调解法庭,无论是特设的或者其他,在国家司法系统之外,并且这些法庭适用第一百五十九条(法庭,国家司法系统之外)。

第三百〇八条 布干维尔法院的管辖权

(1)布干维尔宪法可以规定布干维尔法院与国家法院管辖权相类似的权力,包括有权:

a)在特殊案件的情况下为正义需要作出特权令状的命令或者类似其他命令;以及

b)依照刑法行使管辖权;以及

c)在符合第(2)款规定的情况下,审查由布干维尔法院和布干维尔法庭授权的管辖权的行使;以及

d)确定布干维尔宪法解释的问题;以及

e)保护和增强人权。

(2)布干维尔宪法应当规定个人有权依照第三百

〇六条(布干维尔法院的建立)第(4)款从一个布干维尔法院上诉至另一个布干维尔法院,其有权利选择(但不是附加的)上诉至国家法院。

(3)布干维尔居民可以因人权实施向宪法法院或者布干维尔法院或者具有管辖权机构提起诉讼。

(4)国家法院有权:

a)审查布干维尔法院[除了依照第三百〇六条第(4)款 a)项(布干维尔,法院的建立)建立的布干维尔法院]和布干维尔法庭的司法管辖权的行使;以及

b)依照第三百〇六条第(4)款 a)项(布干维尔法院的建立)建立的布干维尔法院的相同的权力,听取来自布干维尔法院的上诉,但是这一权力应当仅仅作为选择性上诉行使,不作为依照第三百〇六条第 4 款 a)项(在布干维尔建立法院)建立的布干维尔法院附加性上诉。

(5)最高法院应当是布干维尔上诉的最终法院,包括依照第(1)款(d)项作出决定的上诉。

(6)组织法可以进一步规定布干维尔法院与国家司法系统内其他法院之间的关系,规定在布干维尔的国家司法系统内的其他法院职责应当转移给相同管辖权的布干维尔法院的方式。

第三百〇九条 法官的任命等

(1)宪法可以规定一个独立的任命机关以任命依照第三百〇六条第(4)款 a)项(布干维尔法院的建立)建立的布干维尔法院的法官。

(2)第(1)款提及的任命机关应当包括司法与法律服务委员会的两名成员,由这一委员会任命。

(3)布干维尔宪法应当另行规定布干维尔法院法官的任命、任期和职业条件,以及年资和免职。

(4)一名:

a)国家法院的法官可以任命为布干维尔法官,与任命为国家法院法官的任期相同;

b)布干维尔法院的法官可以任命为国家法院的法官,与任命为布干维尔法官的任期相同。

第五节 布干维尔政府公务部门

第三百一十条 布干维尔政府公务部门

(1)布干维尔宪法可以规定布干维尔政府公务部门是:

a)布干维尔公共服务部;

b)布干维尔警察;

c)布干维尔惩教服务;

d)可能需要的类似的其他布干维尔政府公务部门,依照本编,以及规定布干维尔法律进一步规定关于布干维尔政府公务部门。

(2)布干维尔宪法应当规定布干维尔政府公务部门的负责人负责布干维尔行政机构,以及其如此负责的方式。

(3)布干维尔政府公务部门的成员应当依照第七条(效忠宣誓)、第二百五十条(宣读忠诚声明)和第二百五十一条(非本国公民的宣誓问题),作出效忠宣誓或者确认宣誓。

(4)布干维尔警察和布干维尔惩教服务的制服、车辆、场所或者用具的任何官方标志应当包括国徽或者国名。

(5)组织法可以规定国家中央公务部门和布干维尔政府公务部门之间的合作和过渡性安排。

第六节 布干维尔公共服务

第三百一十一条 布干维尔公共服务

(1)布干维尔宪法可以规定布干维尔公务部门依照布干维尔法律负责布干维尔政府权力与职能的管理。

(2)当布干维尔宪法规定布干维尔公共服务,其应当规定:

a)布干维尔法律针对和关于:

i. 布干维尔公共服务的管理和控制的标准;以及

ii. 工作价值和支付布干维尔公共服务的标准;以及

iii. 布干维尔公共服务的分类和等级机构,包括国家公共服务;以及

b)一个独立的机构(可以是公共服务委员会)将负责审查与布干维尔公共服务有联系的个人事项的决定。

(3)为了第(2)款 b)项的目的,"个人事项"指涉及个人的决定或者其他服务事项,无论是任命、提升、降级、转移、暂停执行、惩教或者雇佣的停止或者终止(不包括依照法律确定的雇佣正常期间结束后的停止或者终止)或者其他。

(4)组织法应当规定:

a)布干维尔政府在制定与布干维尔公共服务有关的法律之前与中央政府协商;以及

b)布干维尔公共服务实施的管理;以及

c)国家公共服务和布干维尔公共服务之间的过渡性安排。

第三百一十二条 在布干维尔的国家公共服务

国家公共服务应当在布干维尔继续运行:

a)履行第二百八十九条(中央政府的职能与权力)规定的中央政府的职能与权力;以及

b)履行第二百九十条(布干维尔政府可获得的职能与权力)规定的布干维尔政府可以获得的职能与权力,直到布干维尔公共服务已经建立,以及职能或者权力已经转移至布干维尔政府。

第七节 布干维尔警察

第三百一十三条 布干维尔警察

(1)布干维尔宪法可以规定依照布干维尔法律,布干维尔警察将负责在布干维尔境内维持和平与良好秩序,以公正和客观的方式维持和执行国家法律和布干维尔法律。

(2)当布干维尔宪法规定布干维尔警察时,其应当规定:

a)布干维尔法律规定:

i. 布干维尔警察的结构和组织;

ii. 布干维尔警察的服务条款和条件;

(iii)布干维尔警察的核心培训和个人发展安排,符合由第一百八十八条(国家公务部门的设立)第(1)款 b)项建立的警察。

b)一个独立的机构,其应当包括警察总监或者他的代表,以及由中央政府任命的中央政府的其他代表,负责布干维尔警察首长;以及

c)布干维尔警察首长拥有除了总监之外的头衔,并且拥有一个低于警察总监的排位。

(3)在布干维尔警察的职能内,涉及犯罪的起诉或者撤销或者控告,布干维尔警察不接受下列人员的领导或者控制:

a)布干维尔警察以外的任何人;或者

b)在依照与根据第一百八十八条(国家公务部门的设立)第(1)款 b)项建立的警察部队的任何协议之下的行动,由警察部队之外的任何人。

第三百一十四条 布干维尔警察的经费

(1)中央政府应当规定布干维尔政府通过下列方式:

a)保障年度条件以资助符合布干维尔境内警察日常性支出的特殊目的;

b)保障有条件资助以恢复和进一步发展布干维尔境内的民用治安警察。

(2)组织法可以规定和涉及第(1)款提及的资助有关的所有事宜。

第三百一十五条 警察部队等,在布干维尔境内

(1)依照第一百八十八条(国家公务部门的设立)第(1)款 b)项建立的警察部队应当继续在布干维尔执行以使第一百八十八条(国家公务部门的建立)第(1)款 b)项设立的警察部队能够:

a)在布干维尔内履行职能;

b)在布干维尔警察部队成立之前实施国家法律和布干维尔法律;以及

c)按照协议的固定,履行与布干维尔警察的合作安排。

(2)组织法应当规定:

a)适用过渡性安排直到布干维尔警察的建立和运行;以及

b)依照第一百八十八条(国家公务部门的设立)第(1)款 b)项建立的警察部队和布干维尔警察之间的合作安排。

第八节 布干维尔惩教服务

第三百一十六条 布干维尔惩教服务

(1)布干维尔宪法可以规定布干维尔惩教服务部依照布干维尔法律,负责布干维尔的惩教机构的监督和管理。

(2)当布干维尔宪法规定布干维尔惩教服务时,其应当规定:

a)布干维尔法律规定:

i. 布干维尔惩教服务部的结构和组织;以及

ii. 布干维尔惩教服务部的服务的期间和条件;以及

iii. 布干维尔惩教服务部的核心培训和个人发展安排,符合中央政府惩教服务部的事宜。

b)一个独立的机构,其应当包括惩教服务部总监或者他的代表,以及由中央政府任命的中央政府的其他代表,负责任免布干维尔惩教服务部负责人;以及

c)布干维尔惩教服务部负责人拥有除了总监之外的头衔,并且拥有一个低于中央政府惩教服务部总监的排位。

d)与中央政府惩教服务部在惩教机构和服务的条款与管理上的合作。

第三百一十七条

组织法应当规定布干维尔惩教服务的经费。

第三百一十八条 中央政府在布干维尔的惩教服务

(1)中央政府惩教服务继续运行,并且其运行所依据的议会法案应当依照协议继续在布干维尔适用,直到布干维尔惩教服务已经建立,以及其运行和适当的布干维尔法律已经制定。

(2)组织法应当规定:

a)适用的过渡性安排直到布干维尔惩教服务的建立和运行;

b)中央惩戒服务和布干维尔惩教服务之间的合作安排。

第九节 布干维尔工资和薪酬委员会

第三百一十九条 布干维尔工资和薪酬委员会

(1)布干维尔宪法可以建立布干维尔工资和薪酬委员会。

(2)布干维尔工资和薪酬委员会应当负责向布干

维尔议会建议薪金、津贴、财政或者其他(包括养老金或者退休金,只要法律没有另外规定):

a)依照布干维尔宪法担任选任公职的人员;

b)布干维尔宪法办公室成员(包括布干维尔法官);

c)布干维尔公务部门负责人;

d)布干维尔宪法所规定的其他人员。

(3)在依照第(2)款制定薪酬时,布干维尔工资和薪酬委员会应当考虑来自依照第二百一十六条A(工薪与报酬委员会)建立的工资与薪酬委员会的建议,关于适用于巴布亚新几内亚其他地方和国家层级的类似职位的薪酬和雇佣条件相关的事宜。

(4)布干维尔议会:

a)应当依照布干维尔工资和薪酬委员会的建议确定第(2)款提及的人员的薪金、津贴、财政或者其他(包括养老金或者退休金,只要法律没有另外规定);

b)可以接受或者拒绝,但不能修改,来自布干维尔工资和薪酬委员会的任何建议。

第三百二十条 工资和薪酬委员会

(1)在符合第(2)款规定的情况下,直到布干维尔工资和薪酬委员会的建立,由第二百一十六条A建立的工薪与报酬委员会应当负责向布干维尔议会建议第三百一十九条(布干维尔工资和薪酬委员会)第(2)款提及的所有人员的工资、津贴、福利、财政或者其他(包括养老金或者退休金,只要法律没有另外规定)。

(2)依照第(1)款履行职能时,工资和薪酬委员会应当包括由布干维尔行政机关依照布干维尔法律任命的两名成员。

(3)布干维尔议会:

a)应当依照工资和薪酬委员会的建议确定第三百一十九条(布干维尔工资和薪酬委员会)第(2)款提及的人员的工资、津贴、财务或者其他(包括养老金或者退休金,只要法律没有另外规定);

b)可以接受或者拒绝,但不能修改,来自工资和薪酬委员会依据本条的任何建议。

(4)当布干维尔工资和薪酬委员会已经建立,依照第二百一十六条A薪(工薪与报酬委员会)建立的工资和薪酬委员会不应负责第三百一十九条(布干维尔工资和薪酬委员会)第(2)款提及的所有人员的工资、津贴、福利、财务或者其他(包括养老金或者退休金,只要法律没有另外规定)。

第十节 有关宪法办公室成员的权力

第三百二十一条 布干维尔宪法办公室成员

(1)布干维尔宪法可以规定拥有权力和职能的布干维尔宪法办公室成员依照布干维尔法律宣布成为布干维尔宪法办公室,以及担任这些职位的人宣布成为布干维尔宪法办公室成员。

(2)布干维尔宪法可以规定依照布干维尔宪法或者布干维尔法律建立的任何其他职位作为布干维尔宪法办公室成员。

(3)布干维尔宪法应当规定布干维尔宪法办公室成员的雇佣资格、任命、任期和条件,以及应当:

a)在符合本编明确条款规定的情况下,规定由或者依照布干维尔宪法建立的任命布干维尔宪法办公室成员的任何机构应当包括由负责任命依照第二百二十一条(定义)相似的宪法办公室成员的机构任命的两名成员,当没有类似时,由国家行政委员会;

b)像依照第二百二十一条(定义)宪法办公室成员的保护一样,保障布干维尔宪法办公室成员的权利和独立。

(4)第二百二十一条(定义)提及的宪法办公室成员可以与布干维尔宪法办公室进行合作或者机构安排,以避免遗漏和重复,并且鼓励共同标准。

(5)在符合本编规定的情况下,依照第二百二十一条(定义)的宪法办公室成员应当,在布干维尔,当相当于布干维尔宪法办公室:

a)还未建立——履行关于第二百八十九条(中央政府的职能与权力)和第二百九十条(布干维尔政府可获得的职能与权力)规定的权力和职能的职责;以及

b)已经建立——执行关于下列的职责:

i. 第二百八十九条(中央政府的职能与权力)规定的权力和职能;以及

ii. 第二百九十条(布干维尔政府可获得的职能与权力)规定的还未转移给布干维尔政府的权力和职能。

(6)布干维尔政府将支付布干维尔宪法办公室成员的建立和维持的费用。

第十一节 紧急状态下的权力

第三百二十二条 布干维尔宪法可以规定紧急状态

布干维尔政府可以规定布干维尔政府处理第二百六十六条(临时性法律)所确定的紧急状态所应当遵守的程序。

第三百二十三条 在布干维尔国家紧急状态的宣布

(1)在符合第(2)款规定的情况下,当布干维尔的境况加剧使得其需要依照第二百二十八条(宣布国家进入紧急状态)宣布有关布干维尔或者布干维尔部分地区紧急状态的存在,下列条款应当适用:

a)布干维尔宪法应当规定布干维尔政府可以要求布干维尔行政委员会建议国家元首宣布有关布干维尔或者布干维尔部分地区紧急状态的存在的程序;

b)当国家行政委员会同意依照 a)项的要求,其应当建议国家元首宣布有关布干维尔或者布干维尔部分地区紧急状态的存在;

c)当依照 a)项的要求没有在合理期间收到的情况下,国家行政委员会通过一名部长应当努力与布干维尔政府协商;

d)除了当依照 a)项宣布国家紧急状态的存在,由于情况的紧迫性,依照 c)项的协商已经不可能和不实际。

(2)第(1)款不适用于在整个国家或者有关布干维尔和除了布干维尔之外的国家实际性领域宣布紧急状态的存在。

(3)当依照第二百二十八条(宣布国家进入紧急状态)的国家紧急状态的宣布在有布干维尔有关的地方有效,只要与布干维尔有关,中央政府和布干维尔政府应当合作管理紧急状态。

第五章① 财政安排

第三百二十四条 财政安排的基本原则

中央政府和布干维尔政府之间的财政安排的基本原则如下:

a)布干维尔政府应当拥有充分收入提高权力以使其能够达到财政自力更生,中央政府应当支持布干维尔政府达到财政自力更生;

b)布干维尔应当依照本编和协议继续为中央政府做出贡献;

i. 在财政自力更生之前——通过中央政府留给布干维尔的公司税、增值税和关税的征收和运用;以及

ii. 在财政自力更生之后——通过一个合意的收入分享规则,其可以通过审查程序决定。

c)除非本编或者协议另有规定,依照第三百二十六条第(1)款 a)项 i.(资助)的经常性资助所覆盖的职能和权力以外的布干维尔政府的建立和维持有关的费用,应当由中央政府和布干维尔政府之间分摊。

第三百二十五条 收入增加等,安排

依据协议,组织法应当规定:

a)中央政府和布干维尔政府在布干维尔税款征收的分担方式,以及在财政自力更生之前和之后这些税款的处理方式;

b)布干维尔政府有权调整利率:

i. 从布干维尔征收的个人所得税;

ii. 财政自力更生之后——在布干维尔征收公司税;

c)中央政府和布干维尔政府之间与税款征收有关的安排;

d)布干维尔政府有权建立所有税收(包括关税、公司税和增值税)自己的税收制度;

(e)在布干维尔存在的税收优惠继续实行,布干维尔政府有权:

i. 推荐合格的税收优惠人选;

ii. 要求新的税收优惠;

(f)通过或者代表中央政府和通过或者代表布干维尔政府审计所有的征收税款;以及

(g)来自受保障的三海里领水的海上和海底区域和专属经济区内以及与布干维尔相关的大陆架的活动的收入的分享方式。

第三百二十六条 资助

(1)中央政府应当向布干维尔政府提供下列资助:

a)经常性的无条件资助;

b)恢复和发展资助;

c)用于特定用途的有条件的资助;

d)警务资助;

e)设施资助。

(2)依照协议,组织法应当规定:

a)这些资助的计算、调整(包括财政自力更生程序的影响)、时间、支付和管理的方式;

b)中央政府和布干维尔政府之间涉及这些资助的计算方式。

(3)依照第(1)款提供给布干维尔政府的资助应当接受审计长的审计。

第三百二十七条 外国援助

(1)中央政府应当尽最大努力:

a)获得外国援助以支持布干维尔的恢复和发展;

b)促进布干维尔政府参与援助项目的管理。

(2)布干维尔政府:

a)可以寻求和获得外国援助;

b)应当保持中央政府完全知情其依照 a)项的努力。

(3)中央政府应当:

a)批准布干维尔政府获得的外国援助,当援助:

i. 没有减低巴布亚新几内亚可获得的援助的价值;

ii. 与外交政策考虑没有冲突;

---

① 第五章经 2006 年第 880 号增加。

b)与布干维尔政府合作协商由布干维尔政府认同的外国援助确定所需要的国际协议。

第三百二十八条　其他财政权力和责任

(1)除了本章授予的权力,布干维尔政府或者布干维尔法律:

a)可以规定布干维尔政府在与中央政府协商之后:

ⅰ.依照巴布亚新几内亚银行所需要的批准和其他要求,提高外国贷款;

ⅱ.依照巴布亚新几内亚银行系统的管理,提高国内贷款;

b)应当规定年度预算(及其适当、补充预算)的审批和管理方式,包括收入和支出预算,以及布干维尔政府主要职能的拨款;

c)应当规定支出批准的方式;

d)应当规定适当透明和准确账户的维持,符合国际会计准则。

(2)布干维尔宪法:

a)应当规定除了审计长行使其职权和依照宪法履行职能的执行审计之外,定期审计布干维尔政府的账户;以及

b)应当规定在布干维尔立法机关内的公共账目委员会,其应当负责接收、考虑和建议依照 a)项执行审计的报告;以及

c)应当规定,如果布干维尔立法机关在财政年度的初始没有规定布干维尔政府本年度的服务支出,布干维尔行政机关可以支出宪法规定的限制之内的数额。

第三百二十九条　后续审计报告

依照协议,组织法应当规定依照协议当审计长揭露通过经常性或者有条件资助提供给布干维尔政府的资金的系统性和广泛性滥用(或者误用)的情况,特别应当规定:

a)中央政府和布干维尔政府应当遵守的程序;以及

b)由中央政府在特定资助的特定情况下的保留;以及

c)诉诸争议解决程序,任何与此类滥用(误用)有关系的。

第六章①　政府之间的关系和审查

第三百三十条　解释

除非出现相反的意思,在本章:

"争议"指中央政府和布干维尔政府之间的与布干维尔自主权和布干维尔公投有关的任何分歧;

"争议解决程序"指在第三百三十三条(争议解决程序)所规定的争议解决程序;

"政府之间的关系"指中央政府和布干维尔政府之间的关系;

"联合监督机构"指由第三百三十二条(联合监督机构)所建立的联合监督机构;

"审查"指依照第三百三十七条(审查)的审查。

第三百三十一条　政府之间关系的原则

中央政府和布干维尔政府之间关系的一般原则包括下列:

a)自主安排,已经通过协商和合作达成,应当以类似的方式实施;

b)应当有避免、减少和解决争议的程序;

c)中央政府无权撤回或者暂停布干维尔政府的权力。

第三百三十二条　联合监督机构

(1)建立的联合监督机构包括:

a)由国家行政委员会任命的不少于两名的成员;以及

b)由布干维尔行政机关任命的不少于两名的成员。

(2)应当有依照第(1)款 a)项和 b)项任命的相等数目的成员。

(3)联合监督机构的职能是:

a)监督协议和本编依照协议实施;以及

b)提供一个中央政府和布干维尔政府以及其代理人可以进行协商的协商论坛。

(4)联合监督机构应当拥有使其能够依照本编和协议履行职责所需要的权力。

(5)联合监督机构:

a)在符合 b)项规定的情形下,在其第一次会议时,制定其自身的程序,并且确定其会议的频率(其应当一年至少一次);以及

b)规定任何成员都可以把其问题置于会议议程;以及

c)在第一次会议中从依照第(1)款 a)项的成员中选任一名主席,第二次会议中从依照第(1)款 b)项的成员中选任一名主席,之后轮流从第(1)款 a)项和第(1)款 b)项的成员中选任主席。

第三百三十三条　争议解决程序

a)争议解决程序如下:

ⅰ.在适当的情形下,每个政府的有关机构之间;或者

---

① 第六章经 2006 年第 880 号增加。

ii. 根据 i. 项的协商不适当或者成功,通过联合监督机构;

b)当争议不能通过依照 a)项的协商解决时,其应当依照第三百三十四条(调解和仲裁)提起调解和仲裁,除非中央政府和布干维尔政府另有约定;

c)当争议依照 a)或者 b)项不能解决时,或者当事人另有约定,其可以提交至法院的司法管辖;

d)当争议涉及法律观点时,法律观点不需要适用 a)或者 b)项,可以提交至法院管辖。

第三百三十四条 调解和仲裁

(1)当争议进行调解或者仲裁,中央政府和布干维尔政府应当对调解员或者仲裁员达成一致。

(2)调解员或者仲裁员应当确定提至他的争议最初考虑所需要遵守的程序,并且应当决定一个争议是否适合调解或者仲裁。

(3)当调解员或者仲裁员确定争议不适合调解或者仲裁,其应当发给每一方当事人一份有效的证明文件。

(4)当调解或者仲裁进行,调解员或者仲裁员应当确定需遵守的程序。

第三百三十五条 在法院中解决争议

法院在下列争议中拥有管辖权:

a)依照第三百三十三条(争议解决程序)d)项,争议涉及法律观点;以及

b)当事各方同意;以及

c)调解或者仲裁程序未能解决争议,并且一方或者另一方当事人希望将事宜提至法院;并且

d)规定的与法院拥有管辖权有关的争议。

第三百三十六条 具有适当专业技术的成员小组

(1)在符合第(2)款规定的情况下,在争议解决程序的任何阶段,当事人可以达成一致以任命对于争议事宜具有适当专业技术的成员小组。

(2)当已经就争议任命调解员或者仲裁员时,依照第(1)款任命成员小组应当寻求其同意。

第三百三十七条 审查

(1)中央政府和布干维尔政府:

a)应当在尽可能接近布干维尔政府建立的第五周年会面,此后每隔五年,联合审查自治安排;以及

b)可以同意在任何时候进行额外审查自治安排;以及

c)应当向国民议会和布干维尔立法机关提交依照 a)或者 b)项的每次审查的报告。

(2)依照第(1)款的自治安排的审查应当遵守并考虑特定方面的独立专家的独立审查,包括:

a)财政安排——资助、税收和进入财政自力更生的程序;以及

b)布干维尔政府公务部门和布干维尔公共部门管理的其他方面——包括规模、效率、效果和有关事宜;以及

c)技术和法律方面,包括司法解释引起的问题,以及权力或者职能的分配;以及

d)布干维尔政府和中央政府可能同意的其他领域。

(3)与审查有关的条款应当规定,除非另有约定,其依照协议的目标和原则有意改善、明确和增强自治安排。

(4)中央政府和布干维尔政府可以通过协议,推迟专家审查或者通过普遍意见解决问题。

(5)专家审查报告将包括他们建议的任何立法修改的草案或者草案说明。

(6)在国民议会或者布干维尔都没有通过依照第(5)款根据其自身的宪法程序提出的任何修改,布干维尔政府代表布干维尔立法机关,中央政府代表国民议会,应当遵守直至调解或者仲裁的争议解决程序。

(7)适用第(6)款引起的任何法律观点应当提交至最高法院。

(8)调解员或者仲裁员不能对国民议会或者布干维尔立法机关作出指示,但是可以命令中央政府和布干维尔政府向国民议会和布干维尔立法机关提交报告,报告双方政府的观点,并且包括他们自身对于政府之间分歧的建议。

(9)除了依照第(1)款的审查,中央政府和布干维尔政府应当针对自治安排的一般运行举行年度广泛的协商。

(10)除非中央政府和布干维尔政府同意其他的一些方式,依据第(9)款的协商应当通过联合监督机构举行。

第七章① 布干维尔公投

第三百三十八条 全民公投的举行

(1)根据本条,关于布干维尔未来政治地位的全民公投应当依照本章进行。

(2)除第(7)款另有规定外,全民公投应当在中央政府和布干维尔政府协商之后达成一致的日期举行,无论其他任何规定,其时间应当在第一届布干维尔政府选举之后的不早于十年,不晚于十五年。

(3)第(2)款所提及的时间的确定应当考虑是否:

---

① 第七章经 2006 年第 880 号增加。

a）武器已经按照协议进行处理；以及

b）依照第（4）款，其已经确定布干维尔政府已经是并且正在进行符合国际接受的良好治理标准。

（4）布干维尔政府是否已经并且正在依照符合国际接受的良好治理标准运作的问题，应当依照审查和争议处理程序确定。

（5）就第（4）款而言，国际公认的良好治理标准，当其在布干维尔境内和巴布亚新几内亚作为整体适用和实施时，包括民主、布干维尔参与的机会、透明、责任、尊重人权和法治，包括本宪法。

（6）中央政府和布干维尔政府应当合作确保实现和维持第（5）款提及的标准的进度。

（7）当布干维尔政府依照布干维尔宪法，在与中央政府协商之后，决定全民公投不得举行，全民公投不应当举行。

第三百三十九条 问题或者提出的问题

在全民公投的问题或者提出的问题：

a）应当经由中央政府和布干维尔政府一致同意；以及

b）应当明确表达以避免争议或者模糊的结果；以及

c）应当包括布干维尔分离独立的选择。

第三百四十条 进行公投的方式

（1）组织法应当规定进行全民公投的方式，尤其应当规定：

a）共同负责准备和进行全民公投的机构，以及规定其应当共同行使联合权力的安排；

b）选民和投票站；

c）选民名册，登记，拒绝登记和有关登记的上诉；

d）邮递投票；

e）投票和监票；

f）翻译员；

g）犯罪；

h）投票和监票；

i）全民公投的结果传达给中央政府；

j）邀请国际观察员观察全民公投的进行；

k）有效进行全民公投所需要的其他事宜。

第三百四十一条 全民公投是自由与公正的

中央政府和布干维尔政府应当合作以确保全民公投是自由与公正的。

第三百四十二条 全民公投的结果与实施

（1）中央政府和布干维尔政府应当就全民公投的结果进行协商。

（2）就第（1）款提及的协商，负责布干维尔全民公投的部长应当将公投结果提交国民议会，国民议会议长应当在相关程序之后，以及国民议会就有关全民公投作出的任何决定之后，向布干维尔政府提供副本。

第三百四十三条 全民公投争议的解决

中央政府和布干维尔政府之间与全民公投有关的任何争议应当依照争议解决程序解决。

第八章[①] 起诉豁免

第三百四十四条 起诉豁免

（1）本条的目的是促进布干维尔的和解进程，国民议会的意图是本节条款的适用可以促进实现此目的。

（2）依照本条应当免于起诉与布干维尔冲突有关的危机活动引起的某些犯罪。

（3）国家元首，根据并且依照国家行政委员会的建议，可以在国家公报发表声明，宣布：

a）除b）项另有规定外，适用或者不适用豁免的一类或者几类犯罪；

b）危机相关性质的活动应当是有资格豁免的犯罪；

c）应当适用豁免的时间期限；

d）确保豁免可以实现所需要的其他事项。

（4）当已经依照第（3）款作出声明时，不应当有控告，也没有起诉：

a）应被启动；或者

b）如果起诉，应被追究；

关于犯罪：

c）包括依照第（3）款a）项所规定的犯罪；以及

(d）第（3）款b）项所规定的性质；

(e）在第（3）款c）项所规定的期间犯罪。

（5）本条的规定：

a）可以一般适用于此类犯罪和此类情况，不需要确定被指控的罪犯；

b）应当适用于无论是否对其提起控告的罪犯。

第九章[②] 其他

第三百四十五条 本编修改的要求

（1）本条的规定是增加而非减损第十四条（宪法和基本法的修正）的规定。

（2）当中央政府或者布干维尔政府旨在向国民议会或者已经向国民议会提出本编或者本编授权的组

---

① 第八章经2006年第880号增加。
② 第九章经2006年第880号增加。

织法的修改草案,其应当:

　　a)与其他政府协商涉及所建议的修改;或者

　　b)在准备提交或者已经提交至国民议会之前,将所建议的修改提交审查。

(3)当本编或者本编授权的基本法的建议修改已经提交至国民议会,负责与布干维尔有关的宪法事宜的部长应当在建议修改于国家公报公布后的合理期间内(或者如果部长已经通知建议的修改,则在之前),向布干维尔政府寄送建议修改的副本,两个政府应当相互协商有关建议修改的事宜。

(4)第(2)或者(3)款提及的修改不能成为法律,除非:

　　a)由国民议会依照第十四条(宪法和基本法的修正)通过;

　　b)在国民议会依照第十四条(宪法和基本法的修正)就修改进行第二轮投票之前,布干维尔立法机关动议批准修改提交至国民议会。应当:

　　　　i. 在对于第七条或者本编修改的情况下——布干维尔立法机关的三分之二绝大多数成员支持修正案;

　　　　ii. 在修改本编的情况下,除了第七条或者本条——布干维尔立法机关的简单多数成员投票支持修正案。

(5)主持布干维尔议会在依照第(4)款 b)或者 ii. 项进行投票的情形下,应当在投票进行之后,尽快地向国民议会议长送达选举结果的详情。

第三百四十六条　规定本编所需的多数票。

(1)就第十四条(宪法和基本法的修正)而言,规定的本编的绝对多数是三分之二的绝对多数票。

(2)就第十四条第(5)款 b)i. 项(宪法和基本法的修正)而言,规定的本编授权的组织法的绝对多数是三分之二的绝对多数票。

第三百四十七条　组织法

当本编授权组织法规定任何事宜时,组织法可以全面规定该事宜的所有方面,无论所有这些方面在授权组织法的规定中有没有明确提及。

第三百四十八条　过渡条款

组织法可以规定与本编开始实行之前的布干维尔政府系统过渡到本编规定的政府系统的相关事宜。

第三百四十九条　宪法条例

(1)国家元首根据和依照国家行政委员会的建议,可以制定不违反本编的宪法条例规定本编所需要的所有事宜,或者允许规定或者实施本编以及本编生效所需或者有利的规定。

(2)依照第(1)款的宪法条例不能被制定、修改或者废除,除非布干维尔行政机关依照布干维尔宪法和条例的批准。

斐济共和国宪法*

(2013年通过)

序　言

我们，斐济人民，

承认原住民、原住民对原有土地的所有权，认可其独有的文化、传统、习惯和语言；

承认来自罗图码（Rotuma）的原住民、罗图码原住民对其土地的所有权，认可其独有的文化、传统、习惯和语言；

承认来自英属印度和太平洋各岛屿的劳工后裔，认可其文化、传统、习惯和语言；

承认移居斐济的移民和居住者的后裔，认可其文化、传统、习惯和语言，

宣布我们全体斐济人民以普遍且平等的公民身份团结在一起；

承认作为我们国家最高法律的宪法为政府和一切斐济人民的行为提供一个框架；

促使我们自己承认并保护人权，尊重人的尊严；

宣布我们认可正义、国家主权和安全、社会和经济福利、保护我们的环境；

因此，为斐济共和国制定本宪法。

第一章　国　家

第一条　[斐济共和国]

斐济共和国是一个主权民主国家，其建立在下列价值之上：

(1)普遍且平等的公民身份，以及民族团结；

(2)尊重人权、自由和法治；

(3)有一个独立、不偏私、有管辖权和可接近的司法系统；

(4)人人平等，基于本条和第二章权利法案固有的价值关心弱势群体；

(5)人的尊严，尊重个人，人的正义感和责任感，公民之间的关系和相互支持；

(6)良好治理，包括权力的界限和分配，以及其他形式的分权与制衡；

(7)透明和负责任；

(8)同自然建立谨慎、有效、可持续的关系。

第二条　[宪法的最高性]

1. 本宪法是国家的最高法律。

2. 依照本宪法之规定，任何同本宪法相冲突之法律，其不符合本宪法之部分无效。

3. 所有斐济人民和国家，包括担任公职的一切人应维护并尊重本宪法。本宪法赋予的义务应得以履行。

4. 本宪法通过法院实施，以确保：

(1)法律和行为符合本宪法；

(2)保护权利和自由；

(3)履行根据本宪法规定的义务。

5. 本宪法不得被任何人废止或中止效力，仅得依照第十一章规定的程序方可修改之。

6. 任何企图设立本宪法规定之外的政府之行为均为非法，且：

(1)因此进一步所为之行为均无效，且不具备拘束力；

(2)任何法律不得非法赋予为实现该企图进一步作为或不作为之人以豁免。

第三条　[宪法解释原则]

1. 解释或适用本宪法之人应促进作为整体的本宪法的精神、目的和目标，促进基于人的尊严、平等和自由建立的民主社会所强调的价值。

2. 若法律不符合宪法之规定，则法院应采用就该法律作出符合本宪法规定之合理解释，不采用不符合本宪法之解释。

3. 本宪法以英语的形式获得通过，其斐济语译本和印度语译本亦有效可行。

4. 若本宪法条文的英语版本同斐济语版本和印度语版本存在明显的不同，则英语版优先适用。

第四条　[世俗国家]

1. 宗教自由，经权利法案确认，是建国的原则。

2. 宗教信仰是个人事务。

---

* 译者：胡婧。

3. 宗教和国家分离,即:
(1)国家和担任公职者应平等地对待一切宗教;
(2)国家和担任公职者不得干预宗教信仰;
(3)国家和担任公职者不得经任何方式偏好或提倡任何特定宗教、宗教仪式、宗教信仰或宗教实践优于其他宗教信仰;
(4)任何人均不得将宗教信仰作为不遵守本宪法或其他法律的合法理由。

第五条 [国籍]
1. 斐济公民即称之为斐济人。
2. 依照本宪法之规定,一切斐济人享有平等的地位和身份,即其平等地:
(1)享有公民权利、特权和利益;
(2)履行公民义务和责任。
3. 斐济国籍仅得通过出生、登记或归化取得。
4. 斐济公民有权持有多重国籍,即:
(1)接受外国国籍时,个人保留斐济公民身份,但其抛弃斐济身份的除外;
(2)因取得外国国籍丧失斐济国籍之斐济前公民有权重新获得斐济国籍,且保留外国国籍,但外国法律作出另外规定的除外;
(3)成为斐济公民的外国人有权保留其现有的国籍,但外国法律作出另外规定的除外。
5. 成文法应作出下列规定:
(1)取得斐济国籍的条件,有权成为斐济公民的条件;
(2)通过登记或归化适用取得国籍的程序;
(3)进入斐济和在斐济享有居住权的条件;
(4)预防无国籍之规则;
(5)为决定给予国籍,计算个人在斐济合法居留的期间的规则;
(6)同抛弃和剥夺国籍相关的规则;
(7)同规制赋予国籍之必要的其他事项。

第二章　权利法案

第六条 [适用]
1. 本章之规定拘束政府各级立法、行政和司法部门,亦拘束履行公职之人。
2. 担任国家一级公职者应尊重、保护并履行本章确认之权利和自由。
3. 本章之规定在考量下列事项后拘束自然人或法人:
(1)相关条款认可的权利或自由的性质;
(2)相关条款赋予的限制或义务的性质。
4. 在权利或自由的性质要求的范围内且在特定法人的性质方面,法人享有本章确认的权利和自由。

5. 本章规定的权利和自由依照规定的主旨适用,可通过下列方式得以限制:
(1)本章中,同特定权利或自由相关的,经明确规定、授权或许可的限制(无论是否经由成文法规定);
(2)经本宪法其他条款规定、授权或许可的限制;
(3)本章中,同特定权利或自由相关的,未经明确规定、授权或许可的限制(无论是否经由成文法规定),但为必要且经由或根据法律规定、授权或经法律、根据法律授权行为许可的限制。
6. 依照本宪法之规定,本章适用于本宪法生效时的一切有效法律。
7. 依照本宪法之规定,本宪法生效后制定的法律、采取的行政和司法行为均应遵守本章之规定。
8. 若有能力,本章之规定延伸至在斐济境外作出的行为或采取的行动。

第七条 [本章之解释]
1. 除遵守第三条之规定,在解释和适用本章时,法院、法庭或其他权力机构:
(1)应促进基于人的尊严、平等和自由建立的民主社会所强调的价值;
(2)若相关联,则可考虑国际法,以保护本章中的权利和自由。
2. 本章不得否定、阻碍认可经普通法或成文法确认或赋予的其他权利或自由,但同本章相冲突的除外。
3. 本章中规定限制权利或自由的法律仅在该法律超越本章规定的限制时无效,此时,该法律作出的未超出本章规定的更严的限制性解释是合理的,该法律应依照更严的限制性解释获得解读。
4. 依照普通法决定事项时,法院应适用该普通法,且若有必要,应以尊重本章确认的权利和自由的方式发展该普通法。
5. 在考量将本章之规定适用于其他特别法时,法院应在考量法律内容和结果时按文本解释本章之规定,其中包括对个人或个人团体的影响。

第八条 [生命权]
人人享有生命权,不得武断地剥夺任何人的生命。

第九条 [人身自由权]
1. 除出现下列情形之一,不得剥夺任何人之人身自由:
(1)为执行法院就罪犯的判决或命令,无论该判决或命令由斐济或其他地方接手或作出;
(2)为执行法院处罚藐视该法院或其他法院、法庭的命令;
(3)为执行法律作出的确保法律赋予的义务得以履行的命令;

(4)为执行法院命令传唤个人到庭;
(5)若合理怀疑他人犯罪;
(6)经父母或合法监护人、法院命令之同意,为未满十八周岁者接受教育或为其福利;
(7)为预防传染疾病传播;
(8)若被认为、被合理怀疑为精神不健全、吸毒、酗酒、流浪,为照顾、治疗该人或为保护社会;
(9)为防止他人非法进入斐济,或驱逐、引渡、以其他合法方式将他人移出斐济。

2. 本条第1款第3项之规定不得许可法院发布命令,因未支付生活费、偿还债务、罚款、缴纳税赋而剥夺他人之人身自由,但法院认为相关人员有途径作出前述行为,但意图拒绝支付的除外。

3. 若因紧急状态授权的措施拘留个人,则:
(1)应在被拘留后七日内尽快以其知晓的语言并以书面形式告知其被拘留的具体原因;
(2)应给予其同下列人员交流,并由下列人员探视的机会:
ⅰ)其配偶、伴侣、子女;
ⅱ)律师;
ⅲ)宗教辅导员或社会工作者;
ⅳ)医师;
(3)应给予其合理的便利以同其选择的律师协商;
(4)拘留行为应由法律在一个月内且在之后间隔不超过一个月内获得审查;
(5)经由法院审查时,其有权亲自或由律师代表出庭。

4. 根据本条第三款审查拘留行为时,法院有权适当地发出命令以继续拘留该人。

第十条 [不受奴役、强制劳动和贩卖人口]

1. 任何人不受奴役或处于奴役状态,不受强制劳动或人口买卖。

2. 本条中,"强制劳动"不包括:
(1)法院判决或命令要求的劳动;
(2)服刑时合理要求的劳动,无论是否因卫生、维系监狱而作出的要求;
(3)作为纪律部队成员的义务要求的劳动。

第十一条 [不受酷刑和有辱人格的对待]

1. 任何人均有权不遭受任何种类的拷问,无论是肉体的、精神的或情感上的,不受酷刑、非人、有辱人格或不合比例的严苛对待或惩罚。

2. 人人享有人身安全权,其中包括在家庭、学校、工作场所或其他地方,不遭受任何形式的暴力的权利。

3. 未经法院命令,或未经其知情同意,或者其无能力作出知情同意,未经其合法监护人的知情同意,人人有权免于科学或医学的对待或程序。

第十二条 [不受不合理的搜查和没收]

1. 人人有权免受对其人身或财产不合理的搜查,不受对其财产不合理的没收。

2. 除非根据法律授权,不得许可搜查或没收。

第十三条 [被逮捕和被拘留者的权利]

1. 被逮捕或拘留者享有下列权利:
(1)就下列事项,以其知晓的语言立即获得通知:
ⅰ)逮捕或拘留其的原因,针对其提起的控诉的性质;
ⅱ)保持沉默的权利;
ⅲ)不保持沉默的后果;
(2)保持沉默;
(3)在其被拘留地同其自己选择的律师交流,并立即告知其享有前述权利;若其未有充分的手段聘请律师,且出于司法利益的要求,根据法律援助委员会的法律援助计划,为之提供律师服务;
(4)不得强迫被逮捕或被拘留者作出对之不利的承诺或承认;
(5)同服刑者分开关押,若其为儿童,则应将之同成年人分开关押,但分开关押并非为儿童的最大利益的除外。
(6)在被逮捕后四十八小时内尽快将之移送法院,若不能在四十八小时内移送,则应尽快;
(7)在第一次庭审时,应告知继续拘留或被释放的原因;
(8)在合理条件下被释放,直至被控告或审判,但因利益或正义作出例外要求的除外;
(9)亲自向法院控诉拘留的合法性,若拘留不合法,则应被释放;
(10)拘留条件符合人的尊严,包括提供起码的日常锻炼的机会,国家负担充分的住宿、营养和医疗;
(11)同下列人员交流,并由下列人员探视:
ⅰ)其配偶、伴侣、子女;
ⅱ)社会工作者或宗教辅导员。

2. 无论本条何时要求给予他人资讯,相关资讯应以其知晓的语言以简明的方式给予。

3. 因依法被拘留、羁押、监禁而被剥夺自由之人保留本章规定的一切权利和自由,但同被剥夺自由的事实无法兼容的特定权利或自由除外。

第十四条 [被告人的权利]

1. 因下列原因不得审判任何人:
(1)在作为或不作为发生时,国内法和国际法均不认为其为犯罪行为;
(2)其就作为或不作为的犯罪行为被宣告无罪或之前已受有罪判决。

2. 被控犯罪者有权:

(1)在依照法律被证明有罪前,推定无罪;

(2)以可辨认的书面形式,并以其知晓的语言告知其被控的性质和原因;

(3)获得充分的时间和便利以准备辩护,包括其作出此要求,享有查阅证人证言的权利;

(4)自辩或由其选择并负担费用的律师代表辩护,并应被立即告知享有此项权利;若其未有充分的手段聘请律师,且出于司法利益的要求,根据法律援助委员会的法律援助计划,为之提供律师服务,并应被立即告知享有此项权利;

(5)获得提前通知控方意图答复的证据,可合理地查阅该证据;

(6)在法院公开审理,但司法利益作出例外要求的除外;

(7)要求审判开始和结束,而没有不合理的迟延;

(8)审判时出庭,但出现下列情形之一的除外:

ⅰ)法院认为其被传唤或以类似的程序要求其出庭,但其选择不出庭;

ⅱ)在被人出庭时,其行为使得审判不能继续,且法院命令将其移出法庭,审判在其缺席时继续;

(9)以其知晓的语言审判,或者,若前述情形不可行,则由国家负担费用,以其知晓的语言将审判翻译;

(10)保持沉默,在审判时,不做证,不被强迫给出自证无罪的证据,不得不利地干预行使前述权利;

(11)不得非法取得对之不利的证据,但司法利益要求的除外;

(12)传召证人,提交证据,质询对之不利的证据;

(13)在合理期间内获得有关审判的记录副本,并支付规定的合理费用;

(14)若自罪行实施至判决,其间,变更就该罪行规定的处罚,则应以轻罪处之;

(15)向上级法院上诉或由上级法院审查。

3. 无论何时本条规定要求将资讯给予个人,相关资讯应以其知晓的语言以尽可能简明的形式给予。

4. 出现下列情形时,法律仍符合本条第1款第(2)项的规定:

(1)尽管已审判,并根据军法规定,宣判其有罪或无罪,但仍可授权法院审理纪律部队的犯罪成员;

(2)宣判时,要求法院考量根据军法施以的处罚。

第十五条 ［接受法院或仲裁机构审判］

1. 被控犯罪之人有权在法院获得公正的审判。

2. 民事争议的各方当事人有权经法院解决争议,或适当,可由独立的并不偏私的仲裁机构解决之。

3. 被控犯罪之人以及民事争议的各方当事人有权在合理时间内获得宣判。

4. 法院(军事法院除外)和经法律设立的仲裁机构的审判应公开,但因司法利益作出例外要求的除外。

5. 本条第4款之规定不得妨碍:

(1)制定同审判儿童相关的法律,或决定秘密审判家庭或内部争议;

(2)若法律因司法利益、公共道德、儿童福利、隐私、国家安全、公共安全或公共秩序而授权,则可由法院或仲裁机构在特定程序中(宣布法院或仲裁机构决定时除外)将个人(当事人及其律师除外)逐出法庭。

6. 被控犯罪之人、民事诉讼中的当事人以及刑事、民事诉讼中的证人均有权提供证据,并以其知晓的语言被质询。

7. 被控犯罪之人以及民事诉讼中的当事人有权以其知晓的语言参与诉讼。

8. 为使本条第6款和第7款规定的权利生效,相关的法院或仲裁机构应在司法利益作出要求时,提供语言翻译或手语翻译,而无须相关人员支付费用。

9. 若在刑事诉讼中,传召儿童作为证人,则向儿童取证的安排应合理考量该儿童的年龄。

10. 若将出现非正义,则国家通过法律和其他措施,应经法律援助委员会为不能利用其自身资源追求正义之人提供法律援助。

11. 若需要向法院或仲裁机构支付费用,则支付的费用应合理且不阻碍正义。

12. 诉讼中,应排除以侵犯本章权利的方式或以违反其他法律的方式获得的证据,但因司法利益要求的除外。

第十六条 ［执行和行政正义］

1. 依照本宪法以及法律规定的限制之规定:

(1)人人有权获得合法、合理、合比例、程序正义以及合理及时的执行或行政行为;

(2)因执行或行政行为受到不利影响之人有权就得知行为获得书面原因;

(3)执行或行政行为可经法院审查,或者,适当时,由其他独立且不偏私的仲裁机构依照法律审查。

2. 本条规定不得适用于根据公司法登记的公司。

3. 本条规定不具有溯及既往之效力,仅得适用于在根据本宪法之规定选出的第一届议会召开第一次会议后,采取的执行和行政行为。

第十七条 ［言论、表达和出版自由］

1. 人人享有言论、表达、思想、意见、出版自由的权利,包括:

(1)寻求、接受、提供资讯、知识和意见的自由;

(2)出版自由,包括印刷、电子和其他媒介;

(3)想象和创造自由;

(4)学术自由和科研自由。

2. 下列言论、表达、思想、意见和出版自由不受保护：

（1）就战争的宣传；

（2）引发暴力或暴动以违背本宪法之规定；

（3）散布仇恨：

ⅰ）其基于第二十六条规定的歧视清单所禁止的理由；

ⅱ）构成导致损害的诱因。

3. 若有必要，且出于下列利益考量，法律可限制或可授权限制本条第1款规定的权利和自由：

（1）国家安全、公共安全、公共秩序、公共道德、公共健康或选举秩序；

（2）保护或维系他人的名誉、隐私、尊严、权利或自由，包括：

ⅰ）免于仇恨言论的权利，无论直接针对个体或团体；

ⅱ）因不准确或冒犯的媒体报道而遭受侵害之人的权利可经法律规定的合理条件公开纠正；

（3）适当地阻止披露获得的秘密资讯；

（4）阻止以类似在道德或宗教团体提倡不良意愿、压迫或歧视个人或个人团体的方式攻击个人、个人团体、获得尊重的机构或组织的尊严；

（5）维系法院权威和独立；

（6）限制担任公职者；

（7）规制通信的技术管理；

（8）为执行媒体标准制定规则，制定媒体组织的管制、登记和行为规则。

4. 本条中，"仇恨言论"是指以任何形式鼓励、发生鼓励第二十六条规定的歧视理由之效果的表达。

第十八条　[集会自由]

1. 人人有权以和平且非暴力的形式集会、游行、示威、请愿。

2. 若必要，且出于下列利益考量，法律可限制或可授权限制本条第1款规定的权利：

（1）国家安全、公共安全、公共秩序、公共道德、公共健康或选举秩序；

（2）为保护他人权利和自由；

（3）为限制担任公职者。

第十九条　[结社自由]

1. 人人有权享有结社自由。

2. 若必要，且出于下列利益考量，法律可限制或可授权限制本条第1款规定的权利：

（1）国家安全、公共安全、公共秩序、公共道德、公共健康或选举秩序；

（2）为保护他人权利和自由；

（3）为限制担任公职者；

（4）为规制工会，规制工会联合会、工会大会、工会委员会或加入工会，规制雇主联合会、雇主大会、雇主委员会或加入相关会议；

（5）为规制集体谈判程序，为解决雇佣争议和不满提供机制，为规制罢工和停工；

（6）为斐济经济和斐济公民的整体利益，规制重要的服务和工业。

第二十条　[雇佣关系]

1. 人人有权获得公平的雇佣，包括人道的对待以及适当的工作条件。

2. 劳动者均有权组织和加入工会，参与工会活动和计划，享有罢工权。

3. 雇主均有权组织和加入雇主组织，参与其活动和计划。

4. 工会和雇主有权集体谈判。

5. 出于下列利益考量，法律可限制或可授权限制本条规定的权利：

（1）国家安全、公共安全、公共秩序、公共道德、公共健康或选举秩序；

（2）为保护他人权利和自由；

（3）为限制担任公职者；

（4）为规制工会，规制工会联合会、工会大会、工会委员会或加入工会，规制雇主联合会、雇主大会、雇主委员会或加入相关会议；

（5）为规制集体谈判程序，为解决雇佣争议和不满提供机制，为规制罢工和停工；

（6）为斐济经济和斐济公民的整体利益，规制重要的服务和工业。

第二十一条　[迁徙自由和居住自由]

1. 人人享有迁徙自由的权利。

2. 公民均有权依照成文法规定的条件申请并被发放护照或类似的旅行文件。

3. 斐济公民及在斐济合法居留的其他人均有权在斐济境内自由迁徙，亦有权离开斐济。

4. 斐济公民以及有权在斐济居住之人有权在斐济任一部分居住。

5. 在斐济合法居留但非斐济公民有权不被驱逐出境，但依照法院命令或移民局经法律规定的理由作出决定的除外。

6. 若法律或根据法律授权所为之事属于下列情形之一，则其符合本条赋予的权利：

（1）规制被拘留者，或出于下列目的，确保限制其迁徙：

ⅰ）为法院审判或其他程序，确保其出庭；

ⅱ）因犯罪；

ⅲ）为保护他人不受拘押暴力；

（2）规制被拘留或因未取得规定的入境文件进入斐济而遭限制的非斐济公民；

（3）规制根据高等法院命令，自斐济引渡个人；

(4)规制根据高等法院命令,自斐济移出的之前自其他国家非法移出的儿童,以恢复其父母或合法监护者对之的合法监护;

(5)规制非斐济公民移出斐济,以确保其就在斐济的犯罪行为在其国籍国服刑;

(6)规制、监督或禁止个人进入他人所有或占有的土地、财产。

7. 若必要,且出于下列利益考量,法律可限制或可授权限制本条规定的权利:

(1)国家安全、公共安全、公共秩序、公共道德、公共健康或选举秩序;

(2)为保护他人权利和自由;

(3)为保护各区域生态;

(4)为合理限制个人以确保履行法律为之规定的义务;

(5)作为担任公职者雇佣的条件,为其施以合理的限制。

8. 第九条第3款和第4款之规定适用于让彼自由因紧急状态授权采取的措施而被限制之人,同时,亦以同样的措施适用于被拘留者。

第二十二条 [宗教、良心和信仰自由]

1. 人人享有宗教、良心和信仰自由的权利。

2. 人人有权单独或集体、秘密或公开,在礼拜、实践或教育方面表达并践行其宗教或信仰。

3. 人人有权不被强迫:

(1)以违背其宗教或信仰的方式行为;

(2)作出宣誓,或以下列方式作出宣誓:

ⅰ)违背其宗教或信仰;

ⅱ)要求其表达其未遵奉之信仰。

4. 每一宗教团体、文化或社会团体有权设立、维系、从事教育,无论其是否自国家获得财政援助,但教育机构应保持法律规定的标准。

5. 行使本条第4款的权利时,宗教团体有权规定宗教指示,以作为其提供的教育的组成部分,无论其提供的教育是否获得国家财政援助。

6. 除其本人同意,或未满十八周岁之人,由其父母或合法监护人之同意,若教育、宗教仪式不属于其信仰之宗教,或其不信仰任何宗教,则不得要求受教育之人接受宗教教育、参与或出席宗教仪式。

7. 若必要,且出于下列目的,本条规定的权利和自由可受法律的限制:

(1)为保护:

ⅰ)他人权利和自由;

ⅱ)公共安全、公共秩序、公共道德、公共健康;

(2)为防止公害。

第二十三条 [政治权利]

1. 每一公民享有作出政治选择的自由,并享有下列权利:

(1)组织或加入政党;

(2)参与政党活动,或为政党招募成员;

(3)参加政党竞选,成为政党候选人。

2. 公民均有权自由、公正且定期参与根据本宪法设立的选举性机构或官职的选举。

3. 年满十八周岁的公民均享有下列权利:

(1)作为选民登记;

(2)根据本宪法之规定,在选举或公决中经秘密投票表决;

(3)成为公职候选人,或者,若其作为某政党成员,且满足一定要求,则其有资格担任该政党职务;

(4)若当选,则担任相关职务。

4. 出于下列目的,法律有权限制或授权限制本条规定的权利:

(1)为规制选民登记,规定无权或终止作为选民登记之人;

(2)为规制政党登记,规定不享有本条第1款和第3款第(3)项和第(4)项规定的权利之人;

(3)为规制没有资格竞选议会议员、公职、政党职务之人;

(4)为限制担任公职之人享有本条规定的权利。

第二十四条 [隐私权]

1. 人人享有个人隐私权,包括:

(1)其个人信息秘密权;

(2)通信秘密权;

(3)尊重其私人和家庭生活的权利。

2. 若必要,法律可限制或授权限制本条第1款规定之权利。

第二十五条 [获取资讯权]

1. 人人有权获得:

(1)由政府持有的资讯;

(2)由其他人持有,为行使或保护合法权利而要求的资讯。

2. 人人有权纠正或删除影响其的不实或误导性资讯。

3. 若必要,法律可限制或授权限制本条第1款规定的权利,亦可规定获取政府持有的资讯的程序。

第二十六条 [平等和不受歧视的权利]

1. 法律面前人人平等,人人有权获得法律的平等保护、平等对待和平等利益。

2. 平等包括充分且平等地享有本章或其他成文法承认的一切权利和自由。

3. 不得因下列原因,或因本宪法禁止的其他原因,直接或间接不公正地歧视个人:

(1)其真实或臆想的人格或条件,包括种族、文化、社会出身、肤色、出身、性别、性、性取向、性别认同和表达、出生、母语、经济或社会或健康状况、残疾、年龄、宗教、良心、婚姻状况、怀孕；

(2)意见或信仰，但涉及损害他人或减损他人权利或自由的意见或信仰除外。

4. 相应地，任何法律或根据法律作出的行政行为不得直接或间接因禁止性的原因限制任何人。

5. 人人有权进入商店、酒店、民宿、公共餐馆、公共娱乐场所、俱乐部、教育机构、公共交通服务、出租车以及公共场所，并成为其成员，且不得因禁止性原因受到歧视。

6. 本条第5款规定的场所或服务的经营者应在法律规定的范围内为残疾人提供合理的便利。

7. 个人不得因禁止性原因直接或间接歧视他人。

8. 因本条第3款之原因将人区别对待即为歧视，但证明区别对待在相关情况中合理的除外。

9. 若出现下列情形之一，法律或根据法律作出的行政行为符合本条规定的权利：

(1)为特定目的分配岁入或其他资金；

(2)规定退休年龄；

(3)为国家服务中的雇员或从业人员施加限制，或者赋予其特权或优待，而未给他人施以同样限制，赋予同样的特权或优待；

(4)为非公民施以限制，或相较于公民，赋予其特权或优待；

(5)就收养、婚姻、继承死者财产以及抚恤金制定规则；

(6)禁止个人担任特定的公职；

(7)若必要，且不侵犯本章其他条款规定的权利或自由时，则可承认斐济原址、罗图码以及巴纳巴（Banaban）土地公社所有制，获取海洋资源有效，或授予斐济原住民、罗图码人和巴纳巴人以主要的头衔或等级。

第二十七条 [财产不受强制或任意取得]

1. 人人有权不被国家剥夺财产，但依照本条第2款规定的成文法剥夺的除外，任何法律不得许可任意取得或征收财产利益。

2. 同时出现下列情形，成文法可授权强制取得财产：

(1)为公共目的之必要；

(2)所有者将获得及时且协商好的补偿，或未达成协议的，所有者获得经法院或仲裁机构考量一切相关因素后，决定的公正且合理的补偿，包括：

ⅰ)取得财产时适用的公共目的；

ⅱ)所有权人取得财产的历史；

ⅲ)财产的市场价值；

ⅳ)因取得财产影响个人的利益；

ⅴ)对所有权人造成的其他损害。

3. 若经下列形式制定法律条文以取得财产，则该法律或根据该法律作出的行为不违反本条规定：

(1)征税；

(2)查封破产地产；

(3)因犯罪而没收；

(4)因违法而处罚；

(5)满足抵押、托管或留置；

(6)执行法院或仲裁机构判决。

第二十八条 [保护斐济原址、罗图码和巴纳巴土地]

1. 斐济原址土地所有权仍由该土地上的原所有人享有，斐济原址土地不得被永久性转让，无论经买卖、让渡、转让、交换，但依照第二十七条之规定转移国家所有的除外。

2. 本宪法生效后，根据第二十七条或其他成文法之规定，若斐济原址土地不再被国家需要，则出于公共目的取得的斐济原址土地应退还给原所有者。

3. 罗图码土地所有权仍由该土地上的原所有人享有，罗图码土地不得被永久性转让，无论经买卖、让渡、转让、交换，但依照第二十七条之规定转移国家所有的除外。

4. 本宪法生效后，根据第二十七条或其他成文法之规定，若罗图码土地不再被国家需要，则出于公共目的取得的罗图码土地应退还给原所有者。

5. 巴纳巴土地所有权仍由该土地上的原所有人享有，巴纳巴土地不得被永久性转让，无论经买卖、让渡、转让、交换，但依照第二十七条之规定转移国家所有的除外。

6. 本宪法生效后，根据第二十七条或其他成文法之规定，若巴纳巴土地不再被国家需要，则出于公共目的取得的巴纳巴土地应退还给原所有者。

第二十九条 [保护土地上的权利和利益]

1. 本宪法生效前即存在的土地所有权、土地上的权利和利益，包括土地租赁，根据本宪法之规定，应继续存在。

2. 土地租户和佃户有权继续其租赁协议，但租赁协议作出例外规定的除外。有关租赁法的修改不得损害现有租赁协议。

3. 本宪法生效前作为有永业权存在的土地应继续作为有永业权的土地，但根据第二十七条规定，因公共目的由国家出卖或取得的除外。

第三十条 [土地所有者因采矿公正分享赋税的权利]

1. 地表、地下、水中的一切矿藏均归国家所有，但特定土地（无论是传统用地抑或享有永业权的土地）、特定的经登记的传统的捕鱼权所有者有权公正分享赋税,或分享其他因国家赋予自土地或海床采矿之权利而支付给国家的资金。

2. 在考量下列相关因素后,成文法可决定计算本条第1款规定的分享公正赋税的框架:

(1)所有者获得有权因矿藏研究或开发获得的利益;

(2)环境损害的危险;

(3)国家设立基金以满足阻止、修复、补偿环境损害的法定义务;

(4)国家管理研究或开发权的成本;

(5)由研究权人或开发权人向国家支付的一般税收。

第三十一条 〔受教育权〕

1. 人人有权:

(1)获得学龄前教育;

(2)初等和中等教育;

(3)再教育。

2. 国家应在其可用的资源内采取合理的措施以实现权利的进步发展:

(1)免费的学龄前、初等、中等和再教育;

(2)教育原不能完成其初等和中等教育之人。

3. 日常的和当代的斐济语和斐济—印度语应作为初等学校的强制性教授学科。

4. 国家有权指示教育机构教授有关健康、公民教育和民族利益问题的科目,教育机构均应遵守国家作出的相关指示。

5. 适用本条规定的权利时,若国家主张其没有资源实施相关权利,则国家有责任出示表明不可行的资料。

第三十二条 〔经济参与权〕

1. 人人有权充分且自由参与国家的经济生活,包括选择工作、交易、职业、专业或其他生存方式的权利。

2. 国家应在可行的资源框架内采取合理的措施以渐进地实现本条第1款确认的权利。

3. 若必要,法律可限制或授权限制本条第1款规定的权利。

第三十三条 〔劳动权和合理的最低工资〕

1. 国家应在可行的资源框架内采取合理的措施,以逐步实现人人享有劳动的权利,以及获得合理的最低工资的权利。

2. 适用本条规定的权利时,若国家主张其没有资源实施相关权利,则国家有责任出示表明不可行的资料。

第三十四条 〔合理获取交通的权利〕

1. 国家应在可行的资源框架内采取合理的措施,以逐步实现人人享有合理取得交通的权利。

2. 适用本条规定的权利时,若国家主张其没有资源实施相关权利,则国家有责任出示表明不可行的资料。

第三十五条 〔住宅和卫生权〕

1. 国家应在可行的资源框架内采取合理的措施,以逐步实现人人享有容易取得且充分的住宅和卫生的权利。

2. 适用本条规定的权利时,若国家主张其没有资源实施相关权利,则国家有责任出示表明不可行的资料。

第三十六条 〔充足食物和水源权〕

1. 国家应在可行的资源框架内采取合理的措施,以逐步实现人人享有免于饥饿、享有充足的合意质量的食物以及充足干净安全的水源的权利。

2. 适用本条规定的权利时,若国家主张其没有资源实施相关权利,则国家有责任出示不可行的资源。

第三十七条 〔社会保障计划权〕

1. 国家应在可行的资源框架内采取合理的措施,以逐步实现人人,无论私人或公共团体,享有社会保障计划的权利,以在需要时支持相关主体,包括其不能支持其自身与扶养者时,自公共资源获得支持的权利。

2. 适用本条规定的权利时,若国家主张其没有资源实施相关权利,则国家有责任出示表明不可行的资料。

第三十八条 〔健康权〕

1. 国家应在可行的资源框架内采取合理的措施,以逐步实现人人享有健康的权利,获得对优质健康所必需的条件和设施的权利,以及健康卫生服务的权利,包括生殖保健服务。

2. 不得拒绝为个人提供紧急医务抢救。

3. 适用本条规定的权利时,若国家主张其没有资源实施相关权利,则国家有责任出示表明不可行的资料。

第三十九条 〔免于任意迁出〕

1. 若没有法院在考量一切相关因素后发出命令,人人享有免于自其住所或被拆迁的住所任意迁出的权利。

2. 法律不得许可任意迁出。

第四十条 〔环境权〕

人人享有干净且健康环境的权利,包括为了当代人和后代人的利益通过立法和其他措施保护自然世界的权利。若必要,法律或根据法律作出的行政行为有权限制或授权限制本条规定的权利。

第四十一条 〔儿童权〕

1. 所有儿童享有:

(1)在出生时或出生后不久登记的权利,享有名字和国籍的权利;

(2)基本的营养、衣着、住所、卫生和健康保健;

(3)家庭照顾、保护和指导,包括儿童的父母享有平等的责任为儿童提供前述条件:

ⅰ)无论父母是否结婚;

ⅱ)无论父母是否现在或曾经居住在一起;

(4)保护不受虐待、忽视、有害的培养,不受任何形式的暴力、非人对待和处罚,不从事危险或剥削劳动;

(5)不被拘留,但作为最后的救济手段时除外,此时,应:

ⅰ)仅在必要的期间;

ⅱ)同成年人隔离,并考量儿童的性别和年龄。

2. 就相关儿童的事务上应首先考量儿童的最大利益。

第四十二条 [残疾人的权利]

1. 残疾人享有下列权利:

(1)合理地进入一切场所,获取公共交通和资讯;

(2)使用符号语言、盲文或其他适当的交流手段;

(3)合理地取得必要的同残疾人相关的材料、物质和设施。

2. 残疾人有权合理地改造建筑物、基础设施、交通工具、工作安排、规则、实践或程序,以确保其充分参与社会,并确保其权利的有效实现。

3. 必要时,法律或根据法律作出的行政行为可限制或授权限制本条规定的权利。

第四十三条 [紧急状态下对权利的限制]

1. 根据本宪法之规定,因宣布紧急状态而颁布或公布的法律:

(1)仅在下列情况同时发生时,可限制本章规定的权利或自由(但第八条、第十条、第十一条、第十三条、第十四条、第十五条、第十六条、第二十二条和第二十六条规定的权利和自由除外):

ⅰ)限制严格必要,且因紧急而要求;

ⅱ)法律符合斐济负担的国际法规定的适用于紧急状态的义务;

(2)仅在政府公报上公布后生效。

2. 根据本条第1款规定的法律而被拘留之人仍保留本章确认的一切权利,仅接受本条第1款规定的限制。

第四十四条 [实施]

1. 若个人认为本章规定的同其相关的条款已经或即将被违反(或者,在被拘留时,他人认为本章规定的同被拘留者相关的条款已经或即将被违反),则其(或他人)有权向高等法院起诉以寻求救济。

2. 本条第1款规定的向高等法院起诉的权利不得影响相关个人就此采取的其他行为。

3. 高等法院就下列事项享有初审管辖权,并有权在其认为适当时,发出命令并作出指示:

(1)审理并决定本条第1款规定的诉求;

(2)决定根据本条第5款提出的问题。

4. 若高等法院认为有充分的替代性救济方式,则高等法院有权不救济本条规定的诉求。

5. 若下属法院在诉讼中,产生违反本章条款的问题,则诉讼中的审判长有权,且在当事人要求时,必须向高等法院移送该问题,但审判长认为(其意见具有最终效力,且不得上诉)向高等法院移送问题属轻率或无理取闹的除外。

6. 高等法院就本条规定的移送的问题作出决定时,移送该问题的法院应依照下列依据处理案件:

(1)高等法院的决定;

(2)若决定是上诉至上诉法院或最高法院的标的,则为上诉法院或最高法院的决定。

7. 检察长有权代表国家就涉及本章条款的事务干预高等法院的诉讼。

8. 若高等法院的上诉关涉本章规定的事务,则高等法院不得着手审理并判决该事务,直至将相关事务通知检察长,并自检察长获得通知以考量在诉讼中干预问题后经过合理时间。

9. 若检察长或国家作为诉讼当事人,则不得要求向检察长提交本条第8款规定的通知。

10. 首席大法官有权为实现本条之目的就高等法院的实践和程序制定规则(包括有关向高等法院提交诉讼申请的合理期间的规则)。

第四十五条 [人权和反歧视委员会]

1. 根据2009年《人权委员会法令》设立的人权委员会作为人权和反歧视委员会继续存在。

2. 该委员会由下列成员组成,且成员均由总统根据宪法公职委员会的建议任命:

(1)一名主席,其为或有资格经任命成为法官;

(2)四名其他成员。

3. 任命个人担任该委员会主席或其他成员而向总统建议时,宪法公职委员会应同时考虑个人贡献,以及其之前从事不同事务的知识或经验。

4. 依照本宪法规定,该委员会负责:

(1)促进公共和私营机构保护、遵守、尊重人权,发展斐济的人权文化;

(2)教育本章确认的权利和自由,以及其他国际上承认的权利和自由;

(3)监督、调查、报告就一切生活领域中的人权现状;

(4)就影响本章确认的权利和自由的事项向政府提出建议,包括有关现行法律或法律提案的建议;

(5)若侵犯人权,则接收并调查主张滥用人权的主张,逐步确保适当的救济,包括向法院申诉或寻求其他救济;

(6)其主动或其根据他人主张,调查或研究有关人权的事项,提出建议以促进公共或私人团体的职责;

(7)监督国家根据相关人权条约和公约履行的义务;

(8)履行由成文法赋予的其他职责或行使其他权力。

5. 依照本宪法之规定,人人有权向该委员会提出诉愿,主张本章规定的权利或自由被否定、侵犯或威胁。

6. 依照本宪法之规定,该委员会享有2009年《人权委员会法令》或其他成文法规定的权力,履行其规定的义务和职责。

7. 履行其职责或行使其权力和权威时,该委员会应独立,且不受他人或机构的指示或控制,但法院或成文法作出另外规定的除外。

8. 该委员会有权任命、免去、处分其工作人员(包括行政人员)。

9. 该委员会有权决定有关其工作人员雇佣的事项,包括:

(1)雇佣的条件;

(2)任命需要的资格和程序,其必须公开、透明、以成绩竞选;

(3)依照议会通过的预算支付薪金、福利和津贴;

(4)依照议会通过的预算,任命要求的全体员工。

10. 支付给该委员会雇员的薪金、福利和津贴由统一基金负担。

11. 议会应确保该委员会拥有充足的资金和资源,以确保该委员会独立并有效地行使其权力,履行其职责和义务。

12. 该委员会经议会同意控制其预算和财政。

第三章 议 会

第一节 立法权

第四十六条 〔立法权和议会权力〕

1. 为国家制定法律的权利和权威赋予议会,该议会由议员和总统组成。议会经其通过并由总统同意的法案行使立法权。

2. 除议会,任何人或团体不得在斐济行使立法权,但由本宪法或成文法授权的除外。

第四十七条 〔行使立法权〕

1. 议会议员均有权在议会提出法案,但仅财政部长或由内阁授权的其他部长有权提出本条第4款规定的财政法案。

2. 议会有权依照其议事规则审议法案,且必须:

(1)为提出、审议、修正、颁行法案制定程序;

(2)在议员和委员会合理期间内审议法案的过程中,在每个步骤之间规定充足的间隔时间。

3. 若出现下列情形,则可较议事规则许可的时间更快地着手法案:

(1)提出法案时,提议者请求议会毫不迟延地通过审议;

(2)议会议员多数投票支持该请求。

4. 本条中,财政法案是指:

(1)征收、增加、变更、减少、豁免、减缓缴纳、废止赋税;

(2)为公共基金征收费用或变更、废止前述费用;

(3)分配公共资金,或其他同公共资金相关的事项;

(4)募集、担保或偿还贷款;

(5)处理资金的收取、代管、投资或审计;

(6)处理同上述事项相关的附带事项。

第四十八条 〔总统同意〕

1. 法案经议会通过时,议长应将之提交总统以获同意。

2. 总统收到法案七日内,应表示赞同与否。

3. 若总统在本条第2款规定的期间内未表示同意一项法案,则在期间届满时视为总统已同意该法案。

第四十九条 〔法律生效〕

1. 法案经同意后七日内,检察长应在政府公报上公布作为议会法的该法案。

2. 在下列情况下,议会法生效:

(1)经由或依照该法决定的日期;或者

(2)若该法未决定生效日期或未规定决定生效日期,则在政府公报上公布后经过七日。

第五十条 〔条例和类似法律〕

1. 任何人不得制定条例,或发布具有法律效力的其他文件,但经本宪法或成文法明确授权的除外。

2. 制定条例或发布具有法律效力的文件之人应尽可能在法律制定前为公共参与提供合理的机会以发展和审查该法律。

第五十一条 〔议会权力高于国际条约和公约〕

国际条约或公约仅在议会通过之后方可拘束国家。

第二节 构 成

第五十二条 〔议会议员〕

依照本宪法和选举法规定,议会议员应在选举委员会管理的自由且公正的选举中经秘密投票选出。

第五十三条 [比例代表制]

1. 在由全体登记选民组成的单一国家选民册中,议会议员由公开成员名单的比例代表制选举产生,每一选民仅有一个投票权,每一票价值相等。

2. 依照本条第3款和第4款之规定,在每一次议会议员选举时,议会议席应按下列比例分配给候选人:

(1)参与竞选的每一政党获得的投票总数,其由该政党候选人获得的投票总数决定;

(2)若一名独立候选人有资格获得一个议席,则该独立候选人获得的投票总数。

3. 政党或独立候选人仅在获得投票总数至少百分之五时方有资格获得议会议席。

4. 成文法应就议会议员选举制定规则,包括规定根据本条第2款的规定给予议会议席,在公开名单的比例代表制框架内采取已接受的国际方式给予候选人以议席。

第五十四条 [议会组成]

1. 为根据本宪法之规定举行第一届议会议员选举,议会应由依照本宪法规定选出的五十名议员组成。

2. 根据本宪法之规定选出第一届议会后,为举行之后其他议会议员选举,选举委员会应在每次选举前至少一年审查议会组成,并且,若必要,其有权增加或减少议会议员总数,以尽可能确保在审查之日,议会议员人数与斐济人口之间的比例同在第一届选举之日议会议员人数与斐济人口之间的比例相等。

3. 审查本条第2款规定时,选举委员会应考量在最近人口普查、选民登记或其他可行的官方资讯中确认的斐济人口。

4. 若选举委员会在行使本条第2款规定的权力时决定变更议会组成,则在作出决定后,为举行议会议员选举,议会组成应被视为经选举委员会决定的议员人数。

5. 成文法可进一步规定本条第2款规定的审查的效力。

第五十五条 [选民资格和登记]

1. 年满或将满十八周岁或在选举下一届议会议员的令状发布日之前,斐济人均有权以选举法或选民登记法规定的方式和形式作为选民登记。

2. 出现下列情况之一时,个人无权作为选民登记:

(1)经斐济法院或其他国家的法院判处十二个月或以上的监禁;

(2)经斐济现行法律规定,被裁判或被宣告为精神不健全;

(3)根据选举法规定,一段期间丧失作为选民登记的资格。

3. 作为选民登记之人,在登记后发生下列情况之一,则终止选民登记资格:

(1)经斐济法院或其他国家的法院判处十二个月或以上的监禁;

(2)经斐济现行法律规定,被裁判或被宣告为精神不健全;

(3)根据选举法规定,一段期间丧失作为选民登记的资格。

4. 作为选民登记之人在议会议员选举中享有表决权。

5. 选举委员会应维系一个单一的、全国通用的选民登记册。

6. 作为选民登记的公民:

(1)若在选举之日在斐济居住,则其有权在选举中表决;

(2)若在选举之日起未在斐济居住或未在斐济,但持有有效的斐济护照,则其有权在选举法规定的范围内表决。

第五十六条 [议会选举候选人]

1. 依照选举法规定,议会选举候选人应经登记的政党提名或作为独立候选人被提名。

2. 仅具备下列资格者,方可作为议会选举候选人:

(1)斐济公民,且未持有其他国家国籍;

(2)在选民登记名册上登记;

(3)被提名前至少在斐济连续居住二年;

(4)不是没有负担能力的破产者;

(5)不是选举委员会成员,且在被提名前四年内未担任选举委员会成员;

(6)被提名时,未判处监禁;

(7)被提名前八年内,未因犯罪被判处最高刑为监禁十二个月或以上的刑罚;

(8)未被发现犯同选举、政党登记、选民登记的法律规定的罪行。

3. 政党不得提名多于议会议席总数的候选人。

4. 成文法可规定同提名议会议员候选人相关的规则。

5. 候选人和提名候选人的政党均应遵守选举法的规定。

第五十七条 [作为公共官员的候选人]

1. 担任公职之人在其签署的议会选举候选人提名名单被提交给相关官员,或提交给选举性法律授权获得候选人提名名单之人时,其原有职位即出缺。

2. 担任选举委员会成员职务之人或担任选举监

督者职务之人在其终止任职后四年内不得被提名作为议会选举候选人。

3. 为实现本条规定,"公职"是指:

(1)法定机构、委员会、经由本宪法或成文法规定设立或继续有效的理事会中的职务;

(2)本宪法规定的职务;

(3)经成文法设立的职务;

(4)司法官员之职;法院或经本宪法、成文法设立的仲裁机构中的职务;

(5)国家服务中的职务,包括公共服务和纪律部队;

(6)根据2007年《雇佣关系》或其他成文法登记的工会中的职务(该职务无论经选举或任命产生,包括自工会获得报酬、薪金、津贴、费用之人担任的职务);

(7)在工会联合会、大会、委员会或其他会议中担任的职务(该职务无论经选举或任命产生,包括自联合会、大会、委员会或其他会议中获得报酬、薪金、津贴、费用之人担任的职务);

(8)在雇主联合会、大会、委员会或其他会议中担任的职务(该职务无论经选举或任命产生,包括自联合会、大会、委员会或其他会议中获得报酬、薪金、津贴、费用之人担任的职务)。

4. 尽管本条第3款作出规定,但为实现本条规定,"公职"不包括首相、部长、反对党领袖之职,亦不包括部长经任命担任的其他职务。

第五十八条 [议会任期]

1. 依照本条规定,议会任期四年,自选举议会议员后召开第一次会议之日起算。但依照本宪法议会很快被解散的除外。

2. 根据首相之建议,总统有权随时经类似声明的形式宣布议会休会。

3. 根据首相之建议,总统有权经声明解散议会,但仅得自选举议员的议会召开第一次会议之日起经过三年六个月的时间方可解散之。

第五十九条 [选举令状]

1. 由总统根据首相之建议发布议会议员选举令状。

2. 选举令状应在议会任期届满后或在宣布解散议会后七日内发布。

第六十条 [提名日期]

收取议会选举候选人提名名单的最后日期为自令状发布之次日起算第十四日。

第六十一条 [普选日期]

普选应在经过收取提名名单的最后日期后的三十日内举行。

第六十二条 [早期解散议会]

1. 尽管第五十八条第3款作出规定,若经议会议员至少三分之二同意通过议会在早期应解散的决议,则总统应宣布在早期解散议会。

2. 根据本条第1款规定的在早期解散议会的决议可在下列情况下被提出:

(1)仅因政府不信任议会;

(2)仅因反对党主张;

(3)仅因议会根据第九十四条之规定首次否决对首相的不信任动议。

3. 在下列时间内,不得提出在早期解散议会的动议:

(1)议会任期开始后十八个月内;

(2)议会通常四年任期届满前六个月。

第六十三条 [议会议员议席出缺]

1. 若出现下列情形,议会议员议席出缺:

(1)议员死亡,向议长提交签名的辞呈;

(2)经议员同意,担任公职(根据第五十七条的定义);

(3)终止在议会选举中作为登记选民的权利;

(4)终止根据第五十六条规定的议会选举中作为选举人提名的权利;

(5)为不能偿债的破产者;

(6)未经议长许可,连续两次缺席议会会议;

(7)自行辞去当选议员时代表政党的成员身份;

(8)未获得政党事先许可,作出同其当选时所属政党发布的指示相反的表决或放弃表决;

(9)被当选议会议员时所属政党除名,且:

ⅰ)除名符合规定党纪的政党规则;

ⅱ)除名未关联该成员作为议会委员会成员时采取的行动。

2. 为实现本条第1款第(7)项之规定,议会议员议席仅得在议长收到经政党领袖签名的书面通知书,且政党秘书通知议长该成员已辞去该政党的成员身份时,始得出缺。

3. 为实现本条第1款第(8)项之规定,议会议员议席仅得在议长收到经政党领袖签名的书面通知书,且政党秘书通知议长该成员未获得该政党事先许可,作出同其指示相反的表决或放弃表决时,始得出缺。

4. 为实现本条第1款第(9)项之规定,议会议员议席仅得在议长收到经政党领袖签名的书面通知书,且政党秘书通知议长该成员被除名时,始得出缺。

5. 若根据本条第1款之规定议席出缺之议员寻求质询或挑战其议席出缺的效力,则该成员应在议席出缺之日起算七日内经诉讼向回复争议法院提出申请,以宣布其议席是否出缺。

6. 根据本条规定向争议回复法院提起的申请应由该法院自提交该申请之日起算二十一日内作出决定。

7. 根据本条规定,经争议回复法院作出的决定具有终局效力,不得上诉。

8. 若根据本条第 1 款之规定,议席出缺的议员根据本条第 5 款之规定向回复争议法院提出申请,则直至该法院作出决定,该成员应中止议员身份。

第六十四条 ［补缺的新一任候选人］

1. 依照本条第 3 款之规定,若担任政党成员的议会议员的议席出缺,则选举委员会应将该议席给予同一政党的候选人,该候选人是最近一次大选中在该政党中拥有最高等级,但未当选议员者,且该候选人在议席出缺时可提供服务(可由选举法决定);但若在该政党最近一次选举中没有适格的候选人,则应举行补选以填补空缺。

2. 依照本条第 3 款之规定,若在议会任期内,独立成员担任的议席出缺,则应举行补选以填补空缺。

3. 若最近一次大选产生的议会召开第一次会议后,议会议员议席出缺超过三年〇六个月,则该出缺的议席应保留出缺状态,直至下一届大选。

第六十五条 ［议员出缺］

议会在其议员出缺时仍可行为,且无权出席、无权参与议会议程之人出席或参与议程时,该议程仍具有效力。

第六十六条 ［争议回复法院］

1. 高等法院是争议回复法院,通过下列方式,享有初审管辖权:

(1)经请愿,审判是否有效当选议会议员的纠纷;

(2)经诉讼,审判议会议员议席是否出缺的宣告申请。

2. 当选议会议员的效力可经诉愿的形式仅向争议回复法院提起。

3. 本条第 1 款第(1)项规定的请愿:

(1)仅得由下列人员提起:

ⅰ)在相关选举中,享有表决权之人;

ⅱ)在相关选举中,作为候选人之人;

ⅲ)检察长;

(2)若主张存在腐败行为,则应在宣布大选的二十一日内提出。

4. 若本条第 1 款第(1)项规定的请愿的请愿者不是检察长,则检察长有权干预该请愿。

5. 本条第 1 款第(2)项规定的诉讼仅得由下列人员提出:

(1)议会议员;

(2)登记选民;

(3)检察长。

6. 若本条第 1 款规定的诉讼未由检察长提起,则检察长有权干预该诉讼。

7. 尽管本条第 5 款作出规定,诉讼标的涉及议会议员议席时,该议员不得根据本条规定提起本条第 1 款第(2)项规定的诉讼。若该议员质疑或挑战其议席出缺的效力,则其仅得根据第六十三条的规定提起诉讼。

8. 争议回复法院应在请愿或诉讼提交其之日起算二十一日内作出决定。

9. 由争议回复法院根据本条规定作出的决定具有终局效力,不得上诉。

第六十七条 ［议会会期］

1. 议会议员大选后,应于宣布大选结果后十四日内,由总统召集议会开会。

2. 第一次会议后,议事日程包括:

(1)由议会秘书长主持的议员宣誓;

(2)由议会秘书长主持的,依照第七十七条举行议长选举;

(3)由议会秘书长主持的议长宣誓;

(4)由议长主持的选举副议长和副议长宣誓;

(5)若首相未根据第九十三条第 2 款之规定就职,则由议会议员依照第九十三条第 3 款之规定任命首相;

(6)由议长主持,依照第七十八条之规定,选举反对党领袖。

3. 议会其他会期召开日期由总统根据首相之建议指定,但前一个会期结束同后一个会期开始之间的间隔不得超过六个月。

4. 若:

(1)议会不在会期;

(2)总统收到议会至少三分之一议员要求召集议会以立即审议重要的公共问题的令状;

则总统应召集议会开会。

5. 若:

(1)议会正值会期,但议会两次会议之间间隔超过两个月;

(2)议长收到首相或议会议员至少三分之一要求议会召开会议立即审议重要的公共事务的令状,

则议长应该在相关要求作出之日起算一周内召集议会会议。

6. 依照本条规定,议会会期应在议会依照其规则和命令决定的时间和地点举行。

第六十八条 ［法定人数］

1. 议会会议仅在其议员至少三分之一出席时方可开始或继续。

2. 仅得在议会议员多数出席时方可举行法案表决。

3. 若未有法定人数出席,则议长应中止会议。

第六十九条 ［表决］

1. 除非本宪法作出另外规定,提交议会决定的任何问题应由出席并表决的议员多数决定。

2. 就提交议会决定问题：

(1)主持人不得投决定性的一票；

(2)在票数相等时，问题视为未解决。

3. 为实现表决之目的，考虑议员人数时，或为决定是否达到法定出席人数时，不得将主持人计算在内。

第七十条 ［委员会］

议会应根据其规则和命令，设立委员会以监督政府行政、审议法案、审查下属立法，并履行议会规则和命令规定的其他职责。

第七十一条 ［议事规则］

1. 为议会及其委员会的工作和程序的展开，并使其权力、特权和豁免得以行使和维护，议会有权制定议事规则。

2. 根据本宪法当选的第一届议会召开第一次会议前，首相应同检察长协商后在官方公报上准备并公布议会事规则，以便议会在其第一次会议上通过。

第七十二条 ［请愿、公共便利和参与］

1. 议会应：

(1)以公开的方式开展其工作，公开举行其会议和委员会的会议；

(2)为立法和议会及其委员会的其他程序提供公共参与之便利。

2. 议会及其委员会不得排除公众(包括媒体)参与其会议，但在特殊情况下，议长因合理且正当之原因命令排除公众的除外。

第七十三条 ［权力、特权、豁免和纪律］

1. 议会议员以及在议会发言的其他人均：

(1)依照议事规则规定，在议会或其委员会，享有言论和辩论自由；

(2)就其在议会或委员会的发言享有议会特权和豁免权。

2. 议会应规定议会议员享有的权力、特权、豁免，有权就议会议员遵守的纪律制定规则、发布命令。

第七十四条 ［收集证据的权力］

1. 议会及其委员会有权召集个人出席，以使其做证或提供资讯。

2. 为实现本条第一款规定的目的，议会及其委员会就下列事项享有同高等法院相同的权力：

(1)强制证人出席，以宣誓、承诺或其他形式审查之；

(2)强制提供程序要求的文件、其他材料或资讯。

第三节 机构和服务

第七十五条 ［选举委员会］

1. 根据2009年《国家服务法令》设立的选举委员会继续有效。

2. 选举委员会依照选举法和其他相关性法令之规定负责选民登记，举行自由且公正的选举，特别负责：

(1)作为选民的公民登记，选民登记的日常审查；

(2)选民教育；

(3)选举候选人登记；

(4)解决选举争议，包括有关提名或因提名产生的争议，但不解决选举请愿、因宣布选举结果产生的争议；

(5)依照选举法和政党法监督并执行。

3. 选举委员会履行本宪法或其他成文法赋予的职责。

4. 选举委员会应就该委员会的运作情况向总统提交年度报告，并应向议会提交年度报告的副本。

5. 选举委员会可在其认为适当的其他时间向总统和议会提交年度报告。

6. 选举委员会由一名主席和六名其他成员组成。其中，该主席为或有资格成为法官。

7. 选举委员会的主席和其他成员应由总统根据宪法委员会的建议任命。

8. 若出现下列情形之一，则其丧失经任命成为该委员会成员的资格：

(1)其为议会议员；

(2)担任公职(法官除外)；

(3)地方政府成员；

(4)议会选举候选人。

第七十六条 ［选举监督者］

1. 根据2009年《国家服务法令》设立的选举监督者之职继续存在。

2. 根据选举委员会指示行为的选举监督者：

(1)管理选举议会议员的选民登记；

(2)开展：

ⅰ)议会议员选举；

ⅱ)议会规定的其他选举；

(3)可履行成文法赋予的其他职责。

3. 选举监督者应遵守选举委员会就其履职作出的指示。

4. 选举监督者由总统根据宪法委员会同选举委员会协商后提出的建议任命。

第七十七条 ［议会议长和副议长］

1. 选举后第一次议会会议上，以及随时要求补选时，议会应经简单多数投票选举：

(1)一名议长，其不是议会议员，但有资格作为议会议员的选举候选人；

(2)自议会议员中选出副议长(部长担任议员的除外)。

2. 议长和副议长作出附表中规定的忠诚和就职宣誓或承诺,这一行为由议会秘书长管理。

3. 议长主持议会每一会议。

4. 若议长因缺席、离开斐济或其他原因不能履职,副议长应履行议长职责。

5. 若议长或副议长均不能履行议长职责,议会议员应选举其他议员主持议会会议。

6. 议长、副议长或其他主持者在履行议长职责时:

(1)应独立,且仅依照本宪法和其他法律;

(2)确保议会的荣誉和尊严;

(3)负责确保:

ⅰ)全体议员的权利和特权;

ⅱ)公众参与议会及其委员会的程序;

(4)依照议会议事规则和议会传统,维系议会秩序和礼仪;

(5)公正、勇敢、不偏私、不歧视地行为。

7. 若出现下列情形之一,议长职位出缺:

(1)新一届议会选举后,召开第一次会议的前一日;

(2)若在本款第(1)项规定的日期之前,议长:

ⅰ)向总统提交签名的书面辞呈;

ⅱ)担任其他公职;

ⅲ)终止在议会选举中作为选民登记的权利;

ⅳ)连续两次缺席议会会议;

ⅴ)经会议员至少三分之二通过的决议免职。

8. 若副议长出现下列情形之一,则副议长职位出缺:

(1)向议长提交签名的书面辞呈;

(2)让出其议员议席;

(3)经任命成为部长;

(4)经议会议员至少三分之二通过的决议免职。

第七十八条 [反对党领袖]

1. 若议会议员出现下列情形之一,则其应依照本条规定,自议员中选出反对党领袖:

(1)议会议员不属于首相隶属之政党,是反对党的成员或反对党联盟;

(2)议会议员属于联合或支持首相所属政党外的其他政党成员;

(3)为不支持首相或首相隶属政党的独立候选人。

2. 选举后,议会召开第一次会议时,议长应自本条第1款规定的议会成员中提名反对党领袖。若仅提名一名议员且其同意,则议长应宣布其当选反对党领袖,但若提名两名或以上议员,则议长应根据下列情形举行选举:

(1)若第一轮选举后,被提名者之一获得本条第1款规定的议会议员多数支持,则议会应宣布其当选反对党领袖;

(2)若在第一轮选举中,被提名者均未获得本条第1款规定的议会议员多数支持,则应在第一轮选举后二十四小时内举行第二轮选举,在第二轮选举中获得本条第1款规定的议会议员多数支持的被提名者经议长选举当选反对党领袖。

3. 若根据本条第2款规定举行的第二轮选举后,任何人均未获得本条第1款规定的议会议员多数支持,则反对党领袖之职应保持出缺,直至本条第1款规定的议会议员多数依照本条第2款规定的程序,向议长提交书面申请,要求其开展新一轮反对党领袖提名。

4. 若本条第1款规定的议会议员多数认为担任反对党领袖之人不再担任其职,则议员应将其决定通知议长,其有权依照本条第2款规定的程序选举本条第1款规定的议会议员。

5. 议会届满或解散议会时,反对党领袖继续任职直至任命下一届首相。

6. 若不能依照本条规定选出反对党领袖,则本宪法有关反对党领袖行为的规则,包括反对党领袖的建议、提名、协商,均无效,且根据本宪法作出的任何任命或采取的行为均不涉及反对党领袖。

第七十九条 [议会秘书长]

1. 本条规定设立议会秘书长之职。

2. 议会秘书长由总统根据宪法委员会之建议任命。

3. 议会秘书长同常设秘书的地位相同,就议会的有效和经济管理向议长负责。

4. 议会秘书长是议长、议会全体议员和议会委员会的首席程序顾问。

5. 议会秘书长负责履行议会议事规则赋予其履行的职责。

6. 履行职责、行使权力时,议会秘书长应独立,且不得受制于他人或机构的指示或控制,但议长、法院或成文法规定的其他人或机构除外。

7. 议会秘书长有权任命、免去、处分议会全体职员(包括行政人员)。

8. 议会秘书长有权决定有关议会全体职员雇佣的一切事务,包括:

(1)雇佣条件;

(2)任命的资格要求、任命应遵守的程序,其中,该程序包括公开、透明、根据成绩竞选;

(3)依照议会通过的预算支付薪金、福利和津贴;

(4)依照议会通过的预算任命要求的全体职员。

9. 支付给议会秘书长和议会其他雇员的薪金、福利和津贴由统一基金负担。

10. 议会应确保议会秘书长享有充足的基金和自由,确保其独立且有效地行使权力、履行职责和义务。

第八十条 ［报酬］

支付给总统、首相、其他部长、反对党领袖、议会议长和副议长以及议会议员的报酬,包括薪金、津贴和福利应由成文法规定,且不得作出对其不利的变动,但苛刻地减少报酬同样地适用于国家全体官员的除外。

第四章 行 政

第一节 总 统

第八十一条 ［斐济总统］

1. 本条规定总统之职。
2. 总统为国家元首,国家行政权赋予总统。
3. 总统作为斐济共和国军事力量的统帅履行礼节上的职责。
4. 总统就政府政策和计划大纲向议会发表言论,每年一次。

第八十二条 ［总统根据建议行为］

履行其行政权时,总统仅得根据内阁、部长、本宪法规定的其他团体或机构之建议,为前述团体或机构的特定目的行为。

第八十三条 ［任命资格］

1. 总统候选人应:
(1)在国内或国际生活的任一方面,无论公共部门或私营部门,担任突出的职业;
(2)仅持有斐济国籍;
(3)非政党成员,亦不在政党中任职;
(4)未担任其他公职;
(5)不是国家其他职务的选举候选人;
(6)提名前六年内均未被证明犯罪。

2. 接受总统提名前,不得要求担任公职者辞职,但作为总统者被任命时即终止其之前担任的职务。

3. 本条之规定不得阻碍总统根据成文法之规定经其任命担任公职。

第八十四条 ［总统任命］

1. 依照本条规定,总统经议会任命。
2. 总统职位出缺时,首相和反对党领袖分别向议长提名一名候选人,议长应将两名候选人名单提交议会表决。
3. 获得出席议会的议员多数支持之人应被任命成为总统,议长应公开宣布总统之姓名。
4. 若两名候选人获得相同票数,则议长应在二十四小时后再次举行选举,该选举应持续,直至作为总统被提名者获得议员多数支持。但若三轮投票后,均未有人获得议会议员多数支持,则经首相提名之人应由议长宣布其经议会任命成为总统。

5. 若首相和反对党领袖提名同一人,则不得举行选举,议长应公开宣布该人经议会任命成为总统。

第八十五条 ［任期和报酬］

1. 总统任期三年,仅得连任一届。
2. 为实现本条第 1 款之规定,在决定个人是否有资格经任命或连任成为总统时,本宪法生效前经过的期间应计算在内。
3. 总统获得根据第八十条制定的成文法规定的报酬、津贴和其他福利。

第八十六条 ［就职宣誓］

就职前,总统应在公开仪式上向首席大法官作出附表规定的忠诚和任职宣誓或承诺。

第八十七条 ［辞职］

总统可向首相提交书面辞呈而辞职。

第八十八条 ［总统缺席时首席大法官履职］

若总统缺席、离开斐济或因其他原因不能履职,或者,总统之职因故出缺,则总统之职应由首席大法官履行。

第八十九条 ［免职］

1. 仅得因不能履职(无论因身体、精神或其他原因)或不端行为,方可免去总统之职。
2. 仅得依照本条规定免去总统之职。
3. 若首相认为应调查免去总统之职的问题,则:
(1)首相应要求首席大法官分别在下列情况中:
ⅰ)主张行为不端时,设立裁判庭,其由一名主席和两名其他成员组成,三名成员均是或有资格成为法官;
ⅱ)主张不能履职时,设立医疗委员会,其由一名主席和两名其他成员组成,三名成员均是合格的医师,且首相应将相关要求通知总统。
(2)根据要求行为的首席大法官应视情况设立裁判庭或医疗委员会。
(3)裁判庭或医疗委员会应调查相关事项,并向首席大法官提交书面报告,包括其就是否免去总统之职提出的建议。首席大法官应将报告移送首相。

4. 在决定是否免去总统之职时,首相应依照裁判庭或医疗委员会给出的意见行为。

5. 自总统收到本条第 3 款第(1)项规定的通知之日至作出本条第 4 款规定的决定之日,其间,总统不能履行其职责。

6. 首相应讨论裁判庭或医疗委员会的报告。

第二节 内 阁

第九十条 ［责任政府］

政府应获得议会信任。

第九十一条 ［内阁］

1. 内阁由作为主席的首相及首相决定人数的部

长组成。

2. 内阁成员行使其权力、履行其责任时,应由内阁成员单独并由内阁集体向议会负责。

3. 若作出要求,则部长应出席议会或议会委员会并答复同其负责的事项相关的问题。

4. 内阁成员应就其负责的事项向议会提交全面且定期的报告。

5. 内阁有权就本宪法的解释或适用寻求最高法院的意见。

第九十二条 [首相]

1. 首相为政府首脑。

2. 首相应将同斐济政府相关的问题告知总统。

3. 首相:

(1)任命部长担任其决定的头衔、职务,履行其决定的责任;

(2)撤销部长之职;

(3)在政府公报上公布通知,授权部长或其亲自负责执行政府的特定工作,包括负责一般指示、监督公共服务或纪律部队的部门,负责执行并管理每一个行为;但是,若政府工作事务未经特别授权,则仍由首相负责。

4. 在首相缺席、离开斐济或因其他原因不能履职时,首相应任命一名部长在期间履行首相职责,并应在政府公报上发布任命代理首相的通知。

第九十三条 [任命首相]

1. 首相应为议会议员。

2. 选举后,在议会赢得超过百分之五十议席的政党领袖当选议会议员时,其经向总统作出附表规定的忠诚与就职宣誓或承诺(总统应管理之),即就任首相。

3. 选举后,若没有任何一个政党在议会赢得超过百分之五十的议席,则在议会第一次会议上,议长应自议会议员中提名。若仅一名成员获提名且获支持,则该名成员经向总统作出附表规定的忠诚与就职宣誓或承诺(总统应管理之)就任首相;但是,若提名与支持超过一人时,议长应按照下列方式举行选举:

(1)若第一轮选举后,一名被提名者获得议会议员超过百分之五十的支持,则其经向总统作出附表规定的忠诚与就职宣誓或承诺(总统应管理之)就任首相。

(2)若第一轮选举后,没有被提名者获得议会议员超过百分之五十的支持,则应在第一轮选举后二十四小时内举行第二轮选举。若第二轮选举后,一名被提名者获得议会议员超过百分之五十的支持,则其经向总统作出附表规定的忠诚与就职宣誓或承诺(总统应管理之)就任首相。

(3)若第二轮选举后,没有被提名者获得议会议员超过百分之五十的支持,则应在第二轮选举后二十四小时内举行第三轮选举。若第三轮选举后,一名被提名者获得议会议员超过百分之五十的支持,则其经向总统作出附表规定的忠诚与就职宣誓或承诺(总统应管理之)就任首相。

(4)若第三轮选举后,没有被提名者获得议会议员超过百分之五十的支持,则议长应以书面形式通知总统议会不能任命首相。总统应在获得通知后二十四小时之内解散议会,并依照本宪法之规定发布令状举行选举。

4. 若出现下列原因之一,则首相之职出缺:

(1)经书面通知向总统辞职;

(2)终止议会议员身份,或终止成为议会议员的资格;

(3)死亡。

5. 若首相之职因本条第4款规定的情形而出缺,则议长应立即召集议会,并自议会议员中提名首相。若仅一名成员获提名且获支持,则该名成员经向总统作出附表规定的忠诚与就职宣誓或承诺(总统应管理之)就任首相;但是,若提名与支持超过一人时,议长应按照下列方式举行选举:

(1)若第一轮选举后,一名被提名者获得议会议员超过百分之五十的支持,则其经向总统作出附表规定的忠诚与就职宣誓或承诺(总统应管理之)就任首相。

(2)若第一轮选举后,没有被提名者获得议会议员超过百分之五十的支持,则应在第一轮选举后二十四小时内举行第二轮选举。若第二轮选举后,一名被提名者获得议会议员超过百分之五十的支持,则其经向总统作出附表规定的忠诚与就职宣誓或承诺(总统应管理之)就任首相。

(3)若第二轮选举后,没有被提名者获得议会议员超过百分之五十的支持,则应在第二轮选举后二十四小时内举行第三轮选举。若第三轮选举后,一名被提名者获得议会议员超过百分之五十的支持,则其经向总统作出附表规定的忠诚与就职宣誓或承诺(总统应管理之)就任首相。

(4)若第三轮选举后,没有被提名者获得议会议员超过百分之五十的支持,则议长应以书面形式通知总统议会不能任命首相。总统应在获得通知后二十四小时之内解散议会,并依照本宪法之规定发布令状举行选举。

6. 首相应在议会整个任期内提供服务,但在根据第九十四条规定的不信任动议中被撤职(仅得因此被撤职)的除外。

7. 首相和其他部长持续任职,直至依照本条规定选出的下一任首相就职。

第九十四条 ［不信任动议］

1. 首相仅得因不信任动议被撤职。提出不信任动议时,应同时向首相提名另一名议会议员。

2. 不信任动议应在提出的二十四小时内获得表决。

3. 不信任动议获得议会议员至少多数支持,即获得通过。

4. 若通过不信任动议,则:

(1)现任首相立即终止任职;

(2)内阁的其他成员即视为辞职;

(3)在动议中向首相提议之人,向总统宣誓后即就职。

5. 若就现任首相提起的不信任动议失败,则至少六个月内不得针对其再次提不信任动议。

第九十五条 ［任命部长］

1. 依照第九十六条第3款之规定,部长应为议会议员。

2. 内阁成员经作出附表规定的忠诚及任职宣誓或承诺就职,宣誓或承诺由总统管理。

3. 部长持续任职,直至:

(1)被首相免职;

(2)终止议会议员身份,或终止议会议员资格;

(3)向首相提交书面辞呈。

4. 首相有权任命一名部长在其他部长缺席、离开斐济或因其他原因不能履职期间履行其他部长的职责,并应在政府公报上公布代理部长的任命通知。

第九十六条 ［检察长］

1. 作为检察长任命的部长是政府的首席法律顾问。

2. 除非具备下列资格,否则,其没有资格被任命成为检察长:

(1)在斐济,作为法律从业者被承认,且在斐济,作为法律从业者工作至少十五年;

(2)无论在斐济或是在国外,均未在涉及律师的惩戒诉讼中被证明犯罪,包括由独立法律服务委员会中的诉讼,以及规制独立法律服务委员会设立前的法律从业者、大律师、事务律师的法律中规定的诉讼。

3. 若首相认为:

(1)没有议会议员属于首相隶属的政党;

(2)没有议会议员属于同首相隶属政党联合的其他政党的成员;

(3)没有议会议员是支持首相的独立候选人,

且相关议员有资格、适合经任命成为检察长,并且,其具备下列资格,则首相有权任命非议会议员成为检察长:

ⅰ)有资格根据本条第2款之规定,经任命成为检察长的法律从业者;

ⅱ)有资格成为第五十六条规定的议会选举候选人。

4. 根据本条第3款之规定作为检察长任命之人有权作为部长参与内阁,并列席议会。但其没有资格在议会投票。

5. 作为检察长任命之人,在任命期间,不得在律师事务所作为律师从业,不得同律师事务所有利益关系,亦不得以其名义开设律师事务所。

6. 首相有权任命一名部长、议会议员或其他有资格作为检察长被任命之人(依照本条第3款之规定)在检察长缺席、离开斐济或因其他原因不能履职期间代理检察长之职,代理任命的通知应在政府公报上公布。

7. 本条第5款之规定不得适用于根据本条第6款之规定任命的代理检察长。

第五章 司 法

第一节 法院和司法官员

第九十七条 ［司法权和独立］

1. 国家的司法权赋予最高法院、上诉法院、高等法院、治安法庭以及经法律创设的其他法院或法庭。

2. 法院以及一切司法官员应独立于立法机构和政府行政机构,仅遵守本宪法和法律的规定,且应勇敢、公正地适用本宪法和法律。

3. 任何人不得干预法院的司法职责,亦不得不合理地干预法院的行政职责。

4. 议会和内阁,通过立法以及其他措施,应支持并保护法院,以确保其独立、公正、可接近和效率。

5. 议会应确保司法享有充分的财政和其他资源,以适当地履行其职责、行使其权力。

6. 司法控制议会通过的、属于其的预算和财政。

第九十八条 ［最高法院］

1. 最高法院由下列人员组成:

(1)首席大法官,其为最高法院院长;

(2)其他经任命作为最高法院法官的法官,其在要求的情况下提供服务。

2. 若首席大法官认为必要,上诉法院法官可列席最高法院的审判。

3. 最高法院:

(1)是终局上诉法院;

(2)依照成文法规定的要求,就上诉法院的所有终局判决排他地享有审判和决定权;

(3)就第九十一条第5款规定的宪法性问题享有

初审管辖权。

4. 除非最高法院授予上诉许可,否则不得将上诉法院的终审判决上诉至最高法院。

5. 履行上诉管辖权时,最高法院有权:

(1)审查、变更、搁置、确认上诉法院的决定或命令;

(2)发出其他必要的命令,以管理司法,包括新的审判命令或支出的命令。

6. 最高法院依照本条第 7 款作出的决定拘束国家其他法院。

7. 最高法院有权审查其作出的判决、声明、命令。

第九十九条 ［上诉法院］

1. 上诉法院由下列人员组成:

(1)首席大法官之外的法官,其经任命成为上诉法院院长;

(2)作为上诉法官任命的其他法官。

2. 若上诉法院院长认为必要,首席大法官外的其他高等法院法官有权列席上诉法院的审判。

3. 依照本宪法以及成文法之规定,上诉法院有权审理并决定就高等法院判决的上诉案件,并享有成文法赋予的其他管辖权。

4. 高等法院就本宪法或本宪法的解释提起的纠纷的终局判决可上诉至上诉法院。

5. 成文法可规定依照成文法或有关上诉法院规则规定的要求,将高等法院的其他判决上诉至上诉法院的权利或许可。

第一百条 ［高等法院］

1. 高等法院由下列人员组成:

(1)首席大法官;

(2)作为高等法院法官任命的其他法官;

(3)高等法院事务官(Masters of High Court);

(4)高等法院首席书记官。

2. 高等法院事务官以及首席书记官的管辖权及其他权力由成文法规定。

3. 高等法院根据法律规定就民事和刑事诉讼享有不受限制的初审管辖权,亦享有本宪法或成文法赋予的其他初审管辖权。

4. 高等法院亦就本宪法或涉及本宪法解释而提出的纠纷享有初审管辖权。

5. 高等法院依照成文法赋予的上诉权以及成文法规定的要求,就治安法庭以及其他下属法院的一切判决享有审判管辖权。

6. 高等法院有权监督治安法庭或其他下属法院的民事或刑事诉讼,有权根据向其提出的正式申请,在认为适当时作出命令、发布令状并作出指示,以确保治安法庭和其他下属法院适当地管理司法。

7. 若在治安法庭或下属法院的诉讼中,提出解释本宪法的问题,则治安法庭或下属法院有权决定该事项,并可将其作出的决定上诉至高等法院。

第一百〇一条 ［治安法庭］

1. 治安法庭由下列人员组成:

(1)首席治安法官;

(2)经司法服务委员会任命的其他治安法官。

2. 治安法庭享有成文法赋予的管辖权。

第一百〇二条 ［其他法院］

成文法有权设立并决定其他法院、法庭或委员会的权力,其地位同高等法院、治安法庭、其他下属法院相类似。

第一百〇三条 ［法院规则和程序］

1. 最高法院院长有权制定符合本宪法或成文法的法院规则并发布指示,以规制最高法院应遵守的实践和程序。

2. 上诉法院院长有权制定符合本宪法或成文法的法院规则并发布指示,以规制上诉法院应遵守的实践和程序。

3. 首席大法官有权制定符合本宪法或成文法的法院规则并发布指示,以规制高等法院和治安法庭应遵守的实践和程序。

第一百〇四条 ［司法服务委员会］

1. 根据 2009 年《司法管理法令》设立的司法服务委员会继续有效,并由下列人员组成:

(1)首席大法官,其为主席;

(2)上诉法院院长;

(3)负责司法的常设秘书;

(4)从业至少十五年的一名律师,其由总统根据首席大法官同检察长协商后提出的建议任命;

(5)由总统根据首席大法官同检察长协商后提出的建议任命之人,律师除外。

2. 除本宪法赋予的职责外,该委员会有权调查就司法官员的控诉。

3. 除经由本宪法或根据本宪法赋予的职责外,该委员会享有成文法规定的其他权力和职责。

4. 该委员会负责实施计划以促进法官和司法官员继续接受教育和培训。

5. 该委员会负责有效地履行司法职责。

6. 该委员会有权制定自己的程序,在其认为适当时,亦有权制定规则和章程以规制并方便其履行职责。

7. 该委员会应就同司法或司法行政相关的事项向检察长提出定期的最新资讯和建议。

8. 履行职责或行使权力时,该委员会应独立,且不得受制于他人或机构的指示或控制,但由法院干预或成文法规定例外的除外。

9. 该委员会的秘书是首席书记官,或履行首席书记官职责的其他人。

10. 该委员会开会的法定人数即一名主席和两名其他成员。

11. 本条第1款第(4)项和第(5)项规定的成员任期三年,可连选连任。

12. 本条第1款第(4)项和第(5)项规定的该委员会的成员有权获得总统根据首席大法官同检察长协商后的建议决定的报酬。不得就报酬作出对其不利的变动,但苛刻地减少报酬同样地适用于国家全体官员的除外。

13. 仅得因不能履职(无论因身体、精神、其他原因引起)或行为不端,免去本条第1款第(4)项和第(5)项规定的该委员会的成员之职。

14. 应根据本条第15款之规定免去本条第1款第(4)项或第(5)项规定的该委员会成员之职。

15. 若首席大法官同检察长协商后,认为应调查本条第1款第(4)项或第(5)项规定的该委员会成员的免职问题,则:

(1)首席大法官:

ⅰ)在主张行为不端时,设立裁判庭,其由一名主席和不少于两名其他成员组成,其中,成员自担任或有资格担任法官之人中选出;

ⅱ)在主张不能履职时,设立医疗委员会,其由一名主席和两名其他成员组成,三名成员均应是合格的医师;

(2)该裁判庭或医疗委员会调查相关事项并向总统提交书面的事实报告,建议总统是否免去本条第1款第(4)项或第(5)项规定的该委员会的成员之职。

(3)在决定是否免去本条第1款第(4)项或第(5)项规定的该委员会的成员之职时,总统应依照裁判庭或医疗委员会的建议行为。

16. 根据首席大法官同检察长协商、由首席大法官提出的建议,总统有权根据其认为适当的条件,在调查期间以及任命裁判庭或医疗委员会期间,中止本条第1款第(4)项或第(5)项规定的该委员会的成员之职,且其有权随时撤回中止。

17. 若总统决定不得免去该委员会成员之职,则根据本条第16款之规定就中止本条第1款第(4)项或第(5)项规定的该委员会的成员之职的行为应失效。

18. 根据本条第(15)款之规定,裁判庭的报告或医疗委员会的建议应公开。

第一百〇五条 [任命资格]

1. 就司法官员的任命应以司法官员的高超能力和忠诚度为准则。

2. 具备下列资格者,可经任命成为法官:

(1)在斐济或法律规定的其他国家担任或曾任高级司法官员;

(2)在斐济或法律规定的其他国家作为律师从业至少十五年。

3. 具备下列资格者,可经任命成为治安法官:

(1)在斐济或法律规定的其他国家担任或曾任司法官员;

(2)在斐济或法律规定的其他国家作为律师从业至少十年。

第一百〇六条 [法官任命]

1. 首席大法官和上诉法院院长由总统根据首相同检察长协商后提出的意见任命。

2. 最高法院法官、上诉法官、高等法院法官由总统根据司法委员会同检察长协商后提出的建议任命。

3. 在首席大法官职位出缺、缺席履职、离开斐济或因其他原因不能履职期间,总统根据首相同检察长协商后提出的建议,有权任命一名法官或有资格经任命成为法官之人代理首席大法官之职。

4. 在高等法院法官职位出缺、缺席履职、离开斐济或因其他原因不能履职期间,总统根据司法服务委员会同检察长协商后提出的建议,有权任命一人代理高等法院法官之职。

5. 仅有资格经任命成为法官者方有资格根据本条第4款之规定获得任命。

第一百〇七条 [其他任命]

1. 司法服务委员会有权任命治安法官、高等法院事务官、首席书记官,以及其他由成文法规定的司法官员。

2. 根据本条第1款作出任命时,司法服务委员会应同检察长协商。

第一百〇八条 [司法部雇员]

1. 司法服务委员会有权任命、撤销并处分司法部雇佣的非司法官员。

2. 司法服务委员会有权决定同司法部雇佣的非司法官员的雇佣相关的一切事务,包括:

(1)雇佣条件;

(2)任命要求的资格、任命的程序,且任命程序应公开、透明、以成绩作为竞选基准;

(3)依照议会通过的预算规定,决定需要任命的非司法官员的整体数量。

3. 根据本条规定,司法服务委员会有权经书面通知授权首席书记官行使权力。

第一百〇九条 [宣誓]

就职前,法官或治安法官应向总统作出附表规定的忠诚和就职宣誓或承诺。

第一百一十条 [任期]

1. 非斐济公民、经任命成为斐济法官之人任期不得超过三年,具体年限应由司法服务委员会在任命时分别确定,可连选连任。

2. 其他经任命产生的法官持续任职直至年满退休年龄,即:

(1)首席大法官、上诉法院院长、最高法院法官以及上诉法官退休年龄为七十五周岁;

(2)高等法院法官退休年龄为七十周岁。

3. 作为高等法院法官退休、但未满七十五周岁之人有资格经任命成为最高法院法官或上诉法官。

第一百一十一条 [因故免去首席大法官和上诉法院院长之职]

1. 仅得因不能履职(无论因身体、精神或其他原因)或行为不端,方可免去首席大法官或上诉法院院长之职。

2. 总统应依照本条规定免去首席大法官或上诉法院院长之职。

3. 若总统根据首相之建议,认为应调查免去首席大法官或上诉法院院长之职的问题,则:

(1)总统根据首相之建议,分别在下列情况中:

ⅰ)主张行为不端时,任命裁判庭,其由一名主席和至少两名其他成员组成,其中,成员均自担任或曾任斐济或其他国家高级司法官员中选出;

ⅱ)主张不能履职时,任命医疗委员会,其由一名主席和两名其他成员组成,三名成员均是合格的医师;

(2)裁判庭或医疗委员会应调查相关事项,并向总统提交书面事实报告,包括其就是否免去首席大法官或上诉法院院长之职提出的建议。

(3)在决定是否免去首席大法官或上诉法院院长之职时,总统应依照裁判庭或医疗委员会给出的意见行为。

4. 根据首相提出的建议,总统有权在调查期间以及根据本条第3款之规定任命裁判庭或医疗委员会期间,中止首席大法官或上诉法院院长之职,且其有权随时撤回中止。

5. 若总统决定不得免去首席大法官或上诉法院院长之职,则根据本条第4款之规定就中止首席大法官或上诉法院院长之职的行为应失效。

6. 根据本条规定,总统应将其收到的裁判庭的报告或医疗委员会的建议公开。

第一百一十二条 [因故免去司法官员之职]

1. 仅得因不能履职(无论因身体、精神或其他原因)或行为不端,方可免去法官、治安法官、高等法院事务官、首席书记官或经司法服务委员会任命的其他司法官员之职。

2. 总统应依照本条规定免去法官、治安法官、高等法院事务官、首席书记官或经司法服务委员会任命的其他司法官员之职。

3. 若总统根据司法服务委员会之建议,认为应调查免去法官、治安法官、高等法院事务官、首席书记官或经司法服务委员会任命的其他司法官员之职的问题,则:

(1)总统根据司法服务委员会之建议,分别在下列情况中:

ⅰ)主张行为不端时,任命裁判庭,其由一名主席和至少两名其他成员组成,成员均自担任或曾任斐济或其他国家高级司法官员中选出;

ⅱ)主张不能履职时,任命医疗委员会,其由一名主席和两名其他成员组成,三名成员均是合格的医师;

(2)裁判庭或医疗委员会应调查相关事项,并向总统提交书面事实报告,包括其就是否免去法官、治安法官、高等法院事务官、首席书记官或经司法服务委员会任命的其他司法官员之职提出的建议。

(3)在决定是否免去法官、治安法官、高等法院事务官、首席书记官或经司法服务委员会任命的其他司法官员之职时,总统应依照裁判庭或医疗委员会给出的意见行为。

4. 根据司法服务委员会提出的建议,总统有权在调查期间以及根据本条第3款之规定任命裁判庭或医疗委员会期间,中止法官、治安法官、高等法院事务官、首席书记官或经司法服务委员会任命的其他司法官员之职,且其有权随时撤回中止。

5. 若总统决定不得免去法官、治安法官、高等法院事务官、首席书记官或经司法服务委员会任命的其他司法官员之职,则根据本条第四款之规定就中止首席大法官或上诉法院院长之职的行为应失效。

6. 根据本条规定,总统应将其收到的裁判庭的报告或医疗委员会的建议公开。

7. 本条规定不得适用于首席大法官或上诉法院院长。

第一百一十三条 [司法官员的报酬]

1. 不得就支付给或有关司法官员的薪金和福利作出对其不利的变动,但苛刻地减少报酬同样地适用于国家全体官员的除外。

2. 支付给首席大法官和上诉法院院长的薪金和福利应由总统根据首相同检察长协商后提出的建议决定。

3. 支付给经任命成为法官之人(首席大法官和上诉法院院长除外)、治安法官、高等法院事务官、首席书记官或其他经司法服务委员会任命的司法官员的薪金和福利应由司法服务委员会根据首相同检察长的协商意见决定。

4. 支付给有关司法官员的报酬和福利由统一基

金负担。

5. 履行司法职能时,保护司法官员就其言论、作为或不作为不受民事或刑事诉讼。

第二节 独立司法和法律机构

第一百一十四条 ［独立法律服务委员会］

1. 由2009年《律师法令》设立的独立法律服务委员会继续有效。

2. 该委员会由一名现任或有资格经任命成为法官的委员组成。

3. 该委员由总统根据司法服务委员会同检察长协商后提出的意见任命。

4. 该委员任期三年,可连选连任。

5. 在该委员职位出缺、缺席、离开斐济或因其他原因不能履职期间,总统根据司法服务委员会同检察长协商后提出的建议,有权任命一人代理该委员。

6. 仅得因不能履职(无论因身体、精神、其他原因)或行为不端,方可免去该委员之职。

7. 免去该委员之职的程序与第一百一十二条规定的免去司法官员之职的程序相同。

8. 该委员会的权力、职责、责任由成文法规定,成文法可为该委员会规定细则。

9. 履行其职责、行使其权力时,该委员应独立,且不得受制于他人或机构的指示或控制,但法院或成文法作出另外规定的除外。

10. 该委员有权获得总统根据司法服务委员会同检察长协商后提出的建议决定的报酬。不得就该报酬作出对其不利的变动,但苛刻地减少报酬同样地适用于国家全体官员的除外。

11. 在其认为适当时,该委员会有权制定规制其自己的程序、规则和章程,以规制并方便其履职。

12. 该委员会应就同其职责相关的事项向检察长提供定期的最新资讯和建议。

第一百一十五条 ［斐济反贪污独立委员会］

1. 由2007年《斐济反贪污独立委员会宣言》设立的斐济反贪污独立委员会继续有效。

2. 该委员会由一名委员长、一名副委员长和其他经法律任命的官员组成。

3. 该委员会的权力、职责和责任由成文法规定,成文法可为该委员会制定细则。

4. 在不影响本条第3款规定的情况下,该委员会有权:

(1)调查、提起并开展刑事诉讼;

(2)接手由其他机构或个人提起的、属于法律规定的其责任和职责范围的调查和刑事诉讼;

(3)在作出判决前的任一阶段,可终止其提起或开展的刑事诉讼。

5. 委员长和副委员长的权力可由其亲自、其代表或根据其指示行为的其他人行使。

6. 履行职责或行使权力时,该委员会应独立,且不得受制于他人或机构的指示或控制,但法院或成文法作出另外规定的除外。

7. 行使权力和履行职责时,该委员会应以《联合国反贪污公约》设立的标准为指导。

8. 在其认为适当时,该委员会有权制定规制其自己的程序、规则和章程,以规制并方便其履职。

9. 该委员会应就同其职责相关的事项向检察长提供定期的最新资讯和建议。

10. 委员长和副委员长有权任命、免去和处分该委员会的一切职员(包括行政职员)。

11. 委员长和副委员长有权决定同斐济反贪污独立委员会的工作人员雇佣相关的一切事项,包括:

(1)雇佣的条件;

(2)任命需要的资格和程序,其必须公开、透明、以成绩竞选;

(3)依照议会通过的预算支付薪金、福利和津贴;

(4)依照议会通过的预算,任命要求的全体员工。

12. 委员长和副委员长有权获得总统根据司法服务委员会同检察长协商后提出的建议决定的报酬。不得就报酬作出对其不利的变动,但苛刻地减少报酬同样地适用于国家全体官员的除外。

13. 支付给该委员会官员的薪金、福利和津贴由统一基金负担。

14. 议会应确保该委员会获得充足的基金和资源,确保其独立、有效地行使权力,履行职责。

15. 本条中,"刑事诉讼"是指诉至法院(军事法院除外)的刑事诉讼,包括上诉、法律保留的案件或问题。

第一百一十六条 ［检察员］

1. 由2009年《国家服务法令》设立的检察员一职继续有效。

2. 检察员负责:

(1)根据要求,向政府和担任公职者提供独立的法律建议;

(2)根据内阁要求准备法律草案;

(3)保留公开获取一切成文法的记录;

(4)在法院的诉讼中,若一方当事人为国家,则代表国家,但刑事诉讼除外;

(5)履行本宪法、成文法、内阁或检察长指定的其他职责。

3. 检察员根据法院许可,有权在国家不是诉讼一方当事人的民事案件中担任法庭之友。

4. 检察员由有资格经任命成为法官者担任。

5. 检察员由总统根据司法服务委员会同检察长

协商后提出的意见任命。

6. 在检察员职位出缺、缺席、离开斐济或因其他原因不能履职期间,总统根据司法服务委员会同检察长协商提出的建议,有权任命一名代理检察员。

7. 检察员与常设秘书的地位相同,其应作为常设秘书负责检察长的工作,其有权作为常设秘书履行指定的其他职责。

8. 检察员与高等法院法官的任期相同,其有权获得由司法服务委员会同检察长协商后决定的报酬。但是,该报酬不得少于支付给高等法院法官或常设秘书的报酬,且不得就该报酬作出对之不利的变动,但苛刻地减少报酬同样地适用于国家全体官员的除外。

9. 仅得因不能履职(无论因身体、精神、其他原因)或行为不端,方可免去检察员之职。

10. 免去检察员之职的程序与第一百一十二条规定的免去司法官员之职的程序相同。

11. 检察员有权任命、免去办公室全体职员(包括行政人员)之职,亦有权提起处分检察长办公室全体职员(包括行政人员)的程序。

12. 检察员有权决定同检察长办公室全体职员雇佣相关的一切事务,包括:

(1)雇佣条件;

(2)任命的资格要求、任命应遵守的程序,其中,该程序包括公开、透明、根据成绩竞选;

(3)依照议会通过的预算支付薪金、福利和津贴;

(4)依照议会通过的预算任命要求的全体职员。

13. 支付给检察长办公室雇员的薪金、福利和津贴由统一基金负担。

14. 委托给检察员履行的职责可由其亲自或由其下属官员依照其一般或特别指示行为。

第一百一十七条 [刑事检控专员]

1. 由 2009 年《国家服务法令》设立的刑事检控专员继续有效。

2. 刑事检控专员由有资格经任命成为法官者担任。

3. 刑事检控专员由总统根据司法服务委员会同检察长协商后提出的意见任命。

4. 在刑事检控专员职位出缺、缺席、离开斐济或因其他原因不能履职期间,总统根据司法服务委员会同检察长协商提出的建议,有权任命一名代理刑事检控专员。

5. 刑事检控专员任期七年,有资格连任。其有权获得由司法服务委员会同检察长协商后决定的报酬。但是,该报酬不得少于支付给高等法院法官的报酬,且不得就该报酬作出对之不利的变动,但苛刻地减少报酬同样地适用于国家全体官员的除外。

6. 仅得因不能履职(无论因身体、精神、其他原因)或行为不端,方可免去刑事检控专员之职。

7. 免去刑事检控专员之职的程序与第一百一十二条规定的免去司法官员之职的程序相同。

8. 刑事检控专员有权:

(1)提起并开展刑事诉讼;

(2)接手由其他机构或个人提起的刑事诉讼(但由斐济反贪污独立委员会提起的诉讼除外);

(3)在作出判决前的任一阶段,可终止由刑事检控专员、其他个人或机构(由斐济反贪污独立委员会提起或开展的诉讼除外)提起或开展的刑事诉讼。

(4)干预提起公共利益问题的诉讼,且该公共利益可能影响开展刑事诉讼或刑事调查。

9. 刑事检控专员的权力可由其亲自或通过其他根据其指示行为之人行使。

10. 行使本条赋予的权力时,刑事检控专员不得受制于他人或机构的指示或控制,但指示由法院作出或本宪法、成文法作出另外规定的除外。

11. 刑事检控专员有权自斐济或其他国家任命律师担任刑事检控官负责刑事诉讼。

12. 刑事检控专员有权任命、免去其办公室全体职员(包括行政人员)之职,亦有权提起处分其办公室全体职员(包括行政人员)的程序。

13. 刑事检控专员有权决定同其办公室全体职员雇佣相关的一切事务,包括:

(1)雇佣条件;

(2)任命的资格要求、任命应遵守的程序,其中,该程序包括公开、透明、根据成绩竞选;

(3)依照议会通过的预算支付薪金、福利和津贴;

(4)依照议会通过的预算任命要求的全体职员。

14. 支付给刑事检控专员办公室雇员的薪金、福利和津贴由统一基金负担。

15. 议会应确保刑事检控专员获得充足的基金和资源,确保其独立、有效地行使权力,履行职责。

16. 本条中,"刑事诉讼"是指诉至法院(军事法院除外)的刑事诉讼,包括上诉、法律保留的案件或问题。

第一百一十八条 [法律援助委员会]

1. 由 1996 年《法律援助法》设立的法律援助委员会继续有效。

2. 依照经由或根据成文法规定的规则和框架,该委员会应向不能负担律师服务的公众提供免费的法律援助服务。

3. 该委员会的权力、职责、责任由成文法规定,成文法可为该委员会规定细则。

4. 在其认为适当时,该委员会有权制定规制其自己的程序、规则和章程,以规制并方便其履职。

5. 履行其职责、行使其权力时,该委员应独立,且不得受制于他人或机构的指示或控制,但法院作出指示或成文法作出另外规定的除外。

6. 该委员会有权任命、免去办公室全体职员(包括行政人员)之职,亦有权处分之。

7. 该委员会有权决定同其全体职员雇佣相关的一切事务,包括:

(1)雇佣条件;

(2)任命的资格要求、任命应遵守的程序,其中,该程序包括公开、透明、根据成绩竞选;

(3)依照议会通过的预算支付薪金、福利和津贴;

(4)依照议会通过的预算任命要求的全体职员。

8. 支付给该委员会雇员的薪金、福利和津贴由统一基金负担。

9. 议会应确保该委员会获得充足的基金和资源,确保其独立、有效地行使权力,履行职责。

10. 该委员会有权控制由议会通过的其自己所有的预算和财政。

11. 该委员会应就同其职责和责任相关的事项向检察长提供定期的最新资讯和建议。

第一百一十九条 [赦免委员会]

1. 由 2009 年《国家服务法令》设立的赦免委员会继续有效。

2. 该委员会由下列人员组成:

(1)作为主席的检察长;

(2)由总统根据司法服务委员会同检察长协商后提出的建议,任命的四名其他成员。

3. 根据罪犯的请愿,该委员会有权建议总统通过下列方式行使赦免权:

(1)给予罪犯一个无条件或有条件的赦免;

(2)推迟执行处罚,期限可特定亦可不特定;

(3)免除全部或部分处罚。

4. 若该委员会认为罪犯的请愿琐碎、无理取闹或完全没有价值,则其可驳回该请愿,但:

(1)必须考量由下列人员在相关案件中准备的报告:

ⅰ)主持审判的法官;

ⅱ)若报告不能自主持审判的法官处获取,则由首席大法官给予;

(2)应考量源自案件记录或适用于该委员会的其他资讯;

(3)可考量相关案件中受害人的意见。

5. 总统应依照该委员会的建议行为。

6. 本条第 2 款第(2)项规定的该委员会的成员任期三年,可连任。

7. 在该委员会成员职位出缺、缺席、离开斐济或因其他原因不能履职期间,总统根据司法服务委员会同检察长协商后提出的建议,有权任命一人代理成员。

8. 仅得因不能履职(无论因身体、精神、其他原因)或行为不端,方可免去本条第 2 款第(2)项规定的该委员会成员之职。

9. 免去本条第 2 款第(2)项规定的该委员会成员之职的程序与第一百一十二条规定的免去司法官员之职的程序相同。

10. 履行其职责、行使其权力时,该委员会应独立,且不得受制于他人或机构的指示或控制,但法院作出指示或成文法作出另外规定的除外。

11. 本条第 2 款第(2)项规定的该委员会成员有权获得总统根据司法服务委员会同检察长协商后提出的建议决定的报酬。不得就该报酬作出对其不利的变动,但苛刻地减少报酬同样地适用于国家全体官员的除外。

12. 在其认为适当时,该委员会有权制定规制其自己的程序、规则和章程,以规制并方便其履职。

13. 该委员会开会的法定人数为一名主席和两名其他成员。

14. 该委员会应就同其职责和责任相关的事项向议会提供定期的最新资讯和建议。

第一百二十条 [公共服务惩戒法庭]

1. 设立公共服务惩戒法庭。

2. 该法庭由一名主席和两名其他成员组成,其由总统根据司法服务委员会同检察长协商后提出的建议任命。

3. 该法庭的主席应是现任或有资格经任命成为法官之人。

4. 该法院的成员任期三年,可连任。

5. 在该法庭成员职位出缺、缺席、离开斐济或因其他原因不能履职期间,总统根据司法服务委员会同检察长协商后提出的建议,有权任命一人代理成员。

6. 仅得因不能履职(无论因身体、精神、其他原因)或行为不端,方可免去该法庭成员之职。

7. 免去该法庭成员之职的程序与第一百一十二条规定的免去司法官员之职的程序相同。

8. 该法庭权力、职责、责任由成文法规定,成文法可为该法庭规定细则。

9. 除成文法赋予的其他职责,该法庭负责审理和决定由下列机构或人员提起的惩戒诉讼:

(1)公共服务委员会,针对常设秘书;

(2)常设秘书、检察员、刑事检控专员、议会秘书长,针对各自所属部或机构的雇员。

10. 该法庭的决定应受高等法院的审查。

11. 成文法可为该法庭制定细则,包括该法庭的审理规则和程序。

12. 履行其职责、行使其权力时,该法庭应独立,且不得受制于他人或机构的指示或控制,但法院作出指示或成文法作出另外规定的除外。

13. 该法庭成员有权获得总统根据司法服务委员会同检察长协商后提出的建议决定的报酬。不得就该报酬作出对其不利的变动,但苛刻地减少报酬同样地适用于国家全体官员的除外。

14. 在其认为适当时,该法庭有权制定规制其自己的程序、规则和章程,以规制并方便其履职。

15. 该法庭应就同其职责和责任相关的事项向议会提供定期的最新资讯和建议。

16. 支付给该法庭成员的薪金、福利和津贴由统一基金负担。

17. 议会应确保该法庭获得充足的基金和资源,确保其独立、有效地行使权力,履行职责。

第一百二十一条 ［问责和透明委员会］

1. 设立问责和透明委员会。

2. 该委员会由一名主席和两名其他成员组成,其由总统根据司法服务委员会同检察长协商后提出的建议任命。

3. 该委员会的主席应是现任或有资格经任命成为法官之人。

4. 该委员会的成员任期三年,可连任。

5. 在该委员会成员职位出缺、缺席、离开斐济或因其他原因不能履职期间,总统根据司法服务委员会同检察长协商后提出的建议,有权任命一人代理成员。

6. 仅得因不能履职(无论因身体、精神、其他原因)或行为不端,方可免去该委员会成员之职。

7. 免去该委员会成员之职的程序与第一百一十二条规定的免去司法官员之职的程序相同。

8. 该委员会的权力、职责、责任由成文法规定,成文法可为该委员会规定细则。

9. 成文法应规定该委员会享有的管辖权、权力,以受理并调查针对常设秘书和担任公职者的诉愿。

10. 履行其职责、行使其权力时,该委员会应独立,且不得受制于他人或机构的指示或控制,但法院作出指示或成文法作出另外规定的除外。

11. 该委员会成员有权获得总统根据司法服务委员会同检察长协商后提出的建议决定的报酬。不得就该报酬作出对其不利的变动,但苛刻地减少报酬同样地适用于国家全体官员的除外。

12. 在其认为适当时,该委员会有权制定规制其自己的程序、规则和章程,以规制并方便其履职。

13. 该委员会应就同其职责和责任相关的事项向议会提供定期的最新资讯和建议。

14. 该委员会有权任命、免去该委员会全体职员(包括行政人员)之职,亦有权处分全体职员(包括行政人员)。

15. 该委员会有权决定同其全体职员雇佣相关的一切事务,包括:

(1)雇佣条件;

(2)任命的资格要求、任命应遵守的程序,其中,该程序包括公开、透明、根据成绩竞选;

(3)依照议会通过的预算支付薪金、福利和津贴;

(4)依照议会通过的预算任命要求的全体职员。

16. 支付给该委员会雇员的薪金、福利和津贴由统一基金负担。

17. 议会应确保该委员会获得充足的基金和资源,确保其独立、有效地行使权力,履行职责。

18. 该委员会有权控制经议会通过的其自己的预算和财政。

第一百二十二条 ［现有任命］

本章规定不得影响本宪法生效前根据任命获得本章规定的职务之人继续任职。

第六章 国家服务

第一节 公共服务

第一百二十三条 ［价值和原则］

国家服务的价值和原则包括:

(1)高级专业准则,包括专业伦理和忠诚;

(2)及时且忠实地执行政府政策和法律;

(3)免于贪污;

(4)有效、经济地使用公共资源;

(5)以尊重、效率、公正、不偏私、公平的方式及时回复公众的要求和问题,并向公众提供服务;

(6)就行政行为负责;

(7)透明,包括:

ⅰ)向公众及时、精确地披露资讯;

ⅱ)经由法律要求,向议会及时、完整且真实地报告;

(8)提供优良的人力资源管理,并提供职业发展实践,以最大限度发挥人的潜能;

(9)根据下列标准招募和晋升人员:

ⅰ)客观、不偏私和公平竞争;

ⅱ)能力、教育、经验和其他特征。

第一百二十四条 ［公共官员应为公民］

行使任命公职(本宪法第五章规定的职务除外)权力的个人或机构不得任命非公民担任该职务,但经首相同意的除外。

第一百二十五条 ［公共服务委员会］

1. 由2009年《国家服务法令》设立的公共服务

委员会继续有效。

2. 公共服务委员会由下列人员组成：

(1)一名主席；

(2)不少于三名，亦不多于五名的其他成员，其由总统根据宪法委员会的建议任命。

3. 若公共服务委员会主席之职出缺，或者，主席缺席、离开斐济或因其他原因不能履职，则总统根据宪法委员会的建议，有权任命他人代理公共服务委员会的主席。

4. 在公共服务委员会的成员缺席、离开斐济或因其他原因不能履职期间，总统根据宪法委员会的建议，有权任命他人代理其成员之职。

第一百二十六条　[公共服务委员会的职责]

1. 依照本条和本宪法其他条款规定，公共服务委员会享有下列职责：

(1)经首相同意，任命常设秘书；

(2)经首相同意，撤销常设秘书；

(3)就常设秘书提起惩戒诉讼；

(4)依照成文法的规定，作出其他任命，履行其他义务、职责和责任。

2. 公共服务委员会的职责不得延伸至下列职务：

(1)法官或司法服务委员会负责的职务；

(2)成文法规定的其他机构负责的职务；

(3)斐济军事力量、斐济警察部队或斐济惩戒服务中的职务；

(4)有关本宪法制定规则规定的职务。

第一百二十七条　[常设秘书]

1. 应在每一部设立一名常设秘书，其职务属于公共服务。

2. 各部均受常设秘书管理，不属于任何部的政府部门亦受向首相负责的常设秘书管理。

3. 各部常设秘书就该部或隶属于该部的其他部门的有效和经济管理向相关部长负责。

4. 经首相同意，公共服务委员会有权随时自国家各部中重新任命一名或多名常设秘书。

5. 常设秘书有权向公共服务委员会提交书面通知而辞职。

6. 常设秘书有权获得公共服务委员会根据首相的同意决定的报酬，且不得就该报酬作出对之不利的变动，但苛刻地减少报酬同样地适用于国家全体官员的除外。

7. 经负责相关部的部长同意，各部的常设秘书有权任命、免去各部全体职员之职，亦有权对之提起处分全体职员的要求。

8. 经负责相关部的部长同意，各部常设秘书有权决定同相关部全体职员雇佣相关的一切事务，包括：

(1)雇佣条件；

(2)任命的资格要求、任命应遵守的程序，其中，该程序包括公开、透明、根据成绩竞选；

(3)依照议会通过的预算支付薪金、福利和津贴；

(4)依照议会通过的预算任命要求的全体职员。

第一百二十八条　[任命大使]

1. 首相根据外交部长的建议，有权向其他国家或国际组织任命斐济的大使或其他主要代表。

2. 首相根据外交部长的建议有权免去本条第1款规定的人员的职务。

第二节　纪律部队

第一百二十九条　[斐济警察部队]

1. 根据成文法设立的斐济警察部队继续有效。

2. 根据2009年《国家服务法令》设立的警察委员之职继续有效。

3. 斐济警察部队受警察委员的指挥。

4. 警察委员由总统根据宪法委员会同负责斐济警察部队的部长协商后提出的意见任命。

5. 警察委员负责：

(1)斐济警察部队的组织和管理；

(2)部署并监督斐济警察部队的运作，

并且，依照本条第6款之规定，其不得受制于相关个人或机构的指示或控制。

6. 负责斐济警察部队的部长有权随时向警察委员发布一般的政策指示，若已发布相关指示，则警察委员应依照该指示行为。

7. 警察委员享有下列同斐济警察部队中一切军衔、成员、其他雇员相关的权力：

(1)任命斐济警察部队成员；

(2)免去斐济警察部队成员之职；

(3)就斐济警察部队的成员提起惩戒诉讼，且规制斐济警察部队的一切成文法均应作相应的解释。

8. 经负责斐济警察部队的部长同意，警察委员有权决定同斐济警察部队全体职员雇佣相关的一切事务，包括：

(1)雇佣条件；

(2)任命的资格要求、任命应遵守的程序，其中，该程序包括公开、透明、根据成绩竞选；

(3)依照议会通过的预算支付薪金、福利和津贴；

(4)依照议会通过的预算任命要求的全体职员。

9. 成文法可规定同斐济警察部队相关的条款。

第一百三十条　[斐济惩戒服务]

1. 根据成文法设立的斐济惩戒服务继续有效。

2. 根据2009年《国家服务法令》设立的斐济惩戒服务委员会继续有效。

3. 斐济惩戒服务受斐济惩戒服务委员的指挥。

4. 斐济惩戒服务委员由总统根据宪法委员会同负责斐济惩戒服务的部长协商后提出的意见任命。

5. 斐济惩戒服务委员负责：

(1)斐济惩戒服务的组织和管理；

(2)部署并监督斐济惩戒服务的运作，并且，依照本条第 6 款之规定，其不得受制于相关个人或机构的指示或控制。

6. 负责斐济惩戒服务的部长有权随时就斐济惩戒服务发布一般的政策指示，若已发布相关指示，则斐济惩戒服务委员应依照该指示行为。

7. 斐济惩戒服务委员享有下列同斐济惩戒服务中一切等级、成员、其他雇员相关的权力：

(1)任命斐济惩戒服务成员；

(2)免去斐济惩戒服务成员之职；

(3)就斐济惩戒服务的成员提起惩戒诉讼，且规制斐济惩戒服务的一切成文法均应作相应地解释。

8. 经负责斐济惩戒服务的部长同意，斐济惩戒服务委员有权决定同斐济惩戒服务全体职员雇佣相关的一切事务，包括：

(1)雇佣条件；

(2)任命的资格要求、任命应遵守的程序，其中，该程序包括公开、透明、根据成绩竞选；

(3)依照议会通过的预算支付薪金、福利和津贴；

(4)依照议会通过的预算任命要求的全体职员。

9. 成文法可规定同斐济惩戒服务相关的条款。

第一百三十一条 〔斐济共和国军事力量〕

1. 根据 2009 年《国家服务法令》设立的斐济共和国军事力量继续有效。

2. 斐济共和国军事力量的一切职责即随时确保斐济和全体斐济公民安全、防御和福利。

3. 斐济共和国军事力量的指挥负责斐济共和国军事力量的行政指挥。

4. 斐济共和国军事力量的指挥由总统根据宪法委员会同负责斐济军事力量的部长协商后提出的意见任命。

5. 斐济共和国军事力量的指挥享有下列同斐济共和国军事力量中一切等级、成员、其他雇员相关的权力：

(1)任命斐济共和国军事力量成员；

(2)免去斐济共和国军事力量成员之职；

(3)就斐济共和国军事力量的成员提起惩戒诉讼，且规制斐济共和国军事力量的一切成文法均应作出相应的解释。

6. 经负责斐济共和国军事力量的部长同意，斐济共和国军事力量的指挥有权决定同斐济共和国军事力量中全体职员雇佣相关的一切事务，包括：

(1)雇佣条件；

(2)任命的资格要求、任命应遵守的程序，其中，该程序包括公开、透明、根据成绩竞选；

(3)依照议会通过的预算支付薪金、福利和津贴；

(4)依照议会通过的预算任命要求的全体职员。

7. 成文法可规定同斐济共和国军事力量相关的条款。

第三节　宪法委员会

第一百三十二条 〔宪法委员会〕

1. 设立宪法委员会。

2. 该委员会由下列人员组成：

(1)担任主席的首相；

(2)反对党领袖；

(3)检察长；

(4)由总统根据首相建议任命的两名成员；

(5)由总统根据反对党领袖建议任命的一名成员。

3. 若该委员会认为适当，其可制定自己的程序，亦有权制定规则和章程以规制并方便其履职。

4. 该委员会应就同其职责和责任相关的事项向议会提供定期的最新资讯和建议。

5. 履行职责、行使权力时，该委员会应独立，且不受制于其他个人或机构的指示或控制，但法律作出指示或成文法作出另外规定的除外。

6. 该委员会开会的法定人数即主席和两名其他成员。

7. 该委员会的秘书由检察员担任。

8. 本条第 2 款第(4)项和第(5)项规定的该委员会的成员任期三年，有资格连任。

9. 本条第 2 款第(4)项和第(5)项规定的该委员会的成员有权获得由总统决定的报酬和津贴，且在其任职期间，不得就该报酬和津贴作出对之不利的变动，但苛刻地减少报酬同样地适用于国家全体官员的除外。

10. 仅得因不能履职（无论因身体、精神或其他原因）或不端行为，方可免去本条第 2 款第(4)项或第(5)项规定的该委员会的成员之职。

11. 应依照本条第 12 款的规定免去本条第 2 款第(4)项和第(5)项规定的该委员会成员之职。

12. 若首席大法官同检察长协商后，认为应调查免去本条第 2 款第(4)项或第(5)项规定的该委员会成员之职的问题，则：

(1)首席大法官：

ⅰ在主张行为不端时，任命裁判庭，其由一名主席和至少两名其他成员组成，其中，成员均自现任或曾任法官或有资格担任法官之人中选出；

ⅱ)在主张不能履职时,任命医疗委员会,其由一名主席和两名其他成员组成,三名成员均应是合格的医师;

(2)裁判庭或医疗委员会应调查相关事项,并向总统提交书面事实报告,并建议是否免去本条第2款第(4)项或第(5)项规定的该委员会的成员之职。

(3)在决定是否免去本条第2款第(4)项或第(5)项规定的该委员会成员之职时,总统应依照裁判庭或医疗委员会给出的意见行为。

13. 根据首席大法官就其同检察长协商后提出的建议,总统有权在调查期间以及根据第3款之规定任命裁判庭或医疗委员会期间,依照其认为适当的条件,中止本条第2款第(4)项或第(5)项规定的该委员会成员之职,且其有权随时撤回中止。

14. 若总统决定不得免去本条第2款第(4)项或第(5)项规定的该委员会成员之职,则根据本条第13款之规定就中止相关人员之职的行为应失效。

15. 根据本条第12款的规定,由裁判庭作出的报告或由医疗委员会提出的建议应公开。

第一百三十三条 [宪法委员会的职责]

1. 宪法委员会享有本宪法或其他成文法规定的职责和责任,并就下列人员的任命向总统提供建议:

(1)人权和反歧视委员会的主席和成员;
(2)选举委员会的主席和成员;
(3)选举监督员;
(4)议会秘书长;
(5)公共服务委员会主席和成员;
(6)警察委员;
(7)斐济惩戒服务委员;
(8)斐济共和国军事力量指挥;
(9)审计长;
(10)斐济储备银行行长。

第四节 有关公共职务的一般规定

第一百三十四条 [适用]

本节适用于:
(1)选举监督员;
(2)议会秘书长;
(3)警察委员;
(4)斐济惩戒服务委员;
(5)斐济共和国军事力量指挥;
(6)审计长;
(7)斐济储备银行行长;
(8)人权和反歧视委员会成员;
(9)选举委员会成员;
(10)公共服务委员会成员。

第一百三十五条 [任期]

1. 依照本款规定,担任第一百三十四条第(1)项至第(7)项规定的职务者任期五年,可连任。

2. 依照本款规定,担任第一百三十四条第八项至第十项规定的职务者任期三年,可连任。

3. 适用本节的任命行为应遵守相关规定(若有)。

4. 履行职责或行使权力时,适用本节规定之人不得受制于他人的指示或控制,但根据本宪法或成文法规定的除外。

第一百三十六条 [报酬和津贴]

1. 适用本节规定者有权获得由总统根据宪法委员会的建议决定的报酬和津贴,且在其任职期间,不得就报酬和津贴作出对之不利的变动,但苛刻地减少报酬同样地适用于国家全体官员的除外。

2. 向总统就支付给适用本节规定之人的报酬和津贴提出建议时,宪法委员会应设立独立的委员会(该委员会的成员不得包括担任公职者)。设立的独立委员会应就支付给适用本节规定之人获得的合理报酬和津贴向宪法委员会提出建议。

第一百三十七条 [因故免职]

1. 仅得因不能履职(无论因身体、精神或其他原因)或不端行为,方可免去适用本节规定之人的职务。

2. 仅得依照本条规定免去适用本节规定之人的职务。

3. 若宪法委员会认为应调查免去适用本节规定之人职务的问题,则:

(1)宪法委员会分别在下列情况中:

ⅰ)主张行为不端时,设立裁判庭,其由一名主席和至少两名其他成员组成,其中,成员均是或有资格成为法官;

ⅱ)主张不能履职时,设立医疗委员会,其由一名主席和两名其他成员组成,三名成员均是合格的医师。

(2)该裁判庭或医疗委员会调查相关事项并向总统提交书面的事实报告,建议总统是否免去相关人员之职。

(3)在决定是否免去相关人员之职时,总统应依照裁判庭或医疗委员会的建议行为。

4. 根据宪法委员会提出的建议,总统有权根据其认为适当的条件,在调查期间以及任命本条第3款规定的裁判庭或医疗委员会期间,中止相关人员之职,且其有权随时撤回中止。

5. 若总统决定不得免去相关人员之职,则根据本条第4款之规定就中止相关人员之职的行为应失效。

6. 宪法委员会应将裁判庭的报告或医疗委员会

的建议公开。

第一百三十八条 ［委员会和法庭职责的履行］

1. 本条适用于：

(1)人权和反歧视委员会；

(2)选举委员会；

(3)司法服务委员会；

(4)法律援助委员会；

(5)赦免委员会；

(6)公共服务惩戒法庭；

(7)问责和透明委员会；

(8)公共服务委员会；

(9)宪法委员会；

(10)根据本宪法设立或任命的、审议免职问题的裁判庭或医疗委员会。

2. 适用本条规定的委员会、法庭可通过制定规则以规制并方便其履职。

3. 适用本条规定的委员会、法庭的决定要求其全体成员多数同意通过，且适用本条规定的委员会和法庭亦可在其一名成员缺席时行为。但在特殊情况下，采用投票决定问题，且票数相等时，则主持人应投决定性的一票。

4. 依照本条规定，适用本条规定的委员会或法庭可制定其自己的程序。

5. 履行职责或行使权力时，适用本条规定的委员会、法庭不得受制于其他人或机构的指示或控制，但本宪法作出另外规定的除外。

6. 本条第5款之规定不得限制国家服务框架中政府的责任，亦不得限制政府负责管理国家服务制定的一般政策。

7. 除经由或根据本宪法赋予的职责外，适用本条规定的委员会和法庭享有成文法规定的权力和其他职责。

8. 若无权参与适用本条规定的委员会和法庭的工作之人参与相关程序，则不得影响相关委员会和法庭处理工作的有效性。

9. 适用本条规定的委员会、法庭就证人出庭和质询以及就问题的提出方面享有同高等法院相同的权力。

第七章 岁入和支出

第一百三十九条 ［征税］

1. 由政府征收的岁入或资金，无论通过征税或其他方式，应经由或根据成文法授权。

2. 除非成文法规定，不得征收、废止、变更赋税或费。

3. 若成文法许可废止或变更赋税或费，则：

(1)每一个废止或变更行为的记录应连同各自的原因被保存；

(2)每一个废止或变更行为及其原因应向审计长报告。

4. 任何法律不得因下列原因免去或授权免除公共官员支付赋税或费：

(1)公共官员担任的职务；

(2)公共官员的工作性质。

第一百四十条 ［统一基金］

1. 为国家或政府目的征收或获得的一切岁入或资金应置于一个统一基金。

2. 本条第1款的规定不得适用于为特定目的设立的、经由或根据成文法规定的支付给其他基金的岁入或资金，亦不得适用于经由或根据成文法规定的，由获得它们的机构为了支付其支出而保留的资金。

第一百四十一条 ［经由法律授权的拨款］

除非根据法律规定的拨款，不得自统一基金或第一百四十条规定的基金中支出资金。

第一百四十二条 ［先于拨款授权支出］

1. 依照成文法的规定，若年度拨款法在该年度开始时未生效，则财政部长有权依照成文法规定的条件并在一定限度内授权自统一基金支出资金，以用于政府的普通服务。

2. 根据本条第1款授权支出的总额不得超过上一年度就政府普通服务拨款的三分之一。

第一百四十三条 ［拨款和征税方式要求征得部同意］

就下列事项作出规定的成文法仅得在财政部长提起并由内阁同意后经议会通过：

(1)拨付或增加拨付岁入或资金；

(2)征税或增加赋税；

(3)减少国债数量。

第一百四十四条 ［年度预算］

1. 每年12月31日或议会规定的其他日期，财政部长应向议会提交年度预算，载明有关政府普通服务和议会服务的岁入和资金的估算，以及该年度的经常性支出。

2. 成文法可规定准备年度预算的方式。

第一百四十五条 ［政府担保］

1. 政府不得就个人或团体的贷款或其他提供财政担保，但由议会依照法律规定的条件提供担保的除外。

2. 议会经决议有权要求财政部长在决议后七日内向议会提供有关特定贷款或担保的资讯，包括一切必要的资讯以说明：

(1)通过本金和累积利息的方式产生总债务的范围；

(2)债务的使用或担保目的;
(3)偿付贷款的规则;
(4)偿付贷款的程序。

第一百四十六条 ［就公共资金的说明］

应依照法律和公共部门通过的一般会计原则处理并说明公共资金。

第一百四十七条 ［为特定薪金和津贴由统一基金支出的固定拨款］

1. 本条适用于:
(1)总统;
(2)司法官员;
(3)选举监督者;
(4)议会秘书长;
(5)检察员;
(6)刑事检控专员;
(7)斐济反贪污独立委员会委员长和副委员长;
(8)警察委员;
(9)斐济惩戒服务委员;
(10)斐济共和国军事力量委员;
(11)审计长;
(12)人权和反歧视委员会主席和成员;
(13)选举委员会主席和成员;
(14)问责和透明委员会主席和成员;
(15)第一百〇四条第1款第(5)项和第(5)项规定的司法服务委员会成员;
(16)第一百一十九条第2款第(2)项规定的赦免委员会成员;
(17)公共服务惩戒法庭的主席和成员;
(18)公共服务委员会主席和成员;
(19)第一百三十二条第2款第(4)项和第(5)项规定的宪法委员会成员;
(20)根据本宪法设立或任命的、审查相关个人免职问题的裁判庭或医疗委员会的主席和成员。

2. 支付给适用本条规定之人的薪金或津贴由统一基金负担。

第一百四十八条 ［为其他原因由统一基金支出的固定拨款］

1. 由国家负担的一切债务以及一切抚恤金福利(由其他基金负担且由其他基金支付给个人或机构的除外)自统一基金支出。

2. 本条中:
"负债"是指同偿付债务相关的利息、偿债基金,以及同国家或统一基金税收安全相关的举债引发的其他支出;
"资格服务"是指公职中的服务,但不包括海军、陆军或空军中的服务;
"抚恤金福利"是指就其资格服务支付给相关个人或其配偶、抚养人、人身代表的抚恤金、补偿、慰问金或其他类似的支出。

第八章 责 任

第一节 行为准则

第一百四十九条 ［行为准则］

成文法应:
(1)设立一个行为准则,其适用于总统、议长、副议长、首相、部长、议会议员、根据本宪法或成文法设立或继续存在的公职人员、委员会成员、常设秘书、大使或国家其他主要代表、在法定机构担任法定任命职务、管理职务或行政职务之人、根据成文法规定的其他官员(包括公职人员);
(2)设立由问责和透明委员会执行行为准则的规则、程序;
(3)规定由问责和透明委员会监督本条第1项规定的官员就行为准则的遵守;
(4)规定由问责和透明委员会调查违反行为准则的主张,并执行行为准则,包括通过刑事和惩戒程序,规定免去被证实违反行为准则的官员之职;
(5)规定保护检举人,其是本着善良披露本条第(1)款规定的官员违反成文法之人,或是披露本条第(1)款规定的官员委员会行为准则、从事欺诈或贪污行为之人;
(6)规定由本条第(1)款规定之官员每年向问责和透明委员会申报其自身以及规定的、其直系亲属的资产、负债和财产性利益,且规定相关申报可由公众获知。

第二节 信息自由

第一百五十条 ［信息自由］

成文法应规定由公众行使获取由政府及其机构持有的官方信息和文件的权利。

第三节 审计长

第一百五十一条 ［审计长］

1. 根据2009年《国家服务法令》设立的审计长继续有效。

2. 审计长由总统根据宪法委员会的建议,并同财政部长协商后任命。

3. 在审计长职位出缺、缺席、离开斐济或因故不能履职时,总统根据宪法委员会建议,有权任命一人代理审计长之职。

第一百五十二条 ［审计长的职责］

1. 审计长调查、审计下列事项,并向议会报告,

每年至少一次:
（1）国家公共账目;
（2）监督国家公共资金和公共财产;
（3）同国家公共资金或公共财产的交易或从事与之相关的业务。

2. 报告中,审计长应根据其意见陈述:
（1）同国家公共资金或公共财产的交易或从事与之相关的业务是否经由或依照本宪法或成文法授权;
（2）支出适用于授权时确定的目的。

3. 成文法可进一步规定同审计长职务相关的事项,亦可赋予审计长其他职责和权力。

4. 审计长或其授权之人在履行义务时,有权获取任何人或机构持有、监管、控制的一切记录、账目、收据、储备或其他政府财产。

5. 审计长在履行职责或行使职权时应独立,不受制于他人、机构的指示或控制,但法院或成文法作出另外规定的除外。

6. 审计长有权任命、免去、处分审计署的工作人员（包括行政人员）。

7. 审计长有权决定有关审计署工作人员雇佣的事项,包括:
（1）雇佣的条件;
（2）任命需要的资格和程序,其必须公开、透明、以成绩竞选;
（3）依照议会通过的预算支付薪金、福利和津贴;
（4）依照议会通过的预算,任命要求的全体员工。

8. 支付给审计署雇员的薪金、福利和津贴由统一基金负担。

9. 议会应确保审计长拥有充足的资金和资源,以确保审计长独立并有效地行使其权力,履行其职责和义务。

10. 审计长经议会同意控制审计署的预算和财政。

11. 成文法可规定特定公司的账目不受审计长审计,但应根据该成文法的规定接受审计。

12. 若成文法作出前款规定,则其应授权审计长审查该审计并报告审查结果。

13. 审计长应向议会议长提交其作出的报告,并向财政部长提交报告副本。

14. 财政部长收到报告后三十日内,或者,若议会未开会,则在前述期限届满后的第一日,财政部长应向议会提交报告。

第四节　斐济储备银行

第一百五十三条　［斐济储备银行］

1. 斐济储备银行是国家中央银行,其主要目标是:

（1）为了经济平衡和可持续增长而使货币保值;
（2）制定货币政策;
（3）促进价格稳定;
（4）发行货币;
（5）履行成文法赋予的其他职责。

2. 斐济储备银行在实现其主要目标时应独立、勇敢、不偏私地履行职责,但银行和财政部长应定期协商。

3. 斐济储备银行的权力和职责同中央银行通常行使的权力和履行的职责相同。

4. 斐济储备银行行长由总统根据宪法委员会同财政部长协商后的建议任命。

5. 成文法规定斐济储备银行的组成、权力、职责和运作。

6. 储备银行应向议会提交季度和年度报告,并应在法律要求时或决议要求时提交其他报告。

第九章　紧急权力

第一百五十四条　［紧急状态］

1. 若有合理理由认为同时出现下列情形,则首相有权根据警察委员和斐济共和国军事力量指挥之建议,宣告斐济全境或局部进入紧急状态,有权制定同紧急状态相关的规则:

（1）斐济全境或局部的安全受到威胁;
（2）有必要宣告进入紧急状态以有效地处理出现的威胁情形。

2. 若作出紧急状态宣告时正值议会开会,则首相应在作出宣告后二十四小时内向议会提交宣告,以确认宣告。

3. 若作出紧急状态宣告时,议会未开会,则议长应在宣告作出后四十八小时内通过必要的通信措施寻求议会议员确认紧急状态的宣告。

4. 若议会议员多数确认由首相作出的宣告,则自确认之日起计算,该宣告有效期一个月,且可由议会再次表决而续期。

5. 若议会议员多数未确认由首相作出的宣告,则该宣告及根据该宣告采取的行动视为无效。

第十章　豁　免

第一百五十五条　［根据1990年《宪法》赋予的豁免继续有效］

尽管废止1997年《宪法修正案》并取消1990年《斐济主权民主共和国宪法法令（已公布）》,但1990年《宪法》第十四章依照其主旨继续有效,1990年宪法第十四章赋予的豁免继续有效。

第一百五十六条 ［根据2010年就特定政治事件负担有限责任法令赋予的豁免继续有效］

1. 根据2010年就特定政治事件负担有限责任法令规定,就特定政治事件中的特定人员赋予的豁免继续有效。

2. 尽管本宪法作出规定,2010年就特定政治事件负担有限责任法令文本仍有效,且议会不得修订、修改、变更、废止或撤销。

第一百五十七条 ［其他豁免］

绝对且无条件的豁免不可改变地赋予担任下列职务者或在下列组织任职者(无论就其官职行为、人身或个人行为):

(1)总统;

(2)首相和内阁部长;

(3)斐济共和国军事力量;

(4)斐济警察部队;

(5)斐济惩戒署;

(6)司法机构;

(7)公共服务;

(8)其他公职,

从而,使之免受任何法院、裁判庭、委员会在任何程序(包括法律、军事、纪律处分或职业程序)中的刑事追诉和民事或其他责任,并使之免受法院、裁判庭或委员会就其自2006年12月5日至本宪法生效后召开第一届议会的第一次会议之日,直接或间接参与、任命或涉及政府的行为作出命令和裁判。但是,前述豁免不得适用于2009年罪行法令第一百三十三条至第一百四十六条、第一百四十八条至第二百三十六条、第二百八十八条至第三百五十一条、三百五十六条至第三百六十一条、第三百六十四条至第三百七十四条、第三百七十七条至第三百八十六条规定的构成犯罪的作为或不作为。

第一百五十八条 ［确认豁免］

1. 尽管本宪法作出规定,但本章或本章赋予或确认继续有效的豁免仍不受修订、修改、变更、废止或撤销。

2. 尽管本宪法作出规定,但任何法院或裁判庭均无权受理、审理、判决或命令同本章规定以及本章赋予或确认继续有效的豁免相关的诉讼。

3. 国家不得向根据或因本条赋予豁免的行为而遭受财产、人身损害之人支付赔偿。

第十一章 宪法修改

第一百五十九条 ［宪法修改］

1. 依照本条第2款规定,仅得依照本章规定的程序修改本宪法文本或本宪法文本中之任何条款。

2. 修改本宪法时:

(1)不得废止本宪法第十章和第十二章第四节的任何条款;

(2)不得侵犯或减损本宪法第十章和第十二章第四节规定的条款的有效性;

(3)不得废止、侵犯或减损本宪法的有效性。

第一百六十条 ［修改程序］

1. 修改本宪法的法案应表述为《修改本宪法的法律议案》。

2. 修改本宪法的法案应依照下列程序经议会通过:

(1)该法案经议会三读;

(2)二读和三读时,由议会议员至少四分之三投票通过;

(3)二读和三读之间间隔至少三十日,且每次应经充分讨论;

(4)议会就该法案的三读应在相关常设委员会向议会报告该法案后举行。

3. 若修改本宪法的法案依照本条第2款的规定经议会通过,则相应地,议长应通知总统,总统应向选举委员会移送该法案,以便选举委员会举行公决使在斐济的全体登记选民表决该法案。

4. 本条第3款规定的公决由选举委员会按照成文法规定的方式举行。

5. 选举委员会应在公决后将结果立即通知总统,并应在媒体上公布公决结果。

6. 若公决结果是登记选民全体之四分之三表决通过,则总统应同意该法案,该法案于总统同意之日或法案规定的其他日期生效。

7. 本条中,使用的"修改"应作扩大解释,所以,本条适用于就本宪法条文的废止、替代、修订或变更的提案。

第一百六十一条 ［2013年12月31日前的修改］

1. 尽管本宪法作出规定,2013年12月31日之前(含当日),根据内阁建议行为的总统出于使本宪法完全有效或纠正本宪法条文中不一致或错误之必要,有权经政府公报上公布的法令修改本宪法。

2. 若内阁获得最高法院就修改宪法的证明,则内阁仅得根据本条第1款的规定建议总统修改本宪法。

3. 为避免歧义,本条规定的有效期截至2013年12月31日。

第十二章 生效、解释、废止和过渡

第一节 小标题和生效

第一百六十二条 ［小标题和生效］

1. 本宪法可称作《斐济共和国宪法》。

2. 本宪法自总统经政府公报上公布的通知决定之日生效。

第二节 解 释

第一百六十三条 ［解释］

1. 本宪法中，除非作出相反规定：

"法"是指议会法、法令或颁布的规则；

"成年人"是指年满十八周岁的个人；

"权利法案"是指第二章规定的权利和自由；

"儿童"是指未满十八周岁的个人；

"委员会"是指经过本宪法规定或根据本宪法规定继续有效的委员会；

"1990年宪法"是指1990年斐济主权民主共和国宪法法令规定的宪法；

"腐败行为"包括：

（1）任何企图不适当影响公职人员之行为；

（2）兜售、贿赂、强取之行为；

（3）为个人获利而滥用内部资讯；

（4）要求或接受非法获得的利益；

（5）明确或暗示拒绝任何服务、福利、决定或判决，威胁或隐含威胁行使合法权力之人，以强取个人福利或不适当地获得他人同意而作为或不作为；

（6）非法占有或要求私人财产；

（7）为个人目的，滥用或不适当使用公共财产，窃取公共财产；

（8）为个人获利而转让或出售公共资产；

"刑事诉讼"是指因主张个人犯罪，在法院（军事法院除外）提出控诉的程序，包括上诉、根据认同的事实或法律保留的问题提交的案件；

"部门"是指隶属于部的公共服务部门；

"残疾"包括在下列情形中，在身体上、感知上、精神上、心理上或其他方面的缺陷或疾病：

（1）已经或现经社会重要部门意识到对个人同他人平等的完全、有效参与社会的能力产生重大不利影响；

（2）构成不公正歧视的基础；

"纪律部队"是指：

（1）斐济共和国军事力量；

（2）斐济警察部队；

（3）斐济惩戒署；

"选举犯罪"包括选举法规定的犯罪，以及规制选民登记和政党登记的法律规定的犯罪；

"斐济"或"斐济共和国"是指1970年10月10日之前组成斐济殖民地的领土，以及经议会宣布组成斐济部分的其他领土；

"政府公报"是指经由政府命令或根据政府职权出版的斐济共和国政府公报，或者该公报的增刊；

"政府"是指国家政府；

"法官"是指高等法院法官（包括首席大法官）、上诉法官（包括上诉法院院长）、最高法院法官；

"司法官员"包括高等法院法官（包括首席大法官）、上诉法官（包括上诉法院院长）、最高法院法官、治安法官、高等法院事务官、首席书记官、由司法服务委员会任命的其他司法官员；

"法律"是指一切成文法；

"矿藏"是指从土地、海床开采的一切矿藏，包括天然气；

"宣誓"包括承诺；

"忠诚和就职宣誓或承诺"是指附表中规定的忠诚和就职宣誓或承诺；

"人"是指自然人或法人，包括法人或非法人形式的公司、组织或团体；

"政党"是指致力于参与斐济共和国政治生活或政府的人有组织的团体或联合，其已根据规制政党组织的成文法登记；

"规定的"是指成文法规定的；

"总统"是指根据第四章任命的斐济共和国总统，包括根据本章第四节任命或任职之人；

"财产"包括下列事项固有的或附带的权利，或者，依附于下列事项或源自下列事项的利益：

（1）土地、土地上的永久附着物或添附物；

（2）商品或个人财产；

（3）知识产权；

（4）金钱或可转让票据；

"公职"是指：

（1）经由本宪法创设或根据本宪法规定继续有效的职务；

（2）同本宪法规定相关的职务；

（3）委员会成员的职务；

（4）国家服务中的职务；

（5）法官职务；

（6）治安法官职务或成文法创设法院中的职务；

（7）法定机构中的职务或法定机构中成员的职务；

（8）成文法设立的职务；

"公共官员"是指担任公职之人；

"公共服务"是指在民事领域的国家服务，但不包括：

（1）司法部门的服务；

（2）委员会成员提供的服务；

（3）担任经由本宪法创设或根据本宪法规定继续有效的职务之人提供的服务；

同议会相关的"会期"是指自议会休会后或解散后召开第一次会议至议会之后休会或解散的会议

期间；

"监禁"不包括中止刑罚或以罚金代替监禁的刑罚；

同议会相关的"会议"是指议会未休会而持续开会的期间，包括议会委员会开会的期间；

"议长"是指议会议长；

"国家"是指斐济共和国；

"紧急状态"是指根据第九章宣告的紧急状态；

"国家服务"是指公共服务和纪律部队；

"下属法院"是指为国家设立的法院，但高等法院、上诉法院、最高法院和经由惩戒法设立的法院除外；

"下级法"是指行使法赋予的作出指示的权力时发布的指示，包括规章、规则、命令、附则或宣告；

"本宪法"是指斐济共和国宪法；

"成文法"是指法、法令、颁布的规则以及根据法、法令、颁布的规则制定的下属法；

2. 本宪法规定的任命公职的权力包括：

（1）晋升或调任的权力；

（2）任命个人在职位空缺、原职人员不能履职时代理职务的权力。

3. 本宪法中，除非作出相反规定，规定指定职务的任职人员之处包括代理该职务之人。

4. 经任命担任本宪法设立的职务之人有权以载有其签名的书面通知向任命之人或任命机构辞职，该辞呈在下列规定的时间中生效，二者择后发生者：

（1）通知中载明的时间或日期；

（2）任命之人或任命机构获得通知时。

5. 本宪法规定的免去公职人员的权力包括：

（1）要求其退休的权力；

（2）终止雇佣人员合同的权力；

（3）不续签雇佣人员合同的权力。

6. 本宪法规定的修改法律（包括修改本宪法）包括：

（1）使用或不使用其他法律取代而废止之；

（2）经修正案或其他形式修改、变更、修订或改变之；

（3）中止运作；

（4）制定其他同之相冲突的规定。

7. 经由本宪法赋予职责之人、机构或团体有权从事为履行职责或同履行职责相关的一切必要或便宜之事。

8. 本宪法规定作为、参与协商或接收报告的部长之处，包括委托临时负责同相关活动关联的政府部分工作的部长。

9. 除非作出相反规定，本宪法规定部长之处，包括临时代理和代表该职务的部长。

10. 本宪法规定个人或机构在履职或行使权力时不受制于他人或机构的指示或控制之处不得被解释为排除行使管辖权的法院裁决前述人员或机构是否依照本宪法履职或行使权力，或者裁决前述人员或机构是否应该履职或行使权力。

11. 本宪法赋予的制定、授予或发布文件（包括宣告、命令、规章或规则）的权力、作出指示的权力，包括以类似的方式废止、取消、撤销、修改、变更该文件或指示的权力。

12. 为避免歧义，本宪法中使用"必须"之处即同使用"应该"时赋予的义务。

13. 本宪法规定职务之处可视适用的情形在形式上作必要的变更。

14. 本宪法中，除非文本另作要求：

（1）若本宪法定义一个词或表达，则该词或表达的语法变化或同词源表达具有相应的意义，并按文本要求的变化阅读；

（2）"包括"是指"包括，但不限于"。

15. 为本宪法规定的相应日的，计算两个事件之间的时间时，若就时间作出下列表达：

（1）规定日的，则应包含第一次事件和最后一次时间发生之日；

（2）规定月的，期间在相应月的下列日期开始时届满：

ⅰ）若该月有对应的日期，则届满之日为期间开始时之同一个日期数字；

ⅱ）其他情况下，则为相应月的最后一日；

（3）规定年的，期间在相关年度对应开始期间之日届满。

16. 不论出于任何目的，本宪法规定的期间为六日或少于六日，则在计算时间时，不得计入星期日以及公共节日。

17. 若在特殊情况下，本宪法规定的期间在星期日或公共节日期间届满，则届满时间顺延至星期日或公共节日结束后的第一日。

18. 若就履行要求的行为，本宪法未规定特定的时间，则该行为应在没有无理迟延的情况下完成，视具体的常视情况而定。

19. 若根据本宪法规定，个人有权延长本宪法规定的期间，则可在相应期间届满前或届满后行使该权力，但在赋予该权力的条款中明确规定相反内容的除外。

20. 除非本宪法作出另外规定，若个人已空出根据本宪法设立的职务，但其具有相应资格，则依照本宪法规定，其有权经任命、选举或其他选择方式重新担任该职务。

21. 附表是本宪法的一部分，使用"本宪法"之处均包括附表。

22. 根据法律要求作出忠诚或就职宣誓或承诺之人应按附表规定作出适当的宣誓或承诺。

第三节 废 止

第一百六十四条 ［废止］

依照本章第四节和本宪法其他条款规定，废止下列成文法：

(1) 2009 年斐济行政权法令；
(2) 2009 年岁入和支出法令；
(3) 2009 年国家服务法令；
(4) 2009 年副总统及继任法令；
(5) 2009 年司法行政法令。

第四节 过 渡

第一百六十五条 ［总统职务］

1. 尽管废止 2009 年斐济行政权法令，但根据 2009 年斐济行政权法令任命的总统应继续 2009 年斐济行政权法令作出任命的任期，但总统的连任应依照本宪法的规定。

2. 根据 2009 年斐济行政权法令任命的总统应继续行使斐济的行政权，并行使 2009 年斐济行政权法令赋予其的一切权力（包括根据内阁建议经法令制定法律），直至第一届议会根据本宪法召开第一次会议。

3. 若第一届议会根据本宪法召开第一次会议前，总统职位出缺，则应依照 2009 年斐济行政权法令任命他人担任总统。

4. 尽管废止 2009 年副总统及继任法令，但直至第一届议会根据本宪法召开第一次会议，若总统职位出缺，或者，总统未履职、离开斐济或因其他原因不能履职，则总统之职应由首席大法官履行。

第一百六十六条 ［首相和部长］

1. 尽管废止 2009 年斐济行政权法令，根据 2009 年斐济行政权法令任命的首相和其他部长应继续履职，直至首相根据本宪法第九十三条的规定就职。

2. 首相和其他部长应继续行使 2009 年行政权法令赋予的一切权力，直至首相根据本宪法第九十三条的规定就职。

3. 尽管本宪法废止 2009 年斐济行政权法令并作出其他规定，2009 年斐济行政权法令应继续有效，直至第一届议会根据本宪法召开第一次会议。

4. 尽管废止本章第三节规定的法律，且本宪法作出其他规定，但直至第一届议会根据本宪法召开第一次会议，下级法律应依照本宪法生效前可适用的法律、规则和程序制定。

第一百六十七条 ［公共官员或宪法官员］

1. 本宪法生效前不久担任或代理公职之人自本宪法生效之日应继续担任或代理相关职务或经由本宪法设立的相应公职，正如依照本宪法对之作出任命，且应视其已根据现行法律作出该任命所要求的宣誓或承诺。

2. 本条规定不得影响经由或根据本宪法赋予的制定规则的权力，以废止或免去任职者或代理者之职。

3. 尽管本宪法作出规定，但直至根据本宪法规定选出的第一届议会召开第一次会议，根据本宪法赋予宪法委员会的任何职责、权力或义务均由首相履行。

4. 为避免歧义，第一百三十二条第 2 款第 (4) 项和第 (5) 项规定的宪法委员会的成员仅得在根据本宪法规定选出的第一届议会召开第一次会议之后获得任命，且宪法委员会仅得在根据本宪法规定选出的第一届议会召开第一次会议之后召开会议。

第一百六十八条 ［财政］

尽管废止 2009 年岁入和支出法令，且本宪法第七章作出规定，但 2009 年岁入和支出法令仍继续有效，直至第一届议会根据本宪法召开第一次会议。

第一百六十九条 ［议会和议长职责］

1. 尽管废止本章第三节规定的法律，但在本宪法中由议长履行的职责应由首相履行，直至第一届议会根据本宪法召开第一次会议。

2. 尽管废止本章第三节规定的法律，但在本宪法中由议会履行的职责应由内阁履行，直至第一届议会根据本宪法召开第一次会议。

3. 尽管本宪法作出规定，但根据本宪法赋予反对党领袖的权力或义务应由首相履行，直至根据本宪法选出的第一届议会召开第一次会议。

第一百七十条 ［选举］

1. 尽管本宪法第四章作出规定，根据本宪法规定，第一届议会议员的选举应于总统根据首相建议而决定之日举行，但第一届选举必须在 2014 年 9 月 30 日之前举行。

2. 根据本宪法之规定，举行第一届议会议员选举，该选举日期应由总统于选举日之前至少六十日公开宣布。

3. 根据本宪法规定，举行第一届议会议员选举的令状应由总统根据首相的建议发布，该令状应于该选举日之前至少四十四日发布。

4. 根据本宪法规定，举行第一届议会议员选举，接收议员候选人提名的最后一日应为选举日前的第三十一日。

5. 直至根据本宪法规定任命选举委员会或选举监督者，选举委员会或选举监督者的职责由负责选举的常设秘书履行。

第一百七十一条 〔机构的继任〕

1. 根据本宪法设立的职务或机构是本宪法生效前存在的相应职务或机构的合法继任者。

2. 根据本宪法任命的选举监督者是 2012 年选举(选民登记)法令规定的选民登记职务以及 2013 年政党(登记、执行、基金、披露)法令规定的登记职务的合法继任者。

第一百七十二条 〔维护权利和义务〕

1. 除非本宪法明确作出另外规定,本宪法生效前国家的以及存在的一切权利和义务根据本宪法之规定,继续作为国家权利和义务。

2. 国家发予他人的、在本宪法生效前具有效力的一切许可、许可证、权利或类似事项自本宪法生效之日继续有效。

3. 本宪法生效前,由本章第三节废止的法律规定之人作出的、在本宪法生效前具有效力的委托,在本宪法生效后继续有效,类似由本宪法规定的相应的委员会或个人作出委托。

4. 若向本章第二节废止的法律规定的委员会或个人提起的诉愿在本宪法生效之日已开始但未获决定,则应在本宪法生效后继续该诉愿,类似由本宪法规定的相应的委员会或个人开展。

5. 根据 2009 年人权委员会法令设立的人权委员会处理的、在本宪法生效之日未裁决的诉愿应继续由本宪法第四十五条规定的人权和反歧视委员会处理;但 2013 年 8 月 21 日之后提交人权和反歧视委员会的诉愿应限于 2013 年 8 月 21 日之后发生的事项、事件或意外。若 2013 年 8 月 21 日之后向人权和反歧视委员会提起的诉愿同 2013 年 8 月 21 日之前发生的事项、事件或意外相关联,则人权和反歧视委员会不得处理之。

第一百七十三条 〔维护法律〕

1. 依照本条第 2 款规定,本宪法生效前有效的一切法律(本章第三节规定的法律除外)应继续有效,正如其根据或依照本宪法制定,并应对之作出必要的修改以使之符合本宪法规定。

2. 尽管本宪法作出规定,公布的文件、法令、宣告(本章第三节规定的法律除外)以及根据前述公布的文件、法令、宣告制定的下级法在下列情况同时具备的情况下,继续有效:

(1)在 2006 年 12 月 5 日至第一届由议会根据本宪法召开第一次会议期间制定;

(2)具有效力,且未经其他公布的文件、法令、宣告、根据前述公布的文件、法令、宣告制定的下级法废止或替代。

3. 尽管本宪法作出规定,公布的文件、法令、宣告(本章第三节规定的法律除外)以及根据前述公布的文件、法令、宣告制定的下级法在下列情况同时具备的情况下可于本宪法生效后,由议会修改:

(1)在 2006 年 12 月 5 日至第一届由议会根据本宪法召开第一次会议期间制定;

(2)具有效力,且未经其他公布的文件、法令、宣告、根据前述公布的文件、法令、宣告制定的下级法废止或替代。

但修改:

ⅰ)不得具有溯及既往的效力;

ⅱ)不得使根据前述法令制定的决定归于无效;

ⅲ)不得向前述法令影响之人提供补偿、损害赔偿金、救济、恢复原状。

4. 尽管本宪法作出规定,任何法院或裁判庭(包括经宪法设立或继续有效的法院或裁判庭)在起诉或质疑下列事项的诉讼中,有权受理、审理、裁决或以其他方式处理,有权发布命令、提供救济:

(1)在 2006 年 12 月 5 日至第一届由议会根据本宪法召开第一次会议期间公布的文件、法令、宣告以及根据前述公布的文件、法令、宣告制定的下级法(包括相关法律的任一条文)的有效性或合法性;

(2)在 2006 年 12 月 5 日至第一届由议会根据本宪法召开第一次会议期间公布的文件、法令、宣告以及根据前述公布的文件、法令、宣告制定的下级法(包括相关法律的任一条文)的合宪性;

(3)在 2006 年 12 月 5 日至第一届由议会根据本宪法召开第一次会议期间公布的文件、法令、宣告以及根据前述公布的文件、法令、宣告制定的下级法(包括相关法律的任一条文)不符合本宪法规定,包括不符合本宪法第二章的规定;

(4)根据 2006 年 12 月 5 日至第一届由议会根据本宪法召开第一次会议期间公布的文件、法令、宣告以及根据前述公布的文件、法令、宣告制定的下级法(包括相关法律的任一条文)作出或授权的决定、采取的行动、可能作出或授权的决定或可能采取的行动,但经由 2006 年 12 月 5 日至第一届由议会根据本宪法召开第一次会议期间公布的文件、法令、宣告以及根据前述公布的文件、法令、宣告制定的下级法(包括相关法律的任一条文)规定或授权的除外。

5. 尽管本宪法作出规定,且已废止 2009 年司法行政法令,但 2009 年司法行政法令第五条第三款、第四款、第五款、第六款以及第七款的规定继续适用于 2006 年 12 月 5 日至第一届由议会根据本宪法召开第一次会议期间公布的文件、法令、宣告以及根据前述公布的文件、法令、宣告制定的下级法(包括相关法律的任一条文)。

6. 本宪法生效前制定但未生效的一切成文法可依照其规定生效并获得适用,类似根据或依照本宪法颁行或制定。

第一百七十四条 ［司法诉讼］

1. 经2009年司法行政法令设立的法院继续有效。

2. 根据2009年司法行政法令设立的法院的一切诉讼于本宪法生效前开始审理但未作出裁决，则应继续审理，类似本宪法条文生效后开始审理相关诉讼。

3. 尽管本宪法作出规定，但2009年司法行政法令第二十三条、第二十三A条、第二十三B条、第二十三C条、第二十三D条继续有效，且不得修改、修订、变更、废止之。经本宪法设立或根据本宪法规定继续有效的法院：

（1）不得受理、审理、裁决2009年司法行政法令或公布的文件、法令、宣告、其他成文法排除该法院管辖的事项；

（2）不得受理、审理、裁决2009年司法行政法令或公布的文件、法令、宣告、其他成文法终结的诉讼。

附表　宣誓和承诺（略）

马绍尔群岛共和国宪法[*]

(1979年3月通过,1979年5月1日生效。)

序　言

我们,马绍尔群岛人民,信奉上帝,即我们的生命、自由、身份和我们的固有权利之赐予者,因而行使这些权利并为我们和后代制定本宪法,阐明治理马绍尔群岛的正当法律框架。

我们有理由为我们的祖先而自豪,他们在多个世纪前勇敢地冒险穿越巨大的太平洋的未知水域,以建立自身独特社会之崇高追求巧妙地应对在这些小岛上维持基本生存的持续挑战。

这个社会已生存下来,并已经历过时间的考验、其他文化的影响、战争的破坏,以及为国际和平与安全而支付的代价。我们所有人拥有且今天已成为一个民族,我们已接受我们保证维护的神圣遗产,重视我们在这些岛屿上的合法家园高于一切。

以本宪法,我们确认自身和平且和谐生活的希望与权利,赞同民主原则,与所有其他民族分享对于自由且和平之世界的渴望,并努力做所有我们力所能及之事以帮助实现这一目标。

我们向其他民族提供我们从他们那里所深刻寻求者:和平,友谊,互相理解,以及尊重我们的各自理念和共同人性。

第一条　[宪法至上]

第一款　[本宪法乃最高法律]

(1)本宪法应为马绍尔群岛的最高法律,且所有法官及其他公职人员应因此受到约束。

(2)非依本宪法而在其生效之日或之后作出的立法或行政措施及任何法院或其他政府机构的裁决在马绍尔群岛不具有法律效力。

第二款　[违宪]

(1)与本宪法冲突的任何现行法律和在本宪法生效之日或之后制定的任何法律在冲突范围内无效。

(2)与本宪法冲突的在本宪法生效之日或之后由任何人或机构实施的任何其他行为在冲突范围内非法。

第三款　[本宪法的解释和适用]

(1)在解释和适用本宪法时,法院应关注在相关方面拥有与马绍尔群岛宪法相类似宪法的其他国家之法院裁决,但不得因此受到拘束;且,在遵循任何此类裁决时,法院应调整之以适应马绍尔群岛的需要,随时考虑本宪法之整体及马绍尔群岛的情况。

(2)在所有情况下,本宪法的规定应解释为根据理性和经验实现公平且民主之政府这一目标。

第四款　[本宪法的实施]

除本宪法对司法权的明确限制外:

(a)以马绍尔群岛人民之名义行为的总检察长,以及直接受到被指控的违宪行为影响的所有人,无论是私人还是政府官员,应有资格在以案件或争议为主题的适当司法程序中对该违宪行为进行控诉;

(b)任何普通管辖法院,在解决涉及本宪法条款的案件或争议时,应有权发布所有必要且适当之命令以确保该条款的完全遵守及其利益的充分享有;

(c)马绍尔群岛政府及任何地方政府不得免于涉及其自身行为或其代理人行为的民事诉讼;但马绍尔群岛政府或任何地方政府的财产或其他资产不得用于或参与履行任何裁决。

第二条　[权利法案]

第一款　[思想、言论、出版、宗教、集会、结社和请愿的自由]

(1)人人享有思想、良心和信仰自由的权利;言论和出版自由的权利;宗教自由的权利;和平集会和结社的权利;以及向政府请愿申冤的权利。

(2)若符合下列条件,本款的规定不得解释为使法律对时间、地点或行为方式设定的合理限制无效:

a)该限制是保护公共的和平、秩序、健康或安全或者他人的自由或权利所必需的;

b)除此之外不存在更小的限制手段;

c)该限制未处罚不赞同已表达的思想或信仰的行为。

(3)本款的规定不得解释为阻止政府在宗教机构提供免费教育、医疗或其他服务的范围内向其提供财

---

[*]　译者:李光晨。

政帮助,但该帮助不得因给予某些宗教优于其他宗教的政府特权而在宗教团体或信仰中进行区别对待,且不得超出下列程度:

a)偿付向教育、医疗或其他免费服务的接受者收取的费用;

b)补偿相关机构在提供此类服务时产生的费用,但仅可由通过向所有提供上述服务的宗教机构开放的组织而提供的资金支付。

第二款　[奴隶制和强制劳役]

(1)任何人不得被置于奴隶制或强制劳役之中,亦不得被要求从事强迫或强制劳动。

(2)就本款而言,"强迫或强制劳动"这一术语不包括:

a)法院的判决或命令所要求的任何劳动;

b)若为维持拘留地所合理必要,对被合法拘留者所要求的任何劳动;

c)法律所要求的在强制兵役场所的任何服务,且同时亦已合法地要求其他人从事该服务。

第三款　[不合理的搜查与扣押]

(1)人民确保其人身、住宅、文件和财物免受不合理的搜查与扣押之权利不受侵犯,非基于合理根据并以宣誓或确认支持之,且明确指出被搜查地点及被扣押人员或物品,不得颁发任何相应令状。

(2)若有足够时间取得令状却未取得,则搜查或扣押应推定为法律上的不合理。

(3)除非相对人及时得到关于扣押理由的通知并被确保享有及时向法官反驳其合法性的机会,任何扣押应推定为法律上的不合理。

(4)对不为已被确信犯有某罪者所有或占有的房屋建筑之搜查应推定为法律上的不合理,除非其房屋建筑受到搜查者被事先给予对抗制听证的机会以反对或遵循确认相关人员或物品的传票,或颁发搜查令状的官员合理确定该事先通知和听证将导致受搜查人员或物品转移或不可获得之不当危险。

(5)通过不合理搜查和扣押或根据无效令状获得的证据不得被用以支持刑事定罪。

第四款　[正当程序和公正审理]

(1)未经正当法律程序,任何人不得被剥夺生命、自由和财产。

(2)任何被指控为犯罪者在其被排除合理怀疑地证明有罪前应推定为无罪。

(3)不得要求超出确保刑事被告人出席审判所需数额的保释金,且当其他有效方法可以合理保证其不会潜逃或严重危及公共安全时,任何人不得未经审判而受到拘留。

(4)在所有刑事诉讼中,被告人应享有下列权利:及时且详细地得到关于针对其指控的性质和理由的通知;及时获得关于是否存在充足理由使其受审的司法裁决;拥有充足的时间和便利来准备其辩护;亲自或通过其自己选择的辩护律师的帮助为自己辩护,且若其缺乏资金以获得此类帮助,则可在合理利益如此要求时免费获得之;与控方证人对质;及拥有强制性传票以获得己方证人。

(5)当所适用的法律对某犯罪规定三年或更长时间监禁的刑罚时,或在未对某犯罪规定刑罚上限的情况下,实际判处的刑罚为三年或更长时间时,刑事被告人有权获得陪审团审判,除非其明知且主动放弃此项权利。

(6)除非基于起诉报告、公诉书或刑事起诉,任何人不得被要求对犯罪进行答辩。

(7)任何人在所有刑事案件中不得被强迫作为针对自己或其配偶、父母、子女或同胞兄弟姐妹的证人,或作出可直接或间接用于获得上述人员之刑事定罪的针对他们的证人证言。

(8)任何人不得受到强制刑事讯问,且任何非自愿认罪供述或非自愿认罪答辩,或任何来自未被告知其保持沉默和获得律师帮助的权利及其所作陈述可能作为对其不利证据这一事实者之认罪供述,不得被用于支持刑事定罪。

(9)任何人不得受到双重追诉,但有罪判决已为被告上诉所推翻后允许重新审理。

(10)任何人不得被预先拘留、非自愿收监或除此以外非依刑事令状剥夺自由,除非根据法律、依照公正程序并清楚表明对其之释放将严重危及其自身健康或安全或者他人的健康、安全或财产。

第五款　[合理补偿]

(1)非依法律授权,任何土地权利或其他私人财产不得被征收;且该征收必须由马绍尔群岛政府为公用并依照法律规定的所有保护措施而进行。

(2)主要为创造利益或收入及不主要用于提供公共服务的使用不得被视为"公用"。

(3)若存在以并不高昂的代价达致征收所服务之目标的替代性手段(废物填埋或其他),则土地权利不得被征收。

(4)在任何土地权利或其他形式的私人财产被征收前,必须由高等法院裁决该征收合法并命令给予及时且合理的补偿。

(5)当任何土地权利被征收时,合理补偿应包括与全部利益所有者合理等同的土地权利或该土地权利提供的获取生活来源或利益的手段。

(6)当土地权利的征收迫使被剥夺占有者生活在合理需要更高标准资助的情况下时,该事实应在评估所提供的补偿是否合理时予以考虑。

(7)在确定土地权利的补偿是否合理时,高等法院应将该事项提交传统权利法院并对后者的意见给予实质性重视。

（8）若土地利益或其他财产因未支付税款或债务或者犯罪而被依法剥夺，或仅依照用以保护公共福利的合理规制而被剥夺，则不得视为征收。

（9）在解释本款时，法院应适当注意土地权利在马绍尔群岛的生活和法律中的独特地位。

第六款　［残酷和异常的刑罚］

（1）马绍尔群岛法律中的任何犯罪不得处以死刑。

（2）苦役监禁判决不得适用于任何未满十八周岁者。

（3）任何人不得受到虐待或非人道和有辱人格的对待，残酷和异常的刑罚，或超额的罚金或剥夺。

第七款　［人身保护令］

（1）为使任何人的拘留的合法性总是能够在法院中受到适当质疑，人身保护令不得被中止。

（2）任何被监禁者有权亲自或通过他人向马绍尔群岛的任何法官申请人身保护令。

（3）人身保护令的任何申请应得到及时审理，且若审理显示受拘留者被置于违反本宪法或马绍尔群岛其他法律的状态下，则接受申请的法官应立即命令释放受拘留者，但需遵循关于拘留主体上诉的合理规定。

（4）在某人依照刑事定罪或判决被拘留的情况下，接受申请的法官应确定作为受挑战拘留之基础的判决是否没有管辖权或违反被拘留者在本宪法或马绍尔群岛其他法律中的权利而作出且在发现上述任一错误时抛开判决并命令释放被拘留者。

（5）本款第（3）和（4）项的规定应不仅适用于申请者被监禁的事实，而且适用于申请者被监禁的相应特定条件，二者均可作为违法对象而受到审查。

（6）在根据本款第（4）或（5）项作出的决定需对争议事项作出裁决的范围内，若存卷法庭的任何事先裁决最终经上诉而维持或申请人明知且主动允许保持其效力而不提出异议，则接受人身保护令申请的法官在申请者拥有充分且公正的机会对其中的事项提起诉讼的情况下应将其视为最终裁决。

第八款　［溯及既往的法律与褫夺公权的法案］

（1）任何人不得受到溯及既往的惩罚——例如超出相应犯罪行为发生时的有效适用范围的惩罚，或以比犯罪行为发生时的有效适用程序更不利于被告人的程序所作出的惩罚。

（2）任何人不得受到根据褫夺公权的法案作出的惩罚——例如选择对特定或易于识别的个人或群体进行惩罚的法律。

第九款　［士兵的驻扎］

任何士兵在和平时期未经房主同意不得在民房驻扎，在战争时期非以法定方式亦不得如此。

第十款　［债务拘禁］

任何人不受债务拘禁；亦不得因未能支付作为犯罪刑罚确定的罚款而被拘禁，除非其已被提供合理时间来进行支付且已被发现有办法做到。

第十一款　［兵役与出于良心拒绝参战］

除非处于内阁认定的战争或紧迫战争危险时期，任何人不得被征召入马绍尔群岛军队中服役，且若任何人在被提供入伍的合理机会后确定自己是出于良心而拒绝参战者，则其不得被征召。

第十二款　［平等保护和不受歧视的自由］

（1）所有人在法律面前一律平等并有权得到法律的平等保护。

（2）任何法律和行政或司法行为不得明确或在其实际适用中基于性别、种族、肤色、语言、宗教、政治或其他观点、国家或社会来源、出生地、家庭地位或世系而歧视任何人。

（3）本款的规定不得视为阻止公民依法享有非任意性的优先权。

第十三款　［个人的自治权和隐私权］

所有人的不损害他人的个人选择应免受不合理干涉且其隐私应免受不合理侵扰。

第十四款　［参与司法和选举程序的权利］

（1）人人有权启动司法程序以作为维护法律保护或创设的任何利益的手段，仅需遵循基于非歧视基准而限制诉诸法院的权利的规则。

（2）人人有权参与选举程序，无论是作为选民还是职位候选人，仅需遵循本宪法规定的资格及使所有合格者均有可能参与的选举规则。

（3）在司法和选举程序的管理中，不得征收任何费用以阻止无法支付该费用者的参与。

第十五款　［卫生、教育和法律服务］

马绍尔群岛政府确认人民获得卫生保健、教育和法律服务的权利及自身采取所有合理且必要之措施以提供上述服务的义务。

第十六款　［合道德的政府］

马绍尔群岛政府确认人民拥有负责任且合道德之政府的权利及自身依照全面的职业道德法典而采取所有合理且必要之措施以管理政府的义务。

第十七款　［其他权利］

本宪法对特定权利的列举不得解释为否定或忽视人民保留的其他权利。

第十八款　［权利法案条款的实施］

（1）权利法案所保障的任何权利不得被否定或克减，无论是直接地通过科课以强制或惩罚，还是间接地通过扣留特权或利益。

（2）权利法案的任何条款可被援引为民事或刑事

诉讼的答辩理由或针对实际或受威胁的侵害之法律或衡平法救济的基础。

第三条 [大酋长委员会（The Council of Irolj）]

第一款 [大酋长委员会]

(1) 设立马绍尔群岛大酋长委员会。

(2) 大酋长委员会应由来自马绍尔群岛的拉利克群岛地区的五名有资格者和拉塔克群岛地区的七名有资格者组成，按照下列名额选出：

拉利克群岛（乌杰朗除外）——四名大酋长（Iroijlaplap）

乌杰朗——一名大酋长

米利——一名大酋长

阿尔诺——一名大酋长

梅吉特——一名大酋长

马朱罗——一名大酋长

艾罗克（马洛埃拉普）——一名大酋长

奥尔、马洛埃拉普（艾罗克除外）、沃特杰、乌特里克和艾卢克——一名委员会成员

利基埃普——一名大领主（Owner）

(3) 若在任何地区，某一个人或群体根据习惯法或任何传统实践被确认为拥有类似于大酋长的权利和义务，该个人或该群体指定的一名成员应视为如同大酋长而有资格担任大酋长委员会成员。

(4) 若在任何地区，有资格担任大酋长委员会成员者的人数超过任职席位名额：

a) 来自该地区的成员的任期应为一历年；

b) 在任何历年届满前，该地区的有资格者应努力就他们当中的何者应在下一历年担任成员达成协议；

c) 若至委员会在任何历年的首次会议之日仍未达成协议，则议会（Nitjela）应尽快以决议指定一名或多名有资格者担任来自该地区的成员；

d) 任何成员的选择，无论是由有资格者自身还是议会进行，均应考虑在该地区有资格者中合理轮换的需要，但任何成员可连续或以其他方式供职两个或更多任期。

(5) 若在任何地区因各种原因无人有资格依照本款第(2)或(3)项担任大酋长委员会成员，则大酋长委员会应尽快以决议指定一人作为委员会成员，此人应是委员会所认为的根据习惯法及任何传统实践因其与若非上述原因本应有资格担任该地区成员者的家庭联系而具备资格者。

(6) 在任何历年间就职的任何大酋长委员会成员之任期应为该历年的剩余时间。

(7) 有下列情形者无资格担任委员会成员或其代表：

a) 其不是合格选民；或

b) 其为议会议员。

(8) 涉及任何人担任或保持大酋长委员会成员或其代表之职务的权利或行使成员权利而产生的任何问题应提交高等法院裁决。

第二款 [大酋长委员会的职能]

大酋长委员会拥有下列职能：

(a) 委员会应考虑涉及马绍尔群岛的任何事务，并可就此向内阁表达其意见；

(b) 委员会可依照本条第(c)款要求影响习惯法、任何传统实践、土地保有或任何相关事务的任何已由议会三读通过的法案重新审议；

(c) 委员会应拥有通过或依照法律而授予其的其他职能。

第三款 [重新审议法案的要求]

(1) 除本款第(8)项的规定外，议会书记官应将议会三读通过的每项法案的副本转交大酋长委员会书记官以供委员会审议。

(2) 大酋长委员会可在转交后七日内通过决议表明其认为转交至委员会的法案影响习惯法、传统实践、土地保有或相关事务的意见并要求议会重新审议该法案，或可尽快以委员会主席签署的文件记录其未通过任何此类决议的决定。

(3) 大酋长委员会书记官应立即将任何上述决议或决定的副本连同委员会对该法案作出的任何评论转送议会书记官以供议长审查。

(4) 若议长确信委员会未依本款第(2)项而在该项规定的七日时间内就被要求转交委员会的法案通过决议，或可尽快记录其未通过任何此类决议的决定，则议长可依照第四条第二十一款证明该法案已获议会通过。

(5) 若大酋长委员会依照本款第(2)项通过关于任何法案的决议，议会应对该法案连同委员会对其的任何评论进行重新审议。

(6) 在任何重新审议的过程中，议长可经与大酋长委员会主席磋商而安排组织委员会成员和议员间的联合审议会，以努力就该法案的内容达成协议。

(7) 重新审议该法案后，议会可决定不再继续推进该法案，或可以任何其认为适当的方式修改之，或可以决议再次确认其不经修改地支持该法案。

(8) 本款第(1)项的规定不得适用于拨款法案或补充拨款法案，或者已由议会依照本款第(7)项修改或再次确认的任何法案。

(9) 若议长确信涉及本款第(5)项的法案已依本款第(7)项修改或再次确认，则其可依照第四条第二十一款证明该法案已获议会通过。

第四款 [大酋长委员会成员的报酬]

大酋长委员会成员的报酬应由法律特别规定。

第五款　[大酋长委员会的主席和副主席]

(1)大酋长委员会的主席和副主席应在委员会会议中以出席成员的过半数从委员会成员中投票选出。

(2)大酋长委员会应于每一历年首次会议中在迅速处理任何其他事务之前以秘密投票的方式选举主席和副主席,且应于空缺发生后的首次会议中在迅速处理任何其他事务之前以同样方式选举委员会成员填补主席或副主席职位的任何空缺。

(3)主席或副主席可以其签署并提交大酋长委员会书记官的文书而辞职,且其在下列情况下应离职:

a)当大酋长委员会在每一历年的首次会议中选出的新主席或副主席就职时;或

b)若其停止担任大酋长委员会成员;或

c)若其被在大酋长委员会会议中以出席成员的至少三分之二投票作出的决议所免职。

第六款　[主席的职能]

(1)主席应在其出席时主持大酋长委员会的任何会议,并应拥有通过本宪法、通过或依照法律或根据委员会决议而授予其的其他职能。

(2)若主席未出席大酋长委员会的任何会议,或其因离开、疾病或任何其他原因而无法履行其任何其他职能,或主席职位空缺,则副主席应主持该会议或履行该职能直至主席再次出席该会议或能够履行该职能。

(3)若在任何情况下,主席或副主席均不能主持大酋长委员会的任何会议或履行主席的任何其他职能,则上述职能应由委员会成员中能够履行之的最年长者履行,直至主席或副主席再次能够履行之。

第七款　[大酋长委员会的程序]

(1)大酋长委员会应在议会召开例行会议期间召开例行会议,并在议会召开特别会议期间召开特别会议,且应根据具体情况在议会每一会期结束之日后的期间继续必要的例行或特别会期以允许委员会依照本条第三款就转交给它的任何法案通过决议或记录其决定。

(2)大酋长委员会应在委员会主席或委员会书记官在至少九名成员的要求下确定的任何时间召开特别会议,并应继续该会期直至委员会决定的日期。

(3)若出席成员人数不少于六人,则在大酋长委员会的任何会议中所处理的事务应为有效。

(4)除本款规定的例外,大酋长委员会应确定其自身程序。

第八款　[大酋长委员会中的空缺]

(1)在下列情况下,大酋长委员会成员的席位应空缺:

a)其死亡;

b)其以其签署并提交委员会书记官的文书而辞职;

c)其不再是合格选民;

d)其成为议会议员。

(2)大酋长委员会中的任何空缺应尽适用本条第一款的规定进行填补。

第九款　[大酋长委员会成员的代表]

(1)大酋长委员会成员若因离开、疾病或其他原因的阻碍而无法出席委员会,其任何下属委员会或者任何联合委员会或联合审议会的任何会议,则其可指定一名因与其的家庭联系而具备资格者在上述会议中担任其代表。

(2)若在大酋长委员会,其任何下属委员会或者任何联合委员会或联合审议会的任何会议中,大酋长委员会成员缺席且未有其指定的代表代表之或成员席位空缺,则大酋长委员会可以决议指定一人在上述会议中担任该成员的代表,此人应是委员会所认为的根据习惯法及任何传统实践因其与该成员的家庭联系而具备资格者。

(3)任何大酋长委员会成员的代表可履行该成员的职能并应拥有该成员的权利、职责和特权,但是,除非无委员会成员能够履行主席职能,任何成员代表不得履行之。

第十款　[大酋长委员会及其成员的特权]

(1)大酋长委员会及其任何成员在涉及任何投票表决、作出任何陈述、公布任何文件或进行作为大酋长委员会官方事务之一部的任何其他活动时,无须服从该机构之外的任何程序或承担任何民事或刑事责任。

(2)大酋长委员会不得仅因其成员中存在一个空缺或在适用本条第九款的任何情况下未依照该款指定代表而不具备处理事务的资格。

(3)在大酋长委员会官方事务的固定过程(tile course)中所处理的任何事务不得以某些担任委员会成员或成员代表者在相关事务中不具备行为资格为由而受到质疑。

第十一款　[大酋长委员会书记官]

(1)设立大酋长委员会书记官,其应为公共服务部门的官员并拥有通过本宪法、通过或依照法律或根据委员会决议而授予其的职能。

(2)大酋长委员会书记官应负责根据大酋长委员会的程序安排事务并保留该程序的记录。

(3)大酋长委员会书记官应在涉及主席和委员会其他成员的方面按要求履行秘书或其他职能。

第四条　[立法机关]

第一款　[立法权属于议会]

(1)马绍尔群岛的立法权应属于议会并应依法

行使。
(2)本款授予的权利应包括：
a)废除、撤销或修改马绍尔群岛的任何生效法律；及
b)通过法律授予依该法颁布细则、规则、命令或其他从属性法律的权力以促进其特定目的；及
c)制定其认为必要且适当的法律以实施其任何其他权力或宪法授予任何其他政府机构或公职人员的任何权力。

第二款　[议会议员]
(1)议会应由三十三名议员组成，议员应从下列选区中按各选区的名额选出：
马朱罗：五名；夸贾林：三名；埃林拉普拉普：两名；阿尔诺：两名；贾卢伊特：两名；贾普坦：一名；米利：一名；埃崩：一名；里布：一名；纳姆德里克：一名；马洛埃拉普：一名；沃特杰：一名；利基埃普：一名；艾卢克：一名；奥尔：一名；纳木：一名；沃特：一名；埃内韦塔克和乌杰朗：一名；比基尼和吉利：一名；朗格拉普：一名；梅吉特：一名；乌特里克：一名；拉埃：一名；乌贾：一名。

纳里克里克、埃里库布、杰莫、塔卡、比卡尔、隆利克和埃林吉纳埃应各自包含于据习惯法或任何传统实践而与之有最密切联系的选区。

(2)在任何选区的任何选举中，每位合格选民应有权选举与待选名额相等数目的候选人；且获得最多数选票的必要数目的候选人，无论其是否获得过半数选票，应当选代表该选区的议员并应被依法宣布。

(3)除本款第(4)和(5)项的规定外，议会可通过法律修改本款第(1)项以改变议会议员总数、选区数、选区地理界限或任何选区所选议员的名额。

(4)对本款第(1)项的任何上述修改应在可行范围内依照每名议会议员所代表的选民人数大致相等的原则进行；但仍应考虑地理特征、社区利益、现存公认的传统行政区域的界限、通信手段及人口的密度和流动性。

(5)议会不得对议长认为对本款第(1)项作出修改规定的任何法案或法案修正案进行比一读更加深入的程序，除非议会的某一委员会或为此目的而被依法授权的其他机构此前已作出报告，该报告审查议会的组成并陈述依本款第(4)项的规定是否具备值得修改第(1)项的情形；且该报告已予公布。

(6)议会有责任至少每十年一次要求依本款第(5)项作出的报告并公布之。

第三款　[议会议员的选举]
(1)议会议员的选举应基于旨在使马绍尔群岛全体年满十八周岁的公民及依本款另有资格行使选举权者普遍行使选举权的制度并以秘密投票方式进行。

(2)有下列情形者不具备选民资格：
a)其被证明患有精神病；或
b)在其被确定犯有重罪的情况下，其正在服刑或处于假释或缓刑期间。

(3)每一另有资格成为选民者应有权在且只在一个选区投票，该选区应为其所居住或拥有土地权利的选区；但依本款可拥有选区选择权者应依法定方式行使之。

第四款　[候选人资格]
(1)每一年满二十一周岁的合格选民均有资格成为议会议员候选人。

(2)任何依本款第(1)项有资格成为候选人者应有权成为其有资格投票的任何选区的候选人，或在法律另有规定的情况下成为任何其他选区的候选人：但任何人在任何选举中不得成为超过一个选区的候选人。

第五款　[成为议员候选人或当选议员的公务员]
(1)成为议会议员候选人的公共服务部门的雇员应因其候选人地位而被依照法定条件准予假期。

(2)若任何上述雇员被宣布当选议会议员，其应被视为已辞去其在公共服务部门的工作。

第六款　[议会议员席位的空缺]
(1)在且仅在下列情况下，议会任何议员的席位应空缺：
a)其不再拥有在其具有候选人地位时被要求具备的资格；或
b)其死亡；或
c)其以其签署并提交相应人员(其非为议长时提交议长，其为议长时提交议会书记官)的文书而辞职；或
d)其未经议会许可而连续二十个会议日缺席议会会议；或
e)其接受任命担任任何其他应以公款支付报酬的职务(内阁成员除外)；或
f)议会解散。

(2)若议会议员席位因议会解散之外的任何原因而空缺，该空缺应通过于法定时间在其所代表的选区举行并依本条第三、四和五款实施的选举来填补。

(3)当议会议员席位因议会解散而空缺时，该空缺应通过根据具体情况需要而依本条第十二或十三款举行并依本条第三、四和五款实施的选举来填补。

第七款　[议长和副议长]
(1)议长和副议长应由议会从其议员中选出。
(2)议会应于每次大选后的首次会议中在迅速处

理任何其他事务之前以秘密投票的方式选举议长和副议长,且应于空缺发生后的首次会议中在迅速处理任何其他事务之前以同样方式选举委员会成员填补议长或副议长职位的任何空缺。

(3)议长或副议长可以其签署并提交议会书记官的文书而辞职,且其在下列情况下应离职:

a)当议会在每次大选后的首次会议中选出的新议长或副议长就职时;

b)若其因议会解散之外的任何原因而停止担任议会议员;

c)若其担任总统或部长;

d)若其被议会以其全体议员的至少三分之二投票作出的决议所免职。

第八款 [议长的职能]

(1)议长应在其出席时主持议会的任何会议,并应拥有通过本宪法、通过或依照法律或根据议会事规则而授予其的其他职能。

(2)议长应负责确保议会的官方事务依照本宪法和议会议事规则处理,并应公正地履行其职能。

(3)若议长未出席议会的任何会议,或其因离开、疾病或任何其他原因而无法履行其任何其他职能,或议长职位空缺,则副议长应主持该会议或履行该职能直至议长再次出席该会议或能够履行该职能。

(4)若在议会会期中的任何时间,议长或副议长均不能主持议会会议或履行议长的任何其他职能,则议会书记官应主持会议以使会议员能够选举他们中非为总统或部长的一人来主持任何会议并履行议长的任何其他职能,直至议长或副议长出席会议或能够履行该职能。

(5)若在议会休会期的任何时间,议长或副议长均不能履行议长职能,则该职能应由议会书记官为履行之目的而以其签署的文书指定的非为总统或部长的一名议会议员履行,直至议长或副议长再次能够履行之。

(6)议长在履行其职能时签署的每项文件,包括任何证明书,应由议会书记官副署,且若任何上述文件或证明书依本款由履行议长职能的副议长或议会议员签署,则应在该文件或证明书中对此予以说明。

第九款 [议会议员问题的裁决]

涉及任何人在议会议员选举中的选举权、担任或保持议会议员之职务的权利、行使议员权利或涉及任何与议会议员选举相关者的行为而产生的任何问题,应提交高等法院裁决。

第十款 [议会会期]

(1)议会应于每年1月的第一个星期一召开例行会议且除本条第十一款的规定外应保持五十个会议日的会期:

但总统可以其签署的文书指定任何例行会议结束的更晚日期。

(2)若已完成大选或在议会休会期的任何时间,因任何其他原因需进行总统选举,且距下次议会例行会议之日仍有超过六十日,则总统应在大选日或需进行总统选举的任何其他事件发生后十四日内,召集议会于不迟于召集后三十日的某日举行特别会议;且在总统未依本项召集议会举行特别会议的任何情况下,议长应尽快召集议会举行特别会议。

(3)若议会之前的会期结束后已经过超过一百二十日,非为内阁成员且代表至少四个选区的任何十名议会议员可以其全体签署的书面申请要求总统召集议会举行特别会议以考虑申请中阐明的紧急公共事务。除非总统已在收到申请的七日内召集议会于不迟于召集后三十日的某日举行特别会议,议长应尽快召集议会举行特别会议。依本项召集的任何特别会议可考虑任何事项;但该特别会议不得在三十个会议日届满前结束,除非议长证明议会在此之前已处理了其被召集以对之进行考虑的紧急公共事务。

(4)当议会尚未召开例行会议或特别会议时,总统可以其签署的文书召集议会举行特别会议。

(5)除本款第(3)项及本条第十一款的规定外,总统可以其签署的文书指定任何议会特别会议的结束日期。

第十一款 [关于议会会期结束和休会的特别规定]

(1)除本条第十二和十三款的规定外:

a)当在任何议会会期期间需进行总统选举时,则该议会会期不得结束且不得休会,直至总统选举后内阁成员已得到任命,除非在涉及因总统依第五条第七款第(3)项提出辞职而举行的选举时,该辞职在此之前已失效;或

b)若在任何议会会期期间,对内阁的不信任动议已被通知,该议会会期不得结束且在作出通知后满十日前不得休会,除非该动议在此之前已被表决。

(2)除本款第(1)项的规定外,议会议事规则可规定任何议会会期期间的休会之进行。

第十二款 [议会解散和大选]

(1)依照本款第(2)和(3)项,议会应每四历年予以解散并对其全体议员举行大选,除非在此之前议会解散并依照本条第十三款举行大选。

(2)议会应于上次大选举行的次年起第四年的9月30日自动解散:

但是,若在任何历年中依本条第十三款而于4月30日或之前举行大选,则议会应于该大选举行的次年起第三年的9月30日解散。

(3)在议会于9月30日解散之年,大选应于11

月的第三个星期一举行。

第十三款 〔对议会提前解散和举行大选的特别规定〕

(1)在下列情况下,总统可以其签署的文书解散议会:

a)对内阁的不信任动议已两次获得支持并两次失效,且在不信任动议的两次表决的间隔期间没有其他总统履行职能;或

b)在议会由于总统因不信任表决而提出辞职之外的任何原因而进行总统选举后三十日内未能任命内阁。

(2)若总统解散议会的权力未能于其首次产生后满三十日前得行使,则其应失效。

(3)在议会依本款而解散的所有情况下,大选应于解散后第七个星期一举行。

第十四款 〔议会书记官〕

(1)设立议会书记官,其应为公共服务部门的官员并拥有通过本宪法、通过或依照法律或根据议会的议事规则或决议而授予其的职能。

(2)议会书记官应负责:

a)准备相关事务且保留议会程序的记录并随时公布之;

b)当本宪法或任何法律要求议长进行任何签署或证明时,安排议长签署文件或颁发证明书,并保留所有如此签署或颁发的文件和证明书的记录;

c)安排按要求履行涉及议长和其他议会议员的秘书或其他职能。

第十五款 〔议会的程序〕

(1)除本款和任何法律的规定外,议会可为其程序的管理和有序实施及其官方事务的迅速处理而制定议事规则。

(2)议会议事规则应确保在其官方事务的处理中,在议会中被代表的所有观点有机会得到公平听取。

(3)除非本宪法另有规定,议会中的所有问题应在议会会议中以出席议员的过半数票表决决定。

(4)除非依照法律或议会议事规则,某议员被要求对其拥有私人利益的任何事项回避表决,在问题提交议会时的所有出席议员应有权对之进行表决。

(5)当任何问题被提交议会时,任何议员可要求对之进行唱名表决,除非本宪法要求以秘密投票方式进行该表决。

(6)任何议会议员不得对任何问题投票超过一次、由代理人进行投票或在任何议会会议中被他人所代表。

(7)任何动议或其他提案不得基于双方票数相等的表决而通过且任何候选人不得因此而当选,但对该动议或其他提案或者该选举的进一步表决应以议会议事规则规定的方式进行。

(8)若议会议员出席人数少于议员总数的一半,则在议会会议中不得处理任何事务。

(9)议会的权力不因其议员的任何空缺而受到影响。

(10)任何法案未经议会三读不得通过。

(11)议会在其解散时正处理的任何法案或其他事务应失效。

(12)议会可以决议宣布其行为违反本宪法或涉及议会官方事务处理的任何法律之规定或违反议会议事规则的任何人藐视议会;但任何议员除依上述法律或议事规则而受到暂停议员资格不超过十个会议日的惩罚外不得为此而受到惩罚,且除议员之外的任何人非依阐明藐视议会犯罪并规定由高等法院对其进行审理和惩罚的法律不得为此而受到惩罚。

第十六款 〔议会及其议员的特权〕

(1)议会或其任何委员会、任何联合审议会或联合委员会的任何程序的合法性,以及根据本条第十或二十一款、第十二条第三或四款、第十三条第六款而由议长依法颁发的任何证明书的合法性,不得在任何法院中受到质疑;但这不得被用于阻碍根据本宪法对任何议会法律或决议的合法性的司法审查。

(2)除非在重罪的情况下,在议会的任何会期期间,不得逮捕、着手逮捕议会议员。

(3)议长和被授予管理程序、处理事务或维持秩序之权力的任何议会官员在涉及上述任何权力的行使时不受任何法院的司法管辖;但这不得阻碍在以议会书记官为名义被告的诉讼中行使第二条第七款中的司法权力或依本条第九款的司法审查。

(4)议会及其任何议员在涉及任何投票表决、作出任何陈述、公布任何文件或进行作为议会官方事务之一部的任何其他活动时,无须服从该机构之外的任何程序或承担任何民事或刑事责任。

第十七款 〔议会议员的报酬〕

总统、部长、议长、副议长及其他议会议员的报酬应由法律特别规定。

第十八款 〔议会中法案的提出〕

任何议会议员可在议会中提出任何法案或动议以供辩论,或向议会提出任何申请;且任何法案、动议或申请应依照本宪法和议会议事规则得到考虑和处理。

第十九款 〔关于规定报酬的法案的特别规定〕

(1)本款应适用于议长认为规定任何其报酬需由法律特别规定的人或阶层之报酬的任何法案或法案修正案。

(2)议会不得对适用本款的任何法案或法案修正案进行比一读更加深入的程序,除非议会的某一委员会或为此目的而被依法授权的其他机构此前已作出报告,该报告涉及应支付给受该法案或修正案影响的任何人或阶层的工资之水平及补贴(若有的话)之数额;且该报告已予公布。

(3)在涉及受适用本款的任何法案或修正案影响的任何人或阶层的方面,作出该报告的议会委员会或其他机构应考虑:

a)相关社区中的一般收入水平;
b)生活成本;
c)所履行的职务和服务之性质;
d)受影响的人或阶层的资格;
e)受影响的人或阶层被预期投入其职责的时间总数;
f)受影响的人或阶层是否能自由从事任何其他职业以获取收益或奖金;
g)确定受影响的人或阶层的任何其他条件。

(4)规定应支付给需由法律特别规定其报酬之人或阶层的报酬的法律不得自动被视为公款支出的法律依据;且任何旨在支付该报酬的任何财政支出应仅可依照第八条而获得授权。

第二十款 [关于规定法官资格的法案的特别规定]

议会不得对议长认为规定法官任命所需资格的任何法案或法案修正案进行比一读更加深入的程序,除非司法服务委员会此前已就该资格是否适当作出报告,且该报告已予公布。

第二十一款 [法案成为法律的条件]

(1)除第七条第四款第(5)项另有要求外,在适用该项的情形下,法案应在且仅在下列条件下成为法律:

a)其已由议会通过;及
b)议长确信其已依本宪法和议会议事规则获得通过,批准关于其副本符合本款要求的证明书,且在议会书记官在场时签署该证明书并在其中写明签署日期;
c)议会书记官在议长在场时副署关于法案副本的证明书。

(2)无论议会当时是否处于会期,法案可依本款签署和副署。

(3)依本款的要求而成为法律的法案应为议会法律。

(4)除其自身另有规定外,议会法律应于证明之日生效。

第五条 [行政机关]

第一款 [行政权和内阁的集体责任]

(1)马绍尔群岛的行政权授予内阁,其成员集体向议会负责。

(2)除法律另有规定外,内阁可直接或者通过其个别成员或其他向内阁负责的官员行使其行政权的组成部分;但任何该法律的规定和内阁部分行政权的委托均不得减轻内阁及其每位成员就行政政策的指导和履行而向议会负有的责任。

(3)授予内阁的行政权应包括但不限于下列权力、职能、义务和责任:

a)内阁应对马绍尔群岛政府进行总体指导和控制;
b)内阁应向议会提出其认为是履行其政策和决定所必要或可取的立法提案;且内阁尤其应考虑第八条的规定而就税款和其他收入的筹集及公款支出向议会提出提案;
c)内阁应就所有公共财政支出和与议会或者本宪法或法律授权的其他机构之拨款相关的公共财政支出向议会负责;
d)内阁应负责处理马绍尔群岛的外交事务,无论是根据条约还是其他依据。

但未经议会以决议作出批准,内阁不得最终接受任何条约且不得任命任何大使或外交代表团的其他首脑;

e)内阁应负责制定为马绍尔群岛的安全而合理且必要的规则;

但非依法律不得于和平时期在马绍尔群岛募集或部署军队;

f)内阁应有权暂缓执行刑罚和进行特赦;
g)为公共卫生之目的,内阁应负责设立和维持合理且必要的医院和其他机构并提供合理且必要的其他服务;
h)为向马绍尔群岛人民提供教育机会之目的,内阁应负责设立和维持合理且必要的公立学校并制定合理且必要的其他规则;
i)为使马绍尔群岛人民获得足够的生活水平以能够享有其合法权利并供应其经济、社会和文化福利之目的,内阁应负责设立和维持合理且必要的其他机构和服务并制定合理且必要的其他规则;
j)在履行其职责的过程中,内阁可在其认为必要时代表马绍尔群岛政府签订合同和其他文件。

(4)在本宪法生效日期或之后被马绍尔群岛最终接受或代表马绍尔群岛的任何条约或其他国际协议不得在马绍尔群岛自动具有法律效力。

第二款 [内阁的组成]

(1)内阁应由总统(其应为议会议员)及依本条被任命为部长的其他议会议员组成。

(2)除本条第八款的规定外,内阁成员应持续任职直至其继任者被任命。

第三款 〔总统〕

(1)总统应为马绍尔群岛的国家元首。

(2)总统应由议会全体议员的过半数选出并应依本条第四款第(2)项而被任命就职。

(3)议会应在每次大选后的首次会议中以秘密投票的方式选举总统,且亦可在下列任一情形后的首次会议中进行之:

a)总统在议会中的席位因议会解散之外的任何原因而丧失;

b)总统提出或被视为提出辞职。

(4)总统可随时以其签署并提交议长的文书提出辞职。

(5)当总统提出或被视为提出辞职时,该辞职不得撤回。

第四款 〔总统选举后内阁成员的任命〕

(1)当选总统应在其当选该职务后尽快向议长提名至少六名且至多十名已同意该提名的其他议会议员担任部长。

(2)当收到当选总统依本款作出的提名时,议长应以其签署的文书任命该当选总统和被提名的部长作为内阁成员而就职。

(3)若当选总统在其当选该职务后七日内未将其对至少六名担任部长的议会议员之提名提交议长,则其当选应为无效,且议会应尽快再次选举总统。

第五款 〔部长职位的分配〕

(1)总统应在就职后尽快以其签署的文书在内阁成员(若其如此要求的话则包括其自己在内)当中分配财政部长、外交部长、通信和交通部长、资源和发展部长、社会福利部长、公共工程部长的职位及有必要或值得给予某名内阁成员以使其可为任何政府部门或职能承担首要责任的其他部长职位。

(2)总统应对目前不存在有效的部长职位分配任何政府部门或职能承担首要责任。

第六款 〔其他时间的部长任命和部长职位分配〕

(1)总统可在部长总数少于十人时经某议会议员同意向议长提名其担任部长。

(2)议长应以其签署的文书任命被如此提名的任何议员担任部长。

(3)总统可随时以其签署的文书对不存在有效职位分配的方面分配任何部长职位或重新分配任何部长职位。

(4)当遇有任何部长因疾病或者离开马绍尔群岛或政府职位而暂时无法履行分配给他的任何部长职位的职责时,总统可以其签署的文书指定任何其他部长履行该部长职位的职责,直至被分配以该部长职位的部长再次能够履行其职责。

第七款 〔对内阁的不信任表决〕

(1)在任何议会会议中,任何四名或四名以上的非为内阁成员的议员可就其提出对内阁的不信任动议的意图作出通知。

(2)任何该动议应在不早于通知作出后五天且不迟于通知作出后十天的期间举行的议会会议中进行表决。

(3)若该不信任动议获得议会全体议员的过半数支持,总统应视为已提出辞职。

(4)若议会未能在总统被视为已提出辞职后满十四日时选出新总统,则该不信任表决及总统的辞职应失效。

(5)在不信任表决失效的任何情况下,直至该不信任表决失效后满九十日方可再次就提出对内阁的不信任动议的意图作出通知,除非此前已因总统选举而重新任命内阁成员。

第八款 〔部长职位的空缺〕

(1)在下列情况下,部长应停止担任其内阁成员职务:

a)其担任部长的任命被总统以自己签署的文书撤销;

b)其因议会解散之外的任何原因而丧失其在议会中的席位;

c)其以其签署并提交总统的文书而辞职。

(2)若部长职位发生任何空缺使得部长总数少于六人,总统应在该空缺发生后三十日内依照本条第六款第(1)项向议长提交部长提名。

(3)若在适用本款第(2)项的任何情况下,总统未依照其规定提名部长,则其应视为已提出辞职。

第九款 〔代总统〕

(1)当总统因疾病、离开马绍尔群岛或政府职位或者任何其他原因而暂时无法在马绍尔群岛或政府职位履行其职能时,根据具体情况,总统或其无法履职时的内阁可请求议长指定一名部长代行总统职能直至总统能够再次履行其职能或离职时止;且议长应以其签署的文书相应地作出指定。

(2)若总统因议会解散之外的任何原因而丧失其在议会中的席位,议长根据内阁的请求,或在其未收到该请求的情况下于总统丧失其席位的七日内根据自身判断,应以其签署的文书任命一名部长代行总统职能直至总统选举后新的内阁被任命。

第十款 〔内阁会议〕

(1)除非至少四名内阁成员出席,否则内阁会议不得处理任何事务。

(2)内阁不得仅因其成员的空缺或在适用本条第六款第(4)项的任何情况下未依该款作出指定而丧失处理事务的资格。

(3)内阁的任何程序不得以某个担任内阁成员者在相关程序中不具备行为资格为由而受到质疑。

(4)所有内阁会议的通知及在会议中考虑的所有文件的副本应交予每位内阁成员、首席秘书、总检察长及财政部长。

(5)首席秘书应有权出席内阁的任何会议并就内阁考虑的任何事务发言,且在总统或主持会议的其他内阁成员如此要求时应当出席。

(6)总统在其出席时应主持内阁的所有会议。

(7)内阁对任何事务的决定应由出席内阁会议的内阁成员作出。

(8)除本款的规定外,内阁应以其认为适当的方式管理其自身程序。

第十一款 [内阁制定的文件和其他决定]

(1)若总统(无论其是否出席制作文件或其他决定的内阁会议)和内阁书记官签署的文件或有关决定的记录,则由内阁制作的文件即生效,且视内阁有权作出的其他决定。

(2)除本宪法或其他法律作出另外规定,且在需要时经议会同意,总统或获得总统授权的部长有权依照内阁的决定签署以马绍尔群岛政府之名制作的任命文件或其他文件。

第十二款 [内阁书记官]

(1)设立内阁书记官,其应为公共服务部门的官员并应负责为内阁会议安排相关事务并保留内阁会议的记录,以及负责将内阁的决定转交适当的人或机构,并应在涉及内阁的方面按要求履行秘书或其他职能。

(2)内阁书记官应负责将大酋长委员会向内阁表达的任何意见交予内阁考虑。

第六条 [司法机关]

第一款 [司法权]

(1)马绍尔群岛的司法权应独立于立法权和行政权并应授予最高法院、高等法院、传统权利法院及根据法律设立的地区法院、社区法院和其他低级法院,上述各法院拥有符合本条规定的法律所规定的管辖权、权力和程序规则。

(2)马绍尔群岛的各法院应有权根据正当司法运行和本宪法的实施的需要且在不违反法律的前提下颁发所有令状和其他司法文件,发布命令和指示及颁布所有程序规则。

(3)在涉及最高法院、高等法院和依法设立的低级法院的情况下,本款第(2)项所授予的权力包括准予保释、为此接受保证金、以公文或非公文形式发布证人出庭命令、发布证据处理命令及惩罚藐视法庭行为。

(4)除非本宪法作出例外规定,最高法院或高等法院的每位法官应为通过或依照法律而具有资格者;应由内阁根据司法服务委员会的建议任命并由议会以决议作出批准;可在等待批准期间履行其职责直至紧接着的下一议会会期开始后满二十一日;且应行为端正地任职直至年满七十二周岁,除非在法官非为马绍尔群岛公民的情况下,其被任命以一年或一年以上的任期,或在法官为其他司法辖区现任法官的情况下,其在特定的法院开庭期任职。

(5)在议会以法律规定最高法院和高等法院法官的任职资格前,其必须为根据教育、经验和品质而有资格履行司法职务者。

(6)任何法官不得参与决定任何其已事先参与或此外因任何利益冲突而无法参与的案件。

(7)最高法院的首席大法官和任何其他法官及高等法院的首席法官和其他法官的报酬应由法律特别规定。

(8)最高法院或高等法院法官仅可根据议会以其全体议员的至少二分之二通过的决议而被免职,且该免职仅可因明显怠于或无能力忠实履行职责或者犯有叛国罪、贿赂罪、其他严重犯罪或严重滥用职权行为而进行。

(9)在议会休会期间,内阁可暂停任何高等法院或最高法院法官的职务直至紧接着的下一会期开始后满二十一日,但仅可基于议会免除法官职务的正当理由而为之。

(10)若任何事先已任满的最高法院或高等法院法官的职位临时空缺,或任何法官无法履行其职责,则内阁可根据司法服务委员会的建议任命本款第(5)项意义上的合格者在该空缺职位或无法履职者的任期内作为代理法官履行其职责。

第二款 [最高法院]

(1)最高法院应为高级存卷法院,由一名首席大法官和法律随时确定其人数的其他法官组成,并应拥有对法律和事实的上诉管辖权,且具有根据本宪法和其他可适用的马绍尔群岛法律裁决诉诸该院的所有案件和争议之终极权威。

(2)下列原因产生的上诉应提交最高法院:

a)基于对高等法院行使其初审管辖权作出的任何最终裁决的合法上诉权;

b)基于对高等法院行使其上诉管辖权作出的任何最终裁决的合法上诉权,但仅在高等法院证明该案件涉及关于任何本宪法条款的解释或适用之重大法律问题的条件下;

c)在涉及诉讼费用担保或最高法院认为适当的其他情形下,最高法院根据自身判断而对任何法院的任何最终裁决的管辖。

(3)高等法院可根据其自主决定或诉讼程序中任

何当事人的申请,将在其任何程序中产生的涉及本宪法的解释或适用的任何问题提交最高法院,但三名法官组成的合议庭的审理程序除外。

(4)在有问题被提交最高法院的任何案件中,最高法院应裁决该问题并处理该案件或将该案件发回高等法院而由其依最高法院的裁决处理。

第三款 [高等法院]

(1)高等法院应为高级存卷法院,对马绍尔群岛内的法律或事实争议拥有一般管辖权;应由一名首席法官和法律随时确定其人数的其他法官组成,对依法诉讼高等法院的案件拥有初审管辖权;并应对低级法院初审的案件拥有上诉管辖权;且除非法律作出例外规定,应有权根据受政府机构的最终决定侵害的任何当事人之要求审查该决定的合法性。

(2)当最高法院和高等法院的法官共有四名或四名以上时,若高等法院的任何法官确定高等法院管辖的任何案件涉及关于本宪法条款的解释或适用之重大法律问题或者任何其他具有公共重要性的事务,则该法官可召集由三名法官组成的合议庭裁决该案件;且,若高等法院法官人数不足,则在不损害最高法院涉及该案的上诉管辖权的前提下,该合议庭的剩余成员应由最高法院法官担任。

第四款 [传统权利法院]

(1)传统权利法院应为存卷法院;应由经选举产生的各法官小组(每小组由三名或三名以上法官构成)组成以公平地代表所有类型的土地权利,在可能的情况下应将大酋长、Iroijedrik、Alap and Dri Jerbal 包含在内;并应在特定的时间和地点开庭且根据地理标准而选择法官以确保公平且稍明地行使本款授予的管辖权。

(2)在议会以法律规定传统权利法院的规模、成员和程序前,上述事项应由高等法院依本款第(1)项决定。

(3)传统权利法院的管辖权应限于裁决涉及产权、土地权利或者全部或部分基于马绍尔群岛之习惯法和传统实践的其他法律利益的问题。

(4)传统权利法院的管辖权可依某未决司法程序的一方当事人的申请而合法启动;但仅在该未决诉讼所在法院证明已产生属于传统权利法院管辖范围内的重大问题的条件下。

(5)若某问题已依第(4)款而被证明并提交传统权利法院裁决,则其就该问题的决议在证明法院处理相应法律争议时应受到实质性重视;但不得视为具有拘束力,除非证明法院认定其为正义的。

第五款 [司法服务委员会]

(1)设立司法服务委员会,其应由下列人员组成:

a)高等法院首席法官,若其职位空缺,则为经内阁任命以在该空缺期间履职的根据法律训练、经验和性格而有相应资格者,担任主席;

b)总检察长,若其因任何原因而无法履职,则为公共服务委员会主席;

c)内阁随时指定的一名马绍尔群岛公民,其非为议会议员和公共服务部门的雇员。

(2)除非三名成员出席,否则司法服务委员会不得处理任何事务;且提交司法委员会决定的所有问题应以其成员票数的过半数决定。

(3)司法服务委员会应:

a)主动或依内阁要求就司法任命提出建议;

b)主动或者依议长或内阁的要求建议或评估法官任职资格的标准;

c)任免低级法院的法官,且在法律授权的情况下任免传统权利法院的法官;

d)行使法律授予的其他职能和权力。

(4)在行使其职能和权力时,司法服务委员会应独立活动,不受内阁或任何其他机构或个人的干涉。

第七条 [公共服务部门]

第一款 [马绍尔群岛的公共服务部门]

(1)马绍尔群岛的公共服务部门应包括协助内阁行使马绍尔群岛的行政权且按要求履行马绍尔群岛服务部门中的其他职责所必要的所有雇员。

(2)除本款第(3)和(4)项的规定外,任何人不得从公款中获得任何报酬,除非其为公共服务部门的雇员。

(3)就本条而言,根据马绍尔群岛法律设立的公营公司或其他法定机构应视为政府部门,且任何该公营公司或其他法定机构的成员或雇员应视为从公款中获得其报酬;但在不因任何其他原因损害任何该公营公司或其他法定机构、其任何成员或雇员、其基金或者用于支付该成员或雇员报酬的其他款项之地位的前提下,法律可在特定情况下排除本条之适用。

(4)本款的任何规定不得适用于任何其报酬需由法律特别规定者,任何根据本宪法的要求而被任命者(公共服务委员会所任命者除外),依法设立的海军、陆军、空军、警察部门、枪械部门、海岸警卫队或监狱机构的任何成员,地方政府或仅以专业服务费或佣金支付其报酬的荣誉部门、咨询部门的任何官员或雇员。

(5)除非法律作出例外规定,公共服务部门的雇员可被准予无薪休假以用不涉及利益冲突的任何其他身份为马绍尔群岛服务。

第二款 [首席秘书]

(1)设立公共服务部门官员首席秘书,其应为公共服务部门的首脑及马绍尔群岛政府的主要行政和咨询官员。

（2）除法律授予其的其他职能和权力外，首席秘书应就政府各部和各机构工作的总体指导而向内阁负责。任何部和机构的领导应就该部或机构的工作向首席秘书以及主要负责该部或机构的部长负责。

（3）尽管本条第十款第（2）项作出了规定，公共服务委员会在任命任何人担任首席秘书之前应咨询总统并获得内阁的同意。

（4）公共服务部门的任何雇员不得针对任何人晋升或被任命为首席秘书而提出控诉。

第三款　［总检察长］

（1）设立总检察长，其应为公共服务部门官员并应具有与担任高等法院法官所需之相同资格。

（2）总检察长应为处理司法运行的任何部或机构及公共服务委员会安排其管辖的任何其他部或机构。

（3）除法律授予其的其他职能和权力外，总检察长应就内阁、总统或部长交付的法律事务提出建议，并应负责提起、实施或终止任何指控犯罪的诉讼程序，并负责监督法律的切实实施。

（4）在履行第（3）项中的职责时，总检察长应独立活动，不受内阁或任何其他机构或个人的干涉。其可亲自或通过其下属官员基于或依照其一般或特别指示的活动而履行上述职责。

（5）尽管本条第十款第（2）项作出了规定，公共服务委员会在任命任何人担任总检察长之前应咨询总统并获得内阁的同意。

（6）公共服务部门的任何雇员不得针对任何人晋升或被任命为总检察长而提出控诉。

第四款　［财政秘书］

（1）设立公共服务部门官员财政秘书，其应为财政部的领导。

（2）除法律授予其的其他职能和权力外，财政部长应负责准备关于各财年所有公共收入和支出的账目，并负责就预算事务向财政部长提出建议。

第五款　［公共服务委员会］

（1）设立马绍尔群岛公共服务委员会，其应由一名主席和两名其他成员组成。

（2）公共服务委员会的主席和其他成员应由内阁根据议会以决议作出的批准而进行任命。

（3）在任何时候，至少两名公共服务委员会成员应为马绍尔群岛公民；且若其不再是马绍尔群岛公民，则不得保留成员资格。

（4）若任何人是或成为议会议员，则其不得被任命为或继续担任公共服务委员会成员。

（5）公共服务委员会的任何成员不得同时在公共服务部门担任任何职务。

（6）公共服务委员会成员的任期不得超过三年，但其可再次任职。

（7）在根据本条第五款作出任命时及在确定任职者的任期时，应考虑确保公共服务委员会成员的合理连续性及各个成员的任期不同时届满之需要。

第六款　［公共服务委员会成员的任期］

公共服务委员会成员可在任何时候以其签署并提交总统的文书而辞职；但除非基于与高等法院或最高法院法官相同的理由和方式，其不得被免除或暂停职务。

第七款　［公共服务委员会成员的报酬］

公共服务委员会主席和其他成员的报酬应由法律特别规定。

第八款　［公共服务委员会的程序］

（1）公共服务委员会的任何决定应得到其至少两名成员的赞同。

（2）除本款及任何法律另有规定外，公共服务委员会应确定其自身程序。

（3）公共服务委员会的任何程序不得以某个担任该委员会成员者在相关程序中不具备行为资格为由而受到质疑。

第九款　［公共服务委员会的职能和权力］

（1）公共服务委员会应为公共服务部门的雇佣当局并有权对其组织和管理进行总体监督和控制，且应负责审查政府的各部和各机构的效率和经济。

（2）除任何法律另有规定外，公共服务委员会可指示和确定公共服务部门雇员的雇佣条件并应拥有通过或依照法律而授予其的其他职能和权力。

（3）除本条第十款第（2）项的规定外，公共服务委员会应就其义务的履行及其职能和权力的行使向内阁负责，且委员会应在必要时就影响公共服务部门的任何事务告知内阁并对此向内阁提出建议。

（4）在不违反本款第（3）项的前提下，公共服务委员会应在每一历年结束后尽快就该历年中公共服务部门的效率和经济状况及委员会的工作向内阁提交报告。该报告的副本应在议会处于例行会期时提交议会。

第十款　［公共服务部门内部的任命］

（1）公共服务部门的所有雇员应通过或根据公共服务委员会的职权而任命，且除任何法律另有规定外，应基于委员会随时指示或确定的条件而任职。

（2）在涉及关于各个雇员的决定的所有事务中（无论涉及任何雇员的任命、晋升、降级、调动、惩戒或停职还是任何其他事务），公共服务委员会应独立活动而不受内阁或任何其他机构或个人的干涉且只根据涉及个人履职能力的标准作出决定。

第十一款　［公共服务部门中的雇佣条件］

在设定和修改公共服务部门中的雇佣条件时，需考虑的因素应包括：

(a)公共服务部门招募和保有高效雇员的需要，且尤其是为马绍尔群岛公民提供多种职业和充分发展的需要；

(b)为马绍尔群岛公民提供合理的雇佣机会的需要；

(c)基于将公共服务部门中的雇佣条件视为马绍尔群岛总体福利之一项主要成分的理念，持续地按照政府的经济和社会政策而活动的需要。

第八条　[财政]

第一款　[公共收入和支出的立法控制]

(1)非依法律授权，不得征收任何税款或筹集其他收入且不得支出任何公款。

(2)马绍尔群岛政府获得的所有收入应存入依本宪法或法律设立的相应公共基金或账户。

第二款　[内阁负责预算事务]

(1)内阁有责任就所有预算事务向议会提出提案。

(2)除非根据某名内阁成员的建议或同意，议会不得对议长认为处分或支出马绍尔群岛的公共收入、撤销或改变(减少除外)其处分或支出或者征收、改变或取消任何税款、利率、债款、费用或罚款的任何非为内阁成员之议会议员提出的法案或法案修正案进行比一读更加深入的程序。

第三款　[普通基金]

(1)设立马绍尔群岛普通基金。

(2)马绍尔群岛政府筹集或取得的所有税收及其他收入和款项应存入普通基金，除非法律允许存入为特定目的设立的其他基金或账户。

第四款　[从普通基金或其他公共账户提款]

(1)不得从普通基金中提取任何款项，除非该款项的提取：

a)已得到拨款法案或普通拨款法案的授权；或

b)已依本条第七款作为预先进行或重新安排的支出或者依本条第九款作为由意外开支基金承担的预支而得到授权；或

c)是为满足普通基金依本宪法或法律所承担的特定支出。

(2)非经财政秘书的许可，不得从普通基金中提取任何款项，财政秘书应自我确信该款项的支出已依本条第五款得到批准且该提款亦已按法律规定的其他程序进行。

(3)不得从任何其他公共基金或账户中提取任何款项，除非该款项的提取已通过或依照法律得到授权。

第五款　[内阁监督财政支出并向内阁报账]

(1)未经内阁或者通过或依照法律而被授予批准权的个人或机构之批准，不得支出任何公款。

(2)任何上述授权，无论是否授予内阁的一名或多名成员，不得减轻内阁就所有公共支出向议会报账及使该支出符合议会拨款或者本宪法或法律的授权之集体责任。

(3)财政秘书可就任何公款支出提案的当前或长期财政影响向内阁作出报告，且其应依照财政部长的一般或特别指示作出该报告。

(4)财政部长应在财年结束后尽快将涉及该财年所有公共收入和支出的账目在议会处于例行会期时提交议会。

第六款　[年度拨款法案]

(1)财政部长应每一财年于议会例行会期开始后尽快将该财年的马绍尔群岛财政收支预算提交议会。

(2)财政预算应涵盖存入普通基金的收入之所有预期来源，包括已经或将要筹集的借贷，以及所有被提议的普通基金的支出，包括依本宪法或任何法律而由普通基金承担或基于持续拨款而支付的支出。

(3)涉及借贷筹集的财政预算应附有表明支付利息和偿还借贷的未来支出的分析。

(4)固定资产支出的财政预算应附有表明维持所创设或取得之资产的预计将来支出的分析。

(5)该财年财政预算中所分类的各项目领域(依本宪法或法律而由普通基金承担或基于持续拨款而支付的项目除外)应包含于同一个法案中，即财政拨款法案，其应被提交议会以规定为满足上述项目领域中产生的支出所必需的资金而对普通基金的支出及为该法案中具体指定的目的而进行的资金拨付。

第七款　[预先进行和重新安排的支出]

(1)除法律规定的限制外，内阁可批准其认为必要的资金支出。

a)在任何财年的拨款法案作出资金供应之前。

但根据本目提取并支付的涉及任何财年中任何项目领域的总款额不得超出上一财年拨付该项目领域的总款额之余额加上该拨付数额的百分之二十五；且所有如此支出的款项应包含于该财年的财政预算中。

b)在任何财年的拨款法案通过与该财年结束之间的阶段，拨付某一项目领域的款项值得被支付于另一项目领域。

但根据本目在任何财年中提取并支付的款项总额不得导致拨付任何项目领域的资金产生超过百分之十的增长或减少。

(2)对任何财年中重新安排的支出之陈述应包含于提交议会的该财年账目中。

第八款　[补充拨款法案]

(1)在关于任何财年的拨款法案通过后，若内阁发现有必要或值得提议超出和高于该拨款法案授权的任何支出,财政部长可向议会提交一份或多份关于该被提议的支出和关于现在或将来可用于满足该支出的未拨付收入之补充预算;且所有涉及财政预算的要求应在各种情况下适用。

(2)任何补充预算中所分类的各项目领域应包含于一项补充拨款法案中,其应被提交议会以规定为满足上述项目领域中产生的补充支出所必需的资金而对普通基金的支出及为该法案中具体指定的目的而进行的资金拨付。

第九款 [意外开支基金]

(1)若法律如此授权,则内阁为满足不存在其他法律规定的紧急和意外的支出需要,可授权从普通基金中进行预支以满足该需要,该预支由被规定为意外开支基金的资金总额承担。

(2)对任何财年中由意外开支基金承担的所有预支之陈述应包含于提交议会的该财年账目中。

(3)若如此预支的款额未被补充拨款法案拨付,则下一财年的财政预算应包含关于该拨款的规定。

第十款 [拨款的失效]

拨款法案或任何补充拨款法案作出的拨款在该法案所涉及的财年结束时或在该法案对特定项目领域规定的更长期间结束时应失效。

第十一款 [由普通基金承担的特定官员的报酬]

(1)支付给最高法院或高级法院法官、公共服务委员会成员和总审计长的任职者的报酬应由普通基金承担。

(2)在上述任何职务之任职者的任期内,其报酬只能增加而不能减少,除非作为对所有其报酬需由法律特别规定者按比例实施的统一减薪的一部分。

第十二款 [由普通基金承担的公共债务]

马绍尔群岛负责的所有债务负担应由普通基金承担。

第十三款 [总审计长]

(1)马绍尔群岛总审计长应由议长提名并经议会以决议作出批准后由总统任命。

(2)总审计长应行为端正地任职直至年满七十二周岁。

(3)总审计长可在任何时候以其签署并提交议长的文书而辞职;但除非基于与高等法院或最高法院法官相同的理由和方式,其不得被免除或暂停职务。

(4)若总审计长职位空缺,或总审计长因任何原因而无法履行其职能,则议长应提名且总统应任命一名代理总审计长;且代理总审计长应继续履该行职能直至一名新总审计长被任命并就职,或根据具体情况,直至总审计长再次能够履行其职能。

(5)已担任总审计长职务者在其离职次年起三年内无资格被任命担任公共服务部门中的任何其他职务。

第十四款 [总审计长的报酬]

总审计长的报酬应由法律特别规定。

第十五款 [账目的审计]

(1)总审计长应审计马绍尔群岛的公共基金和账户,包括政府的立法、行政和司法机关的所有部和机构及任何其他根据马绍尔群岛法律设立的公营公司或其他法定机构的公共基金和账户,除非在涉及任何该公营公司或其他法定机构时,法律规定由其他人审计。

(2)总审计长可亲自或通过其下属的公共服务部门官员依照其一般或特别指示的活动而履行本款第(1)项中的职责。

(3)为履行本条规定的职能之目的,总审计长或其授权之人应有充分的机会接触所有公共记录、登记、收据、文件、资金、付款证明、证券、储备物资或任何官员占有的其他政府财产。

(4)总审计长应每年就本条中其职能的履行在议会处于例行会期时向议会作出至少一次报告,且在其报告中应关注其所审计的账目中的任何违规行为。

(5)在履行其职能时,总审计长应独立活动,不受内阁或任何其他机构或个人的干涉。

(6)本款的任何规定不得阻止总审计长向拥有涉及马绍尔群岛公共收入和支出的职责的任何个人或机构提供技术上的建议和帮助。

第九条 [地方政府]

第一款 [设立地方政府体系的权利]

(1)所有有人居住的环礁或非为某环礁组成部分的岛屿的人民应有权设立依照任何可适用之法律运作的地方政府体系。

(2)地方政府体系在任何情况下应扩展至该环礁和岛屿的内水之海面或海床及距用于测量该环礁或岛屿之领海的基线五英里的周围海面和海床。

(3)任何地方政府体系所扩展到的所有陆海区域应处于某地方政府的管辖范围内;且当存在超过一个地方政府时,其各自管辖范围的陆海界限应由法律确定。

第二款 [制定条例的权力]

(1)地方政府可为其管辖范围内的区域制定条例,但该条例不得抵触任何法律或在马绍尔群岛具有法律效力的任何其他立法措施(市镇法令除外)或任何行政措施。

(2)在不限制本款第(1)项所授权力之要旨的前提下,条例和规定为地方目的而征税和拨款。

第十条 ［传统权利］
第一款 ［被保留的传统土地保有权利］
（1）第二条的任何规定不得解释为在马绍尔群岛任何部分中取消关于土地保有的习惯法或任何传统实践或者任何相关事项，包括可适用的大酋长、Iroijedrik、Alap和Dri Jerbal的权利和义务。

（2）在不损害依第十三条第一款而继续适用习惯法的前提下，且除马绍尔群岛任何部分的习惯法或任何传统实践另有规定外，未经马绍尔群岛内任何土地的大酋长、Iroijedrik（必要时）、Alap和the Senior Dri Jerbal（他们被视为代表所有在该土地中拥有利益者）的批准，任何根据习惯法或任何传统实践而在该土地中拥有权利者对该土地作出的任何转让或处分，无论以出售、抵押、出租、许可或其他方式，均为非法或无权处分。

第二款 ［习惯法的宣告］
（1）在行使其立法职能时，议会有责任于任何时候且在其认为适当的范围内，以法律宣告马绍尔群岛或其任何部分的习惯法。被如此宣告的习惯法应包含议会认为是补充已建立的习惯法规则或解释任何传统实践所必要或值得的任何规定。

（2）本款不得解释为授权制定任何废除根据第二条而进行的其他有效宣告的法律。

（3）议会不得对议长认为对依本款第（1）项进行任何宣告作出规定的任何法案或法案修正案进行比一读更加深入的程序，除非大酋长委员会和议会的联合委员会已被给予合理的机会就该法案或修正案中所处理的事项作出报告，且该报告已予公布。

第十一条 ［公民］
第一款 ［成为公民的人］
（1）若在本宪法生效日期以前出生的太平洋群岛托管地公民或其父母一方拥有土地权利，则其应于该生效日期成为马绍尔群岛公民。

（2）若符合下列条件，在本宪法生效日期或之前出生者应为马绍尔群岛公民：

a）在其出生之日，其父母一方为马绍尔群岛公民；或

b）其出生于马绍尔群岛且不因其出生而有权作为或成为任何其他国家的公民。

（3）在不能确定的情况下，宣告任何人依本款应为马绍尔群岛公民的申请应向高等法院提出并由其对此作出裁决。

第二款 ［被登记为公民的人］
（1）除非依本款第（3）项而无资格，若最高法院依申请而确信下列任一情况，任何非为马绍尔群岛公民者应可通过登记而成为公民：

a）其拥有土地权利；或

b）其已居住于马绍尔群岛至少三年，且其一名子女为马绍尔群岛公民；或

c）其具有马绍尔群岛人的血统，且基于合理利益其申请应得到批准。

（2）已年满十八周岁者不得依本款被登记为马绍尔群岛公民，直至其宣誓或确认效忠马绍尔群岛。

（3）为国家安全或涉及双重国籍的国家政策之利益，议会可以法律规定例外地有权依本款被登记为公民但尚未被如此登记的任何阶层的人丧失相应资格的情形。

第三款 ［关于公民的议会权力］
议会可以法律对下列方面作出规定：

（a）在不属于本条第二款的情形下通过登记取得马绍尔群岛公民资格；

（b）通过归化取得马绍尔群岛公民资格；

（c）在符合第二条的前提下，仅因依本款而由法律作出的规定剥夺任何阶层的马绍尔群岛公民之公民资格；

（d）剥夺因婚姻以外的原因作为或已成为其他国家公民的任何阶层的马绍尔群岛公民之公民资格；

（e）任何人明示放弃马绍尔群岛公民资格。

第十二条 ［宪法的修改］
第一款 ［修改宪法的权力］
本宪法的任何修改应仅依本条而成为法律。

第二款 ［修改的种类］
（1）对本条，第一、二或十条，第四条第二款第（4）项阐明的任命原则的任何修改，或取消或改变适用本项的任何政府机构或职位的基本关系的任何修改（例如改变选举或占有的结构或方式），应仅依本款第四款之规定成为法律。

（2）本款第（1）项应适用于：

a）大酋长委员会；

b）总统；

c）议会；

d）议长和副议长；

e）内阁；

f）最高法院；

g）高等法院；

h）传统权利法院；

i）司法服务委员会；

j）公共服务委员会；

k）总审计长；

l）首席秘书；

m）总检察长；

n）财政秘书。

（3）未经本款第（1）项授权的任何修改可依本条第三或四款成为法律且第四条第二款亦可依其规定

进行修改。

第三款 ［根据议会行动和公民复决进行的修改］

依本款进行的本宪法之修改应在议会中启动，且除本款另有规定外，其应如同已通过法案而被提议一般得到考虑和处理。任何该修正案必须首先在二读和三读中均以议会全体议员的至少三分之二得到批准，但二读和三读之间应已经过至少六十日。此后，若该修正案被议长依法证明为已得到议会的上述批准且亦在依法举行的所有合格选民之公民复决中以合法投票的过半数获得批准，则其无论就何种意义而言均应合法地成为本宪法的组成部分。

第四款 ［根据制宪会议和公民复决进行的修改］

（1）若依本款提出的本宪法修正案被议长依法证明为已由制宪会议提交人民且在所有合格选民之公民复决中以合法投票的三分之二获得批准，则其无论就何种意义而言均应合法地成为本宪法的组成部分，该公民复决应根据依本款第（4）项制定的法律之规定或由首席秘书依本款第（10）项举行。

（2）制宪会议仅可依本款召集；应由公平代表马绍尔群岛全体人民的成员组成；应有多于议会议员总数至少十人的成员人数；应依其自身的内部规则而组织和运行；且应通知议长该修正案可提交公民复决批准。

（3）制宪会议无权考虑或批准与议会或公民复决向其提交的提案无关或矛盾的修正案。

（4）当收到议长关于本款第（2）项中的通知已被依法接收的证明时，议会有义务尽快以法律规定针对制宪会议提交的修正案的所有合格选民之公民复决。

（5）议会可在任何时候以阐明应予考虑之被提议修正案的法律规定制宪会议的举行，但该法律应在二读和三读中均以议会全体议员的三分之二获得批准。

（6）议会可在任何时候以阐明应予考虑之被提议修正案的法律规定针对召集制宪会议考虑该修正案的问题的所有合格选民之公民复决。

（7）当收到所有合格选民的至少百分之二十五所签署的、要求针对举行制宪会议以考虑其中所提议之修正案这一问题举行公民复决的申请时，议长应向议会证明该申请已获接受。

（8）议会有义务在收到本款第（7）项中的议长证明后尽快以法律规定针对举行制宪会议以考虑申请中所提议之修正案这一问题的所有合格选民之公民复决。

（9）当依本款第（6）或（8）项举行的公民复决以其合法投票的过半数作出批准时，经议长依法证明，议会有义务尽快以法律规定符合本款第（2）项的制宪会议的召集。

（10）若议会在议长依法作出带来相应要求的证明后六十日内未能规定公民复决或制宪会议之举行，则首席秘书应尽快以其签署并由总检察长副署的文书对公民复决或制宪会议之举行作出规定。

（11）依照首席秘书根据本款第（10）项而作出的规定举行的公民复决或制宪会议的费用应由普通基金承担；

但依本项而支付的款额，在公民复决的情况下，不得超过上一次大选中管理选举所花费的金额，且在制宪会议的情况下，不得超过上一财年议会拨款总额的百分之二。

第五款 ［议长的证明］

当本条要求议长作出证明以作为修正案合法性的前提时，议长一旦确信该修正案已依本宪法的要求或任何可适用的法律而获得批准即应作出该证明。

第六款 ［报告的义务］

议会有义务至少每十年一次准备关于修改本宪法之可取性、召集旨在提议本宪法修正案的制宪会议或举行针对召集该制宪会议这一问题的公民复决的报告，并公布之。

第十三条 ［过渡条款］

第一款 ［现行法律继续有效］

（1）除本宪法另有规定外：

a）现行法律在其被废除或撤销之前且除对其进行的任何修改另有规定外，应在本宪法生效日期及之后继续有效。

b）根据现行法律产生的所有权利、义务和责任应在本宪法生效日期及之后继续存在并应因此得到确认、履行和实施。

（2）马绍尔群岛人民通过其选出的代表而代表其明确取得的任何权利、义务或责任应在本宪法生效日期及之后成为马绍尔群岛政府的权利、义务或责任。

（3）本款第（1）或（2）项的任何规定不得影响应在本宪法生效日期及之后应成为马绍尔群岛政府的权利、义务或责任的管理当局、太平洋群岛托管地政府或太平洋群岛托管地马绍尔群岛区政府的任何权利、义务或责任。

第二款 ［市政议会成为地方政府］

本宪法生效日期之前存在的所有市政议会，无论经特许与否，应为第九条所称之地方政府。

第三款 ［根据本宪法过渡为政府］

为使太平洋群岛托管地马绍尔群岛区政府的任何机构或官员能够自本宪法生效日期起作为马绍尔群岛政府的机构或官员履行职责，或另外使本宪法能够自其生效日期起以有序方式运行,依本条第五款的规定由马绍尔群岛议政会或者通过或依照本条第七款的规定或制宪会议的决议制定的任何过渡条款,应在其本身规定的期限内具有优于本宪法任何其他规定的效力。

第四款 [遵照托管协议]

为使依本宪法成立的马绍尔群岛政府能够依托管协议而运作,依本条第五款的规定由马绍尔群岛议政会制定的任何过渡条款在以托管协议作为马绍尔群岛法律的组成部分而适用于马绍尔群岛的时间内应具有优于本宪法任何其他规定的效力。

第五款 [马绍尔群岛议政会制定的过渡条款]

为本条第三或四款中规定的全部或任何目的而制定的可适用的过渡条款应在本宪法生效日期之前以太平洋群岛托管地马绍尔群岛区政府的立法机构(即马绍尔群岛议政会)的法律制定并由美国内政部长以其命令批准。

第六款 [同美国签署的自由联系条约之履行]

为使本宪法与马绍尔群岛政府和美国政府间的自由联系条约的任何条款保持一致,在该条款生效的时间内,为该目的而以法律制定并由议长依法证明且在马绍尔群岛人民批准该自由联系条约的任何公民投票中以合法投票的过半数获得批准的过渡条款应具有优于本宪法任何其他规定的效力。

第七款 [制宪会议的其他职责]

若在本宪法生效前的任何时间,为本条第三款中规定的全部或任何目的而制定的过渡条款由制宪会议或依其决议批准,则在制宪会议履行其为政府职能的行使提供足够规则的职责时,该过渡条款无论就何种意义而言均应成为本宪法的组成部分,并应优先于依本条第五款的规定制定的任何与之抵触的条款。

第十四条 [总则]

第一款 [定义]

在本宪法中,除非文本另有要求:

"子女"包括养子女;

"制宪会议",在涉及第十三条时,指用以通过本宪法的制宪会议;且,在涉及第十二条时,具有该条赋予其的意义;

"习惯法"指任何在马绍尔群岛具有法律效力的习惯;且包括任何宣告习惯法的法律;

"债务负担"包括利息,累计基金负担,债务的清偿或分期偿还,涉及筹集从马绍尔群岛之收入或普通基金所担保的借贷的所有支出,以及由此产生的债务利息的支付和回赎;

"现行法律"指本宪法生效日期之前在马绍尔群岛生效的法律;且包括生效日期之前制定或通过并在生效日期或之后开始生效的任何具有法律效力的立法或行政措施;

"财年"指10月1日开始的一年或法律规定的其他十二个月的阶段;

"大选"指依第四条第十二或十三款举行的议会全体议员的选举;

"联合委员会"指大酋长委员会成员和议会议员组成并共同行动的委员会;

"联合审议会"指大酋长委员会成员和议会议员间的联合审议会;

"土地权利"指根据习惯法或任何传统实践在马绍尔群岛任何土地上存在的任何权利;

"议会议员"指被宣布当选以代表任何选区并作为议会议员而任职者;且,除非文本另有要求,所有在本宪法中提到的议会议员在议会解散和大选后首次议会会议之间的任何阶段应解读为指在议会解散前是议会议员者;

"市镇法令"指在本宪法生效日期之前由马绍尔群岛的任何地方自治体行使太平洋群岛托管地法律所赋予的权力而依法颁布的任何法令;

"父母"包括养父母;

"当选总统"指依第五条第三款已被选举担任总统职务的议会议员,且其处于该选举与其依第五条第四款而被任命就职或当选无效的时间之间的阶段;

"合格选民"指任何选区的议会议员选举中有投票权者;

"全体成员",在涉及议会时,指第四条第二款中规定或依其确定的议会议员总数;

"不信任表决"指由议会全体议员的过半数提出、表决和支持的对内阁的不信任动议。

第二款 [履行某职位职能者]

本宪法规定的任何职位的任职者包括任何正在依法履行该职位职能者。

第三款 [法定人数的确定与投票权]

在任何情况下,若本宪法规定任何应确定法定人数的机构之成员人数,则该人数应包括正在主持该机构审议的其成员;且该成员应拥有对任何问题的表决权。

第四款 [日期、日和时间段]

(1)在任何情况下,若本宪法规定日期、确定日期的方式或时间段,则为任何义务之履行、任何事件之发生或任何其他目的:

a)该日或该阶段的最后一日应被排除计算于自其开始的任何时间段;

b)若该日期、日或该阶段的最后一日正值周日或公共假期,其应视为处于下一非为周日或公共假期之日;

(2)在任何情况下,若通过或依照本宪法而为任何选举或议会任何会期的会议规定的日期或日已经过,且未举行任何有效选举或议会会期,则该选举或议会会期应于此后尽快举行;且若为该选举或议会会期的会议确定新日期或日的任何方法未能通过或依照本宪法而得到规定,则新日期或日可由高等法院确定。

第五款 [官方文本]

本宪法的马绍尔语和英语文本同为官方文本,但在二者不一致的情况下,英语文本应优先适用。

第六款 [本宪法的生效日期]

根据本宪法在公民复决中以有效投票的过半数获得的预先批准,本宪法的生效日期应为1979年5月1日。

密克罗尼西亚联邦宪法[*]

(1978 年通过,更新至 1990 年)

序　言

我们,密克罗尼西亚人民,行使我们的固有主权,据此制定密克罗尼西亚联邦宪法。

以本宪法,我们确认和平且和谐地共同生活之普遍愿望,维护过去的遗产,并保护对于未来的承诺。

为组织一个由众多岛屿构成的国家,我们尊重我们的文化多样性。我们的差异丰富了我们的生活。大海将我们聚到一起,而不能使我们分离。我们的岛屿养育着我们,我们的岛国发展着我们并使我们愈发强大。

我们的祖先,在这些岛屿上建造了他们的家园,但并未迫使其他民族流离失所。我们仍然只希望保持这个家园。见识过战争,我们希冀和平;经历过分裂,我们渴望统一;受到过统治,我们追求自由。

密克罗尼西亚起源于人们划筏乘舟探索海洋的岁月。密克罗尼西亚国家诞生在人们航行于行星之间的时代;我们的世界自身是一个岛屿。我们将从以下各项价值中追求之所得扩展至所有国家:和平、友谊、合作,及存在于我们共同体之中的爱。以本宪法,已作为其他国家保护对象的我们,从现在起永远地成为我们自身岛屿的值得骄傲的保护人。

第一条　[密克罗尼西亚的领土]

1. 密克罗尼西亚联邦的领土由批准本宪法的密克罗尼西亚群岛的各区组成。除非密克罗尼西亚联邦所承担的国际条约义务或其自身行动另作限制,连接密克罗尼西亚群岛的水域无论面积如何均属内水,且其管辖区域延伸至从适当的基线、海床、底土、水柱、岛架或大陆架、土地和水域之上的领空以及基于历史权利、习惯或法定产权属于密克罗尼西亚的任何其他领土或水域向外测量 200 英里的海域空间。

2. 各州由本宪法生效日之前有效的法律所定义的各区的岛屿组成。相邻州之间的海上边界由法律确定,适用等距离原则。州的边界可由国会根据相关州立法机关的同意而改变。

3. 基于国会、相关区域居民(若有的话)公决及密克罗尼西亚联邦全民公决的批准,密克罗尼西亚联邦可增加领土。若该领土将成为现有州的一部分,则需该州立法机关批准。

4. 新州可由法律设立和承认,并同样服从本宪法所规定的权利、责任和义务。

第二条　[宪法至上]

本宪法是人民主权之表达且为密克罗尼西亚联邦之最高法律。与本宪法相冲突的政府行为在冲突范围内无效。

第三条　[公民]

1. 本宪法生效日前已为托管地公民和批准本宪法的各区居民者是密克罗尼西亚联邦之与生俱来的公民和国民。

2. 被承认为其他国家公民的密克罗尼西亚联邦公民应在其 18 周岁生日起 3 年内或本宪法生效日起 3 年内(择二者中较晚者)登记其保持密克罗尼西亚联邦公民身份并放弃其他国家公民身份之意愿。若其未遵循本款之规定,其即成为密克罗尼西亚联邦的国民。

3. 基于《建立北马里亚纳群岛自由邦公约》的条款而成为美国国民的托管地公民可在其成为美国国民之日起 6 个月内通过向密克罗尼西亚联邦境内有管辖权的法院提出申请而成为密克罗尼西亚联邦的公民和国民。

4. 未批准本宪法的区的居民在本宪法生效日前已为托管地公民者,可在本宪法生效日后 6 个月内或其 18 周岁生日后 6 个月内(择二者中较晚者)通过向密克罗尼西亚联邦境内有管辖权的法院提出申请而成为密克罗尼西亚联邦的公民和国民。

5. 本条可溯及既往地适用。

第四条　[权利宣言]

1. 任何法律不得否定或减损表达、和平集会、结社或请愿的自由。

2. 任何涉及建立宗教信仰或减损宗教信仰之自由表达的法律均不得通过,除非是为非宗教目的而向

---

[*] 译者:李光晨。

教会学校提供帮助。

3. 未经正当法律程序,任何人均不得被剥夺生命、自由或财产,或被否定法律平等保护。

4. 法律平等保护不得因性别、种族、家世、祖籍国、语言或社会地位而被否定或减损。

5. 人民确保其人身、住宅、信件或其他所有物免于不合理的搜查、扣留或隐私侵害之权利不受侵犯。除非基于合理根据并有详细说明搜查地点及被扣留的人或物的宣誓书之支持,不得签发相关令状。

6. 刑事案件中的被告人享有受到迅速的公开审判、获得关于指控性质的通知、拥有律师为自己辩护、与控方证人对质以及强制辩方证人出庭的权利。

7. 任何人在刑事案件中不得被强迫自证其罪,或因同一罪行而被两次追诉。

8. 不得要求超额保释金、课以超额罚款或处以残酷和非正常的刑罚。除非在叛乱或侵略的情况下为公共安全之需要,人身保护令不得被中止。

9. 禁止死刑。

10. 除为惩罚犯罪外,禁止奴隶制和强制劳役。

11. 褫夺公民权法案或溯及既往的法律不得通过。

12. 密克罗尼西亚联邦公民可在联邦境内旅行和迁徙。

13. 禁止债务拘禁。

第五条 [传统权利]

1. 本宪法的任何规定均不得剥夺为习惯和传统所认可的传统酋长之地位或职能,或禁止传统酋长在本宪法或制定法所规定的任何层级的政府中获得承认、荣誉并被给予正式的或功能性的地位。

2. 密克罗尼西亚联邦人民的传统受制定法的保护。若上述政府行为被质疑违反了本宪法第四条,则保护密克罗尼西亚传统应视为足以证明其正当性的必要社会目的。

3. 国会可在需要时设立由来自拥有传统酋长的各州的传统酋长以及来自没有传统酋长的各州的被选出的代表组成的酋长会议。拥有传统酋长的州的宪法应为传统酋长规定积极的、功能性的地位。

第六条 [选举权]

年满18周岁的公民可在国家选举中投票。国会应规定本地居住的最低期限并规定选民登记、因被判有罪而丧失选民资格以及因智力不全或精神疾病而丧失选民资格。投票应秘密进行。

第七条 [政府层级]

1. 密克罗尼西亚联邦的3个政府层级为国家、州和地方。在本宪法生效日不存在地方政府的州不得被要求设立新的地方政府。

2. 每州应拥有一部民主的宪法。

第八条 [政府的权力]

1. 明确授予中央政府或具备无可置疑的国家属性以致于超出州权控制范围的权力属国家权力。

2. 未明确授予中央政府或未明确禁止各州行使的权力属州的权力。

3. 州和地方政府禁止征收限制州际贸易的税款。

第九条 [立法]

1. 中央政府的立法权授予密克罗尼西亚联邦国会。

2. 以下权力明确授予国会:

(a)规定国防;

(b)批准条约;

(c)管理入境移民、出境移民、归化入籍和公民身份;

(d)征收税款、货物税和进口关税;

(e)征收所得税;

(f)发行和管理货币;

(g)管理银行业、对外和州际贸易、保险业、商业票据和证券的发行和使用、破产和无力偿债以及专利权和版权;

(h)管理小片淡水域、湖泊和河流之外的航行和运输;

(i)限制大额贷款的高利息;

(j)规定国家邮政制度;

(k)取得和管理新领土;

(l)管理划为国家首都的区域;

(m)管理密克罗尼西亚联邦自岛屿基线向外延伸12英里的海域空间内自然资源的所有权、勘探和开发;

(n)建立和管理国家公共服务体系;

(o)弹劾和罢免总统、副总统和最高法院法官;

(p)在对地方习惯和传统给予应有注意的前提下,定义国家犯罪并规定惩罚;

(q)以不少于全部州代表团的3/4表决(每个代表团投一票)驳回总统否决权;

(r)通过设定最低标准促进教育和卫生事业,就涉及外援的事务协调各州行动,向各州提供训练和帮助并为高等教育项目和事业提供支持。

3. 以下权力可由国会和各州同时行使:

(a)拨出公款;

(b)以政府信用借款;

(c)建立社会保障和公共福利制度。

4. 条约由国会议员的2/3表决批准,但将密克罗尼西亚联邦政府的主要权力授予其他政府的条约还需2/3州的立法机关以过半数批准。

5. 国家税应统一征收。至少50%的税收应分配至税款来源州的金库。

6. 根据本条第 2 款第（m）项的规定开发洋底矿物资源所得的净收入应在中央政府和相关州政府间平均分配。

7. 总统、副总统或最高法院法官可因叛国罪、贿赂罪或涉嫌徇私舞弊而被国会以 2/3 议员表决罢免。若总统或副总统被罢免，则最高法院应复审该决定；若最高法院法官被罢免，则该决定应由特别裁判庭复审，特别裁判庭由每州各一名经该州行政首长指定的州法院法官组成。特别裁判庭应根据总统的通知而召集。

8. 国会由基于州权平等而从各州自由选举产生的每州各一名议员以及从各州中按人口比例划分的国会议员选区选出的其他议员组成。基于州权平等选举产生的议员任期 4 年，所有其他议员任期 2 年。除法案终读外，每名议员拥有一个表决权。国会议员选举依照制定法的规定每两年举行一次。

9. 除非在选举日至少年满 30 周岁且成为密克罗尼西亚联邦公民至少 15 年，并且在其当选的州居住至少 5 年，任何人不得成为国会议员。被州或中央政府法院判决犯有重罪者不得成为国会议员。国会可调整上述规定或设定其他资格要求；英语水平不得作为资格要求。

10. 国会应至少每 10 年重新分配一次。除自由选举产生的议员外，每州应至少拥有一名基于人口产生的国会议员。各州应依法划分国会议员选区，每个选区产生一名议员。各选区应在充分注意到语言、文化和地理差异的前提下在人口上大致平均。

11. 各州应从其全部议席当中为一名传统酋长留出一个议席，该传统酋长应依照制定法的规定选出，任期 2 年，替代一名基于人口选出的议员。国会议员选区的数量应相应地减少和重新划分。

12. 国会的议席空缺应在剩余任期内补足。除法律另有规定外，剩余任期应通过特别选举补足，除非剩余任期少于一年而通过相关州行政首长的任命补足。

13. 国会议员不得担任其他公职或有偿职务。在其任期内及此后 3 年，议员不得被选举或任命担任在其任期内由国会制定法创设的公职或有偿职务。议员不得从事任何与正确履行其职责相冲突的活动。国会可规定进一步的限制。

14. 国会可规定议员的年度工资和补贴。议员工资的上涨将不适用于批准该次上涨的国会。

15. 国会议员在出席国会期间以及前往参会和参会后离开时享有免受逮捕的特权，叛国罪、重罪或破坏治安罪除外。议员对其在国会中的言论只向国会负责。

16. 国会应定期举行会议，公开会议由制定法规定。特别会议根据密克罗尼西亚联邦总统的通知而召集，或由议长基于 2/3 议员的书面要求召集。

17.（a）国会应为其议员的选举和资格的唯一裁判者，可对议员进行惩戒，且可经 2/3 多数表决暂停议员资格或将议员开除。

（b）国会可确定其议事规则并从其议员中选出一名议长。

（c）国会在其自身或其任何委员会中可强制要求证人出席并提供证人证言以及强制要求出示文件或其他材料。

18. 议员的法定出席人数为过半数，但少于法定出席人数的议员可逐日延期并强制缺席议员出席。

19. 国家应保存并出版议事日志。待表决议程须经出席会议议员的 1/5 提出要求方可记入议事日志。立法程序应以英语进行。英语不流利的议员可使用自己的语言，国会应提供翻译。

20. 法案须经在不同日期举行的两次审读通过方可成为法律。一读需全体议员的 2/3 表决通过。终读时每个州代表团应投一票且需全部代表团的 2/3 表决通过。所有投票结果应记录于议事日志。

21.（a）国会只能以制定法的形式立法且只能以法案的形式通过制定法。在法案开头说明法律制定机构的条款的格式为"兹由密克罗尼西亚联邦国会制定如下条款"。法案的标题中只能表达一个主题。在标题所表达的主题之外的条款无效。

（b）法律不能仅通过引述其标题而进行修订或修改。被修改的法律或被修订的条款应详细公布并经充分审读后重新通过。

22. 国会通过的法案应提交总统批准。若总统否决该法案，则其应在 10 日内将该法案及其否决意见交回国会。若国会会期剩余不足 10 日或已推迟，则总统应在该法案提交其批准后 30 日内交回该法案。

第十条　[行政]

1. 中央政府的行政权授予密克罗尼西亚联邦总统。总统由国会以全体议员的过半数选举产生，任期 4 年。总统连续任职不得超过两届。

2. 以下权力明确授予总统：

（a）忠诚地实施和履行本宪法和所有国家法律的规定；

（b）依照国家法律接受所有外交使节并处理外交和国防事务；

（c）准予特赦和缓刑，州行政首长对于根据州法而被定罪者应同时拥有该项权力的情形除外；

（d）根据国会的建议和同意，任命外交使节、最高法院和制定法规定的其他法院的全体法官、中央政府行政部门的主要官员以及制定法规定的其他官员。外交使节和主要官员根据总统的意愿而服务。

3. 总统：

(a)是密克罗尼西亚联邦的国家元首；

(b)可向国会提出建议，并应就国家情况向国会作出年度报告；

(c)应履行制定法所规定的职责。

4. 除非是任期4年的国会议员，且为与生俱来的密克罗尼西亚联邦公民，并且在密克罗尼西亚联邦居住至少15年，任何人不得成为总统。

5. 在总统选举完成后，副总统依照与总统相同的方式选出，并应具有与总统相同的资格和任期。副总统不得与总统居住在同一个州。在总统和副总统选举完成后，国会议席的空缺应予宣布。

6. 若总统职位出现空缺，或总统无法履行其职责，则副总统应成为总统。国会应通过制定法规定总统和副总统职位均空缺或两者中的任何一人或两者全部无法履行其职责的情况下的权力继受。

7. 总统或副总统的报酬在其任期内不得增加或减少。总统或副总统不得担任其他职务或从密克罗尼西亚联邦或州获取其他报酬。

8. 各行政部门应由制定法设立。

9.(a)在因市民骚乱、自然灾害、紧迫战争威胁或暴动而产生极端紧急情况时，为保护公共和平、健康或安全之需要，总统可宣告紧急状态并发布适当的命令。

(b)公民权利仅可在为保护和平、健康或安全所必需的范围内受到限制。

(c)紧急状态宣告后30日内，密克罗尼西亚联邦国会应根据议长或总统的通知而召集，以考虑紧急状态宣告的撤销、修改或延期。除非自身期限届满或被撤销或延期，紧急状态宣告的有效期为30日。

第十一条 ［司法］

1. 中央政府的司法权授予最高法院及制定法设立的其他下级法院。

2. 最高法院是存卷法院且为全国最高级别法院。其由首席大法官和不超过5名联席法官组成。每名法官均为一审分庭和上诉分庭的成员，除非一审分庭的开庭由一名法官主持。任何法官不得参与其已于初审分庭审理过的案件的上诉分庭。至少3名法官方可审理和裁决上诉案件。

3. 最高法院首席大法官和联席法官经国会2/3多数批准后由总统任命。最高法院法官在品行良好期间持续任职。

4. 若首席大法官无法履行其职责，其应指定一名联席法官代行其职责。若联席法官职位空缺，或首席大法官无法作出指定，总统应任命一名联席法

官代行首席大法官职责直至空缺职位补足或首席大法官重新履职。

5. 最高法院法官及其他法官的资格和报酬由制定法规定。法官的报酬在其任职期间不得减少，除非制定法所规定的所有薪资按统一比例下调。

6.(a)最高法院一审分庭对涉及外国政府官员的案件、各州间的争议、海事或航海案件以及中央政府作为一方的案件(土地权益争议除外)享有排他的一审管辖权。

(b)各国家法院，包括最高法院一审分庭，对基于本宪法、国家法律或条约而产生的案件，一州和其他州公民之间、不同州公民之间、一州或其公民与外国州、公民或主体之间的争议，同时享有一审管辖权。

(c)当管辖权同时存在时，由制定法规定合适的法院。

7. 最高法院上诉分庭可复审国家法院审理的案件，以及州或地方法院审理的要求解释本宪法、国家法律或条约的案件。若州宪法允许，则最高法院上诉分庭可复审对该州最高法院的裁决提出上诉的案件。

8. 若州或地方法院中的案件所涉实体问题需解释本宪法、国家法律或条约，则该法院应基于当事人申请或其自身动议将该问题提及最高法院上诉分庭。最高法院上诉分庭可裁决该案件或将其发回以作进一步审理。

9. 首席大法官是国家司法系统的最高管理者并可任命文官序列外的管理官员。首席大法官应制定和公布并可修改管理国家法院的条例，且通过该条例可：

(a)将下级国家法院和最高法院一审分庭划分为地域性或功能性部门；

(b)任命上述法院部门的法官并给予已退休的最高法院法官及州和其他法院的法官以特别任命；

(c)设立程序和证据规则；

(d)管理州和国家法院之间的案件转移；

(e)管理律师的执业许可和行为准则以及法官的退休；

(f)对国家司法部门的管理作出其他规定。司法条例可被制定法所修改。

10. 国会应为州司法系统提供财政支持并可给予其他帮助。

11. 法院的裁决应与本宪法、密克罗尼西亚的习惯和传统以及密克罗尼西亚的社会和地理结构相一致。在作出裁决时，法院应考虑和适用密克罗尼西亚联邦的法律渊源。

第十二条 ［财政］

1.(a)中央政府筹集或收取的公款应存放于国库内的普通基金或特别基金。非依法律规定，公款不得

从普通基金或特别基金中拨出。

(b)中央政府获取的外国财政援助应存放于外国援助基金。除非依照该援助的约定或特别性质需将其作特定分配外,每个州应分取与中央政府及其他各州相等的份额。

2.(a)总统应在制定法规定的时间向国会提交年度预算。该预算应包含建议支出、预期收入以及在下一财年可供中央政府使用的其他款项的完整计划,并附有国会要求的其他信息。国会可在任何方面修改该预算。

(b)除非总统建议立即通过或用于支付国会的运作支出,在为预算拨款的法案获得通过前,任何拨款法案均不得在终读时通过。

(c)总统亦可否决国会通过的任何法案中的拨款项目,其程序与总统完全否决一项法案的程序相同。

3.(a)公共审计官由总统根据国会的建议和同意任命。其任期4年且直至继任者得到确定为止。

(b)公共审计官应检查和审计中央政府的每个分支、部门、机构或法定主体的账户,以及从中央政府获取公款的其他公共法律实体或非营利组织的账户。

(c)除应每年向国会报告至少一次外,公共审计官不受任何行政控制。其薪资在其任期内不得减少。

(d)国会可因2/3多数通过而将公共审计官免职。在该种情况下,首席大法官应任命一名代理公共审计官,直至继任者得到确定。

第十三条 [一般规则]

1.密克罗尼西亚联邦中央政府确认人民获得教育、医疗和法律服务的权利并应采取合理且必要的措施提供上述服务。

2.未经密克罗尼西亚联邦中央政府的明确批准,放射性物质、有毒化学物质或其他有害物质不得在密克罗尼西亚联邦管辖范围内试验、储存、使用或处理。

3.维护本宪法的规定并促进作为本宪法建立之基础的统一原则是中央和各州政府神圣的义务。

4.非公民者或非为公民完全拥有的公司不得获得密克罗尼西亚境内土地和水资源的产权。

5.禁止非公民者、非为公民完全拥有的公司或任何政府订立无固定期限的关于土地使用的租赁协议。

6.密克罗尼西亚联邦中央政府应寻求对美国政府作为一方的有关土地使用的任何协议进行重议。

7.就职时,所有公职人员应依照制定法的规定宣誓维护、促进和支持法律和本宪法。

第十四条 [修改]

1.本宪法修正案可由修宪会议、公民创议或国会以法律规定的方式提议。当被提议的修正案在3/4数量的州的每一州均以3/4多数获得批准,则该修正案应成为本宪法的组成部分。若在同一次修宪中提交选民公决的两个以上相互冲突的宪法修正案均获得批准,则获得最多赞成票数的修正案应在冲突范围内优先适用。

2.国会应至少每10年将下述问题提交选民公决:"是否应组织修宪会议修改或修订本宪法?"若该问题获得过半数赞成票,则修宪会议代表应在不迟于下次例行选举时选出,除非国会规定修宪会议代表的选举在更早的特别选举时举行。

第十五条 [过渡]

1.除与本宪法相冲突或被修改或废除的范围外,托管地规约继续有效。除依照本宪法的规定作出变更外,令状、普通法上的民事诉讼、衡平法上的民事诉讼、诉讼程序、民事或刑事责任、刑事诉讼、判决、刑罚、命令、裁定、上诉、诉讼理由、辩护、合同、权利主张、正式要求、产权或权利不受影响。

2.除直接对未批准本宪法的区的政府产生不利影响或使之受益的范围外,托管地政府的权利、义务、责任或契约由密克罗尼西亚联邦继受。

3.托管地政府持有的财产权益转移给密克罗尼西亚联邦并依照本宪法进行保留或分配。

4.即便其章程或权力与本宪法相冲突,地方政府及其机构仍可继续存在。为促进向本宪法规定的有序过渡,直至各州政府建立,国会应为解决地方政府章程和权力与本宪法之间的冲突作出规定。以上规定在本宪法生效日后5年即失效。

5.国会可为平稳且有序地向根据本宪法设立之政府过渡作出规定。

6.在首次国会议员选举中,国会议员选区按如下方案在各州间分配:科斯雷(Kusaie),1个选区;马里亚纳斯(Marianas),2个选区;马绍尔(Marshalls),4个选区;帕劳(Palau),2个选区;波纳佩(Ponape),3个选区;丘克(Truk),5个选区;雅浦(Yap),1个选区。若科斯雷在首次选举时还不是一个州,则应基于人口在波纳佩选出4名议员。

第十六条 [生效日]

本宪法应在批准后1年生效,除非国会通过联合决议规定更早的日期。若本宪法的条款被认为与《联合国宪章》或美国与联合国之间的《托管协议》存在根本冲突,则该条款直至托管协议终止之日方可生效。

瑙鲁共和国宪法

（经 2013 年通过）

序　言

根据制宪会议草拟，1968 年 1 月 29 日经瑙鲁人民通过、颁布并向瑙鲁人民公开的在瑙鲁实施的宪法之规定，瑙鲁于 1968 年 1 月 31 日成为一个主权独立的共和国；

瑙鲁宪法于 1968 年 5 月 17 日在制宪会议的最后会议上，根据第九十二条之规定，经由瑙鲁宪法会议修改；

四十年后，我们审查了我们独立的宪法，制宪会议以及代表我们的议会已准备依照第八十四条之规定修改瑙鲁宪法；

宪法如下：

我们，瑙鲁人民，认可全能的上帝作为造物主、永恒的上帝以及一切美好事物的给予者，我们谦逊地将我们自己置于上帝的保护之下，祈祷其福佑我们深爱的国家、我们每一个成员、我们的生命和我们的土地。我们以本宪法的形式荣耀我们的历史，宣告我们的志向，承认我们国家的座右铭"上帝的意愿优先"。

我们自豪地认可并敬仰我们的先辈，是他们将这个美丽但与世隔绝的岛屿建成了他们的家园，建立了一个以和睦协议为基础的友好社会。瑙鲁，我们挚爱的太平洋岛国，是各代瑙鲁人之间的生活链接。在这座岛上，我们已建立了我们自己单一的社会，我们保证捍卫并维系我们合法的家园、历史和未来。

瑙鲁面临许多挑战，其中包括外国规制、外国文化的冲击、战争的毁灭性打击、我们岛国许多自然美景的破坏。我们祈祷拥有大量的磷酸盐资源。面对这些挑战时，我们的人民已证明他们自己富有活力并有适应能力。

我们十分尊重并承认我们建国先辈们的伟大的领导以及其取得的成绩，是他们致力于并赢得了我们的独立，确保我们在现代民族之林中的平等地位。

我们从其他民族和国家借鉴并在同其他民族和国家的交往中适用：和平、友爱、相互理解、尊重我们共同的人性和人的尊严。

瑙鲁人民希冀一个诚信且负责的政府。我们审查了我们的宪法，致力于确保瑙鲁的未来将是光明的，确保公共机构将诚恳地服务于人民。

瑙鲁人民为他们自己，亦为他们统治的机构订立下列原则：

我们致力于和平、公正、稳定、福利、进步和人民的繁荣；

我们的机构应负责任且透明地服务于人民，遵守高级道德准则；

我们坚持声明民主的价值，明确一切权力属于人民，人民通过其选举的代表以及通过本宪法设立的机构行使权力；人民应参与管理其事务；

我们坚持尊重人的尊严，尊重所有人的人权，坚持根据本宪法第二章的规定，保护基本的和不可剥夺的权利和自由；

我们通过表决或协商致力于维护解决重要事务的价值，承认对礼仪和尊重的需求；

我们承认社区的重要性，尊重长辈，认可家庭的力量和支持作用；

我们维系大家庭同社区分享的重要性；

我们承认并坚称自豪的瑙鲁人是国家领土的监护人，承认并坚称领土和海域对瑙鲁人民的重要性；我们承认亲属关系的重要性，亦认可有关领土事项的口述历史的重要性；

我们高度珍视历代相传的知识和历史；

我们坚持我们社会的婚姻基石，以我们的传统、文化、遗产、志向为傲，尊重家庭生活、我们十二个部族和亲属关系，坚持保护人民以及人民的团结；

我们承认在现代世界开放以适应变化的环境的需求，认可开放以使变化的价值和优先权逐步发展的需求；

这些原则，根据上帝的指引，应作为本宪法的基石获得庄严的接受和认可，并应在解释本宪法，以及

---

* 译者：胡婧。

在政府和组织生活的各个层面上适用本宪法时得到遵守。

愿上帝福佑我们瑙鲁家园。

愿上帝保佑我们人民。

第一章 瑙鲁共和国和瑙鲁最高法

第一条 [瑙鲁共和国]

瑙鲁是一个独立的共和国。

第二条 [瑙鲁最高法]

1. 本宪法是瑙鲁最高法。

2. 若法律不符合本宪法,则相关法律不符合之处无效。

第一A章 习惯和语言

第二A条 [习惯法]

1. 习惯法作为瑙鲁国家法律的一部分继续有效,但习惯法不得同宪法或议会法相抵触。

2. 议会应为习惯的证明和申辩制定规则。

第二B条 [瑙鲁的语言]

政府应采取积极且实用的措施维护并促进瑙鲁语言的使用。

第二章 保护基本权利和自由

第三条 [前言]

在瑙鲁的一切人均享有基本权利和个人自由,即在瑙鲁的一切人,无论其种族、出身、政见、肤色、宗教、性别,均有权分别且完全享有下列自由。但享有基本权利和个人自由时,应尊重他人的权利和自由,尊重公共利益:

(1)生命、自由、人身安全、享有财产和法律保护;

(2)良心自由、表达自由、和平集会和结社的自由;

(3)尊重隐私和家庭生活,

为上述权利和自由的实现提供保护,本章以下条款中包含对保护的各种限制,若这些限制是为了确保个人在享有权利和自由时不侵害他人权利和自由或不侵害公共利益,则相关条款具有效力。

第四条 [保护生命权]

1. 不得故意剥夺任何人的生命,但执行法院根据法律规定就个人犯罪可处以剥夺生命之刑罚的判决时除外。

2. 若在法律许可的范围,按照法律规定的条件剥夺个人生命,且在下列情况中被证明合理,则剥夺个人生命不违背本条第1款的规定:

(1)为保护个人不受暴力侵害;

(2)为捍卫公共财产;

(3)为执行合法逮捕或防止被合法拘留者逃逸;

(4)为镇压暴乱、暴动或叛乱。

第五条 [保护人身自由]

1. 不得剥夺任何人的人身自由,但在下列情况下,经法律授权的除外:

(1)因个人犯罪,执行法院判决或命令;

(2)为将个人移送法院,执行法院命令;

(3)合理怀疑其犯罪或即将犯罪;

(4)根据法院命令,在其年满十八周岁之后的第一个12月31日之前,为其提供教育;

(5)根据法院命令,在其年满二十周岁之前,为其提供福利;

(6)为防止疾病传播;

(7)若个人为或者被合理怀疑为精神不健全、吸毒或酗酒,为了照顾、治疗或保护社会;

(8)为阻止其非法进入瑙鲁,或为了驱逐、引渡或以其他合法理由使之离开瑙鲁。

2. 应及时通知被逮捕或被拘留者其被逮捕或拘留之原因,并应许可其在被拘留地咨询其选择的代理人。

3. 在本条第1款第(3)项之情形下被逮捕或被拘留且未被释放之人应于被逮捕或被拘留后二十四小时内移送法官或其他司法官员,除非法官或其他司法官员发布命令,就前述人员的拘留不得超过二十四小时。

4. 若向最高法院提出控诉,主张非法拘留某人,则最高法院应调查相关控诉,除非证明拘留合法,最高法院应命令将相关个人移送该院并予以释放。

第六条 [保护不受强制劳动]

1. 不得要求任何人从事强制劳动。

2. 为实现本条目的,"强制劳动"不包括以下情形:

(1)法院判决或命令要求的劳动;

(2)要求被合法拘留者从事的劳动,该劳动不是出于法院的判决或命令的要求,而是出于卫生或维系被拘留地之合理必要;

(3)要求纪律部队的成员遵守其作为该成员的义务而要求的劳动;

(4)作为合理且正常的社区或其他公民义务的组成部分而合理要求的劳动。

第七条 [保护不受非人对待]

任何人不受酷刑,亦不受非人或有辱人格的对待或处罚。

第八条 [保护不受剥夺财产]

1. 不得强制剥夺任何人的财产,但出于公共目的依照法律规定且根据合理条件的除外。

2. 若法律作出下列规定,则该法律中规定的相关内容或根据其授权所为之行为不得视为不符合或违反本条第1款的规定:

(1)出于下列目的而占有或取得财产:

ⅰ)支付赋税;

ⅱ)因违反法律而处罚或没收;

ⅲ)作为租约、租赁、抵押、托管、买卖、担保或合同的附属;

ⅳ)在决定民权或义务的程序中,执行法院判决或命令;

ⅴ)因财产处于危险状态或威胁人类、动植物的健康,出于合理必要之考量;

ⅵ)因限制行为的法律的规定。

(2)因下列原因而占有或取得财产:

ⅰ)为有权享有财产利益的死者、精神不健全者或未满二十周岁者之利益,而管理相关财产;

ⅱ)为破产者、无力偿债者或清理财产的法人之债权人以及其他有权享有财产利益者的利益,而管理相关财产;

ⅲ)为使信托生效,根据设立信托的文件或经由法院、法院命令赋予指定受托人的财产;

ⅳ)出于公共目的,经法律规定而设立的法人团体持有的财产。

第九条 [保护人身和财产]

1. 未经本人同意,他人不得搜查其人身或财产,亦不得进入其住所。

2. 若法律作出下列规定,则该法律中规定的相关内容或根据其授权所为之行为不得视为不符合或违反本条第1款的规定:

(1)出于国防、公共安全、公共秩序、公共道德、公共健康、自然资源的开发或使用、任何其他有利于社区的财产的开发或使用之考量,作出的合理要求;

(2)保护他人的权利或自由,作出的合理要求;

(3)授权瑙鲁共和国官员或机构,或者,授权出于公共目的经法律设立的法人团体,在合理必要时,进入他人住所,以搜查该住所或搜查住所中同赋税相关之事物,或者,执行同住所中合法存在的、属于共和国或法人团体的财产相关的工作;

(4)为执行法院判决或命令,经法院命令授权搜查人身或财产,或者,根据法院命令进入任何场所。

第十条 [确保法律保护的规定]

1. 任何人不得被判处法律未规定的犯罪。

2. 除非撤销控告,任何被控告犯罪之人均应在合理时间内获得独立且不偏私的法院的公正审判。

3. 被控告犯罪之人:

(1)应推定无罪,直至依照法律证明其有罪;

(2)以其知晓的语言及时告知其被控罪行性质的细节;

(3)给予其充分的时间与便利以准备辩护;

(4)若其不能明白或不能口述庭审时使用的语言,则应许可为其免费提供翻译援助;

(5)许可其自己辩护,或者,许可其在自行负担费用时,聘用其自己选择的代理人辩护,或者,若根据法院意见,犯罪嫌疑人未有足够的方式支付发生的费用,在其未支付费用时,出于司法利益之考量,则为其指定法律代理人;

(6)应为其本人或其代理人提供便利以诘问由控方传召的证人,为使证人出庭并对其进行诘问以在庭审时依照适用于由控方提交的证人的相同条件证明被指控者自身的清白。除非经被告人同意,审判不得在被告人缺席时进行,但被告人的行为将妨碍诉讼继续,而法院已作出命令要求将被告人移出法庭,则审判可在被告人缺席时进行。

4. 任何人不得因行为发生时,未规定为犯罪行为的作为或不作为而获罪,不得在程度或性质方面,施以较行为发生时可判处刑罚的最高限度更严重的处罚。

5. 若某人证明其已经管辖法院作出审判,无论该审判证明其有罪或宣告其无罪,则该人均不得因同一行为再次遭受审判,除非上级法院就下级法院宣判有罪或无罪的程序发出上诉或审查的命令。

6. 被赦免之人不得受到审判。

7. 不得强迫任何人在审判时自证其罪。

8. 不得强迫被告人在审判时作为对其不利的证人。

9. 仅得由独立且不偏私的法院或经由法律规定授权的其他机构作出民事权利或义务存在或范围的决定。该案件应由相关机构在合理期限内作出公正审判。

10. 除非经相关当事人同意,任何法院的一切诉讼程序以及其他机构决定民事权利或义务存在或范围的诉讼,包括该法院或其他机构就其决定的宣告应一律公开。

11. 本条第10款的规定不得妨碍法院或其他机构在下列范围内将除当事人以外的其他人及其法律代表排除在诉讼程序之外:

(1)可经由法律授权并考虑必要条件或便利,如予以公开将影响公共道德,危害司法公正,或者影响未满二十周岁未成年人的利益,或者为了保护相关诉讼当事人的隐私;

(2)可经由法律授权或要求出于国防、公共安全或者公共秩序的利益考量。

12. 若法律作出下列规定,则该法律中规定的相关内容或根据其授权所为之行为不得视为不符合或违反本条规定：

(1) 若法律规定被告人应负担证明特定事项之责任，则不得视其违反本条第3款第(1)项的规定；

(2) 传召证明被告人清白的证人的费用由公共基金负担时，法律规定应满足合理条件，则不得视其违反本条第3款第(6)项的规定。

第十一条 ［良心自由］

1. 人人享有良心、思想和宗教自由权，该权利包含改变宗教或信仰自由以及单独或集体、公开或秘密以礼拜、教义、实践和仪式表明与传播宗教或信仰的自由。

2. 未经本人同意，不得妨碍任何人享有本条第1款规定的权利或自由。

3. 除非经本人同意，或者，若其未满二十周岁由其父母或监护人同意，不得要求任何人出席教育场所以获得宗教教育、参与或出席宗教仪式，不得强迫其遵守不同于其宗教或信仰的教育、仪式。

4. 若法律作出下列合理规定，则该法律中规定的相关内容或根据其授权所为之行为不得视为不符合或违反本条规定：

(1) 为国防利益、公共安全、公共秩序、公共道德、公共健康；

(2) 为保护他人权利和自由，包括在未干预其他宗教成员信仰宗教时遵守并实践宗教的权利；

(3) 为接受世俗教育之人的利益，在相关教育场所规制提供的世俗教育。

第十二条 ［保护表达自由］

1. 人人享有表达自由权。

2. 未经本人同意，不得妨碍任何人享有表达自由权。

3. 若法律作出下列规定，则该法律中规定的相关内容或根据其授权所为之行为不得视为不符合或违反本条规定：

(1) 为国防利益、公共安全、公共秩序、公共道德、公共健康，作出的合理要求；

(2) 为在法律诉讼中，保护他人名誉、权利、自由或相关个人的隐私，防止泄露秘密受的资讯，或者，为维护法院的权威和独立，作出的合理要求；

(3) 为管制技术管理、技术操作或者电话、电报、邮政、无线电传输、电视或其他交流方式的普遍效率，或者为了管制公共展览或公共娱乐，作出的合理要求；

(4) 为规制有权获取资讯的公职人员对相关资讯的使用。

第十三条 ［保护集会和结社自由］

1. 人人享有和平集会和结社的权利，享有组织或加入工会或其他社团的权利。

2. 未经本人同意，不得妨碍任何人享有本条第1款规定的权利。

3. 若法律作出下列合理规定，则该法律中规定的相关内容或根据其授权所为之行为不得视为不符合或违反本条规定：

(1) 为国防利益、公共安全、公共秩序、公共道德、公共健康；

(2) 为保护他人权利和自由。

第十四条 ［基本权利和自由的实施］

1. 本章确认的权利或自由由最高法院在实施相关权利或自由的利害关系人的诉愿中得以实现。

2. 为实现本条第1款的规定，最高法院有权在必要时发布适当的命令并作出适当的宣告。

第十五条 ［解释］

本章中，除非文本另作规定：

"违反"，同要求相关，包括未遵守要求，同类表达应作作相应解释；

"纪律部队"是指：

(1) 警察部队；

(2) 为国防或维系公共安全或公共秩序，经由法律设立的其他团体；

"法律代理人"是指有权在或进入瑙鲁，经法律规定有权在法庭代表诉讼当事人利益之人；

"成员"，同纪律部队相关，包括遵守法律规定的相关部队应遵守纪律之人；

"公共财产"，包括出于公共目的，经由法律设立的法人团体的财产。

第三章 总统和行政

第十六条 ［总统］

1. 设立一名瑙鲁总统，其由议会选举产生。

2. 仅得议会成员有资格当选总统。

3. 议长和副议长不得当选总统。

4. 总统任职至他人当选总统。

5. 在下列情形中，议会应选举一名总统：

(1) 总统职位出缺；

(2) 继议会解散后，召开第一次会议；

(3) 若：

ⅰ) 总统向议长递交亲笔书写的辞呈；

ⅱ) 根据第二十四条规定，通过免去总统及部长职务的决议；

ⅲ) 总统终止议会议员身份，但仅因议会解散时除外。

第十六A条 ［总统的职责和权力］

由本宪法和法律赋予总统享有的下列职责和权力：

(1)任命副总统(第十六 C 条);
(2)任命内阁部长(第十九条);
(3)主持内阁会议(第二十二条);
(4)任命部长负责政府工作(第二十三条);
(5)就指定议会解散后举行选举之日期同议长协商(第三十九条);
(6)就议会会期的开始时间同议长协商(第四十条第 1 款);
(7)就议会休会同议长协商(第四十一条第 1 款);
(8)启动议会解散程序(第四十一条第 2 款);
(9)任命法官和代理法官(第四十九条第 2 款和第五十三条);
(10)任命专员(第五十七 B 条);
(11)任命审计长(第六十六条第 2 款);
(12)任命检察总长(第七十 A 条);
(13)宣布并撤销紧急状态(第七十七条);
(14)紧急状态期间发布紧急命令(第七十八条);
(15)行使赦免权(第八十条)。

第十六 B 条　[总统宣誓]
担任总统职务之人在就职前应按照第七附表规定的形式向首席大法官或议长宣誓。

第十六 C 条　[副总统]
1. 若一名总统当选,则该总统应尽快任命一名议会成员担任副总统和部长。
2. 若副总统职位出缺,则总统应任命一名部长担任副总统。
3. 副总统就职前应按照第八附表规定的形式向首席大法官或议长宣誓。
4. 若出现下列情形,则副总统职位出缺:
(1)副总统经签署的书面通知向总统辞职;
(2)副总统终止议会议员身份,但仅因议会解散时除外;
(3)总统撤销副总统任命;
(4)副总统终止内阁成员身份;
(5)新总统当选。
5. 若副总统离开瑙鲁、因疾病或其他原因不能履职,则总统有权任命一名其他部长履行副总统之职,且因此获得任命之人将履行相应的职责直至:
(1)总统撤回任命;
(2)其终止担任部长;
(3)新总统当选;
(4)副总统回到瑙鲁或恢复履行官职。
6. 根据本条第 5 款和第十六 D 条获任命者有权履行总统之职,但其不得行使总统撤销副总统任命的权力。
7. 若副总统依照第十六 D 条履行总统职责,则副总统有权任命一名其他部长履行副总统之职,因此获任命之人将履行相应的职责直至:
(1)副总统撤回任命;
(2)其终止担任部长;
(3)副总统终止履行总统职责。

第十六 D 条　[离境、疾病等期间履行总统职责]
1. 若总统离开瑙鲁,或者,因疾病或其他原因认为值得这么做,则总统有权经书面指示授权副总统履行特定的总统职责(且副总统将履行相应职责直至总统撤回对副总统的授权)。
2. 若总统因疾病或其他原因不能履行官职,且疾病或其他原因使得总统不能根据本条规定授权他人履职,则副总统将履行总统之职。
3. 若副总统根据本条第 2 款的规定履行总统职责,且该副总统获总统通知,总统即将恢复履职,则副总统应终止履行总统职责。
4. 根据本条规定,若出现要求副总统履行总统职责的情形,其间,没有副总统、副总统离开瑙鲁,或者,因疾病或其他原因不能履行官职,且未根据第十六 C 条第 5 款的规定作出任命,则总统之职应由内阁任命的一名部长履行。
5. 但是,根据本条第 4 款履行总统职责之人不得履行撤回副总统任命的权力。

第十七条　[赋予内阁以行政权]
1. 瑙鲁行政权赋予经本章规定组成的内阁,内阁有权总体指导并管理瑙鲁政府。
2. 内阁集体向议会负责。

第十七 A 条　[内阁职责和权力]
依照本宪法和其他法律的规定,赋予内阁的行政权包括但不限于下列职责和权力:
(1)认为执行其政策和决定之必要而建议向议会提交立法提案,其中,根据本宪法第五章的规定,特别向议会建议提交有关征收赋税、支出公共财政的提案;
(2)因一切公共支出以及同公共支出相关的经议会或本宪法、法律授权的其他机构的拨款向议会负责;
(3)就瑙鲁的外交事务负责,无论外事经条约或其他形式确定(承认每一个最终获接受、具有约束力的条约应提交议会审议);
(4)为瑙鲁安全,负责制定其认为合理且必要的规则;
(5)为公共健康,负责设立并维系医院和其他机构,负责提供其认为合理且必要的其他服务;
(6)为瑙鲁人民获得教育机会,负责制定其认为合理且必要的规则;

(7)负责设立并维系其他机构、提供其他服务并制定其认为合理且必要的其他规则,以为瑙鲁人民获得适当的生活水平,确保瑙鲁人民享有其法律权利,提供其享有经济、社会和文化福利;

(8)履职期间,在其认为必要时,代表瑙鲁政府签订合同和其他文件。

第十八条 [内阁]

1. 内阁由总统和根据第十九条任命的部长组成。

2. 内阁成员就职前应按照第一附表的规定作出宣誓并签署誓言。

3. 内阁成员不得在瑙鲁服务机构或法定团体担任带薪职务。

第十九条 [任命部长]

1. 若一名总统当选,则该总统应尽快任命四名或五名议会成员担任内阁部长(除副总统之外)。

2. 若部长人数少于五名,则总统应任命一名议会成员担任部长。若解散议会,则总统有权任命议会解散前的议员担任部长。

3. 若存在五名而非六名部长,则总统有权任命一名议会成员担任部长。

第二十条 [职位出缺]

若出现下列情形之一,则部长终止任职:

(1)选举总统时;

(2)向总统递交书面辞呈;

(3)总统撤销部长职务;

(4)终止议会成员身份,但仅因议会解散的除外。

第二十一条 [部长担任总统的规定]

经 2013 年 2 月 7 日宪法第十一修正案废止。

第二十二条 [内阁会议]

1. 总统主持内阁会议。

2. 依照本宪法规定,内阁有权制定其议程。

第二十三条 [内阁责任]

1. 总统有权指定其自身或一名部长负责瑙鲁政府事务,亦有权根据本条规定撤回或变更指定。

2. 若总统或部长已负责管理公共服务的一个部门,则该总统或部长应指导并管理相关部门,且依照相关指导和管理,该部门受该部门首脑监督(该首脑的职务为公职)。

3. 依照议会制定的法律的规定,内阁有权直接或通过其各个成员行使各种行政权,并由负责的其他官员向内阁负责。法律规定或分配行使的各种内阁行政权均不得削减内阁及其每个成员就行政政策的指示和执行向议会负责。

第二十四条 [不信任动议]

1. 依照本条规定,若议会全体成员至少半数通过就总统和部长不信任动议的决议,则应举行总统选举。

2. 若自本条第 1 款规定的决议通过之次日起算,七日内未选出总统,则议会解散。

3. 就总统和部长不信任动议的通知应早于投票表决该动议之日至少五日提交议长,且该通知应包括对总统和部长失去信任的原因摘要。

4. 若议会在同一会期内第二次通过本条第 1 款规定的决议,则议会应解散。

5. 若议会投票表决不信任动议,且该动议未根据本条第 1 款经决议通过,则仅得自该动议未获得通过之次日起算经过一百二十日,始得作出不信任动议的通知。

第二十四条 [投票表决不信任动议]

经 2013 年 2 月 7 日宪法第十一修正案废止。

第二十五条 [首席秘书长]

经 2013 年 2 月 7 日宪法第十一修正案废止。

第四章 立法机构

第二十六条 [立法机构的设立]

设立一个瑙鲁议会。

第二十七条 [立法机构的立法权]

依照本宪法规定,为瑙鲁的和平、秩序和良好治理,议会有权制定法律。因此制定的法律在瑙鲁境内外均有效。

第二十七A条 [议会的地位和职责]

1. 选举议会以代表瑙鲁人民,并确保由人民根据宪法通过下列方式实现统治:

(1)为公共事务的商议提供一个场所;

(2)通过法律;

(3)审议并监督行政行为。

2. 行使议会立法权时,议会仅受瑙鲁宪法的约束,且应依照宪法并在宪法范围内行为。

3. 议会应制定机制:

(1)以确保瑙鲁政府的公共服务部门、行政机关和机构向议会负责;

(2)以监督行政权的行使,包括由议会颁布的法律的执行。

4. 议会应方便公众参与议会的立法和其他事务(例如其委员会的事务),以公开的方式开展工作,公开举行会议。

5. 议会可采取合理的方式规制公众,包括媒体,进入议会。

第二十八条 [议会]

1. 议会由十九名或法律规定的更多的议员组成。

2. 为选举议会议员,应将瑙鲁划分成各个选区。

3. 除非法律另行规定,选区和每个选区选出的议会议员人数应遵守第二附表的规定。

4. 任何人均不得同时成为代表一个以上选区的议会议员。

第二十九条 ［议会选民］

1. 应经由法律规定的方式,由年满规定年龄的瑙鲁公民选出议会议员。

2. 本条中:

"规定的年龄"是指:

(1)二十周岁;

(2)若经由法律规定一个更小的年龄,则依照更小的年龄。

3. 法律不得规定"规定的年龄"小于十八周岁。

第三十条 ［议会议员资格］

若满足下列要求,其有资格当选议会议员:

(1)为瑙鲁公民,且年满二十周岁;

(2)为根据本宪法规定丧失选举资格。

第三十一条 ［丧失选举议会议员的资格］

若出现下列情形之一,则其丧失选举成为议会议员的资格:

(1)未收到法院命令的破产者,已被宣布破产的无力偿债者,或法律规定的无力偿债者;

(2)证实为精神失常者,或者,其他根据法律宣判为精神错乱之人;

(3)经瑙鲁或共和国其他部分的法院判处监禁刑,且正在服刑;

(4)不具备法律规定的在瑙鲁居住或拥有住所的资格;

(5)在瑙鲁或法定团体的服务中担任带薪职务(包括担任带薪职务之人在宣布其当选议员前刚刚离职);

(6)经法院或裁判所命令禁止担任领袖职务(领袖的含义由第五 A 章规定),并且:

ⅰ)若命令适用于一个有限的期间,则相关期限未届满;

ⅱ)若命令由裁判所或最高法院以外的其他法院作出,则该命令根据本宪法第三十六条和第五十七 A 条第 9 款的规定,获得最高法院支持。

第三十二条 ［议会议员议席出缺］

经 2013 年 2 月 7 日宪法第十一修正案废止。

第三十三条 ［议会秘书］

经 2013 年 2 月 7 日宪法第十一修正案废止。

第三十三 A 条 ［议会议员宣誓］

议会议员应于就职前按照第三附表的规定在议会宣誓。

第三十四条 ［议会议长］

1. 依据本宪法第三十三 A 条和第四十一条第 8 款的规定,在普选后议会召开第一次会议期间,以及议长职位出缺时,议会应在其开展其他工作前,选举一名非议会议员,但有资格担任议员者担任议长。

2. 议会应颁布法律规定提名和选举议长的方式,并规定使本条第 1 款生效的相关必要或有利事项。

3. 若出现下列情形之一,议长应终止任职:

(1)议会解散后,新一届议会召开第一次会议;

(2)丧失成为议会议员的资格;

(3)被提名参选议会议员;

(4)经议会议员全体人数至少三分之二通过撤职的决议;

(5)向议会秘书提交签署的书面辞职通知。

4. 当选后就职前,议长应按照第九附表的规定在议会宣誓。

第三十四 A 条 ［议长的职责和权力］

依照本宪法规定,议长享有下列职责和权力:

(1)主持议会议程(第四十四条);

(2)根据宪法规定,召集议会会期或会议(第四十条和第四十二条);

(3)使议会休会或解散(第四十一条);

(4)指定选举日期(第三十九条);

(5)任命、惩处或撤销议会秘书(第三十五 A 条);

(6)管理并监督议会及其管辖事项,包括在议会服务的一切公职人员和其他雇员;

(7)经本宪法、法律或议会议事规则规定的其他职责和权力。

第三十五条 ［议会副议长］

1. 选出议长后,开展其他工作前,议会应选出一名议员担任副议长,且无论何时副议长职位出缺,均应尽快选出一名议员填补缺位。

2. 内阁成员不得经选举担任副议长。

3. 若出现下列情形,则副议长应终止任职:

(1)议会解散后,新一届议会召开第一次会议;

(2)终止成为议会议员,但仅因议会解散的除外;

(3)成为内阁成员;

(4)经议会决议撤销职务;

(5)向议会秘书提交亲笔书写的辞呈。

4. 若无人担任议长一职,议长缺席议会会议,或因其他原因不能履行议长权力和职责,则经本宪法赋予议长的权力和职责应由副议长行使和履行。若副议长亦缺席议会会议或不能行使议长权力、不能履行议长职责,则议会有权选出一名其他议员行使议长权力、履行议长职责。

第三十五 A 条 ［议会秘书］

1. 由议长任命一名议会秘书。

2. 不得任命议会议员成为议会秘书。

3. 议会秘书不得担任或履行其他公职。

4. 议会秘书有权随时向议长提交签名的书面辞职通知,亦可随时经议长撤职。

5. 议会秘书缺席前或缺席期间,议长有权任命非议会议员在议会秘书缺席期间履行议会秘书职责。

6. 依照本条第 7 款第(3)项规定,议会秘书在履职时不受制于内阁、他人或机构的指示,但议长或议会通过决议作出指示的除外。

7. 议会秘书负责:
(1)安排工作,保存议会议程记录;
(2)在本宪法或法律要求议长签名或证明的情况下,安排议长签署文件并发布证书,保存因此签署或发布的一切文件和证书;
(3)根据议长、议会议员、议会委员会的要求,履行秘书和其他合理要求的行政职责;
(4)履行议长或议会经决议指示的其他职责。

第三十五 B 条 ［议会议员议席出缺］

1. 若出现下列情形之一,议会议员议席出缺:
(1)议员选举后,议会解散;
(2)依照本条第 1A 款和第 1B 款的规定,议员丧失本宪法第三十一条规定的当选议会议员的资格;
(3)向议长提交其签署的书面辞职通知;
(4)未经议会同意,议会议员在同一届议会连续三个会期内的每个会议日上缺席;
(5)议会议员终止瑙鲁公民身份。

1A. 依照本条规定,若议会议员经瑙鲁或共和国任一其他部分的法院判处监禁刑,则:
(1)该议员应立即终止担任议会议员;
(2)自该议员服刑后经过三十日,该议员之议席出缺。

1B. 议长在议员提出要求时,有权延长三十日的期限以确保该议员就相关定罪或判刑提出审查或上诉。

1C. 但是,若期限得以延长,且因此超过一百五十日,则仅经议会决议通过始得作出相关延长。

1D. 若在议员议席出缺前,搁置议员的定罪或以监禁刑以外的其他处罚代替之,则议员议席不根据本条第 1A 款之规定出缺,且该议员有权再次担任议会议员之职。

2. 发生议会议员职位出缺的情况,应以法律规定的方式选举议员以填补出缺。

第三十六条 ［决定议会议员的身份问题］

就个人有权成为或继续成为议会议员的问题应提交最高法院,并由最高法院决定。

第三十七条 ［议会的权力、特权和豁免］

议会及其议员和委员会的权力、特权和豁免应依照本宪法的规定由议会宣布。

第三十八条 ［议会议程］

1. 就下列事项,议会有权制定、修订或废止规则和命令:
(1)行使并维系其权力、特权、豁免的方式;
(2)开展工作和议程。

2. 即使在议员出缺、无权出席或参与之人出席或参与议会议程,议会亦有权行为,且相关议会议程均有效。

第三十九条 ［议会普选］

议会议员普选应在议会解散后五十日内的一个星期六举行。具体日期由议长依照总统建议指定。

第四十条 ［议会会期］

1. 依照本条第 1A 款规定,议会每一会期应在前一会期结束后十二个月内举行。其具体地点和开始时间由议长依照总统建议指定。

1A. 普选后,新一届议会的第一个会期应于宣告普选中的候选人当选的最后日期之次日起算,十日内举行。其具体地点和开始时间由议长依照总统建议指定。

1B. 若新一届议会的第一个会期开始之日早于宣告普选中的候选人当选的最后日期,则该会期的常会应持续至议会选出一名议长、副议长和总统,或者,直至议会根据本宪法第四十一条第 8 款的规定被解散,二者择先发生者。

2. 依照本条规定,议会会议应根据议会议事规则或其他规则决定的时间和地点举行。

3. 若议会依照本宪法第四十一条第 1 款的规定休会,或者,议会在应召开会议时七日内未召开,则会会期结束。

4. 除非议会休会,一个会期的结束并不使议会的工作在该会期结束时失效。

第四十一条 ［议会休会和解散］

1. 依照总统建议议长有权随时使议会休会。

2. 若总统建议议长解散议会,则议长应于收到总统建议后十四日内尽快将之提交议会。

3. 为实现本条第 2 款的规定,且尽管本宪法第四十条作出规定,若有必要,议长仍可指定议会会期或会议开始的时间。

4. 若根据本条第 2 款的规定,议长已将总统建议提交议会,且在提交建议后,未根据本宪法第二十四条之规定,通过对总统和部长的不信任动议,则议长应在提交建议后的第七日解散议会。

5. 议长解散议会前,总统有权随时撤回解散议会之建议。若总统撤回其建议,则议长不得解散议会。

6. 尽管本条前款作出规定,若根据本宪法第二十四条的规定,通过对总统和部长的不信任动议之决议,则议长在决议通过后七日内不得:

(1)使议会休会;
(2)解散议会。

7. 除非议会很快被解散,议会应自上一届议会解散后其召开第一次会议之日起算,任期三年,之后应解散。

8. 若出现下列情形之一,议会应解散:
(1)宣告普选中的候选人当选的最后日期之次日起算,经过十日,议会未选出一名议长、副议长,或未选出总统;
(2)议长之位因本款第(1)项规定之外的原因出缺后,经过十日,议会未选出一名议长。

第四十二条 〔经议员三分之一要求召开议会会期〕
1. 若:
(1)自议会会期伊始经过二十八日未召开会议;
(2)为召开会期,遵守本条第2款的规定,向议长提出要求,则议长应于要求提交后十四日内指定议会会期召开的时间。

2. 本条第1款规定的要求:
(1)应以书面形式提交;
(2)由至少三个选区,且每一个选区有一名议会议员签名,并经议会全体议员至少三分之一签名;
(3)应列出需在议会会期上处理的特别事务。

第四十三条 〔议会议员宣誓〕
经2013年2月7日宪法第十一修正案废止。

第四十四条 〔议长主持〕
议长应主持议会会议,且作为主持官员,议长负责确保依照本宪法和议会议事规则的规定开展议会工作,并不偏私且公正地履行官职。

第四十五条 〔法定人数〕
若不计主持议会会议的议员人数,出席会议的议员人数少于全体议员人数的二分之一,则在议会开会时不得处理任何事务。

第四十六条 〔投票表决〕
1. 除非本宪法另作规定,提交议会的问题应由出席并投票的议员多数决定。
2. 若赞同票与反对票持平,则主持会议者不得投决定性之票,且相关问题未获通过。
3. 若议员履行议长之职,则该议员作为议会议员有权表决,但不因此获得额外的决定性之投票权。
4. 议长无权就任何问题投票。

第四十七条 〔颁布法律〕
法律提案于议长确认经议会通过之日成为法律。

第五章 司 法

第四十八条 〔瑙鲁最高法院和其他法院〕
1. 瑙鲁司法权赋予最高法院和其他经由法律规定由议会设立的法院。

2. 最高法院是高级记录法院,并享有本宪法赋予的管辖权,而相应的管辖权由法律规定。

3. 最高法院由裁判法院、宪法法院和上诉法院组成。

4. 首席大法官有权制定、公布并修改管理最高法院及其下属法院以及其他经由法律设立的法院的规则,包括在偏远地方开展诉讼和以适当的方式在其他地方搜集证据的规则。

5. 由法院发布的命令或决定以约束适用该命令或决定的包括共和国在内的所有人。

6. 最高法院和其他法院独立,且仅遵守本宪法和法律。

7. 共和国与任何人均不得干预法院履职。

8. 通过立法和其他方式,共和国应帮助并保护最高法院和其他法院,确保其独立、不偏私、尊严、可接近和效率。

9. 最高法院和其他经法律规定由议会设立的法院有权依照法律规定就藐视法庭之行为处罚自然人或法人。

第四十九条 〔最高法院首席大法官和法官〕
1. 最高法院由一名首席大法官和两名其他法官(若法律规定其他法官的人数超过两名,则遵照该法之规定)组成。

2. 最高法院的法官由总统同内阁协商后任命。

3. 个人仅在教育、经验和品格符合规定,且具备下列条件之一,始得有资格经任命成为最高法院法官:
(1)经由法律规定,有权作为大律师或事务律师在瑙鲁执业,且获得权限不得少于五年;
(2)在太平洋区域的普通法系国家或本条第4款指定的国家中担任或已担任高级司法官职;
(3)经由法律规定,有权作为大律师或事务律师在太平洋区域的普通法系国家或本条第4款指定的国家中执业,且获得权限不得少于七年。

4. 为实现本条规定,同首席大法官协商的司法部长有权经官方通知宣布指定一个国家,以司法部长之见,该国家的法律体系同瑙鲁的现有法律体系相近,以从该国选出符合资格者有能力在瑙鲁履行司法职责。

第五十条 〔职位出缺〕
1. 最高法院的法官年满七十五周岁即终止任职,或者,若为实现本条规定,经法律规定长于七十五周岁的年龄,则年满更大的年龄时终止任职。

2. 为实现本条规定,规定长于七十五周岁的法律有权规定该法律适用于特定法官。

第五十一条 〔免职和辞职〕
1. 若因证实最高法院的法官缺乏能力或行为不

端要求撤销其职,且经议会全体议员至少三分之二通过决议,则可免去最高法院法官之职。

2. 最高法院法官有权经书面辞呈向总统辞职。

第五十二条 〔就职宣誓〕

最高法院法官仅得依照第四附表之规定作出宣誓并签署誓言始得履职。

第五十三条 〔代理法官〕

1. 若首席大法官出缺,或者,首席大法官因故不能履职,直至任命他人履行其职或直至原首席大法官恢复履职,相关职责应由总统指定的一名最高法院其他法官履行,或者,若最高法院没有其他法官,则由总统指定的有资格经任命成为最高法院法官之人履行。

2. 若首席大法官之外的其他最高法院法官之职出缺,或其他法官因故不能履职,或因最高法院的工作作出要求,总统有权任命有资格经任命担任最高法院法官之人作为最高法院法官履职,且获任命之人即使年满七十五周岁,或年满本宪法第五十条涉及的法律规定的更长年龄,其仍可作为最高法院法官履职。

3. 若首席大法官之职出缺,且未有他人作为最高法院法官履职,则本条第2款之规定适用于首席大法官之职。

4. 根据本条第2款之规定获任命履行最高法院法官职责之人应在指定期限内持续履职,或者,若未规定特定期限,则其应履职至总统撤回任命之时。

第五十四条 〔同宪法相关之事项〕

1. 依照本条第4款和第5款之规定,最高法院排他地享有初审管辖权,以决定提交其解释本宪法条文内容或效力的问题。

2. 在不违反最高法院上诉管辖权的情况下,若在其他法院审判时提出涉及本宪法条文的解释或效力的问题,则相关问题应移送最高法院,最高法院应决定相关问题,或者处理相关案件,或者退回相关的其他法院由其依照决定处理相关案件。

3. 最高法院应以考量序言规定的原则的方式解释并适用本宪法。

4. 在下列诉讼中,本宪法具有执行效力:

(1)个人的利益受到或可能受到主张违宪之影响;

(2)有权根据本款第(1)项起诉者因故不能以其名义起诉,而由他人代为起诉;

(3)一个团体中的成员之利益受到或可能受到主张违宪之影响。

5. 在不影响同一案件其他合法可行的行为的情况下,本条第4款涉及之人有权申请最高法院处理主张违宪之问题,最高法院有权决定本宪法之条款是否已被或即将被违反,并在其认为必要且适当时,有权发布命令和宣告,包括赔偿。

第五十五条 〔内阁有权就宪法问题提交最高法院〕

1. 总统或部长有权依照内阁的同意,就在内阁出现或可能出现的,其认为同宪法条文的解释或效力相关的问题提交最高法院,最高法院应开庭宣告其就该问题的意见。

2. 同其他上诉案件一样,最高法院的意见具有拘束力和决定性。

3. 最高法院在宣布就宪法问题的意见前,应给予利益受到其意见影响之人以发表意见之权利。

4. 根据本条提起的宪法问题中,最高法院在认为必要且适当时,有权发布命令和宣告。

第五十六条 〔下属法院〕

应依照法律设立下属法院,下属法院的管辖范围和权力由法律规定。

第五十七条 〔最高法院的上诉法庭〕

1. 最高法院的上诉法庭就下列案件享有审判权和决定权:

(1)最高法院的审判和宪法法院的审判;

(2)由一名法官组成的最高法院的上诉法庭的审判;

(3)下属法院的审判。

2. 若最高法院的上诉法庭审理来自最高法院一个法庭的上诉案件,则其必须由两名或以上的法官组成。

3. 就刑事案件的上诉是当然取得的权利,但自最高法院上诉法庭的上诉由一名法官组成。

第五A章 领袖准则

第五十七A条 〔领袖准则〕

1. 本章适用于:

(1)总统;

(2)部长;

(3)议会议员;

(4)司法官员;

(5)担任宪法性或法定官职之人;

(6)政府部门首脑;

(7)经议会决定的其他人。

2. 适用本章规定之人担任之职属于领袖职务。

3. 适用本章之人,无论在公共场合或官方生活,无论在私生活或同他人相对时,其行为不得:

(1)将之置于利益冲突中,或使公正履行的官职遭妥协;

(2)贬低其担任的职务,或减低其诚信;

(3)减低对瑙鲁政府诚信的尊重和信仰。

4. 本条第3款第(1)项规定的义务应以考量瑙鲁及其少量人口现状的方式加以解释。

5. 适用本章之人不得利用其担任的职务或所处的地位获取私利。

6. 若适用本章之人出现下列情形之一,则其属于行为不端犯罪:
(1)作出同其担任的职务、所处地位或履职相关的犯罪行为;
(2)未能履行本条规定的义务。

7. 依照本宪法的规定,为实现本章之规定,议会应于本章生效后尽快:
(1)制定规则,以披露适用本章之人的个人和工作收入与财务事项;
(2)制定规则,以调查主张或涉嫌职务不端行为的案件;
(3)制定规则,以将主张或涉嫌职务不端行为的案件提交规定的独立法院或法庭,并规定相关法院或法庭以规定的方式裁定之。

8. 依照本宪法规定,为实现本章规定,议会有权:
(1)规定特定的作为或不作为构成职务不端行为;
(2)规定犯罪行为(包括适用本章之人和他人的犯罪行为)并规定对相关犯罪行为的处罚;
(3)为实现本章之规定,制定其他必要或权宜之规则。

9. 若议会经法律授权同违反本条,或违反根据本条第7款或第8款制定的法律相关的法庭或法院,发布禁止相关个人担任领袖职务的命令,则:
(1)若命令由最高法院以外的其他法院或法庭作出,则该命令仅在提交最高法院并获得最高法院支持时方可生效;
(2)若命令涉及现任最高法院法官、审计长或专员,则该命令仅在提交议会并经议会根据本宪法第五十一条第1款、第五十七B条第5款第(2)项或第六十六条第4款第(2)项规定的决议通过方可生效。

10. 尽管本条其他条款作出规定,不得将由法官独立行使司法职权所为之事视为违反本条第3款第(3)项之规定。

第五B章 专　员

第五十七B条　[专员]

1. 设立一名专员,其职务为公共且独立之职。

2. 专员由总统同议长和首席秘书长协商后任命。

3. 依照第五十七C条第5款之规定,专员不得履行其他公职,在未获得总统就个案作出同意时,不得从事专员外其他带薪官职,亦不得从事专员职务外的其他带薪职务。

4. 依照本条第5款之规定,专员自任命之日起算,任期五年,其有资格连任一届。

5. 若出现下列情形之一,专员应终止任职:
(1)在未获连任时,任期届满;
(2)若因证实其缺乏能力、行为不端或履职不能要求撤销其职,且经议会全体议员至少三分之二通过决议,则可免去其官职;
(3)向总统提交签名的书面辞呈。

第五十七C条　[专员的职责]

1. 在收到公众诉愿、专员自身或以其他法律规定的方式启动诉愿时,专员有责任调查公共机构的行政行为、实践和程序。

2. 就同下列事项相关之事,专员应履职:
(1)消除专断和不公正的决定;
(2)帮助公共机构完善实践和程序。

3. 本条规定适用于公共服务、瑙鲁警察部队以及其他经议会规定的共和国机构与团体。

4. 本条之规定以及为实现本章之规定而颁布的法律均未授权专员质问或审查法官、治安法官、司法常务官在履行司法职责时作出的决定,亦不得调查由总统或部长作出的行为。

5. 议会可授予专员履行其他职责,并排他地作出其管辖范围之外的其他行为,执行其他程序。

第五十七D条　[专员履职]

1. 依照本条第3款之规定,专员在履职时不受制于他人或机构的指示或控制,其应以独立、不偏私、代表公共利益的方式行为。

2. 不得向法庭起诉专员的行为,但是,若提出专员是否享有管辖权的问题,则专员或因专员行为或提议的行为受到影响之人有权向最高法院申请裁定该问题,且最高法院有权决定该问题并在其认为必要且适当时发布命令。

3. 若内阁以书面通知的形式告知专员其调查之事不是为了瑙鲁的安全利益,则专员不得调查相关事项。

4. 专员应确保因诉愿展开的调查涉及之人或团体获得合理的机会以作出抗辩。

5. 若专员认为出现下列情形之一,则其有权自由裁定调查相关诉愿:
(1)诉愿的标的琐碎;
(2)诉愿轻率、无理取闹或未出于诚实信用作出;
(3)诉愿于行政行为、实践或程序作出后超过十二个月提出,且未给出充分的理由说明推迟提出诉愿的原因。

6. 展开合理调查后,若专员认为诉愿被证明不合理,则专员应通知申请诉愿之人、总统和相关公共机构的首脑。

7. 依照为实现本章规定的议会颁行的法律的规定,若专员作出下列认定,则专员应将就行政行为的调查发现以书面形式直接提交总统和相关公共机构的首脑:

（1）行政行为:
ⅰ)违反法律;
ⅱ)以错误的法律或事实为依据;
ⅲ)是不合理、不公正、残酷的或不适当的歧视;
ⅳ)依照的法治、共和国的法律或实践属于或可能属于不合理、不公正、残酷的或不适当的歧视;
ⅴ)为不适当的目的,以不相关的理由或考虑不相关的因素而作出;
ⅵ)在应当作出说明时为作出说明而直接作出该行为;
ⅶ)属于其他错误行为;

（2）因此:
ⅰ)由相关人员作出的决定应无效、被变更或被重新审议;
ⅱ)审查相关人员作出的实践;
ⅲ)修改或废止相关行政行为依照的法律;
ⅳ)相关行为能被或应被纠正、减轻、变更效力;
ⅴ)就行为给出原来的理由或进一步的理由;
ⅵ)采取其他措施。

8. 根据本条第 7 款的规定,应公开专员的发现,但专员因公共安全或公共理由为由,可决定使全部或部分发现保密,而直接提交总统和相关公共机构的首脑。

9. 任何情况下,均应将专员的发现告知申请诉愿之人。

10. 专员应向议会提交年度报告,且专员在其认为适当时有权就其履行的职责向议会提交额外的报告,专员亦有权关注其在公共行政或法律中发现的现有的缺陷。

11. 议长应尽快将专员的每份报告提交议会。

第五十七 E 条 ［其他规则］

议会认为必要或权宜时,有权规定补充和辅助事项以使本章条款发生效力。

第六章 财 政

第五十八条 ［国库基金］

若法律未规定将瑙鲁征收或获得的岁入或资金支付给为特定目的设立的基金,则相关岁入以及其他一切资金应支付给国库,组成国库基金。

第五十九条 ［自国库基金和公共基金中支出］

1. 仅为满足本宪法或法律规定由国库基金负担的支出时方可自国库基金中支出。

2. 除非依照法律规定,不得从本宪法第五十八条规定的国库基金以外的其他基金支出资金。

3. 就自本宪法第五十八条规定的国库基金或其他基金中支出资金的法律提案不得根据本宪法第四十七条的规定获得议长确认,除非支出资金的目的已经内阁向议会提出。

4. 在每一财政年度开始前（或者,在特殊的财政年度,议会经决议决定晚于一般财政年度开始之日,则在议会决定特殊财政年度开始之前）,内阁均应准备并向议会提交该年度瑙鲁的预算岁入和支出。

第五十九 A 条 ［年度预算和拨款］

1. 根据本宪法第五十九条第 4 款之规定,在预算岁入和支出同时提议会时,内阁:

（1）应遵守本宪法第五十九条第 3 款的规定,向议会提交反映预算支出的年度拨款法案;

（2）向议会提交内阁作出的、包括下列内容的说明:

ⅰ)为适用的财政年度提供弥补预期赤字资金的建议;

ⅱ)在财政年度内,有关可能增加公债的借贷和负担其他形式的公共责任的意向。

2. 年度预算和预算过程应促进经济、债务和公共部门中财政管理的透明、负责和效率。

第五十九 B 条 ［账目说明］

1. 本条中:
"瑙鲁共和国的账目"包括政府立法、行政和司法一切部门和职务以及一切法定团体和由共和国直接或间接管理的机构的资产、债务、收入和支出账目,但法律规定由审计长以外开展审计的其他法定团体除外。

2. 财政部长应于财政年度结束后三个月内,或者于议会经决议许可的更长期间内尽快向审计长提交瑙鲁共和国在该年度的账目说明。

第六十条 ［赋税］

仅得经由法律规定方可征税。征税的法律提案不得根据本宪法第四十七条的规定获得议长确认,除非征税已经内阁向议会提出建议。

第六十一条 ［先于拨款法支出资金］

1. 若内阁预期年度拨款法不会在财政年度开始时根据本宪法第四十七条的规定,获得议长确认,则内阁有权依照本条第 2 款的规定,向议会提交一项法案,为满足于财政年度开始后开展瑙鲁共和国服务的必要支出,建议授权自国库基金支出资金,直至财政年度开始后经过三个月或年度拨款法生效,二者取先发生者。

2. 本条第1款中由内阁提出的建议应于财政年度开始前,以书面形式提交议长,且议长在收到建议后应尽快将之提交议会。

3. 为实现本条第2款之规定,尽管本宪法第四十条作出规定,若议长认为必要,则其应指定议会会期或会议开始的时间。

4. 依照本条第5款之规定,若内阁根据本条第1款的规定提交法案建议,且在财政年度开始时或开始前,年度拨款法与该法案均未生效,则内阁可依照法案规定,授权支出资金,但因此支出的资金不得超过拨款法或前一财政年度中相关法律授权支出资金的四分之一。

5. 根据本条第4款的规定,在一个财政年度中,至多可有一次授权支出资金。

第六十一 A 条 ［议会解散后支出资金］

1. 若出现下列情形,则适用本条规定:

(1)根据本宪法第二十四条第3款、第4款或四十一条第8款之规定,解散议会;

(2)出现下列情形之一:

ⅰ)之前自国库基金拨付或支出之资金已用尽;

ⅱ)有关支出或拨付资金的授权或法律期间届满。

2. 内阁可授权自国库资金支出资金,以满足瑙鲁共和国提供服务之必要支出,直至:

(1)普选后,组成新一届议会;

(2)议长根据本宪法第五十九条之规定,确认经议会通过的有关支出资金的法律。

3. 根据本条第2款之规定授权支出的账目不得超过上一财政年度中拨款法授权支出总账目的四分之一。

4. 若根据本条第2款之规定支出资金:

(1)则授权支出的账目说明应在普选后,议会召开第一次会议时,提交议会;且

(2)在下一个年度拨款法案中,应包括该账目。

第六十二条 ［长期投资基金］

1. 在本宪法生效前不久即由资金组成长期投资基金,该基金全称为瑙鲁社会长期投资基金,其资金来源于法律拨付,或者,来源于根据本条第2款规定的方式获得的资金。

2. 组成长期投资基金的资金可用于法律规定的项目,且因此获得的资金收入归入该基金。

3. 尽管本宪法第五十九条作出规定,不得自长期投资基金支出资金(但本条第2款规定的情形除外),除非因磷酸盐矿用尽后,在瑙鲁恢复的磷酸盐矿不能为瑙鲁公民提供充足的经济需求。

第六十三条 ［因磷酸盐获得的报酬］

1. 议会有权规定设立基金,以支付给恢复磷酸盐矿区土地的所有者,该基金自国库基金获得资金,再将其获得的资金支付给相关个人。

2. 议会有权规定按照法律规定的数额,自国库基金直接支付给恢复磷酸盐矿区土地的所有者以使用报酬。

3. 根据1968年通过的瑙鲁报酬信托法(支出和投资法)设立瑙鲁土地所有者报酬信托基金所持有的资金或资产,或者,由于相同目的而设立的信托持有的资金或资产不得以任何借贷目的而出借、抵押或托管。

第六十四条 ［应急基金］

1. 议会有权规定设立应急基金,并在出现没有现有规则规定的紧急且不可预见的支出需求时,授权内阁自该基金提前为应急目的而支出。

2. 若事先自应急基金支出资金,则法律可规定归还支出的规则。

第六十五条 ［特定官员的报酬］

1. 应支付给适用本条规定的官员以法律规定的薪金和津贴。

2. 支付给适用本条规定的官员的薪金和津贴由国库基金负担。

3. 在适用本条规定的官员任职期间,就支付给其的薪金和津贴以及其他待遇不得作出对其不利的变更。

4. 本条规定适用于最高法院法官、议会秘书和审计长。

第六十六条 ［审计长］

1. 设立一名审计长,其职位为公共且独立的官职。

2. 审计长由议长提名,经议会同意后,由总统任命。

3. 审计长任期三年,且有资格连任一届。

4. 若出现下列情形之一,则审计长终止任职:

(1)在未获连任时,任期届满;

(2)若因证实其缺乏能力、行为不端要求撤销其职,且经议会全体议员至少三分之二通过决议,则可免去其官职;

(3)向议长提交签名的书面辞呈。

5. 若审计长职位出缺,或者审计长因故不能履职,则议长应提名,总统应任命一名代理审计长,其将履行审计长之职直至审计长恢复履职,或者,直至任命的新一任审计长就职。

6. 审计长履职时,应独立,且不受制于内阁或其他机构、个人的指示。

7. 审计长在任期内不得担任或履行其他公职,

担任审计长之人在终止审计长之职后三年内不得担任或代理公职。

第六十六 A 条 ［账目审计］

1. 本条中：

"瑙鲁共和国账目"是指政府立法、行政和司法一切部门和职务以及一切法定团体和由共和国直接或间接管理的机构的资产、债务、收入和支出账目。

"资产"包括一切岁入、借贷、信托、其他资金，以及暂时或以其他方式征收、获得或持有的印花、债券、公司债券和其他有价证券。

2. 在获得财政部长根据本宪法第五十九 B 条之规定就财政年度的账目说明后两个月内，或者，在议会经决议规定的更长期间内，审计长应向议长提交其就该年度内瑙鲁共和国的一切账目的审查报告，并附带证明账目说明的副本。

3. 议长应尽快将根据本条第 2 款之规定提交的报告和说明提交议会，并将该报告和说明的副本移送总统和财政部长。

4. 若法律规定由其他人审计法定团体的账目，则此人应在财政年度结束后两个月内，或者，在议会经决议规定的更长期间内，向审计长（其有权获得账目）提交报告，并提供法定团体的被审计账目。

5. 审计长有权亲自或通过隶属于审计长的其他适格官员根据本条第 2 款的规定履职，且相关适格官员应依照审计长的一般或特别指示行为。

6. 为执行本条规定的职责，审计长或经审计长授权之人应充分获得全部公共记录，包括电子记录、账目、收据、文件、现金、印花、有价证券、储备或其他由官员占有的政府财产。

7. 本条规定以及本宪法第六十六条第 7 款之规定均未禁止审计长从事下列行为：

（1）向负责瑙鲁公共岁入和支出之人或机构，或者，向在未同瑙鲁利益相冲突的其他太平洋地区负责审计之人或机构提供技术性意见和援助；

（2）履行同监督自公共基金支出相关的其他职责。

8. 在履行本条第 2 款规定的审计职责时，审计长应：

（1）采取一切合理的防备，以保护收集的瑙鲁共和国资金，并遵守相关的法律、指示或引导；

（2）确保拨付或以其他方式支出的瑙鲁共和国的所有资金适用于议会规定的目的，且确保支出符合管理其的机构。

9. 本条第 2 款和第 3 款中规定的提交议会的审计长的报告应：

（1）关注被审计账目中的不规则之处；

（2）考虑本条第 8 款规定的审计测试；

（3）报告审计长在相关财政年度的履职情况。

10. 审计长有权随时向议长提交一份载有其履职情况或同瑙鲁共和国账目相关的注意事项的特别报告。议长应尽快将该特别报告提交议会，并将该报告的副本移送总统和财政部长。

第六十七条 ［公债］

1. 瑙鲁负担的一切债务由国库基金负责。

2. 为实现本条规定，债务包括利息、偿债基金经费、到期或分期债务的偿付，以及同举债、服务产生的偿债相关的一切支出。

3. 公共保障人、抵押或在共和国或共和国任一机构所有的财产上的其他负担在法律上一律无效或均属不公平，但经议会通过的除外。

第七章　公共服务

第六十七 A 条 ［管理公共行政的基本价值和原则］

1. 公共行政应按照宪法赋予的民主价值和原则管理，包括：

（1）促进并维系高标准的职业道德；

（2）促进高效、经济和有效地使用资源；

（3）发展公共行政；

（4）不偏私、公正、平衡、不歧视地提供服务；

（5）回应人民的需求，鼓励公众参与决策；

（6）通过为公众提供及时、可接近、精确的资讯以促进透明；

（7）培养良好的人力资源管理和职业发展规划以最大化地发展人类的潜能；

（8）基于能力、客观和公正而雇佣并进行人事管理，公共行政应广泛地代表瑙鲁人民。

2. 上述原则适用于：

（1）公共服务；

（2）法定团体；

（3）政府机关；

（4）瑙鲁警察部队。

第六十七 B 条 ［首席秘书长］

1. 首席秘书长由内阁任命，并向内阁负责。

2. 不得任命议会议员担任首席秘书长。

3. 首席秘书长有权以签名的书面形式向总统辞职，也可由内阁免职。

4. 依照本宪法第六十九条第 1 款第（1）项之规定，首席秘书长享有本宪法和法律规定的职责和权力。

5. 首席秘书长的职责和权力包括：

（1）依照本宪法第六十七 A 条规定的价值和原则管理公共服务；

(2)就政府管理向内阁提出建议;
(3)确保内阁的书面政策由公共服务执行。
6.公共服务各部门的首脑就各自部门的工作向首席秘书长以及负责该部门的主要部长负责。
7.首席秘书长向内阁负责。

第六十八条 [在公共服务中的任命等]
1.除非根据本宪法第六十九条的规定由法律另行规定,下列权力应赋予首席秘书长:
(1)依照本条第3款的规定,任命担任或代理公共服务中的职务之人;
(2)就担任或代理公共服务中的职务之人实行纪律管理;
(3)免去相关人员之职。
2.首席秘书长有权经亲笔书写的文件委托公共官员履行对担任或代理公共服务中的职务之人(本条第3款规定的职务除外)以纪律管理,首席秘书长应在文件中规定受托人的行为以及委托的条件。
3.首席秘书长不得根据本条第1款第(1)项之规定行使同担任政府部门职务以及法律规定的其他职务相关的权力,但获得内阁同意的除外。
4.首席秘书长应就其根据本条规定行使权力的情况向内阁提交报告,每年至少一次。内阁应将该报告的副本提交议会。

第六十八 A 条 [瑙鲁警察部队]
1.设立一支瑙鲁警察部队。
2.瑙鲁警察部队的职责包括防止犯罪以及同犯罪做斗争并调查犯罪,以维系公共秩序,保护并确保瑙鲁人民及其财产安全,维护并实施法律。
3.瑙鲁警察部队的权力由法律规定。

第六十九条 [议会设立公共服务委员会和制定特别政策的权力]
1.议会有权就下列事项分别或同时作出规定:
(1)根据本宪法第六十八条第1款和第2款的规定赋予首席秘书长以权力和职责,同时,赋予公共服务委员会同本宪法第六十七 B 条第5款规定外的其他公共服务相关的权力和职责;
(2)依照本条第2款之规定,赋予瑙鲁警察部队官员行使本宪法第六十八条第1款首席秘书长行使的权力、履行的职责。
2.若议会根据本条第1款第(2)项之规定制定规则,则:
(1)其亦应制定规则,规定设立警察服务委员会,该委员会由至少三名成员组成,且其成员不得为议会议员,其中,一名应为首席大法官并兼任主席,一名应为首席秘书长,一名应由瑙鲁警察部队的成员按照法律规定的方式和条件选出。
(2)瑙鲁警察部队的官员任命他人担任或代理瑙鲁警察部队职务的权力应在有法律要求的情况下,经该法律要求而获警察服务委员会的同意。
(3)首席秘书长,或者,在议会规定公共服务委员会时,公共服务委员会不得行使本宪法第六十八条第1款和第2款规定的、由其适用的权力,亦不得履行相应的职责。
3.就瑙鲁警察部队官员对隶属官员作出的免职或纪律处分的决定可向警察服务委员会提起上诉。
4.警察服务委员会应行使法律赋予的其他权力和职责,并应遵守本条和其他法律的规定,制定其程序。
5.除非法律另行规定,不得就警察服务委员会的决定提起上诉。

第七十条 [公共服务上诉委员会]
1.依照本条第9款之规定,设立一个公共服务上诉委员会,该委员会由兼任主席的首席大法官、一名由内阁任命之人和一名由法律规定的公共官员选出之人组成。
2.议会议员不得担任公共服务上诉委员会的成员。
3.若出现下列情形之一,则公共服务上诉委员会的成员终止任职:
(1)当选议会议员;
(2)若其由内阁任命,则由内阁免职,或经书面形式向总统辞职;
(3)若其由公共官员选任,则任期届满,或经法律规定的方式免职,或以书面形式向首席秘书长辞职。
4.若首席大法官以外的其他公共服务上诉委员会的成员,根据本条第5款之规定,因故不能或没有资格履职,则内阁:
(1)在该成员由内阁任命时,其有权任命一名非议会议员;
(2)在该成员由公共官员选任时,其有权在法律作出规定时,依照法律规定的条件任命一人,在相关成员不能或无资格履职期间代理公共服务上诉委员会的成员。
5.议会有权规定在法律规定的事项出现时,公共服务上诉委员会除首席大法官外的其他成员没有资格代理。
6.除非根据本宪法第六十九条的规定向警察服务委员会提起上诉,其他就隶属官员作出的免职或纪律处分的决定可向公共服务上诉委员会提起上诉。
7.公共服务上诉委员会应行使法律赋予的其他权力和职责,并应遵守本条和其他法律的规定,制定其程序。
8.除非法律另行规定,不得就公共服务上诉委员会的决定提起上诉。

9. 若议会根据本宪法第六十九条第 1 款第（1）项之规定，行使权力以创设公共服务委员会，则公共服务上诉委员会应停止运作，就公共服务委员会决定的上诉应向最高法院提起，直至议会规定向其他法院上诉。

第七十 A 条　[检察长]

1. 由总统同内阁协商后任命一名检察长。

2. 检察长是有资格被任命成为最高法院法官之人，且其未担任或履行其他公职。

3. 检察长有权：

（1）启动并执行刑事诉讼；

（2）接手由其他人或机构启动的刑事诉讼；

（3）在作出判决前，可随时终止由其自身、由他人或机构启动或执行的刑事诉讼；

（4）在瑙鲁，为现行法律授权或要求的一切行为。

4. 本条第 3 款第（2）项和第（3）项赋予检察长的权力属于排他性权力。

5. 若他人或机构提起刑事诉讼，则该人或机构在获得检察长许可时，有权终止相关诉讼。

6. 根据本条履职时，检察长：

（1）应独立，且不得接受内阁、其他个人或机构的指示，但管辖法院发出的合法命令除外；

（2）有权亲自履职，亦有权通过下属或其他适格之人依照检察长的一般或特别指示行为。

7. 检察长职位出缺或任职者因故不能履职期间，相关职责将由司法部长任命的适格官员履行。

8. 若出现下列情形之一，则检察长终止任职：

（1）检察长的任期届满；

（2）因缺乏能力、重大不端行为或履职不能，由内阁免职；

（3）经书面形式向总统辞职。

9. 本条中：

"诉讼"包括就法院刑事诉讼判决的上诉，向最高法院审判庭或上诉庭提起的案件或保留的法律问题。

第八章　国　籍

第七十一条　[瑙鲁社会的成员成为瑙鲁公民]

在 1968 年 1 月 30 日属于《瑙鲁社会法令（1956—1966）》规定的组成瑙鲁社会的任一阶层的成员，其即为瑙鲁公民。

第七十二条　[1968 年 1 月 31 日之后出生之人]

1. 若在 1968 年 1 月 31 日或之后出生之人于出生时，其父母为瑙鲁公民，则其即为瑙鲁公民。

2. 若在 1968 年 1 月 31 日或之后出生之人于出生时，其父母一方为瑙鲁公民，则其有权成为瑙鲁公民。

第七十三条　[1968 年 1 月 31 日或之后在瑙鲁出生之人]

若在 1968 年 1 月 31 日或之后在瑙鲁出生之人于出生之日，除非根据本条规定，不会获得任一国家之国籍，则其即为瑙鲁公民。

第七十四条　[同瑙鲁公民结婚之人]

若非瑙鲁公民将同或已同瑙鲁公民结婚，则依照法律规定的合理条件，其有权成为瑙鲁公民。

第七十五条　[议会就国籍享有的权力]

1. 议会有权制定规则，使没有资格根据本章规定成为瑙鲁公民之人取得瑙鲁国籍。

2. 议会有权制定规则，剥夺因结婚以外的其他原因取得他国国籍者的瑙鲁国籍。

3. 议会有权制定规则，剥夺非通过本宪法第七十一条或第七十二条成为瑙鲁公民之人的瑙鲁国籍。

4. 议会有权制定规则，规定原瑙鲁公民抛弃瑙鲁公民身份。

第七十六条　[解释]

1. 经 2013 年 2 月 7 日宪法第十一修正案废止。

2. 本章中规定的在个人出生时其父母的国籍，在涉及其出生前其父母一方死亡的，应被解释为在其父母死去时持有的国籍。

第九章　紧急权力

第七十七条　[宣布紧急状态]

1. 若同内阁协商后，总统认为存在重大紧急情况使瑙鲁安全或经济遭受威胁，则总统经公开声明，有权宣布进入紧急状态。

2. 若出现下列情形之一，则紧急状态的宣告失效：

（1）若宣告在议会会期内作出，则自公布宣告之次日起算经过七日；

（2）若宣告未在议会会期内作出，则自公布宣告之次日起算经过十四日。

但在此期间，若经出席并投票的议会议员多数通过决议赞同宣告的除外。

2A. 依照本条第 2B 款之规定，议会有权经出席并投票的议会议员多数通过的决议通过一个为期不超过三个月的紧急状态的宣告。

2B. 依照本条第 2C 款之规定，连续的紧急状态之宣告以及在紧急状态宣告的期限届满之日起算二十一日内，再次宣告进入紧急状态的宣告应再次经出席并参与表决的不少于三分之二的议会议员投票通过决议决定。

2C. 若作出紧急状态的宣告后，或在紧急状态宣告的期限届满之日起算二十一日内,议会因紧急状态的性质或范围而不能召开会议,则总统有权根据本条第 1 款之规定再次宣告进入紧急状态。

3. 总统有权随时经公开声明撤销紧急状态的宣告。

4. 若作出紧急状态之宣告,且议会未处于会期,则应由议长立即召集议会召开特别会议,且在紧急状态期间,应持续该会议。但超过议会正常任期时,该议会可不持续该会议。

5. 若在议会解散期间,作出紧急状态之宣告,或在紧急状态期间解散议会,则议长应召集被解散的议会议员召开特别会议,并持续该会议直至紧急状态结束,或直至选出新一届议会,二者取先发生者。

6. 经出席并投票的议会议员多数通过的决议决定,议会有权随时撤销紧急状态之宣告,或随时修改或撤销根据本宪法第七十八条发布的命令。总统应作出相应的行为,并应立即执行议会的决议。

第七十八条 ［紧急权力］

1. 紧急状态期间,为确保公共安全,维系公共秩序,捍卫利益或维系社会福利,总统认为合理时,有权发布紧急命令。

2. 依照本章规定,总统根据本条第 1 款发布的紧急命令:

(1)仅因根据法律作出的规定或因不符合法律规定,而全部或部分无效;

(2)在紧急状态之宣告失效时失效,但同时经出席并投票表决的议会议员多数通过的决议撤销该命令的除外。

3. 依照本条第 4 款和第 5 款之规定,经总统根据本条第一款之规定发布的紧急命令被撤销或失效并不影响撤销或失效前该命令的运行,不影响根据该命令作为或不作为之事的效力,亦不影响因此所定之罪或施以的刑罚或处罚的效力。

4. 因宣告紧急状态和根据本条第 1 款之规定发布的紧急命令而颁布的法律,仅在下列范围内减损本宪法第二章之规定("保护基本权利和自由"):

(1)紧急状态严格要求之减损;

(2)该法律或命令:

ⅰ)符合瑙鲁根据国际法适用于紧急状态的义务;

ⅱ)符合本条第 5 款之规定;

ⅲ)在颁布或宣告后,尽快在公报上公布。

5. 任何紧急状态的宣告、议会授权宣告紧急状态的法律、紧急命令、因宣告而颁布的法律或采取的其他行为均不得许可或授权:

(1)就不合法行为,进行政府或个人赔偿;

(2)减损本章之规定;

(3)早于立法任期正常的届满期限而解散议会;

(4)中止或免去司法官员之职;

(5)变更本宪法;

(6)在下列范围内,减损本宪法规定的下列不得减损的权利:

本宪法第四条"保护生命权"条款之全部内容;第五条"保护人身自由"之第 2 款和第 4 款之规定;第七条"保护不受非人对待"条款之全部内容;第十条"确保法律保护的规定"之第 1 款、第 2 款(有关经独立且不偏私之法院公正审理的规定)、第 3 款、第 4 款、第 5 款、第 6 款、第 7 款和第 8 款之规定。

6. 最高法院有权决定下列事项的效力:

(1)紧急状态之宣告;

(2)延长紧急状态之宣告;

(3)根据本条规定发布的紧急命令,以及因宣告紧急状态而颁布的法律或采取的其他行为。

第七十九条 ［限制拘留］

1. 为实现本条规定,应设立一个咨询委员会,该委员会由首席大法官、一名经首席大法官提名之人以及一名经内阁提名之人组成。

2. 根据紧急命令被拘留者应尽快获知其被拘留的原因。应尽快使被拘留者亲自或以其他可行的方式获得咨询委员会的审查。应许可被拘留者就拘留行为提出异议。

3. 不得根据紧急命令拘留他人超过三个月。但是,其经咨询委员会审查,且其提出的异议已获得咨询委员会的审议,其间,决定有充分的理由继续拘留之的除外。

第十章 一般规则

第八十条 ［赦免权］

1. 行使赦免权时,总统有权:

(1)自由或依照合法条件,赦免犯罪之人;

(2)无限期或附限期免除犯罪之人的处罚;

(3)以轻刑代替原有的重刑;

(4)全部或部分减轻罪犯的刑罚或因犯罪施以的没收。

2. 设立一个由内阁任命的赦免权委员会,该委员会由兼任主席的合格医师、两名其他人员组成。两名成员中,一名为公共服务的资深官员,另一名为社会领袖。

3. 该委员会的成员不得因其在该委员会提供的服务而获得报酬或任何其他津贴。

4. 若出现下列情形之一,则根据本条第 2 款之规定任命的委员会成员之职位出缺:

(1)任期届满;

(2)经内阁撤销任命。

5. 在行使同本条第1款之规定相关的赦免权之前,总统应将该问题提交赦免权委员会。

6. 若根据本条第5款之规定,将问题提交赦免权委员会,则该委员会应就是否行使赦免权提出建议,并向总统提交下列文件:

(1)提交载有作出相关建议的具体原因的报告(但不得披露秘密资讯);

(2)提交原因的摘要说明(但不得披露秘密资讯)。

7. 行使本条第1款赋予的权力时,总统应考虑赦免权委员会的报告。

8. 依照本条第1款之规定,行使赦免权时,若出现下列情形之一,则总统应将本条第6款第(2)项规定的说明、总统就行使赦免权的细节作出的说明以及行使赦免权的原因摘要提交议会:

(1)议会处于会期,且在开会期间,行使赦免权;

(2)议会处于下一会期,且在非开会期间,行使赦免权。

9. 议会有权制定规则,规定由赦免权委员会行使本条规定的职责应遵守的标准或纲要,亦有权规定其他使本条生效的必要或权宜事项。

第八十一条 [解散]

1. 本宪法中,除非文本另作规定,否则:

"条款"是指本宪法的条款;

"内阁"是指根据第十七条设立的内阁;

"首席大法官"是指最高法院的首席大法官;

"首席秘书长"是指根据第六十七B条规定任命的瑙鲁首席秘书长;

"法院"是指瑙鲁境内享有管辖权的法院;

"现行法律"是指于独立日前不久,在瑙鲁具有效力的法律;

"政府公报"是指瑙鲁政府公报;

"独立日"是指1968年1月31日;

"法律"包括具有法律效力的文件、不成文法,"合法性"作相应解释;

"部长"是指内阁部长;

"月"是指公历的月份;

"议会"是指根据第二十六条设立的瑙鲁议会;

"人"包括政治团体;

"总统"是指瑙鲁总统;

"财产"包括土地、权利、在土地或其他财产上以及依附其的权利或利益;

"公职"是指公共服务中的带薪职务;

"公共官员"是指担任或代理公职之人;

"公共服务"是指依照本条规定,瑙鲁共和国的公共服务;

"附表"是指本宪法中的附表;

"会期"是指依照第四十条召开的一系列会议;

"会议"是指自开始工作至议会休会,每日在议会召开的会议;

"议长"是指议会议长;

"最高法院"是指根据第四十八条设立的瑙鲁最高法院;

"书面形式"包括以可见形式代表或复制文字的形式。

2. 本宪法中:

(1)规定公共服务中的职务不包括:

ⅰ)总统、部长、议长、副议长、议会议员或议会秘书之职;

ⅱ)最高法院法官之职;

ⅱa)专员、审计长、检察长之职;

ⅲ)除非法律作出规定,经法律设立的法人或非法人委员会、特别小组或类似团体的成员之职;

(2)在瑙鲁服务中的带薪职务不包括总统、部长、副议长、议会议员之职。

3. 本宪法中,除非文本另行规定,"官员委托官职"包括在其权限范围内,授权暂时行使其权力或履行其职务。

4. 本宪法中,"议会全体议员"是指依照第二十八条之规定,组成议会的议员人数。

5. 本宪法中,除非文本另作要求:

(1)代表阳性的单词应包括阴性单词;

(2)单数的单词包括其复数形式,反之亦然。

6. 若经由、根据或因本宪法废止法律,或将某部法律视为废止,则该废止行为:

(1)不恢复无效之事,亦不恢复在废止行为生效时存在之事;

(2)不影响相关法律于废止前的运行,亦不影响根据法律作出的行为;

(3)不影响根据相关法律取得、获得或引起的权利、特权、义务或责任;

(4)不影响对违反相关法律施以的刑罚、没收或处罚;

(5)不影响就权利、特权、义务、责任、刑罚、没收或处罚相关的调查、诉讼或补偿,

并且,就废止前发生的行为或事件,应按照法律未被废止时的规定启动、继续或执行相关调查、诉讼或补偿,并应施以相关刑罚、没收或处罚。

7. 若经本宪法之规定,要求他人作出宣誓并签署誓言,且其自愿,则应许可其遵守相关要求作出承诺并签署之。

第八十二条 [属于以及不属于本宪法组成部分的事项]

1. 序言组成本宪法的一部分,并设立本宪法以

及在瑙鲁执行的公共事务应遵循的原则。但序言不得被司法适用。

1A. 本宪法各部分的标题属于本宪法的组成部分。

2. 本宪法的附表属于本宪法的组成部分。

3. 各条的标题或脚注不属于本宪法的组成部分。

第八十三条 〔开采磷酸盐的权利〕

1. 除非法律另行规定,开采磷酸盐的权利赋予瑙鲁共和国。

2. 本宪法未规定瑙鲁政府有责任恢复在1967年7月1日之前开采的磷酸盐土地。

第八十三条 〔条约〕

获得最终通过、具有拘束或代表瑙鲁共和国利益的条约或其他国际协定在共和国境内不得单独具有法律效力。

第八十四条 〔宪法修改〕

1. 除非依照本条规定,不得变更本宪法。

2. 可经由法律变更本宪法,但为变更宪法的法律提案仅得在同时具备下列条件时,方可被议会通过:

(1) 在向议会提交就变更宪法的法律提案同议会通过该提案之间间隔不得少于九十日;

(2) 经议会全体议员至少三分之二通过。

3. 不得提交变更或具有变更第五附表,或第五附表中特定的本宪法条款的法律提案以获议长根据第四十七条的规定确认。但是,经由法律规定,根据本条第4款之规定,相关提案经议会在公决中获得有效投票至少三分之二通过的除外。

4. 在公决时,有资格在议会议员选举中表决之人有权在为实现本条规定而举行的公决中投票,其他人均不得享有该项权利。

5. 变更本宪法的法律提案不得根据第四十七条的规定获得议长确认,除非议会秘书亲自确认本条第2款的规定得以遵守,并且,若适用本条第3款规定的法律提案经法律规定之人亲自确认,证明其获得通过。

第八十四A条 〔定期审查的机会以及一切审查程序〕

1. 至少每十五年,议会应将"你是否认为应该设立制宪会议,以审议是否修宪"的问题提交公决。若投票的多数通过公决,则议会将设立制宪会议。

2. 本条第一款之规定不得阻碍议会随时启动宪法审查,且该审查不要求在开始前举行公决。

3. 若根据本条第1款之规定,设立制宪会议,或根据本条第2款之规定,启动宪法审查程序,则议会将颁布法律,规定审查宪法的一切程序,以确保人民能在法案根据第八十四条之规定提交议会前,或者,在制宪会议设立前,参与相关程序。

第八十四B条 〔促进宪法意识〕

1. 政府将以英语和瑙鲁语言促进公众的宪法意识。

2. 政府将规定在学校、政府机关和纪律部队教授宪法。

第十一章 过渡条款

第八十五条 〔现行法律〕

1. 依照本宪法,以及根据本宪法颁布的或根据本条第6款规定的命令制定的相关法律修正案之规定,独立日前不久,在瑙鲁的现行法律继续有效,直至经根据本宪法颁布的法律废止。

2. 独立日前,在瑙鲁未生效的法律可依照本宪法以及经法律制定的相关修正案之规定,在独立日或之后生效。根据本款生效的法律依照前述规定,继续有效,直至经根据本宪法颁布的法律废止。

3. 本条第1款之规定不得适用于《澳大利亚联邦的瑙鲁法(1965)》,但该法的第四条和第五十三条规定除外,亦不得适用于在独立日前不久,作为澳大利亚联邦一部分的瑙鲁而适用的《澳大利亚联邦宪法》。

4. 经2013年2月7日宪法第十一修正案废止。

5. 若根据本宪法之规定,某事项经法律规定或作另外规定,且相关法律根据本条第1款或第2款之规定继续有效,则该事项自独立日起有效,其效力等同于根据本宪法颁布的法律作出的规定或作出的另外规定。

6. 经2013年2月7日宪法第十一修正案废止。

7. 在下列情况下,在宪法变更之日有效的法律继续有效:

(1) 宪法被修正或废止;

(2) 符合变更的宪法。

8. 若变更本宪法,某事项经议会规定,且经法律在宪法变更前有效地作出规定或作出另外规定该事项,则在宪法被修正或废止,且符合变更的宪法时,相关法律就该事项继续有效,以满足立法要求。

第八十六条 〔现有法律的变更〕

1. 依照本宪法之规定,第八十五条第1款或第2款规定的继续有效的法律中,涉及下列官员之处:

(1) 澳大利亚联邦总督;

(2) 澳大利亚联邦各领域的首脑,

应包括总统。但文本另作要求的除外。

2. 依照本宪法之规定,第八十五条第1款或第2款规定的继续有效的法律中,涉及瑙鲁境内行政长官之处包括总统,或者,若相关法律规定将行政责任根据第二十三条之规定委托部长时,包括部长。但文本另作要求的除外。

3. 依照本宪法之规定,第八十五条第 1 款或第 2 款规定的继续有效的法律中,涉及依照瑙鲁境内行政委员会之建议,代理瑙鲁境内行政长官之处应包括内阁。但文本另作要求的除外。

第八十七条 〔现任公共官员〕

经 2013 年 2 月 7 日宪法第十一修正案废止。

第八十八条 〔现有诉讼〕

经 2013 年 2 月 7 日宪法第十一修正案废止。

第八十九条 〔第一届议会〕

经 2013 年 2 月 7 日宪法第十一修正案废止。

第九十条 〔议会的权力、特权、豁免〕

经 2013 年 2 月 7 日宪法第十一修正案废止。

第九十一条 〔赋予财产等〕

经 2013 年 2 月 7 日宪法第十一修正案废止。

第九十二条 〔现有制宪会议的持续〕

经 2013 年 2 月 7 日宪法第十一修正案废止。

第九十二 A 条 〔变更、解释宪法的效力等〕

1. 变更宪法不得对变更生效前的决定、作为或不作为产生溯及既往的效力。

2. 变更本宪法的法律生效前所为之行为按照行为时的内容而有效。

3. 同经法律变更的宪法生效前的宪法解释相关,或涉及原有宪法解释:

(1)则应在不考虑变更的情况下,解释宪法;

(2)在变更前,不得自变更的宪法中解释宪法的含义或运行宪法。

4. 若经变更宪法,某事项将由议会作出规定,则在规定该事项前,议会将在变更生效的合理期间内尽快规制之。

5. 在宪法修正案生效后,为公布本宪法,在编纂本宪法时,议会委员会有权:

(1)变更增补条款的序号(包括章节或附表序号),以符合实际;

(2)变更相应的检索。

第九十三条 〔同磷酸盐公约相关的 1967 年 11 月 14 日协定〕

1. 1967 年 11 月 14 日,由瑙鲁地方政府委员会同合作政府达成的协定应自独立日起,解释为由瑙鲁共和国政府同合作政府达成的协定,且协定中规定的或根据协定规定的瑙鲁地方政府委员会的权利、责任、义务和利益自独立日起属于瑙鲁共和国政府的权利、责任、义务和利益。

2. 本条第 1 款中,"合作政府"是指澳大利亚联邦政府、新西兰政府、大不列颠及北爱尔兰联合王国政府。

第九十四条 〔1968 年 6 月 30 日前的财政规则〕

经 2013 年 2 月 7 日宪法第十一修正案废止。

第九十五条 〔就最高法院法官的过渡条款〕

经 2013 年 2 月 7 日宪法第十一修正案废止。

第九十六条 〔就首席大法官的过渡条款〕

经 2013 年 2 月 7 日宪法第十一修正案废止。

第九十七条 〔审计长〕

经 2013 年 2 月 7 日宪法第十一修正案废止。

第九十八条 〔就退休委员会的过渡条款〕

经 2013 年 2 月 7 日宪法第十一修正案废止。

第九十九条 〔就首位总统和内阁的过渡条款〕

经 2013 年 2 月 7 日宪法第十一修正案废止。

第一百条 〔就首席秘书长的过渡条款〕

经 2013 年 2 月 7 日宪法第十一修正案废止。

第一百○一条 〔2013 年宪法修正的过渡条款〕

第十附表包括 2013 年对本宪法作出特定修改的过渡条款。

附表(略)

帕劳共和国宪法[*]

(于 1979 年 1 月 28 日至 4 月 2 日在帕劳科罗尔召开的帕劳宪法会议通过)

序 言

行使我们固有主权时,我们,帕劳人民宣称且重申对我们家园,即帕劳群岛自古以来享有的最高权利。我们重申致力于保存和维护我们的遗产、我们的国民特性,以及我们对全人类的和平、自由和公正的尊重。制定帕劳主权共和国宪法,依赖我们自己的努力和力能上帝的神圣指引,我们对未来充满希望。

第一条 〔领土〕

1. 帕劳对其领土享有管辖权和主权,领土应包括所有的帕劳群岛、内水、从一个直群岛基线延伸到二百海里的领海、海底、底土、水体、岛屿架、领陆与领水的上空,但因帕劳履行国际条约中规定的义务作出限制的除外。直群岛基线应当从雅埃尔礁的北端点绘制,东至卡扬埃尔岛屿的最北端、环绕岛屿到达它的东端,南至巴伯尔图阿普岛礁的最东端和海伦礁的最东端,西自海伦礁的最南端到托比岛的最东端、环绕岛屿到达它的最西端,北至法娜岛最西端和雅埃尔礁的最西端,围绕岛礁到达它的起点。

2. 每个州应享有一切生物和非生物资源的专属所有权,但从陆地到自传统基线向海洋方向延伸十二海里的高度洄游鱼类除外;但此种情况下,传统的捕鱼权和实践不应受到损害。

3. 政府有权添加领土和扩大管辖权。

4. 本条不应被解释为违反无害通过权和国际公认的公海自由。

第二条 〔主权和最高性〕

1. 本宪法是本国的最高法律。

2. 任何法律、政府法令、帕劳政府作为一方当事人签署的协议均不能与本宪法相抵触,同宪法相抵触部分无效。

3. 政府的主要权力,包括但不限于国防、安全或外交事务均可通过帕劳共和国和其他主权国家或国际组织间的条约、协议、协定授权行使,若该条约、协议、协定可分别经两议院不少于三分之二的议员批准且经全民公决的多数投票通过,或者若是为战争目的的授权使用、储存或处置核、有毒化学品、天然气或生物武器的协定,则须经全民公决不少于四分之三的投票通过。

第三条 〔公民〕

1. 本宪法生效前为太平洋岛屿托管领土的公民且父母至少一方承认帕劳祖先之人为帕劳公民。

2. 出生时,父母一方或者双方为帕劳公民则可经出生成为帕劳公民,但当其加入其他国家的国籍,则丧失帕劳国籍。

3. 同时是另一个国家公民的帕劳公民应在其十八周岁后的三年内,或者在本宪法生效后三年内,声明抛弃另一个国家的公民身份并登记保有帕劳公民身份。若其不遵守本要求,则应剥夺其帕劳公民身份。

4. 出生时,父母一方或者双方承认帕劳祖先之人有权进入帕劳并在帕劳居住,享有法律规定的其他权利和特权,包括经归化成为帕劳公民的请愿权;经归化成为帕劳公民前,其须抛弃另一个国家的公民身份。除非根据本款规定,不得通过归化获得国籍。

5. 议院应通过统一的法律规定非帕劳公民加入和被剥夺国籍。

第四条 〔基本权利〕

1. 政府不得否认或损害任何人的良心自由、思想自由、宗教信仰自由,也不应强迫、禁止或阻碍宗教活动。政府不应当确认或建立国教,但可为非宗教之目的在公平公正的基础上对私有或教会学校提供援助。

2. 政府不得否认或损害言论或出版自由。政府所需之诚实的记者不能因拒绝泄露在专业调查中所获得的信息而被揭发或者监禁。

3. 政府不得否认或损害任何人和平集会和向政府请愿要求申诉的权利或为合法目的与他人联合,包括组织权和集体谈判权。

4. 人人有权确保其人身、住宅、著作和财产不被

---

[*] 译者:王安琪。

进入、搜查和扣押。

5. 法律面前人人平等,人人享有平等保护。政府不得基于性别、种族、出身、语言、宗教或信仰、社会地位或血缘歧视任何人。但为公民的优惠待遇,对未成年人、老年人、贫困者、残疾人或精神病人和其他类似群体的保护,或者因无遗嘱继承和家庭关系事项给予特殊待遇的除外。任何人不得在立法或行政调查中受到不公平的待遇。

6. 除非经法律明确规定,政府不得任意剥夺任何人的生命、自由,亦不得剥夺未经正当程序且未用于公共目的、给予合理补偿的私人财产。若行为时不认为是犯罪,则不得因该行为追究任何人的刑事责任,也不得在犯罪后增加处罚。任何人不得因同一犯罪被处以双重处罚。任何人不得因立法被判有罪或受到惩罚。作为合同当事人的公民不得因立法遭受妨害。不得因债务监禁任何人。仅得因法官基于描述地点、人物和被搜查、逮捕事项的证词支持的理由,方可发布搜查和扣押令。

7. 被控犯罪者被证明有罪前应推定无罪,被告人享有被告知指控犯罪的性质和及时、公开、公正审判的权利。应许可被告人有充分的机会询问所有证人,有权经公费获取证人证据。不被强迫任何人自证其罪。无论何时,被告人均有权获得辩护。若告人不能提供辩护人,政府应为其指定辩护人。经合法拘留的被告人应基于性别和年龄与罪犯分别关押。审判前,不得不合理地要求过多的保释金,亦不得否定保释。承认人身保护令且不得暂停执行人身保护令。按照法律规定,政府得因错误逮捕或者对私人财产造成损害而承担责任。因威胁或强迫获得的有罪供述不能作为证据。没有确凿证据时,不得仅因有罪供述而定罪或处罚个人。

8. 刑事犯罪中的被害人可按法律规定或法院裁量获得政府补偿。

9. 帕劳公民有权自由进入和离开帕劳,有权在帕劳境内自由迁徙。

10. 禁止酷刑,禁止残忍、非人或有辱人格的待遇或者惩罚,禁止不合理的罚款。

11. 除非为惩罚犯罪,禁止奴隶制和强迫奴役。政府应保护儿童不受剥削。

12. 公民有权查看政府公文,评论政府机构的官方审议。

13. 政府应基于男女平等、相互认同和合作而规定夫妻间的、关联的亲权、特权和责任。父母或监护人应按照法律规定支持未成年子女的行为,并就未成年子女的非法行为承担责任。

第五条 〔传统权利〕

1. 政府不得禁止或者取消经符合本宪法的习惯和传统认可的传统领袖的角色或职能,也不得阻止认可、尊敬或者赋予传统领袖各级政府正式或起作用的角色。

2. 法律和传统法律效力平等。若法律同传统法律相冲突,法律仅得在其符合传统法律原则时方可优先于传统法律。

第六条 〔政府责任〕

政府应积极采取措施达到国家目标并贯彻国家政策;保护美丽、健康、丰饶的自然环境;促进国家经济;保护人和财产安全;通过提供免费或有补贴的医疗促进公民的健康和社会福利;按照法律规定为公民提供免费的义务教育。

第七条 〔选举〕

年满十八周岁的帕劳公民可以在国家和州的选举中投票。议院应为国家选举规定在本国居住的最短期间和选民登记。各个州应为州选举规定在各州居住的最短期间和选民登记。因重罪而服刑或因法院判决为精神病之人不能参加选举。举行秘密投票选举。

第八条 〔行政〕

1. 总统是政府首脑。

2. 副总统是内阁成员,履行总统指定的其他职责。

3. 年满三十五周岁、选举前在帕劳居住至少五年的帕劳公民有资格担任总统或者副总统。

4. 总统和副总统经全国选举产生,任期四年。总统任期不超过两届。

5. 内阁由法律规定的主要行政部门的首脑组成。内阁成员由总统根据参议院的建议和同意任命,且根据总统的意志服务。任何人不得同时在立法机构和内阁任职。

6. 由来自各州的世袭酋长组成的酋长委员会可有关传统法律、习俗和他们同帕劳宪法、法律相关联的事项向总统提出建议。除非以传统方式且由其所在州酋长委员会认可成为酋长外,任何人不能成为酋长委员会成员。酋长委员会成员不能同时在议院或者内阁任职。

7. 总统享有国家行政首脑固有的职权和义务,包括但不限于:

(1)实施法律;

(2)根据议会的建议和同意与外国谈判签订条约;

(3)根据参议院的建议和同意任命大使和其他国家官员;

(4)自司法提名委员会提交的候选人名单中任命法官;

(5)依照法律规定的程序授予特赦、减刑、缓刑,

暂停和免除罚款和没收,但此项权力不得及于弹劾;

(6)根据拨款数额支出和征税;

(7)代表政府从事法律诉讼;

(8)提出年度预算。

8. 总统和副总统的报酬由法律确立。

9. 因叛国、贿赂或其他严重犯罪,经议会两院各自议员至少三分之二投票通过,可弹劾并撤销总统或副总统之职。

10. 因罢免,可撤销总统或副总统之职。罢免由至少四分之三的州议会不少于三分之二的议员通过的决议提起动议。一旦议会议长收到符合要求的决议,议会即应在收到决议后至少三十日至多六十日内设立特殊选举委员会以监督针对罢免的公决。

11. 总统职位出缺时,副总统可继任总统。若因死亡、辞职、残疾,总统职位出缺,且总统剩余任期超过一百八十日,则应在总统职位出缺后两个月内举行总统和副总统选举,以完成剩余任期。若总统和副总统职位同时出缺,继任总统的顺序如下:参议院议长、众议院议长、法律规定的其他人员。

12. 总统有权在议会倡议立法。

13. 总统应在执政期间向议会提交年度报告。

14. 若战时、外部侵略、国民叛乱或者自然灾害威胁帕劳众多人民的生命或财产,总统有权宣布国家进入紧急状态,可为生命或财产受到威胁的人民带来及时和特定的缓解而暂时行使立法权。宣布国家进入紧急状态时,总统应召开议会会议确认或者否认紧急状态。若议会未明确同意,则总统不得行使超过十日的紧急权力。

第九条 [议会]

1. 帕劳的立法权赋予议会,议会由两院组成,即参议院和众议院。

2. 参议员和众议员由选举产生,任期四年。

3. 众议院由帕劳各州分别普选产生的一名代表组成。参议院按照法律规定、由重新分配委员会确定参议员人数组成。

4. (a)重新分配委员会应每八年且在下一次定期大选前至少一百八十日组成。定期大选前至少一百二十日,该委员会应基于人口为参议院公布重新分配议席或重新划分选区的计划,该计划一经公布即成为法律。

(b)根据重新分配委员会的议席分配或重新划分选区计划之规定,重新分配委员会的成员没有资格当选成为下一次定期大选参议院的候选人。

(c)经重新分配委员会公布计划后的六十日内,基于选举人的请求,最高法院享有审查并修改计划的最初管辖权,以使之满足本宪法的要求。若为参议院重新分配议席或重新划分选区的计划未于定期大选一百二十日前公布,则最高法院应在下一次定期大选前的九十日内公布之。

5. 议会享有以下职权:

(1)征收税、关税、消费税,征税行为统一地适用于全国;

(2)以中央政府的信用借款以资助公共项目或解决公共债务;

(3)管理同外国的商业和各州间的商业;

(4)管理移民,设立统一的归化体系;

(5)设立有关破产的统一法律;

(6)提供金融银行系统,创设、设计国家货币;

(7)由各议院的多数议员投票批准条约;

(8)经参议院不少于三分之二的议员投票通过总统任命;

(9)设立外交豁免;

(10)规制银行业、保险业、商业票据和有价证券的发行和使用,规制专利和版权;

(11)规定国家邮政体系;

(12)规制自然资源的所有权、开发和利用;

(13)规制航海、航运和可航水域的使用;

(14)规制大气空间的使用;

(15)为各州和行政机构授权;

(16)分别经两院议员至少三分之二投票弹劾和免除总统、副总统、最高法院法官之职;

(17)规制国防;

(18)经相关州的同意,创建或联合各州;

(19)确认或不批准总统宣布国家进入紧急状态;

(20)规定一般福利、和平和安全;

(21)颁布对于履行前述职权以及本宪法授予帕劳政府履行的其他固有职权之必要和适当的法律。

6. 须满足以下条件,方有资格在议会中任职:

(1)公民;

(2)年满二十五周岁;

(3)选举前在帕劳居住不少于五年;

(4)选举前在希望任职的地区居住不少于一年。

7. 议会职位出缺应由依照法律举行特殊选举以填补剩余任期。若剩余任期少于一百八十日,则该席位将保持空缺直至举行下一次普选。

8. 议会成员的报酬应由法律规定。任期内,不得增加议会议员的报酬,自定期普选之日至新一届议会就职之日,亦不得增加议员报酬。

9. 议会两院议员均不得在其他地方就议会中的言论负责。议会议员出席议会会议期间、前往或离开会议时,均不得逮捕议员,但因叛国、重罪、破坏和平除外。

10. 议会两院是各自选举和议员资格的唯一裁决者,可以处罚议员,且经各自议员不少于三分之二投票可中止或驱逐议员。议员担任议会成员期间不得兼任其他公职或接受公职雇佣。

11. 议会两院应分别在定期普选后的1月的第二个星期二召开会议,且四年内可定期开会。任一议院均可在任何时间由议长、多数议员的书面请求或由总统召集。

12. 议会两院均应分别颁布与本宪法和帕劳法律相一致的规则和程序,且可强迫缺席的议员出席。每个议院的多数议员可组成法定人数以处理事务。经各自议院议员多数批准,每个议院可强迫证人出席议院或其委员会,要求其做证,促使文书、官方文件的制作。

13. 议会两院应分别由其议员多数选举议长。每个议院应视必要和适当选举其他官员、雇佣其他工作人员。

14. 议会仅可通过法案颁布法律。议会两院应分别为法案转为法律设定程序。在三次独立的、非同日的审阅上,经两院各自议员多数通过的法案可成为法律。除非法案包含以下条款"议会代表帕劳人民颁布如下法律",法案不得变成法律。

15. 应将经议会两院通过的法案提交给总统,若总统签署之,即成为法律。若总统否决该法案,则应在十五日内连同否决原因退回议会两院。若总统有权减少或者否决拨款法案中的某一款项,而签署该法案的剩余条款,则总统应在十五日内将减少或否决条款连同相关理由退回议院两院;或者将该法案连同修改的建议提交给两院。提交总统的法案在十五日内未获签署的、否决或提交,则该法案将成为法律。经总统否决或减少的法案或法案任一条款应在其退回两院后三十日内分别由两院审议,若两院议员至少三分之二通过该法案,则其将成为法律。分别经出现两院的多数议员批准,且按照总统的建议修改并退回总统重新审议,议会可通过总统提交的议案。总统不得再次提交法案以修改之。

16. 同时经议会两院至少三分之二的议员批准,议会可发行拨付、由总统保管的基金。

17. 人民可罢免议会议员。经载明想罢免的议员的姓名、陈述罢免理由的请愿书,且该请愿书经议会最近议员选举上表决之人至少百分之二十五签署,可提起罢免动议。特殊罢免选举应在提交罢免请愿书后六十日内举行。

仅得经选举中表决的多数人同意,方可撤销议会议员之职,且因此出现的缺位由依法举行的特别选举填补。每一任期,最多可提议罢免某一议会个体成员一次。不得罢免在议会第一个任期的第一年工作的议员。

第十条 [司法]

1. 帕劳的司法权赋予统一的法院系统,包括最高法院、国家法院和依照法律设立的享有有限管辖权的下级法院。除最高法院外,应按照法律或其他符合宪法的司法规则的规定依地理和功能划分其他法院。

2. 最高法院是由上诉庭和审判庭组成的记录法院。最高法院由一名首席大法官和三至六名联席法官组成,所有法官应是两个庭的成员。上诉案件应至少由三名法官审判。审判庭的案件可由一名法官审判。法官不能审理或裁决其已在审判庭审理过的上诉案件。

3. 若首席大法官不能履行其义务,则其应任命联席法官担任其职务。若首席大法官职位出缺,且首席大法官未任命代理首席大法官履职,则总统应任命联席法官作为首席大法官,直到填补缺位或首席大法官恢复履职。

4. 国家法院应当由一名院长和法律规定的其他法官组成。

5. 司法权应涉及普通法和衡平法规定的所有问题。最高法院的审判庭应就涉及大使、其他公共部长和执政官、海军和海事案件、中央政府或州政府是一方当事人的案件享有初审且排他管辖权。其他案件中,国家法院与最高法院的审判庭均享有初审和共同管辖权。

6. 最高法院的上诉庭有权审查审判庭和下级法院的所有判决。

7. 司法提名委员会应由七名成员组成,其中一名为最高法院首席大法官,其担任主席。律师界应选出三名成员任职司法提名委员会;总统指定三名非律师的公民。司法提名委员会应符合主席要求,准备和提交给总统载有七名担任法官候选人的清单。每年应提交一个新的清单。

8. 个人仅得在任命前,已在州最高法院任职五年以上,方有资格担任最高法院或国家法院的司法官员。最高法院或国家法院的法官成为由选举产生的官职的候选人,且一旦申请经选举产生的职位,其将丧失司法职位。

9. 最高法院的所有法官和国家法院的法官在行为良好期间保有其职位。年满六十五周岁者有资格退休。

10. 仅得因叛国、贿赂、其他严重犯罪、不当行为或不能履职,且基于议会两院议员不少于三分之二投票赞同而弹劾最高法院法官。可因议会两院议员多数投票赞同弹劾国家法院和下级法院法官。在弹劾或免职期间,法官不得行使其权力。法官在犯重罪或其他严重罪行时应丧失其职位。

11. 法官应依法获得报酬。任职期间不得减少该报酬。

12. 最高法院首席大法官是统一司法系统的行

政首脑。其可指派法官从一个区域部门或法院的一个职能部门到另一个部门或那个法院的另一个部门,其可指派法官在另一个法院暂时履职。首席大法官经联席法官同意有权指定一名行政主管以监督司法系统的行政运作。

13. 首席大法官应准备并通过总统向议会提交整个统一司法系统的年度统一预算。中央政府应承担司法系统的总成本,但议会需要由州政府偿付此预算的适当部分的除外。

14. 最高法院应颁布规制法院、法律和司法职业、民事和刑事案件的实践和程序的规则。

第十一条 〔州政府〕

1. 州政府的结构和组织应遵循民主原则和帕劳传统,且应与本宪法相一致。中央政府应在州政府的组织上提供援助。

2. 本宪法未明确委托给州也未否认委托给中央政府的权力归中央政府。中央政府可通过法律将权力授予州政府。

3. 依照议会颁布的法律,州立法机关有权征税,但应在州内统一适用。

4. 依照议会的批准,州立法机关有权借款资助公共项目或解决公共债务。

第十二条 〔财政〕

1. 帕劳应设立国库,并为每一个州设立州财政部。源于税收或其他来源的收入应存储在恰当的财政部门中。仅得依照法律规定,方可自国库或州财政部支出资金。

2.(a)由总统依照议会的确认任命公共审计员,任期六年。可分别经议会两院议员不少于三分之二投票免去公共审计员之职。此时,最高法院的首席大法官应任命代理公共审计员履职直到任命并确认新一任公共审计员。公共审计员不受他人或者组织的影响或者控制。

(b)公共审计员应该调查和审计中央政府的每个分支、部门、机构或法定当权者的账户,有权调查和审计从中央政府获得公共资金的公共法律团体或非营利组织的账户。公共审计员应向议会报告其调查和审计结果,一年至少一次,且享有法律规定的其他职能和责任。

3.(a)总统应向议会提交年度统一国家预算以供审议和批准。议会可修正或者修改总统提交的年度预算。除非是由总统提议的、为即刻通过或包含议会运作费用的拨款法案,仅得在为预算拨款的法案颁布后,方可由议会颁布预算法案。

(b)每个州的行政首脑在中央政府的援助下,应向州立法机关提交年度预算以供审议和批准。州立法机关可修正或者修改州行政首脑提交的年度预算。除非是州行政首脑提议的、为即刻通过或包含议会运作费用的拨款法案,仅得在为预算拨款的法案颁布后,方可由州议会颁布预算法案。

4. 中央政府和州政府有权依照法律投资。

5. 除非按照援助要求作出特殊分配,所有固定拨款和外国援助应基于需要和人口在中央政府和所有的州之间公平公正分配。

6.(a)每个州有权获得源于勘探开发除高度洄游鱼类以外的生物资源和非生物资源的收入,有权获得陆地延伸至从传统基线量起向海十二海里的海域内因违反法律而收取的罚款。

(b)中央政府有权获得源于勘探开发除高度洄游鱼类以外的生物资源和非生物资源的收入,有权获得在州所有的领土外因违反法律而收取的罚款。

(c)许可外国船只在帕劳管辖水域内捕捞高度洄游鱼类的收入应按照议会的决定在中央政府和州政府间公平分配。

第十三条 〔一般规则〕

1. 帕劳的传统语言是国语。帕劳语和英语是官方语言。议会应决定每种语言的合理使用。

2. 本宪法的帕劳语版本和英文版本具有同样的权威;两种版本冲突时,以英文版本优先。

3. 公民可提议制定或废止除拨款法案外的国家法律。请愿书应包括提议的法律文本获得请求废止的法律文本,且由不少于百分之十的登记选民签署。若在下次普选中,经表决倡议之人的多数,则请愿书生效。经倡议制定或者废止的法律不得由总统否决。经倡议制定或者废止的法律在之后可按照本条规定因另一个倡议而修改、废止或重新制定。

4. 任何州都不能从帕劳脱离。

5. 帕劳历史上的或者地理上的部分地区经议会批准和不少于四分之三的州批准可成立新的州。

6. 就有害物质,如意图在战争中使用的核、化学物、气体或生化武器、核电厂和由此产生的废物,提交公决时未经不少于四分之三的投票者批准,不得在帕劳领土管辖内使用、测试、储存或处置相关有害物质。

7. 中央政府有权基于合理补偿为了公共用途征收财产,州政府有权基于合理补偿为了公共用途征收私人财产。中央政府未经与财产所在地的州政府协商前,不得征收财产。

8. 仅帕劳公民和由帕劳公民完全所有的法人有权就帕劳的土地和水域取得权利。

9. 禁止对土地征税。

10. 中央政府应自本宪法生效之日计算五年之内,规定因以前占领国征收或国民通过暴力、胁迫、欺诈或未给予公平赔偿或支付足够对价而成为公地一部分的原所有人或其继承人以土地。

11. 临时首都应设在科罗尔；自本宪法生效之日起算十年内，议会应指定巴伯尔图阿普(Babeldaob)的一个地方成为永久首都。

12. 中央政府应具有排他的权力以规范枪支和弹药进口。任何人均无权拥有枪支或弹药，但在一个全国性的公决中，经多数票批准的立法授权帕劳武装部队人员和以官方身份行事的执法人员除外。

13. 依照第12款之规定，议会应在本宪法生效后一百八十日内制定下列法律：

(1) 规定帕劳所有武器的购买、没收和处置；

(2) 对于违反任何关于枪支进口、占有、使用或制造的法律，设立最低十五年的监禁刑。

第十四条　[修正案]

1. 本宪法的修正案可由制宪会议主动提议或由议会按下列规定提出：

(a) 议会每十五年至少一次可向选民提问"制宪会议是否应修订或修改宪法？"，若多数选票作出肯定回答，则应表决后六个月内以法律规定的方式召集制宪会议；

(b) 通过不少于百分之二十五的登记选民签署请愿书；或

(c) 分别通过议会两议院不少于四分之三的议员通过的决议。

2. 在下个定期普选中，修正案获得多数投票且在不少于四分之三州经投票通过，本宪法的修正案即生效。

第十五条　[过渡]

1. 本宪法在1981年1月1日生效，但另有规定的除外。

2. 依照本宪法之规定，第一次选举应于1980年11月4日举行。当选的官员应在1981年1月1日就职。

3. (a) 本宪法生效前，帕劳现行法律依据本宪法的规定继续有效，直至被废止、撤销、修正或期限届满。

(b) 依照本宪法的规定，现存法律下的所有权利、利益、义务、裁判和责任将继续有效，且应获得确认、行使和强制执行。

4. 本宪法生效时或之后，但不迟于托管协议之终止，帕劳中央政府应继续管理当局、太平洋岛屿托管领土和帕劳地区政府获得的任何权利或利益，并应依照法律承担管理当局、太平洋岛屿托管领土和帕劳地区政府的相关义务和责任。

5. 本条第3款或第4款不应被视为放弃管理当局，不得视为抛弃太平洋岛屿或其他政府团体或继续履行(或未履行)属于帕劳公民义务之人、帕劳中央政府或州政府托管的领土。中央政府、州政府以及帕劳公民应保留所有权利、利益和未具体明确公布或放弃的行为原因。

6. 本宪法生效之日存在的市镇宪章继续有效，直至本宪法生效后四年内依照本宪法之规定设立州政府。

7. 本宪法生效时，帕劳地区政府雇员应为帕劳中央政府雇员，但法律或法令另有规定的除外。

8. 本宪法规定的司法系统是有组织的，司法系统应于本宪法生效后一年内设立，本宪法生效时存在的司法体系继续存续，但法律另有规定的除外。司法系统经总统组织和确认后，应开始并提起新的诉讼，而未决之事项应被转交至适格法院，且视为由相关适格法院开始一审，但法律另有规定的除外。托管领土高级法院首席法官应代理最高法院首席法官直到总统任命第一位首席大法官。

9. 有资格在帕劳从事商业的个人、公司或其他团体在本宪法生效时，应继续合法的存在，且被允许继续从事商业，但法律另有规定的除外。本宪法生效时，在帕劳地区的商业和专业许可证继续有效，除非法律另有规定或许可证期限届满。

10. 若本宪法的条款或依据本宪法制定的法律同美国与联合国安理会之间签订的托管协议相冲突，则相关条款和法律不得生效，直至托管协议终止之日。

11. 为避免同契约自由协议相冲突而提交的宪法修正案须经不少于四分之三的州多数表决同意通过。若相冲突的情形继续，则该修改案继续有效。

12. 应设立有关过渡事项的邮政公约委员会，该委员会由九名成员组成，其中，五名由帕劳宪法会议批准、总统任命，两名由帕劳立法机关选举产生的成员任命，两名由帕劳立法机关的酋长议院任命。成员的任期应在本宪法生效后十日内开始。该委员会应在批准本宪法之次日起算十日内开始工作，且应持续工作直至按本条第二款选举的官员就职。该委员会的职责和权力如下：

(1) 帮助政府职能的有序转移；

(2) 提出必要的过渡性立法；

(3) 获取必要信息以有序过渡；

(4) 与帕劳政治地位委员会和立法机关在过渡事项上合作；

(5) 采取一切合理、必要的步骤促进有序过渡；

(6) 从帕劳立法机关寻求必要的资金实施本款内容和执行这些任务。

13. (1) 为执行本宪法批准后第一个四年任期，参议院由十八名议员组成，其选举如下：

1) 第一个参议员选区由卡扬埃尔(Kayangel)和雅切隆(Ngarchelong)组成，且应有两名参议员；

2)第二个参议员选区为雅拉尔德(Ngaraard),其应有两名参议员;

3)第三个参议员选区由宜瓦尔(Ngiwal)、梅莱凯奥克(Melekeok)和恩切萨尔(Ngchesar)组成,且应有两名参议员;

4)第四个参议员选区为艾拉伊(Airai),其应有一名参议员;

5)第五个参议员选区由雅德马乌(Ngardmau)、埃雷姆伦维(Ngaremlengui)、雅庞(Ngatpang)和艾梅利克(Aimeliik)组成,应有两名参议员;

6)第六个参议员选区为科罗尔,其应有七名参议员;

7)第七个参议员选区为贝里琉(Peleliu),其应有一名参议员;

8)第八个参议员选区由安加尔(Angaur)、松索罗尔(Sonsorol)和托比(Tobi)组成,应有一名参议员。

(2)议会应公布在本宪法生效后其第一任期期间,可指定同规范重新分配委员会组成相关的义务和规则。第一届重新分配委员会应在第一次普选的四年内组成。

萨摩亚独立国宪法[*]

（于1960年制定，更新至2008年）

以万能的、永远慈爱的上帝的神圣之名

鉴于无所不在的上帝是宇宙万物唯一的统治者，而由萨摩亚人民在上帝的戒条规定的限度内行使的权力是神圣不可侵犯的宝贵遗产；

鉴于萨摩亚的领导者业已宣告，依据基督教教义及萨摩亚习俗和传统，萨摩亚应为独立国家；

又鉴于代表萨摩亚人民的制宪会议业已决意为萨摩亚独立国制定宪法；

据此，国家应通过人民选择的代表行使权力；

据此，应保障全民的基本权利；

据此，应充分维护正义的公正施行；

又据此，应捍卫萨摩亚的完整、独立及其所有的权利；

现在，为此，我们萨摩亚人民在制宪会议上，于1960年10月28日这一日，通过、颁布并遵守本宪法。

第一章 萨摩亚独立国和最高法

第一条 ［国名和描述］

（1）萨摩亚独立国（以下称为"萨摩亚"）自由且独立。

（2）萨摩亚由南太平洋的乌波卢（Upolu）、萨瓦伊（Savai'i）、马诺诺（Manono）和阿波利马（Apolima）四个主岛和邻近的所有其他岛屿组成，位于南纬13°～15°，西经171°～173°之间。

第二条 ［最高法］

（1）本宪法为萨摩亚最高法。

（2）任何现行法律及任何于宪法生效之后通过的法律，凡与宪法相抵触者，其抵触部分无效。

第二章 基本权利

第三条 ［国家的定义］

本章中，除非语境另有要求，"国家"包括国家元首、内阁、议会及所有依法律设立的地方和其他机构。

第四条 ［权利行使之救济］

（1）任何人得通过适当的程序向最高法院提出申请以行使本章赋予之权利。

（2）最高法院有权发布所有必要且适当的命令以确保申请人行使本章赋予的权利。

第五条 ［生命权］

（1）除法院依法定罪并判处死刑外，不得蓄意剥夺任何人的生命。

（2）在法律预先规定且合理正当的限度和条件下使用武力以致他人死亡，不得视为违反本条规定而课以刑罚——

a）为保护任何人免受暴力；或

b）若有合理理由确信被逮捕或脱逃之人持有火器，则为执行逮捕或阻止被拘禁之人脱逃；或

c）为压制暴乱、暴动或叛变。

第六条 ［人身自由权］

（1）除依法律之规定，不得剥夺任何人的人身自由。

（2）若最高法院接到某人被非法拘禁之诉状，最高法院应进行调查，且除非确信拘禁合法，否则应命令将被拘禁之人带至法院，并予以释放。

（3）任何受逮捕之人应被迅速告知逮捕理由及所受指控，并应毫不迟延地被许可向本人选择的律师征求意见。

（4）任何被逮捕或拘禁之人应于24小时内（不包含必要的路程时间）被最高移送法院法官、一些其他司法官员、最高法院或任何下级法院的书记官或由最高法院登记官基于此目的随时书面批准的任何最高法院或任何下级法院的副登记官［以下总称为"候审法官"（remanding officers）］前，且未经任何候审法官之许可，不得超过规定时限拘禁之。

第七条 ［免受非人对待的自由］

任何人不得被施以酷刑或非人或有辱人格的对待或处罚。

第八条 ［免受强迫劳动的自由］

（1）不得强迫或强制任何人劳动。

---

[*] 译者：林婉莹。

(2)为本条之宗旨,"强迫或强制劳动"不包括——

a)因法院判决而产生劳动义务;

b)兵役或在拒绝兵役的情况下,义务兵役的替代役务;

c)因紧急情况或共同体的生命、财富受到灾难威胁而规定的役务;或

d)萨摩亚惯例所要求的或构成一般公民义务的劳动或役务。

第九条 〔获得公平审判的权利〕

(1)若人的民事权利或义务遭受裁决或受到犯罪指控,则其有权获得由依法设立的独立、公正的裁判庭在合理期限内主持的公平且公开的听审。判决应公开,但为维护道德、公共秩序或国家安全,保障未成年人的利益或当事人的私生活,或法庭在特定情形下认为公众意见将损害司法利益而在严格必要的限度内,可拒绝公众及新闻机构代表出席全部或部分庭审。

(2)第(1)款之规定不得仅因某项法律授权裁判庭、部长或其他公权力裁决法律实施过程中产生的、影响或可能影响任何人的民事权利的事项而使该法律无效。

(3)凡受犯罪指控者,未经依法证明有罪,应视为无罪。

(4)凡受犯罪指控者,均享有以下最低限度的权利:

a)以其能够明白的语言被迅速且详细地告知所受指控之理由;

b)获得充分的时间及条件以准备辩护;

c)由本人或本人选择的法律援助为其辩护,且若其无力支付法律援助的费用,当司法利益有此需要时,应免费提供;

d)询问对己不利的证人,且在同等条件下可请求对己有利的证人出庭并询问之;

e)若对其能否明白或表达法庭使用的语言存在质疑,则有权获得译员的免费援助;

(5)不得强迫任何受犯罪指控者成为对己不利的证人。

第十条 〔刑法相关权利〕

(1)法律未规定犯罪,不得认定任何人有罪。

(2)任何人不得因实施时不认为是犯罪的作为或不作为而被判有罪,也不得被科以较犯罪实施时适用的刑罚更重的刑罚。

(3)若经审判认定某一行为有罪或无罪,任何人不得因该行为再次遭受审判,除非——

a)重审由较之前宣告该人无罪或有罪的法院更高级别的法院或司法官员作出命令;或

b)当有罪宣告系经最高法院法官审理作出时,最高法院法官根据有罪判决后十四日提出的申请,命令再审。

第十一条 〔宗教信仰自由〕

(1)人人享有思想自由、良心自由和宗教信仰自由;此项权利包括改变宗教或信仰的自由以及,独立或集体地、公开或秘密地以崇拜、教导、实践和仪式之方式表明和传播其宗教或信仰的自由。

(2)若现行法律或国家拟制定的法律为维护国家安全或公共秩序、健康或道德,或保障他人之权利和自由,包括他人奉行或实践其宗教信仰而不受其他宗教成员恶意干涉的权利和自由,而对第(1)款赋予的权利之行使给予合理限制,则第(1)款之规定不得妨害现行法律之实施或阻止国家制定任何此类法律。

第十二条 〔宗教教育相关权利〕

(1)不得要求在任何教学机构就学的任何人接受与其宗教无关的宗教教育或参加任何与其宗教无关的宗教仪式或宗教崇拜。

(2)任何宗教团体或教派有权建立并维持自己选择的教育机构,并在该教育机构内为本团体或教派的学生提供宗教教育。

(3)第(2)款的任何规定不得阻止国家法律规定对教育机构的检查并维持教育机构之标准,以使之不落后于萨摩亚的普通教育水平。

第十三条 〔言论、集会、结社、迁徙和居住自由〕

(1)所有萨摩亚公民均享有——

a)言论和表达自由;

b)和平且不携带武器集会的权利;

c)组建社团或联盟的权利;

d)在萨摩亚领土内自由迁徙和居住的权利。

(2)若现行法律或国家拟制定的法律为维护国家安全、与他国的友好关系或公共秩序或道德,保障立法机关之特权,防止秘密信息之披露,或防止藐视法庭罪、诽谤或煽动任何犯罪,而对第(1)款a)项赋予的权利之行使给予合理限制,则第(1)款a)项之规定不得妨害现行法律之实施或阻止国家制定任何此类法律。

(3)若现行法律或国家拟制定的法律为维护国家安全或公共秩序、健康或道德,而对第(1)款b)或c)项赋予的权利之行使给予合理限制,则第(1)款b)或c)项之规定不得妨害现行法律之实施或阻止国家制定任何此类法律。

(4)若现行法律或国家拟制定的法律为维护国家安全、萨摩亚的经济福祉或公共秩序、健康或道德,拘禁心智不健全之人,防止任何犯罪、逮捕和审判受刑事指控之人,或惩处罪犯,而对第(1)款d)项赋予的权利之行使给予合理限制,则第(1)款d)项之规定不

得妨害现行法律之实施或阻止国家制定任何此类法律。

第十四条 ［财产权］

（1）非依法律之规定，不得强制占有任何财产，也不得强制获取任何财产权利或财产权益，且该法律应单独或与任何其他法律共同规定——

a）应为此在合理时间内给予充分的补偿；

b）赋予主张补偿的人就确定其财产权益和补偿数额向最高法院提出诉求；

c）最高法院上述诉讼中任一当事人享有民事诉讼当事人通常享有的上诉权利，但将最高法院视为初审管辖法院。

（2）本条规定不得妨害规定下列事项的一般法律——

a）课征或执行税款、收费或关税；

b）无论基于民事程序或有罪判决，就违反法律处以罚款或没收财产；

c）涉及租赁、保有、抵押、担保、出售票据或基于契约产生的其他权利或义务；

d）涉及授予及管理被宣告破产或无力偿债者、未成年人或患生理残疾或精神障碍者、死亡者，及清算中的公司、其他法人或非法人组织的财产；

e）涉及判决或法庭命令的执行；

f）规定占有处于危险状态或有害于人类、植物或动物的健康的财产；

g）涉及信托和受托人；

h）涉及诉讼时效；

i）涉及公法人的财产；

j）涉及为讯问、调查或询问之目的临时征用财产；

k）规定开展土地工作以实现土壤保持或保护蓄水区域。

第十五条 ［禁止歧视性立法］

（1）法律面前人人平等且人人有权获得法律的平等保护。

（2）除非本宪法另有明确规定，法律或国家的行政行为均不得明示地或在实际适用中，仅依据出身、性别、语言、宗教、政治或其他主张、社会阶层、出生地、家庭地位，而剥夺或限制任何人的任何能力或资格，或赋予任何人以任何特权或优势地位。

（3）本条规定不得——

a）阻止就从事萨摩亚公务或从事直接依法设立的法人的法定资格作出规定；

b）阻止为保障或促进妇女、儿童、任何社会或教育弱势阶层而采取任何措施。

（4）本条规定不得妨害现行法之实施，也不得妨害国家维持于独立日遵循的行政实践。

但是，国家应指引其政策指向渐进地消除依据第（2）款提及的任何理由而剥夺或限制能力或资格，以及赋予的任何特权或优势地位。

第三章 国家元首

第十六条 ［国家元首］

应设立萨摩亚国家元首，谓之国家元首。

第十七条

经 2007 年 5 月 11 日法案款废止。

第十八条 ［选举国家元首］

（1）国家元首应依据第一附件之规定，由立法议会选举产生。

（2）有下列情形之一者，不具备候选国家元首职位之资格——

a）不具候选议员之资格；

b）不具备立法议会经决议随时决定的其他资格；

c）曾依据第二十一条第（2）款之规定被免除国家元首职位。

（3）不得在任何法院就国家元首选举之合法性提出异议。

第十九条 ［国家元首任期］

（1）根据第十七条和第二十一条之规定，国家元首任期 5 年，自就职之日起算。

但是，即使任期届满，国家元首应继续任职至其继任者就职或继续任职 3 个月，二者取其期限较短者。

（2）根据宪法之规定，担任或曾担任国家元首的人，享有再次竞选该职位之资格。

（3）为填补因国家元首死亡、辞职、被罢免或任期届满而造成的国家元首职位空缺而举行的选举应以第一附件之规定为依据，同时，根据宪法之规定，当选者任期 5 年，自其就职之日起算。

第二十条 ［国家元首的任职限制］

国家元首不得担任其他受薪职位或其他有权因提供劳务获得酬劳之职位，也不得为获得本职之外的报酬从事任何职业；但是，本条规定不得妨碍其持有习惯租佃、自由保有地或其他个人财产，亦不得妨碍其处分习惯租佃或自由保有地之产物。

第二十一条 ［辞职与罢免］

（1）国家元首可以亲笔签署书面辞呈送交总理以辞去职位，总理应毫不迟延地就元首辞职向立法议会议长提出建议。

（2）立法议会得因国家元首行为不端或身体、精神不能罢免其职位。

（3）未经下列程序，依第（2）款之规定罢免国家元首的提案不得生效——

a)阐明提议罢免之理由的提案已经书面公示,并经不少于议会全体成员(包括空缺议席)的四分之一签署;

b)公示提案与审议提案之间应至少间隔14日;

c)提案经不少于议会全体成员(包括空缺议席)的三分之二多数赞成。

(4)依据第(3)款之规定通过的罢免国家元首职位的决议,自决议通过之日起生效。

第二十二条 ［国家元首的薪资］

国家元首的薪资应由法律规定,并由国库基金支付,且在国家元首任职期间,不得减少薪资,但减薪系作为按比例适用于由法律规定薪资的所有人员的普遍性减薪的组成部分时除外。

第二十三条 ［离开或能力欠缺］

(1)国家元首职位空缺或离开萨摩亚期间,代表委员会应履行国家元首职责。

(2)无论何时,若首席大法官书面宣告其依证据确信,证据应包括国家元首的妻子和至少两名医师提供的证据,国家元首因身体或精神虚弱以致暂时无力履行国家元首职责,或其依证据确信国家因元首某些确定的原因不能履行职责,则,除非以同样的方式宣告国家元首已康复得恢复履行国家元首职责或能够履行职责,国家元首职责应视情况由代表委员会履行。

第二十四条 ［关于缺陷或能力欠缺的特别规定］

在图普阿·塔马塞塞·梅亚奥雷（Tupua Tamasese Mea'ole）和马列托亚·塔努马菲利二世（Malietoa Tanumafili Ⅱ）共同担任国家元首职位时,应适用下列规定:

(a)若其中一位国家元首离开萨摩亚或不能履职,其职责应由另一位国家元首履行。

(b)若两位国家元首均不能履职,无论系因离开萨摩亚或能力欠缺,国家元首职责应由代表委员会履行。

(c)为实现本条之目的,首席大法官应依第二十三条第(2)款之规定确定国家元首不能履行其职责的期限。

第二十五条 ［代表委员会］

(1)应设立代表委员会,代表委员会由立法议会选举产生的1至3名委员组成。

此外,若立法议会未能选举产生代表委员会,首席大法官应承担委员会之职责。

(2)凡依第十八条之规定不具备候选国家元首的资格者,不得当选或继续担任代表委员会委员。

(3)应于国家元首选举后尽快选举代表委员会委员。

此外,若第十七条之规定有效,应于独立日之后尽快选举代表委员会委员,且此后的选举间隔4年零9个月且至5年零3个月。

(4)若代表委员会的委员少于3名,立法议会得选举具备第(2)款规定的候选资格之人成为委员,且据此当选的委员应任职至依第(3)款之规定举行的下一届选举。

(5)除第(2)款规定外,代表委员会委员有权再次参加竞选。

(6)代表委员会委员可以亲笔签署书面辞呈送交总理以辞去职位,总理应当毫不迟延地就委员辞职向立法议会议长提出建议。

(7)立法议会得因代表委员会委员行为不端或身体、精神虚弱,经不少于议会全体成员(包括空缺议席)的三分之二多数通过罢免提议,罢免该委员。

(8)代表委员会委员的薪资应由法律规定,并由国库基金支付,但法律得规定,委员作为政府全职受薪员工时,不支付委员薪资。委员任职期间,薪资不得减少,但减薪系作为按比例适用于由法律规定薪资的所有人员的普遍性减薪的组成部分时除外。

(9)代表委员会委员不具备候选议员之资格。

但本款规定不得取消委员候选国家元首之资格。

(10)代表委员会应决定随时主持委员会的委员。

(11)除宪法另有规定外,代表委员会得以其认为合适的方式规制其程序。

第二十六条 ［国家元首根据建议履职］

(1)除宪法另有规定外,国家元首应视情况根据内阁、总理或适格部长的建议履职。

(2)若内阁、总理或适格部长就国家元首履职提出建议,且国家元首未在国家元首秘书收到该建议之日起7日内采纳该建议或采取其他与该建议有关的、其依宪法或法律之规定有权采取措施,则视国家元首已采纳该建议;并且,内阁秘书根据总理的指示亲笔签署的具有前述含义的书面文件应作为根据该建议履行相关职责而得以实施。

第二十七条 ［为国家元首提供信息］

总理应当——

(a)在内阁的议事日程、备忘录和所有其他提交给内阁的文件分发至部长时为国家元首提供副本;

(b)提供国家总统可能需要的涉及管理萨摩亚事务和立法建议的相关信息。

第二十八条 ［就职宣誓］

国家元首和代表委员会委员就职前,均应在首席大法官前作出并签署就职宣誓,就职宣誓应依第三附件规定之形式作出。

第二十九条 ［公章］

国家元首应持有并使用萨摩亚公章。

第三十条 ［国家元首秘书］

应设立国家元首秘书。

第四章 行政机关

第三十一条 ［行政权］

(1)萨摩亚的行政权属于国家元首,并由其依宪法之规定行使。

(2)第(1)款之规定不得妨碍议会通过法律将职权授予国家元首外的机构。

第三十二条 ［内阁］

(1)应设立内阁,内阁应统一领导和控制萨摩亚的政府机构,并集体向议会负责。

(2)应依下列规定任命内阁:

a)国家元首应任命1名受多数议员信任的议员担任总理并主持内阁。

b)国家元首应根据总理的建议,任命8至12名议员担任部长。

ba)国家元首应根据总理的建议,任命1名依b)项规定任命的部长担任副总理。

c)若任命时,立法议会解散,则可任命立法议会最终解散前担任议员的人为总理或部长。

d)本款规定的任命,须经国家元首以加盖公章的书面文件作出。

e)若因部长之职出缺而导致部长人数低于本款b)项规定的部长人数,则国家元首应尽快依据总理的建议另行任命议员担任部长,以使部长人数(除总理之外)尽快符合本款b)项之规定。

第三十三条 ［职位空缺］

(1)若解散后重新举行的立法议会第一次会议开始时,总理已在职,则如果总理于该次会议第7日前未提出辞职,国家元首应终止其任命。

(2)有下列情形之一,国家元首应终止总理之任命——

a)总理因除议会解散外的任何其他原因不再担任议员;

b)立法议会通过明确表明不信任内阁之动议或,内阁在总理宣告的信任事项或争议上失利。

但是,议会通过不信任案或内阁失利后,经总理要求,国家元首可解散立法议会而非终止总理之任命;

c)总理亲笔签署书面辞呈送交国家元首以辞去职位;

d)总理依自己的意愿,未经国家元首书面许可,离开萨摩亚。

(3)有下列情形之一,其他部长的职位出缺——

a)总理之任命已依据第(1)款或第(2)款之规定终止;

b)国家元首根据总理的建议,经加盖公章的书面文件撤销部长之任命;

c)部长因除议会解散外的任何其他原因不再担任议员;

d)部长亲笔签署书面辞呈送交国家元首以辞去职位;

e)部长根据总理的建议,未经国家元首书面许可,离开萨摩亚。

(4)任何时候,若总理因疾病或经国家元首书面许可离开萨摩亚而暂时免于在萨摩亚履职,则国家元首可经加盖公章的书面文件,任命副总理或在任命副总理不可行时,另行任命部长,代行总理职责,直至总理得以恢复履职或离职。

(5)若国家元首因总理疾病或离开而认为无法获得总理的建议,其可依自己的意愿行使第(4)款之规定授予的职权,除此之外,国家元首应根据总理的建议行使该项职权。

(6)国家元首根据总理的建议,可经加盖公章的书面文件——

a)宣告部长因疾病暂时不能履行部长职责;或

b)在部长的行为接受调查或审查期间,暂停其部长职务。

(7)已根据第(6)款之规定采取措施的部长不得行使任何职权,或者,不得出席或以其他方式参与内阁活动,直至国家元首根据总理的建议撤销前述加盖公章的书面文件。

第三十四条 ［就职宣誓］

各部长应于就职前在国家元首前作出并签署就职宣誓,就职宣誓应依第三附件规定之形式。

第三十五条 ［部长的职责分配］

(1)总理可以亲笔签署的书面命令——

a)委任部长主管任何部门或下属机构;

b)撤销或变更依本款规定发出的任何命令。

(2)总理可保留主管任何部门或下属机构。

第三十六条 ［召集内阁］

仅总理得召集内阁,或总理离开时,由总理为此任命的部长召集。

第三十七条 ［内阁程序］

(1)除宪法另有规定外,内阁得以其认为合适的方式规定内阁程序(包括确定法定人数)。

(2)应设立内阁秘书。

(3)内阁不因任何成员职位的空缺而丧失处理事务之资格,且即使部分人员无权出席内阁或无权在内阁中作出表决,或以其他方式参与这些程序,内阁的程序仍有效。

(4)若国家元首要求,总理应将已由部长(包括总理)作出决定但未经内阁审议的事项呈送内阁审议。

(5)内阁作出的决定应记录于备忘录,备忘录应经内阁秘书亲笔签署,于决定作出后24小时内送交国家元首秘书。

(6)未经第三十八条规定之程序,内阁的决定不得生效。

第三十八条 ［内阁决定生效］

(1)在下列任一情况中,内阁的决定生效——

a)国家元首依自己的意愿表示赞成;

b)自决定作出之日起经过4日,但在此之前依第四十条之规定召开执行委员会会议的除外;

c)若作出决定时在场并参与表决的部长多数认为该决定涉及的事项特别紧急,则自决定作出之日起经过1日即可生效,但在此之前依第四十条之规定召开执行委员会会议的除外;

d)依据第四十条之规定。

(2)为实现第(1)款b)项和c)项之目的,记录内阁决定的备忘录依第三十七条第(5)款规定送交国家元首秘书之日视为决定作出之日。

(3)由内阁秘书亲笔签署证明内阁决定生效的书面文件为该决定生效的结论性证据。

第三十九条 ［执行委员会］

(1)应设立萨摩亚执行委员会,委员会应包括——

a)国家元首;

b)依第三十二条和第三十三条之规定任职的总理和部长。

(2)除宪法另有规定外,执行委员会得以其认为合适的方式规定其程序(包括确定法定人数)。

(3)内阁秘书为执行委员会书记官。

第四十条 ［执行委员会审议内阁决定］

(1)国家元首依自己的意愿,或总理可召开执行委员会会议以审议记录于内阁会议备忘录的任何决定。

(2)若在依前述规定召开的执行委员会会议上,国家元首赞成所审议的决定,则该决定应作为内阁决定生效。

(3)若在依前述规定召开的执行委员会会议上,国家元首反对审议的决定或要求另行修正,则须立即依第三十六条之规定召集内阁,以重新考虑该决定。

(4)若内阁经重新考虑再次通过原决定或采纳国家元首要求之修正,则原决定或修正后的决定,应毫不迟延地作为内阁决定生效。

(5)若内阁经重新考虑通过一项决定对原决定进行了修正,但非国家元首依第(3)款要求之修正,则修正后的决定应视为内阁的新决定适用第三十七条第(5)款和第(6)款之规定。

第四十一条 ［总检察长］

(1)国家元首应根据总理的建议,任命1名具备成为最高法院法官资格的人担任总检察长。

(2)总检察长应就国家元首、内阁、总理或部长向其咨询的法律事项提出建议,并有权以自己的意愿就主张已实施的犯罪行为提出、进行或终止诉讼程序。

(3)在任何法庭或裁判庭,总检察长均享有发言权,且应优先于其他任何人出庭。

(4)总检察长的职权可由总检察长亲自行使,也可由其下属官员根据总检察长的一般或特别命令行使。

(5)总检察长的任期和任职条件由国家元首根据总理的建议决定。

第五章 议 会

第四十二条 ［议会］

应设立萨摩亚议会,议会应由国家元首和立法议会组成。

第四十三条 ［立法权］

除宪法另有规定外,议会可制定在萨摩亚全国或部分区域施行的法律,也可制定同时具有域内和域外效力的法律。

第四十四条 ［立法议会成员］

(1)立法议会应包括——

a)分别从41个区域性选区中选举产生的成员各1名,这些选区的名称、边界及所包含的村庄和子村均由法律规定之;

aa)6名额外成员,即从法律规定的6个区域性选区中各选举产生1名额外成员。

b)个人选民名单上的选民选举产生的成员。

(2)依第(1)款b)项之规定选举产生的成员应依据第二附件之规定确定依第(1)款b)项之规定选举产生的成员人数。

(3)除宪法另有规定外,立法议会成员选举的模式、成员的任期和条件、选民资格以及确立和保持区域性选区名单和个人选民名单的方式均应由法律加以规定。

(4)立法议会的成员称为议员。

第四十五条 ［议员资格］

(1)符合下列条件的任何人,均享有当选为议员之资格——

a)为萨摩亚公民;

b)未依宪法或任何法律之规定被取消资格。

(2)若任何不符合第(1)款规定之条件的人当选议员,对该人的选举无效。

第四十六条 ［议员任期］

(1)议员于当选后的下一次立法议会解散时终止议员身份,或依第(2)款之规定议席空缺而提前终止议员身份。

(2)有下列情形之一的,议员的议席出缺——

a)死亡;

b)经亲笔签署辞呈送交议长以辞去议席;

c)不再为萨摩亚公民;

d)依宪法或任何法律之规定取消其资格。

(3)即使存在第十三条和第十五条之规定,法律可规定,存在下列情况时,议员的议席在任期内出缺——

a)若议员在特定的情况下——

i. 辞去、退出或变更其政党;

ii. 在并非某一政党成员的情况下加入该政党;

b)若议员坚持其为下列党派、组织的成员或代表——

i. 具有政治目标并渴望参与选举,却未依法登记为政党的党派或组织;或

ii. 他并非该政党成员的某一政党。

第四十七条 [有关议员身份的争议裁决]

应将有关任何人担任或继续担任议员而产生的所有争议提交最高法院裁决。

第四十八条 [空缺填补]

若议员的议席依第四十六条第(2)款之规定出缺,则议长应以亲笔签署的报告将出缺告知国家元首,并应以法律规定的方式举行选举以填补空缺。

第四十九条 [议长选举]

(1)立法议会应于大选后第一次会议时立即,或在议长职位因立法议会解散外的原因出缺时尽快选举一名议员担任立法议会议长。

(2)议长一经当选,应在其就职前,于国家元首前作出并签署效忠宣誓,效忠宣誓应依第三附件规定之形式作出。

(3)议长得经亲笔签署辞呈送交立法议会书记官以辞去职位,且在下列情形中,议长职位出缺——

a)终止议员身份;

b)被任命为部长。

第五十条 [副议长]

(1)立法议会可选举一名未担任部长的议员为副议长。

(2)副议长得在任何时候经亲笔签署辞呈送交立法议会书记官以辞去职位,且在下列情形中,副议长职位出缺——

a)终止议员身份;

b)被任命为部长;

c)当选议长。

(3)除宪法另有规定外,根据宪法之规定授予议长的职责,在议长职位出缺、议长离开萨摩亚或不能履职时,可由副议长履行。

第五十一条 [立法议会书记官]

应设立法议会书记官。

第五十二条 [立法议会的会议]

立法议会应于国家元首以在《萨摩亚政府公报》和《萨瓦利》刊载通知之方式随时指定的时间和地点召开会议。

但是,立法议会不得迟于大选后45日召开会议,且此后每年应至少召开一次会议,以确保立法议会某一会期的最后一次会议与下一会期的第一次会议之间间隔短于12个月。

第五十三条 [议事规则]

除宪法另有规定外,立法议会得制定、修正和废止规定其程序的议事规则。

第五十四条 [语言]

(1)立法议会的所有辩论和商讨均应以萨摩亚语和英语进行。

(2)备忘录和立法议会的辩论,在立法议会上提出的所有议案和文件,以及所有进程备忘录、证据备忘录和立法议会委员会的报告,均应使用萨摩亚语和英语。

第五十五条 [主持立法议会]

议长或在议长缺席时副议长应主持立法议会的会议。若议长和副议长同时缺席,在场的议员应从中选择一名议员(未担任部长)主持该次会议。

第五十六条 [有效程序]

立法议会不因任何议员议席出缺(包括未在大选中填补的出缺)而丧失处理事务之资格,且即使部分人员无权在立法议会程序上出席或表决,或以其他方式参与这些程序,立法议会的程序仍有效。

第五十七条 [法定人数]

在立法议会的任何会议上,若任一在场的议员因在场的议员人数(包括议长和其他主持的议员)少于议员总人数(包括空缺议席)的一半而提出异议,则立法议会不得处理任何事务。

第五十八条 [表决]

(1)除宪法另有规定外,提交到立法议会的所有争议均需在场议员过半数表决通过。

(2)议长,或在议长缺席时主持会议的副议长或任何其他议员,不享有商讨性投票权,但在票数相同的情况下,享有决定性投票权。

第五十九条 [向立法议会提交议案等]

除本章或立法议会议事规则另有规定外,任何议员均可在立法议会上提交法案或提案以供辩论或向立法议会提出任何申请,且前述事项应依议事规则之规定进行考虑或处理。

但是,除非经国家元首建议或同意,立法议会不得审议任何在议长、副议长或其他主持的议员认为由

国库基金、任何其他公共基金或账户负担的法案,不得审议有关撤销、变更由国库基金、任何其他公共基金或账户负担的法案,亦不得审议征收、变更或废止任何赋税、收费或关税的法案。

第六十条 [法案经批准成为议会法律]

(1)未经国家元首批准,任何法案均不得成为法律。

(2)若一项已经立法议会通过的法案送交国家元首批准,国家元首应根据总理的建议,表明批准或不予批准该法案。

(3)根据本条规定经国家元首批准的法律应被称为议会法律,且应于批准当日或法律明确载明的日期(不论早于或迟于批准之日)生效。

第六十一条 [效忠宣誓]

除非为本条规定得以受到遵守或为议长选举,任何议员未在立法议会前作出或签署效忠宣誓,不得参与会议或表决,效忠宣誓应依第三附件规定之形式作出。

第六十二条 [立法议会特权]

立法议会、立法议会委员会和议员的特权、豁免和职权应由法律规定。

但是,特权或职权不得达至因藐视罪或其他行为而课以罚金或送交监狱的程度,除非法律规定由最高法院审理和处罚相关人员。

第六十三条 [立法议会休会与解散]

(1)国家元首可随时通过在《萨摩亚政府公报》刊载通知,使立法议会休会。

(2)若总理职位出缺,一旦国家元首依自己的意愿确信,自总理职位最终出缺起已经过合理期间且没有议员可能受大多数议员信任,其应通过在《萨摩亚政府公报》刊载通知而解散立法议会。

(3)若总理有此建议,国家元首可随时通过在《萨摩亚政府公报》刊载通知,解散立法议会,但国家元首不负有遵循总理建议之义务,除非他依自己的愿意确信,就解散建议的提出,总理受大多数议员之信任。

(4)若立法议会没有提前解散,国家元首应于距离前次大选之日经过五年时解散立法议会。

第六十四条 [普选]

应于立法议会解散后3个月内且由国家元首以在《萨摩亚政府公报》刊载通知之方式指定时间举行立法议会普选。

第六章 司法机关

第六十五条 [最高法院的设立]

(1)应设立萨摩亚最高法院。最高法院是登记在册的高级法院,由首席大法官和法律规定数量的其他法官组成。

(2)最高法院首席大法官应由国家元首根据总理的建议任命。

(3)不满足下列条件者,不具备受任命为最高法院法官之资格——

a)具备国家元首根据司法服务委员会的建议规定的资格;且

b)实践中,在萨摩亚或在受认可的国家或两个国家皆有,单独或合计从事出庭律师不少于8年。

(4)为第(3)款 b)项之宗旨,一个人在萨摩亚或一个受认可的国家的高级或下属司法机关担任司法职位的时间应计入其从事出庭律师的时间。

(5)为实现本条或第七十五条第(4)款或二者皆有之规定,国家元首根据司法服务委员会的建议,可指定司法服务委员会认为其法律体系与萨摩亚现行法律体系相似的国家为受认可的国家。

第六十六条 [最高法院法官的职权]

一名或以上最高法院法官均可在萨摩亚任何地区、任何时间或地点行使最高法院的全部职权。

第六十七条 [就职宣誓]

最高法院法官就职前,均应在国家元首前作出并签署就职宣誓,就职宣誓应依第三附件规定之形式作出。

第六十八条 [任期]

(1)除依第(2)款之规定任命的法官外,最高法院的法官应任职至年满68周岁。

此外,国家元首可根据总理(涉及首席大法官)或司法服务委员会(涉及任何其他最高法院法官)的建议,延长已满68周岁的法官的任期。

(2)可任命不限年龄且具备第六十五条第(3)款规定的资格的非萨摩亚公民担任一定期限的最高法院法官。

(3)不得仅因最高法院法官已达本条规定的退休年龄或任期届满,而使其履职时的作为无效。

(4)最高法院法官可以亲笔签署辞呈送交国家元首以辞去职位。

(5)不得罢免最高法院法官之职,除非国家元首经立法议会送交不少于全体议员(包括空缺议席)三分之二同意的呈文,以行为不端或身体、精神虚弱为由请求罢免最高法院法官而罢免之。

(6)国家元首根据总理(涉及首席大法官)或司法服务委员会(涉及任何其他最高法院法官)的建议,可在立法议会闭会时,随时暂停最高法院法官之职,且此类暂停职位,除非预先撤销,否则应持续有效直至下一任期结束。

第六十九条 [最高法院法官的薪资]

适用第六十八条第(1)款之规定的最高法院法

官,其薪资应由法律规定并由国库基金支付。在这些法官任期内,薪资不得减少,但减薪系作为按比例适用于由法律规定薪资的所有人员的普遍性减薪的组成部分时除外。

第七十条 [代理首席大法官]

(1)首席大法官职位出缺或离开萨摩亚时,资历较老的最高法院法官应有权代理首席大法官职位并履行其职责。

(2)若首席大法官因疾病或除离开萨摩亚以外的其他原因不能履职,则国家元首可根据总理的建议,授权资历较老的最高法院法官代理首席大法官职位并代为履行其职责,直至首席大法官恢复履职。

(3)依本条之规定授予代理首席大法官的职权不包括主持上诉法院的权力,除非其依第七十五条第(3)款之规定,因资历而具备主持上诉法院的资格。

第七十一条 [代理最高法院法官]

(1)若最高法院法官(首席大法官除外)职位出缺或不能履职,则国家元首可根据司法服务委员会的建议,任命具备第六十五条第(3)款规定的资格之人暂时担任最高法院法官。

此外,年满68周岁之人亦可受此任命。

(2)根据第(1)款之规定暂任最高法院法官之人应在任命的期限内任职或,若无明确任命期限,任职至国家元首根据司法服务委员会的建设撤销该任命时。

但是,其可随时经亲笔签署辞呈送交国家元首以辞去职位。

第七十二条 [司法服务委员会]

(1)应设立司法服务委员会,该委员会应包括:

a)首席大法官,担任委员会主席;

b)总检察长或,总检察长不能担任时,公职委员会主席;

c)司法部长随时指定的一名人员。

(2)3位委员未到场,司法服务委员会不得处理任何事务,且提交至委员会裁决的任何争议须经3位委员过半数表决通过。

(3)任命、提升和调动除首席大法官外的司法官员以及罢免除最高法院法官外的司法官员的权力由国家元首根据司法服务委员会的建议行使。

第七十三条 [最高法院的司法管辖权]

(1)最高法院享有法律规定的初审、上诉和再审管辖权。

(2)若在向任何其他法院(上诉法院除外)提起的法律程序中,就宪法条文的解释和实施产生争议,最高法院可根据一方当事人的申请,裁决该项争议以及一并审理该案件或根据裁决将案件下发至另一法院审理。前述情形不损害最高法院的上诉和再审管辖权。

(3)国家元首可根据总理的建议,就已经产生的或可能产生的有关宪法条文的解释和实施的争议向最高法院咨询意见,最高法院应公布有关向其咨询的争议的意见书。

第七十四条 [下属法院]

应依法设立下属法院,下属法院享有法律规定的司法管辖权和职权。

第七十五条 [上诉法院的设立]

(1)应设立萨摩亚上诉法院,上诉法院应为登记在册的高级法院。

(2)除非本章另有规定,上诉法院法官应为:

a)首席大法官和其他最高法院法官;

b)国家元首根据司法服务委员会的建议随时任命的具备第六十五条第(3)款规定的资格之人。

(3)首席大法官为上诉法院院长,但是,在其离开时,审理上诉案件时在场的资历较老的法官或若在场的法官具有同等资历,首席大法官指定的法官应主持上诉法院。

(4)上诉法院法官应根据各自在萨摩亚或受认可的国家第一次被任命为高级法院法官之日确定资历。

(5)依(2)款b)项作出的任命应在一段时间内、特定案件中或争议的审判或审理期间内有效,可在任命文件中明确规定之。

第七十六条 [法官数量]

(1)任意3名上诉法院法官可行使上诉法院的全部职权。

此外,上诉法院的判决可由任意一名同时担任最高法院法官的上诉法院成员宣布,若没有这样的成员,则由上诉法院书记官宣布。

(2)上诉法院的判决须根据在场法官的多数意见作出。

第七十七条 [法官不得审理对自己作出的裁决提出的上诉]

上诉法院的法官不得审理对自己作出的任何裁决提出的上诉或对自己参与审理的法院裁决提出的上诉。

第七十八条 [就职宣誓]

依第七十五条第(2)款b)项之规定被任命为上诉法院法官之人,应于第一次受任命时,在国家元首前作出并签署就职宣誓,就职宣誓应依第三附件规定之形式作出。

第七十九条 [上诉法院的一般管辖权]

除宪法另有规定外,上诉法院应有权审理和裁决法律规定的上诉案件(包括根据最高法院的命令移交至上诉法院的案件)。

第八十条 [宪法性问题的管辖权]

(1)若最高法院确认某案件涉及有关宪法条文的

解释或实施的重大法律问题,则对于最高法院在诉讼程序中作出的裁决提出的上诉,应由上诉法院管辖。

(2)若最高法院拒绝作出前述确认,上诉法院如确信案件涉及有关宪法条文的解释或实施的重大法律问题,则可以特别许对该裁决提起上诉。

(3)若已作出确认或特别许可,案件的一方当事人可基于前述问题被错误裁决或上诉法院许可的其他理由向上诉法院提起上诉。

第八十一条 [有关基本权利的管辖权]

对于最高法院根据第四条之规定在任何诉讼程序中作出的裁决提起的上诉,应由上诉法院管辖。

第八十二条 ["裁决"的定义]

第七十七条、八十条、八十一条和一百一十九条中,"裁决"包括判决、裁定、法庭命令、书面命令、宣告、有罪判决、判决意见书或其他裁判。

第七章 公共服务

第八十三条 [定义]

"公职"系指萨摩亚公职;但不包括仅以酬金或佣金的方式支付薪酬的职务、荣誉服务或担任下列职位提供的职务,即:

(a)国家元首;
(b)代表委员会委员;
(c)总理或部长;
(d)议长或副议长;
(e)议员;
(f)最高法院法官或任何其他司法官员;
(g)总检察长;
(h)总会计师或审计长;
(i)在受任命为公职委员会委员时并非公职人员的公职委员会委员;
(j)警察或监狱官员;
(k)任何国防部门子部门的成员;
(l)村长(A Pulenuu);
(m)立法议会书记官以及立法议会的其他官员和职员。

第八十四条 [公职委员会]

(1)应设立公职委员会,该委员会由国家元首根据总理的建议任命的不超过3名委员组成。

(2)国家元首应根据总统的建议任命1名委员为公职委员会主席。

(3)有下列情形之一者,不得被任命或继续担任公职委员会委员——

a)不是或不再是萨摩亚公民;
b)是议员或成为议员。

(4)公职委员会委员不得同时担任任何公职。

(5)不得因公职委员会委员的职位出缺而影响委员会之职权,且不得因任何无权参与委员会程序的人员参与程序而使程序无效。

第八十五条 [任期]

(1)公职委员会应受任命任职不超过3年,但有权接受再次任命。

(2)公职委员会委员可经亲笔签署的辞呈送交总理以辞去职位,但是除非基于与罢免最高法院法官同样的罢免理由和罢免方式,不得罢免之。

(3)国家元首根据总理的建议,可在立法议会闭会时,随时暂停公职委员会委员之职,且此类暂停职位,除非预先撤销,否则应持续有效直至下一任期结束。

第八十六条 [薪资]

公职委员会委员的薪资应由国家元首根据总理的建议决定。

第八十七条 [公职委员会职责]

(1)公职委员会应——

a)负责为公职系统进行——

i. 人力资源规划;
ii. 人力资源管理政策;
iii. 人力资源监测与评估;

b)享有法律规定的其他职责。

(2)公职委员会在履职时,应考虑内阁关于公职的一般政策,并应遵守总理以书面方式传达给委员会的阐释该政策的任何内阁决定。

(3)法律可指定任命部门领导职位或同等级别的职位为特别职位;国家元首根据内阁经咨询公职委员会后提出的建议,应负责指定职位的任命、分级、薪资、提升、调任、退休、终止任命、罢免和管理。

第八十八条 [程序和年度报告]

(1)除宪法或法律另有规定外,公职委员会可以——

a)以其认为合适的方式规定其程序(包括确定法定人数);
b)将其职责转授予公职委员会委员或其他人员。

(2)委员会应就其活动向国家元首作年度报告,国家元首应将报告副本提交立法议会。

第八十九条 [公职上诉委员会]

(1)应设立公职上诉委员会,委员会应包括——

a)首席大法官,或;
i. 首席大法官指定的司法官员;
ii. 司法服务委员会指定的最高法院的出庭律师或事务律师。

b)国家元首根据总理的建议任命并依国家元首的意愿任职的1名人员;

c)由公职人员选举产生并任职不超过 3 年的 1 名公职人员。

(2)首席大法官或首席大法官指定的人为公职上诉委员会主席。

(3)议会法律可以——

a)预先规定依据第(1)款 c)项之规定举行选举的方式；

b)就依第(1)款 b)项和 c)项之规定任命代表担任公职上诉委员会委员作出规定；

c)预先规定上诉委员会有权审理及裁决就涉及公职系统中人力资源管理事项的决定提出的上诉。

第八章 财 政

第九十条 [公共基金]

应设立国库基金和法律规定的其他公共基金或账户。

第九十一条 [征税限制]

仅议会可得征收税款。

第九十二条 [公共收入]

萨摩亚募集或收取的所有税收及其他收入和款项均应存入国库基金，除非法律要求或许可存入其他公共基金或账户。

第九十三条 [公共基金的支出]

未经国家元首亲笔签发的授权书，不得从国库基金或任何其他公共基金或账户支取任何款项。

第九十四条 [拨款]

(1)财政部长应就每一财政年度的预算收入和开支向立法议会作出陈述，且除议会就某一年度另有规定外，陈述应于该财政年度开始前作出。

(2)关于预算内所有开支(法定开支除外)的提案应以拨款法案的方式提交立法议会表决。

(3)在任何财政年度，若发现——

a)因为或可能因为超出当年度拨款法所规定的公务总量的公务而产生的任何开支；或

b)因为或可能因为当年度拨款法未规定的公务而产生的任何开支(法定开支除外)；

财政部长应就该开支向立法议会提交补充预算，且有关补充预算内的开支提案应以补充拨款法案的方式提交立法议会表决。

(4)不依本条之规定提交立法议会表决的法定开支系指——

a)依第二十条、二十五条、六十九条和九十八条之规定应由国库基金支付的开支；以及

b)法律规定应由国库基金或其他公共基金或账户支付，且法律明确规定为法定开支的其他开支。

(5)立法议会可批准或拒绝批准拨款法案或补充拨款法案中的开支提案，但不得增加提案的开支总额或变更提案的开支目标。

第九十五条 [预支拨款]

若于某一财政年度开始时，拨款法案尚未成为法律，财政部长经内阁预先批准，可授权其认为对公务的维持必不可少的开支(未经法律另外授权)，直至拨款法案成为法律。

但是，经此授权的开支不得超过上一年度拨款法规定拨款总额的四分之一。

第九十六条 [不可预期开支]

提交立法议会的年度预算应包含不超过拨款法案总额百分之三的不可预期开支。若在某一财政年度的拨款法通过后，该年度结束前，出现所需花费超过或未经立法议会拨付的款项，内阁或财政部长在内阁授权的范围内，可授权从不可预期开支的款项中调动资金至一个或多个指定的项目。

但是，能够从不可预期开支的款项中调动的额度及根据本条规定提取和支付的款项总额不得超过当年度拨款法划拨的所有款项总额的百分之三。

第九十七条 [总会计师和审计长]

(1)应设立总会计师和审计长，由国家元首根据总理的建议任命之。

(2)除本条另有规定外，总会计师和审计长的任期为 3 年，且有权再次接受任命。

(3)总会计师和审计长不得为议员，也不得兼任受薪职位或为获得本职之外的报酬从事任何职业。

(4)总会计师和审计长可随时经亲笔签署的辞呈送交总理以辞去职位。

(5)国家元首可根据总理的建议暂停总会计师和审计长的职位，但非依本条之规定，不得罢免其职位。

(6)总理应于立法议会七个会议日内就暂停总会计师和审计长职位的原因向立法议会作充分说明。

(7)国家元首应恢复被暂停的总会计师和审计长职位，除非立法议会在作出说明之日起 42 日内且在同一会期内，以决定的方式宣布应罢免总会计师和审计长。若立法议会在前述时间内作出宣布，国家元首应罢免之。

(8)本条规定应适用于本条生效时在任的总会计师和审计长，如同其受任命时本条已生效且任命系依本条规定作出，但任期系于本条生效之日开始的除外。

(9)若担任总会计师和审计长之人任期届满，则除非在此之前其依本条之规定辞职或被罢免，其应继续任职直至重新受到任命或继任者受到任命。

第九十八条 [总会计师和审计长的薪资]

总会计师和审计长的薪资应以法律规定并由国库基金支付，且在总会计师和审计长任职期间，薪资不得减少，但减薪系作为按比例适用于由法律规定

薪资的所有人员的普遍性减薪的组成部分时除外。

第九十九条 ［账户审计］

（1）总会计师和审计长应审计国库基金、其他公共基金或账户、所有政府部门和机关的账户以及法律规定的其他公共账户、法定账户或地方当局或机构的账户。

（2）总会计师和审计长应每年至少一次向立法议会报告其依本条之规定履行职责的情况，且应在报告中使立法议会注意其审计的账户存在违规之处。

第九章 头衔和土地

第一百条 ［首领头衔］

应依据萨摩亚习惯和惯例以及有关萨摩亚习惯和惯例的法律持有首领头衔。

第一百〇一条 ［萨摩亚的土地］

（1）萨摩亚的所有土地包括传统租佃、自由保有地和公有土地。

（2）传统租佃系指依据萨摩亚习惯和惯例以及有关萨摩亚习惯和惯例的法律由萨摩亚持有的土地。

（3）自由保有地系指由萨摩亚持有的无限定继承地。

（4）公有土地系指非依习惯保有的且非无限定继承的归属于萨摩亚的土地。

第一百〇二条 ［传统租佃不可转让］

任何人不得通过买卖、抵押或其他方式转让或处分传统租佃或传统租佃的任何权益，且传统租佃或传统租佃的任何权益不得作为执行之对象或任何人死亡或无力偿债时的偿债资产。

但是，议会法律可授权：

（a）转让传统租佃或传统租佃权益上的租约或许可证；

（b）为公共目的征收任何传统租佃或传统租佃的任何权益。

第一百〇三条 ［土地与权利法院］

应设立土地与权利法院，法院的组成及享有的有关首领头衔和传统租佃的管辖权由法律规定。

第一百〇四条 ［低于高水位标记的土地］

（1）除法律另有规定外，所有位于高水位标记线之下的土地为公有土地。

（2）为实现本条之宗旨，"高水位标记"系指大潮和小潮间的平均高潮线。

第十章 非常时期的权力

第一百〇五条 ［紧急宣告］

（1）若国家元首经与内阁协商后依自己的意愿确信，因萨摩亚或萨摩亚任何区域的安全或经济生活受到威胁而出现紧急情况，不论威胁系因战争、外部侵略、内部纷争或自然灾害导致，其可以宣告（以下称为"紧急宣告"）之方式宣布进入紧急状态。

（2）若未提前撤销紧急宣告，则该紧急宣告应在30日内有效，但本款规定不得禁止于上一次宣告的有效期届满前再次发布宣告。

（3）若在立法议会开会期间作出紧急宣告，则宣告须毫不迟延地提交立法议会。

（4）若在立法议会闭会期间作出紧急宣告，国家元首依自己的意愿认为在某时间开会可行，则应指定立法议会在该时间召开会议，且宣告须毫不迟延地提交立法议会。

此外，若全体议员（包括空缺议席）半数以上以书面通知之方式要求国家为本款之目的指定立法议会的开会时间，则国家元首应指定立法议会于国家元首收到该通知之日起七日内召开会议。

第一百〇六条 ［紧急命令］

（1）若已作出紧急宣告且在宣告有效期内，则国家元首可随时制定其认为对于保卫公共安全、捍卫萨摩亚、有效进行萨摩亚参与的任何战争，对于维持公共秩序和对共同体存续至关重要的供给和服务，以及发布对于总体性保障和维护共同体的利益和幸福为必要或有利的命令（以下称为"紧急命令"）。

（2）紧急命令可授权或规定授权命令中载明的机构、个人或群体为本条规定授权作出紧急命令所要实现的目的制定规章、规则或细则，也可包含国家元首认为对于有效行使第（1）款之规定授予的权力为必要或有利的附属或补充条款。

（3）除非对效力另有规定，所有紧急命令均有效，即使涉及第二章规定的任何事项。

（4）紧急命令的任何规定以及依紧急命令之规定适当制定的任何规章、规则或细则，不得因涉及业已由法律规定的任何事项或因与此类法律不符而无效。

第一百〇七条 ［紧急命令提交立法议会］

（1）若依第一百〇六条之规定制定紧急命令时，正值立法议会开会期间，则紧急命令应毫不迟延地提交立法议会；且若正值立法议会闭会期间，则一旦开始下一次会议，紧急命令应提交立法议会。

（2）紧急命令已依第（1）款之规定提交立法议会后，若在命令提交立法议会之日起10日内，经6名议员签署提议请求撤销该命令，则立法议会应于发出提议通知之日起4个开会日内一经获得合适机会即商讨该提议，且若立法议会决定撤销该命令，则该命令的效力终止。

（3）依第一百〇六条之规定制定的所有紧急命令，若未经提前撤销，则应于紧急宣告失效之日终止效力,或者,若在一次紧急状态中作出多个紧急宣告,则在最后一个紧急宣告生效之日终止效力。

(4)紧急命令的撤销不得影响先前的行为,不得影响以其为依据的作为或不作为的效力,以不得影响任何已实施的犯罪或由此招致的处罚或刑罚。

第一百〇八条 [逮捕限制]

(1)为本条之宗旨,应设立咨询委员会,该委员会应包括:

a)主席,由国家元首从现任或曾任最高法院法官或具备担任最高法院法官的人员中任命。

b)2名其他委员,由国家元首经与首席大法官协商后依自己的意愿任命。

(2)若依第一百〇六条之规定制定的紧急命令授权拘留任何人——

a)依紧急命令受拘留之人应尽快被告知拘留的理由以及,除第(3)款规定外,所依据的事实主张,并有权向咨询委员会作事实陈述以抗辩拘留;以及

b)依紧急命令受拘留之人不得被扣留超过3个月,除非咨询委员会已考虑受拘留之人依第a)项规定所作的所有事实陈述,并在期限届满前报告说明委员会认为此次拘留具有充分的理由。

(3)本条规定不得要求根据第一百〇六条制定的紧急命令授权实施逮捕的机构或个人披露其认为不利于国家利益的事实。

第十一章 一般规定和其他规定

第一百〇九条 [宪法修订]

(1)可通过法律对宪法的任何条文进行修正/废止或在宪法中增加任何新的条文,只要为前述之目的提出的议案在第三次宣读时经不少于全体议员(包括空缺议席)的三分之二表决支持,且该法案的第二次宣读与第三次宣读间隔不少于90日。

但是,任何对第一百〇二条或其中的任何条文进行修正、废止或增加新条文的议案,若未经交由依第四十四条之规定确立的区域性选区名单上的选民投票,且在投票中经有效投票的三分之二支持,该议案不得提交国家元首批准。

(2)经议长亲笔签署的确认议案已依第(1)款之规定通过的确认文件应为结论性证据,不得在任何法院提出异议。

第一百一十条 [赦免权]

(1)国家元首有权批准特赦,暂缓执行刑罚,以及免除、中止或减轻依法设立的任何法院、裁判庭或机构判处的任何刑罚。

(2)国家元首应经与总理随时指定的部长协商后依自己的意愿行使第(1)款之规定授予的权力。

第一百一十一条 [解释]

(1)本宪法中,除非另有规定或语境另有要求——

"法律"或"议会法律"系指萨摩亚议会法律;并包括依《1957年萨摩亚修正案》建立的托管地立法议会制定的任何条例。

"内阁"系指部长内阁。

"首席大法官"系指萨摩亚最高法院的首席大法官。

"上诉法院"系指萨摩亚上诉法院。

"公职人员"系指受雇于公职系统中的人。

"现行法"系指于独立日前在萨摩亚托管地或其中任何区域有效的任何法律。

"国家元首"系指萨摩亚国家元首。

"高等法院"系指依《1921年萨摩亚法》之规定建立的萨摩亚高等法院。

"独立日"系指本宪法依第一百一十三条之规定生效之日。

"司法官员"系指任何司法职位的担任者,但不包括行使全部或部分司法职位之职责的公职人员。

"法律"系指萨摩亚现行有效的法律,并包括本宪法,任何议会法律和任何宣告、规章、规则、命令、细则或其他机构据此制定的法令,现今尚未被其他萨摩亚生效法律排除的英国普通法和衡平法,以及依法律之规定或有管辖权的法院的判决在萨摩亚或其中任何区域获得法律效力的习惯和惯例。

"立法议会"系指依第四十四条之规定设立的立法议会。

"托管地的立法议会"系指于独立日前依《1957年萨摩亚修正案》之规定设立的立法议会。

"部长"包含总理。

"受薪职位"系指在萨摩亚公务系统中有权领取薪资的任何职位,并包括法律规定为受薪职位的任何职位。

"公职官员"系指除暂时雇佣或处于试用期以外的公职人员。

"议会"系指萨摩亚议会。

"宣告"系指国家元首亲笔签署、加盖萨摩亚公章且刊载于《萨摩亚政府公报》的宣告。

"财产"包括不动产和动产,任何不动产或动产上的权利和权益,任何债务,非占有中的任何事物,以及任何其他权利或权益。

"公章"系指萨摩亚公章。

"公职委员会"系指萨摩亚公职委员会。

"薪资"包括工资、津贴、退休金、免费住房或住房补贴、免费交通或交通补贴。

"萨摩亚公务"系指在萨摩亚履职的公务,包括第

八十三条第(a)至(m)项提及的公务,但不包括涉及萨摩亚信托财产法人的公务。

"议长"系指立法议会议长。

"最高法院"系指萨摩亚最高法院。

"萨摩亚信托财产法人"系指于独立日成立的冠名为"萨摩亚信托财产法人"的法人。

(2)若在本宪法中提及《1921年萨摩亚法》或该法的任何修正案,应视为提及简称为《1921年萨摩亚法》的《新西兰议会法》或相关修正案,包括《新西兰议会法》的修正案或相关修正案。

(3)除非语境另有要求,若在本宪法中提及特定的章节、条文或附件,应视为提及本宪法的章节、条文或附件;若提及特定的款、项或目,应视为提及它们出现时所在条文的款、所在款的项或所在项的目。

(4)若依宪法之规定要求特定人员作出并签署宣誓,且若此人要求,应允许其作出并签署确认以遵守宣誓之要求。

(5)若本宪法中提及任何职位的职责,除非语境另有要求,应视为提及该职位的职责,任职者可合法行使的任何职权或权力以及应履行的任何职务。

(6)若本宪法以指定其职位之用语提及任何任职者,除非语境另有要求,应视为提及当前合法履行该职位职责的任职者。

(7)若本宪法授权任命任何职位,除非语境另有要求,有权任命职位的个人或机构应以类似下述之方式行使权力——

a)命令一名除受任命者外的人员,于受任命者因离开、疾病或其他原因不能履行职责时,代行受任者的职责;

b)即使某一职位虽有实际任职者,但当该实际任职者正处于假期近乎离职时,得任命他人实际担任该职务。

c)当某一职位尚未任命任职者,应命令一人履行该职位的职责,直至有权任命的个人或机构作出相反命令,或直至该职位的实际任职者受到任命,二者以在先者为准。

第一百一十二条 [权威文本]

本宪法的萨摩亚语文本和英语文本具有同等权威,但二者出现差异时,以英语文本为准。

第一百一十三条 [生效①]

本宪法于联合国大会批准之日生效,宪法生效之日亦为联合国大会于1946年12月13日批准通过的《萨摩亚领土托管协议》终止之日。

第十二章 过渡条款

第一百一十四条 [现行法的存续]

除宪法另有规定外——

(1)现行法应于独立日之后继续有效,直至为法律所废止;

(2)依现行法产生的所有权利、义务和责任应于独立日之后继续存续,且应依现行法被承认、行使与执行;

(3)可在依本宪法之规定设立的,享有适当管辖权的法院因违犯现行法的行为提起法律诉讼,且违法者应受到现行法规定之处罚。

第一百一十五条 [国务委员会的职责]

现行法授予依《1959年萨摩亚修正案》设立的萨摩亚国务委员会的任何职责均应由国家元首履行,若国务委员会需经执行委员会建议方得履行职责,则应由国家元首经内阁建议履行。

第一百一十六条 [部长任期]

独立日前担任总理或部长的人员应视为已依第四章之规定受到正式任命。

第一百一十七条 [首届立法议会]

(1)托管地立法议会应于独立日后作为立法议会继续存续,且托管地立法议会的成员应视为已依本宪法之规定正式当选议员。

(2)独立日前担任托管地立法议会议长和副议长的人员应视为已分别依据本宪法之规定正式当选议长和副议长。

(3)立法议会的第一次会期应始于独立日后3个月内。

(4)为实现第六十三条第(4)款之目的,选举产生托管地立法议会的大选之日应为独立日之后立法议会最近一次大选之日。

(5)除宪法另有规定外,于独立日前有效的托管地立法议会议事规定应为立法议会议事规则,且可依第五十三条之规定对其进行修正、废止或增加新条款。

(6)若独立日后的第一次大选之日前,议员议席出缺,则出缺议席应依据独立日之前有效的、涉及填补托管地立法议会空缺席位的法律进行填补。

第一百一十八条 [既有法官]

除宪法另有规定外,于独立日前担任高等法官的

---

① 本宪法于1962年1月1日生效。

人员应于独立日之后担任最高法院法官,且适用最高法院法官的任期和条件,如同于独立日前适用一般。

第一百一十九条 ［未决诉讼］

(1)独立日前在高等法院进行的所有未决诉讼应当在独立日之后,转移至依本宪法之规定设立的、享有管辖权的法院,且视为在该法院提起未决诉讼。

(2)就高等法院的判决提出的,于独立日前向有管辖权的法院提起或在该法院待决的所有上诉案件应于独立日之后,向上诉法院提起或转移至上诉法院,且视为在上诉法院提起未决诉讼。

(3)高等法院的所有裁决,或任何有权就高等法院的裁决享有上诉管辖权的法院的所有裁决,应分别与最高法院的裁决或上诉法院的裁决具有同等效力,如同裁决系分别由最高法院或上诉法院作出。

第一百二十条 ［既有任职者继续任职］

除宪法另有规定外——

(a)于独立日前担任总检察长或公职委员会委员之人应于独立日之后,担任依本宪法之规定设立的同等职位,并适用该同等职位的任期和条件,如同于独立日前适用一般;

(b)于独立日前担任《1949年萨摩亚修正案》提及的萨摩亚公职人员之人,应于独立日之后,担任公职系统中的相似职位。

第一百二十一条 ［独立日前未生效的法律］

若任何条例已经托管地立法议会颁布或制定但尚未生效,该法令可在独立日之后,于条例中载明的或任何有权使其生效的机构规定的生效日生效;且在前述情况下,该法令自生效日起,具有议会法律之效力。

第一百二十二条 ［现行法的调整］

在任何现行法中,若提及萨摩亚托管地女王陛下、萨摩亚托管地总督、萨摩亚托管地或萨摩亚,除非语境另有要求,应视为指称萨摩亚。

第一百二十三条 ［财产归属］

(1)于独立日前属于萨摩亚托管地女王陛下或萨摩亚托管地总督的所有财产应自独立日起属于萨摩亚。

(2)除第(3)款另有规定外,于独立日前依《1921年萨摩亚法》之规定为萨摩亚地、欧洲地或君王地的土地应于独立日之后,依本宪法之规定,分别作为传统租佃、自由保有地或公有地持有。

(3)所有在萨摩亚的、于独立日前属于新西兰政府总督的土地应自独立日起成为新西兰政府女王陛下持有的无限定继承地。

第一百二十四条 ［宪法的过渡性修正］

未依第五章之规定组建议会不得对本宪法的条文进行任何修正,除非托管地立法议会以法令之方式排除从独立日前有效的宪法性安排向本宪法规定的宪法性安排转变所存在的任何困难;且依据本条之规定制定的任何条例,除非提前废止,应于立法议会首次会议之日起经过9个月时终止效力。

附录(略)

所罗门群岛宪法[*]

(1978年3月31日通过,更新函2014年)

我们所罗门群岛人民,自豪于我们祖先的智慧和良好的风俗,铭记着我们共同和相异的文化传统,意识到我们共同的命运,在上帝之手的指引下,现在即建立主权的、民主的所罗门群岛国家。

作为我们统一国家的基础,我们宣示:

(a)所罗门群岛所有权力属于其人民,并由根据本宪法设立的立法机关、行政机关和司法机关代表人民行使。

(b)国家的自然资源属于所罗门群岛人民和政府。

我们赞成并承诺:

(a)我们的政府应基于普选的民主原则,由行政机构负责选举议会;

(b)我们应维护平等、社会正义和收入公平分配的原则;

(c)我们应尊重和提高人格尊严,加强并巩固我们的社会团结;

(d)我们应珍惜并促进所罗门群岛内的不同文化传统;

(e)我们应保障人民参与处理其事务,并在国家统一的框架内保障分权;

为了实现这些目的,现在我们颁布本宪法。

第一章 国家与宪法

第一条

(1)所罗门群岛应是一个主权的民主的国家。

(2)女王陛下应为所罗门群岛的国家元首。

第二条

本宪法是所罗门群岛的最高法律,其他任何同本宪法不一致的法律,在其不一致的范围内应为无效。

第二章 个人基本权利与自由的保护

第三条

纵然所罗门群岛内的每一个人不分种族、出生地、政治观点、肤色、信仰或性别,享有下述部分或全部的个人基本权利与自由,但是应尊重其他人的权利与自由以及公共利益:

(a)生命、自由、人身安全和法律保护;

(b)信仰、表达、集会和结社自由;以及

(c)保护家庭隐私和其他财产,使财产免于未经补偿的剥夺。

本章的规定应为保护那些受条款中所附限制之限制的权利和自由之目的而生效,此类限制是为了保障任何人享有前述权利和自由而不损害他人权利和自由或公共利益。

第四条

(1)除依现行有效的法律,针对其在所罗门群岛内的犯罪而执行法院的判决外,不得故意剥夺任何人的生命。

(2)若一个人因下述合理正当事由,死于为法律所允许的限度和情形的强制力时:

a)为防止人身暴力或保护财产;

b)为实施合法逮捕或防止被依法拘留者脱逃;

c)为镇压暴动、起义或叛乱;或

d)为防止罪犯实施委托。

或其死于战争的合法行为时,不认为违反本条剥夺其生命之规定。

第五条

(1)除因下列任一情形依法批准外,不得剥夺任何人的人身自由:

a)因不适宜对一项犯罪控告提出抗辩;

b)因执行所罗门群岛或其他国家法院的关于其所犯罪行的判决或裁定;

c)因藐视法院或其下属法庭而执行法院的惩罚裁定;

d)因执行法庭作出的以保证法律赋予的任何义务之履行的裁定;

e)为执行法院的裁定而将其带至法庭;

f)基于合理怀疑认为其已经实施或即将实施所罗门群岛现行法律规定为犯罪的行为;

g)在一个人未满十八周岁时,为了其教育或福利

---

[*] 译者:李帅彬、郭斌。

之目的，并根据法院的裁定或其父母或监护人的同意；

h) 为预防传染病的扩散；

i) 在一个人精神失常、吸毒或酗酒、流浪或基于合理怀疑认为其精神失常、吸毒或酗酒、流浪时，为其保护或治疗之目的或保护社会之目的；

j) 为防止某人非法进入所罗门群岛，或为对某人执行驱逐出境、引渡或使其合法离境的其他措施，或在某人作为既决犯从另一国家被执行引渡或离境至另一国家过程中，途经所罗门群岛时对其限制之目的；或

k) 在执行法院要求某人居留于特定区域或禁止其居留于该特定区域的合法裁定之必要限度内，或在作出任何此类裁定时对某人采取合理正当程序的限度内，就那些因任何此类裁定而使某人在场即为非法的所罗门群岛的任何获准访问区域，对其访问之合理正当限制的限度内。

(2) 任何被逮捕或拘留的人，应尽可能及时地用其所能理解的语言，告知其被逮捕或拘留的原因。

(3) 任何(a) 为执行法院的裁定而将其带至法院；或(b) 基于合理怀疑认为其已经或即将实施依据所罗门群岛现行法律构成犯罪的行为，而被逮捕或拘留且未被释放的人，应毫不迟延地将其带至法院；基于合理怀疑认为其已经或即将实施依据所罗门群岛现行法律构成犯罪的行为而被逮捕或拘留的任何人，在合理时间内未予审判，且无害于对其提起进一步的程序时，则应无条件或附合理条件将其释放，尤其包括确保其随后能出庭受审或参加审判前程序的合理必要条件。

第六条

(1) 不得奴役任何人。

(2) 不得要求任何人参加强制劳动。

(3) 为本条之目的，"强制劳动"不包括：

a) 任何因执行判决或法院裁定所要求的劳动；

b) 对任何被合法拘留者，虽非因执行判决或法院裁定所要求，但为其健康考量或为其被拘留地之维持所合理必要的任何劳动；

c) 任何纪律部队成员依照其职责所需的任何劳动，或当一个人拒绝在海军、陆军或空军服兵役时，根据法律规定要求该人参加的替代服兵役的任何劳动；

d) 任何在公共紧急状态期间，或出现其他危及生命或社会安宁的紧急状态或灾害时所要求的劳动，此类所要求的劳动在前述期间出现的情势和状况下，或为处理其他紧急状态或灾害之目的的手段，具有合理的正当性；或

e) 任何作为合理和正常的公共义务或其他公民义务合理所需的任何劳动。

第七条

不得对任何人施以酷刑或不人道的或有辱人格的惩罚或其他对待。

第八条

(1) 不得强制占有任何种类财产，不得对任何种类财产强制提出权益要求，除非满足下述条件：

a) 占有或获取财产是国防、公共安全、公共秩序、公共道德、公共卫生、城乡规划之必要，或以促进公共福祉的方式对财产的任何利用；

b) 存在导致任何人难于享有财产权益的正当理由；

c) 生效法律对占有或获取财产规定了：

ⅰ. 基于所有相关状况的考虑，在合理期间内支付合理补偿（其有偿对价以货币或其他方式表现，可一次支付或分期支付）；

ⅱ. 保障对财产享有权益的任何人有权直接或通过其他机构向高级法院提起诉讼，请求对其权益、占有或获取财产及权益的合法性、补偿及其支付期限的合理性作出裁决。

(2) 任何法律之内容或根据法律授权之事项，均不得认为违反或触犯本条之规定：

a) 在有争议法律对占有或获取任何财产作出下述规定的限度内：

ⅰ. 缴纳任何赋税、费用或关税；

ⅱ. 因违反法律而处以罚金或没收；

ⅲ. 租赁、不动产租赁、抵押、担保、卖契、保证或承包的附属权利；

ⅳ. 在裁决民事权利或义务的诉讼中，执行法院的判决或裁定；

ⅴ. 在财产处于危险状况或有害于人类健康或动植物的合理必要情况下如此为之；

ⅵ. 因任何有关诉讼时效或取得实效的法律规定；

ⅶ. 只要是为任何检查、调查、审判或审查之必要，或在财产是土地的情形下，实施

A 石油保护工程或其他自然资源保护工程；

B 土地所有人或占有者所要求，且无合理理由拒绝的有关农业发展的工程，

除非在法律有规定或视其情况而定，否则授权所为事项在民主社会中因此即非合理正当；或

b) 在有争议法律对占有或获取任何财产作出下述规定的限度内：

ⅰ. 敌方财产；

ⅱ. 已故者、精神失常者、未满二十一周岁的人或不在所罗门群岛之人的财产，为对其财产享有权益的人而管理之目的；

ⅲ. 宣布破产者或清算法人的财产，为其债权人利益或对该财产享有权益的人之利益而管理之目的；或

ⅳ. 信托财产，为依据信托协议或法院裁定将财产转移给指定的受托人之目的，或为使信托生效之目的。

（3）本条任何规定之解释，不得妨碍任何为公共利益而强制征收任何财产的任何法律的制定或实施，或妨碍为公共利益而对任何财产权益强制征收，该财产权益由为公共目的而依法成立的法人依法持有，其中的资金仅由政府提供。

第九条

（1）非经其本人同意，不得搜查任何人的财产或进入其住所。

（2）任何法律之规定或根据任何法律授权之事项，在争议法律规定对下述事项作出必要规定的范围内，均不得违反本条之规定：

a）为国防、公共安全、公共秩序、违法预防与调查、公共道德、公共卫生、城乡规划、矿产资源的开发和利用或以促进公共福祉的方式对其他财产的开发和利用；

b）为保护他人权利或自由之目的；

c）为授权政府官员、省级政府机构或依法成立的法人，为公共目的而进入任何人的住所以检查住所或为赋税、费用或关税之目的任何有关物品，或为在附着于住所的视情况属于政府、机构或法人的任何财产上施工；

d）依据法院因执行任何诉讼的判决或裁定的命令授权进入任何住所；或

e）为预防或侦查犯罪行为而授权进入任何住所，

除非在法律有规定或视其情况而定，否则授权所为事项在民主社会中因此即非合理正当。

第十条

（1）若任何人被指控有犯罪行为，除非撤销指控，否则此人应在合理的时间内接受依法设立的独立公正的法院的公平审理。

（2）每一个被指控有犯罪行为的人：

a）在证实其有罪或其承认有罪之前，应假定其无罪；

b）应在尽可能合理的时间内，以他能理解的语言，告知其被指控犯罪的性质；

c）应给予其充足的时间和便利以准备辩护；

d）应允许其在法庭前自行辩护，或自费选择法律代理人代为辩护；

e）应给予其充分便利条件，由其本人或法律代理人询问由检察官传唤到庭的证人，并在同等情形下出庭并询问到庭为其做证的证人；

f）在其不能理解审判所使用的语言时，应允许其无偿获得翻译人员的帮助，

非经其本人同意，不得对其缺席审判，除非其行为导致其难以出庭应诉，且法院已裁定将其排除在外，在其缺席的情形下进行审判。

（3）当一个人因任何犯罪行为而接受审判时，被指控者或由其授权的任何人，在其如此要求时或支付法律规定的合理费用后，应在审判后的合理时间内获得一份由法院或以法院名义制作的、供被指控者使用的诉讼记录副本。

（4）任何人不得因其实施时不构成犯罪的行为而被认定为有罪，不得对任何犯罪行为施以幅度或性质重于其实施犯罪行为时可能施以的最高处罚之处罚。

（5）任何因犯罪行为已经由管辖法院审判的人，无论其有罪与否，不得因该犯罪行为或在该犯罪行为审判期间他可能被定罪的其他犯罪行为再次受审判，但依据有关其有罪与否的上诉或复审期间高级法院裁定的除外。

（6）任何人不得因其已被赦免的犯罪行为而受审判。

（7）任何因犯罪行为而受审判的人，不得强迫其在庭审中做证。

（8）任何法院或法律规定的裁判民事权利或义务存在与否或其范围大小的其他机构，应依法设立或认可，并应独立公正，任何向此类法院或其他裁判机构提出此类诉讼的人，应在合理的期间内获得公平审判。

（9）除非各方当事人同意外，每一个法院的所有诉讼程序、任何裁判机构决定民事权利义务存在与否或范围大小的诉讼程序，包括宣布法院或机构裁决的程序，均应公开进行。

（10）前款的任何规定，不得妨碍法院或其他裁判机构在下述情形下，将非当事人及其法律代理人排除在诉讼程序外：

a）根据法律有权将其排除在外，或在公众可能损害司法利益的场合下认为必要或便利时，或在中间程序中，或为了尊严、公共道德、未满十八周岁人的利益，或为了保护与诉讼程序有关的人的隐私；或

b）根据法律有权将其排除在外，或为国防、公共安全或公共秩序应请求将其排除在外。

（11）任何法律规定或根据任何法律授权所为之行为，不得违反：

a）本条第（2）款a）项，以使争议法律强加给被指控有犯罪行为的人证明特定事实的责任；

b）本条第（2）款e）项，以使争议法律对出庭为被告做证的证人由公款支付其费用设定必须符合的合理条件；或

c)本条第(5)款,以使争议法律授权法院审理纪律部队成员的犯罪行为,而无视该成员根据该部队惩戒法所受的审判及有罪或无罪的判决,以至于任何如此审判该成员并宣判其有罪的法院,在对其宣判任何处罚时,应考虑其根据惩戒法应受的任何处罚。

第十一条

(1)非经其本人同意,不得妨碍任何人享有信仰自由,为实现本条之目的,上述信仰自由包括思想自由、信教自由、改变其宗教或信仰的自由,以及单独或与他人共同以礼拜、训诫、践行和庆典的方式,或公开或私密地表明和宣扬其宗教或信仰的自由。

(2)每一宗教团体均有资格自费成立,拥有教育场所,并管理任何属于其完全所有的教育场所。

(3)不得妨碍任何宗教团体,在任何属于其完全所有的场所的任何教育过程中,或另有规定的任何教育过程中,向其团体成员发布教令。

(4)非经其本人同意(在其未满十八周岁时,其监护人的同意),在教令、仪式或庆典与其所信宗教无关时,不得要求参加任何场所教育的人接受教令,或参加任何宗教仪式或庆典。

(5)不得强迫任何人作有违其宗教或信仰的宣誓,或以有违其宗教或信仰的方式宣誓。

(6)任何法律之内容或根据任何法律授权之事项,在争议法律对下述事项作出必要规定的范围内,均不得违反本条之规定:

a)为国防、公共安全、公共秩序、公共道德或公共卫生;

b)为保护他人权利或自由之目的,包括践行、庆祝任何宗教而不受任何其他宗教成员无故干涉的权利,

除非法律根据规定或视情况而定外,其他根据法律授权之事项,在民主社会中即当然视为不正当。

(7)本条之任何规定,不得妨碍议会对所罗门群岛内所有教育场所的课程和相关事项作出规定的权力。

(8)本条所称之"宗教",应解释为包括宗教派别,同类称谓亦应作相应解释。

第十二条

(1)非经其本人同意,不得妨碍任何人享有表达自由,为实现本条之目的,上述表达自由包括持有意见而不受干涉的自由、传播思想和信息而不受干涉的自由以及通信不受干涉的自由。

(2)任何法律之内容或根据任何法律授权之事项,在争议法律对下述事项作出必要规定的范围内,均不得违反本条之规定:

a)为国防、公共安全、公共秩序、公共道德或公共卫生;

b)为保护他人名誉、权利或自由之目的,或为保护法律程序中相关人员隐私、防止秘密获取的信息泄露、维护法院权威和独立之目的,或为电话、电报、邮政、无线电、广播或电视之规范管理或技术作业之目的;或

c)对公职人员施加限制。

除非法律根据规定或视情况而定外,其他根据法律授权之事项,在民主社会中即当然视为不正当。

第十三条

(1)非经其本人同意,不得妨碍任何人享有集会和结社自由,即自由集会的权利,与他人结社的权利,特别是组建或加入政党、工会或保护其利益的其他组织的权利。

(2)任何法律之内容或根据任何法律授权之事项,在争议法律对下述事项作出必要规定的范围内,均不得违反本条之规定:

a)为国防、公共安全、公共秩序、公共道德或公共卫生;

b)为保护他人权利或自由之目的;或

c)对公职人员施加限制,

除非法律根据规定或视情况而定外,其他根据法律授权之事项,在民主社会中即当然视为不正当。

第十四条

(1)不得剥夺任何人的迁徙自由,为实现本条之目的,上述"迁徙自由"意指在所罗门群岛各地自由搬迁的权利、在所罗门群岛任何地方定居的权利,入境所罗门群岛并免受驱逐出境的权利。

(2)在合法拘留中对一个人迁徙自由的任何限制,不得违反本条之规定。

(3)任何法律之内容或根据任何法律授权之事项,在争议法律对下述事项作出必要规定的范围内,均不得违反本条之规定:

a)因对所罗门群岛内任何人迁徙或定居之限制,或为国防、公共安全或公共秩序之必要而限制任何人离开所罗门群岛之权利;

b)因限制在所罗门群岛内迁徙或定居,或为国防、公共安全、公共秩序、公共道德或公共卫生之必要,而限制所有人或任何阶层的人离开所罗门群岛之权利;

c)因对任何非所罗门群岛公民迁徙或定居之限制,或将任何此类人员驱逐出所罗门群岛;

d)因对任何人在所罗门群岛境内获取或使用土地或其他财产之限制;

e)因对公职人员在所罗门群岛内迁徙或定居之限制;

f)因移交他国法律视为犯罪的人以接受审判或

惩罚,或为执行根据所罗门群岛现行有效法律之法院刑事判决,而在他国实施监禁;或

g)因根据法院的裁定对任何人在所罗门群岛内的迁徙和定居所施加的限制,或因根据所罗门群岛现行有效的法律被发现有犯罪行为,或为确保他在日后的庭审或与其引渡或依法移转有关的程序中出席,而对其离开所罗门群岛的权利所施加的限制。

除非在法律有规定或视其情况而定,否则授权所为事项在民主社会中因此即非合理正当。

(4)任何人的迁徙自由因本条第(3)款 a)项或 b)项之规定而受到限制时,其在被限制期内的任何时间提出申诉,在其最后申诉六个月时间内,应由一个独立公正的法庭审查该申诉,该法庭由一个由首席法官任命的有资格在所罗门群岛担任辩护人、出庭律师或诉状律师的人主审。

(5)在审理前款规定的某人迁徙自由受到限制的案件时,法庭关于继续限制的必要性或适当性之裁决,对被裁决的机构具有约束力。

第十五条

(1)根据本条第(5)款、第(6)款和第(9)款的规定,任何法律本身不得作出歧视性规定,亦不得有导致歧视的规定。

(2)根据本条第(7)款、第(8)款和第(9)款的规定,任何人不受根据成文法行事或履行任何公职职责的任何人之歧视性对待。

(3)根据本条第(9)款的规定,在进入商店、旅馆、出租房屋、公共餐厅、饮食店或公共娱乐场所,或进入全部或部分由公款营造的或捐建用作公共目的的公共聚集场所。

(4)本条所谓"歧视"是指全部或主要因其种族、出生地、政治观点、肤色、信仰或性别的不同,而对不同的人给予不同待遇,以致具有上述某种特征的人受到具有同一特征的人不会受到的限制,或授予具有同一特征的人并不能被授予的特权或利益。

(5)本条第(1)款不得适用于任何法律,除非该法律规定:

a)政府或任何省政府或议会为地方利益,而征税或划拨财政收入;

b)关于非所罗门群岛公民的人之规定;

c)对具有前款所述任何特征的人,就收养、婚姻、离婚、葬礼、继承或遗产,或其他对具有前述特征的人适用属人法的类似事项之法律适用;

d)习惯法之适用;

e)关于土地、土地使用权、土地之收回和取得以及其他类似目的;

f)社会弱势群体之福利;

g)具有前款所述任何特征的人,考虑到那些人或任何其他具有此类特征的人之性质及所处的特殊情势,对其施加的限制或授予的特权或利益,在民主社会即为合理正当。

(6)就在公共部门、纪律队伍、省政府部门或根据任何法律设立的公益法人或营业法人中任职的标准或资格(非特指种族、出生地、政治观点、肤色、信仰或性别之标准或资格),任何法律不得作出与本条第(1)款不一致的规定。

(7)本条第(2)款不适用于任何由本条第(5)款或第(6)款所述的规定或法律明确授权所为之事项。

(8)本条第(2)款不得影响任何人根据本宪法或任何其他法律所授予的、就任何法院民事或刑事程序的规则、运作或终止作出的裁量。

(9)任何法律之规定或根据任何法律授权之事项,在争议法律对具有本条第(4)款所述任何特征的人根据本宪法第九条、第十一条、第十二条、第十三条和第十四条所保障的权利和自由,依据第九条第(2)款、第十一条第(6)款、第十二条第(2)款、第十三条第(2)款或第十四条第(3)款之授权视情况作出限制的范围内,均不得违反本条之规定。

第十六条

(1)本章之"公共紧急状态期间"指下述任何期间:

a)所罗门群岛处于交战状态;或

b)根据本条的规定作出有效的公共紧急状态宣告;

(2)总督可在任何时间通过公告宣告进入公共紧急状态,并应尽可能同时在政府公报上发布此公告。

(3)根据本条第(2)款所作出的宣告,应自宣布之日起的七日期间届满时停止生效,但在期间届满前,经至少三分之二全体议员投票赞成的决议批准继续有效的除外。

若一项宣告在议会闭会期间宣布的,议会应自宣告宣布之日起两周内召集开会,本款所述的七日期间应自议会开会之日起算。

(4)根据本条第(2)款作出的宣告,在其经议会决议批准前,可由总督通过在政府公报上发布公告随时撤销。

(5)根据本条第(2)款作出并根据第(3)款由议会决议批准的宣告,应继续有效,直至自公共紧急状态宣告之日起算的四个月期间届满,或至决议指定的更早日期。

(6)纵然有本条第(5)款的规定,根据第(2)款作出并根据第(3)款由议会决议批准的公共紧急状态宣告,可由全体议员多数赞成的议会决议随时予以撤销。

(7)任何法律之规定或根据任何法律授权之事

项,在争议法律就任何公共紧急状态期间作出规定,或为应对在此期间出现的任何状况而合理正当地授权所为的任何事情之范围内,均不得违反本宪法第五条、第六条第(2)款、第九条、第十一条、第十二条、第十三条、第十四条或第十五条的规定。

(8)当一个人在公共紧急状态期间依法被羁押,该法律为应对公共紧急期间所罗门群岛境内出现的状况而授权采取必要合理措施时,应适用下述规定,即:

a)应尽可能及时以其理解的语言,向其提供书面声明,详细说明其被羁押的理由;

b)应尽可能及时发布其被羁押的公告,且自其被羁押之日起不超过十四日内,应将其被羁押的通告及其因之被羁押的具体法律规定,公布在政府公报上。

c)自其被羁押之日起不超过一个月内,且其被羁押期间不超过六个月时,应由一个依法设立的、由一名由首席法官任命的主席和另外两名由司法及法律事务委员会任命的人组成的独立公正的法庭审理其案件。

d)应为向其自己委托诉讼代理人咨询提供必要便利,应准许其诉讼代理人向法庭陈述代理意见;

e)在法庭上审理其案件时,应准许其本人或由其委托的代理人到庭应诉。

(9)法庭根据本条第(8)款对被羁押者的案件进行任何再审时,法庭作出关于继续羁押的必要性或适当性之裁决,对被裁决的机构具有约束力。

(10)本条第(8)款 d)项或 e)项的任何规定,不得解释为某人提供公费诉讼代理人。

第十七条

任何人在本章规定的权利或自由受到侵害时,应有权从侵犯其权利或自由的个人或机构获得赔偿。

第十八条

(1)根据本条第(6)款的规定,若任何人声称本宪法第三条至第十六条(含第十六条)的任何与其(在其被羁押时,由其他人声称与被羁押人)有关的规定已经、正在或即将被违反,在不妨碍任何其他同类待审诉讼的情况下,该人(或其他人)可以向高等法院申请救济。

(2)高等法院对下述事项有初审管辖权:

a)审理并裁决任何人根据前款规定提出的任何申请;

b)裁决根据下款规定的任何人在其案件中提出的任何问题,并可发布命令、签发令状、作出指示,包括为保证本宪法第三条至第十六条的任何规定之实施的必要而签发赔偿支付令;

高等法院在确信受侵害者对于受指控的侵害,依据任何其他法律有充分救济手段时,可拒绝行使本款规定的权力。

(3)任何下属法院的任何诉讼中,产生有关违反本宪法第三条至第十六条(含第十六条)的任何规定的任何问题,法院主审法官可将此问题提交给高等法院,任何诉讼当事人如此要求时则必须予以提交,但主审法官认为该问题之提出没有意义或没有根据的除外。

(4)因本条高等法院的裁决而受到侵害的任何人,可上诉于上诉法院。

高等法院驳回没有意义或没有根据的起诉之任何裁决,不得上诉。

(5)为高等法院更有效地行使本条所授予的权力之目的,议会可在本条之外额外授权高等法院。

(6)就高等法院被授予的或本条规定的权力之运作及程序的法院规则(包括有关提出申请或提交移送的时限规则),可由其时有权制定法院之运作及程序一般规则的个人或机构制定。

第十九条

(1)除上下文另有要求外,本章中:

关于任何要求之"触犯",包括不能遵守该要求,且类似表述应作相应解释;

"法院"指在所罗门群岛内有管辖权的任何普通法院,除根据惩戒法律设立的法院外,还包括本宪法第四条和第六条中依据惩戒法律设立的法院;

"惩戒法律"指规制所有纪律部队之纪律的法律;

"纪律部队"指:

a)所有海军、陆军和空军;

b)所罗门群岛消防部门;

c)监狱部门;

d)海事组织;

e)警察部队;

f)特种部队;或

g)由议会设立的任何其他警察或警察部队;

纪律部队之"成员",包括任何根据惩戒法律而遵守该纪律的人。

(2)本宪法第十二条、第十三条和第十四条的任何规定,不得解释为将公职人员与他人通信或结社、迁徙或定居方面的合理要求,排除在公职部门的任职期限和任职条件之外。

(3)所罗门群岛纪律部队的任何成员,惩戒法律的任何规定或根据惩戒法律的授权所做的任何事情,均不得违反除本章第四条、第六条、第七条、第八条和第十五条以外的任何规定。

(4)非所罗门群岛纪律部队的任何成员、根据所罗门群岛政府与他国政府或国际组织签订的协议而身在所罗门群岛境内的任何人,惩戒法律的任何规定或根据惩戒法律的授权所做的任何事情,均不得违反本章的任何规定。

(5)对正与所罗门群岛交战国家的纪律部队成员所采取的措施,以及授权采取任何此类措施的法律,均不得违反本章的任何规定。

第三章 公民身份

第二十条

(1)a)任何在独立日前即为所罗门本土岛民的人,在独立日即为所罗门群岛公民。

b)任何在独立日前出生于所罗门群岛的人,或其祖父母是或曾经是巴布亚新几内亚或新赫布里底群岛本土团体、部落或血亲的成员的,在独立日即为所罗门群岛公民。

(2)在独立日前已经向政府提交载有本条第(4)款规定信息的所罗门群岛公民身份申请的任何人,以及在提交申请时拥有任何本条第(3)款规定的资格的任何人,在独立日即为所罗门群岛公民。

(3)本条第(2)款及下一条第(1)款所述的资格,是指非所罗门本土岛民的人是:

a)与所罗门本土岛民结婚的妇女;

b)英国及其殖民地公民,或生于所罗门群岛而受英国保护的人;

c)英国及其殖民地公民,或根据第1948号至第1965号英国国籍法案的规定,因其已被同化或入籍,或在1949年以前通过所罗门群岛前任保护国的总督归化为英籍人士,而受英国保护的人;

d)英国及其殖民地公民,或其父亲生前或死亡时拥有本款b)项或c)项规定的资格之一且为受英国保护的人;

e)已经与一个生前或死亡时拥有本款b)项、c)项或d)项规定的资格之一的人结婚的妇女;

f)英国及其殖民地公民,或因下述原因而认为其属于所罗门群岛而受英国保护的人:

i.依法在所罗门群岛境内连续居住七年,在此期间内离境时间累计未达十八个月以上,且自该居住期间届满后,未在联邦任何其他其获得居住权的领土内连续居住两年以上;

ii.是前项所述之人的妻子,且未因法院裁决或分居协议而与该人分居;

iii.是前项所述之人的子女、继子女或依照法定方式收养的十八周岁以下养子女。

(4)为本条及下条之目的所提交的申请,应包含如下信息:

a)申请人、申请中所包含的任何其他人、代其提交申请的未成年人的姓名、出生日期和出生地点(如若知道),如若可能,并应提交入籍或登记日期;

b)申请人作出的他是否在其申请中包含其妻子和未成年子女,申请中若包含其妻子,并应提交其妻同意将其包含在申请中的声明;

c)若申请是基于其父亲生于所罗门群岛或加入所罗门群岛国籍而提出的,并应提交其父亲的姓名、出生地点和出生日期(如若知道),如有关联,并应提交其父亲入籍或登记的日期;

d)若申请由妇女提出,或因该妇女与生于所罗门群岛或加入所罗门群岛国籍的男子或其父亲结婚,而代该妇女提出申请,并应提交该男子及其父亲的姓名、出生地点和出生日期(如若知道),如有关联,并应提交该男子及其父亲(必要时)入籍或登记的日期;

e)若申请人在提出申请时在所罗门群岛内居住,则应提交表明他意欲继续居住的声明;若提出申请时不在所罗门群岛内居住,则应提交表明他视所罗门群岛为其祖国的声明;

f)由申请人提交的表明其忠于所罗门群岛,尊重所罗门群岛文化、语言和生活方式的宣言;

g)由申请人提交的表明其愿意放弃在其提交申请时拥有的任何其他国籍。

(5)时任所罗门群岛前任保护国政府职务,并在其权限范围内的实施的与任何授予或登记的国籍证书有关的其他官员,均应解释为本条第(3)款c)项所述的所罗门群岛前任保护国的总督。

(6)任何根据本条第(2)款在独立日成为所罗门群岛公民的人,应在独立日后尽快申领一份表明其取得该公民身份的证书。

第二十一条

(1)在独立日前具有前条第(3)款所述任何资格,并在规定的期间内向所罗门群岛政府申请公民身份,且其申请中包含前条第(4)款所规定的信息的任何人,应登记为所罗门群岛公民。

(2)为本条第(1)款之目的,"规定的期间"指始于独立日而于独立日两年后届满的期间:

因申请人不在所罗门群岛内或因其他合理事由,而未意识到其提出申请的权利,国籍事务部长认为必要时,可以延长该申请的期间或扩大该申请的范围。

第二十二条

出生于独立日或独立日以后,且在其出生之日,其父母任何一方已经是或因其存活而成为所罗门群岛公民的任何人,无论其出生于所罗门群岛境内外,均应自出生之日起成为所罗门群岛公民。

第二十三条

(1)根据本条第(2)款的规定,任何已经是其他国家国民的所罗门群岛公民,自其取得所罗门群岛公民资格之日起两年期间届满时或自其年满十八周岁起（以二者较晚为准），或在议会规定的更长的期间内，除非在该期间届满前他放弃或丧失该他国国籍，或者在该他国的法律禁止其放弃国籍时他根据规定作出此类放弃国籍的声明，否则他将不再是所罗门群岛公民。

（2）任何年满十八周岁，根据本宪法第二十条第（2）款或第二十一条，取得所罗门群岛公民资格并同时是他国国民的人，自其取得所罗门群岛公民资格之日起六个月或议会规定的更长期间届满时，除非其在该期间届满前放弃或丧失该他国国籍，或者在该他国的法律禁止其放弃国籍时他根据规定作出此类放弃国籍的声明，否则他将不再是所罗门群岛公民。

第二十四条

（1）依据本章规定或任何其他法律而成为所罗门群岛公民的任何人，或根据本章适用的任何国家现行有效的法律而为该国公民的人，因其该公民身份应拥有共和国公民身份。

（2）任何根据第1948号英国国籍法案没有国籍的英籍人士，并根据该法案第二条的规定持续为英籍人士的，或根据第1965号英国国籍法案而为英籍人士的，应因其该身份而拥有共和国公民身份。

（3）除议会有相反规定外，本条所适用的国家为澳大利亚、巴哈马群岛、孟加拉共和国、巴巴多斯岛、博茨瓦纳、加拿大、塞浦路斯、斐济、冈比亚、加纳、格林纳达、圭亚那、印度、牙买加、肯尼亚、莱索托、马拉维、马来西亚、马耳他、毛里求斯、瑙鲁、新西兰、尼日利亚、巴布亚新几内亚、塞舌尔群岛、塞拉利昂、新加坡、南罗得西亚、斯里兰卡、斯威士兰、坦桑尼亚、汤加、特立尼达和多巴哥、乌干达、联合王国及其殖民地、西萨摩亚和赞比亚。

第二十五条

议会可规定：

（a）根据本章的规定不具备或不再具备成为所罗门群岛公民资格的人，其所罗门群岛公民资格之取得；

（b）任何年满十八周岁的人所拥有的所罗门群岛公民资格的剥夺或放弃。

第二十六条

（1）本章中：

"受英国保护的人"指因第1948号英国国籍法案之目的而受英国保护的人；

"所罗门本土岛民"指任何其本人或其父母是或者曾经是受英国保护的人，且是所罗门群岛本土团体、部落或血亲中的一员。

（2）本章中任何所提及的某人的父亲，当其为非婚生子时，应解释为该人的母亲。

（3）为本章之目的，在登记船舶或航空器上出生的人，或在任何国家未经登记的船舶或航空器上出生的人，应视为其出生在该船舶或航空器登记国或所在国。

（4）为本章之目的，向政府或政府指定的接收申请的任何人投递申请的日期，应视为提出申请的日期。

第四章　总　督

第二十七条

（1）兹设立所罗门群岛总督一职，总督应由国家元首根据议会的呈文任命，是国家元首在所罗门群岛内的代表。

（2）除非根据本宪法第六章有资格当选为议会议员，否则一个人没有资格被任命以总督职位。

（3）总督职位在下述情形下出缺：

a）自任命之日起五年期间届满；

b）总督因违法行为或因议会规定的类似其他事由，而由国家元首根据议会三分之二以上全体议员表决赞成的呈文，将其免职。

（4）任何人不得担任两届以上总督。

第二十八条

无论何时，当总督职位出缺，或该出任职位的人不在所罗门群岛内，或因任何其他原因不能行使其职权时，其职权应由议长行使；在议长职位出缺或出任议长职位的人亦不在所罗门群岛境内或不能行使该职权时，由首席法官行使。

第二十九条

被任以总督职位的人或根据前条规定行使该职位职权的人，在其就职前，应宣读并签署效忠誓言，本宪法附录一规定的就职宣誓、首席法官或高等法院类似其他法官或首席法官指定的上诉法院规定的相关宣誓。

第五章　行政机关

第三十条

（1）所罗门群岛人民的行政权力属于国家元首。

（2）除非本宪法有相反规定外，该权力可由总督代表国家元首，或直接行使，或通过其下属官员行使。

（3）本条的任何规定，不得妨碍除总督以外的个人或机构行使任何法律授予的职权。

第三十一条

（1）在根据本宪法或任何其他法律行使其职权时，总督应根据内阁（或在内阁一般指导下行事的部长）的建议行事，但本宪法要求其根据或在咨询除内阁外的任何个人或机构之建议后行事,或根据其预先判断行事的除外。

(2)当本宪法要求总督在咨询内阁以外的任何个人或机构后行使其职权时,不得强迫他根据该个人或机构的建议行使职权。

(3)当本宪法要求总督根据或在咨询任何个人或机构的建议后行事时,他在行事时产生的问题,不得向法院申诉。

第三十二条

总理应及时通知总督有关所罗门群岛政府的一般行为,并应向总督提供其要求的与所罗门群岛政府有关的任何特定事项的信息。

第三十三条

(1)兹设立总理一职,其应由议员根据本宪法附录二的规定在其成员中选举产生。

(2)除总理职位外,在政府内应有由总督设立的相关部长职位,数量不得超过十一个或议会规定的上限,此类职位根据总理的建议行事;

政府相关部长职位中的一人应担任副总理。

(3)除总理外,各部长应由总督根据总理的建议,从议会议员中任命;

当在任命时议会被解散,则在解散前的议员仍可获得任命。

第三十四条

(1)若对总理的不信任议案获得绝对多数议员的赞成投票通过,则总督应免除总理的职务,同时议会议员应在同届会期内尽快召集会议,以根据本宪法附录二的规定选举出新总理。

(2)总理的不信任议案的动议,应提前至少七整日向议长告知该动议,否则议会不得批准该动议。

(3)下属情形下,总理职位亦出缺:

a)普选之后,议会议员根据本宪法附录二的规定召集会议选举总理;

b)总理因议会解散以外的任何原因而丧失议员身份;

c)总理当选议长或副议长;

d)总理向总督提交亲笔辞呈辞去该职务。

(4)根据下款的规定,总理职位出缺的任何期间内,在职位空缺前即担任该职位的人应继续履行总理职责,直至根据本宪法附录二的规定选出新的总理职位人选。

(5)若担任总理职位的人死亡,总督经咨询其他部长后,应指定他们当中的一人履行总理职责,直至根据本宪法附录二的规定选出新的总理职位人选。

(6)总理之外的部长职位,在下述情形下出缺:

a)部长根据本宪法附录二当选为总理;

b)部长因议会解散以外的原因而丧失议员身份;

c)部长当选议长或副议长;

d)部长向总督提交亲笔辞呈辞去该职务;或

e)总督根据总理的建议罢免部长职位。

第三十五条

(1)兹设立所罗门群岛内阁,由总理和其他部长组成。

(2)内阁职权为就所罗门群岛的管理向总督提出建议,内阁就依内阁整体权力向总督提出的建议和各部长以其职权履行职责的行为,向议会负集体责任。

(3)前款的规定不适用于下列事项:

a)任命和罢免部长、根据宪法第三十七条对部长的职责分工或在总理疾病或出缺时授予某个部长总理职责;或

b)本宪法第四十五条规定的事项(有关赦免权)。

(4)总检察长为内阁的法律顾问,应以此身份出席内阁会议,内阁另有安排的除外。

第三十六条

(1)内阁由总理召集。

(2)总理应尽可能出席并主持内阁会议。

(3)若出席的内阁成员持异议,且出席的成员不足半数,则任何事项不得在内阁执行,休会除外。

(4)在遵守前款规定的前提下,不得以成员缺席为由取消内阁执行事务的权力,且内阁的任何诉讼均有效,不论参加诉讼的人员是否享有此项资格。

(5)总理决定在何种内阁会议上讨论何种事务。

(6)若主持内阁事务的人提议某人出席内阁会议,主持内阁的人可以召集任何人参加内阁会议,不论是否为内阁成员;

但列席者不必回复任何内阁成员在内阁会议上提出的问题。

第三十七条

根据总理的建议,总督可以下达书面指示,(根据宪法和其他法律的规定)授予总理或其他部长执行政府任何事务的职权,包括管理政府任何部门的职权。

第三十八条

(1)若总理因疾病或离境不能行使本宪法授予的职权,则由副总理行使总理职权,若副总理亦不能行使该职权,总督应下达书面指示,委任其他部长行使该职权(本条规定职权之外),且部长行使该职权至总督免除该职权为止。

(2)总督应根据总理的建议亲自行使本条规定的权力;

但是,若总督基于其审慎判断认为,因总理的疾病或出缺致使获取其建议不切实际,总督可以根据其审慎判断而无须总理建议行使该权力。

第三十九条

内阁成员应于就职前,应按照本宪法附录一规定

的形式,向总督或总督指定的人员作效忠和公正行使职权的宣誓。

第四十条

因部长负责管理政府部门,部长应对其部门进行一般指导和管理,在遵从部长的指导和管理的前提下,部长(包括总理)负责的部门应接受常务秘书或其他公设监督职权的监督;但是:

(a)各部门可以受两名以上监督官员的联合监督;且

(b)部门的不同分支可分别受不同监督官员的监督。

第四十一条

(1)兹设立内阁秘书一职,其职务由常务秘书行使。

(2)内阁秘书负责内阁事务,根据总理可能给予的指示安排内阁会议事务和作会议记录,并向有关人员或机关传达内阁决议,还享有总理随时指示的权力。

第四十二条

(1)兹设立一公职总检察长,总检察长为政府主要的法律顾问。

(2)总检察长由司法和法律事务委员会根据总理的建议任命。

(3)只有在所罗门群岛执业的辩护律师或出庭律师和诉状律师者才能担任总检察长。

(4)若负责司法的部长并非在所罗门群岛执业的辩护律师、出庭律师或诉状律师,则担任总检察长者可以政府顾问的身份参加议会会议。

但该总检察长在议会开会或选举总理时不享有投票权。

第四十三条

(1)兹设立一公职警察专员。

(2)警察专员在总理与警察和监狱事务委员会商议后,由总督根据总理的建议任命。

(3)警察部队由警察专员指挥。

(4)总理或总理指定的部长,可以就维护公共安全和公共秩序,向警察专员发布其认为必要的一般指导,警察专员应遵守该指导并让警察也遵守该指导。

(5)本条的规定不得妨碍根据本宪法第三十七条授予部长组织、维护和管理警察部队的权力,但警察专员应负责决定部队的使用和管理部队的调度,除非根据前款的规定,专员不得行使部队使用和调度方面的职责和权力而应遵守有关人员或机关的指导或管控。

第四十四条

在遵守本宪法和法律的前提下,总督根据总理的建议可以创立所罗门群岛职位,并就该职位行使任命和罢免权。

第四十五条

(1)总督可以国家元首名义或代表国家元首:

a)根据所罗门群岛法律给予犯罪分子赦免:释放或遵守合法限制;

b)给予犯罪分子缓期执行刑罚,期限或不确定或确定;

c)给予犯罪分子较轻的刑罚;或

d)全部或部分减免刑罚或根据刑事法全部或部分减免没收的财产。

(2)兹设立赦免权委员会(本条简称为"委员会"),委员会由下列人员组成:

a)主席和其他两名人员,一名应具备医疗从业资格,另一名为由总督基于其审慎判断任命的社会劳动者;和

b)省议会提名的一名成员,该成员居住在提名的省内并由该省审核。

(3)各省议会选举结束后,应于其认为合适的时机根据本条第2款b)项之宗旨提名一名委员会成员。

(4)根据本条第2款a)项任命的委员会成员在下列情形下应辞去委员会席位:

a)任命文书规定的任命期限届满;或

b)总督基于审慎判断罢免其职务。

(5)总督应根据委员会的建议行使本条第一款授予的职权。

(6)不具备资格的人参与该活动不影响委员会处理事务的合法性。

(7)若某人被判处死刑(军事法庭判处的除外),委员会应在委员会会议上对主审法官所做审理报告(或无法从主审法官处获得报告,则为首席法官所做报告)以及庭审记录记载的信息和其要求提供的其他信息进行讨论,然后就是否行使本条第一款授予的权力向总督提出建议。

第六章 国家立法机关

第一节 议 会

第四十六条

兹设立所罗门群岛国家立法机关,为一院制议会,即为所罗门群岛国民议会。

第四十七条

(1)议会由根据本宪法的规定,并依照规定的方式选出的议员组成。

(2)本宪法第五十四条第(1)款规定的每个选区选出一名议员。

第四十八条

在遵守第四十九条规定的前提下,满足下列条件才有权当选为议员,否则便无:

a) 所罗门群岛公民;

b) 年满二十一周岁。

第四十九条

(1) 下列人员不得当选为议员:

a) 以其行为表明其遵守或依附于外国或外国势力;

b) 担任任何公职;

c) 未清偿债务的破产者,根据共和国任何地区现行有效的法律被宣判或宣称的破产者;

d) 被证明丧失理智或者根据所罗门群岛现行有效的任何法律被宣判为神志不清者;

e) 被世界任何地区的法院判处死刑,或被判处六个月以上的拘禁(不论名称为何),不包括被判处罚金者,但包括被判处缓刑者;

f) 根据所罗门群岛现行有效的关于选举犯罪的法律,被剥夺议员身份或丧失选民登记或行使选举权资格者;或

g) 担任或行使与议会选举、选举登记的汇编或修订有关职权者。

(2) 依前款 e) 项之宗旨,两次以上要求连续服刑的拘禁应视为一次拘禁。

第五十条

议员在下列情形下应辞去其席位:

(a) 议会解散;

(b) 亲笔向议长写书面辞呈;

(c) 当选为议长;

(d) 被任命为总督;

(e) 会议结束前未经会议主持人许可,连续两次缺席议会会议,但议长(若议长职位空缺或议长不论何种原因未能履行职责,则为副议长)认为缺席是议员无法控制的原因造成的除外;

(f) 在其未成为议员之时,因前文 a)b)d)f) 或 g) 项规定的情形丧失参选资格的;或

g) 第五十一条规定的其他情形。

第五十一条

(1) 在遵守本条的前提下,若议员被世界任何地区的法院判处死刑或六个月以上的拘禁(包括缓刑),则该议员应终止履行议员职责,且于判决后三十日之内辞去其席位;

但议长(若议长职位空缺或议长不论何种原因未能履行职责,则为副议长)依议员之申请,可以随时延长三十日以便该议员就其定罪或量刑提出上诉,但延长期限累计超过一百五十日的,应由议会作出决议批准。

(2) 在议员辞去其席位前的任何期限内,若议员被无罪释放、定罪被撤销、量刑减为六个月以下拘禁或其他较轻的刑罚,根据本条的规定,该议员无须辞去其席位且可继续履行议员职责。

(3) 依本条之宗旨:

(a) 两次以上要求连续服刑的拘禁应视为一次拘禁;且

(b) 禁止用罚金刑代替拘禁刑。

第五十二条

(1) 最高法院可以审理和判决下列任何问题:

a) 某人是否合法当选为议员;或

b) 某议员是否辞去其席位或依本宪法第五十一条终止履行议员职责。

(2) 最高法院根据前款所作判决为终审判决,不可上诉。

第五十三条

(1) 兹设立选区边界委员会,由下列人员组成:

a) 主席和其他两名成员(本条指"任命成员"),任命成员由总督根据司法和法律事务委员会的建议任命;和

b) 现任首席测量员和国家统计局主席当然为委员会成员。

(2) 议会和省议会的议员或候选议员不得担任委员会任命成员。

(3) 在遵守下款的前提下,任命成员在下列情形下应辞去其职位:

a) 任命文书中规定的期限届满;或

b) 出现在其未成为委员会成员之时将导致其丧失任命资格的情形。

(4) 本宪法第一百二十六条适用于公共事务委员会成员的规定同样适用于选区边界委员会成员,但第一百二十三条第(7)款规定的"根据总理的建议"应调整为"根据司法和法律事务委员会的建议"。

第五十四条

(1) 依议员选举之宗旨,所罗门群岛应划分为若干选区,选区数目不少于三十但亦不得超过五十,选区的边界应由议会依照本条第(4)款规定,根据选区边界委员会的提议以决议形式确立。

(2) 选区边界委员会应于本宪法生效后,立即就选区的数目和边界向议会提议;之后,若委员会认为必要可以审查选区的数目和边界,但每次审查的间隔不得超过十年,且委员会可以就修改选区的数目和边界向议会提议。

(3) 根据前款规定向议会提议时,选区边界委员会应依据下列原则:每个选区的居民数目应尽可能保持大致相同;

但委员会因便利的需要,可以考虑人口的分布、

1183

社交的方式和种族背景而排除上述原则的适用。

(4)议会可以决议批准或否决选区边界委员会的提议,但不得修改提议,且一旦获得批准,该提议于下次议会解散之前一直有效。

第五十五条

(1)在遵守本条的前提下,具备下列条件者可以登记为选民,否则便不可:

a)所罗门群岛公民;

b)年满十八周岁。

(2)任何人在下列情形下不得登记为选民:

a)属于两个以上选区;或

b)在其经常居住地之外的选区。

(3)下列人员不得登记为选民:

a)被世界任何地区的法院判处死刑,或被判处六个月以上的拘禁(不论名称为何),不包括被判处罚金者,但包括被判处缓刑者;

b)被证明丧失理智或者根据所罗门群岛现行有效的任何法律被宣判为神志不清者;

c)根据所罗门群岛现行有效的关于选举犯罪的法律,丧失选民登记和选举投票资格者。

(4)依用款 a)项之宗旨,两次以上要求连续服刑的拘禁应视为一次拘禁。

第五十六条

(1)任何选区的任何登记选民均有权以其选区规定的选举方式选举,除非:

a)在指定的选举日内,该选民被判处死刑或正处于本宪法第五十五条第(3)款 a)项规定的拘禁刑期内或者任何其他原因,本人不能在指定的选举日期和地点参加选举;或

b)该选民因担任或行使与选举有关的职权或判处选举方面的罪行,被所罗门群岛有效的法律禁止参加选举。

(2)任何选民不得在其登记选区之外的选区参加选举。

第五十七条

(1)兹设立选举委员会,由下列人员组成:

a)议长,即委员会主席;和

b)其他两名成员(本条指"任命成员"),任命成员由总督根据司法和法律事务委员会的建议任命。

(2)议会和省议会的议员或候选议员不得担任委员会任命成员。

(3)在遵守下款的前提下,委员会任命成员在下列情形下应辞去委员会席位:

a)任命文书规定的任命期限届满;或

b)出现在其未成为委员会成员之时将导致其丧失任命资格的情形。

(4)本宪法第一百二十六条适用于公共事务委员会成员的规定同样适用于选举委员会成员,但第一百二十三条第(7)款规定的"根据总理的建议"应调整为"根据司法和法律事务委员会的建议"。

第五十八条

(1)选举委员会对下列事项享有一般职权并应对其运行进行监督:选举议员的选民登记和议员选举的实施,且委员会应享有此类权力和有关登记和选举的其他职权。

(2)一切享有法律效力的有关选举议员的选民登记和议员选举的议案、规章或其他规定,应于议案提交议会前或规章和其他规定制定前,提交选举委员会以便其有充足的时间进行评议。

(3)选举委员会认为适当时,可以就其监督的事项或者向其提交的议案或其他规定向议会提交报告,若委员会在除法案或其他规定所作的报告之外的报告中要求向议会提交,则该报告即可向议会提交。

第二节 议会立法程序

第五十九条

(1)在遵守本宪法的前提下,议会有权为所罗门群岛的和平、秩序和善治制定法律。

(2)本条所指的法律应采用议会批准议案的形式;且一项议案一经议会批准应提交总督,总督应代表国家元首予以签署,议案一旦签署即为法律。

(3)未在政府公报上公布的法律不得付诸实施,但议会可以推迟任何此类法律的实施时间,且在遵守本宪法第十条第(4)款的前提下,可以赋予法律溯及力。

(4)议会制定的全部法律应标注为"议会法令"且制定用词应为"由所罗门群岛国民议会制定"。

第六十条

除非由内阁提议并由部长签署,议会不得:

(a)决议下列议案(包括议案修正案):依主持人的意见为,设定或增加任何税收、设定或增加联合基金或其他所罗门基金的费用、增加其他此类费用、或者和解或免除所罗门群岛的债权;

(b)决议任何动议(包括动议的修改),若依主持人意见,通过该决议需要引入 a)项所指的议案赋予其效力;或

(c)接受任何申请,若依主持人意见,该申请要求为实现上述所有目的作出规定。

第六十一条

(1)在遵守本条的前提下,议会可以修改本宪法。

(2)议会法案修改以下规定:

a)本条;

b)第二章、第七章和第九章;

c)第四十六条至第五十八条(含本条)和第一

○八条;和

d)第十四章中与上述各项规定有关的规定,

必须经议会两次审议,且在第二次审议时以议会全体议员的四分之三多数表决通过。

(3)议会法案修改本宪法的任何规定(不含本条第(2)款规定的宪法条文),必须经议会两次审议,且在第二次审议时以议会全体议员的三分之二多数表决通过。

(4)在不违反本条第(2)款和第(3)款规定的前提下,本条所指的议会法案必须经下列程序始得通过:

a)该法案于议会第一次审议四周之前已提交议长;和

b)该法案明确表述为修改本宪法的议会法案。

(5)本条中:

a)所指的本宪法或其任何规定包括修改本宪法或其规定的任何其他法律;且

b)所指的修改本宪法或其规定的任何其他法律指:

i. 废除、重新修订或不重新修订或制定不同规定代替之;

ii. 修改,不论是删除还是增加相关规定或者加入新的规定或其他;

iii. 于一定时期内暂停某规定实施,或终止该暂停实施;和

iv. 制定与某规定相冲突或不一致的任何其他规定。

第六十二条

在遵守本宪法的前提下,议会可以随时制定修改和废除下列规则和命令:为调整和有秩序地执行其程序和处理事务以及为通过、命名和编号某法案,而制定的规则和命令。

第六十三条

议员在依本宪法附录一规定的形式向议会作忠诚宣誓之前,不得参加议会活动(本条规定的必要活动除外)。

第六十四条

(1)议会应于大选后第一次会议上选出下列人员:

a)从有资格当选议员的人中,选出一名议长;和

b)从议员中选出一名副议长。

(2)在下列情形下,议长或副议长职务空缺:

a)向议会宣布辞职或向议会写亲笔辞呈并被议会职员接受,即可辞去职务;

b)议会以全体议员三分之二多数表决通过对其的罢免案;

c)下列情形下的议长:

i. 出现丧失议员资格的情形;或

ii. 新的大选后召开第一次会议;

d)下列情形下的副议长:

i. 丧失议员身份,或依本宪法第五十一条的规定被要求终止履行议员职责;

ii. 担任部长;

iii. 当选为议长;或

iv. 成为任何政党在议会事实上的领袖。

(3)若议长和副议长出现空缺,除非议会即将解散,议会应根据本条的规定,于出现空缺后的第一次会议上或者尽可能及时地选出合格的人选。

(4)议长出缺期间,除选举议长外,任何事务均不得在议会执行。

(5)除本宪法和其他法律另有规定外,议长不得担任其他职务。

第六十五条

议长;若议长出缺,则副议长;若议长和副议长同时出缺,则议会为召开会议而选举的议员(非部长)应主持议会会议。

但大选后第一次会议至选出新的议长期间,应由前议长主持会议,若前议长出缺,则由前副议长主持会议。

第六十六条

(1)不论何时若总督根据议长的建议认为,由于反对派人数增加或获得反对派的普遍支持,某反对派领袖应任命为反对派领袖,总督即应任命其为反对派领袖。

(2)不论何时若总督根据议长的建议认为,由于无党派人数增加或获得无党派的普遍支持,某无党派领袖应任命为无党派领袖,总督即应任命其为无党派领袖。

(3)若总督根据议长的建议认为,根据本条第(1)款,某无党派领袖已丧失在该职务出缺时任命该职务的资格,则总督应罢免其职务。

(4)若总督根据议长的建议认为,根据本条第(2)款,某反对派领袖已丧失在该职务出缺时任命该职务的资格,则总督应罢免其职务。

(5)议长根据本条第(1)款和第(3)款向总督提出建议前,应与反对派领袖和成员以及其认为适当的人员进行商议;根据本条第(2)款和第(4)款向总督提出建议前,应与无党派领袖和成员以及其认为适当的人员进行商议。

(6)若反对派领袖和无党派领袖:

a)根据本宪法第五十一条被终止履行议员职责;

b)因其他事由丧失议员身份;

c)当选为副议长,

则其职位空缺。

(7)依本条之宗旨

"反对派"指议会中反对现任政府的议员团体,包括获得其支持的领袖。

"无党派"指独立于政府和反对派之外的议员团体,包括获得其支持的领袖。

(8)议会在根据本条任命反对派领袖或无党派领袖之前,可以绝对多数通过决议,规定反对派成员和无党派成员的最低人数。

第六十七条

若出席议会会议的议员提出异议:出席会议的人员不足半数,且经过议事程序规定的一段时间后,会议主持人确认出席人数仍不足半数,则主持人应宣布休会。

第六十八条

在遵守前条的前提下,议员出缺不影响议会处理事务,且不论参加议会活动人员是否有资格,议会活动均有效。

第六十九条

议会可以规定议会及议员的特权、豁免权和权力。

第七十条

议会活动应公开进行,但程序规则另有规定的除外。

第七十一条

(1)根据本宪法,提交议会决议的所有问题均应以多数表决通过。

(2)若主持人为:

a)议长,则其既无原始投票权,亦无表决权;

b)副议长或议会根据本宪法第六十五条选举的议员,则其无原始投票权,但若对某问题的赞成票和反对票票数是相同时,其享有并可行使表决权。

(3)在遵守第二款b)项的前提下,若某问题的赞成票和反对票票数相同,则该动议应被宣布无效。

第七十二条

(1)根据本条的规定,议会的每届会议均应在所罗门群岛国内,并依总督在政府公报上公布的指定日期召开。

(2)议会会议至少十二个月召开一届。

第七十三条

(1)不论何时议会以绝对多数作出决议:议会应休会或解散,总督应在合理时间内在政府公报上宣布议会休会或解散议会。

(2)除非一项动议在提交议会表决前七日以上提交议长,否则该动议不得通过。

(3)除非议会依本条第(1)款解散,议会每任期自大选后第一次会议起四年后届满,然后解散。

第七十四条

议会解散后四个月内应举行大选,具体时间由总督在政府公报上公布。

第七章 法律体系

第一节 法律适用

第七十五条

(1)议会对包括习惯法在内的法律的适用作出规定。

(2)议会依照本条作出规定时,应当特别尊重所罗门群岛人民的风俗习惯、价值观念和人民意念。

第七十六条

除议会依照上条作出其他规定外,根据本宪法附录三,可以在所罗门群岛有效实施以下几种法律:

(a)其中提到的某些联合王国议会的法令;

(b)普通法和衡平法的原则和规定;

(c)习惯法;

(d)司法判例的法律学说。

第二节 司 法

第一目 高等法院

第七十七条

(1)兹设立所罗门群岛高等法院。高等法院得依据本宪法或议会授予的依一切法律审理并判决一切民事或刑事诉讼的固有无限司法权及其他权力。

(2)高等法院的法官包括首席法官和一定数量的普通法官(若有的话),普通法官的人数由议会规定;

(3)宪法规定任何人担任法官职务时,除其本人同意取消其职位外,不得取消。

第七十八条

(1)首席法官由总督依据司法和法律事务委员会的建议任命。

(2)普通法官由总督依据司法和法律事务委员会的建议任命。

(3)担任高等法院的法官应符合以下资格:

a)正在或曾在共和国或议会规定的共和国以外的其他国家担任高级司法公职。

b)已在上述国家取得出庭律师或诉状律师资格不少于五年。

(4)在计算前述资格时间时,已取得出庭律师或诉状律师资格后担任司法公职的时间可以计算在内。

第七十九条

(1)若首席法官的职位空缺,或者是首席法官因某种原因不能履行其职责,总督可根据司法和法律事务委员会的建议,任命一位普通法官或其他有资格担任高等法院法官的人代行首席法官一职。

(2)若普通法官的职位空缺,或者是普通法官正在代行首席法官之职或者因某种原因不能履行其职责,总督可根据司法和法律事务委员会之提议,任命一位普通法官或其他有资格担任高等法院法官的人代行普通法官一职。

(3)根据本条规定任命而代行高等法院法官之人,除非他辞去代行职务,或根据下一条规定被罢免外,其任期至指定的任期期满为止,或者是若没有规定特定的任期,其任期至总督依据司法和法律事务委员会之提议对其罢免为止。

宪法规定,若一个人任期期满,或其职务被罢免,他得以一定的必要时间内继续履行其职务,以使其可以交接审判事宜及在其卸任前的其他有关程序事宜。

(4)无论何时,若总督认为高等法院的法官人员不足时,其可以根据司法和法律事务委员会之提议,任命其他人员履行以下职责:

a)法官的全部职责或其中的任何职责,对各类一般案件、特别案件均予适用。

b)需要立即履行的法官职责。

以上任命另有条件或限制者(若有,应写在任命书中)除外。

(5)根据前款任命的任何人员均为高等法院的委员;其根据任命所履行任何事宜均与高等法院法官有同等效力;其享有与高等法院法官同等的权力和豁免权;其任期期满,或其职务被罢免后,仍然可以以高等法院委员的身份履行交接审判事宜及在其卸任前的其他有关程序事宜。

第八十条

(1)根据本条的规定,高等法院法官可任期至六十周岁。

(2)除上条规定以外,超过六十周岁的非所罗门群岛公民可以被任命为有一定任期的高等法院法官,至任期届满时罢免,但必须依据本条规定实行罢免。

(3)不能仅因为高等法院的法官达到本条规定的离职年龄而判定其履行事宜无效。

(4)高等法院法官只有在其无力履行其职责(无论是因为身体疾病、精神疾病或其他原因)或失职行为时,且必须依据本条规定才可以罢免。

(5)若一个高等法院法官的罢免问题被提交到下款指定的法庭上,且法庭根据丧失能力或失职行为的理由建议总督罢免,总督应对该法官进行罢免。

(6)若总督认为罢免高等法院法官的如上所述的丧失能力或失职行为的理由需要调查,则:

a)总督指定一个法庭,法庭由一位庭长和至少两位其他成员组成。这些人员由总督从在共和国内正在或担任过高级司法职务人中选出;

b)该法庭应调查这一事宜,就调查结果向总督报告并提出建议,依据本条规定是否应对此法官进行罢免。

(7)若罢免高等法院法官的问题依据前款规定提交法庭,总督可以暂停该法官履行其职责,但总督得随时解除这种暂停安排,而当法庭建议总督不应罢免该法官时,该暂停失效。

(8)除本条第(5)款另有规定外,总督在本条下的职责由其自己审慎作出。

第八十一条

高等法院的法官任期届满,而不是被罢免,他得以继续履行法官职务,直到完成交接审判事宜及卸任前的其他有关程序事宜。在此期间,其任命继续有效。

第八十二条

高等法院拥有刻有"所罗门群岛高等法院"的图章,此图章设计式样由议会通过决议通过之。

第八十三条

(1)根据本宪法第三十一条第(3)款、第九十八条第(1)款和本宪法附录二第十条,若任何人宣称存在违反本宪法规定(第二章除外)的行为,且该种违法行为影响或可能影响到他的利益,而在不损害同样是合法有效的任何其他行为的情况下,他可以依据本条向高等法院提出申诉并寻求救济。

(2)高等法院对任何人依据上款提出的任何请求,及依据合法程序提交高等法院的其他任何诉讼,都拥有裁判权,并判定是否违反本宪法的规定(第二章除外),并作出相应的判决。

宪法规定,高等法院只有在它确信依据前款提出申请的人的利益,或提交到法庭的其他诉讼之一方的利益,受到或可能受到影响后,才能行使司法管辖。

(3)就依据本条第(1)款因违反本宪法规定的行为进行申诉人,或依合法程序提交到法庭的其他诉讼中的申诉一方提出的要求补偿的请求,高等法院可以根据它认为适当的所罗门群岛现行的任何法律办理。

(4)除依据本条规定而提出的请求之外,本条不含有授予高等法院受理并审判本宪法第五十二条提到的其他此类任何问题的权力之意。

第八十四条

(1)高等法院有权监督下级任何法院的任何刑事或民事诉讼,并且为了基于下级法院能公正地进行审理,可以下达它认为适当的命令、令状和指示。

(2)任何下级法院对本宪法的任何规定(除第二章外)的解释存疑,且该法院认为此问题设计法律的实质性问题时,应把此问题提交到高等法院。

(3)高等法院应对依据上款而向其提交的任何问题作出决定,提出问题的下级法院应根据该决定处理案件,若该决定上诉到了上诉法院,根据上诉法院的结论处理案件。

第二目 上诉法院

第八十五条

(1)兹设立所罗门群岛上诉法院,根据本宪法规定和议会授权,享有审理和判决民事和刑事上诉案件的管辖权和其他权力。

(2)上诉法院法官由下列人员组成:

a)院长和其他上诉法院法官(若有的话),其他法官的数量由议会规定;

b)高等法院的首席法官和普通法官,依职权亦为上诉法院法官。

第八十六条

(1)上诉法院院长由总督根据司法和法律事务委员会的建议任命。

(2)上诉法院的其他法官由总督根据司法和法律事务委员会的建议任命。

(3)不具备任命为高等法院法官资格者,不得依本条第(1)款和第(2)款的规定任命为上诉法院法官。

(4)上诉法院法官不得审理下列上诉案:

a)由其作出或作为法庭成员作出的判决;

b)上诉人提起的由其作为法官作定罪或量刑。

(5)若上诉法院院长职位空缺,或代行职权者因某种原因不能履行其职责,在任命新院长行使职权或原任恢复原职之前,总督可根据司法和法律事务委员会的建议,另外任命一位上诉法院法官或其他有资格担任上诉法院院长的人代行上诉法院院长一职。

但是,一个非上诉法院法官根据本款规定任命为院长的,不论是新院长就职或是原院长复职,在必要的时间内继续代行上诉法院院长一职,以使他能够交接审判事务及在其卸任前的其他有关程序事宜。

(6)本条和前条规定并不排除首席法官和上诉法院院长由同一个人担任。

第八十七条

(1)根据本条规定,上诉法院法官年满六十岁退休。

(2)尽管有第(1)款的规定,年满六十岁的非所罗门群岛公民可以任命为一定任期的上诉法院法官,任期届满退休,除以本条规定外,无须退休。

(3)上诉法院法官的行为不仅仅因其达到本条规定的退休年龄而无效。

(4)上诉法院法官因不能履行职权(不论因身体或精神疾病或其他原因)或失职行为得被罢免,除依本条规定外不得罢免。

(5)若一个上诉法院法官的罢免问题被提交到依下款设立的法庭上,且法庭根据丧失能力或失职行为的理由建议总督罢免,总督应对该法官进行罢免。

(6)若总督认为罢免上诉法院法官的如上所述的丧失能力或失职行为的理由需要调查,则:

a)总督指定一个法庭,法庭由一位庭长和至少两位其他成员组成。这些人员由总督从在共和国内正在或担任过高级司法职务人中选出;并且

b)该法庭应调查这一事宜,就调查结果向总督报告并提出建议,依据本条规定是否应对此法官进行罢免。

(7)若罢免上诉法院法官的问题依据前款规定提交法庭,总督可以暂停该法官履行其职责,但总督得随时解除这种暂停安排,而当法庭建议总督不应罢免该法官时,该暂停失效。

(8)除本条第(5)款另有规定外,本条授予总督的职权由其本人基于审慎判断行使。

第八十八条

上诉法院的法官任期届满,而不是被罢免,他得以继续履行法官职务,直到完成交接审判事宜及卸任前的其他有关程序事宜。在此期间,其任命继续有效。

第八十九条

上诉法院拥有刻有"所罗门群岛上诉法院"的图章,此图章设计式样由议会通过决议通过。

第三目 法院规则

第九十条

兹设立规则委员会,由首席法官、上诉法院院长和总检察长(组成法定人数的小组)和其他人员组成,其他人员由总督咨询首席法官后予以任命,规则委员会制定规则以调整高等法院和上诉法院的审理和程序事项,具体规定诉讼费用并为高等法院和上诉法院正确和有效行使管辖权制定一般规则,包括下级法院向高等法院提出上诉和该上诉的审理程序以及高等法院向上诉法院提出上诉和该上诉的审理程序。

但调整司法人员担任出庭律师和诉状律师或者其中之一的从业资格,以及规定或调整费用或恢复所需费用之类的规则,未经议会在此之前或之后批准不得生效。

第三节 检察官和公共律师

第九十一条

(1)兹设立检察官此一公职。

(2)检察官由总督根据司法和法律事务委员会的建议任命。

(3)不具备所罗门群岛辩护律师、出庭律师或诉状律师从业资格者,不得担任或代行检察官职权。

(4)检察官在其认为适当的情形享有下列权力:

a)对实施犯罪活动的任何人向任何法院(军事法院除外)提起和进行刑事诉讼;

b)接收和继续由任何个人或机构提起和进行的此类刑事诉讼;

c)在判决作出前的任何阶段,撤销由其本人或个人和机构提起和进行的刑事诉讼。

(5)检察官依前款享有的权力由其本人或者他人根据他的一般或具体指示行使。

(6)本条第(4)款 b)项和 c)项授予检察官的权力只能由检察官行使,其他个人或机构不得代行行使。

但是任何其他个人或机构提起行使诉讼后,本款规定不得排除其撤回诉讼或者依个人或机构申请撤回诉讼并离开法院。

(7)检察官行使本条授予其的权力不受任何其他个人或机构的指导和控制。

但是不论以何种方式涉及国防、安全或所罗门群岛国际关系的,检察官应将该事项提交负责司法的部长,且在该案件中行使权力时需根据该部长给予的任何指示。

(8)依本条之宗旨,就任何刑事诉讼的任何判决向任何法院提起的任何上诉,或者为了向任何其他法院起诉的目的而宣判的任何案件和保留的法律问题,应视为上述诉讼的一部分。

但是本条第(4)款 c)项授予检察官的权力,不得适用于任何刑事诉讼定罪的人提起的上诉或者此人提起的宣判案件或保留的法律问题。

(9)检察官职位空缺期间或者代行职权者因某种原因不能履行职权的期间,该职权由总督行使。

第九十二条

(1)兹设立公共律师此一公职。

(2)公共律师由总督根据司法和法律事务委员会的建议任命。

(3)不具备所罗门群岛辩护律师、出庭律师或诉状律师从业资格者,不得担任或代行公共律师职权。

(4)公共律师职权为根据议会规定的条件,为需要帮助者提供法律帮助、建议和援助,特别是:

a)向被指控行使犯罪者提供法律帮助、建议和援助;

b)根据高等法院指示向任何人提供法律帮助、建议和援助。

(5)公共律师拒绝提供法律帮助、建议和援助的受害者,可以根据前款 b)项的规定请求高等法院下达指示。

(6)议会可以规定公共律师可以向其认为有能力支付服务成本的需要法律援助者,就其提供的服务收取合理的费用。

(7)除本条第(4)款 b)项另有规定外,公共律师行使本条授予其的权力不受任何其他个人或机构指导或控制。

第八章 领袖准则

第九十三条

本章规定适用于下列人员:

(a)总督;

(b)首相和其他部长;

(c)反对派领袖和无党派领袖;

(d)其他所有议员;

(e)议长;

(f)本宪法设立的任何委员会成员;

(g)公职人员;

(h)省政府职员和省议会议员;

(i)法定机关和政府机关职员;

(j)议会规定的其他职员。

第九十四条

(1)本章适用的人员有义务在其公共生活、官方生活和私人生活及与其他人的关系中遵守合理的方式,以免:

a)使其处于利益冲突或其公共职责或官方职责受到损害的地位;

b)危害其职务或地位;

c)致使其诚信问题受到调查;

d)危害或减损对所罗门群岛政府的尊重和信心。

(2)本章适用的人员不得利用职位谋取私人利益或从事任何交易或参加任何企业或活动,上述行为会增加大众对其是否在履行或已经履行前款授予的职权的疑问。

(3)本章适用人员更进一步义务为:

a)在其合法权力范围内,保证其配偶、子女和其负责的其他人员,包括指定人、受委托人和代理人的行为,不会增加公众对其是否履行本条授予职权的疑问。

b)若必要的话,公开断绝与其合伙人或本款 a)项规定的人员的任何活动或企业之间的联系,以免产生这样的怀疑。

(4)本章适用的人员若有下列行为:

a)宣判犯有职务或职位以及履行职权或职责方面的罪行;

b)不履行本条前款规定的义务;

c)因作为或不作为构成本宪法第九十五条规定的失职行为,则以失职罪定罪。

第九十五条

根据本宪法,依本章之宗旨,议会:

(a)可以制定披露制度,公开本章适用人员及其家庭和合伙人的私人的和商业的收入及金融事务,与政府单位签订合同且担任领袖者和类似职务(包括指定领袖者、受委托人、代理人或类似职务)的事业单位的私人的和商业的收入和金融事务;

(b)可以制定规则,在实现本章目标的合适情形,处置或临时管理本章使用的人员的财产或收入;

(c)可以规定构成失职行为的具体作为或不作为;

(d)可以规定罪行(包括本章适用人员的罪行和适用于其他人的罪行)并规定相应的刑罚;

(e)规定对起诉的案件或有嫌疑的失职行为进行调查;

(f)应规定将起诉的案件或有嫌疑的失职行为提交到规定的独立法院或法庭,且此类法院或法庭应依照规定的方式调查和判决提交的案件;

(g)应规定前款规定的法院或法庭的职权和程序,并规定此类法院或法庭对本章适用人员的失职行为所判的罪行或其他后果;

(h)可以制定对实现本章目标的必要或急需的其他规定。

第九章 监察官

第九十六条

(1)兹设立监察官此一公职。

(2)监察官由总督根据委员会的建议任命,委员会由议长、公共事务委员会主席和司法和法律事务委员会主席组成。

(3)若议员或省议员被任命为监察官,他应终止议员职务。

(4)监察官不得担任任何其他公共或省政府职务,且未经总督逐案批准,不得担任除监察官之外的带薪职务或参加职责外的其他有偿职位。

(5)在遵守第(6)款规定的前提下,监察官五年任期届满后离职。

(6)监察官只有在其无力履行其职责(无论是因为身体疾病、精神疾病或其他原因)或失职行为时,且根据本宪法第八十条第(4)款到第(7)款规定的罢免高等法院法官程序,才可以罢免。

第九十七条

(1)监察官职权为:

a)对本条适用人员行使职权或权力的行为和滥用职权进行调查;

b)协助提升公共机构的活动和程序;

c)保证消除武断和不公正的决定。

(2)议会可以授予监察官另外的职权。

(3)本条适用于公共事务部成员、警察部队、监狱部门、省政府和此类其他职能部门,以及委员会、企业团体或议会规定的公共机构。

(4)本条和议会依本章之宗旨制定的任何法案,并未授予监察官审讯或审查任何法官、治安法官或登记员行使司法职权所作决定的任何权力。

第九十八条

(1)监察官行使职权不受任何个人或机构的指导和控制,监察官的所有活动不受法院管辖。

(2)若总理通知监察官对某事项的调查不利于所罗门群岛安全利益,则监察官不应进行该项调查。

(3)监察官应就履职情况向议会作年度报告,并在其认为适当的场合下作临时报告,并可就其在管理中或任何法律的缺陷提请议会注意。

第九十九条

议会可以就实施本章规定必须或紧急的事项作出补充或辅助规定。

第十章 财 政

第一百条

(1)为政府的目标而征收的或收到的所有收入和其他基金,都作为统一基金(付给由或依据任何法律规定为任何特殊目的而设立的其他基金,或由或依据任何法律规定由接收它们的机构保留以支付此机构费用的那部分收入或其他资金不在此内)。

(2)议会可以规定设立特别基金,此资金不包括在统一基金之内。

(3)根据本条而设立的特别基金的收入、所得和增值,和这些基金在每个财政年度结束时的盈余都不上交作统一基金,而是继续留作特别基金。

第一百〇一条

(1)没有财政部长的授权证书,不得从统一基金中发放任何款项。

(2)只有在以下情况下,财政部长才能为支付某项费用而发出证书:

a)某项费用已在此财政年度获得批准,在此期间,款项的发放由拨款法批准;

b)某项费用已根据本宪法第一百〇三条或第一百〇四条的规定获得批准;或

c)其为法定费用。

第一百〇二条

(1)财政部长得在每个财政年度开始前,准备并向议会作本年度的政府收支预算,如有特殊情况,得向议会作解释,财政部长可在新的财政年度开始后,九十天内作预算报告。

(2)预算中开支的项目(不包括法定开支)包括在称为拨款法案的一个议案中,此议案必须提交议会从统一基金中拨出必要的款项以支付那些开支项目,并且另外拨出款项,以支付明确作出规定的那些开支。

(3)在任何财政年度,如果拨款法为某一目的拨出的款项不足,或为某一目的而需要新的开支,而拨款法并未为此拨出任何款项,那么载有所需数额的补充预算则被包括在为拨款而提出的补充拨款议案中。

(4)在任何财政年度结束时,如果发现某项开支超过拨款法为其所拨的款项,或拨款法中未列该项支出,那么超支部分或未经批准而花费的款项(视具体情况而定)则被包括在超支条目中,连同公共审计委员会的报告一起,提交议会。

(5)法定费用不需经议会表决,不须经议会进一步授权,但需经财政部长亲笔签字的证书才能从统一基金中领取。

第一百〇三条

(1)如果有关任何财政年度的拨款法在本财政年度开始时没有付诸实施,议会有权通过决议授权财政部长批准从统一基金中支付那些公共事业部门必要的费用,但不得超过上一财政年度对这些部门的拨款标准,直到本财政年度开始后的四个月终了,或拨款法在此之前付诸实施。

(2)在任何财政年度;如果财政部长确信为任何目的而急需一项未预见到的费用,为支付此费用而需批准从统一基金中拨出超过拨款法为那一目的出的数额,或者是为一项未经批准的目的,他可以根据当时生效的有关此方面的任何法律或规则的规定,并且需得到内阁的事先通过,批准这样的拨款,并发出证明书,并在证明书发出之日以后的议会第一次会议上,把这些款项包括在补充拨款法案中。

宪法规定,如果议会在同一财政年度不再举行会议,则此议案可延迟到下一财政年度结束前举行的任何一次议会会议。

(3)依据前款而批准或拨出任何款项,必须是议会对依据此款而拨出的款项的最高限额预先作出规定。

第一百〇四条

在任何时候如果议会解散,而在此之前并未就本宪法本章如何维持所罗门群岛政府运作而作任何规定,财政部长可以发出一个证明书,从统一基金中支付为了维持那些公共事业他认为所必需的费用,直到从议会解散后的下一届议会的第一次会议算起的三个月终了。但是必须尽快把这些批准的款项详细报告尽早提交议会,并把其总额包括在下一个拨款议案中。

第一百〇五条

(1)从统一基金中支付政府所欠的全部债务费用。

(2)为本条的目的,债务费用包括利息、偿债基金、偿还或分期偿还债务,及为了筹措贷款而发行的政府债券或统一基金债券而产生的偿债及服务而需要的一切费用。

(3)政府必须根据议会的规定才能借款或为某项金融债务作保。

第一百〇六条

除由或根据议会法令外,不得任意增加或改变税收。

第一百〇七条

(1)付给本条适用之职务担任者的薪金或其他报酬和补助由议会规定之。

(2)付给此类职务担任者的报酬和补助从统一基金中支付。

(3)有关任何此类职务的任职者依据本条而规定的报酬和他的其他任职条件(在计算与其职务有关的补助金时,根据那一方面的任何法律,不能计算在内的那些补助不在此限)在得到任命后,其报酬和任职条件不得比原来差,但从总体说来属于适用由本条具体规定的那些职务担任者的任何改变的一部分者除外。

(4)如果一个人的报酬和其他任职条件由其选择,那么他选择的报酬和条件,为了前款的目的,将被认为是可供他选择的报酬和条件中比其他任何报酬和条件更好。

(5)本条适用于总督、高级法院或上诉法院的任何法官、议长、巡视官、监察官、公共律师、总审计长、警察委员会委员和由议会设立的任何委员会的成员。

第一百〇八条

(1)设立总审计长,此职为公职。

(2)总审计长由总督根据公共事务委员会的建议加以任命。

(3)所罗门群岛的公共账目,包括所有的部、政府机关、法院、政府机构和省政府的账目,每年都要由总审计长审查并加以报告。为此目的总审计长或被授权的任何人,在任何时候都有权接近所有的账簿、记录、统计表和与此类账目有关的任何文件。

(4)总审计长把他的报告提交议长,议长将使此类报告在议会上宣读;总审计长还把每个报告的副本送交财政部长和有关部长。

(5)在依据本条行使其职权时,总审计长不接受任何其他人或机构的指导和控制。

(6)不得依据本条阻止总审计长行使以下职权：

a)与政府的账目和由议会规定的所罗门群岛的其他公共机构或管理公共基金的其他团体的账目有关的其他职权；或

b)由议会规定的关于监督和控制公共基金支出的此类其他职权。

第一百○九条

在本宪法本章中——

"财政年度"是指在任何年度截至12月31日或经常由议会规定的其他日期为止十二个月的时间；

"法定费用"是指依据本宪法的任何规定或依据在所罗门群岛当时生效的任何其他法律的任何规定而从统一基金或所罗门群岛的总收入和财产中支付的费用。

第十一章 土 地

第一百一十条

拥有或获得土地永久利益的权利授予所罗门群岛的任何一个公民和只有那些由议会规定的人。

第一百一十一条

议会对不再是习惯占有地的土地，可以——

(a)规定，如此类土地为一个依据上条无权拥有永久利益的人所占有，那么其对此类土地的永久利益应变为对之只拥有一定期限的权益。

(b)规定，如有需要，对此类土地或对此类土地的权益可以强行剥夺。

(c)规定，对此类转换或强制剥夺予以补偿进行评估和支出所采用的标准(可能需要考虑，但不必限于下列因素：购买价格、从购买之日到剥夺之日土地的升值情况、土地当前的使用价值，及遗弃或无主的事实)。

第一百一十二条

议会得规定，有关对任何习惯占有土地或对之拥有权益的强制剥夺，必须做到以下几点：

(a)在对此类土地强制剥夺时，同此类土地、权利或利益的拥有者进行预先谈判；

(b)此拥有者有权得到独立的法律建议；

(c)尽早把获得的此类利益限定为有一定期限的利益。

第一百一十三条

(1)不得依据本章而赋予议会以制定与本宪法第八条第(1)款第(c)项的规定不相一致的规定。

(2)本章"所罗门群岛人"同"土地和土地权利法"中同一词的意思相同。

第十二章 省政府

第一百一十四条

(1)所罗门群岛划分为若干省份，省的数目和边界由议会考虑选区边界委员会的建议后予以规定。

(2)议会应对依本条设立的省作出规定，并考虑传统领袖的作用。

第十三章 公共事务

第一百一十五条

(1)兹设立所罗门群岛公共事务委员会，由一名主席和另外四名以上成员组成，该成员由总督任命，任期为三年以上、六年以下，每名成员的具体任期由其任命文书规定。

(2)下列人员不得担任公共事务委员会成员：议员、公职人员或者总督基于其审慎判断认为具有政治属性的社会机构成员。

(3)公共事务委员会成员在其担任或执行职务期间以及任职届满五年内，不得担任或执行任何公职。

(4)在下列情形下，公共事务委员会成员职务空缺：

a)任命文书规定的期限届满；

b)担任议员；

c)担任总督基于其审慎判断认为具有政治属性的社会机构职务；

d)根据本宪法第一百二十六条被罢免职务。

(5)不论何时，若公共事务委员会主席职务空缺，或其任职者因某种原因不能履行职责，总督应任命一名其他成员履行该职责。

(6)若主席外的公共事务委员会成员职务空缺，或其任职者正在履行主席职责，或因某种原因不能履行职责，总督应任命一名具备委员会成员资格者履行该职责；此被任命者根据本条第(4)款的规定可以履行职责至总督通知其产生该任命的情形已终止为止。

(7)除本条第(2)款和第(4)款c)项另有规定外，总督应根据总理的建议行使本条授予的权力。

第一百一十六条

(1)根据本宪法，任命公职、罢免公职及对担任或执行公职者进行纪律监督的权力，包括确认任命权，授予公共事务委员会。

(2)在其认为合适的情形下，公共事务委员会可以根据本条通过书面指示，将其权力委任于委员会成员或其他公职人员。

(3)本条规定不适用于下列职务：

a)高级法院和上诉法院法官；

b)监察专员、检察官、公共律师或审计长;
c)第一百一十八条规定的职务;
d)警察部队或监狱部门的职务
e)本宪法第一百二十七条规定的职务。

(4)未经总督审慎判断同意后,公共事务委员会不得对总督的私人顾问和担任类似职务者行使权力。

(5)任命监察专员之前,公共事务委员会应咨询监察专员的意见。

(6)任命议会秘书之前,公共事务委员会应咨询议长的意见。

第一百一十七条

(1)兹设立司法和法律事务委员会。

(2)委员会由下列成员组成:
a)首席大法官,担任委员会主席;
b)总检察长;
c)公共事务委员会主席。

(3)若总督基于其审慎判断决定另外任命一名成员,则总督根据总理的建议可以任命该成员。

(4)依前款任命的委员会成员在下列情形发生时职务空缺:
a)自任命之日起三年届满;
b)当选议员或担任高等法院和上诉法院法官之外的公职;或
c)依本宪法第一百二十六条被罢免职务。

第一百一十八条

(1)根据本宪法,任命、罢免及对担任或执行本条适用的公职进行纪律监督的权力,包括确认任命权,授予司法和法律事务委员会。

(2)本条适用于下列职务:
a)所有需要法定资格的公职,但总检察长、高等法院和上诉法院法官、检察官和公共律师除外;
b)全职从事司法和有关职责的治安法官;和
c)其他此类官员,明文规定的有高等法院和上诉法院的登记员。

第一百一十九条

(1)兹设立警察和监狱事务委员会。

(2)委员会由下列成员组成:
a)公共事务委员会主席,担任该委员会主席;
b)司法和法律事务委员会主席;和
c)总督根据总理的建议任命的一名成员。

(3)若依本条第(2)款c)项任命的委员会委员职务空缺,或代行此职者因某种原因不能履行职责,总督应根据总理的建议另外任命一名成员代行此职;依此任命的成员可以一直履行职责至总督根据总理的建议通知其产生该任命的情形已终止为止。

第一百二十条

(1)除本宪法第四十三条第(2)款另有规定外,对警察武装中巡官以上(包括巡官)的职务的任命权(包括重新肯定任命的权力)由警察和监狱事务委员会授予。

(2)对警察武装中低于巡官以下的职务的任命权(包括重新肯定任命的权力)由警察委员会的委员授予。

(3)在警察武装中设有一定数目的警察促进委员会,每个委员会由警察武装中巡官以上的人组成,其数目由根据本条第(5)款制定的规则规定之。

(4)警察和监狱事务委员会的委员在行使其被授予的任命警察武装的职务的权力时,他可以把在警察武装中提拔一个人到巡官以下的职务(不包括巡官)的任何有关问题提交警察促进委员会征询意见,但他不必根据此委员会所提出的建议行事。

(5)警察和监狱事务委员会可以就以下每个或所有问题以规则的形式作出规定:
a)警察促进委员会的数目,此类委员会得在警察武装中建立。
b)警察促进金委员会的组成和其成员的任命方法和任期;和
c)警察促进委员会执行其职责的方式。

(6)根据本条第(1)款的任命权不得扩及警察武装职务以内的升降和调换,进行这样的升降和调换的权力由警察专员授予。

第一百二十一条

(1)除在本宪法第一百二十九条和本条第(2)款另有规定外,对担任或代行警察武装职务的人行使罢免和纪律控制的权力,由警察和监狱事务委员会授予。

(2)以下权力由警察专员授予:
a)助理警察长以上的官员(包括助理警察长)行使惩戒权;
b)巡官行使纪律控制权,但不得行使罢免权和降职权;和
c)巡官以下的官员行使纪律控制的权力,包括罢免的权力

(3)警察专员可以书面命令的形式,在他认为合适的条件下,根据本条第(2)款第c)项,把他的除罢免权以外的任何权力授给警察武装中巡官以上的任何官员(包括巡官),但这一官员提出的任何惩罚请求需提交专员。

第一百二十二条

任何警察官员若被专员给予任何惩罚,包括:
(a)降职;
(b)罢免,

他可以对该判决或惩罚或这两个方面向警察和监狱事务委员会提出上诉,委员会可以重新肯定、搁置或改变判决和重新肯定、搁置、减轻、暂缓或改变惩罚。

宪法规定,不得依据本条而授权以作出任何比原

来作出惩罚的官员所作出的惩罚更重的惩罚的权力。

第一百二十三条

（1）任命监狱部门中助理监狱官以上职务（包括助理监狱官）的权力（包括重新肯定的权力）由警察和监狱事务委员会授予。

（2）任命监狱部门中助理监狱官以下职务的权力（包括重新任命的权力）由监狱长授予。

（3）本条第（1）款规定的任命权不得扩及对监狱部门范围内的官员进行升降和调换，进行这样的升降和调换的权力由监狱长授予。

第一百二十四条

（1）除在本条第二款另有规定外，对在监狱部门中担任或代行职务的人行使罢免和纪律控制的权力由警察和监狱事务委员会授予。

（2）以下权力由监狱长授予：

a）监狱官以下的官员（包括监狱官），行使惩戒的权力；

b）助理监狱官，行使纪律控制（罢免和降职除外）的权力；

c）助理监狱官以下的官员，行使纪律控制的权力（包括罢免权）。

（3）监狱长可以书面命令的形式，在他认为合适的条件下，根据本条第（2）款第 c）项，把他的除罢免权以外的任何权力，委托给监狱部门中助理监狱官以上的任何官员（包括助理监狱官），但由这样的一个官员提出的惩罚请求则需要提交监狱长。

第一百二十五条

任何监狱部门的官员如果被监狱长给予任何惩罚，包括：

（1）降职；

（2）罢免，

他可以就对他的判决或惩罚或这两个方面向警察或监狱事务委员会提出上诉，委员会可以重新肯定、搁置或改变判决和重新肯定、搁置、减轻、暂缓或改变惩罚。

宪法规定，不得依据本条而授权以作出任何比原来作出惩罚的官员所作出的惩罚更重的惩罚的权力。

第一百二十六条

（1）担任适用本条规定的职务的人（在本条是指"委员"）只有因其无力执行其职责（无论是因身心疾病或任何其他原因）或渎职，并且需依本条之规定，才能被罢免。

（2）如果一个委员的罢免问题提交给根据下款指定的法庭，而该法庭向总督建议由于上面说的丧失能力或渎职原因应罢免此官员，则由总督对此法官进行罢免。

（3）如果总督认为由于上面说的丧失能力或渎职原因而罢免一个高级法院的法官问题需要调查，那么：

a）总督则应根据本条第（6）款的规定指定一个法庭；

b）此法庭应调查这一事宜，就事实向总督提出报告，并就依据本条是否应对该委员进行罢免的问题向总督提出建议。

（4）如果罢免一个委员的问题依据本条提交法庭，总督可以使该委员暂停执行职责，但总督在任何时候都可以撤销这样的暂停，而在法庭建议总督不应罢免该委员时，在任何情况下此暂停均为失效。

（5）本条适用的职务包括：公共事务委员会的成员，根据本宪法第一百一十七条第（3）款而任命的司法和法律事务委员会的成员，根据本宪法第一百一十九条第（3）款而任命的警察和监狱事务委员会的成员。

（6）根据本条而指定的一个法庭包括一个庭长和两个其他的成员。

a）如果此法庭调查的是罢免依据本宪法第一百一十七条第（3）款而任命的司法和法律事务委员会的委员问题，法庭的所有成员都必须是在英联邦内担任着或担任过高级司法职务的人；

b）在任何情况下，庭长都必须是担任着或担任过这样职务的人。

（7）除本条第（2）款另有规定外，本条规定的总督的职权由他本人根据总理的建议行使。

第一百二十七条

（1）任命本条适用的职务的权力（包括确认任命权）以及对担任或代行此职的人行使罢免和纪律监督的权力授予总督，但总督应在总理与公共事务委员会商议后根据总理的建议行使此权。

（2）本条适用于下列职务：大使、高级委员、所罗门群岛在外国或国家机构的其他重要代表。

第一百二十八条

（1）任命常务秘书的权力授予公共事务委员会，但需经总理同意。

（2）对常务秘书行使录取和调职的权力授予总理，但总理应与公共事务委员会商议。

第一百二十九条

（1）本条规定适用于下列人员：审计长、检察官、公共律师和警察专员。

（2）根据本条规定，担任本条适用的职务者年满五十五周岁是退休。

但总督可以允许本条适用的人员年满五十五周岁后继续担任职务，至年满总督和机关人员协商确定的年龄为止。

(3)根据本条的规定,本条适用的人员除因(身体或精神衰弱或者其他原因)不能履行职责或失职行为外,不得罢免。

(4)若本条适用人员的罢免问题已提交依本条第(5)款规定设立的法庭,且法庭已建议总督他因上述原因不能履行职责或失职行为应予罢免,则总督可以罢免他的职务。

(5)若总督认为本条适用的人员因上述原因不能履行职责或失职行为被罢免的问题应受调查,或总理代表总督提出该问题应受调查,则

a)总督应设立一个法庭,由一名主席和另外两名以上成员组成,主席由在共和国某地担任高级司法职务者出任;且

b)法庭应对该问题进行调查,就事实问题向总督报告,并向总督建议某人是否因上述原因不能履行职责或失职行为而应被罢免。

(6)若本条适用人员的罢免问题已提交依本条第五款设立的法庭,则总督可以暂停他的职务,且总督可以随时撤销该暂停,若法庭向总督建议他不应被罢免,则该暂停立即失效。

(7)除本条第(4)款另有规定外,本条规定的总督下列职权由其本人行使:

a)有关审计长的,根据公共事务委员会建议。

b)有关检察官和公共律师的,根据司法和法律事务委员会建议。

c)有关警察专员的,基于其审慎判断。

(8)本条规定不适用于因职务空缺或担任者不能履行职责而任命的本条第(1)款规定的任职者;且总督在该任命期限届满前可以随时撤销该任命。

(9)a)本条规定不得排除任命非所罗门群岛公民担任本条规定的有期限的职务。

b)担任本条适用的职务者根据本款的规定,应于任职期限届满后终止职务,但只有根据本条规定才能罢免其职务。

第一百三十条

(1)在遵守本宪法第一百三十二条的前提下,针对其提供的服务,授予或支付给他本人或寡妇、儿童、被赡养者、私人代表退休金、养老金或其他补助(本条和本宪法第一百三十一条和第一百三十二条所指的"奖金")所依据的法律为当时生效的法律或更有利于他的后来法。

(2)依本条之宗旨,有关日期指:

a)有关独立日之前授予奖金的,为奖金授予之日。

b)有关在独立日或独立日之后授予或将要授予曾经担任公职者奖金的,为授予奖金的前一日。

c)有关授予或将要授予在独立日或之后担任公职者奖金的,为其担任公职之日。

(3)依本条之宗旨,若授予奖金依照的法律由被授予或将要授予奖金者的选择决定,则他选择的法律要比他可以选择的其他法律对他更为有利。

第一百三十一条

根据所罗门群岛现行有效的法律授予的奖金应从联合基金支付并收取费用(由其他基金支付并收取费用的除外)。

第一百三十二条

(1)根据所罗门群岛当时有效的退休金法授予奖金的权力(根据该法律某人当然享有获得奖金的权力除外),以及根据此类法律停发、减少或暂停发放奖金的权力授予总督。

(2)本条第(1)款授予总督的权力由其本人行使:

a)对于曾经担任过高级法院和上诉法院法官及警察专员者,因其服务需授予奖金的,经总督审慎判断后,于他终止担任公职之日授予;

b)对于曾经担任过监察员、检察官、公共律师或总督行使权力之日本宪法第一百一十八条适用的职务者,因其服务需授予奖金的,总督根据司法和法律事务委员会的建议,于他终止担任公职的前一日授予;

c)对于曾经担任过除警察专员之外的监狱部门和警察部队职务者,因其服务需授予奖金的,总督根据警察和监狱事务委员会的建议,于他终止担任公职的前一日授予;

d)对于法律尚未规定的人员,因其服务需授予奖金的,总督应根据公共事务委员会的建议予以授予。

(3)本条所指的"退休金法"指规定因担任公职者提供服务而授予其本人或其寡妇、儿童、被赡养者或私人代表奖金的任何法律。

第十四章 其他事项

第一百三十三条

(1)本宪法所说的任命任何公职人员的权力,包括提升、调任这一职务的任命权和此职务空缺或其担任者丧失执行职责能力期间任命一个人代行此职务的权力。

(2)在本宪法中,除实际情况另有需要外,担任某一有规定任期职务的人包括当时合法地代行或者执行此职务职责的任何人。

(3)根据本宪法任何人被指定,或任何人、任何机构被授权任命一个人去代行或者执行某一职务的职责,则此职务的担任者丧失执行此职责的能力,则不得以此职务的原任并没有丧失执行其职责的能力为由,就这样指定或者按上面的授权而任命的人在

执行其职责时的行为的合法性而向任何法庭提出起诉。

第一百三十四条

(1)任何曾经辞去本宪法所设立的职务的人,若他符合宪法条件,可以被再次任命或者当选这一职务。

(2)无论是依据本宪法设立的职务的担任者,还是另外设置的公职的担任者,在他放弃他的职务而造成空缺时:

a)可以任命其他人担任这一职务;

b)基于该职务职责的考虑,此人将被认为是唯一合适担任此任职的人。

第一百三十五条

(1)本宪法所说的罢免公职人员的权力,包括迫使或者允许公职人员退休的权力,终止雇佣某人担任公职的合同的权力以及决定是否更新雇佣合同的权力。

宪法规定:

a)不得依据本条而授予任何人或者机构以迫使高级法院或者上诉法院的法官、巡视官、检察官、公共律师、警察专员和总审计长退休的权力,和

b)由任何法律授予的允许公职人员退休的权力,若是有关前项提到的公职人员或者非由宪法设立的委员会而是由某人或某机构来罢免其职务的公职人员,这一权利则归属委员会或其他机构,若此人已退休,委员会或其他机构则指的是依据本宪法第一百三十二条而授予与此人奖金有关的适当委员会或者机构。

(2)本宪法关于授予任何人或者任何机构以罢免任何公职人员的所有规定,都不得无视此人或此机构取消任何公职的权力以及其规定一般公职人员或者任何级别的公职人员在达到各自规定年龄时强制退休的任何法律。

第一百三十六条

除本宪法第三十四条、第五十条和第六十条规定外,被任命担任或者代行本宪法设立的职务的人,都可以向任命他的人递交亲自书写的辞职书,辞去其职务;任何人根据本宪法的规定向另一个人递交亲自书写的辞职书,要求辞去其担任的任何此类职务(包括议会的席位)后,其辞职即得以生效,此职务因此空缺:

(a)在辞职书中提到的时间或者日期(若提到的话);或

(b)另一个人收到辞职书的时间,以二者中较晚时间为准。

宪法规定,在辞呈生效之前,若征得接受辞呈的人的同意,可以撤回辞呈。

第一百三十七条

(1)本宪法设立的任何委员会都可以依据本宪法,未规定和促进其执行职责而制定规则。

(2)上述委员会所作的任何决定都需要得到其成员的绝对多数同意,根据上述决定,尽管有人缺席,委员会仍可以作出决定;

宪法规定,在特殊情况下若需要所有成员投票决定的某个问题,而投票结果赞成票和反对票票数相等,主席有权并可以行使其决定性投票权。

(3)根据本条规定,任何此类委员会都可以制定自己的程序。

(4)在依据宪法执行其职责时,除本宪法另有规定外,任何此类委员会都不接受任何人或机构的命令或控制。

(5)除由或依据宪法授予的职权外,任何此类委员会还拥有其他规定的权力和职权。

(6)任何此类委员会所办理的事宜的效力,不会因某一无权参与的人参与了此事而受到影响。

(7)本条第(1)、(2)、(3)、(4)款的规定与适用于本宪法设立的委员会一样适用于特赦权委员会。

(8)本条第(1)、(2)、(3)、(4)款的规定与适用于本宪法设立的委员会一样,适用于为本宪法第十四条第(4)款、第十六条第(8)款、第八十条第(6)款、第一百二十六条第(3)款和第一百二十九条第(5)款的目的设立的法庭,任何此类法庭在鉴定和审查证据(包括鉴定和审查在国外的证据)及发出证件方面,同高级法院拥有同样的权力。

第一百三十八条

本宪法关于任何人或者机构依据本宪法执行其职责时,不接受任何其他人或者机构的控制的规定,不应解释为阻止一个法庭行使其关于任何问题的司法权,无论此人或者机构是否依据本宪法或者任何其他法律执行其职责或是不应执行那些职责。

第一百三十九条

本宪法授予的制定任何文告、条例、命令或者章程或发出任何指示或者指令的权力,包括以同样的方式行使的,修订或者撤销任何这样的文告、条例、章程、指示或者指令的权力。

第一百四十条

(1)在本宪法规定的除总督之外的任何人或者机构在行使其职权时需征求其他人或机构的意见的情况下,此人或者机构在行使其职权时不一定要遵守那人或者机构的建议。

(2)在法律规定任何人或机构在作出决定或采取行动前,需征求其他人或机构同意的情况下,则需在作出决定或行动以前(视具体情况而定),给其他人或机构以真正的发表意见的机会。

第一百四十一条

(1)担任适用本条的职务的人在就职前需宣读忠诚誓言和由议会决定的其他誓言并签字。

(2)本条适用于被任命或代行以下职务的人：

a)高级法院或上诉法院的法官；

b)由议会规定的公职人员；

c)本宪法设立的任何委员会或特赦权委员会的成员。

第一百四十二条

国家拥有一个国玺，其设计样式由国会规定。

第一百四十三条

本宪法第九十一条(检察官)、第九十二条(公共律师)和第九十六条(监察官)中规定的职务的设立，不得晚于1981年7月8日。

第一百四十四条

(1)本宪法中，除实际情况另有需要外，

"绝大多数"是指至少比全体成员的半数多一人；

"联邦"包括所罗门群岛和在当时本宪法第二十四条适用的任何国家，并包括这些国家的殖民地；

"君王"是指所罗门群岛所要求的君王；

"习惯法"是指在所罗门群岛的某一区域占主导地位的习惯法的法则；

"职责"包括权力、权利和义务；

"公报"是指所罗门群岛公报；

"政府"是指女王陛下的所罗门群岛政府；

"总督"是指所罗门群岛的总督；

"高级法院"和"上诉法院"分别指依据宪法设立的"高级法院"和"上诉法院"；

"高级司法职务"是指对民事和刑事案件拥有无限司法权的法庭或对任何法庭的上诉都拥有司法权的法庭的法官职务；

"独立日"是指1978年7月7日；

"法律代表"是指有权在所罗门群岛担任辩护人或高级律师或初级律师的人；

"议会会议"是指从召开议会后，议会举行的第一次回忆起，到议会无限期休会或者在一个会期结束止，有关议会的"会议"就是指在此期间召开的所有会议；

"誓言"包括证明；

"忠诚誓言"是指本宪法附录一规定的誓言；

"议会"是指宪法设立的所罗门群岛的国民议会；

"警察武装"是指所罗门群岛的警察武装；

"明文规定"是指在依法律作出的规定；

宪法规定：

(a)关于只能由议会作出规定的任何问题，是指以议会法令的形式作出规定；

(b)关于只能由特定的人或机构作出规定的问题，是指由此另一个人或机构以命令的形式作出规定；

"监狱部门"是指所罗门群岛的监狱部门；

"省政府官员"是指在省政府部门中担任或者代行有薪职务的人；

"公职"是指，除下条另有规定外，公共部门中的有薪职务；

"公职人员"是指担任或者代行任何公职的人；

"公共服务"是指有关所罗门群岛政府，以公民的资格为国王提供的服务；

"会期"是指从议会休会或解散后，议会在任何时候召开的第一次会议起，到议会休会或解散止(中间没有休会)，这期间召开的会议；

"会议"是指议会开会时候中间没有休会的一段时期，包括议会委员会开会的时间；

"所罗门群岛"是指在独立日之前，构成女王陛下保护之下的，被熟知为所罗门群岛的领土；

"议长"是指议会的议长。

(2)关于女王陛下的规定应当扩展到女王陛下在大不列颠及北爱尔兰联合王国的继承人和继任者。

(3)除本宪法另有规定外，"1899年解释法"(a)经作必要修改后，可以适用于本宪法的解释；除另有规定外，也适用于有关联合王国议会法令的解释。

第一百四十五条

(1)在本宪法中，"公职"应解释为：

a)包括所罗门群岛的高级法院或上诉法院法官的职务，和其他任何法庭的成员的职务，实际情况另有需要者除外；

b)不包括：

i. 任何部长职务、正式反对派领袖、无党派成员的领袖、议长或议员；或

ii. 本宪法设立的任何委员会或特赦权委员会的成员。

(2)为本宪法之目的，只有因以下原因，才能视某人为不担任或代行公职：

a)辞去公职或无薪休假；

b)从国王那里接受退休金或其他类似的补助；

c)是特别警官，或是女王陛下武装的退休或保留成员；

d)是省政府官员；

e)是服务于国王或由国王任命的职务的担任者，或代表国王履行任何职务，若他担任那一职务或执行那些职责所收到的报酬只是生活或外出补助，或是对他自付款项的偿还。

附录(略)

汤加王国宪法*

（1875年通过，更新至2011年）

第一编 权利宣言

第一条 ［自由宣言］

因上帝使众生源于一脉，故其意在于人应生而自由，因此汤加人民和所有居留或将居留于本王国者，皆应永远自由。所有人皆可利用其生命、人身和时间，以获得并拥有财产，以处分其劳动及其成果，以自由使用自己的财产。

第二条 ［禁止奴役］

除依法接受处罚外，不得违背任何人的意志而使其服役于另一个人。任何从外国逃亡至汤加的奴隶，自其进入汤加领土时起即获自由，因为在汤加国旗的保护下无人应受奴役，但逃避杀人、盗窃或任何重罪或牵涉债务纠纷而逃避法律制裁的除外。

第三条 ［海外劳工引进条件］

任何意欲将他人从另一个岛屿带来为其工作的人，应就工作年限与之达成协议，并应将与之达成的书面协议副本存档于公职部门，列明应收工资额、工作期间和将他们送回故土的承诺。政府应促成此类合同以有利于雇主与雇者双方利益方式履行。以此方式被引进的人应遵守该地的法律，并应缴纳与王国所有其他人民同等的进口税以及国王及其内阁决定的其他税款。

第四条 ［法律面前人人平等］

只有一部适用于汤加和非汤加长官和平民的法律。没有法律适用于一个阶层而不适用于另一个阶层，所有的法律应平等地适用于领土上的所有人。

第五条 ［信仰自由］

所有人得自由地根据自身的信念指引，以其认为合适的方式信奉其宗教并敬奉上帝，并在指定的场所聚集举行宗教活动。但利用此项自由从事罪恶或恣意的行为，或以信仰之名从事有违该国法律与和平的行为，均属违法。

第六条 ［弥撒安息日］

汤加安息日应做弥撒，非依法律规定任何人不得在安息日从事贸易、职业或其他商业行为，任何在安息日达成或签署的协议均无效且不具法律效力。

第七条 ［新闻自由］

人人皆得合法表达、记录和传播其观点，禁止通过任何法律限制此项自由。言论自由及新闻自由永存，但本条规定不得逾越诽谤法或国王及王室成员保护法的规定。

第八条 ［请愿自由］

人人皆得自由地向国王或立法会写信或请愿，并可就其认为应当向国王或立法会请愿以通过或废除法令的事项集会或咨询，但应以非武装或非暴乱方式和平举行。

第九条 ［人身保护］

人身保护令法应适用于所有人，除在战争或本土叛乱情形下国王依法中止外，不得中止其适用。

第十条 ［被指控者必须受审］

非经有管辖权法院依法审判，不得对任何人施以处罚。

第十一条 ［控告程序］

任何人在首次接到书面控告书前，不得对其进行审判或传唤其在任何法庭出庭或因未出庭而施以处罚（但弹劾或因在地方治安官管辖境内的轻微违法，或是在开庭时藐视法庭的除外）。此种书面控告书应清晰表明指控的罪行及指控的依据，在其受审时对其不利的证人应与他当面对质（法律另有规定的除外），其应听取证人的证据，并应准许其问证人及请求对其有利证人出庭，就专门针对他的指控作出陈述。但任何被指控犯有任何罪行的人选择由陪审团审判时，则应由陪审团审判，此项法则不得废止。所有大额损害赔偿均应由陪审团裁决，立法会应确定无须陪审团裁决的损害赔偿数额。

第十二条 ［一事不再理］

任何人不得因已经受审的违法行为（无论是否宣告有罪）再次受到审判，但在法院作出无罪宣判后被告坦白且有充分证据证明其供认的除外。

---

* 译者：郭斌。

第十三条 ［禁止反言］

任何人不受除控诉书、传票或传唤令及其被传唤至法庭的文书所载明事项以外的审判。

除非：

（a）虽然不能证明指控罪行既遂，但是有证据表明犯罪未遂可导致被控者被宣告犯罪未遂并相应处罚；

（b）被指控犯罪未遂，但是有证据表明整个犯罪行为既遂，被控者可被宣告未遂；

（c）审判任何人的侵占行为时，陪审团得自由地裁决此人未犯侵占罪而犯盗窃罪，在审判任何人的盗窃行为时，陪审团得自由地裁决此人犯了侵占罪。

第十四条 ［公平审判］

不得威胁任何人提供不利于他自己的证据，非依法律规定不得剥夺任何人的生命、财产或自由。

第十五条 ［法院公正］

任何法官、治安官或陪审员裁决原告、被告或证人与其自己有关的任何案件，均属违法。任何法官或治安官不得审判与其自己有关的案件。任何法官、治安官或陪审员不得以任何借口，接受任何将受审判之人或被告任何朋友的礼物、金钱或其他物品，但所有法官、治安官和陪审员应完全自由，在履行职责时不偏不倚。

第十六条 ［住所不受非法搜查］

非依法律规定，任何人强行进入他人房屋或住所，或搜查任何物品或带走他人财产，均属违法。如果任何人丢失任何财产且意在将其隐藏于任何房屋或住所，则他可以在治安官面前宣誓称他意在将该财产隐藏在该位置，且能详细描述他所隐藏的财产及隐藏的位置，则治安官应向警察签发搜查令，根据所作的宣誓搜查该财产。

第十七条 ［政府公正］

国王应为其所有人民的利益而进行统治，不得为任何单个人、单个家庭或单个阶层的谋取利益，而应一视同仁地为他王国的所有人民谋取幸福。

第十八条 ［税收—计收科征］

人人有权期望政府保护其生命、自由和财产，因此人人均应支持政府并依法纳税。任何时候如有战争爆发，政府得征收任何人的财产并给予财产主人公平价值补偿。如果立法机关决议为修建公共道路或其他市政工程而征收任何人的住所或部分住所或房屋，则政府应根据公平价值予以补偿。

第十九条 ［支出表决］

（1）非经立法会事先表决，不得从国库支出、出借资金，政府也不得签署负债合同，除非发生下列情形：

Ⅰ）立法会及时通过一项法案，授予支出、出借资金或签署负债合同的权力，则可根据该法案的规定支出、出借资金或签署负债合同；

Ⅱ）在战争、暴乱、危险传染病或类似的紧急情况下，则国库主管可在内阁同意的情况下支出、出借资金，国王应立即召集立法会，国库主管应陈述支出的根据及数额。

（2）国库主管经枢密院批准后，有权增减税收或关税，并有权征收新的税收或关税，任何此种增减及新税收或关税，均应在政府公报上公布，并应在下届立法会会期上提交，有完全强制力并自在政府公报公布之日起生效，直至被立法会废除或被国库主管经枢密院批准后废除。

第二十条 ［溯及既往法律］

制定任何溯及既往的法律，以至于它可能削减、剥夺或影响此类法律通过时既存的权利或特权，均属违法。

第二十一条 ［民兵法］

根据本法第二十二条，无论属于守卫队，还是炮兵连，抑或是民兵组织，每位士兵均应服从国家法律，任何违反国家法律的士兵，均应如他人一样受到法院审判。除在战争时期并经立法会决议通过外，任何军官在任何人的住所驻扎均属违法。

第二十二条 ［护卫队与民兵组织］

皇家护卫队虽然依据本宪法免除征税，但仍有权投票选举立法会代表。为指挥之目的，或在公共场合阅兵，国王可以命令任何纳税人加入民兵组织，且在战争时期可以召集那些能够携带武器的人，并就他们的管理和调配发布命令和制作规程。

第二十三条 ［定罪后丧失资格等］

任何被宣判有应处以两年以上监禁刑罚的刑事犯罪的人，不得在政府任何职位（无论有无薪酬或头衔）任职，也没有资格选举或被选举为立法会代表，除非他获得国王的赦免，并宣布他免于承受根据本条规定所应承受的丧失资格。

第二十四条 ［公职人员禁止经商］

在政府担任任何职位的任何人员（无论有无薪酬或其他报酬），在未经首次过得国王准许的情况下，担任另一政府的任命或接受报酬，均属违法。任何在政府任职或领薪的人，未经内阁事先同意而从事商业活动或为任何其他人工作，均属违法。

第二十五条

已废止。

第二十六条

已废止。

第二十七条 ［成人年龄］

任何人在未满二十一周岁之前，不得继承任何财产或头衔，但皇室成员除外，其家庭成员在年满十八周岁即视为成年。

第二十八条 ［陪审员资格］

每一个年满二十一周岁且能读写的汤加男性公民，若不存在本宪法第二十三条所规定的资格减等情形，应有义务担任陪审员，所有有义务担任陪审员的人员名单应每年公布一次，任何殆于担任陪审员的人应根据立法机关制定的法律予以处罚。但立法会成员、宗教主管、助理部长、校长、大学生、公务员、警卫队员、炮兵和所有政府官员应免于担任陪审员。

第二十九条 ［归化］

任何在王国居留五年以上的外国人，经国王同意后可进行效忠宣誓，并可获得归化批准函，所有归化者与汤加本国公民享有同样的权利和特权，但他们无权享受遗产税补贴。

第二编 政 体

第三十条 ［政府］

王国政府分为三个部分：

第一，国王枢密院及内阁（部长）；

第二，立法会；

第三，司法机关。

第三十一条 ［政体］

本王国的政体为国王陛下陶法阿塔图普四世及其继承人领导下的宪制政府。

第三十二条 ［王位继承］

乔治图普一世对王冠和本王国王位的权利及头衔，由1875年宪法所确定，并由本宪法重申对王冠和王位的继承应委任于大卫乌加，然后委任于惠灵顿古，然后由他以联姻方式委任于其子，任何时候如果出现惠灵顿古没有继承人的情形，则王冠和王位应以下列继承法定方式继承：

仅由婚生子女继承王位方为合法。

应由最年长的男性子嗣及其直系继承人继承，若他没有子嗣则由次子及其直系继承人继承，以此类推直至所有男系结束。

如无男性子嗣则由最年长女性子嗣及其直系继承人继承，若她没有子嗣则由次女及其直系继承人继承，直至女系结束。

如大卫乌加无上述任何婚生子嗣继承汤加王冠，则应由威廉姆图吉及其合法婚生继承人及其继承人之继承人继承。

如无法定继承人，则国王应在贵族院（其代表在该事项上没有发言权）同意的情况下，指定其继承人，并应在王位期间公开宣布王位继承人。

如果没有王位继承人或没有公开宣布的继承者，则总理（在其缺席时为内阁部长）应当召集贵族立法会（其代表在该事项上没有发言权），在其开会时贵族院应投票选举一个他们希望能继承王位的首领，则他应继承成为新王朝的领袖，他和他的直系婚生继承人应依法拥有王位。

在根据本法无人继承的情况下，总理（在其缺席时内阁部长）应当再次依据本法召集立法会，并应选出一个人继承王位成为新王朝领袖，根据本法如此更迭往复。

第三十三条 ［王位继承者不得择偶］

(1) 任何即将继承王位的皇室成员，未经国王同意而与任何人结婚，均属违法。若有任何人因此与配偶结婚，该婚姻应视为非法，国王则得取消此人及其继承人继承汤加王国王位的权利。下一继承人如若结婚，应宣布其继承者，违反者将被视为死者。

(2) 前款"任何即将继承王位的皇室成员"之表述，应解释为包括所有合法婚生的人及与国王有关的直系或旁系继承人，但离国王的血亲关系不超过二十亲等。

第三十四条 ［加冕宣誓］

应继承王位的人应作如下宣誓：

"我庄严地在全能的主前宣誓，永远保障汤加宪法的完整性，并依诸法统治汤加王国。"

第三十五条 ［心智不全者不得继承］

任何被判重罪的人或精神病者，不得继承汤加王位。

第三十六条 ［国王统帅军队］

国王是陆军和海军部队的总司令，他应基于最有利于国家利益的考量，任命所有军官并制定部队训练和管理规程，但国王未经立法会同意发动战争即属违法。

第三十七条 ［国王可赦免罪犯］

国王经枢密院同意，可以赦免任何因违反法律的而被宣判的罪犯，或免除或减轻任何由法院所判的刑罚或部分刑罚。

但根据第五十一条的规定，国王不得赦免任何被判管理不善之罪的人，赦免任何犯有此罪的人即属非法。

第三十八条 ［国王与议会的关系］

国王可随时召集立法会，并可在其认为适当时解散立法会并命令贵族院代表与当选者进入立法会。但王国无立法会达一年以上期间即属违法。立法会应当始终在首都努库阿洛法召集，非在战争时期不得在其他地方召集。

第三十九条 ［条约］

国王得与他国缔结条约，但此种条约应遵守王国法律。未经立法会同意，国王变更关税即属违法。国王可以依据国家惯例任命其在他国的代表。

第四十条 ［外交部长］

国王应接见外交部长，并可就王国的事务以及他希望交由立法会审议的事项，向立法会做出书面报告。

第四十一条 ［国王签署法令的权力］

国王是所有主管和人民的代表，国王本人至高无上，他统治国家但由部长负责。立法会通过的所有法令，必须署以国王之名才能成为法律。

第四十二条 ［摄政王］

如果国王在年满十八周岁前死亡，则应根据本宪法第四十三条的规定任命一名摄政王。

第四十三条 ［摄政王之任命］

如果国王希望对外进行国事访问，则得任命一名摄政王，该摄政王应在国王访问期间管理王国事务。如果国王死亡而其继承人尚未年满十八周岁，且国王未在其遗嘱中确立其继承人年幼时期的摄政王，则内阁总理应当立即召集立法会，立法会应当投票选举一名摄政王，摄政王在国王的继承人成年之前，以国王的名义管理王国事务（其代表在该等选举中无表决权）。

第四十四条 ［国王可授予头衔］

国王有特权授予荣誉称号及荣誉勋章，但除叛国以外，国王不得剥夺任何世袭头衔，例如世袭酋长及拥有世袭土地的立法会贵族。如果任何人被判犯有叛国罪，国王应指定该人家庭的一名成员继承该有罪之人的头衔和遗产。

第四十五条 ［货币制度］

经内阁提议后，国王有特权规定王国法定货币的货币制度，并为铸币制定规程。

第四十六条 ［戒严法］

在出现内战或与别国交战的情况下，国王有权宣布在国土部分或全部实施戒严法。

第四十七条 ［国旗］

汤加的旗帜（乔治王之旗）永为王国之旗，不得变更，现行的皇家之旗应永为汤加皇室之旗。

第四十八条 ［皇室财产］

国王的土地及财产由国王随意处置，政府不得触犯，也不得使其为任何政府债务负责。但是政府为其建造的府邸以及其作为国王所继承的任何的遗产，应作为皇室财产和遗产继承给他的继承者。

第四十九条 ［国王免于起诉］

未经内阁同意，不得在任何法院因债务纠纷起诉国王。

枢密院

第五十条 ［宪法及枢密院权力］

(1)国王应任命枢密院以协助他履行重大职责。枢密院应由本宪法第五十一条规定的内阁、本宪法第五十四条规定的总督以及任何国王认为适于召集成立枢密院的人组成。任何案件如果已在最高法院受审，则任何一方当事人可以向枢密院申诉，枢密院应再审该案，枢密院作出的判决在任何情况下均为终审判决，但枢密院不得再审任何刑事案件，而只能建议国王减免刑罚。国王或枢密院通过的任何条例，在与该条例有关的部门部长签署之前，不得生效，如果该条例违法则该部长应单独承担责任，立法会开会时可确认该条例为法律或将其撤销。

(2)如果法院审理有关世袭财产和头衔的确定问题，任何一方当事人均可向枢密院申诉，枢密院应再审该案，枢密院作出的判决为终审判决。

第五十一条 ［内阁］

国王内阁或部长应由总理、外交部长、土地署长、警察长以及任何陛下愿意任命的其他部长组成。国王有特权任命各个部长，各部长应在国王意愿的期间或其委任状确定的期间内任职，任何一个部长可以担任两个以上职位。如果部长之管理违法，则可在立法会前弹劾他们。部长应为枢密院和立法院贵族成员。每位部长每年应起草一份他所在部门的工作报告呈交国王，该等报告应由国王在下届会议时呈交立法会，如果立法会意欲了解任何部长所在部门的任何事项，则他应回答立法会向他提出的所有问题，并报告与他所在部门相关的任何事项。

第五十二条 ［部长职责］

每位内阁成员应在王国首都努库阿洛法拥有一个职位，且他应确保他部门所有的下属都忠于职守。政府应建造或租赁适于每位部长办公的府邸。

第五十三条 ［国库主管向议会报告］

如果立法会召集会议，则国库主管应代表内阁向立法会报告当年度或自立法会上届会议起的所以资金收支账目，以及资金收支的性质。

第五十四条 ［总督及其任命］

经内阁同意国王应任命哈阿派和瓦瓦乌总督，总督应凭其职位参与立法会，并在担任总督同时为枢密院成员，且仅得在国王意愿期间任职。

第五十五条 ［总督的权力］

总督有权制定任何法律，但应负责该法律在其管辖区域内实施。如果任何总督的管理违反法律，则得在立法会前弹劾之。

立法会

第五十六条 ［立法会的权力］

国王及立法会有权制定法律，贵族代表和人民代表同属一院。

如果立法会已经由四分之三多数表决审议通过了某项议案，则应将议案提交国王批准，国王批准并签署后，自公布之日起即为法律。表决应通过举手、在分组中起立或说"是"或"否"的方式进行。

第五十七条 ［头衔］

立法会应称之为"汤加立法会"。

第五十八条 ［会期］

立法会每十二个日历月应至少召集一次，但可在任何时间召集。

第五十九条 ［组成］

立法会应由枢密院官员、内阁部长、贵族院成员、贵族院代表以及人民代表组成。

第六十条 ［代表成员］

王国贵族院应选举九名贵族作为贵族代表，相应地应有九名经选举产生的人民代表。立法会应确定两类代表在各不同地区的分配。

第六十一条 ［议长］

立法会的议长应由国王任命，但立法会的所有其他官员应由立法会任命。

第六十二条 ［议事规则］

立法会应就会议的举行制定自己的议事规则。

第六十三条 ［贵族资格］

（1）任何精神病患者，心智有缺陷者或根据本宪法第二十三条资格减等的人，不得继承贵族职位。

（2）每个贵族在选举贵族代表时均应有权投票表决，并在被选举后依法参加立法会。

第六十四条 ［选举人资格］

每位年满二十一周岁的汤加男性公民以及非贵族纳税人公民，且能读写，未患精神病，心智无缺陷，无根据本宪法第二十三条存在资格减等情形的人，有资格在立法会人民代表选举中投票表决，自指定选举日起即免于债务纠纷传唤。

第六十五条 ［代表资格］

人民代表应投票选举产生，任何有选举资格的人可被选举为代表，除非王国法院已经裁令支付一笔特定金钱，该笔金钱的全部或部分尚未缴清，或裁令分期支付而此等分期支付的全部或部分传票该人提交其提名状时送达给选举监察人，导致无人可选。

如果没有担任有薪酬职位的人，则除部长和总督外的其他人应进入立法会。

第六十六条 ［恐吓及贿赂］

任何当选为代表的人，如果被立法会证实为获取选票曾使用恐吓手段或提供贿赂，则应由立法会将其除名。

第六十七条 ［贵族特权］

仅贵族有特权审议或表决与国王、皇室、贵族头衔或遗产有关的法律，任何此类法案由立法会贵族院四分之三多数通过后，应提交国王批准。

第六十八条 ［国王之否决免于审议］

如果国王对立法会通过并提交他批准的任何法律持保留意见，则立法会在下届会议之前不得再次审议此等法律。

第六十九条 ［法定人数］

立法会可以对其成员的行为作出处分决定，尽管立法会成员未全部出席，但只要其一半成员出席立法会仍可审议并通过法律以及开展业务，但如果立法会出席人数少于二分之一，则立法会应将会期延期，在延期会议上出席人数仍然少于二分之一的，则国王或立法会议长可以命令所有成员出席会议，如有任何成员在收到命令后不能出席，则可对不遵从命令者施以处罚，该等处罚由立法会规定。

第七十条 ［蔑视立法会之处罚］

任何人如在出席立法会时言行不敬，则可将其拘禁三十日，任何人发布诽谤立法会的言论，或威胁立法会任何成员的人身或财产，或释放由立法院下令逮捕的任何人，则可将其拘禁三十日以下。

第七十一条 ［可剥夺贵族院席位］

在立法会会期内或会期外，任何贵族代表如犯有职务不端行为，则他可能受审并被立法会贵族院剥夺职务，但人民代表不得参与其审判，如其被免职，则应另行选举一位贵族填补他在立法会的席位，但是其头衔和世袭财产不得收回，除非他犯有叛国罪或煽动罪。

第七十二条 ［记录］

立法会的会议记录应予保存，每位出席成员支持或反对每项动议或决议的表决票应在记录中予以记载。

第七十三条 ［免于逮捕］

任职期间立法会成员免于逮捕和审判，除非犯有可公诉罪行，各院成员对其在立法会上所陈述或发表的任何言论不承担责任。

第七十四条 ［辞职］

意欲从立法会的贵族或人民院辞职的任何代表，可向议长递交书面辞呈，其与立法会的关系自提交辞呈之日起即告终止。

第七十五条 ［弹劾］

（1）基于下列任何违法行为，立法会成员可以弹劾任何枢密院官员、部长、总督或法官：

违反法律或立法会决议，管理不善，不称职，破坏或侵占政府财产，或其行为将导致与他国间的纷争。

（2）应在审判前七日向被弹劾者送达书面弹劾状副本。

（3）审判程序应根据本宪法第十一条的规定

进行。

(4)应由首席法官主审,但在主审法官被弹劾的情形下,则由国王在立法会中任命其他成员主审。

(5)证人出庭做证后,被弹劾者应退庭,立法会应考虑其决议,基于已作出的决议,应将被弹劾者带至立法会并向他宣读决议。如果他被判有罪则应解除其职务,但若被宣告无罪,则不得根据本宪法第十二条的规定,基于同一指控再次弹劾他。

第七十六条 [补充选举]

任何贵族院或人民院的代表死亡或辞职时,议长应立即命令该代表所代表的地区选出一名代表替他。但立法会有权在成员人数不足时开会并议事。

第七十七条 [全民公投]

每三年应至少举行一次所有贵族代表和人民代表的新选举,但自上次选举即使尚未满三年,国王仍得根据其意愿解散立法会,并命令在王国范围内依法举行新的选举。

第七十八条 [税收评估大会]

立法会应根据本宪法第十九条的规定评估人民纳税、关税以及贸易许可证费的数额,并应通过公共支出预算案。在听取财政部长对自上一届立法会以来的收支情况报告后,立法会应确定至下一届立法会期间政府的支出预算案。各部部长应遵循立法会批准的公共支出预算案。

第七十九条 [宪法修正案]

立法会可审议宪法修正案,但不得影响自由法案、王位与头衔继承以及贵族世袭财产。立法会如欲修改本宪法的任何条款,则在立法会四分之三多数通过后应将该法案提交国王,如果枢密院和内阁一致同意该修正案,则国王应予批准,该修正案自国王签署之日起生效。

第八十条 [立法程序]

制定法律的程序为"汤加国王及立法会以王国立法机关之名规定如下:……"

第八十一条 [法律指向明确]

为防止法律制定的冲突,每部法律应只针对一个对象,并在其标题中示明。

第八十二条 [首席法官可中止法律]

现行法律在被立法会废止前均为有效,但与本宪法相冲突的除外。首席法官可以中止适用立法会或枢密院通过的任何与宪法相冲突的法律,直至下届立法会开会为止。

第八十三条 [议员及代表宣誓]

枢密院成员应作如下宣誓:

"我在上帝面前庄严宣誓,我将忠于汤加圣明国王陛下陶法阿塔图普四世,我将公正完美地维护汤加宪法,并竭尽所能协助处理与枢密院有关的一切事项。"

各部部长应作如下宣誓:

"我在上帝面前庄严宣誓,我将忠于汤加圣明国王陛下陶法阿塔图普四世,我将公正完美地维护汤加宪法,并为国王及其政府的利益,竭尽所能履行我部门的职责。"

贵族院及人民院代表应作如下宣誓:

"我在上帝面前庄严宣誓,我将忠于汤加圣明国王陛下陶法阿塔图普四世,我将公正完美地遵守并维护汤加宪法,并竭力履行作为立法会议员的职责。"

枢密院的成员应在宣誓上签字,并在国王面前宣读。各部部长应在宣誓上签字并在国王面前宣读。贵族代表和人民代表应在宣誓上签字并在立法会面前宣读。

司法机关

第八十四条 [法院]

王国的司法权力属于上诉法院、最高法院、治安法院和土地法院。

第八十五条 [上诉法院]

上诉法院应由汤加首席法官和国王经枢密院同意后随时任命的其他此类法官组成。

然而除非有下述情形,否则不得任命之:

(1)他担任或曾经担任高级司法职位;或

(2)Ⅰ)在不列颠女王陛下拥有不受限制的民事或刑事管辖权的部分领土范围内,他有资格以辩护人身份执业;

Ⅱ)他已有十年以上执业资格。

第八十六条 [最高法院]

最高法院由一名首席法官和国王经枢密院同意后随时任命的其他此类法官组成,可有陪审团也可无陪审团。

第八十七条 [任职良好的法官]

任职期间表现良好的法官应继续任职,并应享有立法机关确定的薪酬,在其任职期间立法机关可以增加但不得减少此等薪酬。

但是可以在限定期间内,或者为上诉法院的特别庭审,或者为上诉法院特别程序出庭,而任命上诉法院法官,此种情形下工资或其他报酬,由国王经枢密院同意后批准。

第八十八条 [代理法官]

(1)在任何法官患病或缺席,或为任何其他临时性目的,总理经内阁同意后可以以陛下的名义并为陛下之利益,在此期间任命一名代理法官。

(2)代理法官应拥有司法管辖权和权力,并可行使一个法官所享有或可以行使的所有职权,并应享有内阁所确定的薪酬。

第八十九条 [权力]

法官有权指导控告书的形式、监督下级法院的程序及制定程序规则。

第九十条 [最高法院管辖权]

最高法院对起因于宪法和王国法律的普通法和衡平法的所有案件(但与土地权益有关的案件除外,该等案件应由土地法院裁决,并可就世袭财产和头衔向枢密院申诉,也可就其他土地纠纷向上诉法院上诉)、所有与外国缔结条约及部长和领事有关的事项、所有影响国际部长和领事的案件以及所有海事案件拥有管辖权。

第九十一条 [来自最高法院的上诉]

(1)除立法会有关向上诉法院上诉的任何法案外,最高法院或土地法院(与世袭财产或头衔的裁决有关的争议除外)诉讼程序的任何一方当事人,不服一审法院或法官作出的裁决时,可向上诉法院上诉请求撤销此等裁决。

(2)除立法会的任何法案或有限类型的上诉规则有规定外,非经上诉法院三名以上法官的审判,不得对任何上诉作出终审判决。

第九十二条 [上诉法院管辖权]

上诉法院应有排他性权力和管辖权,审理并判决所有根据本宪法或任何其他立法会法案提起的、来自最高法院或土地法院(与世袭财产或头衔的裁决有关的争议除外)的上诉或其裁决,并有权根据任何此类法案的授权享有更多其他管辖权。

第九十三条 [法律意见]

法官应当应国王、内阁或立法会的请求,就重大或疑难事项出具法律意见。

第九十四条 [法官不得审判其裁决案件的上诉]

任何法官不得参与审理或裁决他自己作出判决的案件之上诉。

第九十五条 [法官宣誓]

首席法官及任何其他法官应作如下宣誓:

"我在上帝面前宣誓,我将忠于汤加法定国王陛下陶法阿塔图普四世,我将根据王国的宪法和法律,公正尽职地履行我作为法官的职责。"

法官应在内阁面前朗读并签署该等宣誓。

如果首席法官或任何其他法官不是汤加公民,则应作如下宣誓代替上述宣誓:

"我在上帝面前宣誓,我将根据王国的宪法和法律,公正尽职地履行我作为法官的职责。"

第九十六条 [诉讼费用]

立法机关应确定各种法院应收取的诉讼费用。最高法院书记员应作庭审记录。

第九十七条 [法官不得接收罚金]

任何司法官员不得接受任何被判违法犯罪之人的任何罚金,政府也不得要求囚犯向任何司法官员、警官、陪审员或任何其他人支付金钱,以请求其履行本该其履行的义务。

第九十八条 [陪审员]

立法机关应规定陪审员之召唤及其可能获得的费用。

第九十九条 [陪审团审判]

任何被指控应处以两年以上监禁或五百帕安卡刑事犯罪并在最高法院受审的人,应当应其选择由陪审团审判。无论何时,任何在最高法院审判民事诉讼产生事实问题,该诉讼的任何一方当事人有权请求陪审团审判,陪审团审判的法律永不废止。

第一百条 [裁决形式]

在刑事案件中,陪审团有义务根据法庭上所列的证据宣布被控者有罪与否。在民事案件中,陪审团应视案件情况和争议实质,对应付款项或赔偿额度作出判决。

第一百〇一条 [法官指导陪审团]

在民事和刑事案件中,法官应当就该案件所适用的法律指导陪审团,并帮助他们达成该案件的公正判决。法官有权拒绝认可他认为无关的或不正当的证据。

第一百〇二条 [首席法官汇报刑事统计]

首席法官应就司法管理、国家刑事统计以及任何他建议修正的法律,每年向国王汇报一次。国王应将该等报告以部长报告同样的方式向下届立法会呈交。

第一百〇三条 [治安官的权力]

立法机关应确定开庭的时间和地点,并应限制治安官在刑事案件和民事案件中的权力,且应确定何种案件应提交最高法院审判。

第三编 土 地

第一百〇四条 [王室土地禁止出售]

所有的土地均为国王的财产,他得随意授予贵族和名誉酋长或授予一宗或多宗财产成为他们的世袭财产。本宪法特此声明,无论是国王、酋长或本国国民,任何人在任何时候均不得出售汤加王国的土地,但可根据本宪法的规定出租土地或依据土地法案的规定抵押土地。该项声明为永久约束国王、酋长本人及其继承人及继承人之继承人的契约。

第一百〇五条 [出租期间]

内阁应确定土地出租期间,但未经国王陛下的同意,不得批准期间超过九十年的出租。委员会和内阁应确定所有政府土地的出租租金。

第一百〇六条 ［契约样式］

转让及许可契约的形式,应由陛下随时批准,并应当任命枢密院制作所有出租、转让及许可契约的样式。

第一百〇七条 ［既有出租受到保护］

对于政府已经批准的出租,或已经许可的出租(不管内陆土地抑或城镇土地),本宪法不得影响之。此等出租应由政府予以认可,但此种例外不得援引至本宪法生效后的任何出租。

第一百〇八条 ［教会土地未经许可不得转租］

今后不得以任何目的将任何城镇的土地出租给任何宗教机构,除非该城镇有一个拥有三十名成年男女信徒的教堂,任何宗教机构不得将该出租土地用于宗教以外的目的,或未经内阁的事先同意将其转租给任何人。基于法庭上的确信证据证明任何此种土地未经同意而被转租的,该等土地应被出租人或其头衔继承人(视情况而定)收回。

第一百〇九条 ［沙地滩涂］

王国的所有高水位线五十英尺以上的沙地滩涂属于国王,政府可以出租该等沙地滩涂的任何部分用于建设应急堤坝或码头,国土部长经内阁同意后有权批准该等出租。

第一百一十条 ［契约登记］

除国王本人签署的租赁合同外,所有租赁合同均应由国土部长签署并加盖国土部公章,并应由一名内阁部长附签并加盖其部门公章,未在国土部门登记的出租和转让将视为无效,不被政府认可。

第一百一十一条 ［继承法］

以下为世袭财产与头衔继承法:

只有合法婚生的子女才能继承,并由最年长的男性继承和其本人的继承人继承,如无后裔则由次长男性子女及其继承人之继承人继承,直至男性一脉终了。如无男性子女则由最年长女性子女和其本人的继承人继承,如无后裔则由次长女性子女及其继承人之继承人继承,直至女性一脉终了。在不能指定继承人的情况下,财产应交还给该财产主人的长兄,从其最年长继承人至其最年幼继承人及他们的继承人,根据继承法的规定予以继承。如果长兄无后裔,则如同男性一脉一样转由长姐及女性一脉继承。如无后裔或无法定继承人,则根据本宪法第一百一十二条的规定归还国王。但如果一名女性在贵族或世袭酋长头衔的后顺位上,则由后顺位男性继承人继承头衔与财产。但如果此等女性此后有一法定男性继承人出生,则在拥有该财产的男性死亡时,此等头衔与财产应归还给该女性的男性继承人。

如果女性继承人占有与此等头衔相关联的城镇土地和种植园区,但此等世袭财产由人民占有时,则应由此等头衔的继承人保有。

尽管汤加向来有由养子继承养父的财产和头衔的惯例,现在则敕令:自依据与该等养子有血缘关系而继承并持有此等财产或头衔的人死亡之日起,应根据本条的规定,将此等财产和头衔应归给予该财产和头衔原持有人有血缘关系的后裔,如果无尚存的此等血缘关系的后裔,则应适用本宪法第一百一十二条。

第一百一十二条 ［无人继承的财产收归于国］

如果某项财产没有法定继承人,则此项财产收归国王。国王可将此等头衔和财产授予任何其他人,受让人及其继承人得永久拥有此等头衔和财产。

第一百一十三条 ［分配权］

寡妇有权继承其已故丈夫的税赋和城镇土地。每个纳税且有城镇土地的人,应支付立法机关所确定的租金。每个纳税人有权根据地区条件缴纳遗产税和获得城镇土地,因之支付的租金由立法机关随时确定。

第一百一十四条 ［未经同意的出租］

未经以下批准,不得进行出租、转租、出租转让及转租之出租:

(a)期限为九十九年以下时,内阁的事前同意;
(b)期限为九十九年以上时,枢密院的事前同意。

但寡妇出租其已故丈夫的土地无须经批准。

第一百一十五条 ［引用］

本宪法可以《汤加宪法法案》之名引用。

图瓦卢宪法

(1978年10月10日生效,更新函2010)

序 言

鉴于通过图瓦卢独立宪法时,图瓦卢人民在序言中作出下列规定:

"鉴于位于太平洋的埃利斯群岛(Ellice Islands)在1892年9月受到最仁慈的维多利亚女王陛下的庇护,并于1916年1月12日与吉尔伯特群岛(Gilbert Islands)合并为吉尔伯特和埃利斯群岛殖民地(Gilbert and Ellice Islands Colony);"

"鉴于1975年10月1日,最卓越的伊丽莎白二世女王陛下仁慈地乐意将埃利斯群岛确立为独立的殖民地,并使用旧名图瓦卢;"

"鉴于图瓦卢人民,确认上帝作为全能和永恒的统治者与一切美好事物的造物主,谦卑地将自己置于上帝的眷顾下,并就他们以及他们的生活祈求上帝的祝福;"

"鉴于图瓦卢人民渴望建立一个以基督教原则、法治与图瓦卢的习惯和传统为基础的独立国家;"

"因此,现在图瓦卢人民确认他们对最卓越的伊丽莎白二世女王陛下、继承人和继任者之忠诚,并特此宣布建立一个自由民主的主权国家;"

鉴于宪法已经通过,在1978年7月25日由最卓越的陛下之委员会的法令授予法律效力,并于1978年10月1日生效,宪法规定图瓦卢宪法的修正或更替依据宪法规定的议会条例进行;

鉴于宪法自通过后为图瓦卢人民运行良好,但是自其通过已经七年,对图瓦卢人民而言,基于其历史、现在和未来之需要,现在是再次斟酌的时机;

因此现在,图瓦卢人民作为个人在其议事厅(maneapas)和岛屿委员会及其议会,考虑他们的宪法中应该规定的内容,为他们自己制定下列宪法。

如上所述,图瓦卢人民为自己及其政府机构制定下列原则:

宪法原则

1. 独立宪法序言所规定的原则得再次确认,并得再次通过。

2. 图瓦卢人民获得完满、自由和幸福生活的权利,以及获得道德、精神、人身和物质福祉的权利,包括现在的权利和未来的权利在内,得确认为上帝赋予的权利。

3. 虽然确信图瓦卢必须在国际社会中找到合法地位,以追求和平与公共福祉,但是图瓦卢人民怀着对上帝的感激之情承认与确认:现在与未来,图瓦卢社会的稳定与图瓦卢人民的幸福和福祉,大体依赖对图瓦卢价值、文化和传统的保持,包括岛屿社区的生命力和认同意识,以及社区之间合作、自立和团结的态度在内。

4. 在所有的价值中,图瓦卢人民寻求保持的价值是他们社区的传统形式、家庭的力量和支持以及家规。

5. 图瓦卢政府与社会事务的一般指导原则是:

遵循图瓦卢的传统程序取得一致、谦恭有礼并寻求共识,而非对抗和分裂之外来思想;

不同种类的相关机构之间相互尊重与合作之需要,包括中央政府、传统机构、地方政府与地方机构,以及宗教机构。

6. 图瓦卢的生活和法律,应因此以尊重人的尊严、接受和尊重图瓦卢的价值和文化为基础。

7. 尽管如此,图瓦卢人民确认:在一个变化万千的世界,基于变化的需要,上述原则、价值及其表达的方式和自由(尤其是在法律事务和行政事务中),将会逐渐变化;同时宪法不仅必须确认它们对于图瓦卢人民生活具有根本的重要性,而且非基于必要不得阻碍它们的表达与发展。

在上帝的指引下,上述原则得作为本宪法的基础庄严地予以通过与确认,并且作为各级政府解释和适用宪法以及有序生活时所必需遵守的指导原则。

---

* 译者:张思怡。

第一章 国家与宪法

第一节 国 家

第一条 ［国家］

图瓦卢是一个民主的主权国家,依据本宪法予以治理,尤其依据序言所规定的原则予以治理。

第二条 ［图瓦卢的领域］

（一）依据第（三）款和第（四）款,图瓦卢的领域包括第（二）款所指的领土与下列领域：

1. 法律宣布的领海与内陆水域,及其底土与领空；和

2. 法律宣布的构成图瓦卢领土的其他陆地与水域。

（二）第（一）款所指的领土,由下列边界内的岛屿、岩石和暗礁组成：

1. 南纬 5°;

2. 东经 180°;

3. 南纬 11°;

4. 东经 176°;

以及附属于上述领土的所有小型群岛、岛状地带、岩石和暗礁。

（三）为了执行对图瓦卢具有约束力并基于本条的目的由议会经决议予以批准的国际条约,第（二）款可由依据第七条（普通修宪）制定的议会法案予以修改,而无须遵循第七条第（三）款（其要求修宪议案须经议会最后一读中经全体议员三分之二多数同意方可通过）的特殊多数之要求。

（四）本条规定不得妨碍任何法律宣布在上述领土、领水或领空中完全或部分受图瓦卢的司法管辖,或者不得妨碍任何法律依据第八十四条（立法权的授予）所享有的域外效力。

第二节 宪 法

第三条 ［宪法是最高法］

（一）本宪法是图瓦卢的最高法,以第（二）款为限,任何（立法、行政或司法）法案若与宪法抵触者,其在抵触的范围内无效。

（二）所有其他法律均得依据本宪法予以解释和适用,并在可行的情形下以上述方式遵守宪法。

第四条① ［宪法的解释］

（一）附表一的条款（宪法解释规则）基于解释宪法的目的而适用。

（二）在所有情形下,本宪法的解释和适用得与序言规定的原则相符。

（三）依据第（二）款,本宪法得依据理性、经验以及图瓦卢的价值,以上述方式予以解释和适用,以实现公正民主政府的目标。

第五条 ［高等法院对宪法问题的管辖］

高等法院基于下列条款的授权,对有关本宪法的解释、适用和实施享有管辖权：

1. 第十四条（目的的议会声明）；和

2. 第二章第五节（权利法案的实施）；

3. 第一百三十一条（宪法解释）；

以及法律规定的其他条款。

第三节 修 宪

第六条 ［第三节的解释］

本节所指的本宪法,包括对本宪法进行修改的任何其他法律。

第七条 ［普通修宪］

（一）议会法律可修改本宪法。

（二）修宪的法律议案须阐明它是修改宪法的议案。

（三）以下列条款为限：

1. 第二条第（三）款（有关图瓦卢领土描述的变更）；和

2. 第八条（修改宪法以实施英国的修宪），

修宪的法律议案,在议会最后一读中非经议会全体议员三分之二之支持,不得通过。

（四）修宪的法律议案不得排除第一百一十一条第（二）款（有关议案流交到地方政府和机构）的实施。

第八条 ［修改宪法以实施英国的修宪］

（一）若英国任何宪法条款的修改,导致或涉及本宪法、影响本宪法或者提到本宪法不再适当,则国家元首依据内阁的建议,可以命令的形式进行修宪,以必要或方便本宪法与新的宪法改革相适应。

（二）第（一）款所指的命令：

1. 得由总理提交议会；和

2. 由议会法律予以修改或不予修改,自其作出之日生效,于议会第二次会议期满时失效,但经事前确认者除外。

（三）第七条第（三）款（其要求修宪议案须经议会三分之二多数同意方可通过）所指的特殊多数的要求,不得适用于有关本条第（二）款第（2）项所指的议案。

（四）第（二）款第（2）项所指的议案,不得排除第

---

① 图瓦卢宪法（传统标准、价值与实践的确认）修正案 2010 第三条规定,"（本宪法）第四条规定的条款,基于国家利益所需"。——译者注

一百一十一条第(二)款(有关议案流交到地方政府和机构)的实施。

第二章　权利法案

第一节　预　备

第九条　[第二章的解释]

(一)在本章中,"法院"指在图瓦卢享有司法管辖权的法院,包括:

1. 上诉法院;和
2. 枢密院;

但是除第十七条(人身自由)和第十八条(奴隶制与强制劳动)外,不得包括惩戒法设立的法院或法庭。

(二)在本章中,所指的国家利益包括在下列领域的公共利益:

1. 防御;或
2. 国家安全;或
3. 公共安全;或
4. 公共秩序;或
5. 保护图瓦卢的国家地位、国际名声及其产品(包括海外劳动力的供给);或
6. 保护与发展图瓦卢的价值和文化。

(三)本章所指的"同意",包括明示的同意和默示的同意。

(四)若本章要求或允许取得未满十八周岁者之同意时,则可基于其利益取得其父母一方或监护人的同意。

第二节　权利法案的原则

第十条　[法律规定的自由]

(一)以法律为基础的自由,依据本宪法,尤其依据序言规定的原则,在与公共福祉、维持和发展图瓦卢与图瓦卢社会相符的程度上,对个人活动进行最低限制。

(二)每个人均有权享有基于法律的自由,并因此以本宪法为限:

1. 每个人均享有从事任何活动的法律权利,但:
   (1)不得伤害他人,或干涉他人的权利与自由;和
   (2)不得从事法律禁止的活动;和
2. 任何人均不得:
   (1)具有从事法律未要求的活动之法律义务;或
   (2)被法律阻止从事与第1项相符的任何活动。

(三)本条不得用于否认文化义务、社会义务、公民义务、家庭义务、宗教义务或其他的非法定义务之存在、性质或效力,或者在法律认为适当的情形下不得妨碍法律赋予上述义务以效力。

第十一条　[基本人权与自由]

(一)不论种族、出生地、政治观点、肤色、宗教信仰或无宗教信仰或者性别,图瓦卢的每个人均享有下列基本人权与自由:

1. 不被剥夺生命的权利(第十六条);
2. 人身自由(第十七条和第十八条);
3. 人身安全(第十八条和第十九条);
4. 保护法律(第二十二条);
5. 信仰自由(第二十三条);
6. 表达自由(第二十四条);
7. 集会自由与结社自由(第二十五条);
8. 保护其住宅与房屋的隐私(第二十一条);
9. 防止不正当剥夺财产(第二十条)、本章规定的其他权利和自由或者法律另有规定的权利和自由。

(二)第(一)款规定的权利与自由,在图瓦卢社会只能在下列情形下行使:

1. 尊重他人的权利和自由,以及国家利益;
2. 接受与尊重图瓦卢的价值和文化。

(三)本章旨在保护上述权利和自由,但其受限于主要旨在实施第(二)款而对上述权利和自由所进行的限制。

第十二条　[第二章的适用]

(一)第二章的每条均可在下列情形适用:

1. 个人之间,以及政府机构与个人之间;
2. 公司和社团(非政府机构),与相关的公司和社团(非政府机构),以适用于个人和相关个人之相同方式;

但另有规定的内容或程度的情形除外。

(二)①除了依据与传统标准、价值和实践相符的有效法律制定的任何相关法案之外,依据有效法律所制定的任何法案在下列特殊情形下:

1. 严苛或压迫;
2. 不合理的情形;
3. 在享有应有尊重人权与尊严的民主社会,不是合理正当的;

均为非法法案。

(三)声称得适用第(二)款的当事人,有义务就适用第(二)款举证证明。

(四)在任何其他法律之法案可能违法的情形下,本条内容均不得影响该法律的实施。

---

① 原宪法文本该款规定为"尽管任何其他法律中有相反规定,但依据有效法律所制定的任何法案在下列特殊情形下……",经图瓦卢宪法(传统标准、价值与实践的确认)修正案2010第五条修改为现行内容。——译者注

第十三条 ［序言的原则］

序言规定的原则作为图瓦卢基本法的组成部分予以通过，人权与自由源于基本法并以基本法为基础。

第十四条 ［目的的议会声明］

（一）当议会法律之目的在法律中予以阐明时，得考虑第三节（保护基本权利与自由）所指的法律之可能的影响，法院得基于该声明适当关注，作为议会经过审慎意见之陈述。

（二）若议会法律明确声明某一特定条款为国家利益所需，则法院得依据第三条假定该条款是基于国家利益的合理需要。

（三）若高等法院认为上述条款并非主要为国家利益服务，则不得适用第（二）款。

第十五条 ［在民主社会的合理正当］

（一）尽管本章有相反规定，但下列条款除外：

1. 第三十三条（敌对纪律部队）；和

2. 第三十六条（在公共紧急状态期间对特定权利和自由的限制）；

所有法律，以及依据法律制定的所有法案，须在适当尊重人权与尊严的民主社会被证明为合理正当。

（二）在适当尊重人权与尊严的民主社会，有关某一法律是否合理正当之任何问题，均就该问题作出裁决时所存在的情形予以决定。

（三）在适当尊重人权与尊严的民主社会，依据法律所制定的任何法案是否合理正当之任何问题，第（二）款不得予以影响。

（四）在适当尊重人权与尊严的民主社会，某一法律被认为不合理正当时，只能由高等法院或者由议会法律为此目的所规定的其他法院或议会法律所指定的其他法院予以宣布。

（五）在适当尊重人权与尊严的民主社会，裁决某一法律或法案是否合理正当时，法院可考虑：

1. 图瓦卢的传统标准、价值和实践，以及先前的法律和司法裁决；

2. 法院有理由认为民主的其他国家的法律、实践和司法裁决；

3. 有关人权的国际公约、声明、建议和司法裁决；

4. 法院认为相关的任何其他事项。

（六）①不论第（五）款、任何法律或者依据与传统标准、价值和实践相符的有效法律制定的任何相关法案如何规定，均不得违反上述第（一）款，除非普通的现代图瓦卢公民将相关的传统标准、价值或实践视为应删除的内容。

第三节 保护基本权利与自由

第一小节 一般保护

第十六条 ［生命］

（一）以本章条款为限，尤其是：

1. 第（二）款；

2. 第三十二条（外国纪律部队）；

3. 第三十三条（敌对纪律部队）；

不得故意杀害任何人。

（二）若在法律允许的下列范围和情形下使用上述力量为合理所需，而某人因此死亡时，则不得认为其因违反本条而死亡：

1. 基于保护任何人免受暴力；

2. 基于保护财产；

3. 为了实现合法逮捕或防止已被合法拘留者逃脱；

4. 为了压制暴乱、叛乱或叛变；

5. 为了防止犯罪；

或者若其因战争的合法行为而死亡。

第十七条 ［人身自由］

（一）以本章规定为限，尤其是：

1. 本条的后续规定；

2. 第三十一条（图瓦卢纪律部队）；

3. 第三十二条（外国纪律部队）；

4. 第三十三条（敌对纪律部队）；

5. 第三十六条（在公共紧急状态下对特定权利和自由的限制）；

非经下列程序不得拘留任何人：

6. 本人同意；或

7. 在第（二）款规定的情形下，法律予以授权。

（二）第（一）款第 7 项适用于下列任一情形：

1. 未满十八周岁者的父母一方、教师或监护人正当行使权力的情形，或者法院为其教育、福祉或良好风纪而作出命令的情形；

2. 法院的授权或命令；

3. 为引渡；

4. 为依据法律将某人提交法院予以裁决；

5. 基于已经犯罪或者即将犯罪的合理怀疑，对某人进行拘留的情形；

6. 为避免事实或潜在的暴力、骚乱或危害和平，而对某人进行合理的临时拘留；

---

① 该款为图瓦卢宪法（传统标准、价值与实践的确认）修正案 2010 第五条的新增条款——译者注。

7. 为保护自己或者他人,对饮酒者或吸毒者进行合理的临时拘留;

8. 基于隔离或健康的目的,对某人进行拘留;

9. 依据有关非法移民或驱逐出境的法律,对某人进行拘留;

10. 在扣押车辆、船舶或航空器时附带地对个人实施扣留;

11. 对战犯进行拘留,或者依据第四节(公共紧急状态)对战时文职囚犯或武职囚犯进行拘留;

12. 基于以图瓦卢作为缔约方的任何国际或多国公约、条约或协议所需或基于其目的而对某人进行拘留,且国际或多国公约、条约或协议,得基于本条之目的经其议会以决议方式予以通过;

13. 依据第二十六条(迁徙自由)或第四节(公共紧急状态),对某人限制自由或予以拘留。

(三)得在合理时间内以其可以理解的语言将拘留原因告知被拘留者。

(四)任何人基于下列任一原因受到拘留:

1. 为了将其提交法院;

2. 合理怀疑其已经犯罪或即将犯罪;

3. 依据第(二)款第6项或第7项之临时目的;

并且未被释放者,得毫无不当迟延地提交法院,除非法院依据法律命令其继续拘留,否则得命令释放。

(五)若因怀疑某人已经犯罪而将其拘留,但未在合理期间内予以审判,则得无条件或在合理条件(包括确保其出席审判或审前程序合理所需的特殊条件)下予以释放。

(六)第(五)款所指的"释放",不得妨碍依据法律针对被释放者所采取的进一步程序。

第十八条 [奴隶制与强制劳动]

(一)以本章条款为限,尤其是:

1. 本条的后续规定;

2. 第三十二条(外国纪律部队);

3. 第三十三条(敌对纪律部队);

4. 第三十六条(在公共紧急状态下对特定权利和自由的限制);

任何人均不得:

5. 遭受奴隶制或奴役;

6. 被要求履行强制劳动。

(二)基于本条之目的:

1. 奴隶制或奴役,包括图瓦卢作为缔约方的任何国际或多国公约或条约所禁止的奴隶制或奴役含义内的奴隶制或奴役;

2. 强制劳动不包括:

(1)法院判决或命令所要求的劳动;

(2)当某人被合法拘留时,基于卫生利益之合理需要或者为了维修其拘留所在地,依据法律所要求之劳动;

(3)作为纪律部队成员,依据法律所要求的劳动;

(4)当某人证明其负责地拒绝作为一名海军、陆军或空军成员服役时,依据法律规定履行替代兵役所需的劳动;

(5)依据法律在下列情形下所需的劳动:

A)第四节(公共紧急状态)所指的公共紧急状态期间;

B)在威胁整个社会或部分社会的生命和安宁之任何其他紧急状态或灾难中,基于解决公共紧急状态或者其他紧急状态或灾难所产生或出现的任何情形之合理正当的要求;

(6)未满十八周岁者之父母一方、教师或监护人合理行使其权力时,要求其进行的劳动;

(7)作为合理正常的传统义务、集体义务或公民义务组成部分所合理要求的劳动,包括依据第二十三条第(七)款(有关履行代替其他传统等义务的特定服务)所要求的任何服务。

第十九条 [非人道待遇]

以本章条款为限,尤其是:

1. 第三十二条(外国纪律部队);

2. 第三十三条(敌对纪律部队);

任何人均不得:

3. 遭受拷问;

4. 遭受非人道或有辱人格的惩罚或待遇。

第二十条 [财产权]

(一)在本条:

有关任何财产的"剥夺",包括:

1. 征用或征收财产,或行使财产上或有关财产的权利;

2. 财产的损毁;

3. 使财产失去其固有用途或固有价值;

4. 将财产转移至他人;

"财产"包括财产上的利益,不论该利益在被剥夺前是否直接存在。

(二)以本章条款为限,尤其是:

1. 第三十一条(图瓦卢纪律部队);

2. 第三十二条(外国纪律部队);

3. 第三十三条(敌对纪律部队);

不得剥夺任何人的财产,但出现下列任一情形除外:

4. 经本人同意;

5. 依据本条的后续规定。

(三)剥夺财产须依据议会法律的授权。

(四)剥夺财产的目的,须经议会法律宣布为公共目的。

(五)若可能导致财产(不论该利益或权利是现在或未来,事实或潜在)的利益者或权利者出现贫困,须存在充足原因。

(六)须及时给予充足补偿。

(七)财产(不论该利益或权利是现在或未来,事实或潜在)的利益者或权利者,可向高等法院或就该事项享有司法管辖权的任何其他法院起诉,以裁决:

1. 其利益或权利;
2. 剥夺的合法性;
3. 第(六)款所指的适当补偿;

并及时获得补偿。

(八)基于第(六)款和第(七)款,补偿不必全部或部分以金钱方式给付。

(九)法律规定不得与本条规定抵触:

1. 制定剥夺财产条款的法律得:

(1)满足任何税收责任;或

(2)对违反法律者予以处罚或没收;或

(3)作为下列事件之一:

A)影响财产的许可、执照或其他授权;

B)设立或接受财产上的利益;

(4)在裁决公民权利或公民义务的诉讼中执行法院的判决或命令;

(5)因财产或其他财产处于或可能处于危险状态,或者损害人、动物或植物的健康,当其合理所需时;

(6)由于涉及下列任一内容的法律:

A)限制行动;

B)通过时效或非法占有而取得财产,或者任何其他类似情形;

(7)只能因任何检查、调查、审判或询问之目的所需;

(8)涉及土地时,只能为实施下列事务所需:

A)保存自然资源活动;

B)土地所有人或占有者,依据法律需要实施但没有合理理由而未能实施的农业发展活动或农业改善活动;

C)决定矿藏(包括石油)资源的存在或范围之任何调查;

2. 法律制定条款以剥夺某人的下列财产:

(1)敌方财产;

(2)下列人员的财产:

A)死者;

B)精神障碍者;

C)未满十八周岁者;

D)不在图瓦卢国内者,

为管理有权享有利益者之利益;

(3)被宣布无力偿债者或处于清算中的法人之财产,为管理下列人员的利益:

A)无力偿债者或法人的债权人;

B)以债权者的利益为限,即债权人有权享有财产的利益;

(4)财产以信托为限:

A)基于对财产受托人授予财产信托的目的;

B)依据法院命令之信托,基于付诸执行信托之目的;

(5)法人在遵循出价收购、债务偿还安排或其他类似情形下的股份。

(十)本条规定不得妨碍作为法人唯一投资者的个人或政府机构,依据法律规定对依法设立的法人之财产予以剥夺。

第二十一条 [住宅与房屋的隐私]

(一)以本章条款为限,尤其是:

1. 第(二)款;
2. 第三十一条(图瓦卢纪律部队);
3. 第三十二条(外国纪律部队);
4. 第三十三条(敌对纪律部队);
5. 第三十六条(在公共紧急状态期间对特定权利和自由的限制);

非经本人同意,均不得对任何人采取下列任一措施:

6. 搜查人身;
7. 搜查房屋;
8. 进入其房屋。

(二)法律所制定的有关搜查或进入的条款,基于本条之目的或者下列任一目的,经议会法律宣布为基于公共目的者,任何法律规定不得与本条上述规定抵触:

1. 为保护他人的权利或自由;
2. 为向下列机构的职员或代理人授权:

(1)政府机构;

(2)基于公共目的由法律设立的法人,进入任何个人的房屋;

(3)基于任何税收法律之目的,以检查房屋或与房屋相关的任何事务;

(4)为了实施与房屋相关且属于政府机构或法人的任何合法事务,视情形而定;

3. 为执行法院的判决或命令,基于法院的命令而授权进入任何房屋;

4. 基于下列目的而授权进入任何房屋:

(1)防止或侦查犯罪活动;

(2)实施、监督或执行法律(包括税务法);

5. 第二十条(财产权)所允许的目的。

第二十二条 [法律保护]

(一)本条得以本章条款为限,尤其是:

1. 第三十一条(图瓦卢纪律部队);
2. 第三十二条(外国纪律部队);
3. 第三十三条(敌对纪律部队)。

(二)若某人被指控某项犯罪,则应由法律规定的独立公正的法院在合理时间内对其进行公正的审判,但指控被撤销者除外。

(三)被指控犯罪者:
1. 依据第(十四)款第1项,得假定无罪直至:
(1)被证明有罪;或
(2)其自证其罪,并且法院接受该证明;
2. 得在合理时间以其能理解的语言被详细告知被控犯罪的准确性质和具体罪名,若未以书面形式告知,得在合理时间内以书面形式予以确认;
3. 得给予充足时间和便利以准备辩护,包括学习和完全理解针对其的准确指控以及可能的后果;
4. 得给予合理便利以咨询自己选择的代理人,并自行支付费用;
5. 得允许自己或其自己选择并支付费用的代理人,在法院为其辩护;
6. 依据第(十四)款第2项,得在下列情形中给予充足便利:
(1)自己或其代理人对公诉人提请法院传唤的目击者进行询问;
(2)为自己利益做证的目击者在法院出庭并实施询问,且不得低于公诉人传唤目击者的条件;
7. 若其在审判或审判的任何阶段不能充分理解审判的语言时,得允许其获得适格的翻译之帮助,并无须支付费用。

(四)非经本人同意,不得在其缺席时进行缺席审判,但下列情形除外:
1. 其不可行或不合理的行为方式,致使在其出庭时无法继续诉讼程序;
2. 法院命令其离开并在其缺席时继续进行审判。

(五)当某人因犯罪而接受审判时,被指控者或其授权者在提出要求并支付规定的合理费用后,有资格在判决后的合理期间内获得法院或代表法院作出的任何诉讼记录的副本,以供被指控者使用。

(六)任何人的行为在行为时不属于犯罪或犯罪的法定要素时,不得因此定罪。

(七)对罪犯科处刑罚之数量或种类,不得超过犯罪发生时可能科处的最高处罚。

(八)依据第(十四)款第3项,因犯罪而由管辖法院审判的任何人,无论判处:
1. 有罪;
2. 无罪;
均不得因下列事项再次受到审判:

3. 同一犯罪;或
4. 在该罪犯先前犯罪审判中被定罪的任何其他犯罪;
但最高法院在上诉程序或审查程序中就有罪或无罪作出再审命令者除外。

(九)若出现下列情形,任何人不得因犯罪而接受审判:
1. 其犯罪被赦免;
2. 若赦免为附条件的赦免,而其已经遵守赦免条件。

(十)因犯罪而接受审判的任何人,均不得被强迫在审判中提出证据。

(十一)法院或法律规定的其他裁判机构,为了裁决一项公民权利或义务的存在或范围,得:
1. 由法律予以确立或确认;
2. 独立公正;
并且若由个人向法院或上述机构提起上述裁决诉讼时,得在合理期间内进行公正审判。

(十二)依据第(十三)款,非经诉讼各方当事人同意:
1. 法院的诉讼程序;
2. 在任何其他裁决机构裁决任何公民权利或义务的存在或范围的诉讼程序;
包括判决的宣布,得公开进行。

(十三)第(十二)款不得妨碍法院或其他机构将非当事人和非诉讼代表排除在诉讼程序外,为达此程度,法院或机构:
1. 由法律授权进行上述行为并认为在下列任一情形下是必要或希望的:
(1)公开不利于正义;
(2)非正审法律程序,即第(十六)款所指的法律程序;
(3)基于:
A)得体;
B)公共道德;
C)未满十八周岁者的福祉;
D)在诉讼程序中保护相关者的隐私;
2. 基于下列原因而由法律授权或要求:
(1)防御;
(2)公共安全;
(3)公共秩序。

(十四)出现下列情形之一,不得视为法律的规定违反或不符合下列规定:
1. 第(三)款第1项,法律为被指控犯罪者施加证明或反证特定事实的义务,该事实的证明或反证专属其知识或能力范围;或
2. 第(三)款第6项,若为被指控者利益而传唤

目击者所花费用,由公共基金予以支出,则必须满足法律规定的合理条件;或

3. 第(八)款,依据第(十五)款之规定,法律授权法院审判纪律部队的成员,即使依据惩戒法已对其进行了有罪或无罪审判。

(十五)第(十四)款第3项所适用的情形中,审判该成员的法院,得在其判决处罚时,考虑依据惩戒法所科处的处罚。

(十六)第(十三)款第1项第(2)目所指的"非正审法律程序",是指下列法律程序:

1. 在其他法律诉讼程序(在本款中指"主要诉讼程序")中出现或为了其他法律诉讼程序出现;
2. 附属于主要诉讼程序;
3. 不能最终解决主要诉讼程序。

第二十三条 〔信仰自由〕

(一)以本章条款为限,尤其是:
1. 本条的后续规定;
2. 第二十九条(对图瓦卢价值等的保护);
3. 第二十一条(图瓦卢纪律部队);
4. 第三十二条(外国纪律部队);
5. 第三十三条(敌对纪律部队);
6. 第三十六条(在公共紧急状态下对特定权利和自由的限制);

非经本人同意,任何人不得妨碍他人享有信仰自由。

(二)基于本条的目的,信仰自由包括:
1. 思想、宗教和信仰自由;
2. 变更宗教或信仰的自由;
3. 在信奉、传授、践行和遵守一种宗教或信仰时,享有单独或集体地公开和私下地表达与传播的自由。

(三)宗教团体有权进行下列活动,并自行支付费用:
1. 设立和维持教育场所;
2. 以维持最低规定教育标准为条件,管理其能完全维持的任何教育场所;
3. 以第(四)款为限,在其提供的任何教育期间,为宗教团体成员提供宗教教育。

(四)非经本人同意,参加教育机构的任何人均不得被要求:
1. 接受宗教教育;
2. 参加或出席宗教仪式或宗教典礼;

若宗教教育、宗教仪式或宗教典礼并非与其信奉的宗教或信仰相关。

(五)任何人不得被强迫:
1. 作出与其宗教或信仰相左的宣誓或确认;
2. 以与其宗教或信仰相左的任何方式进行宣誓或确认。

(六)法律规定不得在法律条款合理要求的下列范围内与本条相抵触:
1. 基于:
(1)防御;
(2)公共安全;
(3)公共秩序;
(4)公共道德;
(5)公共健康;
(6)保护他人的权利或自由,包括在未受其他任何宗教或信仰主动干预的情形下遵守和践行任何宗教或信仰的权利。

(七)法律规定不得在下列法律合理条款的范围内与本条抵触:
1. 若某人对履行某些合理正常的传统、集体或公民义务,或者在特定时间或以特定方式履行上述义务,可证明基于良知而反对,则其可以对社会有益的合理等价服务予以替代履行;或
2. 在其履行等价服务之前,本人及其家人均不得享有他人履行上述义务所产生的任何利益。

(八)本条赋予宗教或信仰自由的保护,平等适用于任何宗教或信仰,而非某一特定的宗教或信仰。

(九)本条所指的"宗教",包括宗教派别以及宗教或宗教派别的信仰。

第二十四条 〔表达自由〕

(一)以本章条款为限,尤其是:
1. 第(三)款;
2. 第二十九条(对图瓦卢价值等的保护);
3. 第三十条(有关特定官员的条款);
4. 第三十一条(图瓦卢纪律部队);
5. 第三十二条(外国纪律部队);
6. 第三十三条(敌对纪律部队);
7. 第三十六条(在公共紧急状态下对特定权利和自由的限制);

非经本人同意,任何人不得妨碍他人行使表达自由。

(二)基于本条的目的,表达自由包括:
1. 不受干预地持有观点的自由;
2. 不受干预地接受观点与信息的自由;
3. 不受干预地交流观点与信息的自由;
4. 不受干预的通信自由。

(三)法律规定不得在下列法律条款的范围内与第(一)款相抵触:
1. 基于:
(1)防御;
(2)公共安全;
(3)公共秩序;

(4)公共道德;
(5)公共健康;
2. 为了:
(1)保护他人的名声、权利或自由;
(2)保护法律诉讼程序中的相关者的隐私;
(3)防止泄露秘密信息;
(4)维持法院的权威或独立;
(5)规制邮政或电信的管理或者技术运作。

第二十五条 [集会与结社自由]
(一)以本章条款为限,尤其是:
1. 第(三)款;
2. 第二十九条(对图瓦卢价值等的保护);
3. 第三十条(有关特定官员的条款);
4. 第三十一条(图瓦卢纪律部队);
5. 第三十二条(外国纪律部队);
6. 第三十三条(敌对纪律部队);
7. 第三十六条(在公共紧急状态下对特定权利和自由的限制);
非经本人同意,任何人不得妨碍他人行使集会与结社自由。
(二)基于本条的目的,集会与结社自由包括:
1. 自由集会以及与他人结社的权利;
2. 组建或隶属政党的权利;
3. 依据法律规定,为保护与促进特定人群的利益而组建或隶属工会或者其他社团之权利。
(三)法律规定不得在下列法律条款的范围内与第(一)款相抵触:
1. 基于:
(1)防御;
(2)公共安全;
(3)公共秩序;
(4)公共道德;
(5)公共健康;
2. 为了保护他人的权利或自由。

第二十六条 [迁徙自由]
(一)以本章条款为限,尤其是:
1. 本条的后续规定;
2.① 第二十九条(对图瓦卢价值等的保护);
3. 第三十条(有关特定官员的条款);
4. 第三十一条(图瓦卢纪律部队);
5. 第三十二条(外国纪律部队);
6. 第三十三条(敌对纪律部队);
7. 第三十六条(在公共紧急状态下对特定权利和自由的限制),
不得剥夺任何人:

8. 在图瓦卢全境自由迁徙的权利;
9. 在图瓦卢任何地方定居的权利;
10. 进入或离开图瓦卢的权利;
并且任何人均不得被驱逐出图瓦卢。
(二)在合法拘留的情形下,对第(一)款所指的权利进行限制,不得视为与该款相抵触。
(三)法律规定不得在下列法律条款的范围内与第(一)款相抵触:
1. 有关:
(1)非图瓦卢公民进入图瓦卢;
(2)第一目所指的人在图瓦卢境内的迁徙;
(3)第一目所指的人在图瓦卢的定居;
(4)将第一目所指的人驱逐出境或逐出图瓦卢;
2. 就下列事项施加限制:
(1)任何人在图瓦卢境内迁徙或在图瓦卢定居;
(2)任何人离开图瓦卢的权利;
限制为下列利益合理所需:
(3)防御;
(4)公共安全;
(5)公共秩序;
3. 对普通人或任何阶层就下列事项施加限制:
(1)在图瓦卢境内迁徙或在图瓦卢定居;
(2)离开图瓦卢的权利,
限制为下列利益合理所需:
(3)防御;
(4)公共安全;
(5)公共秩序;
(6)公共道德;
(7)公共健康;
(8)环境保护;
4. 对任何阶层就下列事项施加限制:
(1)在图瓦卢境内的迁徙;
(2)或在图瓦卢任何部分的定居;
上述限制为满足图瓦卢某一部分的特殊情形合理所需,例如:
(3)过度拥挤或潜在过度拥挤;
(4)资源的短缺或潜在短缺;
(5)地方经济、生态或特色文化的分裂或潜在分裂;
5. 对图瓦卢所有土地的使用施加限制;
6. 对任何人离开图瓦卢或在图瓦卢境内迁徙的权利进行限制,以确保其履行所有法定义务;
7. 在依据第十七条(人身自由)证明剥夺某人自由是正当的情形下,对其在图瓦卢境内迁徙或定居的

---

① 该项为图瓦卢宪法(传统标准、价值与实践的确认)修正案2010第五条的新增项。——译者注

权利进行限制。

(四)若某人的第(一)款所指的权利,已经被第(三)款第2项所适用的法律予以限制,其在任何时间:

1. 在限制期间;

2. 在限制期间,且不得早于其最后一次提出要求后的六个月;

均可要求其案件得由一个法律规定的独立公正的法庭予以审查,并由下列人员主持:

3. 在高等法院享有执业资格者;

4. 基于此目的首席大法官任命者。

(五)第(四)款所指的审查,裁判所可向适当机构作出建议书,涉及继续限制的必要性或合理性,但除非法律另有规定,否则该机构没有义务依据任何上述建议书采取行动。

第二十七条 [免受歧视的自由]

(一)在本条中,针对不同人以不同方式予以对待之歧视,全部或主要因为他们不同的:

1. 种族;

2. 出生地;

3. 政治观点;

4. 肤色;

5. 宗教信仰或缺乏宗教信仰,

上述人员因上述原因以上述方式获得优于或劣于他人的待遇。

(二)以本章条款为限,尤其是:

1. 本条的后续规定;

2. ① 第二十九条(对图瓦卢价值等的保护);

3. 第三十一条(图瓦卢纪律部队);

4. 第三十二条(外国纪律部队);

5. 第三十三条(敌对纪律部队);

6. 第三十六条(在公共紧急状态下对特定权利和自由的限制);

不得以歧视的方式对待任何人。

(三)第(二)款不得适用于具有下列条款的法律:

1. 中央政府、地方政府或地方机构征税;

2. 中央政府、地方政府或地方机构的花费开销;

3. 有关非图瓦卢公民;

4. 有关:

(1)收养;

(2)结婚;

(3)离婚;

(4)葬礼;

(5)任何其他上述事务;

依据任何个人或任何团体的属人法、信仰或习惯;

5. 有关土地;

6. 任何个人或任何团体获得的优惠待遇或非优惠待遇,在考虑待遇的性质和该个人或团体所处的任何特殊情形后,在适度尊重人权与尊严的民主社会均被证明为合理正当。

(四)法律规定的下列内容不得与第(二)款抵触:

1. 下列机构的任何职务或职位之任命标准或任命资格(不具体涉及第(一)款第1项至第5项所指的任何事务):

(1)国家部门;

(2)纪律部队;

(3)地方政府或地方机构的部门;

(4)基于公共目的而由法律规定的法人及其部门;

2. 第一百四十二条(地方化)范围内的地方化。

(五)第(二)款不得影响法院任何诉讼程序的相关制度、实施或中止之自由裁量,该诉讼程序是由任何个人或任何机构依据本宪法或任何其他法律予以启动的。

(六)法律规定任何人可受限于经下列条款所保障的权利和自由之限制,上述规定不得与第(二)款相抵触:

1. 第二十一条(住宅与房屋的隐私);

2. 第二十三条(信仰自由);

3. 第二十四条(表达自由);

4. 第二十五条(集会与结社自由);

5. 第二十六条(迁徙自由);

6. 第二十八条(其他权利与自由);

在本条授权的范围内。

(七)依据第十二条第(二)款(有关严苛、压迫或其他非法行为)、第十五条(在民主社会合理正当)以及任何其他法律,任何法案:

1. 依据图瓦卢习惯;

2. 在合理情形下;

不得被视为与第(二)款抵触。

(八)法律规定不得与第(二)款抵触:

1. 若在宪法生效之前,法律在图瓦卢直接生效;

2. 自上述日期后,法律废止或重新制定任何条款,且该条款为图瓦卢生效法律所包含。

第二十八条 [其他权利与自由]

本宪法所指的特定权利与自由,并不意味着不存在由人民保留或由法律授予的其他权利与自由。

第二小节 特定例外

第二十九条 [对图瓦卢价值等的保护]

(一)序言确认图瓦卢是一个以基督教原则,法

---

① 该项为图瓦卢宪法(传统标准、价值与实践的确认)修正案2010第五条的新增项。——译者注。

治,图瓦卢的价值、文化和传统以及尊重人的尊严为基础的独立国家。

(二)包括对下列内容的确认:

1. 以个人良心所告知的任何方式,崇拜或不崇拜的权利;

2. 持有、接收和交流意见、观点和信息的权利。

(三)在图瓦卢境内,个人自由只能在考虑他人的权利或感受及其社会影响后,方能行使。

(四)若上述权利的行使出现下列情形,则在特定情形下对其进行规制或施加限制均为必需;

1. 可能分裂、动摇或冒犯人民;

2. 可能直接威胁图瓦卢的价值或文化。

(五)①以第十五条("在民主社会合理正当"的定义)为限,法律规定或者依据法律的行为不得在规制或限制下列权利行使的条款范围内,与第二十三条(信仰自由)、第二十四条(表达自由)、第二十五条(集会与结社自由)、第二十六条(迁徙自由)或第二十七条(免受歧视的自由)相抵触:

1. 传播信仰;

2. 交流观点、意见和信息;

若上述权利的行使可能与第(四)款相抵触时。

第三十条 [有关特定官员的条款]

(一)依据第十五条(在民主社会合理正当),下列条款:

1. 第二十四条(表达自由);

2. 第二十五条(集会与结社自由);

3. 第二十六条(迁徙自由);

不得妨碍任何国家部门在任何成员的雇佣任期和雇佣条件中,对其在该部门的职务或职位就下列内容提出合理要求:

4. 与他人的通信或结社;

5. 其迁徙或定居。

(二)第(一)款所指的雇佣任期和雇佣条件包括:

1. 适用或有关现任国家部门成员之所有任期与条件;

2. 涉及适用或有关前任国家部门成员之成员资格的所有任期和条件;

3. 基于本人同意,第1项或第2项所指的适用或有关国家部门成员之一类的所有任期和条件。

(三)第(一)款和第(二)款,适用于下列内容所包括的雇佣任期或雇佣条件:

1. 雇佣的合同或协议(不论书面或口头);

2. 议会法律、任何规章或依据法律制定的其他附属立法;

3. 一般行政命令、任何类似指令或文件;

若适用于或涉及国家部门成员。

第三十一条 [图瓦卢纪律部队]

依据第十五条(在民主社会合理正当),有关图瓦卢纪律部队成员,惩戒法规定不得与本节的第一小节规定抵触,但下列条款除外:

1. 第十六条(生命);

2. 第十八条(奴隶制与强制劳动);

3. 第十九条(非人道待遇)。

第三十二条 [外国纪律部队]

有关下列人员:

1. 外国纪律部队的成员,或者依据议会法律确认为受制于上述力量惩戒法者;

2. 依据图瓦卢政府与他国政府或国际组织之间制定的协议,在图瓦卢国内者;

上述力量的惩戒法规定不得与本章的任何条款相抵触。

第三十三条 [敌对纪律部队]

当图瓦卢与他国正处在战争状态时,该国纪律部队成员之任何事务以及授权上述事务的任何法律,均不得视为与本章任何条款相抵触。

第四节 公共紧急状态

第三十四条 [第四节的解释]

在本节中,"公共紧急状态期间"贯穿下列期间:

1. 图瓦卢处于战争状态;或

2. 第三十五条(公共紧急状态的宣布)所规定的声明的生效期间。

第三十五条 [公共紧急状态的宣布]

(一)国家元首,依据总理的意见采取行动,可通过声明宣布图瓦卢整体出现国家公共紧急状态,或由声明具体确定图瓦卢部分领域出现紧急状态。

(二)除非提前撤销,否则第(一)款所指的声明在下列期间届满时失效,但在此期间议会以决议方式批准者除外:

1. 自声明作出之日起三日;或

2. 若声明的作出日恰逢议会闭会期间,则为自声明作出之日起十四日。

(三)第(二)款所指的批准在上述期间内有效,但不得超过六个月,具体由批准的决议予以规定,并可不时由后续决议延长上述期间,但每次不得超过六个月,具体由任何上述后续决议予以规定。

---

① 原宪法文本该款规定为以第十五条(在民主社会合理正当)为限,法律规定不得在规制或限制下列权利行使的条款范围内,与第二十三条(信仰自由)或第二十四条(表达自由)抵触……,经图瓦卢宪法(传统标准、价值与实践的确认)修正案2010第五条修改为现行内容。——译者注。

第三十六条 [在公共紧急状态期间对特定权利和自由的限制]

法律规定不得被视为与下列条款抵触：

1. 第十六条(生命)；
2. 第十七条(人身自由)；
3. 第二十一条(住宅与房屋的隐私)；
4. 第二十三条(信仰自由)；
5. 第二十四条(表达自由)；
6. 第二十五条(集会与结社自由)；
7. 第二十六条(迁徙自由)；
8. 第二十七条(免于歧视的自由)，

上述法律在下列情形下：

9. 制定涉及公共紧急状态期间的任何条款；
10. 在上述期间授权的任何事务，均被证明合理符合解决在上述期间产生或出现的任何情形的目的。

第三十七条 [在公共紧急状态的拘留]

(一)若仅仅因为第三十六条(在公共紧急状态期间对特定权利和自由的限制)所授权的法律而拘留某人，则:

1. 自拘留之日起，得在合理时间内并在任何情形下均不得超过十日，以其能理解的语言之书面声明告知被拘留的详细原因；
2. 自拘留之日起，不得超过十四日以下列方式公布通知：
   (1)以公布的附属立法所规定的方式；
   (2)若首席大法官有所指示，则依其指示的方式；
3. 自拘留之日起，不得超过一个月，并且之后的间隔不得超过六个月，其案件得由一个独立公正的裁判所予以审查，并由下列人员主持：
   (1)在高等法院享有执业资格者；
   (2)基于此目的由首席大法官任命者；
4. 得给予其合理便利咨询其选择的代理人，并自行支付费用，代理人得被允许向其提出建议并进行协助，同时向裁判所作出陈述；
5. 在案件审理期间，得允许本人出庭，或由其选择并自行支付费用的代理人出庭。

(二)第(一)款第3项所指的审查期间，裁判所可向拘留机构就继续拘留的必要性或合理性提出建议，但是除非法律另有规定，否则拘留机构没有义务依据任何上述建议采取行动。

(三)未遵守第(一)款第2项时，不得使拘留无效。

第五节 权利法案的实施

第三十八条 [权利法案实施的适用]

(一)依据为本节之目的而制定的法院规则，若任何人声称本章的任何条款：

1. 已经；
2. 将要；
3. 可能；

与其情形相冲突或不相符，则其可向高等法院提出申请。

(二)若某人处于被拘留的情形，则第(一)款所指的申请可由下列人员提出：

1. 本人；
2. 代表本人的任何其他人员。

(三)第(一)款或第(二)款均不得妨碍依据有关冲突的任何其他法律可采取的任何其他行动。

第三十九条 [初级法院产生的有关权利法案的问题]

若在初级法院的任何诉讼程序中产生违反本章任何条款的情形，并且若诉讼一方当事人要求，则法院可将该问题提交高等法院，但法院认为产生的问题无意义或无根据者除外。

第四十条 [高等法院就权利法案的管辖权]

(一)高等法院就下列事项享有初审管辖权：

1. 裁决第三十八条(权利法案实施的适用)所指的任何适用；
2. 裁决第三十九条(初级法院产生的有关权利法案的问题)所涉及的任何问题；

同时可作出任何命令、颁布任何书面命令并作出任何指令，上述命令和指令均是其认为执行或确保本章实施的适当者。

(二)若高等法院认为，依据其他任何法律对被控违法的相关者已经合理适用的充足方式予以救济，则高等法院可拒绝行使第(一)款所指的权力。

第四十一条 [有关权利法案的上诉]

(一)以第(二)款为限，依据第七章(法院)，可针对本节中高等法院的任何裁决进行上诉。

(二)就因问题无意义或无根据而驳回申请的裁决，不得提出上诉。

第四十二条 [高等法院有关权利法案的其他权力]

议会法律可在本节先前条款授权的基础上，向高等法院授权，均基于使法院更有效地行使本节所授予的审判权。

第三章 公民资格

第四十三条 [第三章的解释]

(一)基于本章的目的，某人出生在：

1. 已经登记的船舶或航空器；
2. 任何国家政府的未经登记的船舶或航空器，

得被视为出生在：

3. 船舶或航空器的登记地；

4. 所属国家；

视情形而定。

(二)基于本章的目的,于任何时间在图瓦卢发现的弃婴,若无相反证据证明,则被视为出生于图瓦卢。

第四十四条 [本宪法的原始公民资格]

在本宪法生效之日之前,每个人依据下列内容直接成为图瓦卢的公民：

1. 独立宪法的第三章(公民资格)；或

2. 1979年公民资格条例；

就本宪法而言,在宪法生效之日起即为图瓦卢公民。

第四十五条 [基于出生获得公民资格]

(一)以第(三)款或第(四)款为限,在本宪法生效之日或之后出生于图瓦卢的人,均基于出生而获得图瓦卢的公民资格。

(二)在本宪法生效之日或之后,于图瓦卢领域外出生者,若在其出生之日,其父母一方为图瓦卢公民或要不是死亡即为图瓦卢公民,则其基于出生而成为图瓦卢公民。

(三)以第(五)款为限,某人在出生时若出现下列情形则不得依据第(一)款为图瓦卢公民：

1. 父母任何一方均非图瓦卢公民；

2. 其父亲在图瓦卢享有他国的大使特权与豁免,该国与图瓦卢具有外交关系。

(四)以第(五)款为限,某人在出生时若出现下列情形则不得依据第(一)款为图瓦卢公民：

1. 其父亲为与图瓦卢交战的他国公民。

2. 出生于被交战国占领的图瓦卢地区。

(五)在非婚生子女的情形下,第(三)款或第(四)款中适用于其父亲的情形,得视为适用于其母亲。

第四十六条 [本宪法下基于婚姻获得公民资格]

(一)以第(二)款为限,在本宪法生效之日或之后,与图瓦卢公民或成为图瓦卢公民的人结婚者,其有资格基于法律规定的方式进行申请,经登记成为图瓦卢公民。

(二)第(一)款所授的权利,可受限于为了国家安全或公共政策而依法宣布的例外和资格。

第四十七条 [有关公民资格的法律]

(一)议会法律可制定下列任一条款：

1. 依据本章没有资格成为图瓦卢公民者,获得图瓦卢公民资格；

2. 任何人对图瓦卢公民资格的放弃；

3. 图瓦卢公民同时为他国的公民或国民时,对图瓦卢公民登记的保留；

4. 以第(二)款为限,对任何人的图瓦卢公民资格的剥夺；

并且一般为使本章生效的目的。

(二)第(一)款第4项不得适用于下列人员：

1. 依据独立宪法第十九条(于独立日成为公民者)于独立日自动成为公民者；

2. 依据下列条款成为公民者：

(1)独立宪法第二十二条(自独立日前日后出生于图瓦卢者)；

(2)独立宪法第二十三条(自独立日前日后出生于图瓦卢领域外者)；

(3)本宪法第四十五条(基于出生获得公民资格)。

第四章 国王与总督

第一节 国 王

第四十八条 [图瓦卢的国王]

(一)女王陛下伊丽莎白二世,基于大不列颠及北爱尔兰联合王国与其他王国和领地之至高女王的恩典,作为英联邦的首脑与信仰的捍卫者,基于图瓦卢人民的要求而慷慨地同意作为图瓦卢的国王,并且依据本宪法为国家元首。

(二)王室称呼与头衔,由议会法律予以决定。

第四十九条 [王位的继承]

本宪法有关国王的条款,依据附表一的第十三条(有关图瓦卢的国王),依据法律扩大适用于国王的继承人和继任者。

第二节 国家元首的职能

第五十条 [国家元首的职位]

除了该职位的其他职能,国家元首是图瓦卢团结与身份的象征,并且因此有资格受到适当尊重。

第五十一条 [国家元首的一般职能等]

(一)国家元首所享有的唯一特权与职能,是上述规定的特权与职能。

(二)以本宪法与任何议会法律为限,作为国家元首的国王的特权和职能,可由依据第三节(总督)所任命的总督拥有和履行,但另有规定者除外,任何法律所指的国家元首得视为包括总督在内。

第五十二条 [国家元首职能的履行]

(一)以附表一的第十七条(获得服务的不可行等)为限,国家元首在履行本宪法或任何其他法律规定的职能时,只能依据下列机构或人员的意见：

1. 内阁；

2. 总理或在内阁一般授权或特殊授权工作的其他部长;

但是其被要求采取下列行为者除外:

3. 依据任何其他个人或其他机构的意见(在其只能依据该意见采取行动的情形下);

4. 经咨询任何个人或包括内阁在内的任何机构后(在其只能进行该咨询后方可采取行动的情形下);

5. 经自己审慎的判断(在其得行使独立自由裁量权的情形下);

或者本宪法强制或特别允许其以特定方式采取行动。

(二)当本宪法或任何其他法律要求或允许国家元首依据任何个人或任何机构的意见,或者经咨询上述个人或机构后,任何法院均不得对下列问题予以审查:

1. 其是否收到意见;

2. 其是否已经咨询与咨询的性质;

3. 若有意见时,意见的内容;

4. 建议者或咨询者。

第五十三条 [国家元首行为的失误]

(一)以第(二)款为限,若出现下列情形:

1. 本宪法或议会法律要求国家元首依据任何个人或任何机构的意见,履行任何职能;

2. 自国家元首或其授权者接收意见后七日内,未采取行动;

其被视为已经依据意见采取了行动。

(二)若上述个人或机构给予意见:

1. 向国家元首证实事项是急迫的;

2. 依据意见要求其在具体期间内采取行动,且期间少于七日;

第(一)款所指的七日期间得视为该具体期间的参考。

(三)若本宪法或依据议会法律要求国家元首履行任何职能,但除了:

1. 依据任何个人或任何机构的意见;

2. 经其审慎的判断;

并且自发生履行职能情形后的任何时间,若其尚未采取行动,则被视为已经依据要求而采取了行动。

(四)有关本条所指事务之证据与依据本条而被视为已经采取的行动之证据的条款,可由议会法律予以制定。

第三节 总 督

第五十四条 [设立总督职位]

(一)设立图瓦卢总督的职位。

(二)总督是国王的代表。

第五十五条 [总督的任命等]

(一)总督得由国王在任何时间(具有理由或没有理由)予以任命和免职,在总理秘密咨询议会议员后,依据总理的意见采取行动。

(二)满足下列条件者方可任命为总督:

1. 年满五十周岁;

2. 未满六十五周岁;

3. 有资格被选举为议会议员。

(三)若出现下列情形,则总督职位空缺:

1. 死亡;

2. 依据第(一)款被免职;

3. 年满六十五周岁时;

4. 以第(四)款为限,若其以书面文件向议长提出辞职;

5. 若其不再享有被选举为议会议员的资格;

6. 自其任命之日起届满四年。

(四)第(三)款第4项所指的辞职,自议长接受时生效,或在总督和总理达成一致时生效。

第五十六条 [代理总督]

(一)若:

1. 总督职位空缺;

2. 总督:

(1)不在图瓦卢国内;或

(2)基于任何其他原因不能履行其职位的任何职能;

总督的职能或职能的相关部分,得由下列人员履行:

3. 依据第(二)款任命者;

4. 依据第(二)款任命者不在国内时,由议长履行上述职能。

(二)基于第(一)款第3项的目的,得以与第五十五条(总督的任命等)所指的任命总督的方式予以任命,并且第五十五条经必要修改后适用于代理总督,只要其向总督宣布或作出第五十七条(总督的誓言和确认等)所要求的任何誓言或确认。

(三)依据第(一)款,他人(包括议长在内)履行总督职能之需要是否产生或停止的问题,不得在任何法院予以审查。

第五十七条 [总督的誓言和确认等]

(一)总督在履职之前,得以附表四规定的不同方式,就其忠诚进行宣誓或作出确认,并就其职位进行相关宣誓或作出相关确认。第五十六条第(一)款第2项(有关代理总督的任命)所指的人员或议长依据第五十六条第(一)款(代理总督)行使总督任何职能时,同样适用。

(二)誓言与确认,得向首席大法官或首席大法官为此目的而任命者作出。

第五十八条 ［总督职能的履行］

（一）以任何议会法律为限，总督得履行国家元首的职能，当国王：

1. 位于图瓦卢领域外；
2. 丧失行为能力；
3. 未满法定年龄。

（二）通过或依据第（一）款规定的条件是否适用的问题，不得在任何法院予以审查。

（三）总督是否依据国王的意愿、意见或决定在履行国家元首职能时采取行动之问题，不得在任何法院予以审查，并且

1. 除了第五十五条（总督的任命等）和第五十六条（代理总督）适用范围外，国王无权对总督作出指示；和
2. 针对总督职能的履行，没有向国王进行上诉或请愿的权利。

第五十九条 ［向总督提供有关政府事务的信息］

作为国王的代表，总督有资格：

1. 由总理告知有关图瓦卢政府的一般事务；
2. 若其询问涉及图瓦卢政府的任何特殊事务之信息，则由总理告知。

第六十条 ［履行特定仪式等职能］

（一）经总理的批准，总督可授权个人作为其代表并以其名义，履行国家元首或总督的任何仪式职能或礼仪职能。

（二）第（一）款不得适用于：

1. 本宪法授予国家元首或总督的任何职能；
2. 议会法律授予国家元首或总督的任何职能，但议会法律另有规定者除外；
3. 经总理证明具有法律效力或实践效力的任何其他职能，或者不只是仪式或礼仪的任何其他职能。

第五章 行政机构

第一节 图瓦卢的行政机构

第六十一条 ［行政权的授予］

（一）图瓦卢的行政权主要由国王以及作为国王代表的总督授予。

（二）由国王授予的行政权得依据第五十二条（国家元首职能的履行）行使。

（三）本条规定不得妨碍法律将职能授予任何其他个人或机构。

第二节 部 长

第六十二条 ［部长的职位］

（一）设立总理的职位。

（二）以第（三）款为限，国家元首依据总理的意见决定部长职位的数目与称呼。

（三）部长职位（除总理职位外）的数量，不得超过议会议员总数的三分之一。

（四）除总理外的一名部长，可由国家元首依据总理的意见任命为副总理。

（五）以第七十一条（看守政府）和第（六）款为限，所有部长（包括总理在内）须为议会议员。

（六）若有需要在下列时间任命一名部长（除总理外）：

1. 依据第一百一十八条（议会的解散），自解散议会后；
2. 在随后的大选之后，在议会召开第一次会议之前；

在议会解散前，议会议员可被直接任命。

（七）以第六十八条（代理总理）和第七十六条（内阁的程序）为限，除总理外的所有部长地位平等。

第六十三条 ［总理］

（一）总理得依据附表二（总理的选举与任命）由议会议员选举产生。

（二）总理之职在下列情形产生空缺：

1. 死亡；
2. 当总理之职的新选举完成时；
3. 若基于非议会解散的任何原因，不再享有议会议员资格；
4. 若其通过书面文件向国家元首辞职；
5. 若其依据第六十四条（对丧失行为能力的总理予以免职）被免职；
6. 若在议会提出对政府的不信任动议，获得议会全体议员的多数投票。

（三）以第七十一条（看守政府）为限，第（二）款第4项所指的辞职自国家元首接受起生效。

第六十四条 ［对丧失行为能力的总理予以免职］

（一）若依国家元首的意见，经秘密咨询其他部长后以其审慎的判断采取下列行动：

1. 总理因身体或心理疾病而不能适当履行职能；
2. 基于图瓦卢良好治理的利益，将其免职问题得予以调查，这是合要求的；

国家元首，依据经议会法律为此目的所批准的图瓦卢领域外的专业医疗机构的意见，得任命一名或多名医生以调查总理的能力问题，上述医生具有在图瓦卢或其他地方的医疗执业资格。

（二）依据第（一）款予以任命者，得调查问题并亲自向国家元首作出一份共同医疗报告。

（三）若国家元首考虑报告后，依据其审慎的判断认为基于图瓦卢的良好治理是合理的，则其可依其审

慎的判断通过书面方式通知下列人员：

1. 总理；

2. 议长；

3. 内阁；

将总理免职。

第六十五条 ［总理职能的中止］

（一）若依据第六十四条（对丧失行为能力的总理予以免职）总理的能力问题被提交裁判所，则国家元首依据其审慎的判断可中止总理之职。

（二）第（一）款所指的"中止"：

1. 可由国家元首在任何时间依据其审慎的判断提出；

2. 若裁判所向国家元首提交的报告认为，总理能够适当履行职能，则中止失效。

（三）本条所指的中止生效，无须减少报酬或其他法定权利。

第六十六条 ［总理之职免除或中止的效力］

依据第六十四条（对丧失行为能力的总理予以免职）免除总理之职，或依据第六十五条（总理职能的中止）中止总理之职，不得影响总理作为议会议员的地位。

第六十七条 ［其他部长］

（一）除总理外的部长，得由国家元首依据总理的意见予以任命。

（二）除总理外的部长之职，若出现下列情形，则产生空缺：

1. 死亡；

2. 当总理之职的新选举完成时；

3. 若基于非议会解散的任何原因，部长不再享有议会议员资格；

4. 以第（三）款为限，若部长通过书面文件向国家元首辞职；

5. 若国家元首将部长免职，依据总理的意见采取行动；

6. 第六十三条第（二）款第 6 项（有关针对政府的不信任投票）所规定的情形。

（三）第（二）款第 4 项所指的辞职，自国家元首接受起生效。

第六十八条 ［代理总理］

（一）当总理出现下列情形时适用本条：

1. 不在图瓦卢国内；

2. 基于任何其他原因而不能履行其职位的职能。

（二）以第（三）款为限，在第（一）款所指的情形下，在总理返回图瓦卢或再次能够履行其职位的职能之前，若存在副总理，则由副总理得履行上述职能。

（三）若：

1. 不存在副总理之职；

2. 副总理之职空缺；

3. 副总理不在图瓦卢国内；

4. 副总理基于任何其他原因不能履行总理的职能；

由国家元首依据总理的意见而任命的部长，得履行总理的职能。

第六十九条 ［代理部长］

（一）当：

1. 以第七十一条（看守政府）为限，除总理外的部长之职空缺；

2. 除总理外的部长：

(1) 不在图瓦卢国内；或

(2) 基于任何其他原因不能履行其职位的职能。

国家元首依据总理的意见，可任命另一名议会议员临时履行部长之职。

（二）第六十二条第（六）款（有关任命前任议会议员为部长），适用于本条所指的任命，并以其适用于其他任命的相同方式。

第七十条 ［任命为代理部长职位的条件］

是否需要：

1. 依据第六十八条（代理总理），由另一名部长履行总理的任何职能；或

2. 依据第六十九条（代理部长），任命一名人员临时履行部长的职能，

已经产生或不再存在的任何问题，均不得在任何法院予以审查。

第七十一条 ［看守政府］

（一）除本条外，不论本章有何规定，在总理之职产生空缺的情形中，在职内阁在空缺产生前可直接作为看守政府继续履职，直至新一届总理的选举完成。

（二）若总理：

1. 死亡；

2. 若基于非议会解散的任何原因，不再享有议会议员资格；

3. 若其依据第六十四条（对丧失行为能力的总理予以免职）被免职；

则第（四）款至第（七）款适用。

（三）若总理依据第六十三条第（二）款第 4 项（有关总理的辞职）辞职，并在其辞职通知中表明希望辞职立即生效，则第（四）款至第（七）款适用。

（四）以第（五）款为限，在第（二）款或第（三）款适用的情形中，副总理得履行总理的职能。

（五）若：

1. 不存在副总理之职；

2. 以第六十九条为限（代理部长），副总理之职空缺；

3. 副总理不在图瓦卢国内；

4. 副总理基于任何其他原因不能履行总理的职能，

由国家元首任命的部长，经秘密咨询其他部长后，依据自己审慎的判断采取行动，得履行总理的职能。

（六）第六十二条第（六）款（有关任命前任议会议员为部长），适用于本条所指的持有职位的看守政府。

（七）当新一届总理的选举完成后，看守政府离职。

第七十二条 ［部长的誓言与确认］

总理与任何其他部长在履职之前，得以附表四（誓言与确认）规定的不同方式，就其忠诚进行宣誓或作出确认，并就其职位进行相关宣誓或作出相关确认。

第三节 内 阁

第七十三条 ［内阁的设立］

（一）图瓦卢设立内阁。

（二）内阁由总理与所有其他部长组成。

第七十四条 ［内阁的职能］

内阁就政府行政职能的履行向议会集体负责。

第七十五条 ［部长责任的分配］

（一）国家元首，依据总理的意见，可：

1. 将政府任何事务实施之责任（包括政府任何部门或职位之管理的责任）分配给总理或任何其他部长；

2. 随时在实质基础或代理基础上重新分配任何上述责任。

（二）除非议会法律另有规定，否则：

1. 政府的所有部门、职位和职能，得为总理或另一名部长的责任；

2. 本条未具体分配的政府职能，由总理负责。

第七十六条 ［内阁的程序］

（一）内阁会议，得由总理或任命为代理总理之职的部长召集。

（二）总理得尽可能亲自参加和主持内阁的所有会议，并在其缺席时：

1. 若存在副总理之职并且副总理出席的情形下，副总理得主持会议；

2. 在任何其他情形中，由出席的各部长选择的一名部长主持会议。

（三）以本款为限，内阁会议的法定人数为全体成员的半数，但若出席内阁会议的成员向国家元首证实：

1. 全部法定人数出席不可行；

2. 要求裁决的事项过于急迫而不能等待全体法定人数的出席，

则实际出席的成员总数，是该会议的法定人数。

（四）依据第（三）款以法定人数的需要为限：

1. 即使内阁成员空缺，内阁仍可开展任何事务；

2. 即使无资格参与内阁程序的人员参与了内阁程序，内阁程序仍然有效。

（五）以内阁的任何命令为限，总理或任命为代理总理之职的部长，得决定在内阁会议上考虑的事务。

第七十七条 ［行政法规的有效］

（一）本条的后续规定得受制于议会法律。

（二）除非内阁授权或议会法律另有要求或允许，否则内阁的事务和程序均得秘密进行。

（三）内阁规定的任何程序是否已经遵守或正在得到遵守的任何问题，不得在任何法院予以审查。

（四）以第（五）款为限，若任何部长（不论是否具体指明）被授权行为时，则不得基于总理或任何其他部长的行为未经授权，而予以公开质疑。

（五）有关特别授权总理的职能，不得适用第（四）款。

第四节 与内阁相关的官员

第七十八条 ［政府秘书］

（一）设立政府秘书之职，作为公共服务的职位。

（二）政府秘书得依据第一百五十九条第（三）款第1项（有关政府秘书的任命）予以任命。

（三）政府秘书得出席内阁的所有会议，但在总理权力所允许的情形除外。

（四）政府秘书依据内阁给予的上述命令，为政府所有部门和职位之工作的协调而负责，并具有内阁或总理规定或指示的上述所有职能。

（五）总理接收政府秘书辞职的书面通知，得向公共服务委员会建议并向国家元首提交以供批准，批准以任何其他法律为限，并得自具体规定的日期生效。

第七十九条 ［总检察长］

（一）图瓦卢设立总检察长之职，作为公共服务的职位。

（二）总检察长得依据第一百五十九条第（四）款第1项（有关总检察长的任命）予以任命。

（三）总检察长是政府的首席法律顾问，并具有规定的上述其他职能。

（四）持有或行使总检察长之职的不适格者，除非其在高等法院具有执业资格。

（五）除非总检察长依据或在议会权力所允许的情形下，否则其：

1. 得出席议会的所有会议；

2. 可依据议会的程序规则，参与议会与议会委

员会的所有程序(但不得投票);

(六)总检察长得出席内阁的所有会议,但依据或在总理权力所允许的情形除外。

(七)以本条的后续规定为限,在总检察长认为可行的任何情形下,其:

1. 可在法院(除军事法院或其他军事裁判所外)针对任何个人就其犯罪提起刑事诉讼;

2. 可接收和继续任何其他个人或机构所采取的第 1 项所指的任何刑事诉讼;

3. 针对自己、任何其他个人或机构所采取的第 1 项所指的任何刑事诉讼,在判决作出前的任何阶段,可予以撤销。

(八)以任何议会法律为限,总检察长的职能可:

1. 亲自行使;

2. 通过向其负责的官员,依据其一般指示或具体指示予以行使;

并在涉及总检察长时,包括涉及的代理官员。

(九)当除总检察长外的任何个人或机构已经采取任何刑事诉讼时,本条规定不得妨碍任何个人或机构依法撤销上述诉讼,但上述诉讼已经由总检察长接手者除外。

(十)以第(八)款和第(九)款为限,总检察长依据第(七)款第 2 项和第 3 项所享有的权力,只能亲自行使,不得授予任何其他个人或机构。

(十一)以附表一第十五条(独立)为限,第(七)款所指的总检察长在履职时,不得受限于任何其他个人或机构的指示或控制。

(十二)以第(十三)款为限,为了本条:

1. 源自任何诉讼中的决定之上诉;

2. 为了任何诉讼而表明的情形或保留的法律问题;

均为上述诉讼的组成部分。

(十三)第(七)款第 3 项所指的总检察长职能,不得在下列情形下予以行使:

1. 在任何诉讼中被定罪者所提起的上诉;

2. 在任何诉讼中,基于被定罪者请求而表明的情形或保留的法律问题;

3. 任何诉讼的司法审查。

第五节 赦免的权力

第八十条 [判决的减轻等]

(一)国家元首,依据内阁的意见可:

1. 对罪犯授予无条件或附合法条件的赦免;

2. 对因在非图瓦卢的他国犯法或违反该国法律或未能遵守该国法律,而被本宪法或议会法律科处为无资格者,予以减轻;

3. 在执行罪犯的刑罚时,可授予罪犯无限期或具体期间的延迟;

4. 对罪犯的处罚,可以较轻的处罚形式予以替代;

5. 免除下列处罚全部或部分:

(1)对罪犯的任何处罚;

(2)政府对犯罪所科处的任何处罚、罚款或没收。

(二)依据第(一)款所行使的赦免权的任何情形下,总理得出席议会:

1. 若该赦免权在议会会议期间行使——在会议期间;

2. 若该赦免权在任何其他时间行使——在议会的下次会议期间;

总理得作出声明,详细说明该权力的行使并说明理由。

第六章 议会与立法

第一节 议 会

第八十一条 [议会的设立]

图瓦卢应设立议会。

第八十二条 [议会的组成]

(一)以第(三)款为限,议会得由议会法律确定数量的议员组成。修改议员固定数量的法律议案,在三读中非经议会议员三分之二多数支持,不得通过。

(二)议会议员,得依据本宪法并以本宪法为限依据议会法律直接选举产生。

(三)议会议员的总数不得少于十二名。

(四)为了选举议会议员,得设立选区,选区具有:

1. 边界;

2. 选举产生代表的数量;

依据或由议会法律予以规定。

(五)本宪法规定,不得妨碍议会法律为图瓦卢部分地区的代表就特定选举问题或相关问题制定特殊条款。

第八十三条 [选区分配的原则]

(一)本条规定不得影响第八十二条第(五)款(有关图瓦卢特定部分的特殊选举条款)的实施。

(二)以第(一)款为限,基于第八十二条(议会的组成)的法律议案,得在合理的时间内,以每个议会议员得依比例代表相同数量的选民的原则为基础,但由于图瓦卢的情形,亦须考虑:

1. 地理特征;

2. 同时具有下列特征的区域所具有的任何种类的利益或关系:

(1)可能共有;或

(2)可能不共有;

3. 现行的行政区域和传统区域的边界；
4. 通信方式；
5. 人口的密度和流动性；
6. 基于此目的由议会法律规定的其他因素。

第二节 立法权

第八十四条 〔立法权的授予〕

以本宪法为限，议会可制定法律，不得与本宪法相抵触，包括：

1. 在图瓦卢领域外有效的法律；
2. 具有溯及既往效力的法律；
3. 为规定下列事项所必需或便利的所有问题之法律：

(1)为本宪法的实施或生效；或

(2)为阐释或详细说明或者进一步阐释或详细说明本宪法中的任何问题。

第八十五条 〔授权立法〕

议会法律可规定：

1. 授权任何个人或除议会外的机构制定规章和其他附属法律；
2. 控制第（一）款所指的任何授权之行使，不论：

(1)通过批准要求；或

(2)通过否决权；

或其他指定的方式。

第八十六条 〔立法权的行使方式〕

(一)议会的立法权，得依据议案予以行使，该议案由议会依据第一百一十一条（议案的程序等）通过并获得国家元首的同意。

(二)当提交议案至国家元首以获得同意时，国家元首得及时同意。

(三)获得同意的议案，成为议会法律。

第三节 议会的议员资格

第一小节 一般规定

第八十七条 〔选举的性质〕

(一)议会议员，得在普遍、公民与成人投票制度下，依据本宪法与基于第八十九条（选举法）目的制定的任何法律而选举产生。

(二)议会议员的所有异议选举，得由秘密投票进行。

(三)法律制定合理条款以在投票中依据要求而提供协助时，不得视为与第（二）款规定相抵触。

第八十八条 〔举行选举〕

(一)在每次议会解散后，得在合理时间内举行大选。

(二)在议会议员临时产生任何空缺后，得在合理时间内举行补选。

第八十九条 〔选举法〕

(一)以本宪法为限，议会法律可为议会选举和有关议会选举制定条款。

(二)议会法律得为维护议会选举的完整而制定条款，尤其在第八十七条第（三）款（特定选民的特殊条款）适用的情形。

第二小节 选 民

第九十条 〔投票权〕

(一)以本条的后续规定为限，依议会法律在一个选区登记作为议会选举选民者，有资格以规定的方式在该选区的议会议员选举中进行投票。

(二)若出现下列任一情形，议会法律可禁止某人在选举中进行投票：

1. 依据法律的含义，其为选举干事；
2. 其被卷入与选举相关的犯罪中。

(三)若在选举中出现下列任一情形，某人不享有投票的资格：

1. 在投票的整个固定时段、日期或期间内，其处于逮捕或监禁状态；
2. 基于任何原因不能亲自在确定的投票地点和投票时间内投票，但另有规定者除外。

(四)若某人未经登记为某一选区的议会选举的选民，则其不得在该选区的议会议员选举中进行投票。

第九十一条 〔登记的资格〕

(一)以第九十二条（登记的不适格）为限，若满足下列条件则某人有资格在议会选举中登记成为选民，并且非经下列条件不得登记为选民：

1. 图瓦卢公民；
2. 年满十八周岁；
3. 满足规定的其他要求（有关居住地或其他）。

(二)任何人均不得同时在一个选区以上登记为议会选举的选民。

第九十二条 〔登记的不适格〕

(一)若出现下列任一情形，某人不得在议会选举中登记为选民：

1. 以第一百〇二条（判罚的计算）和第（二）款为限，其被英联邦国家的法院判处死刑或超过十二个月的监禁（不论罪名），并未获得不附条件的赦免；
2. 依据议会法律被证实为精神错乱，或判决为精神障碍；
3. 依据与选举有关的犯罪之议会法律，其不得在议会选举中登记成为选民。

(二)若出现下列情形，则不得适用第（一）款第1项：

1. 经上诉或审查：
(1)定罪被推翻；或
(2)刑罚减少至少于十二个月的监禁或其他处罚；
2. 在监禁刑罚(不论原始刑罚或经上诉或审查的替代刑罚)的情形下,自监禁结束后届满三年。

第三小节 候选人

第九十三条 ［候选人资格］
(一)议会选举的候选人须：
1. 有资格进行议会议员的选举；和
2. 依据议会法律被提名。
(二)议会议员不得作为候选人。

第九十四条 ［选举资格］
以第九十五条(选举的不适格)为限,若满足下列条件则某人有资格选举成为议会议员,并且非经下列条件不得选举成为议会议员：
1. 图瓦卢公民；
2. 年满二十周岁。

第九十五条 ［选举的不适格］
(一)若出现下列任一情形,某人不得选举成为议会议员：
1. 以第一百〇二条(判罚的计算)和第(二)款为限,其被英联邦国家的法院判处死刑或超过十二个月的监禁(不论罪名),并未获得不附条件的赦免,或正在监禁的服刑期间；
2. 依据议会法律被证实为精神错乱,或判决为精神障碍；
3. 依据与选举有关的犯罪之议会法律,其不得选举成为议会议员；
4. 依据其自己的行为,其宣布效忠、服从或信奉图瓦卢之外的国家；
5. 依据英联邦国家法律被判处或宣布破产,并且尚未解除；
6. 其持有或正在行使国家部门的任何职务或职位,但另有规定者除外；
7. 其为国家元首、高等法院法官或治安法官；
8. 其为公共服务委员会成员。
(二)若出现下列情形,不得适用第(一)款第1项：
1. 经上诉或审查：
(1)定罪被推翻；或
(2)刑罚减少至少于十二个月的监禁或除监禁外的其他处罚；
2. 在监禁刑罚的情形下,不论其为原始刑罚或经上诉或审查的替代刑罚,自监禁结束后届满三年。

第四小节 议 员

第九十六条 ［职位任期］
(一)若出现下列任一情形,则议会议员席位产生空缺：
1. 死亡；
2. 议会解散；
3. 在议会程序规则规定的期间和情形下,缺席议会会议；
4. 以第(二)款为限,若非议长的议员以书面文件向议长提出辞职；
5. 以第(三)款为限,若议长：
(1)向议会宣布辞职；或
(2)以书面文件向议会辞职并提交议会书记员；
6. 若依据第九十四条(选举资格)或第九十五条(选举的不适格),其议会选举资格予以停止或不再适格；
7. 处于第九十七条(披露权益)或第九十八条(因判决而产生议席空缺)所指的情形；
8. 若依据第九十九条(无能力议员的罢免)宣布其席位空缺；
9. 若其成为国家元首或高等法院法官。
(二)第(一)款第4项所指的辞职,自议长接收之日起生效。
(三)第(一)款第5项所指的辞职,自下列日期起生效：
1. 向议会宣布；或
2. 议会书记员接收；
视情形而定。

第九十七条 ［披露权益］
(一)议会法律或议会程序规则,可制定条款要求就议会审查事务享有权益的议会议员：
1. 披露其权益；
2. 非经议会批准,不得参与议会或议会委员会有关该事项的任何程序。
(二)议会法律或议会程序规则可规定,若议会议员违反第(一)款规定时,则该议员席位空缺。

第九十八条 ［因判决而产生议席空缺］
(一)以第一百〇二条(判罚的计算)和本条的后续规定为限,若议会议员被英联邦国家的法院判处死刑或超过十二个月的监禁(不论罪名)：
1. 则其得立刻停止履行议会议员的职能,并不得作为议会议员出席议会；
2. 则自判决之日起届满三十日,其席位空缺。
(二)议长可基于议员的要求,不时延长第(一)款第2项所指的三十日,以使议员就其定罪或刑罚进行任何(司法或其他)上诉,但非经议会同意并经决议批准,不得延长期限总共超过一百五十日。

(三)若依据本条在议员席位空缺之前:

1. 其被无条件赦免;或

2. 经上诉或审查:

(1)定罪被推翻;或

(2)减少刑罚至少于十二个月的监禁或除监禁外的其他处罚;

则其席位不产生空缺,并且其可继续履行议员职能。

(四)本条所指的议会议员的职能,包括基于议会议员资格(包括作为议长、总理或其他部长的职能)所产生的任何能力中履行的职能。

第九十九条 [无能力议员的罢免]

(一)若任一选区经登记的议会选举选民超过百分之五十向国家元首提交的请愿书,认为该选区的议会议员因为身体疾病或精神疾病而不能适当履行议员的职能,则适用本条的后续规定。

(二)若国家元首依据自己的审慎判断认为:

1. 提交的请愿书符合第(一)款;

2. 基于图瓦卢的良好治理,调查议员免职问题是合理的;

则国家元首,依据为此目的经议会法律批准的图瓦卢领域外的专业医疗机构的意见,得任命一名或更多医生以调查议员的能力问题,上述医生具有在图瓦卢或其他地方的医疗执业资格。

(三)经第(二)款任命者,得亲自调查问题并向国家元首作出一份共同医疗报告。

(四)若经考虑报告后,国家元首依据其审慎的判断,认为基于图瓦卢的良好治理是合理的,则其可依其审慎的判断通过书面方式通知下列人员:

1. 议长;

2. 议员;

宣布相关议员的席位空缺。

第五小节 其他事项

第一百条 [有关议会议员资格的问题]

(一)高等法院依据法律对下列任一问题享有裁决的司法管辖权:

1. 候选人是否有效当选议会议员;

2. 议会议员席位是否空缺,或依据第九十八条(因判决而产生议席空缺)要求是否停止履行议员职能;

3. 议员职位,是否依据议会法律或第九十七条(披露权益)所指的议会程序规则而宣布空缺;

4. 议员职位是否依据第九十九条(无能力议员的罢免)而宣布空缺。

(二)在第(一)款所指的程序中的高等法院裁决,不得上诉。

第一百〇一条 [无资格者出席会议等]

(一)在议会或议会委员会出席会议或投票者,若存在充分理由相信自己为不适格者,其有义务为出席会议或投票而承担每天不超过二十美元的民事处罚。

(二)第(一)款所指的处罚,只能依据总检察长在高等法院提起的民事诉讼而予以归还。

第一百〇二条 [刑罚的计算]

(一)本条适用于为了下列目的而监禁的期限之计算:

1. 第九十二条(登记的不适格);

2. 第九十五条(选举的不适格);

3. 第九十八条(因判决而产生议席空缺)。

(二)为了第(一)款规定:

1. 要求连续服刑的监禁期间为两个或更多期间时,得视为总计期间的单一刑期;

2. 不得考虑因未支付罚金而实施的监禁刑罚;

3. "审查"包括对刑罚的管理或行政审查。

第四节 议 长

第一百〇三条 [议长之职的设立]

设立议会议长之职。

第一百〇四条 [议长的选举]

(一)以本条为限,议长得由议会议员在其成员中选举产生。

(二)经下列活动后在合理时间内:

1. 每次大选;或

2. 议长之职临时出现空缺,

但在总理的任何必要选举后,国家元首依据总理的意见,得基于选举议会议长的目的而在国家元首确定的日期、时间和地点召集议会议员开会,依据总理的意见通知每位议员。

(三)议会书记员得主持会议,并且若该会议为议会会议,则为此目的享有议长的所有职能。

(四)当议长选举产生时,议会书记员得通知国家元首,国家元首得任命当选者为议长。

(五)在任命议长后的议会第一次会议开始时,议会书记员得向出席的议会议员宣布议长的任命,当选者则随后就任为议长。

第一百〇五条 [议长的任期]

(一)若出现下列任一情形,则议长之职空缺:

1. 死亡;

2. 依据第一百〇四条第(五)款(在国家元首任命议长后有关议长的就任),由下一任议长接替其职位;

3. 以第(二)款为限,若议长:

(1)向议会宣布辞职;或

(2)以书面文件向议会辞职并提交议会书记员;

4. 若基于除议会解散外的任何原因,而不再享有议会议员资格;

5. 若其成为总理或其他部长;

6. 若其成为国家元首或高等法院法官;

7. 若议会依据经三分之二全体议员支持的决议予以解散。

(二)第(一)款第3项所指的"辞职",自下列日期起生效:

1. 向议会宣布;或

2. 议会书记员接收;

视情形而定。

第一百〇六条 ［议长的职能］

(一)以第(二)款为限,当议长出席时,其得主持议会的和议会委员会的所有会议。

(二)议会法律或议会程序规则可规定第(一)款不得适用于:

1. 当议会处于整个议会的任一委员会中;

2. 在议会法律或程序规则规定的其他场合或其他情形中。

(三)以为第(六)款目的而制定的任何议会法律为限,议长为确保议会事务依据本宪法、任何可适用的议会法律和议会程序规则予以实施而负责。

(四)议长得尽其最大努力以确保:

1. 议会程序在任何时间均有尊严、文明且礼貌地进行;

2. 在议会不得使用辱骂性语言①、不必要的暴力语言或其他令人反感的语言;

3. 不得通过对其他议会议员或其他人员进行不必要的人身攻击,或者通过任何其他方式滥用议会特权。

(五)议长享有本宪法、议会法律和议会程序规则规定的其他职能。

(六)以议会法律为限,议长就议会事务的实施事项所作出的裁决是终局裁决。

(七)议长得公正履行其职能,并有义务确保在议会事务实施中存在公平听取所有出席议员意见的合理机会。

第一百〇七条 ［代理议长］

(一)若恰逢议会会期,议长不在国内或议长之职空缺,则由全体议员选举产生的一名议会议员(不是总理或其他部长)履行议长的职能,直至由议长接替。

(二)若在议会闭会期间的任何时间:

1. 议长不在图瓦卢国内或基于任何其他原因不能履行其职能;

2. 依据第(一)款没有议员当选;

议会书记员得履行议长的议会职能。

(三)议会书记员得主持第(一)款所指代理议长的选举。

(四)依据本条为选举履行议长职能者是否需要产生或已无必要的任何问题,不得在任何法院予以审查。

第五节 议会的程序

第一百〇八条 ［议会的程序］

(一)以本宪法和任何议会法律为限,议会可在议会开会期间为规章、有秩序地运行程序、履行事务以及相关目的而制定程序规则。

(二)程序得确保在议会事务实施中,存在公平听取所有出席议员意见的合理机会。

第一百〇九条 ［议会的法定人数］

(一)以第(三)款为限,议会会议的法定人数是过半数的全体议员,对在计算全体议员半数时产生的任何分数予以忽略。

(二)若:

1. 议长宣布出席人数不足第(一)款所指的法定人数时;

2. 经过议会的程序规则为此目的而规定的期间后,出席人数仍不足上述法定人数时;

议长得延迟议会,直至其认为适当的时间和日期。

(三)若在第(二)款所指的议长确定的时间和日期,出席人数仍不足第(一)款规定的法定人数时,则实际出席且有资格参与程序的议会议员之总数,作为当日会议的法定人数。

第一百一十条 ［在议会的投票］

(一)以本宪法为限,议会的所有问题,得依据出席且投票的议会议员之多数支持予以裁决。

(二)以第(三)款为限,议长不得享有最初表决权,但:

1. 具有;

2. 得行使;

决定表决权。

(三)议长就下列事项享有最初表决权,但不得享有决定表决权:

1. 对政府的不信任动议;

2. 修改宪法的法律议案。

第一百一十一条 ［议案的程序等］

(一)以本宪法为限,任何议会议员可依据议会程

---

① 宪法文本表述为"obusive",查无此词,经查证应为"abusive",译为"辱骂性"。——译者注

序规则：

1. 在议会提交议案；
2. 在议会为辩论而提交动议；
3. 向议会提交请愿书；

并且其得依据本宪法和规则予以处分。

(二)以第二条(图瓦卢的领域)为限，但下列情形除外：

1. 拨款议案；
2. 依据内阁的意见，由国家元首证实议案为：
(1)急迫；
(2)对一般公众不具有重要性；

议会自议案一读后不得审议，直至议会的下一会期方可进行审议，并且自一读后，议会书记员得将该议案轮流交至所有地方政府以进行审议和评论。

(三)议会得审查和处理依据第(二)款所收到的任何评论。

(四)议会不得：

1. 基于第一百六十六条第(一)款(有关行政创议权)所指的任何目的，在议案一读后进行进一步的审议；
2. 审议具有类似效力的动议或修正案；

未经第一百六十六条第(一)款(有关行政创议权)所要求的部长之建议。

第六节 其他事项

第一百一十二条 ［议会议员的誓言与确认］

(一)以第(三)款为限，议会议员得以附表四规定的不同方式在议会就其忠诚进行宣誓或作出确认后，方可参加议会程序(除正式程序和为本条所需的其他程序外)。

(二)议会议员的宣誓就职，优先于所有其他事务[除正式事务和第(三)款所指的事务外]。

(三)第(一)款不得适用于下列相关程序：

1. 依据第六十三条第(一)款(有关总理的选举)和附表二(总理的选举和任命)进行的总理选举；
2. 依据第一百〇四条(议长的选举)而进行的议长选举，与依据第一百〇七条第(一)款(有关选举议会议员为代理议长)而进行的代理议长的选举。

第一百一十三条 ［议会程序的有效性］

以第一百〇九条(议会的法定人数)和第一百一十条(在议会的投票)为限：

1. 议会或议会委员会即使议员空缺，亦可实施任何事务；
2. 即使无资格者参与议会或议会委员会的程序，该程序仍然有效。

第一百一十四条 ［议会的特权］

(一)本条的目的是，作为议会的习惯，允许：

1. 授予议会和议会议员特定的特权和豁免；
2. 授予议会特定的权力；

为了便利议会事务的适当实施，并且防止对事务实施的不适当干预。

(二)以第(四)款和第(五)款为限，议会可规定：

1. 议会和议会议员的特权和豁免；
2. 议会的权力。

(三)议会基于第(二)款目的制定的任何条款，得只能依据第(一)款所指的本条目的予以解释和适用。

(四)不得因下列情形对议会议员提起民事或刑事诉讼：

1. 在议会或议会委员会发言或提交的报告中的文字；
2. 在议会或议会委员会提出的任何事务或事情。

(五)法院发出的任何传票，均不得送至或发至议会的管辖区(由议会法律或议会程序规则予以确定)。

第一百一十五条 ［议会书记员和其他职员］

为适当实施议会事务，得设立议会书记员和其他职员为国家部门的成员。

第七节 召集、解散等

第一百一十六条 ［议会会议］

(一)以本条为限，议会得在图瓦卢的特定地点和特定时间开会，该地点和时间均由国家元首依据内阁的意见予以确认。

(二)议会两次会议的间隔，不得超过十二个月。

(三)议会会议的开始，得在大选结果宣布后的合理时间内予以确认，并且自宣布后不得超过三个月。

(四)若未能符合第(二)款或第(三)款，则议长得召集议会会议，但同时第(一)款所指的会议正在召开者除外。

第一百一十七条 ［议会的休会］

国家元首，依据下列决议：

1. 议会决议；或
2. 以议会决议为限，依据总理的意见；

可在任何时间使议会休会。

第一百一十八条 ［议会的解散］

(一)以本条为限，议会自大选后的第一次会期起，届满四年时自动解散。

(二)国家元首依据议会的决议可在任何时间解散议会。

(三)若：

1. 总理之职空缺；
2. 在国家元首依据其审慎的判断确认的合理期间内，无人当选该职；

国家元首可依据其审慎的判断解散议会。

(四)以第(五)款为限,议会保持解散,直至下一届大选结果宣布。

(五)以第(六)款为限,若恰逢议会解散期间,国家元首证实存在急迫事务需要议会注意,则国家元首可重新召集议会,并且议会可如未曾解散地开会和采取行动。

(六)第(五)款所指的国家元首的职能得:

1. 依据内阁的意见履行;

2. 以上述任何意见为限,依据自己的审慎判断予以履行。

(七)依据第(五)款重新召集的议会会议,得只能审查该款所证实的问题以及依据议长意见所产生的问题。

第七章 法　院

第一节 总　则

第一百一十九条 ［司法制度］

图瓦卢的司法制度由下列组成:

1.(第四节规定的)枢密院;

2.(第三节规定的)图瓦卢的上诉法院;

3.(第二节规定的)图瓦卢的高等法院;

4. 依据议会法律规定的其他法院和裁判所。

第二节 高等法院

第一小节 设立等

第一百二十条 ［高等法院的设立］

(一)图瓦卢设立高等法院。

(二)高等法院是诉讼记录的最高法院。

第一百二十一条 ［高等法院的组成］

高等法院由图瓦卢的首席大法官和依据第一百二十三条(其他法官)任命的任何其他法官组成。

第一百二十二条 ［图瓦卢的首席大法官］

(一)图瓦卢设立首席大法官之职。

(二)首席大法官,得由国家元首依据内阁的意见,在任命文件具体规定的期间内予以任命。

第一百二十三条 ［其他法官］

若内阁认为任命其他法官是基于适当履行高等法院职能之需要,则国家元首经咨询首席大法官后,依据内阁的意见可任命其为高等法院法官:

1. 在具体期间内;或

2. 有关具体事务;

由其任命文件予以具体规定。

第一百二十四条 ［法官的资格］

若不满足下列任一情形之人,不得被任命为高等法院的法官:

1. 在与图瓦卢具有类似法律制度的国家,其是对民事和刑事事务享有无限司法管辖权的法院法官,或是对上述法院具有上诉管辖权的法院法官;

2. 在第 1 项所指的国家具有至少五年出庭律师、事务律师或类似职业的从业经历。

第一百二十五条 ［法官的报酬等］

(一)高等法院法官的薪资或其他报酬以及津贴,由第一百六十九条(特定官员的报酬)予以规定。

(二)以本宪法和任何议会法律为限,高等法院法官的其他雇佣条件,得由法官和内阁达成合意。

第一百二十六条 ［法官之职的任期］

(一)若出现下列情形,则高等法院法官之职空缺:

1. 死亡;

2. 依据第一百二十七条(法官的免职)予以免职;

3. 以第(二)款为限,若法官以书面文件向国家元首提出辞职;

4. 任期届满;

5. 在依据第一百二十三条第(二)款(基于特定事务对其他法官的任命)任命法官的情形中,与任命相关的事务之结论。

(二)第(一)款第 3 项所指的"辞职",自国家元首接收之日起生效,或由法官和内阁之间合意确定的之后日期生效。

第一百二十七条 ［法官的免职］

(一)只能在下列情形下,方可将高等法院法官免职:

1.(不论因身体疾病或心理疾病,或者其他原因)而不能适当履行其职能,或者行为不当;

2. 依据本条。

(二)若出现下列情形,则议会可依据决议将高等法院法官免职:

1. 将其免职的问题已经提交至依据第(三)款所任命的裁判所;

2. 裁判所已经建议议会基于第(一)款第 1 项所规定的原因应将其免职。

(三)若内阁决定或议会决议,应对法官免职的问题进行调查,则国家元首经咨询下列人员后:

1. 总理;

2. 在除首席大法官外的法官免职情形下,首席大法官;

得任命一个独立裁判所调查该问题,该裁判所由一名主席和至少一名其他成员组成,组成人员得具有任命为高等法院法官的资格。

(四)裁判所所得调查该问题并向议会提交报告,并将其认为是否应将法官免职的意见一同提交。

(五)附表三(公共服务委员会与特定裁判所的程序等)的规定,适用于裁判所并涉及裁判所。

第一百二十八条 ［法官的中止］

(一)若将高等法院法官免职的问题依据第一百二十七条(法官的免职)提交至裁判所,则国家元首可依据内阁的意见中止法官之职。

(二)第(一)款所指的"中止":

1. 可由国家元首在任何时间依据内阁的意见提出;

2. 若裁判所向议会建议不应将法官免职,则中止失效。

(三)本条所指的"中止生效",无须减少报酬或其他法定权利。

第一百二十九条 ［未决事务的完成］

即使高等法院法官之职产生空缺［除了依据第一百二十七条(法官的免职)将其免职之外］,法官仍可在任命的有效期间就其主管的已经开始的诉讼程序履行其职能,并且在履行职能期间,其有资格享有其先前的报酬和其他法定权利。

第二小节 司法管辖权

第一百三十条 ［高等法院的一般管辖权］

(一)高等法院就下列事项享有司法管辖权:

1. 有关本宪法的第二章(权利法案)——该章第五节(权利法案的实施)所规定的内容;

2. 有关议会议员资格的问题——第一百条(有关议会议员资格的问题)所规定的内容;

3. 有关本宪法的解释或适用的其他问题——第一百三十一条(宪法解释)规定的内容;

4. 有关一般上诉——第一百三十二条(高等法院的上诉管辖权)规定的内容;和

5. 其他事务——第十四条第(三)款(有关目的的议会声明)规定的内容和第一百三十三条(高等法院的其他管辖权等)规定的内容,以及本宪法的其他问题。

(二)若议会法律规定高等法院的两个或更多成员的共同开庭时的司法管辖权,高等法院的司法管辖权可由首席大法官或单一法官予以行使。

第一百三十一条 ［宪法解释］

(一)以第(二)款为限,高等法院对本宪法的解释或适用的任何问题享有初始管辖权。

(二)若:

1. 有关本宪法的解释或适用的任何问题,在初级法院的任何诉讼程序中产生;

2. 该法院认为该问题包括法律的实质问题;

则法院可将该问题提交高等法院予以裁决,并且若一方诉讼当事人要求时,必须将该问题提交高等法院予以裁决。

第一百三十二条 ［高等法院的上诉管辖权］

依据本宪法或议会法律,高等法院就针对初级法院裁决的上诉享有裁决的管辖权。

第一百三十三条 ［高等法院的其他管辖权等］

高等法院依据议会法律的授权享有其他的司法管辖权、权力和职权。

第三节 上诉法院

第一百三十四条 ［上诉法院的设立］

(一)图瓦卢设立上诉法院。

(二)上诉法院得依据议会法律的规定组成。

(三)第(二)款所指的法律议案在一读后则议会不得审议,除非议长出席议会并获得首席大法官就该提议所提出的报告。

第一百三十五条 ［上诉法院的管辖权］

(一)以下列条款为限:

1. 第四十一条第(二)款(针对有关违反权利法案的裁决之无意义或无根据的上诉);

2. 第一百条第(二)款(有关议会议员资格的问题之上诉);

3. 任何议会法律;

就高等法院行使初始管辖权或上诉管辖权的裁决,上诉法院均享有裁决的管辖权。

(二)基于第(一)款目的制定的议会法律,不得影响第二章第五节(权利法案的实施)规定的上诉权利。

第四节 枢密院

第一百三十六条 ［枢密院的司法管辖权］

(一)针对上诉法院的裁决,可向枢密院进行上诉:

1. 获得上诉法院的许可情形:

(1)有关本宪法的解释问题或适用问题的最终裁决;

(2)第二章第五节(权利法案的实施)所指的程序中的最终裁决;

(3)在下列情形中:

A)最终裁决;或

B)非正审裁决,即第(二)款所指的裁决;

在任何诉讼程序中,若上述法院认为上诉中所涉及的问题是基于其重大的普遍重要性、公共重要性或者其他原因而应提交至枢密院。

2. 依据议会法律规定的其他情形或其他条件。

(二)第(一)款第1项第(3)目B),"非正审裁决"是指该裁决:

1. 为了某些法律诉讼或在某些法律诉讼中作出;

2. 附属于上述诉讼；
3. 不能最终解决上述诉讼。

第八章 公 职

第一节 总 则

第一百三十七条 ［第八章的解释］

在本章中，"人事事务"是指有关个人的任何公务裁决或行动，包括：

1. 任命与任命的确认；
2. 升职与降职；
3. 职位或地点(除了普通干部内部的调动)的调任；
4. 纪律行动；
5. 中止；
6. 雇佣的中止或终止(除了在由法律决定的雇佣正常任期结束时的中止或终止)。

第一百三十八条 ［第八章的适用］

(一)本章不得适用于或涉及：

1. 顾问、建议者或代理人(没有国家部门成员的行政权或者自由裁量权)：
(1)基于荣誉而被雇佣者；或
(2)报酬只有酬金或佣金；
有或者没有交通补贴或生活补贴，开支津贴或类似津贴；
2. 除了议会法律另有规定者：
(1)第一百六十一条(第五节的适用)所指的职位持有者；
(2)法定机构的全体职工；
(3)地方政府或地方机构的成员或全体职工。

(二)本章规定不得妨碍下列内容的设立：

1. 法定职位；
2. 法定团体或机构；
3. 法定或行政委员会、部门、理事会或者类似机构；

或者依据法律决定其雇佣条件。

第一百三十九条 ［国家部门］

(一)以本章为限，议会法律得为下列事务制定条款并涉及下列事务：

1. 公共服务；
2. 图瓦卢的警察。

(二)以本章为限，议会法律可为下列事务制定条款并涉及下列事务：

1. 监狱部门；
2. 图瓦卢的其他国家部门。

第一百四十条 ［国家部门职位等的设立等］

以议会法律为限，内阁可：

1. 设立或废除国家部门的职务或职位；
2. 决定国家部门的职务或职位的资格；
3. 规定国家部门的职务或职位的职能。

第一百四十一条 ［以批准为限的任命］

(一)除非本宪法另有规定，本条不得适用于或涉及本宪法规定的职务或职位。

(二)本章规定不得妨碍国家部门的职务或职位的任命或其他相关服务活动，均受限于：

1. 经议会或者任何其他个人或任何机构予以批准；
2. 经咨询议会或议会议员，或者任何其他个人或任何机构。

第一百四十二条 ［地方化］

(一)在本条中，"地方化"意味着在公职(一般或有关某一职务或职位，或者一类职务或职位)中的偏好：

1. 图瓦卢公民；
2. 长期居住(除雇佣需要外)在图瓦卢者；
3. 与图瓦卢具有某些其他特殊联系者；

包括不具有政策所要求资格的职务或职位持有者的替代者。

(二)地方化政策或规划可由下列内容予以规定：

1. 议会法律；或
2. 经议会决议批准，内阁所作出的决定。

(三)依据第(二)款第2项规定的政策或规划，不得影响与其存在利害关系者所具有的解雇金、退休金或补偿的任何权利。

(四)本章规定，包括第五节(特定官员的免职等)和第二章(权利法案)在内，均不得妨碍本条所规定的任何地方化政策或规划的执行。

第二节 公共服务委员会

第一百四十三条 ［委员会的设立］

设立公共服务委员会。

第一百四十四条 ［委员会的组成］

公共服务委员会得由一名主席和三名其他成员组成。

第一百四十五条 ［委员会成员的任命］

(一)公共服务委员会成员得由国家元首依据内阁的意见予以任命。

(二)下列人员不得任命为委员会成员：

1. 议会议员；
2. 议会议员选举的候选人；
3. 下列职位的持有者：
(1)本宪法规定的任何其他职务或职位；
(2)国家部门的职务或职位；
(3)基于本款之目的由议会法律规定的任何其他

职务或职位。

第一百四十六条 ［委员会成员的报酬等］

（一）公共服务委员会的主席和其他成员的薪资或其他报酬，由第一百六十九条（特定官员的报酬）予以规定。

（二）委员会成员的其他雇佣条件，由议会法律予以规定。

第一百四十七条 ［委员会的任期］

（一）若出现下列任一情形，则公共服务委员会成员之职务或职位产生空缺：

1. 依据第五节（特定官员的免职等）予以免职；

2. 以第（二）款为限，若其以书面文件向国家元首辞职；

3. 若依据第一百四十五条第（二）款（有关任命的不适格），不再享有任命的资格；

4. 自其任命之日起届满四年。

（二）第（一）款第 2 项所指的辞职，自国家元首接收之日起生效，或由成员和为公共服务事务负责的部长之间合意确定之后的日期生效。

第一百四十八条 ［特定雇佣领域对委员会成员的排除］

（一）在不足连续六个月内，临时履行公共服务委员会成员之职的人员，不得适用本条。

（二）本条规定不得妨碍依据议会法律为下列人员施加其他或附加的不适格条件：

1. 公共服务委员会的成员或前任成员；或

2. 第一款所指的人员；

因为其委员会的成员资格或前任成员资格。

（三）公共服务委员会成员没有资格被任命为第一百四十五条第（二）款第 3 项（有关没有资格被任命为公共服务委员会的特定职务和职位持有者）所指的职务或职位。

（四）公共服务委员会的前任成员，在其最终离职或离职之日起届满两年之前，没有资格被任命为第一百四十五条第（二）款第 3 项（有关没有资格被任命为公共服务委员会的特定职务和职位持有者）所指的职务或职位。

第三节 公共服务委员会的一般职能

第一百四十九条 ［委员会的职能］

（一）以本宪法，尤其是第一百五十条（委员会的独立）和任何议会法律为限，公共服务委员会为下列事项负责：

1. 在第一百三十七条（第八章的解释）所指的"人事事务"的第 1 项至第 6 项所指的相关事务中，公共服务的有效管理与控制；

2. 与公共服务相关联的所有人事事务；

3. 规定的与其他国家部门和其他政府机构的服务相关的事务，

以及规定的其他职能。

（二）以第一百五十条（委员会的独立）为限，公共服务委员会：

1. 可在任何时间；

2. 得基于为公共服务事务负责的部长之要求；

就有关委员会职能内的任何事务通知或建议内阁。

第一百五十条 ［委员会的独立］

（一）以附表一的第十五条（独立）为限，公共服务委员会在人事事务中得符合内阁作出的有关政策的任何一般指示，但除此之外，其不受制于任何其他个人或任何机构的指示或控制。

（二）依据第（一）款作出的政策指示：

1. 得以公布附属立法所规定的任何方式予以公布；

2. 得直接由为公共服务事务负责的部长提交议长，以提交议会。

（三）除了相关人事事务外，公共服务委员会就其职能履行向内阁负责。

第一百五十一条 ［在国家部门内的上诉］

（一）第一百五十条（委员会的独立）所授予的公共服务委员会的独立，不得影响议会法律所规定的有关上诉的条款，该条款涉及向议会法律设立的独立裁判所或机构就下列内容进行上诉：

1. 委员会的决定；

2. 委员会的任何意见或建议；

3. 委员会向国家元首提出的任何建议。

（二）第一百五十条（委员会的独立）和第（一）款所适用和涉及的任何裁判所或机构，可依据第（一）款以与适用和涉及公共服务委员会的同一方式予以设立。

第一百五十二条 ［委员会的程序等］

以议会法律为限，附表三（公共服务委员会和特定裁判所的程序等）的条款适用于并涉及公共服务委员会。

第一百五十三条 ［委员会的委托］

（一）经对公共服务事务负责的部长同意，公共服务委员会可以书面文件向任何个人委托其任何职能。

（二）第（一）款所指的委托：

1. 可一般适用于或涉及图瓦卢的任何部分或者委托文件中规定的任何地方；

2. 可以具体规定的条件、限制与约束为限。

（三）本条所指的委托可以书面文件依据其意愿予以撤销，并且委托不得妨碍委员会职能的履行。

（四）若本条的委托涉及人事事务，则在履行委托职能时,委托与委员会一样享有不受他人指示或控制的自由,并且第一百五十条(委员会的独立)和第一百五十一条(在国家部门内的上诉)经必要修改后,因此适用于委托者。

第四节 人事职能

第一百五十四条 ［第四节的适用］

(一)本节适用于并涉及基于第一百三十九条(国家部门)之目的设立国家部门而制定的任何议会法律,并且适用于依据上述议会法律制定的任何规章或其他附属立法。

(二)本节规定得以本宪法并且尤其是下列条款为限予以理解:

1. 第一百四十二条(地方化);
2. 第五节(特定官员的免职等)。

第一百五十五条 ［公共服务］

公共服务成员有关人事事务的权力,得由公共服务委员会授予。

第一百五十六条 ［治安法官］

(一)本条规定适用于有关初级法院的治安法官,不论该法官是否为公共服务的成员。

(二)初级法院治安法官在其治安法官职能范围内的有关人事事务的权力,由国家元首依据公共服务委员会的意见授予,但得以首席大法官或其基于此目的的授权者之一般批准或具体批准为限。

第一百五十七条 ［警察部队］

(一)图瓦卢警察设立首席警察之职。

(二)首席警察得依据第一百五十九条第(五)款第1项(有关首席警察的任命)予以任命。

(三)除首席警察外,图瓦卢警察或督察(或依据议会法律定义的同等警衔),可经必要修改后以与第一百五十五条(公共服务)所指的公共服务的成员之相同方式予以任命、免职和惩罚。

(四)图瓦卢警察部门的其他成员,可由首席警察予以任命、免职和惩罚,其可就免职或惩罚情形向公共服务委员会提起上诉。

第一百五十八条 ［部长秘书］

(一)在本条中:

1. "秘书"是指直接向部长负责的各部或政府办公室(为公共服务的成员)的秘书或其他领导,但政府秘书除外;
2. 所指的秘书的任命包括:
(1)在公共服务之外的任命;
(2)自其他普通干部之外职位的升职或调任。

(二)秘书:

1. 得只能依据内阁的合意方可任命;
2. 得增加公共服务的其他高级成员(如规定的),以构成一个普通干部或(依据议会法律规定的)普通干部群体。

(三)内阁可在任何时间向公共服务委员会提出要求,以建议国家元首将某一特定人员任命为秘书。

(四)若内阁提出第(三)款所指的要求,则公共服务委员会得考虑该要求并告知其决定。

(五)不得在国家部门之外任命秘书,除非公共服务委员会决定获任命者明显比国家部门工作人员具有更多优点。

第一百五十九条 ［任命的特殊情形］

(一)本条得以第一百四十二条(地方化)为限予以理解。

(二)总审计长:

1. 得由国家元首依据公共服务委员会的建议,并经议会签署的决议之批准,予以任命;
2. 依据第五节(特定官员的免职等)可以中止或免职。

(三)政府秘书:

1. 得由国家元首经咨询内阁后,依据公共服务委员会的建议,予以任命;
2. 依据第五节(特定官员的免职等)可以中止或免职。

(四)总检察长:

1. 得由国家元首经咨询公共服务委员会后,依据内阁的建议,予以任命;
2. 依据第五节(特定官员的免职等)可以中止或免职。

(五)首席警察:

1. 得由国家元首经咨询内阁后,依据公共服务委员会的建议,予以任命;
2. 依据第五节(特定官员的免职等)可以中止或免职。

(六)本条所指的国家元首的职能,在涉及作为国家部门成员的总督之人事事务时,得由总督依据其审慎的判断予以行使。

第五节 特定官员的免职等

第一百六十条 ［第五节的解释］

在本节中:

"适当机构",涉及本节适用的职务或职位时,指:

1. 有权对该职务或职位依据行使该权力所规定的方式作出任命之个人或机构;或
2. 特殊情形下规定的其他个人或机构;

"适当机构成员",是在适当机构依据任何其他个人或机构的意见,或者经咨询任何其他个人或机构后采取行动,上述个人或机构包括:

1. 其他个人或机构;

2. 上述其他机构的成员。

第一百六十一条 ［第五节的适用］

（一）本节适用于下列职位：

1. 政府秘书；
2. 总检察长；
3. 总审计长；
4. 首席警察；
5. 公共服务委员会；

以及依据议会法律适用于本节的任何其他职务或职位。

（二）本条规定得以第一百四十二条（地方化）为限予以理解。

第一百六十二条 ［特定官员的免职］

（一）以第一百六十四条（合同雇佣）为限，适用本节的职务或职位的持有者，只可因下列原因予以免职：

1. （因身体疾病或心理疾病，或者其他原因）而不能适当履行其职务或职位的职能；
2. 依据本条。

（二）若出现下列情形，则适当机构可将适用本节的职务或职位的持有者免职：

1. 将其免职的问题已经提交至依据第（三）款任命的裁判所；
2. 裁判所已经建议适当机构基于第（一）款第1项所规定的原因应将其免职。

（三）若内阁或适当机构决定，应依据本条对适用本节的职务或职位的持有者免职的问题予以调查，则国家元首经咨询总理后，得任命一个独立裁判所，该裁判所由下列人员组成：

1. 一名主席，其享有被任命为高等法院法官的资格；
2. 不少于一名的其他成员，具有与特定事务相关的资质或经验。

（四）下列人员不得依据第（三）款第2项予以任命：

1. 总督；
2. 议会议员；
3. 在涉及相关人员时，为适当机构成员；
4. 相关人员的下属，或者在之前十二个月内为相关人员的下属；
5. 曾就该问题阐明意见者。

（五）裁判所得调查该问题并向适当机构提交报告，并将其认为是否应将相关人员免职的意见一同提交。

（六）附表三（公共服务委员会与特定裁判所的程序等）的条款，适用于裁判所并涉及裁判所。

第一百六十三条 ［特定官员的中止］

（一）若将特定官员免职的问题依据第一百六十二条（特定官员的免职）提交至裁判所，则适当机构可中止其职。

（二）第1款所指的"中止"：

1. 可由适当机构在任何时间提出；
2. 若裁判所向适当机构建议不应将相关官员免职，则中止失效。

（三）依据本条中止职务的人员，依据正在生效的公共服务政策或一般行政命令规定获得报酬或其他法定权利。

第一百六十四条 ［合同雇佣］

若：

1. 适用本节的职务或职位的持有者，依据（与政府或其他缔结的）合同获得该职务或职位；
2. 合同规定其免职或职务的中止；

则本节的前序规定，不得妨碍依据合同的免职或职务中止。

第九章 财 政

第一节 议会与财政

第一百六十五条 ［为财政负责的议会］

（一）不论本宪法［除了第一百六十九条（特定官员的报酬）］如何规定，政府金钱的增加和支出（包括税收的课征和借款的增加）均以议会的授权和控制为限，并得由议会法律予以规制。

（二）每个财政年度，得：

1. 国家预算，由下列财政预算组成：
（1）经提议的政府增加的金钱；
（2）经提议的政府支出的金钱；
有关该财政年度。
2. 为财政年度服务的拨款，以及必需时存在的增补预算和增补拨款。

（三）第（二）款规定不得妨碍：

1. 在财政年度结束时予以继续的拨款；
2. 在财政年度结束前予以失效的拨款。

第一百六十六条 ［行政创议权］

（一）除了部长的建议外，议会不得规定：

1. 税收的课征或增加，或者政府金钱的增加；
2. 图瓦卢公共基金的任何开支的征收或增加；
3. 图瓦卢公共基金的任何开支的变更，但开支的削减除外；
4. 政府任何债务的加重或免除。

（二）议会可削减下列任何提议的总数：

1. 税收；
2. 公共收入的增加；
3. 公款的任何开支。

(三)议会不可:
1. 提高任何提议的总数;
2. 改变任何提议的效力;
3. 改变任何提议的目的;
第(二)款第1项、第2项或第3项所提到的上述内容。

第一百六十七条 ［统一基金］
(一)图瓦卢存在统一基金,以议会法律为限,公款均由统一基金支付。
(二)议会法律可为其他公共基金制定条款或涉及其他公共基金,该公共基金不是统一基金组成部分,并且得依据议会法律予以管理或处理。

第一百六十八条 ［公款的审计等］
(一)政府控制下所有款项,得依据法律予以处理或适当审计。
(二)政府控制下所有款项,只能依据本宪法或议会法律予以支出。

第一百六十九条 ［特定官员的报酬］
(一)本条适用于下列官员:
1. 总督;
2. 议长;
3. 总理和其他部长;
4. 其他议会议员;
5. 高等法院法官;
6. 总检察长;
7. 总审计长;
8. 首席警察;
9. 公共服务委员会成员。
(二)以本条为限,适用本条的职位持有者,得获得议会法律具体规定的薪资或其他报酬以及津贴。
(三)第(二)款所指的报酬和津贴,由统一基金负担与支付,不再依据本条另外拨付。
(四)以第(五)款和第(六)款为限,适用本条的职位持有者获得的报酬和津贴(除了议会法律在本款实施时具体排除的津贴),不得在其任命后使其处于不利。
(五)第(四)款不得适用于对下列职位依比例普遍减少的任何报酬或津贴:
1. 适用本条的所有职位;
2. 议会法律具体规定报酬之所有其他职位。
(六)基于第(四)款之目的,若该款适用的任何法定报酬、津贴或者实际报酬、津贴,以职位持有者所作出的选择为基础时,其选择的报酬或津贴得视为比任何其他可能的选择更为有利。

第二节 总审计长

第一百七十条 ［总审计长之职的设立］
(一)图瓦卢设立总审计长之职。

(二)总审计长得依据第一百五十九条第(二)款第1项(有关总审计长的任命)予以任命。

第一百七十一条 ［总审计长之职的独立］
以附表一第十五条(独立)为限,总审计长在依据本宪法和任何其他法律履行职能时,不得受限于任何其他个人或机构的指示或控制。

第一百七十二条 ［总审计长的职能］
(一)总审计长得就下列事项进行检查和审计,并且至少每个财政年度向议会报告一次:
1. 图瓦卢的公共账户;
2. 图瓦卢的公款和公共财产的控制;
3. 与图瓦卢的公款或公共财产相关的所有交易;
并且以第(四)款为限,享有议会法律授予的其他职能。
(二)除非议会法律就审查和审计上述事项另有其他规定,否则第(一)款扩展至下列内容的账户、财政和财产:
1. 政府的每个分支、部门、机构和中介;
2. 议会法律设立的每个机构,或依据政府的行政或管理法案基于政府或官方目的而设立的每个机构。
(三)即使第(二)款所指的检查或审计另有规定,但总审计长可在其认为适当时检查和审计该款所指组织的任何账户、财政或财产,并就其情况向议会报告,若其涉及、构成或源于图瓦卢的公款或公共财产。
(四)议会法律可:
1. 依据本条的前款规定扩展和详细规定总审计长的职能;
2. 授予总审计长其他职能(包括有效审计或金钱价值审计之性质的职能),但不得与上述条款所授予的职能履行相抵触。
(五)以任何议会法律为限,总审计长的职能可以下列方式履行:
1. 亲自;或
2. 通过向其负责的官员,依据其总指示或具体指示采取行动;
并且所指的总审计长包括代理官员。

第十章 过 渡

第一百七十三条 ［过渡条款］
附表五规定的过渡条款继续有效,而不论本宪法如何规定。

瓦努阿图共和国宪法[*]

(经1988年议会通过)

我们瓦努阿图人民，
以争取自由为荣，
并坚决捍卫这一奋斗成果，
我们珍视民族、语言和文化的多样性，
亦未曾忘却我们的共同命运，
因此，基于美拉尼西亚传统价值观、对上帝的信仰和基督教义，
我们宣布建立统一、自由的瓦努阿图共和国，
并为此目的颁布本宪法。

第一章 国家和主权

第一条
瓦努阿图共和国是一个主权民主国家。

第二条
宪法是瓦努阿图共和国的最高法律。

第三条
(1)瓦努阿图共和国的国语为比斯拉马语(Bislama)，官方语言为比斯拉马语、英语和法语，主要的教学语言为英语和法语。
(2)瓦努阿图共和国应保护不同的地方语言，它们是国家遗产的一部分，并可宣布其中一种作为国家语言。

第四条
(1)国家主权属于瓦努阿图人民，人民通过选举的代表行使主权。
(2)选举是普遍的、平等的和秘密的。除议会规定的条件和限制外，每位年满十八周岁的瓦努阿图公民均应享有选举权。
(3)可自由组建政党并参加竞选，政党应尊重宪法和民主原则。

第二章 基本权利和自由

第一节 基本权利

第五条
(1)除法律规定给予非公民以限制外，瓦努阿图共和国承认人人享有下列基本权利和自由，而不论其种族、出身、宗教、传统信仰、政见、语言、性别，但是，因尊重他人的权利和自由、捍卫合理的公共利益、安全、公共秩序、福利和健康给予限制的除外：
(a)生命；
(b)自由；
(c)人身安全；
(d)法律保护；
(e)免于非人对待和强制劳动；
(f)良习和信仰自由；
(g)表达自由；
(h)集会和结社自由；
(i)迁徙自由；
(j)保护住宅、其他财产；
(k)依法或行政行为平等对待，但法律给予女性、儿童、青少年、少数人群、不发达地区居民以特殊福利的不属于违反本项规定。
(2)法律保护包括：
(a)被控犯罪者在合理时间内，获得独立且不偏私法院的公正审判，且在被控犯有重罪时为之提供律师；
(b)非经法院审判，应推定无罪；
(c)及时以其知晓的语言告知其被控之罪；
(d)若被告人不懂官方用语，则应为之提供翻译；
(e)未经被告人同意，不得在其缺席时审判，但因被告人出席影响审判的除外；
(f)非因作为或不作为时的法律规定，不得因之后的法律介定罪；
(g)不得处以比行为时更重的刑罚；

---

[*] 译者：郭斌。

(h)任何人不得因同一罪获第二次审判。
第六条
(1)任何人若认为宪法赋予其的权利已遭受、正遭受或即将遭受侵犯,其有权向最高法院提起诉讼。
(2)最高法院有权发布命令、令状、作出指示,包括要求支付赔偿,以救济遭侵犯的权利。

第二节 基本义务

第七条
对其自身、后代及他人,任何人均须履行下列义务:
(a)尊重并践行宪法精神;
(b)承诺全力支持并参与国家发展;
(c)行使宪法保障或赋予的权利,利用充分参与瓦努阿图共和国治理的机会;
(d)保护瓦努阿图共和国,捍卫国家资源并保护环境;
(e)根据各自的能力劳动;
(f)尊重他人的权利和自由,同他人合作捍卫祖国统一;
(g)为了瓦努阿图的发展,依照法律规定纳税;
(h)父母应支持、帮助、教育其子女,尤其帮助其充分理解瓦努阿图亿享有的基本权利、履行的基本义务、了解国家目标和本国文化传统;
(i)子女应尊重其父母。

第八条
除非法律另行规定,法院不得审查基本义务,但其他公共机构在其职权范围内有义务鼓励基本义务获得履行。

第三章 公 民

第九条
下述人在独立日自动成为瓦努阿图公民——
(a)有四亲等祖父母属于瓦努阿图本土部落的人;
(b)没有公民身份、国籍且没有瓦努阿图血统的人,或选择国籍者。

第十条
每一个在独立日没有瓦努阿图血统且拥有外国国籍或公民身份或选择国籍者的人,只要他本人或其父母或合法监护人,在独立日后三个月或议会规定的更长期限内提出申请,即可成为瓦努阿图公民。如果在获得瓦努阿图公民身份三个月或议会规定的更长期限内,他尚未放弃其他公民身份或国籍,则此类人的瓦努阿图公民身份自动丧失,但十八周岁以下的人应在其年满十八周岁后三个月内放弃的除外。

第十一条
父母任意一方为瓦努阿图公民且在独立日后出生于瓦努阿图或国外的任何人,应为瓦努阿图公民。

第十二条
申请日前在瓦努阿图连续居住十年以上的外国公民或无国籍人,可以申请归化为瓦努阿图公民。
议会可以进一步规定申请归化的资格条件,并应规定审查和决定归化申请的机制。

第十三条
瓦努阿图共和国不承认双重国籍,任何成为或将成为他国公民的瓦努阿图公民不再是瓦努阿图公民,除非他在获得瓦努阿图公民身份三个月内或议会视情况规定的更长期限内,放弃其他公民身份,但十八周岁以下的人应在其年满十八周岁后三个月内放弃的除外。

第十四条
议会可对本章前款规定以外的人获得瓦努阿图公民身份作出规定,并可对瓦努阿图公民身份的剥夺和放弃作出规定。

第四章 议 会

第十五条
立法机关应由一院制议会组成。

第十六条
(1)议会为瓦努阿图的和平、秩序和良治制定法律。
(2)议会应以通过一个或多个议员、总理或部长提出的法案的方式制定法律。
(3)议会通过法案后,应将法案提交共和国总统,总统应在两周内予以批准。
(4)如果总统认为法案违反宪法规定,他应将其提交至最高法院咨询其意见。如果最高法院认为法案违反宪法规定,则不得颁布法案。

第十七条
(1)议会应由根据普遍选举原则并经由比例代表制的选举系统选举出来的议员组成,以确保公平地代表不同政治团体和政治立场。
(2)除议会另有关于条件或限制的规定外,每一个年满二十五周岁的瓦努阿图公民应有当选议员的资格。

第十八条
(1)应有由共和国总统委任的一名主席和两名委员组成的选举委员会,在司法事务委员会的指导下工作。
(2)不得委任下述人员为委员会主席或委员——
a)议员或议员候选人;

b)地方政府或市政委员会委员,或其候选人;
c)部长委员会的委员或候选人;
d)任何在某一政党担任责任性职务的人。
(3)委员会主席或委员在下述情形下应辞职——
a)自其任命之日起五年届满;或
b)出现任何非委员会委员,会致其不适合担任职务的情形。

第十九条
应有一名具有公职身份的选举主任。

第二十条
(1)选举委员会应监督选民登记和选举事务,并向议会、部长委员会、地方政府和市政委员会负总的责任。委员会应有议会规定的关于选民登记和举行选举方面的权力和职责。
(2)选举主任应有议会规定的关于选民登记和举行选举方面的权力和职责。选举主任应及时向委员会汇报其履行职责情况,有权参加委员会会议,并应服从委员就其履行职务方面所作的任何指示。
(3)有关议会、部长委员会、地方政府、市政委员会成员等选举,其选民登记的每一法案草案、每一条例草案或其他有法律效力的文件,应在规定的时间内提交给委员会和选举主任,以便法案在提交议会之前,或条例或文件制定之前,得到充分讨论的机会。
(4)选举委员会可在其认为适当时,就其监督的事项或任何提交给它的草案或文件,向议会提交报告。

第二十一条
(1)在常务会议期间内,议会应每年召开两次会议。
(2)在特别会议期间内,议会得应多数议员、议长或总理的要求召开会议。
(3)除本宪法另有规定外,议会应通过议员公开的简单多数表决作出决定。
(4)除本宪法另有规定外,法定人数应达到议员总人数的三分之二。任一会期首次会议如果尚未达到此法定人数,则议会应于三日后召集会议,简单多数议员即达到法定人数。
(5)议会应制定其议事规则。

第二十二条
(1)任一一次普选之后的首次会议之后,议会应选举一名议长、一名或多名副议长。
(2)议长应主持议会的会议,并应负责维持议会秩序。
(3)议长的职责可由一名副议长履行。

第二十三条
议会可设立委员会并任命委员。

第二十四条
除另有规定外,议会程序应公开进行。

第二十五条
(1)政府每年应向议会提请批准预算草案。
(2)非依议会通过的法律,不得征收或变更税收,不得支出公款。
(3)非经政府支持,不得提出征收动议,不得增加赋税或公款支出。
(4)议会应规定总审计长的职位,其应由公共服务委员会提名并任命。
(5)总审计长的职责是审计并报告瓦努阿图议会和政府的公共开支情况。
(6)总审计长在履行其职责时,不受任何其他个人或组织的指示或控制。

第二十六条
政府谈判的下述条约须提请议会批准——
(a)涉及国际组织,和平或贸易;
(b)导致公款支出;
(c)影响人民法律地位;
(d)要求修改瓦努阿图共和国的法律;或
(e)规定领土的变更、互换或兼并。

第二十七条
(1)任何议员对其履行职务期间发表的意见和表决,不受逮捕、拘留、起诉或追诉。
(2)在议会一届会期内或其一届委员会期内,非经议会特殊情况下之批准,任何议员不因任何犯罪而被逮捕或起诉。

第二十八条
(1)除非根据第(2)款或第(3)款之规定被解散,议会应自其选举之日起连任四年。
(2)议会可随时根据其四分之三以上议员出席的特别会议中,以绝对多数表决通过的决议,决定解散议会。解散议会之动议应在讨论和表决前至少一周提交议长。
(3)共和国总统可根据部长委员会的建议解散议会。
(4)应在任何解散后的三十至六十日内举行普选。
(5)第(2)款或第(3)款之解散后举行的普选的十二个月内,不得再次解散议会。

第五章 酋长委员会

第二十九条
(1)酋长委员会应由酋长委员会的同级会议选举出来的地方酋长组成。
(2)委员会应制定其议事规则。
(3)委员会每年至少应召开一次会议,应委员会、议会或政府的请求可另行召集会议。

(4)在选举后的首次会议上,委员会应选出主席。

第三十条

(1)酋长委员会有讨论所有关于习俗和传统事务的一般性权力,并可就非瓦努阿图文化和语言之保存与发展提出建议。

(2)委员会可就提交议会的议案之任何问题接受咨询,尤其是任何关于传统和习俗的问题。

第三十一条

议会应依法规定酋长委员会的组织,尤其是村落、岛屿和区级酋长的职责。

第三十二条

(1)酋长委员会的任何委员,就其在履行职务时所发表的意见和表决,不受逮捕、拘留、起诉或追诉。

(2)在委员会一届会期内或其一届委员会会期内,非经委员会特殊情况下之批准,任何委员不因任何犯罪而被逮捕或起诉。

第六章 国家元首

第三十三条

共和国国家元首应称之为总统,其应为国家统一之象征。

第三十四条

(1)根据附录一,共和国总统应由议会和地方政府委员会组成的选举团,通过无记名投票方式选举产生。

(2)当共和国总统职位出现空缺时,应自出现空缺之日起三周内选举该职位,或在议会解散的情况下出现空缺时,则在新议会首次开会后三周内选举该职位。

第三十五条

任何有资格参加议会选举的瓦努阿图本土公民,均应有资格参加共和国总统选举。

第三十六条

(1)共和国总统的任期为五年。

(2)共和国总统仅在严重行为不端或丧失行为能力的情形下,由第三十四条规定的选举团至少三分之一成员提出动议,并在至少四分之三成员出席的情况下(包括至少四分之三的地方政府委员会主席),经由至少三分之二以上成员通过,方得免去总统职务。

(3)第(2)款规定的动议应至少提前两周通知议长。

(4)如果第(2)款规定的首次会议未能达到法定人数,即使只达到选举团成员法定人数的三分之二,仍可在两周后开会表决第(2)款规定的动议。

第三十七条

(1)任何情况下总统职位空缺,或总统在国外或丧失行为能力,议会议长应根据本宪法或任何其他法律履行总统职责。

(2)在议会解散而共和国总统职位空缺,或总统在国外或丧失行为能力的情形下,议会议长在议会解散时应根据本宪法或任何其他法律履行总统职责,直至选出新的议长。

第三十八条

共和国总统可对犯罪的人予以赦免、减刑。议会可规定委员会,在总统行使此职权时向其提出建议。

第七章 行 政

第三十九条

(1)瓦努阿图共和国人民的行政权力,由总理和部长委员会根据宪法或法律的规定行使。

(2)总理应及时向共和国总统汇报有关共和国政府日常运作的情况。

(3)共和国总统可向最高法院提交任何他认为违反宪法的规范。

第四十条

(1)应有由总理和其他部长组成的部长委员会。

(2)包括总理在内的部长人数,不得超过议会议员人数的四分之一。

第四十一条

总理应由议会根据附录二,从其议员中通过不公开投票的方式选出。

第四十二条

(1)总理应从议会议员中任命其他部长,并可委任其中一人为副总理。

(2)总理应将政府运作的责任分配给各部长。

(3)总理可以免去部长职务。

第四十三条

(1)部长委员会应集体向议会负责。

(2)议会可不经总理同意而通过一项动议,但应至少提前一周告知议长此项动议,并须经议会六分之一议员签署。如果动议获得议会议员绝对多数的支持,总理和其他部长应停止任职,但应继续履行其职责直至选出新总理。

第四十四条

无论何时总理辞职或死亡时,部长委员会应停止任职,但应继续履行其职责直至选出新总理。在总理死亡的情况下,副总理(没有副总理则由共和国总统任命的一名部长)应代任总理直至选出新总理。

第四十五条

下述情形下,包括副部长在内的部长应停止任职——

(a)当普选之后议会召集会议选举新总理时;

(b)当部长非因议会解散之原因,而因任何原因不再担任议会议员时;或

(c)他当选为共和国总统或议会议长。

第四十六条

被任命为部长的议会议员,应保持其议会议员资格。

第八章 司 法

第四十七条

(1)司法权之行使属于司法机关,其只受制于宪法和法律。司法机关的职责是根据法律解决争讼。

如果某一事项没有可以适用的法律规则,法院应根据实质正义和任何可能的惯例来裁决事项。

(2)除首席大法官外,司法机关的法官应由共和国总统根据司法服务委员会的建议任命。

(3)司法机关所有法官均应任职至退休年龄。仅在下述情形下,方能被共和国总统免去职务——

a)被指控犯罪成立并被判刑;

b)被司法服务委员会认定为有严重行为不端、丧失行为能力或欠缺专业能力。

(4)司法机关法官之晋升与调动仅得由共和国总统根据司法服务委员会的建议作出。

(5)对总统在咨询司法服务委员会的意见后,对代理法官的任命,议会可规定其委任文书中的任期。

(6)第(3)款中有关免职的规定应适用于代理法官。

第四十八条

(1)司法服务委员会应由司法部长、首席大法官、公共服务委员会主席和酋长委员会指派的一名代表组成,其中,司法部长任主席。

(2)司法服务委员会在其履行职责时,不受任何个人或组织的指示或控制。

第四十九条

(1)最高法院拥有审理和裁决任何民事或刑事诉讼的无限管辖权,以及其他可由宪法或法律赋予的管辖权和权力。

(2)最高法院应由一名首席大法官和其他三名法官组成。

(3)首席大法官应由总统在咨询总理和反对党领袖的意见之后任命。

(4)一个人除非有在瓦努阿图境内以律师身份执业的资格,否则没有资格被任命为最高法院首席大法官或其他法官。

第五十条

议会应当规定对最高法院的初审管辖提起的上诉,并可以规定上诉法院享有的上诉管辖提起的上诉,上诉法院应当由两个以上共同审理案件的最高法院法官组成。

第五十一条

议会可规定相关管理规则的确定方式,并可特别规定通晓惯例的人与最高法院或上诉法院法官一起合议并参与诉讼程序。

第五十二条

议会应规定对风俗性或其他事项拥有管辖权的村庄或岛屿法院的设立,并应规定酋长在此类法院中的作用。

第五十三条

(1)任何人为一项宪法规定侵犯其权利,可以不经其他法律救济途径,径行向最高法院申请救济。

(2)最高法院在其认为适于实施宪法规定的情况下,有权裁决此类事项,并作出相关裁定。

(3)当下级法院面临有关宪法解释的问题,且认为该问题关涉法律的基本原则时,该法院应将该问题提交最高法院裁决。

第五十四条

任何有关一个人是否有效当选议会议员、酋长委员会委员和地方政府委员会委员,或者其是否辞职或不能继续任职的问题之审理和裁决的管辖权,授予最高法院。

第五十五条

检察职能授予检察官,检察官应由共和国总统根据司法服务委员会的建议任命。检察官在其履行职责时,不受任何个人或组织的指示或控制。

第五十六条

议会应规定公职律师职位,公职律师由共和国总统根据司法服务委员会的建议任命,其职责是为贫困的人提供法律援助。

第九章 管 理

第一节 公共服务

第五十七条

(1)公务员对宪法和瓦努阿图人民负有忠诚义务。

(2)只有瓦努阿图公民才能被委以公职。公共服务委员会应规定公职任命的其他限制条件。

(3)不得对法律尚未规定的职位作出任命。

(4)总理或地方政府委员会主席在特定时期为应对特殊需要,可例外地对招募职员作出规定。

在紧急情况下,公共服务委员会在咨询财政部长和公共管理部长之后,可代替总理作出类似决定。

(5)只要职位尚存,非依宪法不得免去公务员

职务。

(6)应当依法增加公务员的薪资。

(7)在达到退休年龄或被公共服务委员会免职时,公务员应辞去公职。未经公共服务委员会同意,公务员不得降级。

(8)第(5)款规定的公务员任期保障,不得妨碍法律为保证公职职员的更新而规定的强制提前退休措施。

第五十八条

(1)第五十七条第(5)款规定的任期保障规则,不适用于总理和部长的个人政治顾问。

(2)政府部门的高级公务员,可由总理调至其他同等级别的职位。

第五十九条

(1)公共服务委员会应由总统在咨询总理后任命的任期为三年的五名委员组成。

(2)共和国总统应每年从委员会委员中任命一名主席,主席应负责组织委员会的活动。

(3)议会议员、酋长委员会委员或地方政府委员会委员,或在某一政党中担任责任性职务的人,不得被任命为该委员会委员。

(4)如果一个人在若非其为该委员会委员即不再适合此类任命的情况下,应停止担任委员会委员。

第六十条

(1)公共服务委员会应负责公务员的任命和晋升,并负责在瓦努阿图境内或国外接受培训的人选。为此目的,其可组织标准化考试。

(2)公共服务委员会亦应负责公务员的纪律。

(3)公共服务委员会对司法机关法官、武装部队、警察和教育机构没有管辖权。

(4)公共服务委员会在其履行职责时,不受任何个人或组织的指示或控制。

第二节 行政监察员

第六十一条

(1)行政监察员应由总统在咨询总理、议会议长、议会内代表政党的领导人、酋长委员会主席、地方政府委员会主席和公共服务委员会与司法服务委员会主席之后任命,任期五年。

(2)议会议员、酋长委员会委员或地方政府委员会委员,或担任任何其他公职的人,或在某一政党中担任责任性职务的人,不得任命其为行政监察员。

(3)如果一个人在若非其为行政监察员即不再适合此类任命的情况下,应停止担任行政监察员。

第六十二条

(1)行政监察员可调查适用于本条规定的任何个人或组织的行为——

a)收到公民(或在其丧失行为能力时,由其代理人或家人)的投诉,声称因特定行为遭受不公正待遇;

b)应部长、议会议员、酋长委员会委员或地方政府委员会委员请求;或

c)行政监察员自行发起调查。

(2)本条规定应适用于所有公务员、公共机构和部级部门,但共和国总统、司法服务委员会、最高法院和其他司法机关除外。

(3)行政监察员可请求任何有关部长、公务员、行政人员、机关或任何可能有助于他的个人,向其提供调查所需信息和文件。

(4)行政监察员应保证被投诉的个人或组织有机会对针对他的投诉进行答辩。

(5)行政监察员的调查应秘密进行。

第六十三条

(1)在行政监察员进行适当调查后,认为投诉不合理的任何情况下,他应通知投诉者、总理和相关公共部门或机关的负责人。

(2)在行政监察员进行适当调查后,认为投诉违反法律、基于错误的法律或事实、没有正当理由而迟延或不当或明显不合理,且最终认为作出的任何决定应为无效或被变更,或认为因之做出的行为应予改变的任何情况下,他应将其裁决转送总理和直接相关公共部门或机关的负责人。

(3)除非基于公共安全或公共利益而决定将报告的全部或部分向总理或相关公共服务负责人保密,否则行政监察员的报告应予公开。在任何情况下应告知投诉人行政监察员的裁决。

(4)总理或相关公共服务负责人应在合理的时间内对行政监察员的裁决作出决定,该决定及其理由应立即送达投诉人。法律程序中任何有时间限制的期间,在投诉人收到决定之前不得起算。

(5)行政监察员每年应向议会提交一份总报告,并可在其认为必要时就其履行职责或作出裁决过程中所采取的措施作出补充报告。他可提请议会注意他所发现的管理中存在的任何问题。

第六十四条

(1)瓦努阿图公民可以其所使用的官方语言,获得他从瓦努阿图共和国的行政管理中可期得到的服务。

(2)当公民认为有违反第(1)款规定的情形时,他可向行政监察员投诉,行政监察员应根据第六十二条和第六十三条的规定进行调查。

(3)行政监察员每年应就多语制和为确保其得到遵守而采取的措施的遵守情况,向议会作特别报告。

第六十五条

行政监察员在履行其职责时,不受任何个人或组

织的指示或控制。

第十章　领导守则

第六十六条

(1)任何根据第六十七条称之为领导的人,有义务在公开或私人场合以避免下述情形的方式行事——

a)担任与其有或可能有利益冲突的职位或可能影响其秉公处理公务的职位;

b)贬损其职位;

c)使其廉洁性受到质疑;或

d)危及或有损对瓦努阿图共和国政府廉洁性的尊重和信赖。

(2)特别地,领导不得利用其职务谋取个人利益或用于交易,不得参与任何营利性企业或活动,以至于可能使公众怀疑其是否履行或已履行第(1)款规定之义务。

第六十七条

为实现本章之目的,领导指共和国总统、总理和其他部长、议会议员,以及类似的公务员、政府机构官员和法律规定的其他官员。

第六十八条

议会应依法使本章规则生效。

第十一章　紧急权力

第六十九条

无论何时出现下述情形,部长委员会可为应对公共紧急状态而制定条例——

(a)瓦努阿图共和国处于战争状态;或

(b)因自然灾害或为预防威胁或恢复秩序,共和国总统根据部长委员会的建议而宣布紧急状态。

第七十条

(1)当议会在会期内,根据第六十九条宣布的紧急状态应在一周结束时停止生效,除非由议会三分之二议员赞成的决议批准。

(2)当议会不在会期内,紧急状态应在两周结束时停止生效。

(3)当第(1)款的决议通过时,其所批准的紧急状态应在决议核准的期间内继续有效,但没有决议会核准一次紧急状态超过三个月的除外。

(4)在紧急状态期间,议会可随时决议召集会议。

(5)在紧急状态期间,不得依据第二十八条第(2)款或第二十八条第(3)款解散议会。如果议会在紧急状态期间依据第二十八条第(1)款而终止,在新的议会召集之前,议会的前任议员仅可为紧急状态之目的而召集。

(6)议会可以其绝对多数议员赞成的决议,随时终止紧急状态。

第七十一条

(1)根据第(2)款,虽有第二章第一节的规定,但部长委员会根据第六十九条制定的条例仍应生效,除非条例没有——

a)使生命权和自由权免于非人道的对待和强制性劳动;

b)对非敌对者规定未经审判而超过一个月的拘留。

(2)部长委员会根据第六十九条制定的条例,应为紧急状态形势下之合理所需,亦应在民主社会具有正当性。

第七十二条

任何因部长委员会根据第六十九条制定的条例而受侵害的公民,可向最高法院申诉,最高法院有权裁决所有此类条例的效力。

第十二章　领　土

第七十三条

瓦努阿图所有土地属于本土常住领主及其后嗣。

第七十四条

常住规则应构成瓦努阿图共和国土地所有权和使用权的基础。

第七十五条

仅有根据公认的领土保有期系统获得土地的瓦努阿图共和国本土公民,方能对其土地享有永久所有权。

第七十六条

议会在咨询酋长委员会的意见后,应在国家土地法中对第七十三条、第七十四条、第七十五条的实施作出规定,并可对不同类别的土地作出不同的规定,其中应有城市土地。

第七十七条

议会应预先规定补偿评估的标准和支付方式,其应有利于利益受到本章立法之不利影响的人。

第七十八条

(1)因本章之规定,导致被转让土地的所有权发生争议的情况下,在争议解决之前,土地应由政府占有。

(2)政府应设置适当的常设机构或程序以解决常住土地的所有权争议。

第七十九条

(1)虽有第七十三条、第七十四条和第七十五条的规定,但本土公民和非本土公民或非公民之间的土地交易仅在政府同意的情形下方为有效。

(2)在有损下述人利益时,不得作出第(1)款下之同意——

a)常住领主或土地所有权人;
b)非常住领主的本土公民;
c)领土所在的社区;或
d)瓦努阿图共和国。

第八十条

虽有第七十三条和第七十四条的规定,政府仍可为公共利益获得并拥有土地。

第八十一条

(1)虽有第七十三条和第七十四条的规定,政府仍可从常住领主处购买土地,以将其所有权转移给本土公民或来自人口过剩岛屿的本土社区。

(2)当根据第(1)款重新分配土地时,政府应对种族的、语言的、风俗的和地理的因素优先考虑。

第十三章 分 权

第八十二条

意识到使人民充分参与其地方政府行政区域内的管理的分权之重要性,瓦努阿图共和国应制定实现此愿景所需的法律。

第八十三条

立法应规定瓦努阿图共和国地方政府行政区域的划分,以及每个由地方政府委员会管理的行政区域,在该区域内地方政府委员会应有常住酋长的代表。

第十四章 宪法修改

第八十四条

总理或任何其他议会议员可提出本宪法的修正案。

第八十五条

非经议会议员总数三分之二以上在四分之三议员出席的特别会议上投票赞成,宪法修正案不得生效。如果第一次会议未能达到此法定人数,议会可在一周后仅有三分之二议员出席的会议上,以相同的多数表决方式作出决议。

第八十六条

议会根据第八十五条通过的有关比斯拉马语、法语和英语、选举制度,或议会制度的宪法修正案的规定,在经全民公投赞成之前不得生效。

第十五章 过渡条款

第八十七条

尽管有第六章的规定,但是共和国首任总统应——

(a)在独立日前是由地方委员会主席召开的代表会议组成的选举团选举为总统的人。

(b)在独立日履行职责并根据宪法的规定任职。

第八十八条

在独立日前即担任首席部长或任何其他部长职位的人,应自独立日起视情况担任总理或其他部长,视同其根据第七章另行选举或任命。

第八十九条

(1)在独立日前即为代表会议成员的人,应自独立日起成为议会议员,并应根据宪法在议会中保有席位。

(2)在独立日前即担任代表会议主席职位的人,应自独立日起担任议会议长职位,直至选出担任该职位的人。

(3)独立日前代表会议的议事规则应自独立日起生效,成为议会的议事规则,直至根据第二十一条第(5)款的规定予以修改或替代,但为便其符合宪法应对其进行必要的修正解释。

(4)议会除被即刻解散外,应在1983年11月14日前解散。

第九十条

(1)根据本宪法的其他规定,在独立日前即在瓦努阿图共和国公务中担任职位或履行职务的人,应自独立日起,保有该职位或履行相应职务,其期限和条件与其在独立日前所任职位相同。

(2)第(1)款的规定,不得损害议会为提高职位地方化水平而作出非公民官员强制退休的权力。

(3)虽有第五十七条第(2)款的规定,但在一个瓦努阿图公民具备担任某一种公职的资格前,非公民可以被委以该公职,但是除最高法院法官外,其任期有期限限制。

第九十一条

虽有第八章的规定,但任何在独立日前担任独立前最高法院或地区法院法官的人,应自独立日起担任最高法院法官,直至根据第八章对该职位作出实质性任命。共和国总统可以任命其中一人作为首席大法官,直至对该职位作出实质性任命。

第九十二条

(1)新赫布里底群岛所有源自合同或其他的权利、义务和责任,应自独立日起,成为瓦努阿图共和国的权利、义务和责任。

(2)第(1)款的任何事项,均不得妨碍瓦努阿图共和国政府重议根据第(1)款所承担的权利、义务或责任。

第九十三条

在为使本条规定生效而进行文书互换后而进行

的普选之后,代表会议应设立一个有各政党代表平等的委员会,为第十七条第(1)款规定的选举制度提出建议。

该委员会的建议应包括由议会四分之三议员出席的特别会议以三分之二多数议员通过的法律。如果第一次会议未能达到此法定人数,议会可在一周后仅有三分之二议员出席的会议上,以相同的多数表决方式作出决议。

第九十四条

瓦努阿图所有法院在独立日前待决的所有民事或刑事诉讼,应自独立日起根据最高法院依据任何可能达此目的法律作出的一般或特别指示处理。

第九十五条

(1)除议会有相反规定外,所有在独立日前制定并生效的联合条例和附属立法,应自独立日起如同根据宪法制定的一样继续实施,为使其符合宪法应对其进行必要的修正解释。

(2)在议会作出相反规定前,独立日前在瓦努阿图生效或适用的英国法和法国法,应自独立日起,在其未被明示撤销或无损瓦努阿图独立地位的范围内继续适用,且在必要时虑及习惯。

(3)习惯法应作为瓦努阿图共和国法律的一部分继续生效。

图书在版编目(CIP)数据

世界各国宪法文本汇编.美洲、大洋洲卷/朱福惠、胡婧主编.—厦门:厦门大学出版社,2015.11
(世界各国宪法文本翻译与研究系列丛书/朱福惠总主编)
ISBN 978-7-5615-5767-9

Ⅰ.①世…　Ⅱ.①朱…②胡…　Ⅲ.①宪法-汇编-美洲②宪法-汇编-大洋洲
Ⅳ.①D911.09

中国版本图书馆 CIP 数据核字(2015)第 227344 号

官方合作网络销售商:

厦门大学出版社出版发行

(地址:厦门市软件园二期望海路39号　邮编:361008)
总编办电话:0592-2182177　传真:0592-2181406
营销中心电话:0592-2184458　传真:0592-2181365
网址:http://www.xmupress.com
邮箱:xmup@xmupress.com

厦门集大印刷厂印刷

2015年11月第1版　2015年11月第1次印刷
开本:787×1092　1/16　印张:78.25　插页:4
字数:2590千字
定价:400.00元
本书如有印装质量问题请直接寄承印厂调换